백석 시의 물명고 物名攷

백석 시의 물物명名고攷

백석 시어 분류 사전

고형진

KOREA UNIVERSITY PRESS
고려대학교 출판문화원

이 저서는 2011년 정부(교육부)의 재원으로 한국연구재단의 지원을 받아 수행된 연구임(NRF-2011-812-A00137)

머리말

이 책은 1935년부터 1948년까지 백석이 발표한 모든 시의 시어를 의미별로 분류한 다음, 각 시어의 빈도수를 조사하고, 정확한 뜻을 풀이한 것이다. 백석은 분단 이후 북쪽에서도 얼마간 작품 활동을 했지만, 일부 동화시를 제외하면 대부분의 작품들은 맥 빠진 수준을 드러낸다. 백석이 과연 문학적 자의식을 가지고 이런 시들을 썼을까 하는 의문이 들 정도이다. 여러 제약 속에 쓰여진 이 시들 중 일부는 백석이 쓴 것이라고 믿기 어려운 작품들도 있다. 따라서 백석의 문학적 생애는 1935년부터 분단 이전인 1948년까지의 기간으로 보아야 할 것이다. 백석은 이 기간 동안 모국어의 정수를 보여 주며, 우리 시사에 길이 남을 주옥같은 명편들을 쏟아 냈다.

백석은 그의 진정한 문학 생애를 통해 총 98편의 시를 썼고, 3,366개의 시어를 구사했다. 다른 시인들과 비교할 때 작품의 총량은 많지 않으나, 그 안에서 부린 시어의 총량은 엄청난 것이다. 그 많은 양의 시어들은 하나같이 두터운 질감을 지닌 채 깊고도 은은한 매력을 발산한다. 가공하지 않은 자연어의 조합으로 이룩한 이 언어 군집은 모국어의 원석이 얼마나 신비하고 눈부신 것인지를 일깨운다. 이 빛나는 언어 자원을 발굴하고 개발한 백석에게 감사와 경의를 표하며, 이 귀중한 언어 유산을 올바로 인지하고 가꾸는 것이 우리들의 임무임을 느낀다. 그 첫걸음이자 마지막 작업은 바로 사전을 만드는 일일 것이다. 한 나라의 언어와 거기에 깃든 민족의 혼이 사전으로 집대성되듯이 한 시인의 언어와 시세계도 궁극적으로 사전으로 완결된다.

이 책은 이러한 맥락에서 백석의 주옥같은 시어들을 총망라하여 그 뜻을 풀이한 시어 사전이다. 그러나 이 책은 기존의 여타 시어 사전과는 크게 다르다. 지금까지 나왔던 시어 사전들은 텍스트에서 표제어를 뽑아 가나다순으로 배열하고 뜻풀이를 하는 식이었다. 그 뜻풀이도 일반 국어사전에 제시된 여러 풀이를 모아 놓은 경우가 많았다. 그렇기 때문에 사전에 나오지 않는 일부 난해어의 뜻풀이를 제외하면 기존의 일반 사전과 별반 다르지 않은 것이었다. 그러나 이 책은 단순히 시어 뜻풀이가 아니라 백석의 시어 전체를 의미별로 분류하여 재구성한 시어 분류 사전이다. 일반 어휘를 대상으로 한 분류 사전은 나온 적이 있지만, 시어를 대상으로 한 분류 사전은 이 책이 처음이다. 이 책 제목의 '물명고物名攷'는 조선 시대의 대표적인 분류어휘집인 유희의 《물명고物名攷》에서 따온 말이다.

한 시인의 시어 전체를 하나도 빠짐없이 의미별로 분류하려면 우선 시어 하나하나의 뜻을 정확히 밝히는 것이 선행되어야 한다. 뜻이 조금이라도 불확실하면 그 시어를 분류 체계 안에 귀속시킬 수 없다. 그리하여 무엇보다도 백석 시의 난해어의 뜻을 규명하기 위해 여러 문헌을 뒤지고 자문을 구하는 등 지난한 노력을 기울였다. 이러한 노력으로 이 책에서 백석 시의 난해어의 뜻을 새롭게 정립한 것이 적지 않다. 난해어뿐만 아니라 사전에 등재되어 있는 일반 시어의 경우에도 백석 시의 용례에 맞는 정확한 뜻을 찾아내야 한다. 하나의 단어는 보통 비유적으로 파생된 여러 개의 뜻을 지니고 있으며, 그 뜻이 사전에는 하나의 표제어 밑에 모두 기재되어 있다. 단어 하나에 따라붙어 있는 많은 뜻 가운데 과연 어느 뜻이 해당 용례의 시어에 들어맞는 것인지를 찾아내야만 시어의 의미 분류 작업이 가능해진다. 이를 위해서는 백석 시를 정확히 읽어 내는 작업이 수반되어야 한다. 언제부턴가 우리 평단과 학계에 시 읽기를 건너뛰고 해석부터 시도하는 경향이 퍼져 있다. 시를 해석하려면 우선 텍스트의 문장을 정확히 읽어야 하고, 많은 경우 시구와 문장의 정확한 독해가 그대로 시의 해석으로 이어진다. 나는 이 책에서 해석의 전 단계, 또는 그것이 곧장 해석으로 이어지는, 백석 시의 정확한 읽기를 바탕으로 해당 시어의 올바른 뜻풀이를 사전에서 추출하거나 새롭게 작성하였다. 하나의 시어가 여러 개의 뜻으로 나뉘어 적용되는 경우, 또는 한자의 차이로 그 뜻이 나뉘는 경우 시어 옆에 일련번호를 붙여 별개의 표제어로 삼았다. 이렇게 해서 정립한 표제어를 의미별로 유형화하여 시어를 분류하였다. 분류 체계는 남영신의 《우리말 분류사전》과 박용수의 《우리말 갈래사전》을 참고하되, 백석 시어의 특성과 의미가 잘 드러날 수 있는 적절한 분류 단위를 설정하였다.

분류 체계에 따라 표제어를 해당 분류 단위에 귀속시킨 다음, 그 표제어의 뜻을 정확히 풀이하였고, 그 뜻이 적용된 해당 용례들을 적었다. 그 용례들을 통해 해당 표제어의 빈도수가 자연스럽게 드러나게 되었다. 이 책에서 나는 백석 시어의 뜻풀이를 최대한 학문적으로 규명하고자 노력하였다. 난해하거나 낯선 시어의 경우 그 형태를 분석하여 언어학적으로 규명하고자 했고, 전문적인 지식이 요구되는 시어의 경우 해당 문헌들을 참고하여 풀이했으며, 참고 문헌을 통해 반드시 그 근거를 남겨 놓았다. 비교적 논란이 적을 것으로 판단되는 내용의 경우에는 참고 문헌의 저자와 저서명만 밝혔고, 구체적이고 특별한 내용에 해당하는 경우에는 인용한 저서의 쪽수까지 밝혔다. 또 난해한 시어의 뜻풀이를 기존의 연구자가 밝혀 놓은 경우, 그 이름과 발표지와 연도를 명기하여 시어의 연구사를 명확히 하고자 하였다. 한편 별도의 참고 문헌이 명기되지 않은 일반적 뜻풀이는《표준국어대사전》의 풀이이거나, 내가 직접 작성한 것이다. 그리고 기존의 사전 풀이 중 어색한 문장은 일부 윤문을 하여 적었다.

이 책의 시어 뜻풀이 작성에서 또 하나 심혈을 기울인 것은 그림과 지도의 첨부이다. 백석은 다른 시인들과 달리 세상살이의 거의 전 분야에 걸친 사물과 동식물, 그리고 인간 군상들의 갖가지 명칭을 시어로 사용하였다. 해당 분야의 전문 용어까지 망라된 이 시어들 중 일부는 문자로 기술된 설명만으로는 그 뜻을 온전히 전달할 수 없다. 따라서 그러한 시어들은 뜻풀이에 그림을 곁들여서 그 형상을 생생히 알 수 있도록 하였다. 그림이 사람과 사물의 형상을 나타낸 것이라면, 지역의 형상을 나타낸 것은 지도라고 할 수 있다. 지도는 평면적인 그림이지만, 전문적인 기호를 동원하여 지리적 공간을 형상화함으로써 해당 지역의 위치와 특성을 입체적으로 느끼게 해 준다. 이 책에서는 제한된 지면 안에서 이러한 지도의 특성을 잘 살리기 위해, 해당 지명에 해당하는 지도 작성을 세 단계로 나누어 실시하였다. 먼저 한국 전도를 제시하고, 이어서 군 경계 표시가 되어 있는 도 지도를 제시하였으며, 마지막으로 해당 지역 주변의 상세 지도를 제시하였다. 해당 지역을 원경에서 근경으로 좁혀 들어간 이 세 단계의 지도는 그곳의 위치를 입체적으로 조망하고, 그 지역의 지리적 특성을 한층 구체적으로 파악하게 해 줄 것이다. 이 책에서 작성한 한국과 일본의 지도는 백석 시가 발표되었던 당시의 지도이며, 중국 지도는 현재 사용하는 것이다. 그림은 부록에 제시한 참고 문헌 안의 그림과 사진, 그리고 실물 등을 참고하여 미술 전공자가 직접 그린 것이고, 지도는 지리학 전공자가 당시 지리를 고증하여 컴퓨터로 그린 것이다. '한국 전도'와 '군 경계 표시가 되어 있는 도 지도'는 당시의 지리와 역사를 서술한 여러 문헌을 참고하여 새롭게 그린 것이고, 상세 지도는 일제시대 때 조선총독부 육지측량부에서 간행한 《오만분일지형도五万分一地形図》(이하 《조선지형도》로 말함)에서 해당 지역을 따온 것이다. 백석 시의 어석에 그림과 지도를 동반한 것은, 백석 시의 시어에 깔려 있는 박물학적 문학관, 즉 사물의 형상을 구체적으로 파악하여 사물 하나하나를 뚜렷이 구별하고자 하는 시각적, 전문적 세계 이해 방식을 그대로 따른 것이기도 하다. 이 책에 제시된 그림과 지도는 백석 시의 현장을 생생히 전해 주고, 그의 시를 더욱 깊이 있게 이해하게 해 줄 것이다.

이 책은 2부로 구성되어 있다. 1부 처음에는 백석 시어의 분류 목록을, 이어서 분류별로 제시된 표제어의 어석과 용례를 실었으며, 2부에는 1부에 제시된 분류별 표제어를 자모순으로 재배치하고 축약한 어석을 실었다. 그리고 부록으로 시어 분류의 결과를 분석한 글과 백석 시어의 분류별 어휘 수, 그리고 백석 시어 목록을 빈도수와 함께 총 정리해 실었으며, 마지막에 참고 문헌을 실었다. 2부의 자모순 표제어와 어석 말미에는 1부의 해당 쪽수를 적어서 그 표제어가 어느 분류에 속해 있는지 찾아볼 수 있게 하였다. 2부의 자모순 표제어와 어석은 이 저서의 '찾아보기' 역할을 하게 될 것이다. 백석 시어의 뜻을 급히 찾고자 할 때에는 2부의 자모순으로 배치된 표제어와 어석을 먼저 살펴보면 될 것이다. 이 사전의 표제어는 《정본 백석 시집》(2007)을 저본으로 했으며, 여기에 〈머리카락〉이란 시를 추가했다. 이번 사전 작업을 계기로 일부 표기와 띄어쓰기를 수정해 새로운 정본을 확립했다. 새로운 정본 시집은 추후에 개정판으로 발간될 것이다.

이 방대한 작업은 많은 분들의 도움으로 진행되었다. 표제어와 용례 추출은 나의 제자들이 도와주었다. 10년 가까이 이 책을 만드는 동안 내 연구실을 거쳐 간 제자들 거의 모두가 이 일을 도와주었다. 그들 모두에게 감사하며, 마지막까지 남아 단어와 용례를 확인하고 또 확인하는 지루한 작업을 묵묵히 도와준 정원술, 나정연, 송미진, 김학찬, 신윤희, 이진희, 김나연에게 특히 각별한 고마움을 전한다. 어석 작업에 필요한 자료들은 국어학자인 고려대 김유범 교수와 도원영 교수의 도움을 많이 받았으며, 어석 연구는 국어학자인 경희대 김양진 교수가 많은 도움을 주었다. 이 책에서 새롭게 밝힌 난해어 어석의 상당 부분은 김양진 교수의 도움으로 이루어진 것이다. 한자어의 어석은 한문학자인 고려대 김언종 교수와 이창희 교수가 도움을 주었다. 그림 작성은 고려대 대학원 조형학부의 곽한울 선생이, 지도 작성은 고려대 대학원 지리학과의 박유민 선생이 도와주었다. 그림과 색채에 대한 설명은 동양화가인 고려대 정종미 교수의 도움을 받았고 지리 설명과 지도 작성에는 지리학자인 고려대의 홍금수 교수와 김영호 교수, 그리고 고려대 민족문화연구원의 김종혁 교수가 많은 도움을 주었다. 특히 김종혁 교수는 일제시대 지도를 고증하는 데 결정적인 도움을 주었다. 이 외에도 열대학 전문가인 아주대 의대의 이종찬 교수와 민속학자인 고려대의 전경욱 교수, 그리고 국어학자인 상명대의 김미형 교수와 시인인 한성례 선생을 비롯해 많은 분들이 이 책의 어석 작업에 필요한 자료를 제공해 주었고, 어석 연구에 도움을 주었다. 이 자리를 빌려 이 분들 모두에게 각별한 고마움을 전한다.

끝으로 이 책의 처음부터 마지막까지 내 옆에서 나의 작업을 지켜보며 조언을 아끼지 않은 아내 정주리 교수에게 고마움을 전한다. 국어학자인 그는 책의 구상에서부터 어석 작업에 이르기까지 실질적인 도움을 많이 줬다. 백석 시어 하나의 의미를 놓고 정말로 오랜 기간 동안 그와 함께 토론하며 인생의 언덕을 넘어왔다.

이 책의 출판을 맡아 준 고려대학교출판문화원에도 감사한 마음을 전한다. 나의 모교이자 직장인 고려대 소속의 출판문화원에서 이 사전이 나오게 되어 보람을 느끼고 더욱 기쁘다. 이 책의 구상을 듣고 자진하여 출판을 맡아 준 김재혁 전 출판부장과 책 출간을 독려해 준 유석훈 현 출판문화원장에게 고마운 마음을 전한다. 그리고 방대하고 복잡한 원고를 보기 좋게 만들어 준 편집실 여러분께도 각별한 고마움을 전한다.

백석 시에 대한 나의 오랜 일념이 이제 좀 일단락을 맺는 느낌이다. 이 작업을 위해 나는 지난 10여 년 동안 다른 많은 일들을 포기하며 지냈다. 그 오랜 사랑으로 빚어 낸 이 책이 독자들 곁에서 백석 시어의 아름다움을 올올이 전해 줄 수 있는 좋은 길잡이가 되었으면 좋겠다.

2015년 3월

고형진

차례

용언과 수식언(동사, 형용사, 부사, 관형사)

기타(감탄사, 접속부사, 지시대명사, 지시관형사)

제2부

백석 시어의 풀이 자모순 배열

부록

일러두기

1 이 책은 1935년부터 1948년까지 백석이 발표한 모든 시의 시어를 의미에 따라 분류한 다음, 각 시어의 빈도수를 헤아려 제시하고, 정확한 뜻을 풀이한 것이다.

2 백석 시의 원문은 고형진 엮음, 《정본 백석 시집》, 2판(문학동네, 2020)을 저본으로 삼았다.

3 저본에서 조사를 뺀 모든 시어를 뽑아 이 책의 표제어로 삼았다. 표제어를 실을 때 백석 시어의 원형과 뜻을 살리기 위해 국어사전 등재 여부와 관계없이 정본에 구사된 단어의 형태를 그대로 옮겨 적었다. 따라서 백석 시의 정본에 나타난 복합명사는 그 형태대로 이 책의 표제어로 올랐다. 다만, 시어의 의미 분류 사전인 만큼 몇몇 경우 하나의 의미 단위를 형성하는 어구를 표제어로 올렸다. '개구리의 뒷다리', '〈아서라 세상사〉' 같은 표제어들이 이에 해당한다.

5 용언은 기본형을 표제어로 올렸고, 활용형을 부표제어로 삼았으며, 표제어의 용례는 활용형에 맞춰 뽑았다.

6 시어의 의미 분류는 세 갈래로 나누어 설정하였다. 명사, 대명사, 수사 어휘는 체언의 갈래로, 동사, 형용사, 부사, 관형사 어휘는 용언과 수식언의 갈래로 묶어 각각 의미 분류를 하였고, 단순히 기능어로서의 의미만을 지닌 감탄사, 접속부사, 지시대명사, 지시관형사 어휘는 기타로 묶어 품사별로 의미를 살폈다.

7 표제어는 당연히 의미 분류의 하위 단위 한 범주에 귀속시켰으나, 식물의 경우 그것이 바로 음식을 의미하는 예도 많아 양쪽 분류 단위에 함께 귀속되기도 하였다. 이를테면 '가지취' 같은 경우이다. 음식/식물 외에 이와 같은 예는 '맑다②'(명암/아름다움, 깨끗함, 더러움), '무명필'(옷감과 재료/민속신앙), '버선짝'(옷의 부분/민속놀이), '불상하다'(감정/사고팔기, 경제형편), '약물터'(생활터전/세시풍속), '추워지다'(날씨/감촉) 등 6개이다.

8 1부에서는 먼저 백석 시어의 분류 목록을 제시한 후 이어서 분류별로 뜻풀이와 용례를 배치하였다. 2부에서는 표제어를 다시 자모순으로 재배치하고 축약한 뜻풀이를 달았다.

9 1부의 분류 목록에는 분류표를 먼저 배치했고, 이어서 분류별 표제어와 빈도수를 실었다. 1부의 표제어 어석과 용례에서는, 표제어 뒤에 품사를 표시하고 이어서 뜻풀이를 적었으며, 필요한 경우 그림과 지도를 그려 넣었다. 더욱 상세한 어석이 필요한 경우 뜻풀이 밑에 별도의 보충 설명을 하였다. 여기서 난해하거나 낯선 시어의 형태를 분석하고, 관련 서적을 참고해 해당 시어의 구체적 의미를 규명하였으며, 기존의 어석 연구를 명기하였다. 그리고 상세 어석 뒤에 해당 표제어의 백석 시 용례를 뽑아 제시하였다. 2부의 자모순 표제어와 축약 어석에선 1부에서 시도한 보충 설명과 그림 및 지도 그리고 용례를 빼고 뜻풀이도 간략히 줄여 실었다.

10 부록으로 시어 분류의 결과를 분석한 글과 백석 시어의 분류별 어휘 수, 그리고 백석 시어 목록을 빈도수와 함께 총 정리해 실었으며, 마지막에 참고 문헌을 붙였다. 이 참고 문헌은 이 책에서 시도한 백석 시의 어석과 그림 및 지도 작성에 실질적인 도움을 준 것들만 적은 것이다. 1부의 표제어 어석에서 명기한 연구자와 연도 표시는 이 참고 문헌의 해당 내용을 가리키는 것이다.

11 이 책에서 사용된 약호와 부호는 다음과 같다.

[명]: 명사, [대]: 대명사, [의]: 의존명사, [수]: 수사, [동]: 동사, [보조동]: 보조동사, [형]: 형용사, [보조형]: 보조형용사, [부]: 부사, [관]: 관형사, [감]: 감탄사, 〈 〉: 작품, 《 》: 책, ☞: 관련 시어 참고

※ 2015년 이 책의 초판 발행 후, 연구 성과에 따라 2020년 3쇄부터, 기존 표제어 중 '산넑'과 '은댕이'를 삭제하고, '넑은댕이'를 새로운 표제어로 올렸고, 본문 용례에서 "산넑 은댕이"를 "산 넑은댕이"로 바꾸었다.

제1부

백석 시어의 분류와 풀이와 용례

백석 시어 분류 목록

체언(명사, 대명사, 수사)

분류				
I. 사람	1. 말 5. 행위 일반과 일 9. 인명	2. 감정, 마음 6. 직업인 10. 인칭대명사	3. 정신, 생각 7. 가족, 친인척	4. 동작, 태도 8. 사람 일반
II. 기본생활	1. 의류 1) 옷 일반과 종류 2) 옷의 부분 3) 옷감과 재료 4) 장신구 5) 갓, 모자, 신발	2. 음식 1) 음식 일반 2) 약과 약재 3) 음식의 종류	3. 집 1) 집의 성격과 종류 2) 집의 구조 3) 집의 근처와 둘레	4. 세간
III. 생활환경	1. 생활 터전 5. 나라, 종족	2. 길과 다리	3. 방향, 위치, 장소	4. 지명
IV. 자연환경	1. 강과 바다 5. 시간, 때	2. 산과 들	3. 하늘	4. 날씨
V. 산업생활	1. 농업 1) 논밭과 농사일 2) 농기구	2. 상업 1) 가게와 시장 2) 돈과 장사	3. 운수업 1) 운송 수단 2) 운수 관련	4. 광업, 어업, 토건업
VI. 문화생활	1. 문예와 수리 1) 추상, 논리, 이성 2) 글, 노래, 그림 3) 악기	4) 수량, 차례 5) 거리, 농도, 세기 6) 단위 7) 기타 의존명사	2. 민속과 종교 1) 민속놀이 2) 민속신앙 3) 민속 의례	4) 세시풍속 5) 불교 · 기독교
VII. 사물	1. 물, 액체 5. 기타 사물	2. 빛, 불	3. 돌, 모래, 흙	4. 짚, 겨
VIII. 감각	1. 맛과 냄새	2. 소리	3. 색	
IX. 식물	1. 풀	2. 나무	3. 식물 일반과 부분 1) 식물 일반 2) 꽃 3) 식물의 다른 부분	
X. 동물	1. 조류 5. 양서류, 파충류 외 9. 생리 현상	2. 어패류 6. 동물 일반	3. 포유류 7. 몸의 부분	4. 곤충류 8. 질병

I. 사람

1 말

녯말 ········ 1
녯말 ········ 1
말① ········ 23
말끝 ········ 1
말다툼 ········ 1
말수 ········ 1
북관北關말 ········ 1
소리④ ········ 1
소문 ········ 2
옛말속 ········ 1
오천五千말 ········ 1
이야기 ········ 10
이야기판 ········ 1
일본말 ········ 1
혼삿말 ········ 1

2 감정, 마음

가슴② ········ 9
가슴가 ········ 1
걱정 ········ 1
근심 ········ 1
기쁨 ········ 2
낙樂 ········ 1
디겁 ········ 1
마음 ········ 32
맘 ········ 1
부끄러움 ········ 1
사랑 ········ 3
성 ········ 1
속② ········ 1
슬픔 ········ 10
시름 ········ 3
시악 ········ 1
싫증 ········ 1
야우소회夜雨小懷 ········ 1
욕심 ········ 2
울음 ········ 1
웃음 ········ 2
인정人情 ········ 3
절망絶望 ········ 1
정 ········ 1
즐거움 ········ 1
통곡 ········ 1
튀겁 ········ 1
푸념 ········ 1
한탄 ········ 1
향수鄕愁 ········ 1
흥 ········ 1

3 정신, 생각

꿈② ········ 3
넋 ········ 3
덕 ········ 1
도 ········ 1
뜻 ········ 1
생각 ········ 7
소원 ········ 1
어리석음 ········ 2
얼혼 ········ 1
자랑 ········ 1
정기 ········ 1
지혜 ········ 1
혼魂 ········ 1

4 동작, 태도

걸음 ········ 1
근력 ········ 1
눈질 ········ 1
뒤짐 ········ 2
손길 ········ 1
손깍지벼개 ········ 2
손아귀 ········ 1
숭 ········ 1
임내 ········ 1
절① ········ 3
주먹질 ········ 1
즛 ········ 1
팔짱 ········ 2
한입 ········ 1
힘 ········ 4

5 행위 일반과 일

객고 ········ 1
나들이 ········ 4
내임 ········ 1
노릇 ········ 1
놀음 ········ 2
달련 ········ 1
마을① ········ 3
목욕 ········ 2
바느질 ········ 1
산숙山宿 ········ 1
생업生業 ········ 1
성화 ········ 1
세수 ········ 1
싸움 ········ 2
야기 ········ 1
인생人生 ········ 1
일 ········ 7
잔치 ········ 1
장난 ········ 1
장뽕이 ········ 1
주정 ········ 1
침노 ········ 1
풍속 ········ 2
항약 ········ 1
흉사 ········ 1

6 직업인

군병 ········ 1
농사꾼 ········ 1
되광대 ········ 1
땜쟁이 ········ 1
말꾼 ········ 1
목수木手네 ········ 1
물지게꾼 ········ 1
뱃사공 ········ 1
뱃사람 ········ 1
붓장사 ········ 1
새꾼 ········ 1
소의연 ········ 1
시인詩人 ········ 13
아이보개 ········ 1
아전 ········ 1
어장주漁場主 ········ 1
옹기장사 ········ 1
의원醫員 ········ 4
장꾼 ········ 2
장돌림 ········ 1
장수① ········ 1
주재소장駐在所長 ········ 2
통제사統制使 ········ 1
황하당세 ········ 1
황화장사 ········ 1

7 가족, 친인척

갓사둔 ········ 1
고무 ········ 7
노큰마니 ········ 4
누나 ········ 1
누이 ········ 3
당조카 ········ 1
동생 ········ 1
동세 ········ 1
딸 ········ 7
딸아이 ········ 1
막내고무 ········ 2
맏손자 ········ 1
부모 ········ 1
사춘 ········ 1
사춘누이 ········ 1
사춘동생 ········ 1
삼촌 ········ 1
삼춘 ········ 4
삼춘엄매 ········ 6
새사위 ········ 1
손자① ········ 6
손자아이 ········ 1
시누이 ········ 1
시아부지 ········ 1
아내 ········ 2
아들 ········ 5
아들아이 ········ 1
아배 ········ 12
아버지 ········ 4
아비 ········ 2
안해 ········ 2
어머니 ········ 2
어미 ········ 1
엄마 ········ 1
엄매 ········ 17
여우난골족族 ········ 1
오마니① ········ 1
오마니② ········ 1
외딸 ········ 1
일가 ········ 1
일가친척 ········ 2
증손자 ········ 1
지아비 ········ 3
진할머니 ········ 1
진할아버지 ········ 1
집난이 ········ 1
첫아들 ········ 1
큰마니 ········ 7
큰아바지 ········ 1
할머니 ········ 10
할미 ········ 1
할아버지 ········ 12
형 ········ 1
형제 ········ 1
후손 ········ 3
후처 ········ 1
홋자손 ········ 2

8 사람 일반

가난이 ········ 1
거지 ········ 1
계집 ········ 4
계집아이 ········ 4
과부 ········ 1
귀머거리 ········ 1

* 각 시어에 연결된 숫자는 백석 시에서의 빈도수를 가리킨다.

꾸냥 ··· 1
나그네 ··· 1
남 ··· 2
내지인內地人 ··· 2
녕감 ··· 3
녯사람 ··· 1
녯조상 ··· 1
노나리꾼 ··· 1
노盧장에 령감 ··· 1
노친네 ··· 2
늙은이 ··· 3
님 ··· 1
더꺼머리총각 ··· 2
더부살이 ··· 1
도적 ··· 2
도적놈 ··· 1
동무 ··· 3
두멧아이 ··· 1
땅님자 ··· 1
령감 ··· 2
막역지간莫逆之間 ··· 1
문둥이 ··· 1
문장門長 ··· 1
백성 ··· 1
병인病人 ··· 1
사람 ··· 58
산골사람 ··· 4
산山아이 ··· 1
새악시 ··· 11
색시 ··· 1
송장 ··· 1
수절과부 ··· 1
신라新羅백성 ··· 1
신선 ··· 1
싸개동당 ··· 1
아이 ··· 29
안주인 ··· 1
애동 ··· 1
어른 ··· 3
어린것 ··· 3
어린아이 ··· 2
여인女人 ··· 4
옛님군 ··· 1
이웃 ··· 1
이웃사춘 ··· 1
인간人間 ··· 5
장수② ··· 1
재당 ··· 1
젖먹이 ··· 1
조마구 ··· 3
조상 ··· 5
주인 ··· 1
컨 ··· 1
처녀 ··· 8
초시 ··· 1
촌부자 ··· 1
친구 ··· 2
홀아비 ··· 3
홀어미 ··· 1

9 인명

강소천姜小泉 ··· 1
관공關公 ··· 1
광개토대왕廣開土大王 ··· 1
금錦② ··· 1
나타샤 ··· 7
난蘭 ··· 2
노왕老王 ··· 10
도스토이엡흐스키 ··· 1
도연명陶淵明 ··· 2
두보杜甫 ··· 5
라이넬 마리아 릴케 ··· 1
박시봉방朴時逢方 ··· 1
범② ··· 1
서병직씨徐丙織氏 ··· 1
소수림왕小獸林王 ··· 1
손자孫子② ··· 1
수원백씨水原白氏 ··· 1
승녀承女 ··· 1
승承동이 ··· 1
양자楊子 ··· 1
이녀李女 ··· 1
이백李白 ··· 5
작은이녀李女 ··· 1
작은홍洪동이 ··· 1
정현웅鄭玄雄 ··· 1
죠이쓰 ··· 1
천희千姬 ··· 3
프랑시쓰 쨈 ··· 1
허준許俊 ··· 1
홍녀洪女 ··· 1
홍洪동이 ··· 1

10 인칭대명사

그① ··· 7
그이 ··· 2
나 ··· 136
내① ··· 19
내② ··· 35
너 ··· 9
너이 ··· 3
네① ··· 3
네② ··· 14
누가 ··· 3
누구 ··· 3
당신 ··· 14
아무 ··· 1
아무개씨氏 ··· 2
우리 ··· 12
우리네 ··· 1
저① ··· 1
제 ··· 3

II. 기본생활

1 의류

1) 옷 일반과 종류

검정치마 ··· 1
남치마 ··· 1
노란저고리 ··· 1
당홍치마 ··· 1
대림질감 ··· 1
두룽이 ··· 1
막베둥거리 ··· 1
막베잠방둥에 ··· 1
무명샤쯔 ··· 1
물팩치기 ··· 1
상나들이옷 ··· 1
새옷 ··· 1
생모시치마 ··· 1
쇠주픠적삼 ··· 1
옷 ··· 8
웃동 ··· 1
저고리 ··· 2
적삼 ··· 1
창꽈쯔 ··· 1
천진픠치마 ··· 1
치마 ··· 1
치맛자락 ··· 1
토시 ··· 1
항라적삼 ··· 1
흰옷 ··· 1

2) 옷의 부분

길동 ··· 1
남길동 ··· 1
대님오리 ··· 1
버선목 ··· 1
버선짝 ··· 1
자지고름 ··· 1

3) 옷감과 재료

날① ··· 1
남갑사 ··· 1
네날백이 ··· 1
뜬개조박 ··· 1
명주필 ··· 1
무명필 ··· 1
베 ··· 1
뵈짜배기 ··· 1
색동헝겊 ··· 1
실 ··· 1
씨① ··· 1
치장감 ··· 1
헝겊조각 ··· 1
홍공단 ··· 1

4) 장신구

꼬둘채댕기 ··· 1
넥타이 ··· 1
녙차개 ··· 1
노리개 ··· 1
다리③ ··· 1
단기 ··· 1
대모체돋보기 ··· 1
돋보기 ··· 1
돌체돋보기 ··· 1
로이도돋보기 ··· 1
바늘집 ··· 1
바둑 ··· 1
원앙 ··· 1
은장두 ··· 1
주머니 ··· 1
학실 ··· 1

5) 갓, 모자, 신발

갓 ··· 3
갓신창 ··· 1
갓진창 ··· 1
구두 ··· 1
딥세기 ··· 1
따배기신 ··· 1
만두饅頭꼬깔 ··· 1
삿갓 ··· 2
신 ··· 1
신짝 ··· 1
싸리신 ··· 3
외얏맹건 ··· 1
자개짚세기 ··· 1
짚신 ··· 1
헌신짝 ··· 1

2 음식

1) 음식 일반

고기① ··· 2
고기② ··· 3
과일 ··· 1
김장감 ··· 1
나물 ··· 1
나물매 ··· 1
나물지짐 ··· 1
당세 ··· 1
떡 ··· 6
떡당이 ··· 1
마른물고기 ··· 2
물고기 ··· 1
반봉 ··· 1
반죽 ··· 1
밤참 ··· 1
밥 ··· 8
보탕 ··· 1
산국 ··· 1
산山나물 ··· 3
산山나물판 ··· 1
산적 ··· 1
생선 ··· 3
수육 ··· 1
술① ··· 4
술국 ··· 2
씨③ ··· 3
양염 ··· 1
육수국 ··· 1
자반 ··· 1
장고기 ··· 1
저녁① ··· 5
저녁상 ··· 1
좁쌀알 ··· 1
질게 ··· 1
한잔 ··· 2
회 ··· 1
흰밥 ··· 4

2) 약과 약재

목단 ··· 1
백복령 ··· 1
산약山藥 ··· 2
삼 ··· 1
숙변 ··· 1
약藥 ··· 5
약자 ··· 1
육미탕六味湯 ··· 1
탕약湯藥 ··· 1
택사 ··· 1

3) 음식의 종류

가무락조개 ··· 1
가무래기 ··· 5
가얌 ··· 1
가재미 ··· 4
가지① ··· 1
가지냉국 ··· 1
가지취 ··· 3
감① ··· 1
감자 ··· 4
감자떡 ··· 1
감주 ··· 1
강낭엿 ··· 1
강냉이 ··· 1
개구리의 뒷다리 ··· 1
건반밥 ··· 2
건시 ··· 1
검가무래기 ··· 1
게루기 ··· 1
게사니알 ··· 1
고비 ··· 1
고사리 ··· 3
고추무거리 ··· 1
곰국 ··· 1
광살구 ··· 1
국수 ··· 4
귀이리 ··· 1
귀이리차茶 ··· 1
금귤 ··· 2
기장감주 ··· 2
기장쌀 ··· 2
기장차떡 ··· 2
기장차랍 ··· 1
깨죽 ··· 1
꼴두기 ··· 4
꿀 ··· 2
날버들치 ··· 1
노루고기 ··· 1
니차떡 ··· 1
다래 ··· 1
달송편 ··· 1
달재 ··· 1
담배 ··· 2
당콩 ··· 1
당콩밥 ··· 1
대구 ··· 1
대구국 ··· 1
댕추가루 ··· 1
도미 ··· 1
도야지고기 ··· 2
도야지비계 ··· 1
도토리묵 ··· 2
도토리범벅 ··· 2
돌나물김치 ··· 1
돌배 ··· 1
동치미 ··· 1
동티미국 ··· 1
두릅순 ··· 1
두부 ··· 3
두부산적 ··· 1
둥굴네우림 ··· 1
들쭉 ··· 1
떡국 ··· 2
뗄배 ··· 1
마늘 ··· 2
마타리 ··· 1
막써레기 ··· 1
매감탕 ··· 1
맨모밀국수 ··· 1
명태明太 ··· 5
명태明太창난젓 ··· 1
모밀국수 ··· 3
무감자 ··· 1
무이 ··· 2
무이징게국 ··· 1
문주 ··· 1
물구지우림 ··· 1
물외 ··· 2
미역국 ··· 1
미역오리 ··· 1
반디젓 ··· 1
밤소 ··· 1
배추 ··· 1
백설기 ··· 1
벌배 ··· 1
벌배채 ··· 1
붕어곰 ··· 1
빼꾹채 ··· 1
뿕은 잔디 ··· 1
산꿩의 고기 ··· 1
살구 ··· 1
생강 ··· 1
석박디 ··· 1
설탕 ··· 2
섭가락 ··· 1
섶누에 번디 ··· 1
소주燒酒 ··· 3
소피 ··· 1
송구떡 ··· 3
송이버슷 ··· 1
쇠든밤 ··· 1
쇠조지 ··· 1
수박 ··· 3
수박씨 ··· 5
시라리타래 ··· 1
시래기 ··· 1
시래깃국 ··· 1
식혜 ··· 1
아개미 ··· 1
연소탕燕巢湯 ··· 1
엿 ··· 1
오가리 ··· 1
오이 ··· 1
옥수수 ··· 1
왕밤 ··· 1
원소元宵 ··· 3
은행여름 ··· 1
인절미 ··· 1
잔콩 ··· 1
전복 ··· 1
전복회 ··· 1
제물배 ··· 1
제비꼬리 ··· 1
제비의 춤 ··· 1
조개송편 ··· 1
쥔두기송편 ··· 1
진장 ··· 1
찰복숭아 ··· 1
참치회 ··· 1
찹쌀탁주 ··· 1
천두 ··· 1
청각 ··· 1
청밀 ··· 1
청배 ··· 1
청시靑柿 ··· 1
취향리梨 돌배 ··· 1
칠성七星고기 ··· 1
콩가루소 ··· 2
콩가루차떡 ··· 1
콩곡석 ··· 1
콩기름 ··· 1
콩나물 ··· 1
콩알 ··· 1
튀각 ··· 1
파 ··· 2
파래 ··· 1
팥소 ··· 1
해삼 ··· 1
햇기장 쌀 ··· 1
햇콩두부 ··· 1
호루기의 젓갈 ··· 1
호박닢 ··· 1
호박떡 ··· 1
호박씨 ··· 5
호박죽 ··· 1
회순 ··· 1

흰가무래기 ······· 1

3 집

1) 집의 성격과 종류

가즈랑집 ········ 9
구신집 ·········· 1
기와집 ·········· 1
넘언집 ·········· 1
농삿집 ·········· 1
돌능와집 ········ 2
마가리 ·········· 1
봉가집 ·········· 3
산골집 ·········· 1
외갓집 ·········· 2
우리집 ·········· 1
원두막 ·········· 1
인가人家 ········· 2
일가집 ·········· 1
집 ············· 44
큰집 ············ 2

2) 집의 구조

고방 ············ 7
곱새녕 ·········· 1
구들 ············ 1
굴통 ············ 2
기둥 ············ 1
기왓골 ·········· 2
기왓장 ·········· 1
김치가재미 ······ 2
녕 ·············· 1
녕동 ············ 1
농마루 ·········· 1
대들보 ·········· 2
덧문 ············ 1
들지고방 ········ 1
마루방 ·········· 1
문門 ············ 3
문기슭 ·········· 1
문살 ············ 2
문창 ············ 4
문門턱 ·········· 1
바람벽 ·········· 7
방 ·············· 4
방구석 ·········· 1
방바닥 ·········· 1
방안 ············ 7
볏곡간 ·········· 1
복도 ············ 1
부뚜막 ·········· 4
부뜨막 ·········· 1
부엌 ··········· 10
샷방 ············ 1
샛문틈 ·········· 1
섬돌 ············ 2
시렁 ············ 2
신뚝 ············ 1
아궁지 ·········· 2
아르간 ·········· 1
아르굳 ·········· 1
아룻간 ·········· 1
아룻목 ·········· 1
안간 ············ 1
안방큰방 ········ 1
앙궁 ············ 1
외양간 ·········· 1
웃간 ············ 4
웃목 ············ 1
유리창 ·········· 3
장지문틈 ········ 1
재통 ············ 1
잿다리 ·········· 1
지붕 ············ 5
집안 ············ 1
처마 ············ 2
초가지붕 ········ 2
턴정 ············ 1
텅납새 ·········· 7
토방 ············ 7
토방돌 ·········· 1
툇마루 ·········· 1

3) 집의 근처와 둘레

곱새담 ·········· 1
넷성城 ·········· 1
담 ·············· 1
담모도리 ········ 1
담벽 ············ 1
대문 ············ 2
대문간 ·········· 1
돌각담① ········ 1
돌각담② ········ 2
돌담 ············ 2
돌층계 ·········· 1
뒤울안 ·········· 5
뜨락 ············ 2
마당 ············ 6
마당귀 ·········· 3
밭마당 ·········· 2
성문城門 ········ 2
성외城外 ········ 1
안팎마당 ········ 1
울바주 ·········· 1
울밖 ············ 1
울파주 ·········· 1
울파주가 ········ 1
웃방성 ·········· 1
집오래 ·········· 1
집터 ············ 1
터앞 ············ 1
텃밭가 ·········· 1
회담벽 ·········· 1
흙담벽 ·········· 1

4 세간

갈부던 ·········· 2
거적떼기 ········ 1
걸레 ············ 2
곰방대 ·········· 1
곱돌탕관 ········ 1
광지보 ·········· 1
괴나리봇짐 ······ 1
국수분틀 ········ 1
그릇 ············ 1
깽제미 ·········· 1
끼애리 ·········· 1
나무그릇 ········ 1
나무뒝치 ········ 2
나무말쿠지 ······ 1
나조반 ·········· 1
날기멍석 ········ 1
농짝 ············ 1
넌함박 ·········· 1
담뱃대 ·········· 1
당등 ············ 1
당즈깨 ·········· 1
대냥푼 ·········· 1
독 ·············· 1
돗바늘 ·········· 1
동이 ············ 1
두레방석 ········ 1
딜옹배기 ········ 1
떡돌 ············ 1
류성기 ·········· 1
막대침 ·········· 1
말쿠지 ·········· 1
맷방석 ·········· 1
멍석자리 ········ 1
모랭이 ·········· 1
모밀가루포대 ···· 1
목구木具 ········ 1
목침木枕 ········ 2
목판 ············ 1
바가지 ·········· 1
바늘 ············ 1
바리깨 ·········· 1
백재일 ·········· 1
버치 ············ 1
분틀 ············ 1
불기 ············ 1
빗텁 ············ 1
사기방등 ········ 1
사닥다리 ········ 1
삿 ·············· 1
삿귀 ············ 1
상② ············ 1
새끼달은치 ······ 1
새끼사발 ········ 1
새끼오강 ········ 1
세침 ············ 1
소라방등 ········ 1
소뿔등잔 ········ 1
솥 ·············· 1
솥뚜껑 ·········· 1
쇠메 ············ 1
숫돌 ············ 1
시루 ············ 1
심지 ············ 1
쌀독 ············ 2
쌍심지 ·········· 1
약그릇 ·········· 1
약사발 ·········· 1
약탕관 ·········· 1
양철통 ·········· 1
엿궤 ············ 1
오쟁이 ·········· 1
오지항아리 ······ 2
왕구새자리 ······ 1
왕사발 ·········· 2
유종 ············ 1
이불 ············ 2
자리 ············ 3
잔盞 ············ 2
장반시계 ········ 1
저녁술 ·········· 1
적은솥 ·········· 1
전등 ············ 1
접시 ············ 1
접시귀 ·········· 1
제주병 ·········· 1
종이등燈 ········ 2
줄등 ············ 1
쥐발 ············ 1
진상항아리 ······ 1
질동이 ·········· 2
질화로 ·········· 1
짚등색이 ········ 1
참대창 ·········· 1

- 채일 ······ 1
- 청삿자리 ······ 1
- 초롱① ······ 1
- 초롱② ······ 1
- 큰솥 ······ 1
- 팔八모알상 ······ 1
- 평풍 ······ 1
- 한물통 ······ 1
- 함지 ······ 2
- 햇츩방석 ······ 1
- 헝겊심지 ······ 1
- 화디 ······ 1
- 화로 ······ 1
- 횃대 ······ 1

III. 생활환경

1 생활 터전

- 건넌마을 ······ 1
- 고당 ······ 1
- 고산정토高山淨土 ······ 1
- 고향故鄕 ······ 6
- 까막나라 ······ 1
- 나라 ······ 24
- 남방토南方土 ······ 1
- 남향南鄕 ······ 1
- 마을② ······ 32
- 마을마을 ······ 1
- 미명계未明界 ······ 1
- 본① ······ 1
- 북방北方 ······ 1
- 세상 ······ 11
- 시골 ······ 1
- 아랫마을 ······ 2
- 아릇동리 ······ 2
- 약물터 ······ 3
- 약수藥水터 ······ 2
- 양지귀 ······ 2
- 이방異邦 ······ 3
- 이향異鄕 ······ 1
- 적경寂境 ······ 1
- 적막강산 ······ 2
- 정주백촌定州白村 ······ 1
- 촌 ······ 5
- 촌중 ······ 1
- 추야일경秋夜一景 ······ 1
- 타관 ······ 5
- 한고향 ······ 2

2 길과 다리

- 거리 ······ 29
- 길① ······ 20
- 넘엣거리 ······ 1
- 다리② ······ 1
- 돌다리 ······ 1
- 뒷간거리 ······ 1
- 물길 ······ 1
- 밤길 ······ 1
- 산山거리 ······ 2
- 산山길 ······ 1
- 샛길 ······ 1
- 십리길 ······ 1
- 언덕길 ······ 1
- 장거리 ······ 1
- 행길 ······ 8

3 방향, 위치, 장소

- 가운데 ······ 3
- 개방위方位 ······ 1
- 건너 ······ 2
- 곁 ······ 2
- 곳 ······ 10
- 공중 ······ 1
- 구석 ······ 4
- 구석구석 ······ 1
- 귀② ······ 1
- 그늘 ······ 7
- 그늘밑 ······ 1
- 근방 ······ 1
- 근처 ······ 1
- 꼭다기 ······ 1
- 끝 ······ 5
- 너머 ······ 10
- 넘에 ······ 2
- 넘엣 ······ 1
- 넓은댕이 ······ 1
- 능달쪽 ······ 1
- 능당 ······ 1
- 데 ······ 4
- 뒤① ······ 4
- 뒷녚 ······ 1
- 뒷옆 ······ 1
- 맨천 ······ 2
- 머리맡 ······ 4
- 먼바루 ······ 2
- 멧비들기켠 ······ 1
- 모퉁이 ······ 1
- 묘향산행妙香山行 ······ 1
- 문밖 ······ 4
- 밑 ······ 7
- 밑바닥 ······ 1
- 바깥 ······ 1
- 밖 ······ 7
- 사이① ······ 1
- 삼리三里밖 ······ 1
- 성城터 ······ 1
- 섶 ······ 2
- 속① ······ 28
- 아래 ······ 11
- 아르대 ······ 1
- 안① ······ 5
- 안팎 ······ 1
- 앞 ······ 11
- 앞대 ······ 2
- 앞뒤 ······ 1
- 어구 ······ 1
- 어늬바루 ······ 1
- 옆 ······ 3
- 온데간데 ······ 1
- 우 ······ 14
- 위① ······ 1
- 쪽① ······ 1
- 터앞 ······ 3
- 한구석 ······ 2
- 한쪽 ······ 1

4 지명

- 가수내 ······ 1
- 가즈랑고개 ······ 1
- 강원도江原道 ······ 1
- 고성가도固城街道 ······ 1
- 구마산舊馬山 ······ 1
- 구장로球場路 ······ 1
- 남신의주南新義州 ······ 1
- 노루섬 ······ 1
- 대산동大山洞 ······ 1
- 동림東林 ······ 1
- 마산馬山 ······ 1
- 명정明井골 ······ 2
- 명정明井샘 ······ 1
- 묘향산妙香山 ······ 2
- 물계리物界里 ······ 1
- 백구둔白狗屯 ······ 1
- 북관北關 ······ 5
- 북신北新 ······ 1
- 삼각산 ······ 1
- 삼방三防 ······ 1
- 삼천포三千浦 ······ 1
- 삼호三湖 ······ 1
- 서울 ······ 1
- 수양산首陽山 ······ 1
- 숭가리 ······ 1
- 시기柿崎 ······ 1
- 신리新里 ······ 1
- 신미두 ······ 1
- 아무우르 ······ 1
- 안동安東 ······ 1
- 여우난골 ······ 1
- 오금덩이 ······ 1
- 유동柳洞 ······ 1
- 음산陰山 ······ 1
- 이두국주가도伊豆國湊街道 ······ 1
- 자성慈城 ······ 2
- 장진長津땅 ······ 2
- 정주定州 ······ 2
- 정주성定州城 ······ 1
- 창원도昌原道 ······ 1
- 창의문외彰義門外 ······ 1
- 태산泰山 ······ 1
- 토산土山 ······ 1
- 통영統營 ······ 3
- 판데목 ······ 1
- 팔원八院 ······ 1
- 평안도平安道 ······ 4
- 한산도閑山島 ······ 1
- 함경도咸鏡道 ······ 1
- 함곡관函谷關 ······ 1
- 함남도안咸南道安 ······ 1
- 함주군咸州郡 ······ 1
- 향산香山 ······ 1
- 황하黃河 ······ 1
- 황하두 ······ 1
- 흥안령興安嶺 ······ 1

5 나라, 종족

- 금金① ······ 1
- 발해渤海 ······ 1
- 부여扶餘 ······ 1
- 상商③ ······ 2
- 숙신肅愼 ······ 1
- 쏠론 ······ 1
- 여진女眞 ······ 2
- 오로촌 ······ 1
- 요遼 ······ 1
- 월越 ······ 2
- 위衛② ······ 2
- 은殷 ······ 2
- 지나支那나라 ······ 1
- 진晉 ······ 2

IV. 자연환경

1 강과 바다

강江쟁변 1
개포가 1
늪 2
단샘 2
도랑 1
모래부리 1
모래장변 2
모래톱 2
바다 13
바닷가 5
박우물 1
벌개늪역 1
산山개울 1
샘터 1
섬 1
우물 2
우물가 1
우물든덩 1
해변 2
해변땅 1
해변벌 1
호수湖水 1

2 산과 들

갈밭 1
건넌산山 3
고개② 4
골 2
골안 4
골짜구니 1
골짜기 1
골짝 3
광원曠原 1
기슭 2
눈구덩이 1
돌무덤 1
동둑 1
동말랭이 1
동비탈 1
뒷등성 1
뒷산山 1
들 1
땅 5
땅바닥 1
땅아래 1
마루 1
배나무동산 1
벌① 13
벌길 1
벌판 2
벼랑탁 1
비탈 1
산山 35
산곡山谷 1
산山골 10
산山골짜기 1
산대 1
산山마루 2
산山모롱고지 1
산山비탈 1
산山옆 3
산山중 1
산지山地 1
산천山川 1
산山턱 1
산山허리 1
선산 1
자갈밭 1
자개발둑 1
잔등② 1
잔솔밭 1
즘퍼리 1
청능 1
큰골 1
큰솔밭 1
토끼굴 1
풀밭 2
한벌판 1

3 하늘

그믐달 1
달 8
밤한울 1
별 3
보름달 1
새벽달 1
석양夕陽 1
저녁해 1
초생달 2
하눌 3
하늘 2
한울 9
해① 3

4 날씨

갈바람 1
감로甘露 3
구름 1
나주별 2
날② 2
날씨 1
녀름별 1
노을 1
눈② 16
단이슬 1
동풍東風 1
된비 1
바람 9
바람결 2
벼락 1
별 6
별살 5
보래구름 1
봄비 1
비 11
빗방울 1
산山비 4
소내기 1
쇠드랑별 1
싸락눈 1
아즈랑이 1
아지랑이 2
아츰별 1
안개 2
이슬 2
잠풍 1
장마 1
추위 1
하누바람 1
함박눈 1
햇별 5
햇비 1
흰구름 3

5 시간, 때

가을밤 1
간밤 1
겨울 1
겨울밤 3
겨을밤 1
고야古夜 1
구시월 2
그동안 1
그때 2
그믐 1
끼때 3
나이 3
나줏손 1
날③ 16
낮 6
낮배 1
내일 1
녀름날 1
녯날 10
녯적 5
다음날 1
달밤 1
대낮 1
대보름 2
동갑 1
동안 3
뒤② 4
따디기 2
때① 26
마가을 1
만년萬年 1
매연 1
머루밤 1
명절 2
명절날 2
밑께 1
반날 1
밤 38
밤중 1
보름 1
봄 2
봄철 1
봄철날 2
사이② 2
새벽녘 2
섣달 1
세월 4
신새벽 1
아즈내 1
아츰 10
아침 2
야반夜半 1
어스름저녁 1
어젯밤 2
여름 1
열나흘 1
열니레 1
옛날 1
오늘① 1
오늘밤 2
오대五代 1
오랜만 1
유월六月 1
이날 5
이때 2
이제① 6
자정 1
잠시 1
장날 3
재밤 1

재밤중 ···· 1
저녁② ···· 8
저녁밥때 ···· 1
전 ···· 2
정월正月 ···· 2
제삿날 ···· 1
철 ···· 2
첫녀름 ···· 1
청명淸明 ···· 1
초동일初冬日 ···· 1
초아흐레 ···· 1
초저녁 ···· 1
칠월七月 ···· 1
태고太古 ···· 1
하로 ···· 2
하로밤 ···· 2
하로종일 ···· 1
하로진일 ···· 1
하루종일 ···· 1
한겨울 ···· 1
한겻 ···· 1
한녀름 ···· 2
한참 ···· 1
해② ···· 1
황일黃日 ···· 1
훗날 ···· 1
흰밤 ···· 1

V. 산업생활

1 농업

1) 논밭과 농사일

강냉밭 ···· 1
고랑 ···· 1
골갯논드렁 ···· 1
귀농歸農 ···· 1
김② ···· 2
논 ···· 1
논두렁 ···· 1
논드렁 ···· 1
논배미 ···· 1
무이밭 ···· 1
밭 ···· 10
밭고랑 ···· 1
밭뚝 ···· 1
밭머리 ···· 1
밭최뚝 ···· 1
배나무접 ···· 1
벌논 ···· 1
삼굿 ···· 1
소거름 ···· 1
소신 ···· 1
예데가리밭 ···· 1
오이밭 ···· 1
이랑 ···· 1
채매 ···· 1
초가을 ···· 1
하답夏沓 ···· 1

2) 농기구

기르매 ···· 1
도끼날 ···· 1
돌덜구 ···· 1
돌물레 ···· 1
베틀 ···· 1
보십 ···· 1
소시랑 ···· 1
손방아 ···· 1
오리치 ···· 2
올코 ···· 1
지게 ···· 1
치코 ···· 1
토리개 ···· 1
풍구재 ···· 1
후치 ···· 1

2 상업

1) 가게와 시장

가업집 ···· 1
객줏客主집 ···· 2
고성固城장 ···· 1
국숫집 ···· 2
반관飯舘 ···· 1
선장 ···· 1
술집 ···· 1
여인숙旅人宿 ···· 2
연자간 ···· 3
엿방 ···· 1
월림月林장 ···· 1
장판 ···· 1
조당澡塘 ···· 1
주막酒幕 ···· 3
추탕鰍湯집 ···· 1
통영統營장 ···· 1

2) 돈과 장사

값 ···· 1
돈 ···· 2
돈푼 ···· 1
백통전 ···· 1
빚 ···· 2
오두미五斗米 ···· 1
월급 ···· 1
주류판매업酒類販賣業 ···· 1
흥정 ···· 2

3 운수업

1) 운송 수단

경편철도輕便鐵道 ···· 1
고원선高原線 ···· 1
나룻배 ···· 1
달구지 ···· 1
도락구 ···· 1
배① ···· 3
뽕뽕차車 ···· 1
소달구지 ···· 1
승합자동차乘合自動車 ···· 2
쌍마차雙馬車 ···· 1
자동차自動車 ···· 1
차車 ···· 2
화륜선 ···· 1
휘장마차 ···· 1

2) 운수 관련

가정거장假停車場 ···· 1
배창 ···· 2
선창 ···· 2
정거장停車場 ···· 1
종점終點 ···· 1
플랫폼 ···· 1
항구港口 ···· 1

4 광업, 어업, 토건업

그물 ···· 1
금덤판 ···· 1
달궤 ···· 1
들망 ···· 1
미끼 ···· 1
측량測量 ···· 1

VI. 문화생활

1 문예와 수리

1) 추상, 논리, 이성

까닭 ···· 1
넷적본 ···· 1
넷투 ···· 1
력사 ···· 1
본② ···· 2
신세 ···· 1
옛적본 ···· 1
이름 ···· 4
잘못 ···· 1
조화 ···· 1
종아지물본 ···· 1
탓① ···· 1
탓② ···· 9

2) 글, 노래, 그림

갈지자字 ···· 1
글자 ···· 3
남행시초南行詩抄 ···· 5
동뇨부童尿賦 ···· 1
리과책 ···· 1
목각木刻 ···· 1
문서文書 ···· 1
병서兵書 ···· 1
산중음山中吟 ···· 1
서시序詩 ···· 1
서행시초西行詩抄 ···· 4
선우사膳友辭 ···· 1
선인도仙人圖 ···· 1
소설 ···· 1
신간서新刊書 ···· 1
〈아서라 세상사世上事〉 ···· 1
앙광이 ···· 1
자시동북팔십천희천自是東北八○粁熙川 ···· 1
추일산조秋日山朝 ···· 1
품바타령 ···· 1
함주시초咸州詩抄 ···· 1
해자 ···· 1
향악饗樂 ···· 1
《호박꽃 초롱》 ···· 1
효자노적지지정문孝子盧迪之之旌門 ···· 1

3) 악기

거문고 ···· 1
되양금 ···· 1
북 ···· 1
양금줄 ···· 1
호궁胡弓 ···· 1

4) 수량, 차례

가지가지 ···· 1
깃 ···· 1
다① ···· 1
단 ···· 1
단둘 ···· 1
단채 ···· 1
둘 ···· 5
멫십 ···· 1

몇① ············ 2
모도① ············ 4
모두① ············ 3
반 ············ 1
사십四十 ············ 1
세불 ············ 1
수② ············ 1
수백 ············ 1
스무나문 ············ 1
아홉 ············ 1
안② ············ 1
억병 ············ 1
얼마 ············ 1
열 ············ 2
열다섯 ············ 1
열여섯 ············ 1
예순 ············ 1
이번 ············ 4
천 ············ 1
칠십七十 ············ 1
하나 ············ 23
한불 ············ 4
혼자① ············ 1

5) 거리, 농도, 세기

백오십리百五十里 ·· 1
삼백오십리三百五十里 ············ 1
삼십오도三十五度 ·· 1
십리十里 ············ 1
십오리十五里 ······ 2
십오촉十五燭 ······ 1
육십리六十里 ······ 1
이십리二十里 ······ 1

6) 단위

가락 ············ 1
감② ············ 1
곡조 ············ 1
길② ············ 1
냥 ············ 2
년年 ············ 3
닢 ············ 1
대 ············ 2
덩이 ············ 1
리里② ············ 1
마리 ············ 4
말② ············ 1
번 ············ 5
병① ············ 1
사발 ············ 2
살① ············ 1
상디기 ············ 1
술② ············ 1
쌍 ············ 2
자① ············ 2
점① ············ 1
접 ············ 1
줌 ············ 1
채① ············ 3
켜레 ············ 1
토막 ············ 2
통② ············ 1
필 ············ 1
해③ ············ 2
홰 ············ 1

7) 기타 의존명사

것 ············ 167
놈 ············ 1
대로 ············ 3
듯 ············ 3
듯이 ············ 10
리① ············ 1
수① ············ 4
이① ············ 4
적 ············ 5
줄 ············ 3
지 ············ 1

2 민속과 종교

1) 민속놀이

가마 ············ 1
광대넘이 ············ 1
꼬리잡이 ············ 1
꿩사냥 ············ 1
바독판 ············ 1
버선짝 ············ 1
벌불 장난 ············ 1
숨굴막질 ············ 1
실감기 ············ 1
쌈방이 ············ 1
아룻목싸움 ············ 1
오독독이 ············ 1
자리싸움 ············ 1
쥐잡이 ············ 1
청대나무말 ············ 1

2) 민속신앙

구신 ············ 7
구신간시령 ············ 1
국수당 ············ 1
국수당고개 ············ 1
굴대장군 ············ 1
굿 ············ 2
녀귀 ············ 1
눈귀신 ············ 1
달걀구신 ············ 1
대감님 ············ 1
데석님 ············ 2
디운구신 ············ 1
무당 ············ 1
무명필 ············ 1
방뇨 ············ 1
비난수 ············ 1
성궁미 ············ 1
성주님 ············ 2
수문장 ············ 1
수영 ············ 1
신장님 ············ 1
애기무당 ············ 2
여우① ············ 2
연자망구신 ············ 1
작두 ············ 2
조앙님 ············ 3
충왕蟲王 ············ 1
충왕묘蟲王廟 ············ 1
치성 ············ 1
탱 ············ 1
털능구신 ············ 1
토신土神 ············ 1
토신묘土神廟 ············ 1
팥 ············ 1
할미귀신 ············ 1

3) 민속 의례

거적장사 ············ 1
교우 ············ 1
사당 ············ 1
시집 ············ 5
신영길 ············ 1
신주 ············ 1
엄신 ············ 1
정문旌門 ············ 1
정문旌門집 ············ 1
정문촌旌門村 ············ 1
제관 ············ 1
제상 ············ 1
족보 ············ 1
집살이 ············ 1
최방등 제사 ············ 1
축 ············ 1
큰머리 ············ 1
합문 ············ 1
흠향 ············ 1

4) 세시풍속

개장취념 ············ 1
냅일날 ············ 2
냅일눈 ············ 2
냅일물 ············ 1
눈세기물 ············ 1
백중 ············ 1
백중날 ············ 1
백중물 ············ 1
약눈 ············ 1
약藥물 ············ 2
약물터 ············ 3
칠월七月 백중 ············ 1

5) 불교·기독교

고사古寺 ············ 1
공양주 ············ 1
귀주사歸州寺 ············ 1
로장 ············ 1
목탁木鐸 ············ 1
부처 ············ 1
부처님 ············ 1
불경佛經 ············ 1
산山절 ············ 1
수라修羅 ············ 1
순례巡禮중 ············ 1
여래如來 ············ 1
여승女僧 ············ 2
염주 ············ 1
예수쟁이 ············ 1
재齋① ············ 2
절② ············ 2
절간 ············ 2
중 ············ 2

VII. 사물

1 물, 액체

강江물 ············ 1
개울물 ············ 4
고드름 ············ 2
김① ············ 3
더운물 ············ 2
뚜물 ············ 1
물① ············ 13
물가 ············ 1
물기 ············ 1
물밑 ············ 2
물살 ············ 1
소기름 ············ 2
시냇물 ············ 1

아즈까리기름 ···· 2
찬물 ···· 1
천상수天上水 ···· 1
한물 ···· 1

2 빛, 불

귀신불 ···· 1
그림자 ···· 4
달빛 ···· 2
땃불 ···· 1
모닥불 ···· 4
북덕불 ···· 1
불 ···· 6
불빛 ···· 2
소기름불 ···· 1
인둣불 ···· 1
재② ···· 1
잿더미 ···· 1
초롱불 ···· 1
촛불 ···· 1
하리불 ···· 1
한울빛 ···· 2
해빛 ···· 1
햇귀 ···· 1

3 돌, 모래, 흙

꽃바위 ···· 1
모래 ···· 1
모래알 ···· 1
무릿돌 ···· 2
바우 ···· 1
바윗돌 ···· 1
바윗잔등 ···· 1
세모래 ···· 1
우물돌 ···· 1
자갯돌 ···· 1
황토 ···· 1
흙 ···· 5
흙꽃 ···· 1

4 짚, 겨

겨 ···· 1
볏짚 ···· 1
새끼오리 ···· 1
잡곡난가리 ···· 1
짚검불 ···· 2

5 기타 사물

게구멍 ···· 1
나무판장 ···· 1
나이금 ···· 1
너울쪽 ···· 1
다래나무지팽이 ···· 2
돌비 ···· 2
때② ···· 2
똥 ···· 1
막대꼬치 ···· 1
말방울 ···· 1
맞구멍 ···· 1
먹 ···· 1
몬지 ···· 1
몽둥발이 ···· 1
물감 ···· 1
백지 ···· 1
샛더미 ···· 1
소똥 ···· 1
숨② ···· 1
싸리꼬치 ···· 1
아모것 ···· 1
앙금 ···· 1
액額 ···· 1
은금보화 ···· 2
이것저것 ···· 1
장작 ···· 1
종이 ···· 1
침 ···· 1
탄수 ···· 1
푯標말 ···· 1
회채리 ···· 1

VIII. 감각

1 맛과 냄새

개비린내 ···· 1
김냄새 ···· 1
내음새 ···· 19
냄새 ···· 1
맛 ···· 6
모밀내 ···· 2
물맛 ···· 1
미역냄새 ···· 1
바람맛 ···· 1
살내음새 ···· 1
습내 ···· 1
향기 ···· 1
향香내 ···· 1

2 소리

개소리 ···· 1
말소리 ···· 2
산山울림 ···· 1
새소리 ···· 1
소리① ···· 20
소리② ···· 11
소리③ ···· 15
쳇소리 ···· 1
외마디소리 ···· 1
웃음소리 ···· 1
청 ···· 1
희파람 ···· 1

3 색

꼭두손이 ···· 1
머루빛 ···· 1
물② ···· 1
살빛 ···· 1
연둣빛 ···· 1
연분홍 ···· 1
오줌빛 ···· 1
주홍칠 ···· 1
진진초록 ···· 1
진초록 ···· 1
취열옥색 ···· 1

IX. 식물

1 풀

가지① ···· 1
가지취 ···· 3
갈대 ···· 1
강냉이 ···· 1
개지꽃 ···· 1
게루기 ···· 1
고비 ···· 1
고사리 ···· 3
당콩 ···· 1
마늘 ···· 2
마타리 ···· 1
물외 ···· 2
물이끼 ···· 1
미나리 ···· 1
빼꾹채 ···· 1
쇠조지 ···· 1
수리취 ···· 1
수박 ···· 3
오이 ···· 1
장풍 ···· 1
제비꼬리 ···· 1
파 ···· 2

2 나무

갈매나무 ···· 1
개나리 ···· 1
동백冬柏나무 ···· 1
들매나무 ···· 2
땅버들 ···· 2
머루넝쿨 ···· 1
밤나무 ···· 1
배나무 ···· 2
백화白樺 ···· 1
버드나무 ···· 2
버들 ···· 1
복사나무 ···· 1
복숭아나무 ···· 2
살구나무 ···· 1
석류石榴 ···· 1
수무나무 ···· 2
싸리 ···· 1
아카시아 ···· 1
이깔나무 ···· 1
임금林檎나무 ···· 1
자구나무 ···· 1
자작나무 ···· 6
진달래 ···· 2
피나무 ···· 1

3 식물 일반과 부분

1) 식물 일반

꽃 ···· 3
나무 ···· 2
버슷 ···· 1
송이버슷 ···· 1
재래종在來種 ···· 1
풀 ···· 3

2) 꽃

개지 ···· 1
도라지꽃 ···· 1
동백冬柏꽃 ···· 2
머루전 ···· 1
바가지꽃 ···· 1
바구지꽃 ···· 2
버들개지 ···· 1
복사꽃 ···· 5
쉬영꽃 ···· 1
쑥국화꽃 ···· 1
아카시아꽃 ···· 1
이스라치전 ···· 1
함박꽃 ···· 1
호박꽃 ···· 1

3) 식물의 다른 부분

가락닢 ···· 1
가지② ···· 2
가지채 ···· 1
나무등걸 ···· 1

X. 동물

1 조류

2 어패류

3 포유류

4 곤충류

5 양서류, 파충류 외

6 동물 일반

7 몸의 부분

닭이짗 1
대가리 1
대멀머리 1
등 4
말상 1
맥 2
맨발 1
머리① 4
머리② 3
머리오리 1
머리채 2
머리카락 11
머리칼 1
메기수염 1
목 4
목덜미 2
몸 7
무릎 3
물코 1
밑구멍 1
발 2
발굽 1
발꿈치 1
발뒤축 2
발빨갱이 1
발뿌리 1
배② 3

배꼽 1
범상 1
별자국 1
뺨 1
뽈다구 1
살② 3
살갖 1
상① 1
새끼락 1
새끼손톱 1
손 18
손잔등 1
손톱 1
수염 3
아랫두리 1
안장코 1
앞니 2
앞니빨 1
어깻죽지 1
얼골 2
얼굴 2
오력 1
외발 1
울상 1
이마 1
입 6
입술 1

자박수염 1
잔등① 1
잔뼈 1
점② 1
젖 2
젖꼭지 1
주둥이 1
주먹다시 1
질병코 1
짗 2
쪽재피상 1
코 1
코끝 1
코밑수염 1
태반胎盤 1
털 5
팔 1
팔다리 1
팔뚝 1
피 3
핏대 1
허리 2
허리도리 1
혀끝 1
흰가루손 1

8 질병

갑피기 1
고뿔 1
배앓이 1
병② 3
부증 1
작은마누래 1
제구실 1
큰마누래 1

9 생리 현상

기지개 1
꿈① 2
낮잠 2
눈물 6
눈물방울 1
목숨 2
숨① 2
오줌 6
자채기 1
잠 3
졸음 1
춤 1
토끼잠 1
하펌 1
한잠 3

용언과 수식언(동사, 형용사, 부사, 관형사)

I. 사람 및 동식물	1. 발화	2. 감정	3. 인지	4. 성격
	5. 인품, 능력	6. 태도	7. 보기, 듣기	8. 웃음, 울음
	9. 동작(몸의 움직임)	10. 행위 일반, 경험	11. 만지기, 쓰다듬기	12. 젊어짐, 임
	13. 누름, 때림, 싸움	14. 힘, 생기, 애씀	15. 이동	16. 만남, 이별
	17. 사귐	18. 모임, 몰림, 섞임	19. 요청	20. 건강, 질병, 치료
	21. 생리	22. 사람 및 동물의 형상	23. 양육	24. 식물(생장과 결실)
II. 기본 · 산업 · 문화 생활	1. 입기, 벗기, 치장	2. 요리	3. 식사	4. 노동
	5. 사고팔기, 경제 형편	6. 교통	7. 유희, 민속	8. 학문, 예술, 기술
	9. 길이, 크기, 두께, 깊이	10. 수량, 무게	11. 정도, 한계	
III. 생활 · 자연 환경	1. 장소, 공간	2. 방향, 표시	3. 날씨	4. 시간, 때
	5. 자연의 움직임			
IV. 사물	1. 물(물의 움직임)		2. 빛, 불(빛남, 쬐기, 켜기, 끄기)	
	3. 물체의 상태, 생김새		4. 물체의 변화, 흔들림	
	5. 물체의 이동, 전달, 제공			

V. 감각, 분위기	1. 맛	2. 냄새	3. 소리 1) 소리치기, 소리 내기 2) 소리 흉내, 소리 상태
	4. 색	5. 명암	6. 감촉
	7. 분위기		
VI. 사람, 동식물, 사물, 자연환경의 혼합	1. 머무름, 존재	2. 소유, 구비	3. 넣기, 담기
	4. 남음, 둠	5. 없음, 쌓임	6. 묶기
	7. 묻기, 닫기, 덮기, 감추기	8. 가득 참, 넘침, 확장	9. 잡기, 풀어 주기
	10. 붙임, 댐, 낌	11. 던짐, 보냄, 빠짐	12. 뽑기, 추리기, 찾기
	13. 벗기기, 열기	14. 자르기, 갈라짐	15. 꿰기, 쑤시기, 박음
	16. 설치, 배치, 파괴	17. 청소, 씻기	18. 충돌, 맞이함
	19. 사용	20. 전환, 교환	21. 결과, 이룸
	22. 계산	23. 계속, 지속, 반복	24. 중지, 마침
	25. 생김, 사라짐	26. 흉내	27. 존경, 받듦
	28. 인도	29. 동행, 동반	30. 훌륭함, 쓸데없음
	31. 아름다움, 깨끗함, 더러움	32. 종류, 갈래	33. 같음, 다름
	34. 쉬움, 어려움	35. 확실, 확신, 추측	36. 강조, 당연
	37. 참, 거짓	38. 부정, 불가능	39. 조건, 이유, 가정

I. 사람 및 동식물

1 발화

고아내다 ········· 1
권하다 ··········· 1
덕신덕신 ········· 1
들떠들다 ········· 1
떠고다 ··········· 1
떠들어대다 ······· 1
말하다 ··········· 1
묻다② ··········· 1
부르다① ········· 4
부르다② ········· 1
수선거리다 ······· 1
왁자지껄하다 ····· 1
욕하다 ··········· 1
웃자지껄하다 ····· 1
이야기하다 ······· 3
지껄지껄하다 ····· 1
쭝얼대다 ········· 1
펴다① ··········· 1
하다② ·········· 18

2 감정

가라앉다 ········· 2
가이없이 ········· 1
고맙다 ··········· 1
귀치않다 ········· 1
그려오다 ········· 1
그리워지다 ······· 1
그리워하다 ······· 1
그립다 ··········· 1
기꺼이 ··········· 1
기다리다 ········· 2
기뻐하다 ········· 1
기쁘다 ··········· 1
꿋꿋하다 ········· 1
나다⑨ ··········· 3
놀라나다 ········· 1
놀라다 ··········· 2
놀래주다 ········· 1
눈물겹다 ········· 1
느꾸다 ··········· 1
느끼다① ········· 2
든든히 ··········· 1
들뜨다 ··········· 1
띠다 ············· 1
락단하다 ········· 1
마음대로 ········· 2
맑다① ··········· 3
맑어지다 ········· 1
먹다② ··········· 1
메다 ············· 1
메이다 ··········· 1
무서웁다 ········· 2
무서워하다 ······· 1
무섭다 ·········· 15
반가웁다 ········· 2
반가워지다 ······· 1
반가워하다 ······· 1
반갑다 ··········· 2
밝다④ ··········· 1
밝어오다 ········· 1
벅차오다 ········· 1
부끄럽다 ········· 1
부러워하다 ······· 1
부럽다 ··········· 2
분하다 ··········· 2
불상하다 ········· 1
사랑하다 ········ 22
살뜰하다 ········· 1
살틀하다 ········· 3
서글프다 ········· 2
서러웁다 ········· 3
서러워지다 ······· 1
서러워하다 ······· 1
서럽다 ··········· 4
설다 ············· 2
섧다 ············· 1
슬퍼지다 ········· 2
슬퍼하다 ········· 2
슬프다 ··········· 5
싫다 ············· 1
싶다 ············ 22
싹다 ············· 1
쓸쓸하다 ········ 22
쓸쓸히 ··········· 2
아리다 ··········· 1
안타깝다 ········· 1
애끊다 ··········· 1
연연해하다 ······· 1
외로워지다 ······· 1
외로워하다 ······· 1
외로이 ··········· 4
외롭다 ··········· 4
우수웁다 ········· 1
잘③ ············· 1
정답다 ··········· 3
정들다 ··········· 1
좋다① ·········· 25
좋아하다① ······· 8
좋아하다② ······· 4
즐거웁다 ········· 1
즐거워오다 ······· 1
즐거이 ··········· 2
즐겁다 ··········· 7
즐기다 ··········· 1
친하다 ··········· 3

편안하다 ········· 3
평안하다 ········· 1
한가로이 ········· 1
한가하다 ········· 5

3 인지

같다③ ·········· 18
귀해하다 ········· 1
기억하다 ········· 1
깊다② ··········· 1
나다⑥ ··········· 1
나다⑬ ··········· 1
녀기다 ··········· 2
놓다⑥ ··········· 3
들다⑭ ··········· 1
듯하다 ·········· 13
떠오르다 ········· 1
뜻없이 ··········· 1
모르다① ········· 7
모르다② ········· 1
배반하다 ········· 1
생각나다 ········· 2
생각하다 ········ 35
알다① ··········· 4
알다③ ··········· 1
어지럽다 ········· 1
위로하다 ········· 1
위안하다 ········· 1
위하다 ··········· 2
이기다 ··········· 2
일부러 ··········· 1
잊다 ············· 3
잊어버리다 ······· 1
쫓기다 ··········· 1
하다⑦ ··········· 1
하다⑫ ··········· 1
하다⑯ ··········· 1
헤매이다② ······· 1

4 성격

사납다 ··········· 2
알뜰하다 ········· 1
온순하다 ········· 1
지게굳다 ········· 1
텁텁하다 ········· 1

5 인품, 능력

무겁다② ········· 1
미덥다 ··········· 2
알다④ ··········· 1
어리석다 ········· 1
어질다 ··········· 6
영靈하다 ········· 1
잘① ············· 9
잘하다 ··········· 1
착하디착하다 ····· 1
참되다 ··········· 1
철없다 ··········· 1
하다⑰ ··········· 1

6 태도

검방지다 ········· 1
게으르다 ········· 4
게을리 ··········· 1
고이 ············· 2
공경스럽다 ······· 1
공손하다 ········· 1
너들씨다 ········· 1
도고하다 ········· 1
말없이 ··········· 3
못되다 ··········· 1
묵묵하다 ········· 1
묵묵히 ··········· 1
바즈런하다 ······· 1
삼가다 ··········· 1
우두머니 ········· 1
우쭐대다① ······· 2
으젓하다 ········· 2
잘망하다 ········· 1
짓궂이 ··········· 1
퀴다② ··········· 1
하다⑥ ··········· 7

7 보기, 듣기

건너다보다 ······· 1
굽어보다 ········· 1
듣다 ············ 11
들려오다 ········· 4
들리다 ··········· 5
들여다보다① ····· 1
들여다보다② ····· 1
들여다뵈이다 ····· 1
바라다 ··········· 1
바라보다 ········· 7
바래다 ··········· 1
보다① ··········· 6
뵈이다① ········· 7
시울다 ··········· 2
오다③ ··········· 1
쳐다보다 ········· 3

8 웃음, 울음

가랑가랑하다 ····· 1
반끗히 ··········· 1
빙긋이 ··········· 1
어리다① ········· 1
울고불고하다 ····· 1
울다① ·········· 13
웃다 ············· 8
짜다② ··········· 1
핑 ··············· 1
히드득거리다 ····· 1
히물쩍 ··········· 1

9 동작(몸의 움직임)

가부틀다 ········· 1
갸웃하다 ········· 1
걸어앉다 ········· 1
구붓하다 ········· 1
굴다 ············· 3
굽히다 ··········· 1
껌벅거리다 ······· 1
꿇다 ············· 1
꿇어지다 ········· 1
내어두르다 ······· 1
내어밀다 ········· 1
눕다① ··········· 8
뉘어두다 ········· 1
닐다① ··········· 2
달가불시다 ······· 1
둘러서다 ········· 1
뒤이다 ··········· 1
들다⑮ ··········· 2
디퍽디퍽 ········· 1
뜨다② ··········· 1
막어서다 ········· 1
밟다 ············· 2
보다④ ··········· 1
서다① ··········· 7
손깍지벼개하다 ··· 1
쌀랑대다 ········· 1
쓰렁쓰렁 ········· 1
아물거리다 ······· 1
앉다① ·········· 12
앉다③ ··········· 1
어정어정 ········· 1
엎데다 ··········· 2
우쭐대다② ······· 1
졸레졸레 ········· 1
주저앉다 ········· 1
줄레줄레 ········· 1
지다④ ··········· 2
지중지중 ········· 1
쭈구리다 ········· 1
터벅터벅 ········· 1
트다① ··········· 1
팔벼개하다 ······· 1
합장하다 ········· 1
화리서리 ········· 1

10 행위 일반, 경험

그러다 ··········· 2
그리하다 ········· 3
이러다 ··········· 1
지나다② ········· 1

11 만지기, 쓰다듬기

만져보다 ········· 1
쓰다듬다 ········· 2
쏠다② ··········· 2
주무르다 ········· 2
짚다 ············· 1

12 짊어짐, 임

업다 ············· 2
업어가다 ········· 1
업혀가다 ········· 1
업히다 ··········· 1
이다 ············· 1
져가다 ··········· 1
지다② ··········· 2
치우다 ··········· 1

13 누름, 때림, 싸움

나려누르다 ······· 1
눌리다 ··········· 1
때리다 ··········· 3
뚜드리다 ········· 2
쌈지거리하다 ····· 1
차다② ··········· 1
차다④ ··········· 1
처박다 ··········· 1
치다⑧ ··········· 1

14 힘, 생기, 애씀

너부러지다 ······· 1
녹히다 ··········· 2
들다⑬ ··········· 1
세괏다 ··········· 1
세이다① ········· 1
스스로 ··········· 2
싱싱 ············· 1
싱싱하다 ········· 2
쓰다⑦ ··········· 1
울력하다 ········· 1
힘껏 ············· 1
힘세다 ··········· 1

15 이동

가다① ·········· 61
가다② ··········· 1
거닐다 ··········· 1
건너다 ··········· 2
걷다 ············· 3
걸어가다 ········· 4
나가다 ··········· 5
나다⑧ ··········· 6
나려가다 ········· 2
나려오다 ········· 1
나리다① ········· 3
나리다⑤ ········· 1
나서다 ··········· 1
나아가다 ········· 1
나오다① ········· 8
날다① ··········· 4
날려가버리다 ····· 1
날려오다 ········· 1
날아오다 ········· 1
날어가다 ········· 2
날어나다 ········· 1
날어들다 ········· 1
날어오다 ········· 2
낫대들다 ········· 1
넘다② ··········· 4
넘어가다 ········· 2
다니다 ··········· 3
단기다 ··········· 1
단니다 ··········· 2
달아가다 ········· 1
달아나다 ········· 1
달아나버리다 ····· 1
달어나다 ········· 1
대여가다 ········· 1
돌다 ············· 5
돌아가다 ········· 1
돌아다니다 ······· 1
돌아오다 ········· 4
둥구재벼오다 ····· 1
뒤서다 ··········· 1
드나들다 ········· 1
들다⑧ ··········· 1
들다⑫ ··········· 2
들어가다① ······· 5
들어오다 ········· 2
따러가다 ········· 2
따러나오다 ······· 1
따러오다 ········· 1
따르다 ··········· 7
떠돌다 ··········· 3
뛰다 ············· 1
뛰어들다 ········· 1
뛰어오다 ········· 1
뛰여오다 ········· 1
뛰쳐나오다 ······· 1
멕이다 ··········· 2
몰다① ··········· 1
물러가다 ········· 1
삐쳐나다 ········· 1
설레다 ··········· 2
싸단니다 ········· 1
앞서다 ··········· 1
오다① ·········· 59
오르나리다 ······· 1
오르다① ······· 10
올라가다 ········· 2
올라오다 ········· 2
올리다① ········· 1
지나가다① ······ 11
지나다⑤ ········· 5
지나오다 ········· 1
찾어가다 ········· 1
찾어뵈다 ········· 2
타다③ ··········· 1
헤매이다① ······· 1

16 만남, 이별

내다① ··········· 1
떠나다 ··········· 3
떨어지다② ······· 1
만나다 ··········· 5
뵈이다② ········· 1

17 사귐

낮설다 ··········· 1
동무하다 ········· 1
스스로웁다 ······· 1
알다② ··········· 3
외면하다 ········· 4
지나다① ········· 1

18 모임, 몰림, 섞임

게모이다 ········· 1
모이다 ··········· 4
북적하다 ········· 1
씨굴씨굴 ········· 1
어우러지다 ······· 1
오구작작 ········· 1
우울거리다 ······· 1
욱실욱실하다 ····· 1
욱적하다 ········· 1

19 요청

드리다① ········· 1
쓰다④ ··········· 1
조르다 ··········· 2

20 건강, 질병, 치료

나다④ ··········· 1
낫다 ············· 2
놓다④ ··········· 1
눕다② ··········· 3
들다⑩ ··········· 2
병들다 ··········· 1
보다② ··········· 1
보하다 ··········· 1
성하다 ··········· 1
아프다 ··········· 1
앓다 ············· 7
피성하다 ········· 1

21 생리

가지다③ ········· 1
고프다 ··········· 1
길러보다 ········· 1
길우다 ··········· 1
깨다 ············· 2
깨이다① ········· 1
깨이다② ········· 1
꾸다 ············· 1
나다③ ··········· 6
남즉하다 ········· 1
낳다 ············· 3
노곤하다 ········· 1
누다 ············· 2
늙다 ············· 9
들다② ··········· 3
들다④ ··········· 1
밝히다② ········· 1
쉬다 ············· 1
싸다① ··········· 2
오다⑥ ··········· 2
일어나다 ········· 3
자다 ············· 5
자라나다 ········· 1
잡다② ··········· 2
졸다 ············· 3
죽다 ············ 10
죽이다 ··········· 1
지치우다 ········· 2
치다② ··········· 1
타고나다 ········· 1
태어나다 ········· 2
화끈 ············· 1

22 사람 및 동물의 형상

나어리다 ········· 2
마르다① ········· 1
민숭민숭하다 ····· 1
삐삐① ··········· 1
살지다 ··········· 1
솜솜 ············· 1
어리다② ········· 9
오르다③ ········· 1
젊다 ············· 3
찌다 ············· 1
튼튼하다 ········· 2
파리하다 ········· 6
푸둥푸둥하다 ····· 1
해쓱하다 ········· 1
험상궂다 ········· 1

23 양육

길여나다 ········· 1
들이다② ········· 1
보다③ ··········· 1

24 식물(생장과 결실)

달리다① ········· 4
시들다 ··········· 1
앉다④ ··········· 1
열다② ··········· 1
열리다 ··········· 1
익다② ··········· 2
익어가다 ········· 1
트다② ··········· 1
퓌다① ··········· 5
피다 ············· 6
피여나다 ········· 1

II. 기본·산업·문화 생활

1 입기, 벗기, 치장

걸치다 ··········· 1
끼다① ··········· 1
눌러쓰다 ········· 1
대모풍잠하다 ····· 1
드리다② ········· 1
매다① ··········· 1
받쳐입다 ········· 1
발가벗다 ········· 4
벗다① ··········· 1
빗다 ············· 2
신다 ············· 5
쓰다① ··········· 3

쓰다③ 2
씌우다 1
얹다 2
얹히다 1
입다 9
입히다 1
지르터매다 1
차다① 3

2 요리

굽다 1
끓다① 3
끓여놓다 1
끓이다 5
누르다 1
닉다 1
다지다 1
닦다① 6
달이다 1
담그다① 1
두다 1
막칼질하다 1
무르끓다 1
받어놓다 1
뷔비다 1
빚다 2
삶다 5
썰다 1
쑤다 1
익다① 1
익히다 1
지지다 1
짓다 2
쫄다 1
쫄이다 1
치다⑤ 1
치다⑥ 1

3 식사

구워먹다 2
끼밀다 1
뜨다① 1
마시다 6
맛보다 1
먹다① 43
먹이다 1
물다 3
밝어먹다 1
뱉다 1
빨다 1
사먹다 1
삼키다 2
쌔김질하다 1
씹다 1
잡어먹다 1
주워먹다 1
쳐먹다 1
핥다 1
해치우다 1

4 노동

닦다③ 1
닭보다 1
매다② 2
벼르다 1
삼다 1
새하다 1
소삼다 1
심그다 1
짜다① 1
찧다 1
치다④ 1
캐다 1
키질하다 1

5 사고팔기, 경제 형편

가난하다 14
거저 1
곯다① 1
받다② 2
받어들다 1
불상하다 1
사다 6
사오다 1
얻다② 1
팔다 4

6 교통

몰다② 1
몰아가다 1
오르다② 2
타다① 10

7 유희, 민속

가다⑤ 5
놀다① 5
뛰놀다 1
바리깨돌림하다 1
시집가다 2
잔치하다 1
장가가다 1
제비손이구손이하다 1
조아질하다 1
호박떼기하다 1
흙장난하다 1

8 학문, 예술, 기술

그리다 2
닦다② 1
뜨다② 1
배우다① 1
쓰다⑤ 1
쓰다⑥ 2
읽다 1
켜다② 1

9 길이, 크기, 두께, 깊이

가늘다 1
갤족하다 1
굵다 1
굵어가다 1
기나길다 1
기드렁하다 1
길다① 9
길다랗다 4
길즛하다 1
깊다① 5
깊이 1
껑추렁하다 1
나즈막하다 1
낮다 2
넓다 1
높다 11
높이 1
늘늘히 1
늘다 1
두틈하다 1
무연하다 1
자그마하다 1
작다 2
적다 4
조고마하다 1
크나크다 4
크다 10
크다랗다 2
크디크다 1

10 수량, 무게

가득 2
가득하다 1
가부엽다 1
구십여 1
그득하다 3
그득히 3
꽉 1
담복 1
두 5
드물다 1
많다 16
많이 4
멫 9
몇② 1
모다 3
모도② 2
모두② 16
모든 1
모주리 1
무거웁다 2
무겁다① 2
서너 2
서른닷 1
석 1
여러 1
열두 1
조금 4
즈벅이다 1
트근히 1
하다⑲ 1
한① 32
혼자② 7
홀로 2
흔하다 1

11 정도, 한계

가장 2
겨우 1
고만 1
그지없이 1
너무 2
너무나 4
다② 12
다만 2
더 4
더욱 3
몹시 1
무척 1
아모래도 1
아무리 1
얼마나 12
온통 1
유별히 1
점점 1
차츰 1
한② 3
한끝나게 1
한없이 4
한창 2
함북 1

- 함뿍 ······ 1
- 훨씬 ······ 1

III. 생활·자연 환경

1 장소, 공간

- 가까웁다 ······ 1
- 가까이① ······ 2
- 가깝다 ······ 1
- 가펴렵다 ······ 1
- 끝없이 ······ 1
- 넘석하다 ······ 1
- 돋구다 ······ 1
- 따로 ······ 1
- 망연하다 ······ 1
- 멀다① ······ 11
- 멀리 ······ 6
- 뷔이다 ······ 4
- 비다 ······ 1
- 비이다 ······ 1
- 외따른 ······ 4
- 외지다 ······ 2
- 좁다랗다 ······ 1
- 텅 ······ 1
- 텅하다 ······ 1
- 호호히 ······ 1
- 휑하다 ······ 1

2 방향, 표시

- 가르치다 ······ 1
- 까꾸로 ······ 1
- 마조 ······ 1
- 향하다 ······ 2

3 날씨

- 기울다 ······ 3
- 끼다④ ······ 2
- 나리다② ······ 4
- 나리다③ ······ 2
- 멎다 ······ 1
- 미치다 ······ 1
- 불다① ······ 2
- 불어오다 ······ 1
- 세다 ······ 1
- 세이다③ ······ 1
- 쐬이다 ······ 1
- 오다⑤ ······ 9
- 잠풍하다 ······ 1
- 장글장글 ······ 1
- 장글장글하다 ······ 2
- 쟁글쟁글 ······ 1
- 저물다② ······ 2
- 좋다② ······ 2
- 챙챙 ······ 3
- 추워지다 ······ 1
- 치다③ ······ 2
- 흐리다② ······ 1

4 시간, 때

- 가까이② ······ 1
- 가다③ ······ 2
- 가제 ······ 1
- 갑자기 ······ 1
- 긴긴 ······ 2
- 길다② ······ 1
- 깊어가다 ······ 1
- 까마득히 ······ 1
- 나리다④ ······ 1
- 날다② ······ 1
- 내③ ······ 1
- 넷 ······ 4
- 더러 ······ 3
- 되다③ ······ 3
- 두고두고 ······ 1
- 들다⑥ ······ 1
- 먼먼 ······ 1
- 멀다② ······ 11
- 몬저 ······ 1
- 묵다 ······ 2
- 묵여가다 ······ 1
- 문득 ······ 2
- 바로 ······ 1
- 밤새껏 ······ 1
- 벌써 ······ 4
- 보내다① ······ 2
- 새 ······ 6
- 시방 ······ 2
- 아득하다 ······ 11
- 아직 ······ 3
- 어느새 ······ 1
- 어니젠가 ······ 1
- 어서 ······ 2
- 언제① ······ 1
- 언제② ······ 1
- 언제나 ······ 12
- 언젠가 ······ 2
- 얼른 ······ 1
- 오늘② ······ 6
- 오다⑦ ······ 1
- 오래 ······ 1
- 오래다 ······ 2
- 오래도록 ······ 1
- 오래되다 ······ 1
- 오랜 ······ 4
- 이르다 ······ 3
- 이미 ······ 1
- 이제② ······ 1
- 이즈막하다 ······ 1
- 이즉하다 ······ 1
- 자꼬 ······ 5
- 저물다① ······ 1
- 지나다④ ······ 4
- 채② ······ 1
- 하다④ ······ 1
- 한종일 ······ 1
- 한종일내 ······ 2

5 자연의 움직임

- 건들건들 ······ 1
- 둥둥 ······ 1
- 들썩 ······ 2
- 무럭무럭 ······ 1
- 서리서리 ······ 1
- 쌀랑쌀랑 ······ 2
- 푹푹 ······ 6

IV. 사물

1 물(물의 움직임)

- 괴이다① ······ 1
- 괴이다② ······ 1
- 녹다 ······ 1
- 녹이다 ······ 1
- 마르다② ······ 3
- 말러가다 ······ 1
- 말리다 ······ 4
- 말리우다 ······ 1
- 솟다 ······ 3
- 얼다① ······ 3
- 풀리다 ······ 1
- 하늑이다 ······ 1
- 흐르다 ······ 4
- 흘리다 ······ 1

2 빛, 불(빛남, 쬐기, 켜기, 끄기)

- 끄다 ······ 1
- 놓다⑦ ······ 1
- 드리우다② ······ 1
- 밝히다① ······ 2
- 번득거리다 ······ 1
- 붙이다① ······ 1
- 빛나다 ······ 4
- 쪼이다 ······ 1
- 쬐다 ······ 1
- 켜다① ······ 1
- 타다② ······ 2
- 터지다② ······ 1
- 피우다 ······ 1
- 해바라기하다 ······ 2
- 헤여달다 ······ 1
- 혀다 ······ 1

3 물체의 상태, 생김새

- 가즈런히 ······ 1
- 겹겹이 ······ 1
- 고담枯淡하다 ······ 1
- 그즈런히 ······ 2
- 꼿꼿이 ······ 1
- 꽁꽁 ······ 2
- 나다⑤ ······ 1
- 낡다 ······ 6
- 너슬너슬 ······ 1
- 넘너른하다 ······ 1
- 다문다문 ······ 1
- 둑둑이 ······ 1
- 드문드문 ······ 1
- 번들번들하다 ······ 1
- 번번하다 ······ 1
- 비멀이하다 ······ 1
- 빼드러지다 ······ 1
- 삐뚜룩하다 ······ 1
- 삐여지다 ······ 1
- 오불고불 ······ 1
- 움펵움펵 ······ 1
- 적시다 ······ 1
- 젖다 ······ 6
- 주룬히 ······ 1
- 즘부러지다 ······ 1
- 질들다 ······ 1
- 징기징기 ······ 1
- 쪽② ······ 3
- 찌그러지다 ······ 1
- 채국채국 ······ 1
- 투박하다 ······ 2
- 평하다 ······ 1
- 펴다② ······ 1
- 해지다 ······ 1
- 헌 ······ 1
- 호주를하니 ······ 1

4 물체의 변화, 흔들림

- 놀다② ······ 1
- 데굴데굴하다 ······ 1
- 들어가다③ ······ 1
- 츠렁츠렁 ······ 1

흔들다 ··· 1

5 물체의 이동, 전달, 제공

굴리다 ··· 3
굴어나리다 ··· 1
긷다 ··· 1
끄을다 ··· 1
끌다② ··· 1
나다⑪ ··· 2
날리다 ··· 1
내다② ··· 3
내다③ ··· 1
널다② ··· 1
다그다 ··· 1
당기다 ··· 1
들다⑤ ··· 1
들어가다② ··· 1
떨어지다① ··· 4
떨어트리다 ··· 1
뜨다① ··· 3
말려나가다 ··· 1
뽑다 ··· 1
싸오다 ··· 1
쏟아지다 ··· 1
오다② ··· 1
오다④ ··· 1
오르다④ ··· 4
주다 ··· 7
즐즐 ··· 1
채다 ··· 1

V. 감각, 분위기

1 맛

구수하다 ··· 6
달다② ··· 1
달디달다 ··· 2
달큼하다 ··· 1
들쿠레하다 ··· 1
맛나다 ··· 1
맛스럽다 ··· 1
맛있다 ··· 5
비릿하다 ··· 1
슴슴하다 ··· 1
시다 ··· 1
시큼털털하다 ··· 1
쓰다⑧ ··· 1
얼근하다 ··· 1
짭짤하다 ··· 2

2 냄새

구릿하다 ··· 1
독하다 ··· 1
맡다 ··· 1
매캐하다 ··· 1
물씬물씬 ··· 1
물쿤 ··· 1
배척하다 ··· 1
시큼하다 ··· 1
재릿하다 ··· 1
퀴퀴하다 ··· 1
향기롭다 ··· 2

3 소리

1) 소리치기, 소리 내기

느끼다② ··· 1
불다② ··· 1
소리치다 ··· 1
울다② ··· 27
울다③ ··· 3
울어대다 ··· 3
즞다 ··· 3
지르다 ··· 1
짖다 ··· 7
짖어대다 ··· 1
하다③ ··· 3

2) 소리 흉내, 소리 상태

까알까알 ··· 1
꼑꼑 ··· 1
꿀꺽 ··· 1
매 ··· 1
벅작궁 ··· 1
붕붕 ··· 1
비얘고지 ··· 6
뻥뻥 ··· 1
삐삐② ··· 1
쀌쀌 ··· 1
사르릉 ··· 1
쉿스럽다 ··· 1
쉬이다② ··· 1
스르럭스르럭 ··· 1
썩심하다 ··· 1
악악 ··· 1
웅성웅성 ··· 2
웅앙웅앙 ··· 1
짜랑짜랑 ··· 1
쨋쨋하다 ··· 1
쨩쨩 ··· 2
쩌락쩌락 ··· 1
쩔렁거리다 ··· 1
쩜벙쩜벙 ··· 1
쪼로록 ··· 1
찌륵찌륵 ··· 1
캥캥 ··· 2
쾅쾅 ··· 1
쿵쿵거리다 ··· 1
탕탕 ··· 1
튀튀 ··· 1
호이호이 ··· 1

4 색

까맣다 ··· 4
깜하다 ··· 2
노랗다 ··· 2
놀하다 ··· 1
누우렇다 ··· 2
눌하다 ··· 1
불그레하다 ··· 1
붉다 ··· 4
빨갛다 ··· 4
새까맣다 ··· 5
새빨갛다 ··· 3
새파랗다 ··· 1
샛노랗디샛노랗다 ··· 2
시꺼멓다 ··· 1
시뻘겋다 ··· 1
시퍼러둥둥하다 ··· 1
시펄하다 ··· 1
쌔하얗다 ··· 2
얼럭궁덜럭궁 ··· 1
파랗다 ··· 3
퍼렇다 ··· 1
포족족하다 ··· 1
푸르다 ··· 8
푸르스름하다 ··· 1
하이얗다 ··· 18
허옇다 ··· 1
희다 ··· 16
희여지다 ··· 1
히근하다 ··· 1
히수무레하다 ··· 1
히스무레하다 ··· 1

5 명암

가느슥히 ··· 1
그느슥하다 ··· 1
그느슥히 ··· 1
그물그물 ··· 1
맑다② ··· 4
밝다① ··· 2
밝다③ ··· 3
별바르다 ··· 1
뽀오햫다 ··· 1
뿌연히 ··· 1
뿌우혛다 ··· 1
쇠리쇠리하다 ··· 3
어두워오다 ··· 1
어둡다 ··· 8
어드근하다 ··· 1
어득시근하다 ··· 1
어득하다 ··· 1
쩨듯하니 ··· 2
캄캄하다 ··· 4
컴컴하다 ··· 4
해바르다 ··· 2
해밝다 ··· 1
환하다 ··· 1
훤하다 ··· 1
흐리다① ··· 1
희맑다 ··· 1
희미하다 ··· 1

6 감촉

간지럽다 ··· 1
간지롭다 ··· 1
굳다 ··· 2
끓다② ··· 1
누긋이 ··· 1
누긋하다 ··· 1
누긋하다 ··· 1
더웁다 ··· 1
더워오다 ··· 1
덥다 ··· 1
들믄들믄 ··· 1
따근따근하다 ··· 1
따급다 ··· 1
따끈하다 ··· 2
따사로이 ··· 1
따사롭다 ··· 2
따사하다 ··· 6
따스하다 ··· 2
뜨겁다 ··· 3
뜨끈하다 ··· 1
뜨수하다 ··· 2
매끄럽다 ··· 1
매럽다 ··· 1
무썩무썩 ··· 1
물쿤하다 ··· 1
보드랍다 ··· 1
보드럽다 ··· 1
보득지근하다 ··· 1
부드럽다 ··· 2
부숭부숭 ··· 1
사물사물 ··· 1
선득선득하다 ··· 1

솔솔 ··· 1
씨연하다 ··· 1
씨원하다 ··· 1
얼다② ··· 1
얼얼하다 ··· 1
재릿재릿하다 ··· 1
저리다 ··· 1
짜릿하다 ··· 1
쩔쩔 ··· 2
찡하다 ··· 1
차갑다 ··· 1
차다⑤ ··· 4
차디차다 ··· 3
척척하다 ··· 1
촉촉이 ··· 2
추워지다 ··· 1
출출히 ··· 1
춥다 ··· 11
푹석하다 ··· 1
호끈히 ··· 1
훈훈하다 ··· 1

7 분위기

가만히 ··· 1
고요하다 ··· 3
고요히 ··· 1
고조곤히 ··· 1
그윽하다 ··· 1
넌즈시 ··· 1
더북하다 ··· 1
들썩하다 ··· 1
떠들썩 ··· 1
떠들썩하니 ··· 1
물꾸러미 ··· 1
술렁거리다 ··· 1
슬그머니 ··· 1
시끄럽다 ··· 1
아늑하다 ··· 1
아늑히 ··· 1
은근하다 ··· 1
자욱하다 ··· 1
조용하다 ··· 3
호젓하다 ··· 2
홰즛하다 ··· 1
흥성거리다 ··· 2
흥성하다 ··· 1
흥성흥성 ··· 1
흥성흥성하다 ··· 1

VI. 사람, 동식물, 사물, 자연환경의 혼합

1 머무름, 존재

깃들다 ··· 1
들다① ··· 3
붙이다③ ··· 1
살다 ··· 19
쉬이다① ··· 1
없다① ··· 2
없다② ··· 15
없다⑤ ··· 1
없이① ··· 2
있다① ··· 1
있다② ··· 45
있다③ ··· 9
있다⑤ ··· 5
지나다③ ··· 1

2 소유, 구비

가지다① ··· 3
가지다② ··· 1
갖추어놓다 ··· 1
걷어가다 ··· 2
구하다 ··· 1
노나가지다 ··· 1
달다③ ··· 1
더리다 ··· 1
들다⑦ ··· 2
받다③ ··· 1
얻다① ··· 4
있다⑥ ··· 2
잡다③ ··· 1

3 넣기, 담기

넣다① ··· 2
넣다② ··· 1
담그다② ··· 1
담기다 ··· 1
담다 ··· 3
들다③ ··· 5
들여트리다 ··· 1
들이다① ··· 1
받다① ··· 6
채워두다 ··· 1

4 남음, 둠

남기다 ··· 1
남다 ··· 3
남어있다 ··· 1
놓다① ··· 2
두어두다 ··· 2

5 얹음, 쌓임

사리우다 ··· 1
쌓이다 ··· 5
앉다② ··· 2
얹어두다 ··· 1

6 묶기

꽁지다 ··· 1
매여놓다 ··· 1
매이다 ··· 1

7 묻기, 닫기, 덮기, 감추기

닫다 ··· 1
덮다 ··· 1
묻어놓다 ··· 1
묻히다 ··· 1
숨다 ··· 3
숨어버리다 ··· 1
싸다② ··· 1
잠그다 ··· 1

8 가득 참, 넘침, 확장

넘다① ··· 4
넘치다 ··· 1
더하다 ··· 1
되다④ ··· 2
불키다 ··· 1
뻗치다 ··· 1
차다③ ··· 1
차다⑥ ··· 1
퍼지다 ··· 2

9 잡기, 풀어 주기

걸리다② ··· 2
껴안다 ··· 1
끼다③ ··· 2
놓다③ ··· 1
놓다⑤ ··· 1
놓여나다 ··· 1
다리다 ··· 1
붙들다 ··· 1
안기다 ··· 2
안다 ··· 1
잡다① ··· 4
잡다④ ··· 1
잡어걸다 ··· 1
잡어달라다 ··· 1
쥐다 ··· 1
쥐어주다 ··· 1

10 붙임, 댐, 낌

끼다② ··· 2
달다① ··· 3
달리다③ ··· 1
대다 ··· 1
대이다 ··· 1
묻다① ··· 1
붙다 ··· 1
붙이다② ··· 2
써붙이다 ··· 1
자즈러붙다 ··· 1

11 던짐, 보냄, 빠짐

내어던지다 ··· 1
던져버리다 ··· 1
던지다 ··· 1
버리다① ··· 3
버리다② ··· 1
보내다② ··· 1
빠지다 ··· 2
쓸다① ··· 1
쓸려나가다 ··· 1
쓸어버리다 ··· 1
쫓다 ··· 1

12 뽑기, 추리기, 찾기

밝다② ··· 2
뽑다 ··· 3
뽑아놓다 ··· 1
일다 ··· 1
찾다 ··· 1
추다 ··· 1

13 벗기기, 열기

까다 ··· 1
열다① ··· 2
열젖기다 ··· 1

14 자르기, 갈라짐

꺾어주다 ··· 1
끊다② ··· 1
쪄다두다 ··· 1
쪄주다 ··· 1
찢다 ··· 1
터지다① ··· 1

15 꿰기, 쑤시기, 박음

꿰다 ··· 1
꿰우다 ··· 1
꽂다 ··· 1
끼우다 ··· 3
띠쫗다 ··· 1

백이다 ··· 2
쑤시다 ··· 1

16 설치, 배치, 파괴

걸다 ··· 1
걸리다① ··· 2
걸어놓다 ··· 1
깔다 ··· 3
깔리다 ··· 1
깔이다 ··· 1
깨어지다 ··· 1
널리다① ··· 1
널리다② ··· 1
널어놓다 ··· 2
놓다② ··· 2
놓이다 ··· 1
늘어놓다 ··· 1
달리다② ··· 2
두르다 ··· 1
드리우다① ··· 2
모시다 ··· 2
묻혀지다 ··· 1
베여보다 ··· 1
서다② ··· 2
치다① ··· 3
헐리다 ··· 1

17 청소, 씻기

밀다 ··· 1
세수하다 ··· 1
씻다① ··· 3
씻다② ··· 1
츠다① ··· 1
츠다② ··· 1
치다⑦ ··· 2

18 충돌, 맞이함

맞다① ··· 1
맞다② ··· 2
맞다③ ··· 4
받어가다 ··· 1
스치다 ··· 1
접하다 ··· 1

19 사용

쓰다② ··· 1
아끼다 ··· 1
애끼다 ··· 2

20 전환, 교환

되다① ··· 14
되다② ··· 4
되여가다 ··· 1
바꾸다 ··· 1
벗다② ··· 1

21 결과, 이룸

되다⑤ ··· 1
만들다 ··· 1
만하다 ··· 1
보다⑤ ··· 1
이루다 ··· 1
지다③ ··· 1
풀다 ··· 1
하다① ··· 50
하다⑧ ··· 2
하다⑨ ··· 5
하다⑮ ··· 2
하다⑱ ··· 4

22 계산

세이다② ··· 1
혜이다 ··· 1

23 계속, 지속, 반복

가다⑥ ··· 3
그냥그냥 ··· 1
늘 ··· 1
다시 ··· 1
대대로 ··· 4
도로 ··· 1
또 ··· 47
또다시 ··· 1
보해 ··· 1
연하다 ··· 1
오다⑧ ··· 4
있다⑦ ··· 2
있다⑧ ··· 4
잘② ··· 2
하다⑤ ··· 7
하다⑭ ··· 1

24 중지, 마침

그만두다 ··· 1
나다⑫ ··· 4
다하다 ··· 1
말다 ··· 2
머물다 ··· 1
버리다③ ··· 1
서다③ ··· 1

25 생김, 사라짐

가다④ ··· 1
나다① ··· 18
나다② ··· 2
나다⑦ ··· 3
나다⑩ ··· 2
나다⑭ ··· 1
나오다② ··· 1
내다④ ··· 1
내다⑤ ··· 1
내다⑥ ··· 2
돋다 ··· 3
돋히다 ··· 1
들다⑨ ··· 6
들다⑪ ··· 1
비롯하다 ··· 1
사러지다 ··· 1
생기다① ··· 1
생기다② ··· 1
얼린하다 ··· 1
없다③ ··· 1
없어지다 ··· 2
없이② ··· 3
올리다② ··· 1
잃다 ··· 1
잃어버리다 ··· 1
있다④ ··· 2
지나가다② ··· 1
지다① ··· 2

26 흉내

따다 ··· 1
배우다② ··· 1
임내내다 ··· 1

27 존경, 받듦

받들다 ··· 1
섬기다 ··· 1
우러러지다 ··· 1
우러르다 ··· 1

28 인도

끌다① ··· 1
이끌다 ··· 1

29 동행, 동반

같이② ··· 9
서로 ··· 6
함께 ··· 2

30 훌륭함, 쓸데없음

거룩하다 ··· 2
다견하다 ··· 1
쓸데없다 ··· 1
일등가다 ··· 1

31 아름다움, 깨끗함, 더러움

고웁다 ··· 1
곱다 ··· 5
곱디곱다 ··· 1
더럽다 ··· 1
때글다 ··· 1
때묻다 ··· 1
맑다② ··· 4
산듯하다 ··· 1
샛말갛다 ··· 1
샛맑다 ··· 1
소담하다 ··· 1
소박素朴하다 ··· 1
수수하다 ··· 1
아름답다 ··· 5
어여쁘다 ··· 1
정갈하다 ··· 2
정갈히 ··· 1
정하다 ··· 4
해정하다 ··· 2

32 종류, 갈래

제가끔 ··· 1
집집이 ··· 1

33 같음, 다름

갓갓다 ··· 1
같다① ··· 39
같다② ··· 5
같이① ··· 5
그러하다 ··· 4
꼭같다 ··· 1
다르다 ··· 4
닮다 ··· 2
딴 ··· 1
이러하다 ··· 24
저러하다 ··· 1
틀리다 ··· 1

34 쉬움, 어려움

쉬이 ··· 1
힘들다 ··· 1

35 확실, 확신, 추측

꼭 ··· 1
분명코 ··· 1
분명히 ··· 2
아마 ··· 1
으레히 ··· 3

36 강조, 당연

모르다③ ········· 1
없다⑦ ··········· 1
하다⑩ ··········· 7
하다⑪ ·········· 13
하다⑬ ··········· 1

37 참, 거짓

거즛되다 ········· 1
속이다 ··········· 1
정말 ············· 1
참으로 ··········· 5
척하다 ··········· 1

38 부정, 불가능

그래도 ··········· 2
못 ··············· 6
못하다 ··········· 8
아니 ············· 2
아니다 ··········· 3
안③ ············· 8
않다 ············ 13
없다④ ··········· 2
없다⑥ ··········· 1
없이③ ··········· 1

39 조건, 이유, 가정

어인 ············· 2
어쩐지 ··········· 7
오나가나 ········· 1
왜 ··············· 2
이왕이면 ········· 1
혹은 ············· 1

기타(감탄사, 접속부사, 지시대명사, 지시관형사)

1 감탄사

글쎄 ············· 1
아 ··············· 9
아아 ············· 1
자② ············· 1

2 접속부사

그러나 ··········· 5
그러면 ··········· 2
그런데 ··········· 4
그리고 ·········· 35
그리하여 ········· 1
아모려나 ········· 1
이리하야 ········· 2
이리하여 ········· 3

3 지시대명사

그것 ············· 1
무엇 ············ 11
어느메 ··········· 2
어늬메 ··········· 1
어니메 ··········· 2
어데 ············ 11
어디메 ··········· 1
언제③ ··········· 1
여기 ············· 3
예서 ············· 2
이② ············· 1
이것 ············ 13

4 지시관형사

그② ············ 47
무슨 ············· 9
아모 ············· 2
어느 ············· 4
어늬 ············ 16
어니 ············· 4
여늬 ············· 1
이③ ············ 69
이런 ············· 3
저② ············· 2
저기 ············· 3
한③ ············· 2

백석 시어의 분류와 풀이와 용례

02 백석 시어 분류별 풀이와 용례

체언

명사, 대명사, 수사

I. 사람

1 말

넷말명 '옛말', '옛이야기'의 평북 방언(《평북방언사전》). 백석 시 〈고방〉에서 '넷말'은 '옛날이야기'의 의미로 쓰이고 있다.

❖ 구석의 나무말쿠지에 할아버지가 삼는 소신 같은 짚신이 둑둑이 걸리어도 있었다//넷말이 사는 컴컴한 고방의 쌀독 뒤에서 나는 저녁 끼때에 부르는 소리를 듣고도 못 들은 척하였다 **〈고방〉**

녯말명 옛말. 옛이야기. 백석 시 〈가즈랑집〉에서 '녯말'은 '옛날이야기'의 의미로 쓰이고 있다.

❖ 나는 돌나물김치에 백설기를 먹으며/녯말의 구신집에 있는 듯이/가즈랑집 할머니 **〈가즈랑집〉**

말①명 ① 사람의 생각이나 느낌 따위를 표현하고 전달하는 데 쓰는 음성 기호. 곧 사람의 생각이나 느낌 따위를 목구멍을 통하여 조직적으로 나타내는 소리를 가리킨다. ② 음성 기호로 생각이나 느낌을 표현하고 전달하는 행위. 또는 그런 결과물. ③ 일정한 주제나 줄거리를 가진 이야기. ④ 소문이나 풍문 따위를 이르는 말. ⑤ ('-으라는/-다는 말이다' 구성으로 쓰여) 다시 강조하거나 확인하는 뜻을 나타내는 말.

❖ 어데서 말 있는 듯이 크다란 산山새 한 마리 어두운 골짜기로 난다 **〈정주성定州城〉** ❖ 섣달에 냅일날이 들어서 냅일날 밤에 눈이 오면 이 밤엔 쌔하얀 할미귀신의 눈귀신도 냅일눈을 받노라 못 난다는 말을 든든히 녀기며 〔…〕 **〈고야古夜〉** ❖ 여우가 주둥이를 향하고 우는 집에서는 다음날 으레히 흉사가 있다는 것은 얼마나 무서운 말인가 **〈오금덩이라는 곳〉** ❖ 이 집 남길동 단 안주인은 겨울이면 집을 내고/산

을 돌아 거리로 나려간다는 말을 하는데/해바른 마당에는 꿀벌이 스무나문 통 있었다 〈**산곡**山谷**—함주시초**咸州詩抄〉 ❖ 이렇게 젊은 나이로 코밑수염도 길러보는 탓이고 그리고 어늬 가난한 집 부엌으로 달재 생선을 진장에 꼿꼿이 지진 것은 맛도 있다는 말이 자꼬 들려오는 탓이다 〈**내가 이렇게 생각하고**〉 ❖ 비애고지 비애고지는/제비야 네 말이다/저 건너 노루섬에 노루 없드란 말이지/신미두 삼각산엔 가무래기만 나드란 말이지//비애고지 비애고지는/제비야 네 말이다/푸른 바다 흰 한울이 좋기도 좋단 말이지/해밝은 모래장변에 돌비 하나 섰단 말이지//비애고지 비애고지는/제비야 네 말이다/눈빨갱이 갈매기 발빨갱이 갈매기 가란 말이지/승냥이처럼 우는 갈매기/무서워 가란 말이지 〈**대산동**大山洞**—물닭의 소리**〉 ❖ 그리고 또 엄매의 말엔 내가 아직 굳은 밥을 모르던 때 살갗 퍼런 막내고무가 잘도 받어 세수를 하였다는 내 오줌빛은 이슬같이 샛말갛기도 샛맑았다는 것이다 〈**동뇨부**童尿賦〉 ❖ 나는 그때/자작나무와 이깔나무의 슬퍼하든 것을 기억한다/갈대와 장풍의 붙드든 말도 잊지 않었다 〈**북방**北方**에서—정현웅**鄭玄雄**에게**〉 ❖ 그 풍속은 인정은 그리고 그 말은 얼마나 좋고 아름다울 것인가// 〔…〕 /사랑하는 어린것에게 엿 한 가락을 아끼고 위하는 안해에겐 해진 옷을 입히면서도/마음이 가난한 낯설은 사람에게 수백냥 돈을 거저 주는 그 인정을 그리고 또 그 말을/사람은 모든 것을 다 잃어버리고 넋 하나를 얻는다는 크나큰 그 말을 〈**허준**許俊〉 ❖ 다들 쪽 발가벗고 같이 물에 몸을 녹히고 있는 것은/대대로 조상도 서로 모르고 말도 제가끔 틀리고 먹고 입는 것도 모도 다른데 〈**조당**澡塘**에서**〉 ❖ 흰가무래기 검가무래기 가무래기 사서 하리불에 구워 먹잔 말이로구나 〔…〕 막대침에 가는 세침 바눌이며 취열옥색 꼭두손이 연분홍 물감도 사잔 말이로구나. 〈**머리카락**〉 ❖ 나는 고만 디겁을 하여 큰 행길로 나서서 마음 놓고 화리서리 걸어가다 보니/아아 말 마라 내 발뒤축에는 오나가나 묻어 다니는 달걀구신 〈**마을은 맨천 구신이 돼서**〉

말끝 명 한마디 말이나 한 차례 말의 맨 끝.

❖ 육십리六十里라고 해서 파랗게 뵈이는 산山을 넘어 있다는 해변에서 과부가 된 코끝이 빨간 언제나 흰옷이 정하든 말끝에 설게 눈물을 짤 때가 많은 큰골 고무 고무의 딸 홍녀洪女 아들 홍洪동이 작은홍洪동이 〈**여우난골족**族〉

말다툼 명 말로 옳고 그름을 가리는 다툼.

❖ 해바라기하기 좋을 볏곡간 마당에/볏짚같이 누우란 사람들이 둘러서서/어늬 눈 오신 날 눈을 츠고 생긴 듯한 말다툼 소리도 누우라니//소는 기르매 지고 조은다 〈**삼천포**三千浦**—남행시초**南行詩抄 **4**〉

말수명 사람이 입으로 하는 말의 수효. '말수와 같이'는 '말수와 함께', '말할 때마다'의 뜻이다.

〔'말수'에 대한 위의 풀이는 이숭원(2001)이 처음으로 제시했다.〕

❖ 얼굴에 별자국이 솜솜 난 말수와 같이 눈도 껌벅거리는 하로에 베 한 필을 짠다는 벌 하나 건너 집엔 복숭아나무가 많은 신리新里 고무 고무의 딸 이녀李女 작은이 녀李女 **〈여우난골족族〉**

북관北關말명 함경도 말.

❖ 녕감들은 유리창 같은 눈을 번득거리며/투박한 북관北關말을 떠들어대며/쇠리쇠리한 저녁해 속에/사나운 즘생같이들 사러졌다 **〈석양夕陽〉**

소리④명 말. 음성기호로 생각이나 느낌을 표현하고 전달하는 행위. 또는 그 결과물.

❖ 집에는 아배에 삼촌에 오마니에 오마니가 있어서 〔…〕 그리고 끼때에는 부뚜막에 바가지를 아이덜 수대로 주룬히 늘어놓고 밥 한 덩이 질게 한 술 들여트려서는 먹였다는 소리를 언제나 두고두고 하는데 **〈넘언집 범 같은 노큰마니〉**

소문명 사람들 입에 오르내려 전하여 들리는 말.

❖ 내일같이 명절날인 밤은 부엌에 쩨듯하니 불이 밝고 솥뚜껑이 놀으며 구수한 내음새 곰국이 무르끓고 방안에서는 일가집 할머니가 와서 마을의 소문을 펴며 조개송편에 달송편에 죈두기송편에 떡을 빚는 곁에서 〔…〕 **〈고야古夜〉** ❖ 마을에서는 삼굿을 하는 날/건넌마을서 사람이 물에 빠져 죽었다는 소문이 왔다 **〈여우난골〉**

옛말속명 옛이야기 속.

❖ 나이 어린 계집아이 하나가 오른다/옛말속같이 진진초록 새 저고리를 입고/손잔등이 밭고랑처럼 몹시도 터졌다 **〈팔원八院—서행시초西行詩抄 3〉**

오천五千말명 오천 자의 말. 노자老子가 함곡관을 지날 때 가르침을 묻는 함곡관 관리에게 오천 자의 《도덕경》을 써서 주었다는 고사를 담고 있는 말이다.

❖ 벌에 우는 새소리도 듣고 싶고 거문고도 한 곡조 뜯고 싶고 한 오천五千말 남기고 함곡관函谷關도 넘어가고 싶고 **〈수박씨, 호박씨〉**

이야기명 ① 어떤 사물이나 사실, 현상에 대하여 일정한 줄거리를 가지고 하는 말이나 글. ② 자신이 경험한 지난 일이나 마음속에 있는 생각을 남에게 일러 주는 말. ③ 어떤 사실에 관하여, 또는 있지 않은 일을 사실처럼 꾸며 재미있게 하는 말.

❖ 그러다는 이불 우에서 광대넘이를 뒤이고 또 누워 굴면서 엄매에게 웃목에 두른

평풍의 새빨간 천두의 이야기를 듣기도 하고 고무더러는 밝는 날 멀리는 못 난다는 뫼추라기를 잡어달라고 조르기도 하고 **〈고야古夜〉** ❖ 간밤엔 섬돌 아래 승냥이가 왔었다는 이야기/어느메 산山골에선간 곰이 아이를 본다는 이야기 **〈가즈랑집〉** ❖ 수양산首陽山의 어늬 오래된 절에서 칠십七十이 넘은 로장은 이런 이야기를 하며 치맛자락의 산山나물을 추었다 **〈절간의 소 이야기〉** ❖ 재 안 드는 밤은 불도 없이 캄캄한 까막나라에서/조앙님은 무서운 이야기나 하면/모두들 죽은 듯이 엎데였다 잠이 들 것이다 **〈고사古寺—함주시초咸州詩抄〉** ❖ 흰밥과 가재미와 나는/우리들은 그 무슨 이야기라도 다 할 것 같다/우리들은 서로 미덥고 정답고 그리고 서로 좋구나 **〈선우사膳友辭—함주시초咸州詩抄〉** ❖ 그리고 지중지중 물가를 거닐면/당신이 이야기를 하는 것만 같구려/당신이 이야기를 끊은 것만 같구려 **〈바다〉** ❖ 뱃사람들의 언젠가 아홉이서 회를 쳐먹고도 남어 한 깃씩 노나가지고 갔다는 크디큰 꼴두기의 이야기를 들으며 나는 슬프다 **〈꼴두기—물닭의 소리〉**

이야기판명 여러 사람이 모여서 이야기를 하는 판.

〔'이야기판'은 '이야기+판'의 형태를 지닌 합성조어이다. 이와 같은 형태의 말로 '놀이판'이 있다.〕

❖ 오리야 너이들의 이야기판에 나도 들어/밤을 같이 밝히고 싶고나 **〈오리〉**

일본말명 일본 사람들이 쓰는 말(《고려대한국어대사전》).

〔'일본말'은《고려대한국어대사전》에 등재되어 있다.〕

❖ 집집이 아이만 한 피도 안 간 대구를 말리는 곳/황화장사 령감이 일본말을 잘도 하는 곳 **〈통영統營(남행시초南行詩抄)〉**

혼삿말명 혼인에 대하여 오가는 말. '혼담婚談'과 같은 말.

❖ 이 길이다//얼마 가서 감로甘露같은 물이 솟는 마을 하이얀 회담벽에 옛적본의 장반시계를 걸어놓은 집 홀어미와 사는 물새 같은 외딸의 혼삿말이 아즈랑이같이 낀 곳은 **〈남향南鄕—물닭의 소리〉**

2 감정, 마음

가슴②명 마음이나 생각.

❖ 어니젠가 새끼거미 쓸려나간 곳에 큰거미가 왔다/나는 가슴이 짜릿한다/나는 또 큰거미를 쓸어 문밖으로 버리며/찬 밖이라도 새끼 있는 데로 가라고 하며 서러

워한다//이렇게 해서 아린 가슴이 싹기도 전이다/어데서 좁쌀알만 한 알에서 가제 깨인 듯한 발이 채 서지도 못한 무척 적은 새끼거미가 이번엔 큰거미 없어진 곳으로 와서 아물거린다/나는 가슴이 메이는 듯하다 **〈수라**修羅**〉** ❖ 나도 길다랗고 파리한 명태明太다/문門턱에 꽁꽁 얼어서/가슴에 길다란 고드름이 달렸다 **〈멧새 소리〉** ❖ 나는 문득 가슴에 뜨끈한 것을 느끼며/소수림왕小獸林王을 생각한다 광개토대왕廣開土大王을 생각한다 **〈북신**北新**—서행시초**西行詩抄 **2〉** ❖ 당신의 그 고요한 가슴 안에 온순한 눈가에/당신네 나라의 맑은 한울이 떠오를 것이고 **〈허준**許俊**〉** ❖ 나는 가슴이 이 무슨 흥에 벅차오며/이 봄에는 이 밭에 감자 강냉이 수박에 오이며 당콩에 마늘과 파도 심그리라 생각한다 **〈귀농**歸農**〉** ❖ 그리고 이 세상을 살어가는데/내 가슴은 너무도 많이 뜨거운 것으로 호젓한 것으로 사랑으로 슬픔으로 가득 찬다 **〈흰 바람벽이 있어〉** ❖ 내 가슴이 꽉 메어 올 적이며,/내 눈에 뜨거운 것이 핑 괴일 적이며,/또 내 스스로 화끈 낯이 붉도록 부끄러울 적이며, **〈남신의주 유동 박시봉방**南新義州柳洞朴時逢方**〉**

가슴가 명 마음의 주변.

〔'가슴가'는 '가슴+가(주변)'의 합성조어이다. 이와 비슷한 형태의 말로 '눈가'가 있다.〕

❖ 그리고 이러한 생각이 내 눈가를 내 가슴가를/뜨겁게 하는 것도 생각한다 **〈내가 생각하는 것은〉**

걱정 명 안심이 되지 않아 속을 태움.

❖ 나는 이 작은 것을 고이 보드러운 종이에 받어 또 문밖으로 버리며/이것의 엄마와 누나나 형이 가까이 이것의 걱정을 하며 있다가 쉬이 만나기나 했으면 좋으련만 하고 슬퍼한다 **〈수라**修羅**〉**

근심 명 해결되지 않은 일 때문에 속을 태우거나 우울해함.

❖ 기쁨이 마음에 뜨는 때는 희고 까만 씨를 앞니로 까서 잔나비가 되고/근심이 마음에 앉는 때는 희고 까만 씨를 혀끝에 물어 까막까치가 되고 **〈수박씨, 호박씨〉**

기쁨 명 욕구가 충족되었을 때의 즐거운 마음이나 느낌.

❖ 추운 거리의 그도 추운 능당 쪽을 걸어가며/내 마음은 우쭐댄다 그 무슨 기쁨에 우쭐댄다 **〈가무래기의 낙**樂**〉** ❖ 벌에 우는 새소리도 듣고 싶고 거문고도 한 곡조 뜯고 싶고 한 오천五千말 남기고 함곡관函谷關도 넘어가고 싶고/기쁨이 마음에 뜨는 때는 희고 까만 씨를 앞니로 까서 잔나비가 되고 **〈수박씨, 호박씨〉**

낙樂 명 살아가는 데서 느끼는 즐거움이나 재미.

❖ 시 제목 〈**가무래기의 낙**樂〉

디겁명 질겁. ('질겁을 하다'의 구성으로 쓰여) 갑작스러운 일을 당하여 숨이 멈출 정도로 크게 놀람(《고려대한국어대사전》).

❖ 나는 고만 디겁을 하여 큰 행길로 나서서 마음 놓고 화리서리 걸어가다 보니/아아 말 마라 내 발뒤축에는 오나가나 묻어 다니는 달걀구신 〈**마을은 맨천 구신이 돼서**〉

마음명 ① 사람이 본래부터 지닌 성격이나 품성. ② 사람이 다른 사람이나 사물에 대하여 감정이나 의지, 생각 따위를 느끼거나 일으키는 작용이나 태도. ③ 사람의 생각, 감정, 기억 따위가 생기거나 자리 잡는 공간이나 위치.

❖ 섣달에 냅일날이 들어서 냅일날 밤에 눈이 오면 […] 엄매와 나는 앙궁 우에 떡돌 우에 곱새담 우에 함지에 버치며 대냥푼을 놓고 치성이나 드리듯이 정한 마음으로 냅일눈 약눈을 받는다 〈**고야**古夜〉 ❖ 나는 두 손으로 고이 약그릇을 들고 이 약을 내인 녯사람들을 생각하노라면/내 마음은 끝없이 고요하고 또 맑어진다 〈**탕약**湯藥〉 ❖ 이 산山골에 들어와서 이 목침木枕들에 새까마니 때를 올리고 간 사람들을 생각한다/그 사람들의 얼골과 생업生業과 마음들을 생각해본다 〈**산숙**山宿**—산중음**山中吟〉 ❖ 신새벽 들망에/내가 좋아하는 꼴두기가 들었다/갓 쓰고 사는 마음이 어진데/새끼 그믈에 걸리는 건 어인 일인가 〈**꼴두기—물닭의 소리**〉 ❖ 가무래기도 나도 모도 춥다/추운 거리의 그도 추운 능당 쪽을 걸어가며/내 마음은 우쭐댄다 그 무슨 기쁨에 우쭐댄다 〈**가무래기의 낙**樂〉 ❖ 어진 사람이 많은 나라에 와서/어진 사람의 즛을 어진 사람의 마음을 배워서/수박씨 닦은 것을 호박씨 닦은 것을 입으로 앞니빨로 밝는다//수박씨 호박씨를 입에 넣는 마음은/참으로 철없고 어리석고 게으른 마음이나/이것은 또 참으로 밝고 그윽하고 깊고 무거운 마음이라/이 마음 안에 아득하니 오랜 세월이 아득하니 오랜 지혜가 또 아득하니 오랜 인정人情이 깃들인 것이다/태산泰山의 구름도 황하黃河의 물도 옛님군의 땅과 나무의 덕도 이 마음 안에 아득하니 뵈이는 것이다// […] /벌에 우는 새소리도 듣고 싶고 거문고도 한 곡조 뜯고 싶고 한 오천五千말 남기고 함곡관函谷關도 넘어가고 싶고/기쁨이 마음에 뜨는 때는 희고 까만 씨를 앞니로 까서 잔나비가 되고/근심이 마음에 앉는 때는 희고 까만 씨를 혀끝에 물어 까막까치가 되고 〈**수박씨, 호박씨**〉 ❖ 사랑하는 어린것에게 엿 한 가락을 아끼고 위하는 안해에겐 해진 옷을 입히면서도/마음이 가난한 낯설은 사람에게 수백 냥 돈을 거저 주는 그 인정을 그리고 또 그 말을 〈**허준**許俊〉 ❖ 나는 이젠 귀치않은 측량測量도 문서文書도 싫증이 나고/낮에는 마음 놓고

낮잠도 한잠 자고 싶어서/아전 노릇을 그만두고 밭을 노왕老王한테 얻는 것이다// 〔…〕//이리하여 노왕老王은 밭을 주어 마음이 한가하고/나는 밭을 얻어 마음이 편안하고/디퍽디퍽 눈을 밟으며 터벅터벅 흙도 덮으며/사물사물 햇볕은 목덜미에 간지로워서 **〈귀농歸農〉** ❖ 대대로 나며 죽으며 죽으며 나며 하는 이 마을 사람들의 으젓한 마음을 지나서 텁텁한 꿈을 지나서/지붕에 마당에 우물든덩에 함박눈이 푹푹 쌓이는 여늬 하로밤 **〈국수〉** ❖ 너는 오늘 아츰 무엇에 놀라서 우는구나/분명코 무슨 거즛되고 쓸데없는 것에 놀라서/그것이 네 맑고 참된 마음에 분해서 우는구나/ 〔…〕 /네 소리는 조금 썩심하니 쉬인 듯도 하다/네 소리에 내 마음은 반끗히 밝어오고 또 호끈히 더워오고 그리고 즐거워온다 **〈촌에서 온 아이〉** ❖ 내가 좋아하는 사람들을 만나는 것만 같다/이리하야 어쩐지 내 마음은 갑자기 반가워지나/그러나 나는 조금 무서웁고 외로워진다/그런데 참으로 그 은殷이며 상商이며 월越이며 위衛며 진晉이며 하는 나라 사람들의 이 후손들은/얼마나 마음이 한가하고 게으른가/ 〔…〕 /나는 이렇게 한가하고 게으르고 그러면서 목숨이라든가 인생人生이라든가 하는 것을 정말 사랑할 줄 아는/그 오래고 깊은 마음들이 참으로 좋고 우러러진다 **〈조당澡塘에서〉** ❖ 그 조상들이 대대로 하든 본대로 원소元宵라는 떡을 입에 대며/스스로 마음을 느꾸어 위안하지 않었을 것인가/그러면서 이 마음이 맑은 녯 시인詩人들은/먼 훗날 그들의 먼 훗자손들도/ 〔…〕 /아, 이 정월正月 대보름 명절인데/거리에는 오독독이 탕탕 터지고 호궁胡弓 소리 삘삘 높아서/내 쓸쓸한 마음엔 자꼬 이 나라의 녯 시인詩人들이 그들의 쓸쓸한 마음들이 생각난다/내 쓸쓸한 마음은 아마 두보杜甫나 이백李白 같은 사람들의 마음인지도 모를 것이다/아모려나 이것은 녯투의 쓸쓸한 마음이다 **〈두보杜甫나 이백李白같이〉** ❖ 나는 고만 디겁을 하여 큰 행길로 나서서 마음 놓고 화리서리 걸어가다 보니/아아 말 마라 내 발뒤축에는 오나가나 묻어 다니는 달걀구신 **〈마을은 맨천 구신이 돼서〉** ❖ 이렇게 하여 여러 날이 지나는 동안에,/내 어지러운 마음에는 슬픔이며, 한탄이며, 가라앉을 것은 차츰 앙금이 되어 가라앉고,/외로운 생각만이 드는 때쯤 해서는, **〈남신의주 유동 박시봉방南新義州柳洞朴時逢方〉**

맘 명 '마음'의 준말. 사람이 본래부터 지닌 성격이나 품성.

❖ 흙꽃 니는 이른 봄의 무연한 벌을/경편철도輕便鐵道가 노새의 맘을 먹고 지나간다 **〈광원曠原〉**

부끄러움 명 부끄러워하는 느낌이나 마음.

❖ 밤에는 먼 개소리에 놀라나고/아츰에는 지나가는 사람마다에게 절을 하면서

도/나는 나의 부끄러움을 알지 못했다 **〈북방北方에서—정현웅鄭玄雄에게〉**

사랑명 ① 이성의 상대에게 끌려 열렬히 좋아하는 마음. 또는 그 마음의 상태. ② 어떤 사물이나 대상을 몹시 아끼고 귀중히 여기는 마음.

❖ 나타샤를 사랑은 하고/눈은 푹푹 날리고/나는 혼자 쓸쓸히 앉어 소주燒酒를 마신다 **〈나와 나타샤와 흰 당나귀〉** ❖ 그리고 이 세상을 살어가는데/내 가슴은 너무도 많이 뜨거운 것으로 호젓한 것으로 사랑으로 슬픔으로 가득 찬다/ 〔…〕 /—하눌이 이 세상을 내일 적에 그가 가장 귀해하고 사랑하는 것들은 모두/가난하고 외롭고 높고 쓸쓸하니 그리고 언제나 넘치는 사랑과 슬픔 속에 살도록 만드신 것이다 **〈흰 바람벽이 있어〉**

성명 노엽거나 언짢아서 일어나는 불쾌한 감정.

❖ 열여섯에 사십四十이 넘은 홀아비의 후처가 된 포족족하니 성이 잘 나는 살빛이 매감탕 같은 입술과 젖꼭지는 더 까만 예수쟁이 마을 가까이 사는 토산土山 고무 고무의 딸 승녀承女 아들 승承동이 **〈여우난골족族〉**

속②명 품고 있는 마음이나 생각.

❖ 집에는 아배에 삼춘에 오마니에 오마니가 있어서 〔…〕 아이들이 큰마누래에 작은마누래에 제구실을 할 때면 종아지물본도 모르고 행길에 아이 송장이 거적뙈기에 말려나가면 속으로 얼마나 부러워하였고 〔…〕 **〈넘언집 범 같은 노큰마니〉**

슬픔명 슬픈 마음이나 느낌.

❖ 구신과 사람과 넋과 목숨과 있는 것과 없는 것과 한 줌 흙과 한 점 살과 먼 넷조상과 먼 훗자손의 거륵한 아득한 슬픔을 담는 것//내 손자의 손자와 손자와 나와 할아버지와 할아버지의 할아버지와 할아버지의 할아버지의 할아버지와…… 수원백씨水原白氏 정주백촌定州白村의 힘세고 꿋꿋하나 어질고 정 많은 호랑이 같은 곰 같은 소 같은 피의 비 같은 밤 같은 달 같은 슬픔을 담는 것 아 슬픔을 담는 것 **〈목구木具〉** ❖ 나는 그때/아모 이기지 못할 슬픔도 시름도 없이/다만 게을리 먼 앞대로 떠나 나왔다/ 〔…〕 /이리하야 또 한 아득한 새 넷날이 비롯하는 때/이제는 참으로 이기지 못할 슬픔과 시름에 쫓겨 **〈북방北方에서—정현웅鄭玄雄에게〉** ❖ —나는 이 세상에서 가난하고 외롭고 높고 쓸쓸하니 살어가도록 태어났다/그리고 이 세상을 살어가는데/내 가슴은 너무도 많이 뜨거운 것으로 호젓한 것으로 사랑으로 슬픔으로 가득 찬다/ 〔…〕 /—하눌이 이 세상을 내일 적에 그가 가장 귀해하고 사랑하는 것들은 모두/가난하고 외롭고 높고 쓸쓸하니 그리고 언제나 넘치는 사랑과 슬픔 속에 살도록 만드신 것이다 **〈흰 바람벽이 있어〉** ❖ 머리에 손깍지벼개를 하고 굴기도

하면서,/나는 내 슬픔이며 어리석음이며를 소처럼 연하여 쌔김질하는 것이었다./ 〔…〕/또 내 스스로 화끈 낯이 붉도록 부끄러울 적이며,/나는 내 슬픔과 어리석음에 눌리어 죽을 수밖에 없는 것을 느끼는 것이었다./ 〔…〕/이렇게 하여 여러 날이 지나는 동안에,/내 어지러운 마음에는 슬픔이며, 한탄이며, 가라앉을 것은 차츰 앙금이 되어 가라앉고,/외로운 생각만이 드는 때쯤 해서는, **〈남신의주 유동 박시봉방**南新義州柳洞朴時逢方**〉**

시름 명 마음에 걸려 풀리지 않고 항상 남아 있는 근심과 걱정.

❖ 개 더리고 호이호이 희파람 불며/시름 놓고 가고 싶은 길이다 **〈창원도**昌原道**—남행시초**南行詩抄 **1〉** ❖ 나는 그때/아모 이기지 못할 슬픔도 시름도 없이/다만 게을리 먼 앞대로 떠나 나왔다/ 〔…〕//그동안 돌비는 깨어지고 많은 은금보화는 땅에 묻히고 가마귀도 긴 족보를 이루었는데/이리하야 또 한 아득한 새 녯날이 비롯하는 때/이제는 참으로 이기지 못할 슬픔과 시름에 쫓겨/나는 나의 넷 한울로 땅으로—나의 태반胎盤으로 돌아왔으나 **〈북방**北方**에서—정현웅**鄭玄雄**에게〉**

시악 명 모질고 악한 성미로 부리는 악.

❖ 오리는 동비탈에 그림자를 떨어트리며 날어가고 나는 동말랭이에서 강아지처럼 아배를 부르며 울다가/시악이 나서는 등 뒤 개울물에 아배의 신짝과 버선목과 대님오리를 모다 던져버린다 **〈오리 망아지 토끼〉**

싫증 명 싫은 생각이나 느낌. 또는 그런 반응.

❖ 나는 이젠 귀치않은 측량測量도 문서文書도 싫증이 나고/낮에는 마음 놓고 낮잠도 한잠 자고 싶어서/아전 노릇을 그만두고 밭을 노왕老王한테 얻는 것이다 **〈귀농**歸農**〉**

야우소회夜雨小懷 명 밤비에 떠오르는, 마음속에 품고 있던 생각.

❖ 시 제목 **〈야우소회**夜雨小懷**—물닭의 소리〉**

욕심 명 분수에 넘치게 무엇을 탐내거나 누리고자 하는 마음.

❖ 우리들은 모두 욕심이 없어 희여졌다/착하디착해서 세괏은 가시 하나 손아귀 하나 없다 **〈선우사**膳友辭**—함주시초**咸州詩抄**〉** ❖ 이 집에 있는 다른 많은 아이들이/모도들 욕심 사납게 지게굳게 일부러 청을 돋혀서/어린아이들치고는 너무나 큰 소리로 너무나 튀겁 많은 소리로 울어대는데 **〈촌에서 온 아이〉**

울음 명 우는 일. 또는 그 소리.

❖ 그러나 시방 꿀두기는 배창에 너부러져 새새끼 같은 울음을 우는 곁에서/뱃사람들의 언젠가 아홉이서 회를 쳐먹고도 남어 한 깃씩 노나가지고 갔다는 크디큰 꿀두기의 이야기를 들으며 나는 슬프다 **〈꼴두기—물닭의 소리〉**

웃음 명 웃는 일. 또는 그런 소리나 표정.

❖ 의원醫員은 빙긋이 웃음을 띠고/막역지간莫逆之間이라며 수염을 쓴다 〈**고향**故鄕〉

❖ 새 옷을 입고 새 신도 신고 떡과 고기도 억병 먹고/일가친척들과 서로 모여 즐거이 웃음으로 지날 것이연만 〈**두보**杜甫**나 이백**李白**같이**〉

인정人情 명 남을 동정하는 따뜻한 마음.

❖ 이것은 또 참으로 밝고 그윽하고 깊고 무거운 마음이라/마음 안에 아득하니 오랜 세월이 아득하니 오랜 지혜가 또 아득하니 오랜 인정人情이 깃들인 것이다 〈**수박씨, 호박씨**〉 ❖ 바람은 얼마나 따사하고 향기로울 것인가/그리고 이 하늘 아래 바람결 속에 퍼진/그 풍속은 인정은 그리고 그 말은 얼마나 좋고 아름다울 것인가//다만 한 사람 목이 긴 시인詩人은 안다/ 〔…〕 /마음이 가난한 낯설은 사람에게 수백 냥 돈을 거저 주는 그 인정을 그리고 또 그 말을 〈**허준**許俊〉

절망絶望 명 바라볼 것이 없게 되어 모든 희망을 끊어 버림. 또는 그런 상태.

❖ 시 제목 〈**절망**絶望〉

정 명 사랑이나 친근감을 느끼는 마음.

❖ 내 손자의 손자와 손자와 나와 할아버지와 할아버지의 할아버지와 할아버지의 할아버지의 할아버지와…… 수원백씨水原白氏 정주백촌定州白村의 힘세고 꿋꿋하나 어질고 정 많은 호랑이 같은 곰 같은 소 같은 〔…〕 〈**목구**木具〉

즐거움 명 즐거운 느낌이나 마음.

❖ 가난한 엄매는 밤중에 김치가재미로 가고/마을을 구수한 즐거움에 싸서 은근하니 흥성흥성 들뜨게 하며/이것은 오는 것이다 〈**국수**〉

통곡 명 소리를 높여 슬피 욺.

❖ 한 해에 멫 번 매연 지난 먼 조상들의 최방등 제사에는 〔…〕 먼 후손들의 공경스러운 절과 잔을 굽어보고 또 애끓는 통곡과 축을 귀에 하고 〔…〕 〈**목구**木具〉

튀겁 명 '디겁'(질겁, 겁)의 힘준 말. ☞ 디겁 44

〔'튀겁'은 '질겁'의 평안 방언인 '디겁'을 강하게 표현한 것이다. 백석 시엔 '튀겁'과 '디겁'이란 시어가 모두 구사된다.〕

❖ 어린아이들치고는 너무나 큰 소리로 너무나 튀겁 많은 소리로 울어대는데/너만은 타고난 그 외마디소리로 스스로웁게 삼가면서 우는구나 〈**촌에서 온 아이**〉

푸념 명 마음에 품은 불평을 늘어놓음. 또는 그런 말.

❖ 한 십리十理 더 가면 절간이 있을 듯한 마을이다 〔…〕 다람쥐 건넌산 보고 부르는 푸념이 간지럽다 〈**황일**黃日〉

한탄 명 원통하거나 뉘우치는 일이 있을 때 한숨을 쉬며 탄식함. 또는 그 한숨.

❖ 이렇게 하여 여러 날이 지나는 동안에,/내 어지러운 마음에는 슬픔이며, 한탄이며, 가라앉을 것은 차츰 앙금이 되어 가라앉고,/외로운 생각만이 드는 때쯤 해서는, 〈**남신의주 유동 박시봉방**南新義州柳洞朴時逢方〉

향수鄕愁 명 고향을 그리워하는 마음 또는 그로 인한 시름.

❖ 얼근한 비릿한 구릿한 이 맛 속에선/까마득히 신라新羅백성의 향수鄕愁도 맛본다 〈**북관**北關**—함주시초**咸州詩抄〉

흥 명 재미나 즐거움을 일어나게 하는 감정.

❖ 나는 가슴이 이 무슨 흥에 벅차오며/이 봄에는 이 밭에 감자 강냉이 수박에 오이며 당콩에 마눌과 파도 심그리라 생각한다 〈**귀농**歸農〉

3 정신, 생각

꿈② 명 실현하고 싶은 희망이나 이상.

❖ 태고太古에 나서/선인도仙人圖가 꿈이다/고산정토高山淨土에 산약山藥 캐다 오다 〈**석류**石榴〉 ❖ 아름답고 튼튼한 계집은 있어서/흰 저고리에 붉은 길동을 달어/검정치마에 받쳐입은 것은/나의 꼭 하나 즐거운 꿈이였드니 〈**절망**絶望〉 ❖ 실 같은 봄비 속을 타는 듯한 녀름볕 속을 지나서 들쿠레한 구시월 갈바람 속을 지나서/대대로 나며 죽으며 죽으며 나며 하는 이 마을 사람들의 으젓한 마음을 지나서 텁텁한 꿈을 지나서 〈**국수**〉

넋 명 ① 사람의 몸에 있으면서 몸을 거느리고 정신을 다스리는 비물질적인 것. 몸이 죽어도 영원히 남아 있다고 여겨지는 초자연적인 것. ② 정신이나 마음.

❖ 구신과 사람과 넋과 목숨과 있는 것과 없는 것과 한 줌 흙과 한 점 살과 먼 넷조상과 먼 훗자손의 거룩한 아득한 슬픔을 담는 것 〈**목구**木具〉 ❖ 이미 해는 늙고 달은 파리하고 바람은 미치고 보래구름만 혼자 넋 없이 떠도는데 〈**북방**北方**에서—정현웅**鄭玄雄**에게**〉 ❖ 마음이 가난한 낯설은 사람에게 수백 냥 돈을 거저 주는 그 인정을 그리고 또 그 말을/사람은 모든 것을 다 잃어버리고 넋 하나를 얻는다는 크나큰 그 말을 〈**허준**許俊〉

덕 명 공정하고 남을 넓게 이해하고 받아들이는 마음이나 행동.

❖ 태산泰山의 구름도 황하黃河의 물도 옛님군의 땅과 나무의 덕도 이 마음 안에 아

득하니 뵈이는 것이다 **〈수박씨, 호박씨〉**

도명 종교적으로 깊이 깨우친 이치. 또는 그런 경지.

❖ 입으로 먹을 뿜는 건/몇십 년 도를 닦어 퓌는 조환가 **〈꼴두기—물닭의 소리〉**

뜻명 무엇을 하겠다고 속으로 먹는 마음.

❖ 이때 나는 내 뜻이며 힘으로, 나를 이끌어 가는 것이 힘든 일인 것을 생각하고,/이것들보다 더 크고, 높은 것이 있어서, 나를 마음대로 굴려 가는 것을 생각하는 것인데, **〈남신의주 유동 박시봉방**南新義州柳洞朴時逢方**〉**

생각명 ① 사람이 머리를 써서 사물을 헤아리고 판단하는 작용. ② 어떤 사람이나 일 따위에 대한 기억. ③ 어떤 일에 대한 의견이나 느낌을 가짐. 또는 그 의견이나 느낌.

❖ 거미새끼 하나 방바닥에 나린 것을 나는 아모 생각 없이 문밖으로 쓸어버린다/차디찬 밤이다 **〈수라**修羅**〉** ❖ 바닷가에 왔드니/바다와 같이 당신이 생각만 나는구려/바다와 같이 당신을 사랑하고만 싶구려 **〈바다〉** ❖ 그리고 그 〈아서라 세상사世上事〉라도 들을/류성기도 없는 것을 생각한다//그리고 이러한 생각이 내 눈가를 내 가슴가를/뜨겁게 하는 것도 생각한다 **〈내가 생각하는 것은〉** ❖ 그리고 또 달디단 따끈한 감주나 한잔 먹고 싶다고 생각하는 내 가지가지 외로운 생각이 헤매인다 **〈흰 바람벽이 있어〉** ❖ 나는 오늘 때문은 입든 옷에 마른물고기 한 토막으로/혼자 외로이 앉어 이것저것 쓸쓸한 생각을 하는 것이다/넷날 그 두보杜甫나 이백李白 같은 이 나라의 시인詩人도/이날 이렇게 마른물고기 한 토막으로 외로이 쓸쓸한 생각을 한 적도 있었을 것이다 **〈두보**杜甫**나 이백**李白**같이〉** ❖ 내 어지러운 마음에는 슬픔이며, 한탄이며, 가라앉을 것은 차츰 앙금이 되어 가라앉고,/외로운 생각만이 드는 때쯤 해서는,/더러 나줏손에 쌀랑쌀랑 싸락눈이 와서 문창을 치기도 하는 때도 있는데, **〈남신의주 유동 박시봉방**南新義州柳洞朴時逢方**〉**

소원명 바라고 원함. 또는 바라고 원하는 일.

❖ 어스름저녁 국수당 돌각담의 수무나무 가지에 녀귀의 탱을 걸고 나물매 갖추어 놓고 비난수를 하는 젊은 새악시들/—잘 먹고 가라 서리서리 물러가라 네 소원 풀었으니 다시 침노 말아라 **〈오금덩이라는 곳〉**

어리석음명 어리석은 행동이나 생각.

〔'어리석음'은 '어리석다'는 형용사에 명사형 접미사 '음'이 결합된 말이다.〕

❖ 나는 내 슬픔이며 어리석음이며를 소처럼 연하여 쌔김질하는 것이었다./내 가슴이 꽉 메어 올 적이며,/내 눈에 뜨거운 것이 핑 괴일 적이며,/또 내 스스로 화끈

낯이 붉도록 부끄러울 적이며,/나는 내 슬픔과 어리석음에 눌리어 죽을 수밖에 없는 것을 느끼는 것이었다. **〈남신의주 유동 박시봉방南新義州柳洞朴時逢方〉**

얼혼명 얼과 혼을 아울러 이르는 말. 또는 반쯤 없어져 온전하지 못한 정신.
〔'얼혼'은 '얼'과 '혼(魂)'의 결합어인데, 여기서 '얼'을 정신의 뜻으로 보면 위의 풀이 중 전자가, '얼'을 '어리바리하다'는 뜻으로 보면 후자가 된다. '얼혼이 나서'는 '얼혼이 나가서'의 뜻이다.〕

❖ 나는 이번에는 굴통 모통이로 달아가는데 굴통에는 굴대장군/얼혼이 나서 뒤울안으로 가면 뒤울안에는 곱새녕 아래 털능구신 **〈마을은 맨천 구신이 돼서〉**

자랑명 자기 자신 또는 자기와 관계있는 사람이나 물건, 일 따위가 썩 훌륭하거나 남에게 칭찬을 받을 만한 것임을 드러내어 말함. 또는 그렇게 말할 수 있는 거리.

❖ 아, 나의 조상은 형제는 일가친척은 정다운 이웃은 그리운 것은 사랑하는 것은 우러르는 것은 나의 자랑은 나의 힘은 없다 바람과 물과 세월과 같이 지나가고 없다 **〈북방北方에서—정현웅鄭玄雄에게〉**

정기명 생기 있고 빛나는 기운.

❖ 달빛은 이향異鄕/눈은 정기 속에 어우러진 싸움 **〈석류石榴〉**

지혜명 사물의 이치를 빨리 깨닫고 사물을 정확하게 처리하는 정신적 능력.

❖ 이것은 또 참으로 밝고 그윽하고 깊고 무거운 마음이라/이 마음 안에 아득하니 오랜 세월이 아득하니 오랜 지혜가 또 아득하니 오랜 인정人情이 깃들인 것이다 **〈수박씨, 호박씨〉**

혼魂명 사람의 몸 안에 있으면서 그것을 거느리고 목숨을 붙어 있게 하며, 죽어도 영원히 남아 있다는 비물질적이고 초자연적인 존재(《고려대한국어대사전》).

❖ 잠자리 조을든 문허진 성城터/반딧불이 난다 파란 혼魂들 같다 **〈정주성定州城〉**

4 동작, 태도

걸음명 두 발을 번갈아 옮겨 놓는 동작.

❖ 병이 들면 풀밭으로 가서 풀을 뜯는 소는 인간人間보다 영靈해서 열 걸음 안에 제 병을 낫게 할 약藥이 있는 줄을 안다고 **〈절간의 소 이야기〉**

근력명 근육의 힘. 또는 그 힘의 지속성.

❖ 나는 이제는 할 수 없이 대문을 열고 나가려는데 대문간에는 근력 세인 수문장 **〈마을은 맨천 구신이 돼서〉**

눈질 명 눈짓(《조선말대사전》). 눈을 움직여서 상대편에게 어떤 뜻을 전달하거나 암시하는 동작.

〔《표준국어대사전》엔 '눈질'이 "눈으로 흘끔 보는 짓"으로, 《조선말대사전》엔 '눈짓'으로 풀이되어 있는데, 백석 시의 아래 용례에서 '눈질'은 '눈짓'의 의미로 쓰인 것이다.〕

❖ 그리고 이번에는 나를 위로하는 듯이 나를 울력하는 듯이/눈질을 하며 주먹질을 하며 이런 글자들이 지나간다 **〈흰 바람벽이 있어〉**

뒤짐 명 '뒷짐'의 평북 방언(《평북방언사전》). 두 손을 등 뒤로 젖혀 마주 잡은 것.

❖ 눈물의 또 볕살의 나라 사람이여/당신이 그 긴 허리를 굽히고 뒤짐을 지고 지치운 다리로/싸움과 흥정으로 왁자지껄하는 거리를 지날 때든가 **〈허준許俊〉** ❖ 노왕老王은 팔짱을 끼고 이랑을 걸어/나는 뒤짐을 지고 고랑을 걸어/밭을 나와 밭뚝을 돌아 도랑을 건너 행길을 돌아 **〈귀농歸農〉**

손길 명 내밀거나 잡거나 만지거나 할 때의 손(《고려대한국어대사전》).

❖ 의원醫員은 또다시 넌즈시 웃고/말없이 팔을 잡어 맥을 보는데/손길은 따스하고 부드러워/고향故鄕도 아버지도 아버지의 친구도 다 있었다 **〈고향故鄕〉**

손깍지벼개 명 손깍지 베개. 손깍지를 베개 삼아서 머리나 고개를 받침. 잠을 자거나 누울 때에 열 손가락을 서로 엇갈리게 바짝 맞추어 잡아 머리를 괴는 것.

〔'손깍지벼개'는 '손깍지+벼개(베개)'의 합성조어. 이와 유사한 형태의 말로 사전에 '팔베개'가 등재되어 있다.〕

❖ 내가 이렇게 추운 거리를 지나온 걸/얼마나 기뻐하며 락단하고/그즈런히 손깍지벼개하고 누워서/이 못된 놈의 세상을 크게 크게 욕할 것이다 **〈가무래기의 낙樂〉**

❖ 머리에 손깍지벼개를 하고 굴기도 하면서,/나는 내 슬픔이며 어리석음이며를 소처럼 연하여 쌔김질하는 것이었다 **〈남신의주 유동 박시봉방南新義州柳洞朴時逢方〉**

손아귀 명 손으로 쥐는 힘.

❖ 우리들은 모두 욕심이 없어 희여졌다/착하디착해서 세괏은 가시 하나 손아귀 하나 없다/너무나 정갈해서 이렇게 파리했다 **〈선우사膳友辭—함주시초咸州詩抄〉**

숭 명 '흉'(남에게 비웃음을 살 만한 거리)의 방언(강원, 경상, 전남, 함경).

❖ 해변땅에 나들이 갔든 할머니는/오리새끼들은 장몽이나 하듯이 떠들썩하니 시끄럽기도 하드란 숭인가 **〈오리〉**

임내 명 '흉내'(남이 하는 말이나 행동을 그대로 옮기는 짓)의 고어. ☞ 임내내다 791

〔'임내'의 고어로 '임닉'와 '입닉'가, 동사형으로 '임닉내다'와 '입닉내다'가 쓰였다(박재연 주편, 《필사본고어대사전》, 1-7, 학고방, 2010). 백석 시에는 '임내내다'와 '임내를 내다' 두 가지 어법이 구사된다. '임내내다'를 '임내를 내다'와 같이 늘려 말하는 것은 백석이 자주 사용하는 어법이다. 이 같은 예로 백석 시에 '야기쓰다 → 야기를 쓰다', '내임내다 → 내임을 내다', '시집가다 → 시집을 가다' 등이 또 있다.〕

❖ 오지항아리에는 삼춘이 밥보다 좋아하는 찹쌀탁주가 있어서/삼춘의 임내를 내어가며 나와 사춘은 시큼털털한 술을 잘도 채어 먹었다 **〈고방〉**

절① 명 남에게 공경하는 뜻으로 몸을 굽혀 하는 인사. 공경하는 정도나 상황 및 대상에 따라 하는 방법이 다르다.

❖ 한 해에 몇 번 매연 지난 먼 조상들의 최방등 제사에는 〔…〕 피나무 소담한 제상 위에 떡 보탕 식혜 산적 나물지짐 반봉 과일 들을 공손하니 받들고 먼 후손들의 공경스러운 절과 잔을 굽어보고 〔…〕 **〈목구木具〉** ❖ 아츰에는 지나가는 사람마다에게 절을 하면서도/나는 나의 부끄러움을 알지 못했다 **〈북방北方에서—정현웅鄭玄雄에게〉** ❖ 여승女僧은 합장合掌하고 절을 했다/가지취의 내음새가 났다 **〈여승女僧〉**

주먹질 명 주먹을 휘두르는 짓(《조선말대사전》).

〔《표준국어대사전》엔 '주먹질'이 "주먹을 휘둘러 위압하거나 때리는 짓"으로, 《조선말대사전》엔 "주먹을 휘두르거나 주먹으로 때리는 짓"으로 풀이되어 있는데, 백석 시의 아래 용례에서 '주먹질'은 '주먹을 휘두르는 짓'으로 풀이하는 것이 적절하다.〕

❖ 그리고 이번에는 나를 위로하는 듯이 나를 울력하는 듯이/눈질을 하며 주먹질을 하며 이런 글자들이 지나간다 **〈흰 바람벽이 있어〉**

즛 명 '짓'(몸이나 몸의 일부를 놀려 움직이는 행동이나 행위를 나타내는 말)(《고려대한국어대사전》)의 고어.

❖ 어진 사람이 많은 나라에 와서/어진 사람의 즛을 어진 사람의 마음을 배워서/수박씨 닦은 것을 호박씨 닦은 것을 입으로 앞니빨로 밝는다 **〈수박씨, 호박씨〉**

팔짱 명 두 손을 각각 다른 쪽 소매 속에 마주 넣거나, 두 팔을 마주 끼어 손을 두 겨드랑이 밑으로 각각 두는 일.

❖ 하폄도 남즉하니 불기와 유종들이/묵묵히 팔짱 끼고 쭈구리고 앉었다 **〈고사古寺—함주시초咸州詩抄〉** ❖ 노왕老王은 팔짱을 끼고 이랑을 걸어/나는 뒤짐을 지고 고랑을 걸어 **〈귀농歸農〉**

한입[명] 한 번 입을 벌린 상태.

❖ 또 털도 안 뽑는 고기를 시꺼먼 맨모밀국수에 얹어서 한입에 꿀꺽 삼키는 사람들을 바라보며/나는 문득 가슴에 뜨끈한 것을 느끼며/소수림왕小獸林王을 생각한다 광개토대왕廣開土大王을 생각한다 〈**북신**北新**—서행시초**西行詩抄 **2**〉

힘[명] ① 사람이나 동물이 몸에 갖추고 있으면서 스스로 움직이거나 다른 물건을 움직이게 하는 근육 작용. ② 어떤 일을 할 수 있는 능력이나 역량.

❖ 아, 나의 조상은 형제는 일가친척은 정다운 이웃은 그리운 것은 사랑하는 것은 우러르는 것은 나의 자랑은 나의 힘은 없다 바람과 물과 세월과 같이 지나가고 없다 〈**북방**北方**에서—정현웅**鄭玄雄**에게**〉 ❖ 노왕老王은 채매도 힘이 들고 하루종일 백령조百鈴鳥 소리나 들으려고 〈**귀농**歸農〉 ❖ 힘을 쓸랴고 벌써부터 두 다리가 푸둥푸둥하니 살이 찐 아이여 〈**촌에서 온 아이**〉 ❖ 이때 나는 내 뜻이며 힘으로, 나를 이끌어 가는 것이 힘든 일인 것을 생각하고, 〈**남신의주 유동 박시봉방**南新義州柳洞朴時逢方〉

5 행위 일반과 일

객고[명] 객지에서 고생을 겪음. 또는 그 고생.

❖ 오늘은 정월正月 보름이다/대보름 명절인데/나는 멀리 고향을 나서 남의 나라 쓸쓸한 객고에 있는 신세로다 〈**두보**杜甫**나 이백**李白**같이**〉

나들이[명] 집을 떠나 가까운 곳에 잠시 다녀오는 일.

❖ 해변땅에 나들이 갔든 할머니는/오리새끼들은 장뫃이나 하듯이 떠들썩하니 시끄럽기도 하드란 숭인가 〈**오리**〉 ❖ 눈물의 또 별살의 나라에서 당신은/이 세상에 나들이를 온 것이다/쓸쓸한 나들이를 단기려 온 것이다// 〔…〕 //그 멀은 눈물의 또 별살의 나라에서/이 세상에 나들이를 온 사람이여 〈**허준**許俊〉

내임[명] 냄. 배웅. 떠나가는 손님을 일정한 곳까지 따라 나가서 작별하여 보내는 일. 〔'냄'은 북쪽 지역에서 '배웅'과 같은 뜻으로 쓰이는 말이다. '냄'은 동사 '내다'와 결합해 쓰인다. '내임'은 '냄'이 장음화된 말이다. 백석 시에는 장음화된 형태의 말이 많이 구사된다. '내임' 외에도 '널쪽'이 '너울쪽'으로, '길마'가 '기르매'로 쓰인 예들이 그러한 것들이다.〕

❖ 쌔하얗게 얼은 자동차自動車 유리창 밖에/내지인內地人 주재소장駐在所長 같은 어른과 어린아이 둘이 내임을 낸다 〈**팔원**八院**—서행시초**西行詩抄 **3**〉

노릇 명 (그 사람의 자격, 직업, 직책을 나타내는 명사 뒤에 쓰여) 그 역할과 구실을 낮추어 나타내는 말(《고려대한국어대사전》).

❖ 낮에는 마음 놓고 낮잠도 한잠 자고 싶어서/아전 노릇을 그만두고 밭을 노왕老王한테 얻는 것이다 〈**귀농**歸農〉

놀음 명 일정한 규칙 또는 방법에 따라 노는 일.

❖ 저녁술을 놓은 아이들은 외양간 섶 밭마당에 달린 배나무동산에서 쥐잡이를 하고 숨굴막질을 하고 꼬리잡이를 하고 가마 타고 시집가는 놀음 말 타고 장가가는 놀음을 하고 이렇게 밤이 어둡도록 북적하니 논다 〈**여우난골족**族〉

달련 명 '단련'의 평북 방언. 고통스럽거나 귀찮은 시달림(《고려대한국어대사전》). 〔《평북방언사전》에 '달련'이 '단련'의 평북 방언으로 등재되어 있는데 백석은 '달련'이란 시어를 사용하고 있다.〕

❖ 언제나 병을 앓을 때면/신장님 달련이라고 하는 가즈랑집 할머니 〈**가즈랑집**〉

마을① 명 주로 '가다', '다니다', '오다' 등의 동사와 함께 쓰여, 이웃에 놀러가는 것을 이르는 말(《고려대한국어대사전》).

❖ 예순이 넘은 아들 없는 가즈랑집 할머니는 중같이 정해서 할머니가 마을을 가면 긴 담뱃대에 독하다는 막써레기를 몇 대라도 붙이라고 하며// 〔…〕 /가즈랑집에 마을을 가서/당세 먹은 강아지같이 좋아라고 집오래를 설레다가였다 〈**가즈랑집**〉

❖ 접시 귀에 소기름이나 소뿔등잔에 아즈까리기름을 켜는 마을에서는 겨울밤 개 짖는 소리가 반가웁다//이 무서운 밤을 아래 웃방성 마을 돌아다니는 사람은 있어 개는 짖는다 〈**개**〉

목욕 명 온몸을 깨끗이 씻는 일(《조선말대사전》).

❖ 나는 지나支那나라 사람들과 같이 목욕을 한다/무슨 은殷이며 상商이며 월越이며 하는 나라 사람들의 후손들과 같이/한물통 안에 들어 목욕을 한다 〈**조당**澡塘**에서**〉

바느질 명 바늘에 실을 꿰어 옷 따위를 짓거나 꿰매는 일.

❖ 또 이러한 밤 같은 때 시집갈 처녀 막내고무가 고개 너머 큰집으로 치장감을 가지고 와서 엄매와 둘이 소기름에 쌍심지의 불을 밝히고 밤이 들도록 바느질을 하는 밤 같은 때 〈**고야**古夜〉

산숙山宿 명 산에서 숙박함.

❖ 시 제목 〈**산숙**山宿**—산중음**山中吟〉

생업生業 명 살아가기 위하여 하는 일.

❖ 이 산山골에 들어와서 이 목침木枕들에 새까마니 때를 올리고 간 사람들을 생각한다/그 사람들의 얼골과 생업生業과 마음들을 생각해본다 〈**산숙山宿—산중음山中吟**〉

성화 [명] 몹시 귀찮게 구는 일.

❖ 또 녀름날 낮 기운 때 어른들이 모두 벌에 나가고 텅 뷔인 집 토방에서/햇강아지의 쌀랑대는 성화를 받어가며 닭의 똥을 주워먹는 아이를 생각한다 〈**촌에서 온 아이**〉

세수 [명] 손이나 얼굴을 씻음.

❖ 그리고 또 엄매의 말엔 내가 아직 굳은 밥을 모르던 때 살갗 퍼런 막내고무가 잘도 받어 세수를 하였다는 내 오줌빛은 이슬같이 샛말갛기도 샛맑았다는 것이다 〈**동뇨부**〉

싸움 [명] 싸우는 일.

❖ 당신이 그 긴 허리를 굽히고 뒤짐을 지고 지치운 다리로/싸움과 흥정으로 왁자지껄하는 거리를 지날 때든가 〈**허준許俊**〉 ❖ 달빛은 이향異鄕/눈은 정기 속에 어우러진 싸움 〈**석류石榴**〉

야기 [명] 주로 어린아이들이 불만스러워서 야단하는 짓. '야기쓰다'는 '떼를 쓰다'의 평북 방언.

❖ 내가 엄매 등에 업혀가서 상사말같이 항약에 야기를 쓰면 한창 퓌는 함박꽃을 밑가지채 꺾어주고 〔…〕 〈**넘언집 범 같은 노큰마니**〉

인생人生 [명] 사람이 세상을 살아가는 일.

❖ 나는 이렇게 한가하고 게으르고 그러면서 목숨이라든가 인생人生이라든가 하는 것을 정말 사랑할 줄 아는/그 오래고 깊은 마음들이 참으로 좋고 우러러진다 〈**조당澡塘에서**〉

일 [명] ① 어떤 내용을 가진 상황이나 장면. ② 사람이 행한 어떤 행동. ③ 과거의 경험. ④ 어떤 상황이나 사실.

❖ 금귤이 눌한 마을마을을 지나가며/싱싱한 금귤을 먹는 것은 얼마나 즐거운 일인가 〈**이두국주가도伊豆國湊街道**〉 ❖ 가진 것과 내가 오래 그려오든 처녀가 시집을 간 것과/그렇게도 살틀하든 동무가 나를 버린 일을 생각한다 〈**내가 생각하는 것은**〉 ❖ 신새벽 들망에/내가 좋아하는 꼴두기가 들었다/갓 쓰고 사는 마음이 어진데/새끼그믈에 걸리는 건 어인 일인가 〈**꼴두기—물닭의 소리**〉 ❖ 그런데 이것은 또 어인 일인가/이 흰 바람벽에/내 가난한 늙은 어머니가 있다 〈**흰 바람벽이 있어**〉 ❖ 생각하면 쓸쓸한 일이다/이 딴 나라 사람들이 모두 니마들이 번번하니 넓고 눈은 컴컴하니 흐리고 〈**조당澡塘에서**〉 ❖ 먼 타관에 나서 이날을 맞은 일이 있었을 것이다/오늘 고향

의 내 집에 있는다면 〈**두보**杜甫**나 이백**李白**같이**〉 ❖ 이때 나는 내 뜻이며 힘으로, 나를 이끌어 가는 것이 힘든 일인 것을 생각하고,/이것들보다 더 크고, 높은 것이 있어서, 나를 마음대로 굴려 가는 것을 생각하는 것인데,/이렇게 하여 여러 날이 지나는 동안에, 〈**남신의주 유동 박시봉방**南新義州柳洞朴時逢方〉

잔치 명 기쁜 일이 있을 때에 음식을 차려 놓고 여러 사람이 모여 즐기는 일.

❖ 가까이 잔치가 있어서/곱디고운 건반밥을 말리우는 마을은/얼마나 즐거운 마을인가 〈**고성가도**固城街道**—남행시초**南行詩抄 **3**〉

장난 명 주로 어린아이들이 재미로 하는 짓. 또는 심심풀이 삼아 하는 짓.

❖ 아츰볕에 섶구슬이 한가로이 익는 골짝에서 꿩은 울어 산山울림과 장난을 한다 〈**추일산조**秋日山朝〉

장몽이 명 장에 사람이나 사고팔 물건 따위를 모으는 일.

〔'장뫃이'는 '장+뫃+이'의 합성조어이다. '뫃다'는 '모으다'의 고어인 '모호다'의 준말이다.〕

❖ 해변땅에 나들이 갔든 할머니는/오리새끼들은 장뫃이나 하듯이 떠들썩하니 시끄럽기도 하드란 숭인가 〈**오리**〉

주정 명 술에 취하여 정신없이 말하거나 행동함. 또는 그런 말이나 행동.

❖ 배나무접을 잘하는 주정을 하면 토방돌을 뽑는 오리치를 잘 놓는 먼 섬에 반디젓 담그려 가기를 좋아하는 삼춘 삼춘엄매 사춘누이 사춘동생들 〈**여우난골족**族〉

침노 명 성가시게 달라붙어 손해를 끼치거나 해침.

❖ 어스름저녁 국수당 돌각담의 수무나무 가지에 녀귀의 탱을 걸고 나물매 갖추어 놓고 비난수를 하는 젊은 새악시들/—잘 먹고 가라 서리서리 물러가라 네 소원 풀었으니 다시 침노 말아라 〈**오금덩이라는 곳**〉

풍속 명 옛날부터 그 사회에 전해 오는 생활 전반에 걸친 습관 따위를 이르는 말.

❖ 그리고 이 하늘 아래 바람결 속에 퍼진/그 풍속은 인정은 그리고 그 말은 얼마나 좋고 아름다울 것인가// 〔…〕 /아모것도 모르는 듯이 어드근한 방안에 굴어 게으르는 것을 좋아하는 그 풍속을/사랑하는 어린것에게 엿 한 가락을 아끼고 위하는 안해에겐 해진 옷을 입히면서도 〈**허준**許俊〉

항약 명 악을 쓰며 대드는 짓. 흔히 애들이나 젊은 여인의 행위에서 볼 수 있다(《평북방언사전》).

〔'항약'은 표준어 '행악(行惡)'이 변이된 말로 짐작된다. '행'의 이중모음이 '악'과 결합하면서 '항약'으로 발음된 것으로 추측된다.〕

❖ 내가 엄매 등에 업혀가서 상사말같이 항약에 야기를 쓰면 한창 퓌는 함박꽃을 밑가지채 꺾어주고 〔…〕 **〈넘언집 범 같은 노큰마니〉**

흉사명 ① 흉하고 언짢은 일. ② 사람이 죽은 일.

〔'흉사'는 흉하고 언짢은 일을 뜻하는데, 그중에서 특히 사람이 죽은 일을 말할 때 많이 쓰인다. 백석 시의 아래 용례에서도 그런 의미로 쓴 것으로 보아야 할 것 같다.〕

❖ 여우가 주둥이를 향하고 우는 집에서는 다음날 으레히 흉사가 있다는 것은 얼마나 무서운 말인가 **〈오금덩이라는 곳〉**

6 직업인

군병명 군대에서, 장교의 지휘를 받는 군인(《고려대한국어대사전》).

❖ 날기멍석을 져간다는 닭보는 할미를 차 굴린다는 땅아래 〔…〕 조마구네 나라가 있어서 오줌 누러 깨는 재밤 머리맡의 문살에 대인 유리창으로 조마구 군병의 새까만 대가리 새까만 눈알이 들여다보는 때 나는 이불 속에 자즈러붙어 숨도 쉬지 못한다 **〈고야古夜〉**

농사꾼명 농사짓는 일꾼이라는 뜻으로, '농부農夫'를 달리 이르는 말.

❖ 촌에서 와서 오늘 아츰 무엇이 분해서 우는 아이여/너는 분명히 하눌이 사랑하는 시인詩人이나 농사꾼이 될 것이로다 **〈촌에서 온 아이〉**

되광대명 중국인 광대를 낮잡아 이르는 말.

❖ 이방異邦 거리는/도끼날 벼르는 돌물레 소리 속에/되광대 켜는 되양금 소리 속에 **〈안동安東〉**

땜쟁이명 땜장이. 땜질을 직업으로 하는 사람.

❖ 재당도 초시도 문장門長 늙은이도 더부살이 아이도 새사위도 갓사둔도 나그네도 주인도 할아버지도 손자도 붓장사도 땜쟁이도 큰 개도 강아지도 모두 모닥불을 쪼인다 **〈모닥불〉**

말꾼명 짐을 싣는 말을 몰고 다니는 것을 직업으로 하는 사람. '말몰이꾼'과 같은 말.

❖ 정문旌門집 가난이는 열다섯에/늙은 말꾼한테 시집을 갔겄다 **〈정문촌旌門村〉**

목수木手네명 목수 집안. '목수'는 '나무를 다루어 집을 짓거나 가구, 기구 따위를 만드는 일을 업으로 하는 사람'이며, '네'는 '집안이나 집단'의 뜻을 더하는 말.

❖ 바로 날도 저물어서,/바람은 더욱 세게 불고, 추위는 점점 더해 오는데,/나는 어느 목수木手네 집 헌 샷을 깐,/한 방에 들어서 쥔을 붙이었다. **〈남신의주 유동 박시봉방**南新義州柳洞朴時逢方**〉**

물지게꾼 명 물지게로 물을 져 나르는 사람(《고려대한국어대사전》).

❖ 초롱이 히근하니 물지게꾼이 우물로 가며/별 사이에 바라보는 그믐달은 눈물이 어리었다 **〈미명계**未明界**〉**

뱃사공 명 배를 부리는 일을 직업으로 하는 사람.

❖ 녯 장수 모신 낡은 사당의 돌층계에 주저앉어서 나는 이 저녁 울 듯 울 듯 한산도閑山島 바다에 뱃사공이 되여가며/녕 낮은 집 담 낮은 집 마당만 높은 집에서 열나흘 달을 업고 손방아만 찧는 내 사람을 생각한다 **〈통영**統營**(남행시초**南行詩抄**)〉**

뱃사람 명 배를 부리거나 배에서 일을 하는 사람.

❖ 그러나 시방 꿀두기는 배창에 너부러져 새새끼 같은 울음을 우는 곁에서/뱃사람들의 언젠가 아훕이서 회를 쳐먹고도 남어 한 깃씩 노나가지고 갔다는 크디큰 꿀두기의 이야기를 들으며 나는 슬프다 **〈꿀두기—물닭의 소리〉**

붓장사 명 붓을 파는 일을 직업으로 하는 사람.

〔'붓장사'는 사전에 등재되어 있지 않은 말이다.〕

❖ 재당도 초시도 문장門長 늙은이도 더부살이 아이도 새사위도 갓사둔도 나그네도 주인도 할아버지도 손자도 붓장사도 땜쟁이도 큰 개도 강아지도 모두 모닥불을 쪼인다 **〈모닥불〉**

새꾼 명 '나무꾼'(땔나무를 하는 사람)의 방언(평안).

❖ 산山마루를 탄 사람들은 새꾼들인가/파란 한울에 떨어질 것같이/웃음소리가 더러 산山 밑까지 들린다 **〈추일산조**秋日山朝**〉**

소의연 명 소의원. 소의 병을 치료해 주는 사람.

〔백석 시에서 '원'이 '연'으로 표기되는 또 다른 예로 '건들건들 씨연한 바람이 불어오고'(《칠월七月 백중》)가 있다. 여기서 '씨연한'은 '시원한'을 뜻한다. 또 백석 시에서 '워'가 '어'로 표기되는 경우도 자주 발견된다. '누워'가 '누어', '구워'가 '구어', '주워'가 '주어'로 표기되는 것 등이 그런 예들이다. '원'이 '연'으로 '워'가 '어'로 표기되는 것은 발음이 용이하기 때문일 것이다. 이런 맥락에서 '소의연'은 '소의원'을 뜻하는 것으로 추정된다. 반면, 이숭원(2008)은 침으로 소를 고치는 의원은 상상하기 어려우므로 '소의연'을 '소이연所以然'으로 보고, '그리된 까닭'이란 뜻으로 추정

한다.〕

❖ 오리야 고운 오리야 가만히 안겼거라/너를 팔어 술을 먹는 노盧장에 령감은/홀아비 소의연 침을 놓는 령감인데/나는 너를 백통전 하나 주고 사오누나 **〈오리〉**

시인詩人 명 시를 전문적으로 짓는 사람.

❖ 다만 한 사람 목이 긴 시인詩人은 안다/'도스토이엡흐스키'며 '죠이쓰'며 누구보다도 잘 알고 일등가는 소설도 쓰지만/〔…〕/이 목이 긴 시인詩人이 또 게사니처럼 떠곤다고/당신은 쓸쓸히 웃으며 바둑판을 당기는구려 **〈허준**許俊**〉** ❖ 버드나무 밑 당나귀 소리를 임내내는 시인詩人을 사랑한다//〔…〕/두틈한 초가지붕 밑에 호박꽃 초롱 혀고 사는 시인詩人을 사랑한다//〔…〕/아늑하고 고요한 시골 거리에서 쟁글쟁글 햇별만 바래는 시인詩人을 사랑한다//한울은/이러한 시인詩人이 우리들 속에 있는 것을 더욱 사랑하는데/이러한 시인詩人이 누구인 것을 세상은 몰라도 좋으나/그러나/그 이름이 강소천姜小泉인 것을 송아지와 꿀벌은 알을 것이다 **《호박꽃 초롱》 서시**序詩**〉** ❖ 촌에서 와서 오늘 아츰 무엇이 분해서 우는 아이여/너는 분명히 하눌이 사랑하는 시인詩人이나 농사꾼이 될 것이로다 **〈촌에서 온 아이〉** ❖ 넷날 두보杜甫나 이백李白 같은 이 나라의 시인詩人도/〔…〕/넷날 그 두보杜甫나 이백李白 같은 이 나라의 시인詩人도/〔…〕/먼 타관에 난 그 두보杜甫나 이백李白 같은 이 나라의 시인詩人도/〔…〕/그러면서 이 마음이 맑은 넷 시인詩人들은/〔…〕/내 쓸쓸한 마음엔 자꼬 이 나라의 넷 시인詩人들이 그들의 쓸쓸한 마음들이 생각난다 **〈두보**杜甫**나 이백**李白**같이〉**

아이보개 명 아이를 돌보는 일을 맡아 하는 사람. '애보개'의 본말.

❖ 계집아이는 몇 해고 내지인內地人 주재소장駐在所長 집에서/밥을 짓고 걸레를 치고 아이보개를 하면서 **〈팔원**八院**—서행시초**西行詩抄 **3〉**

아전 명 조선 시대에, 중앙과 지방의 관아에 속한 구실아치.

❖ 나는 이젠 귀치않은 측량測量도 문서文書도 싫증이 나고/낮에는 마음 놓고 낮잠도 한잠 자고 싶어서/아전 노릇을 그만두고 밭을 노왕老王한테 얻는 것이다 **〈귀농**歸農**〉**

어장주漁場主 명 어장의 소유권을 가진 사람.

❖ 황화장사 령감이 일본말을 잘도 하는 곳/처녀들은 모두 어장주漁場主한테 시집을 가고 싶어한다는 곳 **〈통영**統營**(남행시초**南行詩抄**)〉**

옹기장사 명 옹기 장수. 옹기를 파는 일을 업으로 하는 사람.

❖ 이젠 배도 출출히 고팠는데/어서 그 옹기장사가 온다는 거리로 들어가면 무엇보다도 몬저 '주류판매업酒類販賣業'이라고 써붙인 집으로 들어가자 **〈구장로**球場路**—서행**

시초西行詩抄 **1**〉

의원醫員 명 의술을 직업으로 삼은 사람을 통틀어 이르는 말(《고려대한국어대사전》).

❖ 나는 북관北關에 혼자 앓어 누워서/어늬 아츰 의원醫員을 뵈이었다/의원醫員은 여래如來 같은 상을 하고 관공의 수염을 드리워서/ 〔…〕 /의원醫員은 빙긋이 웃음을 띠고/막역지간이라며 수염을 쓴다/ 〔…〕 /의원醫員은 또다시 넌즈시 웃고/말없이 팔을 잡어 맥을 보는데 〈**고향**故鄕〉

장꾼 명 장에서 물건을 사고파는 사람. 또는 그 무리.

❖ 울파주 밖에는 장꾼들을 따러와서 엄지의 젖을 빠는 망아지도 있었다 〈**주막**酒幕〉

❖ 행길에는 선장 대여가는 장꾼들의 종이등燈에 나귀눈이 빛났다/어데서 서러웁게 목탁木鐸을 뚜드리는 집이 있다 〈**미명계**未明界〉

장돌림 명 여러 장으로 돌아다니면서 물건을 파는 장수.

❖ 신영길 말이 울고 가고/장돌림 당나귀도 울고 가고 〈**연자간**〉

장수① 명 군사를 거느리는 우두머리.

❖ 녯 장수 모신 낡은 사당의 돌층계에 주저앉어서 나는 이 저녁 울 듯 울 듯 한산도閑山島 바다에 뱃사공이 되여가며 〈**통영**統營(**남행시초**南行詩抄)〉

주재소장駐在所長 명 일제강점기, 주재소의 우두머리(《고려대한국어대사전》). '주재소'는 일제강점기에, 순사가 머무르면서 사무를 맡아보던 경찰의 말단 기관.

❖ 쌔하얗게 얼은 자동차自動車 유리창 밖에/내지인內地人 주재소장駐在所長 같은 어른과 어린아이 둘이 내임을 낸다/ 〔…〕 /계집아이는 몇 해고 내지인內地人 주재소장駐在所長 집에서/밥을 짓고 걸레를 치고 아이보개를 하면서 〈**팔원**八院—**서행시초**西行詩抄 **3**〉

통제사統制使 명 임진왜란 때에, 경상·전라·충청 세 도의 수군을 통솔하는 일을 맡아보던 무관 벼슬. 또는 그 벼슬아치. '삼도수군통제사'와 같은 말.

❖ 녯날엔 통제사統制使가 있었다는 낡은 항구港口의 처녀들에겐 녯날이 가지 않은 천희千姬라는 이름이 많다 〈**통영**統營〉

황하당세 명 황아장수. ☞ 황화장사

〔백석은 '황화장사'와 '황하당세' 두 가지 말을 사용하고 있는데, '황하당세'는 '황하두'와 운을 맞추기 위해 쓴 말로 짐작된다.〕

❖ 구시월 황하두서 황하당세 오면/막대침에 가는 세침 바눌이며 취열옥색 꼭두손이 연분홍 물감도 사잔 말이로구나. 〈**머리카락**〉

황화장사 명 황아장수. 집집을 찾아다니며 끈목, 담배쌈지, 바늘, 실 따위의 자질구레한 일용 잡화를 파는 사람.

〔《사정한 조선어표준말모음》(1936)에 '황화장사'가 비표준어로 등재되어 있다. 이 말이 표준어는 아니지만 당시에 많이 쓰였음을 알 수 있다. 북한에선 물건 파는 사람을 지금도 '장사'라고 부른다.〕

❖ 집집이 아이만 한 피도 안 간 대구를 말리는 곳/황화장사 령감이 일본말을 잘도 하는 곳/처녀들은 모두 어장주漁場主한테 시집을 가고 싶어한다는 곳 〈**통영**統營(**남행시초**南行詩抄)〉

7 가족, 친인척

갓사둔명 가시사둔, 즉 남자 편에서 여자 쪽의 사돈을 가리키는 말.

〔'갓사둔'은 '갓+사둔'의 합성조어이다. 여기서 '갓'은 '가시', 즉 여자나 아내를 가리키는 말이다. 따라서 '갓사둔'은 '가시 사돈', 즉 여자(아내) 사돈으로 남자 편에서 여자 쪽의 사돈을 가리킬 때 쓰는 말이다. 사전에 '가시아버지'(아내의 아버지), '가시어머니'(아내의 어머니)란 말이 등재되어 있다. '가시'가 '갓'으로 줄어드는 것은 우리말에서 흔히 나타나는 음운현상이다.〕

❖ 재당도 초시도 문장門長 늙은이도 더부살이 아이도 새사위도 갓사둔도 나그네도 주인도 할아버지도 손자도 붓장사도 땜쟁이도 큰 개도 강아지도 모두 모닥불을 쪼인다 〈**모닥불**〉

고무명 '고모'(아버지의 누이)의 방언(평안, 경상, 전라)(《금성판국어대사전》).

❖ 얼굴에 별자국이 솜솜 난 말수와 같이 눈도 껌벅거리는 하로에 베 한 필을 짠다는 벌 하나 건너 집엔 복숭아나무가 많은 신리新里 고무 고무의 딸 이녀李女 작은이녀李女/열여섯에 사십四十이 넘은 홀아비의 후처가 된 포족족하니 성이 잘 나는 살빛이 매감탕 같은 입술과 젖꼭지는 더 까만 예수쟁이 마을 가까이 사는 토산土山 고무 고무의 딸 승녀承女 아들 승承동이/육십리六十里라고 해서 파랗게 뵈이는 산山을 넘어 있다는 해변에서 과부가 된 코끝이 빨간 언제나 흰옷이 정하든 말끝에 설게 눈물을 짤 때가 많은 큰골 고무 고무의 딸 홍녀洪女 아들 홍洪동이 작은홍洪동이 〈**여우난골족**族〉 ❖ 또 이러한 밤 같은 때 〔…〕 또 누워 굴면서 엄매에게 웃목에 두른 평풍의 새빨간 천두의 이야기를 듣기도 하고 고무더러는 밝는 날 멀리는 못 난다는 뫼추라기를 잡어달라고 조르기도 하고 〈**고야**古夜〉

노큰마니명 노老할머니. 증조할머니나, 증조할머니뻘 되는 사람, 곧 증조할머니 항렬의 사람.

〔'노큰마니'는 '노(老)+큰마니('할머니'의 평북·함북·자강 방언)'의 형태를 지닌 말로, '노老할머니'를 뜻한다. 《조선말대사전》에 '로할머니'가 "아버지의 할머니나 할머니뻘 되는 사람"으로 풀이되어 있다. 백석 시의 아래 용례에 "내가 이 노큰마니의 당조카의 맏손자로 난 것을"이란 표현이 나오므로, 여기서 '노할머니'는 정확히 말하면 '아버지의 할머니', 즉 '증조할머니'의 항렬에 해당하는 사람을 가리키는 말이다.〕

❖ 일가들이 모두 범같이 무서워하는 이 노큰마니는 구덕살이같이 욱실욱실하는 손자 증손자를 방구석에 들매나무 회채리를 단으로 쪄다두고 따리고 싸리갱이에 갓진창을 매여놓고 따리는데// 〔…〕 //우리 엄매가 나를 가지는 때 이 노큰마니는 어늬 밤 크나큰 범이 한 마리 우리 선산으로 들어오는 꿈을 꾼 것을 우리 엄매가 서울서 시집을 온 것을 그리고 무엇보다도 내가 이 노큰마니의 당조카의 맏손자로 난 것을 다견하니 알뜰하니 기꺼이 녀기는 것이었다 **〈넘언집 범 같은 노큰마니〉**

누나[명] 같은 부모에게서 태어난 사이거나 일가친척 가운데 항렬이 같은 사이에서, 남자가 손위 여자를 이르거나 부르는 말.

❖ 나는 이 작은 것을 고이 보드러운 종이에 받어 또 문밖으로 버리며/이것의 엄마와 누나나 형이 가까이 이것의 걱정을 하며 있다가 쉬이 만나기나 했으면 좋으련만 하고 슬퍼한다 **〈수라修羅〉**

누이[명] 같은 부모에게서 태어난 사이거나 일가친척 가운데 항렬이 같은 사이에서, 남자가 여자 형제를 이르는 말. 흔히 손아래인 여자를 이른다.

❖ 가즈랑집 할머니/내가 날 때 죽은 누이도 날 때/무명필에 이름을 써서 백지 달어서 구신간시렁의 당즈깨에 넣어 대감님께 수영을 들였다는 가즈랑집 할머니 **〈가즈랑집〉** ❖ 나를 생각하든 그 무당의 딸은 내 어린 누이에게/오리야 너를 한 쌍 주드니/어린 누이는 없고 저는 시집을 갔다건만/오리야 너는 한 쌍이 날어가누나 **〈오리〉**

당조카[명] 장조카. 맏형의 맏아들.

❖ 우리 엄매가 나를 가지는 때 이 노큰마니는 〔…〕 우리 엄매가 서울서 시집을 온 것을 그리고 무엇보다도 내가 이 노큰마니의 당조카의 맏손자로 난 것을 다견하니 알뜰하니 기꺼이 녀기는 것이었다 **〈넘언집 범 같은 노큰마니〉**

동생[명] 같은 부모에게서 태어난 사이거나 일가친척 가운데 손아랫사람을 이르는 말.

❖ 어느 사이에 나는 아내도 없고, 또,/아내와 같이 살던 집도 없어지고,/그리고 살뜰한 부모며 동생들과도 멀리 떨어져서,/그 어느 바람 세인 쓸쓸한 거리 끝에 헤매이었다. **〈남신의주 유동 박시봉방南新義州柳洞朴時逢方〉**

동세명 '동서'(자매의 남편 사이나 형제의 아내 사이에 서로 가리키거나 부르는 말)의 방언(평안, 강원).

❖ 밤이 깊어가는 집안엔 〔…〕 그래서는 문창에 텅납새의 그림자가 치는 아츰 시누이 동세들이 욱적하니 홍성거리는 부엌으론 샛문틈으로 장지문틈으로 무이징게 국을 끓이는 맛있는 내음새가 올라오도록 잔다 〈**여우난골족**族〉

딸명 여자로 태어난 자식.

❖ 얼굴에 별자국이 솜솜 난 말수와 같이 눈도 껌벅거리는 하로에 베 한 필을 짠다는 벌 하나 건너 집엔 복숭아나무가 많은 신리新里 고무 고무의 딸 이녀李女 작은이녀李女/열여섯에 사십四十이 넘은 홀아비의 후처가 된 포족족하니 성이 잘 나는 살빛이 매감탕 같은 입술과 젖꼭지는 더 까만 예수쟁이 마을 가까이 사는 토산土山 고무 고무의 딸 승녀承女 아들 승承동이/육십리六十里라고 해서 파랗게 뵈이는 산山을 넘어 있다는 해변에서 과부가 된 코끝이 빨간 언제나 흰옷이 정하든 말끝에 설게 눈물을 짤 때가 많은 큰골 고무 고무의 딸 홍녀洪女 아들 홍洪동이 작은홍洪동이 〈**여우난골족**族〉 ❖ 언제나 병을 앓을 때면/신장님 달련이라고 하는 가즈랑집 할머니/구신의 딸이라고 생각하면 슬퍼졌다 〈**가즈랑집**〉 ❖ 지아비는 돌아오지 않고/어린 딸은 도라지꽃이 좋아 돌무덤으로 갔다 〈**여승**女僧〉 ❖ 산山 너머로 가는 길 돌각담에 갸웃하는 처녀는 금錦이라든 이 같고/내가 들은 마산馬山 객줏客主집의 어린 딸은 난蘭이라는 이 같고 〈**통영**統營(**남행시초**南行詩抄)〉 ❖ 나를 생각하든 그 무당의 딸은 내 어린 누이에게/오리야 너를 한 쌍 주드니 〈**오리**〉

딸아이명 딸인 아이(《조선말대사전》).

❖ 평안도平安道의 어늬 산山 깊은 금덤판/나는 파리한 여인女人에게서 옥수수를 샀다/여인女人은 나어린 딸아이를 따리며 가을밤같이 차게 울었다 〈**여승**女僧〉

막내고무명 '막내고모'(여러 고모 중에 맨 끝의 고모)의 방언(평안, 경상, 전라).

〔사전에 '막내딸', '막내며느리', '막냇사위' 등은 등재되어 있는데, '막내고모'는 등재되어 있지 않다.〕

❖ 또 이러한 밤 같은 때 시집갈 처녀 막내고무가 고개 너머 큰집으로 치장감을 가지고 와서 엄매와 둘이 소기름에 쌍심지의 불을 밝히고 〈**고야**古夜〉 ❖ 그리고 또 엄매의 말엔 내가 아직 굳은 밥을 모르던 때 살갗 퍼런 막내고무가 잘도 받어 세수를 하였다는 내 오줌빛은 이슬같이 샛말갛기도 샛맑았다는 것이다 〈**동뇨부**童尿賦〉

맏손자명 둘 이상의 손자 가운데 맏이인 손자를 이르는 말.

❖ 우리 엄매가 나를 가지는 때 이 노큰마니는 〔…〕 우리 엄매가 서울서 시집을 온

것을 그리고 무엇보다도 내가 이 노큰마니의 당조카의 맏손자로 난 것을 다견하니 알뜰하니 기꺼이 녀기는 것이었다 **〈넘언집 범 같은 노큰마니〉**

부모명 아버지와 어머니를 아울러 이르는 말.

❖ 어느 사이에 나는 아내도 없고, 또,/아내와 같이 살던 집도 없어지고,/그리고 살뜰한 부모며 동생들과도 멀리 떨어져서,/그 어느 바람 세인 쓸쓸한 거리 끝에 헤매이었다. **〈남신의주 유동 박시봉방**南新義州柳洞朴時逢方**〉**

사춘명 '사촌'의 평북 방언(《평북방언사전》). 아버지의 친형제자매의 아들이나 딸을 촌수로 따져 이르는 말(《고려대한국어대사전》).

❖ 오지항아리에는 삼춘이 밥보다 좋아하는 찹쌀탁주가 있어서/삼춘의 임내를 내어가며 나와 사춘은 시큼털털한 술을 잘도 채어 먹었다 **〈고방〉**

사춘누이명 '사촌누이'의 평북 방언(《평북방언사전》). 큰아버지나 작은아버지의 딸인 방계혈족의 누이(《조선말대사전》).

〔'사촌누이'는 《조선말대사전》과 《고려대한국어대사전》에 등재되어 있는데, 전자엔 "큰아버지나 작은아버지의 딸인 방계혈족의 누이"로, 후자엔 "아버지의 친형제자매에게서 태어난 누이"로 풀이되어 있다. 백석 시의 아래 용례에서 '사춘누이'(사촌누이)는 그 앞의 '삼촌 삼촌엄매'(작은어머니)와 호응하는 말이므로 엄밀히 말하면 《조선말대사전》의 풀이인 "큰아버지나 작은아버지의 딸인 방계혈족의 누이"를 지칭하는 것이다.〕

❖ 배나무접을 잘하는 주정을 하면 토방돌을 뽑는 오리치를 잘 놓는 먼 섬에 반디젓 담그려 가기를 좋아하는 삼춘 삼춘엄매 사춘누이 사춘동생들 **〈여우난골족**族**〉**

사춘동생명 '사촌동생'의 평북 방언(《평북방언사전》). 큰아버지나 작은아버지의 아들딸로서 방계혈족의 동생(《조선말대사전》).

〔'사촌동생'은 《조선말대사전》과 《고려대한국어대사전》에 등재되어 있는데, 전자엔 "큰아버지나 작은아버지의 아들딸로서 방계혈족의 동생"으로, 후자엔 "아버지의 친형제자매에게서 태어난 동생"으로 풀이되어 있다. 백석 시의 아래 용례에서 '사춘동생'(사촌동생)은 그 앞의 '삼촌 삼촌엄매'(작은어머니)와 호응하는 말이므로 엄밀히 말하면 《조선말대사전》의 풀이인 "큰아버지나 작은아버지의 딸로서 방계혈족의 동생"을 지칭하는 것이다.〕

❖ 배나무접을 잘하는 주정을 하면 토방돌을 뽑는 오리치를 잘 놓는 먼 섬에 반디젓 담그려 가기를 좋아하는 삼춘 삼춘엄매 사춘누이 사춘동생들 **〈여우난골족**族**〉**

삼촌명 아버지의 형제를 이르거나 부르는 말. 특히 결혼하지 않은 남자 형제를 이르거나 부른다.

❖ 자성慈城은 예서 삼백오십리三百五十里 묘향산妙香山 백오십리百五十里/묘향산妙香山 어디메서 삼촌이 산다고 한다 **〈팔원八院—서행시초西行詩抄 3〉**

삼춘 명 삼촌. 아버지의 형제를 이르거나 부르는 말. 특히 결혼하지 않은 남자 형제를 이르거나 부른다.

〔《평북방언사전》에 '삼춘'이 '삼촌'의 평북 방언으로 등재되어 있는데, 이 말은 서울을 포함해 다른 지역에서도 많이 사용하던 말이다. 백석은 주로 '삼춘'이란 말을 썼지만, 〈팔원八院—서행시초西行詩抄 3〉이란 시에선 '삼촌'이란 말을 쓰기도 했다.〕

❖ 배나무접을 잘하는 주정을 하면 토방돌을 뽑는 오리치를 잘 놓는 먼 섬에 반디젓 담그려 가기를 좋아하는 삼춘 삼춘엄매 사춘누이 사춘동생들 **〈여우난골족族〉** ❖ 오지항아리에는 삼춘이 밥보다 좋아하는 찹쌀탁주가 있어서/삼춘의 임내를 내어가며 나와 사춘은 시큼털털한 술을 잘도 채어 먹었다 **〈고방〉** ❖ 집에는 아배에 삼춘에 오마니에 오마니가 있어서 젖먹이를 마을 청능 그늘밑에 삿갓을 씌워 한종일내 뉘어두고 김을 매려 단녔고 〔…〕 **〈넘언집 범 같은 노큰마니〉**

삼춘엄매 명 작은어머니(아버지 동생의 아내).

〔북쪽 지역에선 '작은어머니'를 '삼촌어머니'라고 부르기도 한다. 《평북방언사전》엔 같은 말로 '삼춘오마니'가 등재되어 있는데, 백석 시에선 '삼춘엄매'란 말이 사용되고 있다.〕

❖ 배나무접을 잘하는 주정을 하면 토방돌을 뽑는 오리치를 잘 놓는 먼 섬에 반디젓 담그려 가기를 좋아하는 삼춘 삼춘엄매 사춘누이 사춘동생들 **〈여우난골족族〉** ❖ 큰마니야 네 머리카락 엄매야 네 머리카락 삼춘엄매야 네 머리카락/ 〔…〕 /큰마니야 엄매야 삼춘엄매야/큰마니 머리카락은 아릇간 텅납새에 엄매 머리카락은 웃간 텅납새에 삼춘엄매 머리카락도 웃간 텅납새에 텅납새에 끼우는 것은/큰마니야 엄매야 삼춘엄매야/ 〔…〕 /큰마니야 엄매야 삼춘엄매야 **〈머리카락〉**

새사위 명 갓 결혼한 딸의 남편.

〔'새사위'는 '새(新)+사위'의 합성조어이다. 사전엔 '사위'만 등재되어 있다.〕

❖ 재당도 초시도 문장門長 늙은이도 더부살이 아이도 새사위도 갓사둔도 나그네도 주인도 할아버지도 손자도 붓장사도 땜쟁이도 큰 개도 강아지도 모두 모닥불을 쪼인다 **〈모닥불〉**

손자 ① 명 자녀의 아들(《고려대한국어대사전》).

❖ 재당도 초시도 문장門長 늙은이도 더부살이 아이도 새사위도 갓사둔도 나그네

도 주인도 할아버지도 손자도 붓장사도 땜쟁이도 큰 개도 강아지도 모두 모닥불을 쪼인다 〈**모닥불**〉 ❖ 박을 삶는 집/할아버지와 손자가 오른 지붕 우에 한울빛이 진초록이다/우물의 물이 쓸 것만 같다 〈**여우난골**〉 ❖ 일가들이 모두 범같이 무서워하는 이 노큰마니는 구덕살이같이 욱실욱실하는 손자 증손자를 방구석에 들매나무 회채리를 단으로 쪄다두고 따리고 싸리갱이에 갓진창을 매여놓고 따리는데 〈**넘언집 범 같은 노큰마니**〉 ❖ 내 손자의 손자와 손자와 나와 할아버지와 할아버지의 할아버지와 할아버지의 할아버지의 할아버지와 …… 수원백씨水原白氏 정주백촌定州白村의 힘세고 꿋꿋하나 어질고 정 많은 〔…〕 〈**목구**木具〉

손자아이명 손자로 태어난 아이.

〔사전엔 '손자'만 등재되어 있다.〕

❖ 손자아이들이 파리떼같이 모이면 곰의 발 같은 손을 언제나 내어둘렀다 〈**고방**〉

시누이명 남편의 누나와 여동생.

❖ 밤이 깊어가는 집안엔 〔…〕 그래서는 문창에 텅납새의 그림자가 치는 아츰 시누이 동세들이 욱적하니 흥성거리는 부엌으론 샛문틈으로 장지문틈으로 무이징게 국을 끓이는 맛있는 내음새가 올라오도록 잔다 〈**여우난골족**族〉

시아부지명 '시아버지'(남편의 아버지)의 방언(경기, 충청, 경상, 전라)(《금성판국어대사전》).

❖ 컴컴한 부엌에서는 늙은 홀아비의 시아부지가 미역국을 끓인다 〈**적경**寂境〉

아내명 혼인하여 남자의 짝이 된 여자.

❖ 어느 사이에 나는 아내도 없고, 또,/아내와 같이 살던 집도 없어지고, 〈**남신의주 유동 박시봉방**南新義州柳洞朴時逢方〉

아들명 남자로 태어난 자식.

❖ 열여섯에 사십四十이 넘은 홀아비의 후처가 된 포족족하니 성이 잘 나는 살빛이 매감탕 같은 입술과 젖꼭지는 더 까만 예수쟁이 마을 가까이 사는 토산土山 고무 고무의 딸 승녀承女 아들 승承동이/육십리六十里라고 해서 파랗게 뵈이는 산山을 넘어 있다는 해변에서 과부가 된 코끝이 빨간 언제나 흰옷이 정하든 말끝에 설게 눈물을 짤 때가 많은 큰골 고무 고무의 딸 홍녀洪女 아들 홍洪동이 작은홍洪동이 〈**여우난골족**族〉 ❖ 예순이 넘은 아들 없는 가즈랑집 할머니는 중같이 정해서 〔…〕 〈**가즈랑집**〉 ❖ 지붕에 마당에 우물든덩에 함박눈이 푹푹 쌓이는 여늬 하로밤/아배 앞에 그 어린 아들 앞에 아배 앞에는 왕사발에 아들 앞에는 새끼사발에 그득히 사리워 오는 것이다 〈**국수**〉

아들아이 명 아들로 태어난 아이(《조선말대사전》).

❖ 아들아이는 범이라고 장고기를 잘 잡는 앞니가 빠드러진 나와 동갑이었다 **〈주막酒幕〉**

아배 명 '아버지'의 방언(경상, 함북).

❖ 명절날 나는 엄매 아배 따라 우리집 개는 나를 따라 진할머니 진할아버지가 있는 큰집으로 가면 **〈여우난골족族〉** ❖ 아배는 타관 가서 오지 않고 산山비탈 외따른 집에 엄매와 나와 단둘이서 누가 죽이는 듯이 무서운 밤 집 뒤로는 어늬 산山골짜기에서 소를 잡어먹는 노나리꾼들이 도적놈들같이 쿵쿵거리며 다닌다 **〈고야古夜〉** ❖ 오리치를 놓으려 아배는 논으로 나려간 지 오래다/오리는 동비탈에 그림자를 떨어트리며 날어가고 나는 동말랭이에서 강아지처럼 아배를 부르며 울다가/시악이 나서는 등 뒤 개울물에 아배의 신짝과 버선목과 대님오리를 모다 던져버린다//장날 아츰에 앞 행길로 엄지 따러 지나가는 망아지를 내라고 나는 조르면/아배는 행길을 향해서 크다란 소리로/―매지야 오나라/―매지야 오나라//새하려 가는 아배의 지게에 치워 나는 산山으로 가며 토끼를 잡으리라고 생각한다/맞구멍 난 토끼굴을 아배와 내가 막어서면 언제나 토끼새끼는 내 다리 아래로 달어났다/나는 서글퍼서 서글퍼서 울상을 한다 **〈오리 망아지 토끼〉** ❖ 아배가 밤참 국수를 받으려 가면 나는 큰마니의 돋보기를 쓰고 앉어 개 짖는 소리를 들은 것이다 **〈개〉** ❖ 집에는 아배에 삼춘에 오마니에 오마니가 있어서 젖먹이를 마을 청능 그늘밑에 삿갓을 씌워 한종일내 뉘어두고 김을 매려 단녔고 […] **〈넘언집 범 같은 노큰마니〉** ❖ 지붕에 마당에 우물든덩에 함박눈이 푹푹 쌓이는 여늬 하로밤/아배 앞에 그 어린 아들 앞에 아배 앞에는 왕사발에 아들 앞에는 새끼사발에 그득히 사리워 오는 것이다 **〈국수〉**

아버지 명 자기를 낳아 준 남자를 이르거나 부르는 말.

❖ 나는 아버지로 섬기는 이라 한즉/의원醫員은 또다시 넌즈시 웃고/말없이 팔을 잡어 맥을 보는데/손길은 따스하고 부드러워/고향故鄕도 아버지도 아버지의 친구도 다 있었다 **〈고향故鄕〉** ❖ 그렇것만 나는 하이얀 자리 우에서 마른 팔뚝의/샛파란 핏대를 바라보며 나는 가난한 아버지를/가진 것과 내가 오래 그려오든 처녀가 시집을 간 것과/그렇게도 살틀하든 동무가 나를 버린 일을 생각한다 **〈내가 생각하는 것은〉**

아비 명 '아버지'를 홀하게 이르는 말(《고려대한국어대사전》).

❖ 아비가 앓는가부다/다래 먹고 앓는가부다//아랫마을에서는 애기무당이 작두를 타며 굿을 하는 때가 많다 **〈산지山地〉** ❖ 모닥불은 어려서 우리 할아버지가 어미아비 없는 서러운 아이로 불상하니도 몽둥발이가 된 슬픈 력사가 있다 **〈모닥불〉**

안해 명 아내. 혼인하여 남자의 짝이 된 여자.

〔'안해'는 '아내'의 고어인데, 《조선말대사전》엔 '아내' 대신에 '안해'가 등재되어 있고, 《평북방언사전》엔 '안헤'가 '아내'의 방언으로 등재되어 있다. 백석의 해방 전 작품에선 모두 '안해'로, 해방 후에 발표된 〈남신의주 유동 박시봉방南新義州柳洞朴時逢方〉에선 '아내'로 표기되어 있다.〕

❖ 신 살구를 잘도 먹드니 눈 오는 아츰/나어린 안해는 첫아들을 낳었다 **〈적경寂境〉**

❖ 사랑하는 어린것에게 엿 한 가락을 아끼고 위하는 안해에겐 해진 옷을 입히면서도/마음이 가난한 낯설은 사람에게 수백 냥 돈을 거저 주는 그 인정을 그리고 또 그 말을 **〈허준許俊〉**

어머니 명 자기를 낳아 준 여자를 이르거나 부르는 말.

❖ 이 흰 바람벽에/내 가난한 늙은 어머니가 있다/내 가난한 늙은 어머니가/이렇게 시퍼러둥둥하니 추운 날인데 차디찬 물에 손은 담그고 무이며 배추를 씻고 있다 **〈흰 바람벽이 있어〉**

어미 명 '어머니'를 홀하게 이르는 말(《고려대한국어대사전》).

❖ 모닥불은 어려서 우리 할아버지가 어미 아비 없는 서러운 아이로 불상하니도 몽둥발이가 된 슬픈 력사가 있다 **〈모닥불〉**

엄마 명 주로 어린이들이 '어머니'를 이르는 말(《고려대한국어대사전》).

❖ 나는 이 작은 것을 고이 보드러운 종이에 받어 또 문밖으로 버리며/이것의 엄마와 누나나 형이 가까이 이것의 걱정을 하며 있다가 쉬이 만나기나 했으면 좋으련만 하고 슬퍼한다 **〈수라修羅〉**

엄매 명 '엄마'의 방언(평북)(《평북방언사전》).

❖ 명절날 나는 엄매 아배 따라 우리집 개는 나를 따라 진할머니 진할아버지가 있는 큰집으로 가면// 〔…〕 /밤이 깊어가는 집안엔 엄매는 엄매들끼리 아르간에서들 웃고 이야기하고 〔…〕 **〈여우난골족族〉** ❖ 아배는 타관 가서 오지 않고 산山비탈 외따른 집에 엄매와 나와 단둘이서 누가 죽이는 듯이 무서운 밤 집 뒤로는 어늬 산山골짜기에서 소를 잡어먹는 노나리꾼들이 도적놈들같이 쿵쿵거리며 다닌다// 〔…〕 //또 이러한 밤 같은 때 시집갈 처녀 막내고무가 고개 너머 큰집으로 치장감을 가지고 와서 엄매와 둘이 소기름에 쌍심지의 불을 밝히고 〔…〕 그러다는 이불 우에서 광대넘이를 뒤이고 또 누워 굴면서 엄매에게 웃목에 두른 평풍의 새빨간 천두의 이야기를 듣기도 하고// 〔…〕 //섣달에 냅일날이 들어서 냅일날 밤에 눈이 오면 이 밤엔 쌔하얀 할미귀신의 눈귀신도 냅일눈을 받노라 못 난다는 말을 든든히 녀

기며 엄매와 나는 앙궁 우에 떡돌 우에 곱새담 우에 함지에 버치며 대냥푼을 놓고 치성이나 드리듯이 정한 마음으로 냅일눈 약눈을 받는다 **〈고야古夜〉** ❖ 내가 엄매 등에 업혀가서 상사말같이 항약에 야기를 쓰면 한창 퓌는 함박꽃을 밑가지채 꺾어주고 〔…〕 //우리 엄매가 나를 가지는 때 이 노큰마니는 어늬 밤 크나큰 범이 한 마리 우리 선산으로 들어오는 꿈을 꾼 것을 우리 엄매가 서울서 시집을 온 것을 그리고 무엇보다도 내가 이 노큰마니의 당조카의 맏손자로 난 것을 다견하니 알뜰하니 기꺼이 녀기는 것이었다 **〈넘언집 범 같은 노큰마니〉** ❖ 그리고 또 엄매의 말엔 내가 아직 굳은 밥을 모르던 때 살갗 퍼런 막내고무가 잘도 받어 세수를 하였다는 내 오줌빛은 이슬같이 샛말갛기도 샛맑았다는 것이다 **〈동뇨부童尿賦〉** ❖ 한가한 애동들은 어둡도록 꿩사냥을 하고/가난한 엄매는 밤중에 김치가재미로 가고/마을을 구수한 즐거움에 싸서 은근하니 흥성흥성 들뜨게 하며/이것은 오는 것이다 **〈국수〉** ❖ 큰마니야 네 머리카락 엄매야 네 머리카락 삼춘엄매야 네 머리카락/ 〔…〕 /큰마니야 엄매야 삼춘엄매야/ 〔…〕 /큰마니 머리카락은 아릇간 텅납새에 엄매 머리카락은 웃간 텅납새에 삼춘엄매 머리카락도 웃간 텅납새에 텅납새에 끼우는 것은/큰마니야 엄매야 삼춘엄매야/ 〔…〕 /큰마니야 엄매야 삼춘엄매야 **〈머리카락〉**

여우난골족族 명 '여우난골'의 친족. '여우난골'은 '여우가 나타난 골짜기'라는 뜻으로 산골에 위치한 토속적인 마을 이름을 가리키는 말이다.

❖ 시 제목 **〈여우난골족族〉**

오마니① 명 '어머니'의 방언(평안).

❖ 집에는 아배에 삼춘에 오마니에 오마니가 있어서 젖먹이를 마을 청능 그늘밑에 삿갓을 씌워 한종일내 뉘어두고 김을 매려 단녔고 〔…〕 **〈넘언집 범 같은 노큰마니〉**

오마니② 명 삼촌 오마니, 작은어머니.

〔'오마니'는 '어머니'의 평안 방언인데, 백석 시의 아래 용례에서 '오마니'는 '삼촌'에 대응되는 말이므로 '삼촌 오마니', 즉 '작은 오마니'를 가리킨다(이숭원, 2008).〕

❖ 집에는 아배에 삼춘에 오마니에 오마니가 있어서 젖먹이를 마을 청능 그늘밑에 삿갓을 씌워 한종일내 뉘어두고 김을 매려 단녔고 〔…〕 **〈넘언집 범 같은 노큰마니〉**

외딸 명 다른 자식 없이 단 하나뿐인 딸.

❖ 이 길이다/얼마 가서 감로甘露 같은 물이 솟는 마을 하이얀 회담벽에 옛적본의 장반시계를 걸어놓은 집 홀어미와 사는 물새 같은 외딸의 혼삿말이 아즈랑이같이 낀 곳은 **〈남향南鄉—물닭의 소리〉**

일가 명 ① 한집에서 사는 가족. 한집안과 같은 말. ② 혈연적으로 친척이 되는 사람(《조선말대사전》).

〔②의 뜻은 《조선말대사전》에만 나와 있다. 아래 용례에서 '일가'는 위의 풀이 ①과 ② 가운데 어느 하나로 단정하기 어려우나, '일가'라는 말을 사용한 백석 시의 다른 용례와 아래 용례에서 증조할머니 집에 놀러간 화자가 '모두'라는 말을 사용한 것을 염두에 둘 때, 일가는 그 집안 사람보다는 화자를 포함한 '친척'을 가리키는 것으로 보는 것이 더 적절할 듯하다.〕

❖ 일가들이 모두 범같이 무서워하는 이 노큰마니는 구덕살이같이 욱실욱실하는 손자 증손자를 방구석에 들매나무 회채리를 단으로 쪄다두고 따리고 싸리갱이에 갓진창을 매여놓고 따리는데 **〈넘언집 범 같은 노큰마니〉**

일가친척 명 일가와 외척의 모든 겨레붙이.

❖ 아, 나의 조상은 형제는 일가친척은 정다운 이웃은 그리운 것은 사랑하는 것은 우러르는 것은 나의 자랑은 나의 힘은 없다 **〈북방**北方**에서—정현웅**鄭玄雄**에게〉** ❖ 새 옷을 입고 새 신도 신고 떡과 고기도 억병 먹고/일가친척들과 서로 모여 즐거이 웃음으로 지날 것이연만 **〈두보**杜甫**나 이백**李白**같이〉**

증손자 명 손자의 아들. 또는 아들의 손자.

❖ 일가들이 모두 범같이 무서워하는 이 노큰마니는 구덕살이같이 욱실욱실하는 손자 증손자를 방구석에 들매나무 회채리를 단으로 쪄다두고 따리고 싸리갱이에 갓진창을 매여놓고 따리는데 **〈넘언집 범 같은 노큰마니〉**

지아비 명 '남편'을 예스럽게 이르는 말.

❖ 섶벌같이 나아간 지아비 기다려 십 년十年이 갔다/지아비는 돌아오지 않고/어린 딸은 도라지꽃이 좋아 돌무덤으로 갔다 **〈여승**女僧**〉** ❖ 어늬 먼 앞대 조용한 개포가의 나즈막한 집에서/그의 지아비와 마조 앉어 대구국을 끓여놓고 저녁을 먹는다 **〈흰 바람벽이 있어〉**

진할머니 명 친할머니. 아버지의 어머니.

〔백석이 작품을 발표할 당시에 간행된, 진정한 의미에서 우리말로 만들어진 최초의 우리말 사전인 문세영의 《조선어사전》(1938)에 '진할머니'가 '동성할머니(아버지의 어머니)'로 풀이되어 있다.〕

❖ 명절날 나는 엄매 아배 따라 우리집 개는 나를 따라 진할머니 진할아버지가 있는 큰집으로 가면 **〈여우난골족**族**〉**

진할아버지 명 친할아버지. 아버지의 아버지.

〔문세영의 《조선어사전》(1938)에 '진할아버지'가 '동성할아버지(아버지의 아버지)'

로 풀이되어 있다.〕

❖ 명절날 나는 엄매 아배 따라 우리집 개는 나를 따라 진할머니 진할아버지가 있는 큰집으로 가면 **〈여우난골족族〉**

집난이 명 시집간 딸.

〔'집난이'는 '집+나+ㄴ+이'의 형태를 지닌 말로 '집을 나간 이', 즉 출가한 딸, 시집간 딸을 이르는 말이다. 《고려대한국어대사전》에 '집난이'가 '시집간 딸'의 평북·함남 방언으로 등재되어 있는데, 《조선말대사전》(2007)에 등재되어 있는 것으로 보아 북쪽 지역에서 널리 쓰인 말로 보인다. 이 말의 뜻은 필자(1983)가 처음 풀이한 바 있다. 백석이 이 말을 쓰기 전 소월의 〈첫 치마〉라는 시에 이 시어가 등장한다. "밋친 듯 우나니, 집난이는/해 다 지고 저문 봄에/허리에도 감은 첫 치마를"(〈첫 치마〉).〕

❖ 낡은 질동이에는 갈 줄 모르는 늙은 집난이같이 송구떡이 오래도록 남어있었다 **〈고방〉**

첫아들 명 첫아이로 낳은 아들.

❖ 신 살구를 잘도 먹드니 눈 오는 아츰/나어린 안해는 첫아들을 낳었다 **〈적경寂境〉**

큰마니 명 '할머니'의 방언(평북, 함북, 자강)(《조선말대사전》).

❖ 아배가 밤참 국수를 받으려 가면 나는 큰마니의 돋보기를 쓰고 앉어 개 짖는 소리를 들은 것이다 **〈개〉** ❖ 이것은 그 곰의 잔등에 업혀서 길여났다는 먼 녯적 큰마니가/또 그 짚등색이에 서서 자채기를 하면 산 넘엣 마을까지 들렸다는/먼 녯적 큰아바지가 오는 것같이 오는 것이다 **〈국수〉** ❖ 큰마니야 네 머리카락 엄매야 네 머리카락 삼춘엄매야 네 머리카락/ 〔…〕 /큰마니야 엄매야 삼춘엄매야/ 〔…〕 /큰마니 머리카락은 아룻간 텅납새에 엄매 머리카락은 웃간 텅납새에 삼춘엄매 머리카락도 웃간 텅납새에 텅납새에 끼우는 것은/큰마니야 엄매야 삼춘엄매야/ 〔…〕 /큰마니야 엄매야 삼춘엄매야 **〈머리카락〉**

큰아바지 명 '할아버지'의 평북 방언(《평북방언사전》).

❖ 이것은 그 곰의 잔등에 업혀서 길여났다는 먼 녯적 큰마니가/또 그 짚등색이에 서서 자채기를 하면 산 넘엣 마을까지 들렸다는/먼 녯적 큰아바지가 오는 것같이 오는 것이다 **〈국수〉**

할머니 명 아버지의 어머니를 이르는 말.

❖ 이 그득히들 할머니 할아버지가 있는 안간에들 모여서 방안에서는 새옷의 내음새가 나고 **〈여우난골족族〉** ❖ 내일같이 명절날인 밤은 부엌에 쩨듯하니 불이 밝고 솥뚜껑이 놀으며 구수한 내음새 곰국이 무르끓고 방안에서는 일가집 할머니가 와

서 마을의 소문을 펴며 조개송편에 달송편에 죈두기송편에 떡을 빚는 곁에서 〔…〕 **〈고야古夜〉** ❖ 예순이 넘은 아들 없는 가즈랑집 할머니는 중같이 정해서 할머니가 마을을 가면 긴 담뱃대에 독하다는 막써레기를 몇 대라도 붙이라고 하며//나는 돌나물김치에 백설기를 먹으며/넷말의 구신집에 있는 듯이/가즈랑집 할머니/내가 날 때 죽은 누이도 날 때/무명필에 이름을 써서 백지 달어서 구신간시렁의 당즈깨에 넣어 대감님께 수영을 들였다는 가즈랑집 할머니/언제나 병을 앓을 때면/신장님 달련이라고 하는 가즈랑집 할머니/구신의 딸이라고 생각하면 슬퍼졌다//토끼도 살이 오른다는 때 아르대 즘퍼리에서 제비꼬리 마타리 쇠조지 가지취 고비 고사리 두릅순 회순 산山나물을 하는 가즈랑집 할머니를 따르며//뒤울안 살구나무 아래서 광살구를 찾다가/살구벼락을 맞고 울다가 웃는 나를 보고/밑구멍에 털이 몇 자나 났나 보자고 한 것은 가즈랑집 할머니다 **〈가즈랑집〉** ❖ 해변땅에 나들이 갔든 할머니는/오리새끼들은 장뚱이나 하듯이 떠들썩하니 시끄럽기도 하드란 숭인가 **〈오리〉**

할미 명 '할머니'나 '할멈'을 홀하게 이르는 말(《고려대한국어대사전》).

❖ 날기멍석을 져간다는 닭보는 할미를 차 굴린다는 땅아래 고래 같은 기와집에는 언제나 니차떡에 청밀에 은금보화가 그득하다는 〔…〕 **〈고야古夜〉**

할아버지 명 아버지의 아버지를 이르는 말.

❖ 이 그득히들 할머니 할아버지가 있는 안간에들 모여서 방안에서는 새옷의 내음새가 나고 **〈여우난골족族〉** ❖ 제삿날이면 귀머거리 할아버지가 예서 왕밤을 밝고 싸리꼬치에 두부산적을 께었다//손자아이들이 파리떼같이 모이면 곰의 발 같은 손을 언제나 내어둘렀다//구석의 나무말쿠지에 할아버지가 삼는 소신 같은 짚신이 둑둑이 걸리어도 있었다 **〈고방〉** ❖ 재당도 초시도 문장門長 늙은이도 더부살이 아이도 새사위도 갓사둔도 나그네도 주인도 할아버지도 손자도 붓장사도 땜쟁이도 큰개도 강아지도 모두 모닥불을 쪼인다//모닥불은 어려서 우리 할아버지가 어미 아비 없는 서러운 아이로 불상하니도 몽둥발이가 된 슬픈 력사가 있다 **〈모닥불〉** ❖ 박을 삶는 집/할아버지와 손자가 오른 지붕 우에 한울빛이 진초록이다/우물의 물이 쓸 것만 같다 **〈여우난골〉** ❖ 내 손자의 손자와 손자와 나와 할아버지와 할아버지의 할아버지와 할아버지의 할아버지의 할아버지와…… 수원백씨水原白氏 정주백촌定州白村의 힘세고 꿋꿋하나 어질고 정 많은 호랑이 같은 곰 같은 소 같은 피의 비 같은 밤 같은 달 같은 슬픔을 담는 것 아 슬픔을 담는 것 **〈목구木具〉**

형 명 같은 부모에게서 태어난 사이이거나 일가친척 가운데 항렬이 같은 사람들

사이에서 손윗사람을 이르거나 부르는 말. 주로 남자 형제 사이에 많이 쓴다.

❖ 이것의 엄마와 누나나 형이 가까이 이것의 걱정을 하며 있다가 쉬이 만나기나 했으면 좋으련만 하고 슬퍼한다 〈**수라**修羅〉

형제명 같은 부모에게서 난 형제와 자매, 남매를 통틀어 이르는 말(《고려대한국어대사전》).

❖ 아, 나의 조상은 형제는 일가친척은 정다운 이웃은 그리운 것은 사랑하는 것은 우러르는 것은 나의 자랑은 나의 힘은 없다 〈**북방**北方**에서—정현웅**鄭玄雄**에게**〉

후손명 자신의 세대에서 여러 세대가 지난 뒤의 자녀를 통틀어 이르는 말.

❖ 한 해에 몇 번 매연 지난 먼 조상들의 최방등 제사에는 〔…〕 후손들의 공경스러운 절과 잔을 굽어보고 또 애끓는 통곡과 축을 귀에 하고 〔…〕 〈**목구**木具〉 ❖ 나는 지나支那나라 사람들과 같이 목욕을 한다/무슨 은殷이며 상商이며 월越이며 하는 나라 사람들의 후손들과 같이/한물통 안에 들어 목욕을 한다/ 〔…〕 /그런데 참으로 그 은殷이며 상商이며 월越이며 위衛며 진晉이며 하는 나라 사람들의 이 후손들은/얼마나 마음이 한가하고 게으른가 〈**조당**澡塘**에서**〉

후처명 다시 혼인하여 맞은 아내를 이르는 말.

❖ 열여섯에 사십四十이 넘은 홀아비의 후처가 된 포족족하니 성이 잘 나는 살빛이 매감탕 같은 입술과 젖꼭지는 더 까만 예수쟁이 마을 가까이 사는 토산土山 고무 고무의 딸 승녀承女 아들 승承동이 〈**여우난골족**族〉

훗자손명 후손. 자신의 세대에서 여러 세대가 지난 뒤의 자녀를 통틀어 이르는 말. 〔'훗자손'은 '후(後)+ㅅ+자손'의 합성조어이다. 아래 용례에서 '후손' 대신 '훗자손'이란 말을 쓴 것은 '녯자손', '훗날'과 운율을 맞추기 위한 것으로 보인다.〕

❖ 구신과 사람과 넋과 목숨과 있는 것과 없는 것과 한 줌 흙과 한 점 살과 먼 녯조상과 먼 훗자손의 거륵한 아득한 슬픔을 담는 것 〈**목구**木具〉 ❖ 그러면서 이 마음이 맑은 녯 시인詩人들은/먼 훗날 그들의 먼 훗자손들도/그들의 본을 따서 이날에는 원소元宵를 먹을 것을 〈**두보**杜甫**나 이백**李白**같이**〉

8 사람 일반

가난이명 간난이. 여자아이를 가리키는 것인데, 동시에 가난한 아이의 뜻이 덧붙여진 것으로 볼 수 있다.

〔'가난이'는 지난 시절에 여자아이를 부르던 호칭인 '간난이'를 가리키는 말이라고 할 수 있다. '간난>가난'의 변화는 근대 국어에서 흔히 나타나는 음운 현상이다. 한편, '가난이'를 '가난+이(아이, 사람)'의 형태로 보아 가난한 아이를 가리키는 말로 볼 수도 있다. 의미론적으로 볼 때, '가난이'는 전자의 뜻인데, 아래 용례에선 그 위에 후자의 의미도 덧붙여진 것으로 볼 수 있다.〕

❖ 정문旌門집 가난이는 열다섯에/늙은 말꾼한테 시집을 갔겄다 〈**정문촌**旌門村〉

거지 명 남에게 빌어먹고 사는 사람.

❖ 달빛도 거지도 도적개도 모다 즐겁다/풍구재도 얼럭소도 쇠드랑볕도 모다 즐겁다 〈**연자간**〉

계집 명 '여자'를 낮잡아 이르는 말.

❖ 북관北關에 계집은 튼튼하다/북관北關에 계집은 아름답다/아름답고 튼튼한 계집은 있어서/흰 저고리에 붉은 길동을 달어/검정치마에 받쳐입은 것은/나의 꼭 하나 즐거운 꿈이였드니/어늬 아츰 계집은/머리에 무거운 동이를 이고/손에 어린것의 손을 끌고 〈**절망**絶望〉

계집아이 명 '여자아이'를 낮잡아 이르는 말.

❖ 차디찬 아침인데/묘향산행妙香山行 승합자동차乘合自動車는 텅하니 비어서/나이 어린 계집아이 하나가 오른다/ 〔…〕 /계집아이는 자성慈城으로 간다고 하는데/자성慈城은 예서 삼백오십리三百五十里 묘향산妙香山 백오십리百五十里/ 〔…〕 /계집아이는 운다 느끼며 운다/텅 비인 차車 안 한구석에서 어느 한 사람도 눈을 씻는다/계집아이는 몇 해고 내지인內地人 주재소장駐在所長 집에서/밥을 짓고 걸레를 치고 아이보개를 하면서 〈**팔원**八院**—서행시초**西行詩抄 **3**〉

과부 명 남편을 잃고 혼자 지내는 여자. '과붓집'과 같은 말.

❖ 육십리六十里라고 해서 파랗게 뵈이는 산山을 넘어 있다는 해변에서 과부가 된 코끝이 빨간 언제나 흰옷이 정하든 말끝에 설게 눈물을 짤 때가 많은 큰골 고무 고무의 딸 홍녀洪女 아들 홍洪동이 작은홍洪동이 〈**여우난골족**族〉

귀머거리 명 귀가 먹어서 듣지 못하는 사람(《조선말대사전》).

〔《표준국어대사전》엔 '귀머거리'가 "청각장애인을 낮잡아 이른 말"로, 《조선말대사전》엔 "귀가 먹어서 듣지 못하는 사람"으로 풀이되어 있다. 백석 시의 아래 용례에서 '귀머거리'는 낮잡아 이른 말로 보기 어렵다.〕

❖ 제삿날이면 귀머거리 할아버지가 예서 왕밤을 밝고 싸리꼬치에 두부산적을 께었다 〈**고방**〉

꾸냥 명 '처녀'를 뜻하는 중국어 '고랑姑娘'의 중국어 발음을 우리말로 적은 것.

〔'姑娘'은 중국어 사전에 '未婚的女子'(미혼의 여자)로 풀이되어 있다(中國社會科學院語言研究所詞典編輯室 編, 《(漢英雙語)現代漢語詞典》, 外語教學與研究出版社, 2002, 687쪽).〕

❖ 이왕이면 향香내 높은 취향리梨 돌배 움퍽움퍽 씹으며 머리채 츠렁츠렁 발굽을 차는 꾸냥과 가즈런히 쌍마차雙馬車 몰아가고 싶었다 〈**안동**安東〉

나그네 명 자기 고장을 떠나 다른 곳에 잠시 머물거나 떠도는 사람.

❖ 재당도 초시도 문장門長 늙은이도 더부살이 아이도 새사위도 갓사둔도 나그네도 주인도 할아버지도 손자도 붓장사도 땜쟁이도 큰 개도 강아지도 모두 모닥불을 쪼인다 〈**모닥불**〉

남 명 자기 이외의 다른 사람.

❖ 더운물에 몸을 불키거나 때를 밀거나 하는 것도 잊어버리고/제 배꼽을 들여다보거나 남의 낯을 쳐다보거나 하는 것인데 〈**조당**澡塘**에서**〉 ❖ 오늘은 정월正月 보름이다/대보름 명절인데/나는 멀리 고향을 나서 남의 나라 쓸쓸한 객고에 있는 신세로다 〈**두보**杜甫**나 이백**李白**같이**〉

내지인內地人 명 식민지 사회에서, 그 나라를 지배하는 사람을 이르는 말(《고려대한국어대사전》).

〔《표준국어대사전》(2015. 1)엔 이런 뜻의 '내지인'은 등재되어 있지 않다.〕

❖ 쌔하얗게 얼은 자동차自動車 유리창 밖에/내지인內地人 주재소장駐在所長 같은 어른과 어린아이 둘이 내임을 낸다/ 〔…〕 /계집아이는 몇 해고 내지인內地人 주재소장駐在所長 집에서/밥을 짓고 걸레를 치고 아이보개를 하면서/이렇게 추운 아침에도 손이 꽁꽁 얼어서/찬물에 걸레를 쳤을 것이다 〈**팔원**八院**—서행시초**西行詩抄 **3**〉

녕감 명 영감. 나이가 많아 중년이 지난 남자를 대접하여 이르는 말.

❖ 거리는 장날이다/장날 거리에 녕감들이 지나간다/녕감들은/말상을 하였다 범상을 하였다 쪽재피상을 하였다/ 〔…〕 /녕감들은 유리창 같은 눈을 번득거리며/투박한 북관北關말을 떠들어대며 〈**석양**夕陽〉

녯사람 명 옛사람. 옛날에 살았던 사람.

❖ 나는 두 손으로 고이 약그릇을 들고 이 약을 내인 녯사람들을 생각하노라면/내 마음은 끝없이 고요하고 또 맑어진다 〈**탕약**湯藥〉

녯조상 명 옛조상. 옛날의 조상.

〔'녯조상'은 '녯(옛)+조상'의 합성조어이다.〕

❖ 구신과 사람과 넋과 목숨과 있는 것과 없는 것과 한 줌 흙과 한 점 살과 먼 넷조상과 먼 훗자손의 거룩한 아득한 슬픔을 담는 것 〈**목구**木具〉

노나리꾼 명 노라리꾼. 건달.

〔'노나리꾼'은 '노라리꾼'을 말하는 것으로 짐작된다. '노라리'는 '건달처럼 건들건들 놀며 세월만 허비하는 짓. 또는 그런 사람을 속되게 이르는 말'이다. 이 '노라리'에 사람을 낮잡아 이를 때 쓰는 접미사 '-꾼'을 붙여 만든 말인 '노라리꾼'이 발음 변화를 거쳐 '노나리꾼'이 된 것으로 추정된다.〕

❖ 아배는 타관 가서 오지 않고 산山비탈 외따른 집에 엄매와 나와 단둘이서 누가 죽이는 듯이 무서운 밤 집 뒤로는 어늬 산山골짜기에서 소를 잡어먹는 노나리꾼들이 도적놈들같이 쿵쿵거리며 다닌다 〈**고야**古夜〉

노盧장에 령감 명 노씨 성을 가진 영감.

〔'노盧장에 영감'의 정확한 뜻은 파악하기 어렵다. '노盧장에'의 '노盧'를 성(性), '장에'를 이름이나 별명으로 보아, '노씨 성을 가진 영감'으로 추정할 수 있다. 이 밖에 '노盧'를 성(性), '장'을 '장(場)'으로 보아 '노씨 성을 가진 장돌림 노인'으로 풀이하거나(이동순, 1987), '노盧'를 성(性), '장에'를 '장의(掌醫)'로 보아 '노씨 성을 가진 장의 영감'으로 보는 견해도 있다(이숭원, 2008).〕

❖ 너를 팔어 술을 먹는 노盧장에 령감은/홀아비 소의연 침을 놓는 령감인데 〈**오리**〉

노친네 명 '노파'(늙은 여자)의 방언(경상, 평안)(《고려대한국어대사전》).

❖ 여우가 우는 밤이면/잠 없는 노친네들은 일어나 팥을 깔이며 방뇨를 한다/여우가 주둥이를 향하고 우는 집에서는 다음날 으레히 흉사가 있다는 것은 얼마나 무서운 말인가 〈**오금덩이라는 곳**〉 ❖ 거리에서는 모밀내가 났다/부처를 위하는 정갈한 노친네의 내음새 같은 모밀내가 났다 〈**북신**北新**—서행시초**西行詩抄 2〉

늙은이 명 나이가 많아 중년이 지난 사람.

❖ 헐리다 남은 성문城門이/한울빛같이 훤하다/날이 밝으면 또 메기수염의 늙은이가 청배를 팔러 올 것이다 〈**정주성**定州城〉 ❖ 재당도 초시도 문장門長 늙은이도 더부살이 아이도 새사위도 갓사둔도 나그네도 주인도 할아버지도 손자도 붓장사도 땜쟁이도 큰 개도 강아지도 모두 모닥불을 쪼인다 〈**모닥불**〉 ❖ 아이들은 늘늘히 청대나무말을 몰고/대모풍잠한 늙은이 또요 한 마리를 드리우고 갔다 〈**남향**南鄕**—물닭의 소리**〉

님 명 '임'(사모하는 사람)의 옛말.

❖ 더꺼머리총각은 정든 님 업고 오고 싶을 길이다 〈**창원도**昌原道**—남행시초**南行詩抄 1〉

더꺼머리총각명 떠꺼머리총각. 장가들 나이가 지나도록 장가를 들지 못하고 머리를 길게 땋아 늘인 총각(《고려대한국어대사전》).

〔《표준국어대사전》엔 '떠꺼머리'가 표준어로 등재되어 있는데, 《조선말대사전》엔 '더꺼머리'와 '떠꺼머리'가 모두 문화어(북한의 표준어)로 등재되어 있다.〕

❖ 승냥이 줄레줄레 달고 가며/덕신덕신 이야기하고 싶은 길이다//더꺼머리총각은 정든 님 업고 오고 싶을 길이다 〈**창원도**昌原道**—남행시초**南行詩抄 **1**〉 ❖ 산山 너머는/겨드랑이에 깃이 돋아서 장수가 된다는/더꺼머리총각들이 살아서/색시 처녀들을 잘도 업어간다고 했다 〈**산**山〉

더부살이명 남의 집에서 먹고 자면서 일을 해 주고 삯을 받는 일. 또는 그런 사람.

❖ 재당도 초시도 문장門長 늙은이도 더부살이 아이도 새사위도 갓사둔도 나그네도 주인도 할아버지도 손자도 붓장사도 땜쟁이도 큰 개도 강아지도 모두 모닥불을 쪼인다 〈**모닥불**〉

도적명 남의 물건을 훔치거나 빼앗는 따위의 나쁜 짓. 또는 그런 짓을 하는 사람. '도둑'과 같은 말.

❖ 승냥이가 새끼를 치는 전에는 쇠메 든 도적이 났다는 가즈랑고개 〈**가즈랑집**〉 ❖ 까막까치나 두더쥐 돝벌기가 와서 먹으면 먹는 대로 두어두고/도적이 조금 걷어가도 걷어가는 대로 두어두고 〈**귀농**歸農〉

도적놈명 '도적'을 낮잡아 이르는 말. '도둑놈'과 같은 말.

❖ 아배는 타관 가서 오지 않고 산山비탈 외따른 집에 엄매와 나와 단둘이서 누가 죽이는 듯이 무서운 밤 집 뒤로는 어늬 산山골짜기에서 소를 잡어먹는 노나리꾼들이 도적놈들같이 쿵쿵거리며 다닌다 〈**고야**古夜〉

동무명 늘 친하게 어울리는 사람.

❖ 가진 것과 내가 오래 그려오든 처녀가 시집을 간 것과/그렇게도 살틀하든 동무가 나를 버린 일을 생각한다 〈**내가 생각하는 것은**〉 ❖ 내가 이렇게 외면하고 거리를 걸어가는 것은 잠풍 날씨가 너무나 좋은 탓이고/가난한 동무가 새 구두를 신고 지나간 탓이고 언제나 꼭같은 넥타이를 매고 고운 사람을 사랑하는 탓이다 〈**내가 이렇게 외면하고**〉 ❖ 추운 겨울밤 병들어 누운 가난한 동무의 머리맡에 앉어/말없이 무릎 우 어린 고양이의 등만 쓰다듬는 때든가 〈**허준**許俊〉

두멧아이명 두메산골에서 살며 자라는 아이(《조선말대사전》).

〔《조선말대사전》에 '두메아이'가 등재되어 있다. 《표준국어대사전》엔 '두멧사람'은 등재되어 있지만, '두멧아이'는 등재되어 있지 않다.〕

❖ 산山 너머 십오리十五里서 나무뒝치 차고 싸리신 신고 산山비에 촉촉이 젖어서 약藥물을 받으려 오는 두멧아이들도 있다 **〈삼방**三防**〉**

땅님자 명 땅임자. 토지의 소유자. '지주地主'와 같은 말.

❖ 볕은 장글장글 따사롭고 바람은 솔솔 보드라운데/나는 땅님자 노왕老王한테 석상디기 밭을 얻는다 **〈귀농**歸農**〉**

령감 명 영감. 나이가 많아 중년이 지난 남자를 대접하여 이르는 말.

❖ 집집이 아이만 한 피도 안 간 대구를 말리는 곳/황화장사 령감이 일본말을 잘도 하는 곳 **〈통영**統營**(남행시초**南行詩抄**)〉** ❖ 오리야 고운 오리야 가만히 안겼거라/너를 팔어 술을 먹는 노盧장에 령감은/홀아비 소의연 침을 놓는 령감인데/나는 너를 백통전 하나 주고 사오누나 **〈오리〉**

막역지간莫逆之間 명 '서로 거스르지 않는 사이'라는 뜻으로, 허물이 없는 아주 친한 사이를 이르는 말.

❖ 그러면 아무개씰氏 아느냐 한즉/의원醫員은 빙긋이 웃음을 띠고/막역지간莫逆之間이라며 수염을 쓴다 **〈고향**故鄕**〉**

문둥이 명 '문둥이병에 걸린 사람'을 이르는 말(《조선말대사전》).

〔당시 통영 근처인 고성과 삼천포에 문둥이 마을이 많았다. 백석 시의 아래 용례에서 '문둥이 품바타령'은 문둥이가 부른 품바타령을 가리킨다.〕

❖ 오다 가수내 들어가는 주막 앞에/문둥이 품바타령 듣다가 **〈통영**統營**—남행시초**南行詩抄 **2〉**

문장門長 명 한 문중門中에서 항렬과 나이가 제일 위인 사람. '문장 늙은이'는 문장인 늙은이를 지칭한다.

❖ 재당도 초시도 문장門長 늙은이도 더부살이 아이도 새사위도 갓사둔도 나그네도 주인도 할아버지도 손자도 붓장사도 땜쟁이도 큰 개도 강아지도 모두 모닥불을 쪼인다 **〈모닥불〉**

백성 명 나라의 근본을 이루는 일반 국민을 예스럽게 이르는 말인데, 백석 시 〈산곡山谷—함주시초咸州詩抄〉의 용례에서 '백성'은 꿀벌을 가리킨다.

❖ 날이 어서 추워져서 쑥국화꽃도 시들고 이 바즈런한 백성들도 다 제 집으로 들은 뒤에 이 골안으로 올 것을 생각하였다 **〈산곡**山谷**—함주시초**咸州詩抄**〉**

병인病人 명 병을 앓고 있는 사람. '병자病者'와 같은 말.

❖ 어득한 기슭의 행길에 얼굴이 해쓱한 처녀가 새벽달같이/아 아즈내인데 병인病人은 미역냄새 나는 덧문을 닫고 버러지같이 누웠다 **〈시기**柿崎**의 바다〉**

사람 명 ① 생각을 하고 언어를 사용하며, 도구를 만들어 쓰고 사회를 이루어 사는 동물. ② 어떤 지역이나 시기에 태어나거나 살고 있거나 살았던 자.

❖ 어두워오는 성문城門 밖의 거리/도야지를 몰고 가는 사람이 있다 **〈성외城外〉** ❖ 산山마루를 탄 사람들은 새꾼들인가/파란 한울에 떨어질 것같이/웃음소리가 더러 산山 밑까지 들린다 **〈추일산조秋日山朝〉** ❖ 거적장사 하나 산山 뒷녚 비탈을 오른다/아— 따르는 사람도 없이 쓸쓸한 쓸쓸한 길이다 **〈쓸쓸한 길〉** ❖ 저녁밥때 비가 들어서/바다엔 배와 사람이 흥성하다// 〔…〕 //이즉하니 물기에 누긋이 젖은 왕구새자리에서 저녁상을 받은 가슴 앓는 사람은 참치회를 먹지 못하고 눈물겨웠다 **〈시기柿崎의 바다〉** ❖ 마을에서는 삼굿을 하는 날/건넌마을서 사람이 물에 빠져 죽었다는 소문이 왔다 **〈여우난골〉** ❖ 구마산舊馬山의 선창에선 좋아하는 사람이 울며 나리는 배에 올라서 오는 물길이 반날 **〈통영統營(남행시초南行詩抄)〉** ❖ 녕 낮은 집 담 낮은 집 마당만 높은 집에서 열나흘 달을 업고 손방아만 찧는 내 사람을 생각한다 **〈통영統營(남행시초南行詩抄)〉** ❖ 까알까알 하는 너이들의 즐거운 말소리가 나면/나는 내 마을 그 아는 사람들의 지껄지껄하는 말소리같이 반가웁고나 **〈오리〉** ❖ 해바라기하기 좋을 볏곡간 마당에/볏짚같이 누우란 사람들이 둘러서서/어늬 눈 오신 날 눈을 츠고 생긴 듯한 말다툼 소리도 누우라니 **〈삼천포三千浦—남행시초南行詩抄 4〉** ❖ 이 산山골에 들어와서 이 목침木枕들에 새까마니 때를 올리고 간 사람들을 생각한다/그 사람들의 얼골과 생업生業과 마음들을 생각해본다 **〈산숙山宿—산중음山中吟〉** ❖ 이 무서운 밤을 아래 웃방성 마을 돌아다니는 사람은 있어 개는 짖는다//낮배 어니메 치코에 꿩이라도 걸려서 산山 너머 국숫집에 국수를 받으려 가는 사람이 있어도 개는 짖는다 **〈개〉** ❖ 밤이면 무엇이 기왓골에 무릿돌을 던지고 뒤울안 배나무에 쩨듯하니 줄등을 헤여달고 부뚜막의 큰솥 적은솥을 모주리 뽑아놓고 재통에 간 사람의 목덜미를 그냥그냥 나려눌러선 잿다리 아래로 처박고 **〈외갓집〉** ❖ 밖은 봄철날 따디기의 누긋하니 푹석한 밤이다/거리에는 사람두 많이 나서 흥성흥성할 것이다/어쩐지 이 사람들과 친하니 싸단니고 싶은 밤이다// 〔…〕 //또 내가 아는 그 몸이 성하고 돈도 있는 사람들이/즐거이 술을 먹으려 단닐 것과 **〈내가 생각하는 것은〉** ❖ 가난한 동무가 새 구두를 신고 지나간 탓이고 언제나 꼭같은 넥타이를 매고 고운 사람을 사랑하는 탓이다 **〈내가 이렇게 외면하고〉** ❖ 이렇게 한녀름을 보내면서 나는 하늑이는/물살에 나이금이 느는 꽃조개와 함께/허리도리가 굵어가는 한 사람을 연연해한다 **〈삼호三湖—물닭의 소리〉** ❖ 나는 이 털도 안 뽑은 도야지고기를 물꾸러미 바라보며/또 털도 안 뽑는 고기를 시꺼먼 맨모밀국수에 얹어서 한입에 꿀꺽 삼키

는 사람들을 바라보며 〈**북신**北新**—서행시초**西行詩抄 **2**〉 ❖ 텅 비인 차車 안 한구석에서 어느 한 사람도 눈을 씻는다 〈**팔원**八院**—서행시초**西行詩抄 **3**〉 ❖ 구신과 사람과 넋과 목숨과 있는 것과 없는 것과 한 줌 흙과 한 점 살과 먼 넷조상과 먼 훗자손의 거룩한 아득한 슬픔을 담는 것 〈**목구**木具〉 ❖ 어진 사람이 많은 나라에 와서/어진 사람의 즛을 어진 사람의 마음을 배워서/수박씨 닦은 것을 호박씨 닦은 것을 입으로 앞니 빨로 밝는다// 〔…〕 //어진 사람이 많은 나라에서는/오두미五斗米를 버리고 버드나무 아래로 돌아온 사람도/그 녚차개에 수박씨 닦은 것은 호박씨 닦은 것은 있었을 것이다/나물 먹고 물 마시고 팔벼개하고 누웠든 사람도/그 머리맡에 수박씨 닦은 것은 호박씨 닦은 것은 있었을 것이다 〈**수박씨, 호박씨**〉 ❖ 밤에는 먼 개소리에 놀라나고/아츰에는 지나가는 사람마다에게 절을 하면서도/나는 나의 부끄러움을 알지 못했다 〈**북방**北方**에서—정현웅**鄭玄雄**에게**〉 ❖ 그 맑고 거룩한 눈물의 나라에서 온 사람이여/그 따사하고 살틀한 볕살의 나라에서 온 사람이여// 〔…〕 //눈물의 또 볕살의 나라 사람이여/ 〔…〕 //다만 한 사람 목이 긴 시인詩人은 안다/'도스토이엡흐스키'며 '죠이쓰'며 누구보다도 잘 알고 일등가는 소설도 쓰지만/ 〔…〕 /마음이 가난한 낮설은 사람에게 수백 냥 돈을 거저 주는 그 인정을 그리고 또 그 말을/사람은 모든 것을 다 잃어버리고 넋 하나를 얻는다는 크나큰 그 말을//그 멀은 눈물의 또 볕살의 나라에서/이 세상에 나들이를 온 사람이여 〈**허준**許俊〉 ❖ 저 한쪽 마을에는 마돝에 닭 개 즘생도 들떠들고/또 아이 어른 행길에 뜨락에 사람도 웅성웅성 홍성거려 〈**귀농**歸農〉 ❖ 대대로 나며 죽으며 죽으며 나며 하는 이 마을 사람들의 으젓한 마음을 지나서 텁텁한 꿈을 지나서/ 〔…〕 //이 조용한 마을과 이 마을의 으젓한 사람들과 살틀하니 친한 것은 무엇인가/이 그지없이 고담枯淡하고 소박素朴한 것은 무엇인가 〈**국수**〉 ❖ 또 내 사랑하는 사람이 있다/내 사랑하는 어여쁜 사람이/어늬 먼 앒대 조용한 개포가의 나즈막한 집에서/그의 지아비와 마조 앉어 대구국을 끓여놓고 저녁을 먹는다 〈**흰 바람벽이 있어**〉 ❖ 나는 지나支那나라 사람들과 같이 목욕을 한다/무슨 은殷이며 상商이며 월越이며 하는 나라 사람들의 후손들과 같이/한물통 안에 들어 목욕을 한다/서로 나라가 다른 사람인데/ 〔…〕 /이 딴 나라 사람들이 모두 니마들이 번번하니 넓고 눈은 컴컴하니 흐리고/그리고 길즛한 다리에 모두 민숭민숭하니 다리털이 없는 것이/이것이 나는 왜 자꼬 슬퍼지는 것일까/그런데 저기 나무판장에 반쯤 나가 누워서/나주별을 한없이 바라보며 혼자 무엇을 즐기는 듯한 목이 긴 사람은/도연명陶淵明은 저러한 사람이였을 것이고/또 여기 더운물에 뛰어들며/무슨 물새처럼 악악 소리를 지르는 삐삐 파리한 사람은/양자楊子

라는 사람은 아모래도 이와 같었을 것만 같다/나는 시방 넷날 진晉이라는 나라나 위衛라는 나라에 와서/내가 좋아하는 사람들을 만나는 것만 같다/이리하야 어쩐지 내 마음은 갑자기 반가워지나/그러나 나는 조금 무서웁고 외로워진다/그런데 참으로 그 은殷이며 상商이며 월越이며 위衛며 진晉이며 하는 나라 사람들의 이 후손들은/ 〔…〕 /그러나 나라가 서로 다른 사람들이/글쎄 어린 아이들도 아닌데 쪽 발가벗고 있는 것은/어쩐지 조금 우수웁기도 하다 **〈조당澡塘에서〉** ❖ 나는 이제 어늬 먼 외진 거리에 한고향 사람의 조고마한 가업집이 있는 것을 생각하고/이 집에 가서 그 맛스러운 떡국이라도 한 그릇 사먹으리라 한다/ 〔…〕 /이날은 그 어늬 한고향 사람의 주막이나 반관飯館을 찾어가서/그 조상들이 대대로 하든 본대로 원소元宵라는 떡을 입에 대며/ 〔…〕 /내 쓸쓸한 마음은 아마 두보杜甫나 이백李白 같은 사람들의 마음인지도 모를 것이다/아모려나 이것은 넷투의 쓸쓸한 마음이다 **〈두보杜甫나 이백李白같이〉** ❖ 고개를 몇이라도 넘어서 약물터로 오면/약물터엔 사람들이 백재일 치듯 하였는데/봉가집에서 온 사람들도 만나 반가워하고 **〈칠월七月 백중〉**

산골사람 명 산골에 사는 사람(《조선말대사전》).

〔'산골사람'은 《조선말대사전》에 등재되어 있다.〕

❖ 기장감주에 기장차떡이 흔한데다/이 거리에 산골사람이 노루새끼를 다리고 왔다 **〈노루—함주시초咸州詩抄〉** ❖ 산골사람은 막베등거리 막베잠방둥에를 입고/노루새끼를 닮었다/노루새끼 등을 쓸며/터 앞에 당콩순을 다 먹었다 하고/서른닷 냥 값을 부른다/노루새끼는 다문다문 흰 점이 백이고 배 안의 털을 너슬너슬 벗고/산골사람을 닮었다//산골사람의 손을 핥으며 **〈노루—함주시초咸州詩抄〉**

산山아이 명 산에서 사는 아이.

〔사전에 '산사람'은 등재되어 있지만, '산아이'는 등재되어 있지 않다.〕

❖ 산山 너머 십오리十五里서 나무뒝치 차고 싸리신 신고 산山비에 촉촉이 젖어서 약藥물을 받으러 오는 산山아이도 있다 **〈산지山地〉**

새악시 명 ① '새색시'(갓 결혼한 여자)의 방언(경상, 함북)(《고려대한국어대사전》). ② '처녀'의 방언(충남).

❖ 멀리 바다가 뵈이는/가정거장假停車場도 없는 벌판에서/차車는 머물고/젊은 새악시 둘이 나린다 **〈광원曠原〉** ❖ 어스름저녁 국수당 돌각담의 수무나무 가지에 녀귀의 탱을 걸고 나물매 갖추어놓고 비난수를 하는 젊은 새악시들 **〈오금덩이라는 곳〉** ❖ 명정明井골은 산山을 넘어 동백冬柏나무 푸르른 감로甘露 같은 물이 솟는 명정明井샘이 있는 마을인데/샘터엔 오구작작 물을 긷는 처녀며 새악시들 가운데 내가 좋아하

는 그이가 있을 것만 같고 **〈통영**統營**(남행시초**南行詩抄**)〉** ❖ 한 십리十理 더 가면 절간이 있을 듯한 마을이다 〔…〕 밭머리에도 복사꽃 피였다 새악시도 피였다 새악시 복사꽃이다 복사꽃 새악시다 어데서 송아지 매— 하고 운다 〔…〕 **〈황일**黃日**〉** ❖ 녯적본의 휘장마차에/어느메 촌중의 새 새악시와도 함께 타고/먼 바닷가의 거리로 간다는데 **〈이두국주가도**伊豆國湊街道**〉** ❖ 어쩐지 당홍치마 노란저고리 입은 새악시들이/웃고 살을 것만 같은 마을이다 **〈고성가도**固城街道**—남행시초**南行詩抄 **3〉** ❖ 나는 어니 외진 산山길에서 만난 새악시가 곱기도 하든 것과/어니메 강江물 속에 들여다뵈이든 쏘가리가 한 자나 되게 크든 것을 생각하며/산山비에 젖었다는 말렀다 하며 오는 길이다 **〈구장로**球場路**—서행시초**西行詩抄 **1〉** ❖ 이러면서 그 무슨 제비의 춤이라는 연소탕燕巢湯이 맛도 있는 것과/또 어늬바루 새악시가 곱기도 한 것 같은 것을 생각하는 것일 것인데 **〈조당**澡塘**에서〉** ❖ 백중날에는 새악시들이/생모시치마 천진푀치마의 물팩치기 껑추렁한 치마에/쇠주푀적삼 항라적삼의 자지고름이 기드렁한 적삼에/한끝나게 상나들이옷을 있는 대로 다 내 입고 **〈칠월**七月 **백중〉**

색시명 아직 결혼하지 아니한 젊은 여자.

❖ 더꺼머리총각들이 살아서/색시 처녀들을 잘도 업어간다고 했다 **〈산**山**〉**

송장명 죽은 사람의 몸을 이르는 말.

❖ 집에는 아배에 삼춘에 오마니에 오마니가 있어서 〔…〕 아이들이 큰마누래에 작은마누래에 제구실을 할 때면 종아지물본도 모르고 행길에 아이 송장이 거적뙈기에 말려나가면 속으로 얼마나 부러워하였고 〔…〕 **〈넘언집 범 같은 노큰마니〉**

수절과부명 남편이 죽은 후 정절을 지키며 혼자 사는 여자.

〔사전엔 '과부'만 등재되어 있다.〕

❖ 또 하나 달같이 하이얗게 빛난다/언젠가 마을에서 수절과부 하나가 목을 매여 죽은 밤도 이러한 밤이었다 **〈흰밤〉**

신라新羅백성명 신라 시대의 백성. '백성'은 나라의 근본을 이루는 일반 국민을 예스럽게 이르는 말.

❖ 얼근한 비릿한 구릿한 이 맛 속에선/까마득히 신라新羅백성의 향수鄕愁도 맛본다 **〈북관**北關**—함주시초**咸州詩抄**〉**

신선명 도道를 닦아서 현실의 인간 세계를 떠나 자연과 벗하며 산다는 상상의 사람.

❖ 의원醫員은 여래如來 같은 상을 하고 관공關公의 수염을 드리워서/먼 녯적 어늬 나라 신선 같은데 **〈고향**故鄕**〉**

싸개동당명 오줌싸개의 왕.

〔'싸개동당'은 '싸개(오줌싸개)+동당(동장洞長, 동네의 우두머리)'의 합성조어로 '오줌싸개의 왕'이란 뜻이다. '싸개동당을 지나는데'는 '오줌싸개의 왕을 지내는데'라는 뜻으로 '오줌을 많이 싸는데'라는 것을 강조해 이르는 말이다. '지내다'가 '지나다'로 표기되는 것은 백석 시에서 자주 발견되는 현상이다. 《표준국어대사전》엔 '싸개동당'이 북한어로 "어린아이가 자면서 오줌똥을 가리지 못하고 마구 싸서 자리를 온통 질펀하게 만들어 놓은 일"이라고 풀이되어 있는데, 이 말은 '치다'는 서술어와 호응하는 말이다. 따라서 이 풀이는 '지나다'(지내다)라는 서술어와 호응하는 백석 시의 아래 용례엔 부적절하다.〕

❖ 봄철날 한종일내 노곤하니 벌불 장난을 한 날 밤이면 으레히 싸개동당을 지나는데 잘망하니 누워 싸는 오줌이 넓적다리를 흐르는 따근따근한 맛 자리에 평하니 괴이는 척척한 맛 **〈동뇨부**童尿賦**〉**

아이 명 나이가 어린 사람.

❖ 저녁술을 놓은 아이들은 외양간 섶 밭마당에 달린 배나무동산에서 쥐잡이를 하고 숨굴막질을 하고 꼬리잡이를 하고 〔…〕 /밤이 깊어가는 집안엔 엄매는 엄매들끼리 아르간에서들 웃고 이야기하고 아이들은 아이들끼리 웃간 한 방을 잡고 조아질하고 〔…〕 **〈여우난골족**族**〉** ❖ 간밤엔 섬돌 아래 승냥이가 왔었다는 이야기/어느메 산山골에선간 곰이 아이를 본다는 이야기 **〈가즈랑집〉** ❖ 재당도 초시도 문장門長 늙은이도 더부살이 아이도 새사위도 갓사둔도 나그네도 주인도 할아버지도 손자도 붓장사도 땜쟁이도 큰 개도 강아지도 모두 모닥불을 쪼인다// 〔…〕 //모닥불은 어려서 우리 할아버지가 어미 아비 없는 서러운 아이로 불상하니도 몽둥발이가 된 슬픈 력사가 있다 **〈모닥불〉** ❖ 흙담벽에 볕이 따사하니/아이들은 물코를 흘리며 무감자를 먹었다 **〈초동일**初冬日**〉** ❖ 짝새가 발뿌리에서 닐은 논드렁에서 아이들은 개구리의 뒷다리를 구워먹었다// 〔…〕 //돌다리에 앉어 날버들치를 먹고 몸을 말리는 아이들은 물총새가 되었다 **〈하답**夏畓**〉** ❖ 기왓골에 배암이 푸르스름히 빛난 달밤이 있었다/아이들은 쪽재피같이 먼 길을 돌았다 **〈정문촌**旌門村**〉** ❖ 어치라는 산山새는 벌배 먹어 고웁다는 골에서 돌배 먹고 아픈 배를 아이들은 띨배 먹고 나었다고 하였다 **〈여우난골〉** ❖ 집집이 아이만 한 피도 안 간 대구를 말리는 곳 **〈통영**統營**(남행시초**南行詩抄**)〉** ❖ 잿더미에 까치 오르고 아이 오르고 아지랑이 오르고 **〈삼천포**三千浦**—남행시초**南行詩抄 **4〉** ❖ 아이들은 늘늘히 청대나무말을 몰고/대모풍잠한 늙은이 또요한 마리를 드리우고 갔다 **〈남향**南鄕**—물닭의 소리〉** ❖ 집에는 아배에 삼춘에 오마니에 오마니가 있어서 젖먹이를 마을 청능 그늘밑에 삿갓을 씌워 한종일내 뉘어두고

김을 매려 단녔고 아이들이 큰마누래에 작은마누래에 제구실을 할 때면 종아지물 본도 모르고 행길에 아이 송장이 거적뙈기에 말려나가면 속으로 얼마나 부러워하였고 그리고 끼때에는 부뚜막에 바가지를 아이덜 수대로 주룬히 늘어놓고 밥 한 덩이 질게 한 술 들여트려서는 먹였다는 소리를 언제나 두고두고 하는데 **〈넘언집 범 같은 노큰마니〉** ❖ 저 한쪽 마을에는 마돝에 닭 개 즘생도 들떠들고/또 아이 어른 행길에 뜨락에 사람도 웅성웅성 홍성거려 **〈귀농**歸農**〉** ❖ 촌에서 온 아이여/촌에서 어젯밤에 승합자동차乘合自動車를 타고 온 아이여/이렇게 추운데 웃동에 무슨 두룽이 같은 것을 하나 걸치고 아랫두리는 쪽 발가벗은 아이여/뽈다구에는 징기징기 앙광이를 그리고 머리칼이 놀한 아이여/힘을 쓸라고 벌써부터 두 다리가 푸둥푸둥하니 살이 찐 아이여/ 〔…〕 /이 집에 있는 다른 많은 아이들이/모도들 욕심 사납게 지게굳게 일부러 청을 돋혀서/ 〔…〕 /실감기며 버선짝을 가지고 쓰렁쓰렁 노는 아이를 생각한다/또 녀름날 낮 기운 때 어른들이 모두 벌에 나가고 텅 뷔인 집 토방에서/햇강아지의 쌀랑대는 성화를 받어가며 닭의 똥을 주워먹는 아이를 생각한다/촌에서 와서 오늘 아츰 무엇이 분해서 우는 아이여 **〈촌에서 온 아이〉** ❖ 그러나 나라가 서로 다른 사람들이/글쎄 어린 아이들도 아닌데 쪽 발가벗고 있는 것은/어쩐지 조금 우수웁기도 하다 **〈조당**澡塘**에서〉**

안주인명 집안의 여자 주인.

❖ 골이 다한 산대 밑에 자그마한 돌능와집이 한 채 있어서/이 집 남길동 단 안주인은 겨울이면 집을 내고 **〈산곡**山谷**—함주시초**咸州詩抄**〉**

애동명 아동. 유치원에 다닐 나이에서 12~13세까지의 어린 아이(《고려대한국어대사전》).

❖ 한가한 애동들은 어둡도록 꿩사냥을 하고/가난한 엄매는 밤중에 김치가재미로 가고 **〈국수〉**

어른명 다 자란 사람. 또는 다 자라서 자기 일에 책임을 질 수 있는 사람.

❖ 쌔하얗게 얼은 자동차自動車 유리창 밖에/내지인內地人 주재소장駐在所長 같은 어른과 어린아이 둘이 내임을 낸다 **〈팔원**八院**—서행시초**西行詩抄 **3〉** ❖ 또 아이 어른 행길에 뜨락에 사람도 웅성웅성 홍성거려/나는 가슴이 이 무슨 흥에 벅차오며/이 봄에는 이 밭에 감자 강냉이 수박에 오이며 당콩에 마눌과 파도 심그리라 생각한다 **〈귀농**歸農**〉** ❖ 또 녀름날 낮 기운 때 어른들이 모두 벌에 나가고 텅 뷔인 집 토방에서/햇강아지의 쌀랑대는 성화를 받어가며 닭의 똥을 주워먹는 아이를 생각한다 **〈촌에서 온 아이〉**

어린것 명 어린아이나 어린 자식을 귀엽게 이르는 말.

❖ 어늬 아츰 계집은/머리에 무거운 동이를 이고/손에 어린것의 손을 끌고 〈**절망**絶望〉 ❖ 아모것도 모르는 듯이 어드근한 방안에 굴어 게으르는 것을 좋아하는 그 풍속을/사랑하는 어린것에게 엿 한 가락을 아끼고 위하는 안해에겐 해진 옷을 입히면서도 〈**허준**許俊〉 ❖ 그의 지아비와 마조 앉어 대구국을 끓여놓고 저녁을 먹는다/벌써 어린것도 생겨서 옆에 끼고 저녁을 먹는다 〈**흰 바람벽이 있어**〉

어린아이 명 나이가 적은 아이.

❖ 쌔하얗게 얼은 자동차自動車 유리창 밖에/내지인內地人 주재소장駐在所長 같은 어른과 어린아이 둘이 내임을 낸다 〈**팔원**八院**—서행시초**西行詩抄 **3**〉 ❖ 모도들 욕심 사납게 지게굳게 일부러 청을 돋혀서/어린아이들치고는 너무나 큰 소리로 너무나 튀겁 많은 소리로 울어대는데/너만은 타고난 그 외마디소리로 스스로웁게 삼가면서 우는구나 〈**촌에서 온 아이**〉

여인女人 명 어른이 된 여자.

❖ 평안도平安道의 어늬 산山 깊은 금덤판/나는 파리한 여인女人에게서 옥수수를 샀다/여인女人은 나어린 딸아이를 따리며 가을밤같이 차게 울었다 〈**여승**女僧〉 ❖ 산山절의 마당귀에 여인女人의 머리오리가 눈물방울과 같이 떨어진 날이 있었다 〈**여승**女僧〉 ❖ 긴 토시 끼고 큰머리 얹고 오불고불 넘엣거리로 가는 여인女人은 평안도平安道서 오신 듯한데 동백冬柏꽃 피는 철이 그 언제요 〈**통영**統營**(남행시초**南行詩抄**)**〉

옛님군 명 옛 임금. 옛날 군주 국가에서 나라를 다스리는 우두머리. '님군'은 '임금'의 고어.

〔'옛님군'은 '옛+님군(임금)'의 합성조어이다. 사전엔 이와 비슷한 형태의 말로 '옛사람'만 등재되어 있다.〕

❖ 태산泰山의 구름도 황하黃河의 물도 옛님군의 땅과 나무의 덕도 이 마음 안에 아득하니 뵈이는 것이다 〈**수박씨, 호박씨**〉

이웃 명 가까이 사는 집. 또는 그런 사람.

❖ 아, 나의 조상은 형제는 일가친척은 정다운 이웃은 그리운 것은 사랑하는 것은 우러르는 것은 나의 자랑은 나의 힘은 없다 바람과 물과 세월과 같이 지나가고 없다 〈**북방**北方**에서—정현웅**鄭玄雄**에게**〉

이웃사춘 명 이웃사촌. 서로 이웃에 살면서 정이 들어 사촌 형제나 다를 바 없이 가까운 이웃.

❖ 닭 개 즘생을 못 놓는/멧도야지와 이웃사춘을 지나는 집 〈**가즈랑집**〉

인간人間 명 ① 생각을 하고 언어를 사용하며, 도구를 만들어 쓰고 사회를 이루어 사는 동물. '사람'과 같은 말. ② 식구食口.

〔아래 용례의 ㉮는 ①의 뜻이고, ㉯와 ㉲는 ②의 뜻이며, ㉰와 ㉱는 ①과 ②의 뜻 모두 가능하다.〕

❖ 병이 들면 풀밭으로 가서 풀을 뜯는 소는 ㉮인간人間보다 영靈해서 열 걸음 안에 제 병을 낫게 할 약藥이 있는 줄을 안다고 **〈절간의 소 이야기〉** ❖ ㉯인간들은 모두 웅성웅성 깨여 있어서들/오가리며 석박디를 썰고/생강에 파에 청각에 마눌을 다지고 **〈추야일경秋夜一景〉** ❖ ㉰인간들은 모두 뒷등성으로 올라 멍석자리를 하고 바람을 쐬이는데/풀밭에는 어느새 하이얀 대림질감들이 한불 널리고/돌우래며 팟중이 산옆이 들썩하니 울어댄다 **〈박각시 오는 저녁〉** ❖ 첫녀름 이른 저녁을 해치우고 ㉱인간들이 모두 터앞에 나와서 물외포기에 당콩포기에 오줌을 주는 때 터앞에 밭마당에 샛길에 떠도는 오줌의 매캐한 재릿한 내음새//긴긴 겨울밤 ㉲인간들이 모두 한잠이 들은 재밤중에 나 혼자 일어나서 머리맡 쥐발 같은 새끼오강에 한없이 누는 잘 매렵던 오줌의 사르릉 쪼로록 하는 소리 **〈동뇨부童尿賦〉**

장수② 명 장사. 몸짓이 크고 힘이 뛰어나게 센 사람(《조선말대사전》).

❖ 산山 너머는/겨드랑이에 짗이 돋아서 장수가 된다는/더꺼머리총각들이 살아서/색시 처녀들을 잘도 업어간다고 했다 **〈산山〉**

재당 명 재장(齋長). 예전에 재임齋任의 우두머리를 가리키는 말. 즉, 조선 시대에 성균관·향교에서 숙식하며 공부하는 유생으로서 그 안의 일을 맡아보던 임원 가운데 우두머리를 일컫는 말이다.

〔'재당'은 '재장齋長'의 평북 방언으로 'ㅈ'이 'ㄷ'으로 발음되는 평북 방언의 특성이 반영된 말이다. '재장'은 '성균관'(또는 향교)의 유생으로서 그 안의 일을 맡아보던 임원 가운데 우두머리를 일컫는 말이다. 당시 성균관은 초시에 합격한 유생들에게 우선적으로 입학 기회를 주었으므로, 유생의 일을 맡아보던 임원 가운데 우두머리인 재장(재당)은 여러모로 '초시'와는 크게 대조되는 인물이라고 할 수 있다.〕

❖ 재당도 초시도 문장門長 늙은이도 더부살이 아이도 새사위도 갓사둔도 나그네도 주인도 할아버지도 손자도 붓장사도 땜쟁이도 큰 개도 강아지도 모두 모닥불을 쪼인다 **〈모닥불〉**

젖먹이 명 젖을 먹는 어린아이.

❖ 집에는 아배에 삼춘에 오마니에 오마니가 있어서 젖먹이를 마을 청능 그늘밑에 삿갓을 씌워 한종일내 뉘어두고 김을 매려 단녔고 〔…〕 **〈넘언집 범 같은 노큰마니〉**

조마구 명 '조무래기'(작은 어린아이)를 비유적으로 이르는 말(《조선말대사전》).

〔《조선말대사전》에 '조마구'와 함께 '조무래기'가 '작은 어린아이'로 풀이되어 있다.〕

❖ 날기멍석을 져간다는 닭보는 할미를 차 굴린다는 땅아래 고래 같은 기와집에는 언제나 니차떡에 청밀에 은금보화가 그득하다는 외발 가진 조마구 뒷산山 어늬메도 조마구네 나라가 있어서 오줌 누러 깨는 재밤 머리맡의 문살에 대인 유리창으로 조마구 군병의 새까만 대가리 새까만 눈알이 들여다보는 때 나는 이불 속에 자즈러붙어 숨도 쉬지 못한다 **〈고야古夜〉**

조상 명 ① 돌아간 어버이 위로 대대의 어른. ② 자기 세대 이전의 모든 세대.

❖ 한 해에 멫 번 매연 지난 먼 조상들의 최방등 제사에는 컴컴한 고방 구석을 나와서 대멀머리에 외얏맹건을 지르터맨 늙은 제관의 손에 정갈히 몸을 씻고 〔…〕 **〈목구木具〉** ❖ 아, 나의 조상은 형제는 일가친척은 정다운 이웃은 그리운 것은 사랑하는 것은 우러르는 것은 나의 자랑은 나의 힘은 없다 바람과 물과 세월과 같이 지나가고 없다 **〈북방北方에서—정현웅鄭玄雄에게〉** ❖ 대대로 조상도 서로 모르고 말도 제가끔 틀리고 먹고 입는 것도 모도 다른데 **〈조당澡塘에서〉** ❖ 우리네 조상들이 먼먼 녯날로부터 대대로 이날엔 으레히 그러하며 오듯이/먼 타관에 난 그 두보杜甫나 이백李白 같은 이 나라의 시인詩人도/이날은 그 어늬 한고향 사람의 주막이나 반관飯舘을 찾어가서/그 조상들이 대대로 하든 본대로 원소元宵라는 떡을 입에 대며 **〈두보杜甫나 이백李白같이〉**

주인 명 ① 손님을 맞아 상대하는 사람. ② 집안이나 단체 따위를 책임감을 가지고 이끌어 가는 사람.

❖ 재당도 초시도 문장門長 늙은이도 더부살이 아이도 새사위도 갓사둔도 나그네도 주인도 할아버지도 손자도 붓장사도 땜쟁이도 큰 개도 강아지도 모두 모닥불을 쪼인다 **〈모닥불〉**

쥔 명 '주인'(대상이나 물건 따위를 소유한 사람)의 준말. ☞ 붙이다③ 738

〔'쥔을 붙이다'는 일종의 관용구로서 주인집에서 숙식을 하다, 즉 주인이 있는 집의 한 공간을 얻어 숙식을 한다는 뜻이다.〕

❖ 바람은 더욱 세게 불고, 추위는 점점 더해 오는데,/나는 어느 목수木手네 집 헌 삿을 깐,/한 방에 들어서 쥔을 붙이었다. **〈남신의주 유동 박시봉방南新義州柳洞朴時逢方〉**

처녀 명 결혼하지 아니한 성년 여자.

❖ 녯날엔 통제사統制使가 있었다는 낡은 항구港口의 처녀들에겐 녯날이 가지 않은 천희千姬라는 이름이 많다 **〈통영統營〉** ❖ 또 이러한 밤 같은 때 시집갈 처녀 막내고무

가 고개 너머 큰집으로 치장감을 가지고 와서 엄매와 둘이 소기름에 쌍심지의 불을 밝히고 밤이 들도록 바느질을 하는 밤 같은 때 〔…〕 〈**고야**古夜〉 ❖ 어득한 기슭의 행길에 얼굴이 해쓱한 처녀가 새벽달같이/아 아즈내인데 병인病人은 미역냄새 나는 덧문을 닫고 버러지같이 누웠다 〈**시기**柿崎**의 바다**〉 ❖ 황화장사 령감이 일본말을 잘도 하는 곳/처녀들은 모두 어장주漁場主한테 시집을 가고 싶어한다는 곳/산山 너머로 가는 길 돌각담에 갸웃하는 처녀는 금錦이라든 이 같고 〈**통영**統營(**남행시초**南行詩抄)〉 ❖ 샘터엔 오구작작 물을 긷는 처녀며 새악시들 가운데 내가 좋아하는 그이가 있을 것만 같고 〈**통영**統營(**남행시초**南行詩抄)〉 ❖ 그렇것만 나는 하이얀 자리 우에서 마른 팔뚝의/샛파란 핏대를 바라보며 나는 가난한 아버지를/가진 것과 내가 오래 그려오든 처녀가 시집을 간 것과/그렇게도 살틀하든 동무가 나를 버린 일을 생각한다 〈**내가 생각하는 것은**〉 ❖ 더꺼머리총각들이 살아서/색시 처녀들을 잘도 업어간다고 했다 〈**산**山〉

초시 명 과거의 첫 시험. 또는 그 시험에 급제한 사람.

❖ 재당도 초시도 문장門長 늙은이도 더부살이 아이도 새사위도 갓사둔도 나그네도 주인도 할아버지도 손자도 붓장사도 땜쟁이도 큰 개도 강아지도 모두 모닥불을 쪼인다 〈**모닥불**〉

촌부자 명 시골에 사는 돈 많은 사람.

❖ 백구둔白狗屯의 눈 녹이는 밭 가운데 땅 풀리는 밭 가운데/촌부자 노왕老王하고 같이 서서 〈**귀농**歸農〉

친구 명 가깝게 오래 사귄 사람.

❖ 손길은 따스하고 부드러워/고향故鄕도 아버지도 아버지의 친구도 다 있었다 〈**고향**故鄕〉 ❖ 이 추운 세상의 한구석에/맑고 가난한 친구가 하나 있어서/내가 이렇게 추운 거리를 지나온 걸 〈**가무래기의 낙**樂〉

홀아비 명 아내를 잃고 혼자 지내는 사내.

❖ 열여섯에 사십四十이 넘은 홀아비의 후처가 된 포족족하니 성이 잘 나는 살빛이 매감탕 같은 입술과 젖꼭지는 더 까만 예수쟁이 마을 가까이 사는 토산土山 고무 고무의 딸 승녀承女 아들 승承동이 〈**여우난골족**族〉 ❖ 컴컴한 부엌에서는 늙은 홀아비의 시아부지가 미역국을 끓인다/그 마을의 외따른 집에서도 산국을 끓인다 〈**적경**寂境〉 ❖ 오리야 고운 오리야 가만히 안겼거라/너를 팔어 술을 먹는 노盧장에 령감은/홀아비 소의연 침을 놓는 령감인데/나는 너를 백통전 하나 주고 사오누나 〈**오리**〉

홀어미 명 남편을 잃고 혼자 자식을 키우며 사는 여자.

❖ 이 길이다/얼마 가서 감로甘露 같은 물이 솟는 마을 하이얀 회담벽에 옛적본의 장반시계를 걸어놓은 집 홀어미와 사는 물새 같은 외딸의 혼삿말이 아즈랑이같이 낀 곳은 〈**남향**南鄕**—물닭의 소리**〉

9 인명

강소천姜小泉 명 아동 문학가(1915~1963). 본명 용률龍律. 함남 고원高原 출생으로 함흥 영생고보를 졸업했다. 백석이 영생고보에서 영어 교사로 근무할 당시, 그 학교 재학생이었던 강소천이 백석의 하숙방으로 매일 찾아왔으며, 백석도 그를 문학청년으로서 총애했다고 한다. 대표작으로 동시 〈닭〉과 동시집 《호박꽃초롱》, 동화집 《꿈을 찍는 사진관》 등이 있다(송준, 《시인 백석 1》, 흰당나귀, 2012, 282쪽).

❖ 이러한 시인詩人이 누구인 것을 세상은 몰라도 좋으나/그러나/그 이름이 강소천姜小泉인 것을 송아지와 꿀벌은 알을 것이다 〈《**호박꽃 초롱**》 **서시**序詩〉

관공關公 명 관우關羽. 중국 삼국시대 촉한의 무장(?~219). 자는 운장雲長. 수염이 아름다워 미염공美髯公이라고도 불렸다. 유비, 장비와 의형제를 맺고 적벽전에서 조조의 군대를 격파하는 등 많은 공을 세웠다. 뒤에 위나라와 오나라의 동맹군에게 패한 뒤 살해되었다. 소설 《삼국지연의》에서 충신의 전형으로 등장하며, 송대 이후로 중국 민간 신앙의 대상이 되기도 했다.

❖ 어늬 아츰 의원醫員을 뵈이었다/의원醫員은 여래如來 같은 상을 하고 관공關公의 수염을 드리워서/먼 넷적 어늬 나라 신선 같은데 〈**고향**故鄕〉

광개토대왕廣開土大王 명 고구려 제19대 왕(374~413). 이름은 담덕談德이고 연호는 영락永樂이다. 백제 10여 성의 정벌에 나서 여러 차례 백제를 진압하였고 400년에는 왜구를 격파하였다. 연나라 속군, 현도, 요동에 이어 동부여, 비려국, 북부여 등을 정복하였고, 만주와 한강 이북을 차지하는 등 방대한 영토를 확보하여 고구려의 전성시대를 이루었다.

❖ 나는 문득 가슴에 뜨끈한 것을 느끼며/소수림왕小獸林王을 생각한다 광개토대왕廣開土大王을 생각한다 〈**북신**北新**—서행시초**西行詩抄 **2**〉

금錦② 명 송준의 조사에 의하면, 백석의 절친한 친구인 허준의 결혼식 축하모임에 조선일보 기자이자 백석과 가까운 사이였던 하동 출신의 신현중과 통영서

서울로 올라와 지내고 있던 김천금, 박경련, 서숙채 등이 한 자리에 모여 즐거운 시간을 보냈다고 한다. 이 조사를 염두에 두면 '금'은 이때 만난 '김천금'을 가리키는 것으로 추측할 수 있는데, 백석이 알고 있는 다른 여자일 가능성도 있다(송준,《시인 백석 1》, 흰당나귀, 2012, 153-154쪽).

〔백석의 수필 〈동해〉에는 한자가 다른 '금琴'이란 여자가 나온다. 백석은 이 수필에서 '금琴'이 영어를 잘 하는 총명한 사년생이며, 함경남도 홍원군 홍원면 동상리에 산다고 말하고 있다. '금琴'은 백석이 함흥의 영생고보에서 영어 교사로 지낼 당시의 학생으로 보인다.〕

❖ 산山 너머로 가는 길 돌각담에 갸웃하는 처녀는 금錦이라든 이 같고/내가 들은 마산馬山 객줏客主집의 어린 딸은 난蘭이라는 이 같고 **〈통영統營(남행시초南行詩抄)〉**

나타샤 명 러시아 여자 이름. 〈전쟁과 평화〉를 비롯해 러시아 문학 작품에 자주 등장하는 이름이다. 김광균의 시 〈눈오는 밤의 시詩〉에도 "나타—샤 같은 계집애가 우산을 쓰고/그 우를 지나간다"는 구절이 나온다. 〈전쟁과 평화〉에서 나타샤는 발랄하고 생동감 있는 인물로 그려진다. 스스로를 백석의 애인이라고 술회한 바 있는 김영한(일명 '자야 여사')은 백석이 자신을 지칭한 시 속의 인물이라고 하고, 송준은 백석의 제자였던 김진세의 누이일 가능성을 내비치고 있으나(〈나와 나타샤와 흰 당나귀〉를 쓸 무렵 백석이 김진세의 누이를 상당히 좋아했다고 전한다), 둘 다 명확하게 단정하기 어렵다. 연시에서 연인의 이름을 러시아말로 붙여 이국적인 정서를 자아내는 것에 더 주목할 필요가 있다(김자야,《내 사랑 백석》, 문학동네, 1996, 98-102, 122-123쪽; 송준,《시인 백석 2》, 흰당나귀, 2012, 81-85쪽).

❖ 가난한 내가/아름다운 나타샤를 사랑해서/오늘밤은 푹푹 눈이 나린다//나타샤를 사랑은 하고/ 〔…〕 /나타샤와 나는/눈이 푹푹 쌓이는 밤 흰 당나귀 타고/산골로 가자 출출이 우는 깊은 산골로 가 마가리에 살자//눈은 푹푹 나리고/나는 나타샤를 생각하고/나타샤가 아니 올 리 없다/ 〔…〕 //눈은 푹푹 나리고/아름다운 나타샤는 나를 사랑하고/어데서 흰 당나귀도 오늘밤이 좋아서 응앙응앙 울을 것이다 **〈나와 나타샤와 흰 당나귀〉**

난蘭 명 통영 출신으로 백석이 좋아했던 '박경련'이란 여인을 가리킨다. 백석이 그녀를 난초에 빗대어 '난'이라고 불렀다고 한다. 송준의 조사에 의하면 백석은 당시 평북 용천 출신의 허준, 경남 하동 출신의 신현중(조선일보 사회부 기자)과 친하게 지냈으며, 박경련은 신현중의 누님인 신순정의 제자였다. 당시 허준의 결혼식 축하모임에 신현중이 동향 출신의 박경련, 김천금 등을 불러 자리를 함께했는데, 이때 박경련을 처음 본 백석이 그녀를 마음속에 두게 되었다고 한다. 시 〈통영統營(남행시초南行詩抄)〉은 백석이 통영으로 그녀를 만나러 가는 여정을 노래한 것이다.

박태일의 조사에 따르면 박경련은 1917년 6월 8일(음력) 통영시 도남동 470번지에서 태어나 통영공립보통학교를 졸업한 뒤, 서울로 올라와 통영의 유력자였던 외숙부 서상호의 집에 머물면서 이화고녀를 다녔다. 애국자였던 서상호는 반제 활동으로 옥고를 치르기도 했던 신현중을 매우 아꼈으며, 신현중 역시 서상호를 존경했다. 후에 박경련은 신현중과 결혼하게 되는데 여기에는 서상호의 뜻도 많이 작용한 것으로 보인다. 둘의 결혼으로 백석은 가슴 아픈 실연을 하게 된다.

한편 안도현은 통영에 사는 제옥례 할머니(그의 사촌 시누이가 박경련이라고 한다)로부터 박경련이 폐결핵을 앓았고 몸이 약해 자식을 두지 못했으며, 또 남편이 죽고 난 후 시 한 편을 써서 자신에게 보여 주었고, 그 작품을 동인지 《늘빛문학》에 실어 준 바 있다는 이야기를 전해 듣고 한 신문에 소개한 바 있다(박태일, 《한국근대문학의 실증과 방법》, 소명, 2004, 43쪽; 송준, 《시인 백석 1》, 흰당나귀, 2012, 153-154쪽; 안도현, 《한겨레신문》, 2014. 2. 26).

❖ 산山 너머로 가는 길 돌각담에 갸웃하는 처녀는 금錦이라든 이 같고/내가 들은 마산馬山 객줏客主집의 어린 딸은 난蘭이라는 이 같고//난蘭이라는 이는 명정明井골에 산다든데 〔…〕 **〈통영統營(남행시초南行詩抄)〉**

노왕老王 명 라오왕. 왕王씨. 또는 왕王선생. 중국에서 사람을 부를 때 연장자는 성씨 앞에 '老'(라오)자를 붙이고 아랫사람에게는 '小'(샤오)자를 붙인다.

〔'老'(라오)는 중국어 사전에 "前缀，用于称人，排行次序, 某些动植物名"(호칭이나 차례, 순서를 나타내는 명사, 또는 동식물의 이름 앞에 붙이는 접두사)로 풀이되어 있다(中國社會科學院語言硏究所詞典編輯室 編, 《(漢英雙語)現代漢語詞典》, 外語教學與硏究出版社, 2002, 1156쪽).〕

❖ 백구둔白狗屯의 눈 녹이는 밭 가운데 땅 풀리는 밭 가운데/촌부자 노왕老王하고 같이 서서/ 〔…〕 /나는 땅님자 노왕老王한테 석 상디기 밭을 얻는다//노왕老王은 집에 말과 나귀며 오리에 닭도 우울거리고/고방엔 그득히 감자에 콩곡석도 들여 쌓이고/노왕老王은 채매도 힘이 들고 하루종일 백령조百鈴鳥 소리나 들으려고/ 〔…〕 /낮에는 마음 놓고 낮잠도 한잠 자고 싶어서/아전 노릇을 그만두고 밭을 노왕老王한테 얻는 것이다// 〔…〕 /아, 노왕老王, 나는 이렇게 생각하노라/나는 노왕老王을 보고

웃어 말한다//이리하여 노왕老王은 밭을 주어 마음이 한가하고/나는 밭을 얻어 마음이 편안하고/ […] /노왕老王은 팔짱을 끼고 이랑을 걸어/나는 뒤짐을 지고 고랑을 걸어/ […] /노왕老王은 나귀를 타고 앞에 가고/나는 노새를 타고 뒤에 따르고 **〈귀농歸農〉**

도스토이엡흐스키 명 표도르 미하일로비치 도스토옙스키Fyodor Mikhailovich Dostoevskii. 제정 러시아의 소설가(1821~1881). 1821년 모스크바 마린스키 빈민 병원 의사의 둘째 아들로 태어나 페테르부르크 공병학교를 졸업하고 공병단에 편입되었으나 1844년 퇴직 후 소설가의 길을 걸었다. 벨린스키가 고골에게 보낸 편지를 읽었다는 죄목으로 사형 선고를 받았으며 사형 집행 직전에 감형되어 10여 년간 감옥 생활 및 유형 생활을 하였다. 이후 지병인 간질병과 가난에 시달리면서 〈죄와 벌〉, 〈백치〉, 〈악령〉 등 많은 작품을 집필하였다. 초기작은 주로 학대받는 사람들을 인도적 관점에서 사실적으로 그려 내었으나, 〈지하생활자의 수기〉(1864) 이후 철학과 사회 문제를 다룬 사상 소설로 방향을 바꿨다. 그의 소설들은 프랑스의 실존주의, 누보 로망파 등 유럽 사상과 문학에 많은 영향을 미쳤다. 대표작이자 마지막 작품으로 〈카라마조프가의 형제들〉이 있다(김학수 역, 《카라마조프의 형제》, 범우사, 1999; 김연경 역, 《카라마조프가의 형제들》, 민음사, 2007).

❖ 다만 한 사람 목이 긴 시인詩人은 안다/'도스토이엡흐스키'며 '죠이쓰'며 누구보다도 잘 알고 일등가는 소설도 쓰지만 **〈허준許俊〉**

도연명陶淵明 명 중국 동진의 시인(365~427). 문 앞에 버드나무 다섯 그루를 심어 놓고 스스로 오류五柳 선생이라 칭하기도 하였다. 그는 생활이 그렇게 풍족하지 못한 소지주 가정에서 자라, 29세 때에 벼슬길에 올라 주州의 제주祭酒가 되었지만, 얼마 안 가서 사임하였다. 41세 때에는 팽택현彭澤縣의 현령이 되었으나, 80여 일 뒤에 〈귀거래사〉를 남기고 관직에서 물러나 귀향하였다. 향리의 전원에서 스스로 농사를 지으며 살다가 63세에 생애를 마쳤다. 그의 시는 따스한 인간미와 고담古談한 기풍이 서려 있으며, 자연을 노래한 작품이 많다(《표준국어대사전》, 《고려대한국어사전》).

❖ 초생달과 바구지꽃과 짝새와 당나귀가 그러하듯이/그리고 또 '프랑시쓰 쨈'과 도연명陶淵明과 '라이넬 마리아 릴케'가 그러하듯이 **〈흰 바람벽이 있어〉** ❖ 나주볕을 한없이 바라보며 혼자 무엇을 즐기는 듯한 목이 긴 사람은/도연명陶淵明은 저러한 사람이였을 것이고 **〈조당澡塘에서〉**

두보杜甫 명 중국 당나라 때의 시인(712~770). 자는 자미子美. 이백李白과 함께 중국의 최고 시인으로 꼽힌다. 강직한 성격으로 인해 벼슬길에 나아가지 못하고 가난하고 고단한 삶을 살았다. 안녹산安祿山의 난(755)으로 쫓기는 평민의 시달림과 병정들의 고단함을 노래하였으며, 시국을 취재한 역사적인 소재도 많다. 20대 초, 강소성江蘇省과 절강성浙江省 일대를 여행하였고, 30대에는 산동에서 지내다가 낙양을 거쳐 장안으로 돌아왔다. 40대에는 안녹산의 난으로 떠도는 등 고초를 겪었고, 진주를 떠돌다 다시 친구들이 많은 성도로 향했다. 노년에도 여러 곳을 떠돌며 시를 쓰다 침주郴州로 가던 중 뇌양耒陽 고을에서 타계하였다. 그의 시 작품과 시풍은 우리나라에도 큰 영향을 미쳐 성종 때에는 그의 시를 한글로 번역한 《분류두공부시언해分類杜工部詩諺解》가 간행되었다. 정철의 〈관동별곡〉은 두보의 대표작 〈북정北征〉에 바탕을 둔 것이며, 윤선도, 월산대군의 시조도 두보의 시에서 시상을 얻은 것이다(이병주, 《두보—시와 삶》, 민음사, 1993).

❖ 넷날 두보杜甫나 이백李白 같은 이 나라의 시인詩人도/먼 타관에 나서 이날을 맞은 일이 있었을 것이다/ 〔…〕 /넷날 그 두보杜甫나 이백李白 같은 이 나라의 시인詩人도/이날 이렇게 마른물고기 한 토막으로 외로이 쓸쓸한 생각을 한 적도 있었을 것이다/ 〔…〕 /먼 타관에 난 그 두보杜甫나 이백李白 같은 이 나라의 시인詩人도/이날은 그 어늬 한고향 사람의 주막이나 반관飯館을 찾어가서/그 조상들이 대대로 하든 본대로 원소元宵라는 떡을 입에 대며/스스로 마음을 느꾸어 위안하지 않었을 것인가/ 〔…〕 /내 쓸쓸한 마음은 아마 두보杜甫나 이백李白 같은 사람들의 마음인지도 모를 것이다/아모려나 이것은 넷투의 쓸쓸한 마음이다 **〈두보杜甫나 이백李白같이〉**

라이넬 마리아 릴케 명 라이너 마리아 릴케Rainer Maria Rilke. 보헤미아 태생의 독일 시인(1875~1926). 1886년 육군학교에 입학하여 처음 시를 쓰기 시작하였으나 감상적이고 미숙한 연애시들이 많았다. 1896년 14살 연상의 살로메와 만나면서 시적 경향이 변하였으며 두 번에 걸친 여행에서 얻은 영감과 종교적 체험을 바탕으로 초기 시의 대표작 《기도시집》을 완성하였다. 톨스토이와도 만난 바 있는 이 여행은 그의 문학에 많은 영향을 끼쳤다. 하늘과 자연의 정적을 사랑했으며 대상을 끈기 있게 내면적으로 관찰한 작품을 남겨 높이 평가받고 있다. 작품에 파리의 빈곤과 침체에 대한 체험이 담긴 일기체 소설 《말테의 수기》, 완성에 십여 년의 기간이 걸린 《두이노의 비가》, 프랑스어 시의 결정結晶이라 할 수 있는 시집 《과수원》 등이 있다(라이너 마리아 릴케, 《젊은 시인에게 보내는 편지》, 김재혁 옮김, 고려대학교출판부, 2006; 라이너 마리아 릴케, 《말테의 수기》, 문현미 옮김, 민음사, 2006).

❖ 초생달과 바구지꽃과 짝새와 당나귀가 그러하듯이/그리고 또 '프랑시쓰 잼'과 도연명陶淵明과 '라이넬 마리아 릴케'가 그러하듯이 **〈흰 바람벽이 있어〉**

박시봉방朴時逢方 명 '박시봉朴時逢'은 백석이 남신의주의 유동이란 마을에 세 들어 살던 집 주인의 이름이다. '방方'은 편지에서 세대주나 집주인의 이름 아래 붙여 그 집에 거처하고 있음을 나타내는 말이다.

❖ 시 제목 **〈남신의주 유동 박시봉방**南新義州柳洞朴時逢方**〉**

범② 명 백석 시 〈주막酒幕〉에 나오는 주막집 아들의 이름.

❖ 아들아이는 범이라고 장고기를 잘 잡는 앞니가 빠드러진 나와 동갑이었다 **〈주막**酒幕**〉**

서병직씨徐丙織氏 명 백석이 좋아했던 통영 출신 박경련의 외사촌. 백석이 박경련을 보기 위해 통영에 내려올 때마다, 서병직 씨가 친절하게 맞이해 주었다고 한다. 그래서 백석은 '통영' 기행시 〈통영統營—남행시초南行詩抄 2〉를 서병직 씨에게 부치는 형식으로 발표하여 그에 대한 고마움을 전하고 있다(송준, 《시인 백석 1》, 흰당나귀, 2012, 198쪽; 박태일, 《한국근대문학의 실증과 방법》, 소명출판, 2004, 47-48쪽).

❖ (서병직씨徐丙織氏에게) **〈통영**統營**—남행시초**南行詩抄 **2〉**

소수림왕小獸林王 명 고구려의 제17대 왕(?~384). 이름은 구부丘夫. 372년(소수림왕 2년) 전진왕이 보낸 승려 순도가 가져온 불상과 경문을 받아들여 최초로 불교를 수입하였고, 같은 해 교육기관인 태학太學을 설립하여 중앙집권적 정치제도에 적합한 관리를 양성하였으며, 373년에는 율령律令을 반포하여 국가통치와 사회질서 유지를 위한 규범들을 갖추었다. 이러한 소수림왕의 체제정비 시책들을 기반으로 고구려는 5세기에 전성기를 누렸다.

❖ 나는 문득 가슴에 뜨끈한 것을 느끼며/소수림왕小獸林王을 생각한다 광개토대왕廣開土大王을 생각한다 **〈북신**北新**—서행시초**西行詩抄 **2〉**

손자孫子② 명 중국 춘추시대의 병법가 손무孫武를 높여 이르는 말. 기원전 6세기경의 사람으로, 오나라 왕 밑에서 초나라, 진나라를 위압하고 절도와 규율 있는 군사를 양성하였다. 저서에 병서 《손자》가 있다.

❖ 앞뒤로 가기를 마음대로 하는 건/손자孫子의 병서兵書도 읽은 것이다 **〈꼴두기—물닭의 소리〉**

수원백씨水原白氏 명 수원이 본관인 백씨. 백석의 시조始祖가 난 곳과 성씨姓氏를 말한다.

❖ 내 손자의 손자와 손자와 나와 할아버지와 할아버지의 할아버지와 할아버지의 할아버지의 할아버지와…… 수원백씨水原白氏 정주백촌定州白村의 힘세고 꿋꿋하나 어질고 정 많은 호랑이 같은 곰 같은 소 같은 피의 비 같은 밤 같은 달 같은 슬픔을 담는 것 아 슬픔을 담는 것 〈**목구**木具〉

승녀承女 명 승씨承氏 성性을 지닌 아버지의 딸. 평북 지방에서 아이들을 지칭할 때 딸인 경우 아버지 성 밑에 '녀女'를 붙이고 아들인 경우 '동이'를 붙여 부르곤 한다.

❖ 열여섯에 사십四十이 넘은 홀아비의 후처가 된 포족족하니 성이 잘 나는 살빛이 매감탕 같은 입술과 젖꼭지는 더 까만 예수쟁이 마을 가까이 사는 토산土山 고무 고무의 딸 승녀承女 아들 승承동이 〈**여우난골족**族〉

승承**동이** 명 승씨承氏 성性을 지닌 아버지의 아들. 평북 지방에서 아이들을 지칭할 때 딸인 경우 아버지 성 밑에 '녀女'를 붙이고 아들인 경우 '동이'를 붙여 부르곤 한다.

❖ 열여섯에 사십四十이 넘은 홀아비의 후처가 된 포족족하니 성이 잘 나는 살빛이 매감탕 같은 입술과 젖꼭지는 더 까만 예수쟁이 마을 가까이 사는 토산土山 고무 고무의 딸 승녀承女 아들 승承동이 〈**여우난골족**族〉

양자楊子 명 양주楊朱. 중국 전국시대의 학자(?기원전 440~?기원전 360). 자기 혼자만이 쾌락하면 좋다는 위아설爲我說, 즉 이기적인 쾌락설을 주장했다. 지나침을 거부하고 자연주의를 옹호하여, 노자사상老子思想의 일단을 발전시켰다.

❖ 또 여기 더운물에 뛰어들며/무슨 물새처럼 악악 소리를 지르는 삐삐 파리한 사람은/양자楊子라는 사람은 아모래도 이와 같었을 것만 같다 〈**조당**澡塘**에서**〉

이녀李女 명 이씨李氏 성性을 지닌 아버지의 딸. 평북 지방에서 아이들을 지칭할 때 딸인 경우 아버지 성 밑에 '녀女'를 붙이고 아들인 경우 '동이'를 붙여 부르곤 한다.

❖ 얼굴에 별자국이 솜솜 난 말수와 같이 눈도 껌벅거리는 하로에 베 한 필을 짠다는 벌 하나 건너 집엔 복숭아나무가 많은 신리新里 고무 고무의 딸 이녀李女 작은이녀李女 〈**여우난골족**族〉

이백李白 명 중국 당나라 때의 시인(701~762). 자는 태백太白, 호는 청련거사青蓮居士. 두보杜甫와 함께 '이두李杜'로 병칭되는 중국 최대의 시인이며, 시선詩仙이라 불린다. 부친이 서역에서 무역상으로 치부하여 부유한 어린 시절을 보냈다. 병으로 삶을 마감할 때까지 유람과 방랑으로 점철된 삶을 살았다. 산수 자연을 읊거나, 신선을 추구하거나, 정치에 관심을 두기도 하였다. 그러나 정치 부패에 실망하여 결국 자신의 포부를 실현하지 못하였다. 형식이 엄격한 율시律詩보다 형식이 비교적 자유로운 고시古詩와 절구絶句에 뛰어났다. 5~24세 때는 학문 정진과 검술 수련을 주로 하였으며, 24~42세 때는 유람을 하였다. 42~44세 때는 당 현종의 부름을 받았으나 부패한 대신들에게 실망하였다. 44~55세 때는 다시 유람에 나섰으며, 체험을 바탕으로 한 정치비판 시, 속세를 초월하려는 시를 남겼다. 55~62세 때는 유배, 유람, 은거를 반복하였으며, 762년 병으로 세상을 떠났다(이해원,《이백의 삶과 문학》, 고려대학교출판부, 2002).

❖ 녯날 두보杜甫나 이백李白 같은 이 나라의 시인詩人도/먼 타관에 나서 이날을 맞은 일이 있었을 것이다/ 〔…〕 /녯날 그 두보杜甫나 이백李白 같은 이 나라의 시인詩人도/이날 이렇게 마른물고기 한 토막으로 외로이 쓸쓸한 생각을 한 적도 있었을 것이다/ 〔…〕 /먼 타관에 난 그 두보杜甫나 이백李白 같은 이 나라의 시인詩人도/이날은 그 어늬 한고향 사람의 주막이나 반관飯館을 찾어가서/그 조상들이 대대로 하든 본대로 원소元宵라는 떡을 입에 대며/스스로 마음을 느꾸어 위안하지 않었을 것인가/ 〔…〕 /내 쓸쓸한 마음은 아마 두보杜甫나 이백李白 같은 사람들의 마음인지도 모를 것이다/아모려나 이것은 녯투의 쓸쓸한 마음이다 〈**두보杜甫나 이백李白같이**〉

작은이녀李女 명 이씨李氏 성性을 지닌 아버지의 작은딸. 평북 지방에서 아이들을 지칭할 때 딸인 경우 아버지 성 밑에 '녀女'를 붙이고 아들인 경우 '동이'를 붙여 부르곤 한다.

❖ 얼굴에 별자국이 솜솜 난 말수와 같이 눈도 껌벅거리는 하로에 베 한 필을 짠다는 벌 하나 건너 집엔 복숭아나무가 많은 신리新里 고무 고무의 딸 이녀李女 작은이녀李女 〈**여우난골족**族〉

작은홍洪**동이** 명 홍씨洪氏 성性을 지닌 아버지의 작은아들. 평북 지방에서 아이들을 지칭할 때 딸인 경우 아버지 성 밑에 '녀女'를 붙이고 아들인 경우 '동이'를 붙여 부르곤 한다.

❖ 육십리六十里라고 해서 파랗게 뵈이는 산山을 넘어 있다는 해변에서 과부가 된 코끝이 빨간 언제나 흰옷이 정하든 말끝에 설게 눈물을 짤 때가 많은 큰골 고무 고무의 딸 홍녀洪女 아들 홍洪동이 작은홍洪동이 〈**여우난골족**族〉

정현웅鄭玄雄 명 화가이자 문필가이자 전문 삽화가(1910~1976). 광복 전에는 주로 유화와 삽화를 그리고, 책 장정裝幀을 하였다. 서울 종로구 궁정동에서 태어나 제2고보 4학년에 재학 중인 1927년 조선미술전람회에 〈고성古城〉으로 입선하였다. '삼사문학'의 동인으로 참가하였으며 1935년 동아일보사 편집국에 미술 담당 사원으로 입사하여 전문 삽화가로 활동하다가 1936년 일장기 말소사건의 여파로 해직되었으며 몇 달 후 조선일보사 출판부 기자로 취직하였다. 백석의 절친한 직장 동료였으며 백석의 옆모습 스케치와 인상기를 쓴 글 〈백석白石의 프로필〉을 1939년 《문장》지 여름 특집호에 싣기도 하였다. 이 글에서 그는 백석의 얼굴이 조상彫像같이 아름다우며 '서반아'나 '필리핀' 사람 같고, '서반아' 투우사의 옷을 입히면 꼭 어울릴 것이라고 쓰고 있다. 광복 이후 《신천지》의 편집인을 맡았으며 6·25 때 월북하여 미술의 여러 장르를 넘나들며 활동하다 1976년 폐암으로 사망하였다(정현웅기념사업회 엮음, 《정현웅 전집》, 청년사, 2011).

❖ 시 제목 **〈북방北方에서—정현웅鄭玄雄에게〉**

죠이쓰 명 제임스 오거스틴 앨로이시어스 조이스James Augustine Aloysius Joyce. 아일랜드의 소설가(1882~1941). 가난, 질병, 가정 문제, 두 차례의 세계대전에도 흔들림 없이 작품 활동에 매진하였다. '의식의 흐름 기법'이라는 새로운 수법으로 인간의 복잡 미묘한 내면 심리의 갈등을 묘사하여 20세기 심리소설 형성에 큰 영향을 미쳤다. 대표작으로 더블린 사람들의 '정신적 마비'를 묘사한 15편의 단편집인 《더블린 사람들》과 '블룸Bloom'이란 주인공의 하루 동안의 의식 세계를 묘사한 작품인 《율리시스》, 작가 자신의 자서전적인 소설로서 대표적인 교양소설로 꼽히는 《젊은 예술가의 초상》 등이 있다(월튼 리쯔, 《제임스 조이스》, 김종건 역, 탐구당, 1979; 데이비드 노리스, 《조이스》, 이수명 역, 김영사, 2006).

❖ 다만 한 사람 목이 긴 시인詩人은 안다/'도스토이엡흐스키'며 '죠이쓰'며 누구보다도 잘 알고 일등가는 소설도 쓰지만 **〈허준許俊〉**

천희千姬 명 여자 이름의 하나. 백석이 그리워하는 여자 이름이다. 시 〈통영統營〉에서 백석은 통영의 항구에 '천희千姬'라는 이름이 많다고 말한다. 또 목월의 시 〈청하淸河〉에도 '천희千姬'(한자까지 같다)가 등장하는데, 그녀는 동해의 어느 마을에 살고 있는 인물이다. 이로 미루어 '천희千姬'는 바닷가에 사는 여자에게 흔히 붙여진 이름이 아닌가 짐작된다.

〔'천희千姬'가 나오는 목월의 시 〈청하淸河〉의 전문은 다음과 같다. "유월六月 하루를 버스에 흔들리며/동해東海로 갔다.//선을 보러 가는 길에 날리는 머리카락.//청하淸

河라는 마을에 천희千姬/뭍에 오른 인어人漁는 아직도 머리카락이 젖어 있었다.//왜, 인연이 맺어지지 않았을까./따지는 것은 어리석다. 그것이 인간사人間事.//지금도 청하淸河라는 마을에는 인어人漁가 살고 있다./칠빛 머리카락이 설레는 밤바다에는 피리 소리가 들리곤 했다.//지금도 유월六月 바람에 날리는 나의 백발白髮에 천희千姬가 헤염친다./인연의 수심水深 속에 흔들리는 해초海草 잎사귀."(박목월, 《경상도의 가랑잎》, 민중서관, 1968)]

❖ 녯날엔 통제사統制使가 있었다는 낡은 항구港口의 처녀들에겐 녯날이 가지 않은 천희千姬라는 이름이 많다/미역오리같이 말라서 굴껍지처럼 말없이 사랑하다 죽는다는/이 천희千姬의 하나를 나는 어늬 오랜 객줏客主집의 생선 가시가 있는 마루방에서 만났다 **〈통영統營〉** ❖ 나의 정다운 것들 가지 명태 노루 뫼추리 질동이 노랑나뷔 바구지꽃 모밀국수 남치마 자개짚세기 그리고 천희千姬라는 이름이 한없이 그리워지는 밤이로구나 **〈야우소회夜雨小懷—물닭의 소리〉**

프랑시쓰 쨈 명 프랑시스 잠Francis Jammes. 프랑스의 시인(1868~1938). 오랫동안 프랑스에서 위세를 떨친 상징주의 문학이 쇠퇴할 무렵 프랑시스 잠의 시집 《새벽의 삼종에서 저녁의 삼종까지》(1898)가 새로운 반향을 불러일으켰다. 잠의 시는 이전의 상징주의 문학처럼 관념적이거나 감각적이지 않았고, 막연히 자연으로 돌아가자는 구호를 담은 것도 아니었다. 잠은 일상적이고 평범한 것에서 아름다움과 사랑을 이끌어 내었으며 천진하고 어린아이와 같은 시선이 담긴 소박하고 부드러운 시를 주로 썼다. 1905년 기독교에 귀의하였고 일생의 대부분을 프랑스 남서부 피레네 산맥 아래의 산간 지방에서 보냈다(프랑시스 쟘, 《프랑시스 쟘 시선》, 곽광수 역주, 민음사, 1975; 이진성, 《프랑스 현대시》, 아카넷, 2008).

❖ 초생달과 바구지꽃과 짝새와 당나귀가 그러하듯이/그리고 또 '프랑시쓰 쨈'과 도연명陶淵明과 '라이넬 마리아 릴케'가 그러하듯이 **〈흰 바람벽이 있어〉**

허준許俊 명 소설가(1910~?). 평북 용천龍川 출신. 정현웅과 함께 백석의 가장 절친한 친구 중 한 명. 용천은 정주와 인접한 곳이어서 허준은 백석의 동향 친구나 진배없다고 할 수 있다. 일본 호세이法政대학을 졸업하고 조선일보 기자를 지냈으며, 1935년 10월 《조선일보》에 시 〈모체母體〉를 발표하였고, 1936년 2월 《조광》에 〈탁류濁流〉를 발표하면서 소설 창작에 집중하였다. 해방 이전에는 고독한 자아의 내면 심리를 그려 낸 〈야한기夜寒記〉, 〈습작실에서〉 등을 발표하였고, 해방 이후에는 조선문학가동맹에 가담하였다. 〈잔등〉, 〈한식일기〉, 〈속續 습작실에서〉, 〈평때저울〉, 〈역사〉 등을 발표하였고, 이후 한국전쟁 이전 시기에 월북하였다. 중편소설 〈잔등〉은 해방 체험을 담담하고 객관적으로 묘파한 작품으로 주목된다. 소설집으로 《잔등》(1946)이 있다(김윤식, 〈소설의 내적 형식으로서의 '길'〉, 김윤식·정호웅 편, 《한국근대리얼리즘작가연구》, 문학과지성사, 1988; 권영민, 《한국현대문학대사전》, 누리미디어, 2001).

❖ 시 제목 **〈허준許俊〉**

홍녀洪女 명 홍씨洪氏 성性을 지닌 아버지의 딸. 평북 지방에서 아이들을 지칭할 때 딸인 경우 아버지 성 밑에 '녀女'를 붙이고 아들인 경우 '동이'를 붙여 부르곤 한다.

❖ 육십리六十里라고 해서 파랗게 뵈이는 산山을 넘어 있다는 해변에서 과부가 된 코끝이 빨간 언제나 흰옷이 정하든 말끝에 설게 눈물을 짤 때가 많은 큰골 고무 고무의 딸 홍녀洪女 아들 홍洪동이 작은홍洪동이 **〈여우난골족族〉**

홍洪동이 명 홍씨洪氏 성性을 지닌 아버지의 아들. 평북 지방에서 아이들을 지칭할 때 딸인 경우 아버지 성 밑에 '녀女'를 붙이고 아들인 경우 '동이'를 붙여 부르곤 한다.

❖ 육십리六十里라고 해서 파랗게 뵈이는 산山을 넘어 있다는 해변에서 과부가 된 코끝이 빨간 언제나 흰옷이 정하든 말끝에 설게 눈물을 짤 때가 많은 큰골 고무 고무의 딸 홍녀洪女 아들 홍洪동이 작은홍洪동이 **〈여우난골족族〉**

10 인칭대명사

그 ① 대 말하는 이와 듣는 이가 아닌 사람을 가리키는 삼인칭 대명사. 앞에서 이미 이야기하였거나 듣는 이가 생각하고 있는 사람을 가리킨다.

❖ 가무래기도 나도 모도 춥다/추운 거리의 그도 추운 능당 쪽을 걸어가며/내 마음은 우쭐댄다 그 무슨 기쁨에 우쭐댄다 **〈가무래기의 낙樂〉** ❖ 내 사랑하는 어여쁜 사람이/어늬 먼 앒대 조용한 개포가의 나즈막한 집에서/그의 지아비와 마조 앉어 대구국을 끓여놓고 저녁을 먹는다/ 〔…〕 /—하눌이 이 세상을 내일 적에 그가 가장 귀해하고 사랑하는 것들은 모두/가난하고 외롭고 높고 쓸쓸하니 그리고 언제나 넘치는 사랑과 슬픔 속에 살도록 만드신 것이다 **〈흰 바람벽이 있어〉** ❖ 그러면서 이 마음이 맑은 녯 시인詩人들은/먼 훗날 그들의 먼 훗자손들도/그들의 본을 따서 이날에는 원소元宵를 먹을 것을/외로이 타관에 나서도 이 원소元宵를 먹을 것을 생각하며/

그들이 아득하니 슬펐을 듯이/〔…〕/내 쓸쓸한 마음엔 자꼬 이 나라의 넷 시인詩人들이 그들의 쓸쓸한 마음들이 생각난다 〈**두보**杜甫**나 이백**李白**같이**〉

그이 대 '그 사람'을 조금 높여 이르는 삼인칭 대명사.

❖ 샘터엔 오구작작 물을 긷는 처녀며 새악시들 가운데 내가 좋아하는 그이가 있을 것만 같고/내가 좋아하는 그이는 푸른 가지 붉게붉게 동백冬柏꽃 피는 철엔 타관 시집을 갈 것만 같은데 〈**통영**統營(**남행시초**南行詩抄)〉

나 대 말하는 이가 대등한 관계에 있는 사람이나 아랫사람을 상대하여 자기를 가리키는 일인칭 대명사.

❖ 아들아이는 범이라고 장고기를 잘 잡는 앞니가 빠드러진 나와 동갑이었다 〈**주막**酒幕〉 ❖ 시 제목 〈**나와 지렝이**〉 ❖ 명절날 나는 엄매 아배 따라 우리집 개는 나를 따라 진할머니 진할아버지가 있는 큰집으로 가면 〈**여우난골족**族〉 ❖ 미역오리같이 말라서 굴껍지처럼 말없이 사랑하다 죽는다는/이 천희千姬의 하나를 나는 어늬 오랜 객줏客主집의 생선 가시가 있는 마루방에서 만났다 〈**통영**統營〉 ❖ 아배는 타관 가서 오지 않고 산山비탈 외따른 집에 엄매와 나와 단둘이서 누가 죽이는 듯이 무서운 밤 집 뒤로는 어늬 산山골짜기에서 소를 잡어먹는 노나리꾼들이 도적놈들같이 쿵쿵거리며 다닌다//날기멍석을 져간다는 닭보는 할미를 차 굴린다는 〔…〕 오줌 누러 깨는 재밤 머리맡의 문살에 대인 유리창으로 조마구 군병의 새까만 대가리 새까만 눈알이 들여다보는 때 나는 이불 속에 자즈러붙어 숨도 쉬지 못한다//또 이러한 밤 같은 때 〔…〕 나는 아릇목의 삿귀를 들고 쇠든밤을 내여 다람쥐처럼 밝어먹고 은행여름을 인둣불에 구워도 먹고 그러다는 이불 우에서 광대넘이를 뒤이고 〔…〕// 내일같이 명절날인 밤은 〔…〕 조개송편에 달송편에 죈두기송편에 떡을 빚는 곁에서 나는 밤소 팥소 설탕 든 콩가루소를 먹으며 설탕 든 콩가루소가 가장 맛있다고 생각한다/나는 얼마나 반죽을 주무르며 흰가루손이 되여 떡을 빚고 싶은지 모른다//섣달에 냅일날이 들어서 냅일날 밤에 눈이 오면 〔…〕 엄매와 나는 앙궁 우에 떡돌 우에 곱새담 우에 함지에 버치며 대냥푼을 놓고 〔…〕 〈**고야**古夜〉 ❖ 나는 돌나물 김치에 백설기를 먹으며/넷말의 구신집에 있는 듯이/가즈랑집 할머니/〔…〕/나는 벌써 달디단 물구지우림 둥굴네우림을 생각하고/아직 멀은 도토리묵 도토리범벅까지도 그리워한다//뒤울안 살구나무 아래서 광살구를 찾다가/살구벼락을 맞고 울다가 웃는 나를 보고 〈**가즈랑집**〉 ❖ 오지항아리에는 삼춘이 밥보다 좋아하는 찹쌀탁주가 있어서/삼춘의 임내를 내어가며 나와 사춘은 시큼털털한 술을 잘도 채어 먹었다// 〔…〕 //넷말이 사는 컴컴한 고방의 쌀독 뒤에서 나는 저녁 끼때에 부르

는 소리를 듣고도 못 들은 척하였다 〈**고방**〉 ❖ 오리는 동비탈에 그림자를 떨어트리며 날어가고 나는 동말랭이에서 강아지처럼 아배를 부르며 울다가/ 〔…〕 //장날 아츰에 앞 행길로 엄지 따러 지나가는 망아지를 내라고 나는 조르면/ 〔…〕 //새하려 가는 아배의 지게에 치워 나는 산山으로 가며 토끼를 잡으리라고 생각한다/맞구멍 난 토끼굴을 아배와 내가 막어서면 언제나 토끼새끼는 내 다리 아래로 달어났다/나는 서글퍼서 서글퍼서 울상을 한다 〈**오리 망아지 토끼**〉 ❖ 쓸쓸한 낯이 녯날같이 늙었다/나는 불경佛經처럼 서러워졌다//평안도平安道의 어늬 산山 깊은 금덤판/나는 파리한 여인女人에게서 옥수수를 샀다 〈**여승**女僧〉 ❖ 거미새끼 하나 방바닥에 나린 것을 나는 아모 생각 없이 문밖으로 쓸어버린다/차디찬 밤이다//어니젠가 새끼거미 쓸려나간 곳에 큰거미가 왔다/나는 가슴이 짜릿한다/나는 또 큰거미를 쓸어 문밖으로 버리며/찬 밖이라도 새끼 있는 데로 가라고 하며 서러워한다// 〔…〕 /나는 가슴이 메이는 듯하다/내 손에 오르기라도 하라고 나는 손을 내어미나 분명히 울고불고할 이 작은 것은 나를 무서우이 달아나버리며 나를 서럽게 한다/나는 이 작은 것을 고이 보드러운 종이에 받어 또 문밖으로 버리며/이것의 엄마와 누나나 형이 가까이 이것의 걱정을 하며 있다가 쉬이 만나기나 했으면 좋으련만 하고 슬퍼한다 〈**수라**修羅〉 ❖ '효자노적지지정문孝子盧迪之之旌門'—몬지가 겹겹이 앉은 목각木刻의 액額에/나는 열 살이 넘도록 갈지자字 둘을 웃었다 〈**정문촌**旌門村〉 ❖ 노란 싸릿닢이 한불 깔린 토방에 햇츩방석을 깔고/나는 호박떡을 맛있게도 먹었다 〈**여우난골**〉 ❖ 녯 장수 모신 낡은 사당의 돌층계에 주저앉어서 나는 이 저녁 울 듯 울 듯 한산도閑山島 바다에 뱃사공이 되여가며 〈**통영**統營(**남행시초**南行詩抄)〉 ❖ 가까운 논배미들에서/까알까알 하는 너이들의 즐거운 말소리가 나면/나는 내 마을 그 아는 사람들의 지껄지껄하는 말소리같이 반가웁고나/오리야 너이들의 이야기판에 나도 들어/밤을 같이 밝히고 싶고나//오리야 나는 네가 좋구나 네가 좋아서/벌논의 눞옆에 쭈구렁벼알 달린 짚검불을 널어놓고/ 〔…〕 //오리야 고운 오리야 가만히 안겼거라/ 〔…〕 /나는 너를 백통전 하나 주고 사오누나//나를 생각하든 그 무당의 딸은 내 어린 누이에게/오리야 너를 한 쌍 주드니 〈**오리**〉 ❖ 나는 두 손으로 고이 약그릇을 들고 이 약을 내인 녯사람들을 생각하노라면/내 마음은 끝없이 고요하고 또 맑어진다 〈**탕약**湯藥〉 ❖ 시큼한 배척한 퀴퀴한 이 내음새 속에/나는 가느슥히 여진女眞의 살내음새를 맡는다 〈**북관**北關—**함주시초**咸州詩抄〉 ❖ 낡은 나조반에 흰밥도 가재미도 나도 나와 앉어서/쓸쓸한 저녁을 맞는다//흰밥과 가재미와 나는/우리들은 그 무슨 이야기라도 다 할 것 같다/ 〔…〕 //흰밥과 가재미와 나는/우리들이 같이 있으면/세상 같은 건 밖에 나도 좋을 것 같다 **〈선우사**膳友辭**—함주시초**咸州詩抄**〉** ❖ 나는 이 골짝에서 한겨을을 날려고 집을 한 채 구하였다// [⋯] /나는 자꼬 골안으로 깊이 들어갔다// [⋯] //낮 기울은 날을 햇볕 장글장글한 툇마루에 걸어앉어서/지난 여름 도락구를 타고 장진長津땅에 가서 꿀을 치고 돌아왔다는 이 벌들을 바라보며 나는/날이 어서 추워져서 쑥국화꽃도 시들고 이 바즈런한 백성들도 다 제 집으로 들은 뒤에 이 골안으로 올 것을 생각하였다 **〈산곡**山谷**—함주시초**咸州詩抄**〉** ❖ 나는 낡은 국수분틀과 그즈런히 나가 누워서/구석에 데굴데굴하는 목침木枕들을 베여보며/이 산山골에 들어와서 이 목침木枕들에 새까마니 때를 올리고 간 사람들을 생각한다 **〈산숙**山宿**—산중음**山中吟**〉** ❖ 나는 혼자 쓸쓸히 앉어 소주燒酒를 마신다/소주燒酒를 마시며 생각한다/나타샤와 나는/눈이 푹푹 쌓이는 밤 흰 당나귀 타고/산골로 가자 출출이 우는 깊은 산골로 가 마가리에 살자//눈은 푹푹 나리고/나는 나타샤를 생각하고/나타샤가 아니 올 리 없다/ [⋯] //눈은 푹푹 나리고/아름다운 나타샤는 나를 사랑하고/어데서 흰 당나귀도 오늘밤이 좋아서 응앙응앙 울을 것이다 **〈나와 나타샤와 흰 당나귀〉** ❖ 나는 북관北關에 혼자 앓어 누워서/어느 아츰 의원醫員을 뵈이었다/ [⋯] /나는 아버지로 섬기는 이라 한즉/의원醫員은 또다시 넌즈시 웃고/말없이 팔을 잡어 맥을 보는데 **〈고향**故鄕**〉** ❖ 흰 저고리에 붉은 길동을 달어/검정치마에 받쳐입은 것은/나의 꼭 하나 즐거운 꿈이였드니/어느 아츰 계집은/머리에 무거운 동이를 이고/손에 어린것의 손을 끌고/가펴러운 언덕길을/숨이 차서 올라갔다/나는 한종일 서러웠다 **〈절망**絶望**〉** ❖ 아배가 밤참 국수를 받으려 가면 나는 큰마니의 돋보기를 쓰고 앉어 개 짖는 소리를 들은 것이다 **〈개〉** ❖ 그렇것만 나는 하이얀 자리 우에서 마른 팔뚝의/샛파란 핏대를 바라보며 나는 가난한 아버지를/가진 것과 내가 오래 그려오든 처녀가 시집을 간 것과/그렇게도 살틀하든 동무가 나를 버린 일을 생각한다 **〈내가 생각하는 것은〉** ❖ 이렇게 한녀름을 보내면서 나는 하늑이는/물살에 나이금이 느는 꽃조개와 함께/허리도리가 굵어가는 한 사람을 연연해 한다 **〈삼호**三湖**—물닭의 소리〉** ❖ 나의 정다운 것들 가지 명태 노루 뫼추리 질동이 노랑나뷔 바구지꽃 모밀국수 남치마 자개짚세기 그리고 천희千姬라는 이름이 한없이 그리워지는 밤이로구나 **〈야우소회**夜雨小懷**—물닭의 소리〉** ❖ 뱃사람들의 언젠가 아홉이서 회를 쳐먹고도 남어 한 깃씩 노나가지고 갔다는 크디큰 꼴두기의 이야기를 들으며 나는 슬프다 **〈꼴두기—물닭의 소리〉** ❖ 가무락조개 난 뒷간거리에/빚을 얻으려 나는 왔다/빚이 안 되어 가는 탓에/가무래기도 나도 모도 춥다 **〈가무래기의 낙**樂**〉** ❖ 나도 길다랗고 파리한 명태明太다/문門턱에 꽁꽁 얼어서/가슴에 길다란 고드름이 달렸다 **〈멧새 소리〉** ❖ 우리 엄매가 나를 가지는 때 이 노큰마니는 어늬 밤 크나큰 범이 한 마리 우리 선산으로 들어오는 꿈을 꾼 것을 우리 엄매가 서울서 시집을 온 것을 〔…〕 **〈넘언집 범 같은 노큰마니〉** ❖ 긴긴 겨울밤 인간들이 모두 한잠이 들은 재밤중에 나 혼자 일어나서 머리맡 쥐발 같은 새끼오강에 한없이 누는 잘 매럽던 오줌의 사르릉 쪼로록 하는 소리 **〈동뇨부**童尿賦**〉** ❖ 나는 어니 외진 산山길에서 만난 새악시가 곱기도 하든 것과/어니메 강江물 속에 들여다뵈이든 쏘가리가 한 자나 되게 크든 것을 생각하며/산山비에 젖었다는 말렀다 하며 오는 길이다 **〈구장로**球場路**—서행시초**西行詩抄 **1〉** ❖ 나는 이 털도 안 뽑은 도야지고기를 물꾸러미 바라보며/또 털도 안 뽑는 고기를 시꺼먼 맨모밀국수에 얹어서 한입에 꿀꺽 삼키는 사람들을 바라보며/나는 문득 가슴에 뜨끈한 것을 느끼며/소수림왕小獸林王을 생각한다 광개토대왕廣開土大王을 생각한다 **〈북신**北新**—서행시초**西行詩抄 **2〉** ❖ 나는 주먹다시 같은 떡당이에 꿀보다도 달다는 강낭엿을 산다/ 〔…〕 /기장쌀은 기장차떡이 좋고 기장차랍이 좋고 기장감주가 좋고 그리고 기장쌀로 쑨 호박죽은 맛도 있는 것을 생각하며 나는 기뿌다 **〈월림**月林**장—서행시초**西行詩抄 **4〉** ❖ 내 손자의 손자와 손자와 나와 할아버지와 할아버지의 할아버지와 할아버지의 할아버지의 할아버지와……수원백씨水原白氏 정주백촌定州白村의 힘세고 꿋꿋하나 어질고 정 많은 〔…〕 **〈목구**木具**〉** ❖ 아득한 녯날에 나는 떠났다/부여扶餘를 숙신肅愼을 발해勃海를 여진女眞을 요遼를 금金을/흥안령興安嶺을 음산陰山을 아무우르를 숭가리를/범과 사슴과 너구리를 배반하고/송어와 메기와 개구리를 속이고 나는 떠났다//나는 그때/자작나무와 이깔나무의 슬퍼하든 것을 기억한다/갈대와 장풍의 붙드든 말도 잊지 않었다/오로촌이 멧돌을 잡어 나를 잔치해 보내든 것도/쏠론이 십리길을 따러나와 울든 것도 잊지 않었다//나는 그때/아모 이기지 못할 슬픔도 시름도 없이/다만 게을리 먼 앞대로 떠나 나왔다/그리하여 따사한 햇귀에서 하이얀 옷을 입고 매끄러운 밥을 먹고 단샘을 마시고 낮잠을 잤다/밤에는 먼 개소리에 놀라나고/아츰에는 지나가는 사람마다에게 절을 하면서도/나는 나의 부끄러움을 알지 못했다// 〔…〕 /이제는 참으로 이기지 못할 슬픔과 시름에 쫓겨/나는 나의 녯 한울로 땅으로—나의 태반胎盤으로 돌아왔으나//이미 해는 늙고 달은 파리하고 바람은 미치고 보래구름만 혼자 넋 없이 떠도는데//아, 나의 조상은 형제는 일가친척은 정다운 이웃은 그리운 것은 사랑하는 것은 우러르는 것은 나의 자랑은 나의 힘은 없다 바람과 물과 세월과 같이 지나가고 없다 **〈북방**北方**에서—정현웅**鄭玄雄**에게〉** ❖ 별은 장글장글 따사롭고 바람은 솔솔 보드라운데/나는 땅님자 노왕老王한테 석 상디기 밭을 얻는다//

〔…〕/노왕老王은 채매도 힘이 들고 하루종일 백령조百鈴鳥 소리나 들으려고/밭을 오늘 나한테 주는 것이고/나는 이젠 귀치않은 측량測量도 문서文書도 싫증이 나고/낮에는 마음 놓고 낮잠도 한잠 자고 싶어서/아전 노릇을 그만두고 밭을 노왕老王한테 얻는 것이다// 〔…〕/나는 가슴이 이 무슨 흥에 벅차오며/이 봄에는 이 밭에 감자 강냉이 수박에 오이며 당콩에 마눌과 파도 심그리라 생각한다// 〔…〕/아, 노왕老王, 나는 이렇게 생각하노라/나는 노왕老王을 보고 웃어 말한다//이리하여 노왕老王은 밭을 주어 마음이 한가하고/나는 밭을 얻어 마음이 편안하고/디퍽디퍽 눈을 밟으며 터벅터벅 흙도 덮으며/사물사물 햇볕은 목덜미에 간지로워서/노왕老王은 팔짱을 끼고 이랑을 걸어/나는 뒤짐을 지고 고랑을 걸어/밭을 나와 밭뚝을 돌아 도랑을 건너 행길을 돌아/지붕에 바람벽에 울바주에 볕살 쇠리쇠리한 마을을 가르치며/노왕老王은 나귀를 타고 앞에 가고/나는 노새를 타고 뒤에 따르고/마을 끝 충왕묘蟲王廟에 충왕蟲王을 찾어뵈려 가는 길이다/토신묘土神廟에 토신土神도 찾어뵈려 가는 길이다 **〈귀농歸農〉** ❖ —나는 이 세상에서 가난하고 외롭고 높고 쓸쓸하니 살어가도록 태어났다/그리고 이 세상을 살어가는데/내 가슴은 너무도 많이 뜨거운 것으로 호젓한 것으로 사랑으로 슬픔으로 가득 찬다/그리고 이번에는 나를 위로하는 듯이 나를 울력하는 듯이/눈질을 하며 주먹질을 하며 이런 글자들이 지나간다 **〈흰 바람벽이 있어〉** ❖ 나는 너를 껴안어 올려서 네 머리를 쓰다듬고 힘껏 네 적은 손을 쥐고 흔들고 싶다/네 소리에 나는 촌 농삿집의 저녁을 짓는 때/나주볕이 가득 드리운 밝은 방안에 혼자 앉어서/실감기며 버선짝을 가지고 쓰렁쓰렁 노는 아이를 생각한다 **〈촌에서 온 아이〉** ❖ 나는 지나支那나라 사람들과 같이 목욕을 한다/무슨 은殷이며 상商이며 월越이며 하는 나라 사람들의 후손들과 같이/한 물통 안에 들어 목욕을 한다/ 〔…〕/그리고 길즛한 다리에 모두 민숭민숭하니 다리털이 없는 것이/이것이 나는 왜 자꼬 슬퍼지는 것일까/ 〔…〕/나는 시방 넷날 진晉이라는 나라나 위衛라는 나라에 와서/내가 좋아하는 사람들을 만나는 것만 같다/이리하야 어쩐지 내 마음은 갑자기 반가워지나/그러나 나는 조금 무서웁고 외로워진다/ 〔…〕/나는 이렇게 한가하고 게으르고 그러면서 목숨이라든가 인생人生이라든가 하는 것을 정말 사랑할 줄 아는/그 오래고 깊은 마음들이 참으로 좋고 우러러진다 **〈조당澡塘에서〉** ❖ 오늘은 정월正月 보름이다/대보름 명절인데/나는 멀리 고향을 나서 남의 나라 쓸쓸한 객고에 있는 신세로다/ 〔…〕/나는 오늘 때묻은 입든 옷에 마른물고기 한 토막으로/혼자 외로이 앉어 이것저것 쓸쓸한 생각을 하는 것이다/ 〔…〕/나는 이제 어늬 먼 외진 거리에 한고향 사람의 조고마한 가업집이 있는 것을

생각하고/이 집에 가서 그 맛스러운 떡국이라도 한 그릇 사먹으리라 한다/ 〔…〕/그들이 아득하니 슬펐을 듯이/나도 떡국을 놓고 아득하니 슬플 것이로다 **〈두보杜甫나 이백李白같이〉** ❖ 그래도 그 쉬영꽃 진달래 빨가니 핀 꽃바위 너머/산山 잔등에는 가지취 뻐꾹채 게루기 고사리 산山나물판/산山나물 냄새 물씬물씬 나는데/나는 복장노루를 따라 뛰었다 **〈산山〉** ❖ 산으로 오면 산이 들썩 산 소리 속에 나 홀로/벌로 오면 벌이 들썩 벌 소리 속에 나 홀로//정주定州 동림東林 구십九十여 리里 긴긴 하로 길에/산에 오면 산 소리 벌에 오면 벌 소리/적막강산에 나는 있노라 **〈적막강산〉** ❖ 나는 이 마을에 태어나기가 잘못이다/마을은 맨천 구신이 돼서/나는 무서워 오력을 펼 수 없다/자 방안에는 성주님/나는 성주님이 무서워 토방으로 나오면 토방에는 디운구신/나는 무서워 부엌으로 들어가면 부엌에는 부뜨막에 조앙님//나는 뛰쳐나와 얼른 고방으로 숨어버리면 고방에는 또 시렁에 데석님/나는 이번에는 굴통 모통이로 달아가는데 굴통에는 굴대장군/얼혼이 나서 뒤울안으로 가면 뒤울안에는 곱새녕 아래 털능구신/나는 이제는 할 수 없이 대문을 열고 나가려는데 대문간에는 근력 세인 수문장//나는 겨우 대문을 빼쳐나 바깥으로 나와서/밭 마당귀 연자간 앞을 지나가는데 연자간에는 또 연자망구신/나는 고만 디겁을 하여 큰 행길로 나서서 마음 놓고 화리서리 걸어가다 보니/아아 말 마라 내 발뒤축에는 오나가나 묻어 다니는 달걀구신/마을은 온데간데 구신이 돼서 나는 아무 데도 갈 수 없다 **〈마을은 맨천 구신이 돼서〉** ❖ 어느 사이에 나는 아내도 없고, 또/아내와 같이 살던 집도 없어지고,/ 〔…〕/나는 어느 목수木手네 집 헌 삿을 깐,/한 방에 들어서 쥔을 붙이었다./이리하여 나는 이 습내 나는 춥고, 누긋한 방에서,/낮이나 밤이나 나는 나 혼자도 너무 많은 것같이 생각하며,/ 〔…〕/나는 내 슬픔이며 어리석음이며를 소처럼 연하여 쌔김질하는 것이었다./ 〔…〕/나는 내 슬픔과 어리석음에 눌리어 죽을 수밖에 없는 것을 느끼는 것이었다./그러나 잠시 뒤에 나는 고개를 들어,/허연 문창을 바라보든가 또 눈을 떠서 높은 턴정을 쳐다보는 것인데,/이때 나는 내 뜻이며 힘으로, 나를 이끌어 가는 것이 힘든 일인 것을 생각하고,/이것들보다 더 크고, 높은 것이 있어서, 나를 마음대로 굴려 가는 것을 생각하는 것인데,/ 〔…〕/나는 이런 저녁에는 화로를 더욱 다가 끼며, 무릎을 꿇어 보며,/어니 먼 산 뒷옆에 바우 섶에 따로 외로이 서서, **〈남신의주 유동 박시봉방南新義州柳洞朴時逢方〉**

내① **대** 일인칭 대명사 '나'가 주격 조사 '가'나 보격 조사 '가' 앞에 쓰일 때의 형태. ❖ 내가 날 때 죽은 누이도 날 때/무명필에 이름을 써서 백지 달어서 구신간시렁의 당즈깨에 넣어 대감님께 수영을 들였다는 가즈랑집 할머니 **〈가즈랑집〉** ❖ 맞구멍

난 토끼굴을 아배와 내가 막어서면 언제나 토끼새끼는 내 다리 아래로 달어났다/나는 서글퍼서 서글퍼서 울상을 한다 **〈오리 망아지 토끼〉** ❖ 산山 너머로 가는 길 돌각담에 갸웃하는 처녀는 금錦이라든 이 같고/내가 들은 마산馬山 객주客主집의 어린 딸은 난蘭이라는 이 같고// 〔…〕 /샘터엔 오구작작 물을 긷는 처녀며 새악시들 가운데 내가 좋아하는 그이가 있을 것만 같고/내가 좋아하는 그이는 푸른 가지 붉게붉게 동백冬柏꽃 피는 철엔 타관 시집을 갈 것만 같은데 **〈통영**統營**(남행시초**南行詩抄**)〉** ❖ 가난한 내가/아름다운 나타샤를 사랑해서/오늘밤은 푹푹 눈이 나린다 **〈나와 나타샤와 흰 당나귀〉** ❖ 내가 언제나 무서운 외갓집은/초저녁이면 안팎마당이 그득하니 하이얀 나비수염을 물은 보득지근한 복쪽재비들이 씨굴씨굴 모여서는 쨩쨩 쨩쨩 쇳스럽게 울어대고 **〈외갓집〉** ❖ 그렇것만 나는 하이얀 자리 우에서 마른 팔뚝의/샛파란 핏대를 바라보며 나는 가난한 아버지를/가진 것과 내가 오래 그려오든 처녀가 시집을 간 것과/그렇게도 살틀하든 동무가 나를 버린 일을 생각한다//또 내가 아는 그 몸이 성하고 돈도 있는 사람들이/즐거이 술을 먹으려 단닐 것과/내 손에는 신간서新刊書 하나도 없는 것과 **〈내가 생각하는 것은〉** ❖ 내가 이렇게 외면하고 거리를 걸어가는 것은 잠풍 날씨가 너무나 좋은 탓이고/ 〔…〕 //내가 이렇게 외면하고 거리를 걸어가는 것은 또 내 많지 못한 월급이 얼마나 고마운 탓이고 **〈내가 이렇게 외면하고〉** ❖ 신새벽 들망에/내가 좋아하는 꼴두기가 들었다 **〈꼴두기—물닭의 소리〉** ❖ 추운 거리의 그도 추운 능당 쪽을 걸어가며/내 마음은 우쭐댄다 그 무슨 기쁨에 우쭐댄다/이 추운 세상의 한구석에/맑고 가난한 친구가 하나 있어서/내가 이렇게 추운 거리를 지나온 걸/얼마나 기뻐하며 락단하고 **〈가무래기의 낙**樂**〉** ❖ 내가 엄매 등에 업혀가서 상사말같이 항약에 야기를 쓰면 한창 퓌는 함박꽃을 밑가지채 꺾어주고 〔…〕 //우리 엄매가 나를 가지는 때 이 노큰마니는 어늬 밤 크나큰 범이 한 마리 우리 선산으로 들어오는 꿈을 꾼 것을 우리 엄매가 서울서 시집을 온 것을 그리고 무엇보다도 내가 이 노큰마니의 당조카의 맏손자로 난 것을 다견하니 알뜰하니 기꺼이 녀기는 것이었다 **〈넘언집 범 같은 노큰마니〉** ❖ 그리고 또 엄매의 말엔 내가 아직 굳은 밥을 모르던 때 살갗 퍼런 막내고무가 잘도 받어 세수를 하였다는 내 오줌빛은 이슬같이 샛말갛기도 샛맑았다는 것이다 **〈동뇨부**童尿賦**〉** ❖ 나는 시방 녯날 진晉이라는 나라나 위衛라는 나라에 와서/내가 좋아하는 사람들을 만나는 것만 같다 **〈조당**澡塘**에서〉**

내② **대** 일인칭 대명사 '나'에 관형격 조사 '의'가 붙어 줄어든 말.

❖ 내 지렝이는/커서 구렁이가 되었습니다/ 〔…〕 /내 리과책에서는 암컷과 수컷이

있어서 새끼를 낳었습니다 **〈나와 지렝이〉** ❖ 맞구멍 난 토끼굴을 아배와 내가 막어서면 언제나 토끼새끼는 내 다리 아래로 달어났다/나는 서글퍼서 서글퍼서 울상을 한다 **〈오리 망아지 토끼〉** ❖ 내 손에 오르기라도 하라고 나는 손을 내어미나 분명히 울고불고할 이 작은 것은 나를 무서우이 달아나버리며 나를 서럽게 한다 **〈수라**修羅**〉** ❖ 내가 좋아하는 그이는 푸른 가지 붉게붉게 동백冬柏꽃 피는 철엔 타관 시집을 갈 것만 같은데/ 〔…〕 /녕 낮은 집 담 낮은 집 마당만 높은 집에서 열나흘 달을 업고 손방아만 찧는 내 사람을 생각한다 **〈통영**統營**(남행시초**南行詩抄**)〉** ❖ 가까운 논배미들에서/까알까알 하는 너이들의 즐거운 말소리가 나면/나는 내 마을 그 아는 사람들의 지껄지껄하는 말소리같이 반가웁고나/ 〔…〕 //나를 생각하든 그 무당의 딸은 내 어린 누이에게/오리야 너를 한 쌍 주드니 **〈오리〉** ❖ 나는 두 손으로 고이 약그릇을 들고 이 약을 내인 녯사람들을 생각하노라면/내 마음은 끝없이 고요하고 또 맑어진다 **〈탕약**湯藥**〉** ❖ 눈은 푹푹 나리고/나는 나타샤를 생각하고/나타샤가 아니 올리 없다/언제 벌써 내 속에 고조곤히 와 이야기한다 **〈나와 나타샤와 흰 당나귀〉** ❖ 내 손에는 신간서新刊書 하나도 없는 것과/그리고 그 〈아서라 세상사世上事〉라도 들을/류성기도 없는 것을 생각한다//그리고 이러한 생각이 내 눈가를 내 가슴가를/뜨겁게 하는 것도 생각한다 **〈내가 생각하는 것은〉** ❖ 내가 이렇게 외면하고 거리를 걸어가는 것은 또 내 많지 못한 월급이 얼마나 고마운 탓이고 **〈내가 이렇게 외면하고〉** ❖ 추운 거리의 그도 추운 능당 쪽을 걸어가며/내 마음은 우쭐댄다 그 무슨 기쁨에 우쭐댄다 **〈가무래기의 낙**樂**〉** ❖ 그리고 또 엄매의 말엔 내가 아직 굳은 밥을 모르던 때 살갗 퍼런 막내고무가 잘도 받어 세수를 하였다는 내 오줌빛은 이슬같이 샛말갛기도 샛맑았다는 것이다 **〈동뇨부**童尿賦**〉** ❖ 내 손자의 손자와 손자와 나와 할아버지와 할아버지의 할아버지와 할아버지의 할아버지의 할아버지와…… 수원백씨水原白氏 정주백촌定州白村의 힘세고 꿋꿋하나 〔…〕 **〈목구**木具**〉** ❖ 이 흰 바람벽에/내 가난한 늙은 어머니가 있다/내 가난한 늙은 어머니가/이렇게 시퍼러둥둥하니 추운 날인데 차디찬 물에 손은 담그고 무이며 배추를 씻고 있다/또 내 사랑하는 사람이 있다/내 사랑하는 어여쁜 사람이/어늬 먼 앒대 조용한 개포가의 나즈막한 집에서/그의 지아비와 마조 앉어 대구국을 끓여놓고 저녁을 먹는다/ 〔…〕 /이 흰 바람벽엔/내 쓸쓸한 얼골을 쳐다보며/이러한 글자들이 지나간다/—나는 이 세상에서 가난하고 외롭고 높고 쓸쓸하니 살어가도록 태어났다/그리고 이 세상을 살어가는데/내 가슴은 너무도 많이 뜨거운 것으로 호젓한 것으로 사랑으로 슬픔으로 가득 찬다 **〈흰 바람벽이 있어〉** ❖ 네 소리에 내 마음은 반끗히 밝어오고 또 호끈히 더워오고 그리고 즐거워온다 **〈촌에서 온 아이〉** ❖ 이리하야 어쩐지 내 마음은 갑자기 반가워지나/그러나 나는 조금 무서웁고 외로워진다 **〈조당**澡塘**에서〉** ❖ 오늘 고향의 내 집에 있는다면/새 옷을 입고 새 신도 신고 떡과 고기도 억병 먹고/일가친척들과 서로 모여 즐거이 웃음으로 지날 것이연만/ 〔…〕 /내 쓸쓸한 마음엔 자꼬 이 나라의 녯 시인詩人들이 그들의 쓸쓸한 마음들이 생각난다/내 쓸쓸한 마음은 아마 두보杜甫나 이백李白 같은 사람들의 마음인지도 모를 것이다 **〈두보**杜甫**나 이백**李白**같이〉** ❖ 아아 말 마라 내 발뒤축에는 오나가나 묻어 다니는 달갈구신/마을은 온데간데 구신이 돼서 나는 아무 데도 갈 수 없다 **〈마을은 맨천 구신이 돼서〉** ❖ 나는 내 슬픔이며 어리석음이며를 소처럼 연하여 쌔김질하는 것이었다./내 가슴이 꽉 메어 올 적이며,/내 눈에 뜨거운 것이 핑 괴일 적이며,/또 내 스스로 화끈 낯이 붉도록 부끄러울 적이며,/나는 내 슬픔과 어리석음에 눌리어 죽을 수밖에 없는 것을 느끼는 것이었다./그러나 잠시 뒤에 나는 고개를 들어,/허연 문창을 바라보든가 또 눈을 떠서 높은 턴정을 쳐다보는 것인데,/이때 나는 내 뜻이며 힘으로, 나를 이끌어 가는 것이 힘든 일인 것을 생각하고,/이것들보다 더 크고, 높은 것이 있어서, 나를 마음대로 굴려 가는 것을 생각하는 것인데,/이렇게 하여 여러 날이 지나는 동안에,/내 어지러운 마음에는 슬픔이며, 한탄이며, 가라앉을 것은 차츰 앙금이 되어 가라앉고, **〈남신의주 유동 박시봉방**南新義州柳洞朴時逢方〉

너 **대** 듣는 이가 친구나 아랫사람일 때, 그 사람을 가리키는 이인칭 대명사.

❖ 동둑 넘에 숨어서/하로진일 너를 기다린다 **〈오리〉** ❖ 오리야 고운 오리야 가만히 안겼거라/너를 팔어 술을 먹는 노盧장에 령감은/홀아비 소의연 침을 놓는 령감인데/나는 너를 백통전 하나 주고 사오누나//나를 생각하든 그 무당의 딸은 내 어린 누이에게/오리야 너를 한 쌍 주드니/어린 누이는 없고 저는 시집을 갔다건만/오리야 너는 한 쌍이 날어가누나 **〈오리〉** ❖ 힘을 쓸랴고 벌써부터 두 다리가 푸둥푸둥하니 살이 찐 아이여/너는 오늘 아츰 무엇에 놀라서 우는구나/ 〔…〕 /너만은 타고난 그 외마디소리로 스스로웁게 삼가면서 우는구나/네 소리는 조금 썩심하니 쉬인 듯도 하다/ 〔…〕 /나는 너를 껴안어 올려서 네 머리를 쓰다듬고 힘껏 네 적은 손을 쥐고 흔들고 싶다/ 〔…〕 /촌에서 와서 오늘 아츰 무엇이 분해서 우는 아이여/너는 분명히 하눌이 사랑하는 시인詩人이나 농사꾼이 될 것이로다 **〈촌에서 온 아이〉**

너이 **대** 너희. 듣는 이가 친구들이나 아랫사람들일 때, 그 사람들을 가리키는 이인칭 대명사.

❖ 아무리 밤이 좋은들 오리야/해변벌에선 얼마나 너이들이 욱자지걸하며 멕이기

에/ […] //그래도 오리야 호젓한 밤길을 가다/가까운 논배미들에서/까알까알 하는 너이들의 즐거운 말소리가 나면/나는 내 마을 그 아는 사람들의 지껄지껄하는 말소리같이 반가웁고나/오리야 너이들의 이야기판에 나도 들어/밤을 같이 밝히고 싶고나 **〈오리〉**

네① **대** 이인칭 대명사 '너'에 주격 조사 '가'나 보격 조사 '가'가 붙을 때의 형태.

❖ 오리야 네가 좋은 청명清明 밑께 밤은/옆에서 누가 뺨을 쳐도 모르게 어둡다누나/오리야 이때는 따디기가 되여 어둡단다// […] //오리야 나는 네가 좋구나 네가 좋아서/벌논의 눞 옆에 쭈구렁벼알 달린 짚검불을 널어놓고 **〈오리〉**

네② **대** 이인칭 대명사 '너'에 관형격 조사 '의'가 붙어 줄어든 말.

❖ 어스름저녁 국수당 돌각담의 수무나무 가지에 녀귀의 탱을 걸고 나물매 갖추어 놓고 비난수를 하는 젊은 새악시들/—잘 먹고 가라 서리서리 물러가라 네 소원 풀었으니 다시 침노 말아라 **〈오금덩이라는 곳〉** ❖ 한 십리十理 더 가면 절간이 있을 듯한 마을이다 […] 아릇동리선가 말 웃는 소리 무서운가 아릇동리 망아지 네 소리 무서울라 담모도리 바윗잔등에 다람쥐 해바라기하다 조은다 토끼잠 한잠 자고 나서 세수한다 […] **〈황일**黃日**〉** ❖ 비얘고지 비얘고지는/제비야 네 말이다/저 건너 노루섬에 노루 없드란 말이지/신미두 삼각산엔 가무래기만 나드란 말이지//비얘고지 비얘고지는/제비야 네 말이다/푸른 바다 흰 한울이 좋기도 좋단 말이지/해밝은 모래장변에 돌비 하나 섰단 말이지//비얘고지 비얘고지는/제비야 네 말이다/눈빨갱이 갈매기 발빨갱이 갈매기 가란 말이지/승냥이처럼 우는 갈매기/무서워 가란 말이지 **〈대산동**大山洞**—물닭의 소리〉** ❖ 분명코 무슨 거즛되고 쓸데없는 것에 놀라서/그것이 네 맑고 참된 마음에 분해서 우는구나 **〈촌에서 온 아이〉** ❖ 네 소리는 조금 썩 심하니 쉬인 듯도 하다/네 소리에 내 마음은 반끗히 밝어오고 또 호끈히 더워오고 그리고 즐거워온다/나는 너를 껴안어 올려서 네 머리를 쓰다듬고 힘껏 네 적은 손을 쥐고 흔들고 싶다/네 소리에 나는 촌 농삿집의 저녁을 짓는 때/나주볕이 가득 드리운 밝은 방안에 혼자 앉어서/실감기며 버선짝을 가지고 쓰렁쓰렁 노는 아이를 생각한다 **〈촌에서 온 아이〉** ❖ 큰마니야 네 머리카락 엄매야 네 머리카락 삼춘엄매야 네 머리카락 **〈머리카락〉**

누가 **대** '누구가'가 줄어든 말. '누구'는 특정한 사람이 아닌 막연한 사람을 가리키는 인칭대명사.

❖ 아배는 타관 가서 오지 않고 산山비탈 외따른 집에 엄매와 나와 단둘이서 누가 죽이는 듯이 무서운 밤 집 뒤로는 어늬 산山골짜기에서 소를 잡어먹는 노나리꾼들

이 도적놈들같이 쿵쿵거리며 다닌다 〈**고야**古夜〉 ❖ 벌개눞역에서 바리깨를 뚜드리는 쇳소리가 나면/누가 눈을 앓어서 부증이 나서 찰거마리를 부르는 것이다/마을에서는 피성한 눈숡에 저린 팔다리에 거마리를 붙인다 〈**오금덩이라는 곳**〉 ❖ 오리야 네가 좋은 청명清明 밑께 밤은/옆에서 누가 뺨을 쳐도 모르게 어둡다누나/오리야 이때는 따디기가 되여 어둡단다 〈**오리**〉

누구 대 ① 특정한 사람이 아닌 막연한 사람을 가리키는 인칭대명사. ② 가리키는 대상을 굳이 밝혀서 말하지 않을 때 쓰는 인칭대명사.

❖ 우리들은 가난해도 서럽지 않다/우리들은 외로워할 까닭도 없다/그리고 누구① 하나 부럽지도 않다 〈**선우사**膳友辭**—함주시초**咸州詩抄〉 ❖ 다만 한 사람 목이 긴 시인詩人은 안다/'도스토이엡흐스키'며 '죠이쓰'며 누구①보다도 잘 알고 일등가는 소설도 쓰지만 〈**허준**許俊〉 ❖ 한울은/이러한 시인詩人이 우리들 속에 있는 것을 더욱 사랑하는데/이러한 시인詩人이 누구②인 것을 세상은 몰라도 좋으나/그러나/그 이름이 강소천姜小泉인 것을 송아지와 꿀벌은 알을 것이다 〈《**호박꽃 초롱**》 **서시**序詩〉

당신 대 듣는 이를 가리키는 이인칭 대명사. 하오할 자리에 쓴다.

❖ 바닷가에 왔드니/바다와 같이 당신이 생각만 나는구려/바다와 같이 당신을 사랑하고만 싶구려//구붓하고 모래톱을 오르면/당신이 앞선 것만 같구려/당신이 뒤선 것만 같구려//그리고 지중지중 물가를 거닐면/당신이 이야기를 하는 것만 같구려/당신이 이야기를 끊은 것만 같구려 〈**바다**〉 ❖ 눈물의 또 볕살의 나라에서 당신은/이 세상에 나들이를 온 것이다/쓸쓸한 나들이를 단기려 온 것이다//눈물의 또 볕살의 나라 사람이여/당신이 그 긴 허리를 굽히고 뒤짐을 지고 지치운 다리로/싸움과 흥정으로 왁자지껄하는 거리를 지날 때든가/추운 겨울밤 병들어 누운 가난한 동무의 머리맡에 앉어/말없이 무릎 우 어린 고양이의 등만 쓰다듬는 때든가/당신의 그 고요한 가슴 안에 온순한 눈가에/당신네 나라의 맑은 한울이 떠오를 것이고/당신의 그 푸른 이마에 삐여진 어깻죽지에/당신네 나라의 따사한 바람결이 스치고 갈 것이다//높은 산도 높은 꼭다기에 있는 듯한/아니면 깊은 물도 깊은 밑바닥에 있는 듯한 당신네 나라의/하늘은 얼마나 맑고 높을 것인가/ 〔…〕 /이 목이 긴 시인詩人이 또 게사니처럼 떠곤다고/당신은 쓸쓸히 웃으며 바독판을 당기는구려 〈**허준**許俊〉

아무 대 어떤 사람을 특별히 정하지 않고 이르는 인칭대명사.

❖ 한 십리十里 더 가면 절간이 있을 듯한 마을이다 낮 기울은 볕이 장글장글하니 따사하다 흙은 젖이 커서 살같이 깨서 아지랑이 낀 속이 안타까운가보다 뒤울안

에 복사꽃 핀 집엔 아무도 없나보다 〔…〕 **〈황일**黃日**〉**

아무개씨氏 **대** 아무개를 높여 이르는 말. '아무개'는 어떤 사람을 구체적인 이름 대신 이르는 인칭대명사.

❖ 그러면 아무개씨氏 고향故鄕이란다/그러면 아무개씰氏 아느냐 한즉 **〈고향**故鄕**〉**

우리 대 ① 자기와 함께 자기와 관련되는 여러 사람을 다 같이 가리킬 때, 또는 자기나 자기 편을 가리킬 때 쓰는 말. ② 일부 명사 앞에서 관형어로 쓰여, 말하는 이와 관련된 사람을 친근하게 가리키는 말(《고려대한국어대사전》).

❖ 모닥불은 어려서 우리 할아버지가 어미 아비 없는 서러운 아이로 불상하니도 몽둥발이가 된 슬픈 력사가 있다 **〈모닥불〉** ❖ 흰밥과 가재미와 나는/우리들은 그 무슨 이야기라도 다 할 것 같다/우리들은 서로 미덥고 정답고 그리고 서로 좋구나//우리들은 맑은 물밑 해정한 모래톱에서 하구 긴 날을 모래알만 헤이며 잔뼈가 굵은 탓이다/바람 좋은 한벌판에서 물닭이 소리를 들으며 단이슬 먹고 나이 들은 탓이다/외따른 산골에서 소리개 소리 배우며 다람쥐 동무하고 자라난 탓이다//우리들은 모두 욕심이 없어 희여졌다/착하디착해서 세괏은 가시 하나 손아귀 하나 없다/너무나 정갈해서 이렇게 파리했다//우리들은 가난해도 서럽지 않다/우리들은 외로워할 까닭도 없다/그리고 누구 하나 부럽지도 않다//흰밥과 가재미와 나는/우리들이 같이 있으면/세상 같은 건 밖에 나도 좋을 것 같다 **〈선우사**膳友辭**—함주시초**咸州詩抄**〉** ❖ 우리 엄매가 나를 가지는 때 이 노큰마니는 어늬 밤 크나큰 범이 한 마리 우리 선산으로 들어오는 꿈을 꾼 것을 우리 엄매가 서울서 시집을 온 것을 그리고 무엇보다도 내가 이 노큰마니의 당조카의 맏손자로 난 것을 다견하니 알뜰하니 기꺼이 녀기는 것이었다 **〈넘언집 범 같은 노큰마니〉** ❖ 한울은/이러한 시인詩人이 우리들 속에 있는 것을 더욱 사랑하는데 **〈《호박꽃 초롱》 서시**序詩**〉**

우리네 대 자기나 자기의 주위에 있는 사람들이나 자기가 속한 단체의 사람들의 무리를 가리키는 말(《고려대한국어대사전》).

❖ 우리네 조상들이 먼먼 넷날로부터 대대로 이날엔 으레히 그러하며 오듯이 **〈두보**杜甫**나 이백**李白**같이〉**

저① 대 앞에서 이미 말하였거나 나온 바 있는 사람을 도로 가리키는 삼인칭 대명사.

❖ 어린 누이는 없고 저는 시집을 갔다건만/오리야 너는 한 쌍이 날어가누나 **〈오리〉**

제 앞에서 언급한 사람을 낮추어 가리키는 말인 인칭대명사 '저'에 관형격 조사 '의'가 붙어서 준 말(《고려대한국어대사전》).

〔'제'는 인칭대명사 '저'에 관형격 조사 '의'가 붙은 말이므로 품사를 지정할 수 없다.〕

❖ 병이 들면 풀밭으로 가서 풀을 뜯는 소는 인간人間보다 영靈해서 열 걸음 안에 제 병을 낫게 할 약藥이 있는 줄을 안다고 **〈절간의 소 이야기〉** ❖ 낮 기울은 날을 햇볕 장글장글한 툇마루에 걸어앉어서/지난 여름 도락구를 타고 장진長津땅에 가서 꿀을 치고 돌아왔다는 이 벌들을 바라보며 나는/날이 어서 추워져서 쑥국화꽃도 시들고 이 바즈런한 백성들도 다 제 집으로 들은 뒤에 이 골안으로 올 것을 생각하였다 **〈산곡山谷—함주시초咸州詩抄〉** ❖ 더운물에 몸을 불키거나 때를 밀거나 하는 것도 잊어버리고/제 배꼽을 들여다보거나 남의 낯을 쳐다보거나 하는 것인데 **〈조당澡塘에서〉**

II. 기본생활

1 의류

1) 옷 일반과 종류

검정치마명 검은 천으로 만든 치마(《조선말대사전》).

〔'검정치마'는《조선말대사전》에 등재되어 있다.〕

❖ 아름답고 튼튼한 계집은 있어서/흰 저고리에 붉은 길동을 달어/검정치마에 받쳐입은 것은/나의 꼭 하나 즐거운 꿈이였드니 **〈절망絶望〉**

남치마명 ① 남빛 치마를 통틀어 이르는 말. ② 예전에, 여자 예복으로 입던 남빛의 치마.

❖ 나의 정다운 것들 가지 명태 노루 뫼추리 질동이 노랑나뷔 바구지꽃 모밀국수 남치마 자개짚세기 그리고 천희千姬라는 이름이 한없이 그리워지는 밤이로구나 **〈야우소회夜雨小懷—물닭의 소리〉**

노란저고리명 노란색 저고리. 전통적으로 결혼하기 전의 처녀들이 입은 한복의 배색은 노란 저고리에 다홍치마였다(손경자,《전통한복양식》, 교문사, 1992, 72쪽).

❖ 어쩐지 당홍치마 노란저고리 입은 새악시들이/웃고 살을 것만 같은 마을이다 **〈고성가도固城街道—남행시초南行詩抄 3〉**

당홍치마명 다홍치마. 짙고 산뜻한 붉은빛 치마. 전통적으로 결혼하기 전의 처녀들이 입은 한복의 배색은 노란저고리에 다홍치마였다(손경자,《전통한복양식》, 교문사, 1992, 72쪽).

〔《표준국어대사전》에 '다홍'은 "짙고 산뜻한 붉은색"으로, '당홍'은 "예전에, 중국에서 나는 자줏빛을 띤 붉은 물감이나 색을 이르던 말"로 풀이되어 있는데, 백석 시에서 '당홍치마'는 결혼 전의 처녀가 흔히 노란 저고리에 받쳐 입는 '다홍치마'를 가리키는 것이다.〕

❖ 어쩐지 당홍치마 노란저고리 입은 새악시들이/웃고 살을 것만 같은 마을이다 **〈고성가도**固城街道**—남행시초**南行詩抄 **3〉**

대림질감 명 다림질감. 다리미질을 할 천이나 옷.

〔'대림질감'은 '대림질(다림질)+감'의 형태를 지닌 합성조어이다. '감'은 일부 명사 뒤에 붙어 대상이 되는 도구, 사물, 사람, 재료의 뜻을 나타내는 말이다. '대림질감'은 다림질할 사물로서, 보통 다림질한 천이나 옷을 가리킨다.〕

❖ 인간들은 모두 뒷등성으로 올라 멍석자리를 하고 바람을 쐬이는데/풀밭에는 어느새 하이얀 대림질감들이 한불 널리고/돌우래며 팟중이 산옆이 들썩하니 울어댄다 **〈박각시 오는 저녁〉**

두룽이 명 도롱이. 백석 시 〈촌에서 온 아이〉에서 '두룽이'는 '도롱이'(짚, 띠 따위로 엮어 허리나 어깨에 걸쳐 두르는 비옷) 모양을 한 것으로 추위를 막기 위해 어깨 위에 둘러쓴 망토 모양의 옷을 가리키는 것으로 보인다.

〔'두룽이'는 '도롱이'를 말하는 것으로 보인다. '도롱이'는 '짚, 띠 따위로 엮어 허리나 어깨에 걸쳐 두르는 비옷'을 뜻하는데, 아래 시 용례에서 '무슨 두룽이 같은 것'이라고 했으니 꼭 '두룽이'를 가리킨다기보다는 그런 모양을 한 허름한 옷으로 대충 추위를 막기 위해 어깨 위에 둘러쓴 망토 모양의 옷을 말하는 것으로 보인다. 이숭원(2008)은 '두룽이'를 '두렁이'(어린아이를 둘러업게 만든 치마 모양의 말기와 띠가 달린 포대기)로 본다.〕

❖ 촌에서 어젯밤에 승합자동차乘合自動車를 타고 온 아이여/이렇게 추운데 웃동에 무슨 두룽이 같은 것을 하나 걸치고 아랫두리는 쪽 발가벗은 아이여 **〈촌에서 온 아이〉**

막베등거리 명 거칠고 성기게 짠 베로 만든, 등만 덮을 만하게 걸쳐 입는 홑옷. 깃이 없고 소매가 짧거나 없게 만든다.

〔'막베등거리'는 '막베+등거리'의 형태를 지닌 합성조어이다. '막베'는 '거칠고 성기게 짠, 품질이 낮은 베'를 말하며, '등거리'는 '등만 덮을 만하게 걸쳐 입는 홑옷으로 깃이 없고 소매

등거리와 잠방이(잠방둥에)

가 짧거나 없게 만든 옷'을 말한다.〕

❖ 산골사람은 막베등거리 막베잠방둥에를 입고/노루새끼를 닮었다 **〈노루—함주시초咸州詩抄〉**

막베잠방둥에명 거칠고 성기게 짠 베로 만든, 가랑이가 무릎까지 내려오도록 짧게 만든 홑바지.

〔'막베잠방둥에'는 '막베+잠방둥에'의 형태를 지닌 합성조어이다. '막베'는 '거칠고 성기게 짠, 품질이 낮은 베'를 말하며, '잠밤둥에'는 '잠방이'(가랑이가 무릎까지 내려오게 만든 짧은 홑바지)를 말한다. 《조선말대사전》에 '잠방등에'가 '잠방이'의 '비규정어'로 등재되어 있다.〕

❖ 산골사람은 막베등거리 막베잠방둥에를 입고/노루새끼를 닮었다 **〈노루—함주시초咸州詩抄〉**

무명샤쯔명 무명 셔츠. 무명으로 지은 서양식 윗옷.

〔'무명샤쯔'는 '무명+샤쯔(셔츠shirt, 서양식 윗옷)'의 형태를 지닌 합성조어이다. 사전에 이와 같은 형태의 말로 '무명옷'이 등재되어 있다.〕

❖ 이 흰 바람벽에/희미한 십오촉十五燭 전등이 지치운 불빛을 내어던지고/때글은 다 낡은 무명샤쯔가 어두운 그림자를 쉬이고 **〈흰 바람벽이 있어〉**

물팩치기명 무릎치기. 무릎까지 내려오는 짧은 바지나 치마 등의 옷. '물패기'는 '무릎'의 방언이다.

〔'물패기'가 '무릎'의 방언이므로 '물팩치기'는 '무릎치기'를 가리키는 말이다. '무릎치기'는 사전에 '무릎까지 내려오는 짧은 바지'로 풀이되어 있는데, '치기'는 원래 옷을 지칭하는 말이다. '~치기'의 어형을 지닌 또 다른 말로 '두루치기'가 있는데, 이 말은 '폭이 좁고 짧은 치마'라고 사전에 풀이되어 있다. 따라서 '무릎치기'는 '무릎까지 오는 짧은 바지나 치마 등의 옷'이라고 풀이해야 정확한 것이고, 그중 백석 시의 용례에선 치마를 가리키는 말로 쓰인 것이다. 아래 용례에서 '물팩치기'는 문맥상 그 다음에 '인'이라는 말이 생략된 것으로 보아야 할 것 같다. 한편 《조선말대사전》엔 '무릎치기'에 옷이라는 의미 외에 '쌓이거나 깔린 것의 높이가 무릎까지 오는'이라는 뜻도 기술되어 있다. 이러한 말의 쓰임을 백석이 변용하여 '무릎까지 내려오는'의 뜻으로 쓴 것일 수도 있는데, 이보다는 전자로 보는 것이 더 적절할 듯하다.〕

❖ 백중날에는 새악시들이/생모시치마 천진푀치마의 물팩치기 껑추렁한 치마에/쇠주푀적삼 항라적삼의 자지고름이 기드렁한 적삼에/한끝나게 상나들이옷을 있

는 대로 다 내 입고 〈**칠월**七月 **백중**〉

상나들이옷 명 가장 좋은 나들이옷.

〔'상나들이옷'은 '상(上)+나들이옷'의 형태를 지닌 합성조어이다. 사전에 '상늙은이', '상상품' 등의 말이 있고, 서정주의 시 〈상가수上歌手의 소리〉란 시에서 '상가수上歌手'란 시어가 쓰인 바 있다.〕

❖ 쇠주푀적삼 항라적삼의 자지고름이 기드렁한 적삼에/한끝나게 상나들이옷을 있는 대로 다 내 입고 〈**칠월**七月 **백중**〉

새옷 명 새로 지은 옷(《조선말대사전》).

〔'새옷'은 《조선말대사전》에 등재되어 있다.〕

❖ 이 그득히들 할머니 할아버지가 있는 안간에들 모여서 방안에서는 새옷의 내음새가 나고 〈**여우난골족**族〉

생모시치마 명 천을 짠 후에 잿물에 삶아서 뽀얗게 처리하지 아니한, 원래 그대로의 모시로 만든 여자의 아랫도리 겉옷.

〔사전에 '생모시치마'와 비슷한 형태의 말로 '모시옷'이 등재되어 있다.〕

❖ 백중날에는 새악시들이/생모시치마 천진푀치마의 물팩치기 껑추렁한 치마에/쇠주푀적삼 항라적삼의 자지고름이 기드렁한 적삼에/한끝나게 상나들이옷을 있는 대로 다 내 입고 〈**칠월**七月 **백중**〉

쇠주푀적삼 명 소주포蘇州布적삼. 중국 소주蘇州(쑤저우)에서 생산된 베로 만든 홑옷 저고리.

〔'쇠주푀적삼'은 '쇠주(소주, 蘇州)+푀(포, 布)+적삼(홑저고리)'의 형태를 지닌 합성조어이다. '쇠주'와 '푀'는 '소주'와 '포'에 각각 평북 방언의 특성인 '이' 모음 첨가가 이루어진 것이다. '소주蘇州'(쑤저우)는 견직물 공업의 오랜 역사를 가지고 있으며, 당송唐宋 이래 난징, 항저우와 함께 중국의 3대 견직물 생산 기지로서 '비단의 고향'으로 불리는 곳이다(丝绸工业历史悠久, 唐宋以来, 与南京, 杭州并列为中国三大丝绸生产基地, 有'丝绸之乡'之誉〔中国大百科全书编辑委员会,《中国大百科全书 · 中国地理》, 中国大百科全书出版社, 1992, 459쪽〕). 따라서 '쇠주푀적삼'의 '포(베)'는 삼베, 무명, 비단 등 천 일반을 가리키는 말이지만, 여기선 그중에서도 특히 '비단'을 가리키는 것으로 보아야 할 것이다.〕

❖ 백중날에는 새악시들이/생모시치마 천진푀치마의 물팩치기 껑추렁한 치마에/쇠주푀적삼 항라적삼의 자지고름이 기드렁한 적삼에/한끝나게 상나들이옷을 있는 대로 다 내 입고 〈**칠월**七月 **백중**〉

옷[명] 몸을 싸서 가리거나 보호하기 위하여 피륙 따위로 만들어 입는 물건.

❖ 불을 끈 방안에 횃대의 하이얀 옷이 멀리 추울 것같이 **〈머루밤〉** ❖ 삼리三里밖 강江쟁변엔 자갯돌에서/비멀이한 옷을 부숭부숭 말려 입고 오는 길인데/산山모롱고지 하나 도는 동안에 옷은 또 함북 젖었다 **〈구장로球場路—남행시초西行詩抄 1〉** ❖ 그리하여 따사한 햇귀에서 하이얀 옷을 입고 매끄러운 밥을 먹고 단샘을 마시고 낮잠을 잤다 **〈북방北方에서—정현웅鄭玄雄에게〉** ❖ 사랑하는 어린것에게 엿 한 가락을 아끼고 위하는 안해에겐 해진 옷을 입히면서도/마음이 가난한 낯설은 사람에게 수백 냥 돈을 거저 주는 그 인정을 그리고 또 그 말을 **〈허준許俊〉** ❖ 오늘 고향의 내 집에 있는다면/새 옷을 입고 새 신도 신고 떡과 고기도 억병 먹고/일가친척들과 서로 모여 즐거이 웃음으로 지날 것이연만/나는 오늘 때묻은 입든 옷에 마른물고기 한 토막으로/혼자 외로이 앉어 이것저것 쓸쓸한 생각을 하는 것이다 **〈두보杜甫나 이백李白같이〉** ❖ 평안하니 집살이를 할 것을 생각하고/애끼는 옷을 다 적시어도 비는 씨원만 하다고 생각한다 **〈칠월七月 백중〉**

웃동[명] 윗도리. 위에 입는 옷.

〔《평북방언사전》엔 '웃동'이 '윗도리'의 평북 방언으로 등재되어 있는데, 《조선말대사전》엔 '웃동'과 '윗도리'가 모두 등재되어 있다. '웃동'은 북쪽 지역에서 널리 쓰인 말로 보인다.〕

❖ 촌에서 어젯밤에 승합자동차乘合自動車를 타고 온 아이여/이렇게 추운데 웃동에 무슨 두룽이 같은 것을 하나 걸치고 아랫두리는 쪽 발가벗은 아이여 **〈촌에서 온 아이〉**

저고리[명] 한복 윗옷의 하나. 길, 소매, 섶, 깃, 동정, 고름, 끝동, 회장 따위가 갖추어져 있다.

❖ 아름답고 튼튼한 계집은 있어서/흰 저고리에 붉은 길동을 달어/검정치마에 받쳐입은 것은/나의 꼭 하나 즐거운 꿈이였드니 **〈절망絶望〉** ❖ 옛말속같이 진진초록 새 저고리를 입고/손잔등이 밭고랑처럼 몹시도 터졌다 **〈팔원八院—서행시초西行詩抄 3〉**

적삼[명] 윗도리에 입는 홑옷. 모양은 저고리와 같다.

❖ 쇠주퇴적삼 항라적삼의 자지고름이 기드렁한 적삼에/한끝나게 상나들이옷을 있는 대로 다 내 입고 **〈칠월七月 백중〉**

창과쯔[명] 중국의 긴 홑저고리를 가리키는 '장괘자長掛子'(창과쯔)의 중국어 발음을 우리말로 적은 것.

창과쯔

〔중국어 사전에 '褂子'가 '中式的单上衣'(중국식 홑저고리)로 풀이되어 있다(中國社會科學院語言研究所詞典編輯室 編,《(漢英雙語)現代漢語詞典》, 外語教學與研究出版社, 2002, 707쪽).〕

❖ 손톱을 시펄하니 길우고 기나긴 창꽈쯔를 즐즐 끌고 싶었다/만두饅頭꼬깔을 눌러쓰고 곰방대를 물고 가고 싶었다. 〈**안동**安東〉

천진푀치마 명 천진포天津布 치마. 중국 천진天津(톈진)에서 생산된 베로 만든 치마.

〔'천진푀치마'는 '천진(天津)+푀(포, 布)+치마'의 합성조어. '푀'는 '포'에 평북 방언의 특성인 '이' 모음 첨가가 이루어진 것이다. 1949년 이전에 중국의 면직 기업들은 주로 톈진, 상하이, 칭다오 일대에 집중되어 있었다(中国大百科全书编辑委员会,《中国大百科全书·中国地理》, 中国大百科全书出版社, 1992, 776-778쪽). 따라서 '천진포天津布'의 '포'(베)는 삼베, 무명, 비단 등 천 일반을 가리키는 말이지만, 여기선 그중에서 특히 면, 곧 무명을 가리키는 것으로 보아야 할 것이다.〕

❖ 백중날에는 새악시들이/생모시치마 천진푀치마의 물팩치기 껑추렁한 치마에/쇠주푀적삼 항라적삼의 자지고름이 기드렁한 적삼에/한끝나게 상나들이옷을 있는 대로 다 내 입고 〈**칠월**七月 **백중**〉

치마 명 여자의 아랫도리에 입는 겉옷의 하나. 가랑이 없이 밑이 하나로 터져 있다(《고려대한국어대사전》).

❖ 백중날에는 새악시들이/생모시치마 천진푀치마의 물팩치기 껑추렁한 치마에/쇠주푀적삼 항라적삼의 자지고름이 기드렁한 적삼에 〈**칠월**七月 **백중**〉

치맛자락 명 치마폭의 늘어지거나 드리워진 부분.

❖ 수양산首陽山의 어늬 오래된 절에서 칠십七十이 넘은 로장은 이런 이야기를 하며 치맛자락의 산山나물을 추었다 〈**절간의 소 이야기**〉

토시 명 추위를 막기 위하여 팔뚝에 끼는 것. 저고리 소매처럼 생겨 한쪽은 좁고 다른 쪽은 넓다.

❖ 긴 토시 끼고 큰머리 얹고 오불고불 넘엣거리로 가는 여인女人은 평안도平安道서 오신 듯한데 동백冬柏꽃 피는 철이 그 언제요 〈**통영**統營(**남행시초**南行詩抄)〉

항라적삼 명 항라로 지은 적삼(《조선말대사전》). '항라'는 명주, 모시, 무명실 따위로 짠 피륙의 하나. 씨를 세 올이나 다섯 올씩 걸러서 구멍이 송송 뚫어지게 짠 것으로 여름 옷감으로 적당하다. '적삼'은 홑저고리를 가리킨다.

〔'항라적삼'은《조선말대사전》에 등재되어 있다.〕

❖ 백중날에는 새악시들이/생모시치마 천진푀치마의 물팩치기 껑추렁한 치마에/

쇠주푀적삼 항라적삼의 자지고름이 기드렁한 적삼에/한끝나게 상나들이옷을 있는 대로 다 내 입고 **〈칠월七月 백중〉**

흰옷 명 물감을 들이지 않은 흰 빛깔의 옷.

❖ 육십리六十里라고 해서 파랗게 뵈이는 산山을 넘어 있다는 해변에서 과부가 된 코끝이 빨간 언제나 흰옷이 정하든 말끝에 설게 눈물을 짤 때가 많은 큰골 고무 고무의 딸 홍녀洪女 아들 홍洪동이 작은홍洪동이 **〈여우난골족族〉**

2) 옷의 부분

길동 명 '끝동'(여자의 저고리 소맷부리에 댄 다른 색의 천)의 평북 방언.

❖ 흰 저고리에 붉은 길동을 달어/검정치마에 받쳐입은 것은/나의 꼭 하나 즐거운 꿈이였드니 **〈절망絶望〉**

남길동 명 남색의 길동. '길동'은 '끝동'(여자의 저고리 소맷부리에 댄 다른 색의 천)의 평북 방언.

〔'남길동'은 '남(藍, 파란색과 자주색의 중간색)+길동(끝동)'의 합성조어이다. 백석 시에 이와 유사한 형태의 조어로 '남갑사'(남, 藍+갑사, 甲紗)가 있다. 또, 같은 색상의 옷으로 '남치마'가 나온다.〕

❖ 골이 다한 산대 밑에 자그마한 돌능와집이 한 채 있어서/이 집 남길동 단 안주인은 겨울이면 집을 내고/산을 돌아 거리로 나려간다는 말을 하는데 **〈산곡山谷—함주시초咸州詩抄〉**

대님오리 명 대님의 낱개.

❖ 시악이 나서는 등 뒤 개울물에 아배의 신짝과 버선목과 대님오리를 모다 던져버린다 **〈오리 망아지 토끼〉**

버선목 명 발목에 닿는 버선의 부분.

❖ 시악이 나서는 등 뒤 개울물에 아배의 신짝과 버선목과 대님오리를 모다 던져버린다 **〈오리 망아지 토끼〉**

버선짝 명 버선의 한 짝.

〔사전에 '신발짝'은 등재되어 있는데, '버선짝'은 등재되어 있지 않다.〕

❖ 나주볕이 가득 드리운 밝은 방안에 혼자 앉어서/실감기며 버선짝을 가지고 쓰렁쓰렁 노는 아이를 생각한다 **〈촌에서 온 아이〉**

자지고름 명 자줏빛의 옷고름.

〔'자지고름'은 '자지(자줏빛)+고름(옷고름)'의 합성조어이다.〕

❖ 백중날에는 새악시들이/생모시치마 천진푀치마의 물팩치기 껑추렁한 치마에/쇠주푀적삼 항라적삼의 자지고름이 기드렁한 적삼에/한끝나게 상나들이옷을 있는 대로 다 내 입고 **〈칠월七月 백중〉**

3) 옷감과 재료

날①명 천, 돗자리, 짚신 따위를 짤 때 세로로 놓는 실, 노끈, 새끼 따위.

❖ 모래장변—바다가 널어놓고 못 미더워 드나드는 명주필을 짓궂이 발뒤축으로 찢으면/날과 씨는 모두 양금줄이 되어 짜랑짜랑 울었다 **〈물계리物界里—물닭의 소리〉**

남갑사명 남색으로 된 비단. '갑사甲紗'는 품질이 좋은 비단으로 얇고 성겨서 여름 옷감으로 많이 쓴다.

〔'남갑사'는 '남(藍, 파란색과 자주색의 중간색)+갑사(甲紗)'의 합성조어이다. 백석 시에 이와 유사한 형태의 조어로 '남길동'(남+길동)이 있다. 또 같은 색상의 옷으로 '남치마'가 나온다.〕

❖ 무썩무썩 더운 날에도 벌길에는/건들건들 씨연한 바람이 불어오고/허리에 찬 남갑사 주머니에는 오랜만에 돈푼이 들어 즈벅이고 **〈칠월七月 백중〉**

네날백이명 네날박이. 짚신 등의 세로줄을 네 가닥으로 짠 방식.

〔'네날백이'는 '네+날+백이'의 합성조어이다. '날'은 짚신 따위를 짤 때 세로로 놓는 실을 말하며, '백이'는 '박이'로 '바느질에서, 박음질을 하는 방식'을 말한다. 서정주의 시 〈귀촉도〉에 '육날메투리'란 시어가 나온다.〕

❖ 머리는 다리를 서너 켜레씩 드려서/시뻘건 꼬둘채댕기를 삐뚜룩하니 해 꽂고/네날백이 따배기신을 맨발에 바꿔 신고/고개를 몇이라도 넘어서 약물터로 가는데 **〈칠월七月 백중〉**

뜯개조박명 뜯게조박. 해어지고 낡아서 입지 못하게 된 옷에서 떨어져 나온 넓적한 조각.

〔'뜯개조박'은 '뜯개+조박'의 합성조어이다. '뜯개'는 '뜯게'로, 해어지고 낡아서 입지 못하게 된 옷을 말한다. '조박'은 '어떤 물건에서 떨어져 나온 주로 넓적한 작은 부분'을 말한다(《조선말대사전》). 《표준국어대사전》엔 '조박'이 '조각'의 북한어로 풀이되어 있으나, 《조선말대사전》엔 '조각'이 "어떤 큰 것에서 떨어져 나온 작은 부분"으로 기술되어 있어 '조박'과는 약간 다른 말로 풀이되어 있다.〕

❖ 황토 마루 수무나무에 얼럭궁덜럭궁 색동헝겊 뜯개조박 뵈짜배기 걸리고 오쟁이 끼애리 달리고 〔…〕 **〈넘언집 범 같은 노큰마니〉**

명주필 명 명주필明紬疋. 필로 된 명주 천(《조선말대사전》).

〔《표준국어대사전》, 《고려대한국어대사전》에 '무명필'은 등재되어 있는데, '명주필'은 등재되어 있지 않다.〕

❖ 모래장변—바다가 널어놓고 못 미더워 드나드는 명주필을 짓궂이 발뒤축으로 찢으면/날과 씨는 모두 양금줄이 되어 짜랑짜랑 울었다 **〈물계리物界里—물닭의 소리〉**

무명필 명 필로 된 무명. 무명실을 필 단위로 짜서 만든 피륙을 말하는데, 백석 시 〈가즈랑집〉에서는 '명다리'를 가리킨다. '명다리'란 신불을 모신 상 앞의 천장 가까이에 소원을 비는 사람의 성명과 생년월일을 써 매다는 무명이나 모시를 뜻한다. ☞ 체언 VI 문화생활 2. 민속과 종교 2) 민속신앙 388

〔지난날 한국의 전통 마을에서는 아이들이 태어날 때 부모들이 명다리를 단골 무당에게 바쳐 무당과 수양을 맺음으로써 아이의 무병장수를 기원하는 속신이 있었다. "내가 날 때 죽은 누이도 날 때/무명필에 이름을 써서 백지 달어서 구신간시렁의 당즈깨에 넣어 대감님께 수영을 들였다는"이란 구절은 백석의 고향에서 벌어진 속신을 그대로 드러낸 것이다(김명인, 《한국근대시의 구조연구》, 한샘, 1988, 77쪽; 국립민속박물관, 《한국민속신앙사전—무속신앙》, 국립민속박물관, 2009, 276쪽).〕

❖ 내가 날 때 죽은 누이도 날 때/무명필에 이름을 써서 백지 달어서 구신간시렁의 당즈깨에 넣어 대감님께 수영을 들였다는 가즈랑집 할머니 **〈가즈랑집〉**

베 명 ① 삼실, 무명실, 명주실 따위로 짠 피륙. ② 삼베(삼실로 짠 천).

❖ 얼굴에 별자국이 솜솜 난 말수와 같이 눈도 껌벅거리는 하로에 베 한 필을 짠다는 벌 하나 건너 집엔 복숭아나무가 많은 신리新里 고무 고무의 딸 이녀李女 작은이녀李女 **〈여우난골족族〉**

뵈짜배기 명 베의 작은 조각. 베는 삼실, 무명실, 명주실 따위의 피륙 또는 삼베를 말한다.

〔'뵈짜배기'는 '뵈+짜배기'의 합성조어이다. '뵈'는 '베'의 고어이며, '짜배기'는 '작은 조각', '쪼가리'란 뜻이다. 《조선말대사전》에 '쪼배기'가 '자배기'의 평북 방언으로 등재되어 있고, '자배기'는 "종이나 헝겊 같은 것의 작은 조각"이란 뜻으로 등재되어 있다.〕

❖ 황토 마루 수무나무에 얼럭궁덜럭궁 색동헝겊 뜯개조박 뵈짜배기 걸리고 오쟁이 끼애리 달리고 〔…〕 **〈넘언집 범 같은 노큰마니〉**

색동헝겊 명 색동으로 된 헝겊. 무지개처럼 여러 빛깔로 된 헝겊.
〔사전에 '색동헝겊'과 비슷한 형태의 말로 '색동천'이 등재되어 있다.〕
❖ 황토 마루 수무나무에 얼럭궁덜럭궁 색동헝겊 뜯개조박 뵈짜배기 걸리고 오쟁이 끼애리 달리고 〔…〕 **〈넘언집 범 같은 노큰마니〉**

실 명 고치, 털, 솜, 삼 따위나 화학 원료를 써서 가늘고 길게 뽑아 만든 것. 옷감을 짜고 바느질을 하는 데 쓴다.
❖ 이것은 아득한 녯날 한가하고 즐겁든 세월로부터/실 같은 봄비 속을 타는 듯한 녀름볕 속을 지나서 들쿠레한 구시월 갈바람 속을 지나서 **〈국수〉**

씨① 명 천, 돗자리, 짚신 따위를 짤 때에 가로로 놓는 실, 노끈, 새끼 따위.
❖ 모래장변—바다가 널어놓고 못 미더워 드나드는 명주필을 짓궂이 발뒤축으로 찢으면/날과 씨는 모두 양금줄이 되어 짜랑짜랑 울었다 **〈물계리**物界里**—물닭의 소리〉**

치장감 명 치장할 옷감.
〔'치장감'은 '치장(잘 매만져 곱게 꾸밈)+감(옷감)'의 합성조어이다. 일상에서 자주 쓰는 말인데, 사전엔 한 단어로 등재되어 있지 않다.〕
❖ 또 이러한 밤 같은 때 시집갈 처녀 막내고무가 고개 너머 큰집으로 치장감을 가지고 와서 엄매와 둘이 소기름에 쌍심지의 불을 밝히고 밤이 들도록 바느질을 하는 밤 같은 때 〔…〕 **〈고야**古夜**〉**

헝겊조각 명 '헝겊'(피륙의 조각).
〔'헝겊'이 '피륙의 조각'이란 뜻이니 '헝겊조각'은 '헝겊'과 거의 같은 뜻의 말이다. 《표준국어대사전》엔 '헝겊'만 등재되어 있으며, 《고려대한국어대사전》엔 '헝겊오라기'가 등재되어 있다.〕
❖ 새끼오리도 헌신짝도 소똥도 갓신창도 개니빠디도 너울쪽도 짚검불도 가락닢도 머리카락도 헝겊조각도 타는 모닥불 **〈모닥불〉**

홍공단 명 홍공단紅貢緞. 붉은 빛깔의 공단. '공단貢緞'은 두껍고, 무늬는 없지만 윤기가 도는 고급 비단을 말한다.
❖ 갓 한 닢 쓰고 건시 한 접 사고 홍공단 단기 한 감 끊고 술 한 병 받어들고//화륜선 만져보려 선창 갔다 **〈통영**統營**—남행시초**南行詩抄 **2〉**

4) 장신구

꼬둘채댕기 명 꼬들꼬들하게 해서 길게 늘어뜨린 댕기.

〔'꼬둘채댕기'는 '꼬둘+채+댕기'의 형태를 지닌 합성어이다. '꼬둘'은 '꼬들꼬들하다'의 뜻이며, '채'는 '머리카락이나 수염 따위가 길게 늘어진 것'을 가리킨다. 따라서 '꼬둘채댕기'는 '꼬들꼬들하게 해서 길게 늘어뜨린 댕기'를 뜻하는 말이다. '꼬둘채' '꼬둘채댕기'는 문학작품에서 다음과 같이 많은 용례들이 발견된다. "머리는 좀 흩어진 채, 흰 수건 뒤로 꺼먼 댕기의 꼬둘채가 늘어져 있다"(김남천, 〈대하〉, 1939); "멀리서도 향기를 느낄 수 있으니만치 동백기름으로 결태를 낸 큰 머리봉우에 얹힌 꼬둘채댕기가 나풀거렸다"(리원길, 〈명기 월향전〉, 《피모라이 병졸들》, 민족출판사, 1995); "그 머리봉 우에서 한들거리는 빨간 꼬둘채댕기가 더욱 새색시 티를 돋우었다"(최명익, 《서산대사》, 동광출판사, 1989).〕

❖ 머리는 다리를 서너 켜레씩 드려서/시뻘건 꼬둘채댕기를 삐뚜룩하니 해 꽂고/네날백이 따배기신을 맨발에 바꿔 신고 **〈칠월七月 백중〉**

넥타이 명 양복을 입을 때 와이셔츠 깃 밑으로 둘러 매듭을 지어 앞으로 늘어뜨리거나 나비 모양으로 매듭을 만드는 천.

❖ 내가 이렇게 외면하고 거리를 걸어가는 것은 잠풍 날씨가 너무나 좋은 탓이고/가난한 동무가 새 구두를 신고 지나간 탓이고 언제나 꼭같은 넥타이를 매고 고운 사람을 사랑하는 탓이다 **〈내가 이렇게 외면하고〉**

녚차개 명 옆차개, 호주머니(《조선말대사전》).

〔《조선말대사전》에 '옆차개'와 '옆차기'가 등재되어 있다. '옆차개'는 '호주머니'의 방언(함남, 양강, 자강, 평남, 황남, 황북, 강원), '옆차기'는 '옆에 달린 호주머니'로 풀이되어 있다.〕

❖ 어진 사람이 많은 나라에서는/오두미五斗米를 버리고 버드나무 아래로 돌아온 사람도/그 녚차개에 수박씨 닦은 것은 호박씨 닦은 것은 있었을 것이다 **〈수박씨, 호박씨〉**

노리개 명 예전에 여자들이 옷고름이나 허리에 달던 대표적인 장신구. 노리개는 화려하고 그 종류와 형태도 다종다양하며 공예적 가치도 높다. 노리개는 띳돈(노리개의 맨 윗부분에 있는 장식품), 주된 장식물인 주체(몸체), 주체를 걸고 있는 매듭과 술 등으로 이루어져 있다. 노리개는 장신구이지만 실용적 목적을 가진 것도 많았는데 대표적인 것이 장도노리개, 바늘집노리개, 향갑노리개 등이다. 노리개는 몸체가 하나인 단작노리개와 세 개인 삼작노리개, 다섯 개인 오작노리개 등이 있다. 백석 시 〈칠월七月 백중〉에서 은장두, 바늘집, 원앙, 바둑 등은 모두 노리개의 몸체나 띳돈에 해당하는 것으로 삼작 이상의 노리개가 구사된 것이다. 단작노리개는 평상시에, 삼작노리개는 명절이나 경사나 예복 착용 시에 주로 사용한다(이경자 외,《우리 옷과 장신구》, 열화당, 2003, 120쪽;《조선향토대백과18》, 2005, 197-198쪽).

❖ 광지보에서 나온 은장두에 바늘집에 원앙에 바둑에/번들번들하는 노리개는 스르럭스르럭 소리가 나고 **〈칠월七月 백중〉**

다리

다리③ 명 예전에, 여자들의 머리숱이 많아 보이라고 덧넣었던 딴머리.

❖ 머리는 다리를 서너 켜레씩 드려서/시뻘건 꼬둘채댕기를 삐뚜룩하니 해 꽂고 **〈칠월七月 백중〉**

단기 명 댕기. 길게 땋은 머리 끝에 드리는 장식용 헝겊이나 끈.

〔'단기'를 '단기지계(斷機之戒)에서 온 말로 원래는 베를 자른다는 뜻인데 옷감으로 전이되어 쓴 말'이라고 풀이하는 견해가 있으나(이숭원, 2008), 이 시가 쓰여진 무렵에 간행된, 진정한 의미에서 우리말로 만들어진 최초의 우리말 사전인 문세영의《조선어사전》(1938)에 '단기'는 '댕기'를 가리키는 말로 풀이되어 있다.〕

❖ 갓 한 닢 쓰고 건시 한 접 사고 홍공단 단기 한 감 끊고 술 한 병 받어들고//화륜선 만져보려 선창 갔다 **〈통영統營—남행시초南行詩抄 2〉**

대모체돋보기 명 대모테돋보기. 대모갑玳瑁甲으로 테를 만든 돋보기.

〔'대모테돋보기'는 '대모테+돋보기'의 형태를 지닌 합성조어이다. '대모테'는 '대모갑'(바다거북의 일종인 대모의 등과 배를 싸고 있는 껍데기)으로 만든 안경테를 말한다.《조선말대사전》에 '대모테안경'이 등재되어 있고, 이효석의 소설〈노령근해〉(《조선강단》, 1930. 1)에 '대모테' 쓴 청년이 등장한다.〕

❖ 그 코에 모두 학실을 썼다/돌체돋보기다 대모체돋보기다 로이도돋보기다 **〈석양夕陽〉**

돋보기 명 작은 것을 크게 보이도록 알의 배를 볼록하게 만든 안경.

❖ 아배가 밤참 국수를 받으려 가면 나는 큰마니의 돋보기를 쓰고 앉어 개 짖는 소리를 들은 것이다 **〈개〉**

돌체돋보기 명 돌테돋보기. 돌로 테를 만든 돋보기.

〔'돌테돋보기'는 '돌테+돋보기'의 형태를 지닌 합성조어로서 '대모체돋보기'와 같은 형태의 말이다. 1834년 이규경이 쓴 과학기술서인《오주서종박물고변五洲書種博物考辨》에 "'안경'의 테를 '청석靑石'으로 만들며, 이것으로 안경을 주조하면 윤이 나

지 않지만 뽕나무 잿물을 발라 불에다 구우면 윤이 난다"고 기술되어 있다.]

❖ 그 코에 모두 학실을 썼다/돌체돋보기다 대모체돋보기다 로이도돋보기다 **〈석양夕陽〉**

로이도돋보기 명 로이드Lloyd 안경. 둥글고 굵은 셀룰로이드 테의 돋보기. 미국의 희극 배우 로이드가 쓰고 영화에 출연한 데서 유래한다.

❖ 그 코에 모두 학실을 썼다/돌체돋보기다 대모체돋보기다 로이도돋보기다 **〈석양夕陽〉**

바눌집 명 바늘집. 바늘을 몇 개 넣어 몸에 달고 다니는 조그마한 갑으로 '바늘겨레', '침낭'이라고 하기도 한다. 바늘집은 금속으로 만든 것도 있고 비단에 수놓아 만든 것도 있다. 또 바늘집은 노리개로 패용하기도 했는데, 백석 시 〈칠월七月 백중〉에서 바늘집은 바로 이런 용도의 '바늘집노리개'를 가리킨다. 보통 바늘집의 아랫부분에 머리털을 가득 넣어 바늘을 꽂고, 윗부분은 뚜껑으로 아랫부분을 닫게 되어 있다(이경자 외, 《우리 옷과 장신구》, 열화당, 2003; 유희경, 《한국복식사연구》, 이화여자대학교출판부, 2002; 《조선향토대백과18》, 2005). ☞ 노리개 123

❖ 광지보에서 나온 은장두에 바눌집에 원앙에 바둑에/번들번들하는 노리개는 스르럭스르럭 소리가 나고 **〈칠월七月 백중〉**

바둑 명 바둑을 둘 때 쓰는 납작하고 둥근 돌을 말하는데, 백석 시 〈칠월七月 백중〉에선 노리개의 주체(몸체)나 띳돈을 가리킨다. 실제 바둑돌로 노리개의 주체(몸체)나 띳돈을 만든 예는 찾아보기 어렵고, 노리개의 주체나 띳돈에 새겨진 격자무늬를 가리켜 바둑으로 부른 것이 아닌가 짐작된다. ☞ 노리개 123

❖ 광지보에서 나온 은장두에 바눌집에 원앙에 바둑에/번들번들하는 노리개는 스르럭스르럭 소리가 나고 **〈칠월七月 백중〉**

원앙 명 강이나 호수 등에 무리를 이루어 사는 오릿과의 물새인데, 백석 시 〈칠월七月 백중〉에선 장신구로 쓰였다. 이 시의 용례에서 원앙은 노리개의 주체(몸체)에 새겨진 형상을 가리키는 것으로 짐작된다. 노리개의 핵심인 주체(몸체)엔 보통 원앙새나 자라, 나비, 포도송이 등을 새겼는데, 그것은 행복과 무병장수를 바라는 마음이 반영된 것이다. 원앙은 암컷과 수컷의 사이가 좋아 예로부터 부부간의 다정한 사랑과 애정을 상징하였다(《조선향토대백과18》, 2005, 198쪽). ☞ 노리개 123

❖ 광지보에서 나온 은장두에 바눌집에 원앙에 바둑에/번들번들하는 노리개는 스르럭스르럭 소리가 나고 **〈칠월七月 백중〉**

은장두명 은장도(銀粧刀). 은으로 만든 장도. 호신 및 노리개의 용도로 찬다. 노리개의 용도로 몸에 차는 경우에는 치마 위쪽 끝에 달아 저고리 아래로 약간 보이게 하였다. 백석 시 〈칠월七月 백중〉에서 '은장두'는 노리개 용도로 차는 '은장도노리개'를 가리킨다(이경자 외,《우리 옷과 장신구》, 열화당, 2003;《조선향토대백과18》, 2005, 199쪽). ☞ 노리개 123

❖ 광지보에서 나온 은장두에 바늘집에 원앙에 바둑에/번들번들하는 노리개는 스르럭스르럭 소리가 나고 **〈칠월七月 백중〉**

은장도노리개

주머니명 소소한 귀중품을 넣고 주둥이를 졸라매어 허리에 차는 것으로 천, 종이, 가죽 등으로 만드는데, 장식을 잘한 주머니들은 공단이나 비단 같은 두터운 비단으로 만들었다(《조선향토대백과18》, 2005, 197쪽). 백석 시 〈칠월七月 백중〉에서 주머니는 남갑사, 즉 남색의 품질 좋은 비단으로 만든 것이다.

❖ 무썩무썩 더운 날에도 벌길에는/건들건들 씨연한 바람이 불어오고/허리에 찬 남갑사 주머니에는 오랜만에 돈푼이 들어 즈벅이고 **〈칠월七月 백중〉**

학실명 '돋보기'의 평북 방언.

❖ 말상을 하였다 범상을 하였다 쪽재피상을 하였다/개발코를 하였다 안장코를 하였다 질병코를 하였다/그 코에 모두 학실을 썼다 **〈석양夕陽〉**

5) 갓, 모자, 신발

갓명 예전에, 어른이 된 남자가 머리에 쓰던 의관의 하나.

❖ 구마산舊馬山의 선창에선 좋아하는 사람이 울며 나리는 배에 올라서 오는 물길이 반날/갓 나는 고당은 갓갓기도 하다 **〈통영統營(남행시초南行詩抄)〉** ❖ 갓 한 닢 쓰고 건시 한 접 사고 홍공단 단기 한 감 끊고 술 한 병 받어들고//화륜선 만져보려 선창 갔다 **〈통영統營—남행시초南行詩抄 2〉** ❖ 신새벽 들망에/내가 좋아하는 꼴두기가 들었다/갓 쓰고 사는 마음이 어진데/새끼 그믈에 걸리는 건 어인 일인가 **〈꼴두기—물닭의 소리〉**

갓신창명 갖신창. 갖신(가죽으로 만든 우리 고유의 신)의 신창.

〔'갓신창'은 '갓신(가죽신)+창(신창)'의 합성조어. '신창(신+창)'과 같은 형태의 말이

다. '갓신'은 '가죽신'의 고어이며, 그 뒤에 '갖신'으로 표기되어 이 말이 《표준국어대사전》에 올라 있는데, 백석은 '갓신'이란 고어를 사용하고 있다.〕

❖ 새끼오리도 헌신짝도 소똥도 갓신창도 개니빠디도 너울쪽도 짚검불도 가락닢도 머리카락도 헝겊조각도 막대꼬치도 기왓장도 닭의 깃도 개터럭도 타는 모닥불 **〈모닥불〉**

갓진창 명 갖신창. 가죽신의 신창. ☞ 갓신창 126

〔'갓진창'은 '갓진(가죽신)+창'의 합성조어. '갓진'은 '갖신(가죽신)'의 평안 방언이다. 《평안남도지》에 '갖신(가죽신)'의 방언으로 '가찐'이 기술되어 있다(《평안남도지》, 1978, 282쪽). '갓신창'과 '갓진창'은 같은 말로서 전자는 고어로 후자는 방언으로 쓴 것이다. 하나의 단어가 고어와 방언의 두 가지 형태로 구사되는 것은 백석 시에서 자주 나타나는 현상이다.

지금까지 '갓진창'을 '갓에서 나온 말총으로 된 질긴 끈'으로 보는 견해가 많았는데, 이 풀이는 '갓끈'에서 '갓진'으로의 음운 변화를 설명하기 어렵고, 또 '갓진창'에서 '창'의 의미를 설명하기 어렵다는 문제점이 있다. 이 점에서 전자의 어석이 좀 더 타당하다고 할 수 있다.〕

❖ 일가들이 모두 범같이 무서워하는 이 노큰마니는 구덕살이같이 욱실욱실하는 손자 증손자를 방구석에 들매나무 회채리를 단으로 쩌다두고 따리고 싸리갱이에 갓진창을 매여놓고 따리는데 **〈넘언집 범 같은 노큰마니〉**

구두 명 주로 가죽을 재료로 하여 만든 서양식 신.

❖ 내가 이렇게 외면하고 거리를 걸어가는 것은 잠풍 날씨가 너무나 좋은 탓이고/가난한 동무가 새 구두를 신고 지나간 탓이고 언제나 꼭같은 넥타이를 매고 고운 사람을 사랑하는 탓이다 **〈내가 이렇게 외면하고〉**

딥세기 명 '짚신'의 평북 방언. 볏짚으로 삼아 만든 신.

〔《조선말대사전》에 '짚세기'와 '짚신'이 같은 뜻의 말로 모두 등재되어 있다. '짚세기'가 '딥세기'로 된 것은 'ㅈ, ㅊ'이 'ㄷ, ㅌ'으로 실현되는 평안 방언의 비구개음화 현상이 나타난 것이다.〕

❖ 황토 마루 수무나무에 얼럭궁덜럭궁 색동헝겊 뜯개조박 뵈짜배기 걸리고 오쟁이 끼애리 달리고 소삼은 엄신 같은 딥세기도 열린 국수당고개를 멫 번이고 튀튀 춤을 뱉고 넘어가면 〔…〕 **〈넘언집 범 같은 노큰마니〉**

따배기신 명 따배기. 곱게 삼은 짚신.

〔'따배기'가 '곱게 삼은 짚신'이란 뜻이므로 여기에 '신'이란 말이 붙은 '따배기신'이

란 말은 어휘가 중복 사용된 것이다. 이렇게 말을 중복 사용한 것은 해당 어휘, 즉 '신'이란 말을 강조하기 위한 것으로 보인다. 백석 시엔 이렇게 말이 중복 사용된 시어들이 종종 구사된다. '따배기신' 외에 '은행여름', '두릅순', '명태明太창난젓' 등이 그런 예들이다.〕

❖ 네날백이 따배기신을 맨발에 바꿔 신고/고개를 몇이라도 넘어서 약물터로 가는데 〈**칠월**七月 **백중**〉

만두饅頭**꼬깔** 명 만두고깔. 찐빵 모양의 모자.

만두고깔

〔중국의 만두는 위가 둥글고 아래가 평평하게 생겨서 우리나라 찐빵과 모양이 흡사한데 소가 들어 있지 않다. 소가 들어 있는 것은 보통 '포자包子'라고 부른다. 백석 시 〈안동安東〉의 아래 용례에서 우리나라 찐빵 모양의 만두고깔은 '과피모瓜皮帽'를 가리키는 듯하다. 중국 사전에 '과피모'는 수박의 반쪽 껍질 모양으로 6개의 반들반들한 비단이나 융단 조각을 꿰매서 만든다고 기술되어 있다. 중국의 청나라 시대에 주로 지주와 상인들이 창과쯔를 입고 머리에는 과피모를 쓰고 경팔촌京八寸이라는 곰방대를 들고 다니는 것이 유행이었다고 한다. 이에 대한 원문과 출처는 다음과 같다. "清代一般男子服饰有所谓京样高领长衫, 腰身, 袖管窄小, 外套短褂, 坎肩(背心), 头戴瓜皮小帽, 手持'京八寸'小烟管, 〔…〕 很多地主, 商人就如此装束"(中国大百科全书 编辑部编, 《中国大百科全书 · 轻工》, 中国大百科全书出版社, 1991, 636쪽), "像半個西瓜皮形狀的舊式便帽, 一般用六塊黑緞子或絨布連綴製成"(李榮 主編, 尹世超 編纂, 《哈爾濱方言詞典》, 江蘇教育出版社, 1997, 120쪽).〕

❖ 손톱을 시펄하니 길우고 기나긴 창꽈쯔를 즐즐 끌고 싶었다/만두饅頭꼬깔을 눌러쓰고 곰방대를 물고 가고 싶었다 〈**안동**安東〉

삿갓 명 비나 햇볕을 막기 위하여 대오리나 갈대로 거칠게 엮어서 만든 갓.

❖ 집에는 아배에 삼춘에 오마니에 오마니가 있어서 젖먹이를 마을 청능 그늘밑에 삿갓을 씌워 한종일내 뉘어두고 김을 매러 단녔고 〔…〕 〈**넘언집 범 같은 노큰마니**〉 ❖ 한울은/풀 그늘 밑에 삿갓 쓰고 사는 버슷을 사랑한다/모래 속에 문 잠그고 사는 조개를 사랑한다 〈**《호박꽃 초롱》 서시**序詩〉

신 명 땅을 딛고 서거나 걸을 때 발에 신는 물건을 통틀어 이르는 말. 가죽·고무·비닐·헝겊·나무·짚·삼 따위로 만들며, 모양과 용도에 따라 여러 가지가 있다.

❖ 새 옷을 입고 새 신도 신고 떡과 고기도 억병 먹고/일가친척들과 서로 모여 즐거이 웃음으로 지날 것이연만 **〈두보**杜甫**나 이백**李白**같이〉**

신짝[명] 신발의 한 짝 한 짝(《조선말대사전》).

❖ 오리는 동비탈에 그림자를 떨어트리며 날어가고 나는 동말랭이에서 강아지처럼 아배를 부르며 울다가/시악이 나서는 등 뒤 개울물에 아배의 신짝과 버선목과 대님오리를 모다 던져버린다 **〈오리 망아지 토끼〉**

싸리신[명] 싸리의 가지로 만든 신.

〔'싸리신'은 백석의 조어이다. 이와 유사한 형태의 말로 사전엔 '싸리비'가 등재되어 있다.〕

❖ 산山 너머 십오리十五里서 나무뒝치 차고 싸리신 신고 산山비에 촉촉이 젖어서 약藥물을 받으러 오는 산山아이도 있다 **〈산지**山地**〉** ❖ 산山 너머 십오리十五里서 나무뒝치 차고 싸리신 신고 산山비에 촉촉이 젖어서 약藥물을 받으려 오는 두멧아이들도 있다 **〈삼방**三防**〉** ❖ '자시동북팔십천희천自是東北八〇粁熙川'의 표標말이 선 곳/돌능와집에 소달구지에 싸리신에 옛날이 사는 장거리에/어니 근방 산천山川에서 덜거기 껙껙 검방지게 운다 **〈월림**月林**장―서행시초**西行詩抄 **4〉**

외얏맹건[명] 오얏망건. 망건의 관자에 오얏 문양을 넣은 망건을 가리키는 것으로 짐작된다. 또 망건을 잘 눌러 쓴 모양이 오얏꽃같이 단정하게 보인다는 데서 온 말로 볼 수도 있다.

망건

〔'외얏맹건'은 '오얏망건'에 백석 시 특유의 모음첨가 현상이 나타난 말이다. '오얏맹건'의 뜻은 위에 제시한 두 가지 뜻으로 추정해 볼 수 있는데(후자는 이동순, 1987), 의미상으로는 전자의 풀이가 좀 더 적절하다. 이 시어에서 주목되는 것은 망건을 '오얏꽃'이라는 말과 결합시켜 나타낸 점이다. 오얏꽃은 1892년 주화의 문양으로 처음 등장한 이후 우표, 훈장, 군복의 모표 등 여러 곳에 폭넓게 사용되었다. 1906년 이후 군복이나 문관 대례복에 부분적 또는 전면적으로 쓰이던 무궁화를 오얏꽃으로 대치하면서 오얏꽃 문양의 쓰임이 확대되었다. 오얏꽃은 처음에는 왕실(황실)의 의미로 사용되었으나, 차차 국가와 왕실을 포괄하는 의미로 활용되었던 것으로 보인다. 이 시에서 특별히 '오얏맹건'이란 말을 쓴 것은 오얏꽃이 지닌 이런 의미를 상징적으로 사용한 것으로 봐야 할 것 같다. '외얏맹건'을 사용한 이 시는 민족적인 정서를 담

고 있는 작품이라고 할 수 있다(목수현, 〈망국과 국가 표상의 의미 변화〉, 《한국문화》 53권, 서울대학교 규장각 한국학연구원, 2011).〕

❖ 한 해에 몇 번 매연 지난 먼 조상들의 최방등 제사에는 컴컴한 고방 구석을 나와서 대멀머리에 외얏맹건을 지르터맨 늙은 제관의 손에 정갈히 몸을 씻고 **〈목구**木具**〉**

자개짚세기 명 짜개짚세기. 엄지발가락과 나머지 발가락이 따로 들어가게 앞부분이 짜개진(나누어진) 짚신.

〔《조선말대사전》에 '짜개신발'이 "엄지발가락과 나머지 발가락이 따로 들어가게 앞부분이 짜개진 신발"이란 풀이로 등재되어 있다. 같은 형태의 말로 '짜개버선', '짜개장갑' 등이 등재되어 있다. '자개짚세기'는 '짜개짚세기'로서 '짜개신발'과 같은 형태의 말로 짐작된다.〕

❖ 나의 정다운 것들 가지 명태 노루 뫼추리 질동이 노랑나뷔 바구지꽃 모밀국수 남치마 자개짚세기 그리고 천희千姬라는 이름이 한없이 그리워지는 밤이로구나 **〈야우소회**夜雨小懷**—물닭의 소리〉**

짚신 명 볏짚으로 삼아 만든 신.

❖ 구석의 나무말쿠지에 할아버지가 삼는 소신 같은 짚신이 둑둑이 걸리어도 있었다 **〈고방〉**

헌신짝 명 헐어 떨어져서 못 신게 된 신짝(《조선말대사전》).

❖ 새끼오리도 헌신짝도 소똥도 갓신창도 개니빠디도 너울쪽도 짚검불도 가락닢도 머리카락도 헝겊조각도 막대꼬치도 기왓장도 닭의 짗도 개터럭도 타는 모닥불 **〈모닥불〉**

2 음식

1) 음식 일반

고기① 명 식용하는 온갖 동물의 살.

❖ 나는 이 털도 안 뽑은 도야지고기를 물꾸러미 바라보며/또 털도 안 뽑는 고기를 시꺼먼 맨모밀국수에 얹어서 한입에 꿀꺽 삼키는 사람들을 바라보며 **〈북신**北新**—서행시초**西行詩抄 **2〉** ❖ 새 옷을 입고 새 신도 신고 떡과 고기도 억병 먹고 **〈두보**杜甫**나 이백**李白**같이〉**

고기② 명 물고기. 어류의 척추동물을 통틀어 이르는 말. ☞ 물고기 132

〔아래 용례에서 '고기'는 엄밀히 말해 음식으로 사용된 말은 아니나, 고기를 잡아 보관하는 것은 먹기 위한 행위이므로 넓은 의미에서 음식 항목에 포함시킨다. 또 백석이 칠성고기를 떠올리는 것도 먹거리와 연관된 상상력으로 보아야 할 것이다.〕

❖ 참대창에 바다보다 푸른 고기가 께우며 섬돌에 곱조개가 붙는 집의 복도에서는 배창에 고기 떨어지는 소리가 들렸다 〈**시기**柿崎**의 바다**〉 ❖ 칠성七星고기라는 고기의 쩜벙쩜벙 뛰노는 소리가/쨋쨋하니 들려오는 호수湖水까지는/들쭉이 한불 새까마니 익어가는 망연한 벌판을 지나가야 한다 〈**함남도안**咸南道安〉

과일 명 나무나 초본식물에 달리는, 사람이 먹을 수 있는 열매(《고려대한국어대사전》).

❖ 한 해에 멫 번 매연 지난 먼 조상들의 최방등 제사에는 〔…〕 피나무 소담한 제상 위에 떡 보탕 식혜 산적 나물지짐 반봉 과일 들을 공손하니 받들고 〔…〕 〈**목구**木具〉

김장감 명 김장에 바탕이 되는 재료. 배추, 무, 고추, 마늘 따위가 있다.

❖ 집이 멫 집 되지 않는 골안은/모두 터앝에 김장감이 퍼지고/뜨락에 잡곡낟가리가 쌓여서 〈**산곡**山谷**—함주시초**咸州詩抄〉

나물 명 사람이 먹을 수 있는 풀이나 나뭇잎 따위를 삶거나 볶거나 또는 날것으로 양념하여 무친 음식.

❖ 나물 먹고 물 마시고 팔벼개하고 누웠든 사람도/그 머리맡에 수박씨 닦은 것은 호박씨 닦은 것은 있었을 것이다 〈**수박씨, 호박씨**〉

나물매 명 ① 나물과 함께 차려진 제삿밥. '매'를 '메', 즉 '제사 때 신위神位 앞에 놓는 밥'으로 봄. ② 이것저것 맵시 있게 진설해 놓은 나물. '매'를 '생김새', '맵시'를 뜻하는 접미사로 봄.

〔이동순(1987)은 ②의 의미로 풀이하였고, 김영배(1987)가 '나물매'를 '나물'과 '메'로 풀이하였다. '매'를 '메'로 본다면 '나물매'를 '나물과 메'로 보기보다는 '나물메'를 한 단어로 보아 '나물과 함께 차려진 제삿밥'으로 풀이하는 것이 더 자연스러울 듯하다.〕

❖ 어스름저녁 국수당 돌각담의 수무나무 가지에 녀귀의 탱을 걸고 나물매 갖추어 놓고 비난수를 하는 젊은 새악시들 〈**오금덩이라는 곳**〉

나물지짐 명 나물 부침개. 나물로 만든 부침개. '지짐'은 '부침개'의 평북 방언(《평북방언사전》; 《평안북도지》, 1973).

❖ 한 해에 멫 번 매연 지난 먼 조상들의 최방등 제사에는 〔…〕 피나무 소담한 제상 위에 떡 보탕 식혜 산적 나물지짐 반봉 과일 들을 공손하니 받들고 〔…〕 〈**목구**木具〉

당세 명 당수. 우리나라 전래 음식의 하나로 쌀, 좁쌀, 보리, 녹두 같은 곡식을 물에 불려 간 가루나 마른 메밀가루에 술을 조금 넣고 물을 부어 미음같이 쑨 것.

❖ 당세 먹은 강아지같이 좋아라고 집오래를 설레다가였다 **〈가즈랑집〉**

떡 명 곡식 가루를 찌거나, 그 찐 것을 치거나 빚어서 만든 음식을 통틀어 이르는 말.

❖ 내일같이 명절날인 밤은 부엌에 쩨듯하니 불이 밝고 〔…〕 방안에서는 일가집 할머니가 와서 마을의 소문을 펴며 조개송편에 달송편에 죈두기송편에 떡을 빚는 곁에서 나는 밤소 팥소 설탕 든 콩가루소를 먹으며 설탕 든 콩가루소가 가장 맛있다고 생각한다/나는 얼마나 반죽을 주무르며 흰가루손이 되여 떡을 빚고 싶은지 모른다 **〈고야古夜〉** ❖ 쩌락쩌락 떡을 친다/감자떡이다 **〈향악饗樂—산중음山中吟〉** ❖ 한 해에 멫 번 매연 지난 먼 조상들의 최방등 제사에는 〔…〕 피나무 소담한 제상 위에 떡 보탕 식혜 산적 나물지짐 반봉 과일 들을 공손하니 받들고 〔…〕 **〈목구木具〉** ❖ 새 옷을 입고 새 신도 신고 떡과 고기도 억병 먹고/ 〔…〕 /그 조상들이 대대로 하든 본대로 원소元宵라는 떡을 입에 대며 **〈두보杜甫나 이백李白같이〉**

떡당이 명 떡덩이. 한 덩이의 떡.

〔원문에는 '떨당이'로 표기되어 있는데, '떡당이'의 오기로 보이며, '떡당이'는 '떡덩이'를 가리키는 것으로 짐작된다.〕

❖ 나는 주먹다시 같은 떡당이에 꿀보다도 달다는 강낭엿을 산다 **〈월림月林장—서행시초西行詩抄 4〉**

마른물고기 명 말린 물고기(《조선말대사전》). '건어乾魚'와 같은 말.

❖ 나는 오늘 때묻은 입든 옷에 마른물고기 한 토막으로/ 〔…〕 /이날 이렇게 마른물고기 한 토막으로 외로이 쓸쓸한 생각을 한 적도 있었을 것이다 **〈두보杜甫나 이백李白같이〉**

물고기 명 어류의 척추동물을 통틀어 이르는 말. ☞ 체언 X. 동물 2. 어패류 462

〔아래 용례에서 '물고기'는 명태덕장에서 얼리고 있는 명태를 가리킨다.〕

❖ 명태明太는 길다랗고 파리한 물고긴데/꼬리에 길다란 고드름이 달렸다 **〈멧새소리〉**

반봉 명 제물로 쓰는 생선 종류의 통칭.

〔'반봉'은 정확한 뜻을 헤아리기 어렵다. 위의 풀이는 이동순(1987)의 견해를 따른 것이다.〕

❖ 한 해에 멫 번 매연 지난 먼 조상들의 최방등 제사에는 〔…〕 피나무 소담한 제상 위에 떡 보탕 식혜 산적 나물지짐 반봉 과일 들을 공손하니 받들고 〔…〕 **〈목구木具〉**

반죽 명 가루에 물을 부어 이겨 갬. 또는 그렇게 한 것.

❖ 나는 얼마나 반죽을 주무르며 흰가루손이 되여 떡을 빚고 싶은지 모른다 **〈고야**古夜**〉**

밤참 명 저녁밥을 먹고 난 한참 뒤 밤중에 먹는 음식.

❖ 아배가 밤참 국수를 받으려 가면 나는 큰마니의 돋보기를 쓰고 앉어 개 짖는 소리를 들은 것이다 **〈개〉**

밥 명 ① 쌀, 보리 따위의 곡식을 씻어서 솥 따위의 용기에 넣고 물을 알맞게 부어, 낟알이 풀어지지 않고 물기가 잦아들게 끓여 익힌 음식. ② 끼니로 먹는 음식.

❖ 지렝이의 밥과 집이 부럽습니다 **〈나와 지렝이〉** ❖ 찰복숭아를 먹다가 씨를 삼키고는 죽는 것만 같어 하로종일 놀지도 못하고 밥도 안 먹은 것도/가즈랑집에 마을을 가서/당세 먹은 강아지같이 좋아라고 집오래를 설레다가였다 **〈가즈랑집〉** ❖ 오지항아리에는 삼춘이 밥보다 좋아하는 찹쌀탁주가 있어서/삼춘의 임내를 내어가며 나와 사춘은 시큼털털한 술을 잘도 채어 먹었다 **〈고방〉** ❖ 한 말 밥을 한다는 크나큰 솥이/외면하고 가부틀고 앉어서 염주도 세일 만하다 **〈고사**古寺**—함주시초**咸州詩抄**〉** ❖ 집에는 아배에 삼춘에 오마니에 오마니가 있어서 〔…〕 그리고 끼때에는 부뚜막에 바가지를 아이덜 수대로 주룬히 늘어놓고 밥 한 덩이 질게 한 술 들여트려서는 먹였다는 소리를 언제나 두고두고 하는데 **〈넘언집 범 같은 노큰마니〉** ❖ 그리고 또 엄매의 말엔 내가 아직 굳은 밥을 모르던 때 살갗 퍼런 막내고무가 잘도 받어 세수를 하였다는 내 오줌빛은 이슬같이 샛말갛기도 샛맑았다는 것이다 **〈동뇨부**童尿賦**〉** ❖ 계집아이는 몇 해고 내지인內地人 주재소장駐在所長 집에서/밥을 짓고 걸레를 치고 아이보개를 하면서/이렇게 추운 아침에도 손이 꽁꽁 얼어서 **〈팔원**八院**—서행시초**西行詩抄 **3〉** ❖ 다만 게을리 먼 앞대로 떠나 나왔다/그리하여 따사한 햇귀에서 하이얀 옷을 입고 매끄러운 밥을 먹고 단샘을 마시고 낮잠을 잤다 **〈북방**北方**에서—정현웅**鄭玄雄**에게〉**

보탕 명 보탕(簠湯). 제기에 담긴 탕.

〔'보탕'은 한자어 '보탕簠湯'을 가리키는 것으로 짐작된다. 백석 시엔 '유종'(鍮鍾, 놋으로 만든 작은 잔이나 종지)처럼 한자어를 만들어 쓴 시어들이 많다.〕

❖ 교우 우에 모신 신주 앞에 환한 촛불 밑에 피나무 소담한 제상 위에 떡 보탕 식혜 산적 나물지짐 반봉 과일 들을 공손하니 받들고 먼 후손들의 공경스러운 절과 잔을 굽어보고 〔…〕 **〈목구**木具**〉**

산국 명 산후에 산모가 먹는 국.

〔'산국'은 백석의 조어이다. '산국'과 같은 형태의 말로 '산달'이 있다.〕

❖ 컴컴한 부엌에서는 늙은 홀아비의 시아부지가 미역국을 끓인다/그 마을의 외따른 집에서도 산국을 끓인다 **〈적경寂境〉**

산山나물 명 산에서 나는 나물.

❖ 토끼도 살이 오른다는 때 아르대 즘퍼리에서 제비꼬리 마타리 쇠조지 가지취 고비 고사리 두릅순 회순 산山나물을 하는 가즈랑집 할머니를 따르며 **〈가즈랑집〉** ❖ 수양산首陽山의 어늬 오래된 절에서 칠십七十이 넘은 로장은 이런 이야기를 하며 치맛자락의 산山나물을 추었다 **〈절간의 소 이야기〉** ❖ 그래도 그 쉬영꽃 진달래 빨가니 핀 꽃바위 너머/산山 잔등에는 가지취 뻐꾹채 게루기 고사리 산山나물판/산山나물 냄새 물씬물씬 나는데/나는 복장노루를 따라 뛰었다 **〈산山〉**

산山나물판 명 산나물이 매우 많음을 나타내는 말.

〔'산나물판'은 '산나물+판'의 합성조어이다. 여기서 '판'은 '(어떤 명사 뒤에 쓰여) 그 명사가 나타내는 대상이 많음을 이르는 말'로 북쪽 지역에서 쓰던 말이다.〕

❖ 산山 잔등에는 가지취 뻐꾹채 게루기 고사리 산山나물판 **〈산山〉**

산적 명 고기를 대꼬챙이에 꿰어서 구운 음식의 총칭. 산적의 고기는 기름기가 없는 연한 살코기로 한다(윤서석,《한국의 음식용어》, 민음사, 1991).

❖ 한 해에 멫 번 매연 지난 먼 조상들의 최방등 제사에는 〔…〕 피나무 소담한 제상 위에 떡 보탕 식혜 산적 나물지짐 반봉 과일 들을 공손하니 받들고 〔…〕 **〈목구木具〉**

생선 명 말리거나 절이지 아니한, 물에서 잡아 낸 그대로의 물고기.

❖ 미역오리같이 말라서 굴껍지처럼 말없이 사랑하다 죽는다는/이 천희千姬의 하나를 나는 어늬 오랜 객줏客主집의 생선 가시가 있는 마루방에서 만났다 **〈통영統營〉** ❖ 전북에 해삼에 도미 가재미의 생선이 좋고/파래에 아개미에 호루기의 젓갈이 좋고 **〈통영統營(남행시초南行詩抄)〉** ❖ 이렇게 젊은 나이로 코밑수염도 길러보는 탓이고 그리고 어늬 가난한 집 부엌으로 달재 생선을 진장에 꼿꼿이 지진 것은 맛도 있다는 말이 자꼬 들려오는 탓이다 **〈내가 이렇게 외면하고〉**

수육 명 사람이 먹을 수 있는 짐승의 고기. 백석 시 〈국수〉에서 '수육'은 그 앞에 '산꿩의 고기'라는 말이 나오므로 '꿩고기'를 가리키는 것으로 보아야 할 것이다.

❖ 겨울밤 쩡하니 닉은 동티미국을 좋아하고 얼얼한 댕추가루를 좋아하고 싱싱한 산꿩의 고기를 좋아하고/그리고 담배 내음새 탄수 내음새 또 수육을 삶는 육수국 내음새 자욱한 더북한 샛방 쩔쩔 끓는 아르궅을 좋아하는 이것은 무엇인가 **〈국수〉**

술① 명 알코올 성분이 들어 있어 마시면 취하는 음료를 통틀어 이르는 말(《고려대한국어대사전》).

❖ 오지항아리에는 삼춘이 밥보다 좋아하는 찹쌀탁주가 있어서/삼춘의 임내를 내어가며 나와 사춘은 시큼털털한 술을 잘도 채어 먹었다 **〈고방〉** ❖ 오리야 고운 오리야 가만히 안겼거라/너를 팔어 술을 먹는 노盧장에 령감은/홀아비 소의연 침을 놓는 령감인데 **〈오리〉** ❖ 갓 한 닢 쓰고 건시 한 접 사고 홍공단 단기 한 감 끊고 술 한 병 받어들고 **〈통영統營—남행시초南行詩抄 2〉** ❖ 또 내가 아는 그 몸이 성하고 돈도 있는 사람들이/즐거이 술을 먹으려 단닐 것과/내 손에는 신간서新刊書 하나도 없는 것과 **〈내가 생각하는 것은〉**

술국 명 술국은 술집에서 안주로 주는 된장국으로 소뼈를 곤 국물에 된장을 풀고, 시래기, 선지 등을 넣고 끓이는 것을 말하는데(윤서석, 《한국의 음식용어》, 민음사, 1991), 백석 시 〈미명계未明界〉에선 추탕집에서 끓이는 것이므로 추어를 사용해 만든 국일 수도 있다.

❖ 자즌닭이 울어서 술국을 끓이는 듯한 추탕鰍湯집의 부엌은 뜨수할 것같이 불이 뿌연히 밝다 **〈미명계未明界〉** ❖ 그리고 그 시래깃국에 소피를 넣고 두부를 두고 끓인 구수한 술국을 트근히 멫 사발이고 왕사발로 멫 사발이고 먹자 **〈구장로球場路—서행시초西行詩抄 1〉**

씨③ 명 식물의 열매 속에 있는, 장차 싹이 터서 새로운 개체가 될 단단한 물질. 백석 시 〈수박씨, 호박씨〉에선 수박씨와 호박씨를 가리킨다.

❖ 이 적고 가부엽고 갤족한 희고 까만 씨가/조용하니 또 도고하니 손에서 입으로 입에서 손으로 오르나리는 때/벌에 우는 새소리도 듣고 싶고 거문고도 한 곡조 뜯고 싶고 한 오천五千말 남기고 함곡관函谷關도 넘어가고 싶고/기쁨이 마음에 뜨는 때는 희고 까만 씨를 앞니로 까서 잔나비가 되고/근심이 마음에 앉는 때는 희고 까만 씨를 혀끝에 물어 까막까치가 되고 **〈수박씨, 호박씨〉**

양염 명 양념. 음식의 맛을 돋우기 위하여 쓰는 재료를 통틀어 이르는 말. 기름, 깨소금, 파, 마늘, 간장, 된장, 소금, 설탕 따위를 이른다.

❖ 시래기를 삶는 훈훈한 방안에는/양염 내음새가 싱싱도 하다 **〈추야일경秋夜一景〉**

육수국 명 고기를 삶아 낸 물. 백석 시 〈국수〉에서 '육수국'은 그 앞에 '산꿩의 고기'라는 말이 나오므로 꿩고기 육수국을 가리키는 것으로 보아야 할 것이다. 〔'육수국'은《조선말대사전》에 '육수'와 같은 뜻의 말로 등재되어 있다.〕

❖ 겨울밤 쩡하니 닉은 동티미국을 좋아하고 얼얼한 댕추가루를 좋아하고 싱싱한 산꿩의 고기를 좋아하고/그리고 담배 내음새 탄수 내음새 또 수육을 삶는 육수국

내음새 자욱한 더북한 삿방 쩔쩔 끓는 아르궅을 좋아하는 이것은 무엇인가 **〈국수〉**

자반 명 나물이나 해산물 따위에 간장이나 찹쌀 풀 따위의 양념을 발라 말린 것을 굽거나 기름에 튀겨서 만든 반찬. 한자를 빌려 '좌반(佐飯)'으로 적기도 한다.

〔'자반'은 여러 의미로 쓰인다. 보통은 짭짤하게 만든 비교적 저장성이 있는 음식으로 생선을 소금에 절인 자반굴비나 자반고등어 등을 가리키는데(윤서석,《한국의 음식용어》, 민음사, 1991), 백석 시의 아래 용례에선 절 음식을 나타내는 것이므로 이런 음식을 이르는 것이 아니라 나물이나 해산물 따위에 간장이나 찹쌀 풀 따위의 양념을 발라 기름에 튀겨서 만든 반찬을 지칭하는 것이다.〕

❖ 농마루며 바람벽은 모두들 그느슥히/흰밥과 두부와 튀각과 자반을 생각나하고 **〈고사**古寺**—함주시초**咸州詩抄**〉**

장고기 명 잔고기. 조그마한 물고기. ☞ 체언 X. 동물 2. 어패류 463

〔'잔고기'가 '장고기'로 쓰인 것은 발음의 편의에 따라 받침 'ㄴ'이 'ㅇ'으로 전환된 것이다. 백석 시에 이와 같은 음운 현상을 드러내는 또 다른 예로 '본가집'이 '봉가집'으로 쓰인 시어가 있다.〕

❖ 아들아이는 범이라고 장고기를 잘 잡는 앞니가 빠드러진 나와 동갑이었다 **〈주막**酒幕**〉**

저녁① 명 저녁밥. 저녁에 끼니로 먹는 밥.

❖ 당콩밥에 가지냉국의 저녁을 먹고 나서/바가지꽃 하이얀 지붕에 박각시 주락시 붕붕 날아오면 **〈박각시 오는 저녁〉** ❖ 첫녀름 이른 저녁을 해치우고 인간들이 모두 터앞에 나와서 물외포기에 당콩포기에 오줌을 주는 때 터앞에 밭마당에 샛길에 떠도는 오줌의 매캐한 재릿한 내음새 **〈동뇨부**童尿賦**〉** ❖ 그의 지아비와 마조 앉어 대구국을 끓여놓고 저녁을 먹는다/벌써 어린것도 생겨서 옆에 끼고 저녁을 먹는다 **〈흰 바람벽이 있어〉** ❖ 나는 너를 껴안어 올려서 네 머리를 쓰다듬고 힘껏 네 적은 손을 쥐고 흔들고 싶다/네 소리에 나는 촌 농삿집의 저녁을 짓는 때 **〈촌에서 온 아이〉**

저녁상 명 저녁밥을 차려 놓은 상.

❖ 이즉하니 물기에 누굿이 젖은 왕구새자리에서 저녁상을 받은 가슴 앓는 사람은 참치회를 먹지 못하고 눈물겨웠다 **〈시기**柿崎**의 바다〉**

좁쌀알 명 좁쌀의 낱알. 좁쌀은 조의 열매를 찧은 쌀.

〔'좁쌀알'은《고려대한국어대사전》,《조선말대사전》에 등재되어 있다.〕

❖ 이렇게 해서 아린 가슴이 싸기도 전이다/어데서 좁쌀알만 한 알에서 가제

깨인 듯한 발이 채서지도 못한 무척 적은 새끼거미가 이번엔 큰거미 없어진 곳으로 와서 아물거린다 **〈수라**修羅**〉**

질게 명 '반찬'의 함경 방언(《금성판국어대사전》).

〔《금성판국어대사전》엔 '질게'가 '반찬'의 함경 방언으로, 《표준국어대사전》엔 '질개'가 '반찬'의 평북 방언으로 등재되어 있는데, 《평북방언사전》엔 '질개', '질게' 모두 등재되어 있지 않다. 따라서 '질게'를 '반찬'의 함경 방언으로 보는 것이 훨씬 타당하다고 하겠다.〕

❖ 집에는 아배에 삼춘에 오마니에 오마니가 있어서 〔…〕 그리고 끼때에는 부뚜막에 바가지를 아이덜 수대로 주룬히 늘어놓고 밥 한 덩이 질게 한 술 들여트려서는 먹였다는 소리를 언제나 두고두고 하는데 **〈넘언집 범 같은 노큰마니〉**

한잔 명 간단하게 한 차례 마시는 차나 술 따위.

❖ 그 뜨수한 구들에서/따끈한 삼십오도三十五度 소주燒酒나 한잔 마시고/그리고 그 시래깃국에 소피를 넣고 두부를 두고 끓인 구수한 술국을 트근히 멫 사발이고 왕사발로 멫 사발이고 먹자 **〈구장로**球場路**—서행시초**西行詩抄 **1〉** ❖ 그리고 또 달디단 따끈한 감주나 한잔 먹고 싶다고 생각하는 내 가지가지 외로운 생각이 헤매인다 **〈흰 바람벽이 있어〉**

회 명 고기나 생선 따위를 날로 잘게 썰어서 먹는 음식. 초고추장이나 된장, 간장, 겨자, 소금 따위에 찍어 먹는다.

❖ 뱃사람들의 언젠가 아홉이서 회를 쳐먹고도 남어 한 깃씩 노나가지고 갔다는 크디큰 꼴두기의 이야기를 들으며 나는 슬프다 **〈꼴두기—물닭의 소리〉**

흰밥 명 잡곡을 섞지 아니하고 흰쌀로만 지은 밥.

❖ 농마루며 바람벽은 모두들 그느슥히/흰밥과 두부와 튀각과 자반을 생각나 하고 **〈고사**古寺**—함주시초**咸州詩抄**〉** ❖ 낡은 나조반에 흰밥도 가재미도 나도 나와 앉어서/쓸쓸한 저녁을 맞는다//흰밥과 가재미와 나는/우리들은 그 무슨 이야기라도 다 할 것 같다/우리들은 서로 미덥고 정답고 그리고 서로 좋구나// 〔…〕 //흰밥과 가재미와 나는/우리들이 같이 있으면/세상 같은 건 밖에 나도 좋을 것 같다 **〈선우사**膳友辭**—함주시초**咸州詩抄**〉**

2) 약과 약재

목단 명 목단피. 모란 뿌리의 껍질로 만든 약재. 심은 지 3년 이상 된 것의 껍질을 벗겨 그늘에 말린 것으로, 성질이 차서 열을 내리는 데나 월경 불순, 출혈, 피부반진, 타박상 따위에 쓴다. 맛은 맵고 쓰다.

❖ 삼에 숙변에 목단에 백복령에 산약에 택사의 몸을 보한다는 육미탕六味湯이다 **〈탕약**湯藥**〉**

백복령 명 빛깔이 흰, 담자균류 구멍장이버섯과의 버섯. 땀을 적당히 조절해 주고 오줌을 잘 나오게 해 담증, 설사 따위를 다스리는 데에 쓰인다(《고려대한국어대사전》).

❖ 삼에 숙변에 목단에 백복령에 산약에 택사의 몸을 보한다는 육미탕六味湯이다 **〈탕약**湯藥**〉**

산약山藥 명 마의 뿌리를 한방에서 이르는 말. 강장제로서 유정遺精, 대하, 소갈, 설사 따위를 치료하는 데에 쓴다.

❖ 태고太古에 나서/선인도仙人圖가 꿈이다/고산정토高山淨土에 산약山藥 캐다 오다 **〈석류**石榴**〉** ❖ 삼에 숙변에 목단에 백복령에 산약에 택사의 몸을 보한다는 육미탕六味湯이다 **〈탕약**湯藥**〉**

삼 명 두릅나무과에 속한 여러해살이풀. 뿌리는 희고 살지며 그 형태가 '人'자와 비슷하다. 키는 60센티미터가량 자라며 줄기는 해마다 한 개가 곧게 자라고 그 끝에 서너 개가 돌려난다. 뿌리는 약용으로 이용되는데 성질이 온溫하여 강장제로 쓰인다. 깊은 산에서 야생하며 밭에서 재배하기도 한다.

❖ 삼에 숙변에 목단에 백복령에 산약에 택사의 몸을 보한다는 육미탕六味湯이다 **〈탕약**湯藥**〉**

숙변 명 생지황(현삼과의 여러해살이풀. 높이는 30센티미터 정도)을 아홉 번 찌고 아홉 번 말려서 만든 약재. 보혈補血·보음補陰 효능이 있어 여러 가지 허손虛損과 통경通經의 치료와 강장제로 쓰인다. '숙지황熟地黃'과 같은 말.

❖ 삼에 숙변에 목단에 백복령에 산약에 택사의 몸을 보한다는 육미탕六味湯이다 **〈탕약**湯藥**〉**

약藥 명 병이나 상처 따위를 고치거나 예방하기 위하여 먹거나 바르거나 주사하는 물질.

❖ 병이 들면 풀밭으로 가서 풀을 뜯는 소는 인간人間보다 영靈해서 열 걸음 안에 제 병을 낫게 할 약藥이 있는 줄을 안다고 **〈절간의 소 이야기〉** ❖ 눈이 오는데/토방에서는 질화로 우에 곱돌탕관에 약이 끓는다/삼에 숙변에 목단에 백복령에 산약에 택사의 몸을 보한다는 육미탕六味湯이다/ 〔…〕 /약이 끓는 소리는 삐삐 즐거웁기도 하

다//그리고 다 달인 약을 하이얀 약사발에 밭어놓은 것은/아득하니 깜하야 만년萬年 녯적이 들은 듯한데/나는 두 손으로 고이 약그릇을 들고 이 약을 내인 녯사람들을 생각하노라면/내 마음은 끝없이 고요하고 또 맑어진다 **〈탕약湯藥〉**

약자 명 약재. 약을 짓는 데 쓰이는 재료.

❖ 산골사람의 손을 핥으며/약자에 쓴다는 홍정 소리를 듣는 듯이/새까만 눈에 하이얀 것이 가랑가랑한다 **〈노루—함주시초咸州詩抄〉**

육미탕六味湯 명 가장 흔히 쓰는 보약의 하나. 숙지황, 산약, 산수유, 백복령, 목단피, 택사 등으로 짓는데, 백석 시 〈탕약湯藥〉에선 '산수유' 대신 '삼'이 들어가 있다.

❖ 삼에 숙변에 목단에 백복령에 산약에 택사의 몸을 보한다는 육미탕六味湯이다 **〈탕약湯藥〉**

탕약湯藥 명 달여서 마시는 한약.

❖ 시 제목 **〈탕약湯藥〉**

택사 명 택사(택사과의 여러해살이풀. 높이 40~130센티미터)의 덩이뿌리. 짧고 수염뿌리가 모여 난다. 이 덩이뿌리를 건조한 것을 택사라고 한다. 이뇨 작용과 열 내리는 작용이 있어 오줌 양이 적으면서 잘 나오지 않는 데나 수종水腫 따위에 쓴다(육창수, 《원색약용식물도감》, 아카데미서적, 1989).

❖ 삼에 숙변에 목단에 백복령에 산약에 택사의 몸을 보한다는 육미탕六味湯이다 **〈탕약湯藥〉**

3) 음식의 종류

가무락조개 명 백합과의 조개. 개펄의 진흙에 산다. 몸의 길이는 25밀리미터 정도이고 둥근 모양이며, 껍데기는 갈색이고 가장자리는 자색을 띤다. 식용하며 한국, 일본, 중국, 대만 등지에 분포한다. 가막조개, 가무라기, 모시조개, 재첩과 같은 말. ☞ 체언 X. 동물 2. 어패류 458

❖ 가무락조개 난 뒷간거리에/빚을 얻으려 나는 왔다/빚이 안 되어 가는 탓에/가무래기도 나도 모도 춥다 **〈가무래기의 낙樂〉**

가무래기 명 가무레기, 가무라기. 가무락조개. ☞ 가무락조개

〔《조선말대사전》에 '가무레기'가 등재되어 있고, 《표준국어대사전》엔 '가무라기'가 등재되어 있다. '가무레기' '가무라기'는 '가무락조개'와 같은 뜻의 말이다.〕

❖ 가무락조개 난 뒷간거리에/빚을 얻으려 나는 왔다/빚이 안 되어 가는 탓에/가

무래기도 나도 모도 춥다 〈**가무래기의 낙**樂〉 ❖ 비얘고지 비얘고지는/제비야 네 말이다/저 건너 노루섬에 노루 없드란 말이지/신미두 삼각산엔 가무래기만 나드란 말이지 〈**대산동**大山洞**—물닭의 소리**〉 ❖ 이른 봄철 산 너머 먼 데 해변에서 가무래기 오면/흰가무래기 검가무래기 가무래기 사서 하리불에 구워 먹잔 말이로구나 〈**머리카락**〉

가얌명 '개암'의 방언(경기, 전남, 경상)(《금성판국어대사전》). 개암나무의 열매. 모양은 도토리 비슷하며 껍데기는 노르스름하고 속살은 젖빛이며 맛은 밤과 비슷하나 더 고소하다.

❖ 초아흐레 장판에/산 멧도야지 너구리가죽 튀튀새 났다/또 가얌에 귀이리에 도토리묵 도토리범벅도 났다 〈**월림**月林**장—서행시초**西行詩抄 **4**〉

가재미명 '가자미'의 방언(함경, 강원, 충청, 전라, 경남)(《고려대한국어대사전》). 몸이 납작하고 타원형에 가깝다. 두 눈은 오른쪽에 몰려 붙어 있으며 넙치보다 몸이 작다. 우리나라 최고最古의 식품서인 허균의 《도문대작屠門大嚼》에 명태와 함께 함경도 지역의 특산물로 기록되어 있다. 말려서 많이 쓰는데 살이 희고 맛이 좋아서 굽거나 기름에 지져 먹고, 바닷가에서는 회를 쳐서 먹기도 한다(한복진, 《(우리가 정말 알아야 할) 우리 음식 백가지1·2》, 현암사, 1998). ☞ 체언 X. 동물 2. 어패류 459

❖ 전북에 해삼에 도미 가재미의 생선이 좋고 〈**통영**統營**(남행시초**南行詩抄**)**〉 ❖ 낡은 나조반에 흰밥도 가재미도 나도 나와 앉어서/쓸쓸한 저녁을 맞는다//흰밥과 가재미와 나는/우리들은 그 무슨 이야기라도 다 할 것 같다/우리들은 서로 미덥고 정답고 그리고 서로 좋구나// 〔…〕 //흰밥과 가재미와 나는/우리들이 같이 있으면/세상 같은 건 밖에 나도 좋을 것 같다 〈**선우사**膳友辭**—함주시초**咸州詩抄〉

가지①명 검은 자줏빛에 긴 원통 모양이며 여름에서 가을에 많이 난다. 가지로는 보통 나물과 찜을 만들어 먹는다(한복진, 《(우리가 정말 알아야 할) 우리 음식 백가지1·2》, 현암사, 1998). ☞ 체언 IX. 식물 1. 풀 425

❖ 나의 정다운 것들 가지 명태 노루 뫼추리 질동이 노랑나뷔 바구지꽃 모밀국수 남치마 자개짚세기 그리고 천희千姬라는 이름이 한없이 그리워지는 밤이로구나 〈**야우소회**夜雨小懷**—물닭의 소리**〉

가지냉국명 여린 가지를 쪄서 젓가락으로 찔러 가늘게 가르고 파, 마늘, 고춧가루, 간장, 식초 등으로 무친 다음 간을 맞춘 장국에 부어 만든 음식(한복진, 《(우리가 정말 알아야 할) 우리 음식 백가지1·2》, 현암사, 1998).

❖ 당콩밥에 가지냉국의 저녁을 먹고 나서/바가지꽃 하이얀 지붕에 박각시 주락시 붕붕 날아오면 **〈박각시 오는 저녁〉**

가지취 명 취나물의 일종으로 '각시취'를 가리키는 것으로 짐작된다. ☞ 체언 IX. 식물 1. 풀 426

〔'가지취'는 사전이나 식물도감에 나와 있지 않은데, '취나물'의 일종으로 보인다. 취나물은 보통 참취의 어린 순을 가리키는데, 취 중에는 '참취' 외에 산지에서 주로 자라는 것으로 '각시취', '나무취', '당개지취' 등이 있으며, 이들도 어린 순을 나물로 먹는다. 이 중에서 '각시취'는 '가시'를 한자로 쓴 말이기 때문에 실제 입말에선 '가시취'를 더 많이 썼을 것으로 짐작되며, 이 '가시취'를 백석이 '가지취'로 말한 것이 아닌가 추정된다(김태정,《쉽게 찾는 우리 나물》, 현암사, 2002; 강병화,《우리나라 자원식물》, 고려대학교출판부, 2003).〕

❖ 토끼도 살이 오른다는 때 아르대 즘퍼리에서 제비꼬리 마타리 쇠조지 가지취 고비 고사리 두릅순 회순 산山나물을 하는 가즈랑집 할머니를 따르며 **〈가즈랑집〉** ❖ 여승女僧은 합장合掌하고 절을 했다/가지취의 내음새가 났다/쓸쓸한 낯이 녯날같이 늙었다 **〈여승女僧〉** ❖ 산山 잔등에는 가지취 뻐꾹채 게루기 고사리 산山나물판 **〈산山〉**

감① 명 감나무의 열매. 가을에 익으며 둥글거나 둥글넓적하고 처음에는 푸른빛을 띠다가 익고 나면 붉은빛을 띤다. 익기 전에는 떫은맛이 나지만 익으면 단맛이 나며 생으로 먹기도 하고 말려서 곶감을 만들기도 한다. 동양 특유의 과수로서 원산지는 한국, 중국, 일본이다.

❖ 별 많은 밤/하누바람이 불어서/푸른 감이 떨어진다 개가 즞는다 **〈청시青柹〉**

감자 명 가짓과의 여러해살이풀로 높이 60~100센티미터이고 잎은 겹잎이며 어긋난다. 비교적 찬 기후에서 잘 자라고 성장 기간이 짧다. 이 풀의 덩이줄기는 식용한다. 감자의 주성분은 녹말이며 비타민 C가 많이 들어 있다. 서양에서는 감자의 조리법이 다양하게 발달되어 있는데, 우리나라에서는 쪄서 먹거나 잡곡에 섞어 밥을 지어 주식으로 삼기도 했다(한복진,《(우리가 정말 알아야 할) 우리 음식 백가지1·2》, 현암사, 1998).

❖ 고방엔 그득히 감자에 콩곡석도 들여 쌓이고/〔…〕/이 봄에는 이 밭에 감자 강냉이 수박에 오이며 당콩에 마늘과 파도 심그리라 생각한다/〔…〕/감자가 앉으면 감자를 먹으며 팔며 **〈귀농歸農〉**

감자떡 명 감자 녹말가루를 찬물에 되게 반죽하여 새알만큼씩 빚어서 시루에 쪄낸 후 찬물에 잠깐 담갔다가 꺼내어 참기름을 발라 만든다. 감자떡은 질기면서도 젓가락으로 집기 어려울 정도로 매끄럽다. 감자 음식은 함경도에서 특히 발달하여, 이 지역에선 감자로 밥, 떡, 녹말국수, 엿 등의 음식을 만들어 먹었다(《조선향토대백과18》, 2005, 72쪽). 백석 시 〈향악饗樂—산중음山中吟〉에는 함경도 산간 마을서 감자떡을 만드는 정경이 나타나 있다.

❖ 초생달이 귀신불같이 무서운 산山골 거리에선/처마 끝에 종이등의 불을 밝히고/쩌락쩌락 떡을 친다/감자떡이다 **〈향악饗樂—산중음山中吟〉**

감주 명 엿기름을 우린 물에 밥알을 넣어 삭힌 후 엿기름 건더기는 가라앉히고 웃물만 건져 끓여 밥알을 걸러 내고 먹는 물. 여기에 삭은 밥알을 띄워서 먹는 것이 식혜다.

〔백석은 '감주'와 '식혜'를 구분해서 썼다. 〈목구木具〉라는 시에는 '식혜'가, 〈흰 바람벽이 있어〉에는 '감주'가, 〈월림月林장—서행시초西行詩抄 4〉에는 '기장감주'가 나온다.〕

❖ 그리고 또 달디단 따끈한 감주나 한잔 먹고 싶다고 생각하는 내 가지가지 외로운 생각이 헤매인다 **〈흰 바람벽이 있어〉**

강낭엿 명 강냉이(옥수수 열매)로 고아 만든 엿.

〔'강낭엿'은 '강낭+엿'의 형태를 지닌 합성조어이다. 비슷한 형태의 말로 《조선말대사전》에 '강낭국수'(강냉이 가루로 만든 국수), '강낭지짐'(강냉이로 지진 지짐), '강냉이엿'(강냉이로 고아 만든 엿) 등의 단어가 등재되어 있다.〕

❖ 나는 주먹다시 같은 떡당이에 꿀보다도 달다는 강낭엿을 산다 **〈월림月林장—서행시초西行詩抄 4〉**

강냉이 명 '옥수수'와 같은 말. 둘 다 표준어이다. ① 볏과의 한해살이풀. 높이는 2~3미터이며, 잎은 수숫잎같이 크고 길다. 꽃은 단성화로 수꽃이삭은 줄기 끝에 달리고 암꽃이삭은 줄기 중앙의 잎겨드랑이에 달린다. 열매는 녹말이 풍부하고 식용하거나 가축 사료로 쓴다. 멕시코에서 남아메리카 북부에 걸친 지역이 원산지로, 전 세계에서 재배한다. ② 옥수수의 열매. 녹말이 풍부한 음식이다. 쪄 먹거나 떡, 묵, 밥, 술 따위를 만들어 먹는다. ☞ 체언 Ⅸ. 식물 1. 풀 426

❖ 이 봄에는 이 밭에 감자 강냉이 수박에 오이며 당콩에 마늘과 파도 심그리라 생각한다 **〈귀농歸農〉**

개구리의 뒷다리 명 개구리 가운데 참개구리는 '논개구리'라고도 불리며 논이나 개울가에서 살고, 4~6월에 못자리 등에서 산란한다. 한국에서 흔히 볼 수 있는 이 개구리는 식용하거나 약용하였다. 지난 날 어린 아이들이 논가나 개울가에서 놀며 이 개구리를 잡아 구워 먹곤 하였다.

❖ 짝새가 발뿌리에서 닐은 논드렁에서 아이들은 개구리의 뒷다리를 구워먹었다 **〈하답夏畓〉**

건반밥명 세반細飯. 찐 찹쌀을 말려 부수거나 빻은 가루로, 꿀이나 조청을 묻혀 강정이나 산자를 만들어 먹는다. 세반을 만들 땐, 찐 찹쌀을 절구에 찧어서 반은 그대로, 나머지 반은 분홍색이나 노란색으로 물들여 다시 말린 다음 기름에 잠깐 튀겨 낸다. 백석 시 〈고성가도固城街道—남행시초南行詩抄 3〉에서 '빨갛고 노란 건반밥(세반)'은 바로 찐 찹쌀을 찧은 가루를 빨간색과 노란색으로 물들여 말리는 상태를 나타낸 것이다. 조선의 궁정 연회 음식 목록에 '홍세건반강정', '황세건반강정'이란 강정 종류가 나오는데, 백석 시에서 '건반밥'은 바로 '세건반'이란 옛 음식 이름에서 나온 말로 보인다(강인희, 《한국의 맛》, 대한교과서, 1987; 윤서석 외 3인, 〈조선왕조후기의 궁중연회음식의 분석적 고찰〉, 《먹거리 전통음식5》, 민속학술자료총서 429, 우리마당 터, 2004).

〔이숭원(2006)이 '건반밥'을 '세반 가루'로 풀이한 바 있다.〕

❖ 개 하나 얼린하지 않는 마을은/해바른 마당귀에 맷방석 하나/빨갛고 노랗고/눈이 시울은 곱기도 한 건반밥/아 진달래 개나리 한창 퓌였구나//가까이 잔치가 있어서/곱디고운 건반밥을 말리우는 마을은/얼마나 즐거운 마을인가 **〈고성가도固城街道—남행시초南行詩抄 3〉**

건시명 '곶감'과 같은 말. 떫은맛이 있는 생감을 완숙되기 전에 따서 껍질을 얇게 벗겨 대꼬챙이나 싸리꼬챙이 같은 것에 꿰어 말린 감. 감이 완전히 건조되면 표면에 포도당(글루코오스)의 흰가루가 생긴다(《두산세계대백과사전》).

❖ 갓 한 닢 쓰고 건시 한 접 사고 홍공단 단기 한 감 끊고 술 한 병 받어들고 **〈통영統營—남행시초南行詩抄 2〉**

검가무래기명 검은색 가무래기. '가무래기'는 '가무락조개', '모시조개'를 가리킨다. ☞ 가무래기 139

〔'검가무래기'는 '검(검정빛)+가무래기'의 형태를 지닌 말로 '흰가무래기'와 운율을 맞추기 위한 합성조어이다.〕

❖ 이른 봄철 산 너머 먼 데 해변에서 가무래기 오면/흰가무래기 검가무래기 가무래기 사서 하리불에 구워 먹잔 말이로구나 **〈머리카락〉**

게루기명 게로기. '모싯대'와 같은 말. 산지의 응달진 곳에서 자라는 초롱꽃과의 여러해살이풀. 줄기는 높이가 1미터 정도이고 뿌리는 굵으며, 잎은 어긋나고 심장 모양 또는 넓은 피침 모양으로 톱니가 있다. 8~9월에 종 모양의 자주색 꽃이 원추圓錐꽃차례로 핀다. 연한 줄기와 잎은 식용하며, 뿌리는 거담제, 해독제 등의 약으로 쓴다(고경식·김윤식, 《원색한국식물도감》, 아카데미서적, 1988; 육창수, 《원색한국약용식물도감》, 아카데미서적, 1989). ☞ 체언 Ⅸ. 식물 1. 풀 427

❖ 그래도 그 쉬영꽃 진달래 빨가니 핀 꽃바위 너머/산山 잔등에는 가지취 빼꾹채 게루기 고사리 산山나물판/산山나물 냄새 물씬물씬 나는데 〈**산山**〉

게사니알 명 거위알. '게사니'는 '거위'의 방언(평안, 함경, 황해, 경기, 강원)(《금성판 국어대사전》). 거위알은 달걀보다 훨씬 크며, 달걀과 달리 저콜레스테롤 식품으로 알려져 있다.

❖ 내가 엄매 등에 업혀가서 상사말같이 항약에 야기를 쓰면 한창 퓌는 함박꽃을 밑가지채 꺾어주고 종대에 달린 제물배도 가지채 쪄주고 그리고 그 애끼는 게사니알도 두 손에 쥐어주곤 하는데 〈**넘언집 범 같은 노큰마니**〉

고비 명 고빗과의 여러해살이풀. 줄기는 높이가 1미터 정도이며, 잎은 뿌리줄기에서 뭉쳐나고 둥글다. 봄에 연한 잎을 삶아 말려 두고 나물로 먹는다(김태정, 《쉽게 찾는 우리 나물》, 현암사, 2002). ☞ 체언 Ⅸ. 식물 1. 풀 427

❖ 토끼도 살이 오른다는 때 아르대 즘퍼리에서 제비꼬리 마타리 쇠조지 가지취 고비 고사리 두릅순 회순 산山나물을 하는 가즈랑집 할머니를 따르며 〈**가즈랑집**〉

고사리 명 양치식물 고사릿과의 여러해살이풀. 높이는 1미터 정도이며, 이른 봄에 싹이 뿌리줄기에서 돋아나는데 꼭대기가 꼬불꼬불하게 말리고 흰 솜 같은 털로 온통 덮여 있다. 봄에 어린잎을 말려 두고 나물로 먹으며 뿌리줄기는 녹말을 만든다. 우리에게 가장 친근한 산채나물로 예부터 잔칫상이나 제사상에 반드시 올라갔던 음식이다(김태정, 《쉽게 찾는 우리 나물》, 현암사, 2002; 한복진, 《(우리가 정말 알아야 할) 우리 음식 백가지1·2》, 현암사, 1998). ☞ 체언 Ⅸ. 식물 1. 풀 427

❖ 또 인절미 송구떡 콩가루차떡의 내음새도 나고 끼때의 두부와 콩나물과 뽂은 잔디와 고사리와 도야지비계는 모두 선득선득하니 찬 것들이다 〈**여우난골족族**〉 ❖ 토끼도 살이 오른다는 때 아르대 즘퍼리에서 제비꼬리 마타리 쇠조지 가지취 고비 고사리 두릅순 회순 산山나물을 하는 가즈랑집 할머니를 따르며 〈**가즈랑집**〉 ❖ 산山 잔등에는 가지취 빼꾹채 게루기 고사리 산山나물판 〈**산山**〉

고추무거리 명 고추를 빻아 체에 쳐서 가루를 내고 남은 찌꺼기.

〔'고추무거리'는 '고추+무거리'의 합성조어이다. '무거리'는 '곡식 따위를 빻아 체에 쳐서 가루를 내고 남은 찌꺼기'를 말한다. 위의 풀이는 《조선말대사전》의 풀이

를 토대로 필자가 윤문해 작성한 것이다.〕

❖ 명태明太창난젓에 고추무거리에 막칼질한 무이를 뷔벼 익힌 것을 〈**북관**北關**—함주시초**咸州詩抄〉

곰국명 곰탕과 같은 뜻인데, 예부터 내려오던 대부분의 음식 책이나 일반 가정에서 곰탕보다는 곰국이란 말을 더 많이 쓴다. 곰국의 조리는 우선, 소의 살, 양, 곱창 대창, 허파 등을 손질하여 물을 붓고 푹 고아서 건더기를 건져 알맞게 썰어 파, 마늘, 간장, 기름, 후춧가루로 양념을 한다. 곤 국물은 식혀서 기름을 걷은 후 그 국물에 양념한 건더기를 넣어 끓여 만든다(윤서석,《한국의 음식용어》, 민음사, 1991; 한복진,《(우리가 정말 알아야 할) 우리 음식 백가지1·2》, 현암사, 1998).

❖ 내일같이 명절날인 밤은 부엌에 쩨듯하니 불이 밝고 솥뚜껑이 놀으며 구수한 내음새 곰국이 무르끓고 방안에서는 일가집 할머니가 와서 마을의 소문을 펴며 〔…〕 〈**고야**古夜〉

광살구명 '광廣살구'로 짐작된다. 통통하게 살이 찐 큰 살구를 가리키는 말로 보인다.

〔'광살구'는 '광(廣)+살구'의 형태를 지닌 말로 통통하게 살이 찐 큰 살구를 가리키는 것으로 짐작된다. '광살구'와 같은 형태의 말로 '광목'이란 단어가 있다.〕

❖ 뒤울안 살구나무 아래서 광살구를 찾다가/살구벼락을 맞고 울다가 웃는 나를 보고 〈**가즈랑집**〉

국수명 메밀가루, 밀가루 등을 반죽하여 가늘게 썰거나, 국수틀로 가늘게 뽑은 식품의 총칭. 국수는 특히 평안도 지역의 명물 음식으로서 주식처럼 일상화되어 있고, 혼례, 회갑, 제례 등의 큰 일이 있을 때에는 반드시 장만한다. 평안도 지역에서 만들어 먹은 대표적인 국수 요리는 냉면이다. 평안도 국수인 냉면은 메밀을 빻아서 메밀가루로 만든 다음 국수틀에서 눌러 만든 것이다. 백석 시에서 국수의 육수는 꿩고기 육수와 동치밋국을 섞은 것, 꿩고기 육수만으로 한 것, 닭고기 육수로 한 것 등 여러 종류가 등장하며, 육수를 섞지 않은 맨모밀국수도 나온다. 또 동치밋국에 말아 먹는 메밀국수도 등장한다(문화공보부 문화재관리국,《한국민속종합보고서(향토음식편)》, 1984).

❖ 낮배 어니메 치코에 꿩이라도 걸려서 산山 너머 국숫집에 국수를 받으려 가는 사람이 있어도 개는 짖는다// 〔…〕 //아배가 밤참 국수를 받으려 가면 나는 큰마니의 돋보기를 쓰고 앉어 개 짖는 소리를 들은 것이다 〈**개**〉 ❖ 국숫집에서는 농짝 같은 도야지를 잡어걸고 국수에 치는 도야지고기는 돗바늘 같은 털이 드문드문 백였다

〈**북신**北新—**서행시초**西行詩抄 2〉 ❖ 시 제목 〈**국수**〉

귀이리명 귀리. 볏과의 한해 또는 두해살이풀. 산간지대에서 재배하며 열매는 식용되거나 술, 과자의 원료, 가축의 사료로 쓰인다.

❖ 또 가얌에 귀이리에 도토리묵 도토리범벅도 났다 〈**월림**月林**장—서행시초**西行詩抄 4〉

귀이리차茶명 귀리차. 귀리를 넣고 끓인 차.

❖ 모두들 쩔쩔 끓는 구수한 귀이리차茶를 마신다 〈**함남도안**咸南道安〉

금귤명 운향과의 상록 관목. 높이는 2미터 정도이며, 잎이 무성하다. 참새 알 크기의 둥근 열매는 겨울에 황금색으로 익어 봄까지 떨어지지 않으며, 새콤달콤한 맛과 향기가 있어 식용하는데, 보통 통째로 먹는다. 금감金柑이라고도 하며, 일본말로 '낑깡'이라고 부르기도 한다. 백석 시 〈이두국주가도伊豆國湊街道〉에서 금귤은 일본의 이두국(이즈 반도) 지방에서 생산된 것인데, 이 지역은 특히 금귤의 산지로 유명한 곳이다. ☞ 이두국주가도 268

❖ 금귤이 눌한 마을마을을 지나가며/싱싱한 금귤을 먹는 것은 얼마나 즐거운 일인가 〈**이두국주가도**伊豆國湊街道〉

기장감주명 기장으로 만든 감주. 엿기름을 우린 물에 기장쌀로 만든 밥알을 넣어 식혜처럼 삭혀서 끓인 음식. '기장'은 볏과의 한해살이풀로 높이는 50~120센티미터이고, 이삭은 가을에 익으며, 가뭄과 병충해의 피해를 가장 적게 받는다. 열매는 '황실黃實'이라고도 하는데 엷은 누런색으로 떡, 술, 엿, 빵 따위의 원료나 가축의 사료로 쓴다.

❖ 기장감주에 기장차떡이 흔한데다/이 거리에 산골사람이 노루새끼를 다리고 왔다 〈**노루—함주시초**咸州詩抄〉 ❖ 기장쌀은 기장차떡이 좋고 기장차랍이 좋고 기장감주가 좋고 그리고 기장쌀로 쑨 호박죽은 맛도 있는 것을 생각하며 나는 기뿌다 〈**월림**月林**장—서행시초**西行詩抄 4〉

기장쌀명 기장에서 껍질을 벗겨 낸 알맹이. '기장'은 주로 산간지대 경사진 계단밭(다락밭)에 심어 가꾸는 낟알로서 다른 작물보다 단위당 수확고가 낮아 생산량이 많지 못하다. 따라서 기장 음식은 명절 때나 반가운 손님이 왔을 때 그리고 산모에게 대접하였다고 한다(《조선향토대백과18》, 2005, 71쪽).

❖ 기장쌀은 기장차떡이 좋고 기장차랍이 좋고 기장감주가 좋고 그리고 기장쌀로 쑨 호박죽은 맛도 있는 것을 생각하며 나는 기뿌다 〈**월림**月林**장—서행시초**西行詩抄 4〉

기장차떡명 기장쌀로 빚은 찰떡. 찰기 있는 기장쌀로 빚은 떡을 말한다. '차떡'은 '찰떡'을 가리키는 북쪽 지역의 말. 평안도에선 설 명절에 기장쌀로 '노치'라는 떡을 만들어 두고두고 먹는 풍습이 있다. '노치'는 오래 두고 먹을 수 있고, 단맛이 있어 특히 노인들이 좋아했다고 한다(《평안남도지》, 1978, 902쪽).
〔《조선말대사전》에 '찰떡'과 '차떡'이 같은 말로 모두 등재되어 있다.〕

❖ 기장감주에 기장차떡이 흔한데다/이 거리에 산골사람이 노루새끼를 다리고 왔다 **〈노루—함주시초**咸州詩抄**〉** ❖ 기장쌀은 기장차떡이 좋고 기장차랍이 좋고 기장감주가 좋고 그리고 기장쌀로 쑨 호박죽은 맛도 있는 것을 생각하며 나는 기뿌다 **〈월림**月林**장—서행시초**西行詩抄 **4〉**

기장차랍명 기장쌀로 만든 찰밥. 찰기 있는 기장쌀로 만든 밥을 말한다. '차랍'은 '찰밥'의 평안 방언.

❖ 기장쌀은 기장차떡이 좋고 기장차랍이 좋고 기장감주가 좋고 그리고 기장쌀로 쑨 호박죽은 맛도 있는 것을 생각하며 나는 기뿌다 **〈월림**月林**장—서행시초**西行詩抄 **4〉**

깨죽명 껍질을 벗긴 참깨에 찹쌀을 섞고 함께 갈아서 쑨 죽. 깨죽을 상식하면 늙어서 풍이 없고, 흰머리가 검어지며, 근심까지 없애 준다는 소위 삼거지덕三去之德이 전해진다(한복진, 《(우리가 정말 알아야 할) 우리 음식 백가지1·2》, 현암사, 1998).

❖ 깨죽이며 문주며 섭가락 앞에 송구떡을 사서 권하거니 먹거니 하고 **〈칠월**七月 **백중〉**

꼴두기명 꼴뚜기. 화살오징엇과에 속한 연체동물. 오징어와 비슷하게 생겼지만 오징어보다 작다. 몸빛은 흰색 바탕에 자줏빛 반점이 있으며 다리는 10개이다. 물살이 빠른 곳에서 그물을 물살에 흘러가지 않게 큰 닻으로 고정해 놓고 물살에 의해 고기가 그물로 들어가게 하는 안강망 이용 방법을 비롯해 여러 가지 방법으로 꼴뚜기를 잡는다. ☞ 체언 X. 동물 2. 어패류 460

❖ 내가 좋아하는 꼴두기가 들었다/〔…〕//그러나 시방 꼴두기는 배창에 너부러져 새새끼 같은 울음을 우는 곁에서/뱃사람들의 언젠가 아홉이서 회를 쳐먹고도 남어 한 깃씩 노나가지고 갔다는 크디큰 꼴두기의 이야기를 들으며 나는 슬프다 **〈꼴두기—물닭의 소리〉**

꿀명 꿀벌이 꽃에서 빨아들여 벌집 속에 모아 두는, 달콤하고 끈끈한 액체. 가장 오래되고 좋은 천연 감미료이며 소화성이 좋아 노인이나 위장이 약한 사람에게 좋은 것으로 알려져 있다(강인희, 《한국의 맛》, 대한교과서, 1987).

❖ 지난 여름 도락구를 타고 장진長津땅에 가서 꿀을 치고 돌아왔다는 이 벌들을 바라보며 나는 **〈산곡**山谷**—함주시초**咸州詩抄**〉** ❖ 나는 주먹다시 같은 떡당이에 꿀보다도 달다는 강낭엿을 산다 **〈월림**月林**장—서행시초**西行詩抄 **4〉**

날버들치명 익히거나 가공하지 않은 버들치. '버들치'는 잉엇과의 민물고기. 몸길이는 8~15센티미터이고 방추 모양이며, 등 쪽이 어두운 갈색, 배는 흰색에 가깝고 옆구리에는 연한 푸른색의 넓적한 무늬가 가로 둘려 있다. 피라미와 비슷하나 입에 수염이 없고 비늘이 비교적 크다. 수컷은 산란기가 되면 붉은빛을 띤다. 한국, 시베리아, 중국 등지에 분포한다. ☞ 체언 X. 동물 2. 어패류 460

〔'날버들치'는 '날+버들치'의 형태를 지닌 합성조어이다. '날'은 '익지 않은, 또는 익히지 않은'의 뜻을 지닌 접두사이다. 사전엔 '버들치'만 등재되어 있다.〕

❖ 돌다리에 앉어 날버들치를 먹고 몸을 말리는 아이들은 물총새가 되었다 〈**하답**夏畓〉

노루고기명 노루의 고기(《조선말대사전》). 육질肉質이 연하고 냄새가 많이 나지 않아서 전골 요리에도 좋고, 갖은 양념을 하여 구이를 해도 좋다. 한국에서는 예로부터 검은 염소 곰과 함께 노루 곰을 약효를 겸한 건강식품으로 애용하였다(《두산세계대백과사전》). '노루'는 사슴과의 포유동물. 사슴과 비슷하며 어깨높이는 65~75센티미터이다. 뿔은 수컷에만 있으며, 겨울에 빠지고 봄에 새로 난다. 삼림지대에 살며 잎이나 열매 따위를 먹고 산다.

〔'노루고기'는 《조선말대사전》에 등재되어 있다.〕

❖ 산山골에서는 집터를 츠고 달궤를 닦고/보름달 아래서 노루고기를 먹었다 〈**노루**〉

니차떡명 '찰떡' '인절미'의 평북 방언(《평북방언사전》).

〔《표준국어대사전》엔 '니차떡'이 '찰떡'의 평북 방언으로, 《평북방언사전》엔 '니찻떡'이 '찰떡' '인절미'의 평북 방언으로 등재되어 있다.〕

❖ 날기멍석을 져간다는 닭보는 할미를 차 굴린다는 땅아래 고래 같은 기와집에는 언제나 니차떡에 청밀에 은금보화가 그득하다는 외발 가진 조마구 뒷산山 어늬메도 조마구네 나라가 있어서 〔…〕 〈**고야**古夜〉

다래명 다래나무의 열매. 손가락 굵기 정도의 둥근 열매로서 빛깔은 황록색이고 단맛이 강하며 9~10월에 익는다. 열매의 맛이 매우 달아 '다래'라는 이름이 붙었으며, 여러 약리 작용이 있는 것으로 알려져 있다. 머루와 함께 대표적인 야생 과실의 하나로서 전국의 깊은 산골짜기에서 자란다. ☞ 다래나무지팽이 413

❖ 아비가 앓는가부다/다래 먹고 앓는가부다 〈**산지**山地〉

달송편명 반달 모양으로 빚은 송편. '송편'은 멥쌀가루를 반죽하여 소를 넣고 반달이나 모시조개 모양으로 빚어서 솔잎을 깔고 찐 떡.

〔아래 용례에 나열된 송편의 종류 가운데, '조개송편'만 사전에 등재되어 있고, '달송편'과 '죈두기송편'은 사전에 등재되어 있지 않다.〕

❖ 내일같이 명절날인 밤은 〔…〕 방안에서는 일가집 할머니가 와서 마을의 소문을 펴며 조개송편에 달송편에 죈두기송편에 떡을 빚는 곁에서 나는 밤소 팥소 설탕 든 콩가루소를 먹으며 설탕 든 콩가루소가 가장 맛있다고 생각한다 **〈고야**古夜**〉**

달재명 '달강어達江魚'의 방언(평북, 함남). 성댓과의 바닷물고기. 몸길이는 30센티미터로 가늘고 길다. 주둥이가 약간 길고 앞쪽이 오목하며 몸 표면이 까칠까칠하다. 등은 붉은색이고 배는 흰색이다. 우리나라 전 연해와 일본, 동중국해 등에 분포한다.

❖ 이렇게 젊은 나이로 코밑수염도 길러보는 탓이고 그리고 어늬 가난한 집 부엌으로 달재 생선을 진장에 꼿꼿이 지진 것은 맛도 있다는 말이 자꼬 들려오는 탓이다 **〈내가 이렇게 외면하고〉**

담배명 담뱃잎을 말려서 가공한 기호품. 살담배, 잎담배, 궐련 따위가 있다.

❖ 괴나리봇짐 벗고 땃불 놓고 앉어/담배 한 대 피우고 싶은 길이다 **〈창원도**昌原道**—남행시초**南行詩抄 **1〉** ❖ 그리고 담배 내음새 탄수 내음새 또 수육을 삶는 육수국 내음새 자욱한 더북한 삿방 쩔쩔 끓는 아르굳을 좋아하는 이것은 무엇인가 **〈국수〉**

당콩명 '강낭콩'의 북쪽 지역 언어. '당콩(강낭콩)'은 콩과의 한해살이풀로 보통 밭에서 재배하며 줄기 잎은 사료로 쓰고 열매는 밥에 넣어 먹거나 떡, 과자의 소로 쓴다. 당콩 열매는 단백질과 비타민이 많고, 맛이 좋다(《조선말대사전》). ☞ 체언 IX. 식물 1. 풀 427

〔'당콩'은 주로 평안·함경 지역에서 '강낭콩'을 뜻하는 말이다. '강낭콩'은 '강남콩'에서 온 말인데 '강낭콩'을 표준어로 삼는다. 반면《조선말대사전》엔 '당콩'과 '강남콩'이 같은 말로 등재되어 있고, '강낭콩'이란 말은 등재되어 있지 않다. 백석은 '당콩'이란 말만 쓰고, '강낭콩' '강남콩'이란 말은 쓰지 않았다.〕

❖ 이 봄에는 이 밭에 감자 강냉이 수박에 오이며 당콩에 마늘과 파도 심그리라 생각한다 **〈귀농**歸農**〉**

당콩밥명 당콩(강낭콩)을 넣어 지은 밥. ☞ 당콩

〔백석 시엔 '당콩', '당콩포기', '당콩순', '당콩밥' 등 당콩 관련 시어들이 많이 나온다. 이 중에서 '당콩순'은 산골의 노루가 먹는 풀로 나오고(〈노루〉), '당콩밥'은 아래 용례처럼 밥에 넣어 먹는 음식으로 나온다.〕

❖ 당콩밥에 가지냉국의 저녁을 먹고 나서/바가지꽃 하이얀 지붕에 박각시 주락시 붕붕 날아오면 **〈박각시 오는 저녁〉**

대구명 대구과의 한대성 바닷물고기. 몸은 넓적하며 입이 크다. 몸은 엷은 회갈

색에 배는 흰색이며 등지느러미와 옆구리에 무늬가 있다. 입이 커서 '대구'라는 이름이 붙었다. 지방이 적어서 비린 생선을 좋아하지 않는 사람도 잘 먹는다. 허균의 《도문대작屠門大嚼》에 대구가 남해와 동해의 특산물로 기록되어 있다. ☞ 체언 X. 동물 2. 어패류 461

❖ 집집이 아이만 한 피도 안 간 대구를 말리는 곳/황화장사 령감이 일본말을 잘도 하는 곳/처녀들은 모두 어장주漁場主한테 시집을 가고 싶어한다는 곳 **〈통영**統營**(남행시초**南行詩抄**)〉**

대구국 명 대굿국. 대구를 넣고 끓인 국.

〔남쪽 지역에선 대구를 넣고 끓인 국인 '대굿국'을 '대구탕(大口湯)'이라고 부르기도 한다. 요즘에 '대굿국'보다 '대구탕'이란 말을 더 많이 쓴다. 곱창과 곤자소니 등을 푹 고와 만든 국밥도 '대구탕(大邱湯)'이라고 하는데, 이 경우 한자가 다르다. 반면 북쪽 지역에선 남쪽 지역과 달리 '대굿국'과 '대구탕大口湯'을 혼용하지 않는다.〕

❖ 내 사랑하는 어여쁜 사람이/어늬 먼 앒대 조용한 개포가의 나즈막한 집에서/그의 지아비와 마조 앉어 대구국을 끓여놓고 저녁을 먹는다 **〈흰 바람벽이 있어〉**

댕추가루 명 고춧가루. '댕추'는 '고추'의 평안 방언.

❖ 이 히수무레하고 부드럽고 수수하고 슴슴한 것은 무엇인가/겨울밤 쩡하니 닉은 동티미국을 좋아하고 얼얼한 댕추가루를 좋아하고 싱싱한 산꿩의 고기를 좋아하고 **〈국수〉**

도미 명 몸은 타원형으로 납작하며 대부분 붉은색을 띠고 있다. 살이 희고 단단하며 담백해서 어떻게 요리하든 맛이 좋고, 회를 뜨면 쫄깃쫄깃해서 광어회와 더불어 별미로 꼽는다. 봄철에서 여름철 사이에 잡히는 도미가 가장 맛이 좋고 영영가가 높다(윤서석, 《한국의 음식용어》, 민음사, 1991; 한복진, 《(우리가 정말 알아야 할) 우리 음식 백가지1·2》, 현암사, 1998). ☞ 체언 X. 동물 2. 어패류 461

❖ 전북에 해삼에 도미 가재미의 생선이 좋고/파래에 아개미에 호루기의 젓갈이 좋고 **〈통영**統營**(남행시초**南行詩抄**)〉**

도야지고기 명 돼지고기. 평안도 지역에선 소고기보다 돼지고기를 많이 먹는다. 이 지역의 기후와 기질적인 구미로 이남 지역에 비해 상대적으로 돼지고기를 많이 먹는다고 한다(《평안북도지》, 1973).

❖ 국숫집에서는 농짝 같은 도야지를 잡어걸고 국수에 치는 도야지고기는 돗바늘 같은 털이 드문드문 백였다/나는 이 털도 안 뽑은 도야지고기를 물꾸러미 바라보며/또 털도 안 뽑는 고기를 시꺼먼 맨모밀국수에 얹어서 한입에 꿀

꺽 삼키는 사람들을 바라보며 **〈북신**北新**—서행시초**西行詩抄 **2〉**

도야지비계 명 돼지비계. 돼지의 가죽과 살 사이에 있는 기름기로 된 층.

❖ 또 인절미 송구떡 콩가루차떡의 내음새도 나고 끼때의 두부와 콩나물과 뽂은 잔디와 고사리와 도야지비계는 모두 선득선득하니 찬 것들이다 **〈여우난골족**族**〉**

도토리묵 명 도토리를 맷돌에 갈아서 물에 담가 떫은맛을 없앤 다음 윗물은 버리고 가라앉은 앙금을 풀 쑤듯이 끓여 그릇에서 식힌 음식(윤서석, 《한국의 음식용어》, 민음사, 1991).

❖ 나는 벌써 달디단 물구지우림 둥굴네우림을 생각하고/아직 멀은 도토리묵 도토리범벅까지도 그리워한다 **〈가즈랑집〉** ❖ 초아흐레 장판에/산 멧도야지 너구리가죽 튀튀새 났다/또 가얌에 귀이리에 도토리묵 도토리 범벅도 났다 **〈월림**月林**장—서행시초**西行詩抄 **4〉**

도토리범벅 명 도토리를 맷돌에 갈아서 물에 담가 떫은맛을 없앤 다음 윗물은 버리고 가라앉은 앙금을 된풀처럼 쑨 음식. '범벅'은 곡식 가루를 된풀처럼 쑨 음식이다.

❖ 나는 벌써 달디단 물구지우림 둥굴네우림을 생각하고/아직 멀은 도토리묵 도토리범벅까지도 그리워한다 **〈가즈랑집〉** ❖ 초아흐레 장판에/산 멧도야지 너구리가죽 튀튀새 났다/또 가얌에 귀이리에 도토리묵 도토리범벅도 났다 **〈월림**月林**장—서행시초**西行詩抄 **4〉**

돌나물김치 명 돌나물을 살살 헹궈 씻어서 소금물에 살짝 절였다가 파, 마늘, 생강, 고추를 조금 넣고 소금 간을 한 국물을 부은 김치(윤서석, 《한국의 음식용어》, 민음사, 1991; 한복진, 《(우리가 정말 알아야 할) 우리 음식 백가지1·2》, 현암사, 1998).

❖ 나는 돌나물김치에 백설기를 먹으며/넷말의 구신집에 있는 듯이/가즈랑집 할머니 **〈가즈랑집〉**

돌배 명 우리나라의 산이나 들에서 볼 수 있는 배나무의 일종인 돌배나무의 열매. 보통 배보다 작고 껍질이 좀 두꺼우며 당도가 좀 떨어지고 산이 많다(《조선말대사전》; 윤주복, 《나무 쉽게 찾기》, 진선출판사, 2004; 이동혁·제갈영, 《우리나라 나무이야기》, 이비컴, 2008; 《평안북도지》, 1973).

❖ 어치라는 산山새는 벌배 먹어 고읍다는 골에서 돌배 먹고 아픈 배를 아이들은 띨배 먹고 나었다고 하였다 **〈여우난골〉**

동치미 명 소금에 절인 통무에 끓인 소금물을 식혀 부어 담근 음식. 여기에 냉면을 말아 먹기도 한다. 동치미는 더운 지방보다 추운 지방일수록 맛이 좋고 신선하며, 땅에 묻어 저장해야 국물 맛이 좋고 신선하다(강인희, 《한국의 맛》, 대한교과서, 1987).

❖ 낮배 어니메 치코에 꿩이라도 걸려서 산山 너머 국숫집에 국수를 받으려 가는 사람이 있어도 개는 짖는다/김치가재미선 동치미가 유별히 맛나게 익는 밤 **〈개〉**

동티미국 명 동치밋국. 동치미의 국물. 맛이 새큼하고 시원하다.

❖ 이 히수무레하고 부드럽고 수수하고 슴슴한 것은 무엇인가/겨울밤 쩡하니 닉은 동티미국을 좋아하고 얼얼한 댕추가루를 좋아하고 싱싱한 산꿩의 고기를 좋아하고 **〈국수〉**

두릅순 명 두릅나무의 순(싹). 두릅을 말한다. 독특한 향이 나는 산나물로서 살짝 데쳐 무쳐 먹거나 초고추장에 찍어 먹는다. 단백질이 많고 지방, 섬유질, 칼슘, 철분, 비타민과 사포닌 등이 들어 있어 혈당을 내리므로 당뇨병 등에 좋은 것으로 알려져 있다(김태정, 《쉽게 찾는 우리 나물》, 현암사, 2002; 《두산세계대백과사전》). ☞ 체언 IX. 식물 3. 식물 일반과 부분 3) 식물의 다른 부분 443

〔'두릅'이 두릅나무의 어린 순을 가리키므로 '두릅순'은 '두릅'과 같은 말이다. 따라서 '두릅순'에서 '순'이란 말은 중복 사용된 것이다. 이러한 형태의 말을 구사한 것은 '순'의 의미를 강조하기 위함일 것이다. 백석 시엔 이런 형태의 말이 자주 구사된다. '따배기신', '명태明太창난젓', '은행여름' 등과 같은 시어들이 그런 예들이다.〕

❖ 토끼도 살이 오른다는 때 아르대 즘퍼리에서 제비꼬리 마타리 쇠조지 가지취 고비 고사리 두릅순 회순 산山나물을 하는 가즈랑집 할머니를 따르며 **〈가즈랑집〉**

두부 명 콩으로 만든 음식의 하나. 물에 불린 콩을 갈아서 짜낸 콩물을 끓인 다음 간수를 넣고 굳히면 응어리지는데 이를 순두부라 한다. 두부 틀이나 채반에 무명 보를 깔고 순두부를 퍼 담아 도마나 목판으로 눌러서 굳혀 두부를 만든다(한복진, 《(우리가 정말 알아야 할) 우리 음식 백가지1·2》, 현암사, 1998).

❖ 또 인절미 송구떡 콩가루차떡의 내음새도 나고 끼때의 두부와 콩나물과 뽂은 잔디와 고사리와 도야지비계는 모두 선득선득하니 찬 것들이다 **〈여우난골족族〉** ❖ 농마루며 바람벽은 모두들 그느슥히/흰밥과 두부와 튀각과 자반을 생각나 하고 **〈고사古寺—함주시초咸州詩抄〉** ❖ 따끈한 삼십오도三十五度 소주燒酒나 한잔 마시고/그리고 그 시래깃국에 소피를 넣고 두부를 두고 끓인 구수한 술국을 트근히 몇 사발이고 왕사발로 몇 사발이고 먹자 **〈구장로球場路—서행시초西行詩抄 1〉**

두부산적 명 두부로 만든 산적. 두부를 길쭉하게 썰어 갖은 양념을 하여 대꼬챙이에 꿰어 구운 음식.

❖ 제삿날이면 귀머거리 할아버지가 예서 왕밤을 밝고 싸리꼬치에 두부산적을 께었다 **〈고방〉**

둥굴네우림 명 둥굴레 뿌리를 여러 날 물에 담가 풀물을 우려낸 다음, 찌거나 삶은 음식. 시꺼먼 빛을 띠며 단맛이 난다. '둥굴레'는 백합과에 속하는 여러해살이풀로 어린잎은 나물로 먹고 살이 많은 뿌리는 삶아 먹으며, 보약으로도 쓴다. 잎에는 비타민 C가 많다(《평안북도지》, 1973; 김영배, 1987; 《조선말대사전》; 《고려대한국어대사전》).

❖ 나는 벌써 달디단 물구지우림 둥굴네우림을 생각하고/아직 멀은 도토리묵 도토리범벅까지도 그리워한다 **〈가즈랑집〉**

들쭉 명 들쭉나무의 열매. 8~9월에 익고, 빛깔은 진홍색이다. 모양과 맛이 포도와 비슷하다. 신맛과 단맛이 있어서 생으로 먹기도 하고 잼과 양주 제조에도 쓴다. 우리나라 최고最古의 식품서인 허균의 《도문대작屠門大嚼》에 의하면 들쭉은 함경도의 특산물로서 갑산과 북청의 것이 특히 맛있고, 백두산에도 나는데 하루 세끼 밥을 먹지 않고 들쭉만 먹어도 끼니가 될 정도로 자양분이 많다고 한다(차경희, 〈도문대작屠門大嚼을 통해 본 조선중기 지역별 산출 음식과 향토음식〉, 《한국식생활문화학회지》 18권, 2003; 《도문대작屠門大嚼》).

❖ 칠성七星고기라는 고기의 쩜벙쩜벙 뛰노는 소리가/쨋쨋하니 들려오는 호수湖水까지는/들쭉이 한불 새까마니 익어가는 망연한 벌판을 지나가야 한다 **〈함남도안咸南道安〉**

떡국 명 가래떡을 어슷썰기로 얇게 썰어 맑은장국에 넣고 끓인 음식.

❖ 이 집에 가서 그 맛스러운 떡국이라도 한 그릇 사먹으리라 한다/ […] /나도 떡국을 놓고 아득하니 슬플 것이로다 **〈두보杜甫나 이백李白같이〉**

띨배 명 띨광이(=찔광이). 찔광나무(아가위나무, 산사나무)의 열매. '산사나무'를 '아가위나무'로 부르기도 하는데, 북쪽 지역에선 이를 '찔광나무'라고 한다. 이러한 이름의 차이로 우리가 '산사자'나 '아가위'라고 부르는 것을 북쪽 지역에선 '찔광이'나 '띨광이'로 부르며, 평안도 지역에선 특히 '띨광이'라고 한다. '띨배'는 이 '띨광이'를 가리키는 것이다. 이 열매는 여러 약리 기능이 있는 것으로 전해진다(《금성판국어대사전》; 《조선말대사전》; 서민환·이유미, 《쉽게 찾는 우리나무》, 현암사, 2001; 윤주복, 《나무 쉽게 찾기》, 진선출판사, 2004).

❖ 어치라는 산山새는 벌배 먹어 고읍다는 골에서 돌배 먹고 아픈 배를 아이들은 띨배 먹고 나었다고 하였다 **〈여우난골〉**

마늘 명 마늘. 백합과의 여러해살이풀로 높이 60~100센티미터이고, 잎은 가늘고 길다. 땅속에 굵은 비늘줄기가 있는데, 이것을 식용한다. 마늘은 우리나라 음식에서 거의 빠지지 않고 들어가는 양념이다. 또 마늘로 여러 종류의 반찬을 만들어 먹기도 한다. 우리나라가 세계에서 마늘을 가장 많이 먹는 것으로 알려져 있다. 마늘은 항암, 항균 작용과 성인병 예방에 좋은 것으로 보고되고 있다(한복진, 《(우리가 정말 알아야 할) 우리 음식 백가지1·2》, 현암사, 1998). ☞ 체언 Ⅸ. 식물 1. 풀 428

❖ 인간들은 모두 웅성웅성 깨여 있어서들/오가리며 석박디를 썰고/생강에 파에 청각에 마늘을 다지고 〈**추야일경**秋夜一景〉 ❖ 또 아이 어른 행길에 뜨락에 사람도 웅성웅성 흥성거려/나는 가슴이 이 무슨 흥에 벅차 오며/이 봄에는 이 밭에 감자 강냉이 수박에 오이며 당콩에 마늘과 파도 심그리라 생각한다 〈**귀농**歸農〉

마타리 명 마타릿과의 여러해살이풀. 높이는 1~1.5미터이며, 잎은 마주나고 깃 모양으로 갈라진다. 여름에 종 모양의 노란 잔꽃이 가지 끝에 산방繖房 꽃차례로 모여 피고 열매는 긴 타원형이다. 연한 순은 나물로 먹고 전초全草는 소염, 어혈에 또는 고름을 빼는 데에 약으로 쓴다. 산이나 들에서 저절로 나며 한국, 일본, 대만, 중국, 시베리아 동부까지 분포한다. ☞ 체언 Ⅸ. 식물 1. 풀 428

❖ 토끼도 살이 오른다는 때 아르대 즘퍼리에서 제비꼬리 마타리 쇠조지 가지취 고비 고사리 두릅순 회순 산山나물을 하는 가즈랑집 할머니를 따르며 〈**가즈랑집**〉

막써레기 명 품질이 낮은 담뱃잎을 사용해, 말아 피우거나 대통에 담아 피우도록 썰어 놓은 담배.

〔'막써레기'는 '막+써레기'의 형태를 지닌 합성조어이다. '써레기'는 '써레기담배'의 준말로 "말아 피우거나 대통에 담아 피우도록 썰어 놓은 담배"를 뜻한다(《조선말대사전》). 남쪽 지역에서 '살담배'로 부르는 것을 북쪽 지역에선 '써레기(써레기담배)', '썬담배' 등으로 부른다. '막써레기'는 이 '써레기'에 '거친', '품질이 낮은'의 뜻을 지닌 접두사 '막'이 더해져서 생성된 말이다. 이와 같은 형태의 말로 사전에 '막담배'가 등재되어 있다. 백석 시에 이런 뜻의 접두사 '막'이 사용된 말로 '막써레기' 외에 '막베등거리', '막베장방둥에' 등이 있다.〕

❖ 예순이 넘은 아들 없는 가즈랑집 할머니는 중같이 정해서 할머니가 마을을 가면 긴 담뱃대에 독하다는 막써레기를 몇 대라도 붙이라고 하며 〈**가즈랑집**〉

매감탕 명 메진 감탕. 끈기가 적은 감탕을 말한다. '감탕'이란 '엿을 고아낸 솥을 가셔 낸 단물, 또는 메주를 쑨 솥에 남은 진한 물'을 말한다.

〔'매감탕'은 '매+감탕'의 형태를 지닌 합성조어이다. '매'는 '메'의 평북 방언으로, '끈기가 적은'(찰기가 없는)의 뜻을 지닌 접두사이다. '매감탕'과 비슷한 형태의 단어로 평북 방언에 '매강냉이'가 있는데 이는 끈기가 적은, 곧 메진 강냉이를 말한다. '매강냉이'의 반대말은 '찰강냉이'이다.〕

❖ 열여섯에 사십四十이 넘은 홀아비의 후처가 된 포족족하니 성이 잘 나는 살빛이 매감탕 같은 입술과 젖꼭지는 더 까만 예수쟁이 마을 가까이 사는 토산土山 고무 고무의 딸 승녀承女 아들 승承동이 **〈여우난골족族〉**

맨모밀국수 명 다른 것이 섞이지 않은 메밀국수. 육수나 다른 첨가물 없이 메밀국수를 삶아서 건져 낸 상태 그대로 먹는 국수를 가리킨다. 〈북신北新—서행시초西行詩抄 2〉에서 '시꺼먼 맨모밀국수'는 도정을 덜 해서 검은 빛깔을 띠는 메밀국수를 가리킨다.

〔'맨모밀국수'는 '맨(다른 것이 없는)+모밀국수'의 합성어로 백석의 조어이다.〕

❖ 또 털도 안 뽑는 고기를 시꺼먼 맨모밀국수에 얹어서 한입에 꿀꺽 삼키는 사람들을 바라보며 **〈북신北新—서행시초西行詩抄 2〉**

명태明太 명 대구과의 바닷물고기. 몸의 길이는 40~60센티미터이며, 등은 푸른 갈색, 배는 은빛을 띤 백색이다. 우리나라 사람들이 가장 즐겨먹는 어류의 하나로 대구와 비슷하나 더 홀쭉하고 길다. 함경남도 해안을 중심으로 한 동북해 연안이 우리나라 최대의 명태 어장이다. 허균의 《도문대작屠門大嚼》에도 이 일대에서 명태가 많이 잡혀 함경도의 명태가 전국으로 많이 팔렸다고 기록되어 있다. ☞ 체언 X. 동물 2. 어패류 462

❖ 나의 정다운 것들 가지 명태 노루 뫼추리 질동이 노랑나뷔 바구지꽃 모밀국수 남치마 자개짚세기 그리고 천희千姬라는 이름이 한없이 그리워지는 밤이로구나 **〈야우소회夜雨小懷—물닭의 소리〉** ❖ 처마 끝에 명태明太를 말린다/명태明太는 꽁꽁 얼었다/명태明太는 길다랗고 파리한 물고긴데/꼬리에 길다란 고드름이 달렸다/해는 저물고 날은 다 가고 별은 서러웁게 차갑다/나도 길다랗고 파리한 명태明太다/문門턱에 꽁꽁 얼어서/가슴에 길다란 고드름이 달렸다 **〈멧새 소리〉**

명태明太창난젓 명 명태의 창자에 소금, 고춧가루 따위의 양념을 쳐서 담근 것. 명태는 함경도의 특산물이므로 명태의 내장으로 만든 창난젓 역시 함경도 지역의 유명한 특산물이다(허균, 《도문대작屠門大嚼》; 한복진, 《(우리가 정말 알아야 할) 우리 음식 백가지1·2》, 현암사, 1998).

〔'명태明太창난젓'은 '창난젓'과 같은 말로서 '명태'란 말이 중복 사용된 것이다. 이

런 형태의 말을 구사한 것은 '명태'를 강조하기 위함일 것이다. 백석 시엔 이런 형태의 말이 자주 구사된다. '두릅순', '은행여름', '따배기신'과 같은 시어들이 그런 예들이다.〕

❖ 명태明太창난젓에 고추무거리에 막칼질한 무이를 뷔벼 익힌 것을/이 투박한 북관北關을 한없이 끼밀고 있노라면/쓸쓸하니 무릎은 꿇어진다 〈**북관**北關**—함주시초**咸州詩抄〉

모밀국수 명 메밀국수. 메밀쌀에 녹두 거피한 것을 조금 섞어 물에 담갔다가 곱게 빻아 고은 체에 쳐서 가루를 한 것을 익반죽하여 국수틀로 가늘게 뽑은 국수(윤서석,《한국의 음식용어》, 민음사, 1991).

〔백석 시에서 '모밀'이란 말이 들어간 시어는 '모밀국수' 외에, '맨모밀국수', '모밀가루', '모밀가루포대', '모밀내' 등이 있다. 백석은 '메일'이란 말 대신에 시종일관 '모밀'이란 말을 사용하고 있다. '메밀'의 고어인 '모밀'은《조선말대사전》에 '메밀'의 평안, 함남, 황남, 강원의 방언으로 풀이되어 있는데, 당시에는 이 말이 전국적으로 많이 사용되었다. 1936년에 발표된 이효석의 소설 〈모밀꽃 필 무렵〉에서도, '메밀' 대신 '모밀'이란 말이 사용된 것을 볼 수 있다.〕

❖ 자정도 활씬 지났는데/닭을 잡고 모밀국수를 누른다고 한다 〈**야반**夜半**—산중음**山中吟〉 ❖ 그 맛있는 모밀국수를 삶는 장작도 자작나무다 〈**백화**白樺**—산중음**山中吟〉 ❖ 나의 정다운 것들 가지 명태 노루 뫼추리 질동이 노랑나뷔 바구지꽃 모밀국수 남치마 자개짚세기 그리고 천희千姬라는 이름이 한없이 그리워지는 밤이로구나 〈**야우소회**夜雨小懷**—물닭의 소리**〉

무감자 명 고구마의 방언(충청). 감자와 함께 원산지가 남미이며 우리나라에는 일본을 통해 들어온 것으로 알려져 있고 전국에 걸쳐서 널리 재배한다. 고구마는 7월 하순부터 성숙하기 시작하며 첫서리 내리기 전에 수확한다. 주성분은 당질이며 칼륨이 많이 들어 있어 고혈압 예방에 좋고 섬유질이 많아 장내 소화 작용을 돕는다고 한다(한복진,《(우리가 정말 알아야 할) 우리 음식 백가지1·2》, 현암사, 1998).

❖ 흙담벽에 볕이 따사하니/아이들은 물코를 흘리며 무감자를 먹었다 〈**초동일**初冬日〉

무이 명 '무'의 방언(황해). 배추와 함께 우리나라 사람들이 가장 즐겨 먹는 채소의 하나. 무에는 양질의 수분과 다량의 비타민 C와 A, 그리고 여러 효소들이 들어 있어, 예부터 무를 많이 먹으면 속병이 없다고 할 정도로 위장병에 좋은 음식으로 알려져 있다(한복진,《(우리가 정말 알아야 할) 우리 음식 백가지1·2》, 현암사, 1998).

❖ 명태明太창난젓에 고추무거리에 막칼질한 무이를 뷔벼 익힌 것을/이 투박한 북

관北關을 한없이 끼밀고 있노라면/쓸쓸하니 무릎은 꿇어진다 **〈북관北關—함주시초咸州詩抄〉** ❖ 내 가난한 늙은 어머니가/이렇게 시퍼러둥둥하니 추운 날인데 차디찬 물에 손은 담그고 무이며 배추를 씻고 있다 **〈흰 바람벽이 있어〉**

무이징게국 명 새우에 무를 썰어 넣어 끓인 국. '징게'는 '새우'의 방언(경기). 〔'무이징게국'은 '무이(무)+징게(새우)+국'의 형태를 지닌 합성조어이다. 정주와 인접한 청천강과 압록강, 그리고 대동강 하류에 새우가 많았다고 한다. 또 벌방 지대(들과 논밭 지대)는 물론이고 중강진 같은 산간 오지에서까지 새우젓이 식찬으로 널리 사용되었다고 한다(《조선향토대백과18》, 70쪽).〕

❖ 밤이 깊어가는 집안엔 〔…〕 그래서는 문창에 텅납새의 그림자가 치는 아츰 시누이 동세들이 욱적하니 흥성거리는 부엌으론 샛문틈으로 장지문틈으로 무이징게국을 끓이는 맛있는 내음새가 올라오도록 잔다 **〈여우난골족族〉**

문주 명 문추. '부꾸미'의 평북 방언. 찹쌀가루, 밀가루, 수수 가루 따위를 반죽하여 전병처럼 기름에 지진 후에 소를 넣고 반달 모양으로 접은 떡이다(한복진, 《(우리가 정말 알아야 할) 우리 음식 백가지1·2》, 현암사, 1998).

❖ 봉가집에서 온 사람들도 만나 반가워하고/깨죽이며 문주며 섭가락 앞에 송구떡을 사서 권하거니 먹거니 하고/그러다는 백중물을 내는 소내기를 함뿍 맞고 **〈칠월七月 백중〉**

물구지우림 명 물구지(무릇)의 뿌리(비늘줄기)를 물에 우려내서 엿처럼 고아 낸 음식. '물구지'는 '무릇'의 북쪽 지역 언어. '물구지'(무릇)는 백합과의 여러해살이풀로 들이나 밭에서 절로 자란다. 파, 마늘과 비슷하게 보이며, 7~9월에 이삭 모양의 담자색 꽃이 핀다. 어린잎과 비늘줄기를 식용으로 쓰는 구황救荒 식물의 하나로 아시아 동북부의 온대에서 아열대까지 널리 분포한다(김영배, 1987; 《고려대한국어대사전》; 《평북방언사전》).

❖ 나는 벌써 달디단 물구지우림 둥굴네우림을 생각하고/아직 멀은 도토리묵 도토리범벅까지도 그리워한다 **〈가즈랑집〉**

물외 명 오이. 박과의 한해살이 덩굴풀. 여름에 노란 통꽃이 잎겨드랑이에서 피고 열매는 긴 타원형의 장과漿果로 누런 갈색으로 익으며, 식용한다. 사시사철 식탁에 오르는 흔한 채소이지만 여름이 제철인 음식이다. 오이는 95%가 수분이며 비타민 C가 많다. 상쾌한 향기와 씹히는 맛이 좋은 채소이다(한복진, 《(우리가 정말 알아야 할) 우리 음식 백가지1·2》, 현암사, 1998). ☞ 체언 IX. 식물 1. 풀 428, 오이 166

❖ 캄캄한 비 속에/ 〔…〕 /어데서 물외 내음새 나는 밤이다// 〔…〕 /어데서 물외 내음

새 나는 밤은 **〈야우소회**夜雨小懷**—물닭의 소리〉**

미역국[명] 마른 미역을 불려서 끓인 국. 미역국은 예부터 산모의 보양식으로 간주되었다. 미역에는 요오드와 칼슘 등의 무기질과 비타민이 많아 자궁 수축을 돕고 피를 맑게 하며 신경과 골격 형성에도 좋고 지혈 작용을 하며 모유 분비도 도와준다. 미역국의 맛은 간장에 따라 크게 달라지는데, 반드시 재래식 메주로 만든 맑은 국 간장이어야 제 맛이 난다(한복진, 《(우리가 정말 알아야 할) 우리 음식 백가지1·2》, 현암사, 1998).

❖ 컴컴한 부엌에서는 늙은 홀아비의 시아부지가 미역국을 끓인다/그 마을의 외따른 집에서도 산국을 끓인다 **〈적경**寂境**〉**

미역오리[명] 가늘고 긴 미역의 조각. 백석 시 〈통영統營〉에선 말린 미역 줄기의 낱개를 말한다. '미역'은 암갈색에 길이는 1~2미터, 폭은 60센티미터 정도이며, 뿌리, 줄기, 잎의 구별이 확실하지 않은 엽상식물이다. 요오드와 칼슘의 함유량이 많아 발육이 왕성한 어린이와 산부産婦의 영양에 매우 좋다(한복진, 《(우리가 정말 알아야 할) 우리 음식 백가지1·2》, 현암사, 1998).

〔'미역오리'는 '미역+오리'의 합성어이다. 여기서 '오리'는 표준어로 "실, 나무, 대 따위의 가늘고 긴 조각이나 낱낱의 것"(《고려대한국어대사전》)을 뜻하는 말이다. 백석 시에는 '미역오리' 외에 '머리오리', '대님오리', '새끼오리' 등 '오리'가 붙은 합성어가 여러 번 구사된다.〕

❖ 미역오리같이 말라서 굴껍지처럼 말없이 사랑하다 죽는다는/이 천희千姬의 하나를 나는 어늬 오랜 객줏客主집의 생선 가시가 있는 마루방에서 만났다 **〈통영**統營**〉**

반디젓[명] '밴댕이젓'의 평북 방언. 청어과의 물고기로 멸치보다 조금 큰 모양을 지닌 밴댕이로 담근 젓. 봄철에 담그며 고춧가루와 다진 풋고추를 넣고 무쳐서 반찬으로 먹는다. 평안도에서는 멸치젓처럼 여러 용도로 쓰인다(한복진, 《(우리가 정말 알아야 할) 우리 음식 백가지1·2》, 현암사, 1998).

❖ 배나무접을 잘하는 주정을 하면 토방돌을 뽑는 오리치를 잘 놓는 먼 섬에 반디젓 담그려 가기를 좋아하는 삼춘 삼춘엄매 사춘누이 사춘동생들 **〈여우난골족**族**〉**

밤소[명] 밤을 삶아 으깨어 송편 따위의 속에 넣는 소. '소'는 '송편이나 만두 따위를 만들 때, 맛을 내기 위하여 익히기 전에 속에 넣는 여러 가지 재료'를 뜻하는 말이다.

❖ 방안에서는 일가집 할머니가 와서 마을의 소문을 펴며 조개송편에 달송편에 죈두기송편에 떡을 빚는 곁에서 나는 밤소 팥소 설탕 든 콩가루소를 먹으며 설탕 든

콩가루소가 가장 맛있다고 생각한다 **〈고야古夜〉**

배추명 길이가 30~50센티미터이고, 잎이 여러 겹으로 포개져 자라는데 가장자리가 물결 모양이며, 속은 누런 흰색이고 겉은 녹색이다. 주로 김치를 담가 먹고 다른 찬물을 만드는 데도 많이 쓴다. 배추엔 비타민이 풍부하게 함유되어 있다(한복진, 《(우리가 정말 알아야 할) 우리 음식 백가지1·2》, 현암사, 1998).

❖ 내 가난한 늙은 어머니가/이렇게 시펴러둥둥하니 추운 날인데 차디찬 물에 손은 담그고 무이며 배추를 씻고 있다 **〈흰 바람벽이 있어〉**

백설기명 곱게 빻은 멥쌀가루를 설탕물로 내려서 시루에 안쳐 깨끗하게 쪄 낸 떡. 티 없이 맑고 신성한 음식이란 뜻에서 백일이나 첫돌 때 만들어 먹었다(윤서석, 《한국의 음식용어》, 민음사, 1991; 한복진, 《(우리가 정말 알아야 할) 우리 음식 백가지1·2》, 현암사, 1998).

❖ 나는 돌나물김치에 백설기를 먹으며/넷말의 구신집에 있는 듯이/가즈랑집 할머니 **〈가즈랑집〉**

벌배명 벌배나무(팥배나무)의 열매. 팥알 모양의 타원형으로 9~10월에 황홍색으로 익는다. 잎의 모양에 따라 '털팥배' '벌배' 등으로 부른다.

❖ 어치라는 산山새는 벌배 먹어 고읍다는 골에서 돌배 먹고 아픈 배를 아이들은 띨배 먹고 나았다고 하였다 **〈여우난골〉**

벌배채명 ① 막 심은 배추. ② 들에 심은 배추. '배채'는 '배추'의 방언(평안, 함경, 충북).

〔'벌배채'의 '벌'은 '일정한 테두리를 벗어난'이란 뜻의 접두사. 이에 대해서는 이숭원(2008)이 언급한 바 있다. 이숭원은 이런 시각에서 벌배채를 '막 자란 배추'라고 풀이하고 있는데, '벌'의 사전적 의미와 아래 용례의 문맥을 염두에 두면 '가지런하게 심지 않고 여기저기에 막 심은 배추'라고 풀이하는 것이 더 자연스러울 듯하다.〕

❖ 오이밭에 벌배채 통이 지는 때는/산에 오면 산 소리/벌로 오면 벌 소리 **〈적막강산〉**

붕어곰명 오래 곤 붕어. 붕어를 푹 고아서 만든 음식을 가리킨다. 붕어는 잉엇과에 속하는 민물고기로 잉어에 비해 납작하고 수염이 없다. 천렵이 한창인 늦봄에서 초여름 냇가나 강에서 흔히 잡힌다. 옛 문헌에는 붕어구이나 붕어찜 조리가 많이 나오는데, 백석 시 〈주막酒幕〉에서는 곤 붕어가 음식으로 나온다(한복진, 《(우리가 정말 알아야 할) 우리 음식 백가지1·2》, 현암사, 1998).

〔'붕어곰'은 '붕어+곰'의 합성어이다. 《표준국어대사전》엔 '곰'이 "고기나 생선을 진한 국물이 나오도록 푹 삶은 국"으로 풀이되어 있지만, 《조선말대사전》엔 "짐승

고기나 물고기를 국물이 진하게 곤 것"으로 풀이되어 있다. 《표준국어대사전》엔 '곰'이 '국'을, 《조선말대사전》엔 '곤 것, 곧 삶은 것'을 가리켜 두 사전의 뜻풀이가 다소 다르다. 백석 시에서 '붕어곰'은 '오래 곤 붕어, 곧 오래 푹 삶은 붕어'를 가리킨다. 《조선말대사전》에 '붕어곰'과 비슷한 형태의 말로 '잉어곰'이 등재되어 있다.〕

❖ 호박닢에 싸오는 붕어곰은 언제나 맛있었다 〈**주막**酒幕〉

빼꾹채명 야산의 양지쪽에서 자라는 국화과의 여러해살이풀. 높이는 30~70센티미터이고, 백색 털로 덮여 있으며 가지가 없고 굵은 뿌리가 땅속 깊이 들어간다. 6~8월에 홍자색 꽃이 줄기 끝에 하나씩 피고, 깃털이 있는 수과瘦果가 열린다. 어린잎은 나물로 먹거나 약으로 쓴다(육창수, 《원색한국약용식물도감》, 아카데미서적, 1989). ☞ 체언 IX. 식물 1. 풀 429

❖ 그래도 그 쉬영꽃 진달래 빨가니 핀 꽃바위 너머/산山 잔등에는 가지취 빼꾹채 게루기 고사리 산山나물판/산山나물 냄새 물씬물씬 나는데 〈**산**山〉

볶은 잔디명 볶은 잔대. '잔디'는 '잔대'를 가리킨다. '볶은 잔디'는 잔대의 뿌리를 볶은 음식을 말한다. '잔대'는 산야에서 흔히 자라는 높이 40~120센티미터의 여러해살이풀로 잎과 줄기와 뿌리를 식용하는데 주로 뿌리를 많이 먹는다. 잔대의 뿌리는 더덕과 비슷하게 생겼다. 평안도 지방에서는 잔대 뿌리 볶은 것을 자주 먹는다고 한다.

〔'잔대'가 '잔디'라는 것은 필자(2007)가 처음 밝혔다. 평북 출신의 엄경은, 이덕화 옹의 전언에 의하면 어린 시절 잔대 뿌리 볶은 것을 많이 먹었다고 한다.〕

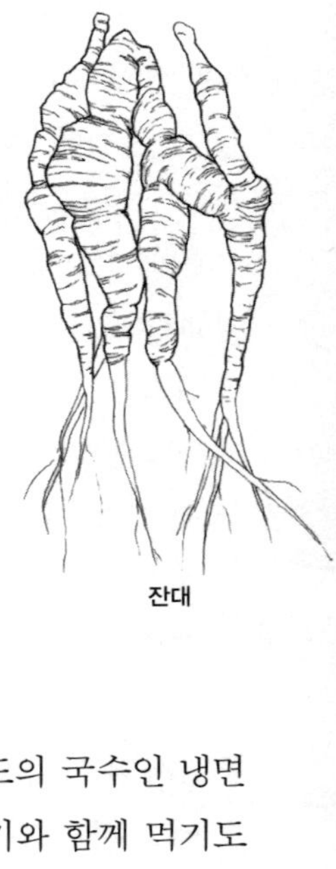

잔대

❖ 또 인절미 송구떡 콩가루차떡의 내음새도 나고 끼때의 두부와 콩나물과 볶은 잔디와 고사리와 도야지비계는 모두 선득선득하니 찬 것들이다 〈**여우난골족**族〉

산꿩의 고기명 산에서 서식하는 꿩의 꿩고기를 가리킨다. 평안도의 국수인 냉면은 흔히 동치밋국과 함께 꿩고기 육수를 쓰며, 국수를 꿩고기와 함께 먹기도 한다(《평안북도지》, 1973).

❖ 겨울밤 쩡하니 닉은 동티미국을 좋아하고 얼얼한 댕추가루를 좋아하고 싱싱한 산꿩의 고기를 좋아하고 〈**국수**〉

살구명 살구나무의 열매. 7월에 노란빛 또는 노란빛을 띤 붉은색으로 익으며 신맛과 단맛이 난다.

❖ 신 살구를 잘도 먹드니 눈 오는 아츰/나어린 안해는 첫아들을 낳었다 〈**적경**寂境〉

생강명 고려 시대 이전부터 재배했을 것으로 추정되는 약용식물의 하나로서 뿌리줄기는 갈아서 향신료로 각종 요리에 사용된다. 생강은 식욕을 증진시키고 몸을 따뜻하게 하며 혈액순환을 촉진시키는 것으로 알려져 있다(강인희, 《한국의 맛》, 대한교과서, 1987; 《두산세계대백과사전》).

❖ 인간들은 모두 웅성웅성 깨여 있어서들/오가리며 석박디를 썰고/생강에 파에 청각에 마 눌을 다지고 〈**추야일경**秋夜一景〉

석박디명 섞박지. 절인 배추와 무를 넓적하게 썰고 고명에 젓국을 쳐서 한데 버무려 담은 김치(윤서석, 《한국의 음식용어》, 민음사, 1991).

〔《표준국어대사전》엔 '섞박지'가, 《조선말대사전》엔 같은 말로 '석박지', '석박김치', '써래기김치'가 등재되어 있는데, 백석은 '석박디'란 말을 쓰고 있다. 'ㅈ'이 'ㄷ'으로 발음되는 평안 방언의 특성이 반영된 것이라고 할 수 있다.〕

❖ 인간들은 모두 웅성웅성 깨여 있어서들/오가리며 석박디를 썰고/생강에 파에 청각에 마눌을 다지고 〈**추야일경**秋夜一景〉

설탕명 맛이 달고 물에 잘 녹는 결정체. 사탕수수, 사탕무 따위를 원료로 하여 만든 천연 감미료이다(강인희, 《한국의 맛》, 대한교과서, 1987).

❖ 내일같이 명절날인 밤은 〔…〕 방안에서는 일가집 할머니가 와서 마을의 소문을 펴며 조개송편에 달송편에 죈두기송편에 떡을 빚는 곁에서 나는 밤소 팥소 설탕 든 콩가루소를 먹으며 설탕 든 콩가루소가 가장 맛있다고 생각한다 〈**고야**古夜〉

섭가락명 '섭산적 꼬치'를 말하는 것으로 보인다. '섭산적'은 쇠고기를 잘게 다져 갖은 양념을 하고 반대기를 지어서 구운 적.

〔'섭가락'의 뜻은 정확히 알기 어렵다. 아래 용례에서 백석 시의 어법상 깨죽, 문주와 동렬에 놓이는 음식의 일종으로 보인다. '섭가락'의 '섭'은 '섭산적', '가락'은 '꼬치'로 보아 '섭산적 꼬치'로 추정해 볼 수 있는데, 정확한 어석은 좀 더 검토해야 한다.〕

❖ 봉가집에서 온 사람들도 만나 반가워하고/깨죽이며 문주며 섭가락 앞에 송구떡을 사서 권하거니 먹거니 하고/그러다는 백중물을 내는 소내기를 함뿍 맞고 〈**칠월**七月 **백중**〉

섶누에 번디명 섶누에 번데기. '섶누에'는 산누에나방과에 속한 나방의 애벌레. 집누에와 비슷하나, 몸이 더 크고 무게는 네 배가량 더 무겁다. 참나무, 떡갈나무 따위의 잎을 먹고 담갈색의 고치를 지어 번데기로 된다. 산누에고치에서 얻어지는 견사는 고급 명주실로 쓰인다. '섶누에 번디'는 섶누에가 고치를 틀고 변하여 된 몸을 가리키는 것으로 삶아서 식용하기도 한다.

❖ 이방異邦 거리는/콩기름 쫄이는 내음새 속에/섶누에 번디 삶는 내음새 속에 **〈안동安東〉**

소주燒酒 명 곡주를 증류시킨 도수가 높은 술. 처음에는 약용으로 쓰였으나 조선 중기 이후부터 일반 술로 크게 성행하였다(윤서석, 《한국의 음식용어》, 민음사, 1991; 한복진, 《(우리가 정말 알아야 할) 우리 음식 백가지1·2》, 현암사, 1998).

❖ 나타샤를 사랑은 하고/눈은 푹푹 날리고/나는 혼자 쓸쓸히 앉어 소주燒酒를 마신다/소주燒酒를 마시며 생각한다 **〈나와 나타샤와 흰 당나귀〉** ❖ 그 뜨수한 구들에서/따끈한 삼십오도三十五度 소주燒酒나 한잔 마시고/그리고 그 시래깃국에 소피를 넣고 두부를 두고 끓인 구수한 술국을 트근히 몇 사발이고 왕사발로 몇 사발이고 먹자 **〈구장로**球場路**—서행시초**西行詩抄 **1〉**

소피 명 소의 선지. 소를 잡아서 받은 피. 식어서 굳어진 덩어리를 국이나 찌개 따위의 재료로 쓴다.

〔사전에는 '선지'만 등재되어 있는데, 백석은 '소피'라는 우리말 조어를 구사하고 있다.〕

❖ 그 뜨수한 구들에서/따끈한 삼십오도三十五度 소주燒酒나 한잔 마시고/그리고 그 시래깃국에 소피를 넣고 두부를 두고 끓인 구수한 술국을 트근히 몇 사발이고 왕사발로 몇 사발이고 먹자 **〈구장로**球場路**—서행시초**西行詩抄 **1〉**

송구떡 명 송기松肌떡. '송기지떡'으로 불리기도 한다. 소나무의 속껍질(松肌)을 물에 여러 날 담가서 송진을 우려 낸 후 두들겨서 솜같이 만든 것을 쌀가루에 섞어 반죽하여 만든 떡. 소나무의 은은한 향기와 소나무 껍질의 연분홍빛이 나는 이 떡은 평안도 지방의 전통 음식이며, 북녘에서 단오 음식의 대표로 꼽힌다(《평안북도지》, 1973; 《한국민속종합보고서(향토음식편)》, 1984).

❖ 또 인절미 송구떡 콩가루차떡의 내음새도 나고 끼때의 두부와 콩나물과 뽂은 잔디와 고사리와 도야지비계는 모두 선득선득하니 찬 것들이다 **〈여우난골족**族**〉** ❖ 낡은 질동이에는 갈 줄 모르는 늙은 집난이같이 송구떡이 오래도록 남어있었다 **〈고방〉** ❖ 깨죽이며 문주며 섭가락 앞에 송구떡을 사서 권하거니 먹거니 하고 **〈칠월**七月 **백중〉**

송이버슷 명 송이버섯. 송이과의 버섯으로 주로 솔잎이 쌓인 습지에 난다. 버섯은 항암효과와 혈액 중의 콜레스테롤을 감소시켜 주는 효능을 지닌 건강식품으로 알려져 있는데, 그중에서도 송이버섯은 특히 맛과 향이 뛰어나 최고의 식용

버섯으로 꼽힌다(한복진, 《(우리가 정말 알아야 할) 우리 음식 백가지1·2》, 현암사, 1998). ☞ 체언 Ⅸ. 식물 3. 식물 일반과 부분 1) 식물 일반 438

❖ 문門을 연다 머루빛 밤한울에/송이버슷의 내음새가 났다 〈**머루밤**〉

쇠든밤 명 새들새들해진 밤. 말라서 생기가 없어진 밤.

〔'쇠든밤'은 '쇠들+은+밤'의 형태을 지닌 합성조어이다. '쇠들+은'이 '쇠든'이 된 것은 관형어 어미 '은'의 결합으로 어간의 'ㄹ'이 탈락한 것이다. '쇠들다'는 '새들새들하다'에서 온 말이다. '쇠든밤'은 《조광》(1936. 1)과 시집 《사슴》(1936. 1)에 수록될 때에는 '새듨밤'으로 표기되었고, 《현대조선문학전집》(1938. 4)에 재수록될 때에는 '새든밤'으로 표기되었다. '새든밤'이 '새듨밤'으로 표기된 것은 여러 연구자가 지적한 것처럼 한글맞춤법통일안을 따르기 이전에 말의 원형을 살려 쓰려는 분철 의식에서 비롯된 것이다. 백석 시 원문엔 이런 형태의 표기가 자주 나타나는데, 이 책 표제어의 바탕이 되는 《정본 백석 시집》에선 이런 시어들은 표준어규정에 맞게 수정했다.〕

❖ 또 이러한 밤 같은 때 〔…〕 나는 아릇목의 삿귀를 들고 쇠든밤을 내여 다람쥐처럼 밝어먹고 은행여름을 인둣불에 구워도 먹고 그러다는 〔…〕 〈**고야**古夜〉

쇠조지 명 산야에서 자라는 식용하는 풀의 하나로, '쇠서나물'을 가리키는 것으로 짐작된다. '쇠서나물'의 높이는 80~100센티미터이고, 윗부분에서 가지가 갈라지며 갈색을 띤 갈고리 모양의 털이 있다. 6~9월에 노란색 꽃이 피며, 어린 잎은 나물로 먹는다. ☞ 체언 Ⅸ. 식물 1. 풀 429

〔'쇠조지'는 식물 관련 서적에서 찾을 수 없어 정확히 어떤 식물을 가리키는지 알 수 없다. '쇠조지'와 유사한 이름을 지닌 풀로 '쇠고비', '쇠비름', '쇠뜨기', '쇠서나물' 등이 있는데, 이 가운데 우리나라 전역의 산야에서 나면서 흔히 나물로 먹는 것은 '쇠서나물'이다. 따라서 '쇠조지'는 이 '쇠서나물'을 가리키는 것으로 짐작된다(고경식·김윤식, 《원색한국식물도감》, 아카데미서적, 1988).〕

❖ 토끼도 살이 오른다는 때 아르대 즘퍼리에서 제비꼬리 마타리 쇠조지 가지취 고비 고사리 두릅순 회순 산山나물을 하는 가즈랑집 할머니를 따르며 〈**가즈랑집**〉

수박 명 박과의 한해살이 덩굴풀. 덩굴진 줄기가 땅 위를 기며 자라며 잎은 어긋나고 여름에 노란 꽃이 핀다. 열매는 크고 둥글며 무게는 5~6킬로그램까지 나가는 것이 보통이다. 열매의 속살은 붉고 달며 물이 많다. 햇빛을 좋아하며 빛이 잘 쬐는 곳에서 열매가 잘 달린다. 아프리카가 원산지로 세계 각지에서 재배한다. ☞ 체언 Ⅸ. 식물 1. 풀 429

〔백석 시의 아래 용례에서 첫 번째 제시된 '수박'이란 말은 식물을 가리키지만, 백석이 이 식물을 심으려고 생각하는 것은 그 식물의 열매인 '수박'이라는 음식을 얻기 위한 것이므로 이 시어도 궁극적으론 음식을 염두에 둔 말이라고 할 수 있다.〕

❖ 이 봄에는 이 밭에 감자 강냉이 수박에 오이며 당콩에 마눌과 파도 심그리라 생각한다//수박이 열면 수박을 먹으며 팔며 **〈귀농歸農〉**

수박씨 명 수박 안에 있는 씨. 수박씨에는 여러 영양분과 약리작용이 있는 것으로 알려져 있다. 보통 차로 마시거나 볶아 먹는다. 중국에서는 수박씨 볶은 것을 까먹는 것이 민족 풍습의 하나이다. 그것은 단순한 먹을거리를 넘어 일종의 여흥에 가까운 것이기도 하다. 중국 수박의 씨는 우리 것보다 훨씬 크다.

❖ 어진 사람의 즛을 어진 사람의 마음을 배워서/수박씨 닦은 것을 호박씨 닦은 것을 입으로 앞니빨로 밝는다//수박씨 호박씨를 입에 넣는 마음은/참으로 철없고 어리석고 게으른 마음이나/ 〔…〕 //그 녚차개에 수박씨 닦은 것은 호박씨 닦은 것은 있었을 것이다/나물 먹고 물 마시고 팔벼개하고 누웠든 사람도/그 머리맡에 수박씨 닦은 것은 호박씨 닦은 것은 있었을 것이다 **〈수박씨, 호박씨〉**

시라리타래 명 시래기 타래. 시래기를 엮어 놓은 것. '시라리'는 '시래기'(무청이나 배춧잎 말린 것)의 방언(평남, 전남).

〔'시라리타래'는 '시라리(시래기)+타래(꾸러미)'의 형태를 지닌 합성조어로 '실타래'와 같은 형태의 말이다.〕

❖ 돌덜구에 천상수天上水가 차게/복숭아나무에 시라리타래가 말러갔다 **〈초동일初冬日〉**

시래기 명 무청이나 배추의 잎을 말린 것. 새끼 따위로 엮어 말려서 보관하다가 볶거나 국을 끓이는 데 쓴다.

❖ 시래기를 삶는 훈훈한 방안에는/양염 내음새가 싱싱도 하다 **〈추야일경秋夜一景〉**

시래깃국 명 무청이나 배춧잎 말린 것에 된장을 걸러 붓고 끓인 국(《고려대한국어대사전》).

❖ 그 뜨수한 구들에서/따끈한 삼십오도三十五度 소주燒酒나 한잔 마시고/그리고 그 시래깃국에 소피를 넣고 두부를 두고 끓인 구수한 술국을 트근히 몇 사발이고 왕사발로 몇 사발이고 먹자 **〈구장로球場路—서행시초西行詩抄 1〉**

식혜 명 엿기름을 우린 물에 밥알을 넣어 삭힌 후 엿기름 건더기는 가라앉히고 웃물만 건져 끓여 밥알을 걸러 내고 먹는 것이 감주이며, 여기에 겨울의 삭은 밥알을 띄워서 먹는 것이 식혜다.

❖ 한 해에 몇 번 매연 지난 먼 조상들의 최방등 제사에는 〔…〕 피나무 소담한 제상

위에 떡 보탕 식혜 산적 나물지짐 반봉 과일 들을 공손하니 받들고 [⋯] 〈**목구**木具〉

아개미 명 아가미. 물속에 사는 동물이나 곤충, 특히 어류에 발달한 호흡기관을 말하는데, 백석 시 〈통영統營(남행시초南行詩抄)〉에서는 그 뒤에 나오는 젓갈과 결합하여 '아가미 젓갈'을 가리킨다. 아가미 젓갈은 보통 대구나 명태의 아가미로 만드는데, 통영은 특히 대구가 많이 나는 곳이므로, 이 시에서 '아개미 젓갈'은 '대구 아가미 젓갈'을 가리키는 것으로 보아야 할 것이다. '아가미 젓갈' 중 가장 일반적인 것이 '대구 아가미 젓갈'이기도 하다.

❖ 전북에 해삼에 도미 가재미의 생선이 좋고/파래에 아개미에 호루기의 젓갈이 좋고 〈**통영**統營**(남행시초**南行詩抄**)**〉

연소탕燕巢湯 명 중국 요리의 하나로 연소, 즉 제비집을 끓여 만든 수프. 제비집은 금사연燕巢湯이란 바다제비가 바닷가의 절벽 사이에 만든 둥지인데, 이 둥지는 금사연이 해조海藻를 삼킨 후 뱉어낸 겔 상태의 물질로 만든 것이다. 이 제비집을 끓여 만든 수프는 중국에서 귀한 음식으로 여긴다. ☞ 제비의 춤 168

[제비집(燕巢, 옌차오)에 대해 중국 사전에 "金丝燕在海边岩石间筑的巢, 是金丝燕吞下海藻后吐出的胶状物凝结而成的, 是一种珍贵的食品"(中國社會科學院語言研究所詞典編輯室 編, 《(漢英雙語)現代漢語詞典》, 外語教學與研究出版社, 2002, 2216쪽)로 풀이되어 있다(이 사전의 풀이는 위에 서술한 바와 같다).]

❖ 제 배꼽을 들여다보거나 남의 낯을 쳐다보거나 하는 것인데/이러면서 그 무슨 제비의 춤이라는 연소탕燕巢湯이 맛도 있는 것과/또 어늬바루 새악시가 곱기도 한 것 같은 것을 생각하는 것일 것인데 〈**조당**澡塘**에서**〉

엿 명 쌀, 찹쌀, 수수, 고구마 등의 곡식을 익혀 엿기름으로 삭힌 즙액을 농축하여 만든 음식. 엿은 평안도와 황해도 지역에서 겨울철에 상비하는 별식이며, 정월 상차림의 필수 음식이다(윤서석, 《한국의 음식용어》, 민음사, 1991; 문화공보부 문화재관리국, 《한국민속종합조사보고서》, 문화공보부, 1984).

❖ 아모것도 모르는 듯이 어드근한 방안에 굴어 게으르는 것을 좋아하는 그 풍속을/사랑하는 어린것에게 엿 한 가락을 아끼고 위하는 안해에겐 해진 옷을 입히면서도 〈**허준**許俊〉

오가리 명 박이나 호박, 무 따위의 살을 가늘고 길게 도려내 말린 것(《고려대한국어대사전》).

❖ 인간들은 모두 웅성웅성 깨여 있어서들/오가리며 석박디를 썰고/생강에 파에 청각에 마늘을 다지고 〈**추야일경**秋夜一景〉

오이 명 박과의 한해살이 덩굴풀. 여름에 노란 통꽃이 잎겨드랑이에서 피고 열매는 긴 타원형의 장과漿果로 누런 갈색으로 익으며 식용한다. 오이는 사시사철 식탁에 오르는 흔한 채소이지만 여름이 제철인 음식이다. 오이의 95%가 수분이며 비타민 C가 많다. 상쾌한 향기와 씹히는 맛이 좋은 채소이다(한복진, 《(우리가 정말 알아야 할) 우리 음식 백가지1·2》, 현암사, 1998). ☞ 체언 Ⅸ. 식물 1. 풀 429

❖ 이 봄에는 이 밭에 감자 강냉이 수박에 오이며 당콩에 마늘과 파도 심그리라 생각한다 〈**귀농**歸農〉

옥수수 명 옥수수나무의 열매. 녹말이 많아 식량이나 사료로 쓰인다(《고려대한국어대사전》).

❖ 나는 파리한 여인女人에게서 옥수수를 샀다 〈**여승**女僧〉

왕밤 명 알이 굵은 밤. '밤'은 밤나무의 열매로 가시가 많이 난 송이에 싸여 있으며 겉껍데기 안에 속껍질이 있다. 탄수화물, 단백질, 칼슘, 비타민(A·B·C) 등 영양분이 풍부하다. 날것도 맛있고 굽거나 삶으면 더 맛이 있다.

❖ 제삿날이면 귀머거리 할아버지가 예서 왕밤을 밝고 싸리꼬치에 두부산적을 께었다 〈**고방**〉

원소元宵 명 중국에서 정월 대보름날 먹는 찹쌀로 빚은 새알 모양의 전통 음식으로 안에 소가 들어 있다.

〔중국어 사전에 '元宵'(위안샤오)는 "用糯米粉等做成的球形食品, 有馅, 多煮着吃. 是元宵节的应时食品"(찹쌀가루로 만든 둥근 공 모양의 음식으로 소가 있으며, 주로 삶아 먹는다. 정월대보름에 먹는 전통음식이다)로 풀이되어 있다(中國社會科學院語言硏究所詞典編輯室 編, 《(漢英雙語)現代漢語詞典》, 外語敎學與硏究出版社, 2002, 2357쪽).〕

❖ 그 조상들이 대대로 하든 본대로 원소元宵라는 떡을 입에 대며/ 〔…〕/그들의 본을 따서 이날에는 원소元宵를 먹을 것을/외로이 타관에 나서도 이 원소元宵를 먹을 것을 생각하며 〈**두보**杜甫**나 이백**李白**같이**〉

은행여름 명 은행나무의 열매. 살구 비슷한 종자로서 10월경에 노랗게 익으며 외종피 안에 은백색의 단단하고 2~3개의 능선이 있는 달걀 모양의 씨가 들어 있다. 우리가 식용하는 은행은 그 씨로서 보통 구워 먹는다.

〔'은행여름'의 '여름'은 '열매'의 고어, 함북 방언이다. 보통 은행나무의 열매를 은행이라고 하는데, 백석은 '은행여름'이라고 써서 의미가 중첩된 말을 사용하고 있다. 이는 구체적인 대상을 적시하고 강조하려는 의도에서 비롯된 것으로 보인다. 백석 시에 이처럼 의미가 중첩된 시어들로 은행여름 외에 '두릅순', '명태明太창난젓', '따

배기신' 등이 있다.〕

❖ 또 이러한 밤 같은 때 시집갈 처녀 막내고무가 고개 너머 큰집으로 치장감을 가지고 와서 〔…〕 나는 아릇목의 삿귀를 들고 쇠든밤을 내여 다람쥐처럼 밝어먹고 은행여름을 인듯불에 구워도 먹고 그러다는 **〈고야古夜〉**

인절미 명 찹쌀을 쪄서 떡메로 친 다음 네모나게 썰어 고물을 묻힌 떡. 인절미는 찹쌀 외에 차조와 차기장으로도 만든다. 그래서 잡곡이 많이 나는 황해도와 평안도에서 특히 많이 만들어 먹었다(한복진, 《(우리가 정말 알아야 할) 우리 음식 백가지1·2》, 현암사, 1998).

❖ 또 인절미 송구떡 콩가루차떡의 내음새도 나고 끼때의 두부와 콩나물과 뽂은 잔디와 고사리와 도야지비계는 모두 선득선득하니 찬 것들이다 **〈여우난골족族〉**

잔콩 명 ① 가늘고 작은 콩. ② 팥의 방언(함북).

〔'잔콩'은 사전에 '팥'의 함북 방언으로 등재되어 있는데, 백석이 '팥'이라는 시어를 별도로 썼고, 팥의 붉은색이 흰 빛의 별과는 다소 거리가 있는 점을 감안할 때, 백석 시의 아래 용례에서 '잔콩'은 '팥'보다는 '가늘고 작은 콩'으로 보는 것이 더 적절할 것 같다.〕

❖ 이리하여 한울에 별이 잔콩 마당 같고 **〈박각시 오는 저녁〉**

전북 명 전복. 조개류의 하나로 껍데기의 길이는 10~20센티미터이고 타원형이며 갈색 또는 푸른빛을 띤 갈색이다. 껍데기 입구는 넓고 겉에 구멍이 줄지어 나 있다. 전복의 산란기는 11월경이므로 8~10월에 가장 맛있다(한복진, 《(우리가 정말 알아야 할) 우리 음식 백가지1·2》, 현암사, 1998). ☞ 체언 X. 동물 2. 어패류 463

❖ 전북에 해삼에 도미 가재미의 생선이 좋고 **〈통영統營(남행시초南行詩抄)〉**

전북회 명 전복회. 전복의 회. 전복의 날것은 꼬들꼬들하여 회로 먹을 때 씹히는 맛이 좋다(한복진, 《(우리가 정말 알아야 할) 우리 음식 백가지1·2》, 현암사, 1998).

❖ 산듯한 청삿자리 우에서 찌륵찌륵/우는 전북회를 먹어 한녀름을 보낸다 **〈삼호三湖—물닭의 소리〉**

제물배 명 제물祭物로 쓰는 배.

❖ 내가 엄매 등에 업혀가서 상사말같이 항약에 야기를 쓰면 한창 퓌는 함박꽃을 밑가지채 꺾어주고 종대에 달린 제물배도 가지채 쪄주고 그리고 그 애끼는 게사니 알도 두 손에 쥐어주곤 하는데 **〈넘언집 범 같은 노큰마니〉**

제비꼬리 명 제비꼬리고사리. 면마과의 여러해살이풀로 뿌리줄기는 옆으로 뻗으며 잎은 길고 깃 조각은 꼬리처럼 길게 뾰족하다. ☞ 체언 IX. 식물 1. 풀 430

〔'제비꼬리'는 고사리 종류의 하나인 '제비꼬리고사리'를 가리키는 것으로 짐작된다. 백석 시의 아래 용례에서 '제비꼬리'는 고비와 고사리 등과 병렬적으로 나열되어 있는데, 고비도 고사리의 일종이다. 이들은 모두 산의 음지에서 자라는 양치식물들로서 종류에 따라 산나물로 식용하는 것들이다.〕

❖ 토끼도 살이 오른다는 때 아르대 즘퍼리에서 제비꼬리 마타리 쇠조지 가지취 고비 고사리 두릅순 회순 산山나물을 하는 가즈랑집 할머니를 따르며 **〈가즈랑집〉**

제비의 춤명 제비의 침. 제비집 요리인 '연소탕'을 말한다. 연소탕의 재료인 '제비집'은 금사연燕巢湯이란 바다제비가 바닷가의 절벽 사이에 해조를 삼킨 후 뱉어낸 겔 상태의 물질로 만든 둥지인데, 여기에 타액이 묻어 있기 때문에 '제비의 침'이라고 한 것이다. ☞ 연소탕 165

❖ 이러면서 그 무슨 제비의 춤이라는 연소탕燕巢湯이 맛도 있는 것과 **〈조당澡塘에서〉**

조개송편명 조개 모양으로 빚은 송편. '송편'은 멥쌀가루를 반죽하여 소를 넣고 반달이나 모시조개 모양으로 빚어서 솔잎을 깔고 찐 떡.

❖ 내일같이 명절날인 밤은 〔…〕 방안에서는 일가집 할머니가 와서 마을의 소문을 펴며 조개송편에 달송편에 죈두기송편에 떡을 빚는 곁에서 나는 밤소 팥소 설탕 든 콩가루소를 먹으며 설탕 든 콩가루소가 가장 맛있다고 생각한다 **〈고야古夜〉**

죈두기송편명 주먹을 쥔 모양의 송편.

〔아래 용례에서 '조개송편', '달송편'이 모두 송편의 모양을 가리키는 말이므로 '죈두기송편'도 모양을 가리키는 말로 보아야 한다. 그렇게 보았을 때, '죈두기송편'은 주먹을 쥔 모양을 한 송편을 가리키는 것으로 짐작된다. '죈두기'(쥔두기)와 같은 형태의 말로 '깍두기'를 들 수 있다. '깍두기'는 깍은 모양을 한 것이란 뜻을 갖는 말이다. '죈두기'(쥔두기)도 '깍두기'란 말의 형태처럼 쥔 모양을 한 것이란 뜻을 지닌 말이라고 할 수 있다.〕

❖ 내일같이 명절날인 밤은 〔…〕 방안에서는 일가집 할머니가 와서 마을의 소문을 펴며 조개송편에 달송편에 죈두기송편에 떡을 빚는 곁에서 나는 밤소 팥소 설탕 든 콩가루소를 먹으며 설탕 든 콩가루소가 가장 맛있다고 생각한다 **〈고야古夜〉**

진장명 진장(陳醬). 진하게 만들거나 진하게 된 간장(《조선말대사전》).

〔《표준국어대사전》엔 '진장'이 "① 검정콩으로 쑨 메주로 담가 빛이 까맣게 된 간장, ② 진간장(오래 묵어서 아주 진하게 된 간장)"의 두 가지 뜻으로 풀이되어 있는데, 《조선말대사전》엔 후자의 뜻으로만 풀이되어 있다. 백석 시의 아래 용례에선 후자의 뜻으로 사용된 것으로 보인다.〕

❖ 이렇게 젊은 나이로 코밑수염도 길러보는 탓이고 그리고 어늬 가난한 집 부엌으로 달재 생 선을 진장에 꼿꼿이 지진 것은 맛도 있다는 말이 자꼬 들려오는 탓이다 **〈내가 이렇게 외면하고〉**

찰복숭아 명 과일의 살이 씨에 꼭 붙고 겉에 털이 없는 복숭아(《고려대한국어대사전》).

❖ 찰복숭아를 먹다가 씨를 삼키고는 죽는 것만 같어 하로종일 놀지도 못하고 밥도 안 먹은 것도/가즈랑집에 마을을 가서/당세 먹은 강아지같이 좋아라고 집오래를 설레다가였다 **〈가즈랑집〉**

참치회 명 참치(참다랑어)의 회. 고단백 저지방 식품으로 알려져 있다. 참치는 고등엇과의 바닷물고기로 몸길이는 3미터 정도로 크며, 등 쪽이 검푸르고 배는 희며 살은 검붉다. 한국, 일본, 중국, 하와이 등지에 분포한다.

❖ 이즉하니 물기에 누굿이 젖은 왕구새자리에서 저녁상을 받은 가슴 앓는 사람은 참치회를 먹지 못하고 눈물겨웠다 **〈시기柿崎의 바다〉**

찹쌀탁주 명 찹쌀로 빚은 막걸리. '탁주濁酒'는 '막걸리'와 같은 말이다.

〔막걸리는 '막(함부로) 걸러 만든 것'이라고 해서 붙여진 이름이고 탁주는 색깔이 흐리다고 해서 붙여진 이름이다. 막걸리는 찹쌀이나 멥쌀 등을 찐 다음 수분을 건조시켜 누룩과 물을 섞고 일정한 온도에서 발효시킨 것을 청주를 떠내지 않고 그대로 걸러 짜낸 술로서 한국에서 역사가 가장 오래된 술이다(한복진, 《(우리가 정말 알아야 할) 우리 음식 백가지1·2》, 현암사, 1998; 《두산세계대백과사전》).〕

❖ 오지항아리에는 삼춘이 밥보다 좋아하는 찹쌀탁주가 있어서/삼춘의 임내를 내어가며 나와 사춘은 시큼털털한 술을 잘도 채어 먹었다 **〈고방〉**

천두 명 천도복숭아. 장미과에 속한, 껍질에 털이 없는 복숭아. 2000년 전부터 심어 온 것으로 알려져 있고 북반구와 남반구의 온대 지역에서 기른다. 복숭아나무의 변종으로 열매의 거죽에 털이 없고 윤이 나서 자두와 더 닮았다(《고려대한국어대사전》).

❖ 또 이러한 밤 같은 때 〔…〕 그러다는 이불 우에서 광대넘이를 뒤이고 또 누워 굴면서 엄매에게 웃목에 두른 평풍의 새빨간 천두의 이야기를 듣기도 하고 〔…〕 **〈고야古夜〉**

청각 명 녹조류 청각과에 속한 바닷말. 길이는 15~40센티미터이고 짙은 녹색으로 부드럽다. 사슴의 뿔과 비슷하며, 얕은 바다 속의 바위에 붙어산다. 김장 때 고명으로 쓰기도 하고 그냥 무쳐 먹기도 한다(《고려대한국어대사전》).

❖ 인간들은 모두 웅성웅성 깨여 있어서들/오가리며 석박디를 썰고/생강에 파에

청각에 마 눌을 다지고 〈**추야일경**秋夜一景〉

청밀 명 청밀(淸蜜). '꿀'과 같은 말. 꿀벌이 꽃에서 빨아들여 벌집에 저장하여 둔 달콤하고 끈끈한 액체. 영양가도 높고 약으로서의 효능도 크다(《고려대한국어대사전》).

❖ 날기멍석을 져간다는 닭보는 할미를 차 굴린다는 땅아래 고래 같은 기와집에는 언제나 니차떡에 청밀에 은금보화가 그득하다는 외발 가진 조마구 〔…〕 〈**고야**古夜〉

청배 명 청리(靑梨). 청실리(靑實梨). 청술레. 재래종 배의 중간 품종의 하나다. 일찍 익으며, 껍질 색이 푸르고 물기가 많으며 단맛이 있고 특유의 향기가 있다(《조선말대사전》, 《고려대한국어대사전》).

❖ 날이 밝으면 또 메기수염의 늙은이가 청배를 팔러 올 것이다 〈**정주성**定州城〉

청시靑柹 명 아직 익지 않은 푸른 감.

〔'청시靑柹'는 국어를 표제어로 한 최초의 국어사전인 《국한회어國漢會語》(1895)에 등재되어 있는 말이다.〕

❖ 시 제목 〈**청시**靑柹〉

취향리梨 **돌배** 명 추향리 돌배. '추향리'라는 배나무의 돌배. '추향리'는 높이가 10미터 정도 되는 배나무과의 나무로서 나무껍질은 회색이고, 어린 가지는 밤색이다. 잎은 여러 가지가 있으나 짧은 가지에 붙은 것은 달걀 모양이며 길이가 8~12센티미터이고 끝은 뾰족하며 밑부분은 둥글고 변두리에는 바늘 모양의 톱니가 있다. 꽃은 흰색이며 달걀 모양 또는 넓은 타원형이다. 열매는 10월 중순에 익는데 둥그스름하고 가로 너비 4~5센티미터, 길이 4~6센티미터이며 누런색을 띠고 햇빛 받은 쪽은 붉은색을 띤다. 열매 살은 신맛이 많고 연하다. 우리나라 북부 지방에 많이 분포되어 있다. '취향리 돌배'는 '추향리 나무'의 열매를 가리키는 것이다.

〔'취향리'는 '추향리'에서 평북 방언의 음운적 특징이자 백석 시 특유의 음운현상인 '이' 모음 첨가현상이 나타난 말이다. '추향리'는 《조선식물지》에 상세한 설명이 나와 있고, 《조선말대사전》에도 등재되어 있다. 《조선말대사전》엔 '추향리'가 사과나무과에 속하는 과일나무로 기술되어 있는데, 《조선식물지》엔 '배나무속'으로 분류되어 있다(조선식물지편찬위원회, 《조선식물지3》, 평양: 과학출판사, 1972, 216-219쪽).〕

❖ 이왕이면 향香내 높은 취향리梨 돌배 움퍽움퍽 씹으며 머리채 츠렁츠렁 발굽을 차는 꾸냥과 가즈런히 쌍마차雙馬車 몰아가고 싶었다 〈**안동**安東〉

칠성七星고기 명 칠성장어. 칠성장어과의 물고기. 몸길이는 63센티미터 정도로 뱀장어와 비슷하게 생겼으며, 등 쪽은 연푸른 갈색이고 배는 흰색이다. 눈 옆에 일곱 쌍의 아가미 구멍이 있다. 한국 동남해로 흐르는 강과 일본 홋카이도 서해로 흘러드는 강 등지에 분포한다. 기름이 많고 맛이 좋다(《조선말대사전》 일부 참조).

☞ 체언 X. 동물 2. 어패류 463

〔《조선말대사전》에 '칠성고기'가 '칠성장어'와 같은 말로 등재되어 있다. 백석 시의 아래 용례에서 호수는 부전호수를 가리키는데, 이곳에 칠성장어, 빙어, 열목어 등 여러 물고기들이 많이 서식한다고 한다(《조선향토대백과12》, 2005, 642쪽).〕

❖ 칠성七星고기라는 고기의 쩜벙쩜벙 뛰노는 소리가/쨋쨋하니 들려오는 호수湖水까지는/들쭉이 한불 새까마니 익어가는 망연한 벌판을 지나가야 한다 〈**함남도안**咸南道安〉

콩가루소 명 떡 속에 넣는, 콩가루로 만든 소.

〔사전엔 '팥소'만 등재되어 있고, '콩가루소'는 등재되어 있지 않다.〕

❖ 내일같이 명절날인 밤은 〔…〕 방안에서는 일가집 할머니가 와서 마을의 소문을 펴며 조개송편에 달송편에 죈두기송편에 떡을 빚는 곁에서 나는 밤소 팥소 설탕 든 콩가루소를 먹으며 설탕 든 콩가루소가 가장 맛있다고 생각한다 〈**고야**古夜〉

콩가루차떡 명 콩가루를 묻힌 찰떡. '차떡'은 '찰떡'의 평북 방언.

〔《조선말대사전》에 '찰떡'과 같은 말로 '차떡'이 등재되어 있고, 《평북방언사전》과 《표준국어대사전》엔 '찰떡'의 평북 방언으로 '찻떡'이 등재되어 있다.〕

❖ 또 인절미 송구떡 콩가루차떡의 내음새도 나고 끼때의 두부와 콩나물과 뽂은 잔디와 고사리와 도야지비계는 모두 선득선득하니 찬 것들이다 〈**여우난골족**族〉

콩곡석 명 콩곡식. 곡석은 '곡식'의 방언(강원, 경상, 전남).

〔'콩곡석'은 '콩＋곡석(곡식)'의 합성조어이다.〕

❖ 노왕老王은 집에 말과 나귀며 오리에 닭도 우울거리고/고방엔 그득히 감자에 콩곡석도 들여 쌓이고 〈**귀농**歸農〉

콩기름 명 콩에서 짜낸 기름. 리놀산이 많이 함유되어 있어 정제하여 식용한다(《고려대한국어대사전》).

❖ 이방異邦 거리는/콩기름 쫄이는 내음새 속에/섶누에 번디 삶는 내음새 속에 〈**안동**安東〉

콩나물 명 콩을 시루 따위의 그릇에 담아 그늘에 두고 물을 주어 자라게 한 것. 또는 그것으로 만든 나물. 콩나물에는 비타민 C가 풍부하고 콩나물 안의 아스파라긴산이 피로와 숙취 회복에 효과가 있는 것으로 알려져 있는데 특히 뿌리에 많아 뿌리째 먹는 것이 좋다고 한다. 콩나물은 저혈압인 사람에게도 좋은 것으로 알려져 있다(한복진, 《(우리가 정말 알아야 할) 우리 음식 백가지1·2》, 현암사, 1998).

❖ 또 인절미 송구떡 콩가루차떡의 내음새도 나고 끼때의 두부와 콩나물과 뽂은 잔디와 고사리와 도야지비계는 모두 선득선득하니 찬 것들이다 **〈여우난골족**族**〉**

콩알 명 콩의 낱알. 콩은 '밭에서 나는 쇠고기'라고 일컬을 정도로 단백질과 지방이 매우 풍부한 영양 음식이다(한복진, 《(우리가 정말 알아야 할) 우리 음식 백가지1·2》, 현암사, 1998). 백석 시 〈창의문외彰義門外〉에서 '콩알'은 임금나무에 열린 작은 열매를 가리킨다. ☞ 체언 Ⅸ. 식물 3. 식물 일반과 부분 3) 식물의 다른 부분 447

❖ 붉은 수탉이 높이 샛더미 우로 올랐다/텃밭가 재래종在來種의 임금林檎나무에는 이제도 콩알만 한 푸른 알이 달렸고 히스무레한 꽃도 하나 둘 퓌여 있다 **〈창의문외**彰義門外**〉**

튀각 명 마른 다시마나 호도 등을 잘라 기름에 튀긴 음식. 튀각은 절에서 즐겨 먹는 음식이다. 절에선 동물성 음식을 섭취하지 못하므로 튀각에서 식물성 지방을 섭취한다(윤서석, 《한국의 음식용어》, 민음사, 1991; 한복진, 《(우리가 정말 알아야 할) 우리 음식 백가지1·2》, 현암사, 1998).

❖ 농마루며 바람벽은 모두들 그느슥히/흰밥과 두부와 튀각과 자반을 생각나 하고 **〈고사**古寺**—함주시초**咸州詩抄**〉**

파 명 백합과의 여러해살이풀로 높이는 70센티미터 정도이고, 잎은 둥근기둥이며 속이 비어 있다. 특이한 냄새와 맛이 있어 약용하거나 식용한다. 파는 마늘과 함께 한국 음식에 들어가는 대표적인 양념으로 쓰인다. 한방에서는 추위를 덜 타게 하고 답답함을 없애 주며 피를 맑게 해 주고 진통 완화, 지혈 작용을 한다고 한다. 파는 3,000년 전 중국 서부에서 재배하기 시작했으며, 우리나라는 고려 시대 이전에 전래된 것으로 알려져 있다. 파는 더위나 추위를 잘 견뎌 북쪽 시베리아에서 남쪽 열대 지방까지 분포되어 있다(한복진, 《(우리가 정말 알아야 할) 우리 음식 백가지1·2》, 현암사, 1998). ☞ 체언 Ⅸ. 식물 1. 풀 430

❖ 인간들은 모두 웅성웅성 깨여 있어서들/오가리며 석박디를 썰고/생강에 파에 청각에 마늘을 다지고 **〈추야일경**秋夜一景**〉** ❖ 이 봄에는 이 밭에 감자 강냉이 수박에 오이며 당콩에 마늘과 파도 심그리라 생각한다 **〈귀농**歸農**〉**

파래 명 푸른빛을 띠는 해조류로서 김과 같이 넓적하고 얇은 것과 가늘고 긴 것 따위가 있다. 바닷가의 조간대潮間帶 상부, 특히 민물이 흘러 들어오는 웅덩이의 바위에 붙어 잘 산다. 보통 늦가을부터 초여름까지 번식한다. 향기와 맛이 좋으며, 특히 한국 사람과 일본 사람이 즐겨 먹는다.

❖ 파래에 아개미에 호루기의 젓갈이 좋고 **〈통영**統營**(남행시초**南行詩抄**)〉**

팥소 명 떡 속에 넣는, 팥을 삶아 으갠 소(《고려대한국어대사전》).

❖ 내일같이 명절날인 밤은 〔…〕 방안에서는 일가집 할머니가 와서 마을의 소문을 펴며 조개송편에 달송편에 죈두기송편에 떡을 빚는 곁에서 나는 밤소 팥소 설탕 든 콩가루소를 먹으며 설탕 든 콩가루소가 가장 맛있다고 생각한다 **〈고야**古夜**〉**.

해삼 명 해삼강의 동물을 일상적으로 통틀어 이르는 말. 몸이 부드럽고 오이 모양으로 온몸에 오톨도톨한 돌기가 많이 나 있으며, 검푸른 갈색 또는 검붉은 갈색이다. 살은 날로 먹고 말린 것은 여러 가지로 요리해 먹는다. ☞ 체언 X. 동물 5. 양서류, 파충류 외 483

❖ 전북에 해삼에 도미 가재미의 생선이 좋고 **〈통영**統營**(남행시초**南行詩抄**)〉**

햇기장 쌀 명 '햇기장 쌀'은 그해에 새로 난 기장 열매를 찧어 껍질을 벗긴 것을 말한다. '기장'은 볏과의 한해살이풀로 높이는 50~120센티미터이고, 이삭은 가을에 익으며, 가뭄과 병충해의 피해를 가장 적게 받는다. 기장 열매는 '황실黃實'이라고도 하는데 엷은 누런색으로 떡, 술, 엿, 빵 따위의 원료나 가축의 사료로 쓴다.

❖ 그리고 물이라도 들 듯이 샛노랗디샛노란 산山골 마가을 볕에 눈이 시울도록 샛노랗디샛노란 햇기장 쌀을 주무르며/기장쌀은 기장차떡이 좋고 기장차랍이 좋고 기장감주가 좋고 그리고 기장쌀로 쑨 호박죽은 맛도 있는 것을 생각하며 나는 기뻐다 **〈월림**月林**장—서행시초**西行詩抄 **4〉**

햇콩두부 명 그해에 새로 난 콩인 햇콩으로 만든 두부. 콩을 물에 불려 분쇄기에 갈아 가열시켜 베주머니에 넣고 걸러 짜서 콩물과 비지로 나누며, 그중 콩물에 응고제인 간수를 넣어 굳어진 덩어리를 구멍 뚫린 상자에 넣고 누름돌로 눌러 물기를 뺀 다음, 두부가 충분히 굳어지면 상자째 물에 집어넣어 물속에서 상자는 빼내고 두부는 잠시 물에 담가 둔다. 이렇게 하면 여분의 응고제가 모두 빠져서 맛이 좋아지는데, 이렇게 되는 것을 숨이 들어간다고 한다.

❖ 밖에는 어데서 물새가 우는데/토방에선 햇콩두부가 고요히 숨이 들어갔다 **〈추야일경**秋夜一景**〉**

호루기의 젓갈 명 '호루기'는 '살오징어의 어린 것'을 말하며, 이것으로 만든 젓갈이 '호루기의 젓갈'이다. 《통영시지》의 설명에 따르면 '살오징어'는 제주도 남쪽의 따뜻한 바다에서 겨울을 나고 거기에서 산란, 부화되어 쓰시마난류를 타고 북상하여 봄철 남해안 일대에서 성장하는 것인데, 그 어린 것을 '호리기'라고 부른다고 한다. '호리기'는 바로 '호루기'를 가리키는 것이다. 어린 살오징어인 '호루기'(호리기)는 몸통의 길이가 7~8센티미터 정도 되는데, 이것을 통째로 소금에 절인 것이 호루기젓(호리기젓)이다. 이 '호루기젓'(호리기젓)은 한여름이면 잘 익어서 최고의 밥반찬으로 꼽힌다(통영시사편찬위원회, 《통영시지 상》, 1999, 1046-1047쪽; 《통영시지 하》, 1999, 830쪽).

❖ 파래에 아개미에 호루기의 젓갈이 좋고 〈**통영**統營**(남행시초**南行詩抄**)**〉

호박닢명 호박잎. 식용하는 호박의 어린잎. 주로 찜통이나 밥솥에 살짝 쪄서 먹는다. 섬유소와 비타민이 풍부하고 항암 작용이 있는 음식으로 알려져 있는데, 단백질이 부족해서 예부터 호박잎을 먹을 때는 된장이나 생선 조림을 곁들여 먹었다(《두산세계대백과사전》).

❖ 호박닢에 싸오는 붕어곰은 언제나 맛있었다 〈**주막**酒幕〉

호박떡명 청둥호박을 생것으로 얇게 썬 것이나 오가리를 떡가루에 넣고 찐 시루떡.

❖ 노란 싸릿닢이 한불 깔린 토방에 햇츩방석을 깔고/나는 호박떡을 맛있게도 먹었다 〈**여우난골**〉

호박씨명 호박의 씨. 보통 볶아서 식용한다. 호박씨에는 질 좋은 불포화지방산과 필수 아미노산인 메티오닌 등이 많이 들어 있어 동맥경화 및 노화 방지에 좋고, 간을 보호하는 작용도 있는 것으로 알려져 있다(《두산세계대백과사전》).

❖ 어진 사람의 즛을 어진 사람의 마음을 배워서/수박씨 닦은 것을 호박씨 닦은 것을 입으로 앞니빨로 밝는다//수박씨 호박씨를 입에 넣는 마음은/참으로 철없고 어리석고 게으른 마음이나/ 〔…〕 /그 녚차개에 수박씨 닦은 것은 호박씨 닦은 것은 있었을 것이다/나물 먹고 물 마시고 팔벼개하고 누웠든 사람도/그 머리맡에 수박씨 닦은 것은 호박씨 닦은 것은 있었을 것이다 〈**수박씨, 호박씨**〉

호박죽명 기장쌀에 익은 참호박을 썰어 넣어 만든 죽. 호박죽은 더운 것보다 식혀서 먹는 맛이 더 낫고, 특히 겨울밤 뜨뜻한 구들에서 찬 죽을 밤참으로 먹는 것이 아주 별미라고 한다(《평안북도지》, 1973).

❖ 기장쌀은 기장차떡이 좋고 기장차랍이 좋고 기장감주가 좋고 그리고 기장쌀로 쑨 호박죽은 맛도 있는 것을 생각하며 나는 기뿌다 〈**월림**月林**장—서행시초**西行詩抄 **4**〉

회순명 '회나무'(화살나무)나 '회잎나무'의 순, 즉 어린 싹을 말한다. 회나무는 주로 산기슭이나 산허리에 나는 노박덩굴과의 낙엽 활엽 관목으로 줄기에 화살의 깃처럼 생긴 코르크질의 날개가 붙어 있고, 6월경에 황록색 꽃이 핀다. 이른 봄의 어린잎은 나물로 먹는다. 회나무 가운데 가지에 날개가 없는 것을 회잎나무라고 한다. 봄에 돋아나는 회잎나무의 어린 줄기와 잎은 데쳐서 무쳐 먹는다(《조선말대사전》). ☞ 체언 IX. 식물 3. 식물 일반과 부분 3) 식물의 다른 부분 448

〔《표준국어대사전》에 '회나무'와 '화살나무'가 다른 나무로 나오는데, 《조선말대사전》엔 두 나무가 같은 나무로 나온다. 백석 시의 아래 용례에서 '회순'은 회나무(화살나무)나 그 일종인 '회잎나무'의 새순을 가리키는 것으로 보인다.〕

❖ 토끼도 살이 오른다는 때 아르대 즘퍼리에서 제비꼬리 마타리 쇠조지 가지취 고비 고사리 두릅순 회순 산山나물을 하는 가즈랑집 할머니를 따르며 **〈가즈랑집〉**

흰가무래기 명 흰색 가무래기. '가무래기'는 '가무락조개' '모시조개'를 가리킨다. ☞ 가무래기 139

〔'흰가무래기'는 '힌(흰)+가무래기'의 합성조어. '검가무래기'와 운율을 맞추기 위해 '흰'과 '가무래기'를 붙여 한 단어로 만들었다.〕

❖ 이른 봄철 산 너머 먼 데 해변에서 가무래기 오면/흰가무래기 검가무래기 가무래기 사서 하리불에 구워 먹잔 말이로구나 **〈머리카락〉**

3 집

1) 집의 성격과 종류

가즈랑집 명 백석의 고향인 평북 정주에 있는 집. 송준의 조사에 의하면 정주의 덕언면 내동과 백미동 사이에 '가주령 고개'가 있다고 한다. 이 조사에 따른다면 '가즈랑고개'는 이 '가주령 고개'를 가리킨다고 할 수 있다. 백석 시 〈가즈랑집〉에서 '가즈랑집'은 이 고개 밑에 위치해 있는 것으로 진술된다. 이 가즈랑집에 사는 할머니는 시에 '구신의 딸'로 묘사되어 무당임을 알 수 있다. '가즈랑집'은 곧 무당집인 셈이다(송준, 《시인 백석 1》, 흰당나귀, 2012, 40쪽).

❖ 가즈랑집은 고개 밑의/산山 너머 마을서 도야지를 잃는 밤 즘생을 쫓는 깽제미 소리가 무서웁게 들려오는 집/ 〔…〕 //예순이 넘은 아들 없는 가즈랑집 할머니는 중같이 정해서 할머니가 마을을 가면 긴 담뱃대에 독하다는 막써레기를 몇 대라도 붙

이라고 하며// 〔…〕 //나는 돌나물김치에 백설기를 먹으며/넷말의 구신집에 있는 듯이/가즈랑집 할머니/ 〔…〕 /무명필에 이름을 써서 백지 달어서 구신간시렁의 당즈깨에 넣어 대감님께 수영을 들였다는 가즈랑집 할머니/언제나 병을 앓을 때면/신장님 달련이라고 하는 가즈랑집 할머니/ 〔…〕 //토끼도 살이 오른다는 때 아르대즘퍼리에서 제비꼬리 마타리 쇠조지 가지취 고비 고사리 두릅순 회순 산山나물을 하는 가즈랑집 할머니를 따르며/ 〔…〕 /살구벼락을 맞고 울다가 웃는 나를 보고/밑구멍에 털이 몇 자나 났나 보자고 한 것은 가즈랑집 할머니다/찰복숭아를 먹다가 씨를 삼키고는 죽는 것만 같어 하로종일 놀지도 못하고 밥도 안 먹은 것도/가즈랑집에 마을을 가서/당세 먹은 강아지같이 좋아라고 집오래를 설레다가였다 **〈가즈랑집〉**

구신집명 귀신집. 귀신이 사는 집, 또는 귀신이 나올 것 같은 집.

〔사전엔 '귀신'만 등재되어 있다.〕

❖ 나는 돌나물김치에 백설기를 먹으며/넷말의 구신집에 있는 듯이/가즈랑집 할머니 **〈가즈랑집〉**

기와집명 지붕을 기와로 인 집.

❖ 날기멍석을 져간다는 닭보는 할미를 차 굴린다는 땅아래 고래 같은 기와집에는 언제나 니차떡에 청밀에 은금보화가 그득하다는 외발 가진 조마구 뒷산山 어늬메도 조마구네 나라가 있어서 〔…〕 **〈고야古夜〉**

넘언집명 너머집. (담이나 고개 또는 산 등의) 너머에 있는 집(《조선말대사전》). ☞ 건넌마을 219, 건넌산 292

〔'넘언집'은 '넘어(너머)+ㄴ+집'의 형태를 지닌 말이다. 해방 전의 백석 시 작품에서 '너머'는 모두 '넘어'로 표기된다. '넘언집'은 '고개나 산 너머에 있는 집'을 가리키는 백석의 조어이다. 백석 시에 이와 같은 형태의 말로 '넘언집' 외에 '건넌산', '건넌마을' 등의 시어가 있다.《조선말대사전》엔 '너머집'이 등재되어 있다.〕

❖ 시 제목 **〈넘언집 범 같은 노큰마니〉**

농삿집명 농사를 본업으로 하는 사람의 집. 또는 그런 가정. '농가農家'와 같은 말.

❖ 네 소리에 나는 촌 농삿집의 저녁을 짓는 때/나주볕이 가득 드리운 밝은 방안에 혼자 앉어서/실감기며 버선짝을 가지고 쓰렁쓰렁 노는 아이를 생각한다 **〈촌에서 온 아이〉**

돌능와집명 기와 대신 얇은 돌조각을 지붕으로 인 집(《고려대한국어대사전》).

〔《조선말대사전》엔 같은 뜻의 말로 '돌능애집'이 등재되어 있다.〕

❖ '자시동북팔십천희천自是東北八〇粁煕川'의 푯標말이 선 곳/돌능와집에 소달구지에 싸리신에 옛날이 사는 장거리에/어니 근방 산천山川에서 덜거기 껙껙 검방지게 운다 **〈월림**月林**장—서행시초**西行詩抄 **4〉** ❖ 골이 다한 산대 밑에 자그마한 돌능와집이 한 채 있어서/이 집 남길동 단 안주인은 겨울이면 집을 내고 **〈산곡**山谷**—함주시초**咸州詩抄**〉**

마가리명 '오막살이'(오두막집)의 방언(평북, 함남)(《고려대한국어대사전》).

〔'마가리'는 '막+아리'의 형태에서 온 말로 짐작된다. '막'은 '겨우 비바람을 막을 정도로 임시로 지은 집'이고, '아리'는 '살이'를 뜻하는 말이다. '아리'와 '살이'의 관계를 잘 보여 주는 단어로 '메아리'를 들 수 있다. '메아리'는 '메살이'(메, 山+살이, 산에서 사는 것)에서 온 말이다. 이렇게 볼 때, '막+아리'의 형태를 지닌 '마가리'는 막살이, 곧 오막살이를 뜻하는 말이라고 할 수 있다. 《조선말대사전》에 '마가리'가 '막처럼 비바람이나 막을 수 있게 간단하게 꾸민 집'의 뜻으로 등재되어 있고, 《평북방언사전》, 《금성판국어대사전》, 《고려대한국어대사전》에 '오막살이'의 평북 방언, 또는 평북·함남 방언으로 등재되어 있다.〕

❖ 나타샤와 나는/눈이 푹푹 쌓이는 밤 흰 당나귀 타고/산골로 가자 출출이 우는 깊은 산골로 가 마가리에 살자 **〈나와 나타샤와 흰 당나귀〉**

봉가집명 본가(本家)집. 친정집(시집간 여자의 본집).

〔'본가집'이 '봉가집'으로 쓰인 것은 발음의 편의를 위해 받침 'ㄴ'이 'ㅇ'으로 전환된 것이다. 백석 시에 이와 같은 음운현상의 또 다른 예로 '잔고기'가 '장고기'로 쓰인 시어가 있다.〕

❖ 봉가집에서 온 사람들도 만나 반가워하고/깨죽이며 문주며 섭가락 앞에 송구떡을 사서 권하거니 먹거니 하고/그러다는 백중물을 내는 소내기를 함뿍 맞고/호주를하니 젖어서 달아나는데/이번에는 꿈에도 못 잊는 봉가집에 가는 것이다/봉가집을 가면서도 칠월七月 그믐 초가을을 할 때까지/평안하니 집살이를 할 것을 생각하고/애끼는 옷을 다 적시어도 비는 씨원만 하다고 생각한다 **〈칠월**七月 **백중〉**

산골집명 산골에 있는 집(《조선말대사전》).

〔'산골집'은 《조선말대사전》에 등재되어 있는 말이다.〕

❖ 산골집은 대들보도 기둥도 문살도 자작나무다/밤이면 캥캥 여우가 우는 산山도 자작나무다 **〈백화**白樺**—산중음**山中吟**〉**

외갓집명 어머니의 친정. '외가外家'와 같은 말.

❖ 내가 언제나 무서운 외갓집은/초저녁이면 안팎마당이 그득하니 하이얀 나비수염을 물은 보득지근한 복쪽재비들이 씨굴씨굴 모여서는 짱짱 짱짱 쇳스럽게 울어

대고 〈**외갓집**〉

우리집명 자기가 사는 집. 또는 자기를 포함한 가족이 사는 집(《고려대한국어대사전》).

〔'우리집'은《고려대한국어대사전》에 등재되어 있는 말이다.〕

❖ 명절날 나는 엄매 아배 따라 우리집 개는 나를 따라 진할머니 진할아버지가 있는 큰집으로 가면 〈**여우난골족**族〉

원두막명 오이, 참외, 수박, 호박 따위를 심은 밭을 지키기 위하여 밭머리에 높게 지어 놓은 막.

❖ 산山턱 원두막은 뷔였나 불빛이 외롭다/헝겊심지에 아즈까리기름의 쪼는 소리가 들리는 듯하다 〈**정주성**定州城〉

인가人家명 사람이 사는 집.

❖ 소와 말은 도로 산山으로 돌아갔다/염소만이 아직 된비가 오면 산山개울에 놓인 다리를 건너 인가人家 근처로 뛰여온다 〈**산지**山地〉 ❖ 인가人家 멀은 산山중에/까치는 배나무에서 즞는다 〈**적경**寂境〉

일가집명 친척이 되는 집(《조선말대사전》).

〔'일가집'은《조선말대사전》에 등재되어 있는 말이다.〕

❖ 내일같이 명절날인 밤은 부엌에 쩨듯하니 불이 밝고 솥뚜껑이 놀으며 구수한 내음새 곰국이 무르끓고 방안에서는 일가집 할머니가 와서 마을의 소문을 펴며 〔…〕 〈**고야**古夜〉

집명 사람이나 동물이 추위, 더위, 비바람 따위를 막고 그 속에 들어 살기 위하여 지은 건물.

❖ 지렝이의 눈이 보고 싶습니다/지렝이의 밥과 집이 부럽습니다 〈**나와 지렝이**〉 ❖ 얼굴에 별자국이 솜솜 난 말수와 같이 눈도 껌벅거리는 하로에 베 한 필을 짠다는 벌하나 건너 집엔 복숭아나무가 많은 신리新里 고무 고무의 딸 이녀李女 작은이녀李女. 〈**여우난골족**族〉 ❖ 아배는 타관 가서 오지 않고 산山비탈 외따른 집에 엄매와 나와 단둘이서 누가 죽이는 듯이 무서운 밤 집 뒤로는 어늬 산山골짜기에서 소를 잡어먹는 노나리꾼들이 도적놈들같이 쿵쿵거리며 다닌다 〈**고야**古夜〉 ❖ 가즈랑집은 고개 밑의/산山 너머 마을서 도야지를 잃는 밤 즘생을 쫓는 깽제미 소리가 무서웁게 들려오는 집/닭 개 즘생을 못 놓는/멧도야지와 이웃사춘을 지나는 집 〈**가즈랑집**〉 ❖ 그 마을의 외따른 집에서도 산국을 끓인다 〈**적경**寂境〉 ❖ 어데서 서러웁게 목탁木鐸을 뚜드리는 집이 있다 〈**미명계**未明界〉 ❖ 여우가 주둥이를 향하고 우는 집에서는 다음날 으레히 흉사가 있다는 것은 얼마나 무서운 말인가 〈**오금덩이라는 곳**〉 ❖ 참대창

에 바다보다 푸른 고기가 께우며 섬돌에 곱조개가 붙는 집의 복도에서는 배창에 고기 떨어지는 소리가 들렸다 **〈시기柿崎의 바다〉** ❖ 무이밭에 흰나뷔 나는 집 밤나무 머루넝쿨 속에 키질하는 소리만이 들린다 **〈창의문외彰義門外〉** ❖ 박을 삶는 집/할아버지와 손자가 오른 지붕 우에 한울빛이 진초록이다/우물의 물이 쓸 것만 같다 **〈여우난골〉** ❖ 녕 낮은 집 담 낮은 집 마당만 높은 집에서 열나흘 달을 업고 손방아만 찧는 내 사람을 생각한다 **〈통영統營(남행시초南行詩抄)〉** ❖ 한 십리十里 더 가면 절간이 있을 듯한 마을이다 낮 기울은 별이 장글장글하니 따사하다 흙은 젖이 커서 살같이 깨서 아지랑이 낀 속이 안타까운가보다 뒤울안에 복사꽃 핀 집엔 아무도 없나보다 뷔인 집에 꿩이 날어와 다니나보다 〔…〕 **〈황일黃日〉** ❖ 잠풍하니 볕바른 골짝이다/나는 이 골짝에서 한겨을을 날려고 집을 한 채 구하였다//집이 멫 집 되지 않는 골안은/모두 터앝에 김장감이 퍼지고/뜨락에 잡곡낟가리가 쌓여서/어니 세월에 뷔일 듯한 집은 뵈이지 않었다/나는 자꼬 골안으로 깊이 들어갔다//골이 다한 산대 밑에 자그마한 돌능와집이 한 채 있어서/이 집 남길동 단 안주인은 겨울이면 집을 내고/ 〔…〕 /날이 어서 추워져서 쑥국화꽃도 시들고 이 바즈런한 백성들도 다 제 집으로 들은 뒤에 이 골안으로 올 것을 생각하였다 **〈산곡山谷—함주시초咸州詩抄〉** ❖ 토방에 승냥이 같은 강아지가 앉은 집/부엌으론 무럭무럭 하이얀 김이 난다 **〈야반夜半—산중음山中吟〉** ❖ 그리고 새벽녘이면 고방 시렁에 채국채국 얹어둔 모랭이 목판 시루며 함지가 땅바닥에 넘너른히 널리는 집이다 **〈외갓집〉** ❖ 이렇게 젊은 나이로 코밑 수염도 길러보는 탓이고 그리고 어늬 가난한 집 부엌으로 달재 생선을 진장에 꼿꼿이 지진 것은 맛도 있다는 말이 자꼬 들려오는 탓이다 **〈내가 이렇게 외면하고〉** ❖ 문기슭에 바다 해자를 까꾸로 붙인 집/산듯한 청삿자리 우에서 찌륵찌륵/우는 전북회를 먹어 한녀름을 보낸다 **〈삼호三湖—물닭의 소리〉** ❖ 이 길이다/얼마 가서 감로甘露 같은 물이 솟는 마을 하이얀 회담벽에 옛적본의 장반시계를 걸어놓은 집 홀어미와 사는 물새 같은 외딸의 혼삿말이 아즈랑이같이 낀 곳은 **〈남향南鄕—물닭의 소리〉** ❖ 바가지꽃 하이얀 지붕에 박각시 주락시 붕붕 날아오면/집은 안팎 문을 횅하니 열젖기고 **〈박각시 오는 저녁〉** ❖ 황토 마루 수무나무에 얼럭궁덜럭궁 색동헝겊 뜯개조박 뵈짜배기 걸리고 〔…〕 국수당고개를 멫 번이고 튀튀 춤을 뱉고 넘어가면 골안에 아늑히 묵은 녕동이 무겁기도 할 집이 한 채 안기었는데//집에는 언제나 센개 같은 게사니가 벅작궁 고아내고 〔…〕 //집에는 아배에 삼춘에 오마니에 오마니가 있어서 〔…〕 **〈넘언집 범 같은 노큰마니〉** ❖ 이젠 배도 출출히 고팠는데/어서 그 옹기장사가 온다는 거리로 들어가면 무엇보다도 몬저 '주류판매업酒類販賣業'이라고 써붙인 집으로 들어가자 〈**구장로**球場路**—서행시초**西行詩抄 **1**〉 ❖ 계집아이는 몇 해고 내지인內地人 주재소장駐在所長 집에서/밥을 짓고 걸레를 치고 아이보개를 하면서 〈**팔원**八院**—서행시초**西行詩抄 **3**〉 ❖ 오대五代나 나린다는 크나큰 집 다 찌그러진 들지고방 어득시근한 구석에서 쌀독과 말쿠지와 숫돌과 신뚝과 그리고 넷적과 또 열두 데석님과 친하니 살으면서 〈**목구**木具〉 ❖ 노왕老王은 집에 말과 나귀며 오리에 닭도 우울거리고/고방엔 그득히 감자에 콩곡석도 들여 쌓이고 〈**귀농**歸農〉 ❖ 내 사랑하는 어여쁜 사람이/어늬 먼 앞대 조용한 개포가의 나즈막한 집에서/그의 지아비와 마조 앉어 대구국을 끓여놓고 저녁을 먹는다 〈**흰 바람벽이 있어**〉 ❖ 이 집에 있는 다른 많은 아이들이/모도들 욕심 사납게 지게굳게 일부러 청을 돋혀서/어린아이들치고는 너무나 큰 소리로 너무나 튀겁 많은 소리로 울어대는데/ 〔…〕 /또 녀름날 낮 기운 때 어른들이 모두 벌에 나가고 텅 뷔인 집 토방에서/햇강아지의 쌀랑대는 성화를 받어가며 닭의 똥을 주워먹는 아이를 생각한다 〈**촌에서 온 아이**〉 ❖ 오늘 고향의 내 집에 있는다면/새 옷을 입고 새 신도 신고 떡과 고기도 억병 먹고/ 〔…〕 /나는 이제 어늬 먼 외진 거리에 한고향 사람의 조고마한 가업집이 있는 것을 생각하고/이 집에 가서 그 맛스러운 떡국이라도 한 그릇 사먹으리라 한다 〈**두보**杜甫**나 이백**李白**같이**〉 ❖ 어느 사이에 나는 아내도 없고, 또,/아내와 같이 살던 집도 없어지고,/그리고 살뜰한 부모며 동생들과도 멀리 떨어져서,/ 〔…〕 /바람은 더욱 세게 불고, 추위는 점점 더해 오는데,/나는 어느 목수木手네 집 헌 삿을 깐,/한 방에 들어서 쥔을 붙이었다. 〈**남신의주 유동 박시봉방**南新義州柳洞朴時逢方〉

큰집 명 ① 집안의 맏이가 사는 집. ② 분가하여 나간 집에서 종가를 이르는 말.

❖ 명절날 나는 엄매 아배 따라 우리집 개는 나를 따라 진할머니 진할아버지가 있는 큰집으로 가면 〈**여우난골족**族〉 ❖ 또 이러한 밤 같은 때 시집갈 처녀 막내고무가 고개 너머 큰집으로 치장감을 가지고 와서 엄매와 둘이 소기름에 쌍심지의 불을 밝히고 밤이 들도록 바느질을 하는 밤 같은 때 〔…〕 〈**고야**古夜〉

2) 집의 구조

고방 명 '광'(세간이나 그 밖의 여러 가지 물건을 넣어 두는 곳)의 원말.

❖ 넷말이 사는 컴컴한 고방의 쌀독 뒤에서 나는 저녁 끼때에 부르는 소리를 듣고도 못 들은 척하였다 〈**고방**〉 ❖ 그리고 새벽녘이면 고방 시렁에 채국채국 얹어둔 모랭이 목판 시루며 함지가 땅바닥에 넘너른히 널리는 집이다 〈**외갓집**〉 ❖ 한 해에 멫

번 매연 지난 먼 조상들의 최방등 제사에는 컴컴한 고방 구석을 나와서 대멀머리에 외얏맹건을 지르터맨 늙은 제관의 손에 정갈히 몸을 씻고 〔…〕 **〈목구木具〉** ❖ 노왕老王은 집에 말과 나귀며 오리에 닭도 우울거리고/고방엔 그득히 감자에 콩곡석도 들여 쌓이고 **〈귀농歸農〉** ❖ 나는 뛰쳐나와 얼른 고방으로 숨어버리면 고방에는 또 시렁에 데석님/나는 이번에는 굴통 모통이로 달아가는데 굴통에는 굴대장군 **〈마을은 맨천 구신이 돼서〉**

곱새녕 명 짚으로 엮은 이엉을 얹은 지붕. '곱새'는 '용마름'(초가의 용마루나 토담 위에 덮는, 짚으로 엮은 이엉)의 평북 방언. '녕'은 '지붕'의 평북 방언.

❖ 얼혼이 나서 뒤울안으로 가면 뒤울안에는 곱새녕 아래 털능구신/나는 이제는 할 수 없이 대문을 열고 나가려는데 대문간에는 근력 세인 수문장 **〈마을은 맨천 구신이 돼서〉**

구들 명 구들방의 방바닥(《조선말대사전》). '구들'은 원래 고래(방의 구들장 밑으로 나 있는, 불길과 연기가 통하여 나가는 길)를 켜고 구들장을 덮어 흙을 발라서 방바닥을 만들고 불을 때어 난방을 하는 구조물을 가리키는데, 백석 시 〈구장로球場路—서행시초西行詩抄 1〉의 용례에서는 그런 구들이 놓인 방의 방바닥을 뜻한다.

〔《표준국어대사전》엔 '구들'이 구조물로만 풀이되어 있는데, 《조선말대사전》엔 구조물이라는 뜻과 그런 구조물로 된 방의 방바닥이란 뜻 두 가지가 기술되어 있다. 백석 시의 아래 용례에선 《조선말대사전》의 두 번째 뜻으로 쓰인 것이다.〕

❖ 그 뜨수한 구들에서/따끈한 삼십오도三十五度 소주燒酒나 한잔 마시고 **〈구장로球場路—서행시초西行詩抄 1〉**

굴통 명 굴뚝. 불을 땔 때에, 연기가 밖으로 빠져나가도록 만든 장치.

〔'굴통'은 《조선말대사전》과 《황해도 방언사전》 등에 등재되어 있어 북쪽 지역에서 쓰는 말임을 알 수 있다.〕

❖ 나는 뛰쳐나와 얼른 고방으로 숨어버리면 고방에는 또 시렁에 데석님/나는 이번에는 굴통 모통이로 달아가는데 굴통에는 굴대장군 **〈마을은 맨천 구신이 돼서〉**

기둥 명 건축물에서, 주춧돌 위에 세워 보·도리 따위를 받치는 나무.

❖ 산골집은 대들보도 기둥도 문살도 자작나무다/밤이면 캥캥 여우가 우는 산山도 자작나무다 **〈백화白樺—산중음山中吟〉**

기왓골 명 기와지붕에서 수키와와 수키와 사이에 빗물이 잘 흘러내리도록 골이 진 부분. '기왓고랑'과 같은 말.

❖ 기왓골에 배암이 푸르스름히 빛난 달밤이 있었다 **〈정문촌**旌門村**〉** ❖ 밤이면 무엇이 기왓골에 무릿돌을 던지고 뒤울안 배나무에 쩨듯하니 줄등을 헤여달고 〔…〕 **〈외갓집〉**

기왓장 명 낱장의 기와.

❖ 새끼오리도 헌신짝도 소똥도 갓신창도 개니빠디도 너울쪽도 짚검불도 가락닢도 머리카락도 헝겊조각도 막대꼬치도 기왓장도 닭의 짗도 개터럭도 타는 모닥불 **〈모닥불〉**

김치가재미 명 평북 방언으로, 겨울철에 김치를 묻은 다음에 얼지 않게 그 위에 지푸라기나 수수깡 따위로 만들어 놓은 움막

〔'김치가재미'는 필자(1983)가 처음으로 풀이한 바 있다. 그 후 《조선대말대사전》의 증보판(2006)에 이 말이 올려졌다(《조선말대사전》의 초판(1993)엔 이 말이 올려져 있지 않다). 이 사전에 '김치가재미'가 '김칫독의 웃설미'로 풀이되어 있다. '웃설미'는 '비바람이나 눈 따위를 막기 위하여 지붕이나 구조물의 꼭대기에 나뭇가지나 풀 따위로 꾸려 놓은 것'을 말한다.〕

❖ 김치가재미선 동치미가 유별히 맛나게 익는 밤//아배가 밤참 국수를 받으려 가면 나는 큰마니의 돋보기를 쓰고 앉어 개 짖는 소리를 들은 것이다 **〈개〉** ❖ 한가한 애동들은 어둡도록 꿩사냥을 하고/가난한 엄매는 밤중에 김치가재미로 가고/마을을 구수한 즐거움에 싸서 은근하니 흥성흥성 들뜨게 하며/이것은 오는 것이다 **〈국수〉**

녕 명 '지붕'의 평북 방언.

❖ 녕 낮은 집 담 낮은 집 마당만 높은 집에서 열나흘 달을 업고 손방아만 찧는 내 사람을 생각한다 **〈통영**統營**(남행시초**南行詩抄**)〉**

녕동 명 영동楹棟. 기둥과 마룻대(서까래가 얹히게 된 도리)를 아울러 이르는 말.

❖ 황토 마루 수무나무에 얼럭궁덜럭궁 색동헝겊 뜯개조박 뵈짜배기 걸리고 〔…〕 국수당고개를 멫 번이고 튀튀 춤을 뱉고 넘어가면 골안에 아늑히 묵은 녕동이 무겁기도 할 집이 한 채 안기었는데 **〈넘언집 범 같은 노큰마니〉**

영동(녕동)

농마루 명 마룻보. 대들보 위의 동자기둥 또는 고주高柱에 얹히어 중도리와 마룻대를 받치는 들보. 삼량三樑집에서 양통을 확장시키면 보의 길이가 늘어나는 만

큼 도리 사이의 간격도 넓어져 구조가 불안해진다. 이때 주심도리와 종도리 사이에 중도리를 추가하는데, 추가된 중도리를 받치기 위해 추가하는 보가 마룻보이다(김도경,《지혜로 지은 집, 한국 건축》, 현암사, 2011).

마룻보(농마루)와 대들보

〔'농마루'를 흔히 '용마루'로 보는데(이동순, 1987; 이숭원, 2008), 용마루는 집 외부의 지붕에 있는 것이므로 백석 시의 문맥에 맞지 않는다.《평북방언사전》에 농마루가 '① 용마루 ② 마룻보'의 두 가지 뜻으로 풀이되어 있는데, 백석 시의 아래 용례에선 이 중에서 '마룻보'로 쓰인 것이다.〕

❖ 농마루며 바람벽은 모두들 그느슥히/흰밥과 두부와 튀각과 자반을 생각나 하고 **〈고사**古寺**—함주시초**咸州詩抄**〉**

대들보 명 작은 들보의 하중을 받기 위하여 기둥과 기둥 사이에 건너지른 큰 들보. '들보'는 칸과 칸 사이의 두 기둥을 건너지른 나무. 도리와는 'ㄴ'자 모양, 마룻대와는 '十'자 모양을 이룬다.

❖ 산골집은 대들보도 기둥도 문살도 자작나무다/밤이면 캥캥 여우가 우는 산山도 자작나무다 **〈백화**白樺**—산중음**山中吟**〉** ❖ 대들보 우에 베틀도 채일도 토리개도 모도들 편안하니/구석구석 후치도 보십도 소시랑도 모도들 편안하니 **〈연자간〉**

덧문 명 문짝 바깥쪽에 덧다는 문.

❖ 어득한 기슭의 행길에 얼굴이 해쓱한 처녀가 새벽달같이/아 아즈내인데 병인病人은 미역냄새 나는 덧문을 닫고 버러지같이 누웠다 **〈시기**柿崎**의 바다〉**

들지고방 명 들쥐 고방. 허름한 고방. 들쥐가 드나들 정도로 허름한 고방이라는 뜻.

〔이 풀이는 평북 출신인 엄경은 옹의 전언에 따른 것이다. 이동순(1987)은 '들문만 나 있는 고방'으로 풀이한다.〕

❖ 오대五代나 나린다는 크나큰 집 다 찌그러진 들지고방 어득시근한 구석에서 쌀독과 말쿠지와 숫돌과 신뚝과 그리고 녯적과 또 열두 데석님과 친하니 살으면서 **〈목구**木具**〉**

마루방 명 구들을 놓지 않고 마루처럼 널을 깔아서 꾸민 방.

❖ 미역오리같이 말라서 굴껍지처럼 말없이 사랑하다 죽는다는/이 천희千姬의 하

나를 나는 어늬 오랜 객줏客主집의 생선 가시가 있는 마루방에서 만났다 **〈통영統營〉**

문門 명 드나들거나 물건을 넣었다 꺼냈다 하기 위하여 틔워 놓은 곳. 또는 그곳에 달아 놓고 여닫게 만든 시설.

❖ 문門을 연다 머루빛 밤한울에/송이버슷의 내음새가 났다 **〈머루밤〉** ❖ 바가지꽃 하이얀 지붕에 박각시 주락시 붕붕 날아오면/집은 안팎 문을 횅하니 열젖기고/인간들은 모두 뒷등성으로 올라 멍석자리를 하고 바람을 쐬이는데 **〈박각시 오는 저녁〉** ❖ 한울은/풀 그늘 밑에 삿갓 쓰고 사는 버슷을 사랑한다/모래 속에 문 잠그고 사는 조개를 사랑한다 **〈《호박꽃 초롱》 서시序詩〉**

문기슭 명 문의 기슭. 문의 아랫부분.

❖ 문기슭에 바다 해자를 까꾸로 붙인 집/산듯한 청삿자리 우에서 찌륵찌륵/우는 전북회를 먹어 한녀름을 보낸다 **〈삼호三湖—물닭의 소리〉**

문살 명 문짝에 종이를 바르거나 유리를 끼우는 데에 뼈대가 되는 가느다란 나무오리나 대오리.

❖ 날기멍석을 져간다는 닭보는 할미를 차 굴린다는 〔…〕 오줌 누러 깨는 재밤 머리맡의 문살에 대인 유리창으로 조마구 군병의 새까만 대가리 새까만 눈알이 들여다보는 때 〔…〕 **〈고야古夜〉** ❖ 산골집은 대들보도 기둥도 문살도 자작나무다/밤이면 캥캥 여우가 우는 산山도 자작나무다 **〈백화白樺—산중음山中吟〉**

문창 명 문과 창문을 아울러 이르는 말.

❖ 밤이 깊어가는 집안엔 〔…〕 그래서는 문창에 텅납새의 그림자가 치는 아츰 시누이 동세들이 욱적하니 홍성거리는 부엌으론 샛문틈으로 장지문틈으로 무이징게국을 끓이는 맛있는 내음새가 올라오도록 잔다 **〈여우난골족族〉** ❖ 술집 문창에 그느슥한 그림자는 머리를 얹혔다 **〈성외城外〉** ❖ 그러나 잠시 뒤에 나는 고개를 들어,/허연 문창을 바라보든가 또 눈을 떠서 높은 턴정을 쳐다보는 것인데,/ 〔…〕 /외로운 생각만이 드는 때쯤 해서는,/더러 나줏손에 쌀랑쌀랑 싸락눈이 와서 문창을 치기도 하는 때도 있는데, **〈남신의주 유동 박시봉방南新義州柳洞朴時逢方〉**

문門턱 명 문짝의 밑이 닿는 문지방의 윗부분.

❖ 나도 길다랗고 파리한 명태明太다/문門턱에 꽁꽁 얼어서/가슴에 길다란 고드름이 달렸다 **〈멧새 소리〉**

바람벽 명 방이나 칸살의 옆을 둘러막은 둘레의 벽.

〔'바람벽'의 사전적 의미는 '벽(壁)'이다. '바람벽'은 '바람+벽(壁)'의 형태를 지닌 말인데, 여기서 '바람'은 고어로 '벽'을 뜻한다. '바람벽'은 '벽'을 뜻하는 우리말 '바람'

과 한자어 '壁'이 결합해 생성된 말이다. 이런 형태의 또 다른 말로 '담장'(담+牆)을 들 수 있다. 그런데 백석 시의 문맥에서 '바람벽'은 이런 사전적 의미와는 달리 바람(風)을 막을 정도의 벽으로서 허름하고 누추한 공간이라는 이미지를 풍긴다. 서정주의 시 〈자화상〉에도 이런 이미지의 '바람벽'이 구사된다.〕

❖ 농마루며 바람벽은 모두들 그느슥히/흰밥과 두부와 튀각과 자반을 생각나 하고 **〈고사**古寺**—함주시초**咸州詩抄**〉** ❖ 나는 뒤짐을 지고 고랑을 걸어/밭을 나와 밭뚝을 돌아 도랑을 건너 행길을 돌아/지붕에 바람벽에 울바주에 볕살 쇠리쇠리한 마을을 가르치며 **〈귀농**歸農**〉** ❖ 오늘 저녁 이 좁다란 방의 흰 바람벽에/어쩐지 쓸쓸한 것만이 오고 간다/이 흰 바람벽에 희미한 십오촉十五燭 전등이 지치운 불빛을 내어던지고/때글은 다 낡은 무명샤쯔가 어두운 그림자를 쉬이고/〔…〕/그런데 이것은 또 어인 일인가/이 흰 바람벽에/내 가난한 늙은 어머니가 있다/〔…〕/그런데 또 이즈막하야 어늬 사이엔가/이 흰 바람벽엔/내 쓸쓸한 얼골을 쳐다보며/이러한 글자들이 지나간다 **〈흰 바람벽이 있어〉**

방 명 사람이 살거나 일을 하기 위하여 벽 따위로 막아 만든 칸.

❖ 밤이 깊어가는 집안엔 엄매는 엄매들끼리 아르간에서들 웃고 이야기하고 아이들은 아이들끼리 웃간 한 방을 잡고 조아질하고 쌈방이 굴리고 바리깨돌림하고 〔…〕 **〈여우난골족**族**〉** ❖ 오늘 저녁 이 좁다란 방의 흰 바람벽에/어쩐지 쓸쓸한 것만이 오고 간다 **〈흰 바람벽이 있어〉** ❖ 바람은 더욱 세게 불고, 추위는 점점 더해 오는데,/나는 어느 목수木手네 집 헌 삿을 깐,/한 방에 들어서 쥔을 붙이었다./이리하여 나는 이 습내 나는 춥고, 누긋한 방에서, **〈남신의주 유동 박시봉방**南新義州柳洞朴時逢方**〉**

방구석 명 ① 방 안의 네 귀퉁이. ② 방 또는 방 안을 속되게 이르는 말.

❖ 일가들이 모두 범같이 무서워하는 이 노큰마니는 구덕살이같이 욱실욱실하는 손자 증손자를 방구석에 들매나무 회채리를 단으로 쩌다두고 따리고 싸리갱이에 갓진창을 매여놓고 따리는데 **〈넘언집 범 같은 노큰마니〉**

방바닥 명 방 밑을 이루는 평평한 부분.

❖ 거미새끼 하나 방바닥에 나린 것을 나는 아모 생각 없이 문밖으로 쓸어버린다 **〈수라**修羅**〉**

방안 명 방의 안(《고려대한국어대사전》, 《조선말대사전》).

〔'방안'은 《고려대한국어대사전》과 《조선말대사전》에 등재되어 있다.〕

❖ 이 그득히들 할머니 할아버지가 있는 안간에들 모여서 방안에서는 새옷의 내음새가 나고 **〈여우난골족**族**〉** ❖ 내일같이 명절날인 밤은 부엌에 쩨듯하니 불이 밝고 솥

뚜껑이 높으며 구수한 내음새 곰국이 무르끓고 방안에서는 일가집 할머니가 와서 마을의 소문을 펴며 […] **〈고야古夜〉** ❖ 불을 끈 방안에 횃대의 하이얀 옷이 멀리 추울 것같이 **〈머루밤〉** ❖ 시래기를 삶는 훈훈한 방안에는/양염 내음새가 싱싱도 하다 **〈추야일경秋夜一景〉** ❖ 아모것도 모르는 듯이 어드근한 방안에 굴어 게으르는 것을 좋아하는 그 풍속을 **〈허준許俊〉** ❖ 나주볕이 가득 드리운 밝은 방안에 혼자 앉어서/실감기며 버선짝을 가지고 쓰렁쓰렁 노는 아이를 생각한다 **〈촌에서 온 아이〉** ❖ 자 방안에는 성주님/나는 성주님이 무서워 토방으로 나오면 토방에는 디운구신 **〈마을은 맨천 구신이 돼서〉**

볏곡간 명 벼를 보관해 두는 곡간. '곡간穀間'은 '곡식을 보관해 두던 곳'(《고려대한국어대사전》).

〔'볏곡간'은 '벼+곡간'의 합성조어이다.〕

❖ 해바라기하기 좋을 볏곡간 마당에/볏짚같이 누우란 사람들이 둘러서서/어늬 눈 오신 날 눈을 츠고 생긴 듯한 말다툼 소리도 누우라니 **〈삼천포三千浦—남행시초南行詩抄 4〉**

복도 명 ① 건물 안에 다니게 된 통로. ② 건물과 건물 사이에 비나 눈이 맞지 아니하도록 지붕을 씌워 만든 통로.

❖ 참대창에 바다보다 푸른 고기가 께우며 섬돌에 곱조개가 붙는 집의 복도에서는 배창에 고기 떨어지는 소리가 들렸다 **〈시기柿崎의 바다〉**

부뚜막 명 아궁이 위에 솥을 걸어 놓는 언저리.

❖ 부뚜막이 두 길이다/이 부뚜막에 놓인 사닥다리로 자박수염 난 공양주는 성궁미를 지고 오른다 **〈고사古寺—함주시초咸州詩抄〉** ❖ 밤이면 무엇이 기왓골에 무릿돌을 던지고 뒤울안 배나무에 쩨듯하니 줄등을 헤여달고 부뚜막의 큰솥 적은솥을 모주리 뽑아놓고 재통에 간 사람의 목덜미를 그냥그냥 나려눌러선 잿다리 아래로 처박고 **〈외갓집〉** ❖ 집에는 아배에 삼춘에 오마니에 오마니가 있어서 […] 그리고 끼때에는 부뚜막에 바가지를 아이덜 수대로 주룬히 늘어놓고 밥 한 덩이 질게 한 술 들여트려서는 먹였다는 소리를 언제나 두고두고 하는데 **〈넘언집 범 같은 노큰마니〉**

부뜨막 명 '부뚜막'(아궁이 위에 솥을 걸어 놓는 언저리)의 방언(강원, 경기, 경상, 전북, 충청)(《고려대한국어대사전》).

❖ 나는 성주님이 무서워 토방으로 나오면 토방에는 디운구신/나는 무서워 부엌으로 들어가면 부엌에는 부뜨막에 조앙님 **〈마을은 맨천 구신이 돼서〉**

부엌 명 일정한 시설을 갖추어 놓고 음식을 만들고 설거지를 하는 등 식사에 관련된 일을 하는 곳.

❖ 부엌에는 빨갛게 질들은 팔八모알상이 그 상 우엔 새파란 싸리를 그린 눈알만 한 잔盞이 뵈였다 **〈주막酒幕〉** ❖ 밤이 깊어가는 집안엔 〔…〕 그래서는 문창에 텅납새의 그림자가 치는 아츰 시누이 동세들이 욱적하니 흥성거리는 부엌으론 샛문틈으로 장지문틈으로 무이징게국을 끓이는 맛있는 내음새가 올라오도록 잔다 **〈여우난골족族〉** ❖ 내일같이 명절날인 밤은 부엌에 쩨듯하니 불이 밝고 솥뚜껑이 놀으며 구수한 내음새 곰국이 무르끓고 **〈고야古夜〉** ❖ 컴컴한 부엌에서는 늙은 홀아비의 시아부지가 미역국을 끓인다/그 마을의 외따른 집에서도 산국을 끓인다 **〈적경寂境〉** ❖ 자즌닭이 울어서 술국을 끓이는 듯한 추탕鰍湯집의 부엌은 뜨수할 것같이 불이 뿌연히 밝다 **〈미명계未明界〉** ❖ 토방에 승냥이 같은 강아지가 앉은 집/부엌으론 무럭무럭 하이얀 김이 난다 **〈야반夜半—산중음山中吟〉** ❖ 이렇게 젊은 나이로 코밑수염도 길러보는 탓이고 그리고 어늬 가난한 집 부엌으로 달재 생선을 진장에 꼿꼿이 지진 것은 맛도 있다는 말이 자꼬 들려오는 탓이다 **〈내가 이렇게 외면하고〉** ❖ 하로밤 뽀오한 흰김 속에 접시귀 소기름불이 뿌우현 부엌에/산멍에 같은 분틀을 타고 오는 것이다 **〈국수〉** ❖ 나는 성주님이 무서워 토방으로 나오면 토방에는 디운구신/나는 무서워 부엌으로 들어가면 부엌에는 부뜨막에 조앙님 **〈마을은 맨천 구신이 돼서〉**

샂방 명 '샂'(샂자리. 갈대를 엮어서 만든 자리)을 깐 방.

〔'샂방'은 '샂+방'의 합성조어이다.〕

❖ 그리고 담배 내음새 탄수 내음새 또 수육을 삶는 육수국 내음새 자욱한 더북한 샂방 쩔쩔 끓는 아르굳을 좋아하는 이것은 무엇인가 **〈국수〉**

샛문틈 명 '샛문'의 틈새. '샛문'은 ① 방과 방 사이에 드나드는 작은 문. ② 부엌과 방 사이에 낸 문(《조선말대사전》). 백석 시 〈여우난골족族〉에선 두 번째 뜻으로 쓰인 것으로 보인다.

〔②의 뜻은 《조선말대사전》에 풀이된 것이다.〕

❖ 밤이 깊어가는 집안엔 〔…〕 그래서는 문창에 텅납새의 그림자가 치는 아츰 시누이 동세들이 욱적하니 흥성거리는 부엌으론 샛문틈으로 장지문틈으로 무이징게국을 끓이는 맛있는 내음새가 올라오도록 잔다 **〈여우난골족族〉**

섬돌 명 집채의 앞뒤에 오르내릴 수 있게 놓은 돌층계.

❖ 간밤엔 섬돌 아래 승냥이가 왔었다는 이야기/어느메 산山골에선간 곰이 아이를 본다는 이야기 **〈가즈랑집〉** ❖ 참대창에 바다보다 푸른 고기가 께우며 섬돌에 곱조개가 붙는 집의 복도에서는 배창에 고기 떨어지는 소리가 들렸다 **〈시기柿崎의 바다〉**

시렁명 물건을 얹어 놓기 위하여 방이나 마루 벽에 두 개의 긴 나무를 가로질러 선반처럼 만든 것.

❖ 그리고 새벽녘이면 고방 시렁에 채국채국 얹어둔 모랭이 목판 시루며 함지가 땅바닥에 넘너른히 널리는 집이다 **〈외갓집〉** ❖ 나는 뛰쳐나와 얼른 고방으로 숨어버리면 고방에는 또 시렁에 데석님 **〈마을은 맨천 구신이 돼서〉**

신뚝명 방이나 마루 앞에 신발을 올리도록 놓아둔 돌.

〔'신뚝'에 대한 위의 풀이는 이동순(1987)의 견해를 따른 것이다. 《조선말대사전》에 '신뚝'과 비슷한 말로 '신대'(《표준국어대사전》에 따르면, 북한말로서 "신발을 벗어서 놓도록 마련한 대")가 등재되어 있다.〕

❖ 오대五代나 나린다는 크나큰 집 다 찌그러진 들지고방 어득시근한 구석에서 쌀독과 말쿠지와 숫돌과 신뚝과 그리고 넷적과 또 열두 데석님과 친하니 살으면서 **〈목구木具〉**

아궁지명 '아궁이'(방이나 솥 따위에 불을 때기 위하여 만든 구멍)의 평북 방언(《 평북방언사전》).

〔《평북방언사전》에 '아궁지'가 등재되어 있고, 《조선말대사전》엔 '아궁지'가 '아궁이'의 함북, 충남, 충북, 전남, 경북 방언으로 등재되어 있다.〕

❖ 화라지송침이 단채로 들어간다는 아궁지/이 험상궂은 아궁지도 조앙님은 무서운가보다 **〈고사古寺—함주시초咸州詩抄〉**

아르간명 아랫간. 아랫방. 잇달린 방들 가운데서 아궁이 가까운 쪽의 방(《조선말대사전》, 《고려대한국어대사전》).

〔'아르간'이란 시어가 구사된 아래 시 〈여우난골족族〉엔, '아르간' 외에 '웃간', '안간'이란 시어도 구사된다. 이 시에서 '안간'에는 할머니와 할아버지가 기거하고, '아르간'에는 엄마들이 놀고 있고, '웃간'에는 아이들이 놀고 있다. 따라서 이 집은 ㄷ자형의 한옥으로 추측된다. 《표준국어대사전》(2015. 1)에 '아랫간'은 "온돌방에서 아궁이 쪽에 가까운 부분", '아랫방'은 "① 이어져 있는 두 방 가운데 아래쪽 방. ② 〔북한어〕 아래층 방"으로 풀이되어 있는데, '아랫간'에 대한 풀이는 부정확한 설명이고(이런 풀이는 '아랫목'을 지칭하는 것으로 혼동할 수 있다), '아랫방'에 대한 풀이는 전통 가옥 구조를 염두에 두지 않은 모호하고 부적절한 설명이다.〕

❖ 밤이 깊어가는 집안엔 엄매는 엄매들끼리 아르간에서들 웃고 이야기하고 아이들은 아이들끼리 웃간 한 방을 잡고 조아질하고 쌈방이 굴리고 바리깨돌림하고 호박떼기하고 제비손이구손이하고 〔…〕 **〈여우난골족族〉**

아르굳 명 '아랫목'(온돌방에서 아궁이 가까운 쪽의 방바닥)의 평안 방언.

〔《표준국어대사전》과 《평북방언사전》엔 '아르끝'이 '아랫목'의 방언(평안, 평북)으로 등재되어 있다.〕

❖ 그리고 담배 내음새 탄수 내음새 또 수육을 삶는 육수국 내음새 자욱한 더북한 샛방 쩔쩔 끓는 아르굳을 좋아하는 이것은 무엇인가 〈**국수**〉

아릇간 명 아랫간. 아랫방. 잇달린 방들 가운데서 아궁이 가까운 쪽의 방(《조선말대사전》). ☞ 아르간 188

❖ 큰마니 머리카락은 아릇간 텅납새에 엄매 머리카락은 웃간 텅납새에 삼춘엄매 머리카락도 웃간 텅납새에 텅납새에 끼우는 것은 〈**머리카락**〉

아릇목 명 아랫목. 온돌방에서 아궁이 가까운 쪽의 방바닥. ☞ 아르굳

❖ 또 이러한 밤 같은 때 시집갈 처녀 막내고무가 고개 너머 큰집으로 치장감을 가지고 와서 엄매와 둘이 소기름에 쌍심지의 불을 밝히고 밤이 들도록 바느질을 하는 밤 같은 때 나는 아릇목의 삿귀를 들고 쇠든밤을 내여 다람쥐처럼 밝어먹고 은행여름을 인둣불에 구워도 먹고 〈**고야**古夜〉

안간 명 안쪽에 있는 칸, 곧 안쪽에 있는 공간. '안칸'과 같은 말(《조선말대사전》). '안간'은 보통 '안방'을 가리킨다.

〔'안간', '안칸'은 《조선말대사전》에 등재되어 있는 말이다. '간'(칸)은 "일정한 구조물에서 필요한 규격으로 돌려 막거나 구획지어진 공간"(《조선말대사전》)을 뜻하는 말이다. 백석은 구조물의 여러 공간을 지칭할 때 '간'이 들어간 말을 자주 사용한다. '아르간', '웃간', '대문간', '연자간', '외양간', '구신간' 같은 말이 그러한 예들이다.〕

❖ 이 그득히들 할머니 할아버지가 있는 안간에들 모여서 방안에서는 새옷의 내음새가 나고 〈**여우난골족**族〉

안방큰방 명 안방인 큰 방.

〔원문에 '안방큰방'이 한 단어로 표기되어 있다. 1938년에 발표된 이 시(〈추야일경秋夜一景〉)는 전체적으로 표기법과 띄어쓰기가 상당히 정돈되어 있다. 그래서 '안방큰방'도 백석이 의식적으로 붙여 쓴 것으로 본다면, 그것은 백석이 '안방큰방'을 한 단어로 인식했음을 의미하는 것이다. 백석은 맞춤법과 띄어쓰기가 불안정했던 1938년 이전의 작품에서도 서로 다른 의미의 단어들을 나열할 때는 반드시 띄어서 표기하곤 했다. 그런가 하면 백석의 〈사생첩寫生帖의 삽화揷話〉(《매신사진순보每新寫眞旬報》, 1942. 2)란 산문의 "매연지난 먼 조상의 제사인지 제관들도 별로 모이지안코 조용하니 제사를 지내고 나서 그집 사람들과 일가문중사람멧과 근처집 늙은이

들과 손님인 나까지 모두들 안방큰간에 모여서"라는 대목에서 '안방큰간'이란 말이 구사되고 있는데, 그 뜻은 문맥상 '안방인 큰 방'이란 것임이 분명히 드러난다. 이러한 백석 시의 띄어쓰기 관행과 시의 용례들을 두루 참고해 볼 때, '안방큰방'은 한 단어로 '안방인 큰 방'을 가리키는 것이라고 할 수 있다.〕

❖ 닭이 두 홰나 울었는데/안방큰방은 홰즛하니 당등을 하고/인간들은 모두 웅성웅성 깨여 있어서들 **〈추야일경**秋夜一景**〉**

앙궁 명 아궁이. 방이나 솥 따위에 불을 때기 위하여 만든 구멍.

〔'앙궁'은 '아궁이'의 방언으로 짐작되는데, '조앙('부뚜막'의 평남 방언)+굼('구멍'의 방언)+이'의 형태에서 온 말로 추정해 볼 수 있다.〕

❖ 선달에 냅일날이 들어서 냅일날 밤에 눈이 오면 〔…〕 엄매와 나는 앙궁 우에 떡돌 우에 곱새담 우에 함지에 버치며 대냥푼을 놓고 치성이나 드리듯이 정한 마음으로 냅일눈 약눈을 받는다 **〈고야**古夜**〉**

외양간 명 마소를 기르는 곳.

❖ 저녁술을 놓은 아이들은 외양간 섶 밭마당에 달린 배나무동산에서 쥐잡이를 하고 숨굴막질을 하고 꼬리잡이를 하고 가마 타고 시집가는 놀음 말 타고 장가가는 놀음을 하고 이렇게 밤이 어둡도록 북적하니 논다 **〈여우난골족**族**〉**

웃간 명 ① 윗간. 윗방. 전통 가옥 구조에서, 부엌 아궁이가 딸린 방을 기준으로 하여 그 다음에 있는 방. ② 위쪽에 있는 방(《조선말대사전》). ☞ 아르간 189

〔아래 시의 용례 중 〈여우난골족族〉과 〈머리카락〉에 구사된 '웃간'은 ①의 의미로, 〈산숙山宿—산중음山中吟〉에 구사된 '웃간'은 ②의 의미로 구사된 것으로 짐작된다. 〈여우난골족族〉의 용례는, 엄마들은 '아르간', 즉 부엌 아궁이 쪽의 방에 있고, 아이들은 그 '아르간'의 위쪽 방에 있음을 말하는 것이다.〕

❖ 밤이 깊어가는 집안엔 엄매는 엄매들끼리 아르간에서들 웃고 이야기하고 아이들은 아이들끼리 웃간 한 방을 잡고 조아질하고 쌈방이 굴리고 바리깨돌림하고 호박떼기하고 제비손이구손이하고 〔…〕 **〈여우난골족**族**〉** ❖ 여인숙旅人宿이라도 국숫집이다/모밀가루포대가 그득하니 쌓인 웃간은 들믄들믄 더웁기도 하다 **〈산숙**山宿**—산중음**山中吟**〉** ❖ 큰마니 머리카락은 아릇간 텅납새에 엄매 머리카락은 웃간 텅납새에 삼춘엄매 머리카락도 웃간 텅납새에 텅납새에 끼우는 것은머리카락 **〈머리카락〉**

웃목 명 윗목. 온돌방에서 아궁이로부터 먼 쪽의 방바닥. 불길이 잘 닿지 않아 아랫목보다 상대적으로 차가운 쪽이다.

❖ 또 이러한 밤 같은 때 〔…〕 그러다는 이불 우에서 광대넘이를 뒤이고 또 누워 굴

면서 엄매에게 웃목에 두른 평풍의 새빨간 천두의 이야기를 듣기도 하고 〔…〕 〈**고야**古夜〉

유리창명 유리를 낀 창.

❖ 날기멍석을 져간다는 닭보는 할미를 차 굴린다는 〔…〕 오줌 누러 깨는 재밤 머리맡의 문살에 대인 유리창으로 조마구 군병의 새까만 대가리 새까만 눈알이 들여다보는 때 나는 이불 속에 자즈러붙어 숨도 쉬지 못한다 〈**고야**古夜〉 ❖ 녕감들은 유리창 같은 눈을 번득거리며/투박한 북관北關말을 떠들어대며/쇠리쇠리한 저녁해 속에/사나운 즘생같이들 사러졌다 〈**석양**夕陽〉 ❖ 쌔하얗게 얼은 자동차自動車 유리창 밖에/내지인內地人 주재소장駐在所長 같은 어른과 어린아이 둘이 내임을 낸다 〈**팔원**八院—**서행시초**西行詩抄 **3**〉

장지문틈명 장지문의 틈새. '장지문'은 방과 방 사이나 방과 마루의 사이에 드린 미닫이로 된 문. 개성과 그 이남에서 장지문은 장식적 효과를 가진 문으로서 양면을 창호지로 바르고 그 위에 그림이나 글씨를 붙이거나, 아래 절반과 위의 약간의 부분만을 종이로 바르고 그 가운데 부분에는 여러 가지 무늬의 문살을 끼우고 문살의 한쪽 면에만 종이로 바른 것도 있다(《조선말대사전》; 《조선향토대백과 18》, 2005; 남철, 《한국의 문과 창호》, 대원사, 2001; 김도경, 《지혜로 지은 집, 한국건축》, 현암사, 2011).

❖ 밤이 깊어가는 집안엔 〔…〕 그래서는 문창에 텅납새의 그림자가 치는 아츰 시누이 동세들이 욱적하니 흥성거리는 부엌으론 샛문틈으로 장지문틈으로 무이징게 국을 끓이는 맛있는 내음새가 올라오도록 잔다 〈**여우난골족**族〉

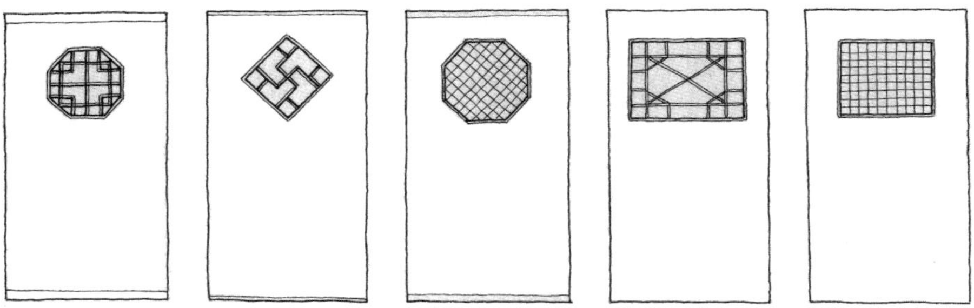

장식을 한 장지문

재통명 '변소'(대소변을 보도록 만들어 놓은 곳)의 평안 방언.

❖ 밤이면 무엇이 기왓골에 무릿돌을 던지고 뒤울안 배나무에 쩨듯하니 줄등을 헤여달고 부뚜막의 큰솥 적은솥을 모주리 뽑아놓고 재통에 간 사람의 목덜미를 그

냥그냥 나려눌러선 잿다리 아래로 처박고 **〈외갓집〉**

잿다리명 재통(변소)의 다리. 재래식 변소에 걸쳐 놓은 두 개의 나무.

〔'잿다리'는 '재(재통, 변소)+ㅅ+다리'의 형태를 지닌 합성조어이다.〕

❖ 밤이면 무엇이 기왓골에 무릿돌을 던지고 뒤울안 배나무에 쩨듯하니 줄등을 헤여달고 부뚜막의 큰솥 적은솥을 모주리 뽑아놓고 재통에 간 사람의 목덜미를 그냥그냥 나려눌러선 잿다리 아래로 처박고 **〈외갓집〉**

지붕명 집의 맨 꼭대기 부분을 덮어씌우는 덮개.

❖ 박을 삶는 집/할아버지와 손자가 오른 지붕 우에 한울빛이 진초록이다/우물의 물이 쓸 것만 같다 **〈여우난골〉** ❖ 장진長津땅이 지붕 넘에 넘석하는 거리다/자구나무 같은 것도 있다 **〈노루—함주시초咸州詩抄〉** ❖ 당콩밥에 가지냉국의 저녁을 먹고 나서/바가지꽃 하이얀 지붕에 박각시 주락시 붕붕 날아오면 **〈박각시 오는 저녁〉** ❖ 나는 뒤짐을 지고 고랑을 걸어/밭을 나와 밭뚝을 돌아 도랑을 건너 행길을 돌아/지붕에 바람벽에 울바주에 별살 쇠리쇠리한 마을을 가르치며 **〈귀농歸農〉** ❖ 대대로 나며 죽으며 죽으며 나며 하는 이 마을 사람들의 으젓한 마음을 지나서 텁텁한 꿈을 지나서/지붕에 마당에 우물든덩에 함박눈이 푹푹 쌓이는 여늬 하로밤 **〈국수〉**

집안명 집의 안(《고려대한국어대사전》).

〔'집안'이 '집의 안'이라는 풀이로 등재되어 있는 사전은 《금성판국어대사전》, 《고려대한국어대사전》, 《조선말대사전》이다. 《표준국어대사전》(2015. 1)엔 '가족공동체' 또는 '일가'로서의 '집안'만 등재되어 있다.〕

❖ 밤이 깊어가는 집안엔 엄매는 엄매들끼리 아르간에서들 웃고 이야기하고 아이들은 아이들끼리 웃간 한 방을 잡고 조아질하고 쌈방이 굴리고 바리깨돌림하고 호박떼기하고 제비손이구손이하고 〔…〕 **〈여우난골족族〉**

처마명 지붕이 도리 밖으로 내민 부분.

❖ 초생달이 귀신불같이 무서운 산山골 거리에선/처마 끝에 종이등의 불을 밝히고/쩌락쩌락 떡을 친다 **〈향악饗樂—산중음山中吟〉** ❖ 처마 끝에 명태明太를 말린다/명태明太는 꽁꽁 얼었다 **〈멧새 소리〉**

초가지붕명 짚이나 억새, 갈대 따위를 엮어서 이은 지붕.

❖ 넷성城의 돌담에 달이 올랐다/묵은 초가지붕에 박이/또 하나 달같이 하이얗게 빛난다 **〈흰밤〉** ❖ 모래 속에 문 잠그고 사는 조개를 사랑한다/그리고 또/두틈한 초가지붕 밑에 호박꽃 초롱 혀고 사는 시인詩人을 사랑한다 **〈《호박꽃 초롱》 서시序詩〉**

턴정명 천장. 지붕의 안쪽.

❖ 그러나 잠시 뒤에 나는 고개를 들어,/허연 문창을 바라보든가 또 눈을 떠서 높은 턴정을 쳐다보는 것인데, 〈**남신의주 유동 박시봉방**南新義州柳洞朴時逢方〉

텅납새 명 '추녀'의 평안 방언(《금성판국어대사전》, 《조선말대사전》). 전통 목조 건축에서, 처마의 네 귀의 기둥 위에 끝이 위로 들린 크고 긴 서까래(《고려대한국어대사전》).

〔《금성판국어대사전》과 《조선말대사전》의 방언 편에 '텅납새'가 '추녀'의 평북(평안) 방언으로 풀이되어 있다. 《표준국어대사전》(2015. 1)엔 '텅납새'는 등재되어 있지 않고, 대신에 '텅납새기'와 '청납새'가 '추녀'의 평북 방언으로 등재되어 있다.〕

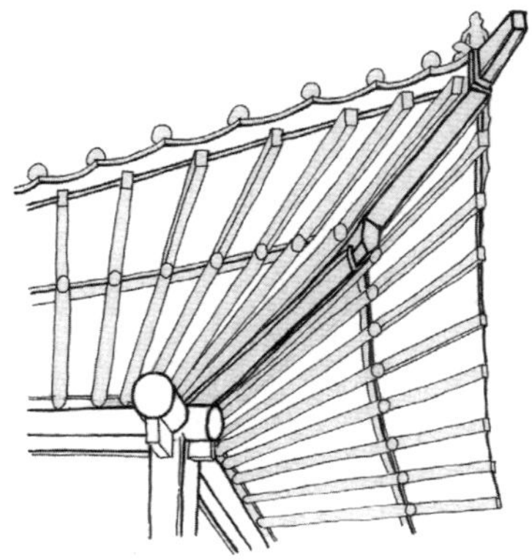

추녀(텅납새)

❖ 밤이 깊어가는 집안엔 〔…〕 그래서는 문창에 텅납새의 그림자가 치는 아츰 시누이 동세들이 욱적하니 홍성거리는 부엌으론 샛문틈으로 장지문틈으로 무이징게국을 끓이는 맛있는 내음새가 올라오도록 잔다 〈**여우난골족**族〉 ❖ 머리카락을 텅납새에 끼우는 것은/큰마니 머리카락은 아룻간 텅납새에 엄매 머리카락은 웃간 텅납새에 삼춘엄매 머리카락도 웃간 텅납새에 텅납새에 끼우는 것은/ 〔…〕 /머리카락을 텅납새에 끼우는 것은 〈**머리카락**〉

토방 명 방에 들어가는 문 앞에 좀 높이 편평하게 다진 흙바닥.

❖ 노란 싸릿닢이 한불 깔린 토방에 햇츩방석을 깔고/나는 호박떡을 맛있게도 먹었다 〈**여우난골**〉 ❖ 눈이 오는데/토방에서는 질화로 우에 곱돌탕관에 약이 끓는다/삼에 숙변에 목단에 백복령에 산약에 택사의 몸을 보한다는 육미탕六味湯이다 〈**탕약**湯藥〉 ❖ 밖에는 어데서 물새가 우는데/토방에선 햇콩두부가 고요히 숨이 들어갔다 〈**추야일경**秋夜一景〉 ❖ 토방에 승냥이 같은 강아지가 앉은 집/부엌으론 무럭무럭 하이얀 김이 난다 〈**야반**夜半**—산중음**山中吟〉 ❖ 또 녀름날 낮 기운 때 어른들이 모두 벌에 나가고 텅 뷔인 집 토방에서/햇강아지의 쌀랑대는 성화를 받어가며 닭의 똥을 주워먹는 아이를 생각한다 〈**촌에서 온 아이**〉 ❖ 자 방안에는 성주님/나는 성주님이 무서워 토방으로 나오면

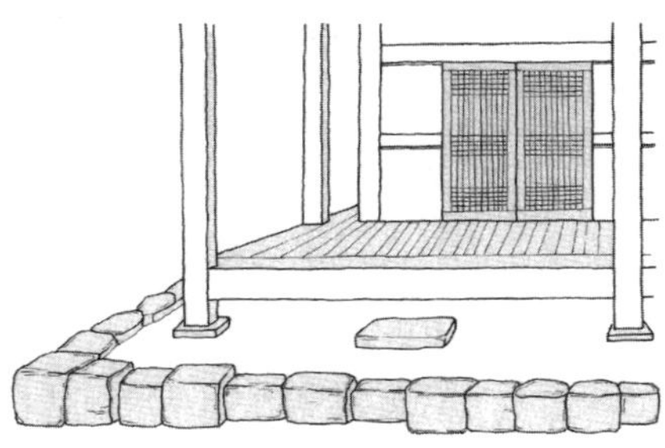

토방과 토방돌

토방에는 디운구신/나는 무서워 부엌으로 들어가면 부엌에는 부뜨막에 조앙님 **〈마을은 맨천 구신에 돼서〉**

토방돌 명 ① 토방을 쌓았거나 쌓기 위한 돌. ② 토방이 높을 때 올라서기 좋게 고여 놓은 돌. ③ 추녀 끝에서 떨어지는 빗물이나 눈물에 토방이 패여 못 쓰게 되지 않도록 토방 모서리 같은 데 놓은 돌(《조선말대사전》).

❖ 배나무접을 잘하는 주정을 하면 토방돌을 뽑는 오리치를 잘 놓는 먼 섬에 반디젓 담그려 가기를 좋아하는 삼춘 삼춘엄매 사춘누이 사춘동생들 **〈여우난골족**族**〉**

툇마루 명 방과 마당 사이에 있는 좁은 마루(《고려대한국어대사전》).

❖ 낮 기울은 날을 햇볕 장글장글한 툇마루에 걸어앉어서/지난 여름 도락구를 타고 장진長津땅에 가서 꿀을 치고 돌아왔다는 이 벌들을 바라보며 나는 **〈산곡**山谷**—함주시초**咸州詩抄**〉**

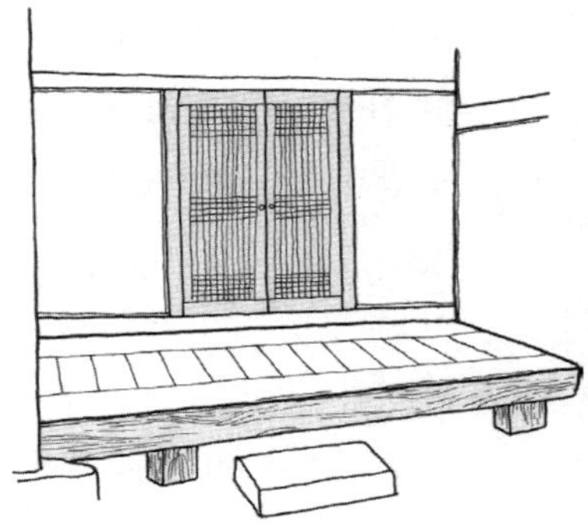
툇마루

3) 집의 근처와 둘레

곱새담 명 짚으로 엮은 이엉을 얹은 담. ☞ 곱새녕 181

❖ 선달에 냅일날이 들어서 냅일날 밤에 눈이 오면 이 밤엔 쌔하얀 할미귀신의 눈귀신도 냅일눈을 받노라 못 난다는 말을 든든히 녀기며 엄매와 나는 앙궁 우에 떡돌 우에 곱새담 우에 함지에 버치며 대냥푼을 놓고 치성이나 드리듯이 정한 마음으로 냅일눈 약눈을 받는다 **〈고야**古夜**〉**

녯성城 명 옛성. 옛날에 있던 성. 또는 옛날부터 있던 성(《조선말대사전》).

〔'옛성'은 《조선말대사전》에 등재되어 있는 말이다.〕

❖ 녯성城의 돌담에 달이 올랐다/묵은 초가지붕에 박이/또 하나 달같이 하이얗게 빛난다 **〈흰밤〉**

담 명 집의 둘레나 일정한 공간을 둘러막기 위하여 흙, 돌, 벽돌 따위로 쌓아 올린 것.

❖ 녕 낮은 집 담 낮은 집 마당만 높은 집에서 열나흘 달을 업고 손방아만 찧는 내 사람을 생각한다 **〈통영**統營**(남행시초**南行詩抄**)〉**

담모도리 명 담모퉁이(① 담이 휘어든 굽이의 어름 ② 담의 한쪽 귀퉁이)(《조선말대사전》).

〔'담모도리'는 《조선말대사전》에 등재되어 있는 말이다. 《표준국어대사전》, 《금성판국어대사전》, 《고려대한국어대사전》엔 '담모도리'는 등재되어 있지 않고, '모도리'가 '모서리'의 평북 방언으로 등재되어 있다. 반면 《조선말대사전》엔 '모도리'가 '모퉁이'와 같은 말로 등재되어 있고, '모서리'는 뜻이 다소 다른 말로 등재되어 있다. 아래 시의 용례에서 '담모도리'는 '담모퉁이'로서 담이 휘어든 굽이의 어름을 가리키는 말이다.〕

❖ 한 십리十里 더 가면 절간이 있을 듯한 마을이다 〔…〕 아릇동리선가 말 웃는 소리 무서운가 아릇동리 망아지 네 소리 무서울라 담모도리 바윗 잔등에 다람쥐 해바라기하다 조은다 토끼잠 한잠 자고 나서 세수한다 〔…〕 **〈황일黃日〉**

담벽 명 담벼락. ① 담이나 벽의 표면. ② 담이나 벽 따위를 통틀어 이르는 말.

〔우리말에선 '담벼락'이 표준어인데, 《조선말대사전》엔 '담벽'과 '담벽락'이 모두 문화어(북한의 표준어)로 등재되어 있다.〕

❖ 아카시아꽃의 향기가 가득하니 꿀벌들이 많이 날어드는 아츰/구신은 없고 부헝이가 담벽을 띠쫗고 죽었다 **〈정문촌旌門村〉**

대문 명 집의 정문(《금성판국어대사전》).

❖ 나는 이제는 할 수 없이 대문을 열고 나가려는데 대문간에는 근력 세인 수문장//나는 겨우 대문을 삐쳐나 바깥으로 나와서/밭 마당귀 연자간 앞을 지나가는데 연자간에는 또 연자망구신 **〈마을은 맨천 구신이 돼서〉**

대문간 명 대문을 여닫기 위하여 대문의 안쪽에 있는 빈 곳. '대문'은 집의 정문을 가리킨다.

❖ 얼혼이 나서 뒤울안으로 가면 뒤울안에는 곱새녕 아래 털능구신/나는 이제는 할 수 없이 대문을 열고 나가려는데 대문간에는 근력 세인 수문장 **〈마을은 맨천 구신이 돼서〉**

돌각담① 명 돌을 모아 놓은 큰 돌무더기(《조선말대사전》). 백석 시 〈오금덩이라는 곳〉에서 '돌각담'은 국수당, 즉 서낭당을 가리키는 말이다. '국수당'은 당(집)으로 되어 있는 것도 있고, 돌각담, 즉 돌무더기로 되어 있는 것도 있고, 나무로 되어 있는 것도 있으며, 이 중에 일부나 이 모두로 이루어져 있는 것도 있다.

❖ 어스름저녁 국수당 돌각담의 수무나무 가지에 녀귀의 탱을 걸고 나물매 갖추어 놓고 비난수를 하는 젊은 새악시들/―잘 먹고 가라 서리서리 물러가라 네 소원 풀었으니 다시 침노 말아라 **〈오금덩이라는 곳〉**

돌각담② 명 돌을 모아 놓은 큰 돌무더기, 또는 다듬지 않은 돌로 쌓아 올린 담.

〔'돌각담'은 '① 돌을 모아 놓은 큰 돌무더기 ② 돌로 쌓아 올린 담'의 두 가지 뜻이 있다. 아래 용례에서 돌각담은 어느 하나로 단정하기 어렵다. 문맥상 전자(돌을 쌓아 놓은 돌무더기나 서낭당)로 보는 것이 좀 더 자연스러우나, 후자로 볼 수도 있다.〕

❖ 처녀들은 모두 어장주漁場主한테 시집을 가고 싶어한다는 곳/산山 너머로 가는 길 돌각담에 갸웃하는 처녀는 금錦이라든 이 같고/내가 들은 마산馬山 객줏客主집의 어린 딸은 난蘭이라는 이 같고 **〈통영**統營**(남행시초**南行詩抄**)〉** ❖ 돌각담에 머루송이 깜하니 익고/자갈밭에 아즈까리알이 쏟아지는/잠풍하니 볕바른 골짝이다 **〈산곡**山谷**—함주시초**咸州詩抄**〉**

돌담 명 돌로 쌓은 담.

❖ 녯성城의 돌담에 달이 올랐다/묵은 초가지붕에 박이/또 하나 달같이 하이얗게 빛난다 **〈흰밤〉** ❖ 텃밭가 재래종在來種의 임금林檎나무에는 이제도 콩알만 한 푸른 알이 달렸고 히스무레한 꽃도 하나 둘 퓌여 있다/돌담 기슭에 오지항아리 독이 빛난다 **〈창의문외**彰義門外**〉**

돌층계 명 돌로 쌓아 만든 층계.

❖ 녯 장수 모신 낡은 사당의 돌층계에 주저앉어서 나는 이 저녁 울 듯 울 듯 한산도閑山島 바다에 뱃사공이 되여가며 **〈통영**統營**(남행시초**南行詩抄**)〉**

뒤울안 명 '뒤란'(집 뒤 울타리의 안)의 본말.

❖ 뒤울안 살구나무 아래서 광살구를 찾다가/살구벼락을 맞고 울다가 웃는 나를 보고/밑구멍에 털이 몇 자나 났나 보자고 한 것은 가즈랑집 할머니다 **〈가즈랑집〉** ❖ 밤이면 무엇이 기왓골에 무릿돌을 던지고 뒤울안 배나무에 쩨듯하니 줄등을 헤여달고 부뚜막의 큰솥 적은솥을 모주리 뽑아놓고 재통에 간 사람의 목덜미를 그냥 그냥 나려눌러선 잿다리 아래로 처박고 **〈외갓집〉** ❖ 한 십리十里 더 가면 절간이 있을 듯한 마을이다 낮 기울은 별이 장글장글하니 따사하다 흙은 젖이 커서 살같이 깨서 아지랑이 낀 속이 안타까운가보다 뒤울안에 복사꽃 핀 집엔 아무도 없나보다 뷔인 집에 꿩이 날어와 다니나보다 〔…〕 **〈황일**黃日**〉** ❖ 얼혼이 나서 뒤울안으로 가면 뒤울안에는 곱새녕 아래 털능구신/나는 이제는 할 수 없이 대문을 열고 나가려는데 대문간에는 근력 세인 수문장 **〈마을은 맨천 구신이 돼서〉**

뜨락 명 '뜰'(집 안의 앞뒤나 좌우로 가까이 딸려 있는 빈터)의 방언(평북, 강원, 경북)(《고려대한국어대사전》).

❖ 집이 몇 집 되지 않는 골안은/모두 터앝에 김장감이 퍼지고/뜨락에 잡곡낟가리가 쌓여서/어니 세월에 뷔일 듯한 집은 뵈이지 않었다 **〈산곡**山谷**—함주시초**咸州詩抄**〉** ❖

저 한쪽 마을에는 마돝에 닭 개 즘생도 들떠들고/또 아이 어른 행길에 뜨락에 사람도 웅성웅성 홍성거려/나는 가슴이 이 무슨 흥에 벅차오며 〈**귀농**歸農〉

마당 명 집 앞이나 뒤에 평평하게 닦아 놓은 땅.

❖ 저문 유월六月의 바닷가에선 조개도 울을 저녁 소라방등이 불그레한 마당에 김냄새 나는 비가 나렸다 〈**통영**統營〉 ❖ 녕 낮은 집 담 낮은 집 마당만 높은 집에서 열나흘 달을 업고 손방아만 찧는 내 사람을 생각한다 〈**통영**統營(**남행시초**南行詩抄)〉 ❖ 해바라기하기 좋을 볏곡간 마당에/볏짚같이 누우란 사람들이 둘러서서 〈**삼천포**三千浦**—남행시초**南行詩抄 4〉 ❖ 이 집 남길동 단 안주인은 겨울이면 집을 내고/산을 돌아 거리로 나려간다는 말을 하는데/해바른 마당에는 꿀벌이 스무나문 통 있었다 〈**산곡**山谷**—함주시초**咸州詩抄〉 ❖ 돌우래며 팟중이 산옆이 들썩하니 울어댄다/이리하여 한울에 별이 잔콩 마당 같고/강낭밭에 이슬이 비 오듯 하는 밤이 된다 〈**박각시 오는 저녁**〉 ❖ 대대로 나며 죽으며 죽으며 나며 하는 이 마을 사람들의 으젓한 마음을 지나서 텁텁한 꿈을 지나서/지붕에 마당에 우물든덩에 함박눈이 푹푹 쌓이는 여늬 하로밤 〈**국수**〉

마당귀 명 마당의 한쪽 귀퉁이.

❖ 산山꿩도 섧게 울은 슬픈 날이 있었다/산山절의 마당귀에 여인女人의 머리오리가 눈물방울과 같이 떨어진 날이 있었다 〈**여승**女僧〉 ❖ 개 하나 얼린하지 않는 마을은/해바른 마당귀에 맷방석 하나/빨갛고 노랗고 〈**고성가도**固城街道**—남행시초**南行詩抄 3〉 ❖ 나는 겨우 대문을 삐쳐나 바깥으로 나와서/밭 마당귀 연자간 앞을 지나가는데 연자간에는 또 연자망구신/나는 고만 디겁을 하여 큰 행길로 나서서 마음 놓고 화리서리 걸어가다 보니 〈**마을은 맨천 구신이 돼서**〉

밭마당 명 대문 밖에 있는 마당. 또는 바깥채에 딸린 마당. '바깥마당'과 같은 말. 〔'밭마당'의 '밭'은 '바깥'의 뜻을 더하는 접두사. '밭다리', '밭사돈' 등의 용례가 있다.〕

❖ 저녁술을 놓은 아이들은 외양간 섶 밭마당에 달린 배나무동산에서 쥐잡이를 하고 숨굴막질을 하고 〔…〕 〈**여우난골족**族〉 ❖ 첫녀름 이른 저녁을 해치우고 인간들이 모두 터앞에 나와서 물외포기에 당콩포기에 오줌을 주는 때 터앞에 밭마당에 샛길에 떠도는 오줌의 매캐한 재릿한 내음새 〈**동뇨부**童尿賦〉

성문城門 명 성곽의 문.

❖ 헐리다 남은 성문城門이/한울빛같이 훤하다/날이 밝으면 또 메기수염의 늙은이가 청배를 팔러 올 것이다 〈**정주성**定州城〉 ❖ 어두워오는 성문城門 밖의 거리/도야지를 몰고 가는 사람이 있다 〈**성외**城外〉

성외城外 명 성의 바깥쪽.

❖ 시 제목 〈**성외**城外〉

안팎마당 명 안마당과 바깥마당을 아울러 이르는 말.

〔사전에 '안팎벽'은 등재되어 있는데 '안팎마당'은 등재되어 있지 않다.〕

❖ 초저녁이면 안팎마당이 그득하니 하이얀 나비수염을 물은 보득지근한 복쪽재비들이 씨굴씨굴 모여서는 짱짱 짱짱 쇳스럽게 울어대고 〈**외갓집**〉

울바주 명 울바자. 대, 갈대, 수수깡, 싸리 등을 발처럼 엮어 만든 울타리.

❖ 나는 뒤짐을 지고 고랑을 걸어/밭을 나와 밭뚝을 돌아 도랑을 건너 행길을 돌아/지붕에 바람벽에 울바주에 볕살 쇠리쇠리한 마을을 가르치며 〈**귀농**歸農〉

울밖 명 울타리 밖.

〔사전에 '울안'은 등재되어 있는데 '울밖'은 등재되어 있지 않다.〕

❖ 한 십리十里 더 가면 절간이 있을 듯한 마을이다 〔…〕 뷔인 집에 꿩이 날어와 다니나보다 울밖 늙은 들매나무에 튀튀새 한불 앉었다 흰구름 따러가며 딱장벌레 잡다가 연둣빛 닢새가 좋아 올라왔나보다 〔…〕 〈**황일**黃日〉

울파주 명 '울바자'의 평북 방언. 대, 갈대, 수수깡, 싸리 등을 발처럼 엮어 만든 울타리.

❖ 울파주 밖에는 장꾼들을 따러와서 엄지의 젖을 빠는 망아지도 있었다 〈**주막**酒幕〉

울파주가 명 울파주 주변, 울파주 근처. '울파주'는 '울바자'(대, 갈대, 수수깡, 싸리 등을 발처럼 엮어 만든 울타리)의 평북 방언

〔사전에 '우물가'는 등재되어 있는데 '울바자가'(울파주가)는 등재되어 있지 않다.〕

❖ 한울은/울파주가에 우는 병아리를 사랑한다/우물돌 아래 우는 돌우래를 사랑한다 〈《**호박꽃 초롱**》 **서시**序詩〉

웃방성 명 윗 성곽. 방성은 '防城'으로 성곽을 가리키는 것으로 짐작된다.

〔'웃방성'은 '웃+방성'의 합성어이다. 방성은 '防城'으로 성곽을 가리키는 것으로 추정된다. '아래 웟 방성'은 '아래쪽, 위쪽 성곽'이란 뜻이다. 백석이 살던 정주는 정주성이 큰 성곽을 이루고 있다. 일종의 성곽 마을이라고 할 수 있다. 따라서 '아래쪽, 위쪽 성곽'이라는 말은 마을의 아래 위, 즉 마을 여기저기를 지칭하는 말이라고 할 수 있다. '방성'이란 말은 백석의 다른 산문에도 나오고, 북쪽 지역에 뿌리를 둔 작가의 다른 작품에도 자주 구사된다. 방성이란 단어가 구사된 문학 작품의 용례들을 제시하면 다음과 같다. "그의 회상은 청명하게 울리는 풍경소리를 따라 계속되였다— 여러 사람의 합친 힘이란 과연 무섭단 말야, 마을 앞터 논은 지금껏 보

지 못한 풍작을 내게 했지, 새 방성 비탈의 매마른 밭도 훌륭히 만들었다"(박효준, 〈소〉, 《조선문학》, 1956년 3월, 조선작가동맹출판사, 42쪽); "그 방성 맨 끝 뫼 바로 아래 있는 엘리자베드의 오촌모의 집에 인력거는 닿았다"(김동인, 〈약한 자의 슬픔〉(1919), 《정통한국문학대계(2)》, 어문각, 1996, 332쪽); "가뜩이나 더디게 걷던 인력거가 방성 어구에 들어서서는 더 느리게 걷는다"(김동인, 〈약한 자의 슬픔〉(1919), 《정통한국문학대계(2)》, 어문각, 1996, 332쪽); "어린애 첫 울음이 고즈넉한 마을을 깨울 때/바로 뒷방성 개 짖는 소리 요란요란하다"(박남수, 〈심야深夜〉, 《박남수전집 1》, 한양대학교출판원, 1998).〕

❖ 접시 귀에 소기름이나 소뿔등잔에 아즈까리기름을 켜는 마을에서는 겨을밤 개 짖는 소리가 반가웁다//이 무서운 밤을 아래 웃방성 마을 돌아다니는 사람은 있어 개는 짖는다 **〈개〉**

집오래 명 집에서 가까운 부근.

〔'집오래'는 '집+오래'의 합성어이다. '오래'는 "일정하게 차지한 구역을 중심으로 한 그 가까이"(《조선말대사전》)의 뜻이다. '집오래'와 같은 형태의 말로 '마을오래'(마을 가까이)가 있다. '집오래', '마을오래'는 모두 북한 지역에서 쓰는 말이다.〕

❖ 가즈랑집에 마을을 가서/당세 먹은 강아지같이 좋아라고 집오래를 설레다가였다 **〈가즈랑집〉**

집터 명 집이 있거나 있었거나, 집을 지을 자리.

❖ 산山골에서는 집터를 츠고 달궤를 닦고/보름달 아래서 노루고기를 먹었다 **〈노루〉**

터앝 명 집의 울안에 있는 작은 밭. ☞ 터앞 245

❖ 집이 몇 집 되지 않는 골안은/모두 터앝에 김장감이 퍼지고/뜨락에 잡곡낟가리가 쌓여서/어니 세월에 뷔일 듯한 집은 뵈이지 않었다 **〈산곡山谷—함주시초咸州詩抄〉**

텃밭가 명 텃밭(집터에 딸리거나 집 가까이 있는 밭)의 가장자리.

〔사전에 '텃밭머리'는 등재되어 있는데 '텃밭가'는 등재되어 있지 않다.〕

❖ 붉은 수탉이 높이 샛더미 우로 올랐다/텃밭가 재래종在來種의 임금林檎나무에는 이제도 콩알만 한 푸른 알이 달렸고 히스무레한 꽃도 하나 둘 퓌여 있다 **〈창의문외彰義門外〉**

회담벽 명 회(석회)를 바른 담벽. 하얀빛을 띤다. 백석 시 〈남향南鄕—물닭의 소리〉에서 '회담벽'은 회를 바른 집의 벽면을 가리킨다.

〔'회담벽'은 백석의 조어이다. 이와 같은 형태의 말로 백석 시에 '흙담벽'이란 시어가 또 있다. '흙담벽'은 《조선말대사전》에 등재되어 있다.〕

❖ 이 길이다/얼마 가서 감로甘露 같은 물이 솟는 마을 하이얀 회담벽에 옛적본의 장반시계를 걸어놓은 집 홀어미와 사는 물새 같은 외딸의 혼삿말이 아즈랑이같이 낀 곳은 〈**남향**南鄕**—물닭의 소리**〉

흙담벽명 흙으로 쌓아 만들거나 흙을 바른 담벽(《조선말대사전》).

❖ 흙담벽에 볕이 따사하니/아이들은 물코를 흘리며 무감자를 먹었다 〈**초동일**初冬日〉

4 세간

갈부던명 갈보전. '갈보전'은 '삿자리'의 황해 방언. 갈대를 엮어서 만든 자리.

〔'갈부던'은 '갈보전'을 가리킨다. '갈보전'은 《표준국어대사전》과 《황해도방언연구》(황대화)에 '삿자리'(갈대를 엮어 만든 자리)의 황해 방언으로 등재되어 있다. '갈보전'이 '갈부던'으로 된 것은 'ㅈ'이 'ㄷ'으로 발음되는 평안 방언 특유의 비구개음화 현상이 나타난 것이다. '갈부던'은 '삿자리'를 뜻하는 '갈보전'이란 황해 방언이 다시 평안 방언으로 구사된 말인 것이다. 김영배(1987)가 '갈부던'을 '갈대로 짠 돗자리'로 풀이한 바 있다.〕

❖ 갈부던 같은 약수藥水터의 산山거리/여인숙旅人宿이 다래나무지팽이와 같이 많다 〈**산지**山地〉 ❖ 갈부던 같은 약수藥水터의 산山거리엔 나무그릇과 다래나무지팽이가 많다 〈**삼방**三防〉

거적뙈기명 '거적때기'(헌 거적 조각)의 평북 방언(《평북방언사전》).

〔《평북방언사전》에 '거적뙤기'가 등재되어 있다.〕

❖ 집에는 아배에 삼춘에 오마니에 오마니가 있어서 〔…〕 아이들이 큰마누래에 작은마누래에 제구실을 할 때면 종아지물본도 모르고 행길에 아이 송장이 거적뙈기에 말려나가면 속으로 얼마나 부러워하였고 〔…〕 〈**넘언집 범 같은 노큰마니**〉

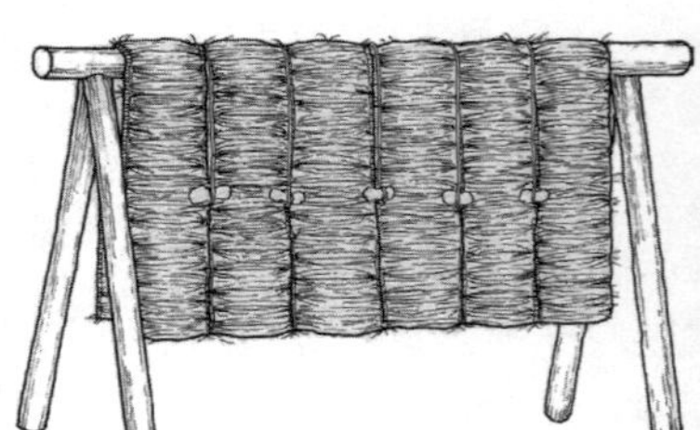

거적때기

걸레명 더러운 곳을 닦거나 훔쳐 내는 데 쓰는 헝겊.

❖ 계집아이는 몇 해고 내지인內地人 주재소장駐在所長 집에서/밥을 짓고 걸레를 치고 아이보개를 하면서/이렇게 추운 아침에도 손이 꽁꽁 얼어서/찬물에 걸레를 쳤을 것이다 〈**팔원**八院**—서행시초**西行詩抄 **3**〉

곰방대 [명] 살담배(칼 따위로 썬 담배)를 피우는 데에 쓰는 짧은 담뱃대.

❖ 손톱을 시펄하니 길우고 기나긴 창꽈쯔를 즐즐 끌고 싶었다/만두饅頭꼬깔을 눌러쓰고 곰방대를 물고 가고 싶었다 **〈안동**安東**〉**

곱돌탕관 [명] 곱돌(기름 같은 광택이 있고 만지면 양초처럼 매끈매끈한 암석과 광물)로 만든 약탕관.

❖ 눈이 오는데/토방에서는 질화로 우에 곱돌탕관에 약이 끓는다/삼에 숙변에 목단에 백복령에 산약에 택사의 몸을 보한다는 육미탕六味湯이다 **〈탕약**湯藥**〉**

광지보 [명] 광주리 보자기. '광지'는 '광주리'의 방언(평안, 함경).

〔'광지보'는 '광지(광주리)+보(褓, 보자기)'의 형태를 지닌 합성조어이다.〕

❖ 광지보에서 나온 은장두에 바늘집에 원앙에 바둑에/번들번들하는 노리개는 스르럭스르럭 소리가 나고 **〈칠월**七月 **백중〉**

괴나리봇짐 [명] 걸어서 먼 길을 떠날 때에 보자기에 싸서 어깨에 메는 작은 짐.

❖ 괴나리봇짐 벗고 땃불 놓고 앉어/담배 한 대 피우고 싶은 길이다 **〈창원도**昌原道**—남행시초**南行詩抄 **1〉**

국수분틀 [명] 국수를 눌러 빼는 틀. '국수틀', '분틀'과 같은 말. ☞ 분틀 207

❖ 나는 낡은 국수분틀과 그즈런히 나가 누워서/구석에 데굴데굴하는 목침木枕들을 베여보며/이 산山골에 들어와서 이 목침木枕들에 새까마니 때를 올리고 간 사람들을 생각한다 **〈산숙**山宿**—산중음**山中吟**〉**

국수틀

그릇 [명] 음식이나 물건 따위를 담는 기구를 통틀어 이르는 말.

❖ 나는 이제 어늬 먼 외진 거리에 한고향 사람의 조고마한 가업집이 있는 것을 생각하고/이 집에 가서 그 맛스러운 떡국이라도 한 그릇 사먹으리라 한다 **〈두보**杜甫**나 이백**李白**같이〉**

깽제미 [명] 갱지미. 놋쇠로 만든 반찬 그릇. 놋그릇 두 개를 맞부딪쳐 소리를 내 짐승을 쫓는다.

〔김영배(1987)는 '깽제미'를 '꽹과리'로 보고, 이승원(2008)은 '갱지미'의 '갱'자가 한자어 '羹'에서 왔기 때문에 경음화될 수 없으므로 '깽제미'는 '갱지미'가 아니라 '꽹과리'가 맞다고 본다. 하지만 한자어도 얼마든지 경음화될 수 있다. 방언 사전에 '꼥매기'가 '꽹과리'로 등재되어 있는데, '꼥매기'와 '깽제미'는 엄연히 다르다. 평

북 출신인 엄경은 옹의 전언에 의하면 갱지미 두 개를 맞부딪쳐 큰 소리를 내곤 했으며, 이 소리로 짐승을 쫓아내곤 했다고 한다. 백석 시의 시어에선 경음화되는 것이 많으므로 '깽제미'도 '갱지미'가 경음화된 말로 보는 것이 적절할 것이다.〕

❖ 산山 너머 마을서 도야지를 잃는 밤 즘생을 쫓는 깽제미 소리가 무서웁게 들려오는 집/닭 개 즘생을 못 놓는 **〈가즈랑집〉**

끼애리 명 '꾸러미'의 방언(평북). 여기서 '꾸러미'는 짚 따위로 길게 묶어 중간중간 동인 물건을 말한다(《금성판국어대사전》).

❖ 황토 마루 수무나무에 얼럭궁덜럭궁 색동헝겊 뜯개조박 뵈짜배기 걸리고 오쟁이 끼애리 달리고 소삼은 엄신 같은 딥세기도 열린 국수당고개를 몇 번이고 튀튀 춤을 뱉고 넘어가면 〔…〕 **〈넘언집 범 같은 노큰마니〉**

나무그릇 명 나무로 만든 그릇(《고려대한국어대사전》, 《조선말대사전》).

〔'나무그릇'은 《고려대한국어대사전》과 《조선말대사전》에 등재되어 있다.〕

❖ 갈부던 같은 약수藥水터의 산山거리엔 나무그릇과 다래나무지팽이가 많다 **〈삼방三防〉**

나무뒝치 명 나무로 만든 뒤웅박. 나무의 속을 파서 뒤웅박처럼 만든 것. '뒝치'는 '뒤웅박'의 평북 방언.

〔'나무뒝치'는 '나무+뒝치(뒤웅박)'의 합성조어.〕

❖ 산山 너머 십오리十五里서 나무뒝치 차고 싸리신 신고 산山비에 촉촉이 젖어서 약藥물을 받으려 오는 산山아이도 있다 **〈산지山地〉** ❖ 산山 너머 십오리十五里서 나무뒝치 차고 싸리신 신고 산山비에 촉촉이 젖어서 약藥물을 받으려 오는 두멧아이들도 있다 **〈삼방三防〉**

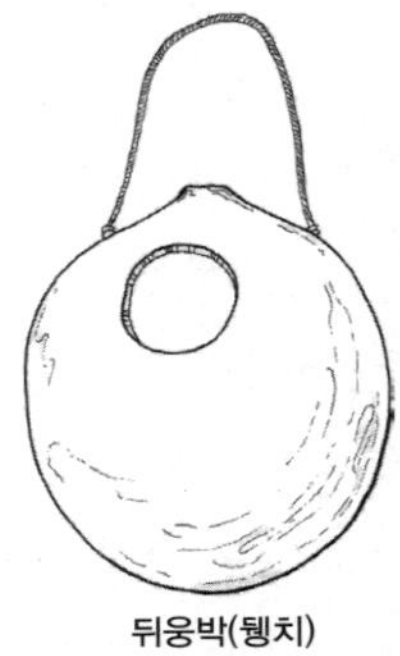

뒤웅박(뒝치)

나무말쿠지 명 '나무말코지'의 평북 방언. 물건을 걸기 위하여 벽 따위에 달아 두는 나무 갈고리. 흔히 가지가 여러 개 돋친 나무를 짤막하게 잘라 다듬어서 노끈으로 달아맨다. ☞ 말쿠지 205

〔'나무말쿠지'는 '나무+말쿠지(말코지)'의 합성어이다. '말쿠지'(말코지)가 나무로 만든 갈고리이므로, '나무말쿠지'는 나무란 말이 중복 사용된 것인데, 이런 형태의 합성어로 백석 시에 '나무말쿠지' 외에 '나무판장'이란 말이 있다. 이렇게 말을 중복시킨 것은 해당 어휘, 즉 '나무'라는 말을 강조하기 위한 것으로 보인다.〕

말코지(말쿠지)

❖ 구석의 나무말쿠지에 할아버지가 삼는 소신 같은 짚신이 둑둑

이 걸리어도 있었다 〈**고방**〉

나조반명 나주반. 나주에서 생산된 전통 소반을 지칭하는 것으로 보인다.

〔《평북방언사전》에 '나조반'이 "연석宴席 같은 데에 쓰이는 책상처럼 생긴 장방형의 큰 상으로서 표준말에서 쓰는 나좃대를 받쳐 놓은 쟁반인 나조반과는 다르다"고 풀이되어 있다. 이 시가 발표될 당시에 간행된 일제시대 최초의 우리말 사전인 《조선어사전》(1938)에 '나주반'이 등재되어 있고, "나주에서 만든 소반"으로 풀이되어 있다. 백석 시에서 '나조반'은 이 '나주반'을 가리키는 것으로 보는 것이 적절할 것 같다.〕

❖ 낡은 나조반에 흰밥도 가재미도 나도 나와 앉어서/쓸쓸한 저녁을 맞는다 〈**선우사**膳友辭**—함주시초**咸州詩抄〉

날기멍석명 '낟알'(껍질을 벗기지 아니한 곡식의 알)을 까는 데 쓰는 멍석. 또는 낟알을 깔아 놓은 멍석. '날기'는 '낟알'의 평남 방언.

멍석

〔'날기멍석'은 '날기(낟알)+멍석'의 합성조어이다.〕

❖ 날기멍석을 져간다는 닭보는 할미를 차 굴린다는 땅아래 고래 같은 기와집에는 언제나 니차떡에 청밀에 은금보화가 그득하다는 외발 가진 조마구 뒷산山 어늬메도 조마구네 나라가 있어서 〔…〕 〈**고야**古夜〉

농짝명 ① '농'을 낮잡아 이르는 말. ② 한 벌의 농 가운데 낱개의 농.

❖ 어쩐지 향산香山 부처님이 가까웁다는 거린데/국숫집에서는 농짝 같은 도야지를 잡어걸고 국수에 치는 도야지고기는 돗바늘 같은 털이 드문드문 백였다 〈**북신**北新**—서행시초**西行詩抄 **2**〉

닌함박명 이남박. 안쪽에 여러 줄로 고랑이 지게 돌려 파서 만든 함지박. 쌀 따위를 씻어 일 때에 돌과 모래를 가라앉게 한다.

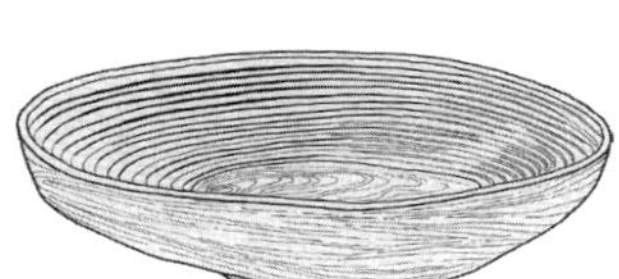

이남박(닌함박)

❖ 물밑—이 모래 닌함박은 콩조개만 일다 〈**물계리**物界里**—물닭의 소리**〉

담뱃대명 담배를 피우는 데 쓰는 기구.

❖ 예순이 넘은 아들 없는 가즈랑집 할머니는 중같이 정해서 할머니가 마을을 가면 긴 담뱃대에 독하다는 막써레기를 멫 대라도 붙이라고 하며 〈**가즈랑집**〉

당등명 '장등長燈'의 평안 방언. 밤새도록 등불을 켜 둠.

❖ 닭이 두 홰나 울었는데/안방큰방은 홰즛하니 당등을 하고/인간들은 모두 웅성웅성 깨여 있어서들/오가리며 석박디를 썰고 〈**추야일경**秋夜一景〉

당즈깨 명 고리버들이나 대오리를 길고 둥글게 짠 작은 고리짝. 점심밥 등 음식을 넣어 가지고 다니는 그릇으로 쓴다(《평북방언사전》).

❖ 내가 날 때 죽은 누이도 날 때/무명필에 이름을 써서 백지 달어서 구신간시렁의 당즈깨에 넣어 대감님께 수영을 들였다는 가즈랑집 할머니 **〈가즈랑집〉**

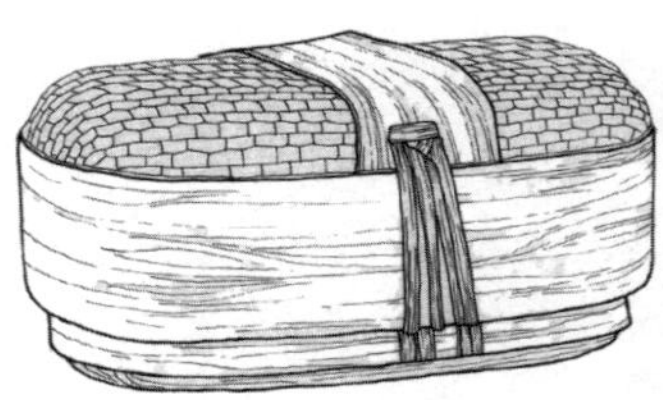

도시락(당즈깨)

대냥푼 명 큰 양푼(음식을 담거나 데우는 데에 쓰는 놋그릇).

〔사전엔 '양푼'만 등재되어 있다.〕

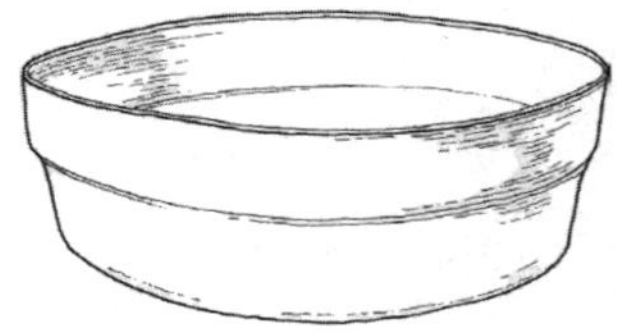

양푼

❖ 섣달에 냅일날이 들어서 냅일날 밤에 눈이 오면 〔…〕 엄매와 나는 앙궁 우에 떡돌 우에 곱새담 우에 함지에 버치며 대냥푼을 놓고 치성이나 드리듯이 정한 마음으로 냅일눈 약눈을 받는다 **〈고야古夜〉**

독 명 간장, 술, 김치 따위를 담가 두는 데에 쓰는 큰 오지그릇이나 질그릇. 운두가 높고 중배가 조금 부르며 전이 달려 있다.

❖ 텃밭가 재래종在來種의 임금林檎나무에는 이제도 콩알만 한 푸른 알이 달렸고 히스무레한 꽃도 하나 둘 퓌여 있다/돌담 기슭에 오지항아리 독이 빛난다 **〈창의문외彰義門外〉**

돗바늘 명 매우 크고 굵은 바늘. 돗자리, 구두, 가죽 따위의 단단한 것이나 이불처럼 두꺼운 것을 꿰매는 데 쓴다.

❖ 어쩐지 향산香山 부처님이 가까웁다는 거린데/국숫집에서는 농짝 같은 도야지를 잡어걸고 국수에 치는 도야지고기는 돗바늘 같은 털이 드문드문 백였다 **〈북신北新—서행시초西行詩抄 2〉**

동이 명 질그릇의 하나. 흔히 물 긷는 데 쓰는 것으로 보통 둥글고 배가 부르고 아가리가 넓으며 양옆으로 손잡이가 달려 있다.

❖ 어늬 아츰 계집은/머리에 무거운 동이를 이고/손에 어린것의 손을 끌고/가펴러운 언덕길을/숨이 차서 올라갔다/나는 한종일 서러웠다 **〈절망絶望〉**

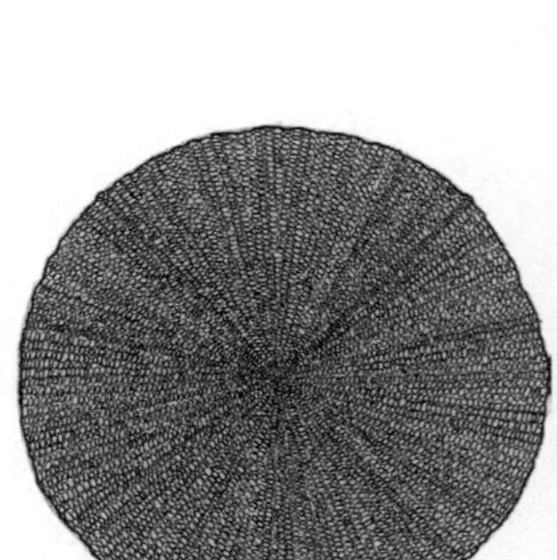

두레방석

두레방석 명 짚이나 부들 따위로 둥글게 엮은 방석.

❖ 아카시아들이 언제 흰 두레방석을 깔었나/어데서 물쿤 개비린내가 온다 **〈비〉**

딜옹배기 명 질옹배기. 아가리가 넓게 벌어진 둥글넓적한 질그릇(《고려대한국어대사전》).

〔'질옹배기'는 《고려대한국어대사전》에 등재되어 있다.〕

❖ 딜옹배기에 북덕불이라도 담겨 오면,/이것을 안고 손을 쬐며 재 우에 뜻없이 글자를 쓰기도 하며, **〈남신의주 유동 박시봉방**南新義州柳洞朴時逢方**〉**

떡돌 명 떡을 칠 때에 안반 대신으로 쓰는 판판하고 넓적한 돌.

❖ 섣달에 냅일날이 들어서 냅일날 밤에 눈이 오면 〔…〕 엄매와 나는 앙궁 우에 떡돌 우에 곱새담 우에 함지에 버치며 대냥푼을 놓고 치성이나 드리듯이 정한 마음으로 냅일눈 약눈을 받는다 **〈고야**古夜**〉**

류성기 명 레코드에 녹음한 음을 재생하는 장치. 판의 회전에 따라 바늘이 레코드에 새겨진 음구音溝를 지나감으로써 일어나는 진동을 기계적으로 증폭하여 금속의 진동판에 전하여 재생하는데, 후에 바늘의 진동을 전기 신호로 변환하는 방식이 되었다. 1877년에 미국의 에디슨이 발명하였다. '축음기'와 같은 말.

❖ 그리고 그 〈아서라 세상사世上事〉라도 들을/류성기도 없는 것을 생각한다 **〈내가 생각하는 것은〉**

막대침 명 막대기로 만든 침.

❖ 막대침에 가는 세침 바늘이며 취열옥색 꼭두손이 연분홍 물감도 사잔 말이로구나 **〈머리카락〉**

말쿠지 명 말코지. 물건을 걸기 위하여 벽 따위에 달아 두는 나무 갈고리. 흔히 가지가 여러 개 돋친 나무를 짤막하게 잘라 다듬어서 노끈으로 달아맨다. ☞ 나무말쿠지 202

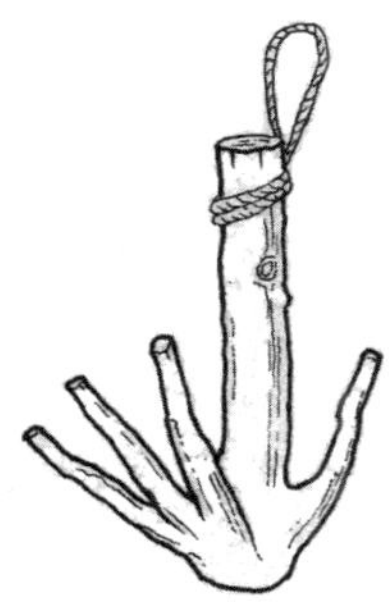
말코지(말쿠지)

❖ 오대五代나 나린다는 크나큰 집 다 찌그러진 들지고방 어득시근한 구석에서 쌀독과 말쿠지와 숫돌과 신뚝과 그리고 넷적과 또 열두 데석님과 친하니 살으면서 **〈목구**木具**〉**

맷방석 명 매통이나 맷돌을 쓸 때 밑에 까는, 짚으로 만든 방석. 멍석보다 작고 둥글며 전(물건의 위쪽 가장자리가 조금 넓적하게 된 부분)이 있다.

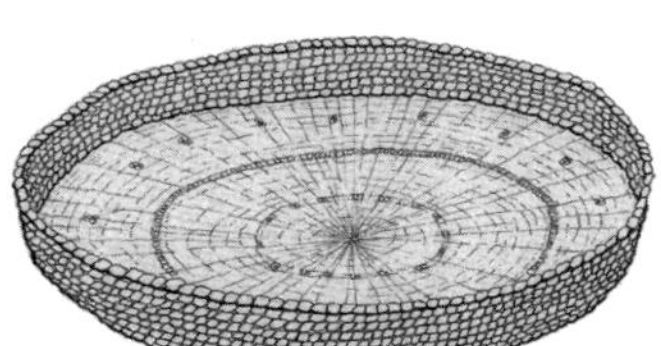
맷방석

❖ 개 하나 얼린하지 않는 마을은 해바른 마당귀에

맷방석 하나 〈**고성가도**固城街道—**남행시초**南行詩抄 **3**〉

멍석자리 명 자리로 쓰는 멍석. 또는 멍석을 깔아 놓은 자리.

❖ 인간들은 모두 뒷등성으로 올라 멍석자리를 하고 바람을 쐬이는데/풀밭에는 어느새 하이얀 대림질감들이 한불 널리고/돌우래며 팟중이 산옆이 들썩하니 울어댄다 〈**박각시 오는 저녁**〉

모랭이 명 '모래함지'와 같은 말로, 작은 함지의 한 가지. 길죽하며 전(물건의 위쪽 가장자리가 조금 넓적하게 된 부분)이 달려 있다(《조선말대사전》).

☞ 함지 218

〔'모랭이'는 《조선말대사전》에 등재되어 있다.〕

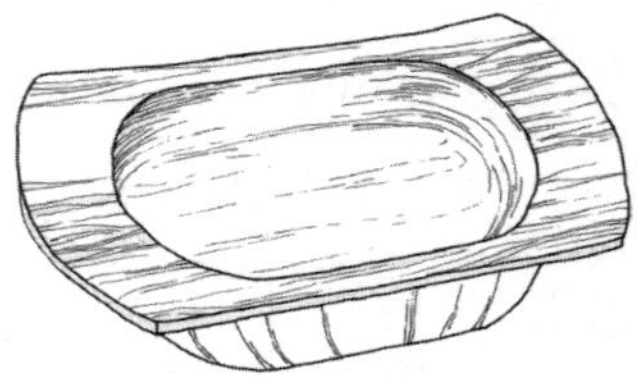

모래함지(모랭이)

❖ 그리고 새벽녘이면 고방 시렁에 채국채국 얹어둔 모랭이 목판 시루며 함지가 땅바닥에 넘너른히 널리는 집이다 〈**외갓집**〉

모밀가루포대 명 메밀의 열매를 찧어서 낸 가루가 든 포대.

〔'모밀가루포대'는 '모밀가루+포대'의 합성조어이다. 《조선말대사전》에 이와 유사한 형태의 말로 '쌀포대'가 등재되어 있다.〕

❖ 여인숙旅人宿이라도 국숫집이다/모밀가루포대가 그득하니 쌓인 웃간은 들믄들믄 더웁기도 하다 〈**산숙**山宿—**산중음**山中吟〉

목구木具 명 나무 그릇.

〔《표준국어대사전》에 '목구'가 '목기'(나무로 만든 그릇)의 평북 방언으로 풀이되어 있는데, 백석 시에서 '목구'는 '木具'라는 한자어로 표기되어 있다. 그러니까 '기'가 '구'로 발음된 것이 아니라, 백석이 '나무 그릇'이라는 뜻의 '목구'라는 한자어를 만들어 쓴 것으로 봐야 한다. 백석 시에서 '목구'는 '제기祭器'를 가리키는데 '목구'라는 말을 써 '나무'로 만든 것임을 강조하며, 제기의 의미를 더 깊이 있게 드러내고 있다. 그는 다른 시에서 '나무그릇'이란 순우리말을 사용한 적이 있는데, 제사 풍속을 담은 이 시에선 격식을 갖춘 의례를 나타내는 시의 내용에 걸맞게 '목구木具'란 한자어를 쓰고 있다.〕

❖ 시 제목 〈**목구**木具〉

목침木枕 명 나무토막으로 만든 베개.

❖ 나는 낡은 국수분틀과 그즈런히 나가 누워서/구석에 데굴데굴하는 목침木枕들을 베여보며/이 산山골에 들어와서 이 목침木枕들에 새까마니 때를 올리고 간 사람들을 생각한다 〈**산숙**山宿—**산중음**山中吟〉

목판명 음식을 담아 나르는 나무 그릇. 보통, 운두가 낮고 네모지게 만든다(《조선말대사전》).

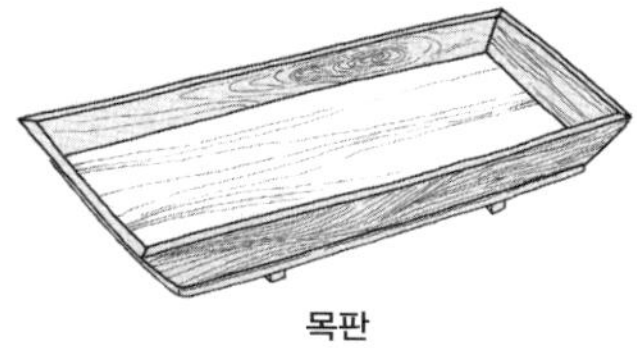
목판

❖ 그리고 새벽녘이면 고방 시렁에 채국채국 얹어둔 모랭이 목판 시루며 함지가 땅바닥에 넘너른히 널리는 집이다 〈**외갓집**〉

바가지명 박을 두 쪽으로 쪼개어 만든, 물을 푸거나 물건을 담는 데 쓰는 그릇(《조선말대사전》).

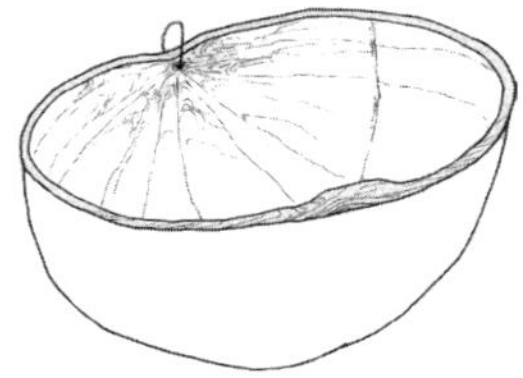
바가지

❖ 집에는 아배에 삼춘에 오마니에 오마니가 있어서 〔…〕 그리고 끼때에는 부뚜막에 바가지를 아이덜 수대로 주룬히 늘어놓고 밥 한 덩이 질게 한 술 들여트려서는 먹였다는 소리를 언제나 두고두고 하는데 〈**넘언집 범 같은 노큰마니**〉

바눌명 바늘. 옷 따위를 짓거나 꿰매는 데 쓰는, 가늘고 끝이 뾰족한 쇠로 된 물건. 한쪽 끝에 있는 작은 구멍에 실을 꿰어서 쓴다.

❖ 막대침에 가는 세침 바눌이며 취열옥색 꼭두손이 연분홍 물감도 사잔 말이로구나 〈**머리카락**〉

바리깨명 '주발(놋쇠로 만든 밥그릇)의 뚜껑'의 평안 방언.

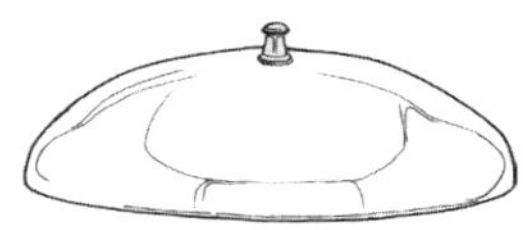
바리깨

❖ 벌개눞역에서 바리깨를 뚜드리는 쇳소리가 나면/누가 눈을 앓어서 부증이 나서 찰거마리를 부르는 것이다 〈**오금덩이라는 곳**〉

백재일명 백차일白遮日. 햇볕을 가리려고 치는 하얀 빛깔의 포장. '백차일(백재일) 치듯'은 흰 옷 입은 사람들이 매우 많이 모인 상태를 비유적으로 이르는 말이다. 〔《표준국어대사전》에 '백잴'이 '백차일'의 평안 방안으로 등재되어 있다.〕

❖ 고개를 몇이라도 넘어서 약물터로 오면/약물터엔 사람들이 백재일 치듯 하였는데 〈**칠월**七月 **백중**〉

버치명 자배기보다 조금 깊고 아가리가 벌어진 큰 그릇.

버치

❖ 섣달에 냅일날이 들어서 냅일날 밤에 눈이 오면 〔…〕 엄매와 나는 앙궁 우에 떡돌 우에 곱새담 우에 함지에 버치며 대냥푼을 놓고 치성이나 드리듯이 정한 마음으로 냅일눈 약눈을 받는다 〈**고야**古夜〉

분틀명 국수를 눌러 빼는 틀. 재래식에는 반죽을 넣는 분통과 그에 맞는 공이가 있어 누르면 국수 가닥이 빠져나오게 되어 있다. '국수분틀', '국수틀'과 같은

말. ☞ 국수분틀 201

〔'분틀'은 '국수분틀', '국수틀'과 같은 말인데, 《평북방언사전》에 '분틀'이 등재되어 있는 것으로 보아, 평북 지방에서 이 말이 널리 쓰인 것으로 보인다. 아래 용례에서 '산멍에 같은 분틀'은 분틀의 긴 나무 막대를 산멍에, 즉 산무애뱀에 빗댄 것으로 짐작된다.〕

국수틀

❖ 이것은 어늬 양지귀 혹은 능달쪽 외따른 산 넚은댕이 예데가리밭에서/하로밤 뽀오햔 흰 김 속에 접시귀 소기름불이 뿌우현 부엌에/산멍에 같은 분틀을 타고 오는 것이다 **〈국수〉**

불기명 부처에게 올릴 밥을 담는 놋그릇. 모양은 불발佛鉢과 같으나 불발은 사시巳時 공양에만 쓰는 데 비하여 아무 때나 쓴다.

❖ 하폄도 남즉하니 불기와 유종들이/묵묵히 팔짱 끼고 쭈구리고 앉었다 **〈고사**古寺**—함주시초**咸州詩抄**〉**

빗텁명 빗첩, 빗접. 빗, 빗솔, 빗치개와 같이 머리를 빗는 데 쓰는 물건을 넣어 두는 도구. 흔히 창호지 따위를 여러 겹 붙여 기름에 결어서 만든 것과 나무로 짜서 만든 것이 있다.

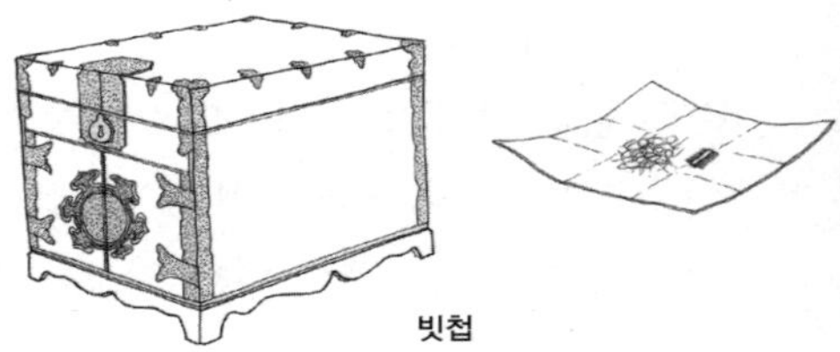

빗첩

〔'빗텁'은 '빗첩'의 평안도 발음이 반영된 말이다. 《표준국어대사전》엔 '빗접'이 등재되어 있는데, 《조선말대사전》엔 '빗첩'과 '빗접'이 같은 말로 모두 등재되어 있다.〕

❖ 머리 빗고 빗텁에서 꽂지는 머리카락 **〈머리카락〉**

사기방등명 사기로 만든 등잔. '방등'은 '등잔'의 방언(평안, 경상).

〔'사기방등'은 '사기+방등'의 합성조어이다. 사전엔 '방등'만 등재되어 있다.〕

❖ 이렇게 화디의 사기방등에 심지를 몇 번이나 돋구고 홍게닭이 몇 번이나 울어서 졸음이 오면 아릇목싸움 자리싸움을 하며 히드득거리다 잠이 든다 **〈여우난골족**族**〉**

사닥다리명 높은 곳이나 낮은 곳을 오르내릴 때 디딜 수 있도록 만든 기구. '사다리'와 같은 말.

❖ 부뚜막이 두 길이다/이 부뚜막에 놓인 사닥다리로 자박수염 난 공양주는 성궁미를 지고 오른다 **〈고사**古寺**—함주시초**咸州詩抄**〉**

샅명 갈대를 엮어서 만든 자리. '삿자리'와 같은 말.

❖ 나는 어느 목수木手네 집 헌 삿을 깐,/한 방에 들어서 쥔을 붙이었다. 〈**남신의주 유동 박시봉방**南新義州柳洞朴時逢方〉

삿귀명 갈대를 엮어서 만든 자리의 한쪽 귀퉁이.

〔'삿귀'는 '삿(갈대를 엮어서 만든 자리)+귀(귀퉁이)'의 합성조어이다. 백석 시에는 이 외에도 '마당귀', '접시귀', '양지귀' 등 '귀퉁이'를 뜻하는 말인 '귀'를 붙인 합성어가 다양하게 구사된다.〕

❖ 나는 아룻목의 삿귀를 들고 쇠든밤을 내여 다람쥐처럼 밝어먹고 은행여름을 인두불에 구워도 먹고 그러다는 이불 우에서 광대넘이를 뒤이고 〈**고야**古夜〉

상②명 음식을 차려 내거나 걸터앉거나 책을 올려놓고 볼 수 있게 만든 가구를 통틀어 이르는 말. 소반, 책상, 평상 따위가 있다.

❖ 부엌에는 빨갛게 질들은 팔八모알상이 그 상 우엔 새파란 싸리를 그린 눈알만 한 잔盞이 뵈였다 〈**주막**酒幕〉

새끼달은치명 새끼 다랑치. 작은 바구니. 또는 새끼줄을 연결한 작은 바구니. '다랑치'는 장방형에 운두가 높고 끈이 달린 바구니를 가리키는 평북 방언.

〔'오리치'는 보통 닭이나 오리의 깃털 줄기를 밑에 대고 노끈을 꼬아 동그랗게 올가미를 만들고 그 밑에 뾰족한 나무못을 매달아 논두렁에 박아 놓으며, 올가미에 걸린 오리가 날아가지 못하도록 나무못에 노끈으로 돌이나 짚신, 바구니 같은 것을 매달아 땅에 묻어 놓는다. '새끼달은치'는 바로 나무못에 매달아 땅에 묻어 놓는 바구니를 일컫는 것이다. 백석 시의 아래 용례에서 '새끼달은치를 묻어놓고'는 바로 그러한 모습을 표현한 구절이다. 여기서 '새끼'는 '작은'이라는 뜻으로 볼 수도 있고, 나무못과 바구니를 연결한 새끼줄로 볼 수도 있는데, 나무못에 새끼줄을 매는 상황은 좀 어색하므로, 새끼는 '작은'이란 뜻으로 보는 것이 더 적절할 듯하다.〕

❖ 오리야 나는 네가 좋구나 네가 좋아서/벌논의 눞 옆에 쭈구렁벼알 달린 짚검불을 널어놓고/닭이짗 올코에 새끼달은치를 묻어놓고/동둑 넘에 숨어서/하로진일 너를 기다린다 〈**오리**〉

새끼사발명 작은 사발.

〔'새끼사발'은 '새끼+사발'의 합성조어이다. 백석 시에 이와 유사한 형태의 말로 '새끼요강'이 있다. 사전엔 '사발'만 등재되어 있고, 《고려대한국어대사전》에 유사한 형태의 말로 '새끼숟가락'이 등재되어 있다.〕

❖ 아배 앞에 그 어린 아들 앞에 아배 앞에는 왕사발에 아들 앞에는 새끼사발에 그

득히 사리워 오는 것이다 〈**국수**〉

새끼오강명 새끼 요강. 작은 요강. 오강은 '요강'(방에 두고 오줌을 누는 그릇. 놋쇠나 양은, 사기 따위로 작은 단지처럼 만든다)의 방언(충청, 평안, 황해)(《고려대한국어대사전》).

〔'새끼오강'은 '새끼+오강'의 합성조어이다. 백석 시에 이와 유사한 형태의 말로 '새끼사발'이 있다. 사전엔 '오강'만 등재되어 있다.〕

❖ 긴긴 겨울밤 인간들이 모두 한잠이 들은 재밤중에 나 혼자 일어나서 머리맡 쥐발 같은 새끼오강에 한없이 누는 잘 매럽던 오줌의 사르릉 쪼로록 하는 소리 〈**동뇨부**童尿賦〉

세침명 가는 바늘.

❖ 막대침에 가는 세침 바눌이며 취열옥색 꼭두손이 연분홍 물감도 사잔 말이로구나 〈**머리카락**〉

소라방등명 소라 껍질로 만든 등잔. '방등'은 '등잔'의 평안 방언.

〔'소라방등'은 '소라+방등'의 합성조어이다. 사전엔 '방등'만 등재되어 있다.〕

❖ 저문 유월六月의 바닷가에선 조개도 울을 저녁 소라방등이 불그레한 마당에 김냄새 나는 비가 나렸다 〈**통영**統營〉

소뿔등잔명 등잔은 기름을 담아 등불을 켜는 데에 쓰는 그릇인데, 보통 사기, 놋, 철제 등으로 만들며, 등잔 밑에 소뿔 모양의 기름받이를 매달아 놓기도 한다. 소뿔등잔은 바로 소뿔 모양의 기름받이를 매달아 놓은 등잔을 말한다.

〔'소뿔등잔'은 '소뿔+등잔'의 합성조어이다. 사전엔 '등잔'만 등재되어 있다.〕

❖ 접시 귀에 소기름이나 소뿔등잔에 아즈까리기름을 켜는 마을에서는 겨울밤 개 짖는 소리가 반가웁다 〈**개**〉

솥명 밥을 짓거나 음식을 끓이는 데 쓰는 그릇. 주로 무쇠나 오지, 양은 따위로 만든다(《고려대한국어대사전》).

❖ 한 말 밥을 한다는 크나큰 솥이/외면하고 가부틀고 앉어서 염주도 세일 만하다 〈**고사**古寺**—함주시초**咸州詩抄〉

솥뚜껑명 솥을 덮는 뚜껑(《고려대한국어대사전》).

❖ 내일같이 명절날인 밤은 부엌에 쩨듯하니 불이 밝고 솥뚜껑이 놀으며 구수한 내음새 곰국이 무르끓고 방안에서는 일가집 할머니가 와서 마을의 소문을 펴며 〔…〕 〈**고야**古夜〉

쇠메명 쇠로 만든 메. '메'는 묵직하고 둥그스름한 나무토막이나 쇠토막에 자루를 박아 무엇을 치거나 박을 때 쓰는 물건.

쇠매

❖ 승냥이가 새끼를 치는 전에는 쇠메 든 도적이 났다는 가즈랑고개 〈**가즈랑집**〉

숫돌 명 칼이나 낫 따위의 연장을 갈아 날을 세우는 데 쓰는 돌.

❖ 오대五代나 나린다는 크나큰 집 다 찌그러진 들지고방 어득시근한 구석에서 쌀독과 말쿠지와 숫돌과 신뚝과 그리고 넷적과 또 열두 데석님과 친하니 살으면서 〈**목구**木具〉

시루 명 떡이나 쌀 따위를 찌는 데 쓰는 둥근 질그릇. 모양이 자배기 같고 바닥에 구멍이 여러 개 뚫려 있다.

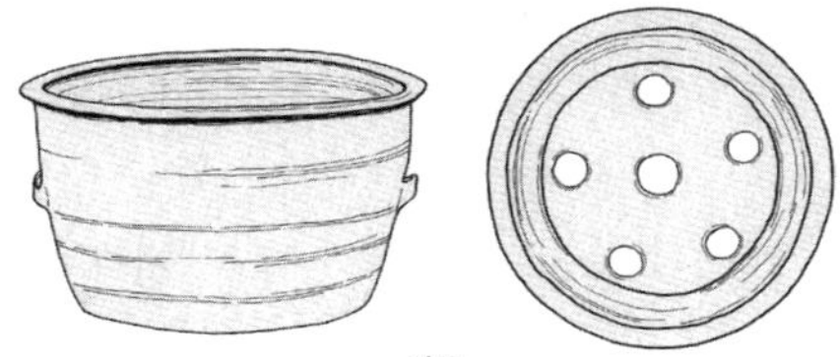

시루

❖ 그리고 새벽녘이면 고방 시렁에 채국채국 얹어둔 모랭이 목판 시루며 함지가 땅바닥에 넘너른히 널리는 집이다 〈**외갓집**〉

심지 명 등잔, 남포등, 초 따위에 불을 붙이기 위하여 꼬아서 꽂은 실오라기나 헝겊.

❖ 밤이 깊어가는 집안엔 〔…〕 이렇게 화디의 사기방등에 심지를 멫 번이나 돋구고 홍게닭이 멫 번이나 울어서 졸음이 오면 아룻목싸움 자리싸움을 하며 히드득거리다 잠이 든다 〔…〕 〈**여우난골족**族〉

쌀독 명 쌀을 넣어 두는 독.

❖ 넷말이 사는 컴컴한 고방의 쌀독 뒤에서 나는 저녁 끼때에 부르는 소리를 듣고도 못 들은 척하였다 〈**고방**〉 ❖ 오대五代나 나린다는 크나큰 집 다 찌그러진 들지고방 어득시근한 구석에서 쌀독과 말쿠지와 숫돌과 신뚝과 그리고 넷적과 또 열두 데석님과 친하니 살으면서 〈**목구**木具〉

쌍심지 명 한 등잔에 있는 두 개의 심지.

❖ 또 이러한 밤 같은 때 시집갈 처녀 막내고무가 고개 너머 큰집으로 치장감을 가지고 와서 엄매와 둘이 소기름에 쌍심지의 불을 밝히고 밤이 들도록 바느질을 하는 밤 같은 때 〔…〕 〈**고야**古夜〉

약그릇 명 약을 담아 두거나 따라 마시는 그릇.

❖ 나는 두 손으로 고이 약그릇을 들고 이 약을 내인 넷사람들을 생각하노라면/내 마음은 끝없이 고요하고 또 맑어진다 〈**탕약**湯藥〉

약사발 명 약을 담는 사발.

❖ 그리고 다 달인 약을 하이얀 약사발에 밭어놓은 것은/아득하니 깜하야 만년萬年

넷적이 들은 듯한데 〈**탕약**湯藥〉

약탕관명 탕약을 달이는 데 쓰는 질그릇.

❖ 약탕관에서는 김이 오르며 달큼한 구수한 향기로운 내음새가 나고/약이 끓는 소리는 삐삐 즐거웁기도 하다 〈**탕약**湯藥〉

양철통명 양철로 만든 통.

❖ 엿방 앞에 엿궤가 없다//양철통을 쩔렁거리며 달구지는 거리 끝에서 강원도江原道로 간다는 길로 든다//술집 문창에 그느슥한 그림자는 머리를 얹혔다 〈**성외**城外〉

엿궤명 엿목판. 엿을 담는 속이 얕은 목판.

〔《조선말대사전》에 '엿궤'와 '엿목판'이 같은 말로 모두 등재되어 있다.〕

❖ 엿방 앞에 엿궤가 없다//양철통을 쩔렁거리며 달구지는 거리 끝에서 강원도江原道로 간다는 길로 든다 〈**성외**城外〉

오쟁이명 짚으로 엮어 만든 작은 섬. '섬'은 곡식 따위를 담기 위하여 짚으로 엮어 만든 작은 그릇.

❖ 황토 마루 수무나무에 얼럭궁덜럭궁 색동헝겊 뜯개조박 뵈짜배기 걸리고 오쟁이 끼애리 달리고 소삼은 엄신 같은 딥세기도 열린 국수당고개를 멫 번이고 튀튀 춤을 뱉고 넘어가면 〔…〕 〈**넘언집 범 같은 노큰마니**〉

오쟁이

오지항아리명 오짓물(흙으로 만든 그릇에 발라 구우면 윤이 나는 잿물)을 발라 만든 항아리.

❖ 오지항아리에는 삼춘이 밥보다 좋아하는 찹쌀탁주가 있어서/삼춘의 임내를 내어가며 나와 사춘은 시큼털털한 술을 잘도 채어 먹었다 〈**고방**〉 ❖ 텃밭가 재래종在來種의 임금林檎나무에는 이제도 콩알만 한 푸른 알이 달렸고 히스무레한 꽃도 하나 둘 퓌여 있다/돌담 기슭에 오지항아리 독이 빛난다 〈**창의문외**彰義門外〉

왕구새자리명 왕굴새자리. 왕골로 만든 자리. '왕굴새'는 '왕골'의 함남 방언. '왕골'은 사초과의 한해살이풀로 줄기의 단면이 삼각형으로 질기고 강하여 돗자리, 방석 따위를 만드는 데 쓰인다.

〔'왕구새자리'는 '왕굴새자리'의 변형이다. '왕굴새자리'는 '왕굴새(왕골)+자리(앉거나 누울 수 있게 바닥에 까는 물건)'의 형태를 지닌 합성조어이다.〕

❖ 이즉하니 물기에 누굿이 젖은 왕구새자리에서 저녁상을 받은 가슴 앓는 사람은 참치회를 먹지 못하고 눈물겨웠다 〈**시기**柿崎**의 바다**〉

왕사발 명 특별히 큰 사발(《조선말대사전》).

〔'왕사발'은 《조선말대사전》에 등재되어 있다.〕

❖ 그 뜨수한 구들에서/따끈한 삼십오도三十五度 소주燒酒나 한잔 마시고/그리고 그 시래깃국에 소피를 넣고 두부를 두고 끓인 구수한 술국을 트근히 멫 사발이고 왕사발로 멫 사발이고 먹자 〈**구장로**球場路**—서행시초**西行詩抄 **1**〉 ❖ 지붕에 마당에 우물든덩에 함박눈이 푹푹 쌓이는 여늬 하로밤/아배 앞에 그 어린 아들 앞에 아배 앞에는 왕사발에 아들 앞에는 새끼사발에 그득히 사리워 오는 것이다 〈**국수**〉

유종 명 유종(鍮鍾). 놋으로 만든 작은 잔이나 종지.

〔유종은 '鍮鍾'을 말하는 것으로 보인다(이동순, 1987). '鍮'는 '놋쇠'란 뜻이고, '鐘'은 '종', '술잔'의 의미를 지닌다. 여기서 술잔은 종 모양으로 생긴 술잔을 의미하는 것이어서 '종'과 '술잔'은 같은 같은 뜻의 말이라고 할 수 있다. 백석 시의 아래 용례에서 '유종'은 절에 있는 것이므로 술잔보다는 작은 잔이나 종지 정도를 가리키는 것으로 봐야 할 것이다. 《증보삼림경제》라는 책에 '유량분'이란 말이 나오는데, 이것은 놋으로 만든 양푼을 가리키는 것 같다고 《조선향토대백과 18》(2005, 97쪽)에 기술되어 있다. 이로 미루어 '유종'도 '鍮鍾'으로서 놋으로 만든 작은 잔이나 종지를 가리키는 것이라고 할 수 있다.〕

❖ 하폄도 남즉하니 불기와 유종들이/묵묵히 팔짱 끼고 쭈구리고 앉었다 〈**고사**古寺**—함주시초**咸州詩抄〉

이불 명 잘 때 몸을 덮기 위하여 피륙 같은 것으로 만든 침구의 하나. 솜을 넣기도 한다.

❖ 날기멍석을 져간다는 닭보는 할미를 차 굴린다는 〔…〕 오줌 누러 깨는 재밤 머리맡의 문살에 대인 유리창으로 조마구 군병의 새까만 대가리 새까만 눈알이 들여다보는 때 나는 이불 속에 자즈러붙어 숨도 쉬지 못한다//또 이러한 밤 같은 때 〔…〕 그러다는 이불 우에서 광대넘이를 뒤이고 또 누워 굴면서 엄매에게 웃목에 두른 평풍의 새빨간 천두의 이야기를 듣기도 하고 〔…〕 〈**고야**古夜〉

자리 명 이부자리. 이불과 요를 통틀어 이르는 말.

❖ 그렇것만 나는 하이얀 자리 우에서 마른 팔뚝의/샛파란 핏대를 바라보며 나는 가난한 아버지를 〈**내가 생각하는 것은**〉 ❖ 봄철날 한종일내 노곤하니 벌불 장난을 한 날 밤이면 으레히 싸개동당을 지나는데 잘망하니 누워 싸는 오줌이 넓적다리를 흐르는 따근따근한 맛 자리에 펑하니 괴이는 척척한 맛 〈**동뇨부**童尿賦〉 ❖ 또 문밖에 나가디두 않고 자리에 누워서,/머리에 손깍지벼개를 하고 굴기도 하면서, 〈**남신의**

주 유동 박시봉방南新義州柳洞朴時逢方〉

잔盞 명 마실 것을 따라 마시는 작은 그릇. 특히 술을 따라 마시는 작은 그릇을 말한다(《고려대한국어대사전》).

❖ 부엌에는 빨갛게 질들은 팔八모알상이 그 상 우엔 새파란 싸리를 그린 눈알만 한 잔盞이 뵈였다 〈**주막**酒幕〉 ❖ 먼 후손들의 공경스러운 절과 잔을 굽어보고 또 애끓는 통곡과 축을 귀에 하고 그리고 합문 뒤에는 흠향 오는 구신들과 호호히 접하는 것 〈**목구**木具〉

장반시계 명 쟁반시계. 쟁반같이 생긴 둥근 시계.

❖ 이 길이다/얼마 가서 감로甘露 같은 물이 솟는 마을 하이얀 회담벽에 옛적본의 장반시계를 걸어놓은 집 홀어미와 사는 물새 같은 외딸의 혼삿말이 아즈랑이같이 낀 곳은 〈**남향**南鄉**—물닭의 소리**〉

저녁술 명 저녁밥을 먹는 숟가락.

❖ 저녁술을 놓은 아이들은 외양간 섶 밭마당에 달린 배나무동산에서 쥐잡이를 하고 숨굴막질을 하고 꼬리잡이를 하고 〔…〕 〈**여우난골족**族〉

적은솥 명 작은 솥. 보통 솥보다 작은 솥.

〔'작다'의 고어는 '적다'인데, 그 형태가 그대로 잔존해 백석 시에 쓰인 것이다. 지금은 '작다'와 '적다'를 구분해 쓴다. 백석 시의 아래 용례에서 '적은솥'은 '큰솥'과 짝을 맞추고 운을 고려해 한 단어로 쓴 말이다. 사전엔 '큰솥'만 한 단어로 등재되어 있다.〕

❖ 밤이면 무엇이 기왓골에 무릿돌을 던지고 뒤울안 배나무에 쩨듯하니 줄등을 헤여달고 부뚜막의 큰솥 적은솥을 모주리 뽑아놓고 재통에 간 사람의 목덜미를 그냥그냥 나려눌러선 잿다리 아래로 처박고 〈**외갓집**〉

전등 명 전기의 힘으로 밝은 빛을 내는 등. 흔히 백열전기등을 이른다.

❖ 이 흰 바람벽에/희미한 십오촉十五燭 전등이 지치운 불빛을 내어던지고/때글은 다 낡은 무명샤쯔가 어두운 그림자를 쉬이고 〈**흰 바람벽이 있어**〉

접시 명 운두가 낮고 납작한 그릇. 반찬이나 과일, 떡 따위를 담는 데 쓴다.

❖ 접시 귀에 소기름이나 소뿔등잔에 아즈까리기름을 켜는 마을에서는 겨울밤 개 짖는 소리가 반가웁다 〈**개**〉

접시귀 명 접시의 귀퉁이. 접시의 가장자리.

〔'접시귀'는 '접시+귀(귀퉁이)'의 합성조어. 백석 시에는 '접시귀' 외에 '마당귀', '삿귀, '양지귀', '햇귀' 등 '귀퉁이'를 뜻하는 말인 '귀'를 붙인 합성어가 다양하게 구사

된다.〕

❖ 이것은 어늬 양지귀 혹은 능달쪽 외따른 산 넚은댕이 예데가리밭에서/하로밤 뽀오한 흰 김 속에 접시귀 소기름불이 뿌우현 부엌에/산멍에 같은 분틀을 타고 오는 것이다 〈**국수**〉

제주병 명 제주祭酒병. 제사에 쓰는 술병.

❖ 이 눈세기물을 냅일물이라고 제주병에 진상항아리에 채워두고는 해를 묵여가며 고뿔이 와도 배앓이를 해도 갑피기를 앓어도 먹을 물이다 〈**고야**古夜〉

종이등燈 명 종이로 돌라 바른 등(《조선말대사전》).

〔'종이등'은 《조선말대사전》에 등재되어 있다.〕

❖ 행길에는 선장 대여가는 장꾼들의 종이등燈에 나귀눈이 빛났다/어데서 서러웁게 목탁木鐸을 뚜드리는 집이 있다 〈**미명계**未明界〉 ❖ 초생달이 귀신불같이 무서운 산山골 거리에선/처마 끝에 종이등의 불을 밝히고/쩌락쩌락 떡을 친다 〈**향악**饗樂**—산중음**山中吟〉

줄등 명 긴 줄에 잇따라 매어 달린 여러 개의 등.

❖ 밤이면 무엇이 기왓골에 무릿돌을 던지고 뒤울안 배나무에 쩨듯하니 줄등을 헤여달고 부뚜막의 큰솥 적은솥을 모주리 뽑아놓고 재통에 간 사람의 목덜미를 그냥그냥 나려눌러선 잿다리 아래로 처박고 〈**외갓집**〉

쥐발 명 주발. 놋쇠로 만든 밥그릇.

〔'쥐발 같은 새끼오강'은 주발 모양을 한 작은 오강이란 뜻으로 짐작된다. '주발'이 '쥐발'로 표기된 것은 백석 시 특유의 모음 첨가 현상이 나타난 것으로 볼 수 있다. 김영범(2004)이 처음으로 '쥐발'을 '주발'로 풀이했다.〕

❖ 긴긴 겨울밤 인간들이 모두 한잠이 들은 재밤중에 나 혼자 일어나서 머리맡 쥐발 같은 새끼오강에 한없이 누는 잘 매럽던 오줌의 사르릉 쪼로록 하는 소리 〈**동뇨부**童尿賦〉

진상항아리 명 가장 소중한 항아리.

〔《표준국어대사전》에 '진상항아리'는 "허름하고 보잘것없는 항아리"로 풀이되어 있다. 그런데 백석 시의 아래 용례에서 '진상항아리'는 이런 뜻으로 보기 어렵다. 여기서 '진상항아리'는 '제주병'과 같은 범주의 의미로 쓰이고 있는데, 제주祭酒를 담는 병인 제주병은 술병 중에서 좋은 것을 사용할 것이다. 따라서 여기서 '진상항아리'도 '진상품'이란 뜻이 담긴 말로서 '가장 소중한 항아리', '소중하게 여기는 항아리'라는 뜻으로 쓴 것으로 봐야 할 것이다.〕

❖ 이 눈세기물을 냅일물이라고 제주병에 진상항아리에 채워두고는 해를 묵여가며 고뿔이 와도 배앓이를 해도 갑피기를 앓어도 먹을 물이다 **〈고야古夜〉**

질동이 명 질흙으로 빚어서 구워 만든 동이.

❖ 낡은 질동이에는 갈 줄 모르는 늙은 집난이같이 송구떡이 오래도록 남어있었다 **〈고방〉** ❖ 나의 정다운 것들 가지 명태 노루 뫼추리 질동이 노랑나뷔 바구지꽃 모밀국수 남치마 자개짚세기 그리고 천희千姬라는 이름이 한없이 그리워지는 밤이로구나 **〈야우소회夜雨小懷—물닭의 소리〉**

질화로 명 질흙으로 구워 만든 화로.

❖ 눈이 오는데/토방에서는 질화로 우에 곱돌탕관에 약이 끓는다/삼에 숙변에 목단에 백복령에 산약에 택사의 몸을 보한다는 육미탕六味湯이다 **〈탕약湯藥〉**

질화로

짚등색이 명 짚등석. 짚과 등나무 줄기로 짜서 만든 자리. 〔'짚등색이'는 원문엔 '집등색이'로 표기되어 있다. 백석 시에서 '짚'은 모두 '집'으로 표기되어 있다(후에 다른 출판사에서 재수록한 〈모닥불〉에서만 '짚'으로 표기). 따라서 백석 시에서 '집'은 '집'일 수도 있고 '짚'일 수도 있다. 평북 방언에서 '집구석'은 '집구새기'로 나타난다. 이러한 평북 방언의 음운 현상과 백석 시에서의 '집'의 표기를 감안할 때 '집등색이'는 '짚등석'을 가리키는 말이 된다. 이동순(1987)이 이 말을 '짚등석'으로 본 바 있으며, 이숭원(2008)은 '집등색이'를 '집+등새기(등성이의 평북 방언)'로 보아 '집의 높은 지대'로 풀이하여 다른 견해를 보인다.〕

❖ 이것은 그 곰의 잔등에 업혀서 길여났다는 먼 넷적 큰마니가/또 그 짚등색이에 서서 자채기를 하면 산 넘엣 마을까지 들렸다는/먼 넷적 큰아바지가 오는 것같이 오는 것이다 **〈국수〉**

참대창 명 죽창. 대로 만든 창.

❖ 참대창에 바다보다 푸른 고기가 께우며 섬돌에 곱조개가 붙는 집의 복도에서는 배창에 고기 떨어지는 소리가 들렸다 **〈시기柿崎의 바다〉**

채일 명 차일. 햇볕을 가리기 위하여 치는 포장.

❖ 대들보 우에 베틀도 채일도 토리개도 모도들 편안하니/구석구석 후치도 보십도 소시랑도 모도들 편안하니 **〈연자간〉**

청삿자리 명 푸른빛이 감도는 삿자리. '삿자리'는 갈대를 엮어서 만든 자리를 말한다.

〔'청삿자리'는 '청(靑)+삿자리'의 형태를 지닌 말일 것이다. '삿자리'는 보통 갈대로 엮어 만드므로 누런빛을 내는데 여기선 청빛이 난다고 했다. 그래서 이동순(1987)은 '청삿자리'를 푸른 왕골로 만든 자리라고 풀이한다. 그런데 지난날 우리말에서 청색은 푸른빛에 한정되기보다는 잿빛과 검은빛의 일부까지 아우르는 폭넓은 색감으로 쓰였다. 가령 '청삽사리'는 검은 털이 난 개를 가리키는 말이다. 백석은 왕골로 만든 자리는 '왕구새자리' 라는 말을 따로 사용한 바 있다. 그래서 '청삿자리'는 잿빛 바탕에 푸른빛이 다소 감도는 원래의 삿자리를 가리키는 말로 보는 것이 적절할 것이다.〕

❖ 문기슭에 바다 해자를 까꾸로 붙인 집/산듯한 청삿자리 우에서 찌륵찌륵/우는 전북회를 먹어 한녀름을 보낸다 **〈삼호三湖—물닭의 소리〉**

초롱①명 석유나 물 따위의 액체를 담는 데에 쓰는, 양철로 만든 통.

❖ 초롱이 히근하니 물지게꾼이 우물로 가며/별 사이에 바라보는 그믐달은 눈물이 어리었다 **〈미명계未明界〉**

초롱②명 촛불로 켜는 등의 하나. 대오리나 쇠로 살을 만들고 겉에 종이나 붉고 푸른 비단 따위를 씌운 뒤, 그 속에 촛불을 넣어 켜게 되어 있다. 흔히 벽에 걸어 놓거나 들고 다닐 수 있게 되어 있다(《고려대한국어대사전》). 백석 시 〈《호박꽃 초롱》 서시序詩〉에서 '초롱'은 호박꽃에 대한 비유로 쓰였다.

❖ 그리고 또/두틈한 초가지붕 밑에 호박꽃 초롱 혀고 사는 시인詩人을 사랑한다 **〈《호박꽃 초롱》 서시序詩〉**

큰솥명 보통 솥보다 크게 생긴 솥(《조선말대사전》).

〔《표준국어대사전》엔 '큰솥'이 "안방 부엌에 거는 솥 가운데 가장 큰 솥"으로 풀이되어 있는데, '큰솥'에 대한 일반적인 통념과 '큰솥'과 '적은솥'을 함께 구사한 백석 시의 아래 용례의 문맥을 검토해 볼 때, 여기서 '큰솥'은 《조선말대사전》의 풀이대로 '보통 솥보다 크게 생긴 솥'을 뜻하는 것으로 봐야 할 것이다.〕

❖ 밤이면 무엇이 기왓골에 무릿돌을 던지고 뒤울안 배나무에 쩨듯하니 줄등을 헤여달고 부뚜막의 큰솥 적은솥을 모주리 뽑아놓고 재통에 간 사람의 목덜미를 그냥그냥 나려눌러선 잿다리 아래로 처박고 **〈외갓집〉**

팔八모알상명 테두리가 팔각으로 만들어진 개다리소반(《고려대한국어대사전》).

〔'팔모알상'은 '팔(八)+모+알+상'의 형태를 지닌 말이다. '모'는 '角', '알'은 '아리'('다리'의 고어)에서 온 말로 짐작된다.〕

❖ 부엌에는 빨갛게 질들은 팔八모알상이 그 상 우엔 새파란 싸리를 그린 눈알만 한

잔盞이 뵈였다 〈**주막**酒幕〉

평풍 명 '병풍'의 방언(평북, 황해)(《평북방언사전》, 《황해도방언연구》). 바람을 막거나 무엇을 가리기 위하여, 또는 장식용으로 방 안에 치는 물건.

❖ 또 이러한 밤 같은 때 〔…〕 또 누워 굴면서 엄매에게 웃목에 두른 평풍의 새빨간 천두의 이야기를 듣기도 하고 〔…〕 〈**고야**古夜〉

한물통 명 같은 물통.

〔'한물통'은 '한+물통'의 합성조어이다. 여기서 '한'은 '같은'의 뜻을 더하는 접두사이다. 백석 시에 이와 유사한 형태의 말로 '한물통' 외에 '한고향', '한물' 등이 있다.〕

❖ 나는 지나支那나라 사람들과 같이 목욕을 한다/무슨 은殷이며 상商이며 월越이며 하는 나라 사람들의 후손들과 같이/한물통 안에 들어 목욕을 한다 〈**조당**澡塘**에서**〉

함지 명 통나무를 파서 만든 큰 나무 그릇의 한 가지. 운두가 조금 깊으며 밑부분보다 위가 넓다(《조선말대사전》).

함지

❖ 그리고 새벽녘이면 고방 시렁에 채국채국 얹어둔 모랭이 목판 시루며 함지가 땅바닥에 넘너른히 널리는 집이다 〈**외갓집**〉 ❖ 엄매와 나는 앙궁 우에 떡돌 우에 곱새담 우에 함지에 버치며 대냥푼을 놓고 치성이나 드리듯이 정한 마음으로 냅일눈 약눈을 받는다 〈**고야**古夜〉

햇츩방석 명 햇칡 방석. 그해에 새로 나온 칡을 엮어서 만든 방석.

❖ 노란 싸릿닢이 한불 깔린 토방에 햇츩방석을 깔고/나는 호박떡을 맛있게도 먹었다 〈**여우난골**〉

헝겊심지 명 헝겊으로 된 심지. 등잔, 남포등, 초 따위에 헝겊을 꼬아서 불이 붙게 만든 물건. ☞ 심지 211

❖ 산山턱 원두막은 뷔였나 불빛이 외롭다/헝겊심지에 아즈까리기름의 쪼는 소리가 들리는 듯하다 〈**정주성**定州城〉

화디 명 '등잔걸이'(등잔을 걸어 놓는 기구)의 평북 방언.

❖ 저녁술을 놓은 아이들은 외양간섶 밭마당에 달린 배나무동산에서 〔…〕 /밤이 깊어가는 집안엔 〔…〕 이렇게 화디의 사기방등에 심지를 몇 번이나 돋구고 홍게닭이 몇 번이나 울어서 〔…〕 〈**여우난골족**族〉

화로 명 숯불을 담아 놓는 그릇. 주로 불씨를 보존하거나 난방을 위하여 쓴다.

❖ 나는 이런 저녁에는 화로를 더욱 다가 끼며, 무릎을 꿇어 보며,/어니 먼 산 뒷옆에 바우 섶에 따로 외로이 서서, 〈**남신의주 유동 박시봉방**南新義州柳洞朴時逢方〉

화로

횃대 명 긴 장대를 잘라 두 끝에 끈을 매어 벽에 달아 놓고 옷을 거는 막대. 우리 옷은 접거나 걸쳐서 보관할 수 있도록 만들어져 있어 이러한 형태의 옷걸이가 생긴 것이다. 보통 방 한구석에 달아 매 외출복을 걸쳐 놓는다. 우리 옷의 형태가 평면 재단에서 입체 재단으로 바뀌면서 횃대의 사용은 줄고 지금과 같은 옷걸이가 많이 쓰이게 되었다.

횃대

❖ 불을 끈 방안에 횃대의 하이얀 옷이 멀리 추울 것같이//개방위方位로 말방울 소리가 들려온다 〈**머루밤**〉

III. 생활환경

1 생활 터전

건넌마을 명 건넛마을. 건너편에 있는 마을. ☞ 건넌산 292, 넘언집 176

〔'건넌마을'의 표준어는 '건넛마을'인데 《조선말대사전》엔 같은 뜻으로 '건넌마을'이 등재되어 있다. 《평북방언사전》에 '건넌집'이 등재되어 있는 것으로 보아, '건넌마을'은 평북 지방을 포함해 북쪽 지역에서 널리 쓰인 말이라고 할 수 있다. 백석 시에 이와 같은 형태의 말로 '건넌마을' 외에 '건넌산', '넘언집' 등이 나온다.〕

❖ 마을에서는 삼굿을 하는 날/건넌마을서 사람이 물에 빠져 죽었다는 소문이 왔다 〈**여우난골**〉

고당 명 고장. 사람이 사는 일정한 지방이나 지역.

❖ 구마산舊馬山의 선창에선 좋아하는 사람이 울며 나리는 배에 올라서 오는 물길이 반날/갓 나는 고당은 갓갓기도 하다 〈**통영**統營(**남행시초**南行詩抄)〉

고산정토高山淨土 명 높은 산의 깨끗한 흙.

〔'정토'는 본래 '불교에서 부처와 보살이 사는 곳으로, 번뇌의 구속에서 벗어난 아주 깨끗한 세상'을 뜻하는데, 백석 시에선 그런 불교적 의미보다는 세속을 벗어난 깨끗한 곳의 흙이란 의미로 쓰인 것으로 보아야 할 것이다.〕

❖ 태고太古에 나서/선인도仙人圖가 꿈이다/고산정토高山淨土에 산약山藥 캐다 오다 **〈석류石榴〉**

고향故鄕 명 자기가 태어나서 자란 곳.

❖ 묵묵하니 한참 맥을 짚드니/문득 물어 고향故鄕이 어데냐 한다/평안도平安道 정주定州라는 곳이라 한즉/그러면 아무개씨氏 고향故鄕이란다/그러면 아무개씰氏 아느냐 한즉/〔…〕/말없이 팔을 잡어 맥을 보는데/손길은 따스하고 부드러워/고향故鄕도 아버지도 아버지의 친구도 다 있었다 **〈고향故鄕〉** ❖ 나는 멀리 고향을 나서 남의 나라 쓸쓸한 객고에 있는 신세로다/넷날 두보杜甫나 이백李白 같은 이 나라의 시인詩人도/먼 타관에 나서 이날을 맞은 일이 있었을 것이다/오늘 고향의 내 집에 있는다면 **〈두보杜甫나 이백李白같이〉**

까막나라 명 날이 어둡거나 불이 없어서 깜깜한 상태를 비유적으로 이르는 말.

❖ 재 안 드는 밤은 불도 없이 캄캄한 까막나라에서/조앙님은 무서운 이야기나 하면/모두들 죽은 듯이 엎데였다 잠이 들 것이다 **〈고사古寺—함주시초咸州詩抄〉**

나라 명 일정한 영토와 거기에 사는 사람들로 구성되고, 주권에 의한 하나의 통치 조직을 가지고 있는 사회집단. '국가'와 같은 말.

❖ 은금보화가 그득하다는 외발 가진 조마구 뒷산山 어늬메도 조마구네 나라가 있어서 오줌 누러 깨는 재밤 머리맡의 문살에 대인 유리창으로 조마구 군병의 새까만 대가리 새까만 눈알이 들여다보는 때 **〈고야古夜〉** ❖ 의원醫員은 여래如來 같은 상을 하고 관공關公의 수염을 드리워서/먼 넷적 어늬 나라 신선 같은데/새끼손톱 길게 돋은 손을 내어/묵묵하니 한참 맥을 짚드니 **〈고향故鄕〉** ❖ 어진 사람이 많은 나라에 와서/어진 사람의 즛을 어진 사람의 마음을 배워서/수박씨 닦은 것을 호박씨 닦은 것을 입으로 앞니빨로 밝는다//〔…〕//어진 사람이 많은 나라에서는/오두미五斗米를 버리고 버드나무 아래로 돌아온 사람도/그 녚차개에 수박씨 닦은 것은 호박씨 닦은 것은 있었을 것이다 **〈수박씨, 호박씨〉** ❖ 그 맑고 거륵한 눈물의 나라에서 온 사람이여/그 따사하고 살틀한 볕살의 나라에서 온 사람이여//눈물의 또 볕살의 나라에서 당신은/이 세상에 나들이를 온 것이다/〔…〕//눈물의 또 볕살의 나라 사람이여/〔…〕/당신의 그 고요한 가슴 안에 온순한 눈가에/당신네 나라의 맑은 한울이 떠오를 것이고/당신의 그 푸른 이마에 삐여진 어깻죽지에/당신네 나라의 따사

한 바람결이 스치고 갈 것이다//높은 산도 높은 꼭다기에 있는 듯한/아니면 깊은 물도 깊은 밑바닥에 있는 듯한 당신네 나라의/하늘은 얼마나 맑고 높을 것인가/〔…〕//그 멀은 눈물의 또 볕살의 나라에서/이 세상에 나들이를 온 사람이여 **〈허준許俊〉** ❖ 나는 지나支那나라 사람들과 같이 목욕을 한다/무슨 은殷이며 상商이며 월越이며 하는 나라 사람들의 후손들과 같이/한물통 안에 들어 목욕을 한다/서로 나라가 다른 사람인데/〔…〕/이 딴 나라 사람들이 모두 니마들이 번번하니 넓고 눈은 컴컴하니 흐리고/〔…〕/나는 시방 녯날 진晉이라는 나라나 위衛라는 나라에 와서/내가 좋아하는 사람들을 만나는 것만 같다/〔…〕/그런데 참으로 그 은殷이며 상商이며 월越이며 위衛며 진晉이며 하는 나라 사람들의 이 후손들은/얼마나 마음이 한가하고 게으른가/〔…〕/그러나 나라가 서로 다른 사람들이/글쎄 어린 아이들도 아닌데 쪽 발가벗고 있는 것은/어쩐지 조금 우수웁기도 하다 **〈조당澡塘에서〉** ❖ 오늘은 정월正月 보름이다/대보름 명절인데/나는 멀리 고향을 나서 남의 나라 쓸쓸한 객고에 있는 신세로다/녯날 두보杜甫나 이백李白 같은 이 나라의 시인詩人도/먼 타관에 나서 이날을 맞은 일이 있었을 것이다/〔…〕/녯날 그 두보杜甫나 이백李白 같은 이 나라의 시인詩人도/이날 이렇게 마른물고기 한 토막으로 외로이 쓸쓸한 생각을 한 적도 있었을 것이다/〔…〕/내 쓸쓸한 마음엔 자꼬 이 나라의 녯 시인詩人들이 그들의 쓸쓸한 마음들이 생각난다 **〈두보杜甫나 이백李白같이〉**

남방토南方土 명 남쪽 지방의 흙.

〔아래 용례에서 '남방토 풀 안 돋은 양지귀'는 사막 지역을 지칭할 것이다. '석류'의 원산지는 이란으로 알려져 있으며, 추위에 약해 중부지방에서는 잘 안자란다고 한다.〕

❖ 남방토南方土 풀 안 돋은 양지귀가 본이다/햇비 멎은 저녁의 노을 먹고 산다 **〈석류石榴〉**

남향南鄕 명 남쪽 마을.

〔아래 용례에서 '남향'은 '통영'을 지칭한다. 시의 마지막 연에 "감로甘露 같은 물이 솟는 마을"이라는 구절이 나오는데, 이것은 명정明井샘이 있는 통영의 명정明井골을 가리키는 것이다.〕

❖ 시 제목 **〈남향南鄕—물닭의 소리〉**

마을② 명 주로 시골에서, 여러 집이 모여 사는 곳.

❖ 열여섯에 사십四十이 넘은 홀아비의 후처가 된 포족족하니 성이 잘 나는 살빛이 매감탕 같은 입술과 젖꼭지는 더 까만 예수쟁이 마을 가까이 사는 토산土山 고무 고무의 딸 승녀承女 아들 승承동이 **〈여우난골족族〉** ❖ 언젠가 마을에서 수절과부 하나

가 목을 매여 죽은 밤도 이러한 밤이었다 **〈흰밤〉** ❖ 내일같이 명절날인 밤은 부엌에 쩨듯하니 불이 밝고 솥뚜껑이 놀으며 구수한 내음새 곰국이 무르끓고 방안에서는 일가집 할머니가 와서 마을의 소문을 펴며 **〈고야**古夜**〉** ❖ 가즈랑집은 고개 밑의/산山 너머 마을서 도야지를 잃는 밤 즘생을 쫓는 깽제미 소리가 무서웁게 들려오는 집 **〈가즈랑집〉** ❖ 컴컴한 부엌에서는 늙은 홀아비의 시아부지가 미역국을 끓인다/그 마을의 외따른 집에서도 산국을 끓인다 **〈적경**寂境**〉** ❖ 누가 눈을 앓어서 부증이 나서 찰거마리를 부르는 것이다/마을에서는 피성한 눈숡에 저린 팔다리에 거마리를 붙인다 **〈오금덩이라는 곳〉** ❖ 주홍칠이 날은 정문旌門이 하나 마을 어구에 있었다 **〈정문촌**旌門村**〉** ❖ 마을에서는 삼굿을 하는 날/건넌마을서 사람이 물에 빠져 죽었다는 소문이 왔다 **〈여우난골〉** ❖ 난蘭이라는 이는 명정明井골에 산다든데/명정明井골은 산山을 넘어 동백冬柏나무 푸르른 감로甘露 같은 물이 솟는 명정明井샘이 있는 마을인데 **〈통영**統營**(남행시초**南行詩抄**)〉** ❖ 까알까알 하는 너이들의 즐거운 말소리가 나면/나는 내 마을 그 아는 사람들의 지껄지껄하는 말소리같이 반가웁고나 **〈오리〉** ❖ 한 십리十里 더 가면 절간이 있을 듯한 마을이다 낮 기울은 별이 장글장글하니 따사하다 흙은 젖이 커서 살같이 깨서 아지랑이 낀 속이 안타까운가보다 〔…〕 **〈황일**黃日**〉** ❖ 개 하나 얼린하지 않는 마을은/해바른 마당귀에 맷방석 하나/ 〔…〕 //가까이 잔치가 있어서/곱디고운 건반밥을 말리우는 마을은/얼마나 즐거운 마을인가//어쩐지 당홍치마 노란저고리 입은 새악시들이/웃고 살을 것만 같은 마을이다 **〈고성가도**固城街道**—남행시초**南行詩抄 **3〉** ❖ 접시 귀에 소기름이나 소뿔등잔에 아즈까리기름을 켜는 마을에서는 겨울밤 개 짖는 소리가 반가웁다 **〈개〉** ❖ 이 길이다/얼마 가서 감로甘露 같은 물이 솟는 마을 하이얀 회담벽에 옛적본의 장반시계를 걸어놓은 집 홀어미와 사는 물새 같은 외딸의 혼삿말이 아즈랑이같이 낀 곳은 **〈남향**南鄕**—물닭의 소리〉** ❖ 집에는 아배에 삼춘에 오마니에 오마니가 있어서 젖먹이를 마을 청능 그늘밑에 삿갓을 씌워 한종일내 뉘어두고 김을 매려 단녔고 〔…〕 **〈넘언집 범 같은 노큰마니〉** ❖ 날은 챙챙 좋기도 좋은데/눈도 녹으며 술렁거리고 버들도 잎 트며 수선거리고/저 한쪽 마을에는 마돝에 닭 개 즘생도 들떠들고/ 〔…〕 //밭을 나와 밭뚝을 돌아 도랑을 건너 행길을 돌아/지붕에 바람벽에 울바주에 볕살 쇠리쇠리한 마을을 가르치며/ 〔…〕 /마을 끝 충왕묘蟲王廟에 충왕蟲王을 찾어뵈려 가는 길이다/토신묘土神廟에 토신土神도 찾어뵈려 가는 길이다 **〈귀농**歸農**〉** ❖ 마을에는 그 무슨 반가운 것이 오는가 보다/한가한 애동들은 어둡도록 꿩사냥을 하고/가난한 엄매는 밤중에 김치가재미로 가고/마을을 구수한 즐거움에 싸서 은근하니 흥성흥성 들뜨게 하며/이것은 오는 것이다/ 〔…〕 /대대로 나며 죽으며 죽으며 나며 하는 이 마을 사람들의 으젓한 마음을 지나서 텁텁한 꿈을 지나서/ 〔…〕 /이것은 그 곰의 잔등에 업혀서 길여났다는 먼 넷적 큰마니가/또 그 짚등색이에 서서 자채기를 하면 산 넘엣 마을까지 들렸다는/먼 넷적 큰아바지가 오는 것같이 오는 것이다// 〔…〕 //이 조용한 마을과 이 마을의 으젓한 사람들과 살틀하니 친한 것은 무엇인가/이 그지없이 고담枯淡하고 소박素朴한 것은 무엇인가 **〈국수〉** ❖ 나는 이 마을에 태어나기가 잘못이다/마을은 맨천 구신이 돼서/ 〔…〕 //마을은 온데간데 구신이 돼서 나는 아무 데도 갈 수 없다 **〈마을은 맨천 구신이 돼서〉** ❖ 마을에서는 세불 김을 다 매고 들에서/개장취념을 서너 번 하고 나면/백중 좋은 날이 슬그머니 오는데 **〈칠월七月 백중〉**

마을마을명 연이어진 마을과 마을.

〔'마을마을'은 '마을'을 반복시킨 조어이다. 백석 시엔 이처럼 단어를 반복시킨 합성어들이 몇 차례 구사된다. '그냥그냥', '붉게붉게', '그늘 그늘' 같은 시어들이 그러한 예들이다.〕

❖ 먼 바닷가의 거리로 간다는데/금귤이 눌한 마을마을을 지나가며/싱싱한 금귤을 먹는 것은 얼마나 즐거운 일인가 **〈이두국주가도伊豆國湊街道〉**

미명계未明界명 날이 밝기 전의 세상. 백석이 시의 제목으로 지은 조어이다.

❖ 시 제목 **〈미명계未明界〉**

본①명 본(本, 시조가 태어난 고향), 본향(本鄕, 본디의 고향).

❖ 남방토南方土 풀 안 돋은 양지귀가 본이다/햇비 멎은 저녁의 노을 먹고 산다 **〈석류石榴〉**

북방北方명 북쪽 지방.

〔백석 시의 아래 용례에서 '북방'은 '만주 지역'을 뜻한다. '만주국'을 연상시키는 '만주'라는 말 대신 '북방'이란 말을 사용한 백석의 시어 선택이 주목된다.〕

❖ 시 제목 **〈북방北方에서—정현웅鄭玄雄에게〉**

세상명 사람이 살고 있는 모든 사회를 통틀어 이르는 말.

❖ 흰밥과 가재미와 나는/우리들이 같이 있으면/세상 같은 건 밖에 나도 좋을 것 같다 **〈선우사膳友辭—함주시초咸州詩抄〉** ❖ 나타샤가 아니 올 리 없다/언제 벌써 내 속에 고조곤히 와 이야기한다/산골로 가는 것은 세상한테 지는 것이 아니다/세상 같은 건 더러워 버리는 것이다 **〈나와 나타샤와 흰 당나귀〉** ❖ 이 추운 세상의 한구석에/맑고 가난한 친구가 하나 있어서/내가 이렇게 추운 거리를 지나온 걸/얼마나 기뻐하며 락단하고/그즈런히 손깍지벼개하고 누워서/이 못된 놈의 세상을 크게 크게 욕

할 것이다 **〈가무래기의 낙樂〉** ❖ 눈물의 또 별살의 나라에서 당신은/이 세상에 나들이를 온 것이다/쓸쓸한 나들이를 단기려 온 것이다// 〔…〕 //그 멀은 눈물의 또 별살의 나라에서/이 세상에 나들이를 온 사람이여 **〈허준許俊〉** ❖ 이러한 시인詩人이 누구인 것을 세상은 몰라도 좋으나/그러나/그 이름이 강소천姜小泉인 것을 송아지와 꿀벌은 알을 것이다 **〈《호박꽃 초롱》 서시序詩〉** ❖ 이러한 글자들이 지나간다/—나는 이 세상에서 가난하고 외롭고 높고 쓸쓸하니 살어가도록 태어났다/그리고 이 세상을 살어가는데/ 〔…〕 /눈질을 하며 주먹질을 하며 이런 글자들이 지나간다/—하눌이 이 세상을 내일 적에 그가 가장 귀해하고 사랑하는 것들은 모두/가난하고 외롭고 높고 쓸쓸하니 그리고 언제나 넘치는 사랑과 슬픔 속에 살도록 만드신 것이다 **〈흰 바람벽이 있어〉**

시골명 도시에서 떨어져 있는 지역. 주로 도시보다 인구수가 적고 인공적인 개발이 덜 돼 자연을 접하기가 쉬운 곳을 이른다.

❖ 그리고 또/아늑하고 고요한 시골 거리에서 쟁글쟁글 햇볕만 바래는 시인詩人을 사랑한다 **〈《호박꽃 초롱》 서시序詩〉**

아랫마을명 아래쪽에 있는 마을. 한 마을의 아래쪽에 있거나, 지대가 낮은 쪽에 있는 마을(《고려대한국어대사전》).

❖ 아랫마을에서는 애기무당이 작두를 타며 굿을 하는 때가 많다 **〈산지山地〉** ❖ 아랫마을에서는 애기무당이 작두를 타며 굿을 하는 때가 많다 **〈삼방三防〉**

아릇동리명 아랫동리. 아랫동네. 지대가 낮은 쪽에 있는 동네(《고려대한국어대사전》). 〔'아릇동리'는 '아릇(아랫)+동리(마을)'의 형태를 지닌 합성조어이다. '동리'는 '마을'과 같은 말이다. 사전엔 '아랫마을'만 등재되어 있다.〕

❖ 한 십리十里 더 가면 절간이 있을 듯한 마을이다 낮 기울은 별이 장글장글하니 따사하다 〔…〕 복사나무 아래 가 흙장난하며 놀지 왜 우노 자개밭둑에 엄지 어데 안 가고 누웠다 아릇동리선가 말 웃는 소리 무서운가 아릇동리 망아지 네 소리 무서울라 〔…〕 **〈황일黃日〉**

약물터명 약수가 나는 곳. '약수터'와 같은 말. ☞ 체언 VI. 문화생활 2. 민속과 종교 4) 세시풍속 399

❖ 고개를 몇이라도 넘어서 약물터로 가는데/ 〔…〕 /고개를 몇이라도 넘어서 약물터로 오면/약물터엔 사람들이 백재일 치듯 하였는데 **〈칠월七月 백중〉**

약수藥水터명 약수가 나는 곳.

❖ 갈부던 같은 약수藥水터의 산山거리/여인숙旅人宿이 다래나무지팽이와 같이

많다 〈**산지**山地〉 ❖ 갈부던 같은 약수藥水터의 산山거리엔 나무그릇과 다래나무지팽이가 많다 〈**삼방**三防〉

양지귀명 양지바른 한쪽 구석.

〔'양지귀'는 '양지+귀(귀퉁이)'의 합성조어이다. 백석 시에는 '양지귀' 외에 '마당귀', '접시귀', '삿귀', '햇귀' 등 '귀퉁이'를 뜻하는 어휘 '귀'를 붙인 합성어가 다양하게 구사된다.〕

❖ 남방토南方土 풀 안 돋은 양지귀가 본이다/햇비 멎은 저녁의 노을 먹고 산다 〈**석류**石榴〉 ❖ 이것은 어늬 양지귀 혹은 능달쪽 외따른 산 옆은댕이 예데가리밭에서/하로밤 뽀오한 흰 김 속에 접시귀 소기름불이 뿌우현 부엌에/산멍에 같은 분틀을 타고 오는 것이다 〈**국수**〉

이방異邦명 이국. 인정, 풍속 따위가 전혀 다른 남의 나라.

❖ 이방異邦 거리는/비 오듯 안개가 나리는 속에/안개 같은 비가 나리는 속에//이방異邦 거리는/콩기름 쫄이는 내음새 속에/섶누에 번디 삶는 내음새 속에//이방異邦 거리는/도끼날 벼르는 돌물레 소리 속에/되광대 켜는 되양금 소리 속에 〈**안동**安東〉

이향異鄕명 자기 고향이 아닌 고장. '타향'과 같은 말.

❖ 달빛은 이향異鄕/눈은 정기 속에 어우러진 싸움 〈**석류**石榴〉

적경寂境명 고요한 곳. 또는 고요한 상태. 백석이 시의 제목으로 지은 조어이다.

❖ 시 제목 〈**적경**寂境〉

적막강산명 아주 적적하고 쓸쓸한 풍경을 이르는 말.

❖ 정주定州 동림東林 구십九十여 리里 긴긴 하로 길에/산에 오면 산 소리 벌에 오면 벌 소리/적막강산에 나는 있노라 〈**적막강산**〉

정주백촌定州白村명 평북 정주定州 지역에 있는 백씨白氏들의 집성촌. 백석 고향 마을의 집성촌을 가리키는 말이다.

❖ 내 손자의 손자와 손자와 나와 할아버지와 할아버지의 할아버지와 할아버지의 할아버지의 할아버지와…… 수원백씨水原白氏 정주백촌定州白村의 힘세고 꿋꿋하나 어질고 정 많은 호랑이 같은 곰 같은 소 같은 피의 비 같은 밤 같은 달 같은 슬픔을 담는 것 아 슬픔을 담는 것 〈**목구**木具〉

촌명 도시에서 떨어져 있는 지역. 주로 도시보다 인구수가 적고 인공적인 개발이 덜 돼 자연을 접하기가 쉬운 곳을 이른다. '시골'과 같은 말.

❖ 촌에서 온 아이여/촌에서 어젯밤에 승합자동차乘合自動車를 타고 온 아이여/이렇게 추운데 웃동에 무슨 두룽이 같은 것을 하나 걸치고 아랫두리는 쪽 발가벗은 아

이여/ 〔…〕 /네 소리에 나는 촌 농삿집의 저녁을 짓는 때/나주볕이 가득 드리운 밝은 방안에 혼자 앉어서/ 〔…〕 /촌에서 와서 오늘 아츰 무엇이 분해서 우는 아이여 **〈촌에서 온 아이〉**

촌중 명 마을의 안.

❖ 녯적본의 휘장마차에/어느메 촌중의 새 새악시와도 함께 타고 **〈이두국주가도**伊豆國湊街道**〉**

추야일경秋夜一景 명 가을밤의 한 경치. 백석이 시의 제목으로 지은 조어이다.

❖ 시 제목 **〈추야일경**秋夜一景**〉**

타관 명 자기 고향이 아닌 고장. '타향'과 같은 말.

❖ 아배는 타관 가서 오지 않고 산山비탈 외따른 집에 엄매와 나와 단둘이서 누가 죽이는 듯이 무서운 밤 집 뒤로는 어늬 산山골짜기에서 소를 잡어먹는 노나리꾼들이 도적놈들같이 쿵쿵거리며 다닌다 **〈고야**古夜**〉** ❖ 내가 좋아하는 그이는 푸른 가지 붉게붉게 동백冬柏꽃 피는 철엔 타관 시집을 갈 것만 같은데 **〈통영**統營**(남행시초**南行詩抄**)〉** ❖ 넷날 두보杜甫나 이백李白 같은 이 나라의 시인詩人도/먼 타관에 나서 이날을 맞은 일이 있었을 것이다/ 〔…〕 /우리네 조상들이 먼먼 넷날로부터 대대로 이날엔 으레히 그러하며 오듯이/먼 타관에 난 그 두보杜甫나 이백李白 같은 이 나라의 시인詩人도/이날은 그 어늬 한고향 사람의 주막이나 반관飯舘을 찾어가서/그 조상들이 대대로 하든 본대로 원소元宵라는 떡을 입에 대며/ 〔…〕 /그들의 본을 따서 이날에는 원소元宵를 먹을 것을/외로이 타관에 나서도 이 원소元宵를 먹을 것을 생각하며 **〈두보**杜甫**나 이백**李白**같이〉**

한고향 명 같은 고향.

〔'한고향'은 '한+고향'의 합성조어이다. 여기서 '한'은 '같은'의 뜻을 더하는 접두사이다. 백석 시에 이와 유사한 형태를 보이는 시어로 '한고향' 외에 '한물통', '한물' 등이 있다.〕

❖ 나는 이제 어늬 먼 외진 거리에 한고향 사람의 조고마한 가업집이 있는 것을 생각하고/이 집에 가서 그 맛스러운 떡국이라도 한 그릇 사먹으리라 한다/ 〔…〕 /먼 타관에 난 그 두보杜甫 나 이백李白 같은 이 나라의 시인詩人도/이날은 그 어늬 한고향 사람의 주막이나 반관飯舘을 찾어가서/그 조상들이 대대로 하든 본대로 원소元宵라는 떡을 입에 대며/스스로 마음을 느꾸어 위안하지 않었을 것인가 **〈두보**杜甫**나 이백**李白**같이〉**

2 길과 다리

거리 명 '길거리'의 준말. 사람이나 차가 많이 다니는 길.

❖ 어두워오는 성문城門 밖의 거리/도야지를 몰고 가는 사람이 있다// 〔···〕 //양철통을 쩔렁거리며 달구지는 거리 끝에서 강원도江原道로 간다는 길로 든다 **〈성외城外〉** ❖ 새벽녘의 거리엔 쾅쾅 북이 울고/밤새껏 바다에선 뿡뿡 배가 울고//자다가도 일어나 바다로 가고 싶은 곳이다 **〈통영統營(남행시초南行詩抄)〉** ❖ 넷적본의 휘장마차에/어느메 촌중의 새 새악시와도 함께 타고/먼 바닷가의 거리로 간다는데 **〈이두국주가도伊豆國湊街道〉** ❖ 졸레졸레 도야지새끼들이 간다/귀밑이 재릿재릿하니 볕이 담복 따사로운 거리다 **〈삼천포三千浦—남행시초南行詩抄 4〉** ❖ 장진長津땅이 지붕 넘에 넘석하는 거리다/자구나무 같은 것도 있다/기장감주에 기장차떡이 흔한데다/이 거리에 산골사람이 노루새끼를 다리고 왔다 **〈노루—함주시초咸州詩抄〉** ❖ 이 집 남길동 단 안주인은 겨울이면 집을 내고/산을 돌아 거리로 나려간다는 말을 하는데/해바른 마당에는 꿀벌이 스무나문 통 있었다 **〈산곡山谷—함주시초咸州詩抄〉** ❖ 초생달이 귀신불같이 무서운 산山골 거리에선/처마 끝에 종이등의 불을 밝히고/쩌락쩌락 떡을 친다 **〈향악饗樂—산중음山中吟〉** ❖ 거리는 장날이다/장날 거리에 녕감들이 지나간다 **〈석양夕陽〉** ❖ 밖은 봄철날 따디기의 누굿하니 푹석한 밤이다/거리에는 사람두 많이 나서 홍성홍성할 것이다/어쩐지 이 사람들과 친하니 싸단니고 싶은 밤이다 **〈내가 생각하는 것은〉** ❖ 내가 이렇게 외면하고 거리를 걸어가는 것은 잠풍 날씨가 너무나 좋은 탓이고/ 〔···〕 //내가 이렇게 외면하고 거리를 걸어가는 것은 또 내 많지 못한 월급이 얼마나 고마운 탓이고 **〈내가 이렇게 외면하고〉** ❖ 추운 거리의 그도 추운 능당 쪽을 걸어가며/내 마음은 우쭐댄다 그 무슨 기쁨에 우쭐댄다/이 추운 세상의 한구석에/맑고 가난한 친구가 하나 있어서/내가 이렇게 추운 거리를 지나온 걸 **〈가무래기의 낙樂〉** ❖ 이방異邦 거리는/비 오듯 안개가 나리는 속에/안개 같은 비가 나리는 속에//이방異邦 거리는/콩기름 쫄이는 내음새 속에/섶누에 번디 삶는 내음새 속에//이방異邦 거리는/도끼날 벼르는 돌물레 소리 속에/되광대 켜는 되양금 소리 속에 **〈안동安東〉** ❖ 한 이십리二十里 가면 거리라든데/한겻 남아 걸어도 거리는 뵈이지 않는다/ 〔···〕 //이젠 배도 출출히 고팠는데/어서 그 옹기장사가 온다는 거리로 들어가면 무엇보다도 몬저 '주류판매업酒類販賣業'이라고 써붙인 집으로 들어가자 **〈구장로球場路—서행시초西行詩抄 1〉** ❖ 거리에서는 모밀내가 났다/부처를 위하는 정갈한 노친네의 내음새 같은 모밀내가 났다//어쩐지 향산香山 부처님이 가까웁다는 거린데/

국숫집에서는 농짝 같은 도야지를 잡어걸고 국수에 치는 도야지고기는 돗바늘 같은 털이 드문드문 백였다 **〈북신**北新**—서행시초**西行詩抄 **2〉** ❖ 당신이 그 긴 허리를 굽히고 뒤짐을 지고 지치운 다리로/싸움과 홍정으로 왁자지껄하는 거리를 지날 때든가 **〈허준**許俊**〉** ❖ 그리고 또/아늑하고 고요한 시골 거리에서 쟁글쟁글 햇별만 바래는 시인詩人을 사랑한다 **〈《호박꽃 초롱》 서시**序詩**〉** ❖ 나는 이제 어늬 먼 외진 거리에 한 고향 사람의 조고마한 가업집이 있는 것을 생각하고/이 집에 가서 그 맛스러운 떡국이라도 한 그릇 사먹으리라 한다/ 〔…〕 /아, 이 정월正月 대보름 명절인데/거리에는 오독독이 탕탕 터지고 호궁胡弓 소리 삘뺄 높아서 **〈두보**杜甫**나 이백**李白**같이〉** ❖ 어느 사이에 나는 아내도 없고, 또,/아내와 같이 살던 집도 없어지고,/그리고 살뜰한 부모며 동생들과도 멀리 떨어져서,/그 어느 바람 세인 쓸쓸한 거리 끝에 헤매이었다. **〈남신의주 유동 박시봉방**南新義州柳洞朴時逢方**〉**

길①**명** ① 사람이나 동물 또는 자동차 따위가 지나갈 수 있게 땅 위에 낸 일정한 너비의 공간. ② 걷거나 탈것을 타고 어느 곳으로 가는 노정路程.

❖ 양철통을 쩔렁거리며 달구지는 거리 끝에서 강원도江原道로 간다는 길로 든다 **〈성외**城外**〉** ❖ 거적장사 하나 산山 뒷녚 비탈을 오른다/아— 따르는 사람도 없이 쓸쓸한 쓸쓸한 길이다 **〈쓸쓸한 길〉** ❖ 기왓골에 배암이 푸르스름히 빛난 달밤이 있었다/아이들은 쪽재피같이 먼 길을 돌았다 **〈정문촌**旌門村**〉** ❖ 처녀들은 모두 어장주漁場主한테 시집을 가고 싶어한다는 곳/산山 너머로 가는 길 돌각담에 갸웃하는 처녀는 금錦이라든 이 같고 **〈통영**統營**(남행시초**南行詩抄**)〉** ❖ 한 십리十里 더 가면 절간이 있을 듯한 마을이다 〔…〕 네 소리 무서울라 담모도리 바윗잔등에 다람쥐 해바라기하다 조은다 토끼잠 한잠 자고 나서 세수한다 흰구름 건넌산으로 가는 길에 복사꽃 바라노라 섰다 다람쥐 건넌산 보고 부르는 푸념이 간지럽다 **〈황일**黃日**〉** ❖ 솔포기에 숨었다/토끼나 꿩을 놀래주고 싶은 산山허리의 길은//엎데서 따스하니 손 녹히고 싶은 길이다//개 더리고 호이호이 희파람 불며/시름 놓고 가고 싶은 길이다//괴나리봇짐 벗고 땃불 놓고 앉어/담배 한 대 피우고 싶은 길이다//승냥이 줄레줄레 달고 가며/덕신덕신 이야기하고 싶은 길이다//더꺼머리총각은 정든 님 업고 오고 싶을 길이다 **〈창원도**昌原道**—남행시초**南行詩抄 **1〉** ❖ 고성固城장 가는 길/해는 둥둥 높고 **〈고성가도**固城街道**—남행시초**南行詩抄 **3〉** ❖ 푸른 바닷가의 하이얀 하이얀 길이다// 〔…〕 //이 길이다/얼마 가서 감로甘露 같은 물이 솟는 마을 하이얀 회담벽에 옛적본의 장반시계를 걸어놓은 집 홀어미와 사는 물새 같은 외딸의 혼삿말이 아즈랑이같이 낀 곳은 **〈남향**南鄕**—물닭의 소리〉** ❖ 삼리三里밖 강江쟁변엔 자갯돌에서/비멀이한 옷을 부숭

부숭 말려 입고 오는 길인데//어니메 강江물 속에 들여다뵈이든 쏘가리가 한 자나 되게 크든 것을 생각하며/산山비에 젖었다는 말렀다 하며 오는 길이다 **〈구장로**球場路**—서행시초**西行詩抄 **1〉** ❖ 나는 노새를 타고 뒤에 따르고/마을 끝 충왕묘蟲王廟에 충왕蟲王을 찾어뵈려 가는 길이다/토신묘土神廟에 토신土神도 찾어뵈려 가는 길이다 **〈귀농**歸農**〉** ❖ 정주定州 동림東林 구십九十여 리里 긴긴 하로 길에/산에 오면 산 소리 벌에 오면 벌 소리/적막강산에 나는 있노라 **〈적막강산〉**

넘엣거리 명 너머에 있는 거리. ☞ 넘에 235, 넘엣 235

〔'넘엣거리'는 '넘에(너머에)+ㅅ+거리'의 형태를 지닌 합성조어이다. 백석은 다른 시에서 '너머에'의 준말로 '넘에'를 사용한 바 있다.〕

❖ 긴 토시 끼고 큰머리 얹고 오불고불 넘엣거리로 가는 여인女人은 평안도平安道서 오신 듯한데 동백冬柏꽃 피는 철이 그 언제요 **〈통영**統營**(남행시초**南行詩抄**)〉**

다리② 명 물을 건너거나 또는 한편의 높은 곳에서 다른 편의 높은 곳으로 건너다닐 수 있도록 만든 시설물.

❖ 염소만이 아직 된비가 오면 산山개울에 놓인 다리를 건너 인가人家 근처로 뛰여온다 **〈산지**山地**〉**

돌다리 명 돌로 만든 다리.

❖ 돌다리에 앉어 날버들치를 먹고 몸을 말리는 아이들은 물총새가 되었다 **〈하답**夏沓**〉**

뒷간거리 명 큰 거리 뒤쪽에 있는 거리. 뒷간의 '간間'은 '장소', '거리'를 뜻하는 말이다. 백석 시에 이처럼 공간의 뜻으로 '간'을 붙인 또 다른 조어로 '구신간시렁'(구신을 모셔 놓은 곳의 선반)이란 시어가 있으며, 이 밖에 웃간, 안간, 외양간, 볏곳간, 아르간, 연자간, 절간, 연자간, 대문간 등 공간의 뜻으로 '간'을 사용한 시어들이 많이 나타난다.

〔'뒷간거리'와 유사한 말로 《표준국어대사전》에 '뒷거리'가, 《조선말대사전》에 '뒤거리'가 있는데, '뒷거리'는 '도심지의 뒤쪽 길거리', '뒤거리'는 '큰 거리 뒤쪽에 있는 거리'로 풀이되어 있다. 백석 시의 아래 용례에서 '뒷간거리'는 《조선말대사전》에 풀이된 '뒤거리'의 의미에 더 가까운 것으로 보인다.〕

❖ 가무락조개 난 뒷간거리에/빚을 얻으려 나는 왔다 **〈가무래기의 낙**樂**〉**

물길 명 물 위로 배를 타고 다니는 길(《고려대한국어대사전》).

❖ 구마산舊馬山의 선창에선 좋아하는 사람이 울며 나리는 배에 올라서 오는 물길이 반날/갓 나는 고당은 갓갓기도 하다 **〈통영**統營**(남행시초**南行詩抄**)〉**

밤길 명 밤에 걷는 길.

❖ 그래도 오리야 호젓한 밤길을 가다/가까운 논배미들에서/까알까알 하는 너이들의 즐거운 말소리가 나면 **〈오리〉**

산山거리 명 산에 나 있는 길거리.

〔'산거리'는 '산+거리'의 합성조어이다.〕

❖ 갈부던 같은 약수藥水터의 산山거리/여인숙旅人宿이 다래나무지팽이와 같이 많다 **〈산지山地〉** ❖ 갈부던 같은 약수藥水터의 산山거리엔 나무그릇과 다래나무지팽이가 많다 **〈삼방三防〉**

산山길 명 산에 나 있는 길.

❖ 나는 어니 외진 산山길에서 만난 새악시가 곱기도 하든 것과/어니메 강江물 속에 들여다뵈이든 쏘가리가 한 자나 되게 크든 것을 생각하며 **〈구장로球場路—서행시초西行詩抄 1〉**

샛길 명 큰길로 이어져 있는 작은 길(《고려대한국어대사전》).

❖ 첫녀름 이른 저녁을 해치우고 인간들이 모두 터앞에 나와서 물외포기에 당콩포기에 오줌을 주는 때 터앞에 밭마당에 샛길에 떠도는 오줌의 매캐한 재릿한 내음새 **〈동뇨부童尿賦〉**

십리길 명 십 리나 되는 길(《조선말대사전》).

〔'십리길'은 《조선말대사전》에 등재되어 있다.〕

❖ 갈대와 장풍의 붙드든 말도 잊지 않었다/오로촌이 멧돝을 잡어 나를 잔치해 보내든 것도/쏠론이 십리길을 따러나와 울든 것도 잊지 않었다 **〈북방北方에서—정현웅鄭玄雄에게〉**

언덕길 명 언덕에 걸치어 난 조금 비탈진 길.

❖ 머리에 무거운 동이를 이고/손에 어린것의 손을 끌고/가펴러운 언덕길을/숨이 차서 올라갔다 **〈절망絶望〉**

장거리 명 장이 서는 거리.

❖ '자시동북팔십천희천自是東北八〇粁熙川'의 푯標말이 선 곳/돌능와집에 소달구지에 싸리신에 옛날이 사는 장거리에/어니 근방 산천山川에서 덜거기 껙껙 검방지게 운다 **〈월림月林장—서행시초西行詩抄 4〉**

행길 명 다니는 큰 길(《조선말대사전》).

〔'행길'은 《조선말대사전》에 등재되어 있으며, 《고려대한국어대사전》엔 '한길'(차나 사람이 많이 다니는 큰길)의 경기 방언으로 등재되어 있다.〕

❖ 장날 아츰에 앞 행길로 엄지 따러 지나가는 망아지를 내라고 나는 조르면/아배는 행길을 향해서 크다란 소리로/— 매지야 오나라/— 매지야 오나라 **〈오리〉** ❖ 행길에는 선장 대여가는 장꾼들의 종이등燈에 나귀눈이 빛났다/어데서 서러웁게 목탁木鐸을 뚜드리는 집이 있다 **〈미명계**未明界**〉** ❖ 어득한 기슭의 행길에 얼굴이 해쓱한 처녀가 새벽달같이/아 아즈내인데 병인病人은 미역냄새 나는 덧문을 닫고 버러지 같이 누웠다 **〈시기**柿崎**의 바다〉** ❖ 집에는 아배에 삼춘에 오마니에 오마니가 있어서 〔…〕 아이들이 큰마누래에 작은마누래에 제구실을 할 때면 종아지물본도 모르고 행길에 아이 송장이 거적뙈기에 말려나가면 속으로 얼마나 부러워하였고 〔…〕 **〈넘언집 범 같은 노큰마니〉** ❖ 저 한쪽 마을에는 마돌에 닭 개 즘생도 들떠들고/또 아이 어른 행길에 뜨락에 사람도 웅성웅성 홍성거려/나는 가슴이 이 무슨 홍에 벅차오며/ 〔…〕 /노왕老王은 팔짱을 끼고 이랑을 걸어/나는 뒤짐을 지고 고랑을 걸어/밭을 나와 밭뚝을 돌아 도랑을 건너 행길을 돌아/지붕에 바람벽에 울바주에 볕살 쇠리쇠리한 마을을 가르치며 **〈귀농**歸農**〉** ❖ 밭 마당귀 연자간 앞을 지나가는데 연자간에는 또 연자망구신/나는 고만 디겁을 하여 큰 행길로 나서서 마음 놓고 화리서리 걸어가다 보니/아아 말 마라 내 발뒤축에는 오나가나 묻어 다니는 달걀구신 **〈마을은 맨천 구신이 돼서〉**

3 방향, 위치, 장소

가운데 명 ① 여럿으로 이루어진 일정한 범위의 안. ② 일정한 공간이나 길이를 갖는 사물에서, 한쪽으로 치우치지 않고 양 끝에서 거의 같은 거리가 떨어져 있는 부분.

❖ 명정明井골은 산山을 넘어 동백冬柏나무 푸르른 감로甘露 같은 물이 솟는 명정明井샘이 있는 마을인데/샘터엔 오구작작 물을 긷는 처녀며 새악시들 가운데 내가 좋아하는 그이가 있을 것만 같고 **〈통영**統營**(남행시초**南行詩抄**)〉** ❖ 백구둔白狗屯의 눈 녹이는 밭 가운데 땅 풀리는 밭 가운데/촌부자 노왕老王하고 같이 서서/밭최뚝에 즘부러진 땅버들의 버들개지 피여나는 데서 **〈귀농**歸農**〉**

개방위方位 명 술방戌方. 24방위의 하나. 정서正西에서 북쪽을 중심으로 한 15도 각도 안의 방향.

❖ 불을 끈 방안에 횃대의 하이얀 옷이 멀리 추울 것같이//개방위方位로 말방울 소

리가 들려온다 〈**머루밤**〉

건너 명 일정한 공간 너머의 맞은편.

❖ 얼굴에 별자국이 솜솜 난 말수와 같이 눈도 껌벅거리는 하로에 베 한 필을 짠다는 벌 하나 건너 집엔 복숭아나무가 많은 신리新里 고무 고무의 딸 이녀李女 작은이녀李女 〈**여우난골족**族〉 ❖ 비얘고지 비얘고지는/제비야 네 말이다/저 건너 노루섬에 노루 없드란 말이지/신미두 삼각산엔 가무래기만 나드란 말이지 〈**대산동**大山洞**—물닭의 소리**〉

곁 명 어떤 대상의 옆. 또는 공간적·심리적으로 가까운 데.

❖ 내일같이 명절날인 밤은 〔…〕 방안에서는 일가집 할머니가 와서 마을의 소문을 펴며 조개송편에 달송편에 죈두기송편에 떡을 빚는 곁에서 나는 밤소 팥소 설탕 든 콩가루소를 먹으며 설탕 든 콩가루소가 가장 맛있다고 생각한다 〈**고야**古夜〉 ❖ 그러나 시방 꼴두기는 배창에 너부러져 새새끼 같은 울음을 우는 곁에서/뱃사람들의 언젠가 아홉이서 회를 쳐먹고도 남어 한 깃씩 노나가지고 갔다는 크디큰 꼴두기의 이야기를 들으며 나는 슬프다 〈**꼴두기—물닭의 소리**〉

곳 명 공간적인 또는 추상적인 일정한 자리나 지역.

❖ 어니젠가 새끼거미 쓸려나간 곳에 큰거미가 왔다/나는 가슴이 짜릿한다/ 〔…〕 // 이렇게 해서 아린 가슴이 싹기도 전이다/어데서 좁쌀알만 한 알에서 가제 깨인 듯한 발이 채 서지도 못한 무척 적은 새끼거미가 이번엔 큰거미 없어진 곳으로 와서 아물거린다 〈**수라**修羅〉 ❖ 시 제목 〈**오금덩이라는 곳**〉 ❖ 새벽녘의 거리엔 쾅쾅 북이 울고/밤새껏 바다에선 뿡뿡 배가 울고//자다가도 일어나 바다로 가고 싶은 곳이다// 집집이 아이만 한 피도 안 간 대구를 말리는 곳/황화장사 령감이 일본말을 잘도 하는 곳/처녀들은 모두 어장주漁場主한테 시집을 가고 싶어한다는 곳 〈**통영**統營**(남행시초**南行詩抄**)**〉 ❖ 묵묵하니 한참 맥을 짚드니/문득 물어 고향故鄕이 어데냐 한다/평안도平安道 정주定州라는 곳이라 한즉/그러면 아무개씨氏 고향故鄕이란다 〈**고향**故鄕〉 ❖ 이 길이다/얼마 가서 감로甘露 같은 물이 솟는 마을 하이얀 회담벽에 옛적본의 장반시계를 걸어놓은 집 홀어미와 사는 물새 같은 외딸의 혼삿말이 아즈랑이같이 낀 곳은 〈**남향**南鄕**—물닭의 소리**〉 ❖ '자시동북팔십천희천自是東北八〇粁熙川'의 푯標말이 선 곳/돌능와집에 소달구지에 싸리신에 옛날이 사는 장거리에/어니 근방 산천山川에서 덜거기 껙껙 검방지게 운다 〈**월림**月林**장—서행시초**西行詩抄 **4**〉

공중 명 하늘과 땅 사이의 빈 곳.

❖ 한울은/공중에 떠도는 흰구름을 사랑한다/골짜구니로 숨어 흐르는 개울물을

사랑한다 《《**호박꽃 초롱**》 **서시**序詩》

구석 명 모퉁이의 안쪽.

❖ 구석의 나무말쿠지에 할아버지가 삼는 소신 같은 짚신이 둑둑이 걸리어도 있었다 〈**고방**〉 ❖ 나는 낡은 국수분틀과 그즈런히 나가 누워서/구석에 데굴데굴하는 목침木枕들을 베여보며/이 산山골에 들어와서 이 목침木枕들에 새까마니 때를 올리고 간 사람들을 생각한다 〈**산숙**山宿**—산중음**山中吟〉 ❖ 오대五代나 나린다는 크나큰 집 다 찌그러진 들지고방 어득시근한 구석에서 쌀독과 말쿠지와 숫돌과 신뚝과 그리고 넷적과 또 열두 데석님과 친하니 살으면서//한 해에 멫 번 매연 지난 먼 조상들의 최방등 제사에는 컴컴한 고방 구석을 나와서 대멀머리에 외얏맹건을 지르터맨 늙은 제관의 손에 정갈히 몸을 씻고 〔…〕 〈**목구**木具〉

구석구석 명 이 구석 저 구석.

❖ 대들보 우에 베틀도 채일도 토리개도 모도들 편안하니/구석구석 후치도 보십도 소시랑도 모도들 편안하니 〈**연자간**〉

귀② 명 어떤 물건의 가장자리.

〔《표준국어대사전》엔 '귀'가 "모가 난 물건의 가장자리"로 풀이되어 있는데, 《조선말대사전》엔 "어떤 물건의 모서리가 되는 부분", "넓은 바닥의 구석진 모퉁이" 등으로 풀이되어 있다. 위의 풀이는 《조선말대사전》을 토대로 백석 시의 용례에 맞게 작성한 것이다.〕

❖ 접시 귀에 소기름이나 소뿔등잔에 아즈까리기름을 켜는 마을에서는 겨울밤 개 짖는 소리가 반가웁다 〈**개**〉

그늘 명 불투명한 물체에 가려 빛이 닿지 않는 상태. 또는 그 자리(《고려대한국어대사전》).

❖ 벼랑탁의 어두운 그늘에 아츰이면/부헝이가 무거웁게 날러온다/낮이 되면 더 무거웁게 날러가버린다 〈**산지**山地〉 ❖ 저기는 그늘 그늘 여기는 챙챙—/저기는 그늘 그늘 여기는 챙챙— 〈**황일**黃日〉 ❖ 한울은/풀 그늘 밑에 삿갓 쓰고 사는 버슷을 사랑한다/모래 속에 문 잠그고 사는 조개를 사랑한다 《《**호박꽃 초롱**》 **서시**序詩》 ❖ 산山마루에 서면/멀리 언제나 늘 그물그물/그늘만 친 건넌산山에서/벼락을 맞아 바윗돌이 되었다는/큰 땅괭이 한 마리 〈**산**山〉

그늘밑 명 음지. 볕이 잘 들지 아니하는 그늘진 곳.

〔'그늘밑'은 '그늘'과 '밑'을 띄어 쓰면 '그늘이 진 아래'의 뜻이 되는데, '그늘밑'이라고 쓰면 '그늘진 곳', 즉 '그늘' '음지'를 뜻하는 말이 된다.〕

❖ 집에는 아배에 삼춘에 오마니에 오마니가 있어서 젖먹이를 마을 청능 그늘밑에 삿갓을 씌워 한종일내 뉘어두고 김을 매려 단녔고 〔…〕 **〈넘언집 범 같은 노큰마니〉**

근방 명 가까운 곳. '근처'와 같은 말.

❖ '자시동북팔십천희천自是東北八〇粁熙川'의 푯標말이 선 곳/돌능와집에 소달구지에 싸리신에 옛날이 사는 장거리에/어니 근방 산천山川에서 덜거기 껙껙 검방지게 운다 **〈월림月林장—서행시초西行詩抄 4〉**

근처 명 가까운 곳.

❖ 소와 말은 도로 산山으로 돌아갔다/염소만이 아직 된비가 오면 산山개울에 놓인 다리를 건너 인가人家 근처로 뛰여온다 **〈산지山地〉**

꼭다기 명 꼭대기. 높이가 있는 사물의 맨 위쪽.

❖ 높은 산도 높은 꼭다기에 있는 듯한/아니면 깊은 물도 깊은 밑바닥에 있는 듯한 당신네 나라의/하늘은 얼마나 맑고 높을 것인가 **〈허준許俊〉**

끝 명 시간, 공간, 사물 따위에서 마지막 한계가 되는 곳.

❖ 양철통을 쩔렁거리며 달구지는 거리 끝에서 강원도江原道로 간다는 길로 든다 **〈성외城外〉** ❖ 초생달이 귀신불같이 무서운 산山골 거리에선/처마 끝에 종이등의 불을 밝히고 **〈향악饗樂—산중음山中吟〉** ❖ 처마 끝에 명태明太를 말린다 **〈멧새 소리〉** ❖ 마을 끝 충왕묘蟲王廟에 충왕蟲王을 찾어뵈려 가는 길이다 **〈귀농歸農〉** ❖ 그리고 살뜰한 부모며 동생들과도 멀리 떨어져서,/그 어느 바람 세인 쓸쓸한 거리 끝에 헤매이었다. **〈남신의주 유동 박시봉방南新義州柳洞朴時逢方〉**

너머 명 높이나 경계로 가로막은 사물의 저쪽. 또는 그 공간.

❖ 산山 너머 십오리十五里서 나무뒝치 차고 싸리신 신고 산山비에 촉촉이 젖어서 약藥물을 받으러 오는 산山아이도 있다 **〈산지山地〉** ❖ 또 이러한 밤 같은 때 시집갈 처녀 막내고무가 고개 너머 큰집으로 치장감을 가지고 와서 엄매와 둘이 소기름에 쌍심지의 불을 밝히고 밤이 들도록 바느질을 하는 밤 같은 때 〔…〕 **〈고야古夜〉** ❖ 가즈랑집은 고개 밑의/산山 너머 마을서 도야지를 잃는 밤 즘생을 쫓는 깽제미 소리가 무서웁게 들려오는 집/닭 개 즘생을 못 놓는/멧도야지와 이웃사춘을 지나는 집 **〈가즈랑집〉** ❖ 산山 너머 십오리十五里서 나무뒝치 차고 싸리신 신고 산山비에 촉촉이 젖어서 약藥물을 받으려 오는 두멧아이들도 있다 **〈삼방三防〉** ❖ 처녀들은 모두 어장주漁場主한테 시집을 가고 싶어한다는 곳/산山 너머로 가는 길 돌각담에 갸웃하는 처녀는 금錦이라든 이 같고/내가 들은 마산馬山 객줏客主집의 어린 딸은 난蘭이라는 이 같고 **〈통영統營(남행시초南行詩抄)〉** ❖ 그 맛있는 모밀국수를 삶는 장작도 자작

나무다/그리고 감로甘露같이 단샘이 솟는 박우물도 자작나무다/산山 너머는 평안도平安道 땅도 뵈인다는 이 산山골은 온통 자작나무다 **〈백화白樺—산중음山中吟〉** ❖ 이 무서운 밤을 아래 웃방성 마을 돌아다니는 사람은 있어 개는 짖는다//낮배 어니메 치코에 꿩이라도 걸려서 산山 너머 국숫집에 국수를 받으려 가는 사람이 있어도 개는 짖는다 **〈개〉** ❖ 이른 봄철 산 너머 먼 데 해변에서 가무래기 오면 **〈머리카락〉** ❖ 산山 너머는/겨드랑이에 깃이 돋아서 장수가 된다는/더꺼머리총각들이 살아서/색시 처녀들을 잘도 업어간다고 했다/ 〔…〕 //그래도 그 쉬영꽃 진달래 빨가니 핀 꽃바위 너머/산山 잔등에는 가지취 뻐꾹채 게루기 고사리 산山나물판 **〈산山〉**

넘에 명 '넘어에' '너머에'가 줄어든 말. ☞ 너머 234

〔백석의 해방 전 작품에서 '너머'는 모두 '넘어'로 표기되어 있어, '넘어에'는 '너머에'를 가리키는 말이라고 할 수 있다.〕

❖ 오리야 나는 네가 좋구나 네가 좋아서/ 〔…〕 /닭이짗 올코에 새끼달은치를 묻어놓고/동둑 넘에 숨어서/하로진일 너를 기다린다 **〈오리〉** ❖ 장진長津땅이 지붕 넘에 넘석하는 거리다 **〈노루—함주시초咸州詩抄〉**

넘엣 명 넘어엣. 너머에 있는. ☞ 너머 234

〔'넘엣'은 '넘어에(너머에)+ㅅ'의 형태를 지닌 말이다. 백석 시에 이와 같은 형태의 말로 '넘엣거리'가 있다. 백석의 해방 전 작품에서 '너머'는 모두 '넘어'로 표기되어 있다.〕

❖ 또 그 짚등색이에 서서 자채기를 하면 산 넘엣 마을까지 들렸다는/먼 녯적 큰아바지가 오는 것같이 오는 것이다 **〈국수〉**

넎은댕이 명 옆댕이. 옆

〔아래 용례에서 '산 넎은댕이'는 원본엔 '산녑 은댕이'로 표기되어 있어 '산녑'과 '은댕이'가 각각 하나의 단어로 인식된다. 하지만 백석이 1935년 8월 11일 《조선일보》에 발표한 소설 〈닭을 채인 이야기〉에 이 단어가 구사되는데, 여기선 '산녑은댕이'로 표기되어 있다. 백석은 이 당시에 조선일보에 근무하고 있었기 때문에 이 표기가 더 정확한 것으로 보아야 할 것이다. '산녑은댕이'에서 '은댕이'이란 말의 뜻을 추정하기 어렵고 문맥상 이 구절은 '산 옆'으로 보는 것이 자연스럽게 때문에 '산녑은댕이'는 '산 넎은댕이' 즉, '산 옆댕이, '산 옆'으로 풀이하는 것이 적절하다고 생각된다.〕

❖ 이것은 어늬 양지귀 혹은 능달쪽 외따른 산 넎은댕이 예데가리밭에서/하로밤 뽀오햔 흰 김 속에 접시귀 소기름불이 뿌우현 부엌에/산멍에 같은 분틀을 타고 오

는 것이다 **〈국수〉**

능달쪽명 응달쪽. 볕이 잘 들지 않는 그늘진 곳. ☞ 그늘밑 233

〔'쪽'은 원래 방향을 가리키는 말이나 백석 시의 아래 용례에서 '능달쪽'은 응달 진 방향보다는 응달진 곳을 뜻하는 말이다. '능달쪽'은 그 앞의 '양지귀'(양지바른 곳)와 같은 의미 범주를 지닌 말이다.〕

❖ 이것은 어늬 양지귀 혹은 능달쪽 외따른 산 녚은댕이 예데가리밭에서/하로밤 뽀오햔 흰 김 속에 접시귀 소기름불이 뿌우현 부엌에/산멍에 같은 분틀을 타고 오는 것이다 **〈국수〉**

능당명 '능달'(응달, 볕이 잘 들지 않는 그늘진 곳)로 추정된다.

〔'능당'의 '당'을 평지나 땅으로 보아 능달, 곧 응달을 뜻하는 것으로 추정해 볼 수 있다. 《조선말대사전》에 '능달'과 같은 뜻으로 '능지'가 등재되어 있으며, 1938년에 간행된 문세영의 《조선어사전》에 '능디'란 단어가 '그늘'의 사투리란 뜻으로 올라 있다. 한편 '능당'을 '능이 있는 곳'으로 볼 수도 있겠는데, 아래 용례에서 이곳이 추운 곳으로 진술되고 있어 그 가능성은 낮다고 하겠다. '능당'은 '능달'(응달)이나 '능지'로 보는 것이 적절할 것 같다.〕

❖ 가무래기도 나도 모도 춥다/추운 거리의 그도 추운 능당 쪽을 걸어가며/내 마음은 우쭐댄다 그 무슨 기쁨에 우쭐댄다 **〈가무래기의 낙樂〉**

데의 '곳'이나 '장소'의 뜻을 나타내는 말.

❖ 나는 가슴이 짜릿한다/나는 또 큰거미를 쓸어 문밖으로 버리며/찬 밖이라도 새끼 있는 데로 가라고 하며 서러워한다 **〈수라修羅〉** ❖ 촌부자 노왕老王하고 같이 서서/밭최뚝에 즘부러진 땅버들의 버들개지 피여나는 데서/별은 장글장글 따사롭고 바람은 솔솔 보드라운데 **〈귀농歸農〉** ❖ 이른 봄철 산 너머 먼 데 해변에서 가무래기 오면 **〈머리카락〉** ❖ 아아 말 마라 내 발뒤축에는 오나가나 묻어 다니는 달걀구신/마을은 온데간데 구신이 돼서 나는 아무 데도 갈 수 없다 **〈마을은 맨천 구신이 돼서〉**

뒤①명 향하고 있는 방향과 반대되는 쪽이나 곳.

❖ 아배는 타관 가서 오지 않고 산山비탈 외따른 집에 엄매와 나와 단둘이서 누가 죽이는 듯이 무서운 밤 집 뒤로는 어늬 산山골짜기에서 소를 잡어먹는 노나리꾼들이 도적놈들같이 쿵쿵거리며 다닌다 **〈고야古夜〉** ❖ 넷말이 사는 컴컴한 고방의 쌀독 뒤에서 나는 저녁 끼때에 부르는 소리를 듣고도 못 들은 척하였다 **〈고방〉** ❖ 오리는 동비탈에 그림자를 떨어트리며 날어가고 나는 동말랭이에서 강아지처럼 아배를 부르며 울다가/시악이 나서는 등 뒤 개울물에 아배의 신짝과 버선목과 대님오리를

모다 던져버린다 **〈오리 망아지 토끼〉** ❖ 노왕老王은 나귀를 타고 앞에 가고/나는 노새를 타고 뒤에 따르고/마을 끝 충왕묘蟲王廟에 충왕蟲王을 찾어뵈려 가는 길이다/토신묘土神廟에 토신土神도 찾어뵈려 가는 길이다 **〈귀농歸農〉**

뒷녚 명 뒷옆. 뒤의 옆쪽.

❖ 거적장사 하나 산山 뒷녚 비탈을 오른다/아— 따르는 사람도 없이 쓸쓸한 쓸쓸한 길이다 **〈쓸쓸한 길〉**

뒷옆 명 뒤의 옆쪽

❖ 어니 먼 산 뒷옆에 바우 섶에 따로 외로이 서서,/어두워 오는데 하이야니 눈을 맞을, 그 마른 잎새에는,/쌀랑쌀랑 소리도 나며 눈을 맞을,/그 드물다는 굳고 정한 갈매나무라는 나무를 생각하는 것이었다. **〈남신의주 유동 박시봉방南新義州柳洞朴時逢方〉**

맨천 명 '사방'의 평북 방언.

❖ 나는 이 마을에 태어나기가 잘못이다/마을은 맨천 구신이 돼서/나는 무서워 오력을 펼 수 없다 **〈마을은 맨천 구신이 돼서〉**

머리맡 명 누웠을 때의 머리 부근.

❖ 날기멍석을 져간다는 닭보는 할미를 차 굴린다는 〔…〕 뒷산山 어느메도 조마구네 나라가 있어서 오줌 누러 깨는 재밤 머리맡의 문살에 대인 유리창으로 조마구 군병의 새까만 대가리 새까만 눈알이 들여다보는 때 〔…〕 **〈고야古夜〉** ❖ 긴긴 겨울밤 인간들이 모두 한잠이 들은 재밤중에 나 혼자 일어나서 머리맡 쥐발 같은 새끼오강에 한없이 누는 잘 매럽던 오줌의 사르릉 쪼로록 하는 소리 **〈동뇨부童尿賦〉** ❖ 나물 먹고 물 마시고 팔벼개하고 누웠든 사람도/그 머리맡에 수박씨 닦은 것은 호박씨 닦은 것은 있었을 것이다 **〈수박씨, 호박씨〉** ❖ 싸움과 흥정으로 왁자지껄하는 거리를 지날 때든가/추운 겨울밤 병들어 누운 가난한 동무의 머리맡에 앉어/말없이 무릎우 어린 고양이의 등만 쓰다듬는 때든가 **〈허준許俊〉**

먼바루 부 멀찍이. '바루'는 평북 방언으로 거리의 대략적인 정도를 나타내는 접미사(《평북방언사전》).

〔'먼바루'는 '먼+바루'의 형태를 지닌 말이다. '바루'는 원래 '바(所)'에서 온 말이기 때문에 그 앞에 '먼'이란 관형사 쓰임이 가능한 것이다. '바루'는 원래 '곳으로', '곳에' 정도의 의미를 지닌 말이라고 할 수 있다. '먼바루'는 뒤에 하나의 단어로 정착되어 '멀찍이', '멀리서' 정도의 의미를 갖게 된 것이다. 《평북방언사전》엔 '바루'가 평북 방언으로 거리의 대략 정도를 나타내는 접미사로 기술되어 있다.〕

❖ 캄캄한 비 속에/새빨간 달이 뜨고/하이얀 꽃이 피고/먼바루 개가 짖는 밤은/어

데서 물외 내음새 나는 밤이다//캄캄한 비 속에/새빨간 달이 뜨고/하이얀 꽃이 퓌고/먼바루 개가 짖고/어데서 물외 내음새 나는 밤은 **〈야우소회夜雨小懷—물닭의 소리〉**

멧비들기켠 명 멧비둘기가 있는 쪽.

〔'멧비들기켠'의 '켠'은 '쪽'(방향)의 의미이다. '쪽'은 의존명사인데, '켠'은 《조선말대사전》에 일반명사로 나와 있다. '켠'이 여기에 규정어로 등재되어 있는 점을 감안해 '멧비들기켠'을 복합명사로 보아 한 단어로 처리하였다.〕

❖ 산山뽕닢에 빗방울이 친다/멧비들기가 닌다/나무등걸에서 자벌기가 고개를 들었다 멧비들기켠을 본다 **〈산山비〉**

모통이 명 '모퉁이'의 방언(평안, 경기, 전남, 경상, 제주)(《금성판국어대사전》, 《고려대한국어대사전》).

❖ 나는 이번에는 굴통 모통이로 달아가는데 굴통에는 굴대장군/얼혼이 나서 뒤울안으로 가면 뒤울안에는 곱새녕 아래 털능구신 **〈마을은 맨천 구신이 돼서〉**

묘향산행妙香山行 명 묘향산으로 감. '행行'은 지명을 나타내는 명사의 뒤에 붙어, '그리로 감'의 뜻을 더하는 말(《고려대한국어대사전》).

❖ 차디찬 아침인데/묘향산행妙香山行 승합자동차乘合自動車는 텅하니 비어서/나이 어린 계집아이 하나가 오른다 **〈팔원八院—서행시초西行詩抄 3〉**

문밖 명 문의 바깥쪽.

❖ 거미새끼 하나 방바닥에 나린 것을 나는 아모 생각 없이 문밖으로 쓸어버린다/차디찬 밤이다// 〔…〕 /나는 또 큰거미를 쓸어 문밖으로 버리며/찬 밖이라도 새끼 있는 데로 가라고 하며 서러워한다// 〔…〕 /나는 이 작은 것을 고이 보드러운 종이에 받어 또 문밖으로 버리며/이것의 엄마와 누나나 형이 가까이 이것의 걱정을 하며 있다가 쉬이 만나기나 했으면 좋으련만 하고 슬퍼한다 **〈수라修羅〉** ❖ 이것을 안고 손을 쬐며 재 우에 뜻없이 글자를 쓰기도 하며,/또 문밖에 나가디두 않고 자리에 누워서,/머리에 손깍지벼개를 하고 굴기도 하면서, **〈남신의주 유동 박시봉방南新義州柳洞朴時逢方〉**

밑 명 물체의 아래나 아래쪽.

❖ 가즈랑집은 고개 밑의/산山 너머 마을서 도야지를 잃는 밤 즘생을 쫓는 깽제미 소리가 무서웁게 들려오는 집 **〈가즈랑집〉** ❖ 산山마루를 탄 사람들은 새꾼들인가/파란 한울에 떨어질 것같이/웃음소리가 더러 산山 밑까지 들린다 **〈추일산조秋日山朝〉** ❖ 골이 다한 산대 밑에 자그마한 돌능와집이 한 채 있어서/이 집 남길동 단 안주인은 겨울이면 집을 내고/산을 돌아 거리로 나려간다는 말을 하는데 **〈산곡山谷—**

함주시초咸州詩抄〉 ❖ 한 해에 몇 번 매연 지난 먼 조상들의 최방등 제사에는 〔…〕 늙은 제관의 손에 정갈히 몸을 씻고 교우 우에 모신 신주 앞에 환한 촛불 밑에 피나무 소담한 제상 위에 떡 보탕 식혜 산적 나물지짐 반봉 과일 들을 공손하니 받들고 〔…〕 〈**목구**木具〉 ❖ 그리고 또/버드나무 밑 당나귀 소리를 임내내는 시인詩人을 사랑한다//한울은/풀 그늘 밑에 삿갓 쓰고 사는 버슷을 사랑한다/모래 속에 문 잠그고 사는 조개를 사랑한다/그리고 두틈한 초가지붕 밑에 호박꽃 초롱 혀고 사는 시인詩人을 사랑한다 〈《**호박꽃 초롱**》 **서시**序詩〉

밑바닥 명 어떤 것의 바닥 또는 아래가 되는 부분.

❖ 높은 산도 높은 꼭다기에 있는 듯한/아니면 깊은 물도 깊은 밑바닥에 있는 듯한 당신네 나라의/하늘은 얼마나 맑고 높을 것인가 〈**허준**許俊〉

바깥 명 밖이 되는 곳.

❖ 나는 겨우 대문을 삐쳐나 바깥으로 나와서/밭 마당귀 연자간 앞을 지나가는데 연자간에는 또 연자망구신 〈**마을은 맨천 구신이 돼서**〉

밖 명 ① 어떤 선이나 금을 넘어선 곳. ② 무엇에 의하여 둘러싸이지 않은 공간. 또는 그쪽.

❖ 울파주 밖에는 장꾼들을 따러와서 엄지의 젖을 빠는 망아지도 있었다 〈**주막**酒幕〉 ❖ 어두워오는 성문城門 밖의 거리/도야지를 몰고 가는 사람이 있다 〈**성외**城外〉 ❖ 나는 또 큰거미를 쓸어 문밖으로 버리며/찬 밖이라도 새끼 있는 데로 가라고 하며 서러워한다 〈**수라**修羅〉 ❖ 흰밥과 가재미와 나는/우리들이 같이 있으면/세상 같은 건 밖에 나도 좋을 것 같다 〈**선우사**膳友辭**—함주시초**咸州詩抄〉 ❖ 밖에는 어데서 물새가 우는데/토방에선 햇콩두부가 고요히 숨이 들어갔다 〈**추야일경**秋夜一景〉 ❖ 밖은 봄철날 따디기의 누굿하니 푹석한 밤이다/거리에는 사람두 많이 나서 흥성흥성할 것이다/어쩐지 이 사람들과 친하니 싸단니고 싶은 밤이다 〈**내가 생각하는 것은**〉 ❖ 묘향산妙香山 어디메서 삼촌이 산다고 한다/쌔하얗게 얼은 자동차自動車 유리창 밖에/내지인內地人 주재소장駐在所長 같은 어른과 어린아이 둘이 내임을 낸다 〈**팔원**八院**—서행시초**西行詩抄 **3**〉

사이① 명 한 곳에서 다른 곳까지, 또는 한 물체에서 다른 물체까지의 공간.

❖ 초롱이 히근하니 물지게꾼이 우물로 가며/별 사이에 바라보는 그믐달은 눈물이 어리었다 〈**미명계**未明界〉

삼리三里**밖** 명 삼 리를 넘어선 곳. '리'는 거리의 단위를 나타내는 말.

❖ 삼리三里밖 강江쟁변엔 자갯돌에서/비멀이한 옷을 부숭부숭 말려 입고 오는 길

인데 〈**구장로**球場路**—서행시초**西行詩抄 **1**〉

성城**터** 명 성곽이 있었던 자리.

❖ 잠자리 조을든 문허진 성城터/반딧불이 난다 파란 혼魂들 같다/어데서 말 있는 듯이 크다란 산山새 한 마리 어두운 골짜기로 난다 〈**정주성**定州城〉

섶 명 '옆'의 방언(평안, 함경).

❖ 저녁술을 놓은 아이들은 외양간 섶 밭마당에 달린 배나무동산에서 쥐잡이를 하고 숨굴막질을 하고 꼬리잡이를 하고 〈**여우난골족**族〉 ❖ 나는 이런 저녁에는 화로를 더욱 다가 끼며, 무릎을 꿇어 보며,/어니 먼 산 뒷옆에 바우 섶에 따로 외로이 서서,/어두워 오는데 하이야니 눈을 맞을, 그 마른 잎새에는, 〈**남신의주 유동 박시봉방**南新義州柳洞朴時逢方〉

속① 명 ① 일정하게 둘러싸인 것의 안쪽으로 들어간 부분. ② 어떤 현상이나 상황, 일의 안이나 가운데.

❖ 날기멍석을 져간다는 닭보는 할미를 차 굴린다는 〔…〕 오줌 누러 깨는 재밤 머리맡의 문살에 대인 유리창으로 조마구 군병의 새까만 대가리 새까만 눈알이 들여다보는 때 나는 이불 속에 자즈러붙어 숨도 쉬지 못한다 〈**고야**古夜〉 ❖ 달빛은 이향異鄕/눈은 정기 속에 어우러진 싸움 〈**석류**石榴〉 ❖ 무이밭에 흰나뷔 나는 집 밤나무 머루넝쿨 속에 키질하는 소리만이 들린다/우물가에서 까치가 자꼬 즞거니 하면/붉은 수탉이 높이 샛더미 우로 올랐다 〈**창의문외**彰義門外〉 ❖ 한 십리十里 더 가면 절간이 있을 듯한 마을이다 낮 기울은 볕이 장글장글하니 따사하다 흙은 젖이 커서 살같이 깨서 아지랑이 낀 속이 안타까운가보다 뒤울안에 복사꽃 핀 집엔 아무도 없나보다 뷔인 집에 꿩이 날어와 다니나보다 〔…〕 〈**황일**黃日〉 ❖ 시큼한 배척한 퀴퀴한 이 내음새 속에/나는 가느슥히 여진女眞의 살내음새를 맡는다//얼근한 비릿한 구릿한 이 맛 속에선/까마득히 신라新羅백성의 향수鄕愁도 맛본다 〈**북관**北關**—함주시초**咸州詩抄〉 ❖ 눈은 푹푹 나리고/나는 나타샤를 생각하고/나타샤가 아니 올 리 없다/언제 벌써 내 속에 고조곤히 와 이야기한다/산골로 가는 것은 세상한테 지는 것이 아니다 〈**나와 나타샤와 흰 당나귀**〉 ❖ 넝감들은 유리창 같은 눈을 번득거리며/투박한 북관北關말을 떠들어대며/쇠리쇠리한 저녁해 속에/사나운 즘생같이들 사러졌다 〈**석양**夕陽〉 ❖ 캄캄한 비 속에/새빨간 달이 뜨고/하이얀 꽃이 퓌고/먼바루 개가 짖는 밤은/어데서 물외 내음새 나는 밤이다//캄캄한 비 속에/새빨간 달이 뜨고/하이얀 꽃이 퓌고/먼바루 개가 짖고/어데서 물외 내음새 나는 밤은 〈**야우소회**夜雨小懷**—물닭의 소리**〉 ❖ 집에는 언제나 센개 같은 게사니가 벅작궁 고아내고 말 같은 개들이

떠들썩 짖어대고 그리고 소거름 내음새 구수한 속에 엇송아지 히물쩍 너들씨는데 **〈넘언집 범 같은 노큰마니〉** ❖ 이방異邦 거리는/비 오듯 안개가 나리는 속에/안개 같은 비가 나리는 속에//이방異邦 거리는/콩기름 쫄이는 내음새 속에/섶누에 번디 삶는 내음새 속에//이방異邦 거리는/도끼날 벼르는 돌물레 소리 속에/되광대 켜는 되양금 소리 속에//손톱을 시펄하니 길우고 기나긴 창꽈쯔를 즐즐 끌고 싶었다 **〈안동安東〉** ❖ 나는 어니 외진 산山길에서 만난 새악시가 곱기도 하든 것과/어니메 강江물 속에 들여다뵈이든 쏘가리가 한 자나 되게 크든 것을 생각하며/산山비에 젖었다는 말렀다 하며 오는 길이다 **〈구장로球場路—서행시초西行詩抄 1〉** ❖ 바람은 얼마나 따사하고 향기로울 것인가/그리고 이 하늘 아래 바람결 속에 퍼진/그 풍속은 인정은 그리고 그 말은 얼마나 좋고 아름다울 것인가 **〈허준許俊〉** ❖ 한울은/풀 그늘 밑에 삿갓 쓰고 사는 버슷을 사랑한다/모래 속에 문 잠그고 사는 조개를 사랑한다/〔…〕//한울은/이러한 시인詩人이 우리들 속에 있는 것을 더욱 사랑하는데/이러한 시인詩人이 누구인 것을 세상은 몰라도 좋으나/그러나/그 이름이 강소천姜小泉인 것을 송아지와 꿀벌은 알을 것이다 **〈《호박꽃 초롱》 서시序詩〉** ❖ 이것은 어늬 양지귀 혹은 능달쪽 외따른 산 녚은댕이 예데가리밭에서/하로밤 뽀오햔 흰 김 속에 접시귀 소기름불이 뿌우현 부엌에/산멍에 같은 분틀을 타고 오는 것이다/이것은 아득한 녯날 한가하고 즐겁든 세월로부터/실 같은 봄비 속을 타는 듯한 녀름볕 속을 지나서 들쿠레한 구시월 갈바람 속을 지나서/대대로 나며 죽으며 죽으며 나며 하는 이 마을 사람들의 으젓한 마음을 지나서 텁텁한 꿈을 지나서 **〈국수〉** ❖ —하늘이 이 세상을 내일 적에 그가 가장 귀해하고 사랑하는 것들은 모두/가난하고 외롭고 높고 쓸쓸하니 그리고 언제나 넘치는 사랑과 슬픔 속에 살도록 만드신 것이다 **〈흰 바람벽이 있어〉** ❖ 산으로 오면 산이 들썩 산 소리 속에 나 홀로/벌로 오면 벌이 들썩 벌 소리 속에 나 홀로 **〈적막강산〉**

아래명 어떤 기준보다 낮은 위치.

❖ 이 무서운 밤을 아래 웃방성 마을 돌아다니는 사람은 있어 개는 짖는다 **〈개〉** ❖ 재통에 간 사람의 목덜미를 그냥그냥 나려눌러선 잿다리 아래로 처박고 **〈외갓집〉** ❖ 오두미五斗米를 버리고 버드나무 아래로 돌아온 사람도/그 녚차개에 수박씨 닦은 것은 호박씨 닦은 것은 있었을 것이다 **〈수박씨, 호박씨〉** ❖ 그리고 이 하늘 아래 바람결 속에 퍼진/그 풍속은 인정은 그리고 그 말은 얼마나 좋고 아름다울 것인가 **〈허준許俊〉** ❖ 우물돌 아래 우는 돌우래를 사랑한다 **〈《호박꽃 초롱》 서시序詩〉** ❖ 얼혼이 나서 뒤울안으로 가면 뒤울안에는 곱새녕 아래 털능구신 **〈마을은 맨천 구신이 돼서〉**

❖ 간밤엔 섬돌 아래 승냥이가 왔었다는 이야기// 〔…〕 //뒤울안 살구나무 아래서 광살구를 찾다가/살구벼락을 맞고 울다가 웃는 나를 보고/밑구멍에 털이 멫 자나 났나 보자고 한 것은 가즈랑집 할머니다 **〈가즈랑집〉** ❖ 맞구멍 난 토끼굴을 아배와 내가 막어서면 언제나 토끼새끼는 내 다리 아래로 달어났다 **〈오리 망아지 토끼〉** ❖ 산山골에서는 집터를 츠고 달궤를 닦고/보름달 아래서 노루고기를 먹었다 **〈노루〉** ❖ 한 십리十里 더 가면 절간이 있을 듯한 마을이다 〔…〕 어데서 송아지 매— 하고 운다 골갯논드렁에서 미나리 밟고 서서 운다 복사나무 아래 가 흙장난하며 놀지 왜 우노 〔…〕 **〈황일黃日〉**

아르대명 '아래쪽', '아래 지역'의 평북 방언. ☞ 앞대 243

〔'아르대'는 '아르(아래)+대'의 형태를 지닌 말이다. 여기서 '대'는 '일정한 범위의 부분'을 뜻하는 접미사로 쓰인 것으로 짐작된다. 백석 시에 이와 같은 형태의 말로 '앞대'가 있다. 평북 출신인 김장각 옹은 평북 지역서 '아래쪽'이란 뜻으로 '아르대'란 말을 많이 쓴다고 전한다.〕

❖ 토끼도 살이 오른다는 때 아르대 즘퍼리에서 제비꼬리 마타리 쇠조지 가지취 고비 고사리 두릅순 회순 산山나물을 하는 가즈랑집 할머니를 따르며 **〈가즈랑집〉**

안①명 어떤 물체나 공간의 둘러싸인 가에서 가운데로 향한 쪽. 또는 그런 곳이나 부분.

❖ 노루새끼는 다문다문 흰 점이 백이고 배 안의 털을 너슬너슬 벗고/산골사람을 닮었다 **〈노루—함주시초咸州詩抄〉** ❖ 이 마음 안에 아득하니 오랜 세월이 아득하니 오랜 지혜가 또 아득하니 오랜 인정人情이 깃들인 것이다/태산泰山의 구름도 황하黃河의 물도 옛님군의 땅과 나무의 덕도 이 마음 안에 아득하니 뵈이는 것이다 **〈수박씨, 호박씨〉** ❖ 말없이 무릎 우 어린 고양이의 등만 쓰다듬는 때든가/당신의 그 고요한 가슴 안에 온순한 눈가에/당신네 나라의 맑은 한울이 떠오를 것이고 **〈허준許俊〉** ❖ 무슨 은殷이며 상商이며 월越이며 하는 나라 사람들의 후손들과 같이/한물통 안에 들어 목욕을 한다/서로 나라가 다른 사람인데 **〈조당澡塘에서〉**

안팎명 사물이나 영역의 안과 밖.

❖ 바가지꽃 하이얀 지붕에 박각시 주락시 붕붕 날아오면/집은 안팎 문을 횅하니 열젖기고/인간들은 모두 뒷등성으로 올라 멍석자리를 하고 바람을 쐬이는데 **〈박각시 오는 저녁〉**

앞명 향하고 있는 쪽이나 곳.

❖ 장날 아츰에 앞 행길로 엄지 따러 지나가는 망아지를 내라고 나는 조르면/아배

는 행길을 향해서 크다란 소리로/—매지야 오나라/—매지야 오나라 **〈오리〉** ❖ 어두워오는 성문城門 밖의 거리/도야지를 몰고 가는 사람이 있다//엿방 앞에 엿궤가 없다 **〈성외城外〉** ❖ 화륜선 만져보려 선창 갔다//오다 가수내 들어가는 주막 앞에/문둥이 품바타령 듣다가 **〈통영統營—남행시초南行詩抄 2〉** ❖ 한 해에 멫 번 매연 지난 먼 조상들의 최방등 제사에는 〔…〕 늙은 제관의 손에 정갈히 몸을 씻고 교우 우에 모신 신주 앞에 환한 촛불 밑에 피나무 소담한 제상 위에 떡 보탕 식혜 산적 나물지짐 반봉 과일 들을 공손하니 받들고 〔…〕 **〈목구木具〉** ❖ 노왕老王은 나귀를 타고 앞에 가고/나는 노새를 타고 뒤에 따르고/마을 끝 충왕묘蟲王廟에 충왕蟲王을 찾어뵈려 가는 길이다 **〈귀농歸農〉** ❖ 지붕에 마당에 우물든덩에 함박눈이 푹푹 쌓이는 여늬 하로밤/아배 앞에 그 어린 아들 앞에 아배 앞에는 왕사발에 아들 앞에는 새끼사발에 그득히 사리워 오는 것이다 **〈국수〉** ❖ 나는 겨우 대문을 삐쳐나 바깥으로 나와서/밭 마당귀 연자간 앞을 지나가는데 연자간에는 또 연자망구신 **〈마을은 맨천 구신이 돼서〉** ❖ 봉가집에서 온 사람들도 만나 반가워하고/깨죽이며 문주며 섭가락 앞에 송구떡을 사서 권하거니 먹거니 하고 **〈칠월七月 백중〉**

앞대 명 어떤 지방에서 그 남쪽의 지방을 이르는 말. ☞ 아르대 242

❖ 나는 그때/아모 이기지 못할 슬픔도 시름도 없이/다만 게을리 먼 앞대로 떠나 나왔다 **〈북방北方에서—정현웅鄭玄雄에게〉** ❖ 어늬 먼 앞대 조용한 개포가의 나즈막한 집에서/그의 지아비와 마조 앉어 대구국을 끓여놓고 저녁을 먹는다 **〈흰 바람벽이 있어〉**

앞뒤 명 앞과 뒤를 아울러 이르는 말.

❖ 입으로 먹을 뿜는 건/몇십 년 도를 닦어 피는 조환가/앞뒤로 가기를 마음대로 하는 건/손자孫子의 병서兵書도 읽은 것이다/갈매기 쫑얼댄다 **〈꼴두기—물닭의 소리〉**

어구 명 어귀. 드나드는 목의 첫머리.

〔'어귀'가 표준어인데 《평북방언사전》과 《조선말대사전》에 '어귀'의 뜻으로 '어구'가 등재되어 있다.〕

❖ 주홍칠이 날은 정문旌門이 하나 마을 어구에 있었다 **〈정문촌旌門村〉**

어늬바루 명 어느 곳에. 어디쯤. '바루'는 평북 방언으로 거리의 대략적인 정도를 나타내는 접미사.

〔'어늬바루'는 '어늬(어느)+바루'의 형태를 지닌 말이다. '바루'는 원래 '바'(所)에서 온 말이기 때문에 그 앞에 '먼'이란 관형사 쓰임이 가능한 것이다. '바루'는 원래 '곳으로', '곳에' 정도의 의미를 지닌 말이라고 할 수 있다. '어뉘바루'는 '먼바루'와 함

께 뒤에 하나의 단어로 정착되어 '어느 곳에', '어디쯤' 정도의 의미를 갖게 된 것이다. 《평북방언사전》엔 '바루'가 평북 방언으로 거리의 대략 정도를 나타내는 접미사로 기술되어 있다.〕

❖ 이러면서 그 무슨 제비의 춤이라는 연소탕燕巢湯이 맛도 있는 것과/또 어늬바루 새악시가 곱기도 한 것 같은 것을 생각하는 것일 것인데 **〈조당澡塘에서〉**

옆명 사물의 오른쪽이나 왼쪽의 면. 또는 그 근처.

❖ 오리야 네가 좋은 청명淸明 밑께 밤은/옆에서 누가 뺨을 쳐도 모르게 어둡다누나/오리야 이때는 따디기가 되여 어둡단다// 〔…〕 // 오리야 나는 네가 좋구나 네가 좋아서/벌논의 늪 옆에 쭈구렁벼알 달린 짚검불을 널어놓고/닭이짗 올코에 새끼달은치를 묻어놓고 **〈오리〉** ❖ 어늬 먼 앞대 조용한 개포가의 나즈막한 집에서/그의 지아비와 마조 앉어 대구국을 끓여놓고 저녁을 먹는다/벌써 어린것도 생겨서 옆에 끼고 저녁을 먹는다 **〈흰 바람벽이 있어〉**

온데간데명 여러 곳. 모든 곳.

〔《조선말대사전》에 '온데'가 '모든 곳'의 의미로 등재되어 있다. '온데간데'는 언어유희를 곁들인 조어라고 할 수 있다.〕

❖ 아아 말 마라 내 발뒤축에는 오나가나 묻어 다니는 달걀구신/마을은 온데간데 구신이 돼서 나는 아무 데도 갈 수 없다 **〈마을은 맨천 구신이 돼서〉**

우명 위. ① 어떤 기준보다 더 높은 쪽. 또는 사물의 중간 부분보다 더 높은 쪽. ② 어떤 사물의 거죽이나 바닥의 표면.

〔'우'는 '위'의 고어이다. 우리말에선 '위'가 표준어고 '우'가 비표준어인데, 《조선말대사전》엔 '우'가 규범어고, '위'가 비규범어로 기술되어 있다. 백석 시에선 주로 '우'가 사용되고, '위'가 한 차례 사용된다.〕

❖ 부엌에는 빨갛게 질들은 팔八모알상이 그 상 우엔 새파란 싸리를 그린 눈알만 한 잔盞이 뵈였다 **〈주막酒幕〉** ❖ 또 이러한 밤 같은 때 〔…〕 그러다는 이불 우에서 광대넘이를 뒤이고 또 누워 굴면서 엄매에게 웃목에 두른 평풍의 새빨간 천두의 이야기를 듣기도 하고 고무더러는 밝는 날 멀리는 못 난다는 뫼추라기를 잡어달라고 조르기도 하고// 〔…〕 //섣달에 냅일날이 들어서 냅일날 밤에 눈이 오면 〔…〕 나는 앙궁 우에 떡돌 우에 곱새담 우에 함지에 버치며 대냥푼을 놓고 치성이나 드리듯이 정한 마음으로 냅일눈 약눈을 받는다 **〈고야古夜〉** ❖ 우물가에서 까치가 자꼬 즞거니 하면/붉은 수탉이 높이 샛더미 우로 올랐다 **〈창의문외彰義門外〉** ❖ 박을 삶는 집/할아버지와 손자가 오른 지붕 우에 한울빛이 진초록이다/우물의 물이 쓸 것만 같다 **〈여**

우난골〉 ❖ 대들보 우에 베틀도 채일도 토리개도 모도들 편안하니/구석구석 후치도 보십도 소시랑도 모도들 편안하니 **〈연자간〉** ❖ 눈이 오는데/토방에서는 질화로 우에 곱돌탕관에 약이 끓는다/삼에 숙변에 목단에 백복령에 산약에 택사의 몸을 보한다는 육미탕六味湯이다 **〈탕약**湯藥〉 ❖ 그렇것만 나는 하이얀 자리 우에서 마른 팔뚝의/샛파란 핏대를 바라보며 나는 가난한 아버지를/가진 것과 내가 오래 그려오든 처녀가 시집을 간 것과/그렇게도 살틀하든 동무가 나를 버린 일을 생각한다 **〈내가 생각하는 것은〉** ❖ 문기슭에 바다 해자를 까꾸로 붙인 집/산듯한 청삿자리 우에서 찌륵찌륵/우는 전복회를 먹어 한녀름을 보낸다 **〈삼호**三湖**—물닭의 소리〉** ❖ 한 해에 멫 번 매연 지난 먼 조상들의 최방등 제사에는 컴컴한 고방 구석을 나와서 대멀머리에 외얏맹건을 지르터맨 늙은 제관의 손에 정갈히 몸을 씻고 교우 우에 모신 신주 앞에 환한 촛불 밑에 피나무 소담한 제상 위에 〔…〕 **〈목구**木具〉 ❖ 추운 겨울밤 병들어 누운 가난한 동무의 머리맡에 앉어/말없이 무릎 우 어린 고양이의 등만 쓰다듬는 때든가 **〈허준**許俊〉 ❖ 딜옹배기에 북덕불이라도 담겨 오면,/이것을 안고 손을 쬐며 재 우에 뜻없이 글자를 쓰기도 하며,/또 문밖에 나가디두 않고 자리에 누워서,/머리에 손깍지벼개를 하고 굴기도 하면서, **〈남신의주 유동 박시봉방**南新義州柳洞朴時逢方〉

위① 명 어떤 기준보다 더 높은 쪽. 또는 사물의 중간 부분보다 더 높은 쪽.

❖ 한 해에 멫 번 매연 지난 먼 조상들의 최방등 제사에는 〔…〕 교우 우에 모신 신주 앞에 환한 촛불 밑에 피나무 소담한 제상 위에 떡 보탕 식혜 산적 나물지짐 반봉 과일 들을 공손하니 받들고 〔…〕 **〈목구**木具〉

쪽① 의 방향을 가리키는 말.

❖ 빚이 안 되어 가는 탓에/가무래기도 나도 모도 춥다/추운 거리의 그도 추운 능당 쪽을 걸어가며/내 마음은 우쭐댄다 그 무슨 기쁨에 우쭐댄다 **〈가무래기의 낙**樂〉

터앞 명 터의 앞쪽. 빈터의 앞쪽. ☞ 터앝 199

〔백석 시엔 '터앞'과 '터앝'이란 시어가 구사된다. '터앝'은 '집의 울안에 있는 작은 밭'을 가리키고, '터앞'은 '집 밖의 공터 앞'을 가리킨다.〕

❖ 노루새끼 등을 쓸며/터앞에 당콩순을 다 먹었다 하고/서른닷 냥 값을 부른다 **〈노루—함주시초**咸州詩抄〉 ❖ 첫녀름 이른 저녁을 해치우고 인간들이 모두 터앞에 나와서 물외포기에 당콩포기에 오줌을 주는 때 터앞에 밭마당에 샛길에 떠도는 오줌의 매캐한 재릿한 내음새 **〈동뇨부**童尿賦〉

한구석 명 한쪽으로 치우쳐 구석진 곳.

❖ 이 추운 세상의 한구석에/맑고 가난한 친구가 하나 있어서/내가 이렇게 추운 거리를 지나온 걸 〈**가무래기의 낙**樂〉 ❖ 계집아이는 운다 느끼며 운다/텅 비인 차車 안 한구석에서 어느 한 사람도 눈을 씻는다 〈**팔원**八院**—서행시초**西行詩抄 **3**〉

한쪽명 어느 하나의 편이나 방향.

❖ 날은 챙챙 좋기도 좋은데/눈도 녹으며 술렁거리고 버들도 잎 트며 수선거리고/저 한쪽 마을에는 마돌에 닭 개 즘생도 들떠들고/또 아이 어른 행길에 뜨락에 사람도 웅성웅성 흥성거려 〈**귀농**歸農〉

4 지명

가수내명 지명으로 추정되는데, 현재까지 어디인지 확인되지 않는다. '가시내'의 방언일 수도 있다.

〔백석 시의 아래 용례에서 '가수내'는 '① 지명 ② 가시내의 경상도 방언'의 두 가지로 볼 수 있는데, 문맥상으론 지명으로 보는 것이 자연스럽다. 문둥이가 주막 앞에서 품바타령을 하고 있다는 것은, 그 주막 앞에 사람들이 많이 모여 있음을 암시하는 것이다. 주막이 길목에 놓여 있을 때 특히 그 주막 앞에 사람들이 많이 모이게 될 것이다. '가수내'라는 곳으로 들어가는 입구에 주막이 있고, 그 앞에서 문둥이가 품바타령을 하고 있는 것이 이 시의 정황이라고 할 수 있다. 《한국역사지명사전》(2008)엔 이 인근의 옛 지명으로 '가수'라는 곳이 명시되어 있어 '가수내'가 이 곳을 가리키는 것이 아닌가 짐작되는데, 단정할 순 없겠다. '가수내'를 '가시내'의 경상도 방언으로 볼 수도 있는데, 백석 시에는 여자가 주막으로 들어가는 상황, 내지는 그와 비슷한 상상을 드러낸 경우를 다른 작품에서 찾아볼 수 없다. 따라서 '가수내'의 어석은 둘 다 가능하긴 하나, 전자로 보는 것이 좀 더 적절해 보인다.〕

❖ 화륜선 만져보려 선창 갔다//오다 가수내 들어가는 주막 앞에/문둥이 품바타령 듣다가//열니레 달이 올라서/나룻배 타고 판데목 지나간다 간다 〈**통영**統營**—남행시초**南行詩抄 **2**〉

가즈랑고개명 백석의 고향인 평북 정주에 있는 고개. 송준의 조사에 의하면 정주의 덕언면 내동과 백미동 사이에 '가주령 고개'가 있다고 한다. 이 조사에 따른다면 '가즈랑고개'는 '가주령 고개'를 가리킨다고 할 수 있다(송준, 《시인 백석 1》, 흰당나귀, 2012, 40쪽).

❖ 승냥이가 새끼를 치는 전에는 쇠메 든 도적이 났다는 가즈랑고개 **〈가즈랑집〉**

강원도江原道 명 우리나라 중부 동쪽에 있는 도. 고구려 땅이었으며, 조선 시대 1395년(태조 4년)에 처음으로 강원도라 했고, 이후 원양도原襄道, 강양도江襄道라 했다가 1896년(고종 33년)에 다시 현 지명으로 고쳤다. 특산물로 감자, 옥수수가 유명하며, 현재 도청 소재지는 춘천, 면적은 1만 6,898제곱킬로미터이다(《표준국어대사전》,《고려대한국어대사전》).

❖ 양철통을 쩔렁거리며 달구지는 거리 끝에서 강원도江原道로 간다는 길로 든다 **〈성외**城外**〉**

고성가도固城街道 명 고성의 큰길. '고성'은 경상남도 남부 연안 중앙부에 있는 군. 북동쪽으로 마산, 남쪽으로 통영과 접해 있으며, 남해안에 있어 기후가 따뜻하다. 백석 시 〈고성가도固城街道—남행시초南行詩抄 3〉이 발표될 당시(1936년 3월) 고성군은 14개의 면으로 이루어져 있었고, 1938년에는 고성읍과 14개의 면으로 재편되었다. '남행시초 3'이 〈고성가도固城街道〉이며, '남행시초 2'가 〈통영統營〉인 것으로 보아 백석이 통영을 거쳐 고성으로 들어갔음을 알 수 있다. 〔'고성가도'처럼 '지명+가도(街道)'의 형태를 지닌 말로 백석 시에 '이두국주가도伊豆國湊街道'의 '주가도湊街道'라는 시어가 또 있다. '주가도'는 '주(湊, 지명)+가도(街道)'의 형태를 지닌 말이다.〕

❖ 시 제목 **〈고성가도**固城街道**—남행시초**南行詩抄 **3〉**

경상남도 고성(1936)

구마산舊馬山 명 옛 마산. 일제가 마산 지역 아래에 신시가지를 조성하면서, 원래의 마산 지역은 '구마산'으로 부르게 되었다. 제시한 일제시대《조선지형도》는 '구마산' 지역에 배가 드나드는 포구와 선착장이 있음을 보여 준다. 백석이 여기서 배를 타고 통영으로 들어갔음을 생생히 확인할 수 있다. 〈통영統營(남행시초南行詩抄)〉의 용례는 그러한 시적 정황을 그리고 있는 대목이다. 백석은 창원에서 '구마산'으로 가 배를 타고 통영으로 들어갔고, 이어 고성을 거쳐 사천의

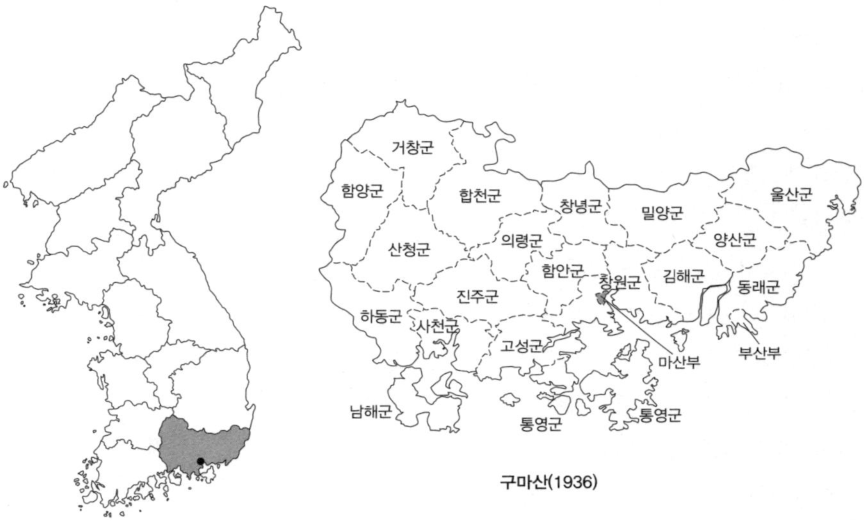

구마산(1936)

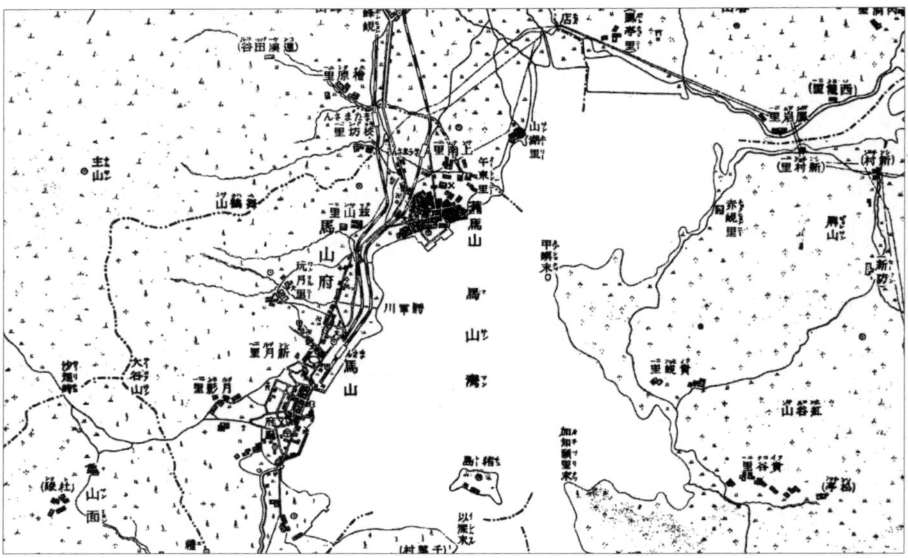

경남 마산부의 구마산 주변 상세 지도(《조선지형도》)

삼천포로 갔음을 그의 '남행시초'는 전해 주는데, 그러한 백석의 여로를 지도를 통해 확인할 수 있다.

❖ 구마산舊馬山의 선창에선 좋아하는 사람이 울며 나리는 배에 올라서 오는 물길이 반날/갓 나는 고당은 갓갓기도 하다 〈**통영**統營(**남행시초**南行詩抄)〉

구장로球場路 명 구장球場으로 들어가는 길을 뜻하는 것으로 보인다. '구장球場'은 평안북도 영변군寧邊郡 용산면龍山面에 있는 동네 이름이다. 1914년 동제의 실시

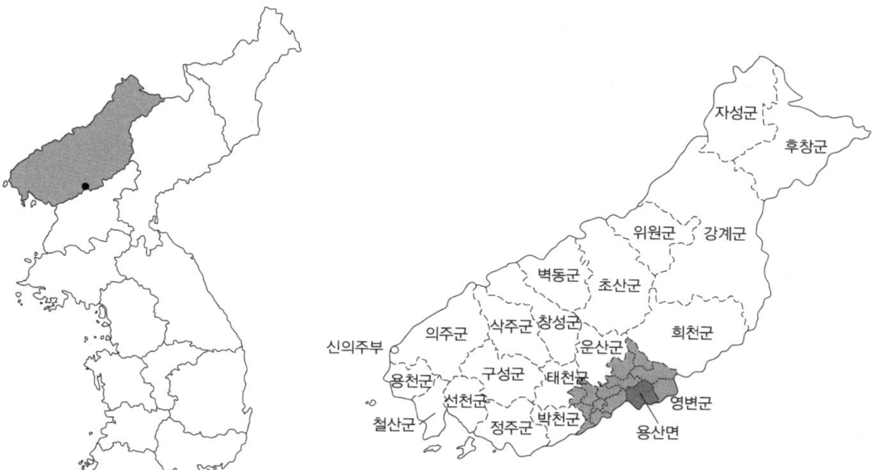

평안북도 구장(1939)

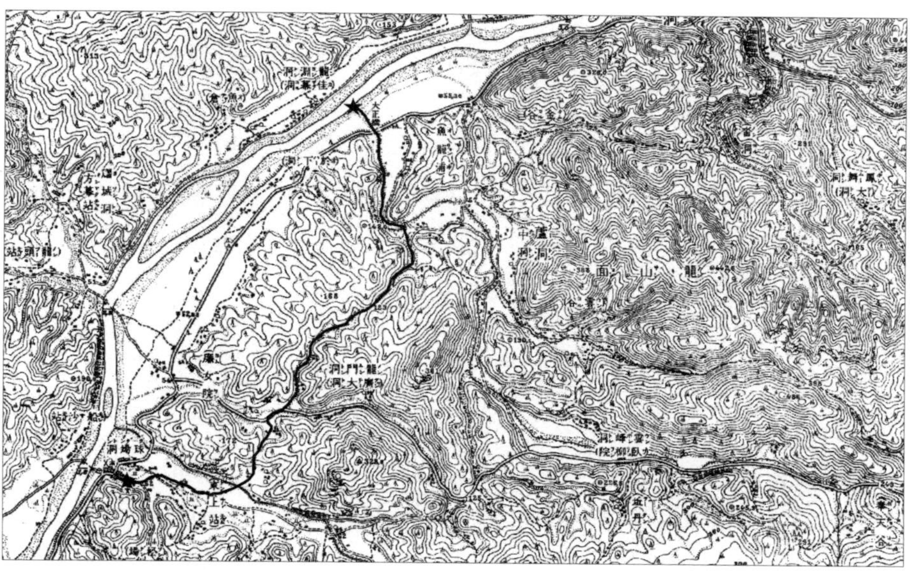

평안북도 영변군 용산면의 구장 부근 상세 지도(《조선지형도》)

로 '구장동'으로 부르다가 1949년 리제의 실시로 '구장리'로 되었으며, 1952년 행정구역 개편으로 구장군 구장읍으로 변경되었다. '구장'은 청천강 기슭에 위치해 있으며, 오래전부터 장이 서던 마을이었고, 특산물로 '백령술'이 유명하다(《조선향토대백과》, 2005). 이 시에서 시인은 삼 리 밖 '강쟁변'(강변)에서 옷을 말려 입고 산을 돌아 이십 리 이상을 산길을 걸어 구장으로 들어가고 있는데, 그 여로를 《조선지형도》에 나타난 길 표시를 따라 추적하면 굵게 표시된 길로 짐작된다.

❖ 시 제목 〈**구장로**球場路**—서행시초**西行詩抄 **1**〉

남신의주南新義州 명 '신의주부'의 남쪽 지역. '남신의주'는 행정구역상의 공식 지명이 아니고 '신의주부'의 남쪽 지역을 가리키는 말이다. '신의주부'는 평안북도 '의주군' 안에 있는 부 단위의 지명으로 의주군에 새롭게 조성한 신시가지이다. '남신의주'는 그 '신의주부'의 남쪽 지역 일대를 가리키므로 행정구역상으로는 '의주군'이라고 할 수 있는데, 그곳이 신시가지인 '신의주부'의 바로 남쪽 지역이기 때문에 '남신의주'라고 부른 것이다. ☞ 유동 267

❖ 시 제목 〈**남신의주 유동 박시봉방**南新義州柳洞朴時逢方〉

평안북도 남신의주(1939)

노루섬 명 장도獐島. 평북 정주군 앞쪽의 바다 건너편에 있는 섬이다. '장도獐島'의 한자 '獐'은 '노루'라는 뜻이어서 '장도獐島'를 우리말로 부르면 '노루섬'이 된다. '장도獐島'는 '외장도'와 '내장도' 두 개의 섬으로 이루어져 있다.

❖ 비얘고지 비얘고지는/제비야 네 말이다/저 건너 노루섬에 노루 없드란 말이지/신미두 삼각산엔 가무래기만 나드란 말이지 〈**대산동**大山洞**—물닭의 소리**〉

평안북도 노루섬(1939)

대산동大山洞 명 평안북도 정주군定州郡 덕언면德彦面에 있는 동네 이름(당시의 행정 구역상 명칭). 백석이 태어난 정주군 갈산면 익성동의 바로 위에 있다. 아래 지도에서 확인되듯 덕언면은 정주군의 여러 면 가운데 바다에 인접해 있는 면이다. 덕언면의 건너편 바다 쪽에 장도(노루섬)가 있고, 그 위쪽에 '신미도'가 있

다. 백석은 시 〈대산동大山洞—물닭의 소리〉에서 그 섬들을 가리키며 즐거운 상상을 하고 있다.

❖ 시 제목 〈**<u>대산동</u>**大山洞**—물닭의 소리**〉

평안북도 정주군 대산동(1939)

동림東林명 평안북도 선천군 심천면深川面에 있는 마을 이름. 제시한 지도에서 보듯 심천면은 선천군의 왼편 끝 쪽에 위치해 있다. 시 〈적막강산〉에서 백석은 정주에서 동림까지 구십여 리 길이라고 읊고 있다. '동림'은 해방 후에는 새로 신설된 동림군으로 편입되었다.

❖ 정주定州 <u>동림</u>東林 구십九十여 리里 긴긴 하로 길에/산에 오면 산 소리 벌에 오면 벌 소리/적막강산에 나는 있노라 〈**적막강산**〉

평안북도 선천군 심천면 동림(1939)

마산馬山명 경상남도 남해안 중앙부 마산만馬山灣에 위치한 지명. 당시의 행정구역상 공식 명칭은 '마산부'이며, 지도에서 보듯 창원군 안에 들어 있다. 아래 용례에서 '마산 객줏집'은 통영에 있는 곳이다. 마산과 통영이 뱃길로 연결되어 있어 왕래가 잦으므로 통영에 있는 객줏집의 옥호를 '마산 객줏집'으로 한 것이거나, 그렇게 부른 것이라고 할 수 있다.

❖ 산山 너머로 가는 길 돌각담에 갸웃하는 처녀는 금錦이라든 이 같고/내가 들은 마산馬山 객줏客主집의 어린 딸은 난蘭이라는 이 같고 〈**통영**統營(**남행시초**南行詩抄)〉

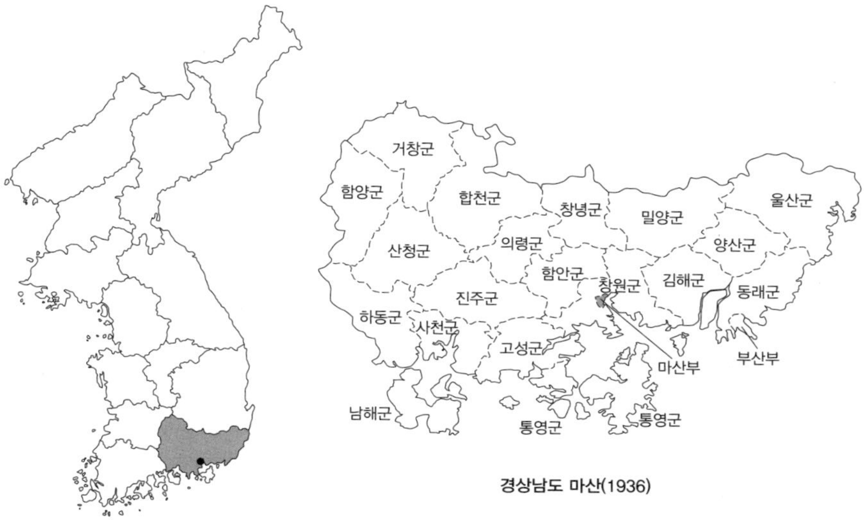

경상남도 마산(1936)

명정明井**골** 명 명정동. 통영 안에 있는 마을 이름.

❖ 난蘭이라는 이는 명정明井골에 산다든데/명정明井골은 산山을 넘어 동백冬柏나무 푸르른 감로甘露 같은 물이 솟는 명정明井샘이 있는 마을인데/샘터엔 오구작작 물을 긷는 처녀며 새악시들 가운데 내가 좋아하는 그이가 있을 것만 같고 〈**통영**統營(**남행시초**南行詩抄)〉

명정明井**샘** 명 통영의 명정동에 있는 우물. 명정동의 충렬사 아래에 있다. '일정日井'과 '월정月井'이라는 두 개의 샘이 있는데, 이 둘을 합쳐 '명정明井샘'이라고 부른다.

❖ 난蘭이라는 이는 명정明井골에 산다든데/명정明井골은 산山을 넘어 동백冬柏나무 푸르른 감로甘露 같은 물이 솟는 명정明井샘이 있는 마을인데/샘터엔 오구작작 물을 긷는 처녀며 새악시들 가운데 내가 좋아하는 그이가 있을 것만 같고 〈**통영**統營(**남행시초**南行詩抄)〉

묘향산妙香山 명 평안북도 영변군 북신현면(지금은 신현면과 백령면의 경계)에 있는 산. 향기로운 나무들이 많고 산이 기묘하게 생겼다 하여 붙은 이름이다. 묘향산맥의 주봉으로서, 단군이 내려왔다는 전설로 유명하다. 높이는 1,909미터이다. 〈팔원八院—서행시초西行詩抄 3〉에서 시인은 이곳, 즉 팔원으로부터 묘향산까지 백오십 리라고 말하는데, 팔원은 지도에서 보듯 영변군의 왼쪽 끝 가까이에 있고 묘향산은 오른쪽 끝 가까이에 있다. 실제 직선 길이는 백오십 리가 안 되는데 이곳이 험준한 산악 지형이어서 그런 거리가 나온 것 같다.

❖ 계집아이는 자성慈城으로 간다고 하는데/자성慈城은 예서 삼백오십리三百五十里 묘향산妙香山 백오십리百五十里/묘향산妙香山 어디메서 삼촌이 산다고 한다 **〈팔원八院—서행시초西行詩抄 3〉**

평안북도 영변 묘향산(1939)

물계리物界里 명 함경남도 홍원군 보청면에 위치한 무계리茂桂里를 가리키는 것으로 짐작된다. '무계리'는 '삼호'의 남쪽에 위치해 있다. 시 〈삼호三湖〉와 〈물계리物界里〉는 〈물닭의 소리〉란 제목 아래 묶여 있는 작품이다. 지도에서 보듯 '무계리'는 만灣 지형이며 촌락을 형성하고 있어서 사람들이 많이 찾았을 것으로 짐작된다.

〔송준은 '물계리'가 함경남도 홍원군 삼호의 남쪽에 있는 마을이라고 지목하는데, 《조선지형도》와 《조선향토대백과》에 '물계리'란 지명은 나오지 않는다. 대신, '삼호' 근처에 '무계리'란 지명이 나오는데 '물계리'는 이곳을 가리키는 것이 아닌가 추정된다(송준, 《시인 백석 2》, 흰당나귀, 2012, 145-146쪽).〕

❖ 시 제목 **〈물계리物界里—물닭의 소리〉**

함경남도 보청면 무계리(1938)

함경남도 보청면 무계리 부근 상세 지도(《조선지형도》)

백구둔白狗屯 명 바이구툰. 중국 지린吉林 성 창춘長春(당시에는 만주의 신징新京으로 불렸다)에 있는 마을 이름. 정확한 주소는 '吉林省 長春市 寬城区 奮進鄕 新月村 白狗屯'(지린성 창춘스 콴청취 펀진샹 신웨춘 바이구툰)이다. 중국의 행정구획 체제는 '省(성) → 市(스) → 區(취) → 鄕(샹) → 村(춘) → 屯(툰)'으로 되어 있다.

❖ 백구둔白狗屯의 눈 녹이는 밭 가운데 땅 풀리는 밭 가운데/촌부자 노왕老王하고 같이 서서/밭최뚝에 즘부러진 땅버들의 버들개지 피여나는 데서 〈**귀농**歸農〉

중국 지린성 창춘스 관청취 바이구툰(백구둔)

북관北關 명 '함경도'를 달리 이르는 말.

❖ 명태明太창난젓에 고추무거리에 막칼질한 무이를 뷔벼 익힌 것을/이 투박한 북관北關을 한없이 끼밀고 있노라면/쓸쓸하니 무릎은 꿇어진다 〈**북관**北關**—함주시초**咸州詩抄〉 ❖ 나는 북관北關에 혼자 앓어 누워서/어늬 아츰 의원醫員을 뵈이었다 〈**고향**故鄕〉 ❖ 북관北關에 계집은 튼튼하다/북관北關에 계집은 아름답다/아름답고 튼튼한 계집은 있어서 〈**절망**絶望〉

북신北新 명 평안북도 영변군에 있는 '북신현면北薪峴面'을 가리킨다. '북신현北薪峴'의 '현峴'자는 고개를 뜻하는 말인데, 이 지역이 산악 지대인 것과 관련된 명칭으로 짐작된다. '북신北新'은 '북신현北新峴'에서 지역의 지리적 특성을 나타내는 '현峴'자를 빼고, 행정구역상 지역명의 핵심어만을 살려 간략히 쓴 것이다. 또 '薪' 대신 '新'이란 한자를 쓰고 있는데, 이 역시 간략한 글자를 찾아 쓴 것이다. '新'자는 '薪'자와 통용하여 쓰는 한자이다(諸橋轍次, 《大漢和辭典 5》, 東京: 大修館書店, 1955, 5267쪽). 이 시의 화자는 묘향산 근처의 국숫집이 많은 거리 위에 있는데, 이곳을 일제시대 《조선지형도》에서 찾아보면, 굵은 표시의 길 중 한 군데로 짐작된다.

〔《조선지형도》에 '북신'이란 곳이 따로 나오긴 한다. 하지만, 그곳은 묘향산과는 완전히 동떨어진 지역이고, 거리가 나 있는 곳도 아니다. 따라서 이 시에서 '북신'은 '북신현면'을 가리키는 것으로 봐야 한다. 〈북신北新〉 다음에 쓴 '서행시초 3'의 〈팔원八院〉이란 시도 '팔원면'을 가리키고 있다.〕

❖ 시 제목 〈**북신**北新**—서행시초**西行詩抄 **2**〉

평안북도 영변군 북신현면(1939)

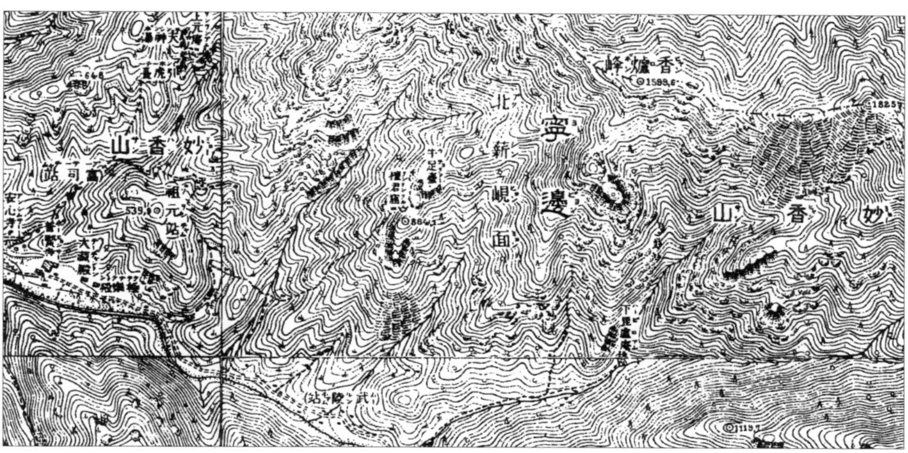

평안북도 영변군 북신현면의 묘향산 부근 상세 지도(《조선지형도》)

삼각산 명 평안북도의 신미도身彌島 안에 있는 운종산雲從山을 말한다. 해발 532미터이며 산봉우리가 삼각형처럼 생겨 삼각산이라고 부르기도 한다. 《조선지형도》를 보면 신미도의 한 가운데 운종산이 있으며, 중심으로 갈수록 등고선이 점점 촘촘해져 위로 갈수록 매우 가파른 형상을 하고 있음을 짐작할 수 있다. 운종산(삼각산)은 행정구역상 평안북도 선천군 소속이다. 제시한 《조선지형도》의 윗부분에 ‘선천宣川’이란 글자가 뚜렷이 명기되어 있다.

❖ 저 건너 노루섬에 노루 없드란 말이지/신미두 <u>삼각산</u>엔 가무래기만 나드란 말이지 〈**대산동**大山洞**—물닭의 소리**〉

평안북도 신미도 삼각산(1939)

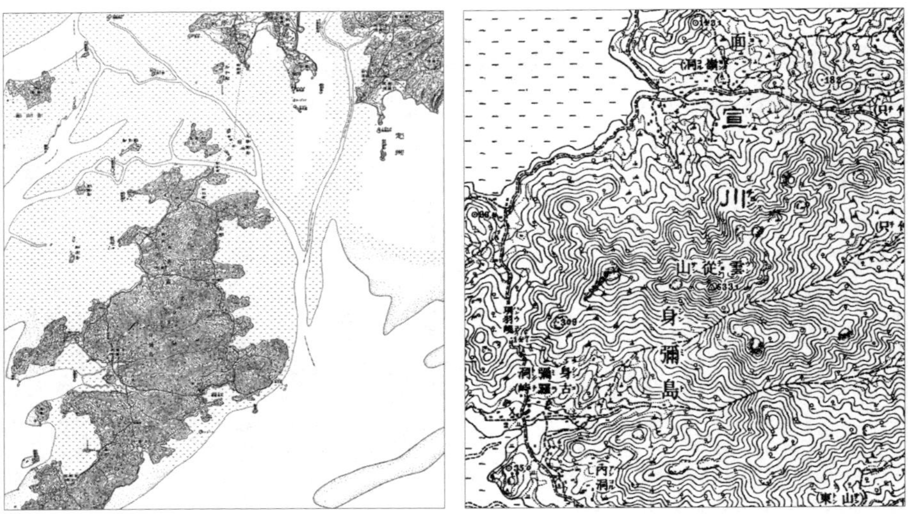

평안북도 신미도 삼각산(운종산) 부근 상세 지도(《조선지형도》)

삼방三防 명 함경남도 안변군安邊郡(지금 행정구역으로는 강원도 세포군)에 있는 지명. 이곳은 예부터 서울서 원산으로 가는 지름길 위에 위치한 교통의 요지이다. 일제시대 때 이 길 위에 경원선이 놓였다(《조선지형도》에서 '삼방리三防里'를 지나가는 경원선을 뚜렷이 확인할 수 있다). 근처에 유명한 삼방약수가 있고, 삼방협곡의 풍광도 뛰어나 사람들이 많이 찾았으며, 그래서 주변에 여인숙이 많았다. 방우영 조선일보 상임고문의 회고에 의하면 평소 몸이 약한 누이동생을 할머니가 삼방약수로 데리고 가 요양시켰는데, 그때 조부(방응모)의 지시로 조선일보 백석 기자가 동행하여 뒷바라지한 적이 있었으며, 서울로 돌아온 후 이 시

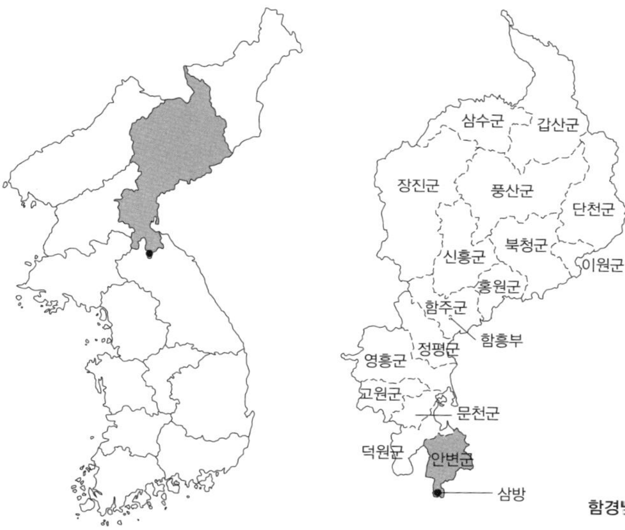

함경남도 안변군 삼방(1936)

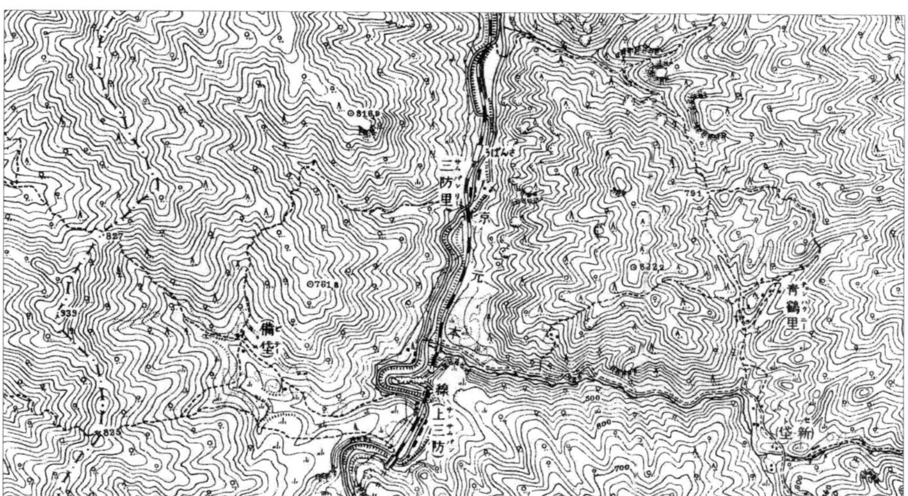

함경남도 안변군 삼방 부근 상세 지도(《조선지형도》)

를 발표했다고 전한다. 〈삼방三防〉이란 시는 처음 〈산지山地〉란 제목으로 발표되었고(《조광》, 1935. 11), 후에 시집 《사슴》(1936. 1)에 〈삼방三防〉이란 제목의 시로 일부 개작되어 실렸다(〈백석 탄생 100주년 방우영 상임고문, 그를 추억하다〉, 《조선일보사보》, 2062호, 2012. 6. 29).

❖ 시 제목 〈**삼방**三防〉

삼천포三千浦 명 경상남도 사천군 삼천포읍을 가리킨다. 1918년에 사천군 삼천포면이 설치되었고, 1931년에 삼천포읍으로 승격되었다. 백석 시 〈삼천포三千浦〉가 쓰여질 당시에는 삼천포읍이었는데, 1995년 5월 행정구역 개편 때 사천군과 합쳐져 사천시로 개편되면서 폐지되었다. 삼천포는 경상남도 남서쪽에 위치한 포구로 고려 시대 조창이 설치되어 새로운 마을을 형성하게 된 곳이며, 예부터 이곳에 생우와 곡류가 많이 집산되었다고 한다. '남행시초 3'이 〈고성가도固城街道〉이고, '남행시초 4'가 〈삼천포三千浦〉인 것으로 보아, 백석은 고성을 거쳐 사천의 삼천포로 들어갔음을 알 수 있다. 《조선지형도》를 보면, 이곳은 남쪽 바다를 끼고 있는 포구로 당시 촌락이 촘촘히 형성되어 있는 지역으로서, 뒤로는 멀리 산을 지고 있고 가까이 너른 들판을 두고 있으며 앞으론 탁 트인 바다에 섬들이 옹기종기 놓여 있는 매우 아름답고 아늑하며 포근한 곳임을 알 수 있다.

❖ 시 제목 〈**삼천포**三千浦**—남행시초**南行詩抄 **4**〉

경상남도 사천군 삼천포(1936)

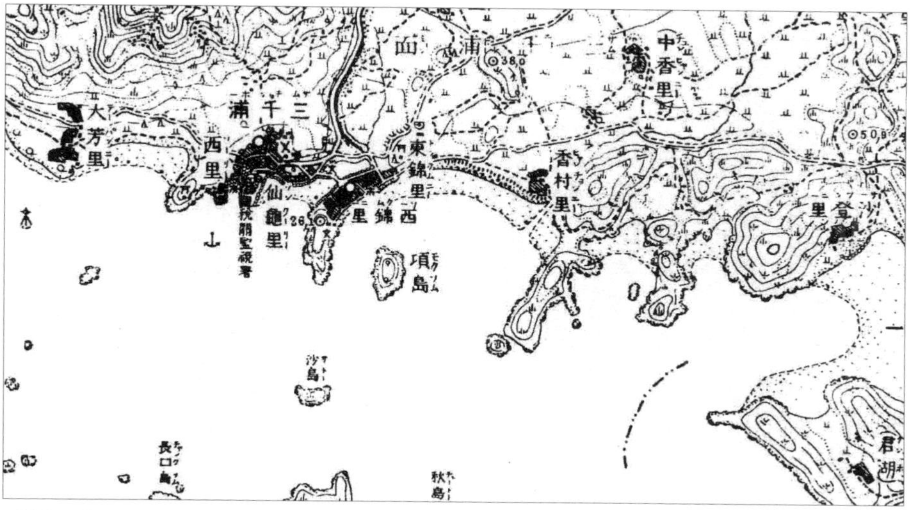

경상남도 사천군 삼천포읍 부근 상세 지도(《조선지형도》)

삼호三湖 명 함경남도 홍원군 보청면에 위치한 마을이자, 삼호만灣에 있는 유명한 항구이다. 이곳은 광복 후 행정구역 개편에 따라 퇴조군으로 변경되었다가, 1982년 다시 낙원구로 개편되어 지금에 이르고 있다. 현재 이곳엔 삼호수산사업소가 들어서 있으며 명태, 가자미, 정어리, 공미리, 해삼 등을 어획하고 있고, 여기서 산출되는 명란젓과 창난젓은 이 고장의 특산물로 알려져 있다(《조선향토대백과12》, 2005, 543쪽). 《조선지형도》를 보면 당시 삼호에 촌락이 크게

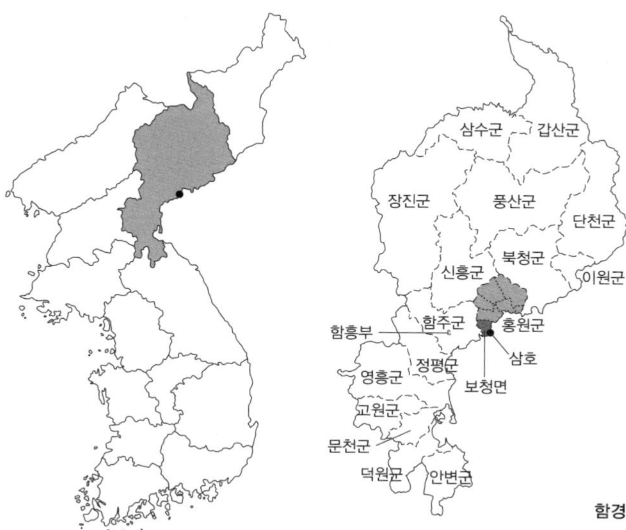

함경남도 홍원군 삼호(1936)

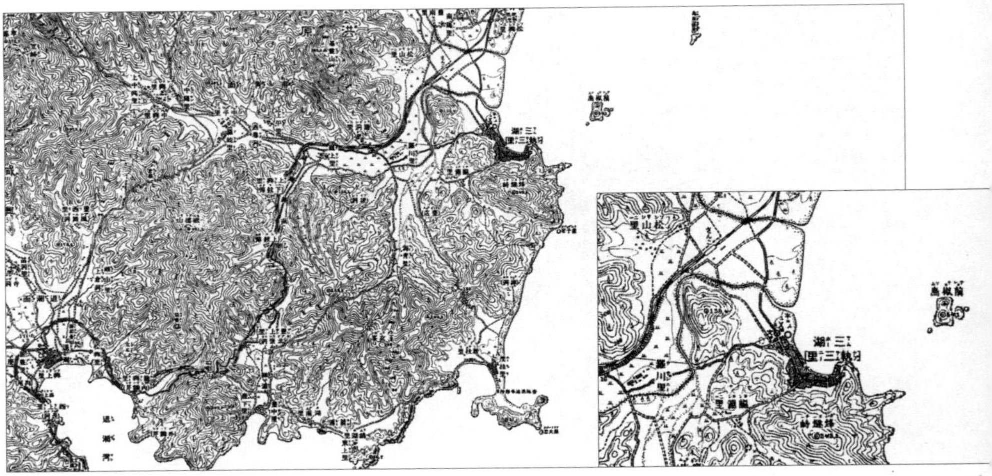

함경남도 홍원군 보청면 삼호 부근 상세 지도(《조선지형도》)

형성되어 있었음을 확인할 수 있다. 두 번째 지도는 이곳이 함흥에서 그리 멀리 떨어져 있지 않음을 보여 준다. 백석은 함흥에 기거할 당시 이곳에 자주 들렀으며 그 경험을 작품으로 옮겨 적었다.

❖ 시 제목 **〈삼호三湖—물닭의 소리〉**

서울 [명] 우리나라의 수도. 한반도의 중심부를 가로지르는 한강 하류에 위치하며, 북한산, 인왕산, 관악산 등의 산이 둘러싸고 중심부에는 한강이 흐른다. 조선시대에는 한양漢陽, 대한제국기에는 한성漢城이라고 불렸다. 1910년에 일본이 국권을 강탈하면서 경성京城으로, 해방된 후에는 현재 명칭으로 바뀌었다(《고려대한국어대사전》).

〔'서울'이란 말은 《용비어천가》(1447)에 '셔블'의 형태로 처음 나타나고, '서울'을 나타내는 한자 표기로 《증보문헌비고》(1790)에 '徐菀'이 기록되어 있으며, 속담 등에도 이 말이 많이 쓰이고 있어 15세기 이후에 계속 사용된 것으로 보인다. 일제강점기에도 '경성'이란 말과 함께 '서울'이란 말이 쓰였다. 백석이 일제日帝시대의 명칭인 '경성' 대신에 우리의 언중들이 쓰던 '서울'이란 말을 쓴 것이 주목된다(《고려대한국어대사전》 일부 참조).〕

❖ 우리 엄매가 나를 가지는 때 이 노큰마니는 어늬 밤 크나큰 범이 한 마리 우리 선산으로 들어오는 꿈을 꾼 것을 우리 엄매가 서울서 시집을 온 것을 그리고 무엇보다도 내가 이 노큰마니의 당조카의 맏손자로 난 것을 다견하니 알뜰하니 기꺼이 녀기는 것이었다 **〈넘언집 범 같은 노큰마니〉**

수양산首陽山 명 황해도 해주시 북서쪽에 있는 산(현재 행정구역으론 황해남도 해주시와 신원군의 경계에 위치). 선참으로 햇빛을 받는다고 하여 수양산이라고 하였다고 한다. 기온이 높고 강수량이 비교적 많은 이 지역은 온대남부 활엽수림구에서 온대북부 활엽수림구로 넘어가는 지대로서 식물이 풍부하다. 산에는 소나무, 참나무, 굴참나무, 쪽동백나무를 비롯한 18종의 키나무와 패랭이꽃을 비롯한 33종의 초본식물이 자라며 북송산 바위 위에는 수양산과 중국 산둥山東 지방에서만 나는 북숭미나리가 자란다. 이 산은 현재 수양산식물보호구로 지정되어 있다(《조선향토대백과8》, 2005, 37쪽).

황해도 수양산(1936)

❖ 수양산首陽山의 어늬 오래된 절에서 칠십七十이 넘은 로장은 이런 이야기를 하며 치맛자락의 산山나물을 추었다 **〈절간의 소 이야기〉**

숭가리 명 쑹화 강松花江. 만주어로 숭가리 강이라고 한다. 중국 둥베이東北 지방 지린 성吉林省 및 헤이룽장 성黑龍江省을 흐르는 강으로 헤이룽 강黑龍江(아무르 강)의 가장 큰 지류이다. 백두산 천지天池에서 시작하여 북으로 흘러 넌장嫩江 강과 합류하여 헤이룽 강黑龍江으로 흐른다. 길이는 1,927킬로미터.

쑹화 강(숭가리)

❖ 부여扶餘를 숙신肅愼을 발해勃海를 여진女眞을 요遼를 금金을/흥안령興安嶺을 음산陰山을 아무우르를 숭가리를/범과 사슴과 너구리를 배반하고/송어와 메기와 개구리를 속이고 나는 떠났다 **〈북방北方에서—정현웅鄭玄雄에게〉**

시기柿崎명 가키사키. 일본 혼슈本州의 이즈 반도伊豆半島 남동쪽 바닷가에 있는 항구 마을. 정확한 행정구역 명칭은 '静岡県 下田市 柿崎'(시즈오카켄 시모다시 가키사키). 이곳에 시모다 항구가 있으며, 근처는 온통 온천지이다. 가와바타 야스나리川端康成의 소설 〈이즈의 무희伊豆の踊子〉가 바로 이즈 반도를 배경으로 한 작품이며, 작품의 무대 중 하나로 '시기'(가키사키)의 시모다 항구가 나온다.

❖ 시 제목 **〈시기柿崎의 바다〉**

이즈 반도 (1928년경 당시 철도와 자동차 도로)

시즈오카켄 시모다시 가키사키 (静岡県 下田市 柿崎) 부근 상세 지도

신리新里명 백석의 고향인 정주에 있는 마을 이름. 일제시대의 지도인 《조선지형도》에 '신리新里'라는 지명이 나오지 않는다. '신리新里'와 비슷한 지명으로 '신시新市'가 있는데, 이 지명을 백석이 '신리'라고 불렀거나, 이 지명이 뒤에 '신리'로

바뀐 것이 아닌가 짐작해 볼 수 있다. '신시新市'는 백석의 또 다른 고모가 사는 '토산土山'에서 그리 멀지 않은 곳에 있다. 표제어 '토산土山'에 제시된 《조선지형도》에서 '신시新市'라는 곳을 확인할 수 있다. 사실 '신리'라는 지명은 전국 곳곳에서 나타난다. 새로 마을이 생겼을 때 이런 이름이 붙여졌을 것이다.

❖ 얼굴에 별자국이 솜솜 난 말수와 같이 눈도 껌벅거리는 하로에 베 한 필을 짠다는 벌 하나 건너 집엔 복숭아나무가 많은 신리新里 고무 고무의 딸 이녀李女 작은이녀李女 **〈여우난골족族〉**

신미두 명 신미도身彌島. 평안북도 선천군宣川郡의 남쪽 해상에 있는 섬. 장도 위쪽에 있으며, 평안북도에서 두 번째로 큰 섬이다. 높이 532미터의 운종산雲從山이 있다. 연평도와 함께 조기 어장으로 유명하며, 임경업林慶業 장군이 병자호란의 치욕을 씻고자 훈련을 쌓던 곳이기도 하다. 주변의 간석지에서 산출되는 어패류가 주 수입원이다.

❖ 비애고지 비애고지는/제비야 네 말이다/저 건너 노루섬에 노루 없드란 말이지/신미두 삼각산엔 가무래기만 나드란 말이지 **〈대산동大山洞—물닭의 소리〉**

평안북도 신미도(1939)

아무우르 명 아무르Amur 강. 중국에서는 헤이룽 강黑龍江이라고 한다. 러시아 연방 시베리아 남동부에서 발원하여 중국 둥베이東北의 국경을 따라 동쪽으로 흘러 타타르 해협으로 들어가는 강. 길이는 4,500킬로미터.

❖ 부여扶餘를 숙신肅愼을 발해渤海를 여진女眞을 요遼를 금金을/흥안령興安嶺을 음산

陰山을 아무우르를 숭가리를/범과 사슴과 너구리를 배반하고/송어와 메기와 개구리를 속이고 나는 떠났다 〈**북방**北方**에서—정현웅**鄭玄雄**에게**〉

안동安東 명 안둥. 중국 랴오닝 성遼寧省 남동부, 압록강 하구 부근에 있는 단둥 시丹東市. 현재의 '단둥丹東'을 1965년 이전에는 '안둥安東'이라 불렀다.

❖ 시 제목 〈**안동**安東〉

아무르 강(헤이룽 강), 안둥(안동)

여우난골 명 '여우가 나타난 골짜기'라는 뜻으로 산골에 위치한 토속적인 마을의 이름을 가리키는 말이다.

❖ 시 제목 〈**여우난골**〉

오금덩이 명 지명으로 추정된다.

〔'오금덩이'는 '오금+덩이'의 형태를 지닌 말이다. '오금'은 '무릎관절 바깥쪽의 오목한 부분'을 가리키고, '덩이'는 '덤', 또는 '더미'에서 온 말로 짐작된다. 우리 고유의 지명 가운데에는 '~골'과 '~덤'의 형태를 지닌 말들이 많다. '부채덤', '병풍덤' 같은 지명이 그런 예들이다. '오금덩이' 역시 이와 같은 형태의 말로서 고유의 지명을 가리키는 말이 아닌가 짐작된다. 백석 시에 이러한 고유 지명으로 '여우난골'이 있다(박용식, 〈땅이름 '덤'의 분포와 의미〉, 《국어학》 48집, 2006. 12).〕

❖ 시 제목 〈**오금덩이라는 곳**〉

유동柳洞 명 평안북도 '신의주부'의 남쪽 지역에 있는 동네 이름이다. 《조선지형도》의 우측 하단 부분에서 '柳洞'이란 지명 표시를 확인할 수 있다. 이 지도를 통해 '유동'이 신의주 도심의 외곽 지역에 위치한 마을임을 알 수 있다. '유동' 왼편은 등고선이 촘촘하고 부근은 넓어, 이 지역이 완사면의 지형임을 알 수 있다. 동네 왼편으로 지나가는 경의선이 커다란 논밭 지대를 거쳐 신의주와 압록강 건너 안동安東까지 뻗어 있다. 지도 가운데 왼편의 압록강 아래로 건물이 빼곡하고 구획 정리가 잘 된 시가지인 '신의주부'가 눈에 띈다. '유동'은 신의주 시가에서 남쪽으로 넓은 논밭을 지나 산악 지대 건너편의 완만한 경사 지역에 위치한 동네임을 지도를 통해 확인할 수 있다. 경의선이 놓인 이후, 신의주와 그 아래 용천군

평안북도 유동(1939)

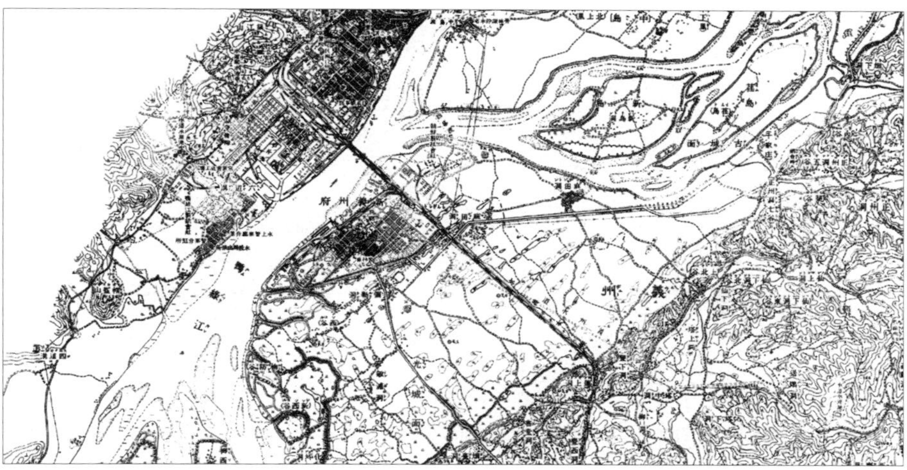

평안북도 신의주부와 유동 부근 상세 지도(《조선지형도》)

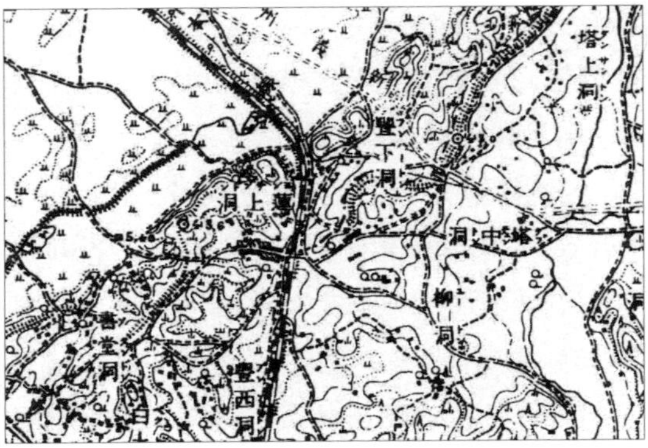

의 남시南市에서 왼쪽의 다사도多獅島까지 사철私鐵(多獅島鐵道會社線)이 생겼다. 해방 직후까지 이 지역 일대에는 이 두 개의 철도노선만이 존재했다(朝鮮總督府鐵道國 編, 《朝鮮鐵道四十年略史》, 大空社, 1940).

❖ 시 제목 **〈남신의주 유동 박시봉방**南新義州柳洞朴時逢方〉

음산陰山 명 인산陰山 산맥. 중국 네이멍구內蒙古 자치구 몽골고원 남쪽에 뻗어 있는 산맥. 왼쪽의 랑산狼山 부근에서 오른쪽으로 싱안링興安嶺 산맥의 남쪽 부근까지 뻗어 있다. 높이는 1,500~2,000미터.

❖ 부여扶餘를 숙신肅愼을 발해渤海를 여진女眞을 요遼를 금金을/흥안령興安嶺을 음산陰山을 아무우르를 숭가리를/범과 사슴과 너구리를 배반하고/송어와 메기와 개구리를 속이고 나는 떠났다 **〈북방**北方**에서—정현웅**鄭玄雄**에게〉**

인산(음산)

이두국주가도伊豆國湊街道 명 이즈 반도伊豆半島에 있는 '주湊'(미나토)라는 곳의 큰 길거리. '이두국伊豆國'은 도쿄 근처에 있는 이즈 반도를 가리키며, '주湊'는 이즈 반도의 남쪽에 있는 마을 이름이다. '주湊'의 구체적인 행정구역 명칭은 '静岡県 賀茂郡 南伊豆町 湊'(시즈오카켄 가모군 미나미이즈초 미나토)이다. '가도街道'

는 '큰 길거리'란 뜻이다. 이즈 반도는 날씨가 온화하고 온천이 좋으며, 해산물과 과일 등이 풍부하고 다소 이국적인 풍경을 지니고 있어 예부터 도쿄 사람들이 즐겨 찾는 휴양지였다. 일본의 문인들도 이곳을 많이 방문하여 곳곳에 유적이 많이 남아 있다. 가와바타 야스나리川端康成의 소설 〈이즈의 무희伊豆の踊子〉가 이곳을 배경으로 한 유명한 작품으로 꼽힌다. 이곳은 '낑깡'으로 불리는 금귤의 산지로서 금귤이 매우 많이 심어져 있는 것으로도 유명하다.
〔'이두국주가도伊豆國湊街道'는 '이두국伊豆國(이즈 반도)+주湊(이두국의 '湊'라는 지역)+가도街道(큰길)'의 형태를 지닌 말이다. '주가도湊街道'는 주湊(미나토)를 지나는 136번 국도를 가리키는 것으로 짐작된다. 철도는 '슈젠지'(修善寺)까지 놓여 있고, 그 아래부터는 자동차 도로만 나 있다. 당시 백석이 도쿄에서 철도를 이용해 이곳을 여행했다면, 도쿄에서 기차를 타고 미시마(三島)에서 간선으로 갈아타 슈젠지까지 온 다음, 여기서부터 마차를 이용해 이즈 반도 남쪽 지역을 돌아봤을 것이다. 철도의 경로는 지금도 그때와 똑같다. '주가도湊街道'처럼 '지명+가도街道(큰 길거리)'

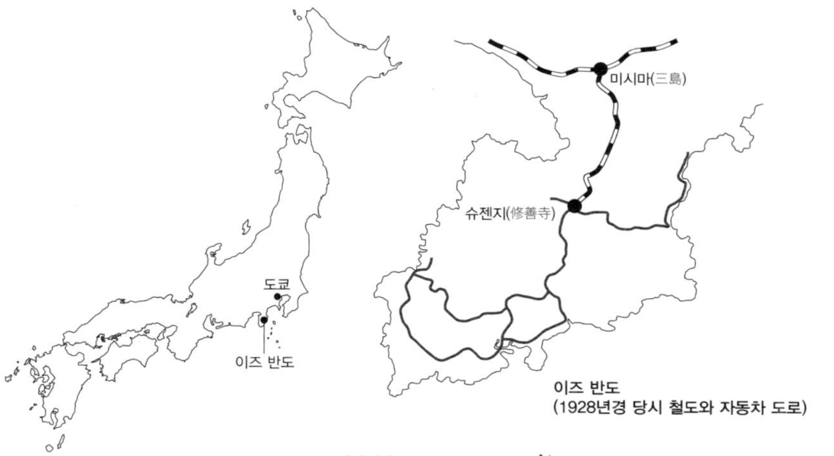

이즈 반도
(1928년경 당시 철도와 자동차 도로)

시즈오카켄 시모다시 가키사키
(静岡県 下田市 柿崎) 부근 상세 지도

의 형태를 지닌 말로 백석 시에 '고성가도固城街道'라는 말이 있다. '고성가도'도 '이두국주가도'처럼 시의 제목이다.〕

❖ 시 제목 **〈이두국주가도**伊豆國湊街道**〉**

자성慈城 명 평안북도 북단에 있는 군, 또는 면 단위의 지명이다. 평안북도 자성군이 있고, 자성군의 여러 면 가운데 자성면이 있다. 백석 시 〈팔원八院—서행시초西行詩抄 3〉에 나타난 구절만 봐선 그중에서 어느 곳을 말하는 것인지 알 수 없는데, 문맥이나 실제 거리를 헤아려 볼 때 자성군 전체를 가리키는 것으로 짐작된다. 자성군의 자성면 바로 위에 있는 중강면에는 우리나라에서 가장 춥다는 중강진이 자리 잡고 있다. 자성군은 1949년에 실시된 북한의 행정구역 개편으로 지금은 자강도에 속해 있다.

❖ 계집아이는 자성慈城으로 간다고 하는데/자성慈城은 예서 삼백오십리三百五十里 묘향산妙香山 백오십리百五十里/묘향산妙香山 어디메서 삼촌이 산다고 한다 **〈팔원**八院**—서행시초**西行詩抄 **3〉**

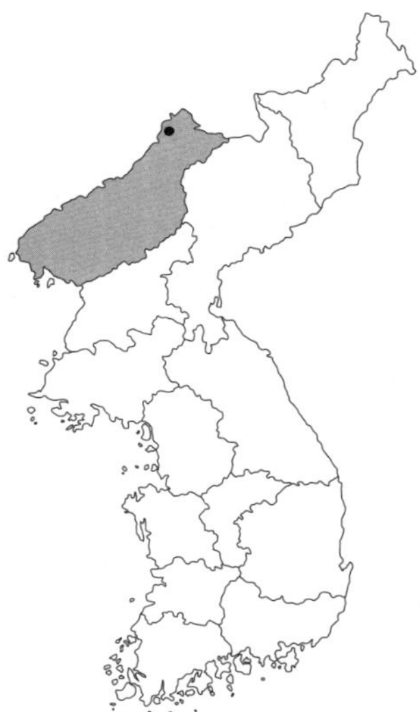

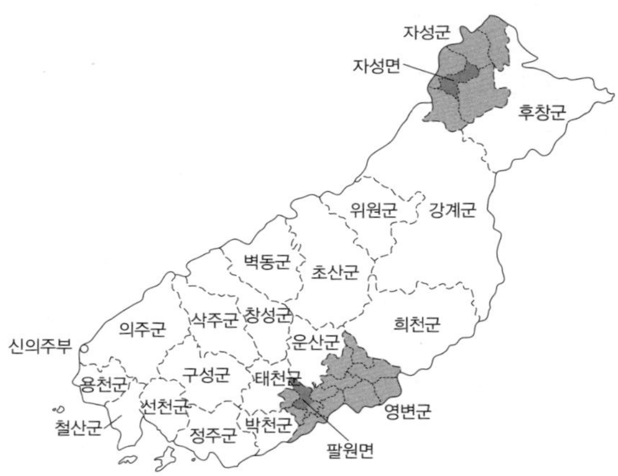

평안북도 자성(1939)

장진長津**땅** 명 장진 지역. 장진은 함경남도 서북부에 있는 군이다. 지도에서 보듯 남동쪽으로 함주군, 신흥군과 맞닿아 있고, 북동쪽으로 삼수군, 풍산군과 맞닿아 있다(당시의 행정구역상 위치). 장진군은 대부분이 개마고원 지대이다.

〔'장진땅'은 '장진+땅'의 형태를 지닌 합성조어이다. 여기서 '땅'은 '(주로 지명의 뒤에 쓰여) 어느 한 방면의 지역'을 가리키는 말이다.〕

❖ 장진長津땅이 지붕 넘에 넘석하는 거리다/자구나무 같은 것도 있다/기장감주에

기장차떡이 흔한데다/이 거리에 산골사람이 노루새끼를 다리고 왔다 **〈노루—함주시초**咸州詩抄**〉** ❖ 지난 여름 도락구를 타고 장진長津땅에 가서 꿀을 치고 돌아왔다는 이 벌들을 바라보며 나는 **〈산곡**山谷**—함주시초**咸州詩抄**〉**

함경남도 장진군(1937)

정주定州 명 평안북도 서남부의 해안 지대에 위치한 군 지역으로 백석의 고향이다. 당시 정주군은 백석이 태어난 갈산면을 비롯해, 고덕면, 대전면, 마산면, 남서면, 정주면, 고안면, 임포면, 곽산면, 관주면, 옥천면, 안흥면 등 12개의 면으로 이루어져 있었다. 정주군의 해안에는 넓은 평야가 발달해 있고, 해상으로 장도를 비롯해 많은 섬들이 산재해 있다. 도내 제일의 곡창지대를 이루고 있고 쌀의 품질이 좋아 정주미定州米의 성가가 높았다고 한다. 이승훈이 세운 오산학교가 이곳에 있었다. 이중환의 《택리지》의 평안북도편엔 청천강 이북에서는 무예를 숭상하는데 오직 정주만은 과거에 오른 인사가 많았다고 기술되어 있다(《정주군지 1》, 1975; 《정주군지 2》, 1999; 《조선향토대백과 5》, 2005).

❖ 묵묵하니 한참 맥을 짚드니/문득 물어 고향故鄕이 어데냐 한다/평안도平安道 정주定州라는 곳이라 한즉/그러면 아무개씨氏 고향故鄕이란다 **〈고향**故鄕**〉** ❖ 정주定州 동림東林 구십九十여 리里 긴긴 하로 길에/산에 오면 산 소리 벌에 오면 벌 소리/적막강산에 나는 있노라 **〈적막강산〉**

정주성定州城 명 정주군의 정주읍 안에 있는 성곽. 본래는 15세기 중엽에 흙으로 쌓은 성이었으며, 그 후 1714~1715년 사이에 둘레 약 4.1킬로미터의 석성石城으로 개축되었다. 성의 평면은 거의 타원형이며 성벽은 자연석을 포개어 쌓았

평안북도 정주군(1939)

다. 높이는 5미터 가까이 되며, 4개의 대문과 2개의 수구문이 있었다고 전한다(《정주군지 1》, 1975; 《정주군지 2》, 1999; 《조선향토대백과 5》, 2005).

❖ 시 제목 〈**정주성**定州城〉

창원도昌原道 명 창원길. '창원'은 경상남도 남쪽에 있는 군. 1896년 13도제 실시에 따라 경상남도 창원군이 생겼는데, 백석의 시가 발

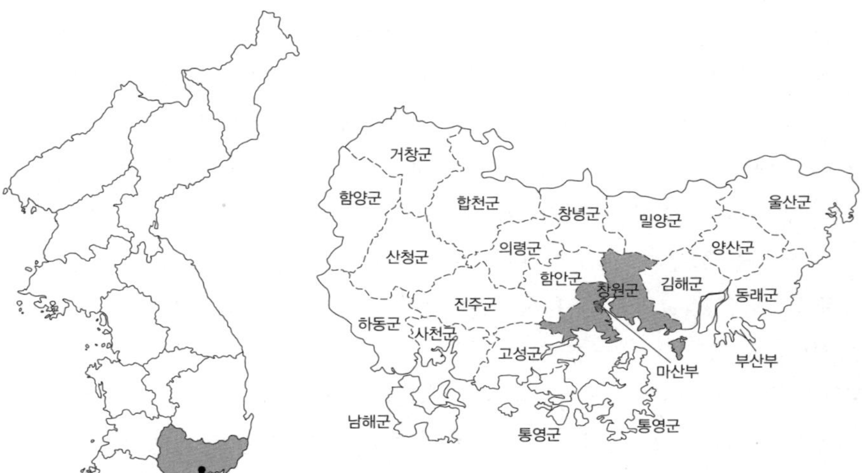

경상남도 창원(1936)

표될 당시 창원군은 1읍 14면으로 이루어져 있었다. 2010년 7월 1일 마산시, 진해시와 통합하여 창원시가 되었다. 해발고도 500미터 이하의 구릉성 산지가 넓게 분포하고, 구릉성 산지 사이에 소규모의 침식분지가 산재하는 가운데 북동부의 연안에는 넓은 충적평야가 발달되어 있다(창원시 홈페이지; 《두산백과사전》; 《경상남도지 상》, 1959).

❖ 시 제목 〈**창원도**昌原道**—남행시초**南行詩抄 **1**〉

창의문외彰義門外 명 창의문彰義門 밖. 창의문彰義門은 서울시 종로구 청운동에 있는 문. 북문北門 또는 자하문紫霞門으로도 불린다. 1396년(태조 5년) 서울 성곽을 쌓을 때 세운 사소문四小門의 하나로 창건되어 창의문이란 문명門名을 얻었다. 서울의 사소문 중에서 현재 유일하게 완전히 남아 있는 문이다. 백석은 일본 청산학원에서의 유학 생활을 마치고 1934년 귀국해 서울의 통의동에서 하숙을 하며 조선일보 기자 생활을 했는데, 그의 거처인 통의동에서 북쪽으로 조금만 올라가면 바로 창의문이 나온다. 시 〈창의문외彰義門外〉는 이 시절에 쓴 시로 짐작된다.

❖ 시 제목 〈**창의문외**彰義門外〉

태산泰山 명 타이산泰山/太山 산. 중국의 대표적인 다섯 산봉우리의 하나. 산둥 성山東省 타이안泰安 북쪽에 있다. 중국의 오악五岳 중에서도 으뜸으로 꼽히는 곳으로, 예로부터 중국인들이 가장 성스럽게 여겼던 산이다. 높이는 1,524미터.

❖ 이 마음 안에 아득하니 오랜 세월이 아득하니 오랜 지혜가 또 아득하니 오랜 인

타이산 산(태산)

정人情이 깃들인 것이다/태산泰山의 구름도 황하黃河의 물도 옛님군의 땅과 나무의 덕도 이 마음 안에 아득하니 뵈이는 것이다 **〈수박씨, 호박씨〉**

토산土山 명 평북 정주군의 고덕면에 있는 동네 이름. 《조선지형도》에서 보듯 '토산' 표시 위쪽으로 촌락이 형성되어 있고, 그 아래쪽에 논밭이 형성되어 있다. ❖ 열여섯에 사십四十이 넘은 홀아비의 후처가 된 포족족하니 성이 잘 나는 살빛이 매감탕 같은 입술과 젖꼭지는 더 까만 예수쟁이 마을 가까이 사는 토산土山 고무 고무의 딸 승녀承女 아들 승承동이 **〈여우난골족族〉**

평안북도 정주군 고덕면 토산(1939)

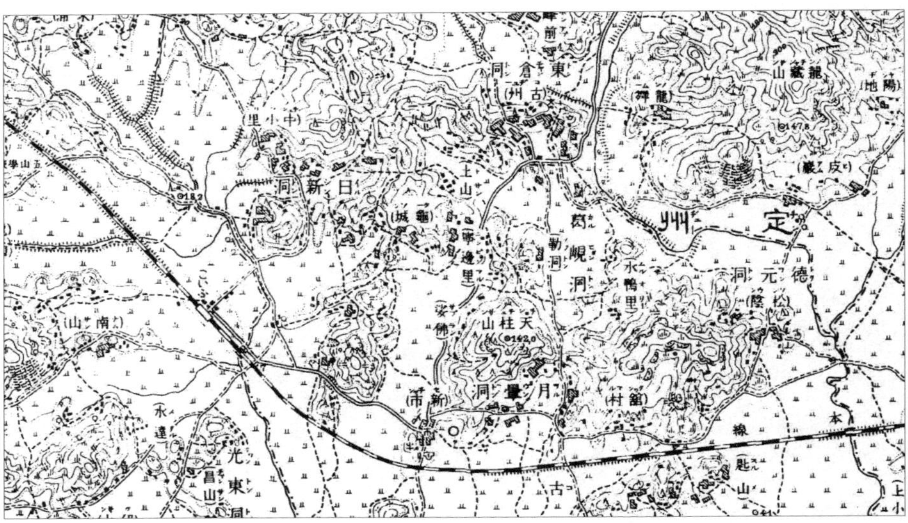

정주군 고덕면의 토산(土山) 부근 상세 지도(《조선지형도》)

통영統營 명 경상남도 남해안 중앙부에 있는 군. 1914년 용남, 거제 양군을 통합하여 통영군으로 칭하였고, 1995년 1월 행정구역 개편 때 충무시와 통영군이 합쳐져 통영시가 되었다. 선조 37년(1604)에 경상도, 전라도, 충청도 세 도를 통할하는 삼도수군통제영三道水軍統制營이 이곳으로 옮겨 와 설치되었다. 통영이란 이름은 여기서 유래된 것이다. 갓과 나전칠기가 유명한 곳이기도 하다.

❖ 시 제목 〈**통영**統營〉 ❖ 시 제목 〈**통영**統營(**남행시초**南行詩抄)〉 ❖ 시 제목 〈**통영**統營**—남행시초**南行詩抄 2〉

경상남도 통영군(1936)

판데목 명 경상남도의 통영반도 남쪽 끝과 미륵도 사이의 좁은 수로. 가느다란 사취가 발달하여 반도가 거의 연결되어 있다. 1932년 12월 이곳에 운하가 만들어졌다. 백석 시 〈통영統營—남행시초南行詩抄 2〉의 용례는 시인이 이곳을 나룻배를 타고 지나가고 있는 것을 말하는 것이다.

❖ 열니레 달이 올라서/나룻배 타고 판데목 지나간다 간다 〈**통영**統營**—남행시초**南行詩抄 2〉

경상남도 통영군 판데목(1936)

팔원八院 명 팔원면八院面. 평안북도 영변군寧邊郡에 속해 있는 면面. 당시 영변군은 영변면, 팔원면, 소림면, 봉산면, 연산면, 태평면, 북신현면, 남신현면, 남송면, 용산면, 백령면, 오리면, 고성면, 독산면 등의 14개 면으로 이루어져 있었다. 지도에서 보듯 팔원면은 영변군의 왼쪽 편에 있다.

❖ 시 제목 〈**팔원**八院**—서행시초**西行詩抄 **3**〉

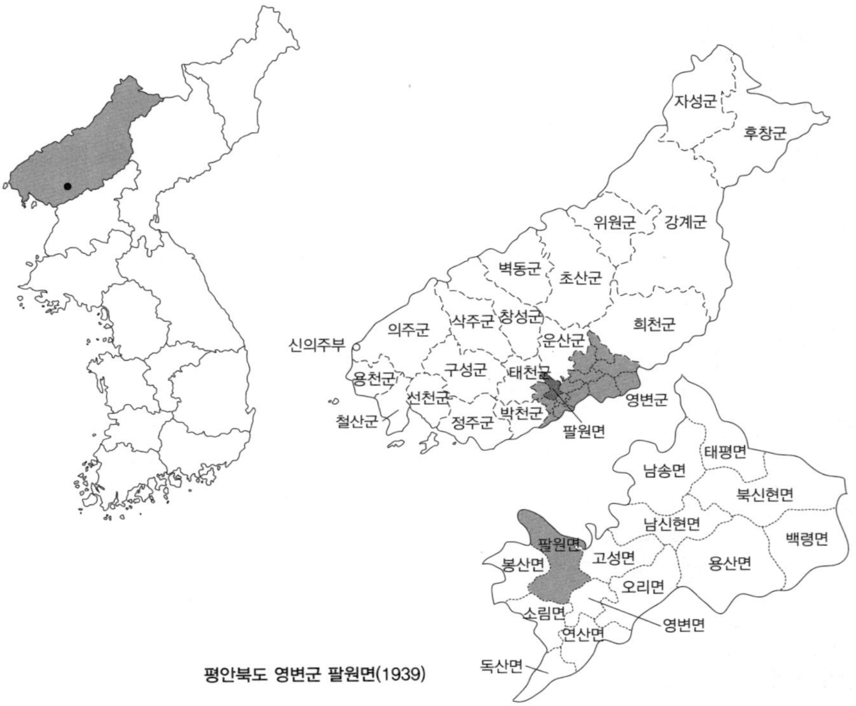

평안북도 영변군 팔원면(1939)

평안도平安道 명 평안남도와 평안북도를 아울러 이르는 말. 평안도는 조선 시대 행정구역상 8도의 하나로 평양과 안주에서 첫 자를 따와 만든 지명이다. 1896년 13도제로 개편함에 따라 청천강을 경계로 평안남도와 평안북도로 나뉘었다.

❖ 평안도平安道의 어늬 산山 깊은 금덤판/나는 파리한 여인女人에게서 옥수수를 샀다/여인女人은 나어린 딸아이를 따리며 가을밤같이 차게 울었다 〈**여승**女僧〉 ❖ 긴 토시 끼고 큰머리 얹고 오불고불 넘엣거리로 가는 여인女人은 평안도平安道서 오신 듯한데 동백冬柏꽃 피는 철이 그 언제요 〈**통영**統營(**남행시초**南行詩抄)〉 ❖ 그리고 감로甘露같이 단샘이 솟는 박우물도 자작나무다/산山 너머는 평안도平安道 땅도 뵈인다는 이 산山골은 온통 자작나무다 〈**백화**白樺**—산중음**山中吟〉 ❖ 묵묵하니 한참 맥을 짚드

니/문득 물어 고향故鄕이 어데냐 한다/평안도平安道 정주定州라는 곳이라 한즉/그러면 아무개씨氏 고향故鄕이란다 〈**고향**故鄕〉

한산도閑山島 명 경상남도 통영군의 미륵도 앞바다에 있는 섬. 현재 행정구역상 통영시에서 뱃길로 2킬로미터 정도 떨어져 있다. 이순신의 수군水軍 근거지로 전해진다. 면적은 15.55제곱킬로미터.

❖ 넷 장수 모신 낡은 사당의 돌층계에 주저앉어서 나는 이 저녁 울 듯 울 듯 한산도閑山島 바다에 뱃사공이 되여가며/녕 낮은 집 담 낮은 집 마당만 높은 집에서 열나흘 달을 업고 손방아만 찧는 내 사람을 생각한다 〈**통영**統營(**남행시초**南行詩抄)〉

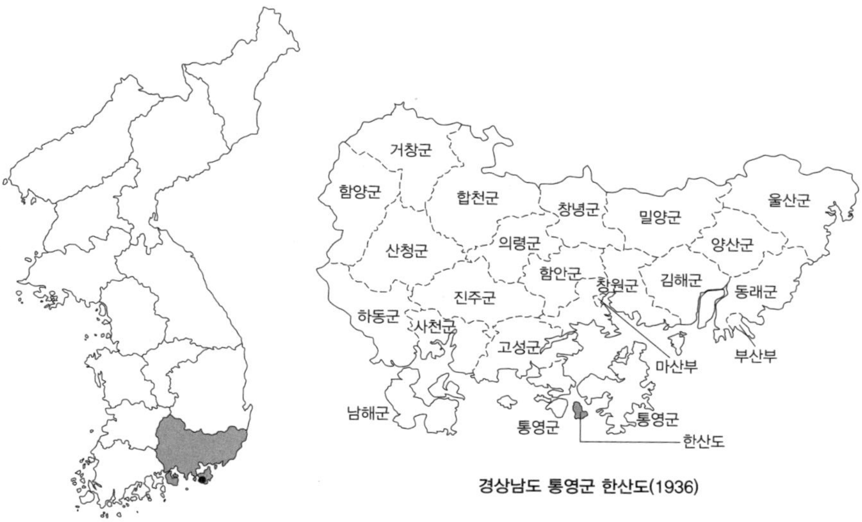

경상남도 통영군 한산도(1936)

함경도咸鏡道 명 함경남도와 함경북도를 아울러 이르는 말. 조선 시대 행정구역상의 8도의 하나로 원래 태조 때는 영길도라 하였다가 후에 함길도, 영안도 등으로 이름이 바뀌었고, 1509년에 함흥과 경성의 첫 자를 따서 함경도가 되었으며, 1896년에 함경남도와 함경북도로 나뉘었다.

❖ (귀주사歸州寺—함경도咸鏡道 함주군咸州郡) 〈**고사**古寺**—함주시초**咸州詩抄〉의 주

함곡관函谷關 명 한구 관函谷關. 중국의 허난 성河南省 북서부에 있는 관문. 허난 성河南省, 산시 성陝西省, 산시 성山西省 3성의 교차 지대에 위치해 있다. 동쪽의 중원으로부터 서쪽의 관중關中(산시 성陝西省의 서안 일대)으로 통하는 관문이다. 동서 8킬로미터에 걸친 황토층黃土層의 깊은 골짜기로 되어 있어 양안兩岸이 깎아지른 듯 솟아 있고, 벼랑 위의 수목이 햇빛을 차단하기 때문에 낮에도 어두우

며, 그 모양이 함函처럼 깊이 깎여 세워져 있어 이러한 이름이 생겼다.

❖ 벌에 우는 새소리도 듣고 싶고 거문고도 한 곡조 뜯고 싶고 한 오천五千말 남기고 <u>함곡관</u>函谷關도 넘어가고 싶고 **〈수박씨, 호박씨〉**

한구 관(함곡관)

함남도안咸南道安 **명** 함경남도 도안. '도안'은 함경남도 신흥군新興郡(지금 행정구역으로는 부전군)에 있는 지역 이름. 부전강을 막아서 부전고원(개마고원 아래에 있다) 위에 만든 인공 호수인 부전호수 아래에 위치해 있다. 당시 일제는 부전강의 계곡을 막아 댐을 축조해 부전강발전소를 만들어서 흥남질소비료공장에 송전하였으며, 물자의 수송을 위해 이곳 도안까지 철도를 가설하였다. 당시 인공으로 조성된 이 호수는 주변의 경관이 아름다워 유명한 명승지로서 이름을 날렸다. 백석 시 〈함남도안咸南道安〉은 이곳을 여행한 체험을 담은 작품이다. 아래 상세 지도의 굵은 색 표시가 부전강이며, 그 위의 길쭉한 부분이 부전호수이다(《조선향토대백과12》, 2005; 《함경남도지(증보판)》, 1988, 348쪽; 조선전기사업편찬위원회, 《조선전기사업》, 중앙일한협회, 1981, 350-354쪽).

〔아래 상세 지도는 해방 후의 지도이다. 1917년에 작성된 《조선지형도》에는 철도 가설 전이라 철도 표시가 없고, 그 후에 따로 작성된 지도는 없다. 제시한 지도를 보면 부전강을 따라 철도가 가설되었고, 도안 근처에선 부전강 줄기와 철로가 거의 겹쳐져 있음을 알 수 있다. 따라서 도안역은 부전강 가에 지어진 것으로 볼 수

있다. 당시 부전강 상류에는 사금광이 많았고, 그래서 모래도 유난히 맑았을 것이다. 지도상으론 도안이 철도 길에서 떨어져 있는데, 도안역은 그 근처 철도 선상의 어딘가에 있었을 것이다. 또 이 지도에는 철도가 부전호수 끝까지 놓여 있는데, 이 시가 발표될 당시에는 도안역까지만 가설되었고, 나머지는 그 후에 놓인 것이다.〕

❖ 시 제목 〈**함남도안**咸南道安〉

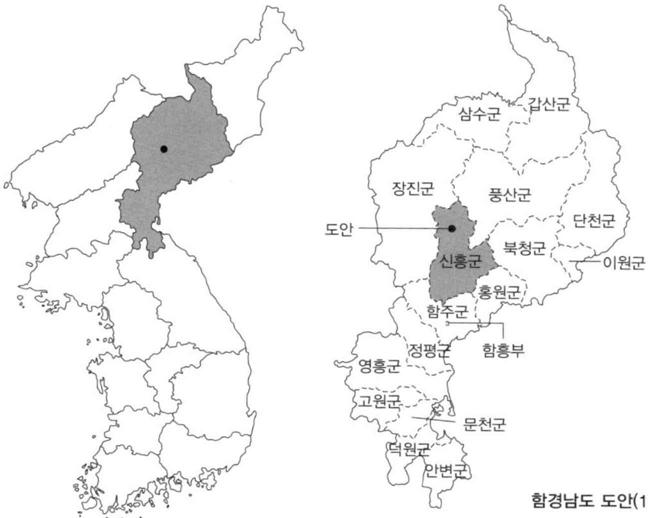

함경남도 도안(1939)

함경남도 도안 부근 상세 지도(해방 후 지도)

함주군咸州郡[명] 함경남도 중남부에 있는 군. 남동쪽은 동해에 면해 있다. 수륙 교통의 요충지이고 농산·축산·수산·광산 따위의 각종 산물이 나며, 명승지로 본궁·의릉·정화릉·귀주사·진흥왕 순수비 따위가 있다. 당시 행정구역상으론 함주군 안에 함흥부가 있었다. 백석은 함흥 영생고보의 교사를 지낸 적이 있는데, 〈함주시초咸州詩抄〉는 이 시절 주변 일대의 여행 체험을 바탕으로 한 연작 기행시이다.

❖ (귀주사歸州寺—함경도咸鏡道 함주군咸州郡) **〈고사**古寺**—함주시초**咸州詩抄**〉**

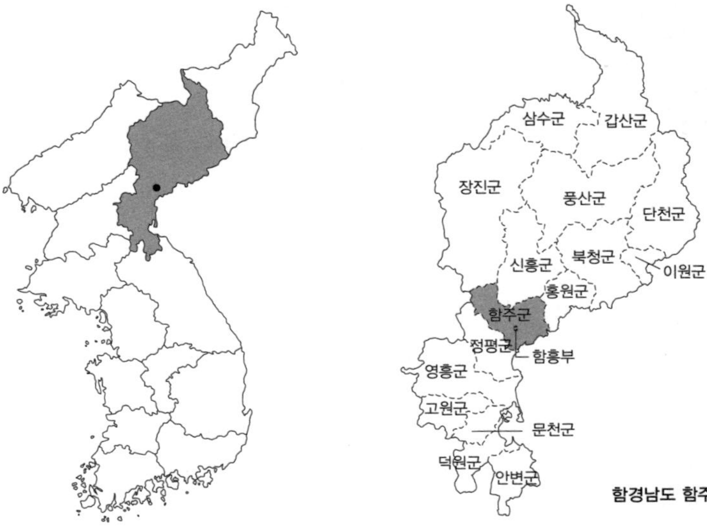

함경남도 함주(1939)

향산香山[명] 묘향산. 평안북도 영변군 북신현면(지금은 신현면과 백령면의 경계)에 있는 산(지금의 행정구역으로는 신현면과 백령면의 경계에 있다). 향기로운 나무들이 많고 산이 기묘하게 생겼다 하여 붙은 이름이다. 묘향산맥의 주봉으로서, 단군이 내려왔다는 전설로 유명하다. 산속에는 보현사와 서산西山, 사명四溟 두 대사의 원당願堂이 있다. 높이는 1,909미터이다. ☞ 묘향산 253, 팔원 276

❖ 어쩐지 향산香山 부처님이 가까웁다는 거린데/국숫집에서는 농짝 같은 도야지를 잡어걸고 국수에 치는 도야지고기는 돗바늘 같은 털이 드문드문 백였다 **〈북신**北新**—서행시초**西行詩抄 **2〉**

황하黃河[명] 황허 강黃河江. 중국 서부에서 북부로 흐르는 강. 중국에서 두 번째로 큰 강으로 칭하이 성青海省의 야허라다허쩌 산雅合拉達合澤山에서 시작하여 화베이華北 평야를 흘러 보하이 만渤海灣으로 들어간다. 황토와 뒤섞인 누런 강물로 이루어져 있다. 중·하류는 중국 문명의 요람지로서 유명하다. 길이는 5,464킬로미터.

❖ 태산泰山의 구름도 황하黃河의 물도 옛님군의 땅과 나무의 덕도 이 마음 안에 아득하니 뵈이는 것이다 **〈수박씨, 호박씨〉**

황허 강(황하강)

황하두 명 황해도. 우리나라 중서부에 있는 도. 삼국 시대에는 고구려의 땅이었으며, 조선 태종 때에 지금의 이름이 되었다. 현재 북한에서는 황해남도와 황해북도로 나뉘어 있다.

❖ 구시월 황하두서 황하당세 오면/막대침에 가는 세침 바눌이며 취열옥색 꼭두손이 연분홍 물감도 사잔 말이로구나. **〈머리카락〉**

흥안령興安嶺 명 싱안링 산맥興安嶺山脈. 중국 네이멍구 자치구內蒙古自治區 동부 헤이룽장 성黑龍江省 북부 산맥을 통틀어 이르는 말. 넓게는 대싱안링大興安嶺 산맥과 소싱안링小興安嶺 산맥을 통틀어 이르지만, 좁게는 남북으로 뻗은 대싱안링 산맥만을 이른다.

❖ 부여扶餘를 숙신肅愼을 발해勃海를 여진女眞을 요遼를 금金을/흥안령興安嶺을 음산陰山을 아무우르를 숭가리를/범과 사슴과 너구리를 배반하고/송어와 메기와 개구리를 속이고 나는 떠났다 **〈북방北方에서—정현웅鄭玄雄에게〉**

싱안링(흥안령)

5 나라, 종족

금金 ① **명** 여진족 완안부完顔部의 추장 아쿠타가 지금의 만주, 몽고, 화베이華北 땅에 북송과 요를 무찌르고 1115년에 세운 나라. 1234년 9대 120년 만에 몽골제국에게 망하였다.

❖ 부여扶餘를 숙신肅愼을 발해渤海를 여진女眞을 요遼를 금金을/흥안령興安嶺을 음산陰山을 아무우르를 숭가리를/범과 사슴과 너구리를 배반하고/송어와 메기와 개구리를 속이고 나는 떠났다 **〈북방北方에서—정현웅鄭玄雄에게〉**

발해渤海 **명** 698년에 고구려의 장수였던 대조영이 고구려의 유민과 말갈족을 거느리고 동모산에 도읍하여 세운 나라. 수도는 건국 초기를 제외하고 상경 용천부에 두고 '해동성국'이라 불릴 만큼 국세를 떨쳤으나 926년 요나라에게 망하였다.

❖ 부여扶餘를 숙신肅愼을 발해渤海를 여진女眞을 요遼를 금金을/흥안령興安嶺을 음산陰山을 아무우르를 숭가리를/범과 사슴과 너구리를 배반하고/송어와 메기와 개구리를 속이고 나는 떠났다 **〈북방北方에서—정현웅鄭玄雄에게〉**

백석 시에 나타난 한국의 지명

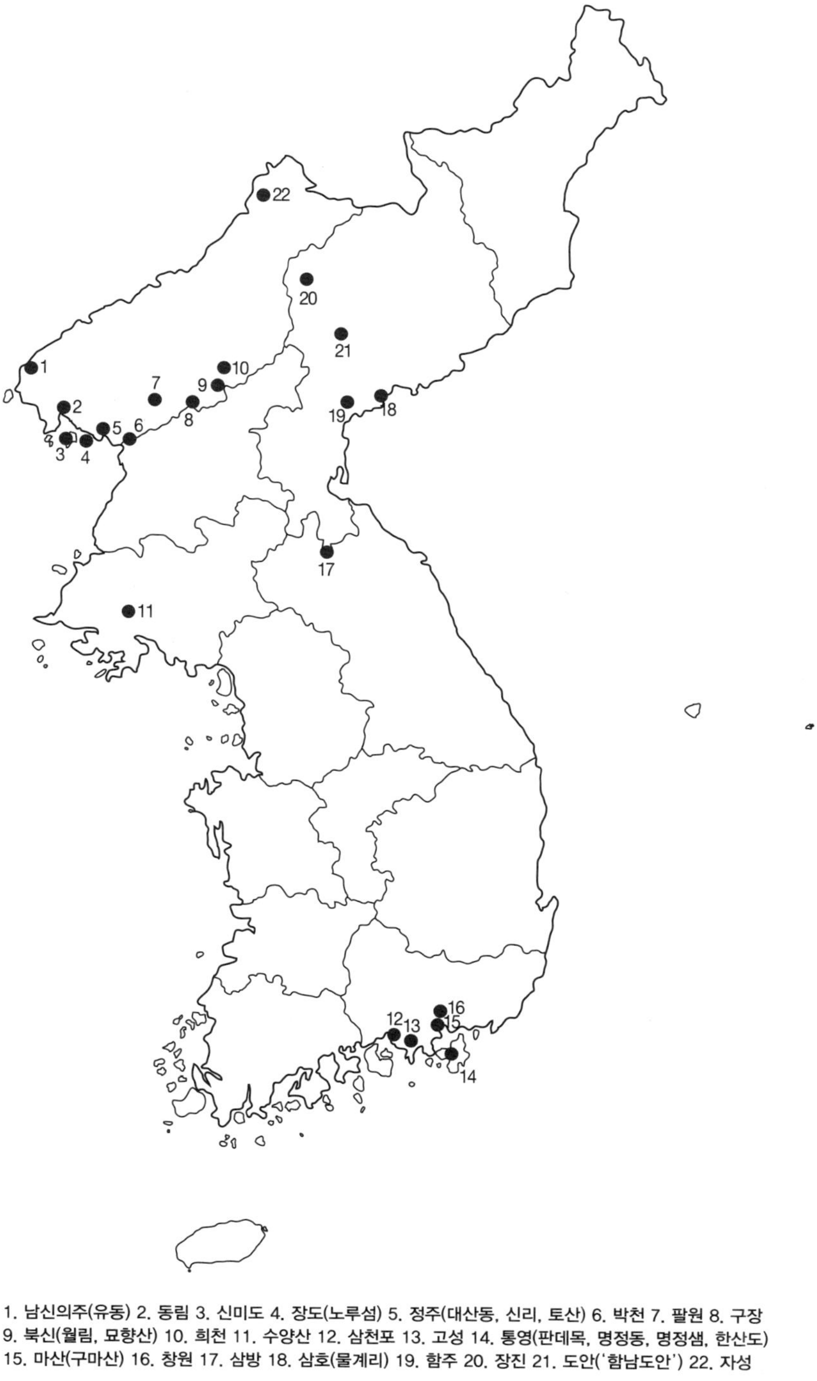

1. 남신의주(유동) 2. 동림 3. 신미도 4. 장도(노루섬) 5. 정주(대산동, 신리, 토산) 6. 박천 7. 팔원 8. 구장 9. 북신(월림, 묘향산) 10. 희천 11. 수양산 12. 삼천포 13. 고성 14. 통영(판데목, 명정동, 명정샘, 한산도) 15. 마산(구마산) 16. 창원 17. 삼방 18. 삼호(물계리) 19. 함주 20. 장진 21. 도안('함남도안') 22. 자성

백석 시에 나타난 중국의 지명

1. 아무르 강(헤이룽 강) 2. 숭가리(쑹화 강) 3. 흥안령 4. 백구둔(창춘 시 바이구툰) 5. 안동 6. 음산
7. 태산 8. 함곡관 9. 황하강

백석 시에 나타난 일본의 지명

1. 이두국(이즈 반도) 2. 주 3. 시기

부여扶餘 명 기원전 1세기 무렵에 부여족이 북만주 일대에 세운 나라. 농경 생활을 주로 했고, 중국으로부터 철기 문화를 받아들이고 은력을 사용하는 등 진보된 제도와 조직을 갖추었으나, 3세기 말에 선비족의 침입으로 크게 쇠퇴한 후, 그 영토가 대부분 고구려에 편입되었다.

❖ 부여扶餘를 숙신肅愼을 발해渤海를 여진女眞을 요遼를 금金을/흥안령興安嶺을 음산陰山을 아무우르를 숭가리를/범과 사슴과 너구리를 배반하고/송어와 메기와 개구리를 속이고 나는 떠났다 **〈북방北方에서—정현웅鄭玄雄에게〉**

상商③ 명 중국 고대 은殷나라의 처음 이름. 은殷은 문헌에 기록되어 있는 중국 최초의 고대 왕조(기원전 1600~기원전 1046). 처음에는 국호를 상商이라 하였고, 반경盤庚 때에 은殷이라 고쳤다. ☞ 은 287

❖ 나는 지나支那나라 사람들과 같이 목욕을 한다/무슨 은殷이며 상商이며 월越이며 하는 나라 사람들의 후손들과 같이/한물통 안에 들어 목욕을 한다/서로 나라가 다른 사람인데/ […] /그런데 참으로 그 은殷이며 상商이며 월越이며 위衛며 진晉이며 하는 나라 사람들의 이 후손들은/얼마나 마음이 한가하고 게으른가 **〈조당澡塘에서〉**

숙신肅愼 명 고조선 때에, 지금의 만주와 연해주 지방에 살던 퉁구스 족. 고구려 서천왕 때에 일부가 복속되었고 광개토대왕 8년(398)에 완전 병합되었다. 뒤에 일어난 읍루挹婁·말갈靺鞨 종족이 숙신의 후예로 추측되기도 한다. 한편 당唐나라 때는 선진先秦 시대의 북동 방면 거주 민족의 총칭으로 쓰였다.

❖ 부여扶餘를 숙신肅愼을 발해渤海를 여진女眞을 요遼를 금金을/흥안령興安嶺을 음산陰山을 아무우르를 숭가리를/범과 사슴과 너구리를 배반하고/송어와 메기와 개구리를 속이고 나는 떠났다 **〈북방北方에서—정현웅鄭玄雄에게〉**

쏠론 명 솔론Solon 족. 아무르 강의 남쪽에 분포하는 남방 퉁구스 족의 한 분파. 농업, 목축, 수렵에 종사하고 샤머니즘을 신봉하며, 죽은 자를 화장하는 관습이 있다.

❖ 오로촌이 멧돝을 잡어 나를 잔치해 보내든 것도/쏠론이 십리길을 따러나와 울든 것도 잊지 않었다 **〈북방北方에서—정현웅鄭玄雄에게〉**

여진女眞 명 10세기 이후 만주 동북쪽에 살던 퉁구스계의 민족. 수렵과 목축을 주로 하였는데, 한漢나라 때에는 읍루, 후위後魏 때에는 물길, 수나라와 당나라 때에는 말갈이라 하였다. 발해가 망한 후에 거란족의 요나라에 속하였다가 아골타阿骨打가 1115년에 금나라를 세웠으며, 17세기에 누루하치가 후금을 세웠는데, 뒤에 청나라로 발전하여 중국을 통일하였다.

❖ 시큼한 배척한 퀴퀴한 이 내음새 속에/나는 가느슥히 여진女眞의 살내음새를 맡는다 〈**북관**北關**—함주시초**咸州詩抄〉 ❖ 부여扶餘를 숙신肅愼을 발해勃海를 여진女眞을 요遼를 금金을/흥안령興安嶺을 음산陰山을 아무우르를 숭가리를/범과 사슴과 너구리를 배반하고/송어와 메기와 개구리를 속이고 나는 떠났다 〈**북방**北方**에서—정현웅**鄭玄雄**에게**〉

오로촌 명 오로촌Orochon 족. 동아시아 북동부의 북방 퉁구스계의 수렵민족. 생업은 가축으로 순록을 사육하는 사록부使鹿部와 말을 사육하는 사마부使馬部로 크게 나눌 수 있으며, 수렵·어로에도 종사하고 있다. 노루·멧돼지·족제비 등을 잡아 고기는 먹고 가죽의 일부로 의복과 텐트를 만든다(《두산세계대백과사전》).

❖ 오로촌이 멧돝을 잡어 나를 잔치해 보내든 것도/쏠론이 십리길을 따러나와 울든 것도 잊지 않었다 〈**북방**北方**에서—정현웅**鄭玄雄**에게**〉

요遼 명 916년에 거란족의 야율아보기耶律阿保機가 세운 나라. 몽골·만주·화베이의 일부를 지배하였으며, 송나라로부터 연계燕薊 16주를 빼앗고 송나라와 '전연澶淵의 맹약'을 맺어 우위를 차지하였다. 1125년 송나라와 동부 만주에서 발흥한 금나라의 협공을 받아 멸망하였으나 왕족인 야율대석이 중앙아시아로 도망하여 서요를 세웠다.

❖ 부여扶餘를 숙신肅愼을 발해勃海를 여진女眞을 요遼를 금金을/흥안령興安嶺을 음산陰山을 아무우르를 숭가리를/범과 사슴과 너구리를 배반하고/송어와 메기와 개구리를 속이고 나는 떠났다 〈**북방**北方**에서—정현웅**鄭玄雄**에게**〉

월越 명 중국 춘추시대에 저장浙江 지방에 있던 나라. 회계會稽(후이지)에 도읍하였으며 기원전 5세기 초기 구천句踐 때에 오나라를 멸하고 기원전 334년 초나라에 멸망되었다.

❖ 나는 지나支那나라 사람들과 같이 목욕을 한다/무슨 은殷이며 상商이며 월越이며 하는 나라 사람들의 후손들과 같이/한물통 안에 들어 목욕을 한다/서로 나라가 다른 사람인데/ 〔…〕 /그런데 참으로 그 은殷이며 상商이며 월越이며 위衛며 진晉이며 하는 나라 사람들의 이 후손들은/얼마나 마음이 한가하고 게으른가 〈**조당**澡塘**에서**〉

위衛 ② 명 주나라의 제후국이자 춘추·전국시대의 주요 국가 중의 하나이다. 중국 주나라 때에, 은나라의 유민을 다스리기 위하여 주공周公의 아우 강숙康叔을 은나라의 옛 도읍 조가朝歌에 봉하여 세운 왕조. 제11대 무공武公 때가 전성기였으며, 기원전 209년에 진秦나라에 멸망하였다.

❖ 나는 시방 넷날 진晉이라는 나라나 위衛라는 나라에 와서/내가 좋아하는 사람들을 만나는 것만 같다/이리하야 어쩐지 내 마음은 갑자기 반가워지나/그러나 나는 조금 무서웁고 외로워진다/그런데 참으로 그 은殷이며 상商이며 월越이며 위衛며 진晉이며 하는 나라 사람들의 이 후손들은/얼마나 마음이 한가하고 게으른가 **〈조당**澡塘**에서〉**

은殷 명 문헌에 기록되어 있는 중국 최초의 고대 왕조(기원전 1600~기원전 1046). 처음에는 국호를 상商이라 하였고, 반경盤庚 때에 국호를 은殷이라 고쳤다. 황허黃河의 중류 지역을 지배한 부족 국가로 갑골문자와 청동기 문화가 발달하였다. 기원전 11세기경 마지막 왕 주왕紂王에 이르러 주周나라의 무왕武王에게 멸망당했다.

❖ 나는 지나支那나라 사람들과 같이 목욕을 한다/무슨 은殷이며 상商이며 월越이며 하는 나라 사람들의 후손들과 같이/한물통 안에 들어 목욕을 한다/서로 나라가 다른 사람인데/〔…〕/그런데 참으로 그 은殷이며 상商이며 월越이며 위衛며 진晉이며 하는 나라 사람들의 이 후손들은/얼마나 마음이 한가하고 게으른가 **〈조당**澡塘**에서〉**

지나支那나라 명 중국 본토의 다른 명칭. 어원은 분명하지 않지만 최초로 중국을 통일한 '진秦'의 음(chi'n)이 전와轉訛하여 서방 제국에 치나Cina·틴Thin으로 전해졌을 것이라는 설이 유력하다. 영어의 '차이나China', 프랑스어의 '신Chine' 등도 여기에서 파생된 것으로 알려져 있다.

❖ 나는 지나支那나라 사람들과 같이 목욕을 한다/무슨 은殷이며 상商이며 월越이며 하는 나라 사람들의 후손들과 같이/한물통 안에 들어 목욕을 한다 **〈조당**澡塘**에서〉**

진晉 명 중국에서, 265년 사마염司馬炎이 낙양洛陽(뤄양)을 수도로 하여 세운 왕조. 280년 오나라를 쳐부수고 중국을 통일하였다가, 419년 오호십육국의 난을 계기로 멸망하였는데, 서진西晉 및 동진東晉 시대로 구분된다.

❖ 나는 시방 넷날 진晉이라는 나라나 위衛라는 나라에 와서/내가 좋아하는 사람들을 만나는 것만 같다/이리하야 어쩐지 내 마음은 갑자기 반가워지나/그러나 나는 조금 무서웁고 외로워진다/그런데 참으로 그 은殷이며 상商이며 월越이며 위衛며 진晉이며 하는 나라 사람들의 이 후손들은/얼마나 마음이 한가하고 게으른가 **〈조당**澡塘**에서〉**

IV. 자연환경

1 강과 바다

강江**쟁변**명 '강변'(강의 가장자리에 잇닿아 있는 땅. 또는 그 부근)의 평남 방언(《조선말대사전》).

〔'강쟁변'은 《조선말대사전》에 등재되어 있다. 초판(1992)엔 없고, 증보판(2006)에 올라 있다.〕

❖ 삼리三里밖 강江쟁변엔 자갯돌에서/비멀이한 옷을 부숭부숭 말려 입고 오는 길인데 〈**구장로**球場路**—서행시초**西行詩抄 **1**〉

개포가명 갯가. ① 바닷물이 드나드는 곳의 물가. ② 물이 흐르는 곳의 가장자리.

〔《조선말대사전》에 '개포'가 '개'와 같은 뜻의 말로 등재되어 있다.〕

❖ 내 사랑하는 어여쁜 사람이/어늬 먼 앞대 조용한 개포가의 나즈막한 집에서/그의 지아비와 마조 앉어 대구국을 끓여놓고 저녁을 먹는다 〈**흰 바람벽이 있어**〉

늪명 늪. 땅바닥이 우묵하게 뭉떵 빠지고 늘 물이 괴어 있는 곳. 진흙 바닥이고 침수 식물이 많이 자란다.

❖ 오리야 나는 네가 좋구나 네가 좋아서/벌논의 늪 옆에 쭈구렁벼알 달린 짚검불을 널어놓고 〈**오리**〉 ❖ 게구멍을 쑤시다 물쿤하고 배암을 잡은 늪의 피 같은 물이끼에 햇볕이 따그웠다 〈**하답**夏畓〉

단샘명 물맛이 좋은 샘물.

〔'단샘'과 유사한 뜻의 단어로 《표준국어대사전》에 '감정甘井'이 등재되어 있다. '단샘'은 백석의 조어이다.〕

❖ 그 맛있는 모밀국수를 삶는 장작도 자작나무다/그리고 감로甘露같이 단샘이 솟는 박우물도 자작나무다 〈**백화**白樺**—산중음**山中吟〉 ❖ 다만 게을리 먼 앞대로 떠나 나왔다/그리하여 따사한 햇귀에서 하이얀 옷을 입고 매끄러운 밥을 먹고 단샘을 마시고 낮잠을 잤다 〈**북방**北方**에서—정현웅**鄭玄雄**에게**〉

도랑명 매우 좁고 작은 개울.

❖ 나는 뒤짐을 지고 고랑을 걸어/밭을 나와 밭뚝을 돌아 도랑을 건너 행길을 돌아 〈**귀농**歸農〉

모래부리명 모래의 부리, 곧 '뾰족한 모래'를 뜻하는 말로 '사취砂嘴'라고도 한다.

〔'모래부리'는 바닷가에 모래가 길고 뾰족하게 쌓인 지형을 가리키는 말인데, 백석

시 〈함남도안咸南道安〉에서는 부전강 상류의 모래 지형을 말한다. '모래부리 플랫폼'이란 '모래부리가 있는 곳의 플랫폼'이란 뜻이다. 도안을 끼고 부전강이 흐르고 있으며, 부전강을 따라 철도가 놓여 있다. ☞ 함남도안 278 지도 참조.〕

❖ 해빛이 초롱불같이 희맑은데/해정한 모래부리 플랫폼에선/모두들 쩔쩔 끓는 구수한 귀이리차茶를 마신다 **〈함남도안咸南道安〉**

모래장변명 모래사장. 강가나 바닷가에 있는 큰 모래벌판.

〔'모래장변'은 '모래+장(場)+변(邊)'의 형태를 지닌 합성조어로 모래사장을 뜻하는 것으로 보인다(이승원, 2008). 《고려대한국어대사전》에 '모래장변'과 유사한 말로 '모래장벌'이 등재되어 있다.〕

❖ 물밑—이 세모래 닌함박은 콩조개만 일다/모래장변—바다가 널어놓고 못 미더워 드나드는 명주필을 짓궂이 발뒤축으로 찢으면/날과 씨는 모두 양금줄이 되어 짜랑짜랑 울었다 **〈물계리物界里—물닭의 소리〉** ❖ 푸른 바다 흰 한울이 좋기도 좋단 말이지/해밝은 모래장변에 돌비 하나 섰단 말이지 **〈대산동大山洞—물닭의 소리〉**

모래톱명 강가나 바닷가에 있는 넓고 큰 모래벌판. '모래사장'과 같은 말.

❖ 우리들은 맑은 물밑 해정한 모래톱에서 하구 긴 날을 모래알만 혜이며 잔뼈가 굵은 탓이다 **〈선우사膳友辭—함주시초咸州詩抄〉** ❖ 구붓하고 모래톱을 오르면/당신이 앞선 것만 같구려/당신이 뒤선 것만 같구려 **〈바다〉**

바다명 지구 위에서 육지를 제외한 부분으로 짠물이 괴어 하나로 이어진 넓고 큰 부분.

❖ 멀리 바다가 뵈이는/가정거장假停車場도 없는 벌판에서/차車는 머물고/젊은 새악시 둘이 나린다 **〈광원曠原〉** ❖ 저녁밥때 비가 들어서/바다엔 배와 사람이 흥성하다//참대창에 바다보다 푸른 고기가 께우며 섬돌에 곱조개가 붙는 집의 복도에서는 배창에 고기 떨어지는 소리가 들렸다 **〈시기柿崎의 바다〉** ❖ 새벽녘의 거리엔 쾅쾅 북이 울고/밤새껏 바다에선 뿡뿡 배가 울고//자다가도 일어나 바다로 가고 싶은 곳이다// 〔…〕 //녯 장수 모신 낡은 사당의 돌층계에 주저앉어서 나는 이 저녁 울 듯 울 듯 한산도閑山島 바다에 뱃사공이 되여가며 **〈통영統營(남행시초南行詩抄)〉** ❖ 바닷가에 왔드니/바다와 같이 당신이 생각만 나는구려/바다와 같이 당신을 사랑하고만 싶구려 **〈바다〉** ❖ 문기슭에 바다 해자를 까꾸로 붙인 집/산듯한 청삿자리 우에서 찌륵찌륵/우는 전북회를 먹어 한녀름을 보낸다 **〈삼호三湖—물닭의 소리〉** ❖ 물밑—이 세모래 닌함박은 콩조개만 일다/모래장변—바다가 널어놓고 못 미더워 드나드는 명주필을 짓궂이 발뒤축으로 찢으면/날과 씨는 모두 양금줄이 되어 짜랑짜랑 울었

다 **〈물계리**物界里**—물닭의 소리〉** ❖ 푸른 바다 흰 한울이 좋기도 좋단 말이지/해밝은 모래장변에 돌비 하나 섰단 말이지 **〈대산동**大山洞**—물닭의 소리〉**

바닷가 명 바닷물과 땅이 서로 닿은 곳이나 그 근처.

❖ 저문 유월六月의 바닷가에선 조개도 울을 저녁 소라방등이 불그레한 마당에 김 냄새 나는 비가 나렸다 **〈통영**統營**〉** ❖ 넷적본의 휘장마치에/어느메 촌중의 새 새악시와도 함께 타고/먼 바닷가의 거리로 간다는데 **〈이두국주가도**伊豆國湊街道**〉** ❖ 바닷가에 왔드니/바다와 같이 당신이 생각만 나는구려/바다와 같이 당신을 사랑하고만 싶구려// 〔…〕 //바닷가는/개지꽃에 개지 아니 나오고 **〈바다〉** ❖ 푸른 바닷가의 하이얀 하이얀 길이다 **〈남향**南鄕**—물닭의 소리〉**

박우물 명 바가지로 물을 뜰 수 있는 얕은 우물.

❖ 그리고 감로甘露같이 단샘이 솟는 박우물도 자작나무다/산山 너머는 평안도平安道 땅도 뵈인다는 이 산山골은 온통 자작나무다 **〈백화**白樺**—산중음**山中吟**〉**

벌개눞역 명 갯벌의 늪지 언저리.

〔'벌개눞역'은 '벌(原)+개(川)+눞(늪, 濕地)+역(언저리)'의 형태를 지닌 말로 추정된다. '벌개'는 '갯벌'을 가리킨다고 할 수 있다. 백석 시에는 '벌길', '벌논', '벌불'처럼 '벌'이 결합된 말이 많이 나온다. '벌길' 같은 말은 남쪽에선 잘 안 쓰는 말이다. '벌개'는 이러한 백석의 언어 습관이 반영된 말로 짐작된다. '역'은 사전에 '언저리'의 평안 방언으로 나와 있는데, '녘'(쪽)을 뜻하는 말일 수도 있다.〕

❖ 벌개눞역에서 바리깨를 뚜드리는 쇳소리가 나면/누가 눈을 앓어서 부증이 나서 찰거마리를 부르는 것이다/마을에서는 피성한 눈숡에 저린 팔다리에 거마리를 붙인다 **〈오금덩이라는 곳〉**

산山**개울** 명 산에 있는 개울.

〔'산개울'은 '산+개울'의 합성조어이다.〕

❖ 염소만이 아직 된비가 오면 산山개울에 놓인 다리를 건너 인가人家 근처로 뛰여온다 **〈산지**山地**〉**

샘터 명 샘물이 솟아 나오는 곳. 또는 그 언저리.

❖ 명정明井골은 산山을 넘어 동백冬柏나무 푸르른 감로甘露 같은 물이 솟는 명정明井샘이 있는 마을인데/샘터엔 오구작작 물을 긷는 처녀며 새악시들 가운데 내가 좋아하는 그이가 있을 것만 같고 **〈통영**統營**(남행시초**南行詩抄**)〉**

섬 명 바다, 강, 호수 같은 것의 가운데에 있는 네 면이 물로 둘러싸인 땅(《조선말대사전》).

❖ 배나무접을 잘하는 주정을 하면 토방돌을 뽑는 오리치를 잘 놓는 먼 섬에 반디젓 담그려 가기를 좋아하는 삼춘 삼춘엄매 사춘누이 사춘동생들 〈**여우난골족**族〉

우물명 물을 긷기 위하여 땅을 파서 물을 괴게 한 곳. 또는 그런 시설.

❖ 초롱이 히근하니 물지게꾼이 우물로 가며/별 사이에 바라보는 그믐달은 눈물이 어리었다 〈**미명계**未明界〉 ❖ 할아버지와 손자가 오른 지붕 우에 한울빛이 진초록이다/우물의 물이 쓸 것만 같다 〈**여우난골**〉

우물가명 우물의 가까운 둘레.

❖ 우물가에서 까치가 자꼬 즞거니 하면/붉은 수탉이 높이 샛더미 우로 올랐다 〈**창의문외**彰義門外〉

우물든덩명 '우물둔덕'(우물 둘레의 작은 둑 모양으로 된 곳)의 평북 방언.

❖ 지붕에 마당에 우물든덩에 함박눈이 푹푹 쌓이는 여늬 하로밤/아배 앞에 그 어린 아들 앞에 아배 앞에는 왕사발에 아들 앞에는 새끼사발에 그득히 사리워 오는 것이다 〈**국수**〉

해변명 바닷물과 땅이 서로 닿은 곳이나 그 근처. '바닷가'와 같은 말.

❖ 육십리六十里라고 해서 파랗게 뵈이는 산山을 넘어 있다는 해변에서 과부가 된 코끝이 빨간 언제나 흰옷이 정하든 말끝에 설게 눈물을 짤 때가 많은 큰골 고무 고무의 딸 홍녀洪女 아들 홍洪동이 작은홍洪동이 〈**여우난골족**族〉 ❖ 이른 봄철 산 너머 먼데 해변에서 가무래기 오면 〈**머리카락**〉

해변땅명 해변에 접해 있는 땅.

〔'해변땅'은 '해변+땅'의 합성조어이다.〕

❖ 해변땅에 나들이 갔든 할머니는/오리새끼들은 장뫃이나 하듯이 떠들썩하니 시끄럽기도 하드란 숭인가 〈**오리**〉

해변벌명 해변에 있는 벌. 갯벌.

〔'해변벌'은 '해변+벌'의 합성조어이다.〕

❖ 아무리 밤이 좋은들 오리야/해변벌에선 얼마나 너이들이 욱자지껄하며 멕이기에/해변땅에 나들이 갔든 할머니는/오리새끼들은 장뫃이나 하듯이 떠들썩하니 시끄럽기도 하드란 숭인가 〈**오리**〉

호수湖水명 넓은 땅에 물이 일정한 깊이로 고여 있는 곳. 못이나 늪보다 크다(《조선말대사전》). ☞ 함남도안 278

〔백석 시의 아래 용례에서 호수는 함경남도 신흥군(현재 부전군) 도안리에 있는 부전호수를 가리킨다. 수력발전소를 짓기 위해 부전강의 계곡을 막아 댐을 축조하여

저수한 인공 호수이다. 당시 이 부전강발전소로 흥남질소비료공장의 전기를 충당했고, 물자의 수송을 위해 이 호수까지 철도가 가설되었다. 당시 호수 주변은 유명한 명승지였으며, 호수 아래에는 칠성장어, 빙어, 열목어 등의 물고기들이 서식하였다(《조선향토대백과12》, 2005, 642쪽; 《함경남도지》, 1968, 54쪽; 조선전기사업편찬위원회, 《조선전기사업사》, 1981, 350-354쪽).〕

❖ 칠성七星고기라는 고기의 쩜벙쩜벙 뛰노는 소리가/쨋쨋하니 들려오는 호수湖水까지는/들쭉이 한불 새까마니 익어가는 망연한 벌판을 지나가야 한다 **〈함남도안咸南道安〉**

2 산과 들

갈밭 명 갈대가 우거진 곳. '갈대밭'과 같은 말.

❖ 벌로 오면/논두렁에 물닭의 소리/갈밭에 갈새 소리 **〈적막강산〉**

건넌산山 명 건넛산. 건너편에 있는 산. ☞ 건넌마을 219, 넘언집 176

〔'건넌산'의 표준어는 '건넛산'인데 《조선말대사전》에 같은 뜻으로 '건넌산'이 등재되어 있다. 《평북방언사전》에도 '건넌집'이 등재되어 있는 것으로 보아, '건넌산'은 평북 지방을 포함해 북쪽 지역에서 널리 쓰인 말이라고 할 수 있다.〕

❖ 한 십리十里 더 가면 절간이 있을 듯한 마을이다 〔…〕 흰구름 건넌산으로 가는 길에 복사꽃 바라노라 섰다 다람쥐 건넌산 보고 부르는 푸념이 간지럽다//저기는 그늘 그늘 여기는 챙챙―/저기는 그늘 그늘 여기는 챙챙― **〈황일黃日〉** ❖ 산山마루에 서면/멀리 언제나 늘 그물그물/그늘만 친 건넌산山에서 **〈산山〉**

고개② 명 산이나 언덕을 넘어 다니도록 길이 나 있는 비탈진 곳.

❖ 네날백이 따배기신을 맨발에 바꿔 신고/고개를 몇이라도 넘어서 약물터로 가는데/ 〔…〕 /번들번들하는 노리개는 스르럭스르럭 소리가 나고/고개를 몇이라도 넘어서 약물터로 오면 약물터엔 사람들이 백재일 치듯 하였는데 **〈칠월七月 백중〉** ❖ 또 이러한 밤 같은 때 시집갈 처녀 막내고무가 고개 너머 큰집으로 치장감을 가지고 와서 엄매와 둘이 소기름에 쌍심지의 불을 밝히고 〔…〕 **〈고야古夜〉** ❖ 가즈랑집은 고개 밑의/산山 너머 마을서 도야지를 잃는 밤 즘생을 쫓는 깽제미 소리가 무서웁게 들려오는 집 **〈가즈랑집〉**

골 명 산과 산 사이에 움푹 패어 들어간 곳. '골짜기'와 같은 말.

〔'골'은 '골짜기'와 '고을'의 두 가지 뜻을 지니는데, 백석 시에서는 골짜기의 뜻으로 쓰이고 있다. 다만, 첫 번째 용례의 경우 '골짜기'라는 뜻 위에 '고을'이란 뜻이 덧붙여진 것이다. 즉, 골짜기에 있는 고을이란 뜻이라고 할 수 있다.〕

❖ 어치라는 산山새는 벌배 먹어 고읍다는 골에서 돌배 먹고 아픈 배를 아이들은 띨배 먹고 나었다고 하였다 **〈여우난골〉** ❖ 골이 다한 산대 밑에 자그마한 돌능와집이 한 채 있어서/이 집 남길동 단 안주인은 겨울이면 집을 내고 **〈산곡山谷—함주시초咸州詩抄〉**

골안 명 '골짜기'(산과 산 사이에 움푹 패어 들어간 곳)의 안.

〔《조선말대사전》엔 '골안'이 "골짜기의 안"으로 풀이되어 있고, 《표준국어대사전》엔 '골안'이 "'골짜기'의 방언(함남)"으로 풀이되어 있는데, 백석이 '골'과 '골짜기'(골짝, 골짜구니)라는 말을 따로 사용했고, '골안'을 사용한 아래 용례의 문맥을 검토해 볼 때 '골안'은 '골짜기'보다는 '골짜기의 안'으로 보는 것이 적절하다.〕

❖ 집이 몇 집 되지 않는 골안은/모두 터앝에 김장감이 퍼지고/뜨락에 잡곡낟가리가 쌓여서/어니 세월에 뷔일 듯한 집은 뵈이지 않었다/나는 자꼬 골안으로 깊이 들어갔다// 〔…〕 /날이 어서 추워져서 쑥국화꽃도 시들고 이 바즈런한 백성들도 다 제 집으로 들은 뒤에 이 골안으로 올 것을 생각하였다 **〈산곡山谷—함주시초咸州詩抄〉** ❖ 황토 마루 수무나무에 얼럭궁덜럭궁 색동헝겊 뜯개조박 뵈짜배기 걸리고 오쟁이 끼애리 달리고 소삼은 엄신 같은 딥세기도 열린 국수당고개를 몇 번이고 튀튀 춤을 뱉고 넘어가면 골안에 아늑히 묵은 녕동이 무겁기도 할 집이 한 채 안기었는데 **〈넘언집 범 같은 노큰마니〉**

골짜구니 명 '골짜기'(산과 산 사이에 움푹 패어 들어간 곳)의 방언(경기, 강원, 경상, 충청).

❖ 한울은/공중에 떠도는 흰구름을 사랑한다/골짜구니로 숨어 흐르는 개울물을 사랑한다 **〈《호박꽃 초롱》 서시序詩〉**

골짜기 명 산과 산 사이에 움푹 패어 들어간 곳.

❖ 반딧불이 난다 파란 혼魂들 같다/어데서 말 있는 듯이 크다란 산山새 한 마리 어두운 골짜기로 난다 **〈정주성定州城〉**

골짝 명 '골짜기'(산과 산 사이에 움푹 패어 들어간 곳)의 준말.

❖ 아츰별에 섶구슬이 한가로이 익는 골짝에서 꿩은 울어 산山울림과 장난을 한다 **〈추일산조秋日山朝〉** ❖ 자갈밭에 아즈까리알이 쏟아지는/잠풍하니 볕바른 골짝이다/나는 이 골짝에서 한겨을을 날려고 집을 한 채 구하였다 **〈산곡山谷—함주시초咸州詩抄〉**

광원曠原 명 넓은 평원.

〔백석의 고향인 정주 인근에 멀리 바다가 보이고 경편철도가 지나가는 곳으로 안주安州 박천博川평야가 있다. 이 시의 '광원'은 이 곳을 말하는 것으로 추정된다. 아래 제시한 지도는 '안주 박천평야' 부근이다.〕

❖ 시 제목 〈**광원**曠原〉

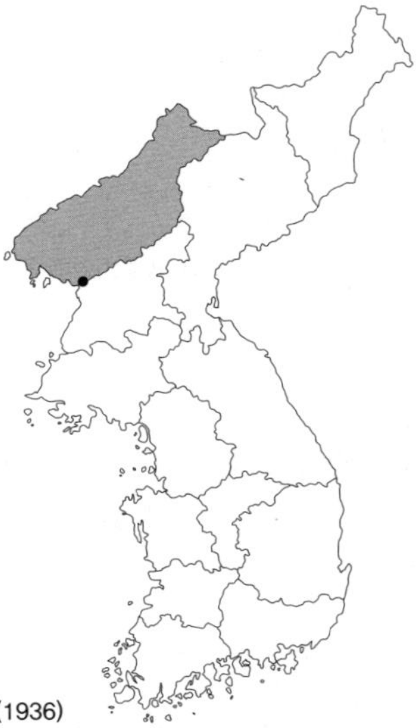

박천, 신안주(1936)

평안북도 박천, 신안주 부근 상세 지도(《조선지형도》)

기슭 명 산이나 처마 따위에서 비탈진 곳의 아랫부분.

❖ 어득한 기슭의 행길에 얼굴이 해쓱한 처녀가 새벽달같이/아 아즈내인데 병인病人은 미역냄새 나는 덧문을 닫고 버러지같이 누웠다 〈**시기**柿崎**의 바다**〉 ❖ 텃밭가 재래종在來種의 임금林檎나무에는 이제도 콩알만 한 푸른 알이 달렸고 히스무레한 꽃도 하나 둘 퓌여 있다/돌담 기슭에 오지항아리 독이 빛난다 〈**창의문외**彰義門外〉

눈구덩이 명 눈이 많이 쌓인 가운데에 움푹 팬 곳(《고려대한국어대사전》).

❖ 눈이 많이 와서/산엣새가 벌로 나려 멕이고/눈구덩이에 토끼가 더러 빠지기도 하면 **〈국수〉**

돌무덤 명 돌로 쌓아 올린 무덤으로 일종의 '돌무지무덤'을 가리킨다.

〔'돌무지무덤'은 '구덩무덤'(단순 매장)과 함께 우리나라에서 볼 수 있는 가장 오래된 무덤 형태이다. 이 무덤은 주검을 땅 위에 두고 돌로 주검을 덮는 형태로 이루어져 있다. 돌무지무덤은 길이가 주로 1.5미터 내외, 돌무지의 높이가 20~30센티미터 내외의 타원형으로 되어 있다. 시신 전체를 펴서 파묻은 것으로 보기 어렵고, 무릎을 구부려서 묻은 굴신장屈身葬이었거나, 시체의 살을 썩히고 뼈만을 추려서 묻은 이차장의 하나였던 것으로 혹은 어린아이의 무덤으로 보기도 한다. 압록강과 한강 유역에 많이 분포되어 시베리아로부터 전래된 것으로 보기도 하고, 발해 연안에서 기원되었다는 설도 있다(장철수,《옛무덤의 사회사》, 웅진출판, 1995).〕

❖ 섶벌같이 나아간 지아비 기다려 십 년十年이 갔다/지아비는 돌아오지 않고/어린 딸은 도라지꽃이 좋아 돌무덤으로 갔다 **〈여승女僧〉**

동둑 명 동(垌)둑. 크게 쌓은 둑.

❖ 닭이짗 올코에 새끼달은치를 묻어놓고/동둑 넘에 숨어서/하로진일 너를 기다린다 **〈오리〉**

동말랭이 명 동둑 마루. 크게 쌓은 둑의 꼭대기. '말랭이'는 '마루'(등성이를 이루는 지붕이나 산 따위의 꼭대기)의 방언(평남, 강원).

〔'동말랭이'는 '동+말랭이(마루)'의 합성어인데, 여기서 '동'을 '東'으로 보면, '동쪽의 등성이'가 되고, '垌'(크게 쌓은 둑)으로 보면 '동둑 마루'가 된다. 김영배(1987), 이동순 외(2012)가 전자로, 김영범(2004), 이숭원(2008)이 후자로 본 바 있다. 백석이 〈사생첩寫生帖의 삽화揷話〉(《매신사진순보每新寫眞旬報》, 1942. 2)란 산문에서 '동비탈'을 '동둑 비탈'로 쓴 것을 감안하면 '동말랭이'도 '동둑 마루'의 뜻으로 보는 것이 적절하다고 하겠다.〕

❖ 오리치를 놓으려 아배는 논으로 나려간 지 오래다/오리는 동비탈에 그림자를 떨어트리며 날어가고 나는 동말랭이에서 강아지처럼 아배를 부르며 울다가 **〈오리 망아지 토끼〉**

동비탈 명 동둑 비탈.

〔'동비탈'은 '동+비탈'의 합성어인데, 여기서 '동'을 '東'으로 보면, '동쪽의 비탈'이 되고, '垌'(크게 쌓은 둑)으로 보면 '동둑 비탈'이 된다. 김영배(1987), 이동순 외

(2012)가 전자로, 김영범(2004), 이숭원(2008)이 후자로 본 바 있다. 이에 대한 어석으로 백석의 산문인 〈사생첩寫生帖의 삽화揷話〉(《매신사진순보每新寫眞旬報》, 1942. 2)가 좋은 참조가 된다. 이 산문에 "혹 추수나 업고한날 주막주인이 오리를 잡으려나가는때는 그도 가치짤어가서 닭이짓테 칡밀칠을한 숙마를달어 올코를매즌 오리치를 가지고 벌논으로 날여가거나 동비탈에 안저서 오리가 날여멕이기를한종일 기달이는일도 잇섯다"라는 대목이 나오는데, 여기서 '동비탈'은 문맥상 동쪽의 비탈이 아니라 동둑 비탈을 가리키는 것으로 봐야 할 것이다. 이 점에서 백석 시의 아래 용례에서 쓰인 '동비탈'도 '동둑 비탈'을 뜻하는 것으로 보는 것이 적절하다고 하겠다.〕

❖ 오리치를 놓으려 아배는 논으로 나려간 지 오래다/오리는 동비탈에 그림자를 떨어트리며 날어가고 나는 동말랭이에서 강아지처럼 아배를 부르며 울다가 **〈오리 망아지 토끼〉**

뒷등성 명 뒷등성이. 뒤에 있는 산등성이.

〔사전(《표준국어대사전》, 《고려대한국어대사전》, 《조선말대사전》)엔 모두 '뒷등성이'만 등재되어 있는데, 백석은 '뒷등성'이란 말을 쓰고 있다. 이와 비슷한 어형의 '산등성'이란 말은 '산등성이'와 같은 말로 사전에 등재되어 있다. 따라서 '뒷등성'이란 말도 사전에 등재되어야 할 것이다. 백석은 운율을 고려해 '뒷등성이' 대신 '뒷등성'이란 말을 사용한 것으로 보인다.〕

❖ 집은 안팎 문을 횅하니 열젖기고/인간들은 모두 뒷등성으로 올라 멍석자리를 하고 바람을 쐬이는데/풀밭에는 어느새 하이얀 대림질감들이 한불 널리고 **〈박각시 오는 저녁〉**

뒷산山 명 마을이나 집의 뒤쪽에 있는 산.

❖ 날기멍석을 져간다는 닭보는 할미를 차 굴린다는 땅아래 고래 같은 기와집에는 언제나 니차떡에 청밀에 은금보화가 그득하다는 외발 가진 조마구 뒷산山 어늬메도 조마구네 나라가 있어서 〔…〕 **〈고야古夜〉**

들 명 논이나 밭으로 되어 있는 넓은 땅.

〔'벌'과 '들'은 모두 '넓고 평평한 땅'이란 뜻을 지닌 말인데, 논이나 밭으로 되어 있는 넓은 땅을 말할 때에는 '벌' 대신에 '들'이란 말을 쓴다. 백석은 '벌'과 '들'을 구분해서 썼다.〕

❖ 마을에서는 세불 김을 다 매고 들에서/개장취념을 서너 번 하고 나면/백중 좋은 날이 슬그머니 오는데 **〈칠월七月 백중〉**

땅 명 ① 강이나 바다와 같이 물이 있는 곳을 제외한 지구의 겉면. ② 영토領土 또는 영지領地. ③ (앞의 말을 받아서) 그 지방. 또는 그곳. ④ 논이나 밭을 통틀어 이르는 말.

❖ 산山 너머 평안도平安道 땅도 뵈인다는 이 산山골은 온통 자작나무다 **〈백화白樺—산중음山中吟〉** ❖ 태산泰山의 구름도 황하黃河의 물도 옛님군의 땅과 나무의 덕도 이 마음 안에 아득하니 뵈이는 것이다 **〈수박씨, 호박씨〉** ❖ 그동안 돌비는 깨어지고 많은 은금보화는 땅에 묻히고 가마귀도 긴 족보를 이루었는데 이리하야 또 한 아득한 새 녯날이 비롯하는 때/이제는 참으로 이기지 못할 슬픔과 시름에 쫓겨/나는 나의 녯 한울로 땅으로—나의 태반胎盤으로 돌아왔으나 **〈북방北方에서—정현웅鄭玄雄에게〉** ❖ 백구둔白狗屯의 눈 녹이는 밭 가운데 땅 풀리는 밭 가운데/촌부자 노왕老王하고 같이 서서 **〈귀농歸農〉**

땅바닥 명 아무것도 깔지 않은 땅의 맨바닥.

❖ 그리고 새벽녘이면 고방 시렁에 채국채국 얹어둔 모랭이 목판 시루며 함지가 땅바닥에 넘너른히 널리는 집이다 **〈외갓집〉**

땅아래 명 땅속. 땅 밑.

〔백석 시에서 '땅아래'는 한 단어로 '땅속'의 뜻으로 쓰인 것이다. '땅'과 '아래'를 띄어 쓰면 '땅의 낮은 쪽'이란 뜻도 된다. 따라서 '땅아래'는 띄지 않고 원문 그대로 써야 백석이 구사한 시어의 원래 뜻을 잘 살릴 수 있다.〕

❖ 날기멍석을 져간다는 닭보는 할미를 차 굴린다는 땅아래 고래 같은 기와집에는 언제나 니차떡에 청밀에 은금보화가 그득하다는 외발 가진 조마구 뒷산山 어늬메도 조마구네 나라가 있어서 **〈고야古夜〉**

마루 명 등성이가 진 지붕이나 산 따위의 꼭대기(《고려대한국어대사전》).

❖ 황토 마루 수무나무에 얼럭궁덜럭궁 색동헝겊 뜯개조박 뵈짜배기 걸리고 오쟁이 끼애리 달리고 소삼은 엄신 같은 딥세기도 열린 국수당고개를 멫 번이고 튀튀 춤을 뱉고 넘어가면 〔…〕 **〈넘언집 범 같은 노큰마니〉**

배나무동산 명 배나무가 심어진 작은 언덕이나 산.

〔'배나무동산'은 '배나무+동산'의 형태를 지닌 합성조어이다. 이와 같은 형태의 말로 '꽃동산'이 있다. 사전엔 '꽃동산'만 등재되어 있다.〕

❖ 저녁술을 놓은 아이들은 외양간 섶 밭마당에 달린 배나무동산에서 쥐잡이를 하고 숨굴막질을 하고 꼬리잡이를 하고 가마 타고 시집가는 놀음 말 타고 장가가는 놀음을 하고 이렇게 밤이 어둡도록 북적하니 논다 **〈여우난골족族〉**

벌① 명 넓고 평평하게 생긴 땅.

❖ 얼굴에 별자국이 솜솜 난 말수와 같이 눈도 껌벅거리는 하로에 베 한 필을 짠다는 벌 하나 건너 집엔 복숭아나무가 많은 신리新里 고무 고무의 딸 이녀李女 작은이녀李女 〈**여우난골족**族〉 ❖ 흙꽃 니는 이른 봄의 무연한 벌을/경편철도輕便鐵道가 노새의 맘을 먹고 지나간다 〈**광원**曠原〉 ❖ 벌에 우는 새소리도 듣고 싶고 거문고도 한 곡조 뜯고 싶고 한 오천五千말 남기고 함곡관函谷關도 넘어가고 싶고 〈**수박씨, 호박씨**〉 ❖ 눈이 많이 와서/산엣새가 벌로 나려 멕이고/눈구덩이에 토끼가 더러 빠지기도 하면 〈**국수**〉 ❖ 또 녀름날 낫 기운 때 어른들이 모두 벌에 나가고 텅 뷔인 집 토방에서/햇강아지의 쌀랑대는 성화를 받어가며 닭의 똥을 주워먹는 아이를 생각한다 〈**촌에서 온 아이**〉 ❖ 오이밭에 벌배채 통이 지는 때는/산에 오면 산 소리/벌로 오면 벌 소리// 〔…〕 //벌로 오면/논두렁에 물닭의 소리/갈밭에 갈새 소리//산으로 오면 산이 들썩 산 소리 속에 나 홀로/벌로 오면 벌이 들썩 벌 소리 속에 나 홀로//정주定州 동림東林 구십九十여 리里 긴긴 하로 길에/산에 오면 산 소리 벌에 오면 벌 소리/적막강산에 나는 있노라 〈**적막강산**〉

벌길 명 벌에 난 길(《조선말대사전》).

❖ 무썩무썩 더운 날에도 벌길에는/건들건들 씨연한 바람이 불어오고 〈**칠월**七月 **백중**〉

벌판 명 사방으로 펼쳐진 넓고 평평한 땅.

❖ 멀리 바다가 뵈이는/가정거장假停車場도 없는 벌판에서/차車는 머물고/젊은 새악시 둘이 나린다 〈**광원**曠原〉 ❖ 칠성七星고기라는 고기의 쩜벙쩜벙 뛰노는 소리가/쨋쨋하니 들려오는 호수湖水까지는/들쭉이 한불 새까마니 익어가는 망연한 벌판을 지나가야 한다 〈**함남도안**咸南道安〉

벼랑탁 명 벼랑턱. 벼랑의 턱이 진 곳.

〔《조선말대사전》에 '벼랑턱'이 규범어로, '벼랑탁'이 비규범어로 등재되어 있다.〕

❖ 벼랑탁의 어두운 그늘에 아츰이면/부헝이가 무거웁게 날러온다 〈**산지**山地〉

비탈 명 산이나 언덕 따위가 기울어진 상태나 정도. 또는 그렇게 기울어진 곳.

❖ 거적장사 하나 산山 뒷녚 비탈을 오른다/아— 따르는 사람도 없이 쓸쓸한 쓸쓸한 길이다 〈**쓸쓸한 길**〉

산山 명 평지보다 높이 솟아 있는 땅의 부분.

❖ 소와 말은 도로 산山으로 돌아갔다/ 〔…〕 //산山 너머 십오리十五里서 나무뒝치 차고 싸리신 신고 산山비에 촉촉이 젖어서 약藥물을 받으러 오는 산山아이도 있다 〈**산지**山地〉 ❖ 육십리六十里라고 해서 파랗게 뵈이는 산山을 넘어 있다는 해변에서 과부

가 된 코끝이 빨간 언제나 흰옷이 정하든 말끝에 설게 눈물을 짤 때가 많은 큰골 고무 고무의 딸 홍녀洪女 아들 홍洪동이 작은홍洪동이 **〈여우난골족族〉** ❖ 가즈랑집은 고개 밑의/산山 너머 마을서 도야지를 잃는 밤 즘생을 쫓는 깽제미 소리가 무서웁게 들려오는 집 **〈가즈랑집〉** ❖ 새하려 가는 아배의 지게에 치워 나는 산山으로 가며 토끼를 잡으리라고 생각한다/맞구멍 난 토끼굴을 아배와 내가 막어서면 언제나 토끼새끼는 내 다리 아래로 달어났다 **〈오리 망아지 토끼〉** ❖ 파란 한울에 떨어질 것같이/웃음소리가 더러 산山 밑까지 들린다//순례巡禮중이 산山을 올라간다/어젯밤은 이 산山 절에 재齋가 들었다 **〈추일산조秋日山朝〉** ❖ 거적장사 하나 산山 뒷녚 비탈을 오른다/아— 따르는 사람도 없이 쓸쓸한 쓸쓸한 길이다 **〈쓸쓸한 길〉** ❖ 평안도平安道의 어늬 산山 깊은 금덤판/나는 파리한 여인女人에게서 옥수수를 샀다 **〈여승女僧〉** ❖ 산山 너머 십오리十五里서 나무뒝치 차고 싸리신 신고 산山비에 촉촉이 젖어서 약藥물을 받으려 오는 두멧아이들도 있다 **〈삼방三防〉** ❖ 처녀들은 모두 어장주漁場主한테 시집을 가고 싶어한다는 곳/산山 너머로 가는 길 돌각담에 갸웃하는 처녀는 금錦이라든 이 같고/ 〔…〕 //난蘭이라는 이는 명정明井골에 산다든데/명정明井골은 산山을 넘어 동백冬柏나무 푸르른 감로甘露 같은 물이 솟는 명정明井샘이 있는 마을인데 **〈통영統營(남행시초南行詩抄)〉** ❖ 이 집 남길동 단 안주인은 겨울이면 집을 내고/산을 돌아 거리로 나려간다는 말을 하는데 **〈산곡山谷—함주시초咸州詩抄〉** ❖ 산골집은 대들보도 기둥도 문살도 자작나무다/밤이면 캥캥 여우가 우는 산山도 자작나무다 〔…〕 산山 너머는 평안도平安道 땅도 뵈인다는 이 산山골은 온통 자작나무다 **〈백화白樺—산중음山中吟〉** ❖ 낮배 어니메 치코에 꿩이라도 걸려서 산山 너머 국숫집에 국수를 받으려 가는 사람이 있어도 개는 짖는다 **〈개〉** ❖ 초아흐레 장판에/산 멧도야지 너구리가죽 튀튀새 났다 **〈월림月林장—서행시초西行詩抄 4〉** ❖ 높은 산도 높은 꼭다기에 있는 듯한/아니면 깊은 물도 깊은 밑바닥에 있는 듯한 당신네 나라의/하늘은 얼마나 맑고 높을 것인가 **〈허준許俊〉** ❖ 또 그 짚등색이에 서서 자채기를 하면 산 넘엣 마을까지 들렸다는/먼 녯적 큰아바지가 오는 것같이 오는 것이다 **〈국수〉** ❖ 이른 봄철 산 너머 먼 데 해변에서 가무래기 오면 **〈머리카락〉** ❖ 머리채를 끄을구 오른다는/산山이 있었다//산山 너머는/겨드랑이에 짗이 돋아서 장수가 된다는/더꺼머리총각들이 살아서/ 〔…〕 //그래도 그 쉬영꽃 진달래 빨가니 핀 꽃바위 너머/산山 잔등에는 가지취 뻐꾹채 게루기 고사리 산山나물판/산山나물 냄새 물씬물씬 나는데 **〈산山〉** ❖ 오이밭에 벌배채 통이 지는 때는/산에 오면 산 소리/벌로 오면 벌 소리//산에 오면/큰솔밭에 뻐꾸기 소리/잔솔밭에 덜거기 소리// 〔…〕 //산으로 오면 산이 들썩 산 소리 속에 나 홀로/벌로 오면 벌이 들썩 벌 소리 속에 나 홀로//정주定州 동림東林 구십九十여 리里 긴긴 하로 길에/산에 오면 산 소리 벌에 오면 벌 소리/적막강산에 나는 있노라 **〈적막강산〉** ❖ 나는 이런 저녁에는 화로를 더욱 다가 끼며, 무릎을 꿇어 보며,/어니 먼 산 뒷옆에 바우 섶에 따로 외로이 서서, **〈남신의주 유동 박시봉방**南新義州柳洞朴時逢方**〉**

산곡山谷 명 산골짜기(산과 산 사이의 움푹 들어간 곳).

❖ 시 제목 **〈산곡**山谷**—함주시초**咸州詩抄**〉**

산山**골** 명 외지고 으슥한 깊은 산속.

❖ 간밤엔 섬돌 아래 승냥이가 왔었다는 이야기/어느메 산山골에선간 곰이 아이를 본다는 이야기 **〈가즈랑집〉** ❖ 산山골에서는 집터를 츠고 달궤를 닦고/보름달 아래서 노루고기를 먹었다 **〈노루〉** ❖ 나는 낡은 국수분틀과 그즈런히 나가 누워서/구석에 데굴데굴하는 목침木枕들을 베여보며/이 산山골에 들어와서 이 목침木枕들에 새까마니 때를 올리고 간 사람들을 생각한다 **〈산숙**山宿**—산중음**山中吟**〉** ❖ 초생달이 귀신불같이 무서운 산山골 거리에선/처마 끝에 종이등의 불을 밝히고/쩌락쩌락 떡을 친다/감자떡이다 **〈향악**饗樂**—산중음**山中吟**〉** ❖ 그리고 감로甘露같이 단샘이 솟는 박우물도 자작나무다/산山 너머는 평안도平安道 땅도 뵈인다는 이 산山골은 온통 자작나무다 **〈백화**白樺**—산중음**山中吟**〉** ❖ 나는 주먹다시 같은 떡당이에 꿀보다도 달다는 강낭엿을 산다/그리고 물이라도 들 듯이 샛노랗디샛노란 산山골 마가을 볕에 눈이 시울도록 샛노랗디샛노란 햇기장 쌀을 주무르며 **〈월림**月林**장—서행시초**西行詩抄 **4〉** ❖ 바람 좋은 한벌판에서 물닭이 소리를 들으며 단이슬 먹고 나이 들은 탓이다/외따른 산골에서 소리개 소리 배우며 다람쥐 동무하고 자라난 탓이다 **〈선우사**膳友辭**—함주시초**咸州詩抄**〉** ❖ 눈이 푹푹 쌓이는 밤 흰 당나귀 타고/산골로 가자 출출이 우는 깊은 산골로 가 마가리에 살자// 〔…〕 /언제 벌써 내 속에 고조곤히 와 이야기한다/산골로 가는 것은 세상한테 지는 것이 아니다/세상 같은 건 더러워 버리는 것이다 **〈나와 나타샤와 흰 당나귀〉**

산山**골짜기** 명 산과 산 사이의 움푹 들어간 곳.

❖ 아배는 타관 가서 오지 않고 산山비탈 외따른 집에 엄매와 나와 단둘이서 누가 죽이는 듯이 무서운 밤 집 뒤로는 어늬 산山골짜기에서 소를 잡어먹는 노나리꾼들이 도적놈들같이 쿵쿵거리며 다닌다 **〈고야**古夜**〉**

산대 명 산대배기. '산대배기'는 '산꼭대기'의 경북 방언.

〔사전엔 '산대배기'만 등재되어 있는데, 백석은 '산대'라는 말을 사용하고 있다.〕

❖ 골이 다한 산대 밑에 자그마한 돌능와집이 한 채 있어서/이 집 남길동 단 안주인은 겨울이면 집을 내고 〈**산곡**山谷**—함주시초**咸州詩抄〉

산山**마루** 명 산등성이의 가장 높은 곳.

❖ 산山마루를 탄 사람들은 새꾼들인가/파란 한울에 떨어질 것같이 〈**추일산조**秋日山朝〉 ❖ 산山마루에 서면/멀리 언제나 늘 그물그물 〈**산**山〉

산山**모롱고지** 명 '산모롱이'(산모퉁이의 휘어 들어간 곳)의 평북 방언.

❖ 삼리三里밖 강江쟁변엔 자갯돌에서/비멀이한 옷을 부숭부숭 말려 입고 오는 길인데/산山모롱고지 하나 도는 동안에 옷은 또 함북 젖었다 〈**구장로**球場路**—서행시초**西行詩抄 **1**〉

산山**비탈** 명 산기슭의 비탈진 곳.

❖ 아배는 타관 가서 오지 않고 산山비탈 외따른 집에 엄매와 나와 단둘이서 누가 죽이는 듯이 무서운 밤 집 뒤로는 어늬 산山골짜기에서 소를 잡어먹는 노나리꾼들이 도적놈들같이 쿵쿵거리며 다닌다 〈**고야**古夜〉

산山**옆** 명 산의 옆면. 산의 한쪽 면을 가리키는 말로 산기슭보다 좀 더 넓은 범위의 지역을 뜻하는 말이라고 할 수 있다.

❖ 시냇물이 버러지 소리를 하며 흐르고/대낮이라도 산山옆에서는/승냥이가 개울물 흐르듯 운다 〈**산지**山地〉 ❖ 자정도 활씬 지났는데/닭을 잡고 모밀국수를 누른다고 한다/어늬 산山옆에선 캥캥 여우가 운다 〈**야반**夜半**—산중음**山中吟〉 ❖ 풀밭에는 어느새 하이얀 대림질감들이 한불 널리고/돌우래며 팟중이 산옆이 들썩하니 울어댄다 〈**박각시 오는 저녁**〉

산山**중** 명 산의 속. '산속'과 같은 말.

❖ 인가人家 멀은 산山중에/까치는 배나무에서 즞는다 〈**적경**寂境〉

산지山地 명 산으로 이루어진 땅. 곧 산으로 이루어진 지역을 뜻하는 말이다(《조선말대사전》,《고려대한국어대사전》).

❖ 시 제목 〈**산지**山地〉

산천山川 명 ① 산과 내를 아울러 이르는 말. ② '산과 내'라는 뜻으로, '자연'을 이르는 말.

❖ 돌능와집에 소달구지에 싸리신에 옛날이 사는 장거리에/어니 근방 산천山川에서 덜거기 껙껙 검방지게 운다 〈**월림**月林**장—서행시초**西行詩抄 **4**〉

산山**턱** 명 산꼭대기와 산허리 사이에, 경사가 져서 내려오다가 조금 두두룩한 곳.

❖ 산山턱 원두막은 뷔였나 불빛이 외롭다/헝겊심지에 아즈까리기름의 쪼는 소리

가 들리는 듯하다 〈**정주성**定州城〉

산山허리 명 ① 산 둘레의 중턱. ② 산등성이의 잘록하게 들어간 곳.

❖ 솔포기에 숨었다/토끼나 꿩을 놀래주고 싶은 산山허리의 길은//엎데서 따스하니 손 녹히고 싶은 길이다 〈**창원도**昌原道**—남행시초**南行詩抄 **1**〉

선산 명 조상의 무덤이 있는 산.

❖ 우리 엄매가 나를 가지는 때 이 노큰마니는 어늬 밤 크나큰 범이 한 마리 우리 선산으로 들어오는 꿈을 꾼 것을 우리 엄매가 서울서 시집을 온 것을 〔…〕 〈**넘언집 범 같은 노큰마니**〉

자갈밭 명 ① 자갈이 많이 깔려 있는 땅. ② 자갈이 많은 밭.

❖ 돌각담에 머루송이 깜하니 익고/자갈밭에 아즈까리알이 쏟아지는/잠풍하니 볕바른 골짝이다 〈**산곡**山谷**—함주시초**咸州詩抄〉

자개밭둑 명 자갈밭둑. 자갈이 많이 깔려 있는 밭둑. '밭둑'은 밭 사이의 경계를 이루고 있거나 밭가에 둘려 있는 둑. '자개'는 '자갈'의 평안 방언.

〔사전엔 '자개밭'만 등재되어 있다.〕

❖ 한 십리十里 더 가면 절간이 있을 듯한 마을이다 〔…〕 골갯논드렁에서 미나리 밟고 서서 운다 복사나무 아래 가 흙장난하며 놀지 왜 우노 자개밭둑에 엄지 어데 안 가고 누웠다 〔…〕 〈**황일**黃日〉

잔등② 명 (코나 산 같은 데서) 두드러져 올라온 부분(《조선말대사전》).

❖ 그래도 그 쉬영꽃 진달래 빨가니 핀 꽃바위 너머/산山 잔등에는 가지취 뻐꾹채 게루기 고사리 산山나물판 〈**산**〉

잔솔밭 명 어린 소나무가 많이 난 곳.

❖ 큰솔밭에 뻐꾸기 소리/잔솔밭에 덜거기 소리 〈**적막강산**〉

즘퍼리 명 '진펄'(땅이 질어 질퍽한 벌)의 고어, 평북 방언.

〔'즘퍼리'는 '진펄'의 고어인 '즌퍼리'에서 음운변화를 일으킨 말이다. 백석 시에서 이처럼 받침의 'ㄴ'이 'ㅁ'으로 변이된 예는 '즌퍼리 → 즘퍼리' 외에 '잔풍 → 잠풍', '건방지다 → 검방지다' 등이 있다. 발음의 편이성으로 이런 음운 변화가 나타났을 것이다.〕

❖ 토끼도 살이 오른다는 때 아르대 즘퍼리에서 제비꼬리 마타리 쇠조지 가지취 고비 고사리 두릅순 회순 산山나물을 하는 가즈랑집 할머니를 따르며 〈**가즈랑집**〉

청능 명 청릉(青陵·淸陵). 푸르고 시원한 언덕. 또는 푸르고 시원한 능수버들.

〔'청능'을 '청눙'으로 표기한 책이 있으나(이동순 외, 《백석문학전집1》, 서정시학, 2012),

원본에 '청능'으로 표기되어 있다. 당시에 'ㅇ'은 한글체의 원래 모습인 꼭지 이응으로 인쇄되어 얼핏 '청능'처럼 보이고, 이 모양을 그대로 영인한 영인본엔 '청능'으로 인쇄되어 있는데, 실제 원본엔 '청능'으로 표기되어 있다. '청능'의 정확한 뜻은 추정할 수밖에 없는데, 일단 '靑陵'이나 '淸陵'으로 볼 수 있을 것이다. 1925년에 발표된 이은상 작시, 박태준 작곡의 가곡 〈사우思友〉에 '청라언덕'이란 말이 나오는데 '청능'은 이 말과 관련된 것일 수도 있다. 혹은 능수버들의 한자를 '綾繡'로 추정하여 '청능'을 '靑綾', 곧 푸른 능수버들을 가리키는 것으로 추정해 볼 수도 있겠다.〕

❖ 집에는 아배에 삼춘에 오마니에 오마니가 있어서 젖먹이를 마을 청능 그늘밑에 삿갓을 씌워 한종일내 뉘어두고 김을 매려 단녔고 〔…〕 **〈넘언집 범 같은 노큰마니〉**

큰골명 큰 골짜기. 백석 시 〈여우난골족族〉의 '큰골 고무'는 큰골에 사는 고모를 이르는 말이다.

❖ 육십리六十里라고 해서 파랗게 뵈이는 산山을 넘어 있다는 해변에서 과부가 된 코끝이 빨간 언제나 흰옷이 정하든 말끝에 설게 눈물을 짤 때가 많은 큰골 고무 고무의 딸 홍녀洪女 아들 홍洪동이 작은홍洪동이 **〈여우난골족族〉**

큰솔밭명 큰 소나무가 많이 들어서 있는 땅.

〔사전엔 이와 비슷한 형태의 말로 '잔솔밭' 과 '솔밭'만 등재되어 있다.〕

❖ 산에 오면/큰솔밭에 뻐꾸기 소리/잔솔밭에 덜거기 소리 **〈적막강산〉**

토끼굴명 토끼가 몸을 숨기기 위해 파 놓은 작은 굴. 보통 굴토끼의 경우 길이 1.5미터 정도에 달하는 여러 개의 땅굴을 파고 그 안에서 새끼도 낳으며 살고, 비상구를 만들어 놓는다고 한다. 굴토끼는 먹이를 구하기 쉬운 곳에 보통 땅굴을 파 놓는다.

❖ 새하려 가는 아배의 지게에 치워 나는 산山으로 가며 토끼를 잡으리라고 생각한다/맞구멍 난 토끼굴을 아배와 내가 막어서면 언제나 토끼새끼는 내 다리 아래로 달어났다 **〈오리 망아지 토끼〉**

풀밭명 잡초가 많이 난 땅.

❖ 병이 들면 풀밭으로 가서 풀을 뜯는 소는 인간人間보다 영靈해서 열 걸음 안에 제 병을 낫게 할 약藥이 있는 줄을 안다고 **〈절간의 소 이야기〉** ❖ 풀밭에는 어느새 하이얀 대림질감들이 한불 널리고/돌우래며 팟중이 산엽이 들썩하니 울어댄다 **〈박각시 오는 저녁〉**

한벌판명 벌판 한가운데.

〔'한벌판'은 '한+벌판'의 합성조어이다. '한'은 '한복판' '한가운데' 등에서의 쓰임처

럼 '바로' '정확한'의 의미를 지닌 말이다.〕

❖ 바람 좋은 한벌판에서 물닭이 소리를 들으며 단이슬 먹고 나이 들은 탓이다 **〈선우사**膳友辭**—함주시초**咸州詩抄〉

3 하늘

그믐달명 음력으로 매월 마지막 날에 뜨는 달.

❖ 초롱이 히근하니 물지게꾼이 우물로 가며/별 사이에 바라보는 그믐달은 눈물이 어리었다 〈**미명계**未明界〉

달명 지구의 위성. 지구에서 가장 가까운 거리에 있는 천체이다. 스스로 빛을 내지 못하고 햇빛을 반사하여 밤에 밝은 빛을 낸다(《고려대한국어대사전》).

❖ 녯성城의 돌담에 달이 올랐다/묵은 초가지붕에 박이/또 하나 달같이 하이얗게 빛난다 〈**흰밤**〉 ❖ 녕 낮은 집 담 낮은 집 마당만 높은 집에서 열나흘 달을 업고 손방아만 찧는 내 사람을 생각한다 〈**통영**統營**(남행시초**南行詩抄**)**〉 ❖ 열니레 달이 올라서/나룻배 타고 판데목 지나간다 간다 〈**통영**統營**—남행시초**南行詩抄 2〉 ❖ 캄캄한 비 속에/새빨간 달이 뜨고/ 〔…〕 //캄캄한 비 속에/새빨간 달이 뜨고 〈**야우소회**夜雨小懷**—물닭의 소리**〉 ❖ 내 손자의 손자와 손자와 나와 〔…〕 어질고 정 많은 호랑이 같은 곰 같은 소 같은 피의 비 같은 밤 같은 달 같은 슬픔을 담는 것 아 슬픔을 담는 것 〈**목구**木具〉 ❖ 이미 해는 늙고 달은 파리하고 바람은 미치고 보래구름만 혼자 넋 없이 떠도는데 〈**북방**北方**에서—정현웅**鄭玄雄**에게**〉

밤한울명 밤하늘. 밤의 하늘.

❖ 문門을 연다 머루빛 밤한울에/송이버슷의 내음새가 났다 〈**머루밤**〉

별명 우주에서 반짝이는 천체天體. 흔히 해, 달, 지구를 제외한, 밤하늘에 보이는 작은 천체를 이른다(《고려대한국어대사전》).

❖ 이리하여 한울에 별이 잔콩 마당 같고//강낭밭에 이슬이 비 오듯 하는 밤이 된다 〈**박각시 오는 저녁**〉 ❖ 초롱이 히근하니 물지게꾼이 우물로 가며/별 사이에 바라보는 그믐달은 눈물이 어리었다 〈**미명계**未明界〉 ❖ 별 많은 밤//하누바람이 불어서//푸른 감이 떨어진다 개가 즞는다 〈**청시**青柹〉

보름달명 음력 보름날 밤에 뜨는 둥근달.

❖ 산山골에서는 집터를 츠고 달궤를 닦고//보름달 아래서 노루고기를 먹었다 〈**노루**〉

새벽달 명 음력 하순의 새벽에 보이는 달.

❖ 어득한 기슭의 행길에 얼굴이 해쓱한 처녀가 새벽달같이/아 아즈내인데 병인病人은 미역냄새 나는 덧문을 닫고 버러지같이 누웠다 **〈시기柿崎의 바다〉**

석양夕陽 명 ① 저녁때의 햇빛. 또는 저녁때의 저무는 해. ② 석양이 질 무렵.

❖ 시 제목 **〈석양夕陽〉**

저녁해 명 져 가는 저녁 무렵의 해(《조선말대사전》).

❖ 투박한 북관北關말을 떠들어대며/쇠리쇠리한 저녁해 속에/사나운 즘생같이들 사러졌다 **〈석양夕陽〉**

초생달 명 초승달. 음력으로 매월 초에 뜨는 달(《고려대한국어대사전》).

〔《표준국어대사전》엔 '초승달'이 표준말로 등재되어 있는데, 《조선말대사전》엔 '초생달'과 '초승달'이 모두 문화어(북한의 표준어)로 등재되어 있다.〕

❖ 초생달이 귀신불같이 무서운 산山골 거리에선/처마 끝에 종이등의 불을 밝히고//쩌락쩌락 떡을 친다 **〈향악饗樂—산중음山中吟〉** ❖ 초생달과 바구지꽃과 짝새와 당나귀가 그러하듯이//그리고 또 '프랑시쓰 쨈'과 도연명陶淵明과 '라이넬 마리아 릴케'가 그러하듯이 **〈흰 바람벽이 있어〉**

하눌 명 하늘. ① 지평선이나 수평선 위로 아득히 높이 보이는 무한대의 공간. ② '하느님'(우주를 창조하고 주재한다고 믿어지는 초자연적인 절대자)을 달리 이르는 말(《조선말대사전》).

❖ 천 년 동안만 밤마다 흙에 물을 주면 그 흙이 지렝이가 되었습니다/장마 지면 비와 같이 하눌에서 나려왔습니다 **〈나와 지렝이〉** ❖ 하눌이 이 세상을 내일 적에 그가 가장 귀해하고 사랑하는 것들은 모두//가난하고 외롭고 높고 쓸쓸하니 그리고 언제나 넘치는 사랑과 슬픔 속에 살도록 만드신 것이다 **〈흰 바람벽이 있어〉** ❖ 촌에서 와서 오늘 아츰 무엇이 분해서 우는 아이여//너는 분명히 하눌이 사랑하는 시인詩人이나 농사꾼이 될 것이로다 **〈촌에서 온 아이〉**

하늘 명 지평선이나 수평선 위로 아득히 높이 보이는 무한대의 공간(《조선말대사전》).

❖ 하늘은 얼마나 맑고 높을 것인가/바람은 얼마나 따사하고 향기로울 것인가/그리고 이 하늘 아래 바람결 속에 퍼진//그 풍속은 인정은 그리고 그 말은 얼마나 좋고 아름다울 것인가 **〈허준〉**

한울 명 하늘. ① 지평선이나 수평선 위로 아득히 높이 보이는 무한대의 공간. ② '하느님'(우주를 창조하고 주재한다고 믿어지는 초자연적인 절대자)을 달리 이르는 말(《조선말대사전》).

❖ 파란 한울에 떨어질 것같이//웃음소리가 더러 산山 밑까지 들린다 〈**추일산조**秋日山朝〉 ❖ 제비야 네 말이다//푸른 바다 흰 한울이 좋기도 좋단 말이지 〈**대산동**大山洞**—물닭의 소리**〉 ❖ 이리하여 한울에 별이 잔콩 마당 같고//강낭밭에 이슬이 비 오듯 하는 밤이 된다 〈**박각시 오는 저녁**〉 ❖ 이제는 참으로 이기지 못할 슬픔과 시름에 쫓겨//나는 나의 넷 한울로 땅으로—나의 태반胎盤으로 돌아왔으나 〈**북방**北方**에서—정현웅**鄭玄雄**에게**〉 ❖ 당신의 그 고요한 가슴 안에 온순한 눈가에//당신네 나라의 맑은 한울이 떠오를 것이고 〈**허준**許俊〉 ❖ 한울은//울파주가에 우는 병아리를 사랑한다/〔…〕//한울은//풀 그늘 밑에 삿갓 쓰고 사는 버슷을 사랑한다/〔…〕//한울은//공중에 떠도는 흰구름을 사랑한다/〔…〕//한울은//이러한 시인詩人이 우리들 속에 있는 것을 더욱 사랑하는데 〈《**호박꽃 초롱**》 **서시**序詩〉

해① 명 태양계의 중심이 되는 높은 열과 빛을 내는 항성. 또는 그 빛. 낮에 세상을 밝게 하는 항성으로, 밤에 보이는 달과 대비된다(《고려대한국어대사전》).

❖ 고성固城장 가는 길//해는 둥둥 높고 〈**고성가도**固城街道**—남행시초**南行詩抄 **3**〉 ❖ 해는 저물고 날은 다 가고 별은 서러웁게 차갑다 〈**멧새 소리**〉 ❖ 이미 해는 늙고 달은 파리하고 바람은 미치고 보래구름만 혼자 넋 없이 떠도는데 〈**북방**北方**에서—정현웅**鄭玄雄**에게**〉

4 날씨

갈바람 명 '가을바람'(가을에 부는 선선하고 서늘한 바람)의 준말.

❖ 이것은 아득한 넷날 한가하고 즐겁든 세월로부터/실 같은 봄비 속을 타는 듯한 녀름볕 속을 지나서 들쿠레한 구시월 갈바람 속을 지나서 〈**국수**〉

감로甘露 명 천하가 태평할 때에 하늘에서 내린다고 하는 단 이슬.

❖ 난蘭이라는 이는 명정明井골에 산다든데/명정明井골은 산山을 넘어 동백冬柏나무 푸르른 감로甘露 같은 물이 솟는 명정明井샘이 있는 마을인데 〈**통영**統營**(남행시초**南行詩抄**)**〉 ❖ 그 맛있는 모밀국수를 삶는 장작도 자작나무다/그리고 감로甘露같이 단샘이 솟는 박우물도 자작나무다 〈**백화**白樺**—산중음**山中吟〉 ❖ 이 길이다/얼마 가서 감로甘露 같은 물이 솟는 마을 하이얀 회담벽에 옛적본의 장반시계를 걸어놓은 집 홀어미와 사는 물새 같은 외딸의 혼삿말이 아즈랑이같이 낀 곳은 〈**남향**南鄉**—물닭의 소리**〉

구름 명 공기 중의 수분이 엉기어서 미세한 물방울이나 얼음 결정의 덩어리가 되어 공중에 떠 있는 것.

❖ 태산泰山의 구름도 황하黃河의 물도 옛님군의 땅과 나무의 덕도 이 마음 안에 아득하니 뵈이는 것이다 **〈수박씨, 호박씨〉**

나주볕 명 저녁볕(저녁때의 햇볕). '나주'는 '저녁'의 평북 방언(《평북방언사전》). ☞ 나줏손 316

〔'저녁'의 고어는 '나조ㅎ/나죄ㅎ'인데, 이 어형이 함경 지역에선 그대로 쓰였고, 평북 지역에선 '나주'로 쓰였다.〕

❖ 네 소리에 나는 촌 농삿집의 저녁을 짓는 때/나주볕이 가득 드리운 밝은 방안에 혼자 앉어서/실감기며 버선짝을 가지고 쓰렁쓰렁 노는 아이를 생각한다 **〈촌에서 온 아이〉** ❖ 그런데 저기 나무판장에 반쯤 나가 누워서/나주볕을 한없이 바라보며 혼자 무엇을 즐기는 듯한 목이 긴 사람은/도연명陶淵明은 저러한 사람이였을 것이고 **〈조당澡塘에서〉**

날② 명 날씨. 그날그날의 비, 구름, 바람, 기온 등으로 나타나는 대기의 운동과 변화 상태.

〔이 풀이는《표준국어대사전》과《조선말대사전》을 참고해 필자가 작성한 것이다.〕

❖ 날이 어서 추워져서 쑥국화꽃도 시들고 이 바즈런한 백성들도 다 제 집으로 들은 뒤에 이 골안으로 올 것을 생각하였다 **〈산곡山谷—함주시초咸州詩抄〉** ❖ 날은 챙챙 좋기도 좋은데/눈도 녹으며 술렁거리고 버들도 잎 트며 수선거리고 **〈귀농歸農〉**

날씨 명 그날그날의 비, 구름, 바람, 기온 등으로 나타나는 대기의 운동과 변화 상태.

〔이 풀이는《표준국어대사전》과《조선말대사전》을 참고해 필자가 작성한 것이다.〕

❖ 내가 이렇게 외면하고 거리를 걸어가는 것은 잠풍 날씨가 너무나 좋은 탓이고/가난한 동무가 새 구두를 신고 지나간 탓이고 언제나 꼭같은 넥타이를 매고 고운 사람을 사랑하는 탓이다 **〈내가 이렇게 외면하고〉**

녀름볕 명 여름볕. 여름철에 내리쬐는 햇볕(《조선말대사전》).

❖ 이것은 아득한 녯날 한가하고 즐겁든 세월로부터/실 같은 봄비 속을 타는 듯한 녀름볕 속을 지나서 들쿠레한 구시월 갈바람 속을 지나서 **〈국수〉**

노을 명 해가 뜨거나 질 무렵에, 하늘이 햇빛에 물들어 벌겋게 보이는 현상.

❖ 남방토南方土 풀 안 돋은 양지귀가 본이다/햇비 멎은 저녁의 노을 먹고 산다 **〈석류石榴〉**

눈② 명 대기 중의 수증기가 찬 기운을 만나 얼어서 땅 위로 떨어지는 흰 솜 모양의 결정체.

〔이 풀이는《표준국어대사전》과《조선말대사전》을 참고해 필자가 작성한 것이다.〕

❖ 섣달에 냅일날이 들어서 냅일날 밤에 눈이 오면 이 밤엔 쌔하얀 할미귀신의 눈귀신도 냅일눈을 받노라 못 난다는 말을 든든히 녀기며 〔…〕 **〈고야**古夜**〉** ❖ 신 살구를 잘도 먹드니 눈 오는 아츰/나어린 안해는 첫아들을 낳었다 **〈적경**寂境**〉** ❖ 눈이 오는데/토방에서는 질화로 우에 곱돌탕관에 약이 끓는다 **〈탕약**湯藥**〉** ❖ 해바라기하기 좋을 볏곡간 마당에/볏짚같이 누우란 사람들이 둘러서서/어늬 눈 오신 날 눈을 츠고 생긴 듯한 말다툼 소리도 누우라니 **〈삼천포**三千浦**—남행시초**南行詩抄 **4〉** ❖ 가난한 내가/아름다운 나타샤를 사랑해서/오늘밤은 푹푹 눈이 나린다//나타샤를 사랑은 하고/눈은 푹푹 날리고/ 〔…〕 /나타샤와 나는/눈이 푹푹 쌓이는 밤 흰 당나귀 타고/산골로 가자 출출이 우는 깊은 산골로 가 마가리에 살자//눈은 푹푹 나리고/나는 나타샤를 생각하고/ 〔…〕 //눈은 푹푹 나리고/아름다운 나타샤는 나를 사랑하고/어데서 흰 당나귀도 오늘밤이 좋아서 응앙응앙 울을 것이다 **〈나와 나타샤와 흰 당나귀〉** ❖ 백구둔白狗屯의 눈 녹이는 밭 가운데 땅 풀리는 밭 가운데/촌부자 노왕老王하고 같이 서서/ 〔…〕 //날은 챙챙 좋기도 좋은데/눈도 녹으며 술렁거리고 버들도 잎 트며 수선거리고/ 〔…〕 //이리하여 노왕老王은 밭을 주어 마음이 한가하고/나는 밭을 얻어 마음이 편안하고/디퍽디퍽 눈을 밟으며 터벅터벅 흙도 덮으며 **〈귀농**歸農**〉** ❖ 눈이 많이 와서/산엣새가 벌로 나려 멕이고 **〈국수〉** ❖ 어니 먼 산 뒷옆에 바우 섶에 따로 외로이 서서,/어두워 오는데 하이야니 눈을 맞을, 그 마른 잎새에는,/쌀랑쌀랑 소리도 나며 눈을 맞을,/그 드물다는 굳고 정한 갈매나무라는 나무를 생각하는 것이었다. **〈남신의주 유동 박시봉방**南新義州柳洞朴時逢方**〉**

단이슬 명 사람이나 생물에 좋다고 생각되는 이슬(《조선말대사전》).

❖ 바람 좋은 한벌판에서 물닭이 소리를 들으며 단이슬 먹고 나이 들은 탓이다 **〈선우사**膳友辭**—함주시초**咸州詩抄**〉**

동풍東風 명 ① 봄바람. ② 동쪽에서 부는 바람.

〔'동풍'은 ① 봄바람, ② 동쪽에서 부는 바람의 두 가지 뜻이 있는데, 백석 시의 아래 용례에선 시의 문맥상 방향성을 지닌 바람보다는, 봄바람을 가리키는 것 같다. 여기서 '봄바람'은 새로운 생명의 기운을 암시하는 바람이라는 의미보다는, 봄에 부는 바람이되 흐린 날에 부는 바람, 즉 비가 올 조짐이 있는 바람이라는 뜻을 지닌 것으로 봐야 할 것 같다.〕

❖ 수리취 땅버들의 하이얀 복이 서러웁다/뚜물같이 흐린 날 동풍東風이 설렌다 **〈쓸쓸한 길〉**

된비 명 몹시 심하게 퍼붓는 비(《조선말대사전》).

〔'된비'는《조선말대사전》에 등재되어 있다.〕

❖ 소와 말은 도로 산山으로 돌아갔다/염소만이 아직 된비가 오면 산山개울에 놓인 다리를 건너 인가人家 근처로 뛰여온다 **〈산지山地〉**

바람 명 기압의 변화로 말미암아 일어나는 공기의 흐름(《조선말대사전》 일부 참조).

❖ 우리들은 맑은 물밑 해정한 모래톱에서 하구 긴 날을 모래알만 혜이며 잔뼈가 굵은 탓이다/바람 좋은 한벌판에서 물닭이 소리를 들으며 단이슬 먹고 나이 들은 탓이다 **〈선우사膳友辭—함주시초咸州詩抄〉** ❖ 집은 안팎 문을 횅하니 열젖기고/인간들은 모두 뒤등성으로 올라 멍석자리를 하고 바람을 쐬이는데 **〈박각시 오는 저녁〉** ❖ 이미 해는 늙고 달은 파리하고 바람은 미치고 보래구름만 혼자 넋 없이 떠도는데//아, 나의 조상은 형제는 일가친척은 정다운 이웃은 그리운 것은 사랑하는 것은 우러르는 것은 나의 자랑은 나의 힘은 없다 바람과 물과 세월과 같이 지나가고 없다 **〈북방北方에서—정현웅鄭玄雄에게〉** ❖ 하늘은 얼마나 맑고 높을 것인가/바람은 얼마나 따사하고 향기로울 것인가 **〈허준許俊〉** ❖ 밭최뚝에 즘부러진 땅버들의 버들개지 피여나는 데서/볕은 장글장글 따사롭고 바람은 솔솔 보드라운데 **〈귀농歸農〉** ❖ 무썩무썩 더운 날에도 벌길에는/건들건들 씨연한 바람이 불어오고 **〈칠월七月 백중〉** ❖ 그리고 살뜰한 부모며 동생들과도 멀리 떨어져서,/그 어느 바람 세인 쓸쓸한 거리 끝에 헤매이었다./바로 날도 저물어서,/바람은 더욱 세게 불고, 추위는 점점 더해 오는데, **〈남신의주 유동 박시봉방南新義州柳洞朴時逢方〉**

바람결 명 일정한 방향으로 부는 바람의 움직임.

❖ 당신의 그 푸른 이마에 삐여진 어깻죽지에/당신네 나라의 따사한 바람결이 스치고 갈 것이다// 〔…〕/바람은 얼마나 따사하고 향기로울 것인가/그리고 이 하늘 아래 바람결 속에 퍼진/그 풍속은 인정은 그리고 그 말은 얼마나 좋고 아름다울 것인가 **〈허준許俊〉**

벼락 명 공중의 전기와 땅 위의 물체에 흐르는 전기와의 사이에 방전 작용으로 일어나는 자연현상.

❖ 그늘만 친 건넌산山에서/벼락을 맞아 바윗돌이 되었다는/큰 땅괭이 한 마리 **〈산山〉**

볕 명 해가 내리쬐는 뜨거운 기운. '햇볕'과 같은 말.

❖ 흙담벽에 볕이 따사하니/아이들은 물코를 흘리며 무감자를 먹었다 **〈초동일初冬日〉** ❖ 한 십리十里 더 가면 절간이 있을 듯한 마을이다 낮 기울은 볕이 장글장글하니 따사하다 〔…〕 **〈황일黃日〉** ❖ 졸레졸레 도야지새끼들이 간다/귀밑이 재릿재릿하니 볕이 담복 따사로운 거리다 **〈삼천포三千浦—남행시초南行詩抄 4〉** ❖ 꼬리에 길다란 고드름

이 달렸다/해는 저물고 날은 다 가고 별은 서러웁게 차갑다 **〈멧새 소리〉** ❖ 그리고 물이라도 들 듯이 샛노랗디샛노란 산山골 마가을 별에 눈이 시울도록 샛노랗디샛노란 햇기장 쌀을 주무르며 **〈월림**月林**장—서행시초**西行詩抄 **4〉** ❖ 밭최뚝에 즘부러진 땅버들의 버들개지 피여나는 데서/별은 장글장글 따사롭고 바람은 솔솔 보드라운데 **〈귀농**歸農**〉**

볕살 명 내리쬐는 햇빛(《고려대한국어대사전》).

❖ 그 맑고 거룩한 눈물의 나라에서 온 사람이여/그 따사하고 살틀한 볕살의 나라에서 온 사람이여//눈물의 또 볕살의 나라에서 당신은/이 세상에 나들이를 온 것이다/쓸쓸한 나들이를 단기려 온 것이다//눈물의 또 볕살의 나라 사람이여/ 〔…〕 //그 멀은 눈물의 또 볕살의 나라에서/이 세상에 나들이를 온 사람이여 **〈허준**許俊**〉**

❖ 밭을 나와 밭뚝을 돌아 도랑을 건너 행길을 돌아/지붕에 바람벽에 울바주에 볕살 쇠리쇠리한 마을을 가르치며 **〈귀농**歸農**〉**

보래구름 명 '보라색 구름'의 평북 방언. 여기서 '보라색'은 자흑색紫黑色을 가리킨다(《고려대한국어대사전》, 《국한회어國漢會語》).

〔《평북방언사전》에 '보래'(보랫빛)가 '보라'(보랏빛)의 방언으로 등재되어 있고, 《고려대한국어대사전》에 '보래구름'이 평북 방언으로 '보라색 구름'이란 뜻으로 등재되어 있다. 여기서 보라색은 사전의 풀이인, 파랑과 빨강의 중간색하고는 다소 다른 색이다. 《국한회어國漢會語》(1895. 우리나라 사람이 국어 표제어를 한자로 풀이한 최초의 국어사전)에 '보래빗'이 '紫黑色'(자흑색)으로 풀이되어 있다.〕

❖ 이미 해는 늙고 달은 파리하고 바람은 미치고 보래구름만 혼자 넋 없이 떠도는데 **〈북방**北方**에서—정현웅**鄭玄雄**에게〉**

봄비 명 봄철에 오는 비. 특히 조용히 가늘게 오는 비를 이른다.

❖ 이것은 아득한 넷날 한가하고 즐겁든 세월로부터/실 같은 봄비 속을 타는 듯한 녀름볕 속을 지나서 들쿠레한 구시월 갈바람 속을 지나서 **〈국수〉**

비 명 대기 중의 수증기가 높은 곳에서 찬 공기를 만나 식어서 엉기어 땅 위로 떨어지는 물방울.

❖ 시 제목 **〈비〉** ❖ 천 년 동안만 밤마다 흙에 물을 주면 그 흙이 지렝이가 되었습니다/장마 지면 비와 같이 하늘에서 나려왔습니다 **〈나와 지렝이〉** ❖ 저문 유월六月의 바닷가에선 조개도 울을 저녁 소라방등이 불그레한 마당에 김냄새 나는 비가 나렸다 **〈통영**統營**〉** ❖ 저녁밥때 비가 들어서/바다엔 배와 사람이 흥성하다 **〈시기**柿崎**의 바다〉** ❖ 캄캄한 비 속에/새빨간 달이 뜨고/ 〔…〕 //캄캄한 비 속에/새빨간 달이 뜨

고 〈**야우소회**夜雨小懷**—물닭의 소리**〉 ❖ 이리하여 한울에 별이 잔콩 마당 같고/강낭밭에 이슬이 비 오듯 하는 밤이 된다 〈**박각시 오는 저녁**〉 ❖ 이방異邦 거리는/비 오듯 안개가 나리는 속에/안개 같은 비가 나리는 속에 〈**안동**安東〉 ❖ 내 손자의 손자와 손자와 나와 〔…〕 수원백씨水原白氏 정주백촌定州白村의 힘세고 꿋꿋하나 어질고 정 많은 호랑이 같은 곰 같은 소 같은 피의 비 같은 밤 같은 달 같은 슬픔을 담는 것 아 슬픔을 담는 것 〈**목구**木具〉 ❖ 봉가집을 가면서도 칠월七月 그믐 초가을을 할 때까지/평안하니 집살이를 할 것을 생각하고/애끼는 옷을 다 적시어도 비는 씨원만 하다고 생각한다 〈**칠월**七月 **백중**〉

빗방울명 비가 되어 점점이 떨어지는 물방울.

❖ 산山뽕닢에 빗방울이 친다/멧비들기가 닌다/나무등걸에서 자벌기가 고개를 들었다 멧비들기켠을 본다 〈**산**山**비**〉

산山비명 산에 내리는 비.

❖ 산山 너머 십오리十五里서 나무뒝치 차고 싸리신 신고 산山비에 촉촉이 젖어서 약藥물을 받으러 오는 산山아이도 있다 〈**산지**山地〉 ❖ 시 제목 〈**산**山**비**〉 ❖ 산山 너머 십오리十五里서 나무뒝치 차고 싸리신 신고 산山비에 촉촉이 젖어서 약藥물을 받으러 오는 두멧아이들도 있다 〈**삼방**三防〉 ❖ 어니메 강江물 속에 들여다뵈이든 쏘가리가 한 자나 되게 크든 것을 생각하며/산山비에 젖었다는 말렀다 하며 오는 길이다 〈**구장로**球場路**—서행시초**西行詩抄 **1**〉

소내기명 '소나기'의 방언(평안, 함경, 황해, 강원, 경상, 충청)(《고려대한국어대사전》). 갑자기 세차게 쏟아지다가 곧 그치는 비.

❖ 깨죽이며 문주며 섭가락 앞에 송구떡을 사서 권하거니 먹거니 하고/그러다는 백중물을 내는 소내기를 함뿍 맞고 〈**칠월**七月 **백중**〉

쇠드랑볕명 쇠스랑볕. 쇠스랑 모양의 창살 사이로 들어온 햇빛.

❖ 달빛도 거지도 도적개도 모다 즐겁다/풍구재도 얼럭소도 쇠드랑볕도 모다 즐겁다 〈**연자간**〉

싸락눈명 '싸라기눈'의 준말. 빗방울이 갑자기 찬바람을 만나 얼어 떨어지는 쌀알 같은 눈.

❖ 외로운 생각만이 드는 때쯤 해서는,/더러 나줏손에 쌀랑쌀랑 싸락눈이 와서 문창을 치기도 하는 때도 있는데, 〈**남신의주 유동 박시봉방**南新義州柳洞朴時逢方〉

아즈랑이명 아지랑이. ☞ 아지랑이 312

❖ 이 길이다/얼마 가서 감로甘露 같은 물이 솟는 마을 하이얀 회담벽에 옛적본의

장반시계를 걸어놓은 집 홀어미와 사는 물새 같은 외딸의 혼삿말이 아즈랑이같이 낀 곳은 〈**남향**南鄕**—물닭의 소리**〉

아지랑이명 주로 봄날 햇빛이 강하게 쬘 때 공기가 공중에서 아른아른 움직이는 현상.

❖ 한 십리十里 더 가면 절간이 있을 듯한 마을이다 낮 기울은 별이 장글장글하니 따사하다 흙은 젖이 커서 살같이 깨서 아지랑이 낀 속이 안타까운가보다 〔…〕〈**황일**黃日〉 ❖ 잿더미에 까치 오르고 아이 오르고 아지랑이 오르고 〈**삼천포**三千浦**—남행시초**南行詩抄 **4**〉

아츰볕명 아침볕. 아침 해에서 비치는 햇볕(《조선말대사전》).

〔'아침볕'은 《조선말대사전》에 등재되어 있다.〕

❖ 아츰볕에 섶구슬이 한가로이 익는 골짝에서 꿩은 울어 산山울림과 장난을 한다 〈**추일산조**秋日山朝〉

안개명 지표면 가까이에 아주 작은 물방울이 부옇게 떠 있는 현상.

❖ 이방異邦 거리는/비 오듯 안개가 나리는 속에/안개 같은 비가 나리는 속에 〈**안동**安東〉

이슬명 공기 중의 수증기가 기온이 내려가거나 찬 물체에 부딪힐 때 엉겨서 생기는 물방울.

❖ 이리하여 한울에 별이 잔콩 마당 같고/강낭밭에 이슬이 비 오듯 하는 밤이 된다 〈**박각시 오는 저녁**〉 ❖ 그리고 또 엄매의 말엔 내가 아직 굳은 밥을 모르던 때 살갖 퍼런 막내고무가 잘도 받어 세수를 하였다는 내 오줌빛은 이슬같이 샛말갛기도 샛맑았다는 것이다 〈**동뇨부**童尿賦〉

잠풍명 잔풍殘風. 바람이 잔잔해진 모양. 또는 잔잔해진 바람.

〔'잔풍'은 《표준국어대사전》에 '殘風'과 '潺風' 두 가지 뜻으로 등재되어 있는데, 《고려대한국어대사전》과 《조선말대사전》, 그리고 이 시가 쓰인 당시에 간행된 문세영의 《조선어사전》에도 '殘風'으로만 등재되어 있다. 따라서 '잔풍'은 '殘風'으로 보는 것이 적절할 것이다. 다만 '殘風'의 뜻풀이가 사전마다 미세하게 달라서, 《표준국어대사전》엔 '한참 불고 난 뒤에 쉬 그치는 바람', 《고려대한국어대사전》엔 '잔잔한 바람', 《조선말대사전》엔 '바람이 잔잔해지는 모양 또는 그 바람', 《조선어사전》엔 '아주 조금씩 부는 바람'이라고 풀이되어 있다. 이동석(2007ㅁ)은 고어와 다른 작품의 용례를 들어 '잔풍'이 '바람이 불지 않는 상태를 나타내는 말'이라고 풀이하고 있다. 《조선말대사전》에 제시된 '잔풍하다'의 여러 용례를 참고해 볼 때,

'잔풍殘風'은 '바람이 잔잔해진 모양, 또는 잔잔해진 바람'으로 풀이하는 것이 적절할 것 같다.〕

❖ 내가 이렇게 외면하고 거리를 걸어가는 것은 잠풍 날씨가 너무나 좋은 탓이고/가난한 동무가 새 구두를 신고 지나간 탓이고 언제나 꼭같은 넥타이를 매고 고운 사람을 사랑하는 탓이다 **〈내가 이렇게 외면하고〉**

장마명 여름철에 여러 날을 계속해서 비가 내리는 현상이나 날씨. 또는 그 비.

❖ 천 년 동안만 밤마다 흙에 물을 주면 그 흙이 지렝이가 되었읍니다/장마 지면 비와 같이 하늘에서 나려왔읍니다 **〈나와 지렝이〉**

추위명 추운 기운(《고려대한국어대사전》).

❖ 바로 날도 저물어서,/바람은 더욱 세게 불고, 추위는 점점 더해 오는데, **〈남신의주 유동 박시봉방**南新義州柳洞朴時逢方**〉**

하누바람명 하늬바람. 서북쪽이나 북쪽에서 불어오는 바람(《조선말대사전》).

〔'하늬바람'은 《표준국어대사전》에 "① 주로 농촌이나 어촌에서 서쪽에서 불어오는 바람을 지칭하는 말. ② 북한어로 서북쪽이나 북쪽에서 부는 바람"의 두 가지 뜻으로 풀이되어 있는데, 백석 시의 아래 용례에서는 시의 정황상 후자의 뜻으로 쓰인 것으로 봐야 할 것이다.〕

❖ 별 많은 밤//하누바람이 불어서/푸른 감이 떨어진다 개가 즞는다 **〈청시**青柹**〉**

함박눈명 굵고 탐스럽게 내리는 눈.

❖ 대대로 나며 죽으며 죽으며 나며 하는 이 마을 사람들의 으젓한 마음을 지나서 텁텁한 꿈을 지나서/지붕에 마당에 우물든덩에 함박눈이 푹푹 쌓이는 여늬 하로밤 **〈국수〉**

햇볕명 해가 내리쬐는 뜨거운 기운.

❖ 게구멍을 쑤시다 물쿤하고 배암을 잡은 늪의 피 같은 물이끼에 햇볕이 따그웠다 **〈하답**夏畓**〉** ❖ 낮 기울은 날을 햇볕 장글장글한 툇마루에 걸어앉어서/지난 여름 도락구를 타고 장진長津땅에 가서 꿀을 치고 돌아왔다는 이 벌들을 바라보며 나는 **〈산곡**山谷**—함주시초**咸州詩抄**〉** ❖ 고기비눌에 하이얀 햇볕만 쇠리쇠리하야/어쩐지 쓸쓸만 하구려 섧기만 하구려 **〈바다〉** ❖ 그리고 또/아늑하고 고요한 시골 거리에서 쟁글쟁글 햇볕만 바래는 시인詩人을 사랑한다 **〈《호박꽃 초롱》 서시**序詩**〉** ❖ 디퍽디퍽 눈을 밟으며 터벅터벅 흙도 덮으며/사물사물 햇볕은 목덜미에 간지로워서 **〈귀농**歸農**〉**

햇비명 햇볕이 나 있는데 잠깐 내리다가 곧 그치는 비. '여우비'와 같은 말.

〔《조선말대사전》에 '여우비'와 같은 뜻의 말로 '해비'가 등재되어 있으며, '여우비'

는 등재되어 있지 않다. 이로 미루어 '여우비'는 남쪽에서 쓰던 말이고, '햇비'(해비)는 북쪽에서 쓰던 말임을 알 수 있다. 윤동주의 시 〈햇비〉에 이 비에 대한 느낌이 구체적으로 묘사되어 있다. "아씨처럼 나린다/보슬보슬 햇비/맞아주자, 다같이/옥수숫대처럼 크게/닷자엿자 자라게/햇님이 웃는다/나보고 웃는다"(〈햇비〉)〕

❖ 남방토南方土 풀 안 돋은 양지귀가 본이다/햇비 멎은 저녁의 노을 먹고 산다 **〈석류石榴〉**

흰구름 명 하얀 구름(《고려대한국어대사전》).

❖ 한 십리十里 더 가면 절간이 있을 듯한 마을이다 〔…〕 울밖 늙은 들매나무에 튀튀새 한불 앉었다 흰구름 따러가며 딱장벌레 잡다가 연둣빛 닢새가 좋아 올라왔나보다 〔…〕 토끼잠 한잠 자고 나서 세수한다 흰구름 건넌산으로 가는 길에 복사꽃 바라노라 섰다 다람쥐 건넌산 보고 부르는 푸념이 간지럽다 **〈황일黃日〉** ❖ 한울은/공중에 떠도는 흰구름을 사랑한다/골짜구니로 숨어 흐르는 개울물을 사랑한다 **〈《호박꽃 초롱》 서시序詩〉**

5 시간, 때

가을밤 명 가을철의 밤.

❖ 나는 파리한 여인女人에게서 옥수수를 샀다/여인女人은 나어린 딸아이를 따리며 가을밤같이 차게 울었다 **〈여승女僧〉**

간밤 명 바로 어젯밤. '지난밤'과 같은 말.

❖ 간밤엔 섬돌 아래 승냥이가 왔었다는 이야기/어느메 산山골에선간 곰이 아이를 본다는 이야기 **〈가즈랑집〉**

겨울 명 한 해의 네 철 가운데 넷째 철. 가을과 봄 사이이며, 낮이 짧고 추운 계절로, 달로는 12~2월, 절기節氣로는 입동부터 입춘 전까지를 이른다.

❖ 골이 다한 산대 밑에 자그마한 돌능와집이 한 채 있어서/이 집 남길동 단 안주인은 겨울이면 집을 내고 **〈산곡山谷—함주시초咸州詩抄〉**

겨울밤 명 겨울날의 긴 밤.

❖ 긴긴 겨울밤 인간들이 모두 한잠이 들은 재밤중에 나 혼자 일어나서 머리맡 쥐발 같은 새끼오강에 한없이 누는 잘 매럽던 오줌의 사르릉 쪼로록 하는 소리 **〈동뇨부童尿賦〉** ❖ 추운 겨울밤 병들어 누운 가난한 동무의 머리맡에 앉어/말없이 무릎

우 어린 고양이의 등만 쓰다듬는 때든가 〈**허준**許俊〉 ❖ 겨울밤 쩡하니 닉은 동티미국을 좋아하고 얼얼한 댕추가루를 좋아하고 싱싱한 산꿩의 고기를 좋아하고 〈**국수**〉

겨울밤 명 겨울밤. 겨울날의 긴 밤. '겨울'은 겨울의 고어.

❖ 접시 귀에 소기름이나 소뿔등잔에 아즈까리기름을 켜는 마을에서는 겨울밤 개 짖는 소리가 반가웁다 〈**개**〉

고야古夜 명 옛 밤.

〔'고야古夜'는 백석이 시의 제목으로 지은 조어이다. 여기서 '옛 밤'이란 뜻의 '고야古夜'는 어린 시절의 추억 속의 밤과 옛날의 삶의 모습을 간직한 밤이란 의미를 담고 있다.〕

❖ 시 제목 〈**고야**古夜〉

구시월 명 구월과 시월. 또는 구월이나 시월.

❖ 이것은 아득한 넷날 한가하고 즐겁든 세월로부터/실 같은 봄비 속을 타는 듯한 녀름볕 속을 지나서 들쿠레한 구시월 갈바람 속을 지나서 〈**국수**〉 ❖ 머리카락을 텅납새에 끼우는 것은 또/구시월 황하두서 황하당세 오면/막대침에 가는 세침 바눌이며 취열옥색 꼭두손이 연분홍 물감도 사잔 말이로구나 〈**머리카락**〉

그동안 명 앞에서 이미 이야기한 만큼의 시간적 길이.

❖ 그동안 돌비는 깨어지고 많은 은금보화는 땅에 묻히고 가마귀도 긴 족보를 이루었는데 〈**북방**北方**에서—정현웅**鄭玄雄**에게**〉

그때 명 앞에서 이미 이야기한 시간상의 어떤 점이나 부분.

❖ 나는 그때/자작나무와 이깔나무의 슬퍼하든 것을 기억한다/ 〔…〕 //나는 그때/아모 이기지 못할 슬픔도 시름도 없이 〈**북방**北方**에서—정현웅**鄭玄雄**에게**〉

그믐 명 음력으로 그달의 마지막 날.

❖ 봉가집을 가면서도 칠월七月 그믐 초가을을 할 때까지/평안하니 집살이를 할 것을 생각하고 〈**칠월**七月 **백중**〉

끼때 명 '끼니때'(끼니를 먹을 때)의 방언(평안, 황해, 경기, 강원, 충북, 전남, 경상)(《고려대한국어대사전》).

❖ 또 인절미 송구떡 콩가루차떡의 내음새도 나고 끼때의 두부와 콩나물과 뽂은 잔디와 고사리와 도야지비계는 모두 선득선득하니 찬 것들이다 〈**여우난골족**族〉 ❖ 넷말이 사는 컴컴한 고방의 쌀독 뒤에서 나는 저녁 끼때에 부르는 소리를 듣고도 못 들은 척하였다 〈**고방**〉 ❖ 집에는 아배에 삼춘에 오마니에 오마니가 있어서 〔…〕 그리고 끼때에는 부뚜막에 바가지를 아이덜 수대로 주룬히 늘어놓고 밥 한 덩이

질게 한 술 들여트려서는 먹였다는 소리를 언제나 두고두고 하는데 **〈넘언집 범 같은 노큰마니〉**

나이명 사람이나 동·식물 따위가 세상에 나서 살아온 햇수.

❖ 바람 좋은 한벌판에서 물닭이 소리를 들으며 단이슬 먹고 나이 들은 탓이다/외따른 산골에서 소리개 소리 배우며 다람쥐 동무하고 자라난 탓이다 **〈선우사**膳友辭**—함주시초**咸州詩抄**〉** ❖ 이렇게 젊은 나이로 코밑수염도 길러보는 탓이고 그리고 어늬 가난한 집 부엌으로 달재 생선을 진장에 꼿꼿이 지진 것은 맛도 있다는 말이 자꼬 들려오는 탓이다 **〈내가 이렇게 외면하고〉** ❖ 차디찬 아침인데/묘향산행妙香山行 승합자동차乘合自動車는 텅하니 비어서/나이 어린 계집아이 하나가 오른다 **〈팔원**八院**—서행시초**西行詩抄 **3〉**

나줏손명 저녁 무렵. '나주'는 '저녁'의 평안 방언.

〔'나줏손'은 '나주+손'의 합성조어. '나주'는 '저녁'의 평북 방언. '저녁'의 고어는 '나조ㅎ/나죄ㅎ'인데, 이 어형이 함경 지역에선 그대로 쓰였고, 평북 지역에선 '나주'로 쓰였다. '손'은 어떤 추상적 의미를 나타내는 말인데, 평북 지역에선 '무렵', '때'의 의미로 자주 쓰였다. '나줏손'과 같은 형태의 말로 《평북방언사전》에 '땟손'이란 말이 '소정의 때', '기다리던 시간'이란 뜻으로 등재되어 있다.〕

❖ 외로운 생각만이 드는 때쯤 해서는,/더러 나줏손에 쌀랑쌀랑 싸락눈이 와서 문창을 치기도 하는 때도 있는데, **〈남신의주 유동 박시봉방**南新義州柳洞朴時逢方**〉**

날③명 ① 하루 밤낮의 동안. 보통 자정에서 다음 자정까지이다. ② 하루의 해가 뜬 동안(《고려대한국어대사전》).

❖ 헐리다 남은 성문城門이/한울빛같이 훤하다/날이 밝으면 또 메기수염의 늙은이가 청배를 팔러 올 것이다 **〈정주성**定州城**〉** ❖ 또 이러한 밤 같은 때 〔…〕 이불 우에서 광대넘이를 뒤이고 또 누워 굴면서 엄매에게 웃목에 두른 평풍의 새빨간 천두의 이야기를 듣기도 하고 고무더러는 밝는 날 멀리는 못 난다는 뫼추라기를 잡어달라고 조르기도 하고 **〈고야**古夜**〉** ❖ 수리취 땅버들의 하이얀 복이 서러웁다/뜨물같이 흐린 날 동풍東風이 설렌다 **〈쓸쓸한 길〉** ❖ 산山꿩도 설게 울은 슬픈 날이 있었다/산山절의 마당귀에 여인女人의 머리오리가 눈물방울과 같이 떨어진 날이 있었다 **〈여승**女僧**〉** ❖ 마을에서는 삼굿을 하는 날/건넌마을서 사람이 물에 빠져 죽었다는 소문이 왔다 **〈여우난골〉** ❖ 해바라기하기 좋을 볏곡간 마당에/볏짚같이 누우란 사람들이 둘러서서/어늬 눈 오신 날 눈을 츠고 생긴 듯한 말다툼 소리도 누우라니 **〈삼천포**三千浦**—남행시초**南行詩抄 **4〉** ❖ 우리들은 맑은 물밑 해정한 모래톱에서 하구 긴 날을

모래알만 헤이며 잔뼈가 굵은 탓이다/바람 좋은 한벌판에서 물닭이 소리를 들으며 단이슬 먹고 나이 들은 탓이다 **〈선우사**膳友辭**—함주시초**咸州詩抄**〉** ❖ 낮 기울은 날을 햇볕 장글장글한 툇마루에 걸어앉어서/지난 여름 도락구를 타고 장진長津땅에 가서 꿀을 치고 돌아왔다는 이 벌들을 바라보며 나는 〔…〕 **〈산곡**山谷**—함주시초**咸州詩抄**〉** ❖ 해는 저물고 날은 다 가고 별은 서러웁게 차갑다 **〈멧새 소리〉** ❖ 봄철날 한종일내 노곤하니 벌불 장난을 한 날 밤이면 으레히 싸개동당을 지나는데 잘망하니 누워 싸는 오줌이 넓적다리를 흐르는 따근따근한 맛 자리에 펑하니 괴이는 척척한 맛 **〈동뇨부**童尿賦**〉** ❖ 내 가난한 늙은 어머니가/이렇게 시퍼러둥둥하니 추운 날인데 차디찬 물에 손은 담그고 무이며 배추를 씻고 있다 **〈흰 바람벽이 있어〉** ❖ 마을에서는 세불 김을 다 매고 들에서/개장취념을 서너 번 하고 나면/백중 좋은 날이 슬그머니 오는데/ 〔…〕 /고개를 몇이라도 넘어서 약물터로 가는데/무썩무썩 더운 날에도 벌길에는/건들건들 씨연한 바람이 불어오고 **〈칠월**七月 **백중〉** ❖ 바로 날도 저물어서,/바람은 더욱 세게 불고, 추위는 점점 더해 오는데,/ 〔…〕 /이것들보다 더 크고, 높은 것이 있어서, 나를 마음대로 굴려 가는 것을 생각하는 것인데,/이렇게 하여 여러 날이 지나는 동안에, **〈남신의주 유동 박시봉방**南新義州柳洞朴時逢方**〉**

낮 명 ① 해가 뜰 때부터 질 때까지의 동안. ② 아침이 지나고 저녁이 되기 전까지의 동안. ③ 한낮(낮 열두 시를 전후한 때).

❖ 벼랑탁의 어두운 그늘에 아츰이면/부헝이가 무거웁게 날러온다/낮이 되면 더 무거웁게 날러가버린다 **〈산지**山地**〉** ❖ 한 십리十里 더 가면 절간이 있을 듯한 마을이다 낮 기울은 볕이 장글장글하니 따사하다 〔…〕 **〈황일**黃日**〉** ❖ 낮 기울은 날을 햇볕 장글장글한 툇마루에 걸어앉어서/지난 여름 도락구를 타고 장진長津땅에 가서 꿀을 치고 돌아왔다는 이 벌들을 바라보며 나는 **〈산곡**山谷**—함주시초**咸州詩抄**〉** ❖ 또 녀름날 낮 기운 때 어른들이 모두 벌에 나가고 텅 뷔인 집 토방에서/햇강아지의 쌀랑대는 성화를 받어가며 닭의 똥을 주워먹는 아이를 생각한다 **〈촌에서 온 아이〉** ❖ 나는 이젠 귀치않은 측량測量도 문서文書도 싫증이 나고/낮에는 마음 놓고 낮잠도 한잠 자고 싶어서 **〈귀농**歸農**〉** ❖ 이리하여 나는 이 습내 나는 춥고, 누긋한 방에서,/낮이나 밤이나 나는 나 혼자도 너무 많은 것같이 생각하며, **〈남신의주 유동 박시봉방**南新義州柳洞朴時逢方**〉**

낮배 명 낮 무렵.

〔'낮배'라는 단어는 백석의 〈사생첩寫生帖의 삽화揷話〉(《매신사진순보每新寫眞旬報》, 1942. 2)란 산문에도 나온다. 그 대목을 옮기면 다음과 같다. "하로는 그주막에 그

건너 숙섬이라는데서 뱃사공노릇하는사람 거간하는사람 주막영업하는사람하야 이 주막주인의 녯날친구세사람이와서 모도 반갑고 조은김에 술먹기내기를한 것이다. 낮배부터 시작한술판이 저녁쌔쯤갓을때는 이마을 주막주인은 술을 얼마나 먹엇는지모르나 〔…〕." 여기서 '낮배'라는 말은 그 뒤에 나오는 '저녁때쯤'과 호응하여 '낮무렵'이라는 뜻을 나타내고 있다. 따라서 '낮배'는 '낮때'의 오식은 아니고, '낮 무렵'이라는 뜻을 가진 말이라고 할 수 있다.〕

❖ 낮배 어니메 치코에 꿩이라도 걸려서 산山 너머 국숫집에 국수를 받으려 가는 사람이 있어도 개는 짖는다 **〈개〉**

내일명 오늘의 바로 다음 날.

❖ 내일같이 명절날인 밤은 부엌에 쩨듯하니 불이 밝고 솥뚜껑이 놀으며 구수한 내음새 곰국이 무르끓고 방안에서는 일가집 할머니가 와서 마을의 소문을 펴며 〔…〕 **〈고야古夜〉**

녀름날명 여름날. 여름철의 날.

❖ 또 녀름날 낮 기운 때 어른들이 모두 벌에 나가고 텅 뷔인 집 토방에서/햇강아지의 쌀랑대는 성화를 받어가며 닭의 똥을 주워먹는 아이를 생각한다 **〈촌에서 온 아이〉**

녯날명 옛날. ① 지난 지 꽤 오래된 시기를 막연히 이르는 말. ② 이미 지나간 어떤 날.

❖ 녯날엔 통제사統制使가 있었다는 낡은 항구港口의 처녀들에겐 녯날이 가지 않은 천희千姬라는 이름이 많다 **〈통영統營〉** ❖ 쓸쓸한 낯이 녯날같이 늙었다/나는 불경佛經처럼 서러워졌다 **〈여승女僧〉** ❖ 아득한 녯날에 나는 떠났다/부여扶餘를 숙신肅愼을 발해渤海를 여진女眞을 요遼를 금金을/ 〔…〕 //그동안 돌비는 깨어지고 많은 은금보화는 땅에 묻히고 가마귀도 긴 족보를 이루었는데/이리하야 또 한 아득한 새 녯날이 비롯하는 때 **〈북방北方에서—정현웅鄭玄雄에게〉** ❖ 이것은 아득한 녯날 한가하고 즐겁든 세월로부터/실 같은 봄비 속을 타는 듯한 녀름볕 속을 지나서 들쿠레한 구시월 갈바람 속을 지나서 **〈국수〉** ❖ 나는 시방 녯날 진晉이라는 나라나 위衛라는 나라에 와서/내가 좋아하는 사람들을 만나는 것만 같다 **〈조당澡塘에서〉** ❖ 녯날 두보杜甫나 이백李白 같은 이 나라의 시인詩人도/먼 타관에 나서 이날을 맞은 일이 있었을 것이다/ 〔…〕 /녯날 그 두보杜甫나 이백李白 같은 이 나라의 시인詩人도/ 〔…〕 /우리네 조상들이 먼먼 녯날로부터 대대로 이날엔 으레히 그러하며 오듯이 **〈두보杜甫나 이백李白 같이〉**

녯적명 옛적. 이미 많은 세월이 지난 오래전 때.

❖ 그리고 다 달인 약을 하이얀 약사발에 밭어놓은 것은/아득하니 깜하야 만년萬年 녯적이 들은 듯한데 **〈탕약湯藥〉** ❖ 의원醫員은 여래如來 같은 상을 하고 관공關公의 수염을 드리워서/먼 녯적 어늬 나라 신선 같은데 **〈고향故鄕〉** ❖ 오대五代나 나린다는 크나큰 집 다 찌그러진 들지고방 어득시근한 구석에서 쌀독과 말쿠지와 숫돌과 신뚝과 그리고 녯적과 또 열두 데석님과 친하니 살으면서 **〈목구木具〉** ❖ 이것은 그 곰의 잔등에 업혀서 길여났다는 먼 녯적 큰마니가/또 그 짚등색이에 서서 자채기를 하면 산 넘엣 마을까지 들렸다는/먼 녯적 큰아바지가 오는 것같이 오는 것이다 **〈국수〉**

다음날 명 어떤 날을 기준으로 하여 바로 뒤에 오는 날(《고려대한국어대사전》).

❖ 여우가 주둥이를 향하고 우는 집에서는 다음날 으레히 흉사가 있다는 것은 얼마나 무서운 말인가 **〈오금덩이라는 곳〉**

달밤 명 달이 떠서 밝은 밤.

❖ 기왓골에 배암이 푸르스름히 빛난 달밤이 있었다/아이들은 쪽재피같이 먼 길을 돌았다 **〈정문촌旌門村〉**

대낮 명 환히 밝은 낮.

❖ 대낮이라도 산山옆에서는/승냥이가 개울물 흐르듯 운다 **〈산지山地〉**

대보름 명 음력 정월 보름날을 명절로 이르는 말. 원소절原宵節이라고도 한다. 중국에서는 이날 원소를 먹고 폭죽놀이를 하며 집집이 꽃등을 달거나 들고 다니는 풍속이 있다.

〔'원소절'(元宵節)에 대해 중국의 풍속 사전엔 "汉族传统节日. 流行于全国各地. 每年夏历正月十五晚上举行. 〔…〕 是日, 在饮食方面, 民间习惯吃元宵(汤圆), 年糕, 饺子等, 以示家人团聚, 生活美满. 〔…〕 有的地方玩龙灯, 跳狮子, 舞花灯, 放爆竹"(중국 한족 사람들의 전통 명절인데, 전국 각지에 유행된다. 매년 음력 정월 십오일 저녁에 거행된다. 〔…〕 이날 민간 풍속으로 원소(탕원), 가래떡, 만두 등을 먹으며 가족들의 단란함과 생활의 원만함을 드러낸다. 〔…〕 또 어떤 곳에서는 용등龍燈 놀이를 하고 사자탈 놀이도 하며, 꽃등 놀이를 하고 폭죽을 터뜨리기도 한다)로 풀이되어 있다(中国风俗辞典编辑委员会,《中国风俗辞典 上》, 上海辞书出版社, 1991, 16쪽).〕

❖ 오늘은 정월正月 보름이다/대보름 명절인데/나는 멀리 고향을 나서 남의 나라 쓸쓸한 객고에 있는 신세로다/ 〔…〕 /아, 이 정월正月 대보름 명절인데/거리에는 오독독이 탕탕 터지고 호궁胡弓 소리 삘뺄 높아서 **〈두보杜甫나 이백李白같이〉**

동갑 명 육십갑자가 같다는 뜻으로, 같은 나이를 이르는 말. 또는 나이가 같은 사람.

❖ 아들아이는 범이라고 장고기를 잘 잡는 앞니가 빠드러진 나와 동갑이었다 **〈주막**

酒幕〉

동안명 어느 한때에서 다른 한때까지 시간의 길이.

❖ 내 지렝이는/커서 구렁이가 되었습니다/천 년 동안만 밤마다 흙에 물을 주면 그 흙이 지렝이가 되었습니다 **〈나와 지렝이〉** ❖ 삼리三里밖 강江쟁변엔 자갯돌에서/비멀이한 옷을 부숭부숭 말려 입고 오는 길인데/산山모롱고지 하나 도는 동안에 옷은 또 함북 젖었다 **〈구장로**球場路**—서행시초**西行詩抄 **1〉** ❖ 이렇게 하여 여러 날이 지나는 동안에,/내 어지러운 마음에는 슬픔이며, 한탄이며, 가라앉을 것은 차츰 앙금이 되어 가라앉고, **〈남신의주 유동 박시봉방**南新義州柳洞朴時逢方**〉**

뒤②명 시간이나 순서상으로 다음이나 나중.

❖ 천 년 동안만 밤마다 흙에 물을 주면 그 흙이 지렝이가 되었습니다/장마 지면 비와 같이 하눌에서 나려왔습니다/뒤에 붕어와 농다리의 미끼가 되었습니다 **〈나와 지렝이〉** ❖ 지난 여름 도락구를 타고 장진長津땅에 가서 꿀을 치고 돌아왔다는 이 벌들을 바라보며 나는/날이 어서 추워져서 쑥국화꽃도 시들고 이 바즈런한 백성들도 다 제 집으로 들은 뒤에 이 골안으로 올 것을 생각하였다 **〈산곡**山谷**—함주시초**咸州詩抄**〉** ❖ 한 해에 멫 번 매연 지난 먼 조상들의 최방등 제사에는 〔…〕 또 애끓는 통곡과 축을 귀에 하고 그리고 합문 뒤에는 흠향 오는 구신들과 호호히 접하는 것 **〈목구**木具**〉** ❖ 나는 내 슬픔과 어리석음에 눌리어 죽을 수밖에 없는 것을 느끼는 것이었다.//그러나 잠시 뒤에 나는 고개를 들어,/허연 문창을 바라보든가 또 눈을 떠서 높은 턴정을 쳐다보는 것인데, **〈남신의주 유동 박시봉방**南新義州柳洞朴時逢方**〉**

따디기명 따지기. 얼었던 흙이 풀리려고 하는 초봄 무렵.

❖ 오리야 네가 좋은 청명清明 밑께 밤은/옆에서 누가 빰을 쳐도 모르게 어둡다누나/오리야 이때는 따디기가 되여 어둡단다 **〈오리〉** ❖ 밖은 봄철날 따디기의 누굿하니 푹석한 밤이다/거리에는 사람두 많이 나서 흥성흥성할 것이다 **〈내가 생각하는 것은〉**

때①명 ① 시간의 어떤 순간이나 부분. ② 좋은 기회나 알맞은 시기. ③ 일정한 일이나 현상이 일어나는 시간. ④ 어떤 경우. ⑤ 일정한 시기 동안.

❖ 아랫마을에서는 애기무당이 작두를 타며 굿을 하는 때가 많다 **〈산지**山地**〉** ❖ 육십리六十里라고 해서 파랗게 뵈이는 산山을 넘어 있다는 해변에서 과부가 된 코끝이 빨간 언제나 흰옷이 정하든 말끝에 설게 눈물을 짤 때가 많은 큰골 고무 고무의 딸 홍녀洪女 아들 홍洪동이 작은홍洪동이 **〈여우난골족**族**〉** ❖ 날기멍석을 져간다는 닭보는 할미를 차 굴린다는 〔…〕 오줌 누러 깨는 재밤 머리맡의 문살에 대인 유리창으

로 조마구 군병의 새까만 대가리 새까만 눈알이 들여다보는 때 나는 이불 속에 자즈러붙어 숨도 쉬지 못한다//또 이러한 밤 같은 때 시집갈 처녀 막내고무가 고개너머 큰집으로 치장감을 가지고 와서 엄매와 둘이 소기름에 쌍심지의 불을 밝히고 밤이 들도록 바느질을 하는 밤 같은 때 나는 아룻목의 삿귀를 들고 〔…〕 **〈고야古夜〉** ❖ 내가 날 때 죽은 누이도 날 때/무명필에 이름을 써서 백지 달어서 구신간시렁의 당즈깨에 넣어 대감님께 수영을 들였다는 가즈랑집 할머니/언제나 병을 앓을 때면/ 〔…〕 //토끼도 살이 오른다는 때 아르대 즘퍼리에서 제비꼬리 마타리 쇠조지 가지취 고비 고사리 두릅순 회순 산山나물을 하는 가즈랑집 할머니를 따르며 **〈가즈랑집〉** ❖ 아랫마을에서는 애기무당이 작두를 타며 굿을 하는 때가 많다 **〈삼방三防〉** ❖ 집에는 아배에 삼춘에 오마니에 오마니가 있어서 〔…〕 아이들이 큰마누래에 작은마누래에 제구실을 할 때면 종아지물본도 모르고 행길에 아이 송장이 거적뙈기에 말려나가면 속으로 얼마나 부러워하였고 〔…〕 // 〔…〕 //우리 엄매가 나를 가지는 때 이 노큰마니는 어늬 밤 크나큰 범이 한 마리 우리 선산으로 들어오는 꿈을 꾼 것을 우리 엄매가 서울서 시집을 온 것을 〔…〕 **〈넘언집 범 같은 노큰마니〉** ❖ 첫녀름 이른 저녁을 해치우고 인간들이 모두 터앞에 나와서 물외포기에 당콩포기에 오줌을 주는 때 터앞에 밭마당에 샛길에 떠도는 오줌의 매캐한 재릿한 내음새// 〔…〕 //그리고 또 엄매의 말엔 내가 아직 굳은 밥을 모르던 때 살갗 퍼런 막내고무가 잘도 받어 세수를 하였다는 내 오줌빛은 이슬같이 샛말갛기도 샛맑았다는 것이다 **〈동뇨부童尿賦〉** ❖ 이 적고 가부엽고 갤족한 희고 까만 씨가/조용하니 또 도고하니 손에서 입으로 입에서 손으로 오르나리는 때/벌에 우는 새소리도 듣고 싶고 거문고도 한곡조 뜯고 싶고 한 오천五千말 남기고 함곡관函谷關도 넘어가고 싶고/기쁨이 마음에 뜨는 때는 희고 까만 씨를 앞니로 까서 잔나비가 되고/근심이 마음에 앉는 때는 희고 까만 씨를 혀끝에 물어 까막까치가 되고 **〈수박씨, 호박씨〉** ❖ 그동안 돌비는 깨어지고 많은 은금보화는 땅에 묻히고 가마귀도 긴 족보를 이루었는데/이리하야 또 한 아득한 새 녯날이 비롯하는 때 **〈북방北方에서—정현웅鄭玄雄에게〉** ❖ 당신이 그 긴 허리를 굽히고 뒤짐을 지고 지치운 다리로/싸움과 흥정으로 왁자지껄하는 거리를 지날 때든가/추운 겨울밤 병들어 누운 가난한 동무의 머리맡에 앉어/말없이 무릎우 어린 고양이의 등만 쓰다듬는 때든가 **〈허준許俊〉** ❖ 나는 너를 껴안어 올려서 네 머리를 쓰다듬고 힘껏 네 적은 손을 쥐고 흔들고 싶다/네 소리에 나는 촌 농삿집의 저녁을 짓는 때/나주볕이 가득 드리운 밝은 방안에 혼자 앉어서/실감기며 버선짝을 가지고 쓰렁쓰렁 노는 아이를 생각한다/또 녀름날 낮 기운 때 어른들이 모두 벌에 나가고 텅 뷔인 집 토방에서 **〈촌에서 온 아이〉** ❖ 오이밭에 벌배채 통이 지는 때는/산에 오면 산 소리/벌로 오면 벌 소리 **〈적막강산〉** ❖ 봉가집을 가면서도 칠월七月 그믐 초가을을 할 때까지/평안하니 집살이를 할 것을 생각하고 **〈칠월七月 백중〉** ❖ 내 어지러운 마음에는 슬픔이며, 한탄이며, 가라앉을 것은 차츰 앙금이 되어 가라앉고,/외로운 생각만이 드는 때쯤 해서는,/더러 나줏손에 쌀랑쌀랑 싸락눈이 와서 문창을 치기도 하는 때도 있는데, **〈남신의주 유동 박시봉방南新義州柳洞朴時逢方〉**

마가을 명 늦가을. 늦은 가을. 주로 음력 9월을 이른다.

〔《평북방언사전》과 《조선말대사전》에 '마가을'이 '늦가을'이라는 뜻으로 등재되어 있다.〕

❖ 나는 주먹다시 같은 떡당이에 꿀보다도 달다는 강낭엿을 산다/그리고 물이라도 들 듯이 샛노랗디샛노란 산山골 마가을 볕에 눈이 시울도록 샛노랗디샛노란 햇기장 쌀을 주무르며 **〈월림月林장—서행시초西行詩抄 4〉**

만년萬年 명 오랜 세월.

❖ 그리고 다 달인 약을 하이얀 약사발에 밭어놓은 것은/아득하니 깜하야 만년萬年 녯적이 들은 듯한데 **〈탕약湯藥〉**

매연 명 매연(媒緣). '매연 지난'은 '혈연관계가 멀리 지나간'이라는 뜻이다.

〔백석의 〈사생첩寫生帖의 삽화揷話〉(《매신사진순보每新寫眞旬報》, 1942. 2)란 산문에 "매연지난 먼 조상의 제사인지 제관들도 별로 모이지안코"라는 대목이 나온다. 백석 시 〈목구木具〉에서와 마찬가지로 '매연지난'이란 구절이 그대로 쓰이고 있음을 볼 수 있다. 이 용례에서 '매연'이 매연(媒緣), 즉 '양편의 중간에 서서 매개가 되고 인연이 됨'이란 뜻이며, '매연 지난'은 '매개가 되고 인연이 되는 것이 지나간', 즉 '혈연관계가 멀리 지나간'이란 뜻임을 분명히 유추할 수 있다. 이동순(1987)이 매연을 '媒緣'으로 본 바 있다.〕

❖ 한 해에 몇 번 매연 지난 먼 조상들의 최방등 제사에는 컴컴한 고방 구석을 나와서 대멀머리에 외얏맹건을 지르터맨 늙은 제관의 손에 정갈히 몸을 씻고 〔…〕 **〈목구木具〉**

머루밤 명 머루 빛의 밤. 머루 빛인 흑자색을 띠는 밤을 표현한 것이다.

〔'머루밤'은 밤의 빛깔을 나타낸 색채 언어로 백석의 조어이다. '까만 밤'이나 '컴컴한' 밤 이란 말 대신에 '머루빛 밤'이란 뜻의 '머루밤'이란 말을 쓴 백석의 언어감각이 주목된다. 백석은 색채 언어를 다양하게 구사했다.〕

❖ 시 제목 **〈머루밤〉**

명절 명 해마다 일정하게 지키어 즐기거나 기념하는 때. 우리나라에는 설날, 대보름날, 단오, 추석, 동짓날 따위가 있다.

❖ 대보름 명절인데/나는 멀리 고향을 나서 남의 나라 쓸쓸한 객고에 있는 신세로다/ 〔…〕 /아, 이 정월正月 대보름 명절인데/거리에는 오독독이 탕탕 터지고 호궁胡弓 소리 삘뺄 높아서 **〈두보杜甫나 이백李白같이〉**

명절날 명 명절인 날(《금성판국어대사전》).

❖ 명절날 나는 엄매 아배 따라 우리집 개는 나를 따라 진할머니 진할아버지가 있는 큰집으로 가면 **〈여우난골족族〉** ❖ 내일같이 명절날인 밤은 부엌에 쩨듯하니 불이 밝고 솥뚜껑이 놀으며 구수한 내음새 곰국이 무르끓고 방안에서는 일가집 할머니가 와서 마을의 소문을 펴며 〔…〕 **〈고야古夜〉**

밑께 명 어떤 날이 되기 바로 전 무렵. 백석 시 〈오리〉에서 '청명 밑께'는 '청명이 되기 바로 전 무렵'이라는 뜻이다.

〔'밑께'는 '밑+께'의 형태를 지닌 합성조어이다. '밑'은 원래 공간적으로 물체의 아래를 지시하는 말이지만 시간 표현에 쓰일 때에는 '일정 시기가 되기 전'이라는 뜻을 지닌다. 이런 용례로 '세밑', '설밑' 등이 있다. 그리고 여기에 결합된 '께'는 시간이나 장소에서 가까운 범위를 나타내는 접미사이다. 이러한 '께'가 쓰인 용례로 '이달 말께'를 들 수 있다.〕

❖ 오리야 네가 좋은 청명淸明 밑께 밤은/옆에서 누가 뺨을 쳐도 모르게 어둡다누나/오리야 이때는 따디기가 되여 어둡단다 **〈오리〉**

반날 명 하루 낮의 반. '한나절'과 같은 말.

❖ 구마산舊馬山의 선창에선 좋아하는 사람이 울며 나리는 배에 올라서 오는 물길이 반날/갓 나는 고당은 갓갓기도 하다 **〈통영統營(남행시초南行詩抄)〉**

밤 명 해가 져서 어두워진 때부터 다음 날 해가 떠서 밝아지기 전까지의 동안.

❖ 천 년 동안만 밤마다 흙에 물을 주면 그 흙이 지렝이가 되었습니다/장마 지면 비와 같이 하늘에서 나려왔습니다 **〈나와 지렝이〉** ❖ 저녁술을 놓은 아이들은 외양간섶 밭마당에 달린 배나무동산에서 쥐잡이를 하고 숨굴막질을 하고 꼬리잡이를 하고 가마 타고 시집가는 놀음 말 타고 장가가는 놀음을 하고 이렇게 밤이 어둡도록 북적하니 논다/밤이 깊어가는 집안엔 엄매는 엄매들끼리 아르간에서들 웃고 이야기하고 〔…〕 **〈여우난골족族〉** ❖ 또 하나 달같이 하이얗게 빛난다/언젠가 마을에서 수절과부 하나가 목을 매여 죽은 밤도 이러한 밤이었다 **〈흰밤〉** ❖ 아배는 타관 가서 오지 않고 산山비탈 외따른 집에 엄매와 나와 단둘이서 누가 죽이는 듯이 무서운

밤 집 뒤로는 어늬 산山골짜기에서 소를 잡어먹는 노나리꾼들이 도적놈들같이 쿵쿵거리며 다닌다// […] //또 이러한 밤 같은 때 시집갈 처녀 막내고무가 고개 너머 큰집으로 치장감을 가지고 와서 엄매와 둘이 소기름에 쌍심지의 불을 밝히고 밤이 들도록 바느질을 하는 밤 같은 때 나는 아릇목의 삿귀를 들고 쇠든밤을 내여 다람쥐처럼 밝어먹고 […] //내일같이 명절날인 밤은 부엌에 쩨듯하니 불이 밝고 솥뚜껑이 놀으며 구수한 내음새 곰국이 무르끓고 […] //섣달에 냅일날이 들어서 냅일날 밤에 눈이 오면 이 밤엔 쌔하얀 할미귀신의 눈귀신도 냅일눈을 받노라 못 난다는 말을 든든히 녀기며 […] **〈고야古夜〉** ❖ 가즈랑집은 고개 밑의/산山 너머 마을서 도야지를 잃는 밤 즘생을 쫓는 깽제미 소리가 무서웁게 들려오는 집 **〈가즈랑집〉** ❖ 별 많은 밤/하누바람이 불어서/푸른 감이 떨어진다 개가 즞는다 **〈청시靑枾〉** ❖ 거미새끼 하나 방바닥에 나린 것을 나는 아모 생각 없이 문밖으로 쓸어버린다/차디찬 밤이다 **〈수라修羅〉** ❖ 여우가 우는 밤이면/잠 없는 노친네들은 일어나 팥을 깔이며 방뇨를 한다 **〈오금덩이라는 곳〉** ❖ 오리야 네가 좋은 청명淸明 밑께 밤은/옆에서 누가 뺨을 쳐도 모르게 어둡다누나/오리야 이때는 따디기가 되여 어둡단다//아무리 밤이 좋은들 오리야/해변벌에선 얼마나 너이들이 욱자지껄하며 멕이기에/ […] /오리야 너이들의 이야기판에 나도 들어/밤을 같이 밝히고 싶고나 **〈오리〉** ❖ 재 안 드는 밤은 불도 없이 캄캄한 까막나라에서/조앙님은 무서운 이야기나 하면/모두들 죽은 듯이 엎데였다 잠이 들 것이다 **〈고사古寺—함주시초咸州詩抄〉** ❖ 이젠 캄캄한 밤과 개울물 소리만이다 **〈향악饗樂—산중음山中吟〉** ❖ 산골집은 대들보도 기둥도 문살도 자작나무다/밤이면 캥캥 여우가 우는 산山도 자작나무다 **〈백화白樺—산중음山中吟〉** ❖ 나타샤와 나는/눈이 푹푹 쌓이는 밤 흰 당나귀 타고/산골로 가자 출출이 우는 깊은 산골로 가 마가리에 살자 **〈나와 나타샤와 흰 당나귀〉** ❖ 이 무서운 밤을 아래 웃방성 마을 돌아다니는 사람은 있어 개는 짖는다// […] //김치가재미선 동치미가 유별히 맛나게 익는 밤 **〈개〉** ❖ 밤이면 무엇이 기왓골에 무릿돌을 던지고 뒤울안 배나무에 쩨듯하니 줄등을 헤여달고 […] **〈외갓집〉** ❖ 밖은 봄철날 따디기의 누굿하니 푹석한 밤이다/거리에는 사람두 많이 나서 흥성흥성할 것이다/어쩐지 이 사람들과 친하니 싸단니고 싶은 밤이다 **〈내가 생각하는 것은〉** ❖ 먼바루 개가 짖는 밤은/어데서 물외 내음새 나는 밤이다// […] /먼바루 개가 짖고/어데서 물외 내음새 나는 밤은//나의 정다운 것들 가지 명태 노루 뫼추리 질동이 노랑나뷔 바구지꽃 모밀국수 남치마 자개짚세기 그리고 천희千姬라는 이름이 한없이 그리워지는 밤이로구나 **〈야우소회夜雨小懷—물닭의 소리〉** ❖ 이리하여 한울에 별이 잔콩 마당 같고/강낭밭에 이슬이 비 오듯 하는 밤이 된다 **〈박각시 오는 저녁〉** ❖ 우리 엄매가 나를 가지는 때이 노큰마니는 어늬 밤 크나큰 범이 한 마리 우리 선산으로 들어오는 꿈을 꾼 것을 우리 엄매가 서울서 시집을 온 것을 〔…〕 **〈넘언집 범 같은 노큰마니〉** ❖ 봄철날 한종일내 노곤하니 벌불 장난을 한 날 밤이면 으레히 싸개동당을 지나는데 잘망하니 누워 싸는 오줌이 넓적다리를 흐르는 따근따근한 맛 자리에 펑하니 괴이는 척척한 맛 **〈동뇨부童尿賦〉** ❖ 내 손자의 손자와 손자와 나와 할아버지와 할아버지의 할아버지와 할아버지의 할아버지의 할아버지와…… 수원백씨水原白氏 정주백촌定州白村의 힘세고 꿋꿋하나 어질고 정 많은 호랑이 같은 곰 같은 소 같은 피의 비 같은 밤 같은 달 같은 슬픔을 담는 것 아 슬픔을 담는 것 **〈목구木具〉** ❖ 그리하여 따사한 햇귀에서 하이얀 옷을 입고 매끄러운 밥을 먹고 단샘을 마시고 낮잠을 잤다/밤에는 먼 개소리에 놀라나고 **〈북방北方에서—정현웅鄭玄雄에게〉** ❖ 이리하여 나는 이 습내 나는 춥고, 누긋한 방에서,/낮이나 밤이나 나는 나 혼자도 너무 많은 것같이 생각하며, **〈남신의주 유동 박시봉방南新義州柳洞朴時逢方〉**

밤중 명 밤이 깊은 때.

❖ 한가한 애동들은 어둡도록 꿩사냥을 하고/가난한 엄매는 밤중에 김치가재미로 가고 **〈국수〉**

보름 명 음력으로 그 달의 열닷새째 되는 날 .

❖ 오늘은 정월正月 보름이다/대보름 명절인데 **〈두보杜甫나 이백李白같이〉**

봄 명 사계절의 하나. 보통 양력으로 3~5월까지의 기간을 가리키며, 음력으로는 절기상 입춘에서 입하 전까지의 동안을 말한다.

❖ 흙꽃 니는 이른 봄의 무연한 벌을/경편철도輕便鐵道가 노새의 맘을 먹고 지나간다 **〈광원曠原〉** ❖ 나는 가슴이 이 무슨 흥에 벅차오며/이 봄에는 이 밭에 감자 강냉이 수박에 오이며 당콩에 마늘과 파도 심그리라 생각한다 **〈귀농歸農〉**

봄철 명 계절이 봄인 때.

❖ 이른 봄철 산 너머 먼 데 해변에서 가무래기 오면 **〈머리카락〉**

봄철날 명 봄철의 날.

〔아래 용례의 두 번째 시인 〈동뇨부童尿賦〉의 원본에는 '봄첫날'로 표기되어 있는데, '봄의 첫날'이란 것이 막연한 말이고, 〈내가 생각하는 것은〉이란 시에 '봄철날'이란 말이 구사된 바 있어, '봄첫날'은 '봄철날'의 오자로 보는 것이 적절할 것이다.〕

❖ 밖은 봄철날 따디기의 누굿하니 푹석한 밤이다/거리에는 사람두 많이 나서 홍성홍성할 것이다 **〈내가 생각하는 것은〉** ❖ 봄철날 한종일내 노곤하니 벌불 장난을 한

날 밤이면 으레히 싸개동당을 지나는데 잘망하니 누워 싸는 오줌이 넓적다리를 흐르는 따근따근한 맛 자리에 펑하니 괴이는 척척한 맛 〈**동뇨부**童尿賦〉

사이②명 한때로부터 다른 때까지의 동안.

❖ 벌써 어린것도 생겨서 옆에 끼고 저녁을 먹는다/그런데 또 이즈막하야 어늬 사이엔가 〈**흰 바람벽이 있어**〉 ❖ 어느 사이에 나는 아내도 없고, 또,/아내와 같이 살던 집도 없어지고, 〈**남신의주 유동 박시봉방**南新義州柳洞朴時逢方〉

새벽녘명 날이 샐 무렵.

❖ 새벽녘의 거리엔 쾅쾅 북이 울고//밤새껏 바다에선 뿡뿡 배가 울고 〈**통영**統營(**남행시초**南行詩抄)〉 ❖ 그리고 새벽녘이면 고방 시렁에 채국채국 얹어둔 모랭이 목판 시루며 함지가 땅바닥에 넘너른히 널리는 집이다 〈**외갓집**〉

섣달명 음력으로 한 해의 맨 끝 달.

❖ 섣달에 냅일날이 들어서 냅일날 밤에 눈이 오면 이 밤엔 쌔하얀 할미귀신의 눈귀신도 냅일눈을 받노라 못 난다는 말을 든든히 녀기며 〔…〕 〈**고야**古夜〉

세월명 흘러가는 시간.

❖ 뜨락에 잡곡낟가리가 쌓여서/어니 세월에 뷔일 듯한 집은 뵈이지 않었다 〈**산곡**山谷**—함주시초**咸州詩抄〉 ❖ 이 마음 안에 아득하니 오랜 세월이 아득하니 오랜 지혜가 또 아득하니 오랜 인정人情이 깃들인 것이다 〈**수박씨, 호박씨**〉 ❖ 아, 나의 조상은 형제는 일가친척은 정다운 이웃은 그리운 것은 사랑하는 것은 우러르는 것은 나의 자랑은 나의 힘은 없다 바람과 물과 세월과 같이 지나가고 없다 〈**북방**北方**에서—정현웅**鄭玄雄**에게**〉 ❖ 이것은 아득한 녯날 한가하고 즐겁든 세월로부터/실 같은 봄비 속을 타는 듯한 녀름볕 속을 지나서 들쿠레한 구시월 갈바람 속을 지나서 〈**국수**〉

신새벽명 아직 어두운 이른 새벽. '어둑새벽'과 같은 말(《조선말대사전》).

〔《표준국어대사전》엔 '신새벽'이 "첫새벽의 잘못"이라고 풀이되어 있는데, 《조선말대사전》엔 '신새벽'이 '어둑새벽'과 같은 말로서, "아직 어두운 이른 새벽"이라고 풀이되어 있다.〕

❖ 신새벽 들망에/내가 좋아하는 꼴두기가 들었다 〈**꼴두기—물닭의 소리**〉

아즈내명 아지내. '아지내'는 '초저녁'의 평안 방언.

❖ 어득한 기슭의 행길에 얼굴이 해쓱한 처녀가 새벽달같이/아 아즈내인데 병인病人은 미역냄새 나는 덧문을 닫고 버러지같이 누웠다 〈**시기**柿崎**의 바다**〉

아츰명 '아침'의 방언(평안, 함경, 경기, 경남, 전남, 강원). 날이 새면서부터 오전 반나절쯤까지의 동안.

❖ 벼랑탁의 어두운 그늘에 아츰이면/부헝이가 무거웁게 날러온다/낮이 되면 더 무거웁게 날러가버린다 〈**산지**山地〉 ❖ 밤이 깊어가는 집안엔 〔…〕 그래서는 문창에 텅납새의 그림자가 치는 아츰 시누이 동세들이 욱적하니 흥성거리는 부엌으론 샛문틈으로 장지문틈으로 무이징게국을 끓이는 맛있는 내음새가 올라오도록 잔다 〈**여우난골족**族〉 ❖ 장날 아츰에 앞 행길로 엄지 따러 지나가는 망아지를 내라고 나는 조르면/아배는 행길을 향해서 크다란 소리로/—매지야 오나라/—매지야 오나라 〈**오리 망아지 토끼**〉 ❖ 신 살구를 잘도 먹드니 눈 오는 아츰/나어린 안해는 첫아들을 낳었다 〈**적경**寂境〉 ❖ 아카시아꽃의 향기가 가득하니 꿀벌들이 많이 날어드는 아츰/구신은 없고 부헝이가 담벽을 띠쫗고 죽었다 〈**정문촌**旌門村〉 ❖ 나는 북관北關에 혼자 앓어 누워서/어늬 아츰 의원醫員을 뵈이었다 〈**고향**故鄕〉 ❖ 어늬 아츰 계집은/머리에 무거운 동이를 이고/손에 어린것의 손을 끌고/가펴러운 언덕길을/숨이 차서 올라갔다 〈**절망**絶望〉 ❖ 밤에는 먼 개소리에 놀라나고/아츰에는 지나가는 사람마다에게 절을 하면서도/나는 나의 부끄러움을 알지 못했다 〈**북방**北方**에서—정현웅**鄭玄雄**에게**〉 ❖ 너는 오늘 아츰 무엇에 놀라서 우는구나/ 〔…〕 /촌에서 와서 오늘 아츰 무엇이 분해서 우는 아이여/너는 분명히 하늘이 사랑하는 시인詩人이나 농사꾼이 될 것이로다 〈**촌에서 온 아이**〉

아침명 날이 새면서부터 오전 반나절쯤까지의 동안.

❖ 차디찬 아침인데/묘향산행妙香山行 승합자동차乘合自動車는 텅하니 비어서/나이 어린 계집아이 하나가 오른다/ 〔…〕 /이렇게 추운 아침에도 손이 꽁꽁 얼어서/찬물에 걸레를 쳤을 것이다 〈**팔원**八院**—서행시초**西行詩抄 **3**〉

야반夜半명 밤이 깊은 때. '밤중'과 같은 말.

❖ 시 제목 〈**야반**夜半**—산중음**山中吟〉

어스름저녁명 조금 어둑어둑한 저녁.

〔사전에 '어스름밤'은 등재되어 있는데, '어스름저녁'은 등재되어 있지 않다.〕

❖ 어스름저녁 국수당 돌각담의 수무나무 가지에 녀귀의 탱을 걸고 나물매 갖추어 놓고 비난수를 하는 젊은 새악시들 〈**오금덩이라는 곳**〉

어젯밤명 어제의 밤.

❖ 순례巡禮중이 산山을 올라간다/어젯밤은 이 산山 절에 재齋가 들었다 〈**추일산조**秋日山朝〉 ❖ 촌에서 온 아이여/촌에서 어젯밤에 승합자동차乘合自動車를 타고 온 아이여 〈**촌에서 온 아이**〉

여름명 일 년 중 제일 무더운 계절. 봄과 가을 사이로 햇살이 제일 따가우며 나뭇잎이 무성하다. 북반구에서는 6월과 8월 사이로 낮이 길고 밤이 짧다(《고려대한국어대사전》).

❖ 낮 기울은 날을 햇볕 장글장글한 툇마루에 걸어앉어서/지난 여름 도락구를 타고 장진長津땅에 가서 꿀을 치고 돌아왔다는 이 벌들을 바라보며 나는 〈**산곡**山谷**—함주시초**咸州詩抄〉

열나흘 명 그달의 열네 번째 날.

❖ 녕 낮은 집 담 낮은 집 마당만 높은 집에서 열나흘 달을 업고 손방아만 찧는 내 사람을 생각한다 〈**통영**統營**(남행시초**南行詩抄**)**〉

열니레 명 열이레. 그달의 열일곱 번째 날.

❖ 열니레 달이 올라서/나룻배 타고 판데목 지나간다 간다 〈**통영**統營**—남행시초**南行詩抄 **2**〉

옛날 명 ① 지난 지 꽤 오래된 시기를 막연히 이르는 말. ② 이미 지나간 어떤 날.

❖ 돌능와집에 소달구지에 싸리신에 옛날이 사는 장거리에/어니 근방 산천山川에서 덜거기 껙껙 검방지게 운다 〈**월림**月林**장—서행시초**西行詩抄 **4**〉

오늘① 명 지금 지나가고 있는 이날.

❖ 오늘은 정월正月 보름이다/대보름 명절인데/나는 멀리 고향을 나서 남의 나라 쓸쓸한 객고에 있는 신세로다 〈**두보**杜甫**나 이백**李白**같이**〉

오늘밤 명 지금 시간이 흐르고 있는 이날의 밤(《고려대한국어대사전》).

❖ 가난한 내가/아름다운 나타샤를 사랑해서/오늘밤은 푹푹 눈이 나린다// 〔…〕 // 눈은 푹푹 나리고/아름다운 나타샤는 나를 사랑하고/어데서 흰 당나귀도 오늘밤이 좋아서 응앙응앙 울을 것이다 〈**나와 나타샤와 흰 당나귀**〉

오대五代 명 다섯 번째 대代.

❖ 오대五代나 나린다는 크나큰 집 다 찌그러진 들지고방 어득시근한 구석에서 쌀독과 말쿠지와 숫돌과 신뚝과 그리고 넷적과 또 열두 데석님과 친하니 살으면서 〈**목구**木具〉

오랜만 명 '오래간만'(어떤 일이 있는 때로부터 긴 시간이 지난 뒤)의 준말.

❖ 허리에 찬 남갑사 주머니에는 오랜만에 돈푼이 들어 즈벅이고 〈**칠월**七月 **백중**〉

유월六月 명 한 해 열두 달 가운데 여섯째 달.

❖ 저문 유월六月의 바닷가에선 조개도 울을 저녁 소라방등이 불그레한 마당에 김냄새 나는 비가 나렸다 〈**통영**統營〉

이날 명 바로 앞에서 이야기한 날.

❖ 녯날 두보杜甫나 이백李白 같은 이 나라의 시인詩人도/먼 타관에 나서 이날을 맞은 일이 있었을 것이다/ 〔…〕 /녯날 그 두보杜甫나 이백李白 같은 이 나라의 시인詩人도/이날 이렇게 마른물고기 한 토막으로 외로이 쓸쓸한 생각을 한 적도 있었을 것이다/ 〔…〕 /우리네 조상들이 먼먼 녯날로부터 대대로 이날엔 으레히 그러하며 오듯이/먼 타관에 난 그 두보杜甫나 이백李白 같은 이 나라의 시인詩人도/ 〔…〕 /이날은 그 어늬 한고향 사람의 주막이나 반관飯館을 찾어가서/ 〔…〕 /그들의 본을 따서 이날에는 원소元宵를 먹을 것을/외로이 타관에 나서도 이 원소元宵를 먹을 것을 생각하며 **〈두보杜甫나 이백李白같이〉**

이때 명 바로 지금의 때. 또는 바로 앞에서 이야기한 시간상의 어떤 점이나 부분.

❖ 오리야 네가 좋은 청명淸明 밑께 밤은/옆에서 누가 뺨을 쳐도 모르게 어둡다누나/오리야 이때는 따디기가 되여 어둡단다 **〈오리〉** ❖ 허연 문창을 바라보든가 또 눈을 떠서 높은 턴정을 쳐다보는 것인데,/이때 나는 내 뜻이며 힘으로, 나를 이끌어 가는 것이 힘든 일인 것을 생각하고, **〈남신의주 유동 박시봉방南新義州柳洞朴時逢方〉**

이제① 명 바로 이때. 지나간 때와 단절된 느낌을 준다.

❖ 텃밭가 재래종在來種의 임금林檎나무에는 이제도 콩알만 한 푸른 알이 달렸고 히스무레한 꽃도 하나 둘 퓌여 있다 **〈창의문외彰義門外〉** ❖ 이젠 캄캄한 밤과 개울물 소리만이다 **〈향악饗樂—산중음山中吟〉** ❖ 이젠 배도 출출히 고팠는데//어서 그 옹기장사가 온다는 거리로 들어가면 무엇보다도 몬저 '주류판매업酒類販賣業'이라고 써붙인 집으로 들어가자 **〈구장로球場路—서행시초西行詩抄 1〉** ❖ 나는 이젠 귀치않은 측량測量도 문서文書도 싫증이 나고/낮에는 마음 놓고 낮잠도 한잠 자고 싶어서 **〈귀농歸農〉** ❖ 그 동안 돌비는 깨어지고 많은 은금보화는 땅에 묻히고 가마귀도 긴 족보를 이루었는데/이리하야 또 한 아득한 새 녯날이 비롯하는 때/이제는 참으로 이기지 못할 슬픔과 시름에 쫓겨 **〈북방北方에서—정현웅鄭玄雄에게〉** ❖ 얼혼이 나서 뒤울안으로 가면 뒤울안에는 곱새녕 아래 털능구신/나는 이제는 할 수 없이 대문을 열고 나가려는데 대문간에는 근력 세인 수문장 **〈마을은 맨천 구신이 돼서〉**

자정 명 자시子時의 한가운데. 밤 열두 시를 이른다.

❖ 자정도 활씬 지났는데/닭을 잡고 모밀국수를 누른다고 한다 **〈야반夜半—산중음山中吟〉**

잠시 명 짧은 시간.

〔'잠시'는 명사와 부사 양쪽으로 쓰이는데, 백석 시의 아래 용례에선 명사로 쓰인 것이다.〕

❖ 그러나 잠시 뒤에 나는 고개를 들어,/허연 문창을 바라보든가 또 눈을 떠서 높은 턴정을 쳐다보는 것인데, **〈남신의주 유동 박시봉방**南新義州柳洞朴時逢方〉

장날명 장이 서는 날. 보통은 닷새 만에 서는데, 사흘 만에 서는 경우도 있다.

❖ 장날 아츰에 앞 행길로 엄지 따러 지나가는 망아지를 내라고 나는 조르면/아배는 행길을 향해서 크다란 소리로 **〈오리 망아지 토끼〉** ❖ 거리는 장날이다/장날 거리에 녕감들이 지나간다 **〈석양**夕陽〉

재밤명 깊은 밤(《조선말대사전》). '한밤중'과 같은 말로 평안도를 위시해 북쪽 지역에서 사용하던 말.

〔《조선말대사전》에 '재밤'이 '깊은 밤', 《평북방언사전》엔 '재밤' '재밤둥'이 '한밤중'(깊은 밤)의 뜻으로 등재되어 있다.〕

❖ 날기멍석을 져간다는 닭보는 할미를 차 굴린다는 〔…〕 오줌 누러 깨는 재밤 머리맡의 문살에 대인 유리창으로 조마구 군병의 새까만 대가리 새까만 눈알이 들여다보는 때 나는 이불 속에 자즈러붙어 숨도 쉬지 못한다 **〈고야**古夜〉

재밤중명 깊은 밤이 되는 때(《조선말대사전》).

❖ 긴긴 겨울밤 인간들이 모두 한잠이 들은 재밤중에 나 혼자 일어나서 머리맡 쥐발 같은 새끼오강에 한없이 누는 잘 매럽던 오줌의 사르릉 쪼로록 하는 소리 **〈동뇨부**童尿賦〉

저녁②명 해가 질 무렵부터 밤이 되기까지의 사이.

❖ 저문 유월六月의 바닷가에선 조개도 울을 저녁 소라방등이 불그레한 마당에 김냄새 나는 비가 나렸다 **〈통영**統營〉 ❖ 녯 장수 모신 낡은 사당의 돌층계에 주저앉어서 나는 이 저녁 울 듯 울 듯 한산도閑山島 바다에 뱃사공이 되여가며 **〈통영**統營**(남행시초**南行詩抄**)〉** ❖ 낡은 나조반에 흰밥도 가재미도 나도 나와 앉어서/쓸쓸한 저녁을 맞는다 **〈선우사**膳友辭**—함주시초**咸州詩抄〉 ❖ 시 제목 **〈박각시 오는 저녁〉** ❖ 넷말이 사는 컴컴한 고방의 쌀독 뒤에서 나는 저녁 끼때에 부르는 소리를 듣고도 못 들은 척하였다 **〈고방〉** ❖ 남방토南方土 풀 안 돋은 양지귀가 본이다/햇비 멎은 저녁의 노을 먹고 산다 **〈석류**石榴〉 ❖ 오늘 저녁 이 좁다란 방의 흰 바람벽에/어쩐지 쓸쓸한 것만이 오고 간다 **〈흰 바람벽이 있어〉** ❖ 더러 나즛손에 쌀랑쌀랑 싸락눈이 와서 문창을 치기도 하는 때도 있는데,/나는 이런 저녁에는 화로를 더욱 다가 끼며, 무릎을 꿇어보며, **〈남신의주 유동 박시봉방**南新義州柳洞朴時逢方〉

저녁밥때명 저녁밥을 먹을 무렵.

〔'저녁밥때'는 '저녁밥+때'의 합성조어. 비슷한 뜻의 말로 사전엔 '저녁때'(저녁 끼

니를 먹을 때)(《고려대한국어대사전》)가 등재되어 있다.]

❖ 저녁밥때 비가 들어서/바다엔 배와 사람이 흥성하다 **〈시기**柿崎**의 바다〉**

전명 ① 막연한 과거의 어느 때를 가리키는 말. ② (일부 명사나 '-기' 다음에 쓰여) '이전'의 뜻을 나타내는 말.

❖ 승냥이가 새끼를 치는 전에는 쇠메 든 도적이 났다는 가즈랑고개 **〈가즈랑집〉** ❖ 이렇게 해서 아린 가슴이 싹기도 전이다 **〈수라**修羅**〉**

정월正月명 음력으로 한 해의 첫째 달.

❖ 오늘은 정월正月 보름이다/대보름 명절인데/나는 멀리 고향을 나서 남의 나라 쓸쓸한 객고에 있는 신세로다/ (…) /아, 이 정월正月 대보름 명절인데/거리에는 오독독이 탕탕 터지고 호궁胡弓 소리 삘뺄 높아서 **〈두보**杜甫**나 이백**李白**같이〉**

제삿날명 제사를 지내는 날.

❖ 제삿날이면 귀머거리 할아버지가 예서 왕밤을 밝고 싸리꼬치에 두부산적을 께었다 **〈고방〉**

철명 일 년을 봄, 여름, 가을, 겨울의 네 시절로 구분했을 때의 한 시기(《고려대한국어대사전》).

❖ 내가 좋아하는 그이는 푸른 가지 붉게붉게 동백冬柏꽃 피는 철엔 타관 시집을 갈 것만 같은데/긴 토시 끼고 큰머리 얹고 오불고불 넘엣거리로 가는 여인女人은 평안도平安道서 오신 듯한데 동백冬柏꽃 피는 철이 그 언제요 **〈통영**統營**(남행시초**南行詩抄**)〉**

첫녀름명 첫여름. 여름이 시작되는 첫머리.

❖ 첫녀름 이른 저녁을 해치우고 인간들이 모두 터앞에 나와서 물외포기에 당콩포기에 오줌을 주는 때 터앞에 밭마당에 샛길에 떠도는 오줌의 매캐한 재릿한 내음새 **〈동뇨부**童尿賦**〉**

청명淸明명 이십사절기의 하나. 춘분春分과 곡우穀雨의 사이에 들며, 4월 5일 무렵이다. ☞ 밑께 323

❖ 오리야 네가 좋은 청명淸明 밑께 밤은/옆에서 누가 빰을 쳐도 모르게 어둡다누나 **〈오리〉**

초동일初冬日명 초겨울 날(이른 겨울. 주로 음력 10월을 이른다).

❖ 시 제목 **〈초동일**初冬日**〉**

초아흐레명 매달 초하룻날부터 헤아려 아홉째 되는 날.

❖ 초아흐레 장판에/산 멧도야지 너구리가죽 튀튀새 났다 **〈월림**月林**장—서행시초**西行詩抄 **4〉**

초저녁명 날이 어두워진 지 얼마 되지 않은 때.

❖ 내가 언제나 무서운 외갓집은/초저녁이면 안팎마당이 그득하니 하이얀 나비수염을 물은 보득지근한 복쪽재비들이 씨굴씨굴 모여서는 쨩쨩 쨩쨩 쇳스럽게 울어대고 〈**외갓집**〉

칠월七月명 한 해의 열두 달 가운데 일곱째 달.

❖ 봉가집을 가면서도 칠월七月 그믐 초가을을 할 때까지/평안하니 집살이를 할 것을 생각하고 〈**칠월**七月 **백중**〉

태고太古명 아득한 옛날.

❖ 태고太古에 나서/선인도仙人圖가 꿈이다 〈**석류**石榴〉

하로명 '하루'의 고어, 방언(경상, 전남).

❖ 얼굴에 별자국이 솜솜 난 말수와 같이 눈도 껌벅거리는 하로에 베 한 필을 짠다는 벌 하나 건너 집엔 복숭아나무가 많은 신리新里 고무 고무의 딸 이녀李女 작은이녀李女 〈**여우난골족**族〉 ❖ 정주定州 동림東林 구십九十여 리里 긴긴 하로 길에/산에 오면 산 소리 벌에 오면 벌 소리/적막강산에 나는 있노라 〈**적막강산**〉

하로밤명 하룻밤. 어떤 날 밤.

❖ 이것은 어늬 양지귀 혹은 능달쪽 외따른 산 녚은댕이 예데가리밭에서/하로밤 뽀오햔 흰 김 속에 접시귀 소기름불이 뿌우현 부엌에/산멍에 같은 분들을 타고 오는 것이다/ 〔…〕 /지붕에 마당에 우물든덩에 함박눈이 푹푹 쌓이는 여늬 하로밤 〈**국수**〉

하로종일명 하루 종일. 하루의 아침부터 저녁까지의 온 하루(《조선말대사전》).

❖ 찰복숭아를 먹다가 씨를 삼키고는 죽는 것만 같어 하로종일 놀지도 못하고 밥도 안 먹은 것도/가즈랑집에 마을을 가서 〈**가즈랑집**〉

하로진일명 하루진일盡日. 하루 온종일. 하루 종일(하루의 아침부터 저녁까지의 온 하루)(《조선말대사전》).

〔'진일'은 '온종일'(종일)과 같은 말이다. '하로진일'(하루진일)은 백석의 조어이다.〕

❖ 닭이짗 올코에 새끼달은치를 묻어놓고/동둑 넘에 숨어서//하로진일 너를 기다린다 〈**오리**〉

하루종일명 하루의 아침부터 저녁까지의 온 하루(《조선말대사전》).

〔'하루종일'은《조선말대사전》에 등재되어 있는 말이다.〕

❖ 노왕老王은 채매도 힘이 들고 하루종일 백령조百鈴鳥 소리나 들으려고/밭을 오늘 나한테 주는 것이고 〈**귀농**歸農〉

한겨을 명 한겨울. ① 한창 추위가 심한 겨울. ② 겨울 내내. '겨을'은 '겨울'의 고어, 방언(평북, 전라, 충청, 강원)(《금성판국어대사전》, 《평북방언사전》).

〔《금성판국어대사전》과 《평북방언사전》에 '겨을'이 등재되어 있다.〕

❖ 나는 이 골짝에서 한겨을을 날려고 집을 한 채 구하였다 **〈산곡**山谷**—함주시초**咸州詩抄**〉**

한겻 명 반나절.

❖ 한 이십리二十里 가면 거리라든데/한겻 남아 걸어도 거리는 뵈이지 않는다 **〈구장로**球場路**—서행시초**西行詩抄 **1〉**

한녀름 명 한여름. ① 여름 중에 한창 더운 시기. ② 여름 한 철(《고려대한국어대사전》).

❖ 산듯한 청삿자리 우에서 찌륵찌륵/우는 전북회를 먹어 한녀름을 보낸다//이렇게 한녀름을 보내면서 나는 하늑이는 **〈삼호**三湖**—물닭의 소리〉**

한참 명 시간이 상당히 지나는 동안.

❖ 새끼손톱 길게 돋은 손을 내어/묵묵하니 한참 맥을 짚드니/문득 물어 고향故鄕이 어데냐 한다 **〈고향**故鄕**〉**

해② 명 지구가 태양을 한 바퀴 도는 동안. 한 해는 열두 달로, 양력으로는 365.25일이고 음력으로는 354일이다.

❖ 이 눈세기물을 냅일물이라고 제주병에 진상항아리에 채워두고는 해를 묵여가며 고뿔이 와도 배앓이를 해도 갑피기를 앓어도 먹을 물이다 **〈고야**古夜**〉**

황일黃日 명 누런 날, 누런 태양.

〔'황일'은 백석이 시의 제목으로 지은 조어로서, '누런 날'과 '누런 태양'의 두 가지 어석이 가능하다. '누런 날'은 햇빛이 내리쬐는 봄날을 의미하고, '누런 태양'은 누런빛의 태양을 의미한다. '황일黃日'은 곧 봄날이면서 동시에 누런빛의 태양을 뜻한다고 할 수 있다. '황일黃日'이란 말이 시 본문 위의 제목으로 쓰임으로써 마치 시에 펼쳐진 봄날의 풍경을 내리쬐는 누런 태양 같은 역할을 하고 있다(고형진, 2013).〕

❖ 시 제목 **〈황일**黃日**〉**

훗날 명 시간이 지나 뒤에 올 날.

❖ 먼 훗날 그들의 먼 훗자손들도/그들의 본을 따서 이날에는 원소元宵를 먹을 것을 **〈두보**杜甫**나 이백**李白**같이〉**

흰밤 명 흰 밤. 백석 시 〈흰밤〉의 제목으로 쓰인 이 말은 밤하늘에 떠 있는 밝은 달과 그 달에 비친 박이 하얗게 빛나는 밤을 가리킨다.

❖ 시 제목 **〈흰밤〉**

V. 산업생활

1 농업

1) 논밭과 농사일

강낭밭 명 강냉이(옥수수)를 심은 밭(《조선말대사전》). '강낭'은 '강냉이'(옥수수)의 방언(평안, 경상)(《금성판국어대사전》, 《평북방언사전》).

〔'강낭밭'은 《조선말대사전》에 등재되어 있다.〕

❖ 이리하여 한울에 별이 잔콩 마당 같고/강낭밭에 이슬이 비 오듯 하는 밤이 된다 **〈박각시 오는 저녁〉**

고랑 명 두둑한 두 땅 사이에 좁고 길게 들어간 곳(《고려대한국어대사전》).

❖ 나는 뒤짐을 지고 고랑을 걸어/밭을 나와 밭뚝을 돌아 도랑을 건너 행길을 돌아 **〈귀농歸農〉**

골갯논드렁 명 좁은 골짜기에 푼 논의 두렁.

〔《조선말대사전》에 '골개논'이 "좁은 골짜기에 푼 논"의 뜻으로 등재되어 있다. '드렁'(두렁)은 '두둑'과 같은 말로 논이나 밭 가장자리에 경계를 이룰 수 있도록 두두룩하게 만든 것을 이른다.〕

❖ 한 십리十里 더 가면 절간이 있을 듯한 마을이다 〔…〕 어데서 송아지 매— 하고 운다 골갯논드렁에서 미나리 밟고 서서 운다 〔…〕 **〈황일黃日〉**

귀농歸農 명 다른 일을 하던 사람이 그 일을 그만두고 농사를 지으려고 농촌으로 돌아감.

❖ 시 제목 **〈귀농歸農〉**

김② 명 논밭에 난 잡풀.

❖ 집에는 아배에 삼촌에 오마니에 오마니가 있어서 젖먹이를 마을 청능 그늘밑에 삿갓을 씌워 한종일내 뉘어두고 김을 매려 단녔고 〔…〕 **〈넘언집 범 같은 노큰마니〉** ❖ 마을에서는 세불 김을 다 매고 들에서/개장취념을 서너 번 하고 나면/백중 좋은 날이 슬그머니 오는데 **〈칠월七月 백중〉**

논 명 물을 대어 주로 벼를 심어 가꾸는 땅.

❖ 오리치를 놓으려 아배는 논으로 나려간 지 오래다 **〈오리 망아지 토끼〉**

논두렁 명 물이 괴어 있도록 논의 가장자리를 흙으로 둘러막은 두둑.

❖ 벌로 오면/논두렁에 물닭의 소리/갈밭에 갈새 소리 **〈적막강산〉**

논드렁 명 '논두렁'의 고어. ☞ 논두렁 334

❖ 짝새가 발뿌리에서 닐은 논드렁에서 아이들은 개구리의 뒷다리를 구워먹었다 **〈하답**夏沓**〉**

논배미 명 논두렁으로 둘러싸인 논의 하나하나의 구역.

❖ 그래도 오리야 호젓한 밤길을 가다/가까운 논배미들에서/까알까알 하는 너이들의 즐거운 말소리가 나면/나는 내 마을 그 아는 사람들의 지껄지껄하는 말소리같이 반가웁고나 **〈오리〉**

무이밭 명 무밭. 무를 심어 놓은 밭. '무이'는 '무'의 방언(황해, 강원, 평남)(《금성판 국어대사전》, 《고려대한국어대사전》).

〔'무밭'은 《고려대한국어대사전》에 등재되어 있다.〕

❖ 무이밭에 흰나뷔 나는 집 밤나무 머루넝쿨 속에 키질하는 소리만이 들린다 **〈창의문외**彰義門外**〉**

밭 명 물을 대지 아니하거나 필요한 때에만 물을 대어서 야채나 곡류를 심어 농사를 짓는 땅.

❖ 백구둔白狗屯의 눈 녹이는 밭 가운데 땅 풀리는 밭 가운데/ 〔…〕 /나는 땅님자 노왕老王한테 석 상디기 밭을 얻는다// 〔…〕 /밭을 오늘 나한테 주는 것이고/ 〔…〕 /아전 노릇을 그만두고 밭을 노왕老王한테 얻는 것이다// 〔…〕 /이 봄에는 이 밭에 감자 강냉이 수박에 오이며 당콩에 마눌과 파도 심그리라 생각한다// 〔…〕 //이리하여 노왕老王은 밭을 주어 마음이 한가하고/나는 밭을 얻어 마음이 편안하고/ 〔…〕 /밭을 나와 밭뚝을 돌아 도랑을 건너 행길을 돌아 **〈귀농**歸農**〉** ❖ 나는 겨우 대문을 삐쳐나 바깥으로 나와서/밭 마당귀 연자간 앞을 지나가는데 연자간에는 또 연자망구신 **〈마을은 맨천 구신이 돼서〉**

밭고랑 명 밭의 두둑과 두둑 사이의 홈이 진 곳(《조선말대사전》).

❖ 옛말속같이 진진초록 새 저고리를 입고/손잔등이 밭고랑처럼 몹시도 터졌다 **〈팔원**八院**—서행시초**西行詩抄 **3〉**

밭뚝 명 밭둑. 밭보다 약간 높이 올라와 밭의 경계가 되고 사람이 걸어 다닐 수 있도록 한 둑(《고려대한국어대사전》).

〔《표준국어대사전》엔 '밭둑'이 표준어인데, 《조선말대사전》에 '밭뚝'이 규범어고, '밭둑'이 비규범어로 등재되어 있다.〕

❖ 나는 뒤짐을 지고 고랑을 걸어/밭을 나와 밭뚝을 돌아 도랑을 건너 행길을 돌아 **〈귀농**歸農**〉**

밭머리명 밭이랑의 양쪽 끝이 되는 곳.

❖ 한 십리十里 더 가면 절간이 있을 듯한 마을이다 〔…〕 흰구름 따러가며 딱장벌레 잡다가 연둣빛 닢새가 좋아 올라왔나보다 밭머리에도 복사꽃 피였다 새악시도 피였다 새악시 복사꽃이다 복사꽃 새악시다 〔…〕 **〈황일**黃日**〉**

밭최뚝명 밭 언저리에 있는 뚝.

〔《조선말대사전》에 '밭최뚝'은 '밭 언저리에 있는 최뚝'으로, '최뚝'은 '밭이나 논의 둑'으로 풀이되어 있다.〕

❖ 촌부자 노왕老王하고 같이 서서/밭최뚝에 즘부러진 땅버들의 버들개지 피여나는 데서/별은 장글장글 따사롭고 바람은 솔솔 보드라운데/나는 땅님자 노왕老王한테 석 상디기 밭을 얻는다 **〈귀농**歸農**〉**

배나무접명 배나무 접붙이기. 배나무의 접붙이기는 보통 눈접(나뭇가지의 중간 부위에 있는 눈을 떼어 접본이 될 가지에 접을 붙이는 방법)을 사용한다. 배나무의 번식은 보통 접붙이기를 통해 이루어진다(《고려대한국어대사전》 일부 참조).

❖ 배나무접을 잘하는 주정을 하면 토방돌을 뽑는 오리치를 잘 놓는 먼 섬에 반디젓 담그려 가기를 좋아하는 삼춘 삼춘엄매 사춘누이 사춘동생들 **〈여우난골족**族**〉**

벌논명 벌에 있는 논.

❖ 오리야 나는 네가 좋구나 네가 좋아서/벌논의 늪 옆에 쭈구렁벼알 달린 짚검불을 널어놓고/닭이짗 올코에 새끼달은치를 묻어놓고 **〈오리〉**

삼굿명 삼의 껍질을 벗기기 위해 수증기로 삼을 익히는 일.

〔황해도·평안도의 삼굿 과정을 소개하면 다음과 같다. "7월에 삼을 거두어 한 아름씩 묶은 삼단을 밭에 세워 놓았다가 삼굿 예정 일자를 택하고 나면 시냇가에 너비 서너 발, 길이 대여섯 발가량 되게 구덩이를 파 그 반 정도에 장작을 넣고 그 위에 돌무덤을 쌓아 돌을 벌겋게 가열시킨 다음, 나머지 빈 구덩이에 삼단을 높이 쌓고 수증기의 허비를 막기 위해 풀로 삼단을 덮는다. 그 위에 간격을 맞춰 구멍을 뚫은 다음 그 속에 물을 부으면 큰 수증기가 생겨 열칸에 들어 있는 삼껍질이 익는데 이러한 과정을 삼굿이라고 한다. 마을 장정들이 나서 합동작업을 벌이는데 물을 부을 때면 가열된 돌이 튕기는 소리와 물 끓는 소리가 뒤범벅이 되어 요란한 소리가 나면 '물이야' 하는 고함소리와 함께 물통을 들고 이리저리 뛰며 흥겨워하고, 마을 어린이들은 가열된 돌에 옥수수를 구워먹으며 놀고, 이 작업이 끝나면 음식을 나누어 먹으며 즐겁게 논다"(문화공보부문화재관리국, 《한국민속종합조사보고서(황해·평안남북)》, 국립문화재연구소, 1980, 308쪽).〕

❖ 마을에서는 삼굿을 하는 날/건넌마을서 사람이 물에 빠져 죽었다는 소문이 왔다 **〈여우난골〉**

소거름명 소의 똥이나 오줌으로 만든 거름.

〔사전엔 '거름'만 등재되어 있다.〕

❖ 집에는 언제나 센개 같은 게사니가 벅작궁 고아내고 말 같은 개들이 떠들썩 짖어대고 그리고 소거름 내음새 구수한 속에 엇송아지 히물쩍 너들씨는데 **〈넘언집 범 같은 노큰마니〉**

소신명 소가 신는 신, 곧 쇠짚신을 일컫는다.

❖ 구석의 나무말쿠지에 할아버지가 삼는 소신 같은 짚신이 둑둑이 걸리어도 있었다 **〈고방〉**

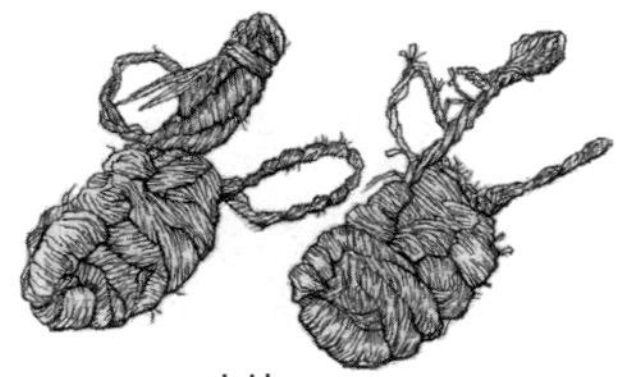
소신

예데가리밭명 예제가리밭. '여기저기 갈아 놓은 밭'으로 추정된다.

〔'예데가리밭'의 뜻은 정확히 알기 어렵다. 다만, '예데(예제, 여기저기)+가리(갈이, 논밭을 갈고 김을 맴)+밭(田)'의 형태로 보아, 여기저기 갈아 놓은 밭 정도로 추정해 볼 수 있다. 즉, 계단식이나 물골을 따라 체계적으로 놓인 것이 아니라 아무렇게나 산지의 여기저기에 갈아 놓은 밭을 말하는 것으로 짐작된다. 또는 '예데'를 '대여섯'으로 보아 '대여섯 낮 동안 갈 정도 넓이의 밭'으로 추정해 볼 수도 있다. 이 경우 '예데가리밭은' 하루갈이 밭, 사흘갈이 밭과 같은 형태의 말이라고 할 수 있다. 백석의 산문 〈편지〉에 "하루갈이 목화바테서"라는 구절이 나온다.〕

❖ 이것은 어늬 양지귀 혹은 능달쪽 외따른 산 녚은댕이 예데가리밭에서/하로밤 뽀오햔 흰 김 속에 접시귀 소기름불이 뿌우현 부엌에/산멍에 같은 분들을 타고 오는 것이다 **〈국수〉**

오이밭명 오이를 심고 가꾸는 밭(《고려대한국어대사전》).

❖ 오이밭에 벌배채 통이 지는 때는/산에 오면 산 소리/벌로 오면 벌 소리 **〈적막강산〉**

이랑명 논이나 밭을 갈아 골을 타서 두두룩하게 흙을 쌓아 만든 곳. '두둑'과 같은 말.

❖ 디퍽디퍽 눈을 밟으며 터벅터벅 흙도 덮으며/사물사물 햇볕은 목덜미에 간지로워서/노왕老王은 팔짱을 끼고 이랑을 걸어 **〈귀농歸農〉**

채매명 채마. 채마밭. 채마(채소)를 심어 가꾸는 밭.

〔채마는 ① 채마(채소) ② 채마밭(채마, 즉 채소를 심어 가꾸는 밭)의 두 가지 뜻을 지니는데 백석 시의 아래 용례에선 후자의 뜻으로 쓰인 것이다.〕

❖ 고방엔 그득히 감자에 콩곡석도 들여 쌓이고/노왕老王은 채매도 힘이 들고 하루 종일 백령조百鈴鳥 소리나 들으려고/밭을 오늘 나한테 주는 것이고 〈**귀농**歸農〉

초가을 명 초가을걷이. 초가을에 농작물을 거두어들임.

〔《표준국어대사전》엔 '가을'(벼나 보리 따위의 농작물을 거두어들임. 또는 그런 일)만 등재되어 있다. 여기서 '가을'은 '가을걷이'의 준말이다. '초가을을 하다'는 '초가을걷이를 하다', 즉 '초가을에 농작물을 거두어들이는 일을 하다'라는 뜻이다.〕

❖ 봉가집을 가면서도 칠월七月 그믐 초가을을 할 때까지/평안하니 집살이를 할 것을 생각하고/애끼는 옷을 다 적시어도 비는 씨원만 하다고 생각한다 〈**칠월**七月 **백중**〉

하답夏畓 명 여름 논.

〔'하답'은 백석이 시의 제목으로 지은 조어이다.〕

❖ 시 제목 〈**하답**夏畓〉

2) 농기구

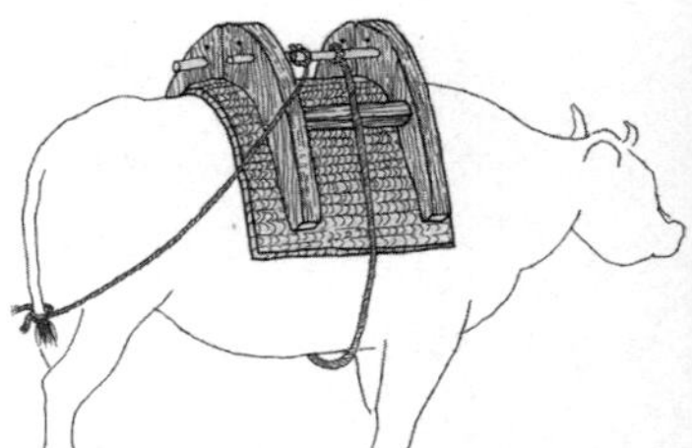

길마(기르매)

기르매 명 '길마'의 방언(평북, 함북, 평남, 강원)(《조선말대사전》). 짐을 싣거나 수레를 끌기 위해 소나 말 따위의 등에 안장처럼 얹는 도구.

〔'길마'의 고어가 '기르마', '기ᄅᆞ마'이다. 북한 지역에선 지금도 '기르마'가 '길마'와 함께 쓰이며, 평안, 함북, 강원 지역에선 '기르매'가 쓰인다.〕

❖ 소는 기르매 지고 조은다 〈**삼천포**三千浦**—남행시초**南行詩抄 **4**〉

도끼날 명 도끼에서 물건을 찍거나 자르는 데 쓰는 쇠로 된 날카로운 부분.

❖ 이방異邦 거리는/도끼날 벼르는 돌물레 소리 속에/되광대 켜는 되양금 소리 속에 〈**안동**安東〉

돌절구

돌덜구 명 돌절구. '덜구'는 '절구'의 평안 방언. 돌의 가운데 부분을 오목하게 파서 만든 절구.

❖ 돌덜구에 천상수天上水가 차게/복숭아나무에 시라리타래가 말러갔다 〈**초동일**初冬日〉

돌물레 명 돌로 된 물레. 즉 도끼날이나 칼을 갈 때 쓰는 회전식 숫돌을 가리킨다.

〔'돌물레'는 《표준국어대사전》과 《조선말대사전》 등에 '참바

나 고삐 따위를 꼬는 데 쓰는 기구'로 풀이되어 있는데, 백석 시의 아래 용례에선 그런 의미로 쓰인 것이 아니다. 원래 '물레'에는 '돌림판', 즉 '도자기 공예에서 사용하는 회전 기구'라는 뜻이 있다. 백석 시에서 '돌물레'는 '돌로 된 돌림판'의 의미로 쓰인 것으로 도끼나 칼을 갈 때 쓰는 회전식 숫돌과 비슷한 기구를 가리키는 것이다.]

❖ 이방異邦 거리는/도끼날 벼르는 돌물레 소리 속에/되광대 켜는 되양금 소리 속에 〈**안동**安東〉

베틀 명 삼베, 무명, 명주 따위의 피륙을 짜는 틀.

❖ 대들보 우에 베틀도 채일도 토리개도 모도들 편안하니/구석구석 후치도 보십도 소시랑도 모도들 편안하니 〈**연자간**〉

보십 명 보습. 쟁기, 극젱이, 가래 따위 농기구의 술바닥에 끼워 땅을 가는 데 쓰는, 넓적한 삽 모양의 쇳조각. 농기구에 따라 모양이 조금씩 다르다(《표준국어대사전》, 《고려대한국어대사전》).

보습

❖ 대들보 우에 베틀도 채일도 토리개도 모도들 편안하니/구석구석 후치도 보십도 소시랑도 모도들 편안하니 〈**연자간**〉

소시랑 명 '쇠스랑'의 방언(강원, 경상, 전라, 충청, 평북). 쇠로 서너 개의 발을 만들고 자루를 박아 갈퀴 모양으로 만든 농기구. 땅을 파헤쳐 흙을 고르거나 두엄, 쌓인 풀 따위를 쳐내는 데 쓰인다(《고려대한국어대사전》).

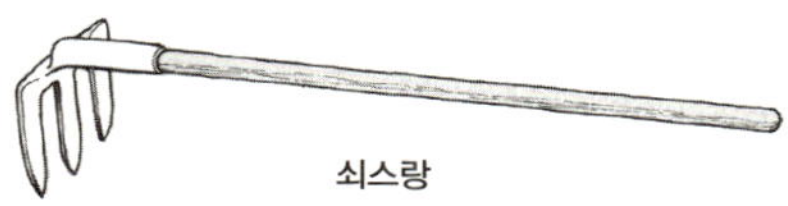
쇠스랑

❖ 대들보 우에 베틀도 채일도 토리개도 모도들 편안하니/구석구석 후치도 보십도 소시랑도 모도들 편안하니 〈**연자간**〉

손방아 명 '디딜방아'의 방언(《금성판국어대사전》). 발을 디디어 곡식을 찧거나 빻게 된 방아. 굵은 나무 한끝에 공이를 박고 다른 끝을 두 갈래가 나게 하여 발로 디딜 수 있도록 만들었으며 공이 아래에 방아확을 파 놓았다.

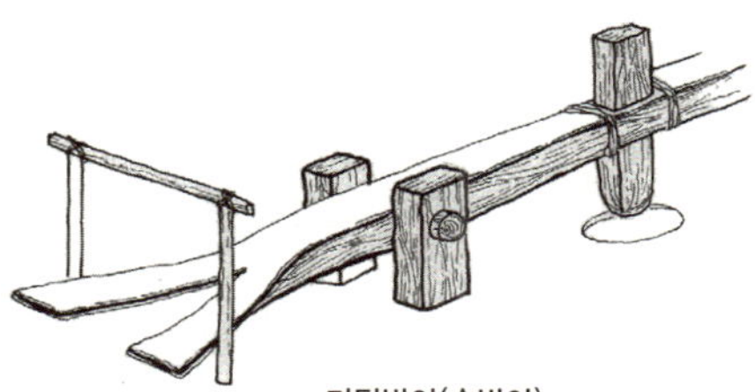
디딜방아(손방아)

❖ 녕 낮은 집 담 낮은 집 마당만 높은 집에서 열나흘 달을 업고 손방아만 찧는 내 사람을 생각한다 〈**통영**統營(**남행시초**南行詩抄)〉

오리치명 동그란 갈고리 모양으로 된, 오리를 잡는 올가미.

〔'오리치'는 '오리+치(올가미)'의 형태를 지닌 합성어로 오리를 잡는 도구(덫)를 가리킨다. 《조선말대사전》에 '오리치코'란 말이 등재되어 있는데, '오리치'와 같은 말이라고 할 수 있다. '치', '치코'는 《조선말대사전》에 '옹노', 즉 '올가미'의 뜻으로 등재되어 있다. '오리치'의 '오리'가 동물이 아니라 올가미의 고어인 '올ㄱ'가 변용된 것이라는 견해도 있는데(이동석, 2007ㅁ), 백석의 산문 〈사생첩寫生帖의 삽화挿話〉(《매신사진순보每新寫眞旬報》, 1942. 2)에 "올코(올가미)를매즌 오리치를 가지고 벌논으로 날여가거나"라는 말이 나오는 것으로 봐서 '오리치'의 '오리'는 동물을 가리키는 것으로 봐야 할 것이다. 오리치는 보통 닭이나 오리의 깃털(날개털) 줄기 위에 노끈을 씌워 꼬아서 동그랗게 올가미를 만들고 그 밑에 뾰족한 나무못을 매달아 가로로 길게 줄지어 논두렁에 박아 놓는다. 그리고 올가미에 걸린 오리가 날아가지 못하도록 나무못에 노끈으로 돌이나 짚신, 바구니 같은 것을 매달아 땅에 묻어 놓는다. 오리치는 보통 20개를 한 벌로 해서 놓았다고 하며, 많이 놓는 사람은 다섯 벌도 놓았다고 한다.〕

❖ 배나무접을 잘하는 주정을 하면 토방돌을 뽑는 오리치를 잘 놓는 먼 섬에 반디젓 담그러 가기를 좋아하는 삼춘 삼춘엄매 사춘누이 사춘동생들 **〈여우난골족族〉** ❖ 오리치를 놓으려 아배는 논으로 나려간 지 오래다 **〈오리 망아지 토끼〉**

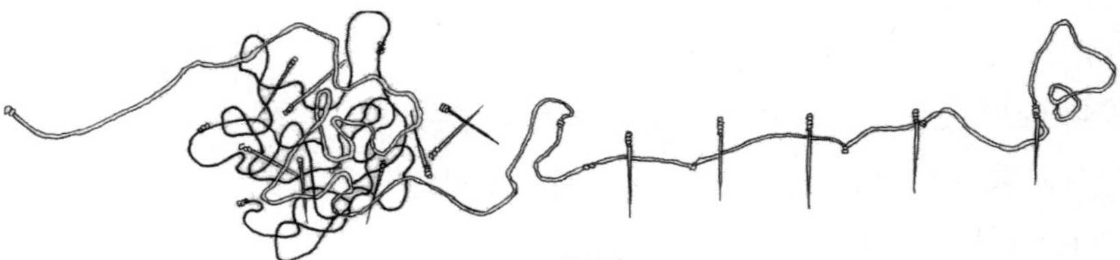

오리치

올코명 새나 짐승을 잡는 올가미(《조선말대사전》). ☞ 오리치 340, 닭이짗 489

〔《조선말대사전》에 '치코', '올코', '옹노'가 모두 "새나 짐승을 잡는 올가미"의 뜻으로 등재되어 있다. '닭이짗 올코'는 닭의 날개털 줄기로 만든 올코(올가미)를 말한다.〕

❖ 닭이짗 올코에 새끼달은치를 묻어놓고/동둑 넘에 숨어서/하로진일 너를 기다린다 **〈오리〉**

지게명 등에 짐을 지게 나무로 만든 재래식 도구의 한 가지(《조선말대사전》).

❖ 새하려 가는 아배의 지게에 치워 나는 산山으로 가며 토끼를 잡으리라고 생각한다 **〈오리 망아지 토끼〉**

치코명 새나 짐승을 잡는 올가미(《조선말대사전》).
〔《조선말대사전》에 '치코', '올코', '옹노'가 같은 말로서 "새나 짐승을 잡는 올가미"라는 풀이로 등재되어 있다.〕
❖ 낮배 어니메 치코에 꿩이라도 걸려서 산山 너머 국숫집에 국수를 받으려 가는 사람이 있어도 개는 짖는다 **〈개〉**

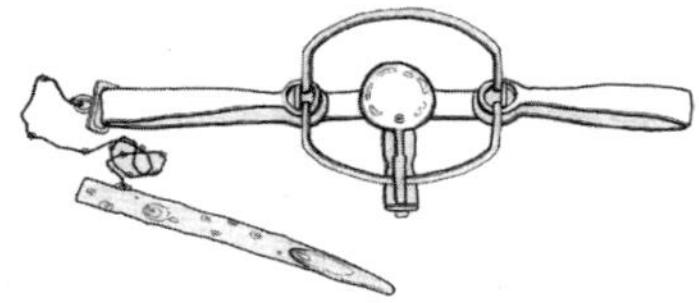
찰코(치코)

토리개명 '씨아'(목화의 씨를 빼는 기구)를 달리 이르는 말(《조선말대사전》).
〔'토리개'는 《조선말대사전》, 《평북방언사전》, 《고려대한국어대사전》 등에 등재되어 있다.〕
❖ 대들보 우에 베틀도 채일도 토리개도 모도들 편안하니/구석구석 후치도 보십도 소시랑도 모도들 편안하니 **〈연자간〉**

씨아(토리개)

풍구재명 '풍구'의 평북 방언. 곡물에 섞인 쭉정이, 겨, 먼지 따위를 날려서 제거하는 농기구. 한쪽에 큰 바람구멍이 있고, 큰북 모양의 통 내부에 있는 여러 개의 넓은 깃이 달린 바퀴를 돌려서 낟알과 잡물을 가려낸다.
❖ 달빛도 거지도 도적개도 모다 즐겁다/풍구재도 얼럭소도 쇠드랑볕도 모다 즐겁다 **〈연자간〉**

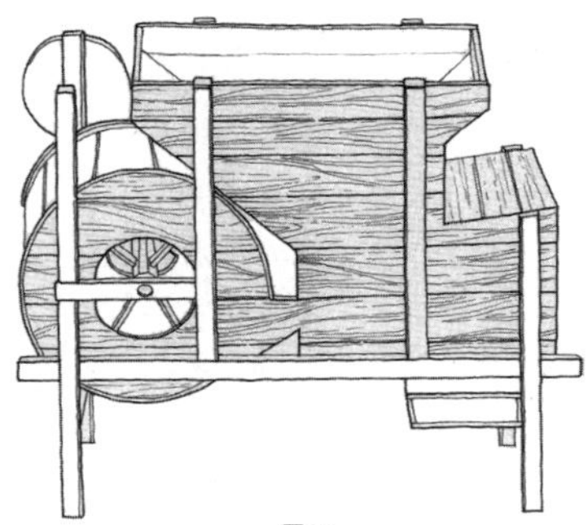
풍구

후치명 '극젱이'의 방언(평북, 함남, 경남, 강원)(《표준국어대사전》, 《금성판국어대사전》). 땅을 가는 데 쓰는 농기구. 쟁기와 비슷하나 쟁깃술이 곧게 내려가고 보습 끝이 무디다. 소 한 마리로 끌어 쟁기로 갈아 놓은 논밭에 골을 타거나, 흙이 얕은 논밭을 가는 데 쓴다.
❖ 대들보 우에 베틀도 채일도 토리개도 모도들 편안하니/구석구석 후치도 보십도 소시랑도 모도들 편안하니 **〈연자간〉**

극젱이(후치)

2 상업

1) 가게와 시장

가업집 명 가압집. 국수나 떡, 엿 등을 전문으로 만드는 집.

〔'가업집'은 '가압집'을 가리킨다. 《평북방언사전》에 '가압'이 "국수나 떡, 엿을 전문으로 만드는 업"으로 풀이되어 있고, '국시가압집', '떡가압집', '엿가압집' 등의 용례가 나와 있다.〕

❖ 나는 이제 어늬 먼 외진 거리에 한고향 사람의 조고마한 가업집이 있는 것을 생각하고/이 집에 가서 그 맛스러운 떡국이라도 한 그릇 사먹으리라 한다 〈**두보杜甫나 이백李白같이**〉

객줏客主집 명 예전에, 길 가는 나그네들에게 술이나 음식을 팔고 손님을 재우는 영업을 하던 집.

❖ 이 천희千姬의 하나를 나는 어늬 오랜 객줏客主집의 생선 가시가 있는 마루방에서 만났다 〈**통영統營**〉 ❖ 산山 너머로 가는 길 돌각담에 갸웃하는 처녀는 금錦이라든 이 같고/내가 들은 마산馬山 객줏客主집의 어린 딸은 난蘭이라는 이 같고 〈**통영統營(남행시초南行詩抄)**〉

고성固城장 명 고성에서 열리는 장. 고성은 경상남도 고성군을 가리킨다.

〔백석의 기행 시 가운데에는 여행지의 장터를 배경으로 한 작품이 많다. '고성固城장' 이외에 '월림月林장', '통영統營장' 등이 그의 기행 시에 나온다.〕

❖ 고성固城장 가는 길/해는 둥둥 높고 〈**고성가도固城街道—남행시초南行詩抄 3**〉

국숫집 명 국수를 파는 음식점.

❖ 여인숙旅人宿이라도 국숫집이다/모밀가루포대가 그득하니 쌓인 웃간은 들믄들믄 더웁기도 하다 〈**산숙山宿—산중음山中吟**〉 ❖ 어쩐지 향산香山 부처님이 가까웁다는 거린데/국숫집에서는 농짝 같은 도야지를 잡어걸고 국수에 치는 도야지고기는 돗바늘 같은 털이 드문드문 백였다 〈**북신北新—서행시초西行詩抄 2**〉

반관飯舘 명 판관. 중국의 식당을 가리킨다.

〔'飯館'(판관)은 중국어 사전에 "出售饭菜供人食用的店铺"(사람들이 먹을 수 있도록 음식을 만들어 파는 점포)로 풀이되어 있다(中國社會科學院語言研究所詞典編輯室編, 《(漢英雙語)現代漢語詞典》, 外語教學與研究出版社, 2002, 542쪽).

❖ 먼 타관에 난 그 두보杜甫나 이백李白 같은 이 나라의 시인詩人도/이날은 그 어늬

한고향 사람의 주막이나 반관飯舘을 찾어가서/그 조상들이 대대로 하든 본대로 원소元宵라는 떡을 입에 대며/스스로 마음을 느꾸어 위안하지 않었을 것인가 〈**두보**杜甫**나 이백**李白**같이**〉

선장 명 이른 장.

〔김영배(1987. 9)가 처음으로 선장을 '이른 시장'으로 풀이했고, 바로 이어 이동순(1987. 11)이 '이른 장'으로 풀이했다.〕

❖ 행길에는 선장 대여가는 장꾼들의 종이등燈에 나귀눈이 빛났다/어데서 서러웁게 목탁木鐸을 뚜드리는 집이 있다 〈**미명계**未明界〉

술집 명 술을 파는 집.

❖ 술집 문창에 그느슥한 그림자는 머리를 얹혔다 〈**성외**城外〉

여인숙旅人宿 명 규모가 작고 값이 싼 여관.

❖ 갈부던 같은 약수藥水터의 산山거리/여인숙旅人宿이 다래나무지팽이와 같이 많다 〈**산지**山地〉 ❖ 여인숙旅人宿이라도 국숫집이다/모밀가루포대가 그득하니 쌓인 웃간은 들믄들믄 더웁기도 하다 〈**산숙**山宿**—산중음**山中吟〉

연자간 명 연자매로 곡식을 찧은 방앗간. '연자맷간'과 같은 말.

❖ 시 제목 〈**연자간**〉 ❖ 나는 겨우 대문을 삐쳐나 바깥으로 나와서/밭 마당귀 연자간 앞을 지나가는데 연자간에는 또 연자망구신 〈**마을은 맨천 구신이 돼서**〉

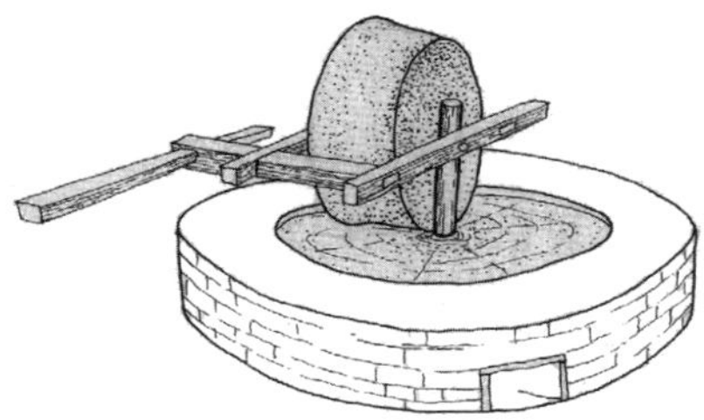

연자매

엿방 명 엿집. 엿을 만들어 파는 집.

〔'엿방'은 백석의 조어이다.〕

❖ 어두워오는 성문城門 밖의 거리/도야지를 몰고 가는 사람이 있다//엿방 앞에 엿궤가 없다 〈**성외**城外〉

월림月林장 명 월림에서 열리는 장. '월림月林'은 평안북도 영변군寧邊郡 북신현면北薪峴面에 있는 동네 이름. '하행동下杏洞' 안에 있다(《조선지형도》).

〔아래 《조선지형도》의 위쪽에 '(新月林)'이란 글이 표시되어 있고, 그 아래쪽에 '舊月林'이란 글이 표시되어 있는데, 백석 시에서 '월림장'은 '舊月林' 부근에서 열렸을 것으로 짐작된다. '舊月林'의 '舊'란 글자 바로 위쪽에 배가 그려져 있고 나루터 표시가 있는 것을 볼 수 있고, 그 아래쪽과 강 건너 위쪽으로 조그만 도로 표시가 나 있다. 이 길을 따라 위쪽으로 계속 올라가면 '희천'이다. 이 부근에 '自是東北八○

籵熙川'이란 팻말이 세워져 있을 것이다. 나루터는 강을 건너는 사람들로 붐비기 마련이다. 왼편에 '站'이란 글자표시가 있는 것으로 미루어 이곳이 역참(조선 시대, 관원이 공무로 다닐 때에 숙식을 제공하고 빈객賓客을 접대하기 위하여 각 주州와 현縣에 둔 객사)이 있었던 곳임을 알 수 있다. 또 가운데 도로 주변엔 민가도 많이 있음을 지도가 표시하고 있다. 이런 지형으로 미루어 이 일대가 사람이 많이 모이고, 또 지리적으로 요충지였음을 짐작하게 한다. 이 일대는 여러모로 장이 서기에 아주 알

평안북도 영변군 북신현면(1939)

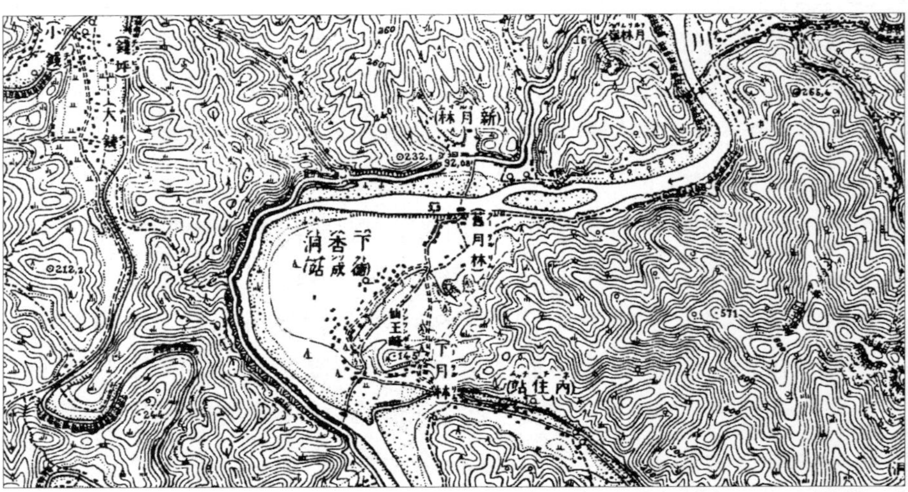

평안북도 영변군 북신현면 월림 부근 상세 지도(《조선지형도》)

맞은 장소라고 할 수 있다. 주변은 산악으로 둘러싸여 있고, 가운데는 평지이며, 평지와 산 사이를 강이 흐르고, 강 위로 절벽이 있는 지형을 이루고 있어 풍광도 뛰어났을 것으로 짐작된다.〕

❖ 시 제목 〈**월림**月林**장—서행시초**西行詩抄 **4**〉

장판 명 장이 선 곳.

❖ 초아흐레 장판에/산 멧도야지 너구리가죽 튀튀새 났다/또 가얌에 귀이리에 도토리묵 도토리범벅도 났다 〈**월림**月林**장—서행시초**西行詩抄 **4**〉

조당澡塘 명 짜오탕. '목욕탕'의 중국말. 특히 욕조가 있는 구식 공중목욕탕을 가리킨다.

〔'澡塘'(짜오탕)은 중국어 사전에 '① 浴池 ② 澡堂'으로 풀이되어 있고, '浴池'는 ① '供许多人同时洗澡的设备'(사람들에게 목욕을 할 수 있게 한 설비) ② '借指澡堂多用做澡堂的名称'(목욕탕을 가리키는데, 이때는 대부분 '澡堂'이라고 말함), '澡堂'은 '供人洗澡的地方多指营业的机构'(사람들에게 목욕을 할 수 있게 한 장소, 대개는 영업을 할 수 있는 기구를 말함)으로 풀이되어 있다(中國社會科學院語言硏究所詞典編輯室 編, 《(漢英雙語)現代漢語詞典》, 外語教學與硏究出版社, 2002, 2349·2395·2396쪽). '澡塘'과 '澡堂'은 다 같이 공중목욕탕을 가리키는 말인데, 집 '堂'자 대신 연못 '搪'자를 쓴 '澡塘'은 욕지, 즉 욕조의 개념이 강화된 말이다. 또 과거에는 '澡堂'보다 '澡塘'이란 말을 더 많이 썼다고 한다. 이렇게 볼 때 '澡塘'은 욕조가 있는 구식 목욕탕을 가리키는 것이라고 할 수 있다(고형진, 2007).〕

❖ 시 제목 〈**조당**澡塘**에서**〉

주막酒幕 명 시골 길가에서 밥과 술을 팔고, 나그네에게 돈을 받고 잠자리도 제공하는 집.

❖ 시 제목 〈**주막**酒幕〉 ❖ 먼 타관에 난 그 두보杜甫나 이백李白 같은 이 나라의 시인詩人도/이날은 그 어늬 한고향 사람의 주막이나 반관飯舘을 찾어가서 〈**두보**杜甫**나 이백**李白**같이**〉 ❖ 오다 가수내 들어가는 주막 앞에/문둥이 품바타령 듣다가 〈**통영**統營**—남행시초**南行詩抄 **2**〉

추탕鰍湯**집** 명 추탕을 파는 음식점. '추탕'은 미꾸라지를 넣고 끓인 탕. 산 미꾸라지를 푹 고아서 걸러 낸 것과 닭 곤 국물을 함께 섞어 간장, 고추장, 후춧가루로 간을 한 다음 데친 배추와 갓, 파를 넣고 다시 끓여서 만들거나, 또는 미꾸라지를 끓여 뼈를 간 다음, 숙주, 고비, 파 등의 채소를 넣고 된장, 고추장을 섞어 끓여 만든다. '추어탕'과 같은 말(윤서석, 《한국의 음식용어》, 민음사, 1991).

❖ 자즌닭이 울어서 술국을 끓이는 듯한 추탕鰍湯집의 부엌은 뜨수할 것같이 불이 뿌연히 밝다 〈**미명계**未明界〉

통영統營**장** 명 통영에서 열리는 장. 통영은 당시 경상남도 남해안 중앙부에 있는 군이다.

〔백석의 기행 시 중엔 여행지의 장터를 배경으로 한 작품이 많다. '통영統營장' 이외에 '고성固城장', '월림統營장' 등이 그의 기행 시에 나온다.〕

❖ 통영統營장 낫대들었다//갓 한 닢 쓰고 건시 한 접 사고 홍공단 단기 한 감 끊고 술 한 병 받어들고//화륜선 만져보려 선창 갔다 〈**통영**統營**—남행시초**南行詩抄 **2**〉

2) 돈과 장사

값 명 사고파는 물건에 일정하게 매겨진 액수.

❖ 터 앞에 당콩순을 다 먹었다 하고/서른닷 냥 값을 부른다 〈**노루—함주시초**咸州詩抄〉

돈 명 ① 상품 교환의 매개물로서, 가치의 척도, 지불의 방편, 축적의 목적물로 삼기 위하여 금속이나 종이로 만들어 사회에 유통시키는 물건. ② 경제적인 가치가 있는 유무형의 것들을 통틀어 이르는 말(《고려대한국어대사전》).

❖ 마음이 가난한 낯설은 사람에게 수백 냥 돈을 거저 주는 그 인정을 그리고 또 그 말을/사람은 모든 것을 다 잃어버리고 넋 하나를 얻는다는 크나큰 그 말을 〈**허준**許俊〉 ❖ 또 내가 아는 그 몸이 성하고 돈도 있는 사람들이/즐거이 술을 먹으려 단닐 것과 〈**내가 생각하는 것은**〉

돈푼 명 쉽사리 헤아릴 만큼 그다지 많지 아니한 돈.

❖ 무썩무썩 더운 날에도 벌길에는/건들건들 씨연한 바람이 불어오고/허리에 찬 남갑사 주머니에는 오랜만에 돈푼이 들어 즈벅이고 〈**칠월**七月 **백중**〉

백통전 명 백통(구리, 아연, 니켈의 합금)으로 만든 돈. 당시의 화폐 단위에서 '백통전 하나'는 5전을 가리킨다.

〔1894년에 2전 5푼짜리 백통전이 처음 만들어졌고, 1905년 일본의 한국 화폐 정리 사업에 따라 다이이치은행 발권의 5전짜리 백통전이 유통되었다. 백석 시의 아래 용례에서 '백통전 하나'는 바로 이 5전짜리 돈을 가리킨다. 박태원의 소설 〈천변풍경〉에 '5전짜리 백통전'이란 말이 나온다. 당시 주조된 화폐는 모두 9종으로 10전짜리 은화, 5전짜리 백동화, 1전과 반전짜리 청동화, 20환·10환짜리 금화, 반환·20전짜리 은화 등이 있었다. 구리는 붉은색을 띠나 백통전에 쓰는 백통은 니

켈이 많이 합성되어 있어서 흰빛을 띤다. '백통전', '백통화', '백동화', '백통돈' 등이 모두 같은 말이다. 현진건의 소설 〈운수좋은 날〉에 '백통화'란 말이 나온다(장상진, 《한국의 화폐》, 대원사, 1997, 44-52쪽; 한국은행, 《고대부터 대한제국 시대까지의 화폐》, 한국은행, 2006, 71-147쪽; 이규경, 《오주서종박물고변》, 최주 주역, 학연문화사, 2008, 81-89쪽).

❖ 오리야 고운 오리야 가만히 안졌거라/너를 팔어 술을 먹는 노盧장에 령감은/홀아비 소의연 침을 놓는 령감인데/나는 너를 백통전 하나 주고 사오누나 **〈오리〉**

빛[명] 남에게 갚아야 할 돈. 꾸어 쓴 돈이나 외상값 따위를 이른다.

❖ 가무락조개 난 뒷간거리에/빚을 얻으려 나는 왔다/빚이 안 되어 가는 탓에/가무래기도 나도 모도 춥다 **〈가무래기의 낙樂〉**

오두미五斗米[명] '다섯 말의 쌀'이라는 뜻으로, 얼마 안 되는 봉급을 이르는 말. 동진東晉 말기에 관리 생활을 하던 도연명이 쌀 다섯 말 때문에 허리를 굽힐 수 없다고 하여 벼슬을 버리고 집으로 돌아왔다는 데서 유래한다.

❖ 어진 사람이 많은 나라에서는/오두미五斗米를 버리고 버드나무 아래로 돌아온 사람도 **〈수박씨, 호박씨〉**

월급[명] 한 달을 단위로 하여 지급하는 급료. 또는 그런 방식.

❖ 내가 이렇게 외면하고 거리를 걸어가는 것은 또 내 많지 못한 월급이 얼마나 고마운 탓이고 **〈내가 이렇게 외면하고〉**

주류판매업酒類販賣業[명] 술을 파는 사업.

❖ 이젠 배도 출출히 고팠는데/어서 그 옹기장사가 온다는 거리로 들어가면 무엇보다도 몬저 '주류판매업酒類販賣業'이라고 써붙인 집으로 들어가자 **〈구장로球場路—서행시초西行詩抄 1〉**

흥정[명] 물건을 사거나 팔기 위하여 품질이나 가격 따위를 의논하는 것.

❖ 산골사람의 손을 핥으며/약자에 쓴다는 홍정 소리를 듣는 듯이/새까만 눈에 하이얀 것이 가랑가랑한다 **〈노루—함주시초咸州詩抄〉** ❖ 당신이 그 긴 허리를 굽히고 뒤짐을 지고 지치운 다리로/싸움과 홍정으로 왁자지껄하는 거리를 지날 때든가 **〈허준許俊〉**

3 운수업

1) 운송 수단

경편철도輕便鐵道 명 기관차와 차량이 작고 궤도가 좁은 철도. 백석 시 〈광원曠原〉에서의 '경편철도'는 신안주新案州에서 개천价川까지 놓인 개천철도주식회사의 사설 철도로 추정된다.

❖ 흙꽃 니는 이른 봄의 무연한 벌을/경편철도輕便鐵道가 노새의 맘을 먹고 지나간다 **〈광원曠原〉**

고원선高原線 명 함경남도 함흥에서 부전고원의 부전호반까지 놓인 신흥선新興線을 말한다. 고원지대에 놓여 있기 때문에 고원선이라고 한 것이다.

❖ 고원선高原線 종점終點인 이 적은 정거장停車場엔/그렇게도 우쭐대며 달가불시며 뛰어오던 뽕뽕차車가/가이없이 쓸쓸하니도 우두머니 서 있다 **〈함남도안咸南道安〉**

나룻배 명 나루와 나루 사이를 오가며 사람이나 짐 따위를 실어 나르는 작은 배.

❖ 열니레 달이 올라서/나룻배 타고 판데목 지나간다 간다 **〈통영統營—남행시초南行詩抄 2〉**

달구지 명 소나 말이 끄는 짐수레.

❖ 양철통을 쩔렁거리며 달구지는 거리 끝에서 강원도江原道로 간다는 길로 든다 **〈성외城外〉**

도락구 명 일본어 영향을 받은 당시의 외래어로 '트럭truck'을 가리킴. '트럭'은 화물을 실어 나르는 자동차이다. '화물자동차'와 같은 말.

❖ 지난 여름 도락구를 타고 장진長津땅에 가서 꿀을 치고 돌아왔다는 이 벌들을 바라보며 나는 **〈산곡山谷—함주시초咸州詩抄〉**

배① 명 사람이나 짐 따위를 싣고 물 위로 떠다니도록 나무나 쇠로 만든 물건.

❖ 저녁밥때 비가 들어서/바다엔 배와 사람이 홍성하다 **〈시기柿崎의 바다〉** ❖ 구마산舊馬山의 선창에선 좋아하는 사람이 울며 나리는 배에 올라서 오는 물길이 반날/갓 나는 고당은 갓갓기도 하다// 〔…〕 //새벽녘의 거리엔 쾅쾅 북이 울고/밤새껏 바다에선 뿡뿡 배가 울고 **〈통영統營(남행시초南行詩抄)〉**

뽕뽕차車 명 기차.

〔'뽕뽕차'는 '기차'를 가리키는 말로 기차가 달릴 때 내는 소리를 따서 만든 말이다. '똑딱선'과 같은 발상의 말로서 백석의 조어이다. 백석이 '기차汽車'라는 일본식 한

자 대신에 '뽕뽕차'라는 의성어 활용의 우리말 조어를 구사한 것이 주목된다.〕

❖ 고원선高原線 종점終點인 이 적은 정거장停車場엔/그렇게도 우쭐대며 달가불시며 뛰어오던 뽕뽕차車가/가이없이 쓸쓸하니도 우두머니 서 있다〈**함남도안**咸南道安〉

소달구지명 소가 끄는 수레.

❖ '자시동북팔십천희천自是東北八〇粁熙川'의 푯標말이 선 곳/돌능와집에 소달구지에 싸리신에 옛날이 사는 장거리에/어니 근방 산천山川에서 덜거기 껙껙 검방지게 운다〈**월림**月林**장—서행시초**西行詩抄 4〉

승합자동차乘合自動車명 많은 사람을 태울 수 있는 대형 자동차.

❖ 차디찬 아침인데/묘향산행妙香山行 승합자동차乘合自動車는 텅하니 비어서/나이 어린 계집아이 하나가 오른다〈**팔원**八院**—서행시초**西行詩抄 3〉 ❖ 촌에서 온 아이여/촌에서 어젯밤에 승합자동차乘合自動車를 타고 온 아이여/이렇게 추운데 웃동에 무슨 두룽이 같은 것을 하나 걸치고 아랫두리는 쪽 발가벗은 아이여〈**촌에서 온 아이**〉

쌍마차雙馬車명 두 마리의 말이 짝을 지어 끄는 수레.

〔'쌍마차'는 백석의 조어이다.〕

❖ 만두饅頭꼬깔을 눌러쓰고 곰방대를 물고 가고 싶었다/이왕이면 향香내 높은 취향리梨 돌배 움퍽움퍽 씹으며 머리채 츠렁츠렁 발굽을 차는 꾸냥과 가즈런히 쌍마차雙馬車 몰아가고 싶었다〈**안동**安東〉

자동차自動車명 원동기를 장치하여 그 동력으로 바퀴를 굴려서 철길이나 가설된 선에 의하지 아니하고 땅 위를 움직이도록 만든 차.

❖ 쌔하얗게 얼은 자동차自動車 유리창 밖에/내지인內地人 주재소장駐在所長 같은 어른과 어린아이 둘이 내임을 낸다〈**팔원**八院**—서행시초**西行詩抄 3〉

차車명 바퀴가 굴러서 나아가게 되어 있는, 사람이나 짐을 실어 옮기는 기관. 자동차, 기차, 전차, 우차, 마차 따위를 통틀어 이른다.

❖ 차車는 머물고/젊은 새악시 둘이 나린다〈**광원**曠原〉 ❖ 텅 비인 차車 안 한구석에서 어느 한 사람도 눈을 씻는다〈**팔원**八院**—서행시초**西行詩抄 3〉

화륜선명 예전에, '기선汽船'을 달리 이르던 말.

❖ 통영統營장 낫대들었다//갓 한 닢 쓰고 건시 한 접 사고 홍공단 단기 한 감 끊고 술 한 병 받어들고//화륜선 만져보려 선창 갔다〈**통영**統營**—남행시초**南行詩抄 2〉

휘장마차명 휘장(피륙을 여러 쪽으로 이어서 빙 둘러치는 장막)을 한 마차.

〔'휘장마차'는 백석의 조어이다. 이와 유사한 말로 《표준국어대사전》에 '포장마차'와 '황마차'가 등재되어 있다. 정지용 시엔 '황마차'란 시어가 나오는데 유종호

(2006)는 이 말이 일어라고 지적하고, 정지용보다 10년 뒤에 나온 백석 시에 '휘장마차'란 말이 등장한 것은 그만큼 우리말이 성숙해진 것이라고 평한 바 있다.〕

❖ 넷적본의 휘장마차에/어느메 촌중의 새 새악시와도 함께 타고/먼 바닷가의 거리로 간다는데 **〈이두국주가도**伊豆國湊街道**〉**

2) 운수 관련

가정거장假停車場 명 임시로 만들어 놓은 정거장. ☞ 정거장

❖ 멀리 바다가 뵈이는/가정거장假停車場도 없는 벌판에서/차車는 머물고/젊은 새악시 둘이 나린다 **〈광원**曠原**〉**

배창 명 작은 배의 밑창(《조선말대사전》).

〔'배창'은 《조선말대사전》에 등재되어 있다.〕

❖ 참대창에 바다보다 푸른 고기가 께우며 섬돌에 곱조개가 붙는 집의 복도에서는 배창에 고기 떨어지는 소리가 들렸다 **〈시기**柿崎**의 바다〉** ❖ 그러나 시방 꼴두기는 배창에 너부러져 새새끼 같은 울음을 우는 곁에서/뱃사람들의 언젠가 아홉이서 회를 쳐먹고도 남어 한 깃씩 노나가지고 갔다는 크디큰 꼴두기의 이야기를 들으며 나는 슬프다 **〈꼴두기—물닭의 소리〉**

선창 명 물가에 다리처럼 만들어 배가 닿을 수 있게 한 곳.

❖ 구마산舊馬山의 선창에선 좋아하는 사람이 울며 나리는 배에 올라서 오는 물길이 반날/갓 나는 고당은 갓갓기도 하다 **〈통영**統營**(남행시초**南行詩抄**)〉** ❖ 화륜선 만져보려 선창 갔다 **〈통영**統營**—남행시초**南行詩抄 **2〉**

정거장停車場 명 버스나 열차가 일정하게 머무르도록 정하여진 장소. 승객이 타고 내리거나 화물을 싣거나 내리는 곳이다.

〔한자 '停車場'에 대한 한글 독음은 '정거장'으로 보는 것이 적절할 듯하다. 철도청에서 나온 기록에는 '정차장'으로 표기된 것이 많으나, 당시 문학작품의 문헌을 샅샅이 찾아본 결과 대부분 '정거장'으로 표기되어 있었다.

참고로 《한자용법》(1918)이란 자료에 '정거장'에 대해 다음과 같이 설명되어 있다. 다음 자료는 기차가 '정차'하는 곳을 '정거장'으로 부른다는 것을 뚜렷이 보여준다. "정거장이란 ᄌᆞᄂᆞᆫ 긔ᄎᆞ가 머무르는 장소라 ᄃᆡ합실이 잇스며 ᄆᆡ출구가 잇스며 ᄀᆡ출구가 잇스며 시간표가 잇스며 임금표가 잇스니 ᄃᆡ합실이란 것슨 차를 기ᄃᆡ리ᄂᆞᆫ 사ᄅᆞᆷ이 합ᄒᆞ야 안젼는 집이오. ᄆᆡ출구란 것슨 차표 사셔 밧는 어구요. ᄀᆡ출구란

것슨 판 바 차표를 고쳐 발니여 써 차표 산 사름 잇고 읍습을 조사ᄒᆞ는 어구요. 그 시간과 및 임금표인 즉 긔ᄎᆞ ᄯᅥ나고 닷는 ᄯᅢ와 차싹 놉고 헐흠의 돈을 들어셔 물리의게 뵈이ᄂᆞᆫ 것이라. 그러ᄂᆞ 차싹의 놉고 헐흠은 표도 ᄯᅩᄒᆞᆫ ᄯᅡᆯ어 써 달으니 일등 차표ᄂᆞᆫ 이 흰 빗인ᄃᆡ 싹돈이 가장 놉흔 것시요 이등 차표ᄂᆞᆫ 이 푸른 빗인ᄃᆡ싹돈이 버금ᄒᆞ고 삼등 차표ᄂᆞᆫ 이 불근 빗인ᄃᆡ 삭돈의 가장 헐흔 ᄌᆞ니라."〕

❖ 고원선高原線 종점終點인 이 적은 정거장停車場엔/그렇게도 우쭐대며 달가불시며 뛰어오던 뽕뽕차車가/가이없이 쓸쓸하니도 우두머니 서 있다 〈**함남도안**咸南道安〉

종점終點 명 기차, 버스, 전차 따위가 운행되는 일정한 구간의 맨 끝이 되는 지점(《고려대한국어대사전》).

❖ 고원선高原線 종점終點인 이 적은 정거장停車場엔/그렇게도 우쭐대며 달가불시며 뛰어오던 뽕뽕차車가/가이없이 쓸쓸하니도 우두머니 서 있다 〈**함남도안**咸南道安〉

플랫폼 명 역에서 기차를 타고 내리는 곳.

❖ 해빛이 초롱불같이 희맑은데/해정한 모래부리 플랫폼에선/모두들 쩔쩔 끓는 구수한 귀이리차茶를 마신다 〈**함남도안**咸南道安〉

항구港口 명 배가 안전하게 드나들도록 바닷가에 부두 따위를 설비한 곳.

❖ 녯날엔 통제사統制使가 있었다는 낡은 항구港口의 처녀들에겐 녯날이 가지 않은 천희千姬라는 이름이 많다 〈**통영**統營〉

4 광업, 어업, 토건업

그믈 명 '그물'의 고어. 노끈이나 실, 쇠줄 따위로 여러 코의 구멍이 나게 얽은 물건. 날짐승이나 물고기 따위를 잡는 데 쓴다.

〔'그믈'은 '그물'의 고어이다. 백석 시에 '우'가 '으'로 실현되는 시어로 '그물 → 그믈' 외에 '거룩하다 → 거륵하다'가 있다.〕

❖ 신새벽 들망에/내가 좋아하는 꼴두기가 들었다/갓 쓰고 사는 마음이 어진데/새끼 그믈에 걸리는 건 어인 일인가 〈**꼴두기—물닭의 소리**〉

금덤판 명 금점金店판. 주로 수공업적 방식으로 작업하던 금광의 일터.

❖ 평안도平安道의 어늬 산山 깊은 금덤판/나는 파리한 여인女人에게서 옥수수를 샀다/여인女人은 나어린 딸아이를 따리며 가을밤같이 차게 울었다 〈**여승**女僧〉

달궤 명 '달구'의 평북 방언. 땅을 단단히 다지는 데 쓰는 기구.

〔'달궤를 닦고'는 '달구를 사용해서 땅을 평평하게 다지고'라는 뜻이다.〕

❖ 산山골에서는 집터를 츠고 달궤를 닦고/보름달 아래서 노루고기를 먹었다 **〈노루〉**

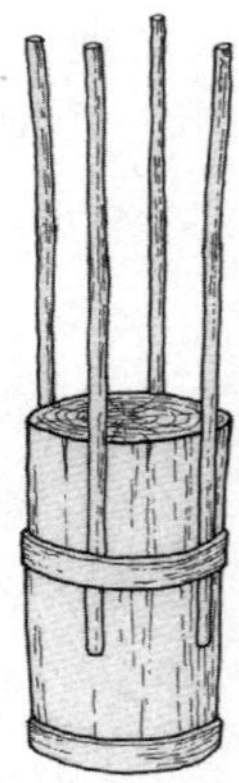

달구(달궤)

들망 명 후릿그물을 가리킨다. 강물이나 바다에 울타리 모양으로 둘러치고 여러 사람이 벼리의 두 끝을 끌어당겨 물고기를 잡는 큰 그물로서, 후리, 후리기라고도 한다. 서유구의 《임원십육지林園十六志》에, 강어귀나 바다 기슭을 막아 당망搪網을 치는데 이를 민간에서 후릿그물이라 한다고 기술되어 있다. 후릿그물은 일반적으로 그물코의 크기가 4푼 정도이고 총 길이가 25~30발, 높이 한 발 이상 되는 그물을 마름질하여 거기에 떼와 벼리, 추돌을 달아 꾸몄다. 그물의 양 끝에는 40여 발의 긴 밧줄을 연결하여 당김줄로 썼다(《조선말대사전》, 《한국민속대사전》).

〔《표준국어대사전》엔 '들망'이 "① 들그물 ② 후릿그물의 잘못"의 두 가지 뜻으로 등재되어 있는데, 《조선말대사전》과 《금성판국어대사전》엔 '들망'이 '후릿그물'의 뜻으로 등재되어 있다.〕

❖ 신새벽 들망에/내가 좋아하는 꼴두기가 들었다/갓 쓰고 사는 마음이 어진데/새끼 그믈에 걸리는 건 어인 일인가 **〈꼴두기—물닭의 소리〉**

미끼 명 낚시 끝에 꿰는 물고기의 먹이. 주로 지렁이, 새우, 밥알 따위를 사용한다.

❖ 장마 지면 비와 같이 하늘에서 나려왔습니다/뒤에 붕어와 농다리의 미끼가 되었습니다/내 리과책에서는 암컷과 수컷이 있어서 새끼를 낳었습니다 **〈나와 지렝이〉**

측량測量 명 ① 기기를 써서 물건의 높이, 깊이, 넓이, 방향 따위를 잼. ② 지표의 각 지점의 위치와 그 지점들 간의 거리를 구하고 지형의 높낮이, 면적 따위를 재는 일.

❖ 나는 이젠 귀치않은 측량測量도 문서文書도 싫증이 나고/낮에는 마음 놓고 낮잠도 한잠 자고 싶어서/아전 노릇을 그만두고 밭을 노왕老王한테 얻는 것이다 **〈귀농歸農〉**

VI. 문화생활

1 문예와 수리

1) 추상, 논리, 이성

까닭명 일이 생기게 된 원인이나 조건.

❖ 우리들은 가난해도 서럽지 않다/우리들은 외로워할 까닭도 없다/그리고 누구 하나 부럽지도 않다 〈**선우사**膳友辭—**함주시초**咸州詩抄〉

녯적본명 옛적본. 옛날의 본. 옛날 모양.

〔'옛적본'은 '옛적+본(本)'의 형태를 지닌 합성조어이다. '본'은 바탕이나 본보기에 해당하는 말이므로, '옛적본'은 '옛날 바탕', 즉 '옛날 모양' 정도로 풀이할 수 있다. 백석 시에서 '본'이란 말은 〈두보杜甫나 이백李白같이〉라는 시에도 나온다. "그 조상들이 대대로 하든 본대로 원소元宵라는 떡을 입에 대며/ 〔…〕 /그러면서 이 마음이 맑은 넷 시인詩人들은/먼 훗날 그들의 먼 훗자손들도/그들의 본을 따서 이날에는 원소元宵를 먹을 것을"(〈두보杜甫나 이백李白같이〉).〕

❖ 녯적본의 휘장마차에/어느메 촌중의 새 새악시와도 함께 타고/먼 바닷가의 거리로 간다는데 〈**이두국주가도**伊豆國湊街道〉

녯투명 옛투. 옛날 방식.

〔'녯투'는 '녯(옛)+투'의 합성조어. '투'는 '말이나 글, 행동 따위에서 버릇처럼 일정하게 굳어진 본새나 방식'을 말한다.〕

❖ 내 쓸쓸한 마음은 아마 두보杜甫나 이백李白 같은 사람들의 마음인지도 모를 것이다/아모려나 이것은 녯투의 쓸쓸한 마음이다 〈**두보**杜甫**나 이백**李白**같이**〉

력사명 역사. 어떠한 사물이나 사실이 존재해 온 연혁.

❖ 모닥불은 어려서 우리 할아버지가 어미 아비 없는 서러운 아이로 불상하니도 몽둥발이가 된 슬픈 력사가 있다 〈**모닥불**〉

본②명 본보기. 어떤 사실을 설명하거나 증명하기 위하여 내세워 보이는 대표적인 것.

❖ 먼 타관에 난 그 두보杜甫나 이백李白 같은 이 나라의 시인詩人도/이날은 그 어늬 한고향 사람의 주막이나 반관飯舘을 찾어가서/그 조상들이 대대로 하든 본대로 원소元宵라는 떡을 입에 대며/ 〔…〕 /그러면서 이 마음이 맑은 녯 시인詩人들은/먼 훗날 그들의 먼 훗자손들도/그들의 본을 따서 이날에는 원소元宵를 먹을 것을 〈**두보**杜

甫**나 이백**李白**같이〉**

신세[명] 주로 불행한 일과 관련된 일신상의 처지와 형편.

❖ 대보름 명절인데/나는 멀리 고향을 나서 남의 나라 쓸쓸한 객고에 있는 신세로다 **〈두보**杜甫**나 이백**李白**같이〉**

옛적본[명] 옛날의 본. 옛날 모양. ☞넷적본 353

❖ 이 길이다/얼마 가서 감로甘露 같은 물이 솟는 마을 하이얀 회담벽에 옛적본의 장반시계를 걸어놓은 집 홀어미와 사는 물새 같은 외딸의 혼삿말이 아즈랑이같이 낀 곳은 **〈남향**南鄕**—물닭의 소리〉**

이름[명] ① 사람의 성 아래에 붙여 다른 사람과 구별하여 부르는 말. ② 성명姓名.

❖ 넷날엔 통제사統制使가 있었다는 낡은 항구港口의 처녀들에겐 넷날이 가지 않은 천희千姬라는 이름이 많다 **〈통영**統營**〉** ❖ 내가 날 때 죽은 누이도 날 때/무명필에 이름을 써서 백지 달어서 구신간시렁의 당즈깨에 넣어 대감님께 수영을 들였다는 가즈랑집 할머니 **〈가즈랑집〉** ❖ 나의 정다운 것들 가지 명태 노루 뫼추리 질동이 노랑나뷔 바구지꽃 모밀국수 남치마 자개짚세기 그리고 천희千姬라는 이름이 한없이 그리워지는 밤이로구나 **〈야우소회**夜雨小懷**—물닭의 소리〉** ❖ 이러한 시인詩人이 누구인 것을 세상은 몰라도 좋으나/그러나/그 이름이 강소천姜小泉인 것을 송아지와 꿀벌은 알을 것이다 **〈《호박꽃 초롱》 서시**序詩**〉**

잘못[명] 잘하지 못하여 그릇되게 한 일. 또는 옳지 못하게 한 일.

❖ 나는 이 마을에 태어나기가 잘못이다/마을은 맨천 구신이 돼서/나는 무서워 오력을 펼 수 없다 **〈마을은 맨천 구신이 돼서〉**

조화[명] 그 내막이나 이치를 알 수 없을 정도로 신통하거나 야릇한 일. 또는 그것을 나타내는 재간(《고려대한국어대사전》).

❖ 입으로 먹을 뿜는 건/멧십 년 도를 닦어 퓌는 조환가/앞뒤로 가기를 마음대로 하는 건/손자孫子의 병서兵書도 읽은 것이다/갈매기 쫑얼댄다 **〈꼴두기—물닭의 소리〉**

종아지물본[명] 세상이나 사물의 근본 뜻이나 형편. 세상물정이나 형편.

〔'종아지물본'은 '종아지(宗旨)+물본(物本)'의 합성조어로 추정된다. '종아지'는 '종지宗旨'를 가리키는 것으로 짐작되며, '종지'는 '주지主旨'(근본이 되는 중요한 뜻)와 같은 말이다. '물본'은 '물정'과 비슷한 뜻으로 볼 수 있다. '종아지물본'은 '종지물본'으로 '세상이나 사물의 근본 뜻이나 형편', 또는 '세상 물정이나 형편'을 뜻하는 말이라고 할 수 있다.〕

❖ 집에는 아배에 삼춘에 오마니에 오마니가 있어서 젖먹이를 마을 청능 그늘밑에

삿갓을 씌워 한종일내 뉘어두고 김을 매려 단녔고 아이들이 큰마누래에 작은마누래에 제구실을 할 때면 종아지물본도 모르고 행길에 아이 송장이 거적뙈기에 말려나가면 속으로 얼마나 부러워하였고 〔…〕 **〈넘언집 범 같은 노큰마니〉**

탓①명 주로 부정적인 현상이 생긴 원인.

❖ 가무락조개 난 뒤간거리에/빚을 얻으려 나는 왔다/빚이 안 되어 가는 탓에/가무래기도 나도 모도 춥다 **〈가무래기의 낙樂〉**

탓②명 구실이나 핑계로 삼는 것.

❖ 우리들은 맑은 물밑 해정한 모래톱에서 하구 긴 날을 모래알만 혜이며 잔뼈가 굵은 탓이다/바람 좋은 한벌판에서 물닭이 소리를 들으며 단이슬 먹고 나이 들은 탓이다/외따른 산골에서 소리개 소리 배우며 다람쥐 동무하고 자라난 탓이다 **〈선우사膳友辭—함주시초咸州詩抄〉** ❖ 내가 이렇게 외면하고 거리를 걸어가는 것은 잠풍 날씨가 너무나 좋은 탓이고/가난한 동무가 새 구두를 신고 지나간 탓이고 언제나 꼭 같은 넥타이를 매고 고운 사람을 사랑하는 탓이다//내가 이렇게 외면하고 거리를 걸어가는 것은 또 내 많지 못한 월급이 얼마나 고마운 탓이고/이렇게 젊은 나이로 코밑수염도 길러보는 탓이고 그리고 어늬 가난한 집 부엌으로 달재 생선을 진장에 꼿꼿이 지진 것은 맛도 있다는 말이 자꼬 들려오는 탓이다 **〈내가 이렇게 외면하고〉**

2) 글, 노래, 그림

갈지자字명 갈 '지之'라는 한 자. 한자 '之'에 대한 훈과 음을 지칭한 말.

❖ 주홍칠이 날은 정문旌門이 하나 마을 어구에 있었다//'효자노적지지정문孝子盧迪之之旌門'—몬지가 겹겹이 앉은 목각木刻의 액額에/나는 열 살이 넘도록 갈지자字 둘을 웃었다 **〈정문촌旌門村〉**

글자명 말을 적는 일정한 체계의 부호.

❖ 이 흰 바람벽엔/내 쓸쓸한 얼골을 쳐다보며/이러한 글자들이 지나간다/ 〔…〕 / 그리고 이번에는 나를 위로하는 듯이 나를 울력하는 듯이/눈질을 하며 주먹질을 하며 이런 글자들이 지나간다 **〈흰 바람벽이 있어〉** ❖ 딜옹배기에 북덕불이라도 담겨오면,/이것을 안고 손을 쬐며 재 우에 뜻없이 글자를 쓰기도 하며, **〈남신의주 유동 박시봉방南新義州柳洞朴時逢方〉**

남행시초南行詩抄명 남행, 즉 남쪽 여행을 주제로 한 시들을 뽑아 묶은 것. 백석의 시 〈통영統營〉의 주로도 쓰이고 연작시의 부제이기도 하다. 시 〈통영統營〉은 경남 통영 여행을 다룬 작품이고, 연작시 〈남행시초南行詩抄〉는 경남 남해안 일대의 여행을 다룬 시편들이다.

❖ 시 〈**통영**統營〉의 주 '(남행시초南行詩抄)' ❖ 연작시 부제 '남행시초南行詩抄 1·2·3·4'

동뇨부童尿賦 [명] 어린아이의 오줌에 관한 시. 부賦는 본래 장르나 문체를 가리키는 말로, 한 대의 부에서 기원하여 서사적인 특징을 지니고 있다. 반면에 사辭는 초사楚辭에서 기원하여 서정적인 특징을 지니고 있다(심경호,《한학연구입문》, 이화문학사, 2003, 539쪽).

❖ 시 제목 〈**동뇨부**童尿賦〉

리과책 [명] 이과理科책. 물리학, 화학, 동물학 등과 같이 자연계의 원리나 현상을 연구하는 학문의 책.

❖ 뒤에 붕어와 농다리의 미끼가 되었습니다/내 리과책에서는 암컷과 수컷이 있어서 새끼를 낳었습니다/지렝이의 눈이 보고 싶습니다/지렝이의 밥과 집이 부럽습니다 〈**나와 지렝이**〉

목각木刻 [명] 나무에 그림이나 글자 따위를 새기는 일. 또는 거기에 새긴 그림이나 글자.

❖ 주홍칠이 날은 정문旌門이 하나 마을 어구에 있었다//'효자노적지지정문孝子盧迪之之旌門'—몬지가 겹겹이 앉은 목각木刻의 액額에/나는 열 살이 넘도록 갈지자字 둘을 웃었다 〈**정문촌**旌門村〉

문서文書 [명] 글이나 기호 따위로 일정한 의사나 관념 또는 사상을 나타낸 것.

❖ 나는 이젠 귀치않은 측량測量도 문서文書도 싫증이 나고/낮에는 마음 놓고 낮잠도 한잠 자고 싶어서/아전 노릇을 그만두고 밭을 노왕老王한테 얻는 것이다 〈**귀농**歸農〉

병서兵書 [명] 병법에 관하여 쓴 책(《고려대한국어대사전》).

❖ 입으로 먹을 뿜는 건/멫십 년 도를 닦어 퓌는 조환가/앞뒤로 가기를 마음대로 하는 건/손자孫子의 병서兵書도 읽은 것이다/갈매기 쫓얼댄다 〈**꼴두기—물닭의 소리**〉

산중음山中吟 [명] 산중의 노래. 산중의 시가.

❖ 연작시의 제목 〈**산중음**山中吟〉

서시序詩 [명] 책의 첫머리에 서문 대신 쓰는 시. '《호박꽃 초롱》 서시序詩'는 백석이 강소천의 시집 《호박꽃 초롱》에 대해 쓴 축시 성격의 서시로서 시집 앞머리에 실려 있다.

❖ 시 제목 〈《**호박꽃 초롱**》 **서시**序詩〉

서행시초西行詩抄 [명] 서행, 즉 서쪽 여행을 주제로 한 시들을 뽑아 묶은 것. 백석이 지은 연작시의 큰제목이다. 백석의 〈서행시초西行詩抄〉는 평안북도 영변군 일대의 여행을 다룬 시편들이다.

❖ 연작시 제목 **〈서행시초**西行詩抄 **1〉**, **〈서행시초**西行詩抄 **2〉**, **〈서행시초**西行詩抄 **3〉**, **〈서행시초**西行詩抄 **4〉**

선우사膳友辭 명 반찬 친구(음식 친구)에 대한 시. 사辭는 본래 초사楚辭에서 기원하여 서정적인 특징을 지니고 있다. 반면에, 한 대의 부賦에서 기원한 부는 서사적인 특징을 지니고 있다(심경호, 《한학연구입문》, 이화문학사, 2003, 539쪽).

❖ 시 제목 **〈선우사**膳友辭**—함주시초**咸州詩抄**〉**

선인도仙人圖 명 신선이 그려진 그림.

❖ 태고太古에 나서/선인도仙人圖가 꿈이다/고산정토高山淨土에 산약山藥 캐다 오다 **〈석류**石榴**〉**

소설 명 사실 또는 작가의 상상력에 바탕을 두고 허구적으로 이야기를 꾸며 나간 산문체의 문학 양식.

❖ '도스토이엡흐스키'며 '죠이쓰'며 누구보다도 잘 알고 일등가는 소설도 쓰지만 **〈허준**許俊**〉**

신간서新刊書 명 새로 낸 책.

〔사전엔 '신간'만 등재되어 있다.〕

❖ 내 손에는 신간서新刊書 하나도 없는 것과/그리고 그 〈아서라 세상사世上事〉라도 들을/류성기도 없는 것을 생각한다 **〈내가 생각하는 것은〉**

〈아서라 세상사世上事〉 명 작자 미상의 판소리 단가 〈편시춘片時春〉의 서두. 인생무상을 담고 있는 〈편시춘〉은 가장 성창되는 단가 중의 하나로, 당시에 인기 있었던 임방울을 비롯해 이봉희, 오비취 등이 취입한 음반이 전해진다.

❖ 내 손에는 신간서新刊書 하나도 없는 것과/그리고 그 〈아서라 세상사世上事〉라도 들을/류성기도 없는 것을 생각한다 **〈내가 생각하는 것은〉**

앙광이 명 앙괭이. 얼굴에 무엇을 어지럽게 칠하여 그려 놓은 모양(《조선말대사전》).

❖ 뺠다구에는 징기징기 앙광이를 그리고 머리칼이 놀한 아이여/힘을 쓸라고 벌써부터 두 다리가 푸둥푸둥하니 살이 찐 아이여 **〈촌에서 온 아이〉**

자시동북팔십천희천自是東北八○粁熙川 명 '여기서부터 동북 방향으로 희천까지 팔십 킬로미터'라는 뜻. 구한말 이후의 지적도에서는 '八○'이 '八十'이라는 의미로 쓰였다. '천粁'은 킬로미터를 의미하는 일본식 한자이며, '희천熙川'은 평안북도 묘향산 위쪽 방면에 있는 지명이다. 지도상으로 월림에서 희천까지의 직선

거리는 삼십 킬로미터 남짓이나, 험준한 지형이어서 실제 거리는 그보다 더 멀게 나타나 있다.

❖ '자시동북팔십천희천自是東北八〇粁熙川'의 푯標말이 선 곳/돌능와집에 소달구지에 싸리신에 옛날이 사는 장거리에/어니 근방 산천山川에서 덜거기 껙껙 검방지게 운다 〈**월림**月林**장—서행시초**西行詩抄 **4**〉

평안북도 희천군 희천읍(1939)

추일산조秋日山朝 명 '가을날 산의 아침'. 또는 '가을 산의 아침'으로 풀이할 수 있는데, 전자가 좀 더 자연스럽다. 백석이 시의 제목으로 지은 조어이다.

❖ 시 제목 〈**추일산조**秋日山朝〉

품바타령 명 구전 민요의 하나. 동냥하는 사람이 장이나 길거리로 돌아다니면서 구걸을 할 때 부르는 노래. '장타령'의 후렴구를 따서 달리 이르는 말이며, '각설이 타령'이라고도 한다. 원문에는 '품마타령'으로 표기되어 있는데, 실제의 후렴구를 그대로 옮긴 것일 수도 있다.

〔'품바타령'은 보통 동냥하는 사람이 구걸할 때 부르는 노래인데, 그중에는 문둥이들도 있었다. 특히 당시 통영 인근의 고성과 삼천포에는 문둥이 마을이 있었다. 따라서 통영 체험을 다룬 아래 시의 용례에서 '문둥이 품바타령'은 문둥이들이 부른 품바타령을 가리키는 것이라고 할 수 있다. 한편, 원문에는 '품마타령'으로 표기되어 있는데, 타령의 후렴구(입방구)에 해당하는 '품바'는 '품마'로 불리는 경우도 채록되고 있어 백석이 이 후렴구를 그대로 옮긴 것일 수도 있다(고정옥, 《조선민요연

子》, 수선사, 1949, 151쪽. '품마타령'의 표기에 대해서는 박전열, 〈각설이 타령 연구〉, 중앙대석사학위논문, 1979, 74쪽 참조).〕

❖ 오다 가수내 들어가는 주막 앞에/문둥이 품바타령 듣다가//열니레 달이 올라서/나룻배 타고 판데목 지나간다 간다 **〈통영**統營**—남행시초**南行詩抄 **2〉**

함주시초咸州詩抄 명 '함주' 여행을 주제로 한 시들을 뽑아 묶은 것. 백석이 지은 연작시의 큰 제목이다. '함주'는 함경남도에 속한 군 지명이다. 당시 행정구역상으론 함주군 안에 함흥부가 있었다. 백석은 함흥 영생고보의 교사를 지낸 적이 있는데, 〈함주시초咸州詩抄〉는 이 시절 주변 일대의 여행 체험을 바탕으로 한 연작 기행시이다. ☞ 함주군 280

❖ 연작시 제목 **〈함주시초**咸州詩抄**〉**

해자 명 '해海'라는 한자.

❖ 문기슭에 바다 해자를 까꾸로 붙인 집/산듯한 청삿자리 우에서 찌륵찌륵/우는 전복회를 먹어 한녀름을 보낸다 **〈삼호**三湖**—물닭의 소리〉**

향악饗樂 명 잔치 노래.

❖ 시 제목 **〈향악**饗樂**—산중음**山中吟**〉**

《호박꽃 초롱》 명 강소천의 동시집. 1941년 박문서관에서 간행되었다. 〈《호박꽃 초롱》 서시序詩〉는 백석이 이 시집에 대해 쓴 축시로서 시집 앞머리에 수록되어 있다.

❖ 시 제목 **〈《호박꽃 초롱》 서시**序詩**〉**

효자노적지지정문孝子盧迪之之旌門 명 '효자 노적지를 기리는 정문旌門'이라는 뜻. '정문'은 충신, 효자, 열녀 등에 대한 표창으로 그 집에 세워 주는 붉은 칠을 한 대문. 편액을 그 위에 단다. '효자노적지지정문孝子盧迪之之旌門'은 그 편액에 적힌 글귀이다. ☞ 정문 395

〔《정주군지2》에 '노적지盧迪之'에 대해 다음과 같이 기술되어 있다. "본관本貫 해주海州. 일찌기 과업科業을 폐廢하고 어버이 봉양奉養에 전심專心하였다. 어버이 병病이 위독危篤하매 단지斷指하여 효험效驗을 보았다. 이 일이 관官에 들리니 정문旌門을 짓게 하였다"(《정주군지2》, 245쪽).〕

❖ 주홍칠이 날은 정문旌門이 하나 마을 어구에 있었다//'효자노적지지정문孝子盧迪之之旌門'—몬지가 겹겹이 앉은 목각木刻의 액額에/나는 열 살이 넘도록 갈지자字 둘을 웃었다 **〈정문촌**旌門村**〉**

3) 악기

거문고[명] 우리나라 전통 현악기의 하나. 오동나무와 밤나무를 붙여 만든 통 위에 여섯 개의 줄을 걸어 만든다. 왼손으로는 줄을 짚고 오른손으로는 술대를 잡아 줄을 튕겨 연주한다. 소리가 깊고 장중하다.

❖ 벌에 우는 새소리도 듣고 싶고 거문고도 한 곡조 뜯고 싶고 한 오천五千말 남기고 함곡관函谷關도 넘어가고 싶고 **〈수박씨, 호박씨〉**

되양금[명] 중국의 양금. '양금'은 채로 줄을 쳐서 소리를 내는 현악기의 하나. 사다리꼴의 오동나무 겹널빤지에 받침을 세우고 놋쇠로 만든 줄을 열네 개 매어 대나무로 만든 채로 쳐서 소리를 낸다. 금속성의 맑은 음색을 지녔다.

❖ 이방異邦 거리는/도끼날 벼르는 돌물레 소리 속에/되광대 켜는 되양금 소리 속에 **〈안동安東〉**

북[명] 타악기의 하나. 나무나 쇠붙이 따위로 만든 둥근 통의 양쪽 마구리에 가죽을 팽팽하게 씌우고, 채로 가죽 부분을 쳐서 소리를 낸다.

❖ 새벽녘의 거리엔 쾅쾅 북이 울고/밤새껏 바다에선 뿡뿡 배가 울고 **〈통영統營(남행시초南行詩抄)〉**

양금줄[명] 양금에 꿰어 맨 현弦. 놋쇠로 만든다(《고려대한국어대사전》). '양금'은 채로 줄을 쳐서 소리를 내는 현악기의 하나. 사다리꼴의 오동나무 겹널빤지에 받침을 세우고 놋쇠로 만든 줄을 열네 개 매어 대나무로 만든 채로 쳐서 소리를 낸다. 금속성의 맑은 음색을 지녔다.

〔'양금줄'은《금성판국어대사전》,《고려대한국어대사전》에 복합어로 등재되어 있다.〕

❖ 물밑—이 세모래 닌함박은 콩조개만 일다/모래장변—바다가 널어놓고 못 미더워 드나드는 명주필을 짓궂이 발뒤축으로 찢으면/날과 씨는 모두 양금줄이 되어 짜랑짜랑 울었다 **〈물계리物界里—물닭의 소리〉**

호궁胡弓[명] ① 동양 현악기의 하나. 바이올린과 비슷한 악기로, 네 개의 현으로 이루어져 있으며 말총으로 맨 활로 탄다. ② 중국 호궁류의 악기인 호금. 백석 시 〈두보杜甫나 이백李白같이〉의 용례에서는 ②의 뜻으로 쓰인 것으로 보이며, 이 호금은 해금과 유사하게 생겼다.

❖ 아, 이 정월正月 대보름 명절인데/거리에는 오독독이 탕탕 터지고 호궁胡弓 소리 삘뺄 높아서/내 쓸쓸한 마음엔 자꼬 이 나라의 넷 시인詩人들이 그들의 쓸쓸한 마음들이 생각난다 **〈두보杜甫나 이백李白같이〉**

4) 수량, 차례

가지가지 명 이런저런 여러 가지.

❖ 희미한 십오촉十五燭 전등이 지치운 불빛을 내어던지고/때글은 다 낡은 무명샤쯔가 어두운 그림자를 쉬이고/그리고 또 달디단 따끈한 감주나 한잔 먹고 싶다고 생각하는 내 가지가지 외로운 생각이 헤매인다 **〈흰 바람벽이 있어〉**

깃 명 무엇을 나눌 때, 각자에게 돌아오는 한몫.

❖ 뱃사람들의 언젠가 아홉이서 회를 쳐먹고도 남어 한 깃씩 노나가지고 갔다는 크디큰 꼴두기의 이야기를 들으며 나는 슬프다 **〈꼴두기—물닭의 소리〉**

다① 명 남거나 빠짐없이 모든 것.

❖ 서로 나라가 다른 사람인데/다들 쪽 발가벗고 같이 물에 몸을 녹히고 있는 것은/대대로 조상도 서로 모르고 말도 제가끔 틀리고 먹고 입는 것도 모도 다른데 **〈조당澡塘에서〉**

단 명 짚, 땔나무, 채소 따위의 묶음.

❖ 일가들이 모두 범같이 무서워하는 이 노큰마니는 구덕살이같이 욱실욱실하는 손자 증손자를 방구석에 들매나무 회채리를 단으로 쪄다두고 따리고 싸리갱이에 갓진창을 매여놓고 따리는데 **〈넘언집 범 같은 노큰마니〉**

단둘 명 단 두 사람.

❖ 아배는 타관 가서 오지 않고 산山비탈 외따른 집에 엄매와 나와 단둘이서 누가 죽이는 듯이 무서운 밤 집 뒤로는 어늬 산山골짜기에서 소를 잡어먹는 노나리꾼들이 도적놈들같이 쿵쿵거리며 다닌다 **〈고야古夜〉**

단채 명 단째. 묶음 그대로, 묶음의 전부.

〔'단채'는 '단+채'의 합성조어. '단'은 '짚, 땔나무, 채소 따위의 묶음'을 의미하고, '채'는 '째'를 가리키는 것으로 일부 명사 뒤에 붙어 '그대로', 또는 '전부'의 뜻을 더하는 접미사이다. '째'가 표준어이고 '채'는 고어인데, 《평북방언사전》과 《조선말대사전》엔 '채'가 등재되어 있어 북쪽 지역에선 '째' 대신 '채'가 쓰이고 있음을 알 수 있다. '단채'(단째)는 '통째', '그릇째'와 같은 형태의 말이다. 이와 같은 형태의 말로 백석 시에 '단채' 외에 '가지채', '밑가지채' 등의 시어가 있다.〕

❖ 화라지송침이 단채로 들어간다는 아궁지/이 험상궂은 아궁지도 조앙님은 무서운가보다 **〈고사古寺—함주시초咸州詩抄〉**

둘 수 하나에 하나를 더한 수.

❖ 또 이러한 밤 같은 때 시집갈 처녀 막내고무가 고개 너머 큰집으로 치장감을 가지고 와서 엄매와 둘이 소기름에 쌍심지의 불을 밝히고 밤이 들도록 바느질을 하는 밤 같은 때 〔…〕 **〈고야**古夜**〉** ❖ 멀리 바다가 뵈이는/가정거장假停車場도 없는 벌판에서/차車는 머물고/젊은 새악시 둘이 나린다 **〈광원**曠原**〉** ❖ 텃밭가 재래종在來種의 임금林檎나무에는 이제도 콩알만 한 푸른 알이 달렸고 히스무레한 꽃도 하나 둘 퓌여 있다 **〈창의문외**彰義門外**〉** ❖ 주홍칠이 날은 정문旌門이 하나 마을 어구에 있었다//'효자노적지지정문孝子盧迪之之旌門'—몬지가 겹겹이 앉은 목각木刻의 액額에/나는 열살이 넘도록 갈지자字 둘을 웃었다 **〈정문촌**旌門村**〉** ❖ 쌔하얗게 얼은 자동차自動車 유리창 밖에/내지인內地人 주재소장駐在所長 같은 어른과 어린아이 둘이 내임을 낸다/계집아이는 운다 느끼며 운다 **〈팔원**八院**—서행시초**西行詩抄 **3〉**

멫십 명 수십.

❖ 갈매기 날어온다//입으로 먹을 뿜는 건/멫십 년 도를 닦어 퓌는 조환가 **〈꼴두기—물닭의 소리〉**

몇①수 막연한 약간의 수(《고려대한국어대사전》).

❖ 고개를 몇이라도 넘어서 약물터로 가는데/무썩무썩 더운 날에도 벌길에는/건들건들 씨연한 바람이 불어오고/ 〔…〕 /번들번들하는 노리개는 스르럭스르럭 소리가 나고/고개를 몇이라도 넘어서 약물터로 오면/약물터엔 사람들이 백재일 치듯 하였는데 **〈칠월**七月 **백중〉**

모도①명 '모두'(일정한 수효나 양을 기준으로 하여 빠짐이나 넘침이 없는 전체)의 방언.

❖ 대들보 우에 베틀도 채일도 토리개도 모도들 편안하니/구석구석 후치도 보십도 소시랑도 모도들 편안하니 **〈연자간〉** ❖ 소는 기르매 지고 조은다//아 모도들 따사로이 가난하니 **〈삼천포**三千浦**—남행시초**南行詩抄 **4〉** ❖ 이 집에 있는 다른 많은 아이들이/모도들 욕심 사납게 지게굳게 일부러 청을 돋혀서 **〈촌에서 온 아이〉**

모두①명 일정한 수효나 양을 기준으로 하여 빠짐이나 넘침이 없는 전체.

❖ 농마루며 바람벽은 모두들 그느슥히/흰밥과 두부와 튀각과 자반을 생각나 하고// 〔…〕 /조앙님은 무서운 이야기나 하면/모두들 죽은 듯이 엎데였다 잠이 들 것이다 **〈고사**古寺**—함주시초**咸州詩抄**〉** ❖ 해빛이 초롱불같이 희맑은데/해정한 모래부리 플랫폼에선/모두들 쩔쩔 끓는 구수한 귀이리차茶를 마신다 **〈함남도안**咸南道安**〉**

반명 일이나 물건의 중간이 되는 부분.

❖ 그런데 저기 나무판장에 반쯤 나가 누워서/나주볕을 한없이 바라보며 혼자 무엇을 즐기는 듯한 목이 긴 사람은/도연명陶淵明은 저러한 사람이였을 것이고 **〈조당**澡

塘**에서〉**

사십四十 수 십의 네 배가 되는 수.

❖ 열여섯에 사십四十이 넘은 홀아비의 후처가 된 포족족하니 성이 잘 나는 살빛이 매감탕 같은 입술과 젖꼭지는 더 까만 예수쟁이 마을 가까이 사는 토산土山 고무 고무의 딸 승녀承女 아들 승承동이 **〈여우난골족族〉**

세불 명 세벌. 세 번. '세불 김'은 세 번째 하는 김매기, 곧 벼를 심은 논에 마지막으로 하는 김매기를 말하며, 같은 뜻으로 사전에 '세벌매기'가 등재되어 있다. ☞ 한불 366

〔'세불'의 '불'은 고어 '불'에서 온 말이다. 고어에서 '불'은 '번番', '옷을 세는 단위의 벌', '겹' '곱'의 뜻으로 쓰였다. '불'은 '·' 음이 사라지면서 '벌'과 '불'로 변화되었는데 '애벌구이', '초벌 빨래' 등은 '불'이 '벌'로 변한 예이고, '세불'은 '불'이 '불'로 변한 예라고 하겠다(이동석, 2007ㄹ).〕

❖ 마을에서는 세불 김을 다 매고 들에서/개장취념을 서너 번 하고 나면/백중 좋은 날이 슬그머니 오는데 **〈칠월七月 백중〉**

수② 명 셀 수 있는 사물을 세어서 나타낸 값. 백석 시 〈넘언집 범 같은 노큰마니〉의 '수대로'에서 '대로'는 체언의 뒤에 붙어, '앞말에 준하거나 그 내용이 뜻하는 바와 같음'을 나타내는 부사격 조사.

❖ 집에는 아배에 삼춘에 오마니에 오마니가 있어서 〔…〕 끼때에는 부뚜막에 바가지를 아이덜 수대로 주룬히 늘어놓고 〔…〕 **〈넘언집 범 같은 노큰마니〉**

수백 수 백百의 여러 배가 되는 수.

❖ 마음이 가난한 낯설은 사람에게 수백 냥 돈을 거저 주는 그 인정을 그리고 또 그 말을 **〈허준許俊〉**

스무나문 수 스무남은. 스물이 조금 넘은 수. 또는 그런 수의.

〔스무나문은 '스무(스물)+나문(남은)'의 형태를 지닌 말로 '스무남은'이 표준어이다. '남은'은 '넘은'을 가리키는 말이다. 따라서 '스무나문'은 스물이 조금 넘는 수를 뜻하는 말이다. '스무나문'(스무남은)과 같은 형태의 말로 '여남은'이란 말이 있다.〕

❖ 이 집 남길동 단 안주인은 겨울이면 집을 내고/산을 돌아 거리로 나려간다는 말을 하는데/해바른 마당에는 꿀벌이 스무나문 통 있었다 **〈산곡山谷—함주시초咸州詩抄〉**

아홉 수 아홉. 여덟에 하나를 더한 수.

❖ 그러나 시방 꼴두기는 배창에 너부러져 새새끼 같은 울음을 우는 곁에서/뱃사람들의 언젠가 아홉이서 회를 쳐먹고도 남어 한 깃씩 노나가지고 갔다는 크디큰

꼴두기의 이야기를 들으며 나는 슬프다 **〈꼴두기—물닭의 소리〉**

안②[명] 일정한 표준이나 한계를 넘지 않은 정도.

❖ 병이 들면 풀밭으로 가서 풀을 뜯는 소는 인간人間보다 영靈해서 열 걸음 안에 제 병을 낫게 할 약藥이 있는 줄을 안다고 **〈절간의 소 이야기〉**

억병[명] 매우 많은 양.

〔'억병'은 원래 '한없이 마시는 술의 양. 또는 그렇게 마셔 매우 취한 상태'를 나타내는 말인데, 백석은 이 말을 술에 국한시키지 않고 음식 일반에 대한 '매우 많은 양'의 뜻으로 사용하고 있다. 원래 억병의 품사는 명사인데, 아래 용례에선 부사어로 사용되고 있다.〕

❖ 새 옷을 입고 새 신도 신고 떡과 고기도 억병 먹고/일가친척들과 서로 모여 즐거이 웃음으로 지날 것이연만 **〈두보杜甫나 이백李白같이〉**

얼마[명] 뚜렷이 밝힐 필요가 없는 비교적 적은 수량이나 값 또는 정도.

❖ 얼마 가서 감로甘露 같은 물이 솟는 마을 하이얀 회담벽에 옛적본의 장반시계를 걸어놓은 집 홀어미와 사는 물새 같은 외딸의 혼삿말이 아즈랑이같이 낀 곳은 〔…〕 **〈남향南鄕—물닭의 소리〉**

열[수] 아홉에 하나를 더한 수(《고려대한국어대사전》).

❖ 병이 들면 풀밭으로 가서 풀을 뜯는 소는 인간人間보다 영靈해서 열 걸음 안에 제 병을 낫게 할 약藥이 있는 줄을 안다고 **〈절간의 소 이야기〉** ❖ '효자노적지지정문孝子盧迪之之旌門'—몬지가 겹겹이 앉은 목각木刻의 액額에/나는 열 살이 넘도록 갈지자字 둘을 웃었다 **〈정문촌旌門村〉**

열다섯[수] 열넷에 하나를 더한 수.

❖ 정문旌門집 가난이는 열다섯에/늙은 말꾼한테 시집을 갔겄다 **〈정문촌旌門村〉**

열여섯[수] 열다섯에 하나를 더한 수.

❖ 열여섯에 사십四十이 넘은 홀아비의 후처가 된 포족족하니 성이 잘 나는 살빛이 매감탕 같은 입술과 젖꼭지는 더 까만 예수쟁이 마을 가까이 사는 토산土山 고무 고무의 딸 승녀承女 아들 승承동이 **〈여우난골족族〉**

예순[수] 열의 여섯 배가 되는 수.

❖ 예순이 넘은 아들 없는 가즈랑집 할머니는 중같이 정해서 할머니가 마을을 가면 긴 담뱃대에 독하다는 막써레기를 몇 대라도 붙이라고 하며 **〈가즈랑집〉**

이번[명] 곧 돌아오거나 이제 막 지나간 차례.

❖ 어데서 좁쌀알만 한 알에서 가제 깨인 듯한 발이 채 서지도 못한 무척 적은 새끼

거미가 이번엔 큰거미 없어진 곳으로 와서 아물거린다 〈**수라**修羅〉 ❖ 그리고 이번에는 나를 위로하는 듯이 나를 울력하는 듯이 〈**흰 바람벽이 있어**〉 ❖ 나는 이번에는 굴통 모통이로 달아가는데 굴통에는 굴대장군 〈**마을은 맨천 구신이 돼서**〉 ❖ 호주를하니 젗어서 달아나는데/이번에는 꿈에도 못 잊는 봉가집에 가는 것이다 〈**칠월**七月 **백중**〉

천 수 백의 열 배가 되는 수(《고려대한국어대사전》).

❖ 내 지렝이는/커서 구렁이가 되었습니다/천 년 동안만 밤마다 흙에 물을 주면 그 흙이 지렝이가 되었습니다/장마 지면 비와 같이 하눌에서 나려왔습니다 〈**나와 지렝이**〉

칠십七十 수 십의 일곱 배가 되는 수.

❖ 수양산首陽山의 어늬 오래된 절에서 칠십七十이 넘은 로장은 이런 이야기를 하며 치맛자락의 산山나물을 추었다 〈**절간의 소 이야기**〉

하나 수 수효를 세는 맨 처음 수.

❖ 얼굴에 별자국이 솜솜 난 말수와 같이 눈도 껌벅거리는 하로에 베 한 필을 짠다는 벌 하나 건너 집엔 복숭아나무가 많은 신리新里 고무 고무의 딸 이녀李女 작은이녀李女 〈**여우난골족**族〉 ❖ 이 천희千姬의 하나를 나는 어늬 오랜 객줏客主집의 생선 가시가 있는 마루방에서 만났다 〈**통영**統營〉 ❖ 묵은 초가지붕에 박이/또 하나 달같이 하이얗게 빛난다/언젠가 마을에서 수절과부 하나가 목을 매여 죽은 밤도 이러한 밤이었다 〈**흰밤**〉 ❖ 거적장사 하나 산山 뒷녚 비탈을 오른다/ […] /도적갠가 개 하나 어정어정 따러간다 〈**쓸쓸한 길**〉 ❖ 거미새끼 하나 방바닥에 나린 것을 나는 아모 생각 없이 문밖으로 쓸어버린다 〈**수라**修羅〉 ❖ 텃밭가 재래종在來種의 임금林檎나무에는 이제도 콩알만 한 푸른 알이 달렸고 히스무레한 꽃도 하나 둘 퓌여 있다 〈**창의문외**彰義門外〉 ❖ 주홍칠이 날은 정문旌門이 하나 마을 어구에 있었다 〈**정문촌**旌門村〉 ❖ 홀아비 소의연 침을 놓는 령감인데/나는 너를 백통전 하나 주고 사오누나 〈**오리**〉 ❖ 개하나 얼린하지 않는 마을은/해바른 마당귀에 맷방석 하나/빨갛고 노랗고 〈**고성가도**固城街道**—남행시초**南行詩抄 **3**〉 ❖ 우리들은 모두 욕심이 없어 희여졌다/착하디착해서 세괏은 가시 하나 손아귀 하나 없다/ […] /우리들은 외로워할 까닭도 없다/그리고 누구 하나 부럽지도 않다 〈**선우사**膳友辭**—함주시초**咸州詩抄〉 ❖ 검정치마에 받쳐입은 것은/나의 꼭 하나 즐거운 꿈이였드니 〈**절망**絶望〉 ❖ 내 손에는 신간서新刊書 하나도 없는 것과 〈**내가 생각하는 것은**〉 ❖ 해밝은 모래장변에 돌비 하나 섰단 말이지 〈**대산동**大山洞**—물닭의 소리**〉 ❖ 맑고 가난한 친구가 하나 있어서/내가 이렇게 추운 거리를 지나온 걸 〈**가무래기의 낙**樂〉 ❖ 산山 모롱고지 하나 도는 동안에 옷은 또 함북 젖었다

〈**구장로**球場路—**서행시초**西行詩抄 1〉 ❖ 나이 어린 계집아이 하나가 오른다 〈**팔원**八院—**서행시초**西行詩抄 3〉 ❖ 사람은 모든 것을 다 잃어버리고 넋 하나를 얻는다는 크나큰 그 말을 〈**허준**許俊〉 ❖ 이렇게 추운데 웃동에 무슨 두룽이 같은 것을 하나 걸치고 아랫두리는 쪽 발가벗은 아이여 〈**촌에서 온 아이**〉

한불명 하나 가득. '불'은 묶음이나 횟수를 나타내는 단위명사.

〔《조선말대사전》에 '한불'과 비슷한 뜻으로 '한벌'이 등재되어 있고, "일정한 범위의 공간에 사람이나 물건 따위가 쭉 널려 있는 모양"으로 풀이되어 있다.〕

❖ 노란 싸릿잎이 한불 깔린 토방에 햇츩방석을 깔고/나는 호박떡을 맛있게도 먹었다 〈**여우난골**〉 ❖ 한 십리十里 더 가면 절간이 있을 듯한 마을이다 〔···〕 울밖 늙은 들매나무에 튀튀새 한불 앉었다 흰구름 따러가며 딱장벌레 잡다가 연둣빛 닢새가 좋아 올라왔나보다 〔···〕 〈**황일**黃日〉 ❖ 인간들은 모두 뒷등성으로 올라 멍석자리를 하고 바람을 쐬이는데/풀밭에는 어느새 하이얀 대림질감들이 한불 널리고/돌우래며 팟중이 산옆이 들썩하니 울어댄다 〈**박각시 오는 저녁**〉 ❖ 칠성七星고기라는 고기의 쩜벙쩜벙 뛰노는 소리가/쨋쨋하니 들려오는 호수湖水까지는/들쭉이 한불 새까마니 익어가는 망연한 벌판을 지나가야 한다 〈**함남도안**咸南道安〉

혼자①명 다른 사람과 어울리거나 함께 있지 아니하고 그 사람 한 명만 있는 상태.

❖ 낮이나 밤이나 나는 나 혼자도 너무 많은 것같이 생각하며 〈**남신의주 유동 박시봉방**南新義州柳洞朴時逢方〉

5) 거리, 농도, 세기

백오십리百五十里명 일 리의 백쉰 배 되는 리 수. '리'는 거리의 단위를 나타내는 말.

❖ 계집아이는 자성慈城으로 간다고 하는데/자성慈城은 예서 삼백오십리三百五十里 묘향산妙香山 백오십리百五十里/묘향산妙香山 어디메서 삼촌이 산다고 한다 〈**팔원**八院—**서행시초**西行詩抄 3〉

삼백오십리三百五十里명 일 리의 삼백쉰 배 되는 리 수. '리'는 거리의 단위를 나타내는 말.

❖ 계집아이는 자성慈城으로 간다고 하는데/자성慈城은 예서 삼백오십리三百五十里 묘향산妙香山 백오십리百五十里/묘향산妙香山 어디메서 삼촌이 산다고 한다 〈**팔원**八院—**서행시초**西行詩抄 3〉

삼십오도三十五度명 일 도의 삼십오 배 되는 도 수. '도'는 술의 알코올 함유도의 단위를 나타내는 말. 백석 시 〈구장로球場路—서행시초西行詩抄 1〉에서 '삼십오도'는 소주의 알코올 농도의 수치를 가리킨다.

❖ 그 뜨수한 구들에서/따끈한 삼십오도三十五度 소주燒酒나 한잔 마시고/그리고 그 시래깃국에 소피를 넣고 두부를 두고 끓인 구수한 술국을 트근히 멫 사발이고 왕사발로 멫 사발이고 먹자 **〈구장로球場路—서행시초西行詩抄 1〉**

십리十里 명 일 리의 열 배 되는 리 수. '리'는 거리의 단위를 나타내는 말.

❖ 한 십리十里 더 가면 절간이 있을 듯한 마을이다 낮 기울은 볕이 장글장글하니 따사하다 흙은 젖이 커서 살같이 깨서 아지랑이 낀 속이 안타까운가보다 〔…〕 **〈황일黃日〉**

십오리十五里 명 일 리의 열다섯 배 되는 리 수. '리'는 거리의 단위를 나타내는 말.

❖ 산山 너머 십오리十五里서 나무뒝치 차고 싸리신 신고 산山비에 촉촉이 젖어서 약藥물을 받으러 오는 산山아이도 있다 **〈산지山地〉** ❖ 산山 너머 십오리十五里서 나무뒝치 차고 싸리신 신고 산山비에 촉촉이 젖어서 약藥물을 받으려 오는 두멧아이들도 있다 **〈삼방三防〉**

십오촉十五燭 명 일 촉의 열다섯 배 되는 촉 수. '촉'은 빛의 밝기를 나타내는 단위. 전등이 십오 촉이면 매우 희미한 빛이다.

❖ 이 흰 바람벽에/희미한 십오촉十五燭 전등이 지치운 불빛을 내어던지고/때글은 다 낡은 무명샤쯔가 어두운 그림자를 쉬이고 **〈흰 바람벽이 있어〉**

육십리六十里 명 일 리의 예순 배 되는 리 수. '리'는 거리의 단위를 나타내는 말.

❖ 육십리六十里라고 해서 파랗게 뵈이는 산山을 넘어 있다는 해변에서 과부가 된 코끝이 빨간 언제나 흰옷이 정하든 말끝에 설게 눈물을 짤 때가 많은 큰골 고무 고무의 딸 홍녀洪女 아들 홍洪동이 작은홍洪동이 **〈여우난골족族〉**

이십리二十里 명 일 리의 스무 배 되는 리 수. '리'는 거리의 단위를 나타내는 말.

❖ 한 이십리二十里 가면 거리라든데/한겻 남아 걸어도 거리는 뵈이지 않는다 **〈구장로球場路—서행시초西行詩抄 1〉**

6) 단위

가락 명 (수량을 나타내는 말 뒤에 쓰여) 가늘고 길게 토막이 난 물건을 세는 단위.

❖ 아모것도 모르는 듯이 어드근한 방안에 굴어 게으르는 것을 좋아하는 그 풍속을/사랑하는 어린것에게 엿 한 가락을 아끼고 위하는 안해에겐 해진 옷을 입히면

서도 〈**허준**許俊〉

감②명 (수량을 나타내는 말 뒤에 쓰여) 옷감을 세는 단위. 한 감은 치마 한 벌을 뜰 수 있는 크기이다.

❖ 통영統營장 낫대들었다//갓 한 닢 쓰고 건시 한 접 사고 홍공단 단기 한 감 끊고 술 한 병 받어들고//화륜선 만져보려 선창 갔다 〈**통영**統營**—남행시초**南行詩抄 **2**〉

곡조명 (수량을 나타내는 말 뒤에 쓰여) 음악적 통일을 이루는 음의 연속이나 노랫가락을 세는 단위.

❖ 조용하니 또 도고하니 손에서 입으로 입에서 손으로 오르나리는 때/벌에 우는 새소리도 듣고 싶고 거문고도 한 곡조 뜯고 싶고 한 오천五千말 남기고 함곡관函谷關도 넘어가고 싶고 〈**수박씨, 호박씨**〉

길②의 ① 길이의 단위. 한 길은 여덟 자 또는 열 자로 약 2.4미터 또는 3미터에 해당한다. ② 사람의 키 정도의 길이.

〔길이의 단위로서 '길'은 위의 두 가지 뜻을 지니는데, 백석 시의 아래 용례에서 '길'은 '고사古寺'의 부엌에 있는 큰 부뚜막을 묘사하는 데 쓰인 것이므로 전자를 가리키는 것으로 보는 것이 더 적절할 것이다. 한편 '두 길'을 부뚜막의 높이로 보는 견해가 있는데, 3~6미터의 높이를 지닌 부뚜막은 있을 수 없으므로 '두 길'은 부뚜막의 길이를 나타내는 것으로 보아야 할 것이다.〕

❖ 부뚜막이 두 길이다/이 부뚜막에 놓인 사닥다리로 자박수염 난 공양주는 성궁미를 지고 오른다 〈**고사**古寺**—함주시초**咸州詩抄〉

냥의 예전에, 엽전을 세던 단위. 한 냥은 한 돈의 열 배이다.

❖ 터 앞에 당콩순을 다 먹었다 하고/서른닷 냥 값을 부른다/노루새끼는 다문다문 흰 점이 백이고 배 안의 털을 너슬너슬 벗고/산골사람을 닮었다 〈**노루—함주시초**咸州詩抄〉 ❖ 마음이 가난한 낯설은 사람에게 수백 냥 돈을 거저 주는 그 인정을 그리고 또 그 말을/사람은 모든 것을 다 잃어버리고 넋 하나를 얻는다는 크나큰 그 말을 〈**허준**許俊〉

년年의 (주로 한자어 수 뒤에 쓰여) 해를 세는 단위.

❖ 내 지렝이는/커서 구렁이가 되었습니다/천 년 동안만 밤마다 흙에 물을 주면 그 흙이 지렝이가 되었습니다/장마 지면 비와 같이 하늘에서 나려왔습니다 〈**나와 지렝이**〉 ❖ 섶벌같이 나아간 지아비 기다려 십 년十年이 갔다/지아비는 돌아오지 않고/어린 딸은 도라지꽃이 좋아 돌무덤으로 갔다 〈**여승**女僧〉 ❖ 입으로 먹을 뿜는 건/몇십 년 도를 닦어 퓌는 조환가/앞뒤로 가기를 마음대로 하는 건/손자孫子의 병서

兵書도 읽은 것이다/갈매기 좋얼댄다 **〈꼴두기—물닭의 소리〉**

닢[의] 납작한 물건을 세는 단위. 흔히 돈이나 가마니, 멍석 따위를 셀 때 쓴다. 백석 시 〈통영統營—남행시초南行詩抄 2〉에서는 '갓'을 세는 단위로 쓰이고 있다.

❖ 통영統營장 낫대들었다//갓 한 닢 쓰고 건시 한 접 사고 홍공단 단기 한 감 끊고 술 한 병 받어들고//화륜선 만져보려 선창 갔다 **〈통영統營—남행시초南行詩抄 2〉**

대[의] 담배통에 채워 넣는 담배의 분량이나 담배를 피우는 횟수를 세는 단위.

❖ 예순이 넘은 아들 없는 가즈랑집 할머니는 중같이 정해서 할머니가 마을을 가면 긴 담뱃대에 독하다는 막써레기를 멫 대라도 붙이라고 하며 **〈가즈랑집〉** ❖ 괴나리봇짐 벗고 땃불 놓고 앉어/담배 한 대 피우고 싶은 길이다 **〈창원도昌原道—남행시초南行詩抄 1〉**

덩이[명] (수량을 나타내는 말 뒤에 쓰여) 작게 뭉쳐서 이루어진 것을 세는 단위.

❖ 집에는 아배에 삼춘에 오마니에 오마니가 있어서 〔…〕 밥 한 덩이 질게 한 술 들여트려서는 먹였다는 소리를 언제나 두고두고 하는데 **〈넘언집 범 같은 노큰마니〉**

리里②[의] 거리의 단위. 일 리는 약 0.393킬로미터에 해당한다.

❖ 정주定州 동림東林 구십九十여 리里 긴긴 하로 길에/산에 오면 산 소리 벌에 오면 벌소리/적막강산에 나는 있노라 **〈적막강산〉**

마리[의] 짐승이나 물고기, 벌레 따위를 세는 단위.

❖ 잠자리 조을든 문허진 성城터/반딧불이 난다 파란 혼魂들 같다/어데서 말 있는 듯이 크다란 산山새 한 마리 어두운 골짜기로 난다 ❖ 푸른 바닷가의 하이얀 하이얀 길이다//아이들은 늘늘히 청대나무말을 몰고/대모풍잠한 늙은이 또요 한 마리를 드리우고 갔다//이 길이다 **〈남향南鄕—물닭의 소리〉** ❖ 우리 엄매가 나를 가지는 때 이 노큰마니는 어늬 밤 크나큰 범이 한 마리 우리 선산으로 들어오는 꿈을 꾼 것을 〔…〕 **〈넘언집 범 같은 노큰마니〉** ❖ 그늘만 친 건넌산山에서/벼락을 맞아 바윗돌이 되었다는/큰 땅괭이 한 마리/수염을 뻗치고 건너다보는 것이 무서웠다 **〈산山〉**

말②[의] 부피의 단위. 곡식, 액체, 가루 따위의 부피를 잴 때 쓴다. 한 말은 한 되의 열 배로 약 18리터에 해당한다.

❖ 한 말 밥을 한다는 크나큰 솥이/외면하고 가부틀고 앉어서 염주도 세일 만하다 **〈고사古寺—함주시초咸州詩抄〉**

번[의] 일의 횟수를 세는 단위.

❖ 밤이 깊어가는 집안엔 엄매는 엄매들끼리 아르간에서들 웃고 이야기하고 〔…〕 이렇게 화디의 사기방등에 심지를 멫 번이나 돋구고 홍게닭이 멫 번이나 울어서 졸

음이 오면 아릇목싸움 자리싸움을 하며 히드득거리다 잠이 든다 〔…〕 **〈여우난골족族〉** ❖ 황토 마루 수무나무에 얼럭궁덜럭궁 색동헝겊 뜯개조박 뵈짜배기 걸리고 오쟁이 끼애리 달리고 소삼은 엄신 같은 딥세기도 열린 국수당고개를 몇 번이고 튀튀 춤을 뱉고 넘어가면 골안에 아늑히 묵은 녕동이 무겁기도 할 집이 한 채 안기었는데 **〈넘언집 범 같은 노큰마니〉** ❖ 한 해에 몇 번 매연 지난 먼 조상들의 최방등 제사에는 컴컴한 고방 구석을 나와서 대멀머리에 외얏맹건을 지르터맨 늙은 제관의 손에 정갈히 몸을 씻고 〔…〕 **〈목구木具〉** ❖ 마을에서는 세불 김을 다 매고 들에서/개장취념을 서너 번 하고 나면/백중 좋은 날이 슬그머니 오는데 **〈칠월七月 백중〉**

병①명 (수량을 나타내는 말 뒤에 쓰여) 액체나 가루 따위를 '병'에 담아 그 분량을 세는 단위.

❖ 갓 한 닢 쓰고 건시 한 접 사고 홍공단 단기 한 감 끊고 술 한 병 받어들고//화륜선 만져보려 선창 갔다 **〈통영統營—남행시초南行詩抄 2〉**

사발명 국이나 밥을 사발에 담아 그 분량을 세는 단위.

❖ 그리고 그 시래깃국에 소피를 넣고 두부를 두고 끓인 구수한 술국을 트근히 몇 사발이고 왕사발로 몇 사발이고 먹자 **〈구장로球場路—서행시초西行詩抄 1〉**

살①의 (주로 고유어 수 뒤에 쓰여) 나이를 세는 단위.

❖ '효자노적지지정문孝子盧迪之之旌門'—몬지가 겹겹이 앉은 목각木刻의 액額에/나는 열 살이 넘도록 갈지자字 둘을 웃었다 **〈정문촌旌門村〉**

상디기명 섬지기. 논밭 넓이의 단위. 한 섬지기는 볍씨 한 섬의 모 또는 씨앗을 심을 만한 넓이로 한 마지기의 열 배이며 논은 약 2,000평, 밭은 약 1,000평이다.

❖ 나는 땅님자 노왕老王한테 석 상디기 밭을 얻는다 **〈귀농歸農〉**

술②의 밥 따위의 음식물을 숟가락으로 떠 그 분량을 세는 단위.

❖ 집에는 아배에 삼춘에 오마니에 오마니가 있어서 〔…〕 그리고 끼때에는 부뚜막에 바가지를 아이덜 수대로 주룬히 늘어놓고 밥 한 덩이 질게 한 술 들여트려서는 먹였다는 소리를 언제나 두고두고 하는데 **〈넘언집 범 같은 노큰마니〉**

쌍명 (수량을 나타내는 말 뒤에 쓰여) 둘을 하나로 묶어 세는 단위.

❖ 나를 생각하든 그 무당의 딸은 내 어린 누이에게/오리야 너를 한 쌍 주드니/어린 누이는 없고 저는 시집을 갔다건만/오리야 너는 한 쌍이 날어가누나 **〈오리〉**

자①의 길이의 단위. 한 자는 한 치의 열 배로 약 30.3센티미터에 해당한다.

❖ 어니메 강江물 속에 들여다뵈이든 쏘가리가 한 자나 되게 크든 것을 생각하며/산山비에 젖었다는 말렀다 하며 오는 길이다 **〈구장로球場路—서행시초西行詩抄 1〉** ❖ 살

구벼락을 맞고 울다가 웃는 나를 보고/밑구멍에 털이 몇 자나 났나 보자고 한 것은 가즈랑집 할머니다 〈**가즈랑집**〉

점①의 잘라 내거나 뜯어 낸 고기 살점을 세는 단위.

❖ 구신과 사람과 넋과 목숨과 있는 것과 없는 것과 한 줌 흙과 한 점 살과 먼 넷조상과 먼 훗자손의 거룩한 아득한 슬픔을 담는 것 〈**목구**木具〉

접의 채소나 과일 따위를 묶어 세는 단위. 한 접은 채소나 과일 백 개를 이른다.

❖ 통영統營장 낫대들었다//갓 한 닢 쓰고 건시 한 접 사고 홍공단 단기 한 감 끊고 술 한 병 받어들고//화륜선 만져보려 선창 갔다 〈**통영**統營**—남행시초**南行詩抄 2〉

줌명 수 관형사 뒤에서 의존적 용법으로 쓰여, 주먹으로 쥘 만큼이 되는 분량의 단위를 나타내는 말(《고려대한국어대사전》).

❖ 구신과 사람과 넋과 목숨과 있는 것과 없는 것과 한 줌 흙과 한 점 살과 먼 넷조상과 먼 훗자손의 거룩한 아득한 슬픔을 담는 것 〈**목구**木具〉

채①의 집을 세는 단위.

❖ 나는 이 골짝에서 한겨울을 날려고 집을 한 채 구하였다// 〔…〕 //골이 다한 산대 밑에 자그마한 돌능와집이 한 채 있어서/이 집 남길동 단 안주인은 겨울이면 집을 내고/산을 돌아 거리로 나려간다는 말을 하는데 〈**산곡**山谷**—함주시초**咸州詩抄〉 ❖ 황토 마루 수무나무에 얼럭궁덜럭궁 색동헝겊 뜯개조박 뵈짜배기 걸리고 〔…〕 국수당 고개를 몇 번이고 튀튀 춤을 뱉고 넘어가면 골안에 아늑히 묵은 넝동이 무겁기도 할 집이 한 채 안기었는데 〈**넘언집 범 같은 노큰마니**〉

켜레의 켤레. 신, 양말, 버선, 방망이 따위의 짝이 되는 두 개를 한 벌로 세는 단위.

❖ 한끝나게 상나들이옷을 있는 대로 다 내 입고/머리는 다리를 서너 켜레씩 드려서/시뻘건 꼬둘채댕기를 삐뚜룩하니 해 꽂고/네날백이 따배기신을 맨발에 바꿔 신고 〈**칠월**七月 **백중**〉

토막의 (수량을 나타내는 말 뒤에 쓰여) 덩어리가 진 도막 또는 말, 글, 생각, 기간 따위에서 잘려지거나 떼어 낸 한 부분을 세는 단위.

❖ 일가친척들과 서로 모여 즐거이 웃음으로 지날 것이연만/나는 오늘 때묻은 입든 옷에 마른물고기 한 토막으로/혼자 외로이 앉어 이것저것 쓸쓸한 생각을 하는 것이다/넷날 그 두보杜甫나 이백李白 같은 이 나라의 시인詩人도/이날 이렇게 마른물고기 한 토막으로 외로이 쓸쓸한 생각을 한 적도 있었을 것이다 〈**두보**杜甫**나 이백**李白**같이**〉

통②명 (수량을 나타내는 말 뒤에 쓰여) 물건을 통에 담아 그 분량을 세는 단위.

❖ 이 집 남길동 단 안주인은 겨울이면 집을 내고/산을 돌아 거리로 나려간다는 말

을 하는데/해바른 마당에는 꿀벌이 스무나문 통 있었다 〈**산곡**山谷**—함주시초**咸州詩抄〉

필의 일정한 길이로 말아 놓은 피륙을 세는 단위.

❖ 얼굴에 별자국이 솜솜 난 말수와 같이 눈도 껌벅거리는 하로에 베 한 필을 짠다는 벌 하나 건너 집엔 복숭아나무가 많은 신리新里 고무 고무의 딸 이녀李女 작은이녀李女 〈**여우난골족**族〉

해③ 의 (주로 고유어 뒤에 쓰여) 지구가 태양을 한 바퀴 도는 동안을 세는 단위.

❖ 계집아이는 몇 해고 내지인內地人 주재소장駐在所長 집에서/밥을 짓고 걸레를 치고 아이보개를 하면서/이렇게 추운 아침에도 손이 꽁꽁 얼어서/찬물에 걸레를 쳤을 것이다 〈**팔원**八院**—서행시초**西行詩抄 **3**〉 ❖ 한 해에 몇 번 매연 지난 먼 조상들의 최방등 제사에는 컴컴한 고방 구석을 나와서 대멀머리에 외얏맹건을 지르터맨 늙은 제관의 손에 정갈히 몸을 씻고 〔…〕 〈**목구**木具〉

홰의 새벽에 닭이 올라앉은 나무 막대를 치면서 우는 차례를 세는 단위.

❖ 닭이 두 홰나 울었는데/안방큰방은 홰즛하니 당등을 하고/인간들은 모두 웅성웅성 깨여 있어서들 〈**추야일경**秋夜一景〉

7) 기타 의존명사

것의 ① 사물, 일, 현상 따위를 추상적으로 이르는 말. ② 주로 관형사형 어미 '-을'의 뒤에 쓰여, 앞에서 말한 내용에 대한 추측이나 예상을 나타내는 말. ③ 주로 관형사형 어미 '-는'의 뒤에서 서술격 조사 '이다'와 함께 쓰여 그 사실을 강조, 확신하거나 설명함을 나타내는 말. ④ 사람을 낮추어 이르거나 동물을 이르는 말(《표준국어대사전》, 《고려대한국어대사전》).

❖ 헐리다 남은 성문城門이/한울빛같이 훤하다/날이 밝으면 또 메기수염의 늙은이가 청배를 팔러 올 것이다 〈**정주성**定州城〉 ❖ 또 인절미 송구떡 콩가루차떡의 내음새도 나고 끼때의 두부와 콩나물과 뽂은 잔디와 고사리와 도야지비계는 모두 선득선득하니 찬 것들이다 〈**여우난골족**族〉 ❖ 살구벼락을 맞고 울다가 웃는 나를 보고/밑구멍에 털이 몇 자나 났나 보자고 한 것은 가즈랑집 할머니다/찰복숭아를 먹다가 씨를 삼키고는 죽는 것만 같어 하로종일 놀지도 못하고 밥도 안 먹은 것도/가즈랑집에 마을을 가서/당세 먹은 강아지같이 좋아라고 집오래를 설레다가였다 〈**가즈랑집**〉 ❖ 자즌닭이 울어서 술국을 끓이는 듯한 추탕鰍湯집의 부엌은 뜨수할 것같이 불이 뿌연히 밝다 〈**미명계**未明界〉 ❖ 산山마루를 탄 사람들은 새꾼들인가/파란 한울

에 떨어질 것같이/웃음소리가 더러 산山 밑까지 들린다// […] //무릿돌이 굴어나리는 건 중의 발꿈치에선가 **〈추일산조秋日山朝〉** ❖ 불을 끈 방안에 횃대의 하이얀 옷이 멀리 추울 것같이//개방위方位로 말방울 소리가 들려온다 **〈머루밤〉** ❖ 거미새끼 하나 방바닥에 나린 것을 나는 아모 생각 없이 문밖으로 쓸어버린다/ […] /나는 가슴이 메이는 듯하다/내 손에 오르기라도 하라고 나는 손을 내어미나 분명히 울고불고할 이 작은 것은 나를 무서우이 달아나버리며 나를 서럽게 한다/나는 이 작은 것을 고이 보드러운 종이에 받어 또 문밖으로 버리며 **〈수라修羅〉** ❖ 벌개늪역에서 바리깨를 뚜드리는 쇳소리가 나면/누가 눈을 앓어서 부증이 나서 찰거마리를 부르는 것이다/ […] //여우가 주둥이를 향하고 우는 집에서는 다음날 으레히 흉사가 있다는 것은 얼마나 무서운 말인가 **〈오금덩이라는 곳〉** ❖ 박을 삶는 집/할아버지와 손자가 오른 지붕 우에 한울빛이 진초록이다/우물의 물이 쓸 것만 같다 **〈여우난골〉** ❖ 샘터엔 오구작작 물을 긷는 처녀며 새악시들 가운데 내가 좋아하는 그이가 있을 것만 같고/내가 좋아하는 그이는 푸른 가지 붉게붉게 동백冬柏꽃 피는 철엔 타관 시집을 갈 것만 같은데 **〈통영統營(남행시초南行詩抄)〉** ❖ 그리고 다 달인 약을 하이얀 약사발에 밭어놓은 것은/아득하니 깜하야 만년萬年 녯적이 들은 듯한데 **〈탕약湯藥〉** ❖ 먼 바닷가의 거리로 간다는데/금귤이 눌한 마을마을을 지나가며/싱싱한 금귤을 먹는 것은 얼마나 즐거운 일인가 **〈이두국주가도伊豆國湊街道〉** ❖ 어쩐지 당홍치마 노란저고리 입은 새악시들이/웃고 살을 것만 같은 마을이다 **〈고성가도固城街道—남행시초南行詩抄 3〉** ❖ 명태明太창난젓에 고추무거리에 막칼질한 무이를 뷔벼 익힌 것을/이 투박한 북관北關을 한없이 끼밀고 있노라면/쓸쓸하니 무릎은 꿇어진다 **〈북관北關—함주시초咸州詩抄〉** ❖ 장진長津땅이 지붕 넘에 넘석하는 거리다/자구나무 같은 것도 있다/ […] //산골사람의 손을 핥으며/약자에 쓴다는 홍정 소리를 듣는 듯이/새까만 눈에 하이얀 것이 가랑가랑한다 **〈노루—함주시초咸州詩抄〉** ❖ 재 안 드는 밤은 불도 없이 캄캄한 까막나라에서/조앙님은 무서운 이야기나 하면/모두들 죽은 듯이 엎데였다 잠이 들 것이다 **〈고사古寺—함주시초咸州詩抄〉** ❖ 흰밥과 가재미와 나는/우리들은 그 무슨 이야기라도 다 할 것 같다/우리들은 서로 미덥고 정답고 그리고 서로 좋구나// […] //흰밥과 가재미와 나는/우리들이 같이 있으면/세상 같은 건 밖에 나도 좋을 것 같다 **〈선우사膳友辭—함주시초咸州詩抄〉** ❖ 지난 여름 도락구를 타고 장진長津땅에 가서 꿀을 치고 돌아왔다는 이 벌들을 바라보며 나는/날이 어서 추워져서 쑥국화꽃도 시들고 이 바즈런한 백성들도 다 제 집으로 들은 뒤에 이 골안으로 올 것을 생각하였다 **〈산곡山谷—함주시초咸州詩抄〉** ❖ 구붓하고 모래톱을 오르면/당신이 앞선 것만 같구려/당신이 뒤선 것만 같구려//그리고 지중지중 물가를 거닐면/당신이 이야기를 하는 것만 같구려/당신이 이야기를 끊은 것만 같구려 **〈바다〉** ❖ 산골로 가는 것은 세상한테 지는 것이 아니다/세상 같은 건 더러워 버리는 것이다//눈은 푹푹 나리고/아름다운 나타샤는 나를 사랑하고/어데서 흰 당나귀도 오늘밤이 좋아서 응앙응앙 울을 것이다 **〈나와 나타샤와 흰 당나귀〉** ❖ 아름답고 튼튼한 계집은 있어서/흰 저고리에 붉은 길동을 달어/검정치마에 받쳐입은 것은/나의 꼭 하나 즐거운 꿈이였드니 **〈절망絶望〉** ❖ 아배가 밤참 국수를 받으려 가면 나는 큰마니의 돋보기를 쓰고 앉어 개 짖는 소리를 들은 것이다 **〈개〉** ❖ 거리에는 사람두 많이 나서 흥성흥성할 것이다/어쩐지 이 사람들과 친하니 싸단니고 싶은 밤이다//그렇것만 나는 하이얀 자리 우에서 마른 팔뚝의/샛파란 핏대를 바라보며 나는 가난한 아버지를/가진 것과 내가 오래 그려오든 처녀가 시집을 간 것과/그렇게도 살틀하든 동무가 나를 버린 일을 생각한다//또 내가 아는 그 몸이 성하고 돈도 있는 사람들이/즐거이 술을 먹으려 단닐 것과/내 손에는 신간서新刊書 하나도 없는 것과/그리고 그 〈아서라 세상사世上事〉라도 들을/류성기도 없는 것을 생각한다//그리고 이러한 생각이 내 눈가를 내 가슴가를/뜨겁게 하는 것도 생각한다 **〈내가 생각하는 것은〉** ❖ 내가 이렇게 외면하고 거리를 걸어가는 것은 잠풍 날씨가 너무나 좋은 탓이고/가난한 동무가 새 구두를 신고 지나간 탓이고 언제나 꼭같은 넥타이를 매고 고운 사람을 사랑하는 탓이다//내가 이렇게 외면하고 거리를 걸어가는 것은 또 내 많지 못한 월급이 얼마나 고마운 탓이고/이렇게 젊은 나이로 코밑수염도 길러보는 탓이고 그리고 어늬 가난한 집 부엌으로 달재 생선을 진장에 꼿꼿이 지진 것은 맛도 있다는 말이 자꼬 들려오는 탓이다 **〈내가 이렇게 외면하고〉** ❖ 나의 정다운 것들 가지 명태 노루 뫼추리 질동이 노랑나뷔 바구지꽃 모밀국수 남치마 자개짚세기 그리고 천희千姬라는 이름이 한없이 그리워지는 밤이로구나 **〈야우소회夜雨小懷—물닭의 소리〉** ❖ 새끼 그믈에 걸리는 건 어인 일인가//갈매기 날어온다//입으로 먹을 뿜는 건/멫십년 도를 닦어 퓌는 조환가/앞뒤로 가기를 마음대로 하는 건/손자孫子의 병서兵書도 읽은 것이다/갈매기 쭝얼댄다 **〈꼴두기—물닭의 소리〉** ❖ 맑고 가난한 친구가 하나 있어서/내가 이렇게 추운 거리를 지나온 걸/얼마나 기뻐하며 락단하고/그즈런히 손깍지벼개하고 누워서/이 못된 놈의 세상을 크게 크게 욕할 것이다 **〈가무래기의 낙樂〉** ❖ 우리 엄매가 나를 가지는 때 이 노큰마니는 어늬 밤 크나큰 범이 한 마리 우리 선산으로 들어오는 꿈을 꾼 것을 우리 엄매가 서울서 시집을 온 것을 그리고 무엇보다도 내가 이 노큰마니의 당조카의 맏손자로 난 것을 다견하니 알뜰하니 기꺼이 녀기는 것이었다 〈**넘언집 범 같은 노큰마니**〉 ❖ 그리고 또 엄매의 말엔 내가 아직 굳은 밥을 모르던 때 살갗 퍼런 막내고무가 잘도 받어 세수를 하였다는 내 오줌빛은 이슬같이 샛말갛기도 샛맑았다는 것이다 〈**동뇨부**童尿賦〉 ❖ 한겻 남아 걸어도 거리는 뵈이지 않는다/나는 어니 외진 산山길에서 만난 새악시가 곱기도 하든 것과/어니메 강江물 속에 들여다뵈이든 쏘가리가 한 자나 되게 크든 것을 생각하며/산山비에 젖었다는 말렸다 하며 오는 길이다 〈**구장로**球場路**—서행시초**西行詩抄 **1**〉 ❖ 나는 이 털도 안 뽑은 도야지고기를 물꾸러미 바라보며/또 털도 안 뽑는 고기를 시꺼먼 맨모밀국수에 얹어서 한입에 꿀꺽 삼키는 사람들을 바라보며/나는 문득 가슴에 뜨끈한 것을 느끼며/소수림왕小獸林王을 생각한다 광개토대왕廣開土大王을 생각한다 〈**북신**北新**—서행시초**西行詩抄 **2**〉 ❖ 계집아이는 몇 해고 내지인內地人 주재소장駐在所長 집에서/밥을 짓고 걸레를 치고 아이보개를 하면서/이렇게 추운 아침에도 손이 꽁꽁 얼어서/찬물에 걸레를 쳤을 것이다 〈**팔원**八院**—서행시초**西行詩抄 **3**〉 ❖ 기장쌀은 기장차떡이 좋고 기장차랍이 좋고 기장감주가 좋고 그리고 기장쌀로 쑨 호박죽은 맛도 있는 것을 생각하며 나는 기뿌다 〈**월림**月林**장—서행시초**西行詩抄 **4**〉 ❖ 한 해에 몇 번 매연 지난 먼 조상들의 최방등 제사에는 〔…〕 또 애끊는 통곡과 축을 귀에 하고 그리고 합문 뒤에는 흠향 오는 구신들과 호호히 접하는 것//구신과 사람과 넋과 목숨과 있는 것과 없는 것과 한 줌 흙과 한 점 살과 먼 넷조상과 먼 훗자손의 거륵한 아득한 슬픔을 담는 것//내 손자의 손자와 손자와 나와 할아버지와 할아버지의 할아버지와 할아버지의 할아버지의 할아버지와…… 수원백씨水原白氏 정주백촌定州白村의 힘세고 꿋꿋하나 어질고 정 많은 호랑이 같은 곰 같은 소 같은 피의 비 같은 밤 같은 달 같은 슬픔을 담는 것 아 슬픔을 담는 것 〈**목구**木具〉 ❖ 어진 사람의 즛을 어진 사람의 마음을 배워서/수박씨 닦은 것을 호박씨 닦은 것을 입으로 앞니빨로 밝는다// 〔…〕 /이 마음 안에 아득하니 오랜 세월이 아득하니 오랜 지혜가 또 아득하니 오랜 인정人情이 깃들인 것이다/태산泰山의 구름도 황하黃河의 물도 옛님군의 땅과 나무의 덕도 이 마음 안에 아득하니 뵈이는 것이다// 〔…〕 /오두미五斗米를 버리고 버드나무 아래로 돌아온 사람도/그 녚차개에 수박씨 닦은 것은 호박씨 닦은 것은 있었을 것이다/나물 먹고 물 마시고 팔벼개하고 누웠든 사람도/그 머리맡에 수박씨 닦은 것은 호박씨 닦은 것은 있었을 것이다 〈**수박씨, 호박씨**〉 ❖ 나는 그때/자작나무와 이깔나무의 슬퍼하든 것을 기억한다/갈대와 장풍의 붙드든 말도 잊지 않었다/오로촌이 멧돌을 잡어 나를 잔치해 보내든 것도/쏠론이 십리길을 따러나와 울든 것도 잊지 않었다// 〔…〕 //아, 나의 조상은 형제는 일가친척은 정다운 이웃은 그리운 것은 사랑하는 것은 우러르는 것은 나의 자랑은 나의 힘은 없다 바람과 물과 세월과 같이 지나가고 없다 **〈북방北方에서—정현웅鄭玄雄에게〉** ❖ 눈물의 또 볕살의 나라에서 당신은/이 세상에 나들이를 온 것이다/쓸쓸한 나들이를 단기려 온 것이다// 〔…〕 /당신의 그 고요한 가슴 안에 온순한 눈가에/당신네 나라의 맑은 한울이 떠오를 것이고/당신의 그 푸른 이마에 삐여진 어깻죽지에/당신네 나라의 따사한 바람결이 스치고 갈 것이다// 〔…〕 /하늘은 얼마나 맑고 높을 것인가/바람은 얼마나 따사하고 향기로울 것인가/그리고 이 하늘 아래 바람결 속에 퍼진/그 풍속은 인정은 그리고 그 말은 얼마나 좋고 아름다울 것인가// 〔…〕 /아모것도 모르는 듯이 어드근한 방안에 굴어 게으르는 것을 좋아하는 그 풍속을/ 〔…〕 /사람은 모든 것을 다 잃어버리고 넋 하나를 얻는다는 크나큰 그 말을 **〈허준許俊〉** ❖ 한울은/이러한 시인詩人이 우리들 속에 있는 것을 더욱 사랑하는데/이러한 시인詩人이 누구인 것을 세상은 몰라도 좋으나/그러나/그 이름이 강소천姜小泉인 것을 송아지와 꿀벌은 알을 것이다 **〈《호박꽃 초롱》 서시序詩〉** ❖ 노왕老王은 채매도 힘이 들고 하루종일 백령조百鈴鳥 소리나 들으려고/밭을 오늘 나한테 주는 것이고/나는 이젠 귀치않은 측량測量도 문서文書도 싫증이 나고/낮에는 마음 놓고 낮잠도 한잠 자고 싶어서/아전 노릇을 그만두고 밭을 노왕老王한테 얻는 것이다 **〈귀농歸農〉** ❖ 눈이 많이 와서/산엣 새가 벌로 나려 멕이고/눈구덩이에 토끼가 더러 빠지기도 하면/마을에는 그 무슨 반가운 것이 오는가보다/ 〔…〕 /이것은 오는 것이다/ 〔…〕 /하로밤 뽀오햔 흰 김 속에 접시귀 소기름불이 뿌우현 부엌에/산멍에 같은 분틀을 타고 오는 것이다/ 〔…〕 /지붕에 마당에 우물든덩에 함박눈이 푹푹 쌓이는 여늬 하로밤/아배 앞에 그 어린 아들 앞에 아배 앞에는 왕사발에 아들 앞에는 새끼사발에 그득히 사리워 오는 것이다/ 〔…〕 /또 그 짚등색이에 서서 자채기를 하면 산 넘엣 마을까지 들렸다는/먼 녯적 큰아바지가 오는 것같이 오는 것이다//아, 이 반가운 것은 무엇인가/이 히수무레하고 부드럽고 수수하고 슴슴한 것은 무엇인가/ 〔…〕 //이 조용한 마을과 이 마을의 으젓한 사람들과 살틀하니 친한 것은 무엇인가/이 그지없이 고담枯淡하고 소박素朴한 것은 무엇인가 **〈국수〉** ❖ 오늘 저녁 이 좁다란 방의 흰 바람벽에/어쩐지 쓸쓸한 것만이 오고 간다/ 〔…〕 /그리고 이 세상을 살어가는데/내 가슴은 너무도 많이 뜨거운 것으로 호젓한 것으로 사랑으로 슬픔으로 가득 찬다/ 〔…〕 /—하눌이 이 세상을 내일 적에 그가 가장 귀해하고 사랑하는 것들은 모두/가난하고 외롭고 높고 쓸쓸하니 그리고 언제나 넘치는 사랑과 슬픔 속에 살도록 만드신 것이다 **〈흰 바람벽이 있어〉** ❖ 촌에서 온 아이여/촌에서 어젯밤에 승합자동차乘合自動車를 타고 온 아이여/이렇게 추운데 웃동에 무슨 두룽이 같은 것을 하나 걸치고 아랫두리는 쪽 발가벗은 아이여/ 〔…〕 /너는 오늘 아츰 무엇에 놀라서 우는구나/분명코 무슨 거즛되고 쓸데없는 것에 놀라서/그것이 네 맑고 참된 마음에 분해서 우는구나/〔…〕 /촌에서 와서 오늘 아츰 무엇이 분해서 우는 아이여/너는 분명히 하눌이 사랑하는 시인詩人이나 농사꾼이 될 것이로다 **〈촌에서 온 아이〉** ❖ 서로 나라가 다른 사람인데/다들 쪽 발가벗고 같이 물에 몸을 녹히고 있는 것은/대대로 조상도 서로 모르고 말도 제가끔 틀리고 먹고 입는 것도 모도 다른데/이렇게 발가들 벗고 한물에 몸을 씻는 것은/생각하면 쓸쓸한 일이다/이 딴 나라 사람들이 모두 니마들이 번번하니 넓고 눈은 컴컴하니 흐리고/그리고 길쯧한 다리에 모두 민숭민숭하니 다리털이 없는 것이/이것이 나는 왜 자꼬 슬퍼지는 것일까/그런데 저기 나무판장에 반쯤 나가 누워서/나주볕을 한없이 바라보며 혼자 무엇을 즐기는 듯한 목이 긴 사람은/도연명陶淵明은 저러한 사람이였을 것이고/또 여기 더운물에 뛰어들며/무슨 물새처럼 악악 소리를 지르는 삐삐 파리한 사람은/양자楊子라는 사람은 아모래도 이와 같었을 것만 같다/나는 시방 녯날 진晉이라는 나라나 위衛라는 나라에 와서/내가 좋아하는 사람들을 만나는 것만 같다/ 〔…〕 /더운물에 몸을 불키거나 때를 밀거나 하는 것도 잊어버리고/제 배꼽을 들여다보거나 남의 낮을 쳐다보거나 하는 것인데/이러면서 그 무슨 제비의 춤이라는 연소탕燕巢湯이 맛도 있는 것과/또 어늬바루 새악시가 곱기도 한 것 같은 것을 생각하는 것일 것인데/나는 이렇게 한가하고 게으르고 그러면서 목숨이라든가 인생人生이라든가 하는 것을 정말 사랑할 줄 아는/그 오래고 깊은 마음들이 참으로 좋고 우러러진다/그러나 나라가 서로 다른 사람들이/글쎄 어린 아이들도 아닌데 쪽 발가벗고 있는 것은/어쩐지 조금 우수웁기도 하다 **〈조당澡塘에서〉** ❖ 녯날 두보杜甫나 이백李白 같은 이 나라의 시인詩人도/먼 타관에 나서 이날을 맞은 일이 있었을 것이다/ 〔…〕 /일가친척들과 서로 모여 즐거이 웃음으로 지날 것이연만/나는 오늘 때묻은 입든 옷에 마른물고기 한 토막으로/혼자 외로이 앉어 이것저것 쓸쓸한 생각을 하는 것이다/녯날 그 두보杜甫나 이백李白 같은 이 나라의 시인詩人도/이날 이렇게 마른물고기 한 토막으로 외로이 쓸쓸한 생각을 한 적도 있었을 것이다/나는 이제 어늬 먼 외진 거리에 한고향 사람의 조고마한 가업집이 있는 것을 생각하고/ 〔…〕 /그 조상들이 대대로 하든 본대로 원소元宵라는 떡을 입에 대며/스스로 마음을 느꾸어 위안하지 않었을 것인가/그러면서 이 마음이 맑은 녯 시인詩人들은/먼 훗날 그들의 먼 훗자손들도/그들의 본을 따서 이날에는 원소元宵를 먹을 것을/외로이 타관에 나서도 이 원소元宵를 먹을 것을 생각하며/그들이 아득하니 슬펐을 듯이/나도 떡국을 놓고 아득하니 슬플 것이로다/ 〔…〕 /내 쓸쓸한 마음은 아마 두보杜甫나 이백李白 같은 사람들의 마음인지도 모를 것이다 **〈두보杜甫나 이백李白같이〉** ❖ 머리카락을 텅납새에 끼우는 것은/큰마니 머리카락은 아릇간 텅납새에 엄매 머리카락은 웃간 텅납새에 삼춘엄매 머리카락도 웃간 텅납새에 텅납새에 끼우는 것은/큰마니야 엄매야 삼춘엄매야/ 〔…〕 /머리카락을 텅납새에 끼우는 것은 또/ 구시월 황하두서 황하당세 오면/막대침에 가는 세침 바눌이며 취열옥색 꼭두손이 연분홍 물감도 사잔 말이로구나. **〈머리카락〉** ❖ 그늘만 친 건넌산山에서/벼락을 맞아 바윗돌이 되었다는/큰 땅괭이 한 마리/수염을 뻗치고 건너다보는 것이 무서웠다 **〈산山〉** ❖ 호주룰하니 젖어서 달아나는데/이번에는 꿈에도 못 잊는 봉가집에 가는 것이다/봉가집을 가면서도 칠월七月 그믐 초가을을 할 때까지/평안하니 집살이를 할 것을 생각하고/애끼는 옷을 다 적시어도 비는 씨원만 하다고 생각한다 **〈칠월七月 백중〉** ❖ 이리하여 나는 이 습내 나는 춥고, 누긋한 방에서,/낮이나 밤이나 나는 나 혼자도 너무 많은 것같이 생각하며,/딜옹배기에 북덕불이라도 담겨 오면,/ 〔…〕 /나는 내 슬픔이며 어리석음이며를 소처럼 연하여 쌔김질하는 것이었다./ 〔…〕 /또 내 스스로 화끈 낯이 붉도록 부끄러울 적이며,/나는 내 슬픔과 어리석음에 눌리어 죽을 수밖에 없는 것을 느끼는 것이었다./그러나 잠시 뒤에 나는 고개를 들어,/허연 문창을 바라보든가 또 눈을 떠서 높은 턴정을 쳐다보는 것인데,/이때 나는 내 뜻이며 힘으로, 나를 이끌어 가는 것이 힘든 일인 것을 생각하고,/이것들보다 더 크고, 높은 것이 있어서, 나를 마음대로 굴려 가는 것을 생각하는 것인데,/이렇게 하여 여러 날이 지나는 동안에,/내 어지러운 마음에는 슬픔이며, 한탄이며, 가라앉을 것은 차츰 앙금이 되어 가라앉고,/ 〔…〕 /쌀랑쌀랑 소리도 나며 눈을 맞을,/그 드물다는 굳고 정한 갈매나무라는 나무를 생각하는 것이었다. **〈남신의주 유동 박시봉방南新義州柳洞朴時逢方〉**

놈 의 (주로 '놈의' 꼴로 쓰여) 그 뒤에 나오는 말이 가리키는 대상을 주로 비관적으로 이르는 말.

❖ 그즈런히 손깍지벼개하고 누워서/이 못된 놈의 세상을 크게 크게 욕할 것이다 **〈가무래기의 낙樂〉**

대로 의 (어미 '-는' 뒤에 쓰여) 어떤 상태나 행동이 나타나는 족족.

❖ 까막까치나 두더쥐 돌벌기가 와서 먹으면 먹는 대로 두어두고/도적이 조금 걷어가도 걷어가는 대로 두어두고 **〈귀농歸農〉** ❖ 쇠주푀적삼 항라적삼의 자지고름이 기드렁한 적삼에/한끝나게 상나들이옷을 있는 대로 다 내 입고 **〈칠월七月 백중〉**

듯 의 '듯이'의 준말.

❖ 녯 장수 모신 낡은 사당의 돌층계에 주저앉어서 나는 이 저녁 울 듯 울 듯 한산도閑山島 바다에 뱃사공이 되여가며 **〈통영統營(남행시초南行詩抄)〉** ❖ 네 소리는 조금 썩 심하니 쉬인 듯도 하다 **〈촌에서 온 아이〉**

듯이 의 (어미 '-은', '-는', '-을' 뒤에 쓰여) 짐작이나 추측의 뜻을 나타내는 말.

❖ 잠자리 조을든 문허진 성城터/반딧불이 난다 파란 혼魂들 같다/어데서 말 있는 듯이 크다란 산山새 한 마리 어두운 골짜기로 난다 **〈정주성定州城〉** ❖ 아배는 타관 가서 오지 않고 산山비탈 외따른 집에 엄매와 나와 단둘이서 누가 죽이는 듯이 무서운 밤 집 뒤로는 어늬 산山골짜기에서 소를 잡어먹는 노나리꾼들이 도적놈들같이 쿵쿵거리며 다닌다 **〈고야古夜〉** ❖ 나는 돌나물김치에 백설기를 먹으며/녯말의 구신집에 있는 듯이/가즈랑집 할머니 **〈가즈랑집〉** ❖ 산골사람의 손을 핥으며/약자에 쓴다는 흥정 소리를 듣는 듯이/새까만 눈에 하이얀 것이 가랑가랑한다 **〈노루—함주시초咸州詩抄〉** ❖ 재 안 드는 밤은 불도 없이 캄캄한 까막나라에서/조앙님은 무서운 이야기나 하면/모두들 죽은 듯이 엎데였다 잠이 들 것이다 **〈고사古寺—함주시초咸州詩抄〉** ❖ 나는 주먹다시 같은 떡당이에 꿀보다도 달다는 강낭엿을 산다/그리고 물이라도 들 듯이 샛노랗디샛노란 산山골 마가을 볕에 눈이 시울도록 샛노랗디샛노란 햇기장 쌀을 주무르며 **〈월림月林장〉** ❖ '도스토이엡흐스키'며 '죠이쓰'며 누구보다도 잘 알고 일등가는 소설도 쓰지만/아모것도 모르는 듯이 어드근한 방안에 굴어 게으르는 것을 좋아하는 그 풍속을 **〈허준許俊〉** ❖ 그리고 이번에는 나를 위로하는 듯이 나를 울력하는 듯이/눈질을 하며 주먹질을 하며 이런 글자들이 지나간다 **〈흰 바람벽이 있어〉** ❖ 나는 이제 어늬 먼 외진 거리에 한고향 사람의 조고마한 가업집이 있는 것을 생각하고/이 집에 가서 그 맛스러운 떡국이라도 한 그릇 사먹으리라 한다/ 〔…〕 /외로이 타관에 나서도 이 원소元宵를 먹을 것을 생각하며/그들이 아득하니 슬펐을 듯이/나도 떡국을 놓고 아득하니 슬플 것이로다 **〈두보杜甫나 이백李白같이〉**

리① 의 (어미 '-을' 뒤에 '있다', '없다' 따위와 함께 쓰여) '까닭', '이치'의 뜻을 나타내는 말.

❖ 눈은 푹푹 나리고/나는 나타샤를 생각하고/나타샤가 아니 올 리 없다/언제 벌써 내 속에 고조곤히 와 이야기한다 **〈나와 나타샤와 흰 당나귀〉**

수① 의 (어미 '-은', '-는', '-을' 뒤에 쓰여)(주로 '있다', '없다' 따위와 함께 쓰여) 어떤 일을 할 만한 힘이나 어떤 일이 일어날 가능성.

❖ 나는 이 마을에 태어나기가 잘못이다/마을은 맨천 구신이 돼서/나는 무서워 오

력을 펼 수 없다/ 〔…〕 /얼혼이 나서 뒤울안으로 가면 뒤울안에는 곱새녕 아래 털능구신/나는 이제는 할 수 없이 대문을 열고 나가려는데 대문간에는 근력 세인 수문장// 〔…〕 /아아 말 마라 내 발뒤축에는 오나가나 묻어 다니는 달걀구신/마을은 온데간데 구신이 돼서 나는 아무 데도 갈 수 없다 **〈마을은 맨천 구신이 돼서〉** ❖ 내 눈에 뜨거운 것이 핑 괴일 적이며,/또 내 스스로 화끈 낯이 붉도록 부끄러울 적이며,/나는 내 슬픔과 어리석음에 눌리어 죽을 수밖에 없는 것을 느끼는 것이었다. **〈남신의주 유동 박시봉방**南新義州柳洞朴時逢方**〉**

이①의 용언의 관형사형 어미 '-은', '-는', '-을' 뒤에 쓰여, 사람을 약간 높이는 뜻을 나타내는 말(《고려대한국어대사전》).

❖ 산山 너머로 가는 길 돌각담에 갸웃하는 처녀는 금錦이라든 이 같고/내가 들은 마산馬山 객줏客主집의 어린 딸은 난蘭이라는 이 같고//난蘭이라는 이는 명정明井골에 산다든데 **〈통영**統營**(남행시초**南行詩抄**)〉** ❖ 나는 아버지로 섬기는 이라 한즉/의원醫員은 또다시 넌즈시 웃고 **〈고향**故鄕**〉**

적의 (일부 명사나 어미 '-은', '-을' 뒤에 쓰여) 그 동작이 진행되거나 그 상태가 나타나 있는 때, 또는 지나간 어떤 때.

❖ ―하눌이 이 세상을 내일 적에 그가 가장 귀해하고 사랑하는 것들은 모두/가난하고 외롭고 높고 쓸쓸하니 그리고 언제나 넘치는 사랑과 슬픔 속에 살도록 만드신 것이다 **〈흰 바람벽이 있어〉** ❖ 넷날 그 두보杜甫나 이백李白 같은 이 나라의 시인詩人도/이날 이렇게 마른물고기 한 토막으로 외로이 쓸쓸한 생각을 한 적도 있었을 것이다 **〈두보**杜甫**나 이백**李白**같이〉** ❖ 내 가슴이 꽉 메어 올 적이며,/내 눈에 뜨거운 것이 핑 괴일 적이며,/또 내 스스로 화끈 낯이 붉도록 부끄러울 적이며,/나는 내 슬픔과 어리석음에 눌리어 죽을 수밖에 없는 것을 느끼는 것이었다. **〈남신의주 유동 박시봉방**南新義州柳洞朴時逢方**〉**

줄의 어떤 방법, 셈속 따위를 나타내는 말.

❖ 낡은 질동이에는 갈 줄 모르는 늙은 집난이같이 송구떡이 오래도록 남어있었다 **〈고방〉** ❖ 병이 들면 풀밭으로 가서 풀을 뜯는 소는 인간人間보다 영靈해서 열 걸음 안에 제 병을 낫게 할 약藥이 있는 줄을 안다고 **〈절간의 소 이야기〉** ❖ 나는 이렇게 한가하고 게으르고 그러면서 목숨이라든가 인생人生이라든가 하는 것을 정말 사랑할 줄 아는/그 오래고 깊은 마음들이 참으로 좋고 우러러진다 **〈조당**澡塘**에서〉**

지의 (어미 '-은' 뒤에 쓰여) 어떤 일이 있었던 때로부터 지금까지의 동안을 나타내는 말.

❖ 오리치를 놓으려 아배는 논으로 나려간 지 오래다 **〈오리 망아지 토끼〉**

2 민속과 종교

1) 민속놀이

가마명 예전에, 한 사람이 안에 타고 둘이나 넷이 들거나 메던, 조그만 집 모양의 탈것. 백석 시 〈여우난골족族〉에서는 전통 민속놀이의 하나를 나타내는 말로 쓰이고 있다.

❖ 저녁술을 놓은 아이들은 외양간 섶 밭마당에 달린 배나무동산에서 쥐잡이를 하고 숨굴막질을 하고 꼬리잡이를 하고 가마 타고 시집가는 놀음 말 타고 장가가는 놀음을 하고 이렇게 밤이 어둡도록 북적하니 논다 **〈여우난골족族〉**

광대넘이명 광대가 손으로 땅을 짚으며 몸을 뒤집는 것같이 물구나무섰다 뒤집는 것. 아이들의 놀이를 가리킨다.

❖ 나는 아릇목의 삿귀를 들고 쇠든밤을 내여 다람쥐처럼 밝어먹고 은행여름을 인둣불에 구워도 먹고 그러다는 이불 우에서 광대넘이를 뒤이고 또 누워 굴면서 엄매에게 웃목에 두른 평풍의 새빨간 천두의 이야기를 듣기도 하고 〔…〕 **〈고야古夜〉**

꼬리잡이명 앞사람의 허리를 잡고 일렬로 늘어선 대열의 맨 끝 사람을 정해진 술래나 상대편이 잡는 놀이. 두 패로 나뉘어 한 패의 우두머리가 상대편 대열의 맨 끝 사람을 잡는 방법과 술래 하나를 정해 놓고 술래가 대열의 끝 사람을 잡는 방법, 대열의 맨 앞사람이 자기 대열의 끝 사람을 잡는 방법 등의 세 가지 놀이 방법이 있다(《조선향토백과18》, 2005, 575쪽).

❖ 저녁술을 놓은 아이들은 외양간 섶 밭마당에 달린 배나무동산에서 쥐잡이를 하고 숨굴막질을 하고 꼬리잡이를 하고 가마 타고 시집가는 놀음 말 타고 장가가는 놀음을 하고 이렇게 밤이 어둡도록 북적하니 논다 **〈여우난골족族〉**

꿩사냥명 총이나 활 또는 길들인 매나 올가미 따위로 꿩을 잡는 일. 꿩은 밭에 내려서 먹이를 먹을 때는 날아다니지 않고 살살 기어 다니는 습성이 있다. 꿩의 이런 습성을 노려 꿩이 잘 기어 다닐 만한 길목에 올가미를 놓아 잡곤 한다(《평안북도지》, 1973).

〔'꿩사냥'은 《조선말대사전》에 등재되어 있다.〕

❖ 한가한 애동들은 어둡도록 꿩사냥을 하고/가난한 엄매는 밤중에 김치가재미로 가고 〈**국수**〉

바독판명 '바둑판'의 고어. 바둑을 둘 때, 위에 알을 놓는 평평한 표면의 판. 가로와 세로 각각 열아홉 줄이 그어져 있다(《고려대한국어대사전》).

〔'바둑'은 '받독(田+石) > 바독 > 바둑'의 형태로 발전한 말이다(《고려대한국어대사전》).〕

❖ 그 멀은 눈물의 또 볕살의 나라에서/이 세상에 나들이를 온 사람이여/이 목이 긴 시인詩人이 또 게사니처럼 떠곤다고/당신은 쓸쓸히 웃으며 바독판을 당기는구려 〈**허준**許俊〉

버선짝명 버선의 한 짝. 백석 시 〈촌에서 온 아이〉에서 아이가 버선짝을 가지고 노는 것은 버선 한 짝을 뒤집으며 노는 것을 말하는 것으로 보인다. 버선짝의 크기와 모양은 아이들의 손이 들어가기에 알맞다. 또 버선짝은 코가 굴곡져서 뒤집을 때 모양을 맞추기가 쉽지 않아 코 안으로 손을 깊숙이 집어넣든가, 막대기를 이용해 코를 바로 뒤집어야 한다. 그래서 장남감이 없던 지난 날 아이들은 방 안에 놓여 있던 버선짝이 눈에 띄면 그 안에 손을 집어넣어 뒤집기를 반복하면서 모양을 맞추며 놀곤 하였다.

❖ 네 소리에 나는 촌 농삿집의 저녁을 짓는 때/나주볕이 가득 드리운 밝은 방안에 혼자 앉어서/실감기며 버선짝을 가지고 쓰렁쓰렁 노는 아이를 생각한다 〈**촌에서 온 아이**〉

벌불 장난명 벌판에서 벌이는 불장난.

〔'벌불'은 《표준국어대사전》에 "① 등잔불이나 촛불에서 심지 옆으로 뻔치어 퍼지는 불 ② 아궁이에 불을 땔 때 아궁이 밖으로 내뻗치는 불"의 뜻으로 등재되어 있는 말인데, 백석 시의 아래 용례에선 문맥상 벌판의 불을 뜻하는 것으로 보아야 할 것이다. '벌불 장난'은 벌판에서 하는 불장난을 말하는 것일 텐데, 쥐불놀이는 보통 해가 질 무렵에 하는 것이므로, 아래 시에서 '벌불 장난'은 '쥐불놀이'를 가리키기보다는, 좀 더 넓은 의미에서 벌판에서 이런저런 불장난을 하는 것을 말하는 것으로 보는 것이 적절할 것 같다. 예전에 봄날이 되면 아이들이 벌판에 나가 낟가리들을 불태우는 등, 이런 저런 불장난을 하며 놀곤 하였다.〕

❖ 봄철날 한종일내 노곤하니 벌불 장난을 한 날 밤이면 으레히 싸개동당을 지나는데 잘망하니 누워 싸는 오줌이 넓적다리를 흐르는 따근따근한 맛 자리에 펑하니 괴이는 척척한 맛 〈**동뇨부**童尿賦〉

숨굴막질 명 '숨바꼭질'의 방언. 한 사람이 술래가 되어 숨어 있는 나머지 사람들을 찾아내는 아이들의 놀이(《고려대한국어대사전》).

〔《평북방언사전》엔 '숨바꼭질'의 평북 방언으로 '숨꾸막질'이 등재되어 있는데, 백석 시의 용례에선 '숨굴막질'이 쓰이고 있다.〕

❖ 저녁술을 놓은 아이들은 외양간 섶 밭마당에 달린 배나무동산에서 쥐잡이를 하고 숨굴막질을 하고 꼬리잡이를 하고 가마 타고 시집가는 놀음 말 타고 장가가는 놀음을 하고 이렇게 밤이 어둡도록 북적하니 논다 **〈여우난골족族〉**

실감기 명 '실감개'의 고어. 실을 감아 두는 물건. 백석 시 〈촌에서 온 아이〉에서 '실감기를 가지고 노는 것'은 실감개에 실을 감는 등 실감개를 가지고 이런저런 장난을 하며 노는 것을 가리킨다.

〔백석의 시어 중 '넚차개'나 '노리개' 같은 말을 보면 사물어의 끝음절 '개'가 '기'로 변이되지 않아, '실감기'는 '실감개'가 아니라 말 그대로 실 감는 행위를 나타내는 말로 볼 수도 있겠는데, 백석이 후기 시에 가서 같은 자격으로 이어 주는 접속조사 '며'를 많이 쓴 점을 감안해 볼 때 '실감기'는 '버선짝'이라는 사물어와 등가를 이루는 '실감개'라는 사물을 가리키는 것으로 보는 것이 더 적절할 것 같다.〕

❖ 네 소리에 나는 촌 농삿집의 저녁을 짓는 때/나주볕이 가득 드리운 밝은 방안에 혼자 앉어서/실감기며 버선짝을 가지고 쓰렁쓰렁 노는 아이를 생각한다 **〈촌에서 온 아이〉**

쌈방이 명 평북 지방의 토속적인 풍물.

〔'쌈방이'가 정확히 무엇을 가리키는지 알 수 없다. '주사위'로 보는 견해가 있으나(송준, 2012ㄱ), 근거가 희박하다. 현재로선 평북 지방의 토속적인 풍물을 가리키는 것으로 짐작될 뿐이다.〕

❖ 밤이 깊어가는 집안엔 엄매는 엄매들끼리 아르간에서들 웃고 이야기하고 아이들은 아이들끼리 웃간 한 방을 잡고 조아질하고 쌈방이 굴리고 바리깨돌림하고 호박떼기하고 제비손이구손이하고 이렇게 화디의 사기방등에 심지를 몇 번이나 돋구고 홍게닭이 몇 번이나 울어서 졸음이 오면 아릇목싸움 자리싸움을 하며 히드득거리다 잠이 든다 〔…〕 **〈여우난골족族〉**

아릇목싸움 명 아랫목싸움. 온돌방에서 따뜻한 부분인 아랫목을 서로 차지하려고 다투는 장난을 말한다.

〔'아릇목싸움'은 '아릇목(아랫목)+싸움'의 합성조어이다. 사전엔 '아랫목'만 등재되어 있다.〕

❖ 밤이 깊어가는 집안엔 엄매는 엄매들끼리 아르간에서들 웃고 이야기하고 아이들은 아이들끼리 웃간 한 방을 잡고 〔…〕 이렇게 화디의 사기방등에 심지를 몇 번이나 돋구고 홍게닭이 몇 번이나 울어서 졸음이 오면 아릇목싸움 자리싸움을 하며 히드득거리다 잠이 든다 〔…〕 **〈여우난골족族〉**

오독독이명 오독도기. 불꽃놀이에 쓰는 딱총의 하나. 화약 심지에 불을 붙이면 터지는 소리를 내면서 불꽃이 떨어진다. 중국에서는 정월 대보름날 원소를 먹고 꽃 모양으로 터지는 오독도기 놀이(폭죽놀이)를 하며 집집마다 꽃등을 달거나 들고 다니는 풍속이 있다.

❖ 아, 이 정월正月 대보름 명절인데/거리에는 오독독이 탕탕 터지고 호궁胡弓 소리 뻘뻘 높아서/내 쓸쓸한 마음엔 자꼬 이 나라의 넷 시인詩人들이 그들의 쓸쓸한 마음들이 생각난다 **〈두보杜甫나 이백李白같이〉**

자리싸움명 말 그대로 좋은 자리를 차지하려는 다툼인데, 백석 시 〈여우난골족族〉에서는 잠자리에 들기 전에 방의 아랫목 가운데 좋은 자리에 누워 자려는 장난스러운 다툼을 말한다.

❖ 밤이 깊어가는 집안엔 엄매는 엄매들끼리 아르간에서들 웃고 이야기하고 아이들은 아이들끼리 웃간 한 방을 잡고 〔…〕 이렇게 화디의 사기방등에 심지를 몇 번이나 돋구고 홍게닭이 몇 번이나 울어서 졸음이 오면 아릇목싸움 자리싸움을 하며 히드득거리다 잠이 든다 〔…〕 **〈여우난골족族〉**

쥐잡이명 쥐잡이 놀이. 전통적으로 전해지던 아이들의 놀이의 하나.

〔아래 용례에서 '쥐잡이'라는 말은 이 시가 처음 《조광》(1935. 12)에 실릴 때에는 '고양이잡이'로 쓰였다가 시집 《사슴》(1936. 1)에 실릴 때에 '쥐잡이'로 바뀌었다. 이런 시어의 교체로 미루어서 '고양이잡이'와 '쥐잡이'는 유사한 놀이를 가리키는 것으로 봐야 할 것이다. 현재까지 이것이 어떤 놀이인지 알기 어려운데 아마 '쥐'라는 술래를 정해 놓고 그 술래를 잡는 놀이의 일종이 아닌가 짐작된다.〕

❖ 저녁술을 놓은 아이들은 외양간 섶 밭마당에 달린 배나무동산에서 쥐잡이를 하고 숨굴막질을 하고 꼬리잡이를 하고 가마 타고 시집가는 놀음 말 타고 장가가는 놀음을 하고 이렇게 밤이 어둡도록 북적하니 논다 **〈여우난골족族〉**

청대나무말명 죽마竹馬.

〔'청대나무말'은 '청(靑)대나무+말(馬)'의 형태를 지닌 말로, '죽마竹馬'를 가리킨다. '죽마'(대말)는 사전에 '아이들이 말놀음질을 할 때에, 두 다리를 걸터타고 끌고 다니는 대막대기'로 풀이되어 있다. 푸른빛을 띠는 대나무는 여름이면 더 푸르러진

다. '청대나무말을 모는 놀이'는 푸른 대나무를 가랑이에 끼고 말처럼 여기며 몰고 다니면서 노는 아이들의 놀이를 말한다. '죽마타기'(대말타기)는 《삼국유사》에 나올 정도로 오래전부터 전해 오던 우리나라 아이들의 전통놀이이다. 고려 말기의 《목은집》에도 '죽마'가 나오고, 16세기 시인인 임제도 '옛고장 찾았으나 죽마 타고 함께 놀던 동무들은 거의 다 간 곳조차 알길 없고 반갑게 맞아 주는 이 하나도 없구나'라고 쓴 바 있다(《조선향토대백과 18》, 2005, 570쪽).〕

❖ 푸른 바닷가의 하이얀 하이얀 길이다//아이들은 늘늘히 청대나무말을 몰고/대모풍잠한 늙은이 또요 한 마리를 드리우고 갔다//이 길이다 **〈남향**南鄕**—물닭의 소리〉**

2) 민속신앙

구신명 '귀신'(사람이 죽은 뒤에 남는다는 넋)의 방언(강원, 경남, 전남, 충남, 평안).

❖ 언제나 병을 앓을 때면/신장님 달련이라고 하는 가즈랑집 할머니/구신의 딸이라고 생각하면 슬퍼졌다 **〈가즈랑집〉** ❖ 아카시아꽃의 향기가 가득하니 꿀벌들이 많이 날어드는 아츰/구신은 없고 부헝이가 담벽을 띠쫗고 죽었다 **〈정문촌**旌門村**〉** ❖ 한해에 멫 번 매연 지난 먼 조상들의 최방등 제사에는 〔…〕 그리고 합문 뒤에는 흠향오는 구신들과 호호히 접하는 것//구신과 사람과 넋과 목숨과 있는 것과 없는 것과 한 줌 흙과 한 점 살과 먼 넷조상과 먼 훗자손의 거륵한 아득한 슬픔을 담는 것 **〈목구**木具**〉** ❖ 마을은 맨천 구신이 돼서/나는 무서워 오력을 펼 수 없다/〔…〕/마을은 온데간데 구신이 돼서 나는 아무 데도 갈 수 없다 **〈마을은 맨천 구신이 돼서〉**

구신간시렁명 구신(귀신)을 모셔 놓은 곳의 시렁.

〔'구신간시렁'은 '구신+간(間)+시렁(선반)'의 형태를 지닌 합성조어이다. '간間'은 '장소', '공간'의 뜻이다. 백석 시에는 공간의 뜻으로 '간'이 붙은 시어들이 많이 구사된다. 웃간, 안간, 아르간, 외양간, 벗곡간, 연자간, 절간, 뒷간, 대문간 등이 그러한 시어들이다.〕

❖ 무명필에 이름을 써서 백지 달어서 구신간시렁의 당즈깨에 넣어 대감님께 수영을 들였다는 가즈랑집 할머니 **〈가즈랑집〉**

국수당명 국사당國師堂. 성황당, 서낭당으로 불리기도 한다. 국수당은 마을 입구나 고갯마루, 산기슭 등의 길가에 위치해 있는 토속신앙의 대상이다. 보통 돌무더기로 되어 있는데, 그 외에 신목의 형태로 되어 있거나, 당의 형태로 되어 있는 경우도 있으며, 신목과 돌무더기, 신목과 당이 함께 있는 경우도 있다. 《평안북도지》에는 국수당에 대해 "고갯길 고목나무 밑에 조그만 당을 짓기도 하고 또는 길가 비탈길 바위나 관목 가지에 너슬너슬 헝겊을 매달아 모신다"고 언급되어 있다(이종철·박호원, 《서낭당》, 대원사, 1994; 《평안북도지》, 1973, 242쪽).

❖ 어스름저녁 국수당 돌각담의 수무나무 가지에 녀귀의 탱을 걸고 나물매 갖추어 놓고 비난수를 하는 젊은 새악시들/—잘 먹고 가라 서리서리 물러가라 네 소원 풀었으니 다시 침노 말아라 **〈오금덩이라는 곳〉**

국수당고개 명 국수당이 놓여 있는 고개. 국수당은 국사당國師堂. 성황당, 서낭당으로 불리기도 하는 것으로 마을 입구나 고갯마루, 산기슭 등의 길가에 위치해 있는 토속신앙의 대상인데, 백석 시 〈넘언집 범 같은 노큰마니〉에서는 고갯마루에 위치해 있다. 국수당은 보통 돌무더기로 되어 있는데, 그 외에 신목의 형태로 되어 있거나, 당의 형태로 되어 있는 경우도 있으며, 신목과 돌무더기, 신목과 당이 함께 있는 경우도 있다. 이 시에서 국수당은 신목의 형태로 되어 있는 것이다. 고개에 위치한 국수당은 경계의 징표가 되기도 하는데, 고개를 지날 때 통과의식의 하나로 당을 향해 '퉤퉤' 하고 침을 뱉기도 한다(이종철·박호원, 《서낭당》, 대원사, 1994; 《평안북도지》, 1973, 242쪽).

❖ 황토 마루 수무나무에 얼럭궁덜럭궁 색동헝겊 뜯개조박 뵈짜배기 걸리고 오쟁이 끼애리 달리고 소삼은 엄신 같은 딥세기도 열린 국수당고개를 멫 번이고 튀튀 춤을 뱉고 넘어가면 골안에 아늑히 묵은 녕동이 무겁기도 할 집이 한 채 안기었는데 **〈넘언집 범 같은 노큰마니〉**

굴대장군 명 굴때장군. 키가 크고 몸이 굵으며 살갗이 검은 사람을 놀림조로 이르는 말. 백석 시 〈마을은 맨천 구신이 돼서〉에서는 굴뚝을 주관하는 신을 말한다. [《표준국어대사전》엔 '굴때장군'이 등재되어 있는데, 《조선말대사전》엔 '굴대장군'이 등재되어 있다.]

❖ 나는 이번에는 굴통 모통이로 달아가는데 굴통에는 굴대장군/얼혼이 나서 뒤울안으로 가면 뒤울안에는 곱새녕 아래 털능구신 **〈마을은 맨천 구신이 돼서〉**

굿 명 무속의 종교 제의. 무당이 음식을 차려 놓고 노래를 하고 춤을 추며 귀신에게 인간의 길흉화복을 조절하여 달라고 비는 의식이다.

❖ 아비가 앓는가부다/다래 먹고 앓는가부다//아랫마을에서는 애기무당이 작두를 타며 굿을 하는 때가 많다 **〈산지山地〉** ❖ 아랫마을에서는 애기무당이 작두를 타며 굿을 하는 때가 많다 **〈삼방三防〉**

녀귀 명 여귀厲鬼. 미혼 남녀의 귀신이나 자손이 없는 귀신 등 여러 가지 사정으로 인해 제사를 받을 수 없는 무사귀신無祀鬼神을 말한다. 이 무사귀신들이 사람에게 해를 미친다고 여겨, 이들에게 제사를 지내 줌으로써 여귀의 한을 풀어 주어 마을의 역질이나 재난을 막아 내고자 하였다. 이러한 속신과 풍속은 특히 평안도와 함경도 마을에 널리 퍼져 있었던 것 같다(전경욱, 《함경도의 민속》, 고려대학교출판부, 1999, 99-100쪽).

❖ 어스름저녁 국수당 돌각담의 수무나무 가지에 녀귀의 탱을 걸고 나물매 갖추어 놓고 비난수를 하는 젊은 새악시들/—잘 먹고 가라 서리서리 물러가라 네 소원 풀었으니 다시 침노 말아라 **〈오금덩이라는 곳〉**

눈귀신 명 눈 내리는 날 나타나는 귀신. 물귀신이 물속에서 사람을 해치는 귀신이므로, 눈귀신도 눈 내리는 날 나타나서 사람을 해치는 귀신일 것이다. 백석 시 〈고야古夜〉의 아래 용례는 '냅일날' 밤에 눈이 오면 이 눈귀신이 그 냅일날의 눈을 받느라고 나타나지 않아서 눈귀신 걱정 없이 나와 엄마가 냅일눈을 받는다는 것으로 그만큼 냅일날에 내리는 눈이 귀하고 소중하다는 것을 말하는 것이다.

❖ 섣달에 냅일날이 들어서 냅일날 밤에 눈이 오면 이 밤엔 쌔하얀 할미귀신의 눈귀신도 냅일눈을 받노라 못 난다는 말을 든든히 녀기며 〔···〕 **〈고야古夜〉**

달걀구신 명 달걀귀신. 달걀 모양으로 생겼다는 귀신. 우리나라의 전설에 나타나는 귀신으로 눈, 코, 입, 귀가 없으며 달걀 같은 얼굴과 머리카락만 덩그러니 있다(《고려대한국어대사전》).

❖ 아아 말 마라 내 발뒤축에는 오나가나 묻어 다니는 달걀구신/마을은 온데간데 구신이 돼서 나는 아무 데도 갈 수 없다 **〈마을은 구신이 돼서〉**

대감님 명 '대감大監'을 높여 이르는 말. 남자 조상祖上의 신. 구체적으로 언제 어느 때의 조상이 아니고 추상적인 조상이다. 남자 신의 존칭으로 볼 수도 있다. '성주신'과 같이 당지기(덮개가 있는 바구니) 같은 곳에 엽전이나 헝겊조각, 참지(창호지, 한지) 등을 담아 선반 한쪽 구석에 모신다(《평안북도지》, 1973, 241쪽).

❖ 내가 날 때 죽은 누이도 날 때/무명필에 이름을 써서 백지 달어서 구신간시렁의 당즈깨에 넣어 대감님께 수영을 들였다는 가즈랑집 할머니 **〈가즈랑집〉**

데석님 명 제석님. '제석帝釋'을 높여 이르는 말. 집안 사람들의 수명과 곳간의 모든 곡식을 주관하는 신. 볏짚섬에 엽전과 곡식을 담아 방 안의 시렁 위 한 구석에 놓아두거나, 곳간에 달아매고 참지(창호지, 한지)를 접어서 걸어 두기도 한다(《평안북도지》, 1973, 241쪽).

❖ 오대五代나 나린다는 크나큰 집 다 찌그러진 들지고방 어득시근한 구석에서 쌀독과 말쿠지와 숫돌과 신뚝과 그리고 넷적과 또 열두 데석님과 친하니 살으면서 **〈목구木具〉** ❖ 나는 뛰쳐나와 얼른 고방으로 숨어버리면 고방에는 또 시렁에 데석님/나는 이번에는 굴통 모통이로 달아가는데 굴통에는 굴대장군/얼혼이 나서 뒤울안으로 가면 뒤울안에는 곱새녕 아래 털능구신 **〈마을은 맨천 구신이 돼서〉**

디운구신 명 지운地運귀신. 지운귀신은 지신을 말하는 것으로 보인다. '지신'이란 한 가옥의 터나 마을, 한 지역이나 나라의 땅을 관장하는 신인데, 그 가운데 가신으로서 한 가옥의 집터를 담당하는 신을 터주, 또는 터주대감이라 부른다. 터주신은 안뜰 중앙, 장독대, 뒤뜰 담 밑, 광 등 여러 곳에 모시는데, 백석 시 〈마을은 맨천 구신이 돼서〉에서는 토방에 모시는 것으로 나타난다. 신체의 형태는 단지에 오곡을 넣고 입구를 종이로 봉한 뒤 목을 종이로 감아 김칫독 묻듯이 묻거나, 빈 시루에 쌀을 담은 사발을 넣고 그 위에 짚으로 지붕을 씌워 놓기도 하는 등 지역에 따라 다르다(민속학회, 《한국민속학의 이해》, 문학아카데미, 1994, 153-154쪽).

❖ 자 방안에는 성주님/나는 성주님이 무서워 토방으로 나오면 토방에는 디운구신/나는 무서워 부엌으로 들어가면 부엌에는 부뜨막에 조앙님 **〈마을은 맨천 구신이 돼서〉**

무당 명 귀신을 섬겨 길흉을 점치고 굿을 하는 것을 업으로 하는 사람. 주로 여자를 이른다.

❖ 나를 생각하든 그 무당의 딸은 내 어린 누이에게/오리야 너를 한 쌍 주드니 **〈오리〉**

무명필 명 필로 된 무명. 무명실을 필 단위로 짜서 만든 피륙(《고려대한국어대사전》)을 말하는데 백석 시 〈가즈랑집〉에서는 '명다리'를 가리킨다. '명다리'란 신불을 모신 상의 천장 가까이에 소원을 비는 사람의 성명과 생년월일을 써 매다는 무명이나 모시를 뜻한다. ☞ 체언 II. 기본생활 1. 의류 3) 옷감과 재료 121

〔지난날 한국의 전통 마을에서는 아이들이 태어날 때 부모들이 명다리를 단골 무당에게 바쳐 무당과 수양을 맺음으로써 아이의 무병장수를 기원하는 속신이 있었다. "내가 날 때 죽은 누이도 날 때/무명필에 이름을 써서 백지 달어서 구신간시렁의 당즈깨에 넣어 대감님께 수영을 들였다는"이란 구절은 백석의 고향에서 벌어진 속신을 그대로 드러낸 것이다(김명인, 《한국근대시의 구조연구》, 한샘, 1988, 77쪽; 국립민속박물관, 《한국민속신앙사전—무속신앙》, 국립민속박물관, 2009, 276쪽).〕

❖ 내가 날 때 죽은 누이도 날 때/무명필에 이름을 써서 백지 달어서 구신간시렁의

당즈깨에 넣어 대감님께 수영을 들였다는 가즈랑집 할머니 **〈가즈랑집〉**

방뇨명 오줌을 눔. 오줌은 '팥'과 함께 우리의 전통 속신에서 벽사辟邪 기능을 한다. 백석 시 〈오금덩이라는 곳〉의 용례는 이러한 사례를 뚜렷이 보여 주고 있다.

❖ 여우가 우는 밤이면/잠 없는 노친네들은 일어나 팥을 깔이며 방뇨를 한다/여우가 주둥이를 향하고 우는 집에서는 다음날 으레히 흉사가 있다는 것은 얼마나 무서운 말인가 **〈오금덩이라는 곳〉**

비난수명 귀신에게 중얼중얼 복을 빌며 기도하는 말이나 행위(《고려대한국어대사전》).

❖ 어스름저녁 국수당 돌각담의 수무나무 가지에 녀귀의 탱을 걸고 나물매 갖추어 놓고 비난수를 하는 젊은 새악시들/—잘 먹고 가라 서리서리 물러가라 네 소원 풀었으니 다시 침노 말아라 **〈오금덩이라는 곳〉**

성궁미명 부처에게 바치는 쌀.

〔'성궁'은 '칠성굿'의 평북 방언이다. 따라서 '성궁미'는 칠성신(북두칠성을 맡은 신)에게 바치는 쌀이라는 뜻이 된다. 칠성신은 본래 가정 신이지만 불교가 민간신앙을 흡수하면서 절에 칠성각을 차리고 칠성불을 모시게 되었다. '성궁미'는 바로 그 칠성불에게 바치는 쌀을 뜻하는 것이라고 할 수 있는데, 《표준국어대사전》에 '칠성불공'이 "칠성신에게 지내는 제사와 부처에게 하는 공양을 통틀어 이르는 말"로 풀이되어 있다. 따라서 '성궁미'도 '칠성신과 부처에게 바치는 쌀'을 뜻하며, 넓은 의미에서 '부처에게 바치는 쌀'로 풀이할 수 있겠다.〕

❖ 부뚜막이 두 길이다/이 부뚜막에 놓인 사닥다리로 자박수염 난 공양주는 성궁미를 지고 오른다 **〈고사古寺—함주시초咸州詩抄〉**

성주님명 '성주'를 높여 이르는 말. '성주'는 가옥의 안전을 다스리는 신. 용마루에 참지(창호지, 한지)를 접어서 매달거나 안방 문지방 위에 이 종이를 걸고 조그만 선반 위에 헝겊 조각과 돈(엽전)을 담은 조그만 당지기(덮개가 있는 바구니)를 올려놓는다(《평안북도지》, 1973, 241쪽).

❖ 나는 무서워 오력을 펼 수 없다/자 방안에는 성주님/나는 성주님이 무서워 토방으로 나오면 토방에는 디운구신/나는 무서워 부엌으로 들어가면 부엌에는 부뜨막에 조앙님 **〈마을은 맨천 구신이 돼서〉**

수문장명 가정의 출입구인 대문을 지키는 귀신 장수. 모든 길흉화복이 대문을 통해 들고 나고 하므로 문의 수직守直을 맡는다. 대문 안의 문지방 높이에 참지(창호지, 한지)를 접어서 걸고 이곳에 신이 깃들게 한다(《평안북도지》, 1973, 242쪽).

❖ 나는 이제는 할 수 없이 대문을 열고 나가려는데 대문간에는 근력 세인 수문장

〈마을은 맨천 구신이 돼서〉

수영 명 수양(收養). 다른 사람의 자식을 맡아서 제 자식처럼 기름. '수영을 들이다'는 '수양 들이다' '수양하게 하다'로 '자식을 맡아 기르게 하다'의 뜻이다. 백석 시 〈가즈랑집〉에선 대감님, 즉 남자 신께 수양 들여 아이의 명이 길어지도록 하고 있으며, 무당인 가즈랑집 할머니가 그런 의식을 맡고 있다. ☞ 들이다② 610

❖ 무명필에 이름을 써서 백지 달어서 구신간시렁의 당즈깨에 넣어 대감님께 수영을 들였다는 가즈랑집 할머니 **〈가즈랑집〉**

신장님 명 '신장(神將)'을 높여 이르는 말. '신장神將'은 무당과 장님이 모시는 신으로서 용맹스러운 장군의 신격神格(《고려대한국어대사전》).

❖ 언제나 병을 앓을 때면/신장님 달련이라고 하는 가즈랑집 할머니/구신의 딸이라고 생각하면 슬퍼졌다 **〈가즈랑집〉**

애기무당 명 전날에, 나이가 어리거나 젊은 무당 또는 무당들 가운데서 지위가 낮은 무당을 늙은 무당이나 큰무당에 상대하여 이르는 말(《조선말대사전》).

〔'애기무당'은 《조선말대사전》에 등재되어 있다.〕

❖ 아랫마을에서는 애기무당이 작두를 타며 굿을 하는 때가 많다 **〈산지山地〉** ❖ 아랫마을에서는 애기무당이 작두를 타며 굿을 하는 때가 많다 **〈삼방三防〉**

여우① 명 '여우'는 갯과의 포유동물인데, 백석 시 〈오금덩이라는 곳〉에서는 미신과 결부된 의미를 갖는다. 《정주군지》의 '미신' 항목을 보면 "밤낮 없이 여우 소리가 들릴 때는 그 반대 방향에 있는 부락 사람이 죽는다"는 이야기가 수록되어 있다(《정주군지》, 1975, 122쪽).

❖ 여우가 우는 밤이면/잠 없는 노친네들은 일어나 팥을 깔이며 방뇨를 한다/여우가 주둥이를 향하고 우는 집에서는 다음날 으레히 흉사가 있다는 것은 얼마나 무서운 말인가 **〈오금덩이라는 곳〉**

연자망구신 명 '연자망'을 관장하는 귀신. '연자망'은 연자방아의 맷돌인 연자매를 가리키는 것으로, 밑에는 둥그런 돌판을 놓고 위에는 굴대 모양의 돌이 돌판 중심의 축에 의지하여 돌판 위를 돌면서 곡식을 찧을 수 있도록 설치한 맷돌을 말한다(《조선말대사전》). ☞ 연자간 343

❖ 나는 겨우 대문을 삐쳐나 바깥으로 나와서/밭 마당귀 연자간 앞을 지나가는데 연자간에는 또 연자망구신/나는 고만 디겁을 하여 큰 행길로 나서서 마음 놓고 화리서리 걸어가다 보니 **〈마을은 맨천 구신이 돼서〉**

작두 명 말이나 소에게 먹일 짚이나 풀, 콩깍지 따위를 써는 연장(《고려대한국어대사전》). 무당이 굿할 때 작두날 위에 올라 타 작두춤을 추는데, 백석 시 〈산지山地〉와 〈삼방三防〉에서 작두는 그런 무구巫具를 지칭하는 것이다.

❖ 아비가 앓는가부다/다래 먹고 앓는가부다//아랫마을에서는 애기무당이 작두를 타며 굿을 하는 때가 많다 **〈산지山地〉** ❖ 아랫마을에서는 애기무당이 작두를 타며 굿을 하는 때가 많다 **〈삼방三防〉**

조앙님 명 '조왕竈王'을 높여 이르는 말. 부엌의 길흉화복을 맡아보는 신. 부엌에서 만드는 음식과 아궁이에 불이 잘 안 들어오는 것 등을 모두 이 신의 탓으로 여긴다. 부엌문 위 벽이나 부뚜막에 참지를 접어서 걸어 놓고 여기에 신을 모신다. 특별한 제사는 없고 유별난 음식을 만들 경우 그릇에 조금 떠서 달아맨 종이 밑에 잠시 놓아 둔다(《평안북도지》, 1973, 241쪽).

❖ 화라지송침이 단채로 들어간다는 아궁지/이 험상궂은 아궁지도 조앙님은 무서운가보다// 〔…〕 //재 안 드는 밤은 불도 없이 캄캄한 까막나라에서/조앙님은 무서운 이야기나 하면/모두들 죽은 듯이 엎데였다 잠이 들 것이다 **〈고사古寺—함주시초咸州詩抄〉** ❖ 나는 무서워 오력을 펼 수 없다/자 방안에는 성주님/나는 성주님이 무서워 토방으로 나오면 토방에는 디운구신/나는 무서워 부엌으로 들어가면 부엌에는 부뜨막에 조앙님 **〈마을은 맨천 구신이 돼서〉**

충왕蟲王 명 농작물에 해를 끼치는 해충害蟲을 막아 주는 농경신農耕神의 일종.

❖ 나는 노새를 타고 뒤에 따르고/마을 끝 충왕묘蟲王廟에 충왕蟲王을 찾어뵈려 가는 길이다/토신묘土神廟에 토신土神도 찾어뵈려 가는 길이다 **〈귀농歸農〉** ☞ 충왕묘

충왕묘蟲王廟 명 충왕을 모시는 사당. 중국에서는 충왕절에 농촌 사람들이 모여 충왕묘에 가서 동물을 잡고 제물상을 차려 충왕에게 제사를 지내며 한 해 동안 황충蝗蟲 피해 없이 풍요를 기원하는 풍속이 전해져 온다.

〔《중국민속사전》에 충왕절에 대해 다음과 같이 설명하고 있다. "蟲王節: 旧时汉族民间岁时风俗. 流行于黑龙江, 吉林等地. 时间在夏历六月初六.《宁安县志》: '乡间农民恐虫蝗害稼, 均于六月六日集资杀牲, 以报赛虫王.' 是日, 乡间农家杀猪宰鹅, 祭祀虫王, 祈求不降虫灾, 勿害禾稼. 人们还在此日晒衣服,晒书, 以为可以免出虫蠹"(예전에 민간에서 전해 내려오던 한족漢族의 세시풍속이다. 헤이룽장黑龍江과 지린吉林 성 등의 지방에서 널리 성행되었다. 때는 음력 유월 초엿샛날이다.《닝안현지宁安縣誌》에 따르면, 마을의 농민들은 황충蝗蟲이 농작물을 해칠까 두려워서, 6월 6일에 돈을 모아 가축을 잡고 제물상을 차려 충왕에게 제사를 지냈다고 한다. 이날 마을 농가에서는 돼지, 오리를 잡아서 충왕에게 제사를 지내며 한 해 동안 황충 재해를 내리지 말 것을

빈다. 사람들은 또 이날에 옷이나 책도 말린다. 이렇게 하면 옷이나 책에 좀이 생기지 않을 것이라는 생각에서다)(中国风俗辞典编辑委员会 编,《中国风俗辞典》, 上海辞书出版社, 1990, 34쪽).〕

❖ 나는 노새를 타고 뒤에 따르고/마을 끝 충왕묘蟲王廟에 충왕蟲王을 찾어뵈려 가는 길이다/토신묘土神廟에 토신土神도 찾어뵈려 가는 길이다 **〈귀농歸農〉**

치성 명 신이나 부처에게 지성으로 빎. 또는 그런 일.

❖ 섣달에 냅일날이 들어서 냅일날 밤에 눈이 오면 〔…〕 엄매와 나는 앙궁 우에 떡돌 우에 곱새담 우에 함지에 버치며 대냥푼을 놓고 치성이나 드리듯이 정한 마음으로 냅일눈 약눈을 받는다 **〈고야古夜〉**

탱 명 신령이나 사람의 초상을 그린 족자. '탱화'와 같은 말(《조선말대사전》).

〔《표준국어대사전》엔 '탱'이 "부처, 보살, 성현들을 그려서 벽에 거는 그림"으로 풀이되어 있는데 '탱'에는 신령이나 죽은 귀신 등을 그려 놓은 것들도 있다. 따라서 '탱'의 정확한 뜻은《조선말대사전》의 '탱화' 풀이를 따르는 것이 적절하다.〕

❖ 어스름저녁 국수당 돌각담의 수무나무 가지에 녀귀의 탱을 걸고 나물매 갖추어 놓고 비난수를 하는 젊은 새악시들 **〈오금덩이라는 곳〉**

털능구신 명 철능귀신. 철륭귀신. 주로 집의 뒤꼍에 있는 울 안쪽에 자리하는 터주신. 여기에 장독대가 있는 경우가 많으므로, '장독신'으로 모셔지는 경우가 많다(민속학회,《한국민속학의 이해》, 문학아카데미, 1994, 153-155쪽).

❖ 얼혼이 나서 뒤울안으로 가면 뒤울안에는 곱새녕 아래 털능구신/나는 이제는 할 수 없이 대문을 열고 나가려는데 대문간에는 근력 세인 수문장 **〈마을은 맨천 구신이 돼서〉**

토신土神 명 흙을 맡아 다스린다는 신. 중국에선 '한 개의 작은 지역을 관할한다는 신'의 뜻으로 쓰인다.

〔중국어 사전엔 '土地'(투디)가 '迷信传说中指管一个小地区的神'(미신, 전설에 따르면 한 개의 작은 지역을 관할한다는 신)의 풀이로 등재되어 있다(中國社會科學院語言研究所詞典編輯室 編,《(漢英雙語)現代漢語詞典》, 外語教學與研究出版社, 2002, 1942쪽). 여기서 '土地'(투디)가 바로 '토신土神'과 같은 것이다.〕

❖ 나는 노새를 타고 뒤에 따르고/마을 끝 충왕묘蟲王廟에 충왕蟲王을 찾어뵈려 가는 길이다/토신묘土神廟에 토신土神도 찾어뵈려 가는 길이다 **〈귀농歸農〉**

토신묘土神廟 명 토지신을 모신 사당. 중국에선 '토지묘土地廟'로 불린다. 중국의 농촌에는 마을마다 토지신을 모신 사당이 있어 때마다 토지신(土地, 투디)에게 제사를 지냄으로써 풍요를 기원하고 토지의 은혜에 보답한다. 백석 시 〈귀농歸農〉의 배경인 '백구둔'에는 지금도 '토신묘'가 있다. ☞ 토신 392

❖ 나는 노새를 타고 뒤에 따르고/마을 끝 충왕묘蟲王廟에 충왕蟲王을 찾어뵈려 가는 길이다/토신묘土神廟에 토신土神도 찾어뵈려 가는 길이다 **〈귀농歸農〉**

팥 명 민간의 속신에서 팥은 벽사辟邪의 기능을 한다. 빨간색이 벽사의 기능이 있다고 믿어 붉은 계통의 팥, 주사朱砂, 주부朱符, 홍색 종이 등이 궁중에서 민간에 이르기까지 벽사로 사용되었다. 백석 시 〈오금덩이라는 곳〉의 용례는 '노친네'가 흉사를 막기 위해 팥을 까는 벽사행위를 진술하고 있는 것이다.

❖ 여우가 우는 밤이면/잠 없는 노친네들은 일어나 팥을 깔이며 방뇨를 한다/여우가 주둥이를 향하고 우는 집에서는 다음날 으레히 흉사가 있다는 것은 얼마나 무서운 말인가 **〈오금덩이라는 곳〉**

할미귀신 명 '눈귀신'을 가리킨다. 할미귀신은 우리 민속에 자주 등장하는 귀신인데, 백석의 시에선 '눈귀신'을 지칭하고 있다. 물귀신이 물속에서 사람을 해치는 귀신이므로, 할미귀신인 눈귀신도 눈 내리는 날 나타나서 사람을 해치는 귀신일 것이다. 백석 시 〈고야古夜〉의 아래 용례는 냅일날 밤에 눈이 오면 이 눈귀신이 그 냅일날의 눈을 받느라고 나타나지 않아서 눈귀신 걱정 없이 나와 엄마가 냅일눈을 받는다는 것으로 그만큼 냅일날에 내리는 눈이 귀하고 소중하다는 것을 말하는 것이다. ☞ 눈귀신 387

❖ 섣달에 냅일날이 들어서 냅일날 밤에 눈이 오면 이 밤엔 쌔하얀 할미귀신의 눈귀신도 냅일눈을 받노라 못 난다는 말을 든든히 녀기며 엄매와 나는 앙궁 우에 떡돌 우에 곱새담 우에 함지에 버치며 대냥푼을 놓고 치성이나 드리듯이 정한 마음으로 냅일눈 약눈을 받는다 **〈고야古夜〉**

3) 민속 의례

거적장사 명 널을 쓰지 않고 거적으로 송장을 싸서 지내는 장사(《고려대한국어대사전》).

〔'거적장사'는《고려대한국어대사전》(2009)에 등재되어 있으며, 김영배(1987)가 처음으로 위와 같은 뜻으로 풀이했다.〕

❖ 거적장사 하나 산山 뒷녚 비탈을 오른다/아 — 따르는 사람도 없이 쓸쓸한 쓸쓸한 길이다/산山가마귀만 울며 날고/도적갠가 개 하나 어정어정 따러간다 **〈쓸쓸한 길〉**

교우 명 교의交椅. 제사를 지낼 때 신주神主를 모시는, 다리가 긴 의자.

❖ 한 해에 몇 번 매연 지난 먼 조상들의 최방등 제사에는 컴컴한 고방 구석을 나와서 대멀머리에 외얏맹건을 지르터맨 늙은 제관의 손에 정갈히 몸을 씻고 교우 우에 모신 신주 앞에 환한 촛불 밑에 피나무 소담한 제상 위에 떡 보탕 식혜 산적 나물지짐 반봉 과일 들을 공손하니 받들고 〔…〕 **〈목구**木具**〉**

사당 명 조상의 신주神主를 모셔 놓은 집.

❖ 녯 장수 모신 낡은 사당의 돌층계에 주저앉어서 나는 이 저녁 울 듯 울 듯 한산도閑山島 바다에 뱃사공이 되여가며 **〈통영**統營**(남행시초**南行詩抄**)〉**

시집 명 여자가 결혼하여 남편을 맞이함(《고려대한국어대사전》).

❖ 정문旌門집 가난이는 열다섯에/늙은 말꾼한테 시집을 갔겄다 **〈정문촌**旌門村**〉** ❖ 내가 좋아하는 그이는 푸른 가지 붉게붉게 동백冬柏꽃 피는 철엔 타관 시집을 갈 것만 같은데 **〈통영**統營**(남행시초**南行詩抄**)〉** ❖ 나를 생각하든 그 무당의 딸은 내 어린 누이에게/오리야 너를 한 쌍 주드니/어린 누이는 없고 저는 시집을 갔다건만/오리야 너는 한 쌍이 날어가누나 **〈오리〉** ❖ 그렇것만 나는 하이얀 자리 우에서 마른 팔뚝의/샛파란 핏대를 바라보며 나는 가난한 아버지를/가진 것과 내가 오래 그려오든 처녀가 시집을 간 것과/그렇게도 살틀하든 동무가 나를 버린 일을 생각한다 **〈내가 생각하는 것은〉** ❖ 우리 엄매가 나를 가지는 때 이 노큰마니는 어늬 밤 크나큰 범이 한 마리 우리 선산으로 들어오는 꿈을 꾼 것을 우리 엄매가 서울서 시집을 온 것을 그리고 무엇보다도 내가 이 노큰마니의 당조카의 맏손자로 난 것을 다견하니 알뜰하니 기꺼이 녀기는 것이었다 **〈넘언집 범 같은 노큰마니〉**

신영길 명 '친영(親迎)' 가는 길. '신영(新迎)'은 '친영(親迎)'을 가리킨다. '친영親迎'이란 육례의 하나로, 신랑이 신부의 집에 가서 신부를 직접 맞이하는 의식을 말한다. 따라서 친영길이란 친영 떠나는 길, 즉 신랑이 신부를 맞이하러 신부 집으로 가는 길을 말하는 것이다.

〔《평안북도지》에 '신영新迎'과 '친영親迎'이 같은 말로 설명되어 있다(《평안북도지》, 1973, 236쪽).〕

❖ 신영길 말이 울고 가고/장돌림 당나귀도 울고 가고 **〈연자간〉**

신주 명 죽은 사람의 위패. 대개 밤나무로 만드는데, 길이는 여덟 치, 폭은 두 치가량이고, 위는 둥글고 아래는 모지게 생겼다.

❖ 한 해에 몇 번 매연 지난 먼 조상들의 최방등 제사에는 컴컴한 고방 구석을 나와서 대멀머리에 외얏맹건을 지르터맨 늙은 제관의 손에 정갈히 몸을 씻고 교우 우

에 모신 신주 앞에 환한 촛불 밑에 피나무 소담한 제상 위에 떡 보탕 식혜 산적 나물지짐 반봉 과일 들을 공손하니 받들고 〔…〕 **〈목구木具〉**

엄신 명 상제喪制가 초상 때부터 졸곡卒哭 때까지 신는 짚신. 총을 드문드문 따고 흰 종이로 총 돌기를 감았다. '엄짚신'과 같은 말.

❖ 황토 마루 수무나무에 얼럭궁덜럭궁 색동헝겊 뜯개조박 뵈짜배기 걸리고 오쟁이 끼애리 달리고 소삼은 엄신 같은 딥세기도 열린 국수당고개를 몇 번이고 튀튀 춤을 뱉고 넘어가면 〔…〕 **〈넘언집 범 같은 노큰마니〉**

정문旌門 명 충신, 효자, 열녀 들에 대한 표창으로 그 집에 세워 주는 붉은 칠을 한 대문. 편액을 대문 위에 다는데, 연대가 내려가 자손이 여러 집으로 나뉘게 되면 일문이 사는 동구 앞에 따로 집을 짓고 그 안에 걸어 놓아 길가는 이에게 자랑으로 삼는다. 백석 시에 나타난 정문旌門도 바로 그처럼 집의 형태로 된 것을 말하는 것이다. 백석 시 〈정문촌旌門村〉엔 그 정문旌門에 '孝子盧迪之之旌門'이란 편액이 걸려 있다(《조선말대사전》; 이훈정, 《민족생활어사전》, 한길사, 1992, 196쪽).

정문

❖ 주홍칠이 날은 정문旌門이 하나 마을 어구에 있었다 **〈정문촌旌門村〉**

정문旌門집 명 정문을 지닌 집. 백석 시 〈정문촌旌門村〉에선 그 정문旌門에 '孝子盧迪之之旌門'이란 편액이 걸려 있으므로 '노적지盧迪之' 자손의 집을 가리킨다고 할 수 있다.

❖ 정문旌門집 가난이는 열다섯에/늙은 말꾼한테 시집을 갔겼다 **〈정문촌旌門村〉**

정문촌旌門村 명 정문旌門이 있는 마을.

❖ 시 제목 **〈정문촌旌門村〉**

제관 명 제사에 참례하는 사람.

❖ 한 해에 몇 번 매연 지난 먼 조상들의 최방등 제사에는 컴컴한 고방 구석을 나와서 대멀머리에 외얏맹건을 지르터맨 늙은 제관의 손에 정갈히 몸을 씻고 교우 우에 모신 신주 앞에 환한 촛불 밑에 피나무 소담한 제상 위에 떡 보탕 식혜 산적 나물지짐 반봉 과일 들을 공손하니 받들고 〔…〕 **〈목구木具〉**

제상 명 제사를 지낼 때 제물을 벌여 놓는 상.

❖ 한 해에 몇 번 매연 지난 먼 조상들의 최방등 제사에는 〔…〕 신주 앞에 환한 촛불 밑에 피나무 소담한 제상 위에 떡 보탕 식혜 산적 나물지짐 반봉 과일 들을 공손하

니 받들고 〔…〕 〈**목구木具**〉

족보명 ① 한 가문의 계통과 혈통 관계를 적어 기록한 책. ② 한 가문의 계통과 혈통 관계.

❖ 그동안 돌비는 깨어지고 많은 은금보화는 땅에 묻히고 가마귀도 긴 족보를 이루었는데 〈**북방北方에서—정현웅鄭玄雄에게**〉

집살이명 시집살이. 결혼한 여자가 시집에 들어가서 살림살이를 하는 일.

〔'집살이'를 집에서 편안히 생활하는 것으로 풀이하는 견해가 있는데(이동순, 1987; 이숭원, 2008), 여기서 '집살이'는 '시집살이'를 가리키는 것이다. 아래 용례는 칠월 백중부터 초가을걷이를 할 때까지는 농사일이 없으므로 시집살이가 편안할 것이라는 생각에 본가집(친정집)을 가면서도 한결 마음이 가볍고 홍겨워서 아끼는 옷을 비에 전부 적셔도 시원하기만 하다는 것을 말하고 있는 것이다.〕

❖ 봉가집을 가면서도 칠월七月 그믐 초가을을 할 때까지/평안하니 집살이를 할 것을 생각하고/애끼는 옷을 다 적시어도 비는 씨원만 하다고 생각한다 〈**칠월七月 백중**〉

최방등 제사명 평북 정주 지방의 전통적인 제사 풍속으로 5대째부터 차손次孫이 제사를 지내는 것.

〔'최방등 제사'의 뜻은 필자(1983)가 처음으로 제시한 바 있다. 평북 출신의 임기황, 김장각 옹 등이 '최방등 제사'에 대해 일관되게 위의 풀이와 같이 전하고 있다.〕

❖ 한 해에 몇 번 매연 지난 먼 조상들의 최방등 제사에는 컴컴한 고방 구석을 나와서 대멀머리에 외얏맹건을 지르터맨 늙은 제관의 손에 정갈히 몸을 씻고 〔…〕 〈**목구木具**〉

축명 제사 때에 읽어 신명神明께 고하는 글. '축문祝文'과 같은 말.

❖ 한 해에 몇 번 매연 지난 먼 조상들의 최방등 제사에는 〔…〕 먼 후손들의 공경스러운 절과 잔을 굽어보고 또 애끊는 통곡과 축을 귀에 하고 〔…〕 〈**목구木具**〉

큰머리명 예식 때에, 여자의 어여머리 위에 얹던 가발. 다리로 땋아 크게 틀어 올렸다.

❖ 긴 토시 끼고 큰머리 얹고 오불고불 넘엣거리로 가는 여인女人은 평안도平安道서 오신 듯한데 동백冬柏꽃 피는 철이 그 언제요 〈**통영統營(남행시초南行詩抄)**〉

큰머리(가체)

합문명 제사 절차의 하나. 유식侑食하는 차례에서 문을 닫거나 병풍으로 가려 막는 일을 말한다(《고려대한국어대사전》). '유식'이란 제주가 잔에 술을 따르고 젯메에 숟가락을 꽂으며 젓가락을 대접 위에 올려놓은 뒤, 제관들이 불을 끄고 문밖에 나와 기다리는 것을 말하며, 이 과정에서 망자의 혼이 식사를 할 수 있도록 문을 닫거나 병풍을 치는 것을 '합문'이라고 한다.

❖ 한 해에 몇 번 매연 지난 먼 조상들의 최방등 제사에는 〔…〕 또 애끊는 통곡과 축을 귀에 하고 그리고 합문 뒤에는 흠향 오는 구신들과 호호히 접하는 것 **〈목구**木具**〉**

흠향 명 신명神明이 제물을 받아서 먹음.

❖ 한 해에 몇 번 매연 지난 먼 조상들의 최방등 제사에는 〔…〕 또 애끊는 통곡과 축을 귀에 하고 그리고 합문 뒤에는 흠향 오는 구신들과 호호히 접하는 것 **〈목구**木具**〉**

4) 세시풍속

개장취념 명 개장국 추렴. 각자 얼마씩 돈을 내서 개장국을 끓여 먹는 것. 백석 시 〈칠월七月 백중〉의 용례는 7월 백중을 앞두고 하게 되는 농사일인 세 번째 김매기('세불 김')를 끝내고 나서, 각자 돈을 추렴해 개장국을 끓여 먹는 것을 말하고 있는 것이다.

〔'개장취념'은 '개장(개장국, 보신탕)+취념(추렴)'의 합성조어이다. 《조선말대사전》에 '개장추렴'이 '단고기국추렴'의 비규범어로 등재되어 있다.〕

❖ 마을에서는 세불 김을 다 매고 들에서/개장취념을 서너 번 하고 나면/백중 좋은 날이 슬그머니 오는데 **〈칠월**七月 **백중〉**

넵일날 명 납일臘日. 동지 뒤의 셋째 미일未日. 궁중에서는 이날 납약을 만들어 약으로 썼으며, 민간에서는 참새를 잡아 구워 먹는 풍습이 있었고, 또 이날 내리는 눈인 납설수를 약용으로 쓰기도 했다(《조선향토대백과 18》, 2005).

❖ 섣달에 넵일날이 들어서 넵일날 밤에 눈이 오면 이 밤엔 쌔하얀 할미귀신의 눈귀신도 넵일눈을 받노라 못 난다는 말을 든든히 녀기며 〔…〕 **〈고야**古夜**〉**

넵일눈 명 납일에 내리는 눈. 이 눈이 녹은 물을 납설수(백석 시에선 '넵일물'로 지칭)라 한다. ☞ 넵일물

❖ 섣달에 넵일날이 들어서 넵일날 밤에 눈이 오면 이 밤엔 쌔하얀 할미귀신의 눈귀신도 넵일눈을 받노라 못 난다는 말을 든든히 녀기며 엄매와 나는 앙궁 우에 떡돌 우에 곱새담 우에 함지에 버치며 대냥푼을 놓고 치성이나 드리듯이 정한 마음으로 넵일눈 약눈을 받는다 **〈고야**古夜**〉**

넵일물 명 납일에 내린 눈이 녹은 물. 납설수臘雪水. '납설수'(백석 시에선 '넵입물'로

지칭)는 살충약, 해독약으로 많이 쓰이며, 민간에서는 이 물로 눈을 씻으면 안질이 낫고, 김장독에 넣으면 김치 맛이 변하지 않는다고 하여 귀중히 여겼다고 한다. 또 이 물은 모든 병을 다스린다고 전해지는데, 백석의 시에선 고뿔, 배앓이, 갑피기(이질)의 치료에 쓰는 것으로 진술된다(《고려대한국어대사전》).

❖ 이 눈세기물을 냅일물이라고 제주병에 진상항아리에 채워두고는 해를 묵여가며 고뿔이 와도 배앓이를 해도 갑피기를 앓어도 먹을 물이다 〈**고야**古夜〉

눈세기물 명 '눈석임물'의 평북 방언. 눈이 녹아서 된 물. '석다'는 '쌓인 눈이 속으로 녹다'라는 뜻이다.

〔'눈세기물'은 '눈석이물'이 음운변화를 일으킨 말이다. 《표준국어대사전》엔 '눈석임물'이 표준말로 등재되어 있지만, 《조선말사전》엔 '눈석임물'과 '눈석이물'이 모두 문화어(북한의 표준어)로 등재되어 있다. '눈석이물'(눈석임물)은 '눈+석다+물'의 형태를 지닌 말이다. 여기서 '석다'는 '쌓인 눈이 속으로 녹다'라는 뜻이다. 《평북방언사전》에 '눈세깃물'이 '눈석임물'의 평북 방언으로 등재되어 있다.〕

❖ 이 눈세기물을 냅일물이라고 제주병에 진상항아리에 채워두고는 해를 묵여가며 고뿔이 와도 배앓이를 해도 갑피기를 앓어도 먹을 물이다 〈**고야**古夜〉

백중 명 백중날. 백종일百種日이라고도 한다. ☞ 칠월 백중 399

❖ 마을에서는 세불 김을 다 매고 들에서/개장취념을 서너 번 하고 나면/백중 좋은 날이 슬그머니 오는데/백중날에는 새악시들이/생모시치마 천진푀치마의 물팩치기 껑추렁한 치마에/쇠주푀적삼 항라적삼의 자지고름이 기드렁한 적삼에 〈**칠월**七月 **백중**〉

백중날 명 백중. 백종일百種日이라고도 한다. ☞ 칠월 백중 399

❖ 마을에서는 세불 김을 다 매고 들에서/개장취념을 서너 번 하고 나면/백중 좋은 날이 슬그머니 오는데/백중날에는 새악시들이/생모시치마 천진푀치마의 물팩치기 껑추렁한 치마에/쇠주푀적삼 항라적삼의 자지고름이 기드렁한 적삼에 〈**칠월**七月 **백중**〉

백중물 명 백중날 무렵에 많이 오는 비.

❖ 봉가집에서 온 사람들도 만나 반가워하고/깨죽이며 문주며 섭가락 앞에 송구떡을 사서 권하거니 먹거니 하고/그러다는 백중물을 내는 소내기를 함뿍 맞고/호주를하니 젖어서 달아나는데/이번에는 꿈에도 못 잊는 봉가집에 가는 것이다 〈**칠월**七月 **백중**〉

약눈 명 약이 되는 눈. 납일에 내리는, 약효가 있는 납일눈을 가리킨다.

❖ 섣달에 냅일날이 들어서 냅일날 밤에 눈이 오면 〔…〕 엄매와 나는 앙궁 우에 떡돌 우에 곱새담 우에 함지에 버치며 대냥푼을 놓고 치성이나 드리듯이 정한 마음으로 냅일눈 약눈을 받는다 〈**고야**古夜〉

약藥물 명 먹어서 몸에 약이 된다는 샘물.

❖ 산山 너머 십오리十五里서 나무뒝치 차고 싸리신 신고 산山비에 촉촉이 젖어서 약藥물을 받으러 오는 산山아이도 있다 〈**산지**山地〉 ❖ 산山 너머 십오리十五里서 나무뒝치 차고 싸리신 신고 산山비에 촉촉이 젖어서 약藥물을 받으려 오는 두멧아이들도 있다 〈**삼방**三防〉

약물터 명 약수가 나는 곳. '약수터'와 같은 말. ☞ 체언 Ⅲ. 생활환경 1. 생활터전 224

〔'약물터'는 '약수터'와 같은 말인데, 백석은 시 〈산지山地〉, 〈삼방三防〉에선 '약수터'란 말을, 시 〈칠월七月 백중〉의 아래 용례에선 '약물터'란 말을 쓰고 있다. 아래 용례는 백중날에 물맞이를 하면 신경통에 좋다고 해서 물맞이 행사를 하는 세시풍속을 그리고 있는 것인데, '약수터' 대신 '약물터'란 말을 써서 산속의 샘물터가 아닌 '약물'을 내는 곳이란 의미를 도드라지게 하고 있다.〕

❖ 네날백이 따배기신을 맨발에 바꿔 신고/고개를 몇이라도 넘어서 약물터로 가는데/무썩무썩 더운 날에도 벌길에는/건들건들 씨연한 바람이 불어오고/ 〔…〕 /고개를 몇이라도 넘어서 약물터로 오면/약물터엔 사람들이 백재일 치듯 하였는데/봉가집에서 온 사람들도 만나 반가워하고 〈**칠월**七月 **백중**〉

칠월七月 백중 명 음력 7월 15일인 백중날을 말한다. 백중의 유래는 백 가지 과일과 채소가 나기 때문에 붙은 이름이라는 설, '질먹기'(호미씻이나 세서연, 머슴명절과 같은 의미로 농군들의 위로잔치를 뜻함)를 하면 논에 들어갈 필요가 없으므로 발뒤꿈치를 하얗게 씻는다 하여 백종百踵이라는 설도 있다. 이 시기의 농촌은 논매기와 밭매기가 거의 끝나 비교적 한가한 시간을 맞게 되어 백중날이 오면 여러 가지 놀이와 행사를 벌인다. 백중날에 물맞이를 하면 신경통에 좋다고 하여 물맞이를 간다. 그런가 하면 절에서는 승려들이 재를 올리며 불공을 드리는 큰 명절로 여긴다(민속학회, 《한국민속학의 이해》, 문학아카데미, 1994).

❖ 시 제목 〈**칠월**七月 **백중**〉

5) 불교·기독교

고사古寺 명 오래된 절.

❖ 시 제목 〈**고사**古寺**—함주시초**咸州詩抄〉

공양주명 절에서 밥 짓는 일을 주로 하는 사람.

❖ 부뚜막이 두 길이다/이 부뚜막에 놓인 사닥다리로 자박수염 난 공양주는 성궁미를 지고 오른다 〈**고사**古寺**—함주시초**咸州詩抄〉

귀주사歸州寺명 함경남도 함주군 설봉산雪峰山에 있는 절. 고려 문종 때에 흑도붕현黑道鵬顯이 창건할 당시에는 정수사淨水寺라 하였다가 조선 태종 1년(1401)에 개칭하였다. 조선 태조 이성계가 왕이 되기 전에 이곳에서 공부하였으며, 등극 후에도 이 절을 보호하였다고 한다. 1911년 함경남도에서 유일한 31본산本山의 하나로서 82개의 말사末寺를 거느렸다.

❖ (귀주사歸州寺—함경도咸鏡道 함주군咸州郡) 시 〈**고사**古寺**—함주시초**咸州詩抄〉의 주

로장명 노장老長. ① 나이가 많고 덕행이 높은 중. ② 늙은 중을 높여 이르는 말.

❖ 수양산首陽山의 어늬 오래된 절에서 칠십七十이 넘은 로장은 이런 이야기를 하며 치맛자락의 산山나물을 추었다 〈**절간의 소 이야기**〉

목탁木鐸명 승려가 독경이나 염불을 하거나 사람들을 모이게 할 때에 두드려 소리를 내도록 한 물건(《고려대한국어대사전》).

❖ 행길에는 선장 대여가는 장꾼들의 종이등燈에 나귀눈이 빛났다/어데서 서러웁게 목탁木鐸을 뚜드리는 집이 있다 〈**미명계**未明界〉

부처명 불교의 교조인 석가모니를 달리 이르는 말(《고려대한국어대사전》).

❖ 거리에서는 모밀내가 났다/부처를 위하는 정갈한 노친네의 내음새 같은 모밀내가 났다 〈**북신**北新**—서행시초**西行詩抄 **2**〉

부처님명 '부처'를 높여 이르는 말.

❖ 어쩐지 향산香山 부처님이 가까웁다는 거린데/국숫집에서는 농짝 같은 도야지를 잡어걸고 국수에 치는 도야지고기는 돗바늘 같은 털이 드문드문 백였다 〈**북신**北新**—서행시초**西行詩抄 **2**〉

불경佛經명 불교의 교리를 밝혀 놓은 전적典籍을 통틀어 이르는 말.

❖ 쓸쓸한 낯이 녯날같이 늙었다/나는 불경佛經처럼 서러워졌다 〈**여승**女僧〉

산山절명 산에 있는 절.

〔'산山절'은 '산+절(寺)'의 합성조어이다.〕

❖ 산山절의 마당귀에 여인女人의 머리오리가 눈물방울과 같이 떨어진 날이 있었다 〈**여승**女僧〉

수라修羅명 '아수라阿修羅'의 준말. 아수라는 'asura'를 음사音寫한 말로 '비천非天', '부

단정不端正' 등으로 의역한다. 늘 싸움만을 일삼는 귀신들의 무리를 가리킨다. '아수라'와 연관된 말로 '아수라도阿修羅道'와 '아수라장阿修羅場'이 있는데, '아수라도'는 인간과 축생의 중간에 위치한 세계로 늘 싸움만을 일삼는 아수라들의 세계를 말하고, '아수라장'은 아수라가 불법佛法을 없애기 위해 제석祭釋과 싸우는 전장戰場에서 나온 말로 난장판을 뜻한다(곽철환 편저, 《시공 불교사전》, 시공사, 2006, 394, 465-466쪽).

❖ 시 제목 〈**수라**修羅〉

순례巡禮**중** 명 종교의 발생지, 본산本山(본사本寺)의 소재지, 성인의 무덤이나 거주지와 같이 종교적인 의미가 있는 곳을 찾아다니며 참배하는 중.
〔사전엔 '순례', '순례자' 만 등재되어 있다.〕

❖ 순례巡禮중이 산山을 올라간다/어젯밤은 이 산山 절에 재齋가 들었다//무릿돌이 굴어나리는 건 중의 발꿈치에선가 〈**추일산조**秋日山朝〉

여래如來 명 여래 십호(부처의 열 가지 칭호)의 하나. 범어梵語 'tathāgata'의 번역어이다. '진리로부터 진리를 따라서 온 사람'이라는 뜻으로 '부처'를 달리 이르는 말이다(《표준국어대사전》, 《고려대한국어대사전》).

❖ 나는 북관北關에 혼자 앓어 누워서/어늬 아츰 의원醫員을 뵈이었다/의원醫員은 여래如來 같은 상을 하고 관공關公의 수염을 드리워서/먼 녯적 어늬 나라 신선 같은데 〈**고향**故鄕〉

여승女僧 명 여자 승려.

❖ 여승女僧은 합장合掌하고 절을 했다/가지취의 내음새가 났다/쓸쓸한 낯이 녯날같이 늙었다/나는 불경佛經처럼 서러워졌다 〈**여승**女僧〉

염주 명 여러 개의 보리수, 금강주 나무, 보강주 나무의 열매 같은 것을 줄에 꿰어서 만든 법구法具. 염불할 때에 하나씩 손으로 돌려 그 횟수를 세는 데 쓰인다(《조선말대사전》, 《고려대한국어대사전》).

❖ 한 말 밥을 한다는 크나큰 솥이/외면하고 가부틀고 앉어서 염주도 세일 만하다 〈**고사**古寺**—함주시초**咸州詩抄〉

예수쟁이 명 기독교 신자를 속되게 이르는 말.

❖ 열여섯에 사십四十이 넘은 홀아비의 후처가 된 포족족하니 성이 잘 나는 살빛이 매감탕 같은 입술과 젖꼭지는 더 까만 예수쟁이 마을 가까이 사는 토산土山 고무 고무의 딸 승녀承女 아들 승承동이 〈**여우난골족**族〉

재齋 ① 명 성대한 불공이나 죽은 이를 천도薦度하는 법회.

❖ 순례巡禮중이 산山을 올라간다/어젯밤은 이 산山 절에 재齋가 들었다 **〈추일산조**秋日山朝〉 ❖ 재 안 드는 밤은 불도 없이 캄캄한 까막나라에서/조앙님은 무서운 이야기나 하면/모두들 죽은 듯이 엎데였다 잠이 들 것이다 **〈고사**古寺**—함주시초**咸州詩抄〉

절②명 중이 불상을 모시고 불도佛道를 닦으며 교법을 펴는 집.

❖ 수양산首陽山의 어늬 오래된 절에서 칠십七十이 넘은 로장은 이런 이야기를 하며 치맛자락의 산山나물을 추었다 **〈절간의 소 이야기〉** ❖ 순례巡禮중이 산山을 올라간다/어젯밤은 이 산山 절에 재齋가 들었다 **〈추일산조**秋日山朝〉

절간명 '절'을 속되게 이르는 말.

❖ 시 제목 **〈절간의 소 이야기〉** ❖ 한 십리十里 더 가면 절간이 있을 듯한 마을이다 낮기울은 볕이 장글장글하니 따사하다 흙은 젖이 커서 살같이 깨서 아지랑이 낀 속이 안타까운가보다 〔…〕 **〈황일**黃日〉

중명 절에서 살면서 불도를 닦고 실천하며 포교하는 사람.

❖ 예순이 넘은 아들 없는 가즈랑집 할머니는 중같이 정해서 할머니가 마을을 가면 긴 담뱃대에 독하다는 막써레기를 몇 대라도 붙이라고 하며 **〈가즈랑집〉** ❖ 무릿돌이 굴어나리는 건 중의 발꿈치에선가 **〈추일산조**秋日山朝〉

VII. 사물

1 물, 액체

강江물명 강에 흐르는 물.

❖ 어니메 강江물 속에 들여다뵈이든 쏘가리가 한 자나 되게 크든 것을 생각하며/산山비에 젖었다는 말렸다 하며 오는 길이다 **〈구장로**球場路**—서행시초**西行詩抄 **1〉**

개울물명 개울에 흐르는 물.

❖ 시냇물이 버러지 소리를 하며 흐르고/대낮이라도 산山옆에서는/승냥이가 개울물 흐르듯 운다 **〈산지**山地〉 ❖ 시악이 나서는 등 뒤 개울물에 아배의 신짝과 버선목과 대님오리를 모다 던져버린다 **〈오리 망아지 토끼〉** ❖ 이젠 캄캄한 밤과 개울물 소리만이다 **〈향악**饗樂**—산중음**山中吟〉 ❖ 골짜구니로 숨어 흐르는 개울물을 사랑한다 **〈《호박꽃 초롱》 서시**序詩〉

고드름명 낙숫물 따위가 밑으로 흐르다가 얼어붙어 공중에 길게 매달려 있는 얼음.

❖ 명태明太는 길다랗고 파리한 물고긴데/꼬리에 길다란 고드름이 달렸다/ 〔…〕 /문門턱에 꽁꽁 얼어서/가슴에 길다란 고드름이 달렸다 **〈멧새 소리〉**

김①명 액체가 열을 받아서 기체로 변한 것.

❖ 약탕관에서는 김이 오르며 달큼한 구수한 향기로운 내음새가 나고/약이 끓는 소리는 삐삐 즐거웁기도 하다 **〈탕약湯藥〉** ❖ 토방에 승냥이 같은 강아지가 앉은 집/부엌으론 무럭무럭 하이얀 김이 난다 **〈야반夜半—산중음山中吟〉** ❖ 이것은 어늬 양지귀 혹은 능달쪽 외따른 산 넘은댕이 예데가리밭에서/하로밤 뽀오햔 흰 김 속에 접시귀 소기름불이 뿌우현 부엌에/산멍에 같은 분틀을 타고 오는 것이다 **〈국수〉**

더운물명 따뜻하게 데워진 물.

❖ 또 여기 더운물에 뛰어들며/무슨 물새처럼 악악 소리를 지르는 삐삐 파리한 사람은/양자楊子라는 사람은 아모래도 이와 같었을 것만 같다/ 〔…〕 /더운물에 몸을 불키거나 때를 밀거나 하는 것도 잊어버리고/제 배꼽을 들여다보거나 남의 낯을 쳐다보거나 하는 것인데 **〈조당澡塘에서〉**

뚜물명 뜨물. 곡식을 씻어 내 부옇게 된 물.

❖ 수리취 땅버들의 하이얀 복이 서러웁다/뚜물같이 흐린 날 동풍東風이 설렌다 **〈쓸쓸한 길〉**

물①명 자연계에 강, 호수, 바다, 지하수 따위의 형태로 널리 분포하는 액체.

❖ 천 년 동안만 밤마다 흙에 물을 주면 그 흙이 지렝이가 되었습니다 **〈나와 지렝이〉** ❖ 이 눈세기물을 냅일물이라고 제주병에 진상항아리에 채워두고는 해를 묵여가며 고뿔이 와도 배앓이를 해도 갑피기를 앓어도 먹을 물이다 **〈고야古夜〉** ❖ 박을 삶는 집/할아버지와 손자가 오른 지붕 우에 한울빛이 진초록이다/우물의 물이 쓸 것만 같다//마을에서는 삼굿을 하는 날/건넌마을서 사람이 물에 빠져 죽었다는 소문이 왔다 **〈여우난골〉** ❖ 난蘭이라는 이는 명정明井골에 산다든데/명정明井골은 산山을 넘어 동백冬柏나무 푸르른 감로甘露 같은 물이 솟는 명정明井샘이 있는 마을인데/샘터엔 오구작작 물을 긷는 처녀며 새악시들 가운데 내가 좋아하는 그이가 있을 것만 같고 **〈통영統營(남행시초南行詩抄)〉** ❖ 이 길이다/얼마 가서 감로甘露 같은 물이 솟는 마을 하이얀 회담벽에 옛적본의 장반시계를 걸어놓은 집 홀어미와 사는 물새 같은 외딸의 혼삿말이 아즈랑이같이 낀 곳은 **〈남향南鄕—물닭의 소리〉** ❖ 태산泰山의 구름도 황하黃河의 물도 옛님군의 땅과 나무의 덕도 이 마음 안에 아득하니 뵈이는 것이다/ 〔…〕 /나물 먹고 물 마시고 팔벼개하고 누웠든 사람도/그 머리맡에 수박씨 닦은 것은 호박씨 닦은 것은 있었을 것이다 **〈수박씨, 호박씨〉** ❖ 아, 나의 조상은 형제

는 일가친척은 정다운 이웃은 그리운 것은 사랑하는 것은 우러르는 것은 나의 자랑은 나의 힘은 없다 바람과 물과 세월과 같이 지나가고 없다 **〈북방北方에서—정현웅鄭玄雄에게〉** ❖ 높은 산도 높은 꼭다기에 있는 듯한/아니면 깊은 물도 깊은 밑바닥에 있는 듯한 당신네 나라의/하늘은 얼마나 맑고 높을 것인가 **〈허준許俊〉** ❖ 내 가난한 늙은 어머니가/이렇게 시퍼러둥둥하니 추운 날인데 차디찬 물에 손은 담그고 무이며 배추를 씻고 있다 **〈흰 바람벽이 있어〉** ❖ 다들 쪽 발가벗고 같이 물에 몸을 녹히고 있는 것은/대대로 조상도 서로 모르고 말도 제가끔 틀리고 먹고 입는 것도 모도 다른데 **〈조당澡塘에서〉**

물가 명 바다, 강, 못 따위와 같이 물이 있는 곳의 가장자리.

❖ 그리고 지중지중 물가를 거닐면/당신이 이야기를 하는 것만 같구려/당신이 이야기를 끊은 것만 같구려 **〈바다〉**

물기 명 축축한 물의 기운.

❖ 이즉하니 물기에 누굿이 젖은 왕구새자리에서 저녁상을 받은 가슴 앓는 사람은 참치회를 먹지 못하고 눈물겨웠다 **〈시기柿崎의 바다〉**

물밑 명 물의 속이나 맨 밑(《고려대한국어대사전》, 《조선말대사전》).

〔《표준국어대사전》엔 이런 풀이의 '물밑'은 등재되어 있지 않다.〕

❖ 우리들은 맑은 물밑 해정한 모래톱에서 하구 긴 날을 모래알만 혜이며 잔뼈가 굵은 탓이다 **〈선우사膳友辭—함주시초咸州詩抄〉** ❖ 물밑—이 세모래 닌함박은 콩조개만 일다 **〈물계리物界里—물닭의 소리〉**

물살 명 물이 흘러 내뻗는 힘.

❖ 이렇게 한녀름을 보내면서 나는 하늑이는/물살에 나이금이 느는 꽃조개와 함께/허리도리가 굵어가는 한 사람을 연연해한다 **〈삼호三湖—물닭의 소리〉**

소기름 명 쇠기름. 소의 지방조직에서 얻은 기름.

❖ 또 이러한 밤 같은 때 시집갈 처녀 막내고무가 고개 너머 큰집으로 치장감을 가지고 와서 엄매와 둘이 소기름에 쌍심지의 불을 밝히고 밤이 들도록 바느질을 하는 밤 같은 때 〔…〕 **〈고야古夜〉** ❖ 접시 귀에 소기름이나 소뿔등잔에 아즈까리기름을 켜는 마을에서는 겨을밤 개 짖는 소리가 반가웁다 **〈개〉**

시냇물 명 시내에서 흐르는 물.

❖ 시냇물이 버러지 소리를 하며 흐르고/대낮이라도 산山옆에서는/승냥이가 개울물 흐르듯 운다 **〈산지山地〉**

아즈까리기름 명 아주까리기름. 피마자 열매의 씨에서 짠 기름. 완하제緩下劑나 관장제灌腸劑로 쓰이며, 이전에는 등잔 기름이나 머릿기름으로도 쓰였다. '피마자유'와 같은 말(《고려대한국어대사전》).

〔'아즈까리기름'은 〈정주성定州城〉의 《조선일보》 발표본엔 '아즈까리 기름'으로, 시집 《사슴》에선 '아즈까리기름'으로, 시 〈개〉에선 '아즈까리 기름'으로 띄어쓰기가 달리 되어 있으며, 《표준국어대사전》, 《고려대한국어대사전》엔 '아주까리기름'으로 등재되어 있다.〕

❖ 산山턱 원두막은 뷔였나 불빛이 외롭다/헝겊심지에 아즈까리기름의 쪼는 소리가 들리는 듯하다 **〈정주성定州城〉** ❖ 접시 귀에 소기름이나 소뿔등잔에 아즈까리기름을 켜는 마을에서는 겨울밤 개 짖는 소리가 반가웁다 **〈개〉**

찬물명 차가운 물.

❖ 이렇게 추운 아침에도 손이 꽁꽁 얼어서/찬물에 걸레를 쳤을 것이다 **〈정주성定州城〉**

천상수天上水명 하늘 위의 물이란 뜻으로, 빗물을 이르는 말.

❖ 돌덜구에 천상수天上水가 차게/복숭아나무에 시라리타래가 말러갔다 **〈초동일初冬日〉**

한물명 같은 물.

〔'한물'은 '한+물'의 합성조어이다. 여기서 '한'은 '같은'의 뜻을 더하는 접두사이다. 백석 시에 이와 유사한 형태를 지닌 말로 '한물통', '한고향' 등이 있다.〕

❖ 대대로 조상도 서로 모르고 말도 제가끔 틀리고 먹고 입는 것도 모도 다른데/이렇게 발가들 벗고 한물에 몸을 씻는 것은/생각하면 쓸쓸한 일이다 **〈조당澡塘에서〉**

2 빛, 불

귀신불명 귀신이 낸다고 하는 불빛.

❖ 초생달이 귀신불같이 무서운 산山골 거리에선/처마 끝에 종이등의 불을 밝히고/쩌락쩌락 떡을 친다 **〈향악饗樂—산중음山中吟〉**

그림자명 물체가 빛을 가려서 그 물체의 뒷면에 드리워지는 검은 그늘.

❖ 밤이 깊어가는 집안엔 엄매는 엄매들끼리 아르간에서들 웃고 이야기하고 〔…〕 그래서는 문창에 텅납새의 그림자가 치는 아츰 시누이 동세들이 욱적하니 흥성거리는 부엌으론 샛문틈으로 장지문틈으로 무이징게국을 끓이는 맛있는 내음새가 올라오도록 잔다 **〈여우난골족族〉** ❖ 오리치를 놓으려 아배는 논으로 나려간 지 오래다/오리는 동비탈에 그림자를 떨어트리며 날어가고 나는 동말랭이에서 강아지처

럼 아배를 부르며 울다가 〈**오리 망아지 토끼**〉 ❖ 술집 문창에 그느슥한 그림자는 머리를 얹혔다 〈**성외**城外〉 ❖ 희미한 십오촉十五燭 전등이 지치운 불빛을 내어던지고/때글은 다 낡은 무명샤쯔가 어두운 그림자를 쉬이고 〈**흰 바람벽이 있어**〉

달빛 명 달에서 비쳐 오는 빛.

❖ 달빛은 이향異鄕/눈은 정기 속에 어우러진 싸움 〈**석류**石榴〉 ❖ 달빛도 거지도 도적개도 모다 즐겁다/풍구재도 얼럭소도 쇠드랑볕도 모다 즐겁다 〈**연자간**〉

땃불 명 땅불. 땅 위에 아무렇게나 질러 놓은 불을 말하는 것으로 보인다.

〔'따'는 '땅'의 뜻을 더하는 접두사(《조선말대사전》), 또는 '땅'의 방언이다(《금성판국어대사전》). 《금성판국어대사전》엔 '땃벌'이 '땅불'의 방언으로 등재되어 있다. '땃불'은, 곧 '땅불'을 가리키는 말이라고 할 수 있다. '땅불'이란 땅 위에 아무렇게 질러 놓은 불을 지칭한 것으로 짐작된다. 이동순(1987)은 '땃불'을 '땅불', '화톳불'(한데다가 장작 따위를 모으고 질러 놓은 불)로 본다.〕

❖ 괴나리봇짐 벗고 땃불 놓고 앉어/담배 한 대 피우고 싶은 길이다 〈**창원도**昌原道**—남행시초**南行詩抄 **1**〉

모닥불 명 잎나무나 검불 따위를 모아 놓고 피우는 불.

❖ 새끼오리도 헌신짝도 소똥도 갓신창도 개니빠디도 너울쪽도 짚검불도 가락잎도 머리카락도 헝겊조각도 막대꼬치도 기왓장도 닭의 짗도 개터럭도 타는 모닥불//재당도 초시도 문장門長 늙은이도 더부살이 아이도 새사위도 갓사둔도 나그네도 주인도 할아버지도 손자도 붓장사도 땜쟁이도 큰 개도 강아지도 모두 모닥불을 쪼인다//모닥불은 어려서 우리 할아버지가 어미 아비 없는 서러운 아이로 불상하니도 몽둥발이가 된 슬픈 력사가 있다 〈**모닥불**〉

북덕불 명 북데기에 피운 불. '북데기'는 '벼나 밀 따위의 낟알을 털 때 나오는 짚 부스러기, 깍지, 이삭 부스러기 같은 찌꺼기'를 말한다(《조선말대사전》).

〔'북데기'는 《표준국어대사전》엔 "짚이나 풀 따위가 함부로 뒤섞여서 엉클어진 뭉텅이"로, 《조선말대사전》엔 "벼나 밀 따위의 낟알을 털 때 나오는 짚 부스러기, 깍지, 이삭 부스러기 같은 찌꺼기"로 풀이되어 있다.〕

❖ 낮이나 밤이나 나는 나 혼자도 너무 많은 것같이 생각하며,/딜옹배기에 북덕불이라도 담겨 오면,/이것을 안고 손을 쬐며 재 우에 뜻없이 글자를 쓰기도 하며, 〈**남신의주 유동 박시봉방**南新義州柳洞朴時逢方〉

불 명 빛을 내어 어둠을 밝히는 물체.

❖ 또 이러한 밤 같은 때 시집갈 처녀 막내고무가 고개 너머 큰집으로 치장감을 가

지고 와서 엄매와 둘이 소기름에 쌍심지의 불을 밝히고 밤이 들도록 바느질을 하는 밤 같은 때 〔…〕 //내일같이 명절날인 밤은 부엌에 쩨듯하니 불이 밝고 솥뚜껑이 놀으며 구수한 내음새 곰국이 무르끓고 〔…〕 **〈고야**古夜**〉** ❖ 자즌닭이 울어서 술국을 끓이는 듯한 추탕鰍湯집의 부엌은 뜨수할 것같이 불이 뿌연히 밝다 **〈미명계**未明界**〉** ❖ 불을 끈 방안에 횃대의 하이얀 옷이 멀리 추울 것같이 **〈머루밤〉** ❖ 재 안 드는 밤은 불도 없이 캄캄한 까막나라에서 **〈고사**古寺**—함주시초**咸州詩抄**〉** ❖ 초생달이 귀신불같이 무서운 산山골 거리에선/처마 끝에 종이등의 불을 밝히고 **〈향악**饗樂**—산중음**山中吟**〉**

불빛명 켜 놓은 불에서 비치는 빛.

❖ 산山턱 원두막은 뷔였나 불빛이 외롭다/헝겊심지에 아즈까리기름의 쪼는 소리가 들리는 듯하다 **〈정주성**定州城**〉** ❖ 이 흰 바람벽에/희미한 십오촉十五燭 전등이 지치운 불빛을 내어던지고 **〈흰 바람벽이 있어〉**

소기름불명 쇠기름불. 쇠기름(소의 지방에서 얻은 기름)으로 켜는 등불.

〔사전엔 '기름불'만 등재되어 있다.〕

❖ 하로밤 뽀오햔 흰 김 속에 접시귀 소기름불이 뿌우현 부엌에/산멍에 같은 분틀을 타고 오는 것이다 **〈국수〉**

인둣불명 인두를 달구기 위하여 피워 놓은 불.

❖ 또 이러한 밤 같은 때 〔…〕 나는 아룻목의 삿귀를 들고 쇠든밤을 내여 다람쥐처럼 밝어먹고 은행여름을 인둣불에 구워도 먹고 그러다는 이불 우에서 광대넘이를 뒤이고 〔…〕 **〈고야**古夜**〉**

재②명 불에 타고 남는 가루 모양의 물질.

❖ 딜옹배기에 북덕불이라도 담겨 오면,/이것을 안고 손을 쬐며 재 우에 뜻없이 글자를 쓰기도 하며, **〈남신의주 유동 박시봉방**南新義州柳洞朴時逢方**〉**

잿더미명 재가 쌓인 더미.

❖ 잿더미에 까치 오르고 아이 오르고 아지랑이 오르고 **〈삼천포**三千浦**—남행시초**南行詩抄 **4〉**

초롱불명 초롱에 켠 불.

❖ 해빛이 초롱불같이 희맑은데/해정한 모래부리 플랫폼에선/모두들 쩔쩔 끓는 구수한 귀이리차茶를 마신다 **〈함남도안**咸南道安**〉**

촛불명 초에 켠 불.

❖ 한 해에 멫 번 매연 지난 먼 조상들의 최방등 제사에는 〔…〕 교우 우에 모신 신주 앞에 환한 촛불 밑에 피나무 소담한 제상 위에 떡 보탕 식혜 산적 나물지짐 반봉 과

일 들을 공손하니 받들고 〔…〕 〈**목구**木具〉

하리불명 화롯불. 화로에 담아 놓은 불.

❖ 흰가무래기 검가무래기 가무래기 사서 하리불에 구워먹잔 말이로구나 〈**머리카락**〉

한울빛명 하늘빛. ① 하늘의 빛깔. ② 맑은 하늘의 빛깔과 같은 연한 파란빛.

❖ 헐리다 남은 성문城門이/한울빛같이 훤하다/날이 밝으면 또 메기수염의 늙은이가 청배를 팔러 올 것이다 〈**정주성**定州城〉 ❖ 박을 삶는 집/할아버지와 손자가 오른 지붕 우에 한울빛이 진초록이다/우물의 물이 쓸 것만 같다 〈**여우난골**〉

해빛명 햇빛(해의 빛).

〔백석은 '햇볕'은 '해볕'이라고 쓰지 않고 '햇볕'이라고 쓰고 있는데, '햇빛'은 '해빛'이라고 쓰고 있다. 사이시옷이 생략되어 어감의 차이가 발생하고 있다.〕

❖ 해빛이 초롱불같이 희맑은데/해정한 모래부리 플랫폼에선/모두들 쩔쩔 끓는 구수한 귀이리차茶를 마신다 〈**함남도안**咸南道安〉

햇귀명 햇살이 비치는 곳.

〔'햇귀'는 사전에 '햇발'로 풀이되어 있지만, 《훈몽자회訓蒙字會》엔 '晷'('구', 그림자)로 풀이되어 있다(한자 '晷'에 대한 우리말을 '힛귀'로 적고 있다). 즉, '햇귀'는 원래 '햇살이 비쳐 생긴 그림자'란 뜻으로 햇살이 비치는 곳을 가리키는 말이다.〕

❖ 그리하여 따사한 햇귀에서 하이얀 옷을 입고 매끄러운 밥을 먹고 단샘을 마시고 낮잠을 잤다 〈**북방**北方**에서—정현웅**鄭玄雄**에게**〉

3 돌, 모래, 흙

꽃바위명 꽃이 가득한, 또는 꽃으로 둘러싸인 바위.

〔'꽃바위'는 시인이 만든 합성조어이다. 바위 주변에 꽃이 많이 피어 꽃으로 수놓인 것 같은 모습의 바위를 그렇게 부른 것으로 보인다.〕

❖ 그래도 그 쉬영꽃 진달래 빨가니 핀 꽃바위 너머/산山 잔등에는 가지취 뻐꾹채 게루기 고사리 산山나물판 〈**산**山〉

모래명 자연의 작용에 의하여 아주 잘게 부스러진 돌 부스러기.

〔이 풀이는 《표준국어대사전》의 풀이를 필자가 일부 수정해 작성한 것이다.〕

❖ 한울은/풀 그늘 밑에 삿갓 쓰고 사는 버슷을 사랑한다/모래 속에 문 잠그고 사는 조개를 사랑한다 〈《**호박꽃 초롱**》 **서시**序詩〉

모래알 명 모래의 낱 알갱이.

❖ 우리들은 맑은 물밑 해정한 모래톱에서 하구 긴 날을 모래알만 헤이며 잔뼈가 굵은 탓이다 〈**선우사**膳友辭—**함주시초**咸州詩抄〉

무릿돌 명 우박 같은 돌. 우박 같은 크고 작은 여러 개의 돌. '무리'는 '누리', '우박'의 방언(평안, 황해). '누리', '우박'의 고어는 '무릐'이다.

〔'무릿돌'을 《표준국어대사전》의 풀이대로 '여러 개의 돌'로 풀이하는 견해가 있는데, 백석 시의 아래 용례에서 '무릿돌'은 '무리', 즉 '우박' 같은 돌을 가리키는 말로 쓰인 것으로 보인다. 백석 시가 발표될 당시에 나온, 일제시대 최초의 우리말 사전인 문세영의 《조선어사전》(1938)에 '무리'가 '우박'의 사투리란 뜻으로 등재되어 있는 반면, '무릿돌'이란 말은 등재되어 있지 않다. 이것은 '무릿돌'이 당시에 여러 개의 돌이란 뜻으로 널리 쓰인 말은 아니라는 것을 말해 준다. 백석의 고향인 정주는 평북 지방에서도 특히 무리(우박)가 많이 내리는 지역이라고 하는데, 이러한 삶의 경험 속에서 '무리(우박)+돌'의 합성어가 탄생된 것이 아닌가 추측해 볼 수 있다.〕

❖ 무릿돌이 굴어나리는 건 중의 발꿈치에선가 〈**추일산조**秋日山朝〉 ❖ 밤이면 무엇이 기왓골에 무릿돌을 던지고 뒤울안 배나무에 쩨듯하니 줄등을 헤여달고 부뚜막의 큰솥 적은솥을 모주리 뽑아놓고 재통에 간 사람의 목덜미를 그냥그냥 나려눌러선 잿다리 아래로 처박고 〈**외갓집**〉

바우 명 '바위'의 방언. 부피가 매우 큰 돌.

〔'바우'는 함경도와 제주를 제외한 거의 전 지역에서 나타나는 방언이다.〕

❖ 어니 먼 산 뒷옆에 바우 섶에 따로 외로이 서서,/어두워 오는데 하이야니 눈을 맞을, 그 마른 잎새에는, 〈**남신의주 유동 박시봉방**南新義州柳洞朴時逢方〉

바윗돌 명 바위처럼 큰 돌.

❖ 그늘만 친 건넌산山에서/벼락을 맞아 바윗돌이 되었다는/큰 땅괭이 한 마리 〈**산**山〉

바윗잔등 명 바윗등. 바위 위쪽의 평평한 부분(《고려대한국어대사전》). '잔등'은 '등'의 방언.

〔'잔등'은 《평북방언사전》과 《조선말대사전》에 '등'과 같은 말로 등재되어 있고, 《금성판국어대사전》에 '등'의 방언(경북, 경기, 황해)으로 등재되어 있다.〕

❖ 한 십리十里 더 가면 절간이 있을 듯한 마을이다 〔…〕 아룻동리선가 말 웃는 소리 무서운가 아룻동리 망아지 네 소리 무서울라 담모도리 바윗잔등에 다람쥐 해바라기하다 조은다 토끼잠 한잠 자고 나서 세수한다 〔…〕 〈**황일**黃日〉

세모래 명 가는 모래(《조선말대사전》).

〔'세모래'는《조선말대사전》에 비규범적인 말로 등재되어 있다.〕

❖ 물밑—이 세모래 닌함박은 콩조개만 일다 **〈물계리**物界里**—물닭의 소리〉**

우물돌 명 우물 둘레를 쌓은 돌.

〔'우물돌'은 '우물+돌'의 합성조어이다.〕

❖ 한울은/울파주가에 우는 병아리를 사랑한다/우물돌 아래 우는 돌우래를 사랑한다 **〈《호박꽃 초롱》 서시**序詩**〉**

자갯돌 명 '자갈'(강이나 바다의 바닥에서 오랫동안 갈리고 물에 씻겨 반질반질하게 된 잔돌)의 평안 방언.

❖ 삼리三里밖 강江쟁변엔 자갯돌에서/비멀이한 옷을 부숭부숭 말려 입고 오는 길인데 **〈구장로**球場路**—서행시초**西行詩抄 **1〉**

황토 명 누렇고 거무스름한 흙.

〔《조선말대사전》엔 '누렁흙'(누르끄레한 색깔이 나는 흙)으로 풀이되어 있다.〕

❖ 황토 마루 수무나무에 얼럭궁덜럭궁 색동헝겊 뜯개조박 뵈짜배기 걸리고 오쟁이 끼애리 달리고 소삼은 엄신 같은 딥세기도 열린 국수당고개를 멫 번이고 튀튀 춤을 뱉고 넘어가면 〔…〕 **〈넘언집 범 같은 노큰마니〉**

흙 명 지구의 표면을 덮고 있는, 바위가 부스러져 생긴 가루인 무기물과 동식물에서 생긴 유기물이 섞여 이루어진 물질.

❖ 내 지렝이는/커서 구렁이가 되었습니다/천 년 동안만 밤마다 흙에 물을 주면 그 흙이 지렝이가 되었습니다 **〈나와 지렝이〉** ❖ 한 십리十里 더 가면 절간이 있을 듯한 마을이다 낮 기울은 볕이 장글장글하니 따사하다 흙은 젖이 커서 살같이 깨서 아지랑이 낀 속이 안타까운가보다 〔…〕 **〈황일**黃日**〉** ❖ 구신과 사람과 넋과 목숨과 있는 것과 없는 것과 한 줌 흙과 한 점 살과 먼 넷조상과 먼 훗자손의 거룩한 아득한 슬픔을 담는 것 **〈목구**木具**〉** ❖ 이리하여 노왕老王은 밭을 주어 마음이 한가하고/나는 밭을 얻어 마음이 편안하고/디퍽디퍽 눈을 밟으며 터벅터벅 흙도 덮으며 **〈귀농**歸農**〉**

흙꽃 명 흙먼지.

〔'흙꽃'을 이동순(1987)은 '흙먼지'로, 이승원은 처음(2001)에는 '흙먼지'로 보았다가 뒤(2008)에 '아지랑이'로 수정했다. 이승원은 이른 봄이라 바람이 거세지 않을 거라 했는데, 봄에는 늘 중국 쪽에서 황사를 동반한 편서풍이 분다. 아래 시의 '광원'은 '박천평야'로 짐작되고, 그곳은 중국과 인접한 곳이어서 황사를 동반한 바람을 쉽게 맞을 수 있다. 황사가 아니라도, 봄의 논밭엔 아직 작물이 심어져 있지 않아 봄바람에 흙먼지가 일어나기 쉽고, 그렇게 흙먼지가 잔잔하게 일어나는 광경은

광원, 즉 텅 비고 아득히 넓은 들의 정경을 더욱 실감나게 전해 준다. 이 점에서 '흙꽃'은 '아지랑이'보다는 '흙먼지'로 보는 것이 더 적절하다고 생각된다.〕

❖ 흙꽃 니는 이른 봄의 무연한 벌을/경편철도輕便鐵道가 노새의 맘을 먹고 지나간다 〈**광원**曠原〉

4 짚, 겨

겨명 벼, 보리, 조 따위의 곡식을 찧어 벗겨 낸 껍질을 통틀어 이르는 말.

❖ 홰냥닭은 알을 낳고 소리치고/강아지는 겨를 먹고 오줌 싸고 〈**연자간**〉

볏짚명 벼의 낟알을 떨어낸 줄기.

❖ 해바라기하기 좋을 볏곡간 마당에/볏짚같이 누우란 사람들이 둘러서서 〈**삼천포**三千浦—**남행시초**南行詩抄 **4**〉

새끼오리명 한 가닥의 새끼(《조선말대사전》).

〔'새끼오리'는 '새끼+오리'의 합성조어이다. '오리'는 "실, 나무, 대 따위의 가늘고 긴 조각이나 낱낱의 것"(《고려대한국어대사전》)을 뜻하는 말이다. 백석 시에는 '새끼오리' 외에 '머리오리', '대님오리', '미역오리' 등 '오리'가 붙은 합성조어가 자주 구사된다.〕

❖ 새끼오리도 헌신짝도 소똥도 갓신창도 개니빠디도 너울쪽도 짚검불도 가락닢도 머리카락도 헝겊조각도 막대꼬치도 기왓장도 닭의 짗도 개터럭도 타는 모닥불 〈**모닥불**〉

잡곡낟가리명 잡곡을 베어서 차곡차곡 쌓은 더미.

〔'잡곡낟가리'는 '잡곡+낟가리'의 형태를 지닌 합성조어이다. '잡곡'은 '쌀 이외의 모든 곡식'을 말하며, '낟가리'는 '낟알이 붙은 곡식을 그대로 쌓은 더미'를 말한다. '잡곡낟가리'는 사전에 등재되어 있지 않으며, 이와 유사한 형태의 말로 '벼낟가리'가 《고려대한국어대사전》에 등재되어 있다.〕

❖ 집이 몇 집 되지 않는 골안은/모두 터앝에 김장감이 퍼지고/뜨락에 잡곡낟가리가 쌓여서/어니 세월에 뷔일 듯한 집은 뵈이지 않었다 〈**산곡**山谷—**함주시초**咸州詩抄〉

짚검불명 얼크러진 짚이나 짚의 부스러기(《조선말대사전》).

〔《고려대한국어대사전》엔 '짚검불'이 '마른 짚'으로 풀이되어 있고 《표준국어대사전》엔 이 말이 등재되어 있지 않다.〕

❖ 새끼오리도 헌신짝도 소똥도 갓신창도 개니빠디도 너울쪽도 짚검불도 가락닢도 머리카락도 헝겊조각도 막대꼬치도 기왓장도 닭의 짗도 개터럭도 타는 모닥불 **〈모닥불〉** ❖ 오리야 나는 네가 좋구나 네가 좋아서/벌논의 눞 옆에 쭈구렁벼알 달린 짚검불을 널어놓고/닭이짗 올코에 새끼달은치를 묻어놓고 **〈오리〉**

5 기타 사물

게구멍 명 게가 들어가 살거나 드나드는 구멍(《조선말대사전》).

〔'게구멍'은 《조선말대사전》에 등재되어 있다.〕

❖ 게구멍을 쑤시다 물쿤하고 배암을 잡은 눞의 피 같은 물이끼에 햇볕이 따그웠다 **〈하답夏畓〉**

나무판장 명 나무 널판장. 나무 널빤지. 판판하고 넓게 켠 나뭇조각.

〔'나무판장'은 '나무+판장(널판장, 널빤지)'의 합성조어. '판장'은 《표준국어대사전》에 "널빤지로 친 울타리"로 풀이되어 있으나, 《조선말대사전》엔 '널판장'(=널빤지)으로 풀이되어 있다. 백석 시의 아래 용례에서 '판장'은 '널빤지'로 쓰인 것이다. '나무판장'은 '나무'라는 말이 중복 사용된 합성조어인데, 백석 시에 이런 형태의 말로 '나무판장' 외에 '나무말쿠지'가 있다.〕

❖ 그런데 저기 나무판장에 반쯤 나가 누워서/나주볕을 한없이 바라보며 혼자 무엇을 즐기는 듯한 목이 긴 사람은/도연명陶淵明은 저러한 사람이였을 것이고 **〈조당澡塘에서〉**

나이금 명 나이를 나타내는 금.

〔'나이금'은 백석의 조어이다. '나이테'가 나무에 나타난 둥근 테를 지칭하는 것임을 염두에 두고, 조개에 나타난 둥근 테를 가리켜 '나이테' 대신에 '나이금'이란 말을 만들어 쓴 것이다.〕

❖ 이렇게 한녀름을 보내면서 나는 하늑이는/물살에 나이금이 느는 꽃조개와 함께/허리도리가 굵어가는 한 사람을 연연해한다 **〈삼호三湖〉**

너울쪽 명 널쪽(널조각. 널빤지의 조각).

〔'너울쪽'은 '널쪽'이 장음화된 말이다. 백석 시에는 장음화된 어형이 많다. '냄'이 '내임'으로, '길마'가 '기르매'로 쓰인 예들이 그러하다. '너울쪽'은 필자(1983)가 '널빤지'라고 풀이한 바 있고, 이후 이동순(1987)이 '널빤지쪽'으로, 이숭원(2008)이

'널쪽'이라고 풀이했다.〕

❖ 새끼오리도 헌신짝도 소똥도 갓신창도 개니빠디도 너울쪽도 짚검불도 가락닢도 머리카락도 헝겊조각도 막대꼬치도 기왓장도 닭의 짖도 개터럭도 타는 모닥불 **〈모닥불〉**

다래나무지팡이 명 다래나무로 만든 지팡이. '다래나무'는 깊은 산지에서 자라는 낙엽 활엽 덩굴로서 길이는 7~9미터 정도 된다. 잎은 어긋나고 넓은 타원형이며 광택이 난다. 5월에 흰색 꽃이 피며, 10월에 길이 약 2.5센티미터의 열매가 황록색으로 익는다. 다래나무는 추위에 강해 우리나라 전국에서 생장이 양호하다(고경식·김윤식, 《원색한국식물도감》, 아카데미서적, 1988; 이동혁·제갈영, 《길과 숲에서 만나는 우리나라 나무이야기》, 이비컴, 2008). ☞ 다래 148

〔'도둑놈의지팽이'란 식물이 있으므로 '다래나무지팽이'도 지팡이가 아니라 식물 이름을 가리키는 말일 수 있는데, 현재 참고 가능한 식물 관련 서적에서 '다래나무지팽이'를 찾을 수 없다. 이 말은 일단 지팡이를 가리키는 말로 봐야 할 것 같다.〕

❖ 갈부던 같은 약수藥水터의 산山거리/여인숙旅人宿이 다래나무지팽이와 같이 많다// 〔…〕 //아비가 앓는가부다/다래 먹고 앓는가부다 **〈산지山地〉** ❖ 갈부던 같은 약수藥水터의 산山거리엔 나무그릇과 다래나무지팽이가 많다 **〈삼방三防〉**

돌비 명 돌로 만든 비석.

❖ 푸른 바다 흰 한울이 좋기도 좋단 말이지/해밝은 모래장변에 돌비 하나 섰단 말이지 **〈대산동大山洞—물닭의 소리〉** ❖ 그동안 돌비는 깨어지고 많은 은금보화는 땅에 묻히고 가마귀도 긴 족보를 이루었는데 **〈북방北方에서—정현웅鄭玄雄에게〉**

때② 명 옷이나 몸 따위에 묻은 더러운 먼지 따위의 물질. 또는 피부의 분비물과 먼지 따위가 섞이어 생긴 것.

❖ 이 산山골에 들어와서 이 목침木枕들에 새까마니 때를 올리고 간 사람들을 생각한다 **〈산숙山宿—산중음山中吟〉** ❖ 더운물에 몸을 불키거나 때를 밀거나 하는 것도 잊어버리고 **〈조당澡塘에서〉**

똥 명 사람이나 동물이 먹은 음식물을 소화하여 항문으로 내보내는 찌꺼기.

❖ 햇강아지의 쌀랑대는 성화를 받어가며 닭의 똥을 주워먹는 아이를 생각한다 **〈촌에서 온 아이〉**

막대꼬치 명 무엇을 꿰거나 쑤시거나 하는 데 쓰는 가늘고 뾰족한 나무로 만든 물건(《고려대한국어대사전》 참조).

〔'막대꼬치'는 '막대(막대기)+꼬치(꼬챙이)'의 합성조어이다. 사전엔 '막대'와 '꼬치'

만 등재되어 있다.〕

❖ 새끼오리도 헌신짝도 소똥도 갓신창도 개니빠디도 너울쪽도 짚검불도 가락닢도 머리카락도 헝겊조각도 막대꼬치도 기왓장도 닭의 짗도 개터럭도 타는 모닥불 **〈모닥불〉**

말방울명 말의 목에 다는 방울.

❖ 불을 끈 방안에 횃대의 하이얀 옷이 멀리 추울 것같이/개방위方位로 말방울 소리가 들려온다 **〈머루밤〉**

맞구멍명 마주 뚫린 구멍.

❖ 새하려 가는 아배의 지게에 치워 나는 산山으로 가며 토끼를 잡으리라고 생각한다/맞구멍 난 토끼굴을 아배와 내가 막어서면 언제나 토끼새끼는 내 다리 아래로 달어났다 **〈오리 망아지 토끼〉**

먹명 먹물(먹빛같이 검은 물).

❖ 입으로 먹을 뿜는 건/멫십 년 도를 닦어 퓌는 조환가 **〈꼴두기—물닭의 소리〉**

몬지명 '먼지'(가늘고 보드라운 티끌)의 고어, 방언(황해, 강원, 경기, 경북, 전남, 충청, 제주)(《고어사전》,《금성판국어대사전》).

❖ '효자노적지지정문孝子盧迪之之旌門'— 몬지가 겹겹이 앉은 목각木刻의 액額에/나는 열 살이 넘도록 갈지자字 둘을 웃었다 **〈정문촌旌門村〉**

몽둥발이명 몽동발이. 딸려 붙었던 것이 다 떨어지고 몸뚱이만 남아 있는 물건.

❖ 모닥불은 어려서 우리 할아버지가 어미 아비 없는 서러운 아이로 불상하니도 몽둥발이가 된 슬픈 력사가 있다 **〈모닥불〉**

물감명 물을 들이는 물질이나 안료 따위를 통틀어 이르는 말.

❖ 막대침에 가는 세침 바눌이며 취열옥색 꼭두손이 연분홍 물감도 사잔 말이로구나 **〈머리카락〉**

백지명 닥나무 껍질로 만든 흰빛의 우리나라 종이.

❖ 내가 날 때 죽은 누이도 날 때/무명필에 이름을 써서 백지 달어서 구신간시렁의 당즈깨에 넣어 대감님께 수영을 들였다는 가즈랑집 할머니 **〈가즈랑집〉**

샛더미명 땔감이 되는 나무 더미. '새'는 풀이나 섶나무 같은 땔나무(《조선말대사전》). 〔'샛더미'는 '새(땔나무)+더미(많은 물건이 한데 모여 쌓인 큰 덩어리)'의 합성조어이다.〕

❖ 무이밭에 흰나뷔 나는 집 밤나무 머루넝쿨 속에 키질하는 소리만이 들린다/우물가에서 까치가 자꼬 즞거니 하면/붉은 수탉이 높이 샛더미 우로 올랐다 **〈창의문외彰義門外〉**

소똥 명 소의 똥.

❖ 새끼오리도 헌신짝도 소똥도 갓신창도 개니빠디도 너울쪽도 짚검불도 가락닢도 머리카락도 헝겊조각도 막대꼬치도 기왓장도 닭의 짗도 개터럭도 타는 모닥불 〈**모닥불**〉

숨② 명 팽팽하게 부풀려진 상태나 기운.

〔사전에 '숨'은 "채소 따위의 생생하고 빳빳한 기운"으로 풀이되어 있는데, 이런 뜻 외에 '빵이나 두부 따위의 팽팽하고 부풀려진 상태나 기운'을 가리킬 때도 쓴다. 이 때 '숨'은 '들어가다'나 '오르다' 등의 서술어와 함께 쓰인다. 이러한 '숨'의 의미는 모두 '숨'의 일차적 의미, 즉 '사람이나 동물이 코 또는 입으로 공기를 들이마시고 내쉬는 기운'이라는 뜻에서 비유적으로 파생된 것이다.〕

❖ 밖에는 어데서 물새가 우는데/토방에선 햇콩두부가 고요히 숨이 들어갔다 〈**추야일경**秋夜一景〉

싸리꼬치 명 싸리꼬챙이. 싸리나무의 꼬챙이(《조선말대사전》). 가늘고 길면서 끝이 뾰족한 싸리나무로 된 물건을 말한다.

〔'꼬치'는 '꼬챙이'와 같은 말이다. 《조선말대사전》에 '싸리꼬챙이'가 등재되어 있다.〕

❖ 제삿날이면 귀머거리 할아버지가 예서 왕밤을 밝고 싸리꼬치에 두부산적을 께었다 〈**고방**〉

아모것 명 아무것. 특별히 정해지지 않은 어떤 것 일체.

❖ 다만 한 사람 목이 긴 시인詩人은 안다/'도스토이엡흐스키'며 '죠이쓰'며 누구보다도 잘 알고 일등가는 소설도 쓰지만 아모것도 모르는 듯이 어드근한 방안에 굴어 게으르는 것을 좋아하는 그 풍속을 〈**허준**許俊〉

앙금 명 녹말 따위의 아주 잘고 부드러운 가루가 물에 가라앉아 생긴 층.

❖ 이렇게 하여 여러 날이 지나는 동안에,/내 어지러운 마음에는 슬픔이며, 한탄이며, 가라앉을 것은 차츰 앙금이 되어 가라앉고, 〈**남신의주 유동 박시봉방**南新義州柳洞朴時逢方〉

액額 명 종이, 비단, 널빤지 따위에 그림을 그리거나 글씨를 써서 방 안이나 문 위에 걸어 놓는 액자. '편액扁額'과 같은 말.

❖ '효자노적지지정문孝子盧迪之之旌門'— 몬지가 겹겹이 앉은 목각木刻의 액額에/나는 열 살이 넘도록 갈지자字 둘을 웃었다 〈**정문촌**旌門村〉

은금보화 명 금, 은, 보석 같은 여러 가지 귀중한 보물. '금은보화'와 같은 말(《조선말대사전》).

〔《표준국어대사전》엔 '금은보화'만 등재되어 있는데, 《조선말대사전》엔 '금은보

화'와 '은금보화'가 모두 등재되어 있다.〕

❖ 그동안 돌비는 깨어지고 많은 은금보화는 땅에 묻히고 가마귀도 긴 족보를 이루었는데/이리하야 또 한 아득한 새 녯날이 비롯하는 때 **〈북방北方에서—정현웅鄭玄雄에게〉** ❖ 날기멍석을 져간다는 닭보는 할미를 차 굴린다는 땅아래 고래 같은 기와집에는 언제나 니차떡에 청밀에 은금보화가 그득하다는 외발 가진 조마구 뒷산山 어늬메도 조마구네 나라가 있어서 **〈고야古夜〉**

이것저것[명] 여러 개의 사물을 통틀어 이르는 말.

❖ 나는 오늘 때묻은 입든 옷에 마른물고기 한 토막으로/혼자 외로이 앉어 이것저것 쓸쓸한 생각을 하는 것이다 **〈두보杜甫나 이백李白같이〉**

장작[명] 통나무를 길쭉하게 잘라서 쪼갠 땔나무.

❖ 그 맛있는 모밀국수를 삶는 장작도 자작나무다 **〈백화白樺—산중음山中吟〉**

종이[명] 식물성 섬유를 물에 풀어 얇고 평평하게 엉기도록 하여 물을 빼고 말린 것(《고려대한국어대사전》).

❖ 나는 이 작은 것을 고이 보드러운 종이에 받어 또 문밖으로 버리며/이것의 엄마와 누나나 형이 가까이 이것의 걱정을 하며 있다가 쉬이 만나기나 했으면 좋으련만하고 슬퍼한다 **〈수라修羅〉**

침[명] 사람의 몸에 있는 혈穴을 찔러서 병을 다스리는 데에 쓰는 의료 기구.

❖ 오리야 고운 오리야 가만히 안겼거라/너를 팔어 술을 먹는 노盧장에 령감은/홀아비 소의연 침을 놓는 령감인데 **〈오리〉**

탄수[명] 목탄과 수증기.

〔'탄수'는 '炭水'로 목탄과 수증기를 가리키는 말인 것 같다. '탄수 내음새'는 목탄이 타면서 나는 냄새와 목탄으로 물을 끓일 때 나는 수증기 냄새가 섞인 냄새를 가리키는 것으로 보인다. 이숭원(2001)이 '탄수 내음새'를 '목탄으로 국수 삶는 냄새'로 풀이한 바 있다.〕

❖ 그리고 담배 내음새 탄수 내음새 또 수육을 삶는 육수국 내음새 자욱한 더북한 삿방 쩔쩔 끓는 아르궅을 좋아하는 이것은 무엇인가 **〈국수〉**

푯標말[명] 어떤 것을 표지하기 위하여 세우는 말뚝.

❖ '자시동북팔십천희천自是東北八〇粁熙川'의 푯標말이 선 곳/돌능와집에 소달구지에 싸리신에 옛날이 사는 장거리에/어니 근방 산천山川에서 덜거기 껙껙 검방지게 운다 **〈월림月林장—서행시초西行詩抄 4〉**

회채리[명] 회초리. 때릴 때에 쓰는 가는 나뭇가지.

〔《표준국어대사전》엔 '홰채리'가 '회초리'의 함북 방언으로 등재되어 있다.〕

❖ 일가들이 모두 범같이 무서워하는 이 노큰마니는 구덕살이같이 욱실욱실하는 손자 증손자를 방구석에 들매나무 회채리를 단으로 쪄다두고 따리고 싸리갱이에 갓진창을 매여놓고 따리는데 **〈넘언집 범 같은 노큰마니〉**

VIII. 감각

1 맛과 냄새

개비린내 명 비에 젖은 개에서 나는 것 같은 비린내. 또는 갯비린내.

〔'개비린내'는 비에 젖은 개에서 나는 것 같은 비린내로, 개들이 여기저기 떠돌아다니는 시골의 황톳길에서 비 오는 날에 많이 풍기는 특유의 비릿한 냄새를 가리킨다(고형진, 2006). 이지나는 비가 내릴 때 나는 비릿한 냄새가 흙 속의 지오스민(Geosmin)이 공기 중으로 날아가는 냄새라고 하며(이지나, 2006), 이시영은 '개비린내'를 '갯비린내'로 본다(이시영, 2006).〕

❖ 아카시아들이 언제 흰 두레방석을 깔었나/어데서 물쿤 개비린내가 온다 **〈비〉**

김냄새 명 김에서 나는 냄새.

〔'김냄새'는 '김+냄새'의 합성조어이다. 백석은 〈통영統營〉이란 시에서 통영 객줏집 마당에 내리는 비의 느낌을 '김냄새'에 빗대고 있으며, 〈시기柿崎의 바다〉에선 일본 이즈 반도의 '시기'라는 지역의 바닷가에 위치한 어느 집 덧문에 대한 느낌을 '미역냄새'에 빗대고 있다.〕

❖ 저문 유월六月의 바닷가에선 조개도 울을 저녁 소라방등이 불그레한 마당에 김냄새 나는 비가 나렸다 **〈통영統營〉**

내음새 명 '냄새'의 방언(경상)(《고려대한국어대사전》). 코로 맡을 수 있는 온갖 기운.

❖ 이 그득히들 할머니 할아버지가 있는 안간에들 모여서 방안에서는 새옷의 내음새가 나고/또 인절미 송구떡 콩가루차떡의 내음새도 나고 끼때의 두부와 콩나물과 뽂은 잔디와 고사리와 도야지비계는 모두 선득선득하니 찬 것들이다// 〔…〕/밤이 깊어가는 집안엔 〔…〕 그래서는 문창에 텅납새의 그림자가 치는 아츰 시누이 동세들이 욱적하니 홍성거리는 부엌으론 샛문틈으로 장지문틈으로 무이징게국을 끓이는 맛있는 내음새가 올라오도록 잔다 **〈여우난골족族〉** ❖ 내일같이 명절날인 밤

은 부엌에 쩨듯하니 불이 밝고 솥뚜껑이 놀으며 구수한 내음새 곰국이 무르끓고 방안에서는 일가집 할머니가 와서 마을의 소문을 펴며 〔…〕 **〈고야古夜〉** ❖ 문門을 연다 머루빛 밤한울에/송이버슷의 내음새가 났다 **〈머루밤〉** ❖ 여승女僧은 합장合掌하고 절을 했다/가지취의 내음새가 났다/쓸쓸한 낯이 녯날같이 늙었다 **〈여승女僧〉** ❖ 삼에 숙변에 목단에 백복령에 산약에 택사의 몸을 보한다는 육미탕六味湯이다/약탕관에서는 김이 오르며 달큼한 구수한 향기로운 내음새가 나고/약이 끓는 소리는 삐삐 즐거웁기도 하다 **〈탕약湯藥〉** ❖ 시큼한 배척한 퀴퀴한 이 내음새 속에/나는 가느슥히 여진女眞의 살내음새를 맡는다 **〈북관北關—함주시초咸州詩抄〉** ❖ 시래기를 삶는 훈훈한 방안에는/양염 내음새가 싱싱도 하다 **〈추야일경秋夜一景〉** ❖ 하이얀 꽃이 퓌고/먼바루 개가 짖는 밤은/어데서 물외 내음새 나는 밤이다//하이얀 꽃이 퓌고/먼바루 개가 짖고/어데서 물외 내음새 나는 밤은 **〈야우소회夜雨小懷—물닭의 소리〉** ❖ 집에는 언제나 센개 같은 게사니가 벅작궁 고아내고 말 같은 개들이 떠들썩 짖어대고 그리고 소거름 내음새 구수한 속에 엇송아지 히물쩍 너들씨는데 **〈넘언집 범 같은 노큰마니〉** ❖ 첫녀름 이른 저녁을 해치우고 인간들이 모두 터앞에 나와서 물외포기에 당콩포기에 오줌을 주는 때 터앞에 밭마당에 샛길에 떠도는 오줌의 매캐한 재릿한 내음새 **〈동뇨부童尿賦〉** ❖ 이방異邦 거리는/콩기름 쫄이는 내음새 속에/섶누에 번디 삶는 내음새 속에 **〈안동安東〉** ❖ 거리에서는 모밀내가 났다/부처를 위하는 정갈한 노친네의 내음새 같은 모밀내가 났다 **〈북신北新—서행시초西行詩抄 2〉** ❖ 그리고 담배 내음새 탄수 내음새 또 수육을 삶는 육수국 내음새 자욱한 더북한 삿방 쩔쩔 끓는 아르굳을 좋아하는 이것은 무엇인가 **〈국수〉**

냄새[명] 코로 맡을 수 있는 온갖 기운. ☞ 내음새 417

❖ 산山 잔등에는 가지취 뻐꾹채 게루기 고사리 산山나물판/산山나물 냄새 물씬물씬 나는데/나는 복장노루를 따라 뛰었다 **〈산山〉**

맛[명] 음식 따위를 혀에 댈 때에 느끼는 감각.

❖ 얼근한 비릿한 구릿한 이 맛 속에선/까마득히 신라新羅백성의 향수鄕愁도 맛본다 **〈북관北關—함주시초咸州詩抄〉** ❖ 이렇게 젊은 나이로 코밑수염도 길러보는 탓이고 그리고 어늬 가난한 집 부엌으로 달재 생선을 진장에 꼿꼿이 지진 것은 맛도 있다는 말이 자꼬 들려오는 탓이다 **〈내가 이렇게 외면하고〉** ❖ 봄철날 한종일내 노곤하니 벌불 장난을 한 날 밤이면 으레히 싸개동당을 지나는데 잘망하니 누워 싸는 오줌이 넓적다리를 흐르는 따근따근한 맛 자리에 펑하니 괴이는 척척한 맛 **〈동뇨부童尿賦〉** ❖ 기장쌀은 기장차떡이 좋고 기장차랍이 좋고 기장감주가 좋고 그리고 기장쌀

로 쑨 호박죽은 맛도 있는 것을 생각하며 나는 기뿌다 **〈월림**月林**장—서행시초**西行詩抄 **4〉** ❖ 제 배꼽을 들여다보거나 남의 낯을 쳐다보거나 하는 것인데/이러면서 그 무슨 제비의 춤이라는 연소탕燕巢湯이 맛도 있는 것과/또 어늬바루 새악시가 곱기도 한 것 같은 것을 생각하는 것일 것인데 **〈조당**澡塘**에서〉**

모밀내 명 메밀의 냄새.

〔'모밀내'는 '모밀+내'의 합성조어이다. 백석 시에 이와 유사한 형태의 조어로 '개비린내', '습내' 등이 있다.〕

❖ 거리에서는 모밀내가 났다/부처를 위하는 정갈한 노친네의 내음새 같은 모밀내가 났다 **〈북신**北新**—서행시초**西行詩抄 **2〉**

물맛 명 물의 맛(《고려대한국어대사전》).

❖ 바람맛도 짭짤한 물맛도 짭짤한 **〈통영**統營**(남행시초**南行詩抄**)〉**

미역냄새 명 미역에서 나는 냄새. ☞ 김냄새 417

〔'미역냄새'는 '미역+냄새'의 합성조어이다. 백석은 〈시기柿崎의 바다〉란 시에서 일본 이즈 반도의 '시기'라는 지역의 바닷가에 위치한 어느 집 덧문에 대한 느낌을 '미역냄새'에 빗대고 있으며, 〈통영統營〉에선 통영 객줏집 마당에 내리는 비의 느낌을 '김냄새'에 빗대고 있다.〕

❖ 어득한 기슭의 행길에 얼굴이 해쓱한 처녀가 새벽달같이/아 아즈내인데 병인病人은 미역냄새 나는 덧문을 닫고 버러지같이 누웠다 **〈시기**柿崎**의 바다〉**

바람맛 명 바람의 맛.

〔'바람맛'은 '바람+맛'의 합성조어. 아래 용례에서 '물맛'과 짝을 이루고 있다.〕

❖ 바람맛도 짭짤한 물맛도 짭짤한 **〈통영**統營**(남행시초**南行詩抄**)〉**

살내음새 명 살냄새. 살에서 나는 냄새.

❖ 시큼한 배척한 퀴퀴한 이 내음새 속에/나는 가느슥히 여진女眞의 살내음새를 맡는다 **〈북관**北關**—함주시초**咸州詩抄**〉**

습내 명 습한 냄새. 축축한 기운에서 나는 냄새. 방 안에서 습한 냄새가 난다는 것은 그곳이 물기가 젖어들 만큼 허름한 외벽을 가진 초라한 방이며, 또 방치되어 있는 방임을 암시하는 것이다.

〔'습내'는 '습(濕)+내(냄새)'의 합성조어이다.〕

❖ 나는 어느 목수木手네 집 헌 삿을 깐,/한 방에 들어서 쥔을 붙이었다./이리하여 나는 이 습내 나는 춥고, 누긋한 방에서,/낮이나 밤이나 나는 나 혼자도 너무 많은 것같이 생각하며, **〈남신의주 유동 박시봉방**南新義州柳洞朴時逢方**〉**

향기 명 꽃, 향, 향수 따위에서 나는 좋은 냄새.

❖ 아카시아꽃의 향기가 가득하니 꿀벌들이 많이 날어드는 아츰/구신은 없고 부헝이가 담벽을 띠쫓고 죽었다 〈**정문촌**旌門村〉

향香내 명 향기로운 냄새.

❖ 만두饅頭꼬깔을 눌러쓰고 곰방대를 물고 가고 싶었다/이왕이면 향香내 높은 취향리梨 돌배 움퍽움퍽 씹으며 머리채 츠렁츠렁 발굽을 차는 꾸냥과 가즈런히 쌍마차雙馬車 몰아가고 싶었다 〈**안동**安東〉

2 소리

개소리 명 개가 짖는 소리(《고려대한국어대사전》, 《조선말대사전》).

〔《표준국어대사전》엔 '개소리'가 "아무렇게나 지껄이는 조리 없고 당치 않은 말을 비속하게 이르는 말"이란 뜻으로 등재되어 있다. '개소리'가 비유적으로 확장된 의미의 단어로만 등재되어 있는 것인데, 《고려대한국어대사전》과 《조선말대사전》엔 '개가 짖는 소리'라는 뜻의 복합명사의 단어로도 등재되어 있다.〕

❖ 밤에는 먼 개소리에 놀라나고/아츰에는 지나가는 사람마다에게 절을 하면서도/나는 나의 부끄러움을 알지 못했다 〈**북방**北方**에서—정현웅**鄭玄雄**에게**〉

말소리 명 말하는 소리.

❖ 그래도 오리야 호젓한 밤길을 가다/가까운 논배미들에서/까알까알 하는 너이들의 즐거운 말소리가 나면/나는 내 마을 그 아는 사람들의 지껄지껄하는 말소리같이 반가웁고나 〈**오리**〉

산山울림 명 울려 퍼져 가던 소리가 산이나 절벽 같은 데에 부딪쳐 되울려오는 소리. '메아리'와 같은 말.

❖ 아츰볕에 섶구슬이 한가로이 익는 골짝에서 꿩은 울어 산山울림과 장난을 한다 〈**추일산조**秋日山朝〉

새소리 명 새가 우는 소리.

❖ 벌에 우는 새소리도 듣고 싶고 거문고도 한 곡조 뜯고 싶고 한 오천五千말 남기고 함곡관函谷關도 넘어가고 싶고 〈**수박씨, 호박씨**〉

소리 ① 명 물체의 진동에 의하여 생긴 음파가 귀청을 울리어 귀에 들리는 것.

❖ 헝겊심지에 아즈까리기름의 쪼는 소리가 들리는 듯하다 〈**정주성**定州城〉 ❖ 가즈랑

집은 고개 밑의/산山 너머 마을서 도야지를 잃는 밤 즘생을 쫓는 깽제미 소리가 무서웁게 들려오는 집 〈**가즈랑집**〉 ❖ 개방위方位로 말방울 소리가 들려온다 〈**머루밤**〉 ❖ 참대창에 바다보다 푸른 고기가 께우며 섬돌에 곱조개가 붙는 집의 복도에서는 배창에 고기 떨어지는 소리가 들렸다 〈**시기**柿崎**의 바다**〉 ❖ 무이밭에 흰나뷔 나는 집 밤나무 머루넝쿨 속에 키질하는 소리만이 들린다 〈**창의문외**彰義門外〉 ❖ 약탕관에서는 김이 오르며 달큼한 구수한 향기로운 내음새가 나고/약이 끓는 소리는 삐삐 즐거웁기도 하다 〈**탕약**湯藥〉 ❖ 처마 끝에 종이등의 불을 밝히고/쩌락쩌락 떡을 친다/감자떡이다/이젠 캄캄한 밤과 개울물 소리만이다 〈**향악**饗樂**—산중음**山中吟〉 ❖ 긴긴 겨울밤 인간들이 모두 한잠이 들은 재밤중에 나 혼자 일어나서 머리맡 쥐발 같은 새끼오강에 한없이 누는 잘 매럽던 오줌의 사르릉 쪼로록 하는 소리 〈**동뇨부**童尿賦〉 ❖ 이방異邦 거리는/도끼날 벼르는 돌물레 소리 속에/되광대 켜는 되양금 소리 속에 〈**안동**安東〉 ❖ 칠성七星고기라는 고기의 쩜벙쩜벙 뛰노는 소리가/쨋쨋하니 들려오는 호수湖水까지는 〈**함남도안**咸南道安〉 ❖ 거리에는 오독독이 탕탕 터지고 호궁胡弓 소리 뻴뻴 높아서/내 쓸쓸한 마음엔 자꼬 이 나라의 넷 시인詩人들이 그들의 쓸쓸한 마음들이 생각난다 〈**두보**杜甫**나 이백**李白**같이**〉 ❖ 오이밭에 벌배채 통이 지는 때는/산에 오면 산 소리/벌로 오면 벌 소리// 〔…〕 //산으로 오면 산이 들썩 산 소리 속에 나 홀로/벌로 오면 벌이 들썩 벌 소리 속에 나 홀로//정주定州 동림東林 구십九十여 리里 긴긴 하로 길에/산에 오면 산 소리 벌에 오면 벌 소리/적막강산에 나는 있노라 〈**적막강산**〉 ❖ 광지보에서 나온 은장두에 바눌집에 원앙에 바둑에/번들번들하는 노리개는 스르럭스르럭 소리가 나고 〈**칠월**七月 **백중**〉 ❖ 어두워 오는데 하이야니 눈을 맞을, 그 마른 잎새에는,/쌀랑쌀랑 소리도 나며 눈을 맞을, 〈**남신의주 유동 박시봉방**南新義州柳洞朴時逢方〉

소리②**명** 사람의 목소리.

❖ 넷말이 사는 컴컴한 고방의 쌀독 뒤에서 나는 저녁 끼때에 부르는 소리를 듣고도 못 들은 척하였다 〈**고방**〉 ❖ 장날 아츰에 앞 행길로 엄지 따러 지나가는 망아지를 내라고 나는 조르면/아배는 행길을 향해서 크다란 소리로/—매지야 오나라/—매지야 오나라 〈**오리 망아지 토끼**〉 ❖ 볏짚같이 누우란 사람들이 둘러서서/어늬 눈오신 날 눈을 츠고 생긴 듯한 말다툼 소리도 누우라니//소는 기르매 지고 조은다 〈**삼천포**三千浦**—남행시초**南行詩抄 **4**〉 ❖ 산골사람의 손을 핥으며/약자에 쓴다는 홍정소리를 듣는 듯이/새까만 눈에 하이얀 것이 가랑가랑한다 〈**노루—함주시초**咸州詩抄〉 ❖ 어린아이들치고는 너무나 큰 소리로 너무나 튀겁 많은 소리로 울어대는데/너만

은 타고난 그 외마디 소리로 스스로웁게 삼가면서 우는구나/네 소리는 조금 썩심하니 쉬인 듯도 하다/네 소리에 내 마음은 반끗히 밝어오고 또 호끈히 더워오고 그리고 즐거워온다/나는 너를 껴안어 올려서 네 머리를 쓰다듬고 힘껏 네 적은 손을 쥐고 흔들고 싶다/네 소리에 나는 촌 농삿집의 저녁을 짓는 때/나주볕이 가득 드리운 밝은 방안에 혼자 앉어서/실감기며 버선짝을 가지고 쓰렁쓰렁 노는 아이를 생각한다 **〈촌에서 온 아이〉** ❖ 또 여기 더운물에 뛰어들며/무슨 물새처럼 악악 소리를 지르는 삐삐 파리한 사람은/양자楊子라는 사람은 아모래도 이와 같었을 것만 같다 **〈조당**澡塘**에서〉**

소리③ 명 새나 짐승, 곤충의 울음(《고려대한국어대사전》).

❖ 시냇물이 버러지 소리를 하며 흐르고/대낮이라도 산山옆에서는/승냥이가 개울물 흐르듯 운다 **〈산지**山地**〉** ❖ 한 십리十里 더 가면 절간이 있을 듯한 마을이다 〔…〕 복사나무 아래 가 흙장난하며 놀지 왜 우노 자개밭둑에 엄지 어데 안 가고 누웠다 아룻동리선가 말 웃는 소리 무서운가 아룻동리 망아지 네 소리 무서울라 담모도리 바윗잔등에 다람쥐 해바라기하다 조은다 〔…〕 **〈황일**黃日**〉** ❖ 바람 좋은 한벌판에서 물닭이 소리를 들으며 단이슬 먹고 나이 들은 탓이다/외따른 산골에서 소리개 소리 배우며 다람쥐 동무하고 자라난 탓이다 **〈선우사**膳友辭**—함주시초**咸州詩抄**〉** ❖ 접시 귀에 소기름이나 소뿔등잔에 아즈까리기름을 켜는 마을에서는 겨을밤 개 짖는 소리가 반가웁다// 〔…〕 //아배가 밤참 국수를 받으려 가면 나는 큰마니의 돋보기를 쓰고 앉어 개 짖는 소리를 들은 것이다 **〈개〉** ❖ 시 제목 **〈물닭의 소리〉** ❖ 시 제목 **〈멧새 소리〉** ❖ 그리고 또/버드나무 밑 당나귀 소리를 임내내는 시인詩人을 사랑한다 **〈《호박꽃 초롱》 서시**序詩**〉** ❖ 노왕老王은 채매도 힘이 들고 하루종일 백령조百鈴鳥 소리나 들으려고/밭을 오늘 나한테 주는 것이고 **〈귀농**歸農**〉** ❖ 산에 오면/큰솔밭에 뻐꾸기 소리/잔솔밭에 덜거기 소리//벌로 오면/논두렁에 물닭의 소리/갈밭에 갈새 소리 **〈적막강산〉**

쇳소리 명 쇠붙이가 부딪쳐서 나는 소리.

❖ 벌개눞역에서 바리깨를 뚜드리는 쇳소리가 나면/누가 눈을 앓어서 부증이 나서 찰거마리를 부르는 것이다 **〈오금덩이라는 곳〉**

외마디소리 명 오직 한결같은 단조로운 소리.

〔'외마디소리'는 《표준국어대사전》과 《조선말대사전》에 위의 풀이로 기술되어 있는데, 《고려대한국어대사전》엔 "괴롭거나 무섭거나 놀랄 때 지르는 높고 날카로운 한마디의 소리"로 풀이되어 있다. 백석 시의 아래 용례에서 '외마디소리'는 전자의

뜻으로 사용된 것이다.〕

❖ 어린아이들치고는 너무나 큰 소리로 너무나 튀겁 많은 소리로 울어대는데/너만은 타고난 그 외마디소리로 스스로웁게 삼가면서 우는구나/네 소리는 조금 썩심하니 쉬인 듯도 하다 **〈촌에서 온 아이〉**

웃음소리 명 웃을 때 내는 소리.

❖ 산山마루를 탄 사람들은 새꾼들인가/파란 한울에 떨어질 것같이/웃음소리가 더러 산山 밑까지 들린다 **〈추일산조秋日山朝〉**

청 명 목에서 울려 나오는 소리(《고려대한국어대사전》).

❖ 이 집에 있는 다른 많은 아이들이/모도들 욕심 사납게 지게굳게 일부러 청을 돋혀서/어린아이들치고는 너무나 큰 소리로 너무나 튀겁 많은 소리로 울어대는데 **〈촌에서 온 아이〉**

희파람 명 휘파람. 입술을 좁게 오므리고 혀끝으로 입김을 불어서 맑게 내는 소리. 또는 그런 일.

❖ 개 더리고 호이호이 희파람 불며/시름 놓고 가고 싶은 길이다 **〈창원도昌原道—남행시초南行詩抄 1〉**

3 색

꼭두손이 명 꼭두서니. 꼭두서닛과의 여러해살이 덩굴풀. 줄기는 높이가 1미터 정도이고 속이 비어 있으며, 마디가 있는 방형方形이다. 마디마다 다섯 개의 잎이 돋아나고 붉은 꽃이 피며, 뿌리는 자홍색이다. 뿌리를 짜서 달이면 물이 나오는데 이것으로 적색 안료를 만든다. 색상은 홍화에 비하여 더욱 붉은 빛이다(정종미,《우리 그림의 색과 칠—한국화의 재료와 기법》, 학고재, 2001, 74쪽). 백석 시 〈머리카락〉의 용례에서 '꼭두손이'는 그 뒤에 나오는 '연분홍'이란 말과 결합해 하나의 의미를 형성한다. 즉 '꼭두손이 연분홍'은 꼭두서니로 만든, 또는 꼭두서니 빛의 연분홍이란 뜻이다. ☞ 취열옥색 425

〔'꼭두서니'의 빛깔은 원래 자색이 감도는 짙은 홍색인데, 물감을 만들 때 농도를 조절하여 여러 층의 홍색을 내곤 한다. 아래 용례에선 연분홍이 제시되어 있다. 한편 아래 용례에서 '취열옥색'은 '쪽'에서 추출한 색을 가리키는 것이다. 쪽을 발효시키지 않고 생으로 물감을 들이면 옥색이 된다. '쪽'과 '꼭두서니'는 탈색이 안 되

는 대표적인 유기안료여서 지난날 물감은 '쪽'과 '꼭두서니'를 기본 재료로 사용하였고, 그래서 황아장수도 주로 이 두 종류의 물감을 팔곤 하였다. 아래 용례에서 '취열옥색'과 '꼭두서니 연분홍'은 각각 '하늘빛 옥색'과 '꼭두서니빛 연분홍'을 가리키는 말로 대구를 이루는 표현이라고 할 수 있다.〕

❖ 막대침에 가는 세침 바늘이며 취열옥색 꼭두손이 연분홍 물감도 사잔 말이로구나 **〈머리카락〉**

머루빛명 머루나무 열매인 머루의 빛깔. 흑자색에 가깝다.

〔'머루빛'은 '머루+빛'의 합성조어이다.〕

❖ 문門을 연다 머루빛 밤한울에/송이버슷의 내음새가 났다 **〈머루밤〉**

물②명 물감이 물건에 묻어서 드러나는 빛깔.

❖ 나는 주먹다시 같은 떡당이에 꿀보다도 달다는 강낭엿을 산다/그리고 물이라도 들 듯이 샛노랗디샛노란 산山골 마가을 볕에 눈이 시울도록 샛노랗디샛노란 햇기장 쌀을 주무르며 **〈월림月林장―서행시초西行詩抄 4〉**

살빛명 살갗의 빛깔.

❖ 열여섯에 사십四十이 넘은 홀아비의 후처가 된 포족족하니 성이 잘 나는 살빛이 매감탕 같은 입술과 젖꼭지는 더 까만 예수쟁이 마을 가까이 사는 토산土山 고무 고무의 딸 승녀承女 아들 승承동이 **〈여우난골족族〉**

연둣빛명 완두콩 빛깔과 같이 연한 초록빛.

❖ 한 십리十里 더 가면 절간이 있을 듯한 마을이다 울밖 늙은 들매나무에 튀튀새 한불 앉었다 흰구름 따러가며 딱장벌레 잡다가 연둣빛 닢새가 좋아 올라왔나보다 〔…〕 **〈황일黃日〉**

연분홍명 연한 분홍색.

❖ 막대침에 가는 세침 바늘이며 취열옥색 꼭두손이 연분홍 물감도 사잔 말이로구나 **〈머리카락〉**

오줌빛명 오줌의 빛깔.

〔사전엔 '오줌'만 등재되어 있다.〕

❖ 그리고 또 엄매의 말엔 내가 아직 굳은 밥을 모르던 때 살갗 퍼런 막내고무가 잘도 받어 세수를 하였다는 내 오줌빛은 이슬같이 샛말갛기도 샛맑았다는 것이다 **〈동뇨부童尿賦〉**

주홍칠명 주홍빛의 칠(《금성판국어대사전》).

❖ 주홍칠이 날은 정문旌門이 하나 마을 어구에 있었다//'효자노적지지정문孝子盧迪

之之旌門'—몬지가 겹겹이 앉은 목각木刻의 액額에 〈**정문촌**旌門村〉

진진초록 명 매우 진한 초록색.

〔'진진초록'은 백석의 조어이다. '진초록'의 한자가 '津草綠'이므로 '진진초록'은 '津津草綠'이 될 것이다. '진진津津하다', '흥미진진興味津津' 등의 어휘에서 보듯 '진진'이 '매우', '풍성한'이란 뜻으로 쓰이므로 매우 진한 초록이란 뜻의 '진진초록'이란 조어가 자연스럽게 생성될 수 있다.〕

❖ 옛말속같이 진진초록 새 저고리를 입고/손잔등이 밭고랑처럼 몹시도 터졌다 〈**팔원**八院—**서행시초**西行詩抄 **3**〉

진초록 명 진한 초록색.

❖ 박을 삶는 집/할아버지와 손자가 오른 지붕 우에 한울빛이 진초록이다/우물의 물이 쓸 것만 같다 〈**여우난골**〉

취열옥색 명 추월옥색秋月玉色. 가을 하늘 빛의 옥색. ☞ 꼭두손이 423

〔《조선말대사전》에 '추월단풍'이 "가을 달의 단풍"으로 풀이되어 있다. '추월옥색'은 이와 비슷한 형태의 말로 가을의 옥색, 즉 가을 하늘 빛을 한 옥색을 뜻하는 말이다. '추월옥색'이 '취열옥색'이 된 것은 백석 특유의 '이' 모음 첨가 현상이 나타난 것이다.〕

❖ 막대침에 가는 세침 바늘이며 취열옥색 꼭두손이 연분홍 물감도 사잔 말이로구나 〈**머리카락**〉

IX. 식물

1 풀

가지① 명 가짓과의 한해살이풀. 높이는 60~100센티미터이며 전체에 털이 있고 잎은 어긋나게 자라며 달걀 모양이다. 6~9월에 흰색이나 엷은 자주색 따위의 통꽃이 핀다. 자주색 열매를 맺는데 이를 '가지'라 부르며 찬거리로 쓴다. ☞ 체언 II. 기본생활 2. 음식 3) 음식의 종류 140

❖ 나의 정다운 것들 가지 명태 노루 뫼추리 질동이 노랑나뷔 바구지꽃 모밀국수 남치마 자개짚세기 그리고 천희千姬라는 이름이 한없이 그리워지는 밤이로구나 〈**야우소회**夜雨小懷—**물닭의 소리**〉

가지취 명 취나물의 일종으로 '각시취'를 가리키는 것으로 짐작된다. ☞ 체언 Ⅱ. 기본생활 2. 음식 3) 음식의 종류 141

❖ 토끼도 살이 오른다는 때 아르대 즘퍼리에서 제비꼬리 마타리 쇠조지 가지취 고비 고사리 두릅순 회순 산山나물을 하는 가즈랑집 할머니를 따르며 **〈가즈랑집〉** ❖ 여승女僧은 합장合掌하고 절을 했다/가지취의 내음새가 났다 **〈여승女僧〉** ❖ 그래도 그 쉬영꽃 진달래 빨가니 핀 꽃바위 너머/산山 잔등에는 가지취 뻐꾹채 게루기 고사리 산山나물판/산山나물 냄새 물씬물씬 나는데 **〈산山〉**

갈대 명 볏과의 여러해살이풀. 높이는 1~3미터이며, 잎은 길고 끝이 뾰족하다. 줄기는 단단하고 속이 비어 있다. 가을에 솜털이 많은 엷은 잿빛 꽃이 핀다. 줄기는 발, 삿자리 따위의 재료로 쓴다. 습지나 물가에서 자라며, 우리나라를 비롯하여 전 세계에 널리 분포한다(《고려대한국어대사전》, 《표준국어대사전》).

❖ 나는 그때/자작나무와 이깔나무의 슬퍼하든 것을 기억한다/갈대와 장풍의 붙드든 말도 잊지 않었다 **〈북방北方에서—정현웅鄭玄雄에게〉**

강냉이 명 '옥수수'와 같은 말. 둘 다 표준어이다. ① 볏과의 한해살이풀. 높이는 2~3미터이며, 잎은 수숫잎같이 크고 길다. 꽃은 단성화로 수꽃이삭은 줄기 끝에 달리고 암꽃이삭은 줄기 중앙의 잎겨드랑이에 달린다. 열매는 녹말이 풍부하고 식용하거나 가축 사료로 쓴다. 멕시코에서 남아메리카 북부에 걸친 지역이 원산지로, 전 세계에서 재배한다. ② '옥수수'의 열매. 녹말이 풍부한 음식이다. 쪄 먹거나 떡, 묵, 밥, 술 따위를 만들어 먹는다. ☞ 체언 Ⅱ. 기본생활 2. 음식 3) 음식의 종류 142

❖ 이 봄에는 이 밭에 감자 강냉이 수박에 오이며 당콩에 마눌과 파도 심그리라 생각한다 **〈귀농歸農〉**

개지꽃 명 나팔꽃과 비슷한 '갯메꽃'을 가리킨다. '갯메꽃'은 바닷가에서 자라는 다년초로서 길고 굵은 땅속줄기가 옆으로 뻗고, 줄기는 갈라진다. 5~9월에 깔때기 모양의 연한 분홍색 꽃이 긴 자루 끝에 핀다(고경식·김윤식, 《원색한국식물도감》, 아카데미서적, 1988).

〔《평북방언사전》에 '개지꽃'은 '나팔꽃'과 '메꽃'의 방언으로 등재되어 있는데, 두 꽃 모두 메꽃과에 속하는 식물이다. 메꽃과의 꽃 중에는 이 외에도 '갯메꽃'이라는 것이 있는데, 이 꽃은 바닷가에서 자란다. 반면 '나팔꽃'과 '메꽃'은 주로 길가나 들에서 자란다. 백석 시의 아래 용례에서 '개지꽃'은 바닷가에 피고 있는 것이므로 '갯메꽃'을 가리키는 것으로 봐야 할 것이다.〕

❖ 바닷가는/개지꽃에 개지 아니 나오고 **〈바다〉**

게루기명 게로기. '모싯대'와 같은 말. 산지의 응달진 곳에서 자라는 초롱꽃과의 여러해살이풀. 줄기는 높이가 1미터 정도이고 뿌리는 굵으며, 잎은 어긋나고 심장 모양 또는 넓은 피침 모양으로 톱니가 있다. 8~9월에 종 모양의 자주색 꽃이 원추圓錐꽃차례로 핀다. 연한 줄기와 잎은 식용하며, 뿌리는 거담제, 해독제 등의 약으로 쓴다(고경식·김윤식,《원색한국식물도감》, 아카데미서적, 1988; 육창수,《원색한국약용식물도감》, 아카데미서적, 1989). ☞ 체언 Ⅱ. 기본생활 2. 음식 3) 음식의 종류 143

❖ 그래도 그 쉬영꽃 진달래 빨가니 핀 꽃바위 너머/산山 잔등에는 가지취 뻐꾹채 게루기 고사리 산山나물판/산山나물 냄새 물씬물씬 나는데 **〈산山〉**

고비명 고빗과의 여러해살이풀. 잎은 뿌리줄기에서 뭉쳐나고 둥글다. 봄에 연한 잎을 삶아 말려 두고 나물로 먹는다. 산이나 들에서 자라며 한국, 일본, 중국, 대만 등지에 분포한다. ☞ 체언 Ⅱ. 기본생활 2. 음식 3) 음식의 종류 144

❖ 토끼도 살이 오른다는 때 아르대 즘퍼리에서 제비꼬리 마타리 쇠조지 가지취 고비 고사리 두릅순 회순 산山나물을 하는 가즈랑집 할머니를 따르며 **〈가즈랑집〉**

고사리명 양치식물 고사릿과의 여러해살이풀. 높이는 1미터 정도이며, 이른 봄에 싹이 뿌리줄기에서 돋아나는데 꼭대기가 꼬불꼬불하게 말리고 흰 솜 같은 털로 온통 덮여 있다. 어린잎은 식용하고 뿌리줄기는 녹말을 만든다. ☞ 체언 Ⅱ. 기본생활 2. 음식 3) 음식의 종류 144

❖ 또 인절미 송구떡 콩가루차떡의 내음새도 나고 끼때의 두부와 콩나물과 뽂은 잔디와 고사리와 도야지비계는 모두 선득선득하니 찬 것들이다 **〈여우난골족族〉** ❖ 토끼도 살이 오른다는 때 아르대 즘퍼리에서 제비꼬리 마타리 쇠조지 가지취 고비 고사리 두릅순 회순 산山나물을 하는 가즈랑집 할머니를 따르며 **〈가즈랑집〉** ❖ 그래도 그 쉬영꽃 진달래 빨가니 핀 꽃바위 너머/산山 잔등에는 가지취 뻐꾹채 게루기 고사리 산山나물판/산山나물 냄새 물씬물씬 나는데 **〈산山〉**

당콩명 '강낭콩'의 북쪽 지역 언어. 콩과의 한해살이풀. 줄기가 덩굴을 이루고 여름에 흰색 또는 자주색 꽃이 총상總狀꽃차례로 핀다. 열매는 꼬투리로 맺히는데 그 안의 종자는 식용한다. 보통 밭에서 재배하며 줄기 잎은 사료로 쓰고, 열매는 밥에 넣어 먹거나 떡, 과자의 소로 쓴다. ☞ 체언 Ⅱ. 기본생활 2. 음식 3) 음식의 종류 149

❖ 이 봄에는 이 밭에 감자 강냉이 수박에 오이며 당콩에 마늘과 파도 심그리라 생

각한다 〈**귀농**歸農〉

마눌명 마늘. 백합과의 여러해살이풀. 높이는 60~100센티미터이고 속이 빈 원기둥꼴이며, 잎은 가늘고 길다. 여름에 꽃줄기 끝에 담자색의 두상화頭狀花가 산형傘形꽃차례로 핀다. 땅 속에 굵은 비늘줄기가 여러 쪽으로 된 덩이를 이루는데 이것도 마늘이라 부르며 특유의 냄새가 있어 양념과 반찬으로 쓰인다. ☞ 체언 II. 기본생활 2. 음식 3) 음식의 종류 154

❖ 인간들은 모두 웅성웅성 깨여 있어서들/오가리며 석박디를 썰고/생강에 파에 청각에 마눌을 다지고 〈**추야일경**秋夜一景〉 ❖ 이 봄에는 이 밭에 감자 강냉이 수박에 오이며 당콩에 마눌과 파도 심그리라 생각한다 〈**귀농**歸農〉

마타리명 마타릿과의 여러해살이풀. 높이가 1~1.5미터이며, 잎은 마주나고 깃 모양으로 갈라진다. 여름에 종 모양의 노란 잔꽃이 가지 끝에 산방繖房꽃차례로 모여 피고 열매는 긴 타원형이다. 연한 순은 나물로 먹고 전초全草는 소염, 어혈에 또는 고름을 빼는 데에 약으로 쓴다. 산이나 들에서 저절로 나며 한국, 일본, 대만, 중국, 시베리아 동부까지 분포한다. ☞ 체언 II. 기본생활 2. 음식 3) 음식의 종류 154

❖ 토끼도 살이 오른다는 때 아르대 즘퍼리에서 제비꼬리 마타리 쇠조지 가지취 고비 고사리 두릅순 회순 산山나물을 하는 가즈랑집 할머니를 따르며 〈**가즈랑집**〉

물외명 오이. 박과의 한해살이 덩굴풀. ☞ 체언 II. 기본생활 2. 음식 3) 음식의 종류 157, 오이 166

❖ 어데서/물외 내음새 나는 밤이다// 〔…〕 /어데서 물외 내음새 나는 밤은 〈**야우소회**夜雨小懷**—물닭의 소리**〉

물이끼명 물이낏과의 이끼류. 길이는 6~15센티미터이며, 흰색이나 엷은 녹색을 띠고 줄기는 곧고 가지는 돌려난다. 엽록체를 가진 잔잎과 속이 빈 큰 잎은 흡수력이 강해서 물기를 오래 지닌다. 습한 곳이나 물속에서 흔히 자라는데 가끔 바위 위에 몰려 나기도 한다.

❖ 게구멍을 쑤시다 물쿤하고 배암을 잡은 늪의 피 같은 물이끼에 햇볕이 따그웠다 〈**하답**夏畓〉

미나리명 산형과의 여러해살이풀. 높이가 30센티미터 정도이고 털이 없으며, 잎은 어긋나고 긴 잎자루가 있으며 깃 모양으로 갈라진다. 작은 잎은 달갈 모양이고 가장자리에 톱니가 있다. 7~9월에 희고 작은 꽃이 핀다. 연못가나 무논에서 자라며 잎과 줄기에 독특한 향기가 있고 식용한다.

❖ 한 십리十里 더 가면 절간이 있을 듯한 마을이다 〔…〕 어데서 송아지 매— 하고 운

다 골갯논드렁에서 미나리 밟고 서서 운다 〔…〕 **〈황일黃日〉**

빼꾹채 명 야산의 양지쪽에서 자라는 국화과의 여러해살이풀. 높이는 30~70센티미터이고, 백색 털로 덮여 있으며 가지가 없고 굵은 뿌리가 땅속 깊이 들어간다. 6~8월에 홍자색 꽃이 줄기 끝에 하나씩 피고, 깃털이 있는 수과瘦果가 열린다. 어린잎은 나물로 먹거나 약으로 쓴다(육창수, 《원색한국약용식물도감》, 아카데미서적, 1989). ☞ 체언 Ⅱ. 기본생활 2. 음식 3) 음식의 종류 160

❖ 그래도 그 쉬영꽃 진달래 빨가니 핀 꽃바위 너머/산山 잔등에는 가지취 빼꾹채 게루기 고사리 산山나물판/산山나물 냄새 물씬물씬 나는데 **〈산山〉**

쇠조지 명 '쇠서나물'로 짐작된다. '쇠서나물'의 높이는 80~100센티미터이고, 윗부분에서 가지가 갈라지며 갈색을 띤 갈고리 모양의 털이 있다. 6~9월에 노란색 꽃이 피며, 어린잎은 나물로 먹는다. ☞ 체언 Ⅱ. 기본생활 2. 음식 3) 음식의 종류 163

〔'쇠조지'는 식물 관련 서적에서 찾을 수 없어 정확히 어떤 식물을 가리키는지 알 수 없다. '쇠조지'와 유사한 이름을 지닌 풀로 '쇠고비', '쇠비름', '쇠뜨기', '쇠서나물' 등이 있는데, 이 가운데 우리나라 전역의 산야에서 나면서 흔히 나물로 먹는 것이 '쇠서나물'이다(고경식·김윤식, 《원색한국식물도감》, 아카데미서적, 1988).〕

❖ 토끼도 살이 오른다는 때 아르대 즘퍼리에서 제비꼬리 마타리 쇠조지 가지취 고비 고사리 두릅순 회순 산山나물을 하는 가즈랑집 할머니를 따르며 **〈가즈랑집〉**

수리취 명 산지의 볕이 잘 드는 풀밭에서 자라는 국화과의 여러해살이풀. 높이는 100센티미터 내외이며, 줄기에 흰털이 빽빽하게 나 있다. 9~10월에 흰색 또는 자주색 꽃이 가지 꼭대기에 피며, 어린잎은 식용한다(고경식·김윤식, 《원색한국식물도감》, 아카데미서적, 1988; 《고려대한국어대사전》; 《표준국어대사전》).

❖ 이스라치전이 드나 머루전이 드나/수리취 땅버들의 하이얀 복이 서러웁다/뚜물같이 흐린 날 동풍東風이 설렌다 **〈쓸쓸한 길〉**

수박 명 박과의 한해살이 덩굴풀. 덩굴진 줄기가 땅 위를 기며 자라며 잎은 어긋나고 여름에 노란 꽃이 핀다. 열매는 크고 둥글며 무게는 5~6킬로그램까지 나가는 것이 보통이다. 열매의 속살은 붉고 달며 물이 많다. 햇빛을 좋아하며 볕이 잘 쬐는 곳에서 열매가 잘 달린다. 아프리카가 원산지로 세계 각지에서 재배한다. ☞ 체언 Ⅱ. 기본생활 2. 음식 3) 음식의 종류 163

❖ 이 봄에는 이 밭에 감자 강냉이 수박에 오이며 당콩에 마늘과 파도 심그리라 생각한다//수박이 열면 수박을 먹으며 팔며 **〈귀농歸農〉**

오이 명 박과의 한해살이 덩굴풀. 여름에 노란 통꽃이 잎겨드랑이에서 피고 열매는 긴 타원형의 장과漿果로 누런 갈색으로 익으며 식용한다. 오이는 사시사철 식탁에 오르는 흔한 채소이지만 여름이 제철인 음식이다. 오이의 95%가 수분이며 비타민 C가 많다. 상쾌한 향기와 씹히는 맛이 좋은 채소이다(한복진, 《(우리가 정말 알아야 할) 우리 음식 백가지1·2》, 현암사, 1998). ☞ 체언 Ⅱ. 기본생활 2. 음식 3) 음식의 종류 166, 물외 157

❖ 이 봄에는 이 밭에 감자 강냉이 수박에 오이며 당콩에 마늘과 파도 심그리라 생각한다 〈**귀농**歸農〉

장풍 명 창포菖蒲. 천남성과의 여러해살이풀. 향기가 있고 연못이나 수로, 습지에서 자란다. 뿌리줄기가 옆으로 길게 자란다. 창 모양의 잎은 길이가 60~80센티미터 정도로 중앙맥이 뚜렷하며 윤택이 있고, 작은 꽃이 5~6월경에 이삭꽃차례를 이루며 핀다. 한국, 일본, 동아시아, 시베리아, 말레이시아, 인도, 북아메리카 등지에 분포한다(《고려대한국어대사전》, 《표준국어대사전》).

❖ 나는 그때/자작나무와 이깔나무의 슬퍼하든 것을 기억한다/갈대와 장풍의 붙드든 말도 잊지 않었다 〈**북방**北方**에서—정현웅**鄭玄雄**에게**〉

제비꼬리 명 제비꼬리고사리. 면마과의 여러해살이풀로 뿌리줄기는 옆으로 뻗으며 잎은 길고 깃 조각은 꼬리처럼 길게 뾰족하다(《표준국어대사전》, 《식물도감》). ☞ 체언 Ⅱ. 기본생활 2. 음식 3) 음식의 종류 167

〔'제비꼬리'는 고사리 종류의 하나인 '제비꼬리고사리'를 가리키는 것으로 짐작된다. 백석 시의 아래 용례에서 '제비꼬리'는 고비와 고사리와 함께 열거되고 있는데, 고비도 고사리의 일종이다. 이들은 모두 산의 음지에서 자라는 양치식물로서 종류에 따라 산나물로 식용하는 것들이다.〕

❖ 토끼도 살이 오른다는 때 아르대 즘퍼리에서 제비꼬리 마타리 쇠조지 가지취 고비 고사리 두릅순 회순 산山나물을 하는 가즈랑집 할머니를 따르며 〈**가즈랑집**〉

파 명 백합과의 여러해살이풀. 땅속줄기에는 많은 수염뿌리가 있고, 여름에 길이 70센티미터의 꽃줄기 끝에 백록색의 꽃이 핀다. 특이한 냄새와 맛이 있어 약용하거나 식용한다. 중국 서부가 원산지로 동양과 온대 지방에 널리 분포한다. ☞ 체언 Ⅱ. 기본생활 2. 음식 3) 음식의 종류 172

❖ 인간들은 모두 웅성웅성 깨여 있어서들/오가리며 석박디를 썰고/생강에 파에 청각에 마늘을 다지고 〈**추야일경**秋夜一景〉 ❖ 이 봄에는 이 밭에 감자 강냉이 수박에 오이며 당콩에 마늘과 파도 심그리라 생각한다 〈**귀농**歸農〉

2 나무

갈매나무[명] 갈매나뭇과의 낙엽 활엽 관목. 높이는 2~5미터이며, 나무껍질은 짙은 회색이고, 가지에 가시가 있다. 잎은 마주나고 톱니가 있으며, 5월에 연한 황록색의 꽃이 한두 송이씩 핀다. 갈매라 불리는 열매는 9~10월에 검은빛으로 익는데 약재로 쓰이고 나무껍질은 염료로 쓴다. 골짜기나 개울가에서 자라며 추위에 강하다. 전국의 산야와 아무르, 중국 등지에서 자란다(윤주복, 《나무 쉽게 찾기》, 진선출판사, 2004; 서민환 · 이유미, 《쉽게 찾는 우리나무 2》, 현암사, 2001).

❖ 쌀랑쌀랑 소리도 나며 눈을 맞을,/그 드물다는 굳고 정한 갈매나무라는 나무를 생각하는 것이었다. 〈**남신의주 유동 박시봉방**南新義州柳洞朴時逢方〉

개나리[명] 물푸레나뭇과의 낙엽 활엽 관목. 양지바른 산 밑에 잘 자라고, 높이는 3미터 정도이며 가지가 많은데 이른 봄 잎이 나오기 전에 노란 꽃이 먼저 핀다. 관상용으로 많이 심으며, 뿌리와 줄기, 씨는 모두 한약재로 쓰는데, 특히 씨는 항균 작용이 좋다(《고려대한국어대사전》).

❖ 개 하나 얼린하지 않는 마을은/해바른 마당귀에 맷방석 하나/빨갛고 노랗고/눈이 시울은 곱기도 한 건반밥/아 진달래 개나리 한창 퓌였구나 〈**고성가도**固城街道**—남행시초**南行詩抄 **3**〉

동백冬柏**나무**[명] 차나뭇과의 상록 활엽 교목. 높이는 약 7미터 정도이며, 잎은 윤이 나고 긴 타원형이다. 봄에 붉은색의 꽃이 피고 열매의 씨는 기름을 짜는 데에 쓰인다. 중부 이남의 해안 지방에서 자란다(서민환 · 이유미, 《쉽게 찾는 우리나무》, 현암사, 2000).

〔'동백나무'의 한자는 원문에 '冬柏나무'가 아니라 '柊柏나무'로 표기되어 있어, 한자음은 '종백'이 된다. 백석 시에서 '동백나무'는 '동백'을 가리키는 것이 분명한데, 한자가 '柊'으로 표기된 것은 오자이거나, 아니면 의도적으로 나무 '木' 변을 붙인 한자를 쓴 것일 수 있다. 백석은 '石榴'도 '柘榴'로 쓴 바 있어 후자일 가능성이 높다. 또 한자에서 '柊'은 '終'과 같이 사용하는데, '終'은 또 '冬'과 같이 사용한다. 따라서 '柊'과 '冬'을 '통가자通假字'로 같이 사용한 것일 수도 있다.〕

❖ 명정明井골은 산山을 넘어 동백冬柏나무 푸르른 감로甘露 같은 물이 솟는 명정明井샘이 있는 마을인데 〈**통영**統營(**남행시초**南行詩抄)〉

들매나무[명] 들메나무. 물푸레나뭇과의 낙엽 활엽 교목. 높이는 30미터 정도이며, 잎은 마주나고 겹잎이다. 나무껍질은 연한 회색이고 세로로 깊게 갈라진다. 꽃은 단성화單性花로 노란색의 잔꽃이 원추圓錐꽃차례로 한 해 묵은 가지의 잎겨드랑이에서 피고, 열매는 시과翅果로 9월에 익는다. 목재는 무겁고 단단하며 무늬가 곱다(윤주복, 《나무 쉽게 찾기》, 진선출판사, 2004; 서민환 · 이유미, 《쉽게 찾는 우리나무1》, 현암사, 2001).

〔'들매나무'는 '산딸나무'를 가리키는데(《금성판국어대사전》), 이 나무는 중부 이남에서 자란다. 반면, '들메나무'는 전국에 걸쳐 자라는데, 평안도 일대에 특히 이 나무가 많았다고 여러 문헌들에 기록되어 있다. 또, 아래 용례에서 회초리로 사용한 점까지 감안하면, 백석 시에서 '들매나무'는 '들메나무'를 가리키는 것으로 보아야 할 것이다.〕

❖ 한 십리十里 더 가면 절간이 있을 듯한 마을이다 〔…〕 뷔인 집에 꿩이 날어와 다니나보다 울밖 늙은 들매나무에 튀튀새 한불 앉었다 〔…〕 **〈황일黃日〉** ❖ 일가들이 모두 범같이 무서워하는 이 노큰마니는 구덕살이같이 욱실욱실하는 손자 증손자를 방구석에 들매나무 회채리를 단으로 쪄다두고 따리고 싸리갱이에 갓진창을 매여놓고 따리는데 **〈넘언집 범 같은 노큰마니〉**

땅버들 명 버드나뭇과의 낙엽 활엽 관목. 높이는 1~2미터 정도이고, 잎은 피침형이며 톱니가 있고 꽃은 단성화로 4월에 핀다. 수꽃은 암자색인데 겉에 하얀 솜털이 달려 있으며, 암꽃은 엷은 흰빛이 감도는 연둣빛을 띤다. 열매는 식용하며 가지와 잎은 풋거름으로 쓴다. '갯버들'과 같은 말(윤주복, 《나무쉽게 찾기》, 진선출판사, 2004; 《고려대한국어대사전》).

❖ 이스라치전이 드나 머루전이 드나/수리취 땅버들의 하이얀 복이 서러웁다/뚜물같이 흐린 날 동풍東風이 설렌다 **〈쓸쓸한 길〉** ❖ 촌부자 노왕老王하고 같이 서서/밭최뚝에 즘부러진 땅버들의 버들개지 피여나는 데서/볕은 장글장글 따사롭고 바람은 솔솔 보드라운데 **〈귀농歸農〉**

머루넝쿨 명 머루나무가 뻗어 나가면서 이루어진 넝쿨. '머루나무'는 포도과의 덩굴나무. 다른 나무에 감겨 오르거나 덤불을 이룬다. 넓적한 잎이 달려 있고 마디에 감김손(덩굴손)이 있어서 다른 물체에 감긴다. 봄에 꽃이 피고 가을에 열매가 검은 자주색으로 열린다(《조선말대사전》).

〔《조선말대사전》에 '머루덩굴'이 등재되어 있다. '넝쿨'은 '덩굴'과 같은 말이다.〕

❖ 무이밭에 흰나뷔 나는 집 밤나무 머루넝쿨 속에 키질하는 소리만이 들린다 **〈창의문외彰義門外〉**

밤나무 명 ① 참나뭇과 밤나무속에 속한 식물을 통틀어 이르는 말. ② 참나뭇과의 낙엽 활엽 교목. 높이는 10미터 정도이며 암수한그루로 5~6월에 이삭 모양의 흰 꽃이 피고, 가을에 견과堅果인 밤이 가시가 많은 밤송이에 두세 개씩 들어 익는다. 나무는 단단하여 선재船材, 침목, 토목, 건축재 따위로 쓰이며, 용재로 불량한 것은 표고의 배양 원목재로 쓰이기도 한다. 산기슭, 들, 자갈땅에서 나며 산이나 인가 부근에서 재배하기도 한다(《표준국어대사전》,《고려대한국어대사전》).

❖ 무이밭에 흰나뷔 나는 집 밤나무 머루넝쿨 속에 키질하는 소리만이 들린다 **〈창의문외彰義門外〉**

배나무명 능금나뭇과 배나무속의 나무를 통틀어 이르는 말. 높이는 2~3미터이고, 잎은 달걀 모양으로 톱니가 있다. 봄에 흰색의 꽃이 피며, 열매는 둥글고 수분이 많으며 단맛이 있다. 번식은 대목에다 눈접과 접붙이기를 하여 이루어지며 재배 품종이 많다(《표준국어대사전》,《고려대한국어대사전》).

❖ 인가人家 멀은 산山중에/까치는 배나무에서 즞는다 **〈적경寂境〉** ❖ 밤이면 무엇이 기왓골에 무릿돌을 던지고 뒤울안 배나무에 쩨듯하니 줄등을 헤여달고 부뚜막의 큰솥 적은솥을 모주리 뽑아놓고 재통에 간 사람의 목덜미를 그냥그냥 나려눌러선 잿다리 아래로 처박고 **〈외갓집〉**

백화白樺명 자작나뭇과의 낙엽 활엽 교목. 높이는 20미터가량으로, 나무껍질은 희고 얇으며 잘 벗겨진다. 봄에 이삭 모양의 꽃이 피고 10월에 열매가 익는다. 목재는 품질이 좋아 가구재로 쓰이고, 나무껍질은 약재나 유피鞣皮에 쓰인다. 추위에 강해 우리나라에서는 중부 이북 지방의 산기슭에서 자란다. '자작나무'와 같은 말(이동혁·제갈영,《길과 숲에서 만나는 우리나라 나무이야기》, 이비컴, 2008;《고려대한국어대사전》).

❖ 시 제목 **〈백화白樺—산중음山中吟〉**

버드나무명 버드나뭇과의 낙엽 활엽 교목. 높이는 20미터 정도이며, 가늘고 축 축 늘어진 가지가 있다. 암수딴그루이며 잎이 필 때 버들개지도 핀다. 봄에 종자가 여물면 털이 있는 씨들이 몽글몽글 돌아다닌다. 가로수, 개울가나 들의 습지에서 잘 자라며 한국, 일본, 중국 등지에 분포한다(윤주복,《나무 쉽게 찾기》, 진선출판사, 2004;《조선말대사전》).

❖ 오두미五斗米를 버리고/버드나무 아래로 돌아온 사람도/그 녚차개에 수박씨 닦은 것은 호박씨 닦은 것은 있었을 것이다 **〈수박씨, 호박씨〉** ❖ 그리고 또/버드나무 밑 당나귀 소리를 임내내는 시인詩人을 사랑한다 **〈《호박꽃 초롱》 서시序詩〉**

버들명 버드나뭇과의 낙엽 활엽 교목. '버드나무'와 같은 말. ☞ 버드나무

❖ 날은 챙챙 좋기도 좋은데/눈도 녹으며 술렁거리고 버들도 잎 트며 수선거리고 〈**귀농**歸農〉

복사나무 명 장미과의 낙엽 소교목. 높이는 3미터 정도이며, 잎은 어긋나고 가장자리에 뭉툭한 톱니가 있다. 꽃은 4~5월에 잎보다 먼저 흰색 또는 연붉은색으로 피고, 열매는 큰 공 모양으로 7~8월에 누렇거나 붉게 익는데 이를 '복숭아'라고 한다. 과육果肉은 부드럽고 맛이 좋으며, 씨는 약용한다. '복숭아나무'와 같은 말.

❖ 한 십리十里 더 가면 절간이 있을 듯한 마을이다 〔…〕 어데서 송아지 매— 하고 운다 골갯논드렁에서 미나리 밟고 서서 운다 복사나무 아래 가 흙장난하며 놀지 왜 우노 자개밭둑에 엄지 어데 안 가고 누웠다 〔…〕 〈**황일**黃日〉

복숭아나무 명 장미과의 낙엽 소교목. '복사나무'와 같은 말. ☞ 복사나무

❖ 얼굴에 별자국이 솜솜 난 말수와 같이 눈도 껌벅거리는 하로에 베 한 필을 짠다는 벌 하나 건너 집엔 복숭아나무가 많은 신리新里 고무 고무의 딸 이녀李女 작은이녀李女 〈**여우난골족**族〉 ❖ 돌덜구에 천상수天上水가 차게/복숭아나무에 시라리타래가 말러갔다 〈**초동일**初冬日〉

살구나무 명 장미과의 낙엽 활엽 교목. 높이는 5~7미터이며, 잎은 어긋나고 넓은 타원형이다. 4월경에 연분홍색 꽃이 잎보다 먼저 피며, 7월에 누런 붉은색의 둥글고 털이 많은 열매가 익는다. 열매는 식용하고, 씨는 한방에서 약으로 쓴다. 한국, 중국, 일본에 분포한다.

❖ 뒤울안 살구나무 아래서 광살구를 찾다가/살구벼락을 맞고 울다가 웃는 나를 보고/밑구멍에 털이 멫 자나 났나 보자고 한 것은 가즈랑집 할머니다 〈**가즈랑집**〉

석류石榴 명 석류나뭇과의 낙엽 활엽 교목. 높이는 3미터 정도이며, 잎은 마주나고 긴 타원형 또는 거꾸로 된 달걀 모양으로 광택이 난다. 5~6월에 짙은 홍색의 꽃이 종 모양으로 피어나 아름다운 자태를 뽐내며, 열매는 9~10월에 익는다. 열매 안에 들어 있는 과실은 단맛과 신맛이 있으며 생으로 먹을 수 있다. 인도, 페르시아가 원산지로 아열대 지방에서 널리 재배하며 우리나라의 중부와 남부에서도 재배한다. 한국식 정원을 꾸밀 때 주로 담장 가에 심는데, 그 자태가 담장 가 조경의 극치로 꼽힌다(이유미·서민환, 《쉽게 찾는 나무 4》, 현암사, 2000; 이동혁·제갈영, 《길과 숲에서 만나는 우리나라 나무이야기》, 이비컴, 2008).

〔'石榴'의 한자는 원본엔 '柘榴'로 표기되어 있다. '柘榴'란 글자는 정지용 시에도 나오는데, 이는 일본식 한자이다. 일본에선 '石榴'와 '柘榴'란 글자를 모두 쓰며, 사전에 후자는 상용한자는 아닌 것으로 기술되어 있다. 우리말에서 '柘榴'는 '자류'

로 읽는데, 일본어에선 둘 다 'ざくろ'(자쿠로)로 읽는다. 백석은 '冬柏'도 '柊栢'으로 표기하고 있는데, '柘'자와 '柊'자에 모두 나무 '木' 변이 들어 있는 것이 주목된다. 백석이 식물 이름을 지칭할 때 의도적으로 나무 '木' 변이 들어간 한자를 사용한 것이 아닌가 추측된다. 즉, 백석은 '석류'를 나무 '木' 변이 들어간 일본식 한자인 '柘榴'로 표기한 것으로 보이는데, 여기선 표준어에 맞게 '石榴'로 표기하도록 한다.]

❖ 시 제목 **〈석류石榴〉**

수무나무명 스무나무, 시무나무. 느릅나뭇과의 낙엽 교목. 높이가 20미터 정도이고 5월에 노란 꽃이 피며, 우리나라의 산과 구릉, 하천 유역에서 잘 자란다. 이 큰 키의 나무는 옛날엔 먼 곳에서도 쉽게 볼 수 있는 이정표로서의 기능을 했다. 옛날에는 이 나무가 흔했으나 지금 남아 있는 노거수(수령이 많고 커다란 나무)는 많지 않다. 옛날에는 기도목으로서 그 앞에서 기도를 하면 득남을 했다는 이야기들이 전하고, 또 마을 어귀에 자리해 당산목 구실을 했던 것으로 전해진다(이동혁·제갈영, 《길과 숲에서 만나는 우리나라 나무이야기》, 이비컴, 2008).

❖ 어스름저녁 국수당 돌각담의 수무나무 가지에 녀귀의 탱을 걸고 나물매 갖추어 놓고 비난수를 하는 젊은 새악시들/—잘 먹고 가라 서리서리 물러가라 네 소원 풀었으니 다시 침노 말아라 **〈오금덩이라는 곳〉** ❖ 황토 마루 수무나무에 얼럭궁덜럭궁 색동헝겊 뜯개조박 뵈짜배기 걸리고 오쟁이 끼애리 달리고 소삼은 엄신 같은 딥세기도 열린 국수당고개를 몇 번이고 튀튀 춤을 뱉고 넘어가면 〔…〕 **〈넘언집 범 같은 노큰마니〉**

싸리명 콩과의 낙엽 활엽 관목. 높이는 2~3미터이며, 잎은 세 잎이 나온다. 7월에 짙은 자색이나 홍자색 꽃이 핀다. 가을에는 밀원식물蜜源植物이고 겨울에는 좋은 땔감으로 이용된다. 잎은 사료로, 나무껍질은 섬유의 원료로 쓴다. 한국, 일본, 중국 북부, 우수리 등지에 분포한다. '싸리나무'와 같은 말(《표준국어대사전》, 《고려대한국어대사전》).

❖ 부엌에는 빨갛게 질들은 팔八모알상이 그 상 우엔 새파란 싸리를 그린 눈알만 한 잔盞이 뵈였다 **〈주막酒幕〉**

아카시아명 콩과에 속한 낙엽교목. 높이는 20미터가량이고, 턱잎이 변한 가시가 있다. 잎은 타원형으로 가장자리가 밋밋하다. 5~6월에 향기가 진한 흰 꽃이 핀다(《고려대한국어대사전》).

❖ 아카시아들이 언제 흰 두레방석을 깔었나/어데서 물쿤 개비린내가 온다 **〈비〉**

이깔나무명 소나뭇과의 낙엽 교목으로 높이는 37미터 정도이고, 가지가 수평으로 퍼지거나 밑으로 처진다. 짧고 비늘처럼 생긴 잎이 새로 나온 가지에는 나선으로 나며, 오래된 잔가지의 끝에는 돌려난다. 꽃은 4월에 피고 열매는 9월에 익는다. 목재는 결이 성기나 강하고 단단하며 무거워서, 배를 만드는 재료로 쓰이거나 전신주, 광산의 갱목, 철도 침목 등으로 쓰인다. 한국의 금강산 이북, 중국, 일본 등지에 분포한다. '잎갈나무'와 같은 말(《고려대한국어대사전》). 〔《금성판국어대사전》, 《고려대한국어대사전》엔 '이깔나무'가 '잎갈나무'와 같은 말로 등재되어 있는데, 《조선말대사전》엔 '이깔나무'와 '이깔'이 규범어로 등재되어 있고, '잎갈이나무'가 같은 뜻의 비규범어로 등재되어 있다.〕

❖ 나는 그때/자작나무와 이깔나무의 슬퍼하든 것을 기억한다 **〈북방北方에서—정현웅鄭玄雄에게〉**

임금林檎나무 명 능금나무. 장미과의 낙엽 활엽 교목. 높이는 10미터 정도이며, 잎은 어긋나고 타원형이며 톱니가 있다. 4~5월에 흰 꽃이 피며 여름부터 가을에 걸쳐 붉은색 또는 누르스름한 열매가 맺는데 사과보다 작고 맛이 덜하다. 우리나라 특산종으로 경기, 경북, 황해 등지에 분포한다.

❖ 텃밭가 재래종在來種의 임금林檎나무에는 이제도 콩알만 한 푸른 알이 달렸고 히스무레한 꽃도 하나 둘 퓌여 있다/돌담 기슭에 오지항아리 독이 빛난다 **〈창의문외彰義門外〉**

자구나무 명 자귀나무. 콩과의 낙엽 활엽 소교목으로 높이는 3~5미터 정도이다. 자귀나무 잎은 밤이 되거나 흐린 날에는 서로 겹쳐지는데 이 모습이 마치 부부가 합혼을 하는 것 같고, 맑은 날에는 잎의 모양이 날개를 활짝 핀 공작의 날개 같아서 민간에서는 부부 금실이나 신혼부부를 위해 심었다고 한다. 6~7월에 분홍 꽃이 작은 가지 끝에 15~20개씩 산형傘形으로 달리는데, 멀리서 보면 마치 나무 위에 소담스럽게 분홍색 꽃이 쌓여 있는 것처럼 아름답게 보인다. 열매는 9~10월에 열리며 모양은 콩 껍질과 유사하다(이동혁·제갈영, 《길과 숲에서 만나는 우리나라 나무이야기》, 이비컴, 2008, 301-302쪽; 《고려대한국어대사전》).

❖ 장진長津땅이 지붕 넘에 넘석하는 거리다/자구나무 같은 것도 있다 **〈노루—함주시초咸州詩抄 2〉**

자작나무 명 자작나뭇과의 낙엽 활엽 교목. 높이는 20미터가량으로, 나무껍질은 희고 얇으며 잘 벗겨진다. 봄에 이삭 모양의 꽃이 피고 10월에 열매가 익는다. 목재는 품질이 좋아 가구재로 쓰이고, 나무껍질은 약재나 유피鞣皮에 쓰인다. 자작나무는 추위에 강해 우리나라에서는 중부 이북 지방의 산기슭에서 자란다. '백화白樺'와 같은 말(이동혁·제갈영, 《길과 숲에서 만나는 우리나라 나무이야기》, 이비컴, 2008; 《고려대한국어대사전》).

❖ 산골집은 대들보도 기둥도 문살도 자작나무다/밤이면 캥캥 여우가 우는 산山도 자작나무다/그 맛있는 모밀국수를 삶는 장작도 자작나무다/그리고 감로甘露같이 단샘이 솟는 박우물도 자작나무다/산山 너머는 평안도平安道 땅도 뵈인다는 이 산山골은 온통 자작나무다 〈**백화**白樺**—산중음**山中吟〉 ❖ 나는 그때/자작나무와 이깔나무의 슬퍼하든 것을 기억한다 〈**북방**北方**에서—정현웅**鄭玄雄**에게**〉

진달래[명] 진달랫과의 낙엽 활엽 관목. 높이는 2~3미터이며 잎은 어긋나고 긴 타원형 또는 거꾸로 된 피침 모양이다. 4월에 분홍색 꽃이 잎보다 먼저 가지 끝에 피고 열매는 삭과蒴果로 10월에 익는다. 정원수, 관상용으로 재배하기도 한다. 산간 양지에서 자라며 한국, 일본, 중국, 몽골 등지에 분포한다.

❖ 빨갛고 노랗고/눈이 시울은 곱기도 한 건반밥/아 진달래 개나리 한창 퓌였구나 〈**고성가도**固城街道**—남행시초**南行詩抄 **3**〉 ❖ 그래도 그 쉬영꽃 진달래 빨가니 핀 꽃바위 너머/산山 잔등에는 가지취 뻐꾹채 게루기 고사리 산山나물판/산山나물 냄새 물씬 물씬 나는데 〈**산**山〉

피나무[명] 피나뭇과의 낙엽 활엽 교목으로 우리나라 전국의 산과 계곡 음지에서 자란다. 높이는 20미터 정도이며, 잎은 어긋나고 넓은 달걀 모양이다. 6월에 노란색을 띤 녹색 꽃이 피고 열매는 공 모양의 견과堅果로 9~10월에 익는다. 피나무 껍질은 섬유질이 매우 발달해 있어 예부터 고급 밧줄을 만들 때 사용하였고, 목재는 재질이 좋아 바둑판이나 밥상 같은 고급 가구재로 쓴다(이동혁·제갈영, 《길과 숲에서 만나는 우리나라 나무이야기》, 이비컴, 2008).

❖ 한 해에 멫 번 매연 지난 먼 조상들의 최방등 제사에는 〔…〕 교우 우에 모신 신주 앞에 환한 촛불 밑에 피나무 소담한 제상 위에 떡 보탕 식혜 산적 나물지짐 반봉 과일 들을 공손하니 받들고 〔…〕 〈**목구**木具〉

3 식물 일반과 부분

1) 식물 일반

꽃[명] 종자식물의 번식 기관. 모양과 색이 다양하며, 꽃받침과 꽃잎, 암술과 수술로 이루어져 있다. 분류 기준에 따라 갖춘꽃과 안갖춘꽃, 단성화와 양성화, 통꽃과 갈래꽃, 풍매화와 충매화 따위로 나눈다.

❖ 텃밭가 재래종在來種의 임금林檎나무에는 이제도 콩알만 한 푸른 알이 달렸고 히스무레한 꽃도 하나 둘 퓌여 있다 〈**창의문외**彰義門外〉 ❖ 캄캄한 비 속에/새빨간 달이 뜨고/하이얀 꽃이 퓌고/먼바루 개가 짖는 밤은/어데서 물외 내음새 나는 밤이다//캄캄한 비 속에/새빨간 달이 뜨고/하이얀 꽃이 퓌고/먼바루 개가 짖고/어데서 물외 내음새 나는 밤은 〈**야우소회**夜雨小懷**—물닭의 소리**〉

나무명 줄기나 가지가 목질로 된 여러해살이 식물.

❖ 태산泰山의 구름도 황하黃河의 물도 옛님군의 땅과 나무의 덕도 이 마음 안에 아득하니 뵈이는 것이다 〈**수박씨, 호박씨**〉 ❖ 쌀랑쌀랑 소리도 나며 눈을 맞을,/그 드물다는 굳고 정한 갈매나무라는 나무를 생각하는 것이었다. 〈**남신의주 유동 박시봉방**南新義州柳洞朴時逢方〉

버슷명 '버섯'의 고어, 방언(평북, 함경)(《고려대한국어대사전》, 《평북방언사전》). 대형 균류를 통틀어 이르는 말. 주로 그늘진 땅이나 썩은 나무에서 자라며, 홀씨로 번식한다. 송이처럼 독이 없는 것은 식용하나 독이 있는 것도 많다.

❖ 한울은/풀 그늘 밑에 삿갓 쓰고 사는 버슷을 사랑한다 〈**《호박꽃 초롱》 서시**序詩〉

송이버슷명 송이버섯. 송이과의 버섯. 갓은 지름이 8~20센티미터이고 겉은 엷은 다갈색, 살은 흰색이다. 독특한 향기와 맛을 지닌 대표적인 식용 버섯이다. 주로 솔잎이 쌓인 습지에 나며 한국, 일본, 중국 남부에 분포한다. ☞ 체언 Ⅱ. 기본생활 2. 음식 3) 음식의 종류 162

❖ 문門을 연다 머루빛 밤한울에/송이버슷의 내음새가 났다 〈**머루밤**〉

재래종在來種명 예전부터 전하여 내려오는 농작물이나 가축의 종자. 다른 지역의 종자와 교배되는 일이 없이, 어떤 지역에서만 여러 해 동안 기르거나 재배되어 그곳의 풍토에 알맞게 적응된 종자를 이른다.

❖ 텃밭가 재래종在來種의 임금林檎나무에는 이제도 콩알만 한 푸른 알이 달렸고 히스무레한 꽃도 하나 둘 퓌여 있다 〈**창의문외**彰義門外〉

풀명 초본식물을 통틀어 이르는 말. 땅 위의 줄기가 나무와 같은 목질木質을 이루지 못하여 줄기가 연하고, 대개 한 해를 지내고 죽는다.

❖ 남방토南方土 풀 안 돋은 양지귀가 본이다/햇비 멎은 저녁의 노을 먹고 산다 〈**석류**石榴〉 ❖ 병이 들면 풀밭으로 가서 풀을 뜯는 소는 인간人間보다 영靈해서 열 걸음 안에 제 병을 낫게 할 약藥이 있는 줄을 안다고 〈**절간의 소 이야기**〉 ❖ 한울은/풀 그늘

밑에 삿갓 쓰고 사는 버슷을 사랑한다 〈《**호박꽃 초롱**》 **서시**序詩〉

2) 꽃

개지 명 '갯메꽃'을 가리키는 '개지꽃'의 꽃을 지칭하는 것으로 보인다. '갯메꽃'의 꽃은 연분홍색이며 깔때기처럼 생겼다. ☞ 개지꽃 426

〔'버드나무'의 꽃이 '버들개지'인 것을 연상해, '개지꽃'의 꽃을 '개지'로 부른 것으로 보인다.〕

❖ 바닷가는/개지꽃에 개지 아니 나오고 〈**바다**〉

도라지꽃 명 도라지의 꽃. 7~8월에 종 모양으로 흰색이나 연보랏빛이 도는 파란색 꽃이 핀다(《고려대한국어대사전》).

❖ 섶벌같이 나아간 지아비 기다려 십 년十年이 갔다/지아비는 돌아오지 않고/어린 딸은 도라지꽃이 좋아 돌무덤으로 갔다 〈**여승**女僧〉

동백冬柏**꽃** 명 동백나무의 꽃. 동백나무는 남부 지방의 산과 들에서 자란다. 1~4월에 가지 끝이나 잎겨드랑이에 붉은색 꽃이 한 송이씩 핀다. 5~7개의 꽃잎이 비스듬히 퍼지며, 수술이 많다. 꽃이 질 때 낱개로 떨어지지 않고 한꺼번에 떨어지는 특징이 있다(윤주복, 《나무 쉽게 찾기》, 진선출판사, 2004).

❖ 명정明井골은 산山을 넘어 동백冬柏나무 푸르른 감로甘露 같은 물이 솟는 명정明井샘이 있는 마을인데/ 〔…〕 /내가 좋아하는 그이는 푸른 가지 붉게붉게 동백冬柏꽃 피는 철엔 타관 시집을 갈 것만 같은데/긴 토시 끼고 큰머리 얹고 오불고불 넘엣거리로 가는 여인女人은 평안도平安道서 오신 듯한데 동백冬柏꽃 피는 철이 그 언제요 〈**통영**統營**(남행시초**南行詩抄**)**〉

머루전 명 머루나무에 핀 꽃을 전奠을 차린 것에 비유한 것으로 보인다. '전奠'은 장사 지내기 전에 영좌靈座 앞에 간단하게 술, 과일을 차려 놓는 예식을 말한다. '머루나무'는 포도과의 덩굴식물로 잎은 심장 모양이고 가장자리에 치아 모양의 톱니가 있다. 봄에 지름 2밀리미터의 황록색 꽃이 원추圓錐꽃차례로 피고, 가을에 검자주색 열매가 달린다(《조선말대사전》; 이유미·서민환, 《쉽게 찾는 우리나무 2》, 현암사, 2001).

〔'머루전'은 '머루+전(奠, 장사 지내기 전에 영좌靈座 앞에 간단하게 술, 과일을 차려 놓는 예식)'의 합성조어로 보인다. 백석 시엔 한자어를 사용한 조어가 많이 구사되는데, '머루전'도 이에 해당하는 말이라고 하겠다. 아래 용례는 '거적장사'가 오르는

산비탈에 머루가 피어 있는 풍경을 장사 직전에 전奠을 차린 것에 비유한 것이다(고형진, 2007).〕

❖ 산山가마귀만 울며 날고/도적갠가 개 하나 어정어정 따러간다/이스라치전이 드나 머루전이 드나 **〈쓸쓸한 길〉**

바가지꽃 명 박꽃. 박의 꽃. 하얀색으로 여름에 피는데 저녁에 피었다가 아침에 누렇게 변색이 되며 시든다. 박꽃은 박각시나방(박각시)이 수분을 한다.

❖ 당콩밥에 가지냉국의 저녁을 먹고 나서/바가지꽃 하이얀 지붕에 박각시 주락시 붕붕 날아오면/집은 안팎 문을 횅하니 열젖기고 **〈박각시 오는 저녁〉**

바구지꽃 명 박꽃. 박의 꽃.

〔식물 사전에 '바구지'가 '미나리아재비'와 같은 꽃으로 등재되어 있는데, 《조선말대사전》엔 '참바구지'가 '미나리아재비'와 같은 꽃으로, '바구지'는 '미나리아재비'와 다소 다른 꽃으로 등재되어 있으며, '바구지'는 봄에 노란색 꽃이 피는 식물이고, '참바구지'는 초여름에 누런색 꽃이 피는 식물이며, 어릴 때 먹이풀로 쓴다고 풀이되어 있다. 백석은 '바구지'라고 하지 않고 '바구지꽃'이라고 했으므로, 이 꽃은 '박꽃'을 가리키는 것으로 봐야 할 것이다. 백석은 '박꽃'을 '바구지꽃'과 '바가지꽃' 두 가지 방언으로 썼는데, 이처럼 하나의 단어를 다른 음운으로 표기한 것은 백석 시에서 흔히 발견되는 현상이다. '박꽃'은 밤에 피는 하얀 꽃으로 시의 문맥 속 이미지와 잘 어울리는 반면, 평범한 모양의 노란색 꽃인 '바구지'는 시의 문맥 속에서 별다른 이미지를 발휘하지 못한다. 따라서 백석 시에서 '바구지꽃'은 '바구지'나 '미나리아재비'가 아니라, '박꽃'을 가리키는 것으로 봐야 할 것이다.〕

❖ 나의 정다운 것들 가지 명태 노루 뫼추리 질동이 노랑나뷔 바구지꽃 모밀국수 남치마 자개짚세기 그리고 천희千姬라는 이름이 한없이 그리워지는 밤이로구나 **〈야우소회夜雨小懷—물닭의 소리〉** ❖ 가난하고 외롭고 높고 쓸쓸하니 그리고 언제나 넘치는 사랑과 슬픔 속에 살도록 만드신 것이다/초생달과 바구지꽃과 짝새와 당나귀가 그러하듯이/그리고 또 '프랑시쓰 쨈'과 도연명陶淵明과 '라이넬 마리아 릴케'가 그러하듯이 **〈흰 바람벽이 있어〉**

버들개지 명 땅버들(갯버들)의 꽃. 수꽃은 암자색이고 겉에 하얀 솜털이 달려 있으며, 암꽃은 엷은 흰빛이 감도는 연둣빛을 띤다(윤주복, 《나무쉽게 찾기》, 진선출판사, 2004).

❖ 촌부자 노왕老王하고 같이 서서/밭최뚝에 즘부러진 땅버들의 버들개지 피여나는 데서/별은 장글장글 따사롭고 바람은 솔솔 보드라운데 **〈귀농歸農〉**

복사꽃 명 복사나무(복숭아나무)의 꽃. 색은 연분홍색이며 4~5월에 잎이 나기 전에 핀다.

❖ 한 십리十里 더 가면 절간이 있을 듯한 마을이다 〔…〕 뒤울안에 복사꽃 핀 집엔 아무도 없나보다 뷔인 집에 꿩이 날어와 다니나보다 울밖 늙은 들매나무에 튀튀새 한불 앉었다 흰구름 따러가며 딱장벌레 잡다가 연둣빛 닢새가 좋아 올라왔나보다 밭머리에도 복사꽃 피였다 새악시도 피였다 새악시 복사꽃이다 복사꽃 새악시다 어데서 송아지 매— 하고 운다 〔…〕 흰구름 건넌산으로 가는 길에 복사꽃 바라노라 섰다 다람쥐 건넌산 보고 부르는 푸념이 간지럽다 〈**황일**黃日〉

쉬영꽃 명 수영꽃. 수영에 핀 꽃. 연붉은색이며 5~6월에 핀다. 수영은 마디풀과의 여러해살이풀. 높이는 30~80센티미터이며, 잎은 어긋나고 넓은 피침 모양이다. 5~6월에 연붉은색 꽃이 원추圓錐꽃차례로 피고 열매는 수과瘦果를 맺는다. 어린잎과 줄기는 식용하며, 뿌리는 약용하기도 한다. 북반구의 온대 지방에 널리 분포한다.

❖ 그래도 그 쉬영꽃 진달래 빨가니 핀 꽃바위 너머/산山 잔등에는 가지취 뻐꾹채 게루기 고사리 산山나물판/산山나물 냄새 물씬물씬 나는데 〈**산**山〉

쑥국화꽃 명 쑥국화에 핀 꽃. 노란색으로 7~9월에 핀다. 쑥국화는 여러해살이풀로 높이는 60~70센티미터이며, 잎은 어긋나고 깃 모양으로 갈라진다. 7~9월에 노란 꽃이 산방繖房꽃차례로 줄기 끝에서 피고 열매는 수과瘦果를 맺는다. 건위제, 구충제로 쓴다. 유럽이 원산지로 한국, 일본 등지에 분포한다.

❖ 날이 어서 추워져서 쑥국화꽃도 시들고 이 바즈런한 백성들도 다 제 집으로 들은 뒤에 이 골안으로 올 것을 생각하였다 〈**산곡**山谷—**함주시초**咸州詩抄〉

아카시아꽃 명 아카시아에 핀 꽃. 흰색 또는 노란색으로 5~6월에 핀다. 밀원식물이며 향이 좋고 맛이 좋아 생으로 먹기도 한다.

❖ 아카시아꽃의 향기가 가득하니 꿀벌들이 많이 날어드는 아츰/구신은 없고 부헝이가 담벽을 띠쫗고 죽었다 〈**정문촌**旌門村〉

이스라치전 명 산앵두에 핀 꽃을 전奠을 차린 것에 비유한 것으로 보인다. '이스라치'는 '산앵두'를 가리키며(《조선말대사전》), '전奠'은 장사 지내기 전에 영좌靈座 앞에 간단하게 술, 과일을 차려 놓는 예식을 말한다. '산앵두'는 진달랫과에 속한 낙엽 활엽 관목으로 높이가 1미터 정도이며, 잎은 어긋나고 가지에 털이 있다. 봄에 연붉은 색 또는 붉은색의 꽃이 총상總狀꽃차례로 피고 여름에 열매가 붉게 익는다.

〔'이스라치전'은 '이스라치(산앵두)+전(奠, 장사 지내기 전에 영좌靈座 앞에 간단하게 술, 과일을 차려 놓는 예식)'의 합성조어로 보인다. 백석 시엔 한자어를 사용한 조어가 많이 구사되는데, '이스라치전'도 이에 해당하는 말이라고 하겠다. 아래 용례는 '거적장사'가 오르는 산비탈에 산앵두가 피어 있는 풍경을 장사 직전에 전奠을 차린 것에 비유한 것이다(고형진, 2007).〕

❖ 도적갠가 개 하나 어정어정 따러간다/이스라치전이 드나 머루전이 드나/수리취 땅버들의 하이얀 복이 서러웁다 **〈쓸쓸한 길〉**

함박꽃 명 함박꽃나무의 꽃. 줄여서 '함박'이라고 부르기도 한다. 흰색이며 5~6월에 핀다. 함박꽃나무는 목련과의 낙엽 활엽 소교목. 높이는 7미터 정도이며, 잎은 어긋나고 긴 타원형으로 광택이 난다. 5~6월에 흰색의 큰 꽃이 밑을 향해 피고 열매는 골돌과蓇葖果로 9월에 익는다. 관상용으로 재배하며, 함경북도를 제외한 한국 각지와 일본, 중국 등지에 분포한다.

❖ 내가 엄매 등에 업혀가서 상사말같이 항약에 야기를 쓰면 한창 퓌는 함박꽃을 밑가지채 꺾어주고 종대에 달린 제물배도 가지채 쪄주고 그리고 그 애끼는 게사니 알도 두 손에 쥐어주곤 하는데 **〈넘언집 범 같은 노큰마니〉**

호박꽃 명 호박 덩굴에 피는 꽃. 오렌지 빛의 큰 통꽃으로 수꽃과 암꽃이 있다.

❖ 한울은/풀 그늘 밑에 삿갓 쓰고 사는 버슷을 사랑한다/모래 속에 문 잠그고 사는 조개를 사랑한다/그리고 또/두틈한 초가지붕 밑에 호박꽃 초롱 혀고 사는 시인詩人을 사랑한다 **〈《호박꽃 초롱》 서시序詩〉**

3) 식물의 다른 부분

가락닢 명 가랑잎. 활엽수의 마른 잎.

❖ 새끼오리도 헌신짝도 소똥도 갓신창도 개니빠디도 너울쪽도 짚검불도 가락닢도 머리카락도 헝겊조각도 막대꼬치도 기왓장도 닭의 짗도 개터럭도 타는 모닥불 **〈모닥불〉**

가지② 명 나무나 풀의 원줄기에서 뻗어 나온 줄기.

❖ 어스름저녁 국수당 돌각담의 수무나무 가지에 녀귀의 탱을 걸고 나물매 갖추어 놓고 비난수를 하는 젊은 새악시들 **〈오금덩이라는 곳〉** ❖ 내가 좋아하는 그이는 푸른 가지 붉게붉게 동백冬柏꽃 피는 철엔 타관 시집을 갈 것만 같은데 **〈통영統營(남행시초南行詩抄)〉**

가지채 명 가지째. 가지 그대로, 가지 전체.

〔'가지채'는 '가지+채'의 합성조어이다. '채'는 '째'를 가리키는 것으로 일부 명사 뒤에 붙어 '그대로', 또는 '전부'의 뜻을 더하는 접미사이다. '째'가 표준어이고 '채'는 고어인데, 《평북방언사전》과 《조선말대사전》엔 '채'가 등재되어 있어 북쪽 지역에선 '째' 대신 '채'가 쓰이고 있음을 알 수 있다. 백석 시에 '가지채'와 같은 형태의 말로 '단채', '밑가지채' 등의 시어가 있다.〕

❖ 내가 엄매 등에 업혀가서 상사말같이 항약에 야기를 쓰면 한창 퓌는 함박꽃을 밑가지채 꺾어주고 종대에 달린 제물배도 가지채 쪄주고 그리고 그 애끼는 게사니알도 두 손에 쥐어주곤 하는데 **〈넘언집 범 같은 노큰마니〉**

나무등걸 명 나뭇등걸. 나무를 베어 내고 남은 밑동.

❖ 산山뽕닢에 빗방울이 친다/멧비들기가 닌다/나무등걸에서 자벌기가 고개를 들었다 멧비들기켠을 본다 **〈산山비〉**

닢새 명 잎새. '잎사귀'(낱낱의 잎)의 방언(충청).

❖ 한 십리十里 더 가면 절간이 있을 듯한 마을이다 〔…〕 흰구름 따러가며 딱장벌레 잡다가 연둣빛 닢새가 좋아 올라왔나보다 〔…〕 **〈황일黃日〉**

당콩순 명 강낭콩의 순(나무의 가지나 풀의 줄기에서 새로 돋아 나온 연한 싹). '당콩'은 '강낭콩'의 북쪽 지역 언어.

〔'당콩순'은 '당콩+순'의 합성조어이다. 백석 시에 이와 같은 형태의 시어로 '두릅순', '회순' 등이 나온다. '두릅순'과 '회순'은 산나물로 식용하며, '당콩순'은 동물의 먹이로 쓴다.〕

❖ 노루새끼 등을 쓸며/터 앞에 당콩순을 다 먹었다 하고/서른닷 냥 값을 부른다 **〈노루—함주시초咸州詩抄〉**

당콩포기 명 '강낭콩'의 포기(뿌리를 단위로 한 초목의 낱개). 한 자리에서 자란 여러 대의 당콩의 포기.

〔'당콩포기'는 '당콩+포기'의 합성조어이다. 《조선말대사전》엔 이와 유사한 형태의 말로 '벼포기'가 등재되어 있다.〕

❖ 첫녀름 이른 저녁을 해치우고 인간들이 모두 터앞에 나와서 물외포기에 당콩포기에 오줌을 주는 때 터앞에 밭마당에 샛길에 떠도는 오줌의 매캐한 재릿한 내음새 **〈동뇨부童尿賦〉**

두릅순 명 두릅나무의 순(싹). 두릅을 말한다. 두릅은 원래 두릅나무의 어린 순이므로 두릅순은 두릅과 같은 말이다. 두릅나무는 두릅나뭇과의 낙엽 활엽 관목. 높이는 5미터 정도이고 줄기에 가시가 있으며, 잎은 어긋나고 깃모양 겹잎이다. 여름에 누르스름한 잔꽃이 겹총상總狀꽃차례로 피고 꽃이 진 다음에 열매가 검은 자주색으로 익는다. 어린잎은 식용하고 나무껍질과 뿌리는 약용한다. 산기슭이나 골짜기에 나며, 한국, 일본, 중국, 아무르, 사할린 등지에 분포한다. ☞ 체언 II. 기본생활 2. 음식 3) 음식의 종류 152

❖ 토끼도 살이 오른다는 때 아르대 즘퍼리에서 제비꼬리 마타리 쇠조지 가지취 고비 고사리 두릅순 회순 산山나물을 하는 가즈랑집 할머니를 따르며 **〈가즈랑집〉**

머루송이명 머루의 송이(꽃, 열매, 눈 따위가 따로따로 다른 꼭지에 달린 한 덩이).

❖ 돌각담에 머루송이 깜하니 익고/자갈밭에 아즈까리알이 쏟아지는/잠풍하니 볕바른 골짝이다 **〈산곡山谷—함주시초咸州詩抄〉**

물외포기명 '물외'(오이)의 포기(뿌리를 단위로 한 초목의 낱개). 한 자리에서 자란 여러 대의 물외(오이)의 포기.

〔'물외포기'는 '물외+포기'의 합성조어이다. 《조선말대사전》에 이와 유사한 형태의 말로 '벼포기'가 등재되어 있다.〕

❖ 첫녀름 이른 저녁을 해치우고 인간들이 모두 터앞에 나와서 물외포기에 당콩포기에 오줌을 주는 때 터앞에 밭마당에 샛길에 떠도는 오줌의 매캐한 재릿한 내음새 **〈동뇨부童尿賦〉**

밑가지채명 밑가지째. 밑가지 그대로, 밑가지 전체.

〔'밑가지채'는 '맡가지+채'의 합성조어이다. '채'는 '째'를 가리키는 것으로 일부 명사 뒤에 붙어 '그대로', 또는 '전부'의 뜻을 더하는 접미사이다. '째'가 표준어이고 '채'는 고어인데, 《평북방언사전》과 《조선말대사전》엔 '채'가 등재되어 있어 북쪽 지역에선 '째' 대신 '채'가 쓰이고 있음을 알 수 있다. 백석 시에 '밑가지채'와 같은 형태의 말로 '가지채', '단채' 등의 시어가 있다.〕

❖ 내가 엄매 등에 업혀가서 상사말같이 항약에 야기를 쓰면 한창 퓌는 함박꽃을 밑가지채 꺾어주고 〔…〕 **〈넘언집 범 같은 노큰마니〉**

박명 박의 열매. 원통 또는 둥근 호박이나 배 모양의 커다란 액과液果로 긴 타원형의 씨가 있는데, 삶거나 말려서 바가지를 만들고 속은 먹는다. 아프리카, 아시아가 원산지로 밭, 인가의 담이나 지붕에 올리어 재배하는데 한국, 중국, 일본 등지에 분포한다(《고려대한국어대사전》).

❖ 묵은 초가지붕에 박이/또 하나 달같이 하이얗게 빛난다 **〈흰밤〉** ❖ 박을 삶는 집/할아버지와 손자가 오른 지붕 우에 한울빛이 진초록이다/우물의 물이 쓸 것만 같

다 〈**여우난골**〉

복 명 복(服). 상복喪服, 소복素服을 가리킨다. 수리취나 땅버들의 하얀 솜털을 상복에 빗대어 표현한 말이다.

〔'땅버들'의 꽃(버들개지)은 봄에 피며 하얀 솜털이 나 있다. '수리취'는 가을에 자주색 꽃이 피며, 늦가을에 열매가 하얗게 되는데, 하얀 깃털을 단 열매가 봄까지 가지에 달려 있는 경우가 많다. 아래 시에서 "수리취 땅버들의 하이얀 복"은 하얀 깃털을 단 수리취의 열매와 버들개지의 하얀 솜털을 '복', 즉 상복에 빗댄 것이다.〕

❖ 이스라치전이 드나 머루전이 드나/수리취 땅버들의 하이얀 복이 서러웁다/뚜물같이 흐린 날 동풍東風이 설렌다 〈**쓸쓸한 길**〉

산山뽕닢 명 산뽕나무의 잎. 산뽕나무는 뽕나뭇과의 낙엽 활엽 교목. 높이는 7~8미터이며, 잎은 어긋나고 달걀 모양 또는 둥근 달걀 모양이며, 양잠 사료로 쓰인다.

❖ 산山뽕닢에 빗방울이 친다/멧비들기가 닌다/나무등걸에서 자벌기가 고개를 들었다 멧비들기켠을 본다 〈**산山비**〉

살구벼락 명 살구나무 열매인 살구가 벼락 치듯이 순식간에 많이 떨어지는 것을 가리키는 말. ☞ 살구나무 434

〔'살구벼락'은 '살구+벼락'의 형태를 지닌 합성조어이다. 이와 비슷한 형태의 말로 '돈벼락'이 있다.〕

❖ 뒤울안 살구나무 아래서 광살구를 찾다가/살구벼락을 맞고 울다가 웃는 나를 보고/밑구멍에 털이 몇 자나 났나 보자고 한 것은 가즈랑집 할머니다 〈**가즈랑집**〉

섶구슬 명 나무의 작은 열매를 뜻하는 것으로 보인다.

〔'섶구슬'은 '섶(나무)+구슬'의 형태를 지닌 합성조어로 짐작된다. '섶구슬'은 원본에 '섭구슬'로 표기되어 있다. 여기서 구슬이 무엇을 가리키는지 정확히 알기 어려운데, '익다'라는 말과 연결된 것으로 보아 나무의 작은 열매를 가리키는 것으로 추정된다. '구슬'이란 말이 들어가는 나무로 '구슬댕댕이'라는 것이 있어 '섶구슬'을 구체적으로 이 나무의 열매로 보는 견해가 있는데(이동순, 1987), 단정하긴 어렵다. 참고로 '구슬댕댕이'의 열매는 8~10월경에 열리는데 둥글고 잔털이 있으며 붉은색이다(윤주복, 《나무쉽게 찾기》, 진선출판사, 2004).〕

❖ 아츰볕에 섶구슬이 한가로이 익는 골짝에서 꿩은 울어 산山울림과 장난을 한다 〈**추일산조**秋日山朝〉

솔포기 명 가지가 다보록하게 퍼진 작은 소나무.

❖ 솔포기에 숨었다/토끼나 꿩을 놀래주고 싶은 산山허리의 길은//엎데서 따스하니 손 녹히고 싶은 길이다 〈**창원도**昌原道**—남행시초**南行詩抄 **1**〉

싸리갱이 명 싸리나무의 줄기를 잘라 만든 싸리 막대기. ☞ 싸리 435

〔《평북방언사전》에 '싸리깽이'가 '싸리나무'와 같은 말로 등재되어 있는데, 더 정확히 말하면 싸리나무 줄기로 만든 싸리 막대기를 가리키는 것이다. '싸리깽이'(싸리갱이)와 유사한 형태의 말로 '부지깽이'가 있다.〕

❖ 일가들이 모두 범같이 무서워하는 이 노큰마니는 구덕살이같이 욱실욱실하는 손자 증손자를 방구석에 들매나무 회채리를 단으로 쪄다두고 따리고 싸리갱이에 갓진창을 매여놓고 따리는데 〈**넘언집 범 같은 노큰마니**〉

싸릿닢 명 싸리의 잎. 3출 겹잎으로 마주나며 잎자루를 가지고 있다. 작은 잎은 둥근 달걀 모양이고, 가장자리는 매끈하며 길이는 2~4센티미터 정도이다. ☞ 싸리 435

〔《조선말대사전》에 '싸리잎'이 등재되어 있다.〕

❖ 노란 싸릿닢이 한불 깔린 토방에 햇츩방석을 깔고/나는 호박떡을 맛있게도 먹었다 〈**여우난골**〉

씨② 명 식물의 열매 속에 있는, 장차 싹이 터서 새로운 개체가 될 단단한 물질.

❖ 찰복숭아를 먹다가 씨를 삼키고는 죽는 것만 같어 하로종일 놀지도 못하고 밥도 안 먹은 것도/가즈랑집에 마을을 가서 〈**가즈랑집**〉

아즈까리알 명 아주까리의 열매. 아주까리는 대극과의 한해살이풀로 높이는 2미터 정도이며 잎은 어긋나고 손바닥 모양으로 갈라진다. 8~9월에 엷은 붉은색의 단성화單性花가 총상總狀꽃차례로 피고 열매는 삭과蒴果로 세 개의 씨가 들어 있다. 씨는 타원형으로 새알 모양인데 리시닌이 들어 있으며 설사약, 포마드, 도장밥 및 공업용 윤활유로 사용한다. 열대 아프리카가 원산지로 세계 각지에 분포한다. '피마자'와 같은 말.

❖ 돌각담에 머루송이 깜하니 익고/자갈밭에 아즈까리알이 쏟아지는/잠풍하니 별바른 골짝이다 〈**산곡**山谷**—함주시초**咸州詩抄〉

알① 명 작고 둥근 열매나 곡식의 낱개.

❖ 텃밭가 재래종在來種의 임금林檎나무에는 이제도 콩알만 한 푸른 알이 달렸고 히스무레한 꽃도 하나 둘 퓌여 있다 〈**창의문외**彰義門外〉

잎 명 풀과 나무의 가지나 줄기의 끝에 붙어 있는, 식물의 영양기관의 하나. 호흡 작용과 탄소 동화 작용을 하는데, 대체로 녹색이며 완전한 것은 잎몸, 잎자루,

털잎 따위로 이루어진다(《고려대한국어대사전》).

❖ 날은 챙챙 좋기도 좋은데/눈도 녹으며 술렁거리고 버들도 잎 트며 수선거리고/저 한쪽 마을에는 마돋에 닭 개 즘생도 들떠들고 〈**귀농**歸農〉

잎새 명 '잎사귀'(낱낱의 잎)의 방언(충청).

❖ 어니 먼 산 뒷옆에 바우 섶에 따로 외로이 서서,/어두워 오는데 하이야니 눈을 맞을, 그 마른 잎새에는,/쌀랑쌀랑 소리도 나며 눈을 맞을,/그 드물다는 굳고 정한 갈매나무라는 나무를 생각하는 것이었다. 〈**남신의주 유동 박시봉방**南新義州柳洞朴時逢方〉

종대 명 파, 마늘, 달래 따위에서 꽃을 달기 위하여 한가운데서 올라오는 줄기. 백석 시 〈넘언집 범 같은 노큰마니〉에서는 꽃이 피고 열매가 맺히는 줄기를 뜻하는 말로 쓰였다.

❖ 내가 엄매 등에 업혀가서 상사말같이 항약에 야기를 쓰면 한창 퓌는 함박꽃을 밑가지채 꺾어주고 종대에 달린 제물배도 가지채 쪄주고 그리고 그 애끼는 게사니알도 두 손에 쥐어주곤 하는데 〈**넘언집 범 같은 노큰마니**〉

쭈구렁벼알 명 쭈글쭈글한 벼 하나하나의 알.

〔'쭈구렁벼알'은 '쭈구렁+벼알'의 형태를 지닌 합성조어이다. '벼알'은《조선말대사전》에 '벼 하나하나의 알'이란 뜻으로 등재되어 있다. '쭈구렁벼알'과 같은 형태의 말로 '쭈그렁밤', '쭈그렁박', '쭈그렁사과' 등이 사전에 등재되어 있다.〕

❖ 오리야 나는 네가 좋구나 네가 좋아서/벌논의 늪 옆에 쭈구렁벼알 달린 짚검불을 널어놓고/닭이짗 올코에 새끼달은치를 묻어놓고 〈**오리**〉

콩알 명 콩의 낱알. ☞ 체언 Ⅱ. 기본생활 2. 음식 3) 음식의 종류 172

❖ 붉은 수탉이 높이 샛더미 우로 올랐다/텃밭가 재래종在來種의 임금林檎나무에는 이제도 콩알만 한 푸른 알이 달렸고 히스무레한 꽃도 하나 둘 퓌여 있다/돌담 기슭에 오지항아리 독이 빛난다 〈**창의문외**彰義門外〉

통① 명 (배추나 박 같은 것의) 알속(《조선말대사전》). ☞ 지다① 790

〔아래 용례에서 '통이 지다'는 '통이 들다' '통이 오르다'는 뜻으로 배추의 속이 실하게 차 오는 것을 뜻하는 말이다. 백석은 흔히 쓰는 '통이 오르다'는 말 대신에 '통이 지다'는 말을 쓰고 있다.〕

❖ 오이밭에 벌배채 통이 지는 때는/산에 오면 산 소리/벌로 오면 벌 소리 〈**적막강산**〉

화라지송침 명 옆으로 길게 뻗은 소나무 가지를 꺾어서 말린 땔나무. 그 뒤에 '단채로'(묶음 그대로)란 말이 나오는 것으로 보아 땔나무를 다발로 장만해 놓은

것을 가리킨다고 할 수 있다. ☞ 단채 361

〔'화라지송침'은 '화라지+송침'의 형태를 지닌 말이다. '화라지'는 '옆으로 길게 뻗어 나간 나뭇가지를 땔나무로 이르는 말'이고, '송침'은 '땔감으로 쓰려고 꺾어서 말린 소나무 가지'를 이르는 말이다.〕

❖ 화라지송침이 단채로 들어간다는 아궁지/이 험상궂은 아궁지도 조앙님은 무서운가보다 〈**고사**古寺**—함주시초**咸州詩抄〉

회순명 '회나무'(화살나무)나 '회잎나무'의 순, 즉 어린 싹을 말한다. '회나무'(화살나무)는 주로 산기슭이나 산허리에 나는 노박덩굴과의 낙엽 활엽 관목으로 줄기에 화살의 깃처럼 생긴 코르크질의 날개가 붙어 있고, 6월경에 황록색 꽃이 핀다. 이른 봄의 어린잎은 나물로 먹는다. 회나무(화살나무) 가운데 가지에 날개가 없는 것을 회잎나무라고 한다. 봄에 돋아나는 회잎나무의 어린 줄기와 잎은 데쳐서 무쳐 먹는다(《조선말대사전》). ☞ 체언 Ⅱ. 기본생활 2. 음식 3) 음식의 종류 174

〔《표준국어대사전》에 '회나무'와 '화살나무'가 다른 나무로 나오는데, 《조선말대사전》엔 두 나무가 같은 나무로 나온다. 백석 시의 아래 용례에서 '회순'은 회나무(화살나무)나 그 일종인 '회잎나무'의 새순을 가리키는 것으로 보인다.〕

❖ 토끼도 살이 오른다는 때 아르대 즘퍼리에서 제비꼬리 마타리 쇠조지 가지취 고비 고사리 두릅순 회순 산山나물을 하는 가즈랑집 할머니를 따르며 〈**가즈랑집**〉

X. 동물

1 조류

가마귀명 까마귀. 까마귓과의 새. 몸의 색깔은 광택이 있는 검은색이며 부리가 굵고 날카롭다. 나뭇가지에 둥지를 틀고 4~5개의 알을 낳는다. 잡식성으로 한국, 중국, 유럽 등지에 분포한다.

〔'까마귀'의 고어는 '가마귀', '가마기'이다. 《표준국어대사전》엔 '까마귀'만 등재되어 있는데, 《고려대한국어대사전》엔 '가마귀'가 '주로 문학작품에서 까마귀를 예스럽게 이르는 말'이라는 풀이로 등재되어 있다.〕

❖ 그동안 돌비는 깨어지고 많은 은금보화는 땅에 묻히고 가마귀도 긴 족보를 이루

었는데 **〈북방北方에서—정현웅鄭玄雄에게〉**

갈매기명 ① 갈매깃과의 새를 통틀어 이르는 말. 괭이갈매기, 붉은부리갈매기, 재갈매기, 제비갈매기 등이 있다. ② 갈매깃과의 새. 몸은 길이 30~75센티미터 정도로 비둘기보다 좀 크고, 색깔은 대체로 흰데 등과 날개는 회색이며 부리와 다리는 노란색이다. 물갈퀴가 있어 헤엄을 잘 치고 물고기를 잡아먹는다. 해안, 항구에 사는데 북반구에 분포한다(《고려대한국어대사전》).

〔아래 용례 중 〈대산동大山洞—물닭의 소리〉의 '갈매기'는 부리와 다리가 붉은 '붉은부리갈매기'를 가리키는 것으로 짐작된다. 붉은부리갈매기는 몸길이가 38센티미터 정도이고, 부리와 다리가 붉으며, 해안이나 하구 등지에서 큰 무리를 이루며 산다.〕

❖ 비애고지 비애고지는/제비야 네 말이다/눈빨갱이 갈매기 발빨갱이 갈매기 가란 말이지/ 승냥이처럼 우는 갈매기/무서워 가란 말이지 **〈대산동大山洞—물닭의 소리〉**

❖ 갈매기 날어온다//입으로 먹을 뿜는 건/몇십 년 도를 닦어 퓌는 조환가/앞뒤로 가기를 마음대로 하는 건/손자孫子의 병서兵書도 읽은 것이다/갈매기 쭝얼댄다//〔…〕//갈매기 날어온다 **〈꼴두기—물닭의 소리〉**

갈새명 개개비. 휘파람샛과의 새. 몸길이는 약 18.5센티미터 정도이다. 등은 옅은 갈색이고 배는 흰색이며 가슴 옆구리에서 겨드랑이까지는 다갈색을 띤다. 물가의 갈밭에 서식하며, 수면에서 1~2미터 높이의 갈대 줄기 사이에 둥지를 짓는다. 갈대나 풀밭 속에서 이삭 끝에 앉아 소란스럽게 지저귀는데 '개개개' 하는 소리를 낸다. 서부 유럽에서 동아시아까지 번식하고, 동남아시아와 아프리카에서 겨울을 지낸다. 우리나라에서는 전역에 흔히 번식하는 여름새이다(《고려대한국어대사전》).

〔'갈새'는 《금성판국어대사전》, 《고려대한국어대사전》에 '개개비'의 방언으로, 《조선말대사전》엔 '개개비'와 같은 말로 등재되어 있다.〕

❖ 벌로 오면/논두렁에 물닭의 소리/갈밭에 갈새 소리 **〈적막강산〉**

게사니명 '거위'의 방언(평안, 함경, 황해, 경기, 강원)(《금성판국어대사전》). 오릿과의 새. 몸빛은 희고 목이 길다. 헤엄은 잘 치나 잘 날지는 못한다. 12~1월에 10~20개의 알을 낳는다. 기러기를 식육용食肉用으로 개량한 변종으로, 밤눈이 밝아서 개 대신으로 기르기도 한다(《고려대한국어대사전》).

❖ 집에는 언제나 센개 같은 게사니가 벅작궁 고아내고 말 같은 개들이 떠들썩 짖어대고 그리고 소거름 내음새 구수한 속에 엇송아지 히물쩍 너들씨는데 **〈넘언집 범**

같은 노큰마니〉 ❖ 이 세상에 나들이를 온 사람이여/이 목이 긴 시인詩人이 또 게사니처럼 떠곤다고/당신은 쓸쓸히 웃으며 바독판을 당기는구려 **〈허준**許俊**〉**

까막까치 명 까마귀와 까치를 아울러 이르는 말.

❖ 기쁨이 마음에 뜨는 때는 희고 까만 씨를 앞니로 까서 잔나비가 되고/근심이 마음에 앉는 때는 희고 까만 씨를 혀끝에 물어 까막까치가 되고 **〈수박씨, 호박씨〉** ❖ 수박이 열면 수박을 먹으며 팔며/감자가 앉으면 감자를 먹으며 팔며/까막까치나 두더쥐 돝벌기가 와서 먹으면 먹는 대로 두어두고 **〈귀농**歸農**〉**

까치 명 까마귓과의 새. 머리에서 등까지는 검고 윤이 나며 어깨와 배는 희다. 둥지를 중심으로 한곳에 사는 텃새로서, 촌락 가까운 큰 나무 위에 산다. 봄에 5~6개의 알을 낳는다. 이 새가 울면 반가운 손님이 온다 하여 길조吉鳥로 여긴다. 한국, 일본, 중국, 유럽 등지에 분포한다.

❖ 인가人家 멀은 산山중에/까치는 배나무에서 즞는다 **〈적경**寂境**〉** ❖ 무이밭에 흰나뷔 나는 집 밤나무 머루넝쿨 속에 키질하는 소리만이 들린다/우물가에서 까치가 자꼬 즞거니 하면/붉은 수탉이 높이 샛더미 우로 올랐다 **〈창의문외**彰義門外**〉** ❖ 송아지 잘도 놀고/까치 보해 짖고 **〈연자간〉** ❖ 잿더미에 까치 오르고 아이 오르고 아지랑이 오르고 **〈삼천포**三千浦**—남행시초**南行詩抄 **4〉**

꿩 명 꿩과의 새. 닭과 비슷하며, 몸에 알락달락한 검은 점이 많다. 수컷은 '장끼'라 하는데 목에 흰 줄이 있고 푸르며, 꽁지가 길고 아름답다. 암컷은 '까투리'라 하는데 수컷보다 작고 갈색에 검은색 얼룩무늬가 있으며 곱지 못하다. 5~6월에 6~10개의 알을 낳으며 한국, 일본, 중국 동북부 등지에 분포한다.

❖ 아츰볕에 섶구슬이 한가로이 익는 골짝에서 꿩은 울어 산山울림과 장난을 한다 **〈추일산조**秋日山朝**〉** ❖ 한 십리十里 더 가면 절간이 있을 듯한 마을이다 〔…〕 뒤울안에 복사꽃 핀 집엔 아무도 없나보다 뷔인 집에 꿩이 날어와 다니나보다 〔…〕 **〈황일**黃日**〉** ❖ 솔포기에 숨었다/토끼나 꿩을 놀래주고 싶은 산山허리의 길은//엎데서 따스하니 손 녹히고 싶은 길이다 **〈창원도**昌原道**—남행시초**南行詩抄 **1〉** ❖ 낫배 어니메 치코에 꿩이라도 걸려서 산山 너머 국숫집에 국수를 받으려 가는 사람이 있어도 개는 짖는다 **〈개〉**

닭 명 꿩과의 새. 알과 고기의 생산을 목적으로 하는 가축으로, 머리에는 붉은 볏이 있고 날개는 퇴화하여 잘 날지 못하며 다리는 튼튼하다. 수컷은 털빛이 아름답고 때를 맞추어서 잘 울며, 암컷은 알을 낳는다. 원종은 인도, 말레이시아 등지의 들꿩이다.

❖ 산山 너머 마을서 도야지를 잃는 밤 즘생을 쫓는 깽제미 소리가 무서웁게 들려오는 집/닭 개 즘생을 못 놓는/멧도야지와 이웃사춘을 지나는 집 **〈가즈랑집〉** ❖ 새끼오리도 헌신짝도 소똥도 갓신창도 개니빠디도 너울쪽도 짚검불도 가락닢도 머리카락도 헝겊조각도 막대꼬치도 기왓장도 닭의 짗도 개터럭도 타는 모닥불 **〈모닥불〉** ❖ 닭이 두 홰나 울었는데/안방큰방은 홰즛하니 당등을 하고/인간들은 모두 웅성웅성 깨여 있어서들 **〈추야일경**秋夜一景**〉** ❖ 자정도 활씬 지났는데/닭을 잡고 모밀국수를 누른다고 한다/어늬 산山옆에선 캥캥 여우가 운다 **〈야반**夜半**—산중음**山中吟**〉** ❖ 노왕老王은 집에 말과 나귀며 오리에 닭도 우울거리고/고방엔 그득히 감자에 콩곡석도 들여 쌓이고/ 〔…〕 /저 한쪽 마을에는 마돝에 닭 개 즘생도 들떠들고 **〈귀농**歸農**〉** ❖ 또 녀름날 낮 기운 때 어른들이 모두 벌에 나가고 텅 뷔인 집 토방에서/햇강아지의 쌀랑대는 성화를 받어가며 닭의 똥을 주워먹는 아이를 생각한다 **〈촌에서 온 아이〉**

덜거기 명 '수꿩'의 평북 방언. 수꿩은 색이 매우 곱고 푸른색의 목 위에 흰줄이 있으며, 꽁지가 길고 아름답다. 수꿩은 '장끼'라고 부르기도 하며, 암꿩보다 크게 운다. 꿩은 산림, 구릉지 등에 널리 서식하는 우리나라 특산종인 텃새이다(《표준국어대사전》,《고려대한국어대사전》).

❖ 돌능와집에 소달구지에 싸리신에 옛날이 사는 장거리에/어니 근방 산천山川에서 덜거기 껙껙 검방지게 운다 **〈월림**月林**장—서행시초**西行詩抄 **4〉** ❖ 산에 오면/큰솔밭에 뻐꾸기 소리/잔솔밭에 덜거기 소리 **〈적막강산〉**

또요 명 도요('도요새'의 옛말). 도욧과의 새를 통틀어 이르는 말. 몸길이 15~30센티미터 정도로, 등은 갈색 또는 회색이고 배는 흰색이나 크림색이다. 다리와 부리가 길어 얕은 물속을 걸어 다니며 물고기나 곤충 따위를 잡아먹는다(《고려대한국어대사전》).

❖ 아이들은 늘늘히 청대나무말을 몰고/대모풍잠한 늙은이 또요 한 마리를 드리우고 갔다 **〈남향**南鄕**—물닭의 소리〉**

멧비들기 명 멧비둘기. '멧비둘기'는 비둘깃과의 새. 몸길이는 33센티미터 정도이며, 빛깔은 회갈색이고 목 양쪽에 회청색의 굵은 무늬가 있다. 나뭇가지 사이에 둥지를 틀고 살며 곡식이나 곤충류를 잡아먹는다. 우리나라 전역에서 볼 수 있는 텃새이다.

〔이 풀이는《고려대한국어대사전》을 따른 것이다.《표준국어대사전》엔 '멧비둘기'가 '염주비둘기'와 같은 뜻으로 풀이되어 있는데,《고려대한국어대사전》과《금성

판국어대사전》엔 두 새가 다소 다른 의미로 풀이되어 있다.〕

❖ 산山뿡뇌에 빗방울이 친다/멧비들기가 닌다/나무등걸에서 자벌기가 고개를 들었다 멧비들기켠을 본다 〈**산山비**〉

멧새 명 ① 되샛과에 속한 노랑턱멧새, 붉은뺨멧새, 북방멧새 따위를 통들어 이르는 말. ② 되샛과의 텃새. 몸길이 17센티미터이고 참새와 비슷한데 몸빛은 밤색이며 목과 가슴 및 겨드랑이는 연한 갈색이고, 이마에서 머리 위까지 흑갈색의 띠가 있다. 우리나라, 중국, 시베리아, 몽골 등지에 분포한다. ③ 산새의 예스러운 말(《금성판국어대사전》, 《고려대한국어대사전》).

❖ 시 제목 〈**멧새 소리**〉

뫼추라기 명 메추라기. 꿩과의 겨울 철새. 몸길이는 18센티미터 정도이고 몸 빛깔은 황갈색이며, 갈색과 흑색의 세로무늬가 있다. 몸은 병아리와 비슷하나 꽁지가 짧다. 길들여 가금으로 기르기도 한다. 유럽, 아프리카, 인도, 동부 아시아 등지에 분포한다. '메추리'와 같은 말(《표준국어대사전》, 《고려대한국어대사전》).

❖ 또 이러한 밤 같은 때 〔…〕 고무더러는 밝는 날 멀리는 못 난다는 뫼추라기를 잡어달라고 조르기도 하고 〈**고야**古夜〉

뫼추리 명 메추리. ☞ 뫼추라기

❖ 나의 정다운 것들 가지 명태 노루 뫼추리 질동이 노랑나뷔 바구지꽃 모밀국수 남치마 자개짚세기 그리고 천희千姬라는 이름이 한없이 그리워지는 밤이로구나 〈**야우소회**夜雨小懷**—물닭의 소리**〉

물닭 명 뜸부깃과의 새. 생김새가 뜸부기와 비슷하나 그보다 작다. 몸길이는 약 41센티미터 정도이며, 머리와 등은 검은색, 배 쪽은 잿빛이고 발가락 사이에 물갈퀴가 있다. 농경지, 수로, 물웅덩이, 하구나 하천 지류의 수초 지대에 살며, 아시아, 유럽 등지에 널리 분포한다(《고려대한국어대사전》, 《표준국어대사전》, 《조선말대사전》).

〔'닭'의 고어는 '돍'인데 '돍이(돌기)'로 쓰이거나, 관형격 조사 '익'가 붙을 때 '돌기'로 쓰이기도 했다. 그런 언어 관습이 백석 시에 나타나 '물닭의 소리'가 '물닭이 소리'로 실현되기도 한다. 아래 용례의 첫 번째 시어가 그렇게 쓰인 것이며, 두 번째와 세 번째 용례의 시어는 표준어에 맞게 쓰인 것이다.〕

❖ 바람 좋은 한벌판에서 물닭이 소리를 들으며 단이슬 먹고 나이 들은 탓이다/외따른 산골에서 소리개 소리 배우며 다람쥐 동무하고 자라난 탓이다 〈**선우사**膳友辭**—함주시초**咸州詩抄〉 ❖ 시 제목 〈**물닭의 소리**〉 ❖ 벌로 오면/논두렁에 물닭의 소리/갈밭

에 갈새 소리 〈**적막강산**〉

물새[명] 생활 조건이 물과 밀접한 관계가 있는 새를 통틀어 이르는 말.

❖ 박에는 어데서 물새가 우는데/토방에선 햇콩두부가 고요히 숨이 들어갔다 〈**추야일경**秋夜一景〉 ❖ 이 길이다/얼마 가서 감로甘露 같은 물이 솟는 마을 하이얀 회담벽에 옛적본의 장반시계를 걸어놓은 집 홀어미와 사는 물새 같은 외딸의 혼삿말이 아즈랑이같이 낀 곳은 〈**남향**南鄕**—물닭의 소리**〉 ❖ 또 여기 더운물에 뛰어들며/무슨 물새처럼 악악 소리를 지르는 삐삐 파리한 사람은/양자楊子라는 사람은 아모래도 이와 같었을 것만 같다 〈**조당**澡塘**에서**〉

물총새[명] 물총샛과의 새. 몸길이는 17센티미터 정도이며, 등은 어두운 녹색을 띤 하늘색, 목은 흰색이고 배는 밤색이며 부리는 흑색, 다리는 진홍색이다. 물가에 사는 여름새로 강물 가까운 벼랑에 굴을 파고 살며, 민물고기, 개구리 따위를 잡아먹는다. 아시아, 북아프리카, 유럽 등지에 분포한다.

❖ 돌다리에 앉어 날버들치를 먹고 몸을 말리는 아이들은 물총새가 되었다 〈**하답**夏沓〉

백령조百鈴鳥[명] 종다릿과의 새. 등은 옅은 갈색이며, 배는 흰색이고 목의 양쪽에 검은 줄이 있으며 꽁지는 갈색에 흰 깃이 섞여 있다. 부리는 굵고 붉으며 다리는 붉은 갈색이다. 우는 소리가 곱고 주로 사막에 살며, 중국 북부, 만주, 몽골, 동부 시베리아 등지에 분포한다. '몽고종다리'와 같은 말.

〔《표준국어대사전》엔 '백령조'의 한자가 '白翎鳥'로 되어 있는데, 백석 시에는 '百鈴鳥'로 되어 있다. '白翎'이 '百鈴'으로 표기된 것은 오자일 수도 있지만, 백석이 백령조의 아름다운 새소리를 살리기 위해 '백 개의 방울소리'란 뜻의 '百鈴'이란 한자어를 조어한 것일 가능성이 더 높다(고형진, 2007).〕

❖ 노왕老王은 채매도 힘이 들고 하루종일 백령조百鈴鳥 소리나 들으려고/밭을 오늘 나한테 주는 것이고 〈**귀농**歸農〉

병아리[명] 알에서 막 깨어났거나 다 자라지 아니한 어린 닭.

❖ 한울은/울파주가에 우는 병아리를 사랑한다/우물돌 아래 우는 돌우래를 사랑한다 〈**《호박꽃 초롱》 서시**序詩〉

부헝이[명] '부엉이'의 고어, 방언(강원, 충북, 경북)(《금성판국어대사전》). 올빼밋과에 속한 새를 통틀어 이르는 말. 회색 바탕에 갈색과 황색의 가로무늬가 있다. 눈이 크고 다리는 굵고 짧다. 깃털이 부드러워 날개 소리가 거의 들리지 않는다. 밤에 나와 돌아다니며 성질이 사나워 가축을 해친다. 야행성이거나 박모성薄暮性 종이 많지만 쇠부엉이같이 낮에 활동하는 종도 있다. 전 세계에 23속 130여 종이 알려져 있다(《고려대한국어대사전).

〔《금성판국어대사전》에 '부헝이'가 '부엉이'의 방언으로 등재되어 있다. '부엉이'의 옛말은 '부헝'이다.〕

❖ 벼랑탁의 어두운 그늘에 아츰이면/부헝이가 무거웁게 날러온다/낮이 되면 더 무거웁게 날러가버린다 **〈산지山地〉** ❖ 아카시아꽃의 향기가 가득하니 꿀벌들이 많이 날어드는 아츰/구신은 없고 부헝이가 담벽을 띠쫗고 죽었다 **〈정문촌旌門村〉**

뻐꾸기 명 두견과의 새. 두견과 비슷한데 몸집이 훨씬 크다. 몸길이는 33센티미터이고, 등쪽과 멱은 잿빛을 띤 청색, 배 쪽은 흰 바탕에 어두운 적색의 촘촘한 가로줄 무늬가 있다. 때까치, 지빠귀 따위의 둥지에 알을 낳아 까게 한다. 초여름에 남쪽에서 날아오는 여름새로 '뻐꾹뻐꾹' 하고 구슬프게 운다. 산이나 숲 속에 살며 유럽과 아시아 전 지역에 걸쳐 아열대에서 북극까지 번식하고 겨울에는 아프리카 남부와 동남아시아로 남하하여 겨울을 보낸다.

❖ 산에 오면/큰솔밭에 뻐꾸기 소리/잔솔밭에 덜거기 소리 **〈적막강산〉**

산山가마귀 명 산까마귀. 산에서 사는 까마귀(《조선말대사전》).

〔'산까마귀'는 《조선말대사전》에 등재되어 있다.〕

❖ 아— 따르는 사람도 없이 쓸쓸한 쓸쓸한 길이다/산山가마귀만 울며 날고/도적갠가 개 하나 어정어정 따러간다 **〈쓸쓸한 길〉**

산山꿩 명 산에 서식하는 꿩(《고려대한국어대사전》).

〔'산꿩'은 《고려대한국어대사전》에 등재되어 있다.〕

❖ 산山꿩도 설게 울은 슬픈 날이 있었다/산山절의 마당귀에 여인女人의 머리오리가 눈물방울과 같이 떨어진 날이 있었다 **〈여승女僧〉**

산山새 명 산에서 사는 새를 통틀어 이르는 말. 뻐꾸기, 부엉이, 꾀꼬리, 딱따구리 따위가 있다.

❖ 어데서 말 있는 듯이 크다란 산山새 한 마리 어두운 골짜기로 난다 **〈정주성定州城〉**

❖ 어치라는 산山새는 벌배 먹어 고웁다는 골에서 돌배 먹고 아픈 배를 아이들은 띨배 먹고 나었다고 하였다 **〈여우난골〉**

산엣새 명 산에 있는 새.

〔백석은 '산새'와 '산엣새'를 구별해서 썼다.〕

❖ 눈이 많이 와서/산엣새가 벌로 나려 멕이고/눈구덩이에 토끼가 더러 빠지기도 하면 **〈국수〉**

새새끼명 새의 새끼. 낳은 지 얼마 안 되는 어린 새.

〔백석 시에는 '새새끼' 외에 '토끼새끼', '거미새끼', '오리새끼', '도야지새끼', '노루새끼' 등과 같이 짐승의 새끼를 나타내는 말들이 많이 구사된다.〕

❖ 그러나 시방 꼴두기는 배창에 너부러져 새새끼 같은 울음을 우는 곁에서 **〈꼴두기—물닭의 소리〉**

소리개명 솔개. 수릿과의 새. 몸길이가 약 60센티미터이고 몸빛은 암갈색이며 가슴에 검은색의 세로무늬가 있다. 꽁지깃은 제비처럼 교차되어 있다. 부리와 발톱은 날카롭게 굽었으며 날개가 커서 잘 난다. 시가지·촌락·해안 등지의 공중에서 날개를 편 채로 맴돌며 먹이를 노린다. 유라시아, 오스트레일리아 등지에 분포하며 우리나라에서는 겨울에 볼 수 있는 흔한 철새다(《표준국어대사전》, 《고려대한국어대사전》, 《조선말대사전》).

〔'소리개'는 '솔개'의 원말이지만, 지금은 잘 쓰지 않아 《표준국어대사전》엔 '솔개'가 표준어로 등재되어 있는데, 《조선말대사전》엔 '소리개'와 '솔개'가 모두 규범어로 등재되어 있다.〕

❖ 우리들은 맑은 물밑 해정한 모래톱에서 하구 긴 날을 모래알만 헤이며 잔뼈가 굵은 탓이다/바람 좋은 한벌판에서 물닭이 소리를 들으며 단이슬 먹고 나이 들은 탓이다/외따른 산골에서 소리개 소리 배우며 다람쥐 동무하고 자라난 탓이다 **〈선우사**膳友辭**—함주시초**咸州詩抄**〉**

수탉명 닭의 수컷. 수탉은 털빛이 아름답고 때를 맞추어서 잘 운다(《고려대한국어대사전》).

❖ 우물가에서 까치가 자꼬 즞거니 하면/붉은 수탉이 높이 샛더미 우로 올랐다 **〈창의문외**彰義門外**〉**

어치명 까마귓과의 새. 몸길이는 34센티미터 정도로 비둘기보다 조금 작으며, 몸은 분홍빛을 띤 갈색이고 이마와 머리 위는 적갈색이다. 목소리가 곱고 다른 새들의 소리를 잘 흉내 내며, 구관조나 앵무새처럼 특히 사람의 목소리도 잘 흉내 낸다. 어치의 소리 흉내는 앵무새보다도 뛰어난 것으로 알려져 있다(《고려대한국어대사전》, 《네이버자연도감》).

❖ 어치라는 산山새는 벌배 먹어 고웁다는 골에서 돌배 먹고 아픈 배를 아이들은 띨배 먹고 나었다고 하였다 **〈여우난골〉**

오리명 ① 오릿과의 새를 통틀어 이르는 말. 발가락 사이에 물갈퀴가 있으며, 부리는 편평하다. 하구, 호수 등에 살며 검둥오리, 청둥오리, 흰뺨검둥오리 따위가 있다. ② 집오리. 오릿과의 새. 몸은 청둥오리보다 조금 크고 날개는 약하며, 수컷은 목에 흰색 띠가 있다. 고기나 알을 얻으려고 집에서 기른다.

❖ 오리치를 놓으려 아배는 논으로 나려간 지 오래다/오리는 동비탈에 그림자를 떨어트리며 날어가고 나는 동말랭이에서 강아지처럼 아배를 부르며 울다가 **〈오리 망아지 토끼〉** ❖ 오리야 네가 좋은 청명淸明 밑께 밤은/옆에서 누가 뺨을 쳐도 모르게 어둡다누나/오리야 이때는 따디기가 되여 어둡단다//아무리 밤이 좋은들 오리야/해변벌에선 얼마나 너이들이 욱자지껄하며 멕이기에/해변땅에 나들이 갔든 할머니는/오리새끼들은 장뫃이나 하듯이 떠들썩하니 시끄럽기도 하드란 숭인가//그래도 오리야 호젓한 밤길을 가다/가까운 논배미들에서/까알까알 하는 너이들의 즐거운 말소리가 나면/나는 내 마을 그 아는 사람들의 지껄지껄하는 말소리같이 반가웁고나/오리야 너이들의 이야기판에 나도 들어/밤을 같이 밝히고 싶고나//오리야 나는 네가 좋구나 네가 좋아서/벌논의 늪 옆에 쭈구렁벼알 달린 짚검불을 널어놓고/닭이짗 올코에 새끼달은치를 묻어놓고/동둑 넘에 숨어서/하로진일 너를 기다린다//오리야 고운 오리야 가만히 안겼거라/너를 팔어 술을 먹는 노盧장에 령감은/홀아비 소의연 침을 놓는 령감인데/나는 너를 백통전 하나 주고 사오누나//나를 생각하든 그 무당의 딸은 내 어린 누이에게/오리야 너를 한 쌍 주드니/어린 누이는 없고 저는 시집을 갔다건만/오리야 너는 한 쌍이 날어가누나 **〈오리〉** ❖ 노왕老王은 집에 말과 나귀며 오리에 닭도 우울거리고/고방엔 그득히 감자에 콩곡석도 들여 쌓이고 **〈귀농歸農〉**

오리새끼 명 오리의 새끼. 즉 작은 오리를 가리키는 말이다.

❖ 아무리 밤이 좋은들 오리야/해변벌에선 얼마나 너이들이 욱자지껄하며 멕이기에/해변땅에 나들이 갔든 할머니는/오리새끼들은 장뫃이나 하듯이 떠들썩하니 시끄럽기도 하드란 숭인가 **〈오리〉**

자즌닭 명 자주 우는 새벽닭(《국한회어國漢會語》).

〔《국한회어國漢會語》(1895)는 우리나라 사람이 국어 표제어를 한자로 풀이한 최초의 국어사전인데, 여기에 '자진닭울때'란 말이 등재되어 있고, '曙鷄頻唱'로 풀이되어 있다.〕

❖ 자즌닭이 울어서 술국을 끓이는 듯한 추탕鰍湯집의 부엌은 뜨수할 것같이 불이 뿌연히 밝다 **〈미명계未明界〉**

제비 명 제빗과의 새. 몸길이는 18센티미터 정도이며 등은 윤기 있는 어두운 청색이고 배는 흰색이다. 이마에서 위쪽 가슴에 걸쳐 검은 테로 둘러싸인 밤색의 큰 반점이 있다. 꽁지가 가위 모양으로 갈라져 있는 것이 특징이고 날개가 발달하여 빨리 난다. 주로 인간에게 해로운 곤충을 잡아먹는 이로운 새이다. 열대 또는 아열대인 인도, 태국, 캄보디아, 베트남, 오스트레일리아 등지에서 겨울을 보내고 봄에 우리나라에서 처마 밑에 집을 짓고 살다가 가을에 날아간다. 한국, 일본, 중국 등지에서 번식한다.

❖ 비얘고지 비얘고지는/제비야 네 말이다/ 〔…〕 //비얘고지 비얘고지는/제비야 네 말이다/ 〔…〕 //비얘고지 비얘고지는/제비야 네 말이다 **〈대산동大山洞—물닭의 소리〉**

짝새 명 뱁새. 휘파람샛과의 하나. 몸길이는 약 13센티미터로, 등은 진한 붉은 갈색이고 배는 누런 갈색이다. 부리는 짧고 꽁지는 길다. 매우 민첩하며, 4~7월의 번식기를 제외하고는 30~50마리가 떼를 지어 관목 지대나 덩굴 등지에서 곤충이나 거미를 잡아먹는다. 우리나라 전역에 분포하는 흔한 텃새이다. '붉은머리오목눈이'와 같은 말.

〔우리 속담에 '짝새가 황새걸음 하면 다리가 찢어진다'(이기문, 《속담사전》, 민중서림, 1964)는 말이 있다. 그리고 이러한 속담을 사용한 용례로 '속담에 짝새가 황새걸음하다 다리가 찢어진다고 그러지 않아요?'(함석헌, 〈새 시대의 종교〉, 《함석헌 저작집》 14권, 한길사, 2009, 208쪽), '고故로 이에 대對하야 소매상小賣商이 대항對抗을 식試하는것은 속담俗談에 짝새로서, 한새거름을 모방模倣하는것 같아서, 다리가 찢어질수밖에없다'(동아일보 1933년 8월 4일자 4면 경제면 기사 〈소매상小賣商의 궁상窮狀 타개책打開策은 무엇〉) 등과 같은 문장을 찾을 수 있다. 이러한 용례에서 '짝새'가 '뱁새'를 가리키는 말임을 분명히 확인할 수 있다.〕

❖ 짝새가 발뿌리에서 닐은 논드렁에서 아이들은 개구리의 뒷다리를 구워먹었다 **〈하답夏畓〉** ❖ 가난하고 외롭고 높고 쓸쓸하니 그리고 언제나 넘치는 사랑과 슬픔 속에 살도록 만드신 것이다/초생달과 바구지꽃과 짝새와 당나귀가 그러하듯이/그리고 또 '프랑시쓰 쨈'과 도연명陶淵明과 '라이넬 마리아 릴케'가 그러하듯이 **〈흰 바람벽이 있어〉**

출출이 명 뱁새로 짐작된다.

〔이동순(1987)이 '출출이'를 '뱁새'로 풀이했다.〕

❖ 나타샤와 나는/눈이 푹푹 쌓이는 밤 흰 당나귀 타고/산골로 가자 출출이 우는 깊은 산골로 가 마가리에 살자 **〈나와 나타샤와 흰 당나귀〉**

튀튀새 명 티티새. 딱샛과의 새. 편 날개의 길이는 12~14센티미터, 꽁지의 길이는 8~10센티미터로 대체로 검은 갈색이다. 배는 희고 옆구리에 검은 갈색의 무늬가 있다. 다리가 길며 다른 새의 울음소리를 잘 흉내 내고, 곤충과 식물의 씨 따위를 먹는다. 먹이를 주워 먹고는 '티티' 하고 운다. 낮은 산이나 풀밭 등에 살며, 동부 시베리아, 사할린에서 번식하고 한국, 일본, 중국, 몽골 등에서 겨울을 난다. '개똥지빠귀'와 같은 말(《표준국어대사전》,《조선말대사전》).

❖ 한 십리十里 더 가면 절간이 있을 듯한 마을이다 〔…〕 울밖 늙은 들매나무에 튀튀새 한불앉었다 〔…〕 **〈황일**黃日**〉** ❖ 초아흐레 장판에/산 멧도야지 너구리가죽 튀튀새 났다/또 가얌에 귀이리에 도토리묵 도토리범벅도 났다 **〈월림**月林**장—서행시초**西行詩抄 **4〉**

홍게닭 명 홍계(紅鷄)닭. 닭의 벼슬이 붉어서, 또는 토종닭이 보통 붉은 계통의 빛깔을 띠고 있어서 이런 이름을 붙인 것 같다.

〔김영배(1987)가 '홍게닭'을 '홍계紅鷄닭'으로 보았고, 이숭원(2006)이 이를 '토종닭'으로 보았다.〕

❖ 밤이 깊어가는 집안엔 〔…〕 이렇게 화디의 사기방등에 심지를 몇 번이나 돋구고 홍게닭이 몇 번이나 울어서 졸음이 오면 아릇목싸움 자리싸움을 하며 히드득거리다 잠이 든다 〔…〕 **〈여우난골족**族**〉**

홰냥닭 명 홰에 올라앉은 닭.

〔'홰냥닭'은 '홰+냥(梁, 들보, 대)+닭'의 형태를 지닌 말로 짐작된다. '홰냥닭'은 '횃대에 올라앉은 닭'을 뜻하는 말이라고 할 수 있다. 《표준국어대사전》엔 '횃대'가 '옷을 거는 막대'의 뜻으로만 등재되어 있지만, 《조선말대사전》엔 '횃대'가 "① 옷을 거는 막대 ② 닭우리 안에 닭이 올라앉아 잘 수 있게 비교적 높이 설치한 가름대"의 두 가지 뜻으로 등재되어 있다. 《표준국어대사전》에 '홰'의 뜻으로 등재되어 있는 말이 《조선말대사전》엔 '홰'와 '횃대' 두 가지 말로 등재되어 있다. '홰'는 '횃대'의 준말이고, '횃대'라는 말은 일상에서자주 쓰는 말이므로 '횃대'라는 말도 사전에 등재되어야 할 것이다.〕

❖ 홰냥닭은 알을 낳고 소리치고/강아지는 겨를 먹고 오줌 싸고 **〈연자간〉**

2 어패류

가무락조개 명 백합과의 조개. 개펄의 진흙에 산다. 몸의 길이는 25밀리미터 정도이고 둥근 모양이며, 껍데기는 갈색이고 가장자리는 자색을 띤다. 식용하며 한국, 일본, 중국, 대만 등지에 분포한다. 가막조개, 가무라기, 모시조개, 재첩과

같은 말. ☞ 체언 Ⅱ. 기본생활 2. 음식 3) 음식의 종류 139

❖ 가무락조개 난 뒷간거리에/빚을 얻으려 나는 왔다/빚이 안 되어 가는 탓에/가무래기도 나도 모도 춥다 **〈가무래기의 낙樂〉**

가무래기[명] 가무레기, 가무라기. 가무락조개. ☞ 가무락조개 139, 458

〔《조선말대사전》에 '가무레기'가 등재되어 있고, 《표준국어대사전》엔 '가무라기'가 등재되어 있다. '가무레기' '가무라기'는 '가무락조개'와 같은 말이다.〕

❖ 가무락조개 난 뒷간거리에/빚을 얻으려 나는 왔다/빚이 안 되어 가는 탓에/가무래기도 나도 모도 춥다 **〈가무래기의 낙樂〉** ❖ 비애고지 비애고지는/제비야 네 말이다/저 건너 노루섬에 노루 없드란 말이지/신미두 삼각산엔 가무래기만 나드란 말이지 **〈대산동大山洞—물닭의 소리〉** ❖ 이른 봄철 산 너머 먼 데 해변에서 가무래기 오면/흰가무래기 검가무래기 가무래기 사서 하리불에 구워 먹잔 말이로구나 **〈머리카락〉**

가재미[명] '가자미'의 방언(함경, 강원, 충청, 전라, 경남)(《고려대한국어대사전》). 몸이 납작하고 타원형에 가깝다. 두 눈은 오른쪽에 몰려 붙어 있으며 넙치보다 몸이 작다. 우리나라의 바다 연안에서 많이 잡힌다(《표준국어대사전》, 《조선말대사전》). ☞ 체언 Ⅱ. 기본생활 2. 음식 3) 음식의 종류 140

❖ 전북에 해삼에 도미 가재미의 생선이 좋고 **〈통영統營(남행시초南行詩抄)〉** ❖ 낡은 나조반에 흰밥도 가재미도 나도 나와 앉어서/쓸쓸한 저녁을 맞는다//흰밥과 가재미와 나는/우리들은 그 무슨 이야기라도 다 할 것 같다/우리들은 서로 미덥고 정답고 그리고 서로 좋구나// 〔…〕 //흰밥과 가재미와 나는/우리들이 같이 있으면/세상 같은 건 밖에 나도 좋을 것 같다 **〈선우사膳友辭—함주시초咸州詩抄〉**

검가무래기[명] 검은색 가무래기. '가무래기'는 '가무락조개' '모시조개'를 가리킨다. ☞ 가무락조개 139, 458

〔'검가무래기'는 '검(검정빛)+가무래기'의 합성조어. '흰가무래기'와 운율을 맞추기 위해 이런 조어를 사용했다.〕

❖ 이른 봄철 산 너머 먼 데 해변에서 가무래기 오면/흰가무래기 검가무래기 가무래기 사서 하리불에 구워 먹잔 말이로구나 **〈머리카락〉**

곱조개[명] 곱은 조개, 즉 한쪽으로 약간 휜 조개.

〔'곱조개'는 '곱+조개'의 형태를 지닌 합성조어. '곱조개'와 유사한 형태의 말로 '곱은옥'(曲玉)이 있는데, 이것은 초생달 모양으로 휜 옥을 가리킨다. 여기서 '곱다'는 '굽다' '휘다'의 뜻으로 쓰인 것이다. '곱돌'의 어원도 여기서 나온 말로 추정된다.〕

'곱조개'는 '곱은옥'과 유사한 형태의 단어로 곱은 조개, 즉 휘어진 형태의 조개를 가리키는 말이다.〕

❖ 참대창에 바다보다 푸른 고기가 께우며 섬돌에 곱조개가 붙는 집의 복도에서는 배창에 고기 떨어지는 소리가 들렸다 **〈시기柿崎의 바다〉**

굴껍지 명 굴껍질. 굴을 겉에서 싸고 있는 껍질. 갈아서 약재로 쓴다(《고려대한국어대사전》). '껍지'는 '껍질'의 방언(경북, 강원)(《금성판국어대사전》).

❖ 미역오리같이 말라서 굴껍지처럼 말없이 사랑하다 죽는다는/이 천희千姬의 하나를 나는 어늬 오랜 객줏客主집의 생선 가시가 있는 마루방에서 만났다 **〈통영統營〉**

꼴두기 명 꼴뚜기. 화살오징엇과에 속한 연체동물. 오징어와 비슷하게 생겼지만 오징어보다 작다. 몸빛은 흰색 바탕에 자줏빛 반점이 있으며 다리는 10개이다. 물살이 빠른 곳에서 그물을 물살에 흘러가지 않게 큰 닻으로 고정해 놓고 물살에 의해 고기가 그물로 들어가게 하는 안강망 이용 방법을 비롯해 여러 가지 방법으로 꼴뚜기를 잡는다. ☞ 체언 Ⅱ. 기본생활 2. 음식 3) 음식의 종류 147

❖ 내가 좋아하는 꼴두기가 들었다/ 〔…〕 //그러나 시방 꼴두기는 배창에 너부러져 새새끼 같은 울음을 우는 곁에서/뱃사람들의 언젠가 아홉이서 회를 쳐먹고도 남어 한 깃씩 노나가지고 갔다는 크디큰 꼴두기의 이야기를 들으며 나는 슬프다 **〈꼴두기—물닭의 소리〉**

꽃조개 명 어린 조개. 또는 꽃처럼 예쁜 조개.

〔'꽃조개'는 '꽃+조개'의 형태를 지닌 합성조어로 꽃처럼 예쁜 조개를 가리키는 말로 볼 수 있다. 또는 '꽃'을 일부 명사 앞에 붙어, '맨 처음으로 된' 또는 '맨 위에 뜬'의 뜻을 더하는 접두사로 보아, 맨 처음에 나온 조개, 즉 '어린 조개'의 뜻으로 볼 수 있다. 백석 시의 문맥에서 '꽃조개'는 '나이금이 느는' 상태에 있는 것이므로 어린 조개를 가리킨다는 어석이 더 설득력을 갖는다. '꽃'이 '맨 처음으로 된'의 뜻을 더하는 접두사로 쓰인 형태의 단어로 '꽃국', '꽃등', '꽃물', '꽃소금' 등이 있다. 접두사 '꽃'에 대해서는 김양진·이현희의 연구가 있으며, 《고려대한국어대사전》에 이 말이 등재되어 있다(김양진·이현희, 〈《고려대한국어대사전》의 형태분석정보〉, 《민족문화연구》 51, 2009. 12).〕

❖ 이렇게 한녀름을 보내면서 나는 하늑이는/물살에 나이금이 느는 꽃조개와 함께/허리도리가 굵어가는 한 사람을 연연해한다 **〈삼호三湖—물닭의 소리〉**

날버들치 명 익히거나 가공하지 않은 버들치. '버들치'는 잉엇과의 민물고기. 몸길이는 8~15센티미터이고 방추 모양이며, 등 쪽이 어두운 갈색, 배는 흰색에 가깝고 옆구리에는 연한 푸른색의 넓적한 무늬가 가로 둘려 있다. 피라미와 비슷하나 입에 수염이 없고 비늘이 비교적 크다. 수컷은 산란기가 되면 붉은빛을 띤다. 한국, 시베리아, 중국 등지에 분포한다. ☞ 체언 Ⅱ. 기본생활 2. 음식 3) 음식의 종류 148

〔'날버들치'는 '날+버들치'의 형태를 지닌 합성조어이다. '날'은 '익지 않은, 또는 익히지 않은'의 뜻을 지닌 접두사이다. 사전엔 '버들치'만 등재되어 있다.〕

❖ 돌다리에 앉어 날버들치를 먹고 몸을 말리는 아이들은 물총새가 되었다 〈**하답**夏沓〉

농다리 명 농어나 농어의 일종을 가리키는 말로 짐작된다. 농어는 농엇과의 바닷물고기. 몸은 옆으로 납작하며, 주둥이가 크다. 등은 검푸르고 배는 흰색이며, 어릴 때는 등과 등지느러미에 검은 갈색의 작은 점이 많다. 가을과 겨울철에 강어귀에 산란하며 어릴 때에는 민물에서 살다가 첫 겨울에 바다로 나간다. 한국, 일본, 중국 등지에 분포한다.

〔농어는 '노어鱸魚'에서 온 말이다. 넙치과의 물고기로 '도다리'란 물고기가 있듯이 '농다리'도 농어를 달리 부른 이름이거나, 농엇과에 속한 물고기를 가리키는 것으로 짐작된다.〕

❖ 내 지렝이는/커서 구렁이가 되었습니다/천 년 동안만 밤마다 흙에 물을 주면 그 흙이 지렝이가 되었습니다/장마 지면 비와 같이 하늘에서 나려왔습니다/뒤에 붕어와 농다리의 미끼가 되었습니다 〈**나와 지렝이**〉

대구 명 대구과의 한대성 바닷물고기. 몸은 넓적하며 입이 크다. 몸은 엷은 회갈색에 배는 흰색이며 등지느러미와 옆구리에 무늬가 있다. 고기는 식용하고 간은 간유의 원료로 쓴다. 한국, 일본, 베링 해, 미국 등지에 분포한다(《고려대한국어대사전》, 《표준국어대사전》). ☞ 체언 Ⅱ. 기본생활 2. 음식 3) 음식의 종류 149

❖ 집집이 아이만 한 피도 안 간 대구를 말리는 곳/황화장사 령감이 일본말을 잘도 하는 곳 〈**통영**統營(**남행시초**南行詩抄)〉

도미 명 몸은 타원형으로 납작하며 대부분 붉은색을 띠고 있다. 연안성의 어류로 바다 밑바닥에 산다. ☞ 체언 Ⅱ. 기본생활 2. 음식 3) 음식의 종류 150

❖ 전복에 해삼에 도미 가재미의 생선이 좋고/파래에 아개미에 호루기의 젓갈이 좋고 〈**통영**統營(**남행시초**南行詩抄)〉

메기 명 메깃과의 민물고기. 몸의 길이는 25~30센티미터가 보통이나 간혹 1미터가 넘는 것도 있다. 머리는 넓적하고 입은 매우 크며 네 개의 긴 수염이 있다.

몸은 어두운 갈색이고 불규칙한 얼룩무늬가 있으며, 비늘이 없고 미끈거린다. 한국, 일본, 중국, 대만 등지에 분포한다.

❖ 흥안령興安嶺을 음산陰山을 아무우르를 숭가리를/범과 사슴과 너구리를 배반하고/송어와 메기와 개구리를 속이고 나는 떠났다 **〈북방北方에서—정현웅鄭玄雄에게〉**

명태明太 명 대구과의 바닷물고기. 몸의 길이는 40~60센티미터이고, 눈과 입이 크며 아래턱이 위턱보다 길다. 몸 빛깔은 등 쪽이 푸른 갈색이고, 배 쪽이 은빛을 띤 백색이다. 몸이 길고 등지느러미가 세 개 있다. 맛이 담백하고 어획량이 많아 중요한 수산 자원 가운데 하나이다. 한류성 어류로 한국 동해안, 오호츠크 해, 베링 해, 아메리카 서해안, 일본 북부 연해 등지에 분포한다. ☞ 체언 Ⅱ. 기본생활 2. 음식 3) 음식의 종류 155

❖ 나의 정다운 것들 가지 명태 노루 뫼추리 질동이 노랑나뷔 바구지꽃 모밀국수 남치마 자개짚세기 그리고 천희千姬라는 이름이 한없이 그리워지는 밤이로구나 **〈야우소회夜雨小懷—물닭의 소리〉** ❖ 처마 끝에 명태明太를 말린다/명태明太는 꽁꽁 얼었다/명태明太는 길다랗고 파리한 물고긴데/꼬리에 길다란 고드름이 달렸다/해는 저물고 날은 다 가고 별은 서러웁게 차갑다/나도 길다랗고 파리한 명태明太다/문門턱에 꽁꽁 얼어서/가슴에 길다란 고드름이 달렸다 **〈멧새 소리〉**

물고기 명 어류의 척추동물을 통틀어 이르는 말. ☞ 체언 Ⅱ. 기본생활 2. 음식 3) 음식의 종류 132

❖ 명태明太는 길다랗고 파리한 물고긴데/꼬리에 길다란 고드름이 달렸다 **〈멧새 소리〉**

붕어 명 잉엇과의 민물고기. 몸길이는 20~43센티미터이며, 폭이 넓고 머리는 뾰족하며 주둥이는 둥글고 수염이 없다. 배지느러미는 붙어 있고 비늘은 둥근비늘인데 머리에는 비늘이 없다. 등은 푸른 갈색이고 배 쪽은 누르스름한 은백색이다. 산란기는 4~5월이고 얕은 물가의 풀잎에 알을 낳는다. 한국, 일본, 중국, 러시아의 시베리아 등지에 분포한다.

❖ 내 지렝이는/커서 구렁이가 되었습니다/천 년 동안만 밤마다 흙에 물을 주면 그 흙이 지렝이가 되었습니다/장마 지면 비와 같이 하눌에서 나려왔습니다/뒤에 붕어와 농다리의 미끼가 되었습니다 **〈나와 지렝이〉**

송어 명 연어과의 바닷물고기. 몸은 연어보다 둥글고 작으며, 좌우가 납작하다. 등은 짙은 청색, 몸의 양옆은 은백색을 띤다. 바다에서 살다가 구시월이 되면 강의 상류로 거슬러 올라가 알을 낳는다. 우리나라 동해에서 사할린, 오호츠크 해까지 분포하며, 새우류나 작은 물고기 따위를 주로 잡아먹는다(《고려대한국어대사전》).

❖ 범과 사슴과 너구리를 배반하고/송어와 메기와 개구리를 속이고 나는 떠났다 **〈북방**北方**에서—정현웅**鄭玄雄**에게〉**

쏘가리 명 꺽짓과의 물고기. 몸길이는 40~50센티미터이고 옆으로 납작하며 머리가 길고 입이 크며 몸 전체에 보라색, 회색의 다각형 아롱무늬가 많다. 우리나라 서해와 남부 연해에 흘러드는 여러 하천의 중류, 상류 수계에 분포하며, 관상용으로도 많이 기른다.

❖ 나는 어니 외진 산山길에서 만난 새악시가 곱기도 하든 것과/어니메 강江물 속에 들여다뵈이든 쏘가리가 한 자나 되게 크든 것을 생각하며/산山비에 젖었다는 말렀다 하며 오는 길이다 **〈구장로**球場路**—서행시초**西行詩抄 **1〉**

장고기 명 잔고기. 조그마한 물고기. ☞ 체언 Ⅱ. 기본생활 2. 음식 3) 음식의 종류 136

〔'잔고기가'가 '장고기'로 쓰인 것은 발음의 편리성에 따라 'ㄴ' 받침이 'ㅇ'으로 전환된 것이다. 백석 시에 이와 같은 음운 현상을 드러낸 또 다른 예로 '본가집'이 '봉가집'으로 쓰인 시어가 있다.〕

❖ 아들아이는 범이라고 장고기를 잘 잡는 앞니가 빠드러진 나와 동갑이었다 **〈주막**酒幕**〉**

전북 명 전복. 조개류의 하나로 껍데기의 길이는 10~20센티미터이고 타원형이며 갈색 또는 푸른빛을 띤 갈색이다. 껍데기 입구는 넓고 겉에 구멍이 줄지어 나 있다. 살은 식용하고 껍데기는 한약재로 쓰인다(《고려대한국어대사전》). ☞ 체언 Ⅱ. 기본생활 2. 음식 3) 음식의 종류 167

❖ 전북에 해삼에 도미 가재미의 생선이 좋고 **〈통영**統營**(남행시초**南行詩抄**)〉**

조개 명 판새류의 연체동물을 통틀어 이르는 말. 몸은 양쪽이 같고 좌우로 납작하며, 둘 또는 하나의 껍데기와 외투막으로 덮여 있다. 바닷물에서 사는 것과 민물에서 사는 것이 있다.

❖ 저문 유월六月의 바닷가에선 조개도 울을 저녁 소라방등이 불그레한 마당에 김냄새 나는 비가 나렸다 **〈통영**統營**〉** ❖ 한울은/풀 그늘 밑에 삿갓 쓰고 사는 버슷을 사랑한다/모래 속에 문 잠그고 사는 조개를 사랑한다 **〈《호박꽃 초롱》 서시**序詩**〉**

칠성七星**고기** 명 칠성장어. 칠성장어과의 물고기. 몸길이는 63센티미터 정도로 뱀장어와 비슷하게 생겼으며, 등 쪽은 연푸른 갈색이고 배는 흰색이다. 눈 옆에 일곱 쌍의 아가미구멍이 있다. 한국 동남해로 흐르는 강과 일본 홋카이도 서해로 흘러드는 강 등지에 분포한다. 기름이 많고 맛이 좋다(《조선말대사전》 일부 참조). ☞ 체언 Ⅱ. 기본생활 2. 음식 3) 음식의 종류 171

〔《조선말대사전》에 '칠성고기'가 '칠성장어'와 같은 말로 등재되어 있다. 백석 시의 아래 용례에서 호수는 함경남도 신흥군(지금은 부전군)에 있는 부전호수를 가리키는데, 이곳에 칠성장어, 빙어, 열목어 등 여러 물고기들이 많이 서식한다고 한다(《조선향토대백과12》, 2005, 642쪽).〕

❖ 칠성七星고기라는 고기의 쩜벙쩜벙 뛰노는 소리가/쨋쨋하니 들려오는 호수湖水까지는/들쭉이 한불 새까마니 익어가는 망연한 벌판을 지나가야 한다 **〈함남도안咸南道安〉**

콩조개 명 조개의 하나. 껍데기는 콩알처럼 동그랗고 매끈하며 자줏빛을 띤 갈색인데 겉면에 진한 색의 무늬가 있다. 깊이 10미터 정도의 바다 밑 진흙 또는 진흙 모래판에서 살며 우리나라 서해에서 난다.

❖ 물밑—이 세모래 닌함박은 콩조개만 일다 **〈물계리物界里—물닭의 소리〉**

흰가무래기 명 흰색 가무래기. '가무래기'는 '가무락조개' '모시조개'를 가리킨다. ☞ 가무락조개 139, 458

〔'흰가무래기'는 '힌(흰)+가무래기'의 합성조어. '검가무래기'와 운율을 맞추기 위해 '흰'과 '가무래기'를 붙여 한 단어로 만들었다.〕

❖ 이른 봄철 산 너머 먼 데 해변에서 가무래기 오면/흰가무래기 검가무래기 가무래기 사서 하리불에 구워 먹잔 말이로구나 **〈머리카락〉**

3 포유류

강아지 명 개의 새끼.

❖ 찰복숭아를 먹다가 씨를 삼키고는 죽는 것만 같어 하로종일 놀지도 못하고 밥도 안 먹은 것도/가즈랑집에 마을을 가서/당세 먹은 강아지같이 좋아라고 집오래를 설레다가였다 **〈가즈랑집〉** ❖ 재당도 초시도 문장門長 늙은이도 더부살이 아이도 새사위도 갓사둔도 나그네도 주인도 할아버지도 손자도 붓장사도 땜쟁이도 큰 개도 강아지도 모두 모닥불을 쪼인다 **〈모닥불〉** ❖ 오리는 동비탈에 그림자를 떨어트리며 날어가고 나는 동말랭이에서 강아지처럼 아배를 부르며 울다가/시악이 나서는 등뒤 개울물에 아배의 신짝과 버선목과 대님오리를 모다 던져버린다 **〈오리 망아지 토**

끼〉 ❖ 홰냥닭은 알을 낳고 소리치고/강아지는 겨를 먹고 오줌 싸고 **〈연자간〉** ❖ 토방에 승냥이 같은 강아지가 앉은 집/부엌으론 무럭무럭 하이얀 김이 난다 **〈야반**夜半 **—산중음**山中吟**〉**

개명 갯과의 포유동물. 가축으로 사람을 잘 따르고 영리하며 냄새를 잘 맡고 귀가 밝아 사냥이나 군용, 맹인 선도와 마약 및 폭약 탐지에 쓰인다. 전 세계에 걸쳐 모양, 크기, 색깔이 다양한 300여 품종이 있다.

❖ 명절날 나는 엄매 아배 따라 우리집 개는 나를 따라 진할머니 진할아버지가 있는 큰집으로 가면 **〈여우난골족**族**〉** ❖ 산山 너머 마을서 도야지를 잃는 밤 즘생을 쫓는 깽제미 소리가 무서웁게 들려오는 집/닭 개 즘생을 못 놓는/멧도야지와 이웃사촌을 지나는 집 **〈가즈랑집〉** ❖ 재당도 초시도 문장門長 늙은이도 더부살이 아이도 새사위도 갓사둔도 나그네도 주인도 할아버지도 손자도 붓장사도 땜쟁이도 큰 개도 강아지도 모두 모닥불을 쪼인다 **〈모닥불〉** ❖ 별 많은 밤/하누바람이 불어서/푸른 감이 떨어진다 개가 즞는다 **〈청시**青柿**〉** ❖ 산山가마귀만 울며 날고/도적갠가 개하나 어정어정 따러간다/이스라치전이 드나 머루전이 드나 **〈쓸쓸한 길〉** ❖ 달빛도 거지도 도적개도 모다 즐겁다/풍구재도 얼럭소도 쇠드랑볕도 모다 즐겁다// 〔…〕//개들은 게모이고 쌈지거리하고/놓여난 도야지 둥구재벼오고 **〈연자간〉** ❖ 개 더리고 호이호이 희파람 불며/시름 놓고 가고 싶은 길이다 **〈창원도**昌原道**—남행시초**南行詩抄 **1〉** ❖ 개 하나 얼린하지 않는 마을은/해바른 마당귀에 맷방석 하나 **〈고성가도**固城街道 **—남행시초**南行詩抄 **3〉** ❖ 접시 귀에 소기름이나 소뿔등잔에 아즈까리기름을 켜는 마을에서는 겨울밤 개 짖는 소리가 반가웁다//이 무서운 밤을 아래 웃방성 마을 돌아다니는 사람은 있어 개는 짖는다//낮배 어니메 치코에 꿩이라도 걸려서 산山 너머 국숫집에 국수를 받으려 가는 사람이 있어도 개는 짖는다//김치가재미선 동치미가 유별히 맛나게 익는 밤//아배가 밤참 국수를 받으려 가면 나는 큰마니의 돋보기를 쓰고 앉어 개 짖는 소리를 들은 것이다 **〈개〉** ❖ 먼바루 개가 짖는 밤은/어데서 물외 내음새 나는 밤이다// 〔…〕 /먼바루 개가 짖고/어데서 물외 내음새 나는 밤은 **〈야우소회**夜雨小懷**—물닭의 소리〉** ❖ 집에는 언제나 센개 같은 게사니가 벅작궁 고아내고 말 같은 개들이 떠들썩 짖어대고 그리고 소거름 내음새 구수한 속에 엇송아지 히물쩍 너들씨는데 **〈넘언집 범 같은 노큰마니〉** ❖ 눈도 녹으며 술렁거리고 버들도 잎 트며 수선거리고/저 한쪽 마을에는 마돋에 닭 개 즘생도 들떠들고/또 아이 어른 행길에 뜨락에 사람도 웅성웅성 흥성거려 **〈귀농**歸農**〉**

고래명 포유강 고래목의 동물을 통틀어 이르는 말. 바다에 사는 동물 중에서 가장 크다. 태생이고 몸은 물고기와 같지만 피부에 털이나 비늘이 없다. 뒷다리는 퇴화하였고 앞다리는 지느러미 모양으로 변하였다. 피부에는 두꺼운 지방층이 있다. 전 세계에 100여 종이 있으나 대부분이 멸종 위기에 처하여 국제적으로 보호받고 있다(《고려대한국어대사전》, 《표준국어대사전》).

❖ 날기멍석을 져간다는 닭보는 할미를 차 굴린다는 땅아래 고래 같은 기와집에는 언제나 니차떡에 청밀에 은금보화가 그득하다는 외발 가진 조마구 […] **〈고야**古夜**〉**

고양이 명 고양잇과에 속한 동물을 통틀어 이르는 말. 원래 살쾡이를 길들인 것으로, 턱과 송곳니가 특히 발달하여 육식을 주로 한다. 발바닥에 말랑말랑한 살이 많아 소리를 내지 않고 다른 동물에게 접근하기가 쉽고, 발톱을 살 속에 감추거나 드러낼 수 있으며, 어두운 곳에서도 물체를 잘 볼 수 있다(《고려대한국어대사전》).

❖ 추운 겨울밤 병들어 누운 가난한 동무의 머리맡에 앉어/말없이 무릎 우 어린 고양이의 등만 쓰다듬는 때든가 **〈허준**許俊**〉**

곰 명 포유강 식육목 곰과의 동물을 통틀어 이르는 말. 몸이 비대하며 다리가 굵고 짧다. 꼬리는 털에 가려져 보일 듯 말 듯 하다. 털은 갈색, 검은색 따위가 있으며 길고 거칠다. 깊은 산에 살며 나무에 잘 오르고 저녁 무렵부터 활동한다. 잡식성으로 겨울에는 굴속에서 겨울잠을 잔다. 대부분 북반구에 분포한다.

❖ 간밤엔 섬돌 아래 승냥이가 왔었다는 이야기/어느메 산山골에선간 곰이 아이를 본다는 이야기 **〈가즈랑집〉** ❖ 손자아이들이 파리떼같이 모이면 곰의 발 같은 손을 언제나 내어둘렀다 **〈고방〉** ❖ 내 손자의 손자와 손자와 나와 할아버지와 할아버지의 할아버지와 할아버지의 할아버지의 할아버지와…… 수원백씨水原白氏 정주백촌定州白村의 힘세고 꿋꿋하나 어질고 정 많은 호랑이 같은 곰 같은 소 같은 피의 비 같은 밤 같은 달 같은 슬픔을 담는 것 아 슬픔을 담는 것 **〈목구**木具**〉** ❖ 이것은 그 곰의 잔등에 업혀서 길여났다는 먼 넷적 큰마니가/또 그 짚등색이에 서서 자채기를 하면 산 넘엣 마을까지 들렸다는/먼 넷적 큰아바지가 오는 것같이 오는 것이다 **〈국수〉**

나귀 명 말과의 포유동물. 말과 비슷하나 몸은 좀 작고 귀가 길며, 앞머리의 긴 털이 없다. 입, 눈 둘레, 다리 안쪽, 배 따위는 희며 그 밖의 털빛은 누런빛을 띠는 갈색, 회색빛을 띠는 흰색, 회색빛을 띠는 갈색, 회색빛을 띠는 검은색이 많다. 힘이 세고 병에 대한 저항력이 강하며 인내심이 뛰어나 부리기에 알맞다. 아프리카의 야생종을 가축으로 길들인 것으로 전 세계에 분포한다. '당나귀'

의 준말이다(《고려대한국어대사전》, 《금성판국어대사전》).

❖ 노왕老王은 집에 말과 나귀며 오리에 닭도 우울거리고/고방엔 그득히 감자에 콩곡석도 들여 쌓이고/ 〔…〕/지붕에 바람벽에 울바주에 볕살 쇠리쇠리한 마을을 가르치며/노왕老王은 나귀를 타고 앞에 가고/나는 노새를 타고 뒤에 따르고 **〈귀농歸農〉**

너구리 명 갯과의 포유류. 몸길이는 50~60센티미터 정도이며, 다리는 짧고 귀는 둥글다. 몸빛은 갈색이나 흑색이며, 얼굴에 검은 점이 있다. 주로 밤에 활동하며, 잡식성이어서 작은 동물, 어류, 식물, 죽은 고기, 과실, 고구마 따위를 먹는다. 모피는 방한용이나 필모筆毛로 쓰인다. 동아시아가 원산지이며, 한국, 중국, 일본 등지에 분포한다(《고려대한국어대사전》).

❖ 홍안령興安嶺을 음산陰山을 아무우르를 숭가리를/범과 사슴과 너구리를 배반하고/송어와 메기와 개구리를 속이고 나는 떠났다 **〈북방北方에서—정현웅鄭玄雄에게〉**

노루 명 사슴과의 포유동물. 몸길이는 1~1.2미터, 어깨의 높이는 65~86센티미터이다. 여름에는 누런 갈색이고 겨울에는 누런 흙색으로 꽁무니에 흰 반점이 나타난다. 수컷은 세 갈래로 돋은 뿔이 있는데 겨울에 빠지고 봄에 새로 나며, 꼬리는 흔적만 남아 있다. 삼림지대에서 풀이나 열매 따위를 먹고 살며, 4~5월에 1~3마리의 새끼를 낳는다. 한국, 아무르, 중국, 유럽 등지에 분포한다.

❖ 시 제목 **〈노루〉** ❖ 시 제목 **〈노루—함주시초咸州詩抄 2〉** ❖ 저 건너 노루섬에 노루 없드란 말이지/신미두 삼각산엔 가무래기만 나드란 말이지 **〈대산동大山洞—물닭의 소리〉** ❖ 나의 정다운 것들 가지 명태 노루 뫼추리 질동이 노랑나뷔 바구지꽃 모밀국수 남치마 자개짚세기 그리고 천희千姬라는 이름이 한없이 그리워지는 밤이로구나 **〈야우소회夜雨小懷—물닭의 소리〉**

노루새끼 명 노루의 새끼. 어린 노루. ☞ 노루

❖ 이 거리에 산골사람이 노루새끼를 다리고 왔다//산골사람은 막베등거리 막베잠방둥에를 입고/노루새끼를 닮었다/노루새끼 등을 쓸며/터 앞에 당콩순을 다 먹었다 하고/서른닷 냥 값을 부른다/노루새끼는 다문다문 흰 점이 백이고 배안의 털을 너슬너슬 벗고/산골사람을 닮었다 **〈노루—함주시초咸州詩抄〉**

노새 명 말과의 포유동물. 암말과 수나귀 사이에서 난 잡종으로 크기는 말보다 약간 작으며, 머리 모양과 귀·꼬리·울음소리는 나귀를 닮았다. 몸이 튼튼하고 힘이 세어 무거운 짐과 먼 길에 잘 견딘다. 성질이 온순하고 병에 잘 걸리지 않으나, 정자가 성숙하지 못하여 생식력이 없다. 미국, 중국, 에스파냐 등지에 많다(《표준국어대사전》, 《고려대한국어대사전》).

❖ 흙꽃 니는 이른 봄의 무연한 벌을/경편철도輕便鐵道가 노새의 맘을 먹고 지나간다 **〈광원曠原〉** ❖ 노왕老王은 나귀를 타고 앞에 가고/나는 노새를 타고 뒤에 따르고/마을 끝 충왕묘蟲王廟에 충왕蟲王을 찾어뵈려 가는 길이다/토신묘土神廟에 토신土神도 찾어뵈려 가는 길이다 **〈귀농歸農〉**

다람쥐명 ① 쥐목의 다람쥐류를 통틀어 이르는 말. ② 다람쥣과의 포유류. 몸의 길이는 12~15센티미터이며, 모양이 쥐와 비슷하나 쥐보다 크다. 털이 적갈색이고 등에 다섯 개의 검은 줄이 있다. 입 안에 큰 볼주머니가 있어서 여러 개의 먹이를 한꺼번에 저장하고 운반할 수 있다. 나무를 잘 타며 겨울에는 나무 구멍에서 동면한다. 한국, 중국, 일본, 시베리아 등지에 분포한다(《고려대한국어대사전》, 《표준국어대사전》).

❖ 나는 아릇목의 삿귀를 들고 쇠든밤을 내여 다람쥐처럼 밝어먹고 은행여름을 인두불에 구워도 먹고 그러다는 〔…〕 **〈고야古夜〉** ❖ 한 십리十里 더 가면 절간이 있을 듯한 마을이다 〔…〕 아릇동리 망아지 네 소리 무서울라 담모도리 바윗잔등에 다람쥐 해바라기하다 조은다 토끼잠 한잠 자고 나서 세수한다 흰구름 건넌산으로 가는 길에 복사꽃 바라노라 섰다 다람쥐 건넌산 보고 부르는 푸념이 간지럽다 **〈황일黃日〉** ❖ 바람 좋은 한벌판에서 물닭이 소리를 들으며 단이슬 먹고 나이 들은 탓이다/외따른 산골에서 소리개 소리 배우며 다람쥐 동무하고 자라난 탓이다 **〈선우사膳友辭—함주시초咸州詩抄〉**

당나귀명 말과의 포유동물. ☞ 나귀 466

❖ 신영길 말이 울고 가고/장돌림 당나귀도 울고 가고 **〈연자간〉** ❖ 나타샤와 나는/눈이 푹푹 쌓이는 밤 흰 당나귀 타고/산골로 가자 출출이 우는 깊은 산골로 가 마가리에 살자// 〔…〕 //눈은 푹푹 나리고/아름다운 나타샤는 나를 사랑하고/어데서 흰 당나귀도 오늘밤이 좋아서 응앙응앙 울을 것이다 **〈나와 나타샤와 흰 당나귀〉** ❖ 그리고 또/버드나무 밑 당나귀 소리를 임내내는 시인詩人을 사랑한다 **〈《호박꽃 초롱》 서시序詩〉** ❖ 가난하고 외롭고 높고 쓸쓸하니 그리고 언제나 넘치는 사랑과 슬픔 속에 살도록 만드신 것이다/초생달과 바구지꽃과 짝새와 당나귀가 그러하듯이/그리고 또 '프랑시쓰 쨈'과 도연명陶淵明과 '라이넬 마리아 릴케'가 그러하듯이 **〈흰 바람벽이 있어〉**

도야지명 돼지. 멧돼짓과의 포유동물. 몸무게는 200~250킬로그램이며, 다리와 꼬리가 짧고 주둥이가 삐죽하다. 잡식성으로 온순하며 건강하다. 임신 4개월 만에 8~15마리의 새끼를 낳는다. 멧돼지를 길들여 가축으로 만든 것인데, 중요한 축산 동물의 하나로 모양과 색깔이 다른 여러 품종이 있다.

❖ 가즈랑집은 고개 밑의/산山 너머 마을서 도야지를 잃는 밤 즘생을 쫓는 깽제미 소리가 무서웁게 들려오는 집 〈**가즈랑집**〉 ❖ 어두워오는 성문城門 밖의 거리/도야지를 몰고 가는 사람이 있다 〈**성외**城外〉 ❖ 개들은 게모이고 쌈지거리하고/놓여난 도야지 둥구재벼오고 〈**연자간**〉 ❖ 어쩐지 향산香山 부처님이 가까웁다는 거린데/국숫집에서는 농짝 같은 도야지를 잡어걸고 국수에 치는 도야지고기는 돗바늘 같은 털이 드문드문 백였다 〈**북신**北新—**서행시초**西行詩抄 **2**〉

도야지새끼명 돼지새끼. 채 자라지 않은 어린 돼지(《조선말대사전》). ☞ 도야지 468

〔'돼지새끼'는 《조선말대사전》에 등재되어 있다.〕

❖ 졸레졸레 도야지새끼들이 간다/귀밑이 재릿재릿하니 볕이 담복 따사로운 거리다 〈**삼천포**三千浦—**남행시초**南行詩抄 **4**〉

도적개명 주인 없이 여기저기 돌아다니며 몰래 음식을 훔쳐 먹는 개. '도둑개'와 같은 말.

〔《표준국어대사전》엔 '도적개'와 '도둑개'가 같은 말로 모두 등재되어 있는데, 《조선말대사전》엔 '도적개'만 등재되어 있다.〕

❖ 산山가마귀만 울며 날고/도적갠가 개 하나 어정어정 따러간다/이스라치전이 드나 머루전이 드나 〈**쓸쓸한 길**〉 ❖ 달빛도 거지도 도적개도 모다 즐겁다/풍구재도 얼럭소도 쇠드랑볕도 모다 즐겁다 〈**연자간**〉

도적괭이명 '도적고양이'의 준말(《조선말대사전》). 주인 없이 여기저기 돌아다니며 몰래 음식을 훔쳐 먹는 고양이.

❖ 도적괭이 새끼락이 나고/살진 쪽제비 트는 기지개 길고 〈**연자간**〉

두더쥐명 '두더지'의 충남 방언. 포유류 두더짓과에 속한 종. 몸은 쥐와 비슷한데 좀 크고, 몸빛은 어두운 갈색 내지 검은 갈색이다. 뾰족한 주둥이와 삽 모양의 다리로 땅을 잘 파고, 눈은 거의 퇴화하였다. 땅속에서 지렁이, 개구리 등을 잡아먹고 산다. 논두렁을 뚫거나 농작물을 해치는 동물이다(《고려대한국어대사전》).

❖ 수박이 열면 수박을 먹으며 팔며/감자가 앉으면 감자를 먹으며 팔며/까막까치나 두더쥐 돝벌기가 와서 먹으면 먹는 대로 두어두고/도적이 조금 걷어가도 걷어가는 대로 두어두고 〈**귀농**歸農〉

땅괭이명 들괭이, 즉 '들고양이'를 가리키는 말로 짐작된다. 들고양이는 살쾡이를 가리키는 것으로 고양잇과의 포유류. 고양이와 비슷한데 몸의 길이는 55~90센티미터이며, 갈색 바탕에 검은 무늬가 있다. 꼬리는 길고 사지는 짧으며 발톱은 작고 날카롭다. 밤에 활동하고 꿩, 다람쥐, 물고기, 닭 따위를 잡아먹는다. 5월경 2~4마리의 새끼를 낳고 산림지대의 계곡과 암석층 가까운 곳에 산다.

❖ 벼락을 맞아 바윗돌이 되었다는/큰 땅괭이 한 마리/수염을 뻗치고 건너다보는 것이 무서웠다 **〈산山〉**

마돝 명 말과 돼지.

〔'마돝'은 '마(馬)+돝(돼지)'의 형태를 지닌 합성조어. '마소'와 같은 형태의 말이다. 사전에 '매돝'이 '멧돼지'의 함북 방언으로 등재되어 있는데, 백석 시의 아래 용례에선 마을에서 '멧돼지'가 닭, 개와 함께 지낼 수는 없는 것이므로, 여기서 '마돝'은 '멧돼지'가 아니라 '말과 돼지'로 봐야 할 것이다.〕

❖ 눈도 녹으며 술렁거리고 버들도 잎 트며 수선거리고/저 한쪽 마을에는 마돝에 닭 개 즘생도 들떠들고/또 아이 어른 행길에 뜨락에 사람도 웅성웅성 흥성거려 **〈귀농歸農〉**

말③ 명 말과의 포유동물. 어깨의 높이는 1.2~1.7미터이며, 갈색·검은색·붉은 갈색·흰색 따위가 있다. 네 다리와 목, 얼굴이 길고 목덜미에는 갈기가 있으며, 꼬리는 긴 털로 덮여 있다. 초식성으로 3~4세에 성숙하고 16~20세까지 번식하는데, 4~6월이 번식기이고 수태한 후 335일 만에 한 마리의 새끼를 낳는다. 성질이 온순하고 잘 달리며 힘이 세어 농경, 운반, 승용, 경마 따위에 사용한다. 세계 각지에서 기른다.

❖ 소와 말은 도로 산山으로 돌아갔다/염소만이 아직 된비가 오면 산山개울에 놓인 다리를 건너 인가人家 근처로 뛰여온다 **〈산지山地〉** ❖ 가마 타고 시집가는 놀음 말 타고 장가가는 놀음을 하고 이렇게 밤이 어둡도록 북적하니 논다 **〈여우난골족族〉** ❖ 신영길 말이 울고 가고/장돌림 당나귀도 울고 가고 **〈연자간〉** ❖ 한 십리十里 더 가면 절간이 있을 듯한 마을이다 〔…〕 자개밭둑에 엄지 어데 안 가고 누웠다 아릇동리선가 말 웃는 소리 무서운가 아릇동리 망아지 네 소리 무서울라 〔…〕 **〈황일黃日〉** ❖ 집에는 언제나 센개 같은 게사니가 벅작궁 고아내고 말 같은 개들이 떠들썩 짖어대고 그리고 소거름 내음새 구수한 속에 엇송아지 히물쩍 너들씨는데 **〈넘언집 범 같은 노큰마니〉** ❖ 노왕老王은 집에 말과 나귀며 오리에 닭도 우울거리고/고방엔 그득히 감자에 콩곡석도 들여 쌓이고 **〈귀농歸農〉**

망아지 명 말의 새끼.

❖ 울파주 밖에는 장꾼들을 따러와서 엄지의 젖을 빠는 망아지도 있었다 **〈주막酒幕〉** ❖ 시 제목 **〈오리 망아지 토끼〉** ❖ 장날 아츰에 앞 행길로 엄지 따러 지나가는 망아지

를 내라고 나는 조르면/아배는 행길을 향해서 크다란 소리로 **〈오리 망아지 토끼〉** ❖ 한 십리十里 더 가면 절간이 있을 듯한 마을이다 〔…〕 자개밭둑에 엄지 어데 안 가고 누웠다 아릇동리선가 말 웃는 소리 무서운가 아릇동리 망아지 네 소리 무서울라 〔…〕 **〈황일黃日〉**

매지 명 '망아지'(말의 새끼)의 방언(평북, 함경)(《금성판국어대사전》).

〔'매지'는 《금성판국어대사전》에 "'망아지'의 평북, 함경 방언"으로 등재되어 있고, 《조선말대사전》에 "'망아지'를 달리 이르는 말"로 등재되어 있다.〕

❖ 장날 아츰에 앞 행길로 엄지 따러 지나가는 망아지를 내라고 나는 조르면/아배는 행길을 향해서 크다란 소리로/—매지야 오나라/—매지야 오나라 **〈오리 망아지 토끼〉**

멧도야지 명 멧돼지. 멧돼짓과의 포유동물. 몸의 길이는 1~2미터, 어깨 높이는 55~110센티미터이며, 몸빛은 검은색 또는 검은 갈색이다. 목에서 등에 걸쳐 빳빳한 털이 나 있다. 주둥이가 매우 길고 목은 짧으며 날카로운 송곳니가 있다. 잡식성이고 유라시아 대륙 중부·남부의 산림에 분포한다.

❖ 가즈랑집은 고개 밑의/산山 너머 마을서 도야지를 잃는 밤 즘생을 쫓는 깽제미 소리가 무서웁게 들려오는 집/닭 개 즘생을 못 놓는/멧도야지와 이웃사춘을 지나는 집 **〈가즈랑집〉** ❖ 초아흐레 장판에/산 멧도야지 너구리가죽 튀튀새 났다/또 가얌에 귀이리에 도토리묵 도토리범벅도 났다 **〈월림月林장—서행시초西行詩抄 4〉**

멧돌 명 '멧돼지'의 함북 방언.

〔'멧돌'은 백석 시 원문엔 '멧돌'로 표기되어 있는데, 이는 '멧돌'의 오기로 보인다. 《표준국어대사전》과 《고려대한국어대사전》에 '매돌'이 '멧돼지'의 함북 방언으로 등재되어 있다.〕

❖ 오로촌이 멧돌을 잡어 나를 잔치해 보내든 것도/쏠론이 십리길을 따러나와 울든 것도 잊지 않었다 **〈북방北方에서—정현웅鄭玄雄에게〉**

범① 명 고양잇과의 포유동물. 몸의 길이는 2미터 정도이며, 등은 누런 갈색이고 검은 가로무늬가 있으며 배는 흰색이다. 꼬리는 길고 검은 줄무늬가 있다. 발톱이 날카롭고 눈과 귀가 밝으며 냄새도 잘 맡는다. 성질이 사나우며 사슴, 멧돼지 따위의 거의 모든 산짐승을 잡아먹는데 수명은 십오 년에서 이십 년이다. 삼림이나 대숲에 혼자 또는 암수 한 쌍이 같이 살며, 시베리아 남부에서 인도, 자바 등지에 분포한다. '호랑이'와 같은 말(《고려대한국어대사전》, 《표준국어대사전》). ☞ 호랑이 476

❖ 일가들이 모두 범같이 무서워하는 이 노큰마니는 구덕살이같이 욱실욱실하는 손자 증손자를 방구석에 들매나무 회채리를 단으로 쪄다두고 따리고 싸리갱이에 갓진창을 매여놓고 따리는데// […] //우리 엄매가 나를 가지는 때 이 노큰마니는 어늬 밤 크나큰 범이 한 마리 우리 선산으로 들어오는 꿈을 꾼 것을 우리 엄매가 서울서 시집을 온 것을 그리고 무엇보다도 내가 이 노큰마니의 당조카의 맏손자로 난 것을 다견하니 알뜰하니 기꺼이 녀기는 것이었다 **〈넘언집 범 같은 노큰마니〉** ❖ 홍안령興安嶺을 음산陰山을 아무우르를 숭가리를/범과 사슴과 너구리를 배반하고/송어와 메기와 개구리를 속이고 나는 떠났다 **〈북방北方에서—정현웅鄭玄雄에게〉**

복장노루 명 복작노루. 포유류 사슴과의 하나. 몸 전체 길이는 90센티미터 정도이고, 암수가 모두 뿔이 없으며 송곳니가 발달되어 밖으로 나와 있다. 털은 거칠고 몸의 위쪽은 황갈색, 아랫면은 담황색, 앞다리는 적색을 띤다. 무성한 관목림灌木林에 살며, 단독생활을 하지만 드물게는 무리를 이루기도 한다. 우리나라, 만주 등지에 분포한다. '고라니'와 같은 말(《고려대한국어대사전》).

❖ 산山나물 냄새 물씬물씬 나는데/나는 복장노루를 따라 뛰었다 **〈산山〉**

복쪽재비 명 복족제비. 복을 가져다주는 족제비라는 뜻으로, 집에 들어왔거나 집에 들어와 사는 족제비를 이르는 말.

〔《금성판국어대사전》에 '족제비'의 방언으로 '쪽재비', '쪽제비', '쪽재피' 등이 등재되어 있다. '복쪽재비' 역시 '복족제비'의 방언이라고 할 수 있다.〕

❖ 내가 언제나 무서운 외갓집은/초저녁이면 안팎마당이 그득하니 하이얀 나비수염을 물은 보득지근한 복쪽재비들이 씨굴씨굴 모여서는 쨩쨩 쨩쨩 쇳스럽게 울어대고 **〈외갓집〉**

사슴 명 포유류 사슴과에 속한 짐승의 한 종. 깊은 산에서 주로 풀이나 나무의 싹 따위를 먹고 살며 성질이 온순하고 되새김질을 한다. 털빛은 갈색에 흰 얼룩무늬가 있고 꼬리는 백색이다. 수컷은 가지를 친 한 쌍의 뿔이 봄마다 갈아 나는데 갓 나온 것은 녹용이라 하여 강장제로 쓰인다(《고려대한국어대사전》).

❖ 홍안령興安嶺을 음산陰山을 아무우르를 숭가리를/범과 사슴과 너구리를 배반하고/송어와 메기와 개구리를 속이고 나는 떠났다 **〈북방北方에서—정현웅鄭玄雄에게〉** ❖ 시집 제목 **《사슴》**

상사말 명 '생마'(길들이지 않은 거친 말)의 평북 방언. 또는 생리적 변화로 성질이 일시적으로 몹시 사나워진 수말(《조선말대사전》).

〔《표준국어대사전》, 《금성판국어대사전》, 《고려대한국어대사전》, 《평북방언사

전》 등에는 '상사말'이 "'생마'의 평북 방언"으로 풀이되어 있는데, 《조선말대사전》엔 '상사말'이 '생리적 변화로 성질이 일시적으로 몹시 사나와진 수말'로, '생마'는 '길들이지 않은 말'로 풀이되어 있다.〕

❖ 내가 엄매 등에 업혀가서 상사말같이 항약에 야기를 쓰면 한창 퓌는 함박꽃을 밑가지채 꺾어주고 종대에 달린 제물배도 가지채 쪄주고 그리고 그 애끼는 게사니 알도 두 손에 쥐어주곤 하는데 **〈넘언집 범 같은 노큰마니〉**

센개 명 털빛이 흰 개.

〔'센개'는 《표준국어대사전》과 《조선말대사전》에 모두 등재되어 있는 말이다. '센개'는 '세+ㄴ+개'의 형태를 지닌 말이며, 여기서 '세다'는 "머리카락이나 수염 따위의 털이 희어지다"라는 뜻이다. 이숭원(2008)은 '센개'를 '사나운 개'로 풀이하나, 이 말의 어형과 이 말이 쓰인 아래 용례의 문맥을 검토할 때 '털빛이 흰 개'로 보는 것이 적절하다.〕

❖ 집에는 언제나 센개 같은 게사니가 벅작궁 고아내고 말 같은 개들이 떠들썩 짖어대고 그리고 소거름 내음새 구수한 속에 엇송아지 히물쩍 너들씨는데 **〈넘언집 범 같은 노큰마니〉**

소 명 솟과의 포유동물. 몸의 높이는 1.2~1.5미터이며 검은색, 흰색, 갈색 따위의 짧은 털이 나 있다. 뿔은 없거나 한 쌍이 있고 발굽은 둘로 갈라져 있다. 꼬리는 가늘고 길며 끝에는 술 모양의 털이 있다. 풀 따위를 먹고 한 번 삼킨 것을 되새김한다. 아주 오래전부터 기른 가축으로 짐의 운반이나 토지의 경작 등에 유용하게 사용되어 왔으며, 고기나 젖은 식용하고 가죽이나 뿔은 여러 물건을 만드는 재료로 쓰인다.

❖ 소와 말은 도로 산山으로 돌아갔다/염소만이 아직 된비가 오면 산山개울에 놓인 다리를 건너 인가人家 근처로 뛰여온다 **〈산지山地〉** ❖ 아배는 타관 가서 오지 않고 산山비탈 외따른 집에 엄매와 나와 단둘이서 누가 죽이는 듯이 무서운 밤 집 뒤로는 어늬 산山골짜기에서 소를 잡어먹는 노나리꾼들이 도적놈들같이 쿵쿵거리며 다닌다 **〈고야古夜〉** ❖ 병이 들면 풀밭으로 가서 풀을 뜯는 소는 인간人間보다 영靈해서 열 걸음 안에 제 병을 낫게 할 약藥이 있는 줄을 안다고 **〈절간의 소 이야기〉** ❖ 소는 기르매 지고 조은다 **〈삼천포三千浦—남행시초南行詩抄 4〉** ❖ 내 손자의 손자와 손자와 나와 할아버지와 할아버지의 할아버지와 할아버지의 할아버지의 할아버지와…… 수원백씨水原白氏 정주백촌定州白村의 힘세고 꿋꿋하나 어질고 정 많은 호랑이 같은 곰 같은 소 같은 피의 비 같은 밤 같은 달 같은 슬픔을 담는 것 아 슬픔을 담는 것 **〈목**

구木具〉 ❖ 또 문밖에 나가디두 않고 자리에 누워서,/머리에 손깍지벼개를 하고 굴기도 하면서,/나는 내 슬픔이며 어리석음이며를 소처럼 연하여 쌔김질하는 것이었다. **〈남신의주 유동 박시봉방**南新義州柳洞朴時逢方**〉**

송아지 명 어린 소.

❖ 송아지 잘도 놀고/까치 보해 짖고 **〈연자간〉** ❖ 한 십리十里 더 가면 절간이 있을 듯한 마을이다 〔…〕 어데서 송아지 매— 하고 운다 골갯논드렁에서 미나리 밟고 서서 운다 〔…〕 **〈황일**黃日**〉** ❖ 그러나/그 이름이 강소천姜小泉인 것을 송아지와 꿀벌은 알을 것이다 **〈《호박꽃 초롱》 서시**序詩**〉**

승냥이 명 갯과의 포유동물. 몸길이는 76~100센티미터이며, 이리와 비슷한데 주둥이와 사지는 짧고 꼬리가 길다. 몸빛은 붉은색을 띤 회갈색, 누런 갈색, 붉은 갈색 등이다. 성질이 사납고 주야로 활동하는데 낮에 사냥하는 일이 많고 주로 초식성 동물을 잡아먹는다(《고려대한국어대사전》, 《금성판국어대사전》).

❖ 시냇물이 버러지 소리를 하며 흐르고/대낮이라도 산山옆에서는/승냥이가 개울물 흐르듯 운다 **〈산지**山地**〉** ❖ 승냥이가 새끼를 치는 전에는 쇠메 든 도적이 났다는 가즈랑고개// 〔…〕 //간밤엔 섬돌 아래 승냥이가 왔었다는 이야기/어느메 산山골에선간 곰이 아이를 본다는 이야기 **〈가즈랑집〉** ❖ 승냥이 줄레줄레 달고 가며/덕신덕신 이야기하고 싶은 길이다 **〈창원도**昌原道**—남행시초**南行詩抄 **1〉** ❖ 토방에 승냥이 같은 강아지가 앉은 집/부엌으론 무럭무럭 하이얀 김이 난다 **〈야반**夜半**—산중음**山中吟**〉** ❖ 눈빨갱이 갈매기 발빨갱이 갈매기 가란 말이지/승냥이처럼 우는 갈매기/무서워 가란 말이지 **〈대산동**大山洞**—물닭의 소리〉**

얼럭소 명 털빛이 얼룩얼룩한 소. '얼룩소'와 같은 말.

❖ 달빛도 거지도 도적개도 모다 즐겁다/풍구재도 얼럭소도 쇠드랑볕도 모다 즐겁다 **〈연자간〉**

엄지 명 어이(짐승의 어미).

❖ 울파주 밖에는 장꾼들을 따러와서 엄지의 젖을 빠는 망아지도 있었다 **〈주막**酒幕**〉** ❖ 장날 아츰에 앞 행길로 엄지 따러 지나가는 망아지를 내라고 나는 조르면/아배는 행길을 향해서 크다란 소리로 **〈오리 망아지 토끼〉** ❖ 한 십리十里 더 가면 절간이 있을 듯한 마을이다 〔…〕 어데서 송아지 매— 하고 운다 골갯논드렁에서 미나리 밟고 서서 운다 복사나무 아래 가 흙장난하며 놀지 왜 우노 자개밭둑에 엄지 어데 안 가고 누웠다 〔…〕 **〈황일**黃日**〉**

엇송아지 명 아직 다 자라지 못한 송아지.

❖ 집에는 언제나 센개 같은 게사니가 벅작궁 고아내고 말 같은 개들이 떠들썩 짖어대고 그리고 소거름 내음새 구수한 속에 엇송아지 히물쩍 너들씨는데 **〈넘언집 범 같은 노큰마니〉**

여우② 명 갯과의 포유동물. 개와 비슷한데 몸의 길이는 70센티미터 정도이고 홀쭉하며, 몸빛은 주로 누런 갈색이나 붉은 갈색을 띤다. 주둥이가 길고 뾰족하며 꼬리는 굵고 길다. 한국, 일본, 중국, 유럽, 북아메리카 등지에 분포한다.

❖ 자정도 활씬 지났는데/닭을 잡고 모밀국수를 누른다고 한다/어늬 산山옆에선 캥캥 여우가 운다 **〈야반**夜半**—산중음**山中吟**〉** ❖ 밤이면 캥캥 여우가 우는 산山도 자작나무다 **〈백화**白樺**—산중음**山中吟**〉**

염소 명 솟과의 동물. 어깨의 높이는 60~90센티미터이며, 뿔은 속이 비고 뒤로 굽었고, 수컷에는 턱 밑에 긴 수염이 있다. 몸빛은 갈색, 흰색, 검은색 따위의 여러 가지이고, 성질이 활발하며 민첩하다. 가축화된 품종이 많고 유용종, 모용종, 육용종 따위로 구분한다.

❖ 소와 말은 도로 산山으로 돌아갔다/염소만이 아직 된비가 오면 산山개울에 놓인 다리를 건너 인가人家 근처로 뛰여온다 **〈산지**山地**〉**

잔나비 명 '원숭이'의 방언(강원, 경북, 전북, 충청)(《고려대한국어대사전》).

〔'잔나비'의 고어는 'ᄌᆞᆫ나비'이다. 《조선말대사전》엔 '잔나비'와 '잰내비'가 문화어(북한의 표준어)로 등재되어 있다.〕

❖ 기쁨이 마음에 뜨는 때는 희고 까만 씨를 앞니로 까서 잔나비가 되고/근심이 마음에 앉는 때는 희고 까만 씨를 혀끝에 물어 까막까치가 되고 **〈수박씨, 호박씨〉**

쪽재피 명 '족제비'의 방언(평안, 함경)(《고려대한국어대사전》). 족제빗과의 동물. 몸통이 가늘고 길며 사지는 짧고 꼬리는 길다. 몸 빛깔은 누런 갈색이며 입술과 턱은 흰색, 주둥이 끝은 검은 갈색이다. 적에게 공격을 받으면 항문샘에서 악취를 낸다. 털가죽은 방한용 옷에 쓰고 꼬리털로는 붓을 만든다. 한국, 일본, 대만 등지에 분포한다.

〔《고려대한국어대사전》엔 '쪽제피'가 '족제비'의 방언으로 등재되어 있다.〕

❖ 기왓골에 배암이 푸르스름히 빛난 달밤이 있었다/아이들은 쪽재피같이 먼 길을 돌았다 **〈정문촌**旌門村**〉**

쪽제비 명 '족제비'의 방언(경기, 강원, 충청, 전라, 경상)(《금성판국어대사전》). ☞ 쪽재피

〔《금성판국어대사전》에 '족제비'의 방언으로 '쪽재비', '쪽제비', '쪽제피' 등이 등재

되어 있다.]

❖ 도적괭이 새끼락이 나고/살진 쪽제비 트는 기지개 길고 **〈연자간〉**

토끼 명 ① 토낏과의 포유동물을 통틀어 이르는 말. 귀가 길고 뒷다리가 앞다리보다 발달하였으며 꼬리는 짧다. 초식성으로 번식력이 강하다. 여러 종류가 있으며 아프리카, 아메리카, 아시아, 유럽 등지에 분포한다. ② 토낏과의 하나. 몸은 대개 흰색이며, 앞다리가 산토끼보다 짧다. 약 2,300년 전에 유럽산 굴토끼를 길들여 기른 것으로 여러 품종이 있다. 고기는 식용하고, 털가죽은 방한용으로 쓴다.

❖ 토끼도 살이 오른다는 때 아르대 즘퍼리에서 제비꼬리 마타리 쇠조지 가지취 고비 고사리 두릅순 회순 산山나물을 하는 가즈랑집 할머니를 따르며 **〈가즈랑집〉** ❖ 새하려 가는 아배의 지게에 치워 나는 산山으로 가며 토끼를 잡으리라고 생각한다/맞구멍 난 토끼굴을 아배와 내가 막어서면 언제나 토끼새끼는 내 다리 아래로 달아났다 **〈오리 망아지 토끼〉** ❖ 솔포기에 숨었다/토끼나 꿩을 놀래주고 싶은 산山허리의 길은 **〈창원도昌原道—남행시초南行詩抄 1〉** ❖ 눈이 많이 와서/산엣새가 벌로 나려 멕이고/눈구덩이에 토끼가 더러 빠지기도 하면/마을에는 그 무슨 반가운 것이 오는가보다 **〈국수〉**

토끼새끼 명 토끼의 새끼, 즉 어린 토끼를 가리키는 말.

❖ 새하려 가는 아배의 지게에 치워 나는 산山으로 가며 토끼를 잡으리라고 생각한다/맞구멍 난 토끼굴을 아배와 내가 막어서면 언제나 토끼새끼는 내 다리 아래로 달아났다 **〈오리 망아지 토끼〉**

햇강아지 명 그해에 새로 태어난 강아지.

❖ 또 녀름날 낮 기운 때 어른들이 모두 벌에 나가고 텅 뷔인 집 토방에서/햇강아지의 쌀랑대는 성화를 받어가며 닭의 똥을 주워먹는 아이를 생각한다/촌에서 와서 오늘 아츰 무엇이 분해서 우는 아이여 **〈촌에서 온 아이〉**

호랑이 명 고양잇과의 포유동물. '범'과 같은 말(《고려대한국어대사전》, 《표준국어대사전》). ☞ 범① 471

❖ 내 손자의 손자와 손자와 나와 할아버지와 할아버지의 할아버지와 할아버지의 할아버지의 할아버지와…… 수원백씨水原白氏 정주백촌定州白村의 힘세고 꿋꿋하나 어질고 정 많은 호랑이 같은 곰 같은 소 같은 피의 비 같은 밤 같은 달 같은 슬픔을 담는 것 아 슬픔을 담는 것 **〈목구木具〉**

4 곤충류

거미새끼 명 거미의 새끼나 작은 거미를 이르는 말. '거미'는 절지동물 거미강 거미목의 동물을 통틀어 이르는 말. 몸은 머리, 가슴과 배로 구분되며 다리는 네 쌍이고 날개와 더듬이가 없다. 항문 근처에 있는 2~4쌍의 방적돌기에서 진득진득한 실을 뽑아 그물처럼 쳐 놓고 벌레를 잡아먹는다. 전 세계에 약 3만 종이 알려져 있다.

❖ 거미새끼 하나 방바닥에 나린 것을 나는 아모 생각 없이 문밖으로 쓸어버린다/차디찬 밤이다//어니젠가 새끼거미 쓸려나간 곳에 큰거미가 왔다/나는 가슴이 짜릿한다 〈**수라**修羅〉

꿀벌 명 ① 벌목에 속한 곤충 중 개미류를 제외한 곤충을 통틀어 이르는 말. 대개 막질膜質의 날개를 가지며, 가늘고 긴 입으로 꽃에서 꿀을 빨아 저장하고, 몸 끝의 독침으로 적을 쏜다. 사회생활을 하며 여왕벌, 일벌, 수벌 따위의 구별이 있다. 곤충 중 가장 큰 무리로 전 세계에 십만 종 이상이 알려져 있다. ② 벌목 꿀벌과에 속한 곤충. 몸빛은 어두운 갈색이며, 날개는 희고 투명하다. 한 마리의 여왕벌을 중심으로 집단생활을 한다. 아프리카, 유럽 원산으로 몇 개의 품종이 있다(《고려대한국어대사전》).

❖ 아카시아꽃의 향기가 가득하니 꿀벌들이 많이 날어드는 아츰/구신은 없고 부헝이가 담벽을 띠쫗고 죽었다 〈**정문촌**旌門村〉 ❖ 이 집 남길동 단 안주인은 겨울이면 집을 내고/산을 돌아 거리로 나려간다는 말을 하는데/해바른 마당에는 꿀벌이 스무나문 통 있었다 〈**산곡**山谷**—함주시초**咸州詩抄〉 ❖ 그러나/그 이름이 강소천姜小泉인 것을 송아지와 꿀벌은 알을 것이다 〈**《호박꽃 초롱》 서시**序詩〉

노랑나뷔 명 노랑나비. ① 노란 빛깔을 띠는 나비를 통틀어 이르는 말. ② 나비목 흰나빗과에 속한 곤충. 날개의 길이는 5센티미터 정도이다. 수컷의 빛깔은 노랗고 암컷은 희며 날개 끝부분이 검다. 애벌레는 콩과 식물의 잎을 먹고 자란다. 우리나라, 중국, 일본, 시베리아 남부 등지에 분포한다(《고려대한국어대사전》).

❖ 나의 정다운 것들 가지 명태 노루 뫼추리 질동이 노랑나뷔 바구지꽃 모밀국수 남치마 자개짚세기 그리고 천희千姬라는 이름이 한없이 그리워지는 밤이로구나 〈**야우소회**夜雨小懷**—물닭의 소리**〉

니 명 이. 이목의 곤충을 통틀어 이르는 말. 포유류의 몸에 기생하여 피를 빨아먹고 산다. 몸길이는 1~4밀리미터이고, 몸은 편평한 방추형이다. 날개는 없고 머리 양쪽에 홑눈이 한 개씩 있다. 피를 빨아먹으면서 몸을 가렵게 하는 외에 발진티푸스, 재귀열 등을 옮긴다.

❖ 머리 빗기가 싫다면/니가 들구 나서/머리채를 끄을구 오른다는/산山이 있었다 **〈산山〉**

돌우래명 도루래. '땅강아지'의 평북 방언. 땅강아짓과의 곤충. 축축한 땅속에서 산다. 몸의 길이는 2.9~3.1센티미터이며, 몸 빛깔은 노란 갈색이나 검은 갈색이고, 온몸에 짧고 연한 털이 촘촘히 나 있다. 날개는 짧으나 잘 날며 앞다리는 땅을 파기에 알맞게 되어 있다. 낮에는 땅속에서 움직이지 않고 있다가 밤에 기어 다니면서 식물의 땅속 부분을 갉아먹거나 파헤치며 끊어 놓는다. 한국, 일본, 아프리카, 오스트레일리아 등지에 분포한다(《표준국어대사전》, 《조선말대사전》).

〔'도루래'는 《평북방언사전》과 《조선말대사전》에 등재되어 있으며, 《표준국어대사전》엔 '땅강아지의 잘못'으로 풀이되어 있다.〕

❖ 풀밭에는 어느새 하이얀 대림질감들이 한불 널리고/돌우래며 팟중이 산옆이 들썩하니 울어댄다 **〈박각시 오는 저녁〉** ❖ 한울은/울파주가에 우는 병아리를 사랑한다/우물돌 아래 우는 돌우래를 사랑한다 **〈《호박꽃 초롱》 서시序詩〉**

돝벌기명 잎벌렛과의 딱정벌레를 통틀어 이르는 말. 대개 몸의 길이는 1센티미터 이하이며, 등이 불룩하고 배가 납작하다. 색깔은 다양하고 광택을 띠는 것이 많다. 농작물의 잎을 갉아먹는 해충으로 전 세계에 분포한다(《고려대한국어대사전》). '잎벌레'와 같은 말.

❖ 수박이 열면 수박을 먹으며 팔며/감자가 앉으면 감자를 먹으며 팔며/까막까치나 두더쥐 돝벌기가 와서 먹으면 먹는 대로 두어두고/도적이 조금 걷어가도 걷어가는 대로 두어두고 **〈귀농歸農〉**

딱장벌레명 딱정벌레. 곤충강 딱정벌레목에 속한 곤충을 통틀어 이르는 말. 약 30만여 종이 알려져 있으며 형태, 크기, 빛깔이 다양하다. 일반적으로 앞날개가 두껍고 딱딱하며, 보통 좌우가 등쪽의 정중선正中線에 합쳐져 있다. 입은 씹기에 알맞게 큰 턱이 발달해 있다. 풍뎅이, 하늘소, 딱정벌레 따위가 있다(《고려대한국어대사전》, 《표준국어대사전》).

〔《사정한 조선어 표준말 모음》(1936)에 '딱정벌레'가 표준어, '딱장벌레'가 비표준어로 등재되어 있고, 《조선말대사전》엔 '딱장벌레'가 규범어로 '딱정벌레'로 비규범어로 등재되어 있다.〕

❖ 한 십리十里 더 가면 절간이 있을 듯한 마을이다 〔…〕 울밖 늙은 들매나무에 튀튀새 한불 앉었다 흰구름 따러가며 딱장벌레 잡다가 연둣빛 닢새가 좋아 올라왔나보다 〔…〕 **〈황일黃日〉**

박각시 명 나비목 박각싯과에 속한 곤충. 몸의 길이는 5센티미터 정도, 편 날개의 길이는 10센티미터 정도이며, 앞날개에는 짙은 회갈색의 무늬가 있고 뒷날개에는 회색에 검은 줄무늬가 있으며 배의 각 체절에는 흰색, 붉은색, 검은색 가로 띠가 있다. '박각시'는 주로 밤에 피는 박꽃의 꿀을 빨기 위해 모여든다. 그래서 박의 수분을 돕는다 하여 이 곤충에 '박각시'라는 이름이 붙여졌다고 전해진다.

❖ 당콩밥에 가지냉국의 저녁을 먹고 나서/바가지꽃 하이얀 지붕에 박각시 주락시 붕붕 날아오면/집은 안팎 문을 횅하니 열젖기고 **〈박각시 오는 저녁〉**

반딧불 명 ① 반딧불잇과의 딱정벌레를 통틀어 이르는 말. ② 반딧불잇과의 딱정벌레. 몸의 길이는 1.2~1.8센티미터이며, 몸빛은 검은색이고, 배의 뒤쪽 제2~제3 마디는 연한 황색으로 발광기가 있으며, 머리의 뒷부분이 앞가슴 밑에 들어가 있다. 성충은 여름철 물가의 풀밭에서 사는데 밤에 반짝이며 날아다니고 수초에 알을 낳으며 애벌레는 맑은 물에서 산다. 한국, 일본 등지에 분포한다. '반딧불이'와 같은 말.

❖ 잠자리 조을든 문허진 성城터/반딧불이 난다 파란 혼魂들 같다 **〈정주성定州城〉**

버러지 명 곤충을 비롯하여 기생충과 같은 하등동물을 통틀어 이르는 말. '벌레'와 같은 말.

❖ 시냇물이 버러지 소리를 하며 흐르고/대낮이라도 산山옆에서는/승냥이가 개울물 흐르듯 운다 **〈산지山地〉** ❖ 어득한 기슭의 행길에 얼굴이 해쓱한 처녀가 새벽달같이/아 아즈내인데 병인病人은 미역냄새 나는 덧문을 닫고 버러지같이 누웠다 **〈시기柿崎의 바다〉**

벌② 명 ☞ 꿀벌 477

❖ 이 집 남길동 단 안주인은 겨울이면 집을 내고/산을 돌아 거리로 나려간다는 말을 하는데/해바른 마당에는 꿀벌이 스무나문 통 있었다//낮 기울은 날을 햇볕 장글장글한 툇마루에 걸어앉어서/지난 여름 도락구를 타고 장진長津땅에 가서 꿀을 치고 돌아왔다는 이 벌들을 바라보며 나는 **〈산곡山谷—함주시초咸州詩抄〉**

새끼거미 명 거미의 새끼. ☞ 거미새끼 477

〔'새끼거미'와 유사한 형태의 말로 《조선말대사전》에 '새끼돼지(돼지의 새끼)', '새끼물고기(물고기의 새끼)'가 등재되어 있다.〕

❖ 어니젠가 새끼거미 쓸려나간 곳에 큰거미가 왔다/나는 가슴이 짜릿한다/나는 또 큰거미를 쓸어 문밖으로 버리며/찬 밖이라도 새끼 있는 데로 가라고 하며 서러워한다// 〔…〕/어데서 좁쌀알만 한 알에서 가제 깨인 듯한 발이 채 서지도 못한 무척 적은 새끼거미가 이번엔 큰거미 없어진 곳으로 와서 아물거린다 **〈수라修羅〉**

섶벌명 나무섶에 집을 틀고 항상 나가서 다니는 벌.

〔원문에는 '섭벌'로 표기되어 있다. 김영배(1987)가 처음으로 위에 제시한 것처럼 풀이하였는데, 동물 관련 사전에는 이 곤충에 대한 설명이 나오지 않는다.〕

❖ 섶벌같이 나아간 지아비 기다려 십 년十年이 갔다/지아비는 돌아오지 않고/어린 딸은 도라지꽃이 좋아 돌무덤으로 갔다 **〈여승女僧〉**

자벌기명 자벌레. '벌기'는 '벌레'의 방언(평안, 함경, 경상, 강원)(《표준국어대사전》, 《금성판국어대사전》). 자벌레나방의 애벌레. 몸은 가늘고 긴 원통형이다. 가슴에 세 쌍의 발이 있고 배에 한 쌍의 발이 있다. 꽁무니를 머리 쪽에 갖다 대고 몸을 길게 늘이기를 반복하여 움직인다.

❖ 산山뽕닢에 빗방울이 친다/멧비들기가 닌다/나무등걸에서 자벌기가 고개를 들었다 멧비들기켠을 본다 **〈산山비〉**

잠자리명 잠자리목의 곤충을 통틀어 이르는 말. 몸은 가늘고 길며 배에는 마디가 있고 앞머리에 한 쌍의 큰 겹눈이 있다. 두 쌍의 날개는 얇고 투명하며 그물 모양이다. 입은 씹는 입이며, 머리를 회전할 수 있다. 전 세계에 널리 분포한다.

❖ 잠자리 조을든 문허진 성城터/반딧불이 난다 파란 혼魂들 같다 **〈정주성定州城〉**

주락시명 '줄박각시'를 가리키는 말로 짐작된다. '줄박각시'는 박각싯과의 곤충으로 편 날개의 길이는 6.8~7.2센티미터이며, 몸은 녹갈색이고 등과 배에는 어두운색의 세로줄이 몇 개 있다. 앞날개는 누런 갈색, 뒷날개는 검은 갈색이다.

〔곤충 관련 사전이나 책에 '주락시'는 나오지 않으며, 이와 유사한 이름을 가진 '줄박각시'란 곤충이 나온다. 이 말을 '박각시'와 같은 3음절의 시어로 맞추고, 소리 결을 부드럽게 하기 위해 음운 변이를 시도한 것으로 짐작된다.〕

❖ 당콩밥에 가지냉국의 저녁을 먹고 나서/바가지꽃 하이얀 지붕에 박각시 주락시 붕붕 날아오면 **〈박각시 오는 저녁〉**

큰거미명 보통 거미보다 큰 거미. '거미'는 절지동물 거미강 거미목의 동물을 통틀어 이르는 말. 몸은 머리, 가슴과 배로 구분되며 다리는 네 쌍이고 날개와 더듬이가 없다. 항문 근처에 있는 2~4쌍의 방적돌기에서 진득진득한 실을 뽑아 그물처럼 쳐 놓고 벌레를 잡아먹는다. 전 세계에 약 3만 종이 알려져 있다.

〔백석 시에서 '큰거미'는 '새끼거미'와 짝을 이루고 쓴 것이라는 점에서 한 단어로 쓴 원문을 그대로 살린 것이다. '큰거미'라는 거미 종류가 따로 있는 것은 아니다.〕

❖ 거미새끼 하나 방바닥에 나린 것을 나는 아모 생각 없이 문밖으로 쓸어버린다/차디찬 밤이다//어니젠가 새끼거미 쓸려나간 곳에 큰거미가 왔다/나는 가슴이 짜릿한다/나는 또 큰거미를 쓸어 문밖으로 버리며/찬 밖이라도 새끼 있는 데로 가라고 하며 서러워한다//이렇게 해서 아린 가슴이 싹기도 전이다/어데서 좁쌀알만 한 알에서 가제 깨인 듯한 발이 채 서지도 못한 무척 적은 새끼거미가 이번엔 큰거미 없어진 곳으로 와서 아물거린다 **〈수라**修羅**〉**

파리떼명 파리의 무리(《고려대한국어대사전》). '파리'는 파리목 털파리하목의 곤충을 통틀어 이르는 말. 몸의 길이는 1센티미터 정도이며 몸 빛깔은 검은색 또는 청록색이고, 강모가 많이 나 있다. 잘 발달된 한 쌍의 날개가 있고 더듬이는 세 마디이고 짧으며, 아래로 뾰족하게 나온 주둥이는 쏘거나 핥기에 알맞다. 완전 변태를 하며, 여름에 많이 발생하는데 장티푸스·콜레라·소아마비 따위의 병원균을 옮긴다. 전 세계에 많은 종류가 분포한다.

〔'파리떼'는《고려대한국어대사전》에 등재되어 있다.〕

❖ 손자아이들이 파리떼같이 모이면 곰의 발 같은 손을 언제나 내어둘렀다 **〈고방〉**

팟중이명 메뚜깃과의 곤충. 몸의 길이는 3.2~4.5센티미터이고, 몸은 콩중이와 비슷하나 그보다 작다. 몸빛은 팥 색깔과 비슷한 검은 갈색에 앞가슴 가운데 'X'자 모양의 연한 무늬가 있으며, 날개는 검은 갈색이고 앞날개에 잿빛 누런색 무늬가 있다. 한국, 중국 등지에 분포한다.

❖ 인간들은 모두 뒷등성으로 올라 멍석자리를 하고 바람을 쐬이는데/풀밭에는 어느새 하이얀 대림질감들이 한불 널리고/돌우래며 팟중이 산옆이 들썩하니 울어댄다 **〈박각시 오는 저녁〉**

흰나뷔명 흰나비. 배추흰나비. 흰나빗과의 하나. 몸의 길이는 3센티미터 정도이며, 녹색에 잔털이 나 있다. 날개는 흰색으로 앞날개의 끝은 검은색이고 앞날개에 두 개, 뒷날개에 한 개의 검은 무늬가 있으며, 암컷은 누런빛이 섞여 있고 검은 무늬가 더 분명하다. 애벌레는 '배추벌레'라고 하는데 무, 배추 따위의 십자화과 식물의 해충이다. 전 세계에 분포한다.

❖ 무이밭에 흰나뷔 나는 집 밤나무 머루넝쿨 속에 키질하는 소리만이 들린다/우물가에서 까치가 자꼬 즞거니 하면/붉은 수탉이 높이 샛더미 우로 올랐다 **〈창의문외**彰義門外**〉**

5 양서류, 파충류 외

개구리 명 ① 양서류 개구리목에 속한 동물을 통틀어 이르는 말. ② 양서류 개구릿과에 속한 종. 몸길이는 5~9센티미터이다. 몸빛은 녹갈색에 암갈색 또는 흑색 반문이 있고, 피부에 주름과 혹 모양의 돌기가 많다. 무논에 사는 가장 흔한 개구리로 5~7월 한천질에 싸인 알을 낳는다(《고려대한국어대사전》).

❖ 흥안령興安嶺을 음산陰山을 아무우르를 숭가리를/범과 사슴과 너구리를 배반하고/송어와 메기와 개구리를 속이고 나는 떠났다 **〈북방北方에서—정현웅鄭玄雄에게〉**

거마리 명 '거머리'의 방언(경기, 강원, 경상, 전라, 황해, 함경, 평안)(《금성판국어대사전》). 거머릿과의 동물을 통틀어 이르는 말. 《동의보감》에 거머리가 어혈瘀血과 적취積聚를 다스린다고 기록되어 있다.

〔《조선말대사전》엔 '거마리'가 규범어고 '거머리'가 비규범어로 등재되어 있다.〕

❖ 벌개눞역에서 바리깨를 뚜드리는 쇳소리가 나면/누가 눈을 앓어서 부증이 나서 찰거마리를 부르는 것이다/마을에서는 피성한 눈숡에 저린 팔다리에 거마리를 붙인다 **〈오금덩이라는 곳〉**

구덕살이 명 '구더기'의 평북 방언. 구더기는 파리의 알에서 나온 애벌레.

〔'구덕살이'의 풀이는 필자(1983)가 처음으로 제시한 바 있다.〕

❖ 일가들이 모두 범같이 무서워하는 이 노큰마니는 구덕살이같이 욱실욱실하는 손자 증손자를 방구석에 들매나무 회채리를 단으로 쩌다두고 따리고 싸리갱이에 갓진창을 매여놓고 따리는데 **〈넘언집 범 같은 노큰마니〉**

구렁이 명 뱀과의 하나. 몸의 길이는 110~120센티미터 정도이며 180센티미터에 달하는 것도 있다. 등은 녹색을 띤 황갈색으로, 가운데서부터 흑갈색의 가로무늬가 발달하여 뒤쪽으로 갈수록 뚜렷해진다. 배는 황색이며 검은색 점무늬가 퍼져 있다. 독이 없고, 쥐나 개구리 등을 먹는다. 민가의 돌담이나 방축, 밭둑의 돌 틈에 서식한다. 우리나라에는 구렁이에 관한 전설과 속신이 많다.

❖ 내 지렝이는/커서 구렁이가 되었습니다 **〈나와 지렝이〉**

배암 명 뱀. 파충강 뱀과의 동물을 통틀어 이르는 말. 몸은 원통형으로 가늘고 길며, 다리와 눈꺼풀, 귓구멍이 없다. 피부는 비늘로 덮여 있고 오래되면 탈피한다. 현재 2,700여 종이 알려져 있고, 열대 지방에 많은 종류가 분포한다.

〔《표준국어대사전》, 《금성판국어대사전》, 《고려대한국어대사전》엔 '배암'이 비표준어로 등재되어 있는데, 《조선말대사전》엔 '배암'과 '뱀'이 모두 규범적인 말로 등

재되어 있다.〕

❖ 게구멍을 쑤시다 물쿤하고 배암을 잡은 눞의 피 같은 물이끼에 햇볕이 따그웠다 〈**하답**夏畓〉 ❖ 기왓골에 배암이 푸르스름히 빛난 달밤이 있었다/아이들은 쪽재피같이 먼 길을 돌았다 〈**정문촌**旌門村〉

산멍에 명 산몽애. '산무애뱀'의 고어. 뱀과의 하나. 몸의 길이는 1.4미터 정도이며, 몸 빛깔은 어두운 갈색이다. 네 개의 검은색이나 갈색 물무늬가 머리에서 꼬리까지 있다. 한방에서는 '화사'라 하여 문둥병이나 풍을 치료하는 약 또는 보신 강장제로 쓰인다. 우리나라, 일본, 중국에 분포하고 있으며, 얕은 산, 풀밭, 습지, 물가에 산다(《표준국어대사전》,《고려대한국어대사전》). ☞ 분틀 207

❖ 이것은 어늬 양지귀 혹은 능달쪽 외따른 산 녚은댕이 예데가리밭에서/하로밤 뽀오한 흰 김 속에 접시귀 소기름불이 뿌우현 부엌에/산멍에 같은 분틀을 타고 오는 것이다 〈**국수**〉

지렝이 명 '지렁이'의 방언(경기, 강원, 충청, 전북, 경상, 제주, 황해, 함경, 평북)(《금성판국어대사전》). 빈모강의 환형동물을 통틀어 이르는 말. 몸의 길이는 작은 종류가 2~3밀리미터, 큰 종류는 2미터 정도이고, 몸은 긴 원통형으로 가늘며, 많은 마디로 이루어져 있다. 암수한몸으로 재생력이 강하고 흙 속이나 부식토에서 산다.

❖ 내 지렝이는/커서 구렁이가 되었습니다/천 년 동안만 밤마다 흙에 물을 주면 그 흙이 지렝이가 되었습니다/장마 지면 비와 같이 하눌에서 나려왔습니다/뒤에 붕어와 농다리의 미끼가 되었습니다/내 리과책에서는 암컷과 수컷이 있어서 새끼를 낳었습니다/지렝이의 눈이 보고 싶습니다/지렝이의 밥과 집이 부럽습니다 〈**나와 지렝이**〉

찰거마리 명 '찰거머리'의 방언. 몸이 작고 빨판이 발달되어 잘 들러붙고 떨어지지 않는 거머리. 《동의보감》에 거머리가 어혈瘀血과 적취積聚를 다스린다고 기록되어 있다.

〔'찰거마리'는 《평북방언사전》에 등재되어 있고, 《조선말대사전》에 '찰거마리'가 규정어로 '찰거머리'가 비규정어로 등재되어 있다.〕

❖ 벌개눞역에서 바리깨를 뚜드리는 쇳소리가 나면/누가 눈을 앓어서 부증이 나서 찰거마리를 부르는 것이다/마을에서는 피성한 눈숡에 저린 팔다리에 거마리를 붙인다 〈**오금덩이라는 곳**〉

해삼 명 해삼강의 동물을 일상적으로 통틀어 이르는 말. 몸이 부드럽고 오이 모양으로 온몸에 오톨도톨한 돌기가 많이 나 있으며, 검푸른 갈색 또는 검붉은 갈색이다. 몸의 앞 끝에 입이 있고, 입 주위에 있는 촉수로 미생물을 잡아먹는다.

☞ 체언 II. 기본생활 2. 음식 3) 음식의 종류 173

❖ 전북에 해삼에 도미 가재미의 생선이 좋고 **〈통영統營(남행시초南行詩抄)〉**

6 동물 일반

새끼 명 낳은 지 얼마 안 되는 어린 짐승.

〔아래 용례 중 〈꼴두기—물닭의 소리〉에 쓰인 '새끼'는 새끼의 비유적 표현으로 '조그만'이란 뜻을 지닌다.〕

❖ 내 리과책에서는 암컷과 수컷이 있어서 새끼를 낳었습니다 **〈나와 지렝이〉** ❖ 승냥이가 새끼를 치는 전에는 쇠메 든 도적이 났다는 가즈랑고개 **〈가즈랑집〉** ❖ 나는 또 큰거미를 쓸어 문밖으로 버리며/찬 밖이라도 새끼 있는 데로 가라고 하며 서러워 한다 **〈수라修羅〉** ❖ 갓 쓰고 사는 마음이 어진데/새끼 그믈에 걸리는 건 어인 일인가 **〈꼴두기—물닭의 소리〉**

수컷 명 암수의 구별이 있는 동물에서 새끼를 배지 아니하는 쪽.

❖ 내 리과책에서는 암컷과 수컷이 있어서 새끼를 낳었습니다/지렝이의 눈이 보고 싶습니다/지렝이의 밥과 집이 부럽습니다 **〈나와 지렝이〉**

알② 명 새, 물고기, 곤충 따위가 종을 번식하기 위해 낳은 것. 원형이나 타원형으로 된 껍데기 속에 새끼가 될 물질이 들어 있다(《고려대한국어대사전》).

❖ 어데서 좁쌀알만 한 알에서 가제 깨인 듯한 발이 채 서지도 못한 무척 적은 새끼거미가 이번엔 큰거미 없어진 곳으로 와서 아물거린다 **〈수라修羅〉** ❖ 홰냥닭은 알을 낳고 소리치고/강아지는 겨를 먹고 오줌 싸고 **〈연자간〉**

암컷 명 암수의 구별이 있는 동물에서 새끼를 배는 쪽.

❖ 내 리과책에서는 암컷과 수컷이 있어서 새끼를 낳었습니다/지렝이의 눈이 보고 싶습니다/지렝이의 밥과 집이 부럽습니다 **〈나와 지렝이〉**

즘생 명 '짐승'의 방언(평북, 함북)(《조선말대사전》). 날짐승과 길짐승을 통틀어 이르는 말(《고려대한국어대사전》).

❖ 산山 너머 마을서 도야지를 잃는 밤 즘생을 쫓는 깽제미 소리가 무서웁게 들려오는 집/닭 개 즘생을 못 놓는/멧도야지와 이웃사춘을 지나는 집 **〈가즈랑집〉** ❖ 쇠

리쇠리한 저녁해 속에/사나운 증생같이들 사러졌다 〈**석양**夕陽〉 ❖ 저 한쪽 마을에는 마돝에 닭 개 증생도 들떠들고/또 아이 어른 행길에 뜨락에 사람도 웅성웅성 홍성거려 〈**귀농**歸農〉

7 몸의 부분

가슴① 명 가슴안. 목과 가로막 사이의 부분. 심장, 허파 등이 있다.

❖ 이즉하니 물기에 누굿이 젖은 왕구새자리에서 저녁상을 받은 가슴 앓는 사람은 참치회를 먹지 못하고 눈물겨웠다 〈**시기**柿崎**의 바다**〉

가시 명 ① 바늘처럼 뾰족하게 돋친 것. ② 물고기의 잔뼈.

❖ 미역오리같이 말라서 굴껍지처럼 말없이 사랑하다 죽는다는/이 천희千姬의 하나를 나는 어늬 오랜 객줏客主집의 생선 가시가 있는 마루방에서 만났다/저문 유월六月의 바닷가에선 조개도 울을 저녁 소라방등이 붉그레한 마당에 김냄새 나는 비가 나렸다 〈**통영**統營〉 ❖ 우리들은 모두 욕심이 없어 희여졌다/착하디착해서 세괏은 가시 하나 손아귀 하나 없다/너무나 정갈해서 이렇게 파리했다 〈**선우사**膳友辭**—함주시초**咸州詩抄〉

개니빠디 명 개의 이빨.

〔'니빠디'는 '이빨'의 평안 방언이다. '개니빠디'는 백석의 조어이다.〕

❖ 새끼오리도 헌신짝도 소똥도 갓신창도 개니빠디도 너울쪽도 짚검불도 가락닢도 머리카락도 헝겊조각도 막대꼬치도 기왓장도 닭의 짗도 개터럭도 타는 모닥불 〈**모닥불**〉

개발코 명 개의 발 모양처럼 너부죽하고 뭉툭하게 생긴 코(《고려대한국어대사전》).

❖ 녕감들은/말상을 하였다 범상을 하였다 쪽재피상을 하였다/개발코를 하였다 안장코를 하였다 질병코를 하였다 〈**석양**夕陽〉

개터럭 명 개털. 개의 털.

〔사전에 '터럭'은 '사람이나 길짐승의 몸에서 난 길고 굵은 털'로, '털'은 '사람이나 동물의 피부에 나는 가느다란 실 모양의 것'으로 풀이되어 있고, '개털'이 등재되어 있는데, 백석은 '개털' 대신 '개터럭'이란 말을 쓰고 있다.〕

❖ 새끼오리도 헌신짝도 소똥도 갓신창도 개니빠디도 너울쪽도 짚검불도 가락닢도 머리카락도 헝겊조각도 막대꼬치도 기왓장도 닭의 짗도 개터럭도 타는 모닥불 〈**모**

닥불〉

겨드랑이[명] 양편 팔 밑의 오목한 곳.

❖ 산山 너머는/겨드랑이에 깃이 돋아서 장수가 된다는/더꺼머리총각들이 살아서/색시 처녀들을 잘도 업어간다고 했다 〈**산**山〉

고개①[명] ① 목의 뒷등이 되는 부분. ② 사람이나 동물의, 목을 포함한 머리 부분.

❖ 산山뽕닢에 빗방울이 친다/멧비들기가 닌다/나무등걸에서 자벌기가 고개를 들었다 멧비들기켠을 본다 〈**산**山**비**〉 ❖ 그러나 잠시 뒤에 나는 고개를 들어,/허연 문창을 바라보든가 또 눈을 떠서 높은 턴정을 쳐다보는 것인데, 〈**남신의주 유동 박시봉방**南新義州柳洞朴時逢方〉

고기비눌[명] 고기비늘. 물고기의 몸을 덮고 있는 비늘.

❖ 바닷가는/개지꽃에 개지 아니 나오고/고기비눌에 하이얀 햇볕만 쇠리쇠리하야/어쩐지 쓸쓸만 하구려 섧기만 하구려 〈**바다**〉

귀①[명] 사람이나 동물의 머리 양옆에서 듣는 기능을 하는 감각기관.

❖ 한 해에 멫 번 매연 지난 먼 조상들의 최방등 제사에는 〔…〕 먼 후손들의 공경스러운 절과 잔을 굽어보고 또 애끊는 통곡과 축을 귀에 하고 그리고 합문 뒤에는 흠향 오는 구신들과 호호히 접하는 것 〈**목구**木具〉

귀밑[명] 뺨에서 귀에 가까운 부분.

❖ 졸레졸레 도야지새끼들이 간다/귀밑이 재릿재릿하니 볕이 담복 따사로운 거리다 〈**삼천포**三千浦**—남행시초**南行詩抄 **4**〉

꼬리[명] 동물의 꽁무니나 몸뚱이의 뒤 끝에 붙어서 조금 나와 있는 부분. 짐승에 따라 조금씩 모양이 다르다.

❖ 명태明太는 길다랗고 파리한 물고긴데/꼬리에 길다란 고드름이 달렸다/해는 저물고 날은 다 가고 별은 서러웁게 차갑다 〈**멧새 소리**〉

나귀눈[명] 나귀의 눈.

〔《표준국어대사전》(2015. 1)엔 '나귀'만 등재되어 있으며, 《고려대한국어대사전》(2015. 1)에 '나귀눈'과 같은 형태의 말로 '개눈'이 등재되어 있다.〕

❖ 행길에는 선장 대여가는 장꾼들의 종이등燈에 나귀눈이 빛났다/어데서 서러웁게 목탁木鐸을 뚜드리는 집이 있다 〈**미명계**未明界〉

나비수염[명] 양쪽으로 갈라 위로 꼬부라지게 한 콧수염.

❖ 내가 언제나 무서운 외갓집은/초저녁이면 안팎마당이 그득하니 하이얀 나비수염을 물은 보득지근한 복쪽재비들이 씨굴씨굴 모여서는 짱짱 짱짱 쉿스럽게 울어

대고 〈**외갓집**〉

낯 명 눈, 코, 입 따위가 있는 얼굴의 바닥.

❖ 여승女僧은 합장合掌하고 절을 했다/가지취의 내음새가 났다/쓸쓸한 낯이 녯날 같이 늙었다/나는 불경佛經처럼 서러워졌다 〈**여승**女僧〉 ❖ 더운물에 몸을 불키거나 때를 밀거나 하는 것도 잊어버리고/제 배꼽을 들여다보거나 남의 낯을 쳐다보거나 하는 것인데 〈**조당**澡塘**에서**〉 ❖ 내 가슴이 꽉 메어 올 적이며,/내 눈에 뜨거운 것이 핑 괴일 적이며,/또 내 스스로 화끈 낯이 붉도록 부끄러울 적이며, 〈**남신의주 유동 박시봉방**南新義州柳洞朴時逢方〉

너구리가죽 명 너구리의 가죽. 지난 시절 너구리 가죽으로 목도리를 만들었으며, 지금도 코트나 재킷의 원료로 쓰이고 있다.

〔사전에 '쇠가죽', '악어가죽'은 등재되어 있으나 '너구리가죽'은 등재되어 있지 않다.〕

❖ 초아흐레 장판에/산 멧도야지 너구리가죽 튀튀새 났다/또 가얌에 귀이리에 도토리묵 도토리범벅도 났다 〈**월림**月林**장—서행시초**西行詩抄 **4**〉

넓적다리 명 다리에서 무릎 관절 위의 부분.

❖ 봄철날 한종일내 노곤하니 벌불 장난을 한 날 밤이면 으레히 싸개동당을 지나는데 잘망하니 누워 싸는 오줌이 넓적다리를 흐르는 따근따근한 맛 자리에 평하니 괴이는 척척한 맛 〈**동뇨부**童尿賦〉

눈① 명 빛의 자극을 받아 물체를 볼 수 있는 감각기관.

❖ 지렝이의 눈이 보고 싶습니다/지렝이의 밥과 집이 부럽습니다 〈**나와 지렝이**〉 ❖ 얼굴에 별자국이 솜솜 난 말수와 같이 눈도 껌벅거리는 하로에 베 한 필을 짠다는 벌하나 건너 집엔 복숭아나무가 많은 신리新里 고무 고무의 딸 이녀李女 작은이녀李女 〈**여우난골족**族〉 ❖ 달빛은 이향異鄕/눈은 정기 속에 어우러진 싸움 〈**석류**石榴〉 ❖ 벌개눞역에서 바리깨를 뚜드리는 쇳소리가 나면/누가 눈을 앓어서 부증이 나서 찰거마리를 부르는 것이다 〈**오금덩이라는 곳**〉 ❖ 개 하나 얼린하지 않는 마을은/해바른 마당귀에 맷방석 하나/빨갛고 노랗고/눈이 시울은 곱기도 한 건반밥/아 진달래 개나리 한창 퓌였구나 〈**고성가도**固城街道**—남행시초**南行詩抄 **3**〉 ❖ 산골사람의 손을 핥으며/약자에 쓴다는 홍정 소리를 듣는 듯이/새까만 눈에 하이얀 것이 가랑가랑한다 〈**노루—함주시초**咸州詩抄〉 ❖ 녕감들은 유리창 같은 눈을 번득거리며/투박한 북관北關말을 떠들어대며/쇠리쇠리한 저녁해 속에/사나운 즘생같이들 사러졌다 〈**석양**夕陽〉 ❖ 텅 비인 차車 안 한구석에서 어느 한 사람도 눈을 씻는다 〈**팔원**八院**—서행시초**西行詩

抄 3〉 ❖ 그리고 물이라도 들 듯이 샛노랗디샛노란 산山골 마가을 볕에 눈이 시울도록 샛노랗디샛노란 햇기장 쌀을 주무르며 **〈월림**月林**장—서행시초**西行詩抄 **4〉** ❖ 이 딴 나라 사람들이 모두 니마들이 번번하니 넓고 눈은 컴컴하니 흐리고 **〈조당**澡塘**에서〉** ❖ 내 가슴이 꽉 메어 올 적이며,/내 눈에 뜨거운 것이 핑 괴일 적이며,/또 내 스스로 화끈 낯이 붉도록 부끄러울 적이며,/나는 내 슬픔과 어리석음에 눌리어 죽을 수밖에 없는 것을 느끼는 것이었다./그러나 잠시 뒤에 나는 고개를 들어,/허연 문창을 바라보든가 또 눈을 떠서 높은 턴정을 쳐다보는 것인데, **〈남신의주 유동 박시봉방**南新義州柳洞朴時逢方**〉**

눈가 명 눈의 가장자리나 주변.

❖ 그리고 이러한 생각이 내 눈가를 내 가슴가를/뜨겁게 하는 것도 생각한다 **〈내가 생각하는 것은〉** ❖ 당신의 그 고요한 가슴 안에 온순한 눈가에/당신네 나라의 맑은 한울이 떠오를 것이고 **〈허준**許俊**〉**

눈빨갱이 명 빨간빛을 띤 눈.

〔'눈빨갱이'는 '눈+빨갱이(발강이)'의 형태를 지닌 합성조어이다. '발강이'가 '발간빛을 띤 물건'이므로 '눈빨갱이'는 '빨간빛을 띤 눈'이라고 할 수 있다.〕

❖ 비애고지 비애고지는/제비야 네 말이다/눈빨갱이 갈매기 발빨갱이 갈매기 가란 말이지/승냥이처럼 우는 갈매기/무서워 가란 말이지 **〈대산동**大山洞**—물닭의 소리〉**

눈숡 명 눈시울. 눈의 가장자리. ☞ 눈가

〔'눈숡'은 '눈+숡'의 형태를 지닌 합성조어이다. '숡'은 '피륙이나 바느질감 헝겊의 가장자리를 뜻하는 평북 방언이다. 따라서 '눈숡'은 '눈의 가장자리'를 뜻하는 말이다. '눈숡'은 '눈가'와 비슷한 말이라고 할 수 있는데, 백석은 이 두 시어를 구별해서 썼다. '눈가'는 눈의 흰 자위가 있는 가장자리의 뜻으로, '눈숡'은 눈시울과 비슷한 뜻으로 눈의 속눈썹이 있는 곳이나 그 주변의 눈가의 의미로 썼음을 그의 시 용례를 통해 확인할 수 있다.〕

❖ 벌개눞역에서 바리깨를 뚜드리는 쇳소리가 나면/누가 눈을 앓어서 부증이 나서 찰거마리를 부르는 것이다/마을에서는 피성한 눈숡에 저린 팔다리에 거마리를 붙인다 **〈오금덩이라는 곳〉**

눈알 명 눈구멍 안에 들어 있는 공 모양의 기관(《고려대한국어대사전》).

❖ 부엌에는 빨갛게 질들은 팔八모알상이 그 상 우엔 새파란 싸리를 그린 눈알만 한 잔盞이 뵈였다 **〈주막**酒幕**〉** ❖ 날기멍석을 져간다는 닭보는 할미를 차 굴린다는 땅아래 고래 같은 기와집에는 언제나 니차떡에 청밀에 은금보화가 그득하다는 외발 가

진 조마구 [···] 오줌 누러 깨는 재밤 머리맡의 문살에 대인 유리창으로 조마구 군병의 새까만 대가리 새까만 눈알이 들여다보는 때 나는 이불 속에 자즈러붙어 숨도 쉬지 못한다 〈**고야**古夜〉

니마 명 이마. 얼굴의 눈썹 위로부터 머리털이 난 아래까지의 부분.

❖ 생각하면 쓸쓸한 일이다/이 딴 나라 사람들이 모두 니마들이 번번하니 넓고 눈은 컴컴하니 흐리고/그리고 길즛한 다리에 모두 민숭민숭하니 다리털이 없는 것이/이것이 나는 왜 자꼬 슬퍼지는 것일까 〈**조당**澡塘**에서**〉

다리① 명 사람이나 동물의 몸통 아래 붙어 있는 신체의 부분. 서고 걷고 뛰는 일 따위를 맡아 한다.

❖ 맞구멍 난 토끼굴을 아배와 내가 막어서면 언제나 토끼새끼는 내 다리 아래로 달어났다 〈**오리 망아지 토끼**〉 ❖ 당신이 그 긴 허리를 굽히고 뒤짐을 지고 지치운 다리로/싸움과 흥정으로 왁자지껄하는 거리를 지날 때든가 〈**허준**許俊〉 ❖ 뽈다구에는 징기징기 앙광이를 그리고 머리칼이 놀한 아이여/힘을 쓸랴고 벌써부터 두 다리가 푸둥푸둥하니 살이 찐 아이여 〈**촌에서 온 아이**〉 ❖ 이 딴 나라 사람들이 모두 니마들이 번번하니 넓고 눈은 컴컴하니 흐리고/그리고 길즛한 다리에 모두 민숭민숭하니 다리털이 없는 것이 〈**조당**澡塘**에서**〉

다리털 명 다리에 난 털.

❖ 이 딴 나라 사람들이 모두 니마들이 번번하니 넓고 눈은 컴컴하니 흐리고/그리고 길즛한 다리에 모두 민숭민숭하니 다리털이 없는 것이/이것이 나는 왜 자꼬 슬퍼지는 것일까 〈**조당**澡塘**에서**〉

닭이짗 명 닭의 깃. 닭깃. 닭의 날개털(《조선말대사전》). '짗'은 '깃'의 고어, 방언(평안, 함경, 강원). ☞ 올코 340, 물닭 452

['닭이짗'은 닭깃, 즉 닭의 날개털을 뜻하는데, 정확히 말하면 닭의 날개털 줄기를 가리키는 것이다. 오리치의 올가미는 보통 닭이나 오리의 깃털 줄기 위에 노끈을 씌워 꼬아서 만든다. 닭이나 오리의 깃털 줄기는 비교적 빳빳하고 물기에 젖지 않아 물속에서 꼿꼿이 세울 수 있어서 올가미의 재료로 사용하였다. '닭이짗 올코'는 바로 그렇게 만든 올가미를 가리키는 것이다. 한편 백석 시에는 '닭이짓'과 '닭의 짗'(〈모닥불〉)이란 표기가 모두 나타난다. 이와 같은 음운 현상을 보인 또 다른 예로 '물닭이 소리'(〈선우사膳友辭—함주시초咸州詩抄〉)와 '물닭의 소리'(〈물닭의 소리〉, 〈적막강산〉)를 들 수 있다. 이에 대한 구체적인 설명은 '물닭' 참조.]

❖ 벌논의 눞 옆에 쭈구렁벼알 달린 짚검불을 널어놓고/닭이짗 올코에 새끼달은치

를 묻어놓고/동둑 넘에 숨어서/하로진일 너를 기다린다 **〈오리〉**

대가리 명 사람의 머리를 속되게 이르는 말.

❖ 날기멍석을 져간다는 닭보는 할미를 차 굴린다는 땅아래 고래 같은 기와집에는 언제나 니차떡에 청밀에 은금보화가 그득하다는 외발 가진 조마구 〔…〕 오줌 누러 깨는 재밤 머리맡의 문살에 대인 유리창으로 조마구 군병의 새까만 대가리 새까만 눈알이 들여다보는 때 나는 이불 속에 자즈러붙어 숨도 쉬지 못한다 **〈고야古夜〉**

대멀머리 명 대머리. 머리털이 많이 빠져서 벗어진 머리. 또는 그런 사람.

〔'대멀머리'의 풀이는 필자(1983)가 처음으로 제시한 바 있다.〕

❖ 한 해에 몇 번 매연 지난 먼 조상들의 최방등 제사에는 컴컴한 고방 구석을 나와서 대멀머리에 외얏맹건을 지르터맨 늙은 제관의 손에 정갈히 몸을 씻고 〔…〕 **〈목구木具〉**

등 명 사람이나 동물의 몸통에서 가슴과 배의 반대쪽 부분.

❖ 오리는 동비탈에 그림자를 떨어트리며 날어가고 나는 동말랭이에서 강아지처럼 아배를 부르며 울다가/시악이 나서는 등 뒤 개울물에 아배의 신짝과 버선목과 대님오리를 모다 던져버린다 **〈오리 망아지 토끼〉** ❖ 산골사람은 막베등거리 막베잠방둥에를 입고/노루새끼를 닮었다/노루새끼 등을 쓸며/터 앞에 당콩순을 다 먹었다 하고/서른닷 냥 값을 부른다 **〈노루—함주시초咸州詩抄〉** ❖ 내가 엄매 등에 업혀가서 상사말같이 항약에 야기를 쓰면 한창 퓌는 함박꽃을 밑가지채 꺾어주고 〔…〕 **〈넘언집 범 같은 노큰마니〉** ❖ 추운 겨울밤 병들어 누운 가난한 동무의 머리맡에 앉어/말없이 무릎 우 어린 고양이의 등만 쓰다듬는 때든가 **〈허준許俊〉**

말상 명 말처럼 길게 생긴 얼굴(《고려대한국어대사전》).

❖ 녕감들은/말상을 하였다 범상을 하였다 쪽재피상을 하였다/개발코를 하였다 안장코를 하였다 질병코를 하였다 **〈석양夕陽〉**

맥 명 심장박동에 의해 생기는 동맥벽의 주기적인 진동(《고려대한국어대사전》).

❖ 새끼손톱 길게 돋은 손을 내어/묵묵하니 한참 맥을 짚드니/문득 물어 고향故鄕이 어데냐 한다/ 〔…〕 /의원醫員은 또다시 넌즈시 웃고/말없이 팔을 잡어 맥을 보는데 **〈고향故鄕〉**

맨발 명 아무것도 신지 아니한 발.

❖ 네날백이 따배기신을 맨발에 바꿔 신고/고개를 몇이라도 넘어서 약물터로 가는데 **〈칠월七月 백중〉**

머리 ① 명 사람이나 동물의 목 위의 부분. 눈, 코, 입 따위가 있는 얼굴을 포함하며 머리털이 있는 부분을 이른다.

❖ 술집 문창에 그느슥한 그림자는 머리를 얹혔다 **〈성외城外〉** ❖ 어늬 아츰 계집은/머리에 무거운 동이를 이고/손에 어린것의 손을 끌고/가펴러운 언덕길을/숨이 차서 올라갔다 **〈절망絶望〉** ❖ 나는 너를 껴안어 올려서 네 머리를 쓰다듬고 힘껏 네 적은 손을 쥐고 흔들고 싶다 **〈촌에서 온 아이〉** ❖ 또 문밖에 나가디두 않고 자리에 누워서,/머리에 손깍지벼개를 하고 굴기도 하면서,/나는 내 슬픔이며 어리석음이며를 소처럼 연하여 쌔김질하는 것이었다. **〈남신의주 유동 박시봉방南新義州柳洞朴時逢方〉**

머리②명 머리털. 머리에 난 털.

❖ 머리 빗기가 싫다면/니가 들구 나서/머리채를 끄을구 오른다는/산山이 있었다 **〈산山〉** ❖ 머리는 다리를 서너 켜레씩 드려서/시뻘건 꼬둘채댕기를 삐뚜룩하니 해꽂고 **〈칠월七月 백중〉** ❖ 머리 빗고 빗텁에서 꽁지는 머리카락 **〈머리카락〉**

머리오리명 머리카락. 머리털의 낱개.

〔《조선말대사전》과 《고려대한국어대사전》에 '머리오리'와 '머리카락'이 같은 말로 모두 등재되어 있다.〕

❖ 산山꿩도 설게 울은 슬픈 날이 있었다/산山절의 마당귀에 여인女人의 머리오리가 눈물방울과 같이 떨어진 날이 있었다 **〈여승女僧〉**

머리채명 길게 늘어뜨린 머리털.

〔백석 시의 아래 용례 중 시 〈안동安東〉의 '머리채'는 길게 땋은 머리를 가리킨다. 이것은 중국에서 일반적으로 시집가지 않은 처녀가 하는 머리 모양이다. 중국의 민국 시기(1912~1949)에 접어들면 도심에선 머리를 짧게 하거나 파마를 하기도 했는데, 지방에선 여전히 전통적인 땋은 머리를 유지하고 있었다. 백석은 이 시에서 전통적인 중국 처녀들의 길게 땋은 머리에 대한 호감을 나타내고 있다.〕

❖ 이왕이면 향香내 높은 취향리梨 돌배 움퍽움퍽 씹으며 머리채 츠렁츠렁 발굽을 차는 꾸냥과 가즈런히 쌍마차雙馬車 몰아가고 싶었다 **〈안동安東〉** ❖ 머리 빗기가 싫다면/니가 들구 나서/머리채를 끄을구 오른다는/산山이 있었다 **〈산山〉**

머리카락명 머리털의 낱개.

❖ 새끼오리도 헌신짝도 소똥도 갓신창도 개니빠디도 너울쪽도 짚검불도 가랑닢도 머리카락도 헝겊조각도 막대꼬치도 기왓장도 닭의 짗도 개터럭도 타는 모닥불 **〈모닥불〉** ❖ 큰마니야 네 머리카락 엄매야 네 머리카락 삼춘엄매야 네 머리카락/머리 빗고 빗텁에서 꽁지는 머리카락/〔…〕/머리카락을 텅납새에 끼우는 것은/큰마니 머리카락은 아릇간 텅납새에 엄매 머리카락은 웃간 텅납새에 삼춘엄매 머리카락

도 웃간 텅납새에 텅납새에 끼우는 것은/ 〔…〕 /머리카락을 텅납새에 끼우는 것은 또 〈**머리카락**〉

머리칼명 '머리카락'의 준말.

❖ 뽈다구에는 징기징기 앙광이를 그리고 머리칼이 놀한 아이여/힘을 쓸랴고 벌써부터 두 다리가 푸둥푸둥하니 살이 찐 아이여/너는 오늘 아츰 무엇에 놀라서 우는구나 〈**촌에서 온 아이**〉

메기수염명 메기의 수염처럼 몇 오라기만 양쪽으로 길게 기른 수염.

❖ 헐리다 남은 성문城門이/한울빛같이 훤하다/날이 밝으면 또 메기수염의 늙은이가 청배를 팔러 올 것이다 〈**정주성**定州城〉

목명 척추동물의 머리와 몸통을 잇는 잘록한 부분.

❖ 다만 한 사람 목이 긴 시인詩人은 안다/ 〔…〕 /이 세상에 나들이를 온 사람이여/이 목이 긴 시인詩人이 또 게사니처럼 떠곤다고 〈**허준**許俊〉 ❖ 나주볕을 한없이 바라보며 혼자 무엇을 즐기는 듯한 목이 긴 사람은/도연명陶淵明은 저러한 사람이였을 것이고 〈**조당**澡塘**에서**〉 ❖ 또 하나 달같이 하이얗게 빛난다/언젠가 마을에서 수절과부 하나가 목을 매여 죽은 밤도 이러한 밤이었다 〈**흰밤**〉

목덜미명 목의 뒤쪽 부분과 그 아래 근처.

❖ 밤이면 무엇이 기왓골에 무릿돌을 던지고 뒤울안 배나무에 쩨듯하니 줄등을 헤여달고 부뚜막의 큰솥 적은솥을 모주리 뽑아놓고 재통에 간 사람의 목덜미를 그냥그냥 나려눌러선 잿다리 아래로 처박고 〈**외갓집**〉 ❖ 디퍽디퍽 눈을 밟으며 터벅터벅 흙도 덮으며/사물사물 햇볕은 목덜미에 간지로워서 〈**귀농**歸農〉

몸명 사람이나 동물의 형상을 이루는 전체. 또는 그것의 활동 기능이나 상태.

❖ 돌다리에 앉어 날버들치를 먹고 몸을 말리는 아이들은 물총새가 되었다 〈**하답**夏畓〉 ❖ 삼에 숙변에 목단에 백복령에 산약에 택사의 몸을 보한다는 육미탕六味湯이다 〈**탕약**湯藥〉 ❖ 또 내가 아는 그 몸이 성하고 돈도 있는 사람들이/즐거이 술을 먹으려 단닐 것과 〈**내가 생각하는 것은**〉 ❖ 한 해에 멫 번 매연 지난 먼 조상들의 최방등 제사에는 컴컴한 고방 구석을 나와서 대멀머리에 외얏맹건을 지르터맨 늙은 제관의 손에 정갈히 몸을 씻고 교우 우에 모신 신주 앞에 환한 촛불 밑에 〔…〕 〈**목구**木具〉 ❖ 서로 나라가 다른 사람인데/다들 쪽 발가벗고 같이 물에 몸을 녹히고 있는 것은/대대로 조상도 서로 모르고 말도 제가끔 틀리고 먹고 입는 것도 모도 다른데/이렇게 발가들 벗고 한물에 몸을 씻는 것은/ 〔…〕 /더운물에 몸을 불키거나 때를 밀거나 하는 것도 잊어버리고 〈**조당**澡塘**에서**〉

무릎 명 넓적다리와 정강이의 사이에 있는 관절의 앞부분.

❖ 명태明太창난젓에 고추무거리에 막칼질한 무이를 뷔벼 익힌 것을/이 투박한 북관北關을 한없이 끼밀고 있노라면/쓸쓸하니 무릎은 꿇어진다 **〈북관北關—함주시초咸州詩抄〉** ❖ 추운 겨울밤 병들어 누운 가난한 동무의 머리맡에 앉어/말없이 무릎 우어린 고양이의 등만 쓰다듬는 때든가 **〈허준許俊〉** ❖ 나는 이런 저녁에는 화로를 더욱다가 끼며, 무릎을 꿇어 보며,/어니 먼 산 뒷옆에 바우 섶에 따로 외로이 서서, **〈남신의주 유동 박시봉방南新義州柳洞朴時逢方〉**

물코 명 물기가 많은 콧물.

❖ 흙담벽에 볕이 따사하니/아이들은 물코를 흘리며 무감자를 먹었다 **〈초동일初冬日〉**

밑구멍 명 항문이나 여자의 음부를 속되게 이르는 말. 백석 시 〈가즈랑집〉에서는 '항문'을 가리킨다.

〔《조선말대사전》엔 '밑구멍'이 '항문'을 뜻하는 말로만 풀이되어 있다.〕

❖ 살구벼락을 맞고 울다가 웃는 나를 보고/밑구멍에 털이 멫 자나 났나 보자고 한 것은 가즈랑집 할머니다 **〈가즈랑집〉**

발 명 사람이나 동물의 다리 맨 끝 부분.

❖ 손자아이들이 파리떼같이 모이면 곰의 발 같은 손을 언제나 내어둘렀다 **〈고방〉**

❖ 어데서 좁쌀알만 한 알에서 가제 깨인 듯한 발이 채 서지도 못한 무척 적은 새끼거미가 이번엔 큰거미 없어진 곳으로 와서 아물거린다 **〈수라修羅〉**

발굽 명 초식동물의 발끝에 있는 크고 단단한 발톱.

❖ 이왕이면 향香내 높은 취향리梨 돌배 움퍽움퍽 씹으며 머리채 츠렁츠렁 발굽을 차는 꾸냥과 가즈런히 쌍마차雙馬車 몰아가고 싶었다 **〈안동安東〉**

발꿈치 명 발 뒤쪽의 불룩하고 둥그스름한 부분.

❖ 순례巡禮중이 산山을 올라간다/어젯밤은 이 산山 절에 재齋가 들었다//무릿돌이 굴어나리는 건 중의 발꿈치에선가 **〈추일산조秋日山朝〉**

발뒤축 명 발 뒤쪽의 둥그런 부분 가운데 맨 뒤쪽의 두두하게 나온 부분.

❖ 모래장변—바다가 널어놓고 못 미더워 드나드는 명주필을 짓궂이 발뒤축으로 찢으면/날과 씨는 모두 양금줄이 되어 짜랑짜랑 울었다 **〈물계리物界里—물닭의 소리〉**

❖ 나는 고만 디겁을 하여 큰 행길로 나서서 마음 놓고 화리서리 걸어가다 보니/아아 말 마라 내 발뒤축에는 오나가나 묻어 다니는 달걀구신 **〈마을은 맨천 구신이 돼서〉**

발빨갱이 명 빨간빛을 띤 발.

〔'발빨갱이'는 '발+빨갱이(발강이)'의 형태를 지닌 합성조어이다. '발강이'가 '발간 빛을 띤 물건'이므로 '발빨갱이'는 '빨간빛을 띤 발'이라고 할 수 있다.〕

❖ 비애고지 비애고지는/제비야 네 말이다/눈빨갱이 갈매기 발빨갱이 갈매기 가란 말이지/승냥이처럼 우는 갈매기/무서워 가란 말이지 **〈대산동大山洞—물닭의 소리〉**

발뿌리 명 발부리. 발끝의 뾰족한 부분.

〔'발뿌리'는 '발부리'의 발음을 소리 나는 대로 적은 것이다.〕

❖ 짝새가 발뿌리에서 닐은 논드렁에서 아이들은 개구리의 뒷다리를 구워먹었다 **〈하답夏畓〉**

배② 명 사람이나 동물의 몸에서 위장, 창자, 콩팥 따위의 내장이 들어 있는 곳으로 가슴과 엉덩이 사이의 부위.

❖ 어치라는 산山새는 벌배 먹어 고웁다는 골에서 돌배 먹고 아픈 배를 아이들은 띨배 먹고 나었다고 하였다 **〈여우난골〉** ❖ 노루새끼는 다문다문 흰 점이 백이고 배 안의 털을 너슬너슬 벗고/산골사람을 닮었다 **〈노루—함주시초咸州詩抄〉** ❖ 이젠 배도 출출히 고팠는데/어서 그 옹기장사가 온다는 거리로 들어가면 무엇보다도 몬저 '주류판매업酒類販賣業'이라고 써붙인 집으로 들어가자 **〈구장로球場路—서행시초西行詩抄 1〉**

배꼽 명 탯줄이 떨어지면서 배의 한가운데에 생긴 자리.

❖ 얼마나 마음이 한가하고 게으른가/더운물에 몸을 불키거나 때를 밀거나 하는 것도 잊어버리고/제 배꼽을 들여다보거나 남의 낯을 쳐다보거나 하는 것인데 **〈조당澡塘에서〉**

범상 명 범처럼 생긴 얼굴.

〔'범상'은 '범+상(相)'의 형태를 지닌 백석의 합성조어이다. 이와 같은 형태의 말로 사전에 '말상'이 등재되어 있다.〕

❖ 녕감들은/말상을 하였다 범상을 하였다 쪽재피상을 하였다 **〈석양夕陽〉**

별자국 명 '곰보자국'을 비유적으로 표현한 말. 시인이 만든 비유적 표현이다.

❖ 얼굴에 별자국이 솜솜 난 말수와 같이 눈도 껌벅거리는 하로에 베 한 필을 짠다는 벌 하나 건너 집엔 복숭아나무가 많은 신리新里 고무 고무의 딸 이녀李女 작은이녀李女 **〈여우난골족族〉**

뺨 명 얼굴의 양쪽 관자놀이에서 턱 위까지의 살이 많은 부분.

❖ 오리야 네가 좋은 청명淸明 밑께 밤은/옆에서 누가 뺨을 쳐도 모르게 어둡다누나/오리야 이때는 따디기가 되여 어둡단다 **〈오리〉**

뽈다구 명 '볼'의 방언. 뺨의 한복판.

〔《조선말대사전》에 '볼따구'가 '볼'의 평남 방언으로 등재되어 있고, 《황해도 방언 연구》(2007)에 '볼'의 방언으로 '볼따구', '볼타구'가 등재되어 있다.〕

❖ 뽈다구에는 징기징기 앙광이를 그리고 머리칼이 놀한 아이여/힘을 쓸랴고 벌써부터 두 다리가 푸둥푸둥하니 살이 찐 아이여 **〈촌에서 온 아이〉**

살② 명 사람이나 동물의 뼈를 싸서 몸을 이루는 부드러운 부분.

❖ 토끼도 살이 오른다는 때 아르대 즘퍼리에서 제비꼬리 마타리 쇠조지 가지취 고비 고사리 두릅순 회순 산山나물을 하는 가즈랑집 할머니를 따르며 **〈가즈랑집〉** ❖ 구신과 사람과 넋과 목숨과 있는 것과 없는 것과 한 줌 흙과 한 점 살과 먼 넷조상과 먼 훗자손의 거륵한 아득한 슬픔을 담는 것 **〈목구木具〉** ❖ 뽈다구에는 징기징기 앙광이를 그리고 머리칼이 놀한 아이여/힘을 쓸랴고 벌써부터 두 다리가 푸둥푸둥하니 살이 찐 아이여 **〈촌에서 온 아이〉**

살갗 명 살가죽의 겉면.

❖ 그리고 또 엄매의 말엔 내가 아직 굳은 밥을 모르던 때 살갗 퍼런 막내고무가 잘도 받어 세수를 하였다는 내 오줌빛은 이슬같이 샛말갛기도 샛맑았다는 것이다 **〈동뇨부童尿賦〉**

상① 명 관상에서, 얼굴이나 체격의 됨됨이.

❖ 나는 북관北關에 혼자 앓어 누워서/어늬 아츰 의원醫員을 뵈이었다/의원醫員은 여래如來 같은 상을 하고 관공關公의 수염을 드리워서 **〈고향故鄕〉**

새끼락 명 새끼발톱으로 추정된다.

〔고양이는 발톱을 살 속에 감추거나 드러낼 수 있다. 아래 용례에서 '새끼락이 난다'는 것은 고양이가 새끼발톱을 내미는 것을 말하는 것으로 보인다.〕

❖ 도적괭이 새끼락이 나고/ 살진 쪽제비 트는 기지개 길고 **〈연자간〉**

새끼손톱 명 새끼손가락의 손톱.

❖ 새끼손톱 길게 돋은 손을 내어/묵묵하니 한참 맥을 짚드니/문득 물어 고향故鄕이 어데냐 한다 **〈고향故鄕〉**

손 명 사람이나 몇몇 원숭이류의 팔목에 달린, 무엇을 잡거나 만지는 데 쓰이는 부분(《고려대한국어대사전》).

❖ 손자아이들이 파리떼같이 모이면 곰의 발 같은 손을 언제나 내어둘렀다 **〈고방〉** ❖ 나는 가슴이 메이는 듯하다/내 손에 오르기라도 하라고 나는 손을 내어미나 분명히 울고불고할 이 작은 것은 나를 무서우이 달아나버리며 나를 서럽게 한다 **〈수라修羅〉** ❖ 나는 두 손으로 고이 약그릇을 들고 이 약을 내인 넷사람들을 생각하노라

면/내 마음은 끝없이 고요하고 또 맑어진다 **〈탕약湯藥〉** ❖ 솔포기에 숨었다/토끼나 꿩을 놀래주고 싶은 산山허리의 길은//엎데서 따스하니 손 녹히고 싶은 길이다 **〈창원도昌原道—남행시초南行詩抄 1〉** ❖ 산골사람의 손을 핥으며/약자에 쓴다는 흥정 소리를 듣는 듯이/새까만 눈에 하이얀 것이 가랑가랑한다 **〈노루—함주시초咸州詩抄 2〉** ❖ 새끼손톱 길게 돋은 손을 내어/묵묵하니 한참 맥을 짚드니/문득 물어 고향故鄕이 어데냐 한다 **〈고향故鄕〉** ❖ 손에 어린것의 손을 끌고/가펴러운 언덕길을/숨이 차서 올라갔다/나는 한종일 서러웠다 **〈절망絶望〉** ❖ 내 손에는 신간서新刊書 하나도 없는 것과/그리고 그 〈아서라 세상사世上事〉라도 들을/류성기도 없는 것을 생각한다 **〈내가 생각하는 것은〉** ❖ 내가 엄매 등에 업혀가서 상사말같이 항약에 야기를 쓰면 한창 퓌는 함박꽃을 밑가지채 꺾어주고 종대에 달린 제물배도 가지채 쪄주고 그리고 그 애끼는 게사니알도 두 손에 쥐어주곤 하는데 **〈넘언집 범 같은 노큰마니〉** ❖ 계집아이는 몇 해고 내지인內地人 주재소장駐在所長 집에서/밥을 짓고 걸레를 치고 아이보개를 하면서/이렇게 추운 아침에도 손이 꽁꽁 얼어서/찬물에 걸레를 쳤을 것이다 **〈팔원八院—서행시초西行詩抄 3〉** ❖ 한 해에 몇 번 매연 지난 먼 조상들의 최방등 제사에는 컴컴한 고방 구석을 나와서 대멀머리에 외얏맹건을 지르터맨 늙은 제관의 손에 정갈히 몸을 씻고 〔…〕 **〈목구木具〉** ❖ 이 적고 가부엽고 갤족한 희고 까만 씨가/조용하니 또 도고하니 손에서 입으로 입에서 손으로 오르나리는 때 **〈수박씨, 호박씨〉** ❖ 이 흰 바람벽에/내 가난한 늙은 어머니가 있다/내 가난한 늙은 어머니가/이렇게 시펴러둥둥하니 추운 날인데 차디찬 물에 손은 담그고 무이며 배추를 씻고 있다 **〈흰 바람벽이 있어〉** ❖ 나는 너를 껴안어 올려서 네 머리를 쓰다듬고 힘껏 네 적은 손을 쥐고 흔들고 싶다 **〈촌에서 온 아이〉** ❖ 딜옹배기에 북덕불이라도 담겨 오면,/이것을 안고 손을 쬐며 재 우에 뜻없이 글자를 쓰기도 하며, **〈남신의주 유동 박시봉방南新義州柳洞朴時逢方〉**

손잔등명 손의 바깥쪽.

❖ 나이 어린 계집아이 하나가 오른다/옛말속같이 진진초록 새 저고리를 입고/손잔등이 밭고랑처럼 몹시도 터졌다 **〈팔원八院—서행시초西行詩抄 3〉**

손톱명 손가락 끝에 붙어 있는 딱딱하고 얇은 조각.

❖ 손톱을 시펄하니 길우고 기나긴 창꽈쯔를 즐즐 끌고 싶었다/만두饅頭꼬깔을 눌러쓰고 곰방대를 물고 가고 싶었다 **〈안동安東〉**

수염명 성숙한 남자의 입 주변이나 턱 또는 뺨에 나는 털.

❖ 어니 아츰 의원醫員을 뵈이었다/의원醫員은 여래如來 같은 상을 하고 관공關公의 수

염을 드리워서/먼 녯적 어늬 나라 신선 같은데/ 〔…〕 /의원醫員은 빙긋이 웃음을 띠고/막역지간莫逆之間이라며 수염을 쓴다 **〈고향故鄕〉** ❖ 산山마루에 서면/멀리 언제나 늘 그물그물/그늘만 친 건넌산山에서/벼락을 맞아 바윗돌이 되었다는/큰 땅괭이 한 마리/수염을 뻗치고 건너다보는 것이 무서웠다 **〈산山〉**

아랫두리 명 아랫도리. 허리 아래의 부분.

〔《표준국어대사전》에 '아랫두리'는 '아랫도리'의 전북, 충남 방언으로 풀이되어 있는데, '오'가 '우'로 실현되는 것은 백석 시에서 자주 나타나는 음운 현상이다.〕

❖ 촌에서 온 아이여/촌에서 어젯밤에 승합자동차乘合自動車를 타고 온 아이여/이렇게 추운데 웃동에 무슨 두룽이 같은 것을 하나 걸치고 아랫두리는 쪽 발가벗은 아이여 **〈촌에서 온 아이〉**

안장코 명 안장 모양처럼 등이 잘록한 코.

❖ 녕감들은/말상을 하였다 범상을 하였다 쪽재피상을 하였다/개발코를 하였다 안장코를 하였다/질병코를 하였다 **〈석양夕陽〉**

앞니 명 앞쪽으로 아래위에 각각 네 개씩 나 있는 이.

❖ 아들아이는 범이라고 장고기를 잘 잡는 앞니가 빠드러진 나와 동갑이었다 **〈주막酒幕〉** ❖ 기쁨이 마음에 뜨는 때는 희고 까만 씨를 앞니로 까서 잔나비가 되고/근심이 마음에 앉는 때는 희고 까만 씨를 혀끝에 물어 까막까치가 되고 **〈수박씨, 호박씨〉**

앞니빨 명 앞니. 앞쪽으로 아래위에 각각 네 개씩 나 있는 이.

〔'앞니빨'은 '앞+니빨(이)'의 합성조어로 '앞니'를 가리키는 말이다. '이빨'은 《표준국어대사전》엔 "'이'를 낮잡아 이르는 말"로 풀이되어 있는데, 《조선말대사전》엔 '이발'(발음은 이빨)과 '이'가 같은 말로 풀이되어 있다. 백석 시의 용례에서도 '이빨'은 '이'를 낮잡아 쓴 것이 아니라, '이'와 같은 말로 쓴 것이다.〕

❖ 어진 사람이 많은 나라에 와서/어진 사람의 즛을 어진 사람의 마음을 배워서/수박씨 닦은 것을 호박씨 닦은 것을 입으로 앞니빨로 밝는다 **〈수박씨, 호박씨〉**

어깻죽지 명 어깨에 팔이 붙은 부분.

❖ 당신의 그 푸른 이마에 삐여진 어깻죽지에/당신네 나라의 따사한 바람결이 스치고 갈 것이다 **〈허준許俊〉**

얼골 명 '얼굴'의 고어. 눈, 코, 입이 있는 머리의 앞면.

❖ 이 산山골에 들어와서 이 목침木枕들에 새까마니 때를 올리고 간 사람들을 생각한다/그 사람들의 얼골과 생업生業과 마음들을 생각해본다 **〈산숙山宿—산중음山中吟〉** ❖ 이 흰 바람벽엔/내 쓸쓸한 얼골을 쳐다보며/이러한 글자들이 지나간다 **〈흰 바람**

벽이 있어〉

얼굴명 눈, 코, 입이 있는 머리의 앞면.

❖ 얼굴에 별자국이 솜솜 난 말수와 같이 눈도 껌벅거리는 하로에 베 한 필을 짠다는 벌 하나 건너 집엔 복숭아나무가 많은 신리新里 고무 고무의 딸 이녀李女 작은이녀李女 **〈여우난골족族〉** ❖ 어득한 기슭의 행길에 얼굴이 해쓱한 처녀가 새벽달같이/아 아즈내인데 병인病人은 미역냄새 나는 덧문을 닫고 버러지같이 누웠다 **〈시기柿崎의 바다〉**

오력명 오륙(五六). 오장과 육부라는 뜻으로, '온몸'을 이르는 말.

❖ 나는 이 마을에 태어나기가 잘못이다/마을은 맨천 구신이 돼서/나는 무서워 오력을 펼 수 없다 **〈마을은 맨천 구신이 돼서〉**

외발명 두 발이 아닌 한쪽만의 발.

❖ 날기멍석을 져간다는 닭보는 할미를 차 굴린다는 땅아래 고래 같은 기와집에는 언제나 니차떡에 청밀에 은금보화가 그득하다는 외발 가진 조마구 뒷산山 어늬메도 조마구네 나라가 있어서 〔…〕 **〈고야古夜〉**

울상명 울려고 하는 얼굴 표정.

❖ 맞구멍 난 토끼굴을 아배와 내가 막어서면 언제나 토끼새끼는 내 다리 아래로 달어났다/나는 서글퍼서 서글퍼서 울상을 한다 **〈오리 망아지 토끼〉**

이마명 얼굴의 눈썹 위로부터 머리털이 난 아래까지의 부분.

❖ 당신네 나라의 맑은 한울이 떠오를 것이고/당신의 그 푸른 이마에 삐여진 어깻죽지에/당신네 나라의 따사한 바람결이 스치고 갈 것이다 **〈허준許俊〉**

입명 입술에서 후두까지의 부분.

❖ 입으로 먹을 뿜는 건/몇십 년 도를 닦어 퓌는 조환가 **〈꼴두기—물닭의 소리〉** ❖ 수박씨 닦은 것을 호박씨 닦은 것을 입으로 앞니빨로 밝는다//수박씨 호박씨를 입에 넣는 마음은/참으로 철없고 어리석고 게으른 마음이나/ 〔…〕 //이 적고 가부엽고 갤족한 희고 까만 씨가/조용하니 또 도고하니 손에서 입으로 입에서 손으로 오르나리는 때 **〈수박씨, 호박씨〉** ❖ 먼 타관에 난 그 두보杜甫나 이백李白 같은 이 나라의 시인詩人도/이날은 그 어늬 한고향 사람의 주막이나 반관飯舘을 찾어가서/그 조상들이 대대로 하든 본대로 원소元宵라는 떡을 입에 대며/스스로 마음을 느꾸어 위안하지 않었을 것인가 **〈두보杜甫나 이백李白같이〉**

입술명 포유동물의 입 가장자리 위아래에 도도록이 붙어 있는 얇고 부드러운 살.

❖ 열여섯에 사십四十이 넘은 홀아비의 후처가 된 포족족하니 성이 잘 나는 살빛이

매감탕 같은 입술과 젖꼭지는 더 까만 예수쟁이 마을 가까이 사는 토산土山 고무 고무의 딸 승녀承女 아들 승承동이 〈**여우난골족**族〉

자박수염명 끝이 비틀리면서 아래로 잦혀진 콧수염.

❖ 부뚜막이 두 길이다/이 부뚜막에 놓인 사닥다리로 자박수염 난 공양주는 성궁미를 지고 오른다 〈**고사**古寺**—함주시초**咸州詩抄〉

잔등①명 '등'의 방언(황해, 경북, 경기)(《금성판국어대사전》). 사람이나 동물의 몸통에서 배의 반대쪽 부분.

❖ 이것은 그 곰의 잔등에 업혀서 길여났다는 먼 넷적 큰마니가/또 그 짚등색이에서서 자채기를 하면 산 넘엣 마을까지 들렸다는/먼 넷적 큰아바지가 오는 것같이 오는 것이다 〈**국수**〉

잔뼈명 아직 다 자라지 않은 작고 약한 뼈.

❖ 우리들은 맑은 물밑 해정한 모래톱에서 하구 긴 날을 모래알만 혜이며 잔뼈가 굵은 탓이다 〈**선우사**膳友辭**—함주시초**咸州詩抄〉

점②명 사람의 살갗이나 짐승의 털 따위에 나타난, 다른 색깔의 작은 얼룩.

❖ 노루새끼는 다문다문 흰 점이 백이고 배 안의 털을 너슬너슬 벗고/산골사람을 닮었다 〈**노루—함주시초**咸州詩抄〉

젖명 유방. 포유류의 가슴 또는 배의 좌우에 쌍을 이루고 있는, 젖을 분비하기 위한 기관.

❖ 울파주 밖에는 장꾼들을 따러와서 엄지의 젖을 빠는 망아지도 있었다 〈**주막**酒幕〉

❖ 한 십리十里 더 가면 절간이 있을 듯한 마을이다 낮 기울은 별이 장글장글하니 따사하다 흙은 젖이 커서 살같이 깨서 아지랑이 낀 속이 안타까운가보다 〔…〕 〈**황일**黃日〉

젖꼭지명 젖의 한가운데에 도드라져 내민 부분.

❖ 열여섯에 사십四十이 넘은 홀아비의 후처가 된 포족족하니 성이 잘 나는 살빛이 매감탕 같은 입술과 젖꼭지는 더 까만 예수쟁이 마을 가까이 사는 토산土山 고무 고무의 딸 승녀承女 아들 승承동이 〈**여우난골족**族〉

주둥이명 일부 짐승이나 물고기 따위의 머리에서, 뾰족하게 나온 코나 입 주위의 부분.

❖ 여우가 우는 밤이면/잠 없는 노친네들은 일어나 팥을 깔이며 방뇨를 한다/여우가 주둥이를 향하고 우는 집에서는 다음날 으레히 흉사가 있다는 것은 얼마나 무서운 말인가 〈**오금덩이라는 곳**〉

주먹다시 명 '주먹'(손가락을 모두 오므려 쥔 손)을 거칠게 일컫는 말(《평북방언사전》). 〔《조선말대사전》엔 '주먹다시'가 "주먹을 속되게 일컫는 말"로 풀이되어 있다.〕

❖ 나는 주먹다시 같은 떡당이에 꿀보다도 달다는 강낭엿을 산다 **〈월림**月林**장—서행시초**西行詩抄 **4〉**

질병코 명 질흙으로 만든 병처럼 거칠고 투박하게 생긴 코.

❖ 넝감들은/말상을 하였다 범상을 하였다 쪽재피상을 하였다/개발코를 하였다 안장코를 하였다 질병코를 하였다 **〈석양**夕陽**〉**

짗 명 '깃'(조류의 몸 표면을 덮고 있는 털)의 고어, 방언(평안, 함경, 강원)(《평북방언사전》).

❖ 새끼오리도 헌신짝도 소똥도 갓신창도 개니빠디도 너울쪽도 짚검불도 가락닢도 머리카락도 헝겊조각도 막대꼬치도 기왓장도 닭의 짗도 개터럭도 타는 모닥불 **〈모닥불〉** ❖ 산山 너머는/겨드랑이에 짗이 돋아서 장수가 된다는/더꺼머리총각들이 살아서/색시 처녀들을 잘도 업어간다고 했다 **〈산**山**〉**

쪽재피상 명 족제비 모양을 한 얼굴. '쪽재피'는 '족제비'의 방언(평안, 함경, 강원). 〔'쪽재피상'은 '쪽재피(쪽제피)+상(相)'의 형태를 지닌 합성조어. 이와 같은 형태의 말로 사전에 '말상'이 등재되어 있다. 《평북방언사전》엔 '쪽제피'가 등재되어 있다.〕

❖ 넝감들은/말상을 하였다 범상을 하였다 쪽재피상을 하였다/개발코를 하였다 안장코를 하였다 질병코를 하였다 **〈석양**夕陽**〉**

코 명 포유류의 얼굴 중앙에 튀어나온 부분.

❖ 넝감들은/말상을 하였다 범상을 하였다 쪽재피상을 하였다/개발코를 하였다 안장코를 하였다 질병코를 하였다/그 코에 모두 학실을 썼다 **〈석양**夕陽**〉**

코끝 명 콧등의 끝.

❖ 육십리六十里라고 해서 파랗게 뵈이는 산山을 넘어 있다는 해변에서 과부가 된 코끝이 빨간 언제나 흰옷이 정하든 말끝에 설게 눈물을 짤 때가 많은 큰골 고무 고무의 딸 홍녀洪女 아들 홍洪동이 작은홍洪동이 **〈여우난골족**族**〉**

코밑수염 명 콧수염. 코 아래에 난 수염.

❖ 내가 이렇게 외면하고 거리를 걸어가는 것은 또 내 많지 못한 월급이 얼마나 고마운 탓이고/이렇게 젊은 나이로 코밑수염도 길러보는 탓이고 **〈내가 이렇게 외면하고〉**

태반胎盤 명 임신 중 태아와 모체의 자궁을 연결시키는 기관.

❖ 이제는 참으로 이기지 못할 슬픔과 시름에 쫓겨/나는 나의 넷 한울로 땅으로—

나의 태반胎盤으로 돌아왔으나 **〈북방北方에서—정현웅鄭玄雄에게〉**

털[명] 사람이나 동물의 피부에 나는 가느다란 실 모양의 것.

❖ 뒤울안 살구나무 아래서 광살구를 찾다가/살구벼락을 맞고 울다가 웃는 나를 보고/밑구멍에 털이 멫 자나 났나 보자고 한 것은 가즈랑집 할머니다 **〈가즈랑집〉** ❖ 터 앞에 당콩순을 다 먹었다 하고/서른닷 냥 값을 부른다/노루새끼는 다문다문 흰 점이 백이고 배 안의 털을 너슬너슬 벗고/산골사람을 닮았다 **〈노루—함주시초咸州詩抄〉** ❖ 국숫집에서는 농짝 같은 도야지를 잡어걸고 국수에 치는 도야지고기는 돗바늘 같은 털이 드문드문 백였다/나는 이 털도 안 뽑은 도야지고기를 물꾸러미 바라보며/또 털도 안 뽑는 고기를 시꺼먼 맨모밀국수에 얹어서 한입에 꿀꺽 삼키는 사람들을 바라보며/나는 문득 가슴에 뜨끈한 것을 느끼며/소수림왕小獸林王을 생각한다 광개토대왕廣開土大王을 생각한다 **〈북신北新—서행시초西行詩抄 2〉**

팔[명] 어깨와 손목 사이의 부분.

❖ 의원醫員은 또다시 넌즈시 웃고/말없이 팔을 잡어 맥을 보는데/손길은 따스하고 부드러워/고향故鄕도 아버지도 아버지의 친구도 다 있었다 **〈고향故鄕〉**

팔다리[명] 팔과 다리를 아울러 이르는 말.

❖ 벌개눞역에서 바리깨를 뚜드리는 쇳소리가 나면/누가 눈을·앓어서 부증이 나서 찰거마리를 부르는 것이다/마을에서는 피성한 눈슭에 저린 팔다리에 거마리를 붙인다 **〈오금덩이라는 곳〉**

팔뚝[명] 팔꿈치로부터 손목까지의 부분. '아래팔'을 일상적으로 이르는 말이다(《고려대한국어대사전》).

❖ 그렇것만 나는 하이얀 자리 우에서 마른 팔뚝의/샛파란 핏대를 바라보며 나는 가난한 아버지를/가진 것과 내가 오래 그려오든 처녀가 시집을 간 것과/그렇게도 살틀하든 동무가 나를 버린 일을 생각한다 **〈내가 생각하는 것은〉**

피[명] 사람이나 동물의 몸 안의 혈관을 돌며 산소와 영양분을 공급하고, 노폐물을 운반하는 붉은색의 액체.

❖ 게구멍을 쑤시다 물쿤하고 배암을 잡은 늪의 피 같은 물이끼에 햇볕이 따그웠다 **〈하답夏畓〉** ❖ 집집이 아이만 한 피도 안 간 대구를 말리는 곳/황화장사 령감이 일본말을 잘도 하는 곳/처녀들은 모두 어장주漁場主한테 시집을 가고 싶어한다는 곳 **〈통영統營(남행시초南行詩抄)〉** ❖ 내 손자의 손자와 손자와 나와 할아버지와…… 수원백씨水原白氏 정주백촌定州白村의 힘세고 꿋꿋하나 어질고 정 많은 호랑이 같은 곰 같은 소 같은 피의 비 같은 밤 같은 달 같은 슬픔을 담는 것 아 슬픔을 담는 것 **〈목구木具〉**

핏대명 큰 혈관.

❖ 그렇것만 나는 하이얀 자리 우에서 마른 팔뚝의/샛파란 핏대를 바라보며 나는 가난한 아버지를/가진 것과 내가 오래 그려오든 처녀가 시집을 간 것과 **〈내가 생각하는 것은〉**

허리명 사람이나 동물의 갈빗대 아래에서부터 엉덩이까지의 잘록한 부분.

❖ 눈물의 또 볕살의 나라 사람이여/당신이 그 긴 허리를 굽히고 뒤짐을 지고 지치운 다리로/싸움과 흥정으로 왁자지껄하는 거리를 지날 때든가 **〈허준**許俊**〉** ❖ 무썩 무썩 더운 날에도 벌길에는/건들건들 씨연한 바람이 불어오고/허리에 찬 남갑사 주머니에는 오랜만에 돈푼이 들어 즈벅이고 **〈칠월**七月 **백중〉**

허리도리명 몸의 허리가 있는 부분(《조선말대사전》).

〔'허리도리'는 '허리+도리'의 형태를 지닌 합성조어이다. '도리'는 '부분'을 뜻하는 접미사로서 '무릎도리'란 말이 《표준국어대사전》에 등재되어 있다. '허리도리'는 《조선말대사전》(2007)에 등재되어 있다. 백석은 '허리도리'를 '허리'와 구분하여 허리에서 배에 이르는 허리 주변 일대를 지칭하는 말로 쓴 것으로 짐작된다.〕

❖ 이렇게 한녀름을 보내면서 나는 하늑이는/물살에 나이금이 느는 꽃조개와 함께/허리도리가 굵어가는 한 사람을 연연해한다 **〈삼호**三湖**—물닭의 소리〉**

혀끝명 혀의 끝 부분.

❖ 기쁨이 마음에 뜨는 때는 희고 까만 씨를 앞니로 까서 잔나비가 되고/근심이 마음에 앉는 때는 희고 까만 씨를 혀끝에 물어 까막까치가 되고 **〈수박씨, 호박씨〉**

흰가루손명 흰 가루가 묻은 손. 백석 시 〈고야古夜〉에서 '흰가루손'은 떡을 만들기 위한 밀가루 반죽이 잔뜩 묻은 손을 가리키는 말로 백석의 조어이다.

❖ 나는 얼마나 반죽을 주무르며 흰가루손이 되여 떡을 빚고 싶은지 모른다 **〈고야**古夜**〉**

8 질병

갑피기명 '이질'(변에 곱이 섞여 나오면서 뒤가 잦은 증상을 보이는 법정 전염병)의 평북 방언(《조선말대사전》).

〔《조선말대사전》에 '갑피기', '개피개'가 '이질'의 평북 방언으로, 그 동사형은 '가피다', '개피다'로 등재되어 있다.〕

❖ 이 눈세기물을 냅일물이라고 제주병에 진상항아리에 채워두고는 해를 묵여가며 고뿔이 와도 배앓이를 해도 갑피기를 앓어도 먹을 물이다 **〈고야古夜〉**

고뿔 명 코나 목구멍, 기관지 등의 호흡기 계통에 생기는 질병(《고려대한국어대사전》). 〔'고뿔'은 '감기'의 순우리말이다.〕

❖ 이 눈세기물을 냅일물이라고 제주병에 진상항아리에 채워두고는 해를 묵여가며 고뿔이 와도 배앓이를 해도 갑피기를 앓어도 먹을 물이다 **〈고야古夜〉**

배앓이 명 배를 앓는 병.

❖ 이 눈세기물을 냅일물이라고 제주병에 진상항아리에 채워두고는 해를 묵여가며 고뿔이 와도 배앓이를 해도 갑피기를 앓어도 먹을 물이다 **〈고야古夜〉**

병② 명 생물체의 전신이나 일부분에 이상이 생겨 정상적 활동이 이루어지지 않아 아픔을 느끼게 되는 현상.

❖ 언제나 병을 앓을 때면/신장님 달련이라고 하는 가즈랑집 할머니/구신의 딸이라고 생각하면 슬퍼졌다 **〈가즈랑집〉** ❖ 병이 들면 풀밭으로 가서 풀을 뜯는 소는 인간人間보다 영靈해서 열 걸음 안에 제 병을 낫게 할 약藥이 있는 줄을 안다고 **〈절간의 소 이야기〉**

부증 명 부증(浮症). 몸이 붓는 증상. '부종浮腫'과 같은 말.

❖ 벌개눞역에서 바리깨를 뚜드리는 쇳소리가 나면/누가 눈을 앓어서 부증이 나서 찰거마리를 부르는 것이다/마을에서는 피성한 눈슭에 저린 팔다리에 거마리를 붙인다 **〈오금덩이라는 곳〉**

작은마누래 명 '작은마마'(수두)의 평북 방언. 어린이의 피부에 붉고 둥근 발진이 났다가 얼마 뒤에 작은 물집으로 변하는 바이러스 전염병.

〔《표준국어대사전》에 '작은마누래'는 '홍역'의 함남 방언으로 등재되어 있는데, 백석 시의 아래 용례에서 '작은마누래'는 '작은마마', 즉 '수두'를 지칭하는 것으로 봐야 한다. '홍역'을 뜻하는 '제구실'이라는 말은 뒤에 따로 나온다. '마누래'는 '마누라'를 이르며, '마누라'는 '마마'(천연두)를 뜻한다. 그러니까 '큰마누래'는 '큰마마'로서 천연두를 가리키고, '작은마누래'는 '작은마마'로서 수두를 뜻하는 것이다. 천연두와 수두는 피부에 종기가 나는 현상이 비슷한데 천연두가 훨씬 증상이 심하고 중한 병이어서 천연두를 큰마마로, 수두를 작은마마로 부른 것이다.〕

❖ 집에는 아배에 삼춘에 오마니에 오마니가 있어서 젖먹이를 마을 청능 그늘밑에 삿갓을 씌워 한종일내 뉘어두고 김을 매려 단녔고 아이들이 큰마누래에 작은마누래에 제구실을 할 때면 종아지물본도 모르고 〔…〕 **〈넘언집 범 같은 노큰마니〉**

제구실 명 홍역. 홍역 바이러스가 비말 감염에 의하여 일으키는 급성 전염병. 감기와 비슷한 증상으로 시작하여 입안 점막에 작은 흰 반점이 생기고 나중에는 온몸에 좁쌀 같은 붉은 발진이 돋는다. 1~6세의 어린이에게 많고 봄철에 많다.

〔'제구실을 하다'가 아이들이 병을 앓는 것을 민간에서 표현하는 것이라는 견해가 있는데(이숭원, 2008), 《표준국어대사전》의 경우 1999년판에는 '제구실하다'가 "홍역, 역질 따위를 치르다"로 풀이되어 있다가 그 뒤 인터넷판에는 "홍역 따위를 치르다"로 변경되었고, 《조선말대사전》에도 같은 의미로 풀이되어 있으며, 평북 출신인 김장각 옹도 '제구실'은 홍역을 가리키는 것이라고 전한다(고형진, 1983). 또 백석 시의 구문의 특징에 비추어도 '제구실'은 병을 앓는 것을 표현한 것이라기보다는 '홍역'이라는 병명을 나타내는 것으로 보는 것이 적절하다. 즉, 큰마누래, 작은마누래, 제구실 등의 병명을 나열한 것으로 봐야 하는 것이다. 이와 같은 구문의 예는 "니차떡에 청밀에 은금보화가 그득하다는"(〈고야古夜〉), "생강에 파에 청각에 마늘을 다지고"(〈추야일경秋夜一景〉), "또 가얌에 귀이리에 도토리묵 도토리범벅도 났다"(〈월림月林장—서행시초西行詩抄 4〉) 등 백석 시의 여러 곳에서 발견된다.〕

❖ 집에는 아배에 삼춘에 오마니에 오마니가 있어서 젖먹이를 마을 청능 그늘밑에 삿갓을 씌워 한종일내 뉘어두고 김을 매려 단녔고 아이들이 큰마누래에 작은마누래에 제구실을 할 때면 종아지물본도 모르고 〔…〕 **〈넘언집 범 같은 노큰마니〉**

큰마누래 명 천연두. 천연두 바이러스가 일으키는 법정 전염병. 열이 몹시 나고 온몸에 발진이 생겨 딱지가 저절로 떨어지기 전에 긁으면 얽게 된다.

〔《금성판국어대사전》에 '큰마누래'가 '손님마마, 즉 '천연두'의 방언으로 등재되어 있다.〕

❖ 집에는 아배에 삼춘에 오마니에 오마니가 있어서 젖먹이를 마을 청능 그늘밑에 삿갓을 씌워 한종일내 뉘어두고 김을 매려 단녔고 아이들이 큰마누래에 작은마누래에 제구실을 할 때면 종아지물본도 모르고 행길에 아이 송장이 거적뙈기에 말려나가면 속으로 얼마나 부러워하였고 〔…〕 **〈넘언집 범 같은 노큰마니〉**

9 생리 현상

기지개 명 피곤할 때에 몸을 쭉 펴고 팔다리를 뻗는 것.

❖ 도적괭이 새끼락이 나고/살진 쪽제비 트는 기지개 길고 **〈연자간〉**

꿈①명 잠자는 동안에 깨어 있을 때와 마찬가지로 체험하는 여러 가지 정신 현상.

❖ 우리 엄매가 나를 가지는 때 이 노큰마니는 어늬 밤 크나큰 범이 한 마리 우리 선산으로 들어오는 꿈을 꾼 것을 우리 엄매가 서울서 시집을 온 것을 〔…〕 **〈넘언집 범 같은 노큰마니〉** ❖ 호주를하니 젖어서 달아나는데/이번에는 꿈에도 못 잊는 봉가집에 가는 것이다 **〈칠월**七月 **백중〉**

낮잠명 낮에 자는 잠.

❖ 그리하여 따사한 햇귀에서 하이얀 옷을 입고 매끄러운 밥을 먹고 단샘을 마시고 낮잠을 잤다 **〈북방**北方**에서—정현웅**鄭玄雄**에게〉** ❖ 나는 이젠 귀치않은 측량**測量**도 문서文書도 싫증이 나고/낮에는 마음 놓고 낮잠도 한잠 자고 싶어서/아전 노릇을 그만두고 밭을 노왕老王한테 얻는 것이다 **〈귀농**歸農**〉**

눈물명 눈알 바깥 면의 위에 있는 눈물샘에서 나오는 분비물.

❖ 육십리六十里라고 해서 파랗게 뵈이는 산山을 넘어 있다는 해변에서 과부가 된 코끝이 빨간 언제나 흰옷이 정하든 말끝에 설게 눈물을 짤 때가 많은 큰골 고무 고무의 딸 홍녀洪女 아들 홍洪동이 작은홍洪동이 **〈여우난골족**族**〉** ❖ 초롱이 히근하니 물지게꾼이 우물로 가며/별 사이에 바라보는 그믐달은 눈물이 어리었다 **〈미명계**未明界**〉** ❖ 그 맑고 거룩한 눈물의 나라에서 온 사람이여/그 따사하고 살틀한 별살의 나라에서 온 사람이여//눈물의 또 별살의 나라에서 당신은/이 세상에 나들이를 온 것이다/쓸쓸한 나들이를 단기려 온 것이다//눈물의 또 별살의 나라 사람이여/〔…〕//그 멀은 눈물의 또 별살의 나라에서/이 세상에 나들이를 온 사람이여/이 목이 긴 시인詩人이 또 게사니처럼 떠곤다고/당신은 쓸쓸히 웃으며 바독판을 당기는구려 **〈허준**許俊**〉**

눈물방울명 방울방울 맺히는 눈물.

❖ 산山꿩도 설게 울은 슬픈 날이 있었다/산山절의 마당귀에 여인女人의 머리오리가 눈물방울과 같이 떨어진 날이 있었다 **〈여승**女僧**〉**

목숨명 사람이나 동물이 숨을 쉬며 살아 있는 힘.

❖ 구신과 사람과 넋과 목숨과 있는 것과 없는 것과 한 줌 흙과 한 점 살과 먼 넷조상과 먼 훗자손의 거룩한 아득한 슬픔을 담는 것 **〈목구**木具**〉** ❖ 나는 이렇게 한가하고 게으르고 그러면서 목숨이라든가 인생人生이라든가 하는 것을 정말 사랑할 줄 아는/그 오래고 깊은 마음들이 참으로 좋고 우러러진다 **〈조당**澡塘**에서〉**

숨①명 사람이나 동물이 코 또는 입으로 공기를 들이마시고 내쉬는 기운. 또는 그렇게 하는 일.

❖ 날기멍석을 져간다는 닭보는 할미를 차 굴린다는 […] 머리맡의 문살에 대인 유리창으로 조마구 군병의 새까만 대가리 새까만 눈알이 들여다보는 때 나는 이불 속에 자즈러붙어 숨도 쉬지 못한다 **〈고야**古夜**〉** ❖ 어늬 아츰 계집은/머리에 무거운 동이를 이고/손에 어린것의 손을 끌고/가펴러운 언덕길을/숨이 차서 올라갔다/나는 한종일 서러웠다 **〈절망**絶望**〉**

오줌 명 혈액 속의 노폐물과 수분이 신장에서 걸러져서 방광 속에 괴어 있다가 요도를 통하여 몸 밖으로 배출되는 액체.

❖ 날기멍석을 져간다는 닭보는 할미를 차 굴린다는 […] 외발 가진 조마구 뒷산山 어늬메도 조마구네 나라가 있어서 오줌 누러 깨는 재밤 […] **〈고야**古夜**〉** ❖ 해냥닭은 알을 낳고 소리치고/강아지는 겨를 먹고 오줌 싸고 **〈연자간〉** ❖ 봄철날 한종일내 노곤하니 벌불 장난을 한 날 밤이면 으레히 싸개동당을 지나는데 잘망하니 누워 싸는 오줌이 넓적다리를 흐르는 따근따근한 맛 자리에 펑하니 괴이는 척척한 맛//첫녀름 이른 저녁을 해치우고 인간들이 모두 터앞에 나와서 물외포기에 당콩포기에 오줌을 주는 때 터앞에 밭마당에 샛길에 떠도는 오줌의 매캐한 재릿한 내음새//긴긴 겨울밤 인간들이 모두 한잠이 들은 재밤중에 나 혼자 일어나서 머리맡 쥐발 같은 새끼오강에 한없이 누는 잘 매럽던 오줌의 사르릉 쪼로록 하는 소리 **〈동뇨부**童尿賦**〉**

자채기 명 '재채기'의 방언(함남). 코 안의 신경이 자극을 받아 갑자기 코로 숨을 내뿜는 일.

❖ 이것은 그 곰의 잔등에 업혀서 길여났다는 먼 넷적 큰마니가/또 그 짚등색이에서서 자채기를 하면 산 넘엣 마을까지 들렸다는/먼 넷적 큰아바지가 오는 것같이 오는 것이다 **〈국수〉**

잠 명 눈이 감긴 채 의식 활동이 쉬는 상태.

❖ 밤이 깊어가는 집안엔 엄매는 엄매들끼리 아르간에서들 웃고 이야기하고 […] 이렇게 화디의 사기방등에 심지를 몇 번이나 돋구고 홍게닭이 몇 번이나 울어서 졸음이 오면 아릇목싸움 자리싸움을 하며 히드득거리다 잠이 든다 **〈여우난골족**族**〉** ❖ 여우가 우는 밤이면/잠 없는 노친네들은 일어나 팥을 깔이며 방뇨를 한다 **〈오금덩이라는 곳〉** ❖ 재 안 드는 밤은 불도 없이 캄캄한 까막나라에서/조앙님은 무서운 이야기나 하면/모두들 죽은 듯이 엎데였다 잠이 들 것이다 **〈고사**古寺**—함주시초**咸州詩抄**〉**

졸음 명 잠이 오는 느낌이나 상태.

❖ 밤이 깊어가는 집안엔 엄매는 엄매들끼리 아르간에서들 웃고 이야기하고 〔…〕 이렇게 화디의 사기방등에 심지를 몇 번이나 돋구고 홍게닭이 몇 번이나 울어서 졸음이 오면 아릇목싸움 자리싸움을 하며 히드득거리다 잠이 든다 **〈여우난골족族〉**

춤 명 '침'의 고어, 방언(강원, 경기, 경상, 전남, 제주, 충북, 평북, 함경). 침샘에서 분비되는 무색의 끈기 있는 소화액.

❖ 황토 마루 수무나무에 얼럭궁덜럭궁 색동헝겊 뜯개조박 뵈짜배기 걸리고 〔…〕 국수당고개를 몇 번이고 튀튀 춤을 뱉고 넘어가면 골안에 아늑히 묵은 녕동이 무겁기도 할 집이 한 채 안기었는데 **〈넘언집 범 같은 노큰마니〉**

토끼잠 명 깊이 들지 못하고 자주 깨는 잠.

❖ 한 십리十里 더 가면 절간이 있을 듯한 마을이다 〔…〕 담모도리 바윗잔등에 다람쥐 해바라기하다 조은다 토끼잠 한잠 자고 나서 세수한다 〔…〕 **〈황일黃日〉**

하폄 명 '하품'의 방언(평북, 함남)(《평북방언사전》, 《금성판국어대사전》). 졸리거나 고단하거나 배부르거나 할 때, 절로 입이 벌어지면서 하는 깊은 호흡.

❖ 하폄도 남즉하니 불기와 유종들이/묵묵히 팔짱 끼고 쭈구리고 앉었다 **〈고사古寺—함주시초咸州詩抄〉**

한잠 명 ① 잠시 자는 잠. ② 깊이 든 잠.

❖ 한 십리十里 더 가면 절간이 있을 듯한 마을이다 〔…〕 담모도리 바윗잔등에 다람쥐 해바라기하다 조은다 토끼잠 한잠 자고 나서 세수한다 〔…〕 **〈황일黃日〉** ❖ 긴긴 겨울밤 인간들이 모두 한잠이 들은 재밤중에 나 혼자 일어나서 머리맡 쥐발 같은 새끼오강에 한없이 누는 잘 매럽던 오줌의 사르릉 쪼로록 하는 소리 **〈동뇨부童尿賦〉** ❖ 나는 이젠 귀치않은 측량測量도 문서文書도 싫증이 나고/낮에는 마음 놓고 낮잠도 한잠 자고 싶어서/아전 노릇을 그만두고 밭을 노왕老王한테 얻는 것이다 **〈귀농歸農〉**

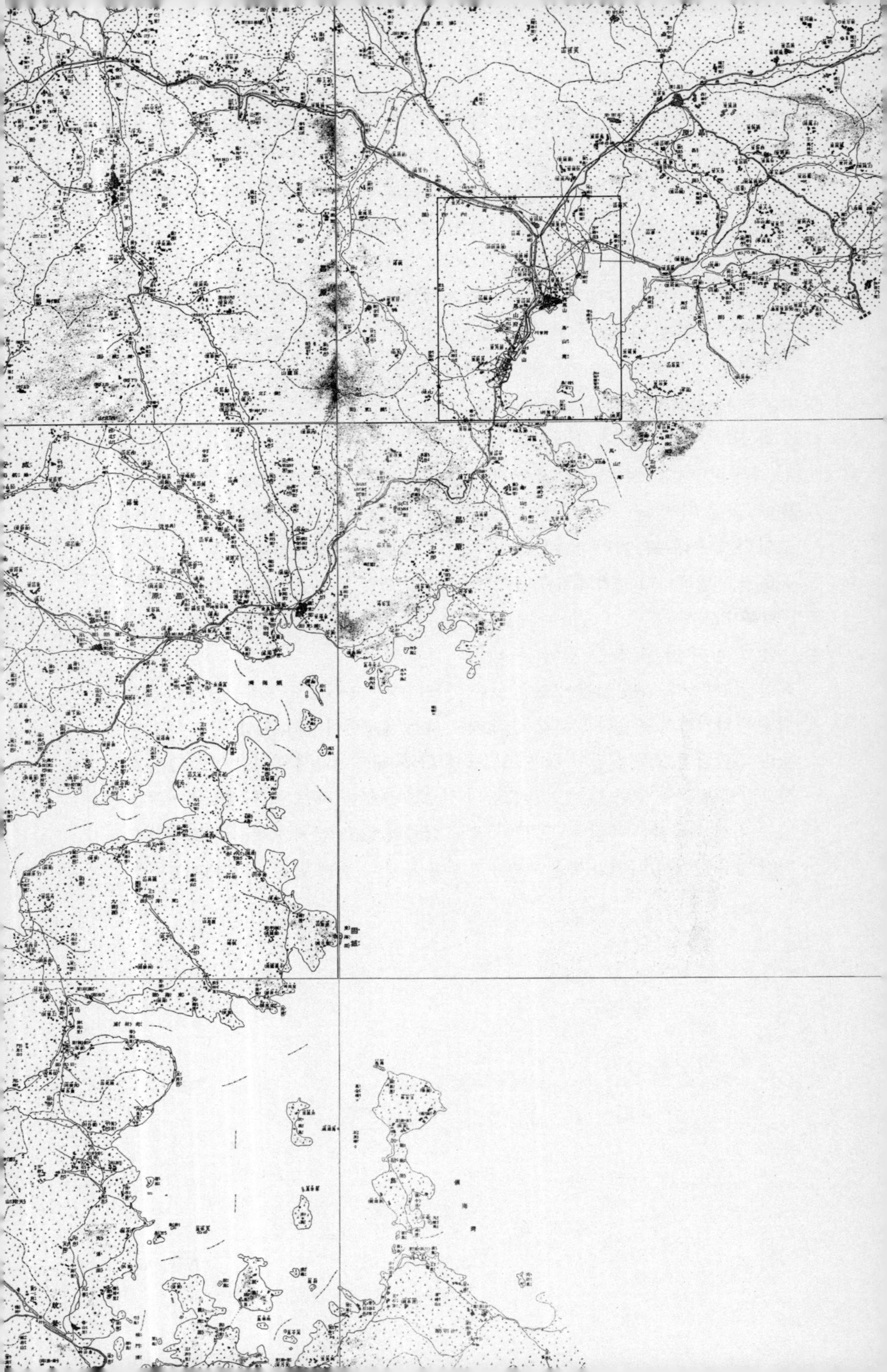

구마산

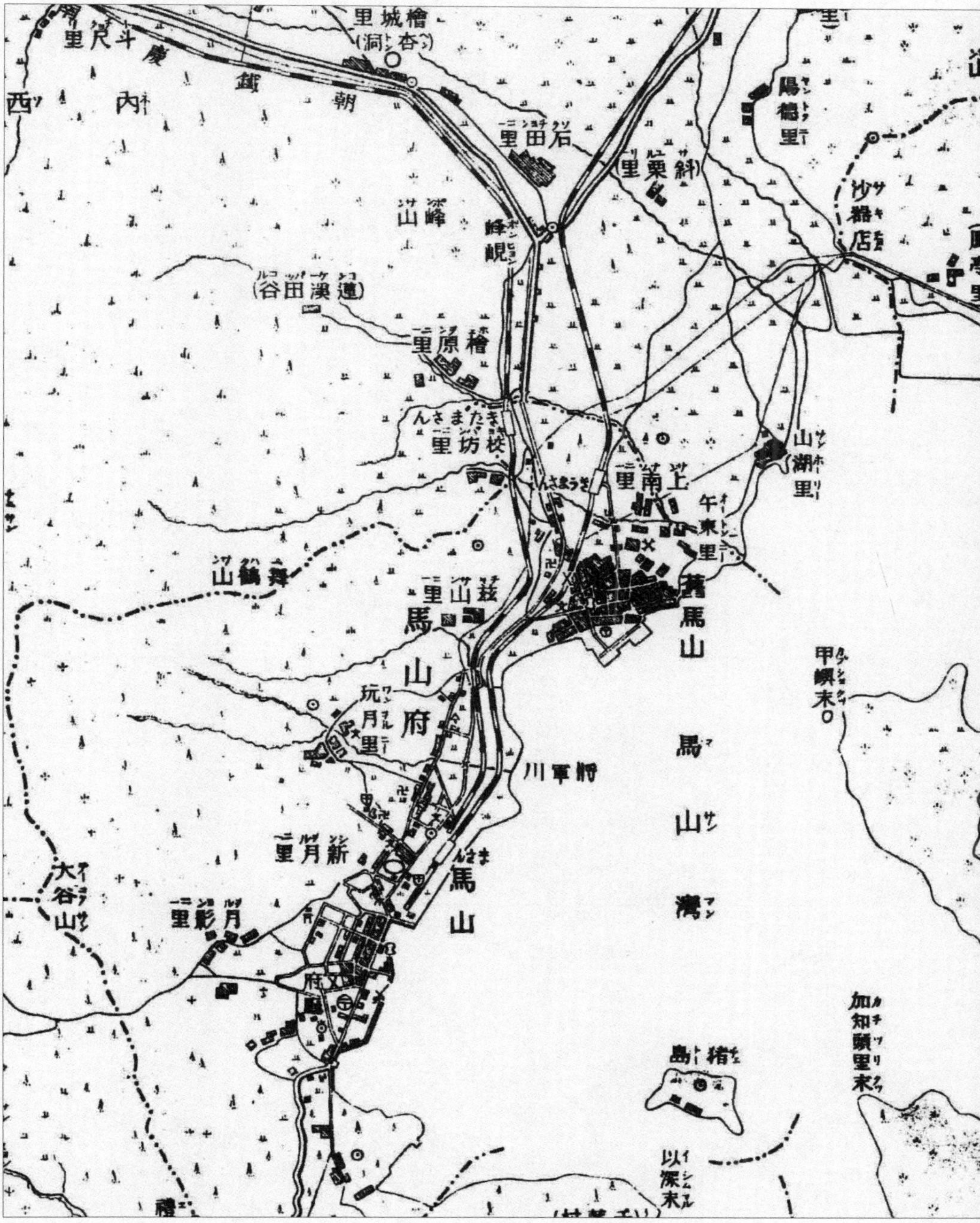

* 이하 상세 지도 출처: 《조선지형도》(1:50000, 1914-1918)

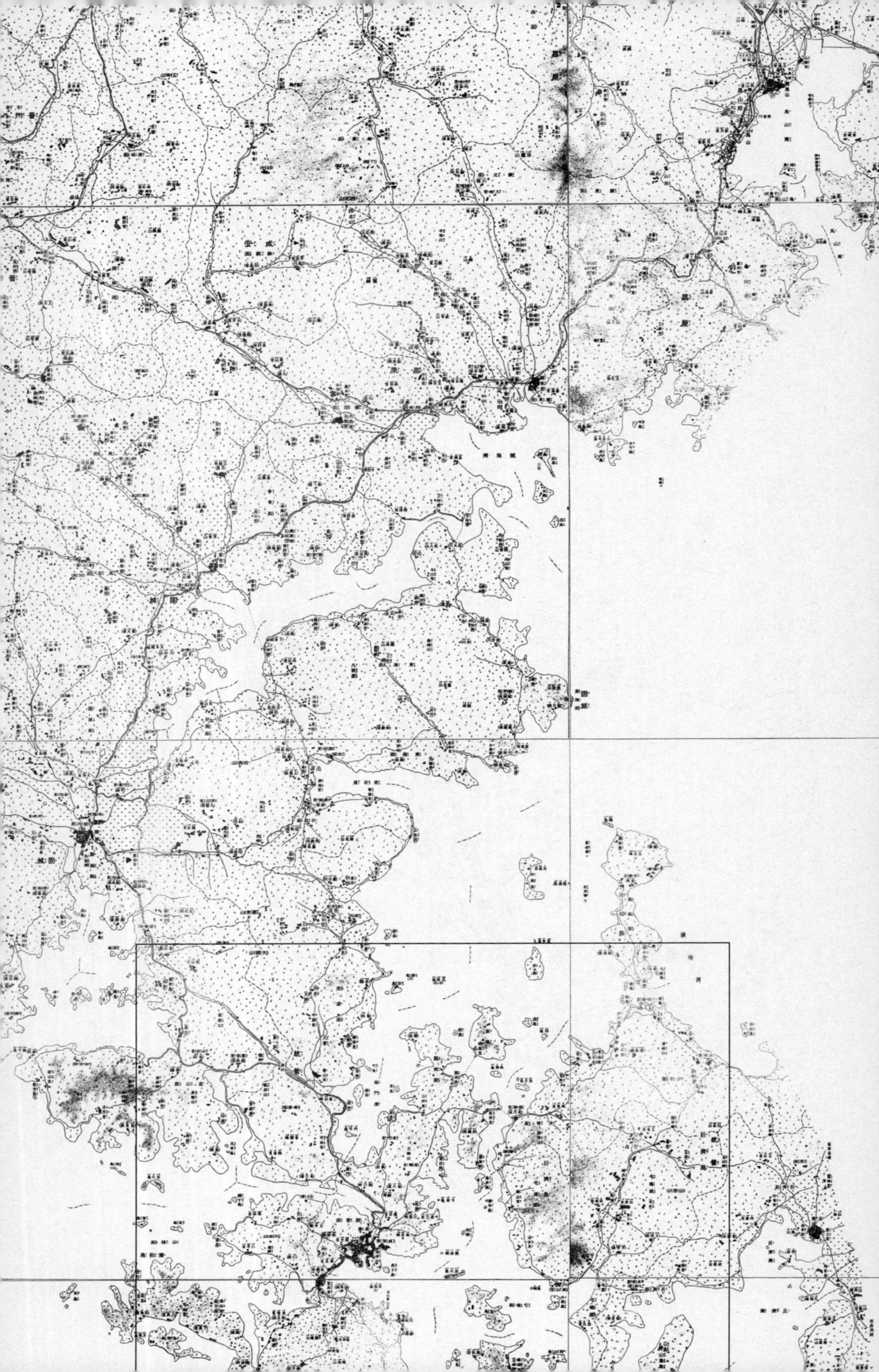

巨濟島
統營

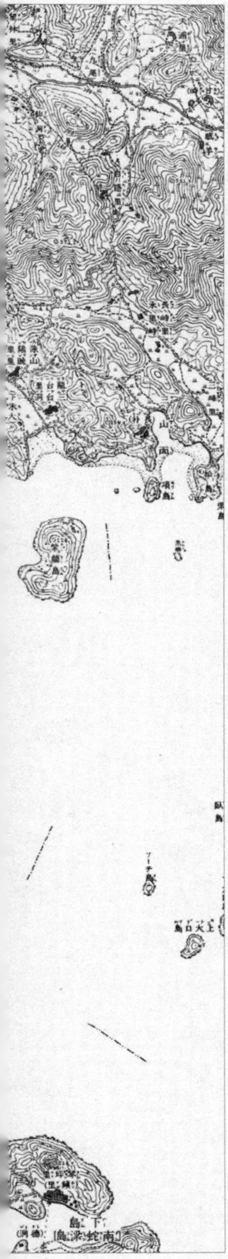

경상남도 사천군 삼천포읍

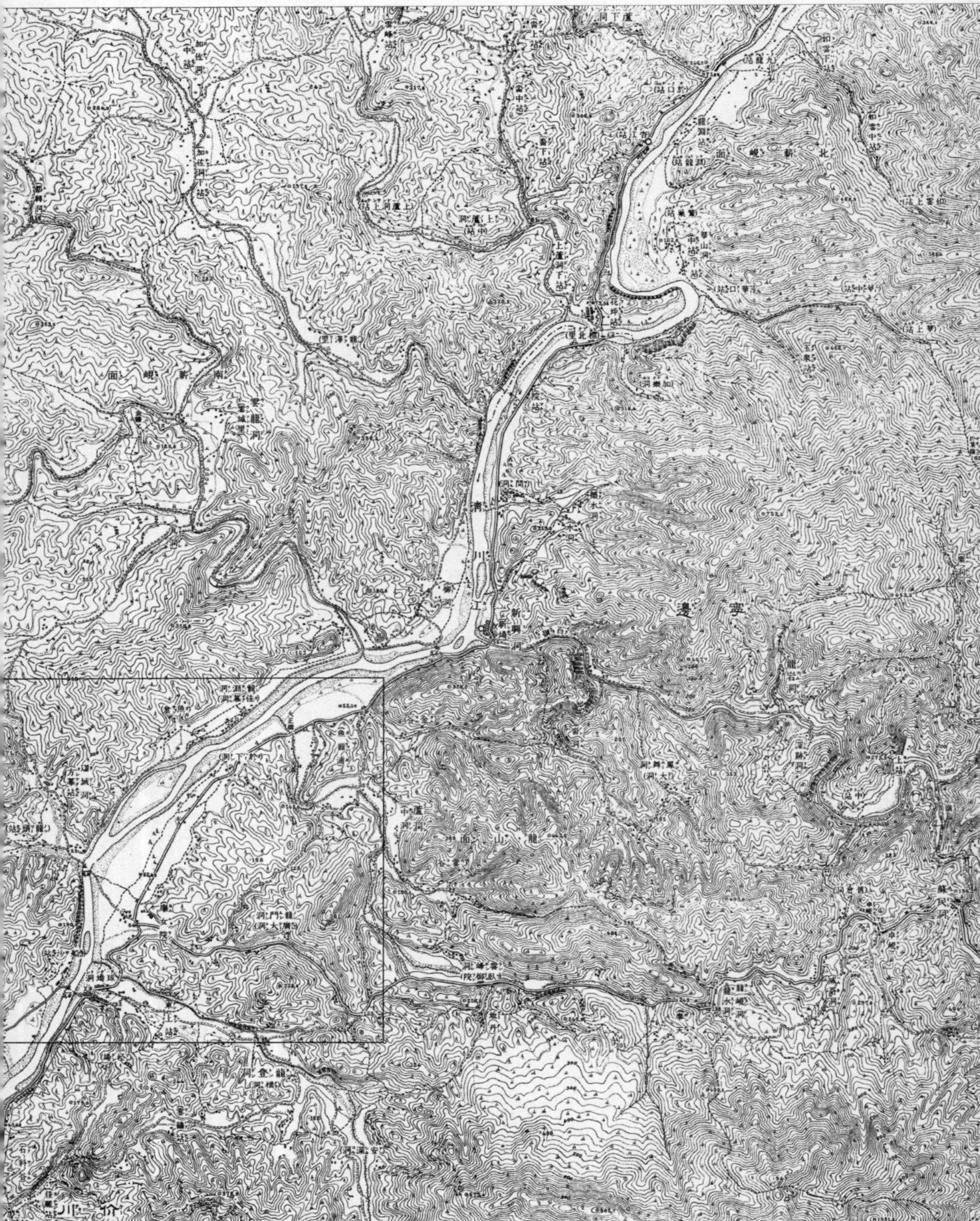

北新峴面
南新峴面
清川江
寧邊
龍山面
价川

평안북도 영변군 용산면 구장

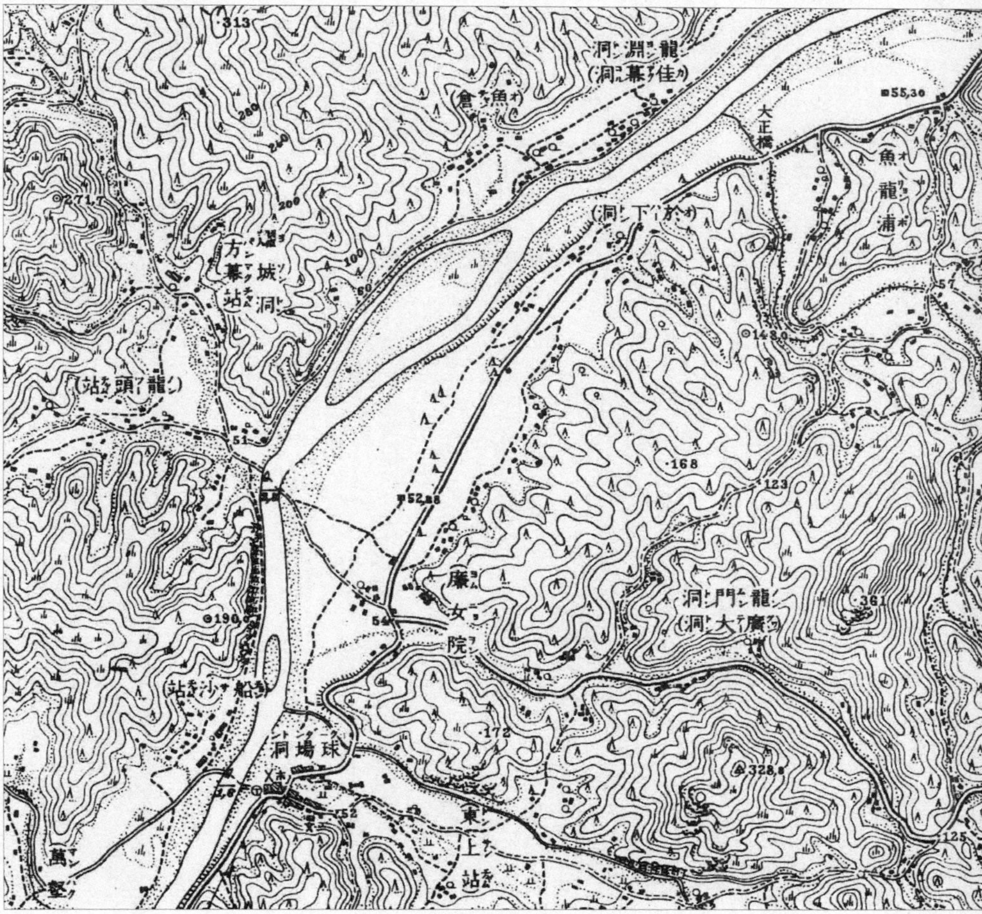

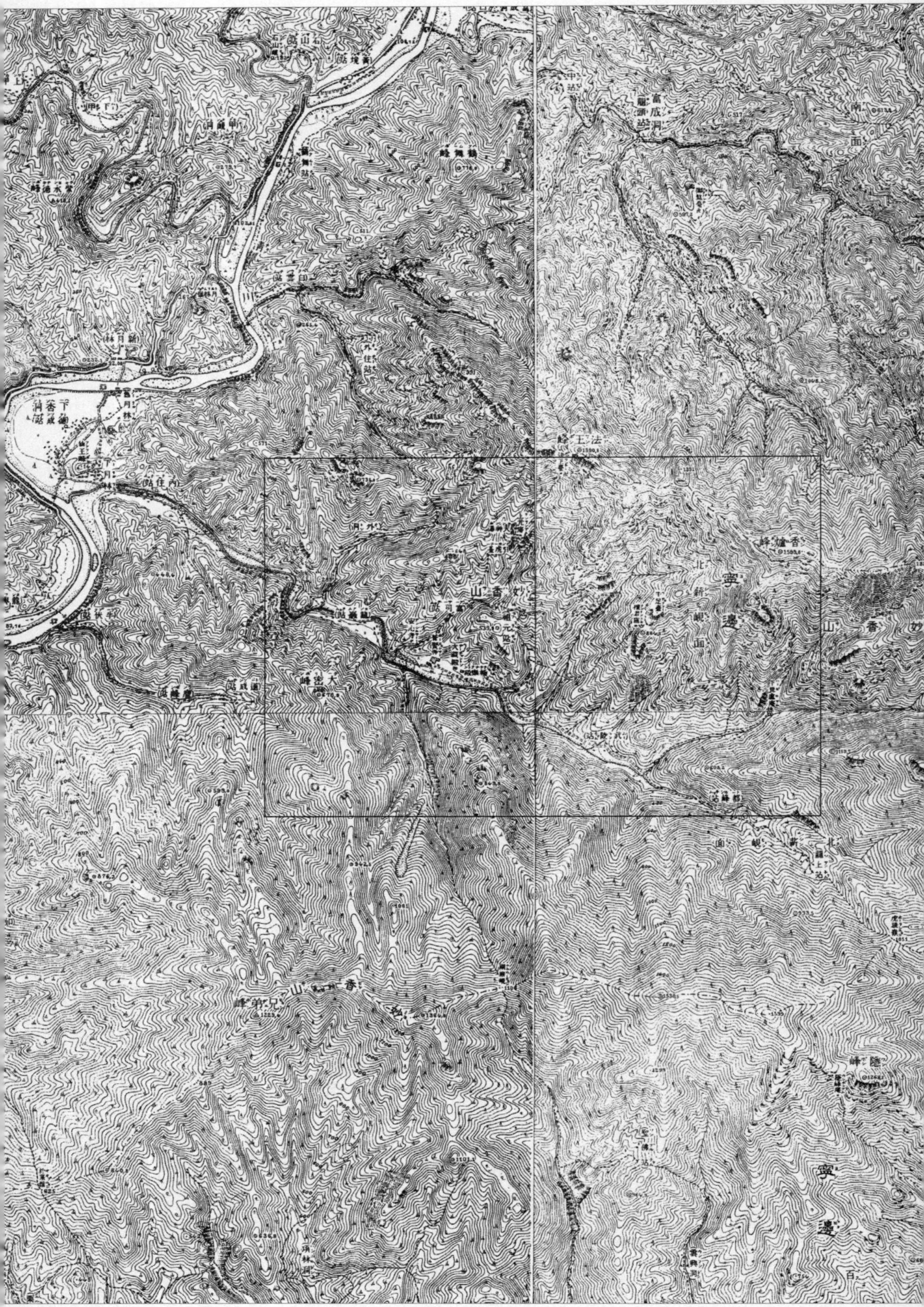

평안북도 영변군 북신현면 묘향산

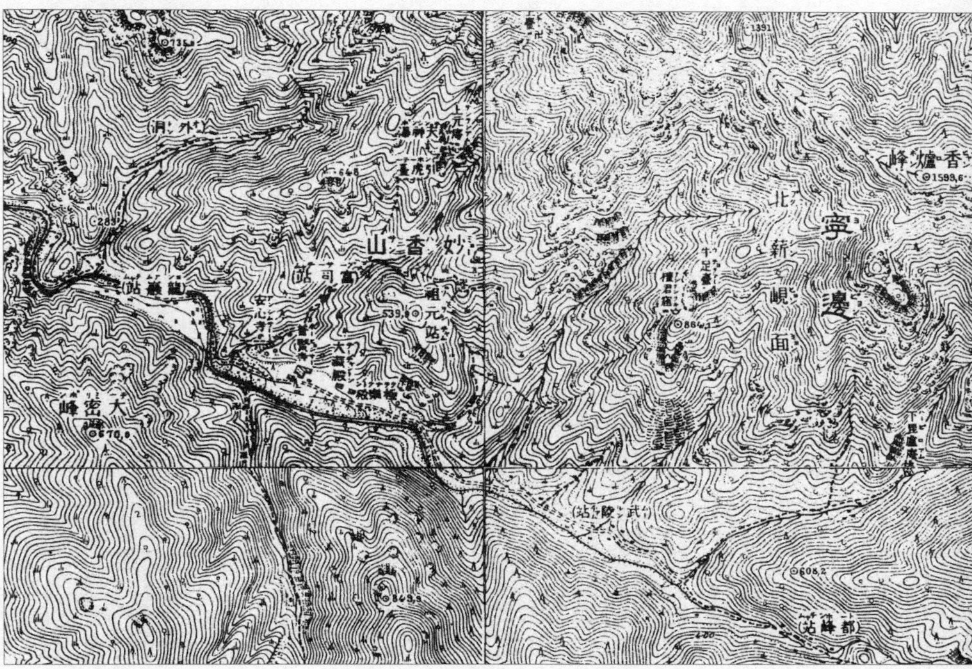

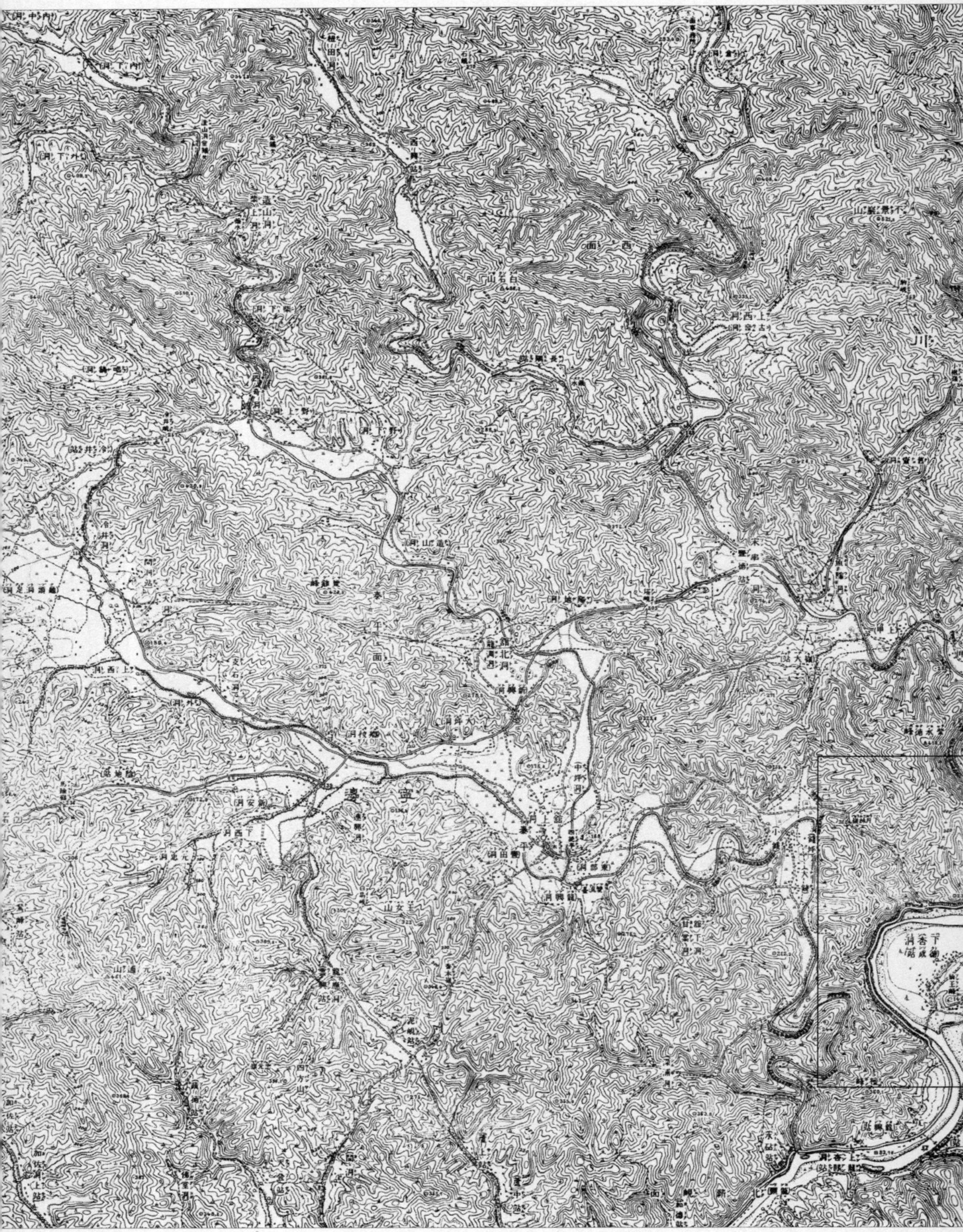

평안북도 영변군 북신현면 월림

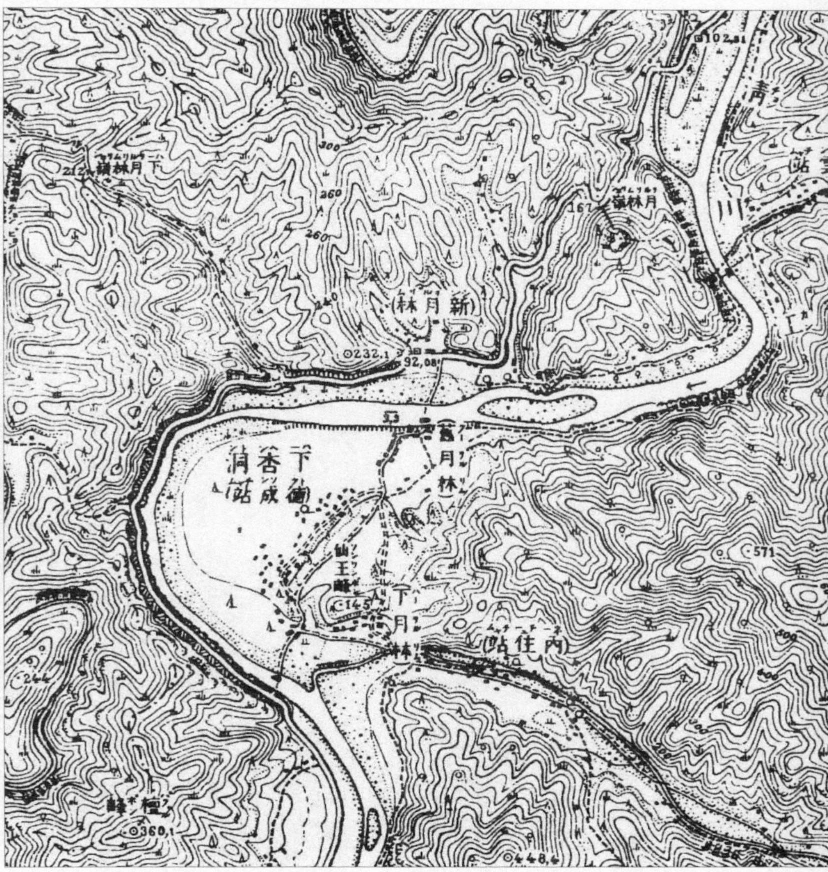

水清面
台山面
鐵山
加濱島
身彌島

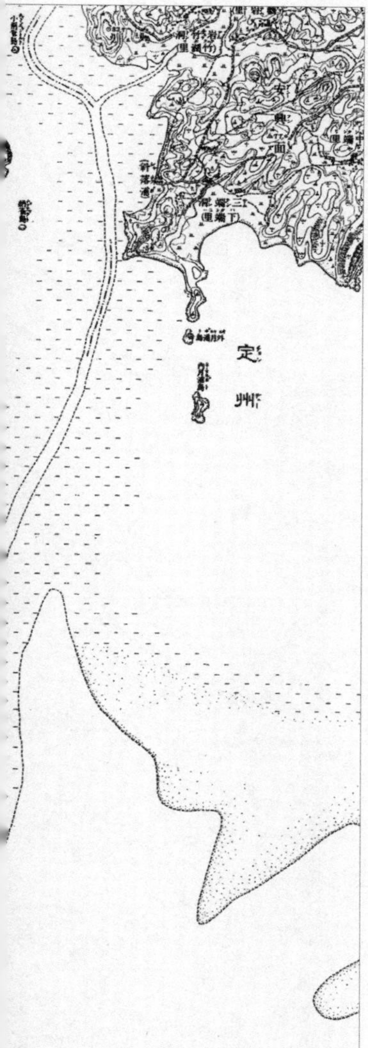

평안북도 신미도 삼각산(운종산)

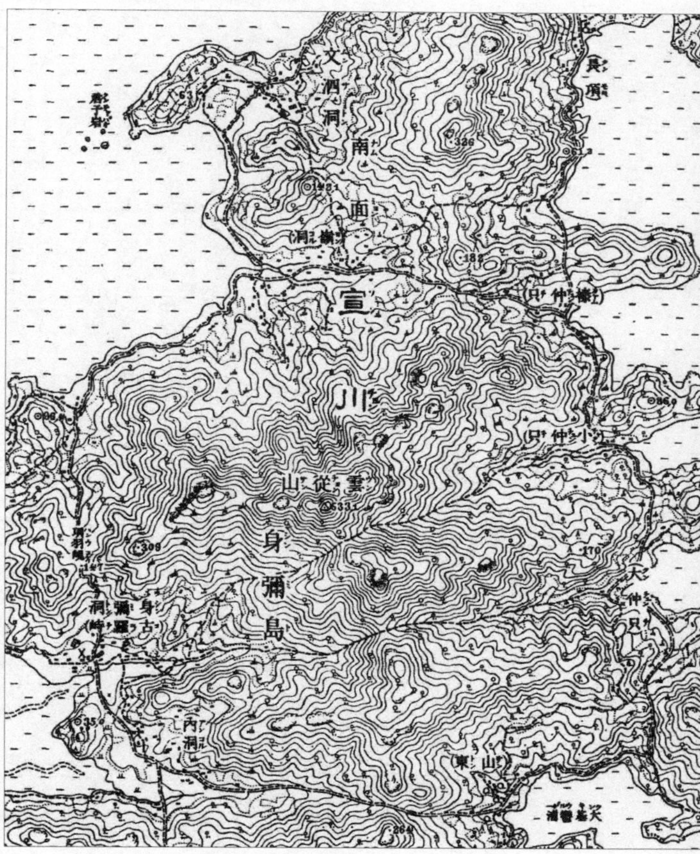

新義州府
義州
龍川

평안북도 신의주부, 유동

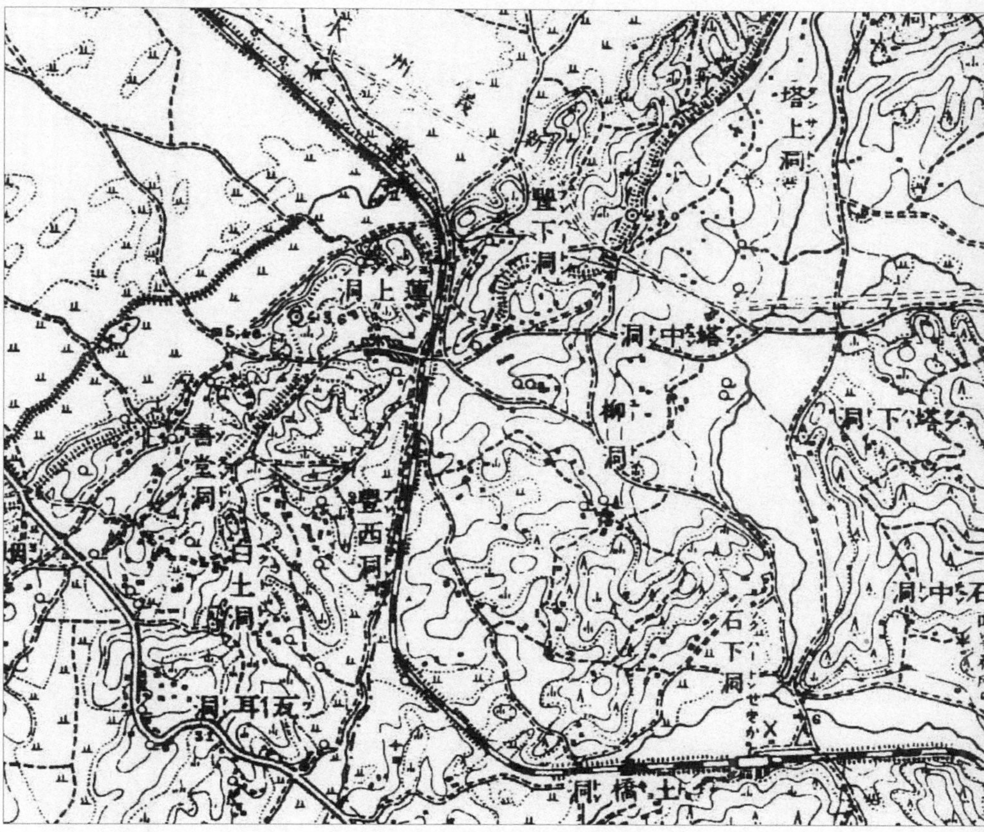

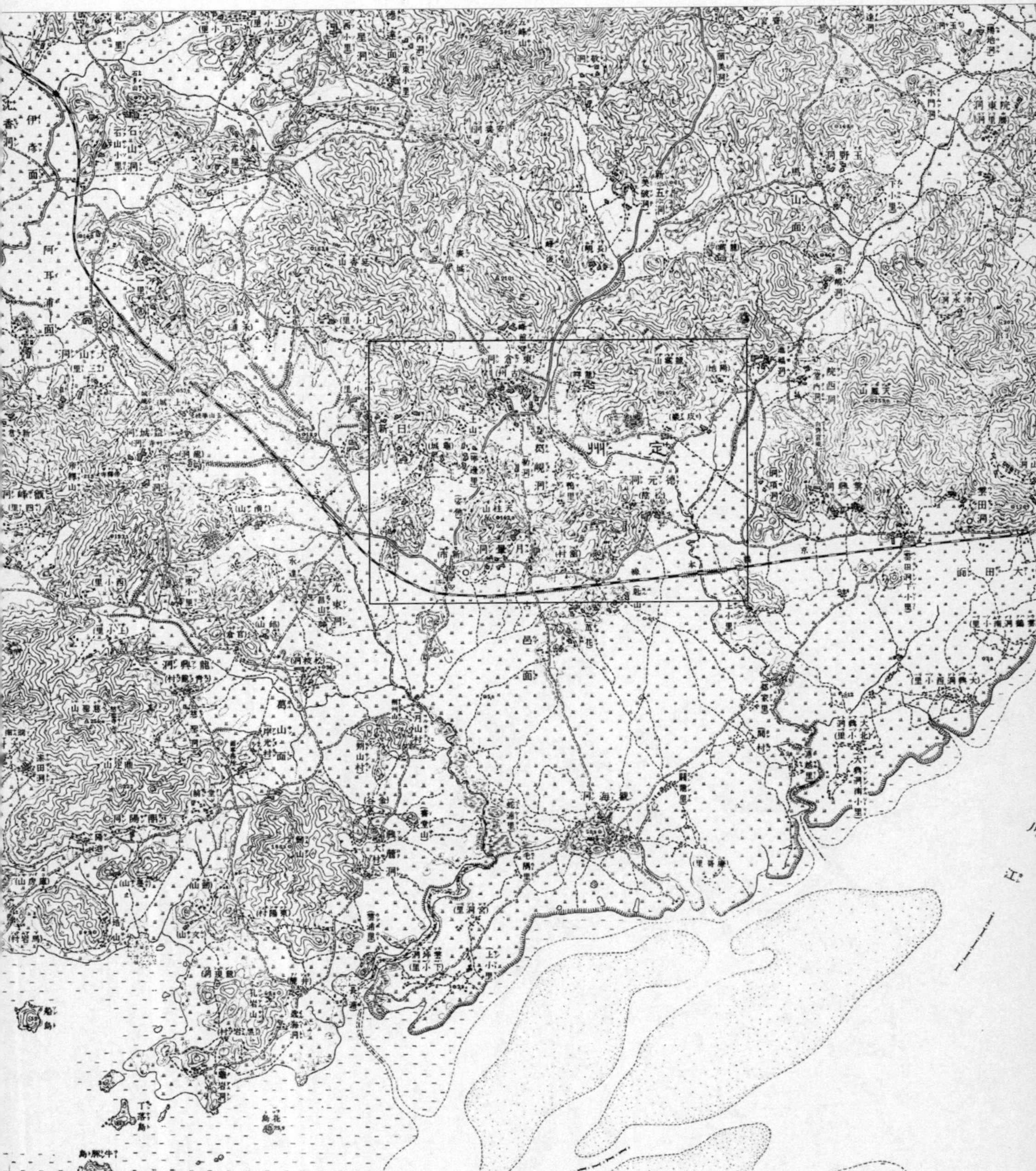

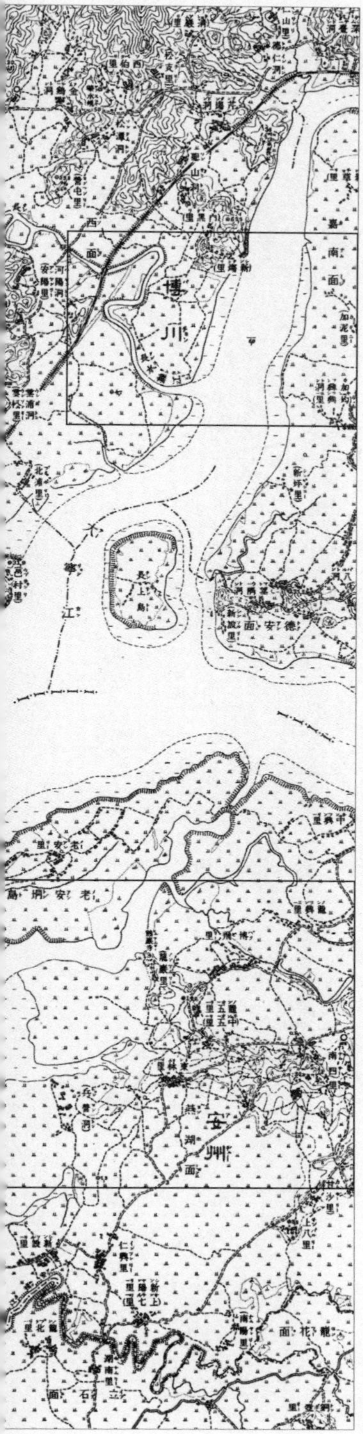

평안북도 정주군 고덕면 토산, 박천, 신안주

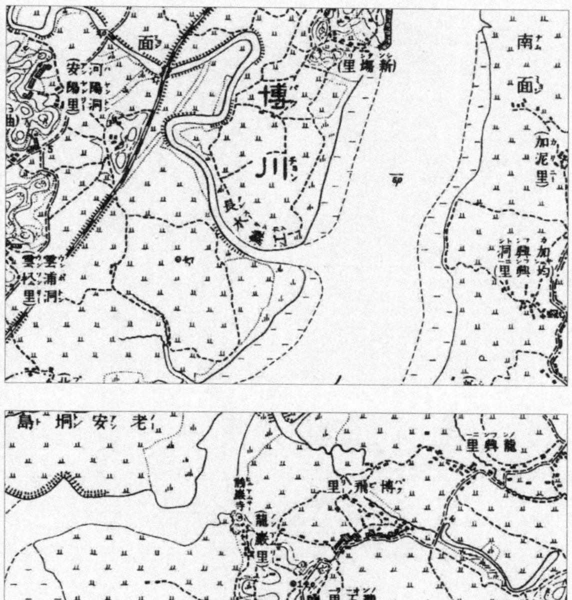

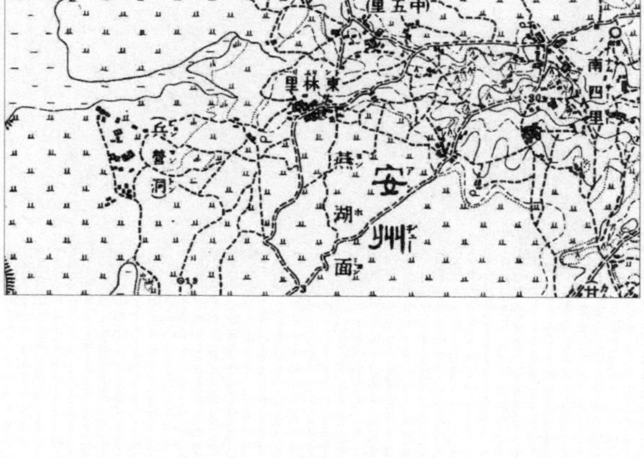

洪原
咸興
退潮灣

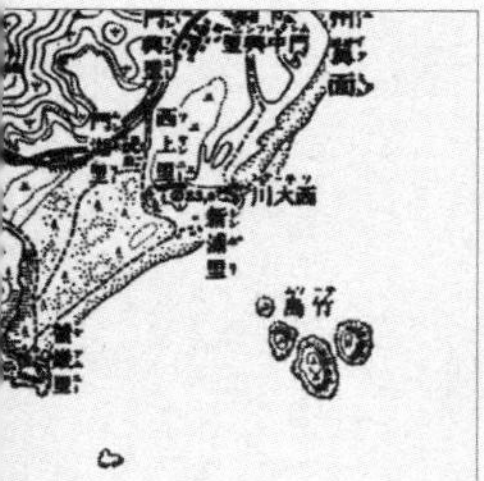

함경남도 홍원군 보청면의 삼호와 무계리

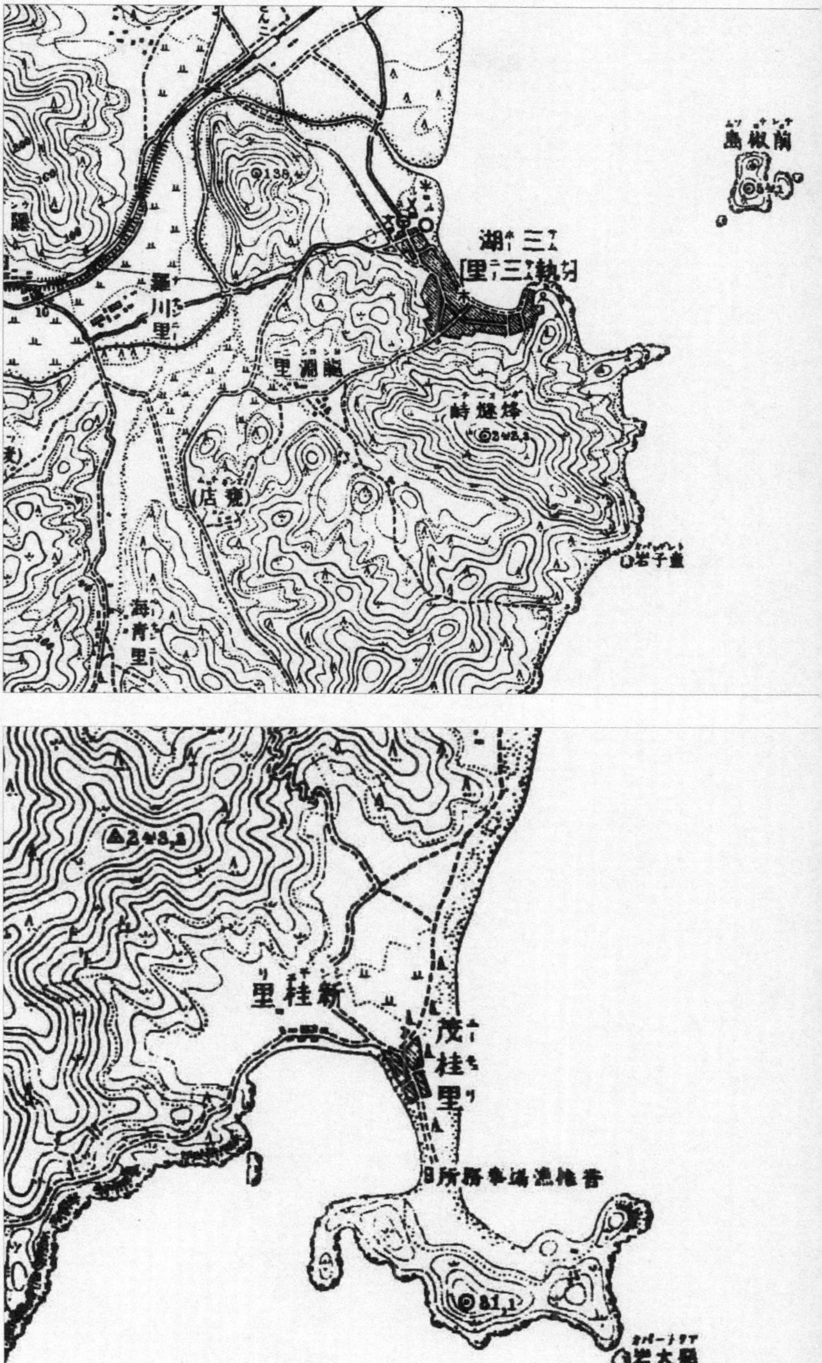

함경남도 안변군 삼방

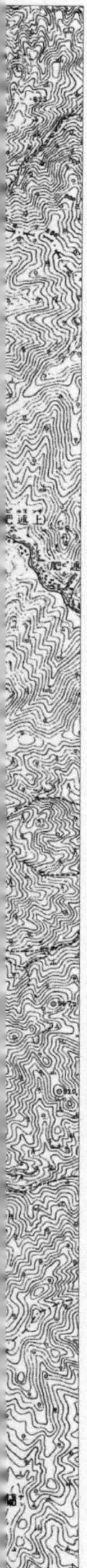

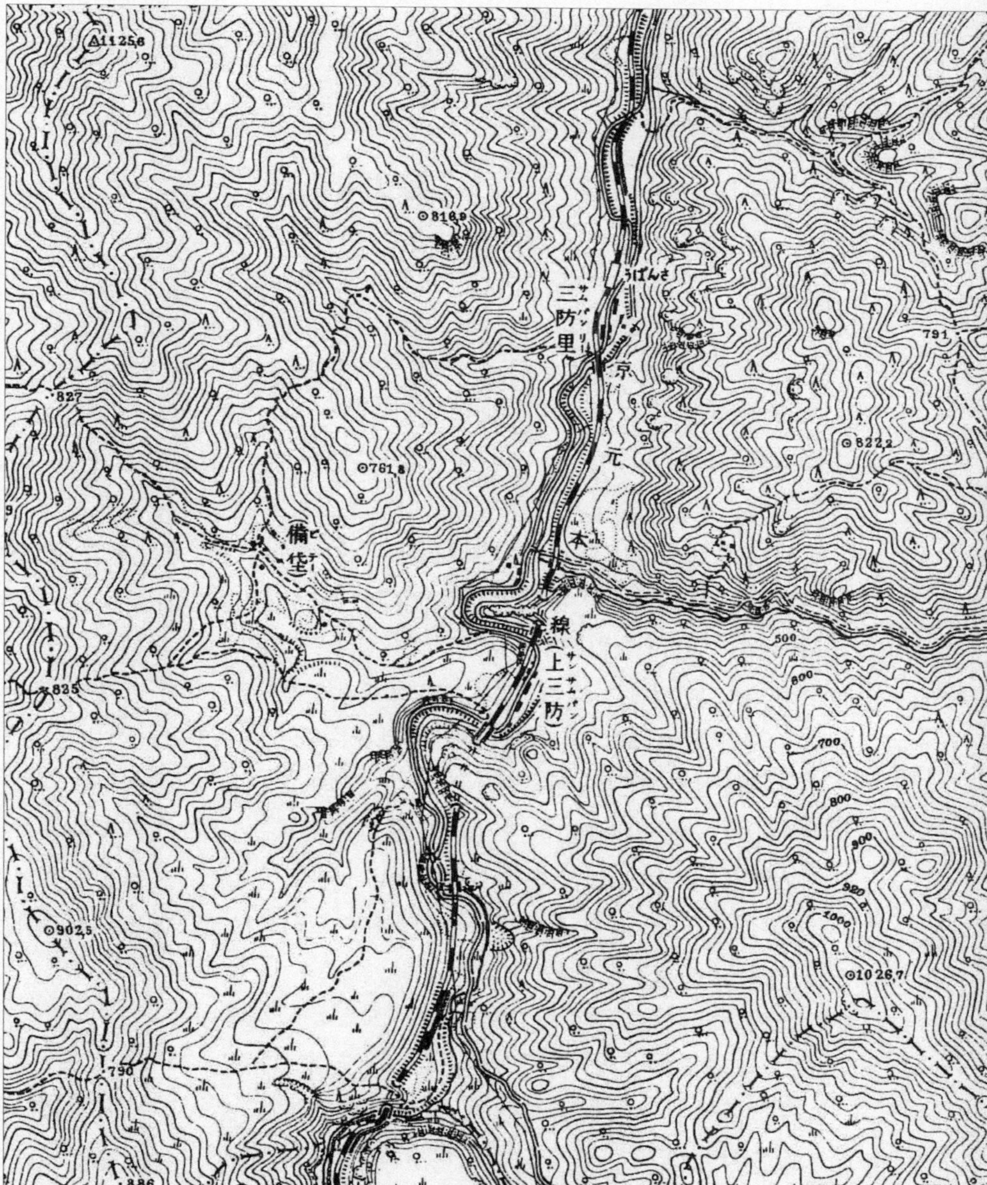

용언과 수식언

동사, 형용사, 부사, 관형사

I. 사람 및 동식물

1 발화

고아내다[동] 떠들어 대다. '고다'는 '떠들다'의 평북 방언.

〔'고아내다'는 '고다(떠들다)+내다(소리를 생기게 하다)'의 합성어이다. 《평북방언사전》, 《고려대한국어대사전》, 《조선말대사전》에 '고다'가 '떠들다'의 뜻으로 등재되어 있다. '고다'와 같은 뜻의 말로 '고아대다'가 사전에 등재되어 있어, '고아내다'가 '고아대다'의 오식일 가능성이 제기되기도 하는데(이승원, 2008), 백석은 대상이 바뀌면서 서술어가 반복될 경우 같은 표현을 쓰지 않고 변화를 줘 언어의 묘미를 전하는 경우가 많다. 아래 용례에서도 '고아대고'는 그 다음에 이어지는 '짖어대고'와 말이 겹치므로, '고아대고' 대신 '고아내고'라는 말을 썼을 가능성이 높다. 백석 시에서는 '내다'와 '내다'가 붙은 합성어가 자주 구사된다.〕

고아내고 ❖ 집에는 언제나 센개 같은 게사니가 벅작궁 고아내고 말 같은 개들이 떠들썩 짖어대고 그리고 소거름 내음새 구수한 속에 엇송아지 히물쩍 너들씨는데 **〈넘언집 범 같은 노큰마니〉**

권하다[동] 음식, 담배, 물건 따위를 먹거나 피우거나 이용하라고 말하다.

권하거니 ❖ 봉가집에서 온 사람들도 만나 반가워하고/깨죽이며 문주며 섭가락 앞에 송구떡을 사서 권하거니 먹거니 하고/그러다는 백중물을 내는 소내기를 함뿍 맞고 **〈칠월**七月 **백중〉**

덕신덕신[부] 말을 계속해서 이어 나가는 모습을 나타내는 말.

〔'덕신덕신'은 '덕지적지'를 변형시킨 말로 짐작된다.〕

❖ 승냥이 줄레줄레 달고 가며/덕신덕신 이야기하고 싶은 길이다 **〈창원도**昌原道**—남행시초**南行詩抄 **1〉**

들떠들다[동] 여럿이 들끓어서 마구 떠들다.

들떠들고 ❖ 저 한쪽 마을에는 마돝에 닭 개 즘생도 들떠들고/또 아이 어른 행길에 뜨락에 사람도 웅성웅성 흥성거려/나는 가슴이 이 무슨 흥에 벅차오며 **〈귀농歸農〉**

떠고다[동] '떠들다'의 평북 방언. 시끄럽게 큰 소리로 말하다.

떠곤다고 ❖ 이 목이 긴 시인詩人이 또 게사니처럼 떠곤다고/당신은 쓸쓸히 웃으며 바독판을 당기는구려 **〈허준許俊〉**

떠들어대다[동] 잇달아 자꾸 떠들다(《조선말대사전》).

〔'떠들어대다'는《조선말대사전》에 등재되어 있다.〕

떠들어대며 ❖ 녕감들은 유리창 같은 눈을 번득거리며/투박한 북관北關말을 떠들어대며/쇠리쇠리한 저녁해 속에/사나운 즘생같이들 사러졌다 **〈석양夕陽〉**

말하다[동] 생각이나 느낌 따위를 말로 나타내다.

말한다 ❖ 아, 노왕老王, 나는 이렇게 생각하노라/나는 노왕老王을 보고 웃어 말한다 **〈귀농歸農〉**

묻다②[동] 무엇을 밝히거나 알아내기 위하여 상대편의 대답이나 설명을 요구하는 내용으로 말하다.

물어 ❖ 새끼손톱 길게 돋은 손을 내어/묵묵하니 한참 맥을 짚드니/문득 물어 고향故鄕이 어데냐 한다 **〈고향故鄕〉**

부르다①[동] 말이나 행동 따위로 다른 사람의 주의를 끌거나 오라고 하다.

부르는 ❖ 넷말이 사는 컴컴한 고방의 쌀독 뒤에서 나는 저녁 끼때에 부르는 소리를 듣고도 못 들은 척하였다 **〈고방〉** ❖ 벌개눞역에서 바리깨를 뚜드리는 쇳소리가 나면/누가 눈을 앓어서 부증이 나서 찰거마리를 부르는 것이다/마을에서는 피성한 눈숡에 저린 팔다리에 거마리를 붙인다 **〈오금덩이라는 곳〉** ❖ 한 십리十里 더 가면 절간이 있을 듯한 마을이다 〔…〕 다람쥐 건넌산 보고 부르는 푸념이 간지럽다 **〈황일黃日〉**

부르며 ❖ 오리치를 놓으려 아배는 논으로 나려간 지 오래다/오리는 동비탈에 그림자를 떨어트리며 날어가고 나는 동말랭이에서 강아지처럼 아배를 부르며 울다가 **〈오리 망아지 토끼〉**

부르다②[동] 값이나 액수 따위를 얼마라고 말하다.

부른다 ❖ 노루새끼 등을 쓸며/터 앞에 당콩순을 다 먹었다 하고/서른닷 냥 값을 부른다 **〈노루—함주시초咸州詩抄〉**

수선거리다[동] 부산스럽게 말하거나 행동하다(《조선말대사전》).

수선거리고 ❖ 날은 챙챙 좋기도 좋은데/눈도 녹으며 술렁거리고 버들도 잎 트며 수선거리고 **〈귀농歸農〉**

왁자지껄하다[동] 여럿이 정신이 어지럽도록 시끄럽게 떠들고 지껄이다.

왁자지껄하는 ❖ 당신이 그 긴 허리를 굽히고 뒤짐을 지고 지치운 다리로/싸움과 흥정으로 왁자지껄하는 거리를 지날 때든가 **〈허준許俊〉**

욕하다[동] 남의 인격을 무시하는 모욕적인 말이나 남을 저주하는 말을 하다.

욕할 ❖ 이 못된 놈의 세상을 크게 크게 욕할 것이다 **〈가무래기의 낙樂〉**

욱자지껄하다[동] 왁자지껄하다. 몹시 소란스럽게 지껄이고 떠들다(《고려대한국어대사전》).

욱자지껄하며 ❖ 아무리 밤이 좋은들 오리야/해변벌에선 얼마나 너이들이 욱자지껄하며 멕이기에/해변땅에 나들이 갔든 할머니는/오리새끼들은 장뫃이나 하듯이 떠들썩하니 시끄럽기도 하드란 숭인가 **〈오리〉**

이야기하다[동] 자신이 경험한 지난 일이나 마음속에 있는 생각을 남에게 일러 주다.

이야기하고 ❖ 밤이 깊어가는 집안엔 엄매는 엄매들끼리 아르간에서들 웃고 이야기하고 아이들은 아이들끼리 웃간 한 방을 잡고 조아질하고 쌈방이 굴리고 바리깨돌림하고 호박떼기하고 제비손이구손이하고 〔···〕 **〈여우난골족族〉** ❖ 승냥이 줄레줄레 달고 가며/덕신덕신 이야기하고 싶은 길이다 **〈창원도昌原道—남행시초南行詩抄 1〉**

이야기한다 ❖ 언제 벌써 내 속에 고조곤히 와 이야기한다/산골로 가는 것은 세상한테 지는 것이 아니다/세상 같은 건 더러워 버리는 것이다 **〈나와 나타샤와 흰 당나귀〉**

지껄지껄하다[동] 약간 큰 소리로 떠들썩하게 자꾸 이야기하다.

지껄지껄하는 ❖ 까알까알 하는 너이들의 즐거운 말소리가 나면/나는 내 마을 그 아는 사람들의 지껄지껄하는 말소리같이 반가웁고나 **〈오리〉**

쭝얼대다[동] 남이 알아듣지 못할 정도의 작고 낮은 목소리로 혼잣말을 자꾸 하다.

쭝얼댄다 ❖ 앞뒤로 가기를 마음대로 하는 건/손자孫子의 병서兵書도 읽은 것이다/갈매기 쭝얼댄다 **〈꼴두기—물닭의 소리〉**

펴다①[동] 넓게 늘어놓거나 골고루 헤쳐 놓다. 백석 시 〈고야古夜〉의 용례에선 '소문을 늘어놓다'의 의미로 사용되고 있다.

펴며 ❖ 내일같이 명절날인 밤은 부엌에 쩨듯하니 불이 밝고 솥뚜껑이 놀으며 구수한 내음새 곰국이 무르끓고 방안에서는 일가집 할머니가 와서 마을의 소문을 펴며 조개송편에 달송편에 죈두기송편에 떡을 빚는 곁에서 〔···〕 **〈고야古夜〉**

하다②동 (간접 인용에는 '-고'가, 직접 인용에는 '-라고'가 쓰여) 이르거나 말하다.

하고 ❖ 노루새끼 등을 쓸며/터 앞에 당콩순을 다 먹었다 하고/서른닷 냥 값을 부른다 **〈노루—함주시초**咸州詩抄**〉**

하는 ❖ 언제나 병을 앓을 때면/신장님 달련이라고 하는 가즈랑집 할머니/구신의 딸이라고 생각하면 슬퍼졌다 **〈가즈랑집〉** ❖ 무슨 은殷이며 상商이며 월越이며 하는 나라 사람들의 후손들과 같이/ 〔…〕 /그런데 참으로 그 은殷이며 상商이며 월越이며 위衛며 진晉이며 하는 나라 사람들의 이 후손들은/얼마나 마음이 한가하고 게으른가/더운물에 몸을 불키거나 때를 밀거나 하는 것도 잊어버리고/제 배꼽을 들여다보거나 남의 낯을 쳐다보거나 하는 것인데 **〈조당**澡塘**에서〉**

하는데 ❖ 계집아이는 자성慈城으로 간다고 하는데 **〈팔원**八院**—서행시초**西行詩抄 **3〉**

하라고 ❖ 나는 가슴이 메이는 듯하다/내 손에 오르기라도 하라고 나는 손을 내어미나 **〈수라**修羅**〉**

하며 ❖ 예순이 넘은 아들 없는 가즈랑집 할머니는 중같이 정해서 할머니가 마을을 가면 긴 담뱃대에 독하다는 막써레기를 몇 대라도 붙이라고 하며 **〈가즈랑집〉** ❖ 나는 또 큰거미를 쓸어 문밖으로 버리며/찬 밖이라도 새끼 있는 데로 가라고 하며 서러워한다 **〈수라**修羅**〉**

하였다 ❖ 어치라는 산山새는 벌배 먹어 고읍다는 골에서 돌배 먹고 아픈 배를 아이들은 띨배 먹고 나었다고 하였다 **〈여우난골〉**

한 ❖ 뒤울안 살구나무 아래서 광살구를 찾다가/살구벼락을 맞고 울다가 웃는 나를 보고/밑구멍에 털이 몇 자나 났나 보자고 한 것은 가즈랑집 할머니다 **〈가즈랑집〉**

한다 ❖ 자정도 활씬 지났는데/닭을 잡고 모밀국수를 누른다고 한다/어늬 산山옆에선 캥캥 여우가 운다 **〈야반**夜半**—산중음**山中吟**〉** ❖ 새끼손톱 길게 돋은 손을 내어/묵묵하니 한참 맥을 짚드니/문득 물어 고향故鄕이 어데냐 한다 **〈고향**故鄕**〉** ❖ 자성慈城은 예서 삼백오십리三百五十里 묘향산妙香山 백오십리百五十里/묘향산妙香山 어디메서 삼촌이 산다고 한다 **〈팔원**八院**—서행시초**西行詩抄 **3〉**

한즉 ❖ 평안도平安道 정주定州라는 곳이라 한즉/그러면 아무개씨氏 고향故鄕이란다/그러면 아무개씰氏 아느냐 한즉/의원醫員은 빙긋이 웃음을 띠고/막역지간莫逆之間이라며 수염을 쓴다/나는 아버지로 섬기는 이라 한즉/의원醫員은 또다시 넌즈시 웃고/말없이 팔을 잡어 맥을 보는데 **〈고향**故鄕**〉**

해서 ❖ 육십리六十里라고 해서 파랗게 뵈이는 산山을 넘어 있다는 해변에서 과부가 된 코끝이 빨간 언제나 흰옷이 정하든 말끝에 설게 눈물을 짤 때가 많은 큰골 고

무 고무의 딸 홍녀洪女 아들 홍洪동이 작은홍洪동이 **〈여우난골족族〉**

했다 ❖ 산山 너머는/겨드랑이에 짖이 돋아서 장수가 된다는/더꺼머리총각들이 살아서/색시 처녀들을 잘도 업어간다고 했다 **〈산山〉**

2 감정

가라앉다 동 흥분이나 아픔, 괴로움 따위가 수그러들거나 사라지다.

가라앉고 ❖ 이렇게 하여 여러 날이 지나는 동안에,/내 어지러운 마음에는 슬픔이며, 한탄이며, 가라앉을 것은 차츰 앙금이 되어 가라앉고, **〈남신의주 유동 박시봉방南新義州柳洞朴時逢方〉**

가라앉을 ❖ 이렇게 하여 여러 날이 지나는 동안에,/내 어지러운 마음에는 슬픔이며, 한탄이며, 가라앉을 것은 차츰 앙금이 되어 가라앉고, **〈남신의주 유동 박시봉방南新義州柳洞朴時逢方〉**

가이없이 부 '가엾이' '불쌍하게' '딱하게'의 평북 방언(《평북방언사전》).

〔《표준국어대사전》엔 '가이없다'가 ① '가없다(끝이 없다)의 잘못'으로 풀이되어 있지만, 《금성판국어대사전》엔 ① '가엾다'의 방언 ② '가없다'(끝이 없다)의 비표준어 두 가지 뜻으로, 《조선말대사전》엔 '가엾다'의 평북 방언으로, 《평북방언사전》에 '가이없이'가 '가엾이' '불쌍하게' '딱하게'의 평북 방언으로 풀이되어 있다. 그리고 이 시가 쓰여진 무렵에 간행된 문세영의 《조선어사전》(1938)에도 '가이없다'는 '가엾다', '불쌍하다', '딱하다'라는 뜻으로 풀이되어 있다. 문맥상으로도 아래 시의 용례에서 '가이없이'는 '가엾이'로 보는 것이 적절하다.〕

❖ 고원선高原線 종점終點인 이 적은 정거장停車場엔/그렇게도 우쭐대며 달가불시며 뛰어오던 뽕뽕차車가/가이없이 쓸쓸하니도 우두머니 서 있다 **〈함남도안咸南道安〉**

고맙다 형 은혜나 신세를 입어 마음이 흐뭇하고 즐겁다(《금성판국어대사전》).

고마운 ❖ 내가 이렇게 외면하고 거리를 걸어가는 것은 또 내 많지 못한 월급이 얼마나 고마운 탓이고/이렇게 젊은 나이로 코밑수염도 길러보는 탓이고 **〈내가 이렇게 외면하고〉**

귀치않다 형 귀찮다. 마음에 들지 아니하고 괴롭거나 성가시다.

〔'귀치않다'는 '귀찮다'의 본말인데, 준말이 널리 쓰일 땐, 그 말을 표준어로 한다는 맞춤법 규정에 따라, 《표준국어대사전》엔 '귀치않다'가 비표준어로 규정되어 있으

나, 《조선말대사전》엔 '귀치않다'와 '귀찮다'가 모두 문화어(북한의 표준어)로 등재되어 있다.〕

귀치않은 ❖ 나는 이젠 귀치않은 측량測量도 문서文書도 싫증이 나고/낮에는 마음 놓고 낮잠도 한잠 자고 싶어서 **〈귀농歸農〉**

그려오다 동 사랑하는 마음으로 간절히 생각해 오다.

〔'그려오다'는 '그리다'에 보조용언 '오다'가 결합한 형태의 말이다.〕

그려오든 ❖ 샛파란 핏대를 바라보며 나는 가난한 아버지를/가진 것과 내가 오래 그려오든 처녀가 시집을 간 것과 **〈내가 생각하는 것은〉**

그리워지다 동 그리운 마음이 생기다.

그리워지는 ❖ 나의 정다운 것들 가지 명태 노루 뫼추리 질동이 노랑나뷔 바구지꽃 모밀국수 남치마 자개짚세기 그리고 천희千姬라는 이름이 한없이 그리워지는 밤이로구나 **〈야우소회夜雨小懷—물닭의 소리〉**

그리워하다 동 사랑하여 몹시 보고 싶어 하다.

그리워한다 ❖ 나는 벌써 달디단 물구지우림 둥굴네우림을 생각하고/아직 멀은 도토리묵 도토리범벅까지도 그리워한다 **〈가즈랑집〉**

그립다 형 보고 싶거나 만나고 싶은 마음이 간절하다.

그리운 ❖ 아, 나의 조상은 형제는 일가친척은 정다운 이웃은 그리운 것은 사랑하는 것은 우러르는 것은 나의 자랑은 나의 힘은 없다 바람과 물과 세월과 같이 지나가고 없다 **〈북방北方에서—정현웅鄭玄雄에게〉**

기꺼이 부 마음속으로 은근히 기쁘게.

❖ 우리 엄매가 나를 가지는 때 이 노큰마니는 어늬 밤 크나큰 범이 한 마리 우리 선산으로 들어오는 꿈을 꾼 것을 우리 엄매가 서울서 시집을 온 것을 그리고 무엇보다도 내가 이 노큰마니의 당조카의 맏손자로 난 것을 다견하니 알뜰하니 기꺼이 녀기는 것이었다 **〈넘언집 범 같은 노큰마니〉**

기다리다 동 어떤 사람이나 때가 오기를 바라다.

기다려 ❖ 섶벌같이 나아간 지아비 기다려 십 년十年이 갔다/지아비는 돌아오지 않고/어린 딸은 도라지꽃이 좋아 돌무덤으로 갔다 **〈여승女僧〉**

기다린다 ❖ 오리야 나는 네가 좋구나 네가 좋아서/벌논의 늪 옆에 쭈구렁벼알 달린 짚검불을 널어놓고/닭이짗 올코에 새끼달은치를 묻어놓고/동둑 넘에 숨어서/하로진일 너를 기다린다 **〈오리〉**

기뻐하다 동 기쁘게 여기다.

기뻐하며 ❖ 맑고 가난한 친구가 하나 있어서/내가 이렇게 추운 거리를 지나온 걸/얼마나 기뻐하며 락단하고/그즈런히 손깍지벼개하고 누워서/이 못된 놈의 세상을 크게 크게 욕할 것이다 **〈가무래기의 낙樂〉**

기뿌다 형 기쁘다. 마음에 즐거운 느낌이 나다.

기뿌다 ❖ 기장쌀은 기장차떡이 좋고 기장차랍이 좋고 기장감주가 좋고 그리고 기장쌀로 쑨 호박죽은 맛도 있는 것을 생각하며 나는 기뿌다 **〈월림月林장—서행시초西行詩抄 4〉**

꿋꿋하다 형 사람의 기개, 의지, 태도나 마음가짐 따위가 매우 굳세다.

꿋꿋하나 ❖ 내 손자의 손자와 손자와 나와 〔…〕 수원백씨水原白氏 정주백촌定州白村의 힘세고 꿋꿋하나 어질고 정 많은 호랑이 같은 곰 같은 소 같은 피의 비 같은 밤 같은 달 같은 슬픔을 담는 것 아 슬픔을 담는 것 **〈목구木具〉**

나다⑨ 형 흥미, 짜증, 용기 따위의 감정이 일어나다.

나고 ❖ 나는 이젠 귀치않은 측량測量도 문서文書도 싫증이 나고/낮에는 마음 놓고 낮잠도 한잠 자고 싶어서 **〈귀농歸農〉**

나는 ❖ 열여섯에 사십四十이 넘은 홀아비의 후처가 된 포족족하니 성이 잘 나는 살빛이 매감탕 같은 입술과 젖꼭지는 더 까만 예수쟁이 마을 가까이 사는 토산土山 고무 고무의 딸 승녀承女 아들 승承동이 **〈여우난골족族〉**

나서는 ❖ 오리는 동비탈에 그림자를 떨어트리며 날어가고 나는 동말랭이에서 강아지처럼 아배를 부르며 울다가/시악이 나서는 등 뒤 개울물에 아배의 신짝과 버선목과 대님오리를 모다 던져버린다 **〈오리 망아지 토끼〉**

놀라나다 동 '놀라다'의 평북 방언(《평북방언사전》).

놀라나고 ❖ 밤에는 먼 개소리에 놀라나고/아츰에는 지나가는 사람마다에게 절을 하면서도/나는 나의 부끄러움을 알지 못했다 **〈북방北方에서—정현웅鄭玄雄에게〉**

놀라다 동 뜻밖의 일로 가슴이 두근거리거나 무서움을 느끼다(《금성판국어대사전》).

놀라서 ❖ 힘을 쓸랴고 벌써부터 두 다리가 푸둥푸둥하니 살이 찐 아이여/너는 오늘 아츰 무엇에 놀라서 우는구나/분명코 무슨 거즛되고 쓸데없는 것에 놀라서/그것이 네 맑고 참된 마음에 분해서 우는구나 **〈촌에서 온 아이〉**

놀래주다 동 '놀래다'(뜻밖의 일로 가슴이 두근거리거나 무서움을 느끼게 하다)에 보조용언 '주다'가 결합된 말.

〔'놀래다'는 '놀라다'의 사동사이며, 주로 보조동사 '주다'와 어울려서 쓰인다.〕

놀래주고 ❖ 솔포기에 숨었다/토끼나 꿩을 놀래주고 싶은 산山허리의 길은 〈**창원도**昌原道**—남행시초**南行詩抄 1〉

눈물겹다 형 눈물이 날 만큼 가엾고 애처롭다.

눈물겨웠다 ❖ 이즉하니 물기에 누굿이 젖은 왕구새자리에서 저녁상을 받은 가슴 앓는 사람은 참치회를 먹지 못하고 눈물겨웠다 〈**시기**柿崎**의 바다**〉

느꾸다 동 긴장이나 흥분을 풀다(《평북방언사전》).

느꾸어 ❖ 이날은 그 어늬 한고향 사람의 주막이나 반관飯館을 찾어가서/그 조상들이 대대로 하든 본대로 원소元宵라는 떡을 입에 대며/스스로 마음을 느꾸어 위안하지 않었을 것인가 〈**두보**杜甫**나 이백**李白**같이**〉

느끼다① 동 마음속으로 어떤 감정 따위를 체험하고 맛보다.

느끼는 ❖ 내 가슴이 꽉 메어 올 적이며,/내 눈에 뜨거운 것이 핑 괴일 적이며,/또 내 스스로 화끈 낯이 붉도록 부끄러울 적이며,/나는 내 슬픔과 어리석음에 눌리어 죽을 수밖에 없는 것을 느끼는 것이었다. 〈**남신의주 유동 박시봉방**南新義州柳洞朴時逢方〉

느끼며 ❖ 나는 문득 가슴에 뜨끈한 것을 느끼며/소수림왕小獸林王을 생각한다 광개토대왕廣開土大王을 생각한다 〈**북신**北新**—서행시초**西行詩抄 2〉

든든히 부 어떤 것에 대한 믿음으로 마음이 허전하거나 두렵지 않고 굳세게.

❖ 섣달에 냅일날이 들어서 냅일날 밤에 눈이 오면 이 밤엔 쌔하얀 할미귀신의 눈귀신도 냅일눈을 받노라 못 난다는 말을 든든히 녀기며 엄매와 나는 앙궁 우에 떡돌 우에 곱새담 우에 함지에 버치며 대냥푼을 놓고 〔…〕 〈**고야**古夜〉

들뜨다 동 마음이나 분위기가 가라앉지 아니하고 조금 흥분되다.

들뜨게 ❖ 마을을 구수한 즐거움에 싸서 은근하니 흥성흥성 들뜨게 하며/이것은 오는 것이다 〈**국수**〉

띠다 동 감정이나 기운 따위를 나타내다.

띠고 ❖ 의원醫員은 빙긋이 웃음을 띠고/막역지간莫逆之間이라며 수염을 쓴다 〈**고향**故鄕〉

락단하다 동 무릎을 치며 좋아하다. 또는 히히덕거리다.

〔'락단하다'는 평북 출신의 김장각 옹에 따르면 그 지역서 '무릎을 치며 좋아하다'의 뜻으로 사용하는 말이라고 한다. 이 단어에 대한 용례를 다른 곳에서 찾기 어려워 정확한 뜻을 알기 어려운데, 김영범(2004)은 이 단어를 '樂踹하다'로 보아 '즐거워 발을 구르다'로, 이동석(2007ㄱ)은 고어 '락닥ᄒᆞ다'에서 온 말로 보아 '히히덕거리다'로, 이숭원(2008) 역시 고어 '락닥ᄒᆞ다'에서 온 말로 보고 '희희낙락하고 즐겨하다'로 풀이한다.〕

락단하고 ❖ 내가 이렇게 추운 거리를 지나온 걸/얼마나 기뻐하며 락단하고/그즈런히 손깍지벼개하고 누워서/이 못된 놈의 세상을 크게 크게 욕할 것이다 **〈가무래기의 낙樂〉**

마음대로 부 하고 싶은 대로.

❖ 앞뒤로 가기를 마음대로 하는 건/손자孫子의 병서兵書도 읽은 것이다 **〈꼴두기—물닭의 소리〉** ❖ 이것들보다 더 크고, 높은 것이 있어서, 나를 마음대로 굴려 가는 것을 생각하는 것인데, **〈남신의주 유동 박시봉방南新義州柳洞朴時逢方〉**

맑다① 형 (마음이) 때묻지 아니하고 순수하다(《고려대한국어대사전》).

맑고 ❖ 이 추운 세상의 한구석에/맑고 가난한 친구가 하나 있어서/내가 이렇게 추운 거리를 지나온 걸 **〈가무래기의 낙樂〉** ❖ 너는 오늘 아츰 무엇에 놀라서 우는구나/분명코 무슨 거즛되고 쓸데없는 것에 놀라서/그것이 네 맑고 참된 마음에 분해서 우는구나 **〈촌에서 온 아이〉**

맑은 ❖ 스스로 마음을 느꾸어 위안하지 않었을 것인가/그러면서 이 마음이 맑은 녯 시인詩人들은 먼 훗날 그들의 먼 훗자손들도/그들의 본을 따서 이날에는 원소元宵를 먹을 것을 **〈두보杜甫나 이백李白같이〉**

맑어지다 형 맑아지다. 맑은 상태로 되다.

맑어진다 ❖ 나는 두 손으로 고이 약그릇을 들고 이 약을 내인 녯사람들을 생각하노라면/내 마음은 끝없이 고요하고 또 맑어진다 **〈탕약湯藥〉**

먹다② 동 어떤 마음이나 감정을 품다.

먹고 ❖ 흙꽃 니는 이른 봄의 무연한 벌을/경편철도輕便鐵道가 노새의 맘을 먹고 지나간다 **〈광원曠原〉**

메다 동 어떤 감정이 북받치는 상태가 되다(《고려대한국어대사전》).

메어 ❖ 내 가슴이 꽉 메어 올 적이며,/내 눈에 뜨거운 것이 핑 괴일 적이며,/또 내 스스로 화끈 낯이 붉도록 부끄러울 적이며,/나는 내 슬픔과 어리석음에 눌리어 죽을 수밖에 없는 것을 느끼는 것이었다. **〈남신의주 유동 박시봉방南新義州柳洞朴時逢方〉**

메이다 동 메다. 어떤 감정이 북받치는 상태가 되다(《고려대한국어대사전》).

〔'메이다'는 '메다'의 피동형이 아니라 '메다'에 '이' 모음이 첨가된 형태의 시어이다. 모음 첨가는 백석의 시어에서 자주 나타나는 음운 현상이다.〕

메이는 ❖ 나는 가슴이 메이는 듯하다 **〈수라修羅〉**

무서웁다 형 ☞ 무섭다 517

〔'무서웁다'는 '무섭다'에 '우' 모음이 첨가된 형태의 시어이다. 모음 첨가는 백석의

시어에서 자주 나타나는 음운 현상이다.〕

무서웁게 ❖ 산山 너머 마을서 도야지를 잃는 밤 즘생을 쫓는 깽제미 소리가 무서웁게 들려오는 집 **〈가즈랑집〉**

무서웁고 ❖ 이리하야 어쩐지 내 마음은 갑자기 반가워지나/그러나 나는 조금 무서웁고 외로워진다 **〈조당**澡塘**에서〉**

무서워하다 통 무섭게 여기다.

무서워하는 ❖ 일가들이 모두 범같이 무서워하는 이 노큰마니는 구덕살이같이 욱실욱실하는 손자 증손자를 방구석에 들매나무 회채리를 단으로 쪄다두고 따리고 싸리갱이에 갓진창을 매여놓고 따리는데 **〈넘언집 범 같은 노큰마니〉**

무섭다 형 ① 어떤 대상에 대하여 꺼려지거나 무슨 일이 일어날까 겁나는 데가 있다. ② 두려움이나 놀라움을 느낄 만큼 성질이나 기세 따위가 몹시 사납다.

무서우이 ❖ 내 손에 오르기라도 하라고 나는 손을 내어미나 분명히 울고불고할 이 작은 것은 나를 무서우이 달아나버리며 나를 서럽게 한다 **〈수라**修羅**〉**

무서운 ❖ 아배는 타관 가서 오지 않고 산山비탈 외따른 집에 엄매와 나와 단둘이서 누가 죽이는 듯이 무서운 밤 집 뒤로는 어늬 산山골짜기에서 소를 잡어먹는 노나리꾼들이 도적놈들같이 쿵쿵거리며 다닌다 **〈고야**古夜**〉** ❖ 여우가 주둥이를 향하고 우는 집에서는 다음날 으레히 흉사가 있다는 것은 얼마나 무서운 말인가 **〈오금덩이라는 곳〉** ❖ 재 안 드는 밤은 불도 없이 캄캄한 까막나라에서/조앙님은 무서운 이야기나 하면/모두들 죽은 듯이 엎데였다 잠이 들 것이다 **〈고사**古寺**—함주시초**咸州詩抄**〉** ❖ 초생달이 귀신불같이 무서운 산山골 거리에선 **〈향악**饗樂**—산중음**山中吟**〉** ❖ 이 무서운 밤을 아래 웃방성 마을 돌아다니는 사람은 있어 개는 짖는다 **〈개〉** ❖ 내가 언제나 무서운 외갓집은/초저녁이면 안팎마당이 그득하니 하이얀 나비수염을 물은 보득지근한 복쪽재비들이 〔…〕 **〈외갓집〉**

무서운가 ❖ 한 십리十里 더 가면 절간이 있을 듯한 마을이다 〔…〕 자개밭둑에 엄지 어데 안 가고 누웠다 아릇동리선가 말 웃는 소리 무서운가 〔…〕 **〈황일**黃日**〉**

무서운가보다 ❖ 화라지송침이 단채로 들어간다는 아궁지/이 험상궂은 아궁지도 조앙님은 무서운가보다 **〈고사**古寺**—함주시초**咸州詩抄**〉**

무서울라 ❖ 한 십리十里 더 가면 절간이 있을 듯한 마을이다 〔…〕 아릇동리 망아지네 소리 무서울라 담모도리 바윗잔등에 다람쥐 해바라기하다 조은다 〔…〕 **〈황일**黃日**〉**

무서워 ❖ 승냥이처럼 우는 갈매기/무서워 가란 말이지 **〈대산동**大山洞**—물닭의 소리〉**

❖ 마을은 맨천 구신이 돼서/나는 무서워 오력을 펼 수 없다/자 방안에는 성주님/나는 성주님이 무서워 토방으로 나오면 토방에는 디운구신/나는 무서워 부엌으로 들어가면 부엌에는 부뜨막에 조앙님 **〈마을은 맨천 구신이 돼서〉**

무서웠다 ❖ 큰 땅괭이 한 마리/수염을 뻗치고 건너다보는 것이 무서웠다 **〈산**山**〉**

반가웁다형 ☞ 반갑다

〔'반가웁다'는 '반갑다'에 '우' 모음이 첨가된 형태의 시어이다. 모음 첨가는 백석의 시어에서 자주 나타나는 음운 현상이다.〕

반가웁고나 ❖ 가까운 논배미들에서/까알까알 하는 너이들의 즐거운 말소리가 나면/나는 내 마을 그 아는 사람들의 지껄지껄하는 말소리같이 반가웁고나 **〈오리〉**

반가웁다 ❖ 접시 귀에 소기름이나 소뿔등잔에 아즈까리기름을 켜는 마을에서는 겨울밤 개 짖는 소리가 반가웁다 **〈개〉**

반가워지다동 반가운 상태가 되다. 그리워하던 사람을 만나거나 원하는 일이 이루어져서 마음이 즐겁고 기쁜 상태가 되다.

〔'반가워지다'는 '반갑다'에 보조동사인 '지다'('-어지다'의 형태로)가 붙어 형용사에서 동사로 전이된 말이다. 사전엔 '반갑다'만 등재되어 있다.〕

반가워지나 ❖ 이리하야 어쩐지 내 마음은 갑자기 반가워지나/그러나 나는 조금 무서웁고 외로워진다 **〈조당**澡塘**에서〉**

반가워하다동 반가움을 느끼다.

반가워하고 ❖ 약물터엔 사람들이 백재일 치듯 하였는데/봉가집에서 온 사람들도 만나 반가워하고/깨죽이며 문주며 섭가락 앞에 송구떡을 사서 권하거니 먹거니 하고 **〈칠월**七月 **백중〉**

반갑다형 그리워하던 사람을 만나거나 원하는 일이 이루어져서 마음이 즐겁고 기쁘다.

반가운 ❖ 산엣새가 벌로 나려 멕이고/눈구덩이에 토끼가 더러 빠지기도 하면/마을에는 그 무슨 반가운 것이 오는가보다/ 〔…〕 //아, 이 반가운 것은 무엇인가/이 히수무레하고 부드럽고 수수하고 슴슴한 것은 무엇인가 **〈국수〉**

밝다④형 마음이 환하다.

〔이 풀이는 〈수박씨, 호박씨〉에 사용된 단어의 뜻에 맞춰 필자가 작성한 것이다.〕

밝고 ❖ 수박씨 호박씨를 입에 넣는 마음은/참으로 철없고 어리석고 게으른 마음이나/이것은 또 참으로 밝고 그윽하고 깊고 무거운 마음이라 **〈수박씨, 호박씨〉**

밝어오다형 마음이 환해지다. ☞ 밝다④

〔'밝어오다'는 '밝다'에 보조동사 '오다'가 결합된 합성어로서 밝은 상태가 이루어진 것을 나타내는 말이다. 사전엔 '밝다'만 등재되어 있다.〕

밝어오고 ❖ 네 소리는 조금 썩심하니 쉬인 듯도 하다/네 소리에 내 마음은 반끗히 밝어오고 또 호끈히 더워오고 그리고 즐거워온다 **〈촌에서 온 아이〉**

벅차오다 형 감격, 기쁨, 희망 따위가 넘칠 듯이 가득하다.

〔'벅차오다'는 '벅차다'에 보조동사 '오다'가 결합된 합성어로서 벅찬 상태가 이루어진 것을 나타내는 말이다. 사전엔 '벅차다'만 등재되어 있다.〕

벅차오며 ❖ 나는 가슴이 이 무슨 흥에 벅차오며/이 봄에는 이 밭에 감자 강냉이 수박에 오이며 당콩에 마눌과 파도 심그리라 생각한다 **〈귀농歸農〉**

부끄럽다 형 일을 잘 못하거나 양심에 거리끼어 볼 낯이 없거나 매우 떳떳하지 못하다.

부끄러울 ❖ 내 눈에 뜨거운 것이 핑 괴일 적이며,/또 내 스스로 화끈 낯이 붉도록 부끄러울 적이며,/나는 내 슬픔과 어리석음에 눌리어 죽을 수밖에 없는 것을 느끼는 것이었다. **〈남신의주 유동 박시봉방南新義州柳洞朴時逢方〉**

부러워하다 동 남이 잘되는 것이나 좋은 것을 보고 자기도 그렇게 되고 싶어 하다.

부러워하였고 ❖ 집에는 아배에 삼촌에 오마니에 오마니가 있어서 〔…〕 아이들이 큰마누래에 작은마누래에 제구실을 할 때면 종아지물본도 모르고 행길에 아이송장이 거적뙈기에 말려나가면 속으로 얼마나 부러워하였고 〔…〕 **〈넘언집 범 같은 노큰마니〉**

부럽다 형 남의 좋은 일이나 물건을 보고 자기도 그런 일을 이루거나 그런 물건을 가졌으면 하고 바라는 마음이 있다.

부럽습니다 ❖ 지렝이의 눈이 보고 싶습니다/지렝이의 밥과 집이 부럽습니다 **〈나와 지렝이〉**

부럽지도 ❖ 우리들은 가난해도 서럽지 않다/우리들은 외로워할 까닭도 없다/그리고 누구 하나 부럽지도 않다 **〈선우사膳友辭—함주시초咸州詩抄〉**

분하다 형 ① 억울한 일을 당하여 화나고 원통하다. ② 될 듯한 일이 되지 않아 섭섭하고 아깝다.

분해서 ❖ 분명코 무슨 거즛되고 쓸데없는 것에 놀라서/그것이 네 맑고 참된 마음에 분해서 우는구나/〔…〕/햇강아지의 쌀랑대는 성화를 받어가며 닭의 똥을 주워먹는 아이를 생각한다/촌에서 와서 오늘 아츰 무엇이 분해서 우는 아이여 **〈촌에서 온 아이〉**

불상하다형 '불쌍하다'의 고어. 처지나 형편이 어려워 애처롭다(《고려대한국어대사전》). ☞ 용언과 수식언 II. 기본·산업·문화 생활 5. 사고팔기, 경제 형편 631

불상하니도 ❖ 모닥불은 어려서 우리 할아버지가 어미 아비 없는 서러운 아이로 불상하니도 몽둥발이가 된 슬픈 력사가 있다 **〈모닥불〉**

사랑하다동 ① 이성의 상대에게 끌려 열렬히 좋아하다. ② 부모나 스승, 또는 신이나 윗사람이 자식이나 제자, 또는 인간이나 아랫사람을 아끼고 소중히 여기다. ③ 어떤 사물이나 대상을 몹시 아끼고 귀중히 여기다.

사랑하고 ❖ 눈은 푹푹 나리고/아름다운 나타샤는 나를 사랑하고/어데서 흰 당나귀도 오늘밤이 좋아서 응앙응앙 울을 것이다 **〈나와 나타샤와 흰 당나귀〉**

사랑하고만 ❖ 바닷가에 왔드니/바다와 같이 당신이 생각만 나는구려/바다와 같이 당신을 사랑하고만 싶구려 **〈바다〉**

사랑하는 ❖ 내가 이렇게 외면하고 거리를 걸어가는 것은 잠풍 날씨가 너무나 좋은 탓이고/가난한 동무가 새 구두를 신고 지나간 탓이고 언제나 꼭같은 넥타이를 매고 고운 사람을 사랑하는 탓이다 **〈내가 이렇게 외면하고〉** ❖ 아, 나의 조상은 형제는 일가친척은 정다운 이웃은 그리운 것은 사랑하는 것은 우러르는 것은 나의 자랑은 나의 힘은 없다 바람과 물과 세월과 같이 지나가고 없다 **〈북방北方에서—정현웅鄭玄雄에게〉** ❖ 사랑하는 어린것에게 엿 한 가락을 아끼고 위하는 안해에겐 해진 옷을 입히면서도/마음이 가난한 낯설은 사람에게 수백 냥 돈을 거저 주는 그 인정을 그리고 또 그 말을/사람은 모든 것을 다 잃어버리고 넋 하나를 얻는다는 크나큰 그 말을 **〈허준許俊〉** ❖ 또 내 사랑하는 사람이 있다/내 사랑하는 어여쁜 사람이/어늬 먼 앒대 조용한 개포가의 나즈막한 집에서/그의 지아비와 마조 앉어 대구국을 끓여놓고 저녁을 먹는다/〔…〕/—하눌이 이 세상을 내일 적에 그가 가장 귀해하고 사랑하는 것들은 모두/가난하고 외롭고 높고 쓸쓸하니 그리고 언제나 넘치는 사랑과 슬픔 속에 살도록 만드신 것이다 **〈흰 바람벽이 있어〉** ❖ 촌에서 와서 오늘 아츰 무엇이 분해서 우는 아이여/너는 분명히 하눌이 사랑하는 시인詩人이나 농사꾼이 될 것이로다 **〈촌에서 온 아이〉**

사랑하는데 ❖ 한울은/이러한 시인詩人이 우리들 속에 있는 것을 더욱 사랑하는데/이러한 시인詩人이 누구인 것을 세상은 몰라도 좋으나/그러나/그 이름이 강소천姜小泉인 것을 송아지와 꿀벌은 알을 것이다 **〈《호박꽃 초롱》 서시序詩〉**

사랑하다 ❖ 미역오리같이 말라서 굴껍지처럼 말없이 사랑하다 죽는다는/이 천희千姬의 하나를 나는 어늬 오랜 객줏客主집의 생선 가시가 있는 마루방에서 만났다

〈**통영**統營〉

사랑한다 ❖ 한울은/울파주가에 우는 병아리를 사랑한다/우물돌 아래 우는 돌우래를 사랑한다/그리고 또/버드나무 밑 당나귀 소리를 임내내는 시인詩人을 사랑한다//한울은/풀 그늘 밑에 삿갓 쓰고 사는 버슷을 사랑한다/모래 속에 문 잠그고 사는 조개를 사랑한다/그리고 또/두틈한 초가지붕 밑에 호박꽃 초롱 혀고 사는 시인詩人을 사랑한다//한울은/공중에 떠도는 흰구름을 사랑한다/골짜구니로 숨어 흐르는 개울물을 사랑한다/그리고 또/아늑하고 고요한 시골 거리에서 쟁글쟁글 햇볕만 바래는 시인詩人을 사랑한다 〈**《호박꽃 초롱》 서시**序詩〉

사랑할 ❖ 나는 이렇게 한가하고 게으르고 그러면서 목숨이라든가 인생人生이라든가 하는 것을 정말 사랑할 줄 아는/그 오래고 깊은 마음들이 참으로 좋고 우러러진다 〈**조당**澡塘**에서**〉

사랑해서 ❖ 가난한 내가/아름다운 나타샤를 사랑해서/오늘밤은 푹푹 눈이 나린다 〈**나와 나타샤와 흰 당나귀**〉

살뜰하다[형] 사랑하고 위하는 마음이 자상하고 지극하다.

살뜰한 ❖ 아내와 같이 살던 집도 없어지고,/그리고 살뜰한 부모며 동생들과도 멀리 떨어져서,/그 어느 바람 세인 쓸쓸한 거리 끝에 헤매이었다. 〈**남신의주 유동 박시봉방**南新義州柳洞朴時逢方〉

살틀하다[형] ① 아끼고 위하는 마음이 정성이 있고 지극하다. ② 정다워서 마음에 들다(《조선말대사전》).

〔'살틀하다'는 《조선말대사전》에 등재되어 있는 말이다.〕

살틀하니 ❖ 이 조용한 마을과 이 마을의 으젓한 사람들과 살틀하니 친한 것은 무엇인가/이 그지없이 고담枯淡하고 소박素朴한 것은 무엇인가 〈**국수**〉

살틀하든 ❖ 샛파란 핏대를 바라보며 나는 가난한 아버지를/가진 것과 내가 오래 그려오든 처녀가 시집을 간 것과/그렇게도 살틀하든 동무가 나를 버린 일을 생각한다 〈**내가 생각하는 것은**〉

살틀한 ❖ 그 맑고 거륵한 눈물의 나라에서 온 사람이여/그 따사하고 살틀한 볕살의 나라에서 온 사람이여 〈**허준**許俊〉

서글프다[형] ① 쓸쓸하고 외로워 슬프다. ② 섭섭하고 언짢다.

서글퍼서 ❖ 맞구멍 난 토끼굴을 아배와 내가 막어서면 언제나 토끼새끼는 내 다리 아래로 달어났다/나는 서글퍼서 서글퍼서 울상을 한다 〈**오리 망아지 토끼**〉

서러웁다[형] 서럽다. 원통하고 슬프다.

〔'서러웁다'는 '서럽다'에 '우' 모음이 첨가된 형태의 시어이다. 모음 첨가는 백석의 시어에서 자주 나타나는 음운 현상이다.〕

서러웁게 ❖ 꼬리에 길다란 고드름이 달렸다/해는 저물고 날은 다 가고 별은 서러웁게 차갑다/나도 길다랗고 파리한 명태明太다 **〈멧새 소리〉** ❖ 행길에는 선장 대여가는 장꾼들의 종이등燈에 나귀눈이 빛났다/어데서 서러웁게 목탁木鐸을 뚜드리는 집이 있다 **〈미명계未明界〉**

서러웁다 ❖ 이스라치전이 드나 머루전이 드나/수리취 땅버들의 하이얀 복이 서러웁다/뚜물같이 흐린 날 동풍東風이 설렌다 **〈쓸쓸한 길〉**

서러워지다[동] 원통하고 슬프게 되다.

〔'서러워지다'는 '서럽다'에 보조동사 '지다'('-어지다'의 형태로)가 붙어 형용사에서 동사로 전이된 말이다. 사전엔 '서럽다'만 등재되어 있다.〕

서러워졌다 ❖ 여승女僧은 합장合掌하고 절을 했다/가지취의 내음새가 났다/쓸쓸한 낯이 녯날같이 늙었다/나는 불경佛經처럼 서러워졌다 **〈여승女僧〉**

서러워하다[동] 서럽게 여기다.

서러워한다 ❖ 나는 가슴이 짜릿한다/나는 또 큰거미를 쓸어 문밖으로 버리며/찬 밖이라도 새끼 있는 데로 가라고 하며 서러워한다 **〈수라修羅〉**

서럽다[형] 원통하고 슬프다.

서러운 ❖ 모닥불은 어려서 우리 할아버지가 어미 아비 없는 서러운 아이로 불상하니도 몽둥발이가 된 슬픈 력사가 있다 **〈모닥불〉**

서러웠다 ❖ 손에 어린것의 손을 끌고/가펴러운 언덕길을/숨이 차서 올라갔다/나는 한종일 서러웠다 **〈절망絶望〉**

서럽게 ❖ 내 손에 오르기라도 하라고 나는 손을 내어미나 분명히 울고불고할 이 작은 것은 나를 무서우이 달아나버리며 나를 서럽게 한다 **〈수라修羅〉**

서럽지 ❖ 우리들은 가난해도 서럽지 않다/우리들은 외로워할 까닭도 없다/그리고 누구 하나 부럽지도 않다 **〈선우사膳友辭—함주시초咸州詩抄〉**

설다[형] '서럽다'의 평북 방언. 원통하고 슬프다.

〔《표준국어대사전》엔 '설다'가 "'섧다'의 비표준어"로 풀이되어 있지만, 《평북방언사전》엔 '설다'가 "'서럽다'의 평북 방언"으로, 《조선말대사전》엔 '설다'와 '서럽다'가 같은 뜻의 말로 모두 등재되어 있다. 백석 시엔 '설다', '섧다', '서럽다'는 말이 모두 구사된다.〕

설게 ❖ 육십리六十里라고 해서 파랗게 뵈이는 산山을 넘어 있다는 해변에서 과부가 된 코끝이 빨간 언제나 흰옷이 정하든 말끝에 설게 눈물을 짤 때가 많은 큰골 고무 고무의 딸 홍녀洪女 아들 홍洪동이 작은홍洪동이 **〈여우난골족族〉** ❖ 산山꿩도 설게 울은 슬픈 날이 있었다/산山절의 마당귀에 여인女人의 머리오리가 눈물방울과 같이 떨어진 날이 있었다 **〈여승女僧〉**

섧다[형] 원통하고 슬프다. '서럽다'와 같은 말. ☞ 서럽다 522

〔1936년에 간행된 시집 《사슴》 시편에선 '섧다'의 평북 방언인 '설다'는 말이 사용되었고, 1937년 10월에 발표된 아래 용례의 시 〈바다〉에선 '섧다'라는 표준어가 사용되었다. 개정된 한글맞춤법통일안의 발표(1937년 3월) 이후 백석 시의 표기가 맞춤법통일안에 맞춰지고 있음을 알 수 있다.〕

섧기만 ❖ 바닷가는/개지꽃에 개지 아니 나오고/고기비늘에 하이얀 햇볕만 쇠리쇠리하야/어쩐지 쓸쓸만 하구려 섧기만 하구려 **〈바다〉**

슬퍼지다[동] 원통한 일을 겪거나 불쌍한 일을 보고 마음이 아프고 괴롭게 되다.

슬퍼졌다 ❖ 언제나 병을 앓을 때면/신장님 달련이라고 하는 가즈랑집 할머니/구신의 딸이라고 생각하면 슬퍼졌다 **〈가즈랑집〉**

슬퍼지는 ❖ 이 딴 나라 사람들이 모두 니마들이 번번하니 넓고 눈은 컴컴하니 흐리고/그리고 길즛한 다리에 모두 민숭민숭하니 다리털이 없는 것이/이것이 나는 왜 자꼬 슬퍼지는 것일까 **〈조당澡塘에서〉**

슬퍼하다[동] 슬프게 여기다.

슬퍼하든 ❖ 나는 그때/자작나무와 이깔나무의 슬퍼하든 것을 기억한다/갈대와 장풍의 붙드든 말도 잊지 않었다 **〈북방北方에서—정현웅鄭玄雄에게〉**

슬퍼한다 ❖ 나는 이 작은 것을 고이 보드러운 종이에 받어 또 문밖으로 버리며/이것의 엄마와 누나나 형이 가까이 이것의 걱정을 하며 있다가 쉬이 만나기나 했으면 좋으련만 하고 슬퍼한다 **〈수라修羅〉**

슬프다[형] 원통한 일을 겪거나 불쌍한 일을 보고 마음이 아프고 괴롭다.

슬펐을 ❖ 그들이 아득하니 슬펐을 듯이/나도 떡국을 놓고 아득하니 슬플 것이로다 **〈두보杜甫나 이백李白같이〉**

슬프다 ❖ 뱃사람들의 언젠가 아홉이서 회를 쳐먹고도 남어 한 깃씩 노나가지고 갔다는 크디큰 꼴두기의 이야기를 들으며 나는 슬프다 **〈꼴두기—물닭의 소리〉**

슬픈 ❖ 모닥불은 어려서 우리 할아버지가 어미 아비 없는 서러운 아이로 불상하니도 몽둥발이가 된 슬픈 력사가 있다 **〈모닥불〉** ❖ 산山꿩도 설게 울은 슬픈 날이 있었다/산山절의 마당귀에 여인女人의 머리오리가 눈물방울과 같이 떨어진 날이

있었다 〈**수라**修羅〉

슬플 ❖ 그들이 아득하니 슬펐을 듯이/나도 떡국을 놓고 아득하니 슬플 것이로다 〈**두보**杜甫**나 이백**李白**같이**〉

싫다 형 마음에 들지 아니하다.

싫다면 ❖ 머리 빗기가 싫다면/니가 들구 나서/머리채를 끄을구 오른다는/산山이 있었다 〈**산**山〉

싶다 보조형 (동사 뒤에서 '-고 싶다' 구성으로 쓰여) 앞말이 뜻하는 행동을 하고자 하는 마음이나 욕구를 갖고 있음을 나타내는 말.

싶고 ❖ 벌에 우는 새소리도 듣고 싶고 거문고도 한 곡조 뜯고 싶고 한 오천五千말 남기고 함곡관函谷關도 넘어가고 싶고 〈**수박씨, 호박씨**〉

싶고나 ❖ 오리야 너이들의 이야기판에 나도 들어/밤을 같이 밝히고 싶고나 〈**오리**〉

싶구려 ❖ 바닷가에 왔드니/바다와 같이 당신이 생각만 나는구려/바다와 같이 당신을 사랑하고만 싶구려 〈**바다**〉

싶다 ❖ 나는 너를 껴안어 올려서 네 머리를 쓰다듬고 힘껏 네 적은 손을 쥐고 흔들고 싶다 〈**촌에서 온 아이**〉

싶다고 ❖ 때글은 다 낡은 무명샤쯔가 어두운 그림자를 쉬이고/그리고 또 달디단 따끈한 감주나 한잔 먹고 싶다고 생각하는 내 가지가지 외로운 생각이 헤매인다 〈**흰 바람벽이 있어**〉

싶습니다 ❖ 내 리과책에서는 암컷과 수컷이 있어서 새끼를 낳었습니다/지렝이의 눈이 보고 싶습니다/지렝이의 밥과 집이 부럽습니다 〈**나와 지렝이**〉

싶어서 ❖ 나는 이젠 귀치않은 측량測量도 문서文書도 싫증이 나고/낮에는 마음 놓고 낮잠도 한잠 자고 싶어서/아전 노릇을 그만두고 밭을 노왕老王한테 얻는 것이다 〈**귀농**歸農〉

싶어한다는 ❖ 황화장사 령감이 일본말을 잘도 하는 곳/처녀들은 모두 어장주漁塲主한테 시집을 가고 싶어한다는 곳 〈**통영**統營**(남행시초**南行詩抄**)**〉

싶었다 ❖ 손톱을 시펄하니 길우고 기나긴 창꽈쯔를 즐즐 끌고 싶었다/만두饅頭꼬깔을 눌러쓰고 곰방대를 물고 가고 싶었다/이왕이면 향香내 높은 취향리梨 돌배 움퍽움퍽 씹으며 머리채 츠렁츠렁 발굽을 차는 꾸냥과 가즈런히 쌍마차雙馬車 몰아가고 싶었다 〈**안동**安東〉

싶은 ❖ 새벽녘의 거리엔 쾅쾅 북이 울고/밤새껏 바다에선 뿡뿡 배가 울고//자다가도 일어나 바다로 가고 싶은 곳이다 〈**통영**統營**(남행시초**南行詩抄**)**〉 ❖ 솔포기에 숨었다/토끼나 꿩을 놀래주고 싶은 산山허리의 길은//엎데서 따스하니 손 녹히고 싶은 길이다//개 더리고 호이호이 희파람 불며/시름 놓고 가고 싶은 길이다//괴나리봇짐 벗고 땃불 놓고 앉어/담배 한 대 피우고 싶은 길이다//승냥이 줄레줄레 달고 가며/덕신덕신 이야기하고 싶은 길이다 **〈창원도**昌原道**—남행시초**南行詩抄 **1〉** ❖ 거리에는 사람두 많이 나서 흥성흥성할 것이다/어쩐지 이 사람들과 친하니 싸단니고 싶은 밤이다 **〈내가 생각하는 것은〉**

싶은지 ❖ 나는 얼마나 반죽을 주무르며 흰가루손이 되여 떡을 빚고 싶은지 모른다 **〈고야**古夜**〉**

싶을 ❖ 더꺼머리총각은 정든 님 업고 오고 싶을 길이다 **〈창원도**昌原道**—남행시초**南行詩抄 **1〉**

싹다 동 삭다. 긴장이나 화가 풀려 마음이 가라앉다.

싹기도 ❖ 이렇게 해서 아린 가슴이 싹기도 전이다/어데서 좁쌀알만 한 알에서 가제 깨인 듯한 발이 채 서지도 못한 무척 적은 새끼거미가 이번엔 큰거미 없어진 곳으로 와서 아물거린다 **〈수라**修羅**〉**

쓸쓸하다 형 외롭고 적적하다.

〔아래 용례 중 '쓸쓸만'은 '쓸쓸하다'의 어근에 조사 '만'을 붙여 만든 말이다. 이런 축약된 말의 구사는 뒤의 '쉽기만'과 음절 수를 맞춰 운율을 조성하기 위한 것으로 짐작된다. '쓸쓸만'과 같은 형태의 말로 '씨원만'이란 말이 백석 시의 다른 용례에서 발견된다("애끼는 옷을 다 적시어도 비는 씨원만 하다고 생각한다"〈칠월七月 백중〉).〕

쓸쓸만 ❖ 바닷가는/개지꽃에 개지 아니 나오고/고기비늘에 하이얀 햇볕만 쇠리쇠리하야/어쩐지 쓸쓸만 하구려 쉽기만 하구려 **〈바다〉**

쓸쓸하니 ❖ 명태明太창난젓에 고추무거리에 막칼질한 무이를 뷔벼 익힌 것을/이 투박한 북관北關을 한없이 끼밀고 있노라면/쓸쓸하니 무릎은 꿇어진다 **〈북관**北關**—함주시초**咸州詩抄**〉** ❖ —나는 이 세상에서 가난하고 외롭고 높고 쓸쓸하니 살어가도록 태어났다/〔…〕/—하늘이 이 세상을 내일 적에 그가 가장 귀해하고 사랑하는 것들은 모두/가난하고 외롭고 높고 쓸쓸하니 그리고 언제나 넘치는 사랑과 슬픔 속에 살도록 만드신 것이다 **〈흰 바람벽이 있어〉**

쓸쓸하니도 ❖ 고원선高原線 종점終點인 이 적은 정거장停車場엔/그렇게도 우쭐대며 달가불시며 뛰어오던 뽕뽕차車가/가이없이 쓸쓸하니도 우두머니 서 있다 **〈함남도안**咸南道安**〉**

쓸쓸한 ❖ 거적장사 하나 산山 뒷녚 비탈을 오른다/아— 따르는 사람도 없이 쓸쓸한 쓸쓸한 길이다 **〈쓸쓸한 길〉** ❖ 여승女僧은 합장合掌하고 절을 했다/가지취의 내음새가 났다/쓸쓸한 낯이 녯날같이 늙었다 **〈여승女僧〉** ❖ 낡은 나조반에 흰밥도 가재미도 나도 나와 앉어서/쓸쓸한 저녁을 맞는다 **〈선우사膳友辭—함주시초咸州詩抄〉** ❖ 눈물의 또 별살의 나라에서 당신은/이 세상에 나들이를 온 것이다/쓸쓸한 나들이를 단기려 온 것이다 **〈허준許俊〉** ❖ 오늘 저녁 이 좁다란 방의 흰 바람벽에/어쩐지 쓸쓸한 것만이 오고 간다/ 〔…〕 /이 흰 바람벽엔/내 쓸쓸한 얼골을 쳐다보며/이러한 글자들이 지나간다 **〈흰 바람벽이 있어〉** ❖ 대대로 조상도 서로 모르고 말도 제가끔 틀리고 먹고 입는 것도 모도 다른데/이렇게 발가들 벗고 한물에 몸을 씻는 것은/생각하면 쓸쓸한 일이다 **〈조당澡塘에서〉** ❖ 오늘은 정월正月 보름이다/대보름 명절인데/나는 멀리 고향을 나서 남의 나라 쓸쓸한 객고에 있는 신세로다/ 〔…〕 /나는 오늘 때묻은 입든 옷에 마른물고기 한 토막으로/혼자 외로이 앉어 이것저것 쓸쓸한 생각을 하는 것이다/녯날 그 두보杜甫나 이백李白 같은 이 나라의 시인詩人도/이날 이렇게 마른물고기 한 토막으로 외로이 쓸쓸한 생각을 한 적도 있었을 것이다/ 〔…〕 /거리에는 오독독이 탕탕 터지고 호궁胡弓 소리 뻘뻘 높아서/내 쓸쓸한 마음엔 자꼬 이 나라의 녯 시인詩人들이 그들의 쓸쓸한 마음들이 생각난다/내 쓸쓸한 마음은 아마 두보杜甫나 이백李白 같은 사람들의 마음인지도 모를 것이다/아모려나 이것은 녯투의 쓸쓸한 마음이다 **〈두보杜甫나 이백李白같이〉** ❖ 어느 사이에 나는 아내도 없고, 또,/아내와 같이 살던 집도 없어지고,/그리고 살뜰한 부모며 동생들과도 멀리 떨어져서,/그 어느 바람 세인 쓸쓸한 거리 끝에 헤매이었다. **〈남신의주 유동 박시봉방南新義州柳洞朴時逢方〉**

쓸쓸히 부 외롭고 적적하게.

❖ 나타샤를 사랑은 하고/눈은 푹푹 날리고/나는 혼자 쓸쓸히 앉어 소주燒酒를 마신다 **〈나와 나타샤와 흰 당나귀〉** ❖ 이 세상에 나들이를 온 사람이여/이 목이 긴 시인詩人이 또 게사니처럼 떠곤다고/당신은 쓸쓸히 웃으며 바독판을 당기는구려 **〈허준許俊〉**

아리다 형 마음이 몹시 고통스럽다.

아린 ❖ 이렇게 해서 아린 가슴이 싹기도 전이다/어데서 좁쌀알만 한 알에서 가제 깨인 듯한 발이 채 서지도 못한 무척 적은 새끼거미가 이번엔 큰거미 없어진 곳으로 와서 아물거린다 **〈수라修羅〉**

안타깝다 형 뜻대로 되지 아니하거나 보기에 딱하여 가슴 아프고 답답하다.

안타까운가보다 ❖ 한 십리十里 더 가면 절간이 있을 듯한 마을이다 낮 기울은 별이 장글장글하니 따사하다 흙은 젖이 커서 살같이 깨서 아지랑이 낀 속이 안타까운가보다 뒤울안에 복사꽃 핀 집엔 아무도 없나보다 〔…〕 〈**황일**黃日〉

애끊다[동] 몹시 슬퍼서 창자가 끊어질 듯하다.

애끊는 ❖ 한 해에 멫 번 매연 지난 먼 조상들의 최방등 제사에는 〔…〕 또 애끊는 통곡과 축을 귀에 하고 그리고 합문 뒤에는 흠향 오는 구신들과 호호히 접하는 것 〈**목구**木具〉

연연해하다[동] 애틋하게 그리워하다.

〔'연연해하다'는 '연연하다'는 형용사에 '하다'가 붙어 동사로 전이된 말이다. '기쁘다'나 '그립다'와 같은 형용사에 '하다'가 붙어 '기뻐하다', '그리워하다' 등의 동사로 전이되는 것과 같은 형태의 말이다. 사전엔 '연연하다'만 등재되어 있다.〕

연연해한다 ❖ 이렇게 한녀름을 보내면서 나는 하늑이는/물살에 나이금이 느는 꽃조개와 함께/허리도리가 굵어가는 한 사람을 연연해한다 〈**삼호**三湖**—물닭의 소리**〉

외로워지다[동] (사람이) 혼자 있거나 의지할 대상이 없어 고독하고 쓸쓸한 상태가 되다.

〔'외로워지다'는 '외롭다'에 보조동사 '지다'('-어지다'의 형태로)가 붙어 형용사에서 동사로 전이된 말이다. 사전엔 '외롭다'만 등재되어 있다.〕

외로워진다 ❖ 이리하야 어쩐지 내 마음은 갑자기 반가워지나/그러나 나는 조금 무서웁고 외로워진다 〈**조당**澡塘**에서**〉

외로워하다[동] (사람이) 혼자 있거나 의지할 대상이 없어 고독하고 쓸쓸한 모습을 보이다(《고려대한국어대사전》).

〔'외로워하다'는 《고려대한국어대사전》에 등재되어 있다.〕

외로워할 ❖ 우리들은 가난해도 서럽지 않다/우리들은 외로워할 까닭도 없다/그리고 누구 하나 부럽지도 않다 〈**선우사**膳友辭**—함주시초**咸州詩抄〉

외로이[부] 홀로 되거나 의지할 곳이 없어 쓸쓸하게.

❖ 나는 오늘 때묻은 입든 옷에 마른물고기 한 토막으로/혼자 외로이 앉어 이것저것 쓸쓸한 생각을 하는 것이다/이날 이렇게 마른물고기 한 토막으로 외로이 쓸쓸한 생각을 한 적도 있었을 것이다/ 〔…〕 /그들의 본을 따서 이날에는 원소元宵를 먹을 것을/외로이 타관에 나서도 이 원소元宵를 먹을 것을 생각하며 〈**두보**杜甫**나 이백**李白**같이**〉 ❖ 나는 이런 저녁에는 화로를 더욱 다가 끼며, 무릎을 꿇어 보며,/어니 먼 산 뒷옆에 바우 섶에 따로 외로이 서서, 〈**남신의주 유동 박시봉방**南新義州柳洞朴時逢方〉

외롭다[형] 홀로 되거나 의지할 곳이 없어 쓸쓸하다.

외로운 ❖ 그리고 또 달디단 따끈한 감주나 한잔 먹고 싶다고 생각하는 내 가지가지 외로운 생각이 헤매인다 **〈흰 바람벽이 있어〉** ❖ 내 어지러운 마음에는 슬픔이며, 한탄이며, 가라앉을 것은 차츰 앙금이 되어 가라앉고,/외로운 생각만이 드는 때쯤 해서는, **〈남신의주 유동 박시봉방**南新義州柳洞朴時逢方**〉**

외롭고 ❖ 이러한 글자들이 지나간다/—나는 이 세상에서 가난하고 외롭고 높고 쓸쓸하니 살어가도록 태어났다/ 〔…〕 /—하늘이 이 세상을 내일 적에 그가 가장 귀해하고 사랑하는 것들은 모두/가난하고 외롭고 높고 쓸쓸하니 그리고 언제나 넘치는 사랑과 슬픔 속에 살도록 만드신 것이다 **〈흰 바람벽이 있어〉**

우수웁다[형] 우습다. 재미가 있어 웃을 만하다.

〔'우수웁다'는 '우습다'에 '우' 모음이 첨가된 형태의 시어이다. 모음 첨가는 백석의 시어에서 자주 나타나는 음운 현상이다.〕

우수웁기도 ❖ 그러나 나라가 서로 다른 사람들이/글쎄 어린 아이들도 아닌데 쪽 발가벗고 있는 것은/어쩐지 조금 우수웁기도 하다 **〈조당**澡塘**에서〉**

잘③[부] 아주 만족스럽게.

❖ 어스름저녁 국수당 돌각담의 수무나무 가지에 녀귀의 탱을 걸고 나물매 갖추어 놓고 비난수를 하는 젊은 새악시들/—잘 먹고 가라 서리서리 물러가라 네 소원 풀었으니 다시 침노 말아라 **〈오금덩이라는 곳〉**

정답다[형] 따뜻한 정이 있다.

정다운 ❖ 나의 정다운 것들 가지 명태 노루 뫼추리 질동이 노랑나뷔 바구지꽃 모밀국수 남치마 자개짚세기 그리고 천희千姬라는 이름이 한없이 그리워지는 밤이로구나 **〈야우소회**夜雨小懷**—물닭의 소리〉** ❖ 아, 나의 조상은 형제는 일가친척은 정다운 이웃은 그리운 것은 사랑하는 것은 우러르는 것은 나의 자랑은 나의 힘은 없다 바람과 물과 세월과 같이 지나가고 없다 **〈북방**北方**에서—정현웅**鄭玄雄**에게〉**

정답고 ❖ 흰밥과 가재미와 나는/우리들은 그 무슨 이야기라도 다 할 것 같다/우리들은 서로 미덥고 정답고 그리고 서로 좋구나 **〈선우사**膳友辭**—함주시초**咸州詩抄**〉**

정들다[동] 정이 생기어 깊어지다.

정든 ❖ 더꺼머리총각은 정든 님 업고 오고 싶을 길이다 **〈창원도**昌原道**—남행시초**南行詩抄 **1〉**

좋다①[형] ① 대상의 성질이나 내용 따위가 훌륭하여 만족할 만하다. ② 어떤 일이나 대상이 마음에 들다. ③ 어떤 행동이나 일 따위가 문제될 것이 없다. ④ 서로 친하여 잘 어울리다.

좋고 ❖ 기장쌀은 기장차떡이 좋고 기장차랍이 좋고 기장감주가 좋고 그리고 기장쌀로 쑨 호박죽은 맛도 있는 것을 생각하며 나는 기뻐다 〈**월림**月林**장—서행시초**西行詩抄 **4**〉 ❖ 그 오래고 깊은 마음들이 참으로 좋고 우러러진다 〈**조당**澡塘**에서**〉 ❖ 바람맛도 짭짤한 물맛도 짭짤한//전북에 해삼에 도미 가재미의 생선이 좋고/파래에 아개미에 호루기의 젓갈이 좋고 〈**통영**統營**(남행시초**南行詩抄**)**〉 ❖ 바람은 얼마나 따사하고 향기로울 것인가/그리고 이 하늘 아래 바람결 속에 퍼진/그 풍속은 인정은 그리고 그 말은 얼마나 좋고 아름다울 것인가 〈**허준**許俊〉

좋구나 ❖ 흰밥과 가재미와 나는/우리들은 그 무슨 이야기라도 다 할 것 같다/우리들은 서로 미덥고 정답고 그리고 서로 좋구나 〈**선우사**膳友辭**—함주시초**咸州詩抄〉 ❖ 오리야 나는 네가 좋구나 네가 좋아서/벌논의 눞 옆에 쭈구렁벼알 달린 짚검불을 널어놓고/닭이짗 올코에 새끼달은치를 묻어놓고 〈**오리**〉

좋기도 ❖ 비애고지 비애고지는/제비야 네 말이다/푸른 바다 흰 한울이 좋기도 좋단 말이지/해밝은 모래장변에 돌비 하나 섰단 말이지 〈**대산동**大山洞**—물닭의 소리**〉

좋단 ❖ 비애고지 비애고지는/제비야 네 말이다/푸른 바다 흰 한울이 좋기도 좋단 말이지/해밝은 모래장변에 돌비 하나 섰단 말이지 〈**대산동**大山洞**—물닭의 소리**〉

좋아 ❖ 섶벌같이 나아간 지아비 기다려 십 년十年이 갔다/지아비는 돌아오지 않고/어린 딸은 도라지꽃이 좋아 돌무덤으로 갔다 〈**여승**女僧〉 ❖ 한 십리十里 더 가면 절간이 있을 듯한 마을이다 〔…〕 울밖 늙은 들매나무에 튀튀새 한불 앉었다 흰구름 따러가며 딱장벌레 잡다가 연둣빛 닢새가 좋아 올라왔나보다 〔…〕 〈**황일**黃日〉

좋아라고 ❖ 찰복숭아를 먹다가 씨를 삼키고는 죽는 것만 같어 하로종일 놀지도 못하고 밥도 안 먹은 것도/가즈랑집에 마을을 가서/당세 먹은 강아지같이 좋아라고 집오래를 설레다가였다 〈**가즈랑집**〉

좋아서 ❖ 오리야 나는 네가 좋구나 네가 좋아서/벌논의 눞 옆에 쭈구렁벼알 달린 짚검불을 널어놓고/닭이짗 올코에 새끼달은치를 묻어놓고 〈**오리**〉 ❖ 눈은 푹푹 나리고/아름다운 나타샤는 나를 사랑하고/어데서 흰 당나귀도 오늘밤이 좋아서 응앙응앙 울을 것이다 〈**나와 나타샤와 흰 당나귀**〉

좋으나 ❖ 한울은/이러한 시인詩人이 우리들 속에 있는 것을 더욱 사랑하는데/이러한 시인詩人이 누구인 것을 세상은 몰라도 좋으나/그러나/그 이름이 강소천姜小泉인 것을 송아지와 꿀벌은 알을 것이다 〈**《호박꽃 초롱》 서시**序詩〉

좋으련만 ❖ 이것의 엄마와 누나나 형이 가까이 이것의 걱정을 하며 있다가 쉬이 만

나기나 했으면 좋으련만 하고 슬퍼한다 **〈수라**修羅〉

좋은 ❖ 오리야 네가 좋은 청명清明 밑께 밤은/옆에서 누가 뺨을 쳐도 모르게 어둡다누나/오리야 이때는 따디기가 되여 어둡단다 **〈오리〉** ❖ 우리들은 맑은 물밑 해정한 모래톱에서 하구 긴 날을 모래알만 헤이며 잔뼈가 굵은 탓이다/바람 좋은 한 벌판에서 물닭이 소리를 들으며 단이슬 먹고 나이 들은 이다 **〈선우사**膳友辭**—함주시초**咸州詩抄〉 ❖ 내가 이렇게 외면하고 거리를 걸어가는 것은 잠풍 날씨가 너무나 좋은 탓이고 **〈내가 이렇게 외면하고〉** ❖ 마을에서는 세불 김을 다 매고 들에서/개장취념을 서너 번 하고 나면/백중 좋은 날이 슬그머니 오는데 **〈칠월**七月 **백중〉**

좋은들 ❖ 아무리 밤이 좋은들 오리야/해변벌에선 얼마나 너이들이 욱자지껄하며 멕이기에 **〈오리〉**

좋을 ❖ 해바라기하기 좋을 볏곡간 마당에/볏짚같이 누우란 사람들이 둘러서/어늬 눈 오신 날 눈을 츠고 생긴 듯한 말다툼 소리도 누우라니 **〈삼천포**三千浦**—남행시초**南行詩抄 **4〉** ❖ 흰밥과 가재미와 나는/우리들이 같이 있으면/세상 같은 건 밖에 나도 좋을 것 같다 **〈선우사**膳友辭**—함주시초**咸州詩抄〉

좋아하다① 동 좋은 느낌을 가지다. 또는 즐겨서 하고 싶어 하다(《금성판국어대사전》).

좋아하고 ❖ 아, 이 반가운 것은 무엇인가/이 히수무레하고 부드럽고 수수하고 슴슴한 것은 무엇인가/겨울밤 쩡하니 닉은 동티미국을 좋아하고 얼얼한 댕추가루를 좋아하고 싱싱한 산꿩의 고기를 좋아하고 **〈국수〉**

좋아하는 ❖ 배나무접을 잘하는 주정을 하면 토방돌을 뽑는 오리치를 잘 놓는 먼 섬에 반디젓 담그려 가기를 좋아하는 삼춘 삼춘엄매 사춘누이 사춘동생들 **〈여우난골족**族〉 ❖ 오지항아리에는 삼춘이 밥보다 좋아하는 찹쌀탁주가 있어서/삼춘의 임내를 내어가며 나와 사춘은 시큼털털한 술을 잘도 채어 먹었다 **〈고방〉** ❖ 신새벽 들망에/내가 좋아하는 꼴두기가 들었다 **〈꼴두기—물닭의 소리〉** ❖ 아모것도 모르는 듯이 어드근한 방안에 굴어 게으르는 것을 좋아하는 그 풍속을/사랑하는 어린것에게 엿 한 가락을 아끼고 위하는 안해에겐 해진 옷을 입히면서도 **〈허준**許俊〉 ❖ 그리고 담배 내음새 탄수 내음새 또 수육을 삶는 육수국 내음새 자욱한 더북한 샷방 쩔쩔 끓는 아르굳을 좋아하는 이것은 무엇인가 **〈국수〉**

좋아하다② 동 다른 사람을 아끼어 친밀하게 여기거나 서로 마음에 들다.

좋아하는 ❖ 구마산舊馬山의 선창에선 좋아하는 사람이 울며 나리는 배에 올라서 오는 물길이 반날/갓 나는 고당은 갓갓기도 하다// 〔…〕 //난蘭이라는 이는 명정明井골에 산다든데/명정明井골은 산山을 넘어 동백冬柏나무 푸르른 감로甘露 같은 물이 솟는 명정明井샘이 있는 마을인데/샘터엔 오구작작 물을 긷는 처녀며 새악시들 가운데 내가 좋아하는 그이가 있을 것만 같고/내가 좋아하는 그이는 푸른 가지 붉게붉게 동백冬柏꽃 피는 철엔 타관 시집을 갈 것만 같은데 **〈통영**統營**(남행시초**南行詩抄**)〉** ❖ 나는 시방 넷날 진晉이라는 나라나 위衛라는 나라에 와서/내가 좋아하는 사람들을 만나는 것만 같다 **〈조당**澡塘**에서〉**

즐거웁다 형 즐겁다. 마음에 거슬림이 없이 흐뭇하고 기쁘다.

〔'즐거웁다'는 '즐겁다'에 '우' 모음이 첨가된 형태의 시어이다. 모음 첨가는 백석의 시어에서 자주 나타나는 음운 현상이다.〕

즐거웁기도 ❖ 약탕관에서는 김이 오르며 달큼한 구수한 향기로운 내음새가 나고/약이 끓는 소리는 삐삐 즐거웁기도 하다 **〈탕약**湯藥**〉**

즐거워오다 동 마음에 거슬림이 없이 흐뭇하고 기쁜 상태가 되다.

〔'즐겁다'에 보조동사 '오다'가 붙은 동사로 즐거운 상태가 이루어진 것을 나타내는 말이다.〕

즐거워온다 ❖ 네 소리에 내 마음은 반끗히 밝어오고 또 호끈히 더워오고 그리고 즐거워온다/나는 너를 껴안어 올려서 네 머리를 쓰다듬고 힘껏 네 적은 손을 쥐고 흔들고 싶다 **〈촌에서 온 아이〉**

즐거이 부 마음에 거슬림이 없이 흐뭇하고 기쁘게.

❖ 또 내가 아는 그 몸이 성하고 돈도 있는 사람들이/즐거이 술을 먹으려 단닐 것과/내 손에는 신간서新刊書 하나도 없는 것과 **〈내가 생각하는 것은〉** ❖ 일가친척들과 서로 모여 즐거이 웃음으로 지날 것이연만/나는 오늘 때묻은 입든 옷에 마른물고기 한 토막으로/혼자 외로이 앉어 이것저것 쓸쓸한 생각을 하는 것이다 **〈두보**杜甫**나 이백**李白**같이〉**

즐겁다 형 마음에 거슬림이 없이 흐뭇하고 기쁘다.

즐거운 ❖ 가까운 논배미들에서/까알까알 하는 너이들의 즐거운 말소리가 나면/나는 내 마을 그 아는 사람들의 지껄지껄하는 말소리같이 반가웁고나 **〈오리〉** ❖ 먼 바닷가의 거리로 간다는데/금귤이 눌한 마을마을을 지나가며/싱싱한 금귤을 먹는 것은 얼마나 즐거운 일인가 **〈이두국주가도**伊豆國湊街道**〉** ❖ 가까이 잔치가 있어서/곱디고운 건반밥을 말리우는 마을은/얼마나 즐거운 마을인가 **〈고성가도**固城街道**—남행시초**南行詩抄 **3〉** ❖ 휜 저고리에 붉은 길동을 달어/검정치마에 받쳐입은 것은/나의 꼭 하나 즐거운 꿈이였드니 **〈절망**絶望**〉**

즐겁다 ❖ 달빛도 거지도 도적개도 모다 즐겁다/풍구재도 얼럭소도 쇠드랑볕도 모

다 즐겁다 〈**연자간**〉

즐겁든 ❖ 이것은 아득한 녯날 한가하고 즐겁든 세월로부터/실 같은 봄비 속을 타는 듯한 녀름볕 속을 지나서 들쿠레한 구시월 갈바람 속을 지나서 〈**국수**〉

즐기다[동] 즐겁게 누리거나 맛보다.

즐기는 ❖ 나주볕을 한없이 바라보며 혼자 무엇을 즐기는 듯한 목이 긴 사람은/도연명陶淵明은 저러한 사람이였을 것이고 〈**조당**澡塘**에서**〉

친하다[형] 가까이 사귀어 정이 두텁다.

친하니 ❖ 거리에는 사람두 많이 나서 홍성홍성할 것이다/어쩐지 이 사람들과 친하니 싸단니고 싶은 밤이다 〈**내가 생각하는 것은**〉 ❖ 오대五代나 나린다는 크나큰 집 다 찌그러진 들지고방 어득시근한 구석에서 쌀독과 말쿠지와 숫돌과 신뚝과 그리고 녯적과 또 열두 데석님과 친하니 살으면서 〈**목구**木具〉

친한 ❖ 이 조용한 마을과 이 마을의 으젓한 사람들과 살틀하니 친한 것은 무엇인가/이 그지없이 고담枯淡하고 소박素朴한 것은 무엇인가 〈**국수**〉

편안하다[형] 편하고 걱정 없이 좋다.

편안하고 ❖ 이리하여 노왕老王은 밭을 주어 마음이 한가하고/나는 밭을 얻어 마음이 편안하고 〈**귀농**歸農〉

편안하니 ❖ 대들보 우에 베틀도 채일도 토리개도 모도들 편안하니/구석구석 후치도 보십도 소시랑도 모도들 편안하니 〈**연자간**〉

평안하다[형] 걱정이나 탈이 없다.

평안하니 ❖ 봉가집을 가면서도 칠월七月 그믐 초가을을 할 때까지/평안하니 집살이를 할 것을 생각하고/애끼는 옷을 다 적시어도 비는 씨원만 하다고 생각한다 〈**칠월**七月 **백중**〉

한가로이[부] 한가한 느낌이 있게.

❖ 아츰볕에 섶구슬이 한가로이 익는 골짝에서 꿩은 울어 산山울림과 장난을 한다 〈**추일산조**秋日山朝〉

한가하다[형] 겨를이 생겨 여유가 있다.

한가하고 ❖ 이리하여 노왕老王은 밭을 주어 마음이 한가하고/나는 밭을 얻어 마음이 편안하고 〈**귀농**歸農〉 ❖ 이것은 아득한 녯날 한가하고 즐겁든 세월로부터/실 같은 봄비 속을 타는 듯한 녀름볕 속을 지나서 들쿠레한 구시월 갈바람 속을 지나서 〈**국수**〉 ❖ 그런데 참으로 그 은殷이며 상商이며 월越이며 위衛며 진晋이며 하는 나라 사람들의 이 후손들은/얼마나 마음이 한가하고 게으른가/ 〔…〕 /또 어늬바루 새악시가 곱기도 한 것 같은 것을 생각하는 것일 것인데/나는 이렇게 한가하고 게으르고 그러면서 목숨이라든가 인생人生이라든가 하는 것을 정말 사랑할 줄 아는 〈**조당**澡塘**에서**〉

한가한 ❖ 마을에는 그 무슨 반가운 것이 오는가보다/한가한 애동들은 어둡도록 꿩사냥을 하고/가난한 엄매는 밤중에 김치가재미로 가고 〈**국수**〉

3 인지

갈다③형 ① 체언이나 의존명사 '것'의 뒤에 쓰여, 추측이나 단정을 나타내는 말. ② 의존명사 '것'의 뒤에 쓰여, 그렇게 느껴지는 바가 있음을 나타내는 말.

같고 ❖ 샘터엔 오구작작 물을 긷는 처녀며 새악시들 가운데 내가 좋아하는 그이가 있을 것만 같고 〈**통영**統營(**남행시초**南行詩抄)〉 ❖ 산山 너머로 가는 길 돌각담에 갸웃하는 처녀는 금錦이라든 이 같고/내가 들은 마산馬山 객줏客主집의 어린 딸은 난蘭이라는 이 같고 〈**통영**統營(**남행시초**南行詩抄)〉

같구려 ❖ 구붓하고 모래톱을 오르면/당신이 앞선 것만 같구려/당신이 뒤선 것만 같구려//그리고 지중지중 물가를 거닐면/당신이 이야기를 하는 것만 같구려/당신이 이야기를 끊은 것만 같구려 〈**바다**〉

같다 ❖ 잠자리 조을든 문허진 성城터/반딧불이 난다 파란 혼魂들 같다 〈**정주성**定州城〉 ❖ 박을 삶는 집/할아버지와 손자가 오른 지붕 우에 한울빛이 진초록이다/우물의 물이 쓸 것만 같다 〈**여우난골**〉 ❖ 흰밥과 가재미와 나는/우리들은 그 무슨 이야기라도 다 할 것 같다/〔…〕//흰밥과 가재미와 나는/우리들이 같이 있으면/세상 같은 건 밖에 나도 좋을 것 같다 〈**선우사**膳友辭**—함주시초**咸州詩抄〉 ❖ 또 여기 더운물에 뛰어들며/무슨 물새처럼 악악 소리를 지르는 삐삐 파리한 사람은/양자楊子라는 사람은 아모래도 이와 같었을 것만 같다/나는 시방 녯날 진晉이라는 나라나 위衛라는 나라에 와서/내가 좋아하는 사람들을 만나는 것만 같다 〈**조당**澡塘**에서**〉

같어 ❖ 찰복숭아를 먹다가 씨를 삼키고는 죽는 것만 같어 하로종일 놀지도 못하고 밥도 안 먹은 것도/가즈랑집에 마을을 가서/당세 먹은 강아지같이 좋아라고 집오래를 설레다가였다 〈**가즈랑집**〉

같은 ❖ 어쩐지 당홍치마 노란저고리 입은 새악시들이/웃고 살을 것만 같은 마을이다 〈**고성가도**固城街道**—남행시초**南行詩抄 **3**〉 ❖ 또 어늬바루 새악시가 곱기도 한 것 같은 것을 생각하는 것일 것인데 〈**조당**澡塘**에서**〉

같은데 ❖ 내가 좋아하는 그이는 푸른 가지 붉게붉게 동백冬柏꽃 피는 철엔 타관 시집을 갈 것만 같은데 〈**통영**統營**(남행시초**南行詩抄**)**〉 ❖ 의원醫員은 여래如來 같은 상을 하고 관공關公의 수염을 드리워서/먼 넷적 어늬 나라 신선 같은데 〈**고향**故鄕〉

귀해하다[동] 귀하게 여기다. 또는 귀여워하다.

〔《표준국어대사전》과 《평북방언사전》엔 '귀해하다'가 '귀여워하다'의 평북 방언으로 등재되어 있는데, 아래 용례에선 문맥상 '귀하다+하다'의 형태로 보아 '귀하게 여기다'의 뜻으로 보는 것이 더 적절해 보인다. 백석 시에 이러한 형태의 말로 '연연해하다'라는 말이 있다.〕

귀해하고 ❖ —하눌이 이 세상을 내일 적에 그가 가장 귀해하고 사랑하는 것들은 모두/가난하고 외롭고 높고 쓸쓸하니 그리고 언제나 넘치는 사랑과 슬픔 속에 살도록 만드신 것이다 〈**흰 바람벽이 있어**〉

기억하다[동] 이전의 인상이나 경험을 의식 속에 간직하거나 도로 생각해 내다.

기억한다 ❖ 나는 그때/자작나무와 이깔나무의 슬퍼하든 것을 기억한다 〈**북방**北方**에서—정현웅**鄭玄雄**에게**〉

깊다②[형] 생각이 듬쑥하고 신중하다.

깊고 ❖ 수박씨 호박씨를 입에 넣는 마음은/참으로 철없고 어리석고 게으른 마음이나/이것은 또 참으로 밝고 그윽하고 깊고 무거운 마음이라 〈**수박씨, 호박씨**〉

나다⑥[동] 생각, 기억 따위가 일다.

나는구려 ❖ 바닷가에 왔드니/바다와 같이 당신이 생각만 나는구려/바다와 같이 당신을 사랑하고만 싶구려 〈**바다**〉

나다⑬[동] 나가다. 의식이나 정신이 없어지다.

〔아래 용례의 "얼혼이 나서"에서 '나서'는 '나가다'의 뜻으로 쓰인 것이다. 여기서 '나가다'는 '의식이나 정신이 없어지다'의 의미이다.〕

나서 ❖ 얼혼이 나서 뒤울안으로 가면 뒤울안에는 곱새녕 아래 털능구신 〈**마을은 맨천 구신이 돼서**〉

녀기다[동] 여기다. 마음속으로 그러하다고 인정하거나 생각하다.

녀기는 ❖ 우리 엄매가 나를 가지는 때 이 노큰마니는 어늬 밤 크나큰 범이 한 마리 우리 선산으로 들어오는 꿈을 꾼 것을 우리 엄매가 서울서 시집을 온 것을 그리고 무엇보다도 내가 이 노큰마니의 당조카의 맏손자로 난 것을 다견하니 알뜰하

니 기꺼이 녀기는 것이었다 **〈넘언집 범 같은 노큰마니〉**

녀기며 ❖ 섣달에 냅일날이 들어서 냅일날 밤에 눈이 오면 이 밤엔 쌔하얀 할미귀신의 눈귀신도 냅일눈을 받노라 못 난다는 말을 든든히 녀기며 엄매와 나는 앙궁우에 떡돌 우에 곱새담 우에 함지에 버치며 대냥푼을 놓고 〔…〕 **〈고야古夜〉**

놓다⑥ 동 걱정이나 근심, 긴장 따위를 잊거나 풀어 없애다.

놓고 ❖ 개 더리고 호이호이 휘파람 불며/시름 놓고 가고 싶은 길이다//괴나리봇짐 벗고 땃불 놓고 앉어/담배 한 대 피우고 싶은 길이다 **〈창원도昌原道—남행시초南行詩抄 1〉** ❖ 낮에는 마음 놓고 낮잠도 한잠 자고 싶어서/아전 노릇을 그만두고 밭을 노왕老王한테 얻는 것이다 **〈귀농歸農〉** ❖ 나는 고만 디겁을 하여 큰 행길로 나서서 마음 놓고 화리서리 걸어가다 보니/아아 말 마라 내 발뒤축에는 오나가나 묻어 다니는 달걀구신 **〈마을은 맨천 구신이 돼서〉**

들다⑭ 동 의식이 회복되거나 어떤 생각이나 느낌이 일다.

드는 ❖ 외로운 생각만이 드는 때쯤 해서는,/더러 나줏손에 쌀랑쌀랑 싸락눈이 와서 문창을 치기도 하는 때도 있는데, **〈남신의주 유동 박시봉방南新義州柳洞朴時逢方〉**

듯하다 보조형 앞말이 뜻하는 사건이나 상태 따위를 짐작하거나 추측함을 나타내는 말.

듯하다 ❖ 헝겊심지에 아즈까리기름의 쪼는 소리가 들리는 듯하다 **〈정주성定州城〉** ❖ 나는 가슴이 메이는 듯하다/내 손에 오르기라도 하라고 나는 손을 내어미나 분명히 울고불고할 이 작은 것은 나를 무서우이 달아나버리며 나를 서럽게 한다 **〈수라修羅〉**

듯한 ❖ 자즌닭이 울어서 술국을 끓이는 듯한 추탕鰍湯집의 부엌은 뜨수할 것같이 불이 뿌연히 밝다 **〈미명계未明界〉** ❖ 어데서 좁쌀알만 한 알에서 가제 깨인 듯한 발이 채 서지도 못한 무척 적은 새끼거미가 이번엔 큰거미 없어진 곳으로 와서 아물거린다 **〈수라修羅〉** ❖ 한 십리十里 더 가면 절간이 있을 듯한 마을이다 〔…〕 **〈황일黃日〉** ❖ 볏짚같이 누우란 사람들이 둘러서서/어늬 눈 오신 날 눈을 츠고 생긴 듯한 말다툼 소리도 누우라니 **〈삼천포三千浦—남행시초南行詩抄 4〉** ❖ 뜨락에 잡곡낟가리가 쌓여서/어니 세월에 뷔일 듯한 집은 뵈이지 않었다 **〈산곡山谷—함주시초咸州詩抄〉** ❖ 높은 산도 높은 꼭다기에 있는 듯한/아니면 깊은 물도 깊은 밑바닥에 있는 듯한 당신네 나라의/하늘은 얼마나 맑고 높을 것인가 **〈허준許俊〉** ❖ 이것은 아득한 녯날 한가하고 즐겁든 세월로부터/실 같은 봄비 속을 타는 듯한 녀름볕 속을 지나서 들쿠레한 구시월 갈바람 속을 지나서 **〈국수〉** ❖ 나주볕을 한없이 바라보며 혼자 무엇을 즐기는 듯한 목이 긴 사람은/도연명陶淵明은 저러한 사람이였을 것이고 〈**조당**澡塘**에서**〉

듯한데 ❖ 긴 토시 끼고 큰머리 얹고 오불고불 넘엣거리로 가는 여인女人은 평안도平安道서 오신 듯한데 동백冬柏꽃 피는 철이 그 언제요 〈**통영**統營(**남행시초**南行詩抄)〉 ❖ 그리고 다 달인 약을 하이얀 약사발에 밭어놓은 것은/아득하니 깜하야 만년萬年 녯적이 들은 듯한데 〈**탕약**湯藥〉

떠오르다[동] 생각 따위가 나거나 되살아나다(《고려대한국어대사전》).

떠오를 ❖ 당신의 그 고요한 가슴 안에 온순한 눈가에/당신네 나라의 맑은 한울이 떠오를 것이고 〈**허준**許俊〉

뜻없이[부] 무엇을 하겠다는 마음을 먹지 않고.

〔'뜻없이'는 사전에 한 단어로 등재되어 있지 않다.〕

❖ 딜옹배기에 북덕불이라도 담겨 오면,/이것을 안고 손을 쬐며 재 우에 뜻없이 글자를 쓰기도 하며, 〈**남신의주 유동 박시봉방**南新義州柳洞朴時逢方〉

모르다①[동] 사람이나 사물 따위를 알거나 이해하지 못하다.

모르게 ❖ 오리야 네가 좋은 청명淸明 밑께 밤은/옆에서 누가 뺨을 쳐도 모르게 어둡다누나 〈**오리**〉

모르고 ❖ 집에는 아배에 삼촌에 오마니에 오마니가 있어서 〔…〕 아이들이 큰마누래에 작은마누래에 제구실을 할 때면 종아지물본도 모르고 행길에 아이 송장이 거적뙈기에 말려나가면 속으로 얼마나 부러워하였고 〔…〕 〈**넘언집 범 같은 노큰마니**〉 ❖ 서로 나라가 다른 사람인데/다들 쪽 발가벗고 같이 물에 몸을 녹히고 있는 것은/대대로 조상도 서로 모르고 말도 제가끔 틀리고 먹고 입는 것도 모도 다른데 〈**조당**澡塘**에서**〉

모르는 ❖ 낡은 질동이에는 갈 줄 모르는 늙은 집난이같이 송구떡이 오래도록 남어 있었다 〈**고방**〉 ❖ 아모것도 모르는 듯이 어드근한 방안에 굴어 게으르는 것을 좋아하는 그 풍속을 〈**허준**許俊〉

모르던 ❖ 그리고 또 엄매의 말엔 내가 아직 굳은 밥을 모르던 때 살갗 퍼런 막내고무가 잘도 받어 세수를 하였다는 내 오줌빛은 이슬같이 샛말갛기도 샛맑았다는 것이다 〈**동뇨부**童尿賦〉

몰라도 ❖ 이러한 시인詩人이 누구인 것을 세상은 몰라도 좋으나/그러나/그 이름이 강소천姜小泉인 것을 송아지와 꿀벌은 알을 것이다 〈《**호박꽃 초롱**》 **서시**序詩〉

모르다②[동] (의문사 없이 쓰여) 불확실한 사실에 대한 짐작이나 의문의 뜻을 나타낸다.

모를 ❖ 내 쓸쓸한 마음은 아마 두보杜甫나 이백李白 같은 사람들의 마음인지도 모를 것이다/아모려나 이것은 넷투의 쓸쓸한 마음이다 〈**두보杜甫나 이백李白같이**〉

배반하다 동 믿음과 의리를 저버리고 돌아서다.

배반하고 ❖ 범과 사슴과 너구리를 배반하고/송어와 메기와 개구리를 속이고 나는 떠났다 〈**북방北方에서—정현웅鄭玄雄에게**〉

생각나다 동 ① 어떤 의견이나 느낌이 떠오르다. ② 어떤 사람이나 일 따위에 관한 기억이 떠오르다.

생각나 ❖ 농마루며 바람벽은 모두들 그느슥히/흰밥과 두부와 튀각과 자반을 생각나 하고 〈**고사古寺—함주시초咸州詩抄**〉

생각난다 ❖ 먼 훗날 그들의 먼 훗자손들도/그들의 본을 따서 이날에는 원소元宵를 먹을 것을/외로이 타관에 나서도 이 원소元宵를 먹을 것을 생각하며/그들이 아득하니 슬펐을 듯이/나도 떡국을 놓고 아득하니 슬플 것이로다/아, 이 정월正月 대보름 명절인데/거리에는 오독독이 탕탕 터지고 호궁胡弓 소리 삘뺄 높아서/내 쓸쓸한 마음엔 자꼬 이 나라의 넷 시인詩人들이 그들의 쓸쓸한 마음들이 생각난다 〈**두보杜甫나 이백李白같이**〉

생각하다 동 ① 사람이 머리를 써서 사물을 헤아리고 판단하다. ② 어떤 사람이나 일 따위에 대하여 기억하다. ③ 어떤 일을 하고 싶어 하거나 관심을 가지다. ④ 어떤 일을 하려고 마음을 먹다. ⑤ 어떤 사람이나 일에 대하여 성의를 보이거나 정성을 기울이다. ⑥ 어떤 일에 대한 의견이나 느낌을 가지다.

생각하고 ❖ 나는 벌써 달디단 물구지우림 둥굴네우림을 생각하고/아직 멀은 도토리묵 도토리범벅까지도 그리워한다 〈**가즈랑집**〉 ❖ 나는 이제 어늬 먼 외진 거리에 한고향 사람의 조고마한 가업집이 있는 것을 생각하고/이 집에 가서 그 맛스러운 떡국이라도 한 그릇 사먹으리라 한다 〈**두보杜甫나 이백李白같이**〉 ❖ 눈은 푹푹 나리고/나는 나타샤를 생각하고 〈**나와 나타샤와 흰 당나귀**〉 ❖ 봉가집을 가면서도 칠월七月 그믐 초가을을 할 때까지/평안하니 집살이를 할 것을 생각하고 〈**칠월七月 백중**〉 ❖ 이때 나는 내 뜻이며 힘으로, 나를 이끌어 가는 것이 힘든 일인 것을 생각하고 〈**남신의주 유동 박시봉방南新義州柳洞朴時逢方**〉

생각하노라 ❖ 아, 노왕老王, 나는 이렇게 생각하노라/나는 노왕老王을 보고 웃어 말한다 〈**귀농歸農**〉

생각하노라면 ❖ 나는 두 손으로 고이 약그릇을 들고 이 약을 내인 넷사람들을 생각

하노라면/내 마음은 끝없이 고요하고 또 맑어진다 **〈탕약湯藥〉**

생각하는 ❖ 시 제목 **〈내가 생각하는 것은〉** ❖ 이 흰 바람벽에/희미한 십오촉十五燭 전등이 지치운 불빛을 내어던지고/때글은 다 낡은 무명샤쯔가 어두운 그림자를 쉬이고/그리고 또 달디단 따끈한 감주나 한잔 먹고 싶다고 생각하는 내 가지가지 외로운 생각이 헤매인다 **〈흰 바람벽이 있어〉** ❖ 이러면서 그 무슨 제비의 춤이라는 연소탕燕巢湯이 맛도 있는 것과/또 어늬바루 새악시가 곱기도 한 것 같은 것을 생각하는 것일 것인데 **〈조당澡塘에서〉** ❖ 이것들보다 더 크고, 높은 것이 있어서, 나를 마음대로 굴려 가는 것을 생각하는 것인데,/ 〔…〕 /쌀랑쌀랑 소리도 나며 눈을 맞을,/그 드물다는 굳고 정한 갈매나무라는 나무를 생각하는 것이었다. **〈남신의주 유동 박시봉방南新義州柳洞朴時逢方〉**

생각하든 ❖ 나를 생각하든 그 무당의 딸은 내 어린 누이에게/오리야 너를 한 쌍 주드니/어린 누이는 없고 저는 시집을 갔다건만/오리야 너는 한 쌍이 날어가누나 **〈오리〉**

생각하며 ❖ 기장쌀은 기장차떡이 좋고 기장차랍이 좋고 기장감주가 좋고 그리고 기장쌀로 쑨 호박죽은 맛도 있는 것을 생각하며 나는 기뿌다 **〈월림月林장—서행시초西行詩抄 4〉** ❖ 나는 어니 외진 산山길에서 만난 새악시가 곱기도 하든 것과/어니메 강江물 속에 들여다뵈이든 쏘가리가 한 자나 되게 크든 것을 생각하며/산山비에 젖었다는 말렀다 하며 오는 길이다 **〈구장로球場路—서행시초西行詩抄 1〉** ❖ 먼 훗날 그들의 먼 훗자손들도/그들의 본을 따서 이날에는 원소元宵를 먹을 것을/외로이 타관에 나서도 이 원소元宵를 먹을 것을 생각하며 **〈두보杜甫나 이백李白같이〉** ❖ 이리하여 나는 이 습내 나는 춥고, 누긋한 방에서,/낮이나 밤이나 나는 나 혼자도 너무 많은 것같이 생각하며 **〈남신의주 유동 박시봉방南新義州柳洞朴時逢方〉**

생각하면 ❖ 언제나 병을 앓을 때면/신장님 달련이라고 하는 가즈랑집 할머니/구신의 딸이라고 생각하면 슬퍼졌다 **〈가즈랑집〉** ❖ 이렇게 발가들 벗고 한물에 몸을 씻는 것은/생각하면 쓸쓸한 일이다 **〈조당澡塘에서〉**

생각하였다 ❖ 날이 어서 추워져서 쑥국화꽃도 시들고 이 바즈런한 백성들도 다 제 집으로 들은 뒤에 이 골안으로 올 것을 생각하였다 **〈산곡山谷—함주시초咸州詩抄〉**

생각한다 ❖ 내일같이 명절날인 밤은 〔…〕 조개송편에 달송편에 죈두기송편에 떡을 빚는 곁에서 나는 밤소 팥소 설탕 든 콩가루소를 먹으며 설탕 든 콩가루소가 가장 맛있다고 생각한다 **〈고야古夜〉** ❖ 새하려 가는 아배의 지게에 치워 나는 산山으로 가며 토끼를 잡으리라고 생각한다/맞구멍 난 토끼굴을 아배와 내가 막어서면 언제나 토끼새끼는 내 다리 아래로 달어났다 〈**오리 망아지 토끼**〉 ❖ 넷 장수 모신 낡은 사당의 돌층계에 주저앉어서 나는 이 저녁 울 듯 울 듯 한산도閑山島 바다에 뱃사공이 되여가며/녕 낮은 집 담 낮은 집 마당만 높은 집에서 열나흘 달을 업고 손방아만 찧는 내 사람을 생각한다 〈**통영**統營(**남행시초**南行詩抄)〉 ❖ 이 산山골에 들어와서 이 목침木枕들에 새까마니 때를 올리고 간 사람들을 생각한다 〈**산숙**山宿**—산중음**山中吟〉 ❖ 나는 혼자 쓸쓸히 앉어 소주燒酒를 마신다/소주燒酒를 마시며 생각한다 〈**나와 나타샤와 흰 당나귀**〉 ❖ 그렇게도 살틀하든 동무가 나를 버린 일을 생각한다// 〔…〕 /그리고 그 〈아서라 세상사世上事〉라도 들을/류성기도 없는 것을 생각한다//그리고 이러한 생각이 내 눈가를 내 가슴가를/뜨겁게 하는 것도 생각한다 〈**내가 생각하는 것은**〉 ❖ 나는 문득 가슴에 뜨끈한 것을 느끼며/소수림왕小獸林王을 생각한다 광개토대왕廣開土大王을 생각한다 〈**북신**北新**—서행시초**西行詩抄 **2**〉 ❖ 나는 가슴이 이 무슨 흥에 벅차오며/이 봄에는 이 밭에 감자 강냉이 수박에 오이며 당콩에 마늘과 파도 심그리라 생각한다 〈**귀농**歸農〉 ❖ 나주볕이 가득 드리운 밝은 방안에 혼자 앉어서/실감기며 버선짝을 가지고 쓰렁쓰렁 노는 아이를 생각한다/또 녀름날 낮 기운 때 어른들이 모두 벌에 나가고 텅 뷔인 집 토방에서/햇강아지의 쌀랑대는 성화를 받어가며 닭의 똥을 주워먹는 아이를 생각한다 〈**촌에서 온 아이**〉 ❖ 애끼는 옷을 다 적시어도 비는 씨원만 하다고 생각한다 〈**칠월**七月 **백중**〉

생각해본다 ❖ 그 사람들의 얼골과 생업生業과 마음들을 생각해본다 〈**산숙**山宿**—산중음**山中吟〉

알다①동 교육이나 경험, 사고 행위를 통하여 사물이나 상황에 대한 정보나 지식을 갖추다.

안다 ❖ 다만 한 사람 목이 긴 시인詩人은 안다 〈**허준**許俊〉

안다고 ❖ 병이 들면 풀밭으로 가서 풀을 뜯는 소는 인간人間보다 영靈해서 열 걸음 안에 제 병을 낫게 할 약藥이 있는 줄을 안다고 〈**절간의 소 이야기**〉

알고 ❖ '도스토이엡흐스키'며 '죠이쓰'며 누구보다도 잘 알고 일등가는 소설도 쓰지만 〈**허준**許俊〉

알을 ❖ 그러나/그 이름이 강소천姜小泉인 것을 송아지와 꿀벌은 알을 것이다 〈《**호박꽃 초롱**》 **서시**序詩〉

알다③동 심리적 상태를 마음속으로 느끼거나 깨닫다.

알지 ❖ 밤에는 먼 개소리에 놀라나고/아츰에는 지나가는 사람마다에게 절을 하면

서도/나는 나의 부끄러움을 알지 못했다 **〈북방**北方**에서—정현웅**鄭玄雄**에게〉**

어지럽다 형 모든 것이 뒤섞이거나 뒤얽혀 갈피를 잡을 수 없다.

어지러운 ❖ 이렇게 하여 여러 날이 지나는 동안에,/내 어지러운 마음에는 슬픔이며, 한탄이며, 가라앉을 것은 차츰 앙금이 되어 가라앉고,/외로운 생각만이 드는 때쯤 해서는, **〈남신의주 유동 박시봉방**南新義州柳洞朴時逢方**〉**

위로하다 동 따뜻한 말이나 행동으로 괴로움을 덜어 주거나 슬픔을 달래 주다.

위로하는 ❖ 그리고 이번에는 나를 위로하는 듯이 나를 울력하는 듯이/눈질을 하며 주먹질을 하며 이런 글자들이 지나간다 **〈흰 바람벽이 있어〉**

위안하다 동 위로하여 마음을 편하게 하다.

위안하지 ❖ 그 조상들이 대대로 하든 본대로 원소元宵라는 떡을 입에 대며/스스로 마음을 느꾸어 위안하지 않었을 것인가 **〈두보**杜甫**나 이백**李白**같이〉**

위하다 동 물건이나 사람을 소중하게 여기다.

위하는 ❖ 거리에서는 모밀내가 났다/부처를 위하는 정갈한 노친네의 내음새 같은 모밀내가 났다 **〈북신**北新**—서행시초**西行詩抄 **2〉** ❖ 사랑하는 어린것에게 엿 한 가락을 아끼고 위하는 안해에겐 해진 옷을 입히면서도/마음이 가난한 낯설은 사람에게 수백 냥 돈을 거저 주는 그 인정을 그리고 또 그 말을 **〈허준**許俊**〉**

이기다 동 고통이나 고난을 참고 견디어 내다.

이기지 ❖ 나는 그때/아모 이기지 못할 슬픔도 시름도 없이/다만 게을리 먼 앞대로 떠나 나왔다/ 〔…〕 /이리하야 또 한 아득한 새 녯날이 비롯하는 때/이제는 참으로 이기지 못할 슬픔과 시름에 쫓겨/나는 나의 녯 한울로 땅으로—나의 태반胎盤으로 돌아왔으나 **〈북방**北方**에서—정현웅**鄭玄雄**에게〉**

일부러 부 어떤 목적이나 생각을 가지고. 또는 마음을 내어 굳이.

❖ 이 집에 있는 다른 많은 아이들이/모도들 욕심 사납게 지게굳게 일부러 청을 돋혀서/어린아이들치고는 너무나 큰 소리로 너무나 튀겁 많은 소리로 울어대는데 **〈촌에서 온 아이〉**

잊다 동 ① 한번 알았던 것을 기억하지 못하거나 기억해 내지 못하다. ② (사람이 해야 할 일을) 깨닫지 못하고 그냥 지나치다(《고려대한국어대사전》).

잊는 ❖ 이번에는 꿈에도 못 잊는 봉가집에 가는 것이다 **〈칠월**七月 **백중〉**

잊지 ❖ 나는 그때/자작나무와 이깔나무의 슬퍼하든 것을 기억한다/갈대와 장풍의 붙드든 말도 잊지 않었다/오로촌이 멧돝을 잡어 나를 잔치해 보내든 것도/쏠론이 십리길을 따러나와 울든 것도 잊지 않었다 **〈북방**北方**에서—정현웅**鄭玄雄**에게〉**

잊어버리다 동 사람이 해야 할 일을 전혀 깨닫지 못하고 그냥 지나치다.

〔'잊어버리다'는 '잊다'에 보조용언 '버리다'가 결합된 동사인데 《표준국어대사전》엔 한 단어로 등재되어 있고, 《고려대한국어대사전》엔 등재되어 있지 않다. 풀이는《고려대한국어대사전》의 '잊다' 풀이를 참고한 것이다.〕

잊어버리고 ❖ 더운물에 몸을 불키거나 때를 밀거나 하는 것도 잊어버리고/제 배꼽을 들여다보거나 남의 낯을 쳐다보거나 하는 것인데 **〈조당澡塘에서〉**

쫓기다 동 어떤 두려움으로 마음이 불안한 상태에 놓이다.

쫓겨 ❖ 이리하야 또 한 아득한 새 녯날이 비롯하는 때/이제는 참으로 이기지 못할 슬픔과 시름에 쫓겨/나는 나의 녯 한울로 땅으로—나의 태반胎盤으로 돌아왔으나 **〈북방北方에서—정현웅鄭玄雄에게〉**

하다⑦ 동 생각하거나 추측하다.

하고 ❖ 이것의 엄마와 누나나 형이 가까이 이것의 걱정을 하며 있다가 쉬이 만나기나 했으면 좋으련만 하고 슬퍼한다 **〈수라修羅〉**

하다⑫ 보조동 (동사 뒤에서 '-으려(고) 한다', '-고자 한다' 구성으로 쓰여) 앞말이 뜻하는 행동이나 상태를 의도하거나 바람을 나타내는 말.

한다 ❖ 나는 이제 어늬 먼 외진 거리에 한고향 사람의 조고마한 가업집이 있는 것을 생각하고/이 집에 가서 그 맛스러운 떡국이라도 한 그릇 사먹으리라 한다 **〈두보杜甫나 이백李白같이〉**

하다⑯ 보조형 백석 시 〈촌에서 온 아이〉에서 '하다'는 그 앞의 '듯도'와 결합해 '듯하다'의 형태로 쓰인 것이다. '듯하다'는 관형사형 어미 뒤에 쓰여, 앞말이 뜻하는 사건이나 상태 따위를 짐작하거나 추측함을 나타내는 말(《고려대한국어대사전》).

하다 ❖ 네 소리는 조금 썩심하니 쉬인 듯도 하다 **〈촌에서 온 아이〉**

헤매이다② 동 방향 없이 이리저리 왔다 갔다 하다(《조선말대사전》).

〔'헤매이다'는 '헤매다'에 '이' 모음이 첨가된 형태의 시어이다. 모음 첨가는 백석의 시어에서 자주 발견되는 음운 현상인데, 《조선말대사전》에 '헤매이다'와 '헤매다'가 같은 말로 모두 등재되어 있어, '헤매이다'가 북쪽 지역에서 널리 사용되는 말임을 알 수 있다.〕

헤매인다 ❖ 때글은 다 낡은 무명샤쯔가 어두운 그림자를 쉬이고/그리고 또 달디단 따끈한 감주나 한잔 먹고 싶다고 생각하는 내 가지가지 외로운 생각이 헤매인다 **〈흰 바람벽이 있어〉**

4 성격

사납다 형 성질이나 행동이 모질고 억세다.

사나운 ❖ 녕감들은 유리창 같은 눈을 번득거리며/투박한 북관北關말을 떠들어대며/쇠리쇠리한 저녁해 속에/사나운 즘생같이들 사러졌다 **〈석양夕陽〉**

사납게 ❖ 이 집에 있는 다른 많은 아이들이/모도들 욕심 사납게 지게굳게 일부러 청을 돋혀서/어린아이들치고는 너무나 큰 소리로 너무나 튀겁 많은 소리로 울어대는데 **〈촌에서 온 아이〉**

알뜰하다 형 다른 사람을 아끼고 위하는 마음이 참되고 지극하다.

알뜰하니 ❖ 우리 엄매가 나를 가지는 때 이 노큰마니는 어늬 밤 크나큰 범이 한 마리 우리 선산으로 들어오는 꿈을 꾼 것을 〔…〕 그리고 무엇보다도 내가 이 노큰마니의 당조카의 맏손자로 난 것을 다견하니 알뜰하니 기꺼이 녀기는 것이었다 **〈넘언집 범 같은 노큰마니〉**

온순하다 형 성질이나 마음씨가 온화하고 양순하다.

온순한 ❖ 당신의 그 고요한 가슴 안에 온순한 눈가에/당신네 나라의 맑은 한울이 떠오를 것이고 **〈허준許俊〉**

지게굳다 형 성질이 싹싹하지 못하고 검질기며 고집이 세어서 남의 말을 잘 듣지 아니하다. 흔히 손아랫사람의 태도를 이르는 말(《평북방언사전》).

〔'지게굳다'는 '지게(고집)+굳다'의 형태를 지닌 합성어이다. 《평북방언사전》에 '지게 굳다'가 등재되어 있으며, 《고려대한국어대사전》에 '지게'가 '고집'의 평북 방언으로 등재되어 있다.〕

지게굳게 ❖ 이 집에 있는 다른 많은 아이들이/모도들 욕심 사납게 지게굳게 일부러 청을 돋혀서/어린아이들치고는 너무나 큰 소리로 너무나 튀겁 많은 소리로 울어대는데 **〈촌에서 온 아이〉**

텁텁하다 형 까다롭지 아니하여 무던하고 소탈하다.

텁텁한 ❖ 대대로 나며 죽으며 죽으며 나며 하는 이 마을 사람들의 으젓한 마음을 지나서 텁텁한 꿈을 지나서 **〈국수〉**

5 인품, 능력

무겁다② 형 언행이 신중하고 조심스럽다(《고려대한국어대사전》).

무거운 ❖ 수박씨 호박씨를 입에 넣는 마음은/참으로 철없고 어리석고 게으른 마음이나/이것은 또 참으로 밝고 그윽하고 깊고 무거운 마음이라 **〈수박씨, 호박씨〉**

미덥다 형 믿음성이 있다.

미더워 ❖ 물밑—이 세모래 닌함박은 콩조개만 일다/모래장변—바다가 널어놓고 못 미더워 드나드는 명주필을 짓궂이 발뒤축으로 찢으면/날과 씨는 모두 양금 줄이 되어 짜랑짜랑 울었다 **〈물계리物界里—물닭의 소리〉**

미덥고 ❖ 흰밥과 가재미와 나는/우리들은 그 무슨 이야기라도 다 할 것 같다/우리들은 서로 미덥고 정답고 그리고 서로 좋구나 **〈선우사膳友辭—함주시초咸州詩抄〉**

알다④ 동 (주로 '-을 줄 알다' 구성으로 쓰여) 어떤 일을 할 능력이나 소양이 있다.

아는 ❖ 나는 이렇게 한가하고 게으르고 그러면서 목숨이라든가 인생人生이라든가 하는 것을 정말 사랑할 줄 아는 **〈조당澡塘에서〉**

어리석다 형 슬기롭지 못하고 둔하다.

어리석고 ❖ 수박씨 호박씨를 입에 넣는 마음은/참으로 철없고 어리석고 게으른 마음이나/이것은 또 참으로 밝고 그윽하고 깊고 무거운 마음이라 **〈수박씨, 호박씨〉**

어질다 형 마음이 너그럽고 착하며 슬기롭고 덕행이 높다.

어진 ❖ 어진 사람이 많은 나라에 와서/어진 사람의 즛을 어진 사람의 마음을 배워서/수박씨 닦은 것을 호박씨 닦은 것을 입으로 앞니빨로 밝는다// 〔…〕 //어진 사람이 많은 나라에서는/오두미五斗米를 버리고 버드나무 아래로 돌아온 사람도/그 녚차개에 수박씨 닦은 것은 호박씨 닦은 것은 있었을 것이다 **〈수박씨, 호박씨〉**

어진데 ❖ 신새벽 들망에/내가 좋아하는 꼴두기가 들었다/갓 쓰고 사는 마음이 어진데/새끼 그믈에 걸리는 건 어인 일인가 **〈꼴두기—물닭의 소리〉**

어질고 ❖ 내 손자의 손자와 손자와 나와 할아버지와 할아버지의 할아버지와 〔…〕 수원백씨水原白氏 정주백촌定州白村의 힘세고 꿋꿋하나 어질고 정 많은 호랑이 같은 곰 같은 소 같은 피의 비 같은 밤 같은 달 같은 슬픔을 담는 것 아 슬픔을 담는 것 **〈목구木具〉**

영靈하다 형 사람의 기원대로 되는 신기한 징험이 있다.

영해서 ❖ 병이 들면 풀밭으로 가서 풀을 뜯는 소는 인간人間보다 영靈해서 열 걸음 안에 제 병을 낫게 할 약藥이 있는 줄을 안다고 **〈절간의 소 이야기〉**

잘①부 익숙하고 능란하게.

❖ 아들아이는 범이라고 장고기를 잘 잡는 앞니가 뻐드러진 나와 동갑이었다 〈**주막**酒幕〉 ❖ 배나무접을 잘하는 주정을 하면 토방돌을 뽑는 오리치를 잘 놓는 먼 섬에 반디젓 담그려 가기를 좋아하는 삼춘 삼춘엄매 사춘누이 사춘동생들 〈**여우난골족**族〉 ❖ 오지항아리에는 삼춘이 밥보다 좋아하는 찹쌀탁주가 있어서/삼춘의 임내를 내어가며 나와 사춘은 시큼털털한 술을 잘도 채어 먹었다 〈**고방**〉 ❖ 신 살구를 잘도 먹드니 눈 오는 아츰/나어린 안해는 첫아들을 낳었다 〈**적경**寂境〉 ❖ 집집이 아이만 한 피도 안 간 대구를 말리는 곳/황화장사 령감이 일본말을 잘도 하는 곳 〈**통영**統營(**남행시초**南行詩抄)〉 ❖ 송아지 잘도 놀고/까치 보해 짖고 〈**연자간**〉 ❖ 그리고 또 엄매의 말엔 내가 아직 굳은 밥을 모르던 때 살갗 퍼런 막내고무가 잘도 받어 세수를 하였다는 내 오줌빛은 이슬같이 샛말갛기도 샛맑았다는 것이다 〈**동뇨부**童尿賦〉 ❖ 다만 한 사람 목이 긴 시인詩人은 안다/'도스토이엡흐스키'며 '죠이쓰'며 누구보다도 잘 알고 일등가는 소설도 쓰지만 〈**허준**許俊〉 ❖ 산山 너머는/겨드랑이에 짗이 돋아서 장수가 된다는/더꺼머리총각들이 살아서/색시 처녀들을 잘도 업어간다고 했다 〈**산**山〉

잘하다동 익숙하고 능란하게 하다.

잘하는 ❖ 배나무접을 잘하는 주정을 하면 토방돌을 뽑는 오리치를 잘 놓는 먼 섬에 반디젓 담그려 가기를 좋아하는 삼춘 삼춘엄매 사춘누이 사춘동생들 〈**여우난골족**族〉

착하디착하다형 (사람이나 그 마음이) 매우 곱고 어질다.

〔이것은 《고려대한국어대사전》에 등재된 '착하다'의 풀이이다. 이 사전과 《표준국어대사전》엔 '착하다'만 등재되어 있다.〕

착하디착해서 ❖ 우리들은 모두 욕심이 없어 희여졌다/착하디착해서 세괏은 가시 하나 손아귀 하나 없다/너무나 정갈해서 이렇게 파리했다 〈**선우사**膳友辭**—함주시초**咸州詩抄〉

참되다형 진실하고 올바르다.

참된 ❖ 너는 오늘 아츰 무엇에 놀라서 우는구나/분명코 무슨 거즛되고 쓸데없는 것에 놀라서/그것이 네 맑고 참된 마음에 분해서 우는구나 〈**촌에서 온 아이**〉

철없다형 사리를 분별할 만한 지각이 없다.

철없고 ❖ 수박씨 호박씨를 입에 넣는 마음은/참으로 철없고 어리석고 게으른 마음이나/이것은 또 참으로 밝고 그윽하고 깊고 무거운 마음이라 〈**수박씨, 호박씨**〉

하다⑰[동] '할 수 없이'의 관용적 표현으로 쓰여 '어찌할 방법이나 도리 없이'의 뜻을 지닌다.

할 ❖ 나는 이제는 할 수 없이 대문을 열고 나가려는데 대문간에는 근력 세인 수문장 〈**마을은 맨천 구신이 돼서**〉

6 태도

검방지다[형] '건방지다'의 평북 방언(《평북방언사전》). 젠체하며 지나치게 주제넘다. 〔백석 시에 받침 'ㄴ'이 'ㅁ'으로 표기되는 시어로 '검방지다'(건방지다) 외에 '즘퍼리'(즌퍼리), '잠풍'(잔풍) 등이 있다.〕

검방지게 ❖ '자시동북팔십천희천自是東北八○粁熙川'의 푯標말이 선 곳/돌능와집에 소달구지에 싸리신에 옛날이 사는 장거리에/어니 근방 산천山川에서 덜거기 껙껙 검방지게 운다 〈**월림月林장—서행시초西行詩抄 4**〉

게으르다[형] 움직이거나 일하기를 싫어하는 성미와 버릇이 있다(《고려대한국어대사전》).

게으르고 ❖ 또 어늬바루 새악시가 곱기도 한 것 같은 것을 생각하는 것일 것인데/나는 이렇게 한가하고 게으르고 그러면서 목숨이라든가 인생人生이라든가 하는 것을 정말 사랑할 줄 아는/그 오래고 깊은 마음들이 참으로 좋고 우러러진다 〈**조당澡塘에서**〉

게으르는 ❖ '도스토이엡흐스키'며 '죠이쓰'며 누구보다도 잘 알고 일등가는 소설도 쓰지만/아모것도 모르는 듯이 어드근한 방안에 굴어 게으르는 것을 좋아하는 그 풍속을 〈**허준許俊**〉

게으른 ❖ 수박씨 호박씨를 입에 넣는 마음은/참으로 철없고 어리석고 게으른 마음이나/이것은 또 참으로 밝고 그윽하고 깊고 무거운 마음이라 〈**수박씨, 호박씨**〉

게으른가 ❖ 그런데 참으로 그 은殷이며 상商이며 월越이며 위衛며 진晉이며 하는 나라 사람들의 이 후손들은/얼마나 마음이 한가하고 게으른가/더운물에 몸을 불키거나 때를 밀거나 하는 것도 잊어버리고 〈**조당澡塘에서**〉

게을리[부] 움직이거나 일하기를 몹시 싫어하는 모양.

❖ 나는 그때/아모 이기지 못할 슬픔도 시름도 없이/다만 게을리 먼 앞대로 떠나 나왔다 〈**북방北方에서—정현웅鄭玄雄에게**〉

고이[부] 정성을 다하여.

❖ 나는 이 작은 것을 고이 보드러운 종이에 받어 또 문밖으로 버리며/이것의 엄마와 누나나 형이 가까이 이것의 걱정을 하며 있다가 쉬이 만나기나 했으면 좋으련만 하고 슬퍼한다 **〈수라**修羅**〉** ❖ 아득하니 깜하야 만년萬年 녯적이 들은 듯한데/나는 두 손으로 고이 약그릇을 들고 이 약을 내인 녯사람들을 생각하노라면 **〈탕약**湯藥**〉**

공경스럽다[형] 공손히 받들어 모실 만하다.

〔'공경스럽다'는 '공경하다'는 동사에 접사 '-스럽다' 가 붙어 형용사로 전이된 말이다. 사전엔 '공경하다'만 등재되어 있다.〕

공경스러운 ❖ 먼 후손들의 공경스러운 절과 잔을 굽어보고 또 애끓는 통곡과 축을 귀에 하고 그리고 합문 뒤에는 흠향 오는 구신들과 호호히 접하는 것 **〈목구**木具**〉**

공손하다[형] 말이나 행동이 겸손하고 예의 바르다.

공손하니 ❖ 한 해에 멫 번 매연 지난 먼 조상들의 최방등 제사에는 〔…〕 교우 우에 모신 신주 앞에 환한 촛불 밑에 피나무 소담한 제상 위에 떡 보탕 식혜 산적 나물지짐 반봉 과일 들을 공손하니 받들고 〔…〕 **〈목구**木具**〉**

너들씨다[동] 너들거리다. 분수없이 히물거리며 자꾸 까불다(《조선말대사전》).

〔《조선말대사전》에 '너들씨다'와 유사한 말로 '너들거리다'가 등재되어 있다(《표준국어대사전》에 '북한어'로 등재).〕

너들씨는데 ❖ 집에는 언제나 센개 같은 게사니가 벅작궁 고아내고 말 같은 개들이 떠들썩 짖어대고 그리고 소거름 내음새 구수한 속에 엇송아지 히물쩍 너들씨는데 **〈넘언집 범 같은 노큰마니〉**

도고하다[형] 수양이 높고 의젓하다.

〔《표준국어대사전》엔 '도고하다'가 "도덕적 수양이 높다"로 풀이되어 있는데, 《조선말대사전》엔 "① 수양이 높고 인품이 의젓하다. ② 떳떳하고 도도하다. ③ 제 딴으로 잘난 체하면서 거만하고 교만스럽다" 등의 여러 풀이가 제시되어 있다. 이 중에서 아래 용례에 쓰인 '도고하다'는 ①의 뜻으로 보는 것이 적절한 것 같다.〕

도고하니 ❖ 이 적고 가부엽고 갤족한 희고 까만 씨가/조용하니 또 도고하니 손에서 입으로 입에서 손으로 오르나리는 때 **〈수박씨, 호박씨〉**

말없이[부] 아무런 말도 아니하고.

❖ 미역오리같이 말라서 굴껍지처럼 말없이 사랑하다 죽는다는/이 천희千姬의 하나를 나는 어늬 오랜 객줏客主집의 생선 가시가 있는 마루방에서 만났다 **〈통영**統營**〉**
❖ 나는 아버지로 섬기는 이라 한즉/의원醫員은 또다시 넌즈시 웃고/말없이 팔을 잡

어 맥을 보는데 〈**고향**故鄕〉 ❖ 추운 겨울밤 병들어 누운 가난한 동무의 머리맡에 앉어/말없이 무릎 우 어린 고양이의 등만 쓰다듬는 때든가 〈**허준**許俊〉

못되다 형 성질이나 품행 따위가 좋지 않거나 고약하다.

못된 ❖ 내가 이렇게 추운 거리를 지나온 걸/얼마나 기뻐하며 락단하고/그즈런히 손깍지벼개하고 누워서/이 못된 놈의 세상을 크게 크게 욕할 것이다 〈**가무래기의 낙**樂〉

묵묵하다 형 말없이 잠잠하다.

묵묵하니 ❖ 먼 녯적 어늬 나라 신선 같은데/새끼손톱 길게 돋은 손을 내어/묵묵하니 한참 맥을 짚드니/문득 물어 고향故鄕이 어데냐 한다 〈**고향**故鄕〉

묵묵히 부 말없이 잠잠하게.

❖ 하폄도 남즉하니 불기와 유종들이/묵묵히 팔짱 끼고 쭈구리고 앉었다 〈**고사**古寺**—함주시초**咸州詩抄〉

바즈런하다 형 '바지런하다'의 평북 방언. 일하는 태도가 열성적이고 꾸준하다(《금성판국어대사전》).

〔《평북방언사전》에 '바즈런하다'가 등재되어 있고, 《금성판국어대사전》에 '바즈런하다'가 '바지런하다'의 방언으로 등재되어 있다.〕

바즈런한 ❖ 날이 어서 추워져서 쑥국화꽃도 시들고 이 바즈런한 백성들도 다 제 집으로 들은 뒤에 이 골안으로 올 것을 생각하였다 〈**산곡**山谷**—함주시초**咸州詩抄〉

삼가다 동 몸가짐이나 언행을 조심하다.

삼가면서 ❖ 어린아이들치고는 너무나 큰 소리로 너무나 튀겁 많은 소리로 울어대는데/너만은 타고난 그 외마디소리로 스스로웁게 삼가면서 우는구나 〈**촌에서 온 아이**〉

우두머니 부 움직이지 않고 멍청히 있는 모양(《조선말대사전》).

〔《조선말대사전》에 '우두머니'는 "움직이지 않고 멍청히 있는 모양", '우두커니'는 "비교적 큰 사람이 한 자리에 멀거니 있는 모양을 나타내는 말"로 풀이되어 있다.〕

❖ 고원선高原線 종점終點인 이 적은 정거장停車場엔/그렇게도 우쭐대며 달가불시며 뛰어오던 뽕뽕차車가/가이없이 쓸쓸하니도 우두머니 서 있다 〈**함남도안**咸南道安〉

우쭐대다 ① 동 의기양양하여 자꾸 뽐내다.

우쭐댄다 ❖ 추운 거리의 그도 추운 능당 쪽을 걸어가며/내 마음은 우쭐댄다 그 무슨 기쁨에 우쭐댄다 〈**가무래기의 낙**樂〉

으젓하다 형 '의젓하다'의 평북 방언(《평북방언사전》). 말이나 행동 따위가 점잖고 무게가 있다.

으젓한 ❖ 대대로 나며 죽으며 죽으며 나며 하는 이 마을 사람들의 으젓한 마음을 지나서 텁텁한 꿈을 지나서/지붕에 마당에 우물든덩에 함박눈이 푹푹 쌓이는 여늬 하로밤/ 〔…〕 //이 조용한 마을과 이 마을의 으젓한 사람들과 살틀하니 친한 것은 무엇인가/이 그지없이 고담枯淡하고 소박素朴한 것은 무엇인가 **〈국수〉**

잘망하다 형 하는 짓이나 모양새가 잘고 얄밉거나 또는 얄밉게 잘다(《조선말대사전》).

잘망하니 ❖ 봄철날 한종일내 노곤하니 벌불 장난을 한 날 밤이면 으레히 싸개동당을 지나는데 잘망하니 누워 싸는 오줌이 넓적다리를 흐르는 따근따근한 맛 자리에 펑하니 괴이는 척척한 맛 **〈동뇨부童尿賦〉**

짓궂이 부 장난스럽게 남을 괴롭고 귀찮게 하여 달갑지 아니하게.

❖ 물밑—이 세모래 닌함박은 콩조개만 일다/모래장변—바다가 널어놓고 못 미더워 드나드는 명주필을 짓궂이 발뒤축으로 찢으면/날과 씨는 모두 양금줄이 되어 짜랑짜랑 울었다 **〈물계리物界里—물닭의 소리〉**

퓌다② 동 피우다. 사람이 행동이나 태도를 나타내 보이다(《고려대한국어대사전》). 〔백석 시에선 '퓌다'가 '피다'(꽃봉오리 따위가 벌어지다)와 '피우다'(사람이 행동이나 태도를 나타내 보이다) 두 가지 뜻으로 사용된다. 아래 용례는 후자로 사용된 것이다.〕

퓌는 ❖ 입으로 먹을 뿜는 건/멫십 년 도를 닦어 퓌는 조환가 **〈꼴두기—물닭의 소리〉**

하다⑥ 동 표정이나 태도 따위를 짓거나 나타내다.

하고 ❖ 의원醫員은 여래如來 같은 상을 하고 관공關公의 수염을 드리워서/먼 넷적 어늬 나라 신선 같은데 **〈고향故鄕〉**

하였다 ❖ 녕감들은/말상을 하였다 범상을 하였다 쪽재피상을 하였다/개발코를 하였다 안장코를 하였다 질병코를 하였다 **〈석양夕陽〉**

7 보기, 듣기

건너다보다 동 건너편에 있는 것을 쳐다보다.

건너다보는 ❖ 그늘만 친 건넌산山에서/벼락을 맞아 바윗돌이 되었다는/큰 땅괭이 한 마리/수염을 뻗치고 건너다보는 것이 무서웠다 **〈산山〉**

굽어보다 동 높은 위치에서 고개나 허리를 굽혀 아래를 내려다보다.

굽어보고 ❖ 한 해에 멫 번 매연 지난 먼 조상들의 최방등 제사에는 컴컴한 고방 구석을 나와서 […] 먼 후손들의 공경스러운 절과 잔을 굽어보고 또 애끊는 통곡과 축을 귀에 하고 […] **〈목구木具〉**

듣다 동 ① 사람이나 동물이 소리를 감각기관을 통해 알아차리다. ② 다른 사람의 말이나 소리에 스스로 귀 기울이다.

듣고 ❖ 벌에 우는 새소리도 듣고 싶고 거문고도 한 곡조 뜯고 싶고 한 오천五千말 남기고 함곡관函谷關도 넘어가고 싶고 **〈수박씨, 호박씨〉**

듣고도 ❖ 넷말이 사는 컴컴한 고방의 쌀독 뒤에서 나는 저녁 끼때에 부르는 소리를 듣고도 못 들은 척하였다 **〈고방〉**

듣기도 ❖ 또 이러한 밤 같은 때 […] 또 누워 굴면서 엄매에게 웃목에 두른 평풍의 새빨간 천두의 이야기를 듣기도 하고 고무더러는 밝는 날 멀리는 못 난다는 뫼추라기를 잡어달라고 조르기도 하고 **〈고야古夜〉**

듣는 ❖ 산골사람의 손을 핥으며/약자에 쓴다는 흥정 소리를 듣는 듯이/새까만 눈에 하이얀 것이 가랑가랑한다 **〈노루—함주시초咸州詩抄〉**

듣다가 ❖ 오다 가수내 들어가는 주막 앞에/문둥이 품바타령 듣다가//열니레 달이 올라서/나룻배 타고 판데목 지나간다 간다 **〈통영統營—남행시초南行詩抄 2〉**

들으려고 ❖ 노왕老王은 채매도 힘이 들고 하루종일 백령조百鈴鳥 소리나 들으려고/밭을 오늘 나한테 주는 것이고 **〈귀농歸農〉**

들으며 ❖ 뱃사람들의 언젠가 아홉이서 회를 쳐먹고도 남어 한 깃씩 노나가지고 갔다는 크디큰 꿀두기의 이야기를 들으며 나는 슬프다 **〈꿀두기—물닭의 소리〉** ❖ 우리들은 맑은 물밑 해정한 모래톱에서 하구 긴 날을 모래알만 혜이며 잔뼈가 굵은 탓이다/바람 좋은 한벌판에서 물닭이 소리를 들으며 단이슬 먹고 나이 들은 탓이다/외따른 산골에서 소리개 소리 배우며 다람쥐 동무하고 자라난 탓이다 **〈선우사膳友辭—함주시초咸州詩抄〉**

들은 ❖ 넷말이 사는 컴컴한 고방의 쌀독 뒤에서 나는 저녁 끼때에 부르는 소리를 듣고도 못 들은 척하였다 **〈고방〉** ❖ 아배가 밤참 국수를 받으려 가면 나는 큰마니의 돋보기를 쓰고 앉어 개 짖는 소리를 들은 것이다 **〈개〉**

들을 ❖ 그리고 그 〈아서라 세상사世上事〉라도 들을/류성기도 없는 것을 생각한다 **〈내가 생각하는 것은〉**

들려오다 동 (소리가) 조금 떨어진 곳에서 귀로 전해지다(《고려대한국어대사전》).

들려오는 ❖ 가즈랑집은 고개 밑의/산山 너머 마을서 도야지를 잃는 밤 즘생을 쫓는 깽제미 소리가 무서웁게 들려오는 집/닭 개 즘생을 못 놓는/멧도야지와 이웃사춘을 지나는 집 **〈가즈랑집〉** ❖ 이렇게 젊은 나이로 코밑수염도 길러보는 탓이고 그리고 어늬 가난한 집 부엌으로 달재 생선을 진장에 꼿꼿이 지진 것은 맛도 있다는 말이 자꼬 들려오는 탓이다 **〈내가 이렇게 외면하고〉** ❖ 칠성七星고기라는 고기의 쩜벙쩜벙 뛰노는 소리가/쨋쨋하니 들려오는 호수湖水까지는/들쭉이 한불 새까마니 익어가는 망연한 벌판을 지나가야 한다 **〈함남도안**咸南道安**〉**

들려온다 ❖ 불을 끈 방안에 횃대의 하이얀 옷이 멀리 추울 것같이//개방위方位로 말방울 소리가 들려온다 **〈머루밤〉**

들리다[동] '듣다'의 피동사. 소리가 청각기관으로 지각되다.

들렸다 ❖ 참대창에 바다보다 푸른 고기가 께우며 섬돌에 곱조개가 붙는 집의 복도에서는 배창에 고기 떨어지는 소리가 들렸다 **〈시기**柿崎**의 바다〉**

들렸다는 ❖ 이것은 그 곰의 잔등에 업혀서 길여났다는 먼 녯적 큰마니가/또 그 짚등색이에 서서 자채기를 하면 산 넘엣 마을까지 들렸다는/먼 녯적 큰아바지가 오는 것같이 오는 것이다 **〈국수〉**

들리는 ❖ 산山턱 원두막은 뷔였나 불빛이 외롭다/헝겊심지에 아즈까리기름의 쪼는 소리가 들리는 듯하다 **〈정주성**定州城**〉**

들린다 ❖ 산山마루를 탄 사람들은 새꾼들인가/파란 한울에 떨어질 것같이/웃음소리가 더러 산山 밑까지 들린다 **〈추일산조**秋日山朝**〉** ❖ 무이밭에 흰나뷔 나는 집 밤나무 머루넝쿨 속에 키질하는 소리만이 들린다/우물가에서 까치가 자꼬 즞거니 하면/붉은 수탉이 높이 샛더미 우로 올랐다 **〈창의문외**彰義門外**〉**

들여다보다①[동] 밖에서 안을 보다.

들여다보는 ❖ 날기멍석을 져간다는 닭보는 할미를 차 굴린다는 〔…〕 조마구네 나라가 있어서 오줌 누러 깨는 재밤 머리맡의 문살에 대인 유리창으로 조마구 군병의 새까만 대가리 새까만 눈알이 들여다보는 때 나는 이불 속에 자즈러붙어 숨도 쉬지 못한다 **〈고야**古夜**〉**

들여다보다②[동] 가까이서 자세히 살피다.

들여다보거나 ❖ 더운물에 몸을 불키거나 때를 밀거나 하는 것도 잊어버리고/제 배꼽을 들여다보거나 남의 낯을 쳐다보거나 하는 것인데 **〈조당**澡塘**에서〉**

들여다뵈이다[동] '들여다보다'(밖에서 안을 보다)의 피동사.

〔'들여다뵈이다'는 '들여다보다'의 피동사인 '들여다보이다'에 '이' 모음이 첨가된 형태의 단어이다. 모음 첨가는 백석의 시어에서 자주 나타나는 음운 현상이다.〕

들여다뵈이든 ❖ 나는 어니 외진 산山길에서 만난 새악시가 곱기도 하든 것과/어니메 강江물 속에 들여다뵈이든 쏘가리가 한 자나 되게 크든 것을 생각하며 **〈구장로球場路—서행시초西行詩抄 1〉**

바라다 동 어떤 것을 향하여 보다. 또는 부러워하며 넘겨다보다.

〔《표준국어대사전》엔 '바라다'가 "어떤 것을 향하여 보다"로, 《조선말대사전》엔 "부러워하며 넘겨다보다"로 풀이되어 있다.〕

바라노라 ❖ 한 십리十里 더 가면 절간이 있을 듯한 마을이다 〔…〕 흰구름 건넌산으로 가는 길에 복사꽃 바라노라 섰다 다람쥐 건넌산 보고 부르는 푸념이 간지럽다 **〈황일黃日〉**

바라보다 동 어떤 대상을 바로 향하여 보다.

바라보는 ❖ 초롱이 히근하니 물지게꾼이 우물로 가며/별 사이에 바라보는 그믐달은 눈물이 어리었다 **〈미명계未明界〉**

바라보든가 ❖ 그러나 잠시 뒤에 나는 고개를 들어,/허연 문창을 바라보든가 또 눈을 떠서 높은 턴정을 쳐다보는 것인데, **〈남신의주 유동 박시봉방南新義州柳洞朴時逢方〉**

바라보며 ❖ 지난 여름 도락구를 타고 장진長津땅에 가서 꿀을 치고 돌아왔다는 이 벌들을 바라보며 나는/날이 어서 추워져서 쑥국화꽃도 시들고 이 바즈런한 백성들도 다 제 집으로 들은 뒤에 이 골안으로 올 것을 생각하였다 **〈산곡山谷—함주시초咸州詩抄〉** ❖ 그렇것만 나는 하이얀 자리 우에서 마른 팔뚝의/샛파란 핏대를 바라보며 나는 가난한 아버지를/가진 것과 내가 오래 그려오든 처녀가 시집을 간 것과/그렇게도 살틀하든 동무가 나를 버린 일을 생각한다 **〈내가 생각하는 것은〉** ❖ 나는 이 털도 안 뽑은 도야지고기를 물꾸러미 바라보며/또 털도 안 뽑는 고기를 시꺼먼 맨모밀국수에 얹어서 한입에 꿀꺽 삼키는 사람들을 바라보며/나는 문득 가슴에 뜨끈한 것을 느끼며/소수림왕小獸林王을 생각한다 광개토대왕廣開土大王을 생각한다 **〈북신北新—서행시초西行詩抄 2〉** ❖ 그런데 저기 나무판장에 반쯤 나가 누워서/나주별을 한없이 바라보며 혼자 무엇을 즐기는 듯한 목이 긴 사람은/도연명陶淵明은 저러한 사람이였을 것이고 **〈조당澡塘에서〉**

바래다 동 바라다. 어떤 것을 향하여 보다.

〔'바래다'는 '바라다'에 '이' 모음이 첨가된 형태의 말이다. 모음 첨가는 백석의 시에서 자주 나타나는 음운 현상이다.〕

바래는 ❖ 그리고 또/아늑하고 고요한 시골 거리에서 쟁글쟁글 햇볕만 바래는 시인詩人을 사랑한다 **〈《호박꽃 초롱》 서시序詩〉**

보다① 동 눈으로 대상의 존재나 형태적 특징을 알다.

보고 ❖ 지렝이의 눈이 보고 싶습니다/지렝이의 밥과 집이 부럽습니다 〈**나와 지렝이**〉 ❖ 뒤울안 살구나무 아래서 광살구를 찾다가/살구벼락을 맞고 울다가 웃는 나를 보고/밑구멍에 털이 몇 자나 났나 보자고 한 것은 가즈랑집 할머니다 〈**가즈랑집**〉 ❖ 한 십리十里 더 가면 절간이 있을 듯한 마을이다 〔…〕 흰구름 건넌산으로 가는 길에 복사꽃 바라노라 섰다 다람쥐 건넌산 보고 부르는 푸념이 간지럽다 〈**황일**黃日〉 ❖ 아, 노왕老王, 나는 이렇게 생각하노라/나는 노왕老王을 보고 웃어 말한다 〈**귀농**歸農〉

보자고 ❖ 밑구멍에 털이 몇 자나 났나 보자고 한 것은 가즈랑집 할머니다 〈**가즈랑집**〉

본다 ❖ 산山뽕닢에 빗방울이 친다/멧비들기가 닌다/나무등걸에서 자벌기가 고개를 들었다 멧비들기켠을 본다 〈**산山비**〉

뵈이다①동 뵈다. '보이다'의 준말. '보이다'는 '보다'(눈으로 대상의 존재나 형태적 특징을 알다)의 피동사.

〔'뵈이다'는 '뵈다'에 '이' 모음이 첨가된 형태의 단어이다. 모음 첨가는 백석의 시어에서 자주 나타나는 음운 현상이다.〕

뵈였다 ❖ 부엌에는 빨갛게 질들은 팔八모알상이 그 상 우엔 새파란 싸리를 그린 눈알만 한 잔盞이 뵈였다 〈**주막**酒幕〉

뵈이는 ❖ 육십리六十里라고 해서 파랗게 뵈이는 산山을 넘어 있다는 해변에서 과부가 된 코끝이 빨간 언제나 흰옷이 정하든 말끝에 설게 눈물을 짤 때가 많은 큰골 고무 고무의 딸 홍녀洪女 아들 홍洪동이 작은홍洪동이 〈**여우난골족**族〉 ❖ 멀리 바다가 뵈이는/가정거장假停車場도 없는 벌판에서/차車는 머물고/젊은 새악시 둘이 나린다 〈**광원**曠原〉 ❖ 태산泰山의 구름도 황하黃河의 물도 옛님군의 땅과 나무의 덕도 이 마음 안에 아득하니 뵈이는 것이다 〈**수박씨, 호박씨**〉

뵈이지 ❖ 어니 세월에 뷔일 듯한 집은 뵈이지 않었다/나는 자꼬 골안으로 깊이 들어갔다 〈**산곡**山谷**—함주시초**咸州詩抄〉 ❖ 한 이십리二十里 가면 거리라든데/한겻 남아 걸어도 거리는 뵈이지 않는다 〈**구장로**球場路**—서행시초**西行詩抄 **1**〉

뵈인다는 ❖ 산山 너머는 평안도平安道 땅도 뵈인다는 이 산山골은 온통 자작나무다 〈**백화**白樺**—산중음**山中吟〉

시울다형 눈이 부셔서 바로 보기가 거북하다.

시울도록 ❖ 그리고 물이라도 들 듯이 샛노랗디샛노란 산山골 마가을 볕에 눈이 시울도록 샛노랗디샛노란 햇기장 쌀을 주무르며/기장쌀은 기장차떡이 좋고 기장차랍이 좋고 기장감주가 좋고 그리고 기장쌀로 쑨 호박죽은 맛도 있는 것을 생각

하며 나는 기뿌다 **〈월림**月林**장—서행시초**西行詩抄 **4〉**

시울은 ❖ 눈이 시울은 곱기도 한 건반밥/아 진달래 개나리 한창 퓌였구나 **〈고성가도**固城街道**—남행시초**南行詩抄 **3〉**

오다③동 소식이나 연락 따위가 말하는 사람이 있는 곳으로 전하여지다.

왔다 ❖ 마을에서는 삼굿을 하는 날/건넌마을서 사람이 물에 빠져 죽었다는 소문이 왔다 **〈여우난골〉**

쳐다보다동 얼굴을 들어 바로 보다.

쳐다보거나 ❖ 제 배꼽을 들여다보거나 남의 낯을 쳐다보거나 하는 것인데/이러면서 그 무슨 제비의 춤이라는 연소탕燕巢湯이 맛도 있는 것과 **〈조당**澡塘**에서〉**

쳐다보는 ❖ 허연 문창을 바라보든가 또 눈을 떠서 높은 턴정을 쳐다보는 것인데,/이때 나는 내 뜻이며 힘으로, 나를 이끌어 가는 것이 힘든 일인 것을 생각하고, **〈남신의주 유동 박시봉방**南新義州柳洞朴時逢方**〉**

쳐다보며 ❖ 이 흰 바람벽엔/내 쓸쓸한 얼골을 쳐다보며/이러한 글자들이 지나간다 **〈흰 바람벽이 있어〉**

8 웃음, 울음

가랑가랑하다형 눈에 눈물이 넘칠 듯이 가득 괴어 있다.

가랑가랑한다 ❖ 산골사람의 손을 핥으며/약자에 쓴다는 홍정 소리를 듣는 듯이/새까만 눈에 하이얀 것이 가랑가랑한다 **〈노루—함주시초**咸州詩抄**〉**

반끗히부 '방끗이'를 변형시킨 말. 입을 예쁘게 약간 벌리며 소리 없이 가볍게 한 번 웃는 모양. '방긋'보다 조금 센 말.

❖ 네 소리는 조금 썩심하니 쉬인 듯도 하다/네 소리에 내 마음은 반끗히 밝어오고 또 호끈히 더워오고 그리고 즐거워온다 **〈촌에서 온 아이〉**

빙긋이부 입을 슬쩍 벌릴 듯하면서 소리 없이 거볍게 한 번 웃는 모양.

❖ 그러면 아무개씰氏 아느냐 한즉/의원醫員은 빙긋이 웃음을 띠고/막역지간莫逆之間이라며 수염을 쓴다 **〈고향**故鄕**〉**

어리다①동 눈에 눈물이 조금 괴다.

어리었다 ❖ 초롱이 히근하니 물지게꾼이 우물로 가며/별 사이에 바라보는 그믐달은 눈물이 어리었다 **〈미명계**未明界**〉**

울고불고하다[동] 소리 내어 야단스럽게 부르짖으며 울다.

울고불고할 ❖ 내 손에 오르기라도 하라고 나는 손을 내어미나 분명히 울고불고할 이 작은 것은 나를 무서우이 달아나버리며 나를 서럽게 한다 **〈수라修羅〉**

울다①[동] 슬프거나 아프거나 너무 좋아서 소리를 내면서 눈물을 흘리다(《금성판 국어대사전》).

우는 ❖ 촌에서 와서 오늘 아츰 무엇이 분해서 우는 아이여/너는 분명히 하늘이 사랑하는 시인詩人이나 농사꾼이 될 것이로다 **〈촌에서 온 아이〉**

우는구나 ❖ 너는 오늘 아츰 무엇에 놀라서 우는구나/분명코 무슨 거즛되고 쓸데없는 것에 놀라서/그것이 네 맑고 참된 마음에 분해서 우는구나/ 〔…〕 /너만은 타고난 그 외마디소리로 스스로웁게 삼가면서 우는구나 **〈촌에서 온 아이〉**

운다 ❖ 계집아이는 운다 느끼며 운다/텅 비인 차車 안 한구석에서 어느 한 사람도 눈을 씻는다 **〈팔원八院—서행시초西行詩抄 3〉**

울 ❖ 넷 장수 모신 낡은 사당의 돌층계에 주저앉어서 나는 이 저녁 울 듯 울 듯 한산도閑山島 바다에 뱃사공이 되여가며/녕 낮은 집 담 낮은 집 마당만 높은 집에서 열나흘 달을 업고 손방아만 찧는 내 사람을 생각한다 **〈통영統營(남행시초南行詩抄)〉**

울다가 ❖ 뒤울안 살구나무 아래서 광살구를 찾다가/살구벼락을 맞고 울다가 웃는 나를 보고/밑구멍에 털이 몇 자나 났나 보자고 한 것은 가즈랑집 할머니다 **〈가즈랑집〉** ❖ 오리는 동비탈에 그림자를 떨어트리며 날어가고 나는 동말랭이에서 강아지처럼 아배를 부르며 울다가/시악이 나서는 등 뒤 개울물에 아배의 신짝과 버선목과 대님오리를 모다 던져버린다 **〈오리 망아지 토끼〉**

울든 ❖ 오로촌이 멧돌을 잡어 나를 잔치해 보내든 것도/쏠론이 십리길을 따러나와 울든 것도 잊지 않었다 **〈북방北方에서—정현웅鄭玄雄에게〉**

울며 ❖ 구마산舊馬山의 선창에선 좋아하는 사람이 울며 나리는 배에 올라서 오는 물길이 반날/갓 나는 고당은 갓갓기도 하다 **〈통영統營(남행시초南行詩抄)〉**

울었다 ❖ 평안도平安道의 어늬 산山 깊은 금덤판/나는 파리한 여인女人에게서 옥수수를 샀다/여인女人은 나어린 딸아이를 따리며 가을밤같이 차게 울었다 **〈여승女僧〉**

웃다[동] 기쁘거나 만족스럽거나 우스울 때 얼굴을 활짝 펴거나 소리를 내다.

웃고 ❖ 밤이 깊어가는 집안엔 엄매는 엄매들끼리 아르간에서들 웃고 이야기하고 〔…〕 **〈여우난골족族〉** ❖ 어쩐지 당홍치마 노란저고리 입은 새악시들이/웃고 살을 것만 같은 마을이다 **〈고성가도固城街道—남행시초南行詩抄 3〉** ❖ 의원醫員은 또다시 넌즈시 웃고/말없이 팔을 잡어 맥을 보는데 **〈고향故鄕〉**

웃는 ❖ 뒤울안 살구나무 아래서 광살구를 찾다가/살구벼락을 맞고 울다가 웃는 나를 보고/밑구멍에 털이 몇 자나 났나 보자고 한 것은 가즈랑집 할머니다 **〈가즈랑집〉** ❖ 한 십리十里 더 가면 절간이 있을 듯한 마을이다 〔…〕 아릇동리선가 말 웃는 소리 무서운가 아릇동리 망아지 네 소리 무서울라 담모도리 바윗잔등에 다람쥐 해바라기하다 조은다 〔…〕 **〈황일**黃日**〉**

웃어 ❖ 아, 노왕老王, 나는 이렇게 생각하노라/나는 노왕老王을 보고 웃어 말한다 **〈귀농**歸農**〉**

웃었다 ❖ '효자노적지지정문孝子盧迪之之旌門'—몬지가 겹겹이 앉은 목각木刻의 액額에/나는 열 살이 넘도록 갈지자字 둘을 웃었다 **〈정문촌**旌門村**〉**

웃으며 ❖ 이 목이 긴 시인詩人이 또 게사니처럼 떠곤다고/당신은 쓸쓸히 웃으며 바독판을 당기는구려 **〈허준**許俊**〉**

짜다②동 (사람이 눈물을) 밖으로 내다(《고려대한국어대사전》).

짤 ❖ 육십리六十里라고 해서 파랗게 뵈이는 산山을 넘어 있다는 해변에서 과부가 된 코끝이 빨간 언제나 흰옷이 정하든 말끝에 설게 눈물을 짤 때가 많은 큰골 고무 고무의 딸 홍녀洪女 아들 홍洪동이 작은홍洪동이 **〈여우난골족**族**〉**

핑부 갑자기 눈물이 글썽해지는 모양.

❖ 내 가슴이 꽉 메어 올 적이며,/내 눈에 뜨거운 것이 핑 괴일 적이며,/또 내 스스로 화끈 낯이 붉도록 부끄러울 적이며,/나는 내 슬픔과 어리석음에 눌리어 죽을 수밖에 없는 것을 느끼는 것이었다. **〈남신의주 유동 박시봉방**南新義州柳洞朴時逢方**〉**

히드득거리다동 여럿이 또는 자꾸 실없이 웃음을 참지 못하고 웃다(《조선말대사전》).

히드득거리다 ❖ 밤이 깊어가는 집안엔 〔…〕 홍게닭이 몇 번이나 울어서 졸음이 오면 아릇목싸움 자리싸움을 하며 히드득거리다 잠이 든다 그래서는 문창에 텅납새의 그림자가 치는 아츰 시누이 동세들이 욱적하니 홍성거리는 부엌으론 샛문틈으로 장지문틈으로 무이징게국을 끓이는 맛있는 내음새가 올라오도록 잔다 **〈여우난골족**族**〉**

히물쩍부 입술을 크게 실그러뜨리며 소리 없이 능청스럽게 한 번 웃는 모양.

〔《표준국어대사전》엔 '히물쩍'이, 《조선말대사전》엔 이와 비슷한 말로 '히물떡'이 등재되어 있다. '히물쩍(히물떡)'은 '히물히물', '히물거리다'는 말에서 온 것이다.〕

❖ 집에는 언제나 센개 같은 게사니가 벅작궁 고아내고 말 같은 개들이 떠들썩 짖어대고 그리고 소거름 내음새 구수한 속에 엇송아지 히물쩍 너들씨는데 **〈넘언집 범 같은 노큰마니〉**

9 동작(몸의 움직임)

가부틀다동 가부(가부좌)를 틀다. 오른발을 왼편 넓적다리 위에 놓은 다음 왼발을 오른편 넓적다리 위에 올려놓고 앉다.

〔'가부틀다'는 '가부를 틀다'를 줄여 한 단어로 쓴 말이다. '가부좌하다'와 같은 말인데, 사전엔 '가부좌하다'만 등재되어 있다.〕

가부틀고 ❖ 한 말 밥을 한다는 크나큰 솥이/외면하고 가부틀고 앉어서 염주도 세일 만하다 〈**고사**古寺—**함주시초**咸州詩抄〉

갸웃하다동 고개나 몸 따위를 한쪽으로 조금 갸울이다.

갸웃하는 ❖ 산山 너머로 가는 길 돌각담에 갸웃하는 처녀는 금錦이라든 이 같고/내가 들은 마산馬山 객줏客主집의 어린 딸은 난蘭이라는 이 같고 〈**통영**統營(**남행시초**南行詩抄)〉

걸어앉다동 높은 곳에 궁둥이를 붙이고 두 다리를 늘어뜨리고 앉다.

걸어앉어서 ❖ 낮 기울은 날을 햇볕 장글장글한 툇마루에 걸어앉어서/지난 여름 도락구를 타고 장진長津땅에 가서 꿀을 치고 돌아왔다는 이 벌들을 바라보며 나는 〈**산곡**山谷—**함주시초**咸州詩抄〉

구붓하다동 몸을 약간 구부리다.

〔《표준국어대사전》과 《조선말대사전》엔 '구붓하다'가 형용사로 "약간 굽은 듯하다"로 풀이되어 있는데, 백석은 아래 용례에서 이 말을 동사로 사용하고 있다.〕

구붓하고 ❖ 구붓하고 모래톱을 오르면/당신이 앞선 것만 같구려/당신이 뒤선 것만 같구려 〈**바다**〉

굴다동 '구르다'의 준말. 어떤 장소에서 누워서 뒹굴다.

굴기도 ❖ 또 문밖에 나가디두 않고 자리에 누워서,/머리에 손깍지벼개를 하고 굴기도 하면서,/나는 내 슬픔이며 어리석음이며를 소처럼 연하여 쌔김질하는 것이었다. 〈**남신의주 유동 박시봉방**南新義州柳洞朴時逢方〉

굴면서 ❖ 또 이러한 밤 같은 때 〔…〕 나는 아룻목의 삿귀를 들고 쇠든밤을 내여 다람쥐처럼 밝어먹고 은행여름을 인둣불에 구워도 먹고 그러다는 이불 우에서 광대넘이를 뒤이고 또 누워 굴면서 엄매에게 웃목에 두른 평풍의 새빨간 천두의 이야기를 듣기도 하고 〔…〕 〈**고야**古夜〉

굴어 ❖ 아모것도 모르는 듯이 어드근한 방안에 굴어 게으르는 것을 좋아하는 그 풍속을 〈**허준**許俊〉

굽히다 동 '굽다'의 사동사. (사람이 신체의 일부를) 직선 방향에서 다른 각도로 치우치게 하거나 안쪽으로 접히게 하다.

굽히고 ❖ 눈물의 또 볕살의 나라 사람이여/당신이 그 긴 허리를 굽히고 뒤짐을 지고 지치운 다리로/싸움과 흥정으로 왁자지껄하는 거리를 지날 때든가 〈**허준**許俊〉

껌벅거리다 동 큰 눈이 자꾸 감겼다 뜨였다 하다. 또는 그렇게 되게 하다.

껌벅거리는 ❖ 얼굴에 별자국이 솜솜 난 말수와 같이 눈도 껌벅거리는 하로에 베 한 필을 짠다는 벌 하나 건너 집엔 복숭아나무가 많은 신리新里 고무 고무의 딸 이녀李女 작은이녀李女 〈**여우난골족**族〉

꿇다 동 무릎을 구부려 바닥에 대다.

꿇어 ❖ 나는 이런 저녁에는 화로를 더욱 다가 끼며, 무릎을 꿇어 보며, 〈**남신의주 유동 박시봉방**南新義州柳洞朴時逢方〉

꿇어지다 동 꿇게 되다. 무릎을 구부려 바닥에 대게 되다.

〔'꿇어지다'는 '꿇다'에 보조동사 '지다'가 붙어 생성된 말이다. 사전엔 '꿇다'만 등재되어 있다.〕

꿇어진다 ❖ 명태明太창난젓에 고추무거리에 막칼질한 무이를 뷔벼 익힌 것을/이 투박한 북관北關을 한없이 끼밀고 있노라면/쓸쓸하니 무릎은 꿇어진다 〈**북관**北關**—함주시초**咸州詩抄〉

내어두르다 동 내두르다. 이리저리 휘휘 흔들다.

〔'내어두르다'는 '내두르다'에 '어' 음이 첨가된 말이다. 모음 첨가는 백석의 시어에서 자주 나타나는 음운 현상이다.〕

내어둘렀다 ❖ 손자아이들이 파리떼같이 모이면 곰의 발 같은 손을 언제나 내어둘렀다 〈**고방**〉

내어밀다 동 내밀다. 신체나 물체의 일부분이 밖이나 앞으로 나가게 하다.

〔'내어밀다'는 '내밀다'에 '어' 음이 첨가된 말이다. 모음 첨가는 백석의 시어에서 자주 나타나는 음운 현상이다.〕

내어미나 ❖ 나는 가슴이 메이는 듯하다/내 손에 오르기라도 하라고 나는 손을 내어미나 분명히 울고불고할 이 작은 것은 나를 무서우이 달아나버리며 나를 서럽게 한다 〈**수라**修羅〉

눕다 ① 동 몸을 바닥 따위에 대고 수평 상태가 되게 하다.

누워 ❖ 또 이러한 밤 같은 때 〔…〕 또 누워 굴면서 엄매에게 웃목에 두른 평풍의 새빨간 천두의 이야기를 듣기도 하고 〔…〕 〈**고야**古夜〉 ❖ 봄철날 한종일내 노곤하니 벌불 장난을 한 날 밤이면 으레히 싸개동당을 지나는데 잘망하니 누워 싸는 오줌이 넓적다리를 흐르는 따근따근한 맛 자리에 평하니 괴이는 척척한 맛 〈**동뇨부**童尿賦〉

누워서 ❖ 그즈런히 손깍지벼개하고 누워서/이 못된 놈의 세상을 크게 크게 욕할 것이다 〈**가무래기의 낙**樂〉 ❖ 나는 낡은 국수분틀과 그즈런히 나가 누워서/구석에 데굴데굴하는 목침木枕들을 베여보며/이 산山골에 들어와서 이 목침木枕들에 새까마니 때를 올리고 간 사람들을 생각한다 〈**산숙**山宿**—산중음**山中吟〉 ❖ 그런데 저기 나무판장에 반쯤 나가 누워서/나주별을 한없이 바라보며 혼자 무엇을 즐기는 듯한 목이 긴 사람은/도연명陶淵明은 저러한 사람이였을 것이고 〈**조당**澡塘**에서**〉 ❖ 또 문밖에 나가디두 않고 자리에 누워서,/머리에 손깍지벼개를 하고 굴기도 하면서,/나는 내 슬픔이며 어리석음이며를 소처럼 연하여 쌔김질하는 것이었다. 〈**남신의주 유동 박시봉방**南新義州柳洞朴時逢方〉

누웠다 ❖ 한 십리十里 더 가면 절간이 있을 듯한 마을이다 〔…〕 자개밭둑에 엄지 어데 안 가고 누웠다 아릇동리선가 말 웃는 소리 무서운가 〔…〕 〈**황일**黃日〉

누웠든 ❖ 나물 먹고 물 마시고 팔벼개하고 누웠든 사람도/그 머리맡에 수박씨 닦은 것은 호박씨 닦은 것은 있었을 것이다 〈**수박씨, 호박씨**〉

뉘어두다 동 눕게 해 놓다. 몸을 바닥 따위에 대고 수평 상태가 되게 해 놓다.

〔'뉘어두다'는 '눕다'의 사동사인 '뉘다'에 보조동사 '두다'가 결합된 말로서 '뉘어놓다'에 해당하는 말이다.〕

뉘어두고 ❖ 집에는 아배에 삼춘에 오마니에 오마니가 있어서 젖먹이를 마을 청능 그늘밑에 삿갓을 씌워 한종일내 뉘어두고 김을 매려 단녔고 〔…〕 〈**넘언집 범 같은 노큰마니**〉

닐다 ① 동 '일어나다'의 고어. 누웠다가 앉거나 앉았다가 서다.

닌다 ❖ 산山뽕닢에 빗방울이 친다/멧비들기가 닌다/나무등걸에서 자벌기가 고개를 들었다 멧비들기켠을 본다 〈**산**山**비**〉

닐은 ❖ 짝새가 발뿌리에서 닐은 논드렁에서 아이들은 개구리의 뒷다리를 구워먹었다 〈**하답**夏沓〉

달가불시다 동 '호들갑을 떨다' '까불다'로 짐작된다.

〔평북 출신의 김장각, 임기황 옹은 '달가불시다'가 '호들갑을 떨다'라는 뜻으로 사용하는 말이라고 전하는데, 다른 곳에서 이 말의 용례가 발견되지 않아 정확한 뜻을 확인하기 어렵다. 김영범(2004)은 이 말의 형태를 '달(달다, 어쩔 줄 몰라 하다)+

가불(까불다)+시다'로 추정해, '어쩔 줄 몰라 하며 자꾸 까불다'로 풀이한다.〕

달가불시며 ❖ 고원선高原線 종점終點인 이 적은 정거장停車場엔/그렇게도 우쭐대며 달가불시며 뛰어오던 뽕뽕차車가/가이없이 쓸쓸하니도 우두머니 서 있다 〈**함남도안**咸南道安〉

둘러서다[동] 여럿이 둥글게 늘어서다.

둘러서서 ❖ 해바라기하기 좋을 볏곡간 마당에/볏짚같이 누우란 사람들이 둘러서서/어늬 눈 오신 날 눈을 츠고 생긴 듯한 말다툼 소리도 누우라니 〈**삼천포**三千浦**—남행시초**南行詩抄 **4**〉

뒤이다[동] 뒤다. 뒤집다(위가 밑으로 밑이 위로 되게 하다)(《조선말대사전》).

〔'뒤이다'는 '뒤다'에 '이' 모음이 첨가된 형태의 말이다. '뒤다'는 '뒤집다', 즉 '위가 밑으로 밑이 위로 되게 하다'라는 뜻이다. '뒤다'에 대한 이런 풀이는 《조선말대사전》에 제시되어 있다.〕

뒤이고 ❖ 또 이러한 밤 같은 때 〔…〕 그러다는 이불 우에서 광대넘이를 뒤이고 또 누워 굴면서 엄매에게 웃목에 두른 평풍의 새빨간 천두의 이야기를 듣기도 하고 고무더러는 밝는 날 멀리는 못 난다는 뫼추라기를 잡어달라고 조르기도 하고 〈**고야**古夜〉

들다⑮[동] (사람이 몸의 한 부분을) 위로 올리다.

들어 ❖ 그러나 잠시 뒤에 나는 고개를 들어,/허연 문창을 바라보든가 또 눈을 떠서 높은 턴정을 쳐다보는 것인데, 〈**남신의주 유동 박시봉방**南新義州柳洞朴時逢方〉

들었다 ❖ 산山뽕닢에 빗방울이 친다/멧비들기가 닌다/나무등걸에서 자벌기가 고개를 들었다 멧비들기켠을 본다 〈**산**山**비**〉

디퍽디퍽[부] '더퍽더퍽'으로 짐작된다. 앞을 자세히 살펴보지 않고 마구 걸어가는 모양을 나타내는 말.

〔'디퍽디퍽'과 유사한 말로 사전에 '더퍽더퍽'이 있는데, '디퍽디퍽'은 이 말을 가리키는 것으로 보인다.〕

❖ 이리하여 노왕老王은 밭을 주어 마음이 한가하고/나는 밭을 얻어 마음이 편안하고/디퍽디퍽 눈을 밟으며 터벅터벅 흙도 덮으며/사물사물 햇볕은 목덜미에 간지로워서 〈**귀농**歸農〉

뜨다②[동] 감았던 눈을 벌리다.

떠서 ❖ 그러나 잠시 뒤에 나는 고개를 들어,/허연 문창을 바라보든가 또 눈을 떠서 높은 턴정을 쳐다보는 것인데, 〈**남신의주 유동 박시봉방**南新義州柳洞朴時逢方〉

막어서다 동 막아서다. 앞을 가로막고 서다.

막어서면 ❖ 맞구멍 난 토끼굴을 아배와 내가 막어서면 언제나 토끼새끼는 내 다리 아래로 달어났다/나는 서글퍼서 서글퍼서 울상을 한다 **〈오리 망아지 토끼〉**

밟다 동 발로 디디거나 누르다(《금성판국어대사전》).

밟고 ❖ 한 십리十里 더 가면 절간이 있을 듯한 마을이다 〔…〕 골갯논드렁에서 미나리 밟고 서서 운다 복사나무 아래 가 흙장난하며 놀지 왜 우노 〔…〕 **〈황일黃日〉**

밟으며 ❖ 디퍽디퍽 눈을 밟으며 터벅터벅 흙도 덮으며/사물사물 햇볕은 목덜미에 간지로워서 **〈귀농歸農〉**

보다④ 보조동 어떤 행동을 시험 삼아 함을 나타내는 말.

보며 ❖ 나는 이런 저녁에는 화로를 더욱 다가 끼며, 무릎을 꿇어 보며,/어니 먼 산 뒷옆에 바우 섶에 따로 외로이 서서, **〈남신의주 유동 박시봉방南新義州柳洞朴時逢方〉**

서다① 동 사람이나 동물이 발을 땅에 대고 다리를 쭉 뻗으며 몸을 곧게 하다.

서 ❖ 그렇게도 우쭐대며 달가불시며 뛰어오던 뽕뽕차車가/가이없이 쓸쓸하니도 우두머니 서 있다 **〈함남도안咸南道安〉**

서면 ❖ 산山마루에 서면/멀리 언제나 늘 그물그물/그늘만 친 건넌산山에서/벼락을 맞아 바윗돌이 되었다는/큰 땅괭이 한 마리 **〈산山〉**

서서 ❖ 한 십리十里 더 가면 절간이 있을 듯한 마을이다 〔…〕 어데서 송아지 매— 하고 운다 골갯논드렁에서 미나리 밟고 서서 운다 복사나무 아래 가 흙장난하며 놀지 왜 우노 〔…〕 **〈황일黃日〉** ❖ 또 그 짚등색이에 서서 자채기를 하면 산 넘엣 마을까지 들렸다는/먼 녯적 큰아바지가 오는 것같이 오는 것이다 **〈국수〉** ❖ 백구둔白狗屯의 눈 녹이는 밭 가운데 땅 풀리는 밭 가운데/촌부자 노왕老王하고 같이 서서/밭최뚝에 즘부러진 땅버들의 버들개지 피여나는 데서 **〈귀농歸農〉** ❖ 나는 이런 저녁에는 화로를 더욱 다가 끼며, 무릎을 꿇어 보며,/어니 먼 산 뒷옆에 바우 섶에 따로 외로이 서서, **〈남신의주 유동 박시봉방南新義州柳洞朴時逢方〉**

서지도 ❖ 어데서 좁쌀알만 한 알에서 가제 깨인 듯한 발이 채 서지도 못한 무척 적은 새끼거미가 이번엔 큰거미 없어진 곳으로 와서 아물거린다 **〈수라修羅〉**

손깍지벼개하다 동 손깍지베개하다. 손깍지를 베개 삼아 베다.

〔사전에 '팔베개하다'는 등재되어 있는데, '손깍지베개하다'는 등재되어 있지 않다.〕

손깍지벼개하고 ❖ 그즈런히 손깍지벼개하고 누워서/이 못된 놈의 세상을 크게 크게 욕할 것이다 **〈가무래기의 낙樂〉**

쌀랑대다 동 (사람이나 동물이 몸이나 옷을) 조금 세게 자꾸 움직이다(《고려대한국어대사전》).

쌀랑대는 ❖ 또 녀름날 낮 기운 때 어른들이 모두 벌에 나가고 텅 뷔인 집 토방에서/햇강아지의 쌀랑대는 성화를 받어가며 닭의 똥을 주워먹는 아이를 생각한다 **〈촌에서 온 아이〉**

쓰렁쓰렁 부 슬렁슬렁(바쁘게 서두르지 않고 천천히 걷거나 움직이는 모양)(《조선말대사전》).

〔《표준국어대사전》에 '쓰렁쓰렁'이 "① 남이 모르게 비밀리 행동하는 모양. ② 일을 건성으로 하는 모양"으로, 《조선말대사전》엔 '슬렁슬렁'과 같은 뜻으로 풀이되어 있는데, 백석 시의 아래 용례에선 《조선말대사전》의 풀이를 따르는 것이 더 적절하다.〕

❖ 나주볕이 가득 드리운 밝은 방안에 혼자 앉어서/실감기며 버선짝을 가지고 쓰렁쓰렁 노는 아이를 생각한다 **〈촌에서 온 아이〉**

아물거리다 동 작은 벌레나 짐승 같은 것이 좀스럽게 몸을 구부리며 움직이다.

〔'아물거리다'는 '아물아물'이란 부사에서 파생한 동사인데, 백석 시에서 '아물아물'은 '작은 벌레나 짐승 같은 것이 좀스럽게 몸을 구부리며 움직이다'의 뜻으로 사용되고 있다. '아물아물'의 이런 뜻은 북한 지역에서만 사용되는 것으로서 《조선말대사전》에 등재되어 있으며, 《표준국어대사전》엔 '북한어'로 표시되어 있다.〕

아물거린다 ❖ 어데서 좁쌀알만 한 알에서 가제 깨인 듯한 발이 채 서지도 못한 무척 적은 새끼거미가 이번엔 큰거미 없어진 곳으로 와서 아물거린다 **〈수라修羅〉**

앉다① 동 엉덩이를 바닥에 붙이고 상반신을 세우다(《금성판국어대사전》).

앉어 ❖ 돌다리에 앉어 날버들치를 먹고 몸을 말리는 아이들은 물총새가 되었다 **〈하답夏沓〉** ❖ 괴나리봇짐 벗고 땃불 놓고 앉어/담배 한 대 피우고 싶은 길이다 **〈창원도昌原道—남행시초南行詩抄 1〉** ❖ 눈은 푹푹 날리고/나는 혼자 쓸쓸히 앉어 소주燒酒를 마신다 **〈나와 나타샤와 흰 당나귀〉** ❖ 아배가 밤참 국수를 받으려 가면 나는 큰마니의 돋보기를 쓰고 앉어 개 짖는 소리를 들은 것이다 **〈개〉** ❖ 나는 오늘 때묻은 입든 옷에 마른물고기 한 토막으로/혼자 외로이 앉어 이것저것 쓸쓸한 생각을 하는 것이다 **〈두보杜甫나 이백李白같이〉** ❖ 내 사랑하는 어여쁜 사람이/어늬 먼 앒대 조용한 개포가의 나즈막한 집에서/그의 지아비와 마조 앉어 대구국을 끓여놓고 저녁을 먹는다 **〈흰 바람벽이 있어〉** ❖ 추운 겨울밤 병들어 누운 가난한 동무의 머리맡에 앉어/말없이 무릎 우 어린 고양이의 등만 쓰다듬는 때든가 **〈허준**

許俊〉

앉어서 ❖ 낡은 나조반에 흰밥도 가재미도 나도 나와 앉어서/쓸쓸한 저녁을 맞는다 〈**선우사**膳友辭**—함주시초**咸州詩抄〉 ❖ 네 소리에 나는 촌 농삿집의 저녁을 짓는 때/나주볕이 가득 드리운 밝은 방안에 혼자 앉어서/실감기며 버선짝을 가지고 쓰렁쓰렁 노는 아이를 생각한다 〈**촌에서 온 아이**〉 ❖ 한 말 밥을 한다는 크나큰 솥이/외면하고 가부틀고 앉어서 염주도 세일 만하다 〈**고사**古寺**—함주시초**咸州詩抄〉

앉었다 ❖ 하폄도 남즉하니 불기와 유종들이/묵묵히 팔짱 끼고 쭈구리고 앉었다 〈**고사**古寺**—함주시초**咸州詩抄〉

앉은 ❖ 토방에 승냥이 같은 강아지가 앉은 집/부엌으론 무럭무럭 하이얀 김이 난다 〈**야반**夜半**—산중음**山中吟〉

앉다③동 새나 곤충 또는 비행기 따위가 일정한 곳에 내려 자기 몸을 다른 물건 위에 놓다.

앉었다 ❖ 한 십리十里 더 가면 절간이 있을 듯한 마을이다 〔…〕 뒤울안에 복사꽃 핀 집엔 아무도 없나보다 뷔인 집에 꿩이 날어와 다니나보다 울밖 늙은 들매나무에 튀튀새 한불 앉었다 〔…〕 〈**황일**黃日〉

어정어정부 키가 큰 사람이나 짐승이 이리저리 천천히 걷는 모양.

❖ 산山가마귀만 울며 날고/도적갠가 개 하나 어정어정 따러간다 〈**쓸쓸한 길**〉

엎데다동 '엎드리다'의 고어, 평안 방언. 몸의 앞부분을 바닥에 대거나 그에 가깝게 숙이다(《금성판국어대사전》).

엎데서 ❖ 솔포기에 숨었다/토끼나 꿩을 놀래주고 싶은 산山허리의 길은//엎데서 따스하니 손 녹히고 싶은 길이다 〈**창원도**昌原道**—남행시초**南行詩抄 **1**〉

엎데였다 ❖ 재 안 드는 밤은 불도 없이 캄캄한 까막나라에서/조앙님은 무서운 이야기나 하면/모두들 죽은 듯이 엎데였다 잠이 들 것이다 〈**고사**古寺**—함주시초**咸州詩抄〉

우쭐대다②동 몸이 큰 사람이나 짐승이 가볍게 율동적으로 자꾸 움직이다. '우쭐거리다'와 같은 말로서 '우줄거리다'보다 센 느낌을 준다.

우쭐대며 ❖ 고원선高原線 종점終點인 이 적은 정거장停車場엔/그렇게도 우쭐대며 달가불시며 뛰어오던 뽕뽕차車가/가이없이 쓸쓸하니도 우두머니 서 있다 〈**함남도안**咸南道安〉

졸레졸레부 졸래졸래. ① 까불거리며 경망스럽게 행동하는 모양. ② 여럿이 무질서하게 졸졸 뒤따르는 모양.

〔《표준국어대사전》엔 '졸래졸래'가 등재되어 있고, 《조선말대사전》엔 '졸레졸레'

가 등재되어 있다.〕

❖ 졸레졸레 도야지새끼들이 간다/귀밑이 재릿재릿하니 볕이 담복 따사로운 거리다 〈**삼천포**三千浦**—남행시초**南行詩抄 **4**〉

주저앉다 동 서 있던 자리에 그대로 힘없이 앉다.

주저앉어서 ❖ 녯 장수 모신 낡은 사당의 돌층계에 주저앉어서 나는 이 저녁 울 듯 울 듯 한산도閑山島 바다에 뱃사공이 되여가며 〈**통영**統營**(남행시초**南行詩抄**)**〉

줄레줄레 부 몸짓이 큰 사람이나 동물이 몸을 까불며 경망스럽게 행동하는 모양을 나타내는 말(《고려대한국어대사전》).

❖ 승냥이 줄레줄레 달고 가며/덕신덕신 이야기하고 싶은 길이다 〈**창원도**昌原道**—남행시초**南行詩抄 **1**〉

지다④ 동 (뒷짐과 함께 쓰여) 두 손을 등 뒤로 돌려 마주 잡다.

〔《표준국어대사전》엔 '지다'의 이런 뜻이 따로 풀이되어 있지 않다.〕

지고 ❖ 노왕老王은 팔짱을 끼고 이랑을 걸어/나는 뒤짐을 지고 고랑을 걸어 〈**귀농**歸農〉 ❖ 눈물의 또 볕살의 나라 사람이여/당신이 그 긴 허리를 굽히고 뒤짐을 지고 지치운 다리로/싸움과 흥정으로 왁자지껄하는 거리를 지날 때든가 〈**허준**許俊〉

지중지중 부 '지정지정'에서 온 말로 짐작된다. 머뭇거리며 천천히 걷는 모양을 나타내는 말.

〔'지정지정'은 사전에 '곧장 내달아 가지 아니하고 한 곳에서 머뭇거리는 모양'으로 풀이되어 있다. 아래 용례에서 '지중지중'은 '지정지정'이란 말을 변형해 사용한 것으로 '머뭇거리며 천천히 걷는 모양'을 나타낸 말로 짐작된다.〕

❖ 그리고 지중지중 물가를 거닐면/당신이 이야기를 하는 것만 같구려/당신이 이야기를 끊은 것만 같구려 〈**바다**〉

쭈구리다 동 쭈그리다. 팔다리를 우그려 몸을 작게 움츠리다.

쭈구리고 ❖ 하폄도 남즉하니 불기와 유종들이/묵묵히 팔짱 끼고 쭈구리고 앉었다 〈**고사**古寺**—함주시초**咸州詩抄〉

터벅터벅 부 느릿느릿 힘없는 걸음으로 걸어가는 모양.

❖ 이리하여 노왕老王은 밭을 주어 마음이 한가하고/나는 밭을 얻어 마음이 편안하고/디퍽디퍽 눈을 밟으며 터벅터벅 흙도 덮으며/사물사물 햇볕은 목덜미에 간지로워서 〈**귀농**歸農〉

트다① 동 '켜다'로 추정된다. 팔다리나 네 다리를 쭉 뻗으며 몸을 펴다.

〔백석 시의 아래 용례에서 '트다'는 '켜다'(팔다리나 네 다리를 쭉 뻗으며 몸을 펴다)의

평안 방언으로 보인다.〕

트는 ❖ 도적괭이 새끼락이 나고/살진 쪽제비 트는 기지개 길고 **〈연자간〉**

팔벼개하다 동 팔베개하다. 팔을 베개 삼아 베다.

팔벼개하고 ❖ 나물 먹고 물 마시고 팔벼개하고 누웠든 사람도/그 머리맡에 수박씨 닦은 것은 호박씨 닦은 것은 있었을 것이다 **〈수박씨, 호박씨〉**

합장하다 동 (불교 신자나 승려가) 서로 인사를 하거나 부처에게 절을 할 때 두 팔을 가슴께로 올려 두 손바닥과 열 손가락을 마주 합치다(《고려대한국어대사전》).

합장하고 ❖ 여승女僧은 합장合掌하고 절을 했다/가지취의 내음새가 났다/쓸쓸한 낯이 녯날같이 늙었다/나는 불경佛經처럼 서러워졌다 **〈여승女僧〉**

화리서리 부 활개를 치며 다니는 모습을 나타낸 말로 짐작된다.

〔《조선말대사전》에 '화리그물'이 '활개그물'과 같은 말로 나와 있는 것으로 미루어서 '화리'는 '활개'를 뜻하는 것으로 볼 수 있다. '화리서리'는 '활갯짓하다'와 비슷한 뜻을 가진 말로 짐작된다.〕

❖ 밭 마당귀 연자간 앞을 지나가는데 연자간에는 또 연자망구신/나는 고만 디겁을 하여 큰 행길로 나서서 마음 놓고 화리서리 걸어가다 보니/아아 말 마라 내 발뒤축에는 오나가나 묻어 다니는 달걀구신 **〈마을은 맨천 구신이 돼서〉**

10 행위 일반, 경험

그러다 동 (사람이) 그렇게 하다(《고려대한국어대사전》).

〔'그러다'는 '그리하다'의 준말이다.〕

그러다는 ❖ 깨죽이며 문주며 섭가락 앞에 송구떡을 사서 권하거니 먹거니 하고/그러다는 백중물을 내는 소내기를 함뿍 맞고/호주를하니 젖어서 달아나는데 **〈칠월七月 백중〉** ❖ 은행여름을 인둣불에 구워도 먹고 그러다는 이불 우에서 광대넘이를 뒤이고 또 누워 굴면서 **〈고야古夜〉**

그리하다 동 (사람이) 그렇게 하다(《고려대한국어대사전》).

〔아래 용례에서 '그래서'는 '그리하다'의 활용형인 '그리하여서'가 준 말이며, '그러면서'는 '그리하다'의 활용형인 '그리하면서'가 준 말이다.〕

그래서는 ❖ 밤이 깊어가는 집안엔 〔…〕 홍게닭이 몇 번이나 울어서 졸음이 오면 아릇목싸움 자리싸움을 하며 히드득거리다 잠이 든다 그래서는 문창에 텅납새의 그림자가 치는 아츰 시누이 동세들이 욱적하니 홍성거리는 부엌으론 샛문틈으로 장지문틈으로 무이징게국을 끓이는 맛있는 내음새가 올라오도록 잔다 〈**여우난골족**族〉

그러면서 ❖ 스스로 마음을 느꾸어 위안하지 않었을 것인가/그러면서 이 마음이 맑은 넷 시인詩人들은/먼 훗날 그들의 먼 훗자손들도/그들의 본을 따서 이날에는 원소元宵를 먹을 것을 〈**두보**杜甫**나 이백**李白**같이**〉 ❖ 나는 이렇게 한가하고 게으르고 그러면서 목숨이라든가 인생人生이라든가 하는 것을 정말 사랑할 줄 아는 〈**조당**澡塘**에서**〉

이러다[동] 이렇게 하다.

이러면서 ❖ 제 배꼽을 들여다보거나 남의 낯을 쳐다보거나 하는 것인데/이러면서 그 무슨 제비의 춤이라는 연소탕燕巢湯이 맛도 있는 것과/또 어늬바루 새악시가 곱기도 한 것 같은 것을 생각하는 것일 것인데 〈**조당**澡塘**에서**〉

지나다②[동] 지내다. 어떤 직위에 있어 그 일을 겪다(《금성판국어대사전》).

〔아래 용례에서 "싸개동당을 지나는데"는 '오줌싸개의 왕을 지내는데'란 뜻이다.〕

지나는데 ❖ 봄철날 한종일내 노곤하니 벌불 장난을 한 날 밤이면 으레히 싸개동당을 지나는데 잘망하니 누워 싸는 오줌이 넓적다리를 흐르는 따근따근한 맛 자리에 펑하니 괴이는 척척한 맛 〈**동뇨부**童尿賦〉

11 만지기, 쓰다듬기

만져보다[동] 손을 대어 여기저기 주무르거나 쥐어 보다.

〔'만져보다'는 '만지다'에 보조동사 '보다'가 결합한 동사이다. 사전엔 '만지다'만 등재되어 있다.〕

만져보려 ❖ 갓 한 닢 쓰고 건시 한 접 사고 홍공단 단기 한 감 끊고 술 한 병 받어들고//화륜선 만져보려 선창 갔다 〈**통영**統營**—남행시초**南行詩抄 **2**〉

쓰다듬다[동] 손으로 살살 쓸어 어루만지다.

쓰다듬고 ❖ 나는 너를 껴안어 올려서 네 머리를 쓰다듬고 힘껏 네 적은 손을 쥐고 흔들고 싶다 〈**촌에서 온 아이**〉

쓰다듬는 ❖ 추운 겨울밤 병들어 누운 가난한 동무의 머리맡에 앉어/말없이 무릎우 어린 고양이의 등만 쓰다듬는 때든가 〈**허준**許俊〉

쓸다② 동 가볍게 쓰다듬거나 문지르다.

쓴다 ❖ 의원醫員은 빙긋이 웃음을 띠고/막역지간莫逆之間이라며 수염을 쓴다 〈**고향**故鄕〉

쓸며 ❖ 노루새끼 등을 쓸며/터 앞에 당콩순을 다 먹었다 하고/서른닷 냥 값을 부른다 〈**노루—함주시초**咸州詩抄〉

주무르다 동 손으로 어떤 물건이나 몸뚱이 따위를 쥐었다 놓았다 하면서 자꾸 만지다.

주무르며 ❖ 나는 얼마나 반죽을 주무르며 흰가루손이 되여 떡을 빚고 싶은지 모른다 〈**고야**古夜〉 ❖ 그리고 물이라도 들 듯이 샛노랗디샛노란 산山골 마가을 볕에 눈이 시울도록 샛노랗디샛노란 햇기장 쌀을 주무르며 〈**월림**月林**장—서행시초**西行詩抄 **4**〉

짚다 동 (사람이 신체의 일부분을 손으로) 가볍게 누르면서 대다.

짚드니 ❖ 새끼손톱 길게 돋은 손을 내어/묵묵하니 한참 맥을 짚드니/문득 물어 고향故鄕이 어데냐 한다 〈**고향**故鄕〉

12 짊어짐, 임

업다 동 사람이나 동물 따위를 등에 대고 손으로 붙잡거나 무엇으로 동여매어 붙어 있게 하다.

업고 ❖ 녕 낮은 집 담 낮은 집 마당만 높은 집에서 열나흘 달을 업고 손방아만 찧는 내 사람을 생각한다 〈**통영**統營**(남행시초**南行詩抄**)**〉 ❖ 더꺼머리총각은 정든 님 업고 오고 싶을 길이다 〈**창원도**昌原道**—남행시초**南行詩抄 **1**〉

업어가다 동 업어서 가다.

〔'업어가다'는 '업다'와 '가다'가 결합된 복합동사이다. 사전엔 '업다'만 등재되어 있다.〕

업어간다고 ❖ 산山 너머는/겨드랑이에 깃이 돋아서 장수가 된다는/더꺼머리총각들이 살아서/색시 처녀들을 잘도 업어간다고 했다 〈**산**山〉

업혀가다 동 업혀서 가다. 업힘을 당해 가다.

〔'업혀가다'는 '업히다'와 '가다'가 결합된 복합동사이다. 사전엔 '업히다'만 등재되어 있다.〕

업혀가서 ❖ 내가 엄매 등에 업혀가서 상사말같이 항약에 야기를 쓰면 한창 퓌는 함박꽃을 밑가지채 꺾어주고 종대에 달린 제물배도 가지채 쪄주고 그리고 그 애끼는 게사니알도 두 손에 쥐어주곤 하는데 **〈넘언집 범 같은 노큰마니〉**

업히다[동] '업다'(사람이나 동물 따위를 등에 대고 손으로 붙잡거나 무엇으로 동여매어 붙어 있게 하다)의 피동사.

업혀서 ❖ 이것은 그 곰의 잔등에 업혀서 길여났다는 먼 녯적 큰마니가/또 그 짚등색이에 서서 자채기를 하면 산 넘엣 마을까지 들렸다는/먼 녯적 큰아바지가 오는 것같이 오는 것이다 **〈국수〉**

이다[동] 물건을 머리 위에 얹다.

이고 ❖ 머리에 무거운 동이를 이고/손에 어린것의 손을 끌고 **〈절망絶望〉**

져가다[동] 물건을 짊어서 등에 얹어 가지고 가다.

〔'져가다'는 '지다+어+가다'의 형태로 이루어진 복합동사이다.〕

져간다는 ❖ 날기멍석을 져간다는 닭보는 할미를 차 굴린다는 땅아래 고래 같은 기와집에는 언제나 니차떡에 청밀에 은금보화가 그득하다는 외발 가진 조마구 뒷산山 어늬메도 조마구네 나라가 있어서 〔…〕 **〈고야古夜〉**

지다②[동] 물건을 짊어서 등에 얹다.

지고 ❖ 부뚜막이 두 길이다/이 부뚜막에 놓인 사닥다리로 자박수염 난 공양주는 성궁미를 지고 오른다 **〈고사古寺—함주시초咸州詩抄〉** ❖ 소는 기르매 지고 조은다//아 모도들 따사로이 가난하니 **〈삼천포三千浦—남행시초南行詩抄 4〉**

치우다[동] '치다'(짐을 지거나 싣다)의 피동형. 지어지다. 실리다.

〔여기서 '치다'는 '짐을 지거나 싣다'의 의미인데, 이 풀이는 《조선말대사전》에만 나온다. 《금성판국어대사전》, 《표준국어대사전》, 《고려대한국어대사전》 등에 이런 뜻의 '치다'는 말은 등재되어 있지 않다. '치워'는 '치다'에 피동형 접사인 '우'가 붙어 '치+우+어'의 형태를 지닌 말인데, 우리말에서 '우'는 피동형 접사로 쓰이지 않는다는 점에서 매우 이채로운 단어라고 할 수 있다. '치워'를 우리의 표준말로 쓰면 '지어져', 또는 '실려'가 된다(고형진, 2013).〕

치워 ❖ 새하려 가는 아배의 지게에 치워 나는 산山으로 가며 토끼를 잡으리라고 생각한다 **〈오리 망아지 토끼〉**

13 누름, 때림, 싸움

나려누르다동 내리누르다. 위에서 아래로 힘껏 누르다.

〔나려누르다는 '나리(내리)+어+누르다'의 형태를 지닌 말이다. 표준말은 '내리누르다'인데, 단어의 합성 과정에서 '어' 음이 첨가된 것이다. 모음 첨가는 백석의 시어에서 자주 나타나는 음운 현상이다.〕

나려눌러선 ❖ 밤이면 무엇이 기왓골에 무릿돌을 던지고 뒤울안 배나무에 쩨듯하니 줄등을 헤여달고 부뚜막의 큰솥 적은솥을 모주리 뽑아놓고 재통에 간 사람의 목덜미를 그냥그냥 나려눌러선 잿다리 아래로 처박고 **〈외갓집〉**

눌리다동 '누르다'(마음대로 행동하지 못하도록 힘이나 규제를 가하다)의 피동사.

눌리어 ❖ 내 가슴이 꽉 메어 올 적이며,/내 눈에 뜨거운 것이 핑 괴일 적이며,/또 내 스스로 화끈 낯이 붉도록 부끄러울 적이며,/나는 내 슬픔과 어리석음에 눌리어 죽을 수밖에 없는 것을 느끼는 것이었다. **〈남신의주 유동 박시봉방**南新義州柳洞朴時逢方**〉**

따리다동 때리다. 손이나 손에 든 물건 따위로 아프게 치다.

따리고 ❖ 일가들이 모두 범같이 무서워하는 이 노큰마니는 구덕살이같이 욱실욱실하는 손자 증손자를 방구석에 들매나무 회채리를 단으로 쩌다두고 따리고 〔…〕 **〈넘언집 범 같은 노큰마니〉**

따리는데 ❖ 일가들이 모두 범같이 무서워하는 이 노큰마니는 〔…〕 싸리갱이에 갓진 창을 매여놓고 따리는데 **〈넘언집 범 같은 노큰마니〉**

따리며 ❖ 평안도平安道의 어늬 산山 깊은 금덤판/나는 파리한 여인女人에게서 옥수수를 샀다/여인女人은 나어린 딸아이를 따리며 가을밤같이 차게 울었다 **〈여승**女僧**〉**

뚜드리다동 소리가 나도록 잇따라 치거나 때리다. '두드리다'보다 센 느낌을 준다.

뚜드리는 ❖ 벌개늪역에서 바리깨를 뚜드리는 쇳소리가 나면/누가 눈을 앓어서 부증이 나서 찰거마리를 부르는 것이다/마을에서는 피성한 눈숡에 저린 팔다리에 거마리를 붙인다 **〈오금덩이라는 곳〉** ❖ 행길에는 선장 대여가는 장꾼들의 종이등燈에 나귀눈이 빛났다/어데서 서러웁게 목탁木鐸을 뚜드리는 집이 있다 **〈미명계**未明界**〉**

쌈지거리하다동 '싸움질하다'를 낮잡아 이르는 말.

〔《표준국어대사전》엔 '쌈짓거리하다'가, 《조선말대사전》엔 '쌈지거리하다'가 등재되어 있다.〕

쌈지거리하고 ❖ 개들은 게모이고 쌈지거리하고/놓여난 도야지 둥구재벼오고 **〈연자간〉**

차다②[동] 발을 힘껏 뻗어 사람을 치다.

차 ❖ 날기멍석을 져간다는 닭보는 할미를 차 굴린다는 땅아래 고래 같은 기와집에는 언제나 니차떡에 청밀에 은금보화가 그득하다는 외발 가진 조마구 뒷산山 어늬메도 조마구네 나라가 있어서 〔…〕 **〈고야古夜〉**

차다④[동] 발로 내어 지르거나 받아 올리다.

차는 ❖ 이왕이면 향香내 높은 취향리梨 돌배 움퍽움퍽 씹으며 머리채 츠렁츠렁 발굽을 차는 꾸냥과 가즈런히 쌍마차雙馬車 몰아가고 싶었다 **〈안동安東〉**

처박다[동] (사람이 무엇을 어떤 곳에) 세게 두드리거나 꽂아서 속으로 들어가게 하다.

처박고 ❖ 밤이면 무엇이 기왓골에 무릿돌을 던지고 〔…〕 재통에 간 사람의 목덜미를 그냥그냥 나려눌러선 잿다리 아래로 처박고 **〈외갓집〉**

치다⑧[동] 손이나 손에 든 물건이 세게 닿거나 부딪게 하다.

쳐도 ❖ 오리야 네가 좋은 청명淸明 밑께 밤은/옆에서 누가 뺨을 쳐도 모르게 어둡다누나/오리야 이때는 따디기가 되여 어둡단다 **〈오리〉**

14 힘, 생기, 애씀

너부러지다[동] 힘없이 너부죽이 바닥에 까부라져 늘어지다.

너부러져 ❖ 그러나 시방 꼴두기는 배창에 너부러져 새새끼 같은 울음을 우는 곁에서/뱃사람들의 언젠가 아홉이서 회를 쳐먹고도 남어 한 깃씩 노나가지고 갔다는 크디큰 꼴두기의 이야기를 들으며 나는 슬프다 **〈꼴두기—물닭의 소리〉**

녹히다[동] 녹이다. '녹다'의 사동사. 추워서 굳어진 몸이나 신체 부위를 풀어지게 하다.

〔'녹다'의 사동사는 '녹이다'인데, 《조선말대사전》엔 '녹이다'와 '녹히다'가 모두 '녹다'의 사동사로 등재되어 있어 '녹히다'가 북쪽 지역에서 사용하는 말임을 알 수 있다.〕

녹히고 ❖ 얇데서 따스하니 손 녹히고 싶은 길이다 **〈창원도昌原道—남행시초南行詩抄 1〉**

❖ 서로 나라가 다른 사람인데/다들 쪽 발가벗고 같이 물에 몸을 녹히고 있는 것은/대대로 조상도 서로 모르고 말도 제가끔 틀리고 먹고 입는 것도 모도 다른데

〈조당澡塘에서〉

들다⑬동 어떤 일에 돈, 시간, 노력, 물자 따위가 쓰이다.

들고 ❖ 노왕老王은 채매도 힘이 들고 하루종일 백령조百鈴鳥 소리나 들으려고/밭을 오늘 나한테 주는 것이고 **〈귀농歸農〉**

세괏다형 세괃다. 보통 정도를 지나게 세다(《조선말대사전》).

〔'세괏다'(세괃다)는 《조선말대사전》에 "보통 정도를 지나게 세다"는 뜻으로, 《평북방언사전》엔 "매우 기세가 억세다"라는 뜻으로 등재되어 있다.〕

세괏은 ❖ 우리들은 모두 욕심이 없어 희여졌다/착하디착해서 세괏은 가시 하나 손아귀 하나 없다/너무나 정갈해서 이렇게 파리했다 **〈선우사膳友辭—함주시초咸州詩抄〉**

세이다①형 세다. 힘이 많다.

〔'세이다'는 '세다'에 '이' 모음이 첨가된 형태의 말이다. 모음 첨가는 백석의 시어에서 자주 나타나는 음운 현상이다.〕

세인 ❖ 얼혼이 나서 뒤울안으로 가면 뒤울안에는 곱새녕 아래 털능구신/나는 이제는 할 수 없이 대문을 열고 나가려는데 대문간에는 근력 세인 수문장 **〈마을은 맨천 구신이 돼서〉**

스스로부 자신의 힘으로.

❖ 그 조상들이 대대로 하든 본대로 원소元宵라는 떡을 입에 대며/스스로 마음을 느꾸어 위안하지 않었을 것인가 **〈두보杜甫나 이백李白같이〉** ❖ 내 눈에 뜨거운 것이 핑 괴일 적이며,/또 내 스스로 화끈 낯이 붉도록 부끄러울 적이며,/나는 내 슬픔과 어리석음에 눌리어 죽을 수밖에 없는 것을 느끼는 것이었다. **〈남신의주 유동 박시봉방南新義州柳洞朴時逢方〉**

싱싱부 시들지 아니하고 생기가 있는 모양.

❖ 시래기를 삶는 훈훈한 방안에는/양염 내음새가 싱싱도 하다 **〈추야일경秋夜一景〉**

싱싱하다형 시들거나 상하지 않고 생기가 있다.

싱싱한 ❖ 먼 바닷가의 거리로 간다는데/금귤이 눌한 마을마을을 지나가며/싱싱한 금귤을 먹는 것은 얼마나 즐거운 일인가 **〈이두국주가도伊豆國湊街道〉** ❖ 이 히수무레하고 부드럽고 수수하고 슴슴한 것은 무엇인가/겨울밤 쩡하니 닉은 동티미국을 좋아하고 얼얼한 댕추가루를 좋아하고 싱싱한 산꿩의 고기를 좋아하고 **〈국수〉**

쓰다⑦동 힘이나 노력 따위를 들이다.

쓸랴고 ❖ 뽈다구에는 징기징기 앙광이를 그리고 머리칼이 놀한 아이여/힘을 쓸랴

고 벌써부터 두 다리가 푸둥푸둥하니 살이 찐 아이여 **〈촌에서 온 아이〉**

울력하다[동] 위협하다. 위압하다.

〔'울력하다'는 《표준국어대사전》에 "여러 사람이 힘을 합하여 일하다"로 풀이되어 있는데, 백석 시의 용례에서는 이런 사전적 의미와는 다소 거리가 있는 것으로 보인다. 유종호(2002)는 이 말이 '위력威力'에서 온 말로서 '위협하다', '위압하다' 정도의 뜻으로 보는 것이 적절하다고 말한다.〕

울력하는 ❖ 그리고 이번에는 나를 위로하는 듯이 나를 울력하는 듯이/눈질을 하며 주먹질을 하며 이런 글자들이 지나간다 **〈흰 바람벽이 있어〉**

힘껏[부] 있는 힘을 다하여. 또는 힘이 닿는 데까지.

❖ 나는 너를 껴안어 올려서 네 머리를 쓰다듬고 힘껏 네 적은 손을 쥐고 흔들고 싶다 **〈촌에서 온 아이〉**

힘세다[형] 힘이 많아서 억세다.

힘세고 ❖ 내 손자의 손자와 손자와 나와 할아버지와 〔…〕 수원백씨水原白氏 정주백촌定州白村의 힘세고 꿋꿋하나 어질고 정 많은 호랑이 같은 곰 같은 소 같은 피의 비같은 밤 같은 달 같은 슬픔을 담는 것 아 슬픔을 담는 것 **〈목구木具〉**

15 이동

가다①[동] ① 한 곳에서 다른 곳으로 장소를 이동하다. ② 지금 있는 곳에서 어떠한 목적을 가지고 다른 곳으로 옮기다. ③ 어떤 일을 하기 위하여 다른 곳으로 이동하다. ④ 어떤 대상이 다른 곳으로 이동하여 사라지다.

가 ❖ 한 십리十里 더 가면 절간이 있을 듯한 마을이다 〔…〕 골갯논드렁에서 미나리 밟고 서서 운다 복사나무 아래 가 흙장난하며 놀지 왜 우노 〔…〕 **〈황일黃日〉** ❖ 나타샤와 나는/눈이 푹푹 쌓이는 밤 흰 당나귀 타고/출출이 우는 깊은 산골로 가 마가리에 살자 **〈나와 나타샤와 흰 당나귀〉**

가고 ❖ 신영길 말이 울고 가고/장돌림 당나귀도 울고 가고 **〈연자간〉** ❖ 한 십리十里 더 가면 절간이 있을 듯한 마을이다 〔…〕 복사나무 아래 가 흙장난하며 놀지 왜 우노 자개밭둑에 엄지 어데 안 가고 누웠다 〔…〕 **〈황일黃日〉** ❖ 새벽녘의 거리엔 쾅쾅 북이 울고/밤새껏 바다에선 뿡뿡 배가 울고//자다가도 일어나 바다로 가고 싶은 곳이다 **〈통영統營(남행시초南行詩抄)〉** ❖ 개 더리고 호이호이 희파람 불며/시름

놓고 가고 싶은 길이다 〈**창원도**昌原道**—남행시초**南行詩抄 **1**〉 ❖ 손톱을 시펄하니 길우고 기나긴 창꽈쯔를 즐즐 끌고 싶었다/만두饅頭꼬깔을 눌러쓰고 곰방대를 물고 가고 싶었다 〈**안동**安東〉 ❖ 한가한 애동들은 어둡도록 꿩사냥을 하고/가난한 엄매는 밤중에 김치가재미로 가고 〈**국수**〉 ❖ 노왕老王은 나귀를 타고 앞에 가고/나는 노새를 타고 뒤에 따르고 〈**귀농**歸農〉

가기 ❖ 배나무접을 잘하는 주정을 하면 토방돌을 뽑는 오리치를 잘 놓는 먼 섬에 반디젓 담그려 가기를 좋아하는 삼춘 삼춘엄매 사춘누이 사춘동생들 〈**여우난골족**族〉 ❖ 입으로 먹을 뿜는 건/멫십 년 도를 닦어 퓌는 조환가/앞뒤로 가기를 마음대로 하는 건/손자孫子의 병서兵書도 읽은 것이다 〈**꼴두기—물닭의 소리**〉

가는 ❖ 새하려 가는 아배의 지게에 치워 나는 산山으로 가며 토끼를 잡으리라고 생각한다 〈**오리 망아지 토끼**〉 ❖ 어두워오는 성문城門 밖의 거리/도야지를 몰고 가는 사람이 있다 〈**성외**城外〉 ❖ 산山 너머로 가는 길 돌각담에 갸웃하는 처녀는 금錦이라든 이 같고/내가 들은 마산馬山 객줏客主집의 어린 딸은 난蘭이라는 이 같고// 〔…〕 /긴 토시 끼고 큰머리 얹고 오불고불 넘엣거리로 가는 여인女人은 평안도平安道서 오신 듯한데 동백冬柏꽃 피는 철이 그 언제요 〈**통영**統營**(남행시초**南行詩抄**)**〉 ❖ 한 십리十里 더 가면 절간이 있을 듯한 마을이다 〔…〕 흰구름 건넌산으로 가는 길에 복사꽃 바라노라 섰다 다람쥐 건넌산 보고 부르는 푸념이 간지럽다 〈**황일**黃日〉 ❖ 고성固城장 가는 길/해는 둥둥 높고 〈**고성가도**固城街道**—남행시초**南行詩抄 **3**〉 ❖ 산골로 가는 것은 세상한테 지는 것이 아니다/세상 같은 건 더러워 버리는 것이다 〈**나와 나타샤와 흰 당나귀**〉 ❖ 낫배 어니메 치코에 꿩이라도 걸려서 산山 너머 국숫집에 국수를 받으려 가는 사람이 있어도 개는 짖는다 〈**개**〉 ❖ 나는 노새를 타고 뒤에 따르고/마을 끝 충왕묘蟲王廟에 충왕蟲王을 찾어뵈려 가는 길이다/토신묘土神廟에 토신土神도 찾어뵈려 가는 길이다 〈**귀농**歸農〉 ❖ 그러다는 백중물을 내는 소내기를 함뿍 맞고/호주를하니 젖어서 달아나는데/이번에는 꿈에도 못 잊는 봉가집에 가는 것이다 〈**칠월**七月 **백중**〉

가는데 ❖ 네날백이 따배기신을 맨발에 바꿔 신고/고개를 몇이라도 넘어서 약물터로 가는데 〈**칠월**七月 **백중**〉

가라 ❖ 어스름저녁 국수당 돌각담의 수무나무 가지에 녀귀의 탱을 걸고 나물매 갖추어놓고 비난수를 하는 젊은 새악시들/—잘 먹고 가라 서리서리 물러가라 네 소원 풀었으니 다시 침노 말아라 〈**오금덩이라는 곳**〉

가라고 ❖ 나는 또 큰거미를 쓸어 문밖으로 버리며/찬 밖이라도 새끼 있는 데로 가

라고 하며 서러워한다 〈**수라**修羅〉

가란 ❖ 비애고지 비애고지는/제비야 네 말이다/눈빨갱이 갈매기 발빨갱이 갈매기 가란 말이지/승냥이처럼 우는 갈매기/무서워 가란 말이지 〈**대산동**大山洞**—물닭의 소리**〉

가며 ❖ 나는 산山으로 가며 토끼를 잡으리라고 생각한다/맞구멍 난 토끼굴을 아배와 내가 막어서면 언제나 토끼새끼는 내 다리 아래로 달어났다 〈**오리 망아지 토끼**〉 ❖ 승냥이 줄레줄레 달고 가며/덕신덕신 이야기하고 싶은 길이다//더꺼머리 총각은 정든 님 업고 오고 싶을 길이다 〈**창원도**昌原道**—남행시초**南行詩抄 **1**〉 ❖ 초롱이 히근하니 물지게꾼이 우물로 가며/별 사이에 바라보는 그믐달은 눈물이 어리었다 〈**미명계**未明界〉

가면 ❖ 명절날 나는 엄매 아배 따라 우리집 개는 나를 따라 진할머니 진할아버지가 있는 큰집으로 가면 〈**여우난골족**族〉 ❖ 예순이 넘은 아들 없는 가즈랑집 할머니는 중같이 정해서 할머니가 마을을 가면 긴 담뱃대에 독하다는 막써레기를 몇 대라도 붙이라고 하며 〈**가즈랑집**〉 ❖ 한 십리十里 더 가면 절간이 있을 듯한 마을이다 낮 기울은 별이 장글장글하니 따사하다 〔…〕 〈**황일**黃日〉 ❖ 아배가 밤참 국수를 받으려 가면 나는 큰마니의 돋보기를 쓰고 앉어 개 짖는 소리를 들은 것이다 〈**개**〉 ❖ 한 이십리二十里 가면 거리라든데/한겻 남아 걸어도 거리는 뵈이지 않는다 〈**구장로**球場路**—서행시초**西行詩抄 **1**〉 ❖ 얼혼이 나서 뒤울안으로 가면 뒤울안에는 곱새녕 아래 털능구신 〈**마을은 맨천 구신이 돼서**〉

가면서도 ❖ 이번에는 꿈에도 못 잊는 봉가집에 가는 것이다/봉가집을 가면서도 칠월七月 그믐 초가을을 할 때까지/평안하니 집살이를 할 것을 생각하고 〈**칠월**七月 **백중**〉

가서 ❖ 아배는 타관 가서 오지 않고 산山비탈 외따른 집에 엄매와 나와 단둘이서 누가 죽이는 듯이 무서운 밤 집 뒤로는 어늬 산山골짜기에서 소를 잡어먹는 노나리꾼들이 도적놈들같이 쿵쿵거리며 다닌다 〈**고야**古夜〉 ❖ 찰복숭아를 먹다가 씨를 삼키고는 죽는 것만 같어 하로종일 놀지도 못하고 밥도 안 먹은 것도/가즈랑집에 마을을 가서/당세 먹은 강아지같이 좋아라고 집오래를 설레다가였다 〈**가즈랑집**〉 ❖ 병이 들면 풀밭으로 가서 풀을 뜯는 소는 인간人間보다 영靈해서 열 걸음 안에 제 병을 낫게 할 약藥이 있는 줄을 안다고 〈**절간의 소 이야기**〉 ❖ 낮 기울은 날을 햇볕 장글장글한 툇마루에 걸어앉어서/지난 여름 도락구를 타고 장진長津 땅에 가서 꿀을 치고 돌아왔다는 이 벌들을 바라보며 나는/날이 어서 추워져서 쑥국화꽃도 시들고 이 바즈런한 백성들도 다 제 집으로 들은 뒤에 이 골안으로 올 것을 생각하였다 〈**산곡**山谷**—함주시초**咸州詩抄〉 ❖ 얼마 가서 감로甘露 같은 물이 솟는 마을 하이얀 회담벽에 옛적본의 장반시계를 걸어놓은 집 홀어미와 사는 물새 같은 외딸의 혼삿말이 아즈랑이같이 낀 곳은 〈**남향**南鄕**—물닭의 소리**〉 ❖ 나는 이제 어늬 먼 외진 거리에 한고향 사람의 조고마한 가업집이 있는 것을 생각하고/이 집에 가서 그 맛스러운 떡국이라도 한 그릇 사먹으리라 한다 〈**두보**杜甫**나 이백**李白**같이**〉

가자 ❖ 나타샤와 나는/눈이 푹푹 쌓이는 밤 흰 당나귀 타고/산골로 가자 〈**나와 나타샤와 흰 당나귀**〉

간 ❖ 이 산山골에 들어와서 이 목침木枕들에 새까마니 때를 올리고 간 사람들을 생각한다/그 사람들의 얼골과 생업生業과 마음들을 생각해본다 〈**산숙**山宿**—산중음**山中吟〉 ❖ 밤이면 무엇이 기왓골에 무릿돌을 던지고 뒤울안 배나무에 쩨듯하니 줄등을 헤여달고 부뚜막의 큰솥 적은솥을 모주리 뽑아놓고 재통에 간 사람의 목덜미를 그냥그냥 나려눌러선 잿다리 아래로 처박고 〈**외갓집**〉

간다 ❖ 양철통을 쩔렁거리며 달구지는 거리 끝에서 강원도江原道로 간다는 길로 든다 〈**성외**城外〉 ❖ 열니레 달이 올라서/나룻배 타고 판데목 지나간다 간다 〈**통영**統營**—남행시초**南行詩抄 **2**〉 ❖ 졸레졸레 도야지새끼들이 간다/귀밑이 재릿재릿하니 볕이 담복 따사로운 거리다 〈**삼천포**三千浦**—남행시초**南行詩抄 **4**〉 ❖ 오늘 저녁 이 좁다란 방의 흰 바람벽에/어쩐지 쓸쓸한 것만이 오고 간다 〈**흰 바람벽이 있어**〉

간다고 ❖ 계집아이는 자성慈城으로 간다고 하는데/자성慈城은 예서 삼백오십리三百五十里 묘향산妙香山 백오십리百五十里/묘향산妙香山 어디메서 삼촌이 산다고 한다 〈**팔원**八院**—서행시초**西行詩抄 **3**〉

간다는데 ❖ 넷적본의 휘장마차에/어느메 촌중의 새 새악시와도 함께 타고/먼 바닷가의 거리로 간다는데 〈**이두국주가도**伊豆國湊街道〉

갈 ❖ 낡은 질동이에는 갈 줄 모르는 늙은 집난이같이 송구떡이 오래도록 남어있었다 〈**고방**〉 ❖ 당신의 그 푸른 이마에 삐여진 어깻죽지에/당신네 나라의 따사한 바람결이 스치고 갈 것이다 〈**허준**許俊〉 ❖ 마을은 온데간데 구신이 돼서 나는 아무 데도 갈 수 없다 〈**마을은 맨천 구신이 돼서**〉

갔다 ❖ 섶벌같이 나아간 지아비 기다려 십 년十年이 갔다/지아비는 돌아오지 않고/어린 딸은 도라지꽃이 좋아 돌무덤으로 갔다 〈**여승**女僧〉 ❖ 갓 한 닢 쓰고 건시 한 접 사고 홍공단 단기 한 감 끊고 술 한 병 받어들고//화륜선 만져보려 선창 갔다

〈**통영**統營**—남행시초**南行詩抄 2〉 ❖ 아이들은 늘늘히 청대나무말을 몰고/대모풍잠한 늙은이 또요 한 마리를 드리우고 갔다 〈**남향**南鄕**—물닭의 소리**〉 ❖ 그러나 시방 꼴두기는 배창에 너부러져 새새끼 같은 울음을 우는 곁에서/뱃사람들의 언젠가 아홉이서 회를 쳐먹고도 남어 한 깃씩 노나가지고 갔다는 크디큰 꼴두기의 이야기를 들으며 나는 슬프다 〈**꼴두기—물닭의 소리**〉

갔든 ❖ 해변땅에 나들이 갔든 할머니는/오리새끼들은 장뽷이나 하듯이 떠들썩하니 시끄럽기도 하드란 숭인가 〈**오리**〉

가다② 동 어떤 경로를 통하여 움직이다.

가다 ❖ 그래도 오리야 호젓한 밤길을 가다/가까운 논배미들에서/까알까알 하는 너이들의 즐거운 말소리가 나면/나는 내 마을 그 아는 사람들의 지껄지껄하는 말소리같이 반가웁고나 〈**오리**〉

거닐다 동 가까운 거리를 이리저리 한가로이 걷다.

거닐면 ❖ 그리고 지중지중 물가를 거닐면/당신이 이야기를 하는 것만 같구려/당신이 이야기를 끊은 것만 같구려 〈**바다**〉

건너다 동 무엇을 사이에 두고 한편에서 맞은편으로 가다.

건너 ❖ 소와 말은 도로 산山으로 돌아갔다/염소만이 아직 된비가 오면 산山개울에 놓인 다리를 건너 인가人家 근처로 뛰여온다 〈**산지**山地〉 ❖ 노왕老王은 팔짱을 끼고 이랑을 걸어/나는 뒤짐을 지고 고랑을 걸어/밭을 나와 밭뚝을 돌아 도랑을 건너 행길을 돌아/지붕에 바람벽에 울바주에 볕살 쇠리쇠리한 마을을 가르치며 〈**귀농**歸農〉

걷다 동 두 다리를 번갈아 움직여 옮겨 가다(《금성판국어대사전》).

걸어 ❖ 노왕老王은 팔짱을 끼고 이랑을 걸어/나는 뒤짐을 지고 고랑을 걸어 〈**귀농**歸農〉

걸어도 ❖ 한 이십리二十里 가면 거리라든데/한겻 남아 걸어도 거리는 뵈이지 않는다 〈**구장로**球場路**—서행시초**西行詩抄 **1**〉

걸어가다 동 발로 걸어서 가다(《금성판국어대사전》).

걸어가는 ❖ 내가 이렇게 외면하고 거리를 걸어가는 것은 잠풍 날씨가 너무나 좋은 탓이고/가난한 동무가 새 구두를 신고 지나간 탓이고 언제나 꼭같은 넥타이를 매고 고운 사람을 사랑하는 탓이다//내가 이렇게 외면하고 거리를 걸어가는 것은 또 내 많지 못한 월급이 얼마나 고마운 탓이고 〈**내가 이렇게 외면하고**〉

걸어가다 ❖ 나는 고만 디겁을 하여 큰 행길로 나서서 마음 놓고 화리서리 걸어가다

보니/아아 말 마라 내 발뒤축에는 오나가나 묻어 다니는 달걀구신 **〈마을은 맨천 구신이 돼서〉**

걸어가며 ❖ 추운 거리의 그도 추운 능당 쪽을 걸어가며/내 마음은 우쭐댄다 그 무슨 기쁨에 우쭐댄다 **〈가무래기의 낙樂〉**

나가다[동] 안에서 밖으로 이동하다.

나가 ❖ 나는 낡은 국수분틀과 그즈런히 나가 누워서/구석에 데굴데굴하는 목침木枕들을 베여보며 **〈산숙山宿—산중음山中吟〉** ❖ 그런데 저기 나무판장에 반쯤 나가 누워서/나주볕을 한없이 바라보며 혼자 무엇을 즐기는 듯한 목이 긴 사람은/도연명陶淵明은 저러한 사람이였을 것이고 **〈조당澡塘에서〉**

나가고 ❖ 또 녀름날 낮 기운 때 어른들이 모두 벌에 나가고 텅 뷔인 집 토방에서/햇강아지의 쌀랑대는 성화를 받어가며 닭의 똥을 주워먹는 아이를 생각한다 **〈촌에서 온 아이〉**

나가디두 ❖ 또 문밖에 나가디두 않고 자리에 누워서,/머리에 손깍지벼개를 하고 굴기도 하면서, **〈남신의주 유동 박시봉방南新義州柳洞朴時逢方〉**

나가려는데 ❖ 나는 이제는 할 수 없이 대문을 열고 나가려는데 대문간에는 근력 세인 수문장 **〈마을은 맨천 구신이 돼서〉**

나다⑧[동] 밖으로 나오거나 나가다.

〔아래 용례 중 "세상 같은 건 밖에 나도 좋을 것 같다"는 구절에 대해, 유종호는 세속의 외곽으로 나와도 좋다로 읽히지만, 세상 눈 밖에 나도 좋다는 말의 축약형으로 이해하는 것이 순리라고 본다(유종호, 2003).〕

나도 ❖ 흰밥과 가재미와 나는/우리들이 같이 있으면/세상 같은 건 밖에 나도 좋을 것 같다 **〈선우사膳友辭—함주시초咸州詩抄〉**

나서 ❖ 밖은 봄철날 따디기의 누굿하니 푹석한 밤이다/거리에는 사람두 많이 나서 흥성흥성할 것이다/어쩐지 이 사람들과 친하니 싸단니고 싶은 밤이다 **〈내가 생각하는 것은〉** ❖ 오늘은 정월正月 보름이다/대보름 명절인데/나는 멀리 고향을 나서 남의 나라 쓸쓸한 객고에 있는 신세로다/넷날 두보杜甫나 이백李白 같은 이 나라의 시인詩人도/먼 타관에 나서 이날을 맞은 일이 있었을 것이다 **〈두보杜甫나 이백李白같이〉**

나서도 ❖ 그들의 본을 따서 이날에는 원소元宵를 먹을 것을/외로이 타관에 나서도 이 원소元宵를 먹을 것을 생각하며 **〈두보杜甫나 이백李白같이〉**

난 ❖ 먼 타관에 난 그 두보杜甫나 이백李白 같은 이 나라의 시인詩人도/이날은 그 어

늬 한고향 사람의 주막이나 반관飯舘을 찾어가서 **〈두보杜甫나 이백李白같이〉**

나려가다동 내려가다. 높은 곳에서 낮은 곳으로 또는 위에서 아래로 가다.

〔백석 시에선 '내려가다', '내려오다', '내리다' 등이 모두 '나려가다', '나려오다', '나리다' 등으로 표기된다. 김영배에 의하면 평안 방언에선 '애'가 '아'로 발음된다고 하는데, 이것은 고어가 잔존한 것으로 당시 다른 지역에서도 일반적으로 나타나던 음운 현상이었다.〕

나려간 ❖ 오리치를 놓으려 아배는 논으로 나려간 지 오래다 **〈오리 망아지 토끼〉**

나려간다는 ❖ 골이 다한 산대 밑에 자그마한 돌능와집이 한 채 있어서/이 집 남길동 단 안주인은 겨울이면 집을 내고/산을 돌아 거리로 나려간다는 말을 하는데/해바른 마당에는 꿀벌이 스무나문 통 있었다 **〈산곡山谷—함주시초咸州詩抄〉**

나려오다동 내려오다. 높은 곳에서 낮은 데로 옮겨 오다(《조선말대사전》).

나려왔습니다 ❖ 내 지렝이는/커서 구렁이가 되었습니다/천 년 동안만 밤마다 흙에 물을 주면 그 흙이 지렝이가 되었습니다/장마 지면 비와 같이 하늘에서 나려왔습니다 **〈나와 지렝이〉**

나리다①동 내리다. ① 탈것에서 밖이나 땅으로 옮아가다. ② 타고 있던 물체에서 밖으로 나와 어떤 지점에 이르다.

나리는 ❖ 구마산舊馬山의 선창에선 좋아하는 사람이 울며 나리는 배에 올라서 오는 물길이 반날/갓 나는 고당은 갓갓기도 하다 **〈통영統營(남행시초南行詩抄)〉**

나린 ❖ 거미새끼 하나 방바닥에 나린 것을 나는 아모 생각 없이 문밖으로 쓸어버린다 **〈수라修羅〉**

나린다 ❖ 멀리 바다가 뵈이는/가정거장假停車場도 없는 벌판에서/차車는 머물고/젊은 새악시 둘이 나린다 **〈광원曠原〉**

나리다⑤동 내리다. 높은 데서 낮은 데로 또는 위에서 아래로 움직이다(《조선말대사전》). '나려 멕이고'는 '내려오고'의 뜻이다. ☞ 멕이다 586

〔아래 용례의 '나려'는 원본엔 '날여'로 표기되어 있는데, 이것은 '나려', 곧 '내려'를 가리키는 말이다. 백석 시의 원본에서 '날여'가 쓰인 용례는 다음과 같다. "장마지면 비와같이 하늘에서 날여왔읍니다"(〈나와 지렝이〉), "오리치를 놓으려아배는 논으로날여간지오래다"(〈오리 망아지 토끼〉), "이집 남길동 단 안주인은 겨울이면 집을내고/산을돌아 거리로날여간다는말을하는데"(〈산곡—함주시초咸州詩抄〉). 이런 용례에서 '날여'가 '나려'를 가리키는 것임을 뚜렷이 확인할 수 있다.〕

나려 ❖ 눈이 많이 와서/산엣새가 벌로 나려 멕이고/눈구덩이에 토끼가 더러 빠지

기도 하면/마을에는 그 무슨 반가운 것이 오는가보다 **〈국수〉**

나서다[동] 앞이나 밖으로 나와 서다.

나서서 ❖ 나는 겨우 대문을 빼쳐나 바깥으로 나와서/밭 마당귀 연자간 앞을 지나가는데 연자간에는 또 연자망구신/나는 고만 디겁을 하여 큰 행길로 나서서 마음 놓고 화리서리 걸어가다 보니 **〈마을은 맨천 구신이 돼서〉**

나아가다[동] 나가다. 일정한 지역이나 공간의 범위와 관련하여 그 안에서 밖으로 이동하다.

〔백석 시의 용례에서 '나아가다'는 '나아가다', 즉 '앞으로 향하여 가다'는 뜻이 아니라, '나가다'에 '아' 모음이 첨가된 형태의 말이다. 모음 첨가는 백석의 시어에서 자주 나타나는 음운 현상이다.〕

나아간 ❖ 섶벌같이 나아간 지아비 기다려 십 년十年이 갔다/지아비는 돌아오지 않고/어린 딸은 도라지꽃이 좋아 돌무덤으로 갔다 **〈여승女僧〉**

나오다①[동] ① 안에서 밖으로 오다. ② 일정한 목적으로 어떠한 곳에 오다.

나오면 ❖ 나는 성주님이 무서워 토방으로 나오면 토방에는 디운구신/나는 무서워 부엌으로 들어가면 부엌에는 부뜨막에 조앙님 **〈마을은 맨천 구신이 돼서〉**

나온 ❖ 광지보에서 나온 은장두에 바늘집에 원앙에 바둑에/번들번들하는 노리개는 스르럭스르럭 소리가 나고 **〈칠월七月 백중〉**

나와 ❖ 나는 뒤짐을 지고 고랑을 걸어/밭을 나와 밭뚝을 돌아 도랑을 건너 행길을 돌아 **〈귀농歸農〉** ❖ 낡은 나조반에 흰밥도 가재미도 나도 나와 앉어서/쓸쓸한 저녁을 맞는다 **〈선우사膳友辭—함주시초咸州詩抄〉**

나와서 ❖ 첫녀름 이른 저녁을 해치우고 인간들이 모두 터앞에 나와서 물외포기에 당콩포기에 오줌을 주는 때 터앞에 밭마당에 샛길에 떠도는 오줌의 매캐한 재릿한 내음새 **〈동뇨부童尿賦〉** ❖ 한 해에 멫 번 매연 지난 먼 조상들의 최방등 제사에는 컴컴한 고방 구석을 나와서 대멀머리에 외얏맹건을 지르터맨 늙은 제관의 손에 정갈히 몸을 씻고 〔…〕 **〈목구木具〉** ❖ 나는 겨우 대문을 빼쳐나 바깥으로 나와서/밭 마당귀 연자간 앞을 지나가는데 연자간에는 또 연자망구신 **〈마을은 맨천 구신이 돼서〉**

나왔다 ❖ 나는 그때/아모 이기지 못할 슬픔도 시름도 없이/다만 게을리 먼 앞대로 떠나 나왔다 **〈북방北方에서—정현웅鄭玄雄에게〉**

날다①[동] 공중에 떠서 어떤 위치에서 다른 위치로 움직이다.

난다 ❖ 잠자리 조을든 문허진 성城터/반딧불이 난다 파란 혼魂들 같다/어데서 말

있는 듯이 크다란 산山새 한 마리 어두운 골짜기로 난다 **〈정주성定州城〉**

난다는 ❖ 또 이러한 밤 같은 때 〔…〕 고무더러는 밝는 날 멀리는 못 난다는 뫼추라기를 잡어달라고 조르기도 하고 **〈고야古夜〉**

날고 ❖ 거적장사 하나 산山 뒷녚 비탈을 오른다/아— 따르는 사람도 없이 쓸쓸한 쓸쓸한 길이다/산山가마귀만 울며 날고/도적갠가 개 하나 어정어정 따러간다 **〈쓸쓸한 길〉**

날러가버리다 동 날아가 버리다. 공중으로 날면서 가 버리다.

〔'날러가버리다'는 '날러가다'(날아가다)에 보조동사 '버리다'가 결합된 합성동사이다. 사전엔 '날아가다'만 등재되어 있다.〕

날러가버린다 ❖ 벼랑탁의 어두운 그늘에 아츰이면/부헝이가 무거웁게 날러온다/낮이 되면 더 무거웁게 날러가버린다 **〈산지山地〉**

날러오다 동 날아오다. 공중으로 날면서 오다.

날러온다 ❖ 벼랑탁의 어두운 그늘에 아츰이면/부헝이가 무거웁게 날러온다/낮이 되면 더 무거웁게 날러가버린다 **〈산지山地〉**

날아오다 동 공중으로 날면서 오다.

날아오면 ❖ 당콩밥에 가지냉국의 저녁을 먹고 나서/바가지꽃 하이얀 지붕에 박각시 주락시 붕붕 날아오면 **〈박각시 오는 저녁〉**

날어가다 동 날아가다. 공중으로 날아서 가다.

날어가고 ❖ 오리는 동비탈에 그림자를 떨어트리며 날어가고 나는 동말랭이에서 강아지처럼 아배를 부르며 울다가 **〈오리 망아지 토끼〉**

날어가누나 ❖ 어린 누이는 없고 저는 시집을 갔다건만/오리야 너는 한 쌍이 날어가누나 **〈오리〉**

날어나다 동 날아나다. ① 안에 있던 것이 날아서 밖으로 나가거나 나오다. ② 사방으로 날아서 흩어지다(《조선말대사전》).

〔아래 용례에서 '날어난다'는 2연의 '날아온다'와 대비되는 말로 배 위에 날아와 앉았던 갈매기가 날아가는 것을 가리키는 말이다. 이 시엔 갈매기가 배 안으로 날아오고, 쭝얼대고, 날아가는 일련의 과정이 나타나 있다.〕

날어난다 ❖ 갈매기 날어온다// 〔…〕 /갈매기 쭝얼댄다// 〔…〕 //갈매기 날어난다 **〈꼴두기—물닭의 소리〉**

날어들다 동 날아들다. 날아서 안으로 들다.

날어드는 ❖ 아카시아꽃의 향기가 가득하니 꿀벌들이 많이 날어드는 아츰/구신은

없고 부헝이가 담벽을 띠쫗고 죽었다 〈**정문촌**旌門村〉

날어오다[동] 날아오다. 공중으로 날면서 오다.

날어온다 ❖ 갈매기 날어온다//입으로 먹을 뿜는 건/멫십 년 도를 닦어 퓌는 조환가 〈**꼴두기—물닭의 소리**〉

날어와 ❖ 한 십리十里 더 가면 절간이 있을 듯한 마을이다 〔…〕 복사꽃 핀 집엔 아무도 없나보다 뷔인 집에 꿩이 날어와 다니나보다 〔…〕 〈**황일**黃日〉

낫대들다[동] 바로 들어가다. 대뜸 들어가다.

〔'낫대들다'는 '낫다('나아가다'의 고어)+대들다'의 형태를 지닌 결합어로 '대들듯이 나아가다', 즉, '바로 들어가다, 대뜸 들어가다'는 뜻으로 보인다. '낫대들다'의 '낫대'를 '낮때'로 보아 '낮때 들다', 곧 '낮에 들다'로 풀이하는 견해도 있다(이동석, 2006).〕

낫대들었다 ❖ 통영統營장 낫대들었다//갓 한 닢 쓰고 건시 한 접 사고 홍공단 단기 한 감 끊고 술 한 병 받어들고 〈**통영**統營**—남행시초**南行詩抄 **2**〉

넘다②[동] 경계를 건너 지나다.

넘어 ❖ 명정明井골은 산山을 넘어 동백冬柏나무 푸르른 감로甘露 같은 물이 솟는 명정明井샘이 있는 마을인데 〈**통영**統營**(남행시초**南行詩抄**)**〉 ❖ 육십리六十里라고 해서 파랗게 뵈이는 산山을 넘어 있다는 해변에서 과부가 된 코끝이 빨간 언제나 흰옷이 정하든 말끝에 설게 눈물을 짤 때가 많은 큰골 고무 고무의 딸 홍녀洪女 아들 홍洪동이 작은홍洪동이 〈**여우난골족**族〉

넘어서 ❖ 네날백이 따배기신을 맨발에 바꿔 신고/고개를 몇이라도 넘어서 약물터로 가는데/ 〔…〕 /고개를 몇이라도 넘어서 약물터로 오면/약물터엔 사람들이 백재일 치듯 하였는데 〈**칠월**七月 **백중**〉

넘어가다[동] 높은 부분의 위를 지나서 가다.

넘어가고 ❖ 벌에 우는 새소리도 듣고 싶고 거문고도 한 곡조 뜯고 싶고 한 오천五千말 남기고 함곡관函谷關도 넘어가고 싶고 〈**수박씨, 호박씨**〉

넘어가면 ❖ 황토 마루 수무나무에 얼럭궁덜럭궁 색동헝겊 뜯개조박 뵈짜배기 걸리고 오쟁이 끼애리 달리고 소삼은 엄신 같은 딥세기도 열린 국수당고개를 멫 번이고 튀튀 춤을 뱉고 넘어가면 골안에 아늑히 묵은 녕동이 무겁기도 할 집이 한 채 안기었는데 〈**넘언집 범 같은 노큰마니**〉

다니다[동] 이리저리 오고 가고 하다.

다니나보다 ❖ 한 십리十里 더 가면 절간이 있을 듯한 마을이다 〔…〕 뒤울안에 복사꽃

핀 집엔 아무도 없나보다 뷔인 집에 꿩이 날어와 다니나보다 〔…〕〈**황일**黃日〉

다니는 ❖ 아아 말 마라 내 발뒤축에는 오나가나 묻어 다니는 달걀구신/마을은 온데간데 구신이 돼서 나는 아무 데도 갈 수 없다 〈**마을은 맨천 구신이 돼서**〉

다닌다 ❖ 아배는 타관 가서 오지 않고 산山비탈 외따른 집에 엄매와 나와 단둘이서 누가 죽이는 듯이 무서운 밤 집 뒤로는 어늬 산山골짜기에서 소를 잡어먹는 노나리꾼들이 도적놈들같이 쿵쿵거리며 다닌다 〈**고야**古夜〉

단기다[동] 다니다. 어떤 목적을 가지고 움직이다.

〔'단기다'는 '다니다'의 고어인데, 그 형태가 방언으로 잔존해 백석 시에 쓰인 것이다.〕

단기려 ❖ 눈물의 또 별살의 나라에서 당신은/이 세상에 나들이를 온 것이다/쓸쓸한 나들이를 단기려 온 것이다 〈**허준**許俊〉

단니다[동] 다니다. 어떤 볼일이 있어 일정한 곳을 정하여 놓고 드나들다.

〔'단니다'는 '다니다'의 고어인데('다니다'의 고어로 '당기다'와 '단니다'가 쓰였다), 그 형태가 방언으로 잔존해 백석 시에 쓰인 것이다.〕

단녔고 ❖ 집에는 아배에 삼춘에 오마니에 오마니가 있어서 젖먹이를 마을 청능 그늘밑에 삿갓을 씌워 한종일내 뉘어두고 김을 매려 단녔고 〔…〕〈**넘언집 범 같은 노큰마니**〉

단닐 ❖ 또 내가 아는 그 몸이 성하고 돈도 있는 사람들이/즐거이 술을 먹으려 단닐 것과/내 손에는 신간서新刊書 하나도 없는 것과 〈**내가 생각하는 것은**〉

달아가다[동] 달려가다. 달음질하여 빨리 가다(《금성판국어대사전》, 《조선말대사전》).

〔'달아가다'는 《표준국어대사전》엔 나오지 않고, 《금성판국어대사전》에 '달려가다'의 방언으로, 《조선말대사전》엔 '달려가다'와 같은 뜻의 말로 등재되어 있다.〕

달아가는데 ❖ 나는 뛰쳐나와 얼른 고방으로 숨어버리면 고방에는 또 시렁에 데석님/나는 이번에는 굴통 모퉁이로 달아가는데 굴통에는 굴대장군 〈**마을은 맨천 구신이 돼서**〉

달아나다[동] 빨리 내달아 도망가다(《금성판국어대사전》).

달아나는데 ❖ 그러다는 백중물을 내는 소내기를 함빡 맞고/호주를하니 젖어서 달아나는데/이번에는 꿈에도 못 잊는 봉가집에 가는 것이다 〈**칠월**七月 **백중**〉

달아나버리다[동] 빨리 내달아 도망가 버리다.

〔'달아나버리다'는 '달아나다'에 보조동사 '버리다'가 결합된 합성동사이다. 사전엔 '달아나다'만 등재되어 있다.〕

달아나버리며 ❖ 내 손에 오르기라도 하라고 나는 손을 내어미나 분명히 울고불고할 이 작은 것은 나를 무서우이 달아나버리며 나를 서럽게 한다 **〈수라**修羅**〉**

달어나다[동] 달아나다. 빨리 내달아 도망가다(《금성판국어대사전》).

달어났다 ❖ 맞구멍 난 토끼굴을 아배와 내가 막어서면 언제나 토끼새끼는 내 다리 아래로 달어났다/나는 서글퍼서 서글퍼서 울상을 한다 **〈오리 망아지 토끼〉**

대여가다[동] 대가다. 정한 시간에 맞추어 목적지에 이르다.

〔'대여가다'는 '대다'와 '가다'가 결합된 합성동사인데, 합성 과정에서 '이' 모음과 '어' 모음이 첨가된 것이다. 모음 첨가는 백석의 시어에서 자주 나타나는 음운 현상이다.〕

대여가는 ❖ 행길에는 선장 대여가는 장꾼들의 종이등燈에 나귀눈이 빛났다/어데서 서러웁게 목탁木鐸을 뚜드리는 집이 있다 **〈미명계**未明界**〉**

돌다[동] ① 가까운 길을 두고 멀리 비켜 가다. ② 길을 끼고 방향을 바꾸다.

도는 ❖ 삼리三里밖 강江쟁변엔 자갯돌에서/비멀이한 옷을 부숭부숭 말려 입고 오는 길인데/산山모롱고지 하나 도는 동안에 옷은 또 함북 젖었다 **〈구장로**球場路**—서행시초**西行詩抄 **1〉**

돌아 ❖ 산을 돌아 거리로 나려간다는 말을 하는데/해바른 마당에는 꿀벌이 스무나문 통 있었다 **〈산곡**山谷**—함주시초**咸州詩抄**〉** ❖ 노왕老王은 팔짱을 끼고 이랑을 걸어/나는 뒤짐을 지고 고랑을 걸어/밭을 나와 밭뚝을 돌아 도랑을 건너 행길을 돌아/지붕에 바람벽에 울바주에 볕살 쇠리쇠리한 마을을 가르치며 **〈귀농**歸農**〉**

돌았다 ❖ 기왓골에 배암이 푸르스름히 빛난 달밤이 있었다/아이들은 쪽재피같이 먼 길을 돌았다 **〈정문촌**旌門村**〉**

돌아가다[동] 원래의 있던 곳으로 다시 가거나 다시 그 상태가 되다.

돌아갔다 ❖ 소와 말은 도로 산山으로 돌아갔다/염소만이 아직 된비가 오면 산山개울에 놓인 다리를 건너 인가人家 근처로 뛰여온다 **〈산지**山地**〉**

돌아다니다[동] 여기저기 여러 곳으로 다니다.

돌아다니는 ❖ 이 무서운 밤을 아래 웃방성 마을 돌아다니는 사람은 있어 개는 짖는다 **〈개〉**

돌아오다[동] 원래 있던 곳으로 다시 오거나 다시 그 상태가 되다.

돌아오지 ❖ 섶벌같이 나아간 지아비 기다려 십 년十年이 갔다/지아비는 돌아오지 않고/어린 딸은 도라지꽃이 좋아 돌무덤으로 갔다 **〈여승**女僧**〉**

돌아온 ❖ 어진 사람이 많은 나라에서는/오두미五斗米를 버리고 버드나무 아래로 돌

아온 사람도/그 넢차개에 수박씨 닦은 것은 호박씨 닦은 것은 있었을 것이다 **〈수박씨, 호박씨〉**

돌아왔다는 ❖ 지난 여름 도락구를 타고 장진長津땅에 가서 꿀을 치고 돌아왔다는 이 벌들을 바라보며 나는/날이 어서 추워져서 쑥국화꽃도 시들고 이 바즈런한 백성들도 다 제 집으로 들은 뒤에 이 골안으로 올 것을 생각하였다 **〈산곡山谷—함주시초咸州詩抄〉**

돌아왔으나 ❖ 이제는 참으로 이기지 못할 슬픔과 시름에 쫓겨/나는 나의 넷 한울로 땅으로—나의 태반胎盤으로 돌아왔으나 **〈북방北方에서—정현웅鄭玄雄에게〉**

둥구재벼오다[동] 두멍잡혀오다. '둥구'는 '두멍'(물을 많이 담아 두고 쓰는 큰 가마나 독)의 평북 방언. 시 〈연자간〉에서 '둥구재벼오고'는 두멍, 즉 물동이를 안은 것처럼 돼지가 잡혀서 들려 오고 있는 모습을 표현한 것으로 보인다.

둥구재벼오고 ❖ 개들은 게모이고 쌈지거리하고/놓여난 도야지 둥구재벼오고 **〈연자간〉**

뒤서다[동] 남의 뒤를 따르다.

뒤선 ❖ 구붓하고 모래톱을 오르면/당신이 앞선 것만 같구려/당신이 뒤선 것만 같구려 **〈바다〉**

드나들다[동] 어떤 곳에 많은 것들이 들어가고 나오고 하다.

드나드는 ❖ 물밑—이 세모래 닌함박은 콩조개만 일다/모래장변—바다가 널어놓고 못 미더워 드나드는 명주필을 짓궂이 발뒤축으로 찢으면/날과 씨는 모두 양금줄이 되어 짜랑짜랑 울었다 **〈물계리物界里—물닭의 소리〉**

들다⑧[동] 길을 택하여 가거나 오다.

든다 ❖ 양철통을 쩔렁거리며 달구지는 거리 끝에서 강원도江原道로 간다는 길로 든다 **〈성외城外〉**

들다⑫[동] 밖에서 속이나 안으로 향해 가거나 오거나 하다.

들어 ❖ 무슨 은殷이며 상商이며 월越이며 하는 나라 사람들의 후손들과 같이/한물통 안에 들어 목욕을 한다 **〈조당澡塘에서〉** ❖ 오리야 너이들의 이야기판에 나도 들어/밤을 같이 밝히고 싶고나 **〈오리〉**

들어가다①[동] 밖에서 안으로 향하여 가다.

들어가는 ❖ 오다 가수내 들어가는 주막 앞에/문둥이 품바타령 듣다가 **〈통영統營—남행시초南行詩抄 2〉**

들어가면 ❖ 이젠 배도 출출히 고팠는데/어서 그 옹기장사가 온다는 거리로 들어가면 무엇보다도 몬저 '주류판매업酒類販賣業'이라고 써붙인 집으로 들어가자 **〈구장**

로球場路**—서행시초**西行詩抄 1〉 ❖ 자 방안에는 성주님/나는 성주님이 무서워 토방으로 나오면 토방에는 디운구신/나는 무서워 부엌으로 들어가면 부엌에는 부뜨막에 조앙님 〈**마을은 맨천 구신이 돼서**〉

들어가자 ❖ 이젠 배도 출출히 고팠는데/어서 그 옹기장사가 온다는 거리로 들어가면 무엇보다도 몬저 '주류판매업酒類販賣業'이라고 써붙인 집으로 들어가자 〈**구장로**球場路**—서행시초**西行詩抄 1〉

들어갔다 ❖ 뜨락에 잡곡낟가리가 쌓여서/어니 세월에 뷔일 듯한 집은 뵈이지 않었다/나는 자꼬 골안으로 깊이 들어갔다 〈**산곡**山谷**—함주시초**咸州詩抄〉

들어오다[동] 일정한 지역이나 공간의 범위와 관련하여 그 밖에서 안으로 이동하다.

들어오는 ❖ 우리 엄매가 나를 가지는 때 이 노큰마니는 어늬 밤 크나큰 범이 한 마리 우리 선산으로 들어오는 꿈을 꾼 것을 우리 엄매가 서울서 시집을 온 것을 그리고 무엇보다도 내가 이 노큰마니의 당조카의 맏손자로 난 것을 다견하니 알뜰하니 기꺼이 녀기는 것이었다 〈**넘언집 범 같은 노큰마니**〉

들어와서 ❖ 이 산山골에 들어와서 이 목침木枕들에 새까마니 때를 올리고 간 사람들을 생각한다/그 사람들의 얼골과 생업生業과 마음들을 생각해본다 〈**산숙**山宿**—산중음**山中吟〉

따러가다[동] 따라가다. 다른 사람이나 동물의 뒤에서, 그가 가는 대로 가다.

따러가며 ❖ 한 십리十里 더 가면 절간이 있을 듯한 마을이다 〔…〕 울밖 늙은 들매나무에 튀튀새 한불 앉었다 흰구름 따러가며 딱장벌레 잡다가 연둣빛 닢새가 좋아 올라왔나보다 〔…〕 〈**황일**黃日〉

따러간다 ❖ 산山가마귀만 울며 날고/도적갠가 개 하나 어정어정 따러간다 〈**쓸쓸한 길**〉

따러나오다[동] 따라 나오다. (어떤 사람이나 동물이 다른 사람이나 동물을) 뒤에서 그대로 좇아서 나오다.

〔'따러나오다'는 '따르다'와 '나오다'가 결합된 합성동사이다.〕

따러나와 ❖ 오로촌이 멧돌을 잡어 나를 잔치해 보내든 것도/쏠론이 십리길을 따러나와 울든 것도 잊지 않었다 〈**북방**北方**에서—정현웅**鄭玄雄**에게**〉

따러오다[동] 따라오다. (사람이나 조직이 다른 사람의 뒤를 향하여) 좇아서 오다(《고려대한국어대사전》).

따러와서 ❖ 울파주 밖에는 장꾼들을 따러와서 엄지의 젖을 빠는 망아지도 있었다 〈**주막**酒幕〉

따르다[동] 다른 사람이나 동물의 뒤에서, 그가 가는 대로 같이 가다.

따라 ❖ 명절날 나는 엄매 아배 따라 우리집 개는 나를 따라 진할머니 진할아버지가 있는 큰집으로 가면 **〈여우난골족**族**〉** ❖ 산山나물 냄새 물씬물씬 나는데/나는 복장노루를 따라 뛰었다 **〈산**山**〉**

따러 ❖ 장날 아츰에 앞 행길로 엄지 따러 지나가는 망아지를 내라고 나는 조르면 **〈오리 망아지 토끼〉**

따르고 ❖ 노왕老王은 나귀를 타고 앞에 가고/나는 노새를 타고 뒤에 따르고 **〈귀농**歸農**〉**

따르는 ❖ 거적장사 하나 산山 뒷녚 비탈을 오른다/아— 따르는 사람도 없이 쓸쓸한 쓸쓸한 길이다 **〈쓸쓸한 길〉**

따르며 ❖ 토끼도 살이 오른다는 때 아르대 즘퍼리에서 제비꼬리 마타리 쇠조지 가지취 고비 고사리 두릅순 회순 산山나물을 하는 가즈랑집 할머니를 따르며/나는 벌써 달디단 물구지우림 둥굴네우림을 생각하고 **〈가즈랑집〉**

떠돌다[동] ① 정한 곳 없이 이곳저곳을 옮겨 다니다. ② 공중이나 물 위에 떠서 이리저리 움직이다.

떠도는 ❖ 첫녀름 이른 저녁을 해치우고 인간들이 모두 터앞에 나와서 물외포기에 당콩포기에 오줌을 주는 때 터앞에 밭마당에 샛길에 떠도는 오줌의 매캐한 재릿한 내음새 **〈동뇨부**童尿賦**〉** ❖ 한울은/공중에 떠도는 흰구름을 사랑한다 **〈《호박꽃 초롱》 서시**序詩**〉**

떠도는데 ❖ 이미 해는 늙고 달은 파리하고 바람은 미치고 보래구름만 혼자 넋 없이 떠도는데 **〈북방**北方**에서—정현웅**鄭玄雄**에게〉**

뛰다[동] 발을 몹시 재게 움직여 빨리 나아가다.

뛰었다 ❖ 그래도 그 쉬영꽃 진달래 빨가니 핀 꽃바위 너머/산山 잔등에는 가지취 뻐꾹채 게루기 고사리 산山나물판/산山나물 냄새 물씬물씬 나는데/나는 복장노루를 따라 뛰었다 **〈산**山**〉**

뛰어들다[동] (사람이 어디에) 재빨리 몸을 던져 들어가거나 들어오다(《고려대한국어대사전》).

뛰어들며 ❖ 또 여기 더운물에 뛰어들며/무슨 물새처럼 악악 소리를 지르는 삐삐 파리한 사람은/양자楊子라는 사람은 아모래도 이와 같었을 것만 같다 **〈조당**澡塘**에서〉**

뛰어오다[동] 달음박질로 빨리 오다.

뛰어오던 ❖ 고원선高原線 종점終點인 이 적은 정거장停車場엔/그렇게도 우쭐대며 달가불시며 뛰어오던 뽕뽕차車가/가이없이 쓸쓸하니도 우두머니 서 있다 **〈함남도안**

咸南道安〉

뛰여오다동 뛰어오다. 달음박질로 빨리 오다.

뛰여온다 ❖ 소와 말은 도로 산山으로 돌아갔다/염소만이 아직 된비가 오면 산山개울에 놓인 다리를 건너 인가人家 근처로 뛰여온다 **〈산지山地〉**

뛰쳐나오다동 힘 있게 밖으로 뛰어나오다.

뛰쳐나와 ❖ 나는 뛰쳐나와 얼른 고방으로 숨어버리면 고방에는 또 시렁에 데석님 **〈마을은 맨천 구신이 돼서〉**

멕이다동 먹이다. '나려 멕이고'는 내려 먹이고, 즉 '내려오고'란 뜻이고, '욱자지껄하며 멕이고'는 '욱자지껄하며 먹이고', 즉 '계속 욱자지껄하고'란 뜻이다. '먹이다'엔 '풀을 먹이다'의 용례에서처럼 '어떤 작용이 이루어지게 하다'란 뜻이 있다. 〔백석의 수필 〈무지개뻗치듯 만세교〉에 "長進산골 날여멕이 바람이 江물을 스쳐와 희이한 仙味가 구름우헤 떳구나하고"라는 대목이 나오는데, 여기서 '날여멕이'란 단어가 다시 한 번 구사되는 것을 알 수 있다. 이때의 '날여멕이' 역시 '내려오는'이란 뜻으로 사용된 것이다.〕

멕이고 ❖ 눈이 많이 와서/산엣새가 벌로 나려 멕이고/눈구덩이에 토끼가 더러 빠지기도 하면/마을에는 그 무슨 반가운 것이 오는가보다 **〈국수〉**

멕이기에 ❖ 아무리 밤이 좋은들 오리야/해변벌에선 얼마나 너이들이 욱자지껄하며 멕이기에/해변땅에 나들이 갔든 할머니는/오리새끼들은 장몽이나 하듯이 떠들썩하니 시끄럽기도 하드란 숭인가 **〈오리〉**

몰다①동 어떤 대상을 바라는 처지나 방향으로 움직여 가게 하다.

몰고 ❖ 어두워오는 성문城門 밖의 거리/도야지를 몰고 가는 사람이 있다 **〈성외城外〉**

물러가다동 차지하고 있던 곳이나 지위를 내어 놓고 떠나다.

물러가라 ❖ 어스름저녁 국수당 돌각담의 수무나무 가지에 녀귀의 탱을 걸고 나물매 갖추어놓고 비난수를 하는 젊은 새악시들/—잘 먹고 가라 서리서리 물러가라 네 소원 풀었으니 다시 침노 말아라 **〈오금덩이라는 곳〉**

삐쳐나다동 '삐지다'의 센 말. 세게 벗어나다.

〔'삐쳐나다'는 '삐지다'의 센말인 '삐치다'에 '나다'가 결합된 말이다. '삐지다'는 '삐어지다'의 준말로서 '겉 또는 밖으로 밀려 나오다', '다른 방향으로 벗어져 나가다'는 뜻이다(《고려대한국어대사전》). '-나다'는 동작의 진행을 힘주어 말함을 나타내는 말로서 주로 북쪽 지역에서 쓰는 어법이다. 따라서 '삐쳐나다'는 '세게 삐어지는 동작을 힘주어 말하는 것을 나타낸 말'이라고 할 수 있다.〕

삐쳐나 ❖ 나는 겨우 대문을 삐쳐나 바깥으로 나와서/밭 마당귀 연자간 앞을 지나 가는데 연자간에는 또 연자망구신 **〈마을은 맨천 구신이 돼서〉**

설레다[동] 가만히 있지 못하고 이리저리 자꾸 움직이다.

설레다가였다 ❖ 찰복숭아를 먹다가 씨를 삼키고는 죽는 것만 같어 하로종일 놀지도 못하고 밥도 안 먹은 것도/가즈랑집에 마을을 가서/당세 먹은 강아지같이 좋아라고 집오래를 설레다가였다 **〈가즈랑집〉**

설렌다 ❖ 뚜물같이 흐린 날 동풍東風이 설렌다 **〈쓸쓸한 길〉**

싸단니다[동] 싸다니다. 여기저기를 채신없이 분주히 돌아다니다. ☞ 단니다 581

싸단니고 ❖ 밝은 봄철날 따디기의 누굿하니 푹석한 밤이다/거리에는 사람두 많이 나서 흥성흥성할 것이다/어쩐지 이 사람들과 친하니 싸단니고 싶은 밤이다 **〈내가 생각하는 것은〉**

앞서다[동] 앞에 서다.

앞선 ❖ 구붓하고 모래톱을 오르면/당신이 앞선 것만 같구려/당신이 뒤선 것만 같구려 **〈바다〉**

오다①[동] ① 어떤 사람이 말하는 사람 혹은 기준이 되는 사람이 있는 쪽으로 움직여 위치를 옮기다. ② 어떤 목적 혹은 어떤 일을 하기 위하여 말하는 이가 있는 곳으로 위치를 옮기다. ③ 가고자 하는 곳에 이르다.

오고 ❖ 더꺼머리총각은 정든 님 업고 오고 싶을 길이다 **〈창원도昌原道—남행시초南行詩抄 1〉** ❖ 오늘 저녁 이 좁다란 방의 흰 바람벽에/어쩐지 쓸쓸한 것만이 오고 간다 **〈흰 바람벽이 있어〉**

오나라 ❖ —매지야 오나라/—매지야 오나라 **〈오리 망아지 토끼〉**

오는 ❖ 산山 너머 십오리十五里서 나무뒝치 차고 싸리신 신고 산山비에 촉촉이 젖어서 약藥물을 받으러 오는 산山아이도 있다 **〈산지山地〉** ❖ 산山 너머 십오리十五里서 나무뒝치 차고 싸리신 신고 산山비에 촉촉이 젖어서 약藥물을 받으려 오는 두멧아이들도 있다 **〈삼방三防〉** ❖ 구마산舊馬山의 선창에선 좋아하는 사람이 울며 나리는 배에 올라서 오는 물길이 반날/갓 나는 고당은 갓갓기도 하다 **〈통영統營(남행시초南行詩抄)〉** ❖ 시 제목 **〈박각시 오는 저녁〉** ❖ 삼리三里밖 강江쟁변엔 자갯돌에서/비멀이한 옷을 부숭부숭 말려 입고 오는 길인데/산山모롱고지 하나 도는 동안에 옷은 또 함북 젖었다// 〔…〕 /어니메 강江물 속에 들여다뵈이든 쏘가리가 한자나 되게 크든 것을 생각하며/산山비에 젖었다는 말렀다 하며 오는 길이다 **〈구장로球場路—서행시초西行詩抄 1〉** ❖ 한 해에 몇 번 매연 지난 먼 조상들의 최방등 제사에는 〔…〕 먼 후손들의 공경스러운 절과 잔을 굽어보고 또 애끊는 통곡과 축을 귀에 하고 그리고 합문 뒤에는 흠향 오는 구신들과 호호히 접하는 것 **〈목구**木具**〉** ❖ 마을을 구수한 즐거움에 싸서 은근하니 홍성홍성 들뜨게 하며/이것은 오는 것이다/ 〔…〕 /하로밤 뽀오햔 흰 김 속에 접시귀 소기름불이 뿌우현 부엌에/산멍에 같은 분틀을 타고 오는 것이다/ 〔…〕 /지붕에 마당에 우물든덩에 함박눈이 푹푹 쌓이는 여늬 하로밤/아배 앞에 그 어린 아들 앞에 아배 앞에는 왕사발에 아들 앞에는 새끼사발에 그득히 사리워 오는 것이다/이것은 그 곰의 잔등에 업혀서 길여났다는 먼 녯적 큰마니가/또 그 짚등색이에 서서 자채기를 하면 산 넘엣 마을까지 들렸다는/먼 녯적 큰아바지가 오는 것같이 오는 것이다 **〈국수〉**

오는가보다 ❖ 눈이 많이 와서/산엣새가 벌로 나려 멕이고/눈구덩이에 토끼가 더러 빠지기도 하면/마을에는 그 무슨 반가운 것이 오는가보다 **〈국수〉**

오다 ❖ 태고太古에 나서/선인도仙人圖가 꿈이다/고산정토高山淨土에 산약山藥 캐다 오다 **〈석류**石榴**〉** ❖ 화륜선 만져보려 선창 갔다//오다 가수내 들어가는 주막 앞에/문둥이 품바타령 듣다가 **〈통영**統營**—남행시초**南行詩抄 **2〉**

오면 ❖ 이른 봄철 산 너머 먼 데 해변에서 가무래기 오면/흰가무래기 검가무래기 가무래기 사서 하리불에 구워 먹잔 말이로구나/ 〔…〕 /구시월 황하두서 황하당세 오면/막대침에 가는 세침 바눌이며 취열옥색 꼭두손이 연분홍 물감도 사잔 말이로구나 **〈머리카락〉** ❖ 고개를 몇이라도 넘어서 약물터로 오면/약물터엔 사람들이 백재일 치듯 하였는데 **〈칠월**七月 **백중〉** ❖ 오이밭에 벌배채 통이 지는 때는/산에 오면 산 소리/벌로 오면 벌 소리//산에 오면/큰솔밭에 뻐꾸기 소리/잔솔밭에 덜거기 소리//벌로 오면/논두렁에 물닭의 소리/갈밭에 갈새 소리//산으로 오면 산이 들썩 산 소리 속에 나 홀로/벌로 오면 벌이 들썩 벌 소리 속에 나 홀로//정주定州 동림東林 구십九十여 리里 긴긴 하로 길에/산에 오면 산 소리 벌에 오면 벌 소리/적막강산에 나는 있노라 **〈적막강산〉**

오신 ❖ 긴 토시 끼고 큰머리 얹고 오불고불 넘엣거리로 가는 여인女人은 평안도平安道서 오신 듯한데 동백冬柏꽃 피는 철이 그 언제요 **〈통영**統營**(남행시초**南行詩抄**)〉** ❖ 해바라기하기 좋을 볏곡간 마당에/볏짚같이 누우란 사람들이 둘러서서/어늬 눈 오신 날 눈을 츠고 생긴 듯한 말다툼 소리도 누우라니 **〈삼천포**三千浦**—남행시초**南行詩抄 **4〉**

오지 ❖ 아배는 타관 가서 오지 않고 산山비탈 외따른 집에 엄매와 나와 단둘이서 누가 죽이는 듯이 무서운 밤 집 뒤로는 어늬 산山골짜기에서 소를 잡어먹는 노나리

꾼들이 도적놈들같이 쿵쿵거리며 다닌다 **〈고야**古夜**〉**

온 ❖ 우리 엄매가 나를 가지는 때 이 노큰마니는 〔…〕 우리 엄매가 서울서 시집을 온 것을 그리고 무엇보다도 내가 이 노큰마니의 당조카의 맏손자로 난 것을 다견하니 알뜰하니 기꺼이 녀기는 것이었다 **〈넘언집 범 같은 노큰마니〉** ❖ 그 맑고 거룩한 눈물의 나라에서 온 사람이여/그 따사하고 살틀한 볕살의 나라에서 온 사람이여//눈물의 또 볕살의 나라에서 당신은/이 세상에 나들이를 온 것이다/쓸쓸한 나들이를 단기려 온 것이다// 〔…〕 //그 멀은 눈물의 또 볕살의 나라에서/이 세상에 나들이를 온 사람이여/이 목이 긴 시인詩人이 또 게사니처럼 떠곤다고/당신은 쓸쓸히 웃으며 바독판을 당기는구려 **〈허준**許俊**〉** ❖ 촌에서 온 아이여/촌에서 어젯밤에 승합자동차乘合自動車를 타고 온 아이여 **〈촌에서 온 아이〉** ❖ 봉가집에서 온 사람들도 만나 반가워하고/깨죽이며 문주며 섭가락 앞에 송구떡을 사서 권하거니 먹거니 하고 **〈칠월**七月 **백중〉**

온다는 ❖ 이젠 배도 출출히 고팠는데/어서 그 옹기장사가 온다는 거리로 들어가면 무엇보다도 몬저 '주류판매업酒類販賣業'이라고 써붙인 집으로 들어가자 **〈구장로**球場路**—서행시초**西行詩抄 **1〉**

올 ❖ 날이 어서 추워져서 쑥국화꽃도 시들고 이 바즈런한 백성들도 다 제 집으로 들은 뒤에 이 골안으로 올 것을 생각하였다 **〈산곡**山谷**—함주시초**咸州詩抄**〉** ❖ 눈은 푹푹 나리고/나는 나타샤를 생각하고/나타샤가 아니 올 리 없다 **〈나와 나타샤와 흰 당나귀〉** ❖ 헐리다 남은 성문城門이/한울빛같이 훤하다/날이 밝으면 또 메기수염의 늙은이가 청배를 팔러 올 것이다 **〈정주성**定州城**〉**

와 ❖ 언제 벌써 내 속에 고조곤히 와 이야기한다/산골로 가는 것은 세상한테 지는 것이 아니다/세상 같은 건 더러워 버리는 것이다 **〈나와 나타샤와 흰 당나귀〉**

와서 ❖ 또 이러한 밤 같은 때 시집갈 처녀 막내고무가 고개 너머 큰집으로 치장감을 가지고 와서 엄매와 둘이 소기름에 쌍심지의 불을 밝히고 밤이 들도록 바느질을 하는 밤 같은 때 〔…〕 //내일같이 명절날인 밤은 부엌에 쩨듯하니 불이 밝고 솥뚜껑이 놀으며 구수한 내음새 곰국이 무르끓고 방안에서는 일가집 할머니가 와서 마을의 소문을 펴며 조개송편에 달송편에 죈두기송편에 떡을 빚는 곁에서 〔…〕 **〈고야**古夜**〉** ❖ 이렇게 해서 아린 가슴이 싹기도 전이다/어데서 좁쌀알만한 알에서 가제 깨인 듯한 발이 채 서지도 못한 무척 적은 새끼거미가 이번엔 큰거미 없어진 곳으로 와서 아물거린다 **〈수라**修羅**〉** ❖ 어진 사람이 많은 나라에 와서/어진 사람의 즛을 어진 사람의 마음을 배워서/수박씨 닦은 것을 호박씨 닦은 것을 입으로 앞니빨로 밝는다 **〈수박씨, 호박씨〉** ❖ 까막까치나 두더쥐 돌벌기가 와서 먹으면 먹는 대로 두어두고/도적이 조금 걷어가도 걷어가는 대로 두어두고 **〈귀농歸農〉** ❖ 나는 시방 넷날 진晉이라는 나라나 위衛라는 나라에 와서/내가 좋아하는 사람들을 만나는 것만 같다 **〈조당澡塘에서〉** ❖ 촌에서 와서 오늘 아츰 무엇이 분해서 우는 아이여/너는 분명히 하늘이 사랑하는 시인詩人이나 농사꾼이 될 것이로다 **〈촌에서 온 아이〉**

왔다 ❖ 가무락조개 난 뒷간거리에/빚을 얻으려 나는 왔다 **〈가무래기의 낙樂〉** ❖ 어니젠가 새끼거미 쓸려나간 곳에 큰거미가 왔다/나는 가슴이 짜릿한다/ **〈수라修羅〉** ❖ 장진長津땅이 지붕 넘에 넘석하는 거리다/자구나무 같은 것도 있다/기장감주에 기장차떡이 흔한데다/이 거리에 산골사람이 노루새끼를 다리고 왔다 **〈노루—함주시초咸州詩抄〉**

왔드니 ❖ 바닷가에 왔드니/바다와 같이 당신이 생각만 나는구려/바다와 같이 당신을 사랑하고만 싶구려 **〈바다〉**

왔었다는 ❖ 간밤엔 섬돌 아래 승냥이가 왔었다는 이야기/어느메 산山골에선간 곰이 아이를 본다는 이야기 **〈가즈랑집〉**

오르나리다[동] 오르내리다. 올라갔다 내려갔다 하다.

오르나리는 ❖ 이 적고 가부엽고 갤족한 희고 까만 씨가/조용하니 또 도고하니 손에서 입으로 입에서 손으로 오르나리는 때 **〈수박씨, 호박씨〉**

오르다①[동] 사람이나 동물 따위가 아래에서 위쪽으로 움직여 가다.

오르고 ❖ 졸레졸레 도야지새끼들이 간다/귀밑이 재릿재릿하니 볕이 담복 따사로운 거리다//잿더미에 까치 오르고 아이 오르고 아지랑이 오르고 **〈삼천포三千浦—남행시초南行詩抄 4〉**

오르기라도 ❖ 내 손에 오르기라도 하라고 나는 손을 내어미나 분명히 울고불고할 이 작은 것은 나를 무서우이 달아나버리며 나를 서럽게 한다 **〈수라修羅〉**

오르면 ❖ 구붓하고 모래톱을 오르면/당신이 앞선 것만 같구려/당신이 뒤선 것만 같구려 **〈바다〉**

오른 ❖ 박을 삶는 집/할아버지와 손자가 오른 지붕 우에 한울빛이 진초록이다/우물의 물이 쓸 것만 같다 **〈여우난골〉**

오른다 ❖ 거적장사 하나 산山 뒷녚 비탈을 오른다/아— 따르는 사람도 없이 쓸쓸한 쓸쓸한 길이다 **〈쓸쓸한 길〉** ❖ 이 부뚜막에 놓인 사닥다리로 자박수염 난 공양주는 성궁미를 지고 오른다 **〈고사古寺—함주시초咸州詩抄〉**

오른다는 ❖ 머리 빗기가 싫다면/니가 들구 나서/머리채를 끄을구 오른다는/산山이 있었다 **〈산山〉**

올라 ❖ 집은 안팎 문을 횅하니 열젖기고/인간들은 모두 뒷등성으로 올라 멍석자리를 하고 바람을 쐬이는데 **〈박각시 오는 저녁〉**

올랐다 ❖ 우물가에서 까치가 자꼬 즞거니 하면/붉은 수탉이 높이 샛더미 우로 올랐다 **〈창의문외彰義門外〉**

올라가다 동 낮은 곳에서 높은 곳으로 또는 아래에서 위로 가다.

올라간다 ❖ 순례巡禮중이 산山을 올라간다/어젯밤은 이 산山 절에 재齋가 들었다 **〈추일산조秋日山朝〉**

올라갔다 ❖ 가펴러운 언덕길을/숨이 차서 올라갔다/나는 한종일 서러웠다 **〈절망絶望〉**

올라오다 동 낮은 곳에서 높은 곳으로 오다.

올라오도록 ❖ 밤이 깊어가는 집안엔 〔…〕 그래서는 문창에 텡납새의 그림자가 치는 아츰 시누이 동세들이 욱적하니 흥성거리는 부엌으론 샛문틈으로 장지문틈으로 무이징게국을 끓이는 맛있는 내음새가 올라오도록 잔다 **〈여우난골족族〉**

올라왔나보다 ❖ 한 십리十里 더 가면 절간이 있을 듯한 마을이다 〔…〕 울밖 늙은 들매나무에 튀튀새 한불 앉었다 흰구름 따러가며 딱장벌레 잡다가 연둣빛 닢새가 좋아 올라왔나보다 〔…〕 **〈황일黃日〉**

올리다① 동 '오르다'(사람이나 동물 따위가 아래에서 위쪽으로 움직여 가다)의 사동사.

올려서 ❖ 나는 너를 껴안어 올려서 네 머리를 쓰다듬고 힘껏 네 적은 손을 쥐고 흔들고 싶다 **〈촌에서 온 아이〉**

지나가다① 동 ① 어디를 거치거나 통과하여 가다. ② 어떤 사람이나 사물과 같은 대상물의 주위를 지나쳐 가다.

지나가는 ❖ 장날 아츰에 앞 행길로 엄지 따러 지나가는 망아지를 내라고 나는 조르면/아배는 행길을 향해서 크다란 소리로/―매지야 오나라/―매지야 오나라 **〈오리 망아지 토끼〉** ❖ 밤에는 먼 개소리에 놀라나고/아츰에는 지나가는 사람마다에게 절을 하면서도/나는 나의 부끄러움을 알지 못했다 **〈북방北方에서―정현웅鄭玄雄에게〉**

지나가는데 ❖ 나는 겨우 대문을 삐쳐나 바깥으로 나와서/밭 마당귀 연자간 앞을 지나가는데 연자간에는 또 연자망구신 **〈마을은 맨천 구신이 돼서〉**

지나가며 ❖ 금귤이 눌한 마을마을을 지나가며/싱싱한 금귤을 먹는 것은 얼마나 즐거운 일인가 **〈이두국주가도伊豆國湊街道〉**

지나가야 ❖ 칠성七星고기라는 고기의 쩜벙쩜벙 뛰노는 소리가/쨋쨋하니 들려오는 호수湖水까지는/들쭉이 한불 새까마니 익어가는 망연한 벌판을 지나가야 한다 **〈함남도안咸南道安〉**

지나간 ❖ 내가 이렇게 외면하고 거리를 걸어가는 것은 잠풍 날씨가 너무나 좋은 탓이고/가난한 동무가 새 구두를 신고 지나간 탓이고 언제나 꼭같은 넥타이를 매고 고운 사람을 사랑하는 탓이다 **〈내가 이렇게 외면하고〉**

지나간다 ❖ 흙꽃 니는 이른 봄의 무연한 벌을/경편철도輕便鐵道가 노새의 맘을 먹고 지나간다 **〈광원曠原〉** ❖ 열니레 달이 올라서/나룻배 타고 판데목 지나간다 간다 **〈통영統營—남행시초南行詩抄 2〉** ❖ 거리는 장날이다/장날 거리에 녕감들이 지나간다 **〈석양夕陽〉** ❖ 이 흰 바람벽엔/내 쓸쓸한 얼골을 쳐다보며/이러한 글자들이 지나간다/〔…〕/그리고 이번에는 나를 위로하는 듯이 나를 울력하는 듯이/눈질을 하며 주먹질을 하며 이런 글자들이 지나간다 **〈흰 바람벽이 있어〉**

지나다⑤ 동 어디를 거치어 가거나 오거나 하다.

지나서 ❖ 이것은 아득한 넷날 한가하고 즐겁든 세월로부터/실 같은 봄비 속을 타는 듯한 녀름볕 속을 지나서 들쿠레한 구시월 갈바람 속을 지나서/대대로 나며 죽으며 죽으며 나며 하는 이 마을 사람들의 으젓한 마음을 지나서 텁텁한 꿈을 지나서 **〈국수〉**

지날 ❖ 눈물의 또 볕살의 나라 사람이여/당신이 그 긴 허리를 굽히고 뒤짐을 지고 지치운 다리로/싸움과 흥정으로 왁자지껄하는 거리를 지날 때든가 **〈허준許俊〉**

지나오다 동 어디를 거치거나 가로질러 오다.

지나온 ❖ 이 추운 세상의 한구석에/맑고 가난한 친구가 하나 있어서/내가 이렇게 추운 거리를 지나온 걸/얼마나 기뻐하며 락단하고 **〈가무래기의 낙樂〉**

찾어가다 동 찾아가다. 어떤 사람을 만나거나 다른 볼일을 보러 그와 관련된 곳으로 가다.

찾어가서 ❖ 먼 타관에 난 그 두보杜甫나 이백李白 같은 이 나라의 시인詩人도/이날은 그 어늬 한고향 사람의 주막이나 반관飯館을 찾어가서/그 조상들이 대대로 하든 본대로 원소元宵라는 떡을 입에 대며 **〈두보杜甫나 이백李白같이〉**

찾어뵈다 동 찾아뵈다. 웃어른을 만나러 가서 보다.

찾어뵈려 ❖ 마을 끝 충왕묘蟲王廟에 충왕蟲王을 찾어뵈려 가는 길이다/토신묘土神廟에 토신土神도 찾어뵈려 가는 길이다 **〈귀농歸農〉**

타다③ 동 도로, 줄, 산, 나무, 바위 따위를 밟고 오르거나 그것을 따라 지나가다.

탄 ❖ 산山마루를 탄 사람들은 새꾼들인가/파란 한울에 떨어질 것같이/웃음소리가 더러 산山 밑까지 들린다 〈**추일산조**秋日山朝〉

헤매이다①동 갈 바를 몰라 이리저리 돌아다니다.

〔'헤매이다'는 '헤매다'에 '이' 모음이 첨가된 형태의 시어이다. '이' 모음 첨가는 백석의 시어에서 자주 나타나는 음운 현상인데, 《조선말대사전》에 '헤매이다'와 '헤매다'가 같은 말로 모두 등재되어 있어, '헤매이다'가 북쪽 지역에서 널리 쓰이는 말임을 알 수 있다.〕

헤매이었다 ❖ 어느 사이에 나는 아내도 없고, 또,/아내와 같이 살던 집도 없어지고,/그리고 살뜰한 부모며 동생들과도 멀리 떨어져서,/그 어느 바람 세인 쓸쓸한 거리 끝에 헤매이었다. 〈**남신의주 유동 박시봉방**南新義州柳洞朴時逢方〉

16 만남, 이별

내다①동 ('내임', '냄'과 함께 쓰여) 배웅하다. ☞ 내임 54

〔《조선말대사전》에 '냄(을) 내다'가 '배웅하다'의 뜻으로 등재되어 있다.〕

낸다 ❖ 쌔하얗게 얼은 자동차自動車 유리창 밖에/내지인內地人 주재소장駐在所長 같은 어른과 어린아이 둘이 내임을 낸다 〈**팔원**八院**—서행시초**西行詩抄 **3**〉

떠나다동 있던 곳에서 다른 곳으로 옮기다.

떠나 ❖ 나는 그때/아모 이기지 못할 슬픔도 시름도 없이/다만 게을리 먼 앞대로 떠나 나왔다 〈**북방**北方**에서—정현웅**鄭玄雄**에게**〉

떠났다 ❖ 아득한 녯날에 나는 떠났다/부여扶餘를 숙신肅愼을 발해勃海를 여진女眞을 요遼를 금金을/흥안령興安嶺을 음산陰山을 아무우르를 숭가리를/범과 사슴과 너구리를 배반하고/송어와 메기와 개구리를 속이고 나는 떠났다 〈**북방**北方**에서—정현웅**鄭玄雄**에게**〉

떨어지다②동 관계가 끊어지거나 헤어지다.

떨어져서 ❖ 어느 사이에 나는 아내도 없고, 또,/아내와 같이 살던 집도 없어지고,/그리고 살뜰한 부모며 동생들과도 멀리 떨어져서,/그 어느 바람 세인 쓸쓸한 거리 끝에 헤매이었다. 〈**남신의주 유동 박시봉방**南新義州柳洞朴時逢方〉

만나다동 누군가 가거나 와서 둘이 서로 마주 보다.

만나 ❖ 약물터엔 사람들이 백재일 치듯 하였는데/봉가집에서 온 사람들도 만나 반

가워하고/깨죽이며 문주며 섭가락 앞에 송구떡을 사서 권하거니 먹거니 하고 **〈칠월**七月 **백중〉**

만나기나 ❖ 나는 이 작은 것을 고이 보드러운 종이에 받어 또 문밖으로 버리며/이것의 엄마와 누나나 형이 가까이 이것의 걱정을 하며 있다가 쉬이 만나기나 했으면 좋으련만 하고 슬퍼한다 **〈수라**修羅**〉**

만나는 ❖ 나는 시방 넷날 진晉이라는 나라나 위衛라는 나라에 와서/내가 좋아하는 사람들을 만나는 것만 같다 **〈조당**澡塘**에서〉**

만난 ❖ 나는 어니 외진 산山길에서 만난 새악시가 곱기도 하든 것과/어니메 강江물 속에 들여다뵈이든 쏘가리가 한 자나 되게 크든 것을 생각하며 **〈구장로**球場路**—서행시초**西行詩抄 **1〉**

만났다 ❖ 미역오리같이 말라서 굴껍지처럼 말없이 사랑하다 죽는다는/이 천희千姬의 하나를 나는 어늬 오랜 객줏客主집의 생선 가시가 있는 마루방에서 만났다 **〈통영**統營**〉**

뵈이다② 동 뵈다. (웃사람을) 만나보다(《조선말대사전》).

〔'뵈이다'는 '뵈다'에 '이' 모음이 첨가된 형태의 시어이다. '이' 모음 첨가는 백석의 시어에서 자주 나타나는 음운 현상이다.〕

뵈이었다 ❖ 나는 북관北關에 혼자 앓어 누워서/어늬 아츰 의원醫員을 뵈이었다 **〈고향**故鄕**〉**

17 사귐

낯설다 형 전에 본 기억이 없어 익숙하지 아니하다.

낯설은 ❖ 사랑하는 어린것에게 엿 한 가락을 아끼고 위하는 안해에겐 해진 옷을 입히면서도/마음이 가난한 낯설은 사람에게 수백 냥 돈을 거저 주는 그 인정을 그리고 또 그 말을 **〈허준**許俊**〉**

동무하다 동 친하게 어울려 지내다.

동무하고 ❖ 우리들은 맑은 물밑 해정한 모래톱에서 하구 긴 날을 모래알만 헤이며 잔뼈가 굵은 탓이다/〔…〕/외따른 산골에서 소리개 소리 배우며 다람쥐 동무하고 자라난 탓이다 **〈선우사**膳友辭**—함주시초**咸州詩抄**〉**

스스로웁다 형 스스럽다. ① 서로 사귀는 정분이 두텁지 않아 조심스럽다. ② 수

줍고 부끄러운 느낌이 있다.

〔'스스로웁다'는 '스스롭다'에 '우' 모음이 첨가된 형태의 시어이다. 용언에 접사 '우'가 첨가되면 사동의 의미로 전환되지만 백석의 시어에선 그러한 의미 전환 없이 '우'가 첨가되는 현상이 나타난다.〕

스스로웁게 ❖ 어린아이들치고는 너무나 큰 소리로 너무나 튀겁 많은 소리로 울어대는데/너만은 타고난 그 외마디소리로 스스로웁게 삼가면서 우는구나 **〈촌에서 온 아이〉**

알다② 동 다른 사람과 사귐이 있거나 안면이 있다.

아느냐 ❖ 그러면 아무개씨氏 고향故鄕이란다/그러면 아무개씰氏 아느냐 한즉/의원醫員은 빙긋이 웃음을 띠고/막역지간莫逆之間이라며 수염을 쓴다 **〈고향故鄕〉**

아는 ❖ 가까운 논배미들에서/까알까알 하는 너이들의 즐거운 말소리가 나면/나는 내 마을 그 아는 사람들의 지껄지껄하는 말소리같이 반가웁고나 **〈오리〉** ❖ 또 내가 아는 그 몸이 성하고 돈도 있는 사람들이/즐거이 술을 먹으려 단닐 것과 **〈내가 생각하는 것은〉**

외면하다 동 마주치기를 꺼리어 피하거나 얼굴을 돌리다.

외면하고 ❖ 한 말 밥을 한다는 크나큰 솥이/외면하고 가부틀고 앉어서 염주도 세일만하다 **〈고사古寺—함주시초咸州詩抄〉** ❖ 내가 이렇게 외면하고 거리를 걸어가는 것은 잠풍 날씨가 너무나 좋은 탓이고/가난한 동무가 새 구두를 신고 지나간 탓이고 언제나 꼭같은 넥타이를 매고 고운 사람을 사랑하는 탓이다//내가 이렇게 외면하고 거리를 걸어가는 것은 또 내 많지 못한 월급이 얼마나 고마운 탓이고 **〈내가 이렇게 외면하고〉**

지나다① 동 지내다. 서로 사귀어 오다.

지나는 ❖ 가즈랑집은 고개 밑의/산山 너머 마을서 도야지를 잃는 밤 즘생을 쫓는 깽제미 소리가 무서웁게 들려오는 집/닭 개 즘생을 못 놓는/멧도야지와 이웃사춘을 지나는 집 **〈가즈랑집〉**

18 모임, 몰림, 섞임

게모이다 동 침이나 코를 흘리며 지저분한 모습으로 모이다.

〔'게게'라는 부사가 "코나 침 따위를 보기 흉하게 흘리거나 지저분하게 묻힌 모양"

이라는 뜻을 지니고 있으며, 《조선말대사전》에 '게바르다'라는 말이 "지저분하게 바르다"라는 뜻으로 등재되어 있다. '게모이다'는 이와 유사한 형태의 단어로 지저분한 모습으로 모여드는 것을 나타낸 말로 짐작된다.〕

게모이고 ❖ 개들은 게모이고 쌈지거리하고/놓여난 도야지 둥구재벼오고 **〈연자간〉**

모이다[동] '모으다'(여럿을 한 곳으로 오게 하거나 한 단체에 들게 하다)의 피동사(《금성판국어대사전》).

모여 ❖ 오늘 고향의 내 집에 있는다면/새 옷을 입고 새 신도 신고 떡과 고기도 억병 먹고/일가친척들과 서로 모여 즐거이 웃음으로 지날 것이연만/나는 오늘 때묻은 입든 옷에 마른물고기 한 토막으로/혼자 외로이 앉어 이것저것 쓸쓸한 생각을 하는 것이다 **〈두보杜甫나 이백李白같이〉**

모여서 ❖ 이 그득히들 할머니 할아버지가 있는 안간에들 모여서 방안에서는 새옷의 내음새가 나고 **〈여우난골족族〉**

모여서는 ❖ 내가 언제나 무서운 외갓집은/초저녁이면 안팎마당이 그득하니 하이얀 나비수염을 물은 보득지근한 복쪽재비들이 씨굴씨굴 모여서는 짱짱 짱짱 쇳스럽게 울어대고 **〈외갓집〉**

모이면 ❖ 손자아이들이 파리떼같이 모이면 곰의 발 같은 손을 언제나 내어둘렀다 **〈고방〉**

북적하다[동] 한곳에 많은 사람이 모여 매우 수선스럽게 들끓다.

북적하니 ❖ 저녁술을 놓은 아이들은 외양간 섶 밭마당에 달린 배나무동산에서 쥐잡이를 하고 숨굴막질을 하고 꼬리잡이를 하고 가마 타고 시집가는 놀음 말 타고 장가가는 놀음을 하고 이렇게 밤이 어둡도록 북적하니 논다 **〈여우난골족族〉**

씨굴씨굴[부] 씨글씨글. 사람이나 짐승이 많이 모여 우글우글하는 모양을 나타내는 말(《조선말대사전》).

❖ 내가 언제나 무서운 외갓집은/초저녁이면 안팎마당이 그득하니 하이얀 나비수염을 물은 보득지근한 복쪽재비들이 씨굴씨굴 모여서는 짱짱 짱짱 쇳스럽게 울어대고 **〈외갓집〉**

어우러지다[동] 여럿이 조화되어 한 덩어리나 한판을 크게 이루게 되다.

어우러진 ❖ 달빛은 이향異鄕/눈은 정기 속에 어우러진 싸움 **〈석류石榴〉**

오구작작[부] 한곳에 오구구 모여서 떠들거나 붐비는 모양을 나타내는 말(《조선말대사전》).

〔《표준국어대사전》엔 '오구작작'이 "어린아이들이 한곳에 모여 떠드는 모양"으로

풀이되어 있는데, 《조선말대사전》엔 "한 곳에 오구구 모여서 떠들거나 붐비는 모양을 나타내는 말"로 풀이되어 있다. 그리고 '오구구'는 "잘거나 작은 것들이 한 곳에 많이 모여 있거나 모여 덤비는 모양을 나타내는 말"로 풀이되어 있다.〕

❖ 명정明井골은 산山을 넘어 동백冬柏나무 푸르른 감로甘露 같은 물이 솟는 명정明井샘이 있는 마을인데/샘터엔 오구작작 물을 긷는 처녀며 새악시들 가운데 내가 좋아하는 그이가 있을 것만 같고 〈**통영**統營(**남행시초**南行詩抄)〉

우울거리다동 우글거리다. 벌레나 짐승, 사람 따위가 한곳에 빽빽하게 많이 모여 자꾸 움직이다.

〔'우울거리다'는 '우글거리다'에서 발음 변이를 거친 말로 짐작된다. 또 '우우거리다'라는 말에서 온 말로 추정할 수도 있다. '우우'는 여럿이 한꺼번에 한곳으로 달려드는 모양을 나타내는 말인데, 이 부사가 발음 변이를 거쳐 '우울거리다'라는 동사가 만들어진 것으로 볼 수도 있다.〕

우울거리고 ❖ 노왕老王은 집에 말과 나귀며 오리에 닭도 우울거리고/고방엔 그득히 감자에 콩곡석도 들여 쌓이고 〈**귀농**歸農〉

욱실욱실하다동 '욱시글욱시글하다'의 준말. 여럿이 한데 많이 모여 몹시 들끓다.

욱실욱실하는 ❖ 일가들이 모두 범같이 무서워하는 이 노큰마니는 구덕살이같이 욱실욱실하는 손자 증손자를 방구석에 들매나무 회채리를 단으로 쪄다두고 따리고 싸리갱이에 갓진창을 매여놓고 따리는데 〈**넘언집 범 같은 노큰마니**〉

욱적하다동 한곳에 많이 모여 조금 수선스럽게 들끓다.

욱적하니 ❖ 밤이 깊어가는 집안엔 〔…〕 그래서는 문창에 텅납새의 그림자가 치는 아츰 시누이 동세들이 욱적하니 홍성거리는 부엌으론 샛문틈으로 장지문틈으로 무이징게국을 끓이는 맛있는 내음새가 올라오도록 잔다 〈**여우난골족**族〉

19 요청

드리다①동 신에게 비는 일을 하다.

드리듯이 ❖ 섣달에 냅일날이 들어서 냅일날 밤에 눈이 오면 이 밤엔 쌔하얀 할미귀신의 눈귀신도 냅일눈을 받노라 못 난다는 말을 든든히 녀기며 엄매와 나는 앙궁 우에 떡돌 우에 곱새담 우에 함지에 버치며 대냥푼을 놓고 치성이나 드리듯이 정한 마음으로 냅일눈 약눈을 받는다 〈**고야**古夜〉

쓰다④동 어떤 못마땅한 표정을 짓거나 합당치 못한 일을 강하게 요구하다.

쓰면 ❖ 내가 엄매 등에 업혀가서 상사말같이 항약에 야기를 쓰면 한창 퓌는 함박꽃을 밑가지채 꺾어주고 종대에 달린 제물배도 가지채 쪄주고 그리고 그 애끼는 게 사니알도 두 손에 쥐어주곤 하는데 **〈넘언집 범 같은 노큰마니〉**

조르다동 끈덕지게 무엇을 자꾸 요구하다(《금성판국어대사전》).

조르기도 ❖ 또 이러한 밤 같은 때 〔…〕 고무더러는 밝는 날 멀리는 못 난다는 뫼추라기를 잡어달라고 조르기도 하고 **〈고야古夜〉**

조르면 ❖ 장날 아츰에 앞 행길로 엄지 따러 지나가는 망아지를 내라고 나는 조르면/아배는 행길을 향해서 크다란 소리로 **〈오리 망아지 토끼〉**

20 건강, 질병, 치료

나다④동 병 따위가 발생하다.

나서 ❖ 벌개눞역에서 바리깨를 뚜드리는 쇳소리가 나면/누가 눈을 앓어서 부증이 나서 찰거마리를 부르는 것이다/마을에서는 피성한 눈숡에 저린 팔다리에 거마리를 붙인다 **〈오금덩이라는 곳〉**

낫다동 병이나 상처 따위가 고쳐져 본래대로 되다.

나었다고 ❖ 어치라는 산山새는 벌배 먹어 고읍다는 골에서 돌배 먹고 아픈 배를 아이들은 띨배 먹고 나었다고 하였다 **〈여우난골〉**

낫게 ❖ 병이 들면 풀밭으로 가서 풀을 뜯는 소는 인간人間보다 영靈해서 열 걸음 안에 제 병을 낫게 할 약藥이 있는 줄을 안다고 **〈절간의 소 이야기〉**

놓다④동 치료를 위하여 주사나 침을 찌르다.

놓는 ❖ 오리야 고운 오리야 가만히 안졌거라/너를 팔어 술을 먹는 노盧장에 령감은/홀아비 소의연 침을 놓는 령감인데/나는 너를 백통전 하나 주고 사오누나 **〈오리〉**

눕다②동 병 따위로 앓거나 하여 자리에서 일어나지 못하다.

누운 ❖ 추운 겨울밤 병들어 누운 가난한 동무의 머리맡에 앉어/말없이 무릎 우 어린 고양이의 등만 쓰다듬는 때든가 **〈허준許俊〉**

누워서 ❖ 나는 북관北關에 혼자 앓어 누워서/어늬 아츰 의원醫員을 뵈이었다 **〈고향故鄕〉**

누웠다 ❖ 어득한 기슭의 행길에 얼굴이 해쓱한 처녀가 새벽달같이/아 아즈내인데

병인病人은 미역냄새 나는 덧문을 닫고 버러지같이 누웠다 **〈시기柿崎의 바다〉**

들다⑩동 몸에 병이나 증상이 생기다.

들구 ❖ 머리 빗기가 싫다면/니가 들구 나서/머리채를 끄을구 오른다는/산山이 있었다 **〈산山〉**

들면 ❖ 병이 들면 풀밭으로 가서 풀을 뜯는 소는 인간人間보다 영靈해서 열 걸음 안에 제 병을 낫게 할 약藥이 있는 줄을 안다고 **〈절간의 소 이야기〉**

병들다동 몸에 병이 생기다.

병들어 ❖ 추운 겨울밤 병들어 누운 가난한 동무의 머리맡에 앉어/말없이 무릎 우어린 고양이의 등만 쓰다듬는 때든가 **〈허준許俊〉**

보다②동 의사가 환자를 진찰하다.

보는데 ❖ 의원醫員은 또다시 넌즈시 웃고/말없이 팔을 잡어 맥을 보는데 **〈고향故鄕〉**

보하다동 영양분이 많은 음식이나 약을 먹어 몸의 건강을 돕다.

보한다는 ❖ 삼에 숙변에 목단에 백복령에 산약에 택사의 몸을 보한다는 육미탕六味湯이다/약탕관에서는 김이 오르며 달큼한 구수한 향기로운 내음새가 나고 **〈탕약湯藥〉**

성하다동 몸에 병이나 탈이 없다.

성하고 ❖ 또 내가 아는 그 몸이 성하고 돈도 있는 사람들이/즐거이 술을 먹으려 단닐 것과/내 손에는 신간서新刊書 하나도 없는 것과 **〈내가 생각하는 것은〉**

아프다형 몸이 병이 나거나 들어 앓는 상태에 있다.

아픈 ❖ 어치라는 산山새는 벌배 먹어 고읍다는 골에서 돌배 먹고 아픈 배를 아이들은 띨배 먹고 나었다고 하였다 **〈여우난골〉**

앓다동 병에 걸려 고통을 겪다.

앓는 ❖ 이즉하니 물기에 누굿이 젖은 왕구새자리에서 저녁상을 받은 가슴 앓는 사람은 참치회를 먹지 못하고 눈물겨웠다 **〈시기柿崎의 바다〉**

앓는가부다 ❖ 아비가 앓는가부다/다래 먹고 앓는가부다 **〈산지山地〉**

앓어 ❖ 나는 북관北關에 혼자 앓어 누워서/어늬 아츰 의원醫員을 뵈이었다 **〈고향故鄕〉**

앓어도 ❖ 이 눈세기물을 냅일물이라고 제주병에 진상항아리에 채워두고는 해를 묵여가며 고뿔이 와도 배앓이를 해도 갑피기를 앓어도 먹을 물이다 **〈고야古夜〉**

앓어서 ❖ 벌개눞역에서 바리깨를 뚜드리는 쇳소리가 나면/누가 눈을 앓어서 부증이 나서 찰거마리를 부르는 것이다/마을에서는 피성한 눈숡에 저린 팔다리에 거마리를 붙인다 **〈오금덩이라는 곳〉**

앓을 ❖ 언제나 병을 앓을 때면/신장님 달련이라고 하는 가즈랑집 할머니/구신의 딸이라고 생각하면 슬퍼졌다 **〈가즈랑집〉**

피성하다 ⓗ 피가 성盛하다. 핏발이 크게 서다. 피멍이 크게 들다.

〔'피성하다'는 '피+성하다'의 형태를 지닌 합성조어이다. 《조선말대사전》에 '성하다'가 "기세 좋게 한창 일어나다"로 풀이되어 있고 그 용례로 '불길이 성하다'가 제시되어 있다. 이 점을 참고하면 '피성하다'는 '피가 크게 일어나다', 즉 '핏발이 크게 서다, 피멍이 크게 들다'로 풀이할 수 있겠다. 이와 유사한 말로 고어에 '피지다'(멍들다)란 말이 있다.〕

피성한 ❖ 벌개눞역에서 바리깨를 뚜드리는 쇳소리가 나면/누가 눈을 앓어서 부증이 나서 찰거마리를 부르는 것이다/마을에서는 피성한 눈숡에 저린 팔다리에 거마리를 붙인다 **〈오금덩이라는 곳〉**

21 생리

가지다③ ⓓ 아이나 새끼, 알을 배 속에 지니다.

가지는 ❖ 우리 엄매가 나를 가지는 때 이 노큰마니는 어늬 밤 크나큰 범이 한 마리 우리 선산으로 들어오는 꿈을 꾼 것을 우리 엄매가 서울서 시집을 온 것을 〔…〕 **〈넘언집 범 같은 노큰마니〉**

고프다 ⓗ 배 속이 비어 음식을 먹고 싶다.

고팠는데 ❖ 이젠 배도 출출히 고팠는데/어서 그 옹기장사가 온다는 거리로 들어가면 무엇보다도 몬저 '주류판매업酒類販賣業'이라고 써붙인 집으로 들어가자 **〈구장로球場路—서행시초西行詩抄 1〉**

길러보다 ⓓ 머리카락이나 수염 따위를 깎지 않고 길게 자라도록 해 보다.

〔'길러보다'는 '기르다'에 보조동사 '보다'가 결합한 말이다. 사전엔 '기르다'만 등재되어 있다.〕

길러보는 ❖ 이렇게 젊은 나이로 코밑수염도 길러보는 탓이고 그리고 어늬 가난한 집 부엌으로 달재 생선을 진장에 꼿꼿이 지진 것은 맛도 있다는 말이 자꼬 들려오는 탓이다 **〈내가 이렇게 외면하고〉**

길우다 ⓓ '기르다'의 고어. 머리카락이나 수염 따위를 깎지 않고 길게 자라게 하다.

길우고 ❖ 손톱을 시펄하니 길우고 기나긴 창꽈쯔를 즐즐 끌고 싶었다 **〈안동安東〉**

깨다 동 잠, 꿈 따위에서 벗어나다. 또는 벗어나게 하다.

깨는 ❖ 날기멍석을 져간다는 닭보는 할미를 차 굴린다는 땅아래 고래 같은 기와 집에는 〔…〕 조마구네 나라가 있어서 오줌 누러 깨는 재밤 머리맡의 문살에 대인 유리창으로 조마구 군병의 새까만 대가리 새까만 눈알이 들여다보는 때 〔…〕 **〈고야**古夜**〉**

깨서 ❖ 한 십리十里 더 가면 절간이 있을 듯한 마을이다 낮 기울은 볕이 장글장글 하니 따사하다 흙은 젖이 커서 살같이 깨서 아지랑이 낀 속이 안타까운가보다 〔…〕 **〈황일**黃日**〉**

깨이다① 동 깨다. 잠, 꿈 따위에서 벗어나다. 또는 벗어나게 하다.

〔'깨이다'는 '깨다'에 '이' 모음이 첨가된 형태의 동사이다. 모음 첨가는 백석의 시어에서 자주 나타나는 음운 현상이다.〕

깨여 ❖ 닭이 두 홰나 울었는데/안방큰방은 홰즛하니 당등을 하고/인간들은 모두 웅성웅성 깨여 있어서들/오가리며 석박디를 썰고/생강에 파에 청각에 마늘을 다지고 **〈추야일경**秋夜一景**〉**

깨이다② 동 깨다. '까다'(알을 품어 새끼가 껍질을 깨고 나오다)의 피동사.

〔'깨이다'는 '까다'의 피동형인 '깨다'에 '이' 모음이 첨가된 형태의 동사이다. 모음 첨가는 백석의 시어에서 자주 나타나는 음운 현상이다.〕

깨인 ❖ 어데서 좁쌀알만 한 알에서 가제 깨인 듯한 발이 채 서지도 못한 무척 적은 새끼거미가 이번엔 큰거미 없어진 곳으로 와서 아물거린다 **〈수라**修羅**〉**

꾸다 동 (사람이 꿈을) 잠을 자는 동안 머릿속에서 경험하다.

꾼 ❖ 우리 엄매가 나를 가지는 때 이 노큰마니는 어늬 밤 크나큰 범이 한 마리 우리 선산으로 들어오는 꿈을 꾼 것을 우리 엄매가 서울서 시집을 온 것을 〔…〕 **〈넘언집 범 같은 노큰마니〉**

나다③ 동 생명체가 태어나다.

나며 ❖ 대대로 나며 죽으며 죽으며 나며 하는 이 마을 사람들의 으젓한 마음을 지나서 텁텁한 꿈을 지나서 **〈국수〉**

나서 ❖ 태고太古에 나서/선인도仙人圖가 꿈이다/고산정토高山淨土에 산약山藥 캐다 오다 **〈석류**石榴**〉**

난 ❖ 우리 엄매가 나를 가지는 때 〔…〕 그리고 무엇보다도 내가 이 노큰마니의 당조카의 맏손자로 난 것을 다견하니 알뜰하니 기꺼이 녀기는 것이었다 **〈넘언집 범 같은 노큰마니〉**

날 ❖ 내가 날 때 죽은 누이도 날 때/무명필에 이름을 써서 백지 달어서 구신간시렁의 당즈깨에 넣어 대감님께 수영을 들였다는 가즈랑집 할머니 **〈가즈랑집〉**

남즉하다[형] 날 만하다. 날 가능성이 많다. 여기서 '나다'는 '(신체적 반응이) 실제적으로 드러나다'의 뜻이다(《고려대한국어대사전》).

〔'남즉하다'는 '남직하다'로 '남(나다)+직하다('그럴 가능성이 많다'는 뜻의 보조형용사)'의 형태를 지닌 말이다.〕

남즉하니 ❖ 하폄도 남즉하니 불기와 유종들이/묵묵히 팔짱 끼고 쭈구리고 앉었다 **〈고사**古寺**—함주시초**咸州詩抄**〉**

낳다[동] 배 속의 아이, 새끼, 알을 몸 밖으로 내놓다.

낳고 ❖ 홰냥닭은 알을 낳고 소리치고/강아지는 겨를 먹고 오줌 싸고 **〈연자간〉**

낳었다 ❖ 신 살구를 잘도 먹드니 눈 오는 아츰/나어린 안해는 첫아들을 낳었다 **〈적경**寂境**〉**

낳었습니다 ❖ 내 리과책에서는 암컷과 수컷이 있어서 새끼를 낳었습니다 **〈나와 지렝이〉**

노곤하다[형] 나른하고 피로하다.

노곤하니 ❖ 봄철날 한종일내 노곤하니 벌불 장난을 한 날 밤이면 으레히 싸개동당을 지나는데 잘망하니 누워 싸는 오줌이 넓적다리를 흐르는 따근따근한 맛 자리에 펑하니 괴이는 척척한 맛 **〈동뇨부**童尿賦**〉**

누다[동] 배설물을 몸 밖으로 내보내다.

누는 ❖ 긴긴 겨울밤 인간들이 모두 한잠이 들은 재밤중에 나 혼자 일어나서 머리맡 쥐발 같은 새끼오강에 한없이 누는 잘 매럽던 오줌의 사르릉 쪼로록 하는 소리 **〈동뇨부**童尿賦**〉**

누러 ❖ 날기멍석을 져간다는 닭보는 할미를 차 굴린다는 〔…〕 조마구 뒷산山 어늬메도 조마구네 나라가 있어서 오줌 누러 깨는 재밤 머리맡의 문살에 대인 유리창으로 조마구 군병의 새까만 대가리 새까만 눈알이 들여다보는 때 나는 이불 속에 자즈러붙어 숨도 쉬지 못한다 **〈고야**古夜**〉**

늙다[동] ① 사람이나 동물, 식물 따위가 나이를 많이 먹다. 사람의 경우에는 흔히 중년이 지난 상태가 됨을 이른다. ② 한창때를 지나 쇠퇴하다.

늙고 ❖ 이미 해는 늙고 달은 파리하고 바람은 미치고 보래구름만 혼자 넋 없이 떠도는데 **〈북방**北方**에서—정현웅**鄭玄雄**에게〉**

늙었다 ❖ 여승女僧은 합장合掌하고 절을 했다/가지취의 내음새가 났다/쓸쓸한 낯이 녯날같이 늙었다/나는 불경佛經처럼 서러워졌다 **〈여승**女僧**〉**

늙은 ❖ 낡은 질동이에는 갈 줄 모르는 늙은 집난이같이 송구떡이 오래도록 남어있었다 〈**고방**〉 ❖ 정문旌門집 가난이는 열다섯에/늙은 말꾼한테 시집을 갔겄다 〈**정문촌**旌門村〉 ❖ 컴컴한 부엌에서는 늙은 홀아비의 시아부지가 미역국을 끓인다/그 마을의 외따른 집에서도 산국을 끓인다 〈**적경**寂境〉 ❖ 한 십리十里 더 가면 절간이 있을 듯한 마을이다 〔…〕 뷔인 집에 꿩이 날어와 다니나보다 울밖 늙은 들매나무에 튀튀새 한불 앉었다 〔…〕 〈**황일**黃日〉 ❖ 한 해에 멫 번 매연 지난 먼 조상들의 최방등 제사에는 컴컴한 고방 구석을 나와서 대멀머리에 외얏맹건을 지르터맨 늙은 제관의 손에 정갈히 몸을 씻고 〔…〕 〈**목구**木具〉 ❖ 이 흰 바람벽에/내 가난한 늙은 어머니가 있다/내 가난한 늙은 어머니가/이렇게 시퍼러둥둥하니 추운 날인데 차디찬 물에 손은 담그고 무이며 배추를 씻고 있다 〈**흰 바람벽이 있어**〉

들다②[동] 잠이 생기어 몸과 의식에 작용하다.

든다 ❖ 밤이 깊어가는 집안엔 〔…〕 홍게닭이 멫 번이나 울어서 졸음이 오면 아릇목 싸움 자리싸움을 하며 거리다 잠이 든다 〔…〕 〈**여우난골족**族〉

들 ❖ 재 안 드는 밤은 불도 없이 캄캄한 까막나라에서/조앙님은 무서운 이야기나 하면/모두들 죽은 듯이 엎데였다 잠이 들 것이다 〈**고사**古寺**—함주시초**咸州詩抄〉

들은 ❖ 긴긴 겨울밤 인간들이 모두 한잠이 들은 재밤중에 나 혼자 일어나서 머리맡 쥐발 같은 새끼오강에 한없이 누는 잘 매럽던 오줌의 사르릉 쪼로록 하는 소리 〈**동뇨부**童尿賦〉

들다④[동] 나이가 많아지다.

들은 ❖ 우리들은 맑은 물밑 해정한 모래톱에서 하구 긴 날을 모래알만 헤이며 잔뼈가 굵은 탓이다/바람 좋은 한벌판에서 물닭이 소리를 들으며 단이슬 먹고 나이 들은 탓이다 〈**선우사**膳友辭**—함주시초**咸州詩抄〉

밝히다②[동] 자지 않고 지내다.

밝히고 ❖ 오리야 너이들의 이야기판에 나도 들어/밤을 같이 밝히고 싶고나 〈**오리**〉

쉬다[동] 입이나 코로 공기를 들이마셨다 내보냈다 하다.

쉬지 ❖ 날기멍석을 져간다는 닭보는 할미를 차 굴린다는 〔…〕 머리맡의 문살에 대인 유리창으로 조마구 군병의 새까만 대가리 새까만 눈알이 들여다보는 때 나는 이불 속에 자즈러붙어 숨도 쉬지 못한다 〈**고야**古夜〉

싸다①[동] 똥이나 오줌을 참지 못하고 함부로 누다.

싸고 ❖ 홰냥닭은 알을 낳고 소리치고/강아지는 겨를 먹고 오줌 싸고 〈**연자간**〉

싸는 ❖ 봄철날 한종일내 노곤하니 벌불 장난을 한 날 밤이면 으레히 싸개동당을 지나는데 잘망하니 누워 싸는 오줌이 넓적다리를 흐르는 따근따근한 맛 자리에 펑하니 괴이는 척척한 맛 〈**동뇨부**童尿賦〉

오다⑥[동] 질병이나 졸음 따위의 생리적 현상이 일어나거나 생기다.

오면 ❖ 밤이 깊어가는 집안엔 〔…〕 이렇게 화디의 사기방등에 심지를 몇 번이나 돋구고 홍게닭이 몇 번이나 울어서 졸음이 오면 아릇목싸움 자리싸움을 하며 히드득거리다 잠이 든다 〔…〕 〈**여우난골족**族〉

와도 ❖ 이 눈세기물을 냅일물이라고 제주병에 진상항아리에 채워두고는 해를 묵여가며 고뿔이 와도 배앓이를 해도 갑피기를 앓어도 먹을 물이다 〈**고야**古夜〉

일어나다[동] 잠에서 깨어나다.

일어나 ❖ 여우가 우는 밤이면/잠 없는 노친네들은 일어나 팥을 깔이며 방뇨를 한다/여우가 주둥이를 향하고 우는 집에서는 다음날 으레히 흉사가 있다는 것은 얼마나 무서운 말인가 〈**오금덩이라는 곳**〉 ❖ 밤새껏 바다에선 뿡뿡 배가 울고//자다가도 일어나 바다로 가고 싶은 곳이다 〈**통영**統營(**남행시초**南行詩抄)〉

일어나서 ❖ 긴긴 겨울밤 인간들이 모두 한잠이 들은 재밤중에 나 혼자 일어나서 머리맡 쥐발 같은 새끼오강에 한없이 누는 잘 매럽던 오줌의 사르릉 쪼로록 하는 소리 〈**동뇨부**童尿賦〉

자다[동] 생리적인 요구에 따라 눈이 감기면서 한동안 의식 활동이 쉬는 상태가 되다.

자고 ❖ 한 십리十里 더 가면 절간이 있을 듯한 마을이다 〔…〕 토끼잠 한잠 자고 나서 세수한다 흰구름 건넌산으로 가는 길에 복사꽃 바라노라 섰다 다람쥐 건넌산 보고 부르는 푸념이 간지럽다 〈**황일**黃日〉 ❖ 나는 이젠 귀치않은 측량測量도 문서文書도 싫증이 나고/낮에는 마음 놓고 낮잠도 한잠 자고 싶어서/아전 노릇을 그만두고 밭을 노왕老王한테 얻는 것이다 〈**귀농**歸農〉

자다가도 ❖ 새벽녘의 거리엔 쾅쾅 북이 울고/밤새껏 바다에선 뿡뿡 배가 울고//자다가도 일어나 바다로 가고 싶은 곳이다 〈**통영**統營(**남행시초**南行詩抄)〉

잔다 ❖ 밤이 깊어가는 집안엔 〔…〕 그래서는 문창에 텅납새의 그림자가 치는 아츰 시누이 동세들이 욱적하니 흥성거리는 부엌으론 샛문틈으로 장지문틈으로 무이징게국을 끓이는 맛있는 내음새가 올라오도록 잔다 〈**여우난골족**族〉

잤다 ❖ 그리하여 따사한 햇귀에서 하이얀 옷을 입고 매끄러운 밥을 먹고 단샘을 마시고 낮잠을 잤다 〈**북방**北方**에서—정현웅**鄭玄雄**에게**〉

자라나다[동] 자라서 크게 되다.

자라난 ❖ 우리들은 맑은 물밑 해정한 모래톱에서 하구 긴 날을 모래알만 헤이며 잔뼈가 굵은 탓이다/바람 좋은 한벌판에서 물닭이 소리를 들으며 단이슬 먹고 나이 들은 탓이다/외따른 산골에서 소리개 소리 배우며 다람쥐 동무하고 자라난 탓이다 〈**선우사**膳友辭**—함주시초**咸州詩抄〉

잡다②[동] 짐승을 죽이다.

잡고 ❖ 자정도 활씬 지났는데/닭을 잡고 모밀국수를 누른다고 한다/어늬 산山옆에선 캥캥 여우가 운다 〈**야반**夜半**—산중음**山中吟〉

잡어 ❖ 오로촌이 멧돝을 잡어 나를 잔치해 보내든 것도/쏠론이 십리길을 따러나와 울든 것도 잊지 않었다 〈**북방**北方**에서—정현웅**鄭玄雄**에게**〉

졸다[동] 잠을 자려고 하지 않으나 저절로 잠이 드는 상태로 자꾸 접어들다.

조은다 ❖ 한 십리十里 더 가면 절간이 있을 듯한 마을이다 〔…〕 아릇동리선가 말 웃는 소리 무서운가 아릇동리 망아지 네 소리 무서울라 담모도리 바윗잔등에 다람쥐 해바라기하다 조은다 〔…〕 〈**황일**黃日〉 ❖ 소는 기르매 지고 조은다 〈**삼천포**三千浦**—남행시초**南行詩抄 **4**〉

조을든 ❖ 잠자리 조을든 문허진 성城터/반딧불이 난다 파란 혼魂들 같다/어데서 말 있는 듯이 크다란 산山새 한 마리 어두운 골짜기로 난다 〈**정주성**定州城〉

죽다[동] 생명이 없어지거나 끊어지다.

죽는 ❖ 찰복숭아를 먹다가 씨를 삼키고는 죽는 것만 같어 하로종일 놀지도 못하고 밥도 안 먹은 것도 〈**가즈랑집**〉

죽는다는 ❖ 미역오리같이 말라서 굴껍지처럼 말없이 사랑하다 죽는다는/이 천희千姬의 하나를 나는 어늬 오랜 객즛客主집의 생선 가시가 있는 마루방에서 만났다 〈**통영**統營〉

죽었다 ❖ 아카시아꽃의 향기가 가득하니 꿀벌들이 많이 날어드는 아츰/구신은 없고 부헝이가 담벽을 띠쫗고 죽었다 〈**정문촌**旌門村〉

죽었다는 ❖ 마을에서는 삼굿을 하는 날/건넌마을서 사람이 물에 빠져 죽었다는 소문이 왔다 〈**여우난골**〉

죽으며 ❖ 대대로 나며 죽으며 죽으며 나며 하는 이 마을 사람들의 으젓한 마음을 지나서 텁텁한 꿈을 지나서 〈**국수**〉

죽은 ❖ 내가 날 때 죽은 누이도 날 때/무명필에 이름을 써서 백지 달어서 구신간시렁의 당즈깨에 넣어 대감님께 수영을 들였다는 가즈랑집 할머니 〈**가즈랑집**〉 ❖ 언젠가 마을에서 수절과부 하나가 목을 매여 죽은 밤도 이러한 밤이었다 〈**흰밤**〉 ❖ 조앙님은 무서운 이야기나 하면/모두들 죽은 듯이 엎데였다 잠이 들 것이다 〈**고**

사古寺—함주시초咸州詩抄〉

죽을 ❖ 나는 내 슬픔과 어리석음에 눌리어 죽을 수밖에 없는 것을 느끼는 것이었다. 〈**남신의주 유동 박시봉방**南新義州柳洞朴時逢方〉

죽이다[동] 죽다. 생명이 없어지거나 끊어지다.

〔아래 용례에서 '죽이는'은 앞에 '사람을'이 생략된 것으로 보아 '죽다'의 사동형으로 볼 수도 있고, '죽다'가 활용되면서 '이' 모음이 첨가된 것으로 볼 수도 있는데, 문맥의 흐름이나 백석 방언의 특징으로 보아 후자로 보는 것이 적절할 듯하다.〕

죽이는 ❖ 아배는 타관 가서 오지 않고 산山비탈 외따른 집에 엄매와 나와 단둘이서 누가 죽이는 듯이 무서운 밤 집 뒤로는 어늬 산山골짜기에서 소를 잡어먹는 노나리꾼들이 도적놈들같이 쿵쿵거리며 다닌다 〈**고야**古夜〉

지치우다[동] 지치다. 힘든 일을 하거나 어떤 일에 시달려서 기운이 빠지다.

〔'지치우다'는 '지치다'에 '우' 모음이 첨가된 형태의 시어이다. 모음 첨가는 백석의 시어에서 자주 나타나는 음운 현상이다.〕

지치운 ❖ 눈물의 또 볕살의 나라 사람이여/당신이 그 긴 허리를 굽히고 뒤짐을 지고 지치운 다리로/싸움과 흥정으로 왁자지껄하는 거리를 지날 때든가 〈**허준**許俊〉

❖ 이 흰 바람벽에/희미한 십오촉十五燭 전등이 지치운 불빛을 내어던지고/때글은 다 낡은 무명샤쯔가 어두운 그림자를 쉬이고 〈**흰 바람벽이 있어**〉

치다②[동] 동물이 새끼를 낳거나 까다.

치는 ❖ 승냥이가 새끼를 치는 전에는 쇠메 든 도적이 났다는 가즈랑고개 〈**가즈랑집**〉

타고나다[동] 어떤 성품이나 능력, 운명 따위를 선천적으로 가지고 태어나다.

타고난 ❖ 어린아이들치고는 너무나 큰 소리로 너무나 튀겁 많은 소리로 울어대는데/너만은 타고난 그 외마디소리로 스스로웁게 삼가면서 우는구나 〈**촌에서 온 아이**〉

태어나다[동] (동물이나 사람이) 형태를 갖추어 세상에 나오다(《고려대한국어대사전》).

태어나기가 ❖ 나는 이 마을에 태어나기가 잘못이다/마을은 맨천 구신이 돼서/나는 무서워 오력을 펼 수 없다 〈**마을은 맨천 구신이 돼서**〉

태어났다 ❖ 이 흰 바람벽엔/내 쓸쓸한 얼골을 쳐다보며/이러한 글자들이 지나간다/—나는 이 세상에서 가난하고 외롭고 높고 쓸쓸하니 살어가도록 태어났다 〈**흰 바람벽이 있어**〉

화끈[부] 몸이나 쇠 따위가 뜨거운 기운을 받아 갑자기 달아오르는 모양.

❖ 내 가슴이 꽉 메어 올 적이며,/내 눈에 뜨거운 것이 핑 괴일 적이며,/또 내 스스로 화끈 낯이 붉도록 부끄러울 적이며,/나는 내 슬픔과 어리석음에 눌리어 죽을

수밖에 없는 것을 느끼는 것이었다. **〈남신의주 유동 박시봉방**南新義州柳洞朴時逢方**〉**

22 사람 및 동물의 형상

나어리다 형 나이가 어리다.

나어린 ❖ 신 살구를 잘도 먹드니 눈 오는 아츰/나어린 안해는 첫아들을 낳었다 **〈적경**寂境**〉** ❖ 평안도平安道의 어늬 산山 깊은 금덤판/나는 파리한 여인女人에게서 옥수수를 샀다/여인女人은 나어린 딸아이를 따리며 가을밤같이 차게 울었다 **〈여승**女僧**〉**

마르다 ① 동 살이 빠져 야위다.

마른 ❖ 그렇것만 나는 하이얀 자리 우에서 마른 팔뚝의/샛파란 핏대를 바라보며 나는 가난한 아버지를 **〈내가 생각하는 것은〉**

민숭민숭하다 형 몸에 털이 있어야 할 곳에 털이 없어 번번하다.

민숭민숭하니 ❖ 이 딴 나라 사람들이 모두 니마들이 번번하니 넓고 눈은 컴컴하니 흐리고/그리고 길즛한 다리에 모두 민숭민숭하니 다리털이 없는 것이/이것이 나는 왜 자꼬 슬퍼지는 것일까 **〈조당**澡塘**에서〉**

삐삐 ① 부 비틀리도록 바짝 야윈 모양(《금성판국어대사전》).

❖ 또 여기 더운물에 뛰어들며/무슨 물새처럼 악악 소리를 지르는 삐삐 파리한 사람은/양자楊子라는 사람은 아모래도 이와 같었을 것만 같다 **〈조당**澡塘**에서〉**

살지다 형 살이 많고 튼실하다.

살진 ❖ 도적괭이 새끼락이 나고/살진 쪽제비 트는 기지개 길고 **〈연자간〉**

솜솜 부 얼굴에 잘고 얕게 얽은 자국이 듬성듬성 있는 모양.

❖ 얼굴에 별자국이 솜솜 난 말수와 같이 눈도 껌벅거리는 하로에 베 한 필을 짠다는 벌 하나 건너 집엔 복숭아나무가 많은 신리新里 고무 고무의 딸 이녀李女 작은이녀李女 **〈여우난골족**族**〉**

어리다 ② 형 ① 나이가 적다. 십 대 전반을 넘지 않은 나이를 이른다. ② 동물이나 식물 따위가 난 지 얼마 안 되어 작고 여리다.

어려서 ❖ 모닥불은 어려서 우리 할아버지가 어미 아비 없는 서러운 아이로 불상하니도 몽둥발이가 된 슬픈 력사가 있다 **〈모닥불〉**

어린 ❖ 섶벌같이 나아간 지아비 기다려 십 년十年이 갔다/지아비는 돌아오지 않고/어린 딸은 도라지꽃이 좋아 돌무덤으로 갔다 **〈여승**女僧**〉** ❖ 나를 생각하든 그 무당의 딸은 내 어린 누이에게/오리야 너를 한 쌍 주드니/어린 누이는 없고 저는 시집을 갔다건만/오리야 너는 한 쌍이 날어가누나 **〈오리〉** ❖ 처녀들은 모두 어장주漁場主한테 시집을 가고 싶어한다는 곳/산山 너머로 가는 길 돌각담에 갸웃하는 처녀는 금錦이라든 이 같고/내가 들은 마산馬山 객줏客主집의 어린 딸은 난蘭이라는 이 같고 **〈통영**統營**(남행시초**南行詩抄**)〉** ❖ 차디찬 아침인데/묘향산행妙香山行 승합자동차乘合自動車는 텅하니 비어서/나이 어린 계집아이 하나가 오른다 **〈팔원**八院**—서행시초**西行詩抄 **3〉** ❖ 지붕에 마당에 우물든덩에 함박눈이 푹푹 쌓이는 여늬 하로밤/아배 앞에 그 어린 아들 앞에 아배 앞에는 왕사발에 아들 앞에는 새끼사발에 그득히 사리워 오는 것이다 **〈국수〉** ❖ 추운 겨울밤 병들어 누운 가난한 동무의 머리맡에 앉어/말없이 무릎 우 어린 고양이의 등만 쓰다듬는 때든가 **〈허준**許俊**〉** ❖ 그러나 나라가 서로 다른 사람들이/글쎄 어린 아이들도 아닌데 쪽 발가벗고 있는 것은/어쩐지 조금 우수웁기도 하다 **〈조당**澡塘**에서〉**

오르다③ 동 몸 따위에 살이 많아지다.

오른다는 ❖ 토끼도 살이 오른다는 때 아르대 즘퍼리에서 제비꼬리 마타리 쇠조지 가지취 고비 고사리 두릅순 회순 산山나물을 하는 가즈랑집 할머니를 따르며 **〈가즈랑집〉**

젊다 형 (사람이) 나이가 상대적으로 적거나 한창때에 있다(《고려대한국어대사전》).

젊은 ❖ 멀리 바다가 뵈이는/가정거장假停車場도 없는 벌판에서/차車는 머물고/젊은 새악시 둘이 나린다 **〈광원**曠原**〉** ❖ 어스름저녁 국수당 돌각담의 수무나무 가지에 녀귀의 탱을 걸고 나물매 갖추어놓고 비난수를 하는 젊은 새악시들/—잘 먹고 가라 서리서리 물러가라 네 소원 풀었으니 다시 침노 말아라 **〈오금덩이라는 곳〉** ❖ 내가 이렇게 외면하고 거리를 걸어가는 것은 또 내 많지 못한 월급이 얼마나 고마운 탓이고/이렇게 젊은 나이로 코밑수염도 길러보는 탓이고 〔…〕 **〈내가 이렇게 외면하고〉**

찌다 동 살이 올라서 뚱뚱해지다.

찐 ❖ 뾸다구에는 징기징기 앙광이를 그리고 머리칼이 놀한 아이여/힘을 쓸랴고 벌써부터 두 다리가 푸둥푸둥하니 살이 찐 아이여 **〈촌에서 온 아이〉**

튼튼하다 형 (몸이) 건강하고 든든하며 실하다(《고려대한국어대사전》).

튼튼하다 ❖ 북관北關에 계집은 튼튼하다/북관北關에 계집은 아름답다 **〈절망**絶望**〉**

튼튼한 ❖ 북관北關에 계집은 아름답다/아름답고 튼튼한 계집은 있어서/흰 저고리에 붉은 길동을 달어/검정치마에 받쳐입은 것은/나의 꼭 하나 즐거운 꿈이였드

니 〈**절망**絶望〉

파리하다 형 몸이 마르고 낯빛이나 살색이 핏기가 전혀 없다.

파리하고 ❖ 이미 해는 늙고 달은 파리하고 바람은 미치고 보래구름만 혼자 넋 없이 떠도는데 〈**북방**北方**에서—정현웅**鄭玄雄**에게**〉

파리한 ❖ 평안도平安道의 어늬 산山 깊은 금덤판/나는 파리한 여인女人에게서 옥수수를 샀다/여인女人은 나어린 딸아이를 따리며 가을밤같이 차게 울었다 〈**여승**女僧〉 ❖ 처마 끝에 명태明太를 말린다/명태明太는 꽁꽁 얼었다/명태明太는 길다랗고 파리한 물고긴데/꼬리에 길다란 고드름이 달렸다/해는 저물고 날은 다 가고 별은 서러웁게 차갑다/나도 길다랗고 파리한 명태明太다 〈**멧새 소리**〉 ❖ 또 여기 더운물에 뛰어들며/무슨 물새처럼 악악 소리를 지르는 삐삐 파리한 사람은/양자楊子라는 사람은 아모래도 이와 같었을 것만 같다 〈**조당**澡塘**에서**〉

파리했다 ❖ 우리들은 모두 욕심이 없어 희여졌다/착하디착해서 세괏은 가시 하나 손아귀 하나 없다/너무나 정갈해서 이렇게 파리했다 〈**선우사**膳友辭**—함주시초**咸州詩抄〉

푸둥푸둥하다 형 통통하게 살이 찌고 부드럽다.

푸둥푸둥하니 ❖ 뽈다구에는 징기징기 앙광이를 그리고 머리칼이 놀한 아이여/힘을 쓸랴고 벌써부터 두 다리가 푸둥푸둥하니 살이 찐 아이여/너는 오늘 아츰 무엇에 놀라서 우는구나 〈**촌에서 온 아이**〉

해쓱하다 형 얼굴에 핏기나 생기가 없이 하얗다(《조선말대사전》).

해쓱한 ❖ 어득한 기슭의 행길에 얼굴이 해쓱한 처녀가 새벽달같이/아 아즈내인데 병인病人은 미역냄새 나는 덧문을 닫고 버러지같이 누웠다 〈**시기**柿崎**의 바다**〉

험상궂다 형 모양이나 상태가 매우 거칠고 험하다.

험상궂은 ❖ 화라지송침이 단채로 들어간다는 아궁지/이 험상궂은 아궁지도 조앙님은 무서운가보다 〈**고사**古寺**—함주시초**咸州詩抄〉

23 양육

길여나다 동 길러지다.

〔'길여나다'는 '기르다'의 피동형인 '길리우다'에 '나다'가 결합된 말인 '길리워나다'가 축약되면서 'ㄹ'이 탈락해 생성된 말이다. 따라서 '길여나다'는 '길러지다'라는

뜻이다. '기르다'의 피동형인 '길리우다', 그리고 여기에 '나다'가 결합해 그 행위를 강조하는 말인 '길리워나다' 같은 말 등은 모두 북쪽 지역에서 사용하는 형태의 말들이다.]

길여났다는 ❖ 이것은 그 곰의 잔등에 업혀서 길여났다는 먼 넷적 큰마니가/또 그 짚등색이에 서서 자채기를 하면 산 넘엣 마을까지 들렸다는/먼 넷적 큰아바지가 오는 것같이 오는 것이다 **〈국수〉**

들이다②동 백석 시 〈가즈랑집〉에서 '수양'의 행위를 나타내는 기능동사로 쓰인 말이다. '수양을 들이다', '수양들이다'는 관용어로 '남의 자식을 맡아 기르다', 또는 '남의 자식을 맡아 기르게 하다'의 뜻이다. 백석 시의 용례에선 후자로 쓰이고 있다. ☞ 수영 390

들였다는 ❖ 내가 날 때 죽은 누이도 날 때/무명필에 이름을 써서 백지 달어서 구신간시렁의 당즈깨에 넣어 대감님께 수영을 들였다는 가즈랑집 할머니 **〈가즈랑집〉**

보다③동 맡아서 보살피거나 지키다.

본다는 ❖ 간밤엔 섬돌 아래 승냥이가 왔었다는 이야기/어느메 산山골에선간 곰이 아이를 본다는 이야기 **〈가즈랑집〉**

24 식물(생장과 결실)

달리다①동 (열매나 이슬 따위가 나무나 잎에) 맺혀서 붙어 있다(《고려대한국어대사전》).

달렸고 ❖ 텃밭가 재래종在來種의 임금林檎나무에는 이제도 콩알만 한 푸른 알이 달렸고 히스무레한 꽃도 하나 둘 퓌여 있다 **〈창의문외彰義門外〉**

달리고 ❖ 황토 마루 수무나무에 얼럭궁덜럭궁 색동헝겊 뜯개조박 뵈짜배기 걸리고 오쟁이 끼애리 달리고 소삼은 엄신 같은 딥세기도 열린 국수당고개를 몇 번이고 튀튀 춤을 뱉고 넘어가면 〔…〕 **〈넘언집 범 같은 노큰마니〉**

달린 ❖ 내가 엄매 등에 업혀가서 상사말같이 항약에 야기를 쓰면 한창 퓌는 함박꽃을 밑가지채 꺾어주고 종대에 달린 제물배도 가지채 쪄주고 〔…〕 **〈넘언집 범 같은 노큰마니〉** ❖ 오리야 나는 네가 좋구나 네가 좋아서/벌논의 눞 옆에 쭈구렁벼알 달린 짚검불을 널어놓고 **〈오리〉**

시들다동 꽃이나 풀 따위가 말라 생기가 없어지다.

시들고 ❖ 날이 어서 추워져서 쑥국화꽃도 시들고 이 바즈런한 백성들도 다 제 집으

로 들은 뒤에 이 골안으로 올 것을 생각하였다 **〈산곡**山谷**—함주시초**咸州詩抄**〉**

앉다④[동] 열매가 맺혀 속이 꽉 차다.

〔이 풀이는 사전에 나와 있는 것은 아니다. 백석은 시 〈귀농歸農〉에서 '앉다'의 의미를 비유적으로 확장하여 이런 뜻으로 사용했다. 이와 유사한 뜻으로 《표준국어대사전》의 '앉다'엔 "배추 따위가 속이 꽉 차다"는 풀이가 있다.〕

앉으면 ❖ 수박이 열면 수박을 먹으며 팔며/감자가 앉으면 감자를 먹으며 팔며 **〈귀농**歸農**〉**

열다②[동] 열매가 맺히다.

열면 ❖ 수박이 열면 수박을 먹으며 팔며/감자가 앉으면 감자를 먹으며 팔며 **〈귀농**歸農**〉**

열리다[동] 열매가 맺혀서 달리다(《금성판국어대사전》, 《고려대한국어대사전》).

〔《표준국어대사전》엔 '열다'와 '열리다'가 같은 뜻으로 풀이되어 있는데, '열리다'는 "가지 끝에 복숭아가 주렁주렁 열렸다"의 용례처럼 열매가 맺혀 달리는 것을 나타낼 때 쓰이므로, '열다'의 뜻과는 구분해야 할 것이다. 백석 시의 아래 용례에서 이런 뜻의 '열리다'는 말은 '걸리다', '달리다'는 말과 호응하며 절묘하게 사용되고 있다.〕

열린 ❖ 황토 마루 수무나무에 얼럭궁덜럭궁 색동헝겊 뜯개조박 뵈짜배기 걸리고 오쟁이 끼애리 달리고 소삼은 엄신 같은 딥세기도 열린 국수당고개를 몇 번이고 튀튀 춤을 뱉고 넘어가면 골안에 아늑히 묵은 녕동이 무겁기도 할 집이 한 채 안기었는데 **〈넘언집 범 같은 노큰마니〉**

익다②[동] 열매나 씨가 여물다.

익고 ❖ 돌각담에 머루송이 깜하니 익고/자갈밭에 아즈까리알이 쏟아지는/잠풍하니 볕바른 골짝이다 **〈산곡**山谷**—함주시초**咸州詩抄**〉**

익는 ❖ 아츰볕에 섶구슬이 한가로이 익는 골짝에서 꿩은 울어 산山울림과 장난을 한다 **〈추일산조**秋日山朝**〉**

익어가다[동] 열매나 씨가 여물어 가다.

〔'익어가다'는 '익다'에 보조동사 '가다'가 결합된 합성어이다. 사전엔 '익다'만 등재되어 있다.〕

익어가는 ❖ 들쭉이 한불 새까마니 익어가는 망연한 벌판을 지나가야 한다 **〈함남도안**咸南道安**〉**

트다②[동] 식물의 싹, 움, 순 따위가 벌어지다.

트며 ❖ 날은 챙챙 좋기도 좋은데/눈도 녹으며 술렁거리고 버들도 잎 트며 수선거리

고 〈**귀농**歸農〉

퓌다①동 피다. 꽃봉오리 따위가 벌어지다.

퓌고 ❖ 캄캄한 비 속에/새빨간 달이 뜨고/하이얀 꽃이 퓌고/먼바루 개가 짖는 밤은/어데서 물외 내음새 나는 밤이다//캄캄한 비 속에/새빨간 달이 뜨고/하이얀 꽃이 퓌고/먼바루 개가 짖고 〈**야우소회**夜雨小懷**—물닭의 소리**〉

퓌는 ❖ 내가 엄매 등에 업혀가서 상사말같이 항약에 야기를 쓰면 한창 퓌는 함박꽃을 밑가지채 꺾어주고 종대에 달린 제물배도 가지채 쪄주고 〔…〕 〈**넘언집 범 같은 노큰마니**〉

퓌여 ❖ 텃밭가 재래종在來種의 임금林檎나무에는 이제도 콩알만 한 푸른 알이 달렸고 히스무레한 꽃도 하나 둘 퓌여 있다/돌담 기슭에 오지항아리 독이 빛난다 〈**창의문외**彰義門外〉

퓌였구나 ❖ 눈이 시울은 곱기도 한 건반밥/아 진달래 개나리 한창 퓌였구나 〈**고성가도**固城街道**—남행시초**南行詩抄 **3**〉

피다동 꽃봉오리 따위가 벌어지다.

피는 ❖ 내가 좋아하는 그이는 푸른 가지 붉게붉게 동백冬柏꽃 피는 철엔 타관 시집을 갈 것만 같은데/긴 토시 끼고 큰머리 얹고 오불고불 넘엣거리로 가는 여인女人은 평안도平安道서 오신 듯한데 동백冬柏꽃 피는 철이 그 언제요 〈**통영**統營**(남행시초**南行詩抄**)**〉

피였다 ❖ 한 십리十里 더 가면 절간이 있을 듯한 마을이다 〔…〕 밭머리에도 복사꽃 피였다 새악시도 피였다 새악시 복사꽃이다 복사꽃 새악시다 〔…〕 〈**황일**黃日〉

핀 ❖ 한 십리十里 더 가면 절간이 있을 듯한 마을이다 〔…〕 흙은 젖이 커서 살같이 깨서 아지랑이 낀 속이 안타까운가보다 뒤울안에 복사꽃 핀 집엔 아무도 없나보다 〔…〕 〈**황일**黃日〉 ❖ 그래도 그 쉬영꽃 진달래 빨가니 핀 꽃바위 너머/산山 잔등에는 가지취 뻐꾹채 게루기 고사리 산山나물판 〈**산**山〉

피여나다동 피어나다. 꽃 따위가 피게 되다.

〔《조선말대사전》에 '피여나다'가 '피어나다'의 뜻으로 등재되어 있다.〕

피여나는 ❖ 밭최뚝에 즘부러진 땅버들의 버들개지 피여나는 데서/별은 장글장글 따사롭고 바람은 솔솔 보드라운데/나는 땅님자 노왕老王한테 석 상디기 밭을 얻는다 〈**귀농**歸農〉

II. 기본·산업·문화 생활

1 입기, 벗기, 치장

걸치다 동 옷이나 착용구 또는 이불 따위를 아무렇게나 입거나 덮다.

걸치고 ❖ 이렇게 추운데 웃동에 무슨 두룽이 같은 것을 하나 걸치고 아랫두리는 쪽 발가벗은 아이여 **〈촌에서 온 아이〉**

끼다① 동 (사람이 사물에 무엇을) 꿰거나 꽂아서 걸려 있게 하다(《고려대한국어대사전》). '끼우다'의 준말.

끼고 ❖ 긴 토시 끼고 큰머리 얹고 오불고불 넘엣거리로 가는 여인女人은 평안도平安道서 오신 듯한데 동백冬柏꽃 피는 철이 그 언제요 **〈통영**統營**(남행시초**南行詩抄**)〉**

눌러쓰다 동 깊이 힘을 주어 모자 따위를 쓰다.

눌러쓰고 ❖ 손톱을 시펄하니 길우고 기나긴 창꽈쯔를 즐즐 끌고 싶었다/만두饅頭꼬깔을 눌러쓰고 곰방대를 물고 가고 싶었다 **〈안동**安東**〉**

대모풍잠하다 동 대모풍잠을 달다. '대모풍잠'은 대모갑玳瑁甲으로 만든 풍잠. '풍잠風簪'은 망건 앞에 다는 장식품으로 갓을 고정시키는 역할을 한다. 상류층에서는 대모玳瑁, 호박琥珀, 마노瑪瑙 등을 사용했고, 일반은 뻐나 뿔을 사용했다(유희경, 《한국복식사연구》, 나래기획, 2002).

〔망건에 풍잠(대모풍잠)을 다는 행위를 나타내는 동사로 '하다'를 쓰고 있는 점이 주목된다. 백석 시의 아래 용례는 풍잠에 대한 서술어의 쓰임을 잘 보여 주는 사례라고 할 수 있다. '풍잠하다'와 같은 형태의 말로 '정장하다'가 있다.〕

대모풍잠한 ❖ 아이들은 늘늘히 청대나무말을 몰고/대모풍잠한 늙은이 또요 한 마리를 드리우고 갔다 **〈남향**南鄉**—물닭의 소리〉**

드리다② 동 여러 가닥의 실이나 끈을 하나로 땋거나 꼬다. 또는 아래로 처지게 늘어뜨리다.

드려서 ❖ 머리는 다리를 서너 켜레씩 드려서/시뻘건 꼬둘채댕기를 삐뚜룩하니 해꽂고 **〈칠월**七月 **백중〉**

매다① 동 (사람이 줄이나 끈을) 풀리지 않도록 양쪽 끝을 서로 감아 매듭을 만들다(《고려대한국어대사전》).

매고 ❖ 가난한 동무가 새 구두를 신고 지나간 탓이고 언제나 꼭같은 넥타이를 매고 고운 사람을 사랑하는 탓이다 **〈내가 이렇게 외면하고〉**

받쳐입다㊐ 아래 웃옷이 서로 어울리게 맞추어 차려 입다(《조선말대사전》).

〔'받쳐입다'는 《표준국어대사전》엔 등재되어 있지 않고, 《금성판국어대사전》에 "속에 끼어 입다"는 뜻으로 등재되어 있는데, 《조선말대사전》엔 이런 뜻과 위에 제시한 뜻 두 가지로 등재되어 있다.〕

받쳐입은 ❖ 흰 저고리에 붉은 길동을 달어/검정치마에 받쳐입은 것은/나의 꼭 하나 즐거운 꿈이였드니 **〈절망**絶望**〉**

발가벗다㊐ 알몸이 되도록 입은 옷을 모두 벗다.

발가들 벗고 ❖ 대대로 조상도 서로 모르고 말도 제가끔 틀리고 먹고 입는 것도 모도 다른데/이렇게 발가들 벗고 한물에 몸을 씻는 것은/생각하면 쓸쓸한 일이다 **〈조당**澡塘**에서〉**

발가벗고 ❖ 서로 나라가 다른 사람인데/다들 쪽 발가벗고 같이 물에 몸을 녹히고 있는 것은/〔…〕/그러나 나라가 서로 다른 사람들이/글쎄 어린 아이들도 아닌데 쪽 발가벗고 있는 것은/어쩐지 조금 우수웁기도 하다 **〈조당**澡塘**에서〉**

발가벗은 ❖ 이렇게 추운데 웃동에 무슨 두룽이 같은 것을 하나 걸치고 아랫두리는 쪽 발가벗은 아이여 **〈촌에서 온 아이〉**

벗다①㊐ 매거나 진 배낭이나 가방 따위를 몸에서 내려놓다.

벗고 ❖ 괴나리봇짐 벗고 땃불 놓고 앉어/담배 한 대 피우고 싶은 길이다 **〈창원도**昌原道**—남행시초**南行詩抄 **1〉**

빗다㊐ 머리털을 빗 따위로 가지런히 고르다.

빗고 ❖ 머리 빗고 빗텁에서 꽁지는 머리카락 **〈머리카락〉**

빗기 ❖ 머리 빗기가 싫다면/니가 들구 나서/머리채를 끄을구 오른다는/산山이 있었다 **〈산**山**〉**

신다㊐ 신, 버선, 양말 따위를 발에 꿰다.

신고 ❖ 산山 너머 십오리十五里서 나무뒝치 차고 싸리신 신고 산山비에 촉촉이 젖어서 약藥물을 받으러 오는 산山아이도 있다 **〈산지**山地**〉** ❖ 산山 너머 십오리十五里서 나무뒝치 차고 싸리신 신고 산山비에 촉촉이 젖어서 약藥물을 받으러 오는 두멧아이들도 있다 **〈삼방**三防**〉** ❖ 내가 이렇게 외면하고 거리를 걸어가는 것은 잠풍 날씨가 너무나 좋은 탓이고/가난한 동무가 새 구두를 신고 지나간 탓이고 언제나 꼭같은 넥타이를 매고 고운 사람을 사랑하는 탓이다 **〈내가 이렇게 외면하고〉** ❖ 오늘 고향의 내 집에 있는다면/새 옷을 입고 새 신도 신고 떡과 고기도 억병 먹고/일가친척들과 서로 모여 즐거이 웃음으로 지날 것이연만 **〈두보**杜甫**나 이백**李白**같이〉**

❖ 네날백이 따배기신을 맨발에 바꿔 신고/고개를 몇이라도 넘어서 약물터로 가는데 〈**칠월**七月 **백중**〉

쓰다① 동 모자 따위를 머리에 얹어 덮다.

쓰고 ❖ 갓 한 닢 쓰고 건시 한 접 사고 홍공단 단기 한 감 끊고 술 한 병 받어들고 〈**통영**統營**—남행시초**南行詩抄 2〉 ❖ 신새벽 들망에/내가 좋아하는 꼴두기가 들었다/갓 쓰고 사는 마음이 어진데/새끼 그믈에 걸리는 건 어인 일인가 〈**꼴두기—물닭의 소리**〉 ❖ 한울은/풀 그늘 밑에 삿갓 쓰고 사는 버슷을 사랑한다 〈《**호박꽃 초롱**》 **서시**序詩〉

쓰다③ 동 얼굴에 어떤 물건을 걸거나 덮어쓰다.

썼다 ❖ 개발코를 하였다 안장코를 하였다 질병코를 하였다/그 코에 모두 학실을 썼다 〈**석양**夕陽〉

쓰고 ❖ 아배가 밤참 국수를 받으려 가면 나는 큰마니의 돋보기를 쓰고 앉어 개 짖는 소리를 들은 것이다 〈**개**〉

씌우다 동 '쓰다'의 사동사. 모자 따위를 머리에 얹거나 덮어 주다.

씌워 ❖ 집에는 아배에 삼춘에 오마니에 오마니가 있어서 젖먹이를 마을 청능 그늘 밑에 삿갓을 씌워 한종일내 뉘어두고 김을 매려 단녔고 〔…〕 〈**넘언집 범 같은 노큰마니**〉

얹다 동 위에 올려놓다.

〔아래 용례 중 시 〈통영統營(남행시초南行詩抄)〉에선 '장식하다'의 뜻이 포함되어 있다.〕

얹고 ❖ 긴 토시 끼고 큰머리 얹고 오불고불 넘엣거리로 가는 여인女人은 평안도平安道서 오신 듯한데 동백冬柏꽃 피는 철이 그 언제요 〈**통영**統營**(남행시초**南行詩抄**)**〉

얹어서 ❖ 나는 이 털도 안 뽑은 도야지고기를 물꾸러미 바라보며/또 털도 안 뽑는 고기를 시꺼먼 맨모밀국수에 얹어서 한입에 꿀꺽 삼키는 사람들을 바라보며 〈**북신**北新**—서행시초**西行詩抄 2〉

얹히다 동 '얹다'의 피동사. 위에 올리어 놓이다.

얹혔다 ❖ 술집 문창에 그느슥한 그림자는 머리를 얹혔다 〈**성외**城外〉

입다 동 옷을 몸에 꿰거나 두르다.

입고 ❖ 산골사람은 막베등거리 막베잠방둥에를 입고/노루새끼를 닮었다 〈**노루—함주시초**咸州詩抄〉 ❖ 삼리三里밖 강江쟁변엔 자갯돌에서/비멀이한 옷을 부숭부숭 말려 입고 오는 길인데/산山모롱고지 하나 도는 동안에 옷은 또 함북 젖었다 〈**구장로**球場路**—서행시초**西行詩抄 1〉 ❖ 옛말속같이 진진초록 새 저고리를 입고/손잔등이 발고랑처럼 몹시도 터졌다 **〈팔원**八院**—서행시초**西行詩抄 **3〉** ❖ 그리하여 따사한 햇귀에서 하이얀 옷을 입고 매끄러운 밥을 먹고 단샘을 마시고 낮잠을 잤다 **〈북방**北方**에서—정현웅**鄭玄雄**에게〉** ❖ 오늘 고향의 내 집에 있는다면/새 옷을 입고 새 신도 신고 떡과 고기도 억병 먹고/일가친척들과 서로 모여 즐거이 웃음으로 지날 것이연만 **〈두보**杜甫**나 이백**李白**같이〉** ❖ 생모시치마 천진푀치마의 물팩치기 껑추렁한 치마에/쇠주푀적삼 항라적삼의 자지고름이 기드렁한 적삼에/한끝나게 상나들이옷을 있는 대로 다 내 입고 **〈칠월**七月 **백중〉**

입는 ❖ 대대로 조상도 서로 모르고 말도 제가끔 틀리고 먹고 입는 것도 모도 다른데/이렇게 발가들 벗고 한물에 몸을 씻는 것은/생각하면 쓸쓸한 일이다 **〈조당**澡塘**에서〉**

입든 ❖ 나는 오늘 때묻은 입든 옷에 마른물고기 한 토막으로/혼자 외로이 앉어 이것저것 쓸쓸한 생각을 하는 것이다 **〈두보**杜甫**나 이백**李白**같이〉**

입은 ❖ 어쩐지 당홍치마 노란저고리 입은 새악시들이/웃고 살을 것만 같은 마을이다 **〈고성가도**固城街道**—남행시초**南行詩抄 **3〉**

입히다[동] '입다'의 사동사. 옷을 몸에 꿰거나 두르게 하다.

입히면서도 ❖ 사랑하는 어린것에게 엿 한 가락을 아끼고 위하는 안해에겐 해진 옷을 입히면서도 **〈허준**許俊**〉**

지르터매다[동] 지르처매다. 세게 눌러 감아 매다.

〔'지르터매다'는 '지르+터매다'의 형태로 이루어진 합성조어이다. '지르'는 '세게 눌러'라는 뜻으로 '지르밟다', '지르신다' 등의 용례가 있다. '터매다'는 《조선말대사전》에 '처매다'의 자강도 방언으로 등재되어 있다. '처매다'는 '칭칭 감아서 매다'는 뜻이다. 따라서 '지르터매다'는 '세게 눌러 감아 매다'라는 뜻으로 풀이된다.〕

지르터맨 ❖ 한 해에 멫 번 매연 지난 먼 조상들의 최방등 제사에는 컴컴한 고방 구석을 나와서 대멀머리에 외얏맹건을 지르터맨 늙은 제관의 손에 정갈히 몸을 씻고 〔…〕 **〈목구**木具**〉**

차다①[동] 물건을 몸의 한 부분에 달아매거나 끼워서 지니다.

차고 ❖ 산山 너머 십오리十五里서 나무뒝치 차고 싸리신 신고 산山비에 촉촉이 젖어서 약藥물을 받으려 오는 산山아이도 있다 **〈산지**山地**〉** ❖ 산山 너머 십오리十五里서 나무뒝치 차고 싸리신 신고 산山비에 촉촉이 젖어서 약藥물을 받으려 오는 두멧아이들도 있다 **〈삼방**三防**〉**

찬 ❖ 허리에 찬 남갑사 주머니에는 오랜만에 돈푼이 들어 즈벅이고/광지보에서 나

온 은장두에 바눌집에 원앙에 바둑에 〈**칠월**七月 **백중**〉

2 요리

굽다 동 불에 익히다.

구워 ❖ 또 이러한 밤 같은 때 〔…〕 나는 아릇목의 삿귀를 들고 쇠든밤을 내여 다람쥐처럼 밝어먹고 은행여름을 인둣불에 구워도 먹고 그러다는 이불 우에서 광대넘이를 뒤이고 〔…〕 〈**고야**古夜〉

끓다① 동 액체가 몹시 뜨거워져서 소리를 내면서 거품이 솟아오르다.

끓는 ❖ 약탕관에서는 김이 오르며 달큼한 구수한 향기로운 내음새가 나고/약이 끓는 소리는 삐삐 즐거웁기도 하다 〈**탕약**湯藥〉 ❖ 해빛이 초롱불같이 희맑은데/해정한 모래부리 플랫폼에선/모두들 쩔쩔 끓는 구수한 귀이리차茶를 마신다 〈**함남도안**咸南道安〉

끓는다 ❖ 눈이 오는데/토방에서는 질화로 우에 곱돌탕관에 약이 끓는다 〈**탕약**湯藥〉

끓여놓다 동 액체에 열을 가해 부글부글하며 김을 내게 해 놓다.

〔'끓여놓다'는 '끓다'와 '놓다'가 결합된 합성동사이다. 사전엔 '끓다'와 '놓다'만 등재되어 있다.〕

끓여놓고 ❖ 내 사랑하는 어여쁜 사람이/어늬 먼 앞대 조용한 개포가의 나즈막한 집에서/그의 지아비와 마조 앉어 대구국을 끓여놓고 저녁을 먹는다/벌써 어린것도 생겨서 옆에 끼고 저녁을 먹는다 〈**흰 바람벽이 있어**〉

끓이다 동 '끓다'(액체가 몹시 뜨거워져서 소리를 내면서 거품이 솟아오르다)의 사동사.

끓이는 ❖ 밤이 깊어가는 집안엔 〔…〕 그래서는 문창에 텅납새의 그림자가 치는 아츰 시누이 동세들이 욱적하니 홍성거리는 부엌으론 샛문틈으로 장지문틈으로 무이징게국을 끓이는 맛있는 내음새가 올라오도록 잔다 〈**여우난골족**族〉 ❖ 자즌닭이 울어서 술국을 끓이는 듯한 추탕鰍湯집의 부엌은 뜨수할 것같이 불이 뿌연히 밝다 〈**미명계**未明界〉

끓인 ❖ 그 뜨수한 구들에서/따끈한 삼십오도三十五度 소주燒酒나 한잔 마시고/그리고 그 시래깃국에 소피를 넣고 두부를 두고 끓인 구수한 술국을 트근히 멫 사발이고 왕사발로 멫 사발이고 먹자 〈**구장로**球場路**—서행시초**西行詩抄 **1**〉

끓인다 ❖ 컴컴한 부엌에서는 늙은 홀아비의 시아부지가 미역국을 끓인다/그 마을

의 외따른 집에서도 산국을 끓인다 〈**적경**寂境〉

누르다동 국수틀로 국수를 뽑다.

누른다고 ❖ 자정도 활씬 지났는데/닭을 잡고 모밀국수를 누른다고 한다 〈**야반**夜半—**산중음**山中吟〉

닉다동 익다. 김치, 술, 장 따위가 맛이 들다.

닉은 ❖ 겨울밤 쩽하니 닉은 동티미국을 좋아하고 얼얼한 댕추가루를 좋아하고 싱싱한 산꿩의 고기를 좋아하고 〈**국수**〉

다지다동 고기, 채소, 양념감 따위를 여러 번 칼질하여 잘게 만들다.

다지고 ❖ 오가리며 석박디를 썰고/생강에 파에 청각에 마눌을 다지고 〈**추야일경**秋夜一景〉

닦다①동 '볶다'의 방언(평안, 함경, 황해). 음식이나 음식의 재료를 물기가 거의 없거나 적은 상태로 열을 가하여 이리저리 자주 저으면서 익히다.

닦은 ❖ 어진 사람이 많은 나라에 와서/어진 사람의 즛을 어진 사람의 마음을 배워서/수박씨 닦은 것을 호박씨 닦은 것을 입으로 앞니빨로 밝는다// […] //어진 사람이 많은 나라에서는/오두미五斗米를 버리고 버드나무 아래로 돌아온 사람도/그 녚차개에 수박씨 닦은 것은 호박씨 닦은 것은 있었을 것이다/나물 먹고 물 마시고 팔벼개하고 누웠든 사람도/그 머리맡에 수박씨 닦은 것은 호박씨 닦은 것은 있었을 것이다 〈**수박씨, 호박씨**〉

달이다동 약재 따위에 물을 부어 우러나도록 끓이다.

달인 ❖ 그리고 다 달인 약을 하이얀 약사발에 밭어놓은 것은/아득하니 깜하야 만년萬年 녯적이 들은 듯한데 〈**탕약**湯藥〉

담그다①동 김치·술·장·젓갈 따위를 만드는 재료를 버무리거나 물을 부어서, 익거나 삭도록 그릇에 넣어 두다.

담그려 ❖ 배나무접을 잘하는 주정을 하면 토방돌을 뽑는 오리치를 잘 놓는 먼 섬에 반디젓 담그려 가기를 좋아하는 삼춘 삼춘엄매 사춘누이 사춘동생들 〈**여우난골족**族〉

두다동 기본 음식에 딴 재료를 섞어 넣다.

두고 ❖ 그 뜨수한 구들에서/따끈한 삼십오도三十五度 소주燒酒나 한잔 마시고/그리고 그 시래깃국에 소피를 넣고 두부를 두고 끓인 구수한 술국을 트근히 몇 사발이고 왕사발로 몇 사발이고 먹자 〈**구장로**球場路—**서행시초**西行詩抄 1〉

막칼질하다동 제멋대로 칼질하다. 함부로 마구 칼질하다.

〔'막칼질하다'는 '막+칼질하다'의 형태를 지닌 합성조어이다. '막'은 일부 동사 앞에 붙어 '주저없이', '함부로'의 뜻을 지닌 접두사로 '막살다', '막가다' 등의 용례가 있다. 백석 시에 이런 뜻의 접두사 '막'이 결합된 시어로 '막칼질하다' 외에 '막써레기'가 있다.〕

막칼질한 ❖ 명태明太창난젓에 고추무거리에 막칼질한 무이를 뷔벼 익힌 것을/이 투박한 북관北關을 한없이 끼밀고 있노라면/쓸쓸하니 무릎은 꿇어진다 〈**북관**北關**—함주시초**咸州詩抄〉

무르끓다[동] 음식 따위가 흐무러질 정도로 끓다.

무르끓고 ❖ 내일같이 명절날인 밤은 부엌에 쩨듯하니 불이 밝고 솥뚜껑이 놀으며 구수한 내음새 곰국이 무르끓고 방안에서는 일가집 할머니가 와서 마을의 소문을 펴며 〔…〕 〈**고야**古夜〉

밭어놓다[동] 밭아 놓다. 건더기와 액체가 섞인 것을 체나 거르기 장치에 따라서 액체만을 따로 받아 놓다.

〔'밭어놓다'는 '밭다'와 '놓다'가 결합된 합성동사이다. 사전엔 '밭다'만 등재되어 있다.〕

밭어놓은 ❖ 그리고 다 달인 약을 하이얀 약사발에 밭어놓은 것은/아득하니 깜하야 만년萬年 녯적이 들은 듯한데 〈**탕약**湯藥〉

뷔비다[동] 비비다. 어떤 재료에 다른 재료를 넣어 한데 버무리다.

〔'비'가 '뷔'로 표기되는 것은 평북 방언의 특성이다.〕

뷔벼 ❖ 명태明太창난젓에 고추무거리에 막칼질한 무이를 뷔벼 익힌 것을/이 투박한 북관北關을 한없이 끼밀고 있노라면/쓸쓸하니 무릎은 꿇어진다 〈**북관**北關**—함주시초**咸州詩抄〉

빚다[동] 가루를 반죽하여 만두, 송편, 경단 따위를 만들다.

빚고 ❖ 나는 얼마나 반죽을 주무르며 흰가루손이 되여 떡을 빚고 싶은지 모른다 〈**고야**古夜〉

빚는 ❖ 내일같이 명절날인 밤은 부엌에 쩨듯하니 불이 밝고 〔…〕 방안에서는 일가집 할머니가 와서 마을의 소문을 펴며 조개송편에 달송편에 죈두기송편에 떡을 빚는 곁에서 나는 밤소 팥소 설탕 든 콩가루소를 먹으며 설탕 든 콩가루소가 가장 맛있다고 생각한다 〈**고야**古夜〉

삶다[동] 물에 넣고 끓이다.

삶는 ❖ 박을 삶는 집/할아버지와 손자가 오른 지붕 우에 한울빛이 진초록이다/우물의 물이 쓸 것만 같다 〈**여우난골**〉 ❖ 시래기를 삶는 훈훈한 방안에는/양염 내음새가 싱싱도 하다 〈**추야일경**秋夜一景〉 ❖ 그 맛있는 모밀국수를 삶는 장작도 자작나무다 〈**백화**白樺**—산중음**山中吟〉 ❖ 이방異邦 거리는/콩기름 쫄이는 내음새 속에/섶누에 번디 삶는 내음새 속에 〈**안동**安東〉 ❖ 그리고 담배 내음새 탄수 내음새 또 수육을 삶는 육수국 내음새 자욱한 더북한 삿방 쩔쩔 끓는 아르굳을 좋아하는 이것은 무엇인가 〈**국수**〉

썰다[동] 물건을 칼로 토막 내다(《금성판국어대사전》).

썰고 ❖ 오가리며 석박디를 썰고/생강에 파에 청각에 마늘을 다지고 〈**추야일경**秋夜一景〉

쑤다[동] 곡식의 알이나 가루를 물에 끓여 익히다.

쑨 ❖ 기장쌀은 기장차떡이 좋고 기장차랍이 좋고 기장감주가 좋고 그리고 기장쌀로 쑨 호박죽은 맛도 있는 것을 생각하며 나는 기뿌다 〈**월림**月林**장—서행시초**西行詩抄 **4**〉

익다①[동] 김치, 술, 장 따위의 빚거나 담근 음식물이 맛이 들다.

익는 ❖ 김치가재미선 동치미가 유별히 맛나게 익는 밤 〈**개**〉

익히다[동] '익다'의 사동사. 김치, 술, 장 따위의 빚거나 담근 음식물을 맛이 들도록 하다.

익힌 ❖ 명태明太창난젓에 고추무거리에 막칼질한 무이를 뷔벼 익힌 것을/이 투박한 북관北關을 한없이 끼밀고 있노라면/쓸쓸하니 무릎은 꿇어진다 〈**북관**北關**—함주시초**咸州詩抄〉

지지다[동] 국물을 조금 붓고 끓여서 익히다.

지진 ❖ 이렇게 젊은 나이로 코밑수염도 길러보는 탓이고 그리고 어늬 가난한 집 부엌으로 달재 생선을 진장에 꼿꼿이 지진 것은 맛도 있다는 말이 자꼬 들려오는 탓이다 〈**내가 이렇게 외면하고**〉

짓다[동] 재료를 들여 밥, 옷, 집 따위를 만들다.

짓고 ❖ 계집아이는 몇 해고 내지인內地人 주재소장駐在所長 집에서/밥을 짓고 걸레를 치고 아이보개를 하면서/이렇게 추운 아침에도 손이 꽁꽁 얼어서/찬물에 걸레를 쳤을 것이다 〈**팔원**八院**—서행시초**西行詩抄 **3**〉

짓는 ❖ 네 소리에 나는 촌 농삿집의 저녁을 짓는 때/나주볕이 가득 드리운 밝은 방안에 혼자 앉어서/실감기며 버선짝을 가지고 쓰렁쓰렁 노는 아이를 생각한다 〈**촌에서 온 아이**〉

쫄다[동] '졸다'를 힘주어 이르는 말(《조선말대사전》). 찌개, 국, 한약 따위의 물이 증발하여 분량이 적어지다.

쪼는 ❖ 산山턱 원두막은 뷔였나 불빛이 외롭다/헝겊심지에 아즈까리기름의 쪼는 소리가 들리는 듯하다 **〈정주성**定州城**〉**

쫄이다[동] '쫄다'의 사동사. '쫄다'는 '졸다'를 힘주어 부르는 말(《조선말대사전》). 찌개, 국, 한약 따위의 물을 증발시켜 분량이 적어지게 하다.

쫄이는 ❖ 이방異邦 거리는/콩기름 쫄이는 내음새 속에/섶누에 번디 삶는 내음새 속에 **〈안동**安東**〉**

치다⑤[동] 떡을 차지게 하기 위하여 떡메로 반죽을 두들기다.

친다 ❖ 초생달이 귀신불같이 무서운 산山골 거리에선/처마 끝에 종이등의 불을 밝히고/쩌락쩌락 떡을 친다 **〈향악**饗樂**—산중음**山中吟**〉**

치다⑥[동] (사람이 무엇에 액체나 가루를) 뿌리거나 끼얹거나 넣다(《고려대한국어대사전》).

〔'치다'의 사전 풀이는 액체나 가루를 뿌리거나 끼얹거나 넣는 것으로 되어 있는데, 백석 시의 아래 용례에서는 '도야지고기'를 국수에 넣는 것을 가리키며 이 말을 쓰고 있다.〕

치는 ❖ 국숫집에서는 농짝 같은 도야지를 잡어걸고 국수에 치는 도야지고기는 돗바늘 같은 털이 드문드문 백였다 **〈북신**北新**—서행시초**西行詩抄 **2〉**

3 식사

구워먹다[동] 불에 익혀 먹다.

〔'구워먹다'는 '굽다+먹다'의 합성어이다. 사전엔 '굽다'만 등재되어 있다.〕

구워먹었다 ❖ 짝새가 발뿌리에서 닐은 논드렁에서 아이들은 개구리의 뒷다리를 구워먹었다 **〈하답**夏畓**〉**

구워먹잔 ❖ 흰가무래기 검가무래기 가무래기 사서 하리불에 구워먹잔 말이로구나 **〈머리카락〉**

끼밀다[동] '깨물다' '씹다'로 추정된다.

〔《평북방언사전》에 '깨물다'의 방언으로 '깨밀다'가 등재되어 있는데, '끼밀다'는 이 말의 변형으로 추정된다. "한없이 끼밀고 있노라면"은 명태 창난젓의 질긴 창자

살을 입안에 넣어 오래 물거나 씹고 있는 상태를 나타낸 것으로 볼 수 있다.〕

끼밀고 ❖ 명태明太창난젓에 고추무거리에 막칼질한 무이를 뷔벼 익힌 것을/이 투박한 북관北關을 한없이 끼밀고 있노라면/쓸쓸하니 무릎은 꿇어진다 **〈북관北關—함주시초咸州詩抄〉**

뜯다①[동] 초식동물이 땅에 난 풀 따위를 떼어서 먹다.

뜯는 ❖ 병이 들면 풀밭으로 가서 풀을 뜯는 소는 인간人間보다 영靈해서 열 걸음 안에 제 병을 낫게 할 약藥이 있는 줄을 안다고 **〈절간의 소 이야기〉**

마시다[동] 물이나 술 따위의 액체를 목구멍으로 넘기다.

마시고 ❖ 그 뜨수한 구들에서/따끈한 삼십오도三十五度 소주燒酒나 한잔 마시고/그리고 그 시래깃국에 소피를 넣고 두부를 두고 끓인 구수한 술국을 트근히 몇 사발이고 왕사발로 몇 사발이고 먹자 **〈구장로球場路—서행시초西行詩抄 1〉** ❖ 나물 먹고 물 마시고 팔벼개하고 누웠든 사람도/그 머리맡에 수박씨 닦은 것은 호박씨 닦은 것은 있었을 것이다 **〈수박씨, 호박씨〉** ❖ 그리하여 따사한 햇귀에서 하이얀 옷을 입고 매끄러운 밥을 먹고 단샘을 마시고 낮잠을 잤다 **〈북방北方에서—정현웅鄭玄雄에게〉**

마시며 ❖ 눈은 푹푹 날리고/나는 혼자 쓸쓸히 앉어 소주燒酒를 마신다/소주燒酒를 마시며 생각한다 **〈나와 나타샤와 흰 당나귀〉**

마신다 ❖ 눈은 푹푹 날리고/나는 혼자 쓸쓸히 앉어 소주燒酒를 마신다 **〈나와 나타샤와 흰 당나귀〉** ❖ 해빛이 초롱불같이 희맑은데/해정한 모래부리 플랫폼에선/모두들 쩔쩔 끓는 구수한 귀이리차茶를 마신다 **〈함남도안咸南道安〉**

맛보다[동] 몸소 겪어 보다.

맛본다 ❖ 얼근한 비릿한 구릿한 이 맛 속에선/까마득히 신라新羅백성의 향수鄕愁도 맛본다 **〈북관北關—함주시초咸州詩抄〉**

먹다①[동] 음식 따위를 입을 통하여 배 속에 들여보내다.

먹거니 ❖ 봉가집에서 온 사람들도 만나 반가워하고/깨죽이며 문주며 섭가락 앞에 송구떡을 사서 권하거니 먹거니 하고 **〈칠월七月 백중〉**

먹고 ❖ 아비가 앓는가부다/다래 먹고 앓는가부다 **〈산지山地〉** ❖ 또 이러한 밤 같은 때 〔…〕 나는 아룻목의 삿귀를 들고 쇠든밤을 내여 다람쥐처럼 밝어먹고 은행여름을 인두불에 구워도 먹고 **〈고야古夜〉** ❖ 돌다리에 앉어 날버들치를 먹고 몸을 말리는 아이들은 물총새가 되었다 **〈하답夏畓〉** ❖ 남방토南方土 풀 안 돋은 양지귀가 본이다/햇비 멎은 저녁의 노을 먹고 산다 **〈석류石榴〉** ❖ 어스름저녁 국수당 돌각담의 수무나무 가지에 녀귀의 탱을 걸고 나물매 갖추어놓고 비난수를 하는 젊은 새악시들/—잘 먹고 가라 서리서리 물러가라 네 소원 풀었으니 다시 침노 말아라 **〈오금덩이라는 곳〉** ❖ 어치라는 산山새는 벌배 먹어 고읍다는 골에서 돌배 먹고 아픈 배를 아이들은 띨배 먹고 나었다고 하였다 **〈여우난골〉** ❖ 홰냥닭은 알을 낳고 소리치고/강아지는 겨를 먹고 오줌 싸고 **〈연자간〉** ❖ 우리들은 맑은 물밑 해정한 모래톱에서 하구 긴 날을 모래알만 헤이며 잔뼈가 굵은 탓이다/바람 좋은 한벌판에서 물닭이 소리를 들으며 단이슬 먹고 나이 들은 탓이다 **〈선우사膳友辭—함주시초咸州詩抄〉** ❖ 당콩밥에 가지냉국의 저녁을 먹고 나서/바가지꽃 하이얀 지붕에 박각시 주락시 붕붕 날아오면/집은 안팎 문을 횅하니 열젖기고 **〈박각시 오는 저녁〉** ❖ 나물 먹고 물 마시고 팔벼개하고 누웠든 사람도/그 머리맡에 수박씨 닦은 것은 호박씨 닦은 것은 있었을 것이다 **〈수박씨, 호박씨〉** ❖ 그리하여 따사한 햇귀에서 하이얀 옷을 입고 매끄러운 밥을 먹고 단샘을 마시고 낮잠을 잤다 **〈북방北方에서—정현웅鄭玄雄에게〉** ❖ 그리고 또 달디단 따끈한 감주나 한잔 먹고 싶다고 생각하는 내 가지가지 외로운 생각이 헤매인다 **〈흰 바람벽이 있어〉** ❖ 대대로 조상도 서로 모르고 말도 제가끔 틀리고 먹고 입는 것도 모도 다른데/이렇게 발가들벗고 한물에 몸을 씻는 것은/생각하면 쓸쓸한 일이다 **〈조당澡塘에서〉** ❖ 오늘 고향의 내 집에 있는다면/새 옷을 입고 새 신도 신고 떡과 고기도 억병 먹고/일가친척들과 서로 모여 즐거이 웃음으로 지날 것이연만 **〈두보杜甫나 이백李白같이〉**

먹는 ❖ 오리야 고운 오리야 가만히 안겼거라/너를 팔어 술을 먹는 노盧장에 령감은/홀아비 소의연 침을 놓는 령감인데/나는 너를 백통전 하나 주고 사오누나 **〈오리〉** ❖ 금귤이 눌한 마을마을을 지나가며/싱싱한 금귤을 먹는 것은 얼마나 즐거운 일인가 **〈이두국주가도伊豆國湊街道〉** ❖ 까막까치나 두더쥐 돋벌기가 와서 먹으면 먹는 대로 두어두고/도적이 조금 걷어가도 걷어가는 대로 두어두고 **〈귀농歸農〉**

먹는다 ❖ 그의 지아비와 마조 앉어 대구국을 끓여놓고 저녁을 먹는다/벌써 어린것도 생겨서 옆에 끼고 저녁을 먹는다 **〈흰 바람벽이 있어〉**

먹다가 ❖ 찰복숭아를 먹다가 씨를 삼키고는 죽는 것만 같어 하로종일 놀지도 못하고 밥도 안 먹은 것도 **〈가즈랑집〉**

먹드니 ❖ 신 살구를 잘도 먹드니 눈 오는 아츰/나어린 안해는 첫아들을 낳었다 **〈적경寂境〉**

먹어 ❖ 어치라는 산山새는 벌배 먹어 고읍다는 골에서 돌배 먹고 아픈 배를 아이들은 띨배 먹고 나었다고 하였다 **〈여우난골〉** ❖ 문기슭에 바다 해자를 까꾸로 붙인

집/산듯한 청삿자리 우에서 찌륵찌륵/우는 전북회를 먹어 한녀름을 보낸다 **〈삼호三湖—물닭의 소리〉**

먹었다 ❖ 오지항아리에는 삼춘이 밥보다 좋아하는 찹쌀탁주가 있어서/삼춘의 임내를 내어가며 나와 사춘은 시큼털털한 술을 잘도 채어 먹었다 **〈고방〉** ❖ 흙담벽에 볕이 따사하니/아이들은 물코를 흘리며 무감자를 먹었다 **〈초동일初冬日〉** ❖ 산山골에서는 집터를 츠고 달궤를 닦고/보름달 아래서 노루고기를 먹었다 **〈노루〉** ❖ 노란 싸릿닢이 한불 깔린 토방에 햇츩방석을 깔고/나는 호박떡을 맛있게도 먹었다 **〈여우난골〉** ❖ 노루새끼 등을 쓸며/터 앞에 당콩순을 다 먹었다 하고/서른닷 냥 값을 부른다 **〈노루—함주시초咸州詩抄〉**

먹으려 ❖ 또 내가 아는 그 몸이 성하고 돈도 있는 사람들이/즐거이 술을 먹으려 단닐 것과/내 손에는 신간서新刊書 하나도 없는 것과 **〈내가 생각하는 것은〉**

먹으며 ❖ 내일같이 명절날인 밤은 〔…〕 조개송편에 달송편에 죈두기송편에 떡을 빚는 곁에서 나는 밤소 팥소 설탕 든 콩가루소를 먹으며 설탕 든 콩가루소가 가장 맛있다고 생각한다 **〈고야古夜〉** ❖ 나는 돌나물김치에 백설기를 먹으며/넷말의 구신집에 있는 듯이 **〈가즈랑집〉** ❖ 수박이 열면 수박을 먹으며 팔며/감자가 앉으면 감자를 먹으며 팔며 **〈귀농歸農〉**

먹으면 ❖ 까막까치나 두더쥐 돝벌기가 와서 먹으면 먹는 대로 두어두고/도적이 조금 걷어가도 걷어가는 대로 두어두고 **〈귀농歸農〉**

먹은 ❖ 찰복숭아를 먹다가 씨를 삼키고는 죽는 것만 같어 하로종일 놀지도 못하고 밥도 안 먹은 것도/가즈랑집에 마을을 가서/당세 먹은 강아지같이 좋아라고 집오래를 설레다가였다 **〈가즈랑집〉**

먹을 ❖ 이 눈세기물을 냅일물이라고 제주병에 진상항아리에 채워두고는 해를 묵여가며 고뿔이 와도 배앓이를 해도 갑피기를 앓어도 먹을 물이다 **〈고야古夜〉** ❖ 먼 훗날 그들의 먼 훗자손들도/그들의 본을 따서 이날에는 원소元宵를 먹을 것을/외로이 타관에 나서도 이 원소元宵를 먹을 것을 생각하며 **〈두보杜甫나 이백李白같이〉**

먹자 ❖ 그리고 그 시래깃국에 소피를 넣고 두부를 두고 끓인 구수한 술국을 트근히 몇 사발이고 왕사발로 몇 사발이고 먹자 **〈구장로球場路—서행시초西行詩抄 1〉**

먹지 ❖ 이즉하니 물기에 누굿이 젖은 왕구새자리에서 저녁상을 받은 가슴 앓는 사람은 참치회를 먹지 못하고 눈물겨웠다 **〈시기柿崎의 바다〉**

먹이다[동] '먹다'(음식 따위를 입을 통하여 배 속에 들여보내다)의 사동사.

먹였다는 ❖ 집에는 아배에 삼춘에 오마니에 오마니가 있어서 〔…〕 그리고 끼때에는 부뚜막에 바가지를 아이덜 수대로 주룬히 늘어놓고 밥 한 덩이 질게 한 술 들여 트려서는 먹였다는 소리를 언제나 두고두고 하는데 **〈넘언집 범 같은 노큰마니〉**

물다[동] 윗니나 아랫니 또는 양 입술 사이에 끼운 상태로 떨어지거나 빠져나가지 않도록 다소 세게 누르다.

물고 ❖ 손톱을 시펄하니 길우고 기나긴 창꽈쯔를 즐즐 끌고 싶었다/만두饅頭꼬깔을 눌러쓰고 곰방대를 물고 가고 싶었다 **〈안동安東〉**

물어 ❖ 근심이 마음에 앉는 때는 희고 까만 씨를 혀끝에 물어 까막까치가 되고 **〈수박씨, 호박씨〉**

물은 ❖ 내가 언제나 무서운 외갓집은/초저녁이면 안팎마당이 그득하니 하이얀 나비수염을 물은 보득지근한 복쪽재비들이 씨굴씨굴 모여서는 짱짱 짱짱 쇳스럽게 울어대고 **〈외갓집〉**

밝어먹다[동] 발라먹다. '밝다'는 '바르다'(껍질을 벗겨 속에 들어 있는 알맹이를 집어내다)의 평안 방언.

〔'발라먹다'는 '남을 꾀거나 속여서 물건을 빼앗아 가지다'라는 뜻이므로 '밝어먹다'를 '발라먹다'로 붙여서 풀이하면 안 된다는 견해가 있으나(이숭원, 2008), 이는 《표준국어대사전》만을 참고한 것이다. 《금성판국어대사전》과 《고려대한국어대사전》엔 '발라먹다'의 첫 번째 뜻으로 '알맹이를 빼어 먹다'의 풀이가 용례와 함께 기재되어 있다. 《조선말대사전》에도 '발라먹다'가 같은 뜻으로 나오며, 같은 말로 '발가먹다'도 등재되어 있다.〕

밝어먹고 ❖ 또 이러한 밤 같은 때 〔…〕 나는 아릇목의 삿귀를 들고 쇠든밤을 내여 다람쥐처럼 밝어먹고 은행여름을 인둣불에 구워도 먹고 〔…〕 **〈고야古夜〉**

뱉다[동] 입속에 있는 것을 입 밖으로 내보내다.

뱉고 ❖ 황토 마루 수무나무에 얼럭궁덜럭궁 색동헝겊 뜯개조박 뵈짜배기 걸리고 오쟁이 끼애리 달리고 소삼은 엄신 같은 딥세기도 열린 국수당고개를 멫 번이고 튀튀 춤을 뱉고 넘어가면 골안에 아늑히 묵은 녕동이 무겁기도 할 집이 한 채 안기었는데 **〈넘언집 범 같은 노큰마니〉**

빨다[동] 입을 대고 입속으로 당겨 들어오게 하다.

빠는 ❖ 울파주 밖에는 장꾼들을 따러와서 엄지의 젖을 빠는 망아지도 있었다 **〈주막酒幕〉**

사먹다[동] 값을 치르고 음식을 먹다.

〔'사먹다'는 '사다'와 '먹다'가 결합된 합성동사이다. 사전엔 '사다'와 '먹다'만 등재

되어 있다.〕

사먹으리라 ❖ 나는 이제 어늬 먼 외진 거리에 한고향 사람의 조고마한 가업집이 있는 것을 생각하고/이 집에 가서 그 맛스러운 떡국이라도 한 그릇 사먹으리라 한다 〈**두보**杜甫**나 이백**李白**같이**〉

삼키다 동 무엇을 입에 넣어서 목구멍으로 넘기다.

삼키고는 ❖ 찰복숭아를 먹다가 씨를 삼키고는 죽는 것만 같어 하로종일 놀지도 못하고 밥도 안 먹은 것도/가즈랑집에 마을을 가서/당세 먹은 강아지같이 좋아라고 집오래를 설레다가였다 〈**가즈랑집**〉

삼키는 ❖ 나는 이 털도 안 뽑은 도야지고기를 물꾸러미 바라보며/또 털도 안 뽑는 고기를 시꺼먼 맨모밀국수에 얹어서 한입에 꿀꺽 삼키는 사람들을 바라보며 〈**북신**北新**—서행시초**西行詩抄 **2**〉

쌔김질하다 동 새김질하다. 한번 삼킨 먹이를 다시 게워 내어 씹다.

쌔김질하는 ❖ 또 문밖에 나가디두 않고 자리에 누워서,/머리에 손깍지벼개를 하고 굴기도 하면서,/나는 내 슬픔이며 어리석음이며를 소처럼 연하여 쌔김질하는 것이었다. 〈**남신의주 유동 박시봉방**南新義州柳洞朴時逢方〉

씹다 동 사람이나 동물이 음식 따위를 입에 넣고 윗니와 아랫니를 움직여 잘게 자르거나 부드럽게 갈다.

씹으며 ❖ 이왕이면 향香내 높은 취향리梨 돌배 움퍽움퍽 씹으며 머리채 츠렁츠렁 발굽을 차는 꾸냥과 가즈런히 쌍마차雙馬車 몰아가고 싶었다 〈**안동**安東〉

잡어먹다 동 잡아먹다. 동물을 죽여 그 고기를 먹다.

잡어먹는 ❖ 아배는 타관 가서 오지 않고 산山비탈 외따른 집에 엄매와 나와 단둘이서 누가 죽이는 듯이 무서운 밤 집 뒤로는 어늬 산山골짜기에서 소를 잡어먹는 노나리꾼들이 도적놈들같이 쿵쿵거리며 다닌다 〈**고야**古夜〉

주워먹다 동 바닥에 떨어지거나 흩어져 있는 것을 집어서 먹다.

〔'주워먹다'는 '줍다'와 '먹다'가 결합된 복합동사이다. 사전엔 '줍다'와 '먹다'만 등재되어 있다.〕

주워먹는 ❖ 햇강아지의 쌀랑대는 성화를 받어가며 닭의 똥을 주워먹는 아이를 생각한다 〈**촌에서 온 아이**〉

쳐먹다 동 날이 있는 물체를 이용하여 잘라 먹다.

〔'쳐먹다'는 '치다'와 '먹다'가 결합된 복합동사이다. 사전엔 '치다'와 '먹다'만 등재되어 있다.〕

쳐먹고도 ❖ 그러나 시방 꼴두기는 배창에 너부러져 새새끼 같은 울음을 우는 곁에서/뱃사람들의 언젠가 아홉이서 회를 쳐먹고도 남어 한 깃씩 노나가지고 갔다는 크디큰 꼴두기의 이야기를 들으며 나는 슬프다 **〈꼴두기—물닭의 소리〉**

핥다동 혀가 물체의 겉면에 살짝 닿으면서 지나가게 하다.

핥으며 ❖ 산골사람의 손을 핥으며/약자에 쓴다는 흥정 소리를 듣는 듯이/새까만 눈에 하이얀 것이 가랑가랑한다 **〈노루—함주시초**咸州詩抄**〉**

해치우다동 어떤 일을 빠르고 시원스럽게 끝내다.

해치우고 ❖ 첫녀름 이른 저녁을 해치우고 인간들이 모두 터앞에 나와서 물외포기에 당콩포기에 오줌을 주는 때 터앞에 밭마당에 샛길에 떠도는 오줌의 매캐한 재릿한 내음새 **〈동뇨부**童尿賦**〉**

4 노동

닦다③동 건물 따위를 지을 터전을 평평하게 다지다.

〔아래 용례에서 '달궤를 닦고'는 '달궤(달구, 땅을 단단히 다지는 데 쓰는 기구)를 사용해서 집터를 평평하게 다지고'라는 뜻이다.〕

닦고 ❖ 산山골에서는 집터를 츠고 달궤를 닦고/보름달 아래서 노루고기를 먹었다 **〈노루〉**

닭보다동 닭을 키우고 돌보다.

〔'닭보다'의 '보다'는 '아이 보다'에서 '보다'의 쓰임과 같은 뜻을 지닌다. '닭보다'는 백석의 합성조어이다.〕

닭보는 ❖ 날기멍석을 져간다는 닭보는 할미를 차 굴린다는 땅아래 고래 같은 기와집에는 언제나 니차떡에 청밀에 은금보화가 그득하다는 〔…〕 **〈고야**古夜**〉**

매다②동 논밭에 난 잡풀을 뽑다.

매고 ❖ 마을에서는 세불 김을 다 매고 들에서/개장취념을 서너 번 하고 나면/백중 좋은 날이 슬그머니 오는데 **〈칠월**七月 **백중〉**

매려 ❖ 집에는 아배에 삼춘에 오마니에 오마니가 있어서 젖먹이를 마을 청능 그늘 밑에 삿갓을 씌워 한종일내 뉘어두고 김을 매려 단녔고 〔…〕 **〈넘언집 범 같은 노큰마니〉**

벼르다동 벼리다. 무디어진 연장의 날을 불에 달구어 두드려서 날카롭게 만들다.

벼르는 ❖ 이방異邦 거리는/도끼날 벼르는 돌물레 소리 속에/되광대 켜는 되양금 소리 속에 **〈안동安東〉**

삼다 동 짚신이나 미투리 따위를 결어서 만들다.

삼는 ❖ 구석의 나무말쿠지에 할아버지가 삼는 소신 같은 짚신이 둑둑이 걸리어도 있었다 **〈고방〉**

새하다 동 '나무하다'(땔감으로 쓸 나무를 베거나 주워 모으다)의 평안 방언.

새하려 ❖ 새하려 가는 아배의 지게에 치워 나는 산山으로 가며 토끼를 잡으리라고 생각한다 **〈오리 망아지 토끼〉**

소삼다 동 짚신이나 미투리 따위를 성글게 결어서 만들다.

〔'소삼다'는 '소(疎, 성기다)+삼다(짚신이나 미투리 따위를 결어서 만들다)'의 형태를 지닌 합성조어이다.〕

소삼은 ❖ 황토 마루 수무나무에 얼럭궁덜럭궁 색동헝겊 뜯개조박 뵈짜배기 걸리고 오쟁이 끼애리 달리고 소삼은 엄신 같은 딥세기도 열린 국수당고개를 몇 번이고 튀튀 춤을 뱉고 넘어가면 〔…〕 **〈넘언집 범 같은 노큰마니〉**

심그다 동 '심다'의 방언. 초목의 뿌리나 씨앗 따위를 흙 속에 묻다.

〔사전에 '심다'의 방언(강원, 경기, 충청, 함경)으로 '심구다'가 등재되어 있는데, 백석은 '심그다'는 말을 쓰고 있다. '우'가 '으'로 발음되는 것은 백석 시에 자주 나타나는 음운 현상이다. '심그다'는 '심구다'란 함경 방언이 백석의 개인 방언으로 실현된 말이다.〕

심그리라 ❖ 나는 가슴이 이 무슨 흥에 벅차오며/이 봄에는 이 밭에 감자 강냉이 수박에 오이며 당콩에 마늘과 파도 심그리라 생각한다 **〈귀농歸農〉**

짜다 ① 동 실이나 끈 따위를 씨와 날로 결어서 천 따위를 만들다.

짠다는 ❖ 얼굴에 별자국이 솜솜 난 말수와 같이 눈도 껌벅거리는 하로에 베 한 필을 짠다는 벌 하나 건너 집엔 복숭아나무가 많은 신리新里 고무 고무의 딸 이녀李女 작은이녀李女 **〈여우난골족族〉**

찧다 동 곡식 따위를 쓿거나 빻으려고 절구에 담고 공이로 내리치다.

찧는 ❖ 녕 낮은 집 담 낮은 집 마당만 높은 집에서 열나흘 달을 업고 손방아만 찧는 내 사람을 생각한다 **〈통영統營(남행시초南行詩抄)〉**

치다 ④ 동 (벌이 꿀을) 그러모으다(《금성판국어대사전》).

〔이 단어에 대한 풀이는 《금성판국어대사전》에만 나와 있다.〕

치고 ❖ 낫 기울은 날을 햇볕 장글장글한 툇마루에 걸어앉어서/지난 여름 도락구를 타고 장진長津땅에 가서 꿀을 치고 돌아왔다는 이 벌들을 바라보며 나는/날이 어서 추워져서 쑥국화꽃도 시들고 이 바즈런한 백성들도 다 제 집으로 들은 뒤에 이 골안으로 올 것을 생각하였다 〈**산곡**山谷**—함주시초**咸州詩抄〉

캐다[동] 땅속에 묻힌 광물이나 식물 따위의 자연 생산물을 파서 꺼내다.

캐다 ❖ 태고太古에 나서/선인도仙人圖가 꿈이다/고산정토高山淨土에 산약山藥 캐다 오다 〈**석류**石榴〉

키질하다[동] 키로 곡식 따위를 까부르다.

키질하는 ❖ 무이밭에 흰나뷔 나는 집 밤나무 머루넝쿨 속에 키질하는 소리만이 들린다 〈**창의문외**彰義門外〉

5 사고팔기, 경제 형편

가난하다[형] (사람이나 그 살림이) 넉넉하지 못하고 어렵다(《고려대한국어대사전》).

가난하고 ❖ 이러한 글자들이 지나간다/—나는 이 세상에서 가난하고 외롭고 높고 쓸쓸하니 살어가도록 태어났다/ […] /그리고 이번에는 나를 위로하는 듯이 나를 울력하는 듯이/눈질을 하며 주먹질을 하며 이런 글자들이 지나간다/—하눌이 이 세상을 내일 적에 그가 가장 귀해하고 사랑하는 것들은 모두/가난하고 외롭고 높고 쓸쓸하니 그리고 언제나 넘치는 사랑과 슬픔 속에 살도록 만드신 것이다 〈**흰 바람벽이 있어**〉

가난하니 ❖ 소는 기르매 지고 조은다//아 모도들 따사로이 가난하니 〈**삼천포**三千浦**—남행시초**南行詩抄 **4**〉

가난한 ❖ 가난한 내가/아름다운 나타샤를 사랑해서/오늘밤은 푹푹 눈이 나린다 〈**나와 나타샤와 흰 당나귀**〉 ❖ 샛파란 핏대를 바라보며 나는 가난한 아버지를/가진 것과 내가 오래 그려오든 처녀가 시집을 간 것과/그렇게도 살틀하든 동무가 나를 버린 일을 생각한다 〈**내가 생각하는 것은**〉 ❖ 내가 이렇게 외면하고 거리를 걸어가는 것은 잠풍 날씨가 너무나 좋은 탓이고/가난한 동무가 새 구두를 신고 지나간 탓이고 언제나 꼭같은 넥타이를 매고 고운 사람을 사랑하는 탓이다// […] /이렇게 젊은 나이로 코밑수염도 길러보는 탓이고 그리고 어늬 가난한 집 부엌으로 달재 생선을 진장에 꼿꼿이 지진 것은 맛도 있다는 말이 자꼬 들려오는 탓이다 〈**내가 이렇게 외면하고**〉 ❖ 이 추운 세상의 한구석에/맑고 가난한 친구가 하나 있어서/내가 이렇게 추운 거리를 지나온 걸 〈**가무래기의 낙**樂〉 ❖ 싸움과 흥정으로 왁자지껄하는 거리를 지날 때든가/추운 겨울밤 병들어 누운 가난한 동무의 머리맡에 앉어/말없이 무릎 우 어린 고양이의 등만 쓰다듬는 때든가/〔…〕/사랑하는 어린것에게 엿 한 가락을 아끼고 위하는 안해에겐 해진 옷을 입히면서도/마음이 가난한 낯설은 사람에게 수백 냥 돈을 거저 주는 그 인정을 그리고 또 그 말을/사람은 모든 것을 다 잃어버리고 넋 하나를 얻는다는 크나큰 그 말을 〈**허준**許俊〉 ❖ 한가한 애동들은 어둡도록 꿩사냥을 하고/가난한 엄매는 밤중에 김치가재미로 가고/마을을 구수한 즐거움에 싸서 은근하니 흥성흥성 들뜨게 하며/이것은 오는 것이다 〈**국수**〉 ❖ 그런데 이것은 또 어인 일인가/이 흰 바람벽에/내 가난한 늙은 어머니가 있다/내 가난한 늙은 어머니가/이렇게 시퍼러둥둥하니 추운 날인데 차디찬 물에 손은 담그고 무이며 배추를 씻고 있다 〈**흰 바람벽이 있어**〉

가난해도 ❖ 우리들은 가난해도 서럽지 않다/우리들은 외로워할 까닭도 없다/그리고 누구 하나 부럽지도 않다 〈**선우사**膳友辭**—함주시초**咸州詩抄〉

거저[부] 아무런 노력이나 대가 없이.

❖ 마음이 가난한 낯설은 사람에게 수백 냥 돈을 거저 주는 그 인정을 그리고 또 그 말을 〈**허준**許俊〉

끊다①[동] 옷감이나 표 따위를 사다.

끊고 ❖ 통영統營장 낫대들었다//갓 한 닢 쓰고 건시 한 접 사고 홍공단 단기 한 감 끊고 술 한 병 받어들고//화륜선 만져보려 선창 갔다 〈**통영**統營**—남행시초**南行詩抄 **2**〉

받다②[동] 물건을 돈을 주고 사다(《조선말대사전》).

〔《표준국어대사전》엔 '받다'가 "① 술 따위를 사다. ② 여러 사람에게 팔거나 대어 주기 위해 한꺼번에 많은 양의 물품을 사다"로 풀이되어 있는데, 《조선말대사전》엔 "물건을 돈을 주고 사다"로 풀이되어 있다. 북쪽 지역에서 '받다'는 술이나 많은 양의 물품을 살 때만 쓰는 것이 아니라 일반적으로 물건을 돈을 주고 살 때 쓰는 말임을 알 수 있다.〕

받으려 ❖ 낮배 어니메 치코에 꿩이라도 걸려서 산山 너머 국숫집에 국수를 받으려 가는 사람이 있어도 개는 짖는다//김치가재미선 동치미가 유별히 맛나게 익는 밤//아배가 밤참 국수를 받으려 가면 나는 큰마니의 돋보기를 쓰고 앉어 개 짖는 소리를 들은 것이다 〈**개**〉

받어들다[동] 물건을 돈을 주고 사서 손에 가지다.

〔'받아들다'는 '받다'와 '들다'가 결합된 복합동사이다. 사전엔 '받다'만 등재되어 있다.〕

받어들고 ❖ 통영統營장 낫대들었다//갓 한 닢 쓰고 건시 한 접 사고 홍공단 단기 한 감 끊고 술 한 병 받어들고//화륜선 만져보려 선창 갔다 **〈통영統營—남행시초南行詩抄 2〉**

불상하다 형 '불쌍하다'의 고어. 처지나 형편이 어려워 애처롭다(《고려대한국어대사전》). ☞ 용언과 수식언 I. 사람 및 동식물 2. 감정 520

〔'불상하다'(불쌍하다)는 감정이기도 하고, 경제 형편이기도 하여 양쪽 의미 단위에 모두 귀속시켰다.〕

불상하니도 ❖ 모닥불은 어려서 우리 할아버지가 어미 아비 없는 서러운 아이로 불상하니도 몽둥발이가 된 슬픈 력사가 있다 **〈모닥불〉**

사다 동 값을 치르고 어떤 물건이나 권리를 자기 것으로 만들다.

사고 ❖ 갓 한 닢 쓰고 건시 한 접 사고 홍공단 단기 한 감 끊고 술 한 병 받어들고 **〈통영統營—남행시초南行詩抄 2〉**

사서 ❖ 흰가무래기 검가무래기 가무래기 사서 하리불에 구워먹잔 말이로구나 **〈머리카락〉** ❖ 봉가집에서 온 사람들도 만나 반가워하고/깨죽이며 문주며 섭가락 앞에 송구떡을 사서 권하거니 먹거니 하고 **〈칠월七月 백중〉**

사잔 ❖ 막대침에 가는 세침 바눌이며 취열옥색 꼭두손이 연분홍 물감도 사잔 말이로구나 **〈머리카락〉**

산다 ❖ 나는 주먹다시 같은 떡당이에 꿀보다도 달다는 강낭엿을 산다 **〈월림月林장—서행시초西行詩抄 4〉**

샀다 ❖ 평안도平安道의 어늬 산山 깊은 금덤판/나는 파리한 여인女人에게서 옥수수를 샀다 **〈여승女僧〉**

사오다 동 사서 가져오다. 값을 치르고 어떤 물건을 가져오다.

〔'사오다'는 '사다'와 '오다'가 결합된 복합동사이다. 사전엔 '사다'만 등재되어 있다.〕

사오누나 ❖ 오리야 고운 오리야 가만히 안젔거라/너를 팔어 술을 먹는 노盧장에 령감은/홀아비 소의연 침을 놓는 령감인데/나는 너를 백통전 하나 주고 사오누나 **〈오리〉**

얻다② 동 돈을 빌리다.

얻으려 ❖ 가무락조개 난 뒤간거리에/빚을 얻으려 나는 왔다 **〈가무래기의 낙樂〉**

팔다 [동] 값을 받고 물건이나 권리 따위를 남에게 넘기거나 노력 따위를 제공하다.

팔러 ❖ 헐리다 남은 성문城門이/한울빛같이 훤하다/날이 밝으면 또 메기수염의 늙은이가 청배를 팔러 올 것이다 〈**정주성**定州城〉

팔며 ❖ 수박이 열면 수박을 먹으며 팔며/감자가 앉으면 감자를 먹으며 팔며 〈**귀농**歸農〉

팔어 ❖ 오리야 고운 오리야 가만히 안겼거라/너를 팔어 술을 먹는 노盧장에 령감은/홀아비 소의연 침을 놓는 령감인데/나는 너를 백통전 하나 주고 사오누나 〈**오리**〉

6 교통

몰다② [동] 기계나 탈것을 부리거나 운전하다.

몰고 ❖ 아이들은 늘늘히 청대나무말을 몰고/대모풍잠한 늙은이 또요 한 마리를 드리우고 갔다 〈**남향**南鄕**—물닭의 소리**〉

몰아가다 [동] 기계나 탈것을 부리거나 운전해 가다.

〔'몰아가다'는 '몰다'와 '가다'가 결합된 복합동사이다. 《표준국어대사전》엔 '몰아가다'가 "몰아서 일정한 방향으로 이끌다"는 뜻으로 풀이되어 있는데, 이것은 '몰다'의 의미가 확장되어 새로운 의미로 굳어진 것을 반영한 것이다. 《조선말대사전》엔 이런 뜻의 '몰아가다'가 따로 등재되어 있지 않다. 백석 시에서도 '몰아가다'는 '몰다'와 '가다'가 결합되어, '운전해 가다'의 뜻으로 사용된 것이다.〕

몰아가고 ❖ 이왕이면 향香내 높은 취향리梨 돌배 움퍽움퍽 씹으며 머리채 츠렁츠렁 발굽을 차는 꾸냥과 가즈런히 쌍마차雙馬車 몰아가고 싶었다 〈**안동**安東〉

오르다② [동] 탈것에 타다.

오른다 ❖ 차디찬 아침인데/묘향산행妙香山行 승합자동차乘合自動車는 텅하니 비어서/나이 어린 계집아이 하나가 오른다 〈**팔원**八院**—서행시초**西行詩抄 **3**〉

올라서 ❖ 구마산舊馬山의 선창에선 좋아하는 사람이 울며 나리는 배에 올라서 오는 물길이 반날/갓 나는 고당은 갓갓기도 하다 〈**통영**統營**(남행시초**南行詩抄**)**〉

타다① [동] 탈것이나 짐승의 등 따위에 몸을 얹다.

〔아래 용례 중 〈국수〉에서 국수가 분틀을 통해 만들어져 나오는 것을 두고 '타다'는 동사를 사용한 것이 이채롭다.〕

타고 ❖ 저녁술을 놓은 아이들은 외양간 섶 밭마당에 달린 배나무동산에서 쥐잡이를 하고 숨굴막질을 하고 꼬리잡이를 하고 가마 타고 시집가는 놀음 말 타고 장가가는 놀음을 하고 이렇게 밤이 어둡도록 북적하니 논다 〈**여우난골족**族〉 ❖ 넷적 본의 휘장마차에/어느메 촌중의 새 새악시와도 함께 타고/먼 바닷가의 거리로 간다는데 〈**이두국주가도**伊豆國湊街道〉 ❖ 열니레 달이 올라서/나룻배 타고 판데목 지나간다 간다 〈**통영**統營**—남행시초**南行詩抄 2〉 ❖ 낮 기울은 날을 햇볕 장글장글한 툇마루에 걸어앉어서/지난 여름 도락구를 타고 장진長津땅에 가서 꿀을 치고 돌아왔다는 이 벌들을 바라보며 나는 〈**산곡**山谷**—함주시초**咸州詩抄〉 ❖ 나타샤와 나는/눈이 푹푹 쌓이는 밤 흰 당나귀 타고/산골로 가자 출출이 우는 깊은 산골로 가 마가리에 살자 〈**나와 나타샤와 흰 당나귀**〉 ❖ 노왕老王은 나귀를 타고 앞에 가고/나는 노새를 타고 뒤에 따르고/마을 끝 충왕묘蟲王廟에 충왕蟲王을 찾어뵈려 가는 길이다/토신묘土神廟에 토신土神도 찾어뵈려 가는 길이다 〈**귀농**歸農〉 ❖ 이것은 어늬 양지귀 혹은 능달쪽 외따른 산 녚은댕이 예데가리밭에서/하로밤 뽀오한 흰김 속에 접시귀 소기름불이 뿌우현 부엌에/산멍에 같은 분틀을 타고 오는 것이다 〈**국수**〉 ❖ 촌에서 온 아이여/촌에서 어젯밤에 승합자동차乘合自動車를 타고 온 아이여/이렇게 추운데 웃동에 무슨 두룽이 같은 것을 하나 걸치고 아랫두리는 쪽 발가벗은 아이여 〈**촌에서 온 아이**〉

7 유희, 민속

가다⑤동 (흔히 시집, 장가와 함께 쓰여) 결혼을 하여 남편을 맞거나 아내를 맞다 (《조선말대사전》).

가고 ❖ 황화장사 령감이 일본말을 잘도 하는 곳/처녀들은 모두 어장주漁場主한테 시집을 가고 싶어한다는 곳 〈**통영**統營**(남행시초**南行詩抄**)**〉

간 ❖ 그렇것만 나는 하이얀 자리 우에서 마른 팔뚝의/샛파란 핏대를 바라보며 나는 가난한 아버지를/가진 것과 내가 오래 그려오든 처녀가 시집을 간 것과/그렇게도 살틀하든 동무가 나를 버린 일을 생각한다 〈**내가 생각하는 것은**〉

갈 ❖ 내가 좋아하는 그이는 푸른 가지 붉게붉게 동백冬柏꽃 피는 철엔 타관 시집을 갈 것만 같은데 〈**통영**統營**(남행시초**南行詩抄**)**〉

갔겄다 ❖ 정문旌門집 가난이는 열다섯에/늙은 말꾼한테 시집을 갔겄다 〈**정문촌**旌門村〉

갔다건만 ❖ 어린 누이는 없고 저는 시집을 갔다건만/오리야 너는 한 쌍이 날어가누나 〈**오리**〉

놀다①동 놀이나 재미있는 일을 하며 즐겁게 지내다.

노는 ❖ 나주볕이 가득 드리운 밝은 방안에 혼자 앉어서/실감기며 버선짝을 가지고 쓰렁쓰렁 노는 아이를 생각한다 **〈촌에서 온 아이〉**

논다 ❖ 저녁술을 놓은 아이들은 〔…〕 가마 타고 시집가는 놀음 말 타고 장가가는 놀음을 하고 이렇게 밤이 어둡도록 북적하니 논다 **〈여우난골족族〉**

놀고 ❖ 송아지 잘도 놀고/까치 보해 짖고 **〈연자간〉**

놀지 ❖ 한 십리十里 더 가면 절간이 있을 듯한 마을이다 〔…〕 골갯논드렁에서 미나리 밟고 서서 운다 복사나무 아래 가 흙장난하며 놀지 왜 우노 자개밭둑에 엄지 어데 안 가고 누웠다 〔…〕 **〈황일黃日〉**

놀지도 ❖ 찰복숭아를 먹다가 씨를 삼키고는 죽는 것만 같어 하로종일 놀지도 못하고 밥도 안 먹은 것도 **〈가즈랑집〉**

뛰놀다동 이리저리 뛰어다니며 놀다.

뛰노는 ❖ 칠성七星고기라는 고기의 쩜벙쩜벙 뛰노는 소리가/쨋쨋하니 들려오는 호수湖水까지는/들쭉이 한불 새까마니 익어가는 망연한 벌판을 지나가야 한다 **〈함남도안咸南道安〉**

바리깨돌림하다동 주발 뚜껑을 돌리며 놀다. '바리깨'는 '주발 뚜껑'의 평안 방언. '바리깨돌림 놀이'는 주발 뚜껑을 방바닥에 대고 두 손으로 팽이를 돌리듯 돌리며 노는 놀이이다. 흔히 누구의 것이 더 오래 도는지 겨루며 논다.

바리깨돌림하고 ❖ 밤이 깊어가는 집안엔 엄매는 엄매들끼리 아르간에서들 웃고 이야기하고 아이들은 아이들끼리 웃간 한 방을 잡고 조아질하고 쌈방이 굴리고 바리깨돌림하고 호박떼기하고 제비손이구손이하고 〔…〕 **〈여우난골족族〉**

시집가다동 여자가 결혼하여 남의 아내가 되다.

〔아래 용례 중 시 〈여우난골족族〉에서는 우리의 전통 놀이의 하나를 가리키는 말로 쓰이고 있다.〕

시집가는 ❖ 저녁술을 놓은 아이들은 외양간 섶 밭마당에 달린 배나무동산에서 쥐잡이를 하고 숨굴막질을 하고 꼬리잡이를 하고 가마 타고 시집가는 놀음 말 타고 장가가는 놀음을 하고 이렇게 밤이 어둡도록 북적하니 논다 **〈여우난골족族〉**

시집갈 ❖ 또 이러한 밤 같은 때 시집갈 처녀 막내고무가 고개 너머 큰집으로 치장감을 가지고 와서 엄매와 둘이 소기름에 쌍심지의 불을 밝히고 밤이 들도록 바느질을 하는 밤 같은 때 〔…〕 **〈고야古夜〉**

잔치하다동 기쁜 일이 있을 때에 음식을 차려 놓고 여러 사람이 모여 즐기다.

잔치해 ❖ 오로촌이 멧돝을 잡어 나를 잔치해 보내든 것도/쏠론이 십리길을 따러나와 울든 것도 잊지 않었다 **〈북방**北方**에서—정현웅**鄭玄雄**에게〉**

장가가다[동] 남자가 결혼하여 남의 남편이 되다. 백석 시 〈여우난골족族〉에서는 우리의 전통 놀이의 하나를 지칭하는 의미로 쓰이고 있다.

장가가는 ❖ 저녁술을 놓은 아이들은 외양간 섶 밭마당에 달린 배나무동산에서 쥐잡이를 하고 숨굴막질을 하고 꼬리잡이를 하고 가마 타고 시집가는 놀음 말 타고 장가가는 놀음을 하고 이렇게 밤이 어둡도록 북적하니 논다 **〈여우난골족**族**〉**

제비손이구손이하다[동] 제비손이구손이 놀이를 하다.

〔'제비손이구손이'는 여럿이 두 줄로 마주 앉아 서로 다리를 끼고 다리를 세며 부르는 노랫말의 한 구절이다. 이 놀이의 노랫말은 지역마다 다른데, 평양 지방에선 '한알동 두알동 삼사니피 오두둑 바두둑 제비사니 구사니 종제비 파리 땅'이라고 부른다. 평양도에서는 평양감사·군수 놀이를 할 때 제일 먼저 이것을 하는데, 소리 끝에 꼽힌 순서에 따라 평양감사, 사령, 새, 돼지, 주인, 도둑을 정한 다음 여러 가지 역할 놀이를 한다.〕

제비손이구손이하고 ❖ 밤이 깊어가는 집안엔 엄매는 엄매들끼리 아르간에서들 웃고 이야기하고 아이들은 아이들끼리 웃간 한 방을 잡고 조아질하고 쌈방이 굴리고 바리깨돌림하고 호박떼기하고 제비손이구손이하고 이렇게 화디의 사기방등에 심지를 몇 번이나 돋구고 홍게닭이 몇 번이나 울어서 졸음이 오면 아릇목싸움 자리싸움을 하며 히드득거리다 잠이 든다 〔…〕 **〈여우난골족**族**〉**

조아질하다[동] 공기놀이하다.

〔《조선말대사전》에 '조알질'이 '공기놀이'로 등재되어 있고, 《조선향토대백과18》(2005, 583쪽)에 '조알잡기'가 '공기놀이'의 다른 이름으로 기술되어 있다. 이 말의 뜻은 필자(1983)가 처음으로 밝힌 바 있다.〕

조아질하고 ❖ 밤이 깊어가는 집안엔 엄매는 엄매들끼리 아르간에서들 웃고 이야기하고 아이들은 아이들끼리 웃간 한 방을 잡고 조아질하고 쌈방이 굴리고 바리깨돌림하고 호박떼기하고 제비손이구손이하고 〔…〕 **〈여우난골족**族**〉**

호박떼기하다[동] 호박떼기 놀이를 하다. '호박떼기 놀이'는 앞사람의 허리를 잡고 한 줄로 늘어앉아서 하는 놀이이다. 호박 따는 할멈과 호박 지키는 할멈을 정해 놓고 서로 노래를 주고받으며 제일 뒤에 붙어 있는 호박(아이)을 하나씩 딴다. 꼬리 호박(아이)이 떨어지지 않으려고 앞 아이의 허리를 힘껏 끌어안으면 할멈은 간지럼을 타서 호박을 딴다. 마지막 호박까지 다 따면 놀이는 끝난다. 지역에 따라 '수박떼기'라고도 한다(《조선향토대백과18》, 2005).

호박떼기 ❖ 밤이 깊어가는 집안엔 엄매는 엄매들끼리 아르간에서들 웃고 이야기하고 아이들은 아이들끼리 웃간 한 방을 잡고 조아질하고 쌈방이 굴리고 바리깨돌림하고 호박떼기하고 제비손이구손이하고 〔…〕 **〈여우난골족族〉**

흙장난하다[동] 흙을 가지고 장난하다.

흙장난하며 ❖ 한 십리十里 더 가면 절간이 있을 듯한 마을이다 〔…〕 어데서 송아지 매— 하고 운다 골갯논드렁에서 미나리 밟고 서서 운다 복사나무 아래 가 흙장난하며 놀지 왜 우노 〔…〕 **〈황일黃日〉**

8 학문, 예술, 기술

그리다[동] 연필, 붓 따위로 어떤 사물의 모양을 그와 닮게 선이나 색으로 나타내다.

그리고 ❖ 뽈다구에는 징기징기 앙광이를 그리고 머리칼이 놀한 아이여 **〈촌에서 온 아이〉**

그린 ❖ 호박닢에 싸오는 붕어곰은 언제나 맛있었다//부엌에는 빨갛게 질들은 팔八모알상이 그 상 우엔 새파란 싸리를 그린 눈알만 한 잔盞이 뵈였다 **〈주막酒幕〉**

닦다②[동] 학문이나 기술을 배우고 익히다.

닦어 ❖ 입으로 먹을 뿜는 건/멫십 년 도를 닦어 퓌는 조환가 **〈꼴두기—물닭의 소리〉**

뜯다②[동] 현악기의 줄을 퉁겨서 소리를 내다.

뜯고 ❖ 벌에 우는 새소리도 듣고 싶고 거문고도 한 곡조 뜯고 싶고 한 오천五千말 남기고 함곡관函谷關도 넘어가고 싶고 **〈수박씨, 호박씨〉**

배우다①[동] 새로운 기술을 익히다.

배우며 ❖ 바람 좋은 한벌판에서 물닭이 소리를 들으며 단이슬 먹고 나이 들은 탓이다/외따른 산골에서 소리개 소리 배우며 다람쥐 동무하고 자라난 탓이다 **〈선우사膳友辭—함주시초咸州詩抄〉**

쓰다⑤[동] 글을 짓다(《금성판국어대사전》).

쓰지만 ❖ 다만 한 사람 목이 긴 시인詩人은 안다/'도스토이엡흐스키'며 '죠이쓰'며 누구보다도 잘 알고 일등가는 소설도 쓰지만 **〈허준許俊〉**

쓰다⑥[동] 펜, 연필, 붓 따위로 획을 그어 글자를 이루다(《금성판국어대사전》).

써서 ❖ 무명필에 이름을 써서 백지 달어서 구신간시렁의 당즈깨에 넣어 대감님께

수영을 들였다는 가즈랑집 할머니 〈**가즈랑집**〉

쓰기도 ❖ 딜옹배기에 북덕불이라도 담겨 오면,/이것을 안고 손을 쬐며 재 우에 뜻없이 글자를 쓰기도 하며, 〈**남신의주 유동 박시봉방**南新義州柳洞朴時逢方〉

읽다[동] 글을 보고 거기에 담긴 뜻을 헤아려 알다.

읽은 ❖ 앞뒤로 가기를 마음대로 하는 건/손자孫子의 병서兵書도 읽은 것이다/갈매기 쭝얼댄다 〈**꼴두기—물닭의 소리**〉

켜다②[동] 현악기의 줄을 활 따위로 문질러 소리를 내다.

켜는 ❖ 이방異邦 거리는/도끼날 벼르는 돌물레 소리 속에/되광대 켜는 되양금 소리 속에 〈**안동**安東〉

9 길이, 크기, 두께, 깊이

가늘다[형] 긴 물체의 굵기나 너비가 보통에 미치지 못하고 얇거나 좁다.

가는 ❖ 막대침에 가는 세침 바늘이며 취열옥색 꼭두손이 연분홍 물감도 사잔 말이로구나 〈**머리카락**〉

갤족하다[형] '갈쭉하다'의 평안 방언. 보기 좋을 정도로 조금 길다.

〔《금성판국어대사전》에 '갤쭉하다'가 '갈쭉하다'의 평안 방언으로 등재되어 있다.〕

갤족한 ❖ 이 적고 가부엽고 갤족한 희고 까만 씨가/조용하니 또 도고하니 손에서 입으로 입에서 손으로 오르나리는 때 〈**수박씨, 호박씨**〉

굵다[형] (기다란 물체가) 몸통의 둘레나 너비가 넓다(《고려대한국어대사전》).

굵은 ❖ 우리들은 맑은 물밑 해정한 모래톱에서 하구 긴 날을 모래알만 헤이며 잔뼈가 굵은 탓이다 〈**선우사**膳友辭**—함주시초**咸州詩抄〉

굵어가다[형] (기다란 물체가) 몸통의 둘레나 너비가 넓어 가다(《고려대한국어대사전》).

〔'굵어가다'는 '굵다'에 보조용언 '가다'가 결합된 합성어로서 굵은 상태가 지속되어 점점 굵어지는 것을 가리키는 말이다.〕

굵어가는 ❖ 이렇게 한녀름을 보내면서 나는 하늑이는/물살에 나이금이 느는 꽃조개와 함께/허리도리가 굵어가는 한 사람을 연연해한다 〈**삼호**三湖**—물닭의 소리**〉

기나길다[형] 몹시 길다.

기나긴 ❖ 손톱을 시펄하니 길우고 기나긴 창꽈쯔를 즐즐 끌고 싶었다/만두饅頭 꼬깔을 눌러쓰고 곰방대를 물고 가고 싶었다 〈**안동**安東〉

기드렁하다 형 '길다'나 '기다랗다'에서 온 말로 보인다.

〔'기드렁하다'는 '길다'의 어간에 '-드렁하다'가 결합된 말이거나, '기다랗다'에서 변이된 말이다. '-드렁하다'로 끝맺는 말로 '심드렁하다'는 말이 있다. 백석 시의 용언 가운데 '렁'이 첨가된 말로 '기드렁하다' 외에 '껑추렁하다'는 말이 있다.〕

기드렁한 ❖ 백중날에는 새악시들이/생모시치마 천진푀치마의 물팩치기 껑추렁한 치마에/쇠주푀적삼 항라적삼의 자지고름이 기드렁한 적삼에/한끝나게 상나들이옷을 있는 대로 다 내 입고 **〈칠월**七月 **백중〉**

길다① 형 잇닿은 물체의 두 끝이 서로 멀다.

〔아래 용례 중 〈북방北方에서—정현웅鄭玄雄에게〉의 '긴 족보'와 〈연자간〉의 '기지개 길고'는 공간적 길이와 시간적 길이를 모두 포함하는 말로 보아야 할 것이다.〕

긴 ❖ 예순이 넘은 아들 없는 가즈랑집 할머니는 중같이 정해서 할머니가 마을을 가면 긴 담뱃대에 독하다는 막써레기를 몇 대라도 붙이라고 하며 **〈가즈랑집〉** ❖ 긴 토시 끼고 큰머리 얹고 오불고불 넘엣거리로 가는 여인女人은 평안도平安道서 오신 듯한데 동백冬柏꽃 피는 철이 그 언제요 **〈통영**統營**(남행시초**南行詩抄**)〉** ❖ 그동안 돌비는 깨어지고 많은 은금보화는 땅에 묻히고 가마귀도 긴 족보를 이루었는데/이리하야 또 한 아득한 새 녯날이 비롯하는 때 **〈북방**北方**에서—정현웅**鄭玄雄**에게〉** ❖ 눈물의 또 볕살의 나라 사람이여/당신이 그 긴 허리를 굽히고 뒤짐을 지고 지치운 다리로/싸움과 흥정으로 왁자지껄하는 거리를 지날 때든가/〔…〕//다만 한 사람 목이 긴 시인詩人은 안다/'도스토이엡흐스키'며 '죠이쓰'며 누구보다도 잘 알고 일등가는 소설도 쓰지만/〔…〕/이 목이 긴 시인詩人이 또 게사니처럼 떠곤다고/당신은 쓸쓸히 웃으며 바독판을 당기는구려 **〈허준**許俊**〉** ❖ 나주볕을 한없이 바라보며 혼자 무엇을 즐기는 듯한 목이 긴 사람은/도연명陶淵明은 저러한 사람이였을 것이고 **〈조당**澡塘**에서〉**

길게 ❖ 먼 녯적 어늬 나라 신선 같은데/새끼손톱 길게 돋은 손을 내어/묵묵하니 한참 맥을 짚드니/문득 물어 고향故鄕이 어데냐 한다 **〈고향**故鄕**〉**

길고 ❖ 도적괭이 새끼락이 나고/살진 쪽제비 트는 기지개 길고 **〈연자간〉**

길다랗다 형 기다랗다. 매우 길거나 생각보다 길다.

〔《표준국어대사전》엔 '기다랗다'가 표준어로 등재되어 있는데 《조선말대사전》엔 '기다랗다'와 '길다랗다'가 모두 문화어(북한의 표준어)로 등재되어 있다.〕

길다란 ❖ 처마 끝에 명태明太를 말린다/명태明太는 꽁꽁 얼었다/명태明太는 길다랗고 파리한 물고긴데/꼬리에 길다란 고드름이 달렸다/해는 저물고 날은 다 가고 별은 서러웁게 차갑다/나도 길다랗고 파리한 명태明太다/문門턱에 꽁꽁 얼어서/가슴에 길다란 고드름이 달렸다 **〈멧새 소리〉**

길다랗고 ❖ 처마 끝에 명태明太를 말린다/명태明太는 꽁꽁 얼었다/명태明太는 길다랗고 파리한 물고긴데/꼬리에 길다란 고드름이 달렸다/해는 저물고 날은 다 가고 볕은 서러웁게 차갑다/나도 길다랗고 파리한 명태明太다/문門턱에 꽁꽁 얼어서/가슴에 길다란 고드름이 달렸다 **〈멧새 소리〉**

길즛하다 형 '길찍하다'(길이가 조금 긴 듯하다)의 고어인 '길즉하다'에서 온 말로 보인다.

길즛한 ❖ 이 딴 나라 사람들이 모두 니마들이 번번하니 넓고 눈은 컴컴하니 흐리고/그리고 길즛한 다리에 모두 민숭민숭하니 다리털이 없는 것이/이것이 나는 왜 자꼬 슬퍼지는 것일까 **〈조당澡塘에서〉**

깊다①형 겉에서 속까지의 거리가 멀다.

깊은 ❖ 평안도平安道의 어늬 산山 깊은 금덤판/나는 파리한 여인女人에게서 옥수수를 샀다 **〈여승女僧〉** ❖ 나타샤와 나는/눈이 푹푹 쌓이는 밤 흰 당나귀 타고/산골로 가자 출출이 우는 깊은 산골로 가 마가리에 살자 **〈나와 나타샤와 흰 당나귀〉** ❖ 높은 산도 높은 꼭다기에 있는 듯한/아니면 깊은 물도 깊은 밑바닥에 있는 듯한 당신네 나라의/하늘은 얼마나 맑고 높을 것인가 **〈허준許俊〉** ❖ 나는 이렇게 한가하고 게으르고 그러면서 목숨이라든가 인생人生이라든가 하는 것을 정말 사랑할 줄 아는/그 오래고 깊은 마음들이 참으로 좋고 우러러진다 **〈조당澡塘에서〉**

깊이부 겉에서 속까지의 거리가 멀게.

❖ 뜨락에 잡곡낟가리가 쌓여서/어니 세월에 뷔일 듯한 집은 뵈이지 않었다/나는 자꼬 골안으로 깊이 들어갔다 **〈산곡山谷—함주시초咸州詩抄〉**

껑추렁하다형 '껑충하다'에서 온 말. 치마나 바지 따위의 옷이 꽤 짧다.

〔'껑추렁하다'는 '껑충하다'에 '렁'이 첨가된 형태의 말이다. 백석 시에 이와 유사한 형태의 단어로 '기드렁하다'는 말이 있다.〕

껑추렁한 ❖ 백중날에는 새악시들이/생모시치마 천진푀치마의 물팩치기 껑추렁한 치마에/쇠주푀적삼 항라적삼의 자지고름이 기드렁한 적삼에 **〈칠월七月 백중〉**

나즈막하다형 '나지막하다'(위치가 꽤 나직하다)의 평북 방언(《평북방언사전》).

〔'이'가 '으'로 실현되는 것은 백석의 시어에서 흔히 나타나는 음운 현상이다.〕

나지막한 ❖ 내 사랑하는 어여쁜 사람이/어늬 먼 앞대 조용한 개포가의 나즈막한 집에서/그의 지아비와 마조 앉어 대구국을 끓여놓고 저녁을 먹는다 **〈흰 바람벽이**

있어〉

낮다 형 아래에서 위까지의 높이가 기준이 되는 대상이나 보통 정도에 미치지 못하는 상태에 있다.

낮은 ❖ 녕 낮은 집 담 낮은 집 마당만 높은 집에서 열나흘 달을 업고 손방아만 찧는 내 사람을 생각한다 **〈통영**統營**(남행시초**南行詩抄**)〉**

넓다 형 면이나 바닥 따위의 면적이 크다.

넓고 ❖ 이 딴 나라 사람들이 모두 니마들이 번번하니 넓고 눈은 컴컴하니 흐리고/그리고 길즛한 다리에 모두 민숭민숭하니 다리털이 없는 것이/이것이 나는 왜 자꼬 슬퍼지는 것일까 **〈조당**澡塘**에서〉**

높다 형 ① 아래에서 위까지의 길이가 길다. ② 아래에서부터 위까지 벌어진 사이가 크다. ③ 품질, 수준, 능력, 가치 따위가 보통보다 위에 있다. ④ 소리가 음계에서 위쪽에 있거나 진동수가 많은 상태에 있다.

높고 ❖ 고성固城장 가는 길/해는 둥둥 높고 **〈고성가도**固城街道**—남행시초**南行詩抄 **3〉** ❖ 이러한 글자들이 지나간다/—나는 이 세상에서 가난하고 외롭고 높고 쓸쓸하니 살어가도록 태어났다/ 〔…〕 /눈질을 하며 주먹질을 하며 이런 글자들이 지나간다/—하눌이 이 세상을 내일 적에 그가 가장 귀해하고 사랑하는 것들은 모두/가난하고 외롭고 높고 쓸쓸하니 그리고 언제나 넘치는 사랑과 슬픔 속에 살도록 만드신 것이다 **〈흰 바람벽이 있어〉**

높아서 ❖ 아, 이 정월正月 대보름 명절인데/거리에는 오독독이 탕탕 터지고 호궁胡弓 소리 삘뺄 높아서/내 쓸쓸한 마음엔 자꼬 이 나라의 녯 시인詩人들이 그들의 쓸쓸한 마음들이 생각난다 **〈두보**杜甫**나 이백**李白**같이〉**

높은 ❖ 녯 장수 모신 낡은 사당의 돌층계에 주저앉어서 나는 이 저녁 울 듯 울 듯 한산도閑山島 바다에 뱃사공이 되여가며/녕 낮은 집 담 낮은 집 마당만 높은 집에서 열나흘 달을 업고 손방아만 찧는 내 사람을 생각한다 **〈통영**統營**(남행시초**南行詩抄**)〉** ❖ 만두饅頭꼬깔을 눌러쓰고 곰방대를 물고 가고 싶었다/이왕이면 향香내 높은 취향리梨 돌배 움퍽움퍽 씹으며 머리채 츠렁츠렁 발굽을 차는 꾸냥과 가즈런히 쌍마차雙馬車 몰아가고 싶었다 **〈안동**安東**〉** ❖ 높은 산도 높은 꼭다기에 있는 듯한 **〈허준**許俊**〉** ❖ 그러나 잠시 뒤에 나는 고개를 들어,/허연 문창을 바라보든가 또 눈을 떠서 높은 턴정을 쳐다보는 것인데,/이때 나는 내 뜻이며 힘으로, 나를 이끌어 가는 것이 힘든 일인 것을 생각하고,/이것들보다 더 크고, 높은 것이 있어서, 나를 마음대로 굴려 가는 것을 생각하는 것인데, **〈남신의주 유동 박시봉방**南

新義州柳洞朴時逢方〉

높을 ❖ 높은 산도 높은 꼭다기에 있는 듯한/아니면 깊은 물도 깊은 밑바닥에 있는 듯한 당신네 나라의/하늘은 얼마나 맑고 높을 것인가 〈**허준**許俊〉

높이 부 아래에서 위까지의 길이가 길게.

❖ 무이밭에 흰나뷔 나는 집 밤나무 머루넝쿨 속에 키질하는 소리만이 들린다/우물가에서 까치가 자꼬 즞거니 하면/붉은 수탉이 높이 샛더미 우로 올랐다 〈**창의문외**彰義門外〉

늘늘히 부 넉넉히(《조선말대사전》).

❖ 푸른 바닷가의 하이얀 하이얀 길이다//아이들은 늘늘히 청대나무말을 몰고/대모풍잠한 늙은이 또요 한 마리를 드리우고 갔다 〈**남향**南鄕**—물닭의 소리**〉

늘다 동 본디보다 더 크게, 더 많게, 더 길게 되다(《금성판국어대사전》).

느는 ❖ 이렇게 한녀름을 보내면서 나는 하늑이는/물살에 나이금이 느는 꽃조개와 함께/허리도리가 굵어가는 한 사람을 연연해한다 〈**삼호**三湖**—물닭의 소리**〉

두틈하다 형 두툼하다. 꽤 두껍다.

두틈한 ❖ 그리고 또/두틈한 초가지붕 밑에 호박꽃 초롱 혀고 사는 시인詩人을 사랑한다 〈**《호박꽃 초롱》 서시**序詩〉

무연하다 형 아득하게 너르다.

무연한 ❖ 흙꽃 니는 이른 봄의 무연한 벌을/경편철도輕便鐵道가 노새의 맘을 먹고 지나간다 〈**광원**曠原〉

자그마하다 형 조금 작다.

자그마한 ❖ 골이 다한 산대 밑에 자그마한 돌능와집이 한 채 있어서/이 집 남길동 단 안주인은 겨울이면 집을 내고/산을 돌아 거리로 나려간다는 말을 하는데 〈**산곡**山谷**—함주시초**咸州詩抄〉

작다 형 길이, 넓이, 부피 따위가 비교 대상이나 보통보다 덜하다.

작은 ❖ 내 손에 오르기라도 하라고 나는 손을 내어미나 분명히 울고불고할 이 작은 것은 나를 무서우이 달아나버리며 나를 서럽게 한다/나는 이 작은 것을 고이 보드러운 종이에 받어 또 문밖으로 버리며 〈**수라**修羅〉

적다 형 작다. 길이, 넓이, 부피 따위가 비교 대상이나 보통보다 덜하다. ☞ 작다

〔백석 시에서 '적다'는 '작다'의 의미로 쓰이고 있다. '작다'의 고어가 '젹다'인데, 그 형태가 잔존해 백석 시에 쓰인 것이다. 백석은 '작다'의 뜻으로 현대어 표기인 '작다'도 쓰고 있지만, 고어에서 온 '적다'를 더 많이 쓰고 있다.〕

적고 ❖ 이 적고 가부엽고 갤족한 희고 까만 씨가/조용하니 또 도고하니 손에서 입으로 입에서 손으로 오르나리는 때 **〈수박씨, 호박씨〉**

적은 ❖ 어데서 좁쌀알만 한 알에서 가제 깨인 듯한 발이 채 서지도 못한 무척 적은 새끼거미가 이번엔 큰거미 없어진 곳으로 와서 아물거린다 **〈수라**修羅**〉** ❖ 고원선高原線 종점終點인 이 적은 정거장停車場엔/그렇게도 우쭐대며 달가불시며 뛰어오던 뽕뽕차車가/가이없이 쓸쓸하니도 우두머니 서 있다 **〈함남도안**咸南道安**〉** ❖ 나는 너를 껴안어 올려서 네 머리를 쓰다듬고 힘껏 네 적은 손을 쥐고 흔들고 싶다 **〈촌에서 온 아이〉**

조고마하다 형 조그마하다. 조금 작거나 적다.

조고마한 ❖ 나는 이제 어늬 먼 외진 거리에 한고향 사람의 조고마한 가업집이 있는 것을 생각하고/이 집에 가서 그 맛스러운 떡국이라도 한 그릇 사먹으리라 한다 **〈두보**杜甫**나 이백**李白**같이〉**

크나크다 형 사물이나 사건의 크기나 규모가 보통 정도를 훨씬 넘다.

크나큰 ❖ 한 말 밥을 한다는 크나큰 솥이/외면하고 가부틀고 앉어서 염주도 세일만하다 **〈고사**古寺**—함주시초**咸州詩抄**〉** ❖ 우리 엄매가 나를 가지는 때 이 노큰마니는 어늬 밤 크나큰 범이 한 마리 우리 선산으로 들어오는 꿈을 꾼 것을 우리 엄매가 서울서 시집을 온 것을 〔…〕 **〈넘언집 범 같은 노큰마니〉** ❖ 오대五代나 나린다는 크나큰 집 다 찌그러진 들지고방 어득시근한 구석에서 쌀독과 말쿠지와 숫돌과 신뚝과 그리고 넷적과 또 열두 데석님과 친하니 살으면서 **〈목구**木具**〉** ❖ 사람은 모든 것을 다 잃어버리고 넋 하나를 얻는다는 크나큰 그 말을 **〈허준**許俊**〉**

크다 형 ① 사람이나 사물의 외형적 길이, 넓이, 높이, 부피 따위가 보통 정도를 넘다. ② 소리가 귀에 거슬릴 정도로 강하다. ③ 동식물이 몸의 길이가 자라다.

커서 ❖ 내 지렝이는/커서 구렁이가 되었습니다 **〈나와 지렝이〉** ❖ 한 십리十里 더 가면 절간이 있을 듯한 마을이다 낮 기울은 볕이 장글장글하니 따사하다 흙은 젖이 커서 살같이 깨서 아지랑이 낀 속이 안타까운가보다 뒤울안에 복사꽃 핀 집엔 아무도 없나보다 〔…〕 **〈황일**黃日**〉**

크게 ❖ 얼마나 기뻐하며 락단하고/그즈런히 손깍지벼개하고 누워서/이 못된 놈의 세상을 크게 크게 욕할 것이다 **〈가무래기의 낙**樂**〉**

크고 ❖ 이때 나는 내 뜻이며 힘으로, 나를 이끌어 가는 것이 힘든 일인 것을 생각하고,/이것들보다 더 크고, 높은 것이 있어서, 나를 마음대로 굴려 가는 것을 생각하는 것인데, **〈남신의주 유동 박시봉방**南新義州柳洞朴時逢方**〉**

크든 ❖ 나는 어니 외진 산山길에서 만난 새악시가 곱기도 하든 것과/어니메 강江물 속에 들여다뵈이든 쏘가리가 한 자나 되게 크든 것을 생각하며/산山비에 젖었다는 말렀다 하며 오는 길이다 **〈구장로**球場路**—서행시초**西行詩抄 **1〉**

큰 ❖ 재당도 초시도 문장門長 늙은이도 더부살이 아이도 새사위도 갓사둔도 나그네도 주인도 할아버지도 손자도 붓장사도 땜쟁이도 큰 개도 강아지도 모두 모닥불을 쪼인다 **〈모닥불〉** ❖ 어린아이들치고는 너무나 큰 소리로 너무나 튀겁 많은 소리로 울어대는데/너만은 타고난 그 외마디소리로 스스로웁게 삼가면서 우는구나 **〈촌에서 온 아이〉** ❖ 그늘만 친 건넌산山에서/벼락을 맞아 바윗돌이 되었다는/큰 땅괭이 한 마리/수염을 뻗치고 건너다보는 것이 무서웠다 **〈산山〉** ❖ 나는 고만 디겁을 하여 큰 행길로 나서서 마음 놓고 화리서리 걸어가다 보니/아아 말 마라 내 발뒤축에는 오나가나 묻어 다니는 달걀구신 **〈마을은 맨천 구신이 돼서〉**

크다랗다 형 커다랗다. 매우 크다. 또는 아주 큼직하다.

〔《금성판국어대사전》에 '크다랗다'가 '커다랗다의 원말'이라고 풀이되어 있고, 《조선말대사전》엔 '크다랗다'와 '커다랗다'가 같은 말로 모두 등재되어 있다.〕

크다란 ❖ 잠자리 조을든 문허진 성城터/반딧불이 난다 파란 혼魂들 같다/어데서 말 있는 듯이 크다란 산山새 한 마리 어두운 골짜기로 난다 **〈정주성**定州城**〉** ❖ 장날 아츰에 앞 행길로 엄지 따러 지나가는 망아지를 내라고 나는 조르면/아배는 행길을 향해서 크다란 소리로/—매지야 오나라/—매지야 오나라 **〈오리 망아지 토끼〉**

크디크다 형 사물의 크기나 범위, 정도 따위가 보통 정도를 훨씬 넘다. ☞ 크나크다 642

크디큰 ❖ 그러나 시방 꿀두기는 배창에 너부러져 새새끼 같은 울음을 우는 곁에서/뱃사람들의 언젠가 아홉이서 회를 쳐먹고도 남어 한 깃씩 노나가지고 갔다는 크디큰 꿀두기의 이야기를 들으며 나는 슬프다 **〈꿀두기—물닭의 소리〉**

10 수량, 무게

가득 부 ① 감정이나 정서, 생각 따위가 많거나 강한 모양. ② 냄새나 빛 따위가 공간에 널리 퍼져 있는 상태.

❖ 그리고 이 세상을 살어가는데/내 가슴은 너무도 많이 뜨거운 것으로 호젓한 것으로 사랑으로 슬픔으로 가득 찬다 **〈흰 바람벽이 있어〉** ❖ 네 소리에 나는 촌 농삿집의 저녁을 짓는 때/나주볕이 가득 드리운 밝은 방안에 혼자 앉어서/실감기며 버선

짝을 가지고 쓰렁쓰렁 노는 아이를 생각한다 〈**촌에서 온 아이**〉

가득하다 형 분량이나 수효 따위가 어떤 범위나 한도에 꽉 찬 상태에 있다.

가득하니 ❖ 아카시아꽃의 향기가 가득하니 꿀벌들이 많이 날어드는 아츰/구신은 없고 부헝이가 담벽을 띠쫗고 죽었다 〈**정문촌**旌門村〉

가부엽다 형 '가볍다'(무게가 적다)의 고어.

가부엽고 ❖ 이 적고 가부엽고 갤족한 희고 까만 씨가/조용하니 또 도고하니 손에서 입으로 입에서 손으로 오르나리는 때 〈**수박씨, 호박씨**〉

구십여 관 일부 단위를 나타내는 말 앞에 쓰여, 그 수량이 아흔을 조금 넘음을 나타내는 말.

〔《고려대한국어대사전》에 '십여'란 말이 등재되어 있다.〕

❖ 정주定州 동림東林 구십九十여 리里 긴긴 하로 길에/산에 오면 산 소리 벌에 오면 벌 소리/적막강산에 나는 있노라 〈**적막강산**〉

그득하다 형 분량이나 수효 따위가 어떤 범위나 한도에 아주 꽉 찬 상태에 있다.

☞ 가득하다

그득하니 ❖ 여인숙旅人宿이라도 국숫집이다/모밀가루포대가 그득하니 쌓인 웃간은 들믄들믄 더웁기도 하다 〈**산숙**山宿**—산중음**山中吟〉 ❖ 내가 언제나 무서운 외갓집은/초저녁이면 안팎마당이 그득하니 하이얀 나비수염을 물은 보득지근한 복쪽재비들이 씨굴씨굴 모여서는 짱짱 짱짱 쇳스럽게 울어대고 〈**외갓집**〉

그득하다는 ❖ 날기멍석을 져간다는 닭보는 할미를 차 굴린다는 땅아래 고래 같은 기와집에는 언제나 니차떡에 청밀에 은금보화가 그득하다는 외발 가진 조마구 〈**고야**古夜〉

그득히 부 분량이나 수효 따위가 어떤 범위나 한도에 아주 꽉 찬 모양.

❖ 이 그득히들 할머니 할아버지가 있는 안간에들 모여서 방안에서는 새옷의 내음새가 나고 〈**여우난골족**族〉 ❖ 노왕老王은 집에 말과 나귀며 오리에 닭도 우울거리고/고방엔 그득히 감자에 콩곡석도 들여 쌓이고 〈**귀농**歸農〉 ❖ 아배 앞에 그 어린 아들 앞에 아배 앞에는 왕사발에 아들 앞에는 새끼사발에 그득히 사리워 오는 것이다 〈**국수**〉

꽉 부 가득 차거나 막힌 모양.

❖ 내 가슴이 꽉 메어 올 적이며,/내 눈에 뜨거운 것이 핑 괴일 적이며,/또 내 스스로 화끈 낯이 붉도록 부끄러울 적이며, 〈**남신의주 유동 박시봉방**南新義州柳洞朴時逢方〉

담복 부 '담뿍'에서 온 말. 넘칠 정도로 가득하거나 소복한 모양.

❖ 졸레졸레 도야지새끼들이 간다/귀밑이 재릿재릿하니 볕이 담복 따사로운 거리다 〈**삼천포**三千浦**—남행시초**南行詩抄 **4**〉

두 관 (일부 단위를 나타내는 말 앞에 쓰여) 그 수량이 둘임을 나타내는 말.

❖ 나는 두 손으로 고이 약그릇을 들고 이 약을 내인 녯사람들을 생각하노라면/내 마음은 끝없이 고요하고 또 맑어진다 〈**탕약**湯藥〉 ❖ 부뚜막이 두 길이다/이 부뚜막에 놓인 사닥다리로 자박수염 난 공양주는 성궁미를 지고 오른다 〈**고사**古寺**—함주시초**咸州詩抄〉 ❖ 닭이 두 홰나 울었는데/안방큰방은 홰즛하니 당등을 하고/인간들은 모두 웅성웅성 깨여 있어서들 〈**추야일경**秋夜一景〉 ❖ 내가 엄매 등에 업혀가서 상사말같이 항약에 야기를 쓰면 한창 퓌는 함박꽃을 밑가지채 꺾어주고 종대에 달린 제물배도 가지채 쪄주고 그리고 그 애끼는 게사니알도 두 손에 쥐어주곤 하는데 〈**넘언집 범 같은 노큰마니**〉 ❖ 힘을 쓸라고 벌써부터 두 다리가 푸둥푸둥하니 살이 찐 아이여/너는 오늘 아츰 무엇에 놀라서 우는구나 〈**촌에서 온 아이**〉

드물다 형 흔하지 아니하다.

드물다는 ❖ 어두워 오는데 하이야니 눈을 맞을, 그 마른 잎새에는,/쌀랑쌀랑 소리도 나며 눈을 맞을,/그 드물다는 굳고 정한 갈매나무라는 나무를 생각하는 것이었다. 〈**남신의주 유동 박시봉방**南新義州柳洞朴時逢方〉

많다 형 수효나 분량, 정도 따위가 일정한 기준을 넘다.

많다 ❖ 갈부던 같은 약수藥水터의 산山거리/여인숙旅人宿이 다래나무지팽이와 같이 많다// 〔…〕 //아비가 앓는가부다/다래 먹고 앓는가부다//아랫마을에서는 애기무당이 작두를 타며 굿을 하는 때가 많다 〈**산지**山地〉 ❖ 녯날엔 통제사統制使가 있었다는 낡은 항구港口의 처녀들에겐 녯날이 가지 않은 천희千姬라는 이름이 많다 〈**통영**統營〉 ❖ 갈부던 같은 약수藥水터의 산山거리엔 나무그릇과 다래나무지팽이가 많다// 〔…〕 //아랫마을에서는 애기무당이 작두를 타며 굿을 하는 때가 많다 〈**삼방**三防〉

많은 ❖ 얼굴에 별자국이 솜솜 난 말수와 같이 눈도 껌벅거리는 하로에 베 한 필을 짠다는 벌 하나 건너 집엔 복숭아나무가 많은 신리新里 고무 고무의 딸 이녀李女 작은이녀李女/ 〔…〕 /육십리六十里라고 해서 파랗게 뵈이는 산山을 넘어 있다는 〔…〕 말끝에 설게 눈물을 짤 때가 많은 큰골 고무 고무의 딸 홍녀洪女 아들 홍洪동이 작은홍洪동이 〈**여우난골족**族〉 ❖ 별 많은 밤/하누바람이 불어서/푸른 감이 떨어진다 개가 즞는다 〈**청시**青枾〉 ❖ 내 손자의 손자와 손자와 나와 할아버지와 〔…〕 수원백씨水原白氏 정주백촌定州白村의 힘세고 꿋꿋하나 어질고 정 많은 호랑이 같은 곰 같은 소 같은 피의 비 같은 밤 같은 달 같은 슬픔을 담는 것 아 슬픔을 담는 것 **〈목구木具〉** ❖ 어진 사람이 많은 나라에 와서/어진 사람의 즛을 어진 사람의 마음을 배워서/수박씨 닦은 것을 호박씨 닦은 것을 입으로 앞니빨로 밝는다// 〔…〕 //어진 사람이 많은 나라에서는/오두미五斗米를 버리고 버드나무 아래로 돌아온 사람도/그 녚차개에 수박씨 닦은 것은 호박씨 닦은 것은 있었을 것이다 **〈수박씨, 호박씨〉** ❖ 그동안 돌비는 깨어지고 많은 은금보화는 땅에 묻히고 가마귀도 긴 족보를 이루었는데/이리하야 또 한 아득한 새 녯날이 비롯하는 때 **〈북방北方에서—정현웅鄭玄雄에게〉** ❖ 이 집에 있는 다른 많은 아이들이/모도들 욕심 사납게 지게굳게 일부러 청을 돋혀서/어린아이들치고는 너무나 큰 소리로 너무나 튀겁 많은 소리로 울어대는데 **〈촌에서 온 아이〉** ❖ 이리하여 나는 이 습내 나는 춥고, 누긋한 방에서,/낮이나 밤이나 나는 나 혼자도 너무 많은 것같이 생각하며,/딜옹배기에 북덕불이라도 담겨 오면, **〈남신의주 유동 박시봉방南新義州柳洞朴時逢方〉**

많지 ❖ 내가 이렇게 외면하고 거리를 걸어가는 것은 또 내 많지 못한 월급이 얼마나 고마운 탓이고 **〈내가 이렇게 외면하고〉**

많이[부] 수효나 분량, 정도 따위가 일정한 기준보다 넘게.

❖ 아카시아꽃의 향기가 가득하니 꿀벌들이 많이 날어드는 아츰/구신은 없고 부헝이가 담벽을 띠쫗고 죽었다 **〈정문촌旌門村〉** ❖ 밖은 봄철날 따디기의 누굿하니 푹석한 밤이다/거리에는 사람두 많이 나서 흥성흥성할 것이다 **〈내가 생각하는 것은〉** ❖ 눈이 많이 와서/산엣새가 벌로 나려 멕이고/눈구덩이에 토끼가 더러 빠지기도 하면 **〈국수〉** ❖ 그리고 이 세상을 살어가는데/내 가슴은 너무도 많이 뜨거운 것으로 호젓한 것으로 사랑으로 슬픔으로 가득 찬다 **〈흰 바람벽이 있어〉**

멫[관] '몇'의 평북 방언(《평북방언사전》). 뒤에 오는 말과 관련된, 그리 많지 않은 얼마만큼의 수를 막연하게 이르는 말.

❖ 밤이 깊어가는 집안엔 〔…〕 이렇게 화디의 사기방등에 심지를 멫 번이나 돋구고 홍게닭이 멫 번이나 울어서 졸음이 오면 아릇목싸움 자리싸움을 하며 히드득거리다 잠이 든다 〔…〕 **〈여우난골족族〉** ❖ 예순이 넘은 아들 없는 가즈랑집 할머니는 중같이 정해서 할머니가 마을을 가면 긴 담뱃대에 독하다는 막써레기를 멫 대라도 붙이라고 하며// 〔…〕 //뒤울안 살구나무 아래서 광살구를 찾다가/살구벼락을 맞고 울다가 웃는 나를 보고/밑구멍에 털이 멫 자나 났나 보자고 한 것은 가즈랑집 할머니다 **〈가즈랑집〉** ❖ 집이 멫 집 되지 않는 골안은/모두 터앝에 김장감이 퍼지고/뜨락에 잡곡낟가리가 쌓여서/어니 세월에 뷔일 듯한 집은 뵈이지 않었다 **〈산곡**

山谷—**함주시초**咸州詩抄〉 ❖ 황토 마루 수무나무에 얼럭궁덜럭궁 색동헝겊 뜯개조박 뵈짜배기 걸리고 오쟁이 끼애리 달리고 소삼은 엄신 같은 딥세기도 열린 국수당고개를 멫 번이고 튀튀 춤을 뱉고 넘어가면 골안에 아늑히 묵은 녕동이 무겁기도 할 집이 한 채 안기었는데 〈**넘언집 범 같은 노큰마니**〉 ❖ 그리고 그 시래깃국에 소피를 넣고 두부를 두고 끓인 구수한 술국을 트근히 멫 사발이고 왕사발로 멫 사발이고 먹자 〈**구장로**球場路—**서행시초**西行詩抄 1〉 ❖ 한 해에 멫 번 매연 지난 먼 조상들의 최방등 제사에는 컴컴한 고방 구석을 나와서 대멀머리에 외얏맹건을 지르터맨 늙은 제관의 손에 정갈히 몸을 씻고 〔…〕 〈**목구**木具〉

몇② 관 뒤에 오는 말과 관련된, 그리 많지 않은 얼마만큼의 수를 막연하게 이르는 말.

❖ 텅 비인 차車 안 한구석에서 어느 한 사람도 눈을 씻는다/계집아이는 몇 해고 내지인內地人 주재소장駐在所長 집에서/밥을 짓고 걸레를 치고 아이보개를 하면서 〈**팔원**八院—**서행시초**西行詩抄 3〉

모다 부 '모두'의 고어, 방언. 일정한 수효나 양을 빠짐없이 다.

〔《사정한 조선어표준말모음》(1936)에 '모두'가 표준어고 '모다', '모도'는 비표준어(방언)로 등재되어 있는데, 백석 시엔 '모두', '모다', '모도'가 모두 사용되고 있다.〕

❖ 오리는 동비탈에 그림자를 떨어트리며 날어가고 나는 동말랭이에서 강아지처럼 아배를 부르며 울다가/시악이 나서는 등 뒤 개울물에 아배의 신짝과 버선목과 대님오리를 모다 던져버린다 〈**오리 망아지 토끼**〉 ❖ 달빛도 거지도 도적개도 모다 즐겁다/풍구재도 얼럭소도 쇠드랑볕도 모다 즐겁다 〈**연자간**〉

모도② 부 '모두'의 고어. 일정한 수효나 양을 빠짐없이 다.

❖ 빚이 안 되어 가는 탓에/가무래기도 나도 모도 춥다 〈**가무래기의 낙**樂〉 ❖ 대대로 조상도 서로 모르고 말도 제가끔 틀리고 먹고 입는 것도 모도 다른데/이렇게 발가들 벗고 한물에 몸을 씻는 것은/생각하면 쓸쓸한 일이다 〈**조당**澡塘**에서**〉

모두② 부 일정한 수효나 양을 빠짐없이 다.

❖ 또 인절미 송구떡 콩가루차떡의 내음새도 나고 끼때의 두부와 콩나물과 뽂은 잔디와 고사리와 도야지비계는 모두 선득선득하니 찬 것들이다 〈**여우난골족**族〉 ❖ 재당도 초시도 문장門長 늙은이도 더부살이 아이도 새사위도 갓사둔도 나그네도 주인도 할아버지도 손자도 붓장사도 땜쟁이도 큰 개도 강아지도 모두 모닥불을 쪼인다 〈**모닥불**〉 ❖ 집집이 아이만 한 피도 안 간 대구를 말리는 곳/황화장사 령감이 일본말을 잘도 하는 곳/처녀들은 모두 어장주漁場主한테 시집을 가고 싶어한다는 곳 〈**통영**統營(**남행시초**南行詩抄)〉 ❖ 우리들은 모두 욕심이 없어 희여졌다/착하디착

해서 세괏은 가시 하나 손아귀 하나 없다/너무나 정갈해서 이렇게 파리했다 〈**선우사**膳友辭**—함주시초**咸州詩抄〉 ❖ 집이 몇 집 되지 않는 골안은/모두 터앞에 김장감이 퍼지고/뜨락에 잡곡낟가리가 쌓여서/어니 세월에 뷔일 듯한 집은 뵈이지 않었다 〈**산곡**山谷**—함주시초**咸州詩抄〉 ❖ 닭이 두 홰나 울었는데/안방큰방은 홰즛하니 당등을 하고/인간들은 모두 웅성웅성 깨여 있어서들 〈**추야일경**秋夜一景〉 ❖ 개발코를 하였다 안장코를 하였다 질병코를 하였다/그 코에 모두 학실을 썼다 〈**석양**夕陽〉 ❖ 모래장변—바다가 널어놓고 못 미더워 드나드는 명주필을 짓궂이 발뒤축으로 찢으면 날과 씨는 모두 양금줄이 되어 짜랑짜랑 울었다 〈**물계리**物界里**—물닭의 소리**〉 ❖ 인간들은 모두 뒷등성으로 올라 멍석자리를 하고 바람을 쐬이는데 〈**박각시 오는 저녁**〉 ❖ 일가들이 모두 범같이 무서워하는 이 노큰마니는 구덕살이같이 욱실욱실하는 손자 증손자를 방구석에 들매나무 회채리를 단으로 쪄다두고 따리고 싸리갱이에 갓진창을 매여놓고 따리는데 〈**넘언집 범 같은 노큰마니**〉 ❖ 첫녀름 이른 저녁을 해치우고 인간들이 모두 터앞에 나와서 물외포기에 당콩포기에 오줌을 주는 때 터앞에 밭마당에 샛길에 떠도는 오줌의 매캐한 재릿한 내음새/긴긴 겨울밤 인간들이 모두 한잠이 들은 재밤중에 나 혼자 일어나서 머리맡 쥐발 같은 새끼오강에 한없이 누는 잘매럽던 오줌의 사르릉 쪼로록 하는 소리 〈**동뇨부**童尿賦〉 ❖ 하늘이 이 세상을 내일 적에 그가 가장 귀해하고 사랑하는 것들은 모두/가난하고 외롭고 높고 쓸쓸하니 그리고 언제나 넘치는 사랑과 슬픔 속에 살도록 만드신 것이다 〈**흰 바람벽이 있어**〉 ❖ 또 녀름날 낮 기운 때 어른들이 모두 벌에 나가고 텅 뷔인 집 토방에서/햇강아지의 쌀랑대는 성화를 받어가며 닭의 똥을 주워먹는 아이를 생각한다 〈**촌에서 온 아이**〉 ❖ 이 딴 나라 사람들이 모두 니마들이 번번하니 넓고 눈은 컴컴하니 흐리고/그리고 길즛한 다리에 모두 민숭민숭하니 다리털이 없는 것이/이것이 나는 왜 자꼬 슬퍼지는 것일까 〈**조당**澡塘**에서**〉

모든관 빠짐이나 남김없이 전부의.

❖ 마음이 가난한 낯설은 사람에게 수백 냥 돈을 거저 주는 그 인정을 그리고 또 그 말을/사람은 모든 것을 다 잃어버리고 넋 하나를 얻는다는 크나큰 그 말을 〈**허준**許俊〉

모주리부 '모조리'(하나도 빠짐없이 모두)의 방언(경상, 전남)(《금성판국어대사전》).

〔《사정한 조선어표준말모음》(1936)에 '모주리'가 비표준어로 등재되어 있다.〕

❖ 밤이면 무엇이 기왓골에 무릿돌을 던지고 뒤울안 배나무에 쩨듯하니 줄등을 헤여달고 부뚜막의 큰솥 적은솥을 모주리 뽑아놓고 재통에 간 사람의 목덜미를 그냥그냥 나려눌러선 잿다리 아래로 처박고 〈**외갓집**〉

무거웁다 형 무겁다. ① 무게가 나가는 정도가 크다. ② 움직임이 느리고 둔하다. 〔'무거웁다'는 '무겁다'에 '우' 모음이 첨가된 형태의 시어이다. 모음 첨가는 백석의 시어에서 자주 나타나는 음운 현상이다.〕

무거웁게 ❖ 벼랑탁의 어두운 그늘에 아츰이면/부헝이가 무거웁게 날러온다/낮이 되면 더 무거웁게 날러가버린다 〈**산지**山地〉

무겁다① 형 무게가 나가는 정도가 크다.

무거운 ❖ 어늬 아츰 계집은/머리에 무거운 동이를 이고/손에 어린것의 손을 끌고/가퍼러운 언덕길을/숨이 차서 올라갔다 〈**절망**絶望〉

무겁기도 ❖ 황토 마루 수무나무에 얼럭궁덜럭궁 색동헝겊 뜯개조박 뵈짜배기 걸리고 오쟁이 끼애리 달리고 소삼은 엄신 같은 딥세기도 열린 국수당고개를 몇 번 이고 튀튀 춤을 뱉고 넘어가면 골안에 아늑히 묵은 녕동이 무겁기도 할 집이 한 채 안기었는데 〈**넘언집 범 같은 노큰마니**〉

서너 관 (일부 단위를 나타내는 말 앞에 쓰여) 그 수량이 셋이나 넷임을 나타내는 말.

❖ 마을에서는 세불 김을 다 매고 들에서/개장취념을 서너 번 하고 나면/백중 좋은 날이 슬그머니 오는데/ 〔…〕 /한끝나게 상나들이옷을 있는 대로 다 내 입고/머리는 다리를 서너 커레씩 드려서/시뻘건 꼬둘채댕기를 삐뚜룩하니 해 꽂고 〈**칠월**七月 **백중**〉

서른닷 관 서른다섯. '닷'은 ('되', '말', '냥' 따위의 단위를 나타내는 말 앞에 쓰여) 그 수량이 다섯임을 나타내는 말.

❖ 노루새끼 등을 쓸며/터 앞에 당콩순을 다 먹었다 하고/서른닷 냥 값을 부른다/노루새끼는 다문다문 흰 점이 백이고 배 안의 털을 너슬너슬 벗고/산골사람을 닮었다 〈**노루—함주시초**咸州詩抄〉

석 관 ('냥', '되', '섬', '자' 따위의 단위를 나타내는 말 앞에 쓰여) 그 수량이 셋임을 나타내는 말.

❖ 나는 땅님자 노왕老王한테 석 상디기 밭을 얻는다 〈**귀농**歸農〉

여러 관 수효가 한둘이 아니고 많은.

❖ 이렇게 하여 여러 날이 지나는 동안에,/내 어지러운 마음에는 슬픔이며, 한탄이며, 가라앉을 것은 차츰 앙금이 되어 가라앉고, 〈**남신의주 유동 박시봉방**南新義州柳洞朴時逢方〉

열두 관 (일부 단위를 나타내는 말 앞에 쓰여) 그 수량이 열둘임을 나타내는 말.

❖ 오대五代나 나린다는 크나큰 집 다 찌그러진 들지고방 어득시근한 구석에서 쌀독과 말쿠지와 숫돌과 신뚝과 그리고 넷적과 또 열두 데석님과 친하니 살으면서 〈**목**

구木具〉

조금[부] 정도나 분량이 적게.

❖ 도적이 조금 걷어가도 걷어가는 대로 두어두고/아, 노왕老王, 나는 이렇게 생각하노라/나는 노왕老王을 보고 웃어 말한다 **〈귀농歸農〉** ❖ 너만은 타고난 그 외마디소리로 스스로웁게 삼가면서 우는구나/네 소리는 조금 썩심하니 쉬인 듯도 하다 **〈촌에서 온 아이〉** ❖ 이리하야 어쩐지 내 마음은 갑자기 반가워지나/그러나 나는 조금 무서웁고 외로워진다/ 〔…〕 /그 오래고 깊은 마음들이 참으로 좋고 우러러진다/그러나 나라가 서로 다른 사람들이/글쎄 어린 아이들도 아닌데 쪽 발가벗고 있는 것은/어쩐지 조금 우수웁기도 하다 **〈조당澡塘에서〉**

즈벅이다[동] 저벅이다. 크고 묵직하게 발을 내디디며 걷다.

〔백석은 아래 용례에서 '즈벅이다'를 묵직한 느낌으로 움직이는 상태를 나타내는 말로 사용하고 있다.〕

즈벅이고 ❖ 무썩무썩 더운 날에도 벌길에는/건들건들 씨연한 바람이 불어오고/허리에 찬 남갑사 주머니에는 오랜만에 돈푼이 들어 즈벅이고 **〈칠월七月 백중〉**

트근히[부] '많이' '수두룩이'의 평북 방언(《평북방언사전》).

❖ 그리고 그 시래깃국에 소피를 넣고 두부를 두고 끓인 구수한 술국을 트근히 몇 사발이고 왕사발로 몇 사발이고 먹자 **〈구장로球場路—서행시초西行詩抄 1〉**

하다⑲[형] '많다'의 고어(《고어사전》).

〔아래 용례의 '하구'는 '하다'(많다)의 활용형이다. 《조선말대사전》과 《평북방언사전》에 '하구많다'가 등재되어 있다. '하구많다'는 같은 뜻의 고어 '하구만ᄒᆞ다'가 변형된 말이다.〕

하구 ❖ 우리들은 맑은 물밑 해정한 모래톱에서 하구 긴 날을 모래알만 헤이며 잔뼈가 굵은 탓이다 **〈선우사膳友辭—함주시초咸州詩抄〉**

한①[관] (일부 단위를 나타내는 말 앞에 쓰여) 그 수량이 하나임을 나타내는 말.

❖ 어데서 말 있는 듯이 크다란 산山새 한 마리 어두운 골짜기로 난다 **〈정주성定州城〉** ❖ 얼굴에 별자국이 솜솜 난 말수와 같이 눈도 껌벅거리는 하로에 베 한 필을 짠다는 벌 하나 건너 집엔 복숭아나무가 많은 신리新里 고무 고무의 딸 이녀李女 작은이녀李女/ 〔…〕 /밤이 깊어가는 집안엔 엄매는 엄매들끼리 아르간에서들 웃고 이야기하고 아이들은 아이들끼리 웃간 한 방을 잡고 조아질하고 쌈방이 굴리고 〔…〕 **〈여우난골족族〉** ❖ 나를 생각하든 그 무당의 딸은 내 어린 누이에게/오리야 너를 한 쌍 주드니/어린 누이는 없고 저는 시집을 갔다건만/오리야 너는 한 쌍이 날어가누나

〈오리〉 ❖ 괴나리봇짐 벗고 땃불 놓고 앉어/담배 한 대 피우고 싶은 길이다 **〈창원도**昌原道**—남행시초**南行詩抄 **1〉** ❖ 통영統營장 낫대들었다//갓 한 닢 쓰고 건시 한 접 사고 홍공단 단기 한 감 끊고 술 한 병 받어들고//화륜선 만져보려 선창 갔다 **〈통영**統營**—남행시초**南行詩抄 **2〉** ❖ 한 말 밥을 한다는 크나큰 솥이/외면하고 가부틀고 앉어서 염주도 세일 만하다 **〈고사**古寺**—함주시초**咸州詩抄**〉** ❖ 골이 다한 산대 밑에 자그마한 돌능와집이 한 채 있어서/이 집 남길동 단 안주인은 겨울이면 집을 내고/ **〈산곡**山谷**—함주시초**咸州詩抄**〉** ❖ 이렇게 한녀름을 보내면서 나는 하늑이는/물살에 나이금이 느는 꽃조개와 함께/허리도리가 굵어가는 한 사람을 연연해한다 **〈삼호**三湖**—물닭의 소리〉** ❖ 푸른 바닷가의 하이얀 하이얀 길이다//아이들은 늘늘히 청대나무말을 몰고/대모풍잠한 늙은이 또요 한 마리를 드리우고 갔다 **〈남향**南鄕**—물닭의 소리〉** ❖ 뱃사람들의 언젠가 아흡이서 회를 쳐먹고도 남어 한 깃씩 노나가지고 갔다는 크디큰 꼴두기의 이야기를 들으며 나는 슬프다 **〈꼴두기—물닭의 소리〉** ❖ 황토 마루 수무나무에 얼럭궁덜럭궁 색동헝겊 뜯개조박 뵈짜배기 걸리고 〔…〕 골안에 아늑히 묵은 녕동이 무겁기도 할 집이 한 채 안기었는데// 〔…〕 //집에는 아배에 삼춘에 오마니에 오마니가 있어서 〔…〕 그리고 끼때에는 부뚜막에 바가지를 아이덜 수대로 주룬히 늘어놓고 밥 한 덩이 질게 한 술 들여트려서는 먹였다는 소리를 언제나 두고 두고 하는데// 〔…〕 //우리 엄매가 나를 가지는 때 이 노큰마니는 어늬 밤 크나큰 범이 한 마리 우리 선산으로 들어오는 꿈을 꾼 것을 우리 엄매가 서울서 시집을 온 것을 〔…〕 **〈넘언집 범 같은 노큰마니〉** ❖ 나는 어니 외진 산山길에서 만난 새악시가 곱기도 하든 것과/어니메 강江물 속에 들여다뵈이든 쏘가리가 한 자나 되게 크든 것을 생각하며 **〈구장로**球場路**—서행시초**西行詩抄 **1〉** ❖ 계집아이는 운다 느끼며 운다/텅 비인 차車 안 한구석에서 어느 한 사람도 눈을 씻는다 **〈팔원**八院**—서행시초**西行詩抄 **3〉** ❖ 한 해에 멫 번 매연 지난 먼 조상들의 최방등 제사에는 컴컴한 고방 구석을 나와서 대멀머리에 외얏맹건을 지르터맨 늙은 제관의 손에 정갈히 몸을 씻고 〔…〕 //구신과 사람과 넋과 목숨과 있는 것과 없는 것과 한 줌 흙과 한 점 살과 먼 넷조상과 먼 훗자손의 거룩한 아득한 슬픔을 담는 것 **〈목구**木具**〉** ❖ 벌에 우는 새소리도 듣고 싶고 거문고도 한 곡조 뜯고 싶고 한 오천五千말 남기고 함곡관函谷關도 넘어가고 싶고 **〈수박씨, 호박씨〉** ❖ 그동안 돌비는 깨어지고 많은 은금보화는 땅에 묻히고 가마귀도 긴 족보를 이루었는데/이리하야 또 한 아득한 새 녯날이 비롯하는 때 **〈북방**北方**에서〉** ❖ 다만 한 사람 목이 긴 시인詩人은 안다/'도스토이엡흐스키'며 '죠이쓰'며 누구보다도 잘 알고 일등가는 소설도 쓰지만/아모것도 모르는 듯이 어드근한 방안에 굴어 게으르는 것을 좋아하는 그 풍속을/사랑하는 어린것에게 엿 한 가락을 아끼고 위하는 안해에겐 해진 옷을 입히면서도 **〈허준許俊〉** ❖ 나는 오늘 때묻은 입든 옷에 마른물고기 한 토막으로/혼자 외로이 앉어 이것저것 쓸쓸한 생각을 하는 것이다/ 〔…〕 /이날 이렇게 마른물고기 한 토막으로 외로이 쓸쓸한 생각을 한 적도 있었을 것이다/ 〔…〕 /이 집에 가서 그 맛스러운 떡국이라도 한 그릇 사먹으리라 한다 **〈두보杜甫나 이백李白같이〉** ❖ 멀리 언제나 늘 그물그물/그늘만 친 건넌산山에서/벼락을 맞아 바윗돌이 되었다는/큰 땅괭이 한 마리 **〈산山〉**

혼자② 부 다른 사람과 어울리거나 함께 있지 아니하고 동떨어져서.

❖ 나는 혼자 쓸쓸히 앉어 소주燒酒를 마신다 **〈나와 나타샤와 흰 당나귀〉** ❖ 나는 북관北關에 혼자 앓어 누워서/어늬 아츰 의원醫員을 뵈이었다 **〈고향故鄕〉** ❖ 긴긴 겨울밤 인간들이 모두 한잠이 들은 재밤중에 나 혼자 일어나서 머리맡 쥐발 같은 새끼오강에 한없이 누는 잘 매럽던 오줌의 사르릉 쪼로록 하는 소리 **〈동뇨부童尿賦〉** ❖ 이미 해는 늙고 달은 파리하고 바람은 미치고 보래구름만 혼자 넋 없이 떠도는데 **〈북방北方에서—정현웅鄭玄雄에게〉** ❖ 나주볕이 가득 드리운 밝은 방안에 혼자 앉어서/실감기며 버선짝을 가지고 쓰렁쓰렁 노는 아이를 생각한다 **〈촌에서 온 아이〉** ❖ 나주볕을 한없이 바라보며 혼자 무엇을 즐기는 듯한 목이 긴 사람은/도연명陶淵明은 저러한 사람이였을 것이고 **〈조당澡塘에서〉** ❖ 나는 오늘 때묻은 입든 옷에 마른물고기 한 토막으로/혼자 외로이 앉어 이것저것 쓸쓸한 생각을 하는 것이다 **〈두보杜甫나 이백李白같이〉**

홀로 부 자기 혼자서만.

❖ 산으로 오면 산이 들썩 산 소리 속에 나 홀로/벌로 오면 벌이 들썩 벌 소리 속에 나 홀로 **〈적막강산〉**

흔하다 형 보통보다 더 자주 있거나 일어나서 쉽게 접할 수 있다.

흔한데다 ❖ 기장감주에 기장차떡이 흔한데다/이 거리에 산골사람이 노루새끼를 다리고 왔다 **〈노루—함주시초咸州詩抄〉**

11 정도, 한계

가장 부 여럿 가운데 어느 것보다 정도가 높거나 세게.

❖ 내일같이 명절날인 밤은 〔…〕 방안에서는 일가집 할머니가 와서 마을의 소문을

펴며 조개송편에 달송편에 죈두기송편에 떡을 빚는 곁에서 나는 밤소 팥소 설탕 든 콩가루소를 먹으며 설탕 든 콩가루소가 가장 맛있다고 생각한다 〈**고야**古夜〉 ❖ ―하눌이 이 세상을 내일 적에 그가 가장 귀해하고 사랑하는 것들은 모두/가난하고 외롭고 높고 쓸쓸하니 그리고 언제나 넘치는 사랑과 슬픔 속에 살도록 만드신 것이다 〈**흰 바람벽이 있어**〉

겨우[부] 어렵게 힘들여.

❖ 나는 겨우 대문을 삐쳐나 바깥으로 나와서/밭 마당귀 연자간 앞을 지나가는데 연자간에는 또 연자망구신 〈**마을은 맨천 구신이 돼서**〉

고만[부] 달리 해 볼 도리가 없이. '그만'보다 작은 느낌을 준다.

❖ 밭 마당귀 연자간 앞을 지나가는데 연자간에는 또 연자망구신/나는 고만 디겁을 하여 큰 행길로 나서서 마음 놓고 화리서리 걸어가다 보니 〈**마을은 맨천 구신이 돼서**〉

그지없이[부] 끝이나 한량이 없게.

❖ 이 조용한 마을과 이 마을의 으젓한 사람들과 살틀하니 친한 것은 무엇인가/이 그지없이 고담枯淡하고 소박素朴한 것은 무엇인가 〈**국수**〉

너무[부] 일정한 정도나 한계에 지나치게.

❖ ―나는 이 세상에서 가난하고 외롭고 높고 쓸쓸하니 살어가도록 태어났다/그리고 이 세상을 살어가는데/내 가슴은 너무도 많이 뜨거운 것으로 호젓한 것으로 사랑으로 슬픔으로 가득 찬다 〈**흰 바람벽이 있어**〉 ❖ 이리하여 나는 이 습내 나는 춥고, 누긋한 방에서,/낮이나 밤이나 나는 나 혼자도 너무 많은 것같이 생각하며,/딜옹배기에 북덕불이라도 담겨 오면, 〈**남신의주 유동 박시봉방**南新義州柳洞朴時逢方〉

너무나[부] '너무'(일정한 정도나 한계에 지나치게)를 강조하여 이르는 말.

❖ 우리들은 모두 욕심이 없어 희여졌다/착하디착해서 세괏은 가시 하나 손아귀 하나 없다/너무나 정갈해서 이렇게 파리했다 〈**선우사**膳友辭**—함주시초**咸州詩抄〉 ❖ 내가 이렇게 외면하고 거리를 걸어가는 것은 잠풍 날씨가 너무나 좋은 탓이고/가난한 동무가 새 구두를 신고 지나간 탓이고 언제나 꼭같은 넥타이를 매고 고운 사람을 사랑하는 탓이다 〈**내가 이렇게 외면하고**〉 ❖ 모도들 욕심 사납게 지게굳게 일부러 청을 돋혀서/어린아이들치고는 너무나 큰 소리로 너무나 튀겁 많은 소리로 울어대는데/너만은 타고난 그 외마디소리로 스스로웁게 삼가면서 우는구나 〈**촌에서 온 아이**〉

다②[부] ① 남거나 빠진 것이 없이 모두. ② 행동이나 상태의 정도가 한도限度에 이르렀음을 나타내는 말.

❖ 그리고 다 달인 약을 하이얀 약사발에 밭어놓은 것은/아득하니 깜하야 만년萬年

녯적이 들은 듯한데 〈**탕약**湯藥〉 ❖ 노루새끼 등을 쓸며/터 앞에 당콩순을 다 먹었다 하고/서른닷 냥 값을 부른다 〈**노루—함주시초**咸州詩抄〉 ❖ 흰밥과 가재미와 나는/우리 들은 그 무슨 이야기라도 다 할 것 같다 〈**선우사**膳友辭**—함주시초**咸州詩抄〉 ❖ 날이 어서 추워져서 쑥국화꽃도 시들고 이 바즈런한 백성들도 다 제 집으로 들은 뒤에 이 골 안으로 올 것을 생각하였다 〈**산곡**山谷**—함주시초**咸州詩抄〉 ❖ 의원醫員은 또다시 넌즈시 웃고/말없이 팔을 잡어 맥을 보는데/손길은 따스하고 부드러워/고향故鄕도 아버지도 아버지의 친구도 다 있었다 〈**고향**故鄕〉 ❖ 해는 저물고 날은 다 가고 별은 서러웁게 차갑다/나도 길다랗고 파리한 명태明太다 〈**멧새 소리**〉 ❖ 오대五代나 나린다는 크나큰 집 다 찌그러진 들지고방 어득시근한 구석에서 쌀독과 말쿠지와 숫돌과 신뚝과 그리고 녯적과 또 열두 데석님과 친하니 살으면서 〈**목구**木具〉 ❖ 사람은 모든 것을 다 잃어버리고 넋 하나를 얻는다는 크나큰 그 말을 〈**허준**許俊〉 ❖ 때글은 다 낡은 무명샤쯔가 어두운 그림자를 쉬이고 〈**흰 바람벽이 있어**〉 ❖ 마을에서는 세불 김을 다 매고 들에서/개장취념을 서너 번 하고 나면/백중 좋은 날이 슬그머니 오는데/ 〔…〕 /한끝나게 상나들이옷을 있는 대로 다 내 입고/머리는 다리를 서너 커레씩 드려서/시뻘건 꼬둘채댕기를 삐뚜룩하니 해 꽂고/ 〔…〕 /봉가집을 가면서도 칠월七月 그믐 초가을을 할 때까지/평안하니 집살이를 할 것을 생각하고/애끼는 옷을 다 적시어도 비는 씨원만 하다고 생각한다 〈**칠월**七月 **백중**〉

다만[부] 다른 것이 아니라 오로지.

❖ 나는 그때/아모 이기지 못할 슬픔도 시름도 없이/다만 게을리 먼 앞대로 떠나 나왔다 〈**북방**北方**에서—정현웅**鄭玄雄**에게**〉 ❖ 다만 한 사람 목이 긴 시인詩人은 안다/'도스토이엡흐스키'며 '죠이쓰'며 누구보다도 잘 알고 일등가는 소설도 쓰지만/아모것도 모르는 듯이 어드근한 방안에 굴어 게으르는 것을 좋아하는 그 풍속을 〈**허준**許俊〉

더[부] ① 계속하여. 또는 그 위에 보태어. ② 어떤 기준보다 정도가 심하게. 또는 그 이상으로.

❖ 벼랑탁의 어두운 그늘에 아츰이면/부헝이가 무거웁게 날러온다/낮이 되면 더 무거웁게 날러가버린다 〈**산지**山地〉 ❖ 열여섯에 사십四十이 넘은 홀아비의 후처가 된 포족족하니 성이 잘 나는 살빛이 매감탕 같은 입술과 젖꼭지는 더 까만 예수쟁이 마을 가까이 사는 토산土山 고무 고무의 딸 승녀承女 아들 승承동이 〈**여우난골족**族〉 ❖ 한 십리十里 더 가면 절간이 있을 듯한 마을이다 낮 기울은 별이 장글장글하니 따사하다 〔…〕 〈**황일**黃日〉 ❖ 이때 나는 내 뜻이며 힘으로, 나를 이끌어 가는 것이 힘든 일인 것을 생각하고,/이것들보다 더 크고, 높은 것이 있어서, 나를 마음대로 굴

려 가는 것을 생각하는 것인데, 〈**남신의주 유동 박시봉방**南新義州柳洞朴時逢方〉

더욱[부] 정도나 수준 따위가 한층 심하거나 높게.

❖ 한울은/이러한 시인詩人이 우리들 속에 있는 것을 더욱 사랑하는데/이러한 시인詩人이 누구인 것을 세상은 몰라도 좋으나 《**《호박꽃 초롱》 서시**序詩》 ❖ 바로 날도 저물어서,/바람은 더욱 세게 불고, 추위는 점점 더해 오는데,/나는 어느 목수木手네 집 헌 삿을 깐,/한 방에 들어서 쥔을 붙이었다./ 〔…〕 /나는 이런 저녁에는 화로를 더욱 다가 끼며, 무릎을 꿇어 보며,/어니 먼 산 뒷옆에 바우 섶에 따로 외로이 서서, 〈**남신의주 유동 박시봉방**南新義州柳洞朴時逢方〉

몹시[부] 더할 수 없이 심하게.

❖ 나이 어린 계집아이 하나가 오른다/옛말속같이 진진초록 새 저고리를 입고/손잔등이 밭고랑처럼 몹시도 터졌다 〈**팔원**八院**—서행시초**西行詩抄 **3**〉

무척[부] 다른 것과 견줄 수 없이.

❖ 어데서 좁쌀알만 한 알에서 가제 깨인 듯한 발이 채 서지도 못한 무척 적은 새끼거미가 이번엔 큰거미 없어진 곳으로 와서 아물거린다 〈**수라**修羅〉

아모래도[부] 아무래도. 아무리 생각해 보아도.

❖ 또 여기 더운물에 뛰어들며/무슨 물새처럼 악악 소리를 지르는 삐삐 파리한 사람은/양자楊子라는 사람은 아모래도 이와 같었을 것만 같다 〈**조당**澡塘**에서**〉

아무리[부] 정도가 매우 심함을 나타내는 말.

❖ 아무리 밤이 좋은들 오리야/해변벌에선 얼마나 너이들이 욱자지껄하며 멕이기에/해변땅에 나들이 갔든 할머니는/오리새끼들은 장뫃이나 하듯이 떠들썩하니 시끄럽기도 하드란 숭인가 〈**오리**〉

얼마나[부] 동작의 강도나 상태의 정도가 대단함을 나타내는 말.

❖ 나는 얼마나 반죽을 주무르며 흰가루손이 되여 떡을 빚고 싶은지 모른다 〈**고야**古夜〉 ❖ 여우가 주둥이를 향하고 우는 집에서는 다음날 으레히 흉사가 있다는 것은 얼마나 무서운 말인가 〈**오금덩이라는 곳**〉 ❖ 아무리 밤이 좋은들 오리야/해변벌에선 얼마나 너이들이 욱자지껄하며 멕이기에/해변땅에 나들이 갔든 할머니는/오리새끼들은 장뫃이나 하듯이 떠들썩하니 시끄럽기도 하드란 숭인가 〈**오리**〉 ❖ 먼 바닷가의 거리로 간다는데/금귤이 놀한 마을마을을 지나가며/싱싱한 금귤을 먹는 것은 얼마나 즐거운 일인가 〈**이두국주가도**伊豆國湊街道〉 ❖ 가까이 잔치가 있어서/곱디고운 건반밥을 말리우는 마을은/얼마나 즐거운 마을인가 〈**고성가도**固城街道**—남행시초**南行詩抄 **3**〉 ❖ 내가 이렇게 외면하고 거리를 걸어가는 것은 또 내 많지 못한 월급이 얼

마나 고마운 탓이고/이렇게 젊은 나이로 코밑수염도 길러보는 탓이고 **〈내가 이렇게 외면하고〉** ❖ 맑고 가난한 친구가 하나 있어서/내가 이렇게 추운 거리를 지나온 걸/얼마나 기뻐하며 락단하고/그즈런히 손깍지벼개하고 누워서/이 못된 놈의 세상을 크게 크게 욕할 것이다 **〈가무래기의 낙樂〉** ❖ 집에는 아배에 삼춘에 오마니에 오마니가 있어서 〔…〕 아이들이 큰마누래에 작은마누래에 제구실을 할 때면 종아지물본도 모르고 행길에 아이 송장이 거적뙈기에 말려나가면 속으로 얼마나 부러워하였고 〔…〕 **〈넘언집 범 같은 노큰마니〉** ❖ 높은 산도 높은 꼭다기에 있는 듯한/아니면 깊은 물도 깊은 밑바닥에 있는 듯한 당신네 나라의/하늘은 얼마나 맑고 높을 것인가/바람은 얼마나 따사하고 향기로울 것인가/그리고 이 하늘 아래 바람결 속에 퍼진/그 풍속은 인정은 그리고 그 말은 얼마나 좋고 아름다울 것인가 **〈허준許俊〉** ❖ 그런데 참으로 그 은殷이며 상商이며 월越이며 위衛며 진晉이며 하는 나라 사람들의 이 후손들은/얼마나 마음이 한가하고 게으른가 **〈조당澡塘에서〉**

온통[부] 전부 다.

❖ 산山 너머는 평안도平安道 땅도 뵈인다는 이 산山골은 온통 자작나무다 **〈백화白樺—산중음山中吟〉**

유별히[부] 여느 것과 두드러지게 다르게.

❖ 김치가재미선 동치미가 유별히 맛나게 익는 밤//아배가 밤참 국수를 받으려 가면 나는 큰마니의 돋보기를 쓰고 앉어 개 짖는 소리를 들은 것이다 **〈개〉**

점점[부] 조금씩 더하거나 덜하여지는 모양.

❖ 바로 날도 저물어서,/바람은 더욱 세게 불고, 추위는 점점 더해 오는데,/나는 어느 목수木手네 집 헌 삿을 깐,/한 방에 들어서 쥔을 붙이었다. **〈남신의주 유동 박시봉방南新義州柳洞朴時逢方〉**

차츰[부] 어떤 상태나 정도가 시간이 흐름에 따라 한 방향으로 조금씩 진행되는 모양을 나타내는 말(《고려대한국어대사전》).

❖ 이렇게 하여 여러 날이 지나는 동안에,/내 어지러운 마음에는 슬픔이며, 한탄이며, 가라앉을 것은 차츰 앙금이 되어 가라앉고,/외로운 생각만이 드는 때쯤 해서는, **〈남신의주 유동 박시봉방南新義州柳洞朴時逢方〉**

한②[관] (수량을 나타내는 말 앞에 쓰여) '대략'의 뜻을 나타내는 말.

❖ 한 십리十里 더 가면 절간이 있을 듯한 마을이다 낮 기울은 볕이 장글장글하니 따사하다 〔…〕 **〈황일黃日〉** ❖ 한 이십리二十里 가면 거리라든데/한겻 남아 걸어도 거리는 뵈이지 않는다 **〈구장로球場路—서행시초西行詩抄 1〉** ❖ 벌에 우는 새소리도 듣고 싶

고 거문고도 한 곡조 뜯고 싶고 한 오천五千말 남기고 함곡관函谷關도 넘어가고 싶고 **〈수박씨, 호박씨〉**

한끝나게 부 한껏. 할 수 있는 데까지. 또는 한도에 이르는 데까지.

〔《평북방언사전》에 '한끗'이 '한껏'이란 말로 등재되어 있다. 《조선말대사전》에 '한껏 나다'는 말과 용례가 뜻풀이와 함께 수록되어 있다.〕

❖ 쇠주푀적삼 항라적삼의 자지고름이 기드렁한 적삼에/한끝나게 상나들이옷을 있는 대로 다 내 입고/머리는 다리를 서너 켜레씩 드려서 **〈칠월七月 백중〉**

한없이 부 끝이 없이.

❖ 명태明太창난젓에 고추무거리에 막칼질한 무이를 뷔벼 익힌 것을/이 투박한 북관北關을 한없이 끼밀고 있노라면/쓸쓸하니 무릎은 꿇어진다 **〈북관北關—함주시초咸州詩抄〉** ❖ 나의 정다운 것들 가지 명태 노루 뫼추리 질동이 노랑나뷔 바구지꽃 모밀국수 남치마 자개짚세기 그리고 천희千姬라는 이름이 한없이 그리워지는 밤이로구나 **〈야우소회夜雨小懷—물닭의 소리〉** ❖ 긴긴 겨울밤 인간들이 모두 한잠이 들은 재밤중에 나 혼자 일어나서 머리맡 쥐발 같은 새끼오강에 한없이 누는 잘 매렵던 오줌의 사르릉 쪼로록 하는 소리 **〈동뇨부童尿賦〉** ❖ 그런데 저기 나무판장에 반쯤 나가누워서/나주별을 한없이 바라보며 혼자 무엇을 즐기는 듯한 목이 긴 사람은/도연명陶淵明은 저러한 사람이였을 것이고 **〈조당澡塘에서〉**

한창 부 어떤 일이 가장 활기 있고 왕성하게 일어나는 모양. 또는 어떤 상태가 가장 무르익은 모양.

❖ 개 하나 얼린하지 않는 마을은/해바른 마당귀에 맷방석 하나/빨갛고 노랗고/눈이 시울은 곱기도 한 건반밥/아 진달래 개나리 한창 퓌였구나 **〈고성가도固城街道—남행시초南行詩抄 3〉** ❖ 내가 엄매 등에 업혀가서 상사말같이 항약에 야기를 쓰면 한창 퓌는 함박꽃을 밑가지채 꺾어주고 〔…〕 **〈넘언집 범 같은 노큰마니〉**

함북 부 '함뿍'에서 온 말. 보통이 아니게 몹시(《조선말대사전》).

〔'함뿍'은 《조선말대사전》에 "① 꽉 차고 넘을 만큼 잔뜩 ② 보통이 아니게 몹시"의 두 가지 풀이로 등재되어 있는데, 아래 용례에선 이 중 후자의 뜻으로 쓰인 것이다.〕

❖ 삼리三里밖 강江쟁변엔 자갯돌에서/비멀이한 옷을 부숭부숭 말려 입고 오는 길인데/산山모롱고지 하나 도는 동안에 옷은 또 함북 젖었다 **〈구장로球場路—서행시초西行詩抄 1〉**

함뿍 부 보통이 아니게 몹시(《조선말대사전》). ☞ 함북

〔《표준국어대사전》엔 '함뿍'이 "'함빡'의 북한어"라고 풀이되어 있는데, 《조선말대

사전》엔 '함빡'과 '함빽'의 풀이가 다르다. 백석 시의 아래 용례에서 '함빽'은 《조선말대사전》의 풀이를 따르는 것이 적절하다.〕

❖ 깨죽이며 문주며 섭가락 앞에 송구떡을 사서 권하거니 먹거니 하고/그러다는 백중물을 내는 소내기를 함빽 맞고/호주를하니 젖어서 달아나는데 〈**칠월**七月 **백중**〉

활씬 부 '훨씬'보다 어감이 작은 말. 어떤 것에 비하여 그 정도가 더하게(《금성판국어대사전》).

〔우리말의 감각에서 양성모음은 음성모음보다 어감이 작다. 《금성판국어대사전》에도 '활씬'은 '훨씬'보다 어감이 작은 말이라고 명시되어 있다.〕

❖ 부엌으론 무럭무럭 하이얀 김이 난다/자정도 활씬 지났는데/닭을 잡고 모밀국수를 누른다고 한다/어늬 산山옆에선 캥캥 여우가 운다 〈**야반**夜半**—산중음**山中吟〉

III. 생활·자연 환경

1 장소, 공간

가까웁다 형 가깝다. 어느 한 곳에서 다른 곳까지의 거리가 짧다.

〔'가까웁다'는 '가깝다'에 '우' 모음이 첨가된 형태의 말이다. 모음 첨가는 백석의 시어에서 자주 나타나는 음운 현상이다.〕

가까웁다 ❖ 어쩐지 향산香山 부처님이 가까웁다는 거린데/국숫집에서는 농짝 같은 도야지를 잡어걸고 국수에 치는 도야지고기는 돗바늘 같은 털이 드문드문 백였다 〈**북신**北新**—서행시초**西行詩抄 2〉

가까이① 부 한 지점에서 거리가 조금 떨어져 있는 상태로.

❖ 열여섯에 사십四十이 넘은 홀아비의 후처가 된 포족족하니 성이 잘 나는 살빛이 매감탕 같은 입술과 젖꼭지는 더 까만 예수쟁이 마을 가까이 사는 토산土山 고무 고무의 딸 승녀承女 아들 승承동이 〈**여우난골족**族〉 ❖ 나는 이 작은 것을 고이 보드러운 종이에 받어 또 문밖으로 버리며/이것의 엄마와 누나나 형이 가까이 이것의 걱정을 하며 있다가 쉬이 만나기나 했으면 좋으련만 하고 슬퍼한다 〈**수라**修羅〉

가깝다 형 어느 한 곳에서 다른 곳까지의 거리가 짧다.

가까운 ❖ 그래도 오리야 호젓한 밤길을 가다/가까운 논배미들에서/까알까알 하는 너이들의 즐거운 말소리가 나면 〈**오리**〉

가퍄럽다 형 가파롭다. 땅이 비탈진 정도가 매우 심하다(《조선말대사전》).

〔'가퍄럽다'는 '가파롭다'는 말이 변이된 것이다. 《금성판국어대사전》과 《민중서림판 국어대사전》에 '가파롭다'가 '가파르다'의 방언으로, 《조선말대사전》엔 '가파르다'보다 비탈진 정도가 더 심한 말로 풀이되어 있다.〕

가퍄러운 ❖ 어늬 아츰 계집은/머리에 무거운 동이를 이고/손에 어린것의 손을 끌고/가퍄러운 언덕길을/숨이 차서 올라갔다 〈**절망**絶望〉

끝없이 부 끝나는 데가 없거나 제한이 없이.

❖ 아득하니 깜하야 만년萬年 넷적이 들은 듯한데/나는 두 손으로 고이 약그릇을 들고 이 약을 내인 녯사람들을 생각하노라면/내 마음은 끝없이 고요하고 또 맑어진다 〈**탕약**湯藥〉

넘석하다 형 (형용사로 쓰여) 크게 힘들이지 않게 가깝다(《조선말대사전》).

〔'넘석하다'는 《조선말대사전》에 "① (몸이나 머리를) 앞으로 기울일 사 하다"(기울이는 상태가 현실화될 듯하다) "② (형용사로 쓰여) 크게 힘을 들이지 않고 가깝다"의 뜻으로 등재되어 있으며, 용례로 '장진땅이 지붕 넘에 넘석한 거리다'가 제시되어 있다. 백석 시 〈노루—함주시초咸州詩抄〉에서 '넘석하다'는 이 중에서 ②의 뜻으로 쓰인 것이다. 용례도 사전에 제시되어 있는 것과 같다. 다만, 백석 시에는 '넘석한'이 아니라 '넘석하는'으로 기술되어 있는데, 이것은 4음절로 운율을 맞추기 위해 의도적으로 쓴 것이거나, 아니면 '넘석하다'를 동사로 생각해 잘못 쓴 것으로 짐작된다.〕

넘석하는 ❖ 장진長津땅이 지붕 넘에 넘석하는 거리다/자구나무 같은 것도 있다 〈**노루—함주시초**咸州詩抄〉

돋구다 동 '돋우다'의 평안 방언. 위로 끌어 올려 도드라지거나 높아지게 하다.

〔《평북방언사전》에 '돋구다'가 '돋우다'의 방언으로, 《조선말대사전》에 '돋구다'와 '돋우다'가 같은 말로 모두 등재되어 있다.〕

돋구고 ❖ 밤이 깊어가는 집안엔 〔…〕 이렇게 화디의 사기방등에 심지를 멫 번이나 돋구고 홍게닭이 멫 번이나 울어서 졸음이 오면 아릇목싸움 자리싸움을 하며 히드득거리다 잠이 든다 〈**여우난골족**族〉

따로 부 한데 섞이거나 함께 있지 아니하고 혼자 떨어져서.

❖ 나는 이런 저녁에는 화로를 더욱 다가 끼며, 무릎을 꿇어 보며,/어니 먼 산 뒷옆에 바우 섶에 따로 외로이 서서, 〈**남신의주 유동 박시봉방**南新義州柳洞朴時逢方〉

망연하다 형 매우 넓고 멀어서 아득하다.

망연한 ❖ 칠성七星고기라는 고기의 쩜벙쩜벙 뛰노는 소리가/쨋쨋하니 들려오는 호수湖水까지는/들쭉이 한불 새까마니 익어가는 망연한 벌판을 지나가야 한다 **〈함남도안**咸南道安**〉**

멀다①[형] 거리가 많이 떨어져 있다.

먼 ❖ 배나무접을 잘하는 주정을 하면 토방돌을 뽑는 오리치를 잘 놓는 먼 섬에 반디젓 담그러 가기를 좋아하는 삼춘 삼춘엄매 사춘누이 사춘동생들 **〈여우난골족**族**〉** ❖ 기왓골에 배암이 푸르스름히 빛난 달밤이 있었다/아이들은 쪽재피같이 먼 길을 돌았다 **〈정문촌**旌門村**〉** ❖ 녯적본의 휘장마차에/어느메 촌중의 새 새악시와도 함께 타고/먼 바닷가의 거리로 간다는데 **〈이두국주가도**伊豆國湊街道**〉** ❖ 그리하여 따사한 햇귀에서 하이얀 옷을 입고 매끄러운 밥을 먹고 단샘을 마시고 낮잠을 잤다/밤에는 먼 개소리에 놀라나고 **〈북방**北方**에서—정현웅**鄭玄雄**에게〉** ❖ 내 사랑하는 어여쁜 사람이/어늬 먼 앞대 조용한 개포가의 나즈막한 집에서/그의 지아비와 마조 앉어 대구국을 끓여놓고 저녁을 먹는다 **〈흰 바람벽이 있어〉** ❖ 녯날 두보杜甫나 이백李白 같은 이 나라의 시인詩人도/먼 타관에 나서 이날을 맞은 일이 있었을 것이다/〔…〕/나는 이제 어늬 먼 외진 거리에 한고향 사람의 조고마한 가업집이 있는 것을 생각하고/〔…〕/우리네 조상들이 먼먼 녯날로부터 대대로 이날엔 으레히 그러하며 오듯이/먼 타관에 난 그 두보杜甫나 이백李白 같은 이 나라의 시인詩人도 **〈두보**杜甫**나 이백**李白**같이〉** ❖ 이른 봄철 산 너머 먼 데 해변에서 가무래기 오면 **〈머리카락〉** ❖ 어니 먼 산 뒷옆에 바우 섶에 따로 외로이 서서,/어두워 오는데 하이야니 눈을 맞을, 그 마른 잎새에는,/쌀랑쌀랑 소리도 나며 눈을 맞을, **〈남신의주 유동 박시봉방**南新義州柳洞朴時逢方**〉**

멀은 ❖ 인가人家 멀은 산山중에/까치는 배나무에서 즞는다 **〈적경**寂境**〉**

멀리[부] 한 지점에서 거리가 몹시 떨어져 있는 상태로.

❖ 또 이러한 밤 같은 때 〔…〕 이불 우에서 광대넘이를 뒤이고 또 누워 굴면서 엄매에게 웃목에 두른 평풍의 새빨간 천두의 이야기를 듣기도 하고 고무더러는 밝는 날 멀리는 못 난다는 뫼추라기를 잡어달라고 조르기도 하고 **〈고야**古夜**〉** ❖ 멀리 바다가 뵈이는/가정거장假停車場도 없는 벌판에서/차車는 머물고/젊은 새악시 둘이 나린다 **〈광원**曠原**〉** ❖ 불을 끈 방안에 횃대의 하이얀 옷이 멀리 추울 것같이/개방위方位로 말방울 소리가 들려온다 **〈머루밤〉** ❖ 대보름 명절인데/나는 멀리 고향을 나서 남의 나라 쓸쓸한 객고에 있는 신세로다 **〈두보**杜甫**나 이백**李白**같이〉** ❖ 산山마루에 서면/멀리 언제나 늘 그물그물/그늘만 친 건넌산山에서 **〈산**山**〉** ❖ 아내와 같이 살던 집도 없어

지고,/그리고 살뜰한 부모며 동생들과도 멀리 떨어져서,/그 어느 바람 세인 쓸쓸한 거리 끝에 헤매이었다. 〈**남신의주 유동 박시봉방**南新義州柳洞朴時逢方〉

뷔이다[동] '비다'의 고어. 일정한 공간에 사람, 사물 따위가 들어 있지 아니하게 되다. 〔'뷔이다'는 '비다'의 고어인 '뷔다'에 '이' 모음이 첨가되어 '뷔+이+다'의 형태를 지닌 말이다. '이' 모음 첨가는 백석의 시어에서 자주 나타나는 음운 현상이다.〕

뷔였나 ❖ 산山턱 원두막은 뷔였나 불빛이 외롭다/헝겊심지에 아즈까리기름의 쪼는 소리가 들리는 듯하다 〈**정주성**定州城〉

뷔인 ❖ 한 십리十里 더 가면 절간이 있을 듯한 마을이다 〔…〕 뒤울안에 복사꽃 핀 집엔 아무도 없나보다 뷔인 집에 꿩이 날어와 다니나보다 〔…〕 〈**황일**黃日〉 ❖ 또 녀름날 낮 기운 때 어른들이 모두 벌에 나가고 텅 뷔인 집 토방에서/햇강아지의 쌀랑대는 성화를 받어가며 닭의 똥을 주워먹는 아이를 생각한다 〈**촌에서 온 아이**〉

뷔일 ❖ 집이 몇 집 되지 않는 골안은/모두 터앝에 김장감이 퍼지고/뜨락에 잡곡낟가리가 쌓여서/어니 세월에 뷔일 듯한 집은 뵈이지 않었다/나는 자꼬 골안으로 깊이 들어갔다 〈**산곡**山谷**—함주시초**咸州詩抄〉

비다[동] 일정한 공간에 사람, 사물 따위가 들어 있지 아니하게 되다.

비어서 ❖ 차디찬 아침인데/묘향산행妙香山行 승합자동차乘合自動車는 텅하니 비어서 〈**팔원**八院**—서행시초**西行詩抄 **3**〉

비이다[동] 비다. 일정한 공간에 사람, 사물 따위가 들어 있지 아니하게 되다. 〔'비이다'는 '비다'에 '이' 모음이 첨가되어 '비+이+다'의 형태를 지닌 말이다. '이' 모음 첨가는 백석의 시어에서 자주 나타나는 음운 현상이다.〕

비인 ❖ 나이 어린 계집아이 하나가 오른다/ 〔…〕 /텅 비인 차車 안 한구석에서 어느 한 사람도 눈을 씻는다 〈**팔원**八院**—서행시초**西行詩抄 **3**〉

외따른[관] 외딴. 홀로 떨어져 있는.

❖ 아배는 타관 가서 오지 않고 산山비탈 외따른 집에 엄매와 나와 단둘이서 누가 죽이는 듯이 무서운 밤 집 뒤로는 어늬 산山골짜기에서 소를 잡어먹는 노나리꾼들이 도적놈들같이 쿵쿵거리며 다닌다 〈**고야**古夜〉 ❖ 컴컴한 부엌에서는 늙은 홀아비의 시아부지가 미역국을 끓인다/그 마을의 외따른 집에서도 산국을 끓인다 〈**적경**寂境〉 ❖ 바람 좋은 한벌판에서 물닭이 소리를 들으며 단이슬 먹고 나이 들은 탓이다/외따른 산골에서 소리개 소리 배우며 다람쥐 동무하고 자라난 탓이다 〈**선우사**膳友辭**—함주시초**咸州詩抄〉 ❖ 이것은 어늬 양지귀 혹은 능달쪽 외따른 산 녚은댕이 예데가리밭에서/하로밤 뽀오한 흰 김 속에 접시귀 소기름불이 뿌우현 부엌에/산멍에 같

은 분틀을 타고 오는 것이다 **〈국수〉**

외지다[형] 외따로 떨어져 있어 으슥하고 후미지다.

외진 ❖ 나는 어니 외진 산山길에서 만난 새악시가 곱기도 하든 것과/어니메 강江물 속에 들여다뵈이든 쏘가리가 한 자나 되게 크든 것을 생각하며 **〈구장로**球塲路**—서행시초**西行詩抄 **1〉** ❖ 나는 이제 어늬 먼 외진 거리에 한고향 사람의 조고마한 가업집이 있는 것을 생각하고 **〈두보**杜甫**나 이백**李白**같이〉**

좁다랗다[형] 너비나 공간이 매우 좁다.

좁다란 ❖ 오늘 저녁 이 좁다란 방의 흰 바람벽에/어쩐지 쓸쓸한 것만이 오고 간다 **〈흰 바람벽이 있어〉**

텅[부] 속이나 안이 비어서 아무것도 없는 모양을 나타내는 말(《고려대한국어대사전》).

❖ 또 녀름날 낮 기운 때 어른들이 모두 벌에 나가고 텅 뷔인 집 토방에서/햇강아지의 쌀랑대는 성화를 받어가며 닭의 똥을 주워먹는 아이를 생각한다 **〈촌에서 온 아이〉**

텅하다[형] 속이나 안이 비어서 아무것도 없다.

〔'텅하다'는 '텅'에 '하다'가 붙어 생성된 말이다. 이와 같은 형태의 말로 '횅하다', '쩡하다' 등을 들 수 있는데, 이 말들은 사전에 등재되어 있는 반면, '텅하다'는 등재되어 있지 않다.〕

텅하니 ❖ 차디찬 아침인데/묘향산행妙香山行 승합자동차乘合自動車는 텅하니 비어서/나이 어린 계집아이 하나가 오른다 **〈팔원**八院**—서행시초**西行詩抄 **3〉**

호호히[부] 넓고 깨끗하고 맑게.

〔'호호히'는 '浩浩히'와 '晧晧히'의 의미가 모두 포함된 것으로 보인다.〕

❖ 한 해에 멫 번 매연 지난 먼 조상들의 최방등 제사에는 〔…〕 또 애끓는 통곡과 축을 귀에 하고 그리고 합문 뒤에는 흠향 오는 구신들과 호호히 접하는 것 **〈목구**木具**〉**

횅하다[형] 막힌 데 없이 시원스럽게 뚫려 있다.

횅하니 ❖ 바가지꽃 하이얀 지붕에 박각시 주락시 붕붕 날아오면/집은 안팎 문을 횅하니 열젖기고/인간들은 모두 뒷등성으로 올라 멍석자리를 하고 바람을 쐬이는데 **〈박각시 오는 저녁〉**

2 방향, 표시

가르치다[동] '가리키다'의 평북 방언, 고어. 손가락 따위로 어떤 방향이나 대상을 집어서 보이거나 말하거나 알리다.

〔《평북방언사전》과 《조선말대사전》에 '가리치다'가 '가리키다'의 평북 방언으로 풀이되어 있다. 오늘날 표준어에선 '가르치다'와 '가리키다'가 다른 뜻이지만, 고어에선 '가르치다'에 이 두 가지 뜻이 모두 포함되어 있었고, 그 말이 평북 지역에 잔존해 방언으로 쓰인 것이다.〕

가르치며 ❖ 지붕에 바람벽에 울바주에 볕살 쇠리쇠리한 마을을 가르치며/노왕老王은 나귀를 타고 앞에 가고/나는 노새를 타고 뒤에 따르고/마을 끝 충왕묘蟲王廟에 충왕蟲王을 찾어뵈려 가는 길이다 **〈귀농歸農〉**

까꾸로 부 차례나 방향, 또는 형편 따위가 반대로 되게. '가꾸로'보다 센 말.

❖ 문기슭에 바다 해자를 까꾸로 붙인 집/산듯한 청삿자리 우에서 찌륵찌륵/우는 전북회를 먹어 한녀름을 보낸다 **〈삼호三湖—물닭의 소리〉**

마조 부 '마주'의 고어. 서로 똑바로 향하여.

❖ 어늬 먼 앒대 조용한 개포가의 나즈막한 집에서/그의 지아비와 마조 앉어 대구국을 끓여놓고 저녁을 먹는다 **〈흰 바람벽이 있어〉**

향하다 동 ① 무엇이 어느 한 방향을 취하게 하다. ② 어느 한쪽을 정면이 되게 대하다.

향하고 ❖ 여우가 주둥이를 향하고 우는 집에서는 다음날 으레히 흉사가 있다는 것은 얼마나 무서운 말인가 **〈오금덩이라는 곳〉**

향해서 ❖ 장날 아츰에 앞 행길로 엄지 따러 지나가는 망아지를 내라고 나는 조르면/아배는 행길을 향해서 크다란 소리로/—매지야 오나라/—매지야 오나라 **〈오리 망아지 토끼〉**

3 날씨

기울다 동 해나 달 따위가 저물다.

기운 ❖ 또 녀름날 낮 기운 때 어른들이 모두 벌에 나가고 텅 뷔인 집 토방에서/햇강아지의 쌀랑대는 성화를 받어가며 닭의 똥을 주워먹는 아이를 생각한다 **〈촌에서 온 아이〉**

기울은 ❖ 한 십리十里 더 가면 절간이 있을 듯한 마을이다 낮 기울은 볕이 장글장글하니 따사하다 흙은 젖이 커서 살같이 깨서 아지랑이 낀 속이 안타까운가보다

〔…〕〈**황일**黃日〉 ❖ 낮 기울은 날을 햇볕 장글장글한 툇마루에 걸어앉어서/지난 여름 도락구를 타고 장진長津땅에 가서 꿀을 치고 돌아왔다는 이 벌들을 바라보며 나는 〈**산곡**山谷**—함주시초**咸州詩抄〉

끼다④동 안개나 연기 따위가 퍼져서 서리다.

낀 ❖ 한 십리十里 더 가면 절간이 있을 듯한 마을이다 낮 기울은 볕이 장글장글하니 따사하다 흙은 젖이 커서 살같이 깨서 아지랑이 낀 속이 안타까운가보다 〔…〕〈**황일**黃日〉 ❖ 이 길이다/얼마 가서 감로甘露 같은 물이 솟는 마을 하이얀 회담벽에 옛적본의 장반시계를 걸어놓은 집 홀어미와 사는 물새 같은 외딸의 혼삿말이 아즈랑이같이 낀 곳은 〈**남향**南鄕**—물닭의 소리**〉

나리다②동 내리다. 눈, 비, 서리, 이슬 따위가 오다.

나렸다 ❖ 저문 유월六月의 바닷가에선 조개도 울을 저녁 소라방등이 불그레한 마당에 김냄새 나는 비가 나렸다 〈**통영**統營〉

나리고 ❖ 눈은 푹푹 나리고/나는 나타샤를 생각하고/나타샤가 아니 올 리 없다/〔…〕//눈은 푹푹 나리고/아름다운 나타샤는 나를 사랑하고/어데서 흰 당나귀도 오늘밤이 좋아서 응앙응앙 울을 것이다 〈**나와 나타샤와 흰 당나귀**〉

나린다 ❖ 가난한 내가/아름다운 나타샤를 사랑해서/오늘밤은 푹푹 눈이 나린다 〈**나와 나타샤와 흰 당나귀**〉

나리다③동 내리다. 어둠, 안개 따위가 짙어지거나 덮여 오다.

나리는 ❖ 이방異邦 거리는/비 오듯 안개가 나리는 속에/안개 같은 비가 나리는 속에 〈**안동**安東〉

멎다동 멈추다. 비나 눈 따위가 그치다.

멎은 ❖ 남방토南方土 풀 안 돋은 양지귀가 본이다/햇비 멎은 저녁의 노을 먹고 산다 〈**석류**石榴〉

미치다동 일정한 방향도 없이 마구 휘몰아치다.

〔사전에 '미친바람'이 '일정한 방향도 없이 마구 휘몰아쳐 부는 사나운 바람'의 뜻으로 등재되어 있다. 아래 용례에서 바람에 대한 서술어로 쓰인 '미치다'는 '미친바람'에서 파생된 말이다.〕

미치고 ❖ 이미 해는 늙고 달은 파리하고 바람은 미치고 보래구름만 혼자 넋 없이 떠도는데 〈**북방**北方**에서—정현웅**鄭玄雄**에게**〉

불다①동 바람이 일어나서 어느 방향으로 움직이다.

불고 ❖ 바로 날도 저물어서,/바람은 더욱 세게 불고, 추위는 점점 더해 오는데, 〈**남**

신의주 유동 박시봉방南新義州柳洞朴時逢方〉

불어서 ❖ 별 많은 밤/하누바람이 불어서/푸른 감이 떨어진다 개가 즞는다 〈**청시**青柿〉

불어오다[동] 바람이 일어나서 어느 방향으로 움직여 오다.

〔'불어오다'는 '불다'에 보조동사 '오다'가 결합한 말이다. 사전엔 '불다'만 등재되어 있다.〕

불어오고 ❖ 무썩무썩 더운 날에도 벌길에는/건들건들 씨연한 바람이 불어오고 〈**칠월**七月 **백중**〉

세다[형] 물, 불, 바람 따위의 기운이 크거나 빠르다.

세게 ❖ 바로 날도 저물어서,/바람은 더욱 세게 불고, 추위는 점점 더해 오는데,/나는 어느 목수木手네 집 헌 삿을 깐,/한 방에 들어서 쥔을 붙이었다. 〈**남신의주 유동 박시봉방**南新義州柳洞朴時逢方〉

세이다③[형] 세다. 물, 불, 바람 따위의 기운이 크거나 빠르다.

〔'세이다'는 '세다'에 '이' 모음이 첨가된 형태의 말이다. 모음 첨가는 백석의 시어에서 자주 나타나는 음운 현상이다.〕

세인 ❖ 어느 사이에 나는 아내도 없고, 또,/아내와 같이 살던 집도 없어지고,/그리고 살뜰한 부모며 동생들과도 멀리 떨어져서,/그 어느 바람 세인 쓸쓸한 거리 끝에 헤매이었다. 〈**남신의주 유동 박시봉방**南新義州柳洞朴時逢方〉

쐬이다[동] 쐬다. 얼굴이나 몸에 바람이나 연기, 햇빛 따위를 직접 받다.

〔'쐬이다'는 '쐬다'에 '이' 모음이 첨가된 형태의 말이다. 모음 첨가는 백석의 시어에서 자주 나타나는 음운 현상이다.〕

쐬이는데 ❖ 집은 안팎 문을 횅하니 열젖기고/인간들은 모두 뒷등성으로 올라 멍석자리를 하고 바람을 쐬이는데 〈**박각시 오는 저녁**〉

오다⑤[동] 비, 눈, 서리나 추위 따위가 내리거나 닥치다.

오는 ❖ 신 살구를 잘도 먹드니 눈 오는 아츰/나어린 안해는 첫아들을 낳었다 〈**적경**寂境〉

오는데 ❖ 눈이 오는데/토방에서는 질화로 우에 곱돌탕관에 약이 끓는다 〈**탕약**湯藥〉

오듯 ❖ 이리하여 한울에 별이 잔콩 마당 같고/강낭밭에 이슬이 비 오듯 하는 밤이 된다 〈**박각시 오는 저녁**〉 ❖ 이방異邦 거리는/비 오듯 안개가 나리는 속에/안개 같은 비가 나리는 속에 〈**안동**安東〉

오면 ❖ 소와 말은 도로 산山으로 돌아갔다/염소만이 아직 된비가 오면 산山개울에 놓인 다리를 건너 인가人家 근처로 뛰여온다 **〈산지山地〉** ❖ 섣달에 냅일날이 들어서 냅일날 밤에 눈이 오면 이 밤엔 쌔하얀 할미귀신의 눈귀신도 냅일눈을 받노라 못 난다는 말을 든든히 녀기며 〔…〕 **〈고야古夜〉**

오신 ❖ 해바라기하기 좋을 볏곡간 마당에/볏짚같이 누우란 사람들이 둘러서서/어늬 눈 오신 날 눈을 츠고 생긴 듯한 말다툼 소리도 누우라니 **〈삼천포三千浦—남행시초南行詩抄 4〉**

와서 ❖ 눈이 많이 와서/산엣새가 벌로 나려 멕이고/눈구덩이에 토끼가 더러 빠지기도 하면/마을에는 그 무슨 반가운 것이 오는가보다 **〈국수〉** ❖ 외로운 생각만이 드는 때쯤 해서는,/더러 나줏손에 쌀랑쌀랑 싸락눈이 와서 문창을 치기도 하는 때도 있는데, **〈남신의주 유동 박시봉방南新義州柳洞朴時逢方〉**

잠풍하다 형 잔풍殘風하다. 바람기가 없이 잔잔하다(《조선말대사전》).

잠풍하니 ❖ 돌각담에 머루송이 깜하니 익고/자갈밭에 아즈까리알이 쏟아지는/잠풍하니 볕바른 골짝이다 **〈산곡山谷—함주시초咸州詩抄〉**

장글장글 부 바람이 없는 날에 해가 살을 지질 듯이 조금 따갑게 계속 내리쬐는 모양.

❖ 밭최뚝에 즘부러진 땅버들의 버들개지 피여나는 데서/볕은 장글장글 따사롭고 바람은 솔솔 보드라운데/나는 땅님자 노왕老王한테 석 상디기 밭을 얻는다 **〈귀농歸農〉**

장글장글하다 형 내리비치는 햇볕이 살을 지질 듯이 따끈따끈하다.

장글장글하니 ❖ 한 십리十里 더 가면 절간이 있을 듯한 마을이다 낮 기울은 볕이 장글장글하니 따사하다 흙은 젖이 커서 살같이 깨서 아지랑이 낀 속이 안타까운가보다 〔…〕 **〈황일黃日〉**

장글장글한 ❖ 낮 기울은 날을 햇볕 장글장글한 툇마루에 걸어앉어서/지난 여름 도락구를 타고 장진長津땅에 가서 꿀을 치고 돌아왔다는 이 벌들을 바라보며 **〈산곡山谷—함주시초咸州詩抄〉**

쟁글쟁글 부 바람이 없는 날씨에 햇볕이 따스하게 내려쬐는 모양을 나타내는 말.

❖ 그리고 또/아늑하고 고요한 시골 거리에서 쟁글쟁글 햇볕만 바래는 시인詩人을 사랑한다 **〈《호박꽃 초롱》 서시序詩〉**

저물다② 동 해가 져서 어두워지다.

저물고 ❖ 해는 저물고 날은 다 가고 별은 서러웁게 차갑다 **〈멧새 소리〉**

저물어서 ❖ 바로 날도 저물어서,/바람은 더욱 세게 불고, 추위는 점점 더해 오는데,

〈**남신의주 유동 박시봉방**南新義州柳洞朴時逢方〉

좋다②형 날씨가 맑거나 고르다.

좋기도 ❖ 날은 챙챙 좋기도 좋은데/눈도 녹으며 술렁거리고 버들도 잎 트며 수선거리고/저 한쪽 마을에는 마돝에 닭 개 즘생도 들떠들고 〈**귀농**歸農〉

좋은데 ❖ 날은 챙챙 좋기도 좋은데/눈도 녹으며 술렁거리고 버들도 잎 트며 수선거리고/저 한쪽 마을에는 마돝에 닭 개 즘생도 들떠들고 〈**귀농**歸農〉

챙챙부 하늘이 구름 한 점 없이 맑은 모양.

❖ 저기는 그늘 그늘 여기는 챙챙—/저기는 그늘 그늘 여기는 챙챙— 〈**황일**黃日〉 ❖ 날은 챙챙 좋기도 좋은데/눈도 녹으며 술렁거리고 버들도 잎 트며 수선거리고 〈**귀농**歸農〉

추워지다동 (날씨가) 기온이 낮아지거나 차가운 기운이 돌다(《고려대한국어대사전》). ☞ 용언과 수식언 V. 감각, 분위기 6. 감촉 732

추워져서 ❖ 날이 어서 추워져서 쑥국화꽃도 시들고 이 바즈런한 백성들도 다 제 집으로 들은 뒤에 이 골안으로 올 것을 생각하였다 〈**산곡**山谷**—함주시초**咸州詩抄〉

치다③동 바람이 세차게 불거나 비, 눈 따위가 세차게 뿌리다.

치기도 ❖ 외로운 생각만이 드는 때쯤 해서는,/더러 나줏손에 쌀랑쌀랑 싸락눈이 와서 문창을 치기도 하는 때도 있는데, 〈**남신의주 유동 박시봉방**南新義州柳洞朴時逢方〉

친다 ❖ 산山뽕닢에 빗방울이 친다/멧비들기가 닌다/나무등걸에서 자벌기가 고개를 들었다 멧비들기켠을 본다 〈**산**山**비**〉

흐리다②형 하늘에 구름이나 안개 따위가 끼어 햇빛이 밝지 못하다.

흐린 ❖ 수리취 땅버들의 하이얀 복이 서러웁다/뚜물같이 흐린 날 동풍東風이 설렌다 〈**쓸쓸한 길**〉

4 시간, 때

가까이②부 시간이 오래지 않아.

❖ 가까이 잔치가 있어서/곱디고운 건반밥을 말리우는 마을은/얼마나 즐거운 마을인가 〈**고성가도**固城街道**—남행시초**南行詩抄 **3**〉

가다③동 ('시간' 따위와 함께 쓰여) 지나거나 흐르다.

가고 ❖ 해는 저물고 날은 다 가고 별은 서러웁게 차갑다 〈**멧새 소리**〉

갔다 ❖ 섶벌같이 나아간 지아비 기다려 십 년十年이 갔다/지아비는 돌아오지 않고/ 어린 딸은 도라지꽃이 좋아 돌무덤으로 갔다 〈**여승**女僧〉

가제[부] '갓'(이제 막) '방금'의 평북 방언(《평북방언사전》).

❖ 어데서 좁쌀알만 한 알에서 가제 깨인 듯한 발이 채 서지도 못한 무척 적은 새끼 거미가 이번엔 큰거미 없어진 곳으로 와서 아물거린다 〈**수라**修羅〉

갑자기[부] 미처 생각할 겨를도 없이 급히.

❖ 이리하야 어쩐지 내 마음은 갑자기 반가워지나/그러나 나는 조금 무서웁고 외로워진다 〈**조당**澡塘**에서**〉

긴긴[관] 길고 긴.

❖ 긴긴 겨울밤 인간들이 모두 한잠이 들은 재밤중에 나 혼자 일어나서 머리맡 쥐발 같은 새끼오강에 한없이 누는 잘 매럽던 오줌의 사르릉 쪼로록 하는 소리 〈**동뇨부**童尿賦〉 ❖ 정주定州 동림東林 구십九十여 리里 긴긴 하로 길에/산에 오면 산 소리 벌에 오면 벌 소리/적막강산에 나는 있노라 〈**적막강산**〉

길다②[형] 이어지는 시간상의 한 때에서 다른 때까지의 동안이 오래다.

긴 ❖ 우리들은 맑은 물밑 해정한 모래톱에서 하구 긴 날을 모래알만 혜이며 잔뼈가 굵은 탓이다 〈**선우사**膳友辭**—함주시초**咸州詩抄〉

깊어가다[형] 시간이 오래되어 가다.

〔'깊어가다'는 '깊다'에 보조동사 '가다'가 결합된 합성어로 깊은 상태가 지속되어 점점 더 깊어지는 것을 가리키는 말이다. 사전엔 '깊다'만 등재되어 있다.〕

깊어가는 ❖ 밤이 깊어가는 집안엔 엄매는 엄매들끼리 아르간에서들 웃고 이야기하고 아이들은 아이들끼리 웃간 한 방을 잡고 조아질하고 쌈방이 굴리고 바리깨돌림하고 호박떼기하고 제비손이구손이하고 〔…〕 〈**여우난골족**族〉

까마득히[부] 아주 오래되어 아득하게(《금성판국어대사전》).

❖ 얼근한 비릿한 구릿한 이 맛 속에선/까마득히 신라新羅백성의 향수鄕愁도 맛본다 〈**북관**北關**—함주시초**咸州詩抄〉

나리다④[동] 내리다. 백석 시 〈목구木具〉에선 '내려오다'의 뜻으로 쓰였다. 과거로부터 지금까지 전해 오다.

나린다는 ❖ 오대五代나 나린다는 크나큰 집 다 찌그러진 들지고방 어득시근한 구석에서 쌀독과 말쿠지와 숫돌과 신뚝과 그리고 넷적과 또 열두 데석님과 친하니 살으면서 〈**목구**木具〉

날다②[동] 나다. 철이나 기간을 보내다.

날려고 ❖ 나는 이 골짝에서 한겨울을 날려고 집을 한 채 구하였다 〈**산곡**山谷—**함주시초**咸州詩抄〉

내③[부] 처음부터 끝까지 계속해서.

❖ 때글은 다 낡은 무명샤쯔가 어두운 그림자를 쉬이고/그리고 또 달디단 따끈한 감주나 한잔 먹고 싶다고 생각하는 내 가지가지 외로운 생각이 헤매인다 〈**흰 바람벽이 있어**〉

녯[관] 옛. 지나간 때의.

❖ 녯 장수 모신 낡은 사당의 돌층계에 주저앉어서 나는 이 저녁 울 듯 울 듯 한산도閑山島 바다에 뱃사공이 되여가며 〈**통영**統營(**남행시초**南行詩抄)〉 ❖ 이제는 참으로 이기지 못할 슬픔과 시름에 쫓겨/나는 나의 녯 한울로 땅으로—나의 태반胎盤으로 돌아왔으나 〈**북방**北方**에서—정현웅**鄭玄雄**에게**〉 ❖ 그러면서 이 마음이 맑은 녯 시인詩人들은/먼 훗날 그들의 먼 훗자손들도/그들의 본을 따서 이날에는 원소元宵를 먹을 것을/〔…〕/내 쓸쓸한 마음엔 자꼬 이 나라의 녯 시인詩人들이 그들의 쓸쓸한 마음들이 생각난다 〈**두보**杜甫**나 이백**李白**같이**〉

더러[부] 이따금 드물게.

❖ 산山마루를 탄 사람들은 새꾼들인가/파란 한울에 떨어질 것같이/웃음소리가 더러 산山 밑까지 들린다 〈**추일산조**秋日山朝〉 ❖ 눈이 많이 와서/산엣새가 벌로 나려 멕이고/눈구덩이에 토끼가 더러 빠지기도 하면/마을에는 그 무슨 반가운 것이 오는가보다 〈**국수**〉 ❖ 외로운 생각만이 드는 때쯤 해서는,/더러 나줏손에 쌀랑쌀랑 싸락눈이 와서 문창을 치기도 하는 때도 있는데, 〈**남신의주 유동 박시봉방**南新義州柳洞朴時逢方〉

되다③[동] 어떤 때나 시기, 상태에 이르다.

되면 ❖ 벼랑탁의 어두운 그늘에 아츰이면/부헝이가 무거웁게 날러온다/낮이 되면 더 무거웁게 날러가버린다 〈**산지**山地〉

되여 ❖ 오리야 네가 좋은 청명淸明 밑께 밤은/옆에서 누가 빰을 쳐도 모르게 어둡다누나/오리야 이때는 따디기가 되여 어둡단다 〈**오리**〉

된다 ❖ 이리하여 한울에 별이 잔콩 마당 같고/강낭밭에 이슬이 비 오듯 하는 밤이 된다 〈**박각시 오는 저녁**〉

두고두고[부] 여러 번에 걸쳐 오랫동안.

❖ 집에는 아배에 삼춘에 오마니에 오마니가 있어서 〔…〕 그리고 끼때에는 부뚜막에 바가지를 아이덜 수대로 주룬히 늘어놓고 밥 한 덩이 질게 한 술 들여트려서는

먹였다는 소리를 언제나 두고두고 하는데 **〈넘언집 범 같은 노큰마니〉**

들다⑥㊍ 어떤 때, 철이 되거나 돌아오다.

들도록 ❖ 또 이러한 밤 같은 때 시집갈 처녀 막내고무가 고개 너머 큰집으로 치장감을 가지고 와서 엄매와 둘이 소기름에 쌍심지의 불을 밝히고 밤이 들도록 바느질을 하는 밤 같은 때 〔…〕 **〈고야古夜〉**

먼먼㊀ 멀고 먼.

❖ 이 집에 가서 그 맛스러운 떡국이라도 한 그릇 사먹으리라 한다/우리네 조상들이 먼먼 넷날로부터 대대로 이날엔 으레히 그러하며 오듯이 **〈두보杜甫나 이백李白 같이〉**

멀다②㊋ 시간적으로 사이가 길거나 오래다.

먼 ❖ 의원醫員은 여래如來 같은 상을 하고 관공關公의 수염을 드리워서/먼 넷적 어늬나라 신선 같은데/새끼손톱 길게 돋은 손을 내어 **〈고향故鄕〉** ❖ 한 해에 멫 번 매연 지난 먼 조상들의 최방등 제사에는 컴컴한 고방 구석을 나와서 대멀머리에 외얏맹건을 지르터맨 늙은 제관의 손에 정갈히 몸을 씻고 〔…〕 먼 후손들의 공경스러운 절과 잔을 굽어보고 〔…〕 //구신과 사람과 넋과 목숨과 있는 것과 없는 것과 한 줌 흙과 한 점 살과 먼 넷조상과 먼 훗자손의 거륵한 아득한 슬픔을 담는 것 **〈목구木具〉** ❖ 이것은 그 곰의 잔등에 업혀서 길여났다는 먼 넷적 큰마니가/또 그 짚등색이에 서서 자채기를 하면 산 넘엣 마을까지 들렸다는/먼 넷적 큰아바지가 오는 것같이 오는 것이다 **〈국수〉** ❖ 그러면서 이 마음이 맑은 넷 시인詩人들은/먼 훗날 그들의 먼 훗자손들도/그들의 본을 따서 이날에는 원소元宵를 먹을 것을 **〈두보杜甫나 이백李白같이〉**

멀은 ❖ 나는 벌써 달디단 물구지우림 둥굴네우림을 생각하고/아직 멀은 도토리묵 도토리범벅까지도 그리워한다 **〈가즈랑집〉** ❖ 그 멀은 눈물의 또 별살의 나라에서/이 세상에 나들이를 온 사람이여 **〈허준許俊〉**

몬저㊇ '먼저'(시간적으로나 순서상으로 앞서서)의 고어. 방언(경상, 전남)(《금성판국어대사전》).

❖ 이젠 배도 출출히 고팠는데/어서 그 옹기장사가 온다는 거리로 들어가면 무엇보다도 몬저 '주류판매업酒類販賣業'이라고 써붙인 집으로 들어가자 **〈구장로球場路—서행시초西行詩抄 1〉**

묵다㊍ 일정한 때를 지나서 오래된 상태가 되다.

묵은 ❖ 넷성城의 돌담에 달이 올랐다/묵은 초가지붕에 박이/또 하나 달같이 하이얗게 빛난다 **〈흰밤〉** ❖ 황토 마루 수무나무에 얼럭궁덜럭궁 색동헝겊 뜯개조박 뵈짜배기 걸리고 〔…〕 골안에 아늑히 묵은 녕동이 무겁기도 할 집이 한 채 안기었는데 **〈넘언집 범 같은 노큰마니〉**

묵여가다[동] 계속해 묵이다. '묵이다'는 '묵다'의 사동사로 '일정한 때를 지나서 오래되게 하다'의 뜻이다.

〔'묵여가다'는 '묵이다'에 보조용언 '가다'가 결합된 말로 묵이는 상태가 지속되는 것을 가리킨다. '묵이다'는 '묵히다'와 같은 말이다. 《표준국어대사전》엔 '묵히다' 만 표준어로 등재되어 있지만, 《고려대한국어대사전》엔 '묵이다'도 등재되어 있고, 《조선말대사전》엔 '묵히다' 대신 '묵이다'만 등재되어 있다.〕

묵여가며 ❖ 이 눈세기물을 냅일물이라고 제주병에 진상항아리에 채워두고는 해를 묵여가며 고뿔이 와도 배앓이를 해도 갑피기를 앓어도 먹을 물이다 **〈고야古夜〉**

문득[부] ① 생각이나 느낌 따위가 갑자기 떠오르는 모양. ② 어떤 행위가 갑자기 이루어지는 모양.

❖ 새끼손톱 길게 돋은 손을 내어/묵묵하니 한참 맥을 짚드니/문득 물어 고향故鄕이 어데냐 한다 **〈고향故鄕〉** ❖ 또 털도 안 뽑는 고기를 시꺼먼 맨모밀국수에 얹어서 한입에 꿀꺽 삼키는 사람들을 바라보며/나는 문득 가슴에 뜨끈한 것을 느끼며/소수림왕小獸林王을 생각한다 광개토대왕廣開土大王을 생각한다 **〈북신北新—서행시초西行詩抄 2〉**

바로[부] 시간적인 간격을 두지 아니하고 곧.

❖ 바로 날도 저물어서,/바람은 더욱 세게 불고, 추위는 점점 더해 오는데, **〈남신의주 유동 박시봉방南新義州柳洞朴時逢方〉**

밤새껏[부] 밤이 지나는 동안 꼬박.

❖ 새벽녘의 거리엔 쾅쾅 북이 울고/밤새껏 바다에선 뿡뿡 배가 울고 **〈통영統營(남행시초南行詩抄)〉**

벌써[부] ① 예상보다 빠르게 어느새. ② 이미 오래전에.

❖ 나는 벌써 달디단 물구지우림 둥굴네우림을 생각하고/아직 멀은 도토리묵 도토리범벅까지도 그리워한다 **〈가즈랑집〉** ❖ 눈은 푹푹 나리고/나는 나타샤를 생각하고/나타샤가 아니 올 리 없다/언제 벌써 내 속에 고조곤히 와 이야기한다 **〈나와 나타샤와 흰 당나귀〉** ❖ 그의 지아비와 마조 앉어 대구국을 끓여놓고 저녁을 먹는다/벌써 어린것도 생겨서 옆에 끼고 저녁을 먹는다 **〈흰 바람벽이 있어〉** ❖ 뽈다구에는 징기징기 앙광이를 그리고 머리칼이 놀한 아이여/힘을 쓸랴고 벌써부터 두 다리가

푸둥푸둥하니 살이 찐 아이여 〈**촌에서 온 아이**〉

보내다①[동] 시간이나 세월을 지나가게 하다.

보내면서 ❖ 이렇게 한녀름을 보내면서 나는 하늑이는/물살에 나이금이 느는 꽃조개와 함께/허리도리가 굵어가는 한 사람을 연연해한다 〈**삼호**三湖**—물닭의 소리**〉

보낸다 ❖ 문기슭에 바다 해자를 까꾸로 붙인 집/산듯한 청삿자리 우에서 찌륵찌륵/우는 전북회를 먹어 한녀름을 보낸다 〈**삼호**三湖**—물닭의 소리**〉

새[관] ① 이미 있었던 것이 아니라 처음 마련하거나 다시 생겨난. ② 사용하거나 구입한 지 얼마 되지 아니한.

❖ 어느메 촌중의 새 새악시와도 함께 타고/먼 바닷가의 거리로 간다는데 〈**이두국주가도**伊豆國湊街道〉 ❖ 가난한 동무가 새 구두를 신고 지나간 탓이고 언제나 꼭같은 넥타이를 매고 고운 사람을 사랑하는 탓이다 〈**내가 이렇게 외면하고**〉 ❖ 옛말속같이 진진초록 새 저고리를 입고/손잔등이 밭고랑처럼 몹시도 터졌다 〈**팔원**八院**—서행시초**西行詩抄 **3**〉 ❖ 이리하야 또 한 아득한 새 넷날이 비롯하는 때/이제는 참으로 이기지 못할 슬픔과 시름에 쫓겨 〈**북방**北方**에서—정현웅**鄭玄雄**에게**〉 ❖ 오늘 고향의 내 집에 있는다면/새 옷을 입고 새 신도 신고 떡과 고기도 억병 먹고 〈**두보**杜甫**나 이백**李白**같이**〉

시방[부] 지금. 말하는 바로 이때에.

❖ 그러나 시방 꼴두기는 배창에 너부러져 새새끼 같은 울음을 우는 곁에서/뱃사람들의 언젠가 아홉이서 회를 쳐먹고도 남어 한 깃씩 노나가지고 갔다는 크디큰 꼴두기의 이야기를 들으며 나는 슬프다 〈**꼴두기—물닭의 소리**〉 ❖ 나는 시방 넷날 진晉이라는 나라나 위衛라는 나라에 와서/내가 좋아하는 사람들을 만나는 것만 같다 〈**조당**澡塘**에서**〉

아득하다[형] ① 까마득히 오래되다. ② 보이는 것이나 들리는 것이 희미하고 매우 멀다.

〔아래 용례들은 주로 ①의 의미를 갖지만, 첫째, 둘째, 셋째, 넷째, 여덟 번째 용례에 구사된 '아득하니', '아득한'의 경우 ①과 ②의 의미가 모두 포함된 것으로 봐야 할 것 같다. 어휘의 발달 순서는 일반적으로 공간어에서 시간어로 진행된다. '아득하다'의 의미도 공간적 의미에서 시간적 의미로 확장되어 간다. 아래 용례의 어휘들은 대체로 시간적으로 확장된 상태의 의미를 드러내고 있는데, 앞서 제시한 일부 어휘의 경우 그 경계가 모호하다고 할 수 있다.〕

아득하니 ❖ 그리고 다 달인 약을 하이얀 약사발에 밭어놓은 것은/아득하니 깜하야 만년萬年 넷적이 들은 듯한데 〈**탕약**湯藥〉 ❖ 외로이 타관에 나서도 이 원소元宵를 먹을 것을 생각하며/그들이 아득하니 슬펐을 듯이/나도 떡국을 놓고 아득하니 슬플 것이로다 **〈두보杜甫나 이백李白같이〉** ❖ 이 마음 안에 아득하니 오랜 세월이 아득하니 오랜 지혜가 또 아득하니 오랜 인정人情이 깃들인 것이다/태산泰山의 구름도 황하黃河의 물도 옛님군의 땅과 나무의 덕도 이 마음 안에 아득하니 뵈이는 것이다 **〈수박씨, 호박씨〉**

아득한 ❖ 아득한 녯날에 나는 떠났다/부여扶餘를 숙신肅愼을 발해勃海를 여진女眞을 요遼를 금金을 **〈북방北方에서—정현웅鄭玄雄에게〉** ❖ 이리하야 또 한 아득한 새 녯날이 비롯하는 때/이제는 참으로 이기지 못할 슬픔과 시름에 쫓겨 **〈북방北方에서—정현웅鄭玄雄에게〉** ❖ 이것은 아득한 녯날 한가하고 즐겁든 세월로부터/실 같은 봄비 속을 타는 듯한 녀름별 속을 지나서 들쿠레한 구시월 갈바람 속을 지나서 **〈국수〉** ❖ 구신과 사람과 넋과 목숨과 있는 것과 없는 것과 한 줌 흙과 한 점 살과 먼 녯조상과 먼 훗자손의 거륵한 아득한 슬픔을 담는 것 **〈목구木具〉**

아직 부 어떤 일이나 상태 또는 어떻게 되기까지 시간이 더 지나야 함을 나타내거나, 어떤 일이나 상태가 끝나지 아니하고 지속되고 있음을 나타내는 말.

❖ 염소만이 아직 된비가 오면 산山개울에 놓인 다리를 건너 인가人家 근처로 뛰여온다 **〈산지山地〉** ❖ 나는 벌써 달디단 물구지우림 둥굴네우림을 생각하고/아직 멀은 도토리묵 도토리범벅까지도 그리워한다 **〈가즈랑집〉** ❖ 그리고 또 엄매의 말엔 내가 아직 굳은 밥을 모르던 때 살갖 퍼런 막내고무가 잘도 받어 세수를 하였다는 내 오줌빛은 이슬같이 샛말갛기도 샛맑았다는 것이다 **〈동뇨부童尿賦〉**

어느새 부 어느 틈에 벌써.

❖ 인간들은 모두 뒷등성으로 올라 멍석자리를 하고 바람을 쐬이는데/풀밭에는 어느새 하이얀 대림질감들이 한불 널리고 **〈박각시 오는 저녁〉**

어니젠가 부 어느 사이엔가. ☞ 언제② 674

〔'어니젠가'는 '어느젠가'의 평안 방언이다. '어느젠가'는 백석 시에서 'ㅅ'가 'ㅈ'로 발음되는 현상이 있음을 감안해(당세기 → 당즈깨, 이슥하니 → 이즉하니), '어느 사이엔가'의 뜻으로 쓴 것으로 볼 수 있다. 또는 '언제'란 말이 '어느 제'에서 온 말이므로, '어느젠가'는 '언젠가'를 가리키는 말로 볼 수 있다. 백석 시에서 '언젠가'는 '어느 사이엔가'의 뜻으로 쓰이기도 하는데, 이런 용법은 "언제 벌써 내 속에 고조곤히 와 이야기한다"(〈나와 나타샤와 흰 당나귀〉)에서 확인된다. 어떻게 보든 백석 시의 용례에서 '어니젠가'는 '어느 사이엔가'의 뜻으로 쓰인 것이라고 할 수 있다.〕

❖ 거미새끼 하나 방바닥에 나린 것을 나는 아모 생각 없이 문밖으로 쓸어버린다/

차디찬 밤이다//어니젠가 새끼거미 쓸려나간 곳에 큰거미가 왔다/나는 가슴이 짜릿한다 **〈수라修羅〉**

어서 부 지체 없이 빨리.

❖ 날이 어서 추워져서 쑥국화꽃도 시들고 이 바즈런한 백성들도 다 제 집으로 들은 뒤에 이 골안으로 올 것을 생각하였다 **〈산곡山谷—함주시초咸州詩抄〉** ❖ 이젠 배도 출출히 고팠는데/어서 그 옹기장사가 온다는 거리로 들어가면 무엇보다도 몬저 '주류판매업酒類販賣業'이라고 써붙인 집으로 들어가자 **〈구장로球場路—서행시초西行詩抄 1〉**

언제① 부 잘 모르는 때를 물을 때 쓰는 말.

❖ 아카시아들이 언제 흰 두레방석을 깔었나/어데서 물쿤 개비린내가 온다 **〈비〉**

언제② 부 정해지지 않은 막연한 때를 나타내는 말. 백석 시 〈나와 나타샤와 흰 당나귀〉에선 '어느 사이에'의 뜻으로 쓰이고 있다.

❖ 나타샤가 아니 올 리 없다/언제 벌써 내 속에 고조곤히 와 이야기한다 **〈나와 나타샤와 흰 당나귀〉**

언제나 부 모든 시간 범위에 걸쳐서. 또는 때에 따라 달라짐이 없이 항상.

❖ 호박닢에 싸오는 붕어곰은 언제나 맛있었다 **〈주막酒幕〉** ❖ 육십리六十里라고 해서 파랗게 뵈이는 산山을 넘어 있다는 해변에서 과부가 된 코끝이 빨간 언제나 흰옷이 정하든 말끝에 설게 눈물을 짤 때가 많은 큰골 고무 〔…〕 **〈여우난골족族〉** ❖ 날기 멍석을 져간다는 닭보는 할미를 차 굴린다는 땅아래 고래 같은 기와집에는 언제나 니차떡에 청밀에 은금보화가 그득하다는 외발 가진 조마구 〔…〕 **〈고야古夜〉** ❖ 언제나 병을 앓을 때면/신장님 달련이라고 하는 가즈랑집 할머니 **〈가즈랑집〉** ❖ 손자아이들이 파리떼같이 모이면 곰의 발 같은 손을 언제나 내어둘렀다 **〈고방〉** ❖ 맞구멍난 토끼굴을 아배와 내가 막어서면 언제나 토끼새끼는 내 다리 아래로 달어났다 **〈오리 망아지 토끼〉** ❖ 내가 언제나 무서운 외갓집은/초저녁이면 안팎마당이 그득하니 하이얀 나비수염을 물은 보득지근한 복쪽재비들이 씨굴씨굴 모여서는 짱짱 짱짱 쇳스럽게 울어대고 **〈외갓집〉** ❖ 내가 이렇게 외면하고 거리를 걸어가는 것은 잠풍 날씨가 너무나 좋은 탓이고/가난한 동무가 새 구두를 신고 지나간 탓이고 언제나 꼭같은 넥타이를 매고 고운 사람을 사랑하는 탓이다 **〈내가 이렇게 외면하고〉** ❖ 집에는 언제나 센개 같은 게사니가 벅작궁 고아내고 말 같은 개들이 떠들썩 짖어대고 그리고 소거름 내음새 구수한 속에 엇송아지 히물쩍 너들씨는데//집에는 아배에 삼춘에 오마니에 오마니가 있어서 〔…〕 그리고 끼때에는 부뚜막에 바가지를 아이덜 수대로 주룬히 늘어놓고 밥 한 덩이 질게 한 술 들여트려서는 먹였다는 소리

를 언제나 두고두고 하는데 〈**넘언집 범 같은 노큰마니**〉 ❖ —하눌이 이 세상을 내일 적에 그가 가장 귀해하고 사랑하는 것들은 모두/가난하고 외롭고 높고 쓸쓸하니 그리고 언제나 넘치는 사랑과 슬픔 속에 살도록 만드신 것이다 〈**흰 바람벽이 있어**〉 ❖ 산山마루에 서면/멀리 언제나 늘 그물그물/그늘만 친 건넌산山에서/벼락을 맞아 바윗돌이 되었다는/큰 땅괭이 한 마리 〈**산山**〉

언젠가[부] 이전의 어느 때에.

❖ 또 하나 달같이 하이얗게 빛난다/언젠가 마을에서 수절과부 하나가 목을 매여 죽은 밤도 이러한 밤이었다 〈**흰밤**〉 ❖ 뱃사람들의 언젠가 아홉이서 회를 쳐먹고도 남어 한 깃씩 노나가지고 갔다는 크디큰 꼴두기의 이야기를 들으며 나는 슬프다 〈**꼴두기—물닭의 소리**〉

얼른[부] 시간을 끌지 아니하고 바로.

❖ 나는 뛰쳐나와 얼른 고방으로 숨어버리면 고방에는 또 시렁에 데석님/나는 이번에는 굴통 모통이로 달아가는데 굴통에는 굴대장군 〈**마을은 맨천 구신이 돼서**〉

오늘②[부] 지금 지나가고 있는 이날에.

❖ 노왕老王은 채매도 힘이 들고 하루종일 백령조百鈴鳥 소리나 들으려고/밭을 오늘 나한테 주는 것이고 〈**귀농**歸農〉 ❖ 오늘 저녁 이 좁다란 방의 흰 바람벽에/어쩐지 쓸쓸한 것만이 오고 간다 〈**흰 바람벽이 있어**〉 ❖ 힘을 쓸랴고 벌써부터 두 다리가 푸둥푸둥하니 살이 찐 아이여/너는 오늘 아츰 무엇에 놀라서 우는구나/ 〔…〕 /촌에서 와서 오늘 아츰 무엇이 분해서 우는 아이여/너는 분명히 하늘이 사랑하는 시인詩人이나 농사꾼이 될 것이로다 〈**촌에서 온 아이**〉 ❖ 오늘 고향의 내 집에 있는다면/새 옷을 입고 새 신도 신고 떡과 고기도 억병 먹고/ 〔…〕 /나는 오늘 때묻은 입든 옷에 마른물고기 한 토막으로/혼자 외로이 앉어 이것저것 쓸쓸한 생각을 하는 것이다 〈**두보**杜甫**나 이백**李白**같이**〉

오다⑦[동] 어떤 때나 계절 따위가 말하는 시점을 기준으로 현재나 가까운 미래에 닥치다.

오는데 ❖ 마을에서는 세불 김을 다 매고 들에서/개장취념을 서너 번 하고 나면/백중 좋은 날이 슬그머니 오는데 〈**칠월**七月 **백중**〉

오래[부] 시간상으로 길게.

❖ 샛파란 핏대를 바라보며 나는 가난한 아버지를/가진 것과 내가 오래 그려오든 처녀가 시집을 간 것과/그렇게도 살틀하든 동무가 나를 버린 일을 생각한다 〈**내가 생각하는 것은**〉

오래다 형 때의 지나간 동안이 길다.

오래고 ❖ 나는 이렇게 한가하고 게으르고 그러면서 목숨이라든가 인생人生이라든가 하는 것을 정말 사랑할 줄 아는/그 오래고 깊은 마음들이 참으로 좋고 우러러진다 **〈조당澡塘에서〉**

오래다 ❖ 오리치를 놓으려 아배는 논으로 나려간 지 오래다 **〈오리 망아지 토끼〉**

오래도록 부 시간이 많이 지나도록.

❖ 낡은 질동이에는 갈 줄 모르는 늙은 집난이같이 송구떡이 오래도록 남어있었다 **〈고방〉**

오래되다 형 시간이 지나간 동안이 길다.

오래된 ❖ 수양산首陽山의 어늬 오래된 절에서 칠십七十이 넘은 로장은 이런 이야기를 하며 치맛자락의 산山나물을 추었다 **〈절간의 소 이야기〉**

오랜 관 이미 지난 동안이 긴.

❖ 미역오리같이 말라서 굴껍지처럼 말없이 사랑하다 죽는다는/이 천희千姬의 하나를 나는 어늬 오랜 객줏客主집의 생선 가시가 있는 마루방에서 만났다 **〈통영統營〉** ❖ 이것은 또 참으로 밝고 그윽하고 깊고 무거운 마음이라/이 마음 안에 아득하니 오랜 세월이 아득하니 오랜 지혜가 또 아득하니 오랜 인정人情이 깃들인 것이다 **〈수박씨, 호박씨〉**

이르다 형 대중이나 기준을 잡은 때보다 앞서거나 빠르다.

이른 ❖ 흙꽃 니는 이른 봄의 무연한 벌을/경편철도輕便鐵道가 노새의 맘을 먹고 지나간다 **〈광원曠原〉** ❖ 첫녀름 이른 저녁을 해치우고 인간들이 모두 터앞에 나와서 물외포기에 당콩포기에 오줌을 주는 때 터앞에 밭마당에 샛길에 떠도는 오줌의 매캐한 재릿한 내음새 **〈동뇨부童尿賦〉** ❖ 이른 봄철 산 너머 먼 데 해변에서 가무래기 오면/흰가무래기 검가무래기 가무래기 사서 하리불에 구워 먹잔 말이로구나 **〈머리카락〉**

이미 부 다 끝나거나 지난 일을 이를 때 쓰는 말.

❖ 이미 해는 늙고 달은 파리하고 바람은 미치고 보래구름만 혼자 넋 없이 떠도는데 **〈북방北方에서—정현웅鄭玄雄에게〉**

이제② 부 바로 이때에.

❖ 나는 이제 어늬 먼 외진 거리에 한고향 사람의 조고마한 가업집이 있는 것을 생각하고 이 집에 가서 그 맛스러운 떡국이라도 한 그릇 사먹으리라 한다 **〈두보杜甫나 이백李白같이〉**

이즈막하다[형] 이즈음에 이르다. '이즈막하야'는 부사어로서 '이즈음에 이르러'의 뜻이다.

〔'이즈막하다'는 '이즈막(이즈음)+하다'의 형태를 지닌 말이다. '이즈막'이라는 명사에 '하다'가 결합된 형용사로 '이즈막에 이르다'의 뜻이다. '이즈막하여'를 "시간이 이슥하게 지나서"(이숭원, 2008), 또는 "밤이 꽤 깊어서"(이동순 외, 2012)로 풀이하는 견해가 있는데, 이는 '이즈막'이란 뜻을 정확히 살피지 않은 어석이다.〕

이즈막하여 ❖ 벌써 어린것도 생겨서 옆에 끼고 저녁을 먹는다/그런데 또 이즈막하야 어늬 사이엔가/이 흰 바람벽엔/내 쓸쓸한 얼골을 쳐다보며/이러한 글자들이 지나간다 〈**흰 바람벽이 있어**〉

이즉하다[형] 이슥하다. 지난 시간이 얼마간 오래다(얼마간 오래 시간이 지나다).

〔아래 용례에서 "이즉하니 물기에 누굿이 젖은 왕구새자리"는 비온 지 얼마간 시간이 지나서 왕구새자리(왕골자리)가 물기에 누굿이 젖은 것을 표현한 것이다.〕

이즉하니 ❖ 이즉하니 물기에 누굿이 젖은 왕구새자리에서 저녁상을 받은 가슴 앓는 사람은 참치회를 먹지 못하고 눈물겨웠다 〈**시기**柿崎**의 바다**〉

자꼬[부] 자꾸. 여러 번 반복하거나 끊임없이 계속하여.

❖ 우물가에서 까치가 자꼬 즞거니 하면/붉은 수탉이 높이 샛더미 우로 올랐다 〈**창의문외**彰義門外〉 ❖ 어니 세월에 뷔일 듯한 집은 뵈이지 않었다/나는 자꼬 골안으로 깊이 들어갔다 〈**산곡**山谷**—함주시초**咸州詩抄〉 ❖ 이렇게 젊은 나이로 코밑수염도 길러보는 탓이고 그리고 어늬 가난한 집 부엌으로 달재 생선을 진장에 꼿꼿이 지진 것은 맛도 있다는 말이 자꼬 들려오는 탓이다 〈**내가 이렇게 외면하고**〉 ❖ 이 딴 나라 사람들이 모두 니마들이 번번하니 넓고 눈은 컴컴하니 흐리고/그리고 길즛한 다리에 모두 민숭민숭하니 다리털이 없는 것이/이것이 나는 왜 자꼬 슬펴지는 것일까 〈**조당**澡塘**에서**〉 ❖ 거리에는 오독독이 탕탕 터지고 호궁胡弓 소리 뻴뻴 높아서/내 쓸쓸한 마음엔 자꼬 이 나라의 넷 시인詩人들이 그들의 쓸쓸한 마음들이 생각난다 〈**두보**杜甫**나 이백**李白**같이**〉

저물다①[동] 계절이나 한 해가 거의 다 지나게 되다.

저문 ❖ 저문 유월六月의 바닷가에선 조개도 울을 저녁 소라방등이 불그레한 마당에 김냄새 나는 비가 나렸다 〈**통영**統營〉

지나다④[동] 시간이 흘러 그 시기에서 벗어나다.

지나는 ❖ 이렇게 하여 여러 날이 지나는 동안에,/내 어지러운 마음에는 슬픔이며, 한탄이며, 가라앉을 것은 차츰 앙금이 되어 가라앉고, 〈**남신의주 유동 박시봉방**南

新義州柳洞朴時逢方〉

지난 ❖ 낮 기울은 날을 햇볕 장글장글한 툇마루에 걸어앉어서/지난 여름 도락구를 타고 장진長津땅에 가서 꿀을 치고 돌아왔다는 이 벌들을 바라보며 나는 〈**산곡**山谷—**함주시초**咸州詩抄〉 ❖ 한 해에 멫 번 매연 지난 먼 조상들의 최방등 제사에는 컴컴한 고방 구석을 나와서 〔…〕 〈**목구**木具〉

지났는데 ❖ 자정도 활씬 지났는데/닭을 잡고 모밀국수를 누른다고 한다/어늬 산山 옆에선 캥캥 여우가 운다 〈**야반**夜半—**산중음**山中吟〉

채②[부] 어떤 상태나 동작이 다 되거나 이루어졌다고 할 만한 정도에 아직 이르지 못한 상태를 이르는 말.

❖ 어데서 좁쌀알만 한 알에서 가제 깨인 듯한 발이 채 서지도 못한 무척 적은 새끼거미가 이번엔 큰거미 없어진 곳으로 와서 아물거린다 〈**수라**修羅〉

하다④[동] 일정한 시각이나 시기에 이르다.

해서는 ❖ 외로운 생각만이 드는 때쯤 해서는,/더러 나줏손에 쌀랑쌀랑 싸락눈이 와서 문창을 치기도 하는 때도 있는데, 〈**남신의주 유동 박시봉방**南新義州柳洞朴時逢方〉

한종일[부] 날이 저물 때까지.

❖ 숨이 차서 올라갔다/나는 한종일 서러웠다 〈**절망**絶望〉

한종일내[부] 한종일 내내. '한종일'과 같은 말이지만 시간의 경과를 더 강조한 말. 〔'한종일내'는 '한종일+내'의 합성어이다. 여기서 '내'는 '겨우내', '봄내'와 같은 단어처럼 때를 나타내는 명사나 어근 뒤에 붙어 '그 기간 내내'의 뜻을 더하는 부사를 만드는 말이다.〕

❖ 집에는 아배에 삼춘에 오마니에 오마니가 있어서 젖먹이를 마을 청능 그늘밑에 삿갓을 씌워 한종일내 뉘어두고 김을 매려 단녔고 〔…〕 〈**넘언집 범 같은 노큰마니**〉 ❖ 봄철날 한종일내 노곤하니 벌불 장난을 한 날 밤이면 으레히 싸개동당을 지나는데 잘망하니 누워 싸는 오줌이 넓적다리를 흐르는 따근따근한 맛 자리에 펑하니 괴이는 척척한 맛 〈**동뇨부**童尿賦〉

5 자연의 움직임

건들건들[부] 바람이 부드럽게 살랑거리며 부는 모양.

❖ 무썩무썩 더운 날에도 벌길에는/건들건들 씨연한 바람이 불어오고 〈**칠월**七月 **백중**〉

둥둥 [부] 큰 물건이 공중이나 물 위에 떠서 움직이는 모양을 나타내는 말(《조선말대사전》).

❖ 고성固城장 가는 길/해는 둥둥 높고 **〈고성가도**固城街道**—남행시초**南行詩抄 **3〉**

들썩 [부] 시끄럽고 부산하게 움직이는 모양.

❖ 산으로 오면 산이 들썩 산 소리 속에 나 홀로/벌로 오면 벌이 들썩 벌 소리 속에 나 홀로 **〈적막강산〉**

무럭무럭 [부] 연기나 냄새, 김 따위가 계속 많이 피어오르는 모양.

❖ 토방에 승냥이 같은 강아지가 앉은 집/부엌으론 무럭무럭 하이얀 김이 난다 **〈야반**夜半**—산중음**山中吟**〉**

서리서리 [부] 연기 따위가 자욱하게 올라가는 모양.

〔아래 용례에서 '서리서리'는 귀신의 존재를 연기에 빗대어 표현한 말이다.〕

❖ 어스름저녁 국수당 돌각담의 수무나무 가지에 녀귀의 탱을 걸고 나물매 갖추어 놓고 비난수를 하는 젊은 새악시들/—잘 먹고 가라 서리서리 물러가라 네 소원 풀었으니 다시 침노 말아라 **〈오금덩이라는 곳〉**

쌀랑쌀랑 [부] 가벼운 물체나 물결 따위가 바람에 조금 세게 자꾸 흔들리거나 움직이는 모양을 나타내는 말(《고려대한국어대사전》).

〔《고려대한국어대사전》에 '쌀랑쌀랑'에 대한 용례로 '싸락눈이 쌀랑쌀랑 와서 문창을 친다'는 문장이 제시되어 있다. '쌀랑쌀랑'은 싸락눈이 내리는 모습에 대한 의태어로 쓰인다는 것을 알 수 있다. 〈남신의주 유동 박시봉방南新義州柳洞朴時逢方〉의 두 번째 용례에서 '쌀랑쌀랑'은 의성어의 용법으로도 사용되고 있다. 이때 '쌀랑쌀랑'은 '싸락싸락'("마른 낟알 같은 것이 자꾸 쓸리거나 맞부딪칠 때 나는 소리", 《조선말대사전》)과 비슷한 뜻으로 사용된 것이다.〕

❖ 외로운 생각만이 드는 때쯤 해서는,/더러 나줏손에 쌀랑쌀랑 싸락눈이 와서 문창을 치기도 하는 때도 있는데,/ 〔…〕 /어두워 오는데 하이야니 눈을 맞을, 그 마른 잎새에는,/쌀랑쌀랑 소리도 나며 눈을 맞을,/그 드물다는 굳고 정한 갈매나무라는 나무를 생각하는 것이었다. **〈남신의주 유동 박시봉방**南新義州柳洞朴時逢方**〉**

푹푹 [부] 눈 같은 것이 많이 내리는 모양을 나타내는 말(《조선말대사전》). ☞ 날리다 693

〔《표준국어대사전》엔 '푹푹'이 "눈 따위가 많이 내려 수북하게 쌓이는 모양"으로 풀이되어 있는데, 《조선말대사전》엔 "눈 같은 것이 많이 내리는 모양을 나타내는 말"로 풀이되어 있어 적지 않은 차이를 보인다. 백석 시에서 '푹푹'은 아래 용례 중

"눈은 푹푹 날리고"라는 구절에 주목해 볼 때, 《조선말대사전》에 기술된 풀이로 사용된 것으로 볼 수 있다. '푹푹'은 눈이 수북하게 쌓이는 모양을 나타낼 때만 쓰는 것이 아니라, 그냥 눈이 많이 내리는 모양을 나타낼 때 쓰는 말이므로 "눈은 푹푹 날리고"라는 표현이 가능할 수 있다.〕

❖ 가난한 내가/아름다운 나타샤를 사랑해서/오늘밤은 푹푹 눈이 나린다//나타샤를 사랑은 하고/눈은 푹푹 날리고/나는 혼자 쓸쓸히 앉어 소주燒酒를 마신다/소주燒酒를 마시며 생각한다/나타샤와 나는/눈이 푹푹 쌓이는 밤 흰 당나귀 타고/산골로 가자 출출이 우는 깊은 산골로 가 마가리에 살자//눈은 푹푹 나리고/나는 나타샤를 생각하고/나타샤가 아니 올 리 없다/언제 벌써 내 속에 고조곤히 와 이야기한다/산골로 가는 것은 세상한테 지는 것이 아니다/세상 같은 건 더러워 버리는 것이다//눈은 푹푹 나리고/아름다운 나타샤는 나를 사랑하고/어데서 흰 당나귀도 오늘밤이 좋아서 응앙응앙 울을 것이다 **〈나와 나타샤와 흰 당나귀〉** ❖ 지붕에 마당에 우물든덩에 함박눈이 푹푹 쌓이는 여늬 하로밤/아배 앞에 그 어린 아들 앞에 아배 앞에는 왕사발에 아들 앞에는 새끼사발에 그득히 사리워 오는 것이다 **〈국수〉**

IV. 사물

1 물(물의 움직임)

괴이다① 동 괴다. 물 따위의 액체나 가스, 냄새 따위가 우묵한 곳에 모이다.

〔'괴이다'는 '괴다'에 '이' 모음이 첨가된 형태의 말이다. '이' 모음 첨가는 백석의 시어에서 자주 나타나는 음운 현상이다.〕

괴이는 ❖ 봄철날 한종일내 노곤하니 벌불 장난을 한 날 밤이면 으레히 싸개동당을 지나는데 잘망하니 누워 싸는 오줌이 넓적다리를 흐르는 따근따근한 맛 자리에 평하니 괴이는 척척한 맛 **〈동뇨부童尿賦〉**

괴이다② 동 괴다. 입에 침이 모이거나 눈에 눈물이 어리거나 하다.

〔'괴이다'는 '괴다'에 '이' 모음이 첨가된 형태의 말이다. '이' 모음 첨가는 백석의 시어에서 자주 나타나는 음운 현상이다.〕

괴일 ❖ 내 가슴이 꽉 메어 올 적이며,/내 눈에 뜨거운 것이 핑 괴일 적이며,/또 내 스스로 화끈 낯이 붉도록 부끄러울 적이며, **〈남신의주 유동 박시봉방南新義州柳洞朴時**

逢方〉

녹다[동] 얼음이나 얼음같이 매우 차가운 것이 열을 받아 액체가 되다.

녹으며 ❖ 날은 챙챙 좋기도 좋은데/눈도 녹으며 술렁거리고 버들도 잎 트며 수선거리고 〈**귀농**歸農〉

녹이다[동] 녹다. 얼음이나 얼음같이 매우 차가운 것이 열을 받아 액체가 되다.

〔아래 용례에서 '녹이다'는 '녹다'에 '이' 모음이 첨가된 형태의 말로 보거나, '녹다'의 사동사로 볼 수 있는데(이 경우 '햇빛'이 생략되고, '눈' 다음에 목적격 조사인 '을'이 생략된 것으로 봐야 한다), 어법상 전자로 보는 것이 자연스럽다. 모음 첨가는 백석의 시어에서 자주 나타나는 음운 현상이다.〕

녹이는 ❖ 백구둔白狗屯의 눈 녹이는 밭 가운데 땅 풀리는 밭 가운데/촌부자 노왕老王하고 같이 서서 〈**귀농**歸農〉

마르다②[동] 물기가 다 날아가서 없어지다.

마른 ❖ 어두워 오는데 하이야니 눈을 맞을, 그 마른 잎새에는,/쌀랑쌀랑 소리도 나며 눈을 맞을, 〈**남신의주 유동 박시봉방**南新義州柳洞朴時逢方〉

말라서 ❖ 미역오리같이 말라서 굴껍지처럼 말없이 사랑하다 죽는다는/이 천희千姬의 하나를 나는 어늬 오랜 객줏客主집의 생선 가시가 있는 마루방에서 만났다 〈**통영**統營〉

말렀다 ❖ 어니메 강江물 속에 들여다뵈이든 쏘가리가 한 자나 되게 크든 것을 생각하며/산山비에 젖었다는 말렀다 하며 오는 길이다 〈**구장로**球場路—**서행시초**西行詩抄 1〉

말러가다[동] 물기가 다 날아가서 없어져 가다.

〔'말러가다'는 '마르다'에 보조동사 '가다'가 붙은 동사이다. 사전엔 '마르다'만 등재되어 있다.〕

말러갔다 ❖ 돌덜구에 천상수天上水가 차게/복숭아나무에 시라리타래가 말러갔다 〈**초동일**初冬日〉

말리다[동] '마르다'의 사동사. 물기가 다 날아가 없어지게 하다.

말려 ❖ 삼리三里밖 강江쟁변엔 자갯돌에서/비멀이한 옷을 부숭부숭 말려 입고 오는 길인데/산山모롱고지 하나 도는 동안에 옷은 또 함북 젖었다 〈**구장로**球場路—**서행시초**西行詩抄 1〉

말리는 ❖ 돌다리에 앉어 날버들치를 먹고 몸을 말리는 아이들은 물총새가 되었다 〈**하답**夏畓〉 ❖ 집집이 아이만 한 피도 안 간 대구를 말리는 곳/황화장사 령감이 일본말을 잘도 하는 곳 〈**통영**統營(**남행시초**南行詩抄)〉

말린다 ❖ 처마 끝에 명태明太를 말린다/명태明太는 꽁꽁 얼었다 **〈멧새 소리〉**

말리우다 동 말리다. '마르다'의 사동사. 물기가 다 날아가 없어지게 하다.

〔'말리우다'는 '말리다'에 '우' 음이 첨가된 형태의 말이다. 모음 첨가는 백석의 시어에서 자주 나타나는 음운 현상이다. 《조선말대사전》엔 '말리우다'와 '말리다'가 같은 뜻의 말로 모두 등재되어 있다.〕

말리우는 ❖ 가까이 잔치가 있어서/곱디고운 건반밥을 말리우는 마을은/얼마나 즐거운 마을인가 **〈고성가도**固城街道**—남행시초**南行詩抄 **3〉**

솟다 동 샘물이나 온천이 땅 위로 풍풍 올라오다.

솟는 ❖ 명정明井골은 산山을 넘어 동백冬柏나무 푸르른 감로甘露 같은 물이 솟는 명정明井 샘이 있는 마을인데 **〈통영**統營**(남행시초**南行詩抄**)〉** ❖ 그 맛있는 모밀국수를 삶는 장작도 자작나무다/그리고 감로甘露같이 단샘이 솟는 박우물도 자작나무다 **〈백화**白樺**—산중음**山中吟**〉** ❖ 이 길이다/얼마 가서 감로甘露 같은 물이 솟는 마을 하이얀 회담벽에 옛적본의 장반시계를 걸어놓은 집 홀어미와 사는 물새 같은 외딸의 혼삿말이 아즈랑이같이 낀 곳은 **〈남향**南鄕**—물닭의 소리〉**

얼다① 동 액체나 물기가 있는 물체가 찬 기운 때문에 고체 상태로 굳어지다.

얼어서 ❖ 나도 길다랗고 파리한 명태明太다/문門턱에 꽁꽁 얼어서/가슴에 길다란 고드름이 달렸다 **〈멧새 소리〉**

얼었다 ❖ 처마 끝에 명태明太를 말린다/명태明太는 꽁꽁 얼었다 **〈멧새 소리〉**

얼은 ❖ 쌔하얗게 얼은 자동차自動車 유리창 밖에/내지인內地人 주재소장駐在所長 같은 어른과 어린아이 둘이 내임을 낸다 **〈팔원**八院**—서행시초**西行詩抄 **3〉**

풀리다 동 얼었던 것이 녹다.

풀리는 ❖ 백구둔白狗屯의 눈 녹이는 밭 가운데 땅 풀리는 밭 가운데/촌부자 노왕老王하고 같이 서서 **〈귀농**歸農**〉**

하늑이다 동 물결 따위가 가볍게 굼실거리다.

〔《조선말대사전》에 '하늑하늑'이란 부사가 "물결 같은 것이 가볍게 굼실거리는 모양"이라는 풀이로 등재되어 있는데, 백석 시의 용례에서 '하늑이다'는 이러한 의미로 사용된 것이다. 한편 《표준국어대사전》(2015. 1)에 '하늑이다'가 북한어로 "물결 따위가 가볍게 움직이다"로 풀이되어 있는데, 《조선말대사전》엔 "늘어져서 가볍게 흔들리다"로 풀이되어 있다.〕

하늑이는 ❖ 이렇게 한녀름을 보내면서 나는 하늑이는/물살에 나이금이 느는 꽃조개와 함께/허리도리가 굵어가는 한 사람을 연연해한다 **〈삼호**三湖**—물닭의 소리〉**

흐르다[동] 액체 따위가 낮은 곳으로 내려가거나 넘쳐서 떨어지다.

흐르고 ❖ 시냇물이 버러지 소리를 하며 흐르고/대낮이라도 산山옆에서는/승냥이가 개울물 흐르듯 운다 〈**산지**山地〉

흐르는 ❖ 봄철날 한종일내 노곤하니 벌불 장난을 한 날 밤이면 으레히 싸개동당을 지나는데 잘망하니 누워 싸는 오줌이 넓적다리를 흐르는 따근따근한 맛 자리에 펑하니 괴이는 척척한 맛 〈**동뇨부**童尿賦〉 ❖ 한울은/공중에 떠도는 흰구름을 사랑한다/골짜구니로 숨어 흐르는 개울물을 사랑한다 〈《**호박꽃 초롱**》 **서시**序詩〉

흐르듯 ❖ 시냇물이 버러지 소리를 하며 흐르고/대낮이라도 산山옆에서는/승냥이가 개울물 흐르듯 운다 〈**산지**山地〉

흘리다[동] 몸에서 땀, 눈물, 콧물, 피, 침 따위의 액체를 밖으로 내다.

흘리며 ❖ 흙담벽에 볕이 따사하니/아이들은 물코를 흘리며 무감자를 먹었다 〈**초동일**初冬日〉

2 빛, 불(빛남, 쬐기, 켜기, 끄기)

끄다[동] ① 전기나 동력이 통하는 길을 끊다. ② 타는 불을 못 타게 하다(《금성판국어대사전》).

끈 ❖ 불을 끈 방안에 횃대의 하이얀 옷이 멀리 추울 것같이 〈**머루밤**〉

놓다⑦[동] 불을 지르거나 피우다.

놓고 ❖ 괴나리봇짐 벗고 땃불 놓고 앉어/담배 한 대 피우고 싶은 길이다 〈**창원도**昌原道**—남행시초**南行詩抄 **1**〉

드리우다②[동] 빛, 어둠, 그늘, 그림자 따위가 깃들거나 뒤덮이다.

드리운 ❖ 나주볕이 가득 드리운 밝은 방안에 혼자 앉어서/실감기며 버선짝을 가지고 쓰렁쓰렁 노는 아이를 생각한다 〈**촌에서 온 아이**〉

밝히다①[동] 빛을 내는 물건에 불을 켜다.

밝히고 ❖ 또 이러한 밤 같은 때 시집갈 처녀 막내고무가 고개 너머 큰집으로 치장감을 가지고 와서 엄매와 둘이 소기름에 쌍심지의 불을 밝히고 밤이 들도록 바느질을 하는 밤 같은 때 〔…〕 〈**고야**古夜〉 ❖ 초생달이 귀신불같이 무서운 산山골 거리에 선/처마 끝에 종이등의 불을 밝히고/쩌락쩌락 떡을 친다 〈**향악**饗樂**—산중음**山中吟〉

번득거리다[동] 물체 따위에 반사된 큰 빛이 잠깐씩 자꾸 나타나다. 또는 그렇게 되게 하다.

번득거리며 ❖ 녕감들은 유리창 같은 눈을 번득거리며/투박한 북관北關말을 떠들어 대며/쇠리쇠리한 저녁해 속에/사나운 즘생같이들 사러졌다 **〈석양夕陽〉**

붙이다①동 '붙다'의 사동사. 불을 붙게 하다.

붙이라고 ❖ 예순이 넘은 아들 없는 가즈랑집 할머니는 중같이 정해서 할머니가 마을을 가면 긴 담뱃대에 독하다는 막써레기를 몇 대라도 붙이라고 하며 **〈가즈랑집〉**

빛나다동 빛이 반사되어 반짝거리거나 윤이 나다.

빛난 ❖ 기왓골에 배암이 푸르스름히 빛난 달밤이 있었다/아이들은 쪽재피같이 먼 길을 돌았다 **〈정문촌旌門村〉**

빛난다 ❖ 넷성城의 돌담에 달이 올랐다/묵은 초가지붕에 박이/또 하나 달같이 하이얗게 빛난다/언젠가 마을에서 수절과부 하나가 목을 매여 죽은 밤도 이러한 밤이었다 **〈흰밤〉** ❖ 텃밭가 재래종在來種의 임금林檎나무에는 이제도 콩알만 한 푸른 알이 달렸고 히스무레한 꽃도 하나 둘 퓌여 있다/돌담 기슭에 오지항아리 독이 빛난다 **〈창의문외彰義門外〉**

빛났다 ❖ 행길에는 선장 대여가는 장꾼들의 종이등燈에 나귀눈이 빛났다/어데서 서러웁게 목탁木鐸을 뚜드리는 집이 있다 **〈미명계未明界〉**

쪼이다동 쬐다. 볕이나 불기운 따위를 몸에 받다.

쪼인다 ❖ 재당도 초시도 문장門長 늙은이도 더부살이 아이도 새사위도 갓사둔도 나그네도 주인도 할아버지도 손자도 붓장사도 땜쟁이도 큰 개도 강아지도 모두 모닥불을 쪼인다 **〈모닥불〉**

쬐다동 볕이나 불기운 따위를 몸에 받다.

쬐며 ❖ 딜옹배기에 북덕불이라도 담겨 오면,/이것을 안고 손을 쬐며 재 우에 뜻없이 글자를 쓰기도 하며, **〈남신의주 유동 박시봉방南新義州柳洞朴時逢方〉**

켜다①동 등잔이나 양초 따위에 불을 붙이거나 성냥이나 라이터 따위에 불을 일으키다.

켜는 ❖ 접시 귀에 소기름이나 소뿔등잔에 아즈까리기름을 켜는 마을에서는 겨울밤 개 짖는 소리가 반가웁다 **〈개〉**

타다②동 불씨나 높은 열로 불이 붙어 번지거나 불꽃이 일어나다.

타는 ❖ 새끼오리도 헌신짝도 소똥도 갓신창도 개니빠디도 너울쪽도 짚검불도 가락닢도 머리카락도 헝겊조각도 막대꼬치도 기왓장도 닭의 짗도 개터럭도 타는 모닥불 **〈모닥불〉** ❖ 이것은 아득한 넷날 한가하고 즐겁든 세월로부터/실 같은 봄비

속을 타는 듯한 녀름볕 속을 지나서 들쿠레한 구시월 갈바람 속을 지나서 〈**국수**〉

터지다②[동] 불이 붙어 세차게 튀다.

터지고 ❖ 아, 이 정월正月 대보름 명절인데/거리에는 오독독이 탕탕 터지고 호궁胡弓 소리 삘뺄 높아서 〈**두보**杜甫**나 이백**李白**같이**〉

피우다[동] 어떤 물질에 불을 붙여 연기를 빨아들였다가 내보내다.

피우고 ❖ 괴나리봇짐 벗고 땃불 놓고 앉어/담배 한 대 피우고 싶은 길이다 〈**창원도**昌原道**—남행시초**南行詩抄 **1**〉

해바라기하다[동] 추울 때 양지바른 곳에 나와 햇볕을 쬐다.

해바라기하기 ❖ 해바라기하기 좋을 볏곡간 마당에/볏짚같이 누우란 사람들이 둘러 서서 〈**삼천포**三千浦**—남행시초**南行詩抄 **4**〉

해바라기하다 ❖ 한 십리十里 더 가면 절간이 있을 듯한 마을이다 〔…〕 담모도리 바윗잔등에 다람쥐 해바라기하다 조은다 토끼잠 한잠 자고 나서 세수한다 〔…〕 〈**황일**黃日〉

헤여달다[동] 켜달다. 불을 켜 달다. '헤다'는 '켜다'(등잔이나 양초 따위에 불을 밝히거나 성냥이나 라이터 따위에 불을 일으키다)의 방언(평안, 함북, 황해, 강원).
〔'헤여달다'는 '헤다'(켜다)와 '달다'가 결합된 복합동사이며, 두 단어가 결합될 때 '이' 모임이 첨가된 것이다. '이' 모음 첨가는 백석의 시어에서 자주 나타나는 음운 현상이다.〕

헤여달고 ❖ 밤이면 무엇이 기왓골에 무릿돌을 던지고 뒤울안 배나무에 쩨듯하니 줄등을 헤여달고 부뚜막의 큰솥 적은솥을 모주리 뽑아놓고 재통에 간 사람의 목덜미를 그냥그냥 나려눌러선 잿다리 아래로 처박고 〈**외갓집**〉

혀다[동] '켜다'의 고어, 평북 방언. 등잔이나 양초 따위에 불을 붙이거나 성냥이나 라이터 따위에 불을 일으키다.

혀고 ❖ 그리고 또/두틈한 초가지붕 밑에 호박꽃 초롱 혀고 사는 시인詩人을 사랑한다 〈**《호박꽃 초롱》 서시**序詩〉

3 물체의 상태, 생김새

가즈런히[부] 가지런히. 층이 나지 않고 나란하거나 고르게(《고려대한국어대사전》).
❖ 이왕이면 향香내 높은 취향리梨 돌배 움퍽움퍽 씹으며 머리채 츠렁츠렁 발굽을

차는 꾸냥과 가즈런히 쌍마차雙馬車 몰아가고 싶었다 **〈안동安東〉**

겹겹이 부 여러 겹으로.

❖ '효자노적지지정문孝子盧迪之之旌門'—몬지가 겹겹이 앉은 목각木刻의 액額에/나는 열 살이 넘도록 갈지자字 둘을 웃었다 **〈정문촌旌門村〉**

고담枯淡하다 형 꾸밈이 없고 담담하다.

〔《표준국어대사전》엔 '고담하다'가 "글이나 그림 따위의 표현이 꾸밈이 없고 담담하다"로 풀이되어 있는데, 백석은 이 단어를 더욱 폭넓은 대상에 적용해 사용하고 있다.〕

고담하고 ❖ 이 조용한 마을과 이 마을의 으젓한 사람들과 살틀하니 친한 것은 무엇인가/이 그지없이 고담枯淡하고 소박素朴한 것은 무엇인가 **〈국수〉**

그즈런히 부 가지런히. 층이 나지 않고 나란하거나 고르게(《고려대한국어대사전》).

〔백석 시엔 '가지런히'가 '가즈런히', '그즈런히'로 표기된다. '아'나 '이'가 '으'로 발음되는 것은 백석의 시어에서 자주 나타나는 음운 현상이다.〕

❖ 나는 낡은 국수분틀과 그즈런히 나가 누워서/구석에 데굴데굴하는 목침木枕들을 베여보며/이 산山골에 들어와서 이 목침木枕들에 새까마니 때를 올리고 간 사람들을 생각한다 **〈산숙山宿—산중음山中吟〉** ❖ 내가 이렇게 추운 거리를 지나온 걸/얼마나 기뻐하며 락단하고/그즈런히 손깍지벼개하고 누워서/이 못된 놈의 세상을 크게 크게 욕할 것이다 **〈가무래기의 낙樂〉**

꼿꼿이 부 물건이 휘거나 구부러지지 아니하고 단단하게.

❖ 이렇게 젊은 나이로 코밑수염도 길러보는 탓이고 그리고 어늬 가난한 집 부엌으로 달재 생선을 진장에 꼿꼿이 지진 것은 맛도 있다는 말이 자꼬 들려오는 탓이다 **〈내가 이렇게 외면하고〉**

꽁꽁 부 물체가 매우 단단히 언 모양.

❖ 처마 끝에 명태明太를 말린다/명태明太는 꽁꽁 얼었다/〔…〕/나도 길다랗고 파리한 명태明太다/문門턱에 꽁꽁 얼어서/가슴에 길다란 고드름이 달렸다 **〈멧새 소리〉** ❖ 밥을 짓고 걸레를 치고 아이보개를 하면서/이렇게 추운 아침에도 손이 꽁꽁 얼어서/찬물에 걸레를 쳤을 것이다 **〈팔원八院—서행시초西行詩抄 3〉**

나다⑤ 동 어떤 사물에 구멍, 자국 따위의 형체 변화가 생기거나 작용에 이상이 일어나다.

난 ❖ 맞구멍 난 토끼굴을 아배와 내가 막어서면 언제나 토끼새끼는 내 다리 아래로 달어났다 **〈오리 망아지 토끼〉**

낡다 형 물건 따위가 오래되어 헐고 너절하다.

낡은 ❖ 녯날엔 통제사統制使가 있었다는 낡은 항구港口의 처녀들에겐 녯날이 가지 않은 천희千姬라는 이름이 많다 **〈통영**統營**〉** ❖ 낡은 질동이에는 갈 줄 모르는 늙은 집난이같이 송구떡이 오래도록 남어있었다 **〈고방〉** ❖ 녯 장수 모신 낡은 사당의 돌층계에 주저앉어서 나는 이 저녁 울 듯 울 듯 한산도閑山島 바다에 뱃사공이 되여가며 **〈통영**統營**(남행시초**南行詩抄**)〉** ❖ 낡은 나조반에 흰밥도 가재미도 나도 나와 앉어서/쓸쓸한 저녁을 맞는다 **〈선우사**膳友辭**—함주시초**咸州詩抄**〉** ❖ 나는 낡은 국수분틀과 그즈런히 나가 누워서/구석에 데굴데굴하는 목침木枕들을 베여보며 **〈산숙**山宿**—산중음**山中吟**〉** ❖ 희미한 십오촉十五燭 전등이 지치운 불빛을 내어던지고/때글은 다 낡은 무명샤쯔가 어두운 그림자를 쉬이고/그리고 또 달디단 따끈한 감주나 한잔 먹고 싶다고 생각하는 내 가지가지 외로운 생각이 헤매인다 **〈흰 바람벽이 있어〉**

너슬너슬 부 ① 굵고 긴 털이나 풀 따위가 부드럽고 성긴 모양. ② (성기게 난 풀이나 털 같은 것이) 일어나 부스스한 모양을 나타내는 말(《조선말대사전》).

❖ 노루새끼는 다문다문 흰 점이 백이고 배 안의 털을 너슬너슬 벗고/산골사람을 닮었다 **〈노루—함주시초**咸州詩抄**〉**

넘너른하다 형 여기저기 마구 널려 있다.

넘너른히 ❖ 그리고 새벽녘이면 고방 시렁에 채국채국 얹어둔 모랭이 목판 시루며 함지가 땅바닥에 넘너른히 널리는 집이다 **〈외갓집〉**

다문다문 부 공간적으로 배지 아니하고 사이가 좀 드문 모양. '드문드문'보다 작은 말(《금성판국어대사전》).

❖ 노루새끼는 다문다문 흰 점이 백이고 배 안의 털을 너슬너슬 벗고/산골사람을 닮었다 **〈노루—함주시초**咸州詩抄**〉**

둑둑이 부 '수두룩이' '두둑이'의 방언(《금성판국어대사전》).

❖ 구석의 나무말쿠지에 할아버지가 삼는 소신 같은 짚신이 둑둑이 걸리어도 있었다 **〈고방〉**

드문드문 부 공간적으로 배지 않고 사이가 드문 모양. '다문다문'보다 큰 말(《금성판국어대사전》).

❖ 국숫집에서는 농짝 같은 도야지를 잡어걸고 국수에 치는 도야지고기는 돗바늘 같은 털이 드문드문 백였다 **〈북신**北新**—서행시초**西行詩抄 **2〉**

번들번들하다 형 거죽이 윤이 날 정도로 아주 미끄럽다.

번들번들하는 ❖ 광지보에서 나온 은장두에 바늘집에 원앙에 바둑에/번들번들하는 노리개는 스르럭스르럭 소리가 나고 〈**칠월**七月 **백중**〉

번번하다 형 구김살이나 울퉁불퉁한 데가 없이 펀펀하고 번듯하다.

번번하니 ❖ 이 딴 나라 사람들이 모두 니마들이 번번하니 넓고 눈은 컴컴하니 흐리고/그리고 길즛한 다리에 모두 민숭민숭하니 다리털이 없는 것이/이것이 나는 왜 자꼬 슬퍼지는 것일까 〈**조당**澡塘**에서**〉

비멀이하다 동 비말이하다. 비에 흠뻑 젖다.

〔'비멀이하다'는 '비말이하다'에서 변이된 말이다. '비말이하다'는 '비+말이(감아 쌈)+하다'의 형태를 지닌 말로서, 비에 감싸인 상태, 곧 비에 흠뻑 젖은 것을 가리키는 말이다.〕

비멀이한 ❖ 삼리三里밖 강江쟁변엔 자갯돌에서/비멀이한 옷을 부숭부숭 말려 입고 오는 길인데/산山모롱고지 하나 도는 동안에 옷은 또 함북 젖었다 〈**구장로**球場路 **—서행시초**西行詩抄 **1**〉

삐드러지다 동 끝이 밖으로 벌어져 나오다. '버드러지다'보다 센 느낌을 준다.

삐드러진 ❖ 아들아이는 범이라고 장고기를 잘 잡는 앒니가 삐드러진 나와 동갑이었다 〈**주막**酒幕〉

삐뚜룩하다 형 물체가 한쪽으로 비스듬히 매우 기울어져 있다(《조선말대사전》).

삐뚜룩하니 ❖ 머리는 다리를 서너 켜레씩 드려서/시뻘건 꼬둘채댕기를 삐뚜룩하니 해 꽂고/네날백이 따배기신을 맨발에 바꿔 신고 〈**칠월**七月 **백중**〉

삐여지다 동 속에서 겉으로 쑥 불거져 나오다(《조선말대사전》).

〔《조선말대사전》에 '삐여지다'가 "속에서 겉으로 쑥 불거져 나오다"로, 《고려대한국어대사전》엔 '삐어지다'가 "속에서 겉 또는 밖으로 밀려 나오다"로 풀이되어 있다. 둘 다 비슷한 풀이이나 백석 시의 아래 용례에서 '삐여지다'는 전자의 풀이로 보는 것이 좀 더 자연스럽다.〕

삐여진 ❖ 당신의 그 푸른 이마에 삐여진 어깻죽지에/당신네 나라의 따사한 바람결이 스치고 갈 것이다 〈**허준**許俊〉

오불고불 부 요리조리 고르지 아니하게 구부러진 모양.

❖ 긴 토시 끼고 큰머리 얹고 오불고불 넘엣거리로 가는 여인女人은 평안도平安道서 오신 듯한데 동백冬柏꽃 피는 철이 그 언제요 〈**통영**統營**(남행시초**南行詩抄**)**〉

움퍽움퍽 부 군데군데가 크고 넓게 들어간 모양.

❖ 이왕이면 향香내 높은 취향리梨 돌배 움퍽움퍽 씹으며 머리채 츠렁츠렁 발굽을

차는 꾸냥과 가즈런히 쌍마차雙馬車 몰아가고 싶었다 **〈안동安東〉**

적시다[동] 물 따위의 액체를 묻혀 젖게 하다.

적시어도 ❖ 봉가집을 가면서도 칠월七月 그믐 초가을을 할 때까지/평안하니 집살이를 할 것을 생각하고/애끼는 옷을 다 적시어도 비는 씨원만 하다고 생각한다 **〈칠월七月 백중〉**

젖다[동] 물이 배어 축축하게 되다.

젖어서 ❖ 산山 너머 십오리十五里서 나무뒝치 차고 싸리신 신고 산山비에 촉촉이 젖어서 약藥물을 받으러 오는 산山아이도 있다 **〈산지山地〉** ❖ 산山 너머 십오리十五里서 나무뒝치 차고 싸리신 신고 산山비에 촉촉이 젖어서 약藥물을 받으려 오는 두멧아이들도 있다 **〈삼방三防〉** ❖ 그러다는 백중물을 내는 소내기를 함빡 맞고/호주를하니 젖어서 달아나는데 **〈칠월七月 백중〉**

젖었다 ❖ 삼리三里밖 강江쟁변엔 자갯돌에서/비멀이한 옷을 부숭부숭 말려 입고 오는 길인데/산山모롱고지 하나 도는 동안에 옷은 또 함북 젖었다 **〈구장로球場路—서행시초西行詩抄 1〉**

젖었다는 ❖ 산山비에 젖었다는 말렀다 하며 오는 길이다 **〈구장로球場路—서행시초西行詩抄 1〉**

젖은 ❖ 이즉하니 물기에 누굿이 젖은 왕구새자리에서 저녁상을 받은 가슴 앓는 사람은 참치회를 먹지 못하고 눈물겨웠다 **〈시기柿崎의 바다〉**

주룬히[부] 줄을 지어 가지런히(《조선말대사전》).

〔《표준말대사전》엔 '주루니'가 '나란히'의 평북 방언으로 등재되어 있는데, 《조선말대사전》엔 '주런이'가 "줄을 지어 가지런히"의 뜻으로, '나란히'는 "늘어선 모양이 들쑥날쑥하지 않고 가지런히"의 뜻으로 등재되어 있다.〕

❖ 집에는 아배에 삼춘에 오마니에 오마니가 있어서 〔…〕 그리고 끼때에는 부뚜막에 바가지를 아이덜 수대로 주룬히 늘어놓고 밥 한 덩이 질게 한 술 들여트려서는 먹였다는 소리를 언제나 두고두고 하는데 **〈넘언집 범 같은 노큰마니〉**

즘부러지다[형] 서로 엉킨 채 여기저기 펼쳐져 있는 상태를 나타내는 말.

즘부러진 ❖ 밭최뚝에 즘부러진 땅버들의 버들개지 피여나는 데서/별은 장글장글 따사롭고 바람은 솔솔 보드라운데 **〈귀농歸農〉**

질들다[동] 물건에 손질을 잘 하여 윤기가 나거나 다루기 좋게 되다. '길들다'와 같은 말(《조선말대사전》).

〔'질들다'에 대한 이런 풀이는 《조선말대사전》에만 기술되어 있다.〕

질들은 ❖ 부엌에는 빨갛게 질들은 팔八모알상이 그 상 우엔 새파란 싸리를 그린 눈알만 한 잔盞이 뵈였다 **〈주막酒幕〉**

징기징기[부] 여기저기 낙서나 그림을 그려 놓은 상태를 나타내는 말.

❖ 뽈다구에는 징기징기 앙광이를 그리고 머리칼이 놀한 아이여 **〈촌에서 온 아이〉**

쪽②[부] 어떤 모습이 막히거나 끊어지지 않고 계속 이어진 상태를 이르는 말.

〔이 풀이는 필자가 '쪽'에 대한 사전의 일차적 의미를 토대로 백석 시의 용례에 맞춰 작성한 것이다. 사전엔 백석 시의 아래 용례에 딱 들어맞는 풀이가 제시되어 있지 않다.〕

❖ 이렇게 추운데 웃동에 무슨 두룽이 같은 것을 하나 걸치고 아랫두리는 쪽 발가벗은 아이여 **〈촌에서 온 아이〉** ❖ 다들 쪽 발가벗고 같이 물에 몸을 녹히고 있는 것은/대대로 조상도 서로 모르고 말도 제가끔 틀리고 먹고 입는 것도 모도 다른데/〔…〕/글쎄 어린 아이들도 아닌데 쪽 발가벗고 있는 것은/어쩐지 조금 우수웁기도 하다 **〈조당澡塘에서〉**

찌그러지다[동] 짓눌려서 여기저기 고르지 아니하게 우그러지다.

찌그러진 ❖ 오대五代나 나린다는 크나큰 집 다 찌그러진 들지고방 어득시근한 구석에서 쌀독과 말쿠지와 숫돌과 신뚝과 그리고 넷적과 또 열두 데석님과 친하니 살으면서 **〈목구木具〉**

채국채국[부] '차곡차곡'에서 변이된 말. 물건을 가지런히 겹쳐 쌓거나 포개는 모양.

❖ 그리고 새벽녘이면 고방 시렁에 채국채국 얹어둔 모랭이 목판 시루며 함지가 땅바닥에 넘너른히 널리는 집이다 **〈외갓집〉**

투박하다[형] ① 생김새가 세련되지 않고 둔하다. ② (언행이) 거칠고 세련되지 못하다(《고려대한국어대사전》).

투박한 ❖ 명태明太창난젓에 고추무거리에 막칼질한 무이를 뷔벼 익힌 것을/이 투박한 북관北關을 한없이 끼밀고 있노라면/쓸쓸하니 무릎은 꿇어진다 **〈북관北關—함주시초咸州詩抄〉** ❖ 녕감들은 유리창 같은 눈을 번득거리며/투박한 북관北關말을 떠들어대며/쇠리쇠리한 저녁해 속에/사나운 즘생같이들 사러졌다 **〈석양夕陽〉**

펑하다[형] 둥글게 퍼져 있다.

〔'펑하다'는 '펑'에 '하다'가 붙은 말이다. 백석 시에 이런 형태의 말로 '펑하다' 외에 '쩡하다', '텅하다', '휑하다' 등이 있다. '펑'은 원래 '구멍이 크게 난' 모양을 가리키는데, 백석 시의 아래 용례에선 구멍 난 모양처럼 둥그렇게 퍼져 있는 상태를 가리키는 말로 쓰이고 있다. '펑하다'는 '펑퍼짐하다'와 다소 유사한 말이라고 할 수 있다.〕

펑하니 ❖ 봄철날 한종일내 노곤하니 벌불 장난을 한 날 밤이면 으레히 싸개동당을 지나는데 잘망하니 누워 싸는 오줌이 넓적다리를 흐르는 따근따근한 맛 자리에 펑하니 괴이는 척척한 맛 〈**동뇨부**童尿賦〉

펴다②동 굽은 것을 곧게 하다. 또는 움츠리거나 구부리거나 오므라든 것을 벌리다.

펼 ❖ 나는 이 마을에 태어나기가 잘못이다/마을은 맨천 구신이 돼서/나는 무서워 오력을 펼 수 없다 〈**마을은 맨천 구신이 돼서**〉

해지다동 (사물이) 낡아서 닳아지다(《고려대한국어대사전》). '해어지다'의 준말.

해진 ❖ 사랑하는 어린것에게 엿 한 가락을 아끼고 위하는 안해에겐 해진 옷을 입히면서도/마음이 가난한 낯설은 사람에게 수백 냥 돈을 거저 주는 그 인정을 그리고 또 그 말을 〈**허준**許俊〉

헌관 오래되어 성하지 아니하고 낡은.

❖ 바로 날도 저물어서,/바람은 더욱 세게 불고, 추위는 점점 더해 오는데,/나는 어느 목수木手네 집 헌 삿을 깐,/한 방에 들어서 쥔을 붙이었다. 〈**남신의주 유동 박시봉방**南新義州柳洞朴時逢方〉

호주를하니부 후주른하니. 옷 같은 것이 물에 젖거나 풀기가 빠져 볼모양 없이 축 늘어지고 홀홀하게(《조선말대사전》).

〔《조선말대사전》에 '후주른하니'가 등재되어 있다. '호주를하니'는 '후주른하니'가 변이된 말이다. '후주른하니'의 '른'이 '를'로 변이되어 물기에 젖은 느낌이 더 생생히 드러나고 있다.〕

호주를하니 ❖ 그러다는 백중물을 내는 소내기를 함뻑 맞고/호주를하니 젖어서 달아나는데/이번에는 꿈에도 못 잊는 봉가집에 가는 것이다 〈**칠월**七月 **백중**〉

4 물체의 변화, 흔들림

놀다②동 일정하게 움직이거나 작용을 하다(《조선말대사전》).

〔아래 용례에서 '솥뚜껑이 놀으며'는 솥 안의 밥물이 끓어오르면서 수증기의 압력으로 솥뚜껑이 움직이는 것을 나타낸 것이다. '놀다'의 이런 의미와 가장 가까운 것으로 《조선말대사전》에 "일정하게 움직이거나 작용을 하다"라는 풀이가 있다.〕

놀으며 ❖ 내일같이 명절날인 밤은 부엌에 쩨듯하니 불이 밝고 솥뚜껑이 놀으며 구

수한 내음새 곰국이 무르끓고 〈**고야**古夜〉

데굴데굴하다[동] 큰 물건이 계속 구르다.

데굴데굴하는 ❖ 구석에 데굴데굴하는 목침木枕들을 베여보며/이 산山골에 들어와서 이 목침木枕들에 새까마니 때를 올리고 간 사람들을 생각한다 〈**산숙**山宿**—산중음**山中吟〉

들어가다③[동] '숨'과 결합하여 팽팽하게 부풀려진 상태가 가라앉는 것을 가리키는 말이다. ☞ 숨② 415

들어갔다 ❖ 밖에는 어데서 물새가 우는데/토방에선 햇콩두부가 고요히 숨이 들어갔다 〈**추야일경**秋夜一景〉

츠렁츠렁[부] 꽤 길게 드리운 물건이 부드럽게 흔들리는 모양을 나타내는 말(《조선말대사전》).

❖ 이왕이면 향香내 높은 취향리梨 돌배 움퍽움퍽 씹으며 머리채 츠렁츠렁 발굽을 차는 꾸냥과 가즈런히 쌍마차雙馬車 몰아가고 싶었다 〈**안동**安東〉

흔들다[동] 위아래나 좌우로 연하여 움직이게 하다(《금성판국어대사전》).

흔들고 ❖ 나는 너를 껴안어 올려서 네 머리를 쓰다듬고 힘껏 네 적은 손을 쥐고 흔들고 싶다 〈**촌에서 온 아이**〉

5 물체의 이동, 전달, 제공

굴리다[동] '구르다'의 사동사. (사람이 둥근 물체를) 돌면서 움직이게 하다(《고려대한국어대사전》).

굴려 ❖ 이것들보다 더 크고, 높은 것이 있어서, 나를 마음대로 굴려 가는 것을 생각하는 것인데, 〈**남신의주 유동 박시봉방**南新義州柳洞朴時逢方〉

굴리고 ❖ 밤이 깊어가는 집안엔 엄매는 엄매들끼리 아르간에서들 웃고 이야기하고 아이들은 아이들끼리 웃간 한 방을 잡고 조아질하고 쌈방이 굴리고 바리깨돌림하고 호박떼기하고 제비손이구손이하고 〔···〕 〈**여우난골족**族〉

굴린다는 ❖ 날기멍석을 져간다는 닭보는 할미를 차 굴린다는 땅아래 고래 같은 기와집에는 언제나 니차떡에 청밀에 은금보화가 그득하다는 외발 가진 조마구 〔···〕 〈**고야**古夜〉

굴어나리다[동] 굴러내리다. 구르며 내려가다(《고려대한국어대사전》).

〔'굴러내리다'는《조선말대사전》과《고려대한국어대사전》에 등재되어 있다.〕

굴어나리는 ❖ 순례巡禮중이 산山을 올라간다/어젯밤은 이 산山 절에 재齋가 들었다// 무릿돌이 굴어나리는 건 중의 발꿈치에선가 〈**추일산조**秋日山朝〉

긷다[동] 우물이나 샘 따위에서 두레박이나 바가지 따위로 물을 떠내다.

긷는 ❖ 샘터엔 오구작작 물을 긷는 처녀며 새악시들 가운데 내가 좋아하는 그이가 있을 것만 같고 〈**통영**統營(**남행시초**南行詩抄)〉

끄을다[동] 끌다. (사람이 사물을) 한쪽으로 잡아당기다(《고려대한국어대사전》).

끄을구 ❖ 머리 빗기가 싫다면/니가 들구 나서/머리채를 끄을구 오른다는/산山이 있었다 〈**산**山〉

끌다②[동] (어떤 사람이 다른 대상을) 늘어뜨려 바닥에 닿은 채로 움직이다(《고려대한국어대사전》).

끌고 ❖ 손톱을 시펄하니 길우고 기나긴 창꽈쯔를 즐즐 끌고 싶었다/만두饅頭 꼬깔을 눌러쓰고 곰방대를 물고 가고 싶었다 〈**안동**安東〉

나다⑪[동] (시장의 물품이) 판매를 목적으로 나오다(《고려대한국어대사전》).

났다 ❖ 초아흐레 장판에/산 멧도야지 너구리가죽 튀튀새 났다/또 가얌에 귀이리에 도토리묵 도토리범벅도 났다 〈**월림**月林**장—서행시초**西行詩抄 **4**〉

날리다[동] '날다'의 피동사. (물체나 물질이) 공중에 떠서 움직이게 되다(《고려대한국어대사전》). ☞ 푹푹 679

〔《고려대한국어대사전》에 '날리다'에 대한 용례로 '눈발이 날리다'라는 문장이 제시되어 있다. 〈나와 나타샤와 흰당나귀〉에서 "눈은 푹푹 날리고"라는 구절은 눈이 많이 날리는 상태를 나타내는 말이다. 여기서 '푹푹'은 눈이 많이 쌓이는 모양만을 나타내는 것이 아니라, 눈이 많이 내리는 상태를 나타내는 말이다. '푹푹'에 대한 이런 뜻은《조선말대사전》에 기술되어 있다.〕

날리고 ❖ 나타샤를 사랑은 하고/눈은 푹푹 날리고/나는 혼자 쓸쓸히 앉어 소주燒酒를 마신다 〈**나와 나타샤와 흰 당나귀**〉

내다②[동] 안에서 밖으로 옮기다.

내 ❖ 쇠주푀적삼 항라적삼의 자지고름이 기드렁한 적삼에/한끝나게 상나들이옷을 있는 대로 다 내 입고 〈**칠월**七月 **백중**〉

내어 ❖ 새끼손톱 길게 돋은 손을 내어/묵묵하니 한참 맥을 짚드니/문득 물어 고향故鄕이 어데냐 한다 〈**고향**故鄕〉

내여 ❖ 또 이러한 밤 같은 때 시집갈 처녀 막내고무가 고개 너머 큰집으로 치장감을 가지고 〔…〕 바느질을 하는 밤 같은 때 나는 아릇목의 삿귀를 들고 쇠든밤을 내여 다람쥐처럼 밝어먹고 〔…〕 〈**고야**古夜〉

내다③동 '나다'(쓰이고 있던 물건이 쓰지 않는 동안이 생기다)의 사동사(《조선말대사전》).

내고 ❖ 골이 다한 산대 밑에 자그마한 돌능와집이 한 채 있어서/이 집 남길동 단 안주인은 겨울이면 집을 내고/산을 돌아 거리로 나려간다는 말을 하는데 〈**산곡**山谷**—함주시초**咸州詩抄〉

닐다②동 '일어나다'의 고어. 위로 솟거나 부풀어 오르다.

니는 ❖ 흙꽃 니는 이른 봄의 무연한 벌을/경편철도輕便鐵道가 노새의 맘을 먹고 지나간다 〈**광원**曠原〉

다그다동 물건 따위를 어떤 방향으로 가까이 옮기다.

다가 ❖ 나는 이런 저녁에는 화로를 더욱 다가 끼며, 무릎을 꿇어 보며,/어니 먼 산 뒷옆에 바우 섶에 따로 외로이 서서, 〈**남신의주 유동 박시봉방**南新義州柳洞朴時逢方〉

당기다동 물건 따위를 힘을 주어 자기 쪽이나 일정한 방향으로 가까이 오게 하다.

당기는구려 ❖ 이 목이 긴 시인詩人이 또 게사니처럼 떠곤다고/당신은 쓸쓸히 웃으며 바독판을 당기는구려 〈**허준**許俊〉

들다⑤동 (사람이 어떤 물건을) 잡아 위로 올리다(《고려대한국어대사전》).

들고 ❖ 또 이러한 밤 같은 때 〔…〕 나는 아릇목의 삿귀를 들고 쇠든밤을 내여 다람쥐처럼 밝어먹고 은행여름을 인둣불에 구워도 먹고 〔…〕 〈**고야**古夜〉

들어가다②동 (자재나 상품 같은 것이) 새로 공급되거나 운반되어 가다(《조선말대사전》).

들어간다는 ❖ 화라지송침이 단채로 들어간다는 아궁지/이 험상궂은 아궁지도 조앙님은 무서운가보다 〈**고사**古寺**—함주시초**咸州詩抄〉

떨어지다①동 위에서 아래로 내려지다.

떨어지는 ❖ 참대창에 바다보다 푸른 고기가 께우며 섬돌에 곱조개가 붙는 집의 복도에서는 배창에 고기 떨어지는 소리가 들렸다 〈**시기**柿崎**의 바다**〉

떨어진 ❖ 산山꿩도 설게 울은 슬픈 날이 있었다/산山절의 마당귀에 여인女人의 머리오리가 눈물방울과 같이 떨어진 날이 있었다 〈**여승**女僧〉

떨어진다 ❖ 별 많은 밤/하누바람이 불어서/푸른 감이 떨어진다 개가 즞는다 〈**청시**青枾〉

떨어질 ❖ 산山마루를 탄 사람들은 새꾼들인가/파란 한울에 떨어질 것같이/웃음소

리가 더러 산山 밑까지 들린다 **〈추일산조秋日山朝〉**

떨어트리다 동 위에 있던 것을 아래로 내려가게 하다.

떨어트리며 ❖ 오리치를 놓으려 아배는 논으로 나려간 지 오래다/오리는 동비탈에 그림자를 떨어트리며 날어가고 나는 동말랭이에서 강아지처럼 아배를 부르며 울다가/시악이 나서는 등 뒤 개울물에 아배의 신짝과 버선목과 대님오리를 모다 던져버린다 **〈오리 망아지 토끼〉**

뜨다① 동 ① (해나 달, 별 따위가) 위로 돋아 오르다. ② (물건이 공중에) 땅 위에서 솟아오르거나 머무르다.

뜨고 ❖ 캄캄한 비 속에/새빨간 달이 뜨고/하이얀 꽃이 퓌고/먼바루 개가 짖는 밤은/어데서 물외 내음새 나는 밤이다//캄캄한 비 속에/새빨간 달이 뜨고/하이얀 꽃이 퓌고/먼바루 개가 짖고/어데서 물외 내음새 나는 밤은 **〈야우소회夜雨小懷—물닭의 소리〉**

뜨는 ❖ 기쁨이 마음에 뜨는 때는 희고 까만 씨를 앞니로 까서 잔나비가 되고/근심이 마음에 앉는 때는 희고 까만 씨를 혀끝에 물어 까막까치가 되고 **〈수박씨, 호박씨〉**

말려나가다 동 둥글게 접혀 나가다.

〔'말려나가다'는 '말다'의 사동사인 '말리다'와 '나가다'가 결합된 복합동사이다. 사전엔 '말리다'와 '나가다'만 등재되어 있다.〕

말려나가면 ❖ 집에는 아배에 삼춘에 오마니에 오마니가 있어서 〔…〕 아이들이 큰마누래에 작은마누래에 제구실을 할 때면 종아지물본도 모르고 행길에 아이 송장이 거적뙈기에 말려나가면 속으로 얼마나 부러워하였고 〔…〕 **〈넘언집 범 같은 노큰마니〉**

뿜다 동 속에 있는 것을 밖으로 세차게 밀어내다.

뿜는 ❖ 입으로 먹을 뿜는 건/몇십 년 도를 닦어 퓌는 조환가 **〈꼴두기—물닭의 소리〉**

싸오다 동 싸서 나오다. 물건을 안에 넣고 보이지 않게 씌워 가리거나 둘러 말아 나오다.

〔'싸오다'는 '싸다'와 '오다'가 결합된 합성동사이다. 사전엔 '싸다'만 등재되어 있다.〕

싸오는 ❖ 호박닢에 싸오는 붕어곰은 언제나 맛있었다 **〈주막酒幕〉**

쏟아지다 동 ① 액체나 물건이 그것이 들어 있는 용기에서 한꺼번에 바깥으로 나오다. ② 한꺼번에 많이씩 떨어져 내리다(《조선말대사전》).

쏟아지는 ❖ 돌각담에 머루송이 깜하니 익고/자갈밭에 아즈까리알이 쏟아지는/잠

풍하니 볕바른 골짝이다 〈**산곡**山谷**—함주시초**咸州詩抄〉

오다② 동 물건이나 권리 따위가 자기에게 옮겨지다.

오면 ❖ 딜옹배기에 북덕불이라도 담겨 오면,/이것을 안고 손을 쬐며 재 우에 뜻없이 글자를 쓰기도 하며, 〈**남신의주 유동 박시봉방**南新義州柳洞朴時逢方〉

오다④ 동 느낌이나 뜻이 말하는 사람에게 전달되다.

온다 ❖ 아카시아들이 언제 흰 두레방석을 깔었나/어데서 물쿤 개비린내가 온다 〈**비**〉

오르다④ 동 물질이나 물체 따위가 위쪽으로 움직이다.

오르고 ❖ 귀밑이 재릿재릿하니 볕이 담복 따사로운 거리다//잿더미에 까치 오르고 아이 오르고 아지랑이 오르고 〈**삼천포**三千浦**—남행시초**南行詩抄 **4**〉

오르며 ❖ 약탕관에서는 김이 오르며 달큼한 구수한 향기로운 내음새가 나고/약이 끓는 소리는 삐삐 즐거웁기도 하다 〈**탕약**湯藥〉

올라서 ❖ 열니레 달이 올라서/나룻배 타고 판데목 지나간다 간다 〈**통영**統營**—남행시초**南行詩抄 **2**〉

올랐다 ❖ 녯성城의 돌담에 달이 올랐다/묵은 초가지붕에 박이/또 하나 달같이 하이얗게 빛난다 〈**흰밤**〉

주다 동 물건 따위를 남에게 건네어 가지거나 누리게 하다.

주고 ❖ 나는 너를 백통전 하나 주고 사오누나 〈**오리**〉

주는 ❖ 첫녀름 이른 저녁을 해치우고 인간들이 모두 터앞에 나와서 물외포기에 당콩포기에 오줌을 주는 때 터앞에 밭마당에 샛길에 떠도는 오줌의 매캐한 재릿한 내음새 〈**동뇨부**童尿賦〉 ❖ 마음이 가난한 낯설은 사람에게 수백 냥 돈을 거저 주는 그 인정을 그리고 또 그 말을 〈**허준**許俊〉 ❖ 노왕老王은 채매도 힘이 들고 하루종일 백령조百鈴鳥 소리나 들으려고/밭을 오늘 나한테 주는 것이고 〈**귀농**歸農〉

주드니 ❖ 나를 생각하든 그 무당의 딸은 내 어린 누이에게/오리야 너를 한 쌍 주드니/어린 누이는 없고 저는 시집을 갔다건만 〈**오리**〉

주면 ❖ 천 년 동안만 밤마다 흙에 물을 주면 그 흙이 지렁이가 되었습니다 〈**나와 지렁이**〉

주어 ❖ 이리하여 노왕老王은 밭을 주어 마음이 한가하고/나는 밭을 얻어 마음이 편안하고 〈**귀농**歸農〉

즐즐 부 '줄줄'보다 어감이 작은 말. 굵은 줄이나 천 따위가 바닥에 자꾸 끌리는 모양.

❖ 손톱을 시펄하니 길우고 기나긴 창꽈쯔를 즐즐 끌고 싶었다 **〈안동安東〉**

채다[동] 재빠르게 센 힘으로 빼앗거나 훔치다.

채어 ❖ 오지항아리에는 삼춘이 밥보다 좋아하는 찹쌀탁주가 있어서/삼춘의 임내를 내어가며 나와 사춘은 시큼털털한 술을 잘도 채어 먹었다 **〈고방〉**

V. 감각, 분위기

1 맛

구수하다[형] ① 맛이나 냄새 따위가 입맛이 당기도록 좋다. ② 마음씨나 인심 따위가 넉넉하고 푸근하다.

구수한 ❖ 내일같이 명절날인 밤은 부엌에 쩨듯하니 불이 밝고 솥뚜껑이 놀으며 구수한 내음새 곰국이 무르끓고 방안에서는 일가집 할머니가 와서 마을의 소문을 펴며 〔…〕 **〈고야古夜〉** ❖ 약탕관에서는 김이 오르며 달큼한 구수한 향기로운 내음새가 나고/약이 끓는 소리는 삐삐 즐거웁기도 하다 **〈탕약湯藥〉** ❖ 집에는 언제나 센개 같은 게사니가 벅작궁 고아내고 말 같은 개들이 떠들썩 짖어대고 그리고 소거름 내음새 구수한 속에 엇송아지 히물쩍 너들씨는데 **〈넘언집 범 같은 노큰마니〉** ❖ 해빛이 초롱불같이 희맑은데/해정한 모래부리 플랫폼에선/모두들 쩔쩔 끓는 구수한 귀이리차茶를 마신다 **〈함남도안咸南道安〉** ❖ 따끈한 삼십오도三十五度 소주燒酒나 한잔 마시고/그리고 그 시래깃국에 소피를 넣고 두부를 두고 끓인 구수한 술국을 트근히 멫 사발이고 왕사발로 멫 사발이고 먹자 **〈구장로球場路—서행시초西行詩抄 1〉** ❖ 가난한 엄매는 밤중에 김치가재미로 가고/마을을 구수한 즐거움에 싸서 은근하니 흥성흥성 들뜨게 하며/이것은 오는 것이다 **〈국수〉**

달다②[형] 꿀이나 설탕의 맛과 같다.

달다 ❖ 나는 주먹다시 같은 떡당이에 꿀보다도 달다는 강낭엿을 산다 **〈월림月林장—서행시초西行詩抄 4〉**

달디달다[형] 다디달다. 매우 달다.

〔《표준국어대사전》엔 '달디달다'가 "'다디달다'의 잘못"으로 풀이되어 있는데, 《조선말대사전》엔 '달디달다'와 '다디달다'가 같은 말로 풀이되어 있다.〕

달디단 ❖ 나는 벌써 달디단 물구지우림 둥굴네우림을 생각하고/아직 멀은 도토리묵 도토리범벅까지도 그리워한다 **〈가즈랑집〉** ❖ 때글은 다 낡은 무명샤쯔가 어두운 그림자를 쉬이고/그리고 또 달디단 따끈한 감주나 한잔 먹고 싶다고 생각하는 내 가지가지 외로운 생각이 헤매인다 **〈흰 바람벽이 있어〉**

달큼하다 형 감칠맛이 있게 꽤 달다.

달큼한 ❖ 약탕관에서는 김이 오르며 달큼한 구수한 향기로운 내음새가 나고/약이 끓는 소리는 삐삐 즐거웁기도 하다 **〈탕약湯藥〉**

들쿠레하다 형 들크레하다. 조금 들큼하다. '들큼하다'는 '맛깔스럽지 아니하게 조금 달다'의 뜻.

들쿠레한 ❖ 실 같은 봄비 속을 타는 듯한 녀름볕 속을 지나서 들쿠레한 구시월 갈바람 속을 지나서/대대로 나며 죽으며 죽으며 나며 하는 이 마을 사람들의 으젓한 마음을 지나서 텁텁한 꿈을 지나서 **〈국수〉**

맛나다 형 맛이 좋다

맛나게 ❖ 김치가재미선 동치미가 유별히 맛나게 익는 밤 **〈개〉**

맛스럽다 형 보기에 맛이 있을 듯하다.

〔'맛스럽다'를 "맛이 없다"로 보는 견해가 있다(송준, 2012ㄱ). 《조선말대사전》에 '맛스럽다'의 뜻이 "① 맛이 있다 ② '나쁘다'의 방언(강원, 평안, 자강) ③ '껄렁하다'의 평북 방언"으로 풀이되어 있어, '맛스럽다'가 북쪽 지역에서 '나쁘다'는 의미로 쓰이기도 한다는 것을 알 수 있는데, 백석 시에선 문맥상 '맛이 없다'가 아니라 '맛이 있다'는 의미로 쓰인 것이다. 백석 시에 접미사 '-스럽다'를 붙여 만든 시어로 '맛스럽다' 외에 '공경스럽다', '쇳스럽다' 등이 있다.〕

맛스러운 ❖ 나는 이제 어늬 먼 외진 거리에 한고향 사람의 조고마한 가업집이 있는 것을 생각하고/이 집에 가서 그 맛스러운 떡국이라도 한 그릇 사먹으리라 한다 **〈두보杜甫나 이백李白같이〉**

맛있다 형 음식의 맛이 좋다.

맛있게도 ❖ 노란 싸릿닢이 한불 깔린 토방에 햇츩방석을 깔고/나는 호박떡을 맛있게도 먹었다 **〈여우난골〉**

맛있는 ❖ 밤이 깊어가는 집안엔 〔…〕 그래서는 문창에 텅납새의 그림자가 치는 아츰 시누이 동세들이 욱적하니 홍성거리는 부엌으론 샛문틈으로 장지문틈으로 무이징게국을 끓이는 맛있는 내음새가 올라오도록 잔다 **〈여우난골족族〉** ❖ 밤이면 캥캥 여우가 우는 산山도 자작나무다/그 맛있는 모밀국수를 삶는 장작도 자작나무다 **〈백화白樺—산중음山中吟〉**

맛있다고 ❖ 내일같이 명절날인 밤은 〔…〕 일가집 할머니가 와서 마을의 소문을 펴며 조개송편에 달송편에 죈두기송편에 떡을 빚는 곁에서 나는 밤소 팥소 설탕 든 콩가루소를 먹으며 설탕 든 콩가루소가 가장 맛있다고 생각한다 〈**고야**古夜〉

맛있었다 ❖ 호박닢에 싸오는 붕어곰은 언제나 맛있었다 〈**주막**酒幕〉

비릿하다[형] 냄새나 맛이 조금 비린 듯하다.

비릿한 ❖ 얼근한 비릿한 구릿한 이 맛 속에선/까마득히 신라新羅백성의 향수鄕愁도 맛본다 〈**북관**北關—**함주시초**咸州詩抄〉

슴슴하다[형] 자극을 크게 느끼지 않을 정도로 싱겁다(《조선말대사전》).

〔'슴슴하다'는 《조선말대사전》에 등재되어 있고, 《표준국어대사전》엔 '심심하다'(음식맛이 조금 싱겁다)의 북한어로 등재되어 있는데, 남쪽 지역에서도 많이 사용하는 말이다.〕

슴슴한 ❖ 아, 이 반가운 것은 무엇인가/이 히수무레하고 부드럽고 수수하고 슴슴한 것은 무엇인가 〈**국수**〉

시다[형] 맛이 식초나 설익은 살구와 같다.

신 ❖ 신 살구를 잘도 먹드니 눈 오는 아츰/나어린 안해는 첫아들을 낳었다 〈**적경**寂境〉

시큼털털하다[형] 맛이나 냄새 따위가 조금 시면서도 떫다. '시금떨떨하다'보다 아주 거센 느낌을 준다.

시큼털털한 ❖ 오지항아리에는 삼춘이 밥보다 좋아하는 찹쌀탁주가 있어서/삼춘의 임내를 내어가며 나와 사춘은 시큼털털한 술을 잘도 채어 먹었다 〈**고방**〉

쓰다⑧[형] 혀로 느끼는 맛이 한약이나 소태, 씀바귀의 맛과 같다.

쓸 ❖ 박을 삶는 집/할아버지와 손자가 오른 지붕 우에 한울빛이 진초록이다/우물의 물이 쓸 것만 같다 〈**여우난골**〉

얼근하다[형] 매워서 입 안이 조금 얼얼하다.

얼근한 ❖ 얼근한 비릿한 구릿한 이 맛 속에선/까마득히 신라新羅백성의 향수鄕愁도 맛본다 〈**북관**北關—**함주시초**咸州詩抄〉

짭짤하다[형] 감칠맛이 있게 조금 짜다.

짭짤한 ❖ 구마산舊馬山의 선창에선 좋아하는 사람이 울며 나리는 배에 올라서 오는 물길이 반날/갓 나는 고당은 갓갓기도 하다//바람맛도 짭짤한 물맛도 짭짤한 〈**통영**統營(**남행시초**南行詩抄)〉

2 냄새

구릿하다 형 냄새가 좀 구린 듯하다.

구릿한 ❖ 얼근한 비릿한 구릿한 이 맛 속에선/까마득히 신라新羅백성의 향수鄕愁도 맛본다 **〈북관北關—함주시초咸州詩抄〉**

독하다 형 맛, 냄새 따위의 정도가 지나치게 심하고 자극적이다.

독하다는 ❖ 예순이 넘은 아들 없는 가즈랑집 할머니는 중같이 정해서 할머니가 마을을 가면 긴 담뱃대에 독하다는 막써레기를 몇 대라도 붙이라고 하며 **〈가즈랑집〉**

맡다 동 코로 냄새를 느끼다.

맡는다 ❖ 시큼한 배척한 퀴퀴한 이 내음새 속에/나는 가느슥히 여진女眞의 살내음새를 맡는다 **〈북관北關—함주시초咸州詩抄〉**

매캐하다 형 연기나 곰팡이 따위의 냄새가 약간 맵고 싸하다.

매캐한 ❖ 첫녀름 이른 저녁을 해치우고 인간들이 모두 터앞에 나와서 물외포기에 당콩포기에 오줌을 주는 때 터앞에 밭마당에 샛길에 떠도는 오줌의 매캐한 재릿한 내음새 **〈동뇨부童尿賦〉**

물씬물씬 부 코를 푹 찌르도록 매우 심한 냄새가 자꾸 나는 모양.

❖ 산山 잔등에는 가지취 뻐꾹채 게루기 고사리 산山나물판/산山나물 냄새 물씬물씬 나는데/나는 복장노루를 따라 뛰었다 **〈산山〉**

물쿤 부 '물큰'의 평북 방언(《평북방언사전》). 냄새 따위가 한꺼번에 확 풍기는 모양.

❖ 아카시아들이 언제 흰 두레방석을 깔었나/어데서 물쿤 개비린내가 온다 **〈비〉**

배척하다 형 '배척지근하다'의 변형으로 추정된다. 냄새나 맛이 조금 배리다.

〔사전에 '배착지근하다'가 '냄새나 맛이 조금 배리다'라는 풀이로 등재되어 있고, '배착지근하다의 잘못된 말'로 '배척지근하다'가 올라 있다. '배척하다'는 '배척지근하다'가 변이된 말로 짐작된다.〕

배척한 ❖ 시큼한 배척한 퀴퀴한 이 내음새 속에/나는 가느슥히 여진女眞의 살내음새를 맡는다 **〈북관北關—함주시초咸州詩抄〉**

시큼하다 형 맛이나 냄새 따위가 조금 시다. '시금하다'보다 거센 느낌을 준다.

시큼한 ❖ 시큼한 배척한 퀴퀴한 이 내음새 속에/나는 가느슥히 여진女眞의 살내음새를 맡는다 **〈북관北關—함주시초咸州詩抄〉**

재릿하다 형 '지리다'에서 변형된 말로 추정된다. 오줌과 같은 냄새와 맛이 있다(《조선말대사전》).

〔'재릿한'은 '지릿한'의 변형으로 짐작된다. '지리다'의 관형형은 '지린'인데, 백석은 이를 '지릿한'으로 쓰고, 이것이 다시 모음 변이를 일으켜 '재릿한'이 된 것으로 추정된다.〕

재릿한 ❖ 첫녀름 이른 저녁을 해치우고 인간들이 모두 터앞에 나와서 물외포기에 당콩포기에 오줌을 주는 때 터앞에 밭마당에 샛길에 떠도는 오줌의 매캐한 재릿한 내음새 〈**동뇨부**童尿賦〉

귀귀하다[형] 비위에 거슬릴 정도로 냄새가 약간 구리다(《조선말대사전》).

귀귀한 ❖ 시큼한 배척한 귀귀한 이 내음새 속에/나는 가느슥히 여진女眞의 살내음새를 맡는다 〈**북관**北關**—함주시초**咸州詩抄〉

향기롭다[형] 향기가 있다.

향기로운 ❖ 삼에 숙변에 목단에 백복령에 산약에 택사의 몸을 보한다는 육미탕六味湯이다/약탕관에서는 김이 오르며 달큼한 구수한 향기로운 내음새가 나고 〈**탕약**湯藥〉

향기로울 ❖ 높은 산도 높은 꼭다기에 있는 듯한/아니면 깊은 물도 깊은 밑바닥에 있는 듯한 당신네 나라의/하늘은 얼마나 맑고 높을 것인가/바람은 얼마나 따사하고 향기로울 것인가 〈**허준**許俊〉

3 소리

1) 소리치기, 소리 내기

느끼다②[동] 설움이 북받쳐서 흑흑 숨막히는 듯한 소리를 내다(《조선말대사전》).

〔《표준국어대사전》엔 '느끼다'가 "서럽거나 감격에 울다"로, 《조선말대사전》엔 "설움이 북받쳐서 흑흑 숨막히는 소리를 내다"로 풀이되어 있는데, 후자의 풀이가 더 적절하며, 백석 시의 아래 용례에서도 '느끼다'는 이런 뜻으로 사용된 것이다.〕

느끼며 ❖ 계집아이는 운다 느끼며 운다/텅 비인 차車 안 한구석에서 어느 한 사람도 눈을 씻는다 〈**팔원**八院**—서행시초**西行詩抄 **3**〉

불다②[동] 입술을 좁게 오므리고 그 사이로 숨을 내쉬어 소리를 내다.

불며 ❖ 개 더리고 호이호이 휘파람 불며/시름 놓고 가고 싶은 길이다 〈**창원도**昌原道**—남행시초**南行詩抄 **1**〉

소리치다[동] 소리를 크게 지르다.

소리치고 ❖ 홰냥닭은 알을 낳고 소리치고/강아지는 겨를 먹고 오줌 싸고 **〈연자간〉**

울다②[동] 짐승, 벌레, 바람 따위가 소리를 내다.

우노 ❖ 한 십리十里 더 가면 절간이 있을 듯한 마을이다 〔…〕 송아지 매— 하고 운다 골갯논드렁에서 미나리 밟고 서서 운다 복사나무 아래 가 흙장난하며 놀지 왜 우노 〔…〕 **〈황일**黃日**〉**

우는 ❖ 여우가 우는 밤이면/잠 없는 노친네들은 일어나 팥을 깔이며 방뇨를 한다/여우가 주둥이를 향하고 우는 집에서는 다음날 으레히 흉사가 있다는 것은 얼마나 무서운 말인가 **〈오금덩이라는 곳〉** ❖ 산골집은 대들보도 기둥도 문살도 자작나무다/밤이면 캥캥 여우가 우는 산山도 자작나무다 **〈백화**白樺**—산중음**山中吟**〉** ❖ 나타샤와 나는/눈이 푹푹 쌓이는 밤 흰 당나귀 타고/산골로 가자 출출이 우는 깊은 산골로 가 마가리에 살자 **〈나와 나타샤와 흰 당나귀〉** ❖ 문기슭에 바다 해자를 까꾸로 붙인 집/산듯한 청삿자리 우에서 찌륵찌륵/우는 전북회를 먹어 한녀름을 보낸다 **〈삼호**三湖**—물닭의 소리〉** ❖ 눈빨갱이 갈매기 발빨갱이 갈매기 가란 말이지/승냥이처럼 우는 갈매기/무서워 가란 말이지 **〈대산동**大山洞**—물닭의 소리〉** ❖ 그러나 시방 꼴두기는 배창에 너부러져 새새끼 같은 울음을 우는 곁에서/뱃사람들의 언젠가 아홉이서 회를 쳐먹고도 남어 한 깃씩 노나가지고 갔다는 크디큰 꼴두기의 이야기를 들으며 나는 슬프다 **〈꼴두기—물닭의 소리〉** ❖ 벌에 우는 새소리도 듣고 싶고 거문고도 한 곡조 뜯고 싶고 한 오천五千말 남기고 함곡관函谷關도 넘어가고 싶고 **〈수박씨, 호박씨〉** ❖ 한울은/울파주가에 우는 병아리를 사랑한다/우물돌 아래 우는 돌우래를 사랑한다/그리고 또/버드나무 밑 당나귀 소리를 임내내는 시인詩人을 사랑한다 **〈《호박꽃 초롱》 서시**序詩**〉**

우는데 ❖ 밖에는 어데서 물새가 우는데/토방에선 햇콩두부가 고요히 숨이 들어갔다 **〈추야일경**秋夜一景**〉**

운다 ❖ '자시동북팔십천희천自是東北八〇粁熙川'의 푯標말이 선 곳/돌능와집에 소달구지에 싸리신에 옛날이 사는 장거리에/어니 근방 산천山川에서 덜거기 꺽꺽 검방지게 운다 **〈월림**月林**장—서행시초**西行詩抄 **4〉** ❖ 시냇물이 버러지 소리를 하며 흐르고/대낮이라도 산山옆에서는/승냥이가 개울물 흐르듯 운다 **〈산지**山地**〉** ❖ 한 십리十里 더 가면 절간이 있을 듯한 마을이다 〔…〕 어데서 송아지 매— 하고 운다 골갯논드렁에서 미나리 밟고 서서 운다 〔…〕 **〈황일**黃日**〉** ❖ 자정도 활씬 지났는데/닭을 잡고 모밀국수를 누른다고 한다/어니 산山옆에선 캥캥 여우가 운다 **〈야반**夜半**—**

산중음山中吟〉

울고 ❖ 신영길 말이 울고 가고/장돌림 당나귀도 울고 가고 **〈연자간〉**

울며 ❖ 산山가마귀만 울며 날고/도적갠가 개 하나 어정어정 따러간다 **〈쓸쓸한 길〉**

울어 ❖ 아츰볕에 섶구슬이 한가로이 익는 골짝에서 꿩은 울어 산山울림과 장난을 한다 **〈추일산조**秋日山朝〉

울어서 ❖ 밤이 깊어가는 집안엔 〔…〕 이렇게 화디의 사기방등에 심지를 몇 번이나 돋구고 홍게닭이 몇 번이나 울어서 졸음이 오면 아릇목싸움 자리싸움을 하며 히드득거리다 잠이 든다 〔…〕 **〈여우난골족**族〉 ❖ 자즌닭이 울어서 술국을 끓이는 듯한 추탕鰍湯집의 부엌은 뜨수할 것같이 불이 뿌연히 밝다 **〈미명계**未明界〉

울었는데 ❖ 닭이 두 홰나 울었는데/안방큰방은 홰즛하니 당등을 하고/인간들은 모두 웅성웅성 깨여 있어서들/오가리며 석박디를 썰고/생강에 파에 청각에 마늘을 다지고 **〈추야일경**秋夜一景〉

울은 ❖ 산山꿩도 섧게 울은 슬픈 날이 있었다/산山절의 마당귀에 여인女人의 머리오리가 눈물방울과 같이 떨어진 날이 있었다 **〈여승**女僧〉

울을 ❖ 저문 유월六月의 바닷가에선 조개도 울을 저녁 소라방등이 불그레한 마당에 김냄새 나는 비가 나렸다 **〈통영**統營〉 ❖ 눈은 푹푹 나리고/아름다운 나타샤는 나를 사랑하고/어데서 흰 당나귀도 오늘밤이 좋아서 응앙응앙 울을 것이다 **〈나와 나타샤와 흰 당나귀〉**

울다③동 종이나 천둥, 벨 따위가 소리를 내다.

울고 ❖ 새벽녘의 거리엔 쾅쾅 북이 울고/밤새껏 바다에선 뿡뿡 배가 울고 **〈통영**統營 **(남행시초**南行詩抄**)〉**

울었다 ❖ 물밑—이 세모래 닌함박은 콩조개만 일다/모래장변—바다가 널어놓고 못미더워 드나드는 명주필을 짓궂이 발뒤축으로 찢으면/날과 씨는 모두 양금줄이 되어 짜랑짜랑 울었다 **〈물계리**物界里**—물닭의 소리〉**

울어대다동 짐승, 벌레, 바람 따위가 계속해서 심하게 소리를 내다.

〔'울어대다'는 '울다'에 보조동사 '대다'가 결합한 동사이다. 사전엔 '울다'만 등재되어 있다.〕

울어대고 ❖ 내가 언제나 무서운 외갓집은/초저녁이면 안팎마당이 그득하니 하이얀 나비수염을 물은 보득지근한 복쪽재비들이 씨굴씨굴 모여서는 짱짱 짱짱 쇳스럽게 울어대고 **〈외갓집〉**

울어대는데 ❖ 이 집에 있는 다른 많은 아이들이/모도들 욕심 사납게 지게굳게 일부러 청을 돋혀서/어린아이들치고는 너무나 큰 소리로 너무나 튀겁 많은 소리로 울어대는데 **〈촌에서 온 아이〉**

울어댄다 ❖ 풀밭에는 어느새 하이얀 대림질감들이 한불 널리고/돌우래며 팟중이 산옆이 들썩하니 울어댄다 **〈박각시 오는 저녁〉**

즞다 동 '짖다'의 고어. ☞ 짖다

즞거니 ❖ 우물가에서 까치가 자꼬 즞거니 하면/붉은 수탉이 높이 샛더미 우로 올랐다 **〈창의문외彰義門外〉**

즞는다 ❖ 인가人家 멀은 산山중에/까치는 배나무에서 즞는다 **〈적경寂境〉** ❖ 별 많은 밤/하누바람이 불어서/푸른 감이 떨어진다 개가 즞는다 **〈청시青柿〉**

지르다 동 목청을 높여 소리를 크게 내다.

지르는 ❖ 또 여기 더운물에 뛰어들며/무슨 물새처럼 악악 소리를 지르는 삐삐 파리한 사람은/양자楊子라는 사람은 아모래도 이와 같었을 것만 같다 **〈조당澡塘에서〉**

짖다 동 ① 개가 목청으로 소리를 내다. ② 까마귀나 까치가 시끄럽게 울어서 지저귀다.

짖고 ❖ 송아지 잘도 놀고/까치 보해 짖고 **〈연자간〉** ❖ 캄캄한 비 속에/새빨간 달이 뜨고/하이얀 꽃이 퓌고/먼바루 개가 짖고/어데서 물외 내음새 나는 밤은 **〈야우소회夜雨小懷—물닭의 소리〉**

짖는 ❖ 접시 귀에 소기름이나 소뿔등잔에 아즈까리기름을 켜는 마을에서는 겨울밤 개 짖는 소리가 반가웁다// 〔…〕 //김치가재미선 동치미가 유별히 맛나게 익는 밤//아배가 밤참 국수를 받으려 가면 나는 큰마니의 돋보기를 쓰고 앉어 개 짖는 소리를 들은 것이다 **〈개〉** ❖ 먼바루 개가 짖는 밤은/어데서 물외 내음새 나는 밤이다 **〈야우소회夜雨小懷—물닭의 소리〉**

짖는다 ❖ 이 무서운 밤을 아래 웃방성 마을 돌아다니는 사람은 있어 개는 짖는다// 낮배 어니메 치코에 꿩이라도 걸려서 산山 너머 국숫집에 국수를 받으려 가는 사람이 있어도 개는 짖는다 **〈개〉**

짖어대다 동 잇달아 자꾸 짖다(《조선말대사전》).

〔'짖어대다'는《조선말대사전》에 등재되어 있다.〕

짖어대고 ❖ 집에는 언제나 센개 같은 게사니가 벅작궁 고아내고 말 같은 개들이 떠들썩 짖어대고 그리고 소거름 내음새 구수한 속에 엇송아지 히물쩍 너들씨는데 **〈넘언집 범 같은 노큰마니〉**

하다③ 동 (의성어 뒤에 쓰여) 그런 소리가 나다. 또는 그런 소리를 내다.

하고 ❖ 한 십리十里 더 가면 절간이 있을 듯한 마을이다 〔…〕 어데서 송아지 매― 하고 운다 골갯논드렁에서 미나리 밟고 서서 운다 〔…〕 〈**황일**黃日〉

하는 ❖ 그래도 오리야 호젓한 밤길을 가다/가까운 논배미들에서/까알까알 하는 너이들의 즐거운 말소리가 나면/나는 내 마을 그 아는 사람들의 지껄지껄하는 말소리같이 반가웁고나 〈**오리**〉 ❖ 긷긴 겨울밤 인간들이 모두 한잠이 들은 재밤중에 나 혼자 일어나서 머리맡 쥐발 같은 새끼오강에 한없이 누는 잘 매럽던 오줌의 사르릉 쪼로록 하는 소리 〈**동뇨부**童尿賦〉

2) 소리 흉내, 소리 상태

까알까알 부 '깔깔'을 변형시킨 말. '깔깔'은 '되바라진 목소리로 못 참을 듯이 웃는 소리'를 나타내는 말.

❖ 가까운 논배미들에서/까알까알 하는 너이들의 즐거운 말소리가 나면/나는 내 마을 그 아는 사람들의 지껄지껄하는 말소리같이 반가웁고나 〈**오리**〉

꺽꺽 부 ① 게사니가 자꾸 우는 것 같은 소리를 나타내는 말(《조선말대사전》). ② 꿱꿱. 갑자기 목청을 높여 자꾸 세게 지르는 소리. 또는 그 모양.

〔《표준국어대사전》엔 '꺽꺽'이 '꿱꿱'의 잘못된 말로, "갑자기 목청을 높여 자꾸 세게 지르는 소리"로 풀이되어 있는데, 《조선말대사전》엔 이러한 뜻의 '꿱꿱'이란 말과 함께 "게사니가 자꾸 우는 것 같은 소리를 나타내는 말"이라는 뜻의 '꺽꺽'이란 말이 따로 등재되어 있다.〕

❖ 돌능와집에 소달구지에 싸리신에 옛날이 사는 장거리에/어니 근방 산천山川에서 덜거기 꺽꺽 검방지게 운다 〈**월림**月林**장—서행시초**西行詩抄 4〉

꿀꺽 부 액체나 음식물 따위가 목구멍이나 좁은 구멍으로 한꺼번에 많이 넘어가는 소리. 또는 그 모양.

❖ 나는 이 털도 안 뽑은 도야지고기를 물꾸러미 바라보며/또 털도 안 뽑는 고기를 시꺼먼 맨모밀국수에 얹어서 한입에 꿀꺽 삼키는 사람들을 바라보며 〈**북신**北新**—서행시초**西行詩抄 2〉

매 부 염소나 송아지, 양 같은 것이 우는 소리를 나타내는 말(《조선말대사전》).

❖ 한 십리十里 더 가면 절간이 있을 듯한 마을이다 〔…〕 어데서 송아지 매― 하고 운다 〔…〕 〈**황일**黃日〉

벅작궁 부 법석대며. '벅작'은 '법석'(소란스럽게 떠드는 모양)의 평북 방언.

〔《평북방언사전》에 '벅작'이 '법석'의 방언으로, '벅적 고다'가 '법석 떠들다'의 방언으로 등재되어 있다. '벅작'이 표준어 '벅적'(많은 사람이 매우 어수선하게 큰 소리로 떠들거나 움직이는 모양)에서 온 말일 가능성도 있다.〕

❖ 집에는 언제나 센개 같은 게사니가 벅작궁 고아내고 말 같은 개들이 떠들썩 짖어대고 그리고 소거름 내음새 구수한 속에 엇송아지 히물쩍 너들씨는데 **〈넘언집 범 같은 노큰마니〉**

붕붕부 벌 같은 큰 곤충 따위가 날 때 잇따라 나는 소리.

❖ 당콩밥에 가지냉국의 저녁을 먹고 나서/바가지꽃 하이얀 지붕에 박각시 주락시 붕붕 날아오면/집은 안팎 문을 횅하니 열젖기고 **〈박각시 오는 저녁〉**

비얘고지부 제비의 울음소리를 나타내는 의성어. 백석이 만든 말이다.

❖ 비얘고지 비얘고지는/제비야 네 말이다/저 건너 노루섬에 노루 없드란 말이지/신미두 삼각산엔 가무래기만 나드란 말이지//비얘고지 비얘고지는/제비야 네 말이다/푸른 바다 흰 한울이 좋기도 좋단 말이지/해밝은 모래장변에 돌비 하나 섰단 말이지//비얘고지 비얘고지는/제비야 네 말이다/눈빨갱이 갈매기 발빨갱이 갈매기 가란 말이지 **〈대산동**大山洞**—물닭의 소리〉**

뿡뿡부 자동차, 배 따위에서 경적이 잇따라 울리는 소리. '붕붕'보다 센 느낌을 준다.

❖ 새벽녘의 거리엔 쾅쾅 북이 울고/밤새껏 바다에선 뿡뿡 배가 울고 **〈통영**統營**(남행시초**南行詩抄**)〉**

삐삐②부 ① 피리나 호드기 따위를 불 때 시끄럽게 나는 소리. ② 물새나 밤새가 자꾸 우는 소리를 나타내는 말(《조선말대사전》).

❖ 약탕관에서는 김이 오르며 달큼한 구수한 향기로운 내음새가 나고/약이 끓는 소리는 삐삐 즐거웁기도 하다 **〈탕약**湯藥**〉**

삘뺄부 북쪽에서 사용하던 말인 '삘삘'과 '뺄뺄'에서 따와 호궁을 켤 때 나는 소리를 나타낸 말로 쓴 것으로 보인다.

〔《조선말대사전》에 '삘삘'은 "어린아이가 듣기 싫을 정도로 자꾸 우는 소리 또는 그 모양을 나타내는 말", '뺄뺄'은 "어린이가 경망스럽고 꼴사납게 우는 소리 또는 그 모양을 나타내는 말"로 풀이되어 있다. '삘뺄'은 이 두 가지 말을 섞어 백석이 만든 말이라고 할 수 있다. 《표준국어대사전》엔 북한어로 '뺄뺄'만 등재되어 있다.〕

❖ 아, 이 정월正月 대보름 명절인데/거리에는 오독독이 탕탕 터지고 호궁胡弓 소리 삘뺄 높아서/내 쓸쓸한 마음엔 자꼬 이 나라의 녯 시인詩人들이 그들의 쓸쓸한 마음들이 생각난다 **〈두보**杜甫**나 이백**李白**같이〉**

사르릉부 물건이 쓸리면서 가볍게 울리는 소리.

❖ 긴긴 겨울밤 인간들이 모두 한잠이 들은 재밤중에 나 혼자 일어나서 머리맡 쥐발 같은 새끼오강에 한없이 누는 잘 매럽던 오줌의 사르릉 쪼로록 하는 소리 **〈동뇨부**童尿賦**〉**

쇳스럽다형 쇠가 부딪칠 때의 소리처럼 쨍쨍하고 날카로운 느낌이 있어 보이는 데가 있다.

〔'쇳스럽다'는 백석 조어로서 '쇠'에 접미사 '-스럽다'가 결합된 말이다. 백석 시에 이러한 형태의 말로 '쇳스럽다' 외에 '공경스럽다', '맛스럽다' 등이 있다.〕

쇳스럽게 ❖ 내가 언제나 무서운 외갓집은/초저녁이면 안팎마당이 그득하니 하이얀 나비수염을 물은 보득지근한 복쪽재비들이 씨굴씨굴 모여서는 쨩쨩 쨩쨩 쇳스럽게 울어대고 **〈외갓집〉**

쉬이다②동 쉬다. 목청에 탈이 나서 목소리가 거칠고 맑지 않게 되다.

〔'쉬이다'는 '쉬다'에 '이' 모음이 첨가된 형태의 말이다. 모음 첨가는 백석의 시어에서 자주 나타나는 음운 현상이다.〕

쉬인 ❖ 너만은 타고난 그 외마디소리로 스스로웁게 삼가면서 우는구나/네 소리는 조금 썩심하니 쉬인 듯도 하다 **〈촌에서 온 아이〉**

스르럭스르럭부 물건이 조금씩 쓸리면서 크고 시원스럽게 잇따라 나는 소리. 또는 그 모양.

❖ 광지보에서 나온 은장두에 바늘집에 원앙에 바둑에/번들번들하는 노리개는 스르럭스르럭 소리가 나고/고개를 몇이라도 넘어서 약물터로 오면 **〈칠월**七月 **백중〉**

썩심하다형 썩쉼하다. 목소리가 웅숭깊고 쉰 듯하다.

썩심하니 ❖ 너만은 타고난 그 외마디소리로 스스로웁게 삼가면서 우는구나/네 소리는 조금 썩심하니 쉬인 듯도 하다 **〈촌에서 온 아이〉**

악악부 몹시 기를 쓰며 자꾸 내지르는 소리.

❖ 또 여기 더운물에 뛰어들며/무슨 물새처럼 악악 소리를 지르는 삐삐 파리한 사람은/양자楊子라는 사람은 아모래도 이와 같었을 것만 같다 **〈조당**澡塘**에서〉**

웅성웅성부 여러 사람이 모여 소란스럽게 수군거리며 자꾸 떠드는 소리. 또는 그 모양.

❖ 닭이 두 홰나 울었는데/안방큰방은 홰즛하니 당등을 하고/인간들은 모두 웅성웅성 깨여 있어서들 **〈추야일경**秋夜一景**〉** ❖ 저 한쪽 마을에는 마돝에 닭 개 즘생도 들떠들고/또 아이 어른 행길에 뜨락에 사람도 웅성웅성 흥성거려/나는 가슴이 이

무슨 흥에 벅차오며 〈**귀농**歸農〉

응앙응앙부 어린아이의 울음소리. 어린아이의 앙증맞은 모습이 울음소리와 겹쳐 연상된다.

〔《표준국어대사전》과 《조선말대사전에》에 아이의 울음소리로 '응아응아'와 '앙앙'이란 말이 등재되어 있다. '응앙응앙'은 이 두 개 말이 조합된 조어이다.〕

❖ 눈은 푹푹 나리고/아름다운 나타샤는 나를 사랑하고/어데서 흰 당나귀도 오늘밤이 좋아서 응앙응앙 울을 것이다 〈**나와 나타샤와 흰 당나귀**〉

짜랑짜랑부 얇은 쇠붙이 따위가 자꾸 서로 가볍게 부딪쳐 짧게 울리는 소리.

❖ 모래장변—바다가 널어놓고 못 미더워 드나드는 명주필을 짓궂이 발뒤축으로 찢으면/날과 씨는 모두 양금줄이 되어 짜랑짜랑 울었다 〈**물계리**物界里**—물닭의 소리**〉

쨋쨋하다형 소리가 높고 새되다(《조선말대사전》).

쨋쨋하니 ❖ 칠성七星고기라는 고기의 쩜벙쩜벙 뛰노는 소리가/쨋쨋하니 들려오는 호수湖水까지는/들쭉이 한불 새까마니 익어가는 망연한 벌판을 지나가야 한다 〈**함남도안**咸南道安〉

쨩쨩부 짱짱. 목소리가 몹시 야무지고 여물게 울리어 나는 소리나 신경질을 부리는 모양을 나타내는 말(《조선말대사전》).

❖ 내가 언제나 무서운 외갓집은/초저녁이면 안팎마당이 그득하니 하이얀 나비수염을 물은 보득지근한 복쪽재비들이 씨굴씨굴 모여서는 쨩쨩 쨩쨩 쇳스럽게 울어대고 〈**외갓집**〉

쩌락쩌락부 차진 떡을 칠 때의 느낌을 나타내는 말.

〔사전에 '짜락짜락'이란 말이 등재되어 있는데, 백석이 이 말을 차진 떡을 칠 때의 느낌을 나타내는 의성어로 활용한 것이다. '짜락짜락'은 《표준국어대사전》에 "① 빗발이 굵은 소나기가 잇따라 세차게 퍼붓는 소리. 또는 그 모양. ② 〔북한어〕 손뼉을 힘 있게 잇따라 치는 소리"의 뜻으로 풀이되어 있다.〕

❖ 초생달이 귀신불같이 무서운 산山골 거리에선/처마 끝에 종이등의 불을 밝히고/쩌락쩌락 떡을 친다 〈**향악**饗樂**—산중음**山中吟〉

쩔렁거리다동 큰 방울이나 얇은 쇠붙이 따위가 흔들리거나 부딪쳐 울리는 소리가 자꾸 나다. 또는 그런 소리를 자꾸 내다.

쩔렁거리며 ❖ 양철통을 쩔렁거리며 달구지는 거리 끝에서 강원도江原道로 간다는 길로 든다 〈**성외**城外〉

쩜벙쩜벙부 물체가 깊은 물에 자꾸 떨어지거나 잠길 때 세게 나는 소리(《조선말대사전》).

〔《표준국어대사전》엔 '쩜벙쩜벙'이 북한어로 "'쩜버덩쩜버덩'의 준말"로 풀이되어 있는데, 《조선말대사전》엔 이 두 단어의 풀이가 조금 다르게 기술되어 있다.〕

❖ 칠성七星고기라는 고기의 쩜벙쩜벙 뛰노는 소리가/쨋쨋하니 들려오는 호수湖水까지는/들쭉이 한불 새까마니 익어가는 망연한 벌판을 지나가야 한다 〈**함남도안**咸南道安〉

쪼로록부 적은 물이나 기름 같은 것이 매우 빠르게 잠깐 흐르다가 멎을 때 한 번 또렷이 나는 소리 또는 그 모양을 나타내는 말(《조선말대사전》).

〔《표준국어대사전》엔 '쪼르륵'이 등재되어 있지만, 《조선말대사전》엔 '쪼르륵' 외에 '쪼로록'이란 단어도 등재되어 있으며, 뜻 풀이에 미세한 차이를 두고 있다.〕

❖ 긴긴 겨울밤 인간들이 모두 한잠이 들은 재밤중에 나 혼자 일어나서 머리맡 쥐발 같은 새끼오강에 한없이 누는 잘 매럽던 오줌의 사르릉 쪼로록 하는 소리 〈**동뇨부**童尿賦〉

찌륵찌륵부 전복을 씹을 때 전복과 이의 마찰로 발생하는 소리를 나타낸 의성어로 짐작된다.

〔'찌륵찌륵'이라는 말은 《표준국어대사전》에 북한어로 "① 가는 대통 따위로 액체를 빠르게 자꾸 빨아들이는 소리 ② 찌르레기나 풀벌레 따위가 조금 빠르게 자꾸 우는 소리" 등으로 풀이되어 있는데, 백석 시의 용례에선 전복을 씹을 때 전복과 이의 마찰로 발생하는 소리를 나타낸 의성어로 보인다.〕

❖ 문기슭에 바다 해자를 까꾸로 붙인 집/산듯한 청삿자리 우에서 찌륵찌륵/우는 전북회를 먹어 한녀름을 보낸다 〈**삼호**三湖**—물닭의 소리**〉

캥캥부 여우 따위가 사납게 자꾸 우는 소리.

❖ 자정도 활씬 지났는데/닭을 잡고 모밀국수를 누른다고 한다/어늬 산山옆에선 캥캥 여우가 운다 〈**야반**夜半**—산중음**山中吟〉 ❖ 산골집은 대들보도 기둥도 문살도 자작나무다/밤이면 캥캥 여우가 우는 산山도 자작나무다/그 맛있는 모밀국수를 삶는 장작도 자작나무다 〈**백화**白樺**—산중음**山中吟〉

쾅쾅부 무겁고 단단한 물체가 잇따라 바닥에 떨어지거나 다른 물체와 부딪쳐 울리는 소리.

❖ 새벽녘의 거리엔 쾅쾅 북이 울고/밤새껏 바다에선 뿡뿡 배가 울고//자다가도 일어나 바다로 가고 싶은 곳이다 〈**통영**統營**(남행시초**南行詩抄**)**〉

쿵쿵거리다동 크고 무거운 물건이 잇따라 바닥이나 물체 위에 떨어지거나 부딪쳐 소리가 나다.

쿵쿵거리며 ❖ 아배는 타관 가서 오지 않고 산山비탈 외따른 집에 엄매와 나와 단둘이서 누가 죽이는 듯이 무서운 밤 집 뒤로는 어늬 산山골짜기에서 소를 잡어먹는 노나리꾼들이 도적놈들같이 쿵쿵거리며 다닌다 **〈고야古夜〉**

탕탕[부] 총 따위를 잇달아 쏘거나 무엇이 터질 때 나는 소리.

〔이 풀이는 여러 사전을 참조해 필자가 작성한 것이다.〕

❖ 거리에는 오독독이 탕탕 터지고 호궁胡弓 소리 뺄뺄 높아서/내 쓸쓸한 마음엔 자꼬 이 나라의 넷 시인詩人들이 그들의 쓸쓸한 마음들이 생각난다 **〈두보杜甫나 이백李白같이〉**

퉤퉤[부] 퉤퉤. 침이나 입 안에 든 것을 자꾸 뱉는 소리. 또는 그 모양.

❖ 황토 마루 수무나무에 얼럭궁덜럭궁 색동헝겊 뜯개조박 뵈짜배기 걸리고 오쟁이 끼애리 달리고 소삼은 엄신 같은 딥세기도 열린 국수당고개를 멫 번이고 튀튀 춤을 뱉고 넘어가면 골안에 아늑히 묵은 녕동이 무겁기도 할 집이 한 채 안기었는데 **〈넘언집 범 같은 노큰마니〉**

호이호이[형] '휘휘'에서 변형된 말. 휘파람을 자꾸 부는 소리.

❖ 얺데서 따스하니 손 녹히고 싶은 길이다//개 더리고 호이호이 희파람 불며/시름 놓고 가고 싶은 길이다 **〈창원도昌原道—남행시초南行詩抄 1〉**

4 색

까맣다[형] 불빛이 전혀 없는 밤하늘과 같이 밝고 짙게 검다.

까만 ❖ 열여섯에 사십四十이 넘은 홀아비의 후처가 된 포족족하니 성이 잘 나는 살빛이 매감탕 같은 입술과 젖꼭지는 더 까만 예수쟁이 마을 가까이 사는 토산土山 고무 고무의 딸 승녀承女 아들 승承동이 **〈여우난골족族〉** ❖ 이 적고 가부엽고 갤족한 희고 까만 씨가/조용하니 또 도고하니 손에서 입으로 입에서 손으로 오르나리는 때/〔…〕/기쁨이 마음에 뜨는 때는 희고 까만 씨를 앞니로 까서 잔나비가 되고/근심이 마음에 앉는 때는 희고 까만 씨를 혀끝에 물어 까막까치가 되고 **〈수박씨, 호박씨〉**

깜하다[형] 까맣다. 불빛이 전혀 없는 밤하늘과 같이 밝고 짙게 검다.

〔《평북방언사전》엔 '깜하다'가 '까마득하다'의 평북 방언으로 풀이되어 있는데, 백

석 시의 용례에서 '깜하다'는 '까맣다'의 뜻으로 사용되고 있다.〕

깜하니 ❖ 돌각담에 머루송이 깜하니 익고/자갈밭에 아즈까리알이 쏟아지는/잠풍하니 볕바른 골짝이다 **〈산곡**山谷**—함주시초**咸州詩抄**〉**

깜하야 ❖ 그리고 다 달인 약을 하이얀 약사발에 받어놓은 것은/아득하니 깜하야 만년萬年 녯적이 들은 듯한데 **〈탕약**湯藥**〉**

노랗다 형 병아리나 개나리꽃과 같이 밝고 선명하게 노르다.

노란 ❖ 노란 싸릿닢이 한불 깔린 토방에 햇츩방석을 깔고/나는 호박떡을 맛있게도 먹었다 **〈여우난골〉**

노랗고 ❖ 개 하나 얼린하지 않는 마을은/해바른 마당귀에 맷방석 하나/빨갛고 노랗고/눈이 시울은 곱기도 한 건반밥 **〈고성가도**固城街道**—남행시초**南行詩抄 **3〉**

놀하다 형 노랗다. 병아리나 개나리꽃과 같이 밝고 선명하게 노르다. ☞ 눌하다, 시펄하다 714

〔'노랗다'가 '놀하다'로 표기되는 것과 유사한 형태의 시어로 백석 시에 '눌하다', '시펄하다' 등이 있다.〕

놀한 ❖ 뺠다구에는 징기징기 앙광이를 그리고 머리칼이 놀한 아이여/힘을 쓸랴고 벌써부터 두 다리가 푸둥푸둥하니 살이 찐 아이여 **〈촌에서 온 아이〉**

누우랗다 형 누렇다. 익은 벼와 같이 다소 탁하고 어둡게 누르다.

〔'누우랗다'는 '누랗다'(누렇다)에 '우' 모음이 첨가된 형태의 시어이다. 모음 첨가는 백석의 시어에서 자주 발견되는 음운 현상이다.〕

누우라니 ❖ 어늬 눈 오신 날 눈을 츠고 생긴 듯한 말다툼 소리도 누우라니 **〈삼천포**三千浦**—남행시초**南行詩抄 **4〉**

누우란 ❖ 해바라기하기 좋을 볏곡간 마당에/볏짚같이 누우란 사람들이 둘러서서 **〈삼천포**三千浦**—남행시초**南行詩抄 **4〉**

눌하다 형 누랗다. '누랗다'는 '노랗다'의 변형.

〔'눌하다'는 '누랗다'인데, 이런 표기는 소월 시에도 나온다. 소월의 시 〈옷과 밥과 자유〉 가운데 "밭에는 밭곡식/논에는 물베/눌하게 익어서 수그러졌네"에 '눌하게'라는 말이 나온다. '눌하다'가 '누랗다'로 표기되는 것과 같은 형태의 시어로 백석 시에 '놀하다', '시펄하다' 등이 있다.〕

눌한 ❖ 먼 바닷가의 거리로 간다는데/금귤이 눌한 마을마을을 지나가며/싱싱한 금귤을 먹는 것은 얼마나 즐거운 일인가 **〈이두국주가도**伊豆國湊街道**〉**

불그레하다 형 엷게 불그스름하다.

불그레한 ❖ 저문 유월六月의 바닷가에선 조개도 울을 저녁 소라방등이 불그레한 마당에 김냄새 나는 비가 나렸다 〈**통영**統營〉

붉다[형] 빛깔이 핏빛 또는 익은 고추의 빛과 같다.

붉게붉게 ❖ 샘터엔 오구작작 물을 긷는 처녀며 새악시들 가운데 내가 좋아하는 그이가 있을 것만 같고/내가 좋아하는 그이는 푸른 가지 붉게붉게 동백冬柏꽃 피는 철엔 타관 시집을 갈 것만 같은데 〈**통영**統營(**남행시초**南行詩抄)〉

붉도록 ❖ 내 눈에 뜨거운 것이 핑 괴일 적이며,/또 내 스스로 화끈 낯이 붉도록 부끄러울 적이며,/나는 내 슬픔과 어리석음에 눌리어 죽을 수밖에 없는 것을 느끼는 것이었다. 〈**남신의주 유동 박시봉방**南新義州柳洞朴時逢方〉

붉은 ❖ 우물가에서 까치가 자꼬 즞거니 하면/붉은 수탉이 높이 샛더미 우로 올랐다 〈**창의문외**彰義門外〉 ❖ 아름답고 튼튼한 계집은 있어서/흰 저고리에 붉은 길동을 달어/검정치마에 받쳐입은 것은/나의 꼭 하나 즐거운 꿈이였드니 〈**절망**絶望〉

빨갛다[형] 피나 익은 고추와 같이 밝고 짙게 붉다.

빨가니 ❖ 그래도 그 쉬영꽃 진달래 빨가니 핀 꽃바위 너머/산山 잔등에는 가지취 뻐꾹채 게루기 고사리 산山나물판 〈**산**山〉

빨간 ❖ 육십리六十里라고 해서 파랗게 뵈이는 산山을 넘어 있다는 해변에서 과부가 된 코끝이 빨간 언제나 흰옷이 정하든 말끝에 설게 눈물을 짤 때가 많은 큰골 고무 고무의 딸 홍녀洪女 아들 홍洪동이 작은홍洪동이 〈**여우난골족**族〉

빨갛게 ❖ 부엌에는 빨갛게 질들은 팔八모알상이 그 상 우엔 새파란 싸리를 그린 눈알만 한 잔盞이 뵈였다 〈**주막**酒幕〉

빨갛고 ❖ 개 하나 얼린하지 않는 마을은/해바른 마당귀에 맷방석 하나/빨갛고 노랗고/눈이 시울은 곱기도 한 건반밥 〈**고성가도**固城街道**—남행시초**南行詩抄 **3**〉

새까맣다[형] 매우 까맣다.

새까마니 ❖ 구석에 데굴데굴하는 목침木枕들을 베여보며/이 산山골에 들어와서 이 목침木枕들에 새까마니 때를 올리고 간 사람들을 생각한다 〈**산숙**山宿**—산중음**山中吟〉 ❖ 칠성七星고기라는 고기의 쩜벙쩜벙 뛰노는 소리가/쨋쨋하니 들려오는 호수湖水까지는/들쭉이 한불 새까마니 익어가는 망연한 벌판을 지나가야 한다 〈**함남도안**咸南道安〉

새까만 ❖ 날기멍석을 져간다는 닭보는 할미를 차 굴린다는 〔…〕 뒷산山 어늬메도 조마구네 나라가 있어서 오줌 누러 깨는 재밤 머리맡의 문살에 대인 유리창으로 조마구 군병의 새까만 대가리 새까만 눈알이 들여다보는 때 나는 이불 속에 자즈러붙어 숨도 쉬지 못한다 〈**고야**古夜〉 ❖ 산골사람의 손을 핥으며/약자에 쓴다는 홍정 소리를 듣는 듯이/새까만 눈에 하이얀 것이 가랑가랑한다 〈**노루—함주시초**咸州詩抄〉

새빨갛다 형 매우 빨갛다.

새빨간 ❖ 또 이러한 밤 같은 때 〔…〕 그러다는 이불 우에서 광대넘이를 뒤이고 또 누워 굴면서 엄매에게 웃목에 두른 평풍의 새빨간 천두의 이야기를 듣기도 하고 〔…〕 〈**고야**古夜〉 ❖ 캄캄한 비 속에/새빨간 달이 뜨고/하이얀 꽃이 퓌고/먼바루 개가 짖는 밤은/어데서 물외 내음새 나는 밤이다//캄캄한 비 속에/새빨간 달이 뜨고/하이얀 꽃이 퓌고/먼바루 개가 짖고/어데서 물외 내음새 나는 밤은 〈**야우소회**夜雨小懷**—물닭의 소리**〉

새파랗다 형 매우 파랗다.

새파란 ❖ 부엌에는 빨갛게 질들은 팔八모알상이 그 상 우엔 새파란 싸리를 그린 눈알만 한 잔盞이 뵈였다 〈**주막**酒幕〉

샛노랗디샛노랗다 형 매우 노랗다.

〔백석의 시어에서 '샛노랗디샛노랗다'와 같은 형태의 복합동사로 '차디차다', '달디달다'(다디달다), '곱디곱다', '착하디착하다', '크디크다' 등이 있다. 이 가운데 '착하디착하다'와 '샛노랗디샛노랗다'는 사전에 등재되어 있지 않다.〕

샛노랗디샛노란 ❖ 나는 주먹다시 같은 떡당이에 꿀보다도 달다는 강낭엿을 산다/그리고 물이라도 들 듯이 샛노랗디샛노란 산山골 마가을 볕에 눈이 시울도록 샛노랗디샛노란 햇기장 쌀을 주무르며 〈**월림**月林**장—서행시초**西行詩抄 4〉

시꺼멓다 형 매우 꺼멓다.

시꺼먼 ❖ 나는 이 털도 안 뽑은 도야지고기를 물꾸러미 바라보며/또 털도 안 뽑는 고기를 시꺼먼 맨모밀국수에 얹어서 한입에 꿀꺽 삼키는 사람들을 바라보며 〈**북신**北新**—서행시초**西行詩抄 2〉

시뻘겋다 형 매우 뻘겋다.

시뻘건 ❖ 머리는 다리를 서너 켜레씩 드려서/시뻘건 꼬둘채댕기를 삐뚜룩하니 해꽂고/네날백이 따배기신을 맨발에 바꿔 신고 〈**칠월**七月 **백중**〉

시퍼러둥둥하다 형 시푸르뎅뎅하다. 매우 짙게 푸르뎅뎅하다. '푸르뎅뎅하다'는 '푸른색이 좀 스산한 느낌을 주게 칙칙하다'의 뜻이다(《조선말대사전》).

〔《표준국어대사전》엔 '시푸르뎅뎅하다'가 "고르지 않게 매우 푸르스름하다"로 풀이되어 있는데, 《조선말대사전》엔 "매우 짙게 푸르뎅뎅하다"로 풀이되어 있고, '푸

르뎅뎅하다'는 "푸른색이 좀 스산한 느낌을 주게 칙칙하다"로 풀이되어 있다. 백석 시의 아래 용례에서 '시푸르뎅뎅하다'는 《조선말대사전》의 뜻풀이를 따르는 것이 더 적절해 보인다.〕

시퍼러둥둥하니 ❖ 내 가난한 늙은 어머니가/이렇게 시퍼러둥둥하니 추운 날인데 차디찬 물에 손은 담그고 무이며 배추를 씻고 있다 **〈흰 바람벽이 있어〉**

시펄하다[형] 시퍼렇다. 매우 퍼렇다.

시펄하니 ❖ 손톱을 시펄하니 길우고 기나긴 창꽈쯔를 즐즐 끌고 싶었다/만두饅頭꼬깔을 눌러쓰고 곰방대를 물고 가고 싶었다 **〈안동安東〉**

쌔하얗다[형] 새하얗다. 매우 하얗다.

〔《표준국어대사전》에 '쌔핳다'가 '새하얗다'의 평북 방언으로 등재되어 있다.〕

쌔하얀 ❖ 섣달에 냅일날이 들어서 냅일날 밤에 눈이 오면 이 밤엔 쌔하얀 할미귀신의 눈귀신도 냅일눈을 받노라 못 난다는 말을 든든히 녀기며 〔…〕 **〈고야古夜〉**

쌔하얗게 ❖ 묘향산妙香山 어디메서 삼촌이 산다고 한다/쌔하얗게 얼은 자동차自動車 유리창 밖에/내지인內地人 주재소장駐在所長 같은 어른과 어린아이 둘이 내임을 낸다 **〈팔원八院—서행시초西行詩抄 3〉**

얼럭궁덜럭궁[부] 얼러꿍덜러꿍. 몹시 어지럽게 여러 가지 빛깔의 얼럭이나 무늬 같은 것이 고르게 배어 있는 모양.

〔《표준국어대사전》엔 '얼러꿍덜러꿍'이 "여러 가지 어두운 빛깔의 점이나 줄 따위가 고르지 아니하고 촘촘하게 무늬를 이루어 몹시 어수선한 모양"으로, 《조선말대사전》엔 "몹시 어지럽게 여러 가지 빛깔의 얼룩이나 무늬가 고르게 배어 있는 모양"으로 풀이되어 있는데, '얼러꿍덜러꿍'에 대한 일반적인 말의 쓰임이나 백석 시의 아래 문맥에서나 후자로 보는 것이 더 적절하다.〕

❖ 황토 마루 수무나무에 얼럭궁덜럭궁 색동헝겊 뜯개조박 뵈짜배기 걸리고 오쟁이 끼애리 달리고 소삼은 엄신 같은 딥세기도 열린 국수당고개를 몇 번이고 튀튀 춤을 뱉고 넘어가면 〔…〕 **〈넘언집 범 같은 노큰마니〉**

파랗다[형] 맑은 가을 하늘이나 깊은 바다, 새싹과 같이 밝고 선명하게 푸르다.

파란 ❖ 잠자리 조을든 문허진 성城터/반딧불이 난다 파란 혼魂들 같다 **〈정주성定州城〉** ❖ 산山마루를 탄 사람들은 새꾼들인가/파란 한울에 떨어질 것같이/웃음소리가 더러 산山 밑까지 들린다 **〈추일산조秋日山朝〉**

파랗게 ❖ 육십리六十里라고 해서 파랗게 뵈이는 산山을 넘어 있다는 해변에서 과부가 된 코끝이 빨간 언제나 흰옷이 정하든 〔…〕 **〈여우난골족族〉**

퍼렇다형 다소 탁하고 어둡게 푸르다.

퍼런 ❖ 그리고 또 엄매의 말엔 내가 아직 굳은 밥을 모르던 때 살갗 퍼런 막내고무가 잘도 받어 세수를 하였다는 내 오줌빛은 이슬같이 샛말갛기도 샛맑았다는 것이다 **〈동뇨부**童尿賦**〉**

포족족하다부 '포르족족하다'의 변형. 칙칙하고 고르지 아니하게 파르스름하다.

〔사전에 '포족족하다'와 유사한 형태의 말로 '포르족족하다'('파르족족하다'의 잘못)와 '파르족족하다'(칙칙하고 고르지 아니하게 파르스름하다)가 등재되어 있다. '포족족하다'는 '포르족족하다'가 변이된 말로 성을 내면서 얼굴에 파르스름한 빛을 띠는 상태를 말하는 것으로 보인다.〕

포족족하니 ❖ 열여섯에 사십四十이 넘은 홀아비의 후처가 된 포족족하니 성이 잘 나는 살빛이 매감탕 같은 입술과 젖꼭지는 더 까만 예수쟁이 마을 가까이 사는 토산土山 고무 고무의 딸 승녀承女 아들 승承동이 **〈여우난골족**族**〉**

푸르다형 맑은 가을 하늘이나 깊은 바다, 풀의 빛깔과 같이 밝고 선명하다.

푸르른 ❖ 명정明井골은 산山을 넘어 동백冬柏나무 푸르른 감로甘露 같은 물이 솟는 명정明井샘이 있는 마을인데 **〈통영**統營**(남행시초**南行詩抄**)〉**

푸른 ❖ 하누바람이 불어서/푸른 감이 떨어진다 개가 즞는다 **〈청시**青柹**〉** ❖ 참대창에 바다보다 푸른 고기가 께우며 섬돌에 곱조개가 붙는 집의 복도에서는 배창에 고기 떨어지는 소리가 들렸다 **〈시기**柿崎**의 바다〉** ❖ 텃밭가 재래종在來種의 임금林檎나무에는 이제도 콩알만 한 푸른 알이 달렸고 히스무레한 꽃도 하나 둘 퓌여 있다 **〈창의문외**彰義門外**〉** ❖ 내가 좋아하는 그이는 푸른 가지 붉게붉게 동백冬柏꽃 피는 철엔 타관 시집을 갈 것만 같은데 **〈통영**統營**(남행시초**南行詩抄**)〉** ❖ 푸른 바다 흰 한울이 좋기도 좋단 말이지/해밝은 모래장변에 돌비 하나 섰단 말이지 **〈대산동**大山洞**—물닭의 소리〉** ❖ 푸른 바닷가의 하이얀 하이얀 길이다 **〈남향**南鄉**—물닭의 소리〉** ❖ 당신의 그 푸른 이마에 삐여진 어깻죽지에/당신네 나라의 따사한 바람결이 스치고 갈 것이다 **〈허준**許俊**〉**

푸르스름하다형 조금 푸르다.

푸르스름히 ❖ 기왓골에 배암이 푸르스름히 빛난 달밤이 있었다/아이들은 쪽재피같이 먼 길을 돌았다 **〈정문촌**旌門村**〉**

하이얗다형 하얗다. 깨끗한 눈이나 밀가루와 같이 밝고 선명하게 희다.

〔'하이얗다'는 '하얗다'에 '이' 모음이 첨가된 형태의 말이다. 모음 첨가는 백석의 시어에서 자주 발견되는 음운 현상이다.〕

하이야니 ❖ 어니 먼 산 뒷옆에 바우 섶에 따로 외로이 서서,/어두워 오는데 하이야니 눈을 맞을, 그 마른 잎새에는,/쌀랑쌀랑 소리도 나며 눈을 맞을,/그 드물다는 굳고 정한 갈매나무라는 나무를 생각하는 것이었다. **〈남신의주 유동 박시봉방** 南新義州柳洞朴時逢方〉

하이얀 ❖ 이스라치전이 드나 머루전이 드나/수리취 땅버들의 하이얀 복이 서러웁다/뚜물같이 흐린 날 동풍東風이 설렌다 **〈쓸쓸한 길〉** ❖ 불을 끈 방안에 횃대의 하이얀 옷이 멀리 추울 것같이//개방위方位로 말방울 소리가 들려온다 **〈머루밤〉** ❖ 그리고 다 달인 약을 하이얀 약사발에 밭어놓은 것은/아득하니 깜하야 만년萬年 녯적이 들은 듯한데 **〈탕약**湯藥**〉** ❖ 산골사람의 손을 핥으며/약자에 쓴다는 홍정소리를 듣는 듯이/새까만 눈에 하이얀 것이 가랑가랑한다 **〈노루—함주시초**咸州詩抄**〉** ❖ 바닷가는/개지꽃에 개지 아니 나오고/고기비눌에 하이얀 햇볕만 쇠리쇠리하야/어쩐지 쓸쓸만 하구려 섧기만 하구려 **〈바다〉** ❖ 토방에 승냥이 같은 강아지가 앉은 집/부엌으론 무럭무럭 하이얀 김이 난다/자정도 활씬 지났는데/닭을 잡고 모밀국수를 누른다고 한다 **〈야반**夜半**—산중음**山中吟**〉** ❖ 내가 언제나 무서운 외갓집은/초저녁이면 안팎마당이 그득하니 하이얀 나비수염을 물은 보득지근한 복쪽재비들이 씨굴씨굴 모여서는 짱짱 짱짱 쇳스럽게 울어대고 **〈외갓집〉** ❖ 그렇것만 나는 하이얀 자리 우에서 마른 팔뚝의/샛파란 핏대를 바라보며 나는 가난한 아버지를/가진 것과 내가 오래 그려오든 처녀가 시집을 간 것과/그렇게도 살틀하든 동무가 나를 버린 일을 생각한다 **〈내가 생각하는 것은〉** ❖ 푸른 바닷가의 하이얀 하이얀 길이다// 〔···〕 //이 길이다/얼마 가서 감로甘露 같은 물이 솟는 마을 하이얀 회담벽에 옛적본의 장반시계를 걸어놓은 집 홀어미와 사는 물새 같은 외딸의 혼삿말이 아즈랑이같이 낀 곳은 **〈남향**南鄕**—물닭의 소리〉** ❖ 캄캄한 비 속에/새빨간 달이 뜨고/하이얀 꽃이 퓌고/먼바루 개가 짖는 밤은/어데서 물외 내음새 나는 밤이다//캄캄한 비 속에/새빨간 달이 뜨고/하이얀 꽃이 퓌고/먼바루 개가 짖고/어데서 물외 내음새 나는 밤은 **〈야우소회**夜雨小懷**—물닭의 소리〉** ❖ 당콩밥에 가지냉국의 저녁을 먹고 나서/바가지꽃 하이얀 지붕에 박각시 주락시 붕붕 날아오면/ 〔···〕 /풀밭에는 어느새 하이얀 대림질감들이 한불 널리고/돌우래며 팟중이 산옆이 들썩하니 울어댄다 **〈박각시 오는 저녁〉** ❖ 다만 게을리 먼 앞대로 떠나 나왔다/그리하여 따사한 햇귀에서 하이얀 옷을 입고 매끄러운 밥을 먹고 단샘을 마시고 낮잠을 잤다 **〈북방**北方**에서—정현웅**鄭玄雄**에게〉**

하이얗게 ❖ 녯성城의 돌담에 달이 올랐다/묵은 초가지붕에 박이/또 하나 달같이

하이얗게 빛난다 **〈흰밤〉**

허옇다 형 다소 탁하고 흐릿하게 희다.

허연 ❖ 그러나 잠시 뒤에 나는 고개를 들어,/허연 문창을 바라보든가 또 눈을 떠서 높은 턴정을 쳐다보는 것인데, **〈남신의주 유동 박시봉방**南新義州柳洞朴時逢方**〉**

희다 형 눈이나 우유의 빛깔과 같이 밝고 선명하다.

희고 ❖ 이 적고 가부엽고 갤족한 희고 까만 씨가/조용하니 또 도고하니 손에서 입으로 입에서 손으로 오르나리는 때/벌에 우는 새소리도 듣고 싶고 거문고도 한 곡조 뜯고 싶고 한 오천五千말 남기고 함곡관函谷關도 넘어가고 싶고/기쁨이 마음에 뜨는 때는 희고 까만 씨를 앞니로 까서 잔나비가 되고/근심이 마음에 앉는 때는 희고 까만 씨를 혀끝에 물어 까막까치가 되고 **〈수박씨, 호박씨〉**

흰 ❖ 아카시아들이 언제 흰 두레방석을 깔었나/어데서 물쿤 개비린내가 온다 **〈비〉** ❖ 노루새끼는 다문다문 흰 점이 백이고 배 안의 털을 너슬너슬 벗고/산골사람을 닮었다 **〈노루—함주시초**咸州詩抄**〉** ❖ 나타샤와 나는/눈이 푹푹 쌓이는 밤 흰 당나귀 타고/산골로 가자 출출이 우는 깊은 산골로 가 마가리에 살자//눈은 푹푹 나리고/아름다운 나타샤는 나를 사랑하고/어데서 흰 당나귀도 오늘밤이 좋아서 응앙응앙 울을 것이다 **〈나와 나타샤와 흰 당나귀〉** ❖ 아름답고 튼튼한 계집은 있어서/흰 저고리에 붉은 길동을 달어/검정치마에 받쳐입은 것은/나의 꼭 하나 즐거운 꿈이였드니 **〈절망**絶望**〉** ❖ 비애고지 비애고지는/제비야 네 말이다/푸른 바다 흰 한울이 좋기도 좋단 말이지/해밝은 모래장변에 돌비 하나 섰단 말이지 **〈대산동**大山洞**—물닭의 소리〉** ❖ 이것은 어늬 양지귀 혹은 능달쪽 외따른 산 옆은댕이 예데가리밭에서/하로밤 뽀오한 흰 김 속에 접시귀 소기름불이 뿌우현 부엌에/산멍에 같은 분틀을 타고 오는 것이다 **〈국수〉** ❖ 오늘 저녁 이 좁다란 방의 흰 바람벽에/어쩐지 쓸쓸한 것만이 오고 간다/이 흰 바람벽에/〔…〕/그런데 이것은 또 어인 일인가/이 흰 바람벽에/내 가난한 늙은 어머니가 있다/〔…〕/그런데 또 이즈막하야 어늬 사이엔가/이 흰 바람벽엔/내 쓸쓸한 얼골을 쳐다보며/이러한 글자들이 지나간다 **〈흰 바람벽이 있어〉**

희여지다 동 희어지다. 흰 상태가 되다. 눈이나 우유의 빛깔과 같이 밝고 선명한 상태가 되다.

〔'희어지다'는 '희다'에 보조용언 '지다'가 붙어 형용사에서 동사로 전이된 말이며, '희여지다'는 여기에 '이' 모음이 첨가된 것이다. 모음 첨가는 백석의 시어에서 자주 발견되는 음운 현상이다. 사전엔 '희다'만 등재되어 있다.〕

희여졌다 ❖ 우리들은 모두 욕심이 없어 희여졌다/착하디착해서 세괏은 가시 하나 손 아귀 하나 없다/너무나 정갈해서 이렇게 파리했다 〈**선우사**膳友辭**—함주시초**咸州詩抄〉

히근하다 형 좀 흰 듯하다. ☞ 어드근하다 721

〔'히근하다'는 '히다'(희다)의 어간에 '-근하다'가 붙어 생성된 말로 짐작된다. 백석의 시어에 이와 유사한 조어 형태를 지닌 말로 '어드근하다'가 있다. 미지근하다'가 '더운 기운이 조금 있는 듯하다'라는 뜻이므로, '히근하다'는 '좀 흰 듯하다' 정도로 풀이할 수 있겠다.〕

히근하니 ❖ 초롱이 히근하니 물지게꾼이 우물로 가며/별 사이에 바라보는 그믐달은 눈물이 어리었다 〈**미명계**未明界〉

히수무레하다 형 희스무레하다. 색깔이 조금 옅게 드문드문 허옇다.

히수무레하고 ❖ 아, 이 반가운 것은 무엇인가/이 히수무레하고 부드럽고 수수하고 슴슴한 것은 무엇인가 〈**국수**〉

히스무레하다 형 희스무레하다. 색깔이 조금 옅게 드문드문 허옇다.

히스무레한 ❖ 붉은 수탉이 높이 샛더미 우로 올랐다/텃밭가 재래종在來種의 임금林檎나무에는 이제도 콩알만 한 푸른 알이 달렸고 히스무레한 꽃도 하나 둘 퓌여 있다/돌담 기슭에 오지항아리 독이 빛난다 〈**창의문외**彰義門外〉

5 명암

가느슥히 부 꽤 가느스름하게. 백석 시의 용례에선 '희미하고 어렴풋이' 정도의 의미로 쓰이고 있다.

❖ 시큼한 배척한 퀴퀴한 이 내음새 속에/나는 가느슥히 여진女眞의 살내음새를 맡는다 〈**북관**北關**—함주시초**咸州詩抄〉

그느슥하다 형 가느스름하다. ☞ 그느슥히

그느슥한 ❖ 양철통을 쩔렁거리며 달구지는 거리 끝에서 강원도江原道로 간다는 길로 든다//술집 문창에 그느슥한 그림자는 머리를 얹혔다 〈**성외**城外〉

그느슥히 부 가느스름하게. ☞ 그느슥하다

〔'그느슥히'는 '가느슥히'에서 변형된 말로, '가느슥히'보다 어감이 큰 말로 보인다. 백석의 산문 〈닭을 채인 이야기〉에 다음과 같은 '그느슥히'의 용례가 나온다. "오직 늙은 자작나무하나가 잠이깨어서 눈을 그느슥히뜨고이 수상한밤의 일을 살피고

잇섯다." 이 용례에서 '그느슥히'가 '가느스름하게' 뜻으로 쓰인 것을 알 수 있다.]

❖ 농마루며 바람벽은 모두들 그느슥히/흰밥과 두부와 튀각과 자반을 생각나 하고 **〈고사**古寺**—함주시초**咸州詩抄**〉**

그물그물 부 불빛 따위가 밝게 비치지 않고 자꾸 침침해지는 모양.

❖ 산山마루에 서면/멀리 언제나 늘 그물그물/그늘만 친 건넌산山에서/벼락을 맞아 바윗돌이 되었다는/큰 땅괭이 한 마리 **〈산**山**〉**

맑다② 형 잡스럽고 탁한 것이 섞이지 아니하여 환하고 깨끗하다. ☞ 용언과 수식언 VI. 사람, 동식물, 사물, 자연 환경의 혼합 31. 아름다움, 깨끗함, 더러움 796

맑고 ❖ 그 맑고 거룩한 눈물의 나라에서 온 사람이여/그 따사하고 살틀한 볕살의 나라에서 온 사람이여// 〔…〕 //높은 산도 높은 꼭다기에 있는 듯한/아니면 깊은 물도 깊은 밑바닥에 있는 듯한 당신네 나라의/하늘은 얼마나 맑고 높을 것인가 **〈허준**許俊**〉**

맑은 ❖ 당신의 그 고요한 가슴 안에 온순한 눈가에/당신네 나라의 맑은 한울이 떠오를 것이고 **〈허준**許俊**〉** ❖ 우리들은 맑은 물밑 해정한 모래톱에서 하구 긴 날을 모래알만 혜이며 잔뼈가 굵은 탓이다 **〈선우사**膳友辭**—함주시초**咸州詩抄**〉**

밝다① 동 (날이) 밤이 지나고 아침이 되어 환해지다(《고려대한국어대사전》).

밝는 ❖ 또 이러한 밤 같은 때 〔…〕 또 누워 굴면서 엄매에게 웃목에 두른 평풍의 새빨간 천두의 이야기를 듣기도 하고 고무더러는 밝는 날 멀리는 못 난다는 뫼추라기를 잡어달라고 조르기도 하고 **〈고야**古夜**〉**

밝으면 ❖ 헐리다 남은 성문城門이/한울빛같이 훤하다/날이 밝으면 또 메기수염의 늙은이가 청배를 팔러 올 것이다 **〈정주성**定州城**〉**

밝다③ 형 ① (어떤 물체나 그 빛이) 뚜렷하게 잘 보일 정도로 환하다. ② (어떤 장소나 공간이) 빛이 환하게 비치어 주변이 뚜렷하게 잘 보이는 상태이다(《고려대한국어대사전》).

밝고 ❖ 내일같이 명절날인 밤은 부엌에 쩨듯하니 불이 밝고 솥뚜껑이 놀으며 구수한 내음새 곰국이 무르끓고 방안에서는 일가집 할머니가 와서 마을의 소문을 펴며 〔…〕 **〈고야**古夜**〉**

밝다 ❖ 자즌닭이 울어서 술국을 끓이는 듯한 추탕鰍湯집의 부엌은 뜨수할 것같이 불이 뿌연히 밝다 **〈미명계**未明界**〉**

밝은 ❖ 나주볕이 가득 드리운 밝은 방안에 혼자 앉어서/실감기며 버선짝을 가지고 쓰렁쓰렁 노는 아이를 생각한다 **〈촌에서 온 아이〉**

볕바르다 형 햇볕이 바로 비치어 밝고 따뜻하다.

볕바른 ❖ 돌각담에 머루송이 깜하니 익고/자갈밭에 아즈까리알이 쏟아지는/잠풍하니 볕바른 골짝이다 〈**산곡**山谷—**함주시초**咸州詩抄〉

뽀오햫다 형 뽀얗다. 연기나 안개가 낀 것처럼 선명하지 아니하고 좀 하얗다.

뽀오햔 ❖ 이것은 어늬 양지귀 혹은 능달쪽 외따른 산 녚은댕이 예데가리밭에서/하로밤 뽀오햔 흰 김 속에 접시귀 소기름불이 뿌우현 부엌에/산멍에 같은 분틀을 타고 오는 것이다 〈**국수**〉

뿌연히 부 '뿌옇다'의 부사형. 연기나 안개가 낀 것처럼 선명하지 못하고 좀 허옇게.

❖ 자즌닭이 울어서 술국을 끓이는 듯한 추탕鰍湯집의 부엌은 뜨수할 것같이 불이 뿌연히 밝다 〈**미명계**未明界〉

뿌우혛다 형 뿌옇다. 연기나 안개가 낀 것처럼 선명하지 못하고 좀 허옇다.

뿌우현 ❖ 이것은 어늬 양지귀 혹은 능달쪽 외따른 산 녚은댕이 예데가리밭에서/하로밤 뽀오햔 흰 김 속에 접시귀 소기름불이 뿌우현 부엌에/산멍에 같은 분틀을 타고 오는 것이다 〈**국수**〉

쇠리쇠리하다 형 새리새리하다. 빛이 비친 시야가 흐릿한 상태를 나타내는 말.

〔《표준국어대사전》에 '쇠리쇠리하다'가 '부시다'의 평북 방언으로 풀이되어 있다. '부시다'는 '빛이나 색채가 강렬하여 마주 보기가 어려운 상태에 있다'는 뜻이다. 그런데 정주 출신의 엄경은 옹에 의하면 '쇠리쇠리하다'는 그렇게 눈이 부신 상태를 나타내는 말이 아니라 부연 상태의 빛을 나타낼 때 쓰는 말이라고 한다. 《조선말대사전》엔 '쇠리쇠리하다'가 '새리새리하다'와 같은 말로서 "알쏭달쏭하거나 흐리마리하다"로 풀이되어 있다. 백석 시의 용례들에서도 '쇠리쇠리하다'는 '새리새리하다'의 뜻을 지닌 말로 보아야 할 것이다.〕

쇠리쇠리하야 ❖ 바닷가는/개지꽃에 개지 아니 나오고/고기비늘에 하이얀 햇볕만 쇠리쇠리하야/어쩐지 쓸쓸만 하구려 섧기만 하구려 〈**바다**〉

쇠리쇠리한 ❖ 녕감들은 유리창 같은 눈을 번득거리며/투박한 북관北關말을 떠들어대며/쇠리쇠리한 저녁해 속에/사나운 즘생같이들 사러졌다 〈**석양**夕陽〉 ❖ 나는 뒤짐을 지고 고랑을 걸어/밭을 나와 밭뚝을 돌아 도랑을 건너 행길을 돌아/지붕에 바람벽에 울바주에 볕살 쇠리쇠리한 마을을 가르치며 〈**귀농**歸農〉

어두워오다 동 빛이 점차 없어져 밝지 않게 되다.

〔'어두워오다'는 '어둡다'에 보조용언인 '오다'가 결합된 말이다.〕

어두워오는 ❖ 어두워오는 성문城門 밖의 거리/도야지를 몰고 가는 사람이 있다 〈**성외**

城外〉

어둡다 형 빛이 없어 밝지 아니하다.

어두운 ❖ 벼랑탁의 어두운 그늘에 아츰이면/부헝이가 무거웁게 날러온다 **〈산지**山地〉 ❖ 잠자리 조을든 문허진 성城터/반딧불이 난다 파란 혼魂들 같다/어데서 말 있는 듯이 크다란 산山새 한 마리 어두운 골짜기로 난다 **〈정주성**定州城〉 ❖ 이 흰 바람벽에/희미한 십오촉十五燭 전등이 지치운 불빛을 내어던지고/때글은 다 낡은 무명샤쯔가 어두운 그림자를 쉬이고 **〈흰 바람벽이 있어〉**

어두워 ❖ 어니 먼 산 뒷옆에 바우 섶에 따로 외로이 서서,/어두워 오는데 하이야니 눈을 맞을, 그 마른 잎새에는,/쌀랑쌀랑 소리도 나며 눈을 맞을,/그 드물다는 굳고 정한 갈매나무라는 나무를 생각하는 것이었다. **〈남신의주 유동 박시봉방**南新義州柳洞朴時逢方〉

어둡다누나 ❖ 오리야 네가 좋은 청명淸明 밑께 밤은/옆에서 누가 뺨을 쳐도 모르게 어둡다누나 **〈오리〉**

어둡단다 ❖ 오리야 이때는 따디기가 되여 어둡단다 **〈오리〉**

어둡도록 ❖ 저녁술을 놓은 아이들은 외양간 섶 밭마당에 달린 배나무동산에서 쥐잡이를 하고 숨굴막질을 하고 꼬리잡이를 하고 가마 타고 시집가는 놀음 말 타고 장가가는 놀음을 하고 이렇게 밤이 어둡도록 북적하니 논다 **〈여우난골족**族〉 ❖ 마을에는 그 무슨 반가운 것이 오는가보다/한가한 애동들은 어둡도록 꿩사냥을 하고/가난한 엄매는 밤중에 김치가재미로 가고 **〈국수〉**

어드근하다 형 조금 어두운 듯하다. ☞ 히근하다 718

〔'어드근하다'는 '어둡다'나 '어둑하다'의 어간에 '–근하다'를 붙여 만든 말로 짐작된다. 백석의 시어에서 '–근하다'를 붙여 만든 말로 '어드근하다' 외에 '히근하다'는 말이 있다. '미지근하다'란 말이 '더운 기운이 조금 있는 듯하다'라는 뜻이므로 '어드근하다'는 '조금 어두운 듯하다' 정도로 풀이할 수 있겠다.〕

어드근한 ❖ 다만 한 사람 목이 긴 시인詩人은 안다/'도스토이엡흐스키'며 '죠이쓰'며 누구보다도 잘 알고 일등가는 소설도 쓰지만/아모것도 모르는 듯이 어드근한 방안에 굴어 게으르는 것을 좋아하는 그 풍속을 **〈허준**許俊〉

어득시근하다 형 어둑시근하다. 무엇을 똑똑히 가려볼 수 없을 만큼 어느 정도 어둑하다.

어득시근한 ❖ 오대五代나 나린다는 크나큰 집 다 찌그러진 들지고방 어득시근한 구석에서 쌀독과 말쿠지와 숫돌과 신뚝과 그리고 넷적과 또 열두 데석님과 친하니

살으면서 **〈목구**木具**〉**

어득하다 형 어둑하다. 제법 어둡다.

어득한 ❖ 어득한 기슭의 행길에 얼굴이 해쓱한 처녀가 새벽달같이/아 아즈내인데 병인病人은 미역냄새 나는 덧문을 닫고 버러지같이 누웠다 **〈시기**柿崎**의 바다〉**

쨰듯하니 부 쨰듯하니. (빛이) 선명하고 뚜렷한 데가 있게(《조선말대사전》).

〔《조선말대사전》에 '쨰듯하니'가 등재되어 있다.〕

❖ 내일같이 명절날인 밤은 부엌에 쩨듯하니 불이 밝고 솥뚜껑이 놀으며 구수한 내음새 곰국이 무르끓고 〔…〕 **〈고야**古夜**〉** ❖ 밤이면 무엇이 기왓골에 무릿돌을 던지고 뒤울안 배나무에 쩨듯하니 줄등을 헤여달고 부뚜막의 큰솥 적은솥을 모주리 뽑아놓고 〔…〕 **〈외갓집〉**

캄캄하다 형 아주 까맣게 어둡다. '깜깜하다'보다 거센 느낌을 준다.

캄캄한 ❖ 재 안 드는 밤은 불도 없이 캄캄한 까막나라에서/조앙님은 무서운 이야기나 하면/모두들 죽은 듯이 엎데였다 잠이 들 것이다 **〈고사**古寺**—함주시초**咸州詩抄**〉** ❖ 쩌락쩌락 떡을 친다/감자떡이다/이젠 캄캄한 밤과 개울물 소리만이다 **〈향악**饗樂**—산중음**山中吟**〉** ❖ 캄캄한 비 속에/새빨간 달이 뜨고/하이얀 꽃이 퓌고/먼바루 개가 짖는 밤은/어데서 물외 내음새 나는 밤이다//캄캄한 비 속에/새빨간 달이 뜨고/하이얀 꽃이 퓌고/먼바루 개가 짖고/어데서 물외 내음새 나는 밤은 **〈야우소회**夜雨小懷**—물닭의 소리〉**

컴컴하다 형 아주 어둡다. '껌껌하다'보다 거센 느낌을 준다.

컴컴하니 ❖ 이 딴 나라 사람들이 모두 니마들이 번번하니 넓고 눈은 컴컴하니 흐리고/그리고 길즛한 다리에 모두 민숭민숭하니 다리털이 없는 것이/이것이 나는 왜 자꼬 슬퍼지는 것일까 **〈조당**澡塘**에서〉**

컴컴한 ❖ 넷말이 사는 컴컴한 고방의 쌀독 뒤에서 나는 저녁 끼때에 부르는 소리를 듣고도 못 들은 척하였다 **〈고방〉** ❖ 컴컴한 부엌에서는 늙은 홀아비의 시아부지가 미역국을 끓인다/그 마을의 외따른 집에서도 산국을 끓인다 **〈적경**寂境**〉** ❖ 한 해에 멫 번 매연 지난 먼 조상들의 최방등 제사에는 컴컴한 고방 구석을 나와서 대멀머리에 외얏맹건을 지르터맨 늙은 제관의 손에 정갈히 몸을 씻고 〔…〕 **〈목구**木具**〉**

해바르다 형 위치가 햇볕을 잘 받게 되어 있다(《조선말대사전》).

〔《표준국어대사전》엔 '해바르다'가 북한어로 "양지바르다", 즉 "땅이 볕을 잘 받게 되어 있다"로 풀이되어 있는데, 《조선말대사전》엔 '해바르다'가 "위치가

햇볕을 잘 받게 되어 있다(예문: 해바른 남쪽 방)"로, '양지바르다'는 "땅이 햇볕을 잘 받게 되어 있다(예문: 양지바른 언덕)"로 풀이되어 있어, '해바르다'와 '양지바르다'의 뜻풀이에 미세한 차이를 보인다. 정지용 시 〈종달새〉에도 '해바르다'는 말의 용례가 나온다. "삼동내— 얼었다 나온 나를/종달새 지리 지리 지리리……//왜 저리 놀려대누//어머니 없이 자란 나를/종달새 지리 지리 지리리……//왜 저리 놀려대누//해바른 봄날 한종일 두고/모래톱에서 나 홀로 놀자".〕

해바른 ❖ 개 하나 얼린하지 않는 마을은/해바른 마당귀에 맷방석 하나/빨갛고 노랗고/눈이 시울은 곱기도 한 건반밥 **〈고성가도**固城街道**—남행시초**南行詩抄 **3〉** ❖ 이 집 남길동 단 안주인은 겨울이면 집을 내고/산을 돌아 거리로 나려간다는 말을 하는데/해바른 마당에는 꿀벌이 스무나문 통 있었다 **〈산곡**山谷**—함주시초**咸州詩抄**〉**

해밝다 형 희고 밝다.

해밝은 ❖ 비애고지 비애고지는/제비야 네 말이다/푸른 바다 흰 한울이 좋기도 좋단 말이지/해밝은 모래장변에 돌비 하나 섰단 말이지 **〈대산동**大山洞**—물닭의 소리〉**

환하다 형 빛이 비치어 맑고 밝다.

환한 ❖ 한 해에 멫 번 매연 지난 먼 조상들의 최방등 제사에는 〔…〕 교우 우에 모신 신주 앞에 환한 촛불 밑에 피나무 소담한 제상 위에 떡 보탕 식혜 산적 나물지짐 반봉 과일 들을 공손하니 받들고 〔…〕 **〈목구**木具**〉**

훤하다 형 (비치는 것이) 물체를 꽤 가려볼 만큼 밝다(《조선말대사전》).

훤하다 ❖ 헐리다 남은 성문城門이/한울빛같이 훤하다/날이 밝으면 또 메기수염의 늙은이가 청배를 팔러 올 것이다 **〈정주성**定州城**〉**

흐리다① 형 잡것이 섞여 깨끗하지 못하다.

흐리고 ❖ 이 딴 나라 사람들이 모두 니마들이 번번하니 넓고 눈은 컴컴하니 흐리고/그리고 길쭛한 다리에 모두 민숭민숭하니 다리털이 없는 것이/이것이 나는 왜 자꼬 슬퍼지는 것일까 **〈조당**澡塘**에서〉**

희맑다 형 희고 맑다.

희맑은데 ❖ 해빛이 초롱불같이 희맑은데/해정한 모래부리 플랫폼에선/모두들 쩔쩔 끓는 구수한 귀이리차茶를 마신다 **〈함남도안**咸南道安**〉**

희미하다 형 분명하지 못하고 어렴풋하다.

희미한 ❖ 오늘 저녁 이 좁다란 방의 흰 바람벽에/어쩐지 쓸쓸한 것만이 오고 간다/이 흰 바람벽에/희미한 십오촉十五燭 전등이 지치운 불빛을 내어던지고 **〈흰 바람벽이 있어〉**

6 감촉

간지럽다 형 무엇이 살에 닿아 가볍게 스칠 때처럼 견디기 어렵게 자리자리한 느낌이 있다.

간지럽다 ❖ 한 십리十里 더 가면 절간이 있을 듯한 마을이다 〔…〕 토끼잠 한잠 자고 나서 세수한다 흰구름 건넌산으로 가는 길에 복사꽃 바라노라 섰다 다람쥐 건넌산 보고 부르는 푸념이 간지럽다 **〈황일黃日〉**

간지롭다 형 간지럽다. 무엇이 살에 닿아 가볍게 스칠 때처럼 견디기 어렵게 자리자리한 느낌이 있다.

간지로워서 ❖ 사물사물 햇볕은 목덜미에 간지로워서/노왕老王은 팔짱을 끼고 이랑을 걸어 **〈귀농歸農〉**

굳다 형 무르지 않고 단단하다(《금성판국어대사전》).

굳고 ❖ 어니 먼 산 뒷옆에 바우 섶에 따로 외로이 서서,/어두워 오는데 하이야니 눈을 맞을, 그 마른 잎새에는,/쌀랑쌀랑 소리도 나며 눈을 맞을,/그 드물다는 굳고 정한 갈매나무라는 나무를 생각하는 것이었다. **〈남신의주 유동 박시봉방南新義州柳洞朴時逢方〉**

굳은 ❖ 그리고 또 엄매의 말엔 내가 아직 굳은 밥을 모르던 때 살갖 퍼런 막내고무가 잘도 받어 세수를 하였다는 내 오줌빛은 이슬같이 샛말갛기도 샛맑았다는 것이다 **〈동뇨부童尿賦〉**

끓다② 동 지나치게 뜨거워지다.

끓는 ❖ 그리고 담배 내음새 탄수 내음새 또 수육을 삶는 육수국 내음새 자욱한 더북한 삿방 쩔쩔 끓는 아르굳을 좋아하는 이것은 무엇인가 **〈국수〉**

누긋이 부 '누긋이'의 평북 방언(《평북방언사전》). 메마르지 않고 좀 축축한 기운이 약간 있게.

❖ 이즉하니 물기에 누긋이 젖은 왕구새자리에서 저녁상을 받은 가슴 앓는 사람은 참치회를 먹지 못하고 눈물겨웠다 **〈시기柿崎의 바다〉**

누긋하다 형 '누긋하다'의 평북 방언(《평북방언사전》). 메마르지 않고 좀 축축한 기운이 약간 있다.

누긋하니 ❖ 밖은 봄철날 따디기의 누긋하니 푹석한 밤이다/거리에는 사람두 많이 나서 흥성흥성할 것이다/어쩐지 이 사람들과 친하니 싸단니고 싶은 밤이다 **〈내가 생각하는 것은〉**

누긋하다 형 메마르지 않고 좀 축축한 기운이 약간 있다.

누긋한 ❖ 이리하여 나는 이 습내 나는 춥고, 누긋한 방에서,/낮이나 밤이나 나는 나 혼자도 너무 많은 것같이 생각하며, **〈남신의주 유동 박시봉방**南新義州柳洞朴時逢方**〉**

더웁다 형 덥다. 기온이 높거나 기타의 이유로 몸에 느끼는 기운이 뜨겁다.

〔'더웁다'는 '덥다'에 '이' 모음이 첨가된 형태의 말이다. 모음 첨가는 백석의 시어에서 자주 발견되는 음운 현상이다.〕

더웁기도 ❖ 여인숙旅人宿이라도 국숫집이다/모밀가루포대가 그득하니 쌓인 웃간은 들믄들믄 더웁기도 하다 **〈산숙**山宿**—산중음**山中吟**〉**

더워오다 형 기온이 높거나 기타의 이유로 몸에 느끼는 기운이 뜨거워 오다.

〔'더워오다'는 '덥다'에 보조용언 '오다'가 결합된 합성동사이다. 사전엔 '덥다'만 등재되어 있다.〕

더워오고 ❖ 네 소리에 내 마음은 반끗히 밝어오고 또 호끈히 더워오고 그리고 즐거워온다 **〈촌에서 온 아이〉**

덥다 형 기온이 높거나 기타의 이유로 몸에 느끼는 기운이 뜨겁다.

더운 ❖ 고개를 몇이라도 넘어서 약물터로 가는데/무썩무썩 더운 날에도 벌길에는/건들건들 씨연한 바람이 불어오고 **〈칠월**七月 **백중〉**

들믄들믄 부 불을 많이 때어 온돌방이 지독하게 더운 느낌을 나타내는 말.

〔《평북방언사전》에 '들믄하다'(불을 많이 때어 온돌방이 지독하게 덥다)가 등재되어 있다. '들믄들믄'은 '들믄하다'라는 형용사에서 파생된 부사이다.〕

❖ 여인숙旅人宿이라도 국숫집이다/모밀가루포대가 그득하니 쌓인 웃간은 들믄들믄 더웁기도 하다 **〈산숙**山宿**—산중음**山中吟**〉**

따근따근하다 형 매우 따근하다. '따근하다'는 '은근하게 따갑다'는 뜻. ☞ 따끈하다 726

〔《표준국어대사전》엔 '따끈하다'(꽤 따뜻하고 더운 느낌이 있다)는 말만 등재되어 있는데, 《조선말대사전》엔 '따근하다'와 '따끈하다'가 모두 등재되어 있다. '따근하다'는 "은근하게 따갑다"로, '따끈하다'는 "제법 따갑게 덥다"로 풀이되어 있다. 백석은 《조선말대사전》의 풀이대로 '따근하다'와 '따끈하다'를 구별해 사용하고 있다.〕

따근따근한 ❖ 봄철날 한종일내 노곤하니 벌불 장난을 한 날 밤이면 으레히 싸개동당을 지나는데 잘망하니 누워 싸는 오줌이 넓적다리를 흐르는 따근따근한 맛 자리에 펑하니 괴이는 척척한 맛 **〈동뇨부**童尿賦**〉**

따급다 형 따갑다. 살갗이 따끔거릴 만큼 열이 써 높다.

따그웠다 ❖ 게구멍을 쑤시다 물쿤하고 배암을 잡은 늪의 피 같은 물이끼에 햇볕이 따그웠다 〈**하답**夏畓〉

따끈하다 형 제법 따갑게 덥다(《조선말대사전》).

따끈한 ❖ 그 뜨수한 구들에서/따끈한 삼십오도三十五度 소주燒酒나 한잔 마시고/그리고 그 시래깃국에 소피를 넣고 두부를 두고 끓인 구수한 술국을 트근히 멫 사발이고 왕사발로 멫 사발이고 먹자 〈**구장로**球場路**—서행시초**西行詩抄 **1**〉 ❖ 때글은 다 낡은 무명샤쯔가 어두운 그림자를 쉬이고/그리고 또 달디단 따끈한 감주나 한잔 먹고 싶다고 생각하는 내 가지가지 외로운 생각이 헤매인다 〈**흰 바람벽이 있어**〉

따사로이 부 포근하고 따뜻한 느낌이 있게.

〔《표준국어대사전》엔 '따사롭다'가 "따뜻한 기운이 조금 있다"로, 《조선말대사전》엔 "포근하고 따뜻한 느낌이 있다"로 풀이되어 있다.〕

따사로이 ❖ 소는 기르매 지고 조은다//아 모도들 따사로이 가난하니 〈**삼천포**三千浦**—남행시초**南行詩抄 **4**〉

따사롭다 형 포근하고 따뜻한 느낌이 있다(《조선말대사전》).

〔《표준국어대사전》엔 '따사롭다'가 "따뜻한 기운이 조금 있다"로, 《조선말대사전》엔 "포근하게 따뜻한 느낌이 있다"로 풀이되어 있다.〕

따사로운 ❖ 졸레졸레 도야지새끼들이 간다/귀밑이 재릿재릿하니 볕이 담복 따사로운 거리다 〈**삼천포**三千浦**—남행시초**南行詩抄 **4**〉

따사롭고 ❖ 밭최뚝에 즘부러진 땅버들의 버들개지 피여나는 데서/별은 장글장글 따사롭고 바람은 솔솔 보드라운데/나는 땅님자 노왕老王한테 석 상디기 밭을 얻는다 〈**귀농**歸農〉

따사하다 형 포근하게 따뜻하다(《조선말대사전》).

〔《표준국어대사전》엔 '따사하다'가 "조금 따뜻하다"로, 《조선말대사전》엔 "포근하게 따뜻하다"로 풀이되어 있다.〕

따사하고 ❖ 그 맑고 거룩한 눈물의 나라에서 온 사람이여/그 따사하고 살틀한 볕살의 나라에서 온 사람이여// 〔…〕 /하늘은 얼마나 맑고 높을 것인가/바람은 얼마나 따사하고 향기로울 것인가 〈**허준**許俊〉

따사하니 ❖ 흙담벽에 볕이 따사하니/아이들은 물코를 흘리며 무감자를 먹었다 〈**초동일**初冬日〉

따사하다 ❖ 한 십리十里 더 가면 절간이 있을 듯한 마을이다 낮 기울은 볕이 장글장글하니 따사하다 흙은 젖이 커서 살같이 깨서 아지랑이 낀 속이 안타까운가보다 〔…〕 **〈황일**黃日**〉**

따사한 ❖ 아모 이기지 못할 슬픔도 시름도 없이/다만 게을리 먼 앞대로 떠나 나왔다/그리하여 따사한 햇귀에서 하이얀 옷을 입고 매끄러운 밥을 먹고 단샘을 마시고 낮잠을 잤다 **〈북방**北方**에서—정현웅**鄭玄雄**에게〉** ❖ 당신의 그 푸른 이마에 삐여진 어깻죽지에/당신네 나라의 따사한 바람결이 스치고 갈 것이다 **〈허준**許俊**〉**

따스하다 형 좀 알맞게 따뜻하다.

따스하고 ❖ 의원醫員은 또다시 넌즈시 웃고/말없이 팔을 잡어 맥을 보는데/손길은 따스하고 부드러워/고향故鄕도 아버지도 아버지의 친구도 다 있었다 **〈고향**故鄕**〉**

따스하니 ❖ 솔포기에 숨었다/토끼나 꿩을 놀래주고 싶은 산山허리의 길은//엎데서 따스하니 손 녹히고 싶은 길이다 **〈창원도**昌原道**—남행시초**南行詩抄 **1〉**

뜨겁다 형 ① 손이나 몸에 상당한 자극을 느낄 정도로 열이 높다. ② (비유적으로) 감정이나 열정 따위가 격렬하다.

뜨거운 ❖ 그리고 이 세상을 살어가는데/내 가슴은 너무도 많이 뜨거운 것으로 호젓한 것으로 사랑으로 슬픔으로 가득 찬다 **〈흰 바람벽이 있어〉** ❖ 내 가슴이 꽉 메어 올 적이며,/내 눈에 뜨거운 것이 핑 괴일 적이며,/또 내 스스로 화끈 낯이 붉도록 부끄러울 적이며,/나는 내 슬픔과 어리석음에 눌리어 죽을 수밖에 없는 것을 느끼는 것이었다. **〈남신의주 유동 박시봉방**南新義州柳洞朴時逢方**〉**

뜨겁게 ❖ 그리고 이러한 생각이 내 눈가를 내 가슴가를/뜨겁게 하는 것도 생각한다 **〈내가 생각하는 것은〉**

뜨끈하다 형 꽤 뜨뜻하고 더운 느낌이 있다.

뜨끈한 ❖ 또 털도 안 뽑는 고기를 시꺼먼 맨모밀국수에 얹어서 한입에 꿀꺽 삼키는 사람들을 바라보며/나는 문득 가슴에 뜨끈한 것을 느끼며/소수림왕小獸林王을 생각한다 광개토대왕廣開土大王을 생각한다 **〈북신**北新**—서행시초**西行詩抄 **2〉**

뜨수하다 형 뜨스하다. 알맞게 뜨뜻하다.

뜨수한 ❖ 그 뜨수한 구들에서/따끈한 삼십오도三十五度 소주燒酒나 한잔 마시고 **〈구장로**球場路**—서행시초**西行詩抄 **1〉**

뜨수할 ❖ 자즌닭이 울어서 술국을 끓이는 듯한 추탕鰍湯집의 부엌은 뜨수할 것같이 불이 뿌연히 밝다 **〈미명계**未明界**〉**

매끄럽다 형 거침없이 저절로 밀리어 나갈 정도로 반드럽다.

매끄러운 ❖ 아모 이기지 못할 슬픔도 시름도 없이/다만 게을리 먼 앞대로 떠나 나왔다/그리하여 따사한 햇귀에서 하이얀 옷을 입고 매끄러운 밥을 먹고 단샘을 마시고 낮잠을 잤다 〈**북방**北方**에서—정현웅**鄭玄雄**에게**〉

매렵다 형 마렵다. 대소변을 누고 싶은 느낌이 있다.

매렵던 ❖ 긴긴 겨울밤 인간들이 모두 한잠이 들은 재밤중에 나 혼자 일어나서 머리맡 쥐발 같은 새끼오강에 한없이 누는 잘 매렵던 오줌의 사르릉 쪼로록 하는 소리 〈**동뇨부**童尿賦〉

무썩무썩 부 매우 건조하고 더운 느낌을 나타내는 말로 추정된다.

〔'무썩무썩'은 사전에서 찾을 수 없다. 비슷한 어형으로 '부썩부썩'(마른 물건이 잇따라 가볍게 부스러지는 모양)이란 말이 있는데, 이 말에서 나온 조어로 짐작해 볼 수 있다. '부썩부썩'의 뜻과 백석의 문맥을 검토해 볼 때, 매우 건조하고 더운 느낌을 나타내는 감각어라고 할 수 있다.〕

❖ 고개를 몇이라도 넘어서 약물터로 가는데/무썩무썩 더운 날에도 벌길에는/건들건들 씨연한 바람이 불어오고 〈**칠월**七月 **백중**〉

물쿤하다 형 물큰하다. 무르고 만문한 것(만만하고 무른 것)을 꾹 쥐거나 누르거나 할 때처럼 물렁하다(《조선말대사전》).

물쿤하고 ❖ 게구멍을 쑤시다 물쿤하고 배암을 잡은 늪의 피 같은 물이끼에 햇볕이 따그웠다 〈**하답**夏沓〉

보드랍다 형 닿거나 스치는 느낌이 거칠거나 뻣뻣하지 아니하다.

보드라운데 ❖ 밭최뚝에 즘부러진 땅버들의 버들개지 피여나는 데서/별은 장글장글 따사롭고 바람은 솔솔 보드라운데/나는 땅님자 노왕老王한테 석 상디기 밭을 얻는다 〈**귀농**歸農〉

보드럽다 형 보드랍다. ☞ 보드랍다

보드러운 ❖ 나는 이 작은 것을 고이 보드러운 종이에 받어 또 문밖으로 버리며/이것의 엄마와 누나나 형이 가까이 이것의 걱정을 하며 있다가 쉬이 만나기나 했으면 좋으련만 하고 슬퍼한다 〈**수라**修羅〉

보득지근하다 형 보드라운 느낌이 있는 듯하다.

〔'보득지근하다'는 '벅적지근하다', '미적지근하다' 같은 단어처럼 '보드럽다'에 '-지근하다'는 말이 붙어 생성된 것으로 짐작된다. 평북 출신의 엄경은 옹에 의하면 '보득지근하다'는 그 지역서 '보드랍고 매끄럽다'는 뜻으로 쓰인다고 한다.〕

보득지근한 ❖ 내가 언제나 무서운 외갓집은/초저녁이면 안팎마당이 그득하니 하이얀 나비수염을 물은 보득지근한 복쪽재비들이 씨굴씨굴 모여서는 쨩쨩 쨩쨩 쇳

스럽게 울어대고 〈**외갓집**〉

부드럽다 형 닿거나 스치는 느낌이 거칠거나 뻣뻣하지 아니하다.

부드러워 ❖ 손길은 따스하고 부드러워/고향故鄕도 아버지도 아버지의 친구도 다 있었다고 〈**고향**故鄕〉

부드럽고 ❖ 이 히수무레하고 부드럽고 수수하고 슴슴한 것은 무엇인가 〈**국수**〉

부숭부숭 부 잘 말라서 물기가 없고 부드러운 모양.

❖ 삼리三里밖 강江쟁변엔 자갯돌에서/비멀이한 옷을 부숭부숭 말려 입고 오는 길인데/산山모롱고지 하나 도는 동안에 옷은 또 함북 젖었다 〈**구장로**球場路**—서행시초**西行詩抄 **1**〉

사물사물 부 살갗에 작은 벌레가 기어가는 것처럼 간질간질한 느낌.

❖ 디퍽디퍽 눈을 밟으며 터벅터벅 흙도 덮으며/사물사물 햇볕은 목덜미에 간지로워서/노왕老王은 팔짱을 끼고 이랑을 걸어 〈**귀농**歸農〉

선득선득하다 ①동 갑자기 서늘한 느낌이 잇따라 들다. ②형 갑자기 서늘한 느낌이 계속 있다.

〔'선득선근하니'는 '선득선득한 데가 있게', 즉 '갑자기 서늘한 느낌이 든 데가 있게', 또는 '갑자기 서늘한 느낌이 있는 데가 있게'의 뜻이다. 백석 시에는 용언에서 부사형 어미 '니'를 활용한 시어들이 자주 구사된다.〕

선득선득하니 ❖ 또 인절미 송구떡 콩가루차떡의 내음새도 나고 끼때의 두부와 콩나물과 뽂은 잔디와 고사리와 도야지비계는 모두 선득선득하니 찬 것들이다 〈**여우난골족**族〉

솔솔 부 바람이 보드랍게 부는 모양.

❖ 볕은 장글장글 따사롭고 바람은 솔솔 보드라운데/나는 땅님자 노왕老王한테 석상디기 밭을 얻는다 〈**귀농**歸農〉

씨연하다 형 씨원하다. 매우 시원하다(《조선말대사전》).

씨연한 ❖ 고개를 몇이라도 넘어서 약물터로 가는데/무썩무썩 더운 날에도 벌길에는/건들건들 씨연한 바람이 불어오고/허리에 찬 남갑사 주머니에는 오랜만에 돈푼이 들어 즈벅이고 〈**칠월**七月 **백중**〉

씨원하다 형 매우 시원하다.

〔'씨원하다'는 《평북방언사전》과 《조선말대사전》에 등재되어 있어(《표준국어대사전》에 북한어로 등재), 이 말이 북쪽 지역에서 쓰는 말임을 알 수 있다. 아래 용례에서 '씨원만'은 '씨원하다'의 어근인 '씨원'에 조사 '만'이 붙은 것, 또는 '시원하기만'

의 준말 두 가지로 볼 수 있다.〕

씨원만 ❖ 봉가집을 가면서도 칠월七月 그믐 초가을을 할 때까지/평안하니 집살이를 할 것을 생각하고/애끼는 옷을 다 적시어도 비는 씨원만 하다고 생각한다 **〈칠월**七月 **백중〉**

얼다②동 추위로 인하여 신체 또는 그 일부가 뻣뻣하여지고 감각이 없어질 만큼 아주 차가워지다.

얼어서 ❖ 계집아이는 몇 해고 내지인內地人 주재소장駐在所長 집에서/밥을 짓고 걸레를 치고 아이보개를 하면서/이렇게 추운 아침에도 손이 꽁꽁 얼어서/찬물에 걸레를 쳤을 것이다 **〈팔원**八院**—서행시초**西行詩抄 **3〉**

얼얼하다형 맵거나 독하여 혀끝이 몹시 아리고 쏘는 느낌이 있다.

얼얼한 ❖ 이 히수무레하고 부드럽고 수수하고 슴슴한 것은 무엇인가/겨울밤 쩡하니 닉은 동티미국을 좋아하고 얼얼한 댕추가루를 좋아하고 싱싱한 산꿩의 고기를 좋아하고 **〈국수〉**

재릿재릿하다형 매우 재릿하다. '재릿하다'는 "안타까운 느낌이 나도록 저린 듯하다"는 뜻(《조선말대사전》).

〔'재릿재릿하니'는 '재릿재릿한 데가 있게'로, '안타까운 느낌이 나도록 매우 저린 듯한 데가 있게'라는 뜻이다. 백석 시에는 용언에 부사형 어미 '니'를 활용한 시어들이 자주 구사된다.〕

재릿재릿하니 ❖ 졸레졸레 도야지새끼들이 간다/귀밑이 재릿재릿하니 볕이 담복 따사로운 거리다 **〈삼천포**三千浦**—남행시초**南行詩抄 **4〉**

저리다형 뼈마디나 몸의 일부가 오래 눌려서 피가 잘 통하지 못하여 감각이 둔하고 아리다.

저린 ❖ 마을에서는 피성한 눈숡에 저린 팔다리에 거마리를 붙인다 **〈오금덩이라는곳〉**

짜릿하다형 조금 자린 듯하다. 여기서 '자리다'는 "가슴이나 마음 따위가 못 견딜 정도로 아프다"는 뜻이다.

짜릿한다 ❖ 어니젠가 새끼거미 쓸려나간 곳에 큰거미가 왔다/나는 가슴이 짜릿한다/나는 또 큰거미를 쓸어 문밖으로 버리며/찬 밖이라도 새끼 있는 데로 가라고 하며 서러워한다 **〈수라**修羅**〉**

쩔쩔부 ① 액체 따위가 매우 높은 열로 끓는 모양. ② 온도가 매우 높아 더운 모양. '절절'보다 센 말.

❖ 해빛이 초롱불같이 희맑은데/해정한 모래부리 플랫폼에선/모두들 쩔쩔 끓는 구수한 귀이리차茶를 마신다 〈**함남도안**咸南道安〉 ❖ 그리고 담배 내음새 탄수 내음새 또 수육을 삶는 육수국 내음새 자욱한 더북한 삿방 쩔쩔 끓는 아르굳을 좋아하는 이것은 무엇인가 〈**국수**〉

쨍하다[형] 아주 시원하거나 차서 짜릿한 느낌을 줄 정도로 자극이 몹시 심하다(《조선말대사전》).

쨍하니 ❖ 이 히수무레하고 부드럽고 수수하고 슴슴한 것은 무엇인가/겨울밤 쨍하니 닉은 동티미국을 좋아하고 얼얼한 댕추가루를 좋아하고 싱싱한 산꿩의 고기를 좋아하고 〈**국수**〉

차갑다[형] 촉감이 서늘하고 썩 찬 느낌이 있다.

❖ 명태明太는 길다랗고 파리한 물고긴데/꼬리에 길다란 고드름이 달렸다/해는 저물고 날은 다 가고 별은 서러웁게 차갑다 〈**멧새 소리**〉

차다⑤[형] 몸에 닿은 물체나 대기의 온도가 낮다.

차게 ❖ 돌덜구에 천상수天上水가 차게/복숭아나무에 시라리타래가 말러갔다 〈**초동일**初冬日〉 ❖ 나는 파리한 여인女人에게서 옥수수를 샀다/여인女人은 나어린 딸아이를 따리며 가을밤같이 차게 울었다 〈**여승**女僧〉

찬 ❖ 또 인절미 송구떡 콩가루차떡의 내음새도 나고 끼때의 두부와 콩나물과 뽂은 잔디와 고사리와 도야지비계는 모두 선득선득하니 찬 것들이다 〈**여우난골족**族〉 ❖ 나는 또 큰거미를 쓸어 문밖으로 버리며/찬 밖이라도 새끼 있는 데로 가라고 하며 서러워한다 〈**수라**修羅〉

차디차다[형] 매우 차다.

차디찬 ❖ 거미새끼 하나 방바닥에 나린 것을 나는 아모 생각 없이 문밖으로 쓸어버린다/차디찬 밤이다 〈**수라**修羅〉 ❖ 차디찬 아침인데/묘향산행妙香山行 승합자동차乘合自動車는 텅하니 비어서/나이 어린 계집아이 하나가 오른다 〈**팔원**八院**—서행시초**西行詩抄 **3**〉 ❖ 내 가난한 늙은 어머니가/이렇게 시퍼러둥둥하니 추운 날인데 차디찬 물에 손은 담그고 무이며 배추를 씻고 있다 〈**흰 바람벽이 있어**〉

척척하다[형] 젖은 것이 살에 닿아서 차가운 느낌이 있다.

척척한 ❖ 봄철날 한종일내 노곤하니 벌불 장난을 한 날 밤이면 으레히 싸개동당을 지나는데 잘망하니 누워 싸는 오줌이 넙적다리를 흐르는 따근따근한 맛 자리에 펑하니 괴이는 척척한 맛 〈**동뇨부**童尿賦〉

촉촉이[부] 물기가 있어 조금 젖은 듯하게.

❖ 산山 너머 십오리十五里서 나무뒝치 차고 싸리신 신고 산山비에 촉촉이 젖어서 약藥물을 받으러 오는 산山아이도 있다 〈**산지**山地〉 ❖ 산山 너머 십오리十五里서 나무뒝치 차고 싸리신 신고 산山비에 촉촉이 젖어서 약藥물을 받으려 오는 두멧아이들도 있다 〈**삼방**三防〉

추워지다동 (날씨가) 기온이 낮아지거나 차가운 기운이 돌다(《고려대한국어대사전》). ☞ 용언과 수식언 Ⅲ. 생활·자연 환경 3. 날씨 667

추워져서 ❖ 날이 어서 추워져서 쑥국화꽃도 시들고 이 바즈런한 백성들도 다 제 집으로 들은 뒤에 이 골안으로 올 것을 생각하였다 〈**산곡**山谷**—함주시초**咸州詩抄〉

출출히부 배가 고픈 느낌이 있게.

❖ 이젠 배도 출출히 고팠는데/어서 그 옹기장사가 온다는 거리로 들어가면 무엇보다도 몬저 '주류판매업酒類販賣業'이라고 써붙인 집으로 들어가자 〈**구장로**球場路**—서행시초**西行詩抄 **1**〉

춥다형 기온이 낮거나 기타의 이유로 몸에 느끼는 기운이 차다.

추운 ❖ 추운 거리의 그도 추운 능당 쪽을 걸어가며/내 마음은 우쭐댄다 그 무슨 기쁨에 우쭐댄다/이 추운 세상의 한구석에/맑고 가난한 친구가 하나 있어서/내가 이렇게 추운 거리를 지나온 걸/얼마나 기뻐하며 락단하고 〈**가무래기의 낙**樂〉 ❖ 밥을 짓고 걸레를 치고 아이보개를 하면서/이렇게 추운 아침에도 손이 꽁꽁 얼어서/찬물에 걸레를 쳤을 것이다 〈**팔원**八院**—서행시초**西行詩抄 **3**〉 ❖ 싸움과 흥정으로 왁자지껄하는 거리를 지날 때든가/추운 겨울밤 병들어 누운 가난한 동무의 머리맡에 앉어/말없이 무릎 우 어린 고양이의 등만 쓰다듬는 때든가 〈**허준**許俊〉 ❖ 내 가난한 늙은 어머니가/이렇게 시퍼러둥둥하니 추운 날인데 차디찬 물에 손은 담그고 무이며 배추를 씻고 있다 〈**흰 바람벽이 있어**〉

추운데 ❖ 촌에서 어젯밤에 승합자동차乘合自動車를 타고 온 아이여/이렇게 추운데 웃동에 무슨 두룽이 같은 것을 하나 걸치고 아랫두리는 쪽 발가벗은 아이여 〈**촌에서 온 아이**〉

추울 ❖ 불을 끈 방안에 횃대의 하이얀 옷이 멀리 추울 것같이//개방위方位로 말방울 소리가 들려온다 〈**머루밤**〉

춥고 ❖ 나는 어느 목수木手네 집 헌 삿을 깐,/한 방에 들어서 쥔을 붙이었다./이리하여 나는 이 습내 나는 춥고, 누긋한 방에서,/낮이나 밤이나 나는 나 혼자도 너무 많은 것같이 생각하며, 〈**남신의주 유동 박시봉방**南新義州柳洞朴時逢方〉

춥다 ❖ 빛이 안 되어 가는 탓에/가무래기도 나도 모도 춥다 〈**가무래기의 낙**樂〉

푹석하다형 물건이 푸석하여 가라앉거나 부스러지기 쉽다.

푹석한 ❖ 밖은 봄철날 따디기의 누굿하니 푹석한 밤이다/거리에는 사람두 많이 나서 홍성홍성할 것이다 **〈내가 생각하는 것은〉**

호끈히부 갑자기 조금 따뜻하게(《조선말대사전》).

〔《표준국어대사전》에 '호끈히'가 '호끈'(작은 것이 뜨거운 기운을 받아서 갑자기 조금 달아오르는 모양)과 같은 말로 풀이되어 있는데, 《조선말대사전》엔 '호끈히'는 "갑자기 조금 따뜻하게"로, '호끈'은 "작은 것이 뜨거운 기운을 받아서 갑자기 조금 달아오르는 모양"으로 풀이되어, 두 단어의 뜻에 차이를 두고 있다.〕

❖ 네 소리는 조금 썩심하니 쉬인 듯도 하다/네 소리에 내 마음은 반끗히 밝어오고 또 호끈히 더워오고 그리고 즐거워온다 **〈촌에서 온 아이〉**

훈훈하다형 날씨나 온도가 견디기 좋을 만큼 덥다.

훈훈한 ❖ 시래기를 삶는 훈훈한 방안에는/양염 내음새가 싱싱도 하다 **〈추야일경**秋夜一景**〉**

7 분위기

가만히부 움직이지 않거나 아무 말 없이.

❖ 오리야 고운 오리야 가만히 안겼거라/너를 팔어 술을 먹는 노盧장에 령감은/홀아비 소의연 침을 놓는 령감인데 **〈오리〉**

고요하다형 ① 조용하고 잠잠하다. ② 모습이나 마음 따위가 조용하고 평화롭다.

고요하고 ❖ 나는 두 손으로 고이 약그릇을 들고 이 약을 내인 녯사람들을 생각하노라면/내 마음은 끝없이 고요하고 또 맑어진다 **〈탕약**湯藥**〉**

고요한 ❖ 그리고 또/아늑하고 고요한 시골 거리에서 쟁글쟁글 햇별만 바래는 시인詩人을 사랑한다 **〈《호박꽃 초롱》 서시**序詩**〉** ❖ 말없이 무릎 우 어린 고양이의 등만 쓰다듬는 때든가/당신의 그 고요한 가슴 안에 온순한 눈가에/당신네 나라의 맑은 한울이 떠오를 것이고 **〈허준**許俊**〉**

고요히부 ① 조용하고 잠잠하게. ② 움직임이나 흔들림이 없이 잔잔한 상태로.

❖ 밖에는 어데서 물새가 우는데/토방에선 햇콩두부가 고요히 숨이 들어갔다 **〈추야일경**秋夜一景**〉**

고조곤히부 '고요히'의 평북 방언.

〔《평북방언사전》과 《금성판국어대사전》에 '고조존하다', '고조곤히'가 '고요하다', '고요히'의 방언으로, 《조선말대사전》에 '고조곤하다'가 "고요하고 호젓하다"는 뜻으로 등재되어 있다.〕

❖ 나타샤가 아니 올 리 없다/언제 벌써 내 속에 고조곤히 와 이야기한다/산골로 가는 것은 세상한테 지는 것이 아니다 **〈나와 나타샤와 흰 당나귀〉**

그윽하다형 ① 뜻이나 생각 따위가 깊거나 간절하다. ② 느낌이 은근하다.

그윽하고 ❖ 수박씨 호박씨를 입에 넣는 마음은/참으로 철없고 어리석고 게으른 마음이나/이것은 또 참으로 밝고 그윽하고 깊고 무거운 마음이라 **〈수박씨, 호박씨〉**

넌즈시부 '넌지시'의 평북 방언(《평북방언사전》). 드러나지 않게 가만히.

❖ 나는 아버지로 섬기는 이라 한즉/의원醫員은 또다시 넌즈시 웃고/말없이 팔을 잡어 맥을 보는데 **〈고향故鄕〉**

더북하다형 수더분하거나 텁텁하다(《조선말대사전》).

〔'더북하다'는 《표준국어대사전》엔 "먼지 따위가 일어 자욱하다"로, 《조선말대사전》엔 "수더분하고 텁텁하다"로 풀이되어 있는데, 백석 시의 아래 용례에선 후자로 쓰인 것으로 보아야 할 것이다.〕

더북한 ❖ 그리고 담배 내음새 탄수 내음새 또 수육을 삶는 육수국 내음새 자욱한 더북한 샛방 쩔쩔 끓는 아르궅을 좋아하는 이것은 무엇인가 **〈국수〉**

들썩하다동 붙어 있던 물건이 쉽게 떠들리다. 또는 그렇게 되다.

들썩하니 ❖ 돌우래며 팟중이 산옆이 들썩하니 울어댄다 **〈박각시 오는 저녁〉**

떠들썩부 여러 사람이 큰 소리로 요란스럽게 떠드는 모양.

❖ 집에는 언제나 센개 같은 게사니가 벅작궁 고아내고 말 같은 개들이 떠들썩 짖어대고 그리고 소거름 내음새 구수한 속에 엇송아지 히물쩍 너들씨는데 **〈넘언집 범 같은 노큰마니〉**

떠들썩하니부 떠들썩한 데가 있게. (여러 사람이) 큰 소리로 떠들어서 요란스러운 데가 있게(《조선말대사전》).

〔'떠들썩하니'는 《조선말대사전》에 등재되어 있다. 같은 사전에 '들썩하니'는 등재되어 있지 않은데, '떠들썩하니'는 등재되어 있어, 이 말이 북쪽 지역에서 자주 쓰는 말임을 알 수 있다. 백석 시엔 용언에 부사형 어미 '니'가 활용된 말이 자주 구사된다.〕

❖ 해변벌에선 얼마나 너이들이 욱자지껄하며 멕이기에/해변땅에 나들이 갔든 할머니는/오리새끼들은 장몽이나 하듯이 떠들썩하니 시끄럽기도 하드란 숭인가

〈**오리**〉

물꾸러미 부 물끄러미. 우두커니 한 곳만 바라보는 모양.

❖ 나는 이 털도 안 뽑은 도야지고기를 물꾸러미 바라보며/또 털도 안 뽑는 고기를 시꺼먼 맨모밀국수에 얹어서 한입에 꿀꺽 삼키는 사람들을 바라보며 〈**북신**北新**—서행시초**西行詩抄 **2**〉

술렁거리다 동 몹시 설레다. 안착되어 있지 않고 공연히 이리저리 움직이다(《조선말대사전》).

〔'술렁거리다'가 《표준국어대사전》엔 "자꾸 어수선하게 소란이 일다"로, 《조선말대사전》엔 '설레이다'는 뜻으로 풀이되어 있는데, 백석 시의 용례에선 후자의 뜻으로 쓰인 것으로 보인다.〕

술렁거리고 ❖ 날은 챙챙 좋기도 좋은데/눈도 녹으며 술렁거리고 버들도 잎 트며 수선거리고 〈**귀농**歸農〉

슬그머니 부 남이 알아차리지 못하게 슬며시.

❖ 마을에서는 세불 김을 다 매고 들에서/개장취념을 서너 번 하고 나면/백중 좋은 날이 슬그머니 오는데 〈**칠월**七月 **백중**〉

시끄럽다 형 듣기 싫게 떠들썩하다.

시끄럽기도 ❖ 해변벌에선 얼마나 너이들이 욱자지껄하며 멕이기에/해변땅에 나들이 갔든 할머니는/오리새끼들은 장몽이나 하듯이 떠들썩하니 시끄럽기도 하드란 숭인가 〈**오리**〉

아늑하다 형 포근하게 감싸 안기듯 편안하고 조용한 느낌이 있다.

아늑하고 ❖ 그리고 또/아늑하고 고요한 시골 거리에서 쟁글쟁글 햇볕만 바래는 시인詩人을 사랑한다 〈**《호박꽃 초롱》 서시**序詩〉

아늑히 부 포근하게 감싸 안기듯 편안하고 조용한 느낌이 있게.

❖ 황토 마루 수무나무에 〔…〕 소 삼은 엄신 같은 딥세기도 열린 국수당고개를 멫 번이고 튀튀 춤을 뱉고 넘어가면 골안에 아늑히 묵은 녕동이 무겁기도 할 집이 한 채 안기었는데 〈**넘언집 범 같은 노큰마니**〉

은근하다 형 (눈에 띄지 않게 또는 남이 모르게) 슬그머니 진행되어 표 나지 않다(《조선말대사전》).

은근하니 ❖ 가난한 엄매는 밤중에 김치가재미로 가고/마을을 구수한 즐거움에 싸서 은근하니 홍성홍성 들뜨게 하며/이것은 오는 것이다 〈**국수**〉

자욱하다 형 내굴, 안개, 구름, 김 같은 것이 꽉 차서 퍽 짙다(《조선말대사전》).

〔《조선말대사전》엔 '자욱하다'가 "내굴, 안개, 구름, 김 같은 것이 꽉 차서 퍽 짙다"로, 《표준국어대사전》엔 "연기나 안개 따위가 잔뜩 끼어 흐릿하다"로 풀이되어 있다. 전체적인 뜻풀이에 큰 차이는 없으나 《조선말대사전》은 '짙다'는 뜻으로, 《표준말대사전》은 '흐릿하다'는 뜻으로 기술되어 일부 의미적 차이를 보인다. 백석 시의 아래 용례에서 '자욱하다'는 말은 《조선말대사전》의 풀이에 더 가깝게 사용된 것으로 보인다.〕

자욱한 ❖ 그리고 담배 내음새 탄수 내음새 또 수육을 삶는 육수국 내음새 자욱한 더북한 샛방 쩔쩔 끓는 아르굳을 좋아하는 이것은 무엇인가 **〈국수〉**

조용하다 형 ① 말이나 행동, 성격 따위가 수선스럽지 않고 매우 얌전하다. ② 말썽이 없이 평온하다.

조용하니 ❖ 이 적고 가부엽고 갤족한 희고 까만 씨가/조용하니 또 도고하니 손에서 입으로 입에서 손으로 오르나리는 때 **〈수박씨, 호박씨〉**

조용한 ❖ 이 조용한 마을과 이 마을의 으젓한 사람들과 살틀하니 친한 것은 무엇인가/이 그지없이 고담[枯淡]하고 소박[素朴]한 것은 무엇인가 **〈국수〉** ❖ 내 사랑하는 어여쁜 사람이/어늬 먼 앞대 조용한 개포가의 나즈막한 집에서/그의 지아비와 마조 앉어 대구국을 끓여놓고 저녁을 먹는다 **〈흰 바람벽이 있어〉**

호젓하다 형 ① 후미져서 무서움을 느낄 만큼 고요하다. ② 매우 홀가분하여 쓸쓸하고 외롭다.

호젓한 ❖ 그래도 오리야 호젓한 밤길을 가다/가까운 논배미들에서/까알까알 하는 너이들의 즐거운 말소리가 나면/나는 내 마을 그 아는 사람들의 지껄지껄하는 말소리같이 반가웁고나 **〈오리〉** ❖ ―나는 이 세상에서 가난하고 외롭고 높고 쓸쓸하니 살어가도록 태어났다/그리고 이 세상을 살어가는데/내 가슴은 너무도 많이 뜨거운 것으로 호젓한 것으로 사랑으로 슬픔으로 가득 찬다 **〈흰 바람벽이 있어〉**

홰즛하다 형 호젓하다. 외따로 떨어져 적적하고 고요하다(《조선말대사전》).

〔'홰즛하다'는 '호젓하다'를 가리키는 말로 추정된다. '호젓하다' 대신 '홰즛하다'는 말이 쓰여 그 앞 행의 "닭이 두 홰가 울었는데"의 '홰'와 소리 반복이 조성된다. 주변은 컴컴한데 안방('안방큰방'은 안방인 큰방을 가리키는 말)에만 밤새도록 고요하게 불이 밝혀져 있는 느낌을 호젓하다고 표현한 것이라고 할 수 있다. 안방의 불빛이 주는 호젓한 느낌은 인간들의 웅성웅성한 소리와 대조를 이루며 가을밤 밤새도록 이어지는 잔치 준비를 실감나게 전해 준다.〕

홰즛하니 ❖ 닭이 두 홰나 울었는데/안방큰방은 홰즛하니 당등을 하고/인간들은 모두 웅성웅성 깨여 있어서들 〈**추야일경**秋夜一景〉

흥성거리다 동 여러 사람이 활기차게 떠들며 계속 흥겹고 번성한 분위기를 이루다.

흥성거려 ❖ 또 아이 어른 행길에 뜨락에 사람도 웅성웅성 흥성거려/나는 가슴이 이무슨 흥에 벅차오며/이 봄에는 이 밭에 감자 강냉이 수박에 오이며 당콩에 마늘과 파도 심그리라 생각한다 〈**귀농**歸農〉

흥성거리는 ❖ 밤이 깊어가는 집안엔 〔…〕 그래서는 문창에 텅납새의 그림자가 치는 아츰 시누이 동세들이 욱적하니 흥성거리는 부엌으론 샛문틈으로 장지문틈으로 무이징게국을 끓이는 맛있는 내음새가 올라오도록 잔다 〈**여우난골족**族〉

흥성하다 형 흥에 겨워 떠들썩할 만큼 번화하거나 푸짐하다(《조선말대사전》).

흥성하다 ❖ 저녁밥때 비가 들어서/바다엔 배와 사람이 흥성하다 〈**시기**柿崎**의 바다**〉

흥성흥성 부 사람들이 활기 있게 떠들며 흥겨운 분위기를 이루는 모양을 나타내는 말(《조선말대사전》).

❖ 마을을 구수한 즐거움에 싸서 은근하니 흥성흥성 들뜨게 하며/이것은 오는 것이다 〈**국수**〉

흥성흥성하다 형 매우 흥성하다. 흥에 겨워 떠들썩할 만큼 매우 번화하거나 푸짐하다(《조선말대사전》).

흥성흥성할 ❖ 밖은 봄철날 따디기의 누굿하니 푹석한 밤이다/거리에는 사람두 많이 나서 흥성흥성할 것이다/어쩐지 이 사람들과 친하니 싸단니고 싶은 밤이다 〈**내가 생각하는 것은**〉

VI. 사람, 동식물, 사물, 자연환경의 혼합

1 머무름, 존재

깃들다 동 (감정이나 생각, 노력 따위가 어디에) 어리거나 스며 있다(《고려대한국어대사전》).

깃들인 ❖ 이 마음 안에 아득하니 오랜 세월이 아득하니 오랜 지혜가 또 아득하니 오랜 인정人情이 깃들인 것이다 〈**수박씨, 호박씨**〉

들다①[동] 방이나 집 따위에 있거나 거처를 정해 머무르게 되다.

들어서 ❖ 나는 어느 목수木手네 집 헌 삿을 깐,/한 방에 들어서 쥔을 붙이었다. **〈남신의주 유동 박시봉방**南新義州柳洞朴時逢方**〉**

들은 ❖ 산山 너머로 가는 길 돌각담에 갸웃하는 처녀는 금錦이라든 이 같고/내가 들은 마산馬山 객줏客主집의 어린 딸은 난蘭이라는 이 같고 **〈통영**統營**(남행시초**南行詩抄**)〉** ❖ 날이 어서 추워져서 쑥국화꽃도 시들고 이 바즈런한 백성들도 다 제 집으로 들은 뒤에 이 골안으로 올 것을 생각하였다 **〈산곡**山谷**—함주시초**咸州詩抄**〉**

붙이다③[동] (거처나 끼니를) 제 집이 아닌 데다 정하고 먹으며 살다(《조선말대사전》). 〔《조선말대사전》에 "숙소를 붙이다"라는 용례가 나와 있어, '붙이다'가 그 앞에 목적격 조사를 동반한다는 것을 알 수 있다. '쥔을 붙이다'는 '주인집에서 숙식을 하다', 즉 '주인이 있는 집의 한 공간을 얻어 숙식을 하다'라는 뜻으로 일종의 관용적인 표현이다.〕

붙이었다 ❖ 나는 어느 목수木手네 집 헌 삿을 깐,/한 방에 들어서 쥔을 붙이었다. **〈남신의주 유동 박시봉방**南新義州柳洞朴時逢方**〉**

살다[동] ① 어느 곳에 거주하거나 거처하다. ② 생명을 지니고 있다.

사는 ❖ 열여섯에 사십四十이 넘은 홀아비의 후처가 된 포족족하니 성이 잘 나는 살빛이 매감탕 같은 입술과 젖꼭지는 더 까만 예수쟁이 마을 가까이 사는 토산土山 고무 고무의 딸 승녀承女 아들 승承동이 **〈여우난골족**族**〉** ❖ 넷말이 사는 컴컴한 고방의 쌀독 뒤에서 나는 저녁 끼때에 부르는 소리를 듣고도 못 들은 척하였다 **〈고방〉** ❖ 이 길이다/얼마 가서 감로甘露 같은 물이 솟는 마을 하이얀 회담벽에 옛적본의 장반시계를 걸어놓은 집 홀어미와 사는 물새 같은 외딸의 혼삿말이 아즈랑이같이 낀 곳은 **〈남향**南鄕**—물닭의 소리〉** ❖ 신새벽 들망에/내가 좋아하는 꼴두기가 들었다/갓 쓰고 사는 마음이 어진데/새끼 그믈에 걸리는 건 어인 일인가 **〈꼴두기—물닭의 소리〉** ❖ '자시동북팔십천희천自是東北八〇粁熙川'의 푯標말이 선 곳/돌능와집에 소달구지에 싸리신에 옛날이 사는 장거리에/어니 근방 산천山川에서 덜거기 껙껙 검방지게 운다 **〈월림**月林**장—서행시초**西行詩抄 **4〉** ❖ 한울은/풀 그늘 밑에 삿갓 쓰고 사는 버슷을 사랑한다/모래 속에 문 잠그고 사는 조개를 사랑한다/그리고 또/두틈한 초가지붕 밑에 호박꽃 초롱 혀고 사는 시인詩人을 사랑한다 **〈《호박꽃 초롱》 서시**序詩**〉**

산다 ❖ 남방토南方土 풀 안 돋은 양지귀가 본이다/햇비 멎은 저녁의 노을 먹고 산다 **〈석류**石榴**〉**

산다고 ❖ 자성慈城은 예서 삼백오십리三百五十里 묘향산妙香山 백오십리百五十里/묘향산妙香山 어디메서 삼촌이 산다고 한다 **〈팔원**八院**—서행시초**西行詩抄 **3〉**

산다든데 ❖ 난蘭이라는 이는 명정明井골에 산다든데 **〈통영**統營**(남행시초**南行詩抄**)〉**

살던 ❖ 어느 사이에 나는 아내도 없고, 또,/아내와 같이 살던 집도 없어지고,/그리고 살뜰한 부모며 동생들과도 멀리 떨어져서,/그 어느 바람 세인 쓸쓸한 거리 끝에 헤매이었다. **〈남신의주 유동 박시봉방**南新義州柳洞朴時逢方**〉**

살도록 ❖ —하늘이 이 세상을 내일 적에 그가 가장 귀해하고 사랑하는 것들은 모두/가난하고 외롭고 높고 쓸쓸하니 그리고 언제나 넘치는 사랑과 슬픔 속에 살도록 만드신 것이다 **〈흰 바람벽이 있어〉**

살아서 ❖ 산山 너머는/겨드랑이에 짖이 돋아서 장수가 된다는/더꺼머리총각들이 살아서/색시 처녀들을 잘도 업어간다고 했다 **〈산**山**〉**

살어가는데 ❖ 그리고 이 세상을 살어가는데/내 가슴은 너무도 많이 뜨거운 것으로 호젓한 것으로 사랑으로 슬픔으로 가득 찬다 **〈흰 바람벽이 있어〉**

살어가도록 ❖ —나는 이 세상에서 가난하고 외롭고 높고 쓸쓸하니 살어가도록 태어났다 **〈흰 바람벽이 있어〉**

살으면서 ❖ 오대五代나 나린다는 크나큰 집 다 찌그러진 들지고방 어득시근한 구석에서 쌀독과 말쿠지와 숫돌과 신뚝과 그리고 넷적과 또 열두 데석님과 친하니 살으면서 **〈목구**木具**〉**

살을 ❖ 어쩐지 당홍치마 노란저고리 입은 새악시들이/웃고 살을 것만 같은 마을이다 **〈고성가도**固城街道**—남행시초**南行詩抄 **3〉**

살자 ❖ 나타샤와 나는/눈이 푹푹 쌓이는 밤 흰 당나귀 타고/산골로 가자 출출이 우는 깊은 산골로 가 마가리에 살자 **〈나와 나타샤와 흰 당나귀〉**

쉬이다① 동 '쉬다'의 사동사. 잠시 머무르게 하다.

쉬이고 ❖ 흰 바람벽에/희미한 십오촉十五燭 전등이 지치운 불빛을 내어던지고/때글은 다 낡은 무명샤쯔가 어두운 그림자를 쉬이고/그리고 또 달디단 따끈한 감주나 한잔 먹고 싶다고 생각하는 내 가지가지 외로운 생각이 헤매인다 **〈흰 바람벽이 있어〉**

없다① 형 일정한 관계를 가진 사람이 존재하지 않는 상태이다.

없는 ❖ 모닥불은 어려서 우리 할아버지가 어미 아비 없는 서러운 아이로 불상하니도 몽둥발이가 된 슬픈 력사가 있다 **〈모닥불〉** ❖ 예순이 넘은 아들 없는 가즈랑집 할머니는 중같이 정해서 할머니가 마을을 가면 긴 담뱃대에 독하다는 막써레기

를 몇 대라도 붙이라고 하며 〈**가즈랑집**〉

없다②[형] 사람이나 사물 또는 어떤 사실이나 현상 따위가 어떤 곳에 자리나 공간을 차지하고 존재하지 않는 상태이다.

없고 ❖ 아카시아꽃의 향기가 가득하니 꿀벌들이 많이 날어드는 아츰/구신은 없고 부헝이가 담벽을 띠쫗고 죽었다 〈**정문촌**旌門村〉 ❖ 오리야 너를 한 쌍 주드니/어린 누이는 없고 저는 시집을 갔다건만/오리야 너는 한 쌍이 날어가누나 〈**오리**〉 ❖ 어느 사이에 나는 아내도 없고, 또,/아내와 같이 살던 집도 없어지고,/그리고 살뜰한 부모며 동생들과도 멀리 떨어져서,/그 어느 바람 세인 쓸쓸한 거리 끝에 헤매이었다. 〈**남신의주 유동 박시봉방**南新義州柳洞朴時逢方〉

없나보다 ❖ 한 십리十里 더 가면 절간이 있을 듯한 마을이다 낮 기울은 볕이 장글장글하니 따사하다 홁은 젖이 커서 살같이 깨서 아지랑이 낀 속이 안타까운가보다 뒤울안에 복사꽃 핀 집엔 아무도 없나보다 〔…〕 〈**황일**黃日〉

없는 ❖ 멀리 바다가 뵈이는/가정거장假停車場도 없는 벌판에서/차車는 머물고/젊은 새악시 둘이 나린다 〈**광원**曠原〉 ❖ 또 내가 아는 그 몸이 성하고 돈도 있는 사람들이/즐거이 술을 먹으려 단닐 것과/내 손에는 신간서新刊書 하나도 없는 것과/그리고 그 〈아서라 세상사世上事〉라도 들을/류성기도 없는 것을 생각한다 〈**내가 생각하는 것은**〉 ❖ 이 딴 나라 사람들이 모두 니마들이 번번하니 넓고 눈은 컴컴하니 흐리고/그리고 길즛한 다리에 모두 민숭민숭하니 다리털이 없는 것이/이것이 나는 왜 자꼬 슬퍼지는 것일까 〈**조당**澡塘**에서**〉

없다 ❖ 어두워오는 성문城門 밖의 거리/도야지를 몰고 가는 사람이 있다//엿방 앞에 엿궤가 없다 〈**성외**城外〉 ❖ 착하디착해서 세괏은 가시 하나 손아귀 하나 없다/너무나 정갈해서 이렇게 파리했다//우리들은 가난해도 서럽지 않다/우리들은 외로워할 까닭도 없다/그리고 누구 하나 부럽지도 않다 〈**선우사**膳友辭**—함주시초**咸州詩抄〉 ❖ 아, 나의 조상은 형제는 일가친척은 정다운 이웃은 그리운 것은 사랑하는 것은 우러르는 것은 나의 자랑은 나의 힘은 없다 바람과 물과 세월과 같이 지나가고 없다 〈**북방**北方**에서—정현웅**鄭玄雄**에게**〉

없드란 ❖ 비얘고지 비얘고지는/제비야 네 말이다/저 건너 노루섬에 노루 없드란 말이지/신미두 삼각산엔 가무래기만 나드란 말이지 〈**대산동**大山洞**—물닭의 소리**〉

없어 ❖ 우리들은 모두 욕심이 없어 희여졌다 〈**선우사**膳友辭**—함주시초**咸州詩抄〉

없다⑤[형] 사람, 동물, 물체 따위가 실제로 존재하지 않는 상태이다.

없는 ❖ 구신과 사람과 넋과 목숨과 있는 것과 없는 것과 한 줌 흙과 한 점 살과 먼

녯조상과 먼 홋자손의 거륵한 아득한 슬픔을 담는 것 〈**목구**木具〉

없이①[부] 사람이나 사물 또는 어떤 사실이나 현상 따위가 어떤 곳에 자리나 공간을 차지하고 존재하지 않게.

❖ 거적장사 하나 산山 뒷녚 비탈을 오른다/아— 따르는 사람도 없이 쓸쓸한 쓸쓸한 길이다/산山가마귀만 울며 날고/도적갠가 개 하나 어정어정 따러간다 〈**쓸쓸한 길**〉 ❖ 재 안 드는 밤은 불도 없이 캄캄한 까막나라에서/조앙님은 무서운 이야기나 하면/모두들 죽은 듯이 엎데였다 잠이 들 것이다 〈**고사**古寺**—함주시초**咸州詩抄〉

있다①[동] 사람이나 동물이 어느 곳에서 떠나거나 벗어나지 아니하고 머물다.

있노라 ❖ 정주定州 동림東林 구십九十여 리里 긴긴 하로 길에/산에 오면 산 소리 벌에 오면 벌 소리/적막강산에 나는 있노라 〈**적막강산**〉

있다②[형] ① 사람이나 사물 또는 어떤 사실이나 현상 따위가 어떤 곳에 자리나 공간을 차지하고 존재하는 상태이다. ② 사람, 동물, 물체 따위가 실제로 존재하는 상태이다.

있는 ❖ 잠자리 조을든 문허진 성城터/반딧불이 난다 파란 혼魂들 같다/어데서 말 있는 듯이 크다란 산山새 한 마리 어두운 골짜기로 난다 〈**정주성**定州城〉 ❖ 나는 돌나물김치에 백설기를 먹으며/녯말의 구신집에 있는 듯이 〈**가즈랑집**〉 ❖ 미역오리같이 말라서 굴껍지처럼 말없이 사랑하다 죽는다는/이 천희千姬의 하나를 나는 어늬 오랜 객줏客主집의 생선 가시가 있는 마루방에서 만났다 〈**통영**統營〉 ❖ 나는 또 큰거미를 쓸어 문밖으로 버리며/찬 밖이라도 새끼 있는 데로 가라고 하며 서러워한다 〈**수라**修羅〉 ❖ 병이 들면 풀밭으로 가서 풀을 뜯는 소는 인간人間보다 영靈해서 열 걸음 안에 제 병을 낫게 할 약藥이 있는 줄을 안다고 〈**절간의 소 이야기**〉 ❖ 난蘭이라는 이는 명정明井골에 산다든데/명정明井골은 산山을 넘어 동백冬柏나무 푸르른 감로甘露 같은 물이 솟는 명정明井샘이 있는 마을인데 〈**통영**統營(**남행시초**南行詩抄)〉 ❖ 구신과 사람과 넋과 목숨과 있는 것과 없는 것과 한 줌 흙과 한 점 살과 먼 녯조상과 먼 홋자손의 거륵한 아득한 슬픔을 담는 것 〈**목구**木具〉 ❖ 높은 산도 높은 꼭다기에 있는 듯한/아니면 깊은 물도 깊은 밑바닥에 있는 듯한 당신네 나라의/하늘은 얼마나 맑고 높을 것인가/바람은 얼마나 따사하고 향기로울 것인가 〈**허준**許俊〉 ❖ 한울은/이러한 시인詩人이 우리들 속에 있는 것을 더욱 사랑하는데 〈《**호박꽃 초롱**》 **서시**序詩〉 ❖ 오늘은 정월正月 보름이다/대보름 명절인데/나는 멀리 고향을 나서 남의 나라 쓸쓸한 객고에 있는 신세로다/〔…〕/나는 이제 어늬 먼 외진 거리에 한고향 사람의 조고마한 가업집이 있는 것을 생각하고/이 집에

가서 그 맛스러운 떡국이라도 한 그릇 사먹으리라 한다 **〈두보杜甫나 이백李白같이〉**

있는다면 ❖ 오늘 고향의 내 집에 있는다면/새 옷을 입고 새 신도 신고 떡과 고기도 억병 먹고/일가친척들과 서로 모여 즐거이 웃음으로 지날 것이연만 **〈두보杜甫나 이백李白같이〉**

있다 ❖ 산山 너머 십오리十五里서 나무뒝치 차고 싸리신 신고 산山비에 촉촉이 젖어서 약藥물을 받으러 오는 산山아이도 있다 **〈산지山地〉** ❖ 모닥불은 어려서 우리 할아버지가 어미 아비 없는 서러운 아이로 불상하니도 몽둥발이가 된 슬픈 력사가 있다 **〈모닥불〉** ❖ 행길에는 선장 대여가는 장꾼들의 종이등燈에 나귀눈이 빛났다/어데서 서러웁게 목탁木鐸을 뚜드리는 집이 있다 **〈미명계未明界〉** ❖ 어두워오는 성문城門 밖의 거리/도야지를 몰고 가는 사람이 있다 **〈성외城外〉** ❖ 텃밭가 재래종在來種의 임금林檎나무에는 이제도 콩알만 한 푸른 알이 달렸고 히스무레한 꽃도 하나 둘 퓌여 있다 **〈창의문외彰義門外〉** ❖ 산山 너머 십오리十五里서 나무뒝치 차고 싸리신 신고 산山비에 촉촉이 젖어서 약藥물을 받으려 오는 두멧아이들도 있다 **〈삼방三防〉** ❖ 장진長津땅이 지붕 넘에 넘석하는 거리다/자구나무 같은 것도 있다 **〈노루—함주시초咸州詩抄〉** ❖ 이 흰 바람벽에/내 가난한 늙은 어머니가 있다/ 〔…〕/또 내 사랑하는 사람이 있다/내 사랑하는 어여쁜 사람이/어늬 먼 앞대 조용한 개포가의 나즈막한 집에서/그의 지아비와 마조 앉어 대구국을 끓여놓고 저녁을 먹는다 **〈흰 바람벽이 있어〉**

있다는 ❖ 육십리六十里라고 해서 파랗게 뵈이는 산山을 넘어 있다는 해변에서 과부가 된 코끝이 빨간 언제나 흰옷이 정하든 말끝에 설게 눈물을 짤 때가 많은 큰골 고무 고무의 딸 홍녀洪女 아들 홍洪동이 작은홍洪동이 **〈여우난골족族〉**

있어 ❖ 이 무서운 밤을 아래 웃방성 마을 돌아다니는 사람은 있어 개는 짖는다 **〈개〉** ❖ 시 제목 **〈흰 바람벽이 있어〉**

있어도 ❖ 낫배 어니메 치코에 꿩이라도 걸려서 산山 너머 국숫집에 국수를 받으려 가는 사람이 있어도 개는 짖는다 **〈개〉**

있어서 ❖ 내 리과책에서는 암컷과 수컷이 있어서 새끼를 낳었습니다/지렝이의 눈이 보고 싶습니다/지렝이의 밥과 집이 부럽습니다 **〈나와 지렝이〉** ❖ 날기멍석을 져간다는 닭보는 할미를 차 굴린다는 땅아래 고래 같은 기와집에는 언제나 니차떡에 청밀에 은금보화가 그득하다는 외발 가진 조마구 뒷산山 어늬메도 조마구네 나라가 있어서 오줌 누러 깨는 재밤 〔…〕 **〈고야古夜〉** ❖ 오지항아리에는 삼춘이 밥보다 좋아하는 찹쌀탁주가 있어서/삼춘의 임내를 내어가며 나와 사춘은 시큼털털한 술을 잘도 채어 먹었다 **〈고방〉** ❖ 골이 다한 산대 밑에 자그마한 돌능와집이 한 채 있어서/이 집 남길동 단 안주인은 겨울이면 집을 내고/산을 돌아 거리로 나려간다는 말을 하는데 **〈산곡**山谷**—함주시초**咸州詩抄**〉** ❖ 아름답고 튼튼한 계집은 있어서/흰 저고리에 붉은 길동을 달어/검정치마에 받쳐입은 것은/나의 꼭 하나 즐거운 꿈이였드니 **〈절망**絶望**〉** ❖ 이 추운 세상의 한구석에/맑고 가난한 친구가 하나 있어서/내가 이렇게 추운 거리를 지나온 걸/얼마나 기뻐하며 락단하고 **〈가무래기의 낙**樂**〉** ❖ 이때 나는 내 뜻이며 힘으로, 나를 이끌어 가는 것이 힘든 일인 것을 생각하고,/이것들보다 더 크고, 높은 것이 있어서, 나를 마음대로 굴려 가는 것을 생각하는 것인데, **〈남신의주 유동 박시봉방**南新義州柳洞朴時逢方**〉**

있었다 ❖ 울파주 밖에는 장꾼들을 따러와서 엄지의 젖을 빠는 망아지도 있었다 **〈주막**酒幕**〉** ❖ 구석의 나무말쿠지에 할아버지가 삼는 소신 같은 짚신이 둑둑이 걸리어도 있었다 **〈고방〉** ❖ 주홍칠이 날은 정문旌門이 하나 마을 어구에 있었다 **〈정문촌**旌門村**〉** ❖ 해바른 마당에는 꿀벌이 스무나문 통 있었다 **〈산곡**山谷**—함주시초**咸州詩抄**〉** ❖ 손길은 따스하고 부드러워/고향故鄕도 아버지도 아버지의 친구도 다 있었다 **〈고향**故鄕**〉** ❖ 머리 빗기가 싫다면/니가 들구 나서/머리채를 끄을구 오른다는/산山이 있었다 **〈산**山**〉**

있었다는 ❖ 녯날엔 통제사統制使가 있었다는 낡은 항구港口의 처녀들에겐 녯날이 가지 않은 천희千姬라는 이름이 많다 **〈통영**統營**〉**

있었을 ❖ 어진 사람이 많은 나라에서는/오두미五斗米를 버리고 버드나무 아래로 돌아온 사람도/그 녚차개에 수박씨 닦은 것은 호박씨 닦은 것은 있었을 것이다/나물 먹고 물 마시고 팔벼개하고 누웠든 사람도/그 머리맡에 수박씨 닦은 것은 호박씨 닦은 것은 있었을 것이다 **〈수박씨, 호박씨〉**

있으면 ❖ 흰밥과 가재미와 나는/우리들이 같이 있으면/세상 같은 건 밖에 나도 좋을 것 같다 **〈선우사**膳友辭**—함주시초**咸州詩抄**〉**

있을 ❖ 한 십리十里 더 가면 절간이 있을 듯한 마을이다 낮 기울은 별이 장글장글하니 따사하다 흙은 젖이 커서 살같이 깨서 아지랑이 낀 속이 안타까운가보다 〔…〕 **〈황일**黃日**〉** ❖ 샘터엔 오구작작 물을 긷는 처녀며 새악시들 가운데 내가 좋아하는 그이가 있을 것만 같고 **〈통영**統營**(남행시초**南行詩抄**)〉**

있다③ 형 어떤 사실이나 현상이 현실로 존재하는 상태이다.

있는 ❖ 기장쌀은 기장차떡이 좋고 기장차랍이 좋고 기장감주가 좋고 그리고 기장쌀로 쑨 호박죽은 맛도 있는 것을 생각하며 나는 기뻐다 **〈월림**月林**장—서행시초**西

行詩抄 4〉 ❖ 이러면서 그 무슨 제비의 춤이라는 연소탕燕巢湯이 맛도 있는 것과/또 어늬바루 새악시가 곱기도 한 것 같은 것을 생각하는 것일 것인데 〈**조당**澡塘**에서**〉

있는데 ❖ 내 어지러운 마음에는 슬픔이며, 한탄이며, 가라앉을 것은 차츰 앙금이 되어 가라앉고,/외로운 생각만이 드는 때쯤 해서는,/더러 나줏손에 쌀랑쌀랑 싸락눈이 와서 문창을 치기도 하는 때도 있는데, 〈**남신의주 유동 박시봉방**南新義州柳洞朴時逢方〉

있다는 ❖ 이렇게 젊은 나이로 코밑수염도 길러보는 탓이고 그리고 어늬 가난한 집 부엌으로 달재 생선을 진장에 꼿꼿이 지진 것은 맛도 있다는 말이 자꼬 들려오는 탓이다 〈**내가 이렇게 외면하고**〉

있었다 ❖ 산山꿩도 섧게 울은 슬픈 날이 있었다/산山절의 마당귀에 여인女人의 머리오리가 눈물방울과 같이 떨어진 날이 있었다 〈**여승**女僧〉 ❖ 기왓골에 배암이 푸르스름히 빛난 달밤이 있었다 〈**정문촌**旌門村〉

있었을 ❖ 녯날 두보杜甫나 이백李白 같은 이 나라의 시인詩人도/먼 타관에 나서 이날을 맞은 일이 있었을 것이다/ 〔…〕 /이날 이렇게 마른물고기 한 토막으로 외로이 쓸쓸한 생각을 한 적도 있었을 것이다 〈**두보**杜甫**나 이백**李白**같이**〉

있다⑤형 사람이나 동물이 어느 곳에 머무르거나 사는 상태이다.

있는 ❖ 명절날 나는 엄매 아배 따라 우리집 개는 나를 따라 진할머니 진할아버지가 있는 큰집으로 가면// 〔…〕 //이 그득히들 할머니 할아버지가 있는 안간에들 모여서 방안에서는 새옷의 내음새가 나고 〈**여우난골족**族〉 ❖ 이 집에 있는 다른 많은 아이들이/모도들 욕심 사납게 지게굳게 일부러 청을 돋혀서/어린아이들치고는 너무나 큰 소리로 너무나 튀겁 많은 소리로 울어대는데 〈**촌에서 온 아이**〉

있다가 ❖ 이것의 엄마와 누나나 형이 가까이 이것의 걱정을 하며 있다가 쉬이 만나기나 했으면 좋으련만 하고 슬퍼한다 〈**수라**修羅〉

있어서 ❖ 집에는 아배에 삼춘에 오마니에 오마니가 있어서 젖먹이를 마을 청능 그늘밑에 삿갓을 씌워 한종일내 뉘어두고 김을 매려 단녔고 〔…〕 〈**넘언집 범 같은 노큰마니**〉

지나다③동 지내다. 생활하거나 살아가다(《금성판국어대사전》).

지날 ❖ 오늘 고향의 내 집에 있는다면/새 옷을 입고 새 신도 신고 떡과 고기도 억병 먹고/일가친척들과 서로 모여 즐거이 웃음으로 지날 것이연만 〈**두보**杜甫**나 이백**李白**같이**〉

2 소유, 구비

가지다①동 손이나 몸 따위에 있게 하다.

가지고 ❖ 네 소리에 나는 촌 농삿집의 저녁을 짓는 때/나주볕이 가득 드리운 밝은 방안에 혼자 앉어서/실감기며 버선짝을 가지고 쓰렁쓰렁 노는 아이를 생각한다 **〈촌에서 온 아이〉** ❖ 또 이러한 밤 같은 때 시집갈 처녀 막내고무가 고개 너머 큰집으로 치장감을 가지고 와서 엄매와 둘이 소기름에 쌍심지의 불을 밝히고 〔…〕 **〈고야古夜〉**

가진 ❖ 날기멍석을 져간다는 닭보는 할미를 차 굴린다는 땅아래 고래 같은 기와집에는 언제나 니차떡에 청밀에 은금보화가 그득하다는 외발 가진 조마구 뒷산山 어늬메도 조마구네 나라가 있어서 〔…〕 **〈고야古夜〉**

가지다②동 거느리거나 모시거나 두다.

가진 ❖ 샛파란 핏대를 바라보며 나는 가난한 아버지를/가진 것과 내가 오래 그려오든 처녀가 시집을 간 것과 **〈내가 생각하는 것은〉**

갖추어놓다동 있어야 할 것을 가지거나 차려 놓다.

〔'갖추어놓다'는 '갖추다'에 보조동사 '놓다'가 결합한 동사이다. 사전엔 '갖추다'만 등재되어 있다.〕

갖추어놓고 ❖ 어스름저녁 국수당 돌각담의 수무나무 가지에 녀귀의 탱을 걸고 나물매 갖추어놓고 비난수를 하는 젊은 새악시들 **〈오금덩이라는 곳〉**

걷어가다동 강제로 빼앗거나 훔쳐 가다(《조선말대사전》).

〔'걷어가다'는 《조선말대사전》에 등재되어 있다.〕

걷어가는 ❖ 까막까치나 두더쥐 돝벌기가 와서 먹으면 먹는 대로 두어두고/도적이 조금 걷어가도 걷어가는 대로 두어두고 **〈귀농歸農〉**

걷어가도 ❖ 까막까치나 두더쥐 돝벌기가 와서 먹으면 먹는 대로 두어두고/도적이 조금 걷어가도 걷어가는 대로 두어두고 **〈귀농歸農〉**

구하다동 필요한 것을 찾다. 또는 그렇게 하여 얻다.

구하였다 ❖ 돌각담에 머루송이 깜하니 익고/자갈밭에 아즈까리알이 쏟아지는/잠풍하니 볕바른 골짝이다/나는 이 골짝에서 한겨울을 날려고 집을 한 채 구하였다 **〈산곡山谷—함주시초咸州詩抄〉**

노나가지다동 '나눠 가지다'의 방언.

〔《평북방언사전》에 '노나가지다', '노나주다'가 등재되어 있는데, '노나가지다'는 다

른 지역에서도 많이 쓰는 말이다.〕

노나가지고 ❖ 뱃사람들의 언젠가 아홉이서 회를 쳐먹고도 남어 한 깃씩 노나가지고 갔다는 크디큰 꼴두기의 이야기를 들으며 나는 슬프다 **〈꼴두기—물닭의 소리〉**

달다③[동] 사람을 동행하거나 거느리다.

달고 ❖ 승냥이 줄레줄레 달고 가며/덕신덕신 이야기하고 싶은 길이다 **〈창원도**昌原道**—남행시초**南行詩抄 **1〉**

더리다[동] 데리다. 아랫사람이나 동물 따위를 자기 몸 가까이 있게 하다.

더리고 ❖ 개 더리고 호이호이 희파람 불며/시름 놓고 가고 싶은 길이다 **〈창원도**昌原道**—남행시초**南行詩抄 **1〉**

들다⑦[동] 손에 가지다.

든 ❖ 승냥이가 새끼를 치는 전에는 쇠메 든 도적이 났다는 가즈랑고개 **〈가즈랑집〉**

들고 ❖ 나는 두 손으로 고이 약그릇을 들고 이 약을 내인 녯사람들을 생각하노라면/내 마음은 끝없이 고요하고 또 맑어진다 **〈탕약**湯藥**〉**

받다③[동] 다른 사람이 주거나 보내오는 물건 따위를 가지다.

받은 ❖ 이즉하니 물기에 누굿이 젖은 왕구새자리에서 저녁상을 받은 가슴 앓는 사람은 참치회를 먹지 못하고 눈물겨웠다 **〈시기**柿崎**의 바다〉**

얻다①[동] (주는 것을) 받아 가지다(《금성판국어대사전》).

얻는 ❖ 아전 노릇을 그만두고 밭을 노왕老王한테 얻는 것이다 **〈귀농**歸農**〉**

얻는다 ❖ 나는 땅님자 노왕老王한테 석 상디기 밭을 얻는다 **〈귀농**歸農**〉**

얻는다는 ❖ 사람은 모든 것을 다 잃어버리고 넋 하나를 얻는다는 크나큰 그 말을 **〈허준**許俊**〉**

얻어 ❖ 이리하여 노왕老王은 밭을 주어 마음이 한가하고/나는 밭을 얻어 마음이 편안하고 **〈귀농**歸農**〉**

있다⑥[형] 어떤 물체를 소유하거나 자격이나 능력 따위를 가진 상태이다.

있는 ❖ 또 내가 아는 그 몸이 성하고 돈도 있는 사람들이/즐거이 술을 먹으려 단닐 것과/내 손에는 신간서新刊書 하나도 없는 것과 **〈내가 생각하는 것은〉** ❖ 백중날에는 새악시들이/생모시치마 천진푀치마의 물팩치기 껑추렁한 치마에/쇠주푀적삼 항라적삼의 자지고름이 기드렁한 적삼에/한끝나게 상나들이옷을 있는 대로 다 내 입고 **〈칠월**七月 **백중〉**

잡다③[동] 골라 정하거나 차지하다(《금성판국어대사전》).

잡고 ❖ 밤이 깊어가는 집안엔 엄매는 엄매들끼리 아르간에서들 웃고 이야기하고 아이들은 아이들끼리 웃간 한 방을 잡고 조아질하고 쌈방이 굴리고 바리깨돌림 하고 호박떼기하고 제비손이구손이하고 […] 〈**여우난골족**族〉

3 넣기, 담기

넣다①동 한정된 공간 속으로 들게 하다.

넣는 ❖ 수박씨 호박씨를 입에 넣는 마음은/참으로 철없고 어리석고 게으른 마음이나 〈**수박씨, 호박씨**〉

넣어 ❖ 무명필에 이름을 써서 백지 달어서 구신간시렁의 당즈깨에 넣어 대감님께 수영을 들였다는 가즈랑집 할머니 〈**가즈랑집**〉

넣다②동 다른 것에 섞거나 타다.

넣고 ❖ 그리고 그 시래깃국에 소피를 넣고 두부를 두고 끓인 구수한 술국을 트근히 멫 사발이고 왕사발로 멫 사발이고 먹자 〈**구장로**球場路**—서행시초**西行詩抄 **1**〉

담그다②동 액체 속에 넣다.

담그고 ❖ 내 가난한 늙은 어머니가/이렇게 시퍼러둥둥하니 추운 날인데 차디찬 물에 손은 담그고 무이며 배추를 씻고 있다 〈**흰 바람벽이 있어**〉

담기다동 '담다'의 피동사. (어떤 물건이 그릇에) 넣어지게 되다.

담겨 ❖ 딜옹배기에 북덕불이라도 담겨 오면,/이것을 안고 손을 쬐며 재 우에 뜻없이 글자를 쓰기도 하며, 〈**남신의주 유동 박시봉방**南新義州柳洞朴時逢方〉

담다동 어떤 물건을 그릇 따위에 넣다.

담는 ❖ 구신과 사람과 넋과 목숨과 있는 것과 없는 것과 한 줌 흙과 한 점 살과 먼 넷조상과 먼 훗자손의 거륵한 아득한 슬픔을 담는 것//내 손자의 손자와 손자와 나와 할아버지와 […] 수원백씨水原白氏 정주백촌定州白村의 힘세고 꿋꿋하나 어질고 정 많은 호랑이 같은 곰 같은 소 같은 피의 비 같은 밤 같은 달 같은 슬픔을 담는 것 아 슬픔을 담는 것 〈**목구**木具〉

들다③동 안에 담기거나 그 일부를 이루다.

든 ❖ 내일같이 명절날인 밤은 부엌에 쩨듯하니 불이 밝고 솥뚜껑이 놀으며 구수한 내음새 곰국이 무르끓고 […] 나는 밤소 팥소 설탕 든 콩가루소를 먹으며 설탕 든 콩가루소가 가장 맛있다고 생각한다 〈**고야**古夜〉

들어 ❖ 무썩무썩 더운 날에도 벌길에는/건들건들 씨연한 바람이 불어오고/허리에

찬 남갑사 주머니에는 오랜만에 돈푼이 들어 즈벅이고 **〈칠월七月 백중〉**

들은 ❖ 그리고 다 달인 약을 하이얀 약사발에 밭어놓은 것은/아득하니 깜하야 만년萬年 녯적이 들은 듯한데 **〈탕약湯藥〉**

들었다 ❖ 신새벽 들망에/내가 좋아하는 꼴두기가 들었다 **〈꼴두기—물닭의 소리〉**

들여트리다[동] 들어트리다. 집어서 속에 넣다.

들여트려서는 ❖ 집에는 아배에 삼춘에 오마니에 오마니가 있어서 […] 그리고 끼때에는 부뚜막에 바가지를 아이덜 수대로 주룬히 늘어놓고 밥 한 덩이 질게 한 술 들여트려서는 먹였다는 소리를 언제나 두고두고 하는데 **〈넘언집 범 같은 노큰마니〉**

들이다①[동] 물건을 안으로 가져오다.

들여 ❖ 고방엔 그득히 감자에 콩곡석도 들여 쌓이고 **〈귀농歸農〉**

받다①[동] 흐르거나 쏟아지거나 하는 것을 그릇 따위에 담기게 하다.

받노라 ❖ 섣달에 냅일날이 들어서 냅일날 밤에 눈이 오면 이 밤엔 쌔하얀 할미귀신의 눈귀신도 냅일눈을 받노라 못 난다는 말을 든든히 녀기며 […] **〈고야古夜〉**

받는다 ❖ 섣달에 냅일날이 들어서 냅일날 밤에 눈이 오면 […] 엄매와 나는 앙궁 우에 떡돌 우에 곱새담 우에 함지에 버치며 대냥푼을 놓고 치성이나 드리듯이 정한 마음으로 냅일눈 약눈을 받는다 **〈고야古夜〉**

받어 ❖ 나는 이 작은 것을 고이 보드러운 종이에 받어 또 문밖으로 버리며/이것의 엄마와 누나나 형이 가까이 이것의 걱정을 하며 있다가 쉬이 만나기나 했으면 좋으련만 하고 슬퍼한다 **〈수라修羅〉** ❖ 그리고 또 엄매의 말엔 내가 아직 굳은 밥을 모르던 때 살갗 퍼런 막내고무가 잘도 받어 세수를 하였다는 내 오줌빛은 이슬같이 샛말갛기도 샛맑았다는 것이다 **〈동뇨부童尿賦〉**

받으러 ❖ 산山 너머 십오리十五里서 나무뒝치 차고 싸리신 신고 산山비에 촉촉이 젖어서 약藥물을 받으러 오는 산山아이도 있다 **〈산지山地〉**

받으려 ❖ 산山 너머 십오리十五里서 나무뒝치 차고 싸리신 신고 산山비에 촉촉이 젖어서 약藥물을 받으려 오는 두멧아이들도 있다 **〈삼방三防〉**

채워두다[동] (사람이 무엇을 장소에) 더 들어갈 수 없이 가득하게 넣거나 더하여 두다(《고려대한국어대사전》).

〔'채워두다'는 '채우다'에 보조동사 '두다'가 결합된 복합동사이다. 사전엔 '채우다'와 '두다'만 등재되어 있다. 위의 풀이는 '채우다'의 풀이를 참고해 필자가 작성한 것이다.〕

채워두고는 ❖ 이 눈세기물을 냅일물이라고 제주병에 진상항아리에 채워두고는 해

를 묵여가며 고뿔이 와도 배앓이를 해도 갑피기를 앓어도 먹을 물이다 〈**고야**古夜〉

4 남음, 둠

남기다 동 '남다'의 사동사. 잊히지 않도록 해 두거나 뒤에까지 전하게 하다.

남기고 ❖ 벌에 우는 새소리도 듣고 싶고 거문고도 한 곡조 뜯고 싶고 한 오천五千말 남기고 함곡관函谷關도 넘어가고 싶고 〈**수박씨, 호박씨**〉

남다 동 다 쓰지 않거나 정해진 수준에 이르지 않아 나머지가 있게 되다.

남아 ❖ 한 이십리二十里 가면 거리라든데/한겻 남아 걸어도 거리는 뵈이지 않는다 〈**구장로**球場路**—서행시초**西行詩抄 **1**〉

남어 ❖ 뱃사람들의 언젠가 아홉이서 회를 쳐먹고도 남어 한 깃씩 노나가지고 갔다는 크디큰 꼴두기의 이야기를 들으며 나는 슬프다 〈**꼴두기—물닭의 소리**〉

남은 ❖ 헐리다 남은 성문城門이/한울빛같이 훤하다/날이 밝으면 또 메기수염의 늙은이가 청배를 팔러 올 것이다 〈**정주성**定州城〉

남어있다 동 남아 있다. 다 쓰지 않거나 정해진 수준에 이르지 않아 나머지가 있는 상태가 지속되다.

〔'남어있다'는 '남다'에 보조동사 '있다'가 결합된 합성어이다. 사전엔 '남다'만 등재되어 있다.〕

남어있었다 ❖ 낡은 질동이에는 갈 줄 모르는 늙은 집난이같이 송구떡이 오래도록 남어있었다 〈**고방**〉

놓다① 동 (사람이 물건을 어떤 곳에) 있게 두다(《고려대한국어대사전》).

놓고 ❖ 그들이 아득하니 슬펐을 듯이/나도 떡국을 놓고 아득하니 슬플 것이로다 〈**두보**杜甫**나 이백**李白**같이**〉 ❖ 섣달에 냅일날이 들어서 냅일날 밤에 눈이 오면 〔…〕 나는 앙궁 우에 떡돌 우에 곱새담 우에 함지에 버치며 대냥푼을 놓고 치성이나 드리듯이 정한 마음으로 냅일눈 약눈을 받는다 〈**고야**古夜〉

두어두다 동 본디 있던 그대로 건드리지 않고 두다.

두어두고 ❖ 감자가 앉으면 감자를 먹으며 팔며/까막까치나 두더쥐 돝벌기가 와서 먹으면 먹는 대로 두어두고/도적이 조금 걷어가도 걷어가는 대로 두어두고 〈**귀농**歸農〉

5 얹음, 쌓임

사리우다[동] 사리다. 국수, 새끼, 실 따위를 동그랗게 포개어 감다.

〔'사리우다'는 '사리다'에 '우' 모음이 첨가된 형태의 시어이다. 아래 용례에서 '사리워'는 문맥상 피동으로 쓴 것으로 봐야 할 것이다. 즉, "새끼사발에 그득히 사리워 오는 것이다"는 '새끼사발에 국수가 감겨져 나왔다', 또는 '새끼사발에 국수가 담겨 나왔다'라는 뜻이다. 원래 우리말에서 '우'는 피동접사로 쓰이지 않는다. 따라서 '사리워'는 표준 어법으로는 '사리어져'나 '사려져'로 써야 맞는 말이다. 백석 시에 구사된 '사리워'라는 말은 매우 독특한 어법의 시어라고 할 수 있다(고형진, 2013).〕

사리워 ❖ 지붕에 마당에 우물든덩에 함박눈이 푹푹 쌓이는 여늬 하로밤/아배 앞에 그 어린 아들 앞에 아배 앞에는 왕사발에 아들 앞에는 새끼사발에 그득히 사리워 오는 것이다 **〈국수〉**

쌓이다[동] '쌓다'의 피동사. ① (물건이) 겹겹이 포개져서 놓이다. ② (눈이나 먼지, 지방 따위가) 겹겹이 포개지면서 많이 모이다.

쌓여서 ❖ 뜨락에 잡곡낟가리가 쌓여서/어니 세월에 뷔일 듯한 집은 뵈이지 않었다 **〈산곡**山谷**—함주시초**咸州詩抄**〉**

쌓이고 ❖ 노왕老王은 집에 말과 나귀며 오리에 닭도 우울거리고/고방엔 그득히 감자에 콩곡석도 들여 쌓이고/노왕老王은 채매도 힘이 들고 하루종일 백령조百鈴鳥 소리나 들으려고/밭을 오늘 나한테 주는 것이고 **〈귀농**歸農**〉**

쌓이는 ❖ 나타샤와 나는/눈이 푹푹 쌓이는 밤 흰 당나귀 타고/산골로 가자 출출이 우는 깊은 산골로 가 마가리에 살자 **〈나와 나타샤와 흰 당나귀〉** ❖ 지붕에 마당에 우물든덩에 함박눈이 푹푹 쌓이는 여늬 하로밤/아배 앞에 그 어린 아들 앞에 아배 앞에는 왕사발에 아들 앞에는 새끼사발에 그득히 사리워 오는 것이다 **〈국수〉**

쌓인 ❖ 여인숙旅人宿이라도 국숫집이다/모밀가루포대가 그득하니 쌓인 웃간은 들믄들믄 더웁기도 하다 **〈산숙**山宿**—산중음**山中吟**〉**

앉다②[동] (떠 있던 물질이) 모여 쌓이거나 들러붙다(《조선말대사전》).

앉는 ❖ 기쁨이 마음에 뜨는 때는 희고 까만 씨를 앞니로 까서 잔나비가 되고/근심이 마음에 앉는 때는 희고 까만 씨를 혀끝에 물어 까막까치가 되고 **〈수박씨, 호박씨〉**

앉은 ❖ '효자노적지지정문孝子盧迪之之旌門'—몬지가 겹겹이 앉은 목각木刻의 액額에/

나는 열 살이 넘도록 갈지자字 둘을 웃었다 〈**정문촌**旌門村〉

얹어두다[동] 위에 올려놓아 두다.

〔'얹어두다'는 '얹다'에 보조동사 '두다'가 결합된 합성어이다. 사전엔 '얹다'만 등재되어 있다.〕

얹어둔 ❖ 그리고 새벽녘이면 고방 시렁에 채국채국 얹어둔 모랭이 목판 시루며 함지가 땅바닥에 넘너른히 널리는 집이다 〈**외갓집**〉

6 묶기

꽁지다[동] 꽁꽁 동이거나 작게 꾸리어 묶다(《조선말대사전》). ☞ 빗텁 208

〔'꽁지다'는 《조선말대사전》에 등재되어 있는 말이다. 이동순 외(2012)는 '꽁지다'를 '뭉쳐지다'라는 피동의 뜻으로 풀이한다. 그런데 이 서술어의 주체는 큰마니, 엄매, 삼춘엄매이다. 이들이 머리를 빗은 다음 빗첩에서 머리카락을 꽁진다, 즉 묶는다는 것이다. 따라서 '꽁지는'은 '뭉쳐지는'이란 피동의 뜻이 아니라 '작게 꾸려 묶는'이란 뜻의 타동사로 봐야 하며, 사전에도 그렇게 풀이되어 있다.〕

꽁지는 ❖ 큰마니야 네 머리카락 엄매야 네 머리카락 삼춘엄매야 네 머리카락/머리 빗고 빗텁에서 꽁지는 머리카락 〈**머리카락**〉

매여놓다[동] 매어 놓다. 풀어지지 않게 동여 묶어 놓다.

〔'매여놓다'는 '매이다'(매다)와 '놓다'가 결합된 합성동사이다. 여기서 '놓다'는 '잡거나 쥐고 있던 물체를 일정한 곳에 두다'라는 뜻의 동사나 보조용언에 해당하는데, 아래 용례의 문맥에선 전자로 보는 것이 좀 더 자연스럽다.〕

매여놓고 ❖ 일가들이 모두 범같이 무서워하는 이 노큰마니는 구덕살이같이 욱실욱실하는 손자 증손자를 방구석에 들매나무 회채리를 단으로 쩌다두고 따리고 싸리갱이에 갓진창을 매여놓고 따리는데 〈**넘언집 범 같은 노큰마니**〉

매이다[동] 매다. 풀어지지 않게 동여 묶다(《금성판국어대사전》).

〔'매이다'는 '매다'에 '이' 모음이 첨가된 형태의 말이다. 모음 첨가는 백석의 시어에서 자주 나타나는 음운 현상이다.〕

매여 ❖ 언젠가 마을에서 수절과부 하나가 목을 매여 죽은 밤도 이러한 밤이었다 〈**흰밤**〉

7 묻기, 닫기, 덮기, 감추기

닫다[동] 열린 문짝, 뚜껑, 서랍 따위를 도로 제자리로 가게 하여 막다.

닫고 ❖ 어득한 기슭의 행길에 얼굴이 해쓱한 처녀가 새벽달같이/아 아즈내인데 병인病人은 미역냄새 나는 덧문을 닫고 버러지같이 누웠다 **〈시기柿崎의 바다〉**

덮다[동] 위에 얹어 씌우다(《금성판국어대사전》).

덮으며 ❖ 디퍽디퍽 눈을 밟으며 터벅터벅 흙도 덮으며/사물사물 햇볕은 목덜미에 간지로워서 **〈귀농歸農〉**

묻어놓다[동] 물건을 흙이나 다른 물건 속에 넣어 보이지 않게 쌓아 덮어 놓다.

〔'묻어놓다'는 '묻다'에 보조동사 '놓다'가 결합된 복합동사이다. 사전엔 '묻다'만 등재되어 있다.〕

묻어놓고 ❖ 닭이짗 올코에 새끼달은치를 묻어놓고/동둑 넘에 숨어서/하로진일 너를 기다린다 **〈오리〉**

묻히다[동] '묻다'의 피동사. (무엇이 땅속 공간에) 들이어져 다른 물건으로 덮이는 상태가 되다(《고려대한국어대사전》).

묻히고 ❖ 그동안 돌비는 깨어지고 많은 은금보화는 땅에 묻히고 가마귀도 긴 족보를 이루었는데 **〈북방北方에서—정현웅鄭玄雄에게〉**

숨다[동] 보이지 않게 몸을 감추다.

숨어 ❖ 한울은/공중에 떠도는 흰구름을 사랑한다/골짜구니로 숨어 흐르는 개울물을 사랑한다 **〈《호박꽃 초롱》 서시序詩〉**

숨어서 ❖ 오리야 나는 네가 좋구나 네가 좋아서/벌논의 눞 옆에 쭈구렁벼알 달린 짚검불을 널어놓고/닭이짗 올코에 새끼달은치를 묻어놓고/동둑 넘에 숨어서/하로진일 너를 기다린다 **〈오리〉**

숨었다 ❖ 솔포기에 숨었다/토끼나 꿩을 놀래주고 싶은 산山허리의 길은 **〈창원도昌原道—남행시초南行詩抄 1〉**

숨어버리다[동] 보이지 않게 몸을 감춰 버리다.

〔'숨어버리다'는 '숨다'에 보조용언 '버리다'가 결합된 말이다. 사전엔 '숨다'만 등재되어 있다.〕

숨어버리면 ❖ 나는 뛰쳐나와 얼른 고방으로 숨어버리면 고방에는 또 시렁에 데석님 **〈마을은 맨천 구신이 돼서〉**

싸다②[동] 물건을 안에 넣고 보이지 않게 씌워 가리거나 둘러 말다.

싸서 ❖ 가난한 엄매는 밤중에 김치가재미로 가고/마을을 구수한 즐거움에 싸서 은근하니 흥성흥성 들뜨게 하며/이것은 오는 것이다 〈**국수**〉

잠그다[동] 여닫는 물건을 열지 못하도록 자물쇠를 채우거나 빗장을 걸거나 하다.

잠그고 ❖ 한울은/풀 그늘 밑에 삿갓 쓰고 사는 버슷을 사랑한다/모래 속에 문 잠그고 사는 조개를 사랑한다 〈《**호박꽃 초롱**》 **서시**序詩〉

8 가득 참, 넘침, 확장

넘다①[동] 일정한 시간, 시기, 범위 따위에서 벗어나 지나다.

넘도록 ❖ '효자노적지지정문孝子盧迪之之旌門'—몬지가 겹겹이 앉은 목각木刻의 액額에/나는 열 살이 넘도록 갈지자字 둘을 웃었다 〈**정문촌**旌門村〉

넘은 ❖ 열여섯에 사십四十이 넘은 홀아비의 후처가 된 포족족하니 성이 잘 나는 살빛이 매감탕 같은 입술과 젖꼭지는 더 까만 예수쟁이 마을 가까이 사는 토산土山 고무 고무의 딸 승녀承女 아들 승承동이 〈**여우난골족**族〉 ❖ 예순이 넘은 아들 없는 가즈랑집 할머니는 중같이 정해서 할머니가 마을을 가면 긴 담뱃대에 독하다는 막써레기를 몇 대라도 붙이라고 하며 〈**가즈랑집**〉 ❖ 수양산首陽山의 어늬 오래된 절에서 칠십七十이 넘은 로장은 이런 이야기를 하며 치맛자락의 산山나물을 추었다 〈**절간의 소 이야기**〉

넘치다[동] 가득 차서 밖으로 흘러나오거나 밀려나다.

넘치는 ❖ —하눌이 이 세상을 내일 적에 그가 가장 귀해하고 사랑하는 것들은 모두/가난하고 외롭고 높고 쓸쓸하니 그리고 언제나 넘치는 사랑과 슬픔 속에 살도록 만드신 것이다 〈**흰 바람벽이 있어**〉

더하다[동] 어떤 정도나 상태가 더 크거나 심하게 되다.

더해 ❖ 바로 날도 저물어서,/바람은 더욱 세게 불고, 추위는 점점 더해 오는데,/나는 어느 목수木手네 집 헌 삿을 깐,/한 방에 들어서 쥔을 붙이었다. 〈**남신의주 유동 박시봉방**南新義州柳洞朴時逢方〉

되다④[동] 일정한 수량에 차거나 이르다.

되게 ❖ 나는 어니 외진 산山길에서 만난 새악시가 곱기도 하든 것과/어니메 강江물 속에 들여다뵈이든 쏘가리가 한 자나 되게 크든 것을 생각하며/산山비에 젖었다는 말렀다 하며 오는 길이다 〈**구장로**球場路**—서행시초**西行詩抄 **1**〉

되지 ❖ 집이 몇 집 되지 않는 골안은/모두 터앝에 김장감이 퍼지고 **〈산곡**山谷**—함주시초**咸州詩抄**〉**

불키다[동] 불쿠다. '불리다'(붇다, 즉 '물에 젖어서 부피가 커지다'의 사동)의 평북 방언. 〔《평북방언사전》에 '불쿠다'가 '불리다'의 방언으로, 《조선말대사전》엔 '불구다'의 센 말로 등재되어 있다. 북쪽 지역에서 '불구다'와 '불리다'는 같은 뜻의 말이다. 결국 '불쿠다'는 '불리다'(물에 붇게 하다)의 방언 내지 센 말이며, '불키다'는 여기서 모음 변이를 일으킨 말이다.〕

불키거나 ❖ 그런데 참으로 그 은殷이며 상商이며 월越이며 위衛며 진晉이며 하는 나라 사람들의 이 후손들은/얼마나 마음이 한가하고 게으른가/더운물에 몸을 불키거나 때를 밀거나 하는 것도 잊어버리고/제 배꼽을 들여다보거나 남의 낯을 쳐다보거나 하는 것인데 **〈조당**澡塘**에서〉**

뻗치다[동] '뻗다'를 강조하여 이르는 말. 가지나 덩굴, 뿌리 따위가 길게 자라나다. 또는 그렇게 하다.

뻗치고 ❖ 그늘만 친 건넌산山에서/벼락을 맞아 바윗돌이 되었다는/큰 땅괭이 한 마리/수염을 뻗치고 건너다보는 것이 무서웠다 **〈산**山**〉**

차다③[동] 어떤 높이나 한도에 이르는 상태가 되다.

차서 ❖ 어늬 아츰 계집은/머리에 무거운 동이를 이고/손에 어린것의 손을 끌고/가펴러운 언덕길을/숨이 차서 올라갔다 **〈절망**絶望**〉**

차다⑥[동] 일정한 공간에 사람, 사물, 냄새 따위가 더 들어갈 수 없이 가득하게 되다.

찬다 ❖ 그리고 이 세상을 살어가는데/내 가슴은 너무도 많이 뜨거운 것으로 호젓한 것으로 사랑으로 슬픔으로 가득 찬다 **〈흰 바람벽이 있어〉**

퍼지다[동] 어떤 물질이나 현상 따위가 넓은 범위에 미치다.

퍼지고 ❖ 집이 몇 집 되지 않는 골안은/모두 터앝에 김장감이 퍼지고/뜨락에 잡곡낟가리가 쌓여서/어니 세월에 뷔일 듯한 집은 뵈이지 않었다 **〈산곡**山谷**—함주시초**咸州詩抄**〉**

퍼진 ❖ 그리고 이 하늘 아래 바람결 속에 퍼진/그 풍속은 인정은 그리고 그 말은 얼마나 좋고 아름다울 것인가 **〈허준**許俊**〉**

9 잡기, 풀어 주기

걸리다②동 막히거나 잡히다.

걸려서 ❖ 낮배 어니메 치코에 꿩이라도 걸려서 산山 너머 국숫집에 국수를 받으려 가는 사람이 있어도 개는 짖는다 **〈개〉**

걸리는 ❖ 신새벽 들망에/내가 좋아하는 꼴두기가 들었다/갓 쓰고 사는 마음이 어진데/새끼 그믈에 걸리는 건 어인 일인가 **〈꼴두기—물닭의 소리〉**

껴안다동 두 팔로 감싸서 품에 안다.

껴안어 ❖ 네 소리에 내 마음은 반끗히 밝어오고 또 호끈히 더워오고 그리고 즐거워온다/나는 너를 껴안어 올려서 네 머리를 쓰다듬고 힘껏 네 적은 손을 쥐고 흔들고 싶다 **〈촌에서 온 아이〉**

끼다③동 곁에 두거나 가까이하다.

끼고 ❖ 내 사랑하는 어여쁜 사람이/어늬 먼 앒대 조용한 개포가의 나즈막한 집에서/그의 지아비와 마조 앉어 대구국을 끓여놓고 저녁을 먹는다/벌써 어린것도 생겨서 옆에 끼고 저녁을 먹는다 **〈흰 바람벽이 있어〉**

끼며 ❖ 나는 이런 저녁에는 화로를 더욱 다가 끼며, 무릎을 꿇어 보며,/어니 먼 산 뒷옆에 바우 섶에 따로 외로이 서서, **〈남신의주 유동 박시봉방南新義州柳洞朴時逢方〉**

놓다③동 (사람이 짐승을) 가두거나 매지 않고 자유롭게 움직이게 하다(《고려대한국어대사전》).

놓는 ❖ 닭 개 즘생을 못 놓는/멧도야지와 이웃사춘을 지나는 집 **〈가즈랑집〉**

놓다⑤동 잡고 있던 것을 손에서 떼다(《금성판국어대사전》).

놓은 ❖ 저녁술을 놓은 아이들은 외양간 섶 밭마당에 달린 배나무동산에서 쥐잡이를 하고 숨굴막질을 하고 꼬리잡이를 하고 〔…〕 **〈여우난골족族〉**

놓여나다동 잡혔던 상태에서 벗어나다.

놓여난 ❖ 개들은 게모이고 쌈지거리하고/놓여난 도야지 둥구재벼오고 **〈연자간〉**

다리다동 데리다. 아랫사람이나 동물 따위를 자기 몸 가까이 있게 하다.

다리고 ❖ 장진長津땅이 지붕 넘에 넘석하는 거리다/자구나무 같은 것도 있다/기장감주에 기장차떡이 흔한데다/이 거리에 산골사람이 노루새끼를 다리고 왔다 **〈노루—함주시초咸州詩抄〉**

붙들다동 남을 가지 못하게 말리다.

붙드든 ❖ 나는 그때/자작나무와 이깔나무의 슬퍼하든 것을 기억한다/갈대와 장풍의 붙드든 말도 잊지 않었다/오로촌이 멧돌을 잡어 나를 잔치해 보내든 것도/쏠론이 십리길을 따러나와 울든 것도 잊지 않었다 **〈북방**北方**에서—정현웅**鄭玄雄**에게〉**

안기다[동] '안다'의 피동사. 다른 사람의 품에 들게 되다(《고려대한국어대사전》).

안겼거라 ❖ 오리야 고운 오리야 가만히 안겼거라/너를 팔어 술을 먹는 노盧장에 령감은/홀아비 소의연 침을 놓는 령감인데/나는 너를 백통전 하나 주고 사오누나 **〈오리〉**

안기었는데 ❖ 황토 마루 수무나무에 얼럭궁덜럭궁 색동헝겊 뜯개조박 뵈짜배기 걸리고 〔…〕 골안에 아늑히 묵은 녕동이 무겁기도 할 집이 한 채 안기었는데 **〈넘언집 범 같은 노큰마니〉**

안다[동] 두 팔을 벌려 가슴 쪽으로 끌어당기거나 그렇게 하여 품 안에 있게 하다.

안고 ❖ 딜옹배기에 북덕불이라도 담겨 오면,/이것을 안고 손을 쬐며 재 우에 뜻없이 글자를 쓰기도 하며, **〈남신의주 유동 박시봉방**南新義州柳洞朴時逢方**〉**

잡다①[동] 붙들어 손에 넣다.

잡는 ❖ 아들아이는 범이라고 장고기를 잘 잡는 앓니가 빠드러진 나와 동갑이었다 **〈주막**酒幕**〉**

잡다가 ❖ 한 십리十里 더 가면 절간이 있을 듯한 마을이다 〔…〕 울밖 늙은 들매나무에 튀튀새 한불 앉었다 흰구름 따러가며 딱장벌레 잡다가 연둣빛 닢새가 좋아 올라왔나보다 〔…〕 **〈황일**黃日**〉**

잡으리라고 ❖ 새하려 가는 아배의 지게에 치워 나는 산山으로 가며 토끼를 잡으리라고 생각한다 **〈오리 망아지 토끼〉**

잡은 ❖ 게구멍을 쑤시다 물쿤하고 배암을 잡은 늪의 피 같은 물이끼에 햇볕이 따그웠다 **〈하답**夏畓**〉**

잡다④[동] 손으로 움키고 놓지 않다.

잡어 ❖ 의원醫員은 또다시 넌즈시 웃고/말없이 팔을 잡어 맥을 보는데 **〈고향**故鄕**〉**

잡어걸다[동] 잡아 걸다. 잡아서 걸다.

〔'잡어(잡아)걸다'는 '잡다'와 '걸다'가 결합된 복합동사이다. 사전엔 '잡다'와 '걸다'만 등재되어 있다.〕

잡어걸고 ❖ 국숫집에서는 농짝 같은 도야지를 잡어걸고 국수에 치는 도야지고기는 돗바늘 같은 털이 드문드문 백였다 **〈북신**北新**—서행시초**西行詩抄 **2〉**

잡어달라다[동] 잡아 달라다. 잡아서 달라고 하다.

〔'잡어달라다'는 '잡다'와 '달라다'가 결합된 복합동사이다. 사전엔 '잡다'와 '달라다'만 등재되어 있다.〕

잡어달라고 ❖ 또 이러한 밤 같은 때 〔…〕 고무더러는 밝는 날 멀리는 못 난다는 뫼추라기를 잡어달라고 조르기도 하고 **〈고야**古夜**〉**

쥐다[동] 손 안에 움켜잡다(《금성판국어대사전》).

쥐고 ❖ 나는 너를 껴안어 올려서 네 머리를 쓰다듬고 힘껏 네 적은 손을 쥐고 흔들고 싶다 **〈촌에서 온 아이〉**

쥐어주다[동] 쥐어서 주다(《조선말대사전》).

〔'쥐어주다'는 '쥐다'와 '주다'가 결합된 복합동사이다. 《조선말대사전》에 '쥐여주다'가 등재되어 있고, 《표준국어대사전》엔 '쥐다'와 '주다'만 등재되어 있다.〕

쥐어주곤 ❖ 내가 엄매 등에 업혀가서 상사말같이 항약에 야기를 쓰면 한창 퓌는 함박꽃을 밑가지채 꺾어주고 종대에 달린 제물배도 가지채 쪄주고 그리고 그 애끼는 게사니알도 두 손에 쥐어주곤 하는데 **〈넘언집 범 같은 노큰마니〉**

10 붙임, 댐, 낌

끼다②[동] 팔이나 손을 서로 걸다.

끼고 ❖ 노왕老王은 팔짱을 끼고 이랑을 걸어/나는 뒤짐을 지고 고랑을 걸어 **〈귀농**歸農**〉** ❖ 하폄도 남즉하니 불기와 유종들이/묵묵히 팔짱 끼고 쭈구리고 앉었다 **〈고사**古寺**—함주시초**咸州詩抄**〉**

달다①[동] 물건을 일정한 곳에 붙이다.

단 ❖ 골이 다한 산대 밑에 자그마한 돌능와집이 한 채 있어서/이 집 남길동 단 안주인은 겨울이면 집을 내고/산을 돌아 거리로 나려간다는 말을 하는데 **〈산곡**山谷**—함주시초**咸州詩抄**〉**

달어 ❖ 아름답고 튼튼한 계집은 있어서/흰 저고리에 붉은 길동을 달어/검정치마에 받쳐입은 것은/나의 꼭 하나 즐거운 꿈이였드니 **〈절망**絶望**〉**

달어서 ❖ 내가 날 때 죽은 누이도 날 때/무명필에 이름을 써서 백지 달어서 구신간 시렁의 당즈깨에 넣어 대감님께 수영을 들였다는 가즈랑집 할머니 **〈가즈랑집〉**

달리다③[동] '달다'의 피동형. 어떤 물건이나 장소에 붙여지거나 설치되다(《금성판국어대사전》).

달린 ❖ 저녁술을 놓은 아이들은 외양간 섶 밭마당에 달린 배나무동산에서 쥐잡이를 하고 숨굴막질을 하고 꼬리잡이를 하고 가마 타고 시집가는 놀음 말 타고 장가가는 놀음을 하고 이렇게 밤이 어둡도록 북적하니 논다 **〈여우난골족族〉**

대다[동] 무엇을 어디에 닿게 하다.

대며 ❖ 이날은 그 어늬 한고향 사람의 주막이나 반관飯舘을 찾어가서/그 조상들이 대대로 하든 본대로 원소元宵라는 떡을 입에 대며/스스로 마음을 느꾸어 위안하지 않었을 것인가 **〈두보杜甫나 이백李白같이〉**

대이다[동] '대다'의 피동형. 닿게 되다.

〔사전에 '대다'의 피동형으로 '대이다'가 나와 있지 않은데, 백석은 아래 시의 용례에서 '대이다'를 피동의 뜻으로 사용하고 있다.〕

대인 ❖ 날기멍석을 져간다는 닭보는 할미를 차 굴린다는 〔…〕 조마구네 나라가 있어서 오줌 누러 깨는 재밤 머리맡의 문살에 대인 유리창으로 조마구 군병의 새까만 대가리 새까만 눈알이 들여다보는 때 나는 이불 속에 자즈러붙어 숨도 쉬지 못한다 **〈고야古夜〉**

묻다①[동] 가루, 풀, 물 따위가 그보다 큰 다른 물체에 들러붙거나 흔적이 남게 되다.

묻어 ❖ 아아 말 마라 내 발뒤축에는 오나가나 묻어 다니는 달걀구신/마을은 온데간데 구신이 돼서 나는 아무 데도 갈 수 없다 **〈마을은 맨천 구신이 돼서〉**

붙다[동] 맞닿아 떨어지지 아니하다.

붙는 ❖ 참대창에 바다보다 푸른 고기가 께우며 섬돌에 곱조개가 붙는 집의 복도에서는 배창에 고기 떨어지는 소리가 들렸다 **〈시기柿崎의 바다〉**

붙이다②[동] '붙다'의 사동사. 맞닿아 떨어지지 않게 하다.

붙인 ❖ 문기슭에 바다 해자를 까꾸로 붙인 집/산듯한 청삿자리 우에서 찌륵찌륵/우는 전북회를 먹어 한녀름을 보낸다 **〈삼호三湖—물닭의 소리〉**

붙인다 ❖ 누가 눈을 앓어서 부증이 나서 찰거마리를 부르는 것이다/마을에서는 피성한 눈숡에 저린 팔다리에 거마리를 붙인다 **〈오금덩이라는 곳〉**

써붙이다[동] (사람이 무엇을 앞이나 바깥에) 눈에 뜨이게 써서 붙이다(《고려대한국어대사전》).

〔'써붙이다'는《고려대한국어대사전》에 등재되어 있다.〕

써붙인 ❖ 이젠 배도 출출히 고팠는데/어서 그 옹기장사가 온다는 거리로 들어가면 무엇보다도 몬저 '주류판매업酒類販賣業'이라고 써붙인 집으로 들어가자 **〈구장로球場路—서행시초西行詩抄 1〉**

자즈러붙다 동 자지러붙다. (무엇이) 잔뜩 움츠러져 어디에 들러붙다(《고려대한국어대사전》).

자즈러붙어 ❖ 날기멍석을 져간다는 닭보는 할미를 차 굴린다는 〔…〕 조마구네 나라가 있어서 오줌 누러 깨는 재밤 머리맡의 문살에 대인 유리창으로 조마구 군병의 새까만 대가리 새까만 눈알이 들여다보는 때 나는 이불 속에 자즈러붙어 숨도 쉬지 못한다 **〈고야古夜〉**

11 던짐, 보냄, 빠짐

내어던지다 동 내던지다. 아무렇게나 힘차게 던지다.

〔'내어던지다'는 '내던지다'에 '어' 모음이 첨가된 말이다. 모음 첨가는 백석의 시어에서 자주 나타나는 음운 현상이다.〕

내어던지고 ❖ 이 흰 바람벽에/희미한 십오촉十五燭 전등이 지치운 불빛을 내어던지고/때글은 다 낡은 무명샤쯔가 어두운 그림자를 쉬이고 **〈흰 바람벽이 있어〉**

던져버리다 동 손에 든 물건을 다른 곳에 떨어지게 팔과 손목을 움직여 공중으로 내보내 버리다.

〔'던져버리다'는 '던지다'에 보조용언 '버리다'가 결합된 말이다. 사전엔 '던지다'만 등재되어 있다.〕

던져버린다 ❖ 시악이 나서는 등 뒤 개울물에 아배의 신짝과 버선목과 대님오리를 모다 던져버린다 **〈오리 망아지 토끼〉**

던지다 동 손에 든 물건을 다른 곳에 떨어지게 팔과 손목을 움직여 공중으로 내보내다.

던지고 ❖ 밤이면 무엇이 기왓골에 무릿돌을 던지고 뒤울안 배나무에 쩨듯하니 줄등을 헤여달고 〔…〕 **〈외갓집〉**

버리다① 동 가지거나 지니고 있을 필요가 없는 물건을 내던지거나 쏟거나 하다.

버리는 ❖ 산골로 가는 것은 세상한테 지는 것이 아니다/세상 같은 건 더러워 버리는 것이다 **〈나와 나타샤와 흰 당나귀〉**

버리며 ❖ 나는 또 큰거미를 쓸어 문밖으로 버리며/찬 밖이라도 새끼 있는 데로 가라고 하며 서러워한다// 〔…〕 /나는 이 작은 것을 고이 보드러운 종이에 받어 또 문밖으로 버리며/이것의 엄마와 누나나 형이 가까이 이것의 걱정을 하며 있다가

쉬이 만나기나 했으면 좋으련만 하고 슬퍼한다 **〈수라**修羅**〉**

버리다②[동] 직접 깊은 관계가 있는 사람과의 사이를 끊고 돌보지 아니하다.

버린 ❖ 그렇건만 나는 하이얀 자리 우에서 마른 팔뚝의/ 〔…〕 /그렇게도 살틀하든 동무가 나를 버린 일을 생각한다 **〈내가 생각하는 것은〉**

보내다②[동] 놓아주어 떠나게 하다.

보내든 ❖ 오로촌이 멧돌을 잡어 나를 잔치해 보내든 것도/쏠론이 십리길을 따러나와 울든 것도 잊지 않었다 **〈북방**北方**에서—정현웅**鄭玄雄**에게〉**

빠지다[동] 물이나 구덩이 따위 속으로 떨어져 잠기거나 잠겨 들어가다.

빠져 ❖ 마을에서는 삼굿을 하는 날/건넌마을서 사람이 물에 빠져 죽었다는 소문이 왔다 **〈여우난골〉**

빠지기도 ❖ 눈이 많이 와서/산엣새가 벌로 나려 멕이고/눈구덩이에 토끼가 더러 빠지기도 하면/마을에는 그 무슨 반가운 것이 오는가보다 **〈국수〉**

쓸다①[동] 비로 쓰레기 따위를 밀어내거나 한데 모아서 버리다.

쓸어 ❖ 어니젠가 새끼거미 쓸려나간 곳에 큰거미가 왔다/나는 가슴이 짜릿한다/나는 또 큰거미를 쓸어 문밖으로 버리며/찬 밖이라도 새끼 있는 데로 가라고 하며 서러워한다 **〈수라**修羅**〉**

쓸려나가다[동] 빗자루 등으로 한데 몰아 치워져 나가다(《고려대한국어대사전》).

〔'쓸려나가다'는 '쓸리다'와 '나가다'가 결합된 복합동사이다. 위의 풀이는 《고려대한국어대사전》의 '쓸리다'를 참고한 것이다. 사전엔 '쓸리다'만 등재되어 있다.〕

쓸려나간 ❖ 어니젠가 새끼거미 쓸려나간 곳에 큰거미가 왔다/나는 가슴이 짜릿한다/나는 또 큰거미를 쓸어 문밖으로 버리며/찬 밖이라도 새끼 있는 데로 가라고 하며 서러워한다 **〈수라**修羅**〉**

쓸어버리다[동] 비로 쓸어서 내버리다(《조선말대사전》).

쓸어버린다 ❖ 거미새끼 하나 방바닥에 나린 것을 나는 아모 생각 없이 문밖으로 쓸어버린다/차디찬 밤이다 **〈수라**修羅**〉**

쫓다[동] 어떤 자리에서 떠나도록 몰다.

쫓는 ❖ 가즈랑집은 고개 밑의/산山 너머 마을서 도야지를 잃는 밤 즘생을 쫓는 깽제미 소리가 무서웁게 들려오는 집 **〈가즈랑집〉**

12 뽑기, 추리기, 찾기

밝다②동 '바르다', '발라내다'의 평안 방언(《고려대한국어대사전》). 껍질을 벗기어 속에 들어 있는 알맹이를 집어내다.

밝고 ❖ 제삿날이면 귀머거리 할아버지가 예서 왕밤을 밝고 싸리꼬치에 두부산적을 께었다 **〈고방〉**

밝는다 ❖ 어진 사람이 많은 나라에 와서/어진 사람의 즛을 어진 사람의 마음을 배워서/수박씨 닦은 것을 호박씨 닦은 것을 입으로 앞니빨로 밝는다 **〈수박씨, 호박씨〉**

뽑다동 박힌 것을 잡아당기어 빼내다.

뽑는 ❖ 배나무접을 잘하는 주정을 하면 토방돌을 뽑는 오리치를 잘 놓는 먼 섬에 반디젓 담그려 가기를 좋아하는 삼춘 삼춘엄매 사춘누이 사춘동생들 **〈여우난골족族〉** ❖ 나는 이 털도 안 뽑은 도야지고기를 물꾸러미 바라보며/또 털도 안 뽑는 고기를 시꺼먼 맨모밀국수에 얹어서 한입에 꿀꺽 삼키는 사람들을 바라보며 **〈북신北新—서행시초西行詩抄 2〉**

뽑은 ❖ 나는 이 털도 안 뽑은 도야지고기를 물꾸러미 바라보며 **〈북신北新—서행시초西行詩抄 2〉**

뽑아놓다동 박힌 것을 잡아당기어 빼내 놓다.

〔'뽑아놓다'는 '뽑다'에 보조동사 '놓다'가 결합된 합성어이다. 사전엔 '뽑다'만 등재되어 있다.〕

뽑아놓고 ❖ 밤이면 무엇이 기왓골에 무릿돌을 던지고 뒤울안 배나무에 쩨듯하니 줄등을 헤여달고 부뚜막의 큰솥 적은솥을 모주리 뽑아놓고 재통에 간 사람의 목덜미를 그냥그냥 나려눌러선 잿다리 아래로 처박고 **〈외갓집〉**

일다동 곡식이나 사금 따위를 그릇에 담아 물을 붓고 이리저리 흔들어서 쓸 것과 못 쓸 것을 가려내다.

❖ 물밑—이 세모래 닌함박은 콩조개만 일다/모래장변—바다가 널어놓고 못 미더워 드나드는 명주필을 짓궂이 발뒤축으로 찢으면 **〈물계리物界里—물닭의 소리〉**

찾다동 현재 주변에 없는 것을 얻거나 사람을 만나려고 여기저기를 뒤지거나 살피다. 또는 그것을 얻거나 그 사람을 만나다.

찾다가 ❖ 뒤울안 살구나무 아래서 광살구를 찾다가/살구벼락을 맞고 울다가 웃는 나를 보고/밑구멍에 털이 멫 자나 났나 보자고 한 것은 가즈랑집 할머니다 **〈가즈랑집〉**

추다㉠ 골라서 뽑아내거나 추려 내다(《조선말대사전》).

〔《표준국어대사전》엔 '추다'가 '추리다'의 잘못된 말로 풀이되어 있으나, 《조선말대사전》엔 '추다'와 '추리다'가 모두 문화어(북한의 표준어)로 등재되어 있다.〕

추었다 ❖ 수양산首陽山의 어늬 오래된 절에서 칠십七十이 넘은 로장은 이런 이야기를 하며 치맛자락의 산山나물을 추었다 **〈절간의 소 이야기〉**

13 벗기기, 열기

까다㉠ 껍질 따위를 벗기다.

까서 ❖ 기쁨이 마음에 뜨는 때는 희고 까만 씨를 앞니로 까서 잔나비가 되고/근심이 마음에 앉는 때는 희고 까만 씨를 혀끝에 물어 까막까치가 되고 **〈수박씨, 호박씨〉**

열다①㉠ 닫히거나 잠긴 것을 트거나 벗기다.

연다 ❖ 문門을 연다 머루빛 밤한울에/송이버슷의 내음새가 났다 **〈머루밤〉**

열고 ❖ 나는 이제는 할 수 없이 대문을 열고 나가려는데 대문간에는 근력 세인 수문장 **〈마을은 맨천 구신이 돼서〉**

열젖기다㉠ 열어젖히다. 문이나 창문 따위를 갑자기 벌컥 열다. '젖기다'는 '젖히다'의 평안 방언.

〔'열젖기다'는 '열(열다, 開)+젖기다(젖히다)'의 형태를 지닌 백석의 합성조어이다. 이와 유사한 형태의 합성어로 '죽살다'(죽+살다), '나다니다'(나+다니다), '나들다'(나+들다) 같은 단어 등을 들 수 있다.〕

열젖기고 ❖ 바가지꽃 하이얀 지붕에 박각시 주락시 붕붕 날아오면/집은 안팎 문을 횅하니 열젖기고/인간들은 모두 뒷등성으로 올라 멍석자리를 하고 바람을 쐬이는데 **〈박각시 오는 저녁〉**

14 자르기, 갈라짐

꺾어주다㉠ 휘어 부러뜨려서 건네어 가지게 하다(《금성판국어대사전》).

〔'꺾어주다'는 '꺾다'와 '주다'가 결합된 복합동사이다. 사전엔 '꺾다'만 등재되어 있다. 위의 풀이는 《금성판국어대사전》의 '꺾다' 풀이를 참고해 작성한 것이다.〕

꺾어주고 ❖ 내가 엄매 등에 업혀가서 상사말같이 항약에 야기를 쓰면 한창 퓌는 함박꽃을 밑가지채 꺾어주고 종대에 달린 제물배도 가지채 쪄주고 그리고 그 애끼는 게사니알도 두 손에 쥐어주곤 하는데 **〈넘언집 범 같은 노큰마니〉**

끊다②동 말을 잠시 중단하다.

끊은 ❖ 그리고 지중지중 물가를 거닐면/당신이 이야기를 하는 것만 같구려/당신이 이야기를 끊은 것만 같구려 **〈바다〉**

쪄다두다동 베어내 두다. 나무나 풀 따위를 베어서 두다.

〔'쪄다두다'는 '찌다'와 '두다'가 결합된 복합동사이다. 두 동사가 결합될 때 '찌다'의 어근인 '찌'에 연결어미 '어', '다'가 붙고 이어 동사 '두다'가 결합된 '찌+어+다+두다'의 형태를 지닌 말이다. '찌다'는 "① 나무나 풀 따위를 베어 내다 ② 이삭을 따다"(《조선말대사전》)라는 뜻이다.〕

쪄다두고 ❖ 일가들이 모두 범같이 무서워하는 이 노큰마니는 구덕살이같이 욱실욱실하는 손자 증손자를 방구석에 들매나무 회채리를 단으로 쪄다두고 따리고 싸리갱이에 갓진창을 매여놓고 따리는데 **〈넘언집 범 같은 노큰마니〉**

쪄주다동 베어 주다. 나무나 풀 따위를 베어서 주다. ☞ 쪄다두다

〔'쪄주다'는 '찌다'와 '주다'가 결합된 복합동사로서 '찌+어+주다'의 형태를 지닌 말이다. 여기서 '찌다'는 "① 나무나 풀 따위를 베어 내다 ② 이삭을 따다"(《조선말대사전》)라는 뜻이다.〕

쪄주고 ❖ 내가 엄매 등에 업혀가서 상사말같이 항약에 야기를 쓰면 한창 퓌는 함박꽃을 밑가지채 꺾어주고 종대에 달린 제물배도 가지채 쪄주고 그리고 그 애끼는 게사니알도 두 손에 쥐어주곤 하는데 **〈넘언집 범 같은 노큰마니〉**

찢다동 물체를 잡아당기어 가르다.

찢으면 ❖ 물밑—이 모래 닌함박은 콩조개만 일다/모래장변—바다가 널어놓고 못미더워 드나드는 명주필을 짓궂이 발뒤축으로 찢으면/날과 씨는 모두 양금줄이 되어 짜랑짜랑 울었다 **〈물계리物界里—물닭의 소리〉**

터지다①동 거죽이나 겉이 벌어져 갈라지다.

터졌다 ❖ 옛말속같이 진진초록 새 저고리를 입고/손잔등이 밭고랑처럼 몹시도 터졌다 **〈팔원八院—서행시초西行詩抄 3〉**

15 꿰기, 쑤시기, 박음

께다[동] '꿰다'의 방언(평북, 경상, 전라, 충남). 물건을 맞뚫리게 찔러서 꽂다(《금성판국어대사전》).

께었다 ❖ 제삿날이면 귀머거리 할아버지가 예서 왕밤을 밝고 싸리꼬치에 두부산적을 께었다 **〈고방〉**

께우다[동] '꿰이다'의 방언(평북, 경상, 전라, 충남). '꿰이다'는 '꿰다'의 피동사. (물건이 뾰족한 것에) 맞뚫리게 찔려서 꽂히다(《고려대한국어대사전》).

께우며 ❖ 참대창에 바다보다 푸른 고기가 께우며 섬돌에 곱조개가 붙는 집의 복도에서는 배창에 고기 떨어지는 소리가 들렸다 **〈시기柿崎의 바다〉**

꽂다[동] 쓰러지거나 빠지지 아니하게 박아 세우거나 끼우다.

꽂고 ❖ 머리는 다리를 서너 켜레씩 드려서/시뻘건 꼬둘채댕기를 삐뚜룩하니 해 꽂고 **〈칠월七月 백중〉**

끼우다[동] (사람이 어떤 사물에 다른 사물을) 좁은 사이로 빠지지 않게 밀어 넣다(《고려대한국어대사전》).

끼우는 ❖ 머리카락을 텅납새에 끼우는 것은/큰마니 머리카락은 아릇간 텅납새에 엄매 머리카락은 웃간 텅납새에 삼춘엄매 머리카락도 웃간 텅납새에 텅납새에 끼우는 것은/머리카락을 텅납새에 끼우는 것은 또 **〈머리카락〉**

띠쫗다[동] 부리로 위쪽을 향하여 쪼다. 또는 함부로 마구 쪼다.

〔'띠좋다'와 유사한 어형으로 《표준국어대사전》에 '치쪼다'(부리로 위쪽을 향하여 쪼다)가, 《조선말대사전》엔 '짓쫏다'(함부로 마구 쪼다)가 등재되어 있다. 이숭원(2006), 이동석(2007ㅁ)은 후자로 본다.〕

띠쫗고 ❖ 아카시아꽃의 향기가 가득하니 꿀벌들이 많이 날어드는 아츰/구신은 없고 부헝이가 담벽을 띠쫗고 죽었다 **〈정문촌旌門村〉**

백이다[동] '박히다'의 방언(경기). '박히다'는 '박다'의 피동사. (무엇이 어디에) 잘 떨어지지 않게 굳게 붙다(《고려대한국어대사전》).

백였다 ❖ 어쩐지 향산香山 부처님이 가까웁다는 거린데/국숫집에서는 농짝 같은 도야지를 잡어걸고 국수에 치는 도야지고기는 돗바늘 같은 털이 드문드문 백였다 **〈북신北新—서행시초西行詩抄 2〉**

백이고 ❖ 노루새끼는 다문다문 흰 점이 백이고 배 안의 털을 너슬너슬 벗고/산골사람을 닮었다 **〈노루—함주시초咸州詩抄〉**

쑤시다[동] 가늘고 긴 꼬챙이 같은 것으로 다른 물체의 틈이나 구멍에 넣어 구멍을 뚫거나 속에 있는 물건을 밖으로 나오게 하다.

쑤시다 ❖ 게구멍을 쑤시다 물쿤하고 배암을 잡은 늪의 피 같은 물이끼에 햇볕이 따그웠다 **〈하답夏畓〉**

16 설치, 배치, 파괴

걸다[동] 벽이나 못 따위에 어떤 물체를 떨어지지 않도록 매달아 올려놓다.

걸고 ❖ 어스름저녁 국수당 돌각담의 수무나무 가지에 녀귀의 탱을 걸고 나물매 갖추어놓고 비난수를 하는 젊은 새악시들 **〈오금덩이라는 곳〉**

걸리다①[동] '걸다'의 피동사. (물건이 어디에) 드리워지거나 달려 있다.

걸리고 ❖ 황토 마루 수무나무에 얼럭궁덜럭궁 색동헝겊 뜯개조박 뵈짜배기 걸리고 오쟁이 끼애리 달리고 소삼은 엄신 같은 딥세기도 열린 국수당고개를 몇 번이고 튀튀 춤을 뱉고 넘어가면 〔…〕 **〈넘언집 범 같은 노큰마니〉**

걸리어도 ❖ 구석의 나무말쿠지에 할아버지가 삼는 소신 같은 짚신이 둑둑이 걸리어도 있었다 **〈고방〉**

걸어놓다[동] (못이나 갈고리 같은 데) 걸어서 걸려 있게 하다(《조선말대사전》).

〔'걸어놓다'는 '걸다'에 보조용언 '놓다'가 결합된 말이다. 《조선말대사전》에 이 말이 한 단어로 등재되어 있다.〕

걸어놓은 ❖ 이 길이다/얼마 가서 감로甘露 같은 물이 솟는 마을 하이얀 회담벽에 옛적본의 장반시계를 걸어놓은 집 홀어미와 사는 물새 같은 외딸의 혼삿말이 아즈랑이같이 낀 곳은 **〈남향南鄕—물닭의 소리〉**

깔다[동] 바닥에 펴 놓다.

깐 ❖ 나는 어느 목수木手네 집 헌 삿을 깐,/한 방에 들어서 쥔을 붙이었다. **〈남신의주 유동 박시봉방南新義州柳洞朴時逢方〉**

깔고 ❖ 노란 싸릿닢이 한불 깔린 토방에 햇츩방석을 깔고/나는 호박떡을 맛있게도 먹었다 **〈여우난골〉**

깔었나 ❖ 아카시아들이 언제 흰 두레방석을 깔었나/어데서 물쿤 개비린내가 온다 **〈비〉**

깔리다[동] '깔다'의 피동사. (넓은 물체나 알갱이 상태의 것들이) 바닥에 펴지거나 늘어져 놓이다(《고려대한국어대사전》).

깔린 ❖ 노란 싸릿닢이 한불 깔린 토방에 햇츩방석을 깔고/나는 호박떡을 맛있게도 먹었다 **〈여우난골〉**

깔이다[동] 깔다. 여기저기 흩어 놓거나 널리 벌려 놓거나 하다(《조선말대사전》).

〔'깔이다'는 '깔다'가 활용될 때 '이' 모음이 첨가된 말이다. 용언이 활용될 때 모음이 첨가되는 것은 백석 시에서 자주 나타나는 음운 현상이다. 《표준국어대사전》엔 '깔다'가 "바닥에 펴 놓다"로 풀이되어 있고, 그 용례로 "돗자리를 잔디 위에 깔다"가 제시되어 있는데, 이런 뜻을 백석 시의 아래 용례에 적용하면 다소 어색해진다. 그런데 《조선말대사전》엔 '깔다'에 "여기저기 흩어 놓거나 널리 벌려 놓거나 하다"라는 뜻이 제시되어 있다. 백석 시의 아래 용례에서 '깔다'는 바로 이런 뜻으로 사용된 것이라고 할 수 있다(고형진, 2013).〕

깔이며 ❖ 여우가 우는 밤이면/잠 없는 노친네들은 일어나 팥을 깔이며 방뇨를 한다 **〈오금덩이라는 곳〉**

깨어지다[동] 단단한 물건이 여러 조각이 나다.

깨어지고 ❖ 그동안 돌비는 깨어지고 많은 은금보화는 땅에 묻히고 가마귀도 긴 족보를 이루었는데 **〈북방北方에서—정현웅鄭玄雄에게〉**

널리다①[동] 여기저기 많이 흩어져 놓이다.

널리는 ❖ 그리고 새벽녘이면 고방 시렁에 채국채국 얹어둔 모랭이 목판 시루며 함지가 땅바닥에 넘너른히 널리는 집이다 **〈외갓집〉**

널리다②[동] '널다'의 피동사. (물건이 장소에) 바람에 통하거나 햇빛에 펼쳐 놓아지다(《고려대한국어대사전》).

널리고 ❖ 풀밭에는 어느새 하이얀 대림질감들이 한불 널리고/돌우래며 팟중이 산옆이 들썩하니 울어댄다 **〈박각시 오는 저녁〉**

널어놓다[동] 널어서 벌여 놓다.

널어놓고 ❖ 오리야 나는 네가 좋구나 네가 좋아서/벌논의 늪 옆에 쭈구렁벼알 달린 짚검불을 널어놓고/닭이짗 올코에 새끼달은치를 묻어놓고 **〈오리〉** ❖ 물밑—이 세모래 닌함박은 콩조개만 일다/모래장변—바다가 널어놓고 못 미더워 드나드는 명주필을 짓궂이 발뒤축으로 찢으면 **〈물계리物界里—물닭의 소리〉**

놓다②[동] 짐승이나 물고기를 잡기 위하여 일정한 곳에 무엇을 장치하다.

놓는 ❖ 배나무접을 잘하는 주정을 하면 토방돌을 뽑는 오리치를 잘 놓는 먼 섬에 반디젓 담그려 가기를 좋아하는 삼춘 삼춘엄매 사춘누이 사춘동생들 **〈여우난골**

족族〉

놓으려 ❖ 오리치를 놓으려 아배는 논으로 나려간 지 오래다 〈**오리 망아지 토끼**〉

놓이다[동] '놓다'의 피동사. (어떤 곳에 기계나 장치, 구조물 따위가) 설치되거나 가설되다.

놓인 ❖ 소와 말은 도로 산山으로 돌아갔다/염소만이 아직 된비가 오면 산山개울에 놓인 다리를 건너 인가人家 근처로 뛰여온다 〈**산지山地**〉

늘어놓다[동] 줄을 지어 벌여 놓다.

늘어놓고 ❖ 집에는 아배에 삼춘에 오마니에 오마니가 있어서 〔…〕 그리고 끼때에는 부뚜막에 바가지를 아이덜 수대로 주룬히 늘어놓고 밥 한 덩이 질게 한 술 들여트려서는 먹였다는 소리를 언제나 두고두고 하는데 〈**넘언집 범 같은 노큰마니**〉

달리다②[동] '달다'의 피동사. (무엇이 일정한 곳에) 걸리거나 붙은 채 떨어지지 않게 되다(《고려대한국어대사전》).

달렸다 ❖ 명태明太는 길다랗고 파리한 물고긴데/꼬리에 길다란 고드름이 달렸다/〔…〕/문門턱에 꽁꽁 얼어서/가슴에 길다란 고드름이 달렸다 〈**멧새 소리**〉

두르다[동] 둘레에 선을 치거나 벽 따위를 쌓다.

두른 ❖ 또 이러한 밤 같은 때 〔…〕 또 누워 굴면서 엄매에게 웃목에 두른 평풍의 새빨간 천두의 이야기를 듣기도 하고 고무더러는 밝는 날 멀리는 못 난다는 뫼추라기를 잡어달라고 조르기도 하고 〈**고야古夜**〉

드리우다①[동] 한쪽이 위에 고정된 천이나 줄 따위가 아래로 늘어지다. 또는 그렇게 되게 하다.

〔아래 용례에서 '드리우다'는 위의 풀이를 비유적으로 사용한 것이다.〕

드리우고 ❖ 아이들은 늘늘히 청대나무말을 몰고/대모풍잠한 늙은이 또요 한 마리를 드리우고 갔다 〈**남향南鄕—물닭의 소리**〉

드리워서 ❖ 의원醫員은 여래如來 같은 상을 하고 관공關公의 수염을 드리워서/먼 녯적 어늬 나라 신선 같은데 〈**고향故鄕**〉

모시다[동] 웃어른이나 신주 따위를 어떤 곳에 자리 잡게 하다.

모신 ❖ 녯 장수 모신 낡은 사당의 돌층계에 주저앉어서 나는 이 저녁 울 듯 울 듯 한산도閑山島 바다에 뱃사공이 되여가며 〈**통영統營(남행시초南行詩抄)**〉 ❖ 한 해에 멫 번 매연 지난 먼 조상들의 최방등 제사에는 컴컴한 고방 구석을 나와서 대멀머리에 외얏맹건을 지르터맨 늙은 제관의 손에 정갈히 몸을 씻고 교우 우에 모신 신주 앞에 환한 촛불 밑에 피나무 소담한 제상 위에 〔…〕 〈**목구木具**〉

문허지다 동 '무너지다'의 고어. 쌓여 있거나 서 있는 것이 허물어져 내려앉다.

문허진 ❖ 잠자리 조을든 문허진 성城터/반딧불이 난다 파란 혼魂들 같다/어데서 말 있는 듯이 크다란 산山새 한 마리 어두운 골짜기로 난다 **〈정주성定州城〉**

베여보다 동 누울 때, 베개 따위를 머리 아래에 받쳐 보다.

〔'베여보다'는 '베다'에 보조용언 '보다'가 결합된 동사이다. 사전엔 '베다'가 등재되어 있다. '베어보다'가 표준말인데 '베여보다'로 쓰인 것은 백석 특유의 모음 첨가 현상이 나타난 것이다.〕

베여보며 ❖ 나는 낡은 국수분틀과 그즈런히 나가 누워서/구석에 데굴데굴하는 목침木枕들을 베여보며/이 산山골에 들어와서 이 목침木枕들에 새까마니 때를 올리고 간 사람들을 생각한다 **〈산숙山宿—산중음〉**

서다② 동 부피를 가진 어떤 물체가 땅 위에 수직의 상태로 있게 되다.

선 ❖ '자시동북팔십천희천自是東北八〇粁熙川'의 푯標말이 선 곳/돌능와집에 소달구지에 싸리신에 옛날이 사는 장거리에/어니 근방 산천山川에서 덜거기 껙껙 검방지게 운다 **〈월림月林장—서행시초西行詩抄 4〉**

섰단 ❖ 비얘고지 비얘고지는/제비야 네 말이다/푸른 바다 흰 한울이 좋기도 좋단 말이지/해밝은 모래장변에 돌비 하나 섰단 말이지 **〈대산동大山洞—물닭의 소리〉**

치다① 동 막이나 그물, 발 따위를 펴서 벌이거나 늘어뜨리다.

치는 ❖ 밤이 깊어가는 집안엔 〔…〕 그래서는 문창에 텅납새의 그림자가 치는 아츰 시누이 동세들이 욱적하니 흥성거리는 부엌으론 샛문틈으로 장지문틈으로 무이징게국을 끓이는 맛있는 내음새가 올라오도록 잔다 **〈여우난골족族〉**

치듯 ❖ 고개를 몇이라도 넘어서 약물터로 오면/약물터엔 사람들이 백재일 치듯 하였는데 **〈칠월七月 백중〉**

친 ❖ 산山마루에 서면/멀리 언제나 늘 그물그물/그늘만 친 건넌산山에서/벼락을 맞아 바윗돌이 되었다는/큰 땅괭이 한 마리/수염을 뻗치고 건너다보는 것이 무서웠다 **〈산山〉**

헐리다 동 '헐다'의 피동사. (집이나 쌓인 물건이) 허물어져 내려앉거나 흩어지다(《고려대한국어대사전》).

헐리다 ❖ 헐리다 남은 성문城門이/한울빛같이 훤하다/날이 밝으면 또 메기수염의 늙은이가 청배를 팔러 올 것이다 **〈정주성定州城〉**

17 청소, 씻기

밀다[동] 바닥이나 거죽의 지저분한 것을 문질러서 깎거나 닦아 내다.

밀거나 ❖ 더운물에 몸을 불키거나 때를 밀거나 하는 것도 잊어버리고/제 배꼽을 들여다보거나 남의 낯을 쳐다보거나 하는 것인데 〈**조당**澡塘**에서**〉

세수하다[동] 손이나 얼굴을 씻다.

세수한다 ❖ 한 십리十里 더 가면 절간이 있을 듯한 마을이다 〔…〕 토끼잠 한잠 자고 나서 세수한다 흰구름 건넌산으로 가는 길에 복사꽃 바라노라 섰다 다람쥐 건넌산 보고 부르는 푸념이 간지럽다 〈**황일**黃日〉

씻다① [동] 물이나 휴지 따위로 때나 더러운 것을 없게 하다.

씻고 ❖ 한 해에 몇 번 매연 지난 먼 조상들의 최방등 제사에는 컴컴한 고방 구석을 나와서 대멀머리에 외얏맹건을 지르터맨 늙은 제관의 손에 정갈히 몸을 씻고 교우 우에 모신 신주 앞에 〈**목구**木具〉 ❖ 내 가난한 늙은 어머니가/이렇게 시퍼러둥둥하니 추운 날인데 차디찬 물에 손은 담그고 무이며 배추를 씻고 있다 〈**흰 바람벽이 있어**〉

씻는 ❖ 대대로 조상도 서로 모르고 말도 제가끔 틀리고 먹고 입는 것도 모도 다른데/이렇게 발가들 벗고 한물에 몸을 씻는 것은/생각하면 쓸쓸한 일이다 〈**조당**澡塘**에서**〉

씻다② [동] (사람이 눈물이나 땀 따위를) 없애려고 닦거나 훔치다(《고려대한국어대사전》).

씻는다 ❖ 계집아이는 운다 느끼며 운다/텅 비인 차車 안 한구석에서 어느 한 사람도 눈을 씻는다 〈**팔원**八院**—서행시초**西行詩抄 **3**〉

츠다① [동] '치다'의 고어, 평북 방언. 불필요하게 쌓인 물건을 파내거나 옮기어 깨끗이 하다.

츠고 ❖ 해바라기하기 좋을 볏곡간 마당에/볏짚같이 누우란 사람들이 둘러서서/어늬 눈 오신 날 눈을 츠고 생긴 듯한 말다툼 소리도 누우라니 〈**삼천포**三千浦**—남행시초**南行詩抄 **4**〉

츠다② [동] '치다'의 고어, 평북 방언. (논, 물길, 홈 같은 것을 만들기 위하여) 땅이나 나무 등을 파내거나 밀어제끼다(《조선말대사전》).

〔《표준국어대사전》엔 '치다'가 "논이나 물길 따위를 만들기 위하여 땅을 파내거나 고르다"로 풀이되어 있는데, 《조선말대사전》엔 "(논, 물길, 홈 같은 것을 만들기 위하

여) 땅이나 나무 등을 파내거나 밀어제끼다"로 풀이되어 있다. 아래 용례에서 '츠다'는 후자의 뜻으로 쓰인 것이다.]

츠고 ❖ 산山골에서는 집터를 츠고 달궤를 닦고/보름달 아래서 노루고기를 먹었다 **〈노루〉**

치다⑦ 동 (걸레 따위를, 또는 걸레 같은 것으로) 닦거나 문지르다(《금성판국어대사전》).

쳤을 ❖ 이렇게 추운 아침에도 손이 꽁꽁 얼어서/찬물에 걸레를 쳤을 것이다 **〈팔원八院—서행시초西行詩抄 3〉**

치고 ❖ 계집아이는 몇 해고 내지인內地人 주재소장駐在所長 집에서/밥을 짓고 걸레를 치고 아이보개를 하면서 **〈팔원八院—서행시초西行詩抄 3〉**

18 충돌, 맞이함

맞다① 동 외부로부터 어떤 힘이 가해져 몸에 해를 입다.

맞고 ❖ 뒤울안 살구나무 아래서 광살구를 찾다가/살구벼락을 맞고 울다가 웃는 나를 보고/밑구멍에 털이 몇 자나 났나 보자고 한 것은 가즈랑집 할머니다 **〈가즈랑집〉**

맞다② 동 시간이 흐름에 따라 오는 어떤 때를 대하다.

맞는다 ❖ 낡은 나조반에 흰밥도 가재미도 나도 나와 앉어서/쓸쓸한 저녁을 맞는다 **〈선우사膳友辭—함주시초咸州詩抄〉**

맞은 ❖ 넷날 두보杜甫나 이백李白 같은 이 나라의 시인詩人도/먼 타관에 나서 이날을 맞은 일이 있었을 것이다 **〈두보杜甫나 이백李白같이〉**

맞다③ 동 자연현상에 따라 내리는 눈, 비 따위의 닿음을 받다.

맞고 ❖ 그러다는 백중물을 내는 소내기를 함뿍 맞고/호주를하니 젖어서 달아나는데 **〈칠월七月 백중〉**

맞아 ❖ 그늘만 친 건넌산山에서/벼락을 맞아 바윗돌이 되었다는/큰 땅괭이 한 마리/수염을 뻗치고 건너다보는 것이 무서웠다 **〈산山〉**

맞을 ❖ 어두워 오는데 하이야니 눈을 맞을, 그 마른 잎새에는,/쌀랑쌀랑 소리도 나며 눈을 맞을,/그 드물다는 굳고 정한 갈매나무라는 나무를 생각하는 것이었다. **〈남신의주 유동 박시봉방南新義州柳洞朴時逢方〉**

받어가다 동 다른 사람이나 대상이 가하는 행동, 심리적인 작용 따위를 당하거나 입어 가다.

〔'받아가다'는 '받다'에 보조용언 '가다'가 결합된 말이다. 사전엔 '받다'만 등재되어 있다.〕

받어가며 ❖ 또 녀름날 낮 기운 때 어른들이 모두 벌에 나가고 텅 뷔인 집 토방에서/햇강아지의 쌀랑대는 성화를 받어가며 닭의 똥을 주워먹는 아이를 생각한다 **〈촌에서 온 아이〉**

스치다 동 서로 살짝 닿으면서 지나가다.

스치고 ❖ 당신의 그 푸른 이마에 삐여진 어깻죽지에/당신네 나라의 따사한 바람결이 스치고 갈 것이다 **〈허준**許俊**〉**

접하다 동 가까이 대하다.

접하는 ❖ 한 해에 멫 번 매연 지난 먼 조상들의 최방등 제사에는 〔…〕 먼 후손들의 공경스러운 절과 잔을 굽어보고 또 애끓는 통곡과 축을 귀에 하고 그리고 합문 뒤에는 흠향 오는 구신들과 호호히 접하는 것 **〈목구**木具**〉**

19 사용

쓰다② 동 어떤 일을 하는 데에 재료나 도구, 수단을 이용하다.

쓴다는 ❖ 산골사람의 손을 핥으며/약자에 쓴다는 홍정 소리를 듣는 듯이/새까만 눈에 하이얀 것이 가랑가랑한다 **〈노루—함주시초**咸州詩抄**〉**

아끼다 동 물건이나 돈, 시간 따위를 함부로 쓰지 아니하다.

아끼고 ❖ 사랑하는 어린것에게 엿 한 가락을 아끼고 위하는 안해에겐 해진 옷을 입히면서도/마음이 가난한 낯설은 사람에게 수백 냥 돈을 거저 주는 그 인정을 그리고 그 말을 **〈허준**許俊**〉**

애끼다 동 '아끼다'의 방언(평안, 전라, 경상)(《금성판국어대사전》). 물건이나 사람을 소중하게 여겨 보살피거나 위하는 마음을 가지다.

〔《금성판국어대사전》에 '애끼다'가 '아끼다'의 평안, 전라, 경상 방언으로, 《평북방언사전》에는 '아끼다'의 평북 방언으로 등재되어 있다.〕

애끼는 ❖ 내가 엄매 등에 업혀가서 상사말같이 항약에 야기를 쓰면 한창 퓌는 함박꽃을 밑가지채 꺾어주고 종대에 달린 제물배도 가지채 쪄주고 그리고 그 애끼는 게사니알도 두 손에 쥐어주곤 하는데 **〈넘언집 범 같은 노큰마니〉** ❖ 봉가집을 가면서도 칠월七月 그믐 초가을을 할 때까지/평안하니 집살이를 할 것을 생각하고/애끼는 옷을 다 적시어도 비는 씨원만 하다고 생각한다 **〈칠월七月 백중〉**

20 전환, 교환

되다①동 다른 것으로 바뀌거나 변하다.

되고 ❖ 기쁨이 마음에 뜨는 때는 희고 까만 씨를 앞니로 까서 잔나비가 되고/근심이 마음에 앉는 때는 희고 까만 씨를 혀끝에 물어 까막까치가 되고 **〈수박씨, 호박씨〉**

되어 ❖ 모래장변—바다가 널어놓고 못 미더워 드나드는 명주필을 짓궂이 발뒤축으로 찢으면/날과 씨는 모두 양금줄이 되어 짜랑짜랑 울었다 **〈물계리物界里—물닭의 소리〉** ❖ 이렇게 하여 여러 날이 지나는 동안에,/내 어지러운 마음에는 슬픔이며, 한탄이며, 가라앉을 것은 차츰 앙금이 되어 가라앉고, **〈남신의주 유동 박시봉방南新義州柳洞朴時逢方〉**

되었다 ❖ 돌다리에 앉어 날버들치를 먹고 몸을 말리는 아이들은 물총새가 되었다 **〈하답夏沓〉**

되었다는 ❖ 산山마루에 서면/멀리 언제나 늘 그물그물/그늘만 친 건넌산山에서/벼락을 맞아 바윗돌이 되었다는/큰 땅괭이 한 마리/수염을 뻗치고 건너다보는 것이 무서웠다 **〈산山〉**

되었습니다 ❖ 내 지렝이는/커서 구렁이가 되었습니다/천 년 동안만 밤마다 흙에 물을 주면 그 흙이 지렝이가 되었습니다/장마 지면 비와 같이 하눌에서 나려왔습니다/뒤에 붕어와 농다리의 미끼가 되었습니다 **〈나와 지렝이〉**

되여 ❖ 나는 얼마나 반죽을 주무르며 흰가루손이 되여 떡을 빚고 싶은지 모른다 **〈고야古夜〉**

된 ❖ 모닥불은 어려서 우리 할아버지가 어미 아비 없는 서러운 아이로 불상하니도 몽둥발이가 된 슬픈 력사가 있다 **〈모닥불〉**

돼서 ❖ 나는 이 마을에 태어나기가 잘못이다/마을은 맨천 구신이 돼서/나는 무서워 오력을 펼 수 없다/ 〔…〕 /마을은 온데간데 구신이 돼서 나는 아무 데도 갈 수 없다 **〈마을은 맨천 구신이 돼서〉**

되다②동 새로운 신분이나 지위를 가지다.

된 ❖ 열여섯에 사십四十이 넘은 홀아비의 후처가 된 포족족하니 성이 잘 나는 살빛이 매감탕 같은 […] /육십리六十里라고 해서 파랗게 뵈이는 산山을 넘어 있다는 해변에서 과부가 된 코끝이 빨간 언제나 흰옷이 정하든 말끝에 설게 눈물을 짤 때가 많은 큰골 고무 고무의 딸 홍녀洪女 아들 홍洪동이 작은홍洪동이 **〈여우난골족族〉**

된다는 ❖ 산山 너머는/겨드랑이에 짖이 돋아서 장수가 된다는/더꺼머리총각들이 살아서/색시 처녀들을 잘도 업어간다고 했다 **〈산山〉**

될 ❖ 촌에서 와서 오늘 아츰 무엇이 분해서 우는 아이여/너는 분명히 하눌이 사랑하는 시인詩人이나 농사꾼이 될 것이로다 **〈촌에서 온 아이〉**

되여가다[동] 되어 가다. 새로운 신분이나 지위를 가지는 상태가 지속되다.

〔'되여가다'는 '되다'에 보조동사 '가다'가 결합된 말이며, '되다'의 어근에 보조용언의 연결어미 '어'가 붙을 때 '이' 모음이 첨가된 것이다. 사전엔 '되다'만 등재되어 있다.〕

되여가며 ❖ 넷 장수 모신 낡은 사당의 돌층계에 주저앉어서 나는 이 저녁 울 듯 울 듯 한산도閑山島 바다에 뱃사공이 되여가며/녕 낮은 집 담 낮은 집 마당만 높은 집에서 열나흘 달을 업고 손방아만 찧는 내 사람을 생각한다 **〈통영統營(남행시초南行詩抄)〉**

바꾸다[동] 원래 있던 것을 없애고 다른 것으로 채워 넣거나 대신하게 하다.

바꿔 ❖ 네날백이 따배기신을 맨발에 바꿔 신고/고개를 몇이라도 넘어서 약물터로 가는데 **〈칠월七月 백중〉**

벗다②[동] 동물이 껍질, 허물, 털 따위를 갈다.

벗고 ❖ 노루새끼는 다문다문 흰 점이 백이고 배 안의 털을 너슬너슬 벗고/산골사람을 닮었다 **〈노루—함주시초咸州詩抄〉**

21 결과, 이룸

되다⑤[동] 일이 잘 이루어지다.

되어 ❖ 빛이 안 되어 가는 탓에/가무래기도 나도 모도 춥다 **〈가무래기의 낙樂〉**

만들다[동] 노력이나 기술 따위를 들여 목적하는 사물을 이루다.

만드신 ❖ 가난하고 외롭고 높고 쓸쓸하니 그리고 언제나 넘치는 사랑과 슬픔 속에 살도록 만드신 것이다 **〈흰 바람벽이 있어〉**

만하다보조형 동사의 관형사형 어미 '-ㄹ' 뒤에 쓰여, 앞말이 뜻하는 동작이나 일이 어지간히 가능함을 나타내는 말(《고려대한국어대사전》).

❖ 한 말 밥을 한다는 크나큰 솥이/외면하고 가부틀고 앉어서 염주도 세일 만하다 **〈고사古寺—함주시초咸州詩抄〉**

보다⑤보조동 (동사 뒤에서 '-다(가) 보니', '-다(가) 보면' 구성으로 쓰여) 앞말이 뜻하는 행동을 하는 과정에서 뒷말이 뜻하는 사실을 새로 깨닫게 되거나, 뒷말이 뜻하는 상태로 됨을 나타내는 말.

보니 ❖ 나는 겨우 대문을 빼쳐나 바깥으로 나와서/밭 마당귀 연자간 앞을 지나가는데 연자간에는 또 연자망구신/나는 고만 디겁을 하여 큰 행길로 나서서 마음놓고 화리서리 걸어가다 보니 **〈마을은 맨천 구신이 돼서〉**

이루다동 어떤 결과나 상태를 만들다(《금성판국어대사전》).

이루었는데 ❖ 그동안 돌비는 깨어지고 많은 은금보화는 땅에 묻히고 가마귀도 긴 족보를 이루었는데 **〈북방北方에서—정현웅鄭玄雄에게〉**

지다③동 내기나 시합, 싸움 따위에서 재주나 힘을 겨루어 상대에게 꺾이다.

지는 ❖ 산골로 가는 것은 세상한테 지는 것이 아니다/세상 같은 건 더러워 버리는 것이다 **〈나와 나타샤와 흰 당나귀〉**

풀다동 마음에 맺혀 있는 것을 해결하여 없애거나 품고 있는 것을 이루다.

풀었으니 ❖ 어스름저녁 국수당 돌각담의 수무나무 가지에 녀귀의 탱을 걸고 나물매 갖추어놓고 비난수를 하는 젊은 새악시들/—잘 먹고 가라 서리서리 물러가라 네 소원 풀었으니 다시 침노 말아라 **〈오금덩이라는 곳〉**

하다①동 사람이나 동물, 물체 따위가 행동이나 작용을 이루다.

하고 ❖ 저녁술을 놓은 아이들은 외양간 섶 밭마당에 달린 배나무동산에서 쥐잡이를 하고 숨굴막질을 하고 꼬리잡이를 하고 가마 타고 시집가는 놀음 말 타고 장가가는 놀음을 하고 이렇게 밤이 어둡도록 북적하니 논다 **〈여우난골족族〉** ❖ 닭이 두 홰나 울었는데/안방큰방은 홰즛하니 당등을 하고 **〈추야일경秋夜一景〉** ❖ 집은 안팎 문을 횅하니 열젖기고/인간들은 모두 뒷등성으로 올라 멍석자리를 하고 바람을 쐬이는데 **〈박각시 오는 저녁〉** ❖ 한 해에 멫 번 매연 지난 먼 조상들의 최방등 제사에는 〔…〕 먼 후손들의 공경스러운 절과 잔을 굽어보고 또 애끓는 통곡과 축을 귀에 하고 그리고 합문 뒤에는 흠향 오는 구신들과 호호히 접하는 것 **〈목구木具〉** ❖ 나타샤를 사랑은 하고/눈은 푹푹 날리고/나는 혼자 쓸쓸히 앉어 소주燒酒를 마신다 **〈나와 나타샤와 흰 당나귀〉** ❖ 마을에는 그 무슨 반가운 것이 오는가보다/한가한 애동들은 어둡도록 꿩사냥을 하고/가난한 엄매는 밤중에 김치가재미로 가고 **〈국수〉** ❖ 마을에서는 세불 김을 다 매고 들에서/개장취념을 서너 번 하고 나면/백중 좋은 날이 슬그머니 오는데 **〈칠월**七月 **백중〉** ❖ 또 문밖에 나가디두 않고 자리에 누워서,/머리에 손깍지벼개를 하고 굴기도 하면서,/나는 내 슬픔이며 어리석음이며를 소처럼 연하여 쌔김질하는 것이었다. **〈남신의주 유동 박시봉방**南新義州柳洞朴時逢方**〉**

하는 ❖ 아랫마을에서는 애기무당이 작두를 타며 굿을 하는 때가 많다 **〈산지**山地**〉** ❖ 또 이러한 밤 같은 때 시집갈 처녀 막내고무가 고개 너머 큰집으로 치장감을 가지고 와서 엄매와 둘이 소기름에 쌍심지의 불을 밝히고 밤이 들도록 바느질을 하는 밤 같은 때 〔…〕 **〈고야**古夜**〉** ❖ 토끼도 살이 오른다는 때 아르대 즘퍼리에서 제비꼬리 마타리 쇠조지 가지취 고비 고사리 두릅순 회순 산山나물을 하는 가즈랑집 할머니를 따르며 **〈가즈랑집〉** ❖ 어스름저녁 국수당 돌각담의 수무나무 가지에 녀귀의 탱을 걸고 나물매 갖추어놓고 비난수를 하는 젊은 새악시들 **〈오금덩이라는 곳〉** ❖ 마을에서는 삼굿을 하는 날/건넌마을서 사람이 물에 빠져 죽었다는 소문이 왔다 **〈여우난골〉** ❖ 아랫마을에서는 애기무당이 작두를 타며 굿을 하는 때가 많다 **〈삼방**三防**〉** ❖ 집집이 아이만 한 피도 안 간 대구를 말리는 곳/황화장사 령감이 일본말을 잘도 하는 곳 **〈통영**統營**(남행시초**南行詩抄**)〉** ❖ 그리고 지중지중 물가를 거닐면/당신이 이야기를 하는 것만 같구려 **〈바다〉** ❖ 앞뒤로 가기를 마음대로 하는 건/손자孫子의 병서兵書도 읽은 것이다/갈매기 쫑얼댄다 **〈꼴두기—물닭의 소리〉** ❖ 나는 오늘 때묻은 입든 옷에 마른물고기 한 토막으로/혼자 외로이 앉어 이것저것 쓸쓸한 생각을 하는 것이다 **〈두보**杜甫**나 이백**李白**같이〉**

하는데 ❖ 골이 다한 산대 밑에 자그마한 돌능와집이 한 채 있어서/이 집 남길동 단안주인은 겨울이면 집을 내고/산을 돌아 거리로 나려간다는 말을 하는데/해바른 마당에는 꿀벌이 스무나문 통 있었다 **〈산곡**山谷**—함주시초**咸州詩抄**〉** ❖ 집에는 아배에 삼춘에 오마니에 오마니가 있어서 〔…〕 끼때에는 부뚜막에 바가지를 아이덜 수대로 주룬히 늘어놓고 밥 한 덩이 질게 한 술 들여트려서는 먹였다는 소리를 언제나 두고두고 하는데 **〈넘언집 범 같은 노큰마니〉**

하듯이 ❖ 해변땅에 나들이 갔든 할머니는/오리새끼들은 장뽕이나 하듯이 떠들썩하니 시끄럽기도 하드란 숭인가 **〈오리〉**

하며 ❖ 시냇물이 버러지 소리를 하며 흐르고/대낮이라도 산山옆에서는/승냥이가 개울물 흐르듯 운다 **〈산지**山地**〉** ❖ 홍게닭이 멫 번이나 울어서 졸음이 오면 아릇목싸움 자리싸움을 하며 히드득거리다 잠이 든다 **〈여우난골족族〉** ❖ 나는 이 작은 것을 고이 보드러운 종이에 받어 또 문밖으로 버리며/이것의 엄마와 누나나 형이 가까이 이것의 걱정을 하며 있다가 쉬이 만나기나 했으면 좋으련만 하고 슬퍼한다 **〈수라修羅〉** ❖ 수양산首陽山의 어늬 오래된 절에서 칠십七十이 넘은 로장은 이런 이야기를 하며 치맛자락의 산山나물을 추었다 **〈절간의 소 이야기〉** ❖ 그리고 이번에는 나를 위로하는 듯이 나를 울력하는 듯이/눈질을 하며 주먹질을 하며 이런 글자들이 지나간다 **〈흰 바람벽이 있어〉**

하면 ❖ 배나무접을 잘하는 주정을 하면 토방돌을 뽑는 오리치를 잘 놓는 먼 섬에 반디젓 담그려 가기를 좋아하는 삼촌 삼촌엄매 사촌누이 사촌동생들 **〈여우난골족族〉** ❖ 재 안 드는 밤은 불도 없이 캄캄한 까막나라에서/조앙님은 무서운 이야기나 하면/모두들 죽은 듯이 엎데였다 잠이 들 것이다 **〈고사古寺—함주시초咸州詩抄〉** ❖ 이것은 그 곰의 잔등에 업혀서 길여났다는 먼 녯적 큰마니가/또 그 짚등색이에 서서 자채기를 하면 산 넘엣 마을까지 들렸다는/먼 녯적 큰아바지가 오는 것같이 오는 것이다 **〈국수〉**

하면서 ❖ 계집아이는 몇 해고 내지인內地人 주재소장駐在所長 집에서/밥을 짓고 걸레를 치고 아이보개를 하면서/이렇게 추운 아침에도 손이 꽁꽁 얼어서/찬물에 걸레를 쳤을 것이다 **〈팔원八院—서행시초西行詩抄 3〉**

하면서도 ❖ 밤에는 먼 개소리에 놀라나고/아츰에는 지나가는 사람마다에게 절을 하면서도/나는 나의 부끄러움을 알지 못했다 **〈북방北方에서—정현웅鄭玄雄에게〉**

하여 ❖ 나는 고만 디겁을 하여 큰 행길로 나서서 마음 놓고 화리서리 걸어가다 보니/아아 말 마라 내 발뒤축에는 오나가나 묻어 다니는 달걀구신/마을은 온데간데 구신이 돼서 나는 아무 데도 갈 수 없다 **〈마을은 맨천 구신이 돼서〉**

하였다는 ❖ 그리고 또 엄매의 말엔 내가 아직 굳은 밥을 모르던 때 살갗 퍼런 막내고무가 잘도 받어 세수를 하였다는 내 오줌빛은 이슬같이 샛말갛기도 샛맑았다는 것이다 **〈동뇨부童尿賦〉**

한 ❖ 봄철날 한종일내 노곤하니 벌불 장난을 한 날 밤이면 으레히 싸개동당을 지나는데 잘망하니 누워 싸는 오줌이 넓적다리를 흐르는 따근따근한 맛 자리에 펑하니 괴이는 척척한 맛 **〈동뇨부童尿賦〉** ❖ 넷날 그 두보杜甫나 이백李白 같은 이 나라의 시인詩人도/이날 이렇게 마른물고기 한 토막으로 외로이 쓸쓸한 생각을 한 적도 있었을 것이다 **〈두보杜甫나 이백李白같이〉**

한다 ❖ 새하려 가는 아배의 지게에 치워 나는 산山으로 가며 토끼를 잡으리라고 생각한다/맞구멍 난 토끼굴을 아배와 내가 막어서면 언제나 토끼새끼는 내 다리 아래로 달어났다/나는 서글퍼서 서글퍼서 울상을 한다 〈**오리 망아지 토끼**〉 ❖ 아츰볕에 섶구슬이 한가로이 익는 골짝에서 꿩은 울어 산山울림과 장난을 한다 〈**추일산조**秋日山朝〉 ❖ 여우가 우는 밤이면/잠 없는 노친네들은 일어나 팥을 깔이며 방뇨를 한다/여우가 주둥이를 향하고 우는 집에서는 다음날 으레히 흉사가 있다는 것은 얼마나 무서운 말인가 〈**오금덩이라는 곳**〉 ❖ 나는 지나支那나라 사람들과 같이 목욕을 한다/ 〔…〕 /한물통 안에 들어 목욕을 한다 〈**조당**澡塘**에서**〉

한다는 ❖ 한 말 밥을 한다는 크나큰 솥이/외면하고 가부틀고 앉어서 염주도 세일만하다 〈**고사**古寺**—함주시초**咸州詩抄〉

할 ❖ 흰밥과 가재미와 나는/우리들은 그 무슨 이야기라도 다 할 것 같다/우리들은 서로 미덥고 정답고 그리고 서로 좋구나 〈**선우사**膳友辭**—함주시초**咸州詩抄〉 ❖ 집에는 아배에 삼춘에 오마니에 오마니가 있어서 〔…〕 아이들이 큰마누래에 작은마누래에 제구실을 할 때면 종아지물본도 모르고 행길에 아이 송장이 거적뙈기에 말려나가면 속으로 얼마나 부러워하였고 〔…〕 〈**넘언집 범 같은 노큰마니**〉 ❖ 봉가집을 가면서도 칠월七月 그믐 초가을을 할 때까지/평안하니 집살이를 할 것을 생각하고 〈**칠월**七月 **백중**〉

했다 ❖ 여승女僧은 합장合掌하고 절을 했다/가지취의 내음새가 났다/쓸쓸한 낯이 녯날같이 늙었다/나는 불경佛經처럼 서러워졌다 〈**여승**女僧〉

하다⑧동 어떤 방식으로 행위를 이루게 하다.

하여 ❖ 이렇게 하여 여러 날이 지나는 동안에,/내 어지러운 마음에는 슬픔이며, 한탄이며, 가라앉을 것은 차츰 앙금이 되어 가라앉고, 〈**남신의주 유동 박시봉방**南新義州柳洞朴時逢方〉

해서 ❖ 이렇게 해서 아린 가슴이 싹기도 전이다/어데서 좁쌀알만 한 알에서 가제 깨인 듯한 발이 채 서지도 못한 무척 적은 새끼거미가 이번엔 큰거미 없어진 곳으로 와서 아물거린다 〈**수라**修羅〉

하다⑨보조동 (동사나 형용사 뒤에서 '-게 하다' 구성으로 쓰여) 앞말의 행동을 시키거나 앞말이 뜻하는 상태가 되도록 하다.

하고 ❖ 농마루며 바람벽은 모두들 그느슥히/흰밥과 두부와 튀각과 자반을 생각나 하고 〈**고사**古寺**—함주시초**咸州詩抄〉

하는 ❖ 그리고 이러한 생각이 내 눈가를 내 가슴가를/뜨겁게 하는 것도 생각한다 〈**내가 생각하는 것은**〉

하며 ❖ 마을을 구수한 즐거움에 싸서 은근하니 흥성흥성 들뜨게 하며/이것은 오는 것이다 **〈국수〉**

한다 ❖ 분명히 울고불고할 이 작은 것은 나를 무서우이 달아나버리며 나를 서럽게 한다 **〈수라修羅〉**

할 ❖ 병이 들면 풀밭으로 가서 풀을 뜯는 소는 인간人間보다 영靈해서 열 걸음 안에 제 병을 낫게 할 약藥이 있는 줄을 안다고 **〈절간의 소 이야기〉**

하다⑮ 보조동 ('듯 하다'의 형태로 쓰여) 앞말의 일이나 상태가 벌어지는 것을 나타내는 말.

〔보조동사 '하다'의 이런 용법은 사전에 기술되어 있지 않다. 백석의 용례를 바탕으로 필자가 작성한 것이다.〕

하는 ❖ 이리하여 한울에 별이 잔콩 마당 같고/강낭밭에 이슬이 비 오듯 하는 밤이 된다 **〈박각시 오는 저녁〉**

하였는데 ❖ 고개를 몇이라도 넘어서 약물터로 오면/약물터엔 사람들이 백재일 치듯 하였는데 **〈칠월七月 백중〉**

하다⑱ 형 '체언+만(보조사)'의 구성 뒤에 서술어로 쓰여서, 비교 대상에 미치다의 뜻을 나타내는 말.

〔'하다'에 대한 위의 풀이는 《표준국어대사전》(2015. 1)에 없어 필자가 작성한 것이다.〕

한 ❖ 부엌에는 빨갛게 질들은 팔八모알상이 그 상 우엔 새파란 싸리를 그린 눈알만 한 잔盞이 뵈였다 **〈주막酒幕〉** ❖ 어데서 좁쌀알만 한 알에서 가제 깨인 듯한 발이 채 서지도 못한 무척 적은 새끼거미가 이번엔 큰거미 없어진 곳으로 와서 아물거린다 **〈수라修羅〉** ❖ 텃밭가 재래종在來種의 임금林檎나무에는 이제도 콩알만 한 푸른 알이 달렸고 히스무레한 꽃도 하나 둘 퓌여 있다/돌담 기슭에 오지항아리 독이 빛난다 **〈창의문외彰義門外〉** ❖ 집집이 아이만 한 피도 안 간 대구를 말리는 곳/황화장사 령감이 일본말을 잘도 하는 곳 **〈통영統營(남행시초南行詩抄)〉**

22 계산

세이다② 동 세다. 사물의 수효를 헤아리거나 꼽다.

〔'세이다'는 '세다'에 '이' 모음이 첨가된 형태의 말이다. 모음 첨가는 백석의 시어에

서 자주 나타나는 음운 현상이다.〕

세일 ❖ 한 말 밥을 한다는 크나큰 솥이/외면하고 가부틀고 앉어서 염주도 세일 만 하다 〈**고사**古寺**—함주시초**咸州詩抄〉

혜이다[동] 혜다. '혜다'는 '세다'(사물의 수효를 헤아리거나 꼽다)의 고어, 함북 방언. '세다'의 고어로 '헤다'와 '혜다'가 모두 쓰이고 있다.

〔'혜이다'는 '세다'의 방언인 '혜다'에 '이' 모음이 첨가된 형태의 말이다. 모음 첨가는 백석의 시어에서 자주 나타나는 음운 현상이다.〕

혜이며 ❖ 우리들은 맑은 물밑 해정한 모래톱에서 하구 긴 날을 모래알만 혜이며 잔뼈가 굵은 탓이다 〈**선우사**膳友辭**—함주시초**咸州詩抄〉

23 계속, 지속, 반복

가다⑥[보조동] 말하는 이, 또는 말하는 이가 정하는 어떤 기준점에서 멀어지면서 앞말이 뜻하는 행동이나 상태가 계속 진행됨을 나타내는 말.

가는 ❖ 가무락조개 난 뒷간거리에/빚을 얻으려 나는 왔다/빚이 안 되어 가는 탓에/가무래기도 나도 모도 춥다 〈**가무래기의 낙**樂〉 ❖ 이때 나는 내 뜻이며 힘으로, 나를 이끌어 가는 것이 힘든 일인 것을 생각하고,/이것들보다 더 크고, 높은 것이 있어서, 나를 마음대로 굴려 가는 것을 생각하는 것인데, 〈**남신의주 유동 박시봉방**南新義州柳洞朴時逢方〉

그냥그냥[부] 그런 모양으로 줄곧.

〔사전엔 '그냥'이란 말만 등재되어 있다.〕

❖ 밤이면 무엇이 기왓골에 무릿돌을 던지고 뒤울안 배나무에 쩨듯하니 줄등을 헤여달고 부뚜막의 큰솥 적은솥을 모주리 뽑아놓고 재통에 간 사람의 목덜미를 그냥그냥 나려눌러선 잿다리 아래로 처박고 〈**외갓집**〉

늘[부] 계속하여 언제나.

❖ 산山마루에 서면/멀리 언제나 늘 그물그물/그날만 친 건넌산山에서/벼락을 맞아 바윗돌이 되었다는/큰 땅괭이 한 마리/수염을 뻗치고 건너다보는 것이 무서웠다 〈**산**山〉

다시[부] 다음에 또.

❖ 잘 먹고 가라 서리서리 물러가라 네 소원 풀었으니 다시 침노 말아라 〈**오금덩이**

라는 곳〉

대대로 부 여러 대를 이어서 계속하여.

❖ 대대로 나며 죽으며 죽으며 나며 하는 이 마을 사람들의 으젓한 마음을 지나서 텁텁한 꿈을 지나서 **〈국수〉** ❖ 다들 쪽 발가벗고 같이 물에 몸을 녹히고 있는 것은/대대로 조상도 서로 모르고 말도 제가끔 틀리고 먹고 입는 것도 모도 다른데 **〈조당**澡塘**에서〉** ❖ 우리네 조상들이 먼먼 녯날로부터 대대로 이날엔 으레히 그러하며 오듯이/ 〔…〕 /그 조상들이 대대로 하든 본대로 원소元宵라는 떡을 입에 대며/스스로 마음을 느꾸어 위안하지 않었을 것인가 **〈두보**杜甫**나 이백**李白**같이〉**

도로 부 향하던 쪽에서 되돌아서.

❖ 소와 말은 도로 산山으로 돌아갔다 **〈산지**山地**〉**

또 부 어떤 일이 거듭하여.

❖ 날이 밝으면 또 메기수염의 늙은이가 청배를 팔러 올 것이다 **〈정주성**定州城**〉** ❖ 이 그득히들 할머니 할아버지가 있는 안간에들 모여서 방안에서는 새옷의 내음새가 나고/또 인절미 송구떡 콩가루차떡의 내음새도 나고 〔…〕 **〈여우난골족**族**〉** ❖ 녯성城의 돌담에 달이 올랐다/묵은 초가지붕에 박이/또 하나 달같이 하이얗게 빛난다 **〈흰밤〉** ❖ 또 이러한 밤 같은 때 시집갈 처녀 막내고무가 고개 너머 큰집으로 치장감을 가지고 와서 〔…〕 또 누워 굴면서 엄매에게 웃목에 두른 평풍의 새빨간 천두의 이야기를 듣기도 하고 고무더러는 밝는 날 멀리는 못 난다는 뫼추라기를 잡어달라고 조르기도 하고 **〈고야**古夜**〉** ❖ 어니젠가 새끼거미 쓸려나간 곳에 큰거미가 왔다/나는 가슴이 짜릿한다/나는 또 큰거미를 쓸어 문밖으로 버리며/ 〔…〕 //이렇게 해서 아린 가슴이 싹기도 전이다/ 〔…〕 /나는 이 작은 것을 고이 보드러운 종이에 받어 또 문밖으로 버리며 **〈수라**修羅**〉** ❖ 내 마음은 끝없이 고요하고 또 맑어진다 **〈탕약**湯藥**〉** ❖ 또 내가 아는 그 몸이 성하고 돈도 있는 사람들이/즐거이 술을 먹으려 단닐 것과 **〈내가 생각하는 것은〉** ❖ 내가 이렇게 외면하고 거리를 걸어가는 것은 또 내 많지 못한 월급이 얼마나 고마운 탓이고 **〈내가 이렇게 외면하고〉** ❖ 그리고 또 엄매의 말엔 내가 아직 굳은 밥을 모르던 때 살갗 퍼런 막내고무가 잘도 받어 세수를 하였다는 내 오줌빛은 이슬같이 샛말갛기도 샛맑았다는 것이다 **〈동뇨부**童尿賦**〉** ❖ 비멀이한 옷을 부숭부숭 말려 입고 오는 길인데/산山모롱고지 하나 도는 동안에 옷은 또 함북 젖었다 **〈구장로**球場路**—서행시초**西行詩抄 **1〉** ❖ 나는 이 털도 안 뽑은 도야지고기를 물꾸러미 바라보며/또 털도 안 뽑는 고기를 시꺼먼 맨모밀국수에 얹어서 한입에 꿀꺽 삼키는 사람들을 바라보며/나는 문득 가슴에 뜨끈한 것을 느끼며 **〈북신**北

新—서행시초西行詩抄 2〉 ❖ 산 멧도야지 너구리가죽 튀튀새 났다/또 가얌에 귀이리에 도토리묵 도토리범벅도 났다 〈월림月林장—서행시초西行詩抄 4〉 ❖ 오대五代나 나린다는 크나큰 집 다 찌그러진 들지고방 어득시근한 구석에서 쌀독과 말쿠지와 숫돌과 신뚝과 그리고 넷적과 또 열두 데석님과 친하니 살으면서//한 해에 멫 번 매연 지난 먼 조상들의 최방등 제사에는 〔…〕 또 애끓는 통곡과 축을 귀에 하고 그리고 합문 뒤에는 흠향 오는 구신들과 호호히 접하는 것 〈목구木具〉 ❖ 이것은 또 참으로 밝고 그윽하고 깊고 무거운 마음이라/이 마음 안에 아득하니 오랜 세월이 아득하니 오랜 지혜가 또 아득하니 오랜 인정人情이 깃들인 것이다/ 〔…〕 //이 적고 가부엽고 갤족한 희고 까만 씨가/조용하니 또 도고하니 손에서 입으로 입에서 손으로 오르나리는 때 〈수박씨, 호박씨〉 ❖ 이리하야 또 한 아득한 새 넷날이 비롯하는 때 〈북방北方에서—정현웅鄭玄雄에게〉 ❖ 눈물의 또 별살의 나라에서 당신은/이 세상에 나들이를 온 것이다//눈물의 또 별살의 나라 사람이여/ 〔…〕 /마음이 가난한 낯설은 사람에게 수백 냥 돈을 거저 주는 그 인정을 그리고 또 그 말을//그 멀은 눈물의 또 별살의 나라에서/이 세상에 나들이를 온 사람이여/이 목이 긴 시인詩人이 또 게사니처럼 떠곤다고 〈허준許俊〉 ❖ 한울은/울파주가에 우는 병아리를 사랑한다/우물돌 아래 우는 돌우래를 사랑한다/그리고 또/버드나무 밑 당나귀 소리를 임내내는 시인詩人을 사랑한다// 〔…〕 /그리고 또/두틈한 초가지붕 밑에 호박꽃 초롱 혀고 사는 시인詩人을 사랑한다// 〔…〕 /그리고 또/아늑하고 고요한 시골 거리에서 쟁글쟁글 햇볕만 바래는 시인詩人을 사랑한다 〈《호박꽃 초롱》 서시序詩〉 ❖ 저 한쪽 마을에는 마돝에 닭 개 즘생도 들떠들고/또 아이 어른 행길에 뜨락에 사람도 웅성웅성 홍성거려/나는 가슴이 이 무슨 흥에 벅차오며 〈귀농歸農〉 ❖ 이것은 그 곰의 잔등에 업혀서 길여났다는 먼 넷적 큰마니가/또 그 짚등색이에 서서 자채기를 하면 산 넘엣 마을까지 들렸다는/먼 넷적 큰아바지가 오는 것같이 오는 것이다// 〔…〕 /그리고 담배 내음새 탄수 내음새 또 수육을 삶는 육수국 내음새 자욱한 더북한 삿방 쩔쩔 끓는 아르궅을 좋아하는 이것은 무엇인가 〈국수〉 ❖ 때글은 다 낡은 무명샤쯔가 어두운 그림자를 쉬이고/그리고 또 달디단 따끈한 감주나 한잔 먹고 싶다고 생각하는 내 가지가지 외로운 생각이 헤매인다/그런데 이것은 또 어인 일인가/ 〔…〕 /또 내 사랑하는 사람이 있다/ 〔…〕 /그런데 또 이즈막하야 어늬 사이엔가/ 〔…〕 /초생달과 바구지꽃과 짝새와 당나귀가 그러하듯이/그리고 또 '프랑시쓰 쨈'과 도연명陶淵明과 '라이넬 마리아 릴케'가 그러하듯이 〈흰 바람벽이 있어〉 ❖ 네 소리에 내 마음은 반끗히 밝어오고 또 호끈히 더워오고 그리고 즐거워온다/ 〔…〕 /또 녀름날 낮 기운 때 어른들이 모두 벌에 나가고 텅 뷔인 집 토방에서 **〈촌에서 온 아이〉** ❖ 도연명陶淵明은 저러한 사람이였을 것이고/또 여기 더운물에 뛰어들며/무슨 물새처럼 악악 소리를 지르는 삐삐 파리한 사람은/ 〔…〕 /이러면서 그 무슨 제비의 춤이라는 연소탕燕巢湯이 맛도 있는 것과/또 어늬바루 새악시가 곱기도 한 것 같은 것을 생각하는 것일 것인데 **〈조당澡塘에서〉** ❖ 머리카락을 텅납새에 끼우는 것은 또/구시월 황하두서 황하당세 오면 **〈머리카락〉** ❖ 나는 뛰쳐나와 얼른 고방으로 숨어버리면 고방에는 또 시렁에 데석님//나는 겨우 대문을 빼쳐나 바깥으로 나와서/밭 마당귀 연자간 앞을 지나가는데 연자간에는 또 연자망구신 **〈마을은 맨천 구신이 돼서〉** ❖ 어느 사이에 나는 아내도 없고, 또,/아내와 같이 살던 집도 없어지고,/ 〔…〕 /또 문밖에 나가디두 않고 자리에 누워서,/ 〔…〕 /내 눈에 뜨거운 것이 핑 괴일 적이며,/또 내 스스로 화끈 낯이 붉도록 부끄러울 적이며,/ 〔…〕 /그러나 잠시 뒤에 나는 고개를 들어,/허연 문창을 바라보든가 또 눈을 떠서 높은 턴정을 쳐다보는 것인데, **〈남신의주 유동 박시봉방南新義州柳洞朴時逢方〉**

또다시부 거듭하여 다시.

❖ 나는 아버지로 섬기는 이라 한즉/의원醫員은 또다시 넌즈시 웃고/말없이 팔을 잡어 맥을 보는데 **〈고향故鄕〉**

보해부 '자주'의 평북 방언(《조선말대사전》). 같은 일을 잇따라 잦게.

〔'자주'의 평북 방언으로 《조선말대사전》에 '보해'가, 《표준국어대사전》엔 '뽀해'가, 《평북방언사전》엔 '뽀보해'가 각각 등재되어 있다.〕

❖ 송아지 잘도 놀고/까치 보해 짖고 **〈연자간〉**

연하다동 행위나 현상이 끊이지 않고 계속 이어지다.

연하여 ❖ 나는 내 슬픔이며 어리석음이며를 소처럼 연하여 쌔김질하는 것이었다. **〈남신의주 유동 박시봉방南新義州柳洞朴時逢方〉**

오다⑧ 보조동 (주로 동사 뒤에서 '-어 오다' 구성으로 쓰여) 앞말이 뜻하는 행동이나 상태가 말하는 이 또는 말하는 이가 정하는 기준점으로 가까워지면서 계속 진행됨을 나타내는 말.

오는데 ❖ 바로 날도 저물어서,/바람은 더욱 세게 불고, 추위는 점점 더해 오는데,/나는 어느 목수木手네 집 헌 샂을 깐,/한 방에 들어서 쥔을 붙이었다./ 〔…〕 /나는 이런 저녁에는 화로를 더욱 다가 끼며, 무릎을 꿇어 보며,/어니 먼 산 뒷옆에 바우 섶에 따로 외로이 서서,/어두워 오는데 하이야니 눈을 맞을, 그 마른 잎새에는, **〈남신의주 유동 박시봉방南新義州柳洞朴時逢方〉**

오듯이 ❖ 우리네 조상들이 먼먼 넷날로부터 대대로 이날엔 으레히 그러하며 오듯이 〈**두보**杜甫**나 이백**李白**같이**〉

올 ❖ 내 가슴이 꽉 메어 올 적이며,/내 눈에 뜨거운 것이 핑 괴일 적이며,/또 내 스스로 화끈 낯이 붉도록 부끄러울 적이며, 〈**남신의주 유동 박시봉방**南新義州柳洞朴時逢方〉

있다⑦ 보조동 (주로 동사 뒤에서 '-어 있다' 구성으로 쓰여) 앞말이 뜻하는 행동이나 변화가 끝난 상태가 지속됨을 나타내는 말.

있다 ❖ 고원선高原線 종점終點인 이 적은 정거장停車場엔/그렇게도 우쭐대며 달가불시며 뛰어오던 뽕뽕차車가/가이없이 쓸쓸하니도 우두머니 서 있다 〈**함남도안**咸南道安〉

있어서들 ❖ 인간들은 모두 웅성웅성 깨여 있어서들/오가리며 석박디를 썰고/생강에 파에 청각에 마늘을 다지고 〈**추야일경**秋夜一景〉

있다⑧ 보조동 (주로 동사 뒤에서 '-고 있다' 구성으로 쓰여) 앞말이 뜻하는 행동이 계속 진행되고 있거나 그 행동의 결과가 지속됨을 나타내는 말.

있노라면 ❖ 명태明太창난젓에 고추무거리에 막칼질한 무이를 뷔벼 익힌 것을/이 투박한 북관北關을 한없이 끼밀고 있노라면/쓸쓸하니 무릎은 꿇어진다 〈**북관**北關**—함주시초**咸州詩抄〉

있는 ❖ 서로 나라가 다른 사람인데/다들 쪽 발가벗고 같이 물에 몸을 녹히고 있는 것은/그러나 나라가 서로 다른 사람들이/글쎄 어린 아이들도 아닌데 쪽 발가벗고 있는 것은/어쩐지 조금 우수웁기도 하다 〈**조당**澡塘**에서**〉

있다 ❖ 내 가난한 늙은 어머니가/이렇게 시퍼러둥둥하니 추운 날인데 차디찬 물에 손은 담그고 무이며 배추를 씻고 있다 〈**흰 바람벽이 있어**〉

잘② 부 버릇으로 자주.

❖ 열여섯에 사십四十이 넘은 홀아비의 후처가 된 포족족하니 성이 잘 나는 살빛이 매감탕 같은 입술과 젖꼭지는 더 까만 〔…〕 〈**여우난골족**族〉 ❖ 긴긴 겨울밤 인간들이 모두 한잠이 들은 재밤중에 나 혼자 일어나서 머리맡 쥐발 같은 새끼오강에 한없이 누는 잘 매럽던 오줌의 사르릉 쪼로록 하는 소리 〈**동뇨부**童尿賦〉

하다⑤ 동 나열되거나 되풀이되는 둘 이상의 일을 서술하는 기능을 나타내는 말.

하고 ❖ 봉가집에서 온 사람들도 만나 반가워하고/깨죽이며 문주며 섭가락 앞에 송구떡을 사서 권하거니 먹거니 하고 〈**칠월**七月 **백중**〉

하는 ❖ 대대로 나며 죽으며 죽으며 나며 하는 이 마을 사람들의 으젓한 마음을 지나서 텁텁한 꿈을 지나서 〈**국수**〉 ❖ 그런데 참으로 그 은殷이며 상商이며 월越이며 위衛며 진晉이며 하는 나라 사람들의 이 후손들은/얼마나 마음이 한가하고 게으른가/더운물에 몸을 불키거나 때를 밀거나 하는 것도 잊어버리고/제 배꼽을 들여다보거나 남의 낯을 쳐다보거나 하는 것인데// [···] /나는 이렇게 한가하고 게으르고 그러면서 목숨이라든가 인생人生이라든가 하는 것을 정말 사랑할 줄 아는/그 오래고 깊은 마음들이 참으로 좋고 우러러진다 **〈조당**澡塘**에서〉**

하며 ❖ 산山비에 젖었다는 말렀다 하며 오는 길이다 **〈구장로**球場路**—서행시초**西行詩抄 **1〉**

하면 ❖ 우물가에서 까치가 자꼬 즞거니 하면/붉은 수탉이 높이 샛더미 우로 올랐다 **〈창의문외**彰義門外**〉**

하다⑭ 보조동 (동사 뒤에서 '-고는 하다', '-곤 하다' 구성으로 쓰여) 앞말이 뜻하는 행동을 습관처럼 하거나 앞말이 뜻하는 상황이 반복되어 일어남을 나타내는 말.

하는데 ❖ 내가 엄매 등에 업혀가서 상사말같이 항약에 야기를 쓰면 한창 퓌는 함박꽃을 밑가지채 꺾어주고 종대에 달린 제물배도 가지채 쪄주고 그리고 그 애끼는 게사니알도 두 손에 쥐어주곤 하는데 **〈넘언집 범 같은 노큰마니〉**

24 중지, 마침

그만두다 동 하던 일을 그치고 안 하다.

그만두고 ❖ 나는 이젠 귀치않은 측량測量도 문서文書도 싫증이 나고/낮에는 마음 놓고 낮잠도 한잠 자고 싶어서/아전 노릇을 그만두고 밭을 노왕老王한테 얻는 것이다 **〈귀농**歸農**〉**

나다⑫ 보조동 (동사 뒤에서 '-고 나다' 구성으로 쓰여) 앞말이 뜻하는 행동이 끝났음을 나타내는 말.

나면 ❖ 마을에서는 세불 김을 다 매고 들에서/개장취념을 서너 번 하고 나면/백중 좋은 날이 슬그머니 오는데 **〈칠월**七月 **백중〉**

나서 ❖ 한 십리十里 더 가면 절간이 있을 듯한 마을이다 [···] 담모도리 바윗잔등에 다람쥐 해바라기하다 조은다 토끼잠 한잠 자고 나서 세수한다 [···] **〈황일**黃日**〉** ❖ 당콩밥에 가지냉국의 저녁을 먹고 나서/바가지꽃 하이얀 지붕에 박각시 주락시 붕붕 날아오면 **〈박각시 오는 저녁〉** ❖ 머리 빗기가 싫다면/니가 들구 나서/머리채를 끄을구 오른다는/산山이 있었다 **〈산**山**〉**

다하다 동 어떤 것이 끝나거나 남아 있지 아니하다.

다한 ❖ 골이 다한 산대 밑에 자그마한 돌능와집이 한 채 있어서/이 집 남길동 단 안주인은 겨울이면 집을 내고/산을 돌아 거리로 나려간다는 말을 하는데/해바른 마당에는 꿀벌이 스무나문 통 있었다 〈**산곡**山谷—**함주시초**咸州詩抄〉

말다[동] 어떤 일이나 행동을 하지 않거나 그만두다.

마라 ❖ 아아 말 마라 내 발뒤축에는 오나가나 묻어 다니는 달갈구신/마을은 온데간데 구신이 돼서 나는 아무 데도 갈 수 없다 〈**마을은 맨천 구신이 돼서**〉

말아라 ❖ 어스름저녁 국수당 돌각담의 수무나무 가지에 녀귀의 탱을 걸고 나물매 갖추어놓고 비난수를 하는 젊은 새악시들/—잘 먹고 가라 서리서리 물러가라 네 소원 풀었으니 다시 침노 말아라 〈**오금덩이라는 곳**〉

머물다[동] (움직이는 기차나 시선, 목소리 따위가 어디에) 잠시 멈추어 있다(《고려대 한국어대사전》).

머물고 ❖ 멀리 바다가 뵈이는/가정거장假停車場도 없는 벌판에서/차車는 머물고/젊은 새악시 둘이 나린다 〈**광원**曠原〉

버리다③[동] 종사하던 일정한 직업을 스스로 그만두고 다시는 손을 대지 아니하다.

버리고 ❖ 어진 사람이 많은 나라에서는/오두미五斗米를 버리고 버드나무 아래로 돌아온 사람도/그 녚차개에 수박씨 닦은 것은 호박씨 닦은 것은 있었을 것이다 〈**수박씨, 호박씨**〉

서다③[동] 어떤 곳에서 다른 곳으로 가던 대상이 어느 한 곳에서 멈추다.

서 ❖ 고원선高原線 종점終點인 이 적은 정거장停車場엔/그렇게도 우쭐대며 달가불시며 뛰어오던 뽕뽕차車가/가이없이 쓸쓸하니도 우두머니 서 있다 〈**함남도안**咸南道安〉

25 생김, 사라짐

가다④[동] 때나 얼룩이 잘 빠지다.

간 ❖ 집집이 아이만 한 피도 안 간 대구를 말리는 곳/황화장사 령감이 일본말을 잘도 하는 곳/처녀들은 모두 어장주漁場主한테 시집을 가고 싶어한다는 곳 〈**통영**統營(**남행시초**南行詩抄)〉

나다①[동] 소리, 냄새 따위가 밖으로 드러나다.

나고 ❖ 이 그득히들 할머니 할아버지가 있는 안간에들 모여서 방안에서는 새옷의 내음새가 나고/또 인절미 송구떡 콩가루차떡의 내음새도 나고 끼때의 두부와 콩나물과 뽂은 잔디와 고사리와 도야지비계는 모두 선득선득하니 찬 것들이다 **〈여우난골족族〉** ❖ 약탕관에서는 김이 오르며 달큼한 구수한 향기로운 내음새가 나고/약이 끓는 소리는 삐삐 즐거웁기도 하다 **〈탕약湯藥〉** ❖ 광지보에서 나온 은장두에 바늘집에 원앙에 바둑에/번들번들하는 노리개는 스르럭스르럭 소리가 나고 **〈칠월七月 백중〉**

나는 ❖ 저문 유월六月의 바닷가에선 조개도 울을 저녁 소라방등이 불그레한 마당에 김냄새 나는 비가 나렸다 **〈통영統營〉** ❖ 어득한 기슭의 행길에 얼굴이 해쓱한 처녀가 새벽달같이/아 아즈내인데 병인病人은 미역냄새 나는 덧문을 닫고 버러지같이 누웠다 **〈시기柿崎의 바다〉** ❖ 캄캄한 비 속에/새빨간 달이 뜨고/하이얀 꽃이 퓌고/먼바루 개가 짖는 밤은/어데서 물외 내음새 나는 밤이다//캄캄한 비 속에/새빨간 달이 뜨고/하이얀 꽃이 퓌고/먼바루 개가 짖고/어데서 물외 내음새 나는 밤은 **〈야우소회夜雨小懷—물닭의 소리〉** ❖ 이리하여 나는 이 습내 나는 춥고, 누굿한 방에서,/낮이나 밤이나 나는 나 혼자도 너무 많은 것같이 생각하며, **〈남신의주 유동 박시봉방南新義州柳洞朴時逢方〉**

나는데 ❖ 산山나물 냄새 물씬물씬 나는데/나는 복장노루를 따라 뛰었다 **〈산山〉**

나며 ❖ 어두워 오는데 하이야니 눈을 맞을, 그 마른 잎새에는,/쌀랑쌀랑 소리도 나며 눈을 맞을,/그 드물다는 굳고 정한 갈매나무라는 나무를 생각하는 것이었다. **〈남신의주 유동 박시봉방南新義州柳洞朴時逢方〉**

나면 ❖ 벌개눞역에서 바리깨를 뚜드리는 쇳소리가 나면/누가 눈을 앓어서 부증이 나서 찰거마리를 부르는 것이다 **〈오금덩이라는 곳〉** ❖ 가까운 논배미들에서/까알까알 하는 너이들의 즐거운 말소리가 나면/나는 내 마을 그 아는 사람들의 지껄지껄하는 말소리같이 반가웁고나 **〈오리〉**

난다 ❖ 토방에 승냥이 같은 강아지가 앉은 집/부엌으론 무럭무럭 하이얀 김이 난다 **〈야반夜半—산중음山中吟〉**

났다 ❖ 문門을 연다 머루빛 밤한울에/송이버슷의 내음새가 났다 **〈머루밤〉** ❖ 여승女僧은 합장合掌하고 절을 했다/가지취의 내음새가 났다/쓸쓸한 낯이 녯날같이 늙었다 **〈여승女僧〉** ❖ 거리에서는 모밀내가 났다/부처를 위하는 정갈한 노친네의 내음새 같은 모밀내가 났다 **〈북신北新—서행시초西行詩抄 2〉**

나다② 동 (어떤 모습이) 나타나다.

〔백석은 '어떤 인물(존재)이 나타나다'는 뜻으로 '나다'를 사용하고 있다. 사전에 이

런 의미의 '나다'라는 말은 등재되어 있지 않다. 백석은 '나다'의 뜻을 매우 다양하게 사용하고 있다. 백석 시에서 '나다'는 총 14가지의 뜻으로 사용되고 있다.]

난다는 ❖ 섣달에 냅일날이 들어서 냅일날 밤에 눈이 오면 이 밤엔 쌔하얀 할미귀신의 눈귀신도 냅일눈을 받노라 못 난다는 말을 든든히 녀기며 엄매와 나는 앙궁우에 떡돌 우에 곱새담 우에 함지에 버치며 대냥푼을 놓고 치성이나 드리듯이 정한 마음으로 냅일눈 약눈을 받는다 **〈고야**古夜**〉**

났다는 ❖ 승냥이가 새끼를 치는 전에는 쇠메 든 도적이 났다는 가즈랑고개 **〈가즈랑집〉**

나다⑦동 ① 농산물이나 광물 따위가 산출되다. ② 돈, 물건 따위가 생기다.

나는 ❖ 구마산舊馬山의 선창에선 좋아하는 사람이 울며 나리는 배에 올라서 오는 물길이 반날/갓 나는 고당은 갓갓기도 하다 **〈통영**統營**(남행시초**南行詩抄**)〉**

나드란 ❖ 비얘고지 비얘고지는/제비야 네 말이다/저 건너 노루섬에 노루 없드란 말이지/신미두 삼각산엔 가무래기만 나드란 말이지 **〈대산동**大山洞**—물닭의 소리〉**

난 ❖ 가무락조개 난 뒷간거리에/빚을 얻으려 나는 왔다 **〈가무래기의 낙**樂**〉**

나다⑩동 신체 표면이나 땅 위에 솟아나다. 백석 시 〈연자간〉에서 '나다'는 도적괭이가 새끼락(새끼발톱)을 내미는 상태를 말하는 것이다. ☞ 새끼락 495

나고 ❖ 도적괭이 새끼락이 나고/살진 쪽제비 트는 기지개 길고 **〈연자간〉**

난 ❖ 부뚜막이 두 길이다/이 부뚜막에 놓인 사닥다리로 자박수염 난 공양주는 성궁미를 지고 오른다 **〈고사**古寺**—함주시초**咸州詩抄**〉**

나다⑭동 (어디에 흔적이나 흠이 생겨) 나타나다(《고려대한국어대사전》).

난 ❖ 얼굴에 별자국이 솜솜 난 말수와 같이 눈도 껌벅거리는 하로에 베 한 필을 짠다는 벌 하나 건너 집엔 복숭아나무가 많은 신리新里 고무 고무의 딸 이녀李女 작은이녀李女 **〈여우난골족**族**〉**

나오다②동 속에서 바깥으로 솟아나다.

나오고 ❖ 바닷가는/개지꽃에 개지 아니 나오고/고기비늘에 하이얀 햇볕만 쇠리쇠리하야/어쩐지 쓸쓸만 하구려 섧기만 하구려 **〈바다〉**

내다④동 '나다'의 사동사. 돈, 물건 따위를 생기게 하다.

내라고 ❖ 장날 아츰에 앞 행길로 엄지 따러 지나가는 망아지를 내라고 나는 조르면 **〈오리 망아지 토끼〉**

내다⑤동 '나다'의 사동사. 생명체를 태어나게 하다.

내일 ❖ 눈질을 하며 주먹질을 하며 이런 글자들이 지나간다/—하눌이 이 세상을 내일 적에 그가 가장 귀해하고 사랑하는 것들은 모두/가난하고 외롭고 높고 쓸쓸하니 그리고 언제나 넘치는 사랑과 슬픔 속에 살도록 만드신 것이다 **〈흰 바람벽이 있어〉**

내다⑥[동] '나다'의 사동사. 사물이 생겨 이루어지게 하다.

내는 ❖ 그러다는 백중물을 내는 소내기를 함뿍 맞고/호주를하니 젖어서 달아나는데 **〈칠월七月 백중〉**

내인 ❖ 나는 두 손으로 고이 약그릇을 들고 이 약을 내인 녯사람들을 생각하노라면/내 마음은 끝없이 고요하고 또 맑어진다 **〈탕약湯藥〉**

돋다[동] 속에 생긴 것이 겉으로 나오거나 나타나다.

돋아서 ❖ 산山 너머는/겨드랑이에 짖이 돋아서 장수가 된다는/더꺼머리총각들이 살아서/색시 처녀들을 잘도 업어간다고 했다 **〈산山〉**

돋은 ❖ 남방토南方土 풀 안 돋은 양지귀가 본이다/햇비 멋은 저녁의 노을 먹고 산다 **〈석류石榴〉** ❖ 새끼손톱 길게 돋은 손을 내어/묵묵하니 한참 맥을 짚드니 **〈고향故鄕〉**

돋히다[동] 돋우다. 정도를 더 높이다.

〔'돋히다'는 원래 '돋다'의 사동사이지만, 아래 용례에서는 '돋우다', 즉 '정도를 더 높이다'는 뜻으로 사용된 것이다.〕

돋혀서 ❖ 이 집에 있는 다른 많은 아이들이/모도들 욕심 사납게 지게굳게 일부러 청을 돋혀서/어린아이들치고는 너무나 큰 소리로 너무나 튀겁 많은 소리로 울어대는데 **〈촌에서 온 아이〉**

들다⑨[동] 어떤 일이나 기상 현상이 일어나다.

드나 ❖ 이스라치전이 드나 머루전이 드나/수리취 땅버들의 하이얀 복이 서러웁다/뚜물같이 흐린 날 동풍東風이 설렌다 **〈쓸쓸한 길〉**

드는 ❖ 재 안 드는 밤은 불도 없이 캄캄한 까막나라에서/조앙님은 무서운 이야기나 하면/모두들 죽은 듯이 엎데였다 잠이 들 것이다 **〈고사古寺—함주시초咸州詩抄〉**

들어서 ❖ 저녁밥때 비가 들어서/바다엔 배와 사람이 흥성하다 **〈시기柿崎의 바다〉** ❖ 섣달에 냅일날이 들어서 냅일날 밤에 눈이 오면 이 밤엔 쌔하얀 할미귀신의 눈귀신도 냅일눈을 받노라 못 난다는 말을 든든히 녀기며 〔…〕 **〈고야古夜〉**

들었다 ❖ 순례巡禮중이 산山을 올라간다/어젯밤은 이 산山 절에 재齋가 들었다 **〈추일산조秋日山朝〉**

들다⑪[동] 물감, 색깔, 물기, 소금기가 스미거나 배다.

들 ❖ 그리고 물이라도 들 듯이 샛노랗디샛노란 산山골 마가을 볕에 눈이 시울도록

샛노랗디샛노란 햇기장 쌀을 주무르며 **〈월림**月林**장—서행시초**西行詩抄 **4〉**

비롯하다[동] 처음 시작하다.

비롯하는 ❖ 그동안 돌비는 깨어지고 많은 은금보화는 땅에 묻히고 가마귀도 긴 족보를 이루었는데/이리하야 또 한 아득한 새 녯날이 비롯하는 때/이제는 참으로 이기지 못할 슬픔과 시름에 쫓겨/나는 나의 녯 한울로 땅으로—나의 태반胎盤으로 돌아왔으나 **〈북방**北方**에서—정현웅**鄭玄雄**에게〉**

사러지다[동] 사라지다. 현상이나 물체의 자취 따위가 없어지다.

사러졌다 ❖ 녕감들은 유리창 같은 눈을 번득거리며/투박한 북관北關말을 떠들어대며/쇠리쇠리한 저녁해 속에/사나운 즘생같이들 사러졌다 **〈석양**夕陽**〉**

생기다①[동] 어떤 일이 일어나다.

생긴 ❖ 해바라기하기 좋을 볏곡간 마당에/볏짚같이 누우란 사람들이 둘러서서/어늬 눈 오신 날 눈을 츠고 생긴 듯한 말다툼 소리도 누우라니 **〈삼천포**三千浦**—남행시초**南行詩抄 **4〉**

생기다②[동] 없던 것이 새로 있게 되다.

생겨서 ❖ 내 사랑하는 어여쁜 사람이/어늬 먼 앞대 조용한 개포가의 나즈막한 집에서/그의 지아비와 마조 앉어 대구국을 끓여놓고 저녁을 먹는다/벌써 어린것도 생겨서 옆에 끼고 저녁을 먹는다 **〈흰 바람벽이 있어〉**

얼린하다[동] 얼른하다. 얼씬하다. 조금 큰 것이 눈앞에 잠깐 나타났다 없어지다.

얼린하지 ❖ 개 하나 얼린하지 않는 마을은/해바른 마당귀에 맷방석 하나/빨갛고 노랗고/눈이 시울은 곱기도 한 건반밥 **〈고성가도**固城街道**—남행시초**南行詩抄 **3〉**

없다③[형] 어떤 일이나 현상이나 증상 따위가 생겨 나타나지 않은 상태이다.

없는 ❖ 여우가 우는 밤이면/잠 없는 노친네들은 일어나 팥을 깔이며 방뇨를 한다/여우가 주둥이를 향하고 우는 집에서는 다음날 으레히 흉사가 있다는 것은 얼마나 무서운 말인가 **〈오금덩이라는 곳〉**

없어지다[동] 있던 것이 없게 되다(《금성판국어대사전》).

없어지고 ❖ 어느 사이에 나는 아내도 없고, 또,/아내와 같이 살던 집도 없어지고,/그리고 살뜰한 부모며 동생들과도 멀리 떨어져서,/그 어느 바람 세인 쓸쓸한 거리 끝에 헤매이었다. **〈남신의주 유동 박시봉방**南新義州柳洞朴時逢方**〉**

없어진 ❖ 어데서 좁쌀알만 한 알에서 가제 깨인 듯한 발이 채 서지도 못한 무척 적은 새끼거미가 이번엔 큰거미 없어진 곳으로 와서 아물거린다 **〈수라**修羅**〉**

없이②[부] 어떤 일이나 현상이나 증상 따위가 생겨 나타나지 않게.

❖ 거미새끼 하나 방바닥에 나린 것을 나는 아모 생각 없이 문밖으로 쓸어버린다/차디찬 밤이다 〈**수라**修羅〉 ❖ 나는 그때/아모 이기지 못할 슬픔도 시름도 없이/다만 게을리 먼 앞대로 떠나 나왔다/ 〔…〕 //이미 해는 늙고 달은 파리하고 바람은 미치고 보래구름만 혼자 넋 없이 떠도는데 〈**북방**北方**에서—정현웅**鄭玄雄**에게**〉

올리다②동 '오르다'의 사동사. 때를 거죽에 묻게 하다.

올리고 ❖ 나는 낡은 국수분틀과 그즈런히 나가 누워서/구석에 데굴데굴하는 목침木枕들을 베여보며/이 산山골에 들어와서 이 목침木枕들에 새까마니 때를 올리고 간 사람들을 생각한다 〈**산숙**山宿**—산중음**山中吟〉

잃다동 가졌던 물건이 자신도 모르게 없어져 그것을 갖지 아니하게 되다.

잃는 ❖ 가즈랑집은 고개 밑의/산山 너머 마을서 도야지를 잃는 밤 즘생을 쫓는 깽제미 소리가 무서웁게 들려오는 집 〈**가즈랑집**〉

잃어버리다동 가졌던 물건이 자신도 모르게 없어져 그것을 아주 갖지 아니하게 되다.

잃어버리고 ❖ 사람은 모든 것을 다 잃어버리고 넋 하나를 얻는다는 크나큰 그 말을 〈**허준**許俊〉

있다④형 어떤 일이 이루어지거나 벌어질 계획이다.

있다는 ❖ 여우가 주둥이를 향하고 우는 집에서는 다음날 으레히 흉사가 있다는 것은 얼마나 무서운 말인가 〈**오금덩이라는 곳**〉

있어서 ❖ 가까이 잔치가 있어서/곱디고운 건반밥을 말리우는 마을은/얼마나 즐거운 마을인가 〈**고성가도**固城街道**—남행시초**南行詩抄 **3**〉

지나가다②동 어떤 일이나 현상 따위가 생겼다가 사라지다(《고려대한국어대사전》).

지나가고 ❖ 아, 나의 조상은 형제는 일가친척은 정다운 이웃은 그리운 것은 사랑하는 것은 우러르는 것은 나의 자랑은 나의 힘은 없다 바람과 물과 세월과 같이 지나가고 없다 〈**북방**北方**에서—정현웅**鄭玄雄**에게**〉

지다①동 어떤 현상이나 상태가 이루어지다. ☞ 통① 447

〔아래 첫째 용례에서 '통이 지다'는 '통이 들다' '통이 오르다'라는 뜻으로 배추의 속이 실하게 차 오는 것을 가리키는 말이다. 백석은 흔히 쓰는 '통이 오르다'라는 말 대신에 '통이 지다'라는 말을 쓰고 있다. '통지다'는 '살지다'와 같은 형태의 말이라고 할 수 있다.〕

지는 ❖ 오이밭에 벌배채 통이 지는 때는/산에 오면 산 소리/벌로 오면 벌 소리 〈**적막강산**〉

지면 ❖ 장마 지면 비와 같이 하늘에서 나려왔습니다/뒤에 붕어와 농다리의 미끼가 되었습니다 〈**나와 지렝이**〉

26 흉내

따다 동 이름이나 뜻을 취하여 그와 같게 하다.

따서 ❖ 먼 훗날 그들의 먼 훗자손들도/그들의 본을 따서 이날에는 원소元宵를 먹을 것을/외로이 타관에 나서도 이 원소元宵를 먹을 것을 생각하며 〈**두보**杜甫**나 이백**李白**같이**〉

배우다② 동 남의 행동, 태도를 본받아 따르다.

배워서 ❖ 어진 사람이 많은 나라에 와서/어진 사람의 즛을 어진 사람의 마음을 배워서/수박씨 닦은 것을 호박씨 닦은 것을 입으로 앞니빨로 밝는다 〈**수박씨, 호박씨**〉

임내내다 동 '흉내내다'의 고어. 남이 하는 말이나 행동을 그대로 옮기다.

〔'흉내내다'의 고어로 '임내내다'와 '입내내다'가 쓰였는데, 이 중 '입내'라는 말은 '내다'라는 기능 동사와 함께 지금까지 쓰여서 사전에 등재되어 있는 반면, '임내'라는 말은 사전에 등재되어 있지 않다. 백석은 아래 용례에서 '임내내다'라는 고어를 사용하고 있다.〕

임내내는 ❖ 한울은/울파주가에 우는 병아리를 사랑한다/우물돌 아래 우는 돌우래를 사랑한다/그리고 또/버드나무 밑 당나귀 소리를 임내내는 시인詩人을 사랑한다 〈《**호박꽃 초롱**》 **서시**序詩〉

27 존경, 받듦

받들다 동 공경하여 모시다. 또는 소중히 대하다.

받들고 ❖ 한 해에 멫 번 매연 지난 먼 조상들의 최방등 제사에는 〔…〕 피나무 소담한 제상 위에 떡 보탕 식혜 산적 나물지짐 반봉 과일 들을 공손하니 받들고 먼 후손들의 공경스러운 절과 잔을 굽어보고 또 애끓는 통곡과 축을 귀에 하고 그리고 합문 뒤에는 흠향 오는 구신들과 호호히 접하는 것 〈**목구**木具〉

섬기다 동 신神이나 윗사람을 잘 모시어 받들다.

섬기는 ❖ 나는 아버지로 섬기는 이라 한즉/의원醫員은 또다시 넌즈시 웃고/말없이 팔을 잡어 맥을 보는데 **〈고향**故鄕**〉**

우러러지다[동] 마음속으로 공경하여 떠받들어지다.

〔'우러러지다'는 '우러르다'에 보조동사 '지다'('-어지다'의 형태로)가 붙어 생성된 말이다. 사전엔 '우러르다'만 등재되어 있다.〕

우러러진다 ❖ 나는 이렇게 한가하고 게으르고 그러면서 목숨이라든가 인생人生이라든가 하는 것을 정말 사랑할 줄 아는/그 오래고 깊은 마음들이 참으로 좋고 우러러진다 **〈조당**澡塘**에서〉**

우러르다[동] 마음속으로 공경하여 떠받들다.

우러르는 ❖ 아, 나의 조상은 형제는 일가친척은 정다운 이웃은 그리운 것은 사랑하는 것은 우러르는 것은 나의 자랑은 나의 힘은 없다 바람과 물과 세월과 같이 지나가고 없다 **〈북방**北方**에서— 정현웅**鄭玄雄**에게〉**

28 인도

끌다①[동] 이끌다. 목적하는 곳으로 바로 가도록 같이 가면서 따라오게 하다.

끌고 ❖ 어늬 아츰 계집은/머리에 무거운 동이를 이고/손에 어린것의 손을 끌고/가펴러운 언덕길을/숨이 차서 올라갔다/나는 한종일 서러웠다 **〈절망**絶望**〉**

이끌다[동] 목적하는 곳으로 바로 가도록 같이 가면서 따라오게 하다.

이끌어 ❖ 이때 나는 내 뜻이며 힘으로, 나를 이끌어 가는 것이 힘든 일인 것을 생각하고, **〈남신의주 유동 박시봉방**南新義州柳洞朴時逢方**〉**

29 동행, 동반

같이②[부] 둘 이상의 사람이나 사물이 함께.

❖ 내 지렝이는/커서 구렁이가 되었습니다/천 년 동안만 밤마다 흙에 물을 주면 그 흙이 지렝이가 되었습니다/장마 지면 비와 같이 하늘에서 나려왔습니다 **〈나와 지렝이〉** ❖ 얼굴에 별자국이 솜솜 난 말수와 같이 눈도 껌벅거리는 하로에 베 한 필을 짠다는 벌 하나 건너 집엔 복숭아나무가 많은 신리新里 고무 고무의 딸 이녀李女 작은

이녀李女 **〈여우난골족族〉** ❖ 나는 내 마을 그 아는 사람들의 지껄지껄하는 말소리같이 반가웁고나/오리야 너이들의 이야기판에 나도 들어/밤을 같이 밝히고 싶고나 **〈오리〉** ❖ 흰밥과 가재미와 나는/우리들이 같이 있으면/세상 같은 건 밖에 나도 좋을 것 같다 **〈선우사膳友辭—함주시초咸州詩抄〉** ❖ 백구둔白狗屯의 눈 녹이는 밭 가운데 땅 풀리는 밭 가운데/촌부자 노왕老王하고 같이 서서/밭최뚝에 즘부러진 땅버들의 버들개지 피여나는 데서 **〈귀농歸農〉** ❖ 나는 지나支那나라 사람들과 같이 목욕을 한다/무슨 은殷이며 상商이며 월越이며 하는 나라 사람들의 후손들과 같이/한물통 안에 들어 목욕을 한다/서로 나라가 다른 사람인데/다들 쪽 발가벗고 같이 물에 몸을 녹히고 있는 것은 **〈조당澡塘에서〉** ❖ 어느 사이에 나는 아내도 없고, 또,/아내와 같이 살던 집도 없어지고,/그리고 살뜰한 부모며 동생들과도 멀리 떨어져서,/그 어느 바람 세인 쓸쓸한 거리 끝에 헤매이었다. **〈남신의주 유동 박시봉방南新義州柳洞朴時逢方〉**

서로 부 관계를 이루는 둘 이상의 대상 사이에서, 각각 그 상대에 대하여. 또는 쌍방이 번갈아서.

❖ 우리들은 그 무슨 이야기라도 다 할 것 같다/우리들은 서로 미덥고 정답고 그리고 서로 좋구나 **〈선우사膳友辭—함주시초咸州詩抄〉** ❖ 서로 나라가 다른 사람인데/다들 쪽 발가벗고 같이 물에 몸을 녹히고 있는 것은/대대로 조상도 서로 모르고 말도 제가끔 틀리고 먹고 입는 것도 모도 다른데/ 〔…〕 /그러나 나라가 서로 다른 사람들이/글쎄 어린 아이들도 아닌데 쪽 발가벗고 있는 것은/어쩐지 조금 우수웁기도 하다 **〈조당澡塘에서〉** ❖ 일가친척들과 서로 모여 즐거이 웃음으로 지날 것이연만/나는 오늘 때묻은 입든 옷에 마른물고기 한 토막으로/혼자 외로이 앉어 이것저것 쓸쓸한 생각을 하는 것이다 **〈두보杜甫나 이백李白같이〉**

함께 부 한꺼번에 같이. 또는 서로 더불어.

❖ 넷적본의 휘장마차에/어느메 촌중의 새 새악시와도 함께 타고 **〈이두국주가도伊豆國湊街道〉** ❖ 이렇게 한녀름을 보내면서 나는 하늑이는/물살에 나이금이 느는 꽃조개와 함께/허리도리가 굵어가는 한 사람을 연연해한다 **〈삼호三湖—물닭의 소리〉**

30 훌륭함, 쓸데없음

거륵하다 형 '거룩하다'의 고어, 평안 방언. 뜻이 매우 높고 위대하다.

〔'거륵하다'는 '거룩하다'의 고어인데, 그 말이 평안 지역에 남아 방언으로 쓰인 것

이다. 《금성판국어대사전》에 '거륵하다'가 '거룩하다'의 평안 방언으로 등재되어 있다. 백석은 두 번의 용례에서 모두 '거륵하다'는 말을 사용하고 있다.〕

거륵한 ❖ 구신과 사람과 넋과 목숨과 있는 것과 없는 것과 한 줌 흙과 한 점 살과 먼 녯조상과 먼 홋자손의 거륵한 아득한 슬픔을 담는 것 **〈목구木具〉** ❖ 그 맑고 거륵한 눈물의 나라에서 온 사람이여/그 따사하고 살틀한 별살의 나라에서 온 사람이여 **〈허준許俊〉**

다견하다 [형] '대견하다'의 방언(《금성판국어대사전》). 흐뭇하고 자랑스럽다.

다견하니 ❖ 우리 엄매가 나를 가지는 때 이 노큰마니는 어늬 밤 크나큰 범이 한 마리 우리 선산으로 들어오는 꿈을 꾼 것을 우리 엄매가 서울서 시집을 온 것을 그리고 무엇보다도 내가 이 노큰마니의 당조카의 맏손자로 난 것을 다견하니 알뜰하니 기꺼이 녀기는 것이었다 **〈넘언집 범 같은 노큰마니〉**

쓸데없다 [형] 아무런 쓸모나 득이 될 것이 없다.

쓸데없는 ❖ 너는 오늘 아츰 무엇에 놀라서 우는구나/분명코 무슨 거즛되고 쓸데없는 것에 놀라서/그것이 네 맑고 참된 마음에 분해서 우는구나 **〈촌에서 온 아이〉**

일등가다 [동] 첫째가 되다. 또는 최고가 되다.

〔'일등가다'는 백석의 조어이다. 비슷한 말로 사전엔 '으뜸가다', '제일가다' 등이 등재되어 있다.〕

일등가는 ❖ 다만 한 사람 목이 긴 시인詩人은 안다/'도스토이엡흐스키'며 '죠이쓰'며 누구보다도 잘 알고 일등가는 소설도 쓰지만 **〈허준許俊〉**

31 아름다움, 깨끗함, 더러움

고읍다 [형] 곱다. 모양, 생김새, 행동거지 따위가 산뜻하고 아름답다.

〔'고읍다는 '곱다'에 '으' 모음이 첨가된 형태의 말이다. 모음 첨가는 백석의 시어에서 자주 나타나는 음운 현상이다.〕

고읍다는 ❖ 어치라는 산山새는 벌배 먹어 고읍다는 골에서 돌배 먹고 아픈 배를 아이들은 띨배 먹고 나었다고 하였다 **〈여우난골〉**

곱다 [형] 모양, 생김새, 행동거지 따위가 산뜻하고 아름답다.

고운 ❖ 오리야 고운 오리야 가만히 안겼거라/너를 팔어 술을 먹는 노盧장에 령감은/홀아비 소의연 침을 놓는 령감인데 **〈오리〉** ❖ 내가 이렇게 외면하고 거리를 걸어가는 것은 잠풍 날씨가 너무나 좋은 탓이고/가난한 동무가 새 구두를 신고 지나간 탓이고 언제나 꼭같은 넥타이를 매고 고운 사람을 사랑하는 탓이다 **〈내가 이렇게 외면하고〉**

곱기도 ❖ 빨갛고 노랗고/눈이 시울은 곱기도 한 건반밥/아 진달래 개나리 한창 퓌였구나 **〈고성가도**固城街道**—남행시초**南行詩抄 **3〉** ❖ 한겻 남아 걸어도 거리는 뵈이지 않는다/나는 어니 외진 산山길에서 만난 새악시가 곱기도 하든 것과/어니메 강江물 속에 들여다뵈이든 쏘가리가 한 자나 되게 크든 것을 생각하며 **〈구장로**球場路**—서행시초**西行詩抄 **1〉** ❖ 이러면서 그 무슨 제비의 춤이라는 연소탕燕巢湯이 맛도 있는 것과/또 어늬바루 새악시가 곱기도 한 것 같은 것을 생각하는 것일 것인데 **〈조당**澡塘**에서〉**

곱디곱다[형] 매우 곱다.

곱디고운 ❖ 가까이 잔치가 있어서/곱디고운 건반밥을 말리우는 마을은/얼마나 즐거운 마을인가 **〈고성가도**固城街道**—남행시초**南行詩抄 **3〉**

더럽다[형] 때나 찌꺼기 따위가 있어 지저분하다.

더러워 ❖ 산골로 가는 것은 세상한테 지는 것이 아니다/세상 같은 건 더러워 버리는 것이다 **〈나와 나타샤와 흰 당나귀〉**

때글다[동] 때에 글다. 때가 묻어 검게 되다.

〔'때글다'는 '때'에 '글다'가 결합된 합성동사이다. '글다'는 '그을다'의 준말로서 "햇볕이나 불, 연기 따위를 오래 쬐어 검게 되다"는 뜻이다. '때글다'와 같은 형태의 말로 '때묻다'가 있다. '때글다'는 '때묻다'보다 때가 묻어 더 검게 된 상태를 가리키는 말이라고 할 수 있다. 백석 시엔 두 시어가 모두 구사된다. 일부 사전에 '때묻다'는 등재되어 있는데, '때글다'는 등재되어 있지 않다.〕

때글은 ❖ 이 흰 바람벽에/희미한 십오촉十五燭 전등이 지치운 불빛을 내어던지고/때글은 다 낡은 무명샤쯔가 어두운 그림자를 쉬이고/그리고 또 달디단 따끈한 감주나 한잔 먹고 싶다고 생각하는 내 가지가지 외로운 생각이 헤매인다 **〈흰 바람벽이 있어〉**

때묻다[동] 때가 묻어 더러워지다(《금성판국어대사전》).

〔'때묻다'는《표준국어대사전》(2015. 1)엔 등재되어 있지 않은데,《금성판국어대사전》,《고려대한국어대사전》,《조선말대사전》 등엔 모두 등재되어 있다.〕

때묻은 ❖ 나는 오늘 때묻은 입든 옷에 마른물고기 한 토막으로/혼자 외로이 앉어 이것저것 쓸쓸한 생각을 하는 것이다 **〈두보**杜甫**나 이백**李白**같이〉**

맑다②형 잡스럽고 탁한 것이 섞이지 아니하여 환하고 깨끗하다. ☞ 용언과 수식언 V. 감각, 분위기 5. 명암 719

맑고 ❖ 그 맑고 거륵한 눈물의 나라에서 온 사람이여/그 따사하고 살틀한 볕살의 나라에서 온 사람이여// 〔…〕 //높은 산도 높은 꼭다기에 있는 듯한/아니면 깊은 물도 깊은 밑바닥에 있는 듯한 당신네 나라의/하늘은 얼마나 맑고 높을 것인가 〈**허준**許俊〉

맑은 ❖ 당신의 그 고요한 가슴 안에 온순한 눈가에/당신네 나라의 맑은 한울이 떠오를 것이고 〈**허준**許俊〉 ❖ 우리들은 맑은 물밑 해정한 모래톱에서 하구 긴 날을 모래알만 헤이며 잔뼈가 굵은 탓이다 〈**선우사**膳友辭**—함주시초**咸州詩抄〉

산듯하다형 ① (기분이나 느낌이) 조금 깨끗하고 시원하다. ② (생김생김이나 모양새가) 마음에 들게 아담하다(《조선말대사전》).

산듯한 ❖ 문기슭에 바다 해자를 까꾸로 붙인 집/산듯한 청삿자리 우에서 찌륵찌륵/우는 전복회를 먹어 한녀름을 보낸다 〈**삼호**三湖**—물닭의 소리**〉

샛말갛다형 매우 산뜻하게 맑고 깨끗하다(《고려대한국어대사전》).

샛말갛기도 ❖ 그리고 또 엄매의 말엔 내가 아직 굳은 밥을 모르던 때 살갗 퍼런 막내고무가 잘도 받어 세수를 하였다는 내 오줌빛은 이슬같이 샛말갛기도 샛맑았다는 것이다 〈**동뇨부**童尿賦〉

샛맑다형 아주 산뜻하게 맑다(《조선말대사전》).

샛맑았다 ❖ 그리고 또 엄매의 말엔 내가 아직 굳은 밥을 모르던 때 살갗 퍼런 막내고무가 잘도 받어 세수를 하였다는 내 오줌빛은 이슬같이 샛말갛기도 샛맑았다는 것이다 〈**동뇨부**童尿賦〉

소담하다형 음식이 풍족하여 먹음직하다.

소담한 ❖ 한 해에 몇 번 매연 지난 먼 조상들의 최방등 제사에는 〔…〕 교우 우에 모신 신주 앞에 환한 촛불 밑에 피나무 소담한 제상 위에 떡 보탕 식혜 산적 나물지짐 반봉 과일 들을 공손하니 받들고 〔…〕 〈**목구**木具〉

소박素朴하다형 꾸밈이나 거짓이 없고 수수하다.

소박한 ❖ 이 조용한 마을과 이 마을의 으젓한 사람들과 살틀하니 친한 것은 무엇인가/이 그지없이 고담枯淡하고 소박素朴한 것은 무엇인가 〈**국수**〉

수수하다형 물건의 품질이나 겉모양, 또는 사람의 옷차림 따위가 그리 좋지도 않고 나쁘지도 않고 제격에 어울리는 품이 어지간하다.

수수하고 ❖ 아, 이 반가운 것은 무엇인가/이 히수무레하고 부드럽고 수수하고 슴슴

한 것은 무엇인가 〈**국수**〉

아름답다 형 ① 보이는 대상이나 음향, 목소리 따위가 균형과 조화를 이루어 눈과 귀에 즐거움과 만족을 줄 만하다. ② 하는 일이나 마음씨 따위가 훌륭하고 갸륵한 데가 있다.

아름다운 ❖ 가난한 내가/아름다운 나타샤를 사랑해서/오늘밤은 푹푹 눈이 나린다// 〔…〕 //눈은 푹푹 나리고/아름다운 나타샤는 나를 사랑하고/어데서 흰 당나귀도 오늘밤이 좋아서 응앙응앙 울을 것이다 〈**나와 나타샤와 흰 당나귀**〉

아름다울 ❖ 바람은 얼마나 따사하고 향기로울 것인가/그리고 이 하늘 아래 바람결 속에 퍼진/그 풍속은 인정은 그리고 그 말은 얼마나 좋고 아름다울 것인가 〈**허준**許俊〉

아름답고 ❖ 아름답고 튼튼한 계집은 있어서/흰 저고리에 붉은 길동을 달어 〈**절망**絶望〉

아름답다 ❖ 북관北關에 계집은 튼튼하다/북관北關에 계집은 아름답다 〈**절망**絶望〉

어여쁘다 형 '예쁘다'를 예스럽게 이르는 말.

어여쁜 ❖ 내 사랑하는 어여쁜 사람이/어늬 먼 앒대 조용한 개포가의 나즈막한 집에서/그의 지아비와 마조 앉어 대구국을 끓여놓고 저녁을 먹는다 〈**흰 바람벽이 있어**〉

정갈하다 형 깨끗하고 깔끔하다.

정갈한 ❖ 거리에서는 모밀내가 났다/부처를 위하는 정갈한 노친네의 내음새 같은 모밀내가 났다 〈**북신**北新**—서행시초**西行詩抄 **2**〉

정갈해서 ❖ 우리들은 모두 욕심이 없어 희여졌다/착하디착해서 세괏은 가시 하나 손아귀 하나 없다/너무나 정갈해서 이렇게 파리했다 〈**선우사**膳友辭**—함주시초**咸州詩抄〉

정갈히 부 깨끗하고 깔끔하게.

❖ 한 해에 몇 번 매연 지난 먼 조상들의 최방등 제사에는 컴컴한 고방 구석을 나와서 대멀머리에 외얏맹건을 지르터맨 늙은 제관의 손에 정갈히 몸을 씻고 〔…〕 〈**목구**木具〉

정하다 형 '정(淨)'하다, 맑고 깨끗하다.

〔'정하다'는 '정'이라는 한자가 무엇이냐에 따라 뜻이 달라지는데, 백석 시에선 '淨하다', 즉 '맑고 깨끗하다'라는 뜻으로 쓰인 것이다. '정하다'가 이런 뜻을 지닌다는 것은 그의 산문 〈무지개 뻗치는 만세교〉에 쓰인 "물결이 좀 노프나 노픈대로 또 시원한맛이있고 그리멀리 엿지못하나 그런대로 또 물은 정해서 좋다"라는 문장에서 뚜렷이 확인된다.〕

정하든 ❖ 육십리六十里라고 해서 파랗게 뵈이는 산山을 넘어 있다는 해변에서 과부가 된 코끝이 빨간 언제나 흰옷이 정하든 말끝에 설게 눈물을 짤 때가 많은 큰골 고무 고무의 딸 홍녀洪女 아들 홍洪동이 작은홍洪동이 〈**여우난골족**族〉

정한 ❖ 섣달에 냅일날이 들어서 냅일날 밤에 눈이 오면 〔…〕 나는 앙궁 우에 떡돌 우에 곱새담 우에 함지에 버치며 대냥푼을 놓고 치성이나 드리듯이 정한 마음으로 냅일눈 약눈을 받는다 〈**고야**古夜〉 ❖ 어두워 오는데 하이야니 눈을 맞을, 그 마른 잎새에는,/쌀랑쌀랑 소리도 나며 눈을 맞을,/그 드물다는 굳고 정한 갈매나무라는 나무를 생각하는 것이었다. 〈**남신의주 유동 박시봉방**南新義州柳洞朴時逢方〉

정해서 ❖ 예순이 넘은 아들 없는 가즈랑집 할머니는 중같이 정해서 할머니가 마을을 가면 긴 담뱃대에 독하다는 막써레기를 몇 대라도 붙이라고 하며 〈**가즈랑집**〉

해정하다[형] 매우 희고 깨끗하다. 또는 매우 맑고 깨끗하다.

〔'해정하다'는 '해(태양)+정(淨)하다'의 형태를 지닌 조어이다. '해정하다'는 '해맑다'와 비슷한 뜻이다. '해맑다'도 '해정하다'처럼 '해(태양)+맑다'의 형태를 지닌 말이다. 백석 시에 이와 유사한 어형으로 '해밝다', '해바르다' 등의 시어가 있다.〕

해정한 ❖ 우리들은 맑은 물밑 해정한 모래톱에서 하구 긴 날을 모래알만 헤이며 잔뼈가 굵은 탓이다 〈**선우사**膳友辭**—함주시초**咸州詩抄〉 ❖ 해빛이 초롱불같이 희맑은데/해정한 모래부리 플랫폼에선/모두들 쩔쩔 끓는 구수한 귀이리차茶를 마신다 〈**함남도안**咸南道安〉

32 종류, 갈래

제가끔[부] 저마다 따로따로.

❖ 다들 쪽 발가벗고 같이 물에 몸을 녹히고 있는 것은/대대로 조상도 서로 모르고 말도 제가끔 틀리고 먹고 입는 것도 모도 다른데/이렇게 발가들 벗고 한물에 몸을 씻는 것은/생각하면 쓸쓸한 일이다 〈**조당**澡塘**에서**〉

집집이[부] 모든 집마다.

❖ 집집이 아이만 한 피도 안 간 대구를 말리는 곳/황화장사 령감이 일본말을 잘도 하는 곳/처녀들은 모두 어장주漁場主한테 시집을 가고 싶어한다는 곳 〈**통영**統營**(남행시초**南行詩抄**)**〉

33 같음, 다름

갓갓다 형 갓과 같다.

〔통영은 갓 생산지로 유명한 곳이다. 백석 시의 아래 용례는 화자가 배를 타고 물길을 따라 통영으로 들어가며 눈앞에 펼쳐진 풍경을 보고, 통영이 유명한 갓 생산지임을 떠올리며 그 풍경이 마치 갓처럼 생긴 것 같다고 표현한 것이다. 백석 시에서 '같다'는 '같다'와 '갓다' 두 가지로 표기되는데, 아래 용례에선 '갓'과 음을 맞추기 위해 '갓다'로 표기한 것으로 보인다.〕

갓갓기도 ❖ 구마산舊馬山의 선창에선 좋아하는 사람이 울며 나리는 배에 올라서 오는 물길이 반날/갓 나는 고당은 갓갓기도 하다 **〈통영**統營**(남행시초**南行詩抄**)〉**

같다 ① 형 다른 것과 비교하여 그것과 다르지 않다.

같고 ❖ 돌우래며 팟중이 산옆이 들썩하니 울어댄다/이리하여 한울에 별이 잔콩 마당 같고/강낭밭에 이슬이 비 오듯 하는 밤이 된다 **〈박각시 오는 저녁〉**

같은 ❖ 갈부던 같은 약수藥水터의 산山거리/여인숙旅人宿이 다래나무지팽이와 같이 많다 **〈산지**山地**〉** ❖ 열여섯에 사십四十이 넘은 홀아비의 후처가 된 포족족하니 성이 잘 나는 살빛이 매감탕 같은 입술과 젖꼭지는 더 까만 예수쟁이 마을 가까이 사는 토산土山 고무 고무의 딸 승녀承女 아들 승承동이 **〈여우난골족**族**〉** ❖ 날기명석을 져간다는 닭보는 할미를 차 굴린다는 땅아래 고래 같은 기와집에는 언제나 니차떡에 청밀에 은금보화가 그득하다는 외발 가진 조마구 〔…〕 //또 이러한 밤 같은 때 시집갈 처녀 막내고무가 고개 너머 큰집으로 치장감을 가지고 와서 엄매와 둘이 소기름에 쌍심지의 불을 밝히고 밤이 들도록 바느질을 하는 밤 같은 때 〔…〕 **〈고야**古夜**〉** ❖ 손자아이들이 파리떼같이 모이면 곰의 발 같은 손을 언제나 내어둘렀다//구석의 나무말쿠지에 할아버지가 삼는 소신 같은 짚신이 둑둑이 걸리어도 있었다 **〈고방〉** ❖ 게구멍을 쑤시다 물쿤하고 배암을 잡은 늪의 피 같은 물이끼에 햇볕이 따그웠다 **〈하답**夏畓**〉** ❖ 갈부던 같은 약수藥水터의 산山거리엔 나무그릇과 다래나무지팽이가 많다 **〈삼방**三防**〉** ❖ 명정明井골은 산山을 넘어 동백冬柏나무 푸르른 감로甘露 같은 물이 솟는 명정明井샘이 있는 마을인데 **〈통영**統營**(남행시초**南行詩抄**)〉** ❖ 토방에 승냥이 같은 강아지가 앉은 집/부엌으론 무럭무럭 하이얀 김이 난다 **〈야반**夜半**—산중음**山中吟**〉** ❖ 돌체돋보기다 대모체돋보기다 로이도돋보기다/녕감들은 유리창 같은 눈을 번득거리며/투박한 북관北關말을 떠들어대며 **〈석양**夕陽**〉** ❖ 어늬 아츰 의원醫員을 뵈이었다/의원醫員은 여래如來 같은 상을 하고 관공關公의 수염을 드리워서 **〈고향故鄕〉** ❖ 이 길이다/얼마 가서 감로甘露 같은 물이 솟는 마을 하이얀 회담벽에 옛적본의 장반시계를 걸어놓은 집 홀어미와 사는 물새 같은 외딸의 혼삿말이 아즈랑이같이 낀 곳은 **〈남향南鄕—물닭의 소리〉** ❖ 그러나 시방 꼴두기는 배창에 너부러져 새새끼 같은 울음을 우는 곁에서/뱃사람들의 언젠가 아홉이서 회를 쳐먹고도 남어 한 깃씩 노나가지고 갔다는 크디큰 꼴두기의 이야기를 들으며 나는 슬프다 **〈꼴두기—물닭의 소리〉** ❖ 황토 마루 수무나무에 얼럭궁덜럭궁 색동헝겊 뜯개조박 뵈짜배기 걸리고 오쟁이 끼애리 달리고 소삼은 엄신 같은 딥세기도 열린 국수당고개를 몇 번이고 튀튀 춤을 뱉고 넘어가면 〔…〕 //집에는 언제나 센개 같은 게사니가 벅작궁 고아내고 말 같은 개들이 떠들썩 짖어대고 그리고 소거름 내음새 구수한 속에 엇송아지 히물쩍 너들씨는데 **〈넘언집 범 같은 노큰마니〉** ❖ 긴긴 겨울밤 인간들이 모두 한잠이 들은 재밤중에 나 혼자 일어나서 머리맡 쥐발 같은 새끼오강에 한없이 누는 잘 매럽던 오줌의 사르릉 쪼로록 하는 소리 **〈동뇨부童尿賦〉** ❖ 이방異邦 거리는/비 오듯 안개가 나리는 속에/안개 같은 비가 나리는 속에 **〈안동安東〉** ❖ 거리에서는 모밀내가 났다/부처를 위하는 정갈한 노친네의 내음새 같은 모밀내가 났다//어쩐지 향산香山 부처님이 가까웁다는 거린데/국숫집에서는 농짝 같은 도야지를 잡어걸고 국수에 치는 도야지고기는 돗바늘 같은 털이 드문드문 백였다 **〈북신北新—서행시초西行詩抄 2〉** ❖ 쌔하얗게 얼은 자동차自動車 유리창 밖에/내지인內地人 주재소장駐在所長 같은 어른과 어린아이 둘이 내임을 낸다/계집아이는 운다 느끼며 운다 **〈팔원八院—서행시초西行詩抄 3〉** ❖ 나는 주먹다시 같은 떡당이에 꿀보다도 달다는 강낭엿을 산다 **〈월림月林장—서행시초西行詩抄 4〉** ❖ 내 손자의 손자와 손자와 나와 할아버지와 〔…〕 수원백씨水原白氏 정주백촌定州白村의 힘세고 꿋꿋하나 어질고 정 많은 호랑이 같은 곰 같은 소 같은 피의 비 같은 밤 같은 달 같은 슬픔을 담는 것 아 슬픔을 담는 것 **〈목구木具〉** ❖ 이것은 어늬 양지귀 혹은 능달쪽 외따른 산 녚은댕이 예데가리밭에서/하로밤 뽀오햔 흰 김 속에 접시귀 소기름불이 뿌우현 부엌에/산멍에 같은 분틀을 타고 오는 것이다/이것은 아득한 녯날 한가하고 즐겁든 세월로부터/실 같은 봄비 속을 타는 듯한 녀름볕 속을 지나서 들쿠레한 구시월 갈바람 속을 지나서 **〈국수〉** ❖ 녯날 두보杜甫나 이백李白 같은 이 나라의 시인詩人도/먼 타관에 나서 이날을 맞은 일이 있었을 것이다/ 〔…〕 /녯날 그 두보杜甫나 이백李白 같은 이 나라의 시인詩人도/이날 이렇게 마른물고기 한 토막으로 외로이 쓸쓸한 생각을 한 적도 있었을 것이다/ 〔…〕 /먼 타관에 난 그 두보杜甫나 이백李白 같은 이 나라의 시인詩人도/이날은 그 어늬 한고향 사람의 주막이나 반관飯舘을 찾어가서/ 〔…〕 /내 쓸쓸한 마음은 아마 두보杜甫나 이백李白 같은 사람들의 마음인지도 모를 것이다/아모려나 이것은 넷투의 쓸쓸한 마음이다 **〈두보杜甫나 이백李白같이〉**

갈다②형 ① 동일한 상태에 있다. ② 동일하거나 동일한 범주에 속하는 대상이다(《고려대한국어대사전》).

같었을 ❖ 또 여기 더운물에 뛰어들며/무슨 물새처럼 악악 소리를 지르는 삐삐 파리한 사람은/양자楊子라는 사람은 아모래도 이와 같었을 것만 같다 **〈조당澡塘에서〉**

같은 ❖ 장진長津땅이 지붕 넘에 넘석하는 거리다/자구나무 같은 것도 있다 **〈노루—함주시초咸州詩抄〉** ❖ 흰밥과 가재미와 나는/우리들이 같이 있으면/세상 같은 건 밖에 나도 좋을 것 같다 **〈선우사膳友辭—함주시초咸州詩抄〉** ❖ 언제 벌써 내 속에 고조곤히 와 이야기한다/산골로 가는 것은 세상한테 지는 것이 아니다/세상 같은 건 더러워 버리는 것이다 **〈나와 나타샤와 흰 당나귀〉** ❖ 촌에서 어젯밤에 승합자동차乘合自動車를 타고 온 아이여/이렇게 추운데 웃동에 무슨 두룽이 같은 것을 하나 결치고 아랫두리는 쪽 발가벗은 아이여 **〈촌에서 온 아이〉**

같이①부 (주로 '-과 같이'의 구성으로 쓰여) 어떤 것과 서로 다름이 없이(《고려대한국어대사전》).

❖ 갈부던 같은 약수藥水터의 산山거리/여인숙旅人宿이 다래나무지팽이와 같이 많다 **〈산지山地〉** ❖ 산山꿩도 설게 울은 슬픈 날이 있었다/산山절의 마당귀에 여인女人의 머리오리가 눈물방울과 같이 떨어진 날이 있었다 **〈여승女僧〉** ❖ 바닷가에 왔드니/바다와 같이 당신이 생각만 나는구려/바다와 같이 당신을 사랑하고만 싶구려 **〈바다〉** ❖ 아, 나의 조상은 형제는 일가친척은 정다운 이웃은 그리운 것은 사랑하는 것은 우러르는 것은 나의 자랑은 나의 힘은 없다 바람과 물과 세월과 같이 지나가고 없다 **〈북방北方에서—정현웅鄭玄雄에게〉**

그러하다형 '그렇다'의 본말. 상태, 모양, 성질 따위가 그와 같다.

그러하며 ❖ 우리네 조상들이 먼먼 넷날로부터 대대로 이날엔 으레히 그러하며 오듯이 **〈두보杜甫나 이백李白같이〉**

그렇것만 ❖ 거리에는 사람두 많이 나서 흥성흥성할 것이다/어쩐지 이 사람들과 친하니 싸단니고 싶은 밤이다//그렇것만 나는 하이얀 자리 우에서 마른 팔뚝의/샛파란 핏대를 바라보며 나는 가난한 아버지를 **〈내가 생각하는 것은〉**

그렇게도 ❖ 그렇것만 나는 하이얀 자리 우에서 마른 팔뚝의/샛파란 핏대를 바라보며 나는 가난한 아버지를/가진 것과 내가 오래 그려오든 처녀가 시집을 간 것과/그렇게도 살틀하든 동무가 나를 버린 일을 생각한다 **〈내가 생각하는 것은〉** ❖ 고원선高原線 종점終點인 이 적은 정거장停車場엔/그렇게도 우쭐대며 달가불시며 뛰어오던 뽕뽕차車가/가이없이 쓸쓸하니도 우두머니 서 있다 **〈함남도안咸南道安〉**

꼭같다 형 조금도 어김없이 같다(《조선말대사전》).

〔'꼭같다'는 《조선말대사전》에 등재되어 있는 말이다. 《표준국어대사전》(2015. 1)엔 비슷한 뜻으로 '똑같다'만 등재되어 있는데, 《조선말대사전》엔 '꼭같다'(조금도 어김없이 같다)와 '똑같다'(조금도 틀림이 없이 같다)가 모두 등재되어 있다.〕

꼭같은 ❖ 내가 이렇게 외면하고 거리를 걸어가는 것은 잠풍 날씨가 너무나 좋은 탓이고/가난한 동무가 새 구두를 신고 지나간 탓이고 언제나 꼭같은 넥타이를 매고 고운 사람을 사랑하는 탓이다 **〈내가 이렇게 외면하고〉**

다르다 형 비교가 되는 두 대상이 서로 같지 아니하다.

다른 ❖ 그것이 네 맑고 참된 마음에 분해서 우는구나/이 집에 있는 다른 많은 아이들이/모도들 욕심 사납게 지게굳게 일부러 청을 돋혀서 **〈촌에서 온 아이〉** ❖ 나는 지나支那나라 사람들과 같이 목욕을 한다/무슨 은殷이며 상商이며 월越이며 하는 나라 사람들의 후손들과 같이/한물통 안에 들어 목욕을 한다/서로 나라가 다른 사람인데/〔…〕/그 오래고 깊은 마음들이 참으로 좋고 우러러진다/그러나 나라가 서로 다른 사람들이/글쎄 어린 아이들도 아닌데 쪽 발가벗고 있는 것은/어쩐지 조금 우수웁기도 하다 **〈조당澡塘에서〉**

다른데 ❖ 다들 쪽 발가벗고 같이 물에 몸을 녹히고 있는 것은/대대로 조상도 서로 모르고 말도 제가끔 틀리고 먹고 입는 것도 모도 다른데/이렇게 발가들 벗고 한물에 몸을 씻는 것은/생각하면 쓸쓸한 일이다 **〈조당澡塘에서〉**

닮다 동 사람 또는 사물의 생김새나 성질 따위가 다른 사람이나 사물과 서로 비슷하다.

닮었다 ❖ 산골사람은 막베등거리 막베잠방둥에를 입고/노루새끼를 닮었다/〔…〕/노루새끼는 다문다문 흰 점이 백이고 배 안의 털을 너슬너슬 벗고/산골사람을 닮었다 **〈노루—함주시초咸州詩抄〉**

딴 관 다른. 해당되는 것 이외의(《고려대한국어대사전》).

❖ 이 딴 나라 사람들이 모두 니마들이 번번하니 넓고 눈은 컴컴하니 흐리고 **〈조당澡塘에서〉**

이러하다 형 '이렇다'의 본말. 상태, 모양, 성질 따위가 이와 같다.

이러한 ❖ 언젠가 마을에서 수절과부 하나가 목을 매여 죽은 밤도 이러한 밤이었다 **〈흰밤〉** ❖ 또 이러한 밤 같은 때 시집갈 처녀 막내고무가 고개 너머 큰집으로 치장감을 가지고 와서 엄매와 둘이 소기름에 쌍심지의 불을 밝히고 **〈고야**古夜**〉** ❖ 그리고 이러한 생각이 내 눈가를 내 가슴가를/뜨겁게 하는 것도 생각한다 **〈내가 생각하는 것은〉** ❖ 한울은/이러한 시인詩人이 우리들 속에 있는 것을 더욱 사랑하는데/이러한 시인詩人이 누구인 것을 세상은 몰라도 좋으나 **〈《호박꽃 초롱》 서시**序詩**〉** ❖ 내 쓸쓸한 얼골을 쳐다보며/이러한 글자들이 지나간다 **〈흰 바람벽이 있어〉**

이렇게 ❖ 저녁술을 놓은 아이들은 외양간 섶 밭마당에 달린 배나무동산에서 쥐잡이를 하고 숨굴막질을 하고 꼬리잡이를 하고 가마 타고 시집가는 놀음 말 타고 장가가는 놀음을 하고 이렇게 밤이 어둡도록 북적하니 논다/밤이 깊어가는 집안엔 엄매는 엄매들끼리 아르간에서들 웃고 이야기하고 아이들은 아이들끼리 웃간 한 방을 잡고 조아질하고 쌈방이 굴리고 바리깨돌림하고 호박떼기하고 제비손이구손이하고 이렇게 화디의 사기방등에 심지를 몇 번이나 돋구고 홍게닭이 몇 번이나 울어서 졸음이 오면 〔…〕 **〈여우난골족**族**〉** ❖ 이렇게 해서 아린 가슴이 싹기도 전이다/어데서 좁쌀알만 한 알에서 가제 깨인 듯한 발이 채 서지도 못한 무척 적은 새끼거미가 이번엔 큰거미 없어진 곳으로 와서 아물거린다 **〈수라**修羅**〉** ❖ 우리들은 모두 욕심이 없어 희여졌다/착하디착해서 세괏은 가시 하나 손아귀 하나 없다/너무나 정갈해서 이렇게 파리했다 **〈선우사**膳友辭**—함주시초**咸州詩抄**〉** ❖ 내가 이렇게 외면하고 거리를 걸어가는 것은 잠풍 날씨가 너무나 좋은 탓이고/ 〔…〕 //내가 이렇게 외면하고 거리를 걸어가는 것은 또 내 많지 못한 월급이 얼마나 고마운 탓이고/이렇게 젊은 나이로 코밑수염도 길러보는 탓이고 그리고 어늬 가난한 집 부엌으로 달재 생선을 진장에 꼿꼿이 지진 것은 맛도 있다는 말이 자꼬 들려오는 탓이다 **〈내가 이렇게 외면하고〉** ❖ 이렇게 한녀름을 보내면서 나는 하늑이는/물살에 나이금이 느는 꽃조개와 함께/허리도리가 굵어가는 한 사람을 연연해한다 **〈삼호**三湖**—물닭의 소리〉** ❖ 이 추운 세상의 한구석에/맑고 가난한 친구가 하나 있어서/내가 이렇게 추운 거리를 지나온 걸/얼마나 기뻐하며 락단하고 **〈가무래기의 낙**樂**〉** ❖ 계집아이는 몇 해고 내지인內地人 주재소장駐在所長 집에서/밥을 짓고 걸레를 치고 아이보개를 하면서/이렇게 추운 아침에도 손이 꽁꽁 얼어서/찬물에 걸레를 쳤을 것이다 **〈팔원**八院**—서행시초**西行詩抄 **3〉** ❖ 까막까치나 두더쥐 돋벌기가 와서 먹으면 먹는 대로 두어두고/도적이 조금 걷어가도 걷어가는 대로 두어두고/아, 노왕老王, 나는 이렇게 생각하노라/나는 노왕老

王을 보고 웃어 말한다 〈**귀농**歸農〉 ❖ 내 가난한 늙은 어머니가/이렇게 시퍼러둥둥 하니 추운 날인데 차디찬 물에 손은 담그고 무이며 배추를 씻고 있다 〈**흰 바람벽이 있어**〉 ❖ 촌에서 어젯밤에 승합자동차乘合自動車를 타고 온 아이여/이렇게 추운데 웃동에 무슨 두룽이 같은 것을 하나 걸치고 아랫두리는 쪽 발가벗은 아이여 〈**촌에서 온 아이**〉 ❖ 대대로 조상도 서로 모르고 말도 제가끔 틀리고 먹고 입는 것도 모도 다른데/이렇게 발가들 벗고 한물에 몸을 씻는 것은/생각하면 쓸쓸한 일이다/ 〔…〕 /나는 이렇게 한가하고 게으르고 그러면서 목숨이라든가 인생人生이라든가 하는 것을 정말 사랑할 줄 아는/그 오래고 깊은 마음들이 참으로 좋고 우러러진다 〈**조당**澡塘**에서**〉 ❖ 넷날 그 두보杜甫나 이백李白 같은 이 나라의 시인詩人도/이날 이렇게 마른물고기 한 토막으로 외로이 쓸쓸한 생각을 한 적도 있었을 것이다 〈**두보**杜甫**나 이백**李白**같이**〉 ❖ 이것들보다 더 크고, 높은 것이 있어서, 나를 마음대로 굴려 가는 것을 생각하는 것인데,/이렇게 하여 여러 날이 지나는 동안에, 〈**남신의주 유동 박시봉방**南新義州柳洞朴時逢方〉

저러하다 형 '저렇다'의 본말. 성질, 모양, 상태 따위가 저와 같다.

저러한 ❖ 나주볕을 한없이 바라보며 혼자 무엇을 즐기는 듯한 목이 긴 사람은/도연명陶淵明은 저러한 사람이였을 것이고 〈**조당**澡塘**에서**〉

틀리다 형 다르다. 비교가 되는 두 대상이 서로 같지 아니하다.

〔고어에서 '틀리다'(틀이다)가 '다르다'의 뜻으로 사용되었는데, 그 말이 현대에도 사용되는 경우가 더러 있었고 백석 시의 시어에도 나타난 것이라고 할 수 있다.〕

틀리고 ❖ 서로 나라가 다른 사람인데/다들 쪽 발가벗고 같이 물에 몸을 녹히고 있는 것은/대대로 조상도 서로 모르고 말도 제가끔 틀리고 먹고 입는 것도 모도 다른데 〈**조당**澡塘**에서**〉

34 쉬움, 어려움

쉬이 부 어렵거나 힘들지 아니하게.

❖ 이것의 엄마와 누나나 형이 가까이 이것의 걱정을 하며 있다가 쉬이 만나기나 했으면 좋으련만 하고 슬퍼한다 〈**수라**修羅〉

힘들다 형 (일이) 마음이 많이 쓰이거나 수고스럽다(《고려대한국어대사전》).

힘든 ❖ 허연 문창을 바라보든가 또 눈을 떠서 높은 턴정을 쳐다보는 것인데,/이때 나는 내 뜻이며 힘으로, 나를 이끌어 가는 것이 힘든 일인 것을 생각하고, 〈**남신의주 유동 박시봉방**南新義州柳洞朴時逢方〉

35 확실, 확신, 추측

꼭부 어떤 일이 있더라도 반드시(《고려대한국어대사전》).

❖ 흰 저고리에 붉은 길동을 달어/검정치마에 받쳐입은 것은/나의 꼭 하나 즐거운 꿈이였드니/어늬 아츰 계집은/머리에 무거운 동이를 이고/손에 어린것의 손을 끌고 〈**절망**絶望〉

분명코부 틀림없이 아주 확실하게.

❖ 너는 오늘 아츰 무엇에 놀라서 우는구나/분명코 무슨 거즛되고 쓸데없는 것에 놀라서/그것이 네 맑고 참된 마음에 분해서 우는구나 〈**촌에서 온 아이**〉

분명히부 어떤 사실이 틀림이 없이 확실하게.

❖ 내 손에 오르기라도 하라고 나는 손을 내어미나 분명히 울고불고할 이 작은 것은 나를 무서우이 달아나버리며 나를 서럽게 한다 〈**수라**修羅〉 ❖ 촌에서 와서 오늘 아츰 무엇이 분해서 우는 아이여/너는 분명히 하늘이 사랑하는 시인詩人이나 농사꾼이 될 것이로다 〈**촌에서 온 아이**〉

아마부 단정할 수는 없지만 미루어 짐작하거나 생각하여 볼 때 그럴 가능성이 크다는 뜻을 나타내는 말. 개연성이 높을 때 쓰는 말이나, '틀림없이'보다는 확신의 정도가 낮은 말이다.

❖ 내 쓸쓸한 마음은 아마 두보杜甫나 이백李白 같은 사람들의 마음인지도 모를 것이다 〈**두보**杜甫**나 이백**李白**같이**〉

으레히부 으레이. '으레이'는 '으레'(틀림없이 언제나)의 평북 방언.

❖ 여우가 주둥이를 향하고 우는 집에서는 다음날 으레히 흉사가 있다는 것은 얼마나 무서운 말인가 〈**오금덩이라는 곳**〉 ❖ 봄철날 한종일내 노곤하니 벌불 장난을 한 날 밤이면 으레히 싸개동당을 지나는데 […] 〈**동뇨부**童尿賦〉 ❖ 우리네 조상들이 먼먼 녯날로부터 대대로 이날엔 으레히 그러하며 오듯이 〈**두보**杜甫**나 이백**李白**같이**〉

36 강조, 당연

모르다③동 '얼마나 -는지 모르다'의 구성으로 쓰여, '매우 그러하다', 또는 '그리하다'의 뜻으로 선행어의 뜻을 강조할 때 쓰는 말(《고려대한국어대사전》).

모른다 ❖ 나는 얼마나 반죽을 주무르며 흰가루손이 되여 떡을 빚고 싶은지 모른다 〈**고야**古夜〉

없다⑦동 '-을 수밖에 없다'의 구성으로 쓰여, 어쩔 수 없이 그렇게 해야 함을 나타내는 말.

없는 ❖ 또 내 스스로 화끈 낯이 붉도록 부끄러울 적이며,/나는 내 슬픔과 어리석음에 눌리어 죽을 수밖에 없는 것을 느끼는 것이었다. 〈**남신의주 유동 박시봉방**南新義州柳洞朴時逢方〉

하다⑩보조동 (동사 뒤에서 '-기는 하다', '-기도 하다', '-기나 하다' 따위의 구성으로 쓰여) 앞말이 뜻하는 행동을 일단 긍정하거나 강조함을 나타내는 말.

하고 ❖ 또 이러한 밤 같은 때 […] 그러다는 이불 우에서 광대넘이를 뒤이고 또 누워 굴면서 엄매에게 웃목에 두른 평풍의 새빨간 천두의 이야기를 듣기도 하고 고무더러는 밝는 날 멀리는 못 난다는 뫼추라기를 잡어달라고 조르기도 하고 〈**고야**古夜〉

하는 ❖ 더러 나줏손에 쌀랑쌀랑 싸락눈이 와서 문창을 치기도 하는 때도 있는데, 〈**남신의주 유동 박시봉방**南新義州柳洞朴時逢方〉

하며 ❖ 딜옹배기에 북덕불이라도 담겨 오면,/이것을 안고 손을 쬐며 재 우에 뜻없이 글자를 쓰기도 하며, 〈**남신의주 유동 박시봉방**南新義州柳洞朴時逢方〉

하면 ❖ 눈이 많이 와서/산엣새가 벌로 나려 멕이고/눈구덩이에 토끼가 더러 빠지기도 하면 〈**국수**〉

하면서 ❖ 또 문밖에 나가디두 않고 자리에 누워서,/머리에 손깍지벼개를 하고 굴기도 하면서,/나는 내 슬픔이며 어리석음이며를 소처럼 연하여 쌔김질하는 것이었다. 〈**남신의주 유동 박시봉방**南新義州柳洞朴時逢方〉

했으면 ❖ 나는 이 작은 것을 고이 보드러운 종이에 받어 또 문밖으로 버리며/이것의 엄마와 누나나 형이 가까이 이것의 걱정을 하며 있다가 쉬이 만나기나 했으면 좋으련만 하고 슬퍼한다 〈**수라**修羅〉

하다⑪보조형 (형용사 뒤에서 '-기는 하다', '-기도 하다', '-기나 하다' 따위의 구성으로 쓰여) 앞말이 뜻하는 상태를 일단 긍정하거나 강조함을 나타내는 말.

하구려 ❖ 고기비늘에 하이얀 햇볕만 쇠리쇠리하야/어쩐지 쓸쓸만 하구려 섧기만

하구려 **〈바다〉**

하다 ❖ 시래기를 삶는 훈훈한 방안에는/양염 내음새가 싱싱도 하다 **〈추야일경**秋夜一景**〉** ❖ 약탕관에서는 김이 오르며 달큼한 구수한 향기로운 내음새가 나고/약이 끓는 소리는 삐삐 즐거웁기도 하다 **〈탕약**湯藥**〉** ❖ 구마산舊馬山의 선창에선 좋아하는 사람이 울며 나리는 배에 올라서 오는 물길이 반날/갓 나는 고당은 갓갓기도 하다 **〈통영**統營**(남행시초**南行詩抄**)〉** ❖ 여인숙旅人宿이라도 국숫집이다/모밀가루포대가 그득하니 쌓인 웃간은 들믄들믄 더웁기도 하다 **〈산숙**山宿**—산중음**山中吟**〉** ❖ 그러나 나라가 서로 다른 사람들이/글쎄 어린 아이들도 아닌데 쪽 발가벗고 있는 것은/어쩐지 조금 우수웁기도 하다 **〈조당**澡塘**에서〉**

하다고 ❖ 애끼는 옷을 다 적시어도 비는 씨원만 하다고 생각한다 **〈칠월**七月 **백중〉**

하드란 ❖ 해변땅에 나들이 갔든 할머니는/오리새끼들은 장뫃이나 하듯이 떠들썩하니 시끄럽기도 하드란 숭인가 **〈오리〉**

하든 ❖ 나는 어니 외진 산山길에서 만난 새악시가 곱기도 하든 것과/어니메 강江물속에 들여다뵈이든 쏘가리가 한 자나 되게 크든 것을 생각하며 **〈구장로**球場路**—서행시초**西行詩抄 **1〉**

한 ❖ 눈이 시울은 곱기도 한 건반밥/아 진달래 개나리 한창 퓌였구나 **〈고성가도**固城街道**—남행시초**南行詩抄 **3〉** ❖ 이러면서 그 무슨 제비의 춤이라는 연소탕燕巢湯이 맛도 있는 것과/또 어늬바루 새악시가 곱기도 한 것 같은 것을 생각하는 것일 것인데 **〈조당**澡塘**에서〉**

할 ❖ 황토 마루 수무나무에 얼럭궁덜럭궁 색동헝겊 뜯개조박 뵈짜배기 걸리고 오쟁이 끼애리 달리고 소삼은 엄신 같은 딥세기도 열린 국수당고개를 멫 번이고 튀튀 춤을 뱉고 넘어가면 골안에 아늑히 묵은 녕동이 무겁기도 할 집이 한 채 안기었는데 **〈넘언집 범 같은 노큰마니〉**

하다⑬ 보조동 동사의 부사형 어미 '-어야' 뒤에 쓰여, 당연함을 나타내는 말(《고려대한국어대사전》).

한다 ❖ 칠성七星고기라는 고기의 쩜벙쩜벙 뛰노는 소리가/쨋쨋하니 들려오는 호수湖水까지는/들쭉이 한불 새까마니 익어가는 망연한 벌판을 지나가야 한다 **〈함남도안**咸南道安**〉**

37 참, 거짓

거즛되다[형] '거짓되다'의 고어. 사실과 어긋남이 있어 참되지 않다.

거즛되고 ❖ 너는 오늘 아츰 무엇에 놀라서 우는구나/분명코 무슨 거즛되고 쓸데없는 것에 놀라서 그것이 네 맑고 참된 마음에 분해서 우는구나 **〈촌에서 온 아이〉**

속이다[동] '속다'의 사동사. 거짓된 말이나 행동을 참이라고 알게 하다(《고려대한국어대사전》).

속이고 ❖ 범과 사슴과 너구리를 배반하고/송어와 메기와 개구리를 속이고 나는 떠났다 **〈북방北方에서—정현웅鄭玄雄에게〉**

정말[부] 말 그대로 매우(《고려대한국어대사전》).

❖ 나는 이렇게 한가하고 게으르고 그러면서 목숨이라든가 인생人生이라든가 하는 것을 정말 사랑할 줄 아는/그 오래고 깊은 마음들이 참으로 좋고 우러러진다 **〈조당澡塘에서〉**

참으로[부] 사실이나 이치에 조금도 어긋남이 없이 과연.

❖ 수박씨 호박씨를 입에 넣는 마음은/참으로 철없고 어리석고 게으른 마음이나/이것은 또 참으로 밝고 그윽하고 깊고 무거운 마음이라 **〈수박씨, 호박씨〉** ❖ 이리하야 또 한 아득한 새 넷날이 비롯하는 때/이제는 참으로 이기지 못할 슬픔과 시름에 쫓겨/나는 나의 넷 한울로 땅으로—나의 태반胎盤으로 돌아왔으나 **〈북방北方에서—정현웅鄭玄雄에게〉** ❖ 그러나 나는 조금 무서웁고 외로워진다/그런데 참으로 그 은殷이며 상商이며 월越이며 위衛며 진晉이며 하는 나라 사람들의 이 후손들은/얼마나 마음이 한가하고 게으른가/ 〔…〕 /나는 이렇게 한가하고 게으르고 그러면서 목숨이라든가 인생人生이라든가 하는 것을 정말 사랑할 줄 아는/그 오래고 깊은 마음들이 참으로 좋고 우러러진다 **〈조당澡塘에서〉**

척하다[보조동] 앞말이 뜻하는 행동이나 상태를 거짓으로 그럴듯하게 꾸밈을 나타내는 말.

척하였다 ❖ 넷말이 사는 컴컴한 고방의 쌀독 뒤에서 나는 저녁 끼때에 부르는 소리를 듣고도 못 들은 척하였다 **〈고방〉**

38 부정, 불가능

그래도[부] 앞 내용을 받아들일 만하지만 그럴 수 없거나 그렇지 않음을 나타낼 때 쓰여 앞뒤 어구나 문장을 이어 주는 말.

❖ 해변땅에 나들이 갔든 할머니는/오리새끼들은 장뚫이나 하듯이 떠들썩하니 시끄럽기도 하드란 숭인가//그래도 오리야 호젓한 밤길을 가다 **〈오리〉** ❖ 큰 땅괭이 한마리/수염을 뻗치고 건너다보는 것이 무서웠다//그래도 그 쉬영꽃 진달래 빨가니 핀 꽃바위 너머/산山 잔등에는 가지취 뻐꾹채 게루기 고사리 산山나물판 **〈산山〉**

못[부] (주로 동사 앞에 쓰여) 동사가 나타내는 동작을 할 수 없다거나 상태가 이루어지지 않았다는 부정의 뜻을 나타내는 말.

❖ 또 이러한 밤 같은 때 〔…〕 고무더러는 밝는 날 멀리는 못 난다는 뫼추라기를 잡어달라고 조르기도 하고// 〔…〕 //섣달에 냅일날이 들어서 냅일날 밤에 눈이 오면 이 밤엔 쌔하얀 할미귀신의 눈귀신도 냅일눈을 받노라 못 난다는 말을 든든히 녀기며 〔…〕 **〈고야古夜〉** ❖ 닭 개 즘생을 못 놓는/멧도야지와 이웃사춘을 지나는 집 **〈가즈랑집〉** ❖ 넷말이 사는 컴컴한 고방의 쌀독 뒤에서 나는 저녁 끼때에 부르는 소리를 듣고도 못 들은 척하였다 **〈고방〉** ❖ 모래장변—바다가 널어놓고 못 미더워 드나드는 명주필을 짓궂이 발뒤축으로 찢으면 **〈물계리物界里—물닭의 소리〉** ❖ 이번에는 꿈에도 못 잊는 봉가집에 가는 것이다 **〈칠월七月 백중〉**

못하다[보조동] 앞말이 뜻하는 행동에 대하여 그것이 이루어지지 않거나 그것을 이룰 능력이 없음을 나타내는 말.

못하고 ❖ 찰복숭아를 먹다가 씨를 삼키고는 죽는 것만 같어 하로종일 놀지도 못하고 밥도 안 먹은 것도/가즈랑집에 마을을 가서/당세 먹은 강아지같이 좋아라고 집오래를 설레다가였다 **〈가즈랑집〉** ❖ 이즉하니 물기에 누굿이 젖은 왕구새자리에서 저녁상을 받은 가슴 앓는 사람은 참치회를 먹지 못하고 눈물겨웠다 **〈시기柿崎의 바다〉**

못한 ❖ 어데서 좁쌀알만 한 알에서 가제 깨인 듯한 발이 채 서지도 못한 무척 적은 새끼거미가 이번엔 큰거미 없어진 곳으로 와서 아물거린다 **〈수라修羅〉** ❖ 내가 이렇게 외면하고 거리를 걸어가는 것은 또 내 많지 못한 월급이 얼마나 고마운 탓이고 **〈내가 이렇게 외면하고〉**

못한다 ❖ 날기멍석을 져간다는 닭보는 할미를 차 굴린다는 〔…〕 오줌 누러 깨는 재밤 머리맡의 문살에 대인 유리창으로 조마구 군병의 새까만 대가리 새까만 눈

알이 들여다보는 때 나는 이불 속에 자즈러붙어 숨도 쉬지 못한다 〈**고야**古夜〉

못할 ❖ 나는 그때/아모 이기지 못할 슬픔도 시름도 없이/다만 게을리 먼 앞대로 떠나 나왔다/ 〔…〕 /이제는 참으로 이기지 못할 슬픔과 시름에 쫓겨/나는 나의 녯 한울로 땅으로—나의 태반胎盤으로 돌아왔으나 〈**북방**北方**에서—정현웅**鄭玄雄**에게**〉

못했다 ❖ 밤에는 먼 개소리에 놀라나고/아츰에는 지나가는 사람마다에게 절을 하면서도/나는 나의 부끄러움을 알지 못했다 〈**북방**北方**에서—정현웅**鄭玄雄**에게**〉

아니[부] 부정이나 반대의 뜻을 나타내는 말.

❖ 바닷가는/개지꽃에 개지 아니 나오고/고기비눌에 하이얀 햇볕만 쇠리쇠리하야 〈**바다**〉 ❖ 눈은 푹푹 나리고/나는 나타샤를 생각하고/나타샤가 아니 올 리 없다 〈**나와 나타샤와 흰 당나귀**〉

아니다[형] 어떤 사실을 부정하는 뜻을 나타내는 말.

아니다 ❖ 산골로 가는 것은 세상한테 지는 것이 아니다/세상 같은 건 더러워 버리는 것이다 〈**나와 나타샤와 흰 당나귀**〉

아니면 ❖ 높은 산도 높은 꼭다기에 있는 듯한/아니면 깊은 물도 깊은 밑바닥에 있는 듯한 당신네 나라의/하늘은 얼마나 맑고 높을 것인가 〈**허준**許俊〉

아닌데 ❖ 글쎄 어린 아이들도 아닌데 쪽 발가벗고 있는 것은/어쩐지 조금 우수웁기도 하다 〈**조당**澡塘**에서**〉

안③[부] '아니'의 준말. (용언 앞에 쓰여) 부정이나 반대의 뜻을 나타내는 말.

❖ 찰복숭아를 먹다가 씨를 삼키고는 죽는 것만 같어 하로종일 놀지도 못하고 밥도 안 먹은 것도/가즈랑집에 마을을 가서 〈**가즈랑집**〉 ❖ 남방토南方土 풀 안 돋은 양지귀가 본이다/햇비 멎은 저녁의 노을 먹고 산다 〈**석류**石榴〉 ❖ 집집이 아이만 한 피도 안 간 대구를 말리는 곳/황화장사 령감이 일본말을 잘도 하는 곳 〈**통영**統營**(남행시초**南行詩抄**)**〉 ❖ 어데서 송아지 매— 하고 운다 골갯논드렁에서 미나리 밟고 서서 운다 복사나무 아래 가 흙장난하며 놀지 왜 우노 자개밭둑에 엄지 어데 안 가고 누웠다 〈**황일**黃日〉 ❖ 재 안 드는 밤은 불도 없이 캄캄한 까막나라에서/조앙님은 무서운 이야기나 하면/모두들 죽은 듯이 엎데였다 잠이 들 것이다 〈**고사**古寺**—함주시초**咸州詩抄〉 ❖ 빛이 안 되어 가는 탓에/가무래기도 나도 모도 춥다 〈**가무래기의 낙**樂〉 ❖ 나는 이 털도 안 뽑은 도야지고기를 물꾸러미 바라보며/또 털도 안 뽑는 고기를 시꺼먼 맨모밀국수에 얹어서 한입에 꿀꺽 삼키는 사람들을 바라보며/나는 문득 가슴에 뜨끈한 것을 느끼며 〈**북신**北新**—서행시초**西行詩抄 **2**〉

않다 ①[보조동] (동사 뒤에서 '-지 않다' 구성으로 쓰여) 앞말이 뜻하는 행동을 부정하는 뜻을 나타내는 말. ② 보조형 (형용사 뒤에서 '-지 않다' 구성으로 쓰여) 앞말이 뜻하는 상태를 부정하는 뜻을 나타내는 말.

않고 ❖ 아배는 타관 가서 오지 않고 산山비탈 외따른 집에 엄매와 나와 단둘이서 누가 죽이는 듯이 무서운 밤 집 뒤로는 〔…〕 **〈고야古夜〉** ❖ 섶벌같이 나아간 지아비 기다려 십 년十年이 갔다/지아비는 돌아오지 않고/어린 딸은 도라지꽃이 좋아 돌무덤으로 갔다 **〈여승女僧〉** ❖ 또 문밖에 나가디두 않고 자리에 누워서,/머리에 손깍지벼개를 하고 굴기도 하면서,/나는 내 슬픔이며 어리석음이며를 소처럼 연하여 쌔김질하는 것이었다. **〈남신의주 유동 박시봉방南新義州柳洞朴時逢方〉**

않는 ❖ 개 하나 얼린하지 않는 마을은/해바른 마당귀에 맷방석 하나/빨갛고 노랗고 **〈고성가도固城街道—남행시초南行詩抄 3〉** ❖ 집이 몇 집 되지 않는 골안은/모두 터앝에 김장감이 퍼지고 **〈산곡山谷—함주시초咸州詩抄〉**

않는다 ❖ 한 이십리二十里 가면 거리라든데/한겻 남아 걸어도 거리는 뵈이지 않는다 **〈구장로球場路—서행시초西行詩抄 1〉**

않다 ❖ 우리들은 가난해도 서럽지 않다/우리들은 외로워할 까닭도 없다/그리고 누구 하나 부럽지도 않다 **〈선우사膳友辭—함주시초咸州詩抄〉**

않었다 ❖ 뜨락에 잡곡낟가리가 쌓여서/어니 세월에 뷔일 듯한 집은 뵈이지 않었다 **〈산곡山谷—함주시초咸州詩抄〉** ❖ 나는 그때/자작나무와 이깔나무의 슬퍼하든 것을 기억한다/갈대와 장풍의 붙드든 말도 잊지 않었다/오로촌이 멧돌을 잡어 나를 잔치해 보내든 것도/쏠론이 십리길을 따러나와 울든 것도 잊지 않었다 **〈북방北方에서—정현웅鄭玄雄에게〉**

않었을 ❖ 그 조상들이 대대로 하든 본대로 원소元宵라는 떡을 입에 대며/스스로 마음을 느꾸어 위안하지 않었을 것인가 **〈두보杜甫나 이백李白같이〉**

않은 ❖ 녯날엔 통제사統制使가 있었다는 낡은 항구港口의 처녀들에겐 녯날이 가지 않은 천희千姬라는 이름이 많다 **〈통영統營〉**

없다④ 형 (주로 '-ㄹ(을) 수 없다' 꼴로 쓰여) 어떤 일이 가능하지 않다.

❖ 나는 이 마을에 태어나기가 잘못이다/마을은 맨천 구신이 돼서/나는 무서워 오력을 펼 수 없다/ 〔…〕 /얼혼이 나서 뒤울안으로 가면 뒤울안에는 곱새녕 아래 털능구신/ 〔…〕 /아아 말 마라 내 발뒤축에는 오나가나 묻어 다니는 달걀구신/마을은 온데간데 구신이 돼서 나는 아무 데도 갈 수 없다 **〈마을은 맨천 구신이 돼서〉**

없다⑥ 형 (이유, 근거, 구실, 가능성 따위와 같은 단어와 함께 쓰여) 이유나 가능성 따위로 성립될 수 없는 상태이다.

없다 ❖ 눈은 푹푹 나리고/나는 나타샤를 생각하고/나타샤가 아니 올 리 없다 **〈나와 나타샤와 흰 당나귀〉**

없이③[부] (주로 '-ㄹ(을) 수 없다' 꼴로 쓰여) 어떤 일이 가능하지 않게.

❖ 나는 이제는 할 수 없이 대문을 열고 나가려는데 대문간에는 근력 세인 수문장 **〈마을은 맨천 구신이 돼서〉**

39 조건, 이유, 가정

어인[관] '어찌 된'을 예스럽게 이르는 말.

❖ 갓 쓰고 사는 마음이 어진데/새끼 그물에 걸리는 건 어인 일인가 **〈꼴두기—물닭의 소리〉** ❖ 그런데 이것은 또 어인 일인가/이 흰 바람벽에/내 가난한 늙은 어머니가 있다 **〈흰 바람벽이 있어〉**

어쩐지[부] 어찌 된 까닭인지.

❖ 어쩐지 당홍치마 노란저고리 입은 새악시들이/웃고 살을 것만 같은 마을이다 **〈고성가도固城街道—남행시초南行詩抄 3〉** ❖ 바닷가는/개지꽃에 개지 아니 나오고/고기비눌에 하이얀 햇볕만 쇠리쇠리하야/어쩐지 쓸쓸만 하구려 섧기만 하구려 **〈바다〉** ❖ 밖은 봄철날 따디기의 누긋하니 푹석한 밤이다/거리에는 사람두 많이 나서 흥성흥성할 것이다/어쩐지 이 사람들과 친하니 싸단니고 싶은 밤이다 **〈내가 생각하는 것은〉** ❖ 어쩐지 향산香山 부처님이 가까웁다는 거린데/국숫집에서는 농짝 같은 도야지를 잡어걸고 국수에 치는 도야지고기는 돗바늘 같은 털이 드문드문 백였다 **〈북신北新—서행시초西行詩抄 2〉** ❖ 오늘 저녁 이 좁다란 방의 흰 바람벽에/어쩐지 쓸쓸한 것만이 오고 간다/이 흰 바람벽에/희미한 십오촉十五燭 전등이 지치운 불빛을 내어던지고 **〈흰 바람벽이 있어〉** ❖ 내가 좋아하는 사람들을 만나는 것만 같다/이리하야 어쩐지 내 마음은 갑자기 반가워지나/그러나 나는 조금 무서웁고 외로워진다/〔…〕/그 오래고 깊은 마음들이 참으로 좋고 우러러진다/그러나 나라가 서로 다른 사람들이/글쎄 어린 아이들도 아닌데 쪽 발가벗고 있는 것은/어쩐지 조금 우수웁기도 하다 **〈조당澡塘에서〉**

오나가나[부] 어디를 가나 늘 다름없이.

❖ 나는 고만 디겁을 하여 큰 행길로 나서서 마음 놓고 화리서리 걸어가다 보니/아아 말 마라 내 발뒤축에는 오나가나 묻어 다니는 달걀구신/마을은 온데간데 구신

이 돼서 나는 아무 데도 갈 수 없다 **〈마을은 맨천 구신이 돼서〉**

왜[부] 무슨 까닭으로. 어째서.

❖ 한 십리十里 더 가면 절간이 있을 듯한 마을이다 〔…〕 어데서 송아지 매— 하고 운다 골갯논드렁에서 미나리 밟고 서서 운다 복사나무 아래 가 흙장난하며 놀지 왜 우노 자개밭둑에 엄지 어데 안 가고 누웠다 〔…〕 **〈황일黃日〉** ❖ 이 딴 나라 사람들이 모두 니마들이 번번하니 넓고 눈은 컴컴하니 흐리고/그리고 길즛한 다리에 모두 민숭민숭하니 다리털이 없는 것이/이것이 나는 왜 자꼬 슬퍼지는 것일까 **〈조당澡塘에서〉**

이왕이면[부] 어차피 그렇게 할 바에는.

❖ 만두饅頭꼬깔을 눌러쓰고 곰방대를 물고 가고 싶었다/이왕이면 향香내 높은 취향리梨 돌배 움퍽움퍽 씹으며 머리채 츠렁츠렁 발굽을 차는 꾸냥과 가즈런히 쌍마차雙馬車 몰아가고 싶었다 **〈안동安東〉**

혹은[부] 그렇지 않으면. 또는.

❖ 이것은 오는 것이다/이것은 어늬 양지귀 혹은 능달쪽 외따른 산 녚은댕이 예데가리밭에서/하로밤 뽀오한 흰 김 속에 접시귀 소기름불이 뿌우현 부엌에/산멍에 같은 분틀을 타고 오는 것이다 **〈국수〉**

기타

감탄사, 접속부사, 지시대명사, 지시관형사

1 감탄사

글쎄감 자신의 뜻을 다시 강조하거나 고집할 때 쓰는 말.

❖ 그러나 나라가 서로 다른 사람들이/글쎄 어린 아이들도 아닌데 쪽 발가벗고 있는 것은/어쩐지 조금 우수웁기도 하다 **〈조당**澡塘**에서〉**

아감 ① 놀라거나, 당황하거나, 초조하거나, 다급할 때 가볍게 내는 소리. ② 기쁘거나, 슬프거나, 뉘우치거나, 칭찬할 때 가볍게 내는 소리.

❖ 거적장사 하나 산山 뒷녚 비탈을 오른다/아― 따르는 사람도 없이 쓸쓸한 쓸쓸한 길이다 **〈쓸쓸한 길〉** ❖ 어득한 기슭의 행길에 얼굴이 해쓱한 처녀가 새벽달같이/아 아즈내인데 병인病人은 미역냄새 나는 덧문을 닫고 버러지같이 누웠다 **〈시기**柿崎**의 바다〉** ❖ 눈이 시울은 곱기도 한 건반밥/아 진달래 개나리 한창 퓌였구나 **〈고성가도**固城街道**―남행시초**南行詩抄 **3〉** ❖ 아 모도들 따사로이 가난하니 **〈삼천포**三千浦**―남행시초**南行詩抄 **4〉** ❖ 내 손자의 손자와 손자와 나와 할아버지와 […] 수원백씨水原白氏 정주백촌定州白村의 힘세고 꿋꿋하나 어질고 정 많은 호랑이 같은 곰 같은 소 같은 피의 비 같은 밤 같은 달 같은 슬픔을 담는 것 아 슬픔을 담는 것 **〈목구**木具**〉** ❖ 아, 나의 조상은 형제는 일가친척은 정다운 이웃은 그리운 것은 사랑하는 것은 우러르는 것은 나의 자랑은 나의 힘은 없다 바람과 물과 세월과 같이 지나가고 없다 **〈북방**北方**에서―정현웅**鄭玄雄**에게〉** ❖ 도적이 조금 걷어가도 걷어가는 대로 두어두고/아, 노왕老王, 나는 이렇게 생각하노라/나는 노왕老王을 보고 웃어 말한다 **〈귀농**歸農**〉** ❖ 아, 이 반가운 것은 무엇인가/이 히수무레하고 부드럽고 수수하고 슴슴한 것은 무엇인가 **〈국수〉** ❖ 그들이 아득하니 슬펐을 듯이/나도 떡국을 놓고 아득하니 슬플 것이로다/아, 이 정월正月 대보름 명절인데/거리에는 오독독이 탕탕 터지고 호궁胡弓 소리 삘삘 높아서 **〈두보**杜甫**나 이백**李白**같이〉**

아아 [감] 감격하거나 탄식할 때 내는 소리.

❖ 나는 고만 디겁을 하여 큰 행길로 나서서 마음 놓고 화리서리 걸어가다 보니/아아 말 마라 내 발뒤축에는 오나가나 묻어 다니는 달걀구신/마을은 온데간데 구신이 돼서 나는 아무 데도 갈 수 없다 **〈마을은 맨천 구신이 돼서〉**

자 ② [감] 말이나 행동을 할 때 남의 주의를 불러일으키기 위하여 하는 말.

❖ 자 방안에는 성주님/나는 성주님이 무서워 토방으로 나오면 토방에는 디운구신 **〈마을은 맨천 구신이 돼서〉**

2 접속부사

그러나 [부] 앞의 내용과 뒤의 내용이 상반될 때 쓰는 접속부사.

❖ 입으로 먹을 뿜는 건/몇십 년 도를 닦어 퓌는 조환가/앞뒤로 가기를 마음대로 하는 건/손자孫子의 병서兵書도 읽은 것이다/갈매기 쫑얼댄다//그러나 시방 꼴두기는 배창에 너부러져 새새끼 같은 울음을 우는 곁에서 **〈꼴두기—물닭의 소리〉** ❖ 이러한 시인詩人이 누구인 것을 세상은 몰라도 좋으나/그러나/그 이름이 강소천姜小泉인 것을 송아지와 꿀벌은 알을 것이다 **〈《호박꽃 초롱》 서시序詩〉** ❖ 이리하야 어쩐지 내 마음은 갑자기 반가워지나/그러나 나는 조금 무서웁고 외로워진다/ 〔…〕 /그 오래고 깊은 마음들이 참으로 좋고 우러러진다/그러나 나라가 서로 다른 사람들이/글쎄 어린 아이들도 아닌데 쪽 발가벗고 있는 것은/어쩐지 조금 우수웁기도 하다 **〈조당澡塘에서〉** ❖ 나는 내 슬픔과 어리석음에 눌리어 죽을 수밖에 없는 것을 느끼는 것이었다./그러나 잠시 뒤에 나는 고개를 들어,/허연 문창을 바라보든가 또 눈을 떠서 높은 턴정을 쳐다보는 것인데, **〈남신의주 유동 박시봉방南新義州柳洞朴時逢方〉**

그러면 [부] 앞의 내용을 받아들이거나 그것을 전제로 새로운 주장을 할 때 쓰는 접속부사.

❖ 평안도平安道 정주定州라는 곳이라 한즉/그러면 아무개씨氏 고향故鄕이란다/그러면 아무개씰氏 아느냐 한즉/의원醫員은 또다시 넌즈시 웃고 **〈고향故鄕〉**

그런데 [부] 화제를 앞의 내용과 관련시키면서 다른 방향으로 이끌어 나갈 때 쓰는 접속부사.

❖ 이것이 나는 왜 자꼬 슬퍼지는 것일까/그런데 저기 나무판장에 반쯤 나가 누워서/나주볕을 한없이 바라보며 혼자 무엇을 즐기는 듯한 목이 긴 사람은/ 〔…〕 /그

러나 나는 조금 무서웁고 외로워진다/그런데 참으로 그 은殷이며 상商이며 월越이며 위衛며 진晉이며 하는 나라 사람들의 이 후손들은/얼마나 마음이 한가하고 게으른가 **〈조당澡塘에서〉** ❖ 그런데 이것은 또 어인 일인가/이 흰 바람벽에/내 가난한 늙은 어머니가 있다/ 〔…〕 /벌써 어린것도 생겨서 옆에 끼고 저녁을 먹는다/그런데 또 이즈막하야 어늬 사이엔가 **〈흰 바람벽이 있어〉**

그리고[부] 단어, 구, 절, 문장 따위를 병렬적으로 연결할 때 쓰는 접속부사.

❖ 약탕관에서는 김이 오르며 달큼한 구수한 향기로운 내음새가 나고/약이 끓는 소리는 삐삐 즐거웁기도 하다//그리고 다 달인 약을 하이얀 약사발에 밭어놓은 것은/아득하니 깜하야 만년萬年 녯적이 들은 듯한데 **〈탕약湯藥〉** ❖ 흰밥과 가재미와 나는/우리들은 그 무슨 이야기라도 다 할 것 같다/우리들은 서로 미덥고 정답고 그리고 서로 좋구나// 〔…〕 //우리들은 가난해도 서럽지 않다/우리들은 외로워할 까닭도 없다/그리고 누구 하나 부럽지도 않다 **〈선우사膳友辭—함주시초咸州詩抄〉** ❖ 그리고 지중지중 물가를 거닐면/당신이 이야기를 하는 것만 같구려 **〈바다〉** ❖ 그 맛있는 모밀국수를 삶는 장작도 자작나무다/그리고 감로甘露같이 단샘이 솟는 박우물도 자작나무다 **〈백화白樺—산중음山中吟〉** ❖ 밤이면 무엇이 기왓골에 무릿돌을 던지고 〔…〕 재통에 간 사람의 목덜미를 그냥그냥 나려눌러선 잿다리 아래로 처박고/그리고 새벽녘이면 고방 시렁에 채국채국 얹어둔 모랭이 목판 시루며 함지가 땅바닥에 넘너른히 널리는 집이다 **〈외갓집〉** ❖ 내 손에는 신간서新刊書 하나도 없는 것과/그리고 그 〈아서라 세상사世上事〉라도 들을/류성기도 없는 것을 생각한다//그리고 이러한 생각이 내 눈가를 내 가슴가를/뜨겁게 하는 것도 생각한다 **〈내가 생각하는 것은〉** ❖ 이렇게 젊은 나이로 코밑수염도 길러보는 탓이고 그리고 어늬 가난한 집 부엌으로 달재 생선을 진장에 꼿꼿이 지진 것은 맛도 있다는 말이 자꼬 들려오는 탓이다 **〈내가 이렇게 외면하고〉** ❖ 나의 정다운 것들 가지 명태 노루 뫼추리 질동이 노랑나뷔 바구지꽃 모밀국수 남치마 자개짚세기 그리고 천희千姬라는 이름이 한없이 그리워지는 밤이로구나 **〈야우소회夜雨小懷—물닭의 소리〉** ❖ 집에는 언제나 센개 같은 게사니가 벅작궁 고아내고 말 같은 개들이 떠들썩 짖어대고 그리고 소거름 내음새 구수한 속에 엇송아지 히물쩍 너들씨는데//집에는 아배에 삼춘에 오마니에 오마니가 있어서 젖먹이를 마을 청능 그늘밑에 삿갓을 씌워 한종일내 뉘어두고 김을 매려 단녔고 아이들이 큰마누래에 작은마누래에 제구실을 할 때면 종아지물본도 모르고 행길에 아이 송장이 거적뙈기에 말려나가면 속으로 얼마나 부러워하였고 그리고 끼때에는 부뚜막에 바가지를 아이덜 수대로 주룬히 늘어놓고 밥 한 덩이 질게 한

술 들여트려서는 먹였다는 소리를 언제나 두고두고 하는데// 〔…〕 //내가 엄매 등에 업혀가서 상사말같이 항약에 야기를 쓰면 한창 퓌는 함박꽃을 밑가지채 꺾어주고 종대에 달린 제물배도 가지채 쪄주고 그리고 그 애끼는 게사니알도 두 손에 쥐어주곤 하는데//우리 엄매가 나를 가지는 때 이 노큰마니는 어늬 밤 크나큰 범이 한 마리 우리 선산으로 들어오는 꿈을 군 것을 우리 엄매가 서울서 시집을 온 것을 그리고 무엇보다도 내가 이 노큰마니의 당조카의 맏손자로 난 것을 다견하니 알뜰하니 기꺼이 녀기는 것이었다 **〈넘언집 범 같은 노큰마니〉** ❖ 그리고 또 엄매의 말엔 내가 아직 굳은 밥을 모르던 때 살갗 퍼런 막내고무가 잘도 받어 세수를 하였다는 내 오줌빛은 이슬같이 샛말갛기도 샛맑았다는 것이다 **〈동뇨부**童尿賦**〉** ❖ 그리고 그 시래깃국에 소피를 넣고 두부를 두고 끓인 구수한 술국을 트근히 멫 사발이고 왕사발로 멫 사발이고 먹자 **〈구장로**球場路**—서행시초**西行詩抄 **1〉** ❖ 나는 주먹다시 같은 떡당이에 꿀보다도 달다는 강낭엿을 산다/그리고 물이라도 들 듯이 샛노랗디샛노란 산山골 마가을 볕에 눈이 시울도록 샛노랗디샛노란 햇기장 쌀을 주무르며/기장쌀은 기장차떡이 좋고 기장차랍이 좋고 기장감주가 좋고 그리고 기장쌀로 쑨 호박죽은 맛도 있는 것을 생각하며 나는 기뿌다 **〈월림**月林**장—서행시초**西行詩抄 **4〉** ❖ 오대五代나 나린다는 크나큰 집 다 찌그러진 들지고방 어득시근한 구석에서 쌀독과 말쿠지와 숫돌과 신뚝과 그리고 넷적과 또 열두 데석님과 친하니 살으면서//한 해에 멫 번 매연지난 먼 조상들의 최방등 제사에는 〔…〕 먼 후손들의 공경스러운 절과 잔을 굽어보고 또 애끓는 통곡과 축을 귀에 하고 그리고 합문 뒤에는 흠향 오는 구신들과 호호히 접하는 것 **〈목구**木具**〉** ❖ 바람은 얼마나 따사하고 향기로울 것인가/그리고 이 하늘 아래 바람결 속에 퍼진/그 풍속은 인정은 그리고 그 말은 얼마나 좋고 아름다울 것인가// 〔…〕 /마음이 가난한 낯설은 사람에게 수백 냥 돈을 거저 주는 그 인정을 그리고 또 그 말을 **〈허준**許俊**〉** ❖ 우물돌 아래 우는 돌우래를 사랑한다/그리고 또/버드나무 밑 당나귀 소리를 임내내는 시인詩人을 사랑한다// 〔…〕 /모래 속에 문잠그고 사는 조개를 사랑한다/그리고 또/두틈한 초가지붕 밑에 호박꽃 초롱 혀고 사는 시인詩人을 사랑한다// 〔…〕 /골짜구니로 숨어 흐르는 개울물을 사랑한다/그리고 또/아늑하고 고요한 시골 거리에서 쟁글쟁글 햇볕만 바래는 시인詩人을 사랑한다 **〈《호박꽃 초롱》 서시**序詩**〉** ❖ 겨울밤 쩡하니 닉은 동티미국을 좋아하고 얼얼한 댕추가루를 좋아하고 싱싱한 산꿩의 고기를 좋아하고/그리고 담배 내음새 탄수 내음새 또 수육을 삶는 육수국 내음새 자욱한 더북한 샷방 쩔쩔 끓는 아르굳을 좋아하는 이것은 무엇인가 **〈국수〉** ❖ 때글은 다 낡은 무명샤쯔가 어두운 그림자를 쉬이고/그리고 또 달디단 따끈한 감주나 한잔 먹고 싶다고 생각하는 내 가지가지 외로운 생각이 헤매인다/〔…〕/이러한 글자들이 지나간다/—나는 이 세상에서 가난하고 외롭고 높고 쓸쓸하니 살어가도록 태어났다/그리고 이 세상을 살어가는데/내 가슴은 너무도 많이 뜨거운 것으로 호젓한 것으로 사랑으로 슬픔으로 가득 찬다/그리고 이번에는 나를 위로하는 듯이 나를 울력하는 듯이/눈질을 하며 주먹질을 하며 이런 글자들이 지나간다/—하눌이 이 세상을 내일 적에 그가 가장 귀해하고 사랑하는 것들은 모두/가난하고 외롭고 높고 쓸쓸하니 그리고 언제나 넘치는 사랑과 슬픔 속에 살도록 만드신 것이다/초생달과 바구지꽃과 짝새와 당나귀가 그러하듯이/그리고 또 '프랑시쓰 쨈'과 도연명陶淵明과 '라이넬 마리아 릴케'가 그러하듯이 **〈흰 바람벽이 있어〉** ❖ 네 소리에 내 마음은 반끗히 밝어오고 또 호끈히 더워오고 그리고 즐거워온다 **〈촌에서 온 아이〉** ❖ 이 딴 나라 사람들이 모두 니마들이 번번하니 넓고 눈은 컴컴하니 흐리고/그리고 길즛한 다리에 모두 민숭민숭하니 다리털이 없는 것이/이것이 나는 왜 자꼬 슬퍼지는 것일까 **〈조당**澡塘**에서〉** ❖ 어느 사이에 나는 아내도 없고, 또,/아내와 같이 살던 집도 없어지고,/그리고 살뜰한 부모며 동생들과도 멀리 떨어져서,/그 어느 바람 세인 쓸쓸한 거리 끝에 헤매이었다. **〈남신의주 유동 박시봉방**南新義州柳洞朴時逢方**〉**

그리하여[부] 앞의 내용이 뒤의 내용의 원인이거나 앞의 내용이 발전하여 뒤의 내용이 전개될 때 쓰는 접속부사.

❖ 나는 그때/아모 이기지 못할 슬픔도 시름도 없이/다만 게을리 먼 앞대로 떠나 나왔다/그리하여 따사한 햇귀에서 하이얀 옷을 입고 매끄러운 밥을 먹고 단샘을 마시고 낮잠을 잤다 **〈북방**北方**에서—정현웅**鄭玄雄**에게〉**

아모려나[감] 아무려나. 아무러하든지, 아무튼. 앞 문장의 내용이나 흐름과 상관없이 화제를 바꾸거나 본래의 화제로 돌아갈 때 이어 주는 말. '모양, 형편, 정도나 조건 따위가 어떻게 되어 있든지 간에'의 뜻으로 쓰인다.

〔'아무려나'는 《표준국어대사전》에 "아무렇게나 하고 싶은 대로 하라고 승낙할 때 하는 말"로 풀이되어 있는데, 백석 시의 용례에서는 '아무튼'에 가까운 의미로 쓰이고 있다.〕

❖ 내 쓸쓸한 마음은 아마 두보杜甫나 이백李白 같은 사람들의 마음인지도 모를 것이다/아모려나 이것은 넷투의 쓸쓸한 마음이다 **〈두보**杜甫**나 이백**李白**같이〉**

이리하야[부] ☞ 이리하여 819

❖ 그동안 돌비는 깨어지고 많은 은금보화는 땅에 묻히고 가마귀도 긴 족보를 이루

었는데/이리하야 또 한 아득한 새 녯날이 비롯하는 때 **〈북방北方에서—정현웅鄭玄雄에게〉** ❖ 내가 좋아하는 사람들을 만나는 것만 같다/이리하야 어쩐지 내 마음은 갑자기 반가워지나 **〈조당澡塘에서〉**

이리하여 [부] 앞 내용이 뒤 내용의 원인임을 나타내거나 앞 내용이 반전하여 뒤 내용이 전개됨을 나타내는 접속부사. 주로 남에게 이야기를 들려줄 때 쓴다.

❖ 풀밭에는 어느새 하이얀 대림질감들이 한불 널리고/돌우래며 팟중이 산옆이 들썩하니 울어댄다/이리하여 한울에 별이 잔콩 마당 같고/강낭밭에 이슬이 비 오듯 하는 밤이 된다 **〈박각시 오는 저녁〉** ❖ 이리하여 노왕老王은 밭을 주어 마음이 한가하고/나는 밭을 얻어 마음이 편안하고 **〈귀농歸農〉** ❖ 나는 어느 목수木手네 집 헌 삿을 깐,/한 방에 들어서 쥔을 붙이었다./이리하여 나는 이 습내 나는 춥고, 누긋한 방에서,/낮이나 밤이나 나는 나 혼자도 너무 많은 것같이 생각하며, **〈남신의주 유동 박시봉방南新義州柳洞朴時逢方〉**

3 지시대명사

그것 [대] 앞에서 이미 이야기한 대상을 가리키는 지시대명사.

❖ 너는 오늘 아츰 무엇에 놀라서 우는구나/분명코 무슨 거즛되고 쓸데없는 것에 놀라서/그것이 네 맑고 참된 마음에 분해서 우는구나 **〈촌에서 온 아이〉**

무엇 [대] ① 모르는 사실이나 사물을 가리키는 지시대명사. ② 정하지 않은 대상이나 이름을 밝힐 필요가 없는 대상을 가리키는 지시대명사.

❖ 밤이면 무엇이 기왓골에 무릿돌을 던지고 뒤울안 배나무에 쩨듯하니 줄등을 헤여달고 부뚜막의 큰솥 적은솥을 모주리 뽑아놓고 **〈외갓집〉** ❖ 우리 엄매가 나를 가지는 때 이 노큰마니는 어늬 밤 크나큰 범이 한 마리 우리 선산으로 들어오는 꿈을 꾼 것을 우리 엄매가 서울서 시집을 온 것을 그리고 무엇보다도 내가 이 노큰마니의 당조카의 맏손자로 난 것을 다견하니 알뜰하니 기꺼이 녀기는 것이었다 **〈넘언집 범 같은 노큰마니〉** ❖ 어서 그 옹기장사가 온다는 거리로 들어가면 무엇보다도 몬저 '주류판매업酒類販賣業'이라고 써붙인 집으로 들어가자 **〈구장로球場路—서행시초西行詩抄 1〉** ❖ 아, 이 반가운 것은 무엇인가/이 히수무레하고 부드럽고 수수하고 슴슴한 것은 무엇인가/ 〔…〕 /그리고 담배 내음새 탄수 내음새 또 수육을 삶는 육수국 내음새 자욱한 더북한 삿방 쩔쩔 끓는 아르굳을 좋아하는 이것은 무엇인가//이 조용한

마을과 이 마을의 으젓한 사람들과 살틀하니 친한 것은 무엇인가/이 그지없이 고담枯淡하고 소박素朴한 것은 무엇인가 〈**국수**〉 ❖ 힘을 쓸랴고 벌써부터 두 다리가 푸둥푸둥하니 살이 찐 아이여/너는 오늘 아츰 무엇에 놀라서 우는구나/〔…〕/촌에서 와서 오늘 아츰 무엇이 분해서 우는 아이여/너는 분명히 하늘이 사랑하는 시인詩人이나 농사꾼이 될 것이로다 〈**촌에서 온 아이**〉 ❖ 나주볕을 한없이 바라보며 혼자 무엇을 즐기는 듯한 목이 긴 사람은/도연명陶淵明은 저러한 사람이였을 것이고 〈**조당澡塘에서**〉

어느메 [대] '어디'의 방언(평안).

❖ 간밤엔 섬돌 아래 승냥이가 왔었다는 이야기/어느메 산山골에선간 곰이 아이를 본다는 이야기 〈**가즈랑집**〉 ❖ 어느메 촌중의 새 새악시와도 함께 타고/먼 바닷가의 거리로 간다는데 〈**이두국주가도伊豆國湊街道**〉

어늬메 [대] '어디'의 평북 방언(《평북방언사전》). 일정하게 정해져 있지 아니하거나 꼭 집어 댈 수 없는 곳을 가리키는 지시대명사.

〔《평북방언사전》에 '어느메', '어니메', '어디메'가 '어디'의 평북 방언으로 등재되어 있다.〕

❖ 날기멍석을 져간다는 닭보는 할미를 차 굴린다는 〔…〕 언제나 니차떡에 청밀에 은금보화가 그득하다는 외발 가진 조마구 뒷산山 어늬메도 조마구네 나라가 있어서 〔…〕 〈**고야古夜**〉

어니메 [대] '어디'의 평북 방언. 일정하게 정해져 있지 아니하거나 꼭 집어 댈 수 없는 곳을 가리키는 지시대명사.

❖ 이 무서운 밤을 아래 웃방성 마을 돌아다니는 사람은 있어 개는 짖는다//낮배 어니메 치코에 꿩이라도 걸려서 산山 너머 국숫집에 국수를 받으려 가는 사람이 있어도 개는 짖는다 〈**개**〉 ❖ 나는 어니 외진 산山길에서 만난 새악시가 곱기도 하든 것과/어니메 강江물 속에 들여다뵈이든 쏘가리가 한 자나 되게 크든 것을 생각하며/산山비에 젖었다는 말렸다 하며 오는 길이다 〈**구장로球場路—서행시초西行詩抄 1**〉

어데 [부] '어디에'의 준말. 또는 '어디'의 방언. 일정하게 정해져 있지 아니하거나 꼭 집어 댈 수 없는 곳을 가리키는 지시대명사.

❖ 잠자리 조을든 문허진 성城터/반딧불이 난다 파란 혼魂들 같다/어데서 말 있는 듯이 크다란 산山새 한 마리 어두운 골짜기로 난다 〈**정주성定州城**〉 ❖ 아카시아들이 언제 흰 두레방석을 깔었나/어데서 물쿤 개비린내가 온다 〈**비**〉 ❖ 행길에는 선장 대여가는 장꾼들의 종이등燈에 나귀눈이 빛났다/어데서 서러웁게 목탁木鐸을 뚜드리

는 집이 있다 〈**미명계**未明界〉 ❖ 이렇게 해서 아린 가슴이 싹기도 전이다/어데서 좁쌀 알만 한 알에서 가제 깨인 듯한 발이 채 서지도 못한 무척 적은 새끼거미가 이번엔 큰거미 없어진 곳으로 와서 아물거린다 〈**수라**修羅〉 ❖ 한 십리十里 더 가면 절간이 있을 듯한 마을이다 〔…〕 밭머리에도 복사꽃 피였다 새악시도 피였다 새악시 복사꽃이다 복사꽃 새악시다 어데서 송아지 매— 하고 운다 골갯논드렁에서 미나리 밟고 서서 운다 복사나무 아래 가 흙장난하며 놀지 왜 우노 자개밭둑에 엄지 어데 안 가고 누웠다 〈**황일**黃日〉 ❖ 밖에는 어데서 물새가 우는데/토방에선 햇콩두부가 고요히 숨이 들어갔다 〈**추야일경**秋夜一景〉 ❖ 눈은 푹푹 나리고/아름다운 나타샤는 나를 사랑하고/어데서 흰 당나귀도 오늘밤이 좋아서 응앙응앙 울을 것이다 〈**나와 나타샤와 흰 당나귀**〉 ❖ 의원醫員은 여래如來 같은 상을 하고 관공關公의 수염을 드리워서/먼 녯적 어늬 나라 신선 같은데/새끼손톱 길게 돋은 손을 내어/묵묵하니 한참 맥을 짚드니/문득 물어 고향故鄕이 어데냐 한다 〈**고향**故鄕〉 ❖ 캄캄한 비 속에/새빨간 달이 뜨고/하이얀 꽃이 퓌고/먼바루 개가 짖는 밤은/어데서 물외 내음새 나는 밤이다//캄캄한 비 속에/새빨간 달이 뜨고/하이얀 꽃이 퓌고/먼바루 개가 짖고/어데서 물외 내음새 나는 밤은 〈**야우소회**夜雨小懷**—물닭의 소리**〉

어디메 **대** '어디'의 평북 방언(《평북방언사전》). 일정하게 정해져 있지 아니하거나 꼭 집어 댈 수 없는 곳을 가리키는 지시대명사.

〔《평북방언사전》에 '어느메', '어니메', '어디메'가 '어디'의 평북 방언으로 등재되어 있다.〕

❖ 자성慈城은 예서 삼백오십리三百五十里 묘향산妙香山 백오십리百五十里/묘향산妙香山 어디메서 삼촌이 산다고 한다 〈**팔원**八院**—서행시초**西行詩抄 **3**〉

언제③ **대** (의문문에 쓰여) 잘 모르는 때를 가리키는 지시대명사.

❖ 긴 토시 끼고 큰머리 얹고 오불고불 넘엣거리로 가는 여인女人은 평안도平安道서 오신 듯한데 동백冬柏꽃 피는 철이 그 언제요 〈**통영**統營**(남행시초**南行詩抄**)**〉

여기 **대** 말하는 이에게 가까운 곳을 가리키는 지시대명사.

❖ 또 여기 더운물에 뛰어들며/무슨 물새처럼 악악 소리를 지르는 삐삐 파리한 사람은 〈**조당**澡塘**에서**〉 ❖ 저기는 그늘 그늘 여기는 챙챙—/저기는 그늘 그늘 여기는 챙챙— 〈**황일**黃日〉

예서 **대** '여기서'가 줄어든 말. '여기'는 말하는 이에게 가까운 곳을 가리키는 지시대명사.

❖ 제삿날이면 귀머거리 할아버지가 예서 왕밤을 밝고 싸리꼬치에 두부산적을 께

었다 〈**고방**〉 ❖ 자성慈城은 예서 삼백오십리三百五十里 묘향산妙香山 백오십리百五十里/ 묘향산妙香山 어디메서 삼촌이 산다고 한다 〈**팔원**八院**—서행시초**西行詩抄 **3**〉

이② 대 바로 앞에서 이야기한 대상을 가리키는 지시대명사.

❖ 무슨 물새처럼 악악 소리를 지르는 삐삐 파리한 사람은/양자楊子라는 사람은 아모래도 이와 같었을 것만 같다 〈**조당**澡塘**에서**〉

이것 대 ① 말하는 이에게 가까이 있거나 말하는 이가 생각하고 있는 사물을 가리키는 지시대명사. ② 바로 앞에서 이야기한 대상을 가리키는 지시대명사.

❖ 이것의 엄마와 누나나 형이 가까이 이것의 걱정을 하며 있다가 쉬이 만나기나 했으면 좋으련만 하고 슬퍼한다 〈**수라**修羅〉 ❖ 참으로 철없고 어리석고 게으른 마음이나/이것은 또 참으로 밝고 그윽하고 깊고 무거운 마음이라 〈**수박씨, 호박씨**〉 ❖ 마을을 구수한 즐거움에 싸서 은근하니 흥성흥성 들뜨게 하며/이것은 오는 것이다/이것은 어늬 양지귀 혹은 능달쪽 외따른 산 녚은댕이 예데가리밭에서/ 〔…〕 /이것은 아득한 녯날 한가하고 즐겁든 세월로부터/ 〔…〕 /이것은 그 곰의 잔등에 업혀서 길여났다는 먼 녯적 큰마니가/ 〔…〕 /그리고 담배 내음새 탄수 내음새 또 수육을 삶는 육수국 내음새 자욱한 더북한 샛방 쩔쩔 끓는 아르굳을 좋아하는 이것은 무엇인가 〈**국수**〉 ❖ 그런데 이것은 또 어인 일인가/이 흰 바람벽에/내 가난한 늙은 어머니가 있다 〈**흰 바람벽이 있어**〉 ❖ 그리고 길쭛한 다리에 모두 민숭민숭하니 다리털이 없는 것이/이것이 나는 왜 자꼬 슬퍼지는 것일까 〈**조당**澡塘**에서**〉 ❖ 아모려나 이것은 넷투의 쓸쓸한 마음이다 〈**두보**杜甫**나 이백**李白**같이**〉 ❖ 딜옹배기에 북덕불이라도 담겨 오면,/이것을 안고 손을 쬐며 재 우에 뜻없이 글자를 쓰기도 하며,/ 〔…〕 /이때 나는 내 뜻이며 힘으로, 나를 이끌어 가는 것이 힘든 일인 것을 생각하고,/이것들보다 더 크고, 높은 것이 있어서, 나를 마음대로 굴려 가는 것을 생각하는 것인데, 〈**남신의주 유동 박시봉방**南新義州柳洞朴時逢方〉

4 지시관형사

그② 관 ① 앞에서 이미 이야기한 대상을 가리킬 때 쓰는 말. ② 확실하지 아니하거나 밝히고 싶지 아니한 일을 가리킬 때 쓰는 말.

❖ 부엌에는 빨갛게 질들은 팔八모알상이 그 상 우엔 새파란 싸리를 그린 눈알만한 잔盞이 뵈였다 〈**주막**酒幕〉 ❖ 천 년 동안만 밤마다 흙에 물을 주면 그 흙이 지렝이

가 되었습니다/장마 지면 비와 같이 하늘에서 나려왔습니다 **〈나와 지렝이〉** ❖ 컴컴한 부엌에서는 늙은 홀아비의 시아부지가 미역국을 끓인다/그 마을의 외따른 집에서도 산국을 끓인다 **〈적경**寂境**〉** ❖ 긴 토시 끼고 큰머리 얹고 오불고불 넘엣거리로 가는 여인女人은 평안도平安道서 오신 듯한데 동백冬柏꽃 피는 철이 그 언제요 **〈통영**統營**(남행시초**南行詩抄**)〉** ❖ 까알까알 하는 너이들의 즐거운 말소리가 나면/나는 내 마을 그 아는 사람들의 지껄지껄하는 말소리같이 반가웁고나/ 〔…〕 //나를 생각하든 그 무당의 딸은 내 어린 누이에게/오리야 너를 한 쌍 주드니 **〈오리〉** ❖ 흰밥과 가재미와 나는/우리들은 그 무슨 이야기라도 다 할 것 같다 **〈선우사**膳友辭**—함주시초**咸州詩抄**〉** ❖ 이 산山골에 들어와서 이 목침木枕들에 새까마니 때를 올리고 간 사람들을 생각한다/그 사람들의 얼골과 생업生業과 마음들을 생각해본다 **〈산숙**山宿**—산중음**山中吟**〉** ❖ 밤이면 캥캥 여우가 우는 산山도 자작나무다/그 맛있는 모밀국수를 삶는 장작도 자작나무다 **〈백화**白樺**—산중음**山中吟**〉** ❖ 개발코를 하였다 안장코를 하였다 질병코를 하였다/그 코에 모두 학실을 썼다/돌체돋보기다 대모체돋보기다 로이도돋보기다 **〈석양**夕陽**〉** ❖ 또 내가 아는 그 몸이 성하고 돈도 있는 사람들이/즐거이 술을 먹으려 단닐 것과/내 손에는 신간서新刊書 하나도 없는 것과/그리고 그 〈아서라 세상사世上事〉라도 들을/류성기도 없는 것을 생각한다 **〈내가 생각하는 것은〉** ❖ 내가 엄매등에 업혀가서 상사말같이 항약에 야기를 쓰면 한창 퓌는 함박꽃을 밑가지채 꺾어주고 종대에 달린 제물배도 가지채 쪄주고 그리고 그 애끼는 게사니알도 두 손에 쥐어주곤 하는데 **〈넘언집 범 같은 노큰마니〉** ❖ 이젠 배도 출출히 고팠는데/어서 그 옹기장사가 온다는 거리로 들어가면 무엇보다도 몬저 '주류판매업酒類販賣業'이라고 써붙인 집으로 들어가자//그 뜨수한 구들에서/따끈한 삼십오도三十五度 소주燒酒나 한잔 마시고/그리고 그 시래깃국에 소피를 넣고 두부를 두고 끓인 구수한 술국을 트근히 멫 사발이고 왕사발로 멫 사발이고 먹자 **〈구장로**球場路**—서행시초**西行詩抄 **1〉** ❖ 오두미五斗米를 버리고 버드나무 아래로 돌아온 사람도/그 녚차개에 수박씨 닦은 것은 호박씨 닦은 것은 있었을 것이다/나물 먹고 물 마시고 팔벼개하고 누웠든 사람도/그 머리맡에 수박씨 닦은 것은 호박씨 닦은 것은 있었을 것이다 **〈수박씨, 호박씨〉** ❖ 그 맑고 거륵한 눈물의 나라에서 온 사람이여/그 따사하고 살틀한 볕살의 나라에서 온 사람이여// 〔…〕 //눈물의 또 볕살의 나라 사람이여/당신이 그 긴 허리를 굽히고 뒤짐을 지고 지치운 다리로/싸움과 흥정으로 왁자지껄하는 거리를 지날 때든가/ 〔…〕 /당신의 그 고요한 가슴 안에 온순한 눈가에/당신네 나라의 맑은 한울이 떠오를 것이고/당신의 그 푸른 이마에 삐여진 어깻죽지에/당신네 나라의 따사한 바람결이 스치고 갈 것이다// […] /그리고 이 하늘 아래 바람결 속에 퍼진/그 풍속은 인정은 그리고 그 말은 얼마나 좋고 아름다울 것인가// […] /아모것도 모르는 듯이 어드근한 방안에 굴어 게으르는 것을 좋아하는 그 풍속을/사랑하는 어린것에게 엿 한 가락을 아끼고 위하는 안해에겐 해진 옷을 입히면서도/마음이 가난한 낯설은 사람에게 수백 냥 돈을 거저 주는 그 인정을 그리고 또 그 말을/사람은 모든 것을 다 잃어버리고 넋 하나를 얻는다는 크나큰 그 말을//그 멀은 눈물의 또 볕살의 나라에서/이 세상에 나들이를 온 사람이여 **〈허준**許俊**〉** ❖ 이러한 시인詩人이 누구인 것을 세상은 몰라도 좋으나/그러나/그 이름이 강소천姜小泉인 것을 송아지와 꿀벌은 알을 것이다 **《《호박꽃 초롱》 서시**序詩**〉** ❖ 눈구덩이에 토끼가 더러 빠지기도 하면/마을에는 그 무슨 반가운 것이 오는가보다/ […] /아배 앞에 그 어린 아들 앞에 아배 앞에는 왕사발에 아들 앞에는 새끼사발에 그득히 사리워 오는 것이다/이것은 그 곰의 잔등에 업혀서 길여났다는 먼 녯적 큰마니가/또 그 짚등색이에 서서 자채기를 하면 산 넘엣 마을까지 들렸다는/먼 녯적 큰아바지가 오는 것같이 오는 것이다 **〈국수〉** ❖ 어린아이들치고는 너무나 큰 소리로 너무나 튀겁 많은 소리로 울어대는데/너만은 타고난 그 외마디소리로 스스로웁게 삼가면서 우는구나 **〈촌에서 온 아이〉** ❖ 그런데 참으로 그 은殷이며 상商이며 월越이며 위衛며 진晉이며 하는 나라 사람들의 이 후손들은 얼마나 마음이 한가하고 게으른가/ […] /제 배꼽을 들여다보거나 남의 낯을 쳐다보거나 하는 것인데/이러면서 그 무슨 제비의 춤이라는 연소탕燕巢湯이 맛도 있는 것과/또 어늬바루 새악시가 곱기도 한 것 같은 것을 생각하는 것일 것인데/나는 이렇게 한가하고 게으르고 그러면서 목숨이라든가 인생人生이라든가 하는 것을 정말 사랑할 줄 아는/그 오래고 깊은 마음들이 참으로 좋고 우러러진다 **〈조당**澡塘**에서〉** ❖ 녯날 그 두보杜甫나 이백李白 같은 이 나라의 시인詩人도/이날 이렇게 마른물고기 한 토막으로 외로이 쓸쓸한 생각을 한 적도 있었을 것이다/ […] /나는 이제 어늬 먼 외진 거리에 한고향 사람의 조고마한 가업집이 있는 것을 생각하고/이 집에 가서 그 맛스러운 떡국이라도 한 그릇 사먹으리라 한다/우리네 조상들이 먼먼 녯날로부터 대대로 이날엔 으레히 그러하며 오듯이/먼 타관에 난 그 두보杜甫나 이백李白 같은 이 나라의 시인詩人도/이날은 그 어늬 한고향 사람의 주막이나 반관飯館을 찾어가서/그 조상들이 대대로 하든 본대로 원소元宵라는 떡을 입에 대며 **〈두보**杜甫**나 이백**李白**같이〉** ❖ 그래도 그 쉬영꽃 진달래 빨가니 핀 꽃바위 너머 **〈산**山**〉** ❖ 어니 먼 산 뒷옆에 바우 섶에 따로 외로이 서서,/어두워 오는데 하이야니 눈을 맞을, 그 마른 잎새에는,/쌀랑쌀랑 소리도 나며 눈을 맞을,/그 드물다는 굳고 정한 갈매나무라는 나무를 생각하는 것이었다. 〈**남신의주 유동 박시봉방**南新義州柳洞朴時逢方〉

무슨 관 사물을 특별히 정하여 지목하지 않고 이를 때 쓰는 말.

❖ 흰밥과 가재미와 나는/우리들은 그 무슨 이야기라도 다 할 것 같다 〈**선우사**膳友辭**—함주시초**咸州詩抄〉 ❖ 추운 거리의 그도 추운 능당 쪽을 걸어가며/내 마음은 우쭐댄다 그 무슨 기쁨에 우쭐댄다 〈**가무래기의 낙**樂〉 ❖ 나는 가슴이 이 무슨 흥에 벅차오며/이 봄에는 이 밭에 감자 강냉이 수박에 오이며 당콩에 마늘과 파도 심그리라 생각한다 〈**귀농**歸農〉 ❖ 눈구덩이에 토끼가 더러 빠지기도 하면/마을에는 그 무슨 반가운 것이 오는가보다 〈**국수**〉 ❖ 이렇게 추운데 웃동에 무슨 두룽이 같은 것을 하나 걸치고 아랫두리는 쪽 발가벗은 아이여/ 〔…〕 /분명코 무슨 거즛되고 쓸데없는 것에 놀라서/그것이 네 맑고 참된 마음에 분해서 우는구나 〈**촌에서 온 아이**〉 ❖ 나는 지나支那나라 사람들과 같이 목욕을 한다/무슨 은殷이며 상商이며 월越이며 하는 나라 사람들의 후손들과 같이/ 〔…〕 /또 여기 더운물에 뛰어들며/무슨 물새처럼 악악 소리를 지르는 삐삐 파리한 사람은/양자楊子라는 사람은 아모래도 이와 같었을 것만 같다/ 〔…〕 /제 배꼽을 들여다보거나 남의 낯을 쳐다보거나 하는 것인데/이러면서 그 무슨 제비의 춤이라는 연소탕燕巢湯이 맛도 있는 것과 〈**조당**澡塘**에서**〉

아모 관 '아무'의 옛말. 아무런. (주로 뒤에 오는 '않다', '없다', '못하다' 따위의 부정적인 말과 함께 쓰여) '전혀 어떠한'의 뜻을 나타내는 말.

❖ 거미새끼 하나 방바닥에 나린 것을 나는 아모 생각 없이 문밖으로 쓸어버린다/차디찬 밤이다 〈**수라**修羅〉 ❖ 나는 그때/아모 이기지 못할 슬픔도 시름도 없이/다만 게을리 먼 앞대로 떠나 나왔다 〈**북방**北方**에서—정현웅**鄭玄雄**에게**〉

어느 관 정확히 모르거나 분명하게 말할 필요가 없는 대상을 이를 때 쓰는 말(《고려대한국어대사전》).

❖ 텅 비인 차車 안 한구석에서 어느 한 사람도 눈을 씻는다 〈**팔원**八院〉 ❖ 어느 사이에 나는 아내도 없고, 또,/아내와 같이 살던 집도 없어지고,/그리고 살뜰한 부모며 동생들과도 멀리 떨어져서,/그 어느 바람 세인 쓸쓸한 거리 끝에 헤매이었다./ 〔…〕 /나는 어느 목수木手네 집 헌 삿을 깐,/한 방에 들어서 쥔을 붙이었다. 〈**남신의주 유동 박시봉방**南新義州柳洞朴時逢方〉

어늬 관 '어느'의 고어. 정확히 모르거나 분명하게 말할 필요가 없는 대상을 이를 때 쓰는 말(《고려대한국어대사전》).

❖ 이 천희千姬의 하나를 나는 어늬 오랜 객줏客主집의 생선 가시가 있는 마루방에

서 만났다 〈**통영**統營〉 ❖ 아배는 타관 가서 오지 않고 산山비탈 외따른 집에 엄매와 나와 단둘이서 누가 죽이는 듯이 무서운 밤 집 뒤로는 어늬 산山골짜기에서 소를 잡어먹는 노나리꾼들이 도적놈들같이 쿵쿵거리며 다닌다 〈**고야**古夜〉 ❖ 평안도平安道의 어늬 산山 깊은 금덤판/나는 파리한 여인女人에게서 옥수수를 샀다 〈**여승**女僧〉 ❖ 수양산首陽山의 어늬 오래된 절에서 칠십七十이 넘은 로장은 이런 이야기를 하며 치맛자락의 산山나물을 추었다 〈**절간의 소 이야기**〉 ❖ 볏짚같이 누우란 사람들이 둘러서서/어늬 눈 오신 날 눈을 츠고 생긴 듯한 말다툼 소리도 누우라니 〈**삼천포**三千浦**—남행시초**南行詩抄 **4**〉 ❖ 닭을 잡고 모밀국수를 누른다고 한다/어늬 산山옆에선 캥캥 여우가 운다 〈**야반**夜半**—산중음**山中吟〉 ❖ 나는 북관北關에 혼자 앓어 누워서/어늬 아츰 의원醫員을 뵈이었다/의원醫員은 여래如來 같은 상을 하고 관공關公의 수염을 드리워서/먼 넷적 어늬 나라 신선 같은데 〈**고향**故鄕〉 ❖ 어늬 아츰 계집은/머리에 무거운 동이를 이고 〈**절망**絶望〉 ❖ 이렇게 젊은 나이로 코밑수염도 길러보는 탓이고 그리고 어늬 가난한 집 부엌으로 달재 생선을 진장에 꼿꼿이 지진 것은 맛도 있다는 말이 자꼬 들려오는 탓이다 〈**내가 이렇게 외면하고**〉 ❖ 우리 엄매가 나를 가지는 때 이 노큰마니는 어늬 밤 크나큰 범이 한 마리 우리 선산으로 들어오는 꿈을 꾼 것을 우리 엄매가 서울서 시집을 온 것을 그리고 무엇보다도 내가 이 노큰마니의 당조카의 맏손자로 난 것을 다견하니 알뜰하니 기꺼이 녀기는 것이었다 〈**넘언집 범 같은 노큰마니**〉 ❖ 이것은 어늬 양지귀 혹은 능달쪽 외따른 산 녚은댕이 예데가리밭에서/하로밤 뽀오햔 흰 김 속에 접시귀 소기름불이 뿌우현 부엌에 〈**국수**〉 ❖ 내 사랑하는 어여쁜 사람이/어늬 먼 앞대 조용한 개포가의 나즈막한 집에서/ 〔…〕 /그런데 또 이즈막하야 어늬 사이엔가/이 흰 바람벽엔 〈**흰 바람벽이 있어**〉 ❖ 나는 이제 어늬 먼 외진 거리에 한고향 사람의 조고마한 가업집이 있는 것을 생각하고 이 집에 가서 그 맛스러운 떡국이라도 한 그릇 사먹으리라 한다/ 〔…〕 /이날은 그 어늬 한고향 사람의 주막이나 반관飯館을 찾어가서/그 조상들이 대대로 하든 본대로 원소元宵라는 떡을 입에 대며 〈**두보**杜甫**나 이백**李白**같이**〉

어니㉾ '어느'의 평안 방언. 정확히 모르거나 분명하게 말할 필요가 없는 대상을 이를 때 쓰는 말(《고려대한국어대사전》).

❖ 뜨락에 잡곡난가리가 쌓여서/어니 세월에 뷔일 듯한 집은 뵈이지 않었다 〈**산곡**山谷**—함주시초**咸州詩抄〉 ❖ 나는 어니 외진 산山길에서 만난 새악시가 곱기도 하든 것과/어니메 강江물 속에 들여다뵈이든 쏘가리가 한 자나 되게 크든 것을 생각하며 〈**구장로**球場路**—서행시초**西行詩抄 **1**〉 ❖ '자시동북팔십천희천自是東北八○杆熙川'의 푯標말

이 선 곳/돌능와집에 소달구지에 싸리신에 옛날이 사는 장거리에/어니 근방 산천山川에서 덜거기 껙껙 검방지게 운다 **〈월림**月林**장—서행시초**西行詩抄 **4〉** ❖ 나는 이런 저녁에는 화로를 더욱 다가 끼며, 무릎을 꿇어 보며,/어니 먼 산 뒷옆에 바우 섶에 따로 외로이 서서, **〈남신의주 유동 박시봉방**南新義州柳洞朴時逢方**〉**

여늬관 여느. 다른 보통의.

❖ 지붕에 마당에 우물든덩에 함박눈이 푹푹 쌓이는 여늬 하로밤 **〈국수〉**

이③관 ① 말하는 이에게 가까이 있거나 말하는 이가 생각하고 있는 대상을 가리킬 때 쓰는 말. ② 바로 앞에서 이야기한 대상을 가리킬 때 쓰는 말.

❖ 이 그득히들 할머니 할아버지가 있는 안간에들 모여서 방안에서는 새옷의 내음새가 나고 **〈여우난골족**族**〉** ❖ 이 천희千姬의 하나를 나는 어늬 오랜 객줏客主집의 생선 가시가 있는 마루방에서 만났다 **〈통영**統營**〉** ❖ 선달에 냅일날이 들어서 냅일날 밤에 눈이 오면 이 밤엔 쌔하얀 할미귀신의 눈귀신도 냅일눈을 받노라 못 난다는 말을 든든히 녀기며 엄매와 나는 앙궁 우에 떡돌 우에 곱새담 우에 함지에 버치며 대냥푼을 놓고 치성이나 드리듯이 정한 마음으로 냅일눈 약눈을 받는다/이 눈세기물을 냅일물이라고 제주병에 진상항아리에 채워두고는 해를 묵여가며 고뿔이 와도 배앓이를 해도 갑피기를 앓어도 먹을 물이다 **〈고야**古夜**〉** ❖ 순례巡禮중이 산山을 올라간다/어젯밤은 이 산山 절에 재齋가 들었다 **〈추일산조**秋日山朝**〉** ❖ 내 손에 오르기라도 하라고 나는 손을 내어미나 분명히 울고불고할 이 작은 것은 나를 무서우이 달아나버리며 나를 서럽게 한다/나는 이 작은 것을 고이 보드러운 종이에 받어 또 문밖으로 버리며 **〈수라**修羅**〉** ❖ 녯 장수 모신 낡은 사당의 돌층계에 주저앉어서 나는 이 저녁 울 듯 울 듯 한산도閑山島 바다에 뱃사공이 되여가며 **〈통영**統營**(남행시초**南行詩抄**)〉** ❖ 나는 두 손으로 고이 약그릇을 들고 이 약을 내인 녯사람들을 생각하노라면/내 마음은 끝없이 고요하고 또 맑어진다 **〈탕약**湯藥**〉** ❖ 명태明太창난젓에 고추무거리에 막칼질한 무이를 뷔벼 익힌 것을/이 투박한 북관北關을 한없이 끼밀고 있노라면/쓸쓸하니 무릎은 꿇어진다//시큼한 배척한 퀴퀴한 이 내음새 속에/나는 가느슥히 여진女眞의 살내음새를 맡는다//얼근한 비릿한 구릿한 이 맛 속에선/까마득히 신라新羅백성의 향수鄕愁도 맛본다 **〈북관**北關**—함주시초**咸州詩抄**〉** ❖ 기장감주에 기장차떡이 흔한데다/이 거리에 산골사람이 노루새끼를 다리고 왔다 **〈노루—함주시초**咸州詩抄**〉** ❖ 부뚜막이 두 길이다/이 부뚜막에 놓인 사닥다리로 자박수염 난 공양주는 성궁미를 지고 오른다// […] //화라지송침이 단채로 들어간다는 아궁지/이 험상궂은 아궁지도 조앙님은 무서운가보다 **〈고사**古寺**—함주시초**咸州詩抄**〉** ❖ 나

는 이 골짝에서 한겨울을 날려고 집을 한 채 구하였다// 〔…〕 //골이 다한 산대 밑에 자그마한 돌능와집이 한 채 있어서/이 집 남길동 단 안주인은 겨울이면 집을 내고/ 〔…〕 //낮 기울은 날을 햇볕 장글장글한 툇마루에 걸어앉어서/지난 여름 도락구를 타고 장진長津땅에 가서 꿀을 치고 돌아왔다는 이 벌들을 바라보며 나는/날이 어서 추워져서 쑥국화꽃도 시들고 이 바즈런한 백성들도 다 제 집으로 들은 뒤에 이 골안으로 올 것을 생각하였다 **〈산곡山谷—함주시초咸州詩抄〉** ❖ 물밑—이 세모래 닌함박은 콩조개만 일다 **〈물계리物界里—물닭의 소리〉** ❖ 이 산山골에 들어와서 이 목침木枕들에 새까마니 때를 올리고 간 사람들을 생각한다 **〈산숙山宿—산중음山中吟〉** ❖ 산山 너머는 평안도平安道 땅도 뵈인다는 이 산山골은 온통 자작나무다 **〈백화白樺—산중음山中吟〉** ❖ 이 무서운 밤을 아래 웃방성 마을 돌아다니는 사람은 있어 개는 짖는다 **〈개〉** ❖ 어쩐지 이 사람들과 친하니 싸단니고 싶은 밤이다 **〈내가 생각하는 것은〉** ❖ 이 길이다/얼마 가서 감로甘露 같은 물이 솟는 마을 하이얀 회담벽에 옛적본의 장반시계를 걸어놓은 집 홀어미와 사는 물새 같은 외딸의 혼삿말이 아즈랑이같이 낀 곳은 **〈남향南鄕—물닭의 소리〉** ❖ 이 추운 세상의 한구석에/맑고 가난한 친구가 하나 있어서/ 〔…〕 /그즈런히 손깍지벼개하고 누워서/이 못된 놈의 세상을 크게 크게 욕할 것이다 **〈가무래기의 낙樂〉** ❖ 일가들이 모두 범같이 무서워하는 이 노큰마니는 구덕살이같이 욱실욱실하는 손자 증손자를 방구석에 들매나무 회채리를 단으로 쪄다두고 따리고 싸리갱이에 갓진창을 매여놓고 따리는데//우리 엄매가 나를 가지는 때 이 노큰마니는 어늬 밤 크나큰 범이 한 마리 우리 선산으로 들어오는 꿈을 꾼 것을 우리 엄매가 서울서 시집을 온 것을 그리고 무엇보다도 내가 이 노큰마니의 당조카의 맏손자로 난 것을 다견하니 알뜰하니 기꺼이 녀기는 것이었다 **〈넘언집 범 같은 노큰마니〉** ❖ 고원선高原線 종점終點인 이 적은 정거장停車場엔/그렇게도 우쭐대며 달가불시며 뛰어오던 뽕뽕차車가/가이없이 쓸쓸하니도 우두머니 서 있다 **〈함남도안咸南道安〉** ❖ 나는 이 털도 안 뽑은 도야지고기를 물꾸러미 바라보며 **〈북신北新—서행시초西行詩抄 2〉** ❖ 이 마음 안에 아득하니 오랜 세월이 아득하니 오랜 지혜가 또 아득하니 오랜 인정人情이 깃들인 것이다/태산泰山의 구름도 황하黃河의 물도 옛 님군의 땅과 나무의 덕도 이 마음 안에 아득하니 뵈이는 것이다//이 적고 가부엽고 갤족한 희고 까만 씨가 **〈수박씨, 호박씨〉** ❖ 눈물의 또 별살의 나라에서 당신은/이 세상에 나들이를 온 것이다/ 〔…〕 /그리고 이 하늘 아래 바람결 속에 퍼진/그 풍속은 인정은 그리고 그 말은 얼마나 좋고 아름다울 것인가// 〔…〕 /그 멀은 눈물의 또 별살의 나라에서/이 세상에 나들이를 온 사람이여/이 목이 긴 시인詩人이 또 게사니처럼 떠곤다고 **<허준許俊>** ❖ 나는 가슴이 이 무슨 흥에 벅차오며/이 봄에는 이 밭에 감자 강냉이 수박에 오이며 당콩에 마눌과 파도 심그리라 생각한다 **<귀농歸農>** ❖ 대대로 나며 죽으며 죽으며 나며 하는 이 마을 사람들의 으젓한 마음을 지나서 텁텁한 꿈을 지나서/ 〔…〕 //아, 이 반가운 것은 무엇인가/이 히수무레하고 부드럽고 수수하고 슴슴한 것은 무엇인가/ 〔…〕 //이 조용한 마을과 이 마을의 으젓한 사람들과 살틀하니 친한 것은 무엇인가/이 그지없이 고담枯淡하고 소박素朴한 것은 무엇인가 **<국수>** ❖ 오늘 저녁 이 좁다란 방의 흰 바람벽에/어쩐지 쓸쓸한 것만이 오고 간다/ 〔…〕 /그런데 이것은 또 어인 일인가/이 흰 바람벽에/내 가난한 늙은 어머니가 있다/ 〔…〕 /이 흰 바람벽엔/내 쓸쓸한 얼골을 쳐다보며/ 〔…〕 /—나는 이 세상에서 가난하고 외롭고 높고 쓸쓸하니 살어가도록 태어났다/그리고 이 세상을 살어가는데/ 〔…〕 /—하눌이 이 세상을 내일 적에 그가 가장 귀해하고 사랑하는 것들은 모두/가난하고 외롭고 높고 쓸쓸하니 그리고 언제나 넘치는 사랑과 슬픔 속에 살도록 만드신 것이다 **<흰 바람벽이 있어>** ❖ 이 집에 있는 다른 많은 아이들이/모도들 욕심 사납게 지게굳게 일부러 청을 돋혀서 **<촌에서 온 아이>** ❖ 이 딴 나라 사람들이 모두 니마들이 번번하니 넓고 눈은 컴컴하니 흐리고/그리고 길즛한 다리에 모두 민숭민숭하니 다리털이 없는 것이/ 〔…〕 /그런데 참으로 그 은殷이며 상商이며 월越이며 위衛며 진晉이며 하는 나라 사람들의 이 후손들은/얼마나 마음이 한가하고 게으른가 **<조당澡塘에서>** ❖ 녯날 두보杜甫나 이백李白 같은 이 나라의 시인詩人도/먼 타관에 나서 이날을 맞은 일이 있었을 것이다/ 〔…〕 /녯날 그 두보杜甫나 이백李白 같은 이 나라의 시인詩人도/ 〔…〕 /이 집에 가서 그 맛스러운 떡국이라도 한 그릇 사먹으리라 한다/우리네 조상들이 먼먼 녯날로부터 대대로 이날엔 으레히 그러하며 오듯이/먼 타관에 난 그 두보杜甫나 이백李白 같은 이 나라의 시인詩人도/ 〔…〕 /그러면서 이 마음이 맑은 녯 시인詩人들은/먼 훗날 그들의 먼 훗자손들도 그들의 본을 따서 이날에는 원소元宵를 먹을 것을/외로이 타관에 나서도 이 원소元宵를 먹을 것을 생각하며/그들이 아득하니 슬펐을 듯이/나도 떡국을 놓고 아득하니 슬플 것이로다/아, 이 정월正月 대보름 명절인데/거리에는 오독독이 탕탕 터지고 호궁胡弓 소리 삘뻘 높아서/내 쓸쓸한 마음엔 자꼬 이 나라의 녯 시인詩人들이 그들의 쓸쓸한 마음들이 생각난다 **<두보杜甫나 이백李白같이>** ❖ 나는 이 마을에 태어나기가 잘못이다/마을은 맨천 구신이 돼서 **<마을은 맨천 구신이 돼서>** ❖ 이리하여 나는 이 습내 나는 춥고, 누긋한 방에서,/낮이나 밤이나 나는 나 혼자도 너무 많은 것같이 생각하며, **<남신의주 유동 박시봉방南新義州柳洞朴時逢方>**

이런㉮ 상태, 모양, 성질 따위가 이러한.

❖ 수양산首陽山의 어늬 오래된 절에서 칠십七十이 넘은 로장은 이런 이야기를 하며 치맛자락의 산山나물을 추었다 **〈절간의 소 이야기〉** ❖ 그리고 이번에는 나를 위로하는 듯이 나를 울력하는 듯이/눈질을 하며 주먹질을 하며 이런 글자들이 지나간다 **〈흰 바람벽이 있어〉** ❖ 더러 나줏손에 쌀랑쌀랑 싸락눈이 와서 문창을 치기도 하는 때도 있는데,/나는 이런 저녁에는 화로를 더욱 다가 끼며, 무릎을 꿇어 보며, **〈남신의주 유동 박시봉방**南新義州柳洞朴時逢方**〉**

저②㉮ 말하는 이와 듣는 이로부터 멀리 있는 대상을 가리킬 때 쓰는 말.

〔'저'는 관형사 외에 멀리 떨어져 있는 대상을 가리키는 지시대명사로도 쓰이나 백석 시에서는 관형사의 용법만 나타난다.〕

❖ 비애고지 비애고지는/제비야 네 말이다/저 건너 노루섬에 노루 없드란 말이지/신미두 삼각산엔 가무래기만 나드란 말이지 **〈대산동**大山洞**—물닭의 소리〉** ❖ 눈도 녹으며 술렁거리고 버들도 잎 트며 수선거리고/저 한쪽 마을에는 마돝에 닭 개 즘생도 들떠들고 **〈귀농**歸農**〉**

저기 대 말하는 이나 듣는 이로부터 멀리 있는 곳을 가리키는 지시대명사.

❖ 그런데 저기 나무판장에 반쯤 나가 누워서/나주볕을 한없이 바라보며 혼자 무엇을 즐기는 듯한 목이 긴 사람은 **〈조당**澡塘**에서〉** ❖ 저기는 그늘 그늘 여기는 챙챙―/저기는 그늘 그늘 여기는 챙챙― **〈황일**黃日**〉**

한③㉮ '어떤'의 뜻을 나타내는 말.

❖ 이렇게 한녀름을 보내면서 나는 하늑이는/물살에 나이금이 느는 꽃조개와 함께/허리도리가 굵어가는 한 사람을 연연해한다 **〈삼호**三湖**—물닭의 소리〉** ❖ 나는 어느 목수木手네 집 헌 삿을 깐,/한 방에 들어서 쥔을 붙이었다. **〈남신의주 유동 박시봉방**南新義州柳洞朴時逢方**〉**

제2부

백석 시어의 풀이 자모순 배열

ㄱ

가까웁다 형 가깝다. 어느 한 곳에서 다른 곳까지의 거리가 짧다. 658
가까이① 부 한 지점에서 거리가 조금 떨어져 있는 상태로. 658
가까이② 부 시간이 오래지 않아. 667
가깝다 형 어느 한 곳에서 다른 곳까지의 거리가 짧다. 658
가난이 명 간난이. 여자아이를 가리키는 것인데, 동시에 가난한 아이의 뜻이 덧붙여진 것으로 볼 수 있다. 74
가난하다 형 (사람이나 그 살림이) 넉넉하지 못하고 어렵다. 629
가느슥히 부 꽤 가느스름하게. 백석 시 〈북관北關—함주시초咸州詩抄〉에선 '희미하고 어렴풋이' 정도의 의미로 쓰이고 있다. 718
가늘다 형 긴 물체의 굵기나 너비가 보통에 미치지 못하고 얇거나 좁다. 637
가다① 동 ① 한 곳에서 다른 곳으로 장소를 이동하다. ② 지금 있는 곳에서 어떠한 목적을 가지고 다른 곳으로 옮기다. ③ 어떤 일을 하기 위하여 다른 곳으로 이동하다. ④ 어떤 대상이 다른 곳으로 이동하여 사라지다. 571
가다② 동 어떤 경로를 통하여 움직이다. 575
가다③ 동 ('시간' 따위와 함께 쓰여) 지나거나 흐르다. 667
가다④ 동 때나 얼룩이 잘 빠지다. 785
가다⑤ 동 (흔히 시집, 장가와 함께 쓰여) 결혼을 하여 남편을 맞거나 아내를 맞다. 633
가다⑥ 보조동 말하는 이, 또는 말하는 이가 정하는 어떤 기준점에서 멀어지면서 앞말이 뜻하는 행동이나 상태가 계속 진행됨을 나타내는 말. 779
가득 부 ① 감정이나 정서, 생각 따위가 많거나 강한 모양. ② 냄새나 빛 따위가 공간에 널리 퍼져 있는 상태. 643
가득하다 형 분량이나 수효 따위가 어떤 범위나 한도에 꽉 찬 상태에 있다. 644
가라앉다 동 흥분이나 아픔, 괴로움 따위가 수그러들거나 사라지다. 512
가락 명 (수량을 나타내는 말 뒤에 쓰여) 가늘고 길게 토막이 난 물건을 세는 단위. 367
가락닢 명 가랑잎. 활엽수의 마른 잎. 442

* 표제어 풀이 뒤의 숫자는 제1부 '백석 시어 분류별 풀이와 용례'의 해당 쪽을 가리킨다.

가랑가랑하다 형 눈에 눈물이 넘칠 듯이 가득 괴어 있다. 553

가르치다 동 '가리키다'의 평북 방언, 고어. 손가락 따위로 어떤 방향이나 대상을 집어서 보이거나 말하거나 알리다. 662

가마 명 예전에, 한 사람이 안에 타고 둘이나 넷이 들거나 메던, 조그만 집 모양의 탈것. 백석 시 〈여우난골족族〉에서는 전통 민속놀이의 하나를 나타내는 말로 쓰이고 있다. 381

가마귀 명 까마귀. 까마귓과의 새. 몸의 색깔은 광택이 있는 검은색이며 부리가 굵고 날카롭다. 나뭇가지에 둥지를 틀고 4~5개의 알을 낳는다. 448

가만히 부 움직이지 않거나 아무 말 없이. 733

가무락조개 명 백합과의 조개. 개펄의 진흙에 산다. 몸의 길이는 25밀리미터 정도이고 둥근 모양이며, 껍데기는 갈색이고 가장자리는 자색을 띤다. 식용하며 한국, 일본, 중국, 대만 등지에 분포한다. 가막조개, 가무라기, 모시조개, 재첩과 같은 말. 139, 458

가무래기 명 가무레기. 가무라기, 가무락조개. 139, 459

가부엽다 형 '가볍다'(무게가 적다)의 고어. 644

가부틀다 동 가부(가부좌)를 틀다. 오른발을 왼편 넓적다리 위에 놓은 다음 왼발을 오른편 넓적다리 위에 올려놓고 앉다. 556

가수내 명 지명으로 추정되는데, 현재까지 어디인지 확인되지 않는다. '가시내'의 방언일 수도 있다. 246

가슴① 명 가슴안. 목과 가로막 사이의 부분. 심장, 허파 등이 있다. 485

가슴② 명 마음이나 생각. 42

가슴가[가슴+가] 명 마음의 주변. 43

가시 명 ① 바늘처럼 뾰족하게 돋친 것. ② 물고기의 잔뼈. 485

가얌 명 '개암'의 방언(경기, 전남, 경상). 개암나무의 열매. 모양은 도토리 비슷하며 껍데기는 노르스름하고 속살은 젖빛이며 맛은 밤과 비슷하나 더 고소하다. 140

가업집 명 가압집. 국수나 떡, 엿 등을 전문으로 만드는 집. 342

가운데 명 ① 여럿으로 이루어진 일정한 범위의 안. ② 일정한 공간이나 길이를 갖는 사물에서, 한쪽으로 치우치지 않고 양 끝에서 거의 같은 거리가 떨어져 있는 부분. 231

가을밤 명 가을철의 밤. 314

가이없이 부 '가엾이' '불쌍하게' '딱하게'의 평북 방언. 512

가장 부 여럿 가운데 어느 것보다 정도가 높거나 세게. 652

가재미 명 '가자미'의 방언(함경, 강원, 충청, 전라, 경남). 몸이 납작하고 타원형에 가깝다.

두 눈은 오른쪽에 몰려 붙어 있으며 넙치보다 몸이 작다. 우리나라 최고最古의 식품 서인 허균의 《도문대작屠門大嚼》에 명태와 함께 함경도 지역의 특산물로 기록되어 있다. 말려서 많이 쓰는데 살이 희고 맛이 좋아서 굽거나 기름에 지져 먹고, 바닷가에서는 회를 쳐서 먹기도 한다. 140, 459

가정거장假停車場 명 임시로 만들어 놓은 정거장. 350

가제 부 '갓'(이제 막) '방금'의 평북 방언. 668

가즈랑고개 명 백석의 고향인 평북 정주에 있는 고개. 송준의 조사에 의하면 정주의 덕언면 내동과 백미동 사이에 '가주령 고개'가 있다고 한다. 이 조사에 따른다면 '가즈랑고개'는 '가주령 고개'를 가리킨다고 할 수 있다. 246

가즈랑집 명 백석의 고향인 평북 정주에 있는 집. 송준의 조사에 의하면 정주의 덕언면 내동과 백미동 사이에 '가주령 고개'가 있다고 한다. 이 조사에 따른다면 '가즈랑고개'는 이 '가주령 고개'를 가리키는 것이 된다. 백석 시 〈가즈랑집〉에서 '가즈랑집'은 이 고개 밑에 위치해 있다. 이 가즈랑집에 사는 할머니는 시에 '구신의 딸'로 묘사되어 무당임을 알 수 있다. '가즈랑집'은 곧 무당집인 셈이다. 175

가즈런히 부 가지런히. 층이 나지 않고 나란하거나 고르게. 685

가지① 명 가짓과의 한해살이풀. 높이는 60~100센티미터이며 전체에 털이 있고 잎은 어긋나게 자라며 달걀 모양이다. 6~9월에 흰색이나 엷은 자주색 따위의 통꽃이 핀다. 자주색 열매를 맺는데 이를 '가지'라 부르며 찬거리로 쓴다. 가지로는 보통 나물과 찜을 만들어 먹는다. 140, 425

가지② 명 나무나 풀의 원줄기에서 뻗어 나온 줄기. 442

가지가지 명 이런저런 여러 가지. 361

가지냉국 명 여린 가지를 쪄서 젓가락으로 찔러 가늘게 가르고 파, 마늘, 고춧가루, 간장, 식초 등으로 무친 다음 간을 맞춘 장국에 부어 만든 음식. 140

가지다① 동 손이나 몸 따위에 있게 하다. 745

가지다② 동 거느리거나 모시거나 두다. 745

가지다③ 동 아이나 새끼, 알을 배 속에 지니다. 600

가지채 명 가지째. 가지 그대로, 가지 전체. 443

가지취 명 취나물의 일종으로 '각시취'를 가리키는 것으로 짐작된다. 141, 426

가펴럽다 형 가파롭다. 땅이 비탈진 정도가 매우 심하다. 659

간밤 명 바로 어젯밤. '지난밤'과 같은 말. 314

간지럽다 형 무엇이 살에 닿아 가볍게 스칠 때처럼 견디기 어렵게 자리자리한 느낌이 있다. 724

간지롭다 형 간지럽다. 무엇이 살에 닿아 가볍게 스칠 때처럼 견디기 어렵게 자리자리

한 느낌이 있다. 724

갈대명 볏과의 여러해살이풀. 높이는 1~3미터이며, 잎은 길고 끝이 뾰족하다. 줄기는 단단하고 속이 비어 있다. 가을에 솜털이 많은 옅은 잿빛 꽃이 핀다. 줄기는 발, 삿자리 따위의 재료로 쓴다. 습지나 물가에서 자라며, 우리나라를 비롯하여 전 세계에 널리 분포한다. 426

갈매기명 ① 갈매깃과의 새를 통틀어 이르는 말. 괭이갈매기, 붉은부리갈매기, 재갈매기, 제비갈매기 등이 있다. ② 갈매깃과의 새. 몸은 길이 30~75센티미터 정도로 비둘기보다 좀 크고, 색깔은 대체로 흰데 등과 날개는 회색이며 부리와 다리는 노란색이다. 물갈퀴가 있어 헤엄을 잘 치고 물고기를 잡아먹는다. 해안, 항구에 사는데 북반구에 분포한다. 449

갈매나무명 갈매나뭇과의 낙엽 활엽 관목. 높이는 2~5미터이며, 나무껍질은 짙은 회색이고, 가지에 가시가 있다. 잎은 마주나고 톱니가 있으며, 5월에 연한 황록색의 꽃이 한두 송이씩 핀다. 갈매라 불리는 열매는 9~10월에 검은빛으로 익는데 약재로 쓰이고 나무껍질은 염료로 쓴다. 골짜기나 개울가에서 자라며 추위에 강하다. 전국의 산야와 아무르, 중국 등지에서 자란다. 431

갈바람명 '가을바람'(가을에 부는 선선하고 서늘한 바람)의 준말. 306

갈밭명 갈대가 우거진 곳. '갈대밭'과 같은 말. 292

갈부던명 갈보전. '갈보전'은 '삿자리'의 황해 방언. 갈대를 엮어서 만든 자리. 200

갈새명 개개비. 휘파람샛과의 새. 몸길이는 약 18.5센티미터 정도이다. 등은 옅은 갈색이고 배는 흰색이며 가슴 옆구리에서 겨드랑이까지는 다갈색을 띤다. 물가의 갈밭에 서식하며, 수면에서 1~2미터 높이의 갈대 줄기 사이에 둥지를 짓는다. 갈대나 풀밭 속에서 이삭 끝에 앉아 소란스럽게 지저귀는데 '개개개' 하는 소리를 낸다. 우리나라 전역에 흔히 번식하는 여름새이다. 449

갈지자字명 갈 '지之'라는 한 자. 한자 '之'에 대한 훈과 음을 지칭한 말. 355

감①명 감나무의 열매. 가을에 익으며 둥글거나 둥글넓적하고 처음에는 푸른빛을 띠다가 익고 나면 붉은빛을 띤다. 익기 전에는 떫은맛이 나지만 익으면 단맛이 나며 생으로 먹기도 하고 말려서 곶감을 만들기도 한다. 141

감②명 (수량을 나타내는 말 뒤에 쓰여) 옷감을 세는 단위. 한 감은 치마 한 벌을 뜰 수 있는 크기이다. 368

감로甘露명 천하가 태평할 때에 하늘에서 내린다고 하는 단 이슬. 306

감자명 가짓과의 여러해살이풀로 높이 60~100센티미터이고 잎은 겹잎이며 어긋난다. 비교적 찬 기후에서 잘 자라고 성장 기간이 짧다. 이 풀의 덩이줄기는 식용한다. 감자의 주성분은 녹말이며 비타민 C가 많이 들어 있다. 서양에서는 감자의 조리법이

다양하게 발달되어 있는데, 우리나라에서는 쪄서 먹거나 잡곡에 섞어 밥을 지어 주식으로 삼기도 했다. 141

감자떡명 감자 녹말가루를 찬물에 되게 반죽하여 새알만큼씩 빚어서 시루에 쪄 낸 후 찬물에 잠깐 담갔다가 꺼내어 참기름을 발라 만든다. 감자떡은 질기면서도 젓가락으로 집기 어려울 정도로 매끄럽다. 감자 음식은 함경도에서 특히 발달하여, 이 지역에선 감자로 밥, 떡, 녹말국수, 엿 등의 음식을 만들어 먹었다. 141

감주명 엿기름을 우린 물에 밥알을 넣어 삭힌 후 엿기름 건더기는 가라앉히고 웃물만 건져 끓여 밥알을 걸러 내고 먹는 물. 여기에 삭은 밥알을 띄워서 먹는 것이 식혜다. 142

갑자기부 미처 생각할 겨를도 없이 급히. 668

갑피기명 '이질'(변에 곱이 섞여 나오면서 뒤가 잦은 증상을 보이는 법정 전염병)의 평북 방언. 502

값명 사고파는 물건에 일정하게 매겨진 액수. 346

갓명 예전에, 어른이 된 남자가 머리에 쓰던 의관의 하나. 126

갓갓다형 갓과 같다. 799

갓사둔[갓+사둔]명 가시사둔, 즉 남자 편에서 여자 쪽의 사돈을 가리키는 말. 62

갓신창[갓신+창]명 갖신창. 갖신(가죽으로 만든 우리 고유의 신)의 신창. 126

갓진창[갓진+창]명 갖진(갓신, 가죽신)의 신창. 127

강낭밭명 강냉이(옥수수)를 심은 밭. '강낭'은 '강냉이'(옥수수)의 방언(평안, 경상). 334

강낭엿명 강냉이(옥수수 열매)로 고아 만든 엿. 142

강냉이명 '옥수수'와 같은 말. 둘 다 표준어이다. 142, 426

강江물명 강에 흐르는 물. 402

강소천姜小泉명 아동 문학가(1915~1963). 본명 용률龍律. 함남 고원高原 출생으로 함흥 영생고보를 졸업했다. 백석이 영생고보에서 영어 교사로 근무할 당시, 그 학교 재학생이었던 강소천이 백석의 하숙방으로 매일 찾아왔으며 백석도 그를 문학청년으로서 총애했다고 한다. 대표작으로 동시 〈닭〉과 동시집 《호박꽃초롱》, 동화집 《꿈을 찍는 사진관》 등이 있다. 90

강아지명 개의 새끼. 464

강원도江原道명 우리나라 중부 동쪽에 있는 도. 특산물로 감자, 옥수수가 유명하며, 현재 도청 소재지는 춘천, 면적은 1만 6,898제곱킬로미터이다. 247

강江쟁변명 '강변'(강의 가장자리에 잇닿아 있는 땅. 또는 그 부근)의 평남 방언. 288

갖추어놓다동 있어야 할 것을 가지거나 차려 놓다. 745

같다①형 다른 것과 비교하여 그것과 다르지 않다. 799

같다② 형 ① 동일한 상태에 있다. ② 동일하거나 동일한 범주에 속하는 대상이다. 801

같다③ 형 ① 체언이나 의존명사 '것'의 뒤에 쓰여, 추측이나 단정을 나타내는 말. ② 의존명사 '것'의 뒤에 쓰여, 그렇게 느껴지는 바가 있음을 나타내는 말. 533

같이① 부 (주로 '-과 같이'의 구성으로 쓰여) 어떤 것과 서로 다름이 없이. 801

같이② 부 둘 이상의 사람이나 사물이 함께. 792

개 명 갯과의 포유동물. 가축으로 사람을 잘 따르고 영리하며 냄새를 잘 맡고 귀가 밝아 사냥이나 군용, 맹인 선도와 마약 및 폭약 탐지에 쓰인다. 전 세계에 걸쳐 모양, 크기, 색깔이 다양한 300여 품종이 있다. 465

개구리 명 ① 양서류 개구리목에 속한 동물을 통틀어 이르는 말. ② 양서류 개구릿과에 속한 종. 몸길이는 5~9센티미터이다. 몸빛은 녹갈색에 암갈색 또는 흑색 반문이 있고, 피부에 주름과 혹 모양의 돌기가 많다. 무논에 사는 가장 흔한 개구리로 5~7월 한천질에 싸인 알을 낳는다. 482

개구리의 뒷다리 명 개구리 가운데 참개구리는 '논개구리'라고도 불리며 논이나 개울가에서 살고, 4~6월에 못자리 등에서 산란한다. 한국에서 흔히 볼 수 있는 이 개구리는 식용하거나 약용하였다. 지난 날 어린 아이들이 논가나 개울가에서 놀며 개구리를 잡아 구워 먹곤 하였다. 142

개나리 명 물푸레나뭇과의 낙엽 활엽 관목. 양지바른 산 밑에 잘 자라고, 높이는 3미터 정도이며 가지가 많은데 이른 봄 잎이 나오기 전에 노란 꽃이 먼저 핀다. 관상용으로 많이 심으며, 뿌리와 줄기, 씨는 모두 한약재로 쓰는데, 특히 씨는 항균 작용이 좋다. 431

개니빠디 명 개의 이빨. 485

개발코 명 개의 발 모양처럼 너부죽하고 뭉툭하게 생긴 코. 485

개방위方位 명 술방戌方. 24방위의 하나. 정서正西에서 북쪽을 중심으로 한 15도 각도 안의 방향. 231

개비린내 명 비에 젖은 개에서 나는 것 같은 비린내. 또는 갯비린내. 417

개소리 명 개가 짖는 소리. 420

개울물 명 개울에 흐르는 물. 402

개장취념 명 개장국 추렴. 각자 얼마씩 돈을 내서 개장국을 끓여 먹는 것. 397

개지 명 '갯메꽃'을 가리키는 '개지꽃'의 꽃을 지칭하는 것으로 보인다. '갯메꽃'의 꽃은 연분홍색이며, 깔때기처럼 생겼다. 439

개지꽃 명 나팔꽃과 비슷한 '갯메꽃'을 가리킨다. '갯메꽃'은 바닷가에서 자라는 다년초로서 길고 굵은 땅속줄기가 옆으로 뻗고, 줄기는 갈라진다. 5~9월에 깔때기 모양의 연한 분홍색 꽃이 긴 자루 끝에 핀다. 426

개터럭명 개털. 개의 털. 485

개포가명 갯가. ① 바닷물이 드나드는 곳의 물가. ② 물이 흐르는 곳의 가장자리. 288

객고명 객지에서 고생을 겪음. 또는 그 고생. 54

객줏客主**집**명 예전에, 길 가는 나그네들에게 술이나 음식을 팔고 손님을 재우는 영업을 하던 집. 342

갤족하다형 '갈쭉하다'의 평안 방언. 보기 좋을 정도로 조금 길다. 637

갸웃하다동 고개나 몸 따위를 한쪽으로 조금 갸울이다. 556

거닐다동 가까운 거리를 이리저리 한가로이 걷다. 575

거륵하다형 '거룩하다'의 고어, 평안 방언. 뜻이 매우 높고 위대하다. 793

거리명 '길거리'의 준말. 사람이나 차가 많이 다니는 길. 227

거마리명 '거머리'의 방언(경기, 강원, 경상, 전라, 황해, 함경, 평안). 거머릿과의 동물을 통틀어 이르는 말. 《동의보감》에 거머리가 어혈瘀血과 적취積聚를 다스린다고 기록되어 있다. 482

거문고명 우리나라 전통 현악기의 하나. 오동나무와 밤나무를 붙여 만든 통 위에 여섯 개의 줄을 걸어 만든다. 왼손으로는 줄을 짚고 오른손으로는 술대를 잡아 줄을 튕겨 연주한다. 소리가 깊고 장중하다. 360

거미새끼명 거미의 새끼나 작은 거미를 이르는 말. '거미'는 절지동물 거미강 거미목의 동물을 통틀어 이르는 말. 몸은 머리, 가슴과 배로 구분되며 다리는 네 쌍이고 날개와 더듬이가 없다. 항문 근처에 있는 2~4쌍의 방적돌기에서 진득진득한 실을 뽑아 그물처럼 쳐 놓고 벌레를 잡아먹는다. 전 세계에 약 3만 종이 알려져 있다. 477

거저부 아무런 노력이나 대가 없이. 630

거적뙈기명 '거적때기'(헌 거적 조각)의 평북 방언. 200

거적장사명 널을 쓰지 않고 거적으로 송장을 싸서 지내는 장사. 393

거줏되다형 '거짓되다'의 고어. 사실과 어긋남이 있어 참되지 않다. 808

거지명 남에게 빌어먹고 사는 사람. 75

걱정명 안심이 되지 않아 속을 태움. 43

건너명 일정한 공간 너머의 맞은편. 232

건너다동 무엇을 사이에 두고 한편에서 맞은편으로 가다. 575

건너다보다동 건너편에 있는 것을 쳐다보다. 548

건넌마을명 건넛마을. 건너편에 있는 마을. 219

건넌산山**명** 건넛산. 건너편에 있는 산. 292

건들건들부 바람이 부드럽게 살랑거리며 부는 모양. 678

건반밥명 세반細飯. 찐 찹쌀을 말려 부수거나 빻은 가루로, 꿀이나 조청을 묻혀 강정이나 산자를 만들어 먹는다. 세반을 만들 땐, 찐 찹쌀을 절구에 찧어서 반은 그대로, 나머지 반은 분홍색이나 노란색으로 물들여 다시 말린 다음 기름에 잠깐 튀겨 낸다. 백석 시 〈고성가도固城街道—남행시초南行詩抄 3〉에서 '빨갛고 노란 건반밥(세반)'은 바로 찐 찹쌀을 찧은 가루를 빨간색과 노란색으로 물들여 말리는 상태를 나타낸 것이다. 조선의 궁정 연회 음식 목록에 '홍세건반강정', '황세건반강정'이란 강정 종류가 나오는데, 백석 시에서 '건반밥'은 바로 '세건반'이란 옛 음식 이름에서 나온 말로 보인다. 143

건시명 '곶감'과 같은 말. 떫은맛이 있는 생감을 완숙되기 전에 따서 껍질을 얇게 벗겨 대꼬챙이나 싸리꼬챙이 같은 것에 꿰어 말린 감. 감이 완전히 건조되면 표면에 포도당(글루코오스)의 흰 가루가 생긴다. 143

걷다동 두 다리를 번갈아 움직여 옮겨 가다. 575

걷어가다동 강제로 빼앗거나 훔쳐 가다. 745

걸다동 벽이나 못 따위에 어떤 물체를 떨어지지 않도록 매달아 올려놓다. 765

걸레명 더러운 곳을 닦거나 훔쳐 내는 데 쓰는 헝겊. 200

걸리다①동 '걸다'의 피동사. (물건이 어디에) 드리워지거나 달려 있다. 765

걸리다②동 막히거나 잡히다. 755

걸어가다동 발로 걸어서 가다. 575

걸어놓다동 (못이나 갈고리 같은 데) 걸어서 걸려 있게 하다. 765

걸어앉다동 높은 곳에 궁둥이를 붙이고 두 다리를 늘어뜨리고 앉다. 556

걸음명 두 발을 번갈아 옮겨 놓는 동작. 51

걸치다동 옷이나 착용구 또는 이불 따위를 아무렇게나 입거나 덮다. 613

검가무래기[검+가무래기]명 검은색 가무래기. '가무래기'는 '가무락조개', '모시조개'를 가리킨다. 143, 459

검방지다형 '건방지다'의 평북 방언. 젠체하며 지나치게 주제넘다. 545

검정치마명 검은 천으로 만든 치마. 113

것의 ① 사물, 일, 현상 따위를 추상적으로 이르는 말. ② 주로 관형사형 어미 '-을'의 뒤에 쓰여, 앞에서 말한 내용에 대한 추측이나 예상을 나타내는 말. ③ 주로 관형사형 어미 '-는'의 뒤에서 서술격 조사 '이다'와 함께 쓰여 그 사실을 강조, 확신하거나 설명함을 나타내는 말. ④ 사람을 낮추어 이르거나 동물을 이르는 말. 372

게구멍명 게가 들어가 살거나 드나드는 구멍. 412

게루기명 게로기. '모싯대'와 같은 말. 산지의 응달진 곳에서 자라는 초롱꽃과의 여러해살이풀. 줄기는 높이가 1미터 정도이고 뿌리는 굵으며, 잎은 어긋나고 심장 모양 또는 넓은 피침 모양으로 톱니가 있다. 8~9월에 종 모양의 자주색 꽃이 원추圓錐꽃

차례로 핀다. 연한 줄기와 잎은 식용하며, 뿌리는 거담제, 해독제 등의 약으로 쓴다. 143, 427

게모이다[동] 침이나 코를 흘리며 지저분한 모습으로 모이다. 595

게사니[명] '거위'의 방언(평안, 함경, 황해, 경기, 강원). 오릿과의 새. 몸빛은 희고 목이 길다. 헤엄은 잘 치나 잘 날지는 못한다. 12~1월에 10~20개의 알을 낳는다. 기러기를 식육용食肉用으로 개량한 변종으로, 밤눈이 밝아서 개 대신으로 기르기도 한다. 449

게사니알[명] 거위알. '게사니'는 '거위'의 방언(평안, 함경, 황해, 경기, 강원). 거위알은 달걀보다 훨씬 크며, 달걀과 달리 저콜레스테롤 식품으로 알려져 있다. 144

게으르다[형] 움직이거나 일하기를 싫어하는 성미와 버릇이 있다. 545

게을리[부] 움직이거나 일하기를 몹시 싫어하는 모양. 545

겨[명] 벼, 보리, 조 따위의 곡식을 찧어 벗겨 낸 껍질을 통틀어 이르는 말. 411

겨드랑이[명] 양편 팔 밑의 오목한 곳. 486

겨우[부] 어렵게 힘들여. 653

겨울[명] 한 해의 네 철 가운데 넷째 철. 가을과 봄 사이이며, 낮이 짧고 추운 계절로, 달로는 12~2월, 절기節氣로는 입동부터 입춘 전까지를 이른다. 314

겨울밤[명] 겨울날의 긴 밤. 314

겨을밤[명] 겨울밤. 겨울날의 긴 밤. '겨을'은 겨울의 고어. 315

겹겹이[부] 여러 겹으로. 686

경편철도輕便鐵道[명] 기관차와 차량이 작고 궤도가 좁은 철도. 백석 시 〈광원曠原〉에서의 '경편철도'는 신안주新案州에서 개천价川까지 놓인 개천철도주식회사의 사설철도로 추정된다. 348

곁[명] 어떤 대상의 옆, 또는 공간적·심리적으로 가까운 데. 232

계집[명] '여자'를 낮잡아 이르는 말. 75

계집아이[명] '여자아이'를 낮잡아 이르는 말. 75

고개①[명] ① 목의 뒷등이 되는 부분. ② 사람이나 동물의, 목을 포함한 머리 부분. 486

고개②[명] 산이나 언덕을 넘어 다니도록 길이 나 있는 비탈진 곳. 292

고기①[명] 식용하는 온갖 동물의 살. 130

고기②[명] 물고기. 어류의 척추동물을 통틀어 이르는 말. 131

고기비늘[명] 고기비늘. 물고기의 몸을 덮고 있는 비늘. 486

고담枯淡하다[형] 꾸밈이 없고 담담하다. 686

고당[명] 고장. 사람이 사는 일정한 지방이나 지역. 219

고드름[명] 낙숫물 따위가 밑으로 흐르다가 얼어붙어 공중에 길게 매달려 있는 얼음. 402

고랑[명] 두둑한 두 땅 사이에 좁고 길게 들어간 곳. 334

고래명 포유강 고래목의 동물을 통틀어 이르는 말. 바다에 사는 동물 중에서 가장 크다. 태생이고 몸은 물고기와 같지만 피부에 털이나 비늘이 없다. 뒷다리는 퇴화하였고 앞다리는 지느러미 모양으로 변하였다. 피부에는 두꺼운 지방층이 있다. 465

고만부 달리 해 볼 도리가 없이. '그만'보다 작은 느낌을 준다. 653

고맙다형 은혜나 신세를 입어 마음이 흐뭇하고 즐겁다. 512

고무명 '고모'(아버지의 누이)의 방언(평안, 경상, 전라). 62

고방명 '광'(세간이나 그 밖의 여러 가지 물건을 넣어 두는 곳)의 원말. 180

고비명 고빗과의 여러해살이풀. 줄기는 높이가 1미터 정도이며, 잎은 뿌리줄기에서 뭉쳐나고 둥글다. 봄에 연한 잎을 삶아 말려 두고 나물로 먹는다. 144, 427

고뿔명 코나 목구멍, 기관지 등의 호흡기 계통에 생기는 질병. 503

고사古寺명 오래된 절. 399

고사리명 양치식물 고사릿과의 여러해살이풀. 높이는 1미터 정도이며, 이른 봄에 싹이 뿌리줄기에서 돋아나는데 꼭대기가 꼬불꼬불하게 말리고 흰 솜 같은 털로 온통 덮여 있다. 봄에 어린잎을 말려 두고 나물로 먹으며 뿌리줄기는 녹말을 만든다. 우리에게 가장 친근한 산채나물로 예부터 잔칫상이나 제사상에 반드시 올라갔던 음식이다. 144, 427

고산정토高山淨土명 높은 산의 깨끗한 흙. 219

고성가도固城街道명 고성의 큰길. '고성'은 경상남도 남부 연안 중앙부에 있는 군. 북동쪽으로 마산, 남쪽으로 통영과 접해 있으며, 남해안에 있어 기후가 따뜻하다. 백석 시 〈고성가도固城街道—남행시초南行詩抄 3〉이 발표될 당시(1936년 3월) 고성군은 14개의 면으로 이루어져 있었고, 1938년에는 고성읍과 14개의 면으로 재편되었다. '남행시초 3'이 〈고성가도固城街道〉이며, '남행시초 2'가 〈통영統營〉인 것으로 보아 백석이 통영을 거쳐 고성으로 들어갔음을 알 수 있다. 247

고성固城**장**명 고성에서 열리는 장. 고성은 경상남도 고성군을 가리킨다. 342

고아내다동 떠들어 대다. '고다'는 '떠들다'의 평북 방언. 508

고야古夜명 옛 밤. 315

고양이명 고양잇과에 속한 동물을 통틀어 이르는 말. 원래 살쾡이를 길들인 것으로, 턱과 송곳니가 특히 발달하여 육식을 주로 한다. 발바닥에 말랑말랑한 살이 많아 소리를 내지 않고 다른 동물에게 접근하기가 쉽고, 발톱을 살 속에 감추거나 드러낼 수 있으며, 어두운 곳에서도 물체를 잘 볼 수 있다. 466

고요하다형 ① 조용하고 잠잠하다. ② 모습이나 마음 따위가 조용하고 평화롭다. 733

고요히부 ① 조용하고 잠잠하게. ② 움직임이나 흔들림이 없이 잔잔한 상태로. 733

고원선高原線명 함경남도 함흥에서 부전고원의 부전호반까지 놓인 신흥선新興線을 말한

다. 고원지대에 놓여 있기 때문에 고원선이라고 한 것이다. 348

고읍다 형 곱다. 모양, 생김새, 행동거지 따위가 산뜻하고 아름답다. 794

고이 부 정성을 다하여. 546

고조곤히 부 '고요히'의 평북 방언. 733

고추무거리 명 고추를 빻아 체에 쳐서 가루를 내고 남은 찌꺼기. 144

고프다 형 배 속이 비어 음식을 먹고 싶다. 600

고향故鄕 명 자기가 태어나서 자란 곳. 220

곡조 명 (수량을 나타내는 말 뒤에 쓰여) 음악적 통일을 이루는 음의 연속이나 노랫가락을 세는 단위. 368

골 명 산과 산 사이에 움푹 패어 들어간 곳. '골짜기'와 같은 말. 292

골갯논드렁 명 좁은 골짜기에 푼 논의 두렁. 334

골안 명 '골짜기'(산과 산 사이에 움푹 패어 들어간 곳)의 안. 293

골짜구니 명 '골짜기'(산과 산 사이에 움푹 패어 들어간 곳)의 방언(경기, 강원, 경상, 충청). 293

골짜기 명 산과 산 사이에 움푹 패어 들어간 곳. 293

골짝 명 '골짜기'(산과 산 사이에 움푹 패어 들어간 곳)의 준말. 293

곰 명 포유강 식육목 곰과의 동물을 통틀어 이르는 말. 몸이 비대하며 다리가 굵고 짧다. 꼬리는 털에 가려져 보일 듯 말 듯 하다. 털은 갈색, 검은색 따위가 있으며 길고 거칠다. 깊은 산에 살며 나무에 잘 오르고 저녁 무렵부터 활동한다. 잡식성으로 겨울에는 굴속에서 겨울잠을 잔다. 대부분 북반구에 분포한다. 466

곰국 명 곰탕과 같은 뜻인데, 예부터 내려오던 대부분의 음식 책이나 일반 가정에서 곰탕보다는 곰국이란 말을 더 많이 쓴다. 곰국의 조리는 우선 소의 살, 양, 곱창 대창, 허파 등을 손질하여 물을 붓고 푹 고아서 건더기를 건져 알맞게 썰어 파, 마늘, 간장, 기름, 후춧가루로 양념을 한다. 곤 국물은 식혀서 기름을 걷은 후 그 국물에 양념한 건더기를 넣어 끓여 만든다. 145

곰방대 명 살담배(칼 따위로 썬 담배)를 피우는 데에 쓰는 짧은 담뱃대. 201

곱다 형 모양, 생김새, 행동거지 따위가 산뜻하고 아름답다. 794

곱돌탕관 명 곱돌(기름 같은 광택이 있고 만지면 양초처럼 매끈매끈한 암석과 광물)로 만든 약탕관. 201

곱디곱다 형 매우 곱다. 795

곱새녕 명 짚으로 엮은 이엉을 얹은 지붕. '곱새'는 '용마름'(초가의 용마루나 토담 위에 덮는, 짚으로 엮은 이엉)의 평북 방언. '녕'은 '지붕'의 평북 방언. 181

곱새담 명 짚으로 엮은 이엉을 얹은 담. 194

곱조개[곱+조개]명 곱은 조개, 즉 한쪽으로 약간 휜 조개. 459

곳명 공간적인 또는 추상적인 일정한 자리나 지역. 232

공경스럽다형 공손히 받들어 모실 만하다. 546

공손하다형 말이나 행동이 겸손하고 예의 바르다. 546

공양주명 절에서 밥 짓는 일을 주로 하는 사람. 400

공중명 하늘과 땅 사이의 빈 곳. 232

과부명 남편을 잃고 혼자 지내는 여자. '과붓집'과 같은 말. 75

과일명 나무나 초본식물에 달리는, 사람이 먹을 수 있는 열매. 131

관공關公명 관우關羽. 중국 삼국시대 촉한의 무장(?~219). 자는 운장雲長. 수염이 아름다워 미염공美髯公이라고도 불렸다. 유비, 장비와 의형제를 맺고 적벽전에서 조조의 군대를 격파하는 등 많은 공을 세웠다. 뒤에 위나라와 오나라의 동맹군에게 패한 뒤 살해되었다. 소설《삼국지연의》에서 충신의 전형으로 등장하며, 송대 이후로 중국 민간 신앙의 대상이 되기도 했다. 90

광개토대왕廣開土大王명 고구려 제19대 왕(374~413). 이름은 담덕談德이고 연호는 영락永樂이다. 백제 10여 성의 정벌에 나서 여러 차례 백제를 진압하였고 400년에는 왜구를 격파하였다. 연나라 속군, 현도, 요동에 이어 동부여, 비려국, 북부여 등을 정복하였고, 만주와 한강 이북을 차지하는 등 방대한 영토를 확보하여 고구려의 전성시대를 이루었다. 90

광대넘이명 광대가 손으로 땅을 짚으며 몸을 뒤집는 것같이 물구나무섰다 뒤집는 것. 아이들의 놀이를 가리킨다. 381

광살구명 '광廣살구'로 짐작된다. 통통하게 살이 찐 큰 살구를 가리키는 말로 보인다. 145

광원曠原명 넓은 평원. 백석의 고향인 정주 인근의 안주安州 박천博川평야로 짐작된다. 293

광지보[광지+보]명 광주리 보자기. '광지'는 '광주리'의 방언(평안, 함경). 201

괴나리봇짐명 걸어서 먼 길을 떠날 때에 보자기에 싸서 어깨에 메는 작은 짐. 201

괴이다①동 괴다. 물 따위의 액체나 가스, 냄새 따위가 우묵한 곳에 모이다. 680

괴이다②동 괴다. 입에 침이 모이거나 눈에 눈물이 어리거나 하다. 680

교우명 교의交椅. 제사를 지낼 때 신주神主를 모시는, 다리가 긴 의자. 394

구덕살이명 '구더기'의 평북 방언. 구더기는 파리의 알에서 나온 애벌레. 482

구두명 주로 가죽을 재료로 하여 만든 서양식 신. 127

구들명 구들방의 방바닥. '구들'은 원래 고래(방의 구들장 밑으로 나 있는, 불길과 연기가 통하여 나가는 길)를 켜고 구들장을 덮어 흙을 발라서 방바닥을 만들고 불을 때어 난방을 하는 구조물을 가리키는데, 백석 시 〈구장로球場路—서행시초西行詩抄 1〉에서

는 그런 구들이 놓인 방의 방바닥을 뜻한다. 181

구렁이명 뱀과의 하나. 몸의 길이는 110~120센티미터 정도이며 180센티미터에 달하는 것도 있다. 등은 녹색을 띤 황갈색으로, 가운데서부터 흑갈색의 가로무늬가 발달하여 뒤쪽으로 갈수록 뚜렷해진다. 배는 황색이며 검은색 점무늬가 퍼져 있다. 독이 없고, 쥐나 개구리 등을 먹는다. 민가의 돌담이나 방죽, 밭둑의 돌 틈에 서식한다. 우리나라에는 구렁이에 관한 전설과 속신이 많다. 482

구름명 공기 중의 수분이 엉기어서 미세한 물방울이나 얼음 결정의 덩어리가 되어 공중에 떠 있는 것. 306

구릿하다형 냄새가 좀 구린 듯하다. 700

구마산舊馬山명 옛 마산. 일제가 마산 지역 아래에 신시가지를 조성하면서, 원래의 마산 지역은 '구마산'으로 부르게 되었다. 248

구붓하다동 몸을 약간 구부리다. 556

구석명 모퉁이의 안쪽. 233

구석구석명 이 구석 저 구석. 233

구수하다형 ① 맛이나 냄새 따위가 입맛이 당기도록 좋다. ② 마음씨나 인심 따위가 넉넉하고 푸근하다. 697

구시월명 구월과 시월. 또는 구월이나 시월. 315

구신명 '귀신'(사람이 죽은 뒤에 남는다는 넋)의 방언(강원, 경남, 전남, 충남, 평안). 385

구신간시렁[구신+간+시렁]명 구신(귀신)을 모셔 놓은 곳의 시렁. 385

구신집명 귀신집. 귀신이 사는 집, 또는 귀신이 나올 것 같은 집. 176

구십여관 일부 단위를 나타내는 말 앞에 쓰여, 그 수량이 아흔을 조금 넘음을 나타내는 말. 644

구워먹다동 불에 익혀 먹다. 621

구장로球場路명 구장球場으로 들어가는 길을 뜻하는 것으로 보인다. '구장球場'은 평안북도 영변군寧邊郡 용산면龍山面에 있는 동네 이름이다. 청천강 기슭에 위치해 있으며, 오래전부터 장이 서던 마을이었고, 특산물로 '백령술'이 유명하다. 249

구하다동 필요한 것을 찾다. 또는 그렇게 하여 얻다. 745

국수명 메밀가루, 밀가루 등을 반죽하여 가늘게 썰거나, 국수틀로 가늘게 뽑은 식품의 총칭. 국수는 특히 평안도 지역의 명물 음식으로서 주식처럼 일상화되어 있고, 혼례, 회갑, 제례 등의 큰 일이 있을 때에는 반드시 장만한다. 평안도 지역에서 만들어 먹은 대표적인 국수 요리는 냉면이다. 평안도 국수인 냉면은 메밀을 빻아서 메밀가루로 만든 다음 국수틀에서 눌러 만든 것이다. 백석 시에서 국수의 육수는 꿩고기 육수와 동치밋국을 섞은 것, 꿩고기 육수만으로 한 것, 닭고기 육수로 한 것 등 여러 종류가 등장하며, 육수를 섞지 않은 맨모밀국수도 나온다. 또 동치밋국에 말아먹는 메밀국수도 등장한다. 145

국수당 명 국사당國師堂. 성황당, 서낭당으로 불리기도 한다. 국수당은 마을 입구나 고갯마루, 산기슭 등의 길가에 위치해 있는, 토속신앙의 대상이다. 보통 돌무더기로 되어 있는데, 그 외에 신목의 형태로 되어 있거나, 당의 형태로 되어 있는 경우도 있으며, 신목과 돌무더기, 신목과 당이 함께 있는 경우도 있다. 《평안북도지》에는 국수당에 대해 "고갯길 고목나무 밑에 조그만 당을 짓기도 하고 또는 길가 비탈길 바위나 관목 가지에 너슬너슬 헝겊을 매달아 모신다"고 언급되어 있다. 385

국수당고개 명 국수당이 놓여 있는 고개. 국수당은 국사당國師堂. 성황당, 서낭당으로 불리기도 하는 것으로 마을 입구나 고갯마루, 산기슭 등의 길가에 위치해 있는 토속신앙의 대상인데, 백석 시 〈넘언집 범 같은 노큰마니〉에서는 고갯마루에 위치해 있다. 국수당은 보통 돌무더기로 되어 있는데, 그 외에 신목의 형태로 되어 있거나, 당의 형태로 되어 있는 경우도 있으며, 신목과 돌무더기, 신목과 당이 함께 있는 경우도 있다. 이 시에서 국수당은 신목의 형태로 되어 있는 것이다. 고개에 위치한 국수당은 경계의 징표가 되기도 하는데, 고개를 지날 때 통과의식의 하나로 당을 향해 '퉤퉤' 하고 침을 뱉기도 한다. 386

국수분틀 명 국수를 눌러 빼는 틀. '국수틀', '분틀'과 같은 말. 201

국숫집 명 국수를 파는 음식점. 342

군병 명 군대에서, 장교의 지휘를 받는 군인. 58

굳다 형 무르지 않고 단단하다. 724

굴껍지 명 굴껍질. 굴을 겉에서 싸고 있는 껍질. 갈아서 약재로 쓴다. '껍지'는 '껍질'의 방언(경북, 강원). 460

굴다 동 '구르다'의 준말. 어떤 장소에서 누워서 뒹굴다. 556

굴대장군 명 굴때장군. 키가 크고 몸이 굵으며 살갗이 검은 사람을 놀림조로 이르는 말. 백석 시 〈마을은 맨천 구신이 돼서〉에서는 굴뚝을 주관하는 신을 말한다. 386

굴리다 동 '구르다'의 사동사. (사람이 둥근 물체를) 돌면서 움직이게 하다. 692

굴어나리다 동 굴러내리다. 구르며 내려가다. 692

굴통 명 굴뚝. 불을 땔 때에, 연기가 밖으로 빠져나가도록 만든 장치. 181

굵다 형 (기다란 물체가) 몸통의 둘레나 너비가 넓다. 637

굵어가다 형 (기다란 물체가) 몸통의 둘레나 너비가 넓어 가다. 637

굽다 동 불에 익히다. 617

굽어보다 동 높은 위치에서 고개나 허리를 굽혀 아래를 내려다보다. 548

굽히다 동 '굽다'의 사동사. (사람이 신체의 일부를) 직선 방향에서 다른 각도로 치우치게

하거나 안쪽으로 접히게 하다. 557

굿명 무속의 종교 제의. 무당이 음식을 차려 놓고 노래를 하고 춤을 추며 귀신에게 인간의 길흉화복을 조절하여 달라고 비는 의식이다. 386

권하다동 음식, 담배, 물건 따위를 먹거나 피우거나 이용하라고 말하다. 508

귀①명 사람이나 동물의 머리 양옆에서 듣는 기능을 하는 감각기관. 486

귀②명 어떤 물건의 가장자리. 233

귀농歸農명 다른 일을 하던 사람이 그 일을 그만두고 농사를 지으려고 농촌으로 돌아감. 334

귀머거리명 귀가 먹어서 듣지 못하는 사람. 75

귀밑명 뺨에서 귀에 가까운 부분. 486

귀신불명 귀신이 낸다고 하는 불빛. 405

귀이리명 귀리. 볏과의 한해 또는 두해살이풀. 산간지대에서 재배하며 열매는 식용되거나 술, 과자의 원료, 가축의 사료로 쓰인다. 146

귀이리차茶명 귀리차. 귀리를 넣고 끓인 차. 146

귀주사歸州寺명 함경남도 함주군 설봉산雪峰山에 있는 절. 고려 문종 때에 흑도붕현黑道鵬顯이 창건할 당시에는 정수사淨水寺라 하였다가 조선 태종 1년(1401)에 개칭하였다. 조선 태조 이성계가 왕이 되기 전에 이곳에서 공부하였으며, 등극 후에도 이 절을 보호하였다고 한다. 1911년 함경남도에서 유일한 31본산本山의 하나로서 82개의 말사末寺를 거느렸다. 400

귀치않다형 귀찮다. 마음에 들지 아니하고 괴롭거나 성가시다. 512

귀해하다동 귀하게 여기다. 또는 귀여워하다. 534

그① 대 말하는 이와 듣는 이가 아닌 사람을 가리키는 삼인칭 대명사. 앞에서 이미 이야기하였거나 듣는 이가 생각하고 있는 사람을 가리킨다. 100

그②관 ① 앞에서 이미 이야기한 대상을 가리킬 때 쓰는 말. ② 확실하지 아니하거나 밝히고 싶지 아니한 일을 가리킬 때 쓰는 말. 822

그것 대 앞에서 이미 이야기한 대상을 가리키는 지시대명사. 819

그냥그냥부 그런 모양으로 줄곧. 779

그느슥하다형 가느스름하다. 718

그느슥히부 가느스름하게. 718

그늘명 불투명한 물체에 가려 빛이 닿지 않는 상태. 또는 그 자리. 233

그늘밑명 음지. 볕이 잘 들지 아니하는 그늘진 곳. 233

그동안명 앞에서 이미 이야기한 만큼의 시간적 길이. 315

그득하다형 분량이나 수효 따위가 어떤 범위나 한도에 아주 꽉 찬 상태에 있다. 644

그득히[부] 분량이나 수효 따위가 어떤 범위나 한도에 아주 꽉 찬 모양. 644

그때[명] 앞에서 이미 이야기한 시간상의 어떤 점이나 부분. 315

그래도[부] 앞 내용을 받아들일 만하지만 그럴 수 없거나 그렇지 않음을 나타낼 때 쓰여 앞뒤 어구나 문장을 이어 주는 말. 809

그러나[부] 앞의 내용과 뒤의 내용이 상반될 때 쓰는 접속부사. 815

그러다[동] (사람이) 그렇게 하다. 564

그러면[부] 앞의 내용을 받아들이거나 그것을 전제로 새로운 주장을 할 때 쓰는 접속부사. 815

그러하다[형] '그렇다'의 본말. 상태, 모양, 성질 따위가 그와 같다. 801

그런데[부] 화제를 앞의 내용과 관련시키면서 다른 방향으로 이끌어 나갈 때 쓰는 접속부사. 815

그려오다[동] 사랑하는 마음으로 간절히 생각해 오다. 513

그릇[명] 음식이나 물건 따위를 담는 기구를 통틀어 이르는 말. 201

그리고[부] 단어, 구, 절, 문장 따위를 병렬적으로 연결할 때 쓰는 접속부사. 816

그리다[동] 연필, 붓 따위로 어떤 사물의 모양을 그와 닮게 선이나 색으로 나타내다. 636

그리워지다[동] 그리운 마음이 생기다. 513

그리워하다[동] 사랑하여 몹시 보고 싶어하다. 513

그리하다[동] (사람이) 그렇게 하다. 564

그리하여[부] 앞의 내용이 뒤의 내용의 원인이거나 앞의 내용이 발전하여 뒤의 내용이 전개될 때 쓰는 접속부사. 818

그림자[명] 물체가 빛을 가려서 그 물체의 뒷면에 드리워지는 검은 그늘. 405

그립다[형] 보고 싶거나 만나고 싶은 마음이 간절하다. 513

그만두다[동] 하던 일을 그치고 안 하다. 784

그물그물[부] 불빛 따위가 밝게 비치지 않고 자꾸 침침해지는 모양. 719

그믈[명] '그물'의 고어. 노끈이나 실, 쇠줄 따위로 여러 코의 구멍이 나게 얽은 물건. 날짐승이나 물고기 따위를 잡는 데 쓴다. 351

그믐[명] 음력으로 그달의 마지막 날. 315

그믐달[명] 음력으로 매월 마지막 날에 뜨는 달. 304

그윽하다[형] ① 뜻이나 생각 따위가 깊거나 간절하다. ② 느낌이 은근하다. 734

그이[대] '그 사람'을 조금 높여 이르는 삼인칭 대명사. 101

그즈런히[부] 가지런히. 층이 나지 않고 나란하거나 고르게. 686

그지없이[부] 끝이나 한량이 없게. 653

근력[명] 근육의 힘. 또는 그 힘의 지속성. 51

근방명 가까운 곳. '근처'와 같은 말. 234

근심명 해결되지 않은 일 때문에 속을 태우거나 우울해함. 43

근처명 가까운 곳. 234

글쎄감 자신의 뜻을 다시 강조하거나 고집할 때 쓰는 말. 814

글자명 말을 적는 일정한 체계의 부호. 355

금金①명 여진족 완안부完顔部의 추장 아쿠타가 지금의 만주, 몽고, 화베이華北 땅에 북송과 요를 무찌르고 1115년에 세운 나라. 1234년 9대 120년 만에 몽골 제국에게 망하였다. 282

금錦②명 송준의 조사에 의하면, 백석의 절친한 친구인 허준의 결혼식 축하모임에 조선일보 기자이자 백석과 가까운 사이였던 하동 출신의 신현중과 통영서 서울로 올라와 지내고 있던 김천금, 박경련, 서숙채 등이 한 자리에 모여 즐거운 시간을 보냈다고 한다. 이 조사를 염두에 두면 '금'은 이때 만난 '김천금'을 가리키는 것으로 추측할 수 있는데, 백석이 알고 있는 다른 여자일 가능성도 있다. 90

금귤명 운향과의 상록 관목. 높이는 2미터 정도이며, 잎이 무성하다. 참새 알 크기의 둥근 열매는 겨울에 황금색으로 익어 봄까지 떨어지지 않으며, 새콤달콤한 맛과 향기가 있어 식용하는데, 보통 통째로 먹는다. 금감金柑이라고도 하며, 일본말로 '낑깡'이라고 부르기도 한다. 백석 시 〈이두국주가도伊豆國湊街道〉에서 금귤은 일본의 이두국(이즈 반도) 지방에서 생산되는 것인데, 이 지역은 특히 금귤의 산지로 유명한 곳이다. 146

금덤판명 금점金店판. 주로 수공업적 방식으로 작업하던 금광의 일터. 351

기꺼이부 마음속으로 은근히 기쁘게. 513

기나길다형 몹시 길다. 637

기다리다동 어떤 사람이나 때가 오기를 바라다. 513

기둥명 건축물에서, 주춧돌 위에 세워 보·도리 따위를 받치는 나무. 181

기드렁하다형 '길다'나 '기다랗다'에서 온 말로 보인다. 638

기르매명 '길마'의 방언(평북, 함북, 평남, 강원). 짐을 싣거나 수레를 끌기 위해 소나 말 따위의 등에 안장처럼 얹는 도구. 338

기뻐하다동 기쁘게 여기다. 513

기뿌다형 기쁘다. 마음에 즐거운 느낌이 나다. 514

기쁨명 욕구가 충족되었을 때의 즐거운 마음이나 느낌. 43

기슭명 산이나 처마 따위에서 비탈진 곳의 아랫부분. 294

기억하다동 이전의 인상이나 경험을 의식 속에 간직하거나 도로 생각해 내다. 534

기와집명 지붕을 기와로 인 집. 176

기왓골[명] 기와지붕에서 수키와와 수키와 사이에 빗물이 잘 흘러내리도록 골이 진 부분. '기왓고랑'과 같은 말. 181

기왓장[명] 낱장의 기와. 182

기울다[동] 해나 달 따위가 저물다. 663

기장감주[명] 기장으로 만든 감주. 엿기름을 우린 물에 기장쌀로 만든 밥알을 넣어 식혜처럼 삭혀서 끓인 음식. '기장'은 볏과의 한해살이풀로 높이는 50~120센티미터이고, 이삭은 가을에 익으며, 가뭄과 병충해의 피해를 가장 적게 받는다. 열매는 '황실黃實'이라고도 하는데 엷은 누런색으로 떡, 술, 엿, 빵 따위의 원료나 가축의 사료로 쓴다. 146

기장쌀[명] 기장에서 껍질을 벗겨 낸 알맹이. '기장'은 주로 산간지대 경사진 계단밭(다락밭)에 심어 가꾸는 낟알로서 다른 작물보다 단위당 수확고가 낮아 생산량이 많지 못하였다. 따라서 기장 음식은 명절 때나 반가운 손님이 왔을 때 그리고 산모에게 대접하였다고 한다. 146

기장차떡[명] 기장쌀로 빚은 찰떡. 찰기 있는 기장쌀로 빚은 떡을 말한다. '차떡'은 '찰떡'을 가리키는 북쪽 지역의 말. 평안도에선 설 명절에 기장쌀로 '노치'라는 떡을 만들어 두고두고 먹는 풍습이 있다. '노치'는 오래 두고 먹을 수 있고, 단맛이 있어 특히 노인들이 좋아했다고 한다. 146

기장차랍[명] 기장쌀로 만든 찰밥. 찰기 있는 기장쌀로 만든 밥을 말한다. '차랍'은 '찰밥'의 평안 방언. 147

기지개[명] 피곤할 때에 몸을 쭉 펴고 팔다리를 뻗는 것. 504

긴긴[관] 길고 긴. 668

긷다[동] 우물이나 샘 따위에서 두레박이나 바가지 따위로 물을 떠내다. 693

길①[명] ① 사람이나 동물 또는 자동차 따위가 지나갈 수 있게 땅 위에 낸 일정한 너비의 공간. ② 걷거나 탈것을 타고 어느 곳으로 가는 노정路程. 228

길②[의] ① 길이의 단위. 한 길은 여덟 자 또는 열 자로 약 2.4미터 또는 3미터에 해당한다. ② 사람의 키 정도의 길이. 368

길다①[형] 잇닿은 물체의 두 끝이 서로 멀다. 638

길다②[형] 이어지는 시간상의 한 때에서 다른 때까지의 동안이 오래다. 668

길다랗다[형] 기다랗다. 매우 길거나 생각보다 길다. 638

길동[명] '끝동'(여자의 저고리 소맷부리에 댄 다른 색의 천)의 평북 방언. 119

길러보다[동] 머리카락이나 수염 따위를 깎지 않고 길게 자라도록 해 보다. 600

길여나다[동] 길러지다. 609

길우다[동] '기르다'의 고어. 머리카락이나 수염 따위를 깎지 않고 길게 자라게 하다. 600

길즛하다 형 '길찍하다'(길이가 조금 긴 듯하다)의 고어인 '길즉하다'에서 온 말로 보인다. 639

김① 명 액체가 열을 받아서 기체로 변한 것. 403

김② 명 논밭에 난 잡풀. 334

김냄새 명 김에서 나는 냄새. 417

김장감 명 김장에 바탕이 되는 재료. 배추, 무, 고추, 마늘 따위가 있다. 131

김치가재미 명 평북 방언으로, 겨울철에 김치를 묻은 다음에 얼지 않게 그 위에 지푸라기나 수수깡 따위로 만들어 놓은 움막. 182

깃 명 무엇을 나눌 때, 각자에게 돌아오는 한몫. 361

깃들다 동 (감정이나 생각, 노력 따위가 어디에) 어리거나 스며 있다. 737

깊다① 형 겉에서 속까지의 거리가 멀다. 639

깊다② 형 생각이 듬쑥하고 신중하다. 534

깊어가다 형 시간이 오래되어 가다. 668

깊이 부 겉에서 속까지의 거리가 멀게. 639

까꾸로 부 차례나 방향, 또는 형편 따위가 반대로 되게. '가꾸로'보다 센 말. 663

까다 동 껍질 따위를 벗기다. 762

까닭 명 일이 생기게 된 원인이나 조건. 353

까마득히 부 아주 오래되어 아득하게. 668

까막까치 명 까마귀와 까치를 아울러 이르는 말. 450

까막나라 명 날이 어둡거나 불이 없어서 깜깜한 상태를 비유적으로 이르는 말. 220

까맣다 형 불빛이 전혀 없는 밤하늘과 같이 밝고 짙게 검다. 710

까알까알 부 '깔깔'을 변형시킨 말. '깔깔'은 '되바라진 목소리로 못 참을 듯이 웃는 소리'를 나타내는 말. 705

까치 명 까마귓과의 새. 머리에서 등까지는 검고 윤이 나며 어깨와 배는 희다. 둥지를 중심으로 한곳에 사는 텃새로서, 촌락 가까운 큰 나무 위에 산다. 봄에 5~6개의 알을 낳는다. 이 새가 울면 반가운 손님이 온다 하여 길조吉鳥로 여긴다. 한국, 일본, 중국, 유럽 등지에 분포한다. 450

깔다 동 바닥에 펴 놓다. 765

깔리다 동 '깔다'의 피동사. (넓은 물체나 알갱이 상태의 것들이) 바닥에 펴지거나 늘어져 놓이다. 765

깔이다 동 깔다. 여기저기 흩어 놓거나 널리 벌려 놓거나 하다. 766

깜하다 형 까맣다. 불빛이 전혀 없는 밤하늘과 같이 밝고 짙게 검다. 710

깨다 동 잠, 꿈 따위에서 벗어나다. 또는 벗어나게 하다. 601

깨어지다[동] 단단한 물건이 여러 조각이 나다. 766

깨이다①[동] 깨다. 잠, 꿈 따위에서 벗어나다. 또는 벗어나게 하다. 601

깨이다②[동] 깨다. '까다'(알을 품어 새끼가 껍질을 깨고 나오다)의 피동사. 601

깨죽[명] 껍질을 벗긴 참깨에 찹쌀을 섞고 함께 갈아서 쑨 죽. 깨죽을 상식하면 늙어서 풍이 없고, 흰머리가 검어지며, 근심까지 없애 준다는 소위 삼거지덕三去之德이 전해진다. 147

깽제미[명] 갱지미. 놋쇠로 만든 반찬 그릇. 놋그릇 두 개를 맞부딪쳐 소리를 내 짐승을 쫓는다. 201

꺾어주다[동] 휘어 부러뜨려서 건네어 가지게 하다. 762

껌벅거리다[동] 큰 눈이 자꾸 감겼다 뜨였다 하다. 또는 그렇게 되게 하다. 557

껑추렁하다[형] '껑충하다'에서 온 말. 치마나 바지 따위의 옷이 꽤 짧다. 639

께다[동] '꿰다'의 방언(평북, 경상, 전라, 충남). 물건을 맞뚫리게 찔러서 꽂다. 764

께우다[동] '꿰이다'의 방언(평북, 경상, 전라, 충남). '꿰이다'는 '꿰다'의 피동사. (물건이 뾰족한 것에) 맞뚫리게 찔려서 꽂히다. 764

꼑꼑[부] ① 게사니가 자꾸 우는 것 같은 소리를 나타내는 말. ② 꽥꽥. 갑자기 목청을 높여 자꾸 세게 지르는 소리. 또는 그 모양. 705

껴안다[동] 두 팔로 감싸서 품에 안다. 755

꼬둘채댕기[꼬둘+채+댕기][명] 꼬들꼬들하게 해서 길게 늘어뜨린 댕기. 122

꼬리[명] 동물의 꽁무니나 몸뚱이의 뒤 끝에 붙어서 조금 나와 있는 부분. 짐승에 따라 조금씩 모양이 다르다. 486

꼬리잡이[명] 앞사람의 허리를 잡고 일렬로 늘어선 대열의 맨 끝 사람을 정해진 술래나 상대편이 잡는 놀이. 두 패로 나뉘어 한 패의 우두머리가 상대편 대열의 맨 끝 사람을 잡는 방법과 술래 하나를 정해 놓고 술래가 대열의 끝 사람을 잡는 방법, 대열의 맨 앞사람이 자기 대열의 끝 사람을 잡는 방법 등의 세 가지 놀이 방법이 있다. 381

꼭[부] 어떤 일이 있더라도 반드시. 805

꼭같다[형] 조금도 어김없이 같다. 802

꼭다기[명] 꼭대기. 높이가 있는 사물의 맨 위쪽. 234

꼭두손이[명] 꼭두서니. 꼭두서닛과의 여러해살이 덩굴풀. 줄기는 높이가 1미터 정도이고 속이 비어 있으며, 마디가 있는 방형方形이다. 마디마다 다섯 개의 잎이 돋아나고 붉은 꽃이 피며, 뿌리는 자홍색이다. 뿌리를 짜서 달이면 물이 나오는데 이것으로 적색 안료를 만든다. 색상은 홍화에 비하여 더욱 붉은빛이다. 백석 시 〈머리카락〉에서 '꼭두손이'는 그 뒤에 나오는 '연분홍'이란 말과 결합해 하나의 의미를 형성한다. 즉 '꼭두손이 연분홍'은 꼭두서니로 만든, 또는 꼭두서니 빛의 연분홍이란 뜻이다. 423

꼴두기명 꼴뚜기. 화살오징엇과에 속한 연체동물. 오징어와 비슷하게 생겼지만 오징어보다 작다. 몸빛은 흰색 바탕에 자줏빛 반점이 있으며 다리는 10개이다. 물살이 빠른 곳에서 그물을 물살에 흘러가지 않게 큰 닻으로 고정해 놓고 물살에 의해 고기가 그물로 들어가게 하는 안강망 이용 방법을 비롯해 여러 가지 방법으로 꼴뚜기를 잡는다. 147, 460

꼿꼿이부 물건이 휘거나 구부러지지 아니하고 단단하게. 686

꽁꽁부 물체가 매우 단단히 언 모양. 686

꽁지다동 꽁꽁 동이거나 작게 꾸리어 묶다. 751

꽂다동 쓰러지거나 빠지지 아니하게 박아 세우거나 끼우다. 764

꽃명 종자식물의 번식 기관. 모양과 색이 다양하며, 꽃받침과 꽃잎, 암술과 수술로 이루어져 있다. 437

꽃바위명 꽃이 가득한, 또는 꽃으로 둘러싸인 바위. 408

꽃조개명 어린 조개. 또는 꽃처럼 예쁜 조개. 460

꽉부 가득 차거나 막힌 모양. 644

꾸냥명 '처녀'를 뜻하는 중국어 '고랑姑娘'의 중국어 발음을 우리말로 적은 것. 76

꾸다동 (사람이 꿈을) 잠을 자는 동안 머릿속에서 경험하다. 601

꿀명 꿀벌이 꽃에서 빨아들여 벌집 속에 모아 두는, 달콤하고 끈끈한 액체. 가장 오래되고 좋은 천연 감미료이며 소화성이 좋아 노인이나 위장이 약한 사람에게 좋은 것으로 알려져 있다. 147

꿀꺽부 액체나 음식물 따위가 목구멍이나 좁은 구멍으로 한꺼번에 많이 넘어가는 소리. 또는 그 모양. 705

꿀벌명 ① 벌목에 속한 곤충 중 개미류를 제외한 곤충을 통틀어 이르는 말. 대개 막질膜質의 날개를 가지며, 가늘고 긴 입으로 꽃에서 꿀을 빨아 저장하고, 몸 끝의 독침으로 적을 쏜다. 사회생활을 하며 여왕벌, 일벌, 수벌 따위의 구별이 있다. 곤충 중 가장 큰 무리로 전 세계에 십만 종 이상이 알려져 있다. ② 벌목 꿀벌과에 속한 곤충. 몸빛은 어두운 갈색이며, 날개는 희고 투명하다. 한 마리의 여왕벌을 중심으로 집단생활을 한다. 아프리카, 유럽 원산으로 몇 개의 품종이 있다. 477

꿇다동 무릎을 구부려 바닥에 대다. 557

꿇어지다동 꿇게 되다. 무릎을 구부려 바닥에 대게 되다. 557

꿈①명 잠자는 동안에 깨어 있을 때와 마찬가지로 체험하는 여러 가지 정신 현상. 505

꿈②명 실현하고 싶은 희망이나 이상. 49

꿋꿋하다형 사람의 기개, 의지, 태도나 마음가짐 따위가 매우 굳세다. 514

꿩명 꿩과의 새. 닭과 비슷하며, 몸에 알락달락한 검은 점이 많다. 수컷은 '장끼'라 하는데 목에 흰 줄이 있고 푸르며, 꽁지가 길고 아름답다. 암컷은 '까투리'라 하는데 수컷보다 작고 갈색에 검은색 얼룩무늬가 있으며 곱지 못하다. 450

꿩사냥명 총이나 활 또는 길들인 매나 올가미 따위로 꿩을 잡는 일. 꿩은 밭에 내려서 먹이를 먹을 때는 날아다니지 않고 살살 기어 다니는 습성이 있다. 꿩의 이런 습성을 노려 꿩이 잘 기어 다닐 만한 길목에 올가미를 놓아 잡곤 한다. 381

끄다동 ① 전기나 동력이 통하는 길을 끊다. ② 타는 불을 못 타게 하다. 683

끄을다동 끌다. (사람이 사물을) 한쪽으로 잡아당기다. 693

끊다①동 옷감이나 표 따위를 사다. 630

끊다②동 말을 잠시 중단하다. 763

끌다①동 이끌다. 목적하는 곳으로 바로 가도록 같이 가면서 따라오게 하다. 792

끌다②동 (어떤 사람이 다른 대상을) 늘어뜨려 바닥에 닿은 채로 움직이다. 693

끓다①동 액체가 몹시 뜨거워져서 소리를 내면서 거품이 솟아오르다. 617

끓다②동 지나치게 뜨거워지다. 724

끓여놓다동 액체에 열을 가해 부글부글하며 김을 내게 해 놓다. 617

끓이다동 '끓다'(액체가 몹시 뜨거워져서 소리를 내면서 거품이 솟아오르다)의 사동사. 617

끝명 시간, 공간, 사물 따위에서 마지막 한계가 되는 곳. 234

끝없이부 끝나는 데가 없거나 제한이 없이. 659

끼다①동 (사람이 사물에 무엇을) 꿰거나 꽂아서 걸려 있게 하다. '끼우다'의 준말. 613

끼다②동 팔이나 손을 서로 걸다. 757

끼다③동 곁에 두거나 가까이하다. 755

끼다④동 안개나 연기 따위가 퍼져서 서리다. 664

끼때명 '끼니때'(끼니를 먹을 때)의 방언(평안, 황해, 경기, 강원, 충북, 전남, 경상). 315

끼밀다동 '깨물다' '씹다'로 추정된다. 621

끼애리명 '꾸러미'의 방언(평북). 여기서 '꾸러미'는 짚 따위로 길게 묶어 중간중간 동인 물건을 말한다. 202

끼우다동 (사람이 어떤 사물에 다른 사물을) 좁은 사이로 빠지지 않게 밀어 넣다. 764

ㄴ

나 대 말하는 이가 대등한 관계에 있는 사람이나 아랫사람을 상대하여 자기를 가리키는 일인칭 대명사. 101

나가다 동 안에서 밖으로 이동하다. 576

나귀 명 말과의 포유동물. 말과 비슷하나 몸은 좀 작고 귀가 길며, 앞머리의 긴 털이 없다. 입, 눈 둘레, 다리 안쪽, 배 따위는 희며 그 밖의 털빛은 누런빛을 띠는 갈색, 회색빛을 띠는 흰색, 회색빛을 띠는 갈색, 회색빛을 띠는 검은 색이 많다. 힘이 세고 병에 대한 저항력이 강하며 인내심이 뛰어나 부리기에 알맞다. 아프리카의 야생종을 가축으로 길들인 것으로 전 세계에 분포한다. '당나귀'의 준말이다. 466

나귀눈 명 나귀의 눈. 486

나그네 명 자기 고장을 떠나 다른 곳에 잠시 머물거나 떠도는 사람. 76

나다① 동 소리, 냄새 따위가 밖으로 드러나다. 785

나다② 동 (어떤 모습이) 나타나다. 786

나다③ 동 생명체가 태어나다. 601

나다④ 동 병 따위가 발생하다. 598

나다⑤ 동 어떤 사물에 구멍, 자국 따위의 형체 변화가 생기거나 작용에 이상이 일어나다. 686

나다⑥ 동 생각, 기억 따위가 일다. 534

나다⑦ 동 ① 농산물이나 광물 따위가 산출되다. ② 돈, 물건 따위가 생기다. 787

나다⑧ 동 밖으로 나오거나 나가다. 576

나다⑨ 형 홍미, 짜증, 용기 따위의 감정이 일어나다. 514

나다⑩ 동 신체 표면이나 땅 위에 솟아나다. 백석 시 〈연자간〉의 "도적괭이 새끼락이 나고/살진 쪽제비 트는 기지개 길고"에서 '나다'는 도적괭이가 새끼락(새끼발톱)을 내미는 상태를 말하는 것이다. 787

나다⑪ 동 (시장의 물품이) 판매를 목적으로 나오다. 693

나다⑫ 보조동 (동사 뒤에서 '-고 나다' 구성으로 쓰여) 앞말이 뜻하는 행동이 끝났음을 나타내는 말. 784

나다⑬ 동 나가다. 의식이나 정신이 없어지다. 534

나다⑭동 (어디에 흔적이나 흠이 생겨) 나타나다. 787

나들이명 집을 떠나 가까운 곳에 잠시 다녀오는 일. 54

나라명 일정한 영토와 거기에 사는 사람들로 구성되고, 주권에 의한 하나의 통치 조직을 가지고 있는 사회집단. '국가'와 같은 말. 220

나려가다동 내려가다. 높은 곳에서 낮은 곳으로 또는 위에서 아래로 가다. 577

나려누르다동 내리누르다. 위에서 아래로 힘껏 누르다. 568

나려오다동 내려오다. 높은 곳에서 낮은 데로 옮겨 오다. 577

나룻배명 나루와 나루 사이를 오가며 사람이나 짐 따위를 실어 나르는 작은 배. 348

나리다①동 내리다. ① 탈것에서 밖이나 땅으로 옮아가다. ② 타고 있던 물체에서 밖으로 나와 어떤 지점에 이르다. 577

나리다②동 내리다. 눈, 비, 서리, 이슬 따위가 오다. 664

나리다③동 내리다. 어둠, 안개 따위가 짙어지거나 덮여 오다. 664

나리다④동 내리다. 백석 시 〈목구木具〉에선 '내려오다'의 뜻으로 쓰였다. 668

나리다⑤동 내리다. 높은 데서 낮은 데로 또는 위에서 아래로 움직이다. 백석 시 〈국수〉의 "나려 멕이고"는 '내려오고'의 뜻이다. 577

나무명 줄기나 가지가 목질로 된 여러해살이 식물. 438

나무그릇명 나무로 만든 그릇. 202

나무뒝치명 나무로 만든 뒤웅박. 나무의 속을 파서 뒤웅박처럼 만든 것. '뒝치'는 '뒤웅박'의 평북 방언. 202

나무등걸명 나뭇등걸. 나무를 베어 내고 남은 밑동. 443

나무말쿠지명 '나무말코지'의 평북 방언. '나무말코지'는 물건을 걸기 위하여 벽 따위에 달아 두는 나무 갈고리. 흔히 가지가 여러 개 돋친 나무를 짤막하게 잘라 다듬어서 노끈으로 달아맨다. 202

나무판장명 나무 널판장. 나무 널빤지. 판판하고 넓게 켠 나뭇조각. 412

나물명 사람이 먹을 수 있는 풀이나 나뭇잎 따위를 삶거나 볶거나 또는 날것으로 양념하여 무친 음식. 131

나물매명 ① 나물과 함께 차려진 제삿밥. '매'를 '메', 즉 '제사 때 신위神位 앞에 놓는 밥'으로 봄. ② 이것저것 맵시 있게 진설해 놓은 나물. '매'를 '생김새', '맵시'를 뜻하는 접미사로 봄. 131

나물지짐명 나물 부침개. 나물로 만든 부침개. '지짐'은 '부침개'의 평북 방언. 131

나비수염명 양쪽으로 갈라 위로 꼬부라지게 한 콧수염. 486

나서다동 앞이나 밖으로 나와 서다. 578

나아가다동 나가다. 일정한 지역이나 공간의 범위와 관련하여 그 안에서 밖으로 이동

하다. 578

나어리다 형 나이가 어리다. 607

나오다① 동 ① 안에서 밖으로 오다. ② 일정한 목적으로 어떠한 곳에 오다. 578

나오다② 동 속에서 바깥으로 솟아나다. 787

나이 명 사람이나 동·식물 따위가 세상에 나서 살아온 햇수. 316

나이금 명 나이를 나타내는 금. 412

나조반 명 나주반. 나주에서 생산된 전통 소반을 지칭하는 것으로 보인다. 203

나주볕 명 저녁볕(저녁때의 햇볕). '나주'는 '저녁'의 평북 방언. 307

나줏손 명 저녁 무렵. '나주'는 '저녁'의 평안 방언. 316

나즈막하다 형 '나지막하다'(위치가 꽤 나직하다)의 평북 방언. 639

나타샤 명 러시아 여자 이름. 〈전쟁과 평화〉를 비롯해 러시아 문학 작품에 자주 등장하는 이름이다. 김광균의 시 〈눈오는 밤의 시詩〉에도 "나타－샤 같은 계집애가 우산을 쓰고/그 우를 지나간다"는 구절이 나온다. 〈전쟁과 평화〉에서 나타샤는 발랄하고 생동감 있는 인물로 그려진다. 스스로를 백석의 애인이라고 술회한 바 있는 김영한(일명 '자야 여사')은 백석이 자신을 지칭한 시 속의 인물이라고 하고, 송준은 백석의 제자였던 김진세의 누이일 가능성을 내비치고 있으나, 둘 다 명확하게 단정하기 어렵다. 연시에서 연인의 이름을 러시아 말로 붙여 이국적인 정서를 자아내는 것에 더 주목할 필요가 있다. 91

낙樂 명 살아가는 데서 느끼는 즐거움이나 재미. 43

난蘭 명 통영 출신으로 백석이 좋아했던 '박경련'이란 여인을 가리킨다. 백석이 그녀를 난초에 빗대어 '난'이라고 불렀다고 한다. 송준의 조사에 의하면 백석은 당시 평북 용천 출신의 허준, 경남 하동 출신의 신현중(조선일보 사회부 기자)과 친하게 지냈으며, 박경련은 신현중의 누님인 신순정의 제자였다. 당시 허준의 결혼식 축하모임에 신현중이 동향 출신의 박경련, 김천금 등을 불러 자리를 함께했는데, 이때 박경련을 처음 본 백석이 그녀를 마음속에 두게 되었다고 한다. 시 〈통영統營(남행시초南行詩抄)〉은 백석이 통영으로 그녀를 만나러 가는 여정을 노래한 것이다.

박태일의 조사에 따르면 박경련은 1917년 6월 8일(음력) 통영시 도남동 470번지에서 태어나 통영공립보통학교를 졸업한 뒤, 서울로 올라와 통영의 유력자였던 외숙부 서상호의 집에 머물면서 이화고녀를 다녔다. 애국자였던 서상호는 반제 활동으로 옥고를 치르기도 했던 신현중을 매우 아꼈으며, 신현중 역시 서상호를 존경했다. 후에 박경련은 신현중과 결혼하게 되는데 여기에는 서상호의 뜻도 많이 작용한 것으로 보인다. 둘의 결혼으로 백석은 가슴 아픈 실연을 하게 된다. 91

날① 명 천, 돗자리, 짚신 따위를 짤 때 세로로 놓는 실, 노끈, 새끼 따위. 120

날②명 날씨. 그날그날의 비, 구름, 바람, 기온 등으로 나타나는 대기의 운동과 변화상태. 307

날③명 ① 하루 밤낮의 동안. 보통 자정에서 다음 자정까지이다. ② 하루의 해가 뜬 동안. 316

날기멍석명 '낟알'(껍질을 벗기지 아니한 곡식의 알)을 까는 데 쓰는 멍석. 또는 낟알을 깔아 놓은 멍석. '날기'는 '낟알'의 평남 방언. 203

날다①동 공중에 떠서 어떤 위치에서 다른 위치로 움직이다. 578

날다②동 나다. 철이나 기간을 보내다. 668

날러가버리다동 날아가 버리다. 공중으로 날면서 가 버리다. 579

날러오다동 날아오다. 공중으로 날면서 오다. 579

날리다동 '날다'의 피동사. (물체나 물질이) 공중에 떠서 움직이게 되다. 693

날버들치명 익히거나 가공하지 않은 버들치. '버들치'는 잉엇과의 민물고기. 몸길이는 8~15센티미터이고 방추 모양이며, 등 쪽이 어두운 갈색, 배는 흰색에 가깝고 옆구리에는 연한 푸른색의 넓적한 무늬가 가로 둘려 있다. 피라미와 비슷하나 입에 수염이 없고 비늘이 비교적 크다. 148, 460

날씨명 그날그날의 비, 구름, 바람, 기온 등으로 나타나는 대기의 운동과 변화상태. 307

날아오다동 공중으로 날면서 오다. 579

날어가다동 날아가다. 공중으로 날아서 가다. 579

날어나다동 날아나다. ① 안에 있던 것이 날아서 밖으로 나가거나 나오다. ② 사방으로 날아서 흩어지다. 579

날어들다동 날아들다. 날아서 안으로 들다. 579

날어오다동 날아오다. 공중으로 날면서 오다. 580

낡다형 물건 따위가 오래되어 헐고 너절하다. 687

남명 자기 이외의 다른 사람. 76

남갑사[남+갑사]명 남색으로 된 비단. '갑사甲紗'는 품질이 좋은 비단으로 얇고 성겨서 여름 옷감으로 많이 쓴다. 120

남기다동 '남다'의 사동사. 잊히지 않도록 해 두거나 뒤에까지 전하게 하다. 749

남길동명 남색의 길동. '길동'은 '끝동'(여자의 저고리 소맷부리에 댄 다른 색의 천)의 평북 방언. 119

남다동 다 쓰지 않거나 정해진 수준에 이르지 않아 나머지가 있게 되다. 749

남방토南方土명 남쪽 지방의 흙. 221

남신의주南新義州명 '신의주부'의 남쪽 지역. '남신의주'는 행정구역상 공식 지명이 아니고 '신의주부'의 남쪽 지역을 가리키는 말이다. '신의주부'는 평안북도 '의주군' 안에 있는 부 단위의 지명으로 의주군에 새롭게 조성한 신시가지이다. '남신의주'는 그 '신의주부'의 남쪽 지역 일대를 가리키므로 행정구역상으로는 '의주군'이라고 할 수 있는데, 그곳이 신시가지인 '신의주부'의 바로 남쪽 지역이기 때문에 '남신의주'라고 부른 것이다. 250

남어있다[동] 남아 있다. 다 쓰지 않거나 정해진 수준에 이르지 않아 나머지가 있는 상태가 지속되다. 749

남즉하다[명] 날 만하다. 날 가능성이 많다. 여기서 '나다'는 '(신체적 반응이) 실제적으로 드러나다'의 뜻이다. 602

남치마[명] ① 남빛 치마를 통틀어 이르는 말. ② 예전에, 여자 예복으로 입던 남빛의 치마. 113

남행시초南行詩抄[명] 남행, 즉 남쪽 여행을 주제로 한 시들을 뽑아 묶은 것. 355

남향南鄕[명] 남쪽 마을. 백석 시 〈남향南鄕—물닭의 소리〉에서 '남향'은 '통영'을 지칭한다. 시의 마지막 연에 "감로甘露 같은 물이 솟는 마을"이라는 구절이 나오는데, 이것은 명정明井샘이 있는 통영의 명정明井골을 가리키는 것이다. 221

낫다[동] 병이나 상처 따위가 고쳐져 본래대로 되다. 598

낫대들다[낫다+대들다][동] 바로 들어가다. 대뜸 들어가다. 580

낮[명] ① 해가 뜰 때부터 질 때까지의 동안. ② 아침이 지나고 저녁이 되기 전까지의 동안. ③ 한낮(낮 열두 시를 전후한 때). 317

낮다[형] 아래에서 위까지의 높이가 기준이 되는 대상이나 보통 정도에 미치지 못하는 상태에 있다. 640

낮배[명] 낮 무렵. 317

낮잠[명] 낮에 자는 잠. 505

낯[명] 눈, 코, 입 따위가 있는 얼굴의 바닥. 487

낯설다[형] 전에 본 기억이 없어 익숙하지 아니하다. 594

낳다[동] 배 속의 아이, 새끼, 알을 몸 밖으로 내놓다. 602

내①[대] 일인칭 대명사 '나'가 주격 조사 '가'나 보격 조사 '가' 앞에 쓰일 때의 형태. 106

내②[대] 일인칭 대명사 '나'에 관형격 조사 '의'가 붙어 줄어든 말. 107

내③[부] 처음부터 끝까지 계속해서. 669

내다①[동] ('내임', '냄'과 함께 쓰여) 배웅하다. 593

내다②[동] 안에서 밖으로 옮기다. 693

내다③[동] '나다'(쓰이고 있던 물건이 쓰지 않는 동안이 생기다)의 사동사. 694

내다④[동] '나다'의 사동사. 돈, 물건 따위를 생기게 하다. 787

내다⑤동 '나다'의 사동사. 생명체를 태어나게 하다. 787

내다⑥동 '나다'의 사동사. 사물이 생겨 이루어지게 하다. 788

내어던지다동 내던지다. 아무렇게나 힘차게 던지다. 759

내어두르다동 내두르다. 이리저리 휘휘 흔들다. 557

내어밀다동 내밀다. 신체나 물체의 일부분이 밖이나 앞으로 나가게 하다. 557

내음새명 '냄새'의 방언(경상). 코로 맡을 수 있는 온갖 기운. 417

내일명 오늘의 바로 다음 날. 318

내임명 냄. 배웅. 떠나가는 손님을 일정한 곳까지 따라 나가서 작별하여 보내는 일. 54

내지인內地人명 식민지 사회에서, 그 나라를 지배하는 사람을 이르는 말. 76

냄새명 코로 맡을 수 있는 온갖 기운. 418

냅일날명 납일臘日. 동지 뒤의 셋째 미일未日. 궁중에서는 이날 납약을 만들어 약으로 썼으며, 민간에서는 참새를 잡아 구워 먹는 풍습이 있었고, 또 이날 내리는 눈인 납설수를 약용으로 쓰기도 했다. 397

냅일눈명 납일에 내리는 눈. 이 눈이 녹은 물을 납설수(백석 시에선 '냅일물'로 지칭)라 한다. 397

냅일물명 납일에 내린 눈이 녹은 물. 납설수臘雪水. '납설수'(백석 시에선 '냅입물'로 지칭)는 살충약, 해독약으로 많이 쓰이며, 민간에서는 이 물로 눈을 씻으면 안질이 낫고, 김장독에 넣으면 김치 맛이 변하지 않는다고 하여 귀중히 여겼다고 한다. 또 이 물은 모든 병을 다스린다고 전해지는데, 백석의 시에선 고뿔, 배앓이, 갑피기(이질)의 치료에 쓰는 것으로 진술된다. 397

냥의 예전에, 엽전을 세던 단위. 한 냥은 한 돈의 열 배이다. 368

너대 듣는 이가 친구나 아랫사람일 때, 그 사람을 가리키는 이인칭 대명사. 109

너구리명 갯과의 포유류. 몸길이는 50~60센티미터 정도이며, 다리는 짧고 귀는 둥글다. 몸빛은 갈색이나 흑색이며, 얼굴에 검은 점이 있다. 주로 밤에 활동하며, 잡식성이어서 작은 동물, 어류, 식물, 죽은 고기, 과실, 고구마 따위를 먹는다. 모피는 방한용이나 필모筆毛로 쓰인다. 동아시아가 원산지이며, 한국, 중국, 일본 등지에 분포한다. 467

너구리가죽명 너구리의 가죽. 지난 시절 너구리 가죽으로 목도리를 만들었으며, 지금도 코트나 재킷의 원료로 쓰이고 있다. 487

너들씨다동 너들거리다. 분수없이 히물거리며 자꾸 까불다. 546

너머명 높이나 경계로 가로막은 사물의 저쪽. 또는 그 공간. 234

너무부 일정한 정도나 한계에 지나치게. 653

너무나부 '너무'(일정한 정도나 한계에 지나치게)를 강조하여 이르는 말. 653

너부러지다[동] 힘없이 너부죽이 바닥에 까부라져 늘어지다. 569

너슬너슬[부] ① 굵고 긴 털이나 풀 따위가 부드럽고 성긴 모양. ② (성기게 난 풀이나 털 같은 것이) 일어나 부스스한 모양을 나타내는 말. 687

너울쪽[명] 널쪽(널조각. 널빤지의 조각). 412

너이 대 너희. 듣는 이가 친구들이나 아랫사람들일 때, 그 사람들을 가리키는 이인칭 대명사. 109

넋[명] ① 사람의 몸에 있으면서 몸을 거느리고 정신을 다스리는 비물질적인 것. 몸이 죽어도 영원히 남아 있다고 여겨지는 초자연적인 것. ② 정신이나 마음. 49

넌즈시[부] '넌지시'의 평북 방언. 드러나지 않게 가만히. 734

널리다①[동] 여기저기 많이 흩어져 놓이다. 766

널리다②[동] '널다'의 피동사. (물건이 장소에) 바람에 통하거나 햇빛에 펼쳐 놓아지다. 766

널어놓다[동] 널어서 벌여 놓다. 766

넓다[형] 면이나 바닥 따위의 면적이 크다. 640

넓적다리[명] 다리에서 무릎 관절 위의 부분. 487

넘너른하다[형] 여기저기 마구 널려 있다. 687

넘다①[동] 일정한 시간, 시기, 범위 따위에서 벗어나 지나다. 753

넘다②[동] 경계를 건너 지나다. 580

넘석하다[형] (형용사로 쓰여) 크게 힘들이지 않게 가깝다. 659

넘어가다[동] 높은 부분의 위를 지나서 가다. 580

넘언집[명] 너머집. (담이나 고개 또는 산 등의) 너머에 있는 집. 176

넘에[명] '넘어에', '너머에'가 줄어든 말. 235

넘엣[명] 넘어엣. 너머에 있는. 235

넘엣거리[명] 너머에 있는 거리. 229

넘치다[동] 가득 차서 밖으로 흘러나오거나 밀려나다. 753

넣다①[동] 한정된 공간 속으로 들게 하다. 747

넣다②[동] 다른 것에 섞거나 타다. 747

네① 대 이인칭 대명사 '너'에 주격 조사 '가'나 보격 조사 '가'가 붙을 때의 형태. 110

네② 대 이인칭 대명사 '너'에 관형격 조사 '의'가 붙어 줄어든 말. 110

네날백이[네+날+백이][명] 네날박이. 짚신 등의 세로줄을 네 가닥으로 짠 방식. 120

넥타이[명] 양복을 입을 때 와이셔츠 깃 밑으로 둘러 매듭을 지어 앞으로 늘어뜨리거나 나비 모양으로 매듭을 만드는 천. 123

넷말[명] '옛말', '옛이야기'의 평북 방언. 백석 시 〈고방〉에서 '넷말'은 '옛날이야기'의 의

미로 쓰이고 있다. 39

녀귀명 여귀厲鬼. 미혼 남녀의 귀신이나 자손이 없는 귀신 등 여러 가지 사정으로 인해 제사를 받을 수 없는 무사귀신無祀鬼神을 말한다. 이 무사귀신들이 사람에게 해를 미친다고 여겨, 이들에게 제사를 지내 줌으로써 여귀의 한을 풀어 주어 마을의 역질이나 재난을 막아 내고자 하였다. 이러한 속신과 풍속은 특히 평안도와 함경도 마을에 널리 펴져 있었던 것 같다. 386

녀기다동 여기다. 마음속으로 그러하다고 인정하거나 생각하다. 534

녀름날명 여름날. 여름철의 날. 318

녀름볕명 여름볕. 여름철에 내리쬐는 햇볕. 307

년年의 (주로 한자어 수 뒤에 쓰여) 해를 세는 단위. 368

녕명 '지붕'의 평북 방언. 182

녕감명 영감. 나이가 많아 중년이 지난 남자를 대접하여 이르는 말. 76

녕동명 영동楹棟. 기둥과 마룻대(서까래가 얹히게 된 도리)를 아울러 이르는 말. 182

녚은댕이명 옆댕이. 옆. 235

녚차개명 옆차개. 호주머니. 123

녯관 옛. 지나간 때의. 669

녯날명 옛날. ① 지난 지 꽤 오래된 시기를 막연히 이르는 말. ② 이미 지나간 어떤 날. 318

녯말명 옛말. 옛이야기. 백석 시 〈가즈랑집〉에서 '녯말'은 '옛날이야기'의 의미로 쓰이고 있다. 39

녯사람명 옛사람. 옛날에 살았던 사람. 76

녯성城명 옛성. 옛날에 있던 성. 또는 옛날부터 있던 성. 194

녯적명 옛적. 이미 많은 세월이 지난 오래전 때. 318

녯적본[녯적+본]명 옛적본. 옛날의 본. 옛날 모양. 353

녯조상명 옛조상. 옛날의 조상. 76

녯투명 옛투. 옛날 방식. 353

노곤하다형 나른하고 피로하다. 602

노나가지다동 '나눠 가지다'의 방언. 745

노나리꾼명 노라리꾼. 건달. 77

노란저고리명 노란색 저고리. 전통적으로 결혼하기 전의 처녀들이 입은 한복의 배색은 노란 저고리에 다홍치마였다. 113

노랑나뷔명 노랑나비. ① 노란 빛깔을 띠는 나비를 통틀어 이르는 말. ② 나비목 흰나빗과에 속한 곤충. 날개의 길이는 5센티미터 정도이다. 수컷의 빛깔은 노랗고 암컷은

희며 날개 끝부분이 검다. 애벌레는 콩과 식물의 잎을 먹고 자란다. 477

노랗다형 병아리나 개나리꽃과 같이 밝고 선명하게 노르다. 711

노루명 사슴과의 포유동물. 몸은 1~1.2미터, 어깨의 높이는 65~86센티미터이다. 여름에는 누런 갈색이고 겨울에는 누런 흙색으로 꽁무니에 흰 반점이 나타난다. 수컷은 세 갈래로 돋은 뿔이 있는데 겨울에 빠지고 봄에 새로 나며, 꼬리는 흔적만 남아 있다. 삼림지대에서 풀이나 열매 따위를 먹고 살며, 4~5월에 1~3마리의 새끼를 낳는다. 467

노루고기명 노루의 고기. 육질肉質이 연하고 냄새가 많이 나지 않아서 전골 요리에도 좋고, 갖은 양념을 하여 구이를 해도 좋다. 한국에서는 예로부터 검은 염소 곰과 함께 노루 곰을 약효를 겸한 건강식품으로 애용하였다. 148

노루새끼명 노루의 새끼. 어린 노루. 467 ☞ 노루

노루섬명 장도獐島. 평북 정주군 앞쪽의 바다 건너편에 있는 섬이다. '장도獐島'의 한자 '獐'은 '노루'라는 뜻이어서 '장도獐島'를 우리말로 부르면 '노루섬'이 된다. '장도獐島'는 '외장도'와 '내장도' 두 개의 섬으로 이루어져 있다. 250

노릇명 (그 사람의 자격, 직업, 직책을 나타내는 명사 뒤에 쓰여) 그 역할과 구실을 낮추어 나타내는 말. 55

노리개명 예전에 여자들이 옷고름이나 허리에 달던 대표적인 장신구. 노리개는 화려하고 그 종류와 형태도 다종다양하며 공예적 가치도 높다. 노리개는 띳돈(노리개의 맨 윗부분에 있는 장식품), 주된 장식물인 주체(몸체), 주체를 걸고 있는 매듭과 술 등으로 이루어져 있다. 노리개는 장신구이지만 실용적 목적을 가진 것도 많았는데 대표적인 것이 장도노리개, 바늘집노리개, 향갑노리개 등이다. 노리개는 몸체가 하나인 단작노리개와 세 개인 삼작노리개, 다섯 개인 오작노리개 등이 있다. 백석 시 〈칠월七月 백중〉에서 은장두, 바늘집, 원앙, 바둑 등은 모두 노리개의 몸체나 띳돈에 해당하는 것으로 삼작 이상의 노리개가 구사된 것이다. 단작노리개는 평상시에, 삼작노리개는 명절이나 경사나 예복 착용 시에 주로 사용한다. 123

노새명 말과의 포유동물. 암말과 수나귀 사이에서 난 잡종으로 크기는 말보다 약간 작으며, 머리 모양과 귀·꼬리·울음소리는 나귀를 닮았다. 몸이 튼튼하고 힘이 세어 무거운 짐과 먼 길에 잘 견딘다. 성질이 온순하고 병에 잘 걸리지 않으나, 정자가 성숙하지 못하여 생식력이 없다. 미국, 중국, 에스파냐 등지에 많다. 467

노왕老王명 라오왕. 왕王씨. 또는 왕王선생. 중국에서 사람을 부를 때 연장자는 성씨 앞에 '老'(라오)자를 붙이고 아랫사람에게는 '小'(샤오)자를 붙인다. 92

노을명 해가 뜨거나 질 무렵에, 하늘이 햇빛에 물들어 벌겋게 보이는 현상. 307

노盧장에 령감명 노씨 성을 가진 영감. 77

노친네[명] '노파'(늙은 여자)의 방언(경상, 평안). 77

노큰마니[명] 노老할머니. 증조할머니나, 증조할머니뻘 되는 사람, 곧 증조할머니 항렬의 사람. 62

녹다[동] 얼음이나 얼음같이 매우 차가운 것이 열을 받아 액체가 되다. 681

녹이다[동] 녹다. '녹다'에 '이' 모음이 첨가된 형태의 말. 얼음이나 얼음같이 매우 차가운 것이 열을 받아 액체가 되다. 681

녹히다[동] 녹이다. '녹다'의 사동사. 추워서 굳어진 몸이나 신체 부위를 풀어지게 하다. 569

논[명] 물을 대어 주로 벼를 심어 가꾸는 땅. 334

논두렁[명] 물이 괴어 있도록 논의 가장자리를 흙으로 둘러막은 두둑. 334

논드렁[명] '논두렁'의 고어. 335

논배미[논+배미][명] 논두렁으로 둘러싸인 논의 하나하나의 구역. 335

놀다①[동] 놀이나 재미있는 일을 하며 즐겁게 지내다. 634

놀다②[동] 일정하게 움직이거나 작용을 하다. 691

놀라나다[동] '놀라다'의 평북 방언. 514

놀라다[동] 뜻밖의 일로 가슴이 두근거리거나 무서움을 느끼다. 514

놀래주다[동] '놀래다'(뜻밖의 일로 가슴이 두근거리거나 무서움을 느끼게 하다)에 보조용언 '주다'가 결합된 말. 514

놀음[명] 일정한 규칙 또는 방법에 따라 노는 일. 55

놀하다[형] 노랗다. 병아리나 개나리꽃과 같이 밝고 선명하게 노르다. 711

놈[의] (주로 '놈의' 꼴로 쓰여) 그 뒤에 나오는 말이 가리키는 대상을 주로 비관적으로 이르는 말. 378

농다리[명] 농어나 농어의 일종을 가리키는 말로 짐작된다. 농어는 농엇과의 바닷물고기. 몸은 옆으로 납작하며, 주둥이가 크다. 등은 검푸르고 배는 흰색이며, 어릴 때는 등과 등지느러미에 검은 갈색의 작은 점이 많다. 가을과 겨울철에 강어귀에 산란하며 어릴 때에는 민물에서 살다가 첫 겨울에 바다로 나간다. 461

농마루[명] 마룻보. 대들보 위의 동자기둥 또는 고주高柱에 얹히어 중도리와 마룻대를 받치는 들보. 삼량三樑집에서 양통을 확장시키면 보의 길이가 늘어나는 만큼 도리 사이의 간격도 넓어져 구조가 불안해진다. 이때 주심도리와 종도리 사이에 중도리를 추가하는데, 추가된 중도리를 받치기 위해 추가하는 보가 마룻보이다. 182

농사꾼[명] 농사짓는 일꾼이라는 뜻으로, '농부農夫'를 달리 이르는 말. 58

농삿집[명] 농사를 본업으로 하는 사람의 집. 또는 그런 가정. '농가農家'와 같은 말. 176

농짝[명] ① '농'을 낮잡아 이르는 말. ② 한 벌의 농 가운데 낱개의 농. 203

높다 형 ① 아래에서 위까지의 길이가 길다. ② 아래에서부터 위까지 벌어진 사이가 크다. ③ 품질, 수준, 능력, 가치 따위가 보통보다 위에 있다. ④ 소리가 음계에서 위쪽에 있거나 진동수가 많은 상태에 있다. 640

높이 부 아래에서 위까지의 길이가 길게. 641

놓다① 동 (사람이 물건을 어떤 곳에) 있게 두다. 749

놓다② 동 짐승이나 물고기를 잡기 위하여 일정한 곳에 무엇을 장치하다. 766

놓다③ 동 (사람이 짐승을) 가두거나 매지 않고 자유롭게 움직이게 하다. 755

놓다④ 동 치료를 위하여 주사나 침을 찌르다. 598

놓다⑤ 동 잡고 있던 것을 손에서 떼다. 755

놓다⑥ 동 걱정이나 근심, 긴장 따위를 잊거나 풀어 없애다. 535

놓다⑦ 동 불을 지르거나 피우다. 683

놓여나다 동 잡혔던 상태에서 벗어나다. 755

놓이다 동 '놓다'의 피동사. (어떤 곳에 기계나 장치, 구조물 따위가) 설치되거나 가설되다. 767

누가 대 '누구가'가 줄어든 말. '누구'는 특정한 사람이 아닌 막연한 사람을 가리키는 인칭대명사. 110

누구 대 ① 특정한 사람이 아닌 막연한 사람을 가리키는 인칭대명사. ② 가리키는 대상을 굳이 밝혀서 말하지 않을 때 쓰는 인칭대명사. 111

누긋이 부 '누긋이'의 평북 방언. 메마르지 않고 좀 축축한 기운이 약간 있게. 724

누긋하다 형 '누긋하다'의 평북 방언. 메마르지 않고 좀 축축한 기운이 약간 있다. 724

누긋하다 형 메마르지 않고 좀 축축한 기운이 약간 있다. 725

누나 명 같은 부모에게서 태어난 사이거나 일가친척 가운데 항렬이 같은 사이에서, 남자가 손위 여자를 이르거나 부르는 말. 63

누다 동 배설물을 몸 밖으로 내보내다. 602

누르다 동 국수틀로 국수를 뽑다. 618

누우랗다 형 누렇다. 익은 벼와 같이 다소 탁하고 어둡게 누르다. 711

누이 명 같은 부모에게서 태어난 사이거나 일가친척 가운데 항렬이 같은 사이에서, 남자가 여자 형제를 이르는 말. 흔히 손아래인 여자를 이른다. 63

눈① 명 빛의 자극을 받아 물체를 볼 수 있는 감각기관. 487

눈② 명 대기 중의 수증기가 찬 기운을 만나 얼어서 땅 위로 떨어지는 흰 솜 모양의 결정체. 307

눈가 명 눈의 가장자리나 주변. 488

눈구덩이 명 눈이 많이 쌓인 가운데에 움푹 팬 곳. 295

눈귀신명 눈 내리는 날 나타나는 귀신. 물귀신이 물속에서 사람을 해치는 귀신이므로, 눈귀신도 눈 내리는 날 나타나서 사람을 해치는 귀신일 것이다. 387

눈물명 눈알 바깥 면의 위에 있는 눈물샘에서 나오는 분비물. 505

눈물겹다형 눈물이 날 만큼 가엾고 애처롭다. 515

눈물방울명 방울방울 맺히는 눈물. 505

눈빨갱이[눈+빨갱이]명 빨간빛을 띤 눈. 488

눈세기물명 '눈석임물'의 평북 방언. 눈이 녹아서 된 물. '석다'는 '쌓인 눈이 속으로 녹다'라는 뜻이다. 398

눈숡[눈+숡]명 눈시울. 눈의 가장자리. 488

눈알명 눈구멍 안에 들어 있는 공 모양의 기관. 488

눈질명 눈짓. 눈을 움직여서 상대편에게 어떤 뜻을 전달하거나 암시하는 동작. 52

눌러쓰다동 깊이 힘을 주어 모자 따위를 쓰다. 613

눌리다동 '누르다'(마음대로 행동하지 못하도록 힘이나 규제를 가하다)의 피동사. 568

눌하다형 누렇다. '누렇다'는 '노랗다'의 변형. 711

눕다①동 몸을 바닥 따위에 대고 수평 상태가 되게 하다. 557

눕다②동 병 따위로 앓거나 하여 자리에서 일어나지 못하다. 598

눞명 늪. 땅바닥이 우묵하게 뭉떵 빠지고 늘 물이 괴어 있는 곳. 진흙 바닥이고 침수 식물이 많이 자란다. 288

뉘어두다동 눕게 해 놓다. 몸을 바닥 따위에 대고 수평 상태가 되게 해 놓다. 558

느꾸다동 긴장이나 흥분을 풀다. 515

느끼다①동 마음속으로 어떤 감정 따위를 체험하고 맛보다. 515

느끼다②동 설움이 북받쳐서 흑흑 숨막히는 듯한 소리를 내다. 701

늘부 계속하여 언제나. 779

늘늘히부 넉넉히. 641

늘다동 본디보다 더 크게, 더 많게, 더 길게 되다. 641

늘어놓다동 줄을 지어 벌여 놓다. 767

늙다동 ① 사람이나 동물, 식물 따위가 나이를 많이 먹다. 사람의 경우에는 흔히 중년이 지난 상태가 됨을 이른다. ② 한창때를 지나 쇠퇴하다. 602

늙은이명 나이가 많아 중년이 지난 사람. 77

능달쪽명 응달쪽. 볕이 잘 들지 않는 그늘진 곳. 236

능당명 '능달'(응달, 즉 볕이 잘 들지 않는 그늘진 곳)로 추정된다. 236

니명 이. 이목의 곤충을 통틀어 이르는 말. 포유류의 몸에 기생하여 피를 빨아먹고 산다. 몸길이는 1~4밀리미터이고, 몸은 편평한 방추형이다. 날개는 없고 머리 양쪽에

홑눈이 한 개씩 있다. 피를 빨아먹으면서 몸을 가렵게 하는 외에 발진티푸스, 재귀열 등을 옮긴다. 477

니마 명 이마. 얼굴의 눈썹 위로부터 머리털이 난 아래까지의 부분. 489

니차떡 명 '찰떡' '인절미'의 평북 방언. 148

닉다 동 익다. 김치, 술, 장 따위가 맛이 들다. 618

닌함박 명 이남박. 안쪽에 여러 줄로 고랑이 지게 돌려 파서 만든 함지박. 쌀 따위를 씻어 일 때에 돌과 모래를 가라앉게 한다. 203

닐다① 동 '일어나다'의 고어. 누웠다가 앉거나 앉았다가 서다. 558

닐다② 동 '일어나다'의 고어. 위로 솟거나 부풀어 오르다. 694

님 명 '임'(사모하는 사람)의 옛말. 77

닢 의 납작한 물건을 세는 단위. 흔히 돈이나 가마니, 멍석 따위를 셀 때 쓴다. 백석 시 〈통영統營—남행시초南行詩抄 2〉에서는 '갓'을 세는 단위로 쓰이고 있다. 369

닢새 명 잎새. '잎사귀'(낱낱의 잎)의 방언(충청). 443

ㄷ

다①명 남거나 빠짐없이 모든 것. 361

다②부 ① 남거나 빠진 것이 없이 모두. ② 행동이나 상태의 정도가 한도限度에 이르렀음을 나타내는 말. 653

다견하다형 '대견하다'의 방언. 흐뭇하고 자랑스럽다. 794

다그다동 물건 따위를 어떤 방향으로 가까이 옮기다. 694

다니다동 이리저리 오고 가고 하다. 580

다람쥐명 ① 쥐목의 다람쥐류를 통틀어 이르는 말. ② 다람쥣과의 포유류. 몸길이는 12~15센티미터이며, 모양이 쥐와 비슷하나 쥐보다 크다. 털이 적갈색이고 등에 다섯 개의 검은 줄이 있다. 입 안에 큰 볼주머니가 있어서 여러 개의 먹이를 한꺼번에 저장하고 운반할 수 있다. 나무를 잘 타며 겨울에는 나무 구멍에서 동면한다. 468

다래명 다래나무의 열매. 손가락 굵기 정도의 둥근 열매로서 빛깔은 황록색이고 단맛이 강하며 9~10월에 익는다. 열매의 맛이 매우 달아 '다래'라는 이름이 붙었으며, 여러 약리 작용이 있는 것으로 알려져 있다. 머루와 함께 대표적인 야생 과실의 하나로서 전국의 깊은 산골짜기에서 자란다. 148

다래나무지팽이명 다래나무로 만든 지팡이. '다래나무'는 깊은 산지에서 자라는 낙엽활엽 덩굴로서 길이는 7~9미터 정도 된다. 잎은 어긋나고 넓은 타원형이며 광택이 난다. 5월에 흰색 꽃이 피며, 10월에 길이 약 2.5센티미터의 열매가 황록색으로 익는다. 다래나무는 추위에 강해 우리나라 전국에서 생장이 양호하다. 413

다르다형 비교가 되는 두 대상이 서로 같지 아니하다. 802

다리①명 사람이나 동물의 몸통 아래 붙어 있는 신체의 부분. 서고 걷고 뛰는 일 따위를 맡아 한다. 489

다리②명 물을 건너거나 또는 한편의 높은 곳에서 다른 편의 높은 곳으로 건너다닐 수 있도록 만든 시설물. 229

다리③명 예전에, 여자들의 머리숱이 많아 보이라고 덧넣었던 딴머리. 124

다리다동 데리다. 아랫사람이나 동물 따위를 자기 몸 가까이 있게 하다. 755

다리털명 다리에 난 털. 489

다만부 다른 것이 아니라 오로지. 654

다문다문[부] 공간적으로 배지 아니하고 사이가 좀 드문 모양. '드문드문'보다 작은 말. 687

다시[부] 다음에 또. 779

다음날[명] 어떤 날을 기준으로 바로 뒤에 오는 날. 319

다지다[동] 고기, 채소, 양념감 따위를 여러 번 칼질하여 잘게 만들다. 618

다하다[동] 어떤 것이 끝나거나 남아 있지 아니하다. 784

닦다①[동] '볶다'의 방언(평안, 함경, 황해). 음식이나 음식의 재료를 물기가 거의 없거나 적은 상태로 열을 가하여 이리저리 자주 저으면서 익히다. 618

닦다②[동] 학문이나 기술을 배우고 익히다. 636

닦다③[동] 건물 따위를 지을 터전을 평평하게 다지다. 627

단[명] 짚, 땔나무, 채소 따위의 묶음. 361

단기[명] 댕기. 길게 땋은 머리 끝에 드리는 장식용 헝겊이나 끈. 124

단기다[동] 다니다. 어떤 목적을 가지고 움직이다. 581

단니다[동] 다니다. 어떤 볼일이 있어 일정한 곳을 정하여 놓고 드나들다. 581

단둘[명] 단 두 사람. 361

단샘[명] 물맛이 좋은 샘물. 288

단이슬[명] 사람이나 생물에 좋다고 생각되는 이슬. 308

단채[단+채][명] 단째. 묶음 그대로, 묶음의 전부. 361

닫다[동] 열린 문짝, 뚜껑, 서랍 따위를 도로 제자리로 가게 하여 막다. 752

달[명] 지구의 위성. 지구에서 가장 가까운 거리에 있는 천체이다. 스스로 빛을 내지 못하고 햇빛을 반사하여 밤에 밝은 빛을 낸다. 304

달가불시다[동] '호들갑을 떨다' '까불다'로 짐작된다. 558

달걀구신[명] 달걀귀신. 달걀 모양으로 생겼다는 귀신. 우리나라의 전설에 나타나는 귀신으로 눈, 코, 입, 귀가 없으며 달걀 같은 얼굴과 머리카락만 덩그러니 있다. 387

달구지[명] 소나 말이 끄는 짐수레. 348

달궤[명] '달구'의 평북 방언. 땅을 단단히 다지는 데 쓰는 기구. '달궤를 닦고'는 '달구를 사용해서 땅을 평평하게 다지고'라는 뜻이다. 351

달다①[동] 물건을 일정한 곳에 붙이다. 757

달다②[형] 꿀이나 설탕의 맛과 같다. 697

달다③[동] 사람을 동행하거나 거느리다. 746

달디달다[형] 다디달다. 매우 달다. 697

달련[명] '단련'의 평북 방언. 고통스럽거나 귀찮은 시달림. 55

달리다①[동] (열매나 이슬 따위가 나무나 잎에) 맺혀서 붙어 있다. 610

달리다②[동] '달다'의 피동사. (무엇이 일정한 곳에) 걸리거나 붙은 채 떨어지지 않게 되다.

767

달리다③동 '달다'의 피동형. 어떤 물건이나 장소에 붙여지거나 설치되다. 757

달밤명 달이 떠서 밝은 밤. 319

달빛명 달에서 비쳐 오는 빛. 406

달송편명 반달 모양으로 빚은 송편. '송편'은 멥쌀가루를 반죽하여 소를 넣고 반달이나 모시조개 모양으로 빚어서 솔잎을 깔고 찐 떡. 148

달아가다동 달려가다. 달음질하여 빨리 가다. 581

달아나다동 빨리 내달아 도망가다. 581

달아나버리다동 빨리 내달아 도망가 버리다. 581

달어나다동 달아나다. 빨리 내달아 도망가다. 582

달이다동 약재 따위에 물을 부어 우러나도록 끓이다. 618

달재명 '달강어達江魚'의 방언(평북, 함남). 성댓과의 바닷물고기. 몸길이는 30센티미터로 가늘고 길다. 주둥이가 약간 길고 앞쪽이 오목하며 몸 표면이 까칠까칠하다. 등은 붉은색이고 배는 흰색이다. 우리나라 전 연해와 일본, 동중국해 등에 분포한다. 149

달큼하다형 감칠맛이 있게 꽤 달다. 698

닭명 꿩과의 새. 알과 고기의 생산을 목적으로 하는 가축으로, 머리에는 붉은 볏이 있고 날개는 퇴화하여 잘 날지 못하며 다리는 튼튼하다. 수컷은 털빛이 아름답고 때를 맞추어서 잘 울며, 암컷은 알을 낳는다. 원종은 인도, 말레이시아 등지의 들꿩이다. 450

닭보다동 닭을 키우고 돌보다. 627

닭이짗명 닭의 깃. 닭깃. 닭의 날개털. '짗'은 '깃'의 고어, 방언(평안, 함경, 강원). 489

닮다동 사람 또는 사물의 생김새나 성질 따위가 다른 사람이나 사물과 서로 비슷하다. 802

담명 집의 둘레나 일정한 공간을 둘러막기 위하여 흙, 돌, 벽돌 따위로 쌓아 올린 것. 194

담그다①동 김치·술·장·젓갈 따위를 만드는 재료를 버무리거나 물을 부어서, 익거나 삭도록 그릇에 넣어 두다. 618

담그다②동 액체 속에 넣다. 747

담기다동 '담다'의 피동사. (어떤 물건이 그릇에) 넣어지게 되다. 747

담다동 어떤 물건을 그릇 따위에 넣다. 747

담모도리명 담모퉁이(① 담이 휘어든 굽이의 어름 ② 담의 한쪽 귀퉁이). 194

담배명 담뱃잎을 말려서 가공한 기호품. 살담배, 잎담배, 궐련 따위가 있다. 149

담뱃대명 담배를 피우는 데 쓰는 기구. 203

담벽 명 담벼락. ① 담이나 벽의 표면. ② 담이나 벽 따위를 통틀어 이르는 말. 195

담복 부 '담뿍'에서 온 말. 넘칠 정도로 가득하거나 소복한 모양. 644

당기다 동 물건 따위를 힘을 주어 자기 쪽이나 일정한 방향으로 가까이 오게 하다. 694

당나귀 명 말과의 포유동물. 468 ☞ 나귀

당등 명 '장등長燈'의 평안 방언. 밤새도록 등불을 켜 둠. 203

당세 명 당수. 우리나라 전래 음식의 하나로 쌀, 좁쌀, 보리, 녹두 같은 곡식을 물에 불려 간 가루나 마른 메밀가루에 술을 조금 넣고 물을 부어 미음같이 쑨 것. 132

당신 대 듣는 이를 가리키는 이인칭 대명사. 하오할 자리에 쓴다. 111

당조카 명 장조카. 만형의 맏아들. 63

당즈깨 명 고리버들이나 대오리를 길고 둥글게 짠 작은 고리짝. 점심밥 등 음식을 넣어 가지고 다니는 그릇으로 쓴다. 204

당콩 명 '강낭콩'의 북쪽 지역 언어. 콩과의 한해살이풀. 줄기가 덩굴을 이루고 여름에 흰색 또는 자주색 꽃이 총상總狀꽃차례로 핀다. 열매는 꼬투리로 맺히는데 그 안의 종자는 식용한다. 보통 밭에서 재배하며 줄기 잎은 사료로 쓰고, 열매는 밥에 넣어 먹거나 떡, 과자의 소로 쓴다. 당콩 열매는 단백질과 비타민이 많고, 맛이 좋다. 149, 427

당콩밥 명 당콩(강낭콩)을 넣어 지은 밥. '당콩'은 '강낭콩'의 북쪽 지역 언어. 149

당콩순 명 강낭콩의 순(나무의 가지나 풀의 줄기에서 새로 돋아 나온 연한 싹). '당콩'은 '강낭콩'의 북쪽 지역 언어. 443

당콩포기 명 '강낭콩'의 포기(뿌리를 단위로 한 초목의 낱개). 한 자리에서 자란 여러 대의 당콩의 포기. 443

당홍치마 명 다홍치마. 짙고 산뜻한 붉은빛 치마. 전통적으로 결혼하기 전의 처녀들이 입은 한복의 배색은 노란 저고리에 다홍치마였다. 113

대 의 담배통에 채워 넣는 담배의 분량이나 담배를 피우는 횟수를 세는 단위. 369

대가리 명 사람의 머리를 속되게 이르는 말. 490

대감님 명 '대감大監'을 높여 이르는 말. 남자 조상男子祖上의 신. 구체적으로 언제 어느 때의 조상이 아니고 추상적인 조상이다. 남자 신의 존칭으로 볼 수도 있다. '성주신'과 같이 당지기(덮개가 있는 바구니) 같은 곳에 엽전이나 헝겊조각, 참지(창호지, 한지) 등을 담아 선반 한쪽 구석에 모신다. 387

대구 명 대구과의 한대성 바닷물고기. 몸은 넓적하며 입이 크다. 몸은 엷은 회갈색에 배는 흰색이며 등지느러미와 옆구리에 무늬가 있다. 입이 커서 '대구'라는 이름이 붙었다. 지방이 적어서 비린 생선을 좋아하지 않는 사람도 잘 먹는다. 허균의 《도문대작屠門大嚼》에 대구가 남해와 동해의 특산물로 기록되어 있다. 149, 461

대구국명 대굿국. 대구를 넣고 끓인 국. 150

대낮명 환히 밝은 낮. 319

대냥푼명 큰 양푼(음식을 담거나 데우는 데에 쓰는 놋그릇). 204

대님오리명 대님의 낱개. 119

대다동 무엇을 어디에 닿게 하다. 758

대대로부 여러 대를 이어서 계속하여. 780

대들보명 작은 들보의 하중을 받기 위하여 기둥과 기둥 사이에 건너지른 큰 들보. '들보'는 칸과 칸 사이의 두 기둥을 건너지른 나무. 도리와는 'ㄴ'자 모양, 마룻대와는 '十'자 모양을 이룬다. 183

대로의 (어미 '-는' 뒤에 쓰여) 어떤 상태나 행동이 나타나는 족족. 378

대림질감명 다림질감. 다리미질을 할 천이나 옷. 114

대멀머리명 대머리. 머리털이 많이 빠져서 벗어진 머리. 또는 그런 사람. 490

대모체돋보기[대모체+돋보기]명 대모테돋보기. 대모갑玳瑁甲으로 테를 만든 돋보기. 124

대모풍잠하다동 대모풍잠을 달다. '대모풍잠'은 대모갑玳瑁甲으로 만든 풍잠. '풍잠風簪'은 망건 앞에 다는 장식품으로 갓을 고정시키는 역할을 한다. 상류층에서는 대모玳瑁, 호박琥珀, 마노瑪瑙 등을 사용했고, 일반은 뼈나 뿔을 사용했다. 613

대문명 집의 정문. 195

대문간명 대문을 여닫기 위하여 대문의 안쪽에 있는 빈 곳. '대문'은 집의 정문을 가리킨다. 195

대보름명 음력 정월 보름날을 명절로 이르는 말. 원소절原宵節이라고도 한다. 중국에서는 이날 원소를 먹고 폭죽놀이를 하며 집집이 꽃등을 달거나 들고 다니는 풍속이 있다. 319

대산동大山洞명 평안북도 정주군定州郡 덕언면德彦面에 있는 동네 이름(당시의 행정구역상 명칭). 백석이 태어난 정주군 갈산면 익성동의 바로 위에 있다. 덕언면은 정주군의 여러 면 가운데 바다에 인접해 있는 면이다. 덕언면의 건너편 바다 쪽에 장도(노루섬)가 있고, 그 위쪽에 '신미도'가 있다. 백석은 시 〈대산동大山洞—물닭의 소리〉에서 그 섬들을 가리키며 즐거운 상상을 하고 있다. 251

대여가다동 대가다. 정한 시간에 맞추어 목적지에 이르다. 582

대이다동 '대다'의 피동형. 닿게 되다. 758

댕추가루명 고춧가루. '댕추'는 '고추'의 평안 방언. 150

더부 ① 계속하여. 또는 그 위에 보태어. ② 어떤 기준보다 정도가 심하게. 또는 그 이상으로. 654

더꺼머리총각명 떠꺼머리총각. 장가들 나이가 지나도록 장가를 들지 못하고 머리를

길게 땋아 늘인 총각. 78

더러[부] 이따금 드물게. 669

더럽다[형] 때나 찌꺼기 따위가 있어 지저분하다. 795

더리다[동] 데리다. 아랫사람이나 동물 따위를 자기 몸 가까이 있게 하다. 746

더부살이[명] 남의 집에서 먹고 자면서 일을 해 주고 삯을 받는 일. 또는 그런 사람. 78

더북하다[형] 수더분하거나 텁텁하다. 734

더욱[부] 정도나 수준 따위가 한층 심하거나 높게. 655

더운물[명] 따뜻하게 데워진 물. 403

더웁다[형] 덥다. 기온이 높거나 기타의 이유로 몸에 느끼는 기운이 뜨겁다. 725

더워오다[형] 기온이 높거나 기타의 이유로 몸에 느끼는 기운이 뜨거워 오다. 725

더하다[동] 어떤 정도나 상태가 더 크거나 심하게 되다. 753

덕[명] 공정하고 남을 넓게 이해하고 받아들이는 마음이나 행동. 49

덕신덕신[부] 말을 계속해서 이어 나가는 모습을 나타내는 말. 508

던져버리다[동] 손에 든 물건을 다른 곳에 떨어지게 팔과 손목을 움직여 공중으로 내보내 버리다. 759

던지다[동] 손에 든 물건을 다른 곳에 떨어지게 팔과 손목을 움직여 공중으로 내보내다. 759

덜거기[명] '수꿩'의 평북 방언. 수꿩은 색이 매우 곱고 푸른색의 목 위에 흰 줄이 있으며, 꽁지가 길고 아름답다. 수꿩은 '장끼'라고 부르기도 하며, 암꿩보다 크게 운다. 산림, 구릉지 등에 널리 서식하는 우리나라 특산종인 텃새이다. 451

덥다[형] 기온이 높거나 기타의 이유로 몸에 느끼는 기운이 뜨겁다. 725

덧문[명] 문짝 바깥쪽에 덧다는 문. 183

덩이[명] (수량을 나타내는 말 뒤에 쓰여) 작게 뭉쳐서 이루어진 것을 세는 단위. 369

덮다[동] 위에 얹어 씌우다. 752

데[의] '곳'이나 '장소'의 뜻을 나타내는 말. 236

데굴데굴하다[동] 큰 물건이 계속 구르다. 692

데석님[명] 제석님. '제석帝釋'을 높여 이르는 말. 집안 사람들의 수명과 곳간의 모든 곡식을 주관하는 신. 볏짚섬에 엽전과 곡식을 담아 방 안의 시렁 위 한 구석에 놓아두거나, 곳간에 달아매고 참지(창호지, 한지)를 접어서 걸어 두기도 한다. 387

도[명] 종교적으로 깊이 깨우친 이치. 또는 그런 경지. 50

도고하다[형] 수양이 높고 의젓하다. 546

도끼날[명] 도끼에서 물건을 찍거나 자르는 데 쓰는 쇠로 된 날카로운 부분. 338

도라지꽃[명] 도라지의 꽃. 7~8월에 종 모양으로 흰색이나 연보랏빛이 도는 파란색 꽃

이 핀다. 439

도락구명 일본어 영향을 받은 당시의 외래어로 '트럭truck'을 가리킴. '트럭'은 화물을 실어 나르는 자동차이다. '화물자동차'와 같은 말. 348

도랑명 매우 좁고 작은 개울. 288

도로부 향하던 쪽에서 되돌아서. 780

도미명 몸은 타원형으로 납작하며 대부분 붉은색을 띠고 있다. 살이 희고 단단하며 담백해서 어떻게 요리하든 맛이 좋고, 회를 뜨면 쫄깃쫄깃해서 광어회와 더불어 별미로 꼽는다. 봄철에서 여름철 사이에 잡히는 도미가 가장 맛이 좋고 영양가가 높다. 150, 461

도스토이엡흐스키명 표도르 미하일로비치 도스토엡스키Fyodor Mikhailovich Dostoevskii. 제정 러시아의 소설가(1821~1881). 1821년 모스크바 마린스키 빈민 병원 의사의 둘째 아들로 태어나 페테르부르크 공병학교를 졸업하고 공병단에 편입되었으나 1844년 퇴직 후 소설가의 길을 걸었다. 벨린스키가 고골에게 보낸 편지를 읽었다는 죄목으로 사형 선고를 받았으며 사형 집행 직전에 감형되어 10여 년간 감옥 생활 및 유형 생활을 하였다. 이후 지병인 간질병과 가난에 시달리면서 〈죄와 벌〉, 〈백치〉, 〈악령〉 등 많은 작품을 집필하였다. 초기작은 주로 학대받는 사람들을 인도적 관점에서 사실적으로 그려 내었으나, 〈지하생활자의 수기〉(1864) 이후 철학과 사회 문제를 다룬 사상 소설로 방향을 바꿨다. 그의 소설들은 프랑스의 실존주의, 누보 로망파 등 유럽 사상과 문학에 많은 영향을 미쳤다. 대표작이자 마지막 작품으로 〈카라마조프가의 형제들〉이 있다. 93

도야지명 돼지. 멧돼짓과의 포유동물. 몸무게는 200~250킬로그램이며, 다리와 꼬리가 짧고 주둥이가 삐죽하다. 잡식성으로 온순하며 건강하다. 임신 4개월 만에 8~15마리의 새끼를 낳는다. 멧돼지를 길들여 가축으로 만든 것인데, 중요한 축산동물의 하나로 모양과 색깔이 다른 여러 품종이 있다. 468

도야지고기명 돼지고기. 평안도 지역에선 소고기보다 돼지고기를 많이 먹는다. 이 지역의 기후와 기질적인 구미로 이남 지역에 비해 상대적으로 돼지고기를 많이 먹는다고 한다. 150

도야지비계명 돼지비계. 돼지의 가죽과 살 사이에 있는 기름기로 된 층. 151

도야지새끼명 돼지새끼. 채 자라지 않은 어린 돼지. 469

도연명陶淵明명 중국 동진의 시인(365~427). 문 앞에 버드나무 다섯 그루를 심어 놓고 스스로 오류五柳 선생이라 칭하기도 하였다. 그는 생활이 그렇게 풍족하지 못한 소지주 가정에서 자라, 29세 때에 벼슬길에 올라 주州의 제주祭酒가 되었지만, 얼마 안 가서 사임하였다. 41세 때에는 팽택현彭澤縣의 현령이 되었으나, 80여 일 뒤에 〈귀거래사〉를 남기고 관직에서 물러나 귀향하였다. 향리의 전원에서 스스로 농사를 지으며 살다가 63세에 생애를 마쳤다. 그의 시는 따스한 인간미와 고담古談한 기풍이 서려 있으며, 자연을 노래한 작품이 많다. 93

도적[명] 남의 물건을 훔치거나 빼앗는 따위의 나쁜 짓. 또는 그런 짓을 하는 사람. '도둑'과 같은 말. 78

도적개[명] 주인 없이 여기저기 돌아다니며 몰래 음식을 훔쳐 먹는 개. '도둑개'와 같은 말. 469

도적괭이[명] '도적고양이'의 준말. 주인 없이 여기저기 돌아다니며 몰래 음식을 훔쳐 먹는 고양이. 469

도적놈[명] '도적'을 낮잡아 이르는 말. '도둑놈'과 같은 말. 78

도토리묵[명] 도토리를 맷돌에 갈아서 물에 담가 떫은맛을 없앤 다음 윗물은 버리고 가라앉은 앙금을 풀 쑤듯이 끓여 그릇에서 식힌 음식. 151

도토리범벅[명] 도토리를 맷돌에 갈아서 물에 담가 떫은맛을 없앤 다음 윗물은 버리고 가라앉은 앙금을 된풀처럼 쑨 음식. '범벅'은 곡식 가루를 된풀처럼 쑨 음식이다. 151

독[명] 간장, 술, 김치 따위를 담가 두는 데에 쓰는 큰 오지그릇이나 질그릇. 운두가 높고 중배가 조금 부르며 전이 달려 있다. 204

독하다[형] 맛, 냄새 따위의 정도가 지나치게 심하고 자극적이다. 700

돈[명] ① 상품 교환의 매개물로서, 가치의 척도, 지불의 방편, 축적의 목적물로 삼기 위하여 금속이나 종이로 만들어 사회에 유통시키는 물건. ② 경제적인 가치가 있는 유무형의 것들을 통틀어 이르는 말. 346

돈푼[명] 쉽사리 헤아릴 만큼 그다지 많지 아니한 돈. 346

돋구다[동] '돋우다'의 평안 방언. 위로 끌어 올려 도드라지거나 높아지게 하다. 659

돋다[동] 속에 생긴 것이 겉으로 나오거나 나타나다. 788

돋보기[명] 작은 것을 크게 보이도록 알의 배를 볼록하게 만든 안경. 124

돋히다[동] 돋우다. 정도를 더 높이다. '돋히다'는 원래 '돋다'의 사동사이지만, 백석 시 〈촌에서 온 아이〉에선 '돋우다'의 뜻으로 사용된 것이다. 788

돌각담①[명] 돌을 모아 놓은 큰 돌무더기. 백석 시 〈오금덩이라는 곳〉에서 '돌각담'은 국수당, 즉 서낭당을 가리키는 말이다. '국수당'은 당(집)으로 되어 있는 것도 있고, 돌각담, 즉 돌무더기로 되어 있는 것도 있고, 나무로 되어 있는 것도 있으며, 이 중에 일부나 이 모두로 이루어져 있는 것도 있다. 195

돌각담②[명] 돌을 모아 놓은 큰 돌무더기, 또는 다듬지 않은 돌로 쌓아 올린 담. 195

돌나물김치[명] 돌나물을 살살 헹궈 씻어서 소금물에 살짝 절였다가 파, 마늘, 생강, 고

추를 조금 넣고 소금 간을 한 국물을 부은 김치. 151

돌능와집명 기와 대신 얇은 돌조각을 지붕으로 인 집. 176

돌다동 ① 가까운 길을 두고 멀리 비켜 가다. ② 길을 끼고 방향을 바꾸다. 582

돌다리명 돌로 만든 다리. 229

돌담명 돌로 쌓은 담. 196

돌덜구명 돌절구. '덜구'는 '절구'의 평안 방언. 돌의 가운데 부분을 오목하게 파서 만든 절구. 338

돌무덤명 돌로 쌓아 올린 무덤으로 일종의 '돌무지무덤'을 가리킨다. 295

돌물레명 돌로 된 물레, 즉 도끼날이나 칼을 갈 때 쓰는 회전식 숫돌을 가리킨다. 338

돌배명 우리나라의 산이나 들에서 볼 수 있는 배나무의 일종인 돌배나무의 열매. 보통 배보다 작고 껍질이 좀 두꺼우며 당도가 좀 떨어지고 산이 많다. 151

돌비명 돌로 만든 비석. 413

돌아가다동 원래의 있던 곳으로 다시 가거나 다시 그 상태가 되다. 582

돌아다니다동 여기저기 여러 곳으로 다니다. 582

돌아오다동 원래 있던 곳으로 다시 오거나 다시 그 상태가 되다. 582

돌우래명 도루래. '땅강아지'의 평북 방언. 땅강아짓과의 곤충. 축축한 땅속에서 산다. 몸의 길이는 2.9~3.1센티미터이며, 몸 빛깔은 노란 갈색이나 검은 갈색이고, 온몸에 짧고 연한 털이 촘촘히 나 있다. 날개는 짧으나 잘 날며 앞다리는 땅을 파기에 알맞게 되어 있다. 낮에는 땅속에서 움직이지 않고 있다가 밤에 기어 다니면서 식물의 땅속 부분을 갉아먹거나 파헤치며 끊어 놓는다. 478

돌체돋보기[돌체+돋보기]명 돌테돋보기. 돌로 테를 만든 돋보기. 124

돌층계명 돌로 쌓아 만든 층계. 196

돗바늘명 매우 크고 굵은 바늘. 돗자리, 구두, 가죽 따위의 단단한 것이나 이불처럼 두꺼운 것을 꿰매는 데 쓴다. 204

동갑명 육십갑자가 같다는 뜻으로, 같은 나이를 이르는 말. 또는 나이가 같은 사람. 319

동뇨부童尿賦명 어린아이의 오줌에 관한 시. 부賦는 장르나 문체를 가리키는 말로, 한대의 부에서 기원하여 서사적인 특징을 지니고 있다. 반면에 사辭는 초사楚辭에서 기원하여 서정적인 특징을 지니고 있다. 356

동둑명 동(垌)둑. 크게 쌓은 둑. 295

동림東林명 평안북도 선천군 심천면深川面에 있는 마을 이름. 심천면은 선천군의 북쪽 끝 쪽에 위치해 있다. 시 〈적막강산〉에서 백석은 정주에서 동림까지 구십여 리 길이라고 읊고 있다. '동림'은 해방 후에는 새로 신설된 동림군으로 편입되었다. 252

동말랭이[동+말랭이]명 동둑 마루. 크게 쌓은 둑의 꼭대기. 295

동무 명 늘 친하게 어울리는 사람. 78

동무하다 동 친하게 어울려 지내다. 594

동백冬柏**꽃** 명 동백나무의 꽃. 동백나무는 남부 지방의 산과 들에서 자란다. 1~4월에 가지 끝이나 잎겨드랑이에 붉은색 꽃이 한 송이씩 핀다. 5~7개의 꽃잎이 비스듬히 퍼지며, 수술이 많다. 꽃이 질 때 낱개로 떨어지지 않고 한꺼번에 떨어지는 특징이 있다. 439

동백冬柏**나무** 명 차나뭇과의 상록 활엽 교목. 높이는 약 7미터 정도이며, 잎은 윤이 나고 긴 타원형이다. 봄에 붉은색의 꽃이 피고 열매의 씨는 기름을 짜는 데 쓰인다. 중부 이남의 해안 지방에서 자란다. 431

동비탈[동+비탈] 명 동둑 비탈. 295

동생 명 같은 부모에게서 태어난 사이거나 일가친척 가운데 손아랫사람을 이르는 말. 63

동세 명 '동서'(자매의 남편 사이나 형제의 아내 사이에 서로 가리키거나 부르는 말)의 방언(평안, 강원). 64

동안 명 어느 한때에서 다른 한때까지 시간의 길이. 320

동이 명 질그릇의 하나. 흔히 물 긷는 데 쓰는 것으로 보통 둥글고 배가 부르고 아가리가 넓으며 양옆으로 손잡이가 달려 있다. 204

동치미 명 소금에 절인 통무에 끓인 소금물을 식혀 부어 담근 음식. 여기에 냉면을 말아 먹기도 한다. 동치미는 더운 지방보다 추운 지방일수록 맛이 좋고 신선하며, 땅에 묻어 저장해야 국물 맛이 좋고 신선하다. 151

동티미국 명 동치밋국. 동치미의 국물. 맛이 새큼하고 시원하다. 152

동풍東風 명 ① 봄바람. ② 동쪽에서 부는 바람. 308

돋벌기 명 잎벌렛과의 딱정벌레를 통틀어 이르는 말. 대개 몸의 길이는 1센티미터 이하이며, 등이 불룩하고 배가 납작하다. 색깔은 다양하고 광택을 띠는 것이 많다. 농작물의 잎을 갉아먹는 해충으로 전 세계에 분포한다. '잎벌레'와 같은 말. 478

되광대 명 중국인 광대를 낮잡아 이르는 말. 58

되다① 동 다른 것으로 바뀌거나 변하다. 772

되다② 동 새로운 신분이나 지위를 가지다. 772

되다③ 동 어떤 때나 시기, 상태에 이르다. 669

되다④ 동 일정한 수량에 차거나 이르다. 753

되다⑤ 동 일이 잘 이루어지다. 773

되양금 명 중국의 양금. '양금'은 채로 줄을 쳐서 소리를 내는 현악기의 하나. 사다리꼴의 오동나무 겹널빤지에 받침을 세우고 놋쇠로 만든 줄을 열네 개 매어 대나무로 만든 채로 쳐서 소리를 낸다. 금속성의 맑은 음색을 지녔다. 360

되여가다[동] 되어가다. 새로운 신분이나 지위를 가지는 상태가 지속되다. 773

된비[명] 몹시 심하게 퍼붓는 비. 308

두[관] (일부 단위를 나타내는 말 앞에 쓰여) 그 수량이 둘임을 나타내는 말. 645

두고두고[부] 여러 번에 걸쳐 오랫동안. 669

두다[동] 기본 음식에 딴 재료를 섞어 넣다. 618

두더쥐[명] '두더지'의 충남 방언. 포유류 두더짓과에 속한 종. 몸은 쥐와 비슷한데 좀 크고, 몸빛은 어두운 갈색 내지 검은 갈색이다. 뾰족한 주둥이와 삽 모양의 다리로 땅을 잘 파고, 눈은 거의 퇴화하였다. 땅속에서 지렁이, 개구리 등을 잡아먹고 산다. 논두렁을 뚫거나 농작물을 해치는 동물이다. 469

두레방석[명] 짚이나 부들 따위로 둥글게 엮은 방석. 204

두룽이[명] 도롱이. 백석 시 〈촌에서 온 아이〉에서 '두룽이'는 '도롱이'(짚, 띠 따위로 엮어 허리나 어깨에 걸쳐 두르는 비옷) 모양을 한 것으로 추위를 막기 위해 어깨 위에 둘러 쓴 망토 모양의 옷을 가리키는 것으로 보인다. 114

두르다[동] 둘레에 선을 치거나 벽 따위를 쌓다. 767

두릅순[명] 두릅나무의 순(싹). 두릅을 말한다. 독특한 향이 나는 산나물로서 살짝 데쳐 무쳐 먹거나 초고추장에 찍어 먹는다. 단백질이 많고 지방, 섬유질, 칼슘, 철분, 비타민과 사포닌 등이 들어 있어 혈당을 내리므로 당뇨병 등에 좋은 것으로 알려져 있다. 두릅나무는 두릅나뭇과의 낙엽 활엽 관목으로 높이는 5미터 정도이고, 줄기에 가시가 있으며, 잎은 어긋나고 깃 모양 겹잎이다. 152, 443

두멧아이[명] 두메산골에서 살며 자라는 아이. 78

두보杜甫[명] 중국 당나라 때의 시인(712~770). 자는 자미子美. 이백李白과 함께 중국의 최고 시인으로 꼽힌다. 강직한 성격으로 인해 벼슬길에 나아가지 못하고 가난하고 고단한 삶을 살았다. 안녹산安祿山의 난(755)으로 쫓기는 평민의 시달림과 병정들의 고단함을 노래하였으며, 시국을 취재한 역사적인 소재도 많다. 20대 초, 강소성江蘇省과 절강성浙江省 일대를 여행하였고, 30대에는 산동에서 지내다가 낙양을 거쳐 장안으로 돌아왔다. 40대에는 안녹산의 난으로 떠도는 등 고초를 겪었고, 진주를 떠돌다 다시 친구들이 많은 성도로 향했다. 노년에도 여러 곳을 떠돌며 시를 쓰다 침주郴州로 가던 중 뇌양耒陽 고을에서 타계하였다. 그의 시 작품과 시풍은 우리나라에도 큰 영향을 미쳐 성종 때에는 그의 시를 한글로 번역한 《분류두공부시언해分類杜工部詩諺解》가 간행되었다. 정철의 〈관동별곡〉은 두보의 대표작 〈북정北征〉에 바탕을 둔 것이며, 윤선도, 월산대군의 시조도 두보의 시에서 시상을 얻은 것이다. 94

두부[명] 콩으로 만든 음식의 하나. 물에 불린 콩을 갈아서 짜낸 콩물을 끓인 다음 간수를 넣고 굳히면 응어리지는데 이를 순두부라 한다. 두부 틀이나 채반에 무명 보를

깔고 순두부를 펴 담아 도마나 목판으로 눌러서 굳혀 두부를 만든다. 152

두부산적[명] 두부로 만든 산적. 두부를 길쭉하게 썰어 갖은 양념을 하여 대꼬챙이에 꿰어 구운 음식. 152

두어두다[동] 본디 있던 그대로 건드리지 않고 두다. 749

두틈하다[형] 두툼하다. 꽤 두껍다. 641

둑둑이[부] '수두룩이' '두둑이'의 방언. 687

둘[수] 하나에 하나를 더한 수. 361

둘러서다[동] 여럿이 둥글게 늘어서다. 559

둥구재벼오다[동] 두멍잡혀오다. '둥구'는 '두멍'(물을 많이 담아 두고 쓰는 큰 가마나 독)의 평북 방언. 시 〈연자간〉에서 '둥구재벼오고'는 두멍, 즉 물동이를 안은 것처럼 돼지가 잡혀서 들려 오고 있는 모습을 표현한 것으로 보인다. 583

둥굴네우림[명] 둥굴레 뿌리를 여러 날 물에 담가 풀물을 우려낸 다음, 찌거나 삶은 음식. 시꺼먼 빛을 띠며 단맛이 난다. '둥굴레'는 백합과에 속하는 여러해살이풀로 어린잎은 나물로 먹고 살이 많은 뿌리는 삶아 먹으며, 보약으로도 쓴다. 잎에는 비타민 C가 많다. 153

둥둥[부] 큰 물건이 공중이나 물 위에 떠서 움직이는 모양을 나타내는 말. 679

뒤①[명] 향하고 있는 방향과 반대되는 쪽이나 곳. 236

뒤②[명] 시간이나 순서상으로 다음이나 나중. 320

뒤서다[동] 남의 뒤를 따르다. 583

뒤울안[명] '뒤란'(집 뒤 울타리의 안)의 본말. 196

뒤이다[동] 뒤다. 뒤집다(위가 밑으로 밑이 위로 되게 하다). 559

뒤짐[명] '뒷짐'의 평북 방언. 두 손을 등 뒤로 젖혀 마주 잡은 것. 52

뒷간거리[명] 큰 거리 뒤쪽에 있는 거리. 뒷간의 '간間'은 '장소', '거리'를 뜻하는 말이다. 백석 시에 이처럼 공간의 뜻으로 '간'을 붙인 또 다른 조어로 '구신간시렁'(귀신을 모셔 놓은 곳의 선반)이란 시어가 있으며, 이 밖에 웃간, 안간, 외양간, 볏곳간, 아르간, 연자간, 절간, 연자간, 대문간 등 공간의 뜻으로 '간'을 사용한 시어들이 많이 나타난다. 229

뒷녚[명] 뒷옆. 뒤의 옆쪽. 237

뒷등성[명] 뒷등성이. 뒤에 있는 산등성이. 296

뒷산山[명] 마을이나 집의 뒤쪽에 있는 산. 296

뒷옆[명] 뒤의 옆쪽. 237

드나들다[동] 어떤 곳에 많은 것들이 들어가고 나오고 하다. 583

드리다①[동] 신에게 비는 일을 하다. 597

드리다②동 여러 가닥의 실이나 끈을 하나로 땋거나 꼬다. 또는 아래로 처지게 늘어뜨리다. 613

드리우다①동 한쪽이 위에 고정된 천이나 줄 따위가 아래로 늘어지다. 또는 그렇게 되게 하다. 767

드리우다②동 빛, 어둠, 그늘, 그림자 따위가 깃들거나 뒤덮이다. 683

드문드문부 공간적으로 배지 않고 사이가 드문 모양. '다문다문'보다 큰 말. 687

드물다형 흔하지 아니하다. 645

든든히부 어떤 것에 대한 믿음으로 마음이 허전하거나 두렵지 않고 굳세게. 515

듣다동 ① 사람이나 동물이 소리를 감각기관을 통해 알아차리다. ② 다른 사람의 말이나 소리에 스스로 귀 기울이다. 549

들명 논이나 밭으로 되어 있는 넓은 땅. 296

들다①동 방이나 집 따위에 있거나 거처를 정해 머무르게 되다. 738

들다②동 잠이 생기어 몸과 의식에 작용하다. 603

들다③동 안에 담기거나 그 일부를 이루다. 747

들다④동 나이가 많아지다. 603

들다⑤동 (사람이 어떤 물건을) 잡아 위로 올리다. 694

들다⑥동 어떤 때, 철이 되거나 돌아오다. 670

들다⑦동 손에 가지다. 746

들다⑧동 길을 택하여 가거나 오다. 583

들다⑨동 어떤 일이나 기상 현상이 일어나다. 788

들다⑩동 몸에 병이나 증상이 생기다. 599

들다⑪동 물감, 색깔, 물기, 소금기가 스미거나 배다. 788

들다⑫동 밖에서 속이나 안으로 향해 가거나 오거나 하다. 583

들다⑬동 어떤 일에 돈, 시간, 노력, 물자 따위가 쓰이다. 570

들다⑭동 의식이 회복되거나 어떤 생각이나 느낌이 일다. 535

들다⑮동 (사람이 몸의 한 부분을) 위로 올리다. 559

들떠들다동 여럿이 들끓어서 마구 떠들다. 509

들뜨다동 마음이나 분위기가 가라앉지 아니하고 조금 흥분되다. 515

들려오다동 (소리가) 조금 떨어진 곳에서 귀로 전해지다. 549

들리다동 '듣다'의 피동사. 소리가 청각기관으로 지각되다. 550

들망명 후릿그물을 가리킨다. 강물이나 바다에 울타리 모양으로 둘러치고 여러 사람이 벼리의 두 끝을 끌어당겨 물고기를 잡는 큰 그물로서, 후리, 후리기라고도 한다. 서유구의 《임원십육지林園十六志》에, 강어귀나 바다 기슭을 막아 당망搪網을 치는데 이를 민간에서 후릿그물이라 한다고 기술되어 있다. 후릿그물은 일반적으로 그물코의 크기가 4푼 정도이고 총 길이가 25~30발, 높이 한 발 이상 되는 그물을 마름질하여 거기에 떼와 벼리, 추돌을 달아 꾸몄다. 그물의 양 끝에는 40여 발의 긴 밧줄을 연결하여 당김줄로 썼다. 352

들매나무명 들메나무. 물푸레나뭇과의 낙엽 활엽 교목. 높이는 30미터 정도이며, 잎은 마주나고 겹잎이다. 나무껍질은 연한 회색이고 세로로 깊게 갈라진다. 꽃은 단성화單性花로 노란색의 잔꽃이 원추圓錐꽃차례로 한 해 묵은 가지의 잎겨드랑이에서 피고, 열매는 시과翅果로 9월에 익는다. 목재는 무겁고 단단하며 무늬가 곱다. 431

들믄들믄부 불을 많이 때어 온돌방이 지독하게 더운 느낌을 나타내는 말. 725

들썩부 시끄럽고 부산하게 움직이는 모양. 679

들썩하다동 붙어 있던 물건이 쉽게 떠들리다. 또는 그렇게 되다. 734

들어가다①동 밖에서 안으로 향하여 가다. 583

들어가다②동 (자재나 상품 같은 것이) 새로 공급되거나 운반되어 가다. 694

들어가다③동 '숨'과 결합하여 팽팽하게 부풀려진 상태가 가라앉은 것을 가리키는 말이다. 692

들어오다동 일정한 지역이나 공간의 범위와 관련하여 그 밖에서 안으로 이동하다. 584

들여다보다①동 밖에서 안을 보다. 550

들여다보다②동 가까이서 자세히 살피다. 550

들여다뵈이다동 '들여다보다'(밖에서 안을 보다)의 피동사. 550

들여트리다동 들어트리다. 집어서 속에 넣다. 748

들이다①동 물건을 안으로 가져오다. 748

들이다②동 백석 시 〈가즈랑집〉에서 '수양'의 행위를 나타내는 기능동사로 쓰인 말이다. '수양을 들이다', '수양들이다'는 관용어로 '남의 자식을 맡아 기르다', 또는 '남의 자식을 맡아 기르게 하다'의 뜻이다. 백석 시의 용례에선 후자로 쓰이고 있다. 610

들지고방명 들쥐 고방. 허름한 고방. 들쥐가 드나들 정도로 허름한 고방이라는 뜻. 183

들쭉명 들쭉나무의 열매. 8~9월에 익고, 빛깔은 진홍색이다. 모양과 맛이 포도와 비슷하다. 신맛과 단맛이 있어서 생으로 먹기도 하고 잼과 양주 제조에도 쓴다. 우리나라 최고最古의 식품서인 허균의 《도문대작屠門大嚼》에 의하면 들쭉은 함경도의 특산물로서 갑산과 북청의 것이 특히 맛있고, 백두산에도 나는데 하루 세끼 밥을 먹지 않고 들쭉만 먹어도 끼니가 될 정도로 자양분이 많다고 한다. 153

들쿠레하다형 들크레하다. 조금 들큼하다. '들큼하다'는 '맛깔스럽지 아니하게 조금 달다'의 뜻. 698

듯의 '듯이'의 준말. 379

듯이 의 (어미 '-은', '-는', '-을' 뒤에 쓰여) 짐작이나 추측의 뜻을 나타내는 말. 379

듯하다 보조형 앞말이 뜻하는 사건이나 상태 따위를 짐작하거나 추측함을 나타내는 말. 535

등 명 사람이나 동물의 몸통에서 가슴과 배의 반대쪽 부분. 490

디겁 명 질겁. ('질겁을 하다'의 구성으로 쓰여) 갑작스러운 일을 당하여 숨이 멈출 정도로 크게 놀람. 44

디운구신 명 지운地運귀신. 지운귀신은 지신을 말하는 것으로 보인다. '지신'이란 한 가옥의 터나 마을, 한 지역이나 나라의 땅을 관장하는 신인데, 그 가운데 가신으로서 한 가옥의 집터를 담당하는 신을 터주, 또는 터줏대감이라 부른다. 터주신은 안뜰 중앙, 장독대, 뒤뜰 담 밑, 광 등 여러 곳에 모시는데, 백석 시 〈마을은 맨천 구신이 돼서〉에서는 토방에 모시는 것으로 나타난다. 신체의 형태는 단지에 오곡을 넣고 입구를 종이로 봉한 뒤 목을 종이로 감아 김칫독 묻듯이 묻거나, 빈 시루에 쌀을 담은 사발을 넣고 그 위에 짚으로 지붕을 씌워 놓기도 하는 등 지역에 따라 다르다. 388

디퍽디퍽 부 '더퍽더퍽'으로 짐작된다. 앞을 자세히 살펴보지 않고 마구 걸어가는 모양을 나타내는 말. 559

딜옹배기 명 질옹배기. 아가리가 넓게 벌어진 둥글넓적한 질그릇. 205

딥세기 명 '짚신'의 평북 방언. 볏짚으로 삼아 만든 신. 127

따근따근하다 형 매우 따근하다. '따근하다'는 '은근하게 따갑다'는 뜻. 725

따급다 형 따갑다. 살갗이 따끔거릴 만큼 열이 썩 높다. 725

따끈하다 형 제법 따갑게 덥다. 726

따다 동 이름이나 뜻을 취하여 그와 같게 하다. 791

따디기 명 따지기. 얼었던 흙이 풀리려고 하는 초봄 무렵. 320

따러가다 동 따라가다. 다른 사람이나 동물의 뒤에서, 그가 가는 대로 가다. 584

따러나오다 동 따라 나오다. (어떤 사람이나 동물이 다른 사람이나 동물을) 뒤에서 그대로 좇아서 나오다. 584

따러오다 동 따라오다. (사람이나 조직이 다른 사람의 뒤를 향하여) 좇아서 오다. 584

따로 부 한데 섞이거나 함께 있지 아니하고 혼자 떨어져서. 659

따르다 동 다른 사람이나 동물의 뒤에서, 그가 가는 대로 같이 가다. 584

따리다 동 때리다. 손이나 손에 든 물건 따위로 아프게 치다. 568

따배기신 명 따배기. 곱게 삼은 짚신. 127

따사로이 부 포근하고 따뜻한 느낌이 있게. 726

따사롭다 형 포근하고 따뜻한 느낌이 있다. 726

따사하다 [형] 포근하게 따뜻하다. 726

따스하다 [형] 좀 알맞게 따뜻하다. 727

딱장벌레 [명] 딱정벌레. 곤충강 딱정벌레목에 속한 곤충을 통틀어 이르는 말. 약 30만 여 종이 알려져 있으며 형태, 크기, 빛깔이 다양하다. 일반적으로 앞날개가 두껍고 딱딱하며, 보통 좌우가 등쪽의 정중선正中線에 합쳐져 있다. 입은 씹기에 알맞게 큰 턱이 발달해 있다. 풍뎅이, 하늘소, 딱정벌레 따위가 있다. 478

딴 [관] 다른. 해당되는 것 이외의. 802

딸 [명] 여자로 태어난 자식. 64

딸아이 [명] 딸인 아이. 64

땃불 [명] 땅불. 땅 위에 아무렇게나 질러 놓은 불을 말하는 것으로 보인다. 406

땅 [명] ① 강이나 바다와 같이 물이 있는 곳을 제외한 지구의 겉면. ② 영토領土 또는 영지領地. ③ (앞의 말을 받아서) 그 지방. 또는 그곳. ④ 논이나 밭을 통틀어 이르는 말. 297

땅괭이 [명] 들괭이, 즉 '들고양이'를 가리키는 말로 짐작된다. 들고양이는 살쾡이를 가리키는 것으로 고양잇과의 포유류. 고양이와 비슷한데 몸의 길이는 55~90센티미터이며, 갈색 바탕에 검은 무늬가 있다. 꼬리는 길고 사지는 짧으며 발톱은 작고 날카롭다. 밤에 활동하고 꿩, 다람쥐, 물고기, 닭 따위를 잡아먹는다. 5월경 2~4마리의 새끼를 낳고 산림지대의 계곡과 암석층 가까운 곳에 산다. 469

땅님자 [명] 땅임자. 토지의 소유자. '지주地主'와 같은 말. 79

땅바닥 [명] 아무것도 깔지 않는 땅의 맨바닥. 297

땅버들 [명] 버드나뭇과의 낙엽 활엽 관목. 높이는 1~2미터 정도이고, 잎은 피침형이며 톱니가 있고 꽃은 단성화로 4월에 핀다. 수꽃은 암자색인데 겉에 하얀 솜털이 달려 있으며, 암꽃은 엷은 흰빛이 감도는 연둣빛을 띤다. 열매는 식용하며 가지와 잎은 풋거름으로 쓴다. '갯버들'과 같은 말. 432

땅아래 [명] 땅속. 땅 밑. 297

때① [명] ① 시간의 어떤 순간이나 부분. ② 좋은 기회나 알맞은 시기. ③ 일정한 일이나 현상이 일어나는 시간. ④ 어떤 경우. ⑤ 일정한 시기 동안. 320

때② [명] 옷이나 몸 따위에 묻은 더러운 먼지 따위의 물질. 또는 피부의 분비물과 먼지 따위가 섞이어 생긴 것. 413

때글다 [동] 때에 글다. 때가 묻어 검게 되다. 795

때묻다 [동] 때가 묻어 더러워지다. 795

땜쟁이 [명] 땜장이. 땜질을 직업으로 하는 사람. 58

떠고다 [동] '떠들다'의 평북 방언. 시끄럽게 큰 소리로 말하다. 509

떠나다동 있던 곳에서 다른 곳으로 옮기다. 593

떠돌다동 ① 정한 곳 없이 이곳저곳을 옮겨 다니다. ② 공중이나 물 위에 떠서 이리저리 움직이다. 585

떠들썩부 여러 사람이 큰 소리로 요란스럽게 떠드는 모양. 734

떠들썩하니부 떠들썩한 데가 있게. (여러 사람이) 큰 소리로 떠들어서 요란스러운 데가 있게. 734

떠들어대다동 잇달아 자꾸 떠들다. 509

떠오르다동 생각 따위가 나거나 되살아나다. 536

떡명 곡식 가루를 찌거나, 그 찐 것을 치거나 빚어서 만든 음식을 통틀어 이르는 말. 132

떡국명 가래떡을 어슷썰기로 얇게 썰어 맑은장국에 넣고 끓인 음식. 153

떡당이명 떡덩이. 한 덩이의 떡. 132

떡돌명 떡을 칠 때에 안반 대신으로 쓰는 판판하고 넓적한 돌. 205

떨어지다①동 위에서 아래로 내려지다. 694

떨어지다②동 관계가 끊어지거나 헤어지다. 593

떨어트리다동 위에 있던 것을 아래로 내려가게 하다. 695

또부 어떤 일이 거듭하여. 780

또다시부 거듭하여 다시. 782

또요명 도요('도요새'의 옛말). 도욧과의 새를 통틀어 이르는 말. 몸길이 15~30센티미터 정도로, 등은 갈색 또는 회색이고 배는 흰색이나 크림색이다. 다리와 부리가 길어 얕은 물속을 걸어 다니며 물고기나 곤충 따위를 잡아먹는다. 451

똥명 사람이나 동물이 먹은 음식물을 소화하여 항문으로 내보내는 찌꺼기. 413

뚜드리다동 소리가 나도록 잇따라 치거나 때리다. '두드리다'보다 센 느낌을 준다. 568

뚜물명 뜨물. 곡식을 씻어 내 부옇게 된 물. 403

뛰놀다동 이리저리 뛰어다니며 놀다. 634

뛰다동 발을 몹시 재게 움직여 빨리 나아가다. 585

뛰어들다동 (사람이 어디에) 재빨리 몸을 던져 들어가거나 들어오다. 585

뛰어오다동 달음박질로 빨리 오다. 585

뛰여오다동 뛰어오다. 달음박질로 빨리 오다. 586

뛰쳐나오다동 힘 있게 밖으로 뛰어나오다. 586

뜨겁다형 ① 손이나 몸에 상당한 자극을 느낄 정도로 열이 높다. ② (비유적으로) 감정이나 열정 따위가 격렬하다. 727

뜨끈하다형 꽤 뜨뜻하고 더운 느낌이 있다. 727

뜨다①동 ① (해나 달, 별 따위가) 위로 돋아 오르다. ② (물건이 공중에) 땅 위에서 솟아

오르거나 머무르다. 695

뜨다②동 감았던 눈을 벌리다. 559

뜨락명 '뜰'(집 안의 앞뒤나 좌우로 가까이 딸려 있는 빈터)의 방언(평북, 강원, 경북). 196

뜨수하다형 뜨스하다. 알맞게 뜨뜻하다. 727

뜯개조박[뜯개+조박]명 뜯게조박. 해어지고 낡아서 입지 못하게 된 옷에서 떨어져 나온 넓적한 조각. 120

뜯다①동 초식동물이 땅에 난 풀 따위를 떼어서 먹다. 622

뜯다②동 현악기의 줄을 퉁겨서 소리를 내다. 636

뜻명 무엇을 하겠다고 속으로 먹는 마음. 50

뜻없이부 무엇을 하겠다는 마음을 먹지 않고. 536

띠다동 감정이나 기운 따위를 나타내다. 515

띠쫗다동 부리로 위쪽을 향하여 쪼다. 또는 함부로 마구 쪼다. 764

띨배명 띨광이(=찔광이). 찔광나무(아가위나무, 산사나무)의 열매. '산사나무'를 '아가위나무'로 부르기도 하는데, 북쪽 지역에선 이를 '찔광나무'라고 한다. 이러한 이름의 차이로 우리가 '산사자'나 '아가위'라고 부르는 것을 북쪽 지역에선 '찔광이'나 '띨광이'로 부르며, 평안도 지역에선 특히 '띨광이'라고 한다. '띨배'는 이 '띨광이'를 가리키는 것이다. 이 열매는 여러 약리 기능이 있는 것으로 전해진다. 153

ㄹ

라이넬 마리아 릴케명 라이너 마리아 릴케Rainer Maria Rilke. 보헤미아 태생의 독일 시인(1875~1926). 1886년 육군학교에 입학하여 처음 시를 쓰기 시작하였으나 감상적이고 미숙한 연애시들이 많았다. 1896년 14살 연상의 살로메와 만나면서 시적 경향이 변하였으며 두 번에 걸친 여행에서 얻은 영감과 종교적 체험을 바탕으로 초기 시의 대표작《기도시집》을 완성하였다. 톨스토이와도 만난 바 있는 이 여행은 그의 문학에 많은 영향을 끼쳤다. 하늘과 자연의 정적을 사랑했으며 대상을 끈기 있게 내면적으로 관찰한 작품을 남겨 높이 평가받고 있다. 작품에 파리의 빈곤과 침체에 대한 체험이 담긴 일기체 소설《말테의 수기》, 완성에 십여 년의 기간이 걸린《두이노의 비가》, 프랑스어 시의 결정結晶이라 할 수 있는 시집《과수원》등이 있다. 94

락단하다동 무릎을 치며 좋아하다. 또는 히히덕거리다. 515

력사명 역사. 어떠한 사물이나 사실이 존재해 온 연혁. 353

령감명 영감. 나이가 많아 중년이 지난 남자를 대접하여 이르는 말. 79

로이도돋보기명 로이드Lloyd 안경. 둥글고 굵은 셀룰로이드 테의 돋보기. 미국의 희극배우 로이드가 쓰고 영화에 출연한 데서 유래한다. 125

로장명 노장老長. ① 나이가 많고 덕행이 높은 중. ② 늙은 중을 높여 이르는 말. 400

류성기명 레코드에 녹음한 음을 재생하는 장치. 판의 회전에 따라 바늘이 레코드에 새겨진 음구音溝를 지나감으로써 일어나는 진동을 기계적으로 증폭하여 금속의 진동판에 전하여 재생하는데, 후에 바늘의 진동을 전기 신호로 변환하는 방식이 되었다. 1877년에 미국의 에디슨이 발명하였다. '축음기'와 같은 말. 205

리①의 (어미 '-을' 뒤에 '있다', '없다' 따위와 함께 쓰여) '까닭', '이치'의 뜻을 나타내는 말. 379

리里**②**의 거리의 단위. 일 리는 약 0.393킬로미터에 해당한다. 369

리과책명 이과理科책. 물리학, 화학, 동물학 등과 같이 자연계의 원리나 현상을 연구하는 학문의 책. 356

ㅁ

마가리[막+아리] 명 '오막살이'(오두막집)의 방언(평북, 함남). 177

마가을 명 늦가을. 늦은 가을. 주로 음력 9월을 이른다. 322

마눌 명 마늘. 백합과의 여러해살이풀로 높이 60~100센티미터이고, 잎은 가늘고 길다. 땅속에 굵은 비늘줄기가 있는데, 이것을 식용한다. 마늘은 우리나라 음식에서 거의 빠지지 않고 들어가는 양념이다. 또 마늘로 여러 종류의 반찬을 만들어 먹기도 한다. 우리나라가 세계에서 마늘을 가장 많이 먹는 것으로 알려져 있다. 마늘은 항암, 항균 작용과 성인병 예방에 좋은 것으로 보고되고 있다. 154, 428

마당 명 집 앞이나 뒤에 평평하게 닦아 놓은 땅. 197

마당귀 명 마당의 한쪽 귀퉁이. 197

마돝 명 말과 돼지. 470

마루 명 등성이가 진 지붕이나 산 따위의 꼭대기. 297

마루방 명 구들을 놓지 않고 마루처럼 널을 깔아서 꾸민 방. 183

마르다① 동 살이 빠져 야위다. 607

마르다② 동 물기가 다 날아가서 없어지다. 681

마른물고기 명 말린 물고기. '건어乾魚'와 같은 말. 132

마리 의 짐승이나 물고기, 벌레 따위를 세는 단위. 369

마산馬山 명 경상남도 남해안 중앙부 마산만馬山灣에 위치한 지명. 당시의 행정구역상 공식 명칭은 '마산부'이며, 창원군 안에 들어 있다. 백석 시 〈통영統營(남행시초南行詩抄)〉에서 '마산 객줏집'은 통영에 있는 곳이다. 마산과 통영이 뱃길로 연결되어 있어 왕래가 잦으므로 통영에 있는 객줏집의 옥호를 '마산 객줏집'으로 한 것이거나, 그렇게 부른 것이라고 할 수 있다. 252

마시다 동 물이나 술 따위의 액체를 목구멍으로 넘기다. 622

마을① 명 주로 '가다', '다니다', '오다' 등의 동사와 함께 쓰여, 이웃에 놀러가는 것을 이르는 말. 55

마을② 명 주로 시골에서, 여러 집이 모여 사는 곳. 221

마을마을 명 연이어진 마을과 마을. 223

마음 명 ① 사람이 본래부터 지닌 성격이나 품성. ② 사람이 다른 사람이나 사물에 대하여 감정이나 의지, 생각 따위를 느끼거나 일으키는 작용이나 태도. ③ 사람의 생각, 감정, 기억 따위가 생기거나 자리 잡는 공간이나 위치. 44

마음대로[부] 하고 싶은 대로. 516

마조[부] '마주'의 고어. 서로 똑바로 향하여. 663

마타리[명] 마타릿과의 여러해살이풀. 높이는 1~1.5미터이며, 잎은 마주나고 깃 모양으로 갈라진다. 여름에 종 모양의 노란 잔꽃이 가지 끝에 산방繖房꽃차례로 모여 피고 열매는 긴 타원형이다. 연한 순은 나물로 먹고 전초全草는 소염, 어혈에 또는 고름을 빼는 데에 약으로 쓴다. 산이나 들에서 저절로 나며 한국, 일본, 대만, 중국, 시베리아 동부까지 분포한다. 154, 428

막내고무[명] '막내고모'(여러 고모 중에 맨 끝의 고모)의 방언(평안, 경상, 전라). 64

막대꼬치[명] 무엇을 꿰거나 쑤시거나 하는 데 쓰는 가늘고 뾰족한 나무로 만든 물건. 413

막대침[명] 막대기로 만든 침. 205

막베등거리[막베+등거리][명] 거칠고 성기게 짠 베로 만든, 등만 덮을 만하게 걸쳐 입는 홑옷. 깃이 없고 소매가 짧거나 없게 만든다. 114

막베잠방둥에[막베+잠방둥에][명] 거칠고 성기게 짠 베로 만든, 가랑이가 무릎까지 내려오도록 짧게 만든 홑바지. 115

막써레기[막+써래기][명] 품질이 낮은 담뱃잎을 사용해, 말아 피우거나 대통에 담아 피우도록 썰어 놓은 담배. 154

막어서다[동] 막아서다. 앞을 가로막고 서다. 560

막역지간莫逆之間[명] '서로 거스르지 않는 사이'라는 뜻으로, 허물이 없는 아주 친한 사이를 이르는 말. 79

막칼질하다[막+칼질하다][동] 제멋대로 칼질하다. 함부로 마구 칼질하다. 618

만나다[동] 누군가 가거나 와서 둘이 서로 마주 보다. 593

만년萬年[명] 오랜 세월. 322

만두饅頭**꼬깔**[명] 만두고깔. 찐빵 모양의 모자. 128

만들다[동] 노력이나 기술 따위를 들여 목적하는 사물을 이루다. 773

만져보다[동] 손을 대어 여기저기 주무르거나 쥐어 보다. 565

만하다[보조형] 동사의 관형사형 어미 '-ㄹ' 뒤에 쓰여, 앞말이 뜻하는 동작이나 일이 어지간히 가능함을 나타내는 말. 774

많다[형] 수효나 분량, 정도 따위가 일정한 기준을 넘다. 645

많이[부] 수효나 분량, 정도 따위가 일정한 기준보다 넘게. 646

맏손자[명] 둘 이상의 손자 가운데 맏이인 손자를 이르는 말. 64

말①[명] ① 사람의 생각이나 느낌 따위를 표현하고 전달하는 데 쓰는 음성 기호. 곧 사람의 생각이나 느낌 따위를 목구멍을 통하여 조직적으로 나타내는 소리를 가리킨다. ② 음성 기호로 생각이나 느낌을 표현하고 전달하는 행위. 또는 그런 결과물. ③ 일정한 주제나 줄거리를 가진 이야기. ④ 소문이나 풍문 따위를 이르는 말. ⑤ ('-으라는/-다는 말이다' 구성으로 쓰여) 다시 강조하거나 확인하는 뜻을 나타내는 말. 39

말②의 부피의 단위. 곡식, 액체, 가루 따위의 부피를 잴 때 쓴다. 한 말은 한 되의 열 배로 약 18리터에 해당한다. 369

말③명 말과의 포유동물. 어깨의 높이는 1.2~1.7미터이며, 갈색·검은색·붉은 갈색·흰색 따위가 있다. 네 다리와 목, 얼굴이 길고 목덜미에는 갈기가 있으며, 꼬리는 긴 털로 덮여 있다. 초식성으로 3~4세에 성숙하고 16~20세까지 번식하는데, 4~6월이 번식기이고 수태한 후 335일 만에 한 마리의 새끼를 낳는다. 성질이 온순하고 잘 달리며 힘이 세어 농경, 운반, 승용, 경마 따위에 사용한다. 세계 각지에서 기른다. 470

말꾼명 짐을 싣는 말을 몰고 다니는 것을 직업으로 하는 사람. '말몰이꾼'과 같은 말. 58

말끝명 한마디 말이나 한 차례 말의 맨 끝. 40

말다동 어떤 일이나 행동을 하지 않거나 그만두다. 785

말다툼명 말로 옳고 그름을 가리는 다툼. 40

말려가다동 물기가 다 날아가서 없어져 가다. 681

말려나가다동 둥글게 접혀 나가다. 695

말리다동 '마르다'의 사동사. 물기가 다 날아가 없어지게 하다. 681

말리우다동 말리다. '마르다'의 사동사. 물기가 다 날아가 없어지게 하다. 682

말방울명 말의 목에 다는 방울. 414

말상명 말처럼 길게 생긴 얼굴. 490

말소리명 말하는 소리. 420

말수명 사람이 입으로 하는 말의 수효. '말수와 같이'는 '말수와 함께', '말할 때마다'의 뜻이다. 41

말없이부 아무런 말도 아니하고. 546

말쿠지명 말코지. 물건을 걸기 위하여 벽 따위에 달아 두는 나무 갈고리. 흔히 가지가 여러 개 돋친 나무를 짤막하게 잘라 다듬어서 노끈으로 달아맨다. 205

말하다동 생각이나 느낌 따위를 말로 나타내다. 509

맑다①형 (마음이) 때묻지 아니하고 순수하다. 516

맑다②형 잡스럽고 탁한 것이 섞이지 아니하여 환하고 깨끗하다. 719, 796

맑어지다형 맑아지다. 맑은 상태로 되다. 516

맘명 '마음'의 준말. 사람이 본래부터 지닌 성격이나 품성. 45

맛명 음식 따위를 혀에 댈 때에 느끼는 감각. 418
맛나다형 맛이 좋다. 698
맛보다동 몸소 겪어 보다. 622
맛스럽다형 보기에 맛이 있을 듯하다. 698
맛있다형 음식의 맛이 좋다. 698
망아지명 말의 새끼. 470
망연하다형 매우 넓고 멀어서 아득하다. 659
맞구멍명 마주 뚫린 구멍. 414
맞다①동 외부로부터 어떤 힘이 가해져 몸에 해를 입다. 770
맞다②동 시간이 흐름에 따라 오는 어떤 때를 대하다. 770
맞다③동 자연현상에 따라 내리는 눈, 비 따위의 닿음을 받다. 770
맡다동 코로 냄새를 느끼다. 700
매부 염소나 송아지, 양 같은 것이 우는 소리를 나타내는 말. 705
매감탕[매+감탕]명 메진 감탕. 끈기가 적은 감탕을 말한다. '감탕'이란 '엿을 고아 낸 솥을 가셔 낸 단물, 또는 메주를 쑨 솥에 남은 진한 물'을 말한다. 154
매끄럽다형 거침없이 저절로 밀리어 나갈 정도로 반드럽다. 727
매다①동 (사람이 줄이나 끈을) 풀리지 않도록 양쪽 끝을 서로 감아 매듭을 만들다. 613
매다②동 논밭에 난 잡풀을 뽑다. 627
매렵다형 마렵다. 대소변을 누고 싶은 느낌이 있다. 728
매여놓다동 매어 놓다. 풀어지지 않게 동여 묶어 놓다. 751
매연명 매연(媒緣). 백석 시 〈목구木具〉의 "매연 지난"은 '혈연관계가 멀리 지나간'이라는 뜻이다. 322
매이다동 매다. 풀어지지 않게 동여 묶다. 751
매지명 '망아지'(말의 새끼)의 방언(평북, 함경). 471
매캐하다형 연기나 곰팡이 따위의 냄새가 약간 맵고 싸하다. 700
맥명 심장박동에 의해 생기는 동맥벽의 주기적인 진동. 490
맨모밀국수[맨+모밀국수]명 다른 것이 섞이지 않은 메밀국수. 육수나 다른 첨가물 없이 메밀국수를 삶아서 건져 낸 상태 그대로 먹는 국수를 가리킨다. 〈북신北新—서행시초西行詩抄 2〉에서 '시꺼먼 맨모밀국수'는 도정을 덜 해서 검은 빛깔을 띠는 메밀국수를 가리킨다. 155
맨발명 아무것도 신지 아니한 발. 490
맨천명 '사방'의 평북 방언. 237
맷방석명 매통이나 맷돌을 쓸 때 밑에 까는, 짚으로 만든 방석. 멍석보다 작고 둥글며

전(물건의 위쪽 가장자리가 조금 넓적하게 된 부분)이 있다. 205

머루넝쿨명 머루나무가 뻗어 나가면서 이루어진 넝쿨. '머루나무'는 포도과의 덩굴나무. 다른 나무에 감겨 오르거나 덤불을 이룬다. 넓적한 잎이 달려 있고 마디에 감김손(덩굴손)이 있어서 다른 물체에 감긴다. 봄에 꽃이 피고 가을에 열매가 검은 자주색으로 열린다. 432

머루밤명 머루 빛의 밤. 머루 빛인 흑자색을 띠는 밤을 표현한 것이다. 322

머루빛명 머루나무 열매인 머루의 빛깔. 흑자색에 가깝다. 424

머루송이명 머루의 송이(꽃, 열매, 눈 따위가 따로따로 다른 꼭지에 달린 한 덩이). 444

머루전명 머루나무에 핀 꽃을 전奠을 차린 것에 비유한 것으로 보인다. '전奠'은 장사 지내기 전에 영좌靈座 앞에 간단하게 술, 과일을 차려 놓는 예식을 말한다. '머루나무'는 포도과의 덩굴식물로 잎은 심장 모양이고 가장자리에 치아 모양의 톱니가 있다. 봄에 지름 2밀리미터의 황록색 꽃이 원추圓錐꽃차례로 피고, 가을에 검자주색 열매가 달린다. 439

머리①명 사람이나 동물의 목 위의 부분. 눈, 코, 입 따위가 있는 얼굴을 포함하며 머리털이 있는 부분을 이른다. 490

머리②명 머리털. 머리에 난 털. 491

머리맡명 누웠을 때의 머리 부근. 237

머리오리명 머리카락. 머리털의 낱개. 491

머리채명 길게 늘어뜨린 머리털. 백석 시 〈안동安東〉에서 '머리채'는 길게 땋은 머리를 가리킨다. 이것은 보통 중국에서 시집가지 않은 처녀가 하는 머리 모양이다. 중국의 민국 시기(1912~1949)에 접어들면 도심에선 머리를 짧게 하거나 파마를 하는 경우도 있는데, 지방에선 여전히 전통적인 땋은 머리를 유지하고 있었다. 백석은 이 시에서 전통적인 중국 처녀들의 길게 땋은 머리에 대한 호감을 나타내고 있다. 491

머리카락명 머리털의 낱개. 491

머리칼명 '머리카락'의 준말. 492

머물다동 (움직이는 기차나 시선, 목소리 따위가 어디에) 잠시 멈추어 있다. 785

먹명 먹물(먹빛같이 검은 물). 414

먹다①동 음식 따위를 입을 통하여 배 속에 들여보내다. 622

먹다②동 어떤 마음이나 감정을 품다. 516

먹이다동 '먹다'(음식 따위를 입을 통하여 배 속에 들여보내다)의 사동사. 624

먼먼관 멀고 먼. 670

먼바루부 멀찍이. '바루'는 평북 방언으로 거리의 대략적인 정도를 나타내는 접미사. 237

멀다①형 거리가 많이 떨어져 있다. 660

멀다②형 시간적으로 사이가 길거나 오래다. 670

멀리부 한 지점에서 거리가 몹시 떨어져 있는 상태로. 660

멍석자리명 자리로 쓰는 멍석. 또는 멍석을 깔아 놓은 자리. 206

멎다동 멈추다. 비나 눈 따위가 그치다. 664

메기명 메깃과의 민물고기. 몸의 길이는 25~30센티미터가 보통이나 간혹 1미터가 넘는 것도 있다. 머리는 넓적하고 입은 매우 크며 네 개의 긴 수염이 있다. 몸은 어두운 갈색이고 불규칙한 얼룩무늬가 있으며, 비늘이 없고 미끈거린다. 한국, 일본, 중국, 대만 등지에 분포한다. 461

메기수염명 메기의 수염처럼 몇 오라기만 양쪽으로 길게 기른 수염. 492

메다동 어떤 감정이 북받치는 상태가 되다. 516

메이다동 메다. 어떤 감정이 북받치는 상태가 되다. 516

멕이다동 먹이다. '나려 멕이고'는 '내려오고'의 뜻이다. 586

멧도야지명 멧돼지. 멧돼짓과의 포유동물. 몸의 길이는 1~2미터, 어깨 높이는 55~110센티미터이며, 몸빛은 검은색 또는 검은 갈색이다. 목에서 등에 걸쳐 빳빳한 털이 나 있다. 주둥이가 매우 길고 목은 짧으며 날카로운 송곳니가 있다. 잡식성이고 유라시아 대륙 중부·남부의 산림에 분포한다. 471

멧돝명 '멧돼지'의 함북 방언. 471

멧비들기명 멧비둘기. '멧비둘기'는 비둘깃과의 새. 몸길이는 33센티미터 정도이며, 빛깔은 회갈색이고 목 양쪽에 회청색의 굵은 무늬가 있다. 나뭇가지 사이에 둥지를 틀고 살며 곡식이나 곤충류를 잡아먹는다. 우리나라 전역에서 볼 수 있는 텃새이다. 451

멧비들기켠명 멧비둘기가 있는 쪽. 238

멧새명 ① 되샛과에 속한 노랑턱멧새, 붉은빰멧새, 북방멧새 따위를 통들어 이르는 말. ② 되샛과의 텃새. 몸길이 17센티미터이고 참새와 비슷한데 몸빛은 밤색이며 목과 가슴 및 겨드랑이는 연한 갈색이고, 이마에서 머리 위까지 흑갈색의 띠가 있다. 우리나라, 중국, 시베리아, 몽골 등지에 분포한다. ③ 산새의 예스러운 말. 452

멫관 '몇'의 평북 방언. 뒤에 오는 말과 관련된, 그리 많지 않은 얼마만큼의 수를 막연하게 이르는 말. 646

멫십명 수십. 362

명절명 해마다 일정하게 지키어 즐기거나 기념하는 때. 우리나라에는 설날, 대보름날, 단오, 추석, 동짓날 따위가 있다. 323

명절날명 명절인 날. 323

명정明井**골**명 명정동. 통영 안에 있는 마을 이름. 253

명정明井**샘**[명] 통영의 명정동에 있는 우물. 명정동의 충렬사 아래에 있다. '일정日井'과 '월정月井'이라는 두 개의 샘이 있는데, 이 둘을 합쳐 '명정明井샘'이라고 부른다. 253

명주필[명] 명주필明紬疋. 필로 된 명주 천. 121

명태明太[명] 대구과의 바닷물고기. 몸의 길이는 40~60센티미터이며, 등은 푸른 갈색, 배는 은빛을 띤 백색이다. 우리나라 사람들이 가장 즐겨먹는 어류의 하나로 대구와 비슷하나 더 홀쭉하고 길다. 함경남도 해안을 중심으로 한 동북해 연안이 우리나라 최대의 명태 어장이다. 허균의 《도문대작屠門大嚼》에도 이 일대에서 명태가 많이 잡혀 함경도의 명태가 전국으로 많이 팔렸다고 기록되어 있다. 155, 462

명태明太**창난젓**[명] 명태의 창자에 소금, 고춧가루 따위의 양념을 쳐서 담근 젓. 명태는 함경도의 특산물이므로 명태의 내장으로 만든 창난젓 역시 함경도 지역의 유명한 특산물이다. 155

몇①[수] 막연한 약간의 수. 362

몇②[관] 뒤에 오는 말과 관련된, 그리 많지 않은 얼마만큼의 수를 막연하게 이르는 말. 647

모다[부] '모두'의 고어, 방언. 일정한 수효나 양을 빠짐없이 다. 647

모닥불[명] 잎나무나 검불 따위를 모아 놓고 피우는 불. 406

모도①[명] '모두'(일정한 수효나 양을 기준으로 하여 빠짐이나 넘침이 없는 전체)의 방언. 362

모도②[부] '모두'의 고어. 일정한 수효나 양을 빠짐없이 다. 647

모두①[명] 일정한 수효나 양을 기준으로 하여 빠짐이나 넘침이 없는 전체. 362

모두②[부] 일정한 수효나 양을 빠짐없이 다. 647

모든[관] 빠짐이나 남김없이 전부의. 648

모래[명] 자연의 작용에 의하여 아주 잘게 부스러진 돌 부스러기. 408

모래부리[명] 모래의 부리, 곧 '뾰족한 모래'를 뜻하는 말로 '사취砂嘴'라고도 한다. 백석 시 〈함남도안咸南道安〉에서는 부전강 상류의 모래 지형을 말한다. '모래부리 플랫폼'이란 '모래부리가 있는 곳의 플랫폼'이란 뜻이다. 288

모래알[명] 모래의 낱 알갱이. 409

모래장변[명] 모래사장. 강가나 바닷가에 있는 큰 모래벌판. 289

모래톱[명] 강가나 바닷가에 있는 넓고 큰 모래벌판. '모래사장'과 같은 말. 289

모랭이[명] '모래함지'와 같은 말로, 작은 함지의 한 가지. 길죽하며 전(물건의 위쪽 가장자리가 조금 넓적하게 된 부분)이 달려 있다. 206

모르다①[동] 사람이나 사물 따위를 알거나 이해하지 못하다. 536

모르다②[동] (의문사 없이 쓰여) 불확실한 사실에 대한 짐작이나 의문의 뜻을 나타낸다. 536

모르다③[동] '얼마나 -는지 모르다'의 구성으로 쓰여, '매우 그러하다', 또는 '그리하다'의 뜻으로 선행어의 뜻을 강조할 때 쓰는 말. 806

모밀가루포대[명] 메밀의 열매를 찧어서 낸 가루가 든 포대. 206

모밀국수[명] 메밀국수. 메밀쌀에 녹두 거피한 것을 조금 섞어 물에 담갔다가 곱게 빻아 고은 체에 쳐서 가루를 한 것을 익반죽하여 국수틀로 가늘게 뽑은 국수. 156

모밀내[명] 메밀의 냄새. 419

모시다[동] 웃어른이나 신주 따위를 어떤 곳에 자리 잡게 하다. 767

모이다[동] '모으다'(여럿을 한 곳으로 오게 하거나 한 단체에 들게 하다)의 피동사. 596

모주리[부] '모조리'(하나도 빠짐없이 모두)의 방언(경상, 전남). 648

모통이[명] '모퉁이'의 방언(평안, 경기, 전남, 경상, 제주). 238

목[명] 척추동물의 머리와 몸통을 잇는 잘록한 부분. 492

목각木刻[명] 나무에 그림이나 글자 따위를 새기는 일. 또는 거기에 새긴 그림이나 글자. 356

목구木具[명] 나무 그릇. 206

목단[명] 목단피. 모란 뿌리의 껍질로 만든 약재. 심은 지 3년 이상 된 것의 껍질을 벗겨 그늘에 말린 것으로, 성질이 차서 열을 내리는 데나 월경 불순, 출혈, 피부반진, 타박상 따위에 쓴다. 맛은 맵고 쓰다. 137

목덜미[명] 목의 뒤쪽 부분과 그 아래 근처. 492

목수木手**네**[명] 목수 집안. '목수'는 '나무를 다루어 집을 짓거나 가구, 기구 따위를 만드는 일을 업으로 하는 사람'이며, '네'는 '집안이나 집단'의 뜻을 더하는 말. 58

목숨[명] 사람이나 동물이 숨을 쉬며 살아 있는 힘. 505

목욕[명] 온몸을 깨끗이 씻는 일. 55

목침木枕[명] 나무토막으로 만든 베개. 206

목탁木鐸[명] 승려가 독경이나 염불을 하거나 사람들을 모이게 할 때에 두드려 소리를 내도록 한 물건. 400

목판[명] 음식을 담아 나르는 나무 그릇. 보통, 운두가 낮고 네모지게 만든다. 207

몬저[부] '먼저'(시간적으로나 순서상으로 앞서서)의 고어. 방언(경상, 전남). 670

몬지[명] '먼지'(가늘고 보드라운 티끌)의 고어, 방언(황해, 강원, 경기, 경북, 전남, 충청, 제주). 414

몰다①[동] 어떤 대상을 바라는 처지나 방향으로 움직여 가게 하다. 586

몰다②[동] 기계나 탈것을 부리거나 운전하다. 632

몰아가다[동] 기계나 탈것을 부리거나 운전해 가다. 632

몸[명] 사람이나 동물의 형상을 이루는 전체. 또는 그것의 활동 기능이나 상태. 492

몹시부 더할 수 없이 심하게. 655

못부 (주로 동사 앞에 쓰여) 동사가 나타내는 동작을 할 수 없다거나 상태가 이루어지지 않았다는 부정의 뜻을 나타내는 말. 809

못되다형 성질이나 품행 따위가 좋지 않거나 고약하다. 547

못하다보조동 앞말이 뜻하는 행동에 대하여 그것이 이루어지지 않거나 그것을 이룰 능력이 없음을 나타내는 말. 809

몽둥발이명 몽동발이. 딸려 붙었던 것이 다 떨어지고 몸뚱이만 남아 있는 물건. 414

뫼추라기명 메추라기. 꿩과의 겨울 철새. 몸길이는 18센티미터 정도이고 몸 빛깔은 황갈색이며, 갈색과 흑색의 세로무늬가 있다. 몸은 병아리와 비슷하나 꽁지가 짧다. 길들여 가금으로 기르기도 한다. '메추리'와 같은 말. 452

뫼추리명 메추리. 452 ☞ 뫼추라기

묘향산妙香山명 평안북도 영변군 북신현면(지금은 신현면과 백령면의 경계)에 있는 산. 향기로운 나무들이 많고 산이 기묘하게 생겼다 하여 붙은 이름이다. 묘향산맥의 주봉으로서, 단군이 내려왔다는 전설로 유명하다. 높이는 1,909미터이다. 253

묘향산행妙香山行명 묘향산으로 감. '행行'은 지명을 나타내는 명사의 뒤에 붙어, '그리로 감'의 뜻을 더하는 말. 238

무감자명 고구마의 방언(충청). 감자와 함께 원산지가 남미이며 우리나라에는 일본을 통해 들어온 것으로 알려져 있고 전국에 걸쳐서 널리 재배한다. 고구마는 7월 하순부터 성숙하기 시작하며 첫서리 내리기 전에 수확한다. 주성분은 당질이며 칼륨이 많이 들어 있어 고혈압 예방에 좋고 섬유질이 많아 장내 소화 작용을 돕는다고 한다. 156

무거웁다형 무겁다 ① 무게가 나가는 정도가 크다. ② 움직임이 느리고 둔하다. 649

무겁다①형 무게가 나가는 정도가 크다. 649

무겁다②형 언행이 신중하고 조심스럽다. 543

무당명 귀신을 섬겨 길흉을 점치고 굿을 하는 것을 업으로 하는 사람. 주로 여자를 이른다. 388

무럭무럭부 연기나 냄새, 김 따위가 계속 많이 피어오르는 모양. 679

무르끓다동 음식 따위가 흐무러질 정도로 끓다. 619

무릎명 넓적다리와 정강이의 사이에 있는 관절의 앞부분. 493

무릿돌명 우박 같은 돌. 우박 같은 크고 작은 여러 개의 돌. '무리'는 '누리', '우박'의 방언(평안, 황해). '누리', '우박'의 고어는 '무릐'이다. 409

무명샤쯔명 무명 셔츠. 무명으로 지은 서양식 윗옷. 115

무명필명 필로 된 무명. 무명실을 필 단위로 짜서 만든 피륙을 말하는데, 백석 시 〈가즈랑집〉에서는 '명다리'를 가리킨다. '명다리'란 신불을 모신 상 앞의 천장 가까이에 소원을 비는 사람의 성명과 생년월일을 써 매다는 무명이나 모시를 뜻한다. 121, 388

무서웁다형 무섭다. ① 어떤 대상에 대하여 꺼려지거나 무슨 일이 일어날까 겁나는 데가 있다. ② 두려움이나 놀라움을 느낄 만큼 성질이나 기세 따위가 몹시 사납다. 516

무서워하다동 무섭게 여기다. 517

무섭다형 ① 어떤 대상에 대하여 꺼려지거나 무슨 일이 일어날까 겁나는 데가 있다. ② 두려움이나 놀라움을 느낄 만큼 성질이나 기세 따위가 몹시 사납다. 517

무슨관 사물을 특별히 정하여 지목하지 않고 이를 때 쓰는 말. 825

무썩무썩부 매우 건조하고 더운 느낌을 나타내는 말로 추정된다. 728

무엇대 ① 모르는 사실이나 사물을 가리키는 지시대명사. ② 정하지 않은 대상이나 이름을 밝힐 필요가 없는 대상을 가리키는 지시대명사. 819

무연하다형 아득하게 너르다. 641

무이명 '무'의 방언(황해). 배추와 함께 우리나라 사람들이 가장 즐겨 먹는 채소의 하나. 무에는 양질의 수분과 다량의 비타민 C와 A, 그리고 여러 효소들이 들어 있어, 예부터 무를 많이 먹으면 속병이 없다고 할 정도로 위장병에 좋은 음식으로 알려져 있다. 156

무이밭명 무밭. 무를 심어 놓은 밭. '무이'는 '무'의 방언(황해, 강원, 평남). 335

무이징게국명 새우에 무를 썰어 넣어 끓인 국. '징게'는 '새우'의 방언(경기). 157

무척부 다른 것과 견줄 수 없이. 655

묵다동 일정한 때를 지나서 오래된 상태가 되다. 670

묵묵하다형 말없이 잠잠하다. 547

묵묵히부 말없이 잠잠하게. 547

묵여가다동 계속해 묵이다. '묵이다'는 '묵다'의 사동사로 '일정한 때를 지나서 오래되게 하다'의 뜻이다. 671

문門명 드나들거나 물건을 넣었다 꺼냈다 하기 위하여 틔워 놓은 곳. 또는 그곳에 달아 놓고 여닫게 만든 시설. 184

문기슭명 문의 기슭. 문의 아랫부분. 184

문둥이명 '문둥이병에 걸린 사람'을 이르는 말. 79

문득부 ① 생각이나 느낌 따위가 갑자기 떠오르는 모양. ② 어떤 행위가 갑자기 이루어지는 모양. 671

문밖명 문의 바깥쪽. 238

문살 명 문짝에 종이를 바르거나 유리를 끼우는 데에 뼈대가 되는 가느다란 나무오리나 대오리. 184

문서文書 명 글이나 기호 따위로 일정한 의사나 관념 또는 사상을 나타낸 것. 356

문장門長 명 한 문중門中에서 항렬과 나이가 제일 위인 사람. '문장 늙은이'는 문장인 늙은이를 지칭한다. 79

문주 명 문추. '부꾸미'의 평북 방언. 찹쌀가루, 밀가루, 수수 가루 따위를 반죽하여 전병처럼 기름에 지진 후에 소를 넣고 반달 모양으로 접은 떡이다. 157

문창 명 문과 창문을 아울러 이르는 말. 184

문門**턱** 명 문짝의 밑이 닿는 문지방의 윗부분. 184

문허지다 동 '무너지다'의 고어. 쌓여 있거나 서 있는 것이 허물어져 내려앉다. 768

묻다① 동 가루, 풀, 물 따위가 그보다 큰 다른 물체에 들러붙거나 흔적이 남게 되다. 758

묻다② 동 무엇을 밝히거나 알아내기 위하여 상대편의 대답이나 설명을 요구하는 내용으로 말하다. 509

묻어놓다 동 물건을 흙이나 다른 물건 속에 넣어 보이지 않게 쌓아 덮어 놓다. 752

묻히다 동 '묻다'의 피동사. (무엇이 땅속 공간에) 들이어져 다른 물건으로 덮이는 상태가 되다. 752

물① 명 자연계에 강, 호수, 바다, 지하수 따위의 형태로 널리 분포하는 액체. 403

물② 명 물감이 물건에 묻어서 드러나는 빛깔. 424

물가 명 바다, 강, 못 따위와 같이 물이 있는 곳의 가장자리. 404

물감 명 물을 들이는 물질이나 안료 따위를 통틀어 이르는 말. 414

물계리物界里 명 함경남도 홍원군 보청면에 있는 '무계리戊桂里'를 가리키는 것으로 짐작된다. '무계리'는 '삼호'의 남쪽에 위치해 있다. 시 〈삼호三湖〉와 〈물계리物界里〉는 〈물닭의 소리〉란 제목 아래 묶여 있는 작품이다. '무계리'는 만灣 지형이며 촌락을 형성하고 있어서 사람들이 많이 찾았을 것으로 짐작된다. 254

물고기 명 어류의 척추동물을 통틀어 이르는 말. 132, 462

물구지우림 명 물구지(무릇)의 뿌리(비늘줄기)를 물에 우려내서 엿처럼 고아 낸 음식. '물구지'는 '무릇'의 북쪽 지역 언어. '물구지'(무릇)는 백합과의 여러해살이풀로 들이나 밭에서 절로 자란다. 파, 마늘과 비슷하게 보이며, 7~9월에 이삭 모양의 담자색 꽃이 핀다. 어린잎과 비늘줄기를 식용으로 쓰는 구황救荒 식물의 하나로 아시아 동북부의 온대에서 아열대까지 널리 분포한다. 157

물기 명 축축한 물의 기운. 404

물길 명 물 위로 배를 타고 다니는 길. 229

물꾸러미 부 물끄러미. 우두커니 한 곳만 바라보는 모양. 735

물다동 윗니나 아랫니 또는 양 입술 사이에 끼운 상태로 떨어지거나 빠져나가지 않도록 다소 세게 누르다. 625

물닭명 뜸부깃과의 새. 생김새가 뜸부기와 비슷하나 그보다 작다. 몸길이는 약 41센티미터 정도이며, 머리와 등은 검은색, 배 쪽은 잿빛이고 발가락 사이에 물갈퀴가 있다. 농경지, 수로, 물웅덩이, 하구나 하천 지류의 수초 지대에 살며, 아시아, 유럽 등지에 널리 분포한다. 452

물러가다동 차지하고 있던 곳이나 지위를 내어 놓고 떠나다. 586

물맛명 물의 맛. 419

물밑명 물의 속이나 맨 밑. 404

물살명 물이 흘러 내뻗는 힘. 404

물새명 생활 조건이 물과 밀접한 관계가 있는 새를 통틀어 이르는 말. 453

물씬물씬부 코를 푹 찌르도록 매우 심한 냄새가 자꾸 나는 모양. 700

물외명 오이. 박과의 한해살이 덩굴풀. 157, 428 ☞ 오이

물외포기명 '물외'(오이)의 포기(뿌리를 단위로 한 초목의 낱개). 한 자리에서 자란 여러 대의 물외(오이)의 포기. 444

물이끼명 물이낏과의 이끼류. 길이는 6~15센티미터이며, 흰색이나 엷은 녹색을 띠고 줄기는 곧고 가지는 돌려난다. 엽록체를 가진 잔잎과 속이 빈 큰 잎은 흡수력이 강해서 물기를 오래 지닌다. 습한 곳이나 물속에서 흔히 자라는데 가끔 바위 위에 몰려 나기도 한다. 428

물지게꾼명 물지게로 물을 져 나르는 사람. 59

물총새명 물총샛과의 새. 몸길이는 17센티미터 정도이며, 등은 어두운 녹색을 띤 하늘색, 목은 흰색이고 배는 밤색이며 부리는 흑색, 다리는 진홍색이다. 물가에 사는 여름새로 강물 가까운 벼랑에 굴을 파고 살며, 민물고기, 개구리 따위를 잡아먹는다. 453

물코명 물기가 많은 콧물. 493

물쿤부 '물큰'의 평북 방언. 냄새 따위가 한꺼번에 확 풍기는 모양. 700

물쿤하다형 물큰하다. 무르고 만문한 것(만만하고 무른 것)을 꾹 쥐거나 누르거나 할 때처럼 물렁하다. 728

물팩치기명 무릎치기. 무릎까지 내려오는 짧은 바지나 치마 등의 옷. '물패기'는 '무릎'의 방언이다. 115

미끼명 낚시 끝에 꿰는 물고기의 먹이. 주로 지렁이, 새우, 밥알 따위를 사용한다. 352

미나리명 산형과의 여러해살이풀. 높이가 30센티미터 정도이고 털이 없으며, 잎은 어긋나고 긴 잎자루가 있으며 깃 모양으로 갈라진다. 작은 잎은 달걀 모양이고 가장

자리에 톱니가 있다. 7~9월에 희고 작은 꽃이 핀다. 연못가나 무논에서 자라며 잎과 줄기에 독특한 향기가 있고 식용한다. 428

미덥다 형 믿음성이 있다. 543

미명계未明界 명 날이 밝기 전의 세상. 백석이 시의 제목으로 지은 조어이다. 223

미역국 명 마른 미역을 불려서 끓인 국. 미역국은 예부터 산모의 보양식으로 간주되었다. 미역에는 요오드와 칼슘 등의 무기질과 비타민이 많아 자궁 수축을 돕고 피를 맑게 하며 신경과 골격 형성에도 좋고 지혈 작용을 하며 모유 분비도 도와준다. 미역국의 맛은 간장에 따라 크게 달라지는데, 반드시 재래식 메주로 만든 맑은 국 간장이어야 제 맛이 난다. 158

미역냄새 명 미역에서 나는 냄새. 419

미역오리 명 가늘고 긴 미역의 조각. 백석 시 〈통영統營〉에선 말린 미역 줄기의 낱개를 말한다. '미역'은 암갈색에 길이는 1~2미터, 폭은 60센티미터 정도이며, 뿌리, 줄기, 잎의 구별이 확실하지 않은 엽상식물이다. 요오드와 칼슘의 함유량이 많아 발육이 왕성한 어린이와 산부産婦의 영양에 매우 좋다. 158

미치다 동 일정한 방향도 없이 마구 휘몰아치다. 664

민숭민숭하다 형 몸에 털이 있어야 할 곳에 털이 없어 번번하다. 607

밀다 동 바닥이나 거죽의 지저분한 것을 문질러서 깎거나 닦아 내다. 769

밑 명 물체의 아래나 아래쪽. 238

밑가지채 명 밑가지째. 밑가지 그대로, 밑가지 전체. 444

밑구멍 명 항문이나 여자의 음부를 속되게 이르는 말. 백석 시 〈가즈랑집〉에서는 '항문'을 가리킨다. 493

밑께 명 어떤 날이 되기 바로 전 무렵. 백석 시 〈오리〉에서 '청명 밑께'는 '청명이 되기 바로 전 무렵'이라는 뜻이다. 323

밑바닥 명 어떤 것의 바닥 또는 아래가 되는 부분. 239

ㅂ

바가지명 박을 두 쪽으로 쪼개어 만든, 물을 푸거나 물건을 담는 데 쓰는 그릇. 207

바가지꽃명 박꽃. 박의 꽃. 하얀색으로 여름에 피는데 저녁에 피었다가 아침에 누렇게 변색이 되며 시든다. 박꽃은 박각시나방(박각시)이 수분을 한다. 440

바구지꽃명 박꽃. 박의 꽃. 440

바깥명 밖이 되는 곳. 239

바꾸다동 원래 있던 것을 없애고 다른 것으로 채워 넣거나 대신하게 하다. 773

바눌명 바늘. 옷 따위를 짓거나 꿰매는 데 쓰는, 가늘고 끝이 뾰족한 쇠로 된 물건. 한쪽 끝에 있는 작은 구멍에 실을 꿰어서 쓴다. 207

바눌집명 바늘집. 바늘을 몇 개 넣어 몸에 달고 다니는 조그마한 갑으로 '바늘겨레', '침낭'이라고 하기도 한다. 바늘집은 금속으로 만든 것도 있고 비단에 수놓아 만든 것도 있다. 또 바늘집은 노리개로 패용하기도 했는데, 백석 시 〈칠월七月 백중〉에서 바늘집은 바로 이런 용도의 '바늘집노리개'를 가리킨다. 보통 바늘집의 아랫부분에 머리털을 가득 넣어 바늘을 꽂고, 윗부분은 뚜껑으로 아랫부분을 닫게 되어 있다. 125

바느질명 바늘에 실을 꿰어 옷 따위를 짓거나 꿰매는 일. 55

바다명 지구 위에서 육지를 제외한 부분으로 짠물이 괴어 하나로 이어진 넓고 큰 부분. 289

바닷가명 바닷물과 땅이 서로 닿은 곳이나 그 근처. 290

바독판명 '바둑판'의 고어. 바둑을 둘 때, 위에 알을 놓은 평평한 표면의 판. 가로와 세로 각각 열아홉 줄이 그어져 있다. 382

바둑명 바둑을 둘 때 쓰는 납작하고 둥근 돌을 말하는데, 백석 시 〈칠월七月 백중〉에선 노리개의 주체(몸체)나 띳돈을 가리킨다. 실제 바둑돌로 노리개의 주체(몸체)나 띳돈을 만든 예는 찾아보기 어렵고, 노리개의 주체나 띳돈에 새겨진 격자무늬를 가리켜 바둑으로 부른 것이 아닌가 짐작된다. 125

바라다동 어떤 것을 향하여 보다. 또는 부러워하며 넘겨다보다. 551

바라보다동 어떤 대상을 바로 향하여 보다. 551

바람명 기압의 변화로 말미암아 일어나는 공기의 흐름. 309

바람결 명 일정한 방향으로 부는 바람의 움직임. 309

바람맛 명 바람의 맛. 419

바람벽 명 방이나 칸살의 옆을 둘러막은 둘레의 벽. 184

바래다 동 바라다. 어떤 것을 향하여 보다. 551

바로 부 시간적인 간격을 두지 아니하고 곧. 671

바리깨 명 '주발(놋쇠로 만든 밥그릇)의 뚜껑'의 평안 방언. 207

바리깨돌림하다 동 주발 뚜껑을 돌리며 놀다. '바리깨'는 '주발 뚜껑'의 평안 방언. '바리깨돌림 놀이'는 주발 뚜껑을 방바닥에 대고 두 손으로 팽이를 돌리듯 돌리며 노는 놀이이다. 흔히 누구의 것이 더 오래 도는지 겨루며 논다. 634

바우 명 '바위'의 방언. 부피가 매우 큰 돌. 409

바윗돌 명 바위처럼 큰 돌. 409

바윗잔등 명 바윗등. 바위 위쪽의 평평한 부분. '잔등'은 '등'의 방언. 409

바즈런하다 형 '바지런하다'의 평북 방언. 일하는 태도가 열성적이고 꾸준하다. 547

박 명 박의 열매. 원통 또는 둥근 호박이나 배 모양의 커다란 액과液果로 긴 타원형의 씨가 있는데, 삶거나 말려서 바가지를 만들고 속은 먹는다. 아프리카, 아시아가 원산지로 밭, 인가의 담이나 지붕에 올리어 재배한다. 444

박각시 명 나비목 박각싯과에 속한 곤충. 몸의 길이는 5센티미터 정도, 편 날개의 길이는 10센티미터 정도이며, 앞날개에는 짙은 회갈색의 무늬가 있고 뒷날개에는 회색에 검은 줄무늬가 있으며 배의 각 체절에는 흰색, 붉은색, 검은색 가로띠가 있다. '박각시'는 주로 밤에 피는 박꽃의 꿀을 빨기 위해 모여든다. 그래서 박의 수분을 돕는다 하여 이 곤충에 '박각시'라는 이름이 붙여졌다고 전해진다. 479

박시봉방朴時逢方 명 '박시봉'은 백석이 남신의주의 유동이란 마을에 세 들어 살던 집 주인의 이름이다. '방方'은 편지에서 세대주나 집주인의 이름 아래 붙여 그 집에 거처하고 있음을 나타내는 말이다. 95

박우물 명 바가지로 물을 뜰 수 있는 얕은 우물. 290

밖 명 ① 어떤 선이나 금을 넘어선 곳. ② 무엇에 의하여 둘러싸이지 않은 공간. 또는 그쪽. 239

반 명 일이나 물건의 중간이 되는 부분. 362

반가웁다 형 반갑다. 그리워하던 사람을 만나거나 원하는 일이 이루어져서 마음이 즐겁고 기쁘다. 518

반가워지다 동 반가운 상태가 되다. 그리워하던 사람을 만나거나 원하는 일이 이루어져서 마음이 즐겁고 기쁜 상태가 되다. 518

반가워하다 동 반가움을 느끼다. 518

반갑다형 그리워하던 사람을 만나거나 원하는 일이 이루어져서 마음이 즐겁고 기쁘다. 518

반관飯舘**명** 판관. 중국의 식당을 가리킨다. 342

반끗히부 '방끗이'를 변형시킨 말. 입을 예쁘게 약간 벌리며 소리 없이 가볍게 한 번 웃는 모양. '방긋'보다 조금 센 말. 553

반날명 하루 낮의 반. '한나절'과 같은 말. 323

반디젓명 '밴댕이젓'의 평북 방언. 청어과의 물고기로 멸치보다 조금 큰 모양을 지닌 밴댕이로 담근 젓. 봄철에 담그며 고춧가루와 다진 풋고추를 넣고 무쳐서 반찬으로 먹는다. 평안도에서는 멸치젓처럼 여러 용도로 쓰인다. 158

반딧불명 ① 반딧불잇과의 딱정벌레를 통틀어 이르는 말. ② 반딧불잇과의 딱정벌레. 몸의 길이는 1.2~1.8센티미터이며, 몸빛은 검은색이고, 배의 뒤쪽 제2~제3 마디는 연한 황색으로 발광기가 있으며, 머리의 뒷부분이 앞가슴 밑에 들어가 있다. 성충은 여름철 물가의 풀밭에서 사는데 밤에 반짝이며 날아다니고 수초에 알을 낳으며 애벌레는 맑은 물에서 산다. '반딧불이'와 같은 말. 479

반봉명 제물로 쓰는 생선 종류의 통칭. 132

반죽명 가루에 물을 부어 이겨 갬. 또는 그렇게 한 것. 133

받다①동 흐르거나 쏟아지거나 하는 것을 그릇 따위에 담기게 하다. 748

받다②동 물건을 돈을 주고 사다. 630

받다③동 다른 사람이 주거나 보내오는 물건 따위를 가지다. 746

받들다동 공경하여 모시다. 또는 소중히 대하다. 791

받어가다동 다른 사람이나 대상이 가하는 행동, 심리적인 작용 따위를 당하거나 입어 가다. 770

받어들다동 물건을 돈을 주고 사서 손에 가지다. 630

받쳐입다동 아래 웃옷이 서로 어울리게 맞추어 차려 입다. 614

발명 사람이나 동물의 다리 맨 끝 부분. 493

발가벗다동 알몸이 되도록 입은 옷을 모두 벗다. 614

발굽명 초식동물의 발끝에 있는 크고 단단한 발톱. 493

발꿈치명 발 뒤쪽의 불룩하고 둥그스름한 부분. 493

발뒤축명 발 뒤쪽의 둥그런 부분 가운데 맨 뒤쪽의 두둑하게 나온 부분. 493

발빨갱이[발+빨갱이]명 빨간빛을 띤 발. 493

발뿌리명 발부리. 발끝의 뾰족한 부분. 494

발해渤海**명** 698년에 고구려의 장수였던 대조영이 고구려의 유민과 말갈족을 거느리고 동모산에 도읍하여 세운 나라. 수도는 건국 초기를 제외하고 상경 용천부에 두고

'해동성국'이라 불릴 만큼 국세를 떨쳤으나 926년 요나라에게 망하였다. 282

밝다①동 (날이) 밤이 지나고 아침이 되어 환해지다. 719

밝다②동 '바르다', '발라내다'의 평안 방언. 껍질을 벗기어 속에 들어 있는 알맹이를 집어내다. 761

밝다③형 ① (어떤 물체나 그 빛이) 뚜렷하게 잘 보일 정도로 환하다. ② (어떤 장소나 공간이) 빛이 환하게 비치어 주변이 뚜렷하게 잘 보이는 상태이다. 719

밝다④형 마음이 환하다. 518

밝어먹다동 발라먹다. '밝다'는 '바르다'(껍질을 벗겨 속에 들어 있는 알맹이를 집어내다)의 평안 방언. 625

밝어오다형 마음이 환해지다. 518

밝히다①동 빛을 내는 물건에 불을 켜다. 683

밝히다②동 자지 않고 지내다. 603

밟다동 발로 디디거나 누르다. 560

밤명 해가 져서 어두워진 때부터 다음 날 해가 떠서 밝아지기 전까지의 동안. 323

밤길명 밤에 걷는 길. 230

밤나무명 ①참나뭇과 밤나무속에 속한 식물을 통틀어 이르는 말. ② 참나뭇과의 낙엽 활엽 교목. 높이는 10미터 정도이며 암수한그루로 5~6월에 이삭 모양의 흰 꽃이 피고, 가을에 견과堅果인 밤이 가시가 많은 밤송이에 두세 개씩 들어 익는다. 나무는 단단하여 선재船材, 침목, 토목, 건축재 따위로 쓰이며, 용재로 불량한 것은 표고의 배양 원목재로 쓰이기도 한다. 산기슭, 들, 자갈땅에서 나며, 산이나 인가 부근에서 재배하기도 한다. 432

밤새껏부 밤이 지나는 동안 꼬박. 671

밤소명 밤을 삶아 으깨어 송편 따위의 속에 넣는 소. '소'는 '송편이나 만두 따위를 만들 때, 맛을 내기 위하여 익히기 전에 속에 넣는 여러 가지 재료'를 뜻하는 말이다. 158

밤중명 밤이 깊은 때. 325

밤참명 저녁밥을 먹고 난 한참 뒤 밤중에 먹는 음식. 133

밤한울명 밤하늘. 밤의 하늘. 304

밥명 ① 쌀, 보리 따위의 곡식을 씻어서 솥 따위의 용기에 넣고 물을 알맞게 부어, 낟알이 풀어지지 않고 물기가 잦아들게 끓여 익힌 음식. ② 끼니로 먹는 음식. 133

방명 사람이 살거나 일을 하기 위하여 벽 따위로 막아 만든 칸. 185

방구석명 ① 방 안의 네 귀퉁이. ② 방 또는 방 안을 속되게 이르는 말. 185

방뇨명 오줌을 눔. 오줌은 '팥'과 함께 우리의 전통 속신에서 벽사辟邪 기능을 한다. 389

방바닥명 방 밑을 이루는 평평한 부분. 185

방안명 방의 안. 185

밭명 물을 대지 아니하거나 필요한 때에만 물을 대어서 야채나 곡류를 심어 농사를 짓는 땅. 335

밭고랑명 밭의 두둑과 두둑 사이의 홈이 진 곳. 335

밭뚝명 밭둑. 밭보다 약간 높이 올라와 밭의 경계가 되고 사람이 걸어 다닐 수 있도록 한 둑. 335

밭마당명 대문 밖에 있는 마당. 또는 바깥채에 딸린 마당. '바깥마당'과 같은 말. 197

밭머리명 밭이랑의 양쪽 끝이 되는 곳. 336

밭어놓다동 밭아 놓다. 건더기와 액체가 섞인 것을 체나 거르기 장치에 따라서 액체만을 따로 받아 놓다. 619

밭최뚝명 밭 언저리에 있는 뚝. 336

배①명 사람이나 짐 따위를 싣고 물 위로 떠다니도록 나무나 쇠로 만든 물건. 348

배②명 사람이나 동물의 몸에서 위장, 창자, 콩팥 따위의 내장이 들어 있는 곳으로 가슴과 엉덩이 사이의 부위. 494

배꼽명 탯줄이 떨어지면서 배의 한가운데에 생긴 자리. 494

배나무명 능금나뭇과 배나무속의 나무를 통틀어 이르는 말. 높이는 2~3미터이고, 잎은 달걀 모양으로 톱니가 있다. 봄에 흰색의 꽃이 피며, 열매는 둥글고 수분이 많으며 단맛이 있다. 번식은 대목에다 눈접과 접붙이기를 하여 이루어지며 재배 품종이 많다. 433

배나무동산명 배나무가 심어진 작은 언덕이나 산. 297

배나무접명 배나무 접붙이기. 배나무의 접붙이기는 보통 눈접(나뭇가지의 중간 부위에 있는 눈을 떼어 접본이 될 가지에 접을 붙이는 방법)을 사용한다. 배나무의 번식은 보통 접붙이기를 통해 이루어진다. 336

배반하다동 믿음과 의리를 저버리고 돌아서다. 537

배앓이명 배를 앓는 병. 503

배암명 뱀. 파충강 뱀과의 동물을 통틀어 이르는 말. 몸은 원통형으로 가늘고 길며, 다리와 눈꺼풀, 귓구멍이 없다. 피부는 비늘로 덮여 있고 오래되면 탈피한다. 현재 2,700여 종이 알려져 있고, 열대 지방에 많은 종류가 분포한다. 482

배우다①동 새로운 기술을 익히다. 636

배우다②동 남의 행동, 태도를 본받아 따르다. 791

배창명 작은 배의 밑창. 350

배척하다형 '배척지근하다'의 변형으로 추정된다. 냄새나 맛이 조금 배리다. 700

배추 명 길이가 30~50센티미터이고, 잎이 여러 겹으로 포개져 자라는데 가장자리가 물결 모양이며, 속은 누런 흰색이고 겉은 녹색이다. 주로 김치를 담가 먹고 다른 찬물을 만드는 데도 많이 쓴다. 배추엔 비타민이 풍부하게 함유되어 있다. 159

백구둔白狗屯 명 바이구툰. 중국 지린吉林 성 창춘長春(당시에는 만주의 신징新京으로 불렸다)에 있는 마을 이름. 정확한 주소는 '吉林省 長春市 寬城区 奮進鄉 新月村 白狗屯'(지린성 창춘스, 콴청취, 펀진샹 신웨춘 바이구툰)이다. 중국의 행정구획 체제는 '省(성) → 市(스) → 區(취) → 鄉(샹) → 村(춘) → 屯(툰)'으로 되어 있다. 255

백령조百鈴鳥 명 종다릿과의 새. 등은 옅은 갈색이며, 배는 흰색이고 목의 양쪽에 검은 줄이 있으며 꽁지는 갈색에 흰 깃이 섞여 있다. 부리는 굵고 붉으며 다리는 붉은 갈색이다. 우는 소리가 곱고 주로 사막에 살며, 중국 북부·만주, 몽골, 동부 시베리아 등지에 분포한다. '몽고종다리'와 같은 말. 453

백복령 명 빛깔이 흰, 담자균류 구멍장이버섯과의 버섯. 땀을 적당히 조절해 주고 오줌을 잘 나오게 해 담증, 설사 따위를 다스리는 데에 쓰인다. 138

백설기 명 곱게 빻은 멥쌀가루를 설탕물로 내려서 시루에 안쳐 깨끗하게 쪄 낸 떡. 티 없이 맑고 신성한 음식이란 뜻에서 백일이나 첫돌 때 만들어 먹었다. 159

백성 명 나라의 근본을 이루는 일반 국민을 예스럽게 이르는 말인데, 백석 시 〈산곡山谷—함주시초咸州詩抄〉에서 '백성'은 꿀벌을 가리킨다. 79

백오십리百五十里 명 일 리의 백쉰 배 되는 리 수. '리'는 거리의 단위를 나타내는 말. 366

백이다 동 '박히다'의 방언(경기). '박히다'는 '박다'의 피동사. (무엇이 어디에) 잘 떨어지지 않게 굳게 붙다. 764

백재일 명 백차일白遮日. 햇볕을 가리려고 치는 하얀 빛깔의 포장. '백차일(백재일) 치듯'은 흰 옷 입은 사람들이 매우 많이 모인 상태를 비유적으로 이르는 말이다. 207

백중 명 백중날. 백종일百種日이라고도 한다. 398 ☞ 칠월 백중

백중날 명 백중. 백종일百種日이라고도 한다. 398 ☞ 칠월 백중

백중물 명 백중날 무렵에 많이 오는 비. 398

백지 명 닥나무 껍질로 만든 흰빛의 우리나라 종이. 414

백통전 명 백통(구리, 아연, 니켈의 합금)으로 만든 돈. 당시의 화폐 단위에서 '백통전 하나'는 5전을 가리킨다. 346

백화白樺 명 자작나뭇과의 낙엽 활엽 교목. 높이는 20미터 가량으로, 나무껍질은 희고 얇으며 잘 벗겨진다. 봄에 이삭 모양의 꽃이 피고 10월에 열매가 익는다. 목재는 품질이 좋아 가구재로 쓰이고, 나무껍질은 약재나 유피鞣皮에 쓰인다. 추위에 강해 우리나라에서는 중부 이북 지방의 산기슭에서 자란다. '자작나무'와 같은 말. 433

뱃사공 명 배를 부리는 일을 직업으로 하는 사람. 59

뱃사람명 배를 부리거나 배에서 일을 하는 사람. 59

뱉다동 입속에 있는 것을 입 밖으로 내보내다. 625

버드나무명 버드나뭇과의 낙엽 활엽 교목. 높이는 20미터 정도이며, 가늘고 축축 늘어진 가지가 있다. 암수딴그루이며 잎이 필 때 버들개지도 핀다. 봄에 종자가 여물면 털이 있는 씨들이 몽글몽글 돌아다닌다. 433

버들명 버드나뭇과의 낙엽 활엽 교목. '버드나무'와 같은 말. 433 ☞ 버드나무

버들개지명 땅버들(갯버들)의 꽃. 수꽃은 암자색이고 겉에 하얀 솜털이 달려 있으며, 암꽃은 엷은 흰빛이 감도는 연둣빛을 띤다. 440

버러지명 곤충을 비롯하여 기생충과 같은 하등동물을 통틀어 이르는 말. '벌레'와 같은 말. 479

버리다①동 가지거나 지니고 있을 필요가 없는 물건을 내던지거나 쏟거나 하다. 759

버리다②동 직접 깊은 관계가 있는 사람과의 사이를 끊고 돌보지 아니하다. 760

버리다③동 종사하던 일정한 직업을 스스로 그만두고 다시는 손을 대지 아니하다. 785

버선목명 발목에 닿는 버선의 부분. 119

버선짝명 버선의 한 짝. 백석 시 〈촌에서 온 아이〉에서 아이가 버선짝을 가지고 노는 것은 버선 한 짝을 뒤집으며 노는 것을 말하는 것으로 보인다. 버선짝의 크기와 모양은 아이들의 손이 들어가기에 알맞다. 또 버선짝은 코가 굴곡져서 뒤집을 때 모양을 맞추기가 쉽지 않아 코 안으로 손을 깊숙이 집어넣든가, 막대기를 이용해 코를 바로 뒤집어야 한다. 그래서 장남감이 없던 지난 날 아이들은 방 안에 놓여 있던 버선짝이 눈에 띄면 그 안에 손을 집어넣어 뒤집기를 반복하면서 모양을 맞추며 놀곤 하였다. 119, 382

버슷명 '버섯'의 고어, 방언(평북, 함경). 대형 균류를 통틀어 이르는 말. 주로 그늘진 땅이나 썩은 나무에서 자라며, 홀씨로 번식한다. 송이처럼 독이 없는 것은 식용하나 독이 있는 것도 많다. 438

버치명 자배기보다 조금 깊고 아가리가 벌어진 큰 그릇. 207

벅작궁부 법석대며. '벅작'은 '법석'(소란스럽게 떠드는 모양)의 평북 방언. 705

벅차오다형 감격, 기쁨, 희망 따위가 넘칠 듯이 가득하다. 519

번의 일의 횟수를 세는 단위. 369

번득거리다동 물체 따위에 반사된 큰 빛이 잠깐씩 자꾸 나타나다. 또는 그렇게 되게 하다. 683

번들번들하다형 거죽이 윤이 날 정도로 아주 미끄럽다. 687

번번하다형 구김살이나 울퉁불퉁한 데가 없이 펀펀하고 번듯하다. 688

벌①명 넓고 평평하게 생긴 땅. 298

벌②명 꿀벌. 479

벌개늪역[벌+개+늪+역]명 갯벌의 늪지 언저리.290

벌길명 벌에 난 길. 298

벌논명 벌에 있는 논. 336

벌배명 벌배나무(팥배나무)의 열매. 팥알 모양의 타원형으로 9~10월에 황홍색으로 익는다. 잎의 모양에 따라 '털팥배' '벌배' 등으로 부른다. 159

벌배채명 ① 막 심은 배추. ② 들에 심은 배추. '배채'는 '배추'의 방언(평안, 함경, 충북). 159

벌불 장난명 벌판에서 벌이는 불장난. 382

벌써부 ① 예상보다 빠르게 어느새. ② 이미 오래전에. 671

벌판명 사방으로 펼쳐진 넓고 평평한 땅. 298

범①명 고양잇과의 포유동물. 몸의 길이는 2미터 정도이며, 등은 누런 갈색이고 검은 가로무늬가 있으며 배는 흰색이다. 꼬리는 길고 검은 줄무늬가 있다. 발톱이 날카롭고 눈과 귀가 밝으며 냄새도 잘 맡는다. 성질이 사나우며 사슴, 멧돼지 따위의 거의 모든 산짐승을 잡아먹는데 수명은 십오 년에서 이십 년이다. 471

범②명 백석의 시 〈주막酒幕〉에 나오는 주막집 아들의 이름. 95

범상명 범처럼 생긴 얼굴. 494

벗다①동 매거나 진 배낭이나 가방 따위를 몸에서 내려놓다. 614

벗다②동 동물이 껍질, 허물, 털 따위를 갈다. 773

베명 ① 삼실, 무명실, 명주실 따위로 짠 피륙. ② 삼베(삼실로 짠 천). 121

베여보다동 누울 때, 베개 따위를 머리 아래에 받쳐 보다. 768

베틀명 삼베, 무명, 명주 따위의 피륙을 짜는 틀. 339

벼락명 공중의 전기와 땅 위의 물체에 흐르는 전기와의 사이에 방전 작용으로 일어나는 자연현상. 309

벼랑탁명 벼랑턱. 벼랑의 턱이 진 곳. 298

벼르다동 벼리다. 무디어진 연장의 날을 불에 달구어 두드려서 날카롭게 만들다. 627

별명 우주에서 반짝이는 천체天體. 흔히 해, 달, 지구를 제외한, 밤하늘에 보이는 작은 천체를 이른다. 304

별자국명 '곰보자국'을 비유적으로 표현한 말. 시인이 만든 비유적 표현이다. 494

볏곡간명 벼를 보관해 두는 곡간. '곡간穀間'은 곡식을 보관해 두던 곳. 186

볏짚명 벼의 낟알을 떨어낸 줄기. 411

병①명 (수량을 나타내는 말 뒤에 쓰여) 액체나 가루 따위를 '병'에 담아 그 분량을 세는 단위. 370

병② 명 생물체의 전신이나 일부분에 이상이 생겨 정상적 활동이 이루어지지 않아 아픔을 느끼게 되는 현상. 503

병들다 동 몸에 병이 생기다. 599

병서兵書 명 병법에 관하여 쓴 책. 356

병아리 명 알에서 막 깨어났거나 다 자라지 아니한 어린 닭. 453

병인病人 명 병을 앓고 있는 사람. '병자病者'와 같은 말. 79

볕 명 해가 내리쬐는 뜨거운 기운. '햇볕'과 같은 말. 309

볕바르다 형 햇볕이 바로 비치어 밝고 따뜻하다. 720

볕살 명 내리쬐는 햇빛. 310

보내다① 동 시간이나 세월을 지나가게 하다. 672

보내다② 동 놓아주어 떠나게 하다. 760

보다① 동 눈으로 대상의 존재나 형태적 특징을 알다. 551

보다② 동 의사가 환자를 진찰하다. 599

보다③ 동 맡아서 보살피거나 지키다. 610

보다④ 보조동 어떤 행동을 시험 삼아 함을 나타내는 말. 560

보다⑤ 보조동 (동사 뒤에서 '-다(가) 보니', '-다(가) 보면' 구성으로 쓰여) 앞말이 뜻하는 행동을 하는 과정에서 뒷말이 뜻하는 사실을 새로 깨닫게 되거나, 뒷말이 뜻하는 상태로 됨을 나타내는 말. 774

보드랍다 형 닿거나 스치는 느낌이 거칠거나 뻣뻣하지 아니하다. 728

보드럽다 형 보드랍다. 728 ☞ 보드랍다

보득지근하다 형 보드라운 느낌이 있는 듯하다. 728

보래구름 명 '보라색 구름'의 평북 방언. 여기서 '보라색'은 자흑색紫黑色을 가리킨다. 310

보름 명 음력으로 그 달의 열닷새째 되는 날. 325

보름달 명 음력 보름날 밤에 뜨는 둥근달. 304

보십 명 보습. 쟁기, 극젱이, 가래 따위 농기구의 술바닥에 끼워 땅을 가는 데 쓰는, 넓적한 삽 모양의 쇳조각. 농기구에 따라 모양이 조금씩 다르다. 339

보탕 명 보탕(簠湯). 제기에 담긴 탕. 133

보하다 동 영양분이 많은 음식이나 약을 먹어 몸의 건강을 돕다. 599

보해 부 '자주'의 평북 방언. 같은 일을 잇따라 잦게. 782

복 명 복(服). 상복喪服, 소복素服을 가리킨다. 수리취나 땅버들의 하얀 솜털을 상복에 빗대어 표현한 말이다. 445

복도 명 ① 건물 안에 다니게 된 통로. ② 건물과 건물 사이에 비나 눈이 맞지 아니하도록 지붕을 씌워 만든 통로. 186

복사꽃[명] 복사나무(복숭아나무)의 꽃. 색은 연분홍색이며 4~5월에 잎이 나기 전에 핀다. 440

복사나무[명] 장미과의 낙엽 소교목. 높이는 3미터 정도이며, 잎은 어긋나고 가장자리에 뭉툭한 톱니가 있다. 꽃은 4~5월에 잎보다 먼저 흰색 또는 연붉은색으로 피고, 열매는 큰 공 모양으로 7~8월에 누렇거나 붉게 익는데 '복숭아'라고 한다. 과육果肉은 부드럽고 맛이 좋으며, 씨는 약용한다. '복숭아나무'와 같은 말. 434

복숭아나무[명] 장미과의 낙엽 소교목. '복사나무'와 같은 말. 434 ☞ 복사나무

복장노루[명] 복작노루. 포유류 사슴과의 하나. 몸 전체 길이는 90센티미터 정도이고, 암수가 모두 뿔이 없으며 송곳니가 발달되어 밖으로 나와 있다. 털은 거칠고 몸의 위쪽은 황갈색, 아랫면은 담황색, 앞다리는 적색을 띤다. 무성한 관목림灌木林에 살며, 단독생활을 하지만 드물게는 무리를 이루기도 한다. 우리나라, 만주 등지에 분포한다. '고라니'와 같은 말. 472

복쪽재비[명] 복족제비. 복을 가져다주는 족제비라는 뜻으로, 집에 들어왔거나 집에 들어와 사는 족제비를 이르는 말. 472

본①[명] 본(本, 시조가 태어난 고향), 본향(本鄕, 본디의 고향). 223

본②[명] 본보기. 어떤 사실을 설명하거나 증명하기 위하여 내세워 보이는 대표적인 것. 353

봄[명] 사계절의 하나. 보통 양력으로 3~5월까지의 기간을 가리키며, 음력으로는 절기상 입춘에서 입하 전까지의 동안을 말한다. 325

봄비[명] 봄철에 오는 비. 특히 조용히 가늘게 오는 비를 이른다. 310

봄철[명] 계절이 봄인 때. 325

봄철날[명] 봄철의 날. 325

봉가집[명] 본가(本家)집. 친정집(시집간 여자의 본집). 177

뵈이다①[동] 뵈다. '보이다'의 준말. '보이다'는 '보다'(눈으로 대상의 존재나 형태적 특징을 알다)의 피동사. 552

뵈이다②[동] 뵈다. (웃사람을) 만나보다. 594

뵈짜배기[뵈+짜배기][명] 베의 작은 조각. 베는 삼실, 무명실, 명주실 따위의 피륙 또는 삼베를 말한다. 121

부끄러움[명] 부끄러워하는 느낌이나 마음. 45

부끄럽다[형] 일을 잘 못하거나 양심에 거리끼어 볼 낯이 없거나 매우 떳떳하지 못하다. 519

부드럽다[형] 닿거나 스치는 느낌이 거칠거나 뻣뻣하지 아니하다. 729

부뚜막[명] 아궁이 위에 솥을 걸어 놓는 언저리. 186

부뜨막 명 '부뚜막'(아궁이 위에 솥을 걸어 놓는 언저리)의 방언(강원, 경기, 경상, 전북, 충청). 186

부러워하다 동 남이 잘되는 것이나 좋은 것을 보고 자기도 그렇게 되고 싶어 하다. 519

부럽다 형 남의 좋은 일이나 물건을 보고 자기도 그런 일을 이루거나 그런 물건을 가졌으면 하고 바라는 마음이 있다. 519

부르다① 동 말이나 행동 따위로 다른 사람의 주의를 끌거나 오라고 하다. 509

부르다② 동 값이나 액수 따위를 얼마라고 말하다. 509

부모 명 아버지와 어머니를 아울러 이르는 말. 65

부숭부숭 부 잘 말라서 물기가 없고 부드러운 모양. 729

부엌 명 일정한 시설을 갖추어 놓고 음식을 만들고 설거지를 하는 등 식사에 관련된 일을 하는 곳. 186

부여扶餘 명 기원전 1세기 무렵에 부여족이 북만주 일대에 세운 나라. 농경 생활을 주로 했고, 중국으로부터 철기 문화를 받아들이고 은력을 사용하는 등 진보된 제도와 조직을 갖추었으나, 3세기 말에 선비족의 침입으로 크게 쇠퇴한 후, 그 영토가 대부분 고구려에 편입되었다. 285

부증 명 부증(浮症). 몸이 붓는 증상. '부종浮腫'과 같은 말. 503

부처 명 불교의 교조인 석가모니를 달리 이르는 말. 400

부처님 명 '부처'를 높여 이르는 말. 400

부헝이 명 '부엉이'의 고어, 방언(강원, 충북, 경북). 올빼밋과에 속한 새를 통틀어 이르는 말. 회색 바탕에 갈색과 황색의 가로무늬가 있다. 눈이 크고 다리는 굵고 짧다. 깃털이 부드러워 날개 소리가 거의 들리지 않는다. 밤에 나와 돌아다니며 성질이 사나워 가축을 해친다. 야행성이거나 박모성薄暮性 종이 많지만 쇠부엉이같이 낮에 활동하는 종도 있다. 전 세계에 23속 130여 종이 알려져 있다. 453

북 명 타악기의 하나. 나무나 쇠붙이 따위로 만든 둥근 통의 양쪽 마구리에 가죽을 팽팽하게 씌우고, 채로 가죽 부분을 쳐서 소리를 낸다. 360

북관北關 명 '함경도'를 달리 이르는 말. 256

북관北關**말** 명 함경도 말. 41

북덕불 명 북데기에 피운 불. '북데기'는 '벼나 밀 따위의 낟알을 털 때 나오는 짚 부스러기, 깍지, 이삭 부스러기 같은 찌꺼기'를 말한다. 406

북방北方 명 북쪽 지방. 백석 시 〈북방北方에서—정현웅鄭玄雄에게〉에서 '북방'은 '만주 지역'을 뜻한다. '만주국'을 연상시키는 '만주'라는 말 대신 '북방'이란 말을 사용한 백석의 시어 선택이 주목된다. 223

북신北新 명 평안북도 영변군에 있는 '북신현면北薪峴面'을 가리킨다. '북신현北薪峴'의 '현

峴'자는 고개를 뜻하는 말인데, 이 지역이 산악 지대인 것과 관련된 명칭으로 짐작된다. '북신北新'은 '북신현北新峴'에서 지역의 지리적 특성을 나타내는 '현峴'자를 빼고 행정구역상 지역명의 핵심어만을 살려 간략히 쓴 것이다. '薪' 대신 '新'이란 한자를 쓴 것도 간략하게 표기하기 위한 것이다. '薪'자와 '新'자는 통용하여 쓰는 한자이다. 256

북적하다[동] 한곳에 많은 사람이 모여 매우 수선스럽게 들끓다. 596

분명코[부] 틀림없이 아주 확실하게. 805

분명히[부] 어떤 사실이 틀림이 없이 확실하게. 805

분틀[명] 국수를 눌러 빼는 틀. 재래식에는 반죽을 넣는 분통과 그에 맞는 공이가 있어 누르면 국수 가닥이 빠져나오게 되어 있다. '국수분틀', '국수틀'과 같은 말. 207

분하다[형] ① 억울한 일을 당하여 화나고 원통하다. ② 될 듯한 일이 되지 않아 섭섭하고 아깝다. 519

불[명] 빛을 내어 어둠을 밝히는 물체. 406

불경佛經[명] 불교의 교리를 밝혀 놓은 전적典籍을 통틀어 이르는 말. 400

불그레하다[형] 엷게 불그스름하다. 711

불기[명] 부처에게 올릴 밥을 담는 놋그릇. 모양은 불발佛鉢과 같으나 불발은 사시巳時 공양에만 쓰는 데 비하여 아무 때나 쓴다. 208

불다①[동] 바람이 일어나서 어느 방향으로 움직이다. 664

불다②[동] 입술을 좁게 오므리고 그 사이로 숨을 내쉬어 소리를 내다. 701

불빛[명] 켜 놓은 불에서 비치는 빛. 407

불상하다[형] '불쌍하다'의 고어. 처지나 형편이 어려워 애처롭다. 520, 631

불어오다[동] 바람이 일어나서 어느 방향으로 움직여 오다. 665

불키다[동] 불쿠다. '불리다'(붇다, 즉 '물에 젖어서 부피가 커지다'의 사동)의 평북 방언. 754

붉다[형] 빛깔이 핏빛 또는 익은 고추의 빛과 같다. 712

붓장사[명] 붓을 파는 일을 직업으로 하는 사람. 59

붕붕[부] 벌 같은 큰 곤충 따위가 날 때 잇따라 나는 소리. 706

붕어[명] 잉엇과의 민물고기. 몸길이는 20~43센티미터이며, 폭이 넓고 머리는 뾰족하며 주둥이는 둥글고 수염이 없다. 배지느러미는 붙어 있고 비늘은 둥근 비늘인데 머리에는 비늘이 없다. 등은 푸른 갈색이고 배 쪽은 누르스름한 은백색이다. 산란기는 4~5월이고 얕은 물가의 풀잎에 알을 낳는다. 462

붕어곰[붕어+곰][명] 오래 곤 붕어. 붕어를 푹 고아서 만든 음식을 가리킨다. 159

붙다[동] 맞닿아 떨어지지 아니하다. 758

붙들다[동] 남을 가지 못하게 말리다. 755

붙이다① 동 '붙다'의 사동사. 불을 붙게 하다. 684

붙이다② 동 '붙다'의 사동사. 맞닿아 떨어지지 않게 하다. 758

붙이다③ 동 (거처나 끼니를) 제 집이 아닌 데다 정하고 먹으며 살다. 738

뷔비다 동 비비다. 어떤 재료에 다른 재료를 넣어 한데 버무리다. 619

뷔이다 동 '비다'의 고어. 일정한 공간에 사람, 사물 따위가 들어 있지 아니하게 되다. 661

비 명 대기 중의 수증기가 높은 곳에서 찬 공기를 만나 식어서 엉기어 땅 위로 떨어지는 물방울. 310

비난수 명 귀신에게 중얼중얼 복을 빌며 기도하는 말이나 행위. 389

비다 동 일정한 공간에 사람, 사물 따위가 들어 있지 아니하게 되다. 661

비롯하다 동 처음 시작하다. 789

비릿하다 형 냄새나 맛이 조금 비린 듯하다. 699

비멀이하다 동 비말이하다. 비에 흠뻑 젖다. 688

비애고지 부 제비의 울음소리를 나타내는 의성어. 백석이 만든 말이다. 706

비이다 동 비다. 일정한 공간에 사람, 사물 따위가 들어 있지 아니하게 되다. 661

비탈 명 산이나 언덕 따위가 기울어진 상태나 정도. 또는 그렇게 기울어진 곳. 298

빗다 동 머리털을 빗 따위로 가지런히 고르다. 614

빗방울 명 비가 되어 점점이 떨어지는 물방울. 311

빗텁 명 빗첩, 빗접. 빗, 빗솔, 빗치개와 같이 머리를 빗는 데 쓰는 물건을 넣어 두는 도구. 흔히 창호지 따위를 여러 겹 붙여 기름에 결어서 만든 것과 나무로 짜서 만든 것이 있다. 208

빙긋이 부 입을 슬쩍 벌릴 듯하면서 소리 없이 거볍게 한 번 웃는 모양. 553

빚 명 남에게 갚아야 할 돈. 꾸어 쓴 돈이나 외상값 따위를 이른다. 347

빚다 동 가루를 반죽하여 만두, 송편, 경단 따위를 만들다. 619

빛나다 동 빛이 반사되어 반짝거리거나 윤이 나다. 684

빠지다 동 물이나 구덩이 따위 속으로 떨어져 잠기거나 잠겨 들어가다. 760

빨갛다 형 피나 익은 고추와 같이 밝고 짙게 붉다. 712

빨다 동 입을 대고 입속으로 당겨 들어오게 하다. 625

뺨 명 얼굴의 양쪽 관자놀이에서 턱 위까지의 살이 많은 부분. 494

뻐꾸기 명 두견과의 새. 두견과 비슷한데 몸집이 훨씬 크다. 몸길이는 33센티미터이고, 등쪽과 멱은 잿빛을 띤 청색, 배 쪽은 흰 바탕에 어두운 적색의 촘촘한 가로줄 무늬가 있다. 때까치, 지빠귀 따위의 둥지에 알을 낳아 까게 한다. 초여름에 남쪽에서 날아오는 여름새로 '뻐꾹뻐꾹' 하고 구슬프게 운다. 산이나 숲속에 살며 유럽과 아시아 전 지역에 걸쳐 아열대에서 북극까지 번식하고 겨울에는 아프리카 남부와 동

남아시아로 남하하여 겨울을 보낸다. 454

뻐꾹채명 야산의 양지쪽에서 자라는 국화과의 여러해살이풀. 높이는 30~70센티미터이고, 백색 털로 덮여 있으며 가지가 없고 굵은 뿌리가 땅속 깊이 들어간다. 6~8월에 홍자색 꽃이 줄기 끝에 하나씩 피고, 깃털이 있는 수과瘦果가 열린다. 어린잎은 나물로 먹거나 약으로 쓴다. 160, 429

뻐드러지다동 끝이 밖으로 벌어져 나오다. '버드러지다'보다 센 느낌을 준다. 688

뻗치다동 '뻗다'를 강조하여 이르는 말. 가지나 덩굴, 뿌리 따위가 길게 자라나다. 또는 그렇게 하다. 754

뽀오햫다형 뽀얗다. 연기나 안개가 낀 것처럼 선명하지 아니하고 좀 하얗다. 720

뽂은 잔디명 볶은 잔대. '잔디'는 '잔대'를 가리킨다. '볶은 잔디'는 잔대의 뿌리를 볶은 음식을 말한다. '잔대'는 산야에서 흔히 자라는 높이 40~120센티미터의 여러해살이풀로 잎과 줄기와 뿌리를 식용하는데 주로 뿌리를 많이 먹는다. 잔대의 뿌리는 더덕과 비슷하게 생겼다. 평안도 지방에서는 잔대 뿌리 볶은 것을 자주 먹는다고 한다. 160

뽈다구명 '볼'의 방언. 뺨의 한복판. 494

뽑다동 박힌 것을 잡아당기어 빼내다. 761

뽑아놓다동 박힌 것을 잡아당기어 빼내 놓다. 761

뿡뿡차車명 기차. 348

뿌연히부 '뿌옇다'의 부사형. 연기나 안개가 낀 것처럼 선명하지 못하고 좀 허옇게. 720

뿌우헗다형 뿌옇다. 연기나 안개가 낀 것처럼 선명하지 못하고 좀 허옇다. 720

뿜다동 속에 있는 것을 밖으로 세차게 밀어내다. 695

뿡뿡부 자동차, 배 따위에서 경적이 잇따라 울리는 소리. '붕붕'보다 센 느낌을 준다. 706

삐뚜룩하다형 물체가 한쪽으로 비스듬히 매우 기울어져 있다. 688

삐삐①부 비틀리도록 바짝 야윈 모양. 607

삐삐②부 ① 피리나 호드기 따위를 불 때 시끄럽게 나는 소리. ② 물새나 밤새가 자꾸 오는 소리를 나타내는 말. 706

삐여지다동 속에서 겉으로 쑥 불거져 나오다. 688

삐쳐나다[삐치다+나다]동 '삐지다'('삐어지다'의 준말)의 센 말. 세게 벗어나다. 586

삘빨부 북쪽에서 사용하던 말인 '삘삘'과 '빨빨'에서 따와 호궁을 켤 때 나는 소리를 나타낸 말로 쓴 것으로 보인다. 706

ㅅ

사기방등명 사기로 만든 등잔. '방등'은 '등잔'의 방언(평안, 경상). 208

사납다형 성질이나 행동이 모질고 억세다. 542

사다동 값을 치르고 어떤 물건이나 권리를 자기 것으로 만들다. 631

사닥다리명 높은 곳이나 낮은 곳을 오르내릴 때 디딜 수 있도록 만든 기구. '사다리'와 같은 말. 208

사당명 조상의 신주神主를 모셔 놓은 집. 394

사람명 ① 생각을 하고 언어를 사용하며, 도구를 만들어 쓰고 사회를 이루어 사는 동물. ② 어떤 지역이나 시기에 태어나거나 살고 있거나 살았던 자. 80

사랑명 ① 이성의 상대에게 끌려 열렬히 좋아하는 마음. 또는 그 마음의 상태. ② 어떤 사물이나 대상을 몹시 아끼고 귀중히 여기는 마음. 46

사랑하다동 ① 이성의 상대에게 끌려 열렬히 좋아하다. ② 부모나 스승, 또는 신이나 윗사람이 자식이나 제자, 또는 인간이나 아랫사람을 아끼고 소중히 여기다. ③ 어떤 사물이나 대상을 몹시 아끼고 귀중히 여기다. 520

사러지다동 사라지다. 현상이나 물체의 자취 따위가 없어지다. 789

사르릉부 물건이 쓸리면서 가볍게 울리는 소리. 707

사리우다동 사리다. 국수, 새끼, 실 따위를 동그랗게 포개어 감다. 750

사먹다동 값을 치르고 음식을 먹다. 625

사물사물부 살갗에 작은 벌레가 기어가는 것처럼 간질간질한 느낌. 729

사발명 국이나 밥을 사발에 담아 그 분량을 세는 단위. 370

사슴명 포유류 사슴과에 속한 짐승의 한 종. 깊은 산에서 주로 풀이나 나무의 싹 따위를 먹고 살며 성질이 온순하고 되새김질을 한다. 털빛은 갈색에 흰 얼룩무늬가 있고 꼬리는 백색이다. 수컷은 가지를 친 한 쌍의 뿔이 봄마다 갈아 나는데 갓 나온 것은 녹용이라 하여 강장제로 쓰인다. 472

사십四十수 십의 네 배가 되는 수. 363

사오다동 사서 가져오다. 값을 치르고 어떤 물건을 가져오다. 631

사이①명 한 곳에서 다른 곳까지, 또는 한 물체에서 다른 물체까지의 공간. 239

사이②명 한때로부터 다른 때까지의 동안. 326

사춘 명 '사촌'의 평북 방언. 아버지의 친형제자매의 아들이나 딸을 촌수로 따져 이르는 말. 65

사춘누이 명 '사촌누이'의 평북 방언. 큰아버지나 작은아버지의 딸인 방계혈족의 누이. 65

사춘동생 명 '사촌동생'의 평북 방언. 큰아버지나 작은아버지의 아들딸로서 방계혈족의 동생. 65

산山 명 평지보다 높이 솟아 있는 땅의 부분. 298

산山가마귀 명 산까마귀. 산에서 사는 까마귀. 454

산山개울 명 산에 있는 개울. 290

산山거리 명 산에 나 있는 길거리. 230

산곡山谷 명 산골짜기(산과 산 사이의 움푹 들어간 곳). 300

산山골 명 외지고 으슥한 깊은 산속. 300

산골사람 명 산골에 사는 사람. 82

산골집 명 산골에 있는 집. 177

산山골짜기 명 산과 산 사이의 움푹 들어간 곳. 300

산국 명 산후에 산모가 먹는 국. 133

산山길 명 산에 나 있는 길. 230

산山꿩 명 산에 서식하는 꿩. 454

산꿩의 고기 명 산에서 서식하는 꿩의 꿩고기를 가리킨다. 평안도의 국수인 냉면은 흔히 동치밋국과 함께 꿩고기 육수를 쓰며, 국수를 꿩고기와 함께 먹기도 한다. 160

산山나물 명 산에서 나는 나물. 134

산山나물판 명 산나물이 매우 많음을 나타내는 말. 134

산대 명 산대배기. '산대배기'는 '산꼭대기'의 경북 방언. 300

산듯하다 형 ① (기분이나 느낌이) 조금 깨끗하고 시원하다. ② (생김생김이나 모양새가) 마음에 들게 아담하다. 796

산山마루 명 산등성이의 가장 높은 곳. 301

산멍에 명 산몽애. '산무애뱀'의 고어. 뱀과의 하나. 몸의 길이는 1.4미터 정도이며, 몸빛깔은 어두운 갈색이다. 네 개의 검은색이나 갈색 물무늬가 머리에서 꼬리까지 있다. 한방에서는 '화사'라 하여 문둥병이나 풍을 치료하는 약 또는 보신 강장제로 쓰인다. 우리나라, 일본, 중국 등지에 분포하고 있으며, 얕은 산, 풀밭, 습지, 물가에 산다. 483 ☞ 분틀

산山모롱고지 명 '산모롱이'(산모퉁이의 휘어 들어간 곳)의 평북 방언. 301

산山비 명 산에 내리는 비. 311

산山비탈 명 산기슭의 비탈진 곳. 301

산山뽕닢 명 산뽕나무의 잎. 산뽕나무는 뽕나뭇과의 낙엽 활엽 교목. 높이는 7~8미터이며, 잎은 어긋나고 달걀 모양 또는 둥근 달걀 모양이며, 양잠 사료로 쓰인다. 445

산山새 명 산에서 사는 새를 통틀어 이르는 말. 뻐꾸기, 부엉이, 꾀꼬리, 딱따구리 따위가 있다. 454

산숙山宿 명 산에서 숙박함. 55

산山아이 명 산에서 사는 아이. 82

산약山藥 명 마의 뿌리를 한방에서 이르는 말. 강장제로서 유정遺精, 대하, 소갈, 설사 따위를 치료하는 데에 쓴다. 138

산엣새 명 산에 있는 새. 454

산山옆 명 산의 옆면. 산의 한쪽 면을 가리키는 말로 산기슭보다 좀 더 넓은 범위의 지역을 뜻하는 말이라고 할 수 있다. 301

산山울림 명 울려 퍼져 가던 소리가 산이나 절벽 같은 데에 부딪쳐 되울려오는 소리. '메아리'와 같은 말. 420

산적 명 고기를 대꼬챙이에 꿰어서 구운 음식의 총칭. 산적의 고기는 기름기가 없는 연한 살코기로 한다. 134

산山절 명 산에 있는 절. 400

산山중 명 산의 속. '산속'과 같은 말. 301

산중음山中吟 명 산중의 노래. 산중의 시가. 356

산지山地 명 산으로 이루어진 땅, 곧 산으로 이루어진 지역을 뜻하는 말이다. 301

산천山川 명 ① 산과 내를 아울러 이르는 말. ② '산과 내'라는 뜻으로, '자연'을 이르는 말. 301

산山턱 명 산꼭대기와 산허리 사이에, 경사가 져서 내려오다가 조금 두두룩한 곳. 301

산山허리 명 ① 산 둘레의 중턱. ② 산등성이의 잘록하게 들어간 곳. 302

살① 의 (주로 고유어 수 뒤에 쓰여) 나이를 세는 단위. 370

살② 명 사람이나 동물의 뼈를 싸서 몸을 이루는 부드러운 부분. 495

살갗 명 살가죽의 겉면. 495

살구 명 살구나무의 열매. 7월에 노란빛 또는 노란빛을 띤 붉은색으로 익으며 신맛과 단맛이 난다. 160

살구나무 명 장미과의 낙엽 활엽 교목. 높이는 5~7미터이며, 잎은 어긋나고 넓은 타원형이다. 4월경에 연분홍색 꽃이 잎보다 먼저 피며, 7월에 누런 붉은색의 둥글고 털이 많은 열매가 익는다. 열매는 식용하고, 씨는 한방에서 약으로 쓴다. 434

살구벼락 명 살구나무 열매인 살구가 벼락 치듯이 순식간에 많이 떨어지는 것을 가리

키는 말. 445

살내음새 명 살냄새. 살에서 나는 냄새. 419

살다 동 ① 어느 곳에 거주하거나 거처하다. ② 생명을 지니고 있다. 738

살뜰하다 형 사랑하고 위하는 마음이 자상하고 지극하다. 521

살빛 명 살갗의 빛깔. 424

살지다 형 살이 많고 튼실하다. 607

살틀하다 형 ① 아끼고 위하는 마음이 정성이 있고 지극하다. ② 정다워서 마음에 들다. 521

삶다 동 물에 넣고 끓이다. 619

삼 명 두릅나무과에 속한 여러해살이풀. 뿌리는 희고 살지며 그 형태가 '人'자와 비슷하다. 키는 60센티미터가량 자라며 줄기는 해마다 한 개가 곧게 자라고 그 끝에 서너 개가 돌려난다. 뿌리는 약용으로 이용되는데 성질이 온溫하여 강장제로 쓰인다. 깊은 산에서 야생하며 밭에서 재배하기도 한다. 138

삼가다 동 몸가짐이나 언행을 조심하다. 547

삼각산 명 평안북도의 신미도 안에 있는 운종산雲從山을 말한다. 해발 532미터이며 산봉우리가 삼각형처럼 생겨 삼각산이라고 부르기도 한다. 운종산(삼각산)은 행정구역상 평안북도 선천군 소속이다. 258

삼굿 명 삼의 껍질을 벗기기 위해 수증기로 삼을 익히는 일. 336

삼다 동 짚신이나 미투리 따위를 결어서 만들다. 628

삼리三里**밖** 명 삼 리를 넘어선 곳. '리'는 거리의 단위를 나타내는 말. 239

삼방三防 명 함경남도 안변군安邊君(지금 행정구역으로는 강원도 세포군)에 있는 지명. 이곳은 예부터 서울서 원산으로 가는 지름길 위에 위치한 교통의 요지이다. 일제시대 때 이 길 위에 경원선이 놓였다. 근처에 유명한 삼방약수가 있고, 삼방협곡의 풍광도 뛰어나 사람들이 많이 찾았으며, 그래서 주변에 여인숙이 많았다. 방우영 조선일보 상임고문의 회고에 의하면 평소 몸이 약한 누이동생을 할머니가 삼방약수로 데리고 가 요양시켰는데, 그때 조부(방응모)의 지시로 조선일보 백석 기자가 동행하여 뒷바라지한 적이 있었으며, 서울로 돌아온 후 이 시를 발표했다고 한다. 〈삼방三防〉이란 시는 처음 〈산지山地〉란 제목으로 발표되었고(《조광》, 1935. 11), 후에 시집 《사슴》(1936. 1)에 〈삼방三防〉이란 제목의 시로 일부 개작되어 실렸다. 259

삼백오십리三百五十里 명 일 리의 삼백쉰 배 되는 리 수. '리'는 거리의 단위를 나타내는 말. 366

삼십오도三十五度 명 일 도의 삼십오 배 되는 도 수. '도'는 술의 알코올 함유도의 단위를 나타내는 말. 366

삼천포三千浦 명 경상남도 사천군 삼천포읍을 가리킨다. 1918년에 사천군 삼천포면이 설치되었고, 1931년에 삼천포읍으로 승격되었다. 백석 시 〈삼천포三千浦〉가 쓰여질 당시에는 삼천포읍이었는데, 1995년 5월 행정구역 개편 때 사천군과 합쳐져 사천시로 개편되면서 폐지되었다. 삼천포는 경상남도 남서쪽에 위치한 포구로 고려 시대 조창이 설치되어 새로운 마을을 형성하게 된 곳이며, 예부터 이곳에 생우와 곡류가 많이 집산되었다고 한다. '남행시초 3'이 〈고성가도固城街道〉이고, '남행시초 4'가 〈삼천포三千浦〉인 것으로 보아, 백석이 고성을 거쳐 사천의 삼천포로 들어갔음을 알 수 있다. 260

삼촌 명 아버지의 형제를 이르거나 부르는 말. 특히 결혼하지 않은 남자 형제를 이르거나 부른다. 65

삼춘 명 삼촌. 66

삼춘엄매 명 작은어머니(아버지 동생의 아내). 66

삼키다 동 무엇을 입에 넣어서 목구멍으로 넘기다. 626

삼호三湖 명 함경남도 홍원군 보청면에 위치한 마을이자, 삼호만灣에 있는 유명한 항구이다. 이곳은 광복 후 행정구역 개편에 따라 퇴조군으로 변경되었다가, 1982년 다시 낙원구로 개편되어 지금에 이르고 있다. 현재 이곳엔 삼호수산사업소가 들어서 있으며 명태, 가자미, 정어리, 공미리, 해삼 등을 어획하고 있고, 여기서 산출되는 명란젓과 창난젓은 이 고장의 특산물로 알려져 있다. 백석은 함흥에 기거할 당시에 이곳에 자주 들렀으며 그 경험을 작품으로 옮겨 적었다. 261

삿 명 갈대를 엮어서 만든 자리. '삿자리'와 같은 말. 208

삿갓 명 비나 햇볕을 막기 위하여 대오리나 갈대로 거칠게 엮어서 만든 갓. 128

삿귀 명 갈대를 엮어서 만든 자리의 한쪽 귀퉁이. 209

삿방 명 '삿'(삿자리. 갈대를 엮어서 만든 자리)을 깐 방. 187

상① 명 관상에서, 얼굴이나 체격의 됨됨이. 495

상② 명 음식을 차려 내거나 걸터앉거나 책을 올려놓고 볼 수 있게 만든 가구를 통틀어 이르는 말. 소반, 책상, 평상 따위가 있다. 209

상商**③** 명 중국 고대 은殷나라의 처음 이름. 은殷은 문헌에 기록되어 있는 중국 최초의 고대 왕조(기원전 1600~기원전 1046). 처음에는 국호를 상商이라 하였고, 반경盤庚 때에 국호를 은殷이라 고쳤다. 285 ☞ 은

상나들이옷 명 가장 좋은 나들이옷. 116

상디기 명 섬지기. 논밭 넓이의 단위. 한 섬지기는 볍씨 한 섬의 모 또는 씨앗을 심을 만한 넓이로 한 마지기의 열 배이며 논은 약 2,000평, 밭은 약 1,000평이다. 370

상사말 명 '생마'(길들이지 않은 거친 말)의 평북 방언. 또는 생리적 변화로 성질이 일시적

으로 몹시 사나워진 수말. 472

새관 ① 이미 있었던 것이 아니라 처음 마련하거나 다시 생겨난. ② 사용하거나 구입한 지 얼마 되지 아니한. 672

새까맣다형 매우 까맣다. 712

새꾼명 '나무꾼'(땔나무를 하는 사람)의 방언(평안). 59

새끼명 낳은 지 얼마 안 되는 어린 짐승. 484

새끼거미명 거미의 새끼. 479 ☞ 거미새끼

새끼달은치명 새끼 다랑치. 작은 바구니. 또는 새끼줄을 연결한 작은 바구니. '다랑치'는 장방형에 운두가 높고 끈이 달린 바구니를 가리키는 평북 방언. 209

새끼락명 새끼발톱으로 추정된다. 495

새끼사발명 작은 사발. 209

새끼손톱명 새끼손가락의 손톱. 495

새끼오강명 새끼 요강. 작은 요강. 오강은 '요강'(방에 두고 오줌을 누는 그릇. 놋쇠나 양은, 사기 따위로 작은 단지처럼 만든다)의 방언(충청, 평안, 황해). 210

새끼오리명 한 가닥의 새끼. 411

새벽녘명 날이 샐 무렵. 326

새벽달명 음력 하순의 새벽에 보이는 달. 305

새빨갛다형 매우 빨갛다. 713

새사위명 갓 결혼한 딸의 남편. 66

새새끼명 새의 새끼. 낳은 지 얼마 안 되는 어린 새. 455

새소리명 새가 우는 소리. 420

새악시명 ① '새색시'(갓 결혼한 여자)의 방언(경상, 함북). ② '처녀'의 방언(충남). 82

새옷명 새로 지은 옷. 116

새파랗다형 매우 파랗다. 713

새하다동 '나무하다'(땔감으로 쓸 나무를 베거나 주워 모으다)의 평안 방언. 628

색동헝겊명 색동으로 된 헝겊. 무지개처럼 여러 빛깔로 된 헝겊. 122

색시명 아직 결혼하지 아니한 젊은 여자. 83

샘터명 샘물이 솟아 나오는 곳. 또는 그 언저리. 290

샛길명 큰길로 이어져 있는 작은 길. 230

샛노랗디샛노랗다형 매우 노랗다. 713

샛더미명 땔감이 되는 나무 더미. '새'는 풀이나 섶나무 같은 땔나무. 414

샛말갛다형 매우 산뜻하게 맑고 깨끗하다. 796

샛맑다형 아주 산뜻하게 맑다. 796

샛문틈명 '샛문'의 틈새. '샛문'은 ① 방과 방 사이에 드나드는 작은 문. ② 부엌과 방 사이에 낸 문. 백석 시 〈여우난골족族〉에선 두 번째 뜻으로 쓰인 것으로 보인다. 187

생각명 ① 사람이 머리를 써서 사물을 헤아리고 판단하는 작용. ② 어떤 사람이나 일 따위에 대한 기억. ③ 어떤 일에 대한 의견이나 느낌을 가짐. 또는 그 의견이나 느낌. 50

생각나다동 ① 어떤 의견이나 느낌이 떠오르다. ② 어떤 사람이나 일 따위에 관한 기억이 떠오르다. 537

생각하다동 ① 사람이 머리를 써서 사물을 헤아리고 판단하다. ② 어떤 사람이나 일 따위에 대하여 기억하다. ③ 어떤 일을 하고 싶어 하거나 관심을 가지다. ④ 어떤 일을 하려고 마음을 먹다. ⑤ 어떤 사람이나 일에 대하여 성의를 보이거나 정성을 기울이다. ⑥ 어떤 일에 대한 의견이나 느낌을 가지다. 537

생강명 고려 시대 이전부터 재배했을 것으로 추정되는 약용식물의 하나로서 뿌리줄기는 갈아서 향신료로 각종 요리에 사용된다. 생강은 식욕을 증진시키고 몸을 따뜻하게 하며 혈액순환을 촉진시키는 것으로 알려져 있다. 161

생기다①동 어떤 일이 일어나다. 789

생기다②동 없던 것이 새로 있게 되다. 789

생모시치마명 천을 짠 후에 잿물에 삶아서 뽀얗게 처리하지 아니한, 원래 그대로의 모시로 만든 여자의 아랫도리 겉옷. 116

생선명 말리거나 절이지 아니한, 물에서 잡아 낸 그대로의 물고기. 134

생업生業명 살아가기 위하여 하는 일. 55

서글프다형 ① 쓸쓸하고 외로워 슬프다. ② 섭섭하고 언짢다. 521

서너관 (일부 단위를 나타내는 말 앞에 쓰여) 그 수량이 셋이나 넷임을 나타내는 말. 649

서다①동 사람이나 동물이 발을 땅에 대고 다리를 쭉 뻗으며 몸을 곧게 하다. 560

서다②동 부피를 가진 어떤 물체가 땅 위에 수직의 상태로 있게 되다. 768

서다③동 어떤 곳에서 다른 곳으로 가던 대상이 어느 한 곳에서 멈추다. 785

서러웁다형 서럽다. 원통하고 슬프다. 521

서러워지다형 원통하고 슬프게 되다. 522

서러워하다동 서럽게 여기다. 522

서럽다형 원통하고 슬프다. 522

서로부 관계를 이루는 둘 이상의 대상 사이에서, 각각 그 상대에 대하여. 또는 쌍방이 번갈아서. 793

서른닷관 서른다섯. '닷'은 ('되', '말', '냥' 따위의 단위를 나타내는 말 앞에 쓰여) 그 수량이 다섯임을 나타내는 말. 649

서리서리[부] 연기 따위가 자욱하게 올라가는 모양. 679

서병직씨徐丙織氏[명] 백석이 좋아했던 통영 출신 박경련의 외사촌. 백석이 박경련을 보기 위해 통영에 내려올 때마다, 서병직 씨가 친절하게 맞이해 주었다고 한다. 그래서 백석은 '통영' 기행시 〈통영統營—남행시초南行詩抄 2〉를 서병직 씨에게 부치는 형식으로 발표하여 그에 대한 고마움을 전하고 있다. 95

서시序詩[명] 책의 첫머리에 서문 대신 쓰는 시. 〈《호박꽃 초롱》 서시序詩〉는 백석이 강소천의 시집 《호박꽃 초롱》에 대해 쓴 축시 성격의 서시로서 시집 앞머리에 실려 있다. 356

서울[명] 우리나라의 수도. 한반도의 중심부를 가로지르는 한강 하류에 위치하며, 북한산, 인왕산, 관악산 등의 산이 둘러싸고 중심부에는 한강이 흐른다. 조선 시대에는 한양漢陽, 대한제국기에는 한성漢城이라고 불렸다. 1910년에 일본이 국권을 강탈하면서 경성京城으로, 해방된 후에는 현재 명칭으로 바뀌었다. 262

서행시초西行詩抄[명] 서행, 즉 서쪽 여행을 주제로 한 시들을 뽑아 묶은 것. 백석이 지은 연작시의 큰 제목이다. 백석의 〈서행시초西行詩抄〉는 평안북도 영변군 일대의 여행을 다룬 시편들이다. 356

석[관] ('냥', '되', '섬', '자' 따위의 단위를 나타내는 말 앞에 쓰여) 그 수량이 셋임을 나타내는 말. 649

석류石榴[명] 석류나뭇과의 낙엽 활엽 교목. 높이는 3미터 정도이며, 잎은 마주나고 긴 타원형 또는 거꾸로 된 달걀 모양으로 광택이 난다. 5~6월에 짙은 홍색의 꽃이 종 모양으로 피어나 아름다운 자태를 뽐내며, 열매는 9~10월에 익는다. 열매 안에 들어 있는 과실은 단맛과 신맛이 있으며 생으로 먹을 수 있다. 인도, 페르시아가 원산지로 아열대 지방에서 널리 재배하며 우리나라의 중부와 남부에서도 재배한다. 한국식 정원을 꾸밀 때 주로 담장 가에 심는데, 그 자태가 담장 가 조경의 극치로 꼽힌다. 434

석박디[명] 섞박지. 절인 배추와 무를 넓적하게 썰고 고명에 젓국을 쳐서 한데 버무려 담은 김치. 161

석양夕陽[명] ① 저녁때의 햇빛. 또는 저녁때의 저무는 해. ② 석양이 질 무렵. 305

선득선득하다 ①[동] 갑자기 서늘한 느낌이 잇따라 들다. ②[형] 갑자기 서늘한 느낌이 계속 있다. 729

선산[명] 조상의 무덤이 있는 산. 302

선우사膳友辭[명] 반찬 친구(음식 친구)에 대한 시. 사辭는 본래 초사楚辭에서 기원하여 서정적인 특징을 지니고 있다. 반면에, 한 대의 부賦에서 기원한 부는 서사적인 특징을 지니고 있다. 357

선인도仙人圖[명] 신선이 그려진 그림. 357

선장[명] 이른 장. 343

선창[명] 물가에 다리처럼 만들어 배가 닿을 수 있게 한 곳. 350

섣달[명] 음력으로 한 해의 맨 끝 달. 326

설다[형] '서럽다'의 평북 방언. 원통하고 슬프다. 522

설레다[동] 가만히 있지 못하고 이리저리 자꾸 움직이다. 587

설탕[명] 맛이 달고 물에 잘 녹는 결정체. 사탕수수, 사탕무 따위를 원료로 하여 만든 천연 감미료이다. 161

섧다[형] 원통하고 슬프다. '서럽다'와 같은 말. 523

섬[명] 바다, 강, 호수 같은 것의 가운데에 있는 네 면이 물로 둘러싸인 땅. 290

섬기다[동] 신神이나 웃사람을 잘 모시어 받들다. 791

섬돌[명] 집채의 앞뒤에 오르내릴 수 있게 놓은 돌층계. 187

섭가락[명] '섭산적 꼬치'를 말하는 것으로 보인다. '섭산적'은 쇠고기를 잘게 다져 갖은 양념을 하고 반대기를 지어서 구운 적. 161

성[명] 노엽거나 언짢아서 일어나는 불쾌한 감정. 46

성궁미[명] 부처에게 바치는 쌀. 389

성문城門[명] 성곽의 문. 197

성외城外[명] 성의 바깥쪽. 198

성주님[명] '성주'를 높여 이르는 말. '성주'는 가옥의 안전을 다스리는 신. 용마루에 참지(창호지, 한지)를 접어서 매달거나 안방 문지방 위에 이 종이를 걸고 조그만 선반 위에 헝겊 조각과 돈(엽전)을 담은 조그만 당지기(덮개가 있는 바구니)를 올려놓는다. 389

성城터[명] 성곽이 있었던 자리. 240

성하다[동] 몸에 병이나 탈이 없다. 599

성화[명] 몹시 귀찮게 구는 일. 56

섶[명] '옆'의 방언(평안, 함경). 240

섶구슬[명] 나무의 작은 열매를 뜻하는 것으로 보인다. 445

섶누에 번디[명] 섶누에 번데기. '섶누에'는 산누에나방과에 속한 나방의 애벌레. 집누에와 비슷하나, 몸이 더 크고 무게는 네 배가량 더 무겁다. 참나무, 떡갈나무 따위의 잎을 먹고 담갈색의 고치를 지어 번데기로 된다. 산누에고치에서 얻어지는 견사는 고급 명주실로 쓰인다. '섶누에 번디'는 섶누에가 고치를 틀고 변하여 된 몸을 가리키는 것으로 삶아서 식용하기도 한다. 161

섶벌[명] 나무섶에 집을 틀고 항상 나가서 다니는 벌. 480

세괏다형 세괃다. 보통 정도를 지나게 세다. 570

세다형 물, 불, 바람 따위의 기운이 크거나 빠르다. 665

세모래명 가는 모래. 409

세불명 세벌. 세 번. '세불 김'은 세 번째 하는 김매기, 곧 벼를 심은 논에 마지막으로 하는 김매기를 말하며, 같은 뜻으로 사전에 '세벌매기'가 등재되어 있다. 363

세상명 사람이 살고 있는 모든 사회를 통틀어 이르는 말. 223

세수명 손이나 얼굴을 씻음. 56

세수하다동 손이나 얼굴을 씻다. 769

세월명 흘러가는 시간. 326

세이다①형 세다. 힘이 많다. 570

세이다②동 세다. 사물의 수효를 헤아리거나 꼽다. 778

세이다③형 세다. 물, 불, 바람 따위의 기운이 크거나 빠르다. 665

세침명 가는 바늘. 210

센개명 털빛이 흰 개. 473

소명 솟과의 포유동물. 몸의 높이는 1.2~1.5미터이며 검은색, 흰색, 갈색 따위의 짧은 털이 나 있다. 뿔은 없거나 한 쌍이 있고 발굽은 둘로 갈라져 있다. 꼬리는 가늘고 길며 끝에는 술 모양의 털이 있다. 풀 따위를 먹고 한 번 삼킨 것을 되새김한다. 아주 오래전부터 기른 가축으로 짐의 운반이나 토지의 경작 등에 유용하게 사용되어 왔으며, 고기나 젖은 식용하고 가죽이나 뿔은 여러 물건을 만드는 재료로 쓰인다. 473

소거름명 소의 똥이나 오줌으로 만든 거름. 337

소기름명 쇠기름. 소의 지방조직에서 얻은 기름. 404

소기름불명 쇠기름불. 쇠기름(소의 지방에서 얻은 기름)으로 켜는 등불. 407

소내기명 '소나기'의 방언(평안, 함경, 황해, 강원, 경상, 충청). 갑자기 세차게 쏟아지다가 곧 그치는 비. 311

소달구지명 소가 끄는 수레. 349

소담하다형 음식이 풍족하여 먹음직하다. 796

소똥명 소의 똥. 415

소라방등명 소라 껍질로 만든 등잔. '방등'은 '등잔'의 평안 방언. 210

소리①명 물체의 진동에 의하여 생긴 음파가 귀청을 울리어 귀에 들리는 것. 420

소리②명 사람의 목소리. 421

소리③명 새나 짐승, 곤충의 울음. 422

소리④명 말. 음성기호로 생각이나 느낌을 표현하고 전달하는 행위. 또는 그 결과물.

41

소리개[명] 솔개. 수릿과의 새. 몸길이가 약 60센티미터이고 몸빛은 암갈색이며 가슴에 검은색의 세로무늬가 있다. 꽁지깃은 제비처럼 교차되어 있다. 부리와 발톱은 날카롭게 굽었으며 날개가 커서 잘 난다. 시가지·촌락·해안 등지의 공중에서 날개를 편 채로 맴돌며 먹이를 노린다. 유라시아, 오스트레일리아 등지에 분포하며 우리나라에서는 겨울에 볼 수 있는 흔한 철새다. 455

소리치다[동] 소리를 크게 지르다. 702

소문[명] 사람들 입에 오르내려 전하여 들리는 말. 41

소박素朴**하다**[형] 꾸밈이나 거짓이 없고 수수하다. 796

소뿔등잔[명] 등잔은 기름을 담아 등불을 켜는 데에 쓰는 그릇인데, 보통 사기, 놋, 철제 등으로 만들며, 등잔 밑에 소뿔 모양의 기름받이를 매달아 놓기도 한다. 소뿔등잔은 바로 소뿔 모양의 기름받이를 매달아 놓은 등잔을 말한다. 210

소삼다[소+삼다][동] 짚신이나 미투리 따위를 성글게 결어서 만들다. 628

소설[명] 사실 또는 작가의 상상력에 바탕을 두고 허구적으로 이야기를 꾸며 나간 산문체의 문학 양식. 357

소수림왕小獸林王[명] 고구려의 제17대 왕(?~384). 이름은 구부丘夫. 372년(소수림왕 2년) 전진왕이 보낸 승려 순도가 가져온 불상과 경문을 받아들여 최초로 불교를 수입하였고, 같은 해 교육기관인 태학太學을 설립하여 중앙집권적 정치제도에 적합한 관리를 양성하였으며, 373년에는 율령律令을 반포하여 국가통치와 사회질서 유지를 위한 규범들을 갖추었다. 이러한 소수림왕의 체제정비 시책들을 기반으로 고구려는 5세기에 전성기를 누렸다. 95

소시랑[명] '쇠스랑'의 방언(강원, 경상, 전라, 충청, 평북). 쇠로 서너 개의 발을 만들고 자루를 박아 갈퀴 모양으로 만든 농기구. 땅을 파헤쳐 흙을 고르거나 두엄, 쌓인 풀 따위를 쳐내는 데 쓰인다. 339

소신[명] 소가 신는 신, 곧 쇠짚신을 일컫는다. 337

소원[명] 바라고 원함. 또는 바라고 원하는 일. 50

소의연[명] 소의원. 소의 병을 치료해 주는 사람. 59

소주燒酒[명] 곡주를 증류시킨 도수가 높은 술. 처음에는 약용으로 쓰였으나 조선 중기 이후부터 일반 술로 크게 성행하였다. 162

소피[명] 소의 선지. 소를 잡아서 받은 피. 식어서 굳어진 덩어리를 국이나 찌개 따위의 재료로 쓴다. 162

속①[명] ① 일정하게 둘러싸인 것의 안쪽으로 들어간 부분. ② 어떤 현상이나 상황, 일의 안이나 가운데. 240

속②명 품고 있는 마음이나 생각. 46

속이다동 '속다'의 사동사. 거짓된 말이나 행동을 참이라고 알게 하다. 808

손명 사람이나 몇몇 원숭이류의 팔목에 달린, 무엇을 잡거나 만지는 데 쓰이는 부분. 495

손길명 내밀거나 잡거나 만지거나 할 때의 손. 52

손깍지벼개명 손깍지 베개. 손깍지를 베개 삼아서 머리나 고개를 받침. 잠을 자거나 누울 때에 열 손가락을 서로 엇갈리게 바짝 맞추어 잡아 머리를 괴는 것. 52

손깍지벼개하다동 손깍지베개하다. 손깍지를 베개 삼아 베다. 560

손방아명 '디딜방아'의 방언. 발을 디디어 곡식을 찧거나 빻게 된 방아. 굵은 나무 한 끝에 공이를 박고 다른 끝을 두 갈래가 나게 하여 발로 디딜 수 있도록 만들었으며 공이 아래에 방아확을 파 놓았다. 339

손아귀명 손으로 쥐는 힘. 52

손자①명 자녀의 아들. 66

손자孫子②명 중국 춘추시대의 병법가 손무孫武를 높여 이르는 말. 기원전 6세기경의 사람으로, 오나라 왕 밑에서 초나라, 진나라를 위압하고 절도와 규율 있는 군사를 양성하였다. 저서에 병서 《손자》가 있다. 95

손자아이명 손자로 태어난 아이. 67

손잔등명 손의 바깥쪽. 496

손톱명 손가락 끝에 붙어 있는 딱딱하고 얇은 조각. 496

솔솔부 바람이 보드랍게 부는 모양. 729

솔포기명 가지가 다보록하게 퍼진 작은 소나무. 445

솜솜부 얼굴에 잘고 얕게 얽은 자국이 듬성듬성 있는 모양. 607

솟다동 샘물이나 온천이 땅 위로 퐁퐁 올라오다. 682

송구떡명 송기松肌떡. '송기지떡'으로 불리기도 한다. 소나무의 속껍질(松肌)을 물에 여러 날 담가서 송진을 우려 낸 후 두들겨서 솜같이 만든 것을 쌀가루에 섞어 반죽하여 만든 떡. 소나무의 은은한 향기와 소나무 껍질의 연분홍빛이 나는 이 떡은 평안도 지방의 전통 음식이며, 북녘에서 단오 음식의 대표로 꼽힌다. 162

송아지명 어린 소. 474

송어명 연어과의 바닷물고기. 몸은 연어보다 둥글고 작으며, 좌우가 납작하다. 등은 짙은 청색, 몸의 양옆은 은백색을 띤다. 바다에서 살다가 구시월이 되면 강의 상류로 거슬러 올라가 알을 낳는다. 우리나라 동해에서 사할린, 오호츠크 해까지 분포하며, 새우류나 작은 물고기 따위를 주로 잡아먹는다. 462

송이버슷명 송이버섯. 송이과의 버섯. 갓은 지름이 8~20센티미터이고 겉은 엷은 다갈색, 살은 흰색이다. 독특한 향기와 맛을 지닌 대표적인 식용 버섯이다. 주로 솔잎이 쌓인 습지에 나며 한국, 일본, 중국 남부에 분포한다. 162, 438

송장명 죽은 사람의 몸을 이르는 말. 83

솥명 밥을 짓거나 음식을 끓이는 데 쓰는 그릇. 주로 무쇠나 오지, 양은 따위로 만든다. 210

솥뚜껑명 솥을 덮는 뚜껑. 210

쇠드랑볕명 쇠스랑볕. 쇠스랑 모양의 창살 사이로 들어온 햇빛. 311

쇠든밤[쇠들+은+밤]명 새들새들해진 밤. 말라서 생기가 없어진 밤. 163

쇠리쇠리하다형 새리새리하다. 빛이 비친 시야가 흐릿한 상태를 나타내는 말. 720

쇠메명 쇠로 만든 메. '메'는 묵직하고 둥그스름한 나무토막이나 쇠토막에 자루를 박아 무엇을 치거나 박을 때 쓰는 물건. 210

쇠조지명 산야에서 자라는 식용하는 풀의 하나로, '쇠서나물'을 가리키는 것으로 짐작된다. '쇠서나물'의 높이는 80~100센티미터이고, 윗부분에서 가지가 갈라지며 갈색을 띤 갈고리 모양의 털이 있다. 꽃은 노란색으로 6~9월에 피며, 어린잎은 나물로 먹는다. 163, 429

쇠주푀적삼[쇠주+포+적삼]명 소주포蘇州布적삼. 중국 소주蘇州(쑤저우)에서 생산된 베로 만든 홑옷 저고리. 116

쇳소리명 쇠붙이가 부딪쳐서 나는 소리. 422

쇳스럽다형 쇠가 부딪칠 때의 소리처럼 쨍쨍하고 날카로운 느낌이 있어 보이는 데가 있다. 707

수①의 (어미 '-은', '-는', '-을' 뒤에 쓰여)(주로 '있다', '없다' 따위와 함께 쓰여) 어떤 일을 할 만한 힘이나 어떤 일이 일어날 가능성. 379

수②명 셀 수 있는 사물을 세어서 나타낸 값. 백석 시 〈넘언집 범 같은 노큰마니〉의 '수대로'에서 '대로'는 체언의 뒤에 붙어, '앞말에 준하거나 그 내용이 뜻하는 바와 같음'을 나타내는 부사격 조사. 363

수라修羅명 '아수라阿修羅'의 준말. 아수라는 'asura'를 음사音寫한 말로 '비천非天', '부단정不端正' 등으로 의역한다. 늘 싸움만을 일삼는 귀신들의 무리를 가리킨다. '아수라'와 연관된 말로 '아수라도阿修羅道'와 '아수라장阿修羅場'이 있는데, '아수라도'는 인간과 축생의 중간에 위치한 세계로 늘 싸움만을 일삼는 아수라들의 세계를 말하고, '아수라장'은 아수라가 불법佛法을 없애기 위해 제석帝釋과 싸우는 전장戰場에서 나온 말로 난장판을 뜻한다. 400

수리취명 산지의 볕이 잘 드는 풀밭에서 자라는 국화과의 여러해살이풀. 높이는 100센티미터 내외이며, 줄기에 흰털이 빽빽하게 나 있다. 9~10월에 흰색 또는 자주색

꽃이 가지 꼭대기에 피며, 어린잎은 식용한다. 429

수무나무명 스무나무, 시무나무. 느릅나뭇과의 낙엽 교목. 높이가 20미터 정도이고 5월에 노란 꽃이 피며, 우리나라의 산과 구릉, 하천 유역에서 잘 자란다. 이 큰 키의 나무는 옛날엔 먼 곳에서도 쉽게 볼 수 있는 이정표로서의 기능을 했다. 옛날에는 이 나무가 흔했으나 지금 남아 있는 노거수(수령이 많고 커다란 나무)는 많지 않다. 옛날에는 기도목으로서 그 앞에서 기도를 하면 득남을 했다는 이야기들이 전하고, 또 마을 어귀에 자리해 당산목 구실을 했던 것으로 전해진다. 435

수문장명 가정의 출입구인 대문을 지키는 귀신 장수. 모든 길흉화복이 대문을 통해 들고 나고 하므로 문의 수직守直을 맡는다. 대문 안의 문지방 높이에 참지(창호지, 한지)를 접어서 걸고 이곳에 신이 깃들게 한다. 389

수박명 박과의 한해살이 덩굴풀. 덩굴진 줄기가 땅 위를 기며 자라며 잎은 어긋나고 여름에 노란 꽃이 핀다. 열매는 크고 둥글며 무게는 5~6킬로그램까지 나가는 것이 보통이다. 열매의 속살은 붉고 달며 물이 많다. 햇빛을 좋아하며 빛이 잘 쬐는 곳에서 열매가 잘 달린다. 163, 429

수박씨명 수박 안에 있는 씨. 수박씨에는 여러 영양분과 약리작용이 있는 것으로 알려져 있다. 보통 차로 마시거나 볶아 먹는다. 중국에서 수박씨 볶은 것을 까먹는 것은 민족 풍습의 하나이다. 그것은 단순한 먹을거리를 넘어 일종의 여흥에 가까운 것이기도 하다. 중국 수박의 씨는 우리 것보다 훨씬 크다. 164

수백수 백百의 여러 배가 되는 수. 363

수선거리다동 부산스럽게 말하거나 행동하다. 509

수수하다형 물건의 품질이나 겉모양, 또는 사람의 옷차림 따위가 그리 좋지도 않고 나쁘지도 않고 제격에 어울리는 품이 어지간하다. 796

수양산首陽山명 황해도 해주시 북서쪽에 있는 산(현재 행정구역으론 황해남도 해주시와 신원군의 경계에 위치). 선참으로 햇빛을 받는다고 하여 수양산이라고 하였다고 한다. 기온이 높고 강수량이 비교적 많은 이 지역은 온대남부 활엽수림구에서 온대북부 활엽수림구로 넘어가는 지대로서 식물이 풍부하다. 산에는 소나무, 참나무, 굴참나무, 쪽동백나무를 비롯한 18종의 키나무와 패랭이꽃을 비롯한 33종의 초본식물이 자라며 북송산 바위 위에는 수양산과 중국 산둥山東 지방에서만 나는 북숭미나리가 자란다. 이 산은 현재 수양산식물보호구로 지정되어 있다. 263

수염명 성숙한 남자의 입 주변이나 턱 또는 뺨에 나는 털. 496

수영명 수양(收養). 다른 사람의 자식을 맡아서 제 자식처럼 기름. '수영을 들이다'는 '수양 들이다' '수양하게 하다'로 '자식을 맡아 기르게 하다'의 뜻이다. 백석 시 〈가즈랑집〉에선 대감님, 즉 남자 신께 수양 들여 아이의 명이 길어지도록 하고 있으며,

무당인 가즈랑집 할머니가 그런 의식을 맡고 있다. 390

수원백씨水原白氏 [명] 수원이 본관인 백씨. 백석의 시조始祖가 난 곳과 성씨姓氏를 말한다. 96

수육 [명] 사람이 먹을 수 있는 짐승의 고기. 백석 시 〈국수〉에서 '수육'은 그 앞에 '산꿩의 고기'라는 말이 나오므로 '꿩고기'를 가리키는 것으로 보아야 할 것이다. 134

수절과부 [명] 남편이 죽은 후 정절을 지키며 혼자 사는 여자. 83

수컷 [명] 암수의 구별이 있는 동물에서 새끼를 배지 아니하는 쪽. 484

수탉 [명] 닭의 수컷. 수탉은 털빛이 아름답고 때를 맞추어서 잘 운다. 455

숙변 [명] 생지황(현삼과의 여러해살이풀. 높이는 30센티미터 정도)을 아홉 번 찌고 아홉 번 말려서 만든 약재. 보혈補血·보음補陰 효능이 있어 여러 가지 허손虛損과 통경通經의 치료와 강장제로 쓰인다. '숙지황熟地黃'과 같은 말. 138

숙신肅愼 [명] 고조선 때에, 지금의 만주와 연해주 지방에 살던 퉁구스 족. 고구려 서천왕 때에 일부가 복속되었고 광개토대왕 8년(398)에 완전 병합되었다. 뒤에 일어난 읍루挹婁·말갈靺鞨 종족이 숙신의 후예로 추측되기도 한다. 한편 당唐나라 때는 선진先秦 시대의 북동 방면 거주 민족의 총칭으로 쓰였다. 285

순례巡禮**중** [명] 종교의 발생지, 성인의 무덤이나 거주지와 같이 종교적인 의미가 있는 곳을 찾아다니며 참배하는 중. 401

술① [명] 알코올 성분이 들어 있어 마시면 취하는 음료를 통틀어 이르는 말. 134

술② [의] 밥 따위의 음식물을 숟가락으로 떠 그 분량을 세는 단위. 370

술국 [명] 술국은 술집에서 안주로 주는 된장국으로 소뼈를 곤 국물에 된장을 풀고, 시래기, 선지 등을 넣고 끓이는 것을 말하는데, 백석 시 〈미명계未明界〉에선 추탕집에서 끓이는 것이므로 추어를 사용해 만든 국일 수도 있다. 135

술렁거리다 [동] 몹시 설레다. 안착되어 있지 않고 공연히 이리저리 움직이다. 735

술집 [명] 술을 파는 집. 343

숨① [명] 사람이나 동물이 코 또는 입으로 공기를 들이마시고 내쉬는 기운. 또는 그렇게 하는 일. 505

숨② [명] 팽팽하게 부풀려진 상태나 기운. 415

숨굴막질 [명] '숨바꼭질'의 방언. 한 사람이 술래가 되어 숨어 있는 나머지 사람들을 찾아내는 아이들의 놀이. 383

숨다 [동] 보이지 않게 몸을 감추다. 752

숨어버리다 [동] 보이지 않게 몸을 감춰 버리다. 752

숫돌 [명] 칼이나 낫 따위의 연장을 갈아 날을 세우는 데 쓰는 돌. 211

숭 [명] '흉'(남에게 비웃음을 살 만한 거리)의 방언(강원, 경상, 전남, 함경). 52

숭가리명 쑹화 강松花江. 만주어로 숭가리 강이라고 한다. 중국 둥베이東北 지방 지린 성吉林省 및 헤이룽장 성黑龍江省을 흐르는 강으로 헤이룽 강黑龍江(아무르 강)의 가장 큰 지류이다. 백두산 천지天池에서 시작하여 북으로 흘러 넌장嫩江 강과 합류하여 헤이룽 강으로 흐른다. 길이는 1,927킬로미터. 263

쉬다동 입이나 코로 공기를 들이마셨다 내보냈다 하다. 603

쉬영꽃명 수영꽃. 수영에 핀 꽃. 연붉은색이며 5~6월에 핀다. 수영은 마디풀과의 여러해살이풀. 높이는 30~80센티미터이며, 잎은 어긋나고 넓은 피침 모양이다. 5~6월에 연붉은색 꽃이 원추圓錐꽃차례로 피고 열매는 수과瘦果를 맺는다. 어린잎과 줄기는 식용하며, 뿌리는 약용하기도 한다. 북반구의 온대 지방에 널리 분포한다. 441

쉬이부 어렵거나 힘들지 아니하게. 804

쉬이다①동 '쉬다'의 사동사. 잠시 머무르게 하다. 739

쉬이다②동 쉬다. 목청에 탈이 나서 목소리가 거칠고 맑지 않게 되다. 707

스르럭스르럭부 물건이 조금씩 쓸리면서 크고 시원스럽게 잇따라 나는 소리. 또는 그 모양. 707

스무나문수 스무남은. 스물이 조금 넘은 수. 또는 그런 수의. 363

스스로부 자신의 힘으로. 570

스스로웁다형 스스럽다. ① 서로 사귀는 정분이 두텁지 않아 조심스럽다. ② 수줍고 부끄러운 느낌이 있다. 594

스치다동 서로 살짝 닿으면서 지나가다. 771

슬그머니부 남이 알아차리지 못하게 슬며시. 735

슬퍼지다동 원통한 일을 겪거나 불쌍한 일을 보고 마음이 아프고 괴롭게 되다. 523

슬퍼하다동 슬프게 여기다. 523

슬프다형 원통한 일을 겪거나 불쌍한 일을 보고 마음이 아프고 괴롭다. 523

슬픔명 슬픈 마음이나 느낌. 46

슴슴하다형 자극을 크게 느끼지 않을 정도로 싱겁다. 699

습내명 습한 냄새. 축축한 기운에서 나는 냄새. 방 안에서 습한 냄새가 난다는 것은 그곳이 물기가 젖어들 만큼 허름한 외벽을 가진 초라한 방이며, 또 방치되어 있는 방임을 암시하는 것이다. 419

승냥이명 갯과의 포유동물. 몸길이는 76~100센티미터이며, 이리와 비슷한데 주둥이와 사지는 짧고 꼬리가 길다. 몸빛은 붉은색을 띤 회갈색, 누런 갈색, 붉은 갈색 등이다. 성질이 사납고 주야로 활동하는데 낮에 사냥하는 일이 많고 주로 초식성 동물을 잡아먹는다. 474

승녀承女명 승씨承氏 성姓을 지닌 아버지의 딸. 평북 지방에서 아이들을 지칭할 때 딸인

경우 아버지 성 밑에 '녀女'를 붙이고 아들인 경우 '동이'를 붙여 부르곤 한다. 96

승承동이 명 승씨承氏 성姓을 지닌 아버지의 아들. 평북 지방에서 아이들을 지칭할 때 딸인 경우 아버지 성 밑에 '녀女'를 붙이고 아들인 경우 '동이'를 붙여 부르곤 한다. 96

승합자동차乘合自動車 명 많은 사람을 태울 수 있는 대형 자동차. 349

시골 명 도시에서 떨어져 있는 지역. 주로 도시보다 인구수가 적고 인공적인 개발이 덜 돼 자연을 접하기가 쉬운 곳을 이른다. 224

시기柿崎 명 가키사키. 일본 혼슈本州의 이즈 반도伊豆半島 남동쪽 바닷가에 있는 항구 마을. 정확한 행정구역 명칭은 '静岡県 下田市 柿崎'(시즈오카켄 시모다시 가키사키). 이곳에 시모다 항구가 있으며, 근처는 온통 온천지이다. 가와바타 야스나리川端康成의 소설 〈이즈의 무희伊豆の踊子〉가 바로 이즈 반도를 배경으로 한 작품이며, 작품의 무대 중 하나로 '시기'(가키사키)의 시모다 항구가 나온다. 264

시꺼멓다 형 매우 꺼멓다. 713

시끄럽다 형 듣기 싫게 떠들썩하다. 735

시냇물 명 시내에서 흐르는 물. 404

시누이 명 남편의 누나와 여동생. 67

시다 형 맛이 식초나 설익은 살구와 같다. 699

시들다 동 꽃이나 풀 따위가 말라 생기가 없어지다. 610

시라리타래 명 시래기 타래. 시래기를 엮어 놓은 것. '시라리'는 '시래기'(무청이나 배춧잎 말린 것)의 방언(평남, 전남). 164

시래기 명 무청이나 배추의 잎을 말린 것. 새끼 따위로 엮어 말려서 보관하다가 볶거나 국을 끓이는 데 쓴다. 164

시래깃국 명 무청이나 배춧잎 말린 것에 된장을 걸러 붓고 끓인 국. 164

시렁 명 물건을 얹어 놓기 위하여 방이나 마루 벽에 두 개의 긴 나무를 가로질러 선반처럼 만든 것. 188

시루 명 떡이나 쌀 따위를 찌는 데 쓰는 둥근 질그릇. 모양이 자배기 같고 바닥에 구멍이 여러 개 뚫려 있다. 211

시름 명 마음에 걸려 풀리지 않고 항상 남아 있는 근심과 걱정. 47

시방 부 지금. 말하는 바로 이때에. 672

시뻘겋다 형 매우 뻘겋다. 713

시아부지 명 '시아버지'(남편의 아버지)의 방언(경기, 충청, 경상, 전라). 67

시악 명 모질고 악한 성미로 부리는 악. 47

시울다 형 눈이 부셔서 바로 보기가 거북하다. 552

시인詩人 명 시를 전문적으로 짓는 사람. 60

시집명 여자가 결혼하여 남편을 맞이함. 394

시집가다동 여자가 결혼하여 남의 아내가 되다. 백석 시 〈여우난골족族〉에선 우리의 전통 놀이의 하나를 가리키는 말로 쓰이고 있다. 634

시큼털털하다형 맛이나 냄새 따위가 조금 시면서도 떫다. '시금떨떨하다'보다 아주 거센 느낌을 준다. 699

시큼하다형 맛이나 냄새 따위가 조금 시다. '시금하다'보다 거센 느낌을 준다. 700

시퍼러둥둥하다형 시푸르뎅뎅하다. 매우 짙게 푸르뎅뎅하다. '푸르뎅뎅하다'는 '푸른 색이 좀 스산한 느낌을 주게 칙칙하다'의 뜻이다. 713

시펄하다형 시퍼렇다. 매우 퍼렇다. 714

식혜명 엿기름을 우린 물에 밥알을 넣어 삭힌 후 엿기름 건더기는 가라앉히고 웃물만 건져 끓여 밥알을 걸러 내고 먹는 것이 감주이며, 여기에 겨울의 삭은 밥알을 띄워서 먹는 것이 식혜다. 164

신명 땅을 딛고 서거나 걸을 때 발에 신는 물건을 통틀어 이르는 말. 가죽·고무·비닐·헝겊·나무·짚·삼 따위로 만들며, 모양과 용도에 따라 여러 가지가 있다. 128

신간서新刊書명 새로 낸 책. 357

신다동 신, 버선, 양말 따위를 발에 꿰다. 614

신뚝명 방이나 마루 앞에 신발을 올리도록 놓아둔 돌. 188

신라新羅**백성**명 신라 시대의 백성. '백성'은 나라의 근본을 이루는 일반 국민을 예스럽게 이르는 말. 83

신리新里명 백석의 고향인 정주에 있는 마을 이름. 일제시대의 지도인 《조선지형도》에 '신리新里'라는 지명이 나오지 않는다. '신리新里'와 비슷한 지명으로 '신시新市'가 있는데, 이 지명을 백석이 '신리'라고 불렀거나, 이 지명이 뒤에 '신리'로 바뀐 것이 아닌가 짐작해 볼 수 있다. '신시新市'는 백석의 또 다른 고모가 사는 '토산土山'에서 그리 멀지 않은 곳에 있다. '신리'라는 지명은 이곳 외에도 전국 곳곳에서 나타난다. 새로 마을이 생겼을 때 이런 이름이 붙여졌을 것이다. 264

신미두명 신미도身彌島. 평안북도 선천군宣川郡의 남쪽 해상에 있는 섬. 장도 위쪽에 있으며, 평안북도에서 두 번째로 큰 섬이다. 높이 532미터의 운종산雲從山이 있다. 연평도와 함께 조기 어장으로 유명하며, 임경업林慶業 장군이 병자호란의 치욕을 씻고자 훈련을 쌓던 곳이기도 하다. 265

신새벽명 아직 어두운 이른 새벽. '어둑새벽'과 같은 말. 326

신선명 도道를 닦아서 현실의 인간 세계를 떠나 자연과 벗하며 산다는 상상의 사람. 83

신세명 주로 불행한 일과 관련된 일신상의 처지와 형편. 354

신영길명 '친영(親迎)' 가는 길. '신영(新迎)'은 '친영(親迎)'을 가리킨다. '친영親迎'이란 육례의 하나로, 신랑이 신부의 집에 가서 신부를 직접 맞이하는 의식을 말한다. 따라서 친영길이란 친영 떠나는 길, 즉 신랑이 신부를 맞이하러 신부집으로 가는 길을 말하는 것이다. 394

신장님명 '신장(神將)'을 높여 이르는 말. '신장神將'은 무당과 장님이 모시는 신으로서 용맹스러운 장군의 신격神格. 390

신주명 죽은 사람의 위패. 대개 밤나무로 만드는데, 길이는 여덟 치, 폭은 두 치가량이고, 위는 둥글고 아래는 모지게 생겼다. 394

신짝명 신발의 한 짝 한 짝. 129

실명 고치, 털, 솜, 삼 따위나 화학 원료를 써서 가늘고 길게 뽑아 만든 것. 옷감을 짜고 바느질을 하는 데 쓴다. 122

실감기명 '실감개'의 고어. 실을 감아 두는 물건. 백석 시 〈촌에서 온 아이〉에서 '실감기를 가지고 노는 것'은 실감개에 실을 감는 등 실감개를 가지고 이런저런 장난을 하며 노는 것을 가리킨다. 383

싫다형 마음에 들지 아니하다. 524

싫증명 싫은 생각이나 느낌. 또는 그런 반응. 47

심그다동 '심다'의 방언. 초목의 뿌리나 씨앗 따위를 흙 속에 묻다. 628

심지명 등잔, 남포등, 초 따위에 불을 붙이기 위하여 꼬아서 꽂은 실오라기나 헝겊. 211

십리十里명 일 리의 열배 되는 리 수. '리'는 거리의 단위를 나타내는 말. 367

십리길명 십 리나 되는 길. 230

십오리十五里명 일 리의 열다섯 배 되는 리 수. '리'는 거리의 단위를 나타내는 말. 367

십오촉十五燭명 일 촉의 열다섯 배 되는 촉 수. '촉'은 빛의 밝기를 나타내는 단위. 전등이 십오 촉이면 매우 희미한 빛이다. 367

싱싱부 시들지 아니하고 생기가 있는 모양. 570

싱싱하다형 시들거나 상하지 않고 생기가 있다. 570

싶다보조형 (동사 뒤에서 '-고 싶다' 구성으로 쓰여) 앞말이 뜻하는 행동을 하고자 하는 마음이나 욕구를 갖고 있음을 나타내는 말. 524

싸개동당[싸개+동당]명 오줌싸개의 왕. 83

싸다①동 똥이나 오줌을 참지 못하고 함부로 누다. 603

싸다②동 물건을 안에 넣고 보이지 않게 씌워 가리거나 둘러 말다. 752

싸단니다동 싸다니다. 여기저기를 채신없이 분주히 돌아다니다. 587

싸락눈명 '싸라기눈'의 준말. 빗방울이 갑자기 찬바람을 만나 얼어 떨어지는 쌀알 같은 눈. 311

싸리명 콩과의 낙엽 활엽 관목. 높이는 2~3미터이며, 잎은 세 잎이 나온다. 7월에 짙은 자색이나 홍자색 꽃이 핀다. 가을에는 밀원식물蜜源植物이고 겨울에는 좋은 땔감으로 이용된다. 잎은 사료로, 나무껍질은 섬유의 원료로 쓴다. '싸리나무'와 같은 말. 435

싸리갱이 명 싸리나무의 줄기를 잘라 만든 싸리 막대기. 446

싸리꼬치 명 싸리꼬챙이. 싸리나무의 꼬챙이. 가늘고 길면서 끝이 뾰족한 싸리나무로 된 물건을 말한다. 415

싸리신 명 싸리의 가지로 만든 신. 129

싸릿닢 명 싸리의 잎. 3출 겹잎으로 마주나며 잎자루를 가지고 있다. 작은 잎은 둥근 달걀 모양이고, 가장자리는 매끈하며 길이는 2~4센티미터 정도이다. 446

싸오다 동 싸서 나오다. 물건을 안에 넣고 보이지 않게 씌워 가리거나 둘러 말아 나오다. 695

싸움 명 싸우는 일. 56

싹다 동 삭다. 긴장이나 화가 풀려 마음이 가라앉다. 525

쌀독 명 쌀을 넣어 두는 독. 211

쌀랑대다 동 (사람이나 동물이 몸이나 옷을) 조금 세게 자꾸 움직이다. 561

쌀랑쌀랑 부 가벼운 물체나 물결 따위가 바람에 조금 세게 자꾸 흔들리거나 움직이는 모양을 나타내는 말. 679

쌈방이 명 평북 지방의 토속적인 풍물. 383

쌈지거리하다 동 '싸움질하다'를 낮잡아 이르는 말. 568

쌍 명 (수량을 나타내는 말 뒤에 쓰여) 둘을 하나로 묶어 세는 단위. 370

쌍마차雙馬車 명 두 마리의 말이 짝을 지어 끄는 수레. 349

쌍심지 명 한 등잔에 있는 두 개의 심지. 211

쌓이다 동 '쌓다'의 피동사. ① (물건이) 겹겹이 포개져서 놓이다. ② (눈이나 먼지, 지방 따위가) 겹겹이 포개지면서 많이 모이다. 750

쌔김질하다 동 새김질하다. 한번 삼킨 먹이를 다시 게워 내어 씹다. 626

쌔하얗다 형 새하얗다. 매우 하얗다. 714

써붙이다 동 (사람이 무엇을 앞이나 바깥에) 눈에 뜨이게 써서 붙이다. 758

썩심하다 형 썩쉼하다. 목소리가 웅숭깊고 쉰 듯하다. 707

썰다 동 물건을 칼로 토막 내다. 620

쏘가리 명 꺽짓과의 물고기. 몸길이는 40~50센티미터이고 옆으로 납작하며 머리가 길고 입이 크며 몸 전체에 보라색, 회색의 다각형 아롱무늬가 많다. 우리나라 서해와 남부 연해에 흘러드는 여러 하천의 중류, 상류 수계에 분포하며, 관상용으로도 많이 기른다. 463

쏟아지다[동] ① 액체나 물질이 그것이 들어 있는 용기에서 한꺼번에 바깥으로 나오다. ② 한꺼번에 많이씩 떨어져 내리다. 695

쏠론[명] 솔론Solon 족. 아무르 강의 남쪽에 분포하는 남방 퉁구스 족의 한 분파. 농업, 목축, 수렵에 종사하고 샤머니즘을 신봉하며, 죽은 자를 화장하는 관습이 있다. 285

쐬이다[동] 쐬다. 얼굴이나 몸에 바람이나 연기, 햇빛 따위를 직접 받다. 665

쑤다[동] 곡식의 알이나 가루를 물에 끓여 익히다. 620

쑤시다[동] 가늘고 긴 꼬챙이 같은 것으로 다른 물체의 틈이나 구멍에 넣어 구멍을 뚫거나 속에 있는 물건을 밖으로 나오게 하다. 765

쑥국화꽃[명] 쑥국화에 핀 꽃. 노란색으로 7~9월에 핀다. 쑥국화는 여러해살이풀로 높이는 60~70센티미터이며, 잎은 어긋나고 깃 모양으로 갈라진다. 7~9월에 노란 꽃이 산방繖房꽃차례로 줄기 끝에서 피고 열매는 수과瘦果를 맺는다. 441

쓰다①[동] 모자 따위를 머리에 얹어 덮다. 615

쓰다②[동] 어떤 일을 하는 데에 재료나 도구, 수단을 이용하다. 771

쓰다③[동] 얼굴에 어떤 물건을 걸거나 덮어쓰다. 615

쓰다④[동] 어떤 못마땅한 표정을 짓거나 합당치 못한 일을 강하게 요구하다. 598

쓰다⑤[동] 글을 짓다. 636

쓰다⑥[동] 펜, 연필, 붓 따위로 획을 그어 글자를 이루다. 636

쓰다⑦[동] 힘이나 노력 따위를 들이다. 570

쓰다⑧[형] 혀로 느끼는 맛이 한약이나 소태, 씀바귀의 맛과 같다. 699

쓰다듬다[동] 손으로 살살 쓸어 어루만지다. 565

쓰렁쓰렁[부] 슬렁슬렁. 바쁘게 서두르지 않고 천천히 걷거나 움직이는 모양. 561

쓸다①[동] 비로 쓰레기 따위를 밀어내거나 한데 모아서 버리다. 760

쓸다②[동] 가볍게 쓰다듬거나 문지르다. 566

쓸데없다[형] 아무런 쓸모나 득이 될 것이 없다. 794

쓸려나가다[동] 빗자루 등으로 한데 몰아 치워져 나가다. 760

쓸쓸하다[형] 외롭고 적적하다. 525

쓸쓸히[부] 외롭고 적적하게. 526

쓸어버리다[동] 비로 쓸어서 내버리다. 760

씌우다[동] '쓰다'의 사동사. 모자 따위를 머리에 얹거나 덮어 주다. 615

씨①[명] 천, 돗자리, 짚신 따위를 짤 때에 가로로 놓는 실, 노끈, 새끼 따위. 122

씨②[명] 식물의 열매 속에 있는, 장차 싹이 터서 새로운 개체가 될 단단한 물질. 446

씨③[명] 식물의 열매 속에 있는, 장차 싹이 터서 새로운 개체가 될 단단한 물질. 백석 시 〈수박씨, 호박씨〉에선 수박씨와 호박씨를 가리킨다. 135

씨굴씨굴 [부] 씨글씨글. 사람이나 짐승이 많이 모여 우글우글하는 모양을 나타내는 말. 596

씨연하다 [형] 씨원하다. 매우 시원하다. 729

씨원하다 [형] 매우 시원하다. 729

씹다 [동] 사람이나 동물이 음식 따위를 입에 넣고 윗니와 아랫니를 움직여 잘게 자르거나 부드럽게 갈다. 626

씻다① [동] 물이나 휴지 따위로 때나 더러운 것을 없게 하다. 769

씻다② [동] (사람이 눈물이나 땀 따위를) 없애려고 닦거나 훔치다. 769

ㅇ

아감 ① 놀라거나, 당황하거나, 초조하거나, 다급할 때 가볍게 내는 소리. ② 기쁘거나, 슬프거나, 뉘우치거나, 칭찬할 때 가볍게 내는 소리. 814

아개미명 아가미. 물속에서 사는 동물이나 곤충, 특히 어류에 발달한 호흡기관을 말하는데, 백석 시 〈통영統營(남행시초南行詩抄)〉에서는 그 뒤에 나오는 젓갈과 결합하여 '아가미 젓갈'을 가리킨다. '아가미 젓갈'은 보통 대구나 명태의 아가미로 만드는데, 통영은 특히 대구가 많이 나는 곳이므로, 이 시에서 '아개미 젓갈'은 '대구 아가미 젓갈'을 가리키는 것으로 보아야 할 것이다. '아가미 젓갈' 중 가장 일반적인 것이 '대구 아가미 젓갈'이기도 하다. 165

아궁지명 '아궁이'(방이나 솥 따위에 불을 때기 위하여 만든 구멍)의 평북 방언. 188

아끼다동 물건이나 돈, 시간 따위를 함부로 쓰지 아니하다. 771

아내명 혼인하여 남자의 짝이 된 여자. 67

아늑하다형 포근하게 감싸 안기듯 편안하고 조용한 느낌이 있다. 735

아늑히부 포근하게 감싸 안기듯 편안하고 조용한 느낌이 있게. 735

아니부 부정이나 반대의 뜻을 나타내는 말. 810

아니다형 어떤 사실을 부정하는 뜻을 나타내는 말. 810

아득하다형 ① 까마득히 오래되다. ② 보이는 것이나 들리는 것이 희미하고 매우 멀다. 672

아들명 남자로 태어난 자식. 67

아들아이명 아들로 태어난 아이. 68

아래명 어떤 기준보다 낮은 위치. 241

아랫두리명 아랫도리. 허리 아래의 부분. 497

아랫마을명 아래쪽에 있는 마을. 한 마을의 아래쪽에 있거나, 지대가 낮은 쪽에 있는 마을. 224

아르간명 아랫간. 아랫방. 잇달린 방들 가운데서 아궁이 가까운 쪽의 방. 188

아르굳명 '아랫목'(온돌방에서 아궁이 가까운 쪽의 방바닥)의 평안 방언. 189

아르대명 '아래쪽' '아래 지역'의 평북 방언. 242

아름답다형 ① 보이는 대상이나 음향, 목소리 따위가 균형과 조화를 이루어 눈과 귀에

즐거움과 만족을 줄 만하다. ② 하는 일이나 마음씨 따위가 훌륭하고 갸륵한 데가 있다. 797

아릇간 명 아랫간. 아랫방. 잇달린 방들 가운데서 아궁이 가까운 쪽의 방. 189

아릇동리 명 아랫동리. 아랫동네. 지대가 낮은 쪽에 있는 동네. 224

아릇목 명 아랫목. 온돌방에서 아궁이 가까운 쪽의 방바닥. 189

아릇목싸움 명 아랫목싸움. 온돌방에서 따뜻한 부분인 아랫목을 서로 차지하려고 다투는 장난을 말한다. 383

아리다 형 마음이 몹시 고통스럽다. 526

아마 부 단정할 수는 없지만 미루어 짐작하거나 생각하여 볼 때 그럴 가능성이 크다는 뜻을 나타내는 말. 개연성이 높을 때 쓰는 말이나, '틀림없이'보다는 확신의 정도가 낮은 말이다. 805

아모 관 '아무'의 옛말. 아무런. (주로 뒤에 오는 '않다', '없다', '못하다' 따위의 부정적인 말과 함께 쓰여) '전혀 어떠한'의 뜻을 나타내는 말. 825

아모것 명 아무것. 특별히 정해지지 않은 어떤 것 일체. 415

아모래도 부 아무래도. 아무리 생각해 보아도. 655

아모려나 명 아무려나. 아무러하든지, 아무튼. 앞 문장의 내용이나 흐름과 상관없이 화제를 바꾸거나 본래의 화제로 돌아갈 때 이어 주는 말. '모양, 형편, 정도나 조건 따위가 어떻게 되어 있든지 간에'의 뜻으로 쓰인다. 818

아무 대 어떤 사람을 특별히 정하지 않고 이르는 인칭대명사. 111

아무개씨氏 대 아무개를 높여 이르는 말. '아무개'는 어떤 사람을 구체적인 이름 대신 이르는 인칭대명사. 112

아무리 부 정도가 매우 심함을 나타내는 말. 655

아무우르 명 아무르Amur 강. 중국에서는 헤이룽 강黑龍江이라고 한다. 러시아 연방 시베리아 남동부에서 발원하여 중국 둥베이東北의 국경을 따라 동쪽으로 흘러 타타르 해협으로 들어가는 강. 길이는 4,500킬로미터. 265

아물거리다 동 작은 벌레나 짐승 같은 것이 좀스럽게 몸을 구부리며 움직이다. 561

아배 명 '아버지'의 방언(경상, 함북). 68

아버지 명 자기를 낳아 준 남자를 이르거나 부르는 말. 68

아비 명 '아버지'를 홀하게 이르는 말. 68

〈아서라 세상사世上事〉 명 작자 미상의 판소리 단가 〈편시춘片時春〉의 서두. 인생무상을 담고 있는 〈편시춘〉은 가장 성창되는 단가 중의 하나로, 당시에 인기 있었던 임방울을 비롯해 이봉희, 오비취 등이 취입한 음반이 전해진다. 357

아아 감 감격하거나 탄식할 때 내는 소리. 815

아이명 나이가 어린 사람. 84

아이보개명 아이를 돌보는 일을 맡아 하는 사람. '애보개'의 본말. 60

아전명 조선 시대에, 중앙과 지방의 관아에 속한 구실아치. 60

아즈까리기름명 아주까리기름. 피마자 열매의 씨에서 짠 기름. 완하제緩下劑나 관장제灌腸劑로 쓰이며, 이전에는 등잔 기름이나 머릿기름으로도 쓰였다. '피마자유'와 같은 말. 404

아즈까리알명 아주까리의 열매. 아주까리는 대극과의 한해살이풀로 높이는 2미터 정도이며 잎은 어긋나고 손바닥 모양으로 갈라진다. 8~9월에 엷은 붉은색의 단성화單性花가 총상總狀꽃차례로 피고 열매는 삭과蒴果로 세 개의 씨가 들어 있다. 씨는 타원형으로 새알 모양인데 리시닌이 들어 있으며 설사약, 포마드, 도장밥 및 공업용 윤활유로 사용한다. 열대 아프리카가 원산지로 세계 각지에 분포한다. '피마자'와 같은 말. 446

아즈내명 아지내. '아지내'는 '초저녁'의 평안 방언. 326

아즈랑이명 아지랑이. 311 ☞ 아지랑이

아지랑이명 주로 봄날 햇빛이 강하게 쬘 때 공기가 공중에서 아른아른 움직이는 현상. 312

아직부 어떤 일이나 상태 또는 어떻게 되기까지 시간이 더 지나야 함을 나타내거나, 어떤 일이나 상태가 끝나지 아니하고 지속되고 있음을 나타내는 말. 673

아츰명 '아침'의 방언(평안, 함경, 경기, 경남, 전남, 강원). 날이 새면서부터 오전 반나절쯤까지의 동안. 326

아츰볕명 아침볕. 아침 해에서 비치는 햇볕. 312

아침명 날이 새면서부터 오전 반나절쯤까지의 동안. 327

아카시아명 콩과에 속한 낙엽교목. 높이는 20미터가량이고, 턱잎이 변한 가시가 있다. 잎은 타원형으로 가장자리가 밋밋하다. 5~6월에 향기가 진한 흰 꽃이 핀다. 435

아카시아꽃명 아카시아에 핀 꽃. 흰색 또는 노란색으로 5~6월에 핀다. 밀원식물이며 향이 좋고 맛이 좋아 생으로 먹기도 한다. 441

아프다형 몸이 병이 나거나 들어 앓는 상태에 있다. 599

아홉수 아홉. 여덟에 하나를 더한 수. 363

악악부 몹시 기를 쓰며 자꾸 내지르는 소리. 707

안①명 어떤 물체나 공간의 둘러싸인 가에서 가운데로 향한 쪽. 또는 그런 곳이나 부분. 242

안②명 일정한 표준이나 한계를 넘지 않은 정도. 364

안③부 '아니'의 준말. (용언 앞에 쓰여) 부정이나 반대의 뜻을 나타내는 말. 810

안간명 안쪽에 있는 칸, 곧 안쪽에 있는 공간. '안칸'과 같은 말. '안간'은 보통 '안방'을 가리킨다. 189

안개명 지표면 가까이에 아주 작은 물방울이 부옇게 떠 있는 현상. 312

안기다동 '안다'의 피동사. 다른 사람의 품에 들게 되다. 756

안다동 두 팔을 벌려 가슴 쪽으로 끌어당기거나 그렇게 하여 품 안에 있게 하다. 756

안동安東명 안둥. 중국 랴오닝 성遼寧省 남동부, 압록강 하구 부근에 있는 단둥 시丹東市. 현재의 '단둥'을 1965년 이전에는 '안둥安東'이라 불렀다. 266

안방큰방명 안방인 큰 방. 189

안장코명 안장 모양처럼 등이 잘록한 코. 497

안주인명 집안의 여자 주인. 85

안타깝다형 뜻대로 되지 아니하거나 보기에 딱하여 가슴 아프고 답답하다. 526

안팎명 사물이나 영역의 안과 밖. 242

안팎마당명 안마당과 바깥마당을 아울러 이르는 말. 198

안해명 아내. 혼인하여 남자의 짝이 된 여자. 69

앉다①동 엉덩이를 바닥에 붙이고 상반신을 세우다. 561

앉다②동 (떠 있던 물질이) 모여 쌓이거나 들러붙다. 750

앉다③동 새나 곤충 또는 비행기 따위가 일정한 곳에 내려 자기 몸을 다른 물건 위에 놓다. 562

앉다④동 열매가 맺혀 속이 꽉 차다. 611

않다 ①보조동 (동사 뒤에서 '-지 않다' 구성으로 쓰여) 앞말이 뜻하는 행동을 부정하는 뜻을 나타내는 말. ②보조형 (형용사 뒤에서 '-지 않다' 구성으로 쓰여) 앞말이 뜻하는 상태를 부정하는 뜻을 나타내는 말. 810

알①명 작고 둥근 열매나 곡식의 낱개. 446

알②명 새, 물고기, 곤충 따위가 종을 번식하기 위해 낳은 것. 원형이나 타원형으로 된 껍데기 속에 새끼가 될 물질이 들어 있다. 484

알다①동 교육이나 경험, 사고 행위를 통하여 사물이나 상황에 대한 정보나 지식을 갖추다. 539

알다②동 다른 사람과 사귐이 있거나 안면이 있다. 595

알다③동 심리적 상태를 마음속으로 느끼거나 깨닫다. 539

알다④동 (주로 '-을 줄 알다' 구성으로 쓰여) 어떤 일을 할 능력이나 소양이 있다. 543

알뜰하다형 다른 사람을 아끼고 위하는 마음이 참되고 지극하다. 542

앓다동 병에 걸려 고통을 겪다. 599

암컷명 암수의 구별이 있는 동물에서 새끼를 배는 쪽. 484

앙광이 명 앙괭이. 얼굴에 무엇을 어지럽게 칠하여 그려 놓은 모양. 357

앙궁 명 아궁이. 방이나 솥 따위에 불을 때기 위하여 만든 구멍. 190

앙금 명 녹말 따위의 아주 잘고 부드러운 가루가 물에 가라앉아 생긴 층. 415

앞 명 향하고 있는 쪽이나 곳. 242

앞니 명 앞쪽으로 아래위에 각각 네 개씩 나 있는 이. 497

앞니빨 명 앞니. 앞쪽으로 아래위에 각각 네 개씩 나 있는 이. 497

앞대 명 어떤 지방에서 그 남쪽의 지방을 이르는 말. 243

앞뒤 명 앞과 뒤를 아울러 이르는 말. 243

앞서다 동 앞에 서다. 587

애기무당 명 전날에, 나이가 어리거나 젊은 무당 또는 무당들 가운데서 지위가 낮은 무당을 늙은 무당이나 큰무당에 상대하여 이르는 말. 390

애끊다 동 몹시 슬퍼서 창자가 끊어질 듯하다. 527

애끼다 동 '아끼다'의 방언(평안, 전라, 경상). 물건이나 사람을 소중하게 여겨 보살피거나 위하는 마음을 가지다. 771

애동 명 아동. 유치원에 다닐 나이에서 12~13세까지의 어린 아이. 85

액額 명 종이, 비단, 널빤지 따위에 그림을 그리거나 글씨를 써서 방 안이나 문 위에 걸어 놓는 액자. '편액扁額'과 같은 말. 415

야기 명 주로 어린아이들이 불만스러워서 야단하는 짓. '야기쓰다'는 '떼를 쓰다'의 평북 방언. 56

야반夜半 명 밤이 깊은 때. '밤중'과 같은 말. 327

야우소회夜雨小懷 명 밤비에 떠오르는, 마음속에 품고 있던 생각. 47

약藥 명 병이나 상처 따위를 고치거나 예방하기 위하여 먹거나 바르거나 주사하는 물질. 138

약그릇 명 약을 담아 두거나 따라 마시는 그릇. 211

약눈 명 약이 되는 눈. 납일에 내리는, 약효가 있는 납일눈을 가리킨다. 398

약藥물 명 먹어서 몸에 약이 된다는 샘물. 399

약물터 명 약수가 나는 곳. '약수터'와 같은 말. 224, 399

약사발 명 약을 담는 사발. 211

약수藥水터 명 약수가 나는 곳. 224

약자 명 약재. 약을 짓는 데 쓰이는 재료. 139

약탕관 명 탕약을 달이는 데 쓰는 질그릇. 212

양금줄 명 양금에 꿰어 맨 현弦. 놋쇠로 만든다. '양금'은 채로 줄을 쳐서 소리를 내는 현악기의 하나. 사다리꼴의 오동나무 겹널빤지에 받침을 세우고 놋쇠로 만든 줄을

열네 개 매어 대나무로 만든 채로 쳐서 소리를 낸다. 금속성의 맑은 음색을 지녔다. 360

양염 명 양념. 음식의 맛을 돋우기 위하여 쓰는 재료를 통틀어 이르는 말. 기름, 깨소금, 파, 마늘, 간장, 된장, 소금, 설탕 따위를 이른다. 135

양자楊子 명 양주楊朱. 중국 전국시대의 학자(?기원전 440~?기원전 360). 자기 혼자만이 쾌락하면 좋다는 위아설爲我說, 즉 이기적인 쾌락설을 주장했다. 지나침을 거부하고 자연주의를 옹호하여, 노자사상老子思想의 일단을 발전시켰다. 96

양지귀 명 양지바른 한쪽 구석. 225

양철통 명 양철로 만든 통. 212

어구 명 어귀. 드나드는 목의 첫머리. 243

어깻죽지 명 어깨에 팔이 붙은 부분. 497

어느 관 정확히 모르거나 분명하게 말할 필요가 없는 대상을 이를 때 쓰는 말. 825

어느메 대 '어디'의 방언(평안). 820

어느새 부 어느 틈에 벌써. 673

어늬 관 '어느'의 고어. 정확히 모르거나 분명하게 말할 필요가 없는 대상을 이를 때 쓰는 말. 825

어늬메 대 '어디'의 평북 방언. 일정하게 정해져 있지 아니하거나 꼭 집어 댈 수 없는 곳을 가리키는 지시대명사. 820

어늬바루 부 어느 곳에. 어디쯤. '바루'는 평북 방언으로 거리의 대략적인 정도를 나타내는 접미사. 243

어니 관 '어느'의 평안 방언. 정확히 모르거나 분명하게 말할 필요가 없는 대상을 이를 때 쓰는 말. 826

어니메 대 '어디'의 평북 방언. 일정하게 정해져 있지 아니하거나 꼭 집어 댈 수 없는 곳을 가리키는 지시대명사. 820

어니젠가 부 어느 사이엔가. 673

어데 부 '어디에'의 준말. 또는 '어디'의 방언. 일정하게 정해져 있지 아니하거나 꼭 집어 댈 수 없는 곳을 가리키는 지시대명사. 820

어두워오다 동 빛이 점차 없어져 밝지 않게 되다. 720

어둡다 형 빛이 없어 밝지 아니하다. 721

어드근하다 형 조금 어두운 듯하다. 721

어득시근하다 형 어둑시근하다. 무엇을 똑똑히 가려볼 수 없을 만큼 어느 정도 어둑하다. 721

어득하다 형 어둑하다. 제법 어둡다. 722

어디메 대 '어디'의 평북 방언. 일정하게 정해져 있지 아니하거나 꼭 집어 댈 수 없는 곳을 가리키는 지시대명사. 821

어른 명 다 자란 사람. 또는 다 자라서 자기 일에 책임을 질 수 있는 사람. 85

어리다① 동 눈에 눈물이 조금 괴다. 553

어리다② 형 ① 나이가 적다. 십 대 전반을 넘지 않은 나이를 이른다. ② 동물이나 식물 따위가 난 지 얼마 안 되어 작고 여리다. 607

어리석다 형 슬기롭지 못하고 둔하다. 543

어리석음 명 어리석은 행동이나 생각. 50

어린것 명 어린아이나 어린 자식을 귀엽게 이르는 말. 86

어린아이 명 나이가 적은 아이. 86

어머니 명 자기를 낳아 준 여자를 이르거나 부르는 말. 69

어미 명 '어머니'를 홀하게 이르는 말. 69

어서 부 지체 없이 빨리. 674

어스름저녁 명 조금 어둑어둑한 저녁. 327

어여쁘다 형 '예쁘다'를 예스럽게 이르는 말. 797

어우러지다 동 여럿이 조화되어 한 덩어리나 한판을 크게 이루게 되다. 596

어인 관 '어찌 된'을 예스럽게 이르는 말. 812

어장주漁場主 명 어장의 소유권을 가진 사람. 60

어정어정 부 키가 큰 사람이나 짐승이 이리저리 천천히 걷는 모양. 562

어젯밤 명 어제의 밤. 327

어지럽다 형 모든 것이 뒤섞이거나 뒤얽혀 갈피를 잡을 수 없다. 540

어질다 형 마음이 너그럽고 착하며 슬기롭고 덕행이 높다. 543

어쩐지 부 어찌 된 까닭인지. 812

어치 명 까마귓과의 새. 몸길이는 34센티미터 정도로 비둘기보다 조금 작으며, 몸은 분홍빛을 띤 갈색이고 이마와 머리 위는 적갈색이다. 목소리가 곱고 다른 새들의 소리를 잘 흉내 내며, 구관조나 앵무새처럼 특히 사람의 목소리도 잘 흉내 낸다. 어치의 소리 흉내는 앵무새보다도 뛰어난 것으로 알려져 있다. 455

억병 명 매우 많은 양. 364

언덕길 명 언덕에 걸치어 난 조금 비탈진 길. 230

언제① 부 잘 모르는 때를 물을 때 쓰는 말. 674

언제② 부 정해지지 않은 막연한 때를 나타내는 말. 백석 시 〈나와 나타샤와 흰 당나귀〉에선 '어느 사이에'의 뜻으로 쓰이고 있다. 674

언제③ 대 (의문문에 쓰여) 잘 모르는 때를 가리키는 지시대명사. 821

언제나[부] 모든 시간 범위에 걸쳐서. 또는 때에 따라 달라짐이 없이 항상. 674

언젠가[부] 이전의 어느 때에. 675

얹다[동] 위에 올려놓다. 백석 시의 용례 중 "긴 토시 끼고 큰머리 얹고 오불고불 넘엣거리로 가는 여인女人은"(〈통영統營(남행시초南行詩抄)〉)에서 '얹다'는 '장식하다'의 뜻이 포함되어 있다. 615

얹어두다[동] 위에 올려놓아 두다. 751

얹히다[동] '얹다'의 피동사. 위에 올리어 놓이다. 615

얻다①[동] (주는 것을) 받아 가지다. 746

얻다②[동] 돈을 빌리다. 631

얼골[명] '얼굴'의 고어. 눈, 코, 입이 있는 머리의 앞면. 497

얼굴[명] 눈, 코, 입이 있는 머리의 앞면. 498

얼근하다[형] 매워서 입 안이 조금 얼얼하다. 699

얼다①[동] 액체나 물기가 있는 물체가 찬 기운 때문에 고체 상태로 굳어지다. 682

얼다②[동] 추위로 인하여 신체 또는 그 일부가 뻣뻣하여지고 감각이 없어질 만큼 아주 차가워지다. 730

얼럭궁덜럭궁[부] 얼러꿍덜러꿍. 몹시 어지럽게 여러 가지 빛깔의 얼룩이나 무늬 같은 것이 고르게 배어 있는 모양. 714

얼럭소[명] 털빛이 얼룩얼룩한 소. '얼룩소'와 같은 말. 474

얼른[부] 시간을 끌지 아니하고 바로. 675

얼린하다[동] 얼른하다. 얼씬하다. 조금 큰 것이 눈앞에 잠깐 나타났다 없어지다. 789

얼마[명] 뚜렷이 밝힐 필요가 없는 비교적 적은 수량이나 값 또는 정도. 364

얼마나[부] 동작의 강도나 상태의 정도가 대단함을 나타내는 말. 655

얼얼하다[형] 맵거나 독하여 혀끝이 몹시 아리고 쏘는 느낌이 있다. 730

얼혼[명] 얼과 혼을 아울러 이르는 말. 또는 반쯤 없어져 온전하지 못한 정신. 51

엄마[명] 주로 어린이들이 '어머니'를 이르는 말. 69

엄매[명] '엄마'의 방언(평북). 69

엄신[명] 상제喪制가 초상 때부터 졸곡卒哭 때까지 신는 짚신. 총을 드문드문 따고 흰 종이로 총 돌기를 감았다. '엄짚신'과 같은 말. 395

엄지[명] 어이(짐승의 어미). 474

업다[동] 사람이나 동물 따위를 등에 대고 손으로 붙잡거나 무엇으로 동여매어 붙어 있게 하다. 566

업어가다[동] 업어서 가다. 566

업혀가다[동] 업혀서 가다. 업힘을 당해 가다. 566

업히다[동] '업다'(사람이나 동물 따위를 등에 대고 손으로 붙잡거나 무엇으로 동여매어 붙어 있게 하다)의 피동사. 567

없다①[형] 일정한 관계를 가진 사람이 존재하지 않는 상태이다. 739

없다②[형] 사람이나 사물 또는 어떤 사실이나 현상 따위가 어떤 곳에 자리나 공간을 차지하고 존재하지 않는 상태이다. 740

없다③[형] 어떤 일이나 현상이나 증상 따위가 생겨 나타나지 않은 상태이다. 789

없다④[형] (주로 '-ㄹ(을) 수 없다' 꼴로 쓰여) 어떤 일이 가능하지 않다. 811

없다⑤[형] 사람, 동물, 물체 따위가 실제로 존재하지 않는 상태이다. 740

없다⑥[형] (이유, 근거, 구실, 가능성 따위와 같은 단어와 함께 쓰여) 이유나 가능성 따위로 성립될 수 없는 상태이다. 811

없다⑦[동] '-을 수밖에 없다'의 구성으로 쓰여, 어쩔 수 없이 그렇게 해야 함을 나타내는 말. 806

없어지다[동] 있던 것이 없게 되다. 789

없이①[부] 사람이나 사물 또는 어떤 사실이나 현상 따위가 어떤 곳에 자리나 공간을 차지하고 존재하지 않게. 741

없이②[부] 어떤 일이나 현상이나 증상 따위가 생겨 나타나지 않게. 789

없이③[부] (주로 '-ㄹ(을) 수 없다' 꼴로 쓰여) 어떤 일이 가능하지 않게. 812

엇송아지[명] 아직 다 자라지 못한 송아지. 474

엎데다[동] '엎드리다'의 고어, 평안 방언. 몸의 앞부분을 바닥에 대거나 그에 가깝게 숙이다. 562

여기 대 말하는 이에게 가까운 곳을 가리키는 지시대명사. 821

여늬[관] 여느. 다른 보통의. 827

여래如來[명] 여래 십호(부처의 열 가지 칭호)의 하나. 범어梵語 'tathāgata'의 번역어이다. '진리로부터 진리를 따라서 온 사람'이라는 뜻으로 '부처'를 달리 이르는 말이다. 401

여러[관] 수효가 한둘이 아니고 많은. 649

여름[명] 일 년 중 제일 무더운 계절. 봄과 가을 사이로 햇살이 제일 따가우며 나뭇잎이 무성하다. 북반구에서는 6월과 8월 사이로 낮이 길고 밤이 짧다. 327

여승女僧[명] 여자 승려. 401

여우①[명] '여우'는 갯과의 포유동물인데, 백석 시 〈오금덩이라는 곳〉에서는 미신과 결부된 의미를 갖는다. 《정주군지》의 '미신' 항목을 보면 "밤낮 없이 여우 소리가 들릴 때는 그 반대 방향에 있는 부락 사람이 죽는다"는 이야기가 수록되어 있다. 390

여우②[명] 갯과의 포유동물. 개와 비슷한데 몸의 길이는 70센티미터 정도이고 홀쭉하며, 몸빛은 주로 누런 갈색이나 붉은 갈색을 띤다. 주둥이가 길고 뾰족하며 꼬리는

굵고 길다. 475

여우난골[명] '여우가 나타난 골짜기'라는 뜻으로 산골에 위치한 토속적인 마을의 이름을 가리키는 말이다. 266

여우난골족族[명] '여우난골'의 친족. '여우난골'은 '여우가 나타난 골짜기'라는 뜻으로 산골에 위치한 토속적인 마을 이름을 가리키는 말이다. 70

여인女人[명] 어른이 된 여자. 86

여인숙旅人宿[명] 규모가 작고 값이 싼 여관. 343

여진女眞[명] 10세기 이후 만주 동북쪽에 살던 퉁구스계의 민족. 수렵과 목축을 주로 하였는데, 한漢나라 때에는 읍루, 후위後魏 때에는 물길, 수나라와 당나라 때에는 말갈이라 하였다. 발해가 망한 후에 거란족의 요나라에 속하였다가 아골타阿骨打가 1115년에 금나라를 세웠으며, 17세기에 누루하치가 후금을 세웠는데, 뒤에 청나라로 발전하여 중국을 통일하였다. 285

연둣빛[명] 완두콩 빛깔과 같이 연한 초록빛. 424

연분홍[명] 연한 분홍색. 424

연소탕燕巢湯[명] 중국 요리의 하나로 연소, 즉 제비집을 끓여 만든 수프. 제비집은 '금사연金絲燕'이란 바다제비가 바닷가의 절벽 사이에 만든 둥지인데, 이 둥지는 금사연이 해조海藻를 삼킨 후 뱉어낸 겔 상태의 물질로 만든 것이다. 이 제비집을 끓여 만든 수프는 중국에서 귀한 음식으로 여긴다. 165

연연해하다[동] 애틋하게 그리워하다. 527

연자간[명] 연자매로 곡식을 찧은 방앗간. '연자맷간'과 같은 말. 343

연자망구신[명] '연자망'을 관장하는 귀신. '연자망'은 연자방아의 맷돌인 연자매를 가리키는 것으로, 밑에는 둥그런 돌판을 놓고 위에는 굴대 모양의 돌이 돌판 중심의 축에 의지하여 돌판 위를 돌면서 곡식을 찧을 수 있도록 설치한 맷돌을 말한다. 390

연하다[동] 행위나 현상이 끊이지 않고 계속 이어지다. 782

열[수] 아홉에 하나를 더한 수. 364

열나흘[명] 그달의 열네 번째 날. 328

열니레[명] 열이레. 그달의 열일곱 번째 날. 328

열다①[동] 닫히거나 잠긴 것을 트거나 벗기다. 762

열다②[동] 열매가 맺히다. 611

열다섯[수] 열넷에 하나를 더한 수. 364

열두[관] (일부 단위를 나타내는 말 앞에 쓰여) 그 수량이 열둘임을 나타내는 말. 649

열리다[동] 열매가 맺혀서 달리다. 611

열여섯[명] 열다섯에 하나를 더한 수. 364

열젖기다[열+젖기다]동 열어젖히다. 문이나 창문 따위를 갑자기 벌컥 열다. '젖기다'는 '젖히다'의 평안 방언. 762

염소명 솟과의 동물. 어깨의 높이는 60~90센티미터이며, 뿔은 속이 비고 뒤로 굽었고, 수컷에는 턱 밑에 긴 수염이 있다. 몸빛은 갈색, 흰색, 검은색 따위의 여러 가지이고, 성질이 활발하며 민첩하다. 가축화된 품종이 많고 유용종, 모용종, 육용종 따위로 구분한다. 475

염주명 여러 개의 보리수, 금강주 나무, 보강주 나무의 열매 같은 것을 줄에 꿰어서 만든 법구法具. 염불할 때에 하나씩 손으로 돌려 그 횟수를 세는 데 쓰인다. 401

엿명 쌀, 찹쌀, 수수, 고구마 등의 곡식을 익혀 엿기름으로 삭힌 즙액을 농축하여 만든 음식. 엿은 평안도와 황해도 지역에서 겨울철에 상비하는 별식이며, 정월 상차림의 필수 음식이다. 165

엿궤명 엿목판. 엿을 담는 속이 얕은 목판. 212

엿방명 엿집. 엿을 만들어 파는 집. 343

영靈하다형 사람의 기원대로 되는 신기한 징험이 있다. 543

옆명 사물의 오른쪽이나 왼쪽의 면. 또는 그 근처. 244

예데가리밭명 예제가리밭. '여기저기 갈아 놓은 밭'으로 추정된다. 337

예서 대 '여기서'가 줄어든 말. '여기'는 말하는 이에게 가까운 곳을 가리키는 지시대명사. 821

예수쟁이명 기독교 신자를 속되게 이르는 말. 401

예순수 열의 여섯 배가 되는 수. 364

옛날명 ① 지난 지 꽤 오래된 시기를 막연히 이르는 말. ② 이미 지나간 어떤 날. 328

옛님군명 옛 임금. 옛날 군주 국가에서 나라를 다스리는 우두머리. '님군'은 '임금'의 고어. 86

옛말속명 옛이야기 속. 41

옛적본명 옛날의 본. 옛날 모양. 354

오가리명 박이나 호박, 무 따위의 살을 가늘고 길게 도려내 말린 것. 165

오구작작부 한곳에 오구구 모여서 떠들거나 붐비는 모양을 나타내는 말. 596

오금덩이명 지명으로 추정된다. 266

오나가나부 어디를 가나 늘 다름없이. 812

오늘①명 지금 지나가고 있는 이날. 328

오늘②부 지금 지나가고 있는 이날에. 675

오늘밤명 지금 시간이 흐르고 있는 이날의 밤. 328

오다①동 ① 어떤 사람이 말하는 사람 혹은 기준이 되는 사람이 있는 쪽으로 움직여 위치를 옮기다. ② 어떤 목적 혹은 어떤 일을 하기 위하여 말하는 이가 있는 곳으로 위치를 옮기다. ③ 가고자 하는 곳에 이르다. 587

오다② 동 물건이나 권리 따위가 자기에게 옮겨지다. 696

오다③ 동 소식이나 연락 따위가 말하는 사람이 있는 곳으로 전하여지다. 553

오다④ 동 느낌이나 뜻이 말하는 사람에게 전달되다. 696

오다⑤ 동 비, 눈, 서리나 추위 따위가 내리거나 닥치다. 665

오다⑥ 동 질병이나 졸음 따위의 생리적 현상이 일어나거나 생기다. 604

오다⑦ 동 어떤 때나 계절 따위가 말하는 시점을 기준으로 현재나 가까운 미래에 닥치다. 675

오다⑧ 보조동 (주로 동사 뒤에서 '-어 오다' 구성으로 쓰여) 앞말이 뜻하는 행동이나 상태가 말하는 이 또는 말하는 이가 정하는 기준점으로 가까워지면서 계속 진행됨을 나타내는 말. 782

오대五代 명 다섯 번째 대代. 328

오독독이 명 오독도기. 불꽃놀이에 쓰는 딱총의 하나. 화약 심지에 불을 붙이면 터지는 소리를 내면서 불꽃이 떨어진다. 중국에서는 정월 대보름날 원소를 먹고 꽃 모양으로 터지는 오독도기 놀이(폭죽놀이)를 하며 집집마다 꽃등을 달거나 들고 다니는 풍속이 있다. 384

오두미五斗米 명 '다섯 말의 쌀'이라는 뜻으로, 얼마 안 되는 봉급을 이르는 말. 동진東晉 말기에 관리 생활을 하던 도연명이 쌀 다섯 말 때문에 허리를 굽힐 수 없다고 하여 벼슬을 버리고 집으로 돌아왔다는 데서 유래한다. 347

오래 부 시간상으로 길게. 675

오래다 형 때의 지나간 동안이 길다. 676

오래도록 부 시간이 많이 지나도록. 676

오래되다 형 시간이 지나간 동안이 길다. 676

오랜 관 이미 지난 동안이 긴. 676

오랜만 명 '오래간만'(어떤 일이 있는 때로부터 긴 시간이 지난 뒤)의 준말. 328

오력 명 오륙(五六). 오장과 육부라는 뜻으로, '온몸'을 이르는 말. 498

오로촌 명 오로촌Orochon 족. 동아시아 북동부의 북방 퉁구스계의 수렵민족. 생업은 가축으로 순록을 사육하는 사록부使鹿部와 말을 사육하는 사마부使馬部로 크게 나눌 수 있으며, 수렵·어로에도 종사하고 있다. 노루·멧돼지·족제비 등을 잡아 고기는 먹고 가죽의 일부로 의복과 천막을 만든다. 286

오르나리다 동 오르내리다. 올라갔다 내려갔다 하다. 590

오르다① 동 사람이나 동물 따위가 아래에서 위쪽으로 움직여 가다. 590

오르다②동 탈것에 타다. 632

오르다③동 몸 따위에 살이 많아지다. 608

오르다④동 물질이나 물체 따위가 위쪽으로 움직이다. 696

오리명 ① 오릿과의 새를 통틀어 이르는 말. 발가락 사이에 물갈퀴가 있으며, 부리는 편평하다. 하구, 호수 등에 살며 검둥오리, 청둥오리, 흰빰검둥오리 따위가 있다. ② 집오리. 오릿과의 새. 몸은 청둥오리보다 조금 크고 날개는 약하며, 수컷은 목에 흰색 띠가 있다. 고기나 알을 얻으려고 집에서 기른다. 455

오리새끼명 오리의 새끼, 즉 작은 오리를 가리키는 말이다. 456

오리치[오리+치]명 동그란 갈고리 모양으로 된, 오리를 잡는 올가미. 340

오마니①명 '어머니'의 방언(평안). 70

오마니②명 삼촌 오마니, 작은어머니. 70

오불고불부 요리조리 고르지 아니하게 구부러진 모양. 688

오이명 박과의 한해살이 덩굴풀. 여름에 노란 통꽃이 잎겨드랑이에서 피고 열매는 긴 타원형의 장과漿果로 누런 갈색으로 익으며 식용한다. 오이는 사시사철 식탁에 오르는 흔한 채소이지만 여름이 제철인 음식이다. 오이의 95%가 수분이며 비타민 C가 많다. 상쾌한 향기와 씹히는 맛이 좋은 채소이다. 166, 429

오이밭명 오이를 심고 가꾸는 밭. 337

오쟁이명 짚으로 엮어 만든 작은 섬. '섬'은 곡식 따위를 담기 위하여 짚으로 엮어 만든 작은 그릇. 212

오줌명 혈액 속의 노폐물과 수분이 신장에서 걸러져서 방광 속에 괴어 있다가 요도를 통하여 몸 밖으로 배출되는 액체. 506

오줌빛명 오줌의 빛깔. 424

오지항아리명 오짓물(흙으로 만든 그릇에 발라 구우면 윤이 나는 잿물)을 발라 만든 항아리. 212

오천五千말명 오천 자의 말. 노자老子가 함곡관을 지날 때 가르침을 묻는 함곡관 관리에게 오천 자의 《도덕경》을 써서 주었다는 고사를 담고 있는 말이다. 41

옥수수명 옥수수나무의 열매. 녹말이 많아 식량이나 사료로 쓰인다. 166

온데간데명 여러 곳. 모든 곳. 244

온순하다형 성질이나 마음씨가 온화하고 양순하다. 542

온통부 전부 다. 656

올라가다동 낮은 곳에서 높은 곳으로 또는 아래에서 위로 가다. 591

올라오다동 낮은 곳에서 높은 곳으로 오다. 591

올리다①동 '오르다'(사람이나 동물 따위가 아래에서 위쪽으로 움직여 가다)의 사동사. 591

올리다②[동] '오르다'의 사동사. 때를 거죽에 묻게 하다. 790

올코[명] 새나 짐승을 잡는 올가미. 340

옷[명] 몸을 싸서 가리거나 보호하기 위하여 피륙 따위로 만들어 입는 물건. 117

옹기장사[명] 옹기 장수. 옹기를 파는 일을 업으로 하는 사람. 60

왁자지껄하다[동] 여럿이 정신이 어지럽도록 시끄럽게 떠들고 지껄이다. 510

왕구새자리[왕구새+자리][명] 왕굴새자리. 왕골로 만든 자리. '왕굴새'는 왕골의 함남 방언. '왕골'은 사초과의 한해살이풀로 줄기의 단면이 삼각형으로 질기고 강하여 돗자리, 방석 따위를 만드는 데 쓰인다. 212

왕밤[명] 알이 굵은 밤. '밤'은 밤나무의 열매로 가시가 많이 난 송이에 싸여 있으며 겉껍데기 안에 속껍질이 있다. 탄수화물, 단백질, 칼슘, 비타민(A·B·C) 등 영양분이 풍부하다. 날것도 맛있고 굽거나 삶으면 더 맛이 있다. 166

왕사발[명] 특별히 큰 사발. 213

왜[부] 무슨 까닭으로. 어째서. 813

외갓집[명] 어머니의 친정. '외가外家'와 같은 말. 177

외따른[관] 외딴. 홀로 떨어져 있는. 661

외딸[명] 다른 자식 없이 단 하나뿐인 딸. 70

외로워지다[동] (사람이) 혼자 있거나 의지할 대상이 없어 고독하고 쓸쓸한 상태가 되다. 527

외로워하다[동] (사람이) 혼자 있거나 의지할 대상이 없어 고독하고 쓸쓸한 모습을 보이다. 527

외로이[부] 홀로 되거나 의지할 곳이 없어 쓸쓸하게. 527

외롭다[형] 홀로 되거나 의지할 곳이 없어 쓸쓸하다. 528

외마디소리[명] 오직 한결같은 단조로운 소리. 422

외면하다[동] 마주치기를 꺼리어 피하거나 얼굴을 돌리다. 595

외발[명] 두 발이 아닌 한쪽만의 발. 498

외얏맹건[명] 오얏망건. 망건의 관자에 오얏 문양을 넣은 망건을 가리키는 것으로 짐작된다. 또 망건을 잘 눌러 쓴 모양이 오얏꽃같이 단정하게 보인다는 데서 온 말로 볼 수도 있다. 129

외양간[명] 마소를 기르는 곳. 190

외지다[형] 외따로 떨어져 있어 으슥하고 후미지다. 662

요遼[명] 916년에 거란족의 야율아보기耶律阿保機가 세운 나라. 몽골·만주·화베이의 일부를 지배하였으며, 송나라로부터 연계燕薊 16주를 빼앗고 송나라와 '전연澶淵의 맹약'을 맺어 우위를 차지하였다. 1125년 송나라와 동부 만주에서 발흥한 금나라의

협공을 받아 멸망하였으나 왕족인 야율대석이 중앙아시아로 도망하여 서요를 세웠다. 286

욕심명 분수에 넘치게 무엇을 탐내거나 누리고자 하는 마음. 47

욕하다동 남의 인격을 무시하는 모욕적인 말이나 남을 저주하는 말을 하다. 510

우명 위. ① 어떤 기준보다 더 높은 쪽. 또는 사물의 중간 부분보다 더 높은 쪽. ② 어떤 사물의 거죽이나 바닥의 표면. 244

우두머니부 움직이지 않고 멍청히 있는 모양. 547

우러러지다동 마음속으로 공경하여 떠받들어지다. 792

우러르다동 마음속으로 공경하여 떠받들다. 792

우리대 ① 자기와 함께 자기와 관련되는 여러 사람을 다 같이 가리킬 때, 또는 자기나 자기 편을 가리킬 때 쓰는 말. ② 일부 명사 앞에서 관형어로 쓰여, 말하는 이와 관련된 사람을 친근하게 가리키는 말. 112

우리네대 자기나 자기의 주위에 있는 사람들이나 자기가 속한 단체의 사람들의 무리를 가리키는 말. 112

우리집명 자기가 사는 집. 또는 자기를 포함한 가족이 사는 집. 178

우물명 물을 긷기 위하여 땅을 파서 물을 괴게 한 곳. 또는 그런 시설. 291

우물가명 우물의 가까운 둘레. 291

우물돌명 우물 둘레를 쌓은 돌. 410

우물든덩명 '우물둔덕'(우물 둘레의 작은 둑 모양으로 된 곳)의 평북 방언. 291

우수웁다형 우습다. 재미가 있어 웃을 만하다. 528

우울거리다동 우글거리다. 벌레나 짐승, 사람 따위가 한곳에 빽빽하게 많이 모여 자꾸 움직이다. 597

우쭐대다①동 의기양양하여 자꾸 뽐내다. 547

우쭐대다②동 몸이 큰 사람이나 짐승이 가볍게 율동적으로 자꾸 움직이다. '우쭐거리다'와 같은 말로서 '우줄거리다'보다 센 느낌을 준다. 562

욱실욱실하다동 '욱시글욱시글하다'의 준말. 여럿이 한데 많이 모여 몹시 들끓다. 597

욱자지껄하다동 왁자지껄하다. 몹시 소란스럽게 지껄이고 떠들다. 510

욱적하다동 한곳에 많이 모여 조금 수선스럽게 들끓다. 597

울고불고하다동 소리 내어 야단스럽게 부르짖으며 울다. 554

울다①동 슬프거나 아프거나 너무 좋아서 소리를 내면서 눈물을 흘리다. 554

울다②동 짐승, 벌레, 바람 따위가 소리를 내다. 702

울다③동 종이나 천둥, 벨 따위가 소리를 내다. 703

울력하다동 위협하다. 위압하다. 571

울바주명 울바자. 대, 갈대, 수수깡, 싸리 등을 발처럼 엮어 만든 울타리. 198
울밖명 울타리 밖. 198
울상명 울려고 하는 얼굴 표정. 498
울어대다동 짐승, 벌레, 바람 따위가 계속해서 심하게 소리를 내다. 703
울음명 우는 일. 또는 그 소리. 47
울파주명 '울바자'의 평북 방언. 대, 갈대, 수수깡, 싸리 등을 발처럼 엮어 만든 울타리. 198
울파주가명 울파주 주변, 울파주 근처. '울파주'는 '울바자'(대, 갈대, 수수깡, 싸리 등을 발처럼 엮어 만든 울타리)의 평북 방언. 198
움퍽움퍽부 군데군데가 크고 넓게 들어간 모양. 688
웃간명 ① 윗간. 윗방. 전통 가옥 구조에서, 부엌 아궁이가 딸린 방을 기준으로 하여 그 다음에 있는 방. ② 위쪽에 있는 방. 190
웃다동 기쁘거나 만족스럽거나 우스울 때 얼굴을 활짝 펴거나 소리를 내다. 554
웃동명 윗도리. 위에 입는 옷. 117
웃목명 윗목. 온돌방에서 아궁이로부터 먼 쪽의 방바닥. 불길이 잘 닿지 않아 아랫목보다 상대적으로 차가운 쪽이다. 190
웃방성명 윗 성곽. 방성은 '防城'으로 성곽을 가리키는 것으로 짐작된다. 198
웃음명 웃는 일. 또는 그런 소리나 표정. 48
웃음소리명 웃을 때 내는 소리. 423
웅성웅성부 여러 사람이 모여 소란스럽게 수군거리며 자꾸 떠드는 소리. 또는 그 모양. 707
원두막명 오이, 참외, 수박, 호박 따위를 심은 밭을 지키기 위하여 밭머리에 높게 지어 놓은 막. 178
원소元宵명 중국에서 정월 대보름날 먹는 찹쌀로 빚은 새알 모양의 전통 음식으로 안에 소가 들어 있다. 166
원앙명 강이나 호수 등에 무리를 이루어 사는 오릿과의 물새인데, 백석 시 〈칠월七月 백중〉에선 장신구로 쓰였다. 이 시에서 원앙은 노리개의 주체(몸체)에 새겨진 형상을 가리키는 것으로 짐작된다. 노리개의 핵심인 주체(몸체)엔 보통 원앙새나 자라, 나비, 포도송이 등을 새겼는데, 그것은 행복과 무병장수를 바라는 마음이 반영된 것이다. 원앙은 암컷과 수컷의 사이가 좋아 예로부터 부부간의 다정한 사랑과 애정을 상징하였다. 125
월越명 중국 춘추시대에 저장浙江 지방에 있던 나라. 회계會稽(후이지)에 도읍하였으며 기원전 5세기 초기 구천句踐 때에 오나라를 멸하고 기원전 334년 초나라에 멸망되

었다. 286

월급명 한 달을 단위로 하여 지급하는 급료. 또는 그런 방식. 347

월림月林**장**명 월림에서 열리는 장. '월림月林'은 평안북도 영변군寧邊郡 북신현면北薪峴面에 있는 동네 이름. '하행동下杏洞' 안에 있다. 343

위①명 어떤 기준보다 더 높은 쪽. 또는 사물의 중간 부분보다 더 높은 쪽. 245

위衛②명 주나라의 제후국이자 춘추·전국시대의 주요 국가 중의 하나이다. 중국 주나라 때에, 은나라의 유민을 다스리기 위하여 주공周公의 아우 강숙康叔을 은나라의 옛 도읍 조가朝歌에 봉하여 세운 왕조. 제11대 무공武公 때가 전성기였으며, 기원전 209년에 진秦나라에 멸망하였다. 286

위로하다동 따뜻한 말이나 행동으로 괴로움을 덜어 주거나 슬픔을 달래 주다. 540

위안하다동 위로하여 마음을 편하게 하다. 540

위하다동 물건이나 사람을 소중하게 여기다. 540

유동柳洞명 평안북도의 '신의주부'의 남쪽 지역에 있는 동네 이름이다. 《조선지형도》를 통해 '유동'이 신의주 도심의 외곽 지역에 위치한 마을임을 확인할 수 있다. 이 지도에서 '유동' 왼편은 등고선이 촘촘하고 부근은 넓어, 이 지역이 완사면의 지형임을 알 수 있다. 동네 왼편으로 지나가는 경의선이 커다란 논밭 지대를 거쳐 신의주와 압록강 건너 안동安東까지 뻗어 있다. 지도 가운데 왼편의 압록강 아래로 건물이 빼곡하고 구획 정리가 잘 된 시가지인 '신의주부'가 눈에 띈다. '유동'은 신의주 시가에서 남쪽으로 넓은 논밭을 지나 산악 지대 건너편의 완만한 경사 지역에 위치한 동네임을 지도를 통해 확인할 수 있다. 267

유리창명 유리를 낀 창. 191

유별히부 여느 것과 두드러지게 다르게. 656

유월六月명 한 해 열두 달 가운데 여섯째 달. 328

유종명 유종(鍮鍾). 놋으로 만든 작은 잔이나 종지. 213

육미탕六味湯명 가장 흔히 쓰는 보약의 하나. 숙지황, 산약, 산수유, 백복령, 목단피, 택사 등으로 짓는데, 백석 시 〈탕약湯藥〉에선 '산수유' 대신에 '삼'이 들어가 있다. 139

육수국명 고기를 삶아 낸 물. 백석 시 〈국수〉에서 '육수국'은 그 앞에 '산꿩의 고기'라는 말이 나오므로 꿩고기 육수국을 가리키는 것으로 보아야 할 것이다. 135

육십리六十里명 일, 리의 예순 배 되는 리 수. '리'는 거리의 단위를 나타내는 말. 367

으레히부 으레이. '으레이'는 '으레'(틀림없이 언제나)의 평북 방언. 805

으젓하다형 '의젓하다'의 평북 방언. 말이나 행동 따위가 점잖고 무게가 있다. 547

은殷명 문헌에 기록되어 있는 중국 최초의 고대 왕조(기원전 1600~기원전 1046). 처음에는 국호를 상商이라 하였고, 반경盤庚 때에 국호를 은殷이라 고쳤다. 황허黃河의 중류 지역을 지배한 부족 국가로 갑골문자와 청동기 문화가 발달하였다. 기원전 11세기 경 마지막 왕 주왕紂王에 이르러 주周나라의 무왕武王에게 멸망당했다. 287

은근하다 형 (눈에 띄지 않게 또는 남이 모르게) 슬그머니 진행되어 표 나지 않다. 735

은금보화 명 금, 은, 보석 같은 여러 가지 귀중한 보물. '금은보화'와 같은 말. 415

은장두 명 은장도(銀粧刀). 은으로 만든 장도. 호신 및 노리개의 용도로 찬다. 노리개의 용도로 몸에 차는 경우에는 치마 위쪽 끝에 달아 저고리 아래로 약간 보이게 하였다. 백석 시 〈칠월七月 백중〉에서 '은장두'는 노리개 용도로 차는 '은장두 노리개'를 가리킨다. 126

은행여름 명 은행나무의 열매. 살구 비슷한 종자로서 10월경에 노랗게 익으며 외종피 안에 은백색의 단단하고 2~3개의 능선이 있는 달걀 모양의 씨가 들어 있다. 우리가 식용하는 은행은 그 씨로서 보통 구워 먹는다. 166

음산陰山 명 인산陰山 산맥. 중국 네이멍구內蒙古 자치구 몽골고원 남쪽에 뻗어 있는 산맥. 왼쪽의 랑산狼山 부근에서 오른쪽으로 싱안링興安嶺 산맥의 남쪽 부근까지 뻗어 있다. 높이는 1,500~2,000미터. 268

응앙응앙 부 어린아이의 울음소리. 어린아이의 앙증맞은 모습이 울음소리와 겹쳐 연상된다. 708

의원醫員 명 의술을 직업으로 삼은 사람을 통틀어 이르는 말. 61

이① 의 용언의 관형사형 어미 '-은', '-는', '-을' 뒤에 쓰여, 사람을 약간 높이는 뜻을 나타내는 말. 380

이② 대 바로 앞에서 이야기한 대상을 가리키는 지시대명사. 822

이③ 관 ① 말하는 이에게 가까이 있거나 말하는 이가 생각하고 있는 대상을 가리킬 때 쓰는 말. 바로 앞에서 이야기한 대상을 가리킬 때 쓰는 말. 827

이것 대 ① 말하는 이에게 가까이 있거나 말하는 이가 생각하고 있는 사물을 가리키는 지시대명사. ② 바로 앞에서 이야기한 대상을 가리키는 지시대명사. 822

이것저것 명 여러 개의 사물을 통틀어 이르는 말. 416

이기다 동 고통이나 고난을 참고 견디어 내다. 540

이깔나무 명 소나뭇과의 낙엽 교목으로 높이는 37미터 정도이고, 가지가 수평으로 퍼지거나 밑으로 처진다. 짧고 비늘처럼 생긴 잎이 새로 나온 가지에는 나선으로 나며, 오래된 잔가지의 끝에는 돌려난다. 꽃은 4월에 피고 열매는 9월에 익는다. 목재는 결이 성기나 강하고 단단하며 무거워서, 배를 만드는 재료로 쓰이거나 전신주, 광산의 갱목, 철도 침목 등으로 쓰인다. 한국의 금강산 이북, 중국, 일본 등지에 분포한다. '잎갈나무'와 같은 말. 435

이끌다 동 목적하는 곳으로 바로 가도록 같이 가면서 따라오게 하다. 792

이날[명] 바로 앞에서 이야기한 날. 328

이녀李女[명] 이씨李氏 성姓을 지닌 아버지의 딸. 평북 지방에서 아이들을 지칭할 때 딸인 경우 아버지 성 밑에 '녀女'를 붙이고 아들인 경우 '동이'를 붙여 부르곤 한다. 96

이다[동] 물건을 머리 위에 얹다. 567

이두국주가도伊豆國湊街道[이두국+주+가도][명] 이즈 반도伊豆半島에 있는 '주湊'(미나토)라는 곳의 큰 길거리. '이두국伊豆國'은 도쿄 근처에 있는 이즈 반도를 가리키며, '주湊'는 이즈 반도의 남쪽에 있는 마을 이름이다. '주湊'의 구체적인 행정구역 명칭은 '静岡県賀茂郡南伊豆町湊'(시즈오카켄 가모군 미나미이즈초 미나토)이다. '가도街道'는 '큰 길거리'란 뜻이다. 이즈 반도는 날씨가 온화하고 온천이 좋으며, 해산물과 과일 등이 풍부하고 다소 이국적인 풍경을 지니고 있어 예부터 도쿄 사람들이 즐겨 찾는 휴양지였다. 일본의 문인들도 이곳을 많이 방문하여 곳곳에 유적이 많이 남아 있다. 가와바타 야스나리川端康成의 소설 〈이즈의 무희伊豆の踊子〉가 이곳을 배경으로 한 유명한 작품으로 꼽힌다. 이곳은 '낑깡'으로 불리는 금귤의 산지로서 금귤이 매우 많이 심어져 있는 것으로도 유명하다. 268

이때[명] 바로 지금의 때. 또는 바로 앞에서 이야기한 시간상의 어떤 점이나 부분. 329

이랑[명] 논이나 밭을 갈아 골을 타서 두두룩하게 흙을 쌓아 만든 곳. '두둑'과 같은 말. 337

이러다[동] 이렇게 하다. 565

이러하다[형] '이렇다'의 본말. 상태, 모양, 성질 따위가 이와 같다. 802

이런[관] 상태, 모양, 성질 따위가 이러한. 830

이루다[동] 어떤 결과나 상태를 만들다. 774

이르다[형] 대중이나 기준을 잡은 때보다 앞서거나 빠르다. 676

이름[명] ① 사람의 성 아래에 붙여 다른 사람과 구별하여 부르는 말. ② 성명姓名. 354

이리하야[부] 이리하여. 818 ☞ 이리하여

이리하여[부] 앞 내용이 뒤 내용의 원인임을 나타내거나 앞 내용이 반전하여 뒤 내용이 전개됨을 나타내는 접속부사. 주로 남에게 이야기를 들려줄 때 쓴다. 819

이마[명] 얼굴의 눈썹 위로부터 머리털이 난 아래까지의 부분. 498

이미[부] 다 끝나거나 지난 일을 이를 때 쓰는 말. 676

이방異邦[명] 이국. 인정, 풍속 따위가 전혀 다른 남의 나라. 225

이백李白[명] 중국 당나라 때의 시인(701~762). 자는 태백太白, 호는 청련거사青蓮居士. 두보杜甫와 함께 '이두李杜'로 병칭되는 중국 최대의 시인이며, 시선詩仙이라 불린다. 부친이 서역에서 무역상으로 치부하여 부유한 어린 시절을 보냈다. 병으로 삶을 마감할 때까지 유람과 방랑으로 점철된 삶을 살았다. 산수 자연을 읊거나, 신선을 추구하거나, 정치에 관심을 두기도 하였다. 그러나 정치 부패에 실망하여 결국 자신의 포부를 실현하지 못하였다. 형식이 엄격한 율시律詩보다 형식이 비교적 자유로운 고시古詩와 절구絶句에 뛰어났다. 5~24세 때는 학문 정진과 검술 수련을 주로 하였으며, 24~42세 때는 유람을 하였다. 42~44세 때는 당 현종의 부름을 받았으나 부패한 대신들에게 실망하였다. 44~55세 때는 다시 유람에 나섰으며, 체험을 바탕으로 한 정치비판 시, 속세를 초월하려는 시를 남겼다. 55~62세 때는 유배, 유람, 은거를 반복하였으며, 762년 병으로 세상을 떠났다. 96

이번명 곧 돌아오거나 이제 막 지나간 차례. 364

이불명 잘 때 몸을 덮기 위하여 피륙 같은 것으로 만든 침구의 하나. 솜을 넣기도 한다. 213

이스라치전명 산앵두에 핀 꽃을 전奠을 차린 것에 비유한 것으로 보인다. '이스라치'는 '산앵두'를 가리키며, '전奠'은 장사 지내기 전에 영좌靈座 앞에 간단하게 술, 과일을 차려 놓는 예식을 말한다. '산앵두'는 진달랫과에 속한 낙엽 활엽 관목으로 높이가 1미터 정도이며, 잎은 어긋나고 가지에 털이 있다. 봄에 연붉은 색 또는 붉은색의 꽃이 총상總狀꽃차례로 피고 여름에 열매가 붉게 익는다. 441

이슬명 공기 중의 수증기가 기온이 내려가거나 찬 물체에 부딪힐 때 엉겨서 생기는 물방울. 312

이십리二十里명 일 리의 스무 배 되는 리 수. '리'는 거리의 단위를 나타내는 말. 367

이야기명 ① 어떤 사물이나 사실, 현상에 대하여 일정한 줄거리를 가지고 하는 말이나 글. ② 자신이 경험한 지난 일이나 마음속에 있는 생각을 남에게 일러 주는 말. ③ 어떤 사실에 관하여, 또는 있지 않은 일을 사실처럼 꾸며 재미있게 하는 말. 41

이야기판[이야기+판]명 여러 사람이 모여서 이야기를 하는 판. 42

이야기하다동 자신이 경험한 지난 일이나 마음속에 있는 생각을 남에게 일러 주다. 510

이왕이면부 어차피 그렇게 할 바에는. 813

이웃명 가까이 사는 집. 또는 그런 사람. 86

이웃사춘명 이웃사촌. 서로 이웃에 살면서 정이 들어 사촌 형제나 다를 바 없이 가까운 이웃. 86

이제①명 바로 이때. 지나간 때와 단절된 느낌을 준다. 329

이제②부 바로 이때에. 676

이즈막하다형 이즈음에 이르다. '이즈막하야'는 부사어로서 '이즈음에 이르러'의 뜻이다. 677

이즉하다형 이슥하다. 지난 시간이 얼마간 오래다(얼마간 오래 시간이 지나다). 677

이향異鄕명 자기 고향이 아닌 고장. '타향'과 같은 말. 225

익다①동 김치, 술, 장 따위의 빚거나 담근 음식물이 맛이 들다. 620

익다②동 열매나 씨가 여물다. 611

익어가다동 열매나 씨가 여물어 가다. 611

익히다동 '익다'의 사동사. 김치, 술, 장 따위의 빚거나 담근 음식물을 맛이 들도록 하다. 620

인가人家명 사람이 사는 집. 178

인간人間명 ① 생각을 하고 언어를 사용하며, 도구를 만들어 쓰고 사회를 이루어 사는 동물. '사람'과 같은 말. ② 식구食口. 87

인둣불명 인두를 달구기 위하여 피워 놓은 불. 407

인생人生명 사람이 세상을 살아가는 일. 56

인절미명 찹쌀을 쪄서 떡메로 친 다음 네모나게 썰어 고물을 묻힌 떡. 인절미는 찹쌀 외에 차조와 차기장으로도 만든다. 그래서 잡곡이 많이 나는 황해도와 평안도에서 특히 많이 만들어 먹었다. 167

인정人情명 남을 동정하는 따뜻한 마음. 48

일명 ① 어떤 내용을 가진 상황이나 장면. ② 사람이 행한 어떤 행동. ③ 과거의 경험. ④ 어떤 상황이나 사실. 56

일가명 ① 한집에서 사는 가족. 한집안과 같은 말. ② 혈연적으로 친척이 되는 사람. 백석 시 〈넘언집 범 같은 노큰마니〉에선 후자의 뜻에 가깝게 사용되고 있다. 70

일가집명 친척이 되는 집. 178

일가친척명 일가와 외척의 모든 겨레붙이. 71

일다동 곡식이나 사금 따위를 그릇에 담아 물을 붓고 이리저리 흔들어서 쓸 것과 못 쓸 것을 가려내다. 761

일등가다동 첫째가 되다. 또는 최고가 되다. 794

일본말명 일본 사람들이 쓰는 말. 42

일부러부 어떤 목적이나 생각을 가지고. 또는 마음을 내어 굳이. 540

일어나다동 잠에서 깨어나다. 604

읽다동 글을 보고 거기에 담긴 뜻을 헤아려 알다. 637

잃다동 가졌던 물건이 자신도 모르게 없어져 그것을 갖지 아니하게 되다. 790

잃어버리다동 가졌던 물건이 자신도 모르게 없어져 그것을 아주 갖지 아니하게 되다. 790

임금林檎나무명 능금나무. 장미과의 낙엽 활엽 교목. 높이는 10미터 정도이며, 잎은 어긋나고 타원형이며 톱니가 있다. 4~5월에 흰 꽃이 피며 여름부터 가을에 걸쳐 붉은색 또는 누르스름한 열매가 맺는데 사과보다 작고 맛이 덜하다. 우리나라 특산종

으로 경기, 경북, 황해 등지에 분포한다. 436

임내명 '흉내'(남이 하는 말이나 행동을 그대로 옮기는 짓)의 고어. 53

임내내다동 '흉내내다'의 고어. 남이 하는 말이나 행동을 그대로 옮기다. 791

입명 입술에서 후두까지의 부분. 498

입다동 옷을 몸에 꿰거나 두르다. 615

입술명 포유동물의 입 가장자리 위아래에 도도록이 붙어 있는 얇고 부드러운 살. 498

입히다동 '입다'의 사동사. 옷을 몸에 꿰거나 두르게 하다. 616

있다①동 사람이나 동물이 어느 곳에서 떠나거나 벗어나지 아니하고 머물다. 741

있다②형 ① 사람이나 사물 또는 어떤 사실이나 현상 따위가 어떤 곳에 자리나 공간을 차지하고 존재하는 상태이다. ② 사람, 동물, 물체 따위가 실제로 존재하는 상태이다. 741

있다③형 어떤 사실이나 현상이 현실로 존재하는 상태이다. 743

있다④형 어떤 일이 이루어지거나 벌어질 계획이다. 790

있다⑤형 사람이나 동물이 어느 곳에 머무르거나 사는 상태이다. 744

있다⑥형 어떤 물체를 소유하거나 자격이나 능력 따위를 가진 상태이다. 746

있다⑦보조동 (주로 동사 뒤에서 '-어 있다' 구성으로 쓰여) 앞말이 뜻하는 행동이나 변화가 끝난 상태가 지속됨을 나타내는 말. 783

있다⑧보조동 (주로 동사 뒤에서 '-고 있다' 구성으로 쓰여) 앞말이 뜻하는 행동이 계속 진행되고 있거나 그 행동의 결과가 지속됨을 나타내는 말. 783

잊다동 ① 한번 알았던 것을 기억하지 못하거나 기억해 내지 못하다. ② (사람이 해야 할 일을) 깨닫지 못하고 그냥 지나치다. 540

잊어버리다동 사람이 해야 할 일을 전혀 깨닫지 못하고 그냥 지나쳐 버리다. 541

잎명 풀과 나무의 가지나 줄기의 끝에 붙어 있는, 식물의 영양기관의 하나. 호흡 작용과 탄소 동화 작용을 하는데, 대체로 녹색이며 완전한 것은 잎몸, 잎자루, 턱잎 따위로 이루어진다. 446

잎새명 '잎사귀'(낱낱의 잎)의 방언(충청). 447

ㅈ

자①의 길이의 단위. 한 자는 한 치의 열 배로 약 30.3센티미터에 해당한다. 370

자②감 말이나 행동을 할 때 남의 주의를 불러일으키기 위하여 하는 말. 815

자갈밭명 ① 자갈이 많이 깔려 있는 땅. ② 자갈이 많은 밭. 302

자개밭둑명 자갈밭둑. 자갈이 많이 깔려 있는 밭둑. '밭둑'은 밭 사이의 경계를 이루고 있거나 밭가에 둘려 있는 둑. '자개'는 '자갈'의 평안 방언. 302

자개짚세기명 짜개짚세기. 엄지발가락과 나머지 발가락이 따로 들어가게 앞부분이 짜개진(나누어진) 짚신. 130

자갯돌명 '자갈'(강이나 바다의 바닥에서 오랫동안 갈리고 물에 씻겨 반질반질하게 된 잔돌)의 평안 방언. 410

자구나무명 자귀나무. 콩과의 낙엽 활엽 소교목으로 높이는 3~5미터 정도이다. 자귀나무 잎은 밤이 되거나 흐린 날에는 서로 겹쳐지는데 이 모습이 마치 부부가 합혼을 하는 것 같고, 맑은 날에는 잎의 모양이 날개를 활짝 핀 공작의 날개 같아서 민간에서는 부부 금실이나 신혼부부를 위해 심었다고 한다. 6~7월에 분홍 꽃이 작은 가지 끝에 15~20개씩 산형傘形으로 달리는데, 멀리서 보면 마치 나무 위에 소담스럽게 분홍색 꽃이 쌓여 있는 것처럼 아름답게 보인다. 열매는 9~10월에 열리며 모양은 콩 껍질과 유사하다. 436

자그마하다형 조금 작다. 641

자꼬부 자꾸. 여러 번 반복하거나 끊임없이 계속하여. 677

자다동 생리적인 요구에 따라 눈이 감기면서 한동안 의식 활동이 쉬는 상태가 되다. 604

자동차自動車**명** 원동기를 장치하여 그 동력으로 바퀴를 굴려서 철길이나 가설된 선에 의하지 아니하고 땅 위를 움직이도록 만든 차. 349

자라나다동 자라서 크게 되다. 604

자랑명 자기 자신 또는 자기와 관계있는 사람이나 물건, 일 따위가 썩 훌륭하거나 남에게 칭찬을 받을 만한 것임을 드러내어 말함. 또는 그렇게 말할 수 있는 거리. 51

자리명 이부자리. 이불과 요를 통틀어 이르는 말. 213

자리싸움명 말 그대로 좋은 자리를 차지하려는 다툼인데, 백석 시 〈여우난골족族〉에서는 잠자리에 들기 전에 방의 아랫목 가운데 좋은 자리에 누워 자려는 장난스러운

다툼을 말한다. 384

자박수염명 끝이 비틀리면서 아래로 잦혀진 콧수염. 499

자반명 나물이나 해산물 따위에 간장이나 찹쌀 풀 따위의 양념을 발라 말린 것을 굽거나 기름에 튀겨서 만든 반찬. 한자를 빌려 '좌반(佐飯)'으로 적기도 한다. 136

자벌기명 자벌레. '벌기'는 '벌레'의 방언(평안, 함경, 경상, 강원). 자벌레나방의 애벌레. 몸은 가늘고 긴 원통형이다. 가슴에 세 쌍의 발이 있고 배에 한 쌍의 발이 있다. 꽁무니를 머리 쪽에 갖다 대고 몸을 길게 늘이기를 반복하여 움직인다. 480

자성慈城명 평안북도 북단에 있는 군, 또는 면 단위의 지명이다. 평안북도 자성군이 있고, 자성군의 여러 면 가운데 자성면이 있다. 백석 시 〈팔원八院—서행시초西行詩抄 3〉에 나타난 구절만 봐선 그중에 어느 곳을 말하는 것인지 알 수 없는데, 문맥이나 실제 거리를 헤아려 볼 때 자성군 전체를 가리키는 것으로 짐작된다. 자성군의 자성면 바로 위에 있는 중강면에는 우리나라에서 가장 춥다는 중강진이 자리 잡고 있다. 자성군은 1949년 북한의 행정구역 개편으로 지금은 자강도에 속해 있다. 270

자시동북팔십천희천自是東北八○粁熙川명 '여기서부터 동북 방향으로 희천까지 팔십 킬로미터'라는 뜻. 구한말 이후의 지적도에서는 '八○'이 '八十'이라는 의미로 쓰였다. '천粁'은 킬로미터를 의미하는 일본식 한자이며, '희천熙川'은 평안북도 묘향산 위쪽 방면에 있는 지명이다. 지도상으로 월림에서 희천까지의 직선거리는 삼십 킬로미터 남짓이나, 험준한 지형이어서 실제 거리는 그보다 더 멀게 나타나 있다. 357

자욱하다형 내굴, 안개, 구름, 김 같은 것이 꽉 차서 퍽 짙다. 735

자작나무명 자작나뭇과의 낙엽 활엽 교목. 높이는 20미터가량으로, 나무껍질은 희고 얇으며 잘 벗겨진다. 봄에 이삭 모양의 꽃이 피고 10월에 열매가 익는다. 목재는 품질이 좋아 가구재로 쓰이고, 나무껍질은 약재나 유피鞣皮에 쓰인다. 자작나무는 추위에 강해 우리나라에서는 중부 이북 지방의 산기슭에서 자란다. '백화白樺'와 같은 말. 436

자정명 자시子時의 한가운데. 밤 열두 시를 이른다. 329

자즈러붙다동 자지러붙다. (무엇이) 잔뜩 움츠러져 어디에 들러붙다. 759

자즌닭명 자주 우는 새벽닭. 456

자지고름[자지+고름]명 자줏빛의 옷고름. 119

자채기명 '재채기'의 방언(함남). 코 안의 신경이 자극을 받아 갑자기 코로 숨을 내뿜는 일. 506

작다형 길이, 넓이, 부피 따위가 비교 대상이나 보통보다 덜하다. 641

작두명 말이나 소에게 먹일 짚이나 풀, 콩깍지 따위를 써는 연장. 무당이 굿할 때 작두날 위에 올라 타 작두춤을 추는데, 백석 시 〈산지山地〉와 〈삼방三防〉에서 작두는 그

런 무구巫具를 지칭하는 것이다. 390

작은마누래 명 '작은마마'(수두)의 평북 방언. 어린이의 피부에 붉고 둥근 발진이 났다가 얼마 뒤에 작은 물집으로 변하는 바이러스 전염병. 503

작은이녀李女 명 이씨李氏 성性을 지닌 아버지의 작은딸. 평북 지방에서 아이들을 지칭할 때 딸인 경우 아버지 성 밑에 '녀女'를 붙이고 아들인 경우 '동이'를 붙여 부르곤 한다. 97

작은홍洪**동이** 명 홍씨洪氏 성性을 지닌 아버지의 작은아들. 평북 지방에서 아이들을 지칭할 때 딸인 경우 아버지 성 밑에 '녀女'를 붙이고 아들인 경우 '동이'를 붙여 부르곤 한다. 97

잔盞 명 마실 것을 따라 마시는 작은 그릇. 특히 술을 따라 마시는 작은 그릇을 말한다. 214

잔나비 명 '원숭이'의 방언(강원, 경북, 전북, 충청). 475

잔등① 명 '등'의 방언(황해, 경북, 경기). 사람이나 동물의 몸통에서 배의 반대쪽 부분. 499

잔등② 명 (코나 산 같은 데서) 두드러져 올라온 부분. 302

잔뼈 명 아직 다 자라지 않은 작고 약한 뼈. 499

잔솔밭 명 어린 소나무가 많이 난 곳. 302

잔치 명 기쁜 일이 있을 때에 음식을 차려 놓고 여러 사람이 모여 즐기는 일. 57

잔치하다 동 기쁜 일이 있을 때에 음식을 차려 놓고 여러 사람이 모여 즐기다. 634

잔콩 명 ① 가늘고 작은 콩. ② 팥의 방언(함북). 167

잘① 부 익숙하고 능란하게. 544

잘② 부 버릇으로 자주. 783

잘③ 부 아주 만족스럽게. 528

잘망하다 형 하는 짓이나 모양새가 잘고 얄밉거나 또는 얄밉게 잘다. 548

잘못 명 잘하지 못하여 그릇되게 한 일. 또는 옳지 못하게 한 일. 354

잘하다 동 익숙하고 능란하게 하다. 544

잠 명 눈이 감긴 채 의식 활동이 쉬는 상태. 506

잠그다 동 여닫는 물건을 열지 못하도록 자물쇠를 채우거나 빗장을 걸거나 하다. 753

잠시 명 짧은 시간. 329

잠자리 명 잠자리목의 곤충을 통틀어 이르는 말. 몸은 가늘고 길며 배에는 마디가 있고 앞머리에 한 쌍의 큰 겹눈이 있다. 두 쌍의 날개는 얇고 투명하며 그물 모양이다. 입은 씹는 입이며, 머리를 회전할 수 있다. 전 세계에 널리 분포한다. 480

잠풍 명 잔풍殘風. 바람이 잔잔해진 모양. 또는 잔잔해진 바람. 312

잠풍하다 형 잔풍殘風하다. 바람기가 없이 잔잔하다. 666

잡곡낟가리 명 잡곡을 베어서 차곡차곡 쌓은 더미. 411

잡다① 동 붙들어 손에 넣다. 756

잡다② 동 짐승을 죽이다. 605

잡다③ 동 골라 정하거나 차지하다. 746

잡다④ 동 손으로 움키고 놓지 않다. 756

잡어걸다 동 잡아 걸다. 잡아서 걸다. 756

잡어달라다 동 잡아 달라다. 잡아서 달라고 하다. 756

잡어먹다 동 잡아먹다. 동물을 죽여 그 고기를 먹다. 626

장가가다 동 남자가 결혼하여 남의 남편이 되다. 백석 시 〈여우난골족族〉에서는 우리의 전통 놀이의 하나를 지칭하는 말로 쓰이고 있다. 635

장거리 명 장이 서는 거리. 230

장고기 명 잔고기. 조그마한 물고기. 136, 463

장글장글 부 바람이 없는 날에 해가 살을 지질 듯이 조금 따갑게 계속 내리쬐는 모양. 666

장글장글하다 형 내리비치는 햇볕이 살을 지질 듯이 따끈따끈하다. 666

장꾼 명 장에서 물건을 사고파는 사람. 또는 그 무리. 61

장난 명 주로 어린아이들이 재미로 하는 짓. 또는 심심풀이 삼아 하는 짓. 57

장날 명 장이 서는 날. 보통은 닷새 만에 서는데, 사흘 만에 서는 경우도 있다. 330

장돌림 명 여러 장으로 돌아다니면서 물건을 파는 장수. 61

장마 명 여름철에 여러 날을 계속해서 비가 내리는 현상이나 날씨. 또는 그 비. 313

장몽이[장+몽+이] 명 장에 사람이나 사고팔 물건 따위를 모으는 일. 57

장반시계 명 쟁반시계. 쟁반같이 생긴 둥근 시계. 214

장수① 명 군사를 거느리는 우두머리. 61

장수② 명 장사. 몸짓이 크고 힘이 뛰어나게 센 사람. 87

장작 명 통나무를 길쭉하게 잘라서 쪼갠 땔나무. 416

장지문틈 명 장지문의 틈새. '장지문'은 방과 방 사이나 방과 마루의 사이에 드린 미닫이로 된 문. 개성과 그 이남에서 장지문은 장식적 효과를 가진 문으로서 양면을 창호지로 바르고 그 위에 그림이나 글씨를 붙이거나, 아래 절반과 위의 약간의 부분만을 종이로 바르고 그 가운데 부분에는 여러 가지 무늬의 문살을 끼우고 문살의 한쪽 면에만 종이로 바른 것도 있다. 191

장진長津땅 명 장진 지역. 장진은 함경남도 서북부에 있는 군이다. 남동쪽으로 함주군, 신흥군과 맞닿아 있고, 북동쪽으로 삼수군, 풍산군과 맞닿아 있다(당시의 행정구역상 위치). 장진군은 대부분이 개마고원 지대이다. 270

장판[명] 장이 선 곳. 345

장풍[명] 창포菖蒲. 천남성과의 여러해살이풀. 향기가 있고 연못이나 수로, 습지에서 자란다. 뿌리줄기가 옆으로 길게 자란다. 창 모양의 잎은 길이가 60~80센티미터 정도로 중앙맥이 뚜렷하며 윤택이 있고, 작은 꽃이 5~6월경에 이삭꽃차례를 이루며 핀다. 한국, 일본, 동아시아, 시베리아, 말레이시아, 인도, 북아메리카 등지에 분포한다. 430

재齋①[명] 성대한 불공이나 죽은 이를 천도薦度하는 법회. 401

재②[명] 불에 타고 남는 가루 모양의 물질. 407

재당[명] 재장齋長. 예전에 재임齋任의 우두머리를 가리키는 말. 즉, 조선 시대에 성균관·향교에서 숙식하며 공부하는 유생으로서 그 안의 일을 맡아보던 임원 가운데 우두머리를 일컫는 말이다. 87

재래종在來種[명] 예전부터 전하여 내려오는 농작물이나 가축의 종자. 다른 지역의 종자와 교배되는 일이 없이, 어떤 지역에서만 여러 해 동안 기르거나 재배되어 그곳의 풍토에 알맞게 적응된 종자를 이른다. 438

재릿재릿하다[형] 매우 재릿하다. '재릿하다'는 '안타까운 느낌이 나도록 저린 듯하다'는 뜻. 730

재릿하다[형] '지리다'에서 변형된 말로 추정된다. 오줌과 같은 냄새와 맛이 있다. 700

재밤[명] 깊은 밤. '한밤중'과 같은 말로 평안도를 위시해 북쪽 지역에서 사용하던 말. 330

재밤중[명] 깊은 밤이 되는 때. 330

재통[명] '변소'(대소변을 보도록 만들어 놓은 곳)의 평안 방언. 191

잿다리[명] 재통(변소)의 다리. 재래식 변소에 걸쳐 놓은 두 개의 나무. 192

잿더미[명] 재가 쌓인 더미. 407

쟁글쟁글[부] 바람이 없는 날씨에 햇볕이 따스하게 내리쬐는 모양을 나타내는 말. 666

저①[대] 앞에서 이미 말하였거나 나온 바 있는 사람을 도로 가리키는 삼인칭 대명사. 112

저②[관] 말하는 이와 듣는 이로부터 멀리 있는 대상을 가리킬 때 쓰는 말. 830

저고리[명] 한복 윗옷의 하나. 길, 소매, 섶, 깃, 동정, 고름, 끝동, 회장 따위가 갖추어져 있다. 117

저기[대] 말하는 이나 듣는 이로부터 멀리 있는 곳을 가리키는 지시대명사. 830

저녁①[명] 저녁밥. 저녁에 끼니로 먹는 밥. 136

저녁②[명] 해가 질 무렵부터 밤이 되기까지의 사이. 330

저녁밥때[명] 저녁밥을 먹을 무렵. 330

저녁상[명] 저녁밥을 차려 놓은 상. 136

저녁술[명] 저녁밥을 먹는 숟가락. 214

저녁해 명 져 가는 저녁 무렵의 해. 305

저러하다 형 '저렇다'의 본말. 성질, 모양, 상태 따위가 저와 같다. 804

저리다 형 뼈마디나 몸의 일부가 오래 눌려서 피가 잘 통하지 못하여 감각이 둔하고 아리다. 730

저물다① 동 계절이나 한 해가 거의 다 지나게 되다. 677

저물다② 동 해가 져서 어두워지다. 666

적 의 (일부 명사나 어미 '-은', '-을' 뒤에 쓰여) 그 동작이 진행되거나 그 상태가 나타나 있는 때. 또는 지나간 어떤 때. 380

적경寂境 명 고요한 곳. 또는 고요한 상태. 백석이 시의 제목으로 지은 조어이다. 225

적다 형 작다. 길이, 넓이, 부피 따위가 비교 대상이나 보통보다 덜하다. 641

적막강산 명 아주 적적하고 쓸쓸한 풍경을 이르는 말. 225

적삼 명 윗도리에 입는 홑옷. 모양은 저고리와 같다. 117

적시다 동 물 따위의 액체를 묻혀 젖게 하다. 689

적은솥 명 작은 솥. 보통 솥보다 작은 솥. 214

전 명 ① 막연한 과거의 어느 때를 가리키는 말. ② (일부 명사나 '-기' 다음에 쓰여) '이전'의 뜻을 나타내는 말. 331

전등 명 전기의 힘으로 밝은 빛을 내는 등. 흔히 백열전기등을 이른다. 214

전북 명 전복. 조개류의 하나로 껍데기의 길이는 10~20센티미터이고 타원형이며 갈색 또는 푸른빛을 띤 갈색이다. 껍데기 입구는 넓고 겉에 구멍이 줄지어 나 있다. 전복의 산란기는 11월경이므로 8~10월에 가장 맛있다. 167, 463

전북회 명 전복회. 전복의 회. 전복의 날것은 꼬들꼬들하여 회로 먹을 때 씹히는 맛이 좋다. 167

절① 명 남에게 공경하는 뜻으로 몸을 굽혀 하는 인사. 공경하는 정도나 상황 및 대상에 따라 하는 방법이 다르다. 53

절② 명 중이 불상을 모시고 불도佛道를 닦으며 교법을 펴는 집. 402

절간 명 '절'을 속되게 이르는 말. 402

절망絶望 명 바라볼 것이 없게 되어 모든 희망을 끊어 버림. 또는 그런 상태. 48

젊다 형 (사람이) 나이가 상대적으로 적거나 한창때에 있다. 608

점① 의 잘라 내거나 뜯어 낸 고기 살점을 세는 단위. 371

점② 명 사람의 살갗이나 짐승의 털 따위에 나타난, 다른 색깔의 작은 얼룩. 499

점점 부 조금씩 더하거나 덜하여지는 모양. 656

접 의 채소나 과일 따위를 묶어 세는 단위. 한 접은 채소나 과일 백 개를 이른다. 371

접시 명 운두가 낮고 납작한 그릇. 반찬이나 과일, 떡 따위를 담는 데 쓴다. 214

접시귀[명] 접시의 귀퉁이. 접시의 가장자리. 214

접하다[동] 가까이 대하다. 771

정[명] 사랑이나 친근감을 느끼는 마음. 48

정갈하다[형] 깨끗하고 깔끔하다. 797

정갈히[부] 깨끗하고 깔끔하게. 797

정거장停車場[명] 버스나 열차가 일정하게 머무르도록 정하여진 장소. 승객이 타고 내리거나 화물을 싣거나 내리는 곳이다. 350

정기[명] 생기 있고 빛나는 기운. 51

정답다[형] 따뜻한 정이 있다. 528

정들다[동] 정이 생기어 깊어지다. 528

정말[부] 말 그대로 매우. 808

정문旗門[명] 충신, 효자, 열녀 들에 대한 표창으로 그 집에 세워 주는 붉은 칠을 한 대문. 편액을 대문 위에 다는데, 연대가 내려가 자손이 여러 집으로 나뉘게 되면 일문이 사는 동구 앞에 따로 집을 짓고 그 안에 걸어 놓아 길가는 이에게 자랑으로 삼는다. 백석 시에 나타난 정문旗門도 그처럼 집의 형태로 된 것을 말하는 것이다. 395

정문旗門집[명] 정문을 지닌 집. 백석 시 〈정문촌旗門村〉에선 그 정문旗門에 '孝子盧迪之之旗門'이란 편액이 걸려 있으므로, '노적지盧迪之' 자손의 집을 가리킨다고 할 수 있다. 395

정문촌旗門村[명] 정문旗門이 있는 마을. 395

정월正月[명] 음력으로 한 해의 첫째 달. 331

정주定州[명] 평안북도 서남부의 해안 지대에 위치한 군 지역으로 백석의 고향이다. 당시 정주군은 백석이 태어난 갈산면을 비롯해, 고덕면, 대전면, 마산면, 남서면, 정주면, 고안면, 임포면, 곽산면, 관주면, 옥천면, 안흥면 등 12개의 면으로 이루어져 있었다. 정주군의 해안에는 넓은 평야가 발달해 있고, 해상으로 장도를 비롯해 많은 섬들이 산재해 있다. 도내 제일의 곡창지대를 이루고 있고 쌀의 품질이 좋아 정주미定州米의 성가가 높았다고 한다. 이승훈이 세운 오산학교가 이곳에 있었다. 이중환의 《택리지》의 평안북도편엔 청천강 이북에서는 무예를 숭상하는데 오직 정주만은 과거에 오른 인사가 많았다고 기술되어 있다. 271

정주백촌定州白村[명] 평북 정주定州 지역에 있는 백씨白氏들의 집성촌. 백석 고향 마을의 집성촌을 가리키는 말이다. 225

정주성定州城[명] 정주군의 정주읍 안에 있는 성곽. 본래는 15세기 중엽에 흙으로 쌓은 성이었으며, 그 후 1714~1715년 사이에 둘레 약 4.1킬로미터의 석성石城으로 개축되었다. 성의 평면은 거의 타원형이며 성벽은 자연석을 포개어 쌓았다. 높이는 5미

터 가까이 되며, 4개의 대문과 2개의 수구문이 있었다고 전한다. 271

정하다[형] '정(淨)'하다. 맑고 깨끗하다. 797

정현웅鄭玄雄[명] 화가이자 문필가이자 전문 삽화가(1910~1976). 광복 전에는 주로 유화와 삽화를 그리고, 책 장정裝幀을 하였다. 서울 종로구 궁정동에서 태어나 제2고보 4학년에 재학 중인 1927년 조선미술전람회에 〈고성古城〉으로 입선하였다. '삼사문학'의 동인으로 참가하였으며 1935년 동아일보사 편집국에 미술 담당 사원으로 입사하여 전문 삽화가로 활동하다가 1936년 일장기 말소 사건의 여파로 해직되었으며 몇 달 후 조선일보사 출판부 기자로 취직하였다. 백석의 절친한 직장 동료였으며 백석의 옆모습 스케치와 인상기를 쓴 글 〈백석白石의 프로필〉을 1939년 《문장》지 여름 특집호에 싣기도 하였다. 이 글에서 그는 백석의 얼굴이 조상彫像같이 아름다우며 '서반아'나 '필리핀' 사람 같고, '서반아' 투우사의 옷을 입히면 꼭 어울릴 것이라고 쓰고 있다. 광복 이후 《신천지》의 편집인을 맡았으며 6·25 때 월북하여 미술의 여러 장르를 넘나들며 활동하다 1976년 폐암으로 사망하였다. 97

젖[명] 유방. 포유류의 가슴 또는 배의 좌우에 쌍을 이루고 있는, 젖을 분비하기 위한 기관. 499

젖꼭지[명] 젖의 한가운데에 도드라져 내민 부분. 499

젖다[동] 물이 배어 축축하게 되다. 689

젖먹이[명] 젖을 먹는 어린아이. 87

제 앞에서 언급한 사람을 낮추어 가리키는 말인 인칭대명사 '저'에 관형격 조사 '의'가 붙어서 준 말. 112

제가끔[부] 저마다 따로따로. 798

제관[명] 제사에 참례하는 사람. 395

제구실[명] 홍역. 홍역 바이러스가 비말 감염에 의하여 일으키는 급성 전염병. 감기와 비슷한 증상으로 시작하여 입안 점막에 작은 흰 반점이 생기고 나중에는 온몸에 좁쌀 같은 붉은 발진이 돋는다. 1~6세의 어린이에게 많고 봄철에 많다. 504

제물배[명] 제물祭物로 쓰는 배. 167

제비[명] 제빗과의 새. 몸길이는 18센티미터 정도이며 등은 윤기 있는 어두운 청색이고 배는 흰색이다. 이마에서 위쪽 가슴에 걸쳐 검은 테로 둘러싸인 밤색의 큰 반점이 있다. 꽁지가 가위 모양으로 갈라져 있는 것이 특징이고 날개가 발달하여 빨리 난다. 주로 인간에게 해로운 곤충을 잡아먹는 이로운 새이다. 열대 또는 아열대인 인도, 태국, 캄보디아, 베트남, 오스트레일리아 등지에서 겨울을 보내고 봄에 우리나라에서 처마 밑에 집을 짓고 살다가 가을에 날아간다. 한국, 일본, 중국 등지에서 번식한다. 456

제비꼬리명 제비꼬리고사리. 면마과의 여러해살이풀로 뿌리줄기는 옆으로 뻗으며 잎은 길고 깃 조각은 꼬리처럼 길게 뾰족하다. 167, 430

제비손이구손이하다동 제비손이구손이 놀이를 하다. '제비손이구손이'는 여럿이 두 줄로 마주 앉아 서로 다리를 끼고 다리를 세며 부르는 노랫말의 한 구절이다. 635

제비의 춤명 제비의 침. 제비집 요리인 '연소탕'을 말한다. 연소탕의 재료인 '제비집'은 '금사연金絲燕'이란 바다제비가 바닷가 절벽 사이에 해조를 삼킨 후 뱉어 낸 겔 상태의 물질로 만든 둥지인데, 여기에 타액이 묻어 있기 때문에 '제비의 침'이라고 한 것이다. 168

제삿날명 제사를 지내는 날. 331

제상명 제사를 지낼 때 제물을 벌여 놓는 상. 395

제주병명 제주祭酒병. 제사에 쓰는 술병. 215

져가다동 물건을 짊어서 등에 얹어 가지고 가다. 567

조개명 판새류의 연체동물을 통틀어 이르는 말. 몸은 양쪽이 같고 좌우로 납작하며, 둘 또는 하나의 껍데기와 외투막으로 덮여 있다. 463

조개송편명 조개 모양으로 빚은 송편. '송편'은 멥쌀가루를 반죽하여 소를 넣고 반달이나 모시조개 모양으로 빚어서 솔잎을 깔고 찐 떡. 168

조고마하다형 조그마하다. 조금 작거나 적다. 642

조금부 정도나 분량이 적게. 650

조당澡塘**명** 짜오탕. '목욕탕'의 중국말. 특히 욕조가 있는 구식 공중목욕탕을 가리킨다. 345

조르다동 끈덕지게 무엇을 자꾸 요구하다. 598

조마구명 '조무래기'(작은 어린아이)를 비유적으로 이르는 말. 88

조상명 ① 돌아간 어버이 위로 대대의 어른. ② 자기 세대 이전의 모든 세대. 88

조아질하다동 공기놀이하다. 635

조앙님명 '조왕竈王'을 높여 이르는 말. 부엌의 길흉화복을 맡아보는 신. 부엌에서 만드는 음식과 아궁이에 불이 잘 안 들어오는 것 등을 모두 이 신의 탓으로 여긴다. 부엌문 위 벽이나 부뚜막에 참지를 접어서 걸어 놓고 여기에 신을 모신다. 특별한 제사는 없고 유별난 음식을 만들 경우 그릇에 조금 떠서 달아맨 종이 밑에 잠시 놓아둔다. 391

조용하다형 ① 말이나 행동, 성격 따위가 수선스럽지 않고 매우 얌전하다. ② 말썽이 없이 평온하다. 736

조화명 그 내막이나 이치를 알 수 없을 정도로 신통하거나 야릇한 일. 또는 그것을 나타내는 재간. 354

족보[명] ① 한 가문의 계통과 혈통 관계를 적어 기록한 책. ② 한 가문의 계통과 혈통 관계. 396

졸다[동] 잠을 자려고 하지 않으나 저절로 잠이 드는 상태로 자꾸 접어들다. 605

졸레졸레[부] 졸래졸래. ① 까불거리며 경망스럽게 행동하는 모양. ② 여럿이 무질서하게 졸졸 뒤따르는 모양. 562

졸음[명] 잠이 오는 느낌이나 상태. 506

좁다랗다[형] 너비나 공간이 매우 좁다. 662

좁쌀알[명] 좁쌀의 낱알. 좁쌀은 조의 열매를 찧은 쌀. 136

종대[명] 파, 마늘, 달래 따위에서 꽃을 달기 위하여 한가운데서 올라오는 줄기. 백석 시 〈넘언집 범 같은 노큰마니〉에서는 꽃이 피고 열매가 맺히는 줄기를 뜻하는 말로 쓰였다. 447

종아지물본[명] 세상이나 사물의 근본 뜻이나 형편. 세상 물정이나 형편. 354

종이[명] 식물성 섬유를 물에 풀어 얇고 평평하게 엉기도록 하여 물을 빼고 말린 것. 416

종이등燈[명] 종이로 돌라 바른 등. 215

종점終點[명] 기차, 버스, 전차 따위가 운행되는 일정한 구간의 맨 끝이 되는 지점. 351

좋다①[형] ① 대상의 성질이나 내용 따위가 훌륭하여 만족할 만하다. ② 어떤 일이나 대상이 마음에 들다. ③ 어떤 행동이나 일 따위가 문제될 것이 없다. ④ 서로 친하여 잘 어울리다. 528

좋다②[형] 날씨가 맑거나 고르다. 667

좋아하다①[동] 좋은 느낌을 가지다. 또는 즐겨서 하고 싶어 하다. 530

좋아하다②[동] 다른 사람을 아끼어 친밀하게 여기거나 서로 마음에 들다. 530

죈두기송편[명] 주먹을 쥔 모양의 송편. 168

죠이쓰[명] 제임스 오거스틴 앨로이시어스 조이스James Augustine Aloysius Joyce. 아일랜드의 소설가(1882~1941). 가난, 질병, 가정 문제, 두 차례의 세계대전에도 흔들림 없이 작품 활동에 매진하였다. '의식의 흐름 기법'이라는 새로운 수법으로 인간의 복잡 미묘한 내면 심리의 갈등을 묘사하여 20세기 심리소설 형성에 큰 영향을 미쳤다. 대표작으로 더블린 사람들의 '정신적 마비'를 묘사한 15편의 단편집인 《더블린 사람들》과 '블룸Bloom'이란 주인공의 하루 동안의 의식 세계를 묘사한 작품인 《율리시스》, 작가 자신의 자서전적인 소설로서 대표적인 교양소설로 꼽히는 《젊은 예술가의 초상》 등이 있다. 98

주다[동] 물건 따위를 남에게 건네어 가지거나 누리게 하다. 696

주둥이[명] 일부 짐승이나 물고기 따위의 머리에서, 뾰족하게 나온 코나 입 주위의 부분. 499

주락시명 '줄박각시'를 가리키는 말로 짐작된다. '줄박각시'는 박각싯과의 곤충으로 편 날개의 길이는 6.8~7.2센티미터이며, 몸은 녹갈색이고 등과 배에는 어두운색의 세로줄이 몇 개 있다. 앞날개는 누런 갈색, 뒷날개는 검은 갈색이다. 480

주룬히부 줄을 지어 가지런히. 689

주류판매업酒類販賣業명 술을 파는 사업. 347

주막酒幕명 시골 길가에서 밥과 술을 팔고, 나그네에게 돈을 받고 잠자리도 제공하는 집. 345

주머니명 소소한 귀중품을 넣고 주둥이를 졸라매어 허리에 차는 것으로 천, 종이, 가죽 등으로 만드는데, 장식을 잘한 주머니들은 공단이나 비단 같은 두터운 비단으로 만들었다. 백석 시 〈칠월七月 백중〉에서 주머니는 남갑사, 즉 남색의 품질 좋은 비단으로 만든 것이다. 126

주먹다시명 '주먹'(손가락을 모두 오므려 쥔 손)을 거칠게 일컫는 말. 500

주먹질명 주먹을 휘두르는 짓. 53

주무르다동 손으로 어떤 물건이나 몸뚱이 따위를 쥐었다 놓았다 하면서 자꾸 만지다. 566

주워먹다동 바닥에 떨어지거나 흩어져 있는 것을 집어서 먹다. 626

주인명 ① 손님을 맞아 상대하는 사람. ② 집안이나 단체 따위를 책임감을 가지고 이끌어 가는 사람. 88

주재소장駐在所長명 일제강점기, 주재소의 우두머리. '주재소'는 일제강점기에, 순사가 머무르면서 사무를 맡아보던 경찰의 말단 기관. 61

주저앉다동 서 있던 자리에 그대로 힘없이 앉다. 563

주정명 술에 취하여 정신없이 말하거나 행동함. 또는 그런 말이나 행동. 57

주홍칠명 주홍빛의 칠. 424

죽다동 생명이 없어지거나 끊어지다. 605

죽이다동 죽다. 606 ☞ 죽다

줄의 어떤 방법, 셈속 따위를 나타내는 말. 380

줄등명 긴 줄에 잇따라 매어 달린 여러 개의 등. 215

줄레줄레부 몸짓이 큰 사람이나 동물이 몸을 까불며 경망스럽게 행동하는 모양을 나타내는 말. 563

줌명 수 관형사 뒤에서 의존적 용법으로 쓰여, 주먹으로 쥘 만큼이 되는 분량의 단위를 나타내는 말. 371

중명 절에서 살면서 불도를 닦고 실천하며 포교하는 사람. 402

쥐다동 손 안에 움켜잡다. 757

쥐발명 주발. 놋쇠로 만든 밥그릇. 215
쥐어주다동 쥐어서 주다. 757
쥐잡이명 쥐잡이 놀이. 전통적으로 전해지던 아이들의 놀이의 하나. 384
쥔명 '주인'(대상이나 물건 따위를 소유한 사람)의 준말. 88
즈벅이다동 저벅이다. 크고 묵직하게 발을 내디디며 걷다. 650
즐거움명 즐거운 느낌이나 마음. 48
즐거웁다형 즐겁다. 마음에 거슬림이 없이 흐뭇하고 기쁘다. 531
즐거워오다형 마음에 거슬림이 없이 흐뭇하고 기쁜 상태가 되다. 531
즐거이부 마음에 거슬림이 없이 흐뭇하고 기쁘게. 531
즐겁다형 마음에 거슬림이 없이 흐뭇하고 기쁘다. 531
즐기다동 즐겁게 누리거나 맛보다. 532
즐즐부 '줄줄'보다 어감이 작은 말. 굵은 줄이나 천 따위가 바닥에 자꾸 끌리는 모양. 696
즘부러지다형 서로 엉킨 채 여기저기 펼쳐져 있는 상태를 나타내는 말. 689
즘생명 '짐승'의 방언(평북, 함북). 날짐승과 길짐승을 통틀어 이르는 말. 484
즘퍼리명 '진펄'(땅이 질어 질퍽한 벌)의 고어, 평북 방언. 302
즛명 '짓'(몸이나 몸의 일부를 놀려 움직이는 행동이나 행위를 나타내는 말)의 고어. 53
증손자명 손자의 아들. 또는 아들의 손자. 71
즞다동 '짖다'의 고어. 704 ☞ 짖다
지의 (어미 '-은' 뒤에 쓰여) 어떤 일이 있었던 때로부터 지금까지의 동안을 나타내는 말. 380
지게명 등에 짐을 지게 나무로 만든 재래식 도구의 한 가지. 340
지게굳다형 성질이 싹싹하지 못하고 검질기며 고집이 세어서 남의 말을 잘 듣지 아니하다. 흔히 손아랫사람의 태도를 이르는 말. 542
지껄지껄하다동 약간 큰 소리로 떠들썩하게 자꾸 이야기하다. 510
지나가다①동 ① 어디를 거치거나 통과하여 가다. ② 어떤 사람이나 사물과 같은 대상물의 주위를 지나쳐 가다. 591
지나가다②동 어떤 일이나 현상 따위가 생겼다가 사라지다. 790
지나支那나라명 중국 본토의 다른 명칭. 어원은 분명하지 않지만 최초로 중국을 통일한 '진秦'의 음〔chi'n〕이 전와轉訛하여 서방 제국에 치나Cina·틴Thin으로 전해졌을 것이라는 설이 유력하다. 영어의 '차이나China', 프랑스어의 '신Chine' 등도 여기에서 파생된 것으로 알려져 있다. 287
지나다①동 지내다. 서로 사귀어 오다. 595

지나다②동 지내다. 어떤 직위에 있어 그 일을 겪다. 565

지나다③동 지내다. 생활하거나 살아가다. 744

지나다④동 시간이 흘러 그 시기에서 벗어나다. 677

지나다⑤동 어디를 거치어 가거나 오거나 하다. 592

지나오다동 어디를 거치거나 가로질러 오다. 592

지다①동 어떤 현상이나 상태가 이루어지다. 백석 시 〈적막강산〉에서 '통이 지다'는 '통이 들다', '통이 오르다'라는 뜻으로 배추의 속이 실하게 차 오는 것을 가리키는 말이다. 790

지다②동 물건을 짊어서 등에 얹다. 567

지다③동 내기나 시합, 싸움 따위에서 재주나 힘을 겨루어 상대에게 꺾이다. 774

지다④동 (뒷짐과 함께 쓰여) 두 손을 등 뒤로 돌려 마주 잡다. 563

지렝이명 '지렁이'의 방언(경기, 강원, 충청, 전북, 경상, 제주, 황해, 함경, 평북). 빈모강의 환형동물을 통틀어 이르는 말. 몸의 길이는 작은 종류가 2~3밀리미터, 큰 종류는 2미터 정도이고, 몸은 긴 원통형으로 가늘며, 많은 마디로 이루어져 있다. 암수한몸으로 재생력이 강하고 흙 속이나 부식토에서 산다. 483

지르다동 목청을 높여 소리를 크게 내다. 704

지르터매다[지르(세게)+터매다(처매다)]동 지르처매다. 세게 눌러 감아 매다. 616

지붕명 집의 맨 꼭대기 부분을 덮어씌우는 덮개. 192

지아비명 '남편'을 예스럽게 이르는 말. 71

지중지중부 '지정지정'에서 온 말로 짐작된다. 머뭇거리며 천천히 걷는 모양을 나타내는 말. 563

지지다동 국물을 조금 붓고 끓여서 익히다. 620

지치우다동 지치다. 힘든 일을 하거나 어떤 일에 시달려서 기운이 빠지다. 606

지혜명 사물의 이치를 빨리 깨닫고 사물을 정확하게 처리하는 정신적 능력. 51

진晉명 중국에서, 265년 사마염司馬炎이 낙양洛陽(뤄양)을 수도로 하여 세운 왕조. 280년 오나라를 쳐부수고 중국을 통일하였다가, 419년 오호십육국의 난을 계기로 멸망하였는데, 서진西晉 및 동진東晉 시대로 구분된다. 287

진달래명 진달랫과의 낙엽 활엽 관목. 높이는 2~3미터이며 잎은 어긋나고 긴 타원형 또는 거꾸로 된 피침 모양이다. 4월에 분홍색 꽃이 잎보다 먼저 가지 끝에 피고 열매는 삭과蒴果로 10월에 익는다. 정원수, 관상용으로 재배하기도 한다. 437

진상항아리명 가장 소중한 항아리. 215

진장명 진장(陳醬). 진하게 만들거나 진하게 된 간장. 168

진진초록명 매우 진한 초록색. 425

진초록명 진한 초록색. 425
진할머니명 친할머니. 아버지의 어머니. 71
진할아버지명 친할아버지. 아버지의 아버지. 71
질게명 '반찬'의 함경 방언. 137
질동이명 질흙으로 빚어서 구워 만든 동이. 216
질들다동 물건에 손질을 잘 하여 윤기가 나거나 다루기 좋게 되다. '길들다'와 같은 말. 689
질병코명 질흙으로 만든 병처럼 거칠고 투박하게 생긴 코. 500
질화로명 질흙으로 구워 만든 화로. 216
집명 사람이나 동물이 추위, 더위, 비바람 따위를 막고 그 속에 들어 살기 위하여 지은 건물. 178
집난이[집+나+ㄴ+이] 명 시집간 딸. 72
집살이명 시집살이. 결혼한 여자가 시집에 들어가서 살림살이를 하는 일. 396
집안명 집의 안. 192
집오래명 집에서 가까운 부근. 199
집집이부 모든 집마다. 798
집터명 집이 있거나 있었거나, 집을 지을 자리. 199
짓궂이부 장난스럽게 남을 괴롭고 귀찮게 하여 달갑지 아니하게. 548
짓다동 재료를 들여 밥, 옷, 집 따위를 만들다. 620
징기징기부 여기저기 낙서나 그림을 그려 놓은 상태를 나타내는 말. 690
짖다동 ① 개가 목청으로 소리를 내다. ② 까마귀나 까치가 시끄럽게 울어서 지저귀다. 704
짖어대다동 잇달아 자꾸 짖다. 704
짗명 '깃'(조류의 몸 표면을 덮고 있는 털)의 고어, 방언(평안, 함경, 강원). 500
짚검불명 얼크러진 짚이나 짚의 부스러기. 411
짚다동 (사람이 신체의 일부분을 손으로) 가볍게 누르면서 대다. 566
짚등색이명 짚등석. 짚과 등나무 줄기로 짜서 만든 자리. 216
짚신명 볏짚으로 삼아 만든 신. 130
짜다①동 실이나 끈 따위를 씨와 날로 결어서 천 따위를 만들다. 628
짜다②동 (사람이 눈물을) 밖으로 내다. 555
짜랑짜랑부 얇은 쇠붙이 따위가 자꾸 서로 가볍게 부딪쳐 짧게 울리는 소리. 708
짜릿하다형 조금 자린 듯하다. 여기서 '자리다'는 '가슴이나 마음 따위가 못 견딜 정도로 아프다'는 뜻이다. 730

짝새[명] 뱁새. 휘파람샛과의 하나. 몸길이는 약 13센티미터로, 등은 진한 붉은 갈색이고 배는 누런 갈색이다. 부리는 짧고 꽁지는 길다. 매우 민첩하며, 4~7월의 번식기를 제외하고는 30~50마리가 떼를 지어 관목 지대나 덩굴 등지에서 곤충이나 거미를 잡아먹는다. 우리나라 전역에 분포하는 흔한 텃새이다. '붉은머리오목눈이'와 같은 말. 457

짭짤하다[형] 감칠맛이 있게 조금 짜다. 699

쨋쨋하다[형] 소리가 높고 새되다. 708

쨩쨩[부] 짱짱. 목소리가 몹시 야무지고 여물게 울리어 나는 소리나 신경질을 부리는 모양을 나타내는 말. 708

쩌락쩌락[부] 차진 떡을 칠 때의 느낌을 나타내는 말. 708

쩔렁거리다[동] 큰 방울이나 얇은 쇠붙이 따위가 흔들리거나 부딪쳐 울리는 소리가 자꾸 나다. 또는 그런 소리를 자꾸 내다. 708

쩔쩔[부] ① 액체 따위가 매우 높은 열로 끓는 모양. ② 온도가 매우 높아 더운 모양. '절절'보다 센 말. 730

쩜벙쩜벙[부] 물체가 깊은 물에 자꾸 떨어지거나 잠길 때 세게 나는 소리. 708

쩡하다[형] 아주 시원하거나 차서 짜릿한 느낌을 줄 정도로 자극이 몹시 심하다. 731

쩨듯하니[형] 째듯하니. (빛이) 선명하고 뚜렷한 데가 있게. 722

쪄다두다[찌다+어+다+두다][동] 베어내 두다. 나무나 풀 따위를 베어서 두다. 763

쪄주다[찌다+어+주다][동] 베어 주다. 나무나 풀 따위를 베어서 주다. 763

쪼로록[부] 적은 물이나 기름 같은 것이 매우 빠르게 잠깐 흐르다가 멎을 때 한 번 또렷이 나는 소리 또는 그 모양을 나타내는 말. 709

쪼이다[동] 쬐다. 볕이나 불기운 따위를 몸에 받다. 684

쪽①[의] 방향을 가리키는 말. 245

쪽②[부] 어떤 모습이 막히거나 끊어지지 않고 계속 이어진 상태를 이르는 말. 690

쪽재피[명] '족제비'의 방언(평안, 함경). 족제빗과의 동물. 몸통이 가늘고 길며 사지는 짧고 꼬리는 길다. 몸빛깔은 누런 갈색이며 입술과 턱은 흰색, 주둥이 끝은 검은 갈색이다. 적에게 공격을 받으면 항문샘에서 악취를 낸다. 털가죽은 방한용 옷에 쓰고 꼬리털로는 붓을 만든다. 한국, 일본, 대만 등지에 분포한다. 475

쪽재피상[명] 족제비 모양을 한 얼굴. '쪽재피'는 '족제비'의 방언(평안, 함경, 강원). 500

쪽제비[명] '족제비'의 방언(경기, 강원, 충청, 전라, 경상). 475 ☞ 쪽재피

쫄다[동] '졸다'를 힘주어 이르는 말. 찌개, 국, 한약 따위의 물이 증발하여 분량이 적어지다. 621

쫄이다[동] '쫄다'의 사동사. '쫄다'는 '졸다'를 힘주어 부르는 말. 찌개, 국, 한약 따위의

물을 증발시켜 분량이 적어지게 하다. 621

쫓기다[동] 어떤 두려움으로 마음이 불안한 상태에 놓이다. 541

쫓다[동] 어떤 자리에서 떠나도록 몰다. 760

쬐다[동] 볕이나 불기운 따위를 몸에 받다. 684

쭈구렁벼알[명] 쭈글쭈글한 벼 하나하나의 알. 447

쭈구리다[동] 쭈그리다. 팔다리를 우그려 몸을 작게 움츠리다. 563

쭝얼대다[동] 남이 알아듣지 못할 정도의 작고 낮은 목소리로 혼잣말을 자꾸 하다. 510

찌그러지다[동] 짓눌려서 여기저기 고르지 아니하게 우그러지다. 690

찌다[동] 살이 올라서 뚱뚱해지다. 608

찌륵찌륵[부] 전복을 씹을 때 전복과 이의 마찰로 발생하는 소리를 나타낸 의성어로 짐작된다. 709

찢다[동] 물체를 잡아당기어 가르다. 763

찧다[동] 곡식 따위를 쓿거나 빻으려고 절구에 담고 공이로 내리치다. 628

ㅊ

차車 명 바퀴가 굴러서 나아가게 되어 있는, 사람이나 짐을 실어 옮기는 기관. 자동차, 기차, 전차, 우차, 마차 따위를 통틀어 이른다. 349

차갑다 형 촉감이 서늘하고 썩 찬 느낌이 있다. 731

차다① 동 물건을 몸의 한 부분에 달아매거나 끼워서 지니다. 616

차다② 동 발을 힘껏 뻗어 사람을 치다. 569

차다③ 동 어떤 높이나 한도에 이르는 상태가 되다. 754

차다④ 동 발로 내어 지르거나 받아 올리다. 569

차다⑤ 형 몸에 닿은 물체나 대기의 온도가 낮다. 731

차다⑥ 동 일정한 공간에 사람, 사물, 냄새 따위가 더 들어갈 수 없이 가득하게 되다. 754

차디차다 형 매우 차다. 731

차츰 부 어떤 상태나 정도가 시간이 흐름에 따라 한 방향으로 조금씩 진행되는 모양을 나타내는 말. 656

착하디착하다 형 (사람이나 그 마음이) 매우 곱고 어질다. 544

찬물 명 차가운 물. 405

찰거마리 명 '찰거머리'의 방언. 몸이 작고 빨판이 발달되어 잘 들러붙고 떨어지지 않는 거머리. 《동의보감》에 거머리가 어혈瘀血과 적취積聚를 다스린다고 기록되어 있다. 483

찰복숭아 명 과일의 살이 씨에 꼭 붙고 겉에 털이 없는 복숭아. 169

참대창 명 죽창. 대로 만든 창. 216

참되다 형 진실하고 올바르다. 544

참으로 부 사실이나 이치에 조금도 어긋남이 없이 과연. 808

참치회 명 참치(참다랑어)의 회. 고단백 저지방 식품으로 알려져 있다. 참치는 고등엇과의 바닷물고기로 몸길이는 3미터 정도로 크며, 등 쪽이 검푸르고 배는 희며 살은 검붉다. 한국, 일본, 중국, 하와이 등지에 분포한다. 169

찹쌀탁주 명 찹쌀로 빚은 막걸리. '탁주濁酒'는 '막걸리'와 같은 말이다. 169

창꽈쯔 명 중국의 긴 홑저고리를 가리키는 '장괘자長掛子'(창꽈쯔)의 중국어 발음을 우리말로 적은 것. 117

창원도昌原道 명 창원길. '창원'은 경상남도 남쪽에 있는 군. 1896년 13도제 실시에 따라 경상남도 창원군이 생겼는데, 백석 시가 발표될 당시 창원군은 1읍 14면으로 이루어져 있었다. 2010년 7월 1일 마산시, 진해시와 통합하여 창원시가 되었다. 해발고도 500미터 이하의 구릉성 산지가 넓게 분포하고, 구릉성 산지 사이에 소규모의 침식분지가 산재하는 가운데 북동부의 연안에는 넓은 충적평야가 발달되어 있다. 272

창의문외彰義門外 명 창의문彰義門 밖. 창의문彰義門은 서울시 종로구 청운동에 있는 문. 북문北門 또는 자하문紫霞門으로도 불린다. 1396년(태조 5년) 서울 성곽을 쌓을 때 세운 사소문四小門의 하나로 창건되어 창의문이란 문명門名을 얻었다. 북한北漢·양주楊州 방면으로 통하는 교통로였다. 서울의 사소문 중에서 현재 유일하게 완전히 남아 있는 문이다. 백석은 일본 청산학원에서의 유학 생활을 마치고 1934년 귀국해 서울의 통의동에서 하숙을 하며 조선일보 기자 생활을 했는데, 그의 거처인 통의동에서 북쪽으로 조금만 올라가면 바로 창의문이 나온다. 시 〈창의문외彰義門外〉는 이 시절에 쓴 시로 짐작된다. 273

찾다 동 현재 주변에 없는 것을 얻거나 사람을 만나려고 여기저기를 뒤지거나 살피다. 또는 그것을 얻거나 그 사람을 만나다. 761

찾어가다 동 찾아가다. 어떤 사람을 만나거나 다른 볼일을 보러 그와 관련된 곳으로 가다. 592

찾어뵈다 동 찾아뵈다. 웃어른을 만나러 가서 보다. 592

채① 의 집을 세는 단위. 371

채② 부 어떤 상태나 동작이 다 되거나 이루어졌다고 할 만한 정도에 아직 이르지 못한 상태를 이르는 말. 678

채국채국 부 '차곡차곡'에서 변이된 말. 물건을 가지런히 겹쳐 쌓거나 포개는 모양. 690

채다 동 재빠르게 센 힘으로 빼앗거나 훔치다. 697

채매 명 채마. 채마밭. 채마(채소)를 심어 가꾸는 밭. 337

채워두다 동 (사람이 무엇을 장소에) 더 들어갈 수 없이 가득하게 넣거나 더하여 두다. 748

채일 명 차일. 햇볕을 가리기 위하여 치는 포장. 216

챙챙 부 하늘이 구름 한 점 없이 맑은 모양. 667

처녀 명 결혼하지 아니한 성년 여자. 88

처마 명 지붕이 도리 밖으로 내민 부분. 192

처박다 동 (사람이 무엇을 어떤 곳에) 세게 두드리거나 꽂아서 속으로 들어가게 하다. 569

척척하다 형 젖은 것이 살에 닿아서 차가운 느낌이 있다. 731

척하다 보조동 앞말이 뜻하는 행동이나 상태를 거짓으로 그럴듯하게 꾸밈을 나타내는

말. 808

천[수] 백의 열 배가 되는 수. 365

천두[명] 천도복숭아. 장미과에 속한, 껍질에 털이 없는 복숭아. 2000년 전부터 심어 온 것으로 알려져 있고 북반구와 남반구의 온대 지역에서 기른다. 복숭아나무의 변종으로 열매의 거죽에 털이 없고 윤이 나서 자두와 더 닮았다. 169

천상수天上水[명] 하늘 위의 물이란 뜻으로, 빗물을 이르는 말. 405

천진퍼치마[명] 천진포天津布 치마. 중국 천진天津(톈진)에서 생산된 베로 만든 치마. 118

천희千姬[명] 여자 이름의 하나. 백석이 그리워하는 여자 이름이다. 시 〈통영統營〉에서 백석은 통영의 항구에 '천희千姬'라는 이름이 많다고 말한다. 또 목월의 시 〈청하淸河〉에도 '천희千姬'(한자까지 같다)가 등장하는데, 그녀는 동해의 어느 마을에 살고 있는 인물이다. 이로 미루어 '천희千姬'는 바닷가에 사는 여자에게 흔히 붙여진 이름이 아닌가 짐작된다. 98

철[명] 일 년을 봄, 여름, 가을, 겨울의 네 시절로 구분했을 때의 한 시기. 331

철없다[형] 사리를 분별할 만한 지각이 없다. 544

첫녀름[명] 첫여름. 여름이 시작되는 첫머리. 331

첫아들[명] 첫아이로 낳은 아들. 72

청[명] 목에서 울려 나오는 소리. 423

청각[명] 녹조류 청각과에 속한 바닷말. 길이는 15~40센티미터이고 짙은 녹색으로 부드럽다. 사슴의 뿔과 비슷하며, 얕은 바다 속의 바위에 붙어산다. 김장 때 고명으로 쓰기도 하고 그냥 무쳐 먹기도 한다. 169

청능[명] 청릉(靑陵, 淸陵). 푸르고 시원한 언덕. 또는 푸르고 시원한 능수버들. 302

청대나무말[명] 죽마竹馬. 384

청명淸明[명] 이십사절기의 하나. 춘분春分과 곡우穀雨의 사이에 들며, 4월 5일 무렵이다. 331 ☞ 밀께

청밀[명] 청밀(淸蜜). '꿀'과 같은 말. 꿀벌이 꽃에서 빨아들여 벌집에 저장하여 둔 달콤하고 끈끈한 액체. 영양가도 높고 약으로서의 효능도 크다. 170

청배[명] 청리(靑梨). 청실리(靑實梨). 청술레. 재래종 배의 중간 품종의 하나다. 일찍 익으며, 껍질 색이 푸르고 물기가 많으며 단맛이 있고 특유의 향기가 있다. 170

청삿자리[청+삿자리][명] 푸른빛이 감도는 삿자리. '삿자리'는 갈대를 엮어서 만든 자리를 말한다. 216

청시靑枾[명] 아직 익지 않은 푸른 감. 170

쳐다보다[동] 얼굴을 들어 바로 보다. 553

쳐먹다[동] 날이 있는 물체를 이용하여 잘라 먹다. 626

초가을 명 초가을걷이. 초가을에 농작물을 거두어들임. 338

초가지붕 명 짚이나 억새, 갈대 따위를 엮어서 이은 지붕. 192

초동일初冬日 명 초겨울 날(이른 겨울. 주로 음력 10월을 이른다). 331

초롱① 명 석유나 물 따위의 액체를 담는 데에 쓰는, 양철로 만든 통. 217

초롱② 명 촛불로 켜는 등의 하나. 대오리나 쇠로 살을 만들고 겉에 종이나 붉고 푸른 비단 따위를 씌운 뒤, 그 속에 촛불을 넣어 켜게 되어 있다. 흔히 벽에 걸어 놓거나 들고 다닐 수 있게 되어 있다. 백석 시 〈《호박꽃 초롱》 서시序詩〉에서 '초롱'은 호박꽃에 대한 비유로 쓰였다. 217

초롱불 명 초롱에 켠 불. 407

초생달 명 초승달. 음력으로 매월 초에 뜨는 달. 305

초시 명 과거의 첫 시험. 또는 그 시험에 급제한 사람. 89

초아흐레 명 매달 초하룻날부터 헤아려 아홉째 되는 날. 331

초저녁 명 날이 어두워진 지 얼마 되지 않은 때. 332

촉촉이 부 물기가 있어 조금 젖은 듯하게. 731

촌 명 도시에서 떨어져 있는 지역. 주로 도시보다 인구수가 적고 인공적인 개발이 덜 돼 자연을 접하기가 쉬운 곳을 이른다. '시골'과 같은 말. 225

촌부자 명 시골에 사는 돈 많은 사람. 89

촌중 명 마을의 안. 226

촛불 명 초에 켠 불. 407

최방등 제사 명 평북 정주 지방의 전통적인 제사 풍속으로 5대째부터 차손次孫이 제사를 지내는 것. 396

추다 동 골라서 뽑아내거나 추려 내다. 762

추야일경秋夜一景 명 가을밤의 한 경치. 백석이 시의 제목으로 지은 조어이다. 226

추워지다 동 (날씨가) 기온이 낮아지거나 차가운 기운이 돌다. 667, 732

추위 명 추운 기운. 313

추일산조秋日山朝 명 '가을날 산의 아침'. 또는 '가을 산의 아침'으로 풀이할 수 있는데, 전자가 좀 더 자연스럽다. 백석이 시의 제목으로 지은 조어이다. 358

추탕鰍湯집 명 추탕을 파는 음식점. '추탕'은 미꾸라지를 넣고 끓인 탕. 산 미꾸라지를 푹 고아서 걸러 낸 것과 닭 곤 국물을 함께 섞어 간장, 고추장, 후춧가루로 간을 한 다음 데친 배추와 갓, 파를 넣고 다시 끓여서 만들거나, 또는 미꾸라지를 끓여 뼈를 간 다음, 숙주, 고비, 파 등의 채소를 넣고 된장, 고추장을 섞어 끓여 만든다. '추어탕'과 같은 말. 345

축 명 제사 때에 읽어 신명神明께 고하는 글. '축문祝文'과 같은 말. 396

출출이명 뱁새로 짐작된다. 457

출출히부 배가 고픈 느낌이 있게. 732

춤명 '침'의 고어, 방언(강원, 경기, 경상, 전남, 제주, 충북, 평북, 함경). 침샘에서 분비되는 무색의 끈기 있는 소화액. 507

춥다형 기온이 낮거나 기타의 이유로 몸에 느끼는 기운이 차다. 732

충왕蟲王명 농작물에 해를 끼치는 해충害蟲을 막아 주는 농경신農耕神의 일종. 391

충왕묘蟲王廟명 충왕을 모시는 사당. 중국에서는 충왕절에 농촌 사람들이 모여 충왕묘에 가서 동물을 잡고 제물상을 차려 충왕에게 제사를 지내며 한 해 동안 황충蝗蟲 피해 없이 풍요를 기원하는 풍속이 전해져 온다. 391

취열옥색명 추월옥색秋月玉色. 가을 하늘 빛의 옥색. 425

취향리梨 돌배명 추향리 돌배. '추향리'라는 배나무의 돌배. '추향리'는 높이가 10미터 정도 되는 배나무과의 나무로서 나무껍질은 회색이고, 어린 가지는 밤색이다. 잎은 여러 가지가 있으나 짧은 가지에 붙은 것은 달걀 모양이며 길이가 8~12센티미터이고 끝은 뾰족하며 밑부분은 둥글고 변두리에는 바늘 모양의 톱니가 있다. 꽃은 흰색이며 달걀 모양 또는 넓은 타원형이다. 열매는 10월 중순에 익는데 둥그스름하고 가로 너비 4~5센티미터, 길이 4~6센티미터이며 누런색을 띠고 햇빛 받은 쪽은 붉은색을 띤다. 열매 살은 신맛이 많고 연하다. 우리나라 북부 지방에 많이 분포되어 있다. '취향리 돌배'는 '추향리 나무'의 열매를 가리키는 것이다. 170

츠다①동 '치다'의 고어, 평북 방언. 불필요하게 쌓인 물건을 파내거나 옮기어 깨끗이 하다. 769

츠다②동 '치다'의 고어. 평북 방언. (논, 물길, 홈 같은 것을 만들기 위하여) 땅이나 나무 등을 파내거나 밀어제끼다. 769

츠렁츠렁부 꽤 길게 드리운 물건이 부드럽게 흔들리는 모양을 나타내는 말. 692

측량測量명 ① 기기를 써서 물건의 높이, 깊이, 넓이, 방향 따위를 잼. ② 지표의 각 지점의 위치와 그 지점들 간의 거리를 구하고 지형의 높낮이, 면적 따위를 재는 일. 352

치다①동 막이나 그물, 발 따위를 펴서 벌이거나 늘어뜨리다. 768

치다②동 동물이 새끼를 낳거나 까다. 606

치다③동 바람이 세차게 불거나 비, 눈 따위가 세차게 뿌리다. 667

치다④동 (벌이 꿀을) 그러모으다. 628

치다⑤동 떡을 차지게 하기 위하여 떡메로 반죽을 두들기다. 621

치다⑥동 (사람이 무엇에 액체나 가루를) 뿌리거나 끼얹거나 넣다. 621

치다⑦동 (걸레 따위를, 또는 걸레 같은 것으로) 닦거나 문지르다. 770

치다⑧[동] 손이나 손에 든 물건이 세게 닿거나 부딪게 하다. 569

치마[명] 여자의 아랫도리에 입는 겉옷의 하나. 가랑이 없이 밑이 하나로 터져 있다. 118

치맛자락[명] 치마폭의 늘어지거나 드리워진 부분. 118

치성[명] 신이나 부처에게 지성으로 빎. 또는 그런 일. 392

치우다[동] '치다'(짐을 지거나 싣다)의 피동형. 지어지다. 실리다. 567

치장감[치장+감][명] 치장할 옷감. 122

치코[명] 새나 짐승을 잡는 올가미. 341

친구[명] 가깝게 오래 사귄 사람. 89

친하다[형] 가까이 사귀어 정이 두텁다. 532

칠성七星**고기**[명] 칠성장어. 칠성장어과의 물고기. 몸길이는 63센티미터 정도로 뱀장어와 비슷하게 생겼으며, 등 쪽은 연푸른 갈색이고 배는 흰색이다. 눈 옆에 일곱 쌍의 아가미구멍이 있다. 한국 동남해로 흐르는 강과 일본 홋카이도 서해로 흘러드는 강 등지에 분포한다. 기름이 많고 맛이 좋다. 171, 463

칠십七十[수] 십의 일곱 배가 되는 수. 365

칠월七月[명] 한 해의 열두 달 가운데 일곱째 달. 332

칠월七月 **백중**[명] 음력 7월 15일인 백중날을 말한다. 백중의 유래는 백 가지 과일과 채소가 나기 때문에 붙은 이름이라는 설, '질먹기'(호미씻이나 세서연, 머슴명절과 같은 의미로 농군들의 위로잔치를 뜻함)를 하면 논에 들어갈 필요가 없으므로 발뒤꿈치를 하얗게 씻는다 하여 백종百踵이라는 설도 있다. 이 시기의 농촌은 논매기와 밭매기가 거의 끝나 비교적 한가한 시간을 맞게 되어 백중날이 오면 여러 가지 놀이와 행사를 벌인다. 백중날에 물맞이를 하면 신경통에 좋다고 하여 물맞이를 간다. 그런가 하면 절에서는 승려들이 재를 올리며 불공을 드리는 큰 명절로 여긴다. 399

침[명] 사람의 몸에 있는 혈穴을 찔러서 병을 다스리는 데에 쓰는 의료 기구. 416

침노[명] 성가시게 달라붙어 손해를 끼치거나 해침. 57

ㅋ

캄캄하다[형] 아주 까맣게 어둡다. '깜깜하다'보다 거센 느낌을 준다. 722

캐다[동] 땅속에 묻힌 광물이나 식물 따위의 자연 생산물을 파서 꺼내다. 629

캥캥[부] 여우 따위가 사납게 자꾸 우는 소리. 709

컴컴하다[형] 아주 어둡다. '껌껌하다'보다 거센 느낌을 준다. 722

켜다①[동] 등잔이나 양초 따위에 불을 붙이거나 성냥이나 라이터 따위에 불을 일으키다. 684

켜다②[동] 현악기의 줄을 활 따위로 문질러 소리를 내다. 637

켜레[의] 켤레. 신, 양말, 버선, 방망이 따위의 짝이 되는 두 개를 한 벌로 세는 단위. 371

코[명] 포유류의 얼굴 중앙에 튀어나온 부분. 500

코끝[명] 콧등의 끝. 500

코밑수염[명] 콧수염. 코 아래에 난 수염. 500

콩가루소[명] 떡 속에 넣는, 콩가루로 만든 소. 171

콩가루차떡[명] 콩가루를 묻힌 찰떡. '차떡'은 '찰떡'의 평북 방언. 171

콩곡석[명] 콩곡식. 곡석은 '곡식'의 방언(강원, 경상, 전남). 171

콩기름[명] 콩에서 짜낸 기름. 리놀산이 많이 함유되어 있어 정제하여 식용한다. 171

콩나물[명] 콩을 시루 따위의 그릇에 담아 그늘에 두고 물을 주어 자라게 한 것. 또는 그것으로 만든 나물. 콩나물에는 비타민 C가 풍부하고 콩나물 안의 아스파라긴산이 피로와 숙취 회복에 효과가 있는 것으로 알려져 있는데 특히 뿌리에 많아 뿌리째 먹는 것이 좋다고 한다. 콩나물은 저혈압인 사람에게도 좋은 것으로 알려져 있다. 171

콩알[명] 콩의 낱알. 백석 시 〈창의문외彰義門外〉에서 '콩알'은 임금나무에 열린 작은 열매를 가리킨다. 172, 447

콩조개[명] 조개의 하나. 껍데기는 콩알처럼 동그랗고 매끈하며 자줏빛을 띤 갈색인데 겉면에 진한 색의 무늬가 있다. 깊이 10미터 정도의 바다 밑 진흙 또는 진흙 모래판에서 살며 우리나라 서해에서 난다. 464

쾅쾅[부] 무겁고 단단한 물체가 잇따라 바닥에 떨어지거나 다른 물체와 부딪쳐 울리는 소리. 709

쿵쿵거리다[동] 크고 무거운 물건이 잇따라 바닥이나 물체 위에 떨어지거나 부딪쳐 소리가 나다. 709

퀴퀴하다[형] 비위에 거슬릴 정도로 냄새가 약간 구리다. 701

크나크다[형] 사물이나 사건의 크기나 규모가 보통 정도를 훨씬 넘다. 642

크다[형] ① 사람이나 사물의 외형적 길이, 넓이, 높이, 부피 따위가 보통 정도를 넘다. ② 소리가 귀에 거슬릴 정도로 강하다. ③ 동식물이 몸의 길이가 자라다. 642

크다랗다[형] 커다랗다. 매우 크다. 또는 아주 큼직하다. 643

크디크다[형] 사물의 크기나 범위, 정도 따위가 보통 정도를 훨씬 넘다. 643

큰거미[명] 보통 거미보다 큰 거미. '거미'는 절지동물 거미강 거미목의 동물을 통틀어 이르는 말. 몸은 머리, 가슴과 배로 구분되며 다리는 네 쌍이고 날개와 더듬이가 없다. 항문 근처에 있는 2~4쌍의 방적돌기에서 진득진득한 실을 뽑아 그물처럼 쳐 놓고 벌레를 잡아먹는다. 전 세계에 약 3만 종이 알려져 있다. 480

큰골[명] 큰 골짜기. 백석 시 〈여우난골족族〉의 '큰골 고무'는 큰골에 사는 고모를 이르는 말이다. 303

큰마누래[명] 천연두. 천연두 바이러스가 일으키는 법정 전염병. 열이 몹시 나고 온몸에 발진이 생겨 딱지가 저절로 떨어지기 전에 긁으면 얽게 된다. 504

큰마니[명] '할머니'의 방언(평북, 함북, 자강). 72

큰머리[명] 예식 때에, 여자의 어여머리 위에 얹던 가발. 다리로 땋아 크게 틀어 올렸다. 396

큰솔밭[명] 큰 소나무가 많이 들어서 있는 땅. 303

큰솥[명] 보통 솥보다 크게 생긴 솥. 217

큰아바지[명] '할아버지'의 평북 방언. 72

큰집[명] ① 집안의 맏이가 사는 집. ② 분가하여 나간 집에서 종가를 이르는 말. 180

키질하다[동] 키로 곡식 따위를 까부르다. 629

ㅌ

타고나다동 어떤 성품이나 능력, 운명 따위를 선천적으로 가지고 태어나다. 606

타관명 자기 고향이 아닌 고장. '타향'과 같은 말. 226

타다①동 탈것이나 짐승의 등 따위에 몸을 얹다. 632

타다②동 불씨나 높은 열로 불이 붙어 번지거나 불꽃이 일어나다. 684

타다③동 도로, 줄, 산, 나무, 바위 따위를 밟고 오르거나 그것을 따라 지나가다. 592

탄수명 목탄과 수증기. 416

탓①명 주로 부정적인 현상이 생긴 원인. 355

탓②명 구실이나 핑계로 삼는 것. 355

탕약湯藥명 달여서 마시는 한약. 139

탕탕부 총 따위를 잇달아 쏘거나 무엇이 터질 때 나는 소리. 710

태고太古명 아득한 옛날. 332

태반胎盤명 임신 중 태아와 모체의 자궁을 연결시키는 기관. 500

태산泰山명 타이산泰山/太山 산. 중국의 대표적인 다섯 산봉우리의 하나. 산둥 성山東省 타이안泰安 북쪽에 있다. 중국의 오악五岳 중에서도 으뜸으로 꼽히는 곳으로, 예로부터 중국인들이 가장 성스럽게 여겼던 산이다. 높이는 1,524미터. 273

태어나다동 (동물이나 사람이) 형태를 갖추어 세상에 나오다. 606

택사명 택사(택사과의 여러해살이풀. 높이 40~130센티미터)의 덩이뿌리. 짧고 수염뿌리가 모여 난다. 이 덩이뿌리를 건조한 것을 택사라고 한다. 이뇨 작용과 열 내리는 작용이 있어 오줌 양이 적으면서 잘 나오지 않는 데나 수종水腫 따위에 쓴다. 139

탱명 신령이나 사람의 초상을 그린 족자. '탱화'와 같은 말. 392

터벅터벅부 느릿느릿 힘없는 걸음으로 걸어가는 모양. 563

터알명 집의 울안에 있는 작은 밭. 199

터앞명 터의 앞쪽. 빈터의 앞쪽. 245

터지다①동 거죽이나 겉이 벌어져 갈라지다. 763

터지다②동 불이 붙어 세차게 튀다. 685

턴정명 천장. 지붕의 안쪽. 192

털명 사람이나 동물의 피부에 나는 가느다란 실 모양의 것. 501

털능구신명 철능귀신. 철륭귀신. 주로 집의 뒤곁에 있는 울 안쪽에 자리하는 터주신. 여기에 장독대가 있는 경우가 많으므로, '장독신'으로 모셔지는 경우가 많다. 392

텁텁하다형 까다롭지 아니하여 무던하고 소탈하다. 542

텃밭가명 텃밭(집터에 딸리거나 집 가까이 있는 밭)의 가장자리. 199

텅부 속이나 안이 비어서 아무것도 없는 모양을 나타내는 말. 662

텅납새명 '추녀'의 평안 방언. 전통 목조 건축에서, 처마의 네 귀의 기둥 위에 끝이 위로 들린 크고 긴 서까래. 193

텅하다형 속이나 안이 비어서 아무것도 없다. 662

토끼명 ① 토낏과의 포유동물을 통틀어 이르는 말. 귀가 길고 뒷다리가 앞다리보다 발달하였으며 꼬리는 짧다. 초식성으로 번식력이 강하다. 여러 종류가 있으며 아프리카, 아메리카, 아시아, 유럽 등지에 분포한다. ② 토낏과의 하나. 몸은 대개 흰색이며, 앞다리가 산토끼보다 짧다. 약 2,300년 전에 유럽산 굴토끼를 길들여 기른 것으로 여러 품종이 있다. 고기는 식용하고, 털가죽은 방한용으로 쓴다. 476

토끼굴명 토끼가 몸을 숨기기 위해 파 놓은 작은 굴. 보통 굴토끼의 경우 길이 1.5미터 정도에 달하는 여러 개의 땅굴을 파고 그 안에서 새끼도 낳으며 살고, 비상구를 만들어 놓는다고 한다. 굴토끼는 먹이를 구하기 쉬운 곳에 보통 땅굴을 파 놓는다. 303

토끼새끼명 토끼의 새끼, 즉 어린 토끼를 가리키는 말. 476

토끼잠명 깊이 들지 못하고 자주 깨는 잠. 507

토리개명 '씨아'(목화의 씨를 빼는 기구)를 달리 이르는 말. 341

토막의 (수량을 나타내는 말 뒤에 쓰여) 덩어리가 진 도막 또는 말, 글, 생각, 기간 따위에서 잘려지거나 떼어 낸 한 부분을 세는 단위. 371

토방명 방에 들어가는 문 앞에 좀 높이 편평하게 다진 흙바닥. 193

토방돌명 ① 토방을 쌓았거나 쌓기 위한 돌. ② 토방이 높을 때 올라서기 좋게 고여 놓은 돌. ③ 추녀 끝에서 떨어지는 빗물이나 눈물에 토방이 패여 못 쓰게 되지 않도록 토방 모서리 같은 데 놓은 돌. 194

토산土山명 평북 정주군의 고덕면에 있는 동네 이름. 《조선지형도》에 따르면 '토산' 위쪽으로 촌락이 형성되어 있고, 그 아래쪽에 논밭이 형성되어 있다. 274

토시명 추위를 막기 위하여 팔뚝에 끼는 것. 저고리 소매처럼 생겨 한쪽은 좁고 다른 쪽은 넓다. 118

토신土神명 흙을 맡아 다스린다는 신. 중국에선 '한 개의 작은 지역을 관할한다는 신'의 뜻으로 쓰인다. 392

토신묘土神廟명 토지신을 모신 사당. 중국에선 '토지묘土地廟'로 불린다. 중국의 농촌에는 마을마다 토지신을 모신 사당이 있어 때마다 토지신(土地, 투디)에게 제사를 지냄으로써 풍요를 기원하고 토지의 은혜에 보답한다. 백석 시 〈귀농歸農〉의 배경인 '백구둔'에는 지금도 '토신묘'가 있다. 392

통① 명 (배추나 박 같은 것의) 알속. 백석 시 〈적막강산〉에서 '통이 지다'는 배추의 속이 실하게 차 오는 것을 말하는 것이다. 447

통② 명 (수량을 나타내는 말 뒤에 쓰여) 물건을 통에 담아 그 분량을 세는 단위. 371

통곡 명 소리를 높여 슬피 욺. 48

통영統營 명 경상남도 남해안 중앙부에 있는 군. 1914년 용남, 거제 양군을 통합하여 통영군으로 칭하였고, 1995년 1월 행정구역 개편 때 충무시와 통영군이 합쳐져 통영시가 되었다. 선조 37년(1604)에 경상도, 전라도, 충청도 세 도를 통할하는 삼도수군통제영三道水軍統制營이 이곳으로 옮겨 와 설치되었다. 통영이란 이름은 여기서 유래된 것이다. 갓과 나전칠기가 유명한 곳이기도 하다. 275

통영統營**장** 명 통영에서 열리는 장. 통영은 당시 경상남도 남해안 중앙부에 있는 군이다. 346

통제사統制使 명 임진왜란 때에, 경상·전라·충청 세 도의 수군을 통솔하는 일을 맡아보던 무관 벼슬. 또는 그 벼슬아치. '삼도수군통제사'와 같은 말. 61

툇마루 명 방과 마당 사이에 있는 좁은 마루. 194

투박하다 형 ① 생김새가 세련되지 않고 둔하다. ② (언행이) 거칠고 세련되지 못하다. 690

튀각 명 마른 다시마나 호도 등을 잘라 기름에 튀긴 음식. 튀각은 절에서 즐겨 먹는 음식이다. 절에선 동물성 음식을 섭취하지 못하므로 튀각에서 식물성 지방을 섭취한다. 172

튀겁 명 '디겁'(질겁, 겁)의 힘준 말. 48

튀튀 부 퉤퉤. 침이나 입 안에 든 것을 자꾸 뱉는 소리. 또는 그 모양. 710

튀튀새 명 티티새. 딱샛과의 새. 편 날개의 길이는 12~14센티미터, 꽁지의 길이는 8~10센티미터로 대체로 검은 갈색이다. 배는 희고 옆구리에 검은 갈색의 무늬가 있다. 다리가 길며 다른 새의 울음소리를 잘 흉내 내고, 곤충과 식물의 씨 따위를 먹는다. 먹이를 주워 먹고는 '티티' 하고 운다. 457

트근히 부 '많이' '수두룩이'의 평북 방언. 650

트다① 동 '켜다'로 추정된다. 팔다리나 네 다리를 쭉 뻗으며 몸을 펴다. 563

트다② 동 식물의 싹, 움, 순 따위가 벌어지다. 611

튼튼하다 형 (몸이) 건강하고 든든하며, 실하다. 608

틀리다 형 다르다. 비교가 되는 두 대상이 서로 같지 아니하다. 804

ㅍ

파[명] 백합과의 여러해살이풀로 높이는 70센티미터 정도이고, 잎은 둥근기둥이며 속이 비어 있다. 특이한 냄새와 맛이 있어 약용하거나 식용한다. 파는 마늘과 함께 한국 음식에 들어가는 대표적인 양념으로 쓰인다. 한방에서는 추위를 덜 타게 하고 답답함을 없애 주며 피를 맑게 해 주고 진통 완화, 지혈 작용을 한다고 한다. 172, 430

파랗다[형] 맑은 가을 하늘이나 깊은 바다, 새싹과 같이 밝고 선명하게 푸르다. 714

파래[명] 푸른빛을 띠는 해조류로서 김과 같이 넓적하고 얇은 것과 가늘고 긴 것 따위가 있다. 바닷가의 조간대潮間帶 상부, 특히 민물이 흘러들어오는 웅덩이의 바위에 붙어 잘 산다. 보통 늦가을부터 초여름까지 번식한다. 향기와 맛이 좋으며, 특히 한국 사람과 일본 사람이 즐겨 먹는다. 172

파리떼[명] 파리의 무리. 481

파리하다[형] 몸이 마르고 낯빛이나 살색이 핏기가 전혀 없다. 609

판데목[명] 경상남도의 통영반도 남쪽 끝과 미륵도 사이의 좁은 수로. 가느다란 사취가 발달하여 반도가 거의 연결되어 있다. 1932년 12월 이곳에 운하가 만들어졌다. 백석 시 〈통영統營—남행시초南行詩抄 2〉에서 "나룻배 타고 판데목 지나간다 간다"는 것은 바로 이곳을 나룻배를 타고 지나가는 것을 말하고 있는 것이다. 275

팔[명] 어깨와 손목 사이의 부분. 501

팔다[동] 값을 받고 물건이나 권리 따위를 남에게 넘기거나 노력 따위를 제공하다. 632

팔다리[명] 팔과 다리를 아울러 이르는 말. 501

팔뚝[명] 팔꿈치로부터 손목까지의 부분. '아래팔'을 일상적으로 이르는 말이다. 501

팔八모알상[팔+모+알+상][명] 테두리가 팔각으로 만들어진 개다리소반. 217

팔벼개하다[동] 팔베개하다. 팔을 베개 삼아 베다. 564

팔원八院[명] 팔원면八院面. 평안북도 영변군寧邊郡에 속해 있는 면面. 당시 영변군은 영변면, 팔원면, 소림면, 봉산면, 연산면, 태평면, 북신현면, 남신현면, 남송면, 용산면, 백령면, 오리면, 고성면, 독산면 등의 14개 면으로 이루어져 있었다. 팔원면은 영변군의 왼쪽 편에 있다. 276

팔짱[명] 두 손을 각각 다른 쪽 소매 속에 마주 넣거나, 두 팔을 마주 끼어 손을 두 겨드랑이 밑으로 각각 두는 일. 53

팟중이명 메뚜깃과의 곤충. 몸의 길이는 3.2~4.5센티미터이고, 몸은 콩중이와 비슷하나 그보다 작다. 몸빛은 팥 색깔과 비슷한 검은 갈색에 앞가슴 가운데 'X'자 모양의 연한 무늬가 있으며, 날개는 검은 갈색이고 앞날개에 잿빛 누런색 무늬가 있다. 한국, 중국 등지에 분포한다. 481

팥명 민간의 속신에서 팥은 벽사辟邪의 기능을 한다. 빨간색이 벽사의 기능이 있다고 믿어 붉은 계통의 팥, 주사朱砂, 주부朱符, 홍색 종이 등이 궁중에서 민간에 이르기까지 벽사로 사용되었다. 백석 시 〈오금덩이라는 곳〉의 용례는 '노친네'가 흉사를 막기 위해 팥을 까는 벽사 행위를 진술하고 있는 것이다. 393

팥소명 떡 속에 넣는, 팥을 삶아 으깬 소. 173

퍼렇다형 다소 탁하고 어둡게 푸르다. 715

퍼지다동 어떤 물질이나 현상 따위가 넓은 범위에 미치다. 754

펑하다형 둥글게 퍼져 있다. 690

펴다①동 넓게 늘어놓거나 골고루 헤쳐 놓다. 백석 시 〈고야古夜〉에선 '소문을 늘어놓다'의 의미로 사용되고 있다. 510

펴다②동 굽은 것을 곧게 하다. 또는 움츠리거나 구부리거나 오므라든 것을 벌리다. 691

편안하다형 편하고 걱정 없이 좋다. 532

평안도平安道명 평안남도와 평안북도를 아울러 이르는 말. 평안도는 조선 시대 행정구역상 8도의 하나로 평양과 안주에서 첫 자를 따와 만든 지명이다. 1896년 13도제로 개편함에 따라 청천강을 경계로 평안남도와 평안북도로 나뉘었다. 276

평안하다형 걱정이나 탈이 없다. 532

평풍명 '병풍'의 방언(평북, 황해). 바람을 막거나 무엇을 가리기 위하여, 또는 장식용으로 방 안에 치는 물건. 218

포족족하다부 '포르족족하다'의 변형. 칙칙하고 고르지 아니하게 파르스름하다. 715

푯標말명 어떤 것을 표지하기 위하여 세우는 말뚝. 416

푸념명 마음에 품은 불평을 늘어놓음. 또는 그런 말. 48

푸둥푸둥하다형 통통하게 살이 찌고 부드럽다. 609

푸르다형 맑은 가을 하늘이나 깊은 바다, 풀의 빛깔과 같이 밝고 선명하다. 715

푸르스름하다형 조금 푸르다. 715

푹석하다형 물건이 푸석하여 가라앉거나 부스러지기 쉽다. 733

푹푹부 눈 같은 것이 많이 내리는 모양을 나타내는 말. 679

풀명 초본식물을 통틀어 이르는 말. 땅 위의 줄기가 나무와 같은 목질木質을 이루지 못하여 줄기가 연하고, 대개 한 해를 지내고 죽는다. 438

풀다동 마음에 맺혀 있는 것을 해결하여 없애거나 품고 있는 것을 이루다. 774

풀리다[동] 얼었던 것이 녹다. 682

풀밭[명] 잡초가 많이 난 땅. 303

품바타령[명] 구전 민요의 하나. 동냥하는 사람이 장이나 길거리로 돌아다니면서 구걸을 할 때 부르는 노래. '장타령'의 후렴구를 따서 달리 이르는 말이며, '각설이 타령'이라고도 한다. 원문에는 '품마타령'으로 표기되어 있는데, 실제의 후렴구를 그대로 옮긴 것일 수도 있다. 358

풍구재[명] '풍구'의 평북 방언. 곡물에 섞인 쭉정이, 겨, 먼지 따위를 날려서 제거하는 농기구. 한쪽에 큰 바람구멍이 있고, 큰북 모양의 통 내부에 있는 여러 개의 넓은 깃이 달린 바퀴를 돌려서 낟알과 잡물을 가려낸다. 341

풍속[명] 옛날부터 그 사회에 전해 오는 생활 전반에 걸친 습관 따위를 이르는 말. 57

퓌다①[동] 피다. 꽃봉오리 따위가 벌어지다. 612

퓌다②[동] 피우다. 사람이 행동이나 태도를 나타내 보이다. 548

프랑시쓰 잼[명] 프랑시스 잠Francis Jammes. 프랑스의 시인(1868~1938). 오랫동안 프랑스에서 위세를 떨친 상징주의 문학이 쇠퇴할 무렵 프랑시스 잠의 시집《새벽의 삼종에서 저녁의 삼종까지》(1898)가 새로운 반향을 불러일으켰다. 잠의 시는 이전의 상징주의 문학처럼 관념적이거나 감각적이지 않았고, 막연히 자연으로 돌아가자는 구호를 담은 것도 아니었다. 잠은 일상적이고 평범한 것에서 아름다움과 사랑을 이끌어 내었으며 천진하고 어린아이와 같은 시선이 담긴 소박하고 부드러운 시를 주로 썼다. 1905년 기독교에 귀의하였고 일생의 대부분을 프랑스 남서부 피레네 산맥 아래의 산간 지방에서 보냈다. 99

플랫폼[명] 역에서 기차를 타고 내리는 곳. 351

피[명] 사람이나 동물의 몸 안의 혈관을 돌며 산소와 영양분을 공급하고, 노폐물을 운반하는 붉은색의 액체. 501

피나무[명] 피나뭇과의 낙엽 활엽 교목으로 우리나라 전국의 산과 계곡 음지에서 자란다. 높이는 20미터 정도이며, 잎은 어긋나고 넓은 달걀 모양이다. 6월에 노란색을 띤 녹색 꽃이 피고 열매는 공 모양의 견과堅果로 9~10월에 익는다. 피나무 껍질은 섬유질이 매우 발달해 있어 예부터 고급 밧줄을 만들 때 사용하였고, 목재는 재질이 좋아 바둑판이나 밥상 같은 고급 가구재로 쓴다. 437

피다[동] 꽃봉오리 따위가 벌어지다. 612

피성하다[형] 피가 성盛하다. 핏발이 크게 서다. 피멍이 크게 들다. 600

피여나다[동] 피어나다. 꽃 따위가 피게 되다. 612

피우다[동] 어떤 물질에 불을 붙여 연기를 빨아들였다가 내보내다. 685

필[의] 일정한 길이로 말아 놓은 피륙을 세는 단위. 372

핏대명 큰 혈관. 502

핑부 갑자기 눈물이 글썽해지는 모양. 555

ㅎ

하나 수 수효를 세는 맨 처음 수. 365

하누바람 명 하늬바람. 서북쪽이나 북쪽에서 불어오는 바람. 313

하눌 명 하늘. ① 지평선이나 수평선 위로 아득히 높이 보이는 무한대의 공간. ② '하느님' (우주를 창조하고 주재한다고 믿어지는 초자연적인 절대자)을 달리 이르는 말. 305

하늑이다 동 물결 따위가 가볍게 굼실거리다. 682

하늘 명 지평선이나 수평선 위로 아득히 높이 보이는 무한대의 공간. 305

하다① 동 사람이나 동물, 물체 따위가 행동이나 작용을 이루다. 774

하다② 동 (간접 인용에는 '-고'가, 직접 인용에는 '-라고'가 쓰여) 이르거나 말하다. 511

하다③ 동 (의성어 뒤에 쓰여) 그런 소리가 나다. 또는 그런 소리를 내다. 704

하다④ 동 일정한 시각이나 시기에 이르다. 678

하다⑤ 동 나열되거나 되풀이되는 둘 이상의 일을 서술하는 기능을 나타내는 말. 783

하다⑥ 동 표정이나 태도 따위를 짓거나 나타내다. 548

하다⑦ 동 생각하거나 추측하다. 541

하다⑧ 동 어떤 방식으로 행위를 이루게 하다. 777

하다⑨ 보조동 (동사나 형용사 뒤에서 '-게 하다' 구성으로 쓰여) 앞말의 행동을 시키거나 앞말이 뜻하는 상태가 되도록 하다. 777

하다⑩ 보조동 (동사 뒤에서 '-기는 하다', '-기도 하다', '-기나 하다' 따위의 구성으로 쓰여) 앞말이 뜻하는 행동을 일단 긍정하거나 강조함을 나타내는 말. 806

하다⑪ 보조형 (형용사 뒤에서 '-기는 하다', '-기도 하다', '-기나 하다' 따위의 구성으로 쓰여) 앞말이 뜻하는 상태를 일단 긍정하거나 강조함을 나타내는 말. 806

하다⑫ 보조동 동사 뒤에서 '-으려(고) 한다', '-고자 한다' 구성으로 쓰여, 앞말이 뜻하는 행동이나 상태를 의도하거나 바람을 나타내는 말. 541

하다⑬ 보조동 동사의 부사형 어미 '-어야' 뒤에 쓰여, 당연함을 나타내는 말. 807

하다⑭ 보조동 (동사 뒤에서 '-고는 하다', '-곤 하다' 구성으로 쓰여) 앞말이 뜻하는 행동을 습관처럼 하거나 앞말이 뜻하는 상황이 반복되어 일어남을 나타내는 말. 784

하다⑮ 보조동 ('듯 하다'의 형태로 쓰여) 앞말의 일이나 상태가 벌어지는 것을 나타내는 말. 778

하다⑯보조형 백석 시 〈촌에서 온 아이〉에서 '하다'는 그 앞의 '듯도'와 결합해 '듯하다'의 형태로 쓰인 것이다. '듯하다'는 관형사형 어미 뒤에 쓰여, 앞말이 뜻하는 사건이나 상태 따위를 짐작하거나 추측함을 나타내는 말. 541

하다⑰동 '할 수 없이'의 관용적 표현으로 쓰여 '어찌할 방법이나 도리 없이'의 뜻을 지닌다. 545

하다⑱형 '체언+만(보조사)'의 구성 뒤에 서술어로 쓰여서, '비교 대상에 미치다'의 뜻을 나타내는 말. 778

하다⑲형 '많다'의 고어. 650

하답夏畓명 여름 논. 338

하로명 '하루'의 고어, 방언(경상, 전남). 332

하로밤명 하룻밤. 어떤 날 밤. 332

하로종일명 하루 종일. 하루의 아침부터 저녁까지의 온 하루. 332

하로진일명 하루진일盡日. 하루 온종일. 하루 종일(하루의 아침부터 저녁까지의 온 하루). 332

하루종일명 하루의 아침부터 저녁까지의 온 하루. 332

하리불명 화롯불. 화로에 담아 놓은 불. 408

하이얗다형 하얗다. 깨끗한 눈이나 밀가루와 같이 밝고 선명하게 희다. 715

하폄명 '하품'의 방언(평북, 함남). 졸리거나 고단하거나 배부르거나 할 때, 절로 입이 벌어지면서 하는 깊은 호흡. 507

학실명 '돋보기'의 평북 방언. 126

한①관 (일부 단위를 나타내는 말 앞에 쓰여) 그 수량이 하나임을 나타내는 말. 650

한②관 (수량을 나타내는 말 앞에 쓰여) '대략'의 뜻을 나타내는 말. 656

한③관 '어떤'의 뜻을 나타내는 말. 830

한가로이부 한가한 느낌이 있게. 532

한가하다형 겨를이 생겨 여유가 있다. 532

한겨을명 한겨울. ① 한창 추위가 심한 겨울. ② 겨울 내내. '겨을'은 겨울의 고어, 방언(평북, 전라, 충청, 강원). 333

한겻명 반나절. 333

한고향명 같은 고향. 226

한구석명 한쪽으로 치우쳐 구석진 곳. 245

한끝나게부 한껏. 할 수 있는 데까지. 또는 한도에 이르는 데까지. 657

한녀름명 한여름. ① 여름 중에 한창 더운 시기. ② 여름 한 철. 333

한물명 같은 물. 405

한물통명 같은 물통. 218

한벌판명 벌판 한가운데. 303

한불명 하나 가득. '불'은 묶음이나 횟수를 나타내는 단위명사. 366

한산도閑山島명 경상남도 통영군의 미륵도 앞바다에 있는 섬. 현재 행정구역상 통영시에서 뱃길로 2킬로미터 정도 떨어져 있다. 이순신의 수군水軍 근거지로 전해진다. 면적은 15.55제곱킬로미터. 277

한없이부 끝이 없이. 657

한울명 하늘. ① 지평선이나 수평선 위로 아득히 높이 보이는 무한대의 공간. ② '하느님'(우주를 창조하고 주재한다고 믿어지는 초자연적인 절대자)을 달리 이르는 말. 305

한울빛명 하늘빛. ① 하늘의 빛깔. ② 맑은 하늘의 빛깔과 같은 연한 파란빛. 408

한입명 한 번 입을 벌린 상태. 54

한잔명 간단하게 한 차례 마시는 차나 술 따위. 137

한잠명 ① 잠시 자는 잠. ② 깊이 든 잠. 507

한종일부 날이 저물 때까지. 678

한종일내부 한종일 내내. '한종일'과 같은 말이지만 시간의 경과를 더 강조한 말. 678

한쪽명 어느 하나의 편이나 방향. 246

한참명 시간이 상당히 지나는 동안. 333

한창부 어떤 일이 가장 활기 있고 왕성하게 일어나는 모양. 또는 어떤 상태가 가장 무르익은 모양. 657

한탄명 원통하거나 뉘우치는 일이 있을 때 한숨을 쉬며 탄식함. 또는 그 한숨. 49

할머니명 아버지의 어머니를 이르는 말. 72

할미명 '할머니'나 '할멈'을 홀하게 이르는 말. 73

할미귀신명 '눈귀신'을 가리킨다. 할미귀신은 우리 민속에 자주 등장하는 귀신인데, 백석의 시에선 '눈귀신'을 지칭하고 있다. 물귀신이 물속에서 사람을 해치는 귀신이므로, 할미귀신인 눈귀신도 눈 내리는 날 나타나서 사람을 해치는 귀신일 것이다. 393

할아버지명 아버지의 아버지를 이르는 말. 73

핥다동 혀가 물체의 겉면에 살짝 닿으면서 지나가게 하다. 627

함경도咸鏡道명 함경남도와 함경북도를 아울러 이르는 말. 조선 시대 행정구역상의 8도의 하나로 원래 태조 때는 영길도라 하였다가 후에 함길도, 영안도 등으로 이름이 바뀌었고, 1509년에 함흥과 경성의 첫 자를 따서 함경도가 되었으며, 1896년에 함경남도와 함경북도로 나뉘었다. 277

함곡관函谷關명 한구 관函谷關. 중국의 허난 성河南省 북서부에 있는 관문. 허난 성河南省,

산시 성陝西省, 산시 성山西省 3성의 교차 지대에 위치해 있다. 동쪽의 중원으로부터 서쪽의 관중關中(산시 성陝西省의 서안 일대)으로 통하는 관문이다. 동서 8킬로미터에 걸친 황토층黃土層의 깊은 골짜기로 되어 있어 양안兩岸이 깎아지른 듯 솟아 있고, 벼랑 위의 수목이 햇빛을 차단하기 때문에 낮에도 어두우며, 그 모양이 함函처럼 깊이 깎여 세워져 있어 이러한 이름이 생겼다. 277

함께 [부] 한꺼번에 같이. 또는 서로 더불어. 793

함남도안咸南道安 [명] 함경남도 도안. '도안'은 함경남도 신흥군新興郡(지금 행정구역으로는 부전군)에 있는 지역 이름. 부전강을 막아서 부전고원(개마고원 아래에 있다) 위에 만든 인공 호수인 부전호수 아래에 위치해 있다. 당시 일제는 부전강의 계곡을 막아 댐을 축조해 부전강발전소를 만들어서 흥남질소비료공장에 송전하였으며, 물자의 수송을 위해 이곳 도안까지 철도를 가설하였다. 당시 인공으로 조성된 이 호수는 주변의 경관이 아름다워 유명한 명승지로서 이름을 날렸다. 백석 시 〈함남도안咸南道安〉은 이곳을 여행한 체험을 담은 작품이다. 278

함박꽃 [명] 함박꽃나무의 꽃. 흰색이며 5~6월에 핀다. 함박꽃나무(함박)는 목련과의 낙엽 활엽 소교목. 높이는 7미터 정도이며, 잎은 어긋나고 긴 타원형으로 광택이 난다. 5~6월에 흰색의 큰 꽃이 밑을 향해 피고 열매는 골돌과蓇葖果로 9월에 익는다. 관상용으로 재배하며, 함경북도를 제외한 한국 각지와 일본, 중국 등지에 분포한다. 442

함박눈 [명] 굵고 탐스럽게 내리는 눈. 313

함북 [부] '함빡'에서 온 말. 보통이 아니게 몹시. 657

함빡 [부] 보통이 아니게 몹시. 657

함주군咸州郡 [명] 함경남도 중남부에 있는 군. 남동쪽은 동해에 면해 있다. 수륙 교통의 요충지이고 농산·축산·수산·광산 따위의 각종 산물이 나며, 명승지로 본궁·의릉·정화릉·귀주사·진흥왕 순수비 따위가 있다. 당시 행정구역상으론 함주군 안에 함흥부가 있었다. 280

함주시초咸州詩抄 [명] '함주' 여행을 주제로 한 시들을 뽑아 묶은 것. 백석이 지은 연작시의 큰 제목이다. '함주'는 함경남도에 속한 군 지명이다. 당시 행정구역상으론 함주군 안에 함흥부가 있었다. 백석은 함흥 영생고보의 교사를 지낸 적이 있는데, 〈함주시초咸州詩抄〉는 이 시절 주변 일대의 여행 체험을 바탕으로 한 연작 기행시이다. 359

함지 [명] 통나무를 파서 만든 큰 나무 그릇의 한 가지. 운두가 조금 깊으며 밑부분보다 위가 넓다. 218

합문 [명] 제사 절차의 하나. 유식侑食하는 차례에서 문을 닫거나 병풍으로 가려 막는 일을 말한다. '유식'이란 제주가 잔에 술을 따르고 젯메에 숟가락을 꽂으며 젓가락을 대접 위에 올려놓은 뒤, 제관들이 불을 끄고 문밖에 나와 기다리는 것을 말하며, 이 과정에서 망자의 혼이 식사를 할 수 있도록 문을 닫거나 병풍을 치는 것을 '합문'이라고 한다. 396

합장하다 동 (불교 신자나 승려가) 서로 인사를 하거나 부처에게 절을 할 때 두 팔을 가슴께로 올려 두 손바닥과 열 손가락을 마주 합치다. 564

항구港口 명 배가 안전하게 드나들도록 바닷가에 부두 따위를 설비한 곳. 351

항라적삼 명 항라로 지은 적삼. '항라'는 명주, 모시, 무명실 따위로 짠 피륙의 하나. 씨를 세 올이나 다섯 올씩 걸러서 구멍이 송송 뚫어지게 짠 것으로 여름 옷감으로 적당하다. '적삼'은 홑저고리를 가리킨다. 118

항악 명 악을 쓰며 대드는 짓. 흔히 애들이나 젊은 여인의 행위에서 볼 수 있다. 57

해① 명 태양계의 중심이 되는 높은 열과 빛을 내는 항성. 또는 그 빛. 낮에 세상을 밝게 하는 항성으로, 밤에 보이는 달과 대비된다. 306

해② 명 지구가 태양을 한 바퀴 도는 동안. 한 해는 열두 달로, 양력으로는 365.25일이고 음력으로는 354일이다. 333

해③ 의 (주로 고유어 뒤에 쓰여) 지구가 태양을 한 바퀴 도는 동안을 세는 단위. 372

해바라기하다 동 추울 때 양지바른 곳에 나와 햇볕을 쬐다. 685

해바르다 형 위치가 햇볕을 잘 받게 되어 있다. 722

해밝다 형 희고 밝다. 723

해변 명 바닷물과 땅이 서로 닿은 곳이나 그 근처. '바닷가'와 같은 말. 291

해변땅 명 해변에 접해 있는 땅. 291

해변벌 명 해변에 있는 벌. 갯벌. 291

해빛 명 햇빛(해의 빛). 408

해삼 명 해삼강의 동물을 일상적으로 통틀어 이르는 말. 몸이 부드럽고 오이 모양으로 온몸에 오톨도톨한 돌기가 많이 나 있으며, 검푸른 갈색 또는 검붉은 갈색이다. 몸의 앞 끝에 입이 있고, 입 주위에 있는 촉수로 미생물을 잡아먹는다. 173, 483

해쓱하다 형 얼굴에 핏기나 생기가 없이 하얗다. 609

해자 명 '해海'라는 한자. 359

해정하다 형 매우 희고 깨끗하다. 또는 매우 맑고 깨끗하다. 798

해지다 동 (사물이) 낡아서 닳아지다. '해어지다'의 준말. 691

해치우다 동 어떤 일을 빠르고 시원스럽게 끝내다. 627

햇강아지 명 그해에 새로 태어난 강아지. 476

햇귀 명 햇살이 비치는 곳. 408

햇기장 쌀명 '햇기장 쌀'은 그해에 새로 난 기장 열매를 찧어 껍질을 벗긴 것을 말한다. '기장'은 볏과의 한해살이풀로 높이는 50~120센티미터이고, 이삭은 가을에 익으며, 가뭄과 병충해의 피해를 가장 적게 받는다. 기장 열매는 '황실黃實'이라고도 하는데 엷은 누런색으로 떡, 술, 엿, 빵 따위의 원료나 가축의 사료로 쓴다. 173

햇볕명 해가 내리쬐는 뜨거운 기운. 313

햇비명 햇볕이 나 있는데 잠깐 내리다가 곧 그치는 비. '여우비'와 같은 말. 313

햇츩방석명 햇칡 방석. 그해에 새로 나온 칡을 엮어서 만든 방석. 218

햇콩두부명 그해에 새로 난 콩인 햇콩으로 만든 두부. 콩을 물에 불려 분쇄기에 갈아 가열시켜 베주머니에 넣고 걸러 짜서 콩물과 비지로 나누며, 그중 콩물에 응고제인 간수를 넣어 굳어진 덩어리를 구멍 뚫린 상자에 넣고 누름돌로 눌러 물기를 뺀 다음, 두부가 충분히 굳어지면 상자째 물에 집어넣어 물속에서 상자는 빼내고 두부는 잠시 물에 담가 둔다. 이렇게 하면 여분의 응고제가 모두 빠져서 맛이 좋아지는데, 이렇게 되는 것을 숨이 들어간다고 한다. 173

행길명 다니는 큰 길. 230

향기명 꽃, 향, 향수 따위에서 나는 좋은 냄새. 420

향기롭다형 향기가 있다. 701

향香내명 향기로운 냄새. 420

향산香山명 묘향산. 평안북도 영변군 북신현면(지금은 신현면과 백령면의 경계)에 있는 산(지금의 행정구역으로는 신현면과 백령면의 경계에 있다). 향기로운 나무들이 많고 산이 기묘하게 생겼다 하여 붙은 이름이다. 묘향산맥의 주봉으로서, 단군이 내려왔다는 전설로 유명하다. 산속에는 보현사와, 서산西山, 사명四溟 두 대사의 원당願堂이 있다. 높이는 1,909미터이다. 280

향수鄕愁명 고향을 그리워하는 마음 또는 그로 인한 시름. 49

향악饗樂명 잔치 노래. 359

향하다동 ① 무엇이 어느 한 방향을 취하게 하다. ② 어느 한쪽을 정면이 되게 대하다. 663

허리명 사람이나 동물의 갈빗대 아래에서부터 엉덩이까지의 잘록한 부분. 502

허리도리명 몸의 허리가 있는 부분. 502

허옇다형 다소 탁하고 흐릿하게 희다. 717

허준許俊명 소설가(1910~?). 평북 용천龍川 출신. 정현웅과 함께 백석의 가장 절친한 친구 중 한 명. 용천은 정주와 인접한 곳이어서 허준은 백석의 동향친구나 진배없다고 할 수 있다. 일본 호세이法政 대학을 졸업하고 조선일보 기자를 지냈으며, 1935년 10월 《조선일보》에 시 〈모체母體〉를 발표하였고, 1936년 2월 《조광》에 〈탁류濁流〉

를 발표하면서 소설 창작에 집중하였다. 해방 이전에는 고독한 자아의 내면 심리를 그려 낸 〈야한기夜寒記〉, 〈습작실에서〉 등을 발표하였고 해방 이후에는 조선문학가 동맹에 가담하였다. 〈잔등〉, 〈한식일기〉, 〈속續습작실에서〉, 〈평때저울〉, 〈역사〉 등을 발표하였고, 이후 한국전쟁 이전 시기에 월북하였다. 중편소설 〈잔등〉은 해방 체험을 담담하고 객관적으로 묘파한 작품으로 주목된다. 소설집으로 《잔등》(1946)이 있다. 99

헌관 오래되어 성하지 아니하고 낡은. 691

헌신짝명 헐어 떨어져서 못 신게 된 신짝. 130

헐리다동 '헐다'의 피동사. (집이나 쌓인 물건이) 허물어져 내려앉거나 흩어지다. 768

험상궂다형 모양이나 상태가 매우 거칠고 험하다. 609

헝겊심지명 헝겊으로 된 심지. 등잔, 남포등, 초 따위에 헝겊을 꼬아서 불이 붙게 만든 물건. 218

헝겊조각명 '헝겊'(피륙의 조각). 122

헤매이다①동 갈 바를 몰라 이리저리 돌아다니다. 593

헤매이다②동 방향 없이 이리저리 왔다 갔다 하다. 541

헤여달다[헤다+이+달다]동 켜 달다. '헤다'는 '켜다'(등잔이나 양초 따위에 불을 밝히거나 성냥이나 라이터 따위에 불을 일으키다)의 방언(평안, 함북, 황해, 강원). 685

혀끝명 혀의 끝 부분. 502

혀다동 '켜다'의 고어, 평북 방언. 등잔이나 양초 따위에 불을 붙이거나 성냥이나 라이터 따위에 불을 일으키다. 685

형명 같은 부모에게서 태어난 사이이거나 일가친척 가운데 항렬이 같은 사람들 사이에서 손윗사람을 이르거나 부르는 말. 주로 남자 형제 사이에 많이 쓴다. 73

형제명 같은 부모에게서 난 형제와 자매, 남매를 통틀어 이르는 말. 74

혜이다동 헤다. '혜다'는 '세다'(사물의 수효를 헤아리거나 꼽다)의 고어, 함북 방언. '세다'의 고어로 '헤다'와 '혜다'가 모두 쓰이고 있다. 779

호궁胡弓**명** ① 동양 현악기의 하나. 바이올린과 비슷한 악기로, 네 개의 현으로 이루어져 있으며 말총으로 맨 활로 탄다. ② 중국 호궁류의 악기인 호금. 백석 시 〈두보杜甫나 이백李白같이〉에서는 ②의 뜻으로 쓰인 것으로 보이며, 이 호금은 해금과 유사하게 생겼다. 360

호끈히부 갑자기 조금 따뜻하게. 733

호랑이명 고양잇과의 포유동물. 476 ☞ 범①

호루기의 젓갈명 '호루기'는 '살오징어의 어린 것'을 말하며, 이것으로 만든 젓갈이 '호루기의 젓갈'이다. 《통영시지》의 설명에 따르면 '살오징어'는 제주도 남쪽의 따뜻한 바다에서 겨울을 나고 거기에서 산란, 부화되어 쓰시마난류를 타고 북상하여 봄철 남해안 일대에서 성장하는 것인데, 그 어린 것을 '호리기'라고 부른다고 한다. '호리기'는 바로 '호루기'를 가리키는 것이다. 어린 살오징어인 '호루기'(호리기)는 몸통의 길이가 7~8센티미터 정도 되는데, 이것을 통째로 소금에 절인 것이 호루기젓(호리기젓)이다. 이 '호루기젓'(호리기젓)은 한여름이면 잘 익어서 최고의 밥반찬으로 꼽힌다. 173

호박꽃 명 호박 덩굴에 피는 꽃. 오렌지 빛의 큰 통꽃으로 수꽃과 암꽃이 있다. 442

《호박꽃 초롱》 명 강소천의 동시집. 1941년 박문서관에서 간행되었다. 〈《호박꽃 초롱》 서시序詩〉는 백석이 이 시집에 대해 쓴 축시로서 시집 앞머리에 수록되어 있다. 359

호박닢 명 호박잎. 식용하는 호박의 어린잎. 주로 찜통이나 밥솥에 살짝 쪄서 먹는다. 섬유소와 비타민이 풍부하고 항암 작용이 있는 음식으로 알려져 있는데, 단백질이 부족해서 예부터 호박잎을 먹을 때는 된장이나 생선 조림을 곁들여 먹었다. 174

호박떡 명 청둥호박을 생것으로 얇게 썬 것이나 오가리를 떡가루에 넣고 찐 시루떡. 174

호박떼기하다 동 호박떼기 놀이를 하다. '호박떼기 놀이'는 앞사람의 허리를 잡고 한 줄로 늘어앉아서 하는 놀이이다. 호박 따는 할멈과 호박 지키는 할멈을 정해 놓고 서로 노래를 주고받으며 간지럼을 태우는 등 여러 가지 방법으로 제일 뒤에 붙어 있는 호박(아이)을 하나씩 따며 즐기는 놀이이다. 지역에 따라 '수박떼기' 라고도 한다. 635

호박씨 명 호박의 씨. 보통 볶아서 식용한다. 호박씨에는 질 좋은 불포화지방산과 필수아미노산인 메티오닌 등이 많이 들어 있어 동맥경화 및 노화 방지에 좋고, 간을 보호하는 작용도 있는 것으로 알려져 있다. 174

호박죽 명 기장쌀에 익은 참호박을 썰어 넣어 만든 죽. 호박죽은 더운 것보다 식혀서 먹는 맛이 더 낫고, 특히 겨울밤 뜨뜻한 구들에서 찬 죽을 밤참으로 먹는 것이 아주 별미라고 한다. 174

호수湖水 명 넓은 땅에 물이 일정한 깊이로 고여 있는 곳. 못이나 늪보다 크다. 291

호이호이 형 '휘휘'에서 변형된 말. 휘파람을 자꾸 부는 소리. 710

호젓하다 형 ① 후미져서 무서움을 느낄 만큼 고요하다. ② 매우 홀가분하여 쓸쓸하고 외롭다. 736

호주를하니 부 후주른하니. 옷 같은 것이 물에 젖거나 풀기가 빠져 볼모양 없이 축 늘어지고 홀홀하게. 691

호호히 부 넓고 깨끗하고 맑게. 662

혹은 부 그렇지 않으면. 또는. 813

혼魂 명 사람의 몸 안에 있으면서 그것을 거느리고 목숨을 붙어 있게 하며, 죽어도 영원

히 남아 있다는 비물질적이고 초자연적인 존재. 51

혼삿말명 혼인에 대하여 오가는 말. '혼담婚談'과 같은 말. 42

혼자①명 다른 사람과 어울리거나 함께 있지 아니하고 그 사람 한 명만 있는 상태. 366

혼자②부 다른 사람과 어울리거나 함께 있지 아니하고 동떨어져서. 652

홀로부 자기 혼자서만. 652

홀아비명 아내를 잃고 혼자 지내는 사내. 89

홀어미명 남편을 잃고 혼자 자식을 키우며 사는 여자. 89

홍게닭명 홍계(紅鷄)닭. 닭의 벼슬이 붉어서, 또는 토종닭이 보통 붉은 계통의 빛깔을 띠고 있어서 이런 이름을 붙인 것 같다. 458

홍공단명 홍공단(紅貢緞). 붉은 빛깔의 공단. '공단貢緞'은 두껍고, 무늬는 없지만 윤기가 도는 고급 비단을 말한다. 122

홍녀洪女명 홍씨洪氏 성姓을 지닌 아버지의 딸. 평북 지방에서 아이들을 지칭할 때 딸인 경우 아버지 성 밑에 '녀女'를 붙이고 아들인 경우 '동이'를 붙여 부르곤 한다. 100

홍洪동이명 홍씨洪氏 성姓을 지닌 아버지의 아들. 평북 지방에서 아이들을 지칭할 때 딸인 경우 아버지 성 밑에 '녀女'를 붙이고 아들인 경우 '동이'를 붙여 부르곤 한다. 100

화끈부 몸이나 쇠 따위가 뜨거운 기운을 받아 갑자기 달아오르는 모양. 606

화디명 '등잔걸이'(등잔을 걸어 놓는 기구)의 평북 방언. 218

화라지송침명 옆으로 길게 뻗은 소나무 가지를 꺾어서 말린 땔나무. 그 뒤에 '단채로'(묶음 그대로)란 말이 나오는 것으로 보아 땔나무를 다발로 장만해 놓은 것을 가리킨다고 할 수 있다. 447

화로명 숯불을 담아 놓는 그릇. 주로 불씨를 보존하거나 난방을 위하여 쓴다. 218

화륜선명 예전에, '기선汽船'을 달리 이르던 말. 349

화리서리부 활개를 치며 다니는 모습을 나타낸 말로 짐작된다. 564

환하다형 빛이 비치어 맑고 밝다. 723

활씬부 '훨씬'보다 어감이 작은 말. 어떤 것에 비하여 그 정도가 더하게. 658

황일黃日명 누런 날, 누런 태양. 333

황토명 누렇고 거무스름한 흙. 410

황하黃河명 황허 강黃河江. 중국 서부에서 북부로 흐르는 강. 중국에서 두 번째로 큰 강으로 칭하이 성青海省의 야허라다허쩌 산雅合拉達合澤山에서 시작하여 화베이華北 평야를 흘러 보하이 만渤海灣으로 들어간다. 황토와 뒤섞인 누런 강물로 이루어져 있다. 중·하류는 중국 문명의 요람지로서 유명하다. 길이는 5,464킬로미터. 280

황하당세명 황아장수. 집집을 찾아다니며 끈목, 담배쌈지, 바늘, 실 따위의 자질구레한 일용 잡화를 파는 사람. 61

황하두명 황해도. 우리나라 중서부에 있는 도. 삼국 시대에는 고구려의 땅이었으며, 조선 태종 때에 지금의 이름이 되었다. 현재 북한에서는 황해남도와 황해북도로 나뉘어 있다. 281

황화장사명 황아장수. 집집을 찾아다니며 끈목, 담배쌈지, 바늘, 실 따위의 자질구레한 일용잡화를 파는 사람. 61

홰의 새벽에 닭이 올라앉은 나무 막대를 치면서 우는 차례를 세는 단위. 372

홰냥닭[홰+냥+닭]명 홰에 올라앉은 닭. 458

홰즛하다형 호젓하다. 외따로 떨어져 적적하고 고요하다. 736

횃대명 긴 장대를 잘라 두 끝에 끈을 매어 벽에 달아 놓고 옷을 거는 막대. 우리 옷은 접거나 걸쳐서 보관할 수 있도록 만들어져 있어 이러한 형태의 옷걸이가 생긴 것이다. 보통 방 한구석에 달아 매 외출복을 걸쳐 놓는다. 우리 옷의 형태가 평면 재단에서 입체 재단으로 바뀌면서 횃대의 사용은 줄고 지금과 같은 옷걸이가 많이 쓰이게 되었다. 219

횅하다형 막힌 데 없이 시원스럽게 뚫려 있다. 662

회명 고기나 생선 따위를 날로 잘게 썰어서 먹는 음식. 초고추장이나 된장, 간장, 겨자, 소금 따위에 찍어 먹는다. 137

회담벽명 회(석회)를 바른 담벽. 하얀빛을 띤다. 199

회순명 '회나무'(화살나무)나 '회잎나무'의 순, 즉 어린 싹을 말한다. '회나무'(화살나무)는 주로 산기슭이나 산허리에 나는 노박덩굴과의 낙엽 활엽 관목으로 줄기에 화살의 깃처럼 생긴 코르크질의 날개가 붙어 있고, 6월경에 황록색 꽃이 핀다. 이른 봄의 어린잎은 나물로 먹는다. 회나무(화살나무) 가운데 가지에 날개가 없는 것을 회잎나무라고 한다. 봄에 돋아나는 회잎나무의 어린 줄기와 잎은 데쳐서 무쳐 먹는다. 174, 448

회채리명 회초리. 때릴 때에 쓰는 가는 나뭇가지. 416

효자노적지지정문孝子盧迪之之旌門명 '효자 노적지를 기리는 정문旌門'이라는 뜻. '정문'은 충신, 효자, 열녀 등에 대한 표창으로 그 집에 세워 주는 붉은 칠을 한 대문. 편액을 그 위에 단다. '효자노적지지정문孝子盧迪之之旌門'은 그 편액에 적힌 글귀이다. 359

후손명 자신의 세대에서 여러 세대가 지난 뒤의 자녀를 통틀어 이르는 말. 74

후처명 다시 혼인하여 맞은 아내를 이르는 말. 74

후치명 '극젱이'의 방언(평북, 함남, 경남, 강원). 땅을 가는 데 쓰는 농기구. 쟁기와 비슷하나 쟁깃술이 곧게 내려가고 보습 끝이 무디다. 소 한 마리로 끌어 쟁기로 갈아 놓은 논밭에 골을 타거나, 흙이 얕은 논밭을 가는 데 쓴다. 341

훈훈하다[형] 날씨나 온도가 견디기 좋을 만큼 덥다. 733

훗날[명] 시간이 지나 뒤에 올 날. 333

훗자손[명] 후손. 자신의 세대에서 여러 세대가 지난 뒤의 자녀를 통틀어 이르는 말. 74

훤하다[형] (비치는 것이) 물체를 꽤 가려볼 만큼 밝다. 723

휘장마차[명] 휘장(피륙을 여러 쪽으로 이어서 빙 둘러치는 장막)을 한 마차. 349

흉사[명] ① 흉하고 언짢은 일. ② 사람이 죽은 일. 58

흐르다[동] 액체 따위가 낮은 곳으로 내려가거나 넘쳐서 떨어지다. 683

흐리다①[형] 잡것이 섞여 깨끗하지 못하다. 723

흐리다②[형] 하늘에 구름이나 안개 따위가 끼어 햇빛이 밝지 못하다. 667

흔들다[동] 위아래나 좌우로 연하여 움직이게 하다. 692

흔하다[형] 보통보다 더 자주 있거나 일어나서 쉽게 접할 수 있다. 652

흘리다[동] 몸에서 땀, 눈물, 콧물, 피, 침 따위의 액체를 밖으로 내다. 683

흙[명] 지구의 표면을 덮고 있는, 바위가 부스러져 생긴 가루인 무기물과 동식물에서 생긴 유기물이 섞여 이루어진 물질. 410

흙꽃[명] 흙먼지. 410

흙담벽[명] 흙으로 쌓아 만들거나 흙을 바른 담벽. 200

흙장난하다[동] 흙을 가지고 장난하다. 636

흠향[명] 신명神明이 제물을 받아서 먹음. 397

흥[명] 재미나 즐거움을 일어나게 하는 감정. 49

흥성거리다[동] 여러 사람이 활기차게 떠들며 계속 흥겹고 번성한 분위기를 이루다. 737

흥성하다[형] 흥에 겨워 떠들썩할 만큼 번화하거나 푸짐하다. 737

흥성흥성[부] 사람들이 활기 있게 떠들며 흥겨운 분위기를 이루는 모양을 나타내는 말. 737

흥성흥성하다[형] 매우 흥성하다. 흥에 겨워 떠들썩할 만큼 매우 번화하거나 푸짐하다. 737

흥안령興安嶺[명] 싱안링 산맥興安嶺山脈. 중국 네이멍구 자치구內蒙古自治區 동부 헤이룽장성黑龍江省 북부 산맥을 통틀어 이르는 말. 넓게는 대싱안링大興安嶺 산맥과 소싱안링小興安嶺 산맥을 통틀어 이르지만, 좁게는 남북으로 뻗은 대싱안링 산맥만을 이른다. 281

흥정[명] 물건을 사거나 팔기 위하여 품질이나 가격 따위를 의논하는 것. 347

희다[형] 눈이나 우유의 빛깔과 같이 밝고 선명하다. 717

희맑다[형] 희고 맑다. 723

희미하다[형] 분명하지 못하고 어렴풋하다. 723

희여지다[동] 희어지다. 흰 상태가 되다. 눈이나 우유의 빛깔과 같이 밝고 선명한 상태가 되다. 717

희파람[명] 휘파람. 입술을 좁게 오므리고 혀끝으로 입김을 불어서 맑게 내는 소리. 또는 그런 일. 423

흰가루손[명] 흰 가루가 묻은 손. 백석 시 〈고야古夜〉에서 '흰가루손'은 떡을 만들기 위한 밀가루 반죽이 잔뜩 묻은 손을 가리키는 말로 백석의 조어이다. 502

흰가무래기[명] 흰색 가무래기. '가무래기'는 '가무락조개' '모시조개'를 가리킨다. 175, 464

흰구름[명] 하얀 구름. 314

흰나뷔[명] 흰나비. 배추흰나비. 흰나빗과의 하나. 몸의 길이는 3센티미터 정도이며, 녹색에 잔털이 나 있다. 날개는 흰색으로 앞날개의 끝은 검은색이고 앞날개에 두 개, 뒷날개에 한 개의 검은 무늬가 있으며, 암컷은 누런빛이 섞여 있고 검은 무늬가 더 분명하다. 애벌레는 '배추벌레'라고 하는데 무, 배추 따위의 십자화과 식물의 해충이다. 전 세계에 분포한다. 481

흰밤[명] 흰 밤. 백석 시 〈흰밤〉의 제목으로 쓰인 이 말은 밤하늘에 떠 있는 밝은 달과 그 달에 비친 박이 하얗게 빛나는 밤을 가리킨다. 333

흰밥[명] 잡곡을 섞지 아니하고 흰쌀로만 지은 밥. 137

흰옷[명] 물감을 들이지 않은 흰 빛깔의 옷. 119

히근하다[형] 좀 흰 듯하다. 718

히드득거리다[동] 여럿이 또는 자꾸 실없이 웃음을 참지 못하고 웃다. 555

히물쩍[부] 입술을 크게 실그러뜨리며 소리 없이 능청스럽게 한 번 웃는 모양. 555

히수무레하다[형] 희스무레하다. 색깔이 조금 옅게 드문드문 허옇다. 718

히스무레하다[형] 희스무레하다. 색깔이 조금 옅게 드문드문 허옇다. 718

힘[명] ① 사람이나 동물이 몸에 갖추고 있으면서 스스로 움직이거나 다른 물건을 움직이게 하는 근육 작용. ② 어떤 일을 할 수 있는 능력이나 역량. 54

힘껏[부] 있는 힘을 다하여. 또는 힘이 닿는 데까지. 571

힘들다[형] (일이) 마음이 많이 쓰이거나 수고스럽다. 804

힘세다[형] 힘이 많아서 억세다. 571

부록

백석 시 어휘의 빈도수와 내용적 특징에 관하여

백석 시어의 분류별 어휘 수

백석 시어의 자모순 목록과 빈도수

참고 문헌

백석 시 어휘의 빈도수와 내용적 특징에 관하여

1. 시어 분류와 빈도수 조사의 방법과 의미

백석이 발표한 98편의 시에 총 몇 개의 시어가 사용되었을까? 뜻은 같지만 음운이 다른 단어, 또 하나의 어휘가 다른 뜻으로 사용된 단어를 별개의 시어로 간주할 때, 백석 시에 사용된 총 시어 수는 3,366개이다.[1] 작품당 평균 30개 이상의 시어를 사용한 것으로 엄청난 양이 아닐 수 없다. 음운과 의미를 구분하지 않고 단어의 종 수만을 헤아리면 이보다는 숫자가 줄어들겠지만, 그래도 백석은 다른 시인들에 비해 압도적으로 많은 시어들을 사용한 것이다. 백석 시에 이야기 형식의 긴 시가 많긴 하나, 2, 3행의 아주 짧은 시들도 있고, 보통의 길이를 지닌 시들도 꽤 많다. 그러니 백석 시가 다른 시들에 비해 길이가 길어서 시어 수가 많다고는 할 수 없을 것이다.

백석이 구사한 이 놀라운 양의 시어들은 다 무엇을 나타내는 말들인가? 그 시어들은 삼라만상을 낱낱이 가리키는 말들일 것이다. 이제 그것들 가운데 의미적 유사성을 지닌 단어들을 한데 묶어 질서화한다면, 그 많은 백석의 시어들이 가리키는 의미들이 일목요연하게 정리될 것이다. 백석의 시어에 대한 의미 분류는 백석이 구사한 다채로운 언어의 스펙트럼을 한눈에 조망하게 해 준다. 백석이 어떠

1 백석 시어의 분류 목록에 등재된 시어 수는 3,407개인데, 이 중에서 41개는 양쪽의 분류 항목에 모두 들어 있어, 실제로 백석 시에 사용된 총 시어 수는 3,366개이다.

한 의미군의 시어들을 썼으며, 그 의미군 안에서 그가 얼마나 다채롭고 폭넓게 언어의 광맥을 파 들어갔는지를 생생하게 보여 주는 것이다. 아울러 시어에 대한 백석의 취사선택이 분명히 드러남으로써 그의 시선이 어디를 향하고 있으며, 그가 시를 통해 말하고 보여 주고자 했던 것이 무엇인지를 가늠하게 해 준다. 백석 시의 시어에 대한 의미 분류는 우리에게 백석 시 이해의 중요하고 결정적인 단서와 열쇠를 제공해 줄 것이다.

백석 시어의 빈도수 조사는 백석 시어 전체를 대상으로 한 조사와 각 의미 단위를 대상으로 한 조사 두 가지를 병행해야 한다. 백석 시어를 통틀어 어떤 시어가 가장 많이 쓰였는지를 살펴보는 일도 필요한 일이지만, 그 못지않게 중요한 것은 유사한 의미 영역 안에 속한 단어들 중 가장 많이 쓰인 시어가 무엇인지를 알아보는 일이다. 백석 시어 전체를 대상으로 했을 때는 비록 적은 빈도수라도, 해당 의미 영역 안의 단어들 가운데 상대적으로 높은 빈도수를 나타낸다면 그 시어는 중요한 의미를 띨 수 있다. 이러한 의미 영역별 빈도수 조사는 의미 분류의 매 단위마다 실시하는 것이 좋을 것이다. 이를 통해 각 의미 영역별로 백석이 선호했던 시어들이 낱낱이 제시되고, 그것은 백석 시 이해를 위한 정교한 데이터로 작용할 것이다.

이 책에서 저자는 백석 시어의 의미 분류를 단계적으로 설정했다. 먼저 의미 분류의 상위 범주를 정하고, 이어서 하위 범주를 정했다. 하위 범주는 필요할 경우, 그 아래에 다시 더 세분된 범주를 마련했다. 요컨대 백석 시어의 분류를 상위 범주와 하위 범주 두 가지 체계로 세우되, 필요에 따라 하위 범주는 한 번 더 세분하였다. 상위 범주는 I. 사람, II. 기본생활, III. 생활환경, IV. 자연환경, V. 산업생활, VI. 문화생활, VII. 사물, VIII. 감각, IX. 식물, X. 동물 등 10개로 설정하였다. 백석 시의 시어 3,366개는 이 세상의 삶과 풍경들을 구석구석 비추는 어휘들이다. 백석은 특정한 자연을 노래하거나, 도시 풍속을 그리거나, 또는 내면 성찰에 집중하는 등 기존의 서정시가 지닌 태도를 탈피해 사람들의 평범한 생활사리를 시로 옮겨 적었다. 그래서 그의 시어들은 이 세상의 풍경 전역에 걸쳐 넓게 포진해 있다. 위에 제시한 10개의 큰 범주는 이 세상사리의 모든 것을 포괄할 수 있는 보편적인 분류 기준이라고 해도 무방할 것이다. 10개의 보편적인 상위 범주 아래에 구체적인 하위 범주를 정하여 보다 의미 있는 의미 분류를 시도하였다. 하위 범주들 역시 일반적으로 받아들일 수 있는 보편적인 분류 기준을 설정하되, 백석 시어의 의미적 특성을 잘 보여 주는 기준을 마련하고자 하였다. 백석 시어에서 특정한 의미군을 형성하는 시어들의 집단성을 많이 고려하여 백석 시 이해에 실질적인 도움을 줄 수 있는 분류 기준을 설정하였다.

이 책에서 시도한 백석 시어의 분류는 기본적으로 의미 분류이다. 품사를 구분하지 않고 백석 시어 전체를 오로지 의미에 따라 분류한 것이다. 그런데, 품사 가운데 '아', '자' 같은 감탄사, '그리고', '그러나' 같은 접속부사, '이것', '저것', '이', '저', '그' 같은 지시대명사나 지시관형사 등은 단순한 기능어이기 때문에 의미를 분류하는 것 자체가 무의미하다. 그런가 하면 명사, 대명사 같은 체언과 동사, 형용사 같은 용언 등은 본질적으로 말의 특성과 기능이 크게 다르다. 따라서 의미 있는 분류를 위해서 체언류와 용언·수식언류를 분리하여 전자에는 명사, 대명사, 수사를 후자에는 동사, 형용사, 부사, 관형사들을 귀속시켜 의미 체계를 세웠고, 의미 분류가 무의미한 감탄사, 접속부사, 지시대명사, 지시관형사는 따로 묶어 품사별로 시어의 의미와 빈도수를 살펴보았다. 이제 이러한 분류 기준에 따라 세운 백석 시어의 의미 분류와 빈도수 조사의 결과, 그리고 그것이 가리키는 시적 의미는 무엇인지 알아보도록 한다.

2. 엄매, 아이, 시인, 그리고 '나'

백석 시의 체언류 시어들을 10개의 상위 범주로 나누면, '사람'에 대한 시어의 종류가 295개, '기본생활'에 대한 시어의 종류가 491개, '생활환경'에 대한 시어의 종류가 173개, '자연환경'에 대한 시어의 종류가 225개, '산업생활'에 대한 시어의 종류가 93개, '문화생활'에 대한 시어의 종류가 223개, '사물'에 대한 시어의 종류가 84개, '감각'에 대한 시어의 종류가 36개, '식물'에 대한 시어의 종류가 96개, '동물'에 대한 시어의 종류가 267개이다.

10개의 상위 범주 가운데 '사람'과 '기본생활'에 대한 시어의 종류가 상대적으로 많고, 그중에서 특히 '기본생활'에 대한 시어가 압도적으로 많음을 확인할 수 있다. '기본생활'은 하위 범주로 의·식·주, 세간을 거느리는 범주이다. '기본생활'의 시어들이란 말 그대로 사람들이 입고, 먹고, 거주하는 것, 그리고 생활의 기본 도구를 가리키는 것들이다. 백석 시엔 사람과 사람들의 기본적인 생활을 가리키는 말들이 가장 많이 구사되고 있는 것이다. 백석 시가 주로 사람들의 생활사리를 다루고 있음을 뚜렷이 확인할 수 있다.

먼저 '사람' 관련 시어들에 대해 살펴보면, 백석 시엔 특히 '사람의 종류'에 대한 시어가 많이 구사된다. 그의 시엔 다양한 '직업군'이 나오고, 거의 모든 관계의 '가족 친인척'이 등장하며, 그 외에 다양한 성격의 사람들이 출현한다. '사람'에 대한 백석의 관심은 그 사람의 이름에까지 뻗쳐서 그의 시에는 여러 '인명'들이 구사되며, 사람이 많이 등장하는 만큼 인칭대명사의 사용도 아주 빈번하다.

백석의 시어에서 '직업인'은 여러 직종을 망라한다. '옹기장사'부터 '아전' 관리까지 광범위하며 일제강점기의 역사가 반영된 '주재소장'까지 등장한다. 백석 시엔 이처럼 다양한 직종의 사람들이 등장하지만, 그중에서 가장 큰 비중을 차지하는 것은 생활 현장에서 몸을 움직이며 일하는 중류 이하의 블루칼라들이다. 백석은 노동 현장에서 일하는 여러 직종의 일꾼들에 대해 자주 깊은 연민을 보낸다. 그런가 하면 또 '시인'이란 말이 많이 구사된다. '직업인' 중 빈도수만을 따지면 '시인'이 13회로 제일 많다. 백석은 〈촌에서 온 아이〉라는 시에서 순박한 시골 아이에게 연민을 보내며 장차 하늘이 사랑하는 시인이나 농사꾼이 될 것이라고 말한다. '시인'과 '농사꾼'이 백석이 사랑하고, 하늘이 가장 사랑하는 사람인 것이다. '가족 친인척'은 백석 시의 사람 관련 어휘에서 가장 큰 비중을 차지한다. 그의 시에는 가족과 일가 친인척에 관련된 시어들이 무수히 많이 등장한다. 아마도 사전에 등재된 가족·친인척 관련 어휘들은 모두 등장하는 것이 아닌가 싶다. 여기서 백석은 고향의 언어를 구사한다. '노큰마니', '오마니', '집난이' 같은 백석 특유의 평북 방언들이 여기서 빛을 낸다. 방언은 어릴 때 습득한 언어이고, 가족들은 태어나서부터 엮어진 혈연적 관계이므로 그들을 고향언어로 호명하는 것은 자연스러운 일이며, 그런 호명이 훨씬 큰 호소력을 갖는다. '가족 친인척' 시어 중에서 가장 높은 빈도수를 차지하는 것은 '엄마'이다. '엄매'라는 방언이 압도적으로 많이 구사되는 가운데 '오마니', '엄마', '어머니' 같은 어휘를 포함해 '엄마'를 가리키는 시어가 23회 구사된다.

백석은 '직업인', '가족 친인척'을 넘어 사람 일반에 대해서도 지대한 관심을 가져 그의 시에는 여러 성격의 사람들이 다양하게 등장하는데, 그중에서 가장 높은 빈도수를 차지하는 것은 '아이'이다. '아이'는 총 29회 나오는데, 그 빈도수는 '사람' 관련 어휘 전체를 통틀어 가장 높은 것이다. 여기에 '어린 것', '어린아이', '산아이', '애동' 같은 말까지 포함하면 그 빈도수는 더 늘어난다.

'인명'의 빈번한 구사는 백석 시의 큰 특징으로 꼽힌다. 백석만큼 인명을 자주 구사한 시인들을 그 전까지는 찾아보기 어렵다. 백석 시의 '인명' 구사는 사람에 대한 관심의 연장인데, 백석은 그 인명을 시적 미학의 중요한 장치로 삼는다. 백석은 특정의 사람이름을 시의 이미지로 활용한다. 그것은 오늘의 우리 시에선 자주 보는 일이지만, 당시로선 매우 신선한 시도였다. 백석은 크게 알려지지 않은 친구 이름을 시의 제목으로 삼아 대번에 그 인물을 부각시키고, 적절한 대목에서 특정 인물의 이미지를 활용하여 시의 의미를 구체화시킨다. 사람에 대한 호명은 일상에서 친근하게 이루어지는 일이므로 시에서의 인명 구사는 시의 정서를 독자들에게 친근하게 전달하는 효과를 거둔다. 백석 시에는 다양한 인명이 구사되지만, 그중에서 높은 빈도수를 보이는 것은 시인·작가명이며 그중에서도 시인명의 빈도수가 더 높다. '시인'이라는 말의 빈번한 구사와 함께 시인의 이름까지 자주 구사하여 시인에 대한 백석의 지극한 사랑을 확인할 수 있다.

'사람'에 대한 시어의 빈번한 구사는 자연히 인칭대명사의 빈번한 구사로 이어진다. 백석 시에는 장형長形의 이야기 시가 많기 때문에 사람 어휘의 빈번한 구사에 따른 인칭대명사의 사용이 다른 시인들에 비해 상대적으로 더 많이 나타난다. 그런데 특이한 것은 '나'라는 일인칭 대명사의 구사가 눈에 띄게 많은 점이다. '나'는 백석 시에서 총 136회에 사용된다. 반면에 '너'는 9회, '당신'은 14회, '그'는 7회 구사되며, 다른 인칭대명사의 빈도수도 대체로 이 정도에 머문다. 일인칭 대명사 '나'의 빈번한 구사는 백석 시의 중요한 특징이 아닐 수 없다. 인칭대명사 가운데 유독 '나'가 빈번하게 구사되고 있는 것은 백석의 '사람'에 대한 유별난 관심만으로는 설명되지 않는 현상이다. 백석 시에서 일인칭 대명사 '나'는 상당수의 구절에서 '나는'이라는 일인칭 주어의 형태로 나타난다. 이것은 화법의 측면에서 살펴보아야 할 특징이다. 우리말에선 일인칭 '주어'인 '나'를 생략하는 경우가 많다. 구어체에선 흔한 일이고, 문어체에서도 '나'라는 주어가 두 번 이상 등장할 때에는 생략하는 경우가 많다. 그런데 백석은 '나는'이라는 주어 형태를 의식적으로 노출하고, 문장이 거듭될 때 생략하지 않은 채 매번 구사하며, 경우에 따라서는 문법을 어기면서까지 의도적으로 사용하기도 한다. '나는'이라는 어구의 과도한 구사는 그의 시 문장을 종종 어색하게 만들기도 하는데, 이 특이한 문장 형태는 때로 시의 운율을 작동시키며 시적 문장으로 거듭나고, 평명한 진술을 낯설게 만들어 신선한 느낌을 주기도 한다. 백석 시에서 '나는'이라는 일인칭 주어는 시의 운율과 표현을 위한 시적 장치의 역할을 하고 있는 것이다.[2]

3. 의, 식, 주, 세간, 그리고 명명의 구체성

백석의 체언류 시어 중 가장 많은 종류를 차지하는 것은 '기본생활'에 관련된 말들이다. '기본생활'에는 의류, 음식, 집, 세간 등의 하위 범주가 속해 있다. 백석 시에는 의식주 관련 시어들이 가장 다채롭게 구사되고 있는 셈이다. 이것은 백석 시가 기본적으로 사람들의 생활사리 하나하나를 아주 구체적으로 다루고 있음을 보여 주는 것이다.

생활사리 시어들의 다채로운 구사에서 주목되는 것은 '명명의 구체성'이다. 백석은 의식주, 세간 등 사람들의 기본생활을 이루고 있는 사물들 하나하나에 붙은 이름들을 아주 구체적으로 적시한다. 의류의 경우, 옷의 여러 종류와 옷의 각 부분, 그리고 옷감의 종류가 자세히 나오며, 장신구도 다양하게 제시된다. 옷의 종류를 가리키는 시어의 경우, 그 옷의 옷감까지도 적시한다. '막베등거리', '무명샤츠', '생모치치마', '쇠주푀적삼', '천진푀적삼', '항라적삼' 등이 그러한 시어들이다. '쇠주푀적삼'과 '천진푀적삼'은 옷감뿐만 아니라 그 옷의 생산지까지도 적시한 시어

2 백석 시의 일인칭 주어 '나는'에 대해서는 졸고, 〈백석 시의 표현형태에 나타난 조사의 활용양상〉, 《백석 시를 읽는다는 것》(문학동네, 2013) 참조.

들이다. '쇠주'(소주)는 중국에서 비단의 생산지로 유명한 곳이고, '천진'은 면직기업들이 집중적으로 들어와 무명을 생산하던 곳이다. 따라서 '쇠주푀적삼'은 소주에서 생산된 비단으로 만든 적삼, '천진푀적삼'은 천진에서 생산된 무명으로 만든 적삼을 가리킨다. 그런가 하면 옷의 색상을 적시하며 옷의 종류를 말하기도 한다. '검정치마', '남치마', '노란저고리', '당홍치마' 등이 그러한 시어들이다. 우리 한복은 색상이 곱고, 색상의 차이가 그 옷의 개성을 뚜렷이 드러낸다. '남갑사', '홍공단' 같은 시어는 색상과 옷감의 종류를 모두 적시한 시어들이다. 백석의 시어엔 무명에서부터 비단에 이르기까지 옷감의 종류가 다양하게 나오며, 같은 비단이라도 종류별로 다양하게 제시된다. 장신구도 마찬가지이다. 안경의 경우, 테의 재질과 모양에 따라 '로이도돋보기', '돌체돋보기', '대모체돋보기' 등으로 구분하고, '짚신'의 경우 '따배기신', '자개짚세기' 등으로 세분하며, '짚신'이란 표준어와 '딥세기'란 방언을 함께 구사한다. 의류에 대한 구체적인 명명은 깊고 다양한 우리의 치장문화를 생생하게 보여 주며, 아름다운 모국어를 한없이 확산시킨다.

백석 시에 음식이 자주 나온다는 것은 그동안 널리 지적된 바 있다. '고기'나 '밥'과 같은 음식의 총칭과 '목단', '백복령' 같은 약재까지를 포함하면, 백석 시에 등장하는 음식 시어들은 총 203개이다. 이 책에서 시도한 시어 분류에 따르면, '음식'은 백석 시에서 가장 많이 등장하는 시어군이다. 백석 시에서 음식 시어는 대체로 종류별로 1회씩만 등장한다. 백석이 매 작품마다 새로운 음식들을 한 차례씩 올리며, 음식의 종류를 넓혀 갔음을 알 수 있다. 예외적으로 반복해 구사된 음식 시어가 있는데, 대표적인 것이 '밥'과 '떡'이다. '밥'은 우리의 주식이므로 음식 시어의 빈번한 출현에 따라 많이 나오는 것이 자연스러운 일인데, '떡'의 빈번한 구사는 의도적인 것으로 봐야 할 것이다. 백석 시엔 '떡'이란 총칭 외에 떡의 종류까지 자세히 구사된다. '인절미', '송구떡', '콩가루차떡', '호박떡', '감자떡', '문주', '백설기', '조개송편', '달송편', '죈두기송편', '니차떡' 등 다양한 종류의 떡들이 구사되고, '밤소', '팥소', '콩가루소' 등 그 안에 넣는 재료도 구체적으로 제시된다. 백석이 '떡'에 대해 특별히 많은 관심을 가지고 있음을 알 수 있는 것이다. 백석 시에서 '떡' 다음으로 많이 구사된 음식은 '메밀국수', '맨모밀국수'를 포함한 '국수'이다. 백석 시에서 '국수'는 곧 메밀국수를 가리키는데, 이 음식은 백석의 고향 음식인 평양냉면을 뜻한다. 백석 시의 음식물에 소고기가 눈에 잘 안 띄는 것도 특징 중의 하나이다.

'집'에 대한 시어의 종류는 총 105개이다. 이 책에서 시도한 시어 분류의 하위 범주 가운데는 '음식' 다음으로 세간의 종류가 많고(107개), 그 다음으로 많은 것이 '집'에 대한 시어군이다. '집'에 대한 시어에서 주목되는 것은 집의 구조물에 대한 시어가 상세히 구사되고 있는 점이다. '녕', '녕동', '대들보', '농마루', '텅납새', '덧문', '샛문', '장지문', '토방', '곱새녕', '곱새담', '바람벽', '회담벽' 등이 그러한 시어들이다. 이 시어들은 우리의 전통적인 건축 구조의 미학을 그대로 전해 준다. 백석이 낱낱이 제시한 상세한 건축 언어들로 잊혀져 가는 우리 고유의 전통 가옥의 아름다움이 되살아난다. 이러한 시어들은, 시의 문맥 속에서 집 안팎을 배경으로 펼쳐지는 우리의 전통적인 생활정서를 구체적으로 드러내는 데 크게 기여한다. 소박하면서 아름답고, 자연적이며 인간적인 한옥의 구조가 시인이 그려 내는 전통적인 생활정서와 문화를 더욱 깊이 있게 드러내는 것이다. 지훈 초기 시에 우리의 전통의복과 가옥 구조의 세부 명칭이 시 안에서 육화되는 것을 볼 수 있는데, 그 뿌리를 백석 시에서 확인하게 된다.

백석 시에서 '세간' 어휘는 그야말로 우리의 살림살이의 구석구석을 비춰 준다. 백석 시에는 우리의 전통적인 집안에서 쓰는 생활도구들이 무수히 등장한다. 여기에 농업 항목으로 분류한 '농기구'까지 합친다면, 백석 시엔 전통적인 우리의 생활현장에서 자주 쓰였던 생활도구들이 거의 모두 출현한다고 해도 과언이 아니다. 이것들을 가리키는 세간 어휘에서도 역시 명명의 구체성이 주목된다. 가령, 백석은 '삿자리'란 총칭 대신 '갈부던', '왕구새자리', '청삿자리' 등의 구체적인 사물어를, 또 '방석'이란 총칭 대신 '두레방석', '맷방석', '햇츩방석' 등의 구체적인 사물어를 구사한다. 삿자리나 방석의 종류별로 부여된 개별 사물의 고유어를 찾아 시어로 쓰거나, 그렇지 않으면 그 사물의 모양과 재질과 색상에 맞춰 백석이 부여한 구체적인 명명어를 시어로 쓰고 있는 것이다. 사물의 속성을 구체적으로 보여 주는 이 사물어는 그 자체로 이미지가 되어 시의 문맥 속에 적절히 활용되면서 시의 의미에 능동적으로 기여하고 있다.[3]

3 백석 시의 의식주 언어에 대해서는 졸고, 〈백석 시의 언어와 미적 원리—백석 시의 박물학적 특

4. 길, 거리, 지명/산, 달, 밤, 옛날

백석 시어의 의미 분류 중 상위 범주인 '생활환경'에 속한 어휘군 가운데에는 '길'과 '거리'의 빈도수가 매우 높다. '길'이란 시어가 20회, '거리'란 시어가 29회 구사된다. '길'과 '거리'란 총칭 외에 '길'과 '거리'의 구체적인 현장을 가리키는 시어들도 다양하게 구사된다. '물길', '밤길', '산길', '샛길', '십리길', '언덕길', '행길' 등과 '넘엣거리', '뒷간거리', '산거리', '장거리'(장이 서는 거리) 등의 시어가 그런 것들이다. '길'과 '거리'를 동반한 합성어가 다양하게 구사되며, 그중에는 '산거리'와 '장거리'처럼 일반적으로 자주 쓰지 않는 말도 포함되어 있다. '길'과 '거리'는 사람과 차량들이 돌아다니는 장소이다. 뒤에 언급되겠지만, 백석 시의 용언류 가운데에 가장 높은 빈도수를 차지하는 것이 '이동' 동사이다. '길'과 '거리', 그리고 이동 동사의 높은 빈도수는 백석 시의 상당수가 '길' 위에서 쓰여지고 있음을 가리킨다. 실제로 백석은 다수의 기행시를 썼다. 〈서행시초西行詩抄〉, 〈남행시초南行詩抄〉, 〈함주시초咸州詩抄〉 연작 등이 모두 기행시이며, 그 외에도 백석 시엔 기행시 성격의 작품들이 많다. '길'과 '거리'는 여행지를 향한 여정을 나타내는 과정에서 자연스럽게 나타나게 된다. 하지만, 기행시가 아닌 작품에서도 이 두 시어가 자주 쓰이는 것을 볼 수 있는데, 그것은 '길'이 '집'과 함께 삶의 중요한 장소이기 때문이다. 사람은 '집'에 있거나 '길' 위에 있다. '집'이 정적인 삶의 거처라면 '길'은 동적인 삶의 처소라고 할 수 있다. '길'은 집 밖의 집이라고 할 수 있다. 백석 시에 '길'이 자주 구사되는 것은 그의 시가 사람들의 삶의 모습을 형상화하는 데 집중하는 것과 밀접히 연관된다. 백석은 집 안팎의 삶과 더불어 '길' 위의 삶을 그리고 있는 것이다.

길, 거리, 이동의 빈번한 구사와 다수의 기행시 창작은 지명의 빈번한 구사로 이어진다. 기행시 대부분은 여행지를 시의 제목으로 삼고 있고, 기행시가 아닌 경우에도 지명을 시의 제목으로 붙이거나 시어로 활용한 경우가 적지 않다. 인명과 지명의 빈번한 구사는 백석 시의 중요한 특징을 이룬다. 백석 시에서 지명의 사용은 여러 가지의 시적 효과를 거둔다. 백석 시에서 지명은 대체로 명승지이거나, 백석이 여행한 인상적인 장소인 경우가 많은데, 지명의 제시는 뛰어난 풍광과 역사가

성과 감각의 깊이〉, 《백석 시를 읽는다는 것》(문학동네, 2013) 참조.

배어 있는 장소의 이미지를 그대로 환기시킨다. 그것은 자연스럽게 우리 강토에 대한 자긍과 예찬이 된다. 우리의 생활도구 하나하나에 붙어 있는 토착어를 낱낱이 호명하는 것이 우리의 깊고 다양한 생활문화를 하나하나 밝혀 주고 있는 것과 마찬가지로, 우리의 강토에 붙어 있는 지명들을 일일이 호명하는 것, 역시 오랜 역사와 문화를 간직하고 있는 우리의 유서 깊은 땅들을 일깨워 주고 있다. 지명의 사용은 시의 문맥 속에서도 다양한 시적 효과를 거둔다. 특히 생활현장의 형상화에 치중하는 백석 시에서 지명은 시의 현장감과 사실성을 높인다. 시 〈월림月林장〉의 서두엔 '자시동북팔십천희천自是東北八〇粁熙川'이란 팻말이 제시되어 있다. 여기서부터 희천까지 동북쪽으로 80킬로미터라는 이정표의 제시로 시가 시작되는 것이다. 구체적 지명과 거리가 적시된 이 이정표는 이 시가 길 위에서 쓰여진 기행시임을 뚜렷이 알려 주며, 시의 화자가 걸어가고 있는 여행지의 현장을 생생히 전해준다. 독자들은 시인이 실제로 여행 중이고 그가 그린 여행지의 장터 풍경을 매우 사실적인 것으로 여기며 정서적 공감을 갖게 된다. 그런가 하면 시 〈남신의주 유동 박시봉방南新義州柳洞朴時逢方〉에서는 지명과 인명을 동시에 구사해 고백체 서술의 진지한 자기성찰을 더욱 생생한 것으로 만든다. 여기서 지명과 인명의 동시 구사는 고백체 서술로 이루어진 시의 본문의 제목으로 쓰여서 마치 편지의 발신인 주소를 연상하게 만든다. 지명과 인명의 구사로 전에 보지 못한 참신한 시 형식을 창조해 내고 있는 것이다.[4]

백석 시어 분류의 상위 범주인 '자연환경'에 속한 시어들 가운데에는 '산'이라는 시어군의 빈도수가 가장 높다. '산'과 유사한 성격의 하위 범주를 '산', '들', '강', '바다'로 잡을 때, '강'을 나타내는 시어들이 별로 없는 것이 특징이다. 반면에 '바다'와 '해변'을 나타내는 시어들은 자주 구사된다. 이것은 백석 시의 성장 체험과 관련된 듯하다. 백석의 고향인 정주는 바닷가에 있는 도시이며, 그가 자주 여행했던 통영과, 그가 직장 생활로 한때 머물렀던 함흥도 해변 도시이다. 그는 도쿄 유학 시절 도쿄 인근의 휴양지인 이즈 반도를 여행하고 그 체험을 시로 옮긴 적이 있는데, 이곳도 바닷가이다. 백석은 바닷가에서 태어난 이후 바다 체험을 지속적으로

4 백석 시의 지명, 인명에 대해서는 졸고, 〈백석의 시세계와 시사적 의의〉, 《정본 백석 시집》(문학동네, 2007)에서 간략히 언급한 바 있다.

했고, 그것이 그의 시에 그대로 투영되고 있다. '강'에 비해 '바다'가 그의 시에 많이 등장하지만, '바다'보다 더 많이 구사되고 있는 것은 '산'이다. 백석 시에서 '산'은 압도적으로 높은 빈도수를 차지한다. '바다'가 13회 구사되는 데 비해, '산'은 34회 구사된다. 주목되는 것은 '산'이라는 말의 높은 빈도수뿐만 아니라 '산'이 결합된 합성어가 매우 다양하게 구사된 점이다. '산곡', '산골', '산골짜기', '산옆', '산대', '산마루', '산모롱고지', '산중', '산지', '산턱', '산허리' 등이 그러한 시어들이다. '산'의 여러 지점을 나타내는 말들에 붙은 우리의 섬세한 토착어들이 다양하게 구사되고 있음을 확인할 수 있다. 우리 국토의 많은 부분을 차지하는 자연은 아무래도 '산'이므로 백석 시엔 '산' 시어군이 많이 나오며, 또 '산'이 우리 생활의 중요한 장소인 만큼 그동안 축적된 '산' 관련 토착어를 백석이 놓치지 않고 하나하나 시의 진열대 위에 전시해 놓은 것이라고 할 수 있다.

자연환경의 하위 범주인 '하늘'을 가리키는 말 가운데에는 '하늘' 외에 '달', '별', '해' 등을 들 수 있겠는데, 이 세 시어 중 백석 시엔 '달'이란 시어가 상대적으로 많이 구사된다. '별'과 '해'가 각각 3회, 1회 구사되는 데 비해, '달'이 8회 구사되고, 이 외에 '그믐달', '새벽달', '보름달' 등 '달'이 결합된 합성어들이 여럿 구사된다. 백석 시에 '해'나 '별'보다 '달'이 많이 구사되는 것, 역시 그의 시가 주로 우리의 보편적인 생활체험을 다루고 있는 것과 연관된다. '달'은 전통적으로 우리의 생활체험에 밀착된 우주적 자연물이다. 우리는 '달'을 통해 시간과 날짜의 진행을 살폈고, 어둠을 밝혀 주는 자연 조명으로서의 '달'을 각별히 사랑했다. 반면에 '별'은 우리의 생활과는 얼마간 동떨어져 있는 우주적 자연물이다. 별은 관념적이고 서구적인 이미지인 반면, 달은 구체적이고 토착적인 이미지이다. 우리의 생활에 밀착되어 일상의 시간과 조명을 담당한 달의 전통적인 이미지가 백석 시에 작동하면서 그의 시는 한층 깊고 그윽해진다.

자연환경의 또 다른 하위 범주인 '시간'을 나타내는 말 가운데에는 '밤'과 '넷날'이란 시어의 빈도수가 상대적으로 높다. '밤'은 38회 구사되는 반면, '아침'(아츰)은 12회, 낮은 6회만 구사된다. '밤'이란 시어 역시 '가을밤', '겨울밤', '간밤', '머루밤', '재밤', '재밤중', '하로밤' 등 밤이 결합된 다양한 합성어가 구사되며, '고야古夜', '야반夜半' 같은 조어와 한자어도 구사된다. 백석 시에서 밤은 유년 화자의 정서를 드러내는 시에 특히 많이 나타난다. 그것은 깜깜한 밤이 불러일으키는 공포와 신비감, 또는 아늑함과 호젓함이 유년 화자에게 남달리 예민하게 반응되기 때문이다. '밤'과 함께 자주 구사되는 시간 표지의 시어인 '넷날'('옛날' 포함)은 11회, 이와 비슷한 말인 '넷적'이 5회 구사된다. '밤'이란 시어에 비해서는 빈도수가 낮으나, 그래도 상대적으로 자주 구사되는 말이라고 할 수 있다. 이 시어에서 주목되는 것은 '옛날' 대신 '넷날'이란 고어가 주로 구사된 점이다. '넷날'이 10회 구사된 반면, '옛날'은 1회만 구사된다. 또 '옛적'이란 말은 아예 쓰지 않고, 대신 '넷적'이란 말만 쓰고 있다. '넷날', '넷적'이란 고어 또는 평북 방언은 '옛날', '옛적'이란 표준어보다, '지난 시간'이란 그 말의 의미를 더욱 실감나게 전해 준다. 고어가 지닌 말의 기표를 잘 활용한 것이라고 할 수 있다. 백석 시에서 '넷날', '넷적'이란 말이 자주 구사되는 것은, 아무래도 전통적인 것에 대한 시인의 애착과 관련된 것이라고 보아야 할 것이다.[5]

5. 농업, 시장, 운송수단/'하나', 단위, 귀신/불교, 불

백석 시어 분류의 상위 범주인 '산업생활'을 농업, 상업, 운수업, 광업·어업·토건업 등으로 나누었을 때, 가장 큰 비중을 차지하는 것은 농업 관련 시어이다. 농업 시어의 종류는 41개, 상업 시어의 종류는 25개, 운수업 시어의 종류는 21개이며, 광업·어업·토건업 시어의 종류는 다 합해서 6개만 나온다. 시어의 총 사용 빈도수는 농업이 51회, 상업이 35회, 운수업이 27회, 농업·어업·토건업은 합해서 6회이다. 농업 관련 시어가 종류도 많고, 빈도수도 많은 반면, 어업 관련 시어는 매우 빈약하다. 어업에 관련된 시어는 '그믈'과 '들망' 딱 두 개뿐이다. 백석 시엔 음식이나 동물로서의 '물고기'는 매우 다양하고 구체적으로 구사되지만, 어업 활동과 관련된 시어는 매우 드문 것이 눈에 띄는 점이다.

백석 시에 농업 관련 시어가 많은 것은 아무래도 우리의 전통 생활터전의 중심

---

5 백석 시에 쓰인 '옛날'에 대해서는 앞서 유종호가 그 의미를 해석한 바 있다. 유종호, 《다시 읽는 한국 시인》(문학동네, 2002), 262쪽.

이 논밭이고, 농사가 생업의 중심을 이루고 있었기 때문일 것이다. 사람들의 생활 사리에 시의 초점을 맞춘 백석은 자연스럽게 농업생활을 시의 중심 소재로 다루게 된 것이다. 그런데 여기서도 주목되는 것은 역시 명명의 구체성이다. 농업은 전통 시에도 자주 나오는 시의 소재이자 배경이지만, 백석은 농업생활에 관련된 모든 사물들 하나하나에 붙어 있는 이름들을 일일이 불러낸다. 특히 논밭과 농기구와 관련된 사물들의 상세한 호명이 눈에 띈다. 백석은 '논두렁' 외에, '골갯논두렁'과 '벌논'을 구분해 말한다. '논'과 '논두렁'과 '논배미'를 구분하고, '밭'과 '밭고랑'과 '밭머리'와 '밭뚝'을 구분하며, 또 '밭뚝'과 함께 '밭최뚝'이란 말도 구사한다. 논과 밭의 위치마다 붙어 있는 우리의 토착어를 하나하나 캐내 시의 진열대 위에 얹어 놓은 것이다. 농기구의 경우, 농업 일상에서 쓰는 것들은 거의 모두 백석 시에 구사되고 있다고 해도 과언이 아니다. 농업 관련 시어의 구체성과 다양성으로 백석 시는 우리 농업생활의 진경을 보여 준다.

상업 관련 시어 중에는 시장과 가게가 많이 나오는데, 가게 중에는 음식점이 다수를 차지한다. '고성장', '월림장', '통영장'은 모두 여행지의 장터들이다. 〈석양夕陽〉이란 시는 제목에서 풍기는 이미지와는 달리 북관의 장터를 다룬 작품이다. 백석은 북관이라는 곳의 인상을 다른 곳도 아닌 장터에서 느끼고 있다. 백석이 장터를 자주 다룬 것은 그곳이 사람과 풍물들이 많이 모이는 곳이기 때문이다. 그리하여 기행시들에선 어김없이 여행지의 장터가 시의 무대로 등장한다. 백석 시에서 상업 관련 시어 중 음식점이 많이 나오는 것은 아무래도 생활 풍경을 구체적으로 드러내는 백석의 시적 태도와 관련된 것으로 보아야 할 것이다. 백석이 중국 생활체험을 다루며 '반관飯舘'이란 그곳의 식당을 지칭하는 시어를 사용한 것에서 생활정서를 극적으로 드러내는 중심 무대로서 식당을 그가 얼마가 중요하게 생각하는지 여실히 확인할 수 있다.

백석의 시어 가운데 여러 운송수단이 나오는 것도 눈여겨볼 일이다. '달구지'와 '소달구지'와 '나룻배' 같은 재래식 운송수단과 '승합자동차', '경편철도', '화륜선' 같은 근대식 운송수단이 모두 구사된다. 일본에 머물 때 그곳에서 본 휘장마차와 중국에 머물 때 그곳에서 본 쌍마차가 시어로 구사되기도 한다. '화륜선'은 백석이 통영 여행에서 본 근대식 기선이다. 백석은 통영 여행에서 이 화륜선을 만져 보기 위해 일부로 선창으로 나간다. 그만큼 이 근대식 기선이 백석에게 여행지의 신기한 풍물로 다가선 것이다. 백석이 여행지마다 그곳의 운송수단에 관심을 갖고, 다양한 운송수단을 시어로 쓴 것은 '여행'과 '유람'에 대한 그의 선호와 관련된 것으로 보아야 할 것이다. 그런가 하면 백석은 '기차' 대신 '뻥뻥차'라는 조어를 구사하고 있는데 이는 일본식 한자어 대신에 토착어를 구사하려는 시인의 의지가 반영된 것으로 볼 수 있다.

백석 시어 분류의 상위 범주인 '문화생활' 가운데에는 '하나'라는 수가 많이 구사되는 것이 주목된다. '하나'라는 시어는 총 23회 구사된다. 백석 시에서 '수량'을 나타내는 말은 여러 종류가 쓰이지만 각각의 어휘는 대체로 1, 2회씩만 쓰이는 데 반해, '하나'라는 말은 유독 반복해 쓰인다. 백석 시에서 '하나'라는 말은 주로 사물을 지칭할 때 쓰인다. '어떤 사물 하나'식의 표현이 자주 구사되고 있는 것인데, 거의 습관적으로 반복되다시피 한다. 그리하여 이 표현은 '나는'이라는 말의 반복적 쓰임과 함께 백석 시 특유의 문체를 형성한다. 어떤 사물에 붙은 '하나'라는 말은 그 사물을 꼭 집어서 지칭하는 것이므로 그 사물에 시선을 집중시키는 효과가 있다. 그런가 하면 일부 작품에서 '하나'는 그것을 지칭하는 대상의 외로움을 환기시키는 역할을 하기도 한다.

'문화생활'의 하위 범주 가운데 또 하나 주목되는 점은 '단위'를 나타내는 말의 구체적이고 다양한 구사이다. 백석 시에는 총 30개의 서로 다른 단위명사가 구사된다. 우리말에는 사물마다 그 수효나 분량을 헤아리는 기준이 되는 말이 정해져 있는데 백석은 그 말들을 정확히 집어서 구사한다. 그중에는 '갓 한 닢'처럼 갓을 세는 단위명사 '닢'의 사용이 눈에 띄기도 하는데, 그것은 우리말의 소중한 용례로 삼을 만한 것이다. 단위명사의 정확한 사용은 그만큼 우리말을 정확히 구사하려는 백석의 언어 태도의 소산이라고 보아야 할 것이다. 오늘날 우리말에서 단위명사의 사용이 점차로 희미해지는 경향을 볼 때, 백석의 정확한 단위명사 사용은 더욱 소중해 보인다. 단위명사를 제외한 기타 의존명사 가운데에는 '것'의 빈번한 사용이 주목된다. 백석 시에 '것'이란 의존명사는 무려 167회 구사된다. 백석 시에서 의존명사 '것'의 사용은 '나는', '하나'의 빈번한 구사와 함께 백석 시의 독특한 어법과 문체를 형성한다. 의존명사 '것'은 긴 문장의 끝에 쓰여 문장 전체를 명사

절로 만드는 문법적 기능을 하고 독특한 문체의 뉘앙스도 보여 준다. 특히 '것'이 서술격 조사 '이다'와 결합하여 '것이다' 구문으로 쓰이면 앞 문장의 언급 대상을 객관화하고 전체를 이야기라는 느낌을 갖도록 하는 새로운 의미도 창출한다. '나는', '하나', '것'의 사용은 재래적인 내간체 어법을 넘어서는 문체이다. 외국어의 구문이 우리말 속에 얼마간 섞여서 나타난 듯 보이는 이 독특한 어법은 때로는 백석 시의 문체를 낯설게 만들면서 평명한 서술에 시적 미학을 부여한다.

백석 시엔 또 민속놀이, 민속신앙, 민속의례, 세시풍속과 관련된 시어들이 많이 구사된다. 이것은 말할 것도 없이 백석 시가 우리의 전통적인 생활풍속을 구체적으로 그리고 있음을 단적으로 말해 주는 것이다. 백석 시에서 민속에 관련된 시어들도 모두 구체적이고 다양한데, 그중에서도 특히 세부적으로 구사되고 있는 것은 '구신'과 관련된 시어들이다. 백석 시엔 우리의 토속신앙에 결부된 귀신의 종류가 거의 모두 나온다. 그 귀신들은 주로 백석의 고향마을에 대한 풍속을 그린 시들에서 출몰한다. 삶의 길흉화복을 토속신앙에 의지한 우리의 전통적인 생활풍속을 구체적으로 그려 나가는 과정에서 그처럼 다양한 '구신'들이 출몰하고 있는 것이다. 백석 시에서 그 귀신들은 주로 유년 화자의 시선으로 포착된다. 귀신은 실재하는 것이 아니라 믿는 것이므로, 주로 순진한 유년 화자의 시선을 통해 그 존재가 드러난다. 유년 화자의 눈으로 그려진 귀신의 세계는 더욱 신비한 모습으로 승화되고, 그 절대적 권위와 공포 앞에서 인간들은 하나같이 작아지므로 오히려 자족적 평안을 얻게 된다. 백석 시에 출몰하는 다채로운 귀신들은 우리 문화의 풍성함을 알리고, 그의 시를 아늑하고 평안한 세계로 이끌어 낸다.

종교에 관련된 백석의 시어로는 불교가 압도적으로 많다. 백석 시어 중 종교 관련 시어는 총 19개인데 이 가운데 기독교 관련 시어가 1개이고, 나머지는 전부 불교 관련 시어이다. 그렇다고 백석 시가 불교적 상상에 기대고 있다고 보기는 어렵다. 백석 시에 불교 관련 시어가 상대적으로 많이 등장하는 것은, 그 종교가 전통적인 우리 삶에 밀착되어 있기 때문이다. 백석이 우리의 생활풍속을 구석구석 그려 나가는 과정에서 우리 삶에 드리워져 있는 불교적 소도구들이 자연스럽게 나타나고 있는 것이라고 할 수 있다. 시 〈고사古寺〉는 함경도의 고찰인 귀주사에 대해 쓴 작품인데 그 오래되고 큰 사찰에서 시인의 시선이 머문 곳은 부엌이다. 부처님이 계시고 불자들이 불공을 드리는 대웅전이나 사찰의 고요한 분위기를 전해 주는 대웅전의 안마당, 또는 불교의 상징이면서 불공 시간을 알려 주기도 하는 목어 같은 불교적 색채가 농후한 사찰의 공간이나 사물이 아니라, 불자들이 먹을 것을 장만하는 그곳의 부엌 풍경을 그리고 있는 것이다. 백석은 사찰에서도 그들의 생활의 흔적에 대해 더 큰 관심을 갖는다.

백석 시어의 상위 범주인 '사물' 아래에는 '물', '불', '돌', '짚', '기타 사물'들을 하위 범주로 두고 있는데, 이러한 사물들에 대한 시어가 백석 시엔 상대적으로 적게 구사된다. 특히 사람 관련 시어와 동식물 관련 시어의 압도적인 구사에 비하면 상대적으로 빈약하여 백석의 시적 관심이 어디에 있는지 다시 한 번 확인하게 된다. 그런 가운데서도 이들 시어군 안에서 많은 종류가 구사된 시어들은 '불'과 관련된 말들이다. 백석 시에는 '귀신불', '땃불', '모닥불', '북덕불', '인둣불', '초롱불', '촛불', '하리불' 등 불의 종류가 다양하게 구사된다. 이것은 백석의 시가 밤의 시간대를 자주 드러내고 있는 점과 관련된 것으로 보아야 할 것이다.

6. 동식물명과 박물학적 관심

백석 시에는 동식물명이 아주 많이 구사된다. 백석의 시어 중 식물 어휘는 96개, 동물 어휘는 267개로 집계된다. 식물과 동물 어휘를 합치면 363개인데, 이 수치는 백석의 시어 분류 상위 범주 10개 가운데 '기본생활' 다음으로 많은 것이며, 동물명만 놓고 보면 세 번째로 높은 수치이다. 백석 시에 동식물 어휘가 많이 구사되는 가운데 특히 동물명이 눈에 띄게 많은 것이 특징이다. 식물과 동물은 산, 강, 바다와 함께 자연의 주요 구성물로서 원래 전통적인 서정시에서 자주 다루는 시의 제재이긴 하다. 그런데 백석 시엔 개별 식물과 동물의 이름들이 하나하나 적시되면서 다양한 개체의 동식물명이 구사된다는 점에서 기존의 시와 크게 차별된다. 백석 시엔 '꽃'과 '풀'이란 일반명사는 각각 3회씩만 구사되는 반면, 꽃 이름은 14종류가 등장하고, 풀 이름은 22종류가 등장한다. 또 '나무'라는 일반명사는 2회만 쓰인 반면, 나무 이름은 24종류가 등장한다. 백석은 꽃, 풀, 나무라는 식물 통칭 대신에 식물의 갈래별로 부여된 세부적인 명칭을 주로 시어로 사용한 것이다. 백석이 구사한 꽃과 풀과 나무의 개별 명칭 가운데에는 일반인들에게 낯선 이름도 적지 않아 백석이 식물들 하나하나를 세심히 관찰하고 식물에 대해 남다른 지식을 갖추고 있었음을 짐작할 수 있다. 식물에 대한 각별한 관심과 지식은 백석 시의 개별적인 시적 표현에 그대로 반영된다. '피나무 소담한 제상', '들매나무 회채리를 단으로 쪄다두고' 같은 표현들은 '제상'과 '회채리'(회초리)가 어떤 나무로 만든 것인지에 대한 지식 위에서 탄생한 것이다. 시 〈오금덩이라는 곳〉에는 스무나무에 '녀귀의 탱'을 걸고 비난수를 하는 젊은 색시들의 모습이 그려져 있는데, 스무나무는 실제로 국수당(서낭당)의 기도목으로 자주 쓰였던 수종이다. 그런가 하면 〈노루〉라는 시에선 '장진땅이 지붕 넘에 넘석하는 거리다'라는 시의 첫 행 다음에 '자구나무 같은 것도 있다'라는 표현이 이어지는데, 여기서 '자구나무'라는 시어의 구사는 자구나무 잎과 꽃의 그 화사하고 독특한 모양으로 인해 투박한 산골풍경을 단박에 아름답게 물들인다. 특별한 수사적 장치 없이 구체적인 나무 하나에 대한 정확한 제시만으로 산골풍경의 인상적인 모습을 생생히 전달하고 있는 것이다. 여기서 자구나무의 첫 소리인 'ㅈ' 음은 '장진땅'과 '지붕'의 첫 소리와 호응하며 소리 반복을 일으키기도 한다. '들매나무 회채리를 단으로 쪄다두고' 같은 구절에서도 '들매나무'의 첫 소리 'ㄷ'이 '단으로' '쪄다두고'라는 말에서 다시 반복되어 전체적으로 소리 반복이 일어나고 있음을 알 수 있다. 백석은 나무의 재질과 특성, 그리고 나무 이름의 기표를 잘 활용하여 시의 현장성과 구체성을 높이고, 단순하면서도 밀도 있는 시의 세계를 만들어 낸다.

동물의 경우, 그 이름의 구체성과 다양성은 더욱 커진다. 백석 시엔 조류가 38종류, 어패류가 24종류, 포유류가 45종류, 곤충류가 20종류, 양서류와 파충류를 포함한 기타 동물들이 9종류 등장한다. 동물도감을 방불케 할 정도로 많은 종류의 동물들이 백석 시에 출현하는 셈이다. 종전의 우리 시에 나타난 동물은 극히 몇 종류에 한정되었는데, 백석 시에 와서 그 종류가 엄청나게 많아지고 있다. 구체적인 동물의 종에 대한 백석의 관심은 지극히 세심해서, 백석은 같은 과에 속한 다른 종들을 자세히 구분해 말하고, 때로는 암수도 구분해 말하며, 같은 동물도 그 동물이 처한 상황에 따라 새로운 이름을 부여해 부르기도 한다. '노루'와 '복작노루', '펑'과 '덜거기', '족제비'와 '복족제비' 등의 구분, '자즌닭', '홍게닭', '홰냥닭' 등 다채로운 닭 명칭의 구사 등이 그러한 예들이다. 조개의 경우 '가무락조개', '곱조개', '꽃조개', '콩조개' 등 모양별로 세분된 이름을 구사한다.

백석은 이러한 다양한 동물의 종들이 지닌 고유의 특성을 시에 적절히 활용한다. 가령, '갈밭에 갈새소리' 같은 구절은 갈밭에서 개개개 하며 우는 갈새의 특성을 그대로 활용하며 두운의 효과도 살린 것이고, '어치라는 산山새는 벌배 먹어 고웁다는 골에서 돌배 먹고 아픈 배를 아이들은 띨배 먹고 나었다고 하였다'(〈여우난골〉) 같은 구절은 성대모사에 뛰어난 어치의 특성을 활용해 고향 산골 마을의 정취와 그곳서 벌어지는 아이들의 토속적인 생활풍경을 재치 있게 표현한 것이다. 그런가 하면 '바가지꽃 하아얀 지붕에 박각시 주락시 붕붕 날아오면'(〈박각시 오는 저녁〉) 같은 구절은 한밤에 하얀 박꽃을 수분하는 하얀 박각시 나방의 그 아름다운 자연풍경을 그대로 묘사한 것이며, '무이밭에 흰나뷔 나는 집'(〈창의문외彰義門外〉) 같은 구절은 하얀 무꽃을 수분하는 배추흰나비의 모습을 그대로 묘사한 것이다. 또 '돌우래며 팟중이 산옆이 들썩하니 울어댄다' 같은 구절도 도루래, 즉 땅강아지와 팟중이라는 곤충의 미세한 울음소리에 대한 관찰과 지식을 잘 활용한 것이다. 백석은 이러한 동물의 생태에 대한 지식 위에 그 동물명을 시어로 활용하여 시적 미학을 더욱 드높인다. '벌배, 돌배, 아픈 배, 띨배'에 나타난 '배'의 반복, '바가지꽃'과 '박각시'에 나타난 'ㅂ' 음의 반복, 또 '무이'와 '흰나비나는'에 나타난 유성음의 반복이 그런 것들이며, '돌우래'와 '팟중이'란 곤충명에선 '돌'과 '중'이라는 음가의 돌출로 자연과 인간의 조화를 연상시키는 효과를 거두기까지 하는 것이다.[6]

백석이 드러낸 이러한 동식물의 생태에 대한 지식과 다양한 동식물들의 구체적이고 정확한 이름의 구사는 당시 일본을 통해 유입된 근대 학문인 박물학의 영향 속에서 이루진 것으로 짐작된다. 박물학은 동식물과 광물 등 자연물의 종류, 성질, 분포, 생태 등을 연구하는 학문인데, 이를 위해 기본적으로 필요한 학문적 태도는 대상을 정확히 인식하는 것이고, 명명하여 분류하는 것이다. 백석 시에 동식물명의 상세한 제시 외에 삼라만상의 모든 분야에 대한 상세하고 구체적인 명

6 백석 시의 동물명에 대해서는 졸고, 앞의 논문 참조.

명어가 구사된 것도 결국은 이러한 박물학적 정신에서 비롯된 것으로 볼 수 있다. 백석의 시와 언어에는 당시의 근대 학문인 박물학이 깊숙이 드리워져 있다고 할 수 있다.

한편 백석이 구사한 267개의 동물의 가지 수 가운데 가장 높은 빈도수를 차지하는 동물 종은 무엇일까? '개'가 17회로 제일 높고, 그 다음으로 '당나귀', '나귀'가 여러 작품에 걸쳐서 8회 구사된다.[7] 백석 시에 동물 중 '개'의 빈도수가 제일 높은 것은, 개가 우리 생활에서 가장 친근한 가축이며, 동네에서 가장 흔하게 볼 수 있는 사람 편의 동물이기 때문일 것이다. 백석은 〈개〉라는 시에서 겨울밤에 개 짖는 소리가 반갑다고 말한다. 시인에게 한밤의 개 짖는 소리는 밤의 공포와 정적과 외로움을 가셔 주는 정겨운 소리로 인식된다. 한밤에 개가 짖는 것은 주로 사람들의 인기척이 나기 때문이다. 이 시에서 한밤의 개 짖는 소리는 소음이 아니라 그곳이 사람 사는 마을, 그것도 따뜻한 인정이 오가는 마을임을 전해 주는 신호이다. 우리의 친근한 가축이자 다정한 이웃으로 생활 속에 밀착되어 있는 개의 모습을 시인은 청각적 심상을 통해 생생히 전하고 있는 것이다. 개에 대한 이러한 시인의 인식은 개가 출현하는 그의 시 전반에 깔려 있다고 할 수 있다.

당나귀와 나귀는 같은 말로서, 당나귀의 준말이 나귀이다. 시 〈귀농歸農〉에서는 나귀라는 말이, 나머지 시에선 모두 당나귀란 말이 쓰였는데, 어감과 운율을 고려해 달리 쓴 것으로 짐작된다. 당나귀, 나귀는 백석 시에 개 다음으로 많이 출현하는 동물일 뿐만 아니라, 백석이 특히 좋아하는 동물이다. 백석은 〈흰 바람벽이 있어〉라는 시에서 하늘이 가장 '귀해'하는 것들로 동물 가운데 짝새와 함께 당나귀를 꼽은 바 있고, 〈나와 나타샤와 흰 당나귀〉라는 시에선 '나'와 '나타샤'의 순수하고 아름다운 사랑을 축하해 주는 동물이자, 두 연인의 분신과 같은 존재로 나귀가 그려진다. 나귀는 힘이 세지만 온순하여 짐을 운반하거나 사람들의 교통수단으로 많이 쓰였다. 힘이 세면 거칠기 쉽고, 헌신하고 나면 보상받고 싶어지며, 잘했으면 과시하고 싶지만, 나귀는 오로지 헌신과 인내 속에서 겸손하게 살아가는 동물이다. 그러한 삶의 자세는 곧 백석이 추구하는 가장 이상적이고 고결한 정

7 두 번째로 높은 빈도수를 차지하는 동물은 '오리'(14회)인데, '오리'는 〈오리〉라는 시에 집중되어 있어, 빈도수의 의미가 다소 떨어진다.

신에 맞닿아 있는 것이어서, 그는 나귀를 아주 좋아했다.

'조개'는 좀 색다른 측면에서 백석 시어 중 높은 빈도수를 차지하고 있으면서 백석이 좋아하는 또 하나의 동물로 손꼽힌다. 조개라는 말은 1회가 나오지만, 색상과 종류별로 조개 시어들이 총 7회 나오고 빈도수는 11회가 된다. 총 빈도수만 헤아리면 나귀보다도 높다. 백석 시에서의 조개 출현은 그의 삶에 깊이 드리워진 바다 체험 위에서 비롯된 것인데, 특히 조개의 색상과 종류가 다양하게 제시되고 있어 조개에 대해 백석이 남다른 애정을 갖고 매우 섬세하게 다가갔음을 느끼게 한다. 바다 속에서 사는 조개는 〈삼호三湖〉라는 시에선 바닷물에 살이 스치는 촉각적 심상으로, 〈통영統營〉이란 시에선 울음소리라는 청각적 심상으로 그려지는데, 두 작품 모두에서 한 여자를 그리워하는 매개물로 등장한다. 매우 작고 여리고 예쁘며, 바다 밑에서 수동적으로 살아가는 이 조개를 백석은 다양한 심상으로 그리면서 한 여자에 대한 사랑과 그리움을 나타내는 이미지로 구사하고 있는 것이다. 백석은 조개의 운명을 사랑하고 귀하게 여기면서, 동시에 그 조개를 사랑에 대한 서정적 이미지로 인식하고 있다고 할 수 있다.

7. 감정형용사, 이동 동사, 요리 동사의 빈번한 구사

백석 시의 용언(동사, 형용사)과 수식언(부사, 관형사) 시어 중에서 가장 눈길을 끄는 것은 감정 어휘의 풍부한 구사이다. 백석 시는 전통적인 서정시의 형식을 넘어 생활현장을 서사적으로 형상화한 작품들이 많기 때문에, 그의 시에 감정을 나타내는 형용사, 동사, 부사 등은 많지 않을 것으로 짐작하기 쉽지만, 사실은 그 반대이다. 백석 시의 용언과 수식언에서 '감정'을 나타내는 말의 가지 수는 총 79개로 용언·수식언 분류의 하위 범주 가운데에 가장 큰 비중을 차지한다. 그중 고빈도 어휘수를 살펴보면 '좋다'가 25회, '사랑하다'가 22회, '쓸쓸하다'가 22회, '무섭다'('무서웁다', '무서워하다' 포함)가 18회, '서럽다'(서러웁다, 설다, 섧다, 서러워하다, 서러워지다)가 12회이다. 백석 시의 용언·수식언 중에서 '좋다'와 '사랑하다'는 감정어가 가장 많이 구사되는 것을 알 수 있다. '좋다'는 말이 많이 구사된 반면, 그 반대어인 '싫다'는 말은 딱 1회만 구사되고, '사랑하다'의 반대말인 '밉다'는 말은 전혀 구사되지 않고 있다. 백석 시엔 그 외에 '나쁘다'나 '역겹다'처럼 타자에 대한 거부감을 드러내는 말이 전혀 나타나지 않는다. '좋다'는 말의 빈번한 구사는 그의 시를 밝고 활기차게 만들며, 거부 감정어의 자제는 그의 시를 따뜻하고 너그럽고 부드럽게 만든다.

위에 열거한 백석 시의 고빈도 감정어 중 '사랑하다'는 말을 제외한 나머지 말들, 즉 '좋다', '무섭다', '쓸쓸하다', '서럽다' 등은 모두 형용사들이다. 백석 시에서 '좋다', '무섭다', '쓸쓸하다', '서럽다' 등의 고빈도 형용사는 서로 긴밀하게 얽혀 있다. 백석 시에서 '무섭다'는 약자의 순수한 감정, 또는 그 약자에 대한 연민의 감정으로 나타나며, '쓸쓸하다'는 '싸움과 흥정으로 왁자지껄한 더러운 세상'과 거리를 두고 살면서 느끼는 감정으로 나타나고, '서럽다'는 주로 '무섭다'와 '쓸쓸하다'는 감정과 짝을 이루며 나타난다. 그리고 '좋다'는 주로 순수한 자연물 사이의 감정교감으로 나타난다. 이렇게 볼 때 백석 시에 나타난 고빈도 감정형용사들은 이전투구의 세속 현실로부터 한 걸음 떨어져 사는 자가 갖는 감정으로 고귀하고 숭고한 가치를 지니고 있는 말들이다. 백석 시의 고빈도 감정동사인 '사랑하다'도 그 감정표출의 대상과 감정의 본질은 이와 거의 유사하다. 그가 사랑하는 대상은 세속 현실에서 떨어져 있는 약하고 순수한 자들이며, 그 사랑의 본질은 더없이 숭고한 가치를 갖고 있는 것이다. 백석은 우리가 일상에서 흔히 사용하는 감정형용사로 그 안에 깃든 인간 삶의 고결하고 숭고한 가치를 감동적으로 전해 줌으로써 서정시의 가치를 드높이고 있다.[8]

감정어 다음으로 백석 시에 많이 구사된 용언·수식언은 사람과 동물의 '이동'을 나타내는 말들이다. 백석 시에서 사람과 동물의 '이동'을 나타내는 말의 가지수는 총 75개이다. 그중 가장 높은 빈도수를 차지하는 말은 '가다'와 '오다'이다. '가다'가 62회, '오다'가 59회 구사된다. '가다'와 '오다'는 가장 일반적이고 보편적인 이동 동사에 해당한다. 백석 시에서 '가다'와 '오다'를 비롯해 다양한 종류의 '이동 동사'가 지속적으로 구사되는 것은 그의 시가 사람과 동물을 많이 다루고

8 이 점에 대해서는 졸고, 〈'가난한 나'의 무섭고 쓸쓸하고 서러운, 그리고 좋은〉, 《백석 시를 읽는다는 것》(문학동네, 2013) 참조.

있는 것과 밀접히 연관된다. 사람과 사람을 포함한 동물만이 오로지 자력으로 이동이 가능한 존재이다. 백석 시에서 이동 동사 다음으로 많이 구사된 용언·수식언은 '신체 움직임'인데, 이 역시 동일한 맥락에서 나타난 현상이다. 백석 시에 이동 동사와 신체의 움직임을 나타내는 동사가 많이 구사된다는 것은 그의 시가 움직이는 존재의 움직이는 모습을 자주 진술하고 있음을 말해 주는 것이다. 이러한 시적 태도로 그의 시는 역동적인 느낌을 자아내는 경우가 많다. 그의 시는 그림이나 사진 속 풍경처럼 평면적이고 정물적인 세계를 보여 주기보다는, 영상 속 인물들의 모습처럼 움직이는 존재의 입체적이고 동적인 세계를 자주 보여 준다.

앞서 체언류 분류에서 확인한, 의식주 관련 시어의 많은 양과 높은 빈도수는 그와 관련된 용언의 과다 출현을 예고하는데, 실제로는 건축 관련 시어의 사용은 낮고 의류와 음식 관련 시어의 양이 매우 많고 빈도수도 매우 높다. 백석 시엔 먹고, 입고, 치장하는 동사들, 그리고 먹고 요리하는 동사들이 많이 구사된다. 여기서 주목되는 것은 식사와 관련된 동사보다도 요리와 관련된 동사들의 종류가 더 많다는 점이다. 식사 동사의 종류는 20개이고, 요리 동사의 종류는 27개이다. 백석 시에는 많은 종류의 음식물이 등장할 뿐만 아니라, 그 음식을 조리하는 동사들도 매우 다양하게 구사된다. 백석은 우리 고유 음식의 다양한 조리 방식을 구체적으로 보여 주고 있는 것이다. 백석 시의 음식 구사가 음식 맛에 대한 느낌의 표출에서 나아가, 우리의 오래고 깊은 생활문화를 전하는 데까지 이르고 있음을 말해 주는 것이다. 음식의 조리는 그 음식을 먹는 집단의 문화와 역사를 반영한다. 다양하게 조리된 음식이 존재하지 않는다고 그 나라의 역사가 깊지 않다고는 말할 수 없지만, 역사가 짧은 나라에 다양하게 조리된 음식물이 존재할 순 없다. 음식 조리의 다양함은 음식문화의 다양함을 가리키고, 음식문화의 다양함은 그 지역 문화 전반의 풍요로움과 깊이를 반영한다. 음식의 조리는 손끝의 감각과 솜씨, 그리고 미각의 예민함이 두루 반영된 것으로 섬세한 예술적 감각의 소산이다. 음식 조리의 다양함은 생활문화의 넓이와 함께 예술문화의 깊이를 보여 주는 것이다.

의류 관련 동사의 다양한 구사도 이와 같은 맥락에서 파악되는 현상이다. 옷이나 모자나 신발, 그리고 장신구들은 말할 것도 없이 한 나라의 중요한 문화를 이루는 물건들이다. 그것들의 다양한 존재는 그 자체로 문화의 깊이를 보여 주지만,

그것들은 몸에 걸쳐짐으로써 그 문화적 가치가 완성된다. 백석 시에는 의류의 착탈 동사가 많이 구사되는데, 그것은 의류문화의 완결된 모습을 생생히 보여 주는 것이다. 백석 시에서 의류 관련 착탈 동사는 20개인데, 그중에서 벗는 동사는 2개만 구사되고, 나머지는 전부 입고, 쓰고, 치장하는 동사들이다. 백석의 다양한 의류 관련 동사의 구사가 문화적 물품들의 가치 완성에 놓여 있음을 이 통계는 분명히 보여 준다. 우리말에서 옷은 입는다고 하고, 모자는 쓴다고 하며, 신은 신는다고 하고, 안경은 낀다고 한다. 백석 시엔 이러한 기본적인 착탈 동사 외에 다리를 쓸 때 사용하는 동사인 '드리다', 망건을 쓸 때 사용하는 동사인 '지르터매다', 풍잠을 착용할 때 사용하는 동사인 '대모풍잠하다' 등 우리의 전통 장신구의 착용에 따라붙는 동사들이 정확히 구사되고 있다. 우리말은 서양어에 비해 착용 동사가 훨씬 다양하게 발달되어 있다. 그것은 우리의 문화적 물품이 그만큼 풍요롭고 개성적이라는 것을 뜻하는 것이고, 또 우리 조상들이 치장문화를 섬세하게 가꿔 왔음을 말해 주는 것이다. 백석은 구체적이고 정확한 착용 동사의 구사로 그 치장문화의 깊이를 일깨우고 있다.

8. 감각의 깊이

백석 시에는 감각과 분위기를 드러내는 용언·수식언이 매우 많이 구사된다. 여기에 속한 어휘의 종류가 무려 205개나 된다. 감각을 맛, 냄새, 소리, 색, 명암, 감촉으로 나눌 때, 맛 어휘의 종류는 15개, 냄새 어휘는 11개, 소리 어휘는 43개, 색 어휘는 31개, 명암 어휘는 27개, 감촉 어휘는 53개이며, 분위기를 나타내는 어휘의 종류는 25개이다(총 빈도수로는 맛 어휘가 26회, 냄새 어휘가 12회, 소리 어휘가 91회, 색 어휘가 92회, 감촉 어휘가 83회 구사된다). 이러한 어휘 분류의 통계에서 확인되는 것은 소리, 색상, 감촉 시어의 다양한 구사이다. 절대 수치로는 감촉 어휘들이 제일 많지만, 감촉 어휘 중에는 뜻은 같고 음운만 다른 말들이 많으므로 실제 의미론적 측면에선 소리 어휘의 종류가 제일 많고, 사용 빈도수도 제일 높다. 소리를 나타내는 형용사, 동사, 부사의 다양한 구사와 높은 빈도수는 백석 시의 두드러진 특징이라고 할 수 있다. 소리 용언·수식언은 다시 '소리치기, 소리내기'와 '소리 흉내'로 나눠 볼 수 있는데, 전자의 어휘 종류가 11개, 후자의 어휘 종류가 32개이다. 소리 흉내 말의 대부분은 부사로서 의성어들이다. 백석 시에는 매우 다양한 의성어가 구사되고 있는 셈이다. 백석 시에는 다양한 종류의 동물들이 등장하는데, 그 동물들의 소리 흉내가 다양하게 구사되고 있으며, 그 밖에 사물의 소리들에 대한 의성어도 다채롭게 구사된다. 백석 시의 의성어들은 대체로 사전에 등재되어 있는 말로서 의성어 영역에서도 토착어 발굴의 성과를 내고 있으며, 일부 어휘의 경우 시인의 창의적인 의성어가 돋보인다.

색상 형용사 31개는 우리의 전통 색상인 오방색, 즉 청색, 흰색, 적색, 흑색, 황색의 다섯 가지 색상이 그 농도에 따라 다양한 스펙트럼을 드러낸다. 청색은 새파랗다, 시퍼러둥둥하다, 시펄하다, 파랗다, 퍼렇다, 푸르다, 포족족하다, 푸르스름하다, 적색은 시뻘겋다, 새빨갛다, 빨갛다, 붉다, 붉그레하다, 황색은 눌하다, 누우렇다, 샛노랗디샛노랗다, 노랗다, 놀하다, 흑색은 시꺼멓다, 새까맣다, 까맣다, 깜하다, 흰색은 허옇다, 쌔하얗다, 하얗다, 하이얗다, 희다, 히근하다, 희수무레하다, 히스무레하다 등으로 세분된 스펙트럼을 보인다. 백석이 사물에 대한 색상의 미세한 차이에 대해 민감하게 반응하며 그 느낌을 매우 섬세하고 구체적으로 드러내고 있음을 알 수 있다.

오방색의 스펙트럼이 모두 다양하긴 하지만, 그 가운데서도 청색과 흰색 띠의 다양성이 상대적으로 더 눈에 띈다. 청색과 흰색은 전체적인 어휘 빈도수도 상대적으로 높다. 청색 계열 어휘의 총 빈도수는 17회, 흰색 계열 어휘의 총 빈도수는 41회이다. 여기에 뽀오햫다, 뿌우혛다, 뿌연히, 희맑다처럼 색상과 명암의 특성이 섞인 어휘까지 포함시키면 흰색 계열의 어휘 사용 빈도수는 훨씬 늘어난다.

백석 시에서 청색 계열의 색상은 산과 바다와 같은 자연물을 다룰 때와 사람과 동물의 피부를 다룰 때에 많이 구사된다. 바다는 앞서 언급했듯이 백석의 삶에 매우 밀착되어 있다. 그의 고향과 타향 체험 모두에 깊숙이 들어와 있는 이 바다는 언제나 시인에게 밝고 활기차며 아늑하고 고즈넉한 추억으로 각인되어 있다. 백석은 그 환하고 넉넉한 바다 체험을 시의 화폭으로 옮길 때 자주 청색 칠을 하였는데, 이때에 환기되는 색감은 바다의 원래 느낌 그대로, 또 시인에게 각인된 바다의 추억 그대로 밝고 시원하고 아늑하다. 산이나 식물 이미지를 그릴 때의 청색도 이와 별반 다르지 않다. 그런데 사람과 동물의 피부를 다룰 때의 청색은 그 느낌이 사뭇 다르며, 색상의 농도도 다르다. '살갗 퍼런 막내 고무', '마른 팔뚝의/샛파란 핏대를 바라보며', '당신의 그 푸른 이마에 삐여진 어깻죽지에' 등의 신체 피부 묘사에 나타난 청색은 밝고 시원한 느낌이라기보다는 연약하고 파리한 느낌을 주며 얼마간 병색을 띠기도 한다. 이러한 청색의 어두운 이미지는 '기왓골에 배암이 푸르스름히 빛난 달밤'과 같은 구절에서 보이는 뱀의 푸른 피부 색상에서 더욱 고조된다. 이때의 청색은 음산하고 섬뜩한 느낌을 뿜어낸다. 그 느낌은 '시퍼러둥둥하니 추운 날인데' 같은 구절의 날씨 묘사에 나타난 색감과도 상통하는 것이다. 여기서 '시퍼러둥둥하다'는 청색의 색감은 겨울의 찬 기온과 음산한 대기를 생생히 전해 준다. 백석은 밝으면서 차고, 상쾌하면서 음산한 청색의 느낌을 다양한 청색 스펙트럼을 통해 조성하고, 그 색감을 시의 정서 환기를 위한 이미지로 활용한다.

흰색은 백석 시에서 가장 많이 구사된 색상이다. 한 시인의 시에 대표 색깔이 있다면, 백석에게 그것은 단연 흰색이다. 백석 시에 흰색이 많이 구사되는 것은, 그 색이 주로 백석이 귀하게 여기는 것들의 빛이자, 그가 지향하는 생의 가치를 반영하고 있는 색이기 때문이다. 백석이 자신의 분신으로 여겼던 흰 당나귀, 그가 유난히 좋아했던 박꽃, 그가 자주 입었던 무명옷, 그가 자주 머물렀고 그리워했던 남쪽 지방 집의 회담벽 등은 모두 흰빛을 띠고 있다. 흰 당나귀는 헌신적이면서 온순하고, 박꽃은 컴컴한 밤에 하얀빛을 선사하며, 무명옷은 빛나지 않고, 회담벽은 은은하다. 백석이 그리워하고 귀하게 여겼던 것들은 강하지만 온순하고, 아름답지만 과시하지 않으며, 튼튼하지만 질리지 않는 것들이다. 그리고 그것들은 모두가 소박하고 검소하고, 그리고 겸손하다. 흰빛은 그러한 고귀한 특성을 적절히 반영하는 빛이다. 이 세상의 사물의 특성은 그 사물의 빛에 반영되어 있다. 밥도 흰색이며 눈도 흰색이다. 밥과 눈 또한 백석 시에 자주 나오며 그가 좋아하는 사물들이다. 백석은 흰빛의 사물들에 담긴 그 숭고한 가치를 좋아하고, 그래서 흰빛을 덩달아 좋아하고, 시에 자주 사용한 것이다.

색상의 다양함 못지않게 백석 시에 자주 구사된 것은 명암이다. 색상 어휘가 31

개이고, 명암 어휘가 27개이다. 다섯 가지 색의 스펙트럼을 드러내는 시어가 31개인데, 밝음과 어두움 단 두 종류의 빛을 드러내는 어휘가 27개이니, 백석이 명암을 얼마나 세심하게 분간하였는지 알 수 있다. 명암 언어의 다양한 스펙트럼은 백석 시의 두드러진 특성이라고 할 수 있다. 백석은 명암 언어를 섬세하게 구사할 뿐만 아니라, 그 명암 언어로 시의 정서와 분위기를 깊이 있게 이끌어 낸다. 몇몇 시들의 경우, 명암이 그 시를 지배하는 중요한 시적 장치이자 미적 요소가 된다. 가령, 〈미명계未明界〉라는 시의 경우, 제목 그대로 동트기 전의 어둑한 세상에 비치는 세 줄기의 서로 다른 빛의 파장을 보여 준다. 하나는 새벽녘의 부엌에서 비치는 뿌연 불빛이고, 또 하나는 새벽녘에 우물로 물을 긷기 위해 가는 물지게꾼의 물초롱에서 반사되는 흰빛이며, 또 다른 하나는 동도 트기 전 일찍 선 장에 맞춰 가는 장꾼들이 들고 있는 종이등에 비친 나귀의 눈빛이다. 새벽녘 부엌에서 일하는 사람과 물을 길으러 가는 사람과 짐을 싣고 가는 나귀는 모두 아침 일찍부터 고단한 노동을 시작하는 자들이다. 어둑한 대지와 하늘에서 뿜어 나오는 서로 다른 세 물체의 희미한 빛들, 그 명암의 실루엣은 바로 이 고단한 자들의 아득한 내면을 느끼게 해 준다. 그런가 하면 〈성외城外〉라는 시는 제목 그대로 성 밖의 풍경을 그린 작품인데, 시인이 화폭에 담은 풍경은 해가 저물고 어둑해져 가는 시간대의 세상이다. 도야지를 몰고 어디론가 가는 사람들, 엿방 앞에 엿궤가 사라진 모습, 양철통을 쩔렁거리며 강원도 길로 들어선 달구지의 모습, 술집 문창에 드리워진 어둑한 그림자 등이 시인이 화폭에 담은 성 밖의 풍경들인데, 그 풍경들은 시인이 시의 첫 머리에 진술한 '어두워오는' 시간대를 통해 비로소 아득한 정서를 뿜어내기 시작한다. 어두워오는, 다시 말해 어둠이 점점이 밀려와 검은색의 농도가 점점 짙어지는 시간대의 풍경 속에서 떠나가고, 사라지고, 희미해져 가는 것들의 느낌은 한층 더 처연해진다. 소멸의 풍경이 환기하는 소외와 초조의 감정이 저무는 빛 속에서 그 느낌을 고조시키는 것이다. 제목의 '성외'라는 말 속에 담긴 '외'라는 말 역시 그러한 감정에 맞닿아 있다. 명암의 실루엣으로 그려진 백석의 시는 흑백사진이 불러일으키는 느낌처럼 두텁고 아득한 정서를 뿜어낸다. 그는 다채로운 색상 언어와 명암 언어로 총 천연색 사진과 흑백사진을 두루두루 인화해 내고 있다.[9]

9. '그리고'와 '이', '그'의 빈번한 구사

백석 시에는 여덟 개의 접속부사가 나온다. '그러나', '그러면', '그런데', '그리고', '그리하여', '아모려나', '이리하야', '이리하여' 등이 그것이다. '이리하야'와 '이리하여'는 같은 뜻으로 음운의 차이만 있는 단어이므로 의미론적으론 백석 시에 일곱 종류의 접속부사가 나오는 셈이다. 백석 시에 '그래서'라는 접속부사가 구사되지 않은 것이 특이한 점이라고 할 수 있다. 이것은 그의 시에 인과적 관계를 나타내는 진술이 희박함을 뜻하는 것이다.

백석 시에서 압도적으로 높은 빈도수를 나타내는 접속부사는 '그리고'이다. '그리고'는 총 35회 구사된다. 반면에 나머지 접속부사는 빈도수가 5회 이하이다. 접속부사 '그리고'의 빈번한 구사는 백석 시의 두드러진 특징이라고 할 수 있다.

백석 시에 접속부사 '그리고'가 많이 구사되는 것은 반복과 나열의 엮음 구문이 많이 쓰인 그의 시 문체와 밀접한 연관을 지닌다. 반복과 나열 구문이 자주 구사되므로 자연히 단어, 어구, 문장을 병렬적으로 연결하는 접속부사가 많이 쓰이게 된 것이다. '그리고'라는 접속부사의 빈번한 구사는 엮음 구문의 빈번한 구사에 따른 필연적 결과이면서, 그 엮음의 구문을 더욱 길게 만드는 역할을 한다. '그리고'라는 말의 빈번한 구사로 백석의 시는 매우 길게 늘어지게 된다.

그렇다고 백석 시에서 '그리고'라는 접속부사가 말의 장황함만을 위해 사용된 것은 아니다. 그의 시에서 '그리고'의 사용은 여러 시적 기능을 한다. 그중의 하나는 운율의 창출이다. '우리들은 서로 미덥고 정답고 그리고 서로 좋구나'(〈선우사膳友辭—함주시초咸州詩抄〉), '그 풍속은 인정은 그리고 그 말은'(〈허준許俊〉) 등의 구절에 쓰인 '그리고'의 용법이 이에 해당한다. 앞의 인용은 '서로 미덥고 정답고'와 '서로 좋구나'라는 반복 어구 중간에 '그리고'라는 접속부사가 쓰이고 있다. '그리고'에서 발생하는 'ㄱ' 음의 반복과 'ㄹ' 음이, '서로'에 들어 있는 'ㄹ'과 '미덥고', '정답고', '좋구나'에 들어 있는 'ㄱ' 음의 반복과 호응하면서 전체적으로 'ㄱ'과 'ㄹ' 음의 반복이 조성되고 있다. 뒤의 인용 역시 '그리고'에서 발생하는 'ㄱ' 음의 반복이 '그 풍속'에서의 'ㄱ' 음과 '그 말은'에서의 'ㄱ' 음과 호응하며 전체적으로 'ㄱ' 음의 반

---

9 백석 시의 명암 언어에 대해서는 졸고, 앞의 논문 참조.

복이 조성되고 있다. 백석 시에서 단어나 어구가 나열, 반복될 때마다 항상 접속사 '그리고'가 구사되는 것은 아니다. '그리고'라는 접속부사의 쓰임 없이 나열과 반복으로만 진술되는 경우도 많다. 백석 시에서 '그리고'는 위에서 살펴본 것처럼 나열과 반복의 진술에서 '그리고'라는 말의 음가와 어울려 음운의 반복 효과가 발생할 때 구사되어 운율 조성의 역할을 하고 있는 것이다.

'그리고'의 일반적 용법의 하나는, 셋 이상의 어구가 나열될 때 그중 마지막 어구의 앞에 쓰여 어구를 이어 주는 역할이다. 백석 시에도 '그리고'는 이런 역할로 자주 쓰이는데, 백석 시의 경우 '그리고' 다음에 나타나는 어구와 구문이 그 앞의 것들과 다를 때가 많다는 것이 큰 특징이다.

> (1) 나의 정다운 것들 가지 명태 노루 뫼추리 질동이 노랑나뷔 바구지꽃 모밀국수 남치마 자개짚세기 그리고 천희千姬라는 이름이 한없이 그리워지는 밤이로구나
>
> —〈야우소회夜雨小懷—물닭의 소리〉 부분

> (2) 집에는 언제나 센개 같은 게사니가 벅작궁 고아내고 말 같은 개들이 떠들썩 짖어대고 그리고 소거름 내음새 구수한 속에 엇송아지 히물쩍 너들씨는데
>
> —〈넘언집 범 같은 노큰마니〉 부분

(1)에서 '그리고' 다음에 진술된 '천희千姬라는 이름'이란 어구는 그 앞의 어구들과 의미 영역이 다르고, 구문도 다르다. '그리고' 앞에 놓인 나열 어구들이 사물과 동식물인 데 반해, '그리고' 다음의 어구는 사람 이름이며, '그리고' 앞의 어구가 한 단어로 일관되어 있는 데 반해, '그리고' 다음의 어구는 두 개의 단어로 짜여져 있다. (2)의 경우도 '그리고' 다음은 의미 영역과 구문이 그 앞과 다르다. '그리고' 앞은 동물들이 떠든다는 진술인데, 그 다음은 동물의 얼굴 표정에 대한 진술이고, '그리고' 앞의 구문은 '같은'이란 수식어로 짜여져 있는데, 그 뒤의 구문은 이와 다른 형태이다.[10] 유사한 구문으로 유사 의미 영역 안의 단어나 어구가 나

10 박순원은 백석 시에 많이 쓰인 접속부사 '그리고'가 두 구문을 분리시킨다고 지적한다. 박순원, 〈백석 시의 시어 연구〉, 고려대 박사학위논문, 2013. 8.

열, 반복되다 '그리고'라는 접속사에 이어 다른 구문으로 된 다른 의미의 단어나 어구가 진술됨으로써 '그리고'는 의미와 구문이 변화되는 계기를 마련해 주며, '그리고' 다음의 변화된 진술에 독자의 주의를 집중시킨다. 특정 진술에 대한 독자의 집중은 자연스럽게 그 진술이 강조되는 효과를 낸다. '그리고'의 사전적 의미는 단순히 앞뒤의 진술을 연결하는 접속사의 역할일 뿐이지만, 백석은 '그리고' 앞뒤의 진술과 구문에 변화를 주어 '그리고'의 역할을 확장시키며 시적 표현을 더욱 의미있는 것으로 만드는 데 활용하고 있다.

> 봄철날 한종일내 노곤하니 벌불 장난을 한 날 밤이면 으레히 싸개동당을 지나는데 잘망하니 누워 싸는 오줌이 넓적다리를 흐르는 따근따근한 맛 자리에 펑하니 괴이는 척척한 맛
>
> 첫녀름 이른 저녁을 해치우고 인간들이 모두 터앞에 나와서 물외포기에 당콩포기에 오줌을 주는 때 터앞에 밭마당에 샛길에 떠도는 오줌의 매캐한 재릿한 내음새
>
> 긴긴 겨울밤 인간들이 모두 한잠이 들은 재밤중에 나 혼자 일어나서 머리맡 쥐발 같은 새끼오강에 한없이 누는 잘 매럽던 오줌의 사르릉 쪼로록 하는 소리
>
> 그리고 또 엄매의 말엔 내가 아직 굳은 밥을 모르던 때 살갗 퍼런 막내고무가 잘도 받어 세수를 하였다는 내 오줌빛은 이슬같이 샛말갛기도 샛맑았다는 것이다
>
> —〈동뇨부〉 전문

인용 시에서도 '그리고' 앞과 뒤의 의미 영역과 구문이 완전히 다르다. 앞은 오줌에 대한 감각 표현이 핵심이고, 뒤는 오줌으로 피부병을 치료하는 행위가 핵심 표현이며, 앞은 명사로 끝나는 구문이고, 뒤는 '-것이다'라는 서술어로 끝나는 구문이다. 여기서도 '그리고'라는 접속부사는 의미의 전환을 이루며, '그리고' 다음에 독자의 주의를 환기시키는 역할을 한다. 그런데 여기서는 '그리고'라는 접속부사가 '-것이다' 구문과 함께 쓰여 '그리고' 앞의 명사 구문까지 모두 '-것이다' 구

문에 귀속되는 결과를 낳는다. 그리하여 '그리고' 앞의 감각 표현은 그 자체의 감각을 생생히 드러내면서도, 동시에 '-것이다' 구문에 귀속되어 경험 전체가 하나의 이야기로 전달되는 효과를 낳는 것이다. 백석 시의 독특한 문체를 형성하는 의존 명사 '것'이 '그리고'의 사용과 합쳐져서 특별한 시적 효과를 거두고 있는 것이다.[11]

백석 시의 시어 중 '그'와 '이'라는 지시관형사가 많이 쓰이는 것도 주목되는 현상이다. 지시관형사 '그'는 47회, '이'는 69회나 등장한다. 백석 시의 기능어 가운데 압도적으로 높은 빈도수를 차지하고 있는 것이다. '그'와 '이'의 빈번한 사용도 백석 시가 반복과 나열의 엮음 구문을 많이 사용한 것과 어느 정도 관련된다. 특히 중문으로 어구와 문장이 반복되고, 그 안에서 앞의 말을 다시 한 번 지시하는 경우가 많이 발생하므로 자연스럽게 지시관형사인 '그'와 '이'가 쓰이게 되는 것이다. 그런데 이런 경우 외에 사물이나 사람을 지칭할 때도 이 지시관형사를 쓰는 경우가 많아서, 그것이 역시 백석 시의 독특한 문체의 하나를 형성하고 있다. 이때에 '그'와 '이'의 지시관형사는 그 말의 사전적 의미와는 별개로 특정 사물에 주의를 집중시켜 강조하는 효과를 내며, 백석 시의 긴 문장에 운율적 강세를 부여하는 효과도 낸다. '그'와 '이'의 빈번한 사용은 '하나'라는 말의 빈번한 사용과 함께 백석 시의 중요한 문체적 특징을 형성하고 있다고 할 수 있다.

11 백석 시 〈동뇨부〉에 구사된 '그리고'와 '-것이다' 구문의 효과에 대해서는 졸저, 《백석 시 바로 읽기》(현대문학, 2006) 참조.

백석 시어의 분류별 어휘 수

체언	사람	1. 말	15	
		2. 감정, 마음	31	
		3. 정신, 생각	13	
		4. 동작, 태도	15	
		5. 행위 일반과 일	25	
		6. 직업인	25	
		7. 가족, 친인척	57	
		8. 사람 일반	65	
		9. 인명	31	
		10. 인칭대명사	18	
			295	
	기본생활	1. 의류	25	1) 옷 일반과 종류
			6	2) 옷의 부분
			14	3) 옷감과 재료
			16	4) 장신구
			15	5) 갓, 모자, 신발
		2. 음식	37	1) 음식 일반
			10	2) 약과 약재
			156	3) 음식의 종류
		3. 집	16	1) 집의 성격과 종류
			59	2) 집의 구조
			30	3) 집의 근처와 둘레
		4. 세간	107	
			491	
	생활환경	1. 생활 터전	31	
		2. 길과 다리	15	
		3. 방향, 위치, 장소	57	
		4. 지명	56	
		5. 나라, 종족	14	
			173	
	자연환경	1. 강과 바다	22	
		2. 산과 들	55	
		3. 하늘	13	
		4. 날씨	38	
		5. 시간, 때	97	
			225	
	산업생활	1. 농업	26	1) 논밭과 농사일
			15	2) 농기구
		2. 상업	16	1) 가게와 시장
			9	2) 돈과 장사
		3. 운수업	14	1) 운송 수단
			7	2) 운수 관련
		4. 광업, 어업, 토건업	6	
			93	

체언	**문화생활**	**1. 문예와 수리**	13	1) 추상, 논리, 이성
			25	2) 글, 노래, 그림
			5	3) 악기
			31	4) 수량, 차례
			8	5) 거리, 농도, 세기
			30	6) 단위
			11	7) 기타 의존명사
		2. 민속과 종교	15	1) 민속놀이
			35	2) 민속신앙
			19	3) 민속 의례
			12	4) 세시풍속
			19	5) 불교·기독교
			223	
	사물	**1. 물, 액체**	17	
		2. 빛, 불	18	
		3. 돌, 모래, 흙	13	
		4. 짚, 겨	5	
		5. 기타 사물	31	
			84	
	감각	**1. 맛과 냄새**	13	
		2. 소리	12	
		3. 색	11	
			36	
	식물	**1. 풀**	22	
		2. 나무	24	
		3. 식물 일반과 부분	6	1) 식물 일반
			14	2) 꽃
			30	3) 식물의 다른 부분
			96	
	동물	**1. 조류**	38	
		2. 어패류	24	
		3. 포유류	45	
		4. 곤충류	20	
		5. 양서류, 파충류 외	9	
		6. 동물 일반	5	
		7. 몸의 부분	103	
		8. 질병	8	
		9. 생리 현상	15	
			267	

용언	사람 및 동식물	1. 발화	19
		2. 감정	88
		3. 인지	32
		4. 성격	5
		5. 인품, 능력	12
		6. 태도	21
		7. 보기, 듣기	16
		8. 웃음, 울음	11
		9. 동작(몸의 움직임)	44
		10. 행위 일반, 경험	4
		11. 만지기, 쓰다듬기	5
		12. 젊어짐, 임	8
		13. 누름, 때림, 싸움	9
		14. 힘, 생기, 애씀	12
		15. 이동	75
		16. 만남, 이별	5
		17. 사귐	6
		18. 모임, 몰림, 섞임	9
		19. 요청	3
		20. 건강, 질병, 치료	12
		21. 생리	32
		22. 사람 및 동물의 형상	15
		23. 양육	3
		24. 식물(생장과 결실)	11
			457
	기본·산업·문화 생활	1. 입기, 벗기, 치장	20
		2. 요리	27
		3. 식사	20
		4. 노동	13
		5. 사고팔기, 경제 형편	10
		6. 교통	4
		7. 유희, 민속	11
		8. 학문, 예술, 기술	8
		9. 길이, 크기, 두께, 깊이	29
		10. 수량, 무게	34
		11. 정도, 한계	26
			202
	생활·자연 환경	1. 장소, 공간	21
		2. 방향, 표시	4
		3. 날씨	22
		4. 시간, 때	57
		5. 자연의 움직임	7
			111

용언	**사물**	1. 물(물의 움직임)	14	
		2. 빛, 불(빛남, 쬐기, 켜기, 끄기)	16	
		3. 물체의 상태, 생김새	36	
		4. 물체의 변화, 흔들림	5	
		5. 물체의 이동, 전달, 제공	27	
			98	
	감각, 분위기	1. 맛	15	
		2. 냄새	11	
		3. 소리	11 32	1) 소리치기, 소리 내기 2) 소리 흉내, 소리 상태
		4. 색	31	
		5. 명암	27	
		6. 감촉	53	
		7. 분위기	25	
			205	
	사람, 동식물, 사물, 자연환경의 혼합	1. 머무름, 존재	14	
		2. 소유, 구비	13	
		3. 넣기, 담기	10	
		4. 남음, 둠	5	
		5. 얹음, 쌓임	4	
		6. 묶기	3	
		7. 묻기, 닫기, 덮기, 감추기	8	
		8. 가득 참, 넘침, 확장	9	
		9. 잡기, 풀어 주기	16	
		10. 붙임, 댐, 낌	10	
		11. 던짐, 보냄, 빠짐	11	
		12. 뽑기, 추리기, 찾기	6	
		13. 벗기기, 열기	3	
		14. 자르기, 갈라짐	6	
		15. 꿰기, 쑤시기, 박음	7	
		16. 설치, 배치, 파괴	22	
		17. 청소, 씻기	7	
		18. 충돌, 맞이함	6	
		19. 사용	3	
		20. 전환, 교환	5	
		21. 결과, 이룸	12	
		22. 계산	2	
		23. 계속, 지속, 반복	16	
		24. 중지, 마침	7	
		25. 생김, 사라짐	28	
		26. 흉내	3	

용언	사람, 동식물, 사물, 자연환경의 혼합	27. 존경, 받듦	4
		28. 인도	2
		29. 동행, 동반	3
		30. 훌륭함, 쓸데없음	4
		31. 아름다움, 깨끗함, 더러움	19
		32. 종류, 갈래	2
		33. 같음, 다름	12
		34. 쉬움, 어려움	2
		35. 확실, 확신, 추측	5
		36. 강조, 당연	5
		37. 참, 거짓	5
		38. 부정, 불가능	10
		39. 조건, 이유, 가정	6
			315

기타		1. 감탄사	4
		2. 접속부사	8
		3. 지시대명사	12
		4. 지시관형사	12
			36

백석 시어의 자모순 목록과 빈도수

ㄱ

가까웁다 1
가까이① 2
가까이② 1
가깝다 1
가난이 1
가난하다 14
가느슥히 1
가늘다 1
가다① 61
가다② 1
가다③ 2
가다④ 1
가다⑤ 5
가다⑥ 3
가득 2
가득하다 1
가라앉다 2
가락 1
가락닢 1
가랑가랑하다 1
가르치다 1
가마 1
가마귀 1
가만히 1
가무락조개 1
가무래기 5
가부엽다 1
가부틀다 1
가수내 1
가슴① 1
가슴② 9
가슴가 1
가시 2
가얌 1
가업집 1
가운데 3
가을밤 1
가이없이 1
가장 2
가재미 4
가정거장假停車場 1
가제 1
가즈랑고개 1
가즈랑집 9
가즈런히 1
가지① 1
가지② 2
가지가지 1
가지냉국 1
가지다① 3
가지다② 1
가지다③ 1
가지채 1
가지취 3
가펴럽다 1
간밤 1
간지럽다 1
간지롭다 1
갈대 1
갈매기 6
갈매나무 1
갈바람 1
갈밭 1
갈부던 2
갈새 1
갈지자字 1
감① 1
감② 1
감로甘露 3
감자 4
감자떡 1
감주 1
갑자기 1
갑피기 1

갔 1
갓 3
갓갓다 1
갓사둔 1
갓신창 1
갓진창 1
강낭밭 1
강낭엿 1
강냉이 1
강江물 1
강소천姜小泉 1
강아지 5
강원도江原道 1
강江쟁변 1
갖추어놓다 1
같다① 39
같다② 5
같다③ 18
같이① 5
같이② 9
개 17
개구리 1
개구리의 뒷다리 1
개나리 1
개니빠디 1
개발코 1
개방위方位 1
개비린내 1
개소리 1
개울물 4
개장취념 1
개지 1
개지꽃 1
개터럭 1
개포가 1

객고 1
객즛客主집 2
갤족하다 1
갸웃하다 1
거닐다 1
거륵하다 2
거리 29
거마리 1
거문고 1
거미새끼 1
거저 1
거적뙈기 1
거적장사 1
거즛되다 1
거지 1
걱정 1
건너 2
건너다 2
건너다보다 1
건넌마을 1
건넌산山 3
건들건들 1
건반밥 2
건시 1
걷다 3
걸어가다 2
걸다 1
걸레 2
걸리다① 2
걸리다② 2
걸어가다 4
걸어놓다 1
걸어앉다 1
걸음 1
걸치다 1

검가무래기 1
검방지다 1
검정치마 1
것 167
게구멍 1
게루기 1
게모이다 1
게사니 2
게사니알 1
게으르다 4
게을리 1
겨 1
겨드랑이 1
겨우 1
겨울 1
겨울밤 3
겨울밤 1
겹겹이 1
경편철도輕便鐵道 1
곁 2
계집 4
계집아이 4
고개① 2
고개② 4
고기① 2
고기② 3
고기비늘 1
고담枯淡하다 1
고당 1
고드름 2
고랑 1
고래 1
고만 1
고맙다 1
고무 7

고방 7
고비 1
고뿔 1
고사古寺 1
고사리 3
고산정토高山淨土 1
고성가도固城街道 1
고성固城장 1
고아내다 1
고야古夜 1
고양이 1
고요하다 3
고요히 1
고원선高原線 1
고읍다 1
고이 2
고조곤히 1
고추무거리 1
고프다 1
고향故鄕 6
곡조 1
골 2
골갯논드렁 1
골안 4
골짜구니 1
골짜기 1
골짝 3
곰 4
곰국 1
곰방대 1
곱다 5
곱돌탕관 1
곱디곱다 1
곱새녕 1
곱새담 1
곱조개 1
곳 10
공경스럽다 1
공손하다 1
공양주 1
공중 1
과부 1
과일 1
관공關公 1
광개토대왕廣開土大王 1
광대넘이 1
광살구 1
광원曠原 1
광지보 1
괴나리봇짐 1
괴이다① 1
괴이다② 1
교우 1
구덕살이 1
구두 1
구들 1
구렁이 1
구름 1
구릿하다 1
구마산舊馬山 1
구붓하다 1
구석 4
구석구석 1
구수하다 6
구시월 2
구신 7
구신간시렁 1
구신집 1
구십여 1
구워먹다 2
구장로球場路 1
구하다 1
국수 4
국수당 1
국수당고개 1
국수분틀 1
국숫집 2
군병 1
굳다 2
굴껍지 1
굴다 3
굴대장군 1
굴리다 3
굴어나리다 1
굴통 2
굵다 1
굵어가다 1
굽다 1
굽어보다 1
굽히다 1
굿 2
권하다 1
귀① 1
귀② 1
귀농歸農 1
귀머거리 1
귀밀 1
귀신불 1
귀이리 1
귀이리차茶 1
귀주사歸州寺 1
귀치않다 1
귀해하다 1
그① 7
그② 47

그것 1
그냥그냥 1
그느슥하다 1
그느슥히 1
그늘 7
그늘밑 1
그동안 1
그득하다 3
그득히 3
그때 2
그래도 2
그러나 5
그러다 2
그러면 2
그러하다 4
그런데 4
그려오다 1
그릇 1
그리고 35
그리다 2
그리워지다 1
그리워하다 1
그리하다 3
그리하여 1
그림자 4
그립다 1
그만두다 1
그물그물 1
그믈 1
그믐 1
그믐달 1
그윽하다 1
그이 2
그즈런히 2
그지없이 1

근력 1
근방 1
근심 1
근처 1
글쎄 1
글자 3
금金① 1
금錦② 1
금귤 2
금덤판 1
기꺼이 1
기나길다 1
기다리다 2
기둥 1
기드렁하다 1
기르매 1
기뻐하다 1
기뿌다 1
기쁨 2
기슭 2
기억하다 1
기와집 1
기왓골 2
기왓장 1
기울다 3
기장감주 2
기장쌀 2
기장차떡 2
기장차랍 1
기지개 1
긴긴 2
긴다 1
길① 20
길② 1
길다① 9

길다② 1
길다랗다 4
길동 1
길러보다 1
길여나다 1
길우다 1
길즛하다 1
김① 3
김② 2
김냄새 1
김장감 1
김치가재미 2
깃 1
깃들다 1
깊다① 5
깊다② 1
깊어가다 1
깊이 1
까꾸로 1
까다 1
까닭 1
까마득히 1
까막까치 2
까막나라 1
까맣다 4
까알까알 1
까치 4
깔다 3
깔리다 1
깔이다 1
깜하다 2
깨다 2
깨어지다 1
깨이다① 1
깨이다② 1

깨죽 1
깽제미 1
꺾어주다 1
껌벅거리다 1
껑추렁하다 1
께다 1
께우다 1
껙껙 1
껴안다 1
꼬둘채댕기 1
꼬리 1
꼬리잡이 1
꼭 1
꼭같다 1
꼭다기 1
꼭두손이 1
꼴두기 4
꼿꼿이 1
꽁꽁 2
꽁지다 1
꽂다 1
꽃 3
꽃바위 1
꽃조개 1
꽉 1
꾸냥 1
꾸다 1
꿀 2
꿀꺽 1
꿀벌 3
꿇다 1
꿇어지다 1
꿈① 2
꿈② 3
꿋꿋하다 1
꿩 4
꿩사냥 1
끄다 1
끄을다 1
끊다① 1
끊다② 1
끌다① 1
끌다② 1
끓다① 3
끓다② 1
끓여놓다 1
끓이다 5
끝 5
끝없이 1
끼다① 1
끼다② 2
끼다③ 2
끼다④ 2
끼때 3
끼밀다 1
끼애리 1
끼우다 3

ㄴ

나 136
나가다 5
나귀 2
나귀눈 1
나그네 1
나다① 18
나다② 2
나다③ 6
나다④ 1
나다⑤ 1
나다⑥ 1
나다⑦ 3
나다⑧ 6
나다⑨ 3
나다⑩ 2
나다⑪ 2
나다⑫ 4
나다⑬ 1
나다⑭ 1
나들이 4
나라 24
나려가다 2
나려누르다 1
나려오다 1
나룻배 1
나리다① 3
나리다② 4
나리다③ 2
나리다④ 1
나리다⑤ 1
나무 2
나무그릇 1
나무퉨치 2
나무등걸 1
나무말쿠지 1
나무판장 1
나물 1
나물매 1
나물지짐 1
나비수염 1
나서다 1
나아가다 1
나어리다 2
나오다① 8
나오다② 1
나이 3

나이금 1
나조반 1
나주볕 2
나줏손 1
나즈막하다 1
나타샤 7
낙樂 1
난蘭 2
날① 1
날② 2
날③ 16
날기멍석 1
날다① 4
날다② 1
날러가버리다 1
날러오다 1
날리다 1
날버들치 1
날씨 1
날아오다 1
날어가다 2
날어나다 1
날어들다 1
날어오다 2
낡다 6
남 2
남갑사 1
남기다 1
남길동 1
남다 3
남방토南方土 1
남신의주南新義州 1
남어있다 1
남즉하다 1
남치마 1

남행시초南行詩抄 5
남향南鄕 1
낫다 2
낫대들다 1
낮 6
낮다 2
낮배 1
낮잠 2
낯 3
낯설다 1
낳다 3
내① 19
내② 35
내③ 1
내다① 1
내다② 3
내다③ 1
내다④ 1
내다⑤ 1
내다⑥ 2
내어던지다 1
내어두르다 1
내어밀다 1
내음새 19
내일 1
내임 1
내지인內地人 2
냄새 1
냅일날 2
냅일눈 2
냅일물 1
냥 2
너 9
너구리 1
너구리가죽 1

너들씨다 1
너머 10
너무 2
너무나 4
너부러지다 1
너슬너슬 1
너울쪽 1
너이 3
넋 3
넌즈시 1
널리다① 1
널리다② 1
널어놓다 2
넓다 1
넓적다리 1
넘너른하다 1
넘다① 4
넘다② 4
넘석하다 1
넘어가다 2
넘언집 1
넘에 2
넘엣 1
넘엣거리 1
넘치다 1
넣다① 2
넣다② 1
네① 3
네② 14
네날백이 1
넥타이 1
넷말 1
녀귀 1
녀기다 2
녀름날 1

녀름별 1
년年 3
녕 1
녕감 3
녕동 1
녚은댕이 1
녚차개 1
녯 4
녯날 10
녯말 1
녯사람 1
녯성城 1
녯적 5
녯적본 1
녯조상 1
녯투 1
노곤하다 1
노나가지다 1
노나리꾼 1
노란저고리 1
노랑나뷔 1
노랗다 2
노루 4
노루고기 1
노루새끼 4
노루섬 1
노릇 1
노리개 1
노새 2
노왕老王 10
노을 1
노盧장에 령감 1
노친네 2
노큰마니 4
녹다 1
녹이다 1
녹히다 2
논 1
논두렁 1
논드렁 1
논배미 1
놀다① 5
놀다② 1
놀라나다 1
놀라다 2
놀래주다 1
놀음 2
놀하다 1
놈 1
농다리 1
농마루 1
농사꾼 1
농삿집 1
농짝 1
높다 11
높이 1
놓다① 2
놓다② 2
놓다③ 1
놓다④ 1
놓다⑤ 1
놓다⑥ 3
놓다⑦ 1
놓여나다 1
놓이다 1
누가 3
누구 3
누굿이 1
누굿하다 1
누긋하다 1
누나 1
누다 2
누르다 1
누우랗다 2
누이 3
눈① 12
눈② 16
눈가 2
눈구덩이 1
눈귀신 1
눈물 6
눈물겹다 1
눈물방울 1
눈빨갱이 1
눈세기물 1
눈숡 1
눈알 2
눈질 1
눌러쓰다 1
눌리다 1
눌하다 1
눕다① 8
눕다② 3
눞 2
뉘어두다 1
느꾸다 1
느끼다① 2
느끼다② 1
늘 1
늘늘히 1
늘다 1
늘어놓다 1
늙다 9
늙은이 3
능달쪽 1

능당 1
니 1
니마 1
니차떡 1
닉다 1
닌함박 1
닐다① 2
닐다② 1
님 1
닢 1
닢새 1

ㄷ

다① 1
다② 12
다견하다 1
다그다 1
다니다 3
다람쥐 4
다래 1
다래나무지팽이 2
다르다 4
다리① 4
다리② 1
다리③ 1
다리다 1
다리털 1
다만 2
다문다문 1
다시 1
다음날 1
다지다 1
다하다 1
닦다① 6
닦다② 1
닦다③ 1
단 1
단기 1
단기다 1
단니다 2
단둘 1
단샘 2
단이슬 1
단채 1
닫다 1
달 8
달가불시다 1
달걀구신 1
달구지 1
달궤 1
달다① 3
달다② 1
달다③ 1
달디달다 2
달련 1
달리다① 4
달리다② 2
달리다③ 1
달밤 1
달빛 2
달송편 1
달아가다 1
달아나다 1
달아나버리다 1
달어나다 1
달이다 1
달재 1
달큼하다 1
닭 7
닭보다 1
닭이짗 1
닮다 2
담 1
담그다① 1
담그다② 1
담기다 1
담다 3
담모도리 1
담배 2
담뱃대 1
담벽 1
담복 1
당기다 1
당나귀 6
당등 1
당세 1
당신 14
당조카 1
당즈깨 1
당콩 1
당콩밥 1
당콩순 1
당콩포기 1
당홍치마 1
대 2
대가리 1
대감님 1
대구 1
대구국 1
대낮 1
대냥푼 1
대님오리 1
대다 1
대대로 4
대들보 2

대로 3
대림질감 1
대멀머리 1
대모체돋보기 1
대모풍잠하다 1
대문 2
대문간 1
대보름 2
대산동大山洞 1
대여가다 1
대이다 1
댕추가루 1
더 4
더꺼머리총각 2
더러 3
더럽다 1
더리다 1
더부살이 1
더북하다 1
더욱 3
더운물 2
더웁다 1
더워오다 1
더하다 1
덕 1
덕신덕신 1
던져버리다 1
던지다 1
덜거기 2
덥다 1
덧문 1
덩이 1
덮다 1
데 4
데굴데굴하다 1
데석님 2
도 1
도고하다 1
도끼날 1
도라지꽃 1
도락구 1
도랑 1
도로 1
도미 1
도스토이엡흐스키 1
도야지 4
도야지고기 2
도야지비계 1
도야지새끼 1
도연명陶淵明 2
도적 2
도적개 2
도적괭이 1
도적놈 1
도토리묵 2
도토리범벅 2
독 1
독하다 1
돈 2
돈푼 1
돋구다 1
돋다 3
돋보기 1
돋히다 1
돌각담① 1
돌각담② 2
돌나물김치 1
돌능와집 2
돌다 5
돌다리 1
돌담 2
돌덜구 1
돌무덤 1
돌물레 1
돌배 1
돌비 2
돌아가다 1
돌아다니다 1
돌아오다 4
돌우래 2
돌체돋보기 1
돌층계 1
돗바늘 1
동갑 1
동뇨부童尿賦 1
동둑 1
동림東林 1
동말랭이 1
동무 3
동무하다 1
동백冬柏꽃 2
동백冬柏나무 1
동비탈 1
동생 1
동세 1
동안 3
동이 1
동치미 1
동티미국 1
동풍東風 1
돝벌기 1
되광대 1
되다① 14
되다② 4
되다③ 3

되다④ 2
되다⑤ 1
되양금 1
되여가다 1
된비 1
두 5
두고두고 1
두다 1
두더쥐 1
두레방석 1
두룽이 1
두르다 1
두릅순 1
두멧아이 1
두보杜甫 5
두부 3
두부산적 1
두어두다 2
두틈하다 1
둑둑이 1
둘 5
둘러서다 1
둥구재벼오다 1
둥굴네우림 1
둥둥 1
뒤① 4
뒤② 4
뒤서다 1
뒤울안 5
뒤이다 1
뒤짐 2
뒷간거리 1
뒷녚 1
뒷등성 1
뒷산山 1
뒷옆 1
드나들다 1
드리다① 1
드리다② 1
드리우다① 2
드리우다② 1
드문드문 1
드물다 1
든든히 1
듣다 11
들 1
들다① 3
들다② 3
들다③ 5
들다④ 1
들다⑤ 1
들다⑥ 1
들다⑦ 2
들다⑧ 1
들다⑨ 6
들다⑩ 2
들다⑪ 1
들다⑫ 2
들다⑬ 1
들다⑭ 1
들다⑮ 2
들떠들다 1
들뜨다 1
들려오다 4
들리다 5
들망 1
들매나무 2
들믄들믄 1
들썩 2
들썩하다 1
들어가다① 5
들어가다② 1
들어가다③ 1
들어오다 2
들여다보다① 1
들여다보다② 1
들여다뵈이다 1
들여트리다 1
들이다① 1
들이다② 1
들지고방 1
들쭉 1
들쿠레하다 1
듯 3
듯이 10
듯하다 13
등 4
디겁 1
디운구신 1
디퍽디퍽 1
딜옹배기 1
딥세기 1
따근따근하다 1
따급다 1
따끈하다 2
따다 1
따디기 2
따러가다 2
따러나오다 1
따러오다 1
따로 1
따르다 7
따리다 3
따배기신 1
따사로이 1

따사롭다 2
따사하다 6
따스하다 2
딱장벌레 1
딴 1
딸 7
딸아이 1
땃불 1
땅 5
땅괭이 1
땅님자 1
땅바닥 1
땅버들 2
땅아래 1
때① 26
때② 2
때글다 1
때묻다 1
땜쟁이 1
떠고다 1
떠나다 3
떠돌다 3
떠들썩 1
떠들썩하니 1
떠들어대다 1
떠오르다 1
떡 6
떡국 2
떡당이 1
떡돌 1
떨어지다① 4
떨어지다② 1
떨어트리다 1
또 47
또다시 1
또요 1
똥 1
뚜드리다 2
뚜물 1
뛰놀다 1
뛰다 1
뛰어들다 1
뛰어오다 1
뛰여오다 1
뛰쳐나오다 1
뜨겁다 3
뜨끈하다 1
뜨다① 3
뜨다② 1
뜨락 2
뜨수하다 2
뜯개조박 1
뜯다① 1
뜯다② 1
뜻 1
뜻없이 1
띠다 1
띠쫗다 1
띨배 1

ㄹ

라이넬 마리아 릴케 1
락단하다 1
력사 1
령감 2
로이도돈보기 1
로장 1
류성기 1
리① 1
리里② 1
리과책 1

ㅁ

마가리 1
마가을 1
마눌 2
마당 6
마당귀 3
마돌 1
마루 1
마루방 1
마르다① 1
마르다② 3
마른물고기 2
마리 4
마산馬山 1
마시다 6
마을① 3
마을② 32
마을마을 1
마음 32
마음대로 2
마조 1
마타리 1
막내고무 2
막대꼬치 1
막대침 1
막베등거리 1
막베잠방둥에 1
막써레기 1
막어서다 1
막역지간莫逆之間 1
막칼질하다 1
만나다 5
만년萬年 1

만두饅頭고깔 1
만들다 1
만져보다 1
만하다 1
많다 16
많이 4
맏손자 1
말① 23
말② 1
말③ 6
말꾼 1
말끝 1
말다 2
말다툼 1
말러가다 1
말려나가다 1
말리다 4
말리우다 1
말방울 1
말상 1
말소리 2
말수 1
말없이 3
말쿠지 1
말하다 1
맑다① 3
맑다② 4
맑어지다 1
맘 1
맛 6
맛나다 1
맛보다 1
맛스럽다 1
맛있다 5
망아지 4
망연하다 1
맞구멍 1
맞다① 1
맞다② 2
맞다③ 4
맡다 1
매 1
매감탕 1
매끄럽다 1
매다① 1
매다② 2
매럽다 1
매여놓다 1
매연 1
매이다 1
매지 2
매캐하다 1
맥 2
맨모밀국수 1
맨발 1
맨천 2
맷방석 1
머루넝쿨 1
머루밤 1
머루빛 1
머루송이 1
머루전 1
머리① 4
머리② 3
머리맡 4
머리오리 1
머리채 2
머리카락 11
머리칼 1
머물다 1
먹 1
먹다① 43
먹다② 1
먹이다 1
먼먼 1
먼바루 2
멀다① 11
멀다② 11
멀리 6
멍석자리 1
멎다 1
메기 1
메기수염 1
메다 1
메이다 1
멕이다 2
멧도야지 2
멧돌 1
멧비들기 1
멧비들기켠 1
멧새 1
멫 9
멫십 1
명절 2
명절날 2
명정明井골 2
명정明井샘 1
명주필 1
명태明太 5
명태明太창난젓 1
몇① 2
몇② 1
모다 3
모닥불 4
모도① 4

모도② 2
모두① 3
모두② 16
모든 1
모래 1
모래부리 1
모래알 1
모래장변 2
모래톱 2
모랭이 1
모르다① 7
모르다② 1
모르다③ 1
모밀가루포대 1
모밀국수 3
모밀내 2
모시다 2
모이다 4
모주리 1
모퉁이 1
목 4
목각木刻 1
목구木具 1
목단 1
목덜미 2
목수木手네 1
목숨 2
목욕 2
목침木枕 2
목탁木鐸 1
목판 1
몬저 1
몬지 1
몰다① 1
몰다② 1
몰아가다 1
몸 7
몹시 1
못 6
못되다 1
못하다 8
몽둥발이 1
뫼추라기 1
뫼추리 1
묘향산妙香山 2
묘향산행妙香山行 1
무감자 1
무거웁다 2
무겁다① 2
무겁다② 1
무당 1
무럭무럭 1
무르끓다 1
무릎 3
무릿돌 2
무명샤쯔 1
무명필 1
무서웁다 2
무서워하다 1
무섭다 15
무슨 9
무썩무썩 1
무엇 11
무연하다 1
무이 2
무이밭 1
무이징게국 1
무척 1
묵다 2
묵묵하다 1
묵묵히 1
묵여가다 1
문門 3
문기슭 1
문둥이 1
문득 2
문밖 4
문살 2
문서文書 1
문장門長 1
문주 1
문창 4
문門턱 1
문허지다 1
묻다① 1
묻다② 1
묻어놓다 1
묻히다 1
물① 13
물② 1
물가 1
물감 1
물계리物界里 1
물고기 1
물구지우림 1
물기 1
물길 1
물꾸러미 1
물다 3
물닭 3
물러가다 1
물맛 1
물밑 2
물살 1
물새 3

물씬물씬 1
물외 2
물외포기 1
물이끼 1
물지게꾼 1
물총새 1
물코 1
물쿤 1
물쿤하다 1
물팩치기 1
미끼 1
미나리 1
미덥다 2
미명계未明界 1
미역국 1
미역냄새 1
미역오리 1
미치다 1
민숭민숭하다 1
밀다 1
밑 7
밑가지채 1
밑구멍 1
밑께 1
밑바닥 1

ㅂ

바가지 1
바가지꽃 1
바구지꽃 2
바깥 1
바꾸다 1
바눌 1
바눌집 1
바느질 1

바다 13
바닷가 5
바독판 1
바둑 1
바라다 1
바라보다 7
바람 9
바람결 2
바람맛 1
바람벽 7
바래다 1
바로 1
바리깨 1
바리깨돌림하다 1
바우 1
바윗돌 1
바윗잔등 1
바즈런하다 1
박 2
박각시 2
박시봉방朴時逢方 1
박우물 1
밖 7
반 1
반가웁다 2
반가워지다 1
반가워하다 1
반갑다 2
반관飯舘 1
반끗히 1
반날 1
반디젓 1
반딧불 1
반봉 1
반죽 1

받다① 6
받다② 2
받다③ 1
받들다 1
받어가다 1
받어들다 1
받쳐입다 1
발 2
발가벗다 4
발굽 1
발꿈치 1
발뒤축 2
발빨갱이 1
발뿌리 1
발해渤海 1
밝다① 2
밝다② 2
밝다③ 3
밝다④ 1
밝어먹다 1
밝어오다 1
밝히다① 2
밝히다② 1
밟다 2
밤 38
밤길 1
밤나무 1
밤새껏 1
밤소 1
밤중 1
밤참 1
밤한울 1
밥 8
방 4
방구석 1

방뇨 1
방바닥 1
방안 7
밭 10
밭고랑 1
밭뚝 1
밭마당 2
밭머리 1
밭어놓다 1
밭최뚝 1
배① 3
배② 3
배꼽 1
배나무 2
배나무동산 1
배나무접 1
배반하다 1
배앓이 1
배암 2
배우다① 1
배우다② 1
배창 2
배척하다 1
배추 1
백구둔白狗屯 1
백령조白翎鳥 1
백복령 1
백설기 1
백성 1
백오십리百五十里 1
백이다 2
백재일 1
백중 1
백중날 1
백중물 1
백지 1
백통전 1
백화白樺 1
뱃사공 1
뱃사람 1
뱉다 1
버드나무 2
버들 1
버들개지 1
버러지 2
버리다① 3
버리다② 1
버리다③ 1
버선목 1
버선짝 1
버슷 1
버치 1
벅작궁 1
벅차오다 1
번 5
번득거리다 1
번들번들하다 1
번번하다 1
벌① 13
벌② 1
벌개늪역 1
벌길 1
벌논 1
벌배 1
벌배채 1
벌불 장난 1
벌써 4
벌판 2
범① 4
범② 1
범상 1
벗다① 1
벗다② 1
베 1
베여보다 1
베틀 1
벼락 1
벼랑탁 1
벼르다 1
별 3
별자국 1
볏곡간 1
볏짚 1
병① 1
병② 3
병들다 1
병서兵書 1
병아리 1
병인病人 1
볕 6
볕바르다 1
별살 5
보내다① 2
보내다② 1
보다① 6
보다② 1
보다③ 1
보다④ 1
보다⑤ 1
보드랍다 1
보드럽다 1
보득지근하다 1
보래구름 1
보름 1
보름달 1

보십 1
보탕 1
보하다 1
보해 1
복 1
복도 1
복사꽃 5
복사나무 1
복숭아나무 2
복장노루 1
복쪽재비 1
본① 1
본② 2
봄 2
봄비 1
봄철 1
봄철날 2
봉가집 3
뵈이다① 7
뵈이다② 1
뵈짜배기 1
부끄러움 1
부끄럽다 1
부드럽다 2
부뚜막 4
부뜨막 1
부러워하다 1
부럽다 2
부르다① 4
부르다② 1
부모 1
부숭부숭 1
부엌 10
부여扶餘 1
부증 1
부처 1
부처님 1
부헝이 2
북 1
북관北關 5
북관北關말 1
북덕불 1
북방北方 1
북신北新 1
북적하다 1
분명코 1
분명히 2
분틀 1
분하다 2
불 6
불경佛經 1
불그레하다 1
불기 1
불다① 2
불다② 1
불빛 2
불상하다 1
불어오다 1
불키다 1
붉다 4
붓장사 1
붕붕 1
붕어 1
붕어곰 1
붙다 1
붙들다 1
붙이다① 1
붙이다② 2
붙이다③ 1
뷔비다 1
뷔이다 4
비 11
비난수 1
비다 1
비롯하다 1
비릿하다 1
비멀이하다 1
비얘고지 6
비이다 1
비탈 1
빗다 2
빗방울 1
빗텁 1
빙긋이 1
빛 2
빛다 2
빛나다 4
빠지다 2
빨갛다 4
빨다 1
빰 1
뻐꾸기 1
뻐꾹채 1
뻐드러지다 1
뻗치다 1
뽀오햫다 1
뽂은 잔디1
뽈다구 1
뽑다 3
뽑아놓다 1
뽕뽕차車 1
뿌연히 1
뿌우혛다 1
뿜다 1
뿡뿡 1

삐뚜룩하다 1
삐삐① 1
삐삐② 1
삐여지다 1
삐쳐나다 1
삘삘 1

ㅅ

사기방등 1
사납다 2
사다 6
사닥다리 1
사당 1
사람 58
사랑 3
사랑하다 22
사러지다 1
사르릉 1
사리우다 1
사먹다 1
사물사물 1
사발 2
사슴 2
사십四十 1
사오다 1
사이① 1
사이② 2
사춘 1
사춘누이 1
사춘동생 1
산山 35
산山가마귀 1
산山개울 1
산山거리 2
산곡山谷 1
산山골 10
산골사람 4
산골집 1
산山골짜기 1
산국 1
산山길 1
산山꿩 1
산꿩의 고기 1
산山나물 3
산山나물판 1
산대 1
산듯하다 1
산山마루 2
산멍에 1
산山모롱고지 1
산山비 4
산山비탈 1
산山뽕닢 1
산山새 2
산숙山宿 1
산山아이 1
산약山藥 2
산엣새 1
산山옆 3
산山울림 1
산적 1
산山절 1
산山중 1
산중음山中吟 1
산지山地 1
산천山川 1
산山턱 1
산山허리 1
살① 1
살② 3
살갗 1
살구 1
살구나무 1
살구벼락 1
살내음새 1
살다 19
살뜰하다 1
살빛 1
살지다 1
살틀하다 3
삶다 5
삼 1
삼가다 1
삼각산 1
삼굿 1
삼다 1
삼리三里밖 1
삼방三防 1
삼백오십리三百五十里 1
삼십오도三十五度 1
삼천포三千浦 1
삼촌 1
삼춘 4
삼춘엄매 6
삼키다 2
삼호三湖 1
삿 1
삿갓 2
삿귀 1
삿방 1
상① 1
상② 1
상商③ 2
상나들이옷 1
상디기 1

상사말 1
새 6
새까맣다 5
새꾼 1
새끼 4
새끼거미 2
새끼달은치 1
새끼락 1
새끼사발 1
새끼손톱 1
새끼오강 1
새끼오리 1
새벽녘 2
새벽달 1
새빨갛다 3
새사위 1
새새끼 1
새소리 1
새악시 11
새옷 1
새파랗다 1
새하다 1
색동헝겊 1
색시 1
샘터 1
샛길 1
샛노랗디샛노랗다 2
샛더미 1
샛말갛다 1
샛맑다 1
샛문틈 1
생각 7
생각나다 2
생각하다 35
생강 1

생기다① 1
생기다② 1
생모시치마 1
생선 3
생업生業 1
서글프다 2
서너 2
서다① 7
서다② 2
서다③ 1
서러웁다 3
서러워지다 1
서러워하다 1
서럽다 4
서로 6
서른닷 1
서리서리 1
서병직씨徐丙織氏 1
서시序詩 1
서울 1
서행시초西行詩抄 4
석 1
석류石榴 1
석박디 1
석양夕陽 1
선득선득하다 1
선산 1
선우사膳友辭 1
선인도仙人圖 1
선장 1
선창 2
설달 1
설다 2
설레다 2
설탕 2

섧다 1
섬 1
섬기다 1
섬돌 2
섭가락 1
성 1
성궁미 1
성문城門 2
성외城外 1
성주님 2
성城터 1
성하다 1
성화 1
섶 2
섶구슬 1
섶누에 번디 1
섶벌 1
세괏다 1
세다 1
세모래 1
세불 1
세상 11
세수 1
세수하다 1
세월 4
세이다① 1
세이다② 1
세이다③ 1
세침 1
센개 1
소 7
소거름 1
소기름 2
소기름불 1
소내기 1

소달구지 1
소담하다 1
소똥 1
소라방등 1
소리① 20
소리② 11
소리③ 15
소리④ 1
소리개 1
소리치다 1
소문 2
소박素朴하다 1
소뿔등잔 1
소삼다 1
소설 1
소수림왕小獸林王 1
소시랑 1
소신 1
소원 1
소의연 1
소주燒酒 3
소피 1
속① 28
속② 1
속이다 1
손 18
손길 1
손깍지벼개 2
손깍지벼개하다 1
손방아 1
손아귀 1
손자① 6
손자孫子② 1
손자아이 1
손잔등 1
손톱 1
솔솔 1
솔포기 1
솜솜 1
솟다 3
송구떡 3
송아지 3
송어 1
송이버슷 1
송장 1
솥 1
솥뚜껑 1
쇠드랑볕 1
쇠든밤 1
쇠리쇠리하다 3
쇠메 1
쇠조지 1
쇠주푀적삼 1
쇳소리 1
쇳스럽다 1
수① 4
수② 1
수라修羅 1
수리취 1
수무나무 2
수문장 1
수박 3
수박씨 5
수백 1
수선거리다 1
수수하다 1
수양산首陽山 1
수염 3
수영 1
수원백씨水原白氏 1
수육 1
수절과부 1
수컷 1
수탉 1
숙변 1
숙신肅愼 1
순례巡禮중 1
술① 4
술② 1
술국 2
술렁거리다 1
술집 1
숨① 2
숨② 1
숨굴막질 1
숨다 3
숨어버리다 1
숫돌 1
숭 1
숭가리 1
쉬다 1
쉬영꽃 1
쉬이 1
쉬이다① 1
쉬이다② 1
스르릭스르릭 1
스무나문 1
스스로 2
스스로웁다 1
스치다 1
슬그머니 1
슬퍼지다 2
슬퍼하다 2
슬프다 5
슬픔 10

슴슴하다 1
습내 1
승냥이 6
승녀承女 1
승承동이 1
승합자동차乘合自動車 2
시골 1
시기柿崎 1
시꺼멓다 1
시끄럽다 1
시냇물 1
시누이 1
시다 1
시들다 1
시라리타래 1
시래기 1
시래깃국 1
시렁 2
시루 1
시름 3
시방 2
시뻘겋다 1
시아부지 1
시악 1
시울다 2
시인詩人 13
시집 5
시집가다 2
시큼털털하다 1
시큼하다 1
시퍼러둥둥하다 1
시펄하다 1
식혜 1
신 1
신간서新刊書 1
신다 5
신뚝 1
신라新羅백성 1
신리新里 1
신미두 1
신새벽 1
신선 1
신세 1
신영길 1
신장님 1
신주 1
신짝 1
실 1
실감기 1
싫다 1
싫증 1
심그다 1
심지 1
십리十里 1
십리길 1
십오리十五里 2
십오촉十五燭 1
싱싱 1
싱싱하다 2
싶다 22
싸개동당 1
싸다① 2
싸다② 1
싸단니다 1
싸락눈 1
싸리 1
싸리갱이 1
싸리꼬치 1
싸리신 3
싸릿닢 1
싸오다 1
싸움 2
싹다 1
쌀독 2
쌀랑대다 1
쌀랑쌀랑 2
쌈방이 1
쌈지거리하다 1
쌍 2
쌍마차雙馬車 1
쌍심지 1
쌓이다 5
쌔김질하다 1
쌔하얗다 2
써붙이다 1
썩심하다 1
썰다 1
쏘가리 1
쏟아지다 1
쏠론 1
쐬이다 1
쑤다 1
쑤시다 1
쑥국화꽃 1
쓰다① 3
쓰다② 1
쓰다③ 2
쓰다④ 1
쓰다⑤ 1
쓰다⑥ 2
쓰다⑦ 1
쓰다⑧ 1
쓰다듬다 2
쓰렁쓰렁 1
쓸다① 1

쓸다② 2
쓸데없다 1
쓸려나가다 1
쓸쓸하다 22
쓸쓸히 2
쓸어버리다 1
씌우다 1
씨① 1
씨② 1
씨③ 3
씨굴씨굴 1
씨연하다 1
씨원하다 1
씹다 1
씻다① 3
씻다② 1

ㅇ

아 9
아개미 1
아궁지 2
아끼다 1
아내 2
아늑하다 1
아늑히 1
아니 2
아니다 3
아득하다 11
아들 5
아들아이 1
아래 11
아랫두리 1
아랫마을 2
아르간 1
아르굳 1
아르대 1
아름답다 5
아릇간 1
아릇동리 2
아릇목 1
아릇목싸움 1
아리다 1
아마 1
아모 2
아모것 1
아모래도 1
아모려나 1
아무 1
아무개씨氏 2
아무리 1
아무우르 1
아물거리다 1
아배 12
아버지 4
아비 2
〈아서라 세상사世上事〉 1
아아 1
아이 29
아이보개 1
아전 1
아즈까리기름 2
아즈까리알 1
아즈내 1
아즈랑이 1
아지랑이 2
아직 3
아츰 10
아츰별 1
아침 2
아카시아 1
아카시아꽃 1
아프다 1
아홉 1
악악 1
안① 5
안② 1
안③ 8
안간 1
안개 2
안기다 2
안다 1
안동安東 1
안방큰방 1
안장코 1
안주인 1
안타깝다 1
안팎 1
안팎마당 1
안해 2
앉다① 12
앉다② 2
앉다③ 1
앉다④ 1
않다 13
알① 1
알② 2
알다① 4
알다② 3
알다③ 1
알다④ 1
알뜰하다 1
앓다 7
암컷 1
앙광이 1
앙궁 1

앙금 1
앞 11
앞니 2
앞니빨 1
앞대 2
앞뒤 1
앞서다 1
애기무당 2
애끊다 1
애끼다 2
애동 1
액額 1
야기 1
야반夜半 1
야우소회夜雨小懷 1
약藥 5
약그릇 1
약눈 1
약藥물 2
약물터 3
약사발 1
약수藥水터 2
약자 1
약탕관 1
양금줄 1
양염 1
양자楊子 1
양지귀 2
양철통 1
어구 1
어깻죽지 1
어느 4
어느메 2
어느새 1
어늬 16
어늬메 1
어늬바루 1
어니 4
어니메 2
어니젠가 1
어데 11
어두워오다 1
어둡다 8
어드근하다 1
어득시근하다 1
어득하다 1
어디메 1
어른 3
어리다① 1
어리다② 9
어리석다 1
어리석음 2
어린것 3
어린아이 2
어머니 2
어미 1
어서 2
어스름저녁 1
어여쁘다 1
어우러지다 1
어인 2
어장주漁場主 1
어정어정 1
어젯밤 2
어지럽다 1
어질다 6
어쩐지 7
어치 1
억병 1
언덕길 1
언제① 1
언제② 1
언제③ 1
언제나 12
언젠가 2
얹다 2
얹어두다 1
얹히다 1
얻다① 4
얻다② 1
얼골 2
얼굴 2
얼근하다 1
얼다① 3
얼다② 1
얼럭궁덜럭궁 1
얼럭소 1
얼른 1
얼린하다 1
얼마 1
얼마나 12
얼얼하다 1
얼혼 1
엄마 1
엄매 17
엄신 1
엄지 3
업다 2
업어가다 1
업혀가다 1
업히다 1
없다① 2
없다② 15
없다③ 1
없다④ 2

없다⑤ 1
없다⑥ 1
없다⑦ 1
없어지다 2
없이① 2
없이② 3
없이③ 1
엇송아지 1
엎데다 2
여기 3
여늬 1
여래如來 1
여러 1
여름 1
여승女僧 2
여우① 2
여우② 2
여우난골 1
여우난골족族 1
여인女人 4
여인숙旅人宿 2
여진女眞 2
연둣빛 1
연분홍 1
연소탕燕巢湯 1
연연해하다 1
연자간 3
연자망구신 1
연하다 1
열 2
열나흘 1
열니레 1
열다① 2
열다② 1
열다섯 1
열두 1
열리다 1
열여섯 1
열젖기다 1
염소 1
염주 1
엿 1
엿궤 1
엿방 1
영靈하다 1
옆 3
예데가리밭 1
예서 2
예수쟁이 1
예순 1
옛날 1
옛님군 1
옛말속 1
옛적본 1
오가리 1
오구작작 1
오금덩이 1
오나가나 1
오늘① 1
오늘② 6
오늘밤 2
오다① 59
오다② 1
오다③ 1
오다④ 1
오다⑤ 9
오다⑥ 2
오다⑦ 1
오다⑧ 4
오대五代 1
오독독이 1
오두미五斗米 1
오래 1
오래다 2
오래도록 1
오래되다 1
오랜 4
오랜만 1
오력 1
오로촌 1
오르나리다 1
오르다① 10
오르다② 2
오르다③ 1
오르다④ 4
오리 14
오리새끼 1
오리치 2
오마니① 1
오마니② 1
오불고불 1
오이 1
오이밭 1
오쟁이 1
오줌 6
오줌빛 1
오지항아리 2
오천五千말 1
옥수수 1
온데간데 1
온순하다 1
온통 1
올라가다 2
올라오다 2
올리다① 1

올리다② 1
올코 1
옷 8
옹기장사 1
왁자지껄하다 1
왕구새자리 1
왕밤 1
왕사발 2
왜 2
외갓집 2
외따른 4
외딸 1
외로워지다 1
외로워하다 1
외로이 4
외롭다 4
외마디소리 1
외면하다 4
외발 1
외얏맹건 1
외양간 1
외지다 2
요遼 1
욕심 2
욕하다 1
우 14
우두머니 1
우러러지다 1
우러르다 1
우리 12
우리네 1
우리집 1
우물 2
우물가 1
우물돌 1

우물든덩 1
우수웁다 1
우울거리다 1
우쭐대다① 2
우쭐대다② 1
욱실욱실하다 1
욱자지껄하다 1
욱적하다 1
울고불고하다 1
울다① 13
울다② 27
울다③ 3
울력하다 1
울바주 1
울밖 1
울상 1
울어대다 3
울음 1
울파주 1
울파주가 1
움퍽움퍽 1
웃간 4
웃다 8
웃동 1
웃목 1
웃방성 1
웃음 2
웃음소리 1
웅성웅성 2
원두막 1
원소元宵 3
원앙 1
월越 2
월급 1
월림月林장 1

위① 1
위衛② 2
위로하다 1
위안하다 1
위하다 2
유동柳洞 1
유리창 3
유별히 1
유월六月 1
유종 1
육미탕六味湯 1
육수국 1
육십리六十里 1
으레히 3
으젓하다 2
은殷 2
은근하다 1
은금보화 2
은장두 1
은행여름 1
음산陰山 1
응앙응앙 1
의원醫員 4
이① 4
이② 1
이③ 69
이것 13
이것저것 1
이기다 2
이깔나무 1
이끌다 1
이날 5
이녀李女 1
이다 1
이두국주가도伊豆國湊街道 1

이때 2
이랑 1
이러다 1
이러하다 24
이런 3
이루다 1
이르다 3
이름 4
이리하야 2
이리하여 3
이마 1
이미 1
이방異邦 3
이백李白 5
이번 4
이불 2
이스라치전 1
이슬 2
이십리二十里 1
이야기 10
이야기판 1
이야기하다 3
이왕이면 1
이웃 1
이웃사춘 1
이제① 6
이제② 1
이즈막하다 1
이즉하다 1
이향異鄕 1
익다① 1
익다② 2
익어가다 1
익히다 1
인가人家 2
인간人間 5
인둣불 1
인생人生 1
인절미 1
인정人精 3
일 7
일가 1
일가집 1
일가친척 2
일다 1
일등가다 1
일본말 1
일부러 1
일어나다 3
읽다 1
잃다 1
잃어버리다 1
임금林檎나무 1
임내 1
임내내다 1
입 6
입다 9
입술 1
입히다 1
있다① 1
있다② 45
있다③ 9
있다④ 2
있다⑤ 5
있다⑥ 2
있다⑦ 2
있다⑧ 4
잊다 3
잊어버리다 1
잎 1
잎새 1

ㅈ

자① 2
자② 1
자갈밭 1
자개밭둑 1
자개짚세기 1
자갯돌 1
자구나무 1
자그마하다 1
자꼬 5
자다 5
자동차自動車 1
자라나다 1
자랑 1
자리 3
자리싸움 1
자박수염 1
자반 1
자벌기 1
자성慈城 2
자시동북팔십천희천自是東北八○粁熙川 1
자욱하다 1
자작나무 6
자정 1
자즈러붙다 1
자즌닭 1
자지고름 1
자채기 1
작다 2
작두 2
작은마누래 1
작은이녀李女 1

작은홍洪동이 1
잔盞 2
잔나비 1
잔등① 1
잔등② 1
잔뼈 1
잔솔밭 1
잔치 1
잔치하다 1
잔콩 1
잘① 9
잘② 2
잘③ 1
잘망하다 1
잘못 1
잘하다 1
잠 3
잠그다 1
잠시 1
잠자리 1
잠풍 1
잠풍하다 1
잡곡낟가리 1
잡다① 4
잡다② 2
잡다③ 1
잡다④ 1
잡어걸다 1
잡어달라다 1
잡어먹다 1
장가가다 1
장거리 1
장고기 1
장글장글 1
장글장글하다 2
장꾼 2
장난 1
장날 3
장돌림 1
장마 1
장뽕이 1
장반시계 1
장수① 1
장수② 1
장작 1
장지문틈 1
장진長津땅 2
장판 1
장풍 1
재齋① 2
재② 1
재당 1
재래종在來種 1
재릿재릿하다 1
재릿하다 1
재밤 1
재밤중 1
재통 1
잿다리 1
잿더미 1
쟁글쟁글 1
저① 1
저② 2
저고리 2
저기 3
저녁① 5
저녁② 8
저녁밥때 1
저녁상 1
저녁술 1
저녁해 1
저러하다 1
저리다 1
저물다① 1
저물다② 2
적 5
적경寂境 1
적다 4
적막강산 2
적삼 1
적시다 1
적은솔 1
전 2
전등 1
전북 1
전북회 1
절① 3
절② 2
절간 2
절망絶望 1
젊다 3
점① 1
점② 1
점점 1
접 1
접시 1
접시귀 1
접하다 1
정 1
정갈하다 2
정갈히 1
정거장停車場 1
정기 1
정답다 3
정들다 1

정말 1
정문旌門 1
정문旌門집 1
정문촌旌門村 1
정월正月 2
정주定州 2
정주백촌定州白村 1
정주성定州城 1
정하다 4
정현웅鄭玄雄 1
젖 2
젖꼭지 1
젖다 6
젖먹이 1
제 3
제가끔 1
제관 1
제구실 1
제물배 1
제비 3
제비꼬리 1
제비손이구손이하다 1
제비의 춤 1
제삿날 1
제상 1
제주병 1
져가다 1
조개 2
조개송편 1
조고마하다 1
조금 4
조당澡塘 1
조르다 2
조마구 3
조상 5
조아질하다 1
조앙님 3
조용하다 3
조화 1
족보 1
졸다 3
졸레졸레 1
졸음 1
좁다랗다 1
좁쌀알 1
종대 1
종아지물본 1
종이 1
종이등燈 2
종점終點 1
좋다① 25
좋다② 2
좋아하다① 8
좋아하다② 4
죈두기송편 1
죠이쓰 1
주다 7
주둥이 1
주락시 1
주룬히 1
주류판매업酒類販賣業 1
주막酒幕 3
주머니 1
주먹다시 1
주먹질 1
주무르다 2
주워먹다 1
주인 1
주재소장駐在所長 2
주저앉다 1
주정 1
주홍칠 1
죽다 10
죽이다 1
줄 3
줄등 1
줄레줄레 1
줌 1
중 2
쥐다 1
쥐발 1
쥐어주다 1
쥐잡이 1
퀀 1
즈벅이다 1
즐거움 1
즐거웁다 1
즐거워오다 1
즐거이 2
즐겁다 7
즐기다 1
즐즐 1
즘부러지다 1
즘생 4
즘퍼리 1
즛 1
증손자 1
즞다 3
지 1
지게 1
지게굳다 1
지껄지껄하다 1
지나가다① 11
지나가다② 1
지나支那나라 1

지나다① 1
지나다② 1
지나다③ 1
지나다④ 4
지나다⑤ 5
지나오다 1
지다① 2
지다② 2
지다③ 1
지다④ 2
지렝이 5
지르다 1
지르터매다 1
지붕 5
지아비 3
지중지중 1
지지다 1
지치우다 2
지혜 1
진晉 2
진달래 2
진상항아리 1
진장 1
진진초록 1
진초록 1
진할머니 1
진할아버지 1
질게 1
질동이 2
질들다 1
질병코 1
질화로 1
집 44
집난이 1
집살이 1
집안 1
집오래 1
집집이 1
집터 1
짓궂이 1
짓다 2
징기징기 1
짖다 7
짖어대다 1
짗 2
짚검불 2
짚다 1
짚등색이 1
짚신 1
짜다① 1
짜다② 1
짜랑짜랑 1
짜릿하다 1
짝새 2
짭짤하다 2
쨋쨋하다 1
쨩쨩 2
쩌락쩌락 1
쩔렁거리다 1
쩔쩔 2
쩜벙쩜벙 1
쩡하다 1
쩨듯하니 2
쪄다두다 1
쪄주다 1
쪼로록 1
쪼이다 1
쪽① 1
쪽② 3
쪽재피 1
쪽재피상 1
쪽제비 1
쫄다 1
쫄이다 1
쫓기다 1
쫓다 1
쬐다 1
쭈구렁벼알 1
쭈구리다 1
쭝얼대다 1
찌그러지다 1
찌다 1
찌륵찌륵 1
찢다 1
찧다 1

ㅊ

차車 2
차갑다 1
차다① 3
차다② 1
차다③ 1
차다④ 1
차다⑤ 4
차다⑥ 1
차디차다 3
차츰 1
착하디착하다 1
찬물 1
찰거마리 1
찰복숭아 1
참대창 1
참되다 1
참으로 5
참치회 1

참쌀탁주 1
창꽈쯔 1
창원도昌原道 1
창의문외彰義門外 1
찾다 1
찾어가다 1
찾어뵈다 2
채① 3
채② 1
채국채국 1
채다 1
채매 1
채워두다 1
채일 1
챙챙 3
처녀 8
처마 2
처박다 1
척척하다 1
척하다 1
천 1
천두 1
천상수天上水 1
천진퍼치마 1
천희千姬 3
철 2
철없다 1
첫녀름 1
첫아들 1
청 1
청각 1
청능 1
청대나무말 1
청명淸明 1
청밀 1
청배 1
청삿자리 1
청시靑柹 1
쳐다보다 3
쳐먹다 1
초가을 1
초가지붕 2
초동일初冬日 1
초롱① 1
초롱② 1
초롱불 1
초생달 2
초시 1
초아흐레 1
초저녁 1
촉촉이 2
촌 5
촌부자 1
촌중 1
촛불 1
최방등 제사 1
추다 1
추야일경秋夜一景 1
추워지다 1
추위 1
추일산조秋日山朝 1
추탕鰍湯집 1
축 1
출출이 1
출출히 1
춤 1
춥다 11
충왕蟲王 1
충왕묘蟲王廟 1
취열옥색 1
취향리梨 돌배 1
츠다① 1
츠다② 1
츠렁츠렁 1
측량測量 1
치다① 3
치다② 1
치다③ 2
치다④ 1
치다⑤ 1
치다⑥ 1
치다⑦ 2
치다⑧ 1
치마 1
치맛자락 1
치성 1
치우다 1
치장감 1
치코 1
친구 2
친하다 3
칠성七星고기 1
칠십七十 1
칠월七月 1
칠월七月 백중 1
침 1
침노 1

ㅋ

캄캄하다 4
캐다 1
캥캥 2
컴컴하다 4
켜다① 1
켜다② 1

켜레 1
코 1
코끝 1
코밑수염 1
콩가루소 2
콩가루차떡 1
콩곡석 1
콩기름 1
콩나물 1
콩알 1
콩조개 1
콱콱 1
쿵쿵거리다 1
퀴퀴하다 1
크나크다 4
크다 10
크다랗다 2
크디크다 1
큰거미 3
큰골 1
큰마누래 1
큰마니 7
큰머리 1
큰솔밭 1
큰솥 1
큰아바지 1
큰집 2
키질하다 1

ㅌ

타고나다 1
타관 5
타다① 10
타다② 2
타다③ 1
탄수 1
탓① 1
탓② 9
탕약湯藥 1
탕탕 1
태고太古 1
태반胎盤 1
태산泰山 1
태어나다 2
택사 1
탱 1
터벅터벅 1
터알 1
터앞 3
터지다① 1
터지다② 1
턴정 1
털 5
털능구신 1
텁텁하다 1
텃밭가 1
텅 1
텅납새 7
텅하다 1
토끼 5
토끼굴 1
토끼새끼 1
토끼잠 1
토리개 1
토막 2
토방 7
토방돌 1
토산土山 1
토시 1
토신土神 1
토신묘土神廟 1
통① 1
통② 1
통곡 1
통영統營 3
통영統營장 1
통제사統制使 1
툇마루 1
투박하다 2
튀각 1
튀겁 1
튀튀 1
튀튀새 2
트근히 1
트다① 1
트다② 1
튼튼하다 2
틀리다 1

ㅍ

파 2
파랗다 3
파래 1
파리떼 1
파리하다 6
판데목 1
팔 1
팔다 4
팔다리 1
팔뚝 1
팔八모알상 1
팔벼개하다 1
팔원八院 1
팔짱 2
팟중이 1

팥 1
팥소 1
퍼렇다 1
퍼지다 2
펑하다 1
펴다① 1
펴다② 1
편안하다 3
평안도平安道 4
평안하다 1
평풍 1
포족족하다 1
푯標말 1
푸념 1
푸둥푸둥하다 1
푸르다 8
푸르스름하다 1
푹석하다 1
푹푹 6
풀 3
풀다 1
풀리다 1
풀밭 2
품바타령 1
풍구재 1
풍속 2
퓌다① 5
퓌다② 1
프랑시쓰 쨈 1
플랫폼 1
피 3
피나무 1
피다 6
피성하다 1
피여나다 1
피우다 1
필 1
핏대 1
핑 1

ㅎ

하나 23
하누바람 1
하눌 3
하늑이다 1
하늘 2
하다① 50
하다② 18
하다③ 3
하다④ 1
하다⑤ 7
하다⑥ 7
하다⑦ 1
하다⑧ 2
하다⑨ 5
하다⑩ 7
하다⑪ 13
하다⑫ 1
하다⑬ 1
하다⑭ 1
하다⑮ 2
하다⑯ 1
하다⑰ 1
하다⑱ 4
하다⑲ 1
하답夏沓 1
하로 2
하로밤 2
하로종일 1
하로진일 1
하루종일 1
하리불 1
하이얗다 18
하폄 1
학실 1
한① 32
한② 3
한③ 2
한가로이 1
한가하다 5
한겨울 1
한겻 1
한고향 2
한구석 2
한끝나게 1
한녀름 2
한물 1
한물통 1
한벌판 1
한불 4
한산도閑山島 1
한없이 4
한울 9
한울빛 2
한입 1
한잔 2
한잠 3
한종일 1
한종일내 2
한쪽 1
한참 1
한창 2
한탄 1
할머니 10
할미 1

할미귀신 1
할아버지 12
핥다 1
함경도咸鏡道 1
함곡관函谷關 1
함께 2
함남도안咸南道安 1
함박꽃 1
함박눈 1
함북 1
함뿍 1
함주군咸州君 1
함주시초咸州詩抄 1
함지 2
합문 1
합장하다 1
항구港口 1
항라적삼 1
항약 1
해① 3
해② 1
해③ 2
해바라기하다 2
해바르다 2
해밝다 1
해변 2
해변땅 1
해변벌 1
해빛 1
해삼 1
해쓱하다 1
해자 1
해정하다 2
해지다 1
해치우다 1

햇강아지 1
햇귀 1
햇기장 쌀 1
햇별 5
햇비 1
햇츩방석 1
햇콩두부 1
행길 8
향기 1
향기롭다 2
향香내 1
향산香山 1
향수鄕愁 1
향악饗藥 1
향하다 2
허리 2
허리도리 1
허옇다 1
허준許俊 1
헌 1
헌신짝 1
헐리다 1
험상궂다 1
헝겊심지 1
헝겊조각 1
헤매이다① 1
헤매이다② 1
헤여달다 1
혀끝 1
혀다 1
형 1
형제 1
혜이다 1
호궁胡弓 1
호끈히 1

호랑이 1
호루기의 젓갈 1
호박꽃 1
《호박꽃 초롱》 1
호박닢 1
호박떡 1
호박떼기하다 1
호박씨 5
호박죽 1
호수湖水 1
호이호이 1
호젓하다 2
호주를하니 1
호호히 1
혹은 1
혼魂 1
혼삿말 1
혼자① 1
혼자② 7
홀로 2
홀아비 3
홀어미 1
홍게닭 1
홍공단 1
홍녀洪女 1
홍洪동이 1
화끈 1
화디 1
화라지송침 1
화로 1
화륜선 1
화리서리 1
환하다 1
활씬 1
황일黃日 1

황토 1
황하黃河 1
황하당세 1
황하두 1
황화장사 1
홰 1
홰냥닭 1
홰즛하다 1
횃대 1
횡하다 1
회 1
회담벽 1
회순 1
회채리 1
효자노적지지정문孝子盧迪之之旌門 1
후손 3
후처 1
후치 1
훈훈하다 1
훗날 1
훗자손 2
훤하다 1
휘장마차 1
흉사 1
흐르다 4
흐리다① 1
흐리다② 1
흔들다 1
흔하다 1
흘리다 1
흙 5
흙꽃 1
흙담벽 1
흙장난하다 1
흠향 1
홍 1
홍성거리다 2
홍성하다 1
홍성홍성 1
홍성홍성하다 1
홍안령興安嶺 1
홍정 2
희다 16
희맑다 1
희미하다 1
희여지다 1
희파람 1
흰가루손 1
흰가무래기 1
흰구름 3
흰나뷔 1
흰밤 1
흰밥 4
흰옷 1
히근하다 1
히드득거리다 1
히물쩍 1
히수무레하다 1
히스무레하다 1
힘 4
힘껏 1
힘들다 1
힘세다 1

참고 문헌

국내 논저

강병화, 《우리나라 자원식물》, 고려대학교출판부, 2003.

강인희, 《한국의 맛》, 대한교과서, 1987.

경상남도지편찬위원회, 《경상남도지 상》, 경상남도지편찬위원회, 1959.

______, 《경상남도지 중》, 경상남도지편찬위원회, 1963.

______, 《경상남도지 하》, 경상남도지편찬위원회, 1963.

고경식 · 김윤식, 《원색한국식물도감》, 아카데미서적, 1988.

고려대학교 민족문화연구원 국어사전편찬실 편, 《고려대 한국어대사전》, 인터넷판, 2014.

고정옥, 《조선민요연구》, 수선사, 1949.

고형진, 〈백석 시 연구〉, 고려대학교 석사학위논문, 1983. 12.

______ 편, 《정본 백석 시집》, 2판, 문학동네, 2020(2007).

______, 《백석 시를 읽는다는 것》, 문학동네, 2013.

공석주, 〈시골말—벽동 지방을 중심하고〉, 《한글》 49호(한글학회), 1937. 10.

국립국어원, 《표준국어대사전》, 인터넷판, 2015. 1.

국립민속박물관, 《한국민속신앙사전—무속신앙》, 국립민속박물관, 2009.

국립현대미술관, 《한국전통표준색명 및 색상—제2차 시안》, 국립현대미술관, 1992.

곽철환 편저, 《시공 불교사전》, 시공사, 2006.

권영민, 《한국현대문학대사전》, 누리미디어, 2001.

김도경, 《지혜로 지은 집, 한국 건축》, 현암사, 2011.

김명인, 《한국근대시의 구조연구》, 한샘, 1988.

김민수 외 편, 《금성판 국어대사전》, 금성출판사, 1993.

김양진 · 이현희, 〈《고려대한국어대사전》의 형태분석정보〉, 《민족문화연구》 51(고려대학교 민족문화연구원), 2009. 12.

김영배, 〈백석 시의 방언에 대하여〉, 《한실 이상보박사 회갑기념 논총》, 형설출판사, 1987. 9.

______, 《평안방언연구》, 태학사, 1997.

김영범, 〈백석 시어 연구—선행 연구의 오류 검토를 중심으로〉, 고려대학교 석사학위논문, 2005. 2.

김윤식 · 정호웅 편, 《한국근대리얼리즘작가연구》, 문학과지성사, 1988.

김자야, 《내 사랑 백석》, 문학동네, 1995.

김태정, 《쉽게 찾는 우리 나물》, 현암사, 2002.

남광우, 《고어사전》, 교학사, 2004.

남영신, 《우리말 분류사전 1》, 한강문화사, 1987.

______, 《우리말 분류사전 2》, 한강문화사, 1988.

______, 《새로운 우리말 분류사전》, 성안당, 1994.

남철, 《한국의 문과 창호》, 대원사, 2001.

노명호, 《한자용법》, 수문서관, 1918.

두산동아 백과사전 연구소, 《두산세계대백과사전》, 두산동아, 1996.

목수현, 〈망국과 국가 표상의 의미 변화—태극기, 오얏꽃, 무궁화를 중심으로〉, 《한국문화》 53권(서울대학교 규장각 한국학연구원), 2011. 3.

문세영, 《조선어사전》, 경성: 조선어사전간행회, 1938.

문은배, 《한국의 전통색》, 안그라픽스, 2012.

문화공보부 문화재관리국, 《한국민속종합보고서(황해, 평안남북)》, 국립문화재연구소, 1980.

______, 《한국민속종합보고서(향토음식)》, 국립문화재연구소, 1984.

민속학회, 《한국민속학의 이해》, 문학아카데미, 1994.

박대순 글 · 김종섭 사진, 《농기구》, 대원사, 2000.

박순원, 〈백석 시의 시어 연구—시어 목록의 고빈도 어휘를 중심으로〉, 고려대학교 박사논문, 2007. 8.

박용수, 《우리말갈래사전》, 서울대학교출판부, 2005.

박용식, 〈땅이름 '덤'의 분포와 의미〉, 《국어학》 48집(국어학회), 2006. 12.

박재연 주편, 《필사본 고어대사전》, 1-7, 선문대학교 중한번역문헌연구소, 학고방, 2010.

박전열, 〈각설이 타령 연구〉, 중앙대학교 석사학위논문, 1979. 8.

박태일, 《한국근대문학의 실증과 방법》, 소명, 2004.

박호석 편저, 《한국의 재래농기구》, 농업기계화연구소, 1990.

방우영, 〈백석 탄생 100주년 방우영 상임고문, 그를 추억하다〉, 《조선일보사보》 2062호, 2012. 6. 29.

사회과학원 언어학연구소 편, 《조선말대사전》, 사회과학출판사, 1992.

사회과학원 언어학연구소 편, 《조선말대사전(증보판)》, 사회과학출판사, 2006-2007.

서민환·이유미, 《쉽게 찾는 우리나무》, 현암사, 2001.

서유구, 《임원십육지》, 1-6권, 서울대학교 고전간행회, 1966-1968.

손경자, 《전통한복양식》, 교문사, 1992.

송준, 《백석 시 전집》, 흰당나귀, 2012.

______, 《시인 백석》, 1-3, 흰당나귀, 2012.

심경호, 《한학연구입문》, 이화문학사, 2003.

안도현, 〈안도현의 발견〉, 한겨레신문사, 2014. 2. 26.

유성호, 〈백석 시편 「고방」의 해석〉, 《한국언어문화》 46권(한국언어문화학회), 2011. 12.

유종호, 《다시 읽는 한국시인》, 민음사, 2002.

______, 〈시와 말과 사회사〉, 《서정시학》 2006년 겨울, 2006. 12.

유희, 《물명고》, 필사본, 1820년대.

유희경, 《한국복식사연구》, 이화여자대학교출판부, 2002.

육창수, 《원색약용식물도감》, 아카데미서적, 1989.

윤서석, 《한국의 음식용어》, 민음사, 1991.

윤서석 외 3인, 〈조선왕조후기의 궁중연회음식의 분석적 고찰〉, 《민속학술자료총서 429 먹거리 전통음식 5》, 도서출판 우리마당 터, 2002.

윤주복, 《나무 쉽게 찾기》, 진선출판사, 2004.

______, 《겨울나무 쉽게 찾기》, 진선출판사, 2007.

______, 《봄꽃 쉽게 찾기》, 진선출판사, 2008.

______, 《가을꽃 쉽게 찾기》, 진선출판사, 2008.

육창수, 《원색한국약용식물도감》, 아카데미서적, 1989.

이경수, 《한국현대시와 반복의 미학》, 월인, 2005.

이경자 외, 《우리 옷과 장신구》, 열화당, 2003.

이규경, 《오주서종박물고변》, 최주 주역, 학연문화사, 2008.

이기문, 《속담사전》, 민중서림, 1964.

이동석, 〈시어의 어원을 찾아서—백석 편('리과책'과 '벌개ㄴ역')〉, 《딩아돌하》 2006년 겨울 창간호(정일품), 2007. 1.

______, 〈시어의 어원을 찾아서—백석 편(및게, 따디기, 나줏손, 낫대)〉, 《딩아돌하》 2007년 봄(정일품), 2007. 3.

______, 〈시어의 어원을 찾아서—백석 편(산멍에, 산넙, 은댕이, 예데가리밭)〉, 《딩아돌하》 2007년 여름(정일품), 2007. 6.

______, 〈고어를 이용한 백석 시의 어휘 몇 가지에 대한 검토〉, 《우리어문연구》 29권(우리어문학회), 2007. 9.

______, 〈북한의 문화어를 중심으로 한 백석 시의 어휘 몇 가지에 대한 검토〉, 《새국어교육》 77권(한국국어교육학회), 2007. 12.

이동순, 《백석시전집》, 창작과 비평사, 1987.

이동순·김문주·최동호, 《백석문학전집 1》, 서정시학, 2002.

이동혁·제갈영, 《길과 숲에서 만나는 우리나라 나무이야기》, 이비컴, 2008.

______, 《우리나라 나무이야기》, 이비컴, 2008.

이병주, 《두보—시와 삶》, 민음사, 1993.

이숭원, 〈백석 시의 난해 시어에 대한 연구〉, 《인문논총》 8권(서울여자대학교 인문과학연구소), 2001. 12.

______ 주해, 《원본 백석 시집》, 깊은 샘, 2006.

______, 《백석을 만나다》, 태학사, 2008.

이시영, 〈백석 시 다시 읽기〉, 《창작과비평》 2006년 가을, 2006. 10.

이종남·니콜라스 윤, 《우리가 알아야 할 천연염색》, 현암사, 2004.

이종철·박호원, 《서낭당》, 대원사, 1994.

이준영·정현 편, 《한국학자료총서—국한회어》, 태학사, 1986.

이중환, 《택리지》, 이익성 역, 한길사, 1992.

이진성, 《프랑스 현대시》, 아카넷, 2008.

이창배, 《한국가창대계》, 홍인문화사, 1976.

이해원, 《이백의 삶과 문학》, 고려대학교출판부, 2002.

이훈종, 《민족생활어사전》, 한길사, 1992.

이훈종 편저,《국학도감》, 일조각, 1982.
장상진,《한국의 화폐》, 대원사, 1997.
장철수,《옛무덤의 사회사》, 웅진출판, 1995.
전경욱,《함경도의 민속》, 고려대학교출판부, 1999.
정종미,《우리 그림의 색과 칠—한국화의 재료와 기법》, 학고재, 2010.
정주군지편찬위원회,《정주군지 1》, 정주군지 편찬위원회, 1975.
______,《정주군지 2》, 정주군지 편찬위원회, 1999.
정현웅기념사업회 엮음,《정현웅 전집》, 청년사, 2011.
조경래,《천연염료·염색사전》, 보광출판사, 2001.
조선과학백과사전출판사·한국평화문제연구소 편,《조선향토대백과》, 1-18, 평화문제연구소, 2005.
조선식물지편찬위원회,《조선식물지》, 1-8, 평양: 과학출판사, 1972.
조선어학회,《사정한 조선어표준말모음》, 조선어학회, 1936(초판); 1946(5판).
조선총독부 육지측량부,《오만분일지형도》, 1914-1918.
차경희,〈도문대작을 통해 본 조선중기 지역별 산출 음식과 향토음식〉,《한국식생활학회지》 18권(한국식생활문화학회), 2003.
최세진·최남선 편,《훈몽자회》, 1913.
통영시지편찬위원회,《통영시지 상》, 통영시지편찬위원회, 1999.
______,《통영시지 하》, 통영시지편찬위원회, 1999.
평안남도지편찬위원회,《평안남도지》, 평안남도지편찬위원회, 1978.
평안북도지편찬위원회,《평안북도지》, 평안북도지편찬위원회, 1973.
한국민속사전편찬위원회,《한국민속대사전》, 민족문화사, 1991.
한국역사지명사전 편찬위원회,《한국역사지명사전》, 여강출판사, 2008.
한국은행,《고대부터 대한제국 시대까지의 화폐》, 한국은행, 2006.
한국정신문화연구원 어문연구실 편,《평북방언사전》, 정신문화연구원, 1981.
한복진,《(우리가 정말 알아야 할) 우리 음식 백가지1·2》, 현암사, 1998.
함경남도지편찬위원회,《함경남도지》, 함경남도지편찬위원회, 1968.
______,《함경남도지》, 증보판, 함경남도지편찬위원회, 1988.
황대화,《황해도 방언연구》, 한국문화사, 2007.

번역서

데이비드 노리스, 《조이스》, 이수명 역, 김영사, 2006.

도스토예프스키, 《카라마조프가의 형제들》, 김연경 역, 민음사, 2007.

______, 《카라마조프의 형제》, 김학수 역, 범우사, 1999.

라이너 마리아 릴케, 《젊은 시인에게 보내는 편지》, 김재혁 옮김, 고려대학교출판부, 2006.

______, 《말테의 수기》, 문현미 옮김, 민음사, 2006.

월튼 리츠, 《제임스 조이스》, 김종건 역, 탐구신서, 1982.

프랑시스 잠, 《프랑시스 잠 시선》, 곽광수 역주, 민음사, 1975,

일어 및 중국어 서적

龜岡榮吉, 《朝鮮鐵道沿線要覽》, 京城: 朝鮮拓殖資料調査會, 1927.

吉岡幸雄, 《日本の色辞典》, 紫紅社, 2000.

越智唯七編, 《新舊對照 朝鮮全道府郡面里洞名稱一覽》, 京城: 中央市場, 1917.

李榮 主編, 尹世超 編纂, 《哈爾濱方言詞典》, 江蘇教育出版社, 1997.

諸橋轍次, 《大漢和辭典》, 東京: 東京出版社.

朝鮮電氣事業史編纂委員會, 《朝鮮電氣事業史》, 東京: 中央日韓協會, 1981.

朝鮮總督府鐵道國 編, 《朝鮮鐵道四十年略史》, 東京: 大空社, 1940.

中国大百科全书编辑委员会, 《中国大百科全书·轻工》, 北京·上海: 中国大百科全书出版社, 1991.

中国大百科全书编辑委员会, 《中国大百科全书·中国地理》, 北京·上海: 中国大百科全书出版社, 1992.

中國社會科學院語言研究所詞典編輯室 編, 《(漢英雙語)現代漢語詞典》, 北京: 外語教學與研究出版社, 2002.

中国风俗辞典编辑委员会 编, 《中国风俗辞典》, 上海辞书出版社, 1990.

백석 시의 물명고

백석 시어 분류 사전

초판 발행 2015년 5월 20일
초판 3쇄 2021년 2월 5일

지은이 고형진
펴낸곳 고려대학교출판문화원
www.kupress.com
kupress@korea.ac.kr
(02841) 서울특별시 성북구 안암로 145
Tel 02-3290-4230, 4232
Fax 02-923-6311
찍은곳 (주)동화인쇄공사

ISBN 978-89-7641-849-4 91810

값 68,000원